NSQF (Level 4)

रेफ्रिजरेशन एवं एयर कण्डीशनिंग

थ्योरी

I & II YEAR

निम्मी पैटर्न

NSQF (Level 4)

रेफ्रिजरेशन एवं एयर कण्डीशनिंग

थ्योरी

I & II YEAR

अनुज कुमार वर्मा

arihant
SUCCESS AND NOTHING LESS

arihant
SUCCESS AND NOTHING LESS

अरिहन्त प्रकाशन (इण्डिया) लिमिटेड

卐 **रजि. कार्यालय**
'रामछाया' 4577/15, अग्रवाल रोड, दरियागंज, नई दिल्ली- 110002
फोन: 011-47630600, 43518550

卐 **मुख्य कार्यालय**
कालिन्दी, टी.पी. नगर, मेरठ (यूपी)– 250002
फोन: 0121-7156203, 7156204

मुख्य वितरक
शर्मा बुक एजेन्सी, ओम नगर, आगरा देहली बाईपास (निकट अलवर ब्रिज), मथुरा
फोन: 09219662591, 8433486830 ई.मेल: sharmabookagency25@gmail.com

卐 **शाखा कार्यालय**
आगरा, अहमदाबाद, बरेली, बेंगलुरु, चेन्नई, दिल्ली, गुवाहाटी, हैदराबाद, जयपुर, झाँसी, कोलकाता, लखनऊ, नागपुर तथा पुणे

卐 **मूल्य** ₹ 525.00

PO No : TXT-XX-XXXXXXX-X-XX

PUBLISHED BY ARIHANT PUBLICATIONS (INDIA) LTD.

'अरिहन्त' की पुस्तकों के बारे में अधिक जानकारी के लिए हमारी वेबसाइट **www.arihantbooks.com** पर लॉग इन करें या **info@arihantbooks.com** पर सम्पर्क करें।

Follow us on...

प्रस्तावना

तकनीकी शिक्षा के क्षेत्र में नेशनल कॉउन्सिल ऑफ वोकेशनल ट्रेनिंग, NCVT एक महत्त्वपूर्ण भूमिका निभाता है, क्योंकि यह प्रशिक्षुओं के लिए पाठ्यक्रम पर निर्धारित ऑल इण्डिया ट्रेड टैस्ट आयोजित करने के साथ-साथ उन्हें राष्ट्रीय व्यापार प्रमाण-पत्र द्वारा भी प्रमाणित करता है। इसके अतिरिक्त यह विविध ट्रेडों के पाठ्यक्रम में निरन्तर बदलाव कर प्रशिक्षुओं को अपने-अपने क्षेत्र में लगभग पूर्ण विशेषज्ञ बनाने का प्रयास करता है।

अरिहन्त प्रकाशन द्वारा प्रकाशित पुस्तक **'रेफ्रिजरेशन एवं एयर कण्डीशनिंग थ्योरी'** निम्मी पैटर्न एवं DGT और NCVT के नवीनतम पाठ्यक्रम के अनुसार तैयार की गई है। यह पुस्तक एक पूर्णत: संशोधित संस्करण है, जिसमें विभिन्न विषयों तथा सम्बन्धित सम्पूर्ण पाठ्य सामग्री को सटीक चित्रों सहित सरलतम भाषा में समझाकर विषयक् जटिलता के स्तर को न्यूनतम स्तर तक लाने का प्रयास किया गया है। इसके अतिरिक्त परीक्षा पैटर्न के अनुरूप बहुविकल्पीय प्रश्नों की अधिकता इस पुस्तक को सर्वश्रेष्ठ बनाती हैं।

पुस्तक की विशेषताएँ

- नवीन संशोधित पाठ्यक्रम के अनुसार रेफ्रिजरेशन एवं एयर कण्डीशनिंग थ्योरी सम्बन्धी सभी सिद्धान्तों का सरल एवं सटीक भाषा में प्रस्तुतीकरण।
- पाठ्यक्रम के अनुसार अध्यायों एवं शीर्षकों का समावेशन।
- सम्पूर्ण पाठ्य सामग्री का तालिका एवं सटीक आरेखों द्वारा वर्णन।
- परीक्षा के दृष्टिकोण से प्रत्येक अध्याय के अन्त में बहुविकल्पीय प्रश्नों का कुंजी सहित समावेश।

यद्यपि यह पुस्तक एक पूर्णतः संशोधित संस्करण है, परन्तु फिर भी यदि इस पुस्तक से सम्बन्धित आपको किसी भी स्तर पर संशोधन की आवश्यकता प्रतीत होती है, तो कृपया अवगत कराने का कष्ट अवश्य करें, ताकि आगामी संस्करणों को और परिष्कृत रूप में प्रस्तुत किया जाना सम्भव हो सके।

प्रकाशक

विषय-सूची

प्रथम वर्ष

द्वितीय वर्ष

SYLLABUS

FIRST YEAR

- Introduction to trade and related industries.
- General safety precautions and first aids, firefighting equipment and electrical safety.
- History of Refrigeration and Air conditioning.
  Grooming of technicians.

FITTING

- Different types of Fitting hand tools, power tools- their use. Function, construction, Specification.
- Machineries and equipment used in fittings like drilling machines, grinding machines

SHEET METAL

- Function, construction, working, use, and application, specification of Sheet metal tools, instruments and equipment. Care and maintenance of tools. Types of sheet metal joints (cold and hot) and their use. Rivet & riveting- their types and use.

ELECTRICAL

- Electrical terms such as AC and DC supply, Voltage, Current, Resistance, Power, Energy, Frequency etc.
- Safety precautions to be observed while working on electricity. Conductors and Insulators, Materials used as conductors. Series and parallel circuit, open circuit, short circuit, etc.
- Measuring Instruments such as voltmeter, ammeter, ohm meter, watt meter, energy meter and frequency meter. Earthing and its importance. Earth resistance. Insulation and continuity test.

ELECTRONICS

- Introduction to Electronics. Basic Principles of semiconductors, Principles and application of Diodes. Solder – its composition and paste.
- Rectification, Zener diode as voltage regulator – transistors parameters.

WELDING

- Introduction to basic principles of commonly used Welding processes, oxy fuel gas welding / cutting, brazing & soldering, nozzles, base metal and filler metal. Use of flux.
- Difference between soldering and Brazing in terms of temperatures, filler materials, joint strengths and application. Use of Oxy Acetylene, Oxy LPG, Air LPG and two stage regulators for brazing/soldering. Description of back fire arrester.

BASIC REFRIGERATION

- Basic principle of refrigeration, working, use, specifications of refrigeration tools, instruments and equipment. Fundamentals Thermodynamics law.
- Science related to refrigeration, work, power, energy, force, Heat and Temperature, Different temperature scales, Thermometers, Units of heat, sensible heat, latent heat, super heating and sub-cooling, saturation temperature, pressure, types, units. Types of Refrigeration systems, including Vapour absorption refrigeration cycle (VARC), water – combination. Study the construction and working of vapor compression cycle, low side & high side of vapour compression system. Applications of vapour compression cycle.Coefficient of Performance (COP), Ton of Refrigeration.
- Construction and working of V.C Cycle, fundamental operations, sub cooling and super heating. Study of Ph, Ts, Pv diagram.

REFRIGERATOR (DIRECT COOLS FROST FREE)

- Function, construction, working of single door direct cool refrigerator, frost free refrigerator, specifications, trouble shooting, care and maintenance of refrigerators.
- Study the electrical components of refrigerator.
- Importance of flushing in evaporator and condenser, use of dry nitrogen for flushing, necessity of replacing capillary and drier. Evacuation, leak testing, gas charging method in refrigerator.

FROST FREE REFRIGERATOR

- Study the construction and working of Frost Free
  (2 or 3 door) Refrigerator parts particularly, the forced draft cooling, Air Duct circuit, temperature control in Freezer & cabinet of Refrigerator, air flapper / louver used in refrigerator section, automatic defrost system. Study of Electrical accessories & their functions (Timer, Heater, Bimetal, Relay, OLP, T/S etc.) Refrigerator cabinet volume calculation.

REFRIGERATOR (INVERTER TECHNOLOGY)

- Study the construction and its working of two and three door frost free refrigerator, Care and maintenance, installation method.

COMPRESSOR

- Function, construction, working, application of compressor,(Fixed speed and variable speed compressor) like Reciprocating, rotary, scroll and inverter type.
- Study the construction & working of reciprocating, rotary, scroll, screw and centrifugal compressor, wobble & swash plate compressor. Compressor efficiency factors, wet compression, oil, properties, lubrication methods.
- AC motors and their types. Advantages of AC motor over DC motor. Split phase induction motors, working principle and construction.
- Starting winding and running winding.
- Starting current and running current. Study the shoulded pole motor, RSIR, CSIR, CSR and PSC motors.
- Centrifugal switch and its function. Common faults, causes and remedies in motors.

MOTORS

- Function of Starting relay, Capacitors, OLP's.
- Working principle of inverter technology, advantages of variable speed technology over fixed speed. Working principle of control system for inverter Air Conditioners (ACs).

CONDENSER

- Function of condenser, types, Construction of air-cooled condenser. Effect of chocked condenser. Advantages, de scaling of air-cooled condenser.
- Liquid receiver, pump down, application, types, function and working.

DRIER

- Function of drier, types, application and its advantage. Description of desicants.

EXPANSION VALVE

- Expansion valve used in domestic refrigeration and air conditioning systems.

EVAPORATOR

- Working principle, Function, types of evaporators used in refrigerator, water coolers, bottle coolers, window and split A.C, Super heating in evaporators, Function of accumulator and types. Methods of defrosting.

REFRIGERANT

- Classification of refrigerants, nomenclature of refrigerants including chemical name and formulas, hydro chlorofluorocarbons (HCFCs), hydro fluorocarbons (HFCs) and hydro fluoro-olefins (HFOs), blends of HFCs and blends of HFCs/HFOs. Climatic impact of refrigerants: Stratospheric ozone depletion, global warming, mechanism of ozone depletion; the Montreal Protocol phase-out schedule of ozone depleting refrigerants (HCFCs) and high global warming refrigerants (HFCs). Brief introduction of Ozone Depleting Substances (Regulation and Control) Rules, 2000 and its amendments. Introduction of properties of refrigerants; environment related properties: Ozone Depleting Potential (ODP), GWP; ODP and GWP of various refrigerants, thermo chemical properties: flammability and toxicity of refrigerants, lower flammability limit (LFL) and upper flammability limit of A3 and A2L refrigerants. Thermo physical properties: pressure temperature of different refrigerants.
- Safe handling of flammable refrigerants.
- Refrigerant leak detection methods, evacuation and charging of refrigerant, temperature glides of refrigerant blends, procedure of charging of refrigerant blends especially the zeotropic blends, hydrocarbon blends, HFC blends (R-404A, R-407C, R-410A) and blends of HFC/HFO.

RETROFITTING

- Changes of components & practices while retrofitting CFC appliances with HC Refrigerants. Properties of HCs

THERMAL INSULATION

- Function, types, thermodynamic properties of heat insulation materials used in refrigeration and Air Conditioning systems.

WINDOW AIR CONDITIONER

- Study

SPLIT AC (Wall/ Floor/Cassette)

- Construction

SPLIT AC (WALL MOUNTED)

- Construction and working principle, types, trouble shooting. Description of electrical components used in split A.C. Study the wiring circuit.

SPLIT AC (Floor, Ceiling /Cassette Mounted Split AC)

- Construction and working principle, types, trouble shooting. Description of electrical components used in split AC Study the wiring circuit.

SPLIT AC (DUCTED)

- Study of the Duct able split AC, its Construction and working principle, types, trouble shooting.
- Description of electrical components used in split AC Study the wiring circuit.

MULTI SPLIT AC

- Study the construction and working, various components, electrical circuits, testing components, fault detection.

INVERTER SPLIT AC

- Study of construction and working principle of inverter AC and its components, electrical circuit and controls, installation, servicing, trouble shooting, fault detection, leak testing and gas charging.
- Concept of Indian Seasonal Energy Efficiency Ratio ISEER). Energy Efficiency leveling on inverter AC.

SECOND YEAR

COMMERCIAL COMPRESSOR (Fixed & Variable)

- Function, types, Construction & working, applications of compressors used in commercial refrigeration. Volumetric efficiency, Capacity control, factor influencing volumetric efficiency.
- Compressor lubricant oil, types, properties, types of lubrication methods such as splash, forced feed.
- Study the Construction and working principle of different commercial compressor (Open and Sealed type) (Reciprocating, centrifugal, screw, scroll compressor).
- Star and Delta Connection and their Comparison.
- Production of rotating magnetic field by three phase AC supply. Working principle of three phase induction motor. Terms such as torque, slip, rotor frequency and their relation. Construction of squirrel cage induction motor. Importance of phase sequence. Construction of slip ring induction motor Comparison between SCIM and SRIM. Three phase motor starters such as DOL starter, Star – Delta starter, Auto transformer starter and Rotor resistance starter. Common faults, causes and remedies in three phase AC motors.

WATER COOLED CONDENSER

- Study the water-cooled Condenser, its type and capacity, construction and working, de scaling, application.
- Evaporative condenser- Types and their function, construction and application. Liquid receiver, function. Drier, types and application.

COOLING TOWER

- Cooling tower, types, Construction, capacity, advantage & disadvantages of different types of cooling tower. Efficiency, approach and Cooling tower range.

WATER TREATMENT

- Causes of water contamination water treatment.

EXPANSION VALVE

- Types and function, construction, working principle, & their advantage &disadvantages. Thermostatic Expansion Valves (TXV), Automatic Expansion Valves (AXV), Float valves, fixed and modulating orifice controls & electronic Expansion Valves, LMC (level master control).
- Selection of Expansion valves and capillaries for various Refrigeration and Air Conditioning applications.

EVAPORATOR

- Function, types, Plate & Tube forced air DX evaporators. Types of Defrost system. Water/ Brine chillers. Types of brine used as secondary refrigerant. Accumulator, its function.
- **Liquid**-suction-liquid Heat-exchanger, their function, construction, application & advantages.
- Study of Accumulator and Oil separator.

WATER COOLER & WATER DISPENSER

- Study the refrigeration cycle of water cooler and dispenser, types, construction & working, Capacity & applications. Study the electrical and mechanical components of storage type water cooler and Bubble type water dispenser. Insulation material used in water cooler and dispenser; refrigerant used in the system. UV and RO type water coolers and dispensers.

VISIBLE COOLER AND BOTTLE COOLER

- Visible cooler & bottle coolers. Description construction & working, with HFC-134a and hydrocarbons, safety especially for flammable refrigerants, maintenance, testing of mechanical and electrical components including sealed electrical components fitted in appliances using flammable refrigerants.

DEEP FREEZER / DISPLAY CABINET

- Description, Construction,working, specifications, function, care and maintenance, faults and remedies.

ICE CUBE MACHINE

- Description, Construction, working, reverse cycle functioning & Circuit diagram, installation method.

SOFTY MACHINE

- Description, Construction and function.

ICE CANDY PLANT

- Function, construction, working principle, Circuit diagram, capacity& types of compressor used. Brine composition to maintain required temperature. Operation, maintenance, retrofit.

ICE PLANT

- Details about components of Ice plant their functioning

WALK IN COOLER & REACH IN CABINET

- Details about components, their functioning, working principle, Circuit diagram, capacity & types. Care and maintenance.

COLD STORAGE

- Study of cold storage plant, parts, Construction, applications, controls & electrical diagram used in cold storage plant. Food preservation spoiling agents- controlling of spoiling agents, preservation by refrigeration system, maintaining temperature in different places. Types of cold storage and its details.
- Capacity and specification. Use of vibration eliminator and shock absorber, Study the lay out
- Cold storage plant operation, its common trouble & remedies. Deep freezing, freezing tunnel, blast freezer its function and working, its application.

HVAC (Plant)

- Introduction to HVAC, Fundamentals of Central Air Conditioning / HVAC plant, requirements of comfort A.C, study of psychometric terms, DBT, WBT, RH, enthalpy, dew point, and specific humidity.
- Types of Central air conditioning (Direct and indirect system) Construction, working, components, faults, care and maintenance.
- Description of blowers& fans, function and types, static and velocity pressure measurements.

DUCT

- Function, types, materials, duct designing, duct insulation, properties of insulating materials.

AIR FILTERS

- Function of air filters, types, construction, maintenance, effect of chocked Air filter, Hepa filters.

PACKAGE AC (with Air Cooled Condenser)

- Study the Package AC (with Air Cooled Condensers), its Construction and working principle, types, trouble shooting.

PACKAGE AC (with water cooled condenser)

- Study Package AC, types, construction and working principle. Duct system, AHU. Care and maintenance.

CENTRALISED/INDUSTRIAL AIR CONDITIONING

- Construction and working principle, types, maintenance of Industrial Air-conditioning plant. Humidification and dehumidification methods. AHU, description of FCU
- Temperature and pressure controls used in AC plant, its construction, working, safety devices, piping lines.

DIRECT EXPANSION SYSTEM

- Study Direct expansion system. Operation & Preventive Maintenance Schedule of central AC plant. Maintain log book for daily operation.
- VRF / VRV system – description and function of different parts.
- Details of piping have and controls system, Common reason for error code, types of ODU and IDU.

INDIRECT/CHILLER SYSTEM

- Study central station AHU and FCU, Air washers used in chilled water system, understanding lay out, modulating valves for temperature control. Expansion valves & other related control – description and function.
- Study of Humidification & De-humidification.
  Humidifiers & De-humidifier's. Humidity control.
  Use of hygrometer.
- Construction and study of commercial AC plant, package chillers, screw chillers, reciprocating chillers.
- Controls used in AC system, Electromechanical, pneumatic and electronic. Detail study of heat load calculation for commercial and industrial buildings.

CAR AIR CONDITIONING

- Study various components, electrical circuits and wiring diagram, testing components, fault detection, leak testing, Study of good service practice, evacuation, gas charging, Installation, trouble shooting, Magnetic clutch operation, free movement of flywheel (nonfunctioning of clutch), care and maintenance.

MOBILE AC (Bus, train)

- Its Construction, working of bus AC
- Construction & working of train AC and its operation. Trouble shooting in train AC.
- Planning for Preventive maintenance and scheduling of maintenance activities in large AC and Refrigeration plant.

प्रथम वर्ष

अध्याय 01

ट्रेड परिचय, सुरक्षा एवं स्वास्थ्य

Trade Introduction, Safety and Health

परिचय Introduction

रेफ्रिजरेशन का आविष्कार खाद्य पदार्थों को दूषित होने से बचाने के उद्देश्य से किया गया था। इसका उपयोग मनुष्य प्राचीनकाल से करता आ रहा है। इसके लिए खाद्य पदार्थों को जमीन में बने गड्ढों में रखना तथा खाद्य पदार्थों के बर्तनों का ठण्डे पानी में रखना आदि विधियाँ प्रयोग की जाती थीं। आधुनिक युग में वस्तुओं को ठण्डा रखने की विधि को रेफ्रिजरेशन (refrigeration) कहते हैं तथा इसके लिए प्रयुक्त किये गये उपकरण को रेफ्रिजरेटर (refrigerator) कहते हैं। कार्यशाला में उच्च गुणवत्ता की मशीनों एवं उनके भागों को बनाने में तापमान का विशेष महत्त्व है। मशीनों को उसी तापमान में बनाया जाता है, जिस तापमान में उनका प्रयोग होता है। इस तापमान को स्थिर एवं नियन्त्रित करने के लिए एयर कण्डीशनिंग प्रणाली (air conditioning system) का प्रयोग किया जाता है। किसी विशेष क्षेत्र के वातावरण के तापमान को बाह्य वातावरण से कम करने के लिए तथा विभिन्न खाद्य पदार्थों को खराब होने से बचाने के लिए रेफ्रिजरेशन एवं एयर कण्डीशनर पर आधारित विभिन्न उपकरण प्रयोग में लाए जाते हैं।

आजकल रेफ्रिजरेशन एवं एयर कण्डीशनिंग का उपयोग विभिन्न क्षेत्रों; जैसे—बर्फ बनाने के कारखानों, अस्पतालों, होटलों, डिस्टिलरीज (distilleries), पेट्रोल रिफाइनरी, कोल्ड स्टोरेज, दवाइयों के निर्माण एवं रख-रखाव, विभिन्न उद्योगों में उत्पाद निर्माण में किया जाता है। दैनिक जीवन में रेफ्रिजरेशन एवं एयर कण्डीशनिंग की महत्ता को ध्यान में रखते हुए इसे विभिन्न औद्योगिक संस्थानों में एक महत्त्वपूर्ण ट्रेड के रूप में सम्मिलित किया गया है।

अध्याय विषय सूची

1.1 ट्रेड/कोर्स का परिचय Introduction to Trade/Course

भारत सरकार द्वारा वर्ष 1956 में NCVT (National Council for Vocational Training) की स्थापना की गई थी। इसे क्राफ्ट्समैन ट्रेनिंग क्रियान्वयन करने, इससे सम्बन्धित तथ्यों पर सरकार को सलाह देने, ऑल इण्डिया ट्रेड टेस्ट (All India Trade Test) एवं सम्बन्धित कोर्स के लिये ट्रेनी को प्रमाण-पत्र आदि देने का कार्यभार सौंपा गया।

NCVT अपने कोर्स का संचालन विभिन्न औद्योगिक प्रशिक्षण संस्थान; जैसे ITI एवं अन्य प्रशिक्षण केन्द्रों के माध्यम से करता है।

देश के समस्त औद्योगिक प्रशिक्षण संस्थान प्रत्येक राज्य सरकार के अधीन संचालित किए जाते हैं, जिन्हें केन्द्र सरकार द्वारा श्रम विभाग के प्रशिक्षण एवं सेवानियोजन निदेशालय तथा NCVT द्वारा मान्यता प्राप्त होती है। इन संस्थानों व केन्द्रों के मुख्य कार्य निम्न प्रकार हैं

1. देश के उद्योगों तथा विभिन्न व्यवसायों के लिए कुशल कारीगर तैयार करना।
2. बेरोजगारी को दूर करना।
3. स्वयं का लघु उद्योग लगाने में सहायता करना।

सभी प्रशिक्षण संस्थानों में विभिन्न तकनीकी ट्रेडों का प्रशिक्षण हेतु संचालन किया जाता है, जिनमें से रेफ्रिजरेशन एवं एयर कण्डीशनिंग भी एक मुख्य ट्रेड है। यह एक द्विवर्षीय पाठ्यक्रम है। इसके साथ ही पाठ्यक्रम में पाठ्य-सामग्री को इस प्रकार व्यवस्थित किया गया है कि यह सरल से जटिल की ओर एकीकृत कर संयोजित किया गया है, जिसके अन्तर्गत एक विद्यार्थी को बहुत से मापदण्डों से गुजारकर एक कुशल कारीगर में परिवर्तित किया जाता है।

आज के वर्तमान युग में यदि हम रेफ्रिजरेशन एवं एयर कण्डीशनिंग ट्रेड की बात करें, तो यह ट्रेड पिछले कुछ दशकों की तुलना में नया स्वरूप और नए आयाम लेकर विकसित हुई है। इस ट्रेड के अन्तर्गत छात्रों को ट्रेड सम्बन्धी सभी जानकारियाँ दी जाती हैं; जैसे—रेफ्रिजरेटर, वाटर कूलर, डीप फ्रीजर, कोल्ड स्टोरेज (cold storage), आइस प्लाण्ट, विभिन्न प्रकार के एयर कण्डीशनर आदि।

1.2 ट्रेड की महत्ता एवं अनुप्रयोग
Importance and Applications of Trade

कौशल विकास और उद्यमिता मन्त्रालय (Ministry of Skill Development and Entrepreneurship) के तहत प्रशिक्षण के महानिदेशालय (Directorate General of Training, DGT) श्रम बाजार के विभिन्न क्षेत्रों की आवश्यकताओं को पूर्ण करने वाले व्यावसायिक प्रशिक्षण पाठ्यक्रमों की शृंखला प्रदान करता है। व्यावसायिक प्रशिक्षण कार्यक्रम, 'नेशनल काउंसिल ऑफ वोकेशनल ट्रेनिंग' (National Council of Vocational Training, NCVT) क्राफ्ट्समैन ट्रेनिंग (Craftsman Training) के अन्तर्गत चल रहे हैं। क्राफ्ट्समैन ट्रेनिंग योजना (Craftsman Training Scheme, CTS) और एप्रेन्टिसशिप ट्रेनिंग योजना (Apprenticeship Training Scheme, ATS) व्यावसायिक प्रशिक्षण का प्रचार करने के लिए NCVT के अन्तर्गत दो प्रमुख कार्यक्रम हैं।

CTS के अन्तर्गत वेल्डर ट्रेड ITI के माध्यम से पैन इण्डिया (PAN India) पर चल रहे सबसे लोकप्रिय पाठ्यक्रमों में से एक है। यह पाठ्यक्रम एक वर्ष की अवधि का है। इसमें मुख्य रूप से ट्रेड (कौशल और ज्ञान) तथा कोर क्षेत्र (वर्कशॉप कैलकुलेशन एण्ड साइंस, इंजीनियरिंग ड्रॉइंग और एम्प्लॉयबिलिटी स्किल्स) सम्मिलित होते हैं। संस्थान में छात्रों की प्रथम वर्ष में 840 घण्टे प्रायोगिक कक्षा, 240 घण्टे ट्रेड से सम्बन्धित थ्योरी तथा 120 घण्टे एम्प्लॉयबिलिटी स्किल्स की कक्षाएँ प्रचालित की जाती हैं। इसी प्रकार द्वितीय वर्ष में 840 घण्टे प्रायोगिक कक्षा, 300 घण्टे ट्रेड से सम्बन्धित थ्योरी तथा 60 घण्टे एम्प्लॉयबिलिटी स्किल्स की कक्षाएँ प्रचालित की जाती हैं। अत: संस्था में छात्रों को प्रत्येक वर्ष में 1200 घण्टों की कक्षा संचालित करायी जाती है। ट्रेनिंग प्रोग्राम पास करने के पश्चात् ट्रेनी (trainee) को अन्तर्राष्ट्रीय मान्यता वाले NCVT द्वारा नेशनल ट्रेड सर्टिफिकेट (NTC) से सम्मानित किया जाता है।

देश के आर्थिक विकास में रेफ्रिजरेशन एवं एयर कण्डीशनिंग का भी उतना ही महत्त्व है, जितना कि काम आने वाली अन्य दूसरी वस्तुओं का। आज के इलेक्ट्रॉनिक एवं कम्प्यूटर के युग में रेफ्रिजरेशन एवं एयर कण्डीशनिंग की आवश्यकता और अधिक हो गई है। रेफ्रिजरेशन एवं एयर कण्डीशनिंग अधिक समय तक खाद्य पदार्थों को सुरक्षित रखने, विभिन्न वस्तुओं के निर्माण और उनके रख-रखाव के लिए एक आवश्यकता बन गई है।

रेफ्रिजरेशन व एयर कण्डीशनिंग ताप-नियमन का सर्वश्रेष्ठ माध्यम है और इसका उचित दिशा में प्रयोग देश के विकास में सहायक होता है। आज के इस औद्योगिक युग में रेफ्रिजरेशन एवं एयर कण्डीशन का प्रयोग बहुत अधिक हो गया है। इसके प्रयोग के बिना जीवन असम्भव-सा हो गया है। कार्यप्रणाली के आधार पर इनका प्रयोग निम्नलिखित स्थानों पर किया जाता है

1. कार, बस, हवाई जहाज, समुद्री जहाज व रेल अर्थात् यातायात के साधनों में।
2. ऑडीटोरियम क्लब, सिनेमा, रेस्टोरेन्ट व होटलों में।
3. घरेलू एवं व्यापारिक भवन, चिकित्सालय, कार्यालय भवन।
4. कोल्ड स्टोरेज आदि में मांस व मछली के संग्रह हेतु।
5. पीने के पानी को ठण्डा करने के लिए।
6. बर्फ निर्माण के लिए।
7. डेयरीज व डिस्टलरीज आदि में।
8. बैकरीज, कन्फैक्शनरी और आइस-क्रीम निर्माण में।
9. पेट्रोलियम रिफाइनरी में।
10. सेलुलाइड कैमिकल, रबर उत्पाद, प्लास्टिक उत्पाद आदि के लिए।
11. सिगरेट, सिगार, स्टील आदि के निर्माण में।
12. दवाइयों के निर्माण व उनके रख-रखाव के लिए।
13. खाद्य पदार्थों को सुरक्षित रखने के लिए।
14. कम्प्यूटरों की कार्यप्रणाली को ठीक रखने के लिए।
15. ब्लड बैंक (blood bank) द्वारा दान किए गए रक्त को सुरक्षित रखने के लिए।
16. मनुष्य के टिशू (tissue) और शरीर के बहुत से अंगों; जैसे-नेत्र, किडनी, लीवर आदि को सुरक्षित रखने में।

ITIs का संगठनात्मक ढाँचा
Organizational Structure of ITIs

सम्पूर्ण भारतवर्ष में प्रचलित औद्योगिक प्रशिक्षण संस्थान नेशनल काउन्सिल फॉर वोकेशनल ट्रेनिंग द्वारा प्रदत्त समान पाठ्यक्रम का अनुसरण करते हैं। भारतवर्ष में भारत सरकार कौशल विकास एवं उद्यमिता मंत्रालय (MSDE) की 2016-17 की वार्षिक रिपोर्ट के अनुसार 13,350 सरकारी तथा प्राइवेट आई.टी. आई. हैं। प्रत्येक राज्य में सरकारी औद्योगिक प्रशिक्षण संस्थान डायरेक्टोरेट ऑफ एम्प्लॉयमेण्ट एण्ड ट्रेनिंग लेबर मन्त्रालय के अन्तर्गत संचालित हैं।

औद्योगिक प्रशिक्षण संस्थानों (ITIs) में प्रधानाचार्य संस्थान का मुखिया, उसके नीचे एक उप-प्रधानाचार्य फिर ट्रेनिंग ऑफिसर तथा ग्रुप इंस्ट्रक्टर (GI) होते हैं, जो प्रबन्धन का कार्य करते हैं। उसके बाद पर्यवेक्षक वर्ग होता है। तत्पश्चात् सहायक ट्रेनिंग अफसर (ATO), कनिष्ठ ट्रेनिंग अफसर (TTO) और प्रत्येक व्यवसाय के लिए व्यवसाय अनुदेशक, कार्यशाला गणना, इंजीनियरिंग ड्रॉइंग और एम्प्लॉयबिलिटी स्किल इत्यादि के अनुदेशक होते हैं। प्रशासन स्टाफ, छात्रावास अधीक्षक (HS), शारीरिक शिक्षा अनुदेशक (PET), पुस्तकालय अध्यक्ष और फार्मेसिस्ट इत्यादि संस्थान के मुखिया के अधीन होते हैं।

प्रत्येक औद्योगिक प्रशिक्षण संस्थान में एक स्टोर तथा इसके संचालन के लिए एक स्टोरकीपर रहता है। यह स्टोरकीपर उपकरणों व औजारों के लेन-देन, रख-रखाव इत्यादि कार्य करता है। प्रशिक्षक, प्रशिक्षण के लिए आवश्यकता के अनुसार उपकरणों व औजारों को स्टोर से लेते हैं तथा स्टोरकीपर इन सभी उपकरणों एवं औजारों की सूची बनाकर पाठ्यक्रम के अनुसार इन्हें जारी करता है।

आई. टी. आई. संस्था चार्ट

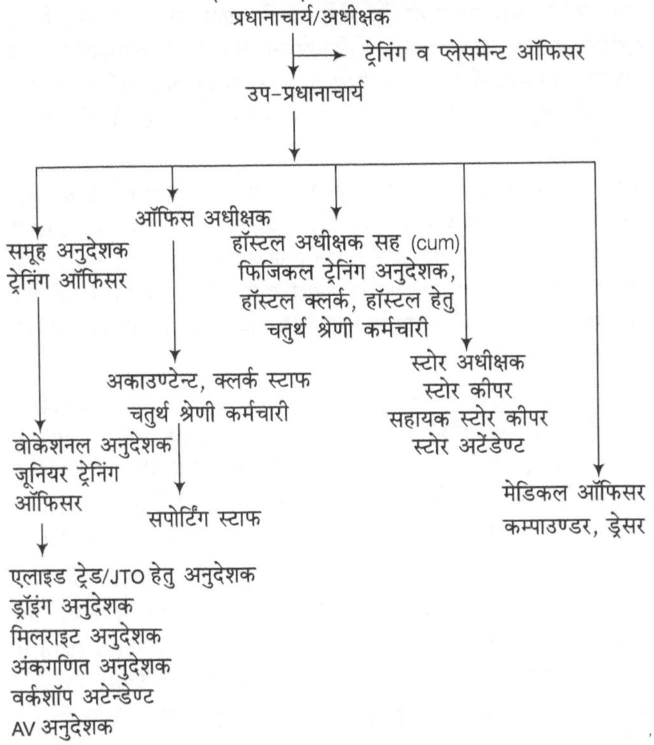

व्यवसाय में प्रवेश Admission in Trade

रेफ्रिजरेशन तथा एयर कण्डीशनिंग ट्रेड में प्रवेश हेतु आवश्यक योग्यता 10वीं कक्षा उत्तीर्ण होना है। इसके लिए संस्थान द्वारा विवरण पत्रिका उपलब्ध कराई जाती है। इस पत्रिका में व्यवसाय में प्रवेश हेतु निर्धारित शैक्षणिक योग्यता के अतिरिक्त आयु पात्रता फॉर्म भरकर जमा करने की अन्तिम तिथि, प्रशिक्षण एवं प्रशिक्षण अवधि, संस्थान के नियम, लाइब्रेरी तथा अन्य सुविधाओं की जानकारी इत्यादि लिखी रहती है।

पाठ्यक्रम सम्बन्धी अध्ययन Study Related to Syllabus

प्रशिक्षु को रेफ्रिजरेशन तथा एयर कण्डीशनिंग ट्रेड के पाठ्यक्रम का विस्तारपूर्वक अध्ययन करना चाहिए। इस पाठ्यक्रम में क्रियात्मक, प्रयोगात्मक कार्य, सैद्धान्तिक ज्ञान, इंजीनियरिंग ड्रॉइंग, वर्कशॉप गणित एवं विज्ञान इत्यादि की जानकारी दी जाती है। इन सभी विषयों के लिए प्रशिक्षण घण्टे निर्धारित होते हैं।

पाठ्यक्रम की समयावधि Course Duration

औद्योगिक प्रशिक्षण संस्थान द्वारा संचालित रेफ्रिजरेशन तथा एयर कण्डीशनिंग ट्रेड द्विवर्षीय ट्रेड है। इस ट्रेड के विषयों एवं प्रयोगात्मक कार्य को निम्न तालिका के अनुसार निर्धारित समयावधि में विभाजित किया जाता है

क्र.सं.	पाठ्यक्रम	प्रशिक्षण घण्टे	
		प्रथम वर्ष	द्वितीय वर्ष
1.	ट्रेड प्रैक्टिकल	840	840
2.	ट्रेड थ्योरी	240	300
3.	एम्प्लॉयबिलिटी स्किल्स	120	60
4.	योग	1200	1200

पाठ्यक्रम विषय Course Content

पाठ्यक्रम का प्रशिक्षण निम्न तीन खण्डों में दिया जाता है

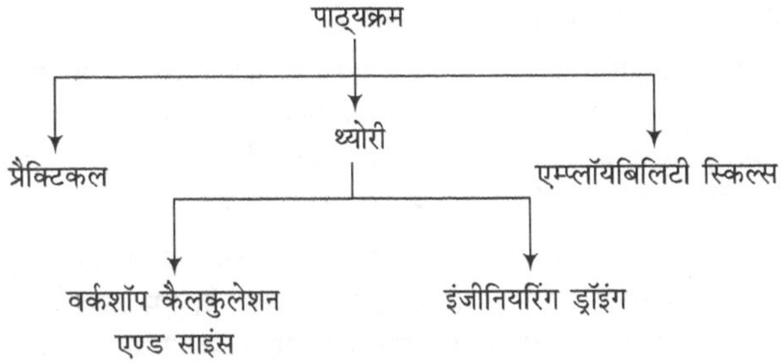

1.3 ट्रेड सम्बन्धी रोजगार के अवसर एवं कार्य भूमिका Employment Opportunities Related to Trade and Work Rule

रेफ्रिजरेशन एवं एयर कण्डीशनिंग (RAC) ट्रेड में पूर्ण कौशल प्राप्त करने के पश्चात् प्रशिक्षु के लिए विभिन्न प्रकार के रोजगार उपलब्ध होते हैं। घरों, स्कूलों, अस्पतालों, दफ्तरों तथा विभिन्न कारखानों आदि में रेफ्रिजरेटर एवं एयर कण्डीशनर स्थापित करने की माँग में लगातार वृद्धि हो रही है। इस कार्य के लिए तथा इन उपकरणों की मरम्मत के लिए भी एक कुशल RAC कारीगर की माँग होती है।

RAC उपकरण दिन-प्रतिदिन जटिल होते जा रहे हैं, इसलिए नियोक्ता (employers) ऐसे लोगों को रोजगार देना पसन्द करते हैं, जिन्होंने प्रयोगात्मक एवं विवरणात्मक प्रशिक्षण प्राप्त किया हो। RAC ट्रेड में कुशल कारीगर अपना स्वयं का उद्योग भी स्थापित कर सकता है एवं अन्य कारीगरों को रोजगार दे सकता है। RAC मैकेनिक की कार्य भूमिका में निम्नलिखित उपकरणों की मरम्मत एवं सर्विसिंग सम्मिलित है

- रेफ्रिजरेटर
- एयर कण्डीशनर
- वाटर कूलर
- कोल्ड स्टोरेज
- डीप फ्रीजर
- बर्फ केन्द्र

- स्प्लिट एयर कण्डीशनर
- पैकेज एयर कण्डीशनर
- केन्द्रीय एयर कण्डीशनर
- ऑटोमोबाइल एयर कण्डीशनर
- परिवहन रेफ्रिजरेशन एवं एयर कण्डीशनर
- विमान एयर कण्डीशनर
- शिप एवं मैरीन एयर कण्डीशनर

1.4 रेफ्रिजरेशन एवं एयर कण्डीशनिंग Refrigeration and Air Conditioning

रेफ्रिजरेशन वह क्रिया है, जिसमें एक स्थान के कूलिंग ताप को आवश्यकतानुसार नियन्त्रित कर उसको कम या अधिक किया जाता है। खाद्य पदार्थों को अधिक समय तक सुरक्षित रखने के लिए ठण्डे वातावरण की आवश्यकता होती है, क्योंकि सूक्ष्म जीवाणु सामान्य वातावरण में अधिक सक्रिय रहते हैं। यान्त्रिक विधि द्वारा पदार्थों को सुरक्षित रखने की प्रक्रिया, रेफ्रिजरेशन (refrigeration) कहलाती है।

किसी भी आन्तरिक परिवेश को ठण्डा करने से आशय उस क्षेत्र के तापमान को कम करके आरामदायक अवस्था तक लाने से है, जब किसी स्थान से ऊष्मा एवं ऊर्जा को हटाने का प्रयास किया जाता है, तो उस स्थान पर ठण्डा होने की प्रक्रिया स्वाभाविक रूप से शुरू हो जाती है।

रेफ्रिजरेशन तथा एयर कण्डीशनिंग प्रणाली के द्वारा ऊष्मा को वायु से सोखकर आन्तरिक परिवेश को ठण्डा किया जाता है। इस कार्य के लिए विविध प्रकार की रेफ्रिजरेशन एवं एयर कण्डीशनिंग मशीनें प्रयुक्त की जाती हैं। रेफ्रिजरेशन एवं एयर कण्डीशनिंग की परिभाषा इस प्रकार दी जा सकती है कि "यह वह विधि है, जिसके द्वारा किसी निश्चित स्थान या वस्तु का तापक्रम, इसके चारों ओर के बाहरी वातावरण से कम किया जाता है।"

दूसरे शब्दों में, "यह अनुकूल वातावरण में सुरक्षित वह यान्त्रिक विधि है, जिसके द्वारा खाद्य पदार्थों को ताप-नियमन द्वारा सुरक्षित रखा जाता है और ऊष्मा वातावरण में स्थानान्तरित कर दी जाती है।"

इस प्रकार चारों ओर के वातावरण (atmosphere) से कम तापक्रम बनाए रखने के लिए यह आवश्यक है कि रेफ्रिजरेटिड स्थान (refrigerated space) में प्राप्त ऊष्मा की मात्रा आवश्यक तापक्रम पर बनाए रखने के लिए बाहर निकाल दी जाए। किसी भी वस्तु अथवा स्थान को ठण्डा करने के लिए निम्न विधियों का प्रयोग किया जाता है—

(i) **रासायनिक विधि द्वारा** (By chemical method) इसके द्वारा जब रासायनिक क्रिया होती है, तो उसकी क्रिया के पूरा होने में ऊष्मा अवशोषित (absorb) होती है। यह ऊष्मा स्थान या वस्तु से प्राप्त की जाती है और स्थान या वस्तु ठण्डी हो जाती है।

(ii) **सम्पर्क द्वारा** (By contact) जब कोई वस्तु, जिसे ठण्डा करना हो, शीतलन माध्यम (cooling medium) के सम्पर्क में आती है, तो वह वस्तु सम्पर्क से ठण्डी हो जाती है और उसकी ऊष्मा निकल जाती है। जैसे—पानी का बर्फ बनना।

(iii) **हीट पम्प द्वारा** (By heat pump) यान्त्रिकी या ऊष्मा ऊर्जा के प्रयोग से हीट पम्प कार्य करता है, जिससे ऊष्मा कम तापक्रम वाले क्षेत्र की ओर चली जाती है।

1.5 रेफ्रिजरेशन एवं एयर कण्डीशनिंग का इतिहास History of Refrigeration and Air Conditioning

प्राय: ग्रीष्म ऋतु में मनुष्य को ठण्डक की आवश्यकता होती थी और मनुष्य गर्मी के कारण व्याकुल रहता था और साथ ही ग्रीष्म ऋतु में खाद्य पदार्थों की गुणवत्ता भी प्रभावित होती थी।

अत: उसने सर्वप्रथम पृथ्वी के नीचे ठण्डी सतह पर खाद्य पदार्थों को सुरक्षित रखना प्रारम्भ किया। रेफ्रिजरेशन एवं एयर कण्डीशनिंग की शुरुआत सर्वप्रथम ग्रीक, रोम व मिस्र (egypt) में हुई थी। वहाँ के लोगों ने पानी को मिट्टी के बने बर्तनों में भरकर उसको ठण्डा रखने की प्रक्रिया शुरू की।

नवपाषाण युग के कुछ समय बाद चीनी मूल के लोगों ने प्राकृतिक बर्फ की सहायता से खाद्य पदार्थों के ताप को कम किया, जिससे वे पदार्थ काफी समय तक सुरक्षित रहने लगे। इस प्रक्रिया में मेहनत अधिक लगती थी और उसका प्रतिफल कम मिलता था तथा प्रत्येक मनुष्य इसका उचित उपयोग भी नहीं कर पाता था, इसलिए ताप-नियमन के लिए कृत्रिम विधि की आवश्यकता महसूस की जाने लगी।

ताप-नियमन के लिए रेफ्रिजरेटर (refrigerator) का आविष्कार 1834 ई. में वैज्ञानिक **जैकब पार्किन्स** ने इंग्लैण्ड में किया, जो एक अमेरिकी मूल के इंजीनियर थे। इस यन्त्र द्वारा कृत्रिम बर्फ बनाई जाने लगी थी। एक अमेरिकी वैज्ञानिक डॉ. जॉन गोरी के 1851 ई. में अस्पताल में मरीजों के इलाज के उद्देश्य से वातावरण को ठण्डा करने की मशीन का आविष्कार किया।

इस मशीन में उच्च दाब की कम्प्रैस्ड वायु का प्रयोग किया गया। यही मशीन आधुनिक एयर कण्डीशनिंग का आधार बनी। वर्ष 1911 में उच्च गति (100-300 rpm) के कम्प्रैसर का विकास हुआ, जिसके कारण वर्ष 1913 में जे. एस. लारसेन ने प्रथम घरेलू रेफ्रिजरेटर का आविष्कार किया।

वर्ष 1918 में पहला उन्नत रेफ्रिजरेटर बना, जिसको अमेरिका में 'फ्रिजिडेर' (Frigidare) नाम की कम्पनी ने बाजार में प्रस्तुत किया। इसके बाद वर्ष 1926 में स्वचालित (automatic) श्रेणी का रेफ्रिजरेटर बाजार में आया और उसका बहुत अधिक प्रयोग होने लगा।

धीरे-धीरे ताप-नियमन के इस स्रोत का प्रसार हुआ और वर्ष 1950 में रेफ्रिजरेटर का प्रयोग भारत में बहुत अधिक होने लगा। बाजार में भिन्न-भिन्न किस्मों, आकारों एवं क्षमता के रेफ्रिजरेटर उपलब्ध होने लगे। वर्तमान में विशिष्ट विशेषताओं वाली अनेक कम्पनियों के विभिन्न प्रकार के मॉडल बाजार में उपलब्ध हैं।

1.6 कार्यशालाओं में दुर्घटनाएँ Accidents in Workshops

उद्यमों सहित कार्यशालाओं में विभिन्न प्रकार की मशीनों पर कार्य चलते रहते हैं। सामान को विभिन्न माध्यमों के द्वारा एक स्थान से दूसरे स्थान पर लाया ले जाया जाता है। कहीं तेल पड़ा रहता है, तो कहीं पर स्क्रैप, कहीं वैल्डिंग होती रहती है, तो कहीं पर तेजाब द्वारा पिकलिंग। कारीगर एक स्थान से दूसरे स्थान को कार्यवश तेजी से आते-जाते रहते हैं। इन सबके कारण कारीगरों के जीवन को पग-पग पर विविध प्रकार का खतरा बना रहता है।

जरा-सी असावधानी दुर्घटना का कारण बन सकती है और रेफ्रिजरेशन एवं एयर कण्डीशनिंग वैसे भी संवेदनशील प्रक्रिया के वाहक हैं, क्योंकि ये दोनों ही विद्युत आधारित उपकरण हैं। सावधानी बरतने से दुर्घटनाओं को टाला जा सकता है। अत: आवश्यक है कि प्रत्येक कारीगर को कारखाने में उपलब्ध सुरक्षा साधनों का पूर्ण ज्ञान हो।

दुर्घटनाओं के कारण Causes of Accidents

दुर्घटनाओं के कुछ मुख्य कारण निम्नलिखित हैं

असावधानी (Carelessness) कारखानों में होने वाली अधिकतर दुर्घटनाएँ असावधानी के कारण होती हैं। कार्य करते समय कार्य की चिन्ता के साथ-साथ कारीगर को अपनी तथा दूसरों की सुरक्षा का भी पर्याप्त ध्यान रखना चाहिए।

अरुचि (Loss of interest) कभी-कभी कारीगर कार्य में रुचि (interest) खो बैठता है। ऐसे समय में दुर्घटना होने की सम्भावना अधिक हो जाती है। रुचि न होने के कई कारण हो सकते हैं; जैसे—कोई पारिवारिक समस्या, फैक्ट्री से पैसा न मिलना या अपूर्ण मिलना, किसी गलती के कारण डाँट पड़ना या फिर किसी से झगड़ा हो जाना आदि।

जल्दबाजी (Hasteness) कारखाना मालिक के दबाव के कारण या अपने अधिक लाभ के लिए कारीगर आवश्यकता से अधिक जल्दी करता है। इसके कारण दुर्घटना होने की सम्भावना बढ़ जाती है।

अज्ञानता (Ignorance) जिस उपकरण के बारे में पूर्ण जानकारी न हो उससे छेड़छाड़ नहीं करनी चाहिए। कभी-कभी अपनी झूठी शान दर्शाने के लिए कारीगर ऐसा कार्य करने लगता है, जो दुर्घटना का कारण बन जाता है।

उत्सुकता (Curiosity) उत्सुकता मानव स्वभाव में बसी है, परन्तु इस पर कारखानों में कार्यरत् कारीगरों को अंकुश लगाना होता है। ज्यादा उत्सुक व्यक्ति जल्दी दुर्घटना का शिकार बनता है।

असुरक्षित हस्त औजार (Unsafe hand tools) कई कारखानों में मशीनों का रख-रखाव ठीक न होने के कारण मशीनें असुरक्षित अवस्था में भी प्रयोग होती रहती हैं, जो एक दिन अवश्य ही दुर्घटना का कारण बन जाती हैं। इसी प्रकार असुरक्षित हैण्ड-टूल्स से भी दुर्घटना हो सकती है; जैसे—बैंटा फटा हुआ हथौड़ा या फाइल तथा मशरूम हैडेड चीजल आदि।

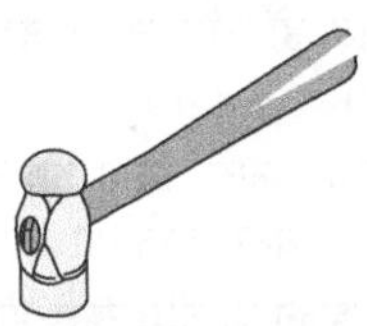

चित्र बैंटा फटा हुआ हथौड़ा

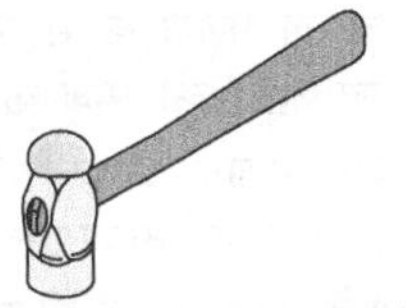

चित्र दुर्घटना से बचने हेतु उपयुक्त हथौड़ा

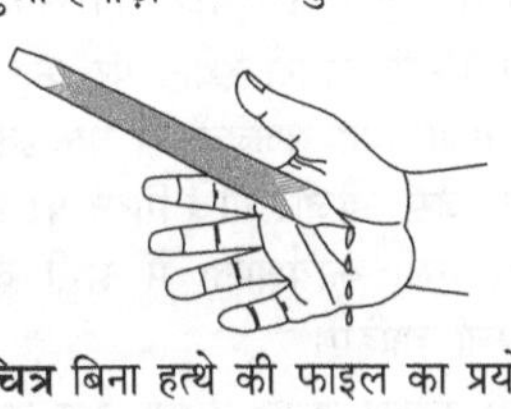

चित्र बिना हत्थे की फाइल का प्रयोग

असुरक्षित ले-आउट (Unsafe lay-out) कारखानों में विभिन्न मशीनें स्थापित करते समय उनके लिए पर्याप्त स्थान छोड़ना चाहिए। कई बार अपर्याप्त स्थान होने के कारण दुर्घटना घट सकती है।

काम करने का अनुपयुक्त तरीका (Wrong method of working) अनजाने में कई बार कारीगर काम करने का गलत तरीका अपना लेता है; जैसे—बिना हैण्डिल की रेती से फाइलिंग करना, चलती मशीन में तेल देना, बिना स्टार्टर बन्द किए मशीन खोलना या चलती मशीन को हाथ से रोकना आदि।

स्वच्छता की कमी (Lack of cleanliness) शॉप फ्लोर या मशीन की ठीक से सफाई न होने के कारण भी दुर्घटना हो सकती है; जैसे—तेल पर पैर स्लिप होना, कहीं भी ठोकर लग जाना आदि।

अनुशासन की कमी (Lack of discipline) अनुशासन न होने के कारण कर्मचारी आपस में हँसी-मजाक करने लगते हैं तथा इसी हँसी-मजाक में कई बार दुर्घटना हो जाती है।

असुरक्षित पहनावा (Unsafe dress) ढीले कपड़े, टाई, मफलर आदि का प्रयोग कारखाने में वर्जित होता है। कारखाने की आवश्यकता के अनुरूप ही कपड़ों (dress) का प्रयोग करना चाहिए।

इसके अतिरिक्त कारीगर के लम्बे बाल भी मशीन में फँसकर दुर्घटना का कारण बन सकते हैं।

चित्र मशीन में बालों के उलझने से दुर्घटना घटित होना

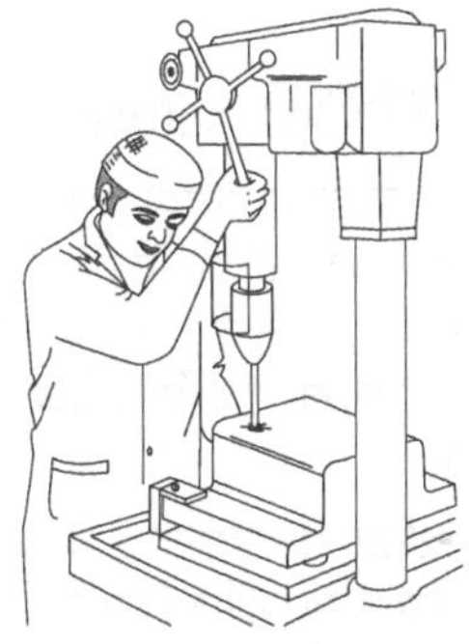

चित्र मशीन पर कार्य करते समय कारीगर का उपयुक्त पहनावा

अत: कारीगर को कार्यशाला के अनुरूप ही सुरक्षित कपड़े पहनने चाहिए, जैसा कि निम्न चित्र में दर्शाया गया है

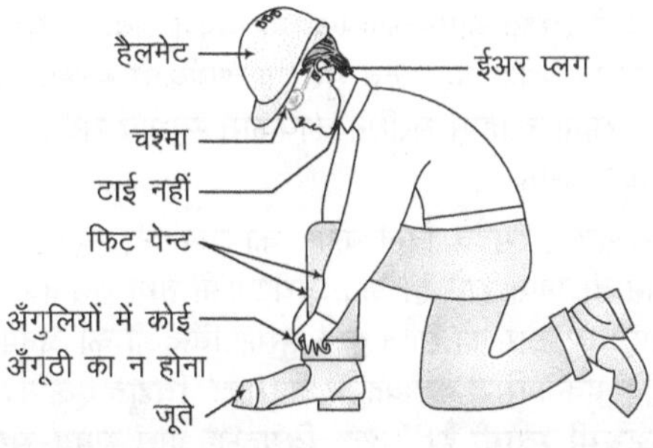

चित्र कार्यशाला में कार्य करने हेतु कारीगर का उपयुक्त पहनावा

प्रकाश की अनुचित व्यवस्था (Improper arrangement of light) प्रकाश की कमी के कारण दुर्घटना हो जाती है। मशीनों पर प्रशिक्षार्थी/कारीगर, जहाँ टूल कटिंग करता है, उस स्थान पर पर्याप्त प्रकाश की व्यवस्था होनी चाहिए।

खतरे वाले पदार्थ के साथ विशेष सावधानी न होना (No special care for dangerous materials) बहुत से कारखानों में विस्फोटक, तेजाब या ज्वलनशील या जहरीली गैसों का प्रयोग किया जाता है। जब भी इस प्रकार के पदार्थों को व्यवहार में लाया जाए तब विशेष सावधानी बरतनी चाहिए।

अस्वस्थता या थकान (Illness or tiredness) कभी-कभी श्रमिक आर्थिक तंगी के कारण, बीमार या कमजोर होते हुए भी कार्य पर आ जाते हैं तथा चक्कर खाकर या कमजोरी के कारण मशीन पर गिर पड़ते हैं, जिसके कारण दुर्घटना होती है। पैसे के लालच में श्रमिक अपनी सामर्थ्य से अधिक कार्य करने को तैयार हो जाते हैं, परन्तु थकान के कारण चोट खा बैठते हैं।

नशे की आदत (Toxication) बहुत से कारीगर नशे की आदत के शिकार हो जाते हैं तथा कभी-कभी नशे की अवस्था में ही कारखाने में चले जाते हैं। ऐसे कारीगर स्वयं तो दुर्घटना के शिकार होते ही हैं, साथ ही दूसरों के लिए भी खतरा हो सकते हैं।

अत: यह स्पष्ट है कि दुर्घटनाओं का सही प्रकार से ज्ञान होना ही, उनसे बचने का एक उपाय है, जिससे सही विधि से सही स्थान पर ही सही कार्य किया जा सकता है।

1.7 सुरक्षा Safety

सुरक्षा शब्द का शाब्दिक अर्थ सुरक्षित रहना है। किसी भी अनचाही या आकस्मिक दुर्घटना, जो किसी भी व्यक्ति या उसके आस-पास के वातावरण को प्रभावित करती है, से बचाव ही सुरक्षा कहलाता है। किसी भी स्थान अथवा कार्यशाला में दुर्घटना से बचने के लिए विभिन्न सुरक्षा संकेत उपलब्ध होते हैं।

इसके अतिरिक्त कार्यशाला में कार्य करते समय कुछ विशेष सावधानियाँ अथवा नियम भी वर्णित किए गए हैं, जिनका पालन करना अनिवार्य होता है। ये संकेत तथा नियम ही सुरक्षा की कुंजी होते हैं।

सुरक्षा नियमों की आवश्यकता Necessity of Safety Rules

किसी भी कार्य में सुरक्षा जागरूकता एक महत्त्वपूर्ण अवस्था है। अत: प्रत्येक कारीगर अर्थात् विद्युत्कार को सदैव सुरक्षित कार्यकारी स्वभाव का बनने के लिए प्रयत्नरत् रहना चाहिए। सुरक्षित कार्यकारी स्वभाव सदैव जन, धन एवं सामग्री की रक्षा करता है।

असुरक्षित स्वभाव से सदैव निम्न कोटि का उत्पादन, न्यून लाभ, दुर्घटना आदि परिणाम ही प्राप्त होते हैं। अत: दुर्घटनाओं तथा वैद्युतिक आघातों से बचने के लिए विद्युत्कार को सदैव कुछ सुरक्षा बिन्दुओं का अनुपालन करना चाहिए, क्योंकि एक प्रसिद्ध कहावत के अनुसार ''**विद्युत एक उत्तम सेवक, परन्तु एक अधर्मी स्वामी है।**'' अत: विद्युत्कार द्वारा समय-समय पर इन सुरक्षा नियमों को सीखना चाहिए, उन्हें याद रखना चाहिए तथा उनका अभ्यास करते रहना चाहिए।

साधारण सुरक्षा नियम General Safety Rules

जब भी हम सम्पूर्ण सुरक्षा की बात करते हैं, तो उसमें अपनी सुरक्षा के साथ ही मशीनों की सुरक्षा तथा कार्यखण्ड की सुरक्षा भी निहित रहती है। कार्यशाला में प्रशिक्षण लेने वाले हर प्रशिक्षार्थी का एवं प्रशिक्षण कार्य पूर्ण कर चुके हर कार्मिक का यह कर्त्तव्य है कि वह निम्नलिखित तीन बातों की जानकारी अवश्य रखें

1. स्वयं की सुरक्षा 2. मशीनों की सुरक्षा 3. कार्यखण्ड की सुरक्षा

1. स्वयं की सुरक्षा Personal Safety

जब कोई कारीगर, सम्पूर्ण जानकारी के बिना किसी मशीन या औजार का प्रयोग करता है, तो वह दुर्घटना का शिकार हो सकता है, इसलिए कार्यशाला में कारीगर द्वारा अपनी सुरक्षा के लिए निम्न नियमों का पालन अवश्य करना चाहिए

- कार्यशाला में सदैव बूट पहनकर चलना चाहिए, क्योंकि मशीनों से निकली लोहे की छीलन पैर में लगने से घाव होने का भय रहता है। इसके लिए स्टील कैप बूट का प्रयोग किया जा सकता है।

चित्र स्टील कैप बूट

- कार्यशाला में कभी भी ढीले कपड़े, टाई, मफलर इत्यादि पहनकर कार्य न करें। इनसे चलती मशीनों पर दुर्घटना होने का सदैव भय रहता है।
- मशीन पर कार्य करते समय किसी दूसरे कारीगर के साथ बातचीत न करें। अपना ध्यान सदैव अपने कार्य में लगाएँ, ऐसा करने से दुर्घटना होने का भय भी कम रहता है।
- किसी भी मशीन की पूर्ण जानकारी न होने पर मशीन को न चलाएँ, क्योंकि यह आपके लिए दुर्घटना का कारण बन सकता है।
- किसी चलती मशीन के साथ छेड़खानी करना दुर्घटना को बुलावा देना है, इसलिए चलती मशीन के सहारे न तो खड़े हों और न ही उसके पुर्जों; जैसे—बोल्ट आदि को स्पर्श करना चाहिए।
- किसी चलती मशीन के पास यदि खड़े होकर कार्य करना हो, तो चलती मशीन पर सुरक्षा गार्ड अवश्य लगाएँ, जिससे दुर्घटना होने का भय न हो।
- कार्यशाला के अन्दर किसी भी लटकते हुए वजन के नीचे खड़े होकर काम न करें, क्योंकि वजन के गिरने से दुर्घटना हो सकती है।
- यदि कोई भी कारीगर किसी ऊपरी स्थान पर कार्य कर रहा है, तो उसे चाहिए कि वह हर औजार को मजबूती से पकड़कर कार्य करे, क्योंकि स्पैनर, हैमर या चीजल जैसे औजार नीचे गिरने पर किसी भी कर्मचारी को जख्मी कर सकते हैं। ऐसी कार्यशाला में सभी कर्मचारियों को हमेशा हैलमेट का प्रयोग करना चाहिए।
- चलती हुई मशीनों का स्नेहन करते समय तेल-कुप्पी का प्रयोग करना चाहिए और प्रयास करना चाहिए कि चलती मशीन में तेल या ग्रीस न दें।

- किसी भी बाहरी व्यक्ति को कार्यशाला में लाने से पहले उसे कार्यशाला के मौलिक सिद्धान्तों की जानकारी दे देनी चाहिए, यह कारीगर का ही कर्त्तव्य होता है।
- चलती हुई मशीन की मरम्मत कभी नहीं करनी चाहिए।
- बिजली के तारों को चलते हुए पाटर्स के ऊपर से नहीं ले जाना चाहिए, क्योंकि ऐसा करने पर रगड़ खाने से इन्सुलेशन कट सकता है तथा कारीगर को विद्युत झटका लग सकता है।
- अधिक भारी सामान को ध्यानपूर्वक उठाना चाहिए। लापरवाही के कारण मोच आने या अन्य दुर्घटना होने की सम्भावना रहती है।
- हैण्डिल वाले औजारों; जैसे—फाइल, स्क्रैपर इत्यादि का प्रयोग बिना हैण्डिल के नहीं करना चाहिए, क्योंकि इससे हाथ में घाव होने का भय रहता है।
- चार्जिंग के समय उपकरणों में प्रयुक्त बैटरी में झाँकना नहीं चाहिए, क्योंकि चार्जिंग के समय बैटरी से हानिकारक तेजाब की गैस निकलती है।
- रेफ्रिजरेन्ट (refrigerant) का प्रयोग ध्यानपूर्वक करना चाहिए। इसके त्वचा पर गिरने से, उस स्थान पर खून का थक्का जमा सकता है, जिससे खून का प्रवाह प्रभावित हो सकता है।
- रेफ्रिजरेन्ट के सिलेण्डरों को 125° F या 56-67°C के तापमान वाले स्थान पर रखना चाहिए। अधिक तापमान के कारण इन सिलेण्डरों में विस्फोट हो सकता है।
- रेफ्रिजरेशन एवं एयर कण्डीशनिंग सिस्टम की मरम्मत करने से पूर्व रेफ्रिजरेन्ट को निकाल लेना चाहिए।
- अमोनिया रेफ्रिजरेन्ट के उपयोग के समय हाथों में सुरक्षा दस्ताने पहनने चाहिए। इसके त्वचा के सम्पर्क में आने पर सम्बन्धित त्वचा को कम-से-कम 15 मिनट तक साबुन से धोना चाहिए।
- रेफ्रिजरेटर एवं एयर कण्डीशनर में खराबी आने पर इनका उपयोग नहीं करना चाहिए तथा इनका पावर प्लग निकाल देना चाहिए।
- रेफ्रिजरेन्ट सिलेण्डरों में 80% से अधिक रेफ्रिजरेन्ट नहीं भरना चाहिए।
- रेफ्रिजरेटरों एवं एयर कण्डीशनरों की स्थापना मानकों के अनुरूप ही करनी चाहिए।

2. मशीनों की सुरक्षा Safety of Machines

अपनी सुरक्षा करते हुए जहाँ तक भी सम्भव हो हमें मशीनों, मशीनों पर प्रयोग होने वाले अन्य औजारों तथा बहुत से सूक्ष्ममापी यन्त्रों की सुरक्षा का भी ध्यान रखना चाहिए। मशीनों व औजार आदि की सुरक्षा के लिए हमें निम्नलिखित बातों पर ध्यान देना चाहिए

- सभी सूक्ष्ममापी यन्त्रों को समय-समय पर तेल लगाकर रखना चाहिए, विशेष रूप से बारिश के मौसम में इनकी देखभाल अवश्य करें, क्योंकि एक बार यन्त्र को जंग लगने पर उसकी सूक्ष्मता समाप्त हो जाती है।
- सभी सूक्ष्ममापी यन्त्रों का प्रयोग करने के बाद उन्हें किसी सुरक्षित स्थान पर कटिंग टूल से अलग रखना चाहिए।
- चलती मशीन पर किसी भी यन्त्र का प्रयोग नहीं करना चाहिए।
- मशीन की टेबल पर हैमरिंग नहीं करनी चाहिए, क्योंकि इससे टेबल पर स्पॉट पड़ जाएँगे, जिससे सतह की यथार्थता (accuracy) समाप्त हो जाएगी।
- चलती मशीन के गियर न बदलें, इससे गियर के टूटने की सम्भावना रहती है।
- किसी मशीन पर कार्य करने से पूर्व उसकी कार्यविधि अवश्य समझ लेनी चाहिए तथा कार्य करते समय सदैव पाँव के नीचे लकड़ी का बोर्ड रखना चाहिए।
- किसी भी मशीन का कोई एक पार्ट खराब होने पर उसे तुरन्त ठीक कर देना चाहिए, अन्यथा शेष पाटर्स के भी खराब होने की सम्भावना बनी रहती है। किसी भी नई रेती का प्रयोग करने से पहले उसे किसी नर्म धातु पर चलाना चाहिए।
- रेती का प्रयोग करते समय उसे बार-बार जॉब पर नहीं मारना चाहिए, क्योंकि इससे रेती के दाँतों के खराब होने की सम्भावना बनी रहती है।
- एक-दो माह तक रेती से कार्य करने के पश्चात् उसे धुलवा लेना चाहिए, इससे रेती की कार्य अवधि बढ़ जाती है।
- रेती की सफाई के लिए अपने पास फाइल कार्ड रखना चाहिए व समय-समय पर फाइल कार्ड से रेती में फँसे लोहे के कण साफ करते रहना चाहिए।

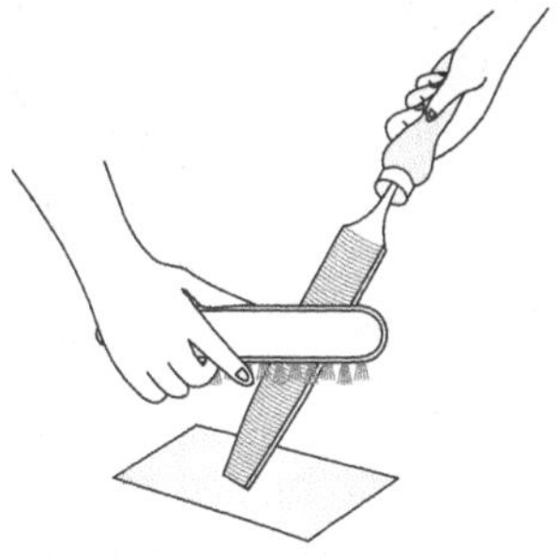

चित्र रेती की सुरक्षा हेतु उसे फाइल कार्ड द्वारा साफ करना

3. कार्यखण्ड की सुरक्षा Safety of Workpiece

मशीनों की सुरक्षा के साथ-साथ, यह भी महत्त्वपूर्ण है कि कारीगर द्वारा कुछ मौलिक बातों का भी ध्यान रखा जाए, जो कार्यशाला में हो रहे कार्य तथा कार्यखण्ड के लिए लाभदायक हों। ऐसी ही कुछ मूल बातों का विवरण नीचे दिया गया है

किसी भी कार्यखण्ड (जॉब) को मशीन पर बाँधने से पहले जॉब की आकृति के अनुसार उसकी सही क्लैम्पिंग का प्रबन्ध कर लेना चाहिए, क्योंकि जब तक जॉब सही नहीं बाँधा जाएगा, वह ठीक नहीं बन सकता।

- जॉब को भली-भाँति मशीन पर बाँधने के पश्चात् सही कटिंग टूल का प्रयोग करना चाहिए, क्योंकि जब तक कटिंग टूल का सही प्रयोग नहीं किया जाएगा, तब तक जॉब ठीक नहीं बनेगा।
- जॉब को बनाते समय जॉब की माप के लिए उसकी सूक्ष्मता के अनुसार ही साधन का प्रयोग करना चाहिए; जैसे—रफ माप के लिए स्टील रूल तथा सूक्ष्म माप के लिए माइक्रोमीटर या वर्नियर कैलीपर्स इत्यादि।
- जॉब को बनाने से पहले उसकी ड्रॉइंग को भली-भाँति समझ लेना चाहिए।
- यदि किसी जॉब को ज्यादा मात्रा में बनाना है, तो उसको बाँधने के लिए सही फिक्सचर तथा माप के लिए आवश्यक गेज पहले तैयार कर लेने चाहिए, जिससे जॉब को बनाने में कम समय लगे और उनकी माप भी एक-समान बनाई जा सके।
- जॉब की फाइलिंग के लिए प्रयुक्त रेती चिकनाई रहित होनी चाहिए।

- धातु के टुकड़े अथवा पाइप को काटने में प्रयुक्त हेक्सॉ के ब्लेडों को अधिक टाइट नहीं करना चाहिए, क्योंकि इससे ब्लेड्स टूटने का भय होता है।
- हेक्सॉ ब्लेडों से कटिंग करते समय कूलेन्ट का प्रयोग करना आवश्यक है, क्योंकि ब्लेड के गर्म होने पर उसकी कटिंग क्षमता समाप्त हो जाती है।
- जिस मशीन पर कार्य करना है, कार्य प्रारम्भ होने से पूर्व उसकी सही प्रकार से लुब्रीकेशन एवं सफाई कर लेनी चाहिए।
- सूक्ष्म माप वाले उपकरणों का प्रयोग सावधानीपूर्वक करना चाहिए एवं प्रयोग करने के पश्चात् इन्हें कटिंग औजारों से पृथक् रखना चाहिए।
- कार्यशाला में, जॉब को एक स्थान से दूसरे स्थान तक ले जाने के लिए उपयुक्त ट्रॉली का प्रयोग करना चाहिए, जिससे कि जॉब को हानि पहुँचने की सम्भावना कम हो।

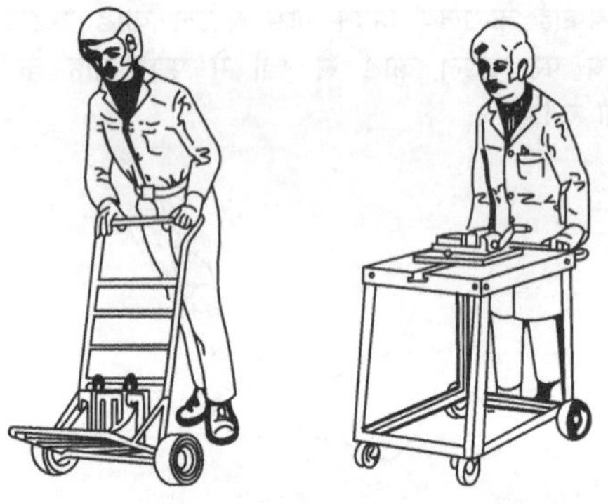

चित्र कार्यखण्ड की सुरक्षा

- यदि कोई मशीन मरम्मत करने योग्य हो, तो उसे बिना मरम्मत किए प्रयोग नहीं करना चाहिए अन्यथा ज्यादा खराबी आने पर मशीन दुर्घटना का कारण बन सकती है।

कार्यशाला सुरक्षा Factory Safety

हम जानते हैं कि कार्यशाला में अधिकतर मशीनें, वैद्युतिक सप्लाई पर प्रचालित होती हैं। वैद्युतिक सप्लाई ए.सी. तथा डी.सी. दो प्रकार की होती हैं। यह सप्लाई एक निश्चित मान से ज्यादा होने पर कार्यशाला में कार्य कर रहे कारीगर तथा मशीन दोनों के लिए खतरनाक होती है।

अत: यह आवश्यक है कि कार्यशाला में वैद्युतिक उपकरणों/मशीनों के साथ कार्य कर रहे कारीगरों को इससे होने वाली दुर्घटनाओं का भी ज्ञान हो, ताकि उपयुक्त सुरक्षा अपनाकर दुर्घटनाओं से बचा जा सके।

अत: कार्यशाला सुरक्षा के लिए निम्न बातों को ध्यान में रखना चाहिए

1. कार्यशाला में कार्य करते समय उपयुक्त व्यक्तिगत सुरक्षा उपकरण (personal protective equipments) का प्रयोग करना चाहिए।
2. प्रशिक्षु को हमेशा अचालक कवरयुक्त वैद्युतिक औजार/पावर लीड का प्रयोग करना चाहिए।
3. विद्युत प्रचालित उपकरणों को नंगे हाथों अथवा इन्सुलेशन रहित औजारों से नहीं छूना चाहिए।
4. वैद्युतिक कार्यशाला में कार्य करने वाले व्यक्तियों को अपने साथ-साथ, अन्य लोगों एवं मशीनरी की भी सुरक्षा का ध्यान रखना चाहिए।
5. कार्यशाला में विद्युत प्लगों, सॉकेटों, उपकरणों इत्यादि को गीले हाथों से न ही स्पर्श करना चाहिए और न ही उसकी मरम्मत करनी चाहिए।
6. मेन्स पावर सप्लाई से तारों को संयोजित करते समय उनकी विशिष्टताओं (specifications) को ध्यान में रखना चाहिए।
7. प्रशिक्षु को मेन्स से संयोजित सभी उपकरणों को उचित परास एवं मानक सॉकेट आउटलेटों में ही लगाकर प्रचालित करना चाहिए।
8. कार्यशाला में विद्युत सम्बन्धी कोई खराबी होने पर कारीगर को चाहिए कि वह इसकी सूचना अपने बड़े अधिकारी को दें।
9. अल्प ज्ञान के आधार पर विद्युत सम्बन्धी कोई खराबी कभी भी स्वयं ठीक करने की कोशिश नहीं करनी चाहिए, क्योंकि यह जानलेवा हो सकती है।
10. कार्यशाला में कार्य करने से पूर्व कार्यशाला सम्बन्धी नियमों का अवलोकन कर लेना चाहिए।

सुरक्षा संकेत Safety Symbols

प्रशिक्षण काल में ही कारीगर को कारखानों में सुरक्षा के लिए उठाए गए विभिन्न कदमों, नियमों तथा उपायों की जानकारी दी जाती है। विभिन्न मशीनों तथा कार्यशाला आदि की दीवारों पर विभिन्न निर्देश संकेतों के रूप में लगाए (लिखें) जाते हैं। सुरक्षा संकेत निम्न चार प्रकार के होते हैं

1. निषेधात्मक संकेत
2. अनिवार्य संकेत
3. चेतावनी संकेत
4. सूचनात्मक संकेत

1. निषेधात्मक संकेत Prohibition Symbols

(i) इन संकेतों के द्वारा विशेष प्रकार के कार्य करने को मना (निषिद्ध) किया जाता है।

(ii) वृत्त के आकार के ये संकेत लाल रंग के बॉर्डर तथा क्रॉस बार और सफेद बैक-ग्राउण्ड पर काली, आकृति द्वारा बनाए जाते हैं।

(iii) निषेधात्मक संकेतों; जैसे—भागने के लिए मना करना, धूम्रपान न करना, आग न जलाना आदि को नीचे चित्रों में दर्शाया गया है।

चित्र निषेधात्मक संकेत

2. अनिवार्य संकेत Mandatory Symbols

(i) इन संकेतों के द्वारा कारीगरों को सुरक्षात्मक निर्देश दिए जाते हैं और कारीगर इन संकेतों को सहज समझ लेते हैं।

(ii) ये संकेत नीली पृष्ठभूमि (blue background) पर सफेद संकेत द्वारा वृत्त के आकार में बने होते हैं।

(iii) कुछ अनिवार्य तथा आदेशात्मक संकेतों; जैसे—हैलमेट, चश्मा, जूते, दस्ताने, श्वासयन्त्र पहनना आदि को निम्न चित्रों द्वारा दर्शाया गया है

चित्र अनिवार्य संकेत

3. चेतावनी संकेत Warning Symbols

(i) इन संकेतों के माध्यम से चेतावनी दी जाती है।

(ii) ये संकेत त्रिभुजाकार होते हैं तथा इनको पीली पृष्ठभूमि (yellow background) पर काले रंग की आकृति द्वारा प्रदर्शित किया जाता है।

(iii) कुछ चेतावनी संकेतों; जैसे—आग का भय, बिजली के झटके का भय, विषैला पदार्थ, विस्फोटक पदार्थ का भय आदि को नीचे चित्रों द्वारा दर्शाया गया है।

चित्र चेतावनी संकेत

4. सूचनात्मक संकेत Information Symbols

(i) इन संकेतों के द्वारा विविध प्रकार की सूचनाएँ दी जाती हैं।

(ii) ये संकेत वर्गाकार होते हैं तथा इनको हरी पृष्ठभूमि (green background) पर सफेद रंग की आकृति या सफेद पृष्ठभूमि पर लाल रंग की आकृति द्वारा प्रदर्शित किया जाता है।

(iii) कुछ सूचनात्मक संकेत; जैसे—प्राथमिक उपचार की सुविधा, आपातकालीन दरवाजा, प्रतीक्षा स्थल आदि को नीचे चित्रों में दर्शाया गया है।

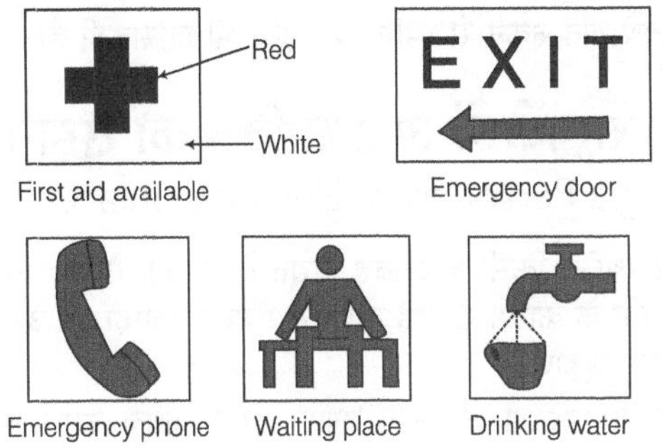

चित्र सूचनात्मक संकेत

रेफ्रिजरेशन एवं एयर कण्डीशनिंग, विद्युत पर आधारित उपकरण है, जिसके कारण विद्युत से सम्बन्धित दुर्घटनाओं का खतरा सदैव बना रहता है।

1.8 रेफ्रिजरेशन एवं एयर कण्डीशनिंग सम्बन्धी वैद्युतिक दुर्घटनाएँ Refrigeration and Air Conditioning Related Electrical Accidents

रेफ्रिजरेशन एवं एयर कण्डीशनिंग विद्युत आधारित एक अत्यन्त संवेदनशील प्रणाली है, जिसमें कार्य के दौरान निरन्तर दुर्घटना की सम्भावनाएँ बनी रहती हैं।

प्रशिक्षु यदि स्वयं को मनोवैज्ञानिक रूप से तैयार कर सुरक्षा नियमों के आलोक में कार्य करे, तो सुरक्षित तरीके से विद्युत सम्बन्धी कितने ही जोखिमपूर्ण कार्य को सहज-सरल भाव से सम्पन्न कर सकते हैं।

फिर भी यदि किसी कार्मिक को विद्युत झटका लग जाता है, तो अन्य कार्मिकों को तुरन्त पीड़ित का विद्युत से बचाव कार्य प्रारम्भ कर देना चाहिए।

विद्युत झटका लगने का कारण Cause of an Electric Shock

जब सामान्यत: 90 वोल्ट्स से अधिक वोल्टेज पर हमारे शरीर के आर-पार विद्युत धारा प्रवाह स्थापित हो जाता है, तो हमें एक झटके का अनुभव होता है, यही विद्युत झटका (electric shock) कहलाता है।

इसका मुख्य कारण विद्युत धारा की तीव्र गति (3×10^8 मी/से) है, जो हमारे शरीर और उसमें हो रहे रक्त प्रवाह की गति से सामंजस्य स्थापित नहीं कर पाती और व्यक्ति को काफी तीव्र विद्युत झटका लगता है।

विद्युत झटके के कारण होने वाली शारीरिक हानियाँ
Damages Caused to Human Body by an Electric Shock

विद्युत झटका लगने पर मनुष्य के शरीर को निम्नलिखित क्षतियाँ हो सकती हैं

1. शरीर पर छाले पड़ सकते हैं।
2. किसी अंग का मांस जल सकता है।
3. रक्त प्रवाह हो सकता है।
4. श्वास में रुकावट पैदा हो सकती है।
5. व्यक्ति मूर्च्छित हो सकता है।
6. हृदय गति रुकने से व्यक्ति की मृत्यु भी हो सकती है।

विद्युत सम्पर्क में आए व्यक्ति को छुड़ाना
Isolating a Person from Electric Contact

यदि कोई व्यक्ति किसी कारणवश विद्युत के सम्पर्क में आ गया हो अर्थात् विद्युत झटके के कारण सप्लाई लाइन से चिपक गया हो, तो उसे तत्परता से निम्न प्रकार छुड़ाएँ

1. मशीन/उपकरण का स्विच 'ऑफ' कर दें अथवा उसकी मेन-लीड का प्लग-टॉप निकाल दें अथवा विद्युत लाइन के मेन-स्विच को 'ऑफ' कर दें।
2. यदि उपरोक्त कुछ भी कर पाना कठिन हो तो स्वयं रबर की चटाई, सूखी लकड़ी की वस्तु या प्लास्टिक की मोटी वस्तु आदि पर खड़े होकर पीड़ित को खींचकर विद्युत सम्पर्क से छुड़ाएँ।
3. यह ध्यान रखें कि विद्युत सम्पर्क से छुड़ाते समय पीड़ित, झटके से भूमि पर न गिरने पाए, जिससे उसे अधिक चोट न लगे।

वैद्युतिक मेन्स का सुरक्षित प्रचालन
Safety Operation of Electrical Mains

हम जानते हैं कि कार्यशाला में अधिकतर मशीनें, वैद्युतिक सप्लाई पर प्रचालित होती हैं। विद्युत सप्लाई ए.सी. तथा डी.सी. दो प्रकार की होती हैं। यह सप्लाई एक निश्चित मान से ज्यादा होने पर कार्यशाला में कार्य कर रहे कारीगर तथा मशीन दोनों के लिए खतरनाक होती है।

अत: यह आवश्यक है कि वैद्युतिक मेन्स सप्लाई के साथ कार्य कर रहे कारीगरों को इससे होने वाली दुर्घटनाओं का भी ज्ञान हो। विद्युत मेन्स से आने वाली सप्लाई वोल्टेज की सामान्य परास 100 - 240 V तथा आवृत्ति 50 Hz /60 Hz होती है। 50 V ए.सी. एवं 120 V डी.सी. से अधिक वोल्टेज दुर्घटना का कारण बन सकती है।

अत: विद्युत मेन्स के साथ कार्य करते समय निम्न बातों को ध्यान में रखना चाहिए

1. प्रशिक्षु को हमेशा अचालक कवरयुक्त वैद्युतिक मेन्स पावर लीड का प्रयोग करना चाहिए तथा वह किसी भी स्थान से कटी-फटी नहीं होनी चाहिए।
2. विद्युत प्रचालित उपकरणों को नंगे हाथों अथवा इन्सुलेशन रहित औजारों से नहीं छूना चाहिए।
3. वैद्युतिक पावर प्लाण्टों में कार्य करने वाले व्यक्तियों को अपने साथ-साथ, अन्य लोगों एवं मशीनरी की भी सुरक्षा का ध्यान रखना चाहिए।
4. कभी भी वैद्युतिक मेन्स से संयोजित तार पर पैर नहीं रखना चाहिए।
5. मेन्स पावर सप्लाई से तारों को संयोजित करते समय उनकी विशिष्टता को ध्यान में रखना चाहिए।
6. प्रशिक्षु को मेन्स से संयोजित सभी उपकरणों को उचित परास एवं मानक सॉकेट आउटलेटों में ही लगाकर प्रचालित करना चाहिए।
7. विद्युत सम्बन्धी कोई खराबी होने पर कारीगर को चाहिए कि वह इसकी सूचना अपने बड़े अधिकारी को दे।
8. अल्प ज्ञान के आधार पर विद्युत सम्बन्धी कोई खराबी कभी भी स्वयं ठीक करने की कोशिश नहीं करनी चाहिए। यह जानलेवा हो सकती है।
9. वैद्युतिक मेन्स पर कार्य करते समय अथवा वैद्युतिक मेन्स सम्बन्धी समस्या का निवारण करते समय, उपयुक्त वैयक्तिक रक्षक उपकरण; जैसे—हैलमेट, चश्मा, दस्ताने आदि का प्रयोग करें।

1.9 आपातकालिक प्रतिक्रियाएँ
Response to Emergencies

औद्योगिक प्रशिक्षण संस्थानों में कार्यशाला एक ऐसा कार्य-क्षेत्र है, जहाँ पर प्रतिक्षण विविध प्रकृति के प्रक्रम चलते रहते हैं। इस दौरान ऐसी स्थितियाँ समय-समय पर उत्पन्न होती हैं, जो कार्य-व्यवधान यहाँ तक की दुर्घटना जैसी अवस्थाएँ बना देती हैं।

अत: होने वाली दुर्घटनाओं से बचने के लिए, ऐसी अवस्थाओं में प्रशिक्षुओं की तुरन्त प्रतिक्रियाएँ जो एक सुरक्षा का भी प्रतिनिधित्व करती हैं, अवस्था-विशेष के अनुसार निम्न प्रकार हो सकती हैं

1. शक्ति विफलता 2. आग पकड़ना 3. प्रणाली विफलता

1. शक्ति विफलता Power Failure

कार्यशाला में विद्युत शक्ति की विफलता सामान्य आपातकालिक स्थिति है। इस दौरान प्रशिक्षु की प्रतिक्रियाएँ निम्नानुसार होनी चाहिए

(i) कार्यशाला का मेन स्विच तत्काल बन्द कर दें।
(ii) इस आपातकालिक स्थिति के कारण को जानने का प्रयास करें।
(iii) आपातकालिक स्थिति के लिए उत्तरदायी कारण असामान्य होने की दशा में उसका उचित निवारण करने के उपरान्त ही विद्युत आपूर्ति सुचारु करें।
(iv) इस प्रतिकूल अवस्था में भी धीरज व संयम बनाए रखें।

2. आग पकड़ना Fire Catching

कार्यशाला में कुछ प्रक्रम संवेदनशील प्रकृति के भी होते हैं, जिसके कारण आग लग सकती है। ऐसे में प्रशिक्षु की प्रतिक्रियाएँ निम्नानुसार होनी चाहिए

(i) ठण्डे दिमाग से कुछ क्षण, आग के कारण को जानने में दें, ताकि उपयुक्त तरीके से इस आपातकालिक स्थिति का निवारण सम्भव हो सके।
(ii) इस अवस्था में फायर ब्रिगेड व उच्चाधिकारियों को तत्काल सूचित करें।
(iii) कार्यशाला में उपलब्ध उपयुक्त आग बुझाने वाले यन्त्रों का तुरन्त प्रयोग कर आग को नियन्त्रित करने का प्रयास करें।
(iv) विद्युत द्वारा आग लगने की दशा में पानी का प्रयोग न करें।

आग बुझाना Fire Extinguishing

प्रत्येक कार्यशाला में आग बुझाने के यन्त्र आवश्यक रूप से उपलब्ध रहने चाहिए, क्योंकि विद्युत के 'शॉर्ट-सर्किट' अथवा अन्य किसी कारण से कार्यशाला में लगी आग की रोकथाम आवश्यक है।

आग बुझाने वाले यन्त्र एवं उपकरण, कार्यशाला में ऐसे स्थान पर स्थापित किए जाने चाहिए, जहाँ से वे तुरन्त ही प्रयोग किए जा सकें। इनके अतिरिक्त रेत से भरी बाल्टियाँ, पानी से भरी बाल्टियाँ आदि की व्यवस्था भी होनी चाहिए।

आग बुझाने वाले यन्त्र Fire Extinguisher

यह एक ऐसा उपकरण होता है, जिसके द्वारा जलती हुई वस्तुओं पर द्रव, गैस या चूर्ण का छिड़काव किया जा सकता है और जल रही वस्तु की ऑक्सीजन की सप्लाई रोक कर आग बुझाई जा सकती है।

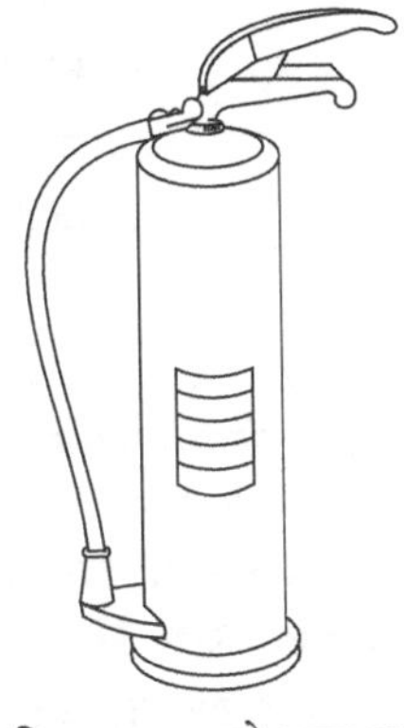

चित्र आग बुझाने वाला यन्त्र

आग बुझाने वाले यन्त्र मुख्यत: निम्न प्रकार के होते हैं

(i) **जलयुक्त आग बुझाने के यन्त्र** (Water-filled fire extinguisher) इस प्रकार के यन्त्र में वायुदाब के साथ जल भरा होता है। एक लीवर को दबाने से जल की बौछार पैदा होती है, जिसके द्वारा आग बुझाई जाती है। इसके द्वारा लकड़ी, कागज, कपड़ा आदि में लगी आग को बुझाया जाता है। जलयुक्त आग बुझाने के यन्त्र की दो प्रचालन विधियाँ क्रमश: गैस कारतूस तथा भण्डारित दाब हैं, जिन्हें चित्र में दर्शाया गया है।

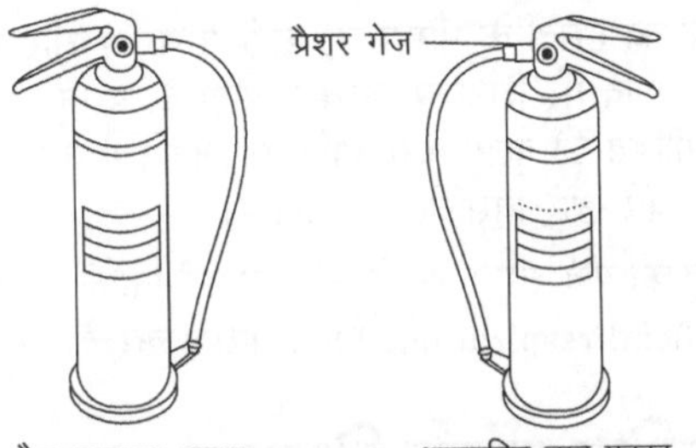

चित्र जलयुक्त आग बुझाने वाले यन्त्र

(ii) **फोम टाइप आग बुझाने का यन्त्र** (Foam type fire extinguisher) इस प्रकार का यन्त्र, जल की बौछार के साथ-साथ झाग पैदा करता है। झाग बनाने के लिए इसमें खनिज तेल, साबुन आदि पदार्थ वायुदाब के साथ जल में मिश्रित कर भरे जाते हैं। इस यन्त्र का प्रयोग पेट्रोल से लगी आग को बुझाने के लिए किया जाता है, परन्तु विद्युत द्वारा लगी आग पर इसका प्रयोग नहीं किया जा सकता, क्योंकि झाग एवं पानी दोनों ही विद्युत के सुचालक होते हैं।

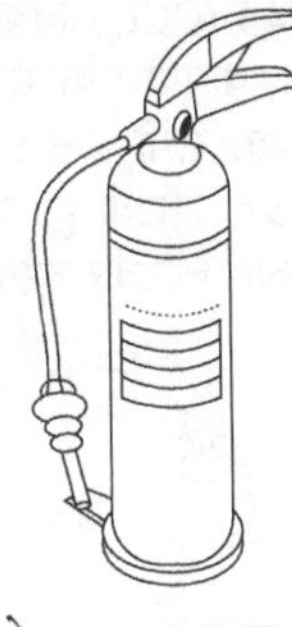

चित्र फोम टाइप आग बुझाने का यन्त्र

(iii) **शुष्क पाउडर टाइप आग बुझाने का यन्त्र** (Dry powder type fire extinguisher) इस प्रकार के यन्त्र में जल के स्थान पर वायुदाब के साथ चूर्ण भरा होता है। यह चूर्ण ज्वलनशील नहीं होता और न ही ज्वलन में सहायक होता है। इसका उपयोग विद्युतीय तारों व उपकरणों में लगी आग को बुझाने के लिए किया जाता है।

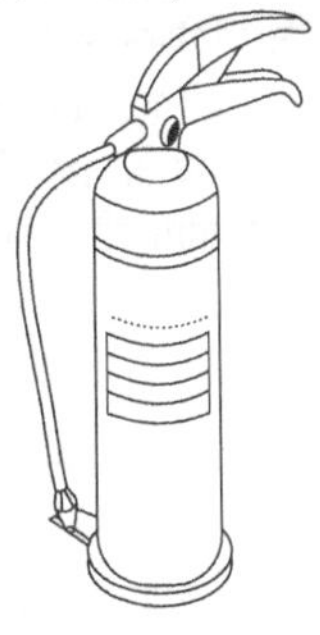

चित्र शुष्क पाउडर टाइप आग बुझाने का यन्त्र

(iv) **कार्बन डाइ-ऑक्साइड टाइप आग बुझाने का यन्त्र** (Carbon dioxide (CO_2) type fire extinguisher) इस प्रकार के यन्त्र में सोडियम बाइकार्बोनेट ($NaHCO_3$) घोल भरा होता है और एक काँच की बोतल में गन्धक का तनु अम्ल (तनु H_2SO_4) भरा होता है। बोतल के ऊपर एक धात्विक बोल्ट इस प्रकार लगाया जाता है कि यन्त्र को उल्टा करके फर्श पर पटकने से काँच की बोतल टूट जाती है। बोतल में भरा अम्ल, सोडियम बाइकार्बोनेट के सम्पर्क में आ जाता है। दोनों पदार्थों में रासायनिक क्रिया के फलस्वरूप तीव्रता से कार्बन डाइ-ऑक्साइड गैस पैदा होती है। कार्बन डाइ-ऑक्साइड गैस, जलने में सहायक नहीं होती और जलने वाली वस्तुओं की ऑक्सीजन सप्लाई काट कर आग बुझा देती है। इसका उपयोग वैद्युतिक तारों, उपकरणों आदि में लगी आग को बुझाने के लिए किया जाता है।

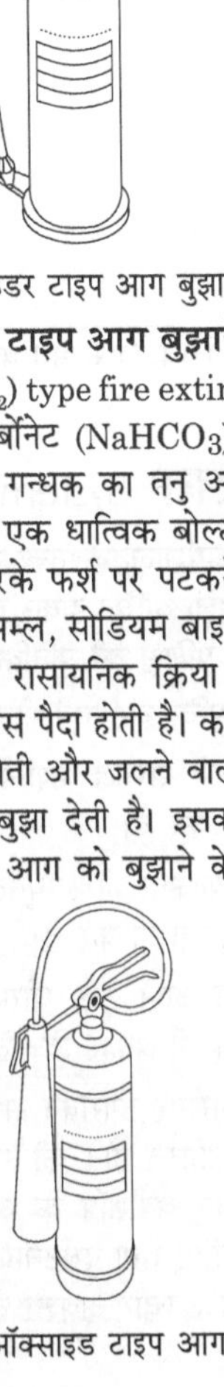

चित्र कार्बन डाइ-ऑक्साइड टाइप आग बुझाने का यन्त्र

(v) **कार्बन टेट्राक्लोराइड टाइप आग बुझाने का यन्त्र** (Carbon tetra-chloride (CCl_4) type fire extinguisher) इस प्रकार के यन्त्र में कार्बन टेट्राक्लोराइड (CCl_4) अथवा ब्रोमोक्लोरो-डि-फ्लोरो मीथेन (BFC) नामक द्रव, वायुदाब के साथ भरा हुआ होता है। इस यन्त्र का उपयोग सामान्यत: सभी प्रकार की आग बुझाने के लिए किया जा सकता है। यह द्रव, जलती हुई वस्तु को ढक लेता है और उसकी ऑक्सीजन की सप्लाई काटकर तुरन्त ही आग बुझा देता है।

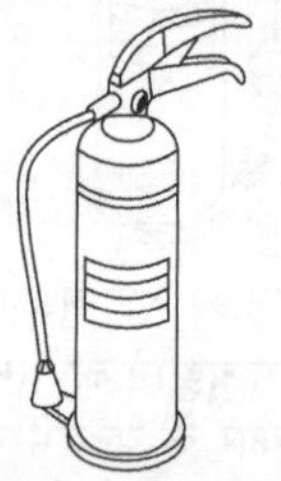

चित्र सी.टी.सी. टाइप आग बुझाने का यन्त्र

(vi) **रेत से भरी बाल्टियाँ** (Sand-filled buckets) कार्यशालाओं के अन्दर आग बुझाने के लिए विभिन्न यन्त्र लगे होते हैं, परन्तु कार्यशाला के बाहर लाल रंग से पेन्ट की हुई बाल्टियों में सूखी रेत भरकर रखी जाती है। इन बाल्टियों पर संकेतात्मक तौर पर आग लिखा होता है। इनका प्रयोग विद्युत से लगी आग को बुझाने के लिए किया जाता है।

चित्र रेत से भरी बाल्टी

3. प्रणाली विफलता System Failure

प्रणाली विफलता किसी कार्यशाला के तन्त्र में उत्पन्न आकस्मिक व्यवधान है, जिससे उसकी कार्यप्रणाली बाधित होकर कार्य की निरन्तरता को प्रभावित कर देती है। ऐसी दशा में प्रशिक्षु की प्रतिक्रियाएँ निम्नानुसार होनी चाहिए

(i) सक्षम अधिकारी को सूचित कर स्वयं भी कारण को जानने का प्रयास करें।

(ii) कार्यशाला प्रणाली से सम्बद्ध मशीनों एवं उपकरणों को तत्काल अक्रिय (inactive) कर दें।

(iii) प्रणाली से सम्बद्ध व्यवस्था की उपयुक्त तरीके से जाँच करें और दोष मिलने पर तत्काल निवारण कर दें।

(iv) सक्षम अधिकारी के आने तक धीरज व संयम बनाए रखें और अधीनस्थों को किसी भी प्रकार विचलित न होने दें।

यदि वर्कशॉप के अन्दर कारीगर उपरोक्त सभी नियमावली का पालन नहीं करता है, तो उसके दुर्घटनाग्रस्त होने की सम्भावना बढ़ जाती है। किसी दुर्घटनाग्रस्त व्यक्ति के लिए वर्कशॉप के अन्दर 'फर्स्ट एड बॉक्स' की व्यवस्था पहले से रहनी चाहिए तथा दुर्घटनाग्रस्त व्यक्ति को आपातकालिक सेवा आने से पूर्व प्राथमिक उपचार अवश्य देना चाहिए।

1.10 प्राथमिक उपचार First Aid

किसी दुर्घटनाग्रस्त व्यक्ति का, डॉक्टर के आगमन से पूर्व किया जाने वाला उपचार, प्राथमिक उपचार कहलाता है।

प्राथमिक उपचार के लिए उपयोगी सामग्री Useful Materials for First Aid

प्राथमिक उपचार के लिए निम्नलिखित सामग्री उपलब्ध होनी चाहिए

1. टिंक्चर आयोडीन
2. टिंक्चर बेंजीन
3. मरक्यूरोक्रोम
4. डेटॉल
5. बरनॉल
6. दर्द-निवारक दवा
7. बेहोशी दूर करने की दवा
8. पट्टी
9. जालीदार कपड़ा
10. रूई
11. सेफ्टी पिन
12. कच्चा प्लास्टर
13. लकड़ी के छोटे फट्टे
14. दवाई देने के लिए गिलास
15. आँख धोने का गिलास
16. ड्रॉपर
17. स्ट्रेचर आदि।

उपरोक्त साधनों का प्रयोग आवश्यकतानुसार करके हम दुर्घटनाग्रस्त व्यक्ति को प्राथमिक उपचार दे सकते हैं, जिससे उसके कष्ट को कम किया जा सकता है। विद्युत झटके या अन्य किसी दुर्घटना से पीड़ित व्यक्ति के उपचार के लिए किसी सहायक के द्वारा डॉक्टर को तुरन्त बुलवाएँ और डॉक्टर के आने से पूर्व निम्न प्राथमिक उपचार प्रारम्भ करें

1. पीड़ित के चारों ओर से भीड़ हटा दें, जिससे कि उसे स्वच्छ वायु मिल सके।
2. पीड़ित के मुँह से नकली दाँत, पान, तम्बाकू आदि निकाल दें, जिससे कि उसे श्वास लेने में कठिनाई न हो।
3. विद्युत झटके से पीड़ित व्यक्ति के शरीर पर पड़े छालों अथवा जले अंगों को स्वच्छ कपड़े अथवा कागज से ढक दें, जिससे कि उन पर मक्खी, मच्छर आदि न बैठें और पीड़ित के शरीर में अन्य बीमारियाँ न फैला सकें।
4. पीड़ित यदि कमरे में हो, तो खिड़की-दरवाजे आदि खोल दें, जिससे कि स्वच्छ वायु का निर्बाध आवागमन हो सके।
5. पीड़ित को (सर्दी के मौसम में) सर्दी से बचाएँ और उसे पलंग, दरी, चटाई आदि पर लिटाकर कम्बल ओढ़ा दें, परन्तु उसका मुँह उघड़ा रखें। पीड़ित को पलंग, दरी आदि पर लिटाने से उसके शरीर में एकत्र विद्युत धीरे-धीरे विसर्जित हो जाती है।
6. पीड़ित को यदि श्वास लेने में कठिनाई प्रतीत होती हो, तो कृत्रिम श्वास (artificial respiration) क्रिया प्रारम्भ कर दें।

1.11 कृत्रिम श्वास क्रिया Artificial Respiration

इस क्रिया के अन्तर्गत पीड़ित व्यक्ति को साँस न आने पर, विविध कृत्रिम क्रियाओं द्वारा साँस दी जाती है। कृत्रिम श्वास क्रिया की चार प्रमुख विधियाँ निम्न प्रकार हैं

1. सिल्वेस्टर विधि
2. शैफर विधि
3. मुँह-से-मुँह में हवा भरना
4. कृत्रिम श्वास यन्त्र द्वारा

1. सिल्वेस्टर विधि Sylvester Method

इस विधि का प्रयोग तब किया जाता है, जब पीड़ित के सीने की ओर छाले पड़े हों। इस विधि में पीड़ित को पीठ के बल लिटाया जाता है। तत्पश्चात् उसकी पीठ के नीचे तकिया लगा दिया जाता है, जिससे कि उसका सीना कुछ ऊपर उठ जाता है और सिर कुछ नीचा हो जाता है।

अब निम्नलिखित दो स्थितियों द्वारा पीड़ित व्यक्ति के शरीर में साँस भरने का प्रयास करें

(i) प्रथम स्थिति First Position

पीड़ित के सिर के पास अपने घुटनों के बल बैठ जाएँ। उसके दोनों हाथों की आधी मुट्ठी बाँधकर हाथों को सीधा फैला दें। अब पीड़ित के दोनों हाथों को धीरे-धीरे मोड़कर उसके सीने पर लाएँ, नीचे चित्र (a) देखें।

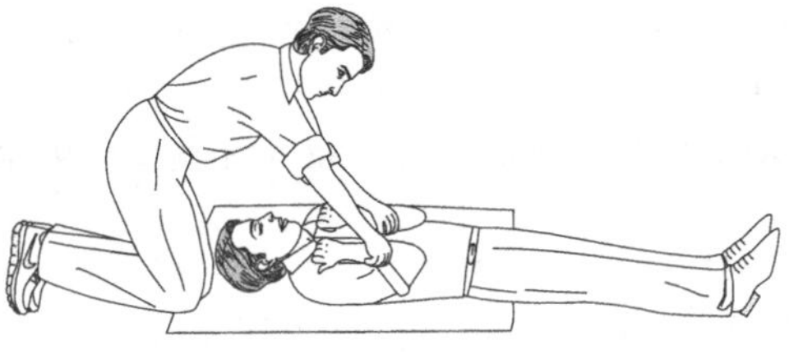

चित्र (a) सिल्वेस्टर विधि की प्रथम स्थिति

(ii) द्वितीय स्थिति Second Position

प्रथम स्थिति में अपने हाथों से पीड़ित के सीने पर कुछ दबाव डालें।

दो-तीन सेकण्ड बाद दबाव हटा लें और पीड़ित के हाथों को उसके सिर की ओर फैला दें और मुट्ठियाँ खोल दें, निम्न चित्र (b) देखें।

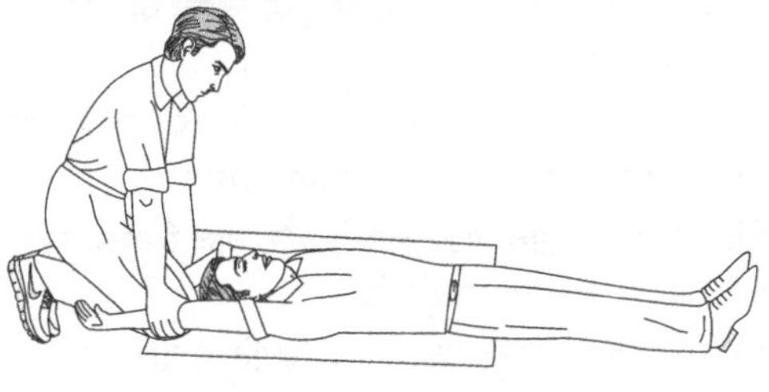

चित्र (b) सिल्वेस्टर विधि की द्वितीय स्थिति

उपरोक्त क्रियाओं को 10-12 बार प्रति मिनट की दर से तब तक दोहराएँ जब तक कि उसकी श्वास क्रिया सामान्य न हो जाए। जब पीड़ित के सीने पर दबाव डाला जाता है, तो फेफड़ों के अन्दर की वायु बाहर निकल जाती है और दबाव हटाने से बाहर की ताजी वायु फेफड़ों के अन्दर जाती है। इस प्रकार, पीड़ित को श्वास लेने में सहायता मिलती है।

2. शैफर विधि Schaffer Method

यह विधि तब प्रयोग की जाती है, जब पीड़ित की पीठ पर छाले पड़े हों। इस विधि में पीड़ित को पेट के बल लिटाया जाता है और उसके सिर को किसी एक करवट कर दिया जाता है। पीड़ित के सीने के नीचे पतला तकिया रख दिया जाता है। अब निम्नलिखित दो स्थितियों का प्रयोग कर पीड़ित व्यक्ति के शरीर में श्वास भरने का प्रयास करें

(i) प्रथम स्थिति First Position

पीड़ित के घुटनों के पास अपने घुटनों के बल बैठ जाएँ। अपने दोनों हाथ पीड़ित की पीठ पर इस प्रकार रखें कि दोनों हाथ सीधे रहें और चारों अँगुलियाँ आपस में मिली रहें तथा वे अँगूठे से समकोण बनाएँ, चित्र (a) देखें।

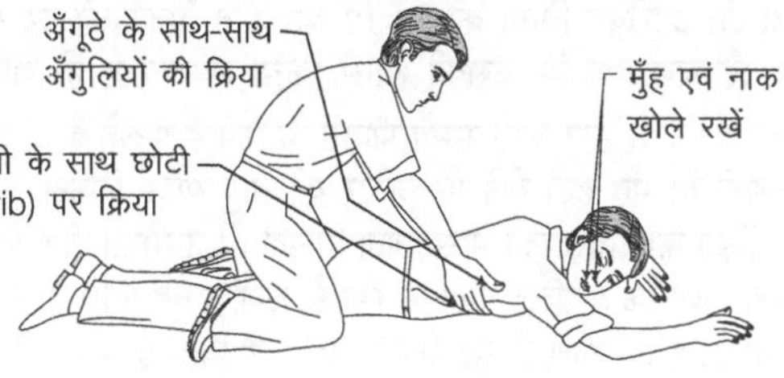

चित्र (a) शैफर विधि की प्रथम स्थिति

(ii) द्वितीय स्थिति Second Position

इस स्थिति में, आगे की ओर झुकते हुए पीड़ित की पीठ पर भार डालें। दो-तीन सेकण्ड बाद दबाव को हटा लें और अपने दोनों हाथों को सीधा कर दें, चित्र (b) देखें।

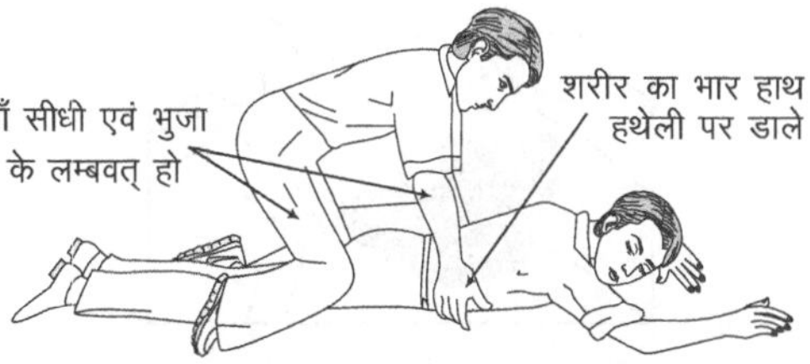

चित्र (b) शैफर विधि की द्वितीय स्थिति

जब पीड़ित की पीठ पर दबाव डाला जाता है, तो फेफड़ों के अन्दर की वायु बाहर निकल जाती है और दबाव हटाने से बाहर की ताजी वायु फेफड़ों के अन्दर जाती है। इस प्रकार, पीड़ित को श्वास लेने में सहायता मिलती है। उपरोक्त क्रियाओं को 10-12 बार प्रति मिनट की दर से तब तक दोहराएँ जब तक कि उसकी श्वास क्रिया सामान्य न हो जाए।

3. मुँह-से-मुँह में हवा भरना Mouth to Mouth Respiration

इस विधि में पीड़ित के मुँह में सीधे हवा भरकर श्वसन क्रिया पूर्ण की जाती है। निम्नलिखित दो स्थितियों का प्रयोग कर मुँह-से-मुँह में हवा भरने की प्रक्रिया पूर्ण की जाती है

(i) प्रथम स्थिति First Position

पीड़ित को पीठ के बल लिटा लें। अब पीड़ित की पीठ के नीचे तकिया आदि लगा दें, जिससे कि उसका मुँह थोड़ा पीछे की ओर लटक जाए, चित्र (a) देखें।

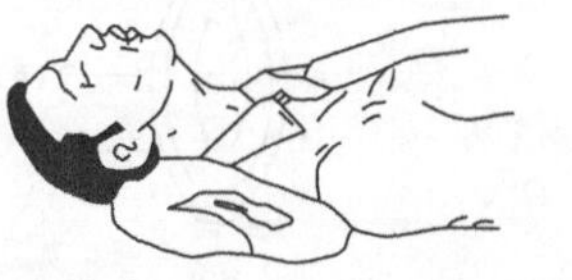

चित्र (a) पीड़ित की पीठ के नीचे तकिया लगाना

(ii) **द्वितीय स्थिति** Second Position

पीड़ित का मुँह अच्छी तरह साफ कर लें। अब उसके खुले मुँह पर महीन कपड़ा रखकर और एक हाथ से उसकी नाक बन्द करके अपने मुँह से उसके मुँह में बलपूर्वक झटके से हवा भरें। यह ध्यान रखें कि हवा बाहर न निकलने पाए और उसके फेफड़े कुछ फूलें। हवा को बाहर निकलने के लिए अपना मुँह हटा लें। उपरोक्त क्रिया को 10-12 बार प्रति मिनट की दर से तब तक दोहराते रहें जब तक कि उसकी श्वास क्रिया सामान्य न हो जाए।

बलपूर्वक झटके से हवा भरते समय पीड़ित के फेफड़े फूलते हैं और ताजी वायु अन्दर जाती है। मुँह हटा लेने पर अन्दर की वायु बाहर निकल जाती है। इस प्रकार, पीड़ित को श्वास लेने में सहायता मिलती है। उपरोक्त तीनों विधियों में से तीसरी विधि अधिक प्रचलित होती जा रही है, क्योंकि यह विधि तुरन्त प्रारम्भ की जा सकती है। इसके साथ ही यह एक प्रभावशाली विधि है और इसे लम्बे समय तक जारी रखने की आवश्यकता नहीं होती, जबकि प्रथम एवं द्वितीय विधि को एक घण्टे से भी अधिक समय तक जारी रखना पड़ सकता है। मुँह-से-मुँह में हवा भरने के प्रक्रम को निम्न चित्र (b) द्वारा दर्शाया गया है।

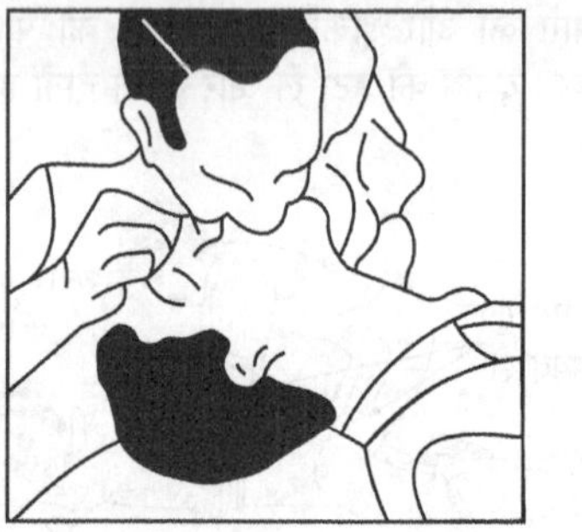

चित्र (b) मुँह-से-मुँह में हवा भरना

4. कृत्रिम श्वास यन्त्र द्वारा
By Artificial Respiration Instrument

श्वास यन्त्र द्वारा पीड़ित व्यक्ति को साँस देने के लिए चित्र में दिखाए यन्त्र का प्रयोग किया जाता है। इस यन्त्र में प्रयुक्त रबड़ के वाल्व में से हवा फिल्टर होकर चैम्बर में आती है।

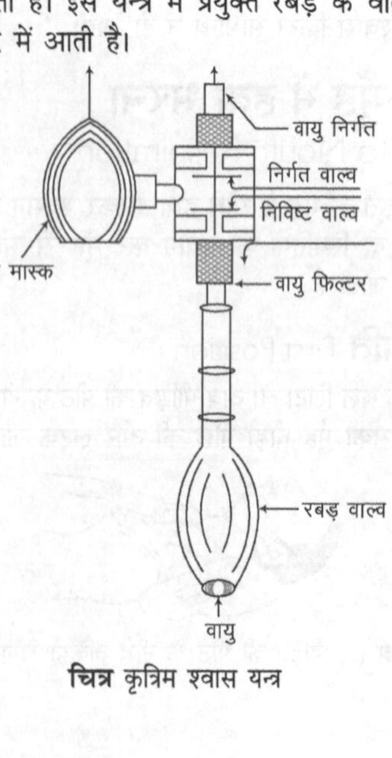

चित्र कृत्रिम श्वास यन्त्र

यहाँ पर इनलेट तथा आउटलेट वाल्व लगे होते हैं, जोकि रबड़ वाल्व को दबाने व छोड़ने के साथ खुलते व बन्द होते हैं। इसके अन्तर्गत हवा, पीड़ित के मुँह पर लगे मास्क के माध्यम से पीड़ित के अन्दर भेजी जाती है। यह बहुत सरल प्रक्रिया है। इसमें रबड़ के वाल्व को 15 से 20 बार एक मिनट में ऑपरेट किया जाता है।

1.12 तकनीशियनों की ग्रूमिंग
Grooming of Technicians

ग्रूमिंग का अर्थ है लोगों को किसी विशिष्ट उद्देश्य या गतिविधि और विशेष प्रशिक्षण के लिए तैयार करना। ITI से सम्बन्धित इस ट्रेड के उद्देश्य की पूर्ति के लिए, अभ्यर्थियों को वाल्व 'की' रीसैट करने, क्वाइल की मरम्मत करने इंसुलेट करने, पावर के कनेक्शन की जाँच करने, दोषपूर्ण भागों की मरम्मत करने, सोल्डरिंग आदि द्वारा रेफ्रिजरेशन और एयर कण्डीशनिंग संयन्त्रों को स्थापित करने और उनकी मरम्मत करने के लिए सक्षम तकनीशियनों के रूप में तैयार करना है।

प्रशिक्षण पूर्व होने पर, प्रत्येक अभ्यार्थी को निम्न बिन्दुओं में सक्षम होना चाहिए

1. साइट जैसी जगहों पर रेफ्रिजरेटर तथा एयर कण्डीशनिंग इकाई को स्थापित करने तथा अच्छे परिणाम प्राप्त करने के लिए, आवश्यक पावर कनेक्शन और इकाइयों को परिवर्तित करने में।
2. दोषपूर्ण उपकरण के स्थान का पता लगाने में तथा आंशिक या पूर्णरूप से खराब हुए उपकरणों को हटाने में।
3. घिसे हुए पुर्जों की मरम्मत करने में।
4. क्वाइल तथा रीसैटिंग वाल्व को लगाने में।
5. री-इंसुलेटिंग सिस्टम इत्यादि द्वारा दोष पूर्ण भागों को बदलने या मरम्मत करने में तथा पम्प कम्प्रैसर मोटर इत्यादि के खराब या घिसे हुए भागों को बदलने के बाद उन्हें पुनः स्थापित करने में।
6. रेफ्रिजरेटर या एयर कण्डीशनिंग सयन्त्रों की उप-इकाई दोषपूर्ण सील इकाइयों को हटाने और प्रतिस्थापन प्राप्त करने में।
7. ताजा रेफ्रिजरेन्ट के साथ पाइप लाइनों और चार्ज सिस्टम के निर्वात और दाब परीक्षण का संचालन करने में।
8. संयन्त्र को आवश्यक ठण्डा करने की स्थिति में सैट करने में।
9. जली हुई मोटरों या जनरेटरों की मरम्मत करने में।
10. मरम्मत किए हुए कलपुर्जों को पावर कनेक्शन देने के लिए स्थापित करना।
11. घरेलू रेफ्रिजरेटर, कोल्ड स्टोरेज संयन्त्रों, विशेष एयर कण्डीशनिंग एवं बर्फ के कारखानों में काम करने में।
12. आइस कैंडी प्लांट, कोल्ड स्टोरेज, वाटर कूलर, डीप फ्रीजर, निजी कूलर, पैकेज एयर कण्डीशनर की मरम्मत तथा सर्विस करने में।
13. सेंट्रल एयर कण्डीशनर और मोबाइल एयर कण्डीशनर की मरम्मत तथा सर्विस करने में।
14. टीम के साथ सम्भावित समाधानों का प्रदर्शन करने और कार्यों को स्वीकार करने तथा स्पष्टता के साथ संवाद और तकनीकी अंग्रेजी समझने में।

महत्त्वपूर्ण बिन्दु

- रेफ्रिजरेशन वह क्रिया है, जिसमें एक स्थान के तापमान को आवश्यकतानुसार नियन्त्रित कर उसको कम या अधिक किया जाता है।
- रेफ्रिजरेशन व एयर कण्डीशनिंग ताप-नियमन का सर्वश्रेष्ठ माध्यम है।
- रेफ्रिजरेशन एवं एयर कण्डीशनिंग ट्रेड में पूर्ण कौशल प्राप्त करने के पश्चात् प्रशिक्षु के लिए विभिन्न प्रकार के रोजगार उपलब्ध होते हैं।
- सुरक्षा शब्द का शाब्दिक अर्थ सुरक्षित रहना है, किसी भी अनचाही आकस्मिक दुर्घटना जो किसी व्यक्ति या उसके आस-पास के वातावरण को प्रभावित करती है, से सुरक्षित रहना ही सुरक्षा कहलाता है।
- चलती हुई मशीन की कभी मरम्मत नहीं करनी चाहिए।
- रेफ्रिजरेशन एवं एयर कण्डीशनिंग सिस्टम की मरम्मत से पूर्व रेफ्रिजरेन्ट को निकाल लेना चाहिए।
- कार्यशाला में काटने वाले औजारों को मापने वाले औजारों के साथ नहीं रखना चाहिए।
- कभी भी वैद्युतीय मेन्स से संयोजित तार पर पैर नहीं रखना चाहिए।
- निषेधात्मक संकेत लाल रंग के बार्डर तथा क्रॉस बार और सफेद बैक-ग्राउण्ड पर काली, आकृति द्वारा बनाए जाते हैं।
- अनिवार्य संकेत नीली पृष्ठभूमि पर सफेद संकेत द्वारा वृत्त के आकार में बने होते हैं
- चेतावनी संकेत त्रिभुजाकार होते हैं तथा इनको पीली पृष्ठभूमि पर काले रंग की आकृति द्वारा प्रदर्शित किया जाता है।
- अल्प ज्ञान होने के कारण विद्युत सम्बन्धी कोई खराबी कभी भी स्वयं ठीक करने की कोशिश नहीं करनी चाहिए।
- रेफ्रिजरेन्ट का प्रयोग ध्यानपूर्वक करना चाहिए। इसके त्वचा पर गिरने से, उस स्थान पर खून का थक्का जम सकता है, जिससे खून का प्रवाह प्रभावित हो सकता है
- किसी दुर्घटनाग्रस्त व्यक्ति का डॉक्टर के आगमन से पूर्व किए जाने वाला उपचार प्राथमिक उपचार कहलाता है।

महत्त्वपूर्ण प्रश्नोतरी

1. प्रथम उन्नत रेफ्रिजरेटर कब और कहाँ बना था?

उत्तर प्रथम उन्नत रेफ्रिजरेटर वर्ष 1918 में बना, जिसे अमेरिका में 'फ्रिजिडेर (Frigidare)' नाम की कम्पनी ने बनाया था।

2. दुर्घटना में मूर्च्छित व्यक्ति को पेय पदार्थ क्यों नहीं देना चाहिए?

उत्तर मूर्च्छित व्यक्ति की श्वास नलिका में पेय पदार्थ जाने से दम घुटने का भय रहता है।

3. दुर्घटना के किन्हीं तीन मुख्य कारणों का उल्लेख कीजिए।

उत्तर दुर्घटना के तीन मुख्य कारण निम्न हैं

(i) अज्ञानता (ii) सुरक्षा सावधानियों पर ध्यान न देना

(iii) अरुचि

4. तरल रेफ्रिजरेन्ट के सिलेण्डरों को किस तापमान पर रखना चाहिए?

उत्तर तरल रेफ्रिजरेन्ट के सिलेण्डरों को 125° F अथवा 56 - 67°C के तापमान पर रखना चाहिए।

5. अनिवार्य चिह्नों की आकृति विशेषता क्या है?

उत्तर ये चिन्ह नीली पृष्ठभूमि पर सफेद चिह्नों द्वारा वृत्त के आकार में बनाए जाते हैं।

6. किसी विशेष कार्य को करने से मना करने के लिए कौन-से सुरक्षा संकेत प्रयुक्त किए जाते हैं?

उत्तर किसी विशेष कार्य को करने से मना करने के लिए निषेधात्मक संकेत प्रयुक्त किए जाते हैं।

7. विद्युत झटके की तीव्रता मुख्यतः किन दो कारकों पर निर्भर करती है?

उत्तर विद्युत झटके की तीव्रता मुख्यतः निम्न दो कारकों पर निर्भर करती है

(i) शरीर से पास होने वाली विद्युत धारा की मात्रा पर।

(ii) स्पर्श समय पर।

8. सामान्यतः घरों में प्रयुक्त होने वाली विद्युत धारा की आवृत्ति होती है।

उत्तर सामान्यतः घरों में प्रयुक्त होने वाली विद्युत धारा की आवृत्ति 50 Hz होती है।

9. आग द्वारा दुर्घटनाओं का उद्योगों और अन्य स्थानों पर घटित होना सामान्य बात है। आग को लगातार चालू रखने के लिए इसमें मुख्यतः तीन कारक होते हैं–एक कारक तेल है, तो अन्य दो कारकों का नाम लिखिए। आग को लगातार चालू रखने के लिए आवश्यक दो अन्य कारक निम्न प्रकार हैं

उत्तर आग को लगातार चालू रखने के लिए आवश्यक दो अन्य कारक निम्न प्रकार हैं

(i) ऑक्सीजन,

(ii) ऊष्मा

10. कृत्रिम श्वास क्रिया की कौन-सी विधि सबसे अधिक सरल एवं प्रचलित है?

उत्तर कृत्रिम श्वास क्रिया की मुँह-से-मुँह में हवा भरने की विधि सबसे अधिक सरल एवं प्रचलित है।

अभ्यास प्रश्न

परीक्षा प्रारूपी प्रश्न

बहुविकल्पीय

1. सामान्य तापमान में निम्न में से किसके कारण खाद्य पदार्थ खराब हो जाते हैं?
(a) मसालों के कारण (b) सूक्ष्म कीटाणुओं के कारण
(c) वायु सम्पर्क के कारण (d) इनमें से कोई नहीं

2. रेफ्रिजरेशन क्रिया में निम्न में से कौन-सा कार्य सम्पन्न किया जाता है?
(a) ताप को कम या अधिक किया जा सकता है
(b) ताप को नियन्त्रित किया जा सकता है
(c) 'a' और 'b' दोनों
(d) उपरोक्त में से कोई नहीं

3. सुरक्षा की दृष्टि से खाद्य पदार्थों को कहाँ रखा जाना उपयुक्त है?
(a) ठण्डे वातावरण में (b) सामान्य वातावरण में
(c) गर्म वातावरण में (d) इनमें से कोई नहीं

4. रेफ्रिजरेशन क्रिया द्वारा इनमें से क्या किया जा सकता है?
(a) शीतल ताप का नियन्त्रण (b) ताप को कम
(c) ताप को अधिक (d) ये सभी

5. मिट्टी के घड़े में पानी कैसे ठण्डा होता है?
(a) रेडिएशन
(b) कण्डक्शन
(c) एवैपोरेशन
(d) कनवेक्शन

6. RAC ट्रेड सम्बन्धी तकनीशियन किस प्रकार जीवनपर्यन्त दुर्घटनामुक्त रहकर सुखी रह सकता है?
(a) सुरक्षा नियम अपनाकर
(b) सुरक्षा साधनों के उपयोग को आदत बनाकर
(c) 'a' और 'b' दोनों
(d) उपरोक्त में से कोई नहीं

7. यान्त्रिक विधि द्वारा पदार्थों को ठण्डा रखने की प्रक्रिया .... कहलाती है।
(a) एयर कण्डीशनिंग (b) रेफ्रिजरेशन
(c) ब्रेजन (d) सोल्डरन

8. किसी आन्तरिक परिवेश को ठण्डा करने से आशय है
(a) उस क्षेत्र के तापमान को कम करना
(b) उस क्षेत्र के तापमान को बढ़ाना
(c) उस क्षेत्र के तापमान को नगण्य करना
(d) उपरोक्त में से कोई नहीं

9. हीट पम्प निम्न में से किसके प्रयोग से कार्यरत् होता है?
(a) गतिज ऊर्जा (b) विद्युत ऊर्जा
(c) ऊष्मा ऊर्जा (d) ये सभी

10. निम्न में से कौन-सा रेफ्रिजरेशन सम्बन्धी उपकरण नहीं है?
(a) एयर कण्डीशनर (b) वाटर कूलर
(c) वाशिंग मशीन (d) इनमें से कोई नहीं

11. यदि बिजली के तारों पर लगी आग को बुझाना हो, तो
(a) उस पर पानी डालना चाहिए (b) रेत या मिट्टी डालना
(c) CTC फायर एक्सटिंग्यूशर (d) इनमें से कोई नहीं

12. मानव स्वभाव में बसा विशिष्ट स्वभाव क्या है?
(a) जिज्ञासा (b) कर्मठता
(c) ज्ञात नहीं (d) इनमें से कोई नहीं

13. सम्पूर्ण जानकारी के अभाव में किसी मशीन का परिणाम क्या हो सकता है?
(a) परिष्कृति (b) दुर्घटना
(c) पता नहीं (d) इनमें से कोई नहीं

14. निम्न में से कौन-सी घटना, दुर्घटना नहीं है?
(a) हाथ से हथौड़ा छूट कर सामने खड़े व्यक्ति को लगना
(b) अचानक हैक्सॉ ब्लेड टूटने से अँगुलियों में चोट लगना
(c) बीमा कम्पनी से पैसा कमाने को अपनी अँगुली काट लेना
(d) फर्श पर पड़े तेल पर फिसलने से हाथ की हड्डी का टूटना

15. निम्न में से कौन-सा दुर्घटना का कारण नहीं है?
(a) कार्य में रुचि न होना (b) अधिक फुर्तीला होना
(c) अधिक उत्सुक होना (d) अनुशासनहीन होना

16. निम्न में से कौन-सा उपकरण दुर्घटना का कारण नहीं है?
(a) मशरूम हैड चीजल
(b) फैले मुँह का स्पैनर
(c) घिसा हुआ वर्नियर कैलीपर्स
(d) टाइट कसा आरी का ब्लेड

17. औद्योगिक दुर्घटनाओं का मुख्य कारण है
(a) असावधानी (b) असुरक्षित हस्त औजार
(c) असुरक्षित ले-आउट (d) ये सभी

18. कार्यशाला में असुरक्षित पहनावे के अन्तर्गत क्या आता है?
(a) ढीले कपड़े (b) टाई
(c) मफलर (d) ये सभी

19. दुर्घटना टालने का सर्वोच्च उपाय है ·········· ।
(a) सुरक्षा उपकरणों को पहनकर
(b) जॉब, मशीन और कार्य-क्षेत्र से सम्बन्धित सावधानियों का पालन करना
(c) अपने तरीके से कार्य करके
(d) किसी कुशल कारीगर की भाँति कार्य करके

20. तकनीकी विद्यार्थियों को अपने अध्ययन काल में ही ·········· का अभ्यास करना चाहिए।
(a) सुरक्षात्मक उपायों (b) मशीनों पर कार्य करने
(c) हस्त औजारों (d) ये सभी

21. जहर से खतरे के लिए कौन-सा चिह्न प्रयोग किया जाता है?

(a) 
(b) 
(c) 
(d) इनमें से कोई नहीं

22. निम्न में से कौन-सा संकेत विकिरण से खतरे को दर्शाता है?

(a) 
(b) 
(c) 
(d) 

23. निम्न चित्र में किस प्रकृति का सुरक्षा संकेत दर्शाया गया है?

(a) निषेधात्मक संकेत
(b) अनिवार्य संकेत
(c) चेतावनी संकेत
(d) सूचनात्मक संकेत

24. चेतावनी संकेत किस आकार के होते हैं?
(a) वृत्ताकार (b) त्रिभुजाकार
(c) वर्गाकार (d) आयताकार

25. चित्र में प्रदर्शित चेतावनी संकेत क्या दर्शाता है?

(a) आग का खतरा (b) विस्फोट होने से खतरा
(c) विद्युत झटके का खतरा (d) लेजर बीम से खतरा

26. निम्न में से कौन-से संकेत नीली पृष्ठभूमि पर सफेद संकेत द्वारा वृत्त के आकार के बने होते हैं?
(a) अनिवार्य संकेत (b) चेतावनी संकेत
(c) निषेधात्मक संकेत (d) सूचनात्मक संकेत

27. निम्न में से कौन-सा सुरक्षा संकेत का प्रकार नहीं है?
(a) निषेधात्मक संकेत (b) उपयुक्त संकेत
(c) चेतावनी संकेत (d) सूचनात्मक संकेत

28. कार्यशाला (workshop) में विद्युत शक्ति की विफलता एक सामान्य ·········· है।
(a) स्थिति (b) कारण
(c) आपातकालीन स्थिति (d) प्रक्रम

29. विद्युत सप्लाई के तार से चिपके व्यक्ति को दूर करते हैं?
(a) रबर के दस्ताने या सूखी लकड़ी से
(b) उसके हाथ से पकड़कर
(c) गीली लकड़ी द्वारा
(d) लोहे की रॉड से

30. जब धारा बहुत निचले स्तर पर होती है, तो इलेक्ट्रिक शॉक का व्यक्ति पर क्या प्रभाव पड़ेगा?
(a) वह अपना सन्तुलन खो देगा और गिरेगा
(b) सम्पर्क स्थान पर मामूली जलन होगी
(c) अपना होश खो देगा
(d) त्वचा पर ज्यादा जलन होगी

31. आपातकालीन प्रतिक्रिया का प्रकार नहीं है
(a) आग पकड़ना (b) शक्ति विफलता
(c) प्रणाली विफलता (d) कारीगर विफलता

32. निम्नलिखित में सिर की सुरक्षा से सम्बन्धित सहायक साधन नहीं है?
(a) सुरक्षा हैलमेट (b) हेयर नेट
(c) बम्प केप (d) फेस शील्ड

33. सूची I व सूची II का मिलान कीजिए।

	सूची I		सूची II
A.	सिर की सुरक्षा	(i)	गैस रेस्पिरेटर
B.	श्रवण की सुरक्षा	(ii)	एन्किलेट्स
C.	पैरों की सुरक्षा	(iii)	मफ
D.	श्वसन की सुरक्षा	(iv)	हेयर नेट

कूट
(a) A-(iii); B-(iv); C-(i); D-(ii)
(b) A-(iv); B-(iii); C-(ii); D-(i)
(c) A-(ii); B-(i); C-(iv); D-(iii)
(d) A-(iii); B-(iv); C-(ii); D-(i)

34. निम्न में से कौन-सा चेतावनी निर्देश नहीं है?
(a) आँखों की सुरक्षा करें
(b) प्राथमिक चिकित्सा उपलब्ध है
(c) रेस्पिरेटर का प्रयोग करें
(d) विस्फोट होने का खतरा

35. निम्न में से ऐसा कौन-सा महत्त्वपूर्ण तत्त्व है, जिसकी उपस्थिति से आग लगने की क्रिया जारी रहती है?
(a) ऊष्मा (b) ऑक्सीजन
(c) ईंधन (d) ये सभी

36. विद्युत तारों में लगी आग को बुझाने के लिए प्रयोग किया जाने वाला यन्त्र है
(a) जलयुक्त यन्त्र
(b) झाग पैदा करने वाला यन्त्र
(c) कार्बन टेट्राक्लोराइड युक्त यन्त्र
(d) जल की फुहार

37. वैद्युतिक कार्यशालाओं में आग बुझाने हेतु
(a) आग बुझाने वाले यन्त्र उपलब्ध रहने चाहिए
(b) रेत से भरी बाल्टियाँ उपलब्ध होनी चाहिए
(c) जल की व्यवस्था हेतु जल से भरी ओवरहैड टंकी होनी चाहिए
(d) उपरोक्त तीनों वस्तुएँ उपलब्ध होनी चाहिए

38. विद्युत उपकरणों और ऐसे आग वाले प्रतिष्ठानों में किस प्रकार के आग बुझाने वाले यन्त्र का प्रयोग करते हैं?
(a) फोम प्रकार का
(b) हैलॉन प्रकार का
(c) गैस कार्ट्रिज जल भरा प्रकार का
(d) दाब से भरे जल प्रकार का

39. CTC आग बुझाने वाले यन्त्र में कौन-सा द्रव, वायुदाब के साथ भरा होता है?
(a) कार्बन टेट्राक्लोराइड (CCl_4)
(b) कार्बन डाइ-ऑक्साइड (CO_2)
(c) ब्रोमोक्लोरो-डि-फ्लोरो मीथेन ($CBrClF_2$)
(d) 'a' और 'c' दोनों

40. पेट्रोल से लगी आग को बुझाने के लिए ····· का प्रयोग किया जाता है।
(a) फोम प्रारूपी आग बुझाने वाले यन्त्र
(b) रेत की बाल्टी
(c) पानी की बाल्टी
(d) शुष्क पाउडर युक्त आग बुझाने वाले यन्त्र

41. किस प्रकार का फायर एक्सटिंग्यूशर विद्युत आधारित आग के लिए प्रयोग नहीं करना चाहिए?
(a) हैलॉन एक्सटिंग्यूशर
(b) कार्बन टेट्राक्लोराइड (CTC) एक्सटिंग्यूशर
(c) फोम एक्सटिंग्यूशर
(d) ड्राई पाउडर एक्सटिंग्यूशर

42. सामान्य रूप से विद्युत द्वारा लगी आग को बुझाने में किसका प्रयोग किया जाता है?
(a) पानी का
(b) तेल का
(c) रेत का
(d) उपरोक्त में से कोई नहीं

43. सभी प्रकार की आग बुझाने के लिए निम्न में से किस आग बुझाने वाले यन्त्र का प्रयोग किया जा सकता है?
(a) CTC आग बुझाने वाले यन्त्र
(b) CO_2 आग बुझाने वाले यन्त्र
(c) शुष्क पाउडर युक्त आग बुझाने वाले यन्त्र
(d) उपरोक्त सभी

44. निम्न कथनों पर विचार कीजिए
कथन I कार्बन डाइ-ऑक्साइड गैस ज्वलन में सहायक होती है।
कथन II ऑक्सीजन गैस ज्वलन में सहायक नहीं होती है।
उपरोक्त कथनों में से कौन-सा/से कथन सही है/हैं?
(a) कथन I सही है
(b) कथन II सही है
(c) कथन I और II दोनों सही हैं
(d) कथन I और II दोनों गलत हैं

45. लिक्विफाइड गैसों द्वारा लगी आग को बुझाने के लिए किस श्रेणी का आग बुझाने वाला यन्त्र उपयुक्त है?
(a) फोम टाइप फायर एक्सटिंग्यूशर
(b) कार्बन टेट्राक्लोराइड (CTC) फायर एक्सटिंग्यूशर
(c) ड्राई पाउडर फायर एक्सटिंग्यूशर
(d) हैलॉन टाइप फायर एक्सटिंग्यूशर

46. निम्न में से किसमें लगी आग के लिए शीतल जल की बौछार उपयुक्त रहती है?
(a) मिट्टी का तेल (b) कागज
(c) LPG गैस (d) बिजली के तार

47. किसी दुर्घटना की स्थिति में पीड़ित व्यक्ति को ············ ।
(a) आराम करने के लिए कहना चाहिए
(b) दुर्घटना के बारे में पूछताछ करनी चाहिए
(c) तुरन्त प्राथमिक उपचार प्रदान करना चाहिए
(d) चिकित्सक के आने तक लिटा देना चाहिए

48. वायुमण्डल से मस्तिष्क और शरीर की विभिन्न कोशिकाओं तक ऑक्सीजन पहुँचाने के लिए शरीर में कौन-सी महत्त्वपूर्ण क्रिया होती है?
(a) श्वसन क्रिया
(b) रक्त परिसंचरण क्रिया
(c) 'a' और 'b' दोनों
(d) उपरोक्त में से कोई नहीं

49. कृत्रिम श्वास देने के लिए सर्वप्रथम ········· को साफ करना चाहिए।
(a) मांसपेशियों (b) जीभ
(c) मुँह (d) श्वासनली

50. बेहोश मिले व्यक्ति के साथ कैसा व्यवहार करेंगे?
(a) तुरन्त डॉक्टर के पास ले जाएँगे
(b) देखेंगे कि साँस चल रही है या नहीं
(c) मुँह पर पानी के छींटे देंगे
(d) कपड़े ढीले करेंगे

51. चिकित्सक (doctor) के आने से पूर्व दुर्घटनाग्रस्त व्यक्ति को दी जाने वाली चिकित्सा, ············ कहलाती है।
(a) मनोवैज्ञानिक चिकित्सा (b) औद्योगिक चिकित्सा
(c) शल्य चिकित्सा (d) प्राथमिक चिकित्सा

52. कृत्रिम श्वास क्रिया की सरलतम विधि है
(a) सिल्वेस्टर विधि (b) शैफर विधि
(c) मुँह-से-मुँह में श्वास देना (d) इनमें से कोई नहीं

53. फर्स्ट एड बॉक्स को उचित प्रकार से सुसज्जित एवं ·········· रखना चाहिए।
(a) महत्त्वपूर्ण स्थान पर
(b) मशीनिंग क्षेत्र में
(c) आसानी से अभिगम स्थान पर
(d) सही स्थिति में

54. यदि एक मरीज मुँह-से-मुँह श्वसन प्रक्रिया पर सही प्रतिक्रिया न करे, तो प्राथमिक उपचारक को ········ चाहिए।
(a) तुरन्त चिकित्सा सहायता ढूँढनी
(b) टूटी हुई अस्थियाँ देखना
(c) शरीर को कम्बल से गर्म रखना
(d) नाड़ी और नेत्र-चक्षु की जाँच करनी

55. कृत्रिम श्वास यन्त्र में रबड़ के वाल्व को एक मिनट में कितनी बार ऑपरेट किया जाता है?
(a) 16 से 50 बार
(b) 15 से 20 बार
(c) 5 से 77 बार
(d) 1 से 2 बार

उत्तरमाला

1. (b)	**2.** (c)	**3.** (a)	**4.** (b)	**5.** (b)	**6.** (c)	**7.** (b)	**8.** (a)	**9.** (c)	**10.** (c)
11. (c)	**12.** (a)	**13.** (b)	**14.** (c)	**15.** (b)	**16.** (c)	**17.** (d)	**18.** (d)	**19.** (b)	**20.** (a)
21. (b)	**22.** (d)	**23.** (c)	**24.** (b)	**25.** (c)	**26.** (a)	**27.** (b)	**28.** (c)	**29.** (a)	**30.** (b)
31. (d)	**32.** (d)	**33.** (b)	**34.** (b)	**35.** (d)	**36.** (c)	**37.** (d)	**38.** (b)	**39.** (d)	**40.** (a)
41. (c)	**42.** (c)	**43.** (a)	**44.** (d)	**45.** (c)	**46.** (b)	**47.** (c)	**48.** (c)	**49.** (c)	**50.** (b)
51. (d)	**52.** (c)	**53.** (c)	**54.** (a)	**55.** (b)					

अध्याय 02

हस्त औजार

Hand Tools

परिचय Introduction

रेफ्रिजरेशन तथा एयर कण्डीशनिंग ट्रेड के अन्तर्गत तकनीशियन को विभिन्न प्रकार के प्रक्रमों को सम्पन्न करने के लिए विविध प्रकृति के हस्त औजारों की आवश्यकता पड़ती है। सामान्य तौर पर हम कह सकते हैं कि ऐसे भौतिक यन्त्र, जिनकी सहायता से किसी भी प्रक्रम को सम्पन्न किया जाता है, औजार (tools) कहलाते हैं। हस्त औजारों की मुख्य विशेषता यह है कि ये औजार निर्माण तथा मरम्मत दोनों ही कार्यों में समान रूप से उपयोगी हैं। किसी भी कारीगर द्वारा किए गए कार्य की गुणवत्ता उसके द्वारा औजारों को प्रयोग करने के अभ्यास, औजारों की श्रेष्ठता तथा कार्य स्थिति पर निर्भर करती है।

अध्याय विषय सूची

2.1 फिटिंग हस्त औजार Fitting Hand Tools

ऐसे मशीनी औजार जिनका प्रयोग मशीनों की संरचना एवं मरम्मत के लिए किया जाता है, फिटिंग हस्त औजार कहलाते हैं; जैसे - हैमर, प्लायर, डाई, रिंच, छेनी, हैक्सॉ, रेती आदि। उपयोग के आधार पर फिटिंग हस्त औजारों को निम्नलिखित भागों में वर्गीकृत किया गया है-

1. कर्तन औजार Cutting Tools

किसी जॉब को काटने, छीलने या घिसने के लिए जिन औजारों का प्रयोग किया जाता है, उन्हें कर्तन औजार (cutting tools) कहते हैं। प्राय: कर्तन औजार, कार्यखण्ड से अधिक कठोर पदार्थों के बनाए जाते हैं। प्रशीतन कार्यशाला में निम्नलिखित कर्तन औजार मुख्य रूप से प्रयुक्त किए जाते हैं–

(i) छेनी (ii) हैक्सॉ (iii) रेती (iv) आरी

(i) छेनियाँ Chisels

हल्की व पतली धातुओं को काटने के लिए सबसे अधिक प्रयोग में आने वाला औजार छेनी है। छेनी को बनाने के लिए हाई कार्बन स्टील (high carbon steel) का प्रयोग किया जाता है। फोर्जिंग विधि द्वारा छेनी के शीर्ष (striking head) को लगभग 70° के कोण पर शंक्वाकार बनाया जाता है तथा निचले भाग को उल्टे आयताकार पिरामिड (pyramid) की भाँति बनाया जाता है। इस उल्टे आयताकार पिरामिड वाले भाग को काटने के काम में लाते हैं। इसके कटिंग एज पर 35° से 70° तक का कोण रखा जाता है। यह कोण काटे जाने वाली धातु पर निर्भर करता है। छेनी के मुख्य भागों को निम्न चित्र में दर्शाया गया है।

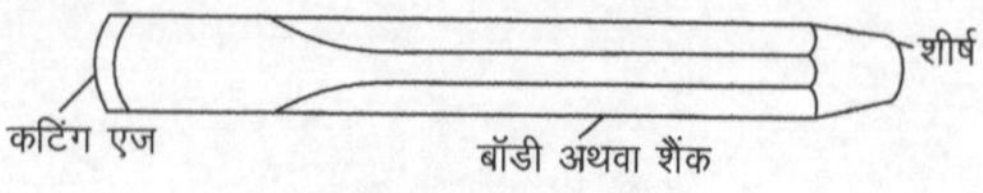

चित्र छेनी के मुख्य भाग

छेनियों के प्रकार Types of Chisels

छेनियों को मुख्य रूप से दो प्रकार से वर्गीकृत किया जाता है

A. आकार के आधार पर

आकार के आधार पर छेनियाँ निम्न प्रकार की होती हैं—

- फ्लैट छेनी
- क्रॉस कट छेनी
- डायमण्ड प्वॉइण्ट छेनी
- हाफ राउण्ड छेनी
- गऊ-मुख छेनी
- खोखली छेनी
- ऑफसैट छेनी
- वेब छेनी

फ्लैट छेनी (Flat chisel) फ्लैट छेनी की चौड़ाई इसकी मोटाई से अधिक होती है। इसकी कटिंग एज को हल्की गोलाई दी जाती है, जिससे कटिंग में सुविधा मिलती है। लगभग प्रत्येक साइज की फ्लैट छेनी प्रयोग में आती है। यह सबसे अधिक प्रयोग होने वाली छेनी है। इसका प्रयोग धातु को चिपिंग के रूप में हटाने के लिए किया जाता है।

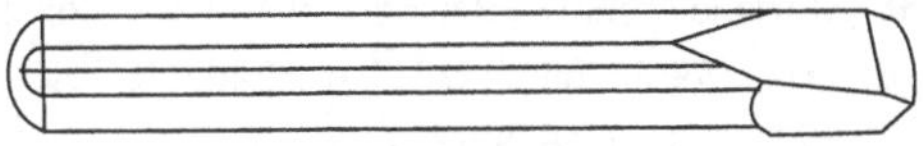

चित्र फ्लैट छेनी

क्रॉस कट छेनी (Cross cut chisel) क्रॉस कट छेनी के कटिंग एज की चौड़ाई उसकी मोटाई से कम होती है। इसका प्रयोग किसी कार्यखण्ड में खाँचे (grooves) काटने के लिए किया जाता है। इसके द्वारा अधिक मोटाई की कटिंग की जा सकती है। इसके द्वारा शाफ्ट या हब में की-वे (key-way) काटे जाते हैं। इस छेनी का एक सिरा गोलाई में बनाकर हाफ राउण्ड ग्रूव (half round groove) भी बनाया जा सकता है।

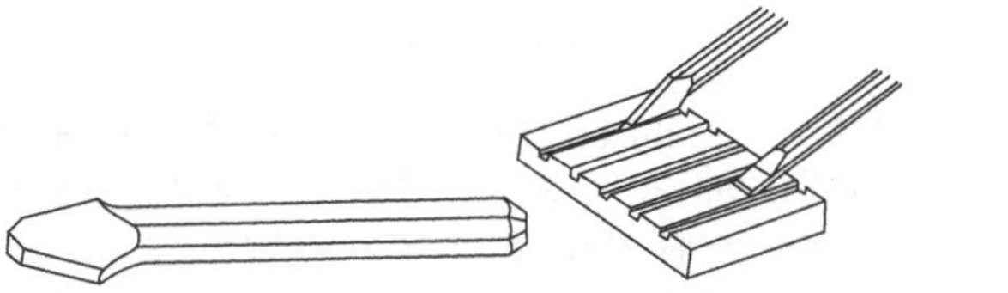

चित्र क्रॉस कट छेनी

डायमण्ड प्वॉइण्ट छेनी (Diamond point chisel) इस छेनी की कटिंग एज का आकार नुकीला तथा चौकोर हीरे के समान होता है। इसके नुकीले प्वॉइण्ट से 'V' ग्रूव काटे जा सकते हैं। डायमण्ड प्वॉइण्ट छेनी का प्रयोग आयताकार ग्रूव के कोने शार्प (sharp) करने के लिए भी किया जाता है। चित्र में डायमण्ड प्वॉइण्ट छेनी दर्शाई गई है।

चित्र डायमण्ड प्वॉइण्ट छेनी

हाफ राउण्ड छेनी (Half round chisel) इस छेनी के आगे के टेपर भाग को अर्द्धवृत्ताकार बनाया जाता है। इसके सिरे पर कटिंग एज बनाई जाती है। इसकी कटिंग एज की चौड़ाई बहुत कम होती है। इस छेनी का प्रयोग हब आदि में की-वे (key-way) काटने या ब्रासों में ऑयल ग्रूव बनाने के लिए किया जाता है।

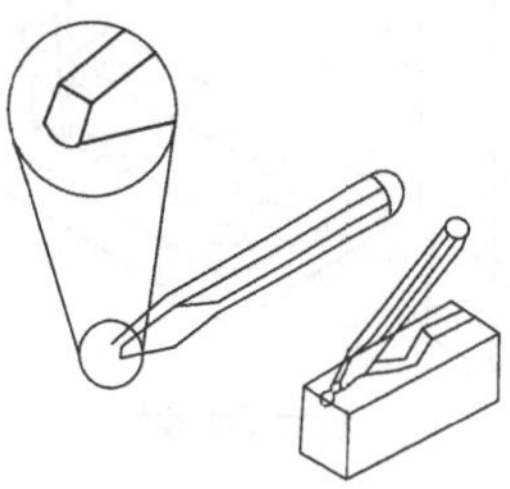

चित्र हाफ राउण्ड छेनी

गऊ-मुख छेनी (Cow-mouth chisel) इस छेनी का शैंक खोखला होता है तथा आगे से टेपर (tapered) होता है। इसको तिरछा काटने से अन्दर की साइडों में कटिंग एज गऊ-मुख के समान प्राप्त होती है, जिस कारण इसे गऊ-मुख छेनी कहा जाता है। यह वक्र कटिंग एज (curved cutting edge) किसी भी कार्यखण्ड को परिधि पर काटने के काम आती है।

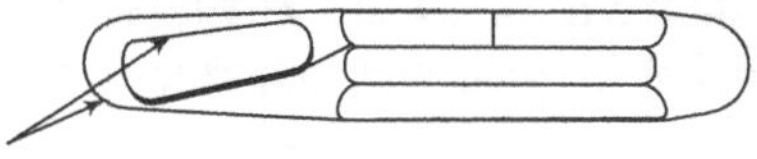

चित्र गऊ-मुख छेनी

खोखली छेनी (Hollow chisel) गऊ-मुख छेनी के समान यह छेनी भी खोखली होती है तथा आगे से शंकु आकार की होती है। इसकी कटिंग एज वृत्ताकार होती है, जैसा कि चित्र में दर्शाया गया है। यह गोल (circular) होल करने के काम आती है। कटिंग एज से ऊपर एक झिर्री बनी होती है, जिससे स्क्रैप मैटीरियल (scrap material) बाहर आ जाता है। यह छेनी मुलायम धातुओं या चमड़ा व रबड़ शीट काटने के काम आती है।

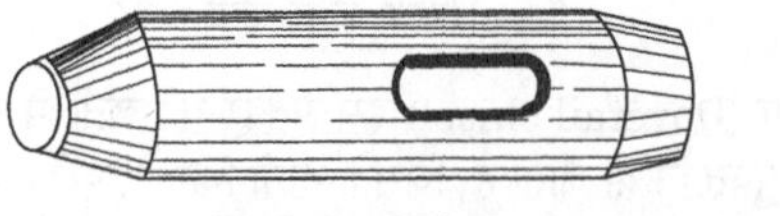

चित्र खोखली छेनी

ऑफसैट छेनी (Offset chisel) इस छेनी का आगे का शैंक वाला भाग फोर्ज करके एक साइड में ऑफसैट (offset) कर दिया जाता है। यह छेनी फ्लैट तथा साइड दो प्रकार की होती हैं। फ्लैट कटिंग छेनी की धार सम्पूर्ण चौड़ाई में बनी होती है तथा साइड कटिंग छेनी की धार साइड में बनी होती है। ऑफसैट छेनी का प्रयोग चिपिंग व स्लॉट से चिप्स को साफ करने के लिए किया जाता है।

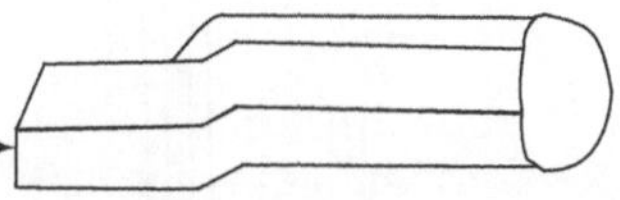

चित्र ऑफसैट छेनी

वेब छेनी (Web chisel) इस छेनी का प्रयोग ड्रिल द्वारा छिद्र बनाने के पश्चात् उनके बीच की धातु को हटाने के लिए किया जाता है।

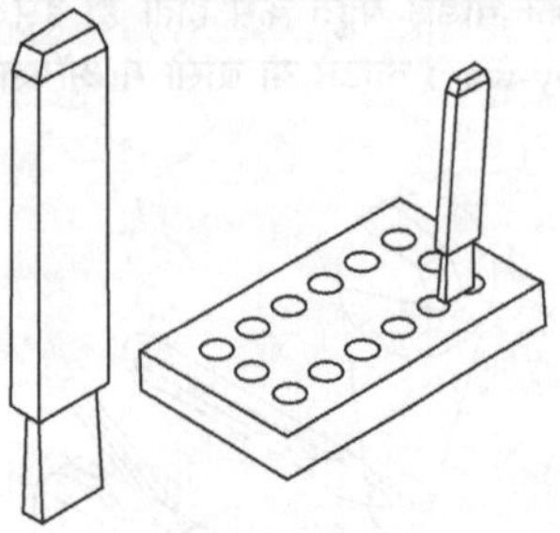

चित्र वेब छेनी

B. कार्य के आधार पर

कार्य के आधार पर छेनियाँ निम्न प्रकार की होती हैं

- फर्मर छेनी
- पैरिंग छेनी
- सॉकेट छेनी
- डवटेल छेनी
- मॉर्टिस छेनी
- गेज छेनी

फर्मर छेनी (Firmer chisel) इसका ब्लेड आयताकार होता है, जिसकी चौड़ाई 0.3 सेमी से 5.0 सेमी तक होती है। ब्लेड की लम्बाई 15 सेमी से 30 सेमी तक होती है। इसका प्रयोग सामान्य कार्यों में किया जाता है।

चित्र फर्मर छेनी

डवटेल छेनी (Dovetail chisel) इस प्रकार की छेनी में कार्बन स्टील का बना ब्लेड प्रयुक्त किया जाता है, जिसके दोनों किनारे, पूरी लम्बाई में बेवेल या टेपर किए हुए (bevelled or tapered) होते हैं। इसका उपयोग नुकीले कोनों की सफाई हेतु किया जाता है। इस छेनी का कटिंग कोण 15° तथा ब्लेड की लम्बाई 2 सेमी से 50 सेमी तक होती है।

चित्र डवटेल छेनी

पैरिंग छेनी (Paring chisel) इसका ब्लेड बैवेल्ड किनारों वाला परन्तु लम्बा (25 सेमी से 30 सेमी तक) होता है। इसका उपयोग लकड़ी को चीरने (paring) तथा काष्ठ जोड़ों की सफाई के लिए किया जाता है।

चित्र पैरिंग छेनी

मॉर्टिस छेनी (Mortise chisel) इसका ब्लेड मजबूत तथा वर्गाकार परिच्छेद वाला होता है। इसका उपयोग काष्ठ-खण्डों में आयताकार छिद्र (mortise) बनाने के लिए किया जाता है। इस प्रकार की छेनियों में 3 मिमी से 20 मिमी चौड़ाई तथा 6 मिमी से 15 मिमी लम्बाई वाला ब्लेड प्रयुक्त किया जाता है।

चित्र मॉर्टिस छेनी

सॉकेट छेनी (Socket chisel) सॉकेट छेनी, मॉर्टिस छेनी के समान होती है, परन्तु यह मॉर्टिस छेनी की अपेक्षा कुछ भारी तथा लम्बी बनाई जाती है। इस छेनी में प्रयुक्त ब्लेड की चौड़ाई 20 मिमी से 40 मिमी तक रखी जाती है। इस ब्लेड के पिछले सिरे को सॉकेट की आकृति का बनाया जाता है, जिसमें लकड़ी का मजबूत हत्था लगा होता है। यह छेनी अत्यधिक आघात सहन कर सकती है, इसलिए इस छेनी का प्रयोग बड़े तथा गहरे छिद्र बनाने के लिए किया जाता है।

चित्र सॉकेट छेनी

गेज छेनी (Gauge chisel) इस प्रकार की छेनी में उच्च कार्बन स्टील से बने ब्लेड का प्रयोग किया जाता है, जिसके पिछले सिरे पर लकड़ी का हत्था लगा होता है। इस छेनी में प्रयुक्त ब्लेड की बाहरी सतह उत्तल तथा अन्दर की सतह अवतल बनाई जाती है। ब्लेड की उत्तल सतह पर धार लगाई जाती है, जबकि अवतल सतह सीधी रखी जाती है। गेज छेनी वक्राकार होती है तथा इसका उपयोग लेथ मशीन के कार्यों में मुख्यत: किया जाता है।

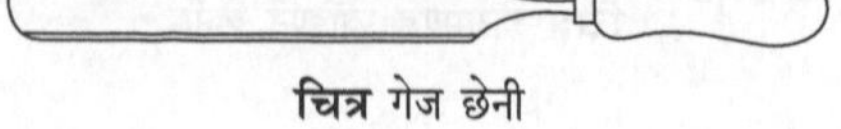

चित्र गेज छेनी

(ii) **हैक्सॉ** Hacksaw

हैक्सॉ एक प्रकार का कटिंग टूल है। लोहे के लट्ठों, प्लेट, पाइप या शीट आदि में हैक्सॉ द्वारा धातु को काटने की क्रिया को हैक्सॉइंग (hacksawing) कहते हैं।

हैक्सॉ के निम्नलिखित भाग होते हैं

A. हैक्सॉ फ्रेम B. हैक्सॉ ब्लेड

A. **हैक्सॉ फ्रेम** Hacksaw Frame

हैक्सॉ का मुख्य भाग उसका फ्रेम होता है, जोकि 'C' शेप (shape) में होता है। इसके एक सिरे पर फिक्स्ड स्क्रू लगा होता है, जिसमें अन्दर की ओर पिन तथा बाहर की ओर हैण्डिल लगा होता है। दूसरे सिरे पर एक स्लाइडिंग स्क्रू (sliding screw) लगा होता है, जिसमें फ्रेम के अन्दर की ओर पिन लगी होती है तथा बाहर की ओर से एक फ्लाई नट लगाया गया होता है।

हैक्सॉ फ्रेम मुख्य रूप से तीन प्रकार के होते हैं

- फिक्स्ड हैक्सॉ फ्रेम
- डीप कटिंग हैक्सॉ फ्रेम
- एडजस्टेबल हैक्सॉ फ्रेम

फिक्स्ड हैक्सॉ फ्रेम (Fixed hacksaw frame) फिक्स्ड हैक्सॉ फ्रेम में मात्र निश्चित लम्बाई के ब्लेड का प्रयोग कर सकते हैं; जैसे—यदि फ्रेम 250 मिमी लम्बाई का है, तो इसमें इससे छोटा या बड़ा ब्लेड प्रयोग नहीं किया जा सकता है।

इसके फ्रेम में पहले ब्लेड को पिन में फँसाया जाता है। इसके बाद इसमें लगे विंग नट की सहायता से ब्लेड को कसा जाता है।

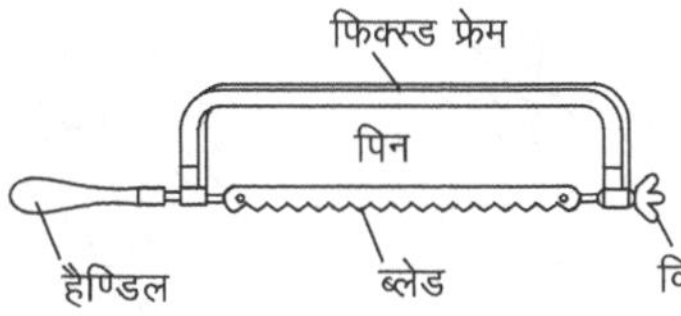

चित्र फिक्स्ड हैक्सॉ फ्रेम

डीप कटिंग हैक्सॉ फ्रेम (Deep cutting hacksaw frame) यह भी सॉलिड फ्रेम का ही एक प्रकार है, जिसमें एक ही लम्बाई के ब्लेड को प्रयोग किया जाता है। इसकी गहराई बहुत अधिक रखी जाती है, जिससे यह गहराई तक काटने पर भी जॉब में नहीं अटकता है।

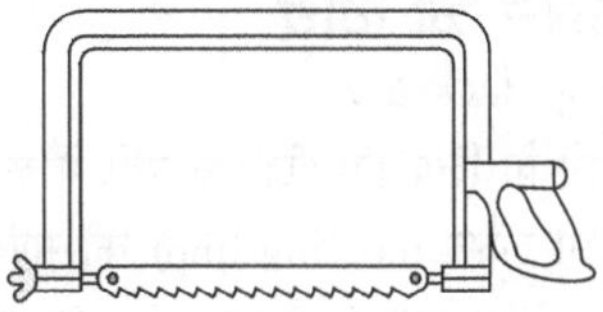

चित्र डीप कटिंग हैक्सॉ फ्रेम

एडजस्टेबल हैक्सॉ फ्रेम (Adjustable hacksaw frame) एडजस्टेबल हैक्सॉ फ्रेम दो टुकड़ों में बना होता है। एडजस्टेबल स्क्रू की ओर के भाग में ग्रूव बने होते हैं। इसमें फ्रेम की लम्बाई को एडजस्ट किया जा सकता है। एडजस्टेबल हैक्सॉ फ्रेम में 200 से 300 मिमी तक के ब्लेड प्रयोग किए जा सकते हैं। ये फ्रेम समतल तथा नालिका दो प्रकार के होते हैं।

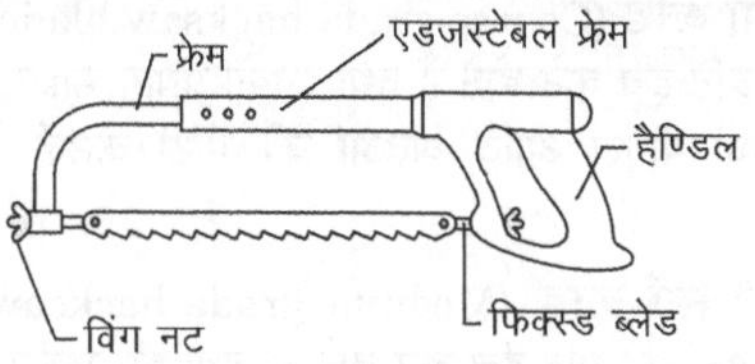

चित्र एडजस्टेबल हैक्सॉ फ्रेम

B. **हैक्सॉ ब्लेड** Hacksaw Blade

हैक्सॉ में कटाई करने वाला भाग हैक्सॉ ब्लेड ही होता है। यह एक पत्ती (strip) के आकार में होता है, जिसके दोनों सिरे गोलाई में कटे होते हैं। इसके दोनों सिरों पर पिन होल बने होते हैं, जिनकी सहायता से इसे हैक्सॉ फ्रेम में फिट (fit) किया जाता है। इसकी दोनों या एक साइड में दाँते (teeth) कटे होते हैं, जो एक ही दिशा में झुके हुए होते हैं।

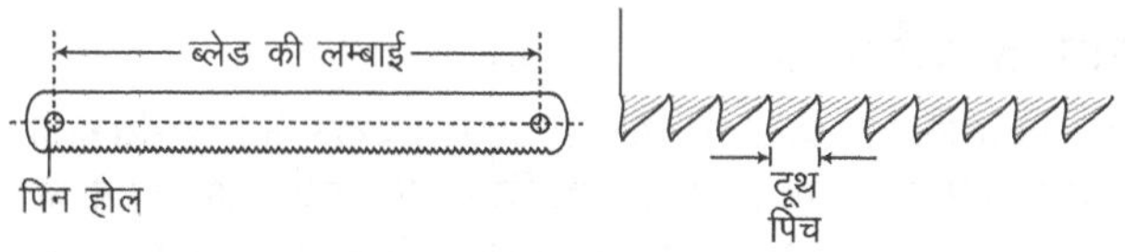

चित्र हैक्सॉ ब्लेड

हैक्सॉ ब्लेड के लिए कार्बन स्टील, हाई कार्बन स्टील, हाई स्पीड स्टील प्रयोग की जाती है। दाँते काटने तथा होल बनाने के पश्चात् इसे हार्ड व टेम्पर किया जाता है। कभी-कभी होल वाले भाग को अनील (anneal) भी किया जाता है।

ब्लेड की पत्ती की मोटाई 0.6 मिमी से 0.8 मिमी तथा चौड़ाई 12 मिमी से 16 मिमी तक होती है। मोटी पिच, मध्यम पिच या पतली पिच के ब्लेड प्रयोग किए जाते हैं। 1.5 से 2.0 मिमी तक मोटी पिच, 1.0 से 1.5 मिमी तक मध्यम पिच तथा 0.8 से 1.0 मिमी तक फाइन पिच होती है। दाँतों पर दिए गए टैम्पर के आधार पर ब्लेड दो प्रकार के होते हैं

(i) ऑल हार्ड ब्लेड (ii) हाफ हार्ड ब्लेड

(i) **ऑल हार्ड ब्लेड** (All hard blades) हैक्सॉ ब्लेड का ऊष्मा उपचार कई प्रकार से किया जाता है। कुछ ब्लेडों की सम्पूर्ण बॉडी को ऊष्मा उपचार द्वारा हार्ड व टेम्पर किया जाता है। इन्हें ऑल हार्ड ब्लेड कहते हैं। केवल कुशल कारीगर ही इनका प्रयोग कर सकते हैं। इनमें लचीलापन (flexibility) नहीं होती। ये ब्लेड हाई कार्बन स्टील या हाई स्पीड स्टील के बनाए जाते हैं।

(ii) **हाफ हार्ड ब्लेड** (Half hard blades) ब्लेड को टूटने से बचाने के लिए दाँतों की ओर आधी चौड़ाई तक ही उसे हार्ड किया जाता है। शेष भाग मुलायम ही बना रहता है, जो उसे टूटने से बचाता है। इस ब्लेड की कठोरता कम रहती है फलत: इसके दाँते जल्दी ही घिस जाते हैं। इस प्रकार के ब्लेड का प्रयोग कम कठोर या मुलायम धातुओं को काटने के लिए किया जाता है।

इसके अतिरिक्त, हैक्सॉ ब्लेड में प्रयुक्त दाँतों के ग्रेड के आधार पर ये निम्नलिखित चार प्रकार के होते हैं—

कोर्स ग्रेड हैक्सॉ ब्लेड (Coarse grade hacksaw blade) इस ब्लेड में 14 से 18 दाँते प्रति इंच कटे होते हैं तथा इनका प्रयोग माइल्ड स्टील, ताँबा, एल्युमीनियम तथा पीतल आदि धातुओं की मोटी कटाई के लिए किया जाता है।

मीडियम ग्रेड हैक्सॉ ब्लेड (Medium grade hacksaw blade) इस ब्लेड में 20 से 24 दाँते प्रति इंच कटे होते हैं तथा इस प्रकार के ब्लेड सभी प्रकार की धातुओं; जैसे—कास्ट आयरन, टूल स्टील, माइल्ड स्टील, ताँबा इत्यादि काटने के लिए किया जाता है।

फाइन ग्रेड हैक्सॉ ब्लेड (Fine grade hacksaw blade) इस ब्लेड में 20 से 24 दाँते प्रति इंच कटे होते हैं तथा इनका प्रयोग पतली चादर, पाइप तथा ट्यूब आदि काटने के लिए किया जाता है।

सुपर फाइन ग्रेड हैक्सॉ ब्लेड (Super fine grade hacksaw blade) इस ब्लेड में 30 से 32 दाँते प्रति इंच कटे होते हैं तथा इनका प्रयोग अत्यधिक कठोर धातुओं तथा पतली शीटों को काटने के लिए किया जाता है।

दाँतों की सैटिंग Setting of Teeths

ब्लेड को उसके द्वारा काटी गई झिर्री में फँसने से बचाने के लिए उसके दाँतों को दोनों ओर कुछ मोड़ दिया जाता है, जिससे कि उसके द्वारा कटने वाली झिर्री की चौड़ाई ब्लेड की मोटाई से अधिक होती है। इस प्रक्रिया को दाँतों की सैटिंग (setting of teeth) कहा जाता है। सैटिंग करने से ब्लेड अपने द्वारा बनाई गई झिर्री में नहीं फँसता तथा घर्षण भी कम हो जाता है। दाँतों की सैटिंग निम्न प्रकार से की जाती है—

सिंगल स्टैगर्ड सैटिंग Single Staggered Setting

इस प्रकार की सैटिंग में एक दाँत बाएँ, तो दूसरे दाँत को दाएँ को मोड़ा जाता है। इस प्रकार अल्टरनेटली (alternately) दाएँ-बाएँ दाँते मोड़े जाते हैं। प्रत्येक चार दाँतों के बाद पाँचवाँ दाँता सीधा रखा जाता है। इसे दाँतों की आल्टरनेट सैटिंग भी कहा जाता है।

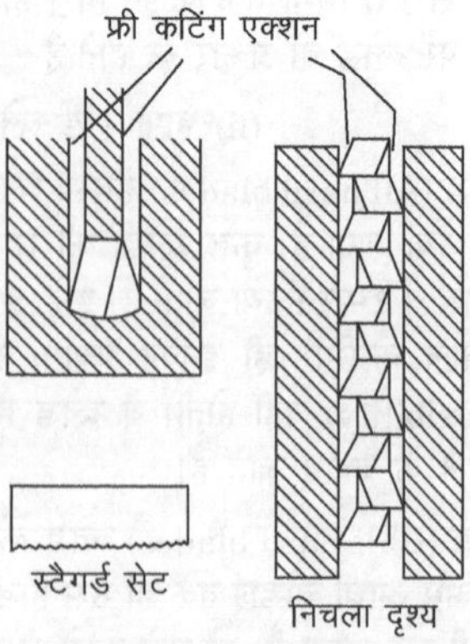

चित्र सिंगल स्टैगर्ड सैटिंग

डबल स्टैगर्ड सैटिंग Double Staggered Setting

इस सैटिंग में दो दाँते बाईं ओर मोड़ने के पश्चात् दो दाँते दाईं ओर मोड़े जाते हैं। इसके पश्चात् पाँचवाँ दाँता सीधा छोड़ दिया जाता है। यह सैटिंग मीडियम पिच (pitch) के लिए उपयुक्त है।

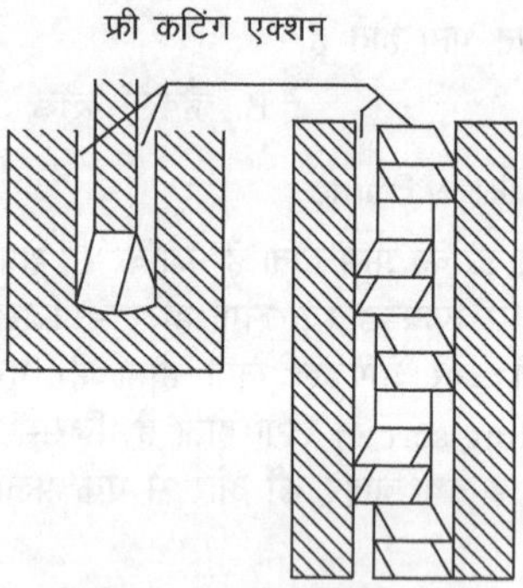

चित्र डबल स्टैगर्ड सैटिंग

वेव सैटिंग Wave Setting

इस प्रकार की सैटिंग में दाँतों को एक लहर (wave) के आकार में सैट किया जाता है। यह सैटिंग फाइन तथा सुपर फाइन पिच के ब्लेडो में की जाती है।

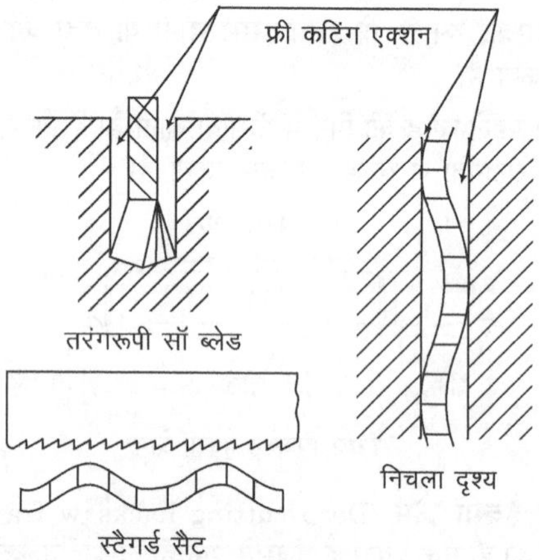

चित्र वेव सैटिंग

हैक्सॉ प्रयोग करने की विधि
Method of Using Hacksaw

हैक्सॉ से कटाई करने के लिए निम्नलिखित पदों में कार्य करना चाहिए—

(i) जॉब पर कटिंग लाइन (cutting line) की मार्किंग करनी चाहिए।

(ii) जॉब को वाइस में इस प्रकार बाँधना चाहिए कि हैक्सॉ कहीं अड़े नहीं व कटिंग लाइन साफ दिखाई देती रहे।

(iii) जॉब की कटिंग सतह वाइस से 5-6 मिमी से अधिक दूर नहीं होनी चाहिए अन्यथा चैटरिंग (chattering) आ सकती है।

(iv) जॉब की धातु तथा मोटाई के अनुसार ब्लेड का चयन करना चाहिए; जैसे—स्टील के जॉब के लिए हाई स्पीड स्टील का ब्लेड चुनना चाहिए, जबकि ब्रास या एल्युमीनियम के लिए हाई कार्बन स्टील का ब्लेड चुना जा सकता है।

(v) ब्लेड को फ्रेम में फिट करते समय उसके दाँतों का झुकाव आगे की ओर (अर्थात् फ्लाई नट की दिशा में) रखना चाहिए। इससे हैक्सॉ अगले स्ट्रोक (forward stroke) में कटिंग करती है।

(vi) हैक्सॉ को आगे ले जाते समय उस पर दबाव डालना चाहिए तथा अपनी तरफ खींचते समय ढीला छोड़ना चाहिए।

हैक्सॉ प्रयोग करते समय सावधानियाँ Precautions while Using Hacksaw

कटिंग शुरू करने से पहले प्रयोग में लाई जाने वाली सावधानियाँ निम्न हैं—

(i) जहाँ कटिंग शुरू करनी है, वहाँ रेती से 'V' ग्रूव बना लेना चाहिए। इससे ब्लेड एक निश्चित स्थान पर कटिंग करता है।

(ii) हैक्सॉइंग के समय दाएँ हाथ से हैक्सॉ का हैण्डिल पकड़कर आगे-पीछे चलाने के लिए जोर लगाना चाहिए। साथ ही बाएँ हाथ से फ्रेम को आगे से सहारना चाहिए।

(iii) हैक्सॉइंग के समय मात्र फॉरवर्ड स्ट्रोक (forward stroke) में ही दाब डालना चाहिए, क्योंकि केवल फॉरवर्ड स्ट्रोक में ही कटाई होती है।

(iv) चिम्मड़ धातुओं को काटते समय शीतलक या पानी का प्रयोग करते हैं, जिससे ब्लेड अधिक गर्म न होने पाए। ढलवाँ लोहे में कोई कूलैन्ट प्रयोग नहीं किया जाता जबकि एल्युमीनियम के लिए कैरोसीन (kerosene) का प्रयोग करते हैं।

(v) कटिंग करते समय झटके से हैक्सॉ को नहीं चलाना चाहिए। हैक्सॉ फ्रेम (ब्लेड) हमेशा सीधे चलाना चाहिए। टेढ़ा होने पर कटाई टेढ़ी होगी तथा ब्लेड फँसकर टूट सकता है।

(vi) ब्लेड के टूटने पर पुराने कट में नया ब्लेड नहीं चलाना चाहिए, यह फँसकर टूट सकता है।

(vii) ब्लेड की पूरी लम्बाई का प्रयोग करना चाहिए।

(iii) रेती File

किसी कार्यखण्ड की सतह से खुरदरी सतह (rough surface) वाले औजार को रगड़कर अवांछित पदार्थ को चूर्ण के रूप में हटाने की प्रक्रिया को रेतना (filing) कहते हैं तथा इस प्रक्रिया में प्रयुक्त औजार को रेती कहा जाता है। रेती के द्वारा प्लेन सतह (plane surface), वक्र सतह (curved surface), सीधी झिर्री (straight slots), वृत्ताकार या आयताकार होल (circular or rectangular holes) तथा लगभग प्रत्येक प्रकार की आकृति (shape) पर से अतिरिक्त (extra) पदार्थ को बारीक कणों के रूप में हटा दिया जाता है। नीचे चित्र में रेती तथा इसके विभिन्न भागों को दर्शाया गया है

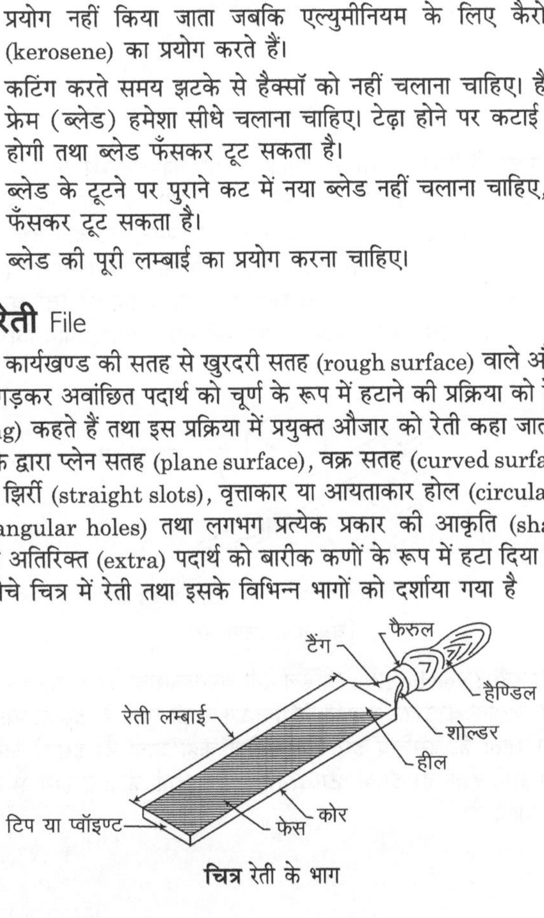

चित्र रेती के भाग

फेस (Face) रेती का वह चपटा भाग, जिसमें कटाई दाँते बने होते हैं, फेस कहलाता है।

टैंग (Tang) रेती का वह नुकीला भाग, जिस पर हैण्डिल लगाया जाता है, टैंग कहलाता है।

हैण्डिल (Handle) रेती को पकड़ने के लिए टैंग पर लगा उसका हैण्डिल कहलाता है।

हील (Heel) फेस तथा टैंग के मध्य कुछ भाग प्लेन (plain) तथा बिना दाँतों का बचता है। इस भाग को हील कहा जाता है।

कोर (Edge) रेती का वह पतला भाग, जिस पर समान्तर दाँतों की एकल पंक्ति (single row) होती है, कोर कहलाता है।

टिप या प्वॉइण्ट (Tip or point) रेती के निचले सिरे को प्वॉइण्ट कहा जाता है। इस प्वॉइण्ट की लम्बाई व चौड़ाई देखकर ही रेती के हत्था का आकार निर्धारित किया जाता है।

शोल्डर (Shoulder) हील के ऊपर टैंग बनाने के लिए प्रयुक्त किये जाने वाले टेपर (taper) भाग को शोल्डर कहते हैं।

फैरुल (Ferrule) हैण्डिल में दरार पड़ने पर, दुर्घटना से बचने के लिए हैण्डिल के ऊपर धातु का छल्ला फिट कर दिया जाता है। इस धातु के छल्ले को ही फैरुल कहते हैं।

रेतियाँ निम्न आधार पर वर्गीकृत की जा सकती हैं—

आकृति के आधार पर Depending on the Shape

आकृति के आधार पर रेतियाँ निम्न प्रकार की होती हैं—

फ्लैट रेती (Flat file) यह एक आयताकार काट वाली रेती है, जिसकी मोटाई व चौड़ाई में लगभग पाँच गुने का अन्तर होता है।

हील की ओर यह 2/3 लम्बाई तक समान्तर रहती है तथा शेष 1/3 भाग (प्वॉइण्ट की ओर का) चौड़ाई तथा मोटाई दोनों में ही टेपर होता है।

इसकी दोनों ही चपटी सतहों पर (दोनों फलकों पर) सिंगल कट या डबल कट दाँते बने होते हैं, जबकि दोनों एज पर सिंगल कट सीधे दाँते बने होते हैं। यह रेती 15-40 सेमी लम्बाई में बाजार में उपलब्ध है।

इसका प्रयोग कार्यशालाओं में सबसे अधिक होता है। इसके द्वारा चपटी सतहों का निर्माण किया जा सकता है।

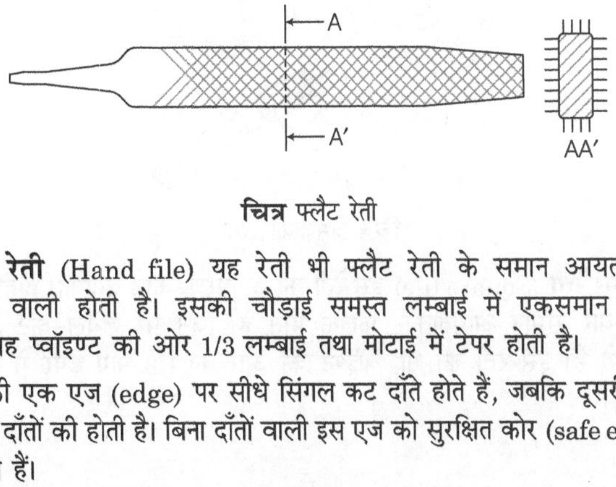

चित्र फ्लैट रेती

हस्त रेती (Hand file) यह रेती भी फ्लैट रेती के समान आयताकार काट वाली होती है। इसकी चौड़ाई समस्त लम्बाई में एकसमान होती है। यह प्वॉइण्ट की ओर 1/3 लम्बाई तथा मोटाई में टेपर होती है।

इसकी एक एज (edge) पर सीधे सिंगल कट दाँते होते हैं, जबकि दूसरी एज बिना दाँतों की होती है। बिना दाँतों वाली इस एज को सुरक्षित कोर (safe edge) कहते हैं।

यह सेफ एज, रेती की फ्लैट सतह को खड़ी अवस्था में जॉब को साइड से रेती करने में सहायता करती है तथा जिस सतह पर सेफ एज चलती है, वह सतह खराब नहीं होती।

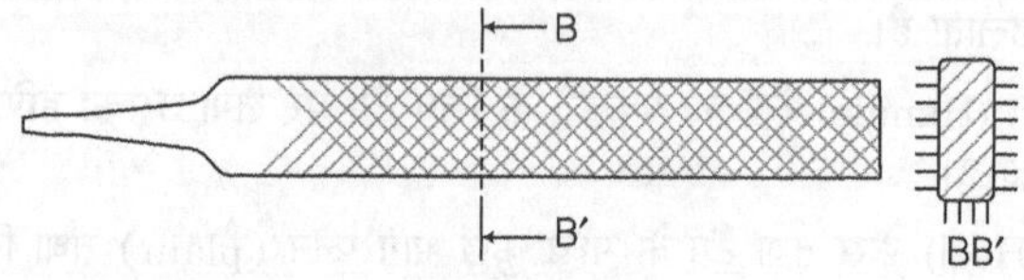

चित्र हस्त रेती

मिल रेती (Mill file) इस रेती की चौड़ाई व मोटाई समस्त लम्बाई में समान रहती है। इसकी एज चौरस, गोल या डायमण्ड आकार में होती है। इन एजों पर सिंगल कट दाँते बने होते हैं, जिनका उपयोग अर्द्ध-गोलाकार ग्रूव बनाने के लिए किया जा सकता है। इस रेती का प्रयोग लेथ मशीन पर जॉब की सतह को परिष्कृत करने या ड्रॉ-रेताई करने के लिए भी किया जाता है।

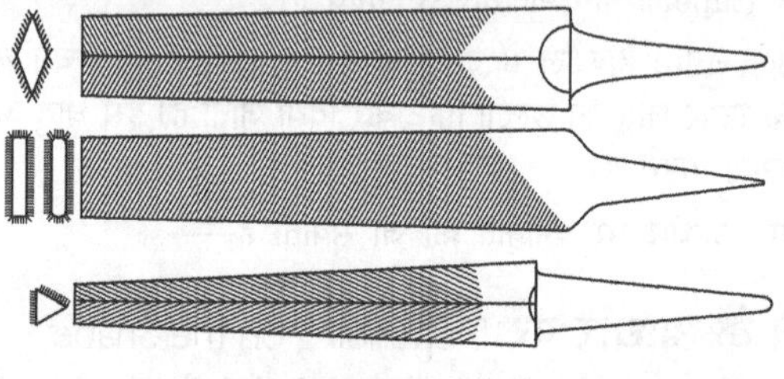

चित्र मिल रेती

त्रिभुजाकार रेती (Triangular file) इस रेती की अनुप्रस्थ-काट सम-त्रिभुज के समान होती है, इसलिए इसे त्रिभुजाकार रेती कहा जाता है। इस रेती में तीन समान आकार के आयताकार फलक होते हैं, जिन पर साधारणत: सिंगल कट वाले दाँते बने होते हैं। इस रेती का भी प्वॉइण्ट की ओर का एक-तिहाई भाग टेपर किया होता है।

इस रेती का प्रयोग मुख्य रूप से आरी के दाँतों पर धार लगाने तथा चौकोर या तिकोने खाँचों के कोने शार्प (sharp) करने के लिए किया जाता है। नीचे चित्र में त्रिभुजाकार रेती तथा उसके प्रयोग को दर्शाया गया है

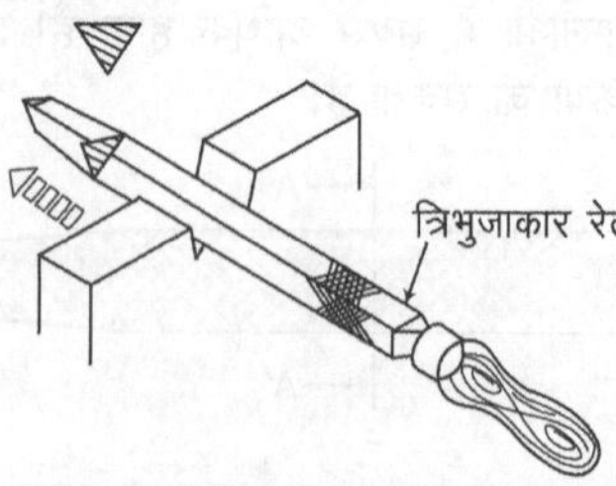

चित्र त्रिभुजाकार रेती

वर्गाकार रेती (Square file) इस रेती की अनुप्रस्थ-काट वर्गाकार होती है। इसमें चार समान आयताकार फलक होते हैं, जिन पर डबल-कट दाँते बने होते हैं। इस रेती का भी प्वॉइण्ट की ओर का 1/3 भाग टेपर में बना होता है।

वर्गाकार रेती का प्रयोग संकीर्ण झिर्रियों तथा आयताकार या वर्गाकार छिद्रों को रेतने के लिए किया जाता है। नीचे चित्र में वर्गाकार रेती तथा उसके अनुप्रयोग को दर्शाया गया है।

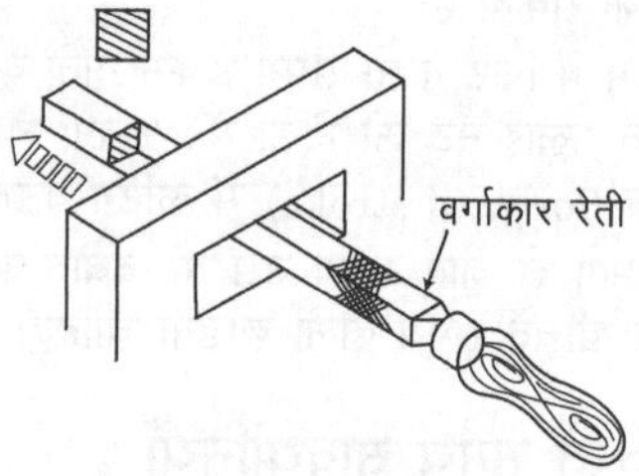

चित्र वर्गाकार रेती

गोल रेती (Round file) गोल रेती की अनुप्रस्थ-काट वृत्ताकार होती है। इसका भी एक-तिहाई (one-third) भाग (प्वॉइण्ट की ओर का) टेपर किया होता है। इस रेती के सम्पूर्ण पृष्ठ पर सिंगल कट वाले दाँते होते हैं। इस रेती का उपयोग वृत्ताकार या वक्र सतहों (curved surfaces) को रेतने के लिए किया जाता है। नीचे चित्र में गोल रेती तथा उसकी प्रयोग विधि को दर्शाया गया है।

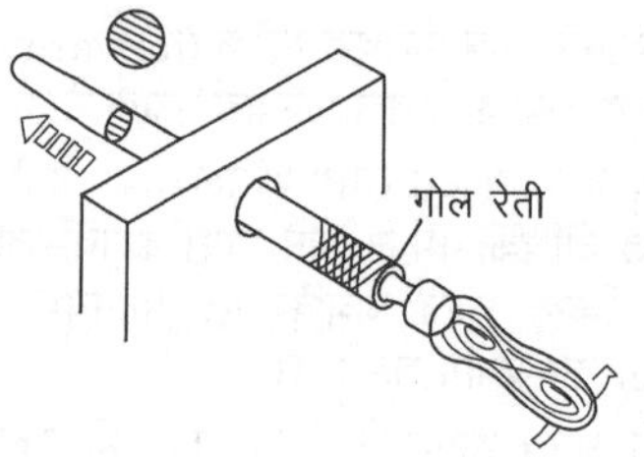

चित्र गोल रेती

हाफ राउण्ड रेती (Half round file) इस रेती की अनुप्रस्थ-काट अर्द्धवृत्त के समान होती है। इसका भी प्वॉइण्ट की ओर का एक-तिहाई भाग टेपर किया होता है। इस रेती की वक्र सतह पर सिंगल कट दाँते तथा फ्लैट सतह पर डबल कट दाँते बने होते हैं। इस रेती का उपयोग समतल (flat) तथा आन्तरिक वक्राकार (curved) दोनों प्रकार की सतहों को रेतने के लिए किया जाता है। नीचे चित्र में हाफ राउण्ड रेती तथा उसकी प्रयोग विधि को दर्शाया गया है।

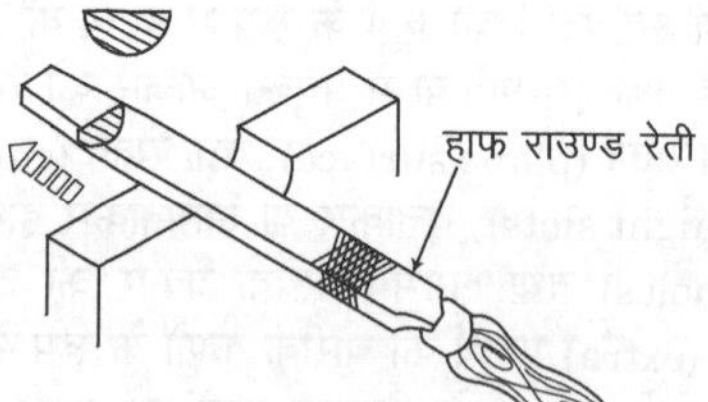

चित्र हाफ राउण्ड रेती

नीडिल रेती (Needle file) नीडिल रेती बहुत बारीक अनुप्रस्थ-काट की होती है, जबकि काट की आकृति विभिन्न प्रकार की रहती है। इसका प्वॉइण्ट नुकीला रहता है, इसलिए इसे नीडिल रेती कहा जाता है। इसकी लम्बाई 10-20 सेमी होती है। इसकी टैंग (tang) गोल होती है तथा हाथ से सीधे पकड़ी जाती है।

अत: यह हैण्डिल (handle) का कार्य करती है। ये रेतियाँ बहुत हल्के कार्यों में प्रयोग की जाती हैं। नीचे चित्र में नीडिल रेतियों की विभिन्न आकृतियाँ उनके संकेतों सहित दर्शाई गई हैं।

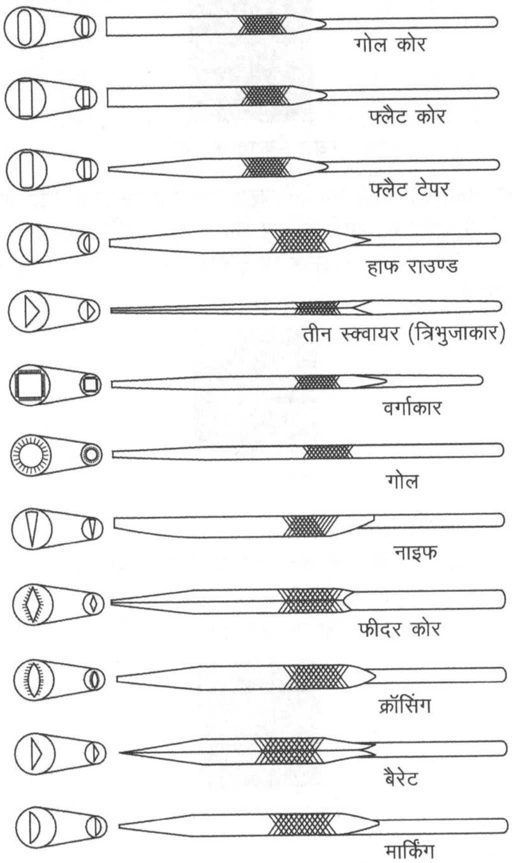

चित्र विभिन्न प्रकार की नीडिल रेतियाँ

नाइफ-एज रेती (Knife edge file) इस रेती की अनुप्रस्थ-काट चाकू की काट के समान होती है तथा एक एज नुकीली (sharp) होती है। इसकी काट का कोण 10° का होता है तथा इसके दोनों फलकों पर डबल कट दाँते होते हैं।

इसका प्रयोग अति संकीर्ण (narrow) स्थानों पर रेताई करने के लिए किया जाता है। नीचे चित्र में नाइफ एज रेती तथा उसकी प्रयोग विधि को दर्शाया गया है।

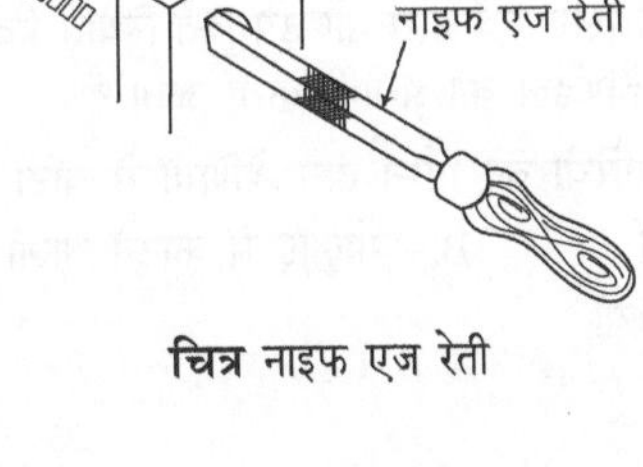

चित्र नाइफ एज रेती

दाँतों की कटिंग के आधार पर

Depending on the Cutting of Teeth

दाँतों की आकृति का रेती की उपयोगिता पर सीधा प्रभाव पड़ता है। दाँतों की कटिंग के आधार पर रेतियाँ निम्न पाँच प्रकार की होती हैं

सिंगल कट रेती (Single cut file) इन रेतियों में दाँते फलक पर सीधी रेखाओं में बने होते हैं। ये रेखाएँ परस्पर समान्तर होती हैं तथा फलक की केन्द्र रेखा से 60° पर होती हैं, जैसा कि चित्र में दर्शाया गया है।

इन रेतियों से धातु कम कटती है, परन्तु सतह अच्छी प्रकार परिष्कृत होती है। इन रेतियों का प्रयोग औजारों की धार बनाने के लिए तथा कठोर धातुओं को रेतने के लिए किया जाता है। दाँतों का झुकाव इस प्रकार होता है कि आगे चलने पर ही रेती रेतने का कार्य करती है।

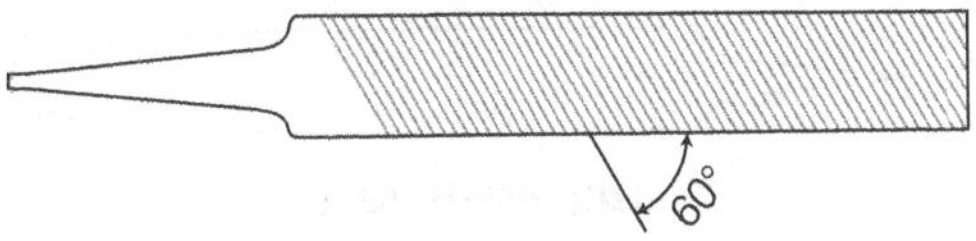

चित्र सिंगल कट रेती

डबल कट रेती (Double cut file) इन रेतियों में दाँतों की दो पंक्तियाँ आपस में विकर्ण के रूप में होती हैं। दाँतों की प्रथम पंक्ति ओवर कट (over cut) कहलाती है। ये कट 70° के कोण पर बने होते हैं। दूसरा कट इसके विकर्ण पर होता है, जो 51° के कोण पर बना होता है। इसे अपकट (upcut) कहते हैं। डबल कट रेती, सिंगल कट की अपेक्षा अधिक धातु हटाती है, परन्तु इसके द्वारा प्राप्त सतह चिकनी (smooth) नहीं होती है। रफ कार्यों के लिए इस रेती का प्रयोग किया जाता है।

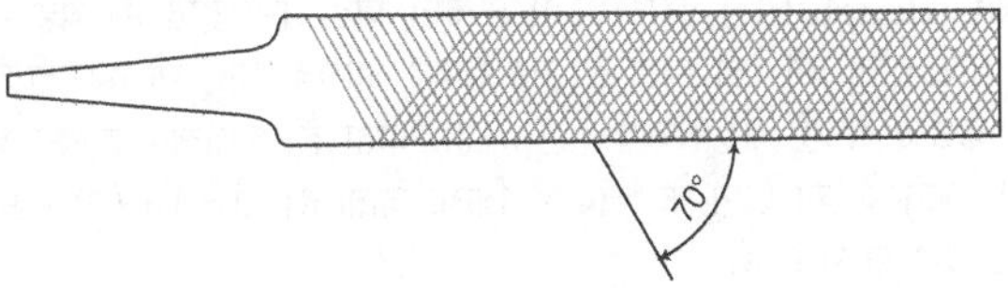

चित्र डबल कट रेती

रैस्प कट रेती (Rasp cut file) सिंगल कट तथा डबल कट रेतियों के समान इन रेतियों के दाँते सीधी लाइनों में तथा एक-दूसरे से जुड़े हुए नहीं होते, बल्कि रेती के फलक पर दूर-दूर पंच द्वारा उभारकर बनाए जाते हैं, जैसा कि चित्र में दर्शाया गया है। इनका प्रयोग लकड़ी, रबड़ या घोड़े के खुर आदि को मुलायम करने के लिए तथा चिम्मड़ वस्तुओं को रेतने के लिए किया जाता है।

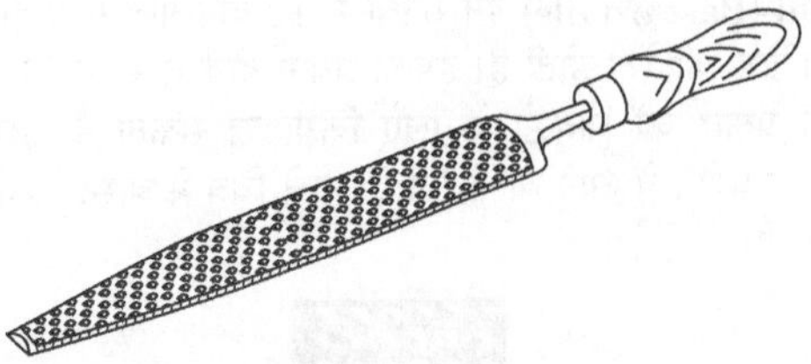

चित्र रैस्प कट रेती

वृत्ताकार कट रेती (Circular cut file) इस रेती में दाँते फलक पर सीधे न बनाकर वृत्ताकार आकृति (circular shape) में एक-दूसरे के समान्तर बनाए जाते हैं। यह रेती मुलायम धातुओं की रेताई करने के कार्य में प्रयुक्त की जाती है।

इसके द्वारा बहुत कम पदार्थ काटा जाता है।

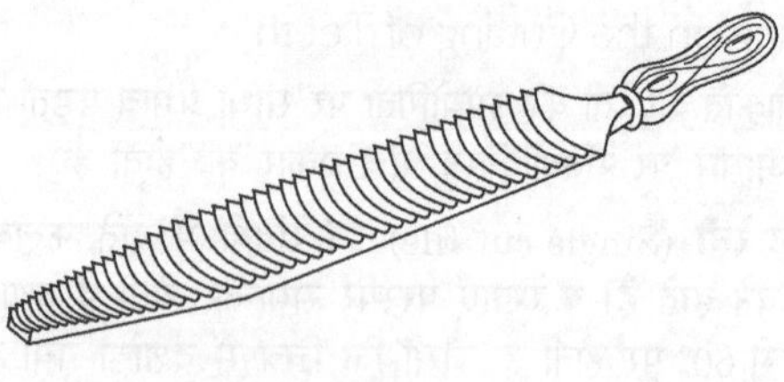

चित्र वृत्ताकार कट रेती

स्पाइरल कट रेती (Spiral cut file) इस रेती में दाँते स्पाइरल आकृति में बने होते हैं तथा प्वॉइण्ट से शुरू होकर हील तक पहुँचते हैं। इस प्रकार के दाँते गोल रेती में होते हैं।

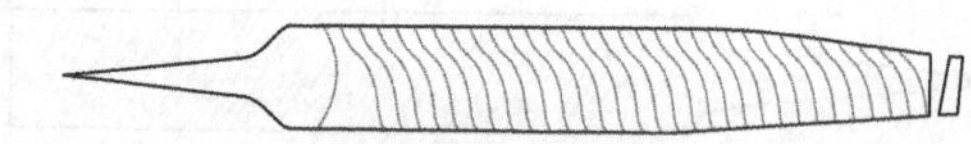

चित्र स्पाइरल कट रेती

दाँतों के ग्रेड के आधार पर
Depending on the Grade of Teeth

दाँतों के ग्रेड से तात्पर्य दाँतों की मोटाई से है। रेती के दाँतों का ग्रेड, प्रति सेमी में बने दाँतों की संख्या द्वारा दिया जाता है। यदि प्रति सेमी दाँतों की संख्या कम है, तो इसका अभिप्राय है कि दाँते मोटे होंगे, परन्तु यदि प्रति सेमी दाँतों की संख्या अधिक है, तो दाँते बारीक होंगे।

ग्रेड्स के आधार पर, रेतियाँ निम्न प्रकार वर्गीकृत की जाती हैं—

रफ रेती (Rough file) इस रेती में 8 दाँते प्रति सेमी होते हैं। यह सबसे ज्यादा मोटे दाँतों की रेती होती है। यह सबसे अधिक धातु भी काटती है। ये रेतियाँ कठोर सतहों पर स्लिप (slip) हो जाती हैं, इसलिए इनका प्रयोग मुलायम धातुओं को रेतने के लिए ही किया जाता है। नीचे चित्र में रफ रेती का ग्रेड दर्शाया गया हैं।

चित्र रफ रेती

बास्टर्ड रेती (Bastard file) इन रेतियों में 12 दाँते प्रति सेमी होते हैं। यह एक मध्यम ग्रेड की रेती होती है। इसका प्रयोग हार्ड व सॉफ्ट (hard and soft) दोनों प्रकार की धातुओं के लिए किया जा सकता है, इसलिए यह सबसे अधिक प्रयोग में आने वाली रेती है। नीचे चित्र में बास्टर्ड रेती का ग्रेड दर्शाया गया है।

चित्र बास्टर्ड रेती

सेकण्ड कट रेती (Second cut file) सेकण्ड कट रेती में 16 दाँते प्रति सेमी होते हैं अर्थात् यह बास्टर्ड रेती से अधिक महीन रेती है। इसके द्वारा अच्छी परिष्कृत सतह प्राप्त होती है। नीचे चित्र में इसका ग्रेड दर्शाया गया है।

चित्र सेकण्ड कट रेती

स्मूथ रेती (Smooth file) यह रेती बहुत कम धातु हटाती है, इसलिए हल्के कार्यों के लिए प्रयोग की जाती है। इस रेती में 20-24 दाँते प्रति सेमी होते हैं। इसके द्वारा अधिक परिष्कृत सतह प्राप्त होती है। नीचे चित्र में इसका ग्रेड दर्शाया गया है।

चित्र स्मूथ रेती

सुपर डैड स्मूथ रेती (Super dead smooth file) इस रेती में दाँतों की संख्या 40 से 65 दाँते प्रति सेमी तक होती है। इसका प्रयोग बहुत ही परिशुद्ध तथा परिष्कृत (accurate and finished) सतह प्राप्त करने के लिए किया जाता है। नीचे चित्र में इस रेती का ग्रेड दर्शाया गया है।

चित्र सुपर डैड स्मूथ रेती

लम्बाई के आधार पर Depending on the Length

लम्बाई के आधार पर भी रेतियों को वर्गीकृत किया जाता है। रेती की लम्बाई प्वॉइण्ट से हील (heel) तक की दूरी होती है। बाजार में 10 सेमी से 45 सेमी लम्बाई तक की रेतियाँ मिलती हैं। महीन कार्यों के लिए कम लम्बाई (10 से 15 सेमी) की रेतियाँ, मध्यम कार्यों के लिए मध्यम लम्बाई (15 से 25 सेमी) की रेतियाँ तथा भारी कार्यों के लिए 25 से 45 सेमी लम्बी रेतियाँ प्रयोग की जाती हैं।

(iv) आरी Saw

यह किसी वस्तु को काटने के लिए उपयोग होने वाला हस्त औजार है। इसमें प्रयुक्त धातु के ब्लेड पर अलग-अलग आकार के दाँते बने होते हैं, जिनका प्रयोग लकड़ी, धातु चादरों, पाइप आदि को काटने के लिए किया जाता है। आरी को पकड़ने के लिए एवं हाथ को उपयुक्त स्थिति प्रदान करने के लिए लकड़ी के मजबूत हैण्डिल का प्रयोग किया जाता है।

कार्य के अनुसार आरियों को निम्न तीन श्रेणियों में बाँटा गया है—

A. सामान्य आरियाँ B. गोलाई में काटने वाली आरियाँ

C. पीठ वाली आरियाँ

A. सामान्य आरियाँ Common Saws

सामान्य आरियों के अन्तर्गत ऐसी आरियाँ आती हैं, जो लकड़ी को आर-पार या सीधी रेखा में काटने के लिए प्रयुक्त की जाती हैं। इन आरियों को बनाने के लिए उच्च कार्बन स्टील या स्प्रिंग स्टील का प्रयोग किया जाता है।

सामान्य आरियाँ निम्न प्रकार की होती हैं—

हस्त आरी (Hand saw) इसके द्वारा लकड़ी को आवश्यक आकार में काटा जाता है। इसके ब्लेड की लम्बाई सामान्यत: 26 इंच (66 सेमी) होती है। इसके दाँते अन्दर की ओर गति करके लकड़ी काटते हैं।

इसमें दाँतों की संख्या 4 से 10 तक प्रति इंच (TPI) होती है। इस आरी का ब्लेड एक ओर अधिक चौड़ा तथा दूसरी ओर कम चौड़ा रखा जाता है; अधिक चौड़े सिरे पर एक लकड़ी का दस्ता पेंचों अथवा रिवेट्स के द्वारा कस दिया जाता है।

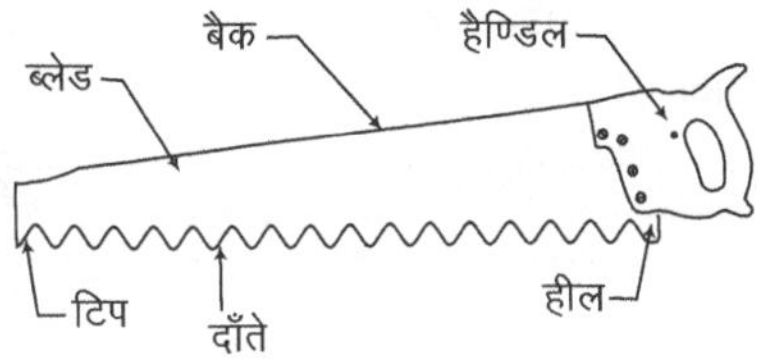

चित्र हस्त आरी

रिप आरी (Rip saw) यह आरी लकड़ी के रेशों को काटने हेतु प्रयुक्त की जाती है। इसमें दाँतों की संख्या प्रति इंच में दो (two) होती है। इसके दाँतों का कोण 60° का होता है।

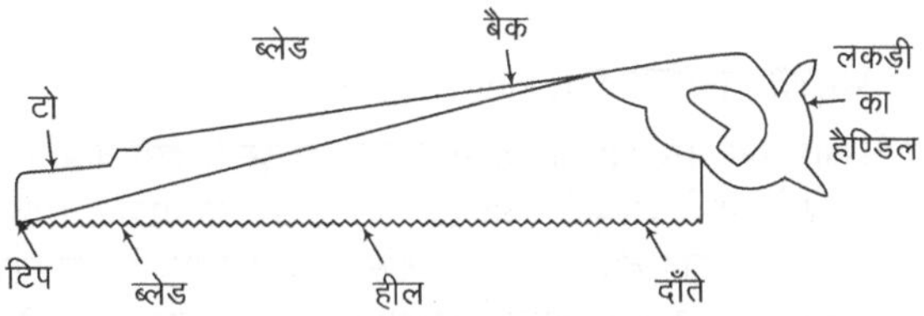

चित्र रिप आरी

क्रॉस-कट आरी (Cross-cut saw) इस आरी में दोनों तरफ हत्थे होते हैं। इस आरी की लम्बाई 25″ से 30″ तक होती है। इसके दाँते प्रति इंच 5 से 7 होते हैं।

दाँतों का कोण 70° से 85° तक होता है, इसलिए यह लकड़ी को तिरछे रेशों में आसानी से काट सकती है। इस आरी का उपयोग लकड़ी के तख्तों को तिरछा काटने हेतु किया जाता है।

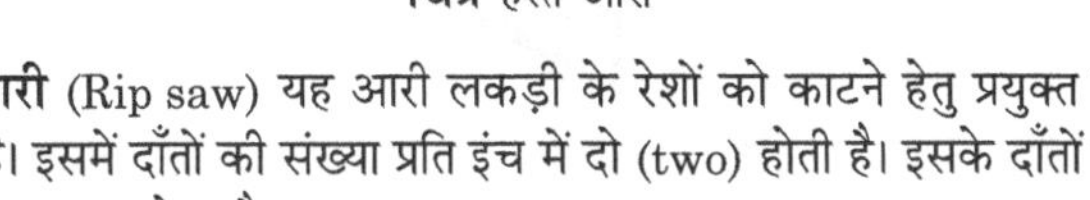

चित्र क्रॉस-कट आरी

B. गोलाई में काटने वाली आरियाँ Curve Cutting Saws

गोलाई में काटने वाली आरियों के अन्तर्गत ऐसी आरियाँ आती हैं, जो लकड़ी पर गोलाई अथवा डिजाइन बनाने में प्रयुक्त की जाती हैं। ये निम्नलिखित प्रकार की होती हैं—

कम्पास आरी (Compass saw) कम्पास आरी का प्रयोग थोड़ी जगह में टेढ़ी चिराई करने के लिए किया जाता है। इसकी लम्बाई 25 से 40 सेमी तक होती है तथा इसका ब्लेड एक तरफ से नुकीला होता है।

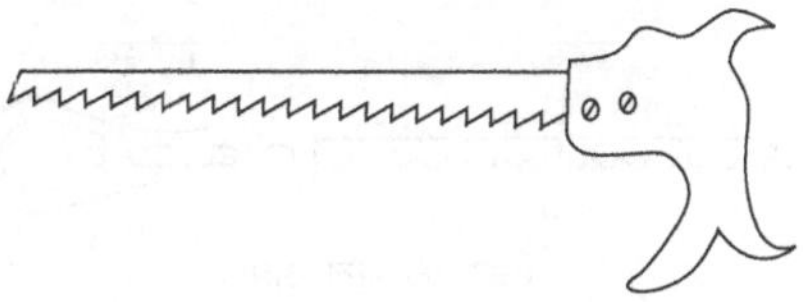

चित्र कम्पास आरी

फ्रेट या जिग आरी (Fret or zig saw) इसकी संरचना हैक्सॉ (लोहा काटने की आरी) के समान होती है। इसकी विशेषता यह है कि यह साधारण हैक्सॉ की अपेक्षा लकड़ी को ज्यादा सफाई तथा गहराई से काट सकता है।

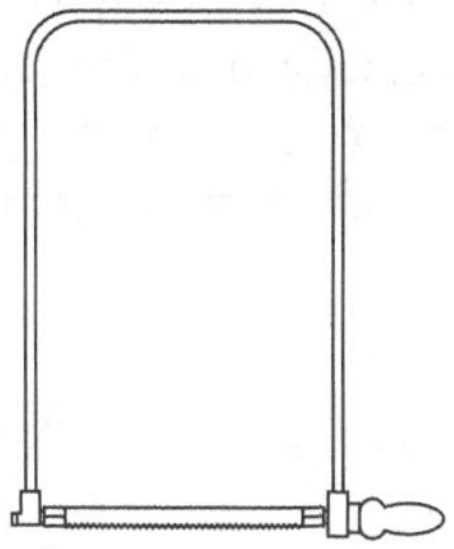

चित्र फ्रेट आरी

बो आरी (Bow saw) यह आरी दिखने में फ्रेम के समान होती है। यह आरी बाहर की गोलाई या डिजाइन काटने के काम आती है। इसके फ्रेम में 12″ से 16″ तक लम्बाई का ब्लेड लगा होता है। इसे 'फ्रेम आरी' भी कहा जाता है।

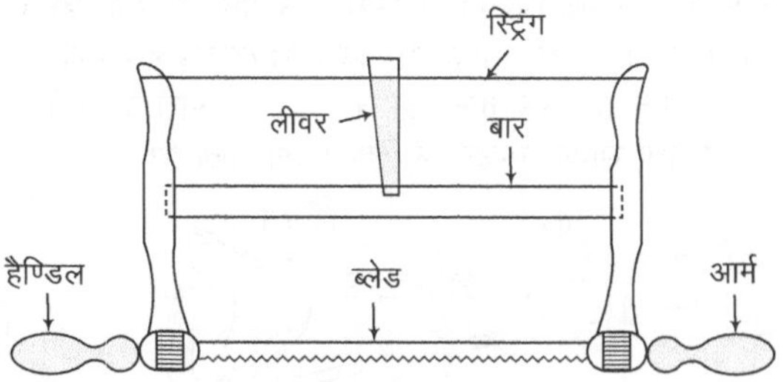

चित्र बो आरी

कॉपिंग आरी (Coping saw) यह आरी भी फ्रेम में ही कसी हुई होती है। इसका फ्रेम लोहे का होता है, जोकि बाल के समान ही काफी पतला (या महीन) होता है। इसके फ्रेम में लगे ब्लेड की लम्बाई 5″ से 8″ तक होती है।

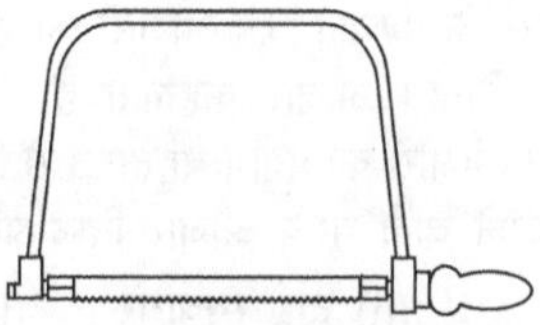

चित्र कॉपिंग आरी

की-होल आरी (Key-hole saw) यह लगभग 3-4 मिमी चौड़े और 15-20 सेमी लम्बे ब्लेड वाली छोटी आरी होती है। विद्युत्कार, सनमाइका टॉप वाले वायरिंग बोर्डों में ड्रिल मशीन से किए गए गोल छिद्रों को आवश्यकतानुसार आयताकार आकृति प्रदान करने के लिए इसका उपयोग करते हैं।

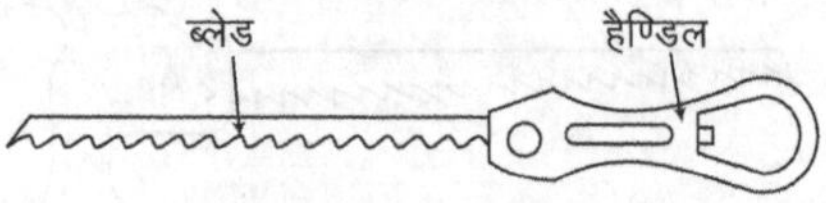

चित्र की-होल आरी

C. पीठ वाली आरियाँ Back Saw

इस प्रकार की आरियों की चौड़ाई दोनों सिरों पर समान रखी जाती है। इन आरियों की पीठ पर एक लोहे की पत्ती लगा दी जाती है, जिसके फलस्वरूप कार्य करते समय यह लचकती नहीं है। ये आरियाँ निम्न प्रकार की होती हैं—

टैनन आरी (Tenon saw) विद्युत्कार के लिए 30-40 सेमी लम्बाई वाली टैनन आरी उपयुक्त होती है। इसका उपयोग लकड़ी, सनमाइका तथा प्लास्टिक की वस्तुओं को काटने और उन्हें आवश्यक आकृति प्रदान करने के लिए किया जाता है।

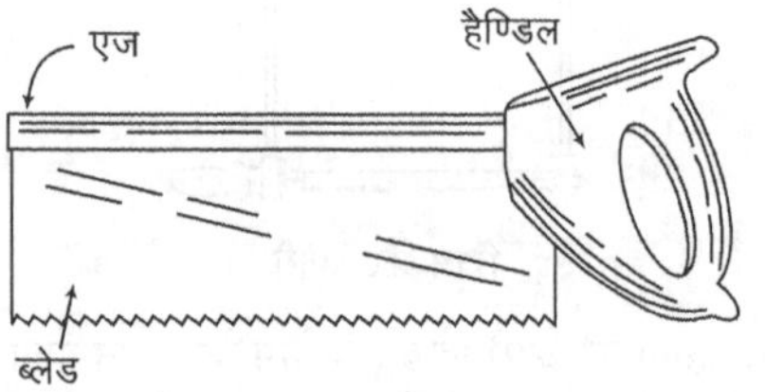

चित्र टैनन आरी

डवटेल आरी (Dovetail saw) यह आरी टेनन आरी के समान ही होती है, परन्तु इसका आकार छोटा होता है। इस आरी की लम्बाई 8 इंच से 10 इंच तथा चौड़ाई 2 इंच से 4 इंच तक रखी जाती है। इस आरी का प्रयोग डवटेल जोड़ में पिन तथा सॉकेट काटने के लिए किया जाता है।

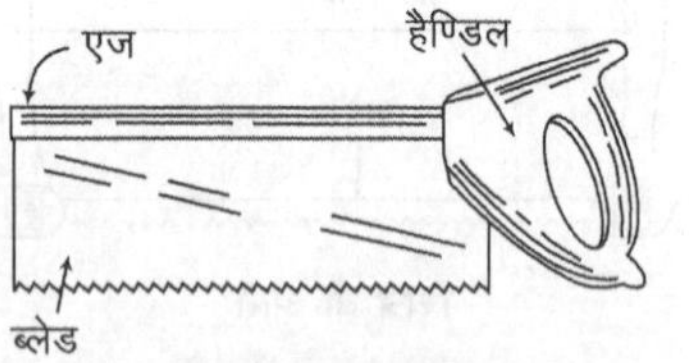

चित्र डवटेल आरी

2. चिन्हन औजार Marking Tools

किसी भी जॉब को मापने के पश्चात् जिन औजारों का प्रयोग निशान लगाने के लिए किया जाता है, चिन्हन औजार कहलाते हैं। रेफ्रिजरेशन एवं एयर कण्डीशनिंग ट्रेड में इन औजारों का प्रयोग बहुतायत से किया जाता है। चिन्हन औजारों के अन्तर्गत आने वाले मुख्य औजार निम्न प्रकार हैं—

(i) पैमाना	(ii) ट्राई-स्क्वायर	(iii) डिवाइडर
(iv) ट्रैमल	(v) स्क्राइबर	(vi) चिन्हन गेज
(vii) मार्टिस गेज	(viii) प्लम्ब बॉब	(ix) पंच

(i) पैमाना Rule

पैमाना अधिकतर लकड़ी के प्रयोग किए जाते हैं, जिन पर इंचों या सेमी में निशान बने होते हैं। कभी-कभी धातु के पैमाने भी प्रयोग किए जाते हैं। धातु का पैमाना बनाने के लिए अधिकतर स्टेनलैस स्टील, स्प्रिंग स्टील या हाई-कार्बन स्टील का प्रयोग किया जाता है। स्टील रूल 150, 200, 250, 600 मिमी की माप में बाजार में उपलब्ध हैं। जिन पर 0.5, 1, 5, 10 मिमी के अंश बने होते हैं।

उपयोग के आधार पर ये निम्न प्रकार के होते हैं—

फोल्डिंग पैमाना Folding Ruler

सामान्यत: मापन कार्य के लिये 2 फीट लम्बाई की 4 तह वाला फोल्डिंग पैमाना प्रयोग किया जाता है। इसमें एक सिरे पर इंचों के चिन्ह तथा दूसरे सिरे पर सेन्टीमीटर्स के चिन्ह अंकित होते हैं। अंशांकनों की सूक्ष्मता 1 मिमी तथा 1/16 इंच होती है।

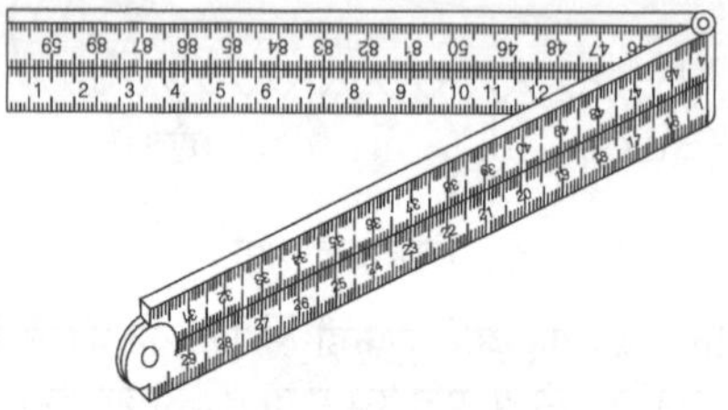

चित्र फोल्डिंग पैमाना

सीधी पट्टी पैमाना Straight Edge Rule

इसकी लम्बाई प्राय: 15, 30 या 40 सेमी होती है। इसके द्वारा कम-से-कम मापी जा सकने वाली लम्बाई (अल्पतमांक) 0.5 मिमी अर्थात् 1/32 इंच होती है। इसका उपयोग तारों, औजारों, जॉब्स, बोल्ट्स एवं सर्किट बोर्ड में प्रयुक्त अवयवों आदि की लम्बाई मापने के लिए किया जाता है तथा ट्रांसफॉर्मर बॉबिन, पंखे, मोटर्स आदि की वाइण्डिंग करते समय इन्सुलेशन शीट के सही आकार की माप लेने हेतु भी किया जाता है।

चित्र सीधी पट्टी पैमाना

लचीला स्टील पैमाना Flexible Steel Rule

यह स्टील की पत्ती का बनाया जाता है, जिसकी लम्बाई 5 मीटर तक रखी जाती है। इस पैमाने के एक तरफ मिमी तथा सेमी में चिन्ह बने होते हैं, जबकि दूसरी तरफ इंच में निशान बने होते हैं। स्टील की पत्ती केन्द्रीय पिन पर लिपटी होती है तथा मापन के पश्चात् स्वयं स्प्रिंग द्वारा केन्द्रीय पिन पर लिपट जाती है। यह स्टील की पत्ती चमड़े, प्लास्टिक या स्टील में रखी जाती है तथा आवश्यकता के अनुसार ही बाहर खींची जाती है।

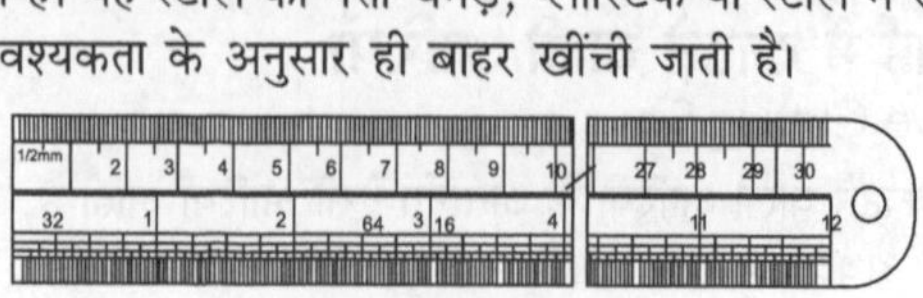

चित्र लचीला स्टील पैमाना

(ii) ट्राई-स्क्वायर Try-square

ट्राई-स्क्वायर भी एक प्रकार का मापन यंत्र है। यह मापन यंत्र समकोण आकृति का होता है।

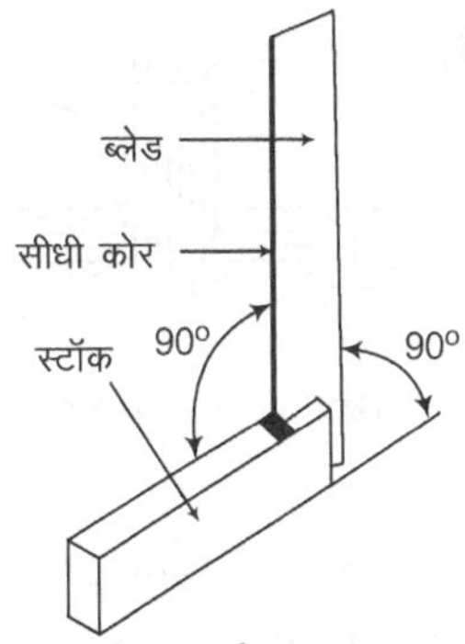

चित्र ट्राई-स्क्वायर

इसका प्रयोग जॉब की मार्किंग करते समय समान्तर व लम्बवत् रेखाएँ खींचने तथा सतह की या लम्बवत् कोणों की जाँच करने के लिए किया जाता है। इसका साइज ब्लेड की लम्बाई से प्रकट किया जाता है। इसमें प्रयुक्त ब्लेड की लम्बाई 15 सेमी से 30 सेमी तक रखी जाती है। इस ब्लेड की रिवेटों की सहायता से ढलवाँ लोहे या लकड़ी के स्टॉक में 90° पर जोड़ दिया जाता है।

लकड़ी के स्टॉक को घिसने से बचाने के लिए इसकी अन्दर की सतह पर पीतल की पत्ती लगा दी जाती है। स्टॉक की मोटाई, ब्लेड की अपेक्षा अधिक रखी जाती है, जिससे कि परीक्षण के समय ट्राई-स्क्वायर को जॉब की सतह पर अच्छी प्रकार बैठाने में कोई कठिनाई उत्पन्न न हो।

(iii) डिवाइडर Divider

यह माइल्ड स्टील या हाई-कार्बन स्टील का परकार (compass) के समान दो टाँगों वाला मार्किंग उपकरण है। इसकी दोनों टाँगें समान लम्बाई की तथा नुकीली होती हैं। हाई-कार्बन स्टील की कम्पास को हार्ड तथा टैम्पर किया जाता है, जबकि माइल्ड स्टील की कम्पास को केस हार्ड (case hard) किया जाता है।

इसका साइज दोनों टाँगों के जोड़ से नुकीले प्वॉइण्ट तक की लम्बाई द्वारा दिया जाता है। बाजार में ये 100, 150 या 200 मिमी की लम्बाई में उपलब्ध हैं। विशेष कार्यों के लिए ये अधिक लम्बाई के भी बनाए जा सकते हैं।

इसका प्रयोग स्टील रूल से कोई निश्चित माप लेने के लिए किया जाता है। डिवाइडर दो प्रकार के होते हैं–

फर्म ज्वॉइण्ट डिवाइडर (Firm joint divider) इस प्रकार के डिवाइडर की दोनों टाँगों को ऊपर से वाशर रखकर रिवेट द्वारा जोड़ा जाता है। इस प्रकार बने जोड़ की दोनों टाँगों को बल लगाकर खोला या बन्द किया जाता है। जोड़ ढीला पड़ने पर रिवेट को पीटकर उसे टाइट कर दिया जाता है।

फर्म ज्वॉइण्ट डिवाइडर मुख्यत: तीन प्रकार के होते हैं–

- साधारण फर्म ज्वॉइण्ट, चित्र (a)
- फर्म ज्वॉइण्ट विंग डिवाइडर, चित्र (b)
- नीडिल प्वॉइण्ट फर्म ज्वॉइण्ट डिवाइडर, चित्र (c)

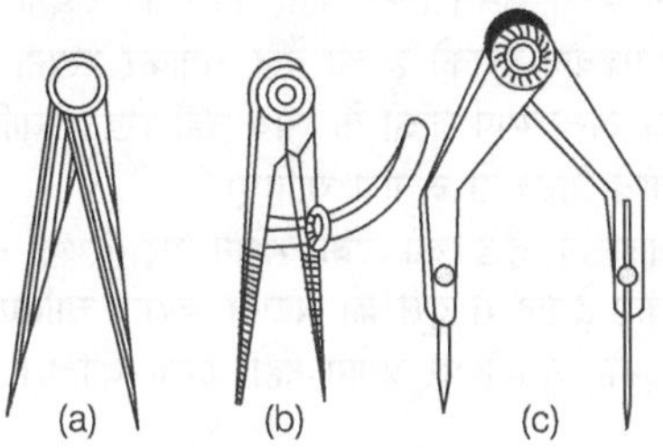

चित्र विभिन्न प्रकार के डिवाइडर

स्प्रिंग टाइप डिवाइडर (Spring type divider) इसकी दोनों टाँगों के ऊपरी सिरों को एक रिवेट का आलम्ब बनाकर गोल कमानी स्प्रिंग के द्वारा रोका जाता है। इसका जोड़ व आकार, इनसाइड स्प्रिंग कैलीपर्स से मिलता-जुलता है। स्प्रिंग के तनाव के विपरीत इसे स्क्रू व नट के द्वारा समायोजित किया जाता है।

चित्र स्प्रिंग टाइप डिवाइडर

(iv) ट्रेमल Trammel

अधिक बड़े जॉब की मार्किंग के लिए ट्रेमल यन्त्र का प्रयोग किया जाता है। इसमें 15 से 50 सेमी लम्बी एक स्टील की रॉड पर दो खिसकने वाले हैड (sliding head) होते हैं, जिनका निचला सिरा नुकीला होता है तथा ऊपर क्लैम्पिंग नट लगे होते हैं, जिनकी सहायता से स्लाइडिंग हैड को किसी भी उचित स्थान पर क्लैम्प किया जा सकता है। सूक्ष्म एडजस्टमेन्ट के लिए एक स्लाइडिंग हैड के साथ में एक कैरियर (carrier) जुड़ा होता है, जिसमें एक एडजस्टिंग स्क्रू तथा नट का प्रबन्ध रहता है। इसमें माप भरने के लिए स्टील रूल का प्रयोग किया जाता है।

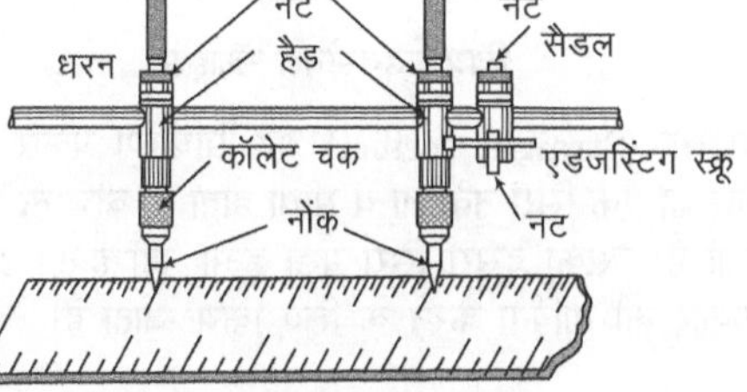

चित्र ट्रेमल

ट्रेमल का प्रयोग करते समय सावधानियाँ

ट्रेमल का प्रयोग करते समय निम्न बातों का ध्यान रखना चाहिए—

1. कार्य के पश्चात् इसको हल्का तेल लगाकर रखना चाहिए।
2. ट्रेमल को अन्य माप यन्त्रों के साथ नहीं रखना चाहिए।
3. इसको नीचे गिरने से बचाना चाहिए।
4. एक स्लाइडिंग हैड को एक स्थान पर स्थिर करके दूसरे को खिसकाकर ट्रेमल में दूरी को घटाना-बढ़ाना चाहिए।
5. इसका कठोर सतहों पर प्रयोग नहीं करना चाहिए।

(v) स्क्राइबर Scriber

धातु की सतहों पर लाइन खींचने के लिए स्क्राइबर का प्रयोग किया जाता है। ये हाई-कार्बन स्टील के बनाए जाते हैं, जिसे बाद में हार्ड तथा टैम्पर किया जाता है। इसके दोनों सिरे नुकीले (pointed) होते हैं। इसके सिरों को पत्थर पर घिसकर 12° से 15° के कोण पर मोड़ दिया है।

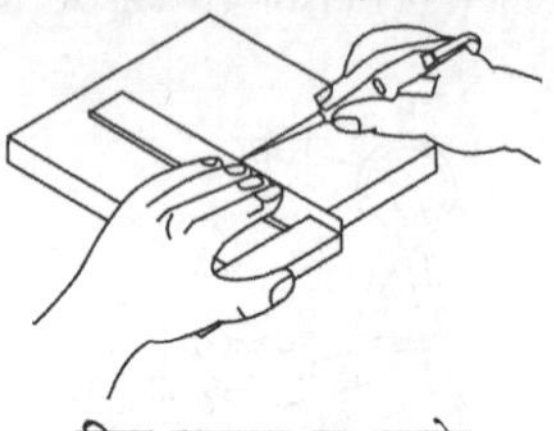

चित्र स्क्राइबर का उपयोग

बनावट के आधार पर स्क्राइबर निम्नलिखित चार प्रकार के होते हैं—

मुड़ा स्क्राइबर (Bent scriber) इसका एक सिरा सीधा व दूसरा सिरा 90° पर मुड़ा हुआ होता है। दोनों सिरे नुकीले होते हैं। सीधा सिरा साधारणत: रेखाएँ खींचने के लिए प्रयोग किया जाता है, जबकि मुड़ा हुआ सिरा जॉब की अन्दरूनी मार्किंग के काम आता है; जैसे—पाइप के अन्दरूनी बोर के अन्दर या किसी जॉब के अन्दर कटी चैनल आदि में।

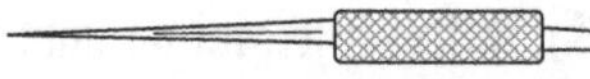

चित्र मुड़ा स्क्राइबर

एडजस्टेबल स्क्राइबर (Adjustable scriber) इस स्क्राइबर की लम्बाई को आवश्यकतानुसार घटाया-बढ़ाया जा सकता है। इसमें एक खोखली स्लीव होती है, जिसके बाहर भाग में नर्लिंग होती है। स्क्राइबर का तार स्लीव के अन्दर कितना भी जा सकता है। एक नट की सहायता से उसे कहीं भी टाइट (tight) किया जा सकता है।

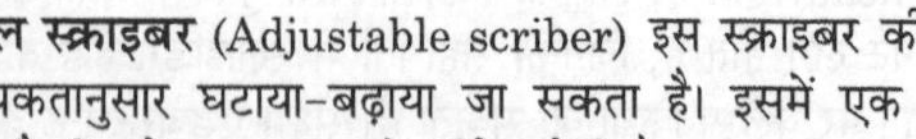

चित्र एडजस्टेबल स्क्राइबर

सीधा स्क्राइबर (Straight scriber) यह साधारण प्रकार का स्क्राइबर होता है, जिसका एक सिरा नुकीला व सीधा होता है, बीच के भाग में नर्लिंग की गई होती है। इसका दूसरा सिरा मुड़ा हुआ नहीं होता। इसका उपयोग साधारण प्रकार की मार्किंग करने के लिए किया जाता है।

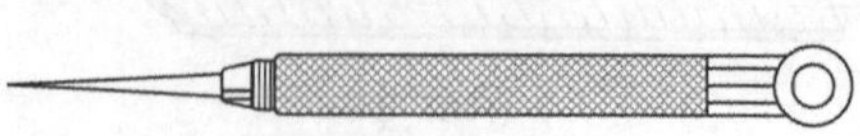

चित्र सीधा स्क्राइबर

ऑफसैट स्क्राइबर (Offset scriber) ऑफसैट स्क्राइबर का उपयोग बहुत से मापक यन्त्रों के साथ में किया जाता है; जैसे—वर्नियर हाइट गेज, स्क्वायर हैड आदि। इससे मापने व मार्किंग करने का काम एक साथ हो जाता है।

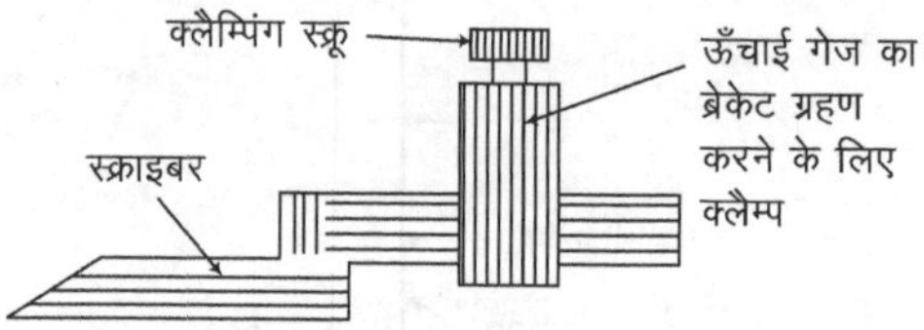

चित्र ऑफसैट स्क्राइबर

(vi) चिन्हन गेज Marking Gauge

चिन्हन गेज में एक वर्गाकार या आयताकार भाग होता है। इस वर्गाकार या आयताकार भाग को स्टेम (stem) कहते हैं। स्टेम की सतह पर एक तरफ मिमी व सेमी में चिन्ह बने होते हैं। चिन्हों के प्रारम्भिक स्थान पर सतह से 3 मिमी ऊपर एक पिन निकली रहती है।

स्टेम को लकड़ी के टुकड़े पर आगे या पीछे खिसकाकर समायोजित किया जाता है। इस लकड़ी के गुटके को पेंच की सहायता से किसी भी स्थिति में सैट किया जा सकता है।

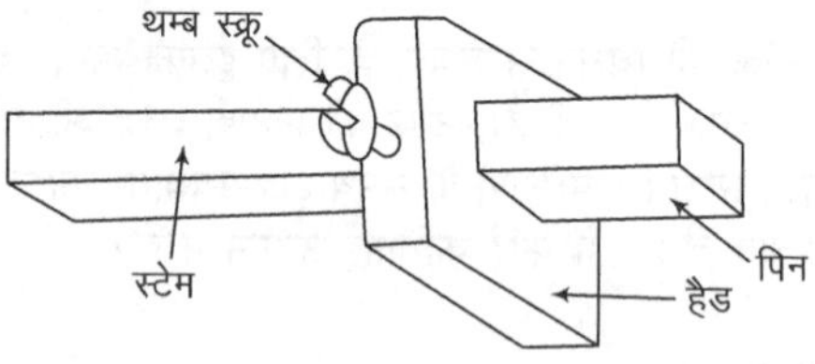

चित्र चिन्हन गेज

(vii) पंच Punch

स्क्राइबर से खींची गई अस्थायी मार्किंग लाइनें जॉब से मिट सकती हैं, इसलिए लाइनों से 2.5 मिमी की दूरी पर पंच की सहायता से बिन्दु (dot) लगा दी जाती है। इस प्रकार पंच द्वारा लगाई गई बिन्दुओं से बनी लाइन को स्थायी मार्किंग कहते हैं। यह मार्किंग जॉब को बार-बार छूने या विभिन्न यान्त्रिक क्रियाओं से मिट नहीं पाती।

अस्थायी मार्किंग को स्थायी बनाने के लिए जिस टूल का प्रयोग किया जाता है, उसे पंच कहते हैं तथा इस प्रक्रिया को पंचिंग (punching) कहते हैं। पंच साधारणत: हाई कार्बन स्टील के बनाए जाते हैं। इसके तीन भाग हैड, प्वॉइण्ट तथा बॉडी होते हैं। पंच निम्न प्रकार के होते हैं—

डॉट पंच (Dot punch) यह कास्ट स्टील का बनाया जाता है। इसकी बॉडी षट्भुजाकार होती है तथा प्वॉइण्ट (point) का कोण 60° का रखा जाता है। एंगिल कम होने से बिन्दु गहरी तथा कम व्यास की बनती है।

डॉट पंच का उपयोग त्रिज्या, चाप आदि खींचने के लिए किया जाता है या कभी-कभी वृत्त का केन्द्र लगाने के लिए किया जाता है।

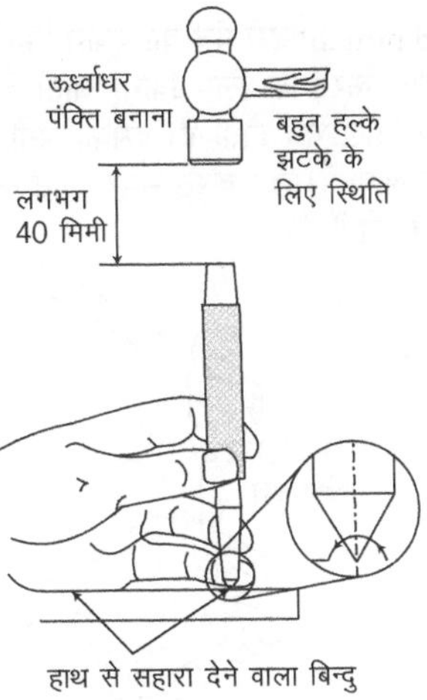

चित्र डॉट पंच

सेन्टर पंच (Centre punch) यह पंच डॉट पंच से साइज में बड़ा होता है। इसके प्वॉइण्ट का कोण 90° रखा जाता है, जिससे ड्रिल प्वॉइण्ट आसानी से पंच द्वारा लगाए गए सेन्टर में बैठ सके। इस पंच की लम्बाई 100 मिमी व व्यास 10 मिमी होता है। इस पंच का उपयोग सुराखों के केन्द्रों को लोकेट करने के लिए किया जाता है। इसका उपयोग चौड़ा केन्द्र (wide centre) लगाने के लिए किया जाता है।

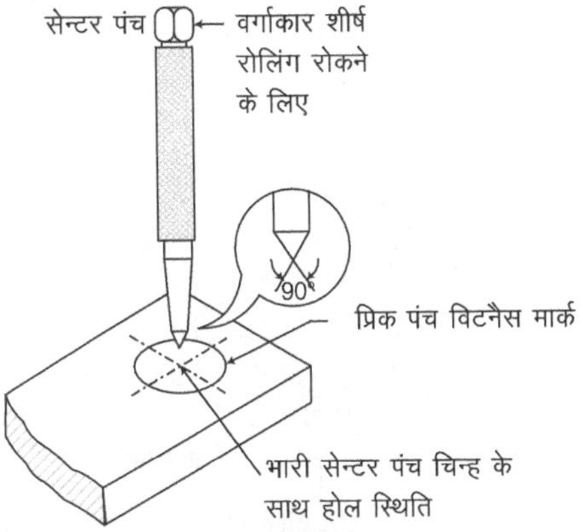

चित्र सेण्टर पिन पंच

प्रिक पंच (Prick punch) प्रिक पंच कम लम्बाई वाला उच्च कार्बन स्टील से बना होता है। इसके प्वॉइण्ट का कोण 30° का होता है। इसका कोण कम होने से डिवाइडर की नोंक को बहुत यथार्थ स्थिति प्राप्त होती है। प्रिक पंच का उपयोग सतह पर वक्र (curve) खींचने के लिए, केन्द्र लगाने के लिए किया जाता है। इस पंच का प्रयोग हल्की धातु के लिए किया जाता है; जैसे—पीतल, ताँबा तथा एल्युमीनियम आदि।

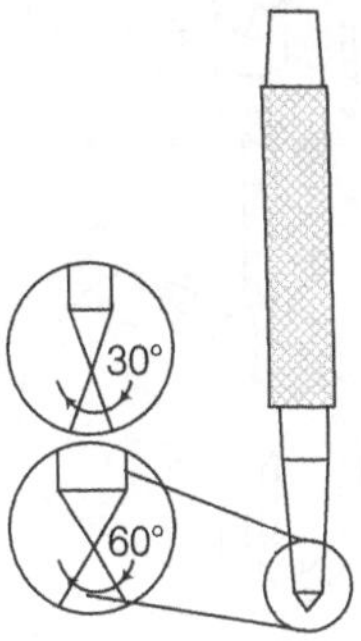

चित्र प्रिक पंच

30° वाले प्रिक पंच का उपयोग डिवाइडर को सही स्थिति में रखने व 60° वाले प्रिक पंच का उपयोग विटनैस मार्क को स्पष्ट करने के लिए किया जाता है।

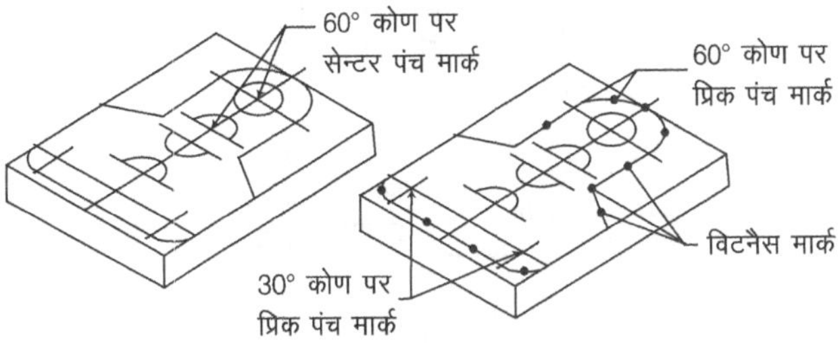

चित्र प्रिक पंच मार्किंग

प्रिक पंच का उपयोग सेन्टर पंचिंग से पहले केन्द्र निर्धारण में भी किया जाता है।

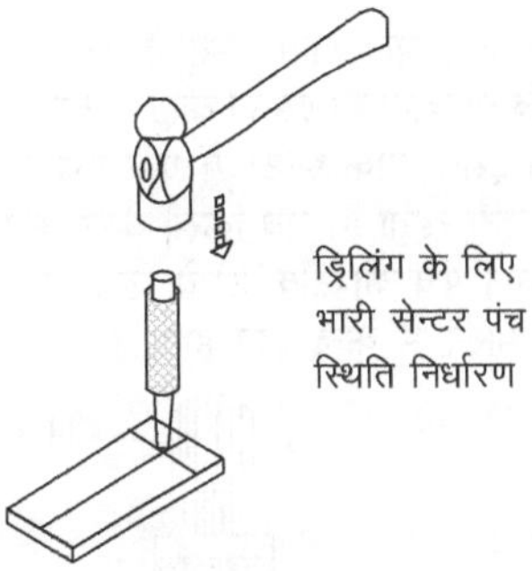

चित्र केन्द्र स्थिति निर्धारण

पिन पंच (Pin punch) इस पंच का प्रयोग मार्किंग के लिए नहीं किया जाता, बल्कि जॉब में फँसी हुई डॉवेल पिन या टेपर पिन को निकालने के लिए किया जाता है। इस पंच की नोंक नहीं होती, बल्कि उसके स्थान पर एक बेलनाकार पिन होती है, जिसकी लम्बाई जॉब की आवश्यकता को पूरा करती है।

पिन पंच बाजार में 100 मिमी से 200 मिमी की लम्बाई व 3 मिमी से 12 मिमी के व्यास में उपलब्ध हैं।

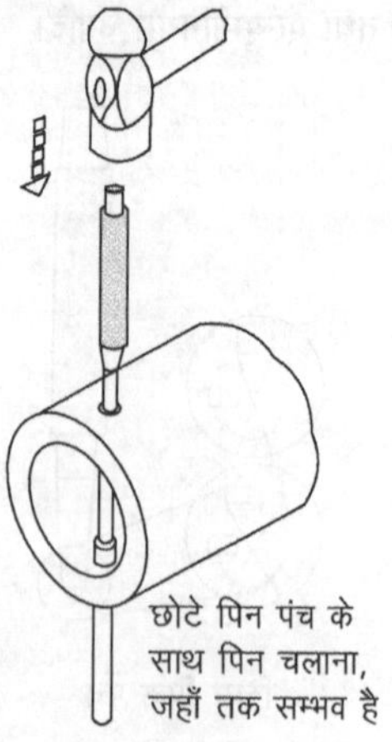

चित्र पैरेलल पिन

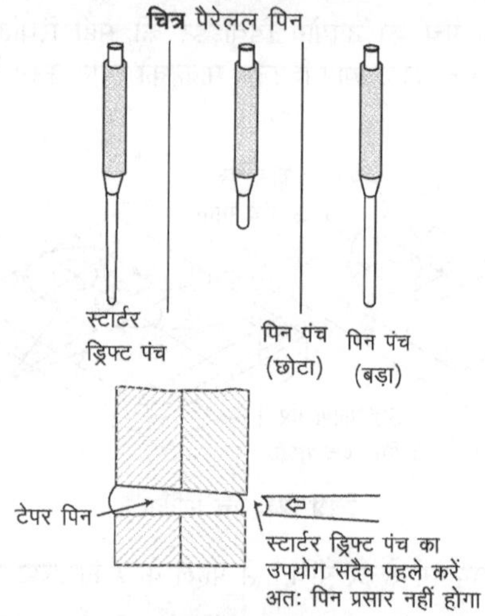

चित्र पिन पंच

बैल पंच (Bell punch) बेलनाकार वस्तुओं का केन्द्र पंच करने के लिए बैल पंच का प्रयोग किया जाता है। इसका बाह्य आवरण एक घण्टी (bell) के आकार का होता है। इसके ठीक सेन्टर में एक पंच लगा होता है। यह पंच स्प्रिंग के द्वारा ऊपर उठा रहता है। जब किसी बेलनाकार वस्तु का केन्द्र ज्ञात करना होता है, तो बेल पंच को ठीक उसके ऊपर लम्बवत् टिकाते हैं तथा स्प्रिंग पंच को नीचे मारने से केन्द्र ज्ञात होता है।

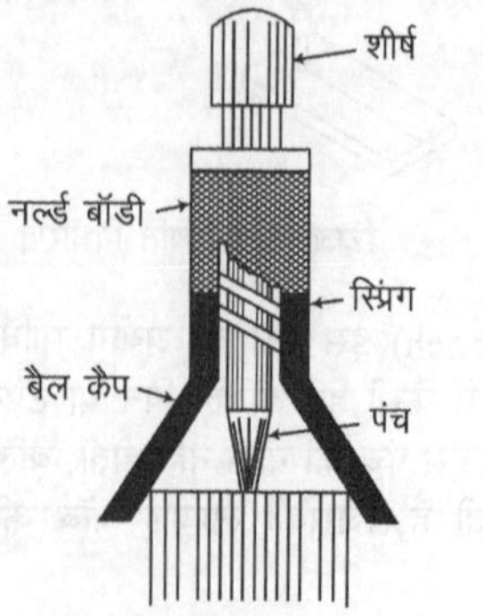

चित्र बैल पंच

सॉलिड पंच (Solid punch) इस पंच का प्रयोग किसी शीट या गर्म लोहे के पीस में आर-पार छेद करने के लिए किया जाता है। इसके द्वारा एक ही साइज के छेद करना असम्भव होता है। इसका प्रयोग शीट मैटल शॉप या ब्लैकस्मिथी में किया जाता है। छेद करते समय शीट के नीचे पंच के अनुरूप डाई रखनी आवश्यक होती है।

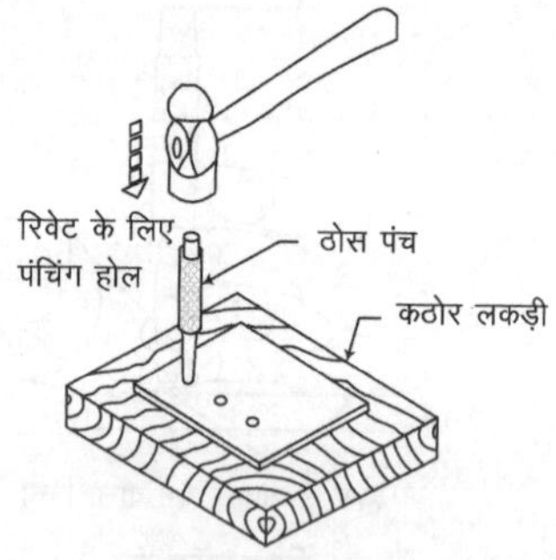

चित्र सॉलिड पंच

हॉलो पंच (Hollow punch) ये पंच अन्दर से खोखले होते हैं तथा मुलायम पदार्थों में बड़े छेद करने के काम आते हैं। इसके प्वॉइण्ट वाले भाग की परिधि को चारों ओर से ग्राइण्ड करके धारदार बना दिया जाता है।

ये 1.5 मिमी से 13 मिमी तक के साइज में 1 मिमी के अन्तर पर उपलब्ध होते हैं। इसको चमड़े की शीट, रबड़ की शीट, गत्ता आदि में सुराख करने के लिए प्रयोग किया जाता है।

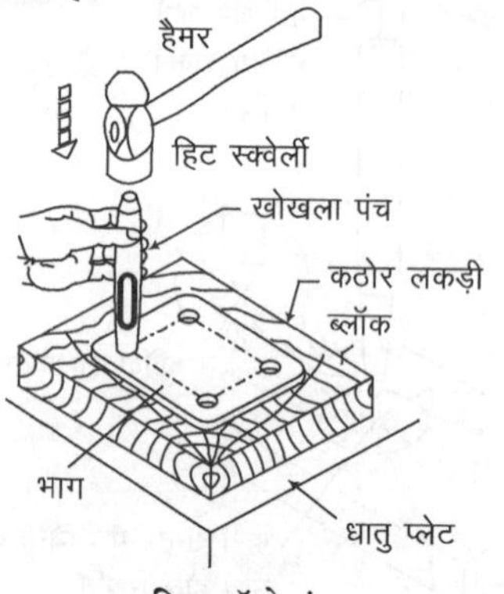

चित्र हॉलो पंच

वैड पंच (Wad punch) वैड पंच बनावट में खोखले पंच के समान ही होता है। इसका उपयोग बड़े व्यास वाले छिद्रों में किया जाता है।

वैड पंच द्वारा निम्न पदों में कार्य करना चाहिए—

- जब तक पदार्थ न कटे, प्रहार करते रहना चाहिए।
- पंच को उचित स्थान पर रखना चाहिए।
- यदि कर्तन छिद्र कट जाए, तो पुश-रॉड की सहायता से छिद्र के खराब पदार्थ बाहर निकाल लें।

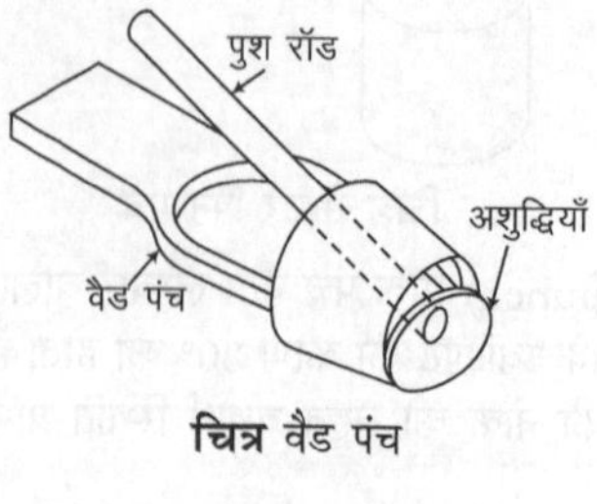

चित्र वैड पंच

अक्षर और संख्या पंच (Letter and number punch) इस प्रकार के पंच का प्रयोग कार्यखण्ड पर अक्षर और संख्या को चिन्हित करने के लिए किया जाता है। बॉक्स सैट में 0.8 मिमी से 13 मिमी तक के आकार वाले पंचों को रखा जाता है। सबसे पहले पंच की तुलना में स्टैम्प की जाने वाली सतह की जाँच रेती की सहायता से करते हैं, जैसा कि चित्र में दर्शाया गया है, क्योंकि अधिक कठोर पदार्थ पर चिन्ह करने से पंच के खराब होने का खतरा रहता है।

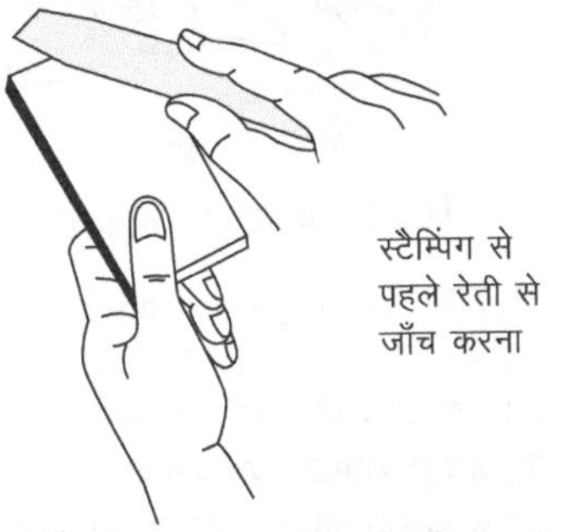

चित्र रेती की सहायता से धातु कठोरता जाँच

कठोर कार्यखण्ड पर मार्किंग की प्रक्रिया को अम्ल निरेखन (etching) विधि द्वारा किया जाता है। मार्किंग के दौरान यह ध्यान रखें कि मार्किंग एक ही प्रहार में हो जाए, दूसरे प्रहार से मार्किंग खराब हो सकती है। अंग्रेजी वर्णमाला के अक्षर M, W, I व T की तुलना में अधिक स्पष्ट प्रहार की आवश्यकता होती है।

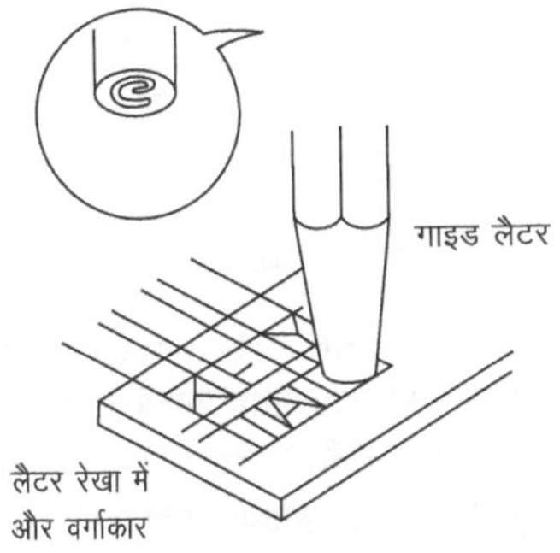

चित्र पंच विधि

पंच को ऊर्ध्वाधर स्थिति में रखते हुए हथौड़े का प्रहार करना चाहिए।

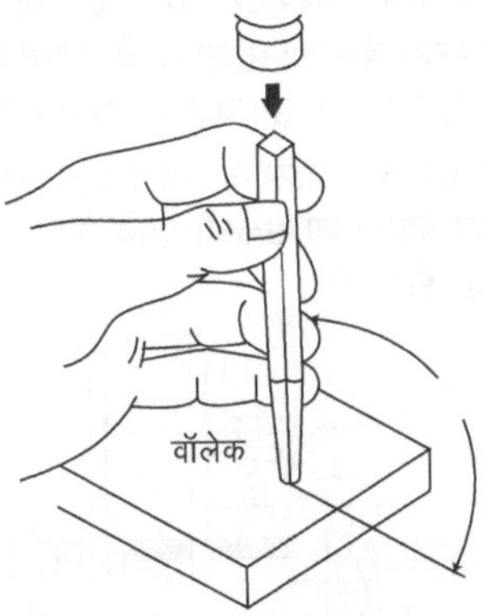

चित्र ऊर्ध्वाधर स्थिति में पंच रखना

3. पकड़ने वाले औजार Holding Tools

कार्यशाला में विभिन्न प्रकार की वस्तुओं को पकड़ने के लिए जिन औजारों का प्रयोग किया जाता है, पकड़ने वाले औजार कहलाते हैं। पकड़ने वाले औजारों के रूप में मुख्य रूप से वाइस का प्रयोग किया जाता है।

वाइस Vice

जॉब पर विभिन्न प्रकार की संक्रियाओं को करने के लिए यह आवश्यक है कि उसे मजबूती से एक निश्चित स्थान पर जकड़कर रखा जाए। वाइस जॉब को एक स्थिति में मजबूती के साथ जकड़कर रखने वाला उपकरण है। जॉब पर फाइलिंग, मशीनिंग, स्क्रैपिंग, फिटिंग आदि अन्य प्रक्रियाएँ करने से पहले वाइस द्वारा मजबूती से जकड़ लिया जाता है।

जॉब को जकड़कर रखने के लिए इसमें कठोर जबड़े (hard jaw) लगे होते हैं। ये जबड़े जॉब की सतह में घुसकर उसे जकड़ लेते हैं, इससे जॉब पर निशान भी पड़ जाते हैं। तैयार माल को पकड़ने के लिए सॉफ्ट जॉ (soft jaw) प्रयोग किए जाते हैं। सॉफ्ट जॉ एल्युमीनियम की चादर के बने होते हैं तथा हार्ड जॉ के ऊपर ही प्रयोग किए जाते हैं। इससे जॉब की सतह पर निशान नहीं पड़ते हैं।

मशीनों में प्रयोग होने वाली वाइसें निम्न प्रकार की होती हैं—

(i) बेंच वाइस
(ii) मशीन वाइस
(iii) पाइप वाइस
(iv) लैग वाइस
(v) हैण्ड वाइस
(vi) पिन वाइस
(vii) टूल मेकर्स वाइस
(viii) 'C' क्लैम्प वाइस
(ix) समान्तर क्लैम्प वाइस

(i) बेंच वाइस Bench Vice

किसी भी कार्यशाला के लिए सबसे आवश्यक वाइस, बेंच वाइस ही होती है। इसकी संरचना निम्न चित्र में दर्शाई गई है—

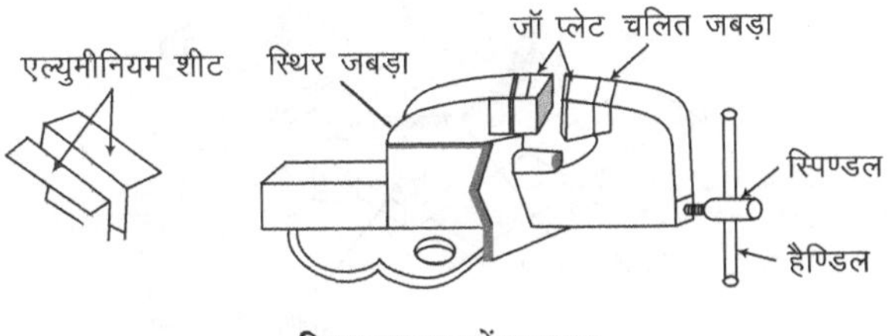

चित्र साधारण बेंच वाइस

बेंच वाइस की बॉडी साधारणत: ढलवाँ लोहे (cast iron) की बनी होती है। इसका प्रयोग प्राय: साइंग, फाइलिंग, चिपिंग, टैपिंग आदि ऑपरेशन करते समय कार्यखण्ड (workpiece) को पकड़ने के लिए किया जाता है। बेंच की वाइस की बॉडी के अन्दर ही स्थिर जबड़ा (fixed jaw) कास्ट किया होता है, जबकि चलित जबड़े (movable jaw) का वर्गाकार लम्बा भाग, बॉडी के वर्गाकार होल से गुजरता है। बेंच वाइस का चलित जबड़ा भी ढलवाँ लोहे का बना होता है।

इस चलित जबड़े का वर्गाकार भाग भी खोखला होता है, जिसमें माइल्ड स्टील (mild steel) का लम्बा स्क्रू घूमता है।

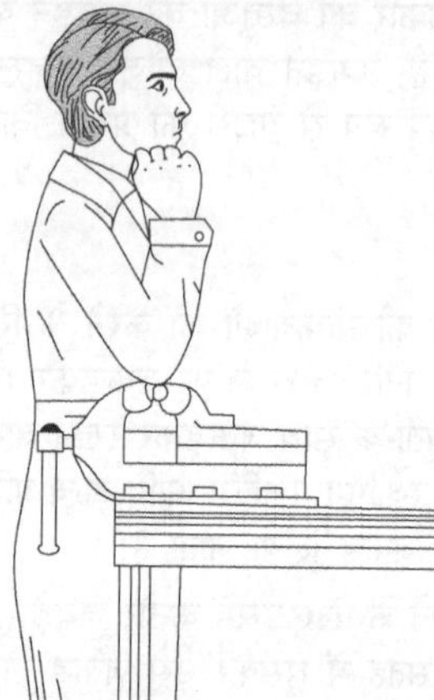
चित्र वाइस की उपयुक्त ऊँचाई

वाइस का साइज जबड़े की चौड़ाई से दिया जाता है। बाजार में बेंच वाइस 75 मिमी से 150 मिमी तक उपलब्ध हैं।

बेंच वाइस कई प्रकार की होती हैं, जिनमें से निम्नलिखित मुख्य हैं—

घूर्णी बेस बेंच वाइस (Swivel base bench vice) यह वाइस अपने आधार पर घूम सकने में सक्षम होती है। इसके आधार को दो भागों में बनाया जाता है। सबसे निचला भाग टेबिल में नट-बोल्ट द्वारा कस दिया जाता है। उसके ऊपर के भाग को इच्छानुसार किसी भी दिशा में घुमाकर उस पर लगे क्लैम्पों द्वारा कस दिया जाता है। इसका प्रयोग अधिकतर टूलरूम व फिटिंग शॉप में होता है। इसके उपयोग से जॉब को बार-बार खोलना-बाँधना नहीं पड़ता।

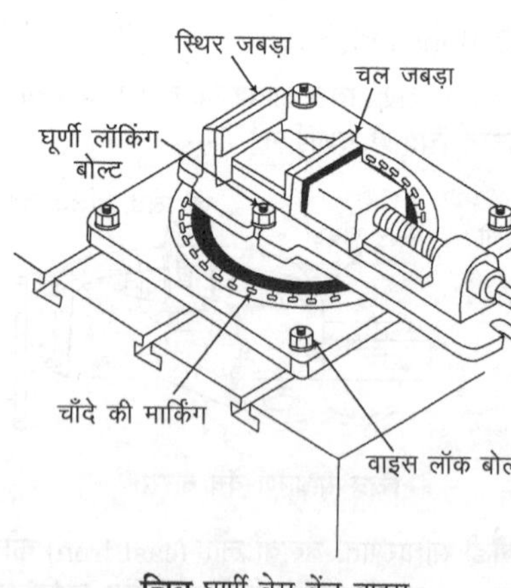

चित्र घूर्णी बेस बेंच वाइस

क्विक रिलीज बेंच वाइस (Quick release bench vice) क्विक रिलीज बेंच वाइस में स्पिण्डल जिस नट में चलता है वह नट दो हाफ (two half) में बना होता है। इस नट के दोनों हाफ को खोलने के लिए स्पिण्डल लीवर के पास ही क्विक रिलीज लीवर होता है। इस लीवर को दबाने पर नट खुल जाता है तथा स्पिण्डल को बिना घुमाए ही चलित जबड़े को बाहर या अन्दर धकेला जा सकता है। यह वाइस विभिन्न आकार के जॉबों को बार-बार पकड़ने के लिए बहुत लाभदायक है। यह भारी कार्यों के लिए अधिक उपयोगी है।

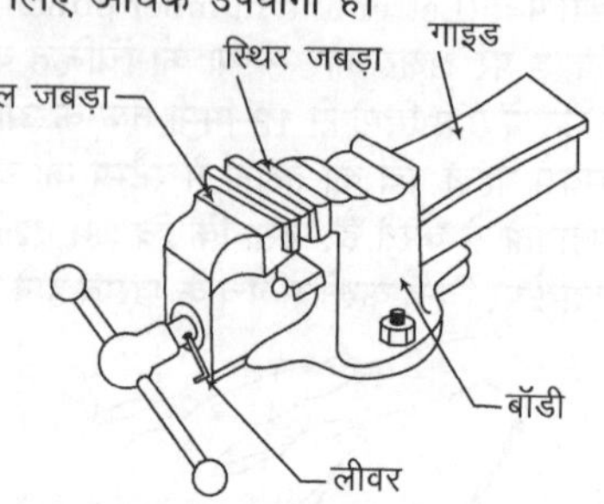

चित्र क्विक रिलीज बेंच वाइस

कॉम्बीनेशन बेंच वाइस (Combination bench vice) कॉम्बीनेशन बेंच वाइस में फ्लैट जॉब को पकड़ने के लिए साधारण वाइस के समान ही समान्तर जबड़े होते हैं तथा साथ ही इसमें गोल छड़ों व पाइपों को पकड़ने के लिए 'V' आकार का जबड़ा होता है। यह जबड़ा समान्तर जबड़े के नीचे की तरफ बना होता है। यह जबड़ा भी टूल स्टील का बना होता है।

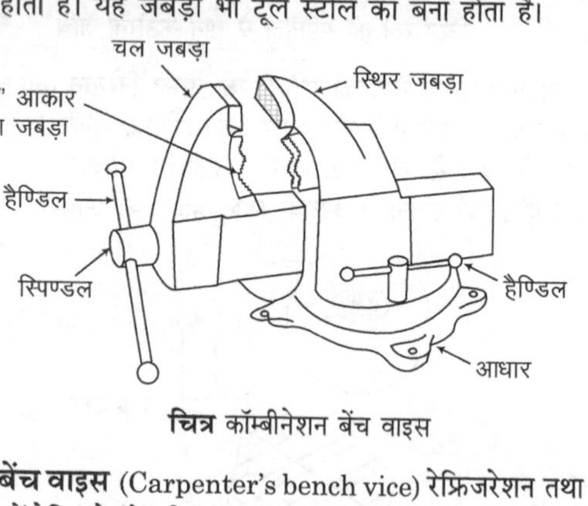

चित्र कॉम्बीनेशन बेंच वाइस

कारपेन्टर्स बेंच वाइस (Carpenter's bench vice) रेफ्रिजरेशन तथा एयर कण्डीशनिंग में रेफ्रिजरेटरों की बाह्य सतह पतली चादर की बनी होती है जिन पर उच्च परिष्कृति प्रदान की जाती है। इन चादरों में ऊष्मा स्थानान्तरण को रोकने के लिए इनसुलेटिंग पदार्थ लगाया जाता है।

चादरें पतली तथा इन्सुलेटिंग पदार्थ का घनत्व कम होने के कारण इनकी सतह परिष्कृति को सुरक्षित रखने हेतु अधिक सावधानी रखनी पढ़ती है। इन चादरों को पकड़ने के लिए कारपेन्टर्स बेंच वाइस या साफ्ट जॉ का प्रयोग किया जाता है। कारपेन्टर्स बेंच वाइस की बॉडी ढलवाँ लोहे की बनी होती है तथा इसके जबड़े किसी हार्ड लकड़ी; जैसे—शीशम आदि के बनाए जाते हैं।

यह वाइस क्विक रिलीज बेंच वाइस के समान कार्य करती है। इस पर किसी धातु के जॉब को नहीं पकड़ा जा सकता। इसके स्पिण्डल में बटरैस चूड़ियाँ (butress threads) होती हैं।

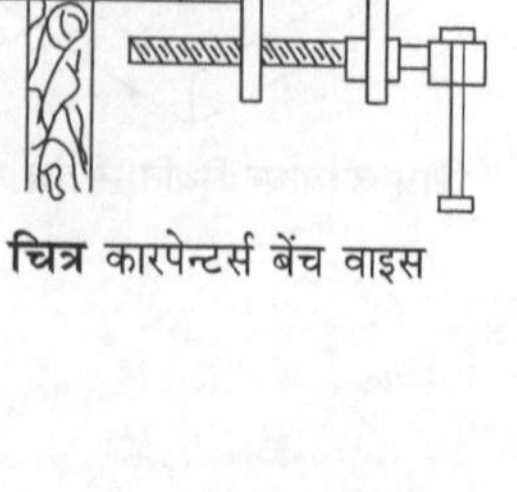
चित्र कारपेन्टर्स बेंच वाइस

(ii) **मशीन वाइस** Machine Vice

मशीन वाइस को मशीनों की टेबिल पर 'T' बोल्ट की सहायता से कसा जाता है। 'T' बोल्टों का हैड मशीन टेबिल के 'T' स्लॉट्स ('T' slots) में डालकर मशीन वाइस में बने खाँचे में नट द्वारा कस दिया जाता है। मशीन वाइस की बॉडी ढलवाँ लोहे या कास्ट स्टील की लम्बे आकार में बनी होती है, जिसके एक सिरे पर स्थिर जबड़ा (fixed jaw) तथा दूसरे सिरे पर स्पिण्डल के लिए चूड़ियाँ बनी होती हैं।

यह स्पिण्डल चल जबड़े (movable jaw) को वाइस की बॉडी पर आगे-पीछे चलाता है।

मशीन वाइस का प्रयोग मिलिंग, ड्रिलिंग के लिए जॉब को पकड़ने आदि में किया जाता है। मशीन वाइसें निम्न प्रकार की होती हैं–

- साधारण मशीन वाइस
- घूर्णी मशीन वाइस
- यूनिवर्सल मशीन वाइस
- ऊर्ध्वाधर मशीन वाइस
- ड्रिल मशीन वाइस

साधारण मशीन वाइस (Simple machine vice) साधारण मशीन वाइस की ऊँचाई कम होती है, इस कारण कार्यखण्डों को मशीन की टेबिल के अधिक निकट पकड़ा जा सकता है। इस वाइस को टेबिल पर 'T' स्लॉट्स के समान्तर या लम्बवत् पकड़ा जा सकता है। इसका चल जबड़ा वाइस की बॉडी में बने ग्रूवों (grooves) में फँसकर स्लाइड करता है।

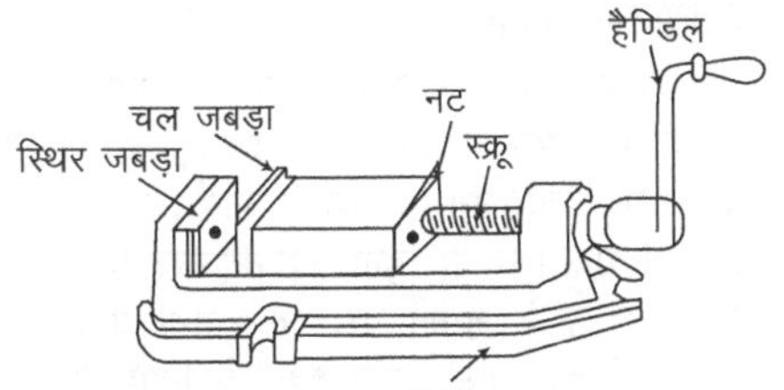

चित्र साधारण मशीन वाइस

घूर्णी वाली मशीन वाइस (Swivel machine vice) मशीन वाइस में एक घूर्णी आधार पर वाइस को दो क्लैम्पिंग स्क्रू के द्वारा कसा होता है। इससे जॉब को घुमाने के लिए बार-बार मशीन वाइस को नहीं खोलना पड़ता। इसके आधार पर एक कोणीय पैमाना भी बना होता है, जिसकी सहायता से किसी भी कोण पर इसे समायोजित किया जा सकता है। वाइस का घूर्णी आधार अलग करके इसे साधारण मशीन वाइस के रूप में भी प्रयोग किया जा सकता है।

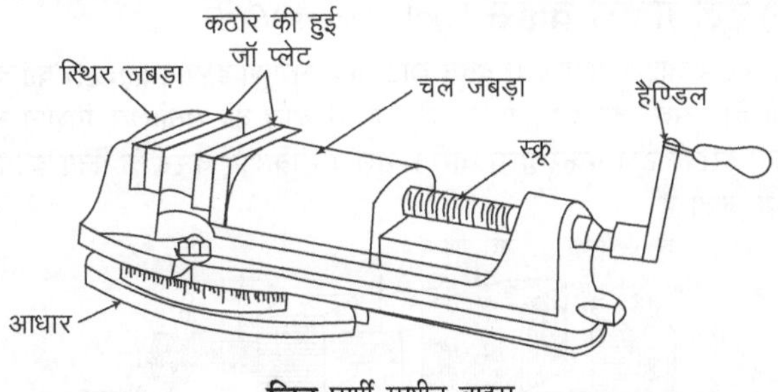

चित्र घूर्णी मशीन वाइस

यूनिवर्सल मशीन वाइस (Universal machine vice) यूनिवर्सल वाइस में कार्यखण्ड (job) को बाँधकर क्षैतिज प्लेन (horizontal plane) तथा ऊर्ध्व प्लेन (vertical plane) में किसी भी कोण पर घुमाने की व्यवस्था रहती है।

इससे एक बार जॉब को वाइस में बाँध लेने पर उसके अनेक पृष्ठों (surfaces) को विभिन्न कोणों पर मशीन किया जा सकता है। यह वाइस अधिकतर टूल रूम (tool room) में प्रयोग की जाती है। भारी कार्यों के लिए यह वाइस प्रयोग में नहीं लाई जा सकती, क्योंकि इसकी मजबूती (rigidity) बहुत कम होती है।

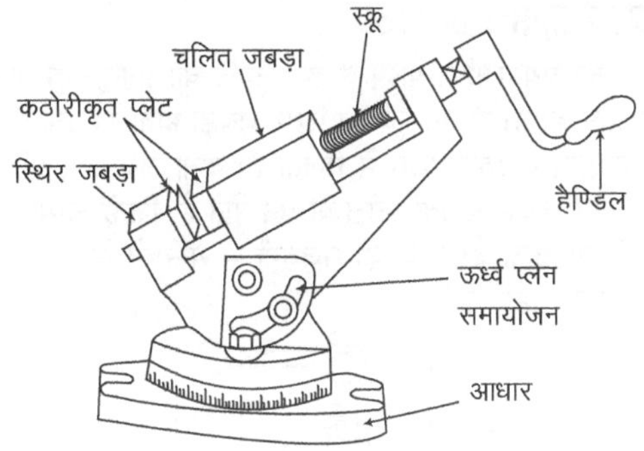

चित्र यूनिवर्सल मशीन वाइस

ऊर्ध्वाधर मशीन वाइस (Vertical machine vice) यदि साधारण मशीन वाइस को एक दिशा में पलट दिया जाए तो उसके जबड़े समान्तर न रहकर ऊर्ध्वाधर हो जाएँगे। अब इसे मशीन टेबिल पर क्लैम्प करने के लिए उसके आधार में आवश्यक परिवर्तन किया जाए तो यह ऊर्ध्वाधर मशीन वाइस बन जाएगी, जैसा कि चित्र में दर्शाया गया है। इस वाइस का प्रयोग कार्यखण्ड के सिरों पर मिलिंग क्रिया करने के लिए किया जाता है।

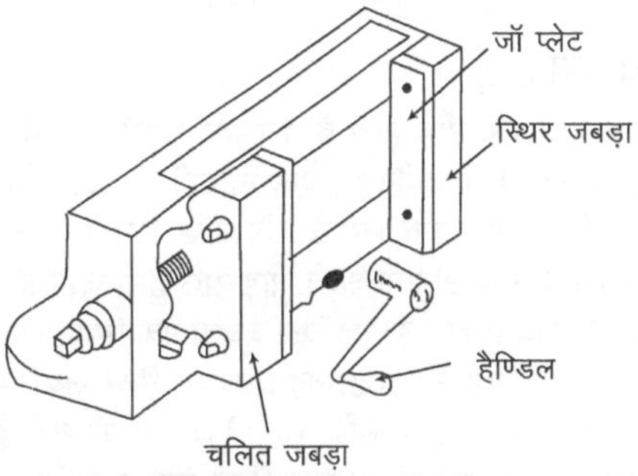

चित्र ऊर्ध्वाधर मशीन वाइस

ड्रिल मशीन वाइस (Drill machine vice) यह मशीन वाइस मुख्य रूप से ड्रिलिंग मशीन पर प्रयोग की जाती है, इसलिए इसे ड्रिल मशीन वाइस कहते हैं। इसमें चल जबड़े को आगे-पीछे चलाने के लिए एक नर्लिंग किया गया हैण्डिल लगा होता है।

इस हैण्डिल को उठाकर जबड़े को सरकाया जा सकता है। जॉब को जकड़ने के लिए हत्थे को नीचे लाकर एवं हत्थे को गोल घुमाकर जॉब को कस लिया जाता है। इससे समय की बचत होती है।

निम्न चित्र में ड्रिल मशीन वाइस को दर्शाया गया है।

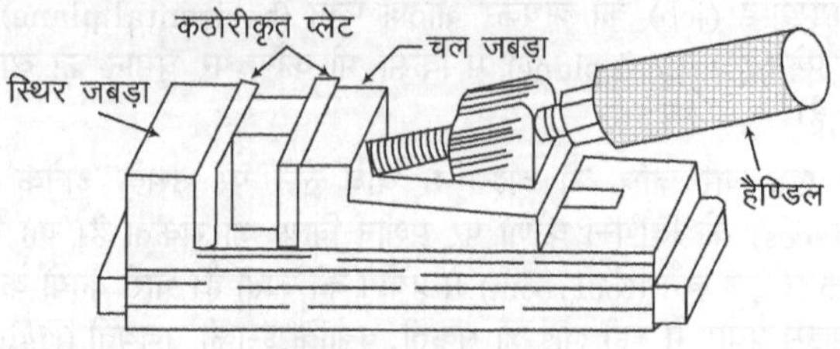

चित्र ड्रिल मशीन वाइस

(iii) **पाइप वाइस** Pipe Vice

पाइप वाइस का प्रयोग गोल पाइप व छड़ आदि को पकड़ने के लिए किया जाता है। इसके आधार में 'V' ग्रूव का स्थिर जबड़ा होता है। एक चल जबड़ा स्पिण्डल के द्वारा वर्टिकल फ्रेम में चलता है। दोनों जबड़ों में 90° का ग्रूव होता है। ये दोनों जबड़े ढलवाँ स्टील के बने होते हैं, जिन्हें ऊष्मा उपचार के द्वारा हार्ड किया जाता है। जॉब को मजबूती से पकड़ने के लिए इनमें दाँते (teeths) भी कटे होते हैं।

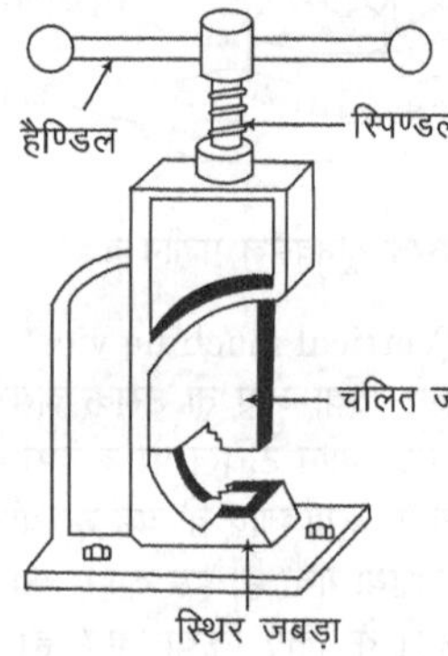

चित्र पाइप वाइस

(iv) **लैग वाइस** Leg Vice

इस वाइस में एक लम्बी टाँग होती है, जिसके ऊपरी सिरे में स्थिर जबड़ा होता है तथा निचला सिरा जमीन पर एक लकड़ी के लट्ठे के ऊपर टिका होता है। इसको किसी मजबूत व भारी मेज के ऊपर कस दिया जाता है। इसकी बड़ी टाँग (leg) से एक छोटी टाँग कब्जे जोड़ सके द्वारा जुड़ी होती है, जिसके ऊपरी भाग में चल जबड़ा होता है। यह चल जबड़ा एक स्पिण्डल के द्वारा स्थिर जबड़े के सापेक्ष आगे-पीछे चलता है। यह स्पिण्डल स्थिर जबड़े में लगे नट में गति करता है। यह वाइस माइल्ड स्टील (mild steel) की बनी होती है। दोनों जबड़ों में स्टील (steel) की जबड़ा प्लेट वैल्ड किए होते हैं।

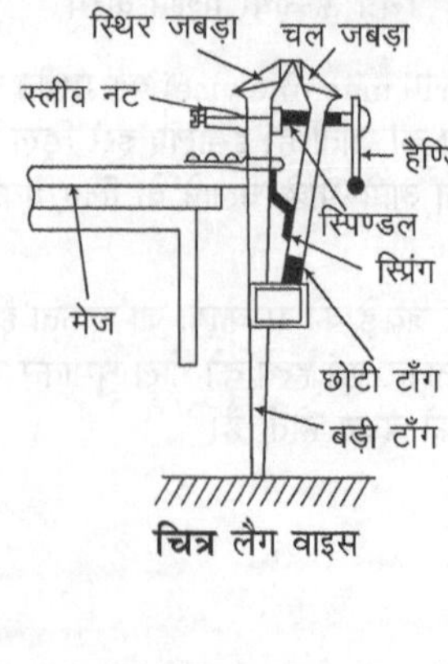

चित्र लैग वाइस

(v) **हैण्ड वाइस** Hand Vice

इसकी बनावट कुछ सीमा तक लैग वाइस से मिलती-जुलती है, परन्तु साइज में बहुत छोटी होती है। इसको जॉब के साथ हाथ में पकड़कर प्रयोग में लाया जाता है, इसलिए इसे हैण्ड वाइस कहते हैं। इसके दोनों जबड़े एक सिरे पर कब्जा जोड़ (hinge joint) बनाते हैं, जबकि दूसरे सिरे पर जॉब की पकड़ मजबूत करने के लिए जबड़े को दाँतेदार बनाया जाता है। दोनों जबड़ों के मध्य एक पत्ती स्प्रिंग (leaf spring) होती है। जॉब को जबड़ों में पकड़ने के लिए एक विंग नट (wing nut) का प्रयोग किया जाता है।

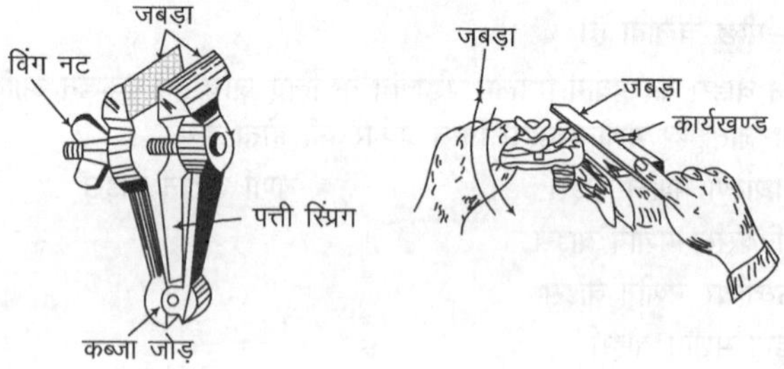

चित्र हैण्ड वाइस

ये समस्त वाइस माइल्ड स्टील (mild steel) की बनी होती हैं तथा बाजार में 125-150 मिमी तक की लम्बाई तथा 40-44 मिमी तक की चौड़ाई में उपलब्ध हैं।

(vi) **पिन वाइस** Pin Vice

यह वाइस अत्यन्त महीन तारनुमा जॉब को पकड़ने के काम आती है, इसलिए इसे पिन वाइस कहते हैं। इसके द्वारा पतली छड़, घड़ी की शाफ्ट या पिनियन (pinion) आदि को पकड़कर उन पर मशीनी कार्य किया जाता है। जॉब को पकड़ने के लिए इसके एक सिरे पर ड्रिल चक की तरह के जबड़े होते हैं, जो आवश्यकतानुसार हैण्डिल के घुमाने पर खुलते तथा बन्द होते हैं। इसकी बॉडी पिन की तरह होती है। इसकी पकड़ बढ़ाने के लिए बॉडी पर नर्लिंग की गई होती है। इसकी पूरी लम्बाई में छेद किया होता है। इसका प्रयोग छोटे उपकरणों को पकड़ने के लिए किया जाता है।

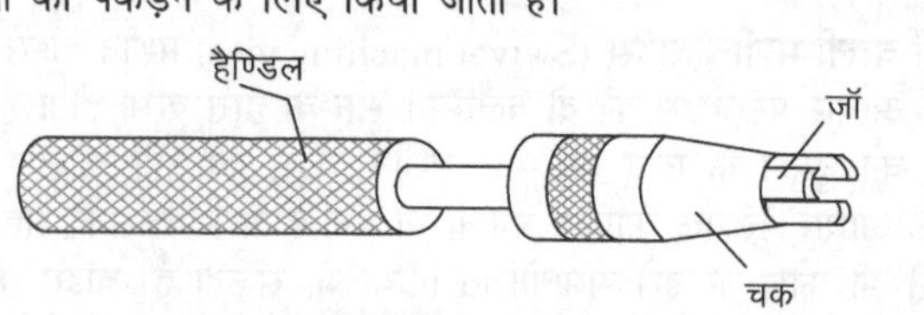

चित्र पिन वाइस

(vii) **टूल मेकर्स वाइस** Tool Makers Vice

टूल मेकर्स वाइस आकार में बहुत छोटी तथा सम्पूर्ण इस्पात (steel) की बनी होती है। इसके जबड़े प्लेन होते हैं, जिससे जॉब की सतह पर निशान नहीं पड़ते। इसको टूल मेकर द्वारा बारीक मशीन संक्रियाएँ करने के लिए काम में लाया जाता है।

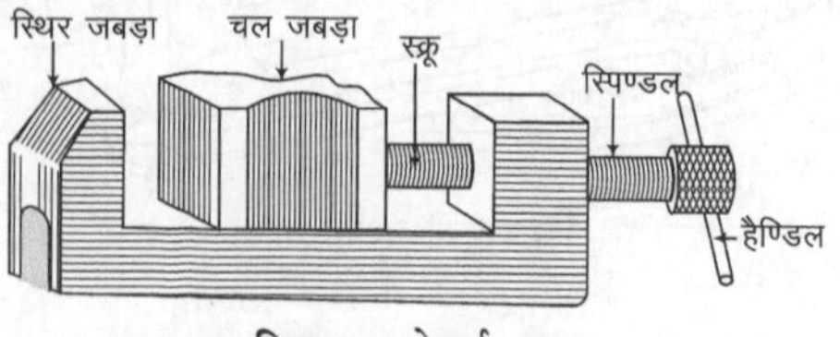

चित्र टूल मेकर्स वाइस

(viii) 'C' **क्लैम्प वाइस** 'C' Clamp Vice

इसकी बनावट 'C' के आकार की होती है, इसलिए इसे 'C' क्लैम्प वाइस कहते हैं। इसमें ढलवाँ लोहे का एक फ्रेम होता है, जिसका एक सिरा स्थिर बटन होता है। दूसरे सिरे को एक नट के रूप में लाया जाता है। इस नट में एक स्पिण्डल चल सकता है। इस स्पिण्डल के अगले सिरे पर एक घूमने वाला बटन घूर्णी बटन रहता है तथा दूसरे सिरे में एक हैण्डिल पड़ा होता है। इस हैण्डिल को कसने से ही घूर्णी बटन तथा स्थिर बटन के बीच जॉब को पकड़ा जाता है। 'C'-क्लैम्प कई साइजों में उपलब्ध रहते हैं। इसमें बड़े से बड़ा जितना साइज पकड़ा जा सकता है वही उस 'C' क्लैम्प का साइज होता है। इसका प्रयोग फैब्रीकेशन के कार्यों में अधिक किया जाता है।

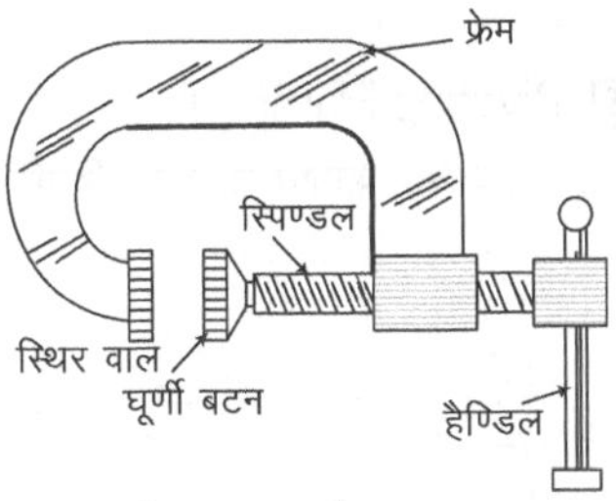

चित्र 'C' क्लैम्प वाइस

(ix) **समान्तर क्लैम्प वाइस** Parallel Clamp Vice

समान्तर क्लैम्प वाइस को टूल मेकर्स क्लैम्प भी कहते हैं। इसमें टूल-स्टील के दो प्लेन जबड़े होते हैं, जिन्हें लगभग बीच में एक स्क्रू द्वारा कसा जा सकता है। एक-दूसरा स्क्रू दूसरे सिरे के पास क्लैम्प को तनाव देता है। ये क्लैम्प तैयार जॉब को पकड़ने के लिए प्रयोग किए जाते हैं। इनसे जॉब की सतह खराब नहीं होती। इनका प्रयोग जॉब पर मार्किंग, सोल्डरिंग, ब्रेजिंग या ड्रिल आदि करने के लिए किया जाता है। समान्तर जबड़ों में पकड़े जा सकने वाले बड़े-से-बड़े साइज से समान्तर जबड़े का साइज दिया जाता है।

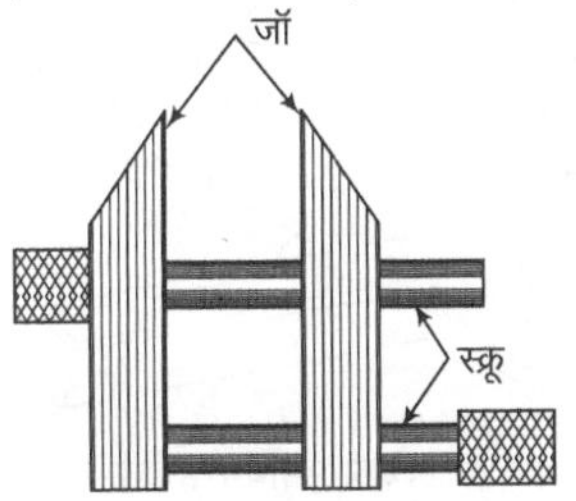

चित्र समान्तर क्लैम्प वाइस

4. चोट मारने वाले औजार Striking Tools

कार्यशाला में विभिन्न प्रकार के जॉब बनाने के लिए अनेक प्रकार की संक्रियाएँ; जैसे—फोर्जिंग, रिवेटिंग, चिपिंग संक्रियाएँ की जाती हैं। इन संक्रियाओं को पूरा करने के लिए चोट मारने वाले औजारों का प्रयोग किया जाता है। चोट मारने वाले औजार के रूप में मुख्य रूप से हथौड़ा प्रयुक्त किया जाता है।

हथौड़ा Hammer

यह कार्यशाला का सबसे अधिक काम में आने वाला हस्त औजार है। कील ठोकने के लिए, रिवेट को फोर्ज करने के लिए, टाइट-फिट पार्टों को निकालने व फिट करने के लिए, किसी तार या शीट; जैसे—टेढ़े-मेढ़े पार्ट को सीधा करने के लिए, छेनी के द्वारा धातु को काटकर अलग करने के लिए इत्यादि में हथौड़े का उपयोग किया जाता है।

संक्षेप में कहा जाए तो फोर्जिंग, बैण्डिंग, चिपिंग, रिवेटिंग जैसी संक्रियाएँ हथौड़े द्वारा ही की जाती हैं। हथौड़े को प्रयोग करने से पहले यह देख लेना चाहिए कि हैण्डिल ठीक प्रकार से फिट है अथवा नहीं। हैण्डिल ढीला होने या फटा होने से दुर्घटना हो सकती है। कार्य के अनुसार उचित भार का हथौड़ा चुनना चाहिए।

हथौड़े बनाने में प्रयुक्त पदार्थ
Material Used to make Hammers

कार्य की उपयोगिता को ध्यान में रखते हुए, हथौड़े भिन्न-भिन्न पदार्थ से निर्मित होते हैं। वह हथौड़ा जो फिटिंग तथा मशीन शॉप में प्रयोग किया जाता है, कास्ट स्टील तथा ड्रॉप फोर्ज कार्बन स्टील द्वारा निर्मित होता है। इसी प्रकार धातु चादर कार्य में प्रयुक्त होने वाला हथौड़ा लकड़ी, रबर, प्लास्टिक आदि के बनाए जाते हैं।

हथौड़े की विशिष्टियाँ
Specifications of Hammer

हथौड़े की विशिष्टियों के अन्तर्गत उसका भार तथा आकार आते हैं। कार्य की उपयोगिता के अनुसार हथौड़े 125 ग्राम से लेकर 1500 ग्राम तक के प्रयोग में लाए जाते हैं। हथौड़े को वजन के आधार पर निम्न प्रकार से वर्गीकृत किया गया है—

हस्त हथौड़ा Hand Hammer

सामान्यत: हल्के कार्यों के लिए हस्त हथौड़ा प्रयोग किया जाता है। इनका वजन 0.125 किग्रा से 1.5 किग्रा तक होता है। वजन के अनुसार उसमें हत्थे को फिट किया जाता है, जिसकी लम्बाई क्रमश: 25 से 35 सेमी तक रखी जाती है।

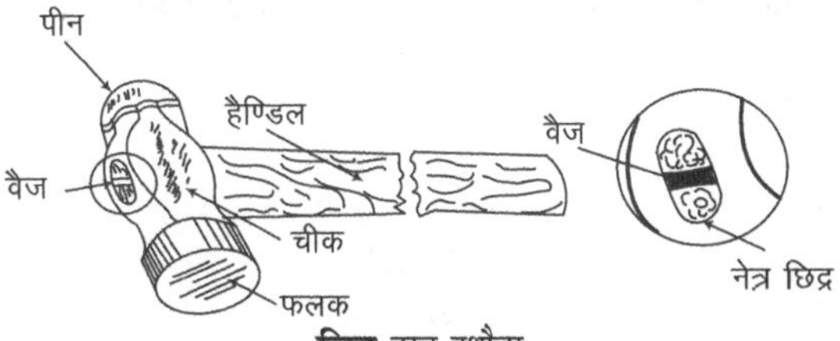

चित्र हस्त हथौड़ा

साधारणत: हथौड़े ढलवाँ स्टील (cast steel) या कार्बन स्टील (carbon steel) को फोर्ज करके बनाए जाते हैं तथा बाद में फेस तथा पिन को हार्ड व टैम्पर किया जाता है। पोस्ट में बना छिद्र दीर्घवृत्त (ellipse) के आकार का होता है। इसमें एक लकड़ी का हैण्डिल ठोककर उसमें वैज (wedge) लगा दिया जाता है, जिससे कि हथौड़ा हैण्डिल से बाहर न निकल सके।
हस्त हथौड़े को पिन के आकार के आधार पर निम्न प्रकार वर्गीकृत किया गया है—

(i) बॉल पीन हथौड़ा (ii) क्रॉस पीन हथौड़ा
(iii) स्ट्रेट पीन हथौड़ा (iv) डबल फेस हथौड़ा

(i) **बॉल पीन हथौड़ा** (Ball peen hammer) इस हथौड़े का स्ट्रेचिंग हथौड़ा बॉल (ball) के समान गोल होता है, जबकि फेस (face) दूसरे हथौड़ों के समान चपटा (flat) ही होता है। इसका प्रयोग मार्किंग करने, चिपिंग करने, हल्की चोट मारने आदि कार्यों के लिए होता है। बॉल पीन का विशेष उपयोग रिवेटिंग (riveting) करने में किया जाता है।

बॉल पीन द्वारा गोल चोट पड़ने से रिवेट की टेल चारों ओर आसानी से फैल जाती है।

चित्र बॉल पीन हथौड़ा

(ii) **क्रॉस पीन हथौड़ा** (Cross peen hammer) इस हथौड़े का फेस बॉल पीन हथौड़े के समान चपटा होता है, परन्तु पीन उल्टे वी ($\wedge$) के समान बना होता है। पीन की अक्ष हैण्डिल से 90° पर होती है। इसके क्रॉस होने के कारण ही इसे क्रॉस पीन हथौड़ा कहा जाता है। इनका भार 0.125 किग्रा से 1.5 किग्रा तक होता है।

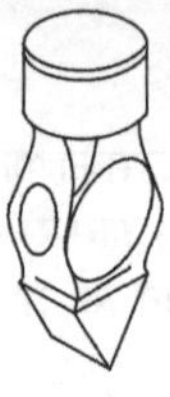

चित्र क्रॉस पीन हथौड़ा

(iii) **स्ट्रेट पीन हथौड़ा** (Straight peen hammer) इस हथौड़े का फेस चपटा तथा पीन का आकार उल्टे वी ($\wedge$) के समान होता है। स्ट्रेट पीन हथौड़े में पीन की अक्ष हैण्डिल के समान्तर (सीध में) होती है, इसलिए इसे स्ट्रेट पीन हथौड़ा कहते हैं। इसे भी धातु को साइडों में फैलाने या सीधे कॉर्नर में चोट लगाने के लिए प्रयोग किया जाता है। इनका भार 0.125 किग्रा से 1.5 किग्रा तक होता है।

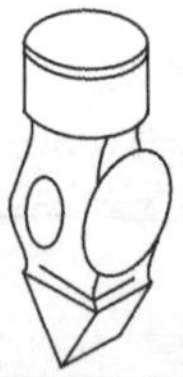

चित्र स्ट्रेट पीन हथौड़ा

(iv) **डबल फेस हथौड़ा** (Double face hammer) डबल फेस हथौड़े में दोनों सिरों पर फेस होता है। इसको दोनों ओर से चोट मारने के लिए प्रयोग किया जा सकता है। रिवेटिंग में बड़े रिवेट के कप टूल (cup tool) के ऊपर चोट मारने के लिए इसका प्रयोग किया जाता है।

चित्र डबल फेस हथौड़ा

स्ट्रेचिंग हथौड़ा Stretching Hammer

इस प्रकार के हथौड़े का प्रयोग धातु की लम्बाई बढ़ाने के लिए किया जाता है।

चित्र स्ट्रेचिंग हथौड़ा

रिवेटिंग हथौड़ा Riveting Hammer

धातु चादर में रिवेटिंग हैड को फैलाने के लिए रिवेटिंग हथौड़े का प्रयोग किया जाता है।

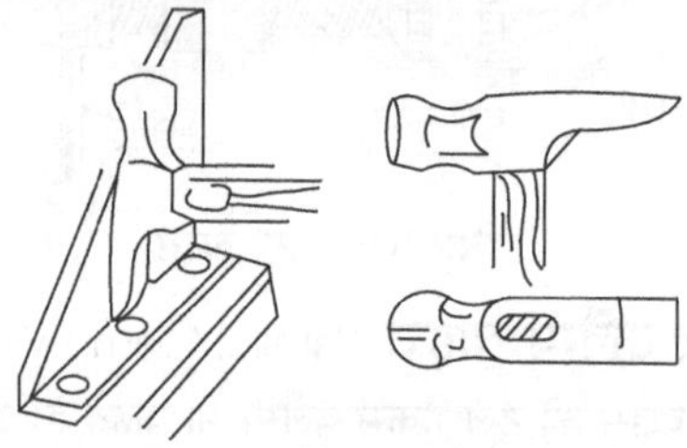

चित्र रिवेटिंग हथौड़ा

स्मूथिंग हथौड़ा Smoothing Hammer

स्मूथिंग हथौड़ा ढलवाँ स्टील या लकड़ी का बना होता है। स्मूथिंग हथौड़े का प्रयोग जॉब को ठीक प्रकार से दबाने के लिए किया जाता है।

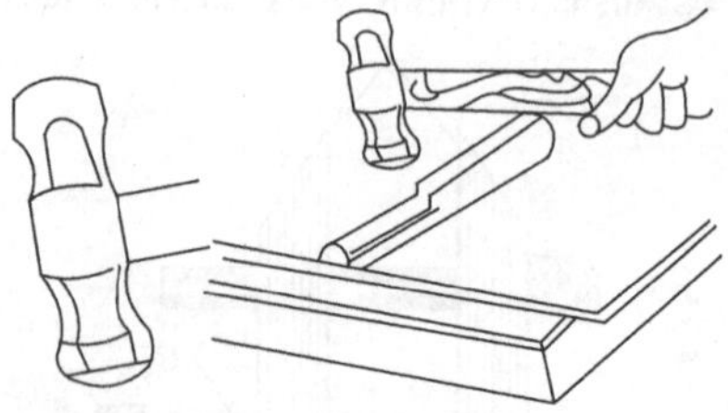

चित्र स्मूथिंग हथौड़ा

क्रीजिंग हथौड़ा Creasing Hammer

इस प्रकार के हथौड़े का एक सिरा गोलाई में व दूसरा सिरा नाइफ-ऐज टाइप का होता है। ज्वॉइण्ट शीट को नीचे दबाने के लिए क्रीजिंग हथौड़े का प्रयोग किया जाता है।

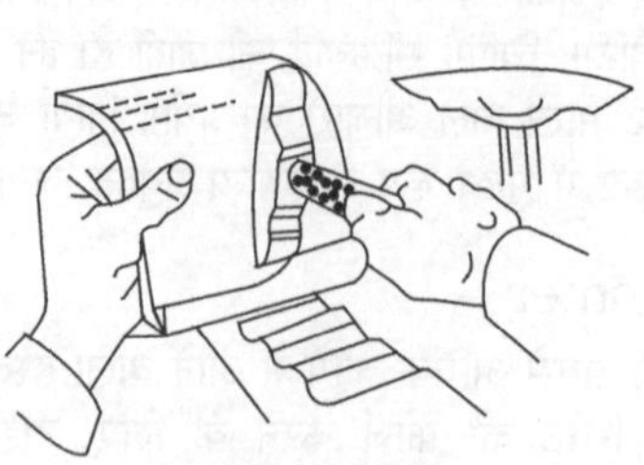

चित्र क्रीजिंग हथौड़ा

क्लॉ हथौड़ा Claw Hammer

यह बढ़ई द्वारा प्रयोग किया जाने वाला हथौड़ा है। इसमें एक ओर चपटा फेस तथा दूसरी ओर कील के हैड को फँसाने के लिए झिर्री काटकर एक चिमटा बनाया है, जिसे क्लॉ कहा जाता है। इसमें पीन नहीं होता। रेफ्रिजरेशन एवं एयर कण्डीशनिंग कार्यों में भी धातु चादरों को मोड़ने में इसका प्रयोग किया जाता है।

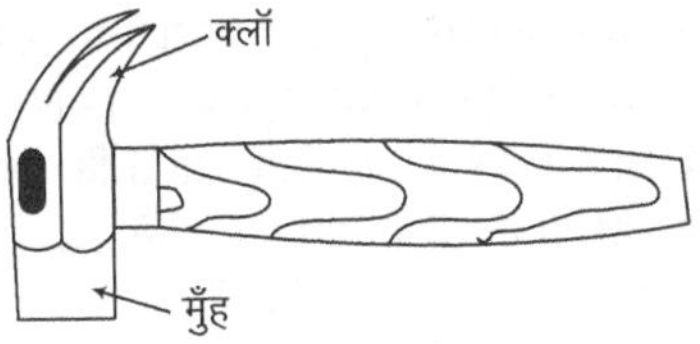

चित्र क्लॉ हथौड़ा

मृदु हथौड़ा Soft Hammer

जब हमें कार्यखण्ड पर ऐसी चोट मारनी हो कि उसकी सतह पर निशान न आए, तो हमें मृदु हथौड़ा प्रयोग करना चाहिए। मृदु हथौड़े धक्का सहन कर लेते हैं, क्योंकि ये कार्यखण्ड की धातु से अधिक कठोर नहीं होते; जैसे—लकड़ी, ताँबा, प्लास्टिक, नायलॉन, कच्चा चमड़ा या कठोर रबड़ आदि। इनका प्रयोग बियरिंग को चढ़ाने या उतारने में तैयार माल की असेम्बली करने में या इसी प्रकार के अन्य कार्यों में होता है।

हथौड़े का प्रयोग करते समय सावधानियाँ Precautions While using Hammer

हथौड़े का प्रयोग बेहद सावधानी से किया जाना चाहिए। ऐसी कुछ सावधानियाँ निम्नलिखित हैं—

(i) हथौड़े का प्रयोग कार्य के अनुसार करना चाहिए।
(ii) हथौड़े की चोट कार्यखण्ड पर सटीक अनुमान से मारनी चाहिए।
(iii) भारी हथौड़े के प्रयोग में अतिरिक्त सावधानी रखनी चाहिए।
(iv) मशीनों पर हथौड़े का प्रयोग अन्य मशीनी भागों को आघात से बचाकर करना चाहिए।
(v) हथौड़े के द्वारा चोट मारते समय यह सुनिश्चित कर लेना चाहिए कि उसका हैण्डिल ढीला तो नहीं है।
(vi) हथौड़े के हैण्डिल में कहीं गाँठ नहीं होनी चाहिए तथा वह कहीं से फटा हुआ भी नहीं होना चाहिए।

5. चूड़ी काटने वाले औजार Threading Tools

चूड़ी काटने के लिए मुख्यतः निम्न दो प्रकार के औजारों का प्रयोग किया जाता है

1. टैप 2. डाई

1. टैप Tap

टैप भी एक प्रकार का हैण्ड कटिंग टूल है, जिसके द्वारा सिलेण्ड्रीकल छिद्रों में चूड़ियाँ काटी जाती हैं। बाजार में विभिन्न प्रकार की तथा विभिन्न साइजों की चूड़ियाँ काटने के लिए टैप उपलब्ध रहते हैं। इस प्रकार चूड़ियाँ काटने को टैपिंग (tapping) कहा जाता है।

टैपिंग करने से पहले एक निश्चित साइज का होल ड्रिल द्वारा बनाया जाता है तथा उसे रीमर द्वारा रीमिंग किया जाता है। तत्पश्चात् उसमें टैप को चलाकर चूड़ियाँ काटी जाती हैं।

टैप बनाने के लिए हाई कार्बन स्टील या हाई स्पीड स्टील को लेथ द्वारा चूड़ी के साइज में टर्न कर लिया जाता है तथा उस पर वांछित प्रकार की चूड़ी काटी जाती हैं। इसके पश्चात् कटिंग एजेज बनाने के लिए इन चूड़ियों को काटते हुए लम्बाई में खाँचे काटे जाते हैं। अब इनको हार्ड तथा टेम्पर किया जाता है।

टैप के मुख्य भाग Main Parts of Tap

टैप के निम्नलिखित मुख्य भाग होते हैं—

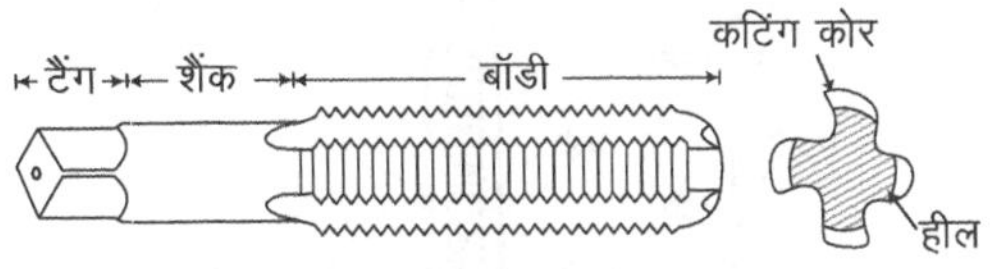

चित्र टैप के मुख्य भाग

टैंग (Tang) टैप के सबसे ऊपरी भाग को टैंग कहते हैं। इसको चौकोर बनाया जाता है, जिसमें टैप हैण्डिल में बना खाँचा फिट हो जाता है। टैप को घुमाने के लिए इसी हैण्डिल का प्रयोग किया जाता है।

शैंक (Shank) बॉडी तथा टैंग के बीच में कुछ भाग सपाट होता है, जो टैप की लम्बाई बढ़ाने के लिए आवश्यक है। इसका साइज बॉडी के व्यास से कम होता है। इस पर टैप की चूड़ियों का साइज व प्रकार अंकित रहता है। कुछ शैंक पर वांछित ड्रिल का साइज भी अंकित किया जाता है।

बॉडी (Body) यह टैप का सबसे अधिक उपयोगी भाग है। इसी भाग में चूड़ियाँ कटी होती हैं, जिनकी सहायता से चूड़ियाँ काटी जाती हैं।

फ्लूट्स (Flutes) चूड़ियों को काटते हुए चार गहरे व लम्बाई में बने हुए खाँचों को फ्लूट्स कहते हैं। ये खाँचे ही चूड़ियों को कटिंग एजेज प्रदान करते हैं। इन्हीं खाँचों से होकर कटिंग चिप्स बाहर आते हैं तथा स्नेहक अन्दर जाता है।

लैण्ड (Land) चूड़ी के ऊपर वाले भाग को लैण्ड कहते हैं।

कटिंग एज (Cutting edge) चूड़ी के आगे वाले भाग को कटिंग एज या फेस कहते हैं। कटिंग फेस में बहुत-सी कटिंग एजेज होती हैं।

हील (Heel) चूड़ीदार भाग के पिछले सिरे को हील कहते हैं। क्लीयरैन्स देने के लिए कटिंग एज के पिछले भाग को टेपर कर दिया जाता है।

चैम्फर (Chamfer) बॉडी के नीचे के कुछ भाग को टेपर में ग्राइण्ड कर दिया जाता है, जिससे थोड़ा-थोड़ा माल कटे। इस भाग को चैम्फर कहते हैं।

प्वॉइण्ट व्यास (Point diameter) टैप में एक साइज के तीन टैप का एक सैट होता है, जिनमें चैम्फर की लम्बाई अलग-अलग होती है। सबसे अधिक चैम्फर वाला टैप प्रथम तथा सबसे कम वाला तृतीय टैप होता है। सबसे पहले नम्बर 1 के टैप को चलाया जाता है। इसी टैप का आगे का सबसे छोटा व्यास प्वॉइण्ट व्यास कहलाता है।

टैप के प्रकार Types of Tap

टैप कई प्रकार के होते हैं, जिनमें से मुख्य निम्न प्रकार हैं

(i) हैण्ड टैप (ii) मशीन टैप

(i) **हैण्ड टैप** Hand Tap

इस टैप को हाथ द्वारा चलाकर चूड़ियाँ काटी जाती हैं। इसकी शैंक वर्गाकार होती है, जैसा कि चित्र में दर्शाया गया है। टैप को हाथ द्वारा घुमाने के लिए एक हैण्डिल का प्रयोग किया जाता है, जिसमें दोनों ओर हत्थे होते हैं तथा बीच में एक वर्गाकार झिर्री (फिक्स या एडजस्टेबिल) होती है। अलग-अलग प्रकार की चूड़ियों के लिए अलग टैप सेट बनाए जाते हैं; जैसे—मीट्रिक, बी.एस.डब्ल्यू. आदि।

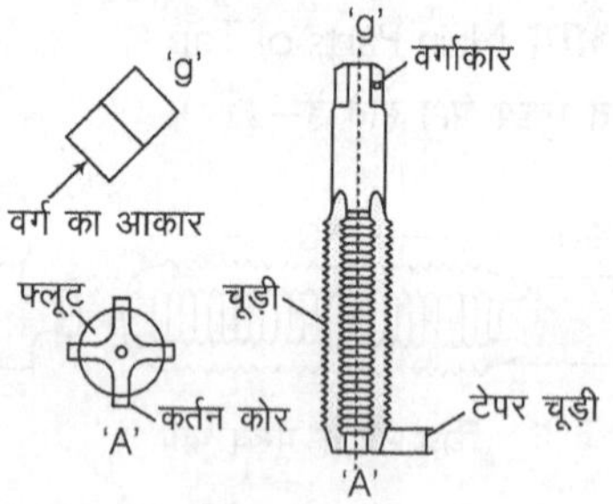

चित्र हैण्ड टैप

किसी निश्चित प्रकार की चूड़ी के लिए हैण्ड टैप के एक सैट में तीन टैप होते हैं।

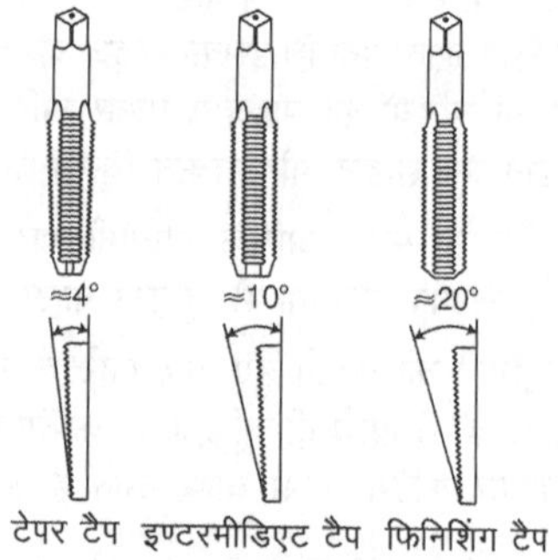

चित्र हैण्ड टैप के तीन सैट

टेपर टैप (Taper tap) हाथ द्वारा चूड़ी काटते समय यह सबसे पहला टैप होता है। ISI में इसको रफर टैप कहा गया है। इसके अन्त के कुछ दाँते (8 या 10) घिसकर टेपर कर दिए जाते हैं। इसकी टेपर लीड 4° होती है। इसके अन्त के व्यास को प्वॉइण्ट व्यास कहते हैं। यह उस होल के व्यास से छोटा होता है, जिसमें चूड़ियाँ काटनी हैं।

इस प्रकार आसानी से यह होल में जाकर चूड़ियाँ काट सकता है। एक के बाद दूसरी चूड़ी गहराई को बढ़ाती जाती है तथा नई चूड़ी भी कटती जाती है। इस प्रकार पूरा टैप होल में नीचे तक प्रवेश कर जाता है। टैप को उल्टा घुमाकर बाहर निकाल लिया जाता है इसके पश्चात् दूसरा व तीसरा टैप भी चला लिया जाता है।

इण्टरमीडिएट टैप (Intermediate tap) यह हैण्ड टैप सैट का दूसरा टैप है। इसे पहले टैप द्वारा रफ चूड़ी काटने के पश्चात् चलाया जाता है। इसकी भी 3-5 चूड़ी आगे से टेपर की गई होती हैं। इसकी टेपर लीड 10° होती है। यह टैप सही आकार की चूड़ियाँ बनाता है, परन्तु ब्लाइण्ड होल में आगे की चूड़ी सही साइज की नहीं बना पाता, इसलिए तीसरा फिनिशिंग टैप भी चलाना आवश्यक हो जाता है।

फिनिशिंग टैप (Finishing tap) इसे प्लग टैप या बॉटमिंग टैप (bottoming tap) भी कहते हैं। इसके आगे की मात्र एक-दो चूड़ी ही टेपर में होती हैं। इसके प्रयोग की आवश्यकता दूसरे टैप को चलाने के बाद मात्र बन्द छिद्रों (blind holes) में होती है। इसकी टेपर लीड 20° होती है, इसलिए यह छिद्र की तली तक चूड़ी बना सकता है।

(ii) **मशीन टैप** Machine Tap

ये टैप, ड्रिल मशीन के समान बनी हुई टैपिंग मशीन पर प्रयोग किए जाते हैं। इन मशीनों में एक निश्चित चाल के पश्चात् स्पिण्डल अपने आप उल्टी दिशा में घूम जाता है। ये टैप इस प्रकार टेपर किए जाते हैं कि एक ही ऑपरेशन में फिनिश चूड़ी तैयार कर सकें। इनका प्रयोग ऑटोमैटिक लेथ मशीनों पर भी किया जाता है। इसको चित्र में दर्शाया गया है

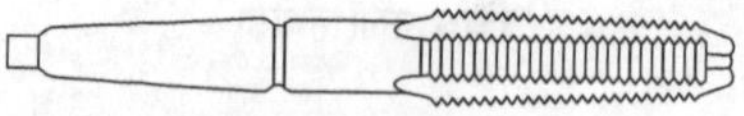

चित्र मशीन टैप

मशीन टेप निम्न प्रकार के होते हैं

स्पाइरल फ्लूटेड टैप (Spiral fluted tap) इस टैप में फ्लूट्स स्ट्रेट न होकर स्पाइरल होते हैं। इसका प्रयोग ऐसे होल में टैपिंग के लिए किया जाता है, जिसमें स्प्लाइन कटे होते हैं। स्पाइरल ग्रूव होने के कारण ये स्प्लाइन की-वे में नहीं फँसते हैं, इसे होल टैप (hole tap) भी कहते हैं। इनका उपयोग सामान्यत: पीतल, ताँबा, एल्युमीनियम जैसी मृदु धातुओं पर चूड़ी कर्तन में किया जाता है।

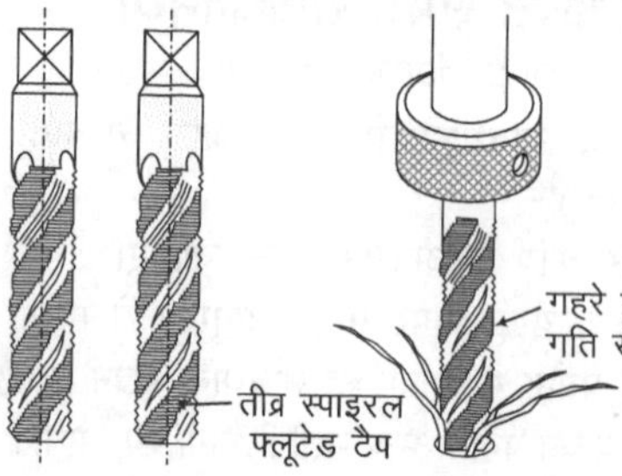

चित्र स्पाइरल फ्लूटेड टैप

गन या स्पाइरल प्वॉइण्ट टैप (Gun or spiral point tap) इस टैप की आगे की 3-4 चूड़ियाँ टेपर में होती हैं। इससे आगे की चूड़ियों पर एक विशेष रैक एंगिल बनता है। इससे इसके काटने की क्षमता बढ़ जाती है। इसका प्रयोग अधिक उत्पादन (mass production) के लिए किया जाता है। इसको मशीन में लगाकर आर-पार के छिद्र बनाने में भी किया जाता है। इस प्रकार के टैप के नीचे छीलन निकालने के लिए खाली स्थान रखा जाता है। यह टैप टूटने की आशंका को कम व छीलन के फसाव को रोकता है, जैसा कि चित्र में दर्शाया गया है।

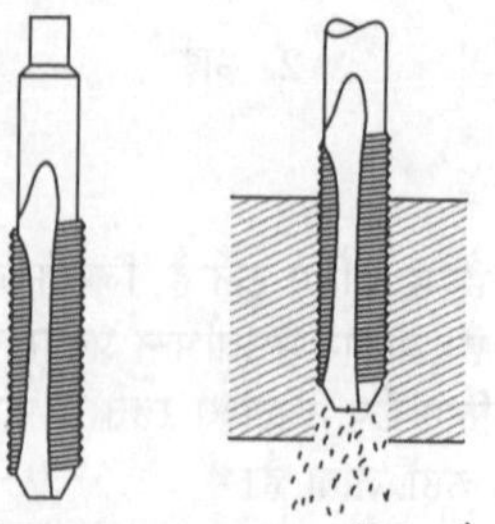

चित्र गन या स्पाइरल प्वॉइण्ट टैप

थ्रेड फॉर्मिंग टैप (Thread forming tap) जहाँ छीलन को आसानी से नहीं हटाया जा सकता, वहाँ थ्रेड फॉर्मिंग टैप का उपयोग किया जाता है। इस प्रकार के टैप में पदार्थ की विस्थापन क्रिया द्वारा चूड़ियाँ काटी जाती हैं, जिससे प्रक्रम के दौरान कोई छीलन नहीं बनती। इससे अच्छी परिष्कृति प्राप्त होती है। इस प्रकार के टैप का उपयोग पीतल, ताँबा, एल्युमीनियम आदि धातुओं की कटाई के लिए किया जाता है।

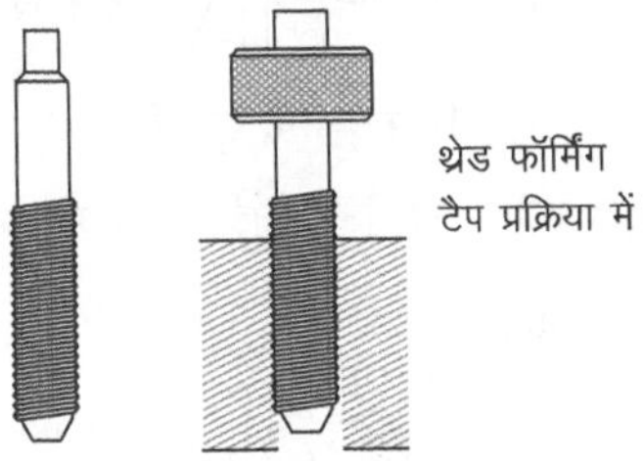

चित्र थ्रेड फॉर्मिंग टैप

स्टब फ्लूट टैप (Stub flute tap) ये टैप्स एक प्रकार के फॉर्मिंग टूल्स (forming tools) होते हैं। इनमें कटिंग एज की आवश्यकता नहीं होती, इसलिए फ्लूट्स नहीं बनाए जाते। इनका प्रयोग मुलायम धातु की चादरों को रोल करके चूड़ी फॉर्म करने के लिए किया जाता हैं; जैसे—टिन बॉक्स आदि में चूड़ी काटने के लिए। चित्र में स्टब फ्लूट टैप दर्शाया गया है।

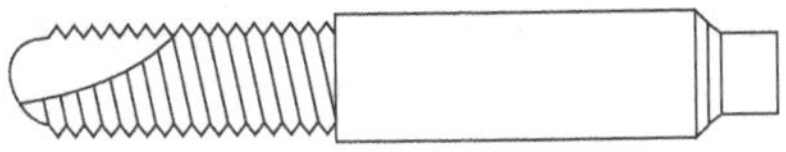

चित्र स्टब फ्लूट टैप

टेप टूटने के कारण Causes of Breakage of Tap

1. टेपिंग के दौरान जॉब का वाइस में ढीला बँधा होना।
2. ड्रिल छिद्र से बड़े आकार के टेप का प्रयोग करना।
3. टेप को टेढ़ा चलाना।
4. स्नेहक का प्रयोग न किया जाना।
5. टेप को चलाने के दौरान एक चक्कर आगे व एक चक्कर पीछे न चलाना।

टूटे टैप को निकालने की विधि Method of Removal of Broken Tap

सावधानियाँ बरतने के साथ भी टैप अक्सर होल में ही टूट जाते हैं। उन्हें निकालने के लिए मुख्य विधियाँ निम्न हैं–

नोज प्लायर द्वारा (By nose plier) यदि टैप जॉब की सतह के कुछ ऊपर से टूटा हुआ हो तो नोज प्लायर के नोज को टैप के फ्लूट्स में घुसाकर इसे उल्टा घुमाकर टैप को बाहर निकाला जा सकता है।

पंच व हथौड़े द्वारा (By punch and hammer) यदि टैप जॉब की सतह में या उससे कुछ ही ऊपर टूटा है तथा उसे नोज प्लायर से नहीं निकाला जा सकता हो, तब उसे पंच व हथौड़े की सहायता से निकालना चाहिए, जैसा कि चित्र में दर्शाया गया है। पंच पर हैमर की हल्की चोट लगाकर टैप को उल्टा घुमाना चाहिए।

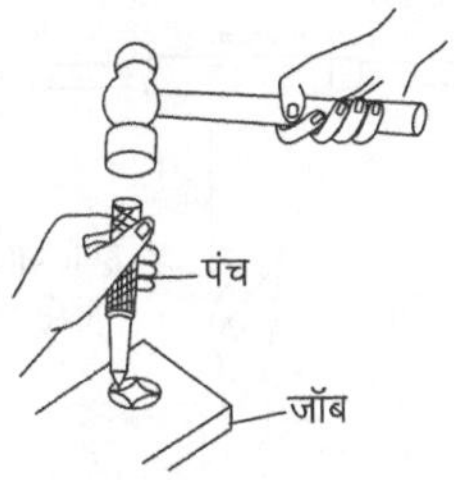

चित्र टैप निकालने के लिए पंच व हथौड़े का प्रयोग

टैप एक्स्ट्रैक्टर द्वारा (By tap extractor) जॉब में टूटी टैप को निकालने के लिए एक विशेष टूल का प्रयोग किया जाता है, जिसे टैप एक्स्ट्रैक्टर कहते हैं। इसमें तीन या चार टाँगें होती हैं, जिन्हें टैप के फ्लूट्स में फँसाकर बुश कॉलर द्वारा कस दिया जाता है।

शैंक के पीछे वर्गाकार टैंग होती है, जिसमें टैप हैण्डिल को फँसाकर टैप एक्स्ट्रैक्टर को उल्टा घुमाया जाता है। इससे टैप बाहर आ जाता है। चित्र में एक टैप एक्स्ट्रैक्टर दर्शाया गया है।

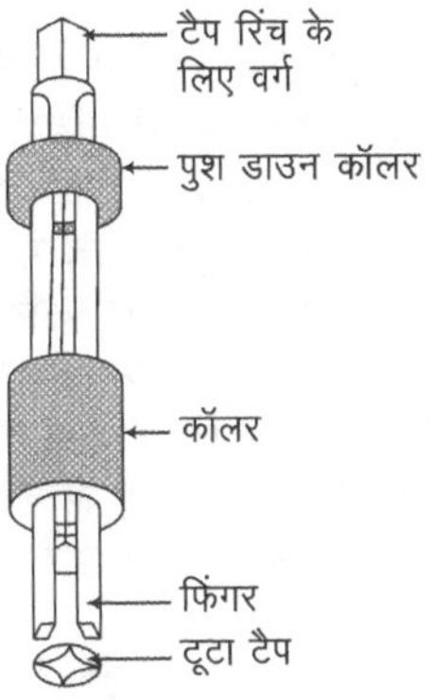

चित्र टैप एक्स्ट्रैक्टर

नाइट्रिक एसिड द्वारा (By nitric acid) उपरोक्त में से कोई भी विधि सफल न होने पर टैप पर कुछ बूँदें नाइट्रिक एसिड की डाल दी जाती हैं। यह नाइट्रिक एसिड टैप तथा धातु दोनों को अपने अन्दर घोल लेता है, जिससे होल में टैप ढीला पड़ जाता है तथा आसानी से बाहर निकाला जा सकता है।

अनीलिंग और ड्रिलिंग द्वारा (By annealing and drilling) उपरोक्त कोई भी विधि सफल न होने पर जॉब के साथ टैप को गर्म करके तथा धीरे-धीरे ठण्डा करके अनील कर दिया जाता है। टैप के मुलायम होने पर होल में पुन: ड्रिल किया जाता है, जिससे टैप कटकर स्क्रैप के रूप में बाहर आ जाता है। अब होल में पुन: टैपिंग की जा सकती है।

टैप में छोटा ड्रिल करके उसमें स्टड एक्स्ट्रैक्टर को फँसाकर टैप को उल्टा घुमाकर भी निकाला जा सकता है, जैसा कि चित्र में दर्शाया गया है।

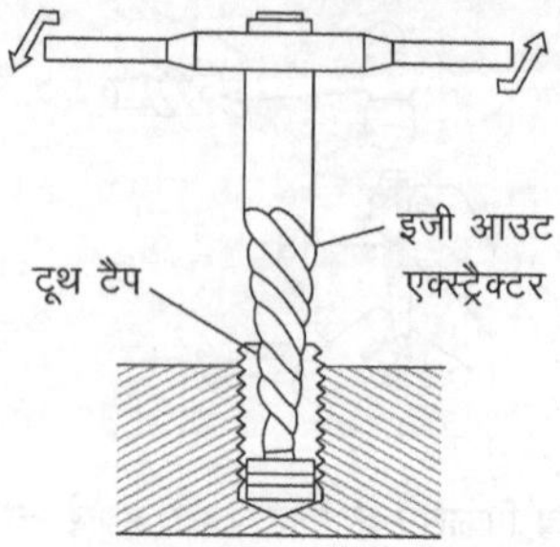

चित्र स्टड एक्स्ट्रैक्टर

आर्क वैल्डिंग द्वारा (By arc welding) इस विधि में टूटे टैप पर वैल्डिंग इलेक्ट्रॉड का सम्पर्क कराया जाता है, जिससे वह टैप में चिपककर अच्छी पकड़ बना लें। इसके बाद टैप को दक्षिणावर्त दिशा में घुमाकर टैप बाहर निकाल लिया जाता है। यह विधि कम गलनांक वाली धातु के लिए उपयोगी है।

2. डाई Die

जिस प्रकार किसी होल में चूड़ी काटने के लिए टैप का प्रयोग किया जाता है, उसी प्रकार किसी बेलनाकार रॉड पर बाहरी चूड़ियाँ काटने के लिए डाई का प्रयोग किया जाता है; जैसे—बोल्ट, स्क्रू या पाइप इत्यादि पर चूड़ी काटना, जैसा कि चित्र में दर्शाया गया है। डाई के बीच में एक होल करके विशेष प्रकार की चूड़ियाँ काट देते हैं। इन चूड़ियों को कटिंग एजेज प्रदान करने के लिए चार फ्लूट्स भी बना दिए जाते हैं। एक ओर की कुछ चूड़ियाँ चैम्फर की जाती हैं। अब इसे हार्ड व टेम्पर किया जाता है। डाइयाँ टूल स्टील या एलॉय स्टील की बनाई जाती हैं, जिससे इन्हें अच्छी कठोरता प्रदान कर दी जाती है। चूड़ियों के शुरू में चैम्फर होने से डाई आसानी से रॉड पर चढ़ जाती है।

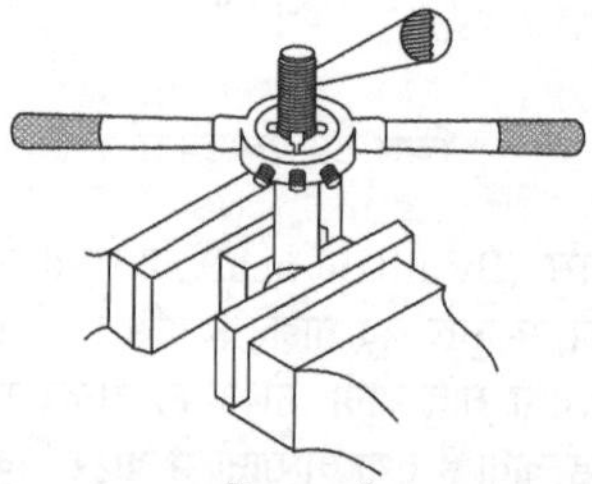

चित्र डाई

डाई के प्रकार Types of Die

डाइयाँ निम्न प्रकार की होती हैं

1. **स्प्लिट/बटन डाई** (Split/button die) यह डाई सॉलिड डाई के समान होती है, परन्तु इसको एक साइड से काट दिया जाता है, जैसा कि चित्र में दर्शाया गया है। कटे स्थान पर वैज (wedge) लगाकर डाई को खोला जा सकता है, जिससे यह पहली बार में पूरी गहराई की चूड़ी नहीं काटती। इसको एक गोल डाई स्टॉक में पकड़कर प्रयोग में लाया जाता है। इस डाई स्टॉक के मध्य में लगे सैट स्क्रू की सहायता से इसे समायोजित करके वांछित गहराई की चूड़ियाँ काटी जा सकती हैं।

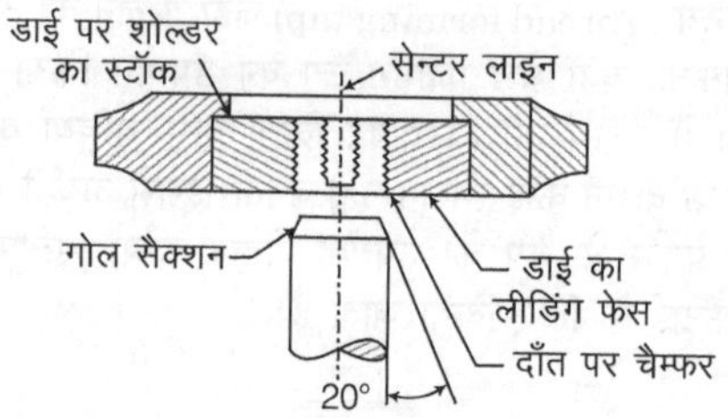

चित्र थ्रेड के शुरू में

इस प्रकार के डाई स्टॉक को पैटर्न डाई स्टॉक भी कहते हैं।

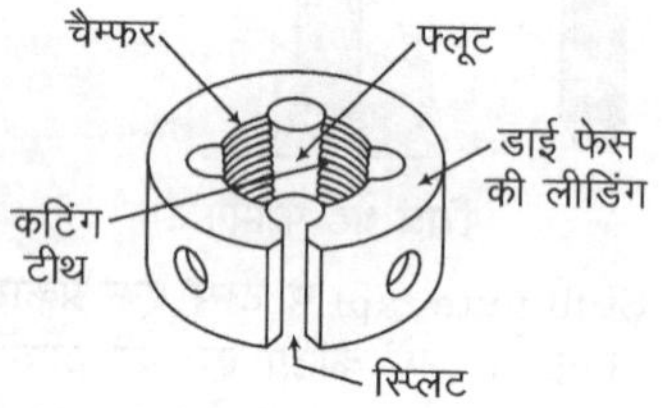

चित्र पैटर्न डाई स्टॉक

2. **ठोस नट डाई** (Solid nut die) ठोस नट डाई का आकार वर्गाकार या षट्भुजाकार नट के समान होता है। वर्गाकार डाई नट में चार फ्लूट तथा हैक्सॉगानल डाई नट में छ: फ्लूट होते हैं। इस डाई नट को प्रयोग करने के लिए डाई हैण्डिल की आवश्यकता नहीं होती, बल्कि इस डाई को ओपन स्पैनर या बॉक्स स्पैनर या रिंच के द्वारा घुमाकर प्रयोग किया जा सकता है।

   इसका प्रयोग कहीं गहरे आकार में चूड़ी काटने या चूड़ी को साफ करने के लिए किया जाता है, जहाँ पर डाई हैण्डिल द्वारा डाई को घुमाना सम्भव न हो। चित्र में नट डाई को दर्शाया गया है।

चित्र नट डाई

3. **अर्द्ध-डाई** (Half-die) अर्द्ध-डाई दो मिलान जोड़ो के रूप में उपलब्ध होने वाली एक बहुत मजबूत डाई होती है। इसमें कटाव की गहराई को घटाने व बढ़ाने हेतु समायोजन (adjustment) की भी व्यवस्था होती है।

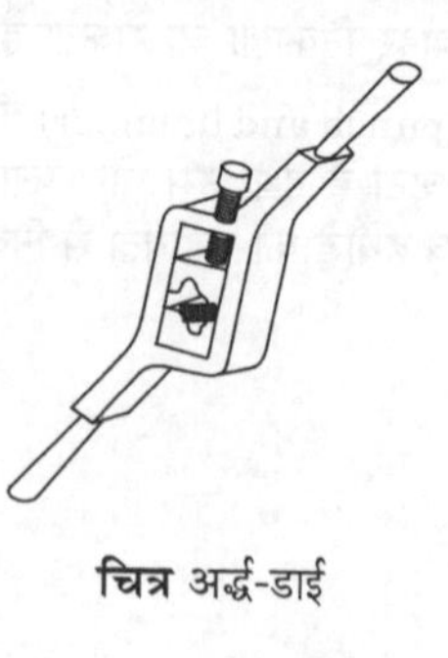

चित्र अर्द्ध-डाई

4. **एडजस्टेबिल स्क्रू प्लेट डाई** (Adjustable screw plate die) यह डाई भी अर्द्ध-डाई के समान दो भागों में बनी होती है, जिन्हें बिट्स (bits) कहते हैं। इस डाई में स्प्लिट डाई की तुलना में अधिक समायोजन की क्षमता होती है। डाई के दोनों भागों को कॉलर (collar) में एक गाइड प्लेट की सहायता से पकड़ा जाता है। गाइड प्लेट की सहायता से दोनों भाग कॉलर में सही स्थान पर जकड़े जाते हैं। डाई के दोनों भागों को कॉलर में लगे स्क्रू की सहायता से एडजस्ट (adjust) किया जा सकता है। एडजस्टेबिल स्क्रू प्लेट डाई को चित्र में दर्शाया गया है।

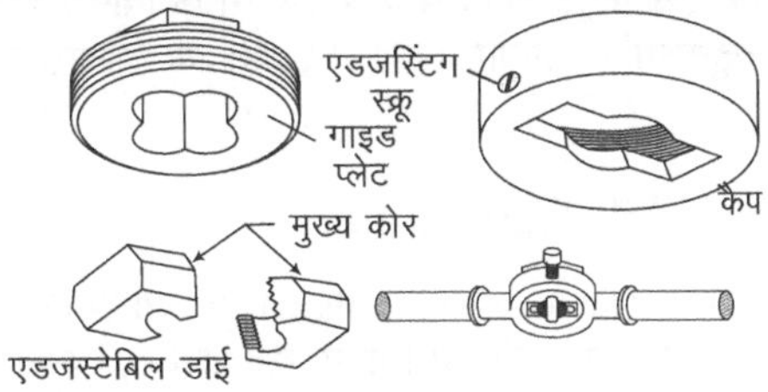

चित्र एडजस्टेबिल स्क्रू प्लेट डाई

डाई द्वारा चूड़ी कर्तन Thread Cutting By Die

डाई से चूड़ी कर्तन के लिए निम्न पदों का अनुसरण किया जाता है—

1. जिस रॉड पर चूड़ी काटनी हो पहले उसका साइज तैयार करना चाहिए।
2. रॉड के सिरे पर थोड़ा-सा चैम्फर होना चाहिए, इससे डाई को चढ़ने में सुविधा रहती है।
3. रॉड या पाइप मजबूती से जकड़ा होना चाहिए।
4. डाई स्टॉक में डाई को सही अवस्था में पकड़ना चाहिए।
5. डाई को नीचे दबाते हुए हैण्डिल को बैलेन्स करते हुए घुमाना चाहिए।
6. डाई को थोड़ा आगे चलाकर (आधा चक्कर) फिर पीछे चलाना चाहिए, जिससे बने हुए चिप्स (chips) टूटकर नीचे गिर जाते हैं तथा डाई को चलने में आसानी रहती है।
7. चूड़ी काटते समय जॉब की धातु के अनुसार स्नेहक का प्रयोग करना चाहिए।
8. गहरी चूड़ियाँ काटने के लिए डाई को दो या तीन बार समायोजित करना चाहिए। सही साइज चेक करने के लिए चूड़ी गेज का प्रयोग करना चाहिए।
9. प्रक्रिया के अन्त में डाई को निकाल कर डाई व डाई स्टॉक को ब्रुश से साफ करना चाहिए।

सावधानियाँ Precautions

1. डाई से चूड़ी काटना शुरू करने से पहले रॉड का साइज चेक करें। रॉड पर चैम्फर जरूर होना चाहिए।
2. छोटे जॉब को वाइस पर मजबूती से पकड़ना चाहिए।
3. डाई को आगे व पीछे चलाते हुए चूड़ी काटनी चाहिए।
4. अच्छे स्नेहक का प्रयोग करना चाहिए।
5. स्टॉक के दोनों हैण्डिलों पर समान बल लगाना चाहिए।
6. दो या तीन बार डाई को समायोजित करके पूरी गहराई की चूड़ियाँ काटनी चाहिए।

2.2 पावर टूल Power Tool

वह औजार जो किसी विद्युत मोटर या सम्पीडित हवा से शक्ति प्राप्त करके कार्य करता है, पावर टूल कहलाता है। कार्यशाला में पावर टूल का प्रयोग करके मजबूती से जमे या कसे हुये बोल्टों या स्क्रुओं को खोला जाता है। रेफ्रिजरेशन सिस्टम में उपयोग किए जाने वाले मुख्य पावर टूल्स निम्न प्रकार हैं

1. टॉर्क रिंच Torque Wrench

इस रिंच का प्रयोग सॉकिट स्पैनर्स के साथ किया जाता है। इस रिंच द्वारा नट को खोलते अथवा कसते समय प्रयुक्त शक्ति को मापा जा सकता है। इस रिंच का प्रयोग करने से बोल्ट अथवा स्टड को खोलते समय उसके टूटने की सम्भावना नहीं रहती है। टॉर्क रिंच का प्रयोग ऑटोमोबाइल तथा हवाई जहाज सम्बन्धित कार्यों में किया जाता है। चित्र में इस रिंच की संरचना दर्शाई गई है।

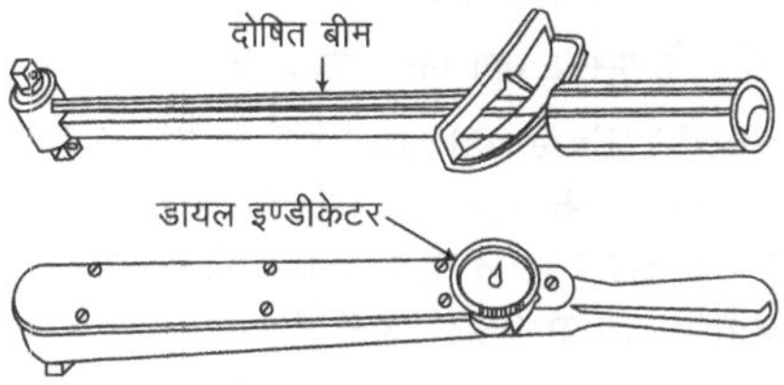

चित्र टॉर्क रिंच

2. इलेक्ट्रिक ड्रिल गन Electric Drill Gun

यह भी एक अच्छा रेफ्रिजरेशन पावर टूल है, जो विद्युत से संचालित होता है। इसका उपयोग प्रायः भारी कार्यों के लिए किया जाता है। यह एक पोर्टेबल मशीन होती है जिसका प्रयोग वुडन (woodden) बोर्ड या मैटल शीट में छिद्र बनाने के लिए होता है। इस टूल की क्षमता उसमें प्रयुक्त की जाने वाली ड्रिल बिट पर निर्भर करती है। रेफ्रिजरेशन कार्य के लिए ड्रिल मशीन में समान्तर शैंक टाइप ट्विस्ट ड्रिल का उपयोग किया जाता है। यह हाई स्टील या हाई कार्बन स्टील की बनी होती है।

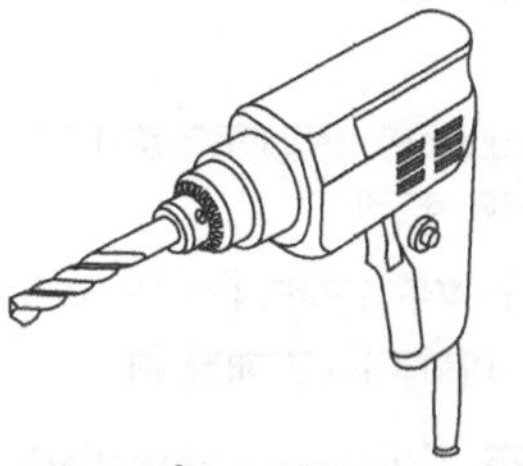

चित्र इलेक्ट्रिक ड्रिल गन

3. एयर इम्पैक्ट रिंच Air Impact Wrench

एयर इम्पैक्ट रिंच को इम्पैक्टर, इम्पैक्ट गन, इम्पैक्ट रिंच इत्यादि नामों से भी जाना जाता है। यह बोल्ट एवं स्क्रू को कसने या खोलने के लिए उच्च टॉर्क की स्पिनिंग स्पीड का उपयोग करता है। रिंच की स्पिनिंग स्पीड को परिवर्तित करने के लिए इसमें लीवर लगा होता है। एयर इम्पैक्ट रिंच को प्रचालित करने के लिए शक्ति स्रोत के रूप में मुख्यतः सम्पीडित हवा का उपयोग किया जाता है,

परन्तु कुछ इम्पैक्ट रिंचों को चलाने के लिए विद्युत या हाइड्रॉलिक शक्ति का भी प्रयोग किया जाता है।

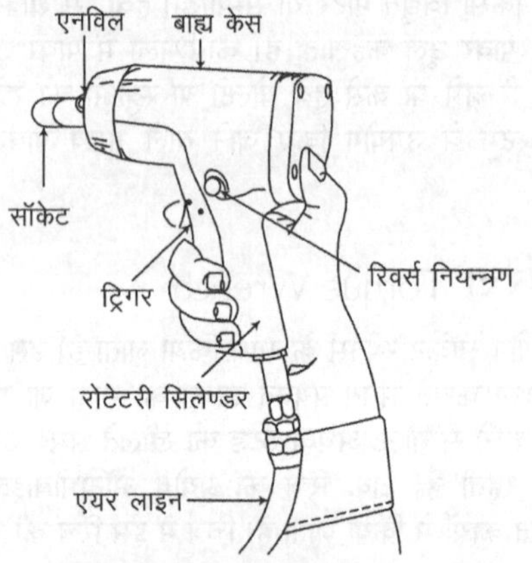

चित्र एयर इम्पैक्ट रिंच

एयर इम्पैक्ट रिंच के मुख्य भाग निम्न प्रकार हैं-

(i) **बाह्य आवरण** (External case) इम्पैक्ट रिंच के विभिन्न भागों को एक साथ पकड़ने के लिए बाह्य आवरण का उपयोग किया जाता है। ऑपरेशन के दौरान लगने वाले उच्च बलों को सहन करने के लिए इसे मजबूत पदार्थ से बनाया जाता है।

(ii) **रोटरी सिलेण्डर** (Rotary cylinder) यह रिंच का वह आन्तरिक भाग है। जहाँ वायु इनटैक पोर्ट से प्रवेश करती है तथा एग्जॉस्ट पोर्ट से बाहर निकलती है। ये दोनों पोर्ट सिलेण्डर के तल में स्थित होते हैं। इस सिलेण्डर में घूमने वाले व्हील तथा ब्लेड भी होते हैं। जब सम्पीडित वायु सिलेण्डर में प्रवेश करती है तथा बाहर निकलती है, तो ब्लेड तथा व्हील घूमने लगते हैं।

(iii) **एनविल** (Anvil) यह रिंच का वह भाग होता है, जहाँ विभिन्न आकार के सॉकेट लगाए जाते हैं।

(iv) **सॉकेट** (Socket) रिंच का वह भाग जो स्क्रू या बोल्ट को कसने या खोलने के लिए प्रयुक्त किया जाता है, सॉकेट कहलाता है। सॉकेट का चयन, खोलने या कसे जाने वाले बोल्ट या स्क्रू के हैड के अनुसार किया जाता है।

(v) **एयर लाइन** (Air line) एयर लाइन द्वारा सम्पीडित हवा रिंच में तथा सिलेण्डर में प्रवेश करती है।

(vi) **ट्रिगर** (Trigger) एयर इम्पैक्ट रिंच को चलाने अथवा बन्द करने के लिए ट्रिगर का उपयोग किया जाता है।

(vii) **रिवर्स नियन्त्रक** (Reverse controller) रिवर्स नियन्त्रक का उपयोग करके रिंच की रिवर्स गति को नियन्त्रित किया जाता है।

एयर इम्पैक्ट रिंच का रख-रखाव
Maintenance of Air Impact Wrench

एयर इम्पैक्ट रिंच के रख-रखाव हेतु निम्नलिखित बातों का ध्यान रखना चाहिए

(i) रिंच में कभी-भी गलत सॉकेट या बिट्स का उपयोग नहीं करना चाहिए।
(ii) रिंच के कॉर्ड को नियमित चैक करते रहना चाहिए।
(iii) रिंच के समस्त भागों को नियमित रूप से चैक करते रहना चाहिए।
(iv) रिंच के सभी घूमने वाले भागों में नियमित रूप से लुब्रिकेशन देना चाहिए।
(v) रिंच पर कभी-भी अत्यधिक बल का प्रयोग नहीं करना चाहिए। इससे स्टड या सॉकेट टूट सकता है तथा दुर्घटना हो सकती है।
(vi) इम्पैक्ट रिंच को प्रयोग के पश्चात् साफ करके ही रखना चाहिए।

2.3 रेफ्रिजरेशन औजार Refrigeration Tools

रेफ्रिजरेशन एवं एयर कण्डीशनिंग सम्बन्धी फिटिंग के विविध कार्यों में कुछ औजारों का बहुतायत से उपयोग किया जाता है। इन औजारों का विवरण निम्नवत् है

1. ट्यूब कटर Tube Cutter

रेफ्रिजरेशन संयन्त्र (refrigeration plant) में अधिकतर कॉपर या एल्युमीनियम की कम व्यास की ट्यूब प्रयोग की जाती है, जिनको काटने के लिए ट्यूब कटर का प्रयोग किया जाता है। इसमें 'V' ब्लॉक पर ट्यूब रखते हैं और कार्बन स्टील का बना गोल ब्लेड ट्यूब को काट देता है। 'V' ब्लॉक में ट्यूब को रखकर ब्लेड को व्यवस्थित कर दिया जाता है। ट्यूब कटर ट्यूब को चारों ओर घुमाकर ट्यूब को काटता है। कुछ ट्यूब कटर्स में ट्यूब के कर्तन सिरे पर बर्स को हटाने के लिए रीमर लगे होते हैं, जिसका आकार काटी जाने वाली ट्यूब के अधिकतम व्यास पर निर्भर करता है।

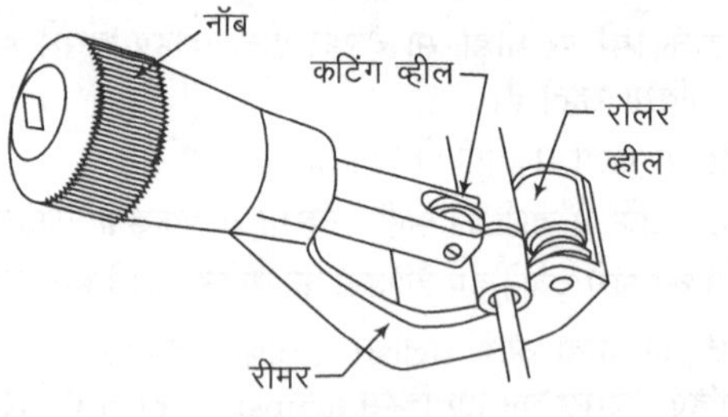

चित्र ट्यूब कटर

2. फ्लेअरिंग औजार Flaring Tool

यह कॉपर ट्यूबों के भिन्न-भिन्न आकारों से फ्लोअर्स बनाने के लिए उपयोग किया जाता है। इसके दो भाग फ्लेअरिंग ब्लॉक और योक होते हैं। फ्लेअरिंग ब्लॉक दो छड़ों को मिलाकर बनाया जाता है, जिसके मध्य में ट्यूब के भिन्न-भिन्न साइज के छिद्र बने होते हैं। ये भाग विंग नट व बोल्ट से कसे रहते हैं। प्रत्येक छिद्र के सामने सीट (seat) पर 45° का कोण कटा होता है। योक में डाई या कोन, फ्लेअर, शीट पर फ्लेअर उत्पन्न करने के लिए लगे होते हैं।

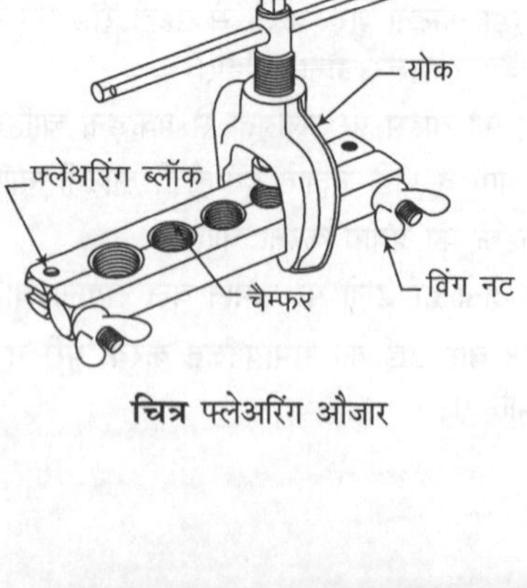

चित्र फ्लेअरिंग औजार

3. स्वेजिंग औजार Swaging Tool

एक पाइप के साथ दूसरे पाइप को वैल्डिंग द्वारा जोड़ने के लिए आवश्यक हो जाता है कि एक ट्यूब का भीतरी व्यास बढ़ाया जाए, जिससे दूसरी ट्यूब का सिरा उसमें आसानी से फिट हो सके। यह कार्य स्वेजिंग औजार के द्वारा किया जाता है।

जिस पाइप का व्यास बढ़ाना हो, उसे फ्लेअरिंग औजार ब्लॉक में कस दिया जाता है। स्वेजिंग औजार को पाइप के सिरे पर लगाकर हथौड़े से धीरे-धीरे ठोका जाता है, जिससे पाइप का व्यास बढ़ सके।

यदि ठोकने पर व्यास नहीं बढ़ता है, तो पाइप को गर्म कर लिया जाता है। यह कार्य फ्लेअरिंग औजार से भी किया जाता है, परन्तु स्वेजिंग औजार द्वारा पाइप ठीक प्रकार से एक-दूसरे में आ जाते हैं,

जिससे वैल्डिंग भी ठीक प्रकार से हो जाती है और लीकेज की सम्भावना भी नहीं रहती है। यह पंच टाइप स्वेजिंग औजार भी कहलाता है। सामान्यत: यह 4.7 से 16 मिमी व्यास का प्रयोग किया जाता है।

चित्र स्वेजिंग औजार

4. ट्यूब बैण्डर Tube Bender

ट्यूब को बकलिंग (buckling) किए बिना सफाई व शुद्ध रूप से मोड बनाने के लिए लीवर प्रकार के ट्यूब बैण्डर का प्रयोग किया जाता है। ट्यूब बैण्डर लगातार प्रचालन में 180° तक का मोड बनाता है।

मोड की डिग्री को दर्शाने के लिए रोलर व्हील का प्रयोग किया जाता है।

चित्र स्प्रिंग टाइप ट्यूब बैण्डर

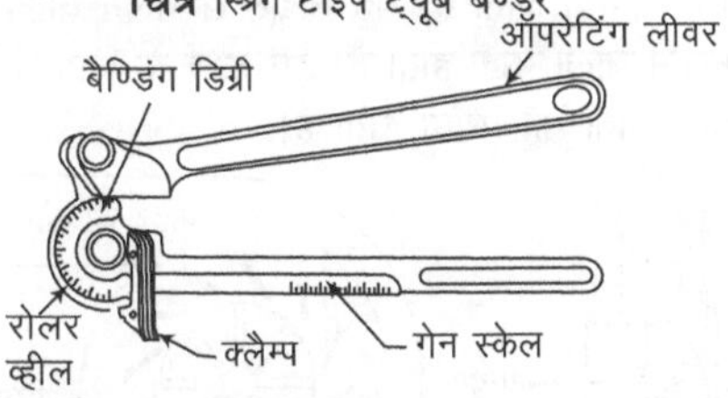

चित्र ट्यूब बैण्डर

5. प्रैशर गेज Pressure Gauge

यह गेज रेफ्रिजरेशन मशीन में रेफ्रिजरेन्ट के दाब को नापने के लिए प्रयोग किया जाता है। इस गेज की बनावट में अन्दर की ओर एक कॉपर ट्यूब होती है, जोकि कम्प्लीट रिंग के समीप मुड़ी होती है और इसका एक सिरा बन्द रहता है। ट्यूब का बन्द सिरा बिना किसी बाधा के घूमता है और यह एक बिन्दु के द्वारा गियर लगे लीवर के साथ जोड़ा जाता है। ट्यूब का खुला सिरा द्रव या वाष्प दाब के इनलेट का कार्य करता है। एक प्वॉइण्टर डायल सैट पर फिट रहता है और अन्दर की ओर यह आर्च लीवर की सहायता से जिस पर नीडिल घूमती है, गियर के साथ लगा होता है।

जब गेज रेफ्रिजरेशन प्रशीतन प्रणाली पर लगा हो और दाब बढ़ा हो, तो ट्यूब सीधी रहने का प्रयत्न करने लगती है, जिसके प्रभाव से स्केल पर प्वॉइण्टर घूमने लगता है। प्रैशर गेज के डायल पर किग्रा/वर्ग सेमी का स्केल बना होता है।

(a)

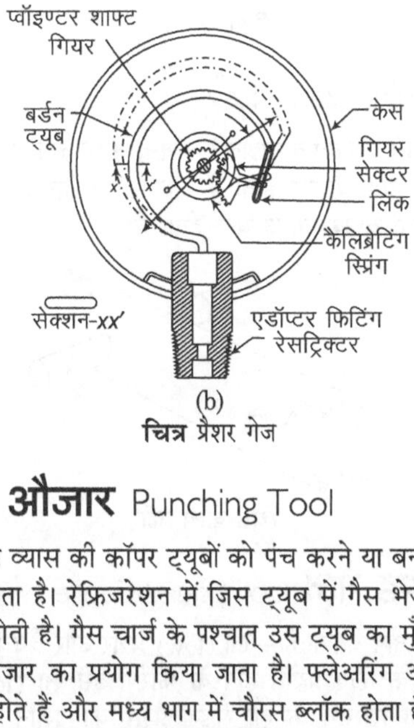

(b)

चित्र प्रैशर गेज

6. पंचिंग औजार Punching Tool

यह औजार कम व्यास की कॉपर ट्यूबों को पंच करने या बन्द करने के लिए प्रयोग किया जाता है। रेफ्रिजरेशन में जिस ट्यूब में गैस भेजी जाती है, वह चार्जिंग लाइन होती है। गैस चार्ज के पश्चात् उस ट्यूब का मुँह बन्द करने के लिए पंचिंग औजार का प्रयोग किया जाता है। फ्लेअरिंग औजार की भाँति इसके दो भाग होते हैं और मध्य भाग में चौरस ब्लॉक होता है। ट्यूब के सिरे को उस ब्लॉक में रखकर नट-बोल्ट से दोनों भाग कस दिए जाते हैं। इस प्रकार ट्यूब का सिरा सील्ड हो जाता है।

यह 6 से 18 मिमी व्यास की ट्यूबों के लिए अधिक प्रयुक्त होता है।

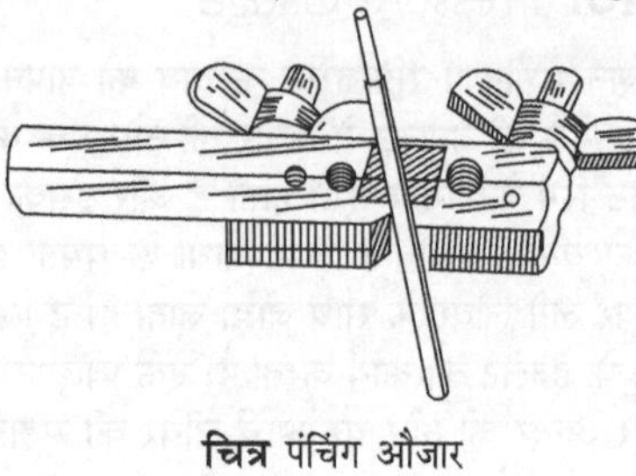

चित्र पंचिंग औजार

7. पंच होल Punch hole

हल्की धातु की शीट या गैस्केट शीट में छिद्र करने के लिए पंच होल का प्रयोग किया जाता है। कभी-कभी उचित गैस्केट बाजार में नहीं मिलती है, तब उसे गैस्केट शीट में होल बनाकर पैकिंग शीट बना ली जाती है। यह भिन्न-भिन्न व्यास के छिद्र करने के लिए भिन्न-भिन्न साइज की होती हैं, परन्तु 4.7 से 16 मिमी व्यास के गैस्केट काटने वाले साइज का अधिक प्रयोग किया जाता है।

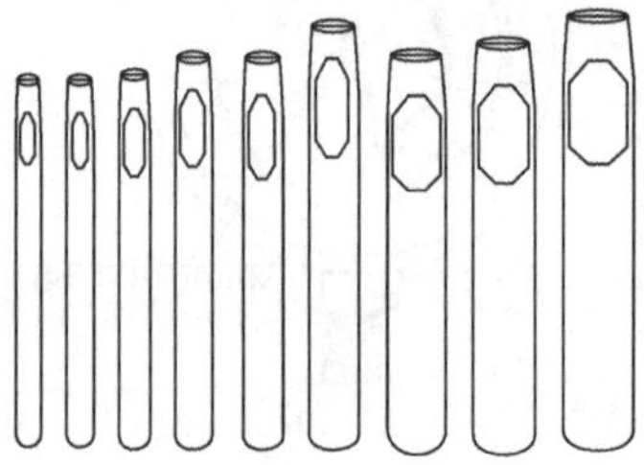

चित्र पंच होल

8. वाल्व 'की' Valve Key

इसका उपयोग सर्विस वाल्व को खोलने व बन्द करने के लिए किया जाता है। इसका नीचे का भाग चौकोर होता है और उसमें हैण्डिल लगा होता है। चौकोर भाग से वाल्व खुलता व बन्द होता है।

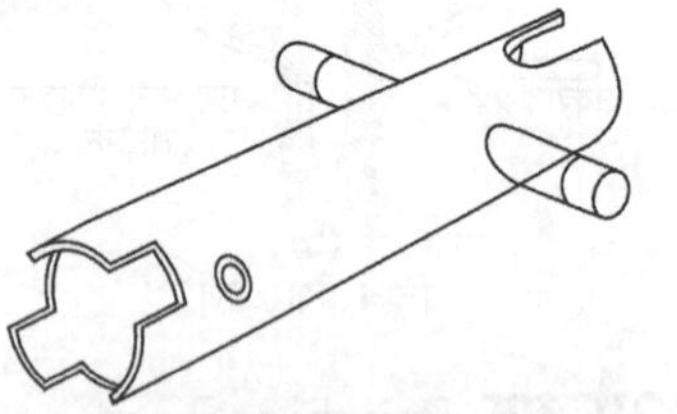

चित्र वाल्व 'की'

9. कम्पाउण्ड गेज Compound Gauge

यह दो प्रकार के नाप बताता है—लो (low) प्रैशर और वैक्यूम (vacuum) प्रैशर। लो प्रैशर के लिए प्रयोग होने के कारण इसे लो (low) प्रैशर गेज भी कहते हैं। यह सिस्टम के लो साइड प्रैशर को दर्शाने के लिए प्रयोग होता है। इसके स्केल पर दो कॉलम बने होते हैं। एक पर 0 से 80 लिखा होता है। इसका तात्पर्य है कि इसमें 0 से 80 किमी वर्ग सेमी तक का वैक्यूम नापा जा सकता है। दूसरे कॉलम पर 0 से 20 किग्रा/वर्ग सेमी का लो प्रैशर देखा जाता है। दो नापों के कारण इसे कम्पाउण्ड गेज कहते हैं।

कम्पाउण्ड गेज 63 मिमी व्यास वाला 76 मिमी वैक्यूम और 15 किग्रा/वर्ग सेमी का अधिक प्रयोग किया जाता है।

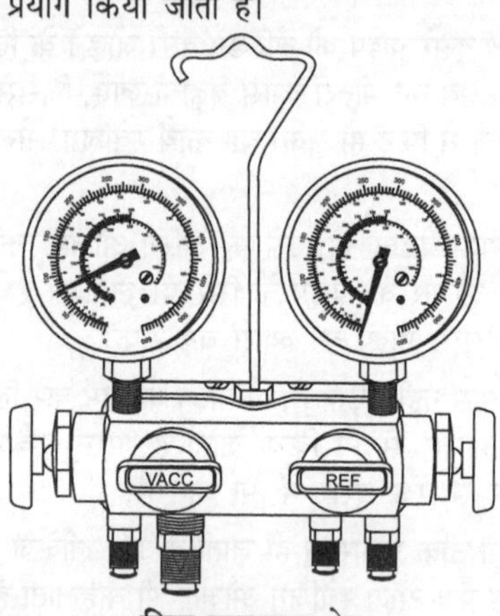

चित्र कम्पाउण्ड गेज

10. पिअर्सिंग प्लास Piercing Plier

स्टील से निर्मित इस औजार का प्रयोग रेफ्रिजरेशन एवं एयर कण्डीशनिंग में से गैस को निकालने के लिए किया जाता है। इसके लिए ट्यूब में एक कट लगाया जाता है, जिससे गैस ट्यूब में से निकलकर खिड़की के द्वारा कमरे से बाहर खुली हवा में फैल जाती है। पिअर्सिंग प्लास का प्रयोग भूमिगत स्थान में नहीं करना चाहिए। इसका प्रयोग केवल जलने वाली गैस को निकालने के लिए ही किया जाता है। इसका प्रयोग करते समय ट्यूब के ऊपर लगा बोल्ट पूरी तरह से टाइट होना चाहिए, यदि यह ढीला होगा, तो गैस रिसने की सम्भावना हो सकती है।

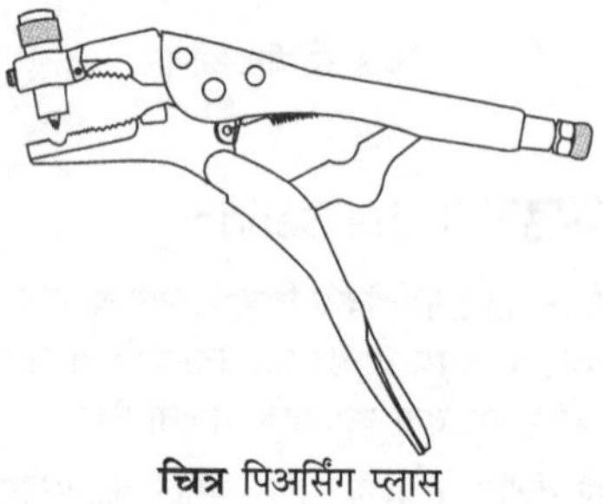

चित्र पिअर्सिंग प्लास

11. ब्लोअर Blower

रेफ्रिजरेशन तथा एयर कण्डीशनिंग की धूल आदि को साफ करने के लिए ब्लोअर का प्रयोग किया जाता है। यह विद्युत से चलने वाला और वायु को तेज गति में फैलाने वाला पंखा होता है। इस कार्य के लिए पोर्टेबिल ब्लोअर 1/10 हॉर्सपावर क्षमता का प्रयोग होता है।

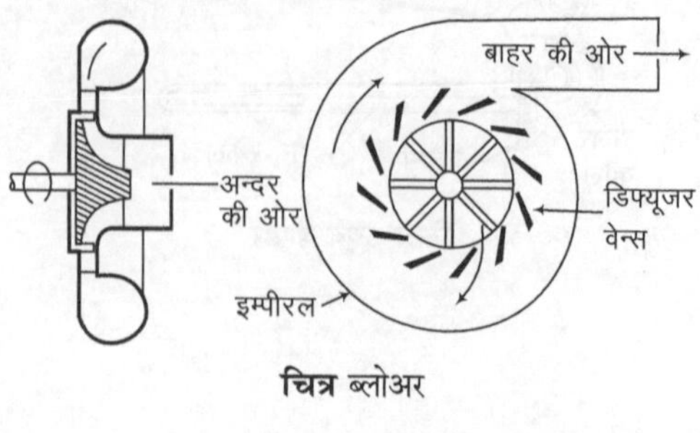

चित्र ब्लोअर

12. कम्प्रैसर Compressor

एक एयर कम्प्रैसर का उपयोग ऑटो गैरेज में विभिन्न उद्देश्यों के लिए किया जाता है जैसे वाहन की धुलाई, ग्रीसिंग, सफाई और ऑटो पार्ट्स और टायरों में हवा भरने हेतु कम्प्रैसर बाहर (वायुमण्डल) से हवा को खींचकर उच्च दबाव पर रिजर्वायर में भरता है।

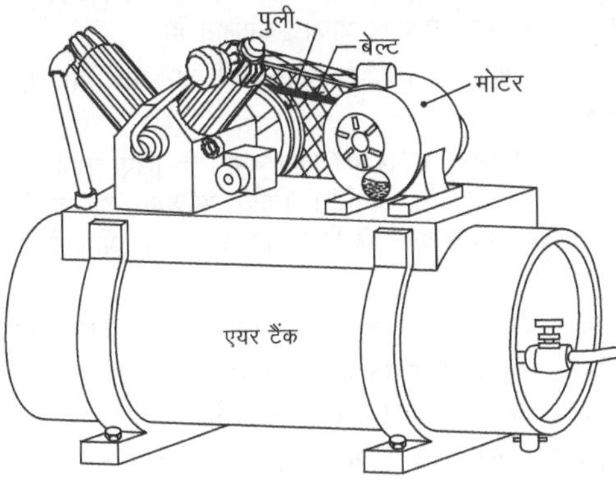

चित्र कम्प्रैसर

एयर कम्प्रैसर के अनुप्रयोग इसका उपयोग दबाव बनाकर रिसाव का परीक्षण करने के लिए किया जाता है। इसका उपयोग रेफ्रिजरेशन ए/सी सिस्टम को फ्लश करने के लिए किया जाता है। चोक सिस्टम में भी हम सिस्टम के प्रेशर को क्लियर करते हैं। एक स्प्रे पेंटिंग में एक यूनिट कैबिनेट एयर कम्प्रैसर का उपयोग करता है।

13. वैक्यूम पम्प Vacuum Pump

वैक्यूम पम्प का उपयोग रेफ्रिजरेशन प्रणाली में प्रत्येक इकाई में गैस चार्जिंग सिस्टम की वैक्यूमिंग से पहले किया जाता है। वैक्यूम के बाद हम सिस्टम में गैस चार्ज करते हैं।

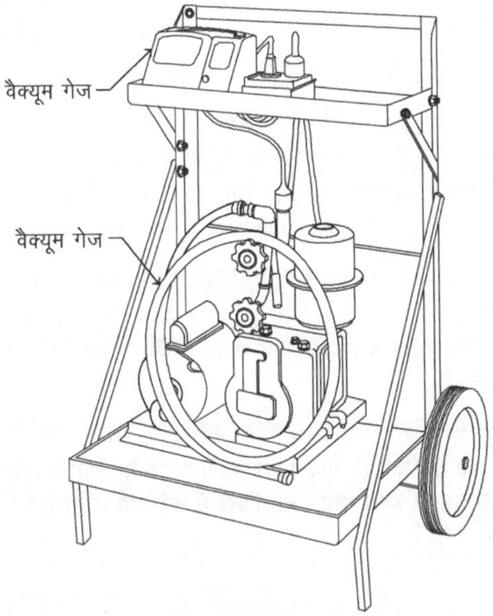

चित्र वैक्यूम पम्प

14. टेकोमीटर Techometer

गति के प्रत्यक्ष माप के लिए उपयोग किया जाने वाला उपकरण टैकोमीटर है जैसा कि चित्र में दिखाया गया है। गति को सीधे एक कैलिब्रेटेड डायल पर एक सूई द्वारा दिखाया जाता है। टैकोमीटर का उपयोग उसी तरह किया जाता है जैसे कि काउण्टर क्लाकवाइज का होता है।

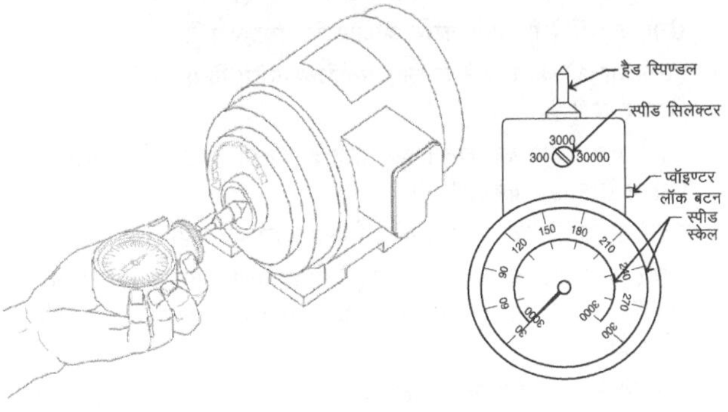

चित्र टेकोमीटर

15. थर्मामीटर Thermometer

सामान्यतः थर्मामीटर सेल्सियस या सेंटीग्रेड और फारेनहाइट स्केल में उपलब्ध होते हैं। दो तापमान थर्मामीटर के अंशांकन को निर्धारित करते हैं। सेंटीग्रेड थर्मामीटर पर बर्फ के पिघलने या पानी के जमने का तापमान 0°C होता है। उबलते पानी का तापमान 100 डिग्री सेल्सियस है। जमने और उबलने के बीच के पैमाने पर 100 स्थान या अंश होते हैं। फारेनहाइट थर्मामीटर पर बर्फ के पिघलने या पानी के जमने का तापमान 32°F होता है। उबलते पानी का तापमान 212°F होता है।

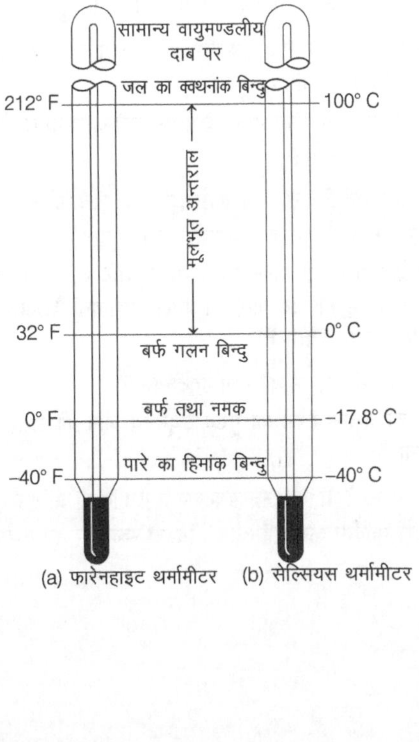

(a) फारेनहाइट थर्मामीटर (b) सेल्सियस थर्मामीटर

महत्त्वपूर्ण बिन्दु

- ऐसे मशीनी औजार जिनकी सहायता से मशीनों की संरचना एवं मरम्मत की जाती है, फिटिंग हस्त औजार कहे जाते हैं।
- किसी जॉब या पार्ट को काटने छीलने या घिसने के लिए जिन औजारों का प्रयोग किया जाता है, कर्तन औजार कहलाते हैं।
- छेनी, हैक्सॉ रेती आदि कर्तन औजार के उदाहरण हैं।
- हल्की धातुओं को काटने के लिए सर्वाधिक प्रयोग किया जाने वाला हस्त औजार छेनी है।
- हैक्सॉ एक प्रकार का कटिंग टूल होता है। हैक्सॉ द्वारा कटिंग करने की प्रक्रिया हैक्साइंग कहलाती है।
- हैक्सॉ में कटिंग करने वाला ब्लेड हैक्सॉ ब्लेड होता है।
- किसी कार्यखण्ड की सतह से खुरदुरी सतह वाले औजारों को रगड़कर अवांछित पदार्थ को चूर्ण के रूप में हटाने के लिए रेती का प्रयोग किया जाता है।
- आरी किसी वस्तु को काटने के लिए प्रयोग किया जाने वाला हस्त औजार है।
- किसी भी जॉब को मापने के पश्चात् जिन औजारों का प्रयोग निशान लगान के लिए किया जाता है, चिन्हन औजार कहलाते हैं।
- पैमाना, ट्राई स्क्वायर, डिवाइडर, ट्रैमल इत्यादि चिन्हन औजारों के उदाहरण हैं।
- धातुओं की सतह पर लाइन खींचने के लिए स्क्राइबर का प्रयोग किया जाता है।
- कार्यशाला में विभिन्न वस्तुओं को पकड़ने के लिए जिन औजारों का प्रयोग किया जाता है, पकड़ने वाले औजार कहलाते हैं।
- किसी भी कार्यशाला में सर्वाधिक प्रयुक्त की जाने वाली वाइस, बेंच वाइस है।
- कार्यशाला में विभिन्न प्रकार की जॉब बनाने के लिए अनेक प्रकार की संक्रियाएँ; जैसे- फोर्जिंग, रिवेटिंग, चिपिंग संक्रियाएँ की जाती हैं। इन संक्रियाओं को सम्पन्न करने के लिए चोट मारने वाले औजारों का प्रयोग किया जाता है।
- किसी जॉब पर चूड़ी काटने के लिए टैप व डाई का प्रयोग किया जाता है।
- वह औजार जो किसी विद्युत मोटर या सम्पीडित हवा से शक्ति प्राप्त करके कार्य करता है, पावर टूल कहलाता है।
- इलेक्ट्रिक गन एक अच्छा रेफ्रिजरेशन टूल है, जो विद्युत से संचालित होता है।
- एयर इम्पैक्ट रिंच को इम्पैक्टर, इम्पैक्ट गन, इम्पैक्ट रिंच इत्यादि नामों से भी जाना जाता है।

महत्त्वपूर्ण प्रश्नोत्तरी

1. मृदु लोहे को काटने के लिए शीतल छेनी का बिन्दु कोण क्या है?

उत्तर मृदु लोहे को काटने के लिए ठण्डी छेनी का बिन्दु कोण 55° होता है।

2. सामान्य कार्य के लिए हैक्सॉ फ्रेम पर लगे ब्लेड के दाँतों को किस दिशा में रखना चाहिए?

उत्तर सामान्य कार्य के लिए हैक्सॉ फ्रेम पर लगे ब्लेड के दाँतों को आगे की ओर रखना चाहिए।

3. रेती का कर्तन दन्त भाग कठोरीकृत है, जबकि कुछ भाग (टैंग) मृदुकृत होता है। पुच्छ भाग क्यों मृदुकृत होता है?

उत्तर रेती के टैंग का क्षेत्रफल कम होता है। यदि यह हार्ड होगा, तो जोर लगाने पर इसके टूट जाने की प्रबल सम्भावना है। अतः टैंग मृदुकृत (soft) बनाया जाता है।

4. रेती को उत्तल करने का क्या उद्देश्य है?

उत्तर रेती को उत्तल करने का मुख्य उद्देश्य जॉब की सतह से घर्षण को हटाना है।

5. मार्किंग करने के लिए स्क्राइबर का प्रयोग किया जाता है। एक जॉब के बोर में मार्किंग करना है आप कौन-से स्क्राइबर का प्रयोग करेंगे?

उत्तर मुड़े स्क्राइबर का प्रयोग जॉब के बोर में मार्किंग हेतु किया जाता है।

6. स्क्राइबर से खींची गई अस्थायी मार्किंग लाइनें जॉब से मिट जाती हैं। जॉब पर स्थायी मार्किंग के लिए किसका उपयोग करते हैं?

उत्तर पंच द्वारा जॉब पर स्थायी मार्किंग की जाती है।

7. मुलायम धातु की जॉब पर मार्किंग के लिए किस पंच का प्रयोग किया जाता है तथा इस पंच का प्वॉइण्ट कोण होगा?

उत्तर प्रिक पंच का प्रयोग मुलायम धातु की जॉब पर मार्किंग के लिए किया जाता है। इस पंच का प्वॉइण्ट कोण 30° होगा।

8. हैक्सॉ में लकड़ी का मजबूत हैण्डिल लगाने का क्या कारण है?

उत्तर हैक्सॉ को पकड़ने के लिए एवं कार्य करने हेतु हाथ को उपयुक्त स्थिति प्रदान करने के लिए मजबूत हैण्डिल का प्रयोग किया जाता है।

9. हैक्सॉ में दाँतों की सैटिंग करना आवश्यक होता है, क्यों?

उत्तर हैक्सॉ में दाँतों की सैटिंग करना आवश्यक है, क्योंकि सैटिंग करने से ब्लेड अपने द्वारा बनाई गई झिर्री में नहीं फँसता तथा घर्षण भी कम हो जाता है।

अभ्यास प्रश्न

परीक्षा प्रारूपी प्रश्न

बहुविकल्पीय

1. की-वे कटिंग में प्रयुक्त छेनी है

(a) फ्लैट छेनी
(b) क्रॉस-कट छेनी
(c) राउण्ड नोज छेनी
(d) डायमण्ड प्वॉइण्ट छेनी

2. चित्र में प्रदर्शित छेनी है

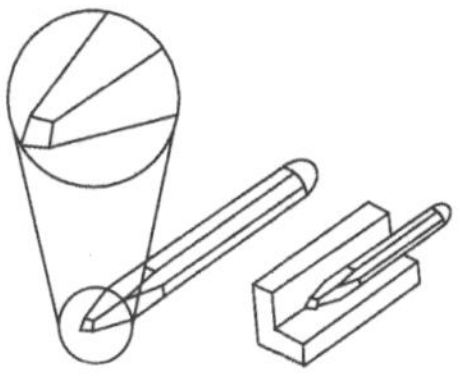

(a) फ्लैट छेनी
(b) हाफ राउण्ड छेनी
(c) डायमण्ड प्वॉइण्ट छेनी
(d) क्रॉस कट छेनी

3. नीचे दिए गए चित्र में प्रयुक्त छेनी का नाम बताइए।

(a) क्रॉस कट छेनी
(b) हाफ राउण्ड छेनी
(c) वेब छेनी
(d) फ्लैट छेनी

4. छेनी प्रयोग की जाती है

(a) रिवेट हैड की कटिंग में
(b) नट तथा बोल्ट को टाइट करने में
(c) लाइट मार्किंग में
(d) होल से छोटी पिनों को निकालने में

5. हैक्सॉ ब्लेड दो मानक लम्बाई ……… तथा ……… में उपलब्ध है।

(a) 200 मिमी, 300 मिमी
(b) 250 मिमी, 300 मिमी
(c) 350 मिमी, 370 मिमी
(d) 100 मिमी, 150 मिमी

6. ……… हैक्सॉ फ्रेम में एक से अधिक मानक साइज के ब्लेड फिट किए जाते हैं।

(a) फिक्स्ड
(b) ट्यूबलर
(c) एडजस्टेबल
(d) डीप कटिंग

7. हैक्सॉ ब्लेड कटिंग करते हैं

(a) फॉरवर्ड स्ट्रोक में
(b) बैकवर्ड स्ट्रोक में
(c) एंगुलर स्ट्रोक में
(d) इनमें से कोई नहीं

8. हैक्सॉ ब्लेड बार-बार ढीला क्यों हो जाता है?

(a) ब्लेड के खिंच जाने के कारण
(b) ब्लेड की पिच का सही चुनाव न होने के कारण
(c) विंग नट की चूड़ियाँ घिस जाने के कारण
(d) शीतलक का प्रयोग न करने के कारण

9. हैक्सॉ ब्लेड के दाँते ………… मुड़े होते हैं।

(a) एक ओर
(b) दोनों ओर
(c) पीछे की ओर
(d) आगे की ओर

10. हैक्सॉ ब्लेड को ………… से बनाया जाता है।

(a) हाई स्पीड एल्युमीनियम
(b) लो स्पीड कार्बन
(c) हाई स्पीड कार्बन
(d) इनमें से कोई नहीं

11. हैक्सॉ ब्लेड की लम्बाई मापी जाती है

(a) दाँतों वाले भाग के एक सिरे से दूसरे सिरे तक
(b) एक पिन होल के सेण्टर से दूसरे पिन होल के सेण्टर तक
(c) ब्लेड के एक सिरे से दूसरे सिरे तक
(d) एक पिन होल के सिरे से दूसरे पिन होल के सिरे तक

12. एक नए हैक्सॉ ब्लेड को पुरानी विधि द्वारा बनाए गए ब्लाइण्ड सॉ कट में प्रयोग नहीं करना चाहिए, क्योंकि

(a) ब्लेड को चलाने के लिए पर्याप्त स्थान नहीं होता है
(b) ब्लेड महँगा होता है
(c) नए ब्लेड के दाँते तेज धार वाले होते हैं
(d) उपरोक्त में कोई नहीं

13. निम्न में से कौन-सा एक हैक्सॉ का भाग नहीं है?

(a) पिन
(b) स्पेसर
(c) ब्लेड
(d) विंग नट

14. सॉलिड ब्रॉस को काटने के लिए हैक्सॉ ब्लेड की उपयुक्त पिच ………… होती है।

(a) 0.8 मिमी
(b) 1.0 मिमी
(c) 1.4 मिमी
(d) 1.8 मिमी

15. हैक्सॉ ब्लेड में मोटे दाँत की पिच ………… होती है।

(a) 0.5 मिमी
(b) 0.8 मिमी
(c) 1.8 मिमी
(d) 1.0 मिमी

16. ठोस पीतल को काटने के लिए हैक्सॉ ब्लेड की उचित पिच उपलब्ध है ………… ।

(a) 1.8 मिमी
(b) 1.4 मिमी
(c) 1 मिमी
(d) 0.8 मिमी

17. ब्लेड के साथ हस्त हैक्सॉ का प्रयोग धातु के विभिन्न सेक्शन को काटने में होता है। स्टैण्डर्ड लम्बाई के ब्लेड का प्रयोग किस प्रकार के फ्रेम में होता है?
(a) समतल प्रकार के एडजस्टेबल फ्रेम में
(b) ट्यूबलर प्रकार के एडजस्टेबल फ्रेम में
(c) ठोस फ्रेम में
(d) लचीले फ्रेम में

18. चित्र में प्रदर्शित हैक्सॉ फ्रेम की पहचान कीजिए

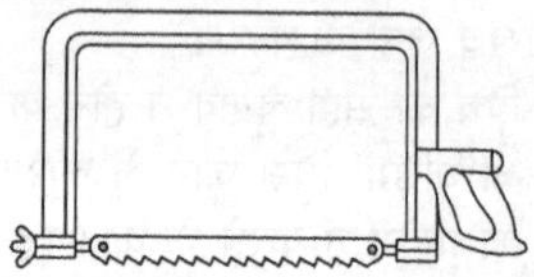

(a) एडजस्टेबल हैक्सॉ फ्रेम (b) डीपकटिंग हैक्सॉ फ्रेम
(c) फिक्स्ड हैक्सॉ फ्रेम (d) इनमें से कोई नहीं

19. चित्र में 'X' अंकित भाग का नाम बताइए।

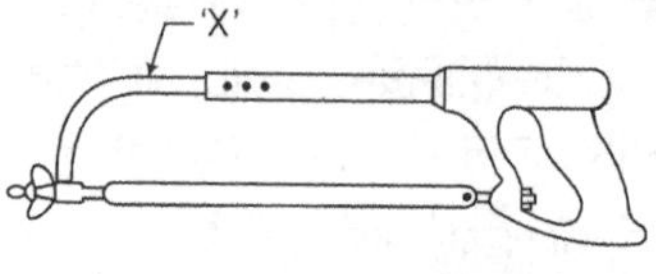

(a) फ्रेम (b) हैण्डिल
(c) एडजस्टेबल ब्लेड होल्डर (d) फिक्स्ड ब्लेड होल्ड

20. निम्न चित्र में किस प्रकार की रेताई प्रदर्शित की गई है?

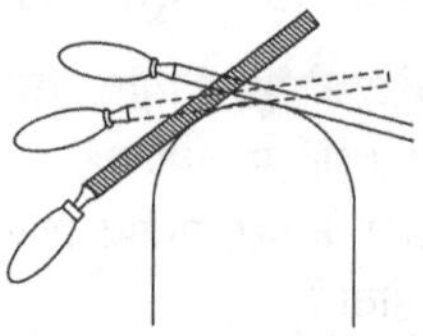

(a) क्रॉस रेताई (b) सीधी रेताई
(c) ड्रॉ रेताई (d) कर्व्ड रेताई

21. नरम, हल्के एवं छोटे कार्यों के लिए निम्न रेतियों में से कौन-सी प्रयोग की जाती है?
(a) पिलर रेती (b) त्रिभुजाकार रेती
(c) नीडिल रेती (d) गोलाकार रेती

22. एक बास्टर्ड रेती में ……… होते हैं।
(a) 8 दाँते/सेमी (b) 9 दाँते/सेमी
(c) 10 दाँते/सेमी (d) 12 दाँते/सेमी

23. नीचे प्रदर्शित चित्र में किस प्रकार की रेताई दर्शाई गई है?

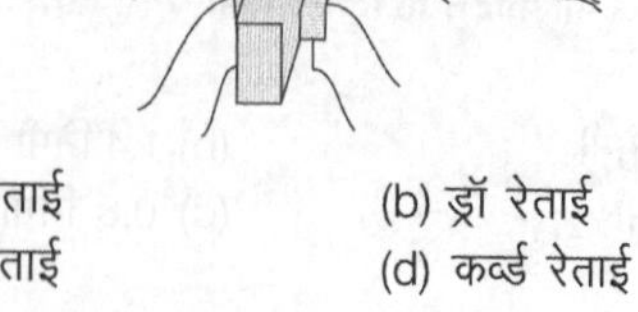

(a) क्रॉस रेताई (b) ड्रॉ रेताई
(c) स्ट्रेट रेताई (d) कर्व्ड रेताई

24. फाइल के भाग 'X' की पहचान करें।

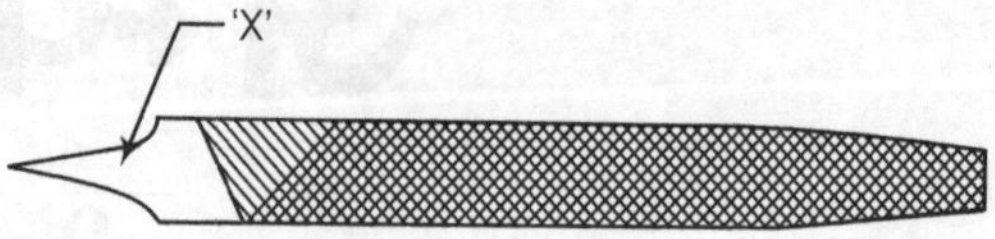

(a) शैंक (b) सोल्डर (c) टैंग (d) टॉर्क

25. हैण्ड फाइल बनाई जाती है ……।
(a) लो कार्बन स्टील (b) मीडियम कार्बन स्टील
(c) हाई कार्बन स्टील (d) हाई क्रोमियम स्टील

26. मुख्यतः रेती में चार प्रकार के कट होते हैं। इनमें से वह एक कौन-सा एक कट नहीं है?
(a) सिंगल कट (b) डबल कट
(c) कर्वड कट (d) स्ट्रेट कट

27. उस आयताकार फाइल का नाम बताइए, जिसमें निचले सतह में दाँते होते हैं तथा ऑटोमोबाइल क्षेत्र में प्रयुक्त होती है
(a) रिफलर फाइल (b) मिल सॉ फाइल
(c) क्रॉसिंग फाइल (d) टिंगक्रिंग फाइल

28. सिंगल कट रेती के फेस पर दाँते किस कोण में कटे होते हैं?
(a) रेती की सेण्टर लाइन से 45° कोण पर
(b) रेती की सेण्टर लाइन से 60° कोण पर
(c) रेती की सेण्टर लाइन से 75° कोण पर
(d) रेती की सेण्टर लाइन से 80° कोण पर

29. रेती कार्ड का प्रयोग किया जाता है
(a) वर्कपीस को साफ करने के लिए
(b) रेती के दाँते साफ करने के लिए
(c) रेती के दाँतों को पूर्ण अवस्था में लाने के लिए
(d) चिप्स को साफ करने के लिए

30. किसी रफ रेती का प्रयोग किया जाता है
(a) अनियमित आकार की जॉबों पर
(b) धातु को शीघ्रता से रगड़ने के लिए
(c) लकड़ी पर
(d) यदि स्मूथ फाइल उपलब्ध न हो

31. आपको एक एल्युमीनियम ब्लॉक को स्मूथ फिनिश में काटना है। निम्नलिखित में से कौन-सी रेती अधिक उपयुक्त होती है?
(a) सिंगल कट (b) डबल कट
(c) रैस्प कट (d) वृत्ताकार कट

32. निम्न में से कौन-सी रेती का प्रयोग खाँचों की रेताई करने के लिए किया जाता है?
(a) पिलर रेती (b) मिल रेती
(c) वार्डिंग रेती (d) समतल रेती

33. निम्नलिखित में से कौन-सा पदार्थ रैस्प कट फाइल द्वारा काटा जा सकता है?
(a) स्टील (b) कास्ट आयरन
(c) लकड़ी (d) ब्रोंज

34. डबल कट रेती का प्रयोग किस पर रेताई के लिए प्रयोग किया जाता है?
(a) लकड़ी (b) हार्ड बोर्ड (c) चमड़ा (d) स्टील

35. टैंग तथा बॉडी को पृथक् करने वाला फाइल का वक्र भाग कहलाता है
(a) फैरुल (b) हील
(c) सोल्डर (d) एज

36. फाइल का कौन-सा भाग हार्ड तथा टेम्पर किया जाता है?
(a) हैण्डिल (b) टैंग
(c) फैरुल (d) बॉडी

37. सॉफ्ट मैटल कास्टिंग की रफ एज की ट्रिमिंग के लिए प्रयुक्त फाइल
(a) सेकण्ड कट फाइल (b) डेड स्मूथ फाइल
(c) बास्टर्ड फाइल (d) रफ फाइल

38. चित्र में दर्शाई गई रेती के प्रकार को पहचानिए

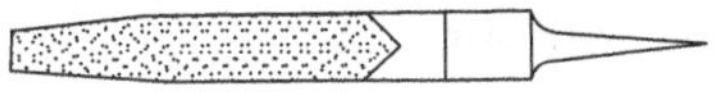

(a) फ्लैट रेती (b) हॉफ राउण्ड रेती
(c) राउण्ड रेती (d) रास्प कट रेती

39. निम्न में से किस रेती का प्रयोग अधिक मात्रा में धातु रेतने (filing) के लिए किया जाता है?
(a) दोहरी कट रेती (b) डैड स्मूथ रेती
(c) बास्टर्ड रेती (d) रफ रेती

40. चित्र में प्रदर्शित हस्त औजार है

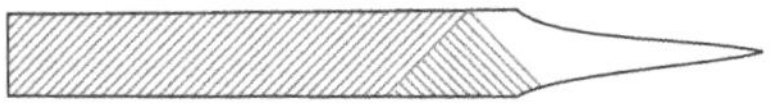

(a) रेती (b) पंच (c) ट्राई-स्क्वायर (d) डिवाइडर

41. निम्न में से कौन-सा प्रकार रेती के ग्रेड के अनुसार है?
(a) रफ (b) बास्टर्ड (c) डैड-स्मूथ (d) डबल कट

42. टैनन आरी के ब्लेड की लम्बाई सामान्यत: होती है
(a) 30 सेमी (b) 25 सेमी
(c) 35 सेमी (d) 40 सेमी

43. की-होल आरी का प्रयोग किसलिए किया जाता है?
(a) सीधी रेखा कटिंग के लिए
(b) वक्र रेखा कटिंग के लिए
(c) आकृति को काटने के लिए
(d) 'b' और 'c' दोनों

44. ड्रिल मशीन से किए गए गोल छिद्रों को आवश्यकतानुसार आयताकार आकृति प्रदान करने के लिए किसका उपयोग करते हैं?
(a) आरी (b) की-होल आरी
(c) टैनन आरी (d) इनमें से कोई नहीं

45. रूल किस प्रकार का यन्त्र है?
(a) लम्बाई मापने का (b) भार तौलने का
(c) समय नापने का (d) कोण मापने का

46. स्टील रूल ………… के बने होते हैं।
(a) स्टेनलैस स्टील (b) कास्ट स्टील
(c) माइल्ड स्टील (d) हाई स्पीड स्टील

47. लम्बन त्रुटि से बचने के लिए स्टील रूल द्वारा माप किस स्थिति में ली जानी चाहिए?
(a) ऊर्ध्वाधर स्थिति में (b) क्षैतिज स्थिति में
(c) समतल स्थिति में (d) इनमें से कोई नहीं

48. स्टील रूल पर हम छोटी-से-छोटी माप ले सकते हैं
(a) 0.2 मिमी (b) 0.4 मिमी (c) 0.5 मिमी (d) 1.0 मिमी

49. सूची I का सूची II से मिलान कीजिए

सूची I		सूची II	
A.	फोल्डिंग रूल	(i)	लम्बी दूरी मापन में
B.	स्टील रूल	(ii)	1 मी या 2 मी तक लम्बाई माप में
C.	स्टील टेप	(iii)	कोण मापन में
D.	ट्राई-स्क्वायर	(iv)	हाई कार्बन स्टील में

कूट
(a) A-(i); B-(iv); C-(ii); D-(iii)
(b) A-(ii); B-(iv); C-(i); D-(iii)
(c) A-(iv); B-(iii); C-(ii); D-(i)
(d) A-(iii); B-(ii); C-(i); D-(iv)

50. ट्राई-स्क्वायर के द्वारा जॉब की ······· परखी जाती है।
(a) समकोणता (b) न्यूनकोणता
(c) अधिककोणता (d) इनमें से कोई नहीं

51. ट्राई-स्क्वायर का साइज लिया जाता है
(a) स्टॉक की लम्बाई से
(b) ब्लेड की कार्यकारी लम्बाई से
(c) ब्लेड की लम्बाई तथा चौड़ाई से
(d) उपरोक्त में से कोई नहीं

52. ट्राई-स्क्वायर में स्टॉक पर ब्लेड के नीचे एक अण्डर-कट लगा होता है, जिसका उद्देश्य
(a) ट्राई-स्क्वायर का साइज चैक कराना
(b) उसकी खूबसूरती बढ़ाना है
(c) मशीनिंग से जॉब के किनारों पर आई बर्र (burr) को स्थान देना
(d) उपरोक्त में से कोई नहीं

53. ट्राई-स्क्वायर से सम्बन्धित सही कथन है
(a) इसकी सहायता से समकोण की परख करते हैं
(b) इसका प्रयोग जॉब की मार्किंग करते समय समान्तर तथा लम्बवत् रेखाएँ खींचने के लिए किया जाता है
(c) इसका साइज ब्लेड की लम्बाई से प्रकट किया जाता है
(d) उपरोक्त सभी

54. ट्राई-स्क्वायर में प्रयुक्त लकड़ी के स्टॉक को घिसने से बचाने के लिए स्टॉक के अन्दर की सतह पर किस धातु की पत्ती लगाई जाती है?
(a) पीतल (b) स्टील
(c) एल्युमीनियम (d) लोहा

55. निम्न में से कौन-सा मार्किंग औजार नहीं है?
(a) स्क्राइबर (b) स्निप
(c) पंच (d) डिवाइडर

56. प्रिन्टेड सर्किट बोर्ड पर छिद्र करने से पूर्व चिन्ह बनाने के लिए किस औजार का प्रयोग किया जाता है?
(a) डिवाइडर (b) स्क्राइबर
(c) पंच (d) इनमें से कोई नहीं

57. निम्न में से किसके द्वारा स्थायी मार्किंग का कार्य सम्पन्न किया जाता है?
(a) स्क्राइबर (b) डिवाइडर
(c) चिन्हन प्लेट (d) पंच

58. हल्के पंच चिन्हों के लिए 30° युक्त प्रिक पंच का प्रयोग करते हैं, जबकि साक्ष्य चिन्हों के लिए ······· युक्त प्रिक पंच का प्रयोग करते हैं।
(a) 60° (b) 90° (c) 120° (d) 75°

59. सेन्टर पंच का प्वॉइण्ट कोण होता है
(a) 30° (b) 45° (c) 60° (d) 90°

60. फोल्डिंग टूल के अन्तर्गत निम्न में से कौन-से औजार नहीं आते हैं?
(a) 'C'-क्लैम्प (b) वाइस
(c) कोण स्टील (d) इनमें से कोई नहीं

61. सामान्य कार्यों में ·········· सेमी जबड़े वाली बेंच वाइस प्रयोग की जाती है।
(a) 10 सेमी (b) 15 सेमी (c) 20 सेमी (d) 5 सेमी

62. निम्न में से हथौड़े का भाग नहीं है
(a) फेस (b) पिन (c) हैण्डिल (d) शैंक

63. फिनिशिंग टैप का अन्य नाम है
(a) इण्टरमीडिएट टैप (b) टैपर टैप
(c) ब्रेड फॉर्मिंग टैप (d) बॉटमिंग टैप

64. एक टैप से छिद्र करने के बाद यह पाया गया कि छिद्र का शिखर पूर्ण रूप से नहीं बना, यह दोष किससे होता है?
(a) छिद्र के आकार टैप ड्रिल से थोड़ा बड़ा
(b) शीतलन की अपर्याप्त आपूर्ति
(c) टेप का अग्र कर्तन किनारा टूटा हुआ
(d) छिद्र का आकार टैप ड्रिल से थोड़ा छोटा

65. M16 टैप की टैपिंग करने के लिए सही टेप ड्रिल कौन-सा है?
(a) 14 मिमी (b) 14.16 मिमी
(c) 15.03 मिमी (d) 15.08 मिमी

66. ट्यूब बैण्डर द्वारा ट्यूब को मोड़ा जा सकता है-
(a) 90° तक
(b) 120° तक
(c) 180° तक
(d) 270° तक

67. हर्मेटिक कंप्रेसर डोम उच्च दाब और उच्च तापमान वाष्प कौन-सा सँभालता है?
(a) सेमी हर्मेटिक रेसीप्रोकेटिंग कंप्रेसर
(b) ओपन टाइप रेसीप्रोकेटिंग कंप्रेसर
(c) हर्मेटिक रेसीप्रोकेटिंग कंप्रेसर
(d) हर्मेटिक रोटरी कंप्रेसर

68. वाष्प संपीडन प्रणाली के उच्च पक्ष में रेफ्रिजरेंट के लिए कौन-सी स्थिति बनाए रखी जाती है ?
(a) इसके क्रिटिकल तापमान से ऊपर
(b) इसके क्रिटिकल तापमान के नीचे
(c) इसके फ्रीजिंग तापमान के ऊपर
(d) इसके फ्रीजिंग तापमान के नीचे

69. कौन से घटक RAC प्रणाली में दाब अंतर को बनाए रखते हैं?
(a) कंडेन्सर और फिल्टर
(b) एवैपोरेटर और मोटर
(c) रिसीवर और कंडेन्सर
(d) कंप्रेसर और एक्सपेंशन वाल्व

70. एक सिलेंडर में गैस का पूर्ण दाब कितना होगा, यदि गेज 135.3p.s.i पढ़ता है ?
(a) 130 psia
(b) 140 psia
(c) 150 psia
(d) 160 psia

उत्तरमाला

1. (b)	2. (c)	3. (d)	4. (a)	5. (b)	6. (c)	7. (a)	8. (c)	9. (b)	10. (c)
11. (b)	12. (a)	13. (b)	14. (d)	15. (c)	16. (d)	17. (a)	18. (b)	19. (a)	20. (d)
21. (c)	22. (d)	23. (b)	24. (c)	25. (c)	26. (d)	27. (d)	28. (b)	29. (b)	30. (b)
31. (a)	32. (a)	33. (c)	34. (d)	35. (b)	36. (d)	37. (d)	38. (a)	39. (c)	40. (a)
41. (d)	42. (a)	43. (d)	44. (b)	45. (a)	46. (a)	47. (a)	48. (c)	49. (b)	50. (a)
51. (b)	52. (c)	53. (d)	54. (a)	55. (b)	56. (c)	57. (d)	58. (a)	59. (d)	60. (b)
61. (a)	62. (d)	63. (d)	64. (a)	65. (a)	66. (c)	67. (d)	68. (b)	69. (d)	70. (c)

अध्याय 03

ड्रिल तथा ड्रिलिंग मशीन

Drill and Drilling Machine

अध्याय विषय सूची

3.1 ड्रिल Drill

ड्रिल एक प्रकार का कटिंग टूल है जिसका प्रयोग किसी भी वस्तु (या धातु) में गोल छिद्र करने के लिए किया जाता है। मशीनों के विभिन्न अवयवों को परस्पर बोल्टों तथा रिवेटों द्वारा जोड़ा जाता है। इन मशीनी अवयवों या भागों में ड्रिल द्वारा ही छिद्र बनाए जाते हैं जिससे कि उपयुक्त बोल्ट तथा रिवेट उनमें से गुजर सकें। ड्रिल द्वारा छिद्र करने की प्रक्रिया को **ड्रिलिंग** (drilling) तथा जिस मशीन की सहायता से यह प्रक्रिया की जाती है, उसे **ड्रिलिंग मशीन** कहते हैं।

ड्रिल के मुख्य भाग Main Parts of Drill

ड्रिल के मुख्य भाग निम्नवत् हैं

1. शैंक Shank

शैंक ड्रिल का वह प्लेन भाग है जो ड्रिल को मशीन में पकड़ने के काम लाया जाता है। यह ड्रिल के ऊपर का समतल भाग होता है। शैंक निम्न दो प्रकार के होते हैं

(i) **टेपर शैंक** (Taper shank) इस प्रकार का शैंक स्टैण्डर्ड टेपर में बनाया जाता है। यह प्राय: मोर्स टेपर (morse taper) होता है जिसके ऊपर का कुछ भाग चित्रानुसार दोनों साइडों से प्लेन करके टैंग (tang) बना दिया जाता है। यह टैंग ही ड्रिल चक में पकड़ा जाता है। इस प्रकार की ड्रिल को ड्रिल चक से बाहर निकालने के लिए एक वैज (wedge) आकार का टूल प्रयोग किया जाता है, जिसे ड्रिफ्ट (drift) कहते हैं।

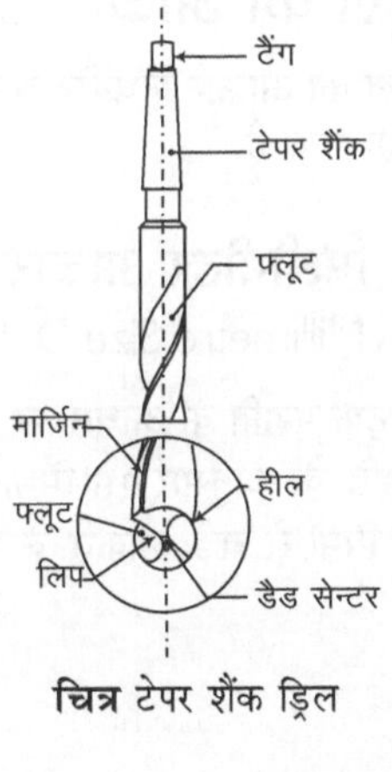

चित्र टेपर शैंक ड्रिल

(ii) **स्ट्रेट शैंक** (Straight shank) इस प्रकार के शैंक का भाग समान्तर (parallel) या बेलनाकार (cylindrical) होता है। स्ट्रेट शैंक ड्रिल छोटे व्यास की ड्रिल के लिए प्रयोग किए जाते हैं। निम्न चित्र में स्ट्रेट शैंक ड्रिल को दर्शाया गया है।

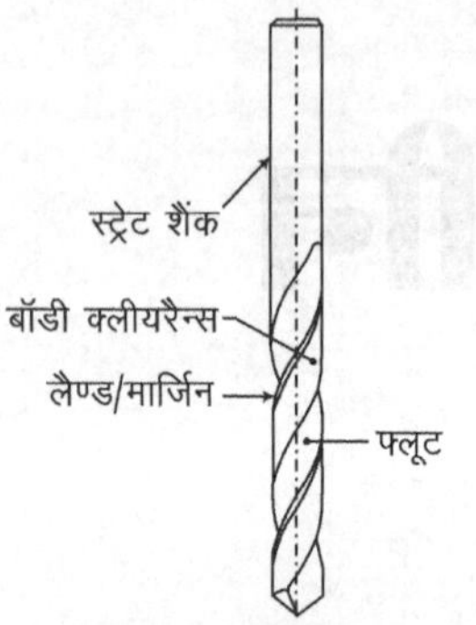

चित्र स्ट्रेट शैंक ड्रिल

2. बॉडी Body

ड्रिल का वह भाग है जिसमें स्पाइरल फ्लूट (spiral flute) कटा हुआ होता है, बॉडी कहलाता है। यह उसके डैड सेन्टर (dead centre) से लेकर नैक (neck) तक का भाग होता है। इस भाग में डैड सेन्टर से शैंक की ओर हल्का टेपर (0.05 मी से 100 मिमी) रहता है जिस कारण कटिंग एज द्वारा होल बनने के पश्चात् ड्रिल की बॉडी होल की दीवारों से रगड़ती हुई नहीं चलती है।

3. फ्लूट्स Flutes

फ्लूट्स एक प्रकार के खाँचे होते हैं जोकि ड्रिल के घूमने पर धातु या पदार्थ की छीलन उतारते हैं। ये खाँचे ड्रिल की बॉडी में बने होते हैं। अधिक लम्बे ड्रिलों में तीन या अधिक फ्लूट्स भी बने होते हैं। इनके द्वारा निम्न उद्देश्यों की पूर्ति होती है

(i) फ्लूट, ड्रिल में कटिंग एज का निर्माण करता है।
(ii) फ्लूट से होकर शीतलक आसानी से कटिंग एज तक पहुँच जाता है। इससे इन ड्रिलों की आयु बढ़ जाती है।
(iii) फ्लूट से होकर छीलन आसानी से बाहर आ जाती है, इसलिए अधिक लम्बे ड्रिलों में अधिक फ्लूट्स बनाए जाते हैं।

4. लैण्ड/मार्जिन Land/Margin

लैण्ड के ऊपर कटिंग आकार में एक बहुत बारीक स्पाइरल आकार की उभरी हुई रेखा होती है जिसे मार्जिन कहते हैं। यह मार्जिन ही होल का आकार बनाती है। दो विपरीत मार्जिनों के बीच की दूरी ही ड्रिल का व्यास होती है।

5. बॉडी क्लीयरैन्स Body Clearance

मार्जिन को छोड़कर लैण्ड का शेष भाग बॉडी क्लीयरैन्स कहलाता है। यह भाग होल की सतहों के साथ घर्षण नहीं करता है, क्योंकि इसका व्यास कुछ कम होता है जिसके कारण घर्षण कम हो जाता है।

6. बिन्दु Point

ड्रिल के आगे का वह भाग जोकि शंकु के आकार का होता है, बिन्दु कहलाता है। इसे चीजल एज (chisel edge) या डैड सेन्टर (dead centre) भी कहा जाता है।

7. हील Heel

कटिंग एज के पीछे वाले भाग को हील कहते हैं। इस भाग को पीछे की ओर टेपर दिया जाता है जिससे कटिंग करते समय मात्र कटिंग एज ही जॉब की तली को स्पर्श करें।

8. वैब Web

ड्रिल की बॉडी के बीच धातु का वह भाग जो उस पर बने फ्लूट्स के बीच में बचता है अर्थात् फ्लूट्स को पृथक् करता है वैब कहलाता है। प्वॉइण्ट से शैंक की ओर इसकी मोटाई अधिक होती जाती है।

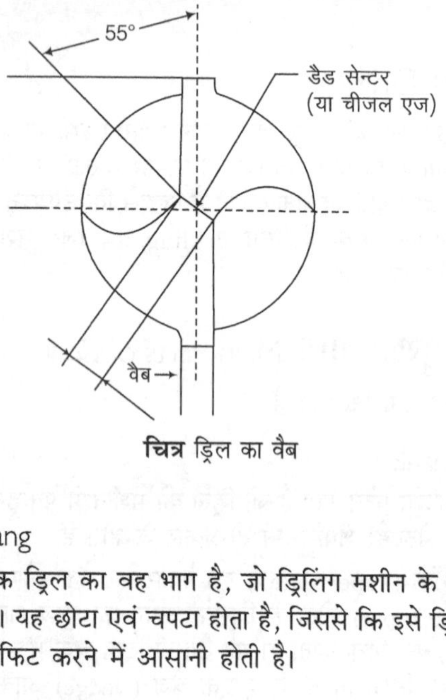

चित्र ड्रिल का वैब

9. टैंग Tang

यह टेपर शैंक ड्रिल का वह भाग है, जो ड्रिलिंग मशीन के स्पिण्डल में फिट होता है। यह छोटा एवं चपटा होता है, जिससे कि इसे ड्रिलिंग मशीन की सीट में फिट करने में आसानी होती है।

ड्रिल का आकार Size of Drill

ड्रिल का आकार निर्धारित करने की चार पद्धतियाँ हैं जिनका विवरण नीचे दिया गया है

1. मिलीमीटर आकार के ड्रिल Millimetre Size Drill

मीट्रिक पद्धति के आधार पर ड्रिल का आकार मिमी में दिया जाता है। इस पद्धति के अनुसार 16 मिमी तक के ड्रिल स्ट्रेट शैंक के होते हैं तथा 16 मिमी से बड़े आकार के ड्रिल, टेपर शैंक के होते हैं।

ये बाजार में निम्न आकारों में उपलब्ध हैं

(i) **स्ट्रेट शैंक ड्रिल** Straight Shank Drill

स्ट्रेट शैंक ड्रिल 16 मिमी आकार तक के ही होते हैं। इसके विभिन्न आकारों को निम्न तालिका में दर्शाया गया है

क्र.सं.	आकार (0.2 से 0.98 मिमी तक)	अन्तराल (कुल 32 ड्रिल)
1.	1.0 से 3 मिमी तक	0.05 मिमी
2.	3.0 से 14 मिमी तक	0.1 मिमी
3.	14 से 16 मिमी तक	0.25 मिमी

(ii) **टेपर शैंक ड्रिल** Taper Shank Drill

टेपर शैंक ड्रिल 3 मिमी से बड़े आकार के होते हैं। ड्रिल शैंक में छः प्रकार का मोर्स टेपर दिया जाता है, जो MT1 से MT6 के द्वारा प्रदर्शित किया जाता है। टेपर शैंक ड्रिल बाजार में निम्न आकारों व अन्तरालों में उपलब्ध हैं

क्र. सं.	आकार	अन्तराल
1.	3.0 मिमी से 14 मिमी तक	0.3 मिमी
2.	14 मिमी से 32 मिमी तक	0.25 मिमी
3.	32 मिमी से 51 मिमी तक	0.5 मिमी
4.	51 मिमी से 102 मिमी तक	1.0 मिमी

2. इंच आकार के ड्रिल Inch Size Drill

इनको फ्रैक्शनल आकार ड्रिल भी कहते हैं। इंचों में भी छोटे आकार के (1/2" तक) ड्रिल स्ट्रेट शैंक तथा बड़े आकार के ड्रिल टेपर शैंक होते हैं।

(i) **स्ट्रेट शैंक ड्रिल** Straight Shank Drill

ये ड्रिल 1/64" आकार से 1/32" आकार तक होते हैं तथा 1/64" के अन्तराल से बाजार में उपलब्ध हैं।

(ii) **टेपर शैंक ड्रिल** Taper Shank Drill

ये ड्रिल 1/8" से 5" व्यास तक के होते हैं। ये बाजार में निम्न आकारों व उनके सामने दिए गए अन्तरालों में उपलब्ध हैं

क्र. सं.	आकार	अन्तराल
1.	1/8" से 2" तक	1/64"
2.	2" से $3\frac{1}{2}$" तक	1/32"
3.	$3\frac{1}{2}$" से 5" तक	1/16"

3. अक्षर आकार के ड्रिल Letter Size Drill

अंग्रेजी वर्णमाला के अक्षरों (A-Z) को भी विभिन्न ड्रिलों के आकारों को प्रदर्शित करने के लिए प्रयोग किया जाता है। सबसे छोटे ड्रिल को 'A' से प्रदर्शित करते हैं तथा इसका व्यास 0.234" या 5.994 मिमी होता है जबकि सबसे बड़े ड्रिल को 'Z' से प्रदर्शित किया जाता है तथा इसका व्यास 0.413" या 10.490 मिमी होता है।

इनके मध्य अन्य अक्षरों के आकार निम्न तालिका में प्रदर्शित किए गए हैं

तालिका अक्षर आकार के ड्रिल

अक्षर	इंच	मिमी	अक्षर	इंच	मिमी
A	0.234	5.944	N	0.302	7.671
B	0.238	6.045	O	0.316	8.026
C	0.242	6.147	P	0.323	8.204
D	0.246	6.248	Q	0.332	8.433
E	0.250	6.35	R	0.339	8.611
F	0.257	6.528	S	0.348	8.839
G	0.261	6.629	T	0.358	9.093
H	0.266	6.756	U	0.368	9.347
I	0.272	6.909	V	0.377	9.576
J	0.277	7.036	W	0.386	9.804
K	0.281	7.137	X	0.397	10.084
L	0.290	7.366	Y	0.404	10.262
M	0.295	7.493	Z	0.413	10.490

4. नम्बर आकार के ड्रिल Number Size Drill

नम्बर पद्धति के अनुसार बाजार में 1 नम्बर से 80 नम्बर तक के ड्रिल उपलब्ध हैं, जो विभिन्न आकारों में होते हैं। सबसे छोटा ड्रिल 80 नम्बर का होता है, जोकि 0.0135" या 0.35 मिमी व्यास का होता है तथा सबसे बड़ा ड्रिल 1 नम्बर का होता है, जोकि 0.228" या 5.791 मिमी व्यास का होता है। 1 से 60 नम्बर के ड्रिल बाजार में सैट के रूप में उपलब्ध रहते हैं।

3.2 ड्रिल के प्रकार Types of Drill

बनावट के आधार पर ड्रिल निम्न प्रकार के होते हैं

1. फ्लैट ड्रिल Flat Drill

यह एक साधारण प्रकार का ड्रिल है जिसमें दो स्ट्रेट कटिंग एज होती हैं। इसको हाई कार्बन स्टील की गोल छड़ से बनाया जाता है। गोल छड़ के एक सिरे को आगे से फोर्ज में गर्म करके चपटा कर लिया जाता है, जैसा कि चित्र में दर्शाया गया है।

इसके पश्चात् फाइल द्वारा या ग्राइण्डर से ग्राइण्ड करके इस चपटे भाग में कटिंग एज तैयार करते हैं। इसके बाद इसको ऊष्मा उपचार द्वारा हार्ड व टैम्पर कर लिया जाता है।

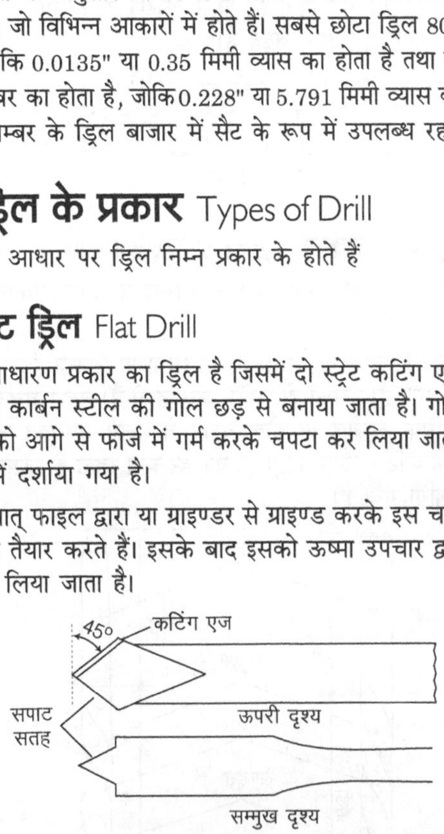

चित्र फ्लैट ड्रिल

इस ड्रिल का प्रयोग हैण्ड ड्रिलिंग मशीन तथा रैचेट ब्रेस (ratchet brace) के साथ लकड़ी तथा मुलायम धातुओं में ड्रिल (छिद्र) करने के उद्देश्य से किया जाता है।

2. स्ट्रेट फ्लूटेड ड्रिल Straight Fluted Drill

इस ड्रिल में दो सीधे खाँचे (flutes) बने होते हैं जो एक-दूसरे की विपरीत दिशा में अक्ष के समान्तर रहते हैं, जैसा कि निम्न चित्र में दर्शाया गया है।

ये स्ट्रेट शैंक व टेपर शैंक दोनों प्रकार के होते हैं। स्ट्रेट फ्लूटेड ड्रिल बहुत कम धातु काटते हैं, इसलिए मुलायम धातुओं में ड्रिल करने के लिए ये अधिक उपयुक्त हैं। ये ड्रिल छोटे आकार के होते हैं। इनका प्रयोग बहुत कम किया जाता है, क्योंकि इनकी नालियों में छीलन फँस जाती हैं, जो घूमकर ड्रिल द्वारा बनाए गए होल को खराब कर देती है।

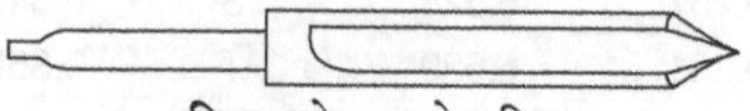

चित्र स्ट्रेट फ्लूटेड ड्रिल

3. ट्विस्ट ड्रिल Twist Drill

ट्विस्ट ड्रिल के फ्लूट्स स्पाइरल आकार (spiral shape) के होते हैं, इसलिए इनके द्वारा ड्रिल करते समय धातु की छीलन सरलता से बाहर आ जाती है। शीतलक के आसानी से कटिंग एज तक पहुँचने के कारण इन ड्रिलों के द्वारा कटिंग सबसे अधिक तेजी से होती है। ये हाई स्पीड स्टील व हाई कार्बन स्टील के बनाए जाते हैं। इनकी कटिंग एज में पर्याप्त क्लीयरैन्स कोण दी गई होती है, जिस कारण ये किसी भी धातु को आसानी से काटते हुए आगे बढ़ते हैं।

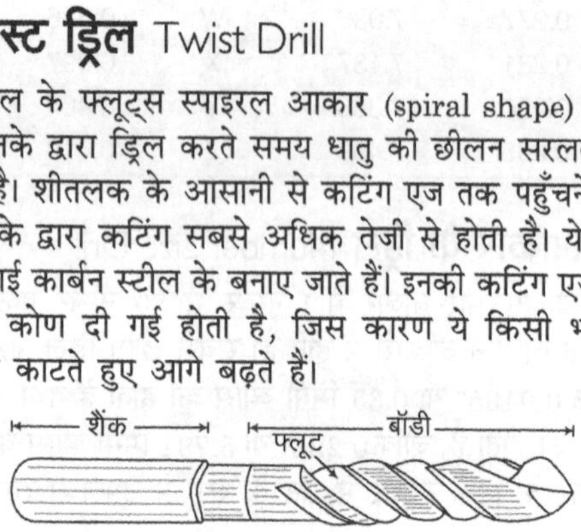

चित्र ट्विस्ट ड्रिल

ट्विस्ट ड्रिल के प्रकार Types of Twist Drill

ट्विस्ट ड्रिलों को बनावट (shape) के आधार पर निम्न प्रकार वर्गीकृत किया जा सकता है

(i) **टू फ्लूट ड्रिल** (Two flute drill) साधारण ट्विस्ट ड्रिल दो फ्लूट वाला होता है। इसकी दो कटिंग कोरें होती हैं। यह मजबूत होता है। ये अधिक लम्बाई के होल बनाने के लिए उपयुक्त नहीं रहते, क्योंकि कटिंग स्क्रैप का फ्लूट का डर बना रहता है, जैसा कि चित्र में दर्शाया गया है।

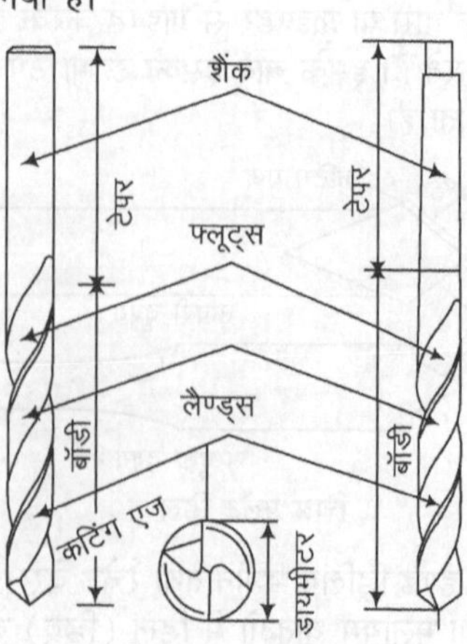

चित्र टू फ्लूट ड्रिल

(ii) **मल्टी फ्लूट ड्रिल** (Multi flute drill) अधिक लम्बे होल बनाने के लिए तीन या चार फ्लूट वाले ड्रिल प्रयोग किए जाते हैं। इन ड्रिलों में स्क्रैप के बाहर निकलने के लिए अधिक स्थान रहता है। इन ड्रिलों के द्वारा होल की फिनिशिंग (finishing) अच्छी आती है।

चित्र मल्टी फ्लूट ड्रिल

ट्विस्ट ड्रिल के लाभ Advantages of Twist Drill

1. ट्विस्ट ड्रिल में फ्लूट्स (flutes) स्पाइरल आकार (spiral shape) में होते हैं। इसके स्क्रैप के चिप्स अपने आप बाहर निकलते रहते हैं।
2. ट्विस्ट ड्रिल का जीवनकाल अधिक होता है।
3. कटिंग एज लम्बे समय तक बनी रहती है। इससे इसे बार-बार ग्राइण्ड नहीं करना पड़ता।
4. इसकी कटिंग स्पीड (cutting speed) अधिक होती है।
5. इस ड्रिल में कटिंग एज की कूलिंग सरलता से हो जाती है।

4. टेपर शैंक कोर ड्रिल Taper Shank Core Drill

देखने में तो यह ड्रिल ट्विस्ट ड्रिल के समान ही होता है, परन्तु यह ड्रिल पहले से बनाए गए होल को बड़ा करने के काम आता है। इस ड्रिल के द्वारा किसी धातु में नए होल का निर्माण नहीं किया जा सकता है। इसकी बॉडी पर तीन या चार स्पाइरल आकार के फ्लूट्स होते हैं। चित्र में टेपर शैंक कोर ड्रिल को दर्शाया गया है।

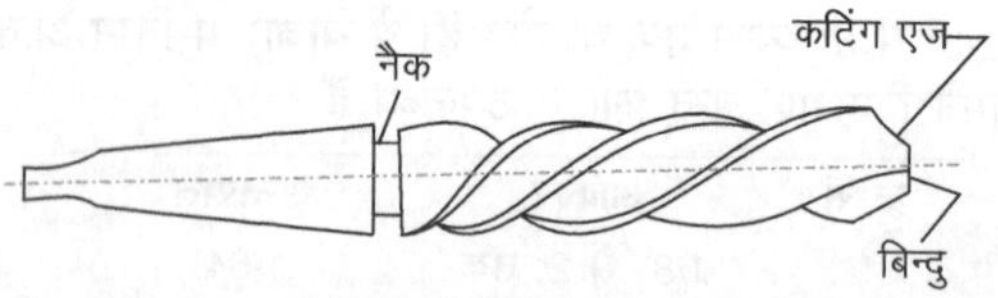

चित्र टेपर शैंक कोर ड्रिल

5. ऑयल होल ड्रिल Oil Hole Drill

इस ड्रिल में शैंक व बॉडी से होकर ऑयल होल बनाए जाते हैं जिनके द्वारा कटिंग ऑयल, ड्रिल की कटिंग एज तक पहुँचाया जाता है जिससे कटिंग एज ओवर हीट नहीं हो पाती है। चिप्स को बाहर निकालने के लिए इन्हीं छिद्रों में सम्पीडित वायु (compressed air) या प्रैशर से कटिंग ऑयल भेजते हैं। ऑयल होल ड्रिल को गन बैरल ड्रिल भी कहते हैं।

ड्रिल में ऑयल होल की स्थिति को नीचे दिए गए चित्र द्वारा दर्शाया गया है।

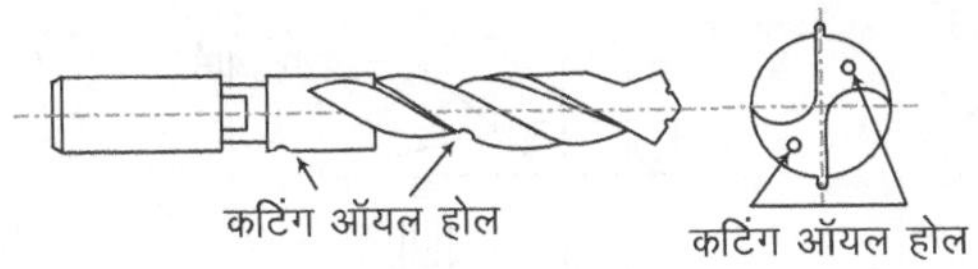

चित्र ऑयल होल ड्रिल

6. सेन्टर ड्रिल Centre Drill

सेन्टर ड्रिल को कॉम्बीनेशन ड्रिल (combination drill) भी कहा जाता है। सेन्टर ड्रिल हाई स्पीड स्टील द्वारा बनाए जाते हैं। इनके बीच का भाग प्लेन बेलनाकार होता है जिसके दोनों सिरों पर सेन्टर लगाने के लिए कटाई कोरें होती हैं, जैसा कि चित्र में दर्शाया गया है। सेन्टर ड्रिल के दोनों ही सिरे ड्रिल की भाँति बने होते हैं जिसका प्वॉइण्ट कोण $120° \pm 3°$ होता है। इसके पश्चात् कुछ भाग शंकु के आकार का होता है जिसका कोण 60° होता है। ड्रिल के प्लेन भाग का व्यास (d_2) 0.5 मिमी तक होता है जबकि बेलनाकार भाग का व्यास (d_1) 3.5 से 25 मिमी तक होता है।

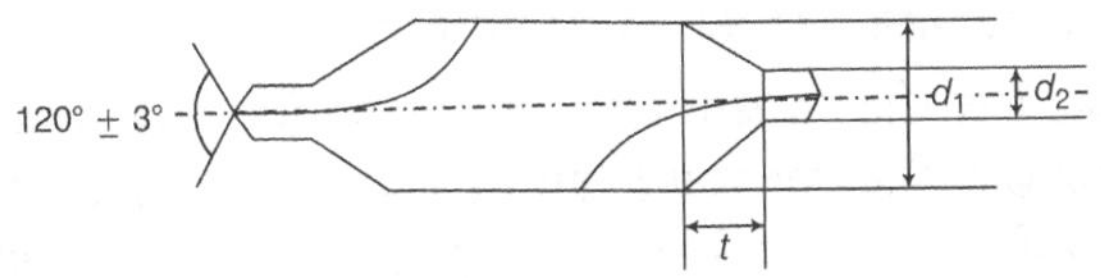

चित्र सेन्टर ड्रिल

7. काउण्टर बोर ड्रिल Counter Bore Drill

काउण्टर बोर ड्रिल में एक निश्चित लम्बाई के पश्चात् काउण्टर बोर करने के लिए एक बड़ा आकार होता है। आगे का छोटा आकार पहले होल करता है इसके पश्चात् ड्रिल का पीछे का आकार उसे बोर करके बड़ा करता है। इस ड्रिल का प्रयोग ऐलन बोल्ट के लिए किया जाता है। इस ड्रिल द्वारा बना होल बड़े आकार को गाइड करता है अर्थात् छोटा आकार, बड़े आकार के लिए पायलट का काम करता है। इसलिए आगे के भाग को पायलट कहा जाता है।

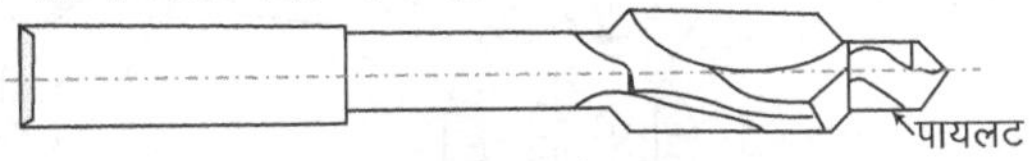

चित्र काउण्टर बोर ड्रिल

8. मल्टी-डायमीटर ड्रिल Multi-Diameter Drill

इस ड्रिल की बॉडी दो या तीन अलग-अलग व्यासों से बनी होती है, इसलिए इस ड्रिल के द्वारा एक ही बार में तीन अलग-अलग व्यास के होल बनाए जा सकते हैं। ये ड्रिल टेपर तथा स्ट्रेट दोनों प्रकार की शैंक में उपलब्ध हैं। इस ड्रिल के द्वारा स्टैप ड्रिलिंग होती है, इसलिए इसे स्टैप ड्रिल भी कहते हैं। चित्र में मल्टी-डायमीटर ड्रिल को दर्शाया गया है जहाँ l_1, l_2 एवं l_3 पहले, दूसरे व तीसरे भाग की लम्बाइयाँ व D_1, D_2 एवं D_3 पहले, दूसरे व तीसरे भाग के व्यास हैं।

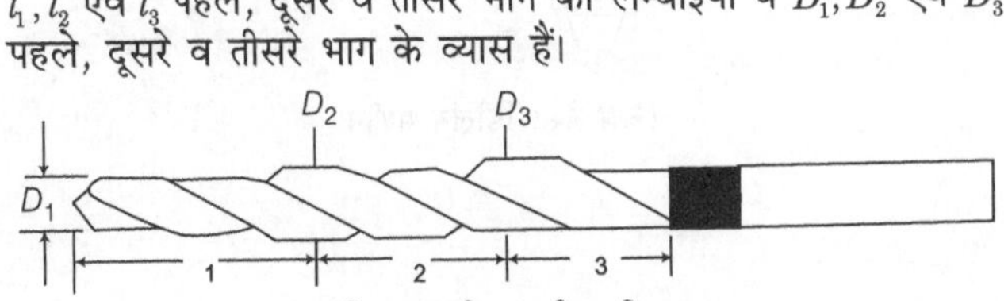

चित्र मल्टी-डायमीटर ड्रिल

9. काउण्टर सिंक ड्रिल Counter Sink Drill

काउण्टर सिंक ड्रिल टेपर तथा स्ट्रेट शैंक दोनों प्रकार का होता है। वास्तव में, यह एक मल्टी फ्लूटेड ड्रिल है जिसमें चार या इससे भी अधिक फ्लूट्स होते हैं, जैसा कि चित्र (a तथा b) में दर्शाया गया है। अधिक परिष्कृत काउण्टर सिंकिंग के लिए पायलट युक्त काउण्टर सिंक प्रयोग किए जाते हैं, जैसा कि चित्र (c) में दर्शाया गया है। यह पायलट ही ड्रिल के पिछले भाग के लिए मार्गदर्शक का कार्य करता है। इन ड्रिलों का प्रयोग छोटे व्यास के छिद्रों को काउण्टर सिंक करने के लिए किया जाता है।

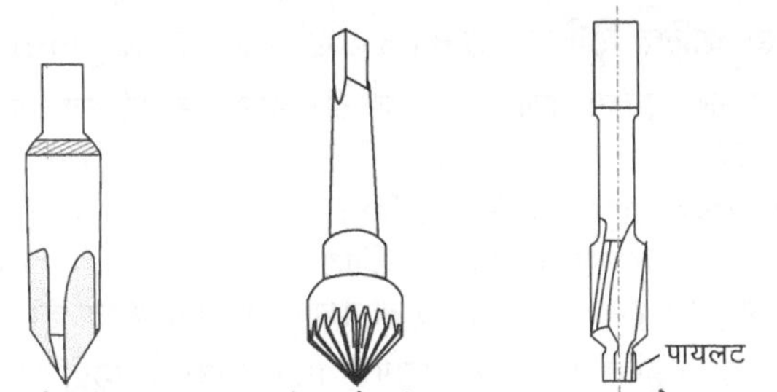

(a) स्ट्रेट शैंक में काउण्टर सिंक ड्रिल (b) टेपर शैंक में काउण्टर सिंक ड्रिल (c) पायलट के साथ काउण्टर सिंक ड्रिल

चित्र काउण्टर सिंक ड्रिल

10. स्पाइरैक ड्रिल Spirake Drill

यह विशेष संरचना का बहुत बारीक ड्रिल होता है जिसका व्यास 0.0086" से 0.0984" तक होता है। इनका प्रयोग डीजल इंजन के नॉजिल, पम्प स्टोव या गैस के निपिल (nipples) आदि में ड्रिल होल करने के लिए किया जाता है। बाजार में ये नम्बर आकारों में भी मिलते हैं।

3.3 ड्रिलिंग मशीन Drilling Machine

किसी कार्यखण्ड में छिद्र करने के लिए जिस मशीन का प्रयोग किया जाता है, ड्रिलिंग मशीन कहलाती है।

ड्रिलिंग मशीन में मुख्यत: एक घूमने वाला स्पिण्डल होता है, जिसमें ड्रिल को चक लगाकर या सीधे ही स्पिण्डल में पकड़ा जाता है। स्पिण्डल के साथ में ड्रिल घूमता है तथा कटिंग प्रक्रिया करते हुए जॉब में प्रवेश करता है। इसके लिए स्पिण्डल को नीचे की ओर दबाव डालकर लाया जाता है। इसके द्वारा रीमिंग, टेपिंग, काउण्टर सिंकिंग तथा काउण्टर बोरिंग आदि संक्रियाएँ (operations) भी की जाती हैं।

ड्रिलिंग मशीन के प्रकार
Types of Drilling Machine

ड्रिलिंग मशीनें कार्य की आवश्यकता के अनुसार मुख्यत: निम्नलिखित दो प्रकार की होती हैं

1. पोर्टेबिल ड्रिलिंग मशीन 2. स्टेशनरी ड्रिलिंग मशीन

1. पोर्टेबिल ड्रिलिंग मशीन Portable Drilling Machine

यह एक छोटे साइज की ड्रिलिंग मशीन होती है, जिसे आसानी से कार्य-स्थल पर ले जाकर विभिन्न स्थितियों में कार्य के अनुसार ड्रिलिंग की जा सकती है।

इस मशीन का प्रयोग बहुत भारी उपकरणों के लिए किया जाता है, जिन्हें मशीन शॉप में ले जाना सम्भव नहीं रहता। कभी-कभी स्टील स्ट्रक्चरों में ड्रिल करने के लिए भी पोर्टेबिल ड्रिल मशीन का ही प्रयोग किया जाता है। इन मशीनों से यथार्थ होल प्राप्त नहीं होते हैं, इन्हें हम निम्न प्रकार से वर्गीकृत कर सकते हैं

(i) हस्त चालित ड्रिलिंग मशीन
(ii) विद्युत चालित पोर्टेबिल ड्रिलिंग मशीन
(iii) न्यूमैटिक ड्रिलिंग मशीन

(i) हस्त चालित ड्रिलिंग मशीन Hand Operated Drilling Machine

हस्त चालित ड्रिलिंग मशीन को मुख्य तीन प्रकार से वर्गीकृत किया जा सकता है।

बेवेल गियर टाइप ड्रिलिंग मशीन (Bevel gear type drilling machine) इस मशीन को ऑपरेटर हैण्डिल द्वारा एक हाथ से पकड़कर, क्रैंक को दूसरे हाथ से घुमाते हुए कार्यखण्ड में छिद्र करता है।

बेवेल टाइप ड्रिलिंग मशीन का प्रयोग 6 मिमी व्यास के छिद्रों को ड्रिल करने के लिए किया जाता है। इस तरह की ड्रिलिंग मशीन का उपयोग संरचनात्मक व बढ़ईगिरी जैसे कार्यों में किया जाता है, जहाँ विद्युत आसानी से उपलब्ध नहीं होती है।

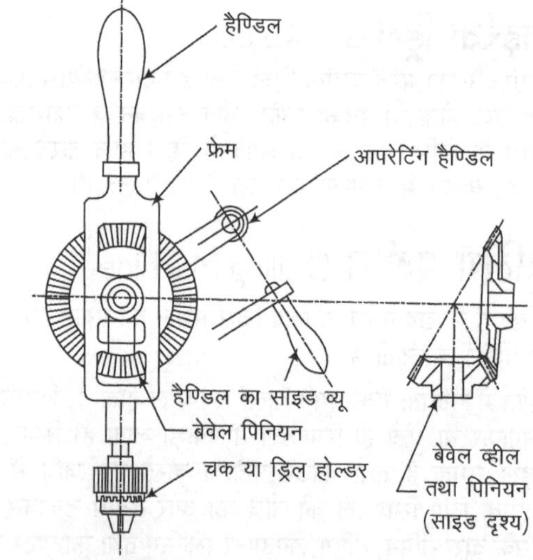

चित्र बेवेल गियर हैण्ड ऑपरेटिड ड्रिलिंग मशीन

रैचेट ब्रेस ड्रिलिंग मशीन (Ratchet brace drilling machine) इस मशीन में प्राय: स्क्वायर हैड तथा टेपर शैंक ड्रिल उपयोग में लाए जाते हैं। इस मशीन द्वारा लगभग 12.5 मिमी व्यास के छिद्र किए जा सकते हैं। रैचेट ब्रेस ड्रिलिंग मशीन के आधार के ऊपर एक ड्रिल पोस्ट लम्ब रूप में फिट रहती है। ड्रिल को दबाने के लिए ड्रिल पोस्ट के ऊपर एक प्रेशर आर्म लगाई जाती है। इसी प्रेशर आर्म के नीचे रैचेट ब्रेस तथा ड्रिल को सैट करके छिद्र किए जाते हैं। इस मशीन का प्रयोग रेलवे लाइन, गार्डर फेब्रिकेशन जैसे कार्यों में किया जाता है।

रैचेट ब्रेस ड्रिलिंग मशीन का उपयोग वर्तमान समय में कम किया जाता है।

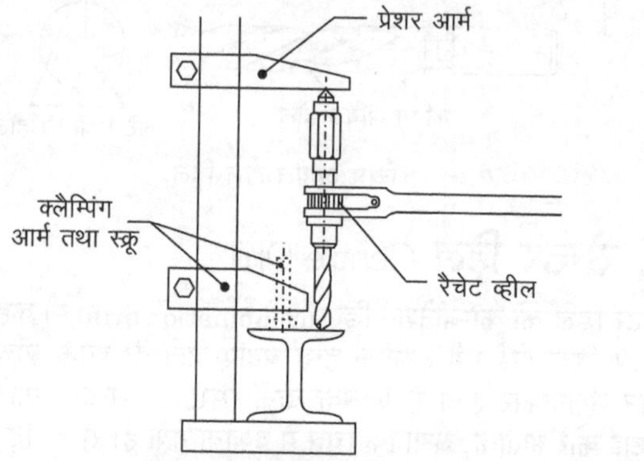

चित्र रैचेट ब्रेस ड्रिलिंग मशीन

ब्रैस्ट ड्रिलिंग मशीन (Breast drilling machine) यह मशीन आकार में हैण्ड ड्रिलिंग मशीन के समान होती है, परन्तु इसमें हैण्डिल के स्थान पर एक अर्द्ध गोल प्लेट का उपयोग किया जाता है।

इस अर्द्ध गोल प्लेट को **ब्रैस्ट प्लेट** कहा जाता है। छिद्र करते समय इस प्लेट को छाती से दबाया जाता है। इस मशीन का प्रयोग करके लगभग 6 से 12 मिमी व्यास के छिद्र किए जा सकते हैं। इस मशीन की स्पीड बढ़ाने के लिए इसमें दो बेवेल गियर प्रयुक्त किए जाते हैं।

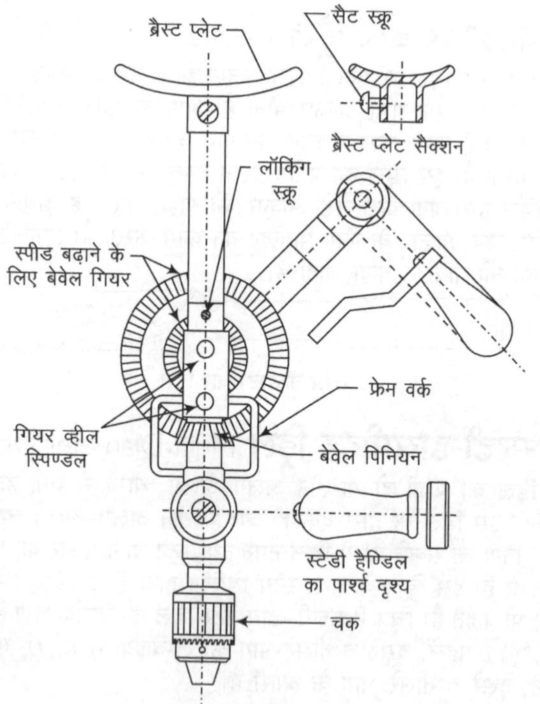

चित्र ब्रैस्ट ड्रिलिंग मशीन

(ii) **विद्युत चालित पोर्टेबिल ड्रिलिंग मशीन**
Electric Operated Portable Drilling Machine

इस प्रकार की ड्रिलिंग मशीन में ड्रिल को चलाने के लिए एक विद्युत मोटर लगा होता है। इन मशीनों की गति अधिक होती है तथा इन्हें सरलतापूर्वक प्रयोग में लाया जा सकता है।

ये मशीनें ए.सी. तथा डी.सी. दोनों प्रकार की विद्युत धारा पर प्रयुक्त की जा सकती हैं। इन मशीनों का प्रयोग हल्के व भारी दोनों प्रकार के कार्यों के लिए किया जाता है।

लाइट ड्यूटी ड्रिलिंग मशीन (Light duty drilling machine) हल्के कार्यों में प्रयुक्त ड्रिलिंग मशीनें एक ही गति पर घूमती हैं। इन ड्रिलिंग मशीनों को चलाने के लिए 110/220 वोल्ट विद्युत की आवश्यकता होती है। इन मशीनों के चक में 13 मिमी तक के साइज वाले ड्रिल पकड़े जा सकते हैं। इन्हें पिस्टल टाइप ड्रिलिंग मशीनें भी कहा जाता है।

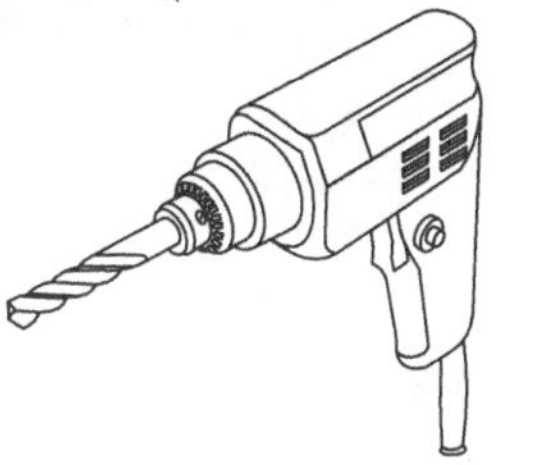

चित्र हल्के कार्य हेतु लाइट ड्यूटी ड्रिलिंग मशीन

हैवी ड्यूटी ड्रिलिंग मशीन (Heavy duty drilling machine) भारी कार्यों में प्रयुक्त ड्रिलिंग मशीन के ड्रिल को गियर प्रणाली द्वारा घटाया-बढ़ाया जाता है। इन ड्रिलिंग मशीनों को चलाने के लिए 220 वोल्ट - 250 वोल्ट विद्युत की आवश्यकता होती है। इन मशीनों के चक में 25 मिमी साइज के ड्रिल पकड़े जा सकते हैं। इन मशीनों द्वारा ड्रिलिंग के अतिरिक्त ग्राइण्डिंग, सेंडिंग (sanding) इत्यादि प्रक्रियाएँ भी की जा सकती हैं।

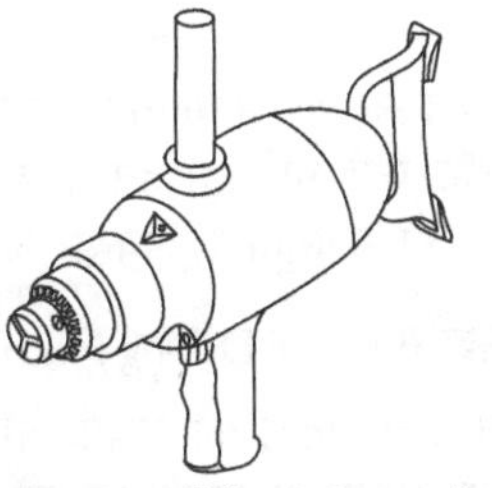

चित्र भारी कार्य हेतु ड्रिलिंग मशीन

(iii) **न्यूमैटिक ड्रिलिंग मशीन**
Pneumatic Drilling Machine

इस प्रकार की ड्रिलिंग मशीन को सम्पीडित वायु (compressed air) द्वारा चलाया जाता है। इसके केसिंग में लगी मोटर द्वारा वायु को सम्पीडित किया जाता है। मोटर में वायु की सप्लाई के लिए वायु सप्लाई पाइप लगा होता है। ड्रिलिंग के दौरान कम्पन कम करने के लिए एक हैण्डिल व दाब नियन्त्रण के लिए दाब नियन्त्रित स्क्रू लगा होता है। इस तरह की ड्रिलिंग मशीन का प्रयोग पेट्रोलियम संयन्त्र तथा विस्फोटक फैक्ट्रियों में किया जाता है, जहाँ विद्युत चालित ड्रिलिंग मशीन का प्रयोग वर्जित होता है।

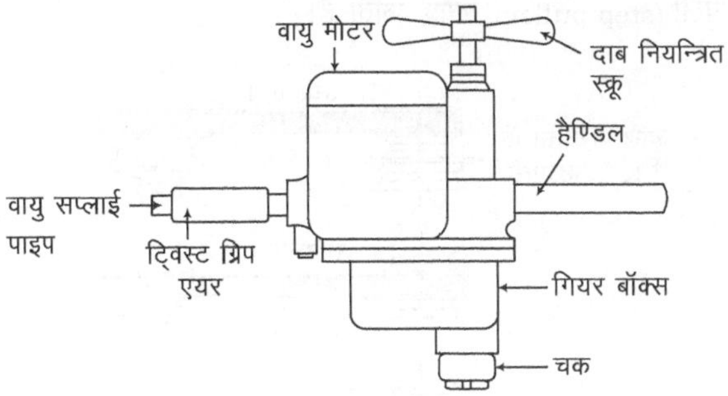

चित्र न्यूमैटिक ड्रिलिंग मशीन

2. स्टेशनरी ड्रिलिंग मशीन Stationary Drilling Machine

ऐसी मशीनें, जिन्हें एक स्थान से दूसरे स्थान पर आसानी से नहीं ले जाया जा सकता है, **स्टेशनरी** या **फिक्स ड्रिलिंग मशीनें** कहलाती हैं। ये हैवी ड्यूटी मशीनें होती हैं। इसमें जॉब को मशीन के पास ले जाकर उस पर ड्रिलिंग की जाती है।

स्टेशनरी ड्रिलिंग मशीनें निम्नलिखित प्रकार की होती हैं

(i) बेंच ड्रिलिंग मशीन
(ii) पिलर ड्रिलिंग मशीन
(iii) रेडियल ड्रिलिंग मशीन
(iv) गैंग ड्रिलिंग मशीन
(v) मल्टीस्पिण्डल ड्रिलिंग मशीन
(vi) स्टैण्डर्ड ड्रिलिंग प्रैस मशीन

(i) **बेंच ड्रिलिंग मशीन** Bench Drilling Machine

यह ड्रिलिंग मशीन उपकरणों में यथार्थ होल बनाने के लिए प्रयोग की जाती है। इसका प्रयोग हल्के कार्यों के लिए किया जाता है। इसमें 12.5 मिमी व्यास तक के ड्रिल करने की सामर्थ्य होती है।

इसमें बेस प्लेट के एक सिरे पर एक ऊर्ध्वाधर स्तम्भ होता है। बेस प्लेट ढलवाँ लोहे का तथा ऊर्ध्वाधर स्तम्भ मृदु इस्पात का बना होता है। इस स्तम्भ के ऊपरी सिरे पर ड्राइव सिस्टम तथा मध्य में स्वीवल टेबिल (swivel table) होती है, जैसा कि चित्र में दर्शाया गया है।

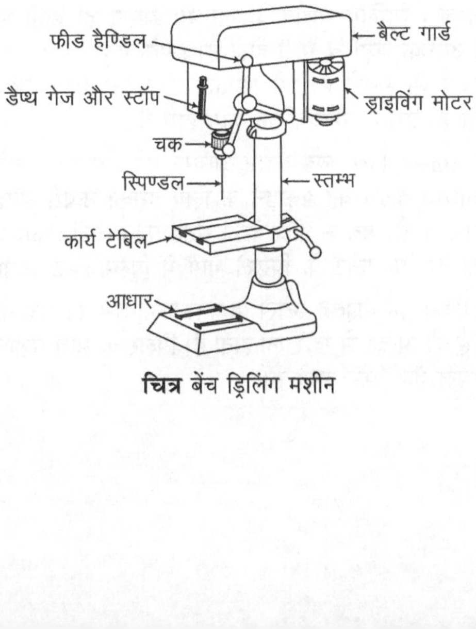

चित्र बेंच ड्रिलिंग मशीन

स्टैप पुली पट्टे की स्थिति बदल कर स्पिण्डल की विभिन्न गतियाँ प्राप्त की जा सकती हैं। ड्राइव सिस्टम को एक विद्युत मोटर द्वारा चलाया जाता है। विभिन्न चालें प्राप्त करने के लिए मोटर तथा स्पिण्डल पर स्टैप पुली (step pulley) लगाई जाती है।

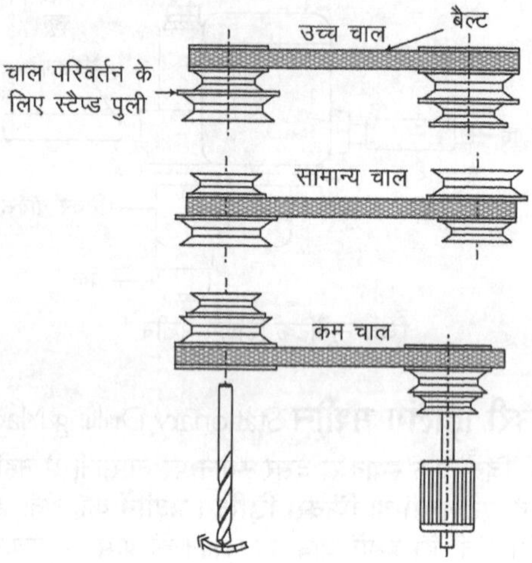

चित्र स्पिण्डल की विभिन्न गतियाँ

ड्रिल को शक्ति स्थानान्तरित करने के लिए स्पिण्डल में होल होता है, जिसमें मोर्स टेपर नं. 1 होता है। इस होल में ड्रिल चक का शैंक या बड़े ड्रिल का टेपर शैंक सीधे फिट हो जाता है। ड्रिल को फीड देने के लिए एक हैण्डिल लगा होता है, जिसमें रेक व पिनियन के द्वारा स्पिण्डल को फीड दी जाती है।

इस मशीन में ऑटोमैटिक फीड का प्रबन्ध नहीं होता। ड्रिल मशीन ऑपरेटर हाथ द्वारा हैण्डिल को घुमाकर फीड देता है। इस प्रकार यह ड्रिल द्वारा हो रही कटाई प्रक्रिया को मॉनीटर भी करता रहता है। जॉब को स्वीवल टेबिल (swivel table) पर बाँधा जाता है। आवश्यकतानुसार इस टेबिल को ऊपर-नीचे करके एक उचित ऊँचाई पर क्लैम्प कर दिया जाता है।

(ii) **पिलर ड्रिलिंग मशीन** Pillar Drilling Machine

यह मशीन बेंच ड्रिलिंग मशीन के लगभग समान ही होती है, परन्तु आकार में अधिक बड़ी व भारी होती है। इसके द्वारा 75 मिमी तक के छिद्र ही किए जा सकते हैं। इसे धरातल पर फाउण्डेशन बनाकर सैट किया जाता है। इसमें निम्नलिखित भाग होते हैं

बेस प्लेट (Base plate) यह कास्ट आयरन की आयताकार प्लेट होती है। जॉब अथवा वाइस को पकड़ने के लिए इसकी ऊपरी सतह पर T स्लॉट कटा होता है, जबकि नीचे वाली सतह को अच्छी प्रकार मशीनिंग किया जाता है। बेस प्लेट के पिछले भाग में पिलर फिट रहता है।

पिलर (Pillar) यह माइल्ड स्टील या कास्ट आयरन का बना गोलाकार भाग होता है जो अन्दर से खोखला होता है। पिलर के साथ मशीन टेबिल तथा स्पिण्डल हैड फिट रहते हैं।

स्पिण्डल (Spindle) यह कार्बन स्टील की बनी गोलाकार छड़ होती है जिसके एक स्टैण्डर्ड मोर्स टेपर बोर तथा दूसरे सिरे पर पुली फिट रहती है। स्पिण्डल एक लम्बे स्लीव (sleeve) में फिट रहते हैं जिसमें बॉल बियरिंग तथा नट फिट रहते हैं। इस स्लीव के बाहर रेक कटा होता है जिसमें एक पिनियन गियर मैश करता है।

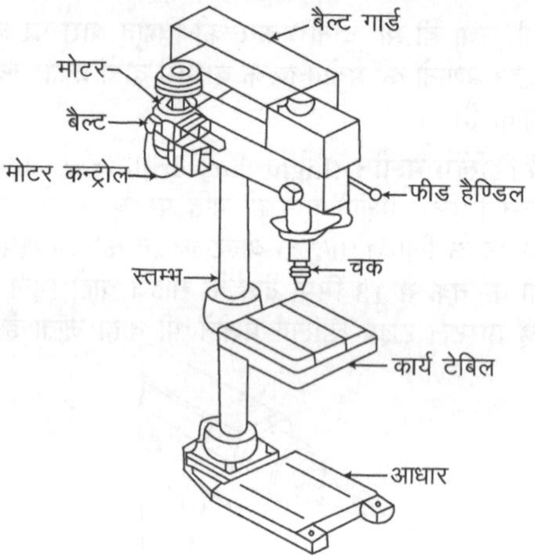

चित्र पिलर ड्रिलिंग मशीन

फीड ड्राइव (Feed drive) घूमते हुए ड्रिल स्पिण्डल को फीड देने के लिए फीड ड्राइव का उपयोग किया जाता है। स्पिण्डल के ऊपर फिट स्लीव के पिनियन को घुमाने के लिए फीड लीवर का उपयोग किया जाता है। इस फीड लीवर के साथ एक डैप्थ बार भी फिट रहता है जिसकी सहायता से छिद्र की गहराई को मापा जाता है।

मैन ड्राइव (Main drive) स्पिण्डल हैड पर एक ब्रेकिट फिट रहता है। इस ब्रेकिट पर एक विद्युत मोटर फिट रहती है। स्पिण्डल को भिन्न-भिन्न गतियाँ प्रदान करने हेतु मोटर तथा स्पिण्डल पर विपरीत दिशाओं में पुलियाँ फिट की जाती हैं।

टेबिल (Table) यह गोलाकार या आयताकार रूप में होती है तथा इसकी ऊपरी सतह पर T स्लॉट कटे होते हैं। इन T स्लॉट्स में बोल्ट व नट डालकर जॉब या वाइस को मजबूती से पकड़ा जाता है।

(iii) **रेडियल ड्रिलिंग मशीन** Radial Drilling Machine

साधारण ड्रिलिंग मशीनों में स्पिण्डल को अपनी जगह पर स्थिर रखा जाता है तथा कार्यखण्ड को ही सरकाकर या टेबिल को चलाकर ड्रिल प्वॉइण्ट को स्पिण्डल के नीचे उचित स्थान पर लाया जाता है। बहुत बड़े कार्यखण्ड को बार-बार सरकाना कठिन कार्य है।

अत: रेडियल ड्रिलिंग मशीन की सहायता से कार्यखण्ड के एक ही प्लेन में किए जाने वाले सभी होल कार्यखण्ड की एक ही सैटिंग में कर सकते हैं। इसमें कार्यखण्ड की स्पिण्डल के नीचे सैट करने की बजाय स्पिण्डल को ही कार्यखण्ड के ऊपर वांछित स्थान पर ले जाकर लॉक कर दिया जाता है। इसके अतिरिक्त इस ड्रिलिंग मशीन का उपयोग बड़े व्यास वाले छिद्रों की ड्रिलिंग करने में तथा भारी तथा बड़े कार्यखण्डों की ड्रिलिंग करने में किया जाता है।

इस मशीन के नीचे ढलवाँ लोहे से बना एक आधार होता है। इस आधार के किनारे पर एक बेलनाकार पिलर लगा होता है। इस पिलर पर एक रेडियल भुजा घूम सकती है। इस रेडियल भुजा पर एक स्पिण्डल हैड स्लाइड करता है, जिससे रेडियल आर्म ऊपर-नीचे चलती है। रेडियल आर्म को स्तम्भ के चारों ओर दबाव देकर घुमाया जा सकता है, जैसा कि निम्न चित्र में दर्शाया गया है।

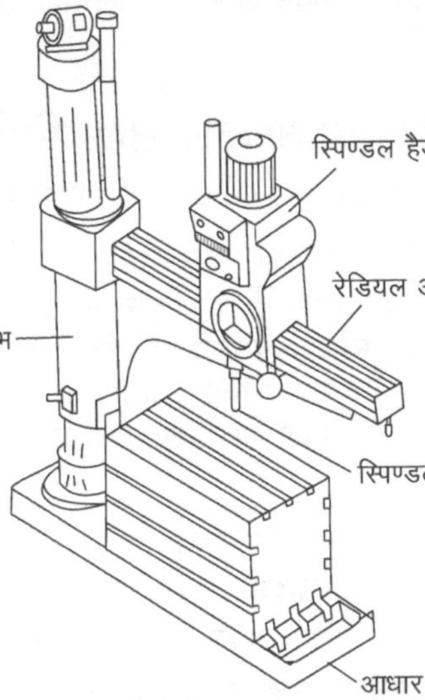

चित्र रेडियल ड्रिलिंग मशीन

रेडियल आर्म पर स्थित स्पिण्डल के आर्म को दाएँ-बाएँ कहीं भी ले जाया जा सकता है। स्पिण्डल को घुमाने के लिए स्पिण्डल हैड के ऊपर एक अलग विद्युत मोटर होती है।

फीड देने के पहले रेडियल आर्म तथा स्पिण्डल को एक निश्चित स्थान पर लॉक कर दिया जाता है। फीड, हैण्डिल द्वारा मैनुअली दी जा सकती है, जबकि इसमें ऑटोमैटिक फीड का भी प्रबन्ध रहता है।

(iv) **गैंग ड्रिलिंग मशीन** Gang Drilling Machine

गैंग ड्रिलिंग मशीन में दो या दो से अधिक स्टेशनरी ड्रिलिंग मशीनों को एक ही वर्क टेबिल पर प्रयोग किया जाता है, जैसा कि नीचे चित्र में दर्शाया गया है।

प्रत्येक मशीन पर एक निश्चित ऑपरेशन किया जाता है। इसके पश्चात् उस जॉब को आगे की ड्रिल मशीन पर खिसका दिया जाता है, जहाँ उस पर दूसरा ऑपरेशन किया जाता है। इस प्रकार प्रत्येक मशीन स्वतन्त्र प्रक्रिया करती है। यह मशीन ऐसे जॉब के लिए उपयोगी है जिस पर एक से अधिक प्रक्रियाएँ करनी हों; जैसे—टेपिंग करने के लिए पहले दो ऑपरेशन ड्रिलिंग तथा रीमिंग करने होते हैं।

इस प्रकार यह ऑपरेशन तीन स्पिण्डल वाली गैंग ड्रिलिंग मशीन पर किया जाता है। इस प्रकार की मशीन पर सबसे पहले ड्रिलिंग, उसके बाद रीमिंग तथा अन्त में टेपिंग की जाती है। ये मशीनें मास प्रोडक्शन के लिए बहुत उपयोगी हैं। इसमें प्रत्येक स्पिण्डल पर अलग ऑपरेटर कार्य करता है। इसमें जॉब को बार-बार फिक्स्चर पर बाँधने की व खोलने की आवश्यकता नहीं होती, जिससे समय की बचत होती है।

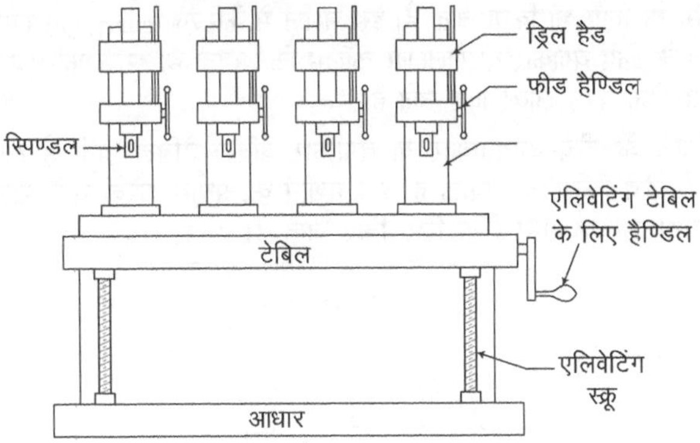

चित्र गैंग ड्रिलिंग मशीन

(v) **मल्टीस्पिण्डल ड्रिलिंग मशीन** Multispindle Drilling Machine

इस मशीन में एक ही मोटर के द्वारा दो या उससे अधिक स्पिण्डलों को एक साथ चलाया जाता है। इसमें स्पिण्डलों को चाल (गति) स्प्लाइन शाफ्ट व हब के द्वारा दी जाती है। ऑपरेटर आवश्यकतानुसार सभी स्पिण्डलों को निश्चित दूरियों पर सैट कर देता है। एक ही दाब में सभी स्पिण्डलों को फीड दी जाती है। इस प्रकार समय की बहुत बचत होती है। इसका प्रयोग मास प्रोडक्शन के लिए किया जाता है, क्योंकि शुरू की सैटिंग में बहुत समय लगता है तथा यथार्थता लाने के लिए ड्रिल जिग का प्रयोग अनिवार्य हो जाता है। एक ही समय में इस मशीन के द्वारा (किसी कार्यखण्ड पर) ड्रिलिंग होल, रीमिंग तथा टेपिंग आदि कार्य एक साथ किये जा सकते हैं। इसमें सभी स्पिण्डलों को एक साथ घुमाने के लिए एक जटिल गियर बॉक्स (gear box) का प्रयोग किया जाता है। कुछ बड़ी मल्टीस्पिण्डल ड्रिलिंग मशीन में 30 या उससे भी अधिक स्पिण्डल रहते हैं। नीचे दिए गए चित्र में एक मल्टीस्पिण्डल ड्रिलिंग मशीन दर्शाई गई है।

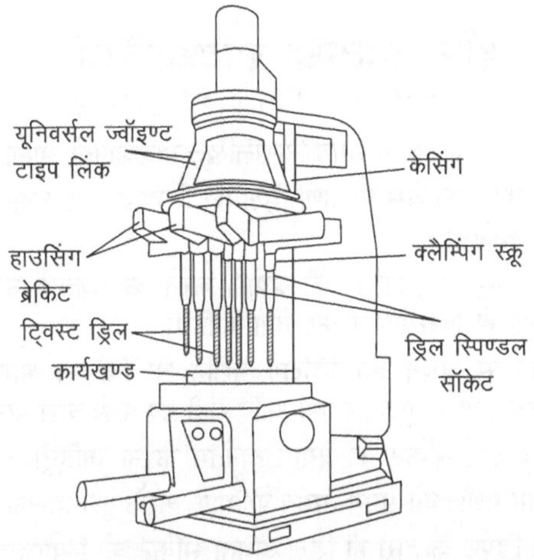

चित्र मल्टीस्पिण्डल ड्रिलिंग मशीन

(vi) **स्टैण्डर्ड ड्रिलिंग प्रैस मशीन** Standard Drilling Press Machine

यह एक हैवी ड्यूटी ड्रिलिंग मशीन है। इस मशीन में ऑटोमैटिक फीड दी जाती है। इसलिए इस मशीन का प्रयोग ड्रिलिंग के साथ-साथ रीमिंग तथा टेपिंग के लिए भी किया जाता है। इस मशीन में कैरिएज (carriage) लगाने करने के लिए वर्गाकार या गोलाकार कॉलम फिट रहता है। इसके कैरिएज पर ऑटोमैटिक फीड लीवर दिए जाते हैं।

कैरिएज के नीचे आयताकार या वर्गाकार वर्किंग टेबिल होती है जिसे ऊपर-नीचे किया जा सकता है। इस मशीन का प्रयोग करके बड़े साइज के तथा अधिक गहराई के छिद्र किए जाते हैं।

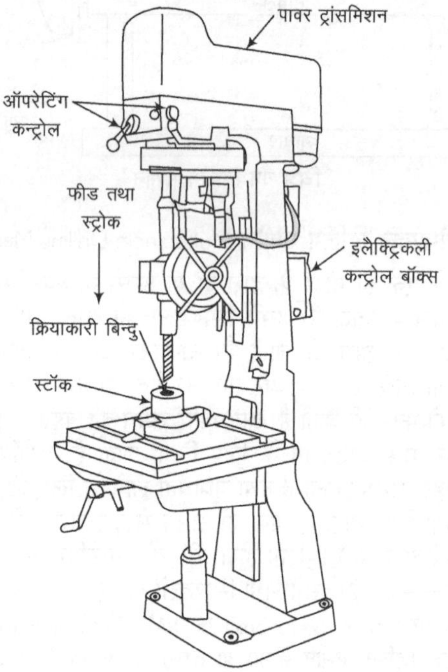

चित्र स्टैण्डर्ड ड्रिलिंग प्रैस मशीन

ड्रिलिंग मशीन सम्बन्धी सावधानियाँ
Precautions Related to Drilling Machine

ड्रिलिंग मशीन उपयोग करते समय निम्नलिखित सावधानियाँ अपनानी चाहिए

1. कार्यखण्ड को बेस पर तथा ड्रिल को स्पिण्डल पर कसकर पकड़ा होना चाहिए।
2. विद्युत ड्रिलिंग मशीनों को प्रयोग करने के पश्चात् उन्हें विद्युत सप्लाई से विसंयोजित कर देना चाहिए।
3. कम्पन से बचने हेतु ड्रिलिंग मशीन के विभिन्न भाग; जैसे—स्पिण्डल शीर्ष, भुजा, स्तम्भ आदि सही प्रकार से कसे होने चाहिए।
4. स्लीव तथा सॉकेट का प्रयोग न्यूनतम करना चाहिए।
5. ड्रिलिंग मशीन को समय-समय पर साफ करके तेल डालना चाहिए।
6. ड्रिल ड्रिफ्ट के द्वारा ही ड्रिल अथवा सॉकेट को स्पिण्डल से बाहर निकालना चाहिए।
7. मशीन को रोकने के बाद ही छीलन (chips) को हटाना चाहिए।
8. ड्रिलिंग मशीन की गति ड्रिल के आकार के अनुसार ही रखनी चाहिए।
9. बड़े आकार का ड्रिल करने से पूर्व छोटे आकार का ड्रिल कर लेना चाहिए।
10. ड्रिलिंग करते समय मशीन को कूलेन्ट कटिंग धातु की प्रकृति के अनुसार ही देना चाहिए।
11. पतली चादरों में ड्रिलिंग करते समय चादरों के नीचे लकड़ी के गुटके रखने चाहिए।
12. ड्रिलिंग मशीन में समान लम्बाई के लिप्स वाले ड्रिल ही प्रयुक्त करने चाहिए।

ड्रिलिंग मशीन का आकार तथा विशिष्टियाँ
Size and Specifications of Drilling Machine

ड्रिलिंग मशीन का विवरण निम्न प्रकार दिया जाता है

यदि ड्रिलिंग मशीन **पोर्टेबिल** है, तो मशीन की विशिष्टियों में ड्रिलिंग मशीन का नाम तथा उसमें पकड़े जाने वाले ड्रिल का साइज दिया जाता है। यदि पोर्टेबिल ड्रिलिंग मशीन विद्युत द्वारा प्रचालित है, तो मशीन की विशिष्टियों में मोटर की क्षमता भी लिखी जाती है।

उदाहरण

1. हैण्ड ड्रिल मशीन 6 मिमी साइज
2. रैचेट ब्रेस 12 मिमी साइज
3. पोर्टेबिल विद्युत ड्रिलिंग मशीन 220 वोल्ट, 12 मिमी साइज

यदि ड्रिलिंग मशीन **स्टेशनरी** है, तो उसकी विशिष्टियाँ निम्न प्रकार दी जाती हैं

1. स्पिण्डल के छिद्र की मानक टेपर संख्या; जैसे—मोर्स टेपर 2 से 3
2. स्पिण्डल व टेबिल के मध्य अधिकतम ऊर्ध्वाधर दूरी
3. स्पिण्डल के केन्द्र से पिलर तक की दूरी
4. बैल्ट ड्राइव या गियर ड्राइव
5. टेबिल का साइज व आकार
6. स्पिण्डल की गति (चक्कर प्रति मिनट)
7. बैक गियर की व्यवस्था
8. मोटर की क्षमता
9. रेडियल ड्रिलिंग मशीन में आर्म की लम्बाई तथा पिलर का व्यास
10. मशीन का भार

3.4 ड्रिलिंग मशीन की गति का चयन
Selection of Drilling Machines' Speed

ड्रिल की गति का चयन निम्न पर निर्भर करता है

1. **धातु की कठोरता** (Hardness of metal) ड्रिल की कर्तन गति का चयन धातुओं के आधार पर किया जाता है। यदि धातु बहुत हार्ड हो, तो ड्रिल की कर्तन गति कम रखी जाती है, जबकि मुलायम धातु के लिए ड्रिल की कर्तन गति अधिक रखी जाती है।
2. **ड्रिल का व्यास** (Diameter of drill) ड्रिल की कर्तन गति ड्रिल के व्यास पर भी निर्भर करती है। यदि ड्रिल का व्यास बड़ा हो, तो स्पीड अधिक और यदि न हो, तो कम रखी जाती है।
3. **छिद्र की गहराई** (Depth of the hole) जॉब पर अधिक गहराई तक छिद्र (hole) करने के लिए ड्रिल की कर्तन गति कम तथा कम गहराई के छिद्र करने के लिए ड्रिल की अधिक रखी जाती है।

4. **कूलेन्ट की व्यवस्था** (Arrangement of coolant) ड्रिलिंग मशीन में कूलेन्ट की व्यवस्था होने पर ड्रिल की कर्तन गति अधिक रखनी चाहिए, जबकि कूलेन्ट की व्यवस्था न होने पर ड्रिल की कर्तन गति कम रखनी चाहिए।
5. **क्लैम्पिंग की व्यवस्था** (Arrangement of clamping) मशीन टेबिल पर जॉब की मजबूत क्लैम्पिंग होने पर स्पीड अधिक रखनी चाहिए जबकि जॉब की सही क्लैम्पिंग न होने पर ड्रिल की कर्तन गति कम रखनी चाहिए।
6. **ड्रिल मशीन के प्रकार और दशा** (Types and conditions of drilling machine) ड्रिलिंग मशीनें मुख्यत: दो प्रकार की होती हैं—पोर्टेबिल ड्रिलिंग मशीन तथा स्टेशनरी ड्रिलिंग मशीन। यदि पोर्टेबिल ड्रिलिंग मशीन की दशा ठीक नहीं है, तो ड्रिल की स्पीड कम रखी जाती है और यदि स्टेशनरी मशीन की दशा ठीक है, तो ड्रिल की स्पीड अधिक रखी जा सकती है।

3.5 ड्रिलिंग मशीन पर की जाने वाली संक्रियाएँ Operations to be Done on Drilling Machine

ड्रिलिंग मशीन पर की जाने वाली संक्रियाएँ निम्न प्रकार हैं

1. **ड्रिलिंग** (Drilling) किसी भी जॉब मार्किंग के पश्चात् सेन्टर लगाकर अथवा जिग फिक्स्चर का प्रयोग करके ड्रिल द्वारा बेलनाकार छिद्र करने की प्रक्रिया **ड्रिलिंग** कहलाती है।

चित्र ड्रिलिंग

2. **काउण्टर सिंकिंग** (Counter sinking) किसी जॉब में पहले से बनाए गए छिद्र का ऊपरी सिरा चैम्फर करके बड़े ड्रिल द्वारा V आकार में बनाने की प्रक्रिया **काउण्टर सिंकिंग** कहलाती है। इसके लिए विशेष काउण्टर सिंकिंग टूल का प्रयोग किया जाता है। काउण्टर सिंकिंग क्रिया द्वारा किसी स्क्रू के शीर्ष के लिए इस प्रकार जगह बनाई जाती है कि वह स्क्रू लगने के बाद सतह के साथ सपाट हो सके।

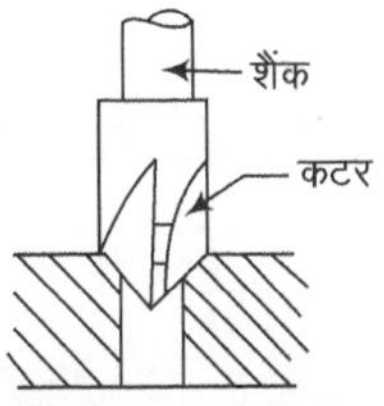

चित्र काउण्टर सिंकिंग

3. **काउण्टर बोरिंग** (Counter boring) किसी जॉब में पहले से बनाए गए छिद्र का ऊपरी सिरा कुछ गहराई तक बड़ा करने की प्रक्रिया **काउण्टर बोरिंग** कहलाती है। बढ़े हुए सुराख का निचला सिरा सपाट होता है। काउण्टर बोरिंग प्रक्रिया को विशेष औजार की सहायता से पूरा किया जाता है जिसे **काउण्टर बोर** कहते हैं।
इसे निचले सिरे पर स्थिर सूचक की सहायता से ड्रिल्ड छिद्र में पायलट द्वारा गाइड किया जाता है।

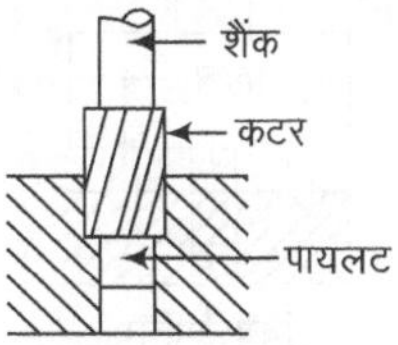

चित्र काउण्टर बोरिंग

4. **स्पॉट फेसिंग** (Spot facing) ढलाई किए हुए जॉब में छिद्र करने के बाद सुराख की ऊपरी सतह या बोर के फेस पर समतल सतह बनाने के लिए जो क्रिया सम्पन्न की जाती है
उसे **स्पॉट फेसिंग** कहते हैं। स्पॉट फेसिंग प्रक्रिया के पश्चात् छिद्र में फिट किए जाने वाले बोल्ट शीर्ष वाशर अथवा नट आदि छिद्र के चारों ओर समतल सतह पर ठीक प्रकार सैट हो जाते हैं।

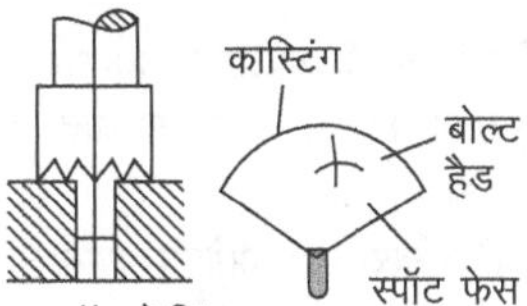

चित्र स्पॉट फेसिंग

5. **रीमिंग** (Reaming) रीमिंग वह क्रिया है जिसके द्वारा ड्रिल किए हुए छिद्र की आन्तरिक सतह को अधिक परिष्कृत (finishing) बनाया जाता है तथा छिद्र के आकार को थोड़ा-सा बढ़ाकर उसके आकार को किसी विशेष फिटिंग के लिए परिशुद्धता (accuracy) प्रदान करते हैं।

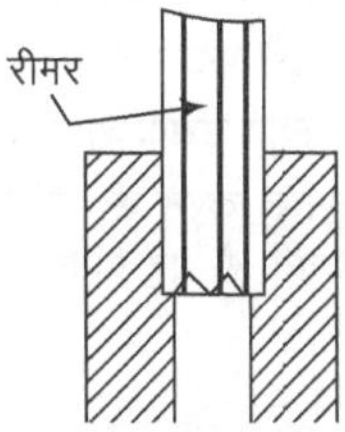

चित्र रीमिंग

6. **टेपिंग** (Tapping) ड्रिल होल में चूड़ियाँ बनाने के लिए टेपिंग की जाती है। ड्रिलिंग मशीन पर मशीन टैप का प्रयोग किया जाता है।

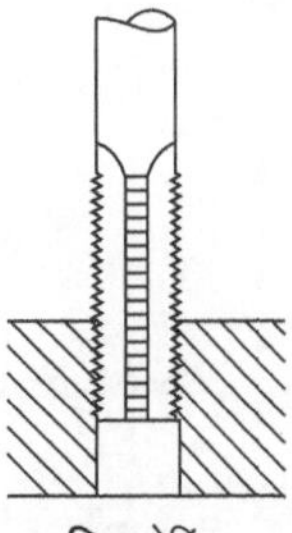

चित्र टेपिंग

7. **ट्रैपनिंग** (Trapanning) ड्रिल द्वारा बने छिद्र के चारों ओर रिंग के आकार का ग्रूव बनाने को **ट्रैपनिंग** कहते हैं। यह ग्रूव रबर वाशर फँसाने के काम आता है।

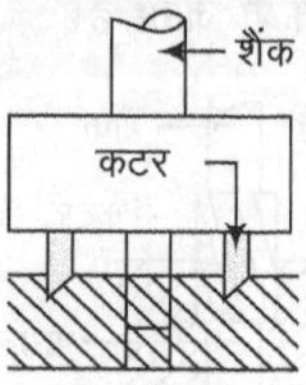

चित्र ट्रैपनिंग

8. **बोरिंग** (Boring) यह क्रिया भी ड्रिलिंग मशीन पर की जाती है। इसका प्रयोग सुराख को बड़े साइज का बनाने के लिए किया जाता है, जिसके लिए बोरिंग टूल का प्रयोग किया जाता है।

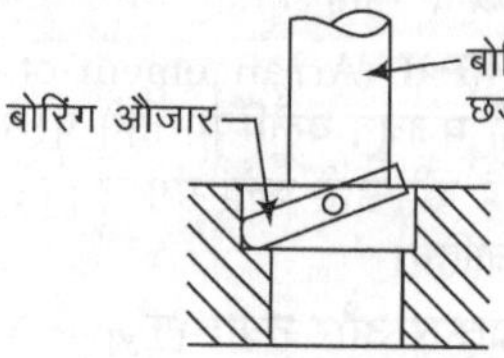

चित्र बोरिंग

महत्त्वपूर्ण बिन्दु

- कार्यखण्ड में वृत्तीय आकार के छिद्र करने हेतु ड्रिल का उपयोग किया जाता है।
- ट्विस्ट ड्रिल, फ्लैट ड्रिल की अपेक्षा अधिक प्रयोग की जाती है, क्योंकि ट्विस्ट ड्रिल में फ्लूट्स के कारण धातु की छीलन सरलता से बाहर निकल जाती है।
- ड्रिल के आकारों को नम्बरों तथा अंग्रेजी वर्णमाला के अक्षरों द्वारा भी व्यक्त किया जाता है।
- हैलिक्स कोण को फ्लूट कोण इसलिए कहा जाता है, क्योंकि वह फ्लूट्स तथा ड्रिल की अक्ष के बीच बनता है।
- कटिंग कोण का मान भिन्न धातुओं के लिए भिन्न-भिन्न होता है। उदाहरण के लिए कास्ट स्टील के लिए कटिंग कोण का मान 130° होता है।
- कटिंग स्पीड को मीटर प्रति मिनट में मापा जाता है, परन्तु यदि ड्रिल का आकार इंच में हो तो इसे फुट प्रति मिनट में मापा जाता है।
- किसी भी ड्रिल की कटिंग स्पीड उसके व्यास के अनुक्रमानुपाती होती है।
- गोलाकार छिद्र अथवा सुराख करने की प्रक्रिया को **ड्रिलिंग** कहते हैं एवं जिस मशीन की सहायता से यह प्रक्रिया की जाती है, वह **ड्रिलिंग मशीन** कहलाती है।
- ड्रिलिंग मशीन में मुख्यतः एक घूमने वाला स्पिण्डल होता है, जिसमें ड्रिल को चक लगाकर या सीधे ही स्पिण्डल में पकड़ा जाता है।
- कार्य की आवश्यकता के आधार पर ड्रिलिंग मशीनें मुख्यत: दो प्रकार पोर्टेबिल ड्रिलिंग मशीन एवं स्टेशनरी ड्रिलिंग मशीन में विभक्त होती है।
- पोर्टेबिल ड्रिलिंग मशीन एक छोटे साइज की ड्रिलिंग मशीन होती है, जिसे भारी उपकरणों में ड्रिलिंग करने के लिए प्रयोग किया जाता है।
- विद्युत चालित ड्रिलिंग मशीनों की गति अधिक होती है तथा ये ए.सी. व डी.सी. दोनों धारा पर प्रयुक्त की जा सकती है।
- न्यूमैटिक (वायु चालित) ड्रिलिंग मशीन का प्रयोग पेट्रोलियम संयन्त्र तथा विस्फोटक फैक्ट्रियों में किया जाता है।
- रैचेट ड्रिलिंग मशीन बेवेल गियर ड्रिलिंग मशीन, ब्रैस्ट ड्रिलिंग मशीन आदि हस्त चालित ड्रिलिंग मशीनें हैं।
- रैचेट ब्रेस मशीन द्वारा लगभग 2.5 मिमी व्यास के छिद्र किए जा सकते हैं।
- रैचेट ब्रेस मशीन का प्रयोग रेलवे लाइन, गार्डर फेब्रिकेशन जैसे कार्यों में किया जाता है।
- ब्रैस्ट ड्रिलिंग मशीन की स्पीड बढ़ाने के लिए इसमें दो बेवेल गियर प्रयुक्त किए जाते हैं।

महत्त्वपूर्ण प्रश्नोत्तरी

1. ड्रिल का वास्तविक काटने वाला भाग कौन-सा होता है?

उत्तर ड्रिल का वास्तविक काटने वाला भाग बॉडी होता है। बॉडी में ही कटिंग करने के उद्देश्य से फ्लूट्स बने होते हैं।

2. फ्लैट ड्रिल की तुलना में ट्विस्ट ड्रिल का उपयोग किए जाने का मुख्य कारण क्या है?

उत्तर फ्लैट ड्रिल में छीलन अथवा स्क्रैप के बाहर निकलने की कोई व्यवस्था नहीं होती है जबकि ट्विस्ट ड्रिल में फ्लूट्स के कारण धातु की छीलन सरलता से बाहर निकल जाती है। यही कारण है कि ट्विस्ट ड्रिल का प्रयोग फ्लैट ड्रिल की तुलना में अधिक किया जाता है।

3. फ्लैट ड्रिल के प्रयोग में क्या कठिनाई आती है?

उत्तर फ्लैट ड्रिल में प्रयुक्त कटिंग एज जल्दी गर्म होकर खराब हो जाता है।

4. ऐसा कौन-सा ड्रिल है जिससे धातु में नए होल का निर्माण नहीं किया जा सकता है?

उत्तर टेपर शैंक कोर ड्रिल द्वारा धातु में नए होल का निर्माण नहीं किया जा सकता है।

5. मल्टी फ्लूट ड्रिल द्वारा फिनिशिंग अच्छी आती है, क्यों?

उत्तर मल्टी फ्लूट ड्रिल में हम तीन या चार फ्लूट्स वाली ड्रिल प्रयोग करते हैं व इन ड्रिलों में स्क्रैप के लिए अधिक स्थान होने के कारण फिनिशिंग अच्छी आती है।

6. पोर्टेबिल ड्रिलिंग मशीन से किस प्रकार के होल प्राप्त होते हैं?

उत्तर पोर्टेबिल ड्रिलिंग मशीन से असमान होल प्राप्त होते हैं।

7. पोर्टेबिल ड्रिलिंग मशीन किन उपकरणों के लिए अधिक उपयुक्त है?

उत्तर पोर्टेबिल ड्रिलिंग मशीन भारी उपकरणों के लिए, जिन्हें मशीन शॉप पर ले जाना सम्भव नहीं है, के लिए अधिक उपयुक्त है।

8. वर्टिकल ड्रिलिंग मशीन किस आकार के छिद्र के लिए उपयुक्त है?

उत्तर वर्टिकल ड्रिलिंग मशीन 75 मिमी तक के छिद्र के लिए उपयुक्त है।

9. गैंग ड्रिलिंग मशीन की अन्य मशीन के सापेक्ष क्या उपयोगिता है?

उत्तर गैंग ड्रिलिंग मशीन की अन्य मशीन के सापेक्ष उपयोगिता यह है कि इसमें दो या दो से अधिक बेंच ड्रिलिंग मशीन को एक ही वर्क टेबिल पर प्रयोग किया जाता है।

10. मल्टीस्पिण्डल ड्रिलिंग मशीन में यथार्थता के लिए किसका प्रयोग अनिवार्य हो जाता है?

उत्तर मल्टीस्पिण्डल ड्रिलिंग मशीन यथार्थता के लिए ड्रिल जिग का प्रयोग अनिवार्य हो जाता है।

अभ्यास प्रश्न

परीक्षा प्रारूपी प्रश्न

बहुविकल्पीय

1. बहुत अधिक हार्ड या एब्रेसिव पदार्थों के लिए कैसे ड्रिल प्रयोग किए जाते हैं?
(a) हाई कार्बन स्टील के ड्रिल
(b) स्ट्रेट फ्लूटेड ड्रिल
(c) कार्बाइड टिप वाले ड्रिल
(d) उपरोक्त में से कोई नहीं

2. ड्रिल को सामान्यत: किस धातु से बनाया जाता है?
(a) हाई स्पीड स्टील (b) अलॉय स्टील
(c) हाई कार्बन स्टील (d) ये सभी

3. ड्रिल की बॉडी के सन्दर्भ में सही कथन है
(a) यह ड्रिल के डैड सेन्टर से नैक तक का भाग होता है
(b) ड्रिल में स्पाइरल फ्लूट कटा हुआ होता है
(c) ड्रिल में डैड सेन्टर से शैंक की ओर हल्का टेपर होता है
(d) उपरोक्त सभी

4. ड्रिल में कटिंग एजेज के बीच कोण ………… होता है।
(a) रैक कोण (b) वैब कोण
(c) बिन्दु कोण (d) इनमें से कोई नहीं

5. दो विपरीत मर्जिनों के बीच की दूरी, ड्रिल का/की …… कहलाती है।
(a) व्यास (b) त्रिज्या
(c) परिधि (d) पिच

6. ड्रिल के टेपर शैंक में आमतौर पर प्रयुक्त होने वाला मानक टेपर कौन-सा है?
(a) मोर्स टेपर (b) जार्नो टेपर
(c) ब्राउन एण्ड शार्प टेपर (d) पिन टेपर

7. ड्रिल के उस भाग को क्या कहते हैं जिसके कारण ड्रिलिंग के दौरान छीलन बाहर आती रहती है?
(a) शैंक (b) टैंग (c) कटिंग एज (d) फ्लूट्स

8. निम्न चित्र में दर्शाए गए ड्रिलिंग प्रक्रिया में प्रयुक्त होने वाले भाग का नाम है

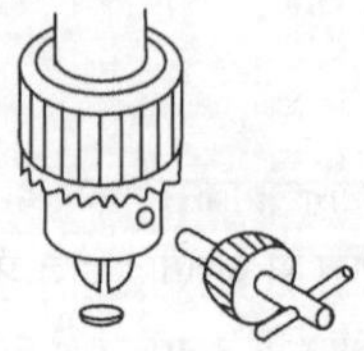

(a) ड्रिल चक (b) ड्रिल चक 'की'
(c) पुली (d) ड्राइविंग मोटर

9. ट्विस्ट ड्रिल में स्ट्रेट का भाग .... होता है।
(a) ऊर्ध्वाधर (b) समान्तर (c) क्षैतिज (d) ये सभी

10. ट्विस्ट ड्रिल में फ्लूट्स .... आकार में होते हैं।
(a) वृत्ताकार (b) आयताकार (c) स्पाइरल (d) त्रिभुजाकार

11. टेपर शैंक ड्रिलों में आकार पर आधारित विभिन्न प्रकार का मोर्स टेपर दिया जाता है। मोर्स टेपर नम्बर-1 किस आकार में होता है?
(a) 10 मिमी (b) 20 मिमी (c) 30 मिमी (d) 40 मिमी

12. ड्रिलिंग मशीनों में प्रयुक्त स्पाईरैक ड्रिल विशेष संरचना का बारीक ड्रिल होता है जिसका व्यास .... तक होता है।
(a) 0.0225 इंच से 0.9984 इंच
(b) 0.1005 इंच से 0.2235 इंच
(c) 0.0086 इंच से 0.0984 इंच
(d) 0.0886 इंच से 0.0984 इंच

13. बाजार में ड्रिल अलग-अलग अन्तराल के होते हैं। ये अन्तराल ड्रिल के आकार पर निर्भर करते हैं। नीचे दिए गए विकल्पों में सही विकल्प है
(a) बड़े ड्रिलों में अन्तराल कम होता है
(b) छोटे ड्रिलों में अन्तराल कम होता है
(c) सभी आकार के ड्रिलों में अन्तराल समान होता है
(d) ड्रिलों में अन्तराल नहीं होता है तथा वे सभी आकारों में उपलब्ध होते हैं

14. दिए गए चित्र में भाग 'X' का नाम है

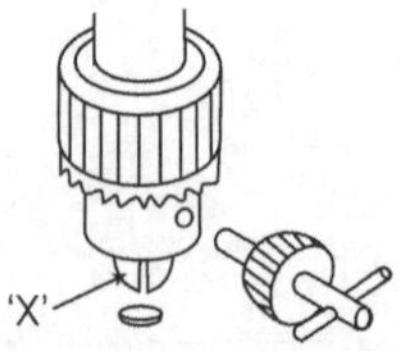

(a) जॉ (b) शैंक
(c) छिद्र (d) स्लीव

15. अक्षर आकार के ड्रिल में सबसे बड़ा ड्रिल किस अक्षर से प्रदर्शित करते हैं?
(a) *A* अक्षर से (b) *B* अक्षर से
(c) *Z* अक्षर से (d) *Y* अक्षर से

16. फ्रैक्शनल आकार ड्रिल का अन्य नाम है
(a) मिलीमीटर आकार के ड्रिल (b) इंच आकार के ड्रिल
(c) नम्बर आकार के ड्रिल (d) लैटर आकार के ड्रिल

17. नम्बर आकार के ड्रिल में सबसे छोटा ड्रिल किस नम्बर का होता है?
(a) 1 नम्बर का (b) 80 नम्बर का
(c) 60 नम्बर का (d) 20 नम्बर का

18. टेपर शैंक ड्रिल किस व्यास में उपलब्ध होते हैं?
(a) 1/ 4" से 2" (b) 1/ 8" से 5"
(c) 1/ 2" से 1" (d) 1/ 8" से 3"

19. ड्रिलिंग मशीनों में किस प्रकार के ड्रिल सबसे अधिक प्रयोग किए जाते हैं?
(a) स्ट्रेट फ्लूटेड ड्रिल (b) फ्लैट ड्रिल
(c) ट्विस्ट ड्रिल (d) सेन्ट्रल ड्रिल

20. ड्रिलिंग मशीन के ड्रिल में कितने फ्लूट (flute) होते हैं?
(a) 4 (b) 3
(c) 2 (d) 1

21. निम्न में से पोर्टेबिल ड्रिलिंग मशीन का एक उदाहरण है
(a) विद्युत ड्रिलिंग मशीन (b) रैचेट ब्रेस मशीन
(c) हस्त ड्रिलिंग मशीन (d) ये सभी

22. ड्रिलिंग मशीन के स्पिण्डल में ड्रिल चक लगाने के लिए किसका प्रयोग किया जाता है?
(a) दाँतेदार रिंग
(b) ऑर्बर
(c) ड्रिफ्ट
(d) पिनियन तथा चाबी

23. निम्न चित्र में ड्रिल मशीन का कौन-सा भाग दिखाया गया है?

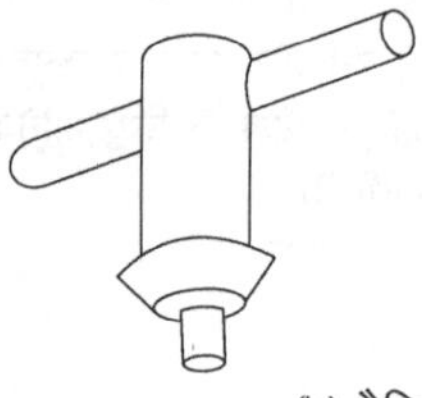

(a) स्टेप्ड पुली (b) हैण्डिल
(c) ड्रिल चक 'की' (d) स्पिण्डल

24. न्यूमैटिक ड्रिलिंग मशीन .... का एक प्रकार है।
(a) बेंच ड्रिलिंग मशीन
(b) पोर्टेबिल ड्रिलिंग मशीन
(c) रेडियल ड्रिलिंग मशीन
(d) गैंग ड्रिलिंग मशीन

25. बेंच ड्रिलिंग मशीन के चक में कितने मिमी के शैंक वाले ड्रिल पकड़े जा सकते हैं?
(a) 13 मिमी (b) 23 मिमी
(c) 7 मिमी (d) 10 मिमी

26. एक ड्रिलिंग मशीन पर कार्य को ड्रिल करते समय गोल कार्य को जकड़ने के लिए किस युक्ति का प्रयोग करते हैं?
(a) V ब्लॉक और क्लैम्प, बोल्ट और पैकिंग टुकड़े
(b) मशीन बाँक, बोल्ट और पैकिंग टुकड़े
(c) हस्त बाँक, क्लैम्प और बोल्ट
(d) पिन बाँक, क्लैम्प और बोल्ट

27. पेट्रोलियम रिफाइनरी व विस्फोट बनाने वाली फैक्ट्री में .... हैण्ड ड्रिल का प्रयोग किया जाता है।
(a) ब्रैस्ट (b) न्यूमैटिक
(c) विद्युत (d) रैचेट ब्रेस

28. पिलर ड्रिलिंग मशीन में टेबिल को ऊपर उठाने के लिए किसका प्रयोग करते हैं?
(a) रेक और पिनियन का (b) बेवेल गियर का
(c) स्पर गियर का (d) माइटर गियर का

29. रेडियल ड्रिलिंग मशीन में छोटे सुराख करने के लिए .... टेबिल भी उपलब्ध होते हैं।
(a) वर्गाकार (b) त्रिकोण (c) क्षैतिज (d) ऊर्ध्वाधर

30. चित्र में दर्शायी गई ड्रिलिंग मशीन के भाग 'X' का नाम है

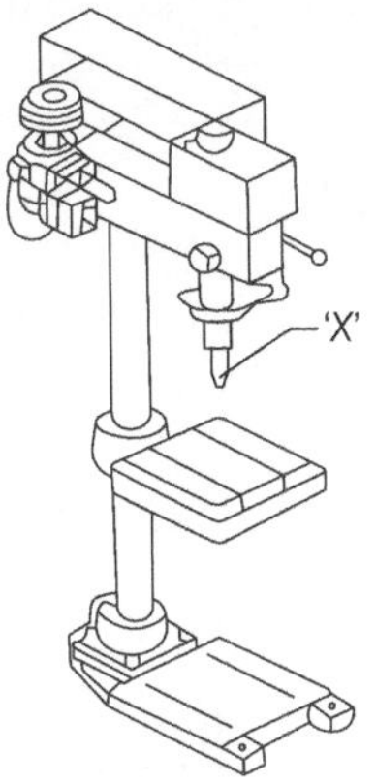

(a) फीड हैण्डिल (b) ड्रिल चक
(c) वर्क टेबिल (d) बेस

31. बिना जॉब सैटिंग को छेड़े अलग-अलग चिह्नों पर अधिक होल करने के लिए कौन-सी ड्रिलिंग मशीन सबसे उपयुक्त है?
(a) बेंच ड्रिलिंग मशीन
(b) पिलर ड्रिलिंग मशीन
(c) रेडियल ड्रिलिंग मशीन
(d) इलेक्ट्रिक हैण्ड ड्रिलिंग मशीन

32. रेडियल ड्रिलिंग मशीन की विशेषता क्या है?
(a) स्पिण्डल को किसी भी स्थिति में लाया जा सकता है
(b) टेबिल को किसी भी स्थिति में घुमाया एवं सैट किया जा सकता है
(c) विभिन्न गतियाँ उपलब्ध हैं
(d) इसे HSS ड्रिल के साथ ड्रिलिंग के लिए प्रयुक्त किया जा सकता है

33. संकेत 'X' से प्रदर्शित रेडियल ड्रिलिंग मशीन के भाग का नाम है

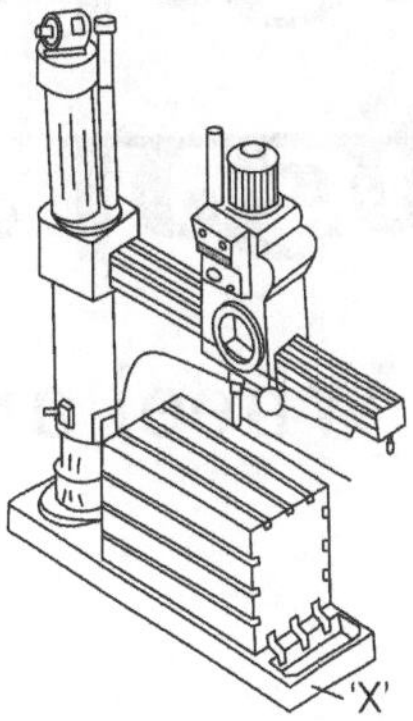

(a) पिलर (b) कॉलम
(c) स्पिण्डल हैड (d) रेडियल आर्म

34. गैंग ड्रिलिंग मशीन पर टेपिंग से पहले कौन-सा प्रक्रम किया जाता है?
(a) रीमिंग (b) ड्रिलिंग
(c) 'a' और 'b' दोनों (d) बोरिंग

35. रेडियल ड्रिलिंग मशीन का एक विशेष गुण क्या है?
(a) इसका प्रयोग हाई स्पीड स्टील की ड्रिल द्वारा ड्रिलिंग करने में कर सकते हैं
(b) टेबिल को किसी भी दिशा में चला सकते हैं तथा स्थिर कर सकते हैं
(c) इसके स्पिण्डल को किसी भी स्थिति में ला सकते हैं
(d) उपरोक्त में से कोई नहीं

उत्तरमाला

1. (c)	**2.** (d)	**3.** (d)	**4.** (c)	**5.** (a)	**6.** (a)	**7.** (d)	**8.** (a)	**9.** (b)	**10.** (c)
11. (a)	**12.** (c)	**13.** (b)	**14.** (a)	**15.** (c)	**16.** (b)	**17.** (b)	**18.** (b)	**19.** (c)	**20.** (c)
21. (d)	**22.** (c)	**23.** (c)	**24.** (b)	**25.** (a)	**26.** (a)	**27.** (b)	**28.** (a)	**29.** (a)	**30.** (b)
31. (c)	**32.** (a)	**33.** (c)	**34.** (c)	**35.** (c)					

अध्याय 04

ग्राइण्डिग व्हील एवं ग्राइण्डिग मशीन

Grinding Wheel and Grinding Machine

अध्याय विषय सूची

4.1 ग्राइण्डिग व्हील Grinding Wheel

ग्राइण्डिंग व्हील एक कटिंग टूल है जिसमें अनेक छोटे-छोटे कटिंग एजेज (edges) होते हैं। इन कटिंग एजों का प्रयोग धातु को छोटे-छोटे कणों के रूप में काटने के लिए किया जाता है। ग्राइण्डिंग व्हील को ग्राइण्डिंग मशीन पर फिट करके उपयोग में लाया जाता है।

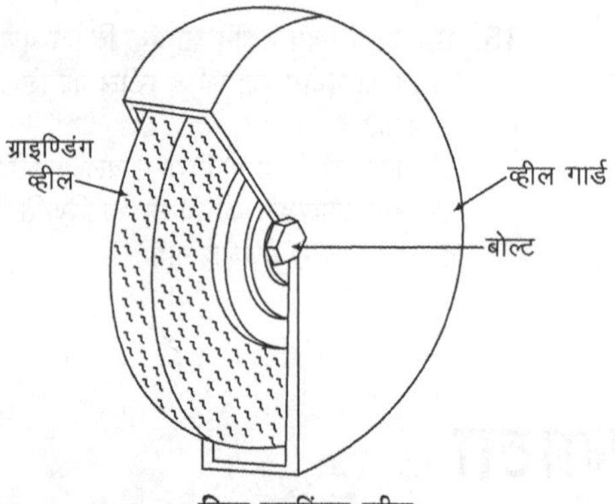

चित्र ग्राइण्डिंग व्हील

ग्राइण्डिग व्हील का चयन Selection of Grinding Wheel

बाजार से सही ग्राइण्डिंग व्हील का चयन करने के लिए निम्न बातों का ज्ञान होना आवश्यक है जिससे कार्य के अनुरूप ग्राइण्डिंग व्हील खरीदा जा सके। ये निम्न प्रकार हैं

1. ग्राइण्डिंग व्हील का व्यास
2. व्हील की मोटाई-एक समान या टेपर
3. व्हील के होल का साइज
4. ग्रेन तथा ग्रेड साइज
5. फेस की शेप
6. ग्राइण्ड की जाने वाली धातु
7. व्हील स्पिण्डल की गति
8. ऑटोमैटिक या ऑफ हैण्ड ग्राइण्डिंग
9. काटने वाले धातु की मात्रा
10. व्यास तथा मोटाई की रिसेसिज
11. कार्य का विवरण
12. आवश्यक फिनिश की डिग्री
13. मशीन का विवरण-इन्टर्नल, सिलेण्ड्रिकल या सर्फेसिंग
14. ग्राइण्डिंग का प्रकार-शुष्क या वैट ग्राइण्डिंग

4.2 ग्राइण्डिंग व्हील की बनावट
Structure of Grinding Wheel

ग्राइण्डिंग व्हील को बनाने में मुख्य रूप से निम्न अवयवों का निर्धारण आवश्यक होता है

1. एब्रेसिव
2. बॉण्ड/बाइण्डर
3. ग्रेन
4. ग्रेड
5. संरचना

उपरोक्त अवयवों का विवरण निम्नवत् है

1. एब्रेसिव Abrasive

एब्रेसिव छोटे-छोटे कणों के रूप में, अनेक तीव्र कोरों (sharp edges) वाले होते हैं। ये कण अत्यधिक कठोर होते हैं, इसलिए इनकी तीव्र कोरें तथा नुकीले सिरे कटिंग टूल के रूप में कटिंग प्रक्रिया करते हैं। एब्रेसिव कण ही वास्तव में कटिंग प्रक्रिया में भाग लेते हैं तथा कार्यखण्ड की सतह पर बने उभारों (peaks) को छोटे-छोटे कणों के रूप में उससे अलग करके अधिक अच्छी परिष्कृत (finished) सतह का निर्माण करते हैं। एब्रेसिव कणों का चुनाव ग्राइण्ड की जाने वाली धातु पर निर्भर करता है। ये निम्न दो प्रकार के होते हैं

(i) प्राकृतिक एब्रेसिव Natural Abrasive

बहुत से कठोर कणों वाले पदार्थ, प्राकृतिक रूप में सीधे खानों (mines) से प्राप्त होते हैं। इनमें अशुद्धियाँ अधिक होने के कारण ये कम उपयोगी हैं; जैसे—बालू पत्थर (sand stone), क्वार्ट्ज (quartz), कोरण्डम (corundum), एमरी (emry), डायमण्ड (diamond) आदि।

एमरी तथा कोरण्डम एल्युमीनियम के ऑक्साइड होते हैं। इनमें क्रमश: 60% तथा 85% एल्युमीनियम ऑक्साइड तथा शेष अशुद्धियाँ होती हैं। हीरा बहुत महँगा होता है। अप्रयोज्य हीरे के पाउडर को ग्राइण्डिंग व्हील बनाने में प्रयोग किया जाता है जिससे सीमेन्टेड कार्बाइड टूलों को ग्राइण्ड किया जाता है। एमरी तथा कोरण्डम क्वार्ट्ज से अधिक कठोर होते हैं तथा परिष्कृत करके ग्राइण्डिंग व्हील बनाने में प्रयोग किए जाते हैं।

(ii) कृत्रिम एब्रेसिव Artificial Abrasive

अधिकतर ग्राइण्डिंग व्हील बनाने में कृत्रिम एब्रेसिव पदार्थों का प्रयोग किया जाता है, क्योंकि ये पूर्णत: शुद्ध होते हैं। इनका निर्माण रासायनिक क्रिया द्वारा बन्द विद्युत भट्ठियों में किया जाता है। कुछ प्रमुख कृत्रिम एब्रेसिव निम्न प्रकार हैं

(a) **एल्युमीनियम ऑक्साइड** (Aluminium oxide) इसके कण अत्यन्त कठोर (hard), शक्तिशाली (tough) तथा तीव्र धारों वाले (sharp edged) एब्रेसिव होते हैं। यह विभिन्न रंगों में पाया जाता है। ब्राउन एल्युमीनियम ऑक्साइड का उपयोग कार्बन स्टील, माइल्ड स्टील, हाई स्पीड स्टील तथा पिटवाँ लोहा आदि की ग्राइण्डिग के लिए किया जाता है। व्हाइट एल्युमीनियम ऑक्साइड का उपयोग हार्ड किए गए हाई स्पीड स्टील को ग्राइण्ड करने में विशेष रूप से किया जाता है।

एल्युमीनियम ऑक्साइड का उत्पादन, बॉक्साइट खनिज को हाइड्रेटेड एल्युमीनियम ऑक्साइड (hydrated aluminium oxide) के साथ विद्युत भट्ठी (electric furnace) में गर्म करके किया जाता है।

इस प्रकार के एब्रेसिव को अंग्रेजी वर्णमाला के अक्षर A से व्यक्त किया जाता है। यह दो प्रकार का होता है

(i) रेगुलर एल्युमीनियम ऑक्साइड (A)
(ii) व्हाइट एल्युमीनियम ऑक्साइड (AA या WA)

(b) **सिलिकॉन कार्बाइड** (Silicon carbide) यह प्राकृतिक कोरण्डम का विकल्प होता है। इसको बनाने के लिए एक विद्युत प्रतिरोध भट्ठी (electric resistance furnace) का प्रयोग किया जाता है, जिसमें 2400° C से अधिक ताप उत्पन्न किया जा सके। भट्ठी में निम्न सामग्री दर्शाई गई मात्रा में मिलाई जाती है

सिलिका रेत (silica sand) = 54 %
चूर्णित कोयला (powdered coal) = 32 %
नमक (salt) = 2 %
लकड़ी का बुरादा (sawdust) = 12%

उपरोक्त घटकों को उपयुक्त मात्रा में मिश्रित कर, विद्युत प्रतिरोध भट्ठी में रखकर उच्च विद्युत धारा प्रवाहित की जाती है। भट्ठी के उच्च ताप के कारण सिलिका रेत से सिलिकॉन, कोयले के कार्बन से क्रिया कर सिलिकॉन कार्बाइड बनाता है। यह हरे रंग का अत्यन्त कठोर पदार्थ है तथा कठोरता में हीरे के बाद आता है। इसका प्रयोग भंगुर धातुओं तथा कम सामर्थ्य वाली कठोर धातुओं की ग्राइण्डिंग में किया जाता है; जैसे—ग्रे कास्ट आयरन, पीतल, ताँबा, एल्युमीनियम, सीमेन्टेड कार्बाइड आदि। यह दो प्रकार का होता है ब्लैक सिलिकॉन तथा ग्रीन सिलिकॉन कार्बाइड। ब्लैक सिलिकॉन कार्बाइड का प्रयोग उच्च तनन सामर्थ्य के अत्यधिक कठोर पदार्थों के लिए तथा ग्रीन सिलिकॉन कार्बाइड का प्रयोग निम्न तनन सामर्थ्य के अत्यधिक कठोर पदार्थों के लिए किया जाता है।

(c) **कृत्रिम हीरे** (Artificial diamonds) यद्यपि कृत्रिम रूप से बनाए गए हीरे प्राकृतिक हीरों के समान कठोर होते हैं, फिर भी कृत्रिम हीरों के द्वारा बने एब्रेसिव से की गई ग्राइण्डिंग के अच्छे परिणाम प्राप्त होते हैं।

2. बॉण्ड/बाइण्डर
Bond/Binder

एब्रेसिव कणों को आपस में बाँधकर रखने के लिए एक चिपकाने वाले पदार्थ की आवश्यकता होती है, जो ग्राइण्डिंग स्टोन अथवा ग्राइण्डिंग व्हील को सामर्थ्य (strength) प्रदान करता है। इस पदार्थ को ही बॉण्ड अथवा बाइण्डर कहते हैं। बाइण्डर का जोड़ जितना मजबूत होगा, ग्राइण्डिंग व्हील की आयु (life) उतनी ही अधिक होगी। बॉण्ड की कठोरता की माप ही ग्राइण्डिंग व्हील का ग्रेड (grade) कहलाता है।

ग्राइण्डिंग व्हील के लिए जिस प्रकार के बाइण्डरों को प्रयोग किया जाता है, उनका विवरण अग्रपृष्ठ पर वर्णित है।

(i) **विट्रीफाइड बॉण्ड** Vitrified Bond

यह लाल भूरे रंग की एक विशेष प्रकार की मिट्टी (clay) होती है, जो गर्म करने पर पिघल जाती है तथा मजबूत बॉण्ड बनाती है। विट्रीफाइड बॉण्ड उच्च पोरोसिटी तथा सामर्थ्य वाले होते हैं जिस कारण इस प्रकार के ग्राइण्डिंग व्हील उच्च धातु पृथक्करण के लिए उपयुक्त होते हैं। ये व्हील जल, तेजाब, ऑयल तथा सामान्य तापमान परिस्थितियों से प्रभावित नहीं होते हैं। इसमें मुख्यत: फेल्डस्पार (feldspar) होता है।

विट्रीफाइड क्ले के अतिरिक्त कुछ अन्य तापसह (refractory) पदार्थ मिलाकर प्रयोग करते हैं। विट्रीफाइड बॉण्ड वाले ग्राइण्डिंग व्हील, उच्च ताप सहने तथा अधिक समय तक कार्य करने की क्षमता वाले होते हैं। इनकी झटके सहन करने की क्षमता कम होती है। विट्रीफाइड बॉण्ड को अंग्रेजी के अक्षर 'V' से प्रदर्शित किया जाता है। ये बॉण्ड सर्वाधिक रूप से प्रयोग किये जाते है।

(ii) **सिलिकेट बॉण्ड** Silicate Bond

सिलिकेट बॉण्ड में एब्रेसिव कणों को बाँधने के लिए सिलिकेट का प्रयोग किया जाता है। सिलिकेट व्हील की कटिंग प्रक्रिया विट्रीफाइड व्हील की तुलना में कम कठोर होती है। ये ग्राइण्डिंग व्हील उच्च तनन सामर्थ्य (high tensile strength) वाले होते हैं तथा ग्राइण्डिंग प्रक्रिया में जॉब को अधिक गर्म नहीं करते। इनका प्रयोग कटिंग टूलों की धार बनाने व कठोरीकृत कार्यखण्डों की ग्राइण्डिंग करने के लिए किया जाता है। इनसे बने ग्राइण्डिंग व्हील, विट्रीफाइड की अपेक्षा अधिक तेजी से घिसते हैं। इनको अंग्रेजी वर्णमाला के अक्षर 'S' के द्वारा व्यक्त किया जाता है।

(iii) **शैलेक बॉण्ड** Shellac Bond

इसमें एब्रेसिव कणों (abrasive particles) को शैलेक के साथ गर्म करके मिला लेते हैं। इन ग्राइण्डिंग व्हील के द्वारा ग्राइण्डिंग करने पर जॉब गर्म नहीं होते तथा अच्छी सतह परिष्कृति (surface finish) प्रदान करते हैं। इनको अंग्रेजी के अक्षर 'E' के द्वारा प्रदर्शित किया जाता है। इनको तेल तथा कास्टिक सोडा से बचाना चाहिए।

(iv) **रेजिन बॉण्ड** Resin Bond

एब्रेसिव कणों को बाँधने के लिए सिन्थैटिक रेजिन का प्रयोग किया जाता है, फिर उन्हें निश्चित आकार के मोल्डों में ढाल लिया जाता है। इन व्हीलों में बैकेलाइट (bakelite) तथा रैडमनॉल (redmanol) आदि रेजिन का प्रयोग किया जाता है। ये व्हील अच्छी सामर्थ्य वाले होते हैं तथा इनको अति उच्च गति पर प्रयोग किया जाता है। इनको अंग्रेजी के अक्षर 'B' से व्यक्त किया जाता है।

(v) **रबर बॉण्ड** Rubber Bond

रबर बॉण्ड में एब्रेसिव कणों को रबर तथा गन्धक के साथ मिलाकर गर्म करके वांछित आकार (shape) में ढाल लेते हैं। इनका प्रयोग उस स्थिति में किया जाता है जब व्हील सूक्ष्म डिग्री फ्लैक्सीबिलिटी वांछित हो। इसमें पानी को एक शीतलक (coolant) की भाँति प्रयोग किया जाता है। इनको अंग्रेजी के अक्षर 'R' के द्वारा प्रदर्शित किया जाता है।

(vi) **मैटल बॉण्ड** Metal Bond

डायमण्ड पाउडर के ग्राइण्डिंग व्हील बनाने के लिए मैटल बॉण्ड का प्रयोग किया जाता है। इसके लिए पाउडर मैटेलर्जी (powder metallurgy) का प्रयोग किया जाता है। इसमें मैटल पाउडर को डायमण्ड पाउडर के साथ मिलाकर उच्च दाब पर दबाया जाता है। इसके पश्चात् सिन्टरिंग ताप पर सिन्टरिंग की जाती है। यह मजबूत बॉण्ड वाला, लम्बी आयु वाला तथा सामर्थ्यवान (strength) ग्राइण्डिंग व्हील होता है। इसका प्रयोग बहुत अधिक हार्ड मैटल को ग्राइण्ड करने के लिए किया जाता है; जैसे—टंग्स्टन, कार्बाइड आदि।

(vii) **ऑक्सीक्लोराइड बॉण्ड** Oxychloride Bond

मैग्नीशियम के क्लोराइड तथा ऑक्साइड का मिश्रण एक सीमेन्ट की भाँति कार्य करता है। एब्रेसिव कणों को इसके साथ मिलाकर भट्ठी में पकाकर इसके ग्राइण्डिंग व्हील तैयार किए जाते हैं। इनको बिना किसी कूलैन्ट के प्रयोग किया जाता है। इसलिए इसके द्वारा बने व्हील को कूल सैटिंग बॉण्ड व्हील (cool setting bond) कहा जाता है।

3. ग्रेन Grain

एब्रेसिव कणों का ग्रेन उनके साइज को प्रदर्शित करता है। इसको कणों का **ग्रेन साइज** (grain size) या **ग्रिट साइज** (grit size) भी कहते हैं। एब्रेसिव कणों का साइज, ग्राइण्डिंग व्हील की कार्यक्षमता को प्रभावित करता है; जैसे—मोटे कण अधिक तेजी से कटाई करते हैं, परन्तु बारीक कण धीरे-धीरे कटाई करते हैं। मोटे कणों वाले ग्राइण्डिंग व्हील से प्राप्त सतहें कम परिष्कृत होती हैं, जबकि बारीक कणों वाले ग्राइण्डिंग व्हील से प्राप्त सतहें अधिक परिष्कृत (finished) होती हैं। मुलायम धातुओं की ग्राइण्डिंग के लिए मोटे कण तथा अधिक कठोर और भंगुर धातुओं के लिए बारीक कण प्रयोग किए जाते हैं।

विभिन्न साइज के एब्रेसिव कणों को अलग-अलग करने के लिए उन्हें विभिन्न साइज की छलनियों में से छाना जाता है। छलनियों के साइज से अभिप्राय उसके एक वर्ग इंच में बने छिद्रों की संख्या से है, जिसमें से ये कण छाने जाते हैं अर्थात् 30 छिद्र प्रति वर्ग इंच वाली छलनी में छाने गए एब्रेसिव कणों का ग्रिट या ग्रेन साइज 30 होगा। इस छलनी को भी 30 नम्बर की छलनी कहा जाता है। साधारणत: एब्रेसिव कणों को निम्न चार वर्गों में बाँटा गया है

(i) कोर्स (coarse) 10-24 नम्बर

(ii) मीडियम (medium) 30-60 नम्बर

(iii) फाइन (fine) 80-180 नम्बर

(iv) वैरी फाइन (very fine) 220-600 नम्बर

4. ग्रेड Grade

ग्राइण्डिग व्हील के अन्दर एब्रेसिव कणों को बाँधे रखने के लिए प्रयोग किए गए बाइण्डिग पदार्थ की सामर्थ्य (strength) को उसके ग्रेड से पहचाना जाता है। ये ग्रेड, अंग्रेजी वर्णमाला के अक्षरों (A-Z) के द्वारा प्रदर्शित किए जाते हैं। ग्रेड, बॉण्ड की सामर्थ्य तथा व्हील की कठोरता को दर्शाता है। इनमें 'A' ग्रेड सबसे अधिक मुलायम तथा क्रमश: बढ़ते हुए, 'Z' ग्रेड सबसे अधिक मजबूत बॉण्ड (bond) को प्रदर्शित करता है। साधारणत: ग्रेड्स को तीन वर्गों में बाँटा गया है

(i) मुलायम (soft) A-H ग्रेड (ii) मध्यम (medium) I-P ग्रेड
(iii) कठोर (hard) Q-Z ग्रेड

यदि किसी व्हील पर 80 R लिखा है, तो इसका अर्थ है कि उसके अन्दर प्रयुक्त एब्रेसिव का ग्रेन साइज 80 है, जो फाइन ग्रिट कहलाता है तथा बाइण्डर द्वारा बनाया गया बॉण्ड (bond) 'R', कठोर श्रेणी का है।

5. संरचना Structure

ग्राइण्डिग व्हील में एब्रेसिव कणों के घनत्व (density) का सही ज्ञान उसकी संरचना से होता है। साधारणत: ग्राइण्डिग व्हील में उसके आयतन का 10-30% भाग बाइण्डर होता है। यदि बाइण्डर अधिक होता है, तो उसकी संरचना में सरन्ध्रता (porosity) अधिक होती है अर्थात् एब्रेसिव कण दूर-दूर होते हैं। इसे **खुली संरचना** (open structure) कहते हैं। यदि किसी व्हील में बाइण्डर कम होता है अर्थात् एब्रेसिव कण पास-पास होते हैं, तो इसे उसकी **सघन संरचना** (dense structure) कहते हैं। यदि एक ही ग्रेन साइज तथा ग्रेड के दो ग्राइण्डिग व्हील अलग-अलग संरचना के प्रयोग करें, तो खुली संरचना (open structure) का व्हील अधिक तेजी से कटाई करेगा तथा उसका कार्यकाल (life-time) भी अधिक होगा, जबकि सघन संरचना का व्हील अधिक परिष्कृत सतह का निर्माण करता है।

ग्राइण्डिग व्हील की संरचना 1 से 14 तक दर्शायी जाती है। 1 नम्बर के द्वारा सबसे अधिक सघन तथा 14 के द्वारा सबसे अधिक खुली संरचना प्रदर्शित की जाती है। इनको दो वर्गों में बाँटा गया है—सघन संरचना 1-7 नम्बर तथा खुली संरचना 8-14 नम्बर।

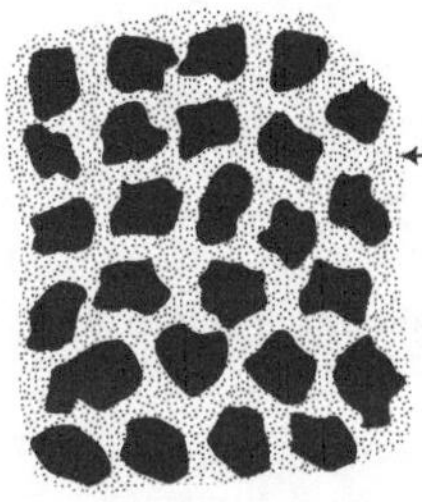

(a) खुली संरचना

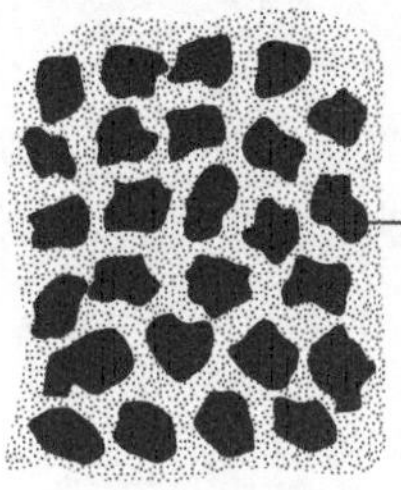

(b) सघन संरचना

चित्र ग्राइण्डिंग व्हील की संरचना

ग्राइण्डिग व्हील की संरचना का चयन मुख्य रूप से दो अवयवों पर निर्भर करता है

(i) वांछित सतह परिष्कृति
(ii) कार्यखण्ड की कठोरता

सघन संरचना वाले ग्राइण्डिग व्हील कठोर तथा भंगुर धातुओं को तथा खुली संरचना वाले मुलायम तथा तन्य (ductile) धातुओं को ग्राइण्ड करने व काटने के लिए प्रयोग किए जाते हैं।

4.3 ग्राइण्डिग व्हील की विशिष्टियाँ Specifications of Grinding Wheel

ग्राइण्डिग व्हील का साइज उसके बाहरी व्यास, मोटाई तथा उसके बीच में बने छिद्र के व्यास के द्वारा दर्शाया जाता है।

उदाहरणार्थ $200 \times 30 \times 25$ मिमी

यहाँ पर व्हील का बाहरी व्यास = 200 मिमी
व्हील की मोटाई = 30 मिमी
तथा छिद्र का व्यास = 25 मिमी

उपरोक्त के अतिरिक्त ग्राइण्डिग व्हील की विशिष्टियाँ, जो उसके गुण-धर्मों को दर्शाती हैं, निम्न क्रम में दी जाती हैं

30A36H5V15

उत्पादक का उपरोक्त कोड जो एब्रेसिव का स्वभाव दर्शाता है, निम्न विशिष्टियाँ प्रदर्शित करता हैं

(i) 30 → व्हील की प्रकृति
(ii) A → एब्रेसिव कणों के ग्रिड साइज का प्रकार
(iii) 36 → ग्रेन साइज
(iv) H → बॉण्ड का ग्रेड
(v) 5 → व्हील की संरचना (सघन या खुली)
(vi) V → बाइण्डर का प्रकार
(vii) 15 → निर्माणक का सन्दर्भ

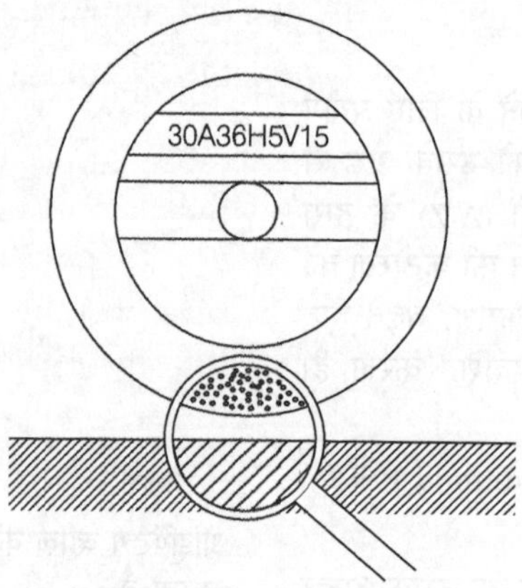

चित्र व्हील की विशिष्टियों का क्रम

स्टैण्डर्ड मार्किंग सिस्टम चार्ट

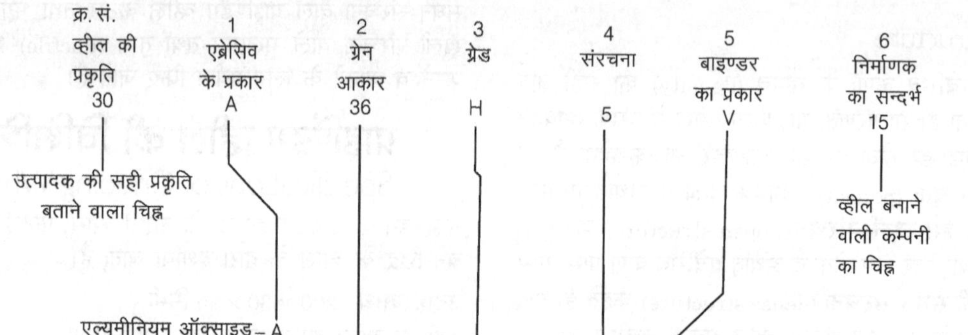

चित्र स्टैण्डर्ड मार्किंग सिस्टम

4.4 ग्राइण्डिंग व्हील की आकृतियाँ Shapes of Grinding Wheel

कार्यखण्डों को विभिन्न आकारों में ग्राइण्ड करने के लिए विभिन्न आकृतियों के ग्राइण्डिंग व्हील प्रयोग किए जाते हैं। ये आकृतियाँ तथा उनका विवरण निम्न प्रकार है

1. स्ट्रेट व्हील Straight Wheel

सर्वसाधारण ग्राइण्डिंग व्हील को स्ट्रेट व्हील कहते हैं। यह ग्राइण्डिंग व्हील सपाट सतह, बेलनाकार कार्यखण्डों की अन्दरूनी तथा बाहरी सतहें, कटिंग टूल, सेन्टरलैस ग्राइण्डिंग आदि प्रक्रियाएँ करने के लिए प्रयोग किया जाता है।

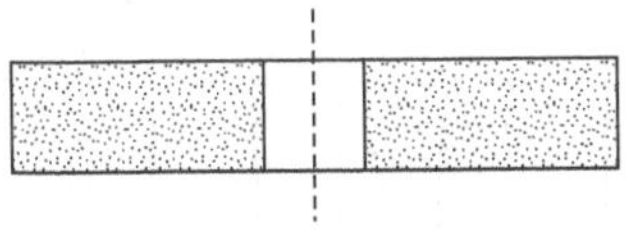

चित्र स्ट्रेट व्हील

स्ट्रेट व्हील निम्नलिखित प्रकार के होते हैं

(i) एक साइड रिसेस्ड व्हील One Side Recessed Wheel

यह समतल, बेलनाकार तथा सेन्टरलैस ग्राइंडिंग करने के लिए प्रयोग किया जाता है। यह रिसेस्ड फ्लैंज के लिए क्लीयरैन्स प्रदान करता है।

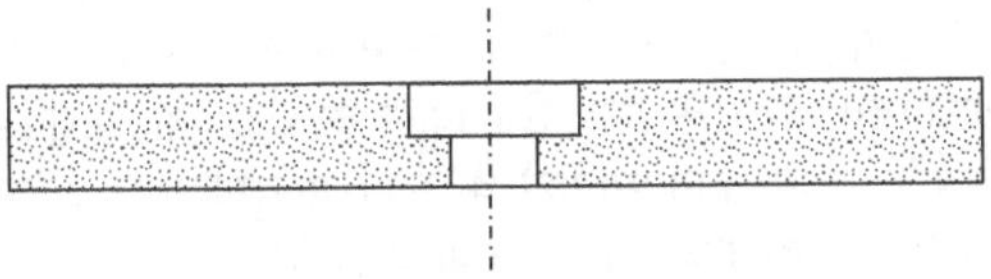

चित्र एक साइड रिसेस्ड ग्राइण्डिंग व्हील

(ii) दोनों साइड रिसेस्ड व्हील Two Side Recessed Wheel

इस प्रकार के रिसेस्ड ग्राइण्डिंग व्हील का उपयोग सतह, टूल तथा कटिंग ग्राइण्डरों पर समतल सतह प्राप्त करने के लिए किया जाता है, क्योंकि इस व्हील में दोनों साइड में रिसेस्ड बने होते हैं। अत: दोनों फ्लैंज को क्लीयरैन्स प्राप्त होता है।

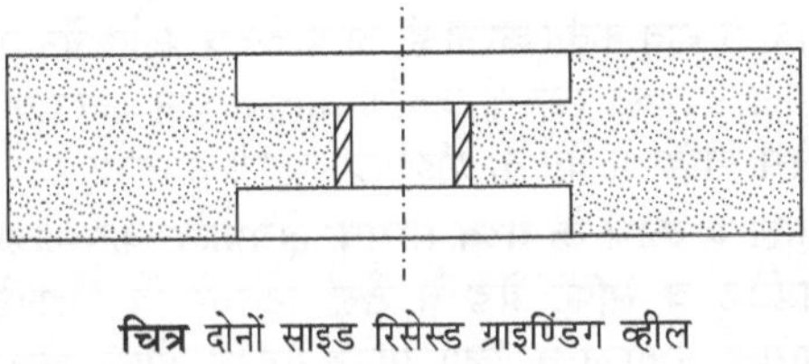

चित्र दोनों साइड रिसेस्ड ग्राइण्डिंग व्हील

(iii) स्ट्रेट कप व्हील Straight Cup Wheel

स्ट्रेट कप ग्राइण्डिंग व्हील का उपयोग क्षैतिज तथा ऊर्ध्वाधर सिलेण्डर पर सपाट सतह की ग्राइण्डिंग के लिए किया जा सकता है। इस व्हील द्वारा ऑफ हैण्ड ग्राइण्डिंग (off hand grinding) भी की जाती है।

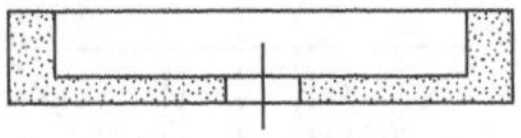

चित्र स्ट्रेट कप ग्राइण्डिंग व्हील

2. टेपर्ड व्हील Tapered Wheel

चित्र में एक टेपर्ड व्हील दर्शाया गया है। इसका प्रयोग उभरे हुए भागों की साइडों को ग्राइण्ड करने में किया जाता है। इसको विशेषत: स्नैगिंग ग्राइण्डिंग (snagging grinding) के लिए प्रयोग किया जाता है। इनको टूटने से बचाने के लिए टेपर किए गए फ्लैंज लगाए जाते हैं।

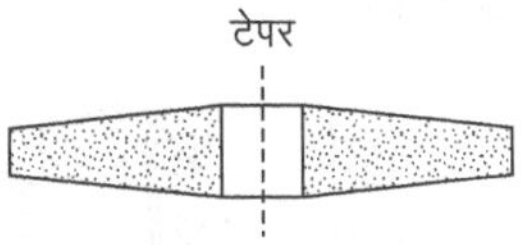

चित्र टेपर्ड व्हील

3. सिलेण्ड्रिकल व्हील Cylindrical Wheel

सिलेण्ड्रिकल व्हील के द्वारा सपाट व वक्राकार सतहों को ग्राइण्ड किया जा सकता है। इनको क्षैतिज तथा ऊर्ध्वाधर स्पिण्डल पर प्रयोग किया जाता है।

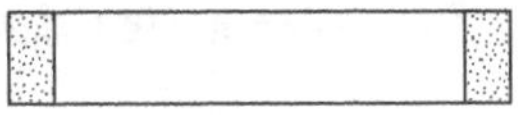

चित्र सिलेण्ड्रिकल व्हील

4. फ्लेयरिंग कप व्हील Flaring Cup Wheel

फ्लेयरिंग कप ग्राइण्डिंग व्हील का प्रयोग टूल एण्ड कटर ग्राइण्डर पर किया जाता है। इसके द्वारा टूलों पर विभिन्न कोण दिए जाते हैं। मिलिंग कटर पर धार लगाने के लिए भी इसका प्रयोग किया जाता है।

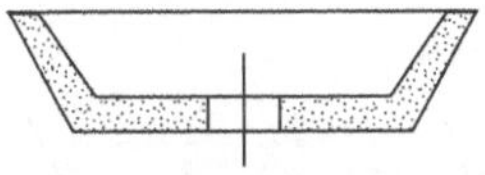

चित्र फ्लेयरिंग कप व्हील

5. डिश व्हील Dish Wheel

डिश व्हील का प्रयोग टूल एण्ड कटर ग्राइण्डर पर, मिलिंग कटरों, ब्रोचों तथा अन्य प्रकार के कटिंग टूलों पर धार लगाने के लिए किया जाता है। इसकी पतली कोर आसानी से दाँतों के मध्य जाकर ग्राइण्डिंग कर सकती है।

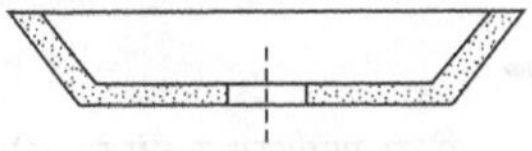

चित्र डिश व्हील

6. सॉसर व्हील Saucer Wheel

इसका प्रयोग वृत्तीय कटर तथा बैण्ड-सा कटर के दाँतों पर धार लगाने के लिए किया जाता है।

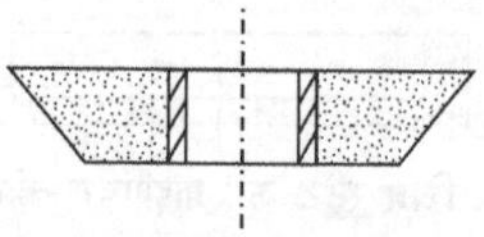

चित्र सॉसर व्हील

7. सेगमेंटेड व्हील Segmented Wheel

इस प्रकार के ग्राइण्डिंग व्हील का उपयोग वृत्तीय हस्त आरी को तेज करने के लिए किया जाता है। इस प्रकार के व्हील का निर्माण एब्रेसिव के भागों को जकड़कर किया जाता है।

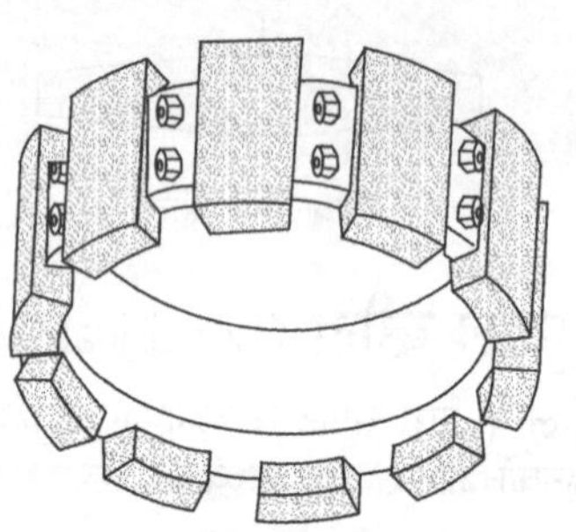

चित्र सेगमेंटेड ग्राइण्डिंग व्हील

8. माउण्टिड व्हील Mounted Wheel

इस प्रकार के ग्राइंडिंग का उपयोग विद्युत या न्यूमैटिक ग्राइण्डरों में किया जाता है। ये 50 मिमी से कम व्यास के व्हील होते हैं, जो स्टील शैंक पर विभिन्न आकृतियों में बने होते हैं जैसा कि चित्रों में दर्शाया गया है।

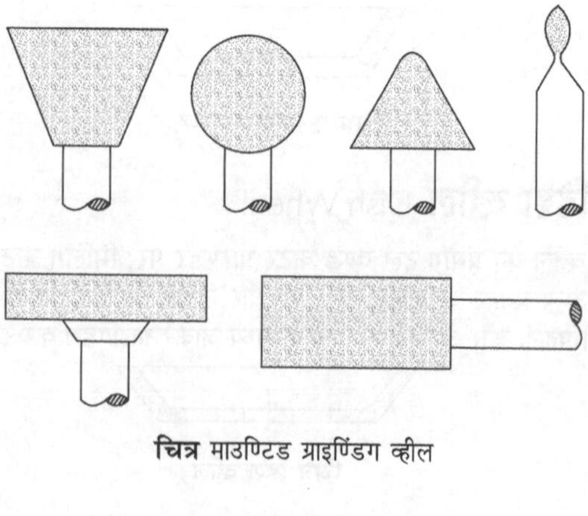

चित्र माउण्टिड ग्राइंडिंग व्हील

4.5 ग्राइण्डिंग व्हील फलक का चयन
Selection of Grinding Wheel Face

कार्यशाला में विभिन्न प्रकार की क्रियाएँ करने के लिए निर्माता द्वारा विभिन्न प्रकार के ग्राइंडिंग व्हील फलक बनाए जाते हैं। ये फलक नीचे दिए गए चित्रों में दर्शाए गए हैं

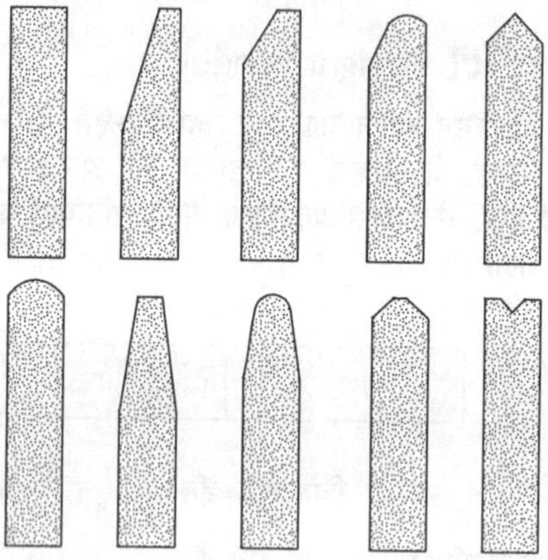

चित्र विभिन्न प्रकार के ग्राइंडिंग व्हील फलक

ग्राइण्डिंग व्हील का चयन करते समय निम्न बातों का ध्यान रखना आवश्यक है

(i) **ग्राइंडिंग की जाने वाली धातु का प्रकार** ग्राइण्डिंग व्हील का चयन ग्राइण्ड की जाने वाली धातु को ध्यान में रखकर करना चाहिए। इसके लिए धातु के एब्रेसिव, ग्रेन साइज, ग्रेड, स्ट्रक्चर तथा बॉण्ड का ध्यान रखा जाता है। निम्न तनन सामर्थ्य वाली धातु की ग्राइंडिंग करने के लिए सिलिकॉन कार्बाइड का ग्राइंडिंग व्हील जबकि उच्च तनन सामर्थ्य के लिए एल्युमीनियम ऑक्साइड के ग्राइंडिंग व्हील का चयन किया जाता है।

(ii) **साइज की शुद्धता व फिनिशिंग का प्रकार** रफ कटिंग व कम शुद्धता के लिए कोर्स ग्रेन तथा विट्रीफाइड बॉण्ड जबकि उच्च फिनिशिंग व शुद्ध साइज के लिए फाइन ग्रेड, रबड़, रेजोनाइड तथा शैलेक बॉण्ड व्हील का चयन किया जाता है।

(iii) **व्हील की गति** 2000 मी/से से कम गति के लिए विट्रीफाइड बॉण्ड के ग्राइण्डिंग व्हील तथा 2000 मी/से से अधिक गति के लिए रेजोनाइड बॉण्ड के ग्राइण्डिंग व्हील का चयन किया जाता है।

(iv) **काटे जाने वाले पदार्थ की मात्रा** यदि ग्राइंडिंग व्हील द्वारा कम मात्रा में धातु कर्तन करना है, तो फाइन व फ्लोर ग्रेन वाले ग्राइंडिंग व्हील उपयुक्त रहते हैं जबकि अधिक धातु कर्तन के लिए रफ व कोर्स मीडियम ग्रेन के ग्राइंडिंग व्हील उपयुक्त रहते हैं।

(v) **व्हील व कार्य के मध्य सम्पर्क क्षेत्रफल** कम क्षेत्रफल के लिए हार्डग्रेड व सॉफ्ट ग्रेड व डैंस स्ट्रक्चर के ग्राइंडिंग व्हील व अधिक क्षेत्रफल के लिए सॉफ्ट ग्रेड व ओपन स्ट्रक्चर के व्हील उपयोग किए जाते हैं।

(vi) **मशीन का प्रकार** ग्राइण्डिग व्हील का चयन मशीन के प्रकार पर भी निर्भर करता है। कम कम्पनों वाली भारी मशीनों के लिए नरम व्हील तथा छोटी मशीनों के लिए हार्ड ग्रेड व्हील प्रयुक्त किए जाते हैं।

(vii) **ग्राइण्डिग क्रिया के प्रकार** ग्राइण्डिग व्हील के फलक का चयन की जाने वाली ग्राइण्डिग प्रक्रिया के आधार पर भी किया जाता है। व्हील की आकृति व आकार, ग्राइण्डिग प्रक्रियाओं; जैसे– सिलेण्ड्रिकल, सर्फेस अथवा टूल ग्राइण्डिग पर निर्भर करता है।

(viii) **कार्य की गति** उच्च कार्य गति के लिए हार्ड व्हील तथा निम्न कार्य गति के लिए सॉफ्ट व्हील का चयन किया जाता है।

(ix) **कूलिंग विधि** अधिक कूलिंग की आवश्यकता होने पर ओपन स्ट्रक्चर व्हील का चयन करना चाहिए। कम ताप उत्पन्न होने के लिए कूलेण्ट को सदैव कटिंग क्षेत्रों में भेजा जाता है।

4.6 ग्राइण्डिग व्हील की माउण्टिग
Mounting of Grinding Wheel

ग्राइण्डिग मशीन के सही तथा सुरक्षित प्रचालन हेतु ग्राइण्डिग व्हील की उचित माउण्टिग आवश्यक होती है। ग्राइण्डिंग व्हील की फिटिंग से पूर्व स्पिण्डल की जाँच अनिवार्य होती है। ग्राइण्डिंग मशीन के स्पिण्डल में ग्राइण्डिग व्हील को पकड़ने के लिए इनर फ्लैंज, आउटर फ्लैंज तथा स्पिण्डल पर नट थ्रेड कटी होती है। इनर फ्लैंज, मशीन स्पिण्डल के साथ घूर्णन करता है। प्रत्येक फ्लैंज का डिश फेस (dish face), व्हील सर्फेस की ओर होता है तथा इनके सम्पर्क बिन्दु पर बियरिंग सर्फेस उपलब्ध होती है।

ग्राइण्डिग व्हील के सेन्टर में बने छिद्र में एक लैड का बना हुआ बुश होता है। बुश में एक स्टैण्डर्ड माप का छिद्र होता है, जो स्पिण्डल के ऊपर हल्का-सा दाब देने पर आ जाता है। ग्राइण्डिग व्हील के दोनों ओर दो फ्लैंज लगाकर इसे एक नट के द्वारा स्पिण्डल पर कस दिया जाता है। इसके पश्चात् व्हील की ड्रेसिंग तथा ट्रूइंग करते हैं। अब व्हील से ग्राइण्डिग शुरू करने से पहले उसकी बैलेंसिंग भी कर लेते हैं।

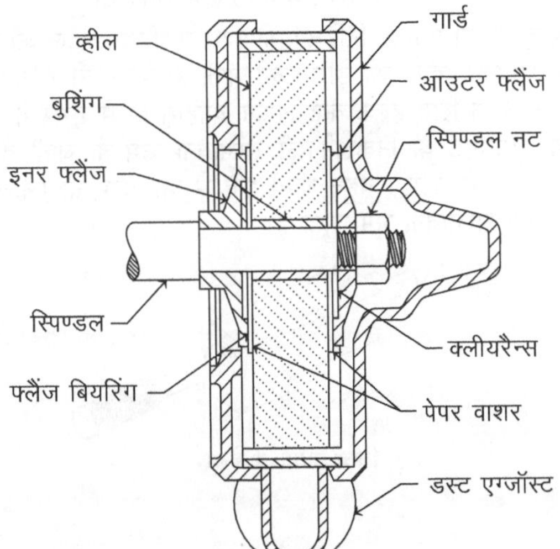

चित्र ग्राइण्डिग व्हील की उचित माउण्टिग

माउण्टिग प्रक्रिया Mounting Procedure

ग्राइण्डिंग व्हील के स्पिण्डल पर व्हील की माउण्टिंग निम्न पदों में पूर्ण की जाती है

(i) स्पिण्डल सर्फेस की स्वच्छता तथा अनियमितता (irregularities) की जाँच करें और यदि आवश्यकता हो, तो सूखे कपड़े से स्पिण्डल को साफ करें।

(ii) इनर फ्लैंज तथा स्पिण्डल की जाँच करें।

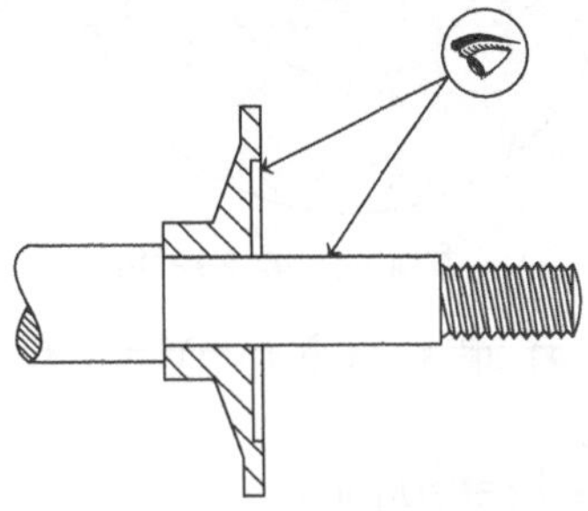

चित्र स्पिण्डल की जाँच

(iii) व्हील ब्रश सर्फेस को साफ करके स्पिण्डल पर फिनिशिंग सुनिश्चित करें।

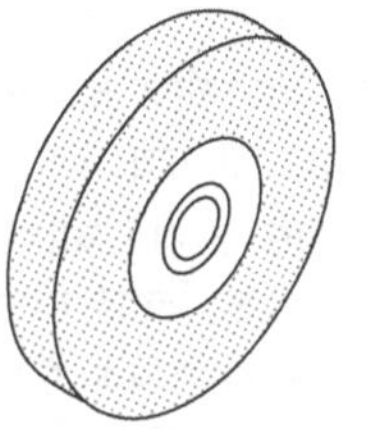

चित्र व्हील बुश सर्फेस

(iv) व्हील के प्रत्येक साइड के स्पिण्डल फ्लैंज की तुलना में बड़े व्यास के सॉफ्ट पेपर डिस्क से व्हील की जाँच करें।

(v) स्पिण्डल फ्लैंज का व्यास ग्राइण्डिंग व्हील के व्यास का एक तिहाई होना सुनिश्चित करें।

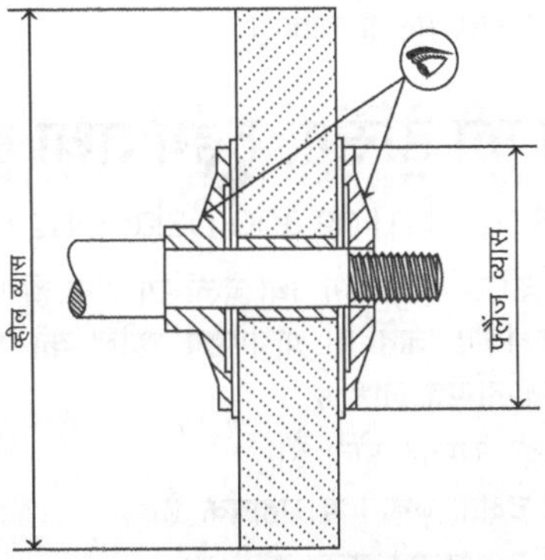

चित्र स्पिण्डल फ्लैंज व्यास तथा ग्राइण्डिंग व्हील व्यास

(vi) ग्राइण्डिंग व्हील को स्पिण्डल पर फिट करके आउटर स्पिण्डल फ्लैंज की स्थिति सुनिश्चित करें।

(vii) उचित आकार के स्पैनर के साथ आउटर स्पिण्डल फ्लैंज के विरुद्ध स्पिण्डल नट को टाइट करें।

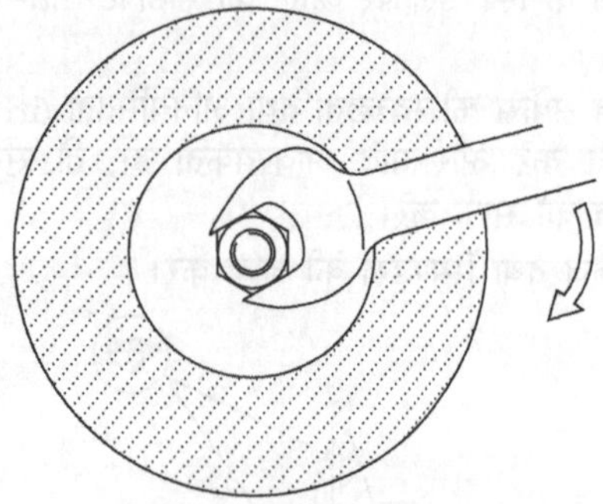

चित्र व्हील की टाइटनिंग

(viii) व्हील गार्ड को उचित रूप से समायोजित करें।

सावधानियाँ Precautions

ग्राइण्डिग व्हील को मशीन पर बाँधते समय निम्न सावधानियाँ रखनी चाहिए

1. व्हील में लगे लैड के बुश का छिद्र, शाफ्ट (shaft) पर स्लाइड फिट (slide fit) की फिटिंग में होना चाहिए।
2. स्पिण्डल के साथ में बैक फ्लैंज को एक कुंजी द्वारा जोड़ा जाना चाहिए जिससे स्पिण्डल की गति, व्हील को ट्रांसमिट हो सके।
3. दोनों फ्लैंज एक ही व्यास के होने चाहिए तथा उनका व्यास व्हील के व्यास का आधा या एक-तिहाई होना चाहिए।
4. फ्लैंज का जो भाग व्हील के सम्पर्क में होता है, उस भाग में लैदर का वाशर या मोटा कागज रखकर ही फ्लैंजों को कसना चाहिए, अन्यथा उनके टूटने का भय रहता है।
5. दोनों फ्लैंज अपनी परिधि के कुछ भाग में ही व्हील के सम्पर्क में रहनी चाहिए। उनके मध्य भाग में खाली जगह (recess) छोड़ दी जाती है। इससे फ्लैंज की व्हील पर अच्छी पकड़ (grip) बनती है।
6. व्हील को कसने के पश्चात् उसके सुरक्षा कवच (safety guards) को लगाना नहीं भूलना चाहिए।

4.7 व्हील की ड्रेसिंग, ट्रूइंग तथा बैलेंसिंग Dressing, Truing and Balancing of Wheel

ग्राइण्डिग व्हील की ड्रेसिंग, ट्रूइंग तथा बैलेंसिंग तीनों ही ऐसे प्रक्रम हैं जो समय-समय पर किए जाते हैं। ग्राइण्डिग व्हील की ड्रेसिंग, ट्रूइंग व बैलेंसिंग के निम्नलिखित लाभ हैं

(i) बहु-उत्पादन सम्भव होता है।
(ii) व्हील की दक्षता बढ़ाने में सहायक है।
(iii) समय एवं लागत की बचत होती है।

व्हील की ड्रेसिंग Dressing of Wheel

ग्राइण्डिग व्हील की सतह जो ग्राइण्डिग प्रक्रिया में भाग लेती है, उसमें धातु के कण चिपक जाते हैं या फिर उस सतह में कार्यशील एब्रेसिव कण खुट्टल (blunt) हो जाते हैं, जिससे अच्छी सतह नहीं बनती।

परिष्कृत ग्राइण्डिंग सतह प्राप्त करने के लिए यह आवश्यक है कि धातु के चिप्स तथा ब्लण्ट एब्रेसिव कणों को ग्राइण्डिंग व्हील से हटा दिया जाए, जिससे नए कण घिसाई प्रक्रिया करने के लिए उभरकर ऊपर आ जाएँ। इस प्रक्रिया को व्हील की ड्रेसिंग कहते हैं। ड्रेसिंग करने के लिए जो टूल प्रयोग किया जाता है, वह ड्रेसर कहलाता है। ये ड्रेसर कई प्रकार के होते हैं। अधिकतर डायमण्ड ड्रेसर तथा व्हील ड्रेसर ही प्रयोग में लाए जाते हैं।

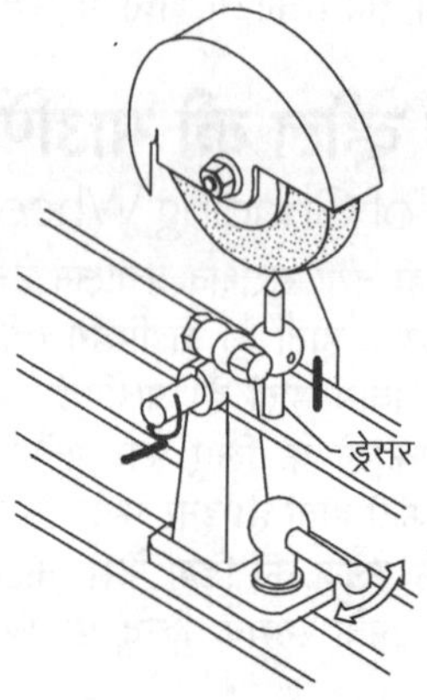

चित्र व्हील की ड्रेसिंग

(i) डायमण्ड ड्रेसर Diamond Dresser

डायमण्ड ड्रेसर में एक धातु के बने होल्डर में डायमण्ड का छोटा-सा टुकड़ा मजबूती से पकड़ा होता है, जैसा कि चित्र में दर्शाया गया है। डायमण्ड ड्रेसर का प्रयोग अधिक ग्रेड के व्हील के लिए किया जाता है जिनको उच्च परिष्करण के लिए प्रयोग किया जाता है।

डायमण्ड ड्रेसर को एक ही निश्चित कोण पर ग्राइण्डिग व्हील की समस्त चौड़ाई में घुमाकर व्हील की ड्रेसिंग की जाती है। ड्रेसर को अधिक गरम होने से बचाने के लिए हल्के कट लगाने चाहिए। इससे ड्रेसर के खराब होने तथा डायमण्ड के निकलने की सम्भावना कम हो जाती है। यदि डायमण्ड ड्रेसर से ड्रेसिंग बहुत धीमी गति से की जाए, तो ग्लेजिंग का दोष आने की सम्भावना बन जाती है।

चित्र डायमण्ड ड्रेसर

(ii) **व्हील ड्रेसर** Wheel Dresser

व्हील की ग्राइण्डिंग करने के लिए व्हील ड्रेसर को व्हील से छूकर आर-पार चलाया जाता है। यह कार्य व्हील की स्थिति पर निर्भर करता है। यदि ड्रेसर की धार अत्यधिक तेज हो तो ड्रेसर का उपयोग बहुत सावधानीपूर्वक करना चाहिए। व्हील ड्रेसर कई आकृतियों के पाए जाते हैं; जैसे—स्टार ड्रेसर, सिलेण्ड्रिकल ड्रेसर, कोरुगेटेड डिस्क आदि।

इनमें कुछ दाँतेदार पहिये होते हैं जिन्हें कठोर इस्पात से बनाया जाता है। ड्रेसिंग करने के लिए इसे घूमते हुए व्हील पर पूरी मोटाई में चलाया जाता है। इसके द्वारा कोर्स ग्रेन साइज के व्हील की ड्रेसिंग की जाती है। चित्र में एक स्टार व्हील ड्रेसर को दर्शाया गया है। सिलेण्ड्रिकल ड्रेसर में ढले हुए इस्पात के बेलन होते हैं जिनमें खाँचे कटे होते हैं।

इन ड्रेसरों को ड्रेसिंग के अतिरिक्त ढलवाँ लोहे की बेलनाकार ग्राइण्डिंग के लिए भी प्रयोग किया जाता है। कोरुगेटेड डिस्क ड्रेसर में कोरुगेटेड डिस्क (disc) लगी होती है।

इसको स्मूथ व्हील को ड्रेस करने के लिए प्रयोग किया जाता है। इसका प्रयोग ऐसे स्थानों पर किया जाता है जहाँ अधिक परिष्कृत ग्राइण्डिंग की आवश्यकता नहीं रहती।

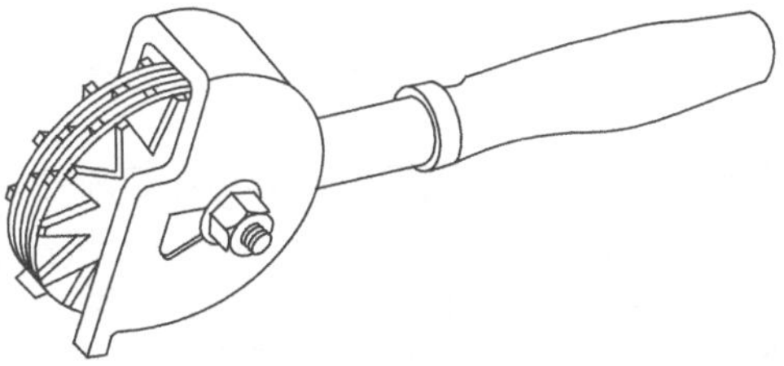

चित्र स्टार व्हील ड्रेसर

ग्राइण्डिंग व्हील की टूइंग
Truing of Grinding Wheel

व्हील को जब ग्राइण्डिंग मशीन के स्पिण्डल पर बाँधा जाता है, तो हम देखते हैं कि यह कुछ ढीला होता है। व्हील की परिधि को स्पिण्डल की अक्ष या घूमने की अक्ष के संकेन्द्री (concentric) बनाने के लिए तथा ग्राइण्डिंग के दौरान बिगड़ी हुई सतह को फिर से ठीक करने के लिए इसकी टूइंग (truing) की जाती है। टूइंग, डायमण्ड ड्रेसर से ड्रेसिंग के समान ही की गई प्रक्रिया है।

व्हील का सन्तुलन करना Wheel Balancing

किसी भी ग्राइण्डिंग व्हील को मशीन स्पिण्डल पर लगाने से पूर्व उसे सन्तुलित (balancing) किया जाता है। प्रत्येक व्हील फैक्ट्री में निर्माण के पश्चात् व्हील को सन्तुलित किया जाता है, परन्तु फिर भी सुरक्षा के लिए व्हील का सन्तुलन जाँचना आवश्यक है।

चित्र में व्हील की सन्तुलन जाँच की विधि दिखाई गई है। व्हील को उसके बोर के अनुसार बने सीधे स्पिण्डल पर चढ़ा दिया जाता है। यहाँ पर इस बात का ध्यान रखा जाना चाहिए कि अगर हो सके तो व्हील को उसी स्पिण्डल पर चढ़ाकर परख की जाए जिस पर उसे घूमकर कार्य करना है।

व्हील को स्पिण्डल के बीचों-बीच सैट करने के पश्चात् स्पिण्डल को व्हील सहित बैलेंसिंग अटैचमेन्ट के तीव्र सिरों पर रखें। यदि व्हील कहीं से भी भारीपन लिए होगा, तो वह स्थान सदैव नीचे की ओर जाकर रुकेगा। यदि बार-बार जाँचने पर भी व्हील का वही स्थान नीचे जाता हो, तो व्हील के फ्लैंजों में लगे सैटिंग पीस को अपने स्थान से हिलाकर जहाँ हल्कापन हो, सरका दिया जाता है। इससे व्हील का सन्तुलन (balance) ठीक हो जाता है।

व्हील के सन्तुलन में थोड़ी-सी कमी भी मशीन के बियरिंग पर बहुत बुरा प्रभाव डालती है। अगर 3 इंच व्यास के व्हील में $\frac{1}{8}$ औंस भी सन्तुलन छोड़ा गया, तो 1500 मीटर प्रति मिनट की स्पीड पर कम-से-कम चार पौण्ड का अनुचित दबाव बियरिंग पर पड़ेगा।

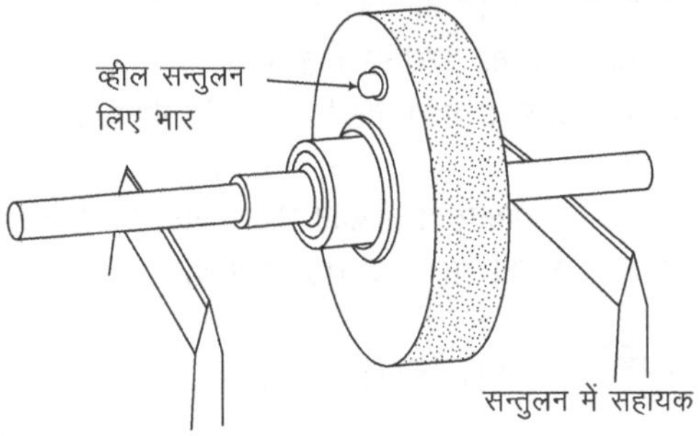

चित्र व्हील का सन्तुलन जाँचना

व्हील का सन्तुलन पूर्ण रूप से जाँचने के पश्चात् ही उसे स्पिण्डल पर फिट करके मशीन में बाँधा जाता है।

नोट *ग्राइण्डिंग व्हील की ड्रेसिंग तथा टूइंग एक ही समय पर की जाती है।*

4.8 ग्राइण्डिंग व्हील की लोडिंग एवं ग्लेजिंग
Loading and Glazing of Grinding Wheel

लोडिंग Loading

ग्राइण्डिंग व्हील के एब्रेसिव कणों के बीच के स्थान में, ग्राइण्डिंग की जाने वाली धातु के कण भर जाने को लोडिंग कहते हैं। व्हील के परिधिक सतह पर यह स्थिति निम्नलिखित कारणों से उत्पन्न होती है

(i) व्हील पर कार्यखण्ड का अधिक दबाव बनाना।
(ii) आवश्यकता से अधिक कट लगाना।
(iii) फाइन व्हील द्वारा नरम धातु को ग्राइण्ड करना।

यह त्रुटि मुख्य रूप से हार्ड या रफ व्हील पर अधिक होती है। जब भी ग्राइण्डिंग व्हील पर लोडिंग देखें, तो उसे डायमण्ड टूल से ड्रेस करें, जिससे कि व्हील की परिधिक सतह पर नए कटिंग एज लाए जा सकें।

ग्लेजिंग Glazing

ग्राइण्डिंग क्रिया होते समय यह आवश्यक है कि खुट्टल (blunt) हुए व्हील के एब्रेसिव अंश व्हील से हटते रहें। जब एब्रेसिव अंश घिसने पर भी स्थान न छोड़ें और अपने स्थान पर ही चिपके रहें, तो ऐसी स्थिति को ग्लेजिंग कहते हैं। इससे व्हील पर चमक आ जाती है।

किनारे घिस जाने पर कटाई कम होती है तथा दाब (pressure) अधिक लगाना पड़ता है। इसके कारण अधिक ऊष्मा (heat) पैदा होती है व ग्राइंडिंग व्हील के टूटने का भी भय रहता है। यह स्थिति निम्नलिखित कारणों से उत्पन्न होती है

(i) हार्ड धातु पर हार्ड व्हील प्रयोग करने से।
(ii) जॉब की फीड कम रखने पर।
(iii) चक्कर प्रति मिनट आवश्यकता से कम होने पर।

लोडिंग व ग्लेजिंग के प्रभाव
Effects of Loading and Glazing

लोडिंग तथा ग्लेजिंग से व्हील पर निम्नलिखित प्रभाव पड़ते हैं

(i) सर्फेस फिनिश खराब होती है।
(ii) अत्यधिक ऊष्मा का उत्सर्जन होता है।
(iii) कार्य तथा व्हील के मध्य अत्यधिक कटिंग प्रेशर उत्पन्न हो जाता है।
(iv) कार्यखण्ड के आकार व आकृति में अशुद्धता आती है।
(v) व्हील के टूटने की सम्भावना बढ़ जाती है।

4.9 ग्राइण्डिंग प्रक्रिया Grinding Process

ग्राइण्डिंग एक कर्तन प्रक्रिया (cutting process) है, जिसमें किसी कार्यखण्ड की सतह को परिष्कृत करने हेतु एक एब्रेसिव व्हील द्वारा उस सतह से बहुत बारीक कणों को हटाया जाता है। इस प्रक्रिया द्वारा कार्यखण्ड की सतह से 0.25 मिमी से 0.5 मिमी तक की धातु कणों के रूप में हटाई जा सकती हैं।

अत: ग्राइण्डिंग वह धातु कटिंग प्रक्रिया है जिसमें ग्राइण्डिंग व्हील में लगे हुए बहुत से एब्रेसिव कण (abrasive particles) छोटे-छोटे कटिंग टूलों की तरह कार्य करते हैं, जैसा कि चित्र में दर्शाया गया है।

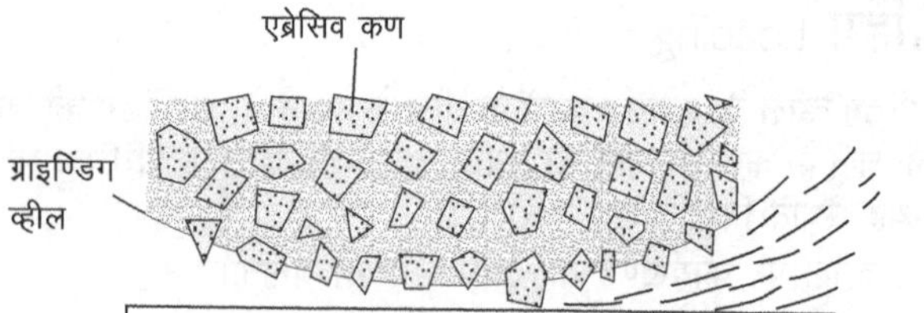

चित्र एब्रेसिव कणों के द्वारा घिसाई प्रक्रिया

ग्राइण्डिंग प्रक्रिया का मुख्य उद्देश्य, कटिंग टूलों की आकृति बनाना, उनकी धार लगाना, बिना कठोर की गई तथा कठोर की गई सतहों से बारीक कणों के रूप में धातु हटाकर उन्हें उच्च यथार्थता (high accuracy) तथा सतह परिष्कृति प्रदान करना होता है।

ग्राइण्डिंग प्रक्रिया के प्रकार Types of Grinding Process

ग्राइण्डिंग प्रक्रिया के मुख्य प्रकार निम्न हैं

(i) आन्तरिक बेलनाकार ग्राइण्डिंग Internal Cylindrical Grinding

इस विधि में सीधी अथवा टेपर्ड साइड वाले आन्तरिक बेलनाकार छिद्रों को ग्राइण्ड किया जाता है। कार्यखण्ड को चक में पकड़कर उसकी अक्ष पर घुमाया जाता है। यदि कार्यखण्ड वामावर्त दिशा में गति करता है, तो ग्राइण्डिंग व्हील की गति दक्षिणावर्त दिशा में होगी, जैसा कि चित्र में दर्शाया गया है।

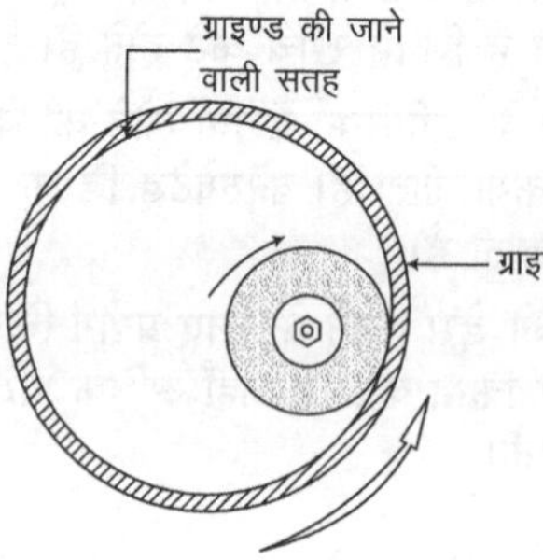

चित्र आन्तरिक बेलनाकार ग्राइण्डिंग

(ii) बाहरी बेलनाकार ग्राइण्डिंग External Cylindrical Grinding

इस विधि में सीधी अथवा टेपर्ड साइड वाले बाह्य बेलनाकार छिद्रों की सतहों को ग्राइण्ड किया जाता है। कार्यखण्ड को इसकी अक्ष पर केन्द्रों के मध्य ग्राइण्ड किया जाता है। ग्राइण्डिंग व्हील और कार्यखण्ड की गति एक-दूसरे के विपरीत होती है, जैसा कि चित्र में दर्शाया गया है।

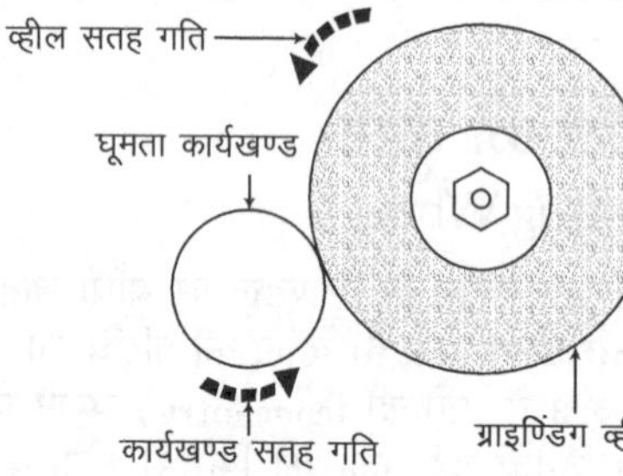

चित्र बाहरी बेलनाकार ग्राइण्डिंग

(iii) सतह ग्राइण्डिंग Surface Grinding

इस विधि में कार्यखण्ड पर समतल या सपाट सतह निर्मित करने के लिए सूक्ष्म ग्राइण्डिंग मशीनों का प्रयोग किया जाता है, जैसा कि चित्र में दर्शाया गया है।

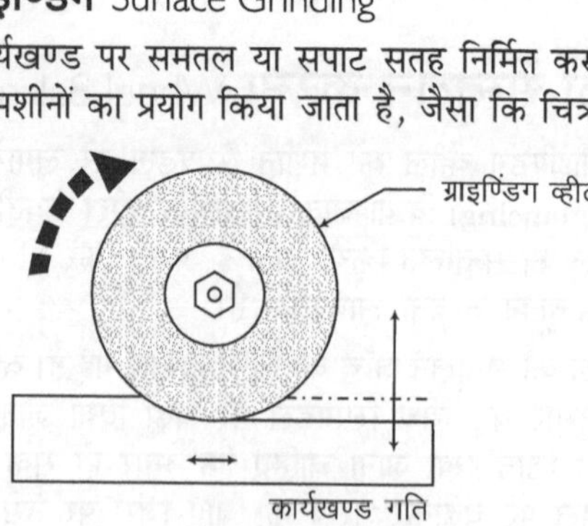

चित्र सतह ग्राइण्डिंग

(iv) फॉर्म ग्राइण्डिंग Form Grinding

इस विधि में ग्राइण्डिंग द्वारा कुछ विशेष आकार (form) की सतहों का निर्माण किया जाता है। इन सतहों के निर्माण हेतु कुछ विशेष आकार वाले ग्राइण्डिंग व्हील प्रयोग किए जाते हैं।

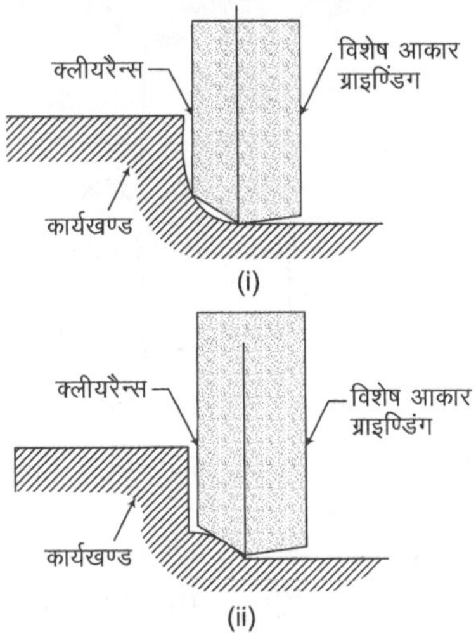

चित्र फॉर्म ग्राइण्डिंग

विशेष ग्राइण्डिंग संक्रियाएँ Special Grinding Operations

ग्राइण्डिंग की दी गईं संक्रियाओं के अतिरिक्त कुछ अन्य संक्रियाएँ निम्न प्रकार हैं

1. स्नैगिंग Snagging

फोर्जिंग, कास्टिंग अथवा वैल्डिंग किए गए कार्यखण्डों की रफ सतहों को हैण्ड ग्राइण्डर के द्वारा ग्राइण्ड करने को स्नैगिंग (snagging) कहते हैं। कास्टिंग किए गए पार्ट्स के स्प्रु तथा गेट (sprue and gates) को काटने के पश्चात् उनकी जड़ों को ग्राइण्ड कर दिया जाता है। इसी प्रकार मोटी वैल्डिंग की गई बीड को भी ग्राइण्ड किया जाता है। यह एक रफ ग्राइण्डिंग प्रक्रिया है। इसमें ग्राइण्डर को हाथ में पकड़कर जॉब की ग्राइण्डिंग की जाती है।

2. ऑफ हैण्ड ग्राइण्डिंग Off Hand Grinding

बैच ग्राइण्डर के द्वारा जॉब या टूल को हाथ में पकड़कर ग्राइण्ड किया जाता है। इस प्रक्रिया में जॉब की विमाएँ (dimensions) बहुत एक्यूरेट नहीं बनाई जा सकतीं। एक्यूरेसी ऑपरेटर की कार्य-कुशलता पर निर्भर करती है। छोटे जॉब अथवा टूल इसी प्रक्रिया के द्वारा ग्राइण्ड किए जाते हैं।

3. यथार्थ ग्राइण्डिंग Precision Grinding

पार्ट्स को किसी निश्चित टॉलरैन्स (tolerance) में बनाने के लिए प्रिसीजन ग्राइण्डिंग की जाती है। साधारणतः प्रिसीजन ग्राइण्डिंग के द्वारा 0.01 मिमी अथवा 0.001" की शुद्धता प्रदान की जाती है। इसके लिए विभिन्न प्रकार की ग्राइण्डिंग मशीनें प्रयोग की जाती हैं, जिन पर ग्राइण्डिंग व्हील तथा कार्यखण्ड को नियन्त्रण में चलाया जाता है।

4.10 ग्राइण्डिंग मशीनें Grinding Machines

विभिन्न आकृतियों के कार्यखण्डों को अलग-अलग प्रकार से ग्राइण्ड करने की आवश्यकता होती है। इसके कारण अनेक प्रकार की ग्राइण्डिंग मशीनें बनाई गई हैं जिन्हें निम्न प्रकार वर्गीकृत किया जा सकता है

1. रफ ग्राइण्डर Rough Grinder

ये मशीनें रफ ग्राइण्डिंग के लिए प्रयोग की जाती हैं। इनमें कार्यखण्ड को अथवा व्हील को हाथ से पकड़कर ग्राइण्डिंग की जाती है। इसी कारण रफ सतह प्राप्त होती है ये निम्न प्रकार के होते हैं

(i) हैण्ड ग्राइण्डर Hand Grinder

हैण्ड ग्राइण्डर में व्हील को एक लीवर द्वारा घुमाया जाता है। लीवर को हाथ से घुमाने पर इसके स्पिण्डल पर लगा हुआ बड़ा गियर घूमने लगता है। इस गियर के साथ व्हील स्पिण्डल पर लगा छोटा गियर भी घूमता है। इस ग्राइण्डर का प्रयोग छोटे-छोटे कार्यखण्डों को ग्राइण्ड करने हेतु किया जाता है। हैण्ड ग्राइण्डर को पोर्टेबल हैण्ड ग्राइण्डर के नाम से भी जाना जाता है। निम्न चित्र में हैण्ड ग्राइण्डर को दर्शाया गया है।

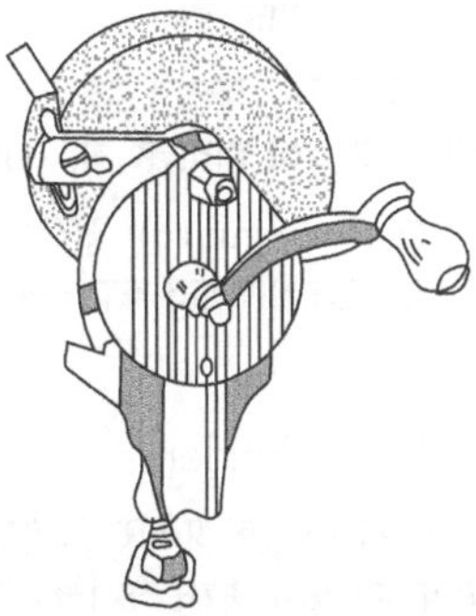

चित्र हैण्ड ग्राइण्डर

(ii) बेंच ग्राइण्डर Bench Grinder

साधारणतः प्रत्येक कार्यशाला में एक बेंच ग्राइण्डर अवश्य लगा होता है। इसे स्नैगिंग (snagging) तथा ऑफ हैण्ड ग्राइण्डिंग (off hand grinding) के लिए प्रयोग किया जाता है। ऑफ हैण्ड ग्राइण्डिंग से अभिप्राय उस ग्राइण्डिंग संक्रिया से है, जहाँ पदार्थ को व्हील द्वारा हटाने में अधिक परिशुद्धता की आवश्यकता नहीं होती।

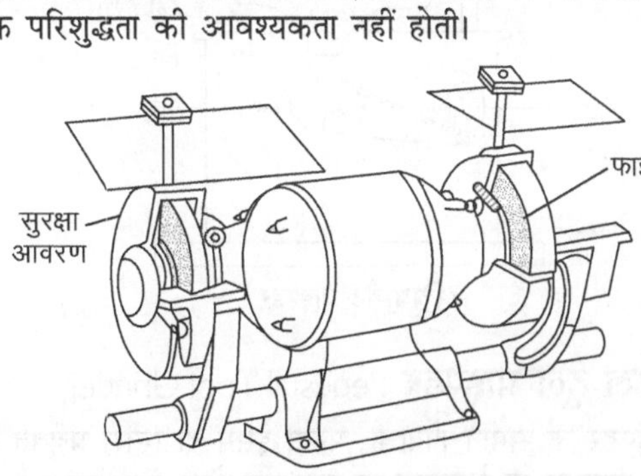

चित्र बेंच ग्राइण्डर

इसे कार्यशालाओं में सामान्य रिपेयरिंग औजारों पर धार लगाने तथा कास्टिंग की फैटलिंग (fettling) के लिए प्रयोग किया जाता है। छोटे कार्यखण्डों को ग्राइंडिंग के समय सहारा देने के लिए नीचे टेक (rest) लगी होती है। बेंच ग्राइण्डर पर आवश्यकतानुसार पॉलिशिंग व्हील (polishing wheel) लगाकर पॉलिशिंग की जा सकती है। बेंच पर लगाकर प्रयोग करने योग्य होने के कारण इसे बेंच ग्राइण्डर कहते हैं।

बेंच ग्राइण्डर के मुख्य भाग निम्नलिखित हैं

- **बॉडी** (Body) उच्च सामर्थ्य को सहन करने के लिए बेंच ग्राइण्डर की बॉडी उच्च ग्रेड वाले ढलवाँ लोहे की बनाई जाती है।
- **स्पिण्डल** (Spindle) स्पिण्डल, उच्च ग्रेड वाली स्टील की बनाई जाती है, जो डीप ग्रूव्ड बॉल बियरिंग पर बँधी होती है। बॉल बियरिंग को अच्छे से ग्रीस व सील्ड किया जाता है। इन स्पिण्डलों से ही ग्राइण्डिंग व्हील बँधे होते हैं। एक व्हील रफ दाने वाला तथा दूसरा फाइन दाने वाला होता है।
- **मोटर** (Motor) सन्तुलित ग्राइंडिंग व्हील कम्पन्न को कम करके स्मूथ प्रचालन में सहायक होता है। मोटर को विद्युत से चलाया जाता है, जो आर्मेचर शाफ्ट ग्राइण्डिंग व्हील लगाने के लिए स्पिण्डल का कार्य करता है। मोटर की ग्राइंडिंग पर नमी व धूल में काम करने के लिए विद्युतरोधी वार्निश की गई होती है।
- **स्विच** (Switch) मोटर को चलाने के लिए ग्राइण्डर में एक रोटरी ऑन/ऑफ स्विच दिया गया होता है जो आधार से जुड़ा होता है।
- **सुरक्षा आवरण** (Safety guard) सुरक्षा आवरण को ग्राइण्डिंग व्हील पर लगाया जाता है। यह धातु कार्यखण्ड के कणों को छितरने से रोकता है

(iii) वैट ग्राइण्डर Wet Grinder

यह पेडेस्टल ग्राइण्डर का ही एक प्रकार है। इसमें ग्राइण्डिंग करते समय उत्पन्न होने वाले ताप को कम करने के लिए पेडेस्टल के ऊपर एक ट्रे लगी होती है जिसमें पानी भरा होता है।

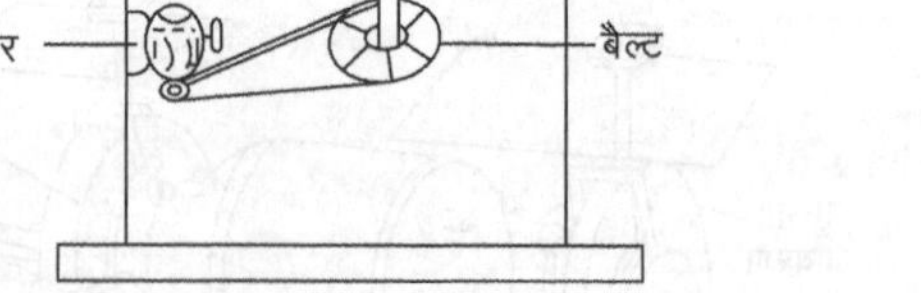

चित्र वैट ग्राइण्डर

(iv) पेडेस्टल टूल ग्राइण्डर Pedestal Tool Grinder

यह वैट ग्राइण्डर के समान होता है, परन्तु इसमें दो व्हील प्रयुक्त किए जाते हैं। इस ग्राइण्डर के पेडेस्टल पर एक टूल पोस्ट फिट रहता है जिसे किसी भी कोण पर व्यवस्थित किया जा सकता है। टूल की ग्राइण्डिंग के लिए यह ग्राइण्डर सर्वाधिक उपयुक्त ग्राइण्डर है।

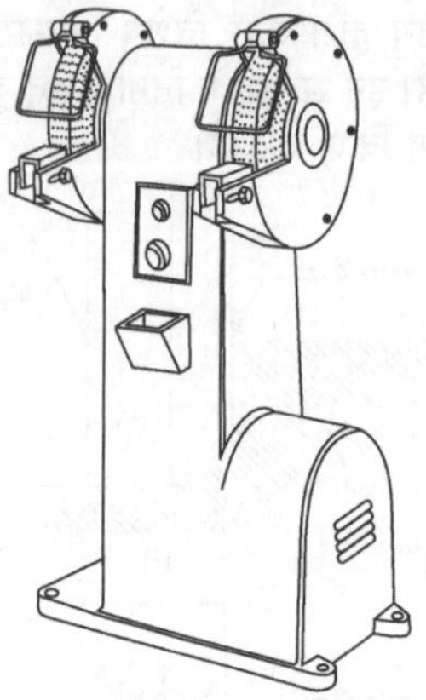

चित्र पेडेस्टल टूल ग्राइण्डर

पेडेस्टल ग्राइण्डर पर टूल ग्राइण्ड करते समय निम्नलिखित सुरक्षा सावधानियाँ अपनाई जाती हैं

1. टूल को मजबूती से पकड़ें।
2. ग्राइण्डिंग करते समय आँखों की सुरक्षा हेतु ऐनक का प्रयोग करें।
3. व्हील फेस द्वारा एक ही स्थान पर ग्राइण्डिंग नहीं करें अन्यथा व्हील की शेप खराब हो जाएगी।
4. ग्राइण्डिंग करते समय ग्राइण्डर व्हील के सामने खड़े न हों।
5. टूल रैस्ट व व्हील फेस के बीच लगभग 3 मिमी की दूरी रखें।
6. जहाँ तक सम्भव हो टूल रैस्ट का ही प्रयोग करें।
7. ग्राइण्डिंग के दौरान अपना ध्यान ग्राइण्डिंग मशीन पर ही केन्द्रित रखें।
8. टूल को समय-समय पर पानी में डुबोकर ठण्डा करें।
9. कार्य समाप्ति के पश्चात् मशीन को बन्द कर दें।

(v) पोर्टेबल इलेक्ट्रिक ग्राइण्डर Portable Electric Grinder

पोर्टेबल ग्राइण्डर में एक ही ग्राइण्डिंग व्हील होता है तथा इसकी मोटर भी छोटी होती है। इसे हाथ में पकड़कर भारी ढलाई तथा भारी स्टील स्ट्रक्चरों (steel structures) को ग्राइण्ड किया जाता है। इसे पकड़ने के लिए इसकी बॉडी पर ही हैण्डिल लगा होता है जैसे हैण्ड ड्रिलिंग मशीन में होता है। इसमें ग्राइण्डिंग व्हील के ऊपर सुरक्षा कवच (safety guard) लगा होता है।

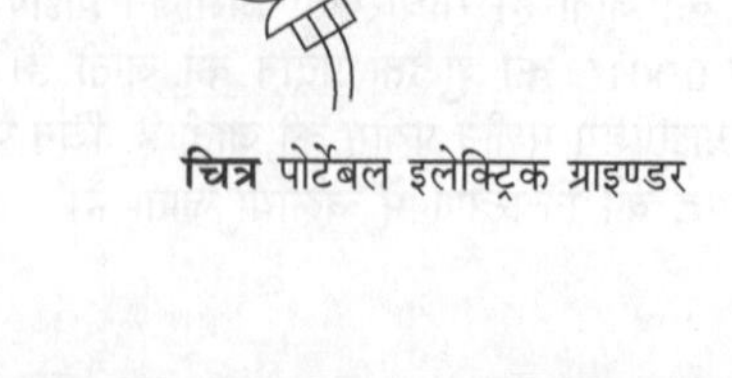

चित्र पोर्टेबल इलेक्ट्रिक ग्राइण्डर

पोर्टेबल ग्राइण्डर का प्रयोग अवांछित धातु को विभिन्न कार्यखण्डों से हटाने के लिए किया जाता है।

(vi) **स्टैण्ड ग्राइण्डर** Stand Grinder

यह प्रयोग (use) करने में तथा बनावट में बेंच ग्राइण्डर के समान होता है। अन्तर मात्र यह है कि इसमें मोटर को एक उचित ऊँचाई के स्टैण्ड पर रखा होता है जिससे ग्राइण्डर को कार्य योग्य बनाने के लिए बेंच की आवश्यकता नहीं होती।

स्टैण्ड पर रखा होने के कारण ही इसे स्टैण्ड ग्राइण्डर कहा गया है। इसे भी हाथ द्वारा ग्राइण्ड करने के लिए ऐसे स्थान पर प्रयोग किया जाता है, जहाँ कार्यखण्डों की विमाएँ (dimensions) बहुत एक्यूरेट नहीं होनी चाहिए।

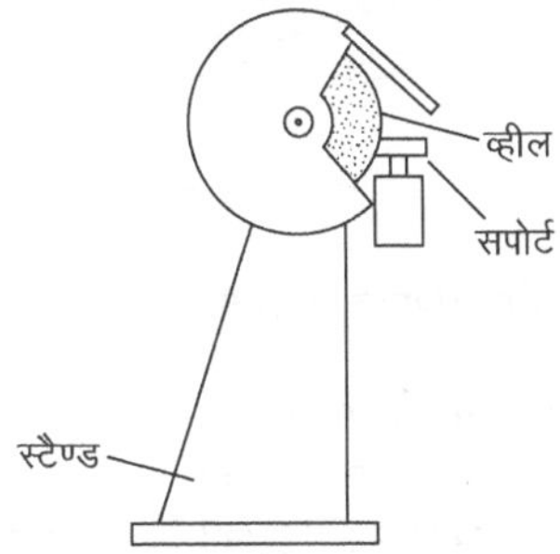

चित्र स्टैण्ड ग्राइण्डर

(vii) **स्विंग-फ्रेम ग्राइण्डर** Swing-Frame Grinder

इस ग्राइण्डर को एक फ्रेम में लगाया जाता है जिसकी लम्बाई 2-3 मी होती है। इसे एक उपयुक्त स्थान पर इस प्रकार लटकाया जाता है कि यह स्वतन्त्रतापूर्वक समान्तर लटका रह सके। ग्राइंडिंग प्रक्रिया के लिए ऑपरेटर मोटर को चलाकर इसमें लगे हैण्डिल की सहायता से इसे स्विंग कराकर वांछित स्थान पर ले जाता है। इसे भारी कार्यों के लिए प्रयोग किया जाता है।

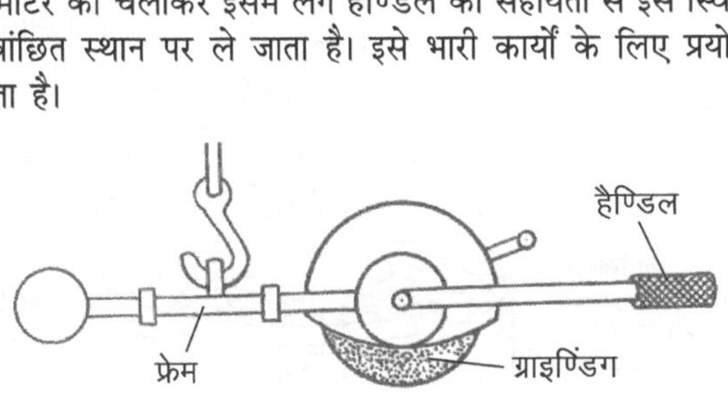

चित्र स्विंग-फ्रेम ग्राइण्डर

(viii) **एब्रेसिव बैल्ट ग्राइण्डर** Abrasive Belt Grinder

इस प्रकार के ग्राइण्डर में एक एण्डलैस (endless) कैनवास बैल्ट होती है। इसके ऊपर एब्रेसिव कण चिपकाए गए होते हैं। ये एब्रेसिव कण आवश्यकतानुसार मोटे व महीन (fine) हो सकते हैं।

यह कैनवास बैल्ट दो रोलरों के ऊपर चलती है। इनमें से एक रोलर को विद्युत मोटर के द्वारा शक्ति पारेषण (power transmission) किया जाता है। पट्टे के नीचे एक समतल भारी प्लेट लगी होती है। कार्यखण्ड को ग्राइण्ड करने के लिए चलती हुई बैल्ट के ऊपर एब्रेसिव लगी सतह के विरुद्ध दबाया जाता है।

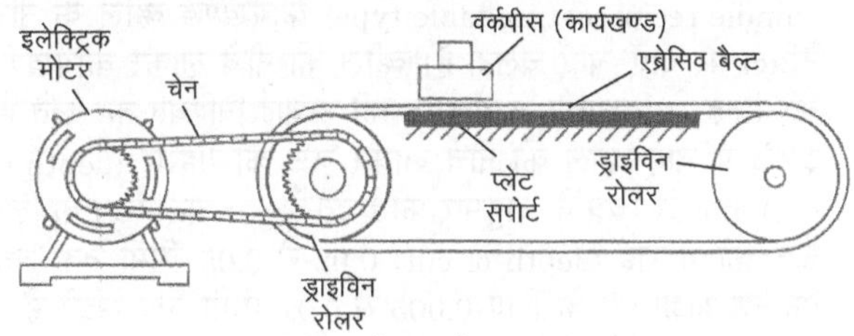

चित्र एब्रेसिव बैल्ट ग्राइण्डर

(ix) **फ्लैक्सिबल शाफ्ट ग्राइण्डर** Flexible Shaft Grinder

जिन स्थानों पर पोर्टेबल ग्राइंडिंग मशीन या स्विंग-फ्रेम ग्राइण्डर ठीक से काम नहीं कर पाते, वहाँ पर फ्लैक्सिबल शाफ्ट ग्राइण्डर सफलतापूर्वक कार्य कर सकता है। इसमें मोटर द्वारा एक लचीली शाफ्ट को घुमाया जाता है जिसका एक सिरा मोटर से तथा दूसरा ग्राइंडिंग व्हील से जुड़ा होता है। इसमें विद्युत मोटर तो एक स्थान पर स्थिर रहती है जबकि ग्राइण्डर व्हील को किसी भी अवस्था में मोड़ा जा सकता है।

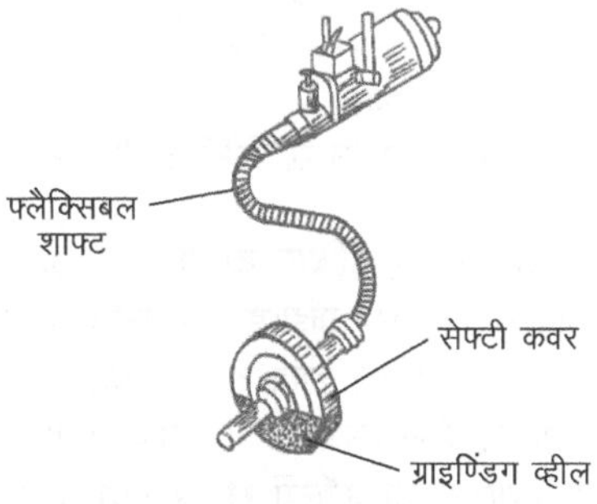

चित्र फ्लैक्सिबल शाफ्ट ग्राइण्डर

2. प्रिसीजन ग्राइण्डर
Precision Grinder

जब कार्यखण्डों की विमाएँ बहुत यथार्थ बनानी होती हैं, तो प्रिसीजन ग्राइण्डर का प्रयोग किया जाता है। इनसे शेष धातु को हटाने के साथ-साथ वांछित सतह परिष्कृति भी प्राप्त की जा सकती है। इनके द्वारा समतल सतहें (plain surfaces) तथा कर्व्ड सतहें (curved surfaces) ग्राइण्ड की जा सकती हैं।

प्रिसीजन ग्राइण्डर निम्न प्रकार के होते हैं

(i) **सर्फेस ग्राइण्डर** Surface Grinder

सर्फेस ग्राइण्डर के द्वारा कार्यखण्डों की प्लेन सतहों (plain surfaces) को ग्राइण्ड किया जाता है। इन ग्राइण्डरों में समान्तर तथा लम्बवत् दोनों स्थितियों के स्पिण्डल होते हैं जिनमें ग्राइंडिंग व्हील पकड़ा जाता है। कार्यखण्ड को पकड़ने तथा फीड देने के लिए रेसीप्रोकेटिंग तथा रोटेरी टेबिल प्रयोग की जाती है।

सर्फेस ग्राइण्डर निम्न प्रकार वर्गीकृत किए जा सकते हैं

(a) **क्षैतिज स्पिण्डल रेसीप्रोकेटिंग टेबिल टाइप** (Horizontal spindle reciprocating table type) कार्यखण्ड व्हील के नीचे टेबिल पर दाएँ-बाएँ चलता है। व्हील को नीचे लाकर कार्यखण्ड की सतह से मिलाकर कार्यखण्ड की ऊँचाई निश्चित कर लेते हैं। इसके पश्चात् व्हील को नीचे लाकर कट की गहराई (depth of cut) लगाकर चित्र के अनुसार फीड देते हैं। रफ ग्राइण्डिंग के लिए कट की गहराई (depth of cut) 0.02 से 0.05 मिमी तक तथा फिनिश ग्राइण्डिंग के लिए 0.005 से 0.01 मिमी तक रखते हैं।

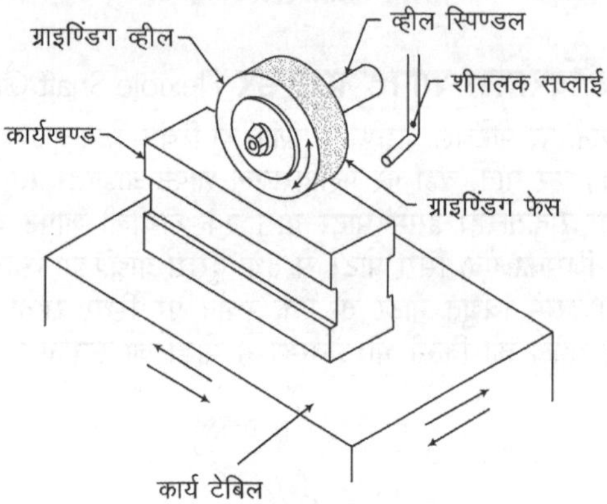

चित्र क्षैतिज स्पिण्डल रेसीप्रोकेटिंग टेबिल टाइप

(b) **क्षैतिज स्पिण्डल रोटेरी टेबिल टाइप** (Horizontal spindle rotary table type) इस ग्राइण्डर में रेसीप्रोकेटिंग टेबिल के स्थान पर एक रोटेरी टेबिल होती है तथा ग्राइण्डर का स्पिण्डल क्षैतिज ही होता है, जैसा कि चित्र में दर्शाया गया है। क्रॉस-फीड देने के लिए स्पिण्डल ही कॉलम से दूर तथा पास आता है तथा डैप्थ ऑफ कट के लिए भी स्पिण्डल या व्हील ही कॉलम पर नीचे लाया जाता है।

कार्यखण्डों (workpieces) को रोटेरी टेबिल की परिधि पर बाँध दिया जाता है। इसमें भी व्हील की परिधि से ही ग्राइण्डिंग क्रिया होती है।

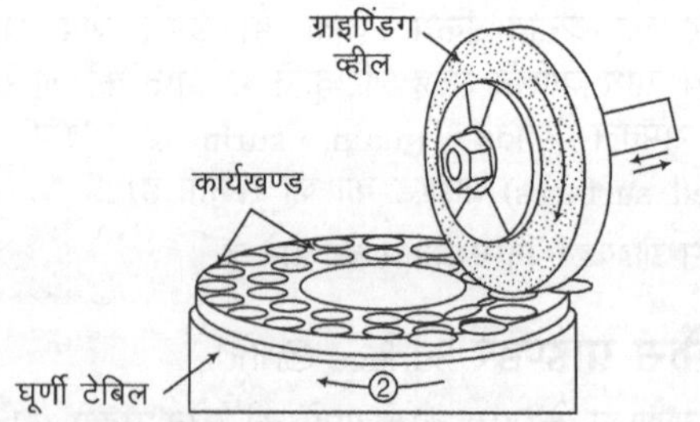

चित्र क्षैतिज स्पिण्डल रोटेरी टेबिल टाइप ग्राइण्डर की कार्यविधि

(c) **ऊर्ध्वाधर स्पिण्डल रेसीप्रोकेटिंग टेबिल टाइप** (Vertical spindle reciprocating table type) इस मशीन में कॉलम पर लगे हुए व्हील हैड में स्पिण्डल ऊर्ध्वाधर स्थिति में होता है। इसमें व्हील लगाने पर वह क्षैतिज प्लेन में घूमता है, जैसा कि चित्र में दर्शाया गया है। व्हील का निचला फेस ग्राइण्डिंग करता है। कट की गहराई, स्पिण्डल अर्थात् व्हील हैड को नीचे लाकर दी जाती है। फीड के लिए रेसीप्रोकेटिंग टेबिल दाएँ-बाएँ चलकर तथा कॉलम के पास या दूर जाकर क्रॉस-फीड देती है।

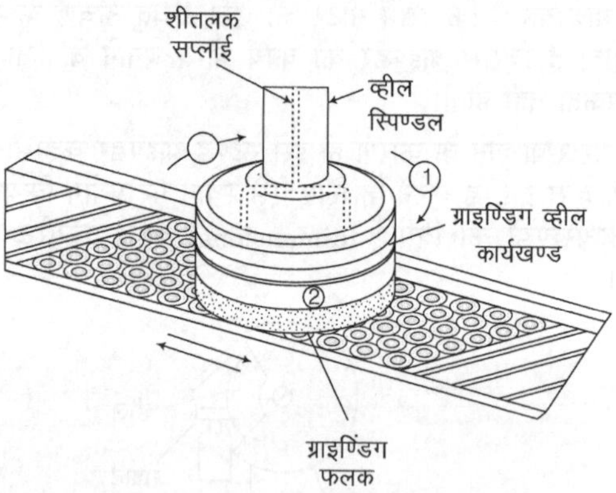

चित्र ऊर्ध्वाधर स्पिण्डल रेसीप्रोकेटिंग टेबिल टाइप ग्राइण्डर

(d) **ऊर्ध्वाधर स्पिण्डल रोटेरी टेबिल टाइप** (Vertical spindle rotary table type) इस ग्राइण्डर में व्हील हैड का स्पिण्डल ऊर्ध्वाधर होने के साथ-साथ इसकी टेबिल रोटेरी टाइप की होती है, जैसा कि चित्र में दर्शाया गया है। इसकी टेबिल पर ऊपर एक वृत्तीय मैग्नेटिक चक होता है, जो कार्यखण्डों को घुमाकर ग्राइण्डिंग व्हील के नीचे लाता है तथा ग्राइण्डिंग कराकर दूर ले जाता है जिससे लोडिंग तथा अनलोडिंग प्रक्रियाएँ हो सकें। व्हील हैड में लगा हुआ व्हील एक निश्चित स्थान पर घूमता रहता है। रोटेरी टेबिल ही फीड देने का कार्य करती है।

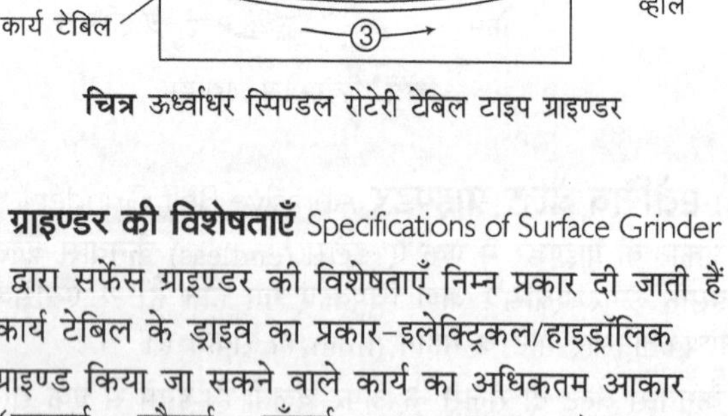

चित्र ऊर्ध्वाधर स्पिण्डल रोटेरी टेबिल टाइप ग्राइण्डर

सर्फेस ग्राइण्डर की विशेषताएँ Specifications of Surface Grinder

निर्माता द्वारा सर्फेस ग्राइण्डर की विशेषताएँ निम्न प्रकार दी जाती हैं

(i) कार्य टेबिल के ड्राइव का प्रकार-इलेक्ट्रिकल/हाइड्रॉलिक

(ii) ग्राइण्ड किया जा सकने वाले कार्य का अधिकतम आकार (लम्बाई × चौड़ाई × ऊँचाई $= 150 \times 150 \times 400$)

(iii) स्पिण्डल पर लगाये जा सकने वाले व्हील का अधिकतम व्यास

(ii) सिलेण्ड्रिकल ग्राइण्डर Cylindrical Grinder

बेलनाकार पार्ट्स को ग्राइण्ड करने के लिए सिलेण्ड्रिकल ग्राइण्डर प्रयोग किए जाते हैं। इनमें बेलनाकार कार्यखण्ड को उसकी अक्ष पर घुमाया जाता है।

इसी घूमती हुई अवस्था में उसे घूमते हुए एब्रेसिव व्हील के पास लाया जाता है, जिससे उसकी बेलनाकार सतह का 'सतह परिष्करण' होता है। ये मुख्यत: निम्न प्रकार के होते हैं

(i) बाहरी ग्राइण्डर (ii) आन्तरिक ग्राइण्डर
(iii) सेन्टर ग्राइण्डर (iv) यूनिवर्सल बेलनाकार ग्राइण्डर

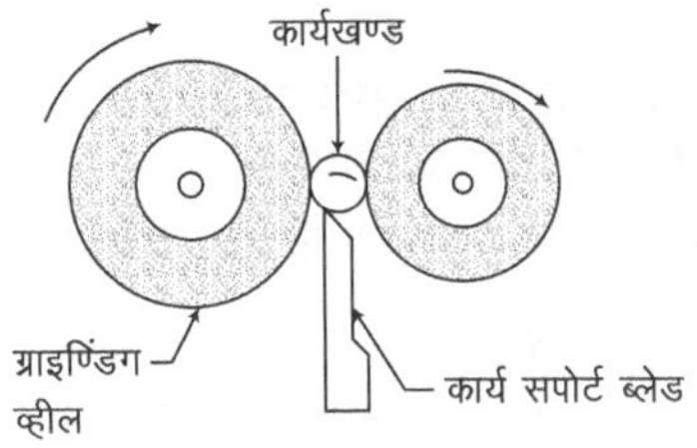

चित्र सिलेण्ड्रिकल ग्राइण्डर

(iii) टूल एण्ड कटर ग्राइण्डर Tool and Cutter Grinder

कटिंग प्रक्रिया करते-करते कटिंग टूल प्राय: खुट्टल या कुन्द (blunt) हो जाते हैं, जिससे टूल पर अधिक दाब पड़ता है तथा कार्यखण्ड की सतह परिष्कृति (surface finishing) भी अच्छी नहीं आती।

अत: कटिंग टूलों पर बार-बार धार लगाने की आवश्यकता रहती है। कुछ टूल; जैसे—चीजल (chisel), लेथ, प्लेनर या शेपर आदि के सिंगल प्वॉइण्ट कटिंग टूल रफ ग्राइण्डर पर हाथ द्वारा सीधे ही ग्राइण्ड किए जा सकते हैं, परन्तु मल्टी प्वॉइण्ट कटिंग टूलों को सही प्रकार का कोण देने व सीधी कटिंग एज (cutting edge) बनाने के लिए टूल तथा कटर ग्राइण्डर का प्रयोग किया जाता है। ऐसे कटिंग टूलों में रीमर, ड्रिल, मिलिंग कटर, टेप, थ्रेडिंग डाई आदि आते हैं।

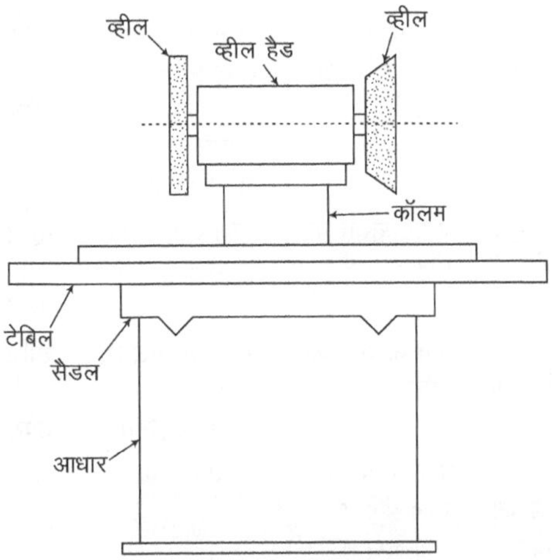

चित्र टूल एण्ड कटर ग्राइण्डर

चित्र में टूल तथा कटर ग्राइण्डर का साधारण चित्रण किया गया है। इसमें व्हील हैड में लगे स्पिण्डल पर दोनों ओर दो अलग आकार के ग्राइण्डिंग व्हील लगे होते हैं। इसके व्हील हैड को ऊपर-नीचे, दाएँ-बाएँ या किसी भी कोण पर घुमाया जा सकता है।

कार्यखण्ड को इसके सेन्टरों (centres) पर बाँधा जाता है। औजारों पर धार लगाने के लिए सामान्यत: एल्युमीनियम ऑक्साइड के मध्यम ग्रिट कणों वाले मध्यम ग्रेड के ग्राइण्डिंग व्हील प्रयोग किए जाते हैं। आवश्यकतानुसार पहले औजारों की रफ ग्राइण्डिंग द्वारा उन्हें आकार प्रदान किया जाता है तथा बाद में फिनिश ग्राइण्डिंग द्वारा उनकी कटिंग एजेज (cutting edges) बनाई जाती है।

टूल तथा कटर ग्राइण्डर के भाग Parts of Tool and Cutter Grinder

टूल तथा कटर ग्राइण्डर के निम्नलिखित भाग होते हैं

- **आधार** (Base) यह टूल तथा कटर ग्राइण्डर का मुख्य भाग होता है तथा मशीन के समस्त भागों को सहारा प्रदान करता है। इसमें बॉडी तथा फ्रेम लगे होते हैं।
- **सैडल** (Saddle) यह बॉडी का सबसे ऊपरी भाग होता है। इस भाग पर टेबिल लगी होती है। यह टेबिल आगे-पीछे गति करती है तथा आवश्यक कोण पर घूम सकती है।
- **कॉलम** (Column) यह मशीन के पीछे का वह भाग होता है जिस पर व्हील हैड लगा होता है। व्हील हैड कट की गहराई के लिए ऊपर-नीचे गति करता है।
- **वर्क हैड** (Work head) यह बेलनाकार कार्यों के लिए टेबिल पर फिट किया जाता है।

टूल तथा कटर ग्राइण्डर की विशेषताएँ
Specifications of Tool and Cutter Grinder

निर्माता द्वारा टूल तथा कटर ग्राइण्डर की विशेषताएँ निम्न प्रकार दी जाती हैं

(i) व्हील का अधिकतम व्यास जिसे सरलतापूर्वक स्पिण्डल द्वारा पकड़ा जा सके।
(ii) कार्यखण्ड की अधिकतम लम्बाई, चौड़ाई तथा ऊँचाई जिसे ग्राइण्ड किया जा सके।
(iii) ड्राइव का प्रकार- हाइड्रॉलिक अथवा इलेक्ट्रिकल
(iv) टाइप संख्या

(iv) सेन्टरलैस ग्राइण्डर Centreless Grinder

बहुत छोटे व्यास के या खोखले कार्यखण्ड (जैसे—गजन पिन) जिनको सेन्टरों (centres) पर नहीं सहारा जा सकता है, सेन्टरलैस ग्राइण्डर पर ग्राइण्ड किए जाते हैं। इस विधि में कार्यखण्ड को वर्क रैस्ट पर लगी एक मुलायम धातु की पत्ती (blade) पर रखकर रैगुलेटिंग व्हील (regulating wheel) की सहायता से घुमाया जाता है जिसे ग्राइण्डिंग व्हील ग्राइण्ड करता है।

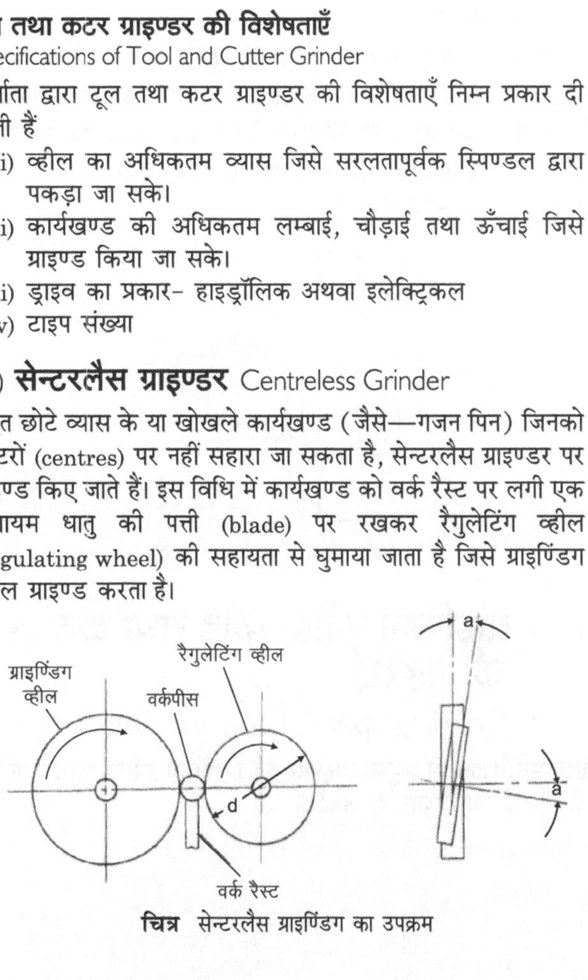

चित्र सेन्टरलैस ग्राइण्डिंग का उपक्रम

इसमें ग्राइण्डिग व्हील तथा रैगुलेटिंग व्हील दोनों एक ही दिशा में घूमते हैं। रैगुलेटिंग व्हील को थोड़ा-सा कोणीय विस्थापन (angular displacement) देने से कार्यखण्ड लम्बाई में अपने आप सरकने लगता है। यह विस्थापन 0°-10° तक हो सकता है। इसके लिए मशीन में व्यवस्था की गई होती है।

ग्राइण्डिग व्हील रैगुलेटिंग व्हील से बड़ा होता है तथा उससे अधिक परिधीय गति (circumferencial speed) पर घूमता है। ग्राइण्डिग व्हील की परिधीय गति 30-40 मी/से जबकि रैगुलेटिंग व्हील की परिधीय गति 10-20 मी/से होती है। इस गति अन्तराल के कारण ही जॉब की सतह ग्राइण्डिग व्हील की सतह पर स्लिप (slip) करती है जिससे उसकी ग्राइण्डिग होती है। उपरोक्त चित्र में सेन्टरलैस ग्राइण्डिग का उपक्रम दर्शाया गया है।

(v) इन्टर्नल ग्राइण्डर Internal Grinder

इन्टर्नल ग्राइण्डर पर जॉब को चक में पकड़कर ग्राइण्ड की जाने वाली सिलेण्ड्रिकल सतह की अक्ष पर घुमाया जाता है। व्हील हैड पर एक ग्राइण्डर उसी सतह की अक्ष के समान्तर बाँधकर घुमाया जाता है। इसके ग्राइण्डिग हैड को दाएँ-बाएँ तथा आगे-पीछे सरकाया जा सकता है। वास्तविक ग्राइण्डिग प्रारम्भ करने से पहले ग्राइण्डिग व्हील को अन्दरूनी भाग में ले आते हैं।

अब ग्राइण्डिग व्हील तथा जॉब दोनों को घूर्णीय गति देते हैं। व्हील हैड स्लाइड को क्रॉस फीड देकर व्हील को जॉब की आन्तरिक सतह के विरुद्ध फीड देते हैं। छोटी-सी फीड देकर व्हील आवश्यक लम्बाई में दाएँ-बाएँ (reciprocating) फीड देते हैं। इस प्रकार अभीष्ट विमाएँ (dimensions) प्राप्त करते हैं।

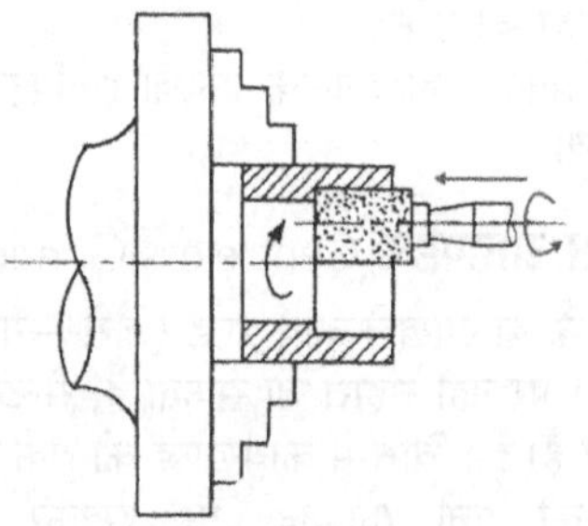

चित्र इन्टर्नल ग्राइण्डिग उपक्रम

4.11 ग्राइण्डिग स्पीड, फीड तथा कट की गहराई Grinding Speed, Feed and Depth of Cut

ग्राइण्डिग मशीनों में प्रयुक्त ग्राइण्डर की ग्राइण्डिग स्पीड, फीड तथा कट की गहराई अग्र प्रकार दी जाती है

ग्राइण्डिग स्पीड Grinding Speed

कार्यखण्ड के किसी बिन्दु पर व्हील की सतह की ट्रेवल दर (rate), ग्राइण्डिग स्पीड कहलाती है। इसे निम्न सूत्र द्वारा ज्ञात किया जाता है

$$v = \frac{\pi d N}{1000 \times 60} \text{ मी/से}$$

जहाँ, d = व्हील का व्यास

तथा N = व्हील स्पिण्डल के चक्करों की संख्या

फीड Feed

कार्य की सतह पर प्रति स्ट्रोक व्हील की मूवमैण्ट, फीड कहलाती है। यह व्हील की चौड़ाई, कार्य की गति तथा आवश्यक गति पर निर्भर करती है। सामान्यत: फीड, फिनिश ग्राइण्डिग के लिए व्हील की चौड़ाई की $\frac{1}{4}$ से $\frac{1}{8}$ तक तथा रफ ग्राइण्डिग के लिए यह $\frac{3}{4}$ से $\frac{2}{3}$ तक होती है।

कट की गहराई Depth of Cut

सर्फेस ग्राइण्डिग में एक कट के लिए हटाई गई धातु की मोटाई, कट की गहराई कहलाती है। यह फिनिश कटिंग लोड तथा मशीन की क्षमता पर निर्भर करती है।

रफ ग्राइण्डिग के लिए कट की गहराई 0.02 मिमी से 0.03 मिमी तक तथा फिनिश ग्राइण्डिग के लिए 0.005 मिमी से 0.1 मिमी तक होती है।

4.12 ग्राइण्डिग के दोष तथा उनके उपचार Grinding Defects and their Remedies

ग्राइण्डिग प्रक्रम के मुख्य दोष, लक्षण, कारण तथा इसके निवारण को निम्न तालिका में दिया गया है।

दोष	लक्षण	कारण	निवारण
चैटर मार्क्स, अनियमितता	कटिंग के दौरान आवाज, व्हील ग्लेजिंग	व्हील का अनुचित सन्तुलन होना, व्हील ग्रेड का सही न होना, फीड का महीन होना।	व्हील को सन्तुलित करें। व्हील बदलें। फीड बढ़ाएँ।
दोषपूर्ण सतह परिष्कृति	दरार सतह पर निशान	व्हील अधिक कठोर है। व्हील ट्रू नहीं है।	व्हील की ट्रूइंग करें, शीतलक बदलें।
व्हील का शीघ्र घिसना	कम आकार का व्हील	व्हील की गलत स्पीड होना, व्हील का नरम होना।	स्पीड सही करें, कठोर व्हील का उपयोग करें।
व्हील स्पिण्डल का गरम होना	व्हील स्पिण्डल गरम होने पर कभी-कभी धुआँ भी उत्पन्न होता है।	अपर्याप्त तेल	बियरिंगों में तेल दें।

महत्त्वपूर्ण बिन्दु

- ग्राइण्डिग व्हील एक कटिंग टूल है जिसका प्रयोग धातु को छोटे-छोटे कणों के रूप में काटने के लिए किया जाता है।
- ग्राइण्डिग व्हील के निर्माण में एब्रेसिव, बाइण्डर, ग्रेन, ग्रेड तथा स्ट्रक्चर की महत्त्वपूर्ण भूमिका होती है।
- एब्रेसिव, तीव्र कोरों वाले छोटे-छोटे कण होते हैं।
- प्राकृतिक एब्रेसिव के रूप में क्वार्ट्ज, डायमण्ड, बालू पत्थर, एमरी आदि का प्रयोग किया जाता है। कृत्रिम एब्रेसिव का निर्माण रासायनिक क्रिया द्वारा बन्द विद्युत भट्ठियों में किया जाता है।
- एब्रेसिव कणों को आपस में बाँधकर रखने के लिए जिस पदार्थ का प्रयोग करते हैं उसे बाइण्डर कहते हैं। एब्रेसिव कणों का ग्रेन उनके साइज को व्यक्त करता है। इसे ग्रिट साइज भी कहते हैं।
- ग्राइण्डिग व्हील में यदि एब्रेसिव कण दूर-दूर हैं, तो इसे खुली संरचना तथा यदि एब्रेसिव कण पास-पास हैं तो इसे सघन संरचना कहते हैं।
- ग्राइण्डिग व्हील की विशिष्टि में, मैन्युफैक्चरिंग चिह्न, एब्रेसिव कणों के ग्रिट साइज का प्रकार, ग्रेन साइज, बाइण्डर का ग्रेड, व्हील की संरचना, बाइण्डर का प्रकार तथा व्हील की पहचान संख्या सम्मिलित रहते हैं।
- ग्राइण्डिग व्हील की ड्रेसिंग, ट्रूइंग व बैलेंसिंग तीनों ही ऐसे प्रक्रम हैं जो समय-समय पर किए जाते हैं।
- व्हील की ड्रेसिंग से तात्पर्य धातु के चिप्स व ब्लन्ट एब्रेसिव कणों को ग्राइण्डिग व्हील से हटाना है जिससे कि नए कण घिसाई प्रक्रिया करने के लिए उभरकर ऊपर आ जाएँ।
- व्हील की ड्रेसिंग के लिए डायमण्ड ड्रेसर तथा व्हील ड्रेसर का मुख्यतः उपयोग किया जाता है।
- व्हील का सन्तुलन पूर्ण रूप से परखने के पश्चात् ही उसे स्पिण्डल पर फिट करना चाहिए।
- ग्राइण्डिग व्हील के एब्रेसिव कणों के बीच के स्थान में ग्राइण्डिंग की जाने वाली धातु के कण भर जाना व्हील लोडिंग कहलाता है। जब ग्राइण्डिग व्हील के एब्रेसिव कण घिसने पर भी अपना स्थान न छोड़ें और अपने स्थान पर चिपके रहें तो यह स्थिति ग्लेजिंग कहलाती है।
- विभिन्न आकृतियों के कार्यखण्डों को अलग-अलग प्रकार से ग्राइण्ड करने के लिए विभिन्न प्रकार की ग्राइण्डिग मशीनें प्रयोग की जाती हैं।
- बेंच ग्राइण्डर का प्रयोग स्नैगिंग तथा ऑफ हैण्ड ग्राइण्डिंग के लिए किया जाता है। जब कार्यखण्डों की विमाएँ बहुत यथार्थ बनानी होती हैं तो प्रिसीजन ग्राइण्डर का प्रयोग किया जाता है।
- बेलनाकार पार्ट्स को ग्राइण्ड करने के लिए सिलेण्ड्रिकल ग्राइण्डर प्रयोग किए जाते हैं।
- औजारों पर धार लगाने के लिए सामान्यतः एल्युमीनियम ऑक्साइड के मध्यम ग्रिट कणों वाले मध्यम ग्रेड के ग्राइण्डिग व्हील प्रयोग किए जाते हैं।

महत्त्वपूर्ण प्रश्नोत्तरी

1. ग्राइण्डिंग व्हील में प्रयुक्त दो कृत्रिम एब्रेसिव के नाम लिखिए।

उत्तर ग्राइण्डिंग व्हील में प्रयुक्त दो कृत्रिम एब्रेसिव के नाम कोरण्डम व कृत्रिम हीरा हैं।

2. अधिकतर ग्राइण्डिंग व्हील बनाने में प्राकृतिक एब्रेसिव पदार्थों का उपयोग क्यों नहीं होता है?

उत्तर अधिकतर ग्राइण्डिंग व्हील में प्राकृतिक एब्रेसिव पदार्थों का उपयोग अशुद्धियाँ अधिक होने के कारण नहीं करते हैं।

3. सामान्यत: बाइण्डर के लिए बाइण्डर सामग्री मृदु द्रव्य की बनी होती है, क्यों?

उत्तर सामान्यतः बाइण्डर के लिए बाइण्डर सामग्री मृदु द्रव्य की बनी होती है, जिससे कि एब्रेसिव कण आसानी से बाइण्डर में धँस सकें।

4. यदि बाइण्डर सामग्री कार्यखण्ड से कठोर हो, तो क्या होगा?

उत्तर यदि बाइण्डर सामग्री कार्यखण्ड से कठोर है, तो एब्रेसिव कण लेप में धँसने की बजाय कार्यखण्ड की धातु में धँस जाएँगे तथा धातु का लेप करेंगे।

5. ट्रूइंग तथा ड्रेसिंग में अन्तर स्पष्ट कीजिए।

उत्तर व्हील की ग्राइण्ड करने वाली सतह को ठीक करने तथा उसे संकेन्द्री बनाने की प्रक्रिया ट्रूइंग व व्हील पर कटाई कोरें बनाने की प्रक्रिया ड्रेसिंग कहलाती है।

6. ग्राइण्डिंग में ड्रेसिंग क्या होता है?

उत्तर ड्रेसिंग में व्हील के फेस को साफ करके नए कण उत्पन्न किए जाते हैं। इससे व्हील की लोडिंग तथा ग्लेजिंग को समाप्त किया जाता है।

7. ग्लेजिंग को किस प्रकार रोका जा सकता है?

उत्तर ग्लेजिंग को व्हील के चक्कर प्रति मिनट कम करके, कार्यखण्ड की फीड बढ़ाकर रोका जा सकता है।

8. सुरक्षा आवरण को ग्राइण्डिंग व्हील पर क्यों लगाया जाता है?

उत्तर सुरक्षा आवरण को ग्राइण्डिंग के दौरान धातु कणों के छितराव को रोकने के लिए ग्राइण्डिंग व्हील पर लगाया जाता है।

9. वर्कशॉप के अन्दर किस ग्राइण्डर का उपयोग स्नैगिंग तथा ऑफ हैण्ड ग्राइण्डिंग में किया जाता है?

उत्तर वर्कशॉप के अन्दर स्नैगिंग तथा ऑफ हैण्ड के लिए बेंच ग्राइण्डर का उपयोग किया जाता है।

10. एक ग्राइण्डिंग व्हील जो दक्षिणावर्त दिशा में घूमता है, नट तथा वाशर में फिट है। ग्राइण्डिंग व्हील असेम्बली में किस प्रकार की 'V' चूड़ी का उपयोग किया जाता है?

उत्तर ग्राइण्डिंग व्हील असेम्बली में लेफ्ट हैण्ड 'V' चूड़ी का उपयोग किया जाता है।

अभ्यास प्रश्न

परीक्षा प्रारूपी प्रश्न

बहुविकल्पीय

1. ग्राइण्डिंग व्हील का मुख्य तत्त्व है
(a) स्ट्रक्चर (b) एब्रेसिव (c) बॉण्ड (d) ये सभी

2. सिलिकॉन कार्बाइड किस प्रकार का एब्रेसिव है?
(a) कृत्रिम (b) क्ले
(c) प्राकृतिक (d) इनमें से कोई नहीं

3. ……… वाला ग्राइण्डिंग व्हील अत्यन्त कठोर होता है।
(a) रेजिन (b) एल्युमीनियम ऑक्साइड
(c) जिंक क्लोराइड (d) कोरण्डम

4. कोरण्डम एक प्रकार का ……… एब्रेसिव है।
(a) प्राकृतिक (b) कृत्रिम (c) प्रत्यक्ष (d) अप्रत्यक्ष

5. कोर्स एब्रेसिव कणों का नम्बर होता है
(a) 10 से 24 के मध्य (b) 12 से 24 के मध्य
(c) 20 से 34 के मध्य (d) 1 से 10 के मध्य

6. निम्न में से कौन-सा प्राकृतिक एब्रेसिव नहीं है?
(a) बालू पत्थर (b) सिलिकॉन कार्बाइड
(c) कोरण्डम (d) डायमण्ड

7. सिलिकॉन कार्बाइड में चूर्णित कोयले की प्रतिशतता होती है
(a) 54% (b) 65% (c) 32% (d) 40%

8. एब्रेसिव कणों को ग्राइण्डिंग व्हील की आकृति प्रदान करने के लिए निम्न में से किस बन्धक पदार्थ का प्रयोग किया जाता है?
(a) सिलिकेट बॉण्ड (b) विट्रीफाइड बॉण्ड
(c) रबर बॉण्ड (d) ये सभी

9. एब्रेसिव कणों का साइज किसे प्रभावित करता है?
(a) ग्राइण्डिंग व्हील की कार्यक्षमता को
(b) ग्राइण्डिंग व्हील की संरचना को
(c) ग्राइण्डिंग व्हील के साइज को
(d) उपरोक्त में से कोई नहीं

10. निम्न में से कौन से एब्रेसिव पदार्थ नहीं है?
(a) फैरस ऑक्साइड (b) एल्युमीनियम ऑक्साइड
(c) सिलिकॉन कार्बाइड (d) डायमण्ड

11. "यह लाल भूरे रंग की एक विशेष प्रकार की मिट्टी होती है जो गर्म करने पर पिघल जाती है।"
उपरोक्त कथन किस बाइण्डर पदार्थ से सम्बन्धित है?
(a) विट्रीफाइड बॉण्ड से (b) सिलिकेट बॉण्ड से
(c) चपड़ा बॉण्ड से (d) रेजिन बॉण्ड से

12. ग्राइण्डिंग व्हील का ग्रेड 'A' किस बॉण्ड को प्रदर्शित करता है?
(a) कठोर (b) मुलायम
(c) बहुत अधिक कठोर (d) इनमें से कोई नहीं

13. निम्न में कौन-से बॉण्ड के व्हील को कूल सैटिंग बॉण्ड व्हील कहा जाता है?
(a) ऑक्सीक्लोराइड (b) एब्रेसिव
(c) हार्ड (d) ये सभी

14. विट्रीफाइड बॉण्ड तैयार किया जाता है
(a) रेजिन द्वारा (b) क्ले द्वारा
(c) दोमट मिट्टी द्वारा (d) ये सभी

15. टंगस्टन कार्बाइड और सिरेमिक के अपघर्षण के लिए प्रयुक्त अपघर्षक पदार्थ है
(a) हीरा (b) एल्युमीनियम ऑक्साइड
(c) बोरोन कार्बाइड (d) सिलिकॉन कार्बाइड

16. उच्च गति अपघर्षण पहिये में पदार्थों के महीन कण अटक जाते हैं, यह कहलाता है
(a) रबर बॉण्ड (b) चपड़ा बॉण्ड
(c) रेजिन बॉण्ड (d) सिलिकेट बॉण्ड

17. सुपर फाइन ग्रेन का साइज निम्न नम्बरों द्वारा दिया जाता है
(a) 0-20 (b) 24-60 (c) 70-150 (d) 220-600

18. 10-24 नम्बरों द्वारा निम्न में से कैसे ग्रेन साइज को प्रदर्शित किया जाता है?
(a) कोर्स ग्रेन साइज (b) मीडियम ग्रेन साइज
(c) फाइन ग्रेन साइज (d) वैरी फाइन साइज

19. एक सर्फेस ग्राइण्डर में होता है
(a) रेसीप्रोकेटिंग टेबिल (b) रोटरी टेबिल
(c) वर्टिकल स्पिण्डल (d) इनमें से कोई नहीं

20. ग्राइण्डिंग व्हील का चयन निर्भर करता है
(a) कार्यखण्ड की कठोरता पर
(b) काटी जाने वाली धातु के प्रकार पर
(c) वांछित सतह परिष्कृति पर
(d) उपरोक्त सभी

21. ग्राइण्डिंग व्हील की खुली संरचना को ….. द्वारा व्यक्त किया जाता है।
(a) 8-14 नम्बर (b) 8-16 नम्बर (c) 8-12 नम्बर (d) 7-16 नम्बर

22. निम्न में से कौन-सा ग्राइण्डिंग व्हील की ग्लेजिंग का कारण है?
(a) व्हील का अधिक कठोर होना
(b) व्हील की गति का तीव्र होना
(c) ग्रेन साइज का अधिक फाइन होना
(d) 'a' और 'c' दोनों

23. सघन संरचना का ग्राइण्डिंग व्हील प्रयुक्त किया जाता है
(a) रफ ग्राइण्डिंग हेतु (b) फिनिशिंग हेतु
(c) सुपर फिनिशिंग हेतु (d) ये सभी

24. रिशार्पनिंग करने के लिए टैप को ग्राइण्ड करना चाहिए
(a) थ्रैड्स पर (b) डायमीटर पर (c) रिलीफ पर (d) फ्लूट्स पर

25. ग्राइण्डिंग व्हील के लोडिंग तथा ग्लेजिंग होने की स्थिति में करनी चाहिए
(a) ड्रेसिंग (b) ट्रूइंग (c) बैलेंसिंग (d) ग्राइण्डिंग

26. ग्राइण्डिंग व्हील में कटिंग एजों की संख्या होती है
(a) दो (b) चार (c) असंख्य (d) शून्य

27. टूइंग की प्रक्रिया की जाती है
(a) हाई स्पीड स्टील टूल द्वारा (b) हाई कार्बन स्टील टूल द्वारा
(c) सिलिकॉन टूल द्वारा (d) डायमण्ड टूल द्वारा

28. ग्राइंडिंग व्हील की ड्रेसिंग व टूइंग ·······
(a) समान प्रक्रियाएँ हैं (b) एक ही समय पर की जाती हैं
(c) कोर्स ग्राइण्डिंग व्हील पर की जाती हैं
(d) फार्म ग्राइण्डिंग व्हीलों पर की जाती हैं

29. यदि ग्राइंण्डिग व्हील में नरम धातु के कण फँस गए हैं तो यह ········ कहलाती है।
(a) ड्रेसिंग (b) ग्लेजिंग (c) लोडिंग (d) टूइंग

30. डायमण्ड ड्रेसर द्वारा ········· की क्षमता में ड्रेसिंग की जाती है।
(a) 1.5 से 2.0 कैरट (b) 2.5 से 30. कैरट
(c) 3.5 से 4.0 कैरट (d) 0.5 से 1.0 कैरट

31. ड्रेसिंग करने वाला औजार कहलाता है
(a) लिनेन (b) व्हील ड्रेसर
(c) रैगुलेटिंग व्हील (d) फ्लेनेल

32. चित्र में दर्शायी गई ग्राइंण्डिंग व्हील की विशिष्टियों में संख्या 30 किसे प्रदर्शित करती है?

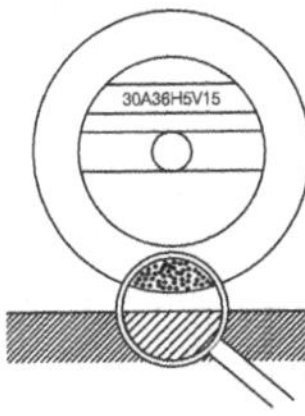

(a) ग्रेन साइज को (b) मैन्युफैक्चरिंग चिह्न को
(c) बॉण्ड को (d) व्हील की प्रकृति को

33. अधिक बड़े व्हील से छोटे डायमीटर के कार्य की सिलेण्ड्रिकल ग्राइंण्डिंग करने के लिए निम्न में से किस ग्रेड के व्हील का चयन करना चाहिए?
(a) मुलायम ग्रेड (b) मध्यम ग्रेड
(c) कठोर ग्रेड (d) इनमें से कोई नहीं

34. अंग्रेजी वर्णमाला के A से Z तक अक्षर ग्राइण्डिंग व्हील के किस गुण को दर्शाने के लिए प्रयोग किए जाते हैं?
(a) एब्रेसिव कणों की कठोरता (b) बॉण्ड की कठोरता
(c) एब्रेसिव कणों का साइज (d) एब्रेसिव कणों की संरचना

35. निम्न में से किस नम्बर के द्वारा ग्राइण्डिंग व्हील की सबसे अधिक खुली संरचना प्रदर्शित की जाती है?
(a) 8 (b) 4 (c) 6 (d) 16

36. ग्राइंण्डिंग व्हील का चुनाव कार्यखण्ड की कठोरता, वांछित सतह परिष्कृति तथा ········ पर निर्भर करता है।
(a) एब्रेसिव कणों के साइज (b) मुलायम धातुओं
(c) हटाई जाने वाली धातु (d) ये सभी

37. नीचे दिए गए चित्र में किस प्रकार का ग्राइण्डिंग व्हील दर्शाया गया है?

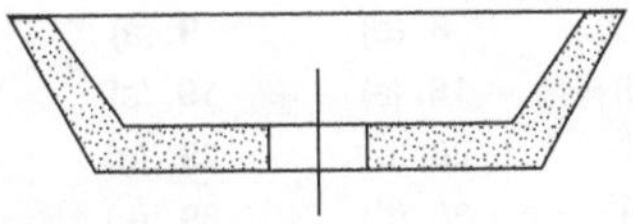

(a) सॉसर ग्राइण्डिंग व्हील (b) डिश ग्राइण्डिंग व्हील
(c) फ्लेयरिंग कप ग्राइण्डिंग व्हील (d) टेपर्ड व्हील

38. माउण्टिड ग्राइण्डिंग व्हील से सम्बन्धित चित्र है

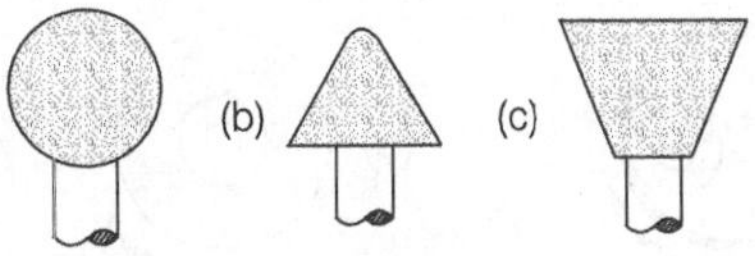

(a) (b) (c) (d) ये सभी

39. सघन संरचना वाले ग्राइंण्डिंग व्हील ········· धातुओं को ग्राइण्ड करने व काटने के लिए प्रयोग किए जाते हैं।
(a) भंगुर (b) मुलायम
(c) तन्य (d) इनमें से कोई नहीं

40. चित्र में किस प्रकार का ड्रेसर दर्शाया गया है?

(a) स्टार ड्रेसर (b) सिलेण्ड्रिकल ड्रेसर
(c) कोरुगेटेड ड्रेसर (d) डायमण्ड ड्रेसर

41. टेपर्ड व्हील विशेषत: किस ग्राइण्डिंग के लिए प्रयुक्त किया जाता है?
(a) स्नैगिंग ग्राइण्डिंग (b) रफ ग्राइण्डिंग
(c) प्रिसीजन ग्राइण्डिंग (d) ये सभी

42. चित्र में दर्शायी गयी प्रक्रिया का नाम बताइए

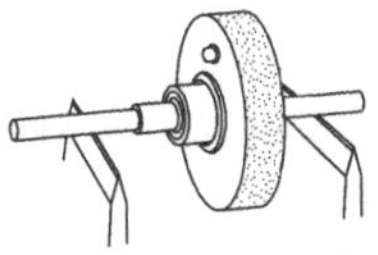

(a) टूइंग (b) व्हील की बैलेंसिंग
(c) एब्रेसिव बैल्ट ग्राइण्डर (d) लैपिंग

43. व्हील की ग्राइण्ड की जाने वाली सतह को ठीक करना तथा उसे संकेन्द्री बनाना ········· कहलाता है।
(a) स्नैगिंग (b) ग्लेजिंग (c) बैलेंसिंग (d) टूइंग

44. ग्राइण्डिंग व्हील की सतह जो ग्राइण्डिंग प्रक्रिया में भाग लेती है, उससे धातु के कण चिपक जाते हैं। इस दोष को दूर करने के लिए निम्न में से क्या किया जाता है?
(a) व्हील की ड्रेसिंग (b) टेपर्ड व्हील का प्रयोग
(c) व्हील बैलेंसिंग (d) ये सभी

45. चित्र में किस प्रकार का टूल दर्शाया गया है?

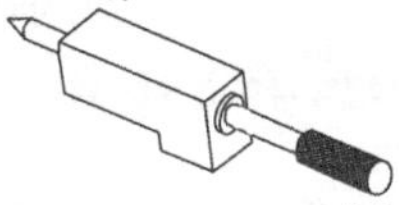

(a) ड्रिलिंग टूल (b) बोरिंग टूल
(c) डायमण्ड ड्रेसर टूल (d) ग्राइण्डिंग व्हील

46. ग्राइण्डिंग व्हील में लोडिंग नामक दोष उत्पन्न होने का क्या कारण है?
(a) व्हील असन्तुलित हो गया है
(b) व्हील चिकना हो गया है
(c) व्हील के रन्ध्र धातु से भर गए हैं
(d) व्हील में क्रैक आ गए हैं

47. मशीनिंग ऑपरेशन में बने कार्यखण्ड की सतह के कण्टूरों की धातु को एक उच्च गति पर घूमते हुए एब्रेसिव पहिये द्वारा बहुत बारीक कणों के रूप में हटाने की प्रक्रिया को ······· कहा जाता है।
(a) होनिंग (b) ड्रिलिंग (c) ग्राइण्डिंग (d) वैल्डिंग

48. सतह ग्राइण्डिंग से सम्बन्धित चित्र है

(a) 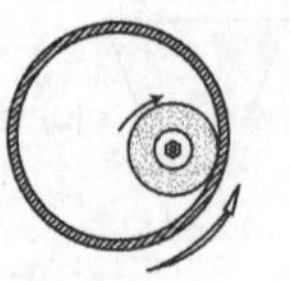
(b) 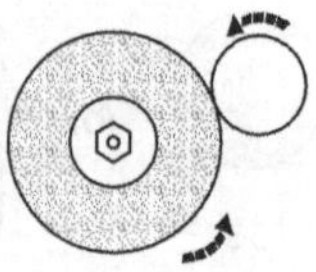
(c) 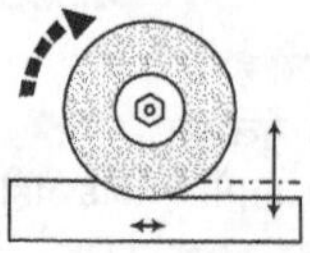
(d) ये सभी

49. नीचे दिए गए चित्र में किस प्रकार का ग्राइण्डर दर्शाया गया है?

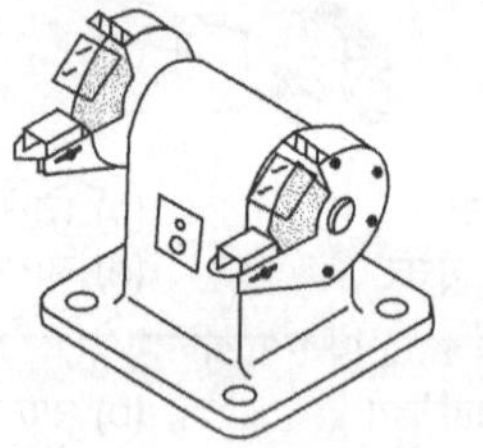

(a) स्टैण्ड ग्राइण्डर
(b) बेंच ग्राइण्डर
(c) पोर्टेबल ग्राइण्डर
(d) स्विंग-फ्रेम ग्राइण्डर

50. बाह्य तथा आन्तरिक ग्राइण्डिंग के लिए निम्न में से कौन-सी ग्राइण्डिंग उपयोग की जाती है?
(a) सेन्टरलैस ग्राइण्डिंग (b) बाह्य ग्राइण्डिंग
(c) आन्तरिक ग्राइण्डिंग (d) इनमें से कोई नहीं

51. चित्र में दर्शाए गए ग्राइण्डर के भाग 'X' का नाम है

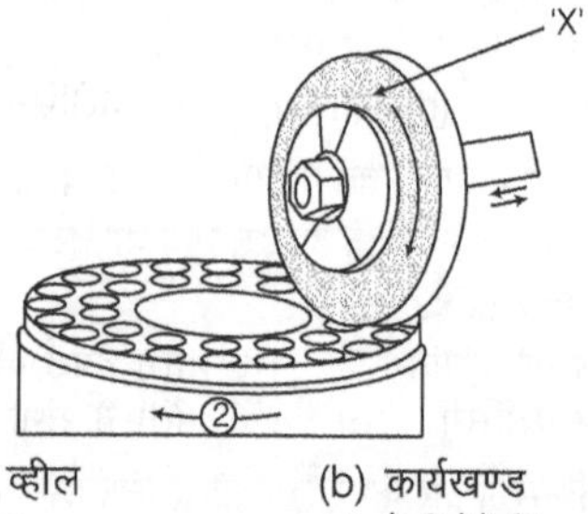

(a) ग्राइण्डिंग व्हील (b) कार्यखण्ड
(c) घूर्णी टेबिल (d) रेसीप्रोकेटिंग टेबिल

52. सिलेण्ड्रिकल ग्राइंडिंग में यदि जॉब सेन्टरों के मध्य ढीला फिट किया गया हो, तो क्या होगा?
(a) जॉब गोलाई में नहीं बनेगा (b) जॉब ओवरसाइज बनेगा
(c) जॉब बाहर निकल आएगा (d) जॉब नहीं घूमेगा

53. कौन-सा ग्राइण्डर प्रयोग करने में तथा बनावट में बेंच ग्राइण्डर के समान होता है?
(a) स्विंग-फ्रेम ग्राइण्डर (b) फ्लैक्सिबल शाफ्ट ग्राइण्डर
(c) स्टैण्ड ग्राइण्डर (d) एब्रेसिव बैल्ट ग्राइण्डर

54. निम्न चित्र में किस प्रकार का सर्फेस ग्राइण्डर प्रदर्शित किया गया है?

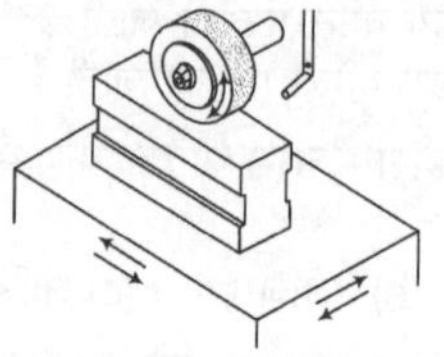

(a) ऊर्ध्वाधर स्पिण्डल रेसीप्रोकेटिंग टेबिल टाइप
(b) क्षैतिज स्पिण्डल रोटेरी टेबिल टाइप
(c) क्षैतिज स्पिण्डल रेसीप्रोकेटिंग टेबिल टाइप
(d) ऊर्ध्वाधर स्पिण्डल रोटेरी टेबिल टाइप

55. निम्न चित्र में दर्शाए गए सिलेण्ड्रिकल ग्राइण्डर के भाग 'A' का नाम है

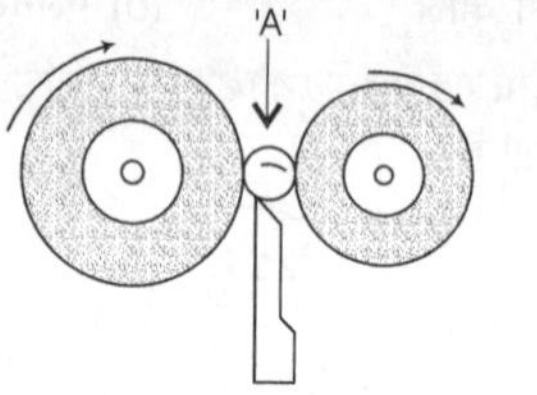

(a) कार्यखण्ड (b) ग्राइण्डिंग व्हील
(c) नियमित व्हील (d) कार्यखण्ड सपोर्ट ब्लेड

56. ग्राइण्डिंग व्हील की विशिष्टियों 32A46H8V में 'A' प्रदर्शित करता है
(a) एब्रेसिव कणों का प्रकार (b) ग्रेन आकार
(c) ग्रेड (d) बॉण्ड का प्रकार

57. डाई स्टील की ग्राइण्डिंग के लिए प्रयुक्त एब्रेसिव व्हील है
(a) सिलिकॉन कार्बाइड व्हील
(b) ग्रीन सिलिकॉन कार्बाइड
(c) सफेद एल्युमीनियम ऑक्साइड
(d) ब्राउन एल्युमीनियम ऑक्साइड

58. दो एब्रेसिव ग्रेन के मध्य उपस्थित बॉण्ड निम्न में क्या इंगित करता है?
(a) ग्रेन (b) ग्रेड (c) एब्रेसिव (d) स्ट्रक्चर

59. ग्राइण्डिंग व्हील की विशिष्टियों 32A46H8V में 'V' क्या प्रदर्शित करता है?
(a) ग्रेड (b) बॉण्ड (c) एब्रेसिव (d) ग्रेन साइज

60. सीमेण्टिड कार्बाइड की ग्राइण्डिंग के लिए प्रयुक्त ऐब्रेसिव व्हील का प्रकार है
(a) ब्राउन एल्युमीनियम ऑक्साइड (b) सफेद एल्युमीनियम ऑक्साइड
(c) ग्रीन सिलिकॉन कार्बाइड (d) ग्रे सिलिकॉन कार्बाइड

उत्तरमाला

1. (d)	**2.** (a)	**3.** (b)	**4.** (a)	**5.** (a)	**6.** (b)	**7.** (c)	**8.** (d)	**9.** (a)	**10.** (a)
11. (a)	**12.** (b)	**13.** (a)	**14.** (b)	**15.** (a)	**16.** (c)	**17.** (d)	**18.** (a)	**19.** (a)	**20.** (d)
21. (a)	**22.** (d)	**23.** (b)	**24.** (d)	**25.** (a)	**26.** (c)	**27.** (d)	**28.** (b)	**29.** (c)	**30.** (d)
31. (b)	**32.** (d)	**33.** (c)	**34.** (b)	**35.** (d)	**36.** (c)	**37.** (c)	**38.** (d)	**39.** (a)	**40.** (a)
41. (a)	**42.** (b)	**43.** (d)	**44.** (a)	**45.** (c)	**46.** (c)	**47.** (c)	**48.** (d)	**49.** (b)	**50.** (a)
51. (a)	**52.** (a)	**53.** (c)	**54.** (b)	**55.** (a)	**56.** (a)	**57.** (c)	**58.** (d)	**59.** (b)	**60.** (c)

अध्याय 05

धातु चादर एवं रिवेट

Sheet Metal and Rivet

परिचय Introduction

वर्तमान समय में इन्जीनियरिंग क्षेत्र के लगभग सभी उद्योगों में धातु चादर का बहुत अधिक महत्त्व है। हमारे दैनिक जीवन में उपयोग होने वाली अधिकतर वस्तुओं; जैसे-बाल्टी, कूलर की बॉडी, कार की बॉडी आदि में धातु चादरों का उपयोग किया जाता है। धातु की चादर को वांछित आकार प्रदान करने के लिए कुछ विशेष प्रकार के औजारों का प्रयोग किया जाता है। धातु चादर की मोटाई को मिमी अथवा गेज के द्वारा व्यक्त किया जाता है।

धातु चादर शॉप के अन्तर्गत हम विभिन्न धातु चादरों को जोड़ने के लिए विशेष प्रक्रियाएँ; जैसे- सीमिंग, हैमिंग, नॉचिंग आदि का प्रयोग करते हैं। इस अध्याय में धातु चादर कार्य सम्बन्धी अवधारणाओं का विस्तारपूर्वक वर्णन किया गया है।

अध्याय विषय सूची

5.1 विभिन्न धातुओं की चादरें Sheets of Different Metals

धातु की चादरों की मोटाई को स्टैण्डर्ड वायर गेज (standard wire gauge) के नम्बर द्वारा प्रदर्शित किया जाता है। यह नम्बर जितना कम होगा चादर उतनी ही अधिक मोटी होगी, यह नम्बर जितना अधिक होगा चादर उतनी ही अधिक पतली होगी। शीट मैटल शॉप में प्रयोग होने वाली विभिन्न प्रकार की चादरें निम्न प्रकार हैं

1. लोहे की चादरें
2. ताँबे की चादरें
3. पीतल की चादरें
4. एल्युमीनियम की चादरें
5. स्टेनलैस स्टील की चादरें
6. सीसे की चादरें

1. लोहे की चादरें Iron Sheets

लोहे की चादरें ही शीट मैटल शॉप में सबसे अधिक प्रयोग होती हैं। ये निम्नलिखित तीन प्रकार की होती हैं

(i) काली लोहे की चादरें Black Iron Sheets

पिटवाँ लोहे की बनी कोरी (अलेपित) चादरें, लोहे की काली चादर के नाम से जानी जाती हैं। संक्षारण अवरोधी न होने के कारण वायुमण्डलीय प्रभाव में इन पर जंग लग जाता है, जिस कारण इनका रंग भूरा-काला हो जाता है।

ये चादरें मुलायम, तन्य तथा आघातवर्धनीय होती हैं। इस चादर को प्रयोग करने से पूर्व नरम किया जाता है, क्योंकि मोड़ने पर यह टूट सकती है। जंग लगने के दोष के कारण इस चादर से निर्मित उत्पादों पर पेन्ट करना आवश्यक होता है। इनका उपयोग, टंकियाँ, बाल्टियाँ, पाइप आदि बनाने के लिए किया जाता है। ये चादरें 1.0 मी अथवा 1.2 मी चौड़ाई के रोल्स के रूप में मिलती हैं, जिन्हें आवश्यकतानुसार 2 मी, 2.5 मी अथवा 3 मी लम्बाई में काट लिया जाता है।

(ii) जस्ती लोहे की चादरें Galvanised Iron Sheets

यह भी एक लोहे की चादर होती है। काली लोहे की चादर को जंगरोधी बनाने के लिए उसको पिघले हुए जस्ते (zinc) में डुबोकर उस पर जिंक की एक पतली परत चढ़ा दी जाती है। इस जिंक की परत चढ़ी हुई शीट को गैल्वेनाइज्ड आयरन शीट या जस्ती लोहे की शीट कहते हैं।

जिंक की कोटिंग (coating) करने से इन चादरों पर जंग नहीं लगता है। इन चादरों के ऊपर आसानी से सोल्डरिंग की जा सकती है। इनका उपयोग पानी की टंकी, अनाज रखने की टंकी, बक्से, बसों की बॉडी आदि बनाने के लिए किया जाता है।

(iii) टिन लेपित चादरें Tin Coated Sheets

जिंक के समान, लोहे की चादरों पर टिन धातु का लेप भी किया जाता है। टिन लेपित लोहे की चादरें अधिक चमकने वाली तथा सपाट होती हैं। इनको खाद्य वस्तुएँ रखने तथा खाद्य तेलों को भरने के लिए डिब्बे बनाने में प्रयोग किया जाता है।

***नोट** धातु चादरों पर कलई की परत चढ़ाने की प्रक्रिया टिनिंग कहलाती है।*

2. ताँबे की चादरें Copper Sheets

लोहे की चादरों की तुलना में ये अधिक मुलायम तथा आघातवर्धनीय होती हैं। इसमें लचक अधिक होती है। इन्हें आसानी से किसी भी आकार में मोड़ा जा सकता है। ऊष्मा तथा विद्युत का सुचालक होने के कारण आजकल इनका उपयोग बिजली के सामान, गीजर, पाइप, रेडिएटर आदि को बनाने में अधिक होता है। ताँबे की चादर बाजार में 1.2 मी × 1.2 मी (4' × 4') अथवा 1.2 मी × 0.60 मी (4' × 2') के आकार में उपलब्ध हैं।

3. पीतल की चादरें Brass Sheets

पीतल, ताँबे तथा जिंक का अलॉय (alloy) होता है। पीतल की चादरें, ताँबे की चादरों की तुलना में अधिक कठोर व सस्ती होती हैं। पीतल पर भी वायुमण्डल का प्रभाव नहीं पड़ता। इनका उपयोग बर्तन बनाने, वाल्व की कैप बनाने, हाइड्रॉलिक वाल्व बनाने में अधिक किया जाता है।

4. एल्युमीनियम की चादरें Aluminium Sheets

एल्युमीनियम की चादरें हल्की, मुलायम, मजबूत, संक्षारण-रोधी, सस्ती तथा ऊष्मा और विद्युत की अच्छी सुचालक होती हैं। सस्ते घरेलू बर्तन एल्युमीनियम की चादरों के बनाए जाते हैं। एल्युमीनियम के कुछ अलॉय की चादरें बहुत अधिक सामर्थ्यवान होती है, इसलिए इनका उपयोग हवाई जहाज की बॉडी बनाने में किया जाता है।

5. स्टेनलैस स्टील की चादरें Stainless Steel Sheets

क्रोमियम मिली हुई इस्पात की चादरें बहुत अधिक सामर्थ्यवान, आघातवर्धनीय तथा संक्षारण-रोधी होती हैं। यह चादर G.I. चादर की अपेक्षा अधिक कठोर होती हैं। इस पर वातावरण तथा हल्के अम्ल और क्षारों का कोई प्रभाव नहीं पड़ता। स्टैनलैस स्टील की चादरों का उपयोग बर्तन बनाने तथा अस्पतालों में प्रयोग होने वाले औजार बनाने में अधिक होता है।

6. सीसे की चादरें Lead Sheets

लैड की चादरें बहुत अधिक लचीली होती हैं। सीसे के ऊपर तेजाब का प्रभाव नहीं होता, इसलिए इसका उपयोग लोहे के टैंकों के अन्दर सीसे की लाइनिंग करने के लिए किया जाता है। इसके अतिरिक्त इस चादर का प्रयोग तेजाब के टैंक बनाने में एवं फ्लश पाइप (flush pipe) को बनाने में भी किया जाता है।

धातु चादरों का भारतीय मानक साइज Indian Standard Sizes of Sheet

भारतीय मानकों के अनुसार, धातु चादरों को लम्बाई × चौड़ाई × मोटाई के रूप में नामित (Designated) किया जाता है। नीचे तालिका में धातु चादरों के स्टैण्डर्ड नॉमिनल डायमेन्शन तथा धातु शीट के भार को दर्शाया गया है

तालिका स्टैण्डर्ड नॉमिनल डायमेन्शन तथा शीट का भार

साइज (mm × mm)	स्टैण्डर्ड नॉमिनल सर्फेस एरिया (मी^{2} में)	स्टैण्डर्ड नॉमिनल मोटाई (मिमी में)												
		0.40	0.50	0.63	0.80	0.90	1.0	1.12	1.25	1.40	1.60	1.80	1.90	2.00
1800 × 600	1.08	3.39	4.24	5.34	6.78	7.65	8.47	9.50	10.6	11.9	13.6	5.3	16.1	17.0
750	1.35	4.24	5.30	6.67	8.48	9.54	10.6	11.9	13.2	14.8	17.0	19.1	20.1	21.2
900	1.62	5.09	6.35	8.01	10.2	11.4	12.7	14.2	15.9	17.8	20.3	22.9	24.2	25.4
950	1.71	5.37	6.71	8.45	10.7	12.1	13.4	15.0	16.8	18.8	21.5	24.2	25.5	26.8
1000	1.80	5.65	7.06	8.90	11.3	12.7	14.2	15.8	17.7	19.8	22.6	25.4	26.8	28.3
1100	1.98	6.22	7.77	9.79	12.4	14.0	15.6	17.4	19.4	21.8	24.9	28.0	29.5	31.1
1200	2.16	6.78	8.48	10.7	13.6	15.3	17.0	19.0	21.2	23.7	27.1	30.5	32.2	33.9
1250	2.25	7.07	8.83	11.1	14.1	15.9	17.6	19.8	22.1	24.7	28.3	31.8	33.6	35.3
1400	2.52	7.91	9.90	12.5	15.8	17.8	19.8	22.2	24.7	27.7	31.7	35.6	37.6	39.6
1500	2.70	8.48	10.6	13.4	17.0	19.1	21.2	23.8	26.5	29.7	33.9	38.2	40.2	42.4
2000 × 600	1.20	3.77	4.71	5.93	7.53	8.47	9.42	10.6	11.8	13.2	15.1	17.0	17.9	18.8
750	1.50	4.71	5.88	7.42	9.42	10.6	11.8	13.2	14.7	16.5	18.8	21.2	22.4	23.6
900	1.80	5.65	7.06	8.90	11.3	12.7	14.1	15.8	17.7	19.8	22.6	25.4	26.8	28.3
950	1.90	5.97	7.45	9.39	12.0	13.4	14.9	16.8	17.9	20.8	23.6	26.8	28.3	29.8
1000	2.00	6.28	7.85	9.89	12.6	14.1	15.7	17.6	19.6	22.0	25.1	28.3	29.8	31.4
1100	2.20	6.91	8.63	10.9	13.8	15.5	17.3	19.3	21.6	24.2	27.6	31.1	32.8	34.5
1200	2.40	7.53	9.42	11.9	15.1	17.0	18.8	21.1	23.6	26.4	30.1	33.9	35.8	37.7
1250	2.50	7.85	9.80	12.4	15.7	17.7	19.6	22.0	24.5	27.5	31.4	35.3	37.2	39.2
1400	2.80	8.79	11.0	13.8	17.6	19.8	22.0	24.6	27.5	30.8	35.2	39.6	41.8	44.0
2500	3.00	9.42	11.8	14.8	18.8	21.2	23.6	26.4	29.4	33.0	37.7	42.2	44.7	47.1
2200 × 600	1.32	4.14	5.18	6.52	8.28	9.32	10.4	11.6	13.0	14.5	16.6	18.7	19.7	20.7
750	1.65	5.18	6.47	8.16	10.4	11.7	13.0	14.5	16.2	18.1	20.7	23.2	24.6	25.9
900	1.98	6.22	7.77	9.78	12.4	14.0	15.5	17.4	19.4	21.8	24.9	28.0	29.5	31.1
950	2.09	6.56	8.20	10.3	13.1	14.8	16.4	18.4	20.5	23.0	26.2	29.5	31.2	32.8
1000	2.20	6.91	8.63	10.9	13.8	15.5	17.3	19.3	21.6	24.2	27.6	31.1	32.8	34.5
1100	2.42	7.60	9.50	12.0	15.2	17.1	19.0	21.3	23.7	26.6	30.4	34.2	36.1	38.0
1200	2.64	8.29	10.4	13.1	16.6	18.7	20.7	23.2	25.9	29.0	33.2	37.3	39.4	41.4
1250	2.75	8.63	10.8	13.6	17.3	19.4	21.6	24.2	27.9	30.2	34.5	38.9	41.0	43.2
1400	3.08	9.67	12.1	15.2	19.3	21.8	24.2	27.1	30.2	33.8	38.7	43.5	45.9	48.4
1500	3.30	10.4	13.0	16.3	20.7	23.3	25.9	29.0	32.4	36.3	41.4	46.6	49.2	51.8
2500 × 600	1.50	4.71	5.88	7.42	9.42	10.6	11.8	13.2	14.7	16.5	18.8	21.2	22.4	23.6
750	1.875	5.88	7.35	9.26	11.8	13.2	14.7	16.5	18.4	20.6	23.6	26.5	27.9	29.4
900	2.25	7.07	8.83	11.1	14.1	15.9	17.7	19.8	22.1	24.7	28.3	31.8	33.6	35.3
950	2.375	7.45	9.32	11.7	14.9	16.8	18.6	20.9	23.3	26.1	29.8	33.6	35.4	37.3
1000	2.50	7.85	9.80	12.4	15.7	17.7	19.6	22.0	24.5	27.5	31.4	35.3	37.2	39.2
1100	2.75	8.63	10.8	13.6	17.3	19.4	21.6	24.2	27.0	30.2	34.5	38.9	41.0	43.2
1200	3.00	9.42	11.8	14.8	18.8	21.2	23.6	26.4	29.4	33.0	37.7	42.4	44.7	47.1
1250	3.125	9.81	12.3	15.5	19.6	22.1	24.5	27.5	30.7	34.3	39.2	44.2	46.6	49.1
1400	3.50	11.0	13.7	17.3	22.0	24.7	27.5	30.8	34.3	38.5	44.0	49.5	52.2	55.0
1500	3.75	11.8	14.7	18.5	23.6	26.4	29.4	33.0	36.8	41.2	47.1	53.0	55.8	58.9

* स्टील के घनत्व के आधार पर = 7.85 g/cm^2

5.2 धातु चादर शॉप में प्रयुक्त औजार Tools Used in Metal Sheet Shop

धातु चादर शॉप में जो औजार प्रयोग किए जाते हैं, उन्हें निम्न प्रकार वर्गीकृत किया जा सकता है

1. मापक औजार
2. चिह्न औजार
3. छिद्रण औजार
4. कर्तन औजार
5. चोट मारने वाले औजार
6. मोड़ने वाले औजार

1. मापक औजार Measuring Tools

शीट मैटल शॉप में प्रयोग होने वाले विभिन्न मापक औजार निम्न प्रकार हैं

(i) स्टील रूल Steel Rule

स्टेनलैस स्टील या स्प्रिंग स्टील को हार्ड व टैम्पर करके स्टील रूल बनाए जाते हैं। इसके किनारों पर इंचों या मिमी में निशान अंकित रहते हैं। स्टील रूल 6", 12" या 24" (150 मिमी, 300 मिमी या 600 मिमी) की लम्बाई में बाजार में उपलब्ध रहते हैं। इनके द्वारा कम-से-कम 0.5 मिमी अथवा 1/64" की लम्बाई मापी जा सकती है।

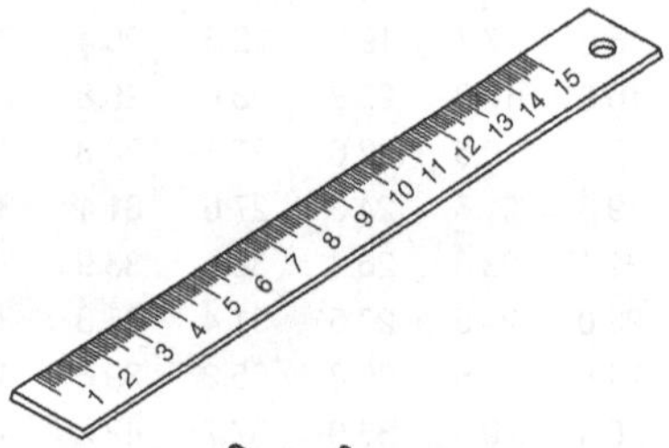

चित्र स्टील रूल

(ii) स्टील टेप Steel Tape

स्टील टेप को लचीला बनाया जाता है, जिससे यह फोल्ड (fold) हो जाती है। ये 3 मी (10 फुट) की लम्बाई में बाजार में उपलब्ध हैं। ये अधिक लम्बाई की चादर को मापने के लिए प्रयोग किए जाते हैं।

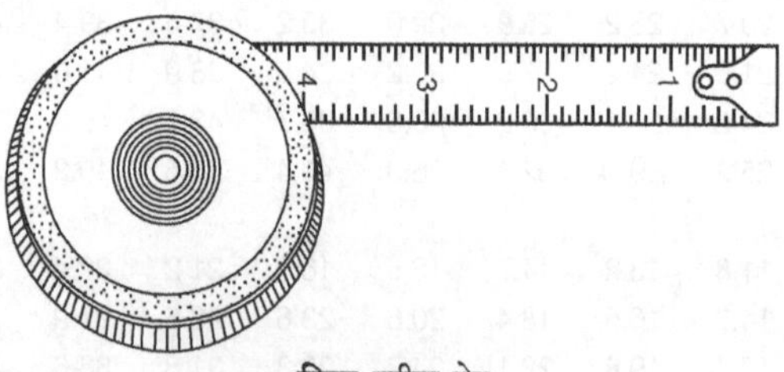

चित्र स्टील टेप

(iii) टिनमैन 'L' स्क्वायर Tinman's 'L' Square

यह हार्ड स्टील की पत्ती का 'L' आकार का बना हुआ स्केल होता है। इसकी दोनों भुजाएँ परस्पर 90° पर होती हैं। एक भुजा दूसरी भुजा से लम्बी होती है। दोनों भुजाओं पर दोनों ओर मिमी तथा इंचों के निशान होते हैं। इसकी लम्बी भुजा (long arm) को बॉडी या ब्लेड और छोटी भुजा (short arm) को टोंग (tongue) कहते हैं। कोने को कॉर्नर या हील (heal) कहते हैं।

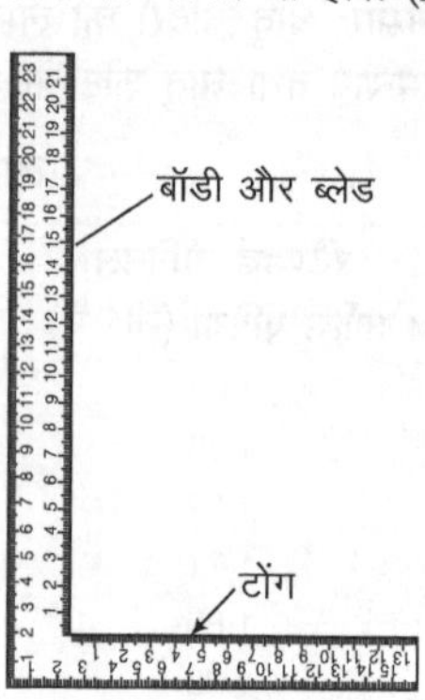

चित्र स्टील स्क्वायर

(iv) वायर गेज Wire Gauge

वायर गेज के द्वारा चादर की मोटाई मापी जाती है। चादर की मोटाई कभी-कभी मिमी में तथा अधिकतर स्टैण्डर्ड वायर गेज (standard wire gauge, SWG) के नम्बरों के द्वारा दी जाती है। ये नम्बर 0 से 40 तक रखे जाते हैं। सबसे बड़े नम्बर (40) का साइज सबसे कम तथा सबसे छोटे नम्बर (0) का साइज सबसे अधिक होता है। वायर गेज आकार में आयताकार अथवा वृत्ताकार होता है।

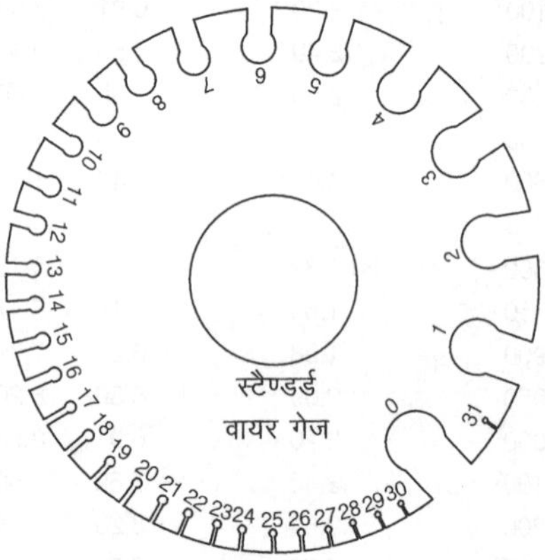

चित्र वायर गेज

2. चिन्हन औजार Marking Tools

चादर के ऊपर विभिन्न आकृतियाँ बनाने के लिए व मार्किंग करने के लिए विभिन्न प्रकार के औजार प्रयोग किए जाते हैं, जो निम्न प्रकार के होते हैं

(i) डिवाइडर Divider

धातु चादर में विभिन्न गोलाई के चाप डिवाइडर की सहायता से लगाए जाते हैं। इसके द्वारा 200 मिमी त्रिज्या के वृत्त या चाप (arc) लगाए जा सकते हैं। इसके द्वारा किसी चाप अथवा लाइन को बराबर भागों में बाँटा जा सकता है, इसलिए इसे डिवाइडर कहते हैं।

डिवाइडर बाजार में 50, 75, 100, 150, 200 मिमी आदि साइजों में उपलब्ध हैं।

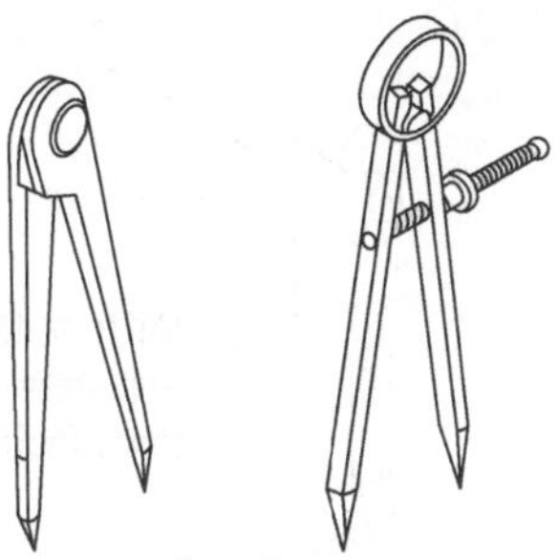

चित्र डिवाइडर

(ii) **विंग कम्पास** Wing Compass

यह भी डिवाइडर के समान ही एक औजार है, जिसमें कम्पास को किसी निश्चित दूरी तक खोलने के लिए एक विंग लगा होता है। विंग में लगे बट को ज्यादा टाइट करने पर कम्पास की लैग्स एक निश्चित दूरी पर खुली रहती है। इस औजार का उपयोग शीट मैटल शॉप में शीट पर वृत्त व चाप का चिह्न करने के लिए किया जाता है।

सामान्य कम्पास, स्प्रिंग कम्पास एवं विंग कम्पास मुख्यत: प्रयोग किए जाने वाले कम्पास हैं।

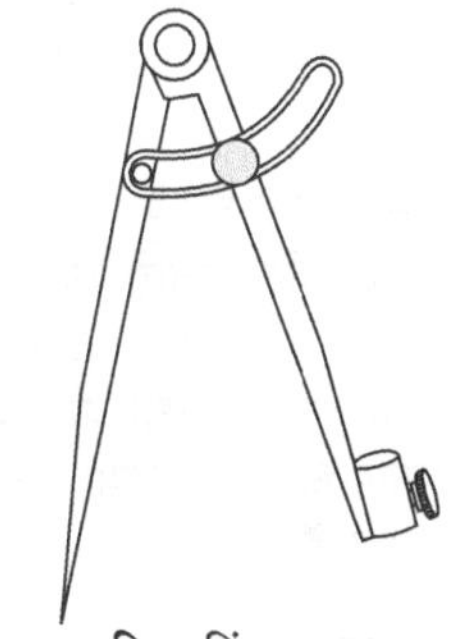

चित्र विंग कम्पास

(iii) **ट्रेमल** Trammel

कम्पास के द्वारा 200 मिमी त्रिज्या के चाप अथवा वृत्त बनाए जा सकते हैं। इससे बड़े साइज के वृत्त बनाने के लिए ट्रेमल का प्रयोग किया जाता है। इसके द्वारा 6 इंच त्रिज्या तक के चाप लगाए जा सकते हैं। चित्र में ट्रेमल द्वारा मार्किंग प्रक्रिया को दर्शाया गया है।

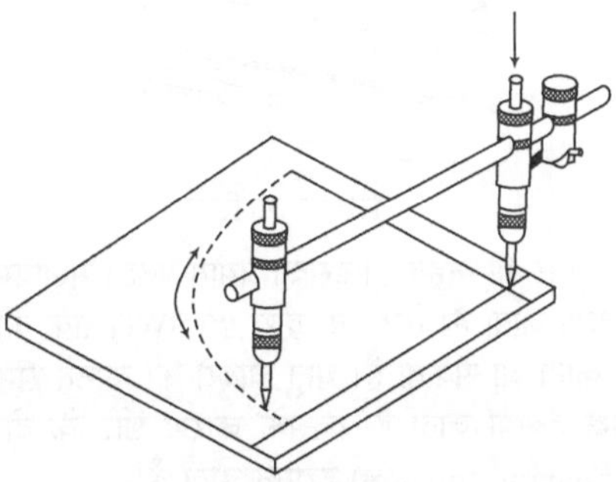

चित्र ट्रेमल

(iv) **स्क्राइबर** Scriber

यह स्टील के 3 से 5 मिमी मोटे वायर का बना होता है, जिसको बीच में नर्लिंग किया गया होता है। इसके कारण इसे पकड़ने में सुविधा रहती है। इसके दोनों सिरे नुकीले व हार्ड किए होते हैं। एक सिरा 90° पर मुड़ा होता है। नुकीले सिरे 15 से 200 के कोण पर ग्राइण्ड किए जाते हैं। भारतीय मानक संस्थान के अनुसार स्क्राइबर 15 मिमी से 200 मिमी तक की लम्बाई में मिलते हैं। रेखाएँ खींचने के लिए स्क्राइबर को चित्रानुसार झुकाकर अपनी ओर खींचते हैं। चित्र में स्क्राइबर से लाइन खींचने की प्रक्रिया को दर्शाया गया है। चादर पर रेखाएँ खींचने के लिए स्क्राइबर का प्रयोग किया जाता है।

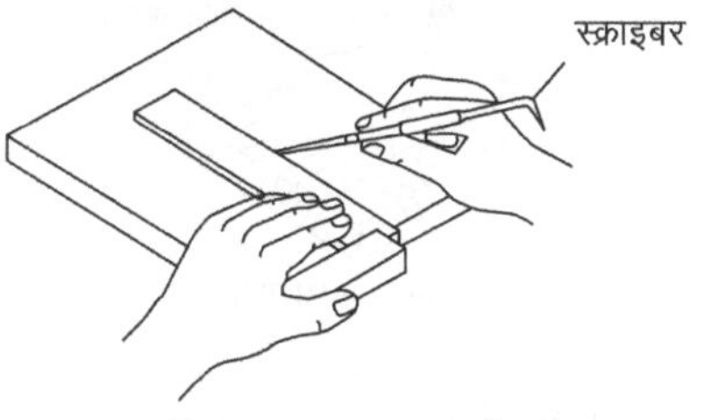

चित्र स्क्राइबर का उपयोग

स्क्राइबर निम्न प्रकार के होते हैं

- स्ट्रेट स्क्राइबर
- एडजस्टेबल स्क्राइबर
- बैण्ड स्क्राइबर
- पॉकेट स्क्राइबर
- नाइफ ऐज स्क्राइबर

(v) **स्क्रैचऑल** Scratchawl

यह भी स्क्राइबर के समान प्रयोग होने वाला औजार है, जिसके एक सिरे पर लकड़ी का हैण्डिल लगा होता है। इस हैण्डिल की सहायता से इसे चादर के विरुद्ध अधिक बल लगाकर प्रयोग किया जा सकता है। इसके प्वॉइण्ट (point) को 15° से 20° के कोण पर ग्राइण्ड किया जाता है।

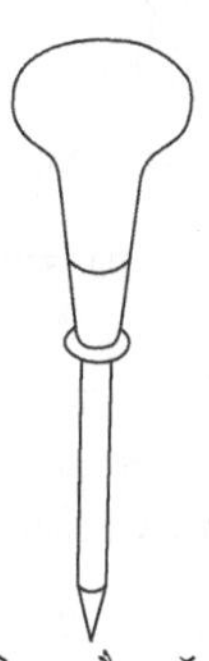

चित्र स्क्रैचऑल

3. **छिद्रण औजार** Piercing Tools

धातु चादर में छिद्र करने के लिए पंच का प्रयोग किया जाता है। धातु चादर कार्य में मुख्यत: जिस पंच का प्रयोग किया जाता है उनका विवरण अग्रपृष्ठ पर है।

(i) **ठोस पंच** Solid Punch

चादर में रिवेट लगाने के लिए छिद्र करने होते हैं। ठोस पंच का प्रयोग पतले रिवेट में छिद्र करने के लिए किया जाता है। चादर के नीचे एक लकड़ी का गुटका रखकर ऊपर से पंच रखकर हैमर की चोट मारते हैं। इस प्रकार चादर में छिद्र हो जाते हैं।

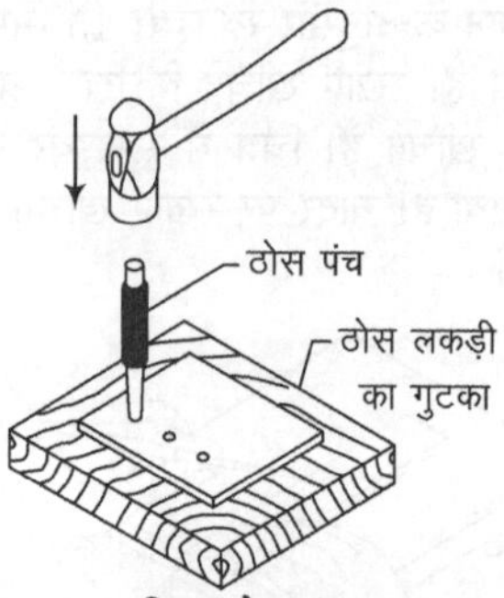

चित्र ठोस पंच

(ii) **प्रिक पंच** Prick Punch

प्रिक पंच कम लम्बाई का पंच होता है। यह उच्च कार्बन स्टील से बना होता है। इसका प्वॉइण्ट एंगिल 30° होता है। इसका कोण कम होने से डिवाइडर की नोंक को बहुत यथार्थ स्थिति प्राप्त होती है। इसलिए इसका उपयोग सतह पर वक्र (curve) खींचने के लिए किया जाता है। इस पंच का प्रयोग हल्की धातुओं; जैसे—पीतल, ताँबा तथा एल्युमीनियम आदि पर मार्किंग के लिए किया जाता है।

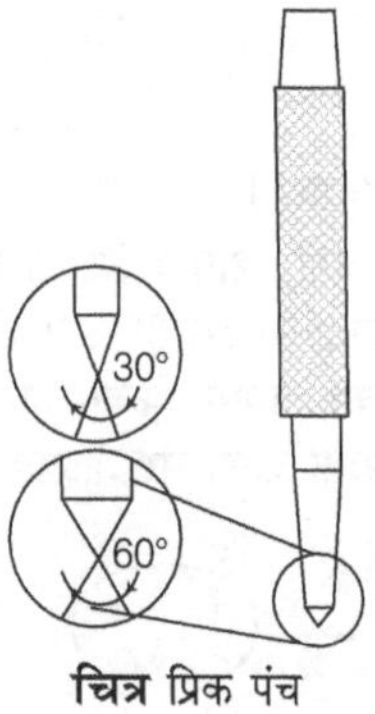

चित्र प्रिक पंच

नोट (a) 30° वाले प्रिक पंच का उपयोग डिवाइडर को सही स्थिति में रखने व 60° वाले प्रिक पंच का उपयोग विटनैस मार्क को स्पष्ट करने के लिए किया जाता है।

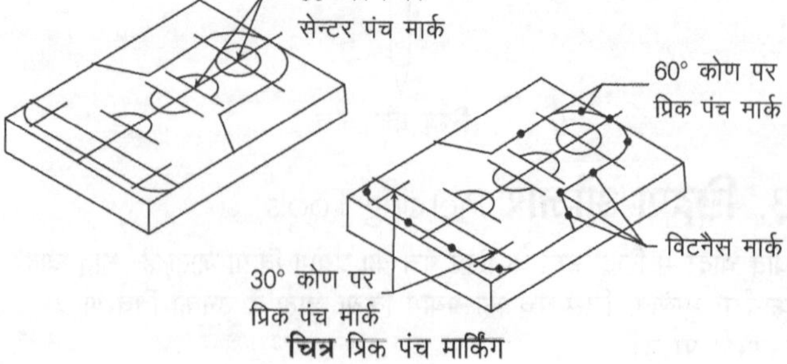

चित्र प्रिक पंच मार्किंग

(b) प्रिक पंच का उपयोग सेन्टर पंचिंग से पहले केन्द्र निर्धारण में भी किया जाता है।

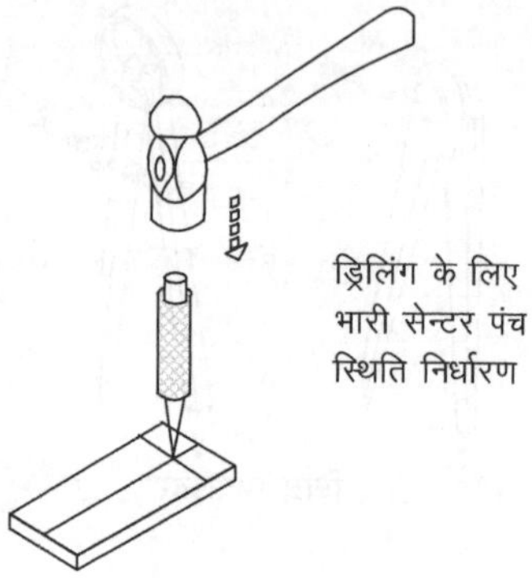

चित्र केन्द्र स्थिति निर्धारण

नोट *पाठ्यक्रम को ध्यान में रखते हुए यहाँ केवल ठोस एवं प्रिक पंच का ही वर्णन किया गया है।*

4. कर्तन औजार Cutting Tool

चादर को मोटाई के अनुसार उसे काटने के लिए विभिन्न प्रकार के कर्तन औजार प्रयोग किए जाते हैं, जोकि निम्नवत् हैं

(i) **स्निप** Snip

इसकी बनावट तथा क्रिया सिद्धान्त कैंची के समान होता है। ये हाई कार्बन स्टील के बनाए जाते हैं। इनके कर्तन किनारों को हार्ड व टैम्पर किया जाता है। इसके कटिंग ब्लेड के किनारों को लगभग 80° पर ग्राइण्ड किया जाता है। किसी स्निप की समस्त लम्बाई उसके आकार को प्रकट करती है। हाथ द्वारा चादर को काटने के लिए स्निप का प्रयोग किया जाता है। बनावट के आधार पर स्निप निम्न प्रकार की होती हैं

(a) **स्ट्रेट स्निप** Straight Snip

इस स्निप के ब्लेड सीधे होते हैं। इसका उपयोग सीधी रेखा में कटिंग करने के लिए किया जाता है। इसके द्वारा बड़ी त्रिज्या के वक्र (curve) भी काटे जा सकते हैं।

चित्र स्ट्रेट स्निप

स्निप को हैण्ड शियर भी कहते हैं। इसका प्रयोग पतली मुलायम धातु चादरों को काटने में किया जाता है। स्निप के द्वारा 20 SWG तक की धातु चादरों को आसानी से काटा जा सकता है। धातु चादरों को काटते समय ब्लेडों को चादरों के सापेक्ष दबाया जाता है, जिसके कारण शीट के दोनों साइडों में कर्तन तनाव (shearing tension) उत्पन्न होता है।

स्निप में कर्तन कोण का मान 87° होता है।

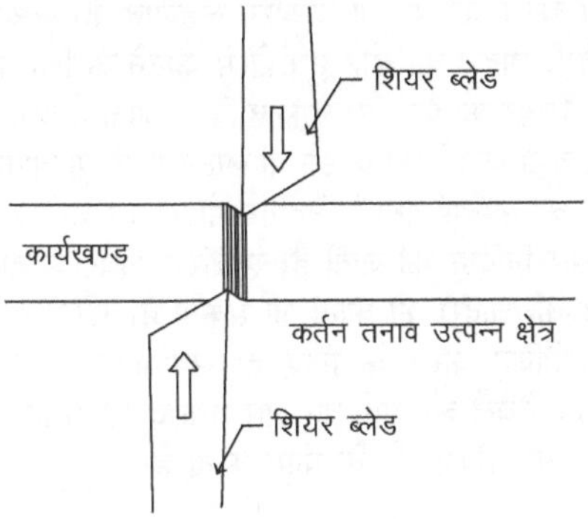

चित्र स्निप कर्तन प्रक्रिया

स्निप ब्लेडों के बीच क्लीयरैन्स, बिना गैप के प्रदान किया जाता है, क्योंकि अधिक क्लीयरैन्स होने पर, कर्तन प्रक्रिया के दौरान शीट के किनारे चैम्फर हो जाते हैं।

(b) **बैन्ट स्निप** Bent Snip

वक्र लाइन में कटिंग करने के लिए बैन्ट स्निप का प्रयोग किया जाता है। वृत्ताकार कटिंग करने के लिए स्निप के ब्लेडों को मोड़ दिया जाता है।

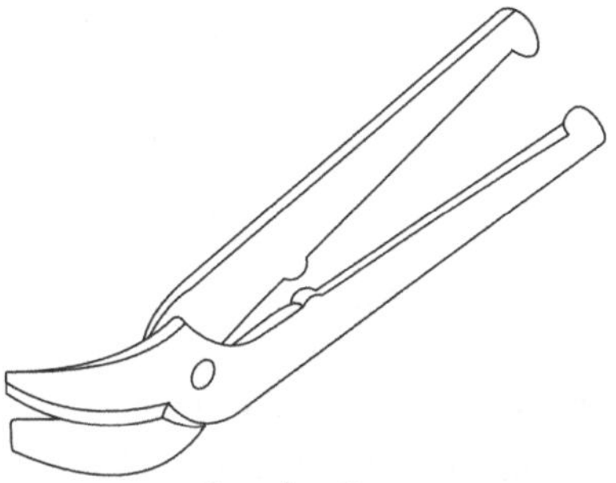

चित्र बैन्ट स्निप

(c) **टिनमैन स्निप** Tinman's Snip

टिनमैन स्निप का प्रयोग सीधे कट लगाने तथा 18 SWG मोटाई की शीट की वक्राकार कटिंग के लिए किया जाता है। इस स्निप का कर्तन कोण 87° होता है। इसके ब्लेड के फलकों को कभी-भी ग्राइण्ड नहीं करना चाहिए।

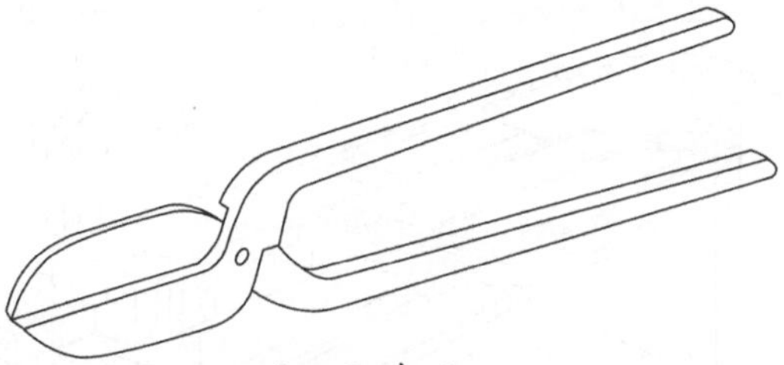

चित्र टिनमैन स्निप

(d) **यूनिवर्सल कॉम्बीनेशन स्निप** Universal Combination Snip

इसे गिलबो स्निप (Gilbow snip) भी कहते हैं। इस स्निप का डिजाइन यूनिवर्सल कटिंग, स्ट्रेट कटिंग (बाह्य तथा आन्तरिक), वक्राकार कटिंग (दाईं तथा बाईं) आदि के लिए किया गया है।

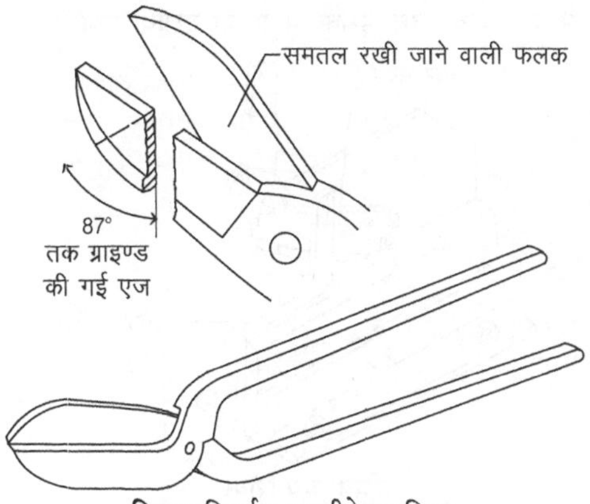

चित्र यूनिवर्सल काम्बीनेशन स्निप

इलेक्ट्रिक पोर्टेबल स्निप Electric Portable Snip

इलेक्ट्रिक पोर्टेबल स्निप 18 गेज मोटाई की धातु चादर हल्की धातु चादर या नालीदार धातु चादर को काटने के लिए प्रयोग किया जाता है।

चित्र पोर्टेबल स्निप

क्रमिक आघात से स्निप लगभग किसी भी आकार जैसे आन्तरिक वृत्त, जिग-जैग, वक्र रेखा के लिए स्क्रैप की गई रेखा पर सरलता से कटिंग करती है। इस शियरिंग प्रचालन में लगभग 3/32" (2.5mm) चौड़ी धातु की पट्टी निकलती है।

(ii) **शियर** Shear

अधिक मोटी चादरें स्निप के द्वारा नहीं काटी जा सकती हैं। इनको काटने के लिए स्निप के सिद्धान्त पर ही बड़ा कटर बनाया जाता है। इस कटर को ही शियर कहते हैं। इसके ब्लेड्स पर कटिंग ऐज बनाने के लिए उन्हें 87° पर ग्राइण्ड किया जाता है। उपयोगिता के आधार पर ये कई प्रकार के होते हैं; जैसे—स्टॉक शियर, ब्लॉक शियर तथा बेंच शियर आदि।

स्टॉक शियर तथा ब्लॉक शियर का उपयोग बाजार में उपलब्ध लट्ठों (stocks) तथा स्ट्रिप (strip) आदि को काटने में अधिक होता है। चादर काटने के लिए बेंच शियर का उपयोग किया जाता है। बेंच शियर को कार्य मेज पर नट-बोल्ट की सहायता से जकड़ दिया जाता है। बेंच शियर का एक ब्लेड आधार के साथ स्थिर रहता है, जबकि दूसरा ब्लेड एक पिवेट (pivot) के साथ जुड़ा होता है। इस ब्लेड को दाब के साथ नीचे लाने के लिए एक लम्बा व भारी हैण्डिल लगा होता है। इस हैण्डिल को शियर लीवर कहते हैं। इस शियर लीवर को नीचे लाने पर ब्लेड, पिवेट पर घूमता हुआ नीचे आता है तथा कर्तन प्रक्रिया करता है।

निम्न चित्र में बेंच शियर तथा इसके भागों को दर्शाया गया है।

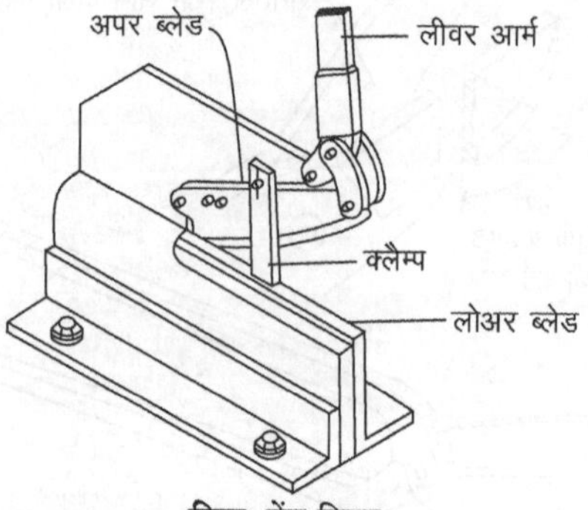

चित्र बेंच शियर

(iii) शियरिंग मशीन Shearing Machine

इन मशीनों के द्वारा आयताकार अथवा वृत्ताकार टुकड़े काटे जा सकते हैं। चित्र में एक शियरिंग मशीन तथा इसके विभिन्न भागों को दर्शाया गया है। इसमें कटर को चलाने के लिए इलेक्ट्रिक मोटर का प्रयोग किया जाता है। शियरिंग मशीनों का उपयोग एक ही साइज की बड़ी संख्या मे चादरों को काटने के लिए किया जाता है।

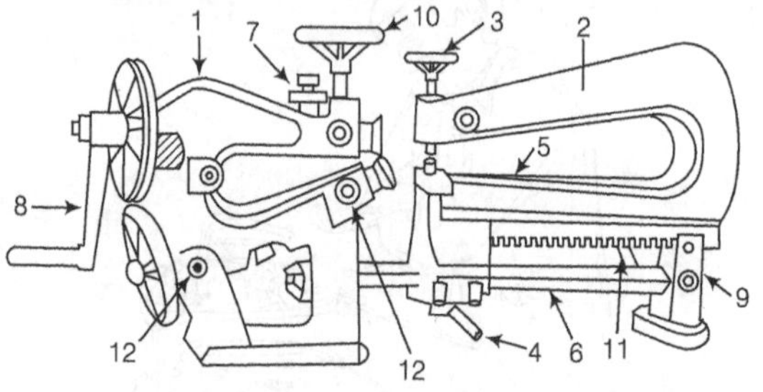

चित्र शियरिंग मशीन

चित्र में आंकिक प्रदर्शन को उनके नामों से यहाँ दर्शाया गया है

1. कटिंग हैड
2. बो (Bow)
3. पैलेट एडजस्टमेन्ट व्हील
4. क्लैम्पिंग हैण्डिल
5. क्लैम्पिंग पैलेट
6. छड़
7. स्टॉप स्क्रू
8. आपरेटिंग हैण्डिल
9. लोअर एडजस्टमेन्ट कटिंग स्क्रू
10. हैण्ड व्हील
11. सर्किल डायमीटर कण्ट्रोल हैण्ड व्हील
12. लोअर कटिंग बियरिंग एडजस्टमेन्ट नट

शियरिंग मशीन के उपयोग Uses of Shearing Machine

शियरिंग मशीन का उपयोग वांछित आकार के वृत्त तथा वक्र काटने के लिए किया जाता है। जब वक्र की कटिंग की जाती है तो शीट को हाथ द्वारा गाइड किया जाता है।

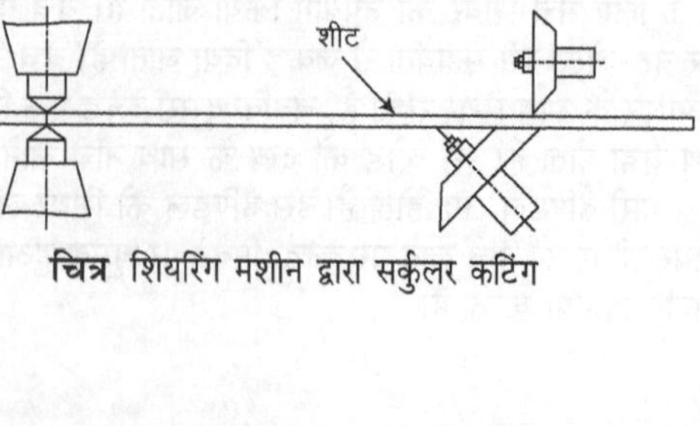

चित्र शियरिंग मशीन द्वारा सर्कुलर कटिंग

(i) स्क्वेरिंग शियर Squaring Shear

धातु की चादर को काटना शियरिंग कहलाता है। स्क्वेरिंग शियर का प्रयोग बड़ी चादरों को छोटे टुकडों में काटने के लिए किया जाता है। स्क्वेरिंग शियर को पैर द्वारा चालित किया जाता है तथा इसका उपयोग धातु की बड़ी चादरों को काटने या छाटने में किया जाता है। मशीन की माप बैड की लम्बाई तथा अधिकतम मोटाई की काटे जाने वाली चादर के अनुसार निर्दिष्ट की जाती है। स्क्वेरिंग शियर के द्वारा 18 गेज या उससे हल्की चादरों को काटा जा सकता है। ब्लेडों के बीच की दूरी को समायोजित करने के लिए दो समायोजक लगे होते हैं। एक समायोजक टेबल को आगे की ओर तथा दूसरा समायोजक टेबल को पीछे की ओर खिसकाने के काम आता है।

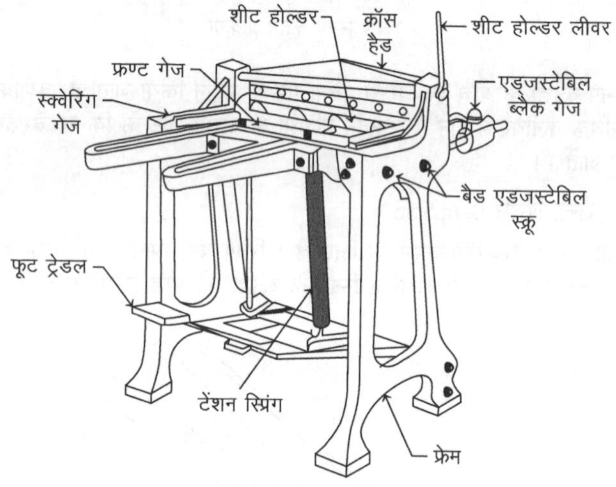

चित्र स्क्वेरिंग शियर

(ii) गिलोटिन शियर Guillotine Shear

पैर द्वारा चालित गिलोटिन शियर निचली कटिंग ब्लैड, मशीन बैड पर स्थिर होता है, जबकि ऊपरी ब्लेड पैर द्वारा प्रचालित होता है। काटे जाने वाले पदार्थ को बैड पर रखा जाता है। लीवर को दबाने पर पकड़ने वाले क्लैम्प प्रचालित होते हैं और कटिंग प्रक्रिया प्रारम्भ हो जाती है।

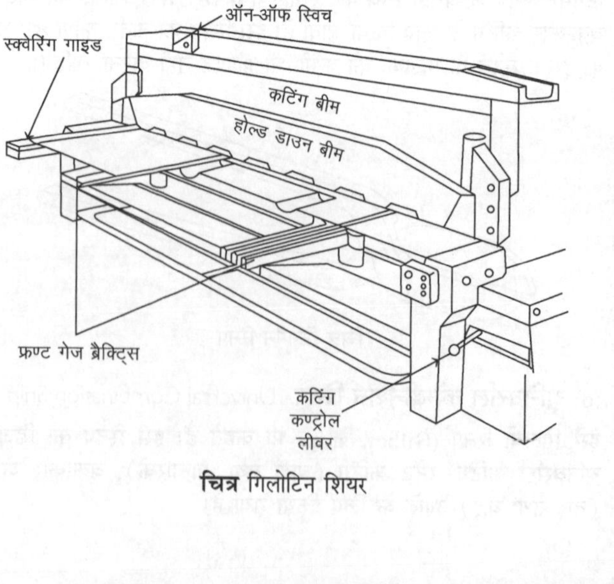

चित्र गिलोटिन शियर

5. चोट मारने वाले औजार Striking Tools

चादर को विभिन्न आकार प्रदान करने, मोड़ने, काटने तथा जोड़ लगाने के लिए विभिन्न प्रकार के चोट मारने वाले औजार प्रयोग किए जाते हैं। इन्हें मुख्य रूप से दो भागों में बाँटा जा सकता है

(i) हथौड़ा

(ii) मैलट

(i) हथौड़ा Hammer

हथौड़े को ढलवाँ स्टील की फोर्जिंग द्वारा बनाया जाता है। ये विभिन्न भारों में बाजार में उपलब्ध हैं। उपयोगिता के अनुसार ये विभिन्न आकारों (shape) में बनाए जाते हैं। मुख्य रूप से शीट मैटल शॉप में निम्न प्रकार के हथौड़े प्रयोग किए जाते हैं

(a) बॉल पिन हथौड़ा Ball Peen Hammer

चादरों को जोड़ने के लिए लगने वाले रिवेट को चोट मारकर चारों ओर फैलाने के लिए बॉल पिन हैमर प्रयोग किए जाते हैं। इसके पिन की शेप अर्द्ध-गोलाकार (Semi-spherical) होती है। इसके फेस को छेनी अथवा पंच पर चोट मारने के लिए भी प्रयोग किया जाता है।

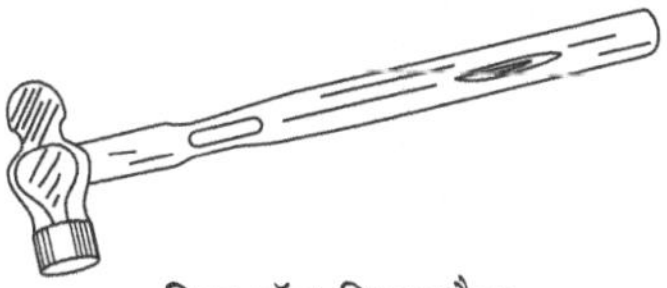

चित्र बॉल पिन हथौड़ा

(b) क्रॉस पिन हथौड़ा Cross Peen Hammer

क्रॉस पिन हैमर का प्रयोग चादर में ग्रूव (groove) बनाने के लिए अथवा उसको किसी कोण पर मोड़ने के लिए किया जाता है। इसकी पिन सपाट तथा हैण्डिल से 90° पर होती है।

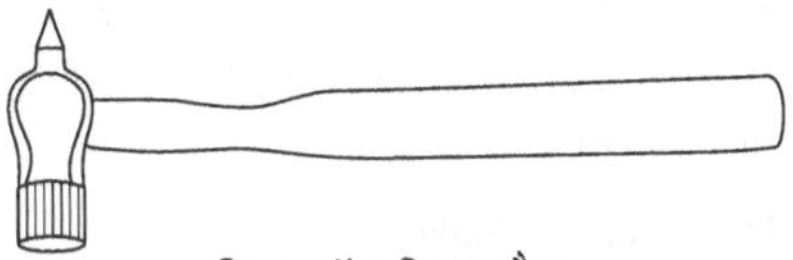

चित्र क्रॉस पिन हथौड़ा

(c) स्ट्रेट पिन हथौड़ा Straight Peen Hammer

इसकी पिन हैण्डिल की सीध में होती है, इसलिए इसे स्ट्रेट पिन हैमर कहते हैं। इसका उपयोग भी चादर को मोड़ने के लिए अथवा ग्रूव डालने के लिए किया जाता है।

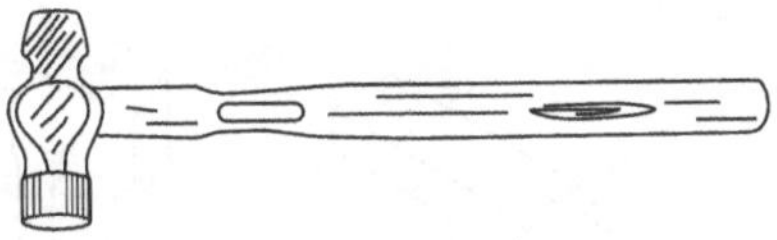

चित्र स्ट्रेट पिन हथौड़ा

(d) स्मूथिंग हथौड़ा Smoothing Hammer

स्मूथिंग हथौड़ा कास्ट स्टील या लकड़ी का बना होता है। स्मूथिंग हथौड़े का प्रयोग जॉब को ठीक प्रकार से दबाने के लिए किया जाता है।

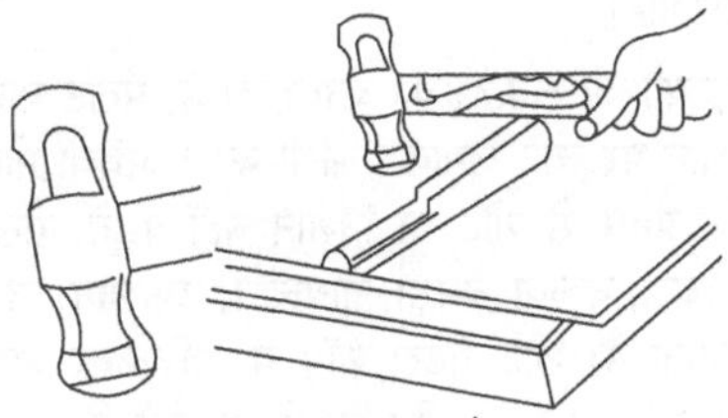

चित्र स्मूथिंग हथौड़ा

(e) क्रीजिंग हथौड़ा Creasing Hammer

इस प्रकार के हथौड़े का एक सिरा गोलाई में व दूसरा सिरा नाइफ ऐज टाइप का होता है। ज्वॉइन्ट शीट को नीचे दबाने के लिए क्रीजिंग हथौड़े का प्रयोग किया जाता है।

चित्र क्रीजिंग हथौड़ा

(f) स्ट्रेचिंग हथौड़ा Stretching Hammer

इस प्रकार के हथौड़े का प्रयोग धातु की लम्बाई बढ़ाने के लिए किया जाता है।

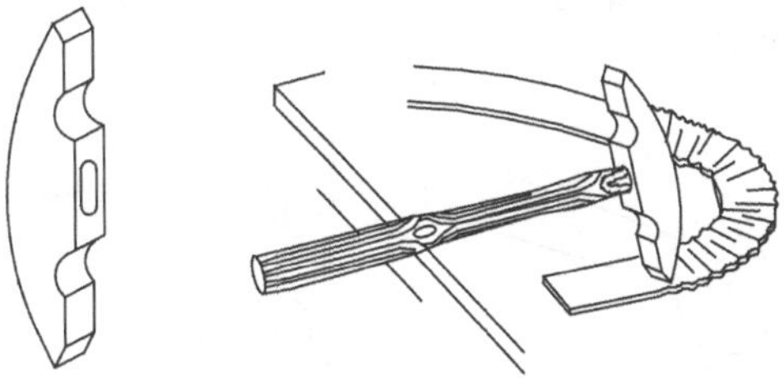

चित्र स्ट्रेचिंग हथौड़ा

(g) रिवेटिंग हथौड़ा Riveting Hammer

धातु चादर में रिवेटिंग हैड को फैलाने के लिए रिवेटिंग हथौड़े का प्रयोग किया जाता है।

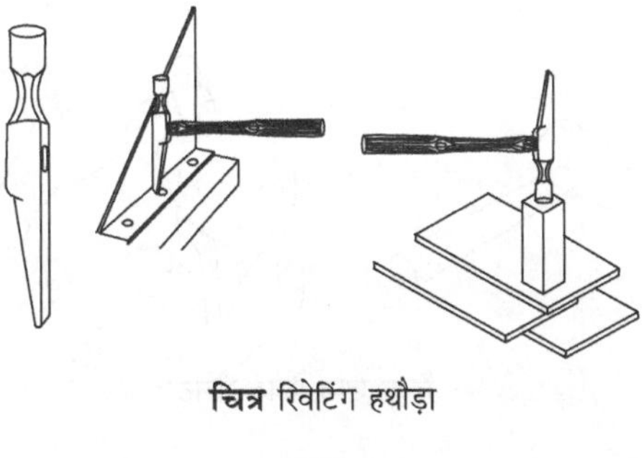

चित्र रिवेटिंग हथौड़ा

(ii) **मैलट** Mallet

मुलायम हथौड़े को जो लकड़ी का बना होता है, मैलट कहा जाता है। इसका प्रयोग पतली शीट पर चोट लगाकर सीधी करने अथवा मोड़ने के लिए किया जाता है। इसके प्रहार से शीट पर निशान नहीं पड़ते। मैलट बनाने के लिए लकड़ी, हार्ड रबड़, कच्चा चमड़ा, नायलॉन, टफलोन, लैड अथवा ताँबा का प्रयोग किया जाता है। शीट मैटल शॉप में अधिकतर लकड़ी के मैलट ही प्रयोग किए जाते हैं। ये निम्न तीन प्रकार के होते हैं

(a) **स्टैण्डर्ड वुडन मैलट** Standard Wooden Mallet

स्टैण्डर्ड वुडन मैलट के दोनों ओर के फेस समतल होते हैं, जैसा कि चित्र में दर्शाया गया है। इसका प्रयोग चादर को सीधा करने (flattening) के लिए किया जाता है।

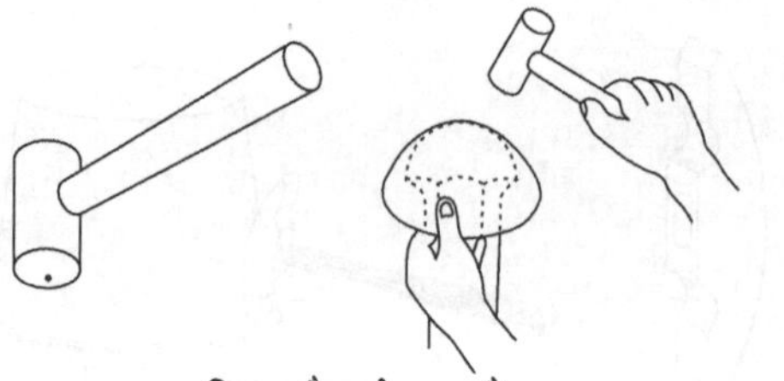

चित्र स्टैण्डर्ड वुडन मैलट

(b) **बॉसिंग मैलट** Bossing Mallet

इसके दोनों सिरे गोलाई में होते हैं। इसका उपयोग चादर से बने पाइप अथवा अन्य कन्टेनर को अन्दर से बाहर की ओर ठोकने के लिए किया जाता है। इसका उपयोग चादर को उभारने के लिए किया जाता है, इसलिए इसे बॉसिंग मैलट कहते हैं।

चित्र बॉसिंग मैलट

(c) **एण्ड फेक्ड मैलट** End Faked Mallet

यह लकड़ी से बना क्रॉस पिन हथौड़े के समान आकृति वाला मैलट होता है, जैसा कि चित्र में दर्शाया गया है। इसका प्रयोग चादर को तार पर फैलाने अथवा मोड़ने के लिए किया जाता है।

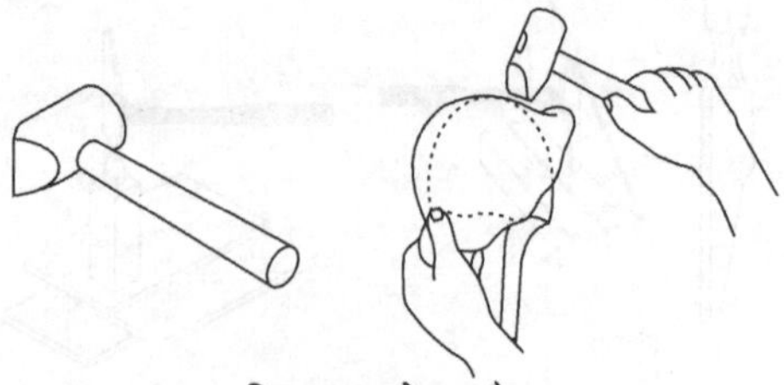

चित्र एण्ड फेक्ड मैलट

6. मोड़ने वाले औजार Bending Tools

धातु चादर कार्य में स्टेक का उपयोग मुख्य रूप से मोड़ने वाले औजार के रूप में किया जाता है। धातु चादरों को मोड़ने हेतु प्रयुक्त औजारों का वर्णन निम्नलिखित है

स्टेक Stake

चादरों को कोई आकार प्रदान करने या जोड़ने के लिए उन्हें मोड़ने की आवश्यकता पड़ती है। चादरों को मोड़ने के लिए एक विशेष आकार की सपोर्ट (support) देने की आवश्यकता पड़ती है। यह विशेष सपोर्ट ही स्टेक कहलाती है। स्टेक को बेंच प्लेट में बने विभिन्न आकार के छिद्रों में लगाकर प्रयोग किया जाता है। स्टेक कई आकारों में उपलब्ध हैं। शीट मैटल शॉप में निम्न प्रकार की स्टेक उपयोग की जाती हैं

(i) **राउण्ड बॉटम स्टेक** Round Bottom Stake

यह कास्ट स्टील द्वारा निर्मित सीधी संरचना वाला स्टेक है। इसका ऊपरी भाग सपाट तथा वृत्ताकार होता है, जैसा कि चित्र में दर्शाया गया है। यह भारी कार्यों के लिए प्रयोग किया जाता है।

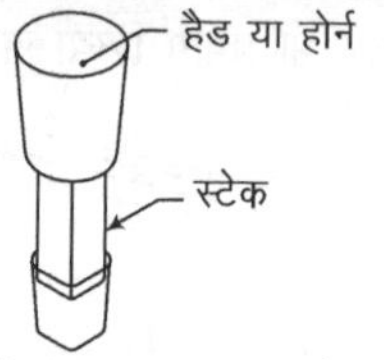

चित्र राउण्ड बॉटम स्टेक

(ii) **बीक आयरन स्टेक** Beak Iron Stake

इस स्टेक की संरचना एनविल के समान होती है। जैसा कि चित्र में दर्शाया गया है, इसमें एक ओर शंक्वाकार होर्न तथा दूसरी ओर सपाट आधार होता है। शंक्वाकार होर्न का उपयोग फनल (funnel) आकार की वस्तुओं के जोड़ लगाने अथवा अन्य कार्य करने के लिए किया जाता है, जबकि सपाट आधार का प्रयोग छिद्र करने, रिवेट लगाने अथवा चादर को सीधा करने आदि कार्यों के लिए किया जाता है।

(iii) **हैचेट स्टेक** Hatchet Stake

हैचेट स्टेक का ऊपरी भाग चाकू (knife) के समान सीधा और एक ओर थोड़ा टेपरयुक्त होता है। चादर को सीधी लाइन में मोड़ने के लिए इसका प्रयोग किया जाता है; जैसे—ट्रे अथवा डिब्बे आदि बनाने के लिए धातु चादरों को मोड़ा जाता है।

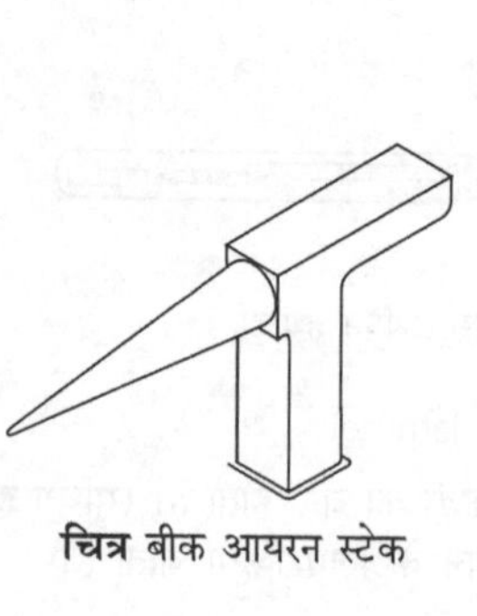

चित्र बीक आयरन स्टेक

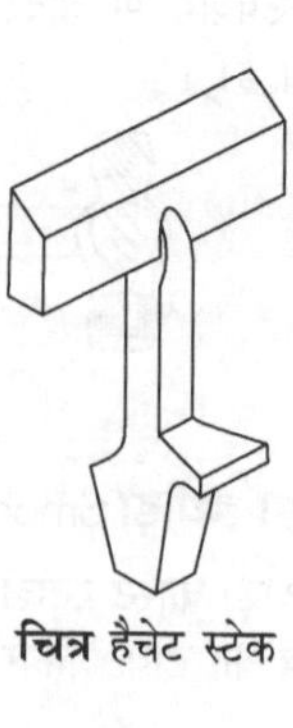

चित्र हैचेट स्टेक

(iv) **हाफ मून स्टेक** Half Moon Stake

यह स्टेक ऊपर से अर्द्ध-वृत्ताकार (semi-circular) होता है, इसलिए इसे हाफ मून स्टेक कहा जाता है। इसके ऊपरी भाग में एक ओर को झुकाव होता है। इसका प्रयोग बर्तनों के फ्लैंज बनाने के लिए किया जाता है।

चित्र हाफ मून स्टेक

(v) **फनल स्टेक** Funnel Stake

इस स्टेक का ऊपरी भाग अर्द्ध-शंक्वाकार होता है, जैसा कि चित्र में दर्शाया गया है। इसका उपयोग शंक्वाकार वस्तुओं में जोड़ लगाने तथा उन्हें सही आकार देने के लिए किया जाता है।

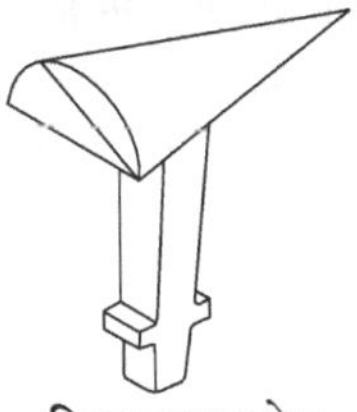

चित्र फनल स्टेक

(vi) **प्लेनिशिंग एनविल स्टेक** Plainishing Anvil Stake

इस स्टेक का ऊपरी भाग प्लेन होता है। इसका उपयोग जॉब के फ्लैंज वाले भाग को ड्रेसिंग करने अथवा उसमें छिद्र करने के लिए किया जाता है, जैसा कि चित्र में दर्शाया गया है।

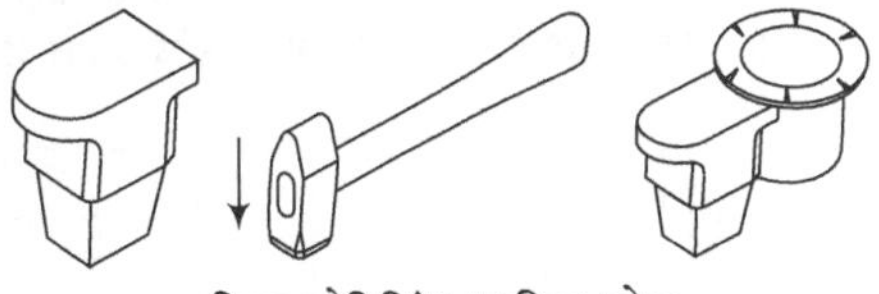

चित्र प्लेनिशिंग एनविल स्टेक

(vii) **क्रीजिंग आयरन स्टेक** Creasing Iron Stake

इस स्टेक के एक ओर प्लेन तथा दूसरी ओर सीधे ग्रूव होते हैं। ये ग्रूव अलग-अलग साइज में होते हैं। इन ग्रूवों का प्रयोग चादर को पतले पाइपों में मोड़ने के लिए किया जाता है, जैसा कि चित्र में दर्शाया गया है

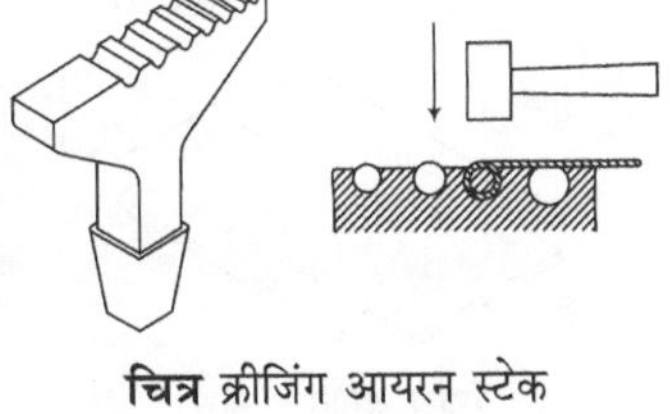

चित्र क्रीजिंग आयरन स्टेक

(viii) **होर्स स्टेक** Horse Stake

इस स्टेक की बनावट चित्र में दर्शायी गई है। इसके दोनों सिरों में अलग-अलग साइज के वर्गाकार आकार के छिद्र होते हैं। लम्बी भुजाएँ होने के कारण इसके प्रयोग में सावधानी बरतनी चाहिए।

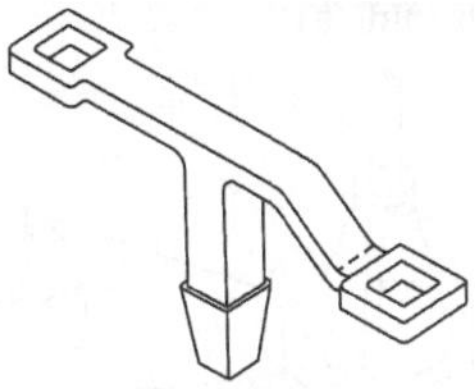

चित्र होर्स स्टेक

5.3 सीम Seam

चादर के किनारों (edges) को जोड़ने के लिए सीम बनाई जाती है। जोड़े जाने वाले चादर के किनारों को विशेष प्रकार से मोड़कर आपस में फँसा दिया जाता है।

सीम के प्रकार Types of Seam

सीम निम्न प्रकार की होती है

1. लैप सीम
2. ग्रूव्ड सीम
3. सिंगल सीम
4. डबल सीम
5. डबल ग्रूव्ड सीम

(i) **लैप सीम** Lap Seam

सबसे आसान प्रकार का जोड़ लैप सीम द्वारा बनाया जाता है। इसमें जोड़े जाने वाले किनारों (edges) को एक-दूसरे के ऊपर रखकर अथवा एक-दूसरे में फँसाकर (जैसे—बेलनाकार अथवा शंक्वाकार जॉब) सोल्डरिंग अथवा ब्रेजिंग द्वारा जोड़ दिया जाता है, जैसे कि चित्र में एक कीप के जोड़ को दर्शाया गया है।

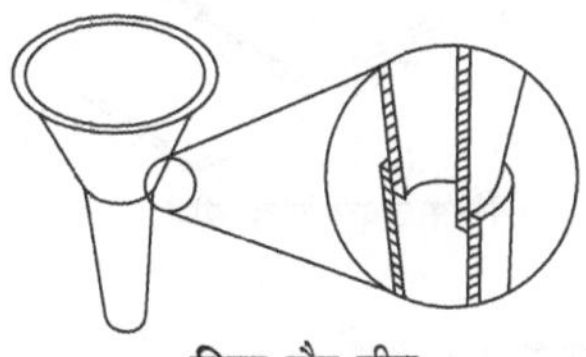

चित्र लैप सीम

(ii) **ग्रूव्ड सीम** Grooved Seam

चादर के दोनों किनारों को इस प्रकार मोड़ा जाता है कि वे आपस में फँस जाएँ। तत्पश्चात् एक ग्रूवर (groover) के द्वारा जोड़ को लॉक कर दिया जाता है।

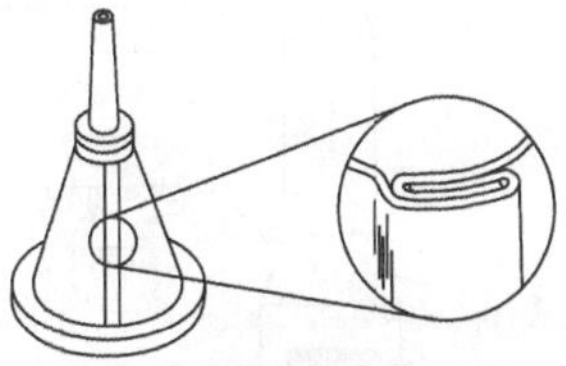

चित्र ग्रूव्ड सीम

(iii) सिंगल सीम Single Seam

सिंगल सीम का प्रयोग बाल्टी अथवा डिब्बों आदि में तली लगाने के लिए किया जाता है। इसलिए इस जोड़ को पैण्ड डाउन जोड़ (paned down joint) कहते हैं। जोड़ बनाने के बाद सोल्डर से उसे लीक प्रूफ (leak proof) किया जाता है।

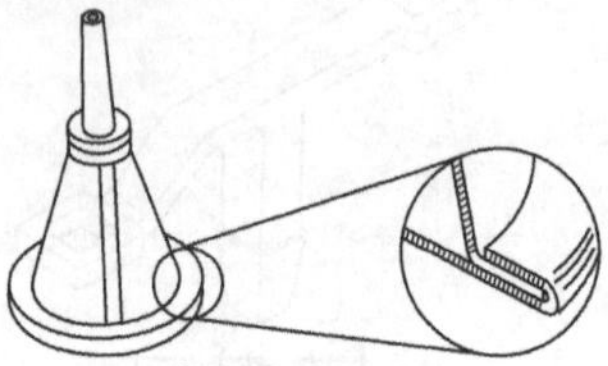

चित्र सिंगल सीम

(iv) डबल सीम Double Seam

यदि सिंगल सीम से बने जोड़ को ऊर्ध्वाधर खड़ा कर दिया जाए, तो यह जोड़ डबल सीम जोड़ कहलाता है। किनारों के एक बार अधिक मुड़ने से जोड़ अधिक शक्तिशाली हो जाता है।

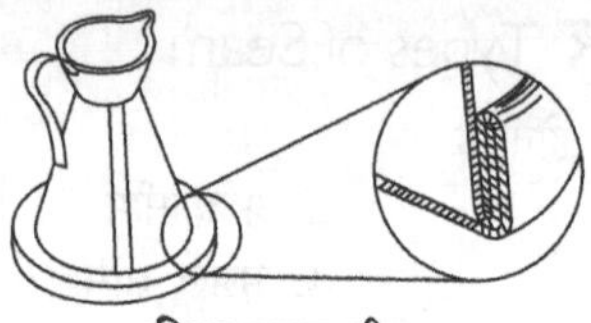

चित्र डबल सीम

(v) डबल ग्रूव्ड सीम Double Grooved Seam

डबल ग्रूव्ड सीम बनाने के लिए चादरों के किनारों को मोड़कर उन्हें एक अन्य मुड़ी हुई चादर में फँसाया जाता है, जैसा कि चित्र में दर्शाया गया है। इस जोड़ को छतों के लिए तथा पैनलिंग करने के लिए प्रयोग किया जाता है।

चित्र डबल ग्रूव्ड सीम

5.4 हैण्ड ग्रूवर Hand Groover

चादर में सीम बनाने के तत्पश्चात् उसे ठीक से लॉक करना आवश्यक होता है अन्यथा जोड़ ढीला होकर खुल जाएगा। सीम को बन्द करने के लिए ग्रूवर (groover) का प्रयोग किया जाता है, जैसा कि चित्र में दर्शाया गया है। सीम के साइज के अनुसार ग्रूवर का प्रयोग किया जाता है।

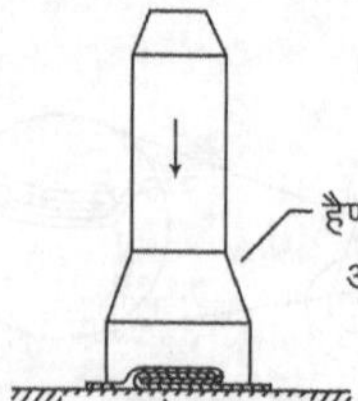

चित्र ग्रूवर

ग्रूवर के द्वारा क्लोजिंग तथा लॉकिंग (closing and locking) करने के लिए पहले सीम को किसी सपोर्ट पर रखकर मैलट से बन्द करते हैं। इसके पश्चात् उसके ऊपर तिरछा ग्रूवर रखकर हैमर से ठोकते हैं। ग्रूवर को सीम की साइड से गाइड करते हैं, जैसा कि चित्र में दर्शाया गया है।

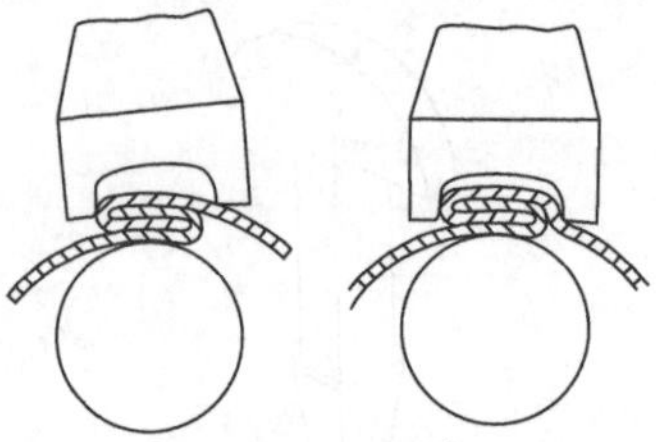

चित्र ग्रूवर का उपयोग

5.5 नॉच Notch

जब चादर से कोई भी पात्र (container) बनाया जाता है, तो चादरों को किनारों से मोड़ने पर चादर ओवरलैप करती है, इसलिए ऐसे स्थानों से चादर का कुछ टुकड़ा काटकर निकाल दिया जाता है, इसी को नॉच कहा जाता है। नॉच बनाने पर जॉब का आकार ठीक बनता है। विभिन्न प्रकार की आवश्यकताओं की पूर्ति के लिए विभिन्न प्रकार की नॉच बनाई जाती हैं।

ये नॉच निम्न प्रकार हैं

1. सीधी नॉच
2. वर्गाकार नॉच
3. तिरछी नॉच
4. V–नॉच
5. वायर नॉच

1. सीधी नॉच या स्लिट Straight Notch or Slit

चादर के किनारों को मोड़ने से पहले, जिस लाइन पर उन्हें मोड़ना होता है, एक सीधा कट लगा लिया जाता है, इसे ही सीधी नॉच कहते हैं।

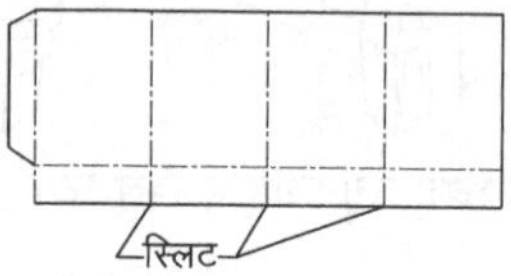

चित्र सीधी नॉच या स्लिट

2. वर्गाकार नॉच Square Notch

किसी वर्गाकार अथवा आयताकार डिब्बे के किनारों को 90° पर मोड़ने के लिए उसके कोनों पर वर्गाकार नॉच काटी जाती है।

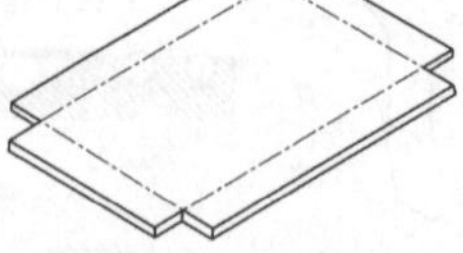

चित्र वर्गाकार नॉच

3. तिरछी नॉच Slant Notch

चादर के किनारे को 45° पर तिरछा काटकर यह नॉच बनाई जाती है। जहाँ पर सिंगल हैम को 90° पर मोड़ा जाता है, वहाँ यह नॉच प्रयोग की जाती है।

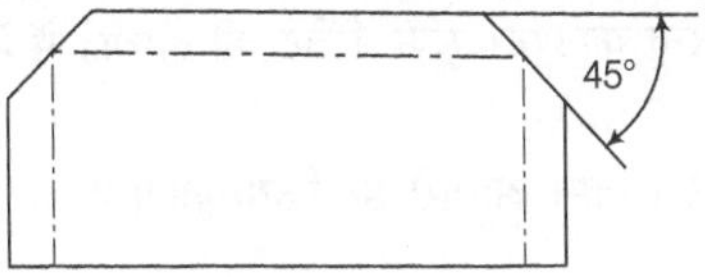

(a) तिरछी नॉच काटना

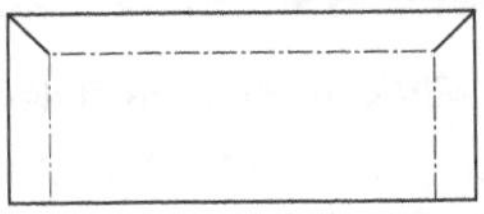

(b) तिरछी नॉच द्वारा बनी हुई आकृति

चित्र तिरछी नॉच

4. V-नॉच V-Notch

बैण्डिंग लाइन से 45° पर दोनों साइड काटकर यह नॉच बनाई जाती है। इसका उपयोग 90° पर मुड़े हुए फ्लैंजों को मोड़ने के लिए किया जाता है, जैसा कि निम्न चित्र से स्पष्ट हो जाता है।

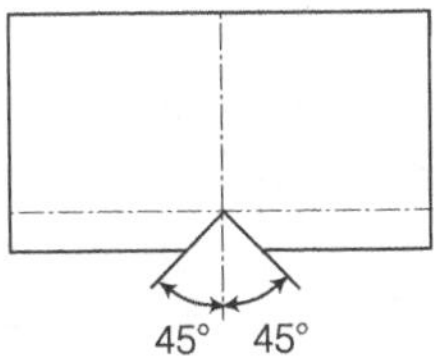

'V'-नॉच काटना

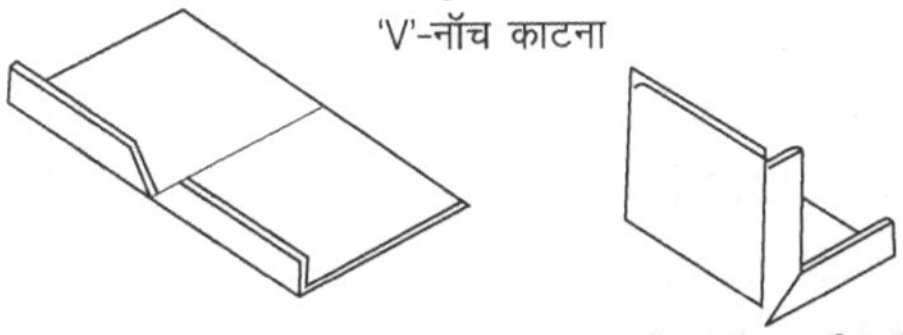

'V'-नॉच को पहली बार मोड़ना 'V'-नॉच द्वारा मुड़ी हुई आकृति

चित्र 'V'-नॉच

5. वायर नॉच Wire Notch

वायर नॉच का उपयोग वायरयुक्त ऐजेज (wired edges) को ओवरलैप होने से बचाने के लिए किया जाता है। वायर नॉच बनाने के लिए सिरे से वायर के व्यास की $3\frac{1}{2}$ गुना दूरी छोड़कर 30° पर कट लगाया जाता है।

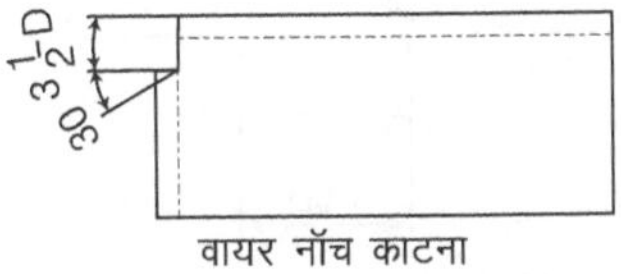

वायर नॉच काटना

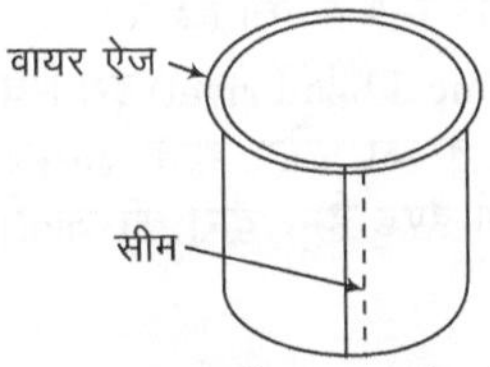

वायर नॉच द्वारा बनी हुई आकृति

चित्र वायर नॉच

5.6 हैम Hem

पतली चादर से बने जॉब के किनारों पर तेज धार (sharp edges) बन जाती है तथा उनकी सामर्थ्य भी कम होती है। अत: ऐसे जॉब को सामर्थ्य देने के उद्देश्य से तथा किनारों को सुरक्षित बनाने के लिए उन्हें मोड़ दिया जाता है। इन मोड़े हुए किनारों को हैम कहते हैं। हैम बनाने से जॉब की सुन्दरता भी बढ़ जाती है।

हैम के प्रकार Types of Hem

हैम निम्न प्रकार की होती हैं

(i) सिंगल हैम Single Hem

चादर को एक बार मोड़कर बनाई गई हैम सिंगल हैम कहलाती है। साधारणत: यह मोटी चादरों को एक बार मोड़कर बनाई जाती है। यह सीधी तथा सुन्दर होती है। चित्र में सिंगल हैम को दर्शाया गया है।

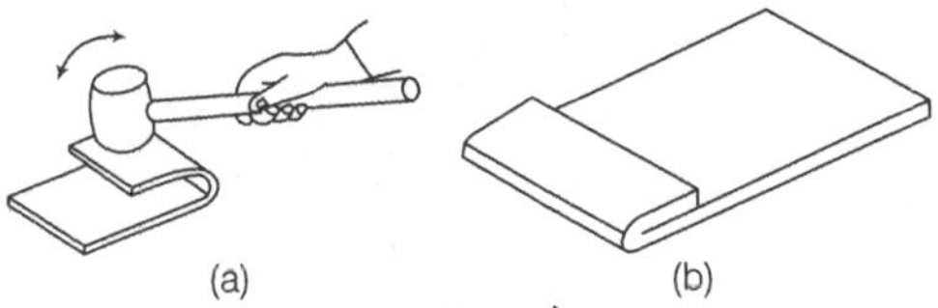

(a) (b)

चित्र सिंगल हैम

(ii) डबल हैम Double Hem

पतली चादरों द्वारा बनाए गए जॉब में किनारों को दोबारा मोड़ (double folding) दिया जाता है। इससे हैम की मोटाई अधिक बढ़ जाने से यह अधिक मोटी, अधिक सुरक्षित तथा अधिक सामर्थ्यवान हो जाती है।

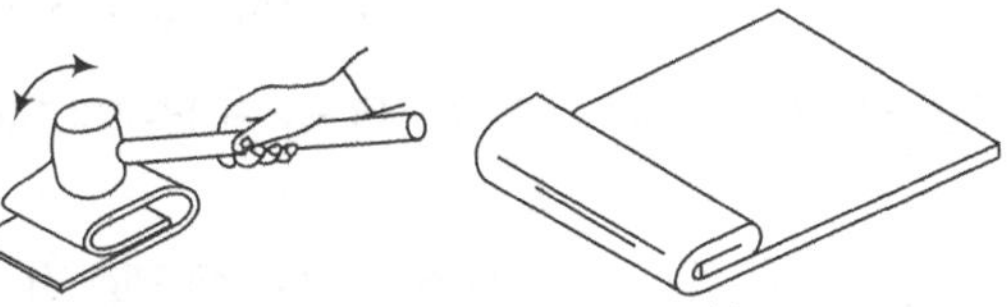

(a) (b)

चित्र डबल हैम

(iii) वायर्ड हैम या ऐज Wired Hem or Edge

जॉब को अधिक सामर्थ्य प्रदान करने के लिए किनारे पर चादर में एक माइल्ड स्टील का तार लपेट दिया जाता है। इससे किनारों की सुन्दरता तथा सामर्थ्य दोनों ही बढ़ जाती हैं।

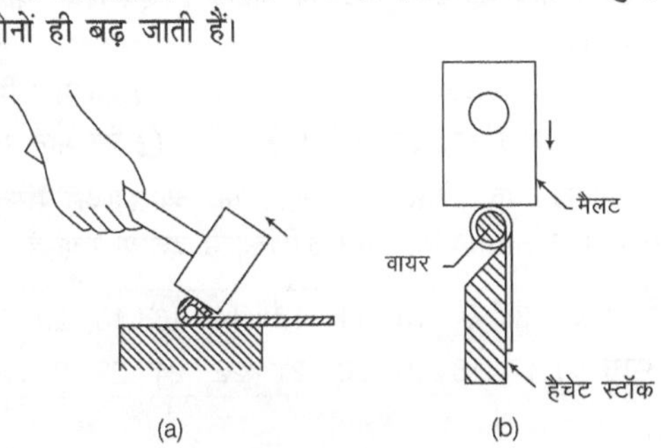

(a) (b)

चित्र वायर्ड ऐज

5.7 रिवेट Rivet

यह धातु की एक गोल छड़ होती है जिसके एक सिरे पर हैड तथा दूसरे सिरे पर टेल बनी होती है। चादरों को आपस में अर्द्ध-स्थायी रूप से जोड़ने के लिए रिवेट का प्रयोग किया जाता है।

ये नरम धातुओं के बनाए जाते हैं; जैसे—ताँबा, ब्रास, एल्युमीनियम, माइल्ड स्टील आदि। रिवेट के हैड के आकार के अनुसार ये कई प्रकार के होते हैं। नीचे चित्र में रिवेट दर्शाया गया है। रिवेट की विशेषताएँ देने के लिए उसकी धातु, लम्बाई, व्यास तथा हैड का प्रकार बताना आवश्यक होता है।

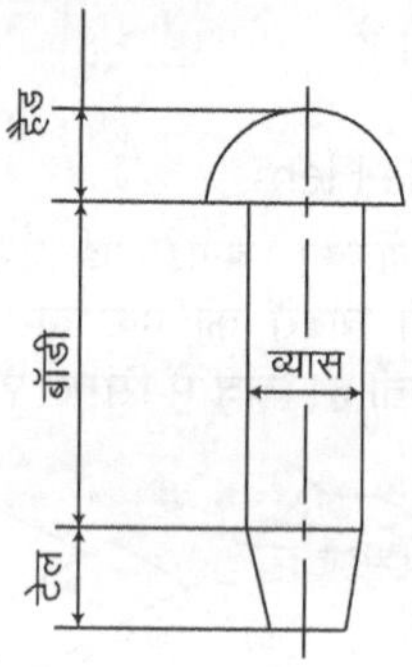

चित्र रिवेट

गणना :-

रिवेट का व्यास तथा लम्बाई निम्न प्रकार निकाली जाती है

रिवेट का व्यास $d = 1.2 \times t$

(जहाँ t प्लेटों की मोटाई (काउण्टर संक को छोड़कर) हैं।)

तथा रिवेट की लम्बाई $L = t + 1.5 \times d \begin{bmatrix} t = \text{प्लेटों की मोटाई} \\ d = \text{रिवेट का व्यास} \end{bmatrix}$

काउण्टर संक रिवेट के लिए लम्बाई निम्न सूत्र से निकाली जाती है

$$L_c = t + 0.6 \times d$$

काउण्टर संक रिवेट का व्यास उसी सूत्र से निकाला जाता है।

$$d = 1.2 \times t$$

रिवेट व्यास का चुनाव Selection of Rivet Diameter

रिवेट्स की शैंक का व्यास, जोड़े जाने वाली धात्विक प्लेट्स की मोटाई पर निर्भर करता है। यदि धात्विक प्लेट की मोटाई 't' एवं रिवेट के शैंक का व्यास 'd' हो, तो

$d = 6\sqrt{t}$ (t का मान मिमी में)

$d = 1.2\sqrt{t}$ से $1.4\sqrt{t}$ (t का मान इंचों में)

प्लेट की मोटाई एवं रिवेट के शैंक के व्यास के संस्तुति मान (recommended value) को निम्न तालिका में दर्शाया गया है

प्लेट की मोटाई (t)	8	9	10	11	12	14	16	18	20	22	25
रिवेट का व्यास (d)	17	18	19	20	21	22	24	25	27	28	30

5.8 रिवेट का वर्गीकरण Classification of Rivet

रिवेट का आकार उसके शैंक के व्यास, शैंक की लम्बाई तथा सिर के प्रकार से विशेषीकृत किया जाता है। रिवेट की लम्बाई उसके सिर के नीचे से मापी जाती है, परन्तु काउण्टर संक रिवेट की लम्बाई में हैड भी सम्मिलित होता है।

रिवेट का वर्गीकरण निम्न आधारों पर किया जाता है

आकृति के आधार पर On the Basis of Shape

रिवेट को उनकी आकृति के आधार पर निम्नानुसार वर्गीकृत किया जा सकता है

(i) **ठोस रिवेट** (Solid rivet) इसकी शैंक ठोस होती है व सामान्य कार्यों के लिए प्रयोग की जाती है। यह सर्वाधिक सामर्थ्यवान रिवेट है।

(ii) **खोखली रिवेट** (Hollow rivet) खोखली रिवेट का उपयोग जूतों में फीतों (तस्मों) के लिए छेद बनाने तथा फाइल कवर आदि में होता है।

(iii) **द्विशाखित रिवेट** (Bifurcated rivet) इस रिवेट का एक सिरा दो भागों में विभक्त होता है, जो प्रयोग के दौरान अलग-अलग कर देने के बाद दृढ़ हो जाता है। इसका प्रयोग हल्के कार्यों; जैसे—हैण्ड बैग तथा अटैची आदि में किया जाता है।

हैड के आधार पर On the Basis of Head

हैड के आधार पर रिवेट निम्न प्रकार के होते हैं

(i) स्नैप या कप हैड रिवेट (ii) शंकु हैड रिवेट
(iii) काउण्टर संक हैड रिवेट (iv) पैन हैड रिवेट
(v) फ्लैट हैड रिवेट (vi) मशरूम हैड रिवेट
(vii) दीर्घ वृत्ताकार हैड रिवेट
(viii) वाइफरकेटिड रिवेट हैड

उपरोक्त रिवेट्स का विवरण निम्नवत् है

(i) **स्नैप या कप हैड रिवेट** (Snap or cup head rivet) यह रिवेट सर्वाधिक प्रयोग किया जाने वाला रिवेट है। इसका हैड अर्द्ध-गोलाकार होता है। इसका प्रयोग प्राय: संरचना कार्यों; जैसे- पुल, फैब्रिकेशन आदि में किया जाता है।

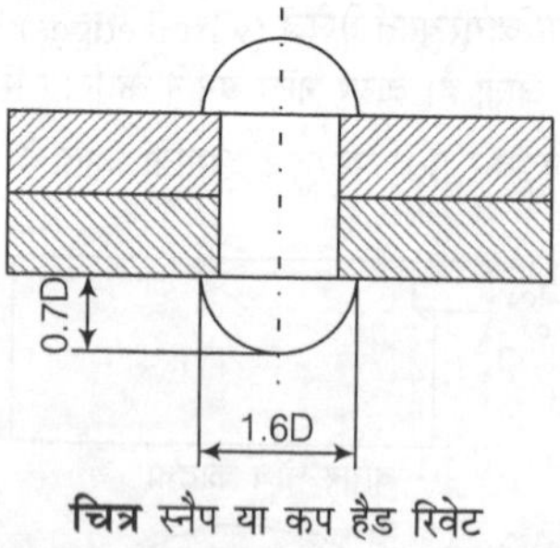

चित्र स्नैप या कप हैड रिवेट

(ii) **शंकु हैड रिवेट** (Conical head rivet) इस रिवेट का हैड शंकु के आकार का होता है। इसका प्रयोग हल्के असेम्बली कार्यों में किया जाता है जहाँ रिवेटिंग हैण्ड हैमर द्वारा की जाती है।

इस रिवेट के हैड का व्यास 2D तथा ऊँचाई 0.75D होती है।

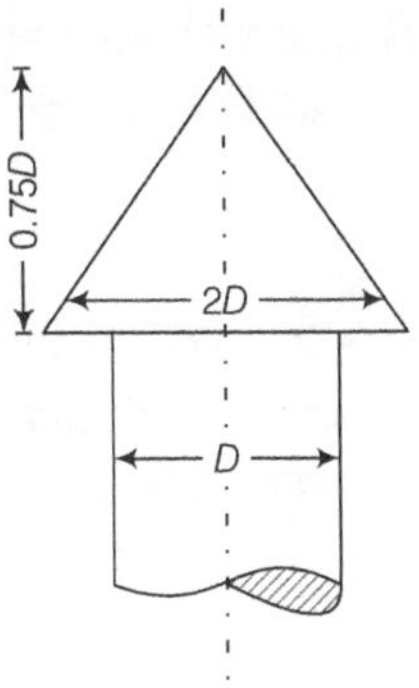

चित्र शंकु हैड रिवेट

(iii) **काउण्टर संक हैड रिवेट** (Counter sunk head rivet) इस प्रकार की रिवेट विभिन्न कोणों में उपलब्ध होती है। पतली चादरों को जोड़ने के लिए 120° कोण वाले रिवेटों का उपयोग किया जाता है।

स्टैण्डर्ड काउण्टर संक हैड में 90° का कोण होता है। इस हैड की ऊँचाई 0.5D तथा व्यास 2D होता है।

इस रिवेट का प्रयोग मुख्यत: फैब्रिकेशन कार्यों में किया जाता है। जहाँ पर रिवेट हैड को जॉब की सतह से ऊपर न रखना हो, इसके विपरीत सिरे को काउण्टर संक हैड या स्नैप हैड में फिनिश किया जाता है।

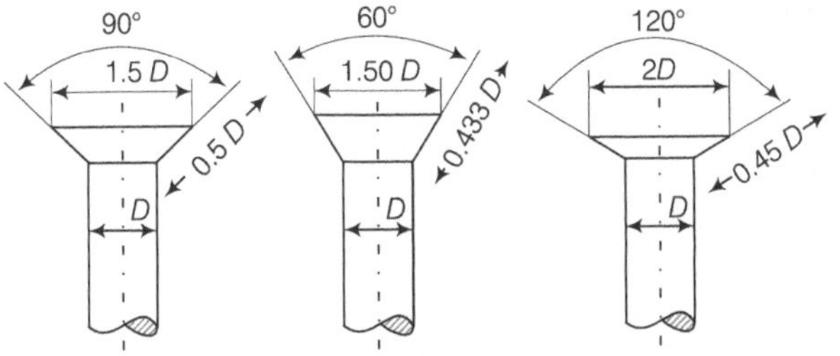

चित्र काउण्टर संक हैड रिवेट

(iv) **पैन हैड रिवेट** (Pan head rivet) इस रिवेट का हैड अत्यधिक मजबूत होता है, इसलिए इस रिवेट का उपयोग भारी कंस्ट्रक्शन कार्यों; जैसे—गार्डर इंजन, बॉयलर आदि में किया जाता है। इस रिवेट के विपरीत सिरे को स्नैप हैड के आकार में बनाया जाता है। इस रिवेट के हैड का व्यास 1.6D तथा ऊँचाई 0.7D होती है।

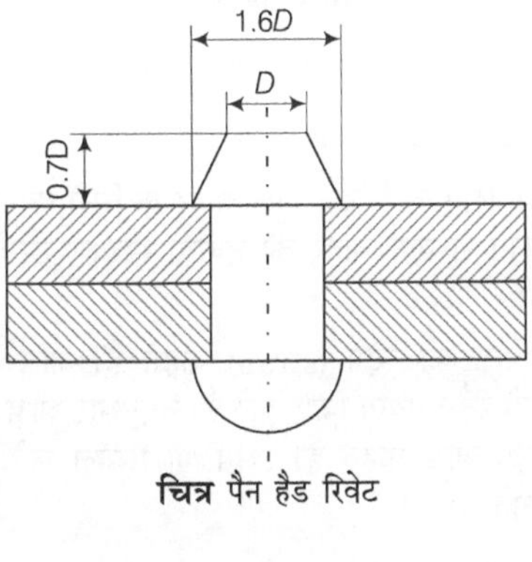

चित्र पैन हैड रिवेट

(v) **फ्लैट हैड रिवेट** (Flat head rivet) ये रिवेट, माइल्ड स्टील, पीतल, एल्युमीनियम आदि के बनाए जाते हैं। इस प्रकार के रिवेट का उपयोग पतली चादरों को जोड़ने के लिए किया जाता है।

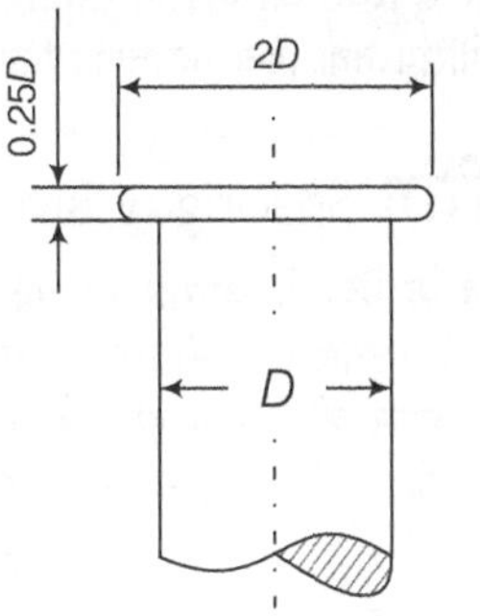

चित्र फ्लैट हैड रिवेट

(vi) **मशरूम हैड रिवेट** (Mushroom head rivet) इस प्रकार के रिवेट का प्रयोग धातु सतह के ऊपर रिवेट के हैड की ऊँचाई को कम करने के लिए किया जाता है। इस रिवेट के हैड की ऊँचाई 0.5D होती है।

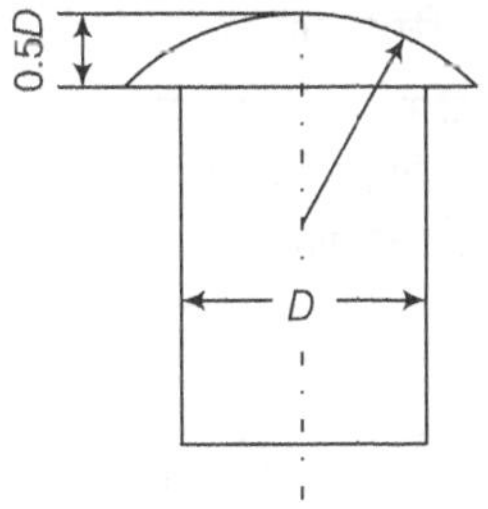

चित्र मशरूम हैड रिवेट

(vii) **दीर्घ वृत्ताकार हैड रिवेट** (Ellipsoid head rivet) इस प्रकार के रिवेटों के हैड का आकार दीर्घवृत्ताकार होता है। इन रिवेटों के हैड का व्यास 1.6D तथा ऊँचाई 0.6D होती है। ये रिवेट बॉयलर में प्रयुक्त किए जाते हैं।

(viii) **बाइफरकेटिड रिवेट हैड** (Bifurcated rivet head) इस रिवेट को बाइफरकेटिड भाग टिन प्लेट, लैदर, प्लास्टिक आदि के हल्के भागों को जोड़ने के लिए प्रयोग किया जाता है।

चित्र में एक बाइफरकेटिड रिवेट प्रदर्शित की गई है।

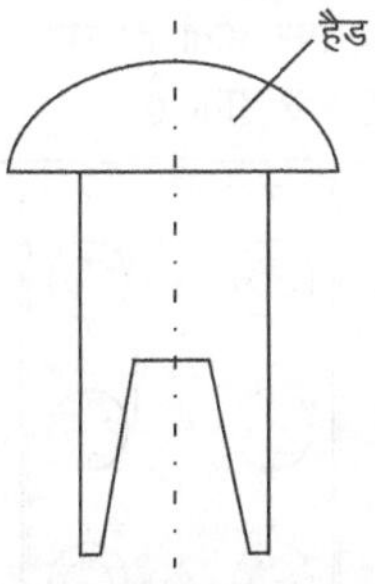

चित्र बाइफरकेटिड रिवेट

5.9 रिवेट की स्पेसिंग तथा पिच Spacing and Pitch of Rivet

रिवेट जोड़ बनाने के लिए रिवेट की स्पेसिंग तथा पिच का ज्ञान होना अत्यन्त आवश्यक है। रिवेट स्पेसिंग तथा पिच का वर्णन निम्नवत् है।

रिवेट की स्पेसिंग Spacing of Rivet

रिवेट की स्पेसिंग जॉब के छिद्र के आधार पर की जाती है। यह किसी भी रिवेट के केन्द्र से धातु के किनारे तक की दूरी या अन्तराल होती है। यह दूरी या अन्तराल रिवेट के व्यास की दोगुनी होती है। रिवेट में स्पेसिंग देने का मुख्य उद्देश्य किनारों को फटने से रोकना होता है।

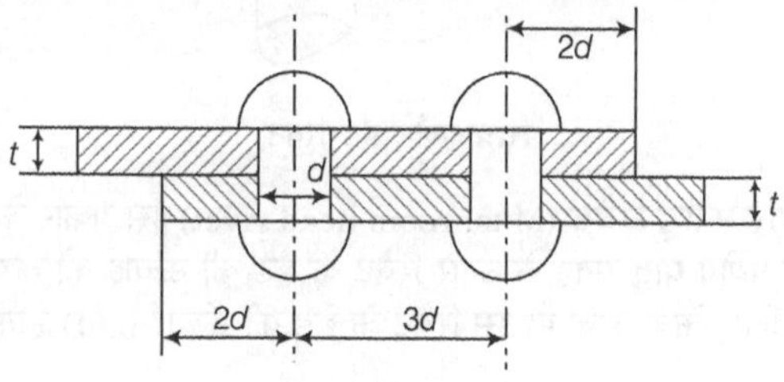

चित्र रिवेट की स्पेसिंग

रिवेटों में दी जाने वाली स्पेसिंग या किनारों की दूरी प्लेटों की मोटाई की दस गुनी से अधिक नहीं होनी चाहिए अन्यथा जोड़ी जाने वाली प्लेटों के किनारों में अत्यधिक गैप उत्पन्न हो जाएगा।

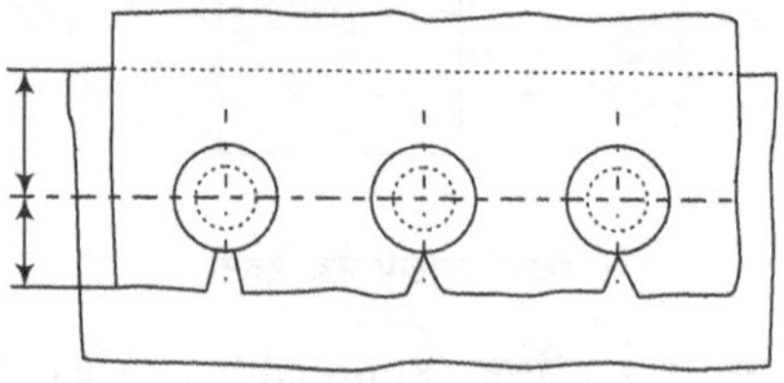

चित्र प्लेट का फटना

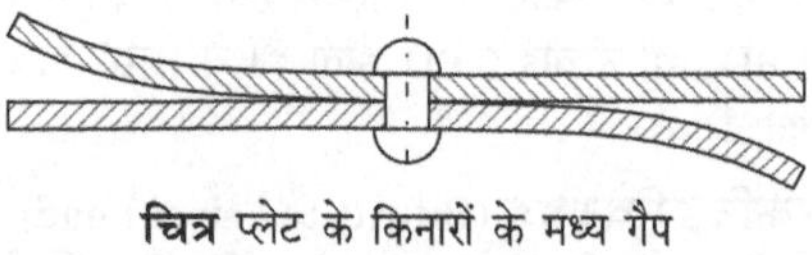

चित्र प्लेट के किनारों के मध्य गैप

रिवेट की पिच Pitch of Rivet

दो रिवेटों के बीच की न्यूनतम दूरी को रिवेट पिच कहते हैं। यह दूरी रिवेट के व्यास के तीन गुने के बराबर होती है। यह दूरी बिना इन्टरफियरैन्स के रिवेट स्थापित करने में सहायक होती है।

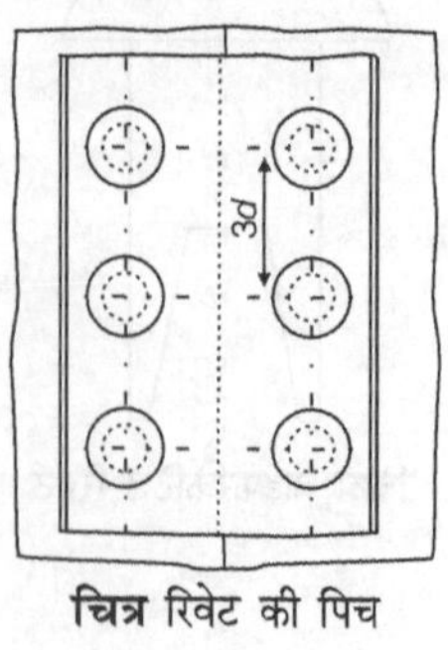

चित्र रिवेट की पिच

यदि रिवेट एक-दूसरे के अत्यन्त समीप स्थित है अर्थात् रिवेटों की पिच बहुत कम है तो रिवेट जोड़े जाने वाली प्लेटों को केन्द्र रेखा (center line) के साथ तोड़ देती है। इसी प्रकार यदि पिच बहुत दूर है तो प्लेट/शीट रिवेटों के मध्य मुड़ जाती है।

5.10 रिवेटिंग जोड़ Riveting Joints

रिवेट द्वारा धातु की चादरों को जोड़ने की प्रक्रिया को रिवेटिंग कहते हैं। रिवेटिंग में दो प्रकार के जोड़ बनाए जाते हैं

1. लैप जोड़
2. बट जोड़

1. लैप जोड़ Lap Joint

लैप जोड़ में जोड़े जाने वाली चादरों के सिरों को एक-दूसरे पर चढ़ाकर रिवेटिंग करते हैं।

इसमें अलग से कोई चादर का टुकड़ा लगाने की आवश्यकता नहीं होती। जोड़ की मजबूती को ध्यान में रखते हुए रिवेट की एक, दो अथवा तीन पंक्तियाँ (rows) लगाई जाती हैं।

तद्नुसार उन्हें सिंगल रिवेटिड लैप जोड़, डबल रिवेटिड लैप जोड़ आदि कहते हैं। डबल रिवेटिड लैप जोड़ पंक्तियों की रचना के अनुसार दो प्रकार के होते हैं—चेन टाइप (chain type) तथा जिग-जैग (zig-zag) टाइप, जैसा कि चित्र से स्पष्ट है।

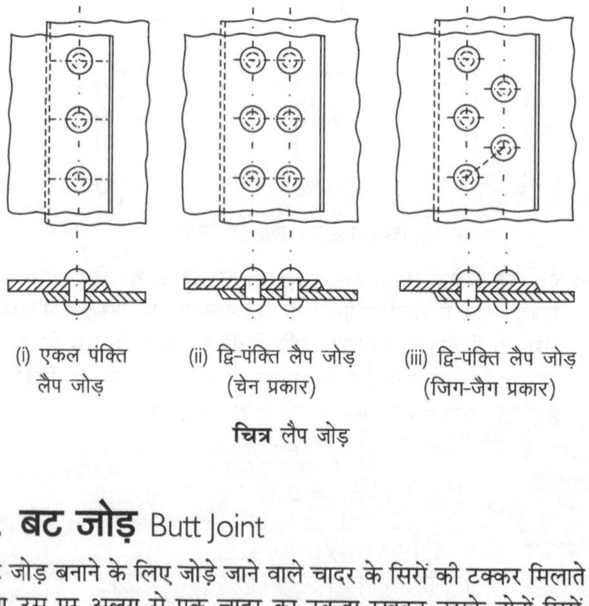

चित्र लैप जोड़

2. बट जोड़ Butt Joint

बट जोड़ बनाने के लिए जोड़े जाने वाले चादर के सिरों की टक्कर मिलाते हैं तथा उस पर अलग से एक चादर का टुकड़ा रखकर उसके दोनों सिरों में रिवेटिंग करते हैं।

इस चादर के टुकड़े को स्ट्रैप (strap) कहते हैं। जोड़ की मजबूती के अनुरूप एक या दो स्ट्रैप प्रयोग किए जाते हैं। तद्नुसार जोड़ को सिंगल स्ट्रैप अथवा डबल स्ट्रैप जोड़ कहते हैं। इसमें भी सिंगल रिवेटिड तथा डबल रिवेटिड जोड़ बनते हैं।

बट जोड़ को निम्न चित्र में दर्शाया गया है।

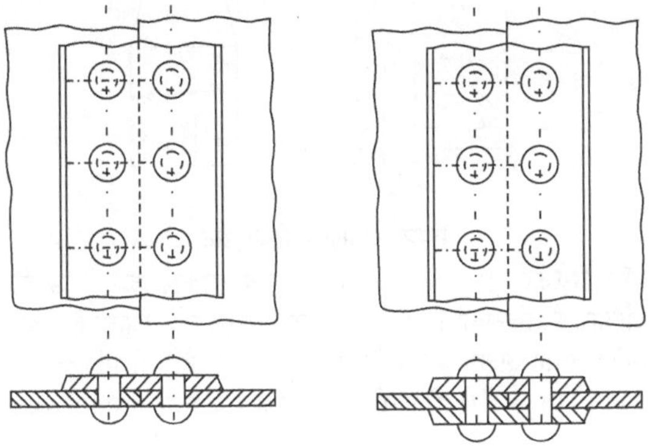

चित्र बट जोड़

5.11 रिवेटिंग Riveting

दो भागों को रिवेटों द्वारा जोड़ने की विधि रिवेटिंग कहलाती है। इस विधि को जोड़ने वाले भागों में रिवेट के आकार के अनुसार छिद्र करके उनमें रिवेट डालते हैं।

तत्पश्चात् रिवेट के एक सिरे पर हथौड़े द्वारा हैड बना दिया जाता है। रिवेटिंग जब हथौड़े की सहायता से हाथ द्वारा की जाती है तो इसे हैण्ड रिवेटिंग और जब रिवेटिंग मशीन द्वारा की जाती है तो इसे मशीन रिवेटिंग कहा जाता है। रिवेटिंग प्रक्रिया ठण्डी तथा गर्म दोनों अवस्थाओं में की जा सकती है।

हॉट तथा कोल्ड रिवेटिंग में अन्तर
Difference between Hot and Cold Riveting

हॉट तथा कोल्ड रिवेटिंग में अन्तर निम्न प्रकार हैं

क्र.सं.	हॉट रिवेटिंग	कोल्ड रिवेटिंग
1.	हॉट रिवेटिंग में जोड़ बनाने के लिए बड़े व्यास वाले रिवेटों का प्रयोग किया जाता है।	कोल्ड रिवेटिंग में जोड़ बनाने के लिए छोटे व्यास वाले रिवेटों का प्रयोग किया जाता है।
2.	हॉट रिवेटिंग में रिवेट जोड़ में छिद्र को दिया गया क्लीयरैन्स अधिक रखा जाता है।	कोल्ड रिवेटिंग में रिवेट जोड़ में छिद्र को दिया गया क्लीयरैन्स कम रखा जाता है।
3.	हॉट रिवेटिंग में रिवेट के शैंक को लाल तप्त होने तक गर्म किया जाता है।	कोल्ड रिवेटिंग में ऊष्मीय प्रक्रम की आवश्यकता नहीं होती है।
4.	हॉट रिवेटिंग प्रक्रिया का उपयोग भारी कंस्ट्रक्शन कार्यों में किया जाता है।	कोल्ड रिवेटिंग प्रक्रिया का उपयोग हल्के फैब्रिकेशन कार्यों में किया जाता है।

5.12 रिवेटिंग औजार Riveting Tools

रिवेट को चादरों अथवा प्लेटों में लगाने के लिए विभिन्न प्रकार के औजार (tools) प्रयोग किए जाते हैं। इनमें प्रमुख औजार निम्न प्रकार हैं

1. **रिवेट सैट** (Rivet set) रिवेट सैट एक खोखला पंच होता है। इसके छिद्र में रिवेट का स्टैम (stem) चला जाता है। इसका उपयोग दो चादरों को एक-दूसरे के बहुत निकट लाने के लिए किया जाता है।
2. **रिवेट स्नैप** (Rivet snap) रिवेट स्नैप का कार्य रिवेटिंग के पश्चात् उसको सही स्वरूप प्रदान करना होता है। इसके द्वारा रिवेट के दोनों ओर समान आकार व आकृति प्रदान की जाती है।

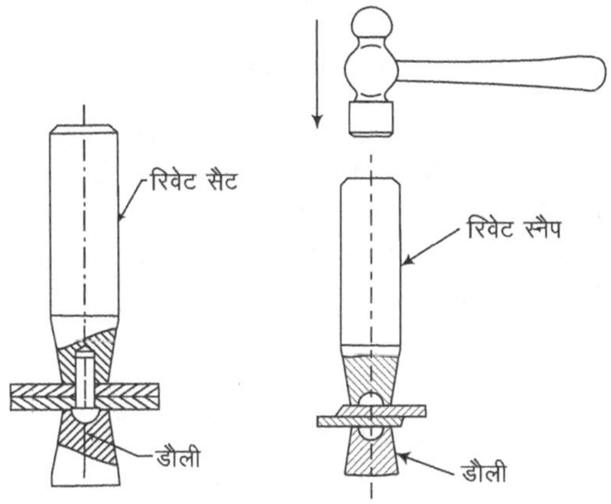

चित्र रिवेट सैट **चित्र** रिवेट स्नैप

3. **डौली** (Dolly) डौली का उपयोग रिवेट हैड को सहारा देने के लिए किया जाता है। इसके फेस पर रिवेट हैड के आकार का गड्ढा (cavity) पहले से बना होता है। इसका प्रयोग करने से रिवेट के हैड की शेप खराब नहीं होती तथा संरक्षित रहती है। रिवेट सैट व रिवेट, स्नैप के चित्र में इसका उपयोग दिया गया है।
4. **ड्रिफ्ट** (Drift) ड्रिफ्ट एक सिलेण्ड्रीकल पंच है, जो विभिन्न व्यासों में उपलब्ध होता है। दोनों चादरों के छिद्रों को एक साथ करने के लिए छिद्रों के साइज का ड्रिफ्ट उनमें से गुजारा जाता है।

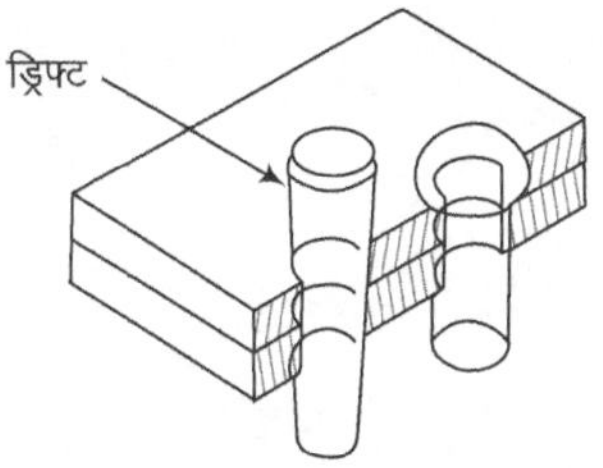

चित्र ड्रिफ्ट का उपयोग

5. **कौल्किंग औजार** (Caulking tool) कौल्किंग औजार का प्रयोग जुड़ी हुई अथवा जोड़े जाने वाली प्लेटों के किनारे तथा रिवेटों के हैड के किनारों को प्लेट की सतह से मिलाने के लिए किया जाता है।

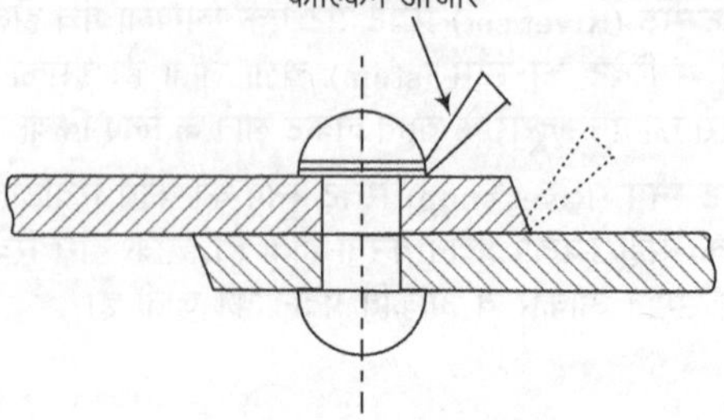

चित्र कौल्किंग औजार

6. **फुल्लरिंग औजार** (Fullering tool) फुल्लरिंग औजार का प्रयोग जुड़ी हुई किन्हीं दोनों प्लेटों के किनारों को आपस में मिलाकर लीक प्रूफ ज्वॉइण्ट बनाने के लिए किया जाता है। प्लेट पर कौल्किंग तथा फुल्लरिंग को सुगम बनाने हेतु प्लेट के किनारों को 80° से 85° तक बेवेल किया जाता है।

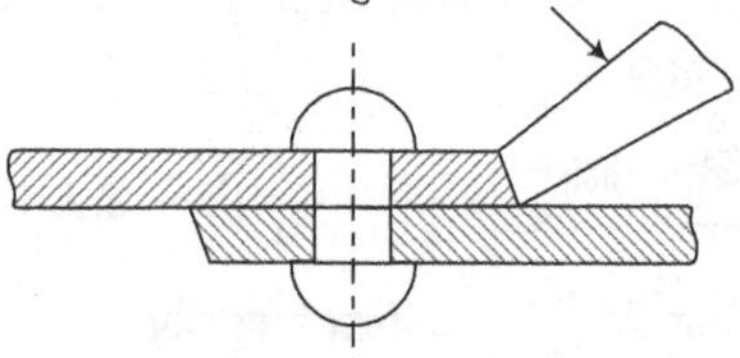

चित्र फुल्लरिंग औजार

7. **कम्बाइण्ड रिवेट सैट** (Combined rivet set) जब रिवेट सैट तथा रिवेट स्नैप के कार्य एक ही औजार द्वारा किए जाते हैं, तो यह कम्बाइण्ड रिवेट सैट कहलाता है। इस औजार में एक ओर रिवेट सैट तथा दूसरी ओर रिवेट स्नैप बने होते हैं। इस औजार का उपयोग सामान्यत: अधिक उत्पादन हेतु किया जाता है।

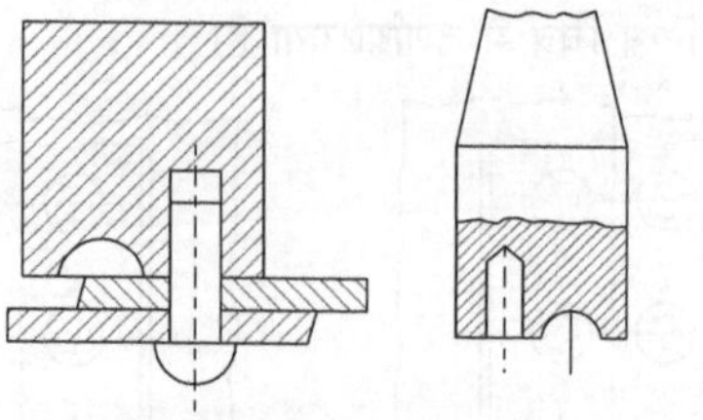

चित्र कम्बाइण्ड रिवेट सैट

8. **पॉप रिवेटर** (Pop riveter) यह एक प्रकार का हैण्ड रिवेटिंग औजार है, जिसका ट्रिगर मैकेनिज्म, रिवेट को दबाता है तथा रिवेट मैण्ड्रिल को अलग करता है। पॉप रिवेटर में जैसे ही मैण्ड्रिल रिवेट से अलग होता है वैसे ही दूसरे सिरे पर हैड बनकर तैयार हो जाता है।

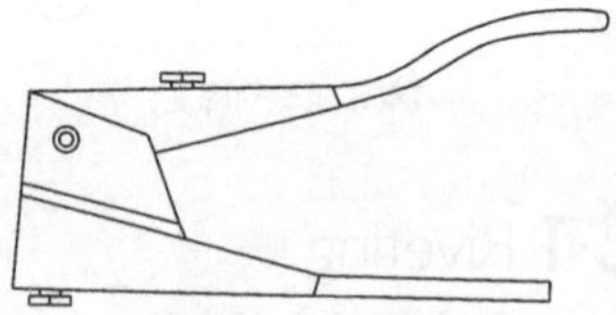

चित्र पॉप रिवेटर

9. **हैण्ड रिवेटर** (Hand riveter) हैण्ड रिवेटर का प्रयोग एल्युमीनियम तथा ताँबे से बने रिवेटों की रिवेटिंग के लिए किया जाता है। इसमें एक लीवर मैकेनिज्म होता है, जो दाब उत्पन्न करता है। चित्र में हैण्ड रिवेटर को दर्शाया गया है

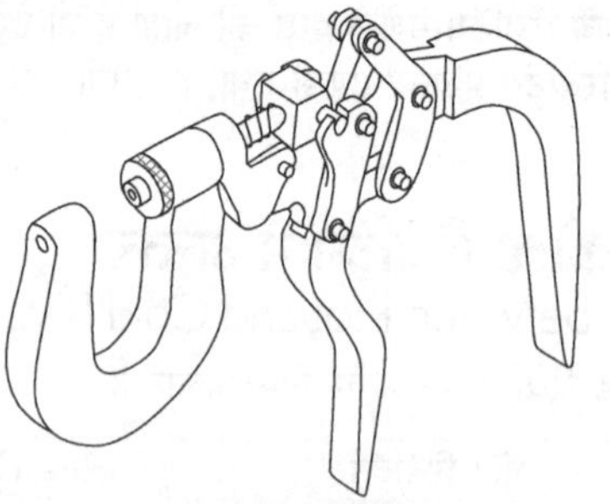

चित्र हैण्ड रिवेटर

महत्त्वपूर्ण बिन्दु

- धातु चादर को कभी भी हाथ से सीधा नहीं करना चाहिए न ही उसे मोड़ना चाहिए।
- चादर की मोटाई को मिमी अथवा गेज के रूप में प्रदर्शित किया जाता है।
- काली लोहे की चादरों को जंग से बचाने के लिए जिंक की कोटिंग की जाती है।
- एल्युमीनियम की चादरें भार में हल्की, मुलायम, संक्षारण-रोधी होती हैं।
- स्टील रूल के द्वारा कम-से-कम 0.5 मिमी अथवा $\frac{1}{64''}$ की लम्बाई मापी जा सकती है।
- अधिक लम्बाई की चादर को मापने के लिए (10 फुट) स्टील टेप का प्रयोग किया जाता है।
- मोटी धातु चादर का स्टैण्डर्ड वायर गेज (SWG) नम्बर कम होता है।
- कम्पास के द्वारा 200 मिमी त्रिज्या के चाप अथवा वृत्त बनाए जा सकते हैं। इससे बड़े साइज के वृत्त बनाने के लिए ट्रेमल का प्रयोग किया जाता है।
- धातु चादरों पर अधिक गहरी रेखाएँ खींचने के लिए स्क्रैचऑल का प्रयोग किया जाता है।
- ठोस पंच का प्रयोग पतले रिवेट में छिद्र करने के लिए किया जाता है।
- स्निप के कटिंग ब्लेड के किनारों को लगभग 80° पर ग्राइण्ड किया जाता है।
- स्निप को हैण्ड शियर भी कहते हैं।
- 18 गेज मोटाई की धातु चादर, हल्की धातु चादर तथा नालीदार धातु चादर को काटने के लिए इलेक्ट्रिक पोर्टेबल स्निप का प्रयोग किया जाता है।
- शियर के द्वारा स्निप की अपेक्षा अधिक मोटी चादर काटी जाती है।
- धातु चादर को मोड़ने एवं ग्रूव डालने के लिए स्ट्रेट पिन हथौड़े का उपयोग किया जाता है।
- ज्वॉइण्ट शीट को नीचे दबाने के लिए क्रीजिंग हथौड़े का प्रयोग किया जाता है।
- सॉफ्ट हैमर अथवा मैलट बनाने के लिए लकड़ी, हार्ड रबड़, कच्चा चमड़ा, नायलॉन, टफलोन, लैड इत्यादि का प्रयोग किया जाता है।
- सैटिंग हैमर का उपयोग सीवन को सैट करने, बेलनाकार जॉब के सिरों को गोल करने में किया जाता है।
- धातु चादर को विभिन्न आकृतियों में मोड़ने के लिए स्टेक का उपयोग किया जाता है।
- स्क्राइबर के प्वॉइण्ट को 15° से 20° के कोण पर ग्राइण्ड किया जाता है।
- सीम को बन्द करने के लिए ग्रूवर (groover) का प्रयोग किया जाता है।
- वायर नॉच बनाने के लिए सिरे से वायर के व्यास की $3\frac{1}{2}$ गुना दूरी छोड़कर 30° पर कट लगाया जाता है।
- चादर को एक बार मोड़कर बनाई गई हैम, सिंगल हैम कहलाती है।
- रिवेट धातु की एक गोल छड़ होती है, जिसके एक सिरे पर हैड तथा दूसरे सिरे पर टेल होता है।
- रिवेटों का प्रयोग चादरों को अर्द्धस्थायी रूप से जोड़ने के लिए किया जाता है।
- रिवेट की विशेषताएँ बताने के लिए धातु, लम्बाई, व्यास तथा हैड का प्रकार बताना आवश्यक है।
- रिवेट का आकार, उसके शैंक के व्यास, शैंक की लम्बाई तथा हैड के प्रकार से दिया जाता है।
- ठोस रिवेट सर्वाधिक सामर्थ्यवान होते हैं।
- जूतों में फीतों (तस्मों) के लिए छिद्र बनाने हेतु खोखली रिवेट का प्रयोग किया जाता है।
- द्विशाखित रिवेट का प्रयोग हल्के कार्यों; जैसे-हैण्ड बैग तथा अटैची में किया जाता है।
- स्नैप रिवेट का हैड अर्द्ध गोलाकार होता है।
- जहाँ रिवेट हैड को जॉब की सतह से ऊपर न रखना हो, वहाँ काउण्टर संक हैड रिवेट का उपयोग किया जाता है।
- गॉर्डर इंजनों में भागों को जोड़ने हेतु पैन हैड रिवेट उपयुक्त रहता है।
- फ्लैट हैड रिवेट में माइल्ड स्टील, पीतल, एल्युमीनियम का उपयोग किया जाता है।
- दीर्घवृत्ताकार हैड रिवेट बॉयलर में प्रयुक्त किए जाते हैं।
- रिवेट की शैंक का व्यास जोड़ी जाने वाली प्लेटों की मोटाई पर निर्भर करता है।
- रिवेटों द्वारा दो प्लेटों/चादरों को जोड़ने की विधि रिवेटिंग कहलाती है।
- रिवेटिंग प्रक्रिया गर्म तथा ठण्डी दोनों अवस्थाओं में की जा सकती है।
- दो चादरों को एक-दूसरे के बहुत निकट लाने के लिए रिवेट सैट का उपयोग किया जाता है।
- रिवेट स्नैप का कार्य, रिवेटिंग के पश्चात् उसको सही रूप प्रदान करना है।
- डौली का उपयोग रिवेट हैड को सहारा (support) देने के लिए किया जाता है।
- ड्रिफ्ट एक सिलेण्ड्रीकल पंच है, जो विभिन्न व्यासों में उपलब्ध है।
- फुल्लरिंग औजार का प्रयोग जुड़ी हुई किन्हीं दो प्लेटों के किनारों को परस्पर मिलाकर लीक प्रूफ जोड़ बनाने हेतु किया जाता है।
- ब्लाइण्ड रिवेट या पॉप रिवेट का उपयोग वहाँ किया जाता है जहाँ केवल एक ही साइड से रिवेटिंग करनी होती है।
- ब्लाइण्ड रिवेट को सैट करने के लिए मुख्यतः ब्लाइण्ड रिवेट प्लायर्स, लेजी टॉन्स, लीवर हैण्ड टूल्स, न्यूमैटिक व हाइड्रॉलिक मैग्जीन फीड तथा सेमी ऑटोमैटिक फास्टनर्स का उपयोग किया जाता है।
- एक्सप्लोसिव रिवेट के शैंक वाले सिरे को एक्सप्लोसिव पदार्थ से भरा जाता है।
- रिवेटों में स्पेसिंग जॉब के छिद्र के आधार पर की जाती है।
- रिवेट को प्लेटों में सही प्रकार सैट करने के लिए रिवेट सैट का प्रयोग किया जाता है।

महत्त्वपूर्ण प्रश्नोत्तरी

1. शीट मैटल शॉप में विविध धातुओं की किस आकार की चादरों का प्रयोग होता है?

उत्तर शीट मैटल शॉप में 10 से 30 गेज तक की चादरों का प्रयोग होता है।

2. लोहे की काली चादर के नाम से जानी जाने वाली चादरें किससे निर्मित होती हैं?

उत्तर लोहे की काली चादर के नाम से जानी जाने वाली चादरें रॉट आयरन से निर्मित होती हैं।

3. चादरों की मोटाई के स्टैण्डर्ड वायर गेज (SWG) नम्बर की क्या विशेषता है?

उत्तर यह नम्बर जितना कम होगा चादर, उतनी ही अधिक मोटी होगी और नम्बर जितना अधिक होगा, चादर उतनी ही पतली होगी।

4. स्क्राइबर का मुख्य प्रयोग क्या है?

उत्तर चादर पर कोई शेप बनाने के लिए रेखाएँ खींचने में स्क्राइबर का प्रयोग किया जाता है।

5. चादर को हाथ द्वारा किस औजार की सहायता से काटा जाता है?

उत्तर चादर को हाथ द्वारा स्निप की सहायता से काटा जाता है।

6. सीम क्यों बनाई जाती है?

उत्तर शीट के टुकड़ों को आपस में जोड़ने के लिए सीम बनाई जाती है।

7. शीट मैटल कार्य में ग्रूवर का प्रयोग क्यों किया जाता है?

उत्तर शीट मैटल कार्य में सीम को बन्द करने तथा लॉक करने के लिए ग्रूवर का उपयोग किया जाता है।

8. हैम बनाने का क्या उद्देश्य होता है?

उत्तर हैम बनाने का मुख्य उद्देश्य किनारों को सुरक्षित, सुन्दर तथा सामर्थ्यवान बनाना है।

9. चित्र में दर्शाए गए प्लेट छोर तथा रिवेट हैड पर रिवेटिंग करने के बाद कौन-सी प्रक्रिया की गई है?

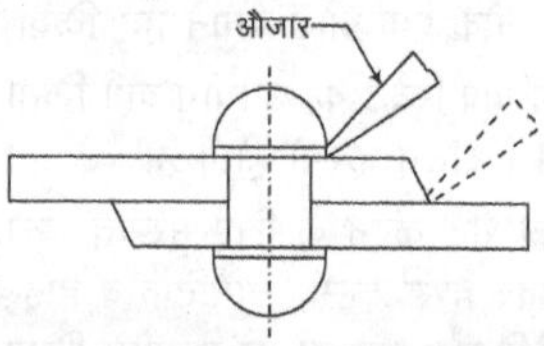

उत्तर चित्र में दर्शाए गए प्लेट छोर तथा रिवेट हैड पर रिवेटिंग करने के बाद फिनिशिंग प्रक्रिया की गई है। फिनिशिंग प्रक्रिया को चकिंग भी कहा जाता है।

10. रिवेट लगाने के लिए छिद्र को चिन्हित करके चादर के किनारे से छिद्र के केन्द्र तक चादर की मोटाई के सन्दर्भ में अधिकतम दूरी क्या होती है?

उत्तर रिवेट लगाने के लिए छिद्र को चिन्हित करके चादर के किनारे से छिद्र के केन्द्र तक चादर की मोटाई के सन्दर्भ में अधिकतम मोटाई चादर की मोटाई से 10 गुनी होती है।

11. चित्र में प्रदर्शित रिवेट सैट का क्या उपयोग है?

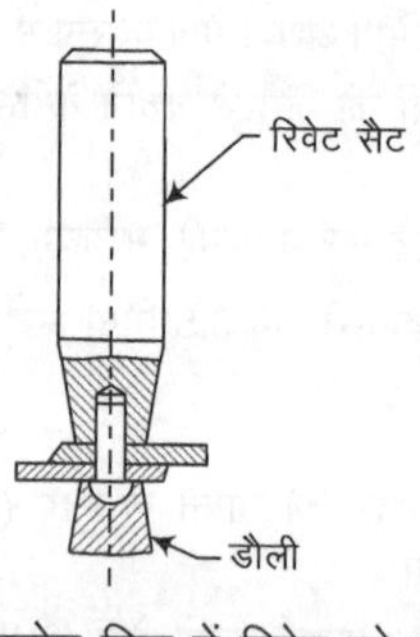

उत्तर रिवेट सैट का उपयोग छिद्र में रिवेट को डालने के बाद प्लेटों को पास-पास लाने में करते हैं।

12. दर्शाए गए रिवेटिड जोड़ में विरूपण का कारण क्या है?

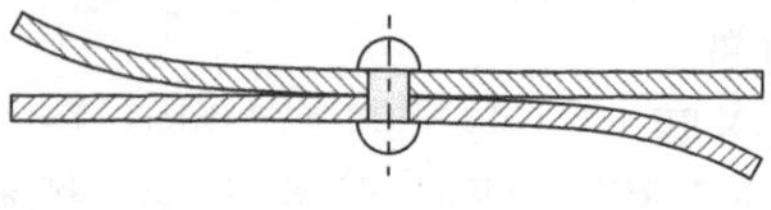

उत्तर रिवेटिड जोड़ में विरूपण का कारण यह है कि रिवेटिंग करने पर हैड फोर्ज करते समय चादरों की धातु सम्पीडित हो जाती है।

13. पट्टिका के कोर से रिवेट की दूरी रिवेट के व्यास से दोगुनी होनी चाहिए। यदि दूरी अधिक हो तो क्या होगा?

उत्तर यदि पट्टिका के कोर से रिवेट की दूरी अधिक हो, तो धातु चादर से सिरे फट जाएँगे।

14. प्लेट के किनारे से रिवेट की दूरी रिवेट के व्यास की दोगुनी होनी चाहिए। यदि दूरी अधिक हो तो क्या होगा?

उत्तर प्लेट के किनारे से रिवेट की दूरी अधिक होने पर पदार्थ की व्यर्थ खपत होती है।

15. चमड़ा, प्लास्टिक जैसे मृदु पदार्थों के रिवेटन के लिए कौन-सा रिवेट अधिक उपयुक्त है?

उत्तर चमड़ा, प्लास्टिक जैसे मृदु पदार्थों के रिवेटन के लिए द्विशाखित रिवेट अधिक उपयुक्त है।

16. रिवेट शीर्ष का सिरा निपूरण टंकी से प्लेट पर कसकर दबाया तथा विस्तारित किया जाता है। इस प्रचालन का उद्देश्य क्या है?

उत्तर रिवेट शीर्ष का सिरा निपूरण टंकी से प्लेट पर कसकर दबाया तथा विस्तारित किया जाता है। इस प्रचालन का उद्देश्य रिवेट जोड़ को लीकप्रूफ बनाना है।

17. लीकप्रूफ जोड़ बनाने हेतु किस औजार की सहायता ली जाती है?

उत्तर लीकप्रूफ जोड़ बनाने हेतु फुल्लरिंग औजार की सहायता ली जाती है।

18. रिवेटिंग औजारों के नाम बताइए।

उत्तर रिवेटिंग औजारों के नाम–ड्रिफ्ट, कौल्किंग, फुल्लरिंग, रिवेट स्नैप, डौली, रिवेट सैट आदि हैं।

अभ्यास प्रश्न

परीक्षा प्रारूपी प्रश्न

बहुविकल्पीय

1. चादर की मोटाई को मिमी अथवा ······ के द्वारा प्रदर्शित किया जाता है।
(a) सेमी (b) गेज (c) मीटर (d) इंच

2. पिटवाँ लोहे की बनी आलेपित चादरें, लोहे की काली चादर के नाम से जानी जाती हैं। ये चादरें कितनी चौड़ाई के रोल्स (rolls) के रूप में मिलती हैं?
(a) 3 मी (b) 2 मी (c) 1.2 मी (d) 2.5 मी

3. ताँबे की चादरों का सर्वाधिक उपयोग बिजली के सामान; जैसे–गीजर, पाइप आदि को बनाने में क्यों किया जाता है?
(a) ऊष्मा की सुचालक होने के कारण
(b) विद्युत की सुचालक होने के कारण
(c) 'a' और 'b' दोनों
(d) उपरोक्त में से कोई नहीं

4. हवाई जहाज की बॉडी बनाने के लिए प्रयोग की जाती हैं
(a) पीतल की चादरें
(b) एल्युमीनियम की चादरें
(c) स्टेनलैस स्टील की चादरें
(d) टिन लेपित चादरें

5. धातु चादर कार्य में किनारों तथा सीमों को बनाने के लिए कुछ एलाउन्स दिया जाता है। इसका मुख्य कार्य है
(a) चादर को सुदृढ़ता प्रदान करना
(b) फिनिश किए उत्पाद का सही आकार बनाए रखना
(c) धातु चादर को कठोर करना
(d) उपरोक्त सभी

6. उच्च संक्षारक एसिड टैंकों को बनाने के लिए निम्न में से किस प्रकार की चादर का प्रयोग किया जाता है?
(a) काली लौह चादर (b) गैल्वेनाइज्ड लौह चादर
(c) स्टेनलैस स्टील चादर (d) लैड चादर

7. फ्लश पाइप बनाने के लिए प्रयुक्त चादर है
(a) काले लोहे की (b) ताँबे की
(c) एल्युमीनियम की (d) सीसे की

8. चादरों की मोटाई को स्टैण्डर्ड वायर गेज के नम्बर द्वारा प्रदर्शित किया जाता है, यह नम्बर जितना कम होगा ··········।
(a) चादर उतनी ही अधिक पतली होगी
(b) चादर उतनी ही अधिक मोटी होगी
(c) चादर उतनी ही कम पतली होगी
(d) उपरोक्त में से कोई नहीं

9. "चादर की मोटाई कभी–कभी मिमी में तथा अधिकतर स्टैण्डर्ड वायर गेज के नम्बरों के द्वारा दी जाती है। ये नम्बर 0 से 40 तक रखे जाते हैं।" निम्न में से किस नम्बर का आकार सबसे कम होता है?
(a) 20 का (b) 0 का (c) 35 का (d) 40 का

10. धातु चादर की लम्बाई बढ़ाने के लिए प्रयोग किया जाता है
(a) रिवेटिंग हथौड़ा (b) क्रीजिंग हथौड़ा
(c) स्ट्रेचिंग हथौड़ा (d) स्मूथिंग हथौड़ा

11. स्मूथिंग हथौड़ा (smoothing hammer) बना होता है
(a) ताँबे का (b) कास्ट स्टील का
(c) नायलॉन का (d) ये सभी

12. डिवाइडर का साइज लिया जाता है
(a) टाँगों की लम्बाई द्वारा
(b) बिन्दु की लम्बाई द्वारा
(c) रिवेट पिन एवं बिन्दु के मध्य की दूरी द्वारा
(d) रिवेट पिन एवं टाँग के मध्य की दूरी द्वारा

13. पतली धातु की चादरों को मोड़ने के लिए निम्न में से कौन–सा हथौड़ा प्रयुक्त किया जाता है?
(a) बॉल पिन हैमर (b) क्रॉस पिन हैमर
(c) मैलट (d) स्ट्रेट पिन हैमर

14. ज्वॉइण्ट शीट को नीचे दबाने के लिए ········ प्रयोग किया जाता है।
(a) रिवेटिंग हथौड़ा (b) स्मूथिंग हथौड़ा
(c) स्ट्रेचिंग हथौड़ा (d) क्रीजिंग हथौड़ा

15. क्रॉस पिन हथौड़े की पिन हैण्डिल से कितने कोण पर मुड़ी होती है?
(a) 45° (b) 60° (c) 75° (d) 90°

16. धातु चादर का वह गुण, जिससे शीट एक ही दिशा में रोल की जा सके, कहलाती है
(a) फोल्डिंग (b) बैण्डिंग
(c) कर्लिंग (d) डायरेक्सनेलिटी

17. चित्र में प्रदर्शित मैलट की पहचान कीजिए।

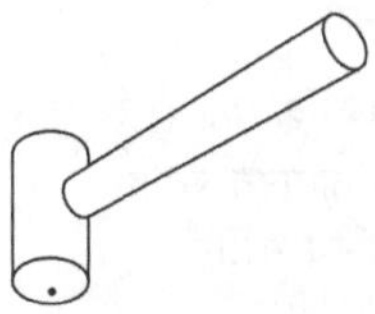

(a) बॉसिंग मैलट (b) स्टैण्डर्ड मैलट
(c) एण्ड फेक्ड मैलट (d) इनमें से कोई नहीं

18. राउण्ड बॉटम स्टेक ········· प्रयोग किया जाता है।
(a) हल्के कार्यों के लिए (b) चादर को मोड़ने के लिए
(c) भारी कार्यों के लिए (d) ये सभी

19. चित्र में प्रदर्शित स्टेक का नाम पहचानिए

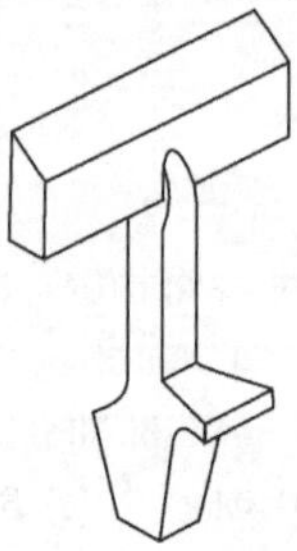

(a) क्रीजिंग आयरन स्टेक (b) फनल स्टेक
(c) हाफ मून स्टेक (d) हैचेट स्टेक

20. स्टेक ········ होता है।
(a) चिन्हन टूल (b) हस्त टूल (c) कर्तन टूल (d) सहारा टूल

21. एक धातु चादर को 90° पर सही रूप से मोड़ने के लिए उत्तम टूल ········होता है।
(a) स्निप (b) पंच
(c) हस्त हथौड़ा (d) हैचेट स्टेक

22. धातु शीट को शंकु का रूप देने के लिए किस स्टेक का प्रयोग किया जाता है?
(a) बीक आयरन स्टेक (b) हाफ मून स्टेक
(c) फनल स्टेक (d) गोल बॉटम स्टेक

23. शियर का प्रयोग ··········· काटने में होता है।
(a) बहुत पतली शीट (b) मोटी शीट
(c) GI वायर (d) रबर शीट

24. धातु चादर पर बाहरी गोलाई काटने के लिए कौन-सा औजार प्रयोग किया जाता है?
(a) बैण्ट स्निप (b) शियरिंग मशीन
(c) स्ट्रेट स्निप (d) इनमें से कोई नहीं

25. शीट को काटने के लिए स्निप का प्रयोग किया जाता है। इसके द्वारा कटाई करते समय शीट को ब्लेड के किस भाग से काटना चाहिए?
(a) अधिकतम भाग से (b) आलम्ब के पास से
(c) बाहरी सिरे से (d) मध्य भाग से

26. शीट के किनारों को मोड़कर उसमें तार फँसाने की प्रक्रिया कहलाती है
(a) ग्रूविंग (b) हॉलोइंग
(c) सीमिंग (d) वायरिंग

27. सीम को लॉक (lock) करने वाला औजार निम्न में से कौन-सा है?
(a) बीक आयरन स्टेक (b) हैण्ड ग्रूवर
(c) शियरिंग मशीन (d) ये सभी

28. वायर नॉच (wire notch) कितने डिग्री कोण पर काटे जाते हैं?
(a) 30° (b) 45° (c) 60° (d) 90°

29. निम्न में से किस जोड़ का प्रयोग छतों के लिए तथा पैनलिंग के लिए किया जाता है?
(a) लैप सीम (b) ग्रूब्ड सीम
(c) डबल सीम (d) डबल ग्रूब्ड सीम

30. मजबूती प्रदान करने के लिए चादर के किनारों को मोड़ दिया जाता है। इस मुड़े हुए किनारे को निम्न में से किस नाम से पुकारा जाता है?
(a) सीम (b) हैम (c) बैण्ड (d) रिब

31. हॉलोइंग पैनल बिटिंग के लिए प्रयुक्त मैलट है
(a) ब्रास मैलट (b) रबड़ मैलट (c) वुडन मैलट (d) बॉसिंग मैलट

32. नीचे चित्र में किस प्रकार की नॉच को प्रदर्शित किया गया है?

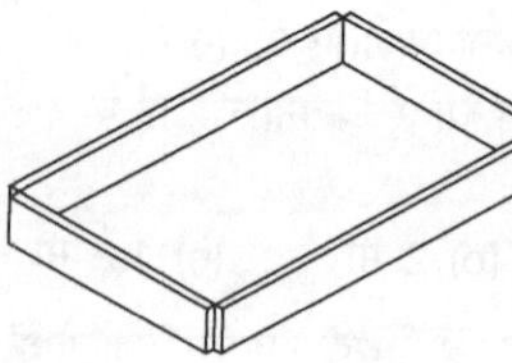

(a) V-नॉच (b) स्क्वॉयर नॉच
(c) स्ट्रेट नॉच (d) इनमें से कोई नहीं

33. धातु चादर कार्य के अन्तर्गत निम्न में से किस नॉच को 45° पर बनाया जाता है?
(a) वायर नॉच (b) स्क्वायर नॉच (c) स्लैन्ट नॉच (d) स्ट्रेट नॉच

34. चित्र में प्रदर्शित सीम का नाम बताइए

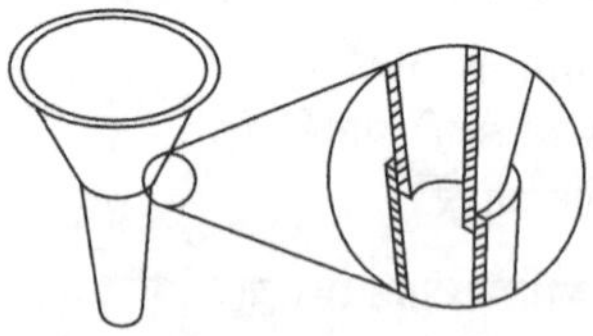

(a) लैप सीम (b) डबल सीम
(c) ग्रूब्ड सीम (d) डबल ग्रूब्ड सीम

35. रूफिंग तथा पैनलिंग के लिए उपयुक्त सीम है
(a) लैप सीम (b) डबल सीम
(c) ग्रूब्ड सीम (d) डबल ग्रूब्ड सीम

36. निम्न में से किस धातु का प्रयोग रिवेट बनाने के लिए किया जाता है?
(a) ब्रास (b) ताँबा (c) एल्युमीनियम (d) ये सभी

37. रिवेट की विशेषताएँ बताने के लिए उसकी ··········· के बारे में बताया जाता है।
(a) धातु (b) लम्बाई (c) हैड (d) ये सभी

38. रिवेट की लम्बाई मापी जाती है
(a) हैड के नीचे से (b) हैड के ऊपर से
(c) शैंक के सेन्टर से (d) इनमें से कोई नहीं

39. रिवेट के एक सिरे पर हैड तथा दूसरे सिरे पर ······ बनी/बना होती है।
(a) बॉडी (b) व्यास (c) टेल (d) ये सभी

40. इनमें से किस रिवेट का उपयोग जूतों के फीतों (lasses) के लिए छिद्र बनाने के लिए किया जाता है?
(a) ठोस रिवेट (b) खोखली रिवेट
(c) द्विशाखित रिवेट (d) शंकु हैड रिवेट

41. सबसे सामर्थ्यवान रिवेट है
(a) खोखली रिवेट (b) ठोस रिवेट
(c) द्विशाखित रिवेट (d) ये सभी

42. निम्न में से किस रिवेट का प्रयोग हल्के कार्यों में किया जाता है?
(a) ठोस रिवेट (b) खोखली रिवेट
(c) द्विशाखित रिवेट (d) इनमें से कोई नहीं

43. स्नैप रिवेट का हैड होता है
(a) गोलाकार (b) अर्द्धगोलाकार
(c) त्रिभुजाकार (d) मशरूम प्रकार

44. चित्र में प्रदर्शित रिवेट की पहचान कीजिए।

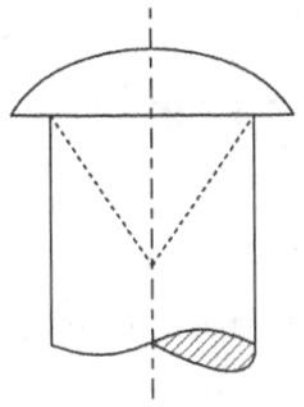

(a) मशरूम हैड (b) फ्लैट हैड
(c) स्नैप हैड (d) काउण्टर संक हैड

45. स्टैण्डर्ड काउण्टर संक हैड में ·········· का कोण होता है।
(a) 90° (b) 120° (c) 180° (d) 145°

46. काउण्टर संक रिवेट की लम्बाई में निम्न में से किसे सम्मिलित किया जाता है?
(a) बॉडी को (b) हैड को
(c) टेल को (d) व्यास को

47. रिवेटिंग ·········· फास्टनिंग है।
(a) स्थायी (b) अस्थायी
(c) अर्द्धस्थायी (d) ये सभी

48. पतली चादरों को जोड़ने के लिए उपयुक्त रिवेट है
(a) पैन हैड रिवेट (b) फ्लैट हैड रिवेट
(c) काउण्टर संक हैड रिवेट (d) मशरूम हैड रिवेट

49. चित्र में प्रदर्शित रिवेट का नाम बताइए।

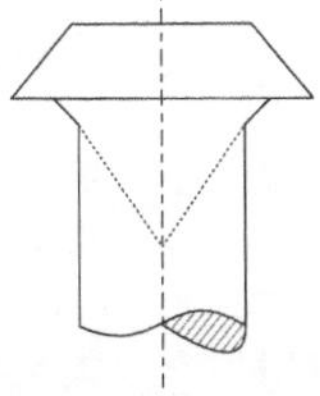

(a) फ्लैट हैड रिवेट (b) कॉनिकल हैड रिवेट
(c) स्नैप हैड रिवेट (d) पैन हैड रिवेट

50. रिवेटों में स्पेसिंग दी जाती है
(a) छिद्र के आधार पर
(b) रिवेट के व्यास के आधार पर
(c) रिवेट की लम्बाई के आधार पर
(d) उपरोक्त में से कोई नहीं

51. ·········· का उपयोग रिवेट हैड को सहारा देने के लिए किया जाता है।
(a) रिवेट सैट (b) डौली
(c) रिवेट स्नैप (d) ड्रिफ्ट

52. रिवेटिंग कार्य में रिवेट सैट का प्रयोग ········ के उद्देश्य से करते हैं।
(a) चादरों को एक-दूसरे के समीप लाने
(b) चादर को रिवेटिंग के पूर्व सीधा करने
(c) चादरों के मध्य बर्र हटाने
(d) रिवेट को सही स्थिति में रखने

53. रिवेट द्वारा धातु चादरों को जोड़ने की प्रक्रिया कहलाती है
(a) लैप जोड़ (b) बट जोड़ (c) रिवेटिंग (d) ज्वॉइनिंग

54. चित्र में रिवेटिड जोड़ के प्रकार को पहचानिए

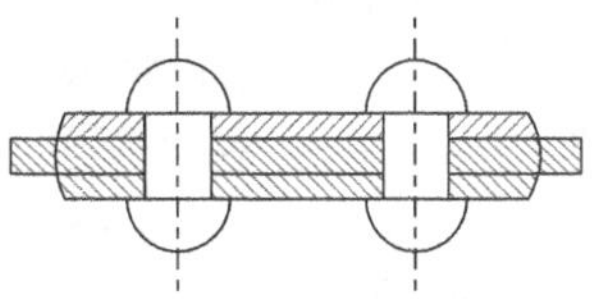

(a) चढ़ाव जोड़ (b) एक स्ट्रैप बट जोड़
(c) दो स्ट्रैप बट जोड़ (d) दो रिवेटिड चढ़ाव जोड़

55. निम्न में से किस टूल का प्रयोग रिवेटिड किए जाने वाले छिद्र को अलाइन करने में होता है?
(a) डौली टूल (b) ड्रिफ्ट टूल
(c) कौल्किंग टूल (d) फुल्लरिंग टूल

56. ·········· का उपयोग रिवेटिंग के पश्चात् रिवेट को सही स्वरूप प्रदान करना होता है।
(a) डौली (b) रिवेट सैट (c) रिवेट स्नैप (d) ड्रिफ्ट

57. रिवेट के हैड की शेप खराब नहीं होने देता/देती है।
(a) रिवेट स्नैप (b) डौली (c) रिवेट सैट (d) ड्रिफ्ट

58. ड्रिफ्ट एक ·········· पंच है।
(a) खोखला (b) ठोस
(c) गोल (d) सिलेण्ड्रीकल

59. सामान्य संरचनात्मक कार्य के लिए किस प्रकार का रिवेट प्रयुक्त होता है?
(a) काउण्टर सिंक हैड (b) स्नैप हैड
(c) फ्लैट हैड (d) पैन हैड

60. रिवेट के लिए किए गए छिद्रों को सरेख (align) में लाने का प्रयुक्त औजार है
(a) डौली (b) रिवेट सैट
(c) रिवेट स्नैप (d) ड्रिफ्ट

61. रिवेटिंग के बाद दो शीटों के बीच जगह दिखाई देती है। इस डिपोजिट का कारण है
(a) रिवेट की कम लम्बाई
(b) ड्रिल्ड छिद्र का आवश्यकता से अधिक बड़ा होना
(c) रिवेट सैट का असामान्य प्रयोग
(d) रिवेट की अधिक लम्बाई

62. हैड के किनारों को प्लेट की सतह से मिलाने के लिए प्रयुक्त उपकरण है
(a) ड्रिफ्ट
(b) फुल्लरिंग औजार
(c) डौली
(d) कौल्किंग औजार

63. फुल्लरिंग औजार का प्रयोग किया जाता है
(a) रिवेट लगाने में
(b) छिद्रों को संरेख करने में
(c) रिवेट को सही स्वरूप प्रदान करने में
(d) लीक प्रूफ ज्वॉइण्ट बनाने में

64. रिवेट पदार्थ का यान्त्रिकी लक्षण है
(a) तन्यता (b) डक्टिलिटी
(c) प्रत्यास्थता (d) कठोरता

65. प्रथम रिवेट के केन्द्र से किनारे तक अधिकतम दूरी .... होती है।
(a) रिवेट के व्यास का दोगुना
(b) रिवेट के व्यास का तिगुना
(c) रिवेट के व्यास का चार गुना
(d) रिवेट के व्यास का पाँच गुना

66. नीचे रिवेट के प्रकार दिए गए हैं। पैन हैड पहचानें।

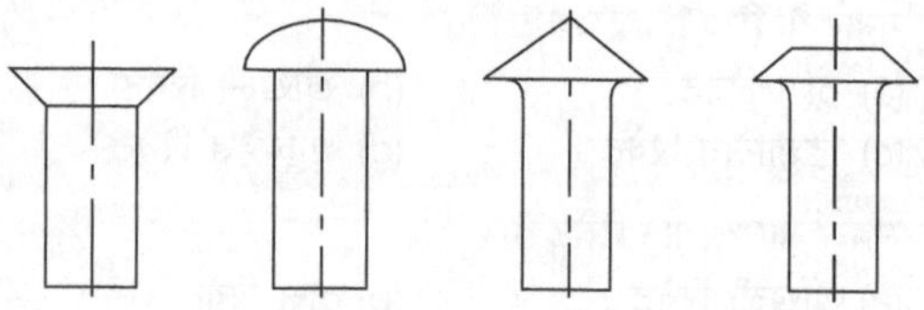

67. रिवेट की शैंक का व्यास, जोड़ी जाने वाली प्लेटों की .... पर निर्भर करती है।
(a) मोटाई (b) चौड़ाई (c) लम्बाई (d) ये सभी

68. निम्न में से कौन–सा पॉप रिवेट, ब्रेक स्टेम के समान होता है, परन्तु इसका हैड, खोखली बॉडी को खोलकर, टैल को डिफॉर्म करते हुए टूटकर बाहर गिर जाता है?
(a) सील्ड टाइप (b) ओपन ब्रेक
(c) मोड़दार शैंक (d) इनमें से कोई नहीं

69. पॉप रिवेट या ब्लाइण्ड रिवेट के मैण्ड्रेल भाग का उपयोग किया जाता है
(a) असेम्बली के लिए
(b) छिद्रों का बड़ा करने के लिए
(c) रिवेट के शीर्ष को तोड़ने के लिए
(d) जॉब में होल करने के लिए

70. ब्लाइण्ड रिवेट की रिवेटिंग के लिए प्रयुक्त टूल है
(a) लीवर हैण्ड टूल (b) लेजी टॉन्ग
(c) रिवेट प्लायर्स (d) ये सभी

उत्तरमाला

1. (b)	**2.** (c)	**3.** (c)	**4.** (c)	**5.** (b)	**6.** (d)	**7.** (d)	**8.** (b)	**9.** (d)	**10.** (c)
11. (b)	**12.** (d)	**13.** (c)	**14.** (d)	**15.** (d)	**16.** (a)	**17.** (b)	**18.** (c)	**19.** (d)	**20.** (d)
21. (d)	**22.** (c)	**23.** (b)	**24.** (a)	**25.** (a)	**26.** (d)	**27.** (b)	**28.** (a)	**29.** (d)	**30.** (b)
31. (b)	**32.** (b)	**33.** (c)	**34.** (a)	**35.** (d)	**36.** (d)	**37.** (d)	**38.** (a)	**39.** (c)	**40.** (b)
41. (b)	**42.** (c)	**43.** (b)	**44.** (c)	**45.** (a)	**46.** (b)	**47.** (c)	**48.** (b)	**49.** (d)	**50.** (a)
51. (b)	**52.** (a)	**53.** (c)	**54.** (c)	**55.** (b)	**56.** (c)	**57.** (b)	**58.** (d)	**59.** (b)	**60.** (d)
61. (c)	**62.** (d)	**63.** (d)	**64.** (d)	**65.** (b)	**66.** (d)	**67.** (a)	**68.** (b)	**69.** (a)	**70.** (d)

अध्याय 06

मौलिक विद्युत एवं वैद्युतिक पदार्थ

Fundamentals of Electricity and Electrical Materials

परिचय Introduction

वर्तमान में विद्युत सर्वाधिक प्रयोग होने वाला ऊर्जा स्रोत है। विद्युतीय ऊर्जा का प्रयोग आजकल प्रत्येक क्षेत्र में हो रहा है; जैसे—घरों, आधुनिक यन्त्रों, अस्पतालों, कम्प्यूटर तकनीक, अनुसंधान केन्द्रों, कार्यशालाओं तथा छोटे-बड़े उद्योगों आदि। आधुनिक युग में विद्युत के बिना मानव जीवन की कल्पना करना भी कठिन है। विद्युत ऊर्जा को इसके उत्पादन केन्द्रों से विभिन्न वांछित स्थानों तक पहुँचाने के लिए विभिन्न प्रकार के तार एवं केबिल्स का प्रयोग किया जाता है।

वैद्युतिक तार, केबिल्स इत्यादि में विभिन्न प्रकार के वैद्युतिक पदार्थ प्रयोग किए जाते हैं। चालकता एवं प्रतिरोधकता के आधार पर इन पदार्थों को चालक, कुचालक एवं अर्द्धचालक पदार्थों में विभक्त किया जाता है। इस अध्याय में विद्युत की सामान्य परिभाषा, उपयोग एवं तार तथा केबिल्स बनाने में प्रयोग होने वाले विभिन्न वैद्युतिक पदार्थों का वर्णन किया गया है।

अध्याय विषय सूची

6.1 विद्युत Electricity

इलेक्ट्रॉन या आवेश का एक स्थान से दूसरे स्थान तक प्रवाह ही विद्युत (electricity) कहलाता है। इलेक्ट्रॉनों के प्रवाह की गति पदार्थ की प्रकृति पर निर्भर करती है।

दूसरे शब्दों में आवेशों के प्रवाह को ही विद्युत धारा कहते हैं। किसी चालक के किसी अनुप्रस्थ-काट से कुल आवेश प्रवाह की दर अर्थात् प्रति सेकण्ड प्रवाहित आवेश की मात्रा विद्युत धारा की माप होती है। इसे i से प्रदर्शित करते हैं।

यदि किसी चालक में किसी बिन्दु से t सेकण्ड में q आवेश प्रवाहित हो, तो

$$\text{विद्युत धारा } i = \frac{q}{t} \text{ एम्पियर}$$

विद्युत के प्रकार Types of Electricity

विद्युत निम्नलिखित दो प्रकार की होती है–

1. स्थिर विद्युत
2. गतिशील विद्युत

1. स्थिर विद्युत Static Electricity

यह विद्युत 'आवेश' के रूप में होती है। इस विद्युत को किसी एक स्थान से दूसरे स्थान पर नहीं पहुँचाया जा सकता है, जिस कारण इसका उत्पादन प्रचुर मात्रा में नहीं किया जा सकता है। निम्न प्रदर्शित चित्रों में स्थिर विद्युत उत्पन्न करने की प्रक्रिया को दर्शाया गया है।

चित्र (a) में दर्शाया गया है कि जब एम्बर की छड़ को चमड़े पर रगड़ा जाता है, तब कुछ मुक्त इलेक्ट्रॉन चमड़े से एम्बर पर आ जाते हैं, जिससे चमड़े पर इलेक्ट्रॉनों की कमी के कारण धन आवेश (positive charge) आ जाता है तथा एम्बर छड़ पर इलेक्ट्रॉनों की अधिकता के कारण ऋण आवेश (negative charge) आ जाता है, क्योंकि इलेक्ट्रॉन ऋण आवेशित कण होते हैं।

चित्र (b) में दर्शाया गया है कि जब किसी काँच की छड़ को रेशमी कपड़े के साथ रगड़ा जाता है, तो कुछ मुक्त इलेक्ट्रॉन काँच की छड़ से रेशमी कपड़े पर आ जाते हैं। काँच की छड़ पर इलेक्ट्रॉनों की कमी के कारण काँच पर धन आवेश (positive charge) आ जाता है, जबकि रेशमी कपड़े पर इलेक्ट्रॉनों की अधिकता के कारण ऋण आवेश (negative charge) आ जाता है।

जब समान मात्रा में विपरीत आवेश एक-दूसरे के सम्पर्क में आते हैं, तब वे एक-दूसरे के आवेश को निरस्त कर देते हैं तथा विद्युतीय उदासीन हो जाते हैं, जिस कारण इस विद्युत का उपयोग व्यावसायिक स्तर पर नहीं किया जाता है।

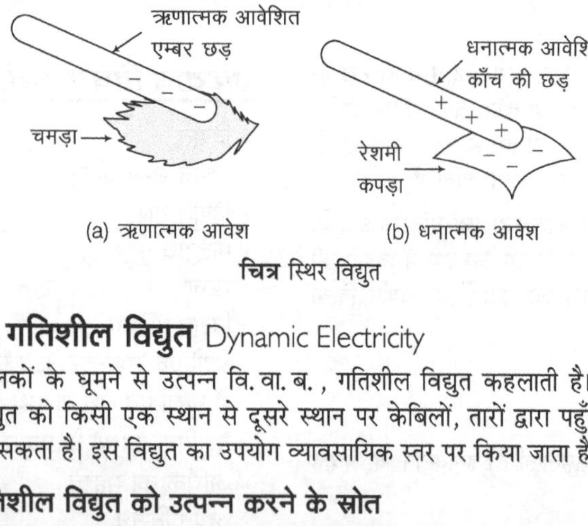

चित्र स्थिर विद्युत

2. गतिशील विद्युत Dynamic Electricity

चालकों के घूमने से उत्पन्न वि. वा. ब. , गतिशील विद्युत कहलाती है। इस विद्युत को किसी एक स्थान से दूसरे स्थान पर केबिलों, तारों द्वारा पहुँचाया जा सकता है। इस विद्युत का उपयोग व्यावसायिक स्तर पर किया जाता है।

गतिशील विद्युत को उत्पन्न करने के स्रोत
Resources to Produce Dynamic Electricity

गतिशील विद्युत को निम्न स्रोतों द्वारा उत्पन्न किया जा सकता है–

प्रकाशीय स्रोत द्वारा फोटो इलेक्ट्रिक सैल तथा सोलर सैल इसके मुख्य उदाहरण हैं। ये यन्त्र सूर्य के प्रकाश में आते ही क्रियान्वित हो जाते हैं। धन तथा ऋण आवेश के रूप में ये सैल सूर्य के प्रकाश को अपनी प्लेटों द्वारा एकत्रित कर लेते हैं तथा किसी भी चार्ज होने वाली सैल में उस आवेश को स्थानान्तरित कर देते हैं। इनका उपयोग निम्न स्तर पर विद्युत उत्पादन के लिए किया जाता है; जैसे—स्ट्रीट लाइट इत्यादि।

तापीय विधि द्वारा इस विधि में दो अलग-अलग प्रकार की धातुओं के संगम बिन्दु को गर्म किया जाता है, जिससे उसके सिरों में विद्युत धारा उत्पन्न हो जाती है। इस विधि को थर्मोकपल विधि भी कहते हैं। यह विद्युत धारा बहुत कम मात्रा में उत्पन्न होती है, जिस कारण इसका उपयोग भी व्यापारिक स्तर पर नहीं किया जाता है।

चुम्बकीय विधि द्वारा यदि किसी स्थिर चुम्बकीय क्षेत्र में किसी चालक को घुमाया जाए, तो उस चालक में एक वि.वा.ब.उत्पन्न हो जाता है। यह विद्युत धारा के प्रवाह का बल होता है। इस विद्युत का आवश्यकतानुसार ए.सी. व डी.सी. के रूप में व्यापारिक स्तर पर उपयोग किया जाता है।

रासायनिक क्रिया द्वारा विद्युत अपघटय या इलेक्ट्रोलाइट (रासायनिक पदार्थों का विलयन) को रासायनिक क्रिया द्वारा उसके आयनों में विभक्त कर लिया जाता है, इस क्रिया को आयनीकरण कहते हैं। आयनीकरण की क्रिया से उत्पन्न स्वतन्त्र आयनों के प्रवाह द्वारा विद्युत धारा उत्पन्न होती है, जिसे सैल या बैटरी में संचित कर लिया जाता है।

इसका उपयोग व्यापारिक स्तर पर नहीं किया जा सकता, क्योंकि इस विधि में धारा अधिक मात्रा में उत्पन्न नहीं होती है। इसका उपयोग इलेक्ट्रॉनिक उपकरणों को चलाने, प्रयोगशालाओं तथा ऑटोमोबाइल्स आदि में किया जाता है।

6.2 विद्युत सम्बन्धी मूल पद
Basic Terms Related to Electricity

1. **विद्युत आवेश** (Electric charge) विद्युत आवेश तथा इसके प्रवाह की संकल्पना समझने के लिए सर्वप्रथम परमाणु सिद्धान्त के मूलों का ज्ञान होना आवश्यक है।
2. **पदार्थ** (Matter) वह प्रत्येक वस्तु, जिसका कोई निश्चित भार होता है तथा जो स्थान घेरता है, पदार्थ कहलाता है। प्रकृति में पदार्थ की तीन अवस्थाएँ होती हैं—ठोस, द्रव तथा गैस। ताप एवं दाब में परिवर्तन करके पदार्थ की अवस्थाओं में परिवर्तन किया जा सकता है। पदार्थ छोटे-छोटे कणों से मिलकर बना होता है, जिन्हें अणु कहते हैं।
3. **अणु** (Molecules) अणु, पदार्थ का वह छोटे-से-छोटा भाग होता है, जिसमें पदार्थ के सभी गुण विद्यमान रहते हैं। अणु को परमाणुओं में विभाजित किया जा सकता है।
4. **परमाणु** (Atom) पदार्थ का प्रत्येक अणु, अपने से छोटे-छोटे कणों से मिलकर बना होता है। अतः इसे हम निम्न प्रकार परिभाषित कर सकते हैं- "किसी पदार्थ का वह छोटे-से-छोटा कण, जो रासायनिक क्रियाओं में भाग ले सके अथवा रासायनिक क्रियाओं के द्वारा पृथक् किया जा सके और स्वतन्त्र अवस्था में विद्यमान न रह सके परमाणु कहलाता है।"
5. **परमाणु संरचना** (Atomic structure) परमाणु भी प्रकृति का सूक्ष्मतम कण नहीं है। यह भी मौलिक कणों प्रोटॉन, न्यूट्रॉन तथा इलेक्ट्रॉन से मिलकर बना होता है। परमाणु की संरचना, हमारे सौरमण्डल (solar system) से मिलती-जुलती है। सौरमण्डल का केन्द्र है—सूर्य, इसके चारों ओर विभिन्न कक्षाओं (परिक्रमा पथों) में शुक्र, बुध, पृथ्वी, मंगल आदि ग्रह परिक्रमा करते रहते हैं।

ठीक इसी प्रकार, प्रत्येक परमाणु में एक केन्द्रीय सघन भाग होता है, जो **नाभिक** कहलाता है और उसके चारों ओर विभिन्न कक्षाओं (orbits) में इलेक्ट्रॉन्स परिक्रमा करते रहते हैं। ये कक्षाएँ प्राय: दीर्घवृत्तीय (elliptical) आकार की होती हैं।

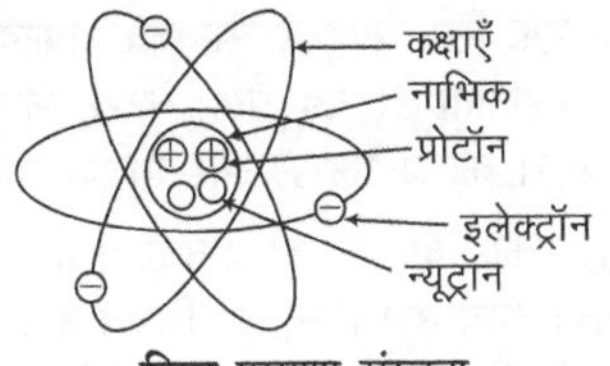

चित्र परमाणु संरचना

6. **नाभिक** (Nucleus) परमाणु का केन्द्रीय सघन भाग, नाभिक कहलाता है। इसमें प्रोटॉन्स तथा न्यूट्रॉन्स स्थित होते हैं। ये दोनों प्रकार के कण 'अन्तराण्विक बल' (inter molecular force) द्वारा नाभिक में बँधे होते हैं। परमाणु में नाभिक के चारों ओर रिक्त स्थान (space) होता है, जिसमें विभिन्न कक्षाओं में विभिन्न संख्या में इलेक्ट्रॉन्स परिक्रमण करते रहते हैं।

प्रोटॉन (Proton) यह प्रकृति का एक मूल कण है। किसी भी तत्त्व से प्राप्त प्रोटॉन्स, सब प्रकार से समान होते हैं। ये कण नाभिक में स्थित रहते हैं और किसी प्रकार की गति नहीं करते। एक प्रोटॉन पर (+) 1.6×10^{-19} कूलॉम आवेश होता है, जो इकाई धन आवेश माना जाता है। प्रोटॉन का द्रव्यमान, इलेक्ट्रॉन के द्रव्यमान का 1836 गुना अर्थात् 1.67×10^{-24} ग्राम होता है।

न्यूट्रॉन (Neutron) यह भी प्रकृति का एक मूल कण है और किसी भी प्रकार के तत्त्व से प्राप्त न्यूट्रॉन्स, सब प्रकार से समान होते हैं। ये कण, नाभिक में अवस्थित रहते हैं और किसी प्रकार की गति नहीं करते। न्यूट्रॉन आवेशरहित होता है। इसका द्रव्यमान, प्रोटॉन के द्रव्यमान के लगभग बराबर होता है।

इलेक्ट्रॉन (Electron) यह भी प्रकृति का एक मूल कण है और किसी भी प्रकार के तत्त्व से प्राप्त इलेक्ट्रॉन्स, सब प्रकार से समान होते हैं। एक इलेक्ट्रॉन पर (–) 1.6×10^{-19} कूलॉम आवेश होता है, जो इकाई ऋण आवेश माना जाता है। इलेक्ट्रॉन का द्रव्यमान 9.02×10^{-28} ग्राम होता है।

एक इलेक्ट्रॉन का आवेश आंकिक रूप से एक प्रोटॉन के आवेश के तुल्य होता है, परन्तु ये दोनों एक-दूसरे के विपरीत स्वभाव वाले होते हैं। इलेक्ट्रॉन्स में दो प्रकार की गतियाँ विद्यमान होती हैं— एक **चक्रण गति** (spin motion) और दूसरी **कक्षीय गति** (orbital motion)। चक्रण गति के अन्तर्गत इलेक्ट्रॉन अपनी ही धुरी पर लट्टू की भाँति घूमता रहता है और कक्षीय गति के अन्तर्गत अपनी कक्षा में रहते हुए नाभिक के चारों ओर परिक्रमा करता रहता है।

किसी परमाणु में इलेक्ट्रॉनों की संख्या उसके नाभिक में स्थित प्रोटॉनों की संख्या के समान होती है। नाभिक में स्थित प्रोटॉनों तथा न्यूट्रॉनों की संख्या के योगफल को उस पदार्थ का परमाणु भार कहते हैं। अत: "वैद्युतिक आवेश, इलेक्ट्रॉनों (ऋणात्मक आवेशित) तथा प्रोटॉनों (धनात्मक आवेशित) का वह गुण है, जो उनके मध्य लगने वाले विद्युत बल को उत्पन्न करता है।" इसका मात्रक कूलॉम (C) होता है तथा यह ऐम्पियर/सेकण्ड में भी मापा जाता है।

एक इलेक्ट्रॉन को इकाई ऋण आवेश माना गया है। अत: एक कूलॉम आवेश में 6.28×10^{18} इलेक्ट्रॉन होते हैं।

नोट *सूत्र $q = nC$ से, जहाँ n इलेक्ट्रॉन की संख्या, q आवेश तथा C इलेक्ट्रॉन का आवेश है। एक इलेक्ट्रॉन की त्रिज्या लगभग 10^{-3} सेमी होती है।*

वैद्युतिक आवेश के दो मुख्य बिन्दु हैं—

1. एकसमान आवेश (like charges), एक-दूसरे से दूर जाते हैं अर्थात् प्रतिकर्षित होते हैं।

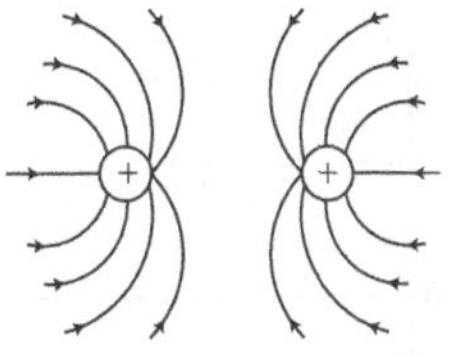

चित्र एकसमान आवेश के मध्य प्रतिकर्षण बल

2. जो आवेश एकसमान नहीं होते (unlike charges), वे एक-दूसरे के पास आते हैं अर्थात् आकर्षित होते हैं।

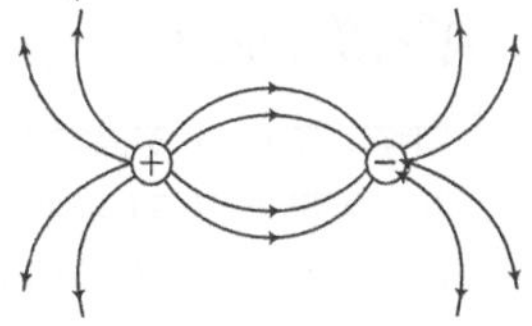

चित्र विपरीत आवेश के मध्य आकर्षण बल

6.3 विद्युत धारा Electric Current

इलेक्ट्रॉन या आवेश के प्रवाह होने की दर विद्युत धारा कहलाती है। विद्युत धारा का प्रतीक I तथा मात्रक ऐम्पियर (A) होता है। विद्युत धारा की चाल, प्रकाश की चाल के तुल्य अर्थात् 3×10^8 मी/से होती है। विद्युत धारा का प्रवाह धन दिशा से ऋण दिशा की ओर (अर्थात् इलेक्ट्रॉन प्रवाह के विपरीत) होता है।

विद्युत धारा के प्रकार Types of Electric Current

विद्युत धारा निम्न दो प्रकार की होती है—

1. प्रत्यावर्ती धारा   2. दिष्ट धारा

1. प्रत्यावर्ती धारा Alternating Current (AC)

वह विद्युत धारा जिसका मान और दिशा समय के सापेक्ष परिवर्तित होते रहते हैं तथा एक नियत समय अन्तराल पर जिसकी पुनरावृत्ति होती है, प्रत्यावर्ती धारा (alternating current) कहलाती है। यह आल्टरनेटर (ए.सी. जनित्र) से प्राप्त की जाती है। इसका उपयोग घरेलू, औद्योगिक आदि क्षेत्रों में प्रकाश, ऊष्मा, ठण्डक, यान्त्रिक ऊर्जा आदि प्रदान करने वाले उपकरणों को प्रचालित करने के लिए किया जाता है।

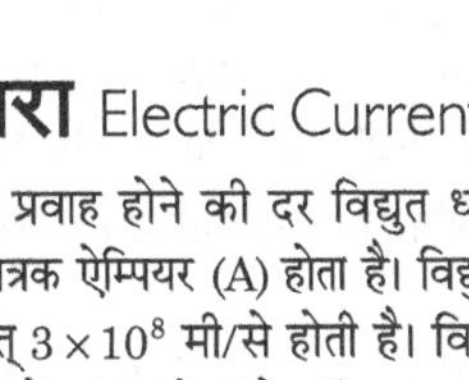

चित्र प्रत्यावर्ती धारा (ए.सी.)

2. **दिष्ट धारा** Direct Current (DC)

जिस विद्युत धारा का मान और दिशा समय के सापेक्ष नियत रहते हैं, वह दिष्ट धारा (direct current) कहलाती है। यह सैल, बैटरी, जनित्र आदि से प्राप्त की जाती है।

इसका उपयोग आर्क वैल्डिंग, बैटरी चार्जिंग, इलेक्ट्रॉनिक उपकरणों के प्रचालन आदि में किया जाता है।

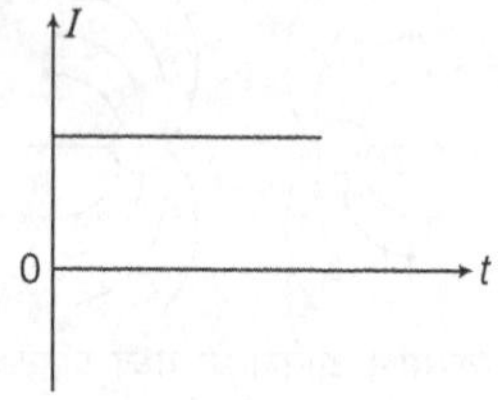

चित्र दिष्ट धारा (डी.सी.)

विद्युत धारा के प्रभाव Effects of Electric Current

किसी चालक में प्रवाहित विद्युत धारा की उपस्थिति इसके प्रभाव द्वारा ही ज्ञात की जा सकती है, क्योंकि विद्युत धारा को प्रत्यक्ष रूप से देखा नहीं जा सकता तथा इसे स्पर्श भी नहीं किया जा सकता। विद्युत धारा के प्रभाव निम्न प्रकार हैं

ऊष्मीय प्रभाव (Heating effect) "प्रत्येक चालक स्वयं में से होने वाले विद्युत धारा प्रवाह का कम या अधिक विरोध करता है, जिसके फलस्वरूप वह गर्म हो जाता है। यह विद्युत धारा का ऊष्मीय प्रभाव कहलाता है।"

इस प्रभाव का उपयोग इलेक्ट्रिक प्रैस, इलेक्ट्रिक आयरन, हीटर, बल्ब आदि में किया जाता है।

चुम्बकीय प्रभाव (Magnetic effect) "विद्युत धारावाही चालक के चारों ओर चुम्बकीय क्षेत्र पैदा हो जाता है। यह विद्युत धारा का चुम्बकीय प्रभाव कहलाता है।"

इस प्रभाव का उपयोग विद्युत घण्टी, विद्युत चुम्बक, पंखा, मोटर, जनित्र आदि में किया जाता है।

रासायनिक प्रभाव (Chemical effect) "अम्लीय विलयनों में से विद्युत धारा प्रवाहित करने पर विलयन में घुले पदार्थ अपने अवयवों में विभाजित हो जाते हैं, यह विद्युत धारा का रासायनिक प्रभाव कहलाता है।"

इस प्रभाव का उपयोग सैल, विद्युतलेपन (विद्युतरंजन), धातु निष्कर्षण आदि कार्यों में किया जाता है।

किरण प्रभाव (Ray effect) "जब अधिक वोल्टेज एवं अधिक फ्रीक्वेन्सी वाली विद्युत धारा, वायु-शून्य नली (vacuum tube) में से प्रवाहित की जाती है, तो एक विशेष प्रकार की किरणें X-rays उत्पन्न होती हैं। यह विद्युत धारा का किरण प्रभाव (roys effect) कहलाता है।"

इस प्रभाव का उपयोग चिकित्सा क्षेत्र में हड्डियों का छाया-चित्र प्राप्त करने के लिए किया जाता है।

गैस आयनीकरण प्रभाव (Gas ionisation effect) "किसी विसर्जन-नलिका में भरी मरकरी वेपर गैस, सोडियम वेपर गैस आदि में से विद्युत धारा प्रवाहित करने पर गैस का आयनीकरण हो जाता है। यह विद्युत धारा का आयनीकरण प्रभाव कहलाता है।"

इस प्रभाव का उपयोग उच्च प्रकाश तीव्रता वाले बल्बों में किया जाता है।

कुछ महत्त्वपूर्ण वैद्युतिक पद
Some Important Electrical Terms

विद्युत वाहक बल (Electro motive force; EMF) किसी चालक पदार्थ में से विद्युत धारा को एक सिरे से दूसरे सिरे तक प्रवाहित करने वाला बल, 'विद्युत वाहक बल' कहलाता है। यह सैल, बैटरी, जेनरेटर आदि से प्राप्त किया जाता है। वि. वा. ब. का प्रतीक E और मात्रक वोल्ट (V) है।

विभव (Potential) इकाई आवेश को अनन्त (infinity) से किसी बिन्दु तक लाने में किया गया कार्य उस बिन्दु का विभव कहलाता है। दूसरे शब्दों में, "किसी वस्तु का वैद्युतिक स्तर जिससे यह निर्देशित होता है कि विद्युत धारा वस्तु से पृथ्वी की ओर अथवा पृथ्वी से वस्तु की ओर प्रवाहित होगी, उस वस्तु का विभव कहलाता है।" यह धनात्मक अथवा ऋणात्मक होता है। जब विद्युत धारा पृथ्वी की ओर प्रवाहित होती है, तो वस्तु का विभव धनात्मक होता है। जब विद्युत धारा पृथ्वी से वस्तु की ओर प्रवाहित होती है, तो वस्तु का विभव ऋणात्मक होता है।

विभवान्तर (Potential difference, PD) जब किसी चालक (या प्रतिरोधक) में से विद्युत धारा प्रवाहित होती है, तो उसके सिरों के विभवों में कुछ अन्तर पैदा हो जाता है, जिसे विभवान्तर कहते हैं। विभवान्तर का प्रतीक V और मात्रक वोल्ट (V) है।

टर्मिनल वोल्टेज (Terminal voltage) विद्युत आपूर्ति स्रोत के टर्मिनल पर उपलब्ध वोल्टेज को टर्मिनल वोल्टेज कहते हैं। इसका मात्रक वोल्ट होता है तथा इसे V_T से प्रदर्शित करते हैं।

वोल्टेज ड्रॉप या IR ड्रॉप (Voltage drop or IR drop) किसी परिपथ में चालक (या प्रतिरोध) में व्यय होने वाली वोल्टेज को वोल्टेज ड्रॉप या IR ड्रॉप कहते हैं।

वैद्युतिक कार्य (Electrical work) किसी विद्युतीय परिपथ में वि.वा.ब. द्वारा इलेक्ट्रॉनों को एक स्थान से दूसरे स्थान तक पहुँचाने में किया गया कार्य विद्युतीय कार्य कहलाता है। इसका मात्रक जूल होता है।

अर्थात्, $\text{कार्य} = \text{बल} \times \text{विस्थापन}$ [$\because$ 1 जूल = 1 न्यूटन-मीटर]

या $\text{कार्य} = \text{emf} \times \text{धारा}\ (i) \times \text{समय}\ (t)$

वैद्युतिक शक्ति (Electrical power) किसी विद्युतीय उपकरण की कार्य करने की दर विद्युतीय शक्ति कहलाती है। इसका मात्रक हॉर्स पावर होता है।

$$\text{विद्युतीय शक्ति} = \frac{\text{विद्युतीय कार्य}}{\text{समय}}$$

1 हॉर्स पावर = 735.5 न्यूटन-मीटर/सेकण्ड

या 1 हॉर्स पावर = 550 फुट पौण्ड प्रति सेकण्ड

1 हॉर्स पावर = 746 जूल प्रति सेकण्ड

$\therefore$ 1 जूल = 10^7 अर्ग, जहाँ अर्ग, कार्य का एक छोटा मात्रक है।

$$\text{शक्ति } P = \frac{\text{कार्य } (W)}{\text{समय } (t)}$$

$$\text{तथा वोल्टेज } (V) = \frac{\text{कार्य } (W)}{\text{आवेश } (q)}$$

$$\text{तब} \quad P = \frac{Vq}{t} \quad [\because q = It]$$

$\Rightarrow \quad P = \frac{VIt}{t} \Rightarrow P = VI$ वाट

या $\quad P = \frac{V^2}{R}$ या $P = I^2R$

अत: 1 हॉर्स पावर = 746 वाट (1 वाट = 1 जूल प्रति सेकण्ड)

ब्रिटिश हॉर्स पावर HP = 33000 फुट पौण्ड प्रति मिनट

मीट्रिक हॉर्स पावर, HP = 4500 मीटर-किग्रा प्रति मिनट

6.4 प्रतिरोध Resistance

पदार्थों का वह स्वाभाविक गुण, जिसके कारण वह स्वयं में से प्रवाहित होने वाली विद्युत धारा के प्रवाह का विरोध करते हैं, प्रतिरोध कहलाता है। प्रतिरोध का प्रतीक R एवं मात्रक ओम (Ω) है। इसे मापने के लिए ओममीटर का प्रयोग किया जाता है। वह पदार्थ जो प्रतिरोध का गुण प्रदर्शित करता है, प्रतिरोधक कहलाता है। प्रतिरोध को निम्न प्रतीकों द्वारा व्यक्त किया जाता है—

चित्र प्रतिरोध के प्रतीक

प्रतिरोध के नियम Laws of Resistance

किसी चालक या प्रतिरोधक का प्रतिरोध निम्न कारकों पर निर्भर करता है

(i) चालक की लम्बाई पर

(ii) चालक के अनुप्रस्थ-काट के क्षेत्रफल पर तथा

(iii) चालक के पदार्थ पर

हम इसे निम्न प्रकार समझ सकते हैं

(i) किसी चालक का प्रतिरोध उसकी लम्बाई के अनुक्रमानुपाती होता है

अर्थात् $\quad R \propto l$

चित्र चालक की लम्बाई तथा उसके प्रतिरोध में सम्बन्ध

(ii) किसी चालक का प्रतिरोध उसके अनुप्रस्थ-काट क्षेत्रफल (cross-sectional area) के व्युत्क्रमानुपाती होता है

अर्थात् $\quad R \propto \frac{1}{a}$

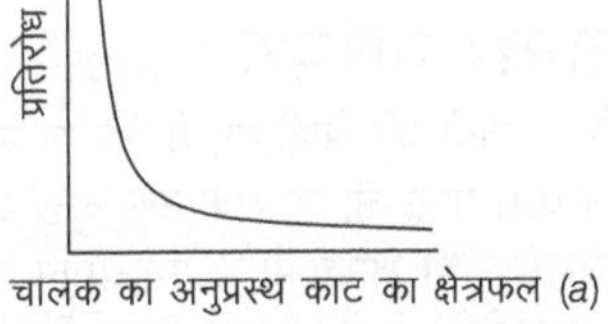

चित्र चालक के अनुप्रस्थ-काट के क्षेत्रफल तथा उसके प्रतिरोध में सम्बन्ध

(iii) किसी चालक का प्रतिरोध उसके पदार्थ की प्रकृति अर्थात् पदार्थ की प्रतिरोधकता (resistivity), ρ पर निर्भर करता है।

इस प्रकार, $R \propto \frac{l}{a}$

अर्थात् $\quad R = \frac{\rho \cdot l}{a}$

जहाँ, R = प्रतिरोध (ओम में)

ρ = चालक की प्रतिरोधकता (ओम-सेमी में)

l = प्रतिरोधक की लम्बाई (सेमी में)

a = प्रतिरोधक का अनुप्रस्थ-काट का क्षेत्रफल (सेमी^{2} में)

उपरोक्त बताए गए कारकों के अतिरिक्त चालक का प्रतिरोध चालक के तनाव अथवा दबाव पर भी निर्भर करता है तथा साथ-साथ चालक के तापक्रम (t) पर भी निर्भर करता है जिसका विवरण आगे दिया गया है।

प्रतिरोधकता या विशिष्ट प्रतिरोध Resistivity or Specific Resistance

प्रत्येक चालक अपनी संरचना के अनुसार अपने में से प्रवाहित होने वाली विद्युत धारा का विरोध करता है, जो उसकी प्रतिरोधकता कहलाती है।

किसी भी पदार्थ का प्रतिरोध शून्य नहीं होता।

सूत्र $R = \frac{\rho \cdot l}{a}$ में यदि $l = 1$ सेमी तथा $a = 1$ सेमी^{2} हो तो $R = \rho$

अर्थात् ''किसी पदार्थ के 1 सेमी लम्बे तथा 1 वर्ग सेमी अनुप्रस्थ कटाक्ष क्षेत्रफल वाले टुकड़े का प्रतिरोध, उसका विशिष्ट प्रतिरोध कहलाता है।''

इसका मात्रक उपरोक्त सूत्र के द्वारा निम्न प्रकार प्राप्त किया जा सकता है—

सूत्र $\quad R = \frac{\rho \cdot l}{a}$ से $\rho = \frac{R \cdot a}{l}$

$$= \frac{\text{ओम} \times \text{सेमी}^2}{\text{सेमी}} = \text{ओम-सेमी}$$

MKS प्रणाली में इसका मात्रक ओम-मी होता है।

उदाहरण 1. 14 मी लम्बे तथा 0.14 सेमी व्यास वाले यूरेका तार का प्रतिरोध 2.5 ओम है, तो उसका विशिष्ट प्रतिरोध ज्ञात कीजिए।

हल ज्ञात है, तार की लम्बाई, $l = 14$ मी $= 1400$ सेमी

तार का व्यास, $d = 0.14$ सेमी

$\therefore \quad r = \frac{0.14}{2}$ सेमी

तार का प्रतिरोध, $R = 2.5$ ओम

अत: तार का विशिष्ट प्रतिरोध $\rho = \frac{R \cdot a}{l}$

$$= \frac{R.\pi.r^2}{l} \quad [\because \text{क्षेत्रफल } a = \pi r^2]$$

$$= \frac{2.5 \times 22 \times 0.14 \times 0.14}{1400 \times 7 \times 2 \times 2}$$

$= 27.5 \times 10^{-6}$ **ओम-सेमी**

उदाहरण 2. 100 ओम प्रतिरोध वाला एक उपकरण 2 ऐम्पियर धारा लेता है। उस उपकरण द्वारा ली गई शक्ति की गणना कीजिए।

हल ज्ञात है, प्रतिरोध $R = 100\ \Omega$

धारा $I = 2$ A

शक्ति $P = I^2R$ [$P = VI$ से]

$P = 2^2 \times 100$ [$\because V = IR$]

$P = 400$ वाट

6.5 ऊर्जा Energy

कार्य करने की क्षमता ऊर्जा कहलाती है। गणितीय रूप से ऊर्जा, शक्ति तथा कार्य करने के समय का गुणनफल होती है अर्थात्

ऊर्जा (E) = शक्ति $(P) \times$ समय (t)

इसका मात्रक जूल है।

3600 जूल = एक वाट-घण्टा

वस्तु की स्थिति के अनुसार, ऊर्जा दो प्रकार की होती है। गतिमान वस्तु में गतिज ऊर्जा तथा स्थिर वस्तु में स्थितिज ऊर्जा होती है।

स्थितिज ऊर्जा (PE) = mgh

जहाँ, m = वस्तु का भाग

g = गुरुत्वाकर्षण

बल, h = ऊँचाई

गतिज ऊर्जा (KE) = $\frac{1}{2}mv^2$

जहाँ, m = वस्तु का भार,

v = वस्तु का वेग

उदाहरण 3. 10 सेकण्ड में 20 किग्रा भार को 10 मी ऊँचाई तक उठाया जाता है, तब व्यय ऊर्जा की गणना कीजिए।

हल ज्ञात है, समय $(t) = 10$ सेकण्ड

भार $(m) = 20$ किग्रा

ऊँचाई $(h) = 10$ मीटर

ऊर्जा $(E) = mgh$ से   [$g = 9.81$ मी/से^{2}]

$E = 20 \times 9.81 \times 10$

$= 1962$ न्यूटन-मीटर

6.6 विद्युत परिपथ Electric Circuit

विद्युत धारा प्रवाह के लिए तैयार किया गया बन्द एवं पूर्ण मार्ग, विद्युत परिपथ कहलाता है। वैद्युतिक अवयव; जैसे-प्रतिरोधक, प्रेरक एवं संधारित्र को विद्युत परिपथ में क्रमशः श्रेणी, समान्तर एवं मिश्रित क्रम में आवश्यकतानुसार लगाकर विद्युत परिपथ निर्मित किया जाता है।

विद्युत धारा को सामान्यतः प्रत्यावर्ती धारा (AC) तथा दिष्ट धारा (DC) में वर्गीकृत किया जाता है, जो परिपथ डी.सी. पर कार्य करते हैं, उन्हें डी.सी. परिपथ एवं जो ए.सी. पर कार्य करते हैं, उन्हें ए.सी. परिपथ कहते हैं। डी.सी. परिपथों में धारा का प्रवाह केवल एक ही दिशा में होता है एवं इसका उपयोग अधिकांशतः निम्न वोल्टेज अनुप्रयोगों में किया जाता है।

ये परिपथ निम्न प्रकार के होते हैं

1. श्रेणी परिपथ Series Circuit

जब अलग-अलग वैद्युतिक अवयव अनुक्रम में जुड़े हों अर्थात् पहले अवयव का अन्तिम सिरा, दूसरे अवयव के पहले सिरे से जुड़ा हो तो वह परिपथ श्रेणी परिपथ कहलाता है। इस परिपथ में अलग-अलग प्रतिरोध, जैसे-R_1, R_2 और R_3 बैटरी के श्रेणी क्रम में संयोजित किए जाते हैं, इसलिए इस प्रकार के परिपथ की धारा के लिए केवल एक ही पथ (path) होता है। यही कारण है कि श्रेणी परिपथ में धारा एकसमान रहती है। इस परिपथ में दी जाने वाली वोल्टेज दो स्थानों के मध्य आवेश में गति उत्पन्न करती है, जिसके कारण परिपथ में धारा का प्रवाह होने लगता है।

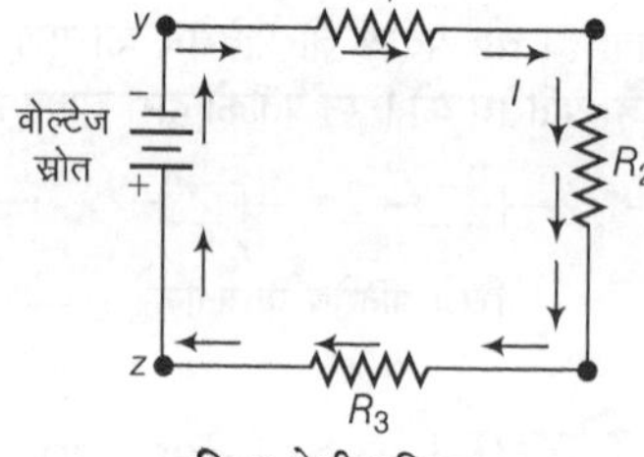

चित्र श्रेणी परिपथ

2. समान्तर परिपथ Parallel Circuit

जब दो या दो से अधिक अवयव एक स्रोत वोल्टेज के साथ जुड़े हों तो वह परिपथ, समान्तर परिपथ कहलाता है। समान्तर परिपथ में अलग-अलग शाखाएँ होती हैं और प्रत्येक शाखा (branch) की धारा भी भिन्न होती है। अतः समान्तर परिपथ में सभी शाखाओं के लिए एक उभयनिष्ठ (common) वोल्टेज स्रोत होता है।

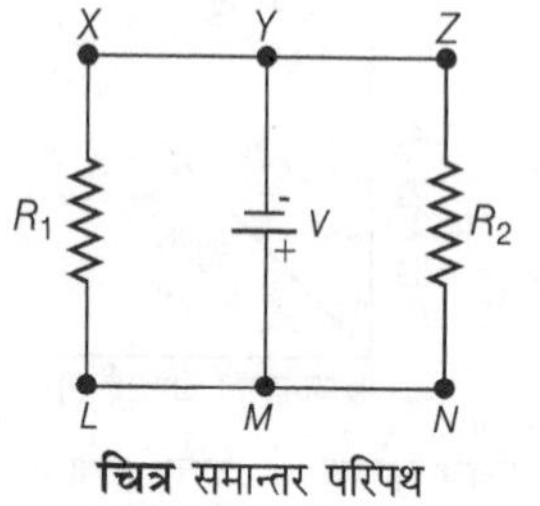

चित्र समान्तर परिपथ

समान्तर परिपथ का प्रयोग वहाँ किया जाता है जहाँ एकसमान वोल्टेज की आवश्यकता होती है। इसका सर्वाधिक प्रयोग घरों में वाइण्डिंग के लिए किया जाता है जहाँ सभी लाइटें, पंखें एवं अन्य दूसरे उपकरण एक साथ समान्तर में लगाए जाते हैं और इनको 220V की सप्लाई से जोड़ा जाता है। इसमें प्रत्येक उपकरण तथा सभी शाखाएँ स्वतन्त्र रूप से कार्य करती हैं।

3. श्रेणी-समान्तर परिपथ Series–Parallel Circuit

अधिकांश परिपथों में अवयवों को श्रेणीक्रम में लगाया जाता है, जिससे सभी अवयवों में एकसमान धारा प्राप्त की जा सके तथा कुछ अवयव समान्तर क्रम में लगाए जाते हैं, जिससे सभी शाखाओं में एकसमान वोल्टेज प्राप्त की जा सके, परन्तु कुछ परिपथ ऐसे भी हैं, जिनमें भिन्न-भिन्न वोल्टेज और धारा की आवश्यकता होती है। इसके लिए अवयवों को श्रेणी क्रम और समान्तर क्रम दोनों में जोड़ा जाता है।

चित्र में श्रेणी-समान्तर परिपथ में दो प्रतिरोध R_1 और R_2 श्रेणी क्रम में लगे हैं और दो प्रतिरोध R_3 व R_4 समान्तर क्रम में लगे हैं।

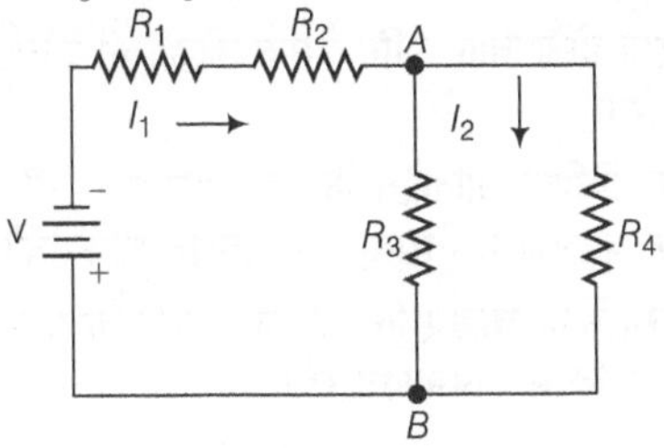

चित्र श्रेणी-समान्तर परिपथ

6.7 श्रेणी एवं समान्तर नेटवर्क में खुला एवं लघु परिपथ Open and Short Circuit in Series and Parallel Networks

जिस परिपथ में विद्युत धारा प्रवाहित न हो रही हो अर्थात् उसका प्रतिरोध अनन्त हो, वह खुला परिपथ कहलाता है; जैसे– लोडरहित जनित्र का परिपथ तथा स्विचरहित व लोडरहित सॉकेट का परिपथ।

खुले परिपथ के संयोजक सिरों पर विद्युत वाहक बल तो विद्यमान होता है, परन्तु परिपथ खुला होने के कारण, विद्युत धारा प्रवाह का मान शून्य होता है। इसी प्रकार, यदि किसी परिपथ में फेज तार, न्यूट्रल अथवा 'अर्थ' तार के सम्पर्क में आ जाए तो परिपथ का फ्यूज उड़ जाता है, जिस कारण उसमें विद्युत धारा प्रवाह समाप्त हो जाता है, ऐसा परिपथ, लघु परिपथ (short circuit) कहलाता है। लघु परिपथ का प्रतिरोध शून्य होता है। श्रेणी एवं समान्तर नेटवर्क में खुला एवं लघु परिपथ का वर्णन निम्नवत् है–

(i) श्रेणी क्रम में खुला परिपथ Open Circuit in Series

परिपथों में खुला परिपथ दोष उत्पन्न होने के कारण स्विचों का गलत सम्पर्क, जला हुआ फ्यूज, तारों का टूटा हुआ संयोजन एवं जले हुए प्रतिरोधक इत्यादि होते हैं। श्रेणी परिपथ में खुले परिपथ का अर्थ यह है कि विद्युत धारा के लिए कोई पथ नहीं है एवं परिपथ में कोई धारा प्रवाहित नहीं हो रही है। चित्र में धारा मापन के लिए एक अमीटर भी संयोजित किया गया है, जोकि कोई धारा प्रदर्शित नहीं करता है। खुले परिपथ में कुल आपूर्ति वोल्टेज/स्रोत वोल्टेज, खुले बिन्दुओं के सिरों पर होती है।

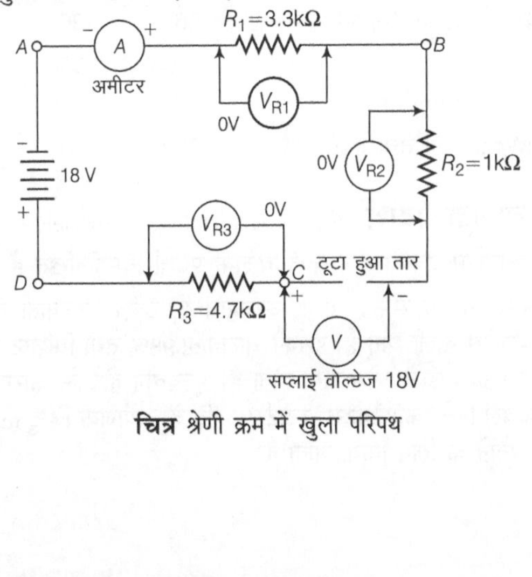

चित्र श्रेणी क्रम में खुला परिपथ

(ii) श्रेणी क्रम में लघु परिपथ Short Circuit in Series

एक श्रेणी परिपथ में लघु परिपथ आंशिक या पूर्ण हो सकता है। लघु परिपथ के कारण, धारा में वृद्धि होती है, जिससे श्रेणी क्रम में संयोजित परिपथ नष्ट भी हो सकता है, क्योंकि अत्यधिक धारा के कारण परिपथ के अवयव, पावर स्रोत, संयोजन तार इत्यादि नष्ट हो सकते हैं।

जब अमीटर, परिपथ में अत्यधिक धारा प्रदर्शित करता है, तो परिपथ में प्रत्येक अवयवों के सिरों पर एक वोल्टमीटर को जोड़कर लघु परिपथ की स्थिति को ज्ञात किया जा सकता है। यदि वोल्टमीटर किसी अवयव के सिरों पर शून्य वोल्ट प्रदर्शित करता है अथवा कम वोल्टेज प्रदर्शित करता है, तो उस अवयव में लघु परिपथ (short circuit) दोष होता है।

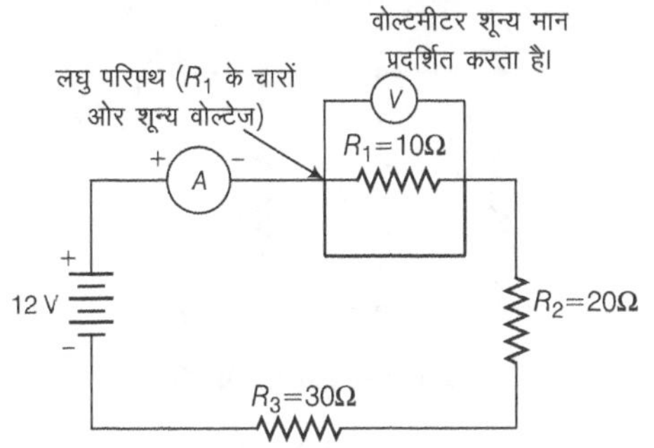

चित्र श्रेणी क्रम में लघु परिपथ

लघु परिपथ से उत्पन्न समस्याओं को फ्यूज एवं परिपथ के श्रेणी में जुड़े सर्किट ब्रेकर्स (circuit breakers) द्वारा रोका जा सकता है।

(iii) समान्तर क्रम में खुला परिपथ Open Circuit in Parallel

समान्तर क्रम में संयोजित परिपथ में खुला परिपथ दोष तब उत्पन्न होता है, जब परिपथ के उभयनिष्ठ तार (common wire) में यह दोष उत्पन्न हो। इस स्थिति में परिपथ में धारा का प्रवाह नहीं होता। किसी परिपथ में कोई एक शाखा (branch) के खुले रहने की स्थिति में केवल उस शाखा में विद्युत धारा का प्रवाह नहीं होता, जो शाखा खुली रहती है, अन्य शाखाओं में धारा प्रवाहित होती रहती है। चित्र (b) में R_2 शाखा में धारा का प्रवाह नहीं होगा, परन्तु अन्य शाखाओं (R_1 एवं R_3) में धारा उस समय तक प्रवाहित होती रहेगी जब तक शाखाएँ वोल्टेज स्रोत से संयोजित रहेंगी।

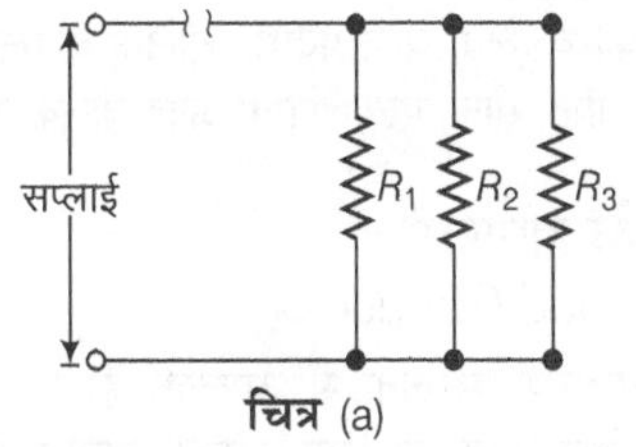

चित्र (a)

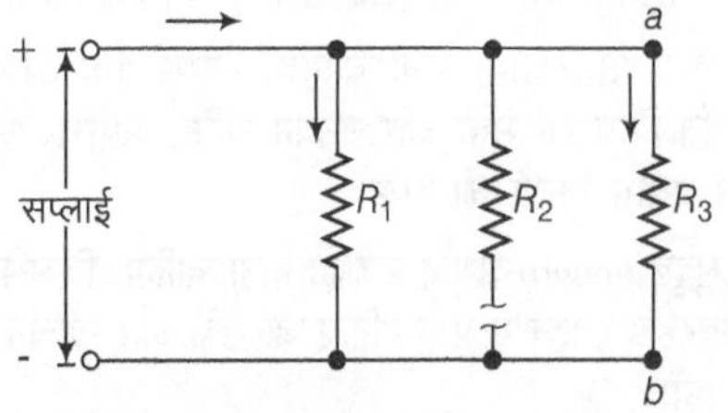

चित्र (b) समान्तर क्रम में खुला परिपथ

(iv) समान्तर क्रम में लघु परिपथ
Short Circuit in Parallel

एक परिपथ लघु पथित या शॉर्ट सर्किट तब कहा जाता है जब शक्ति स्रोत के धनात्मक टर्मिनल से संयोजित तारों द्वारा प्रवाहित धारा लोड में जाए बिना ही शक्ति स्रोत के ऋणात्मक टर्मिनल पर वापस पहुँच जाती है।

चित्र में एक समान्तर परिपथ में बिन्दुओं A और B के बीच में लघु परिपथ दोष दर्शाया गया है।

इस परिपथ में प्रतिरोध का मान घटकर लगभग शून्य हो जाएगा, जिसके कारण AB के सिरों पर वोल्टता पतन (voltage drop) का मान भी लगभग शून्य हो जाएगा

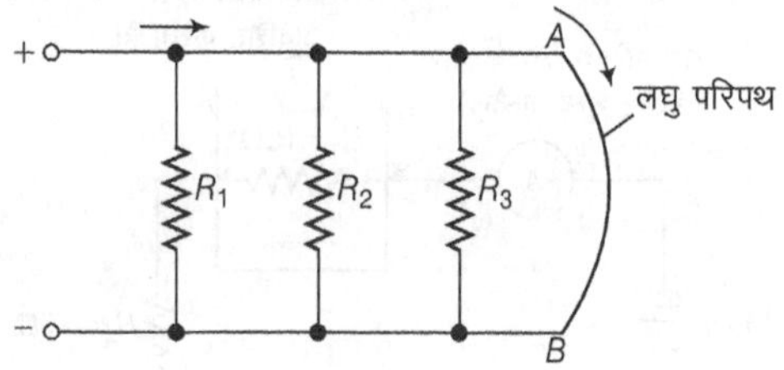

चित्र समान्तर क्रम में लघु परिपथ

अतः प्रतिरोधकों R_1, R_2, R_3 के सिरों पर धारा नगण्य होगी। इसके परिणामस्वरूप एक अति उच्च धारा जोकि सामान्य धारा की सैकड़ों गुनी होती है, लघु परिपथ से प्रवाहित होगी, जिसके कारण परिपथ के अवयव जल सकते हैं। परिपथ के अवयवों को जलने से बचाने के लिए फ्यूज, सर्किट ब्रेकर (circuit breaker) इत्यादि जैसी सुरक्षा युक्तियाँ परिपथ में प्रयुक्त होती हैं।

6.8 वैद्युतिक पदार्थों के प्रकार
Types of Electric Materials

वैद्युतिक पदार्थों को निम्न तीन भागों में विभक्त किया जाता है

1. चालक 2. अचालक 3. अर्द्धचालक

1. चालक Conductor

''मुक्त इलेक्ट्रॉन्स की बहुलता वाले पदार्थ, चालक कहलाते हैं।'' अधिकांश धातुएँ; जैसे—चाँदी, ताँबा, सोना, एल्युमीनियम आदि चालक के ही उदाहरण हैं।

अच्छे चालक के गुणधर्म
Properties of Good Conductor

1. चालक सस्ता तथा सरलता से उपलब्ध होना चाहिए, जिससे कि सामान्य वैद्युतिक कार्यों के लिए उसका उपयोग किया जा सके।
2. चालक तन्य (ductile) होना चाहिए, जिससे कि उसके द्वारा महीन तार निर्मित किए जा सकें और उनका चोक, आर्मेचर आदि वाइण्डिग कार्यों में प्रयोग किया जा सके।
3. चालक सुदृढ़ (tough) अर्थात् मजबूत होना चाहिए, जिससे कि उससे बने तार, ओवरहैड लाइन में प्रयोग किए जा सकें और खींचने पर वे सरलता से टूटे नहीं।
4. चालक, आघातवर्ध्य (malleable) होना चाहिए, जिससे कि आवश्यकतानुसार उसकी चादरें एवं पत्तियाँ बनाई जा सकें।
5. चालक ऐसा होना चाहिए कि उसके जोड़ों की सोल्डरिंग आसानी से की जा सके।
6. चालक का विशिष्ट प्रतिरोध कम व चालकता अधिक होनी चाहिए, जिससे कि वोल्टेज में गिरावट तथा विद्युत शक्ति की खपत कम हो।
7. चालक ऐसा होना चाहिए कि वह वातावरण के प्रभावों; जैसे—नमी, वर्षा, धूप आदि से अप्रभावित रहे।

चालकों का वर्गीकरण Classification of Conductors

चालकों को निम्न तीन वर्गों में वर्गीकृत किया जा सकता है—

1. **ठोसीय चालक** (Solid conductors) ठोस चालक, निश्चित आकृति एवं आकार रखते हैं; जैसे—सोना, कॉपर, चाँदी, लोहा आदि ठोस चालक के ही उदाहरण हैं।
2. **द्रवीय चालक** (Liquid conductors) वे चालक, जो आकार में स्थिर नहीं होते तथा जिनमें प्रवाहित (flow) होने का गुण विद्यमान होता है, द्रवीय चालक कहलाते हैं; जैसे—जल (H_2O), सिल्वर नाइट्रेट आदि।
3. **गैसीय चालक** (Gaseous conductors) कोई भी गैस आदर्श गैस चालक नहीं होती है। किसी गैस को चालक बनाने के लिए उसमें कुछ मात्रा में लवण मिलाया जाता है, जिससे वह आयनीकृत होकर एक अच्छे गैसीय चालक की भाँति व्यवहार करे। कुछ गैसें; जैसे—हीलियम, ऑर्गन व नियॉन गैसीय चालक की भाँति व्यवहार करती हैं।

चालक पदार्थों के अभिलक्षण
Characteristics of Conducting Materials

कुछ मुख्य चालक पदार्थों के अभिलक्षण उनके गुणों के आधार पर निम्न तालिका में दिए गए है

क्र.सं.	गुण	ताँबा (Cu)	एल्युमीनियम (Al)
1.	रंग	लाल-भूरा	श्वेत
2.	20°C पर प्रतिरोधकता (ओम/मीटर में)	0.01786	0.6278
3.	20° C पर प्रतिरोध ताप गुणांक	.00393	.00403
4.	20° C पर लम्ब प्रसार गुणांक	17×10^{-6}	23×10^{-6}
5.	विद्युत चालकता (म्हो/मीटर में)	56	36
6.	गलनांक	1083°C	660°C
7.	घनत्व (kg/cm³ में)	8.93	2.7
8.	NW/mm² में तन्य दृढ़ता	220	70

प्रमुख चालक पदार्थ Main Conducting Materials

वैद्युतिक कार्यों में प्रयुक्त होने वाले चालक पदार्थ निम्नलिखित हैं

चाँदी (Silver) यह सफेद, तन्य, आघातवर्ध्य, उच्च चालकता एवं कम विशिष्ट प्रतिरोध वाली धातु है। इसकी चालकता 98% तथा विशिष्ट प्रतिरोध 20°C पर 1.64 माइक्रो ओम सेमी होता है। मूल्यवान होने के कारण इसका उपयोग केवल रिले, कॉण्टैक्टर्स, स्टार्टर्स आदि के संयोजक बिन्दु (contact points) बनाने के लिए किया जाता है।

ताँबा (Copper) यह मटमैली-लाल, तन्य, आघातवर्ध्य एवं कम विशिष्ट प्रतिरोध वाली धातु है। यह चाँदी की अपेक्षा सस्ती होती है एवं वातावरणीय परिवर्तनों को सरलता से सह सकती है। इसकी चालकता 90% तथा विशिष्ट प्रतिरोध 1.7 माइक्रो ओम सेमी होता है। इसका उपयोग वैद्युतिक तार, केबिल, अर्थिंग, इलेक्ट्रोड, बस-बार के निर्माण एवं वैद्युतिक सहायक सामग्री तथा विद्युत उपकरणों में किया जाता है।

एल्युमीनियम (Aluminium) यह सफेद, तन्य, आघातवर्ध्य, हल्की, जंगरोधी एवं कम विशिष्ट प्रतिरोध वाली धातु है, जिसकी चालकता 60% होती है। भारत में अत्यधिक मात्रा में उपलब्ध होने के कारण इसका प्रयोग ताँबे के स्थान पर किया जाता है, परन्तु इसकी सुदृढ़ता ताँबे से कम होती है, जिस कारण इसे ताँबे से कम महत्ता दी जाती है।

सोना (Gold) यह विद्युत का सबसे उत्तम चालक है। यह पीली, तन्य, आघातवर्ध्य एवं अत्यधिक मूल्यवान धातु है, जिसकी चालकता 99% होती है। अधिक मूल्यवान होने के कारण इसका उपयोग वैद्युतिक कार्यों में नगण्य है।

टंगस्टन (Tungsten) यह गहरे-सलेटी रंग की, उच्च गलनांक वाली, तन्य एवं कठोर धातु है। इसका उपयोग विद्युत बल्ब एवं फ्लोरोसेन्ट ट्यूब के फिलामेन्ट बनाने में किया जाता है। इसे पिघलाने के लिए उच्च तापमान (3400° C) की आवश्यकता होती है।

जस्ता (Zinc) यह नीले-सलेटी रंग वाली नर्म एवं जंगरोधी धातु है। इसका उपयोग लोहे के तारों, चादरों तथा पाइपों पर जंगरोधी पर्त चढ़ाने अर्थात् उन्हें गैल्वेनाइज्ड करने के लिए किया जाता है। इसके अतिरिक्त इसका उपयोग शुष्क सैलों के खोल बनाने के लिए भी किया जाता है।

पीतल (Brass) यह ताँबे और जस्ते से बनी पीले रंग की तन्य, आघातवर्ध्य, जंगरोधी एवं सुदृढ़ धातु है। इसकी चालकता चाँदी की तुलना में केवल 48% है। इसका उपयोग वैद्युतिक उपकरणों के संयोजक, पेंच व खोल आदि बनाने में किया जाता है। मिश्रण में अवयवों की प्रतिशत उपस्थिति में भिन्नता के आधार पर कई प्रकार का पीतल बनाया जाता है।

निकिल (Nickel) यह सफेद रंग की जंगरोधी धातु है। इसका उपयोग निकिल आयरन संचायक सैलों (iron-acid cells) की प्लेटें बनाने तथा अन्य धात्विक वस्तुओं पर जंगरोधक पर्त चढ़ाने के लिए किया जाता है।

लोहा (Iron) यह एक सुदृढ़, सस्ती, सुलभ, तन्य एवं आघातवर्ध्य धातु है। यद्यपि इसका विशिष्ट प्रतिरोध, ताँबे के विशिष्ट प्रतिरोध का लगभग 8 गुना होता है, परन्तु इसके अन्य गुणों; जैसे—उच्च यान्त्रिक शक्ति आदि के कारण इसका उपयोग टेलीफोन के तारों, अर्थ तारों एवं वैद्युतिक उपकरणों की बॉडी तथा लेमीनेशन्स आदि बनाने में किया जाता है।

टिन (Tin) यह सफेद, अत्यधिक नर्म एवं जंगरोधी धातु है। इसका उपयोग सीसे के साथ मिश्र धातु के रूप में फ्यूज तार, सोल्डर आदि बनाने में किया जाता है।

इसके अतिरिक्त, इसका उपयोग अन्य धातुओं के तार पर जंगरोधी एवं वातावरण के प्रभावों से बचाने वाली पर्त चढ़ाने के लिए भी किया जाता है, क्योंकि इस पर जंग नहीं लगता है, परन्तु गलनांक निम्न होने के कारण यह शीघ्र पिघल जाती है।

जर्मन सिल्वर (German silver) यह 60% ताँबा, 15% निकिल एवं 25% जस्ते से बनी मिश्र धातु है। यह पीतल की अपेक्षा अधिक सुदृढ़ एवं वातावरण परिवर्तनों से कम प्रभावित होने वाली धातु है। इसका उपयोग उच्च गुणवत्ता वाले उपकरणों में पीतल के स्थान पर किया जाता है।

सीसा (Lead) यह सलेटी रंग की नर्म एवं भारी धातु है, जिसका गलनांक टिन से अधिक होता है। इसके जंगरोधी गुण के कारण इसका उपयोग भूमिगत केबल्स पर नमीरोधी एवं जंगरोधी सुरक्षा आवरण चढ़ाने एवं सीसा संचायक सैलों की प्लेटें बनाने में किया जाता है।
इसके अतिरिक्त टिन के साथ मिश्र धातु के रूप में फ्यूज तार तथा सोल्डर बनाने के लिए भी इसका उपयोग किया जाता है।

मैंगनिन (Manganin) यह 84% ताँबे, 12% मैंगनीज और 4% निकिल से बनी मिश्र धातु है। इसका उपयोग प्रतिरोधक बनाने में किया जाता है।

यूरेका (Eureka) यह 40% निकिल और 60% ताँबे से बनी मिश्र धातु है। यह तन्य एवं उच्च विशिष्ट प्रतिरोध वाली धातु है। इसका उपयोग अधिक ऊष्मा उत्पन्न न करने वाले प्रतिरोधक, रेगुलेटर आदि बनाने में किया जाता है।

प्लेटिनम (Platinum) यह एक कठोर एवं चाँदी के तुल्य मूल्यवान धातु है। इसका उपयोग संयोजक बिन्दु बनाने के लिए किया जाता है।

पारा (Mercury) यह सामान्य तापक्रम पर द्रव अवस्था में रहने वाली धातु है। इसका उपयोग थर्मामीटर्स में तथा पारे की वाष्प के रूप में मरकरी वेपर लैम्प में किया जाता है।

नाइक्रोम (Nichrome) यह 80% निकिल और 20% क्रोमियम से बनी उच्च विशिष्ट प्रतिरोध वाली मिश्र धातु है। यह तन्य, सुदृढ़ एवं उच्च गलनांक वाली धातु है। इसका उपयोग विद्युत प्रैस, केतली, टोस्टर आदि के हीटिंग एलीमेन्ट बनाने के लिए किया जाता है।

चालक पदार्थों की तुलना
Comparison of Conducting Materials

नीचे तालिका में 20°C तापमान पर विभिन्न चालकों की प्रतिरोधकता, गलनांक व ताप-गुणांक के मध्य तुलनात्मक विवरण दर्शाया गया है

क्र.सं.	चालक	प्रतिरोधकता (Ω–m में)	गलनांक (°C में)	ताप-गुणांक (20°C) पर प्रति °C
1.	चाँदी	1.59×10^{-8}	960	0.0038
2.	ताँबा	1.72×10^{-8}	1085	0.00428
3.	सोना	2.44×10^{-8}	1064	0.0034
4.	एल्युमीनियम	2.82×10^{-8}	660	0.004013
5.	टंगस्टन	5.6×10^{-8}	3422	0.0051
6.	जिंक	5.9×10^{-8}	420	0.0037
7.	निकिल	6.85×10^{-8}	1455	0.00537
8.	आयरन	1.0×10^{-7}	1538	0.0069
9.	प्लेटिनम	1.06×10^{-7}	1768	0.00367
10.	टिन	1.09×10^{-7}	232	0.0051
11.	लैड	2.2×10^{-7}	327	0.0043
12.	जर्मन सिल्वर	3.316×10^{-7}	906	0.0027
13.	मैंगनिन	4.55×10^{-7}	960	0.00025
14.	यूरेका	5×10^{-7}	1270	+ 0.00001 से – 0.004
15.	मरकरी	9.8×10^{-7}	356	0.0039
16.	नाइक्रोम	1.10×10^{-6}	1400	0.0014

2. अचालक Insulators

"वे पदार्थ जिनमें मुक्त इलेक्ट्रॉन्स की संख्या नगण्य होती है, अचालक कहलाते हैं।" सामान्य परिस्थितियों (वोल्टेज, तापक्रम आदि) में इनमें से विद्युत धारा प्रवाह नहीं होता है।

सामान्यत: ये पदार्थ अधात्विक होते हैं और प्रत्येक पदार्थ की पृथक्-पृथक् वोल्टेज सहन सीमा होती है, जिसे **डाई-इलेक्ट्रिक स्ट्रैन्थ** कहते हैं। डाई-इलेक्ट्रिक स्ट्रैन्थ को किलोवोल्ट्स प्रति मिलीमीटर में व्यक्त किया जाता है। कुछ प्रमुख अचालक पदार्थ हैं—अभ्रक, काँच, एस्बेस्टस, बैकेलाइट, पीवीसी आदि।

अच्छे अचालक के गुणधर्म
Properties of Good Insulator

1. अचालक की डाई-इलेक्ट्रिक स्ट्रैन्थ का मान उच्च होना चाहिए, जिससे कि उसका उपयोग उच्च वोल्टेज पर कार्य करने वाली वैद्युतिक सामग्री एवं उपकरणों के निर्माण में किया जा सके।
2. अचालक का विशिष्ट प्रतिरोध 10^{12} ओम सेण्टीमीटर से उच्च होना चाहिए, जिससे कि उसे सुरक्षित रूप से प्रयोग किया जा सके।
3. अचालक पदार्थ ऊष्मा को विकिरित (radiate) करने में सक्षम होना चाहिए, जिससे कि कार्य करते समय तापमान बढ़ने पर उसकी अचालकता समाप्त न हो सके।
4. अचालक सस्ता एवं सुलभ होना चाहिए, जिससे कि सामान्य वैद्युतिक कार्यों के लिए उसका उपयोग किया जा सके।
5. अचालक पर्याप्त सुदृढ़ अर्थात् मजबूत होना चाहिए, जिससे कि उपयोग के समय वह सरलता से नष्ट न हो।
6. अचालक, नमी एवं जल से अप्रभावित रहना चाहिए, जिससे कि नम एवं बरसाती मौसम में उसकी अचालकता कम न हो।
7. अचालक पदार्थ में किसी भी आकार में ढलने अर्थात् तन्यता का गुण विद्यमान होना चाहिए, जिससे कि उसे विभिन्न प्रकार की वैद्युतिक युक्तियों के निर्माण में प्रयोग किया जा सके।

अचालकों का वर्गीकरण Classification of Insulators

अचालकों को निम्न तीन वर्गों में वर्गीकृत किया गया है—

1. **ठोस अचालक** (Solid insulators) ठोस अचालकों की आकृति, आकार व आयतन निश्चित होता है। इसके अन्तर्गत एबोनाइट, अभ्रक, बैकेलाइट, पोर्सिलेन, काँच, मार्बल, स्लेट, सूखी लकड़ी, फाइबर आदि अचालक पदार्थ आते हैं।
2. **द्रवीय अचालक** (Liquid insulators) वे अचालक पदार्थ जो प्रवाहित होने का गुण रखते हैं तथा जिनकी कोई निश्चित आकृति नहीं होती है, द्रवीय अचालक कहलाते हैं; जैसे—खनिज तेल। कुछ लचीले अचालक; जैसे-PVC, माइकानाइट, रेजिन आदि भी इसी के अन्तर्गत आते हैं।
3. **गैसीय अचालक** (Gaseous insulators) वे अचालक, जिनकी कोई निश्चित आकृति या आकार नहीं होता है, गैसीय अचालक कहलाते हैं; जैसे—शुष्क हवा, नाइट्रोजन, हाइड्रोजन आदि।

प्रमुख अचालक पदार्थ Main Insulating Materials

वैद्युतिक कार्यों में प्रयोग किए जाने वाले कुछ प्रमुख अचालक पदार्थ निम्नलिखित हैं—

शुष्क हवा (Dry air) यह सबसे अच्छा अचालक पदार्थ है, परन्तु नमी से इसकी अचालकता प्रभावित होती है। ओवरहैड लाइनों में नग्न धात्विक तार प्रयोग किए जाते हैं और उनके बीच हवा ही अचालक का कार्य करती है। लाइन को नमी से अप्रभावित रखने के लिए प्रत्येक दो चालक तारों के बीच पर्याप्त दूरी रखी जाती है।

वल्कैनाइज्ड रबर (Vulcanised rubber) साधारण रबर में ऊष्मीय प्रक्रिया से गन्धक तथा जिंक ऑक्साइड मिलाकर वल्कैनाइज्ड रबर तैयार की जाती है। इसका उपयोग विभिन्न प्रकार के तारों एवं केबल्स में अचालक आवरण के रूप में किया जाता है।

पी.वी.सी. (Poly Vinyl Chloride, PVC) यह एक अच्छा अचालक पदार्थ है, जो वल्कैनाइज्ड रबर की अपेक्षा अधिक टिकाऊ होता है। वर्तमान समय में रबर के स्थान पर अधिकाधिक पी.वी.सी. का प्रयोग किया जाता है।

एबोनाइट (Ebonite) यह एक कठोर रबर, जैसा पदार्थ है, जो 180°C पर जलने लगता है। इसमें 30 से 80% तक सल्फर होता है। यह अम्लों से क्रिया नहीं करता। इसका उपयोग सीसा-अम्ल संचायक (lead acid accumulator) बैटरी के खोल, पैनल बोर्ड, यन्त्रों के खोल आदि बनाने में किया जाता है।

अभ्रक (Mica) यह पारदर्शक, अग्नि और नमी से अप्रभावित रहने वाला अचालक पदार्थ है। यह ऊष्मा एवं नमी से अप्रभावित रहने वाला एकमात्र प्राकृतिक एवं खनिज पदार्थ है, जो भारत में प्रचुर मात्रा में उपलब्ध है। वैद्युतिक ऊष्मक उपकरणों के हीटिंग एलीमेन्ट के आधार के रूप में अन्य कोई अचालक पदार्थ इसकी बराबरी नहीं कर सकता।

माइकानाइट (Micanite) साधारणत: अभ्रक की प्लेटें मोड़ने पर टूट जाती हैं। अत: अभ्रक की अति महीन चादरों को कपड़े अथवा कागज पर वार्निश की सहायता से चिपकाकर माइकानाइट पेपर या कपड़ा बनाया जाता है। इसका उपयोग आर्मेचर वाइण्डिग कार्य में किया जाता है। लचीला होने के कारण इसे आसानी से मोड़ा जा सकता है।

बैकेलाइट (Bakelite) यह विभिन्न प्रकार के रेजिन से बनाया गया कठोर, भंगुर एवं अधिक तापक्रम पर जलने वाला अचालक है। इसे किसी भी आवश्यक आकृति में ढाला जा सकता है। इसका उपयोग स्विच, प्लग टॉप, सॉकेट, बल्ब होल्डर, सीलिंग रोज आदि बनाने में किया जाता है।

लैदरॉयड पेपर (Leatheroid paper) यह विशेष प्रकार का सलेटी रंग का नमीरोधी कागज होता है। यह तेल, ग्रीस आदि से अप्रभावित रहता है। इसका उपयोग वैद्युतिक मशीनों की वाइण्डिग में क्वॉयल्स एवं आर्मेचर स्लॉट्स के बीच अचालक पर्त के रूप में किया जाता है।

रेजिन (Resin) यह संश्लेषित पदार्थ होता है, जिसका उपयोग बैकेलाइट बनाने में किया जाता है, जिससे अचालक खोल बनाए जाते हैं।

खनिज तेल (Mineral oil) खनिज तेल की अचालकता उच्च होती है, इन्हें पेट्रोलियम से प्राप्त किया जाता है। अधिकतर वानस्पतिक तेलों का ऑक्सीकरण हो जाने से वे अपना अचालकता का गुण खो देते हैं। अत: ट्रांसफॉर्मर, स्टार्टर, अधिक धारा वहन क्षमता वाले स्विच, कैपेसिटर आदि में अचालक के रूप में खनिज तेल (पेट्रोलियम से प्राप्त) प्रयोग किया जाता है।

पोर्सिलेन (Porcelain) यह एक विशेष प्रकार की मिट्टी होती है, जिसे विभिन्न आकृतियों में ढालकर, सुखाकर तथा पकाकर विभिन्न प्रकार की अचालक वस्तुएँ बनाई जाती हैं। इसका उपयोग ओवरहैड लाइन हेतु अचालक, किट-कैट फ्यूज, स्विच, हीटिंग एलीमेन्ट के लिए प्लेटें आदि बनाने के लिए किया जाता है।

काँच (Glass) यह जल व नमी से अप्रभावित रहने वाला अचालक है, परन्तु भंगुर होने के कारण इसका उपयोग स्विचों में नहीं किया जाता। इसका उपयोग बल्ब, फ्लोरोसेन्ट ट्यूब आदि के खोल बनाने में किया जाता है। साधारण काँच की अपेक्षा क्राउन काँच की अचालकता अधिक होती है।

एस्बेस्टस (Asbestos) यह सफेद रंग का रेशेदार खनिज है। यह अग्नि से अप्रभावित, परन्तु नमी सोखने वाला होता है। इसका उपयोग विद्युत प्रैस, हीटर आदि में अचालक एवं ऊष्मा अवरोधक के रूप में किया जाता है।

मार्बल (Marble) यह सफेद रंग का खनिज पत्थर है, जो अज्वलनशील होता है। इसका चूर्ण इमर्सन हीटिंग एलीमेन्ट में अचालक के रूप में प्रयोग किया जाता है। इसके अतिरिक्त जहाँ अधिक तापमान वृद्धि सम्भावित हो वहाँ इसका उपयोग किया जाता है।

शैलेक (Shallac) यह एक रासायनिक पदार्थ है, जिसे मेथीलेटिड स्पिरिट में घोलकर वार्निश तैयार की जाती है। वार्निश का उपयोग कागज, कपड़ा, लकड़ी, वाइण्डिग आदि को नमीरोधी बनाने के लिए किया जाता है।

कागज (Paper) कागज घास, रूई आदि से तैयार किया जाता है, जिसका उपयोग अचालक पर्त के रूप में पेपर संधारित्र में किया जाता है। लैदरॉयड-पेपर तथा प्रैसफान-पेपर, कागज के ही भिन्न रूप हैं।

स्लेट (Slate) यह काले रंग का पत्थर होता है, जिसका उपयोग तेल में डुबोकर, वार्निश की पर्त चढ़ाकर स्विच बोर्ड तथा पैनल बोर्ड के रूप में किया जाता है।

सूखी लकड़ी (Dry wood) यह एक अच्छा अचालक एवं ऊष्मारोधी प्राकृतिक पदार्थ है। इसका उपयोग स्विच बोर्ड, राउण्ड ब्लॉक, बैटन आदि बनाने के लिए किया जाता है।

दिए गए अचालकों के अतिरिक्त सूत, रूई, कागज, वार्निश आदि से भी विभिन्न प्रकार के अचालक तैयार किए जाते हैं, जिनका प्रयोग विभिन्न वैद्युतिक कार्यों में किया जाता है; जैसे—फाइबर, प्रैसफान-पेपर, कॉटन टेप, ऐम्पायर-क्लॉथ, ऐम्पायर-स्लीव, हार्ड बोर्ड आदि।

अचालकों की अचालकता का क्रम

Order of Insulating of Insulators

प्रमुख अचालकों की अचालकता, उनकी डाई-इलेक्ट्रिक स्ट्रैन्थ के रूप में 'किलो वोल्ट प्रति मिमी' के घटते हुए क्रम में निम्न तालिका में दर्शाई गई है—

तालिका अचालकों की डाई-इलेक्ट्रिक स्ट्रैन्थ

क्र.सं.	पदार्थ का नाम	डाई-इलेक्ट्रिक स्ट्रैन्थ kV/mm
1.	वल्कैनाइज्ड रबर	30-50
2.	एबोनाइट	30-40
3.	अभ्रक	20-60
4.	माइकानाइट	20-40
5.	बैकेलाइट	17-21
6.	साधारण रबर	15-20
7.	लैदरॉयड पेपर	12-17
8.	रेजिन	12-14
9.	खनिज तेल	10-16
10.	पोर्सिलेन	8-12
11.	क्राउन काँच	8-12
12.	साधारण काँच	4-6
13.	एस्बेस्टस	4-6
14.	मार्बल	2-6
15.	वार्निश (शैलेक)	2-3
16.	कागज	1-10
17.	स्लेट	1-2
18.	सूखी लकड़ी	0.4-0.6

तापमान के आधार पर अचालकों का वर्गीकरण

Classification of Insulators on the Basis of Temperature

भारतीय मानक संस्थान (ISI) द्वारा वर्ष 1958 में तापमान के आधार पर अचालकों का वर्गीकरण किया गया, जो निम्न दी गई तालिका में वर्णित है

तालिका BIS-1271-1958/1985
के अनुसार अचालकों का वर्गीकरण

क्र.सं.	वर्ग	अधिकतम सुरक्षित तापमान	अचालक पदार्थ
1.	Y	90°C	सूत, रेशम, सामान्य कागज।
2.	A	105°C	सूत, रेशम, तेल में भीगा कागज।
3.	E	120°C	लैदरॉयड पेपर, ऐम्पायर-क्लॉथ, फाइबर।
4.	B	130°C	अभ्रक, फाइबर-ग्लास, एस्बेस्टस।
5.	F	155°C	अभ्रक, फाइबर-ग्लास, एस्बेस्टस।
6.	H	180°C	एलास्टोमर (elastomer) तथा अभ्रक, फाइबर-ग्लास, एस्बेस्टस के मिश्रण से बने पदार्थ।
7.	C	200°C 220°C 250°C	अभ्रक, चीनी मिट्टी, काँच, क्वाट्र्ज तथा इनसे बने पदार्थ।

3. अर्द्धचालक Semiconductor

वे पदार्थ, जिनमें चालक तथा अचालक दोनों के गुण भिन्न-भिन्न दशाओं में विद्यमान होते हैं, अर्द्धचालक कहलाते हैं; जैसे-जर्मेनियम, सिलिकॉन, सेलेनियम तथा कार्बन इसके उदाहरण हैं।

परमाणु संरचना के अनुसार इनके परमाणु की अन्तिम कक्षा में चार इलेक्ट्रॉन्स होते हैं। शुद्ध अवस्था और कम तापमान पर इनमें अचालक का गुण होता है तथा इनमें अशुद्धि मिलाने अथवा कोई विकिरण-ताप या प्रकाश पड़ने से इनमें चालक के गुण आ जाते हैं।

अच्छे अर्द्धचालक के गुणधर्म
Properties of Good Semiconductors

अर्द्धचालकों के कुछ गुणधर्म निम्नलिखित हैं

1. जैसा कि हम जानते हैं कि चालक पदार्थों का तापमान बढ़ाने पर उनका प्रतिरोध या प्रतिरोधकता बढ़ती है, जबकि अर्द्धचालकों में ऐसा नहीं होता अर्थात् अर्द्धचालक का तापमान बढ़ाने पर इनकी प्रतिरोधकता तेजी से घटती है।

   किसी चालक के परम ताप T पर प्रतिरोध के मध्य सम्बन्ध इस प्रकार होता है,

   $$R = Ae^{B/T}$$

   जहाँ, A तथा B प्रयुक्त अर्द्धचालक के नियतांक हैं। इसलिए अर्द्धचालकों का प्रतिरोध ताप गुणांक ऋणात्मक होता है। सभी अर्द्धचालकों की विद्युत चालकता या प्रतिरोधकता ताप पर निर्भर करती है। परम शून्य ताप (0°K या –273°C) पर जर्मेनियम तथा सिलिकॉन शुद्ध अवस्था में पूर्णत: विद्युतरोधी होते हैं।

   अर्थात् उस ताप पर उसमें मुक्त इलेक्ट्रॉन नहीं रहते। ताप बढ़ने पर शुद्ध सिलिकॉन एवं जर्मेनियम में मुक्त इलेक्ट्रॉन की उत्पत्ति सम्भव है तथा तब वे विद्युत चालन (conduction) अवस्था में आ जाते हैं।

2. किसी अर्द्धचालक में सूक्ष्म मात्रा में उपयुक्त अशुद्धि मिला देने पर उसकी विद्युत चालकता को बहुत अधिक बढ़ाया जा सकता है, जबकि चालकों के लिए यह सम्भव नहीं है।

3. अर्द्धचालक क्रिस्टल के परमाणुओं के मध्य बन्धन बल (binding force) की प्रकृति एवं उसका मान, चालक के लिए बन्धन बल से सदैव भिन्न होता है।

प्रत्येक भवन में वैद्युतिक वायरिंग की स्थापना के अन्तर्गत 'अर्थ' भी अनिवार्य रूप से स्थापित किया जाता है, क्योंकि किसी वैद्युतिक परिपथ के शॉर्ट होने पर वोल्टेज की मात्रा अत्यधिक उच्च हो जाती है, जिससे आग लगने का खतरा रहता है।

अत: अर्थिंग वह प्रक्रिया है, जिसमें किसी वैद्युतिक परिपथ के शॉर्ट होने पर उसमें प्रवाहित होने वाली शॉर्ट-सर्किट धारा को एक इलेक्ट्रॉड के द्वारा भूमि (earth) में प्रवाहित किया जाता है।

इस प्रकार अर्थ (इलेक्ट्रॉड) वह साधन है, जो विद्युत चालित मशीन उपकरण आदि में फेज तार के धात्विक आवरण से स्पर्श कर जाने की स्थिति में मनुष्य को विद्युत झटके से बचाता है। भूमि के विभव का मान शून्य होता है अत: अर्थ (इलेक्ट्रॉड) तार के द्वारा भूमि के शून्य विभव से किसी भी वैद्युतिक उपकरण/मशीन को जोड़ा जाता है, जिससे उपकरण की लीकेज धारा पृथ्वी में चली जाती है और वैद्युतिक दुर्घटना से बचाव होता है। इस प्रकार अर्थिंग, मनुष्य के जीवन, भवन एवं मशीनों की सुरक्षा की दृष्टि से अत्यन्त महत्त्वपूर्ण होती है।

6.9 अर्थिंग का महत्त्व Importance of Earthing

अर्थिंग मुख्य रूप से मनुष्यों एवं जानवरों को विद्युत आघात से बचाने तथा इस आघात को न्यूनतम करने का एक उपाय है। वैद्युतिक वायरिंग करते समय एक धातु भाग को उचित प्रकार से अर्थ करने का कारण, अर्थ लीकेज धारा को निम्न प्रतिरोध विसर्जन पथ प्रदान करना होता है। वैद्युतिक अर्थ की अनुपस्थिति में मनुष्य अथवा जानवर द्वारा इस धातु भाग पर स्पर्श करना प्राण घातक हो सकता है। वैद्युतिक शॉक उस समय खतरनाक होता है, जब शरीर से प्रवाहित धारा एक निश्चित मिली ऐम्पियर धारा से अधिक हो जाती है। सामान्यत: शरीर में 50mA से अधिक धारा का प्रवाह खतरनाक होता है।

यदि उपकरण को अर्थ किया जाएगा, तो धारा शीघ्रता से पृथ्वी में चली जाएगी और विद्युत लाइन ओवरलोड हो जाएगी, जिससे उपकरण में अत्यधिक धारा प्रवाहित होगी व MCB ट्रिप हो जाएगी या फ्यूज उड़ जाएगा। इस प्रकार अर्थ द्वारा मनुष्य के जीवन की रक्षा की जा सकती है तथा किसी भी प्रकार की अनावश्यक हानि या क्षति से बचाव किया जा सकता है।

अर्थिंग के महत्त्व को निम्न उदाहरणों के द्वारा समझा जा सकता है

स्थिति I वैद्युतिक उपकरण को जब भूसम्पर्कित (earthed) नहीं किया गया हो,

50Ω के भार प्रतिरोध वाले उपकरण को लेते हैं, जो एक 240V ए.सी. परिपथ से संयोजित है। मान लेते हैं कि केबिल का दोषयुक्त इन्सुलेशन, धातु बॉडी को विद्युत्मय (live) कर देता है एवं इस स्थिति में उपकरण की धात्विक बॉडी को अर्थ नहीं किया गया है, तब अग्र चित्रानुसार यदि 1000 Ω प्रतिरोध अर्थात् गीली त्वचा वाला मनुष्य उपकरण की धात्विक बॉडी के सम्पर्क में आता है, तो उस मनुष्य के शरीर से एक लीकेज धारा प्रवाहित होती है।

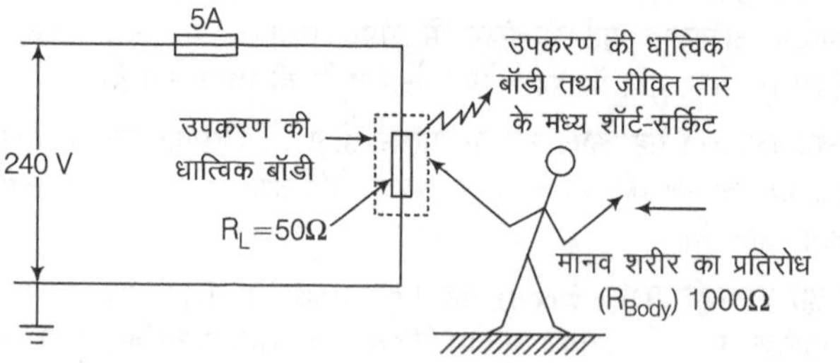

चित्र वैद्युतिक उपकरण में अर्थ की अनुपस्थिति

$$\text{शरीर से प्रवाहित धारा का मान} = \frac{V}{R_{Body}}$$

$$= \frac{240}{1000} = 0.24 \text{ ऐम्पियर अथवा 240 मिली ऐम्पियर}$$

240 मिली ऐम्पियर की लीकेज धारा के लिए परिपथ में दिया गया 5 ऐम्पियर का फ्यूज नहीं जलेगा, जिससे उपकरण की धात्विक बॉडी में 240V की सप्लाई उपस्थित होगी एवं जो भी मनुष्य इस धात्विक बॉडी को स्पर्श करेगा उसकी विद्युत शॉक से मृत्यु हो जाएगी।

स्थिति II जब उपकरण की धात्विक बॉडी को भू-सम्पर्कित (earthed) किया गया हो।

चित्र के अनुसार, यदि उपकरण की धात्विक बॉडी भू-सम्पर्कित (earthed) है, तो धात्विक बॉडी के विद्युत्मय तार (live wire) के सम्पर्क में आते ही उच्च मान की लीकेज धारा, धात्विक बॉडी से पृथ्वी में प्रवाहित हो जाएगी। माना कि मुख्य केबिल के प्रतिरोध का योग, धात्विक बॉडी, अर्थ निरन्तरता चालक एवं पृथ्वी के सामान्य द्रव्यमान इत्यादि सभी प्रतिरोधों का योग (R_{Total}) लगभग 10 Ω है।

$$\text{तब, लीकेज धारा} = \frac{V}{R_{Total}} = 240/10 = 24 \text{ ऐम्पियर}$$

यह लीकेज धारा, फ्यूज रेटिंग (rating) से 4.8 गुना अधिक है, इसलिए फ्यूज जल जाएगा एवं मेन्स से आपूर्ति विसंयोजित (disconnect) हो जाएगी। इस स्थिति में जो भी मनुष्य इस धात्विक बॉडी को स्पर्श करेगा उसे विद्युत-झटका दो कारणों से नहीं लगेगा (i) फ्यूज के प्रचालित होने में पूर्व उपकरण की धात्विक बॉडी और पृथ्वी समान शून्य विभव पर है और (ii) उपकरण की धात्विक बॉडी के सिरों पर विभवान्तर नहीं है।

कुछ समय (मिली सेकण्ड) पश्चात् फ्यूज जलता है और दोषित परिपथ को खोल देता है एवं अत्यधिक निम्न अर्थ परिपथ प्रतिरोध प्रदान करता है।

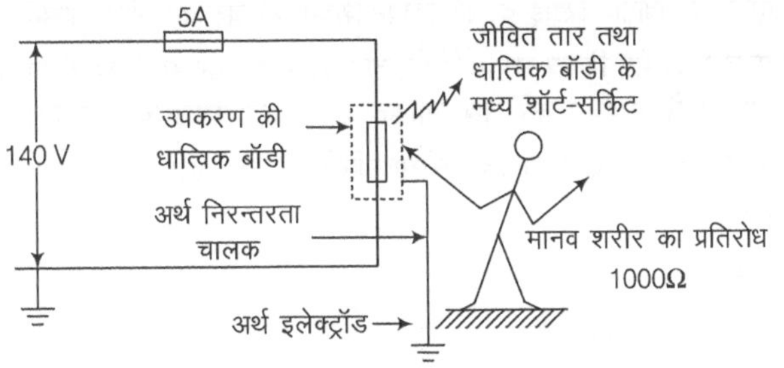

चित्र वैद्युतिक उपकरण में अर्थ की उपस्थिति

दी गई दोनों स्थितियों का अध्ययन करने से यह स्पष्ट हो जाता है कि उचित रूप से अर्थ किए गए वैद्युतिक उपकरण विद्युत शॉक लगने के खतरे को समाप्त करते हैं और अर्थ दोष होने पर फ्यूज को शीघ्रता से जलाकर प्रणाली को, अग्नि संकट से बचा सकता है।

अर्थिंग सम्बन्धी मुख्य पद

Important Terms Related to Earthing

अर्थिंग से सम्बन्धित कुछ पद निम्नलिखित हैं

(i) **जीवित तार** (Live wire) वह तार, जो विद्युत आवेश से पूर्ण हो एवं अर्थ (earth) के साथ विभवान्तर रखता हो, उसे जीवित तार कहते हैं।

(ii) **भू-सम्पर्कित** (Earthed) न्यूट्रल (neutral) को अर्थ से संयोजित किए जाने वाले प्वॉइण्ट को भू-सम्पर्कित कहा जाता है।

(iii) **अर्थ चालक** (Earth conductor) अर्थिंग के लिए दो भागों को एक चालक द्वारा संयोजित किया जाता है, जिसमें से दोष की स्थिति में फॉल्ट धारा प्रवाहित होती है, अर्थ चालक कहलाता है।

(iv) **अर्थ इलेक्ट्रॉड** (Earth electrode) धातु का वह पाइप या अन्य चालक, जो भारतीय विद्युत नियमों के अनुरूप हो एवं जिसे पृथ्वी में दबा दिया जाता है, अर्थ इलेक्ट्रॉड कहलाता है।

(v) **अर्थिंग लीड** (Earthing lead) जिस तार से अर्थ इलेक्ट्रॉड को संयोजित किया जाता है, उस तार को अर्थिंग लीड कहते हैं।

(vi) **भू-सम्पर्कित वस्तु** (Earthed object) किसी वस्तु का 'अर्थ' होना, उसे कहा जाता है, जब वह अर्थ इलेक्ट्रॉड से जुड़ी हुई होती है। अर्थ इलेक्ट्रॉड पर शून्य विभव होने के कारण इसके सम्पर्क में आने वाले सभी विद्युतीय साधनों का वोल्टेज भी शून्य हो जाता है।

6.10 अर्थ प्रतिरोध Earth Resistance

वह प्रतिरोध, जो अर्थ इलेक्ट्रॉड द्वारा भूमि में धारा प्रवाह के लिए प्रदान किया जाता है, अर्थ प्रतिरोध कहलाता है। अर्थिंग प्लेट एवं ग्राउण्ड के मध्य उपस्थित इस प्रतिरोध को विभव ड्रॉप विधि द्वारा मापा जाता है।

अर्थ प्रतिरोध मुख्य रूप से इलेक्ट्रॉड एवं शून्य विभव के बिन्दु के मध्य का प्रतिरोध होता है, जो संख्यात्मक रूप से अर्थ इलेक्ट्रॉड के विभव एवं उसके द्वारा व्यय धारा के अनुपात के बराबर होता है।

अर्थिंग इलेक्ट्रॉड का प्रतिरोध केवल एक प्वॉइण्ट पर नहीं होता, अपितु यह इलेक्ट्रॉड के आस-पास की मिट्टी में वितरित रहता है।

$$\text{अर्थ प्रतिरोध} = \frac{\text{अर्थ इलेक्ट्रॉड का विभव}}{\text{धारा}}$$

अर्थ प्रतिरोध को घटाना

To Reduce Earth Resistance

अर्थिंग का मुख्य उद्देश्य मानव जीवन की सुरक्षा है। यदि वायरिंग में दोष पैदा होने की स्थिति में उसकी सुरक्षा युक्तियाँ; जैसे—सर्किट-ब्रेकर, फ्यूज प्रचालित नहीं होंगी, तो मानव जीवन की सुरक्षा नहीं हो पाएगी।

अत: सुरक्षा युक्तियों का प्रचालन सुनिश्चित करने के लिए अर्थ का प्रतिरोध मान न्यूनतम होना चाहिए। इस उद्देश्य की पूर्ति के लिए निम्नलिखित उपाय अपनाने चाहिए

1. अर्थिंग प्लेट/छड़ के चारों ओर पर्याप्त मात्रा में लकड़ी का कोयला एवं नमक के डले डाले जाने चाहिए।
2. समय-समय पर 'अर्थ' के गड्ढे में पानी डालते रहना चाहिए, जिससे कि अर्थिंग प्लेट/छड़ के चारों ओर की भूमि में नमी बनी रहे।
3. विद्युत उत्पादन केन्द्रों एवं सब-स्टेशन्स पर, जहाँ अर्थिंग प्रतिरोध का मान न्यूनतम रखना आवश्यक होता है, वहाँ एक से अधिक अर्थ इलेक्ट्रॉड्स समान्तर क्रम में संयोजित किए जाने चाहिए। दो 'अर्थ' के बीच कम-से-कम 5 मी की दूरी रखी जानी चाहिए।
4. अर्थिंग तार को कसने के लिए अलौह धातु (पीतल) के नट, बोल्ट, क्लैम्प आदि प्रयोग करने से भी अर्थिंग प्रतिरोध का मान घट जाता है। अर्थ संयोजकों की सोल्डरिंग भी की जा सकती है।
5. अर्थिंग इलेक्ट्रॉड, पाइप, तार, नट, बोल्ट आदि को जंग (rust) से बचाकर रखने से भी अर्थिंग प्रतिरोध का मान कम रहता है।

6.11 विद्युत पर कार्य करते समय ध्यान रखने योग्य सुरक्षा सावधानियाँ
Safety Precautions to be Observed While Working on Electricity

1. विद्युत के किसी भी प्रकार के तार, स्विच, फ्यूज, मेन स्विच आदि को अनावश्यक छेड़ें।
2. नया स्विच या फ्यूज लगाने से पहले मेन स्विच ऑफ कर दें।
3. लाइन पर कार्य करते समय सदैव इन्सुलेटिड औजारों का ही प्रयोग करें।
4. किसी भी उपकरण में विद्युत सप्लाई देने से पूर्व सुनिश्चित कर लें कि वह पूर्णरूप से सप्लाई देने के योग्य है तथा उस लाइन या सर्किट पर कोई कार्य तो नहीं कर रहा है।
5. यदि कोई नंगा तार या किसी मशीन के चलते हुए पार्ट (part) पर विद्युत का तार रगड़ खाता दिखाई दे, तो इलेक्ट्रीशियन को बुलाकर ठीक कराएँ।
6. यदि कोई व्यक्ति विद्युतीय तार से चिपक गया हो, तो शीघ्र उसका मेन स्विच ऑफ कर दें। मेन स्विच समीप न हो, तो उस व्यक्ति को सूखी रस्सी या धोती डालकर खींच लें अथवा डण्डे से धक्का दें। इसमें स्वयं का कोई अंग उस व्यक्ति से स्पर्श न करें तथा पीड़ित का शीघ्रता से उपचार कराएँ।
7. लाइव विद्युत परिपथों/उपकरणों की मरम्मत या फ्यूज बल्बों को बदलते समय लकड़ी के स्टूल या विद्युतरोधी सीढ़ी पर खड़े हों।
8. कण्ट्रोल गियर्स स्विच पैनल्स इत्यादि पर कार्य करते समय रबर मैट पर खड़े हों।
9. खम्भों या ऊँचे बिन्दुओं पर कार्य करते समय सुरक्षा पेटी का प्रयोग अवश्य करें।
10. विद्युत परिपथों पर कार्य करते समय लकड़ी के हैण्डिल वाले या PVC इन्सुलेटिड का प्रयोग करें।
11. फ्यूज को बदलते या हटाते समय सर्किट के स्विचों को बन्द कर दें।
12. मेन स्विच को ओपन करें और सर्किट को डैड बनाएँ।
13. किसी घूमती हुई मशीन और उसके किसी भाग तथा घूमती हुई शाफ्ट की ओर हाथ को न बढ़ाएँ।
14. 3-पिन सॉकेट व प्लग के साथ सभी इलेक्ट्रिकल उपकरणों के लिए सदैव अर्थ संयोजन का उपयोग करें।
15. कार्य करने से पहले HV लाइनों/ उपकरणों और कैपेसिटरों से स्टैटिक वोल्टेज को डिस्चार्ज करें।
16. कार्यशाला के फर्श को साफ करें तथा कार्य के उपरान्त औजारों को सावधानीपूर्वक उनके स्थान पर रखें।

महत्त्वपूर्ण बिन्दु

- किसी पदार्थ में इलेक्ट्रॉन या आवेश का एक स्थान से दूसरे स्थान तक प्रवाह, धारा कहलाता है।
- इलेक्ट्रॉनों के प्रवाह की गति पदार्थ के प्रकार पर निर्भर करती है।
- इलेक्ट्रॉन में दो प्रकार की गतियाँ होती हैं—चक्रण गति तथा कक्षीय गति।
- इलेक्ट्रॉन पर -1.6×10^{-19} कूलॉम तथा प्रोटॉन पर $+1.6\times10^{-19}$ कूलॉम आवेश होता है, जबकि न्यूट्रॉन आवेश रहित होता है।
- विद्युत धारा की चाल प्रकाश की चाल के तुल्य अर्थात् 3×10^{8} मी/से होती है तथा इसका प्रवाह धन दिशा से ऋण दिशा की ओर अर्थात् इलेक्ट्रॉनों के प्रवाह के विपरीत होता है।
- वह विद्युत धारा, जिसके मान और दिशा की एक नियत समय अन्तराल पर पुनरावृत्ति होती है, वह धारा, प्रत्यावर्ती धारा कहलाती है।
- जिस विद्युत धारा का मान तथा दिशा समय के सापेक्ष नियत रहती है, वह धारा, दिष्ट धारा कहलाती है।
- इलेक्ट्रिक प्रैस, इलेक्ट्रिक आयरन, हीटर, बल्ब आदि विद्युत के ऊष्मीय प्रभाव पर आधारित होते हैं।
- विद्युत के गैस आयनीकरण प्रभाव का उपयोग उच्च प्रकाश तीव्रता वाले बल्बों में किया जाता है।
- ''जब धारा किसी चालक से प्रवाहित होती है, तो वह लाल तप्त हो जाता है।'' यह विद्युत के तापीय प्रभाव के कारण होता है।
- जब विद्युत धारा पृथ्वी की ओर प्रवाहित होती है, तो वस्तु का विभव धनात्मक तथा जब धारा पृथ्वी से वस्तु की ओर प्रवाहित होती है, तो वस्तु का विभव ऋणात्मक होता है।
- किसी चालक के सिरों के मध्य विभवान्तर का मापन वोल्टमीटर द्वारा किया जाता है।
- किसी परिपथ में चालक में व्यय होने वाली वोल्टेज को वोल्टेज ड्रॉप कहते हैं।
- वैद्युतिक कार्य = emf × धारा × समय के तुल्य होता है।
- मीट्रिक प्रणाली में 1HP = 735.5 वाट तथा ब्रिटिश प्रणाली में 1HP= 746 वाट होता है।
- चाँदी, ताँबा, सोना इत्यादि पदार्थों में मुक्त इलेक्ट्रॉनों की बहुलता होती है, जो चालकों का एक विशेष गुण है।
- चालक पदार्थों में तन्यता, सुदृढ़ता, आघातवर्ध्यनीयता का गुण विद्यमान होना चाहिए।
- चालकों में उपस्थित तन्यता के गुण के कारण ही उनके महीन तार बनाए जा सकते हैं, जो चोक, आर्मेचर आदि वाइण्डिंग कार्यों में प्रयोग किए जाते हैं।
- गैस की चालकता को बढ़ाने के लिए उसमें लवण मिश्रित किए जाते हैं, जिससे गैस आयनीकृत होकर गैसीय चालक की भाँति व्यवहार करने लगती है।
- रिले, कॉण्टैक्टर्स, स्टार्टर्स आदि के संयोजक बिन्दु बनाने के लिए प्रयुक्त चाँदी की चालकता 98% तथा 20°C पर विशिष्ट प्रतिरोध 1.64 माइक्रो ओम सेमी होता है।
- बस-बार, वैद्युतिक तार, केबिल, अर्थिंग वैद्युतिक सहायक सामग्री इत्यादि के निर्माण में ताँबे का प्रयोग किया जाता है, क्योंकि इसकी चालकता 90% होती है।
- टंगस्टन का गलनांक 3400°C होने के कारण इसका प्रयोग विद्युत बल्ब एवं फ्लोरोसेन्ट ट्यूब के फिलामेंट बनाने के लिए किया जाता है।
- पीतल, ताँबे और जस्ते से निर्मित चालक पदार्थ है, जिसकी चालकता चाँदी की तुलना में 48% होती है।
- लोहे का विशिष्ट प्रतिरोध ताँबे के विशिष्ट प्रतिरोध की तुलना में लगभग 8 गुना होता है।
- उच्च गुणवत्ता वाले उपकरणों में पीतल के स्थान पर प्रयोग की जाने वाली मिश्र धातु जर्मन सिल्वर में 60% ताँबा, 15% निकिल तथा 25% जिंक होता है।
- भूमिगत केबिल्स पर नमीरोधी एवं जंगरोधी सुरक्षा आवरण चढ़ाने एवं सीसा संचायक सैलों की प्लेटें बनाने के लिए लैड का प्रयोग किया जाता है।
- प्रतिरोधक बनाने के लिए उपयुक्त मैंगनिन के रासायनिक संघटन में 84% ताँबा, 12% मैंगनीज तथा 4% निकिल होता है।
- उच्च विशिष्ट प्रतिरोध वाली मिश्र धातु, यूरेका में 40% निकिल तथा 60% कार्बन होता है।
- पारा, सामान्य तापक्रम पर द्रव अवस्था में रहने वाला धात्विक पदार्थ अथवा चालक पदार्थ है।
- विद्युत प्रैस, केतली, टोस्टर आदि के हिटिंग एलीमेंट नाइक्रोम के बने होते हैं, जिनमें 80% निकिल तथा 20% क्रोमियम होता है।
- अचालक पदार्थों में मुक्त इलेक्ट्रॉनों की संख्या नगण्य होती है; जैसे– अभ्रक, काँच, एस्बेस्टस इत्यादि।
- किसी अचालक पदार्थ की डाई-इलेक्ट्रिक स्ट्रैन्थ उसकी वोल्टेज सहन सीमा होती है, जो किलोवोल्ट्स प्रति मिलीमीटर में व्यक्त की जाती है।
- अर्थ वह साधन है, जो विद्युत चालित मशीन/उपकरण आदि में फेज तार के उसके धात्विक आवरण से स्पर्श कर जाने की स्थिति में मनुष्य को विद्युत झटके से बचाता है।
- वह तार, जो विद्युत आवेश से पूर्ण हो एवं अर्थ के साथ विभवान्तर रखता हो, लाइव तार कहलाता है।
- न्यूट्रल को अर्थ से संयोजित किए जाने वाले प्वॉइण्ट को भू-सम्पर्कित (earthed) कहा जाता है।
- अर्थिंग के लिए जब दो भागों को एक चालक द्वारा संयोजित किया जाता है तथा दोष की स्थिति में इसमें से फॉल्ट धारा प्रवाहित होती है, तो वह अर्थ चालक कहलाता है।
- वह धातु का पाइप या अन्य चालक, जो भारतीय नियमों के अनुरूप हो एवं जिसे पृथ्वी में दबा दिया जाता है, अर्थ इलेक्ट्रॉड कहलाता है।
- जिस तार से अर्थ इलेक्ट्रॉड को संयोजित किया जाता है, उसे अर्थिंग लीड कहते हैं।
- किसी वस्तु का अर्थ होना, उसे कहा जाता है, जब वह अर्थ इलेक्ट्रॉड से जुड़ी हुई होती है।

महत्त्वपूर्ण प्रश्नोत्तरी

1. **क्या इलेक्ट्रॉन तथा प्रोटॉन के आवेश बराबर होते हैं?**

उत्तर इलेक्ट्रॉन तथा प्रोटॉन के आवेश का आंकिक मान बराबर अर्थात् 1.602×10^{-19} कूलॉम होता है, परन्तु इन पर उपस्थित आवेश की प्रकृति भिन्न होती है अर्थात् इलेक्ट्रॉन पर इतना ऋण तथा प्रोटॉन पर इतना ही धन आवेश होता है।

2. **इलेक्ट्रॉन में कितने प्रकार की गतियाँ विद्यमान होती हैं?**

उत्तर इलेक्ट्रॉन में दो प्रकार की गतियाँ होती हैं–

1. चक्रण गति (spin motion) 2. कक्षीय गति (orbital motion)

3. **वैद्युत परिपथ में निम्न विशिष्ट प्रतिरोध वाले चालक तार का प्रयोग क्यों किया जाना चाहिए?**

उत्तर विद्युत परिपथ में निम्न प्रतिरोध वाले चालक का प्रयोग करने से वोल्टेज में गिरावट व विद्युत शक्ति की खपत कम होती है।

4. **वैद्युत परिपथों में ताँबे की अपेक्षा लोहे का प्रयोग अधिक क्यों किया जाता है?**

उत्तर वैद्युत परिपथों में ताँबे की अपेक्षा लोहे का प्रयोग अधिक किया जाता है, क्योंकि इसका विशिष्ट प्रतिरोध, ताँबे के विशिष्ट प्रतिरोध की तुलना में लगभग 8 गुना अधिक होता है।

5. **वैद्युतिक कार्यों में ऐसे अचालक पदार्थ का प्रयोग करना चाहिए, जो ऊष्मा को विकरित (radiate) कर सकने योग्य हो। क्यों?**

उत्तर वैद्युतिक कार्यों में ऐसे अचालक पदार्थ का प्रयोग करना चाहिए, जो ऊष्मा को विकरित कर सकने योग्य हो, जिससे कि कार्य करते समय तापमान बढ़ने पर वह ऊष्मा को विकरित कर दे, जिससे उसकी अचालकता समाप्त न हो।

6. **उपकरणों की अर्थिंग करना क्यों आवश्यक है?**

उत्तर उपकरणों की अर्थिंग करना इसलिए आवश्यक है, क्योंकि अर्थ वह साधन है, जो विद्युत चालित मशीन उपकरण आदि में फेज तार के उसके धात्विक आवरण से स्पर्श कर जाने की स्थिति में मनुष्य को विद्युत झटके से बचाता है।

7. **अर्थ इलेक्ट्रॉड से क्या अभिप्राय है?**

उत्तर धातु का वह पाइप या अन्य चालक, जो भारतीय विद्युत नियमों के अनुरूप हो एवं जिसे पृथ्वी में दबा दिया जाता है, अर्थ इलेक्ट्रॉड कहलाता है।

8. **वह तार, जिसके द्वारा किसी मशीन आदि को 'अर्थ' से जोड़ा जाता है, क्या कहलाता है?**

उत्तर वह तार जिसके द्वारा किसी मशीन आदि को 'अर्थ' से जोड़ा जाता है, 'अर्थिंग लीड' कहलाती है।

9. **अर्थिंग बनाने की विधि का स्पष्टीकरण कीजिए।**

उत्तर इसके लिए 2.5 मी की गहराई पर अथवा नमी प्राप्त होने तक गहराई पर टाँके या लोहे की प्लेट गाड़ दी जाती है और उसे ताँबे अथवा जी.आई. तार से जोड़कर 'अर्थिंग प्वॉइण्ट' तैयार किया जाता है।

10. **पाइप अर्थिंग में कितने SWG का अर्थिंग तार प्रयुक्त होता है?**

उत्तर नलिका अर्थिंग में 8 SWG जी.आई. तार प्रयुक्त होता है।

अभ्यास प्रश्न

परीक्षा प्रारूपी प्रश्न

बहुविकल्पीय

1. परमाणु में पाए जाने वाले मौलिक कण है।

(a) फोटॉन, प्रोटॉन, इलेक्ट्रॉन (b) प्रोटॉन, इलेक्ट्रॉन, न्यूट्रॉन
(c) इलेक्ट्रॉन, प्रोटॉन, इग्नीट्रोन (d) मैसोन, फोटॉन, इग्नीट्रोन

2. एक ताँबे के अणु में इलेक्ट्रॉन की संख्या कितनी होती है?

(a) 29 (b) 39 (c) 49 (d) 59

3. विद्युत आवेश की मात्रा 'Q' ज्ञात करने का क्या सूत्र है?

(a) $Q = \frac{I}{t}$ (b) $Q = I^2 \times R$
(c) $Q = I \times t$ (d) $Q = \frac{VI}{t}$

4. एक ऐम्पियर धारा एक सेकण्ड तक प्रवाहित होने पर कहलाती है, एक .... ।

(a) ऐम्पियर (b) इकाई (c) कूलॉम (d) ओम

5. विद्युत आवेश की मात्रा की (S.I.) इकाई है ......।

(a) ऐम्पियर (b) वोल्ट
(c) वाट-घण्टा (d) कूलॉम

6. जब विद्युत धारा पृथ्वी (earth) की ओर प्रवाहित होती है, तो वस्तु का विभव (potential) होता है

(a) धनात्मक (b) ऋणात्मक
(c) शून्य (d) अनन्त

7. धारा प्रवाह स्थापित करने के लिए न्यूनतम आवश्यकताएँ हैं
(a) वोल्टेज स्रोत, चालक, अचालक तथा अमीटर
(b) वोल्टेज स्रोत एवं चालक
(c) वोल्टेज स्रोत, स्विच एवं रेसिस्टर
(d) वोल्टेज स्रोत, स्विच एवं फ्यूज

8. जब धारा इलेक्ट्रोलाइट से पास होती है तब धारा किस प्रकार का प्रभाव उत्पन्न करेगी?
(a) चुम्बकीय प्रभाव
(b) तापीय प्रभाव
(c) रासायनिक प्रभाव
(d) प्रकाशीय प्रभाव

9. विद्युत धारा की उपस्थिति का आभास होता है
(a) चमकने से (b) उत्पन्न प्रभावों से
(c) विद्युत झटके से (d) चटकने की ध्वनि से

10. धारा के तीन प्रमुख प्रभाव हैं
(a) ऊष्मीय, चुम्बकीय, विद्युत झटका देना
(b) ऊष्मीय, प्रकाश उत्पन्न करना, चुम्बकीय
(c) ऊष्मीय, चुम्बकीय, रासायनिक
(d) रासायनिक, चुम्बकीय, विद्युत झटका देना

11. अकार्बनिक (organic) पदार्थों में अधिकांश रासायनिक क्रियाएँ ········ के रूप में सम्पन्न होती हैं।
(a) ध्रुवीकरण (b) आयनीकरण
(c) चुम्बकीयकरण (d) इनमें से कोई नहीं

12. 'जब धारा एक चालक से प्रवाहित होती है, तो वह तप्त हो जाता है।' इस प्रभाव को ······ कहते हैं।
(a) चुम्बकीय प्रभाव (b) तापीय प्रभाव
(c) रासायनिक प्रभाव (d) विद्युत-स्थैतिक प्रभाव

13. स्पाइरल वाउण्ड कुण्डली में जब धारा प्रवाहित होती है, तो वह किस प्रकार की विद्युत धारा का प्रभाव उत्पन्न करेगी?
(a) हीटिंग प्रभाव (b) चुम्बकीय प्रभाव
(c) रासायनिक प्रभाव (d) थर्मल प्रभाव

14. सूची I का सूची II से मिलान कीजिए।

सूची I (प्रभाव)	**सूची II** (अनुप्रयोग)
A. ऊष्मीय	(i) विद्युत पंखा
B. चुम्बकीय	(ii) बल्ब
C. रासायनिक	(iii) हड्डियों का छाया-चित्र
D. X-किरणें	(iv) विद्युतलेपन

कूट
(a) A-(i); B-(ii); C-(iii); D-(iv)
(b) A-(iv); B-(iii); C-(ii); D-(i)
(c) A-(iii); B-(i); C-(iv); D-(ii)
(d) A-(ii); B-(i); C-(iv); D-(iii)

15. किसी चालक के अनुप्रस्थ-काट से होकर 1 सेकण्ड में एक ऐम्पियर धारा के प्रवाहित होने पर कितने इलेक्ट्रॉन प्रवाहित होंगे?
(a) 6.24×10^{12} (b) 6.24×10^{16}
(c) 6.24×10^{14} (d) 6.24×10^{18}

16. न्यूनतम एक इलेक्ट्रॉन, किस पदार्थ के परमाणु में होता है?
(a) क्लोरीन (b) हाइड्रोजन (c) हीलियम (d) ऑक्सीजन

17. एक जूल प्रति सेकण्ड ············ है।
(a) 1 वोल्ट (b) 1 ऐम्पियर (c) 1 वाट (d) 1 ओम

18. अन्तर्राष्ट्रीय पद्धति में ऊष्मा की इकाई को ·········· में व्यक्त किया जाता है।
(a) कैलोरी (b) सेन्टीग्रेड (c) जूल (d) केल्विन

19. बस-बार में प्रयोग की जाने वाली धातु है
(a) कठोर खिंचा ताँबा (b) एल्युमीनियम
(c) अशुद्ध ताँबा (d) लोहा

20. निम्न में से सर्वोत्तम सुचालक पदार्थ है
(a) चीनी मिट्टी (b) रेजिन
(c) ग्रेफाइट (d) इनमें से कोई नहीं

21. निम्न में से कौन-सा पदार्थ अचालक नहीं है?
(a) बैकेलाइट (b) रबर (c) कार्बन (d) माइका

22. निम्नलिखित में से कौन-सा पदार्थ अचालक (insulator) नहीं है?
(a) एबोनाइट (b) काँच (c) सीसा (d) मार्बल

23. ताँबा एक ·········· धातु होती है।
(a) चालक (b) अचालक
(c) अर्द्धचालक (d) इनमें से कोई नहीं

24. विद्युतीय चालक पदार्थ इनमें से कौन-सा एक नहीं है?
(a) ताँबा (b) एल्युमीनियम (c) चाँदी (d) अभ्रक

25. ऐबोनाइट में सल्फर की प्रतिशत मात्रा होती है
(a) 10 से 20% (b) 20 से 30%
(c) 30 से 40% (d) 40 से 50%

26. ठोस चालक की अपेक्षा आदर्श चालक का क्या लाभ है?
(a) अधिक लचीलापन
(b) क्रॉस सेक्शन का अधिक क्षेत्रफल
(c) अधिक प्रतिरोध
(d) अधिक वजन

27. अचालक पदार्थों (insulated materials) के तापमान गुणांक (temperature coefficient) का मान ········ होता है।
(a) नियत (b) शून्य (c) धनात्मक (d) ऋणात्मक

28. पी.वी.सी. अचालक के ········ वर्ग से सम्बन्धित है।
(a) ठोस अचालक (b) द्रवीय अचालक
(c) गैसीय अचालक (d) ये सभी

29. एक विद्युतरोधक पदार्थ (अचालक) का मूल गुण होना चाहिए
(a) निम्न वोल्टेज टूटन (b) उच्च परावैद्युत सामर्थ्य
(c) न्यून प्रतिरोधकता (d) जलश्लेष्यता

30. सभी तत्त्वों को ...... एवं ...... वर्गों में विभाजित किया जा सकता है।
(a) चालक, धात्विक (b) धात्विक, अर्द्धधात्विक
(c) चालक, अचालक (d) धात्विक, अधात्विक

31. निम्न में से कौन-सा गुण (property) अचालक पदार्थों में नहीं होना चाहिए?
(a) निम्न डाई-इलेक्ट्रिक स्ट्रेन्थ (b) उच्च प्रतिरोध
(c) सुदृढ़ (d) ऊष्मा को विकरित करने योग्य

32. निम्न में से कौन-सा लचीला अचालक (flexible insulator) नहीं है?
(a) फाइबर (b) कागज
(c) रेजिन (d) कॉटन टेप

33. ऐसा कौन-सा पदार्थ है, जिसका तापमान बढ़ाने पर उसका प्रतिरोध घटता है?
(a) टंगस्टन (b) कार्बन
(c) नाइक्रोम (d) मैंगनीज

34. अच्छे अचालक में निम्न में से कौन-सा गुण होना चाहिए?
(a) तन्यता (b) सुदृढ़ता
(c) आघातवर्ध्यता (d) ये सभी

35. निम्न में से कौन-सा पदार्थ विद्युत का सुचालक है?
(a) रबर (b) ताँबा
(c) एबोनाइट (d) बैकेलाइट

36. अर्द्धचालक पदार्थ के रूप में निम्न में से किस तत्त्व का प्रयोग किया जाता है?
(a) कॉपर (b) प्लास्टिक (c) सिलिकॉन (d) टंगस्टन

37. अर्द्धचालक घटक की विशिष्ट प्रचालन स्थितियों के अधीन अर्द्धचालक की चालकता महत्त्वपूर्ण है। अर्द्धचालक के तापमान में परिवर्तन से चालकता पर क्या प्रभाव पड़ता है?
(a) चालकता तापमान से घटती है
(b) चालकता तापमान से बढ़ती है
(c) तापमान के कारण परिवर्तित नहीं होती
(d) तापमान के साथ स्थायी रहती है

38. अर्थ करने का क्या उद्देश्य है?
(a) भूमि को सम्भवतः कम प्रतिरोध प्रदान करना
(b) भूमि को सम्भवतः उच्च प्रतिरोध प्रदान करना
(c) धनात्मक, ऋणात्मक व शून्य अनुक्रम धाराओं को प्रवाह प्रदान करना
(d) उपरोक्त में से कोई नहीं

39. विद्युत उपकरणों को अर्थिंग प्रदान करने का मुख्य उद्देश्य क्या है?
(a) अतिरिक्त धारा से उपकरण की रक्षा करना
(b) लाइन धारा स्थिरांक को बनाए रखना
(c) सप्लाई वोल्टेज स्थिरांक को बनाए रखना
(d) उपकरणों की आयु को बढ़ाना

40. मानव शरीर की जल में भीगी हुई त्वचा का प्रतिरोध होता है
(a) 100k Ω से 600k Ω के बीच (b) 1k Ω
(c) 0.4 Ω से 0.6k Ω के बीच (d) 0.1k Ω

41. 'अर्थ' चालकों द्वारा .... को पृथ्वी में प्रेषित किया जाता है।
(a) लीकेज धारा (b) ओवरलोड धारा
(c) लीकेज वोल्टेज (d) ओवरलोड वोल्टेज

42. किसी विद्युतीय उपकरण की धात्विक बॉडी को 'अर्थ' से संयोजित करना क्यों आवश्यक है?
(a) ओवरलोडिंग प्रभाव को समाप्त करने के लिए
(b) वोल्टेज घटाव-बढ़ाव को सीमित करने के लिए
(c) विद्युत झटका लगने की सम्भावना को समाप्त करने के लिए
(d) मशीन को सप्लाई प्रदान करने के लिए

43. पृथ्वी का वैद्युतिक विभव (electrical potential) माना जाता है
(a) निम्न (b) उच्च
(c) शून्य (d) नियत

44. नम भूमि (moist earth) का प्रतिरोध (resistance) सामान्यतः होता है
(a) 3500 Ω/सेमी (b) 2700 Ω/सेमी
(c) 2500 Ω/सेमी (d) 3000 Ω/सेमी

45. सामान्यतः शरीर में कितने मिली एम्पियर से अधिक धारा का प्रवाह खतरनाक हो सकता है?
(a) 50 mA (b) 20 mA
(c) 10 mA (d) 5 mA

उत्तरमाला

1. (b)	2. (a)	3. (c)	4. (c)	5. (d)	6. (a)	7. (b)	8. (c)	9. (b)	10. (c)
11. (b)	12. (b)	13. (b)	14. (d)	15. (d)	16. (b)	17. (c)	18. (a)	19. (a)	20. (c)
21. (c)	22. (c)	23. (a)	24. (d)	25. (c)	26. (a)	27. (d)	28. (b)	29. (b)	30. (d)
31. (a)	32. (a)	33. (b)	34. (d)	35. (b)	36. (c)	37. (b)	38. (a)	39. (a)	40. (b)
41. (a)	42. (c)	43. (c)	44. (d)	45. (a)					

अध्याय 07

वैद्युतिक मापक यन्त्र

Electrical Measuring Instruments

परिचय Introduction

वैद्युतिक मशीनों एवं उपकरणों के प्रचालन, अनुरक्षण तथा मरम्मत के अन्तर्गत हमें विभिन्न प्रकार की वैद्युतिक राशियों के मापन की आवश्यकता होती है; जैसे—वोल्टेज, धारा, आवृत्ति, प्रतिरोध, पावर आदि। इन वैद्युतिक राशियों के मापन के लिए उपयोग किए जाने वाले यन्त्र, वैद्युतिक मापक यन्त्र कहलाते हैं। ये मापक यन्त्र, विद्युत धारा के स्थिर-वैद्युतिक प्रभाव, वैद्युत-ऊष्मीय प्रभाव, वैद्युत-चुम्बकीय प्रभाव एवं वैद्युत-रासायनिक प्रभाव के उपयोग पर आधारित होते हैं।

अध्याय विषय सूची

7.1 वैद्युतिक मापक यन्त्रों का वर्गीकरण

Classification of Electrical Measuring Instruments

वैद्युतिक मापक यन्त्रों को मुख्यत: दो निम्न वर्गों में विभाजित किया जाता है

1. प्राथमिक यन्त्र
2. द्वितीयक यन्त्र

उपरोक्त मापक यन्त्रों का विवरण निम्नवत् हैं

1. प्राथमिक यन्त्र Primary Instruments

वह यन्त्र, जो किसी सूचक युक्ति के द्वारा किसी वैद्युतिक राशि की केवल उपस्थिति को दर्शाता है, प्राथमिक यन्त्र कहलाता है। यह मापन का सर्वाधिक सरल रूप है। लम्बाई अथवा दूरी का मापन, पदार्थों का द्रव्यमान ज्ञात करना, वस्तुओं का गिनना आदि प्रारम्भिक मापन के मुख्य उदाहरण हैं। इस मापन की मुख्य विशेषता यह है कि इसके लिए मापी जाने वाली राशि के स्वरूप को परिवर्तित करने की आवश्यकता नहीं होती तथा इसके लिए प्रयुक्त यन्त्र भी प्राथमिक स्तर के होते हैं। उदाहरण के लिए, किसी विद्युत धारावाही चालक के निकट रखी 'चुम्बकीय सुई', उस चालक में से विद्युत धारा प्रवाह की उपस्थिति दर्शाती है।

2. द्वितीयक यन्त्र Secondary Instruments

वह यन्त्र, जो किसी सूचक युक्ति (जैसे संकेतक) के द्वारा किसी पूर्वांकित पैमाने पर किसी वैद्युतिक राशि का मान दर्शाता है, द्वितीयक यन्त्र कहलाता है। प्रारम्भिक मापन द्वारा कई राशियों का यथार्थ मापन सम्भव नहीं होता। अत: मापन के विभिन्न सिद्धान्तों का उपयोग किया जाता है। द्वितीयक मापन में अप्रत्यक्ष मापन विधि उपयोग में लाई जाती है।

द्वितीयक यन्त्र मुख्यत: निम्न तीन प्रकार के होते हैं

(i) सूचक या इन्डीकेटिंग यन्त्र (ii) रिकॉर्डिंग यन्त्र (iii) इन्टीग्रेटिंग यन्त्र।

(i) सूचक या इन्डीकेटिंग यन्त्र Indicating Instrument

वह यन्त्र, जो किसी वैद्युतिक राशि के तात्कालिक मान (instantaneous value) को एक संकेतक के द्वारा एक पूर्वांकित पैमाने पर दर्शाता है, इन्डीकेटिंग यन्त्र कहलाता है; जैसे—एम्पियर मीटर, वोल्टमीटर, ओममीटर आदि।

(ii) **रिकॉर्डिंग यन्त्र** Recording Instrument

वह यन्त्र, जो किसी वैद्युतिक राशि के तात्कालिक मान को एक सुई/पैन/पेन्सिल आदि के द्वारा एक ग्राफ पेपर पर अंकित करता जाता है, रिकॉर्डिंग यन्त्र कहलाता है। रिकॉर्डिंग यन्त्र के द्वारा, वैद्युतिक राशि के मान में एक समयान्तराल के अन्तर्गत होने वाले परिवर्तनों का पूरा रिकॉर्ड तैयार किया जा सकता है; जैसे—रिकॉर्डिंग वोल्टमीटर, रिकॉर्डिंग पावर-फैक्टर मीटर आदि।

(iii) **इन्टीग्रेटिंग यन्त्र** Integrating Instrument

वह यन्त्र, जो किसी वैद्युतिक राशि के प्रेक्षण काल के अन्तर्गत कुल मान को दर्शाता है, इन्टीग्रेटिंग यन्त्र कहलाता हैं; जैसे– 'किलोवाट घण्टा' मीटर।

7.2 इन्डीकेटिंग यन्त्रों में अपेक्षित बल

Essential Force in Indicating Instruments

इन्डीकेटिंग प्रकार के वैद्युतिक मापक यन्त्रों के प्रचालन के लिए निम्न तीन प्रकार के टॉर्क आवश्यक होते हैं

1. विक्षेपण टॉर्क 2. नियन्त्रण टॉर्क 3. अवमन्दन टॉर्क

1. विक्षेपण टॉर्क Deflecting Torque

किसी वैद्युतिक मापक यन्त्र में उसके संकेतक को एक पूर्वांकित पैमाने पर चलाने वाला टॉर्क, विक्षेपण टॉर्क कहलाता है। यह टॉर्क, यन्त्र में से प्रवाहित की गई विद्युत धारा के किसी एक प्रभाव; जैसे- ऊष्मीय, चुम्बकीय, स्थिर-वैद्युतिक आदि के द्वारा विकसित होता है। इसका परिमाण, यन्त्र में से प्रवाहित की गई विद्युत धारा के मान पर निर्भर करता है। भिन्न-भिन्न प्रकार के यन्त्रों में, विक्षेपण टॉर्क विकसित करने के लिए भिन्न-भिन्न प्रकार की युक्तियाँ प्रयोग की जाती हैं।

2. नियन्त्रण टॉर्क Controlling Torque

किसी वैद्युतिक मापक यन्त्र में, विक्षेपण टॉर्क के कारण उत्पन्न होने वाले संकेतक के घुमाव की गति को नियन्त्रित करने वाला टॉर्क, नियन्त्रण टॉर्क कहलाता है। यह टॉर्क, यन्त्र में निम्न दो कार्य करता है एक यन्त्र के संकेतक की गति को नियन्त्रित करना, जिससे कि वह झटके के साथ गति न करे और पैमाने के दूसरी ओर टकराकर टूट न सके तथा दूसरा यन्त्र में प्रेक्षण लेने के बाद संकेतक को पैमाने की शून्य स्थिति पर वापस लाना। अधिकांश मापक यन्त्रों में नियन्त्रण टॉर्क विकसित करने के लिए निम्न दो प्रकार की प्रणालियाँ अपनाईं जाती हैं

(i) स्प्रिंग नियन्त्रण प्रणाली

(ii) गुरुत्वीय नियन्त्रण प्रणाली

(i) **स्प्रिंग नियन्त्रण प्रणाली** Spring Control System

इस प्रणाली में यन्त्र के घूमने वाले भाग अर्थात् स्पिण्डल (spindle) के साथ एक अथवा दो बाल-कमानी लगाई जाती हैं। यदि दो स्प्रिंग प्रयोग की जाती हैं, तो स्पिण्डल के घूमने से एक बाल-कमानी 'कसती' है और दूसरी 'खुलती' है, जब विक्षेपण टॉर्क के कारण यन्त्र का स्पिण्डल घूमता है, तो उससे जुड़ी बाल-कमानियों में स्थितिज ऊर्जा एकत्र हो जाती है।

यह ऊर्जा, स्पिण्डल के घुमाव का विरोध करती है फलस्वरूप संकेतक, धीरे-धीरे गति करता है। इसके अतिरिक्त, जब प्रेक्षण कार्य समाप्त हो जाता है और विक्षेपण टॉर्क शून्य हो जाता है, तो नियन्त्रण टॉर्क, संकेतक को पैमाने की शून्य स्थिति पर वापस ले आता है। एक बाल-कमानी के साथ 'शून्य-समायोजक पेंच' (zero adjuster screw) भी लगाया जाता है जिससे संकेतक को शून्य पाठ्यांक पर समायोजित किया जा सके, क्योंकि बाल-कमानियाँ चुम्बकीय क्षेत्र में अवस्थित होती हैं।

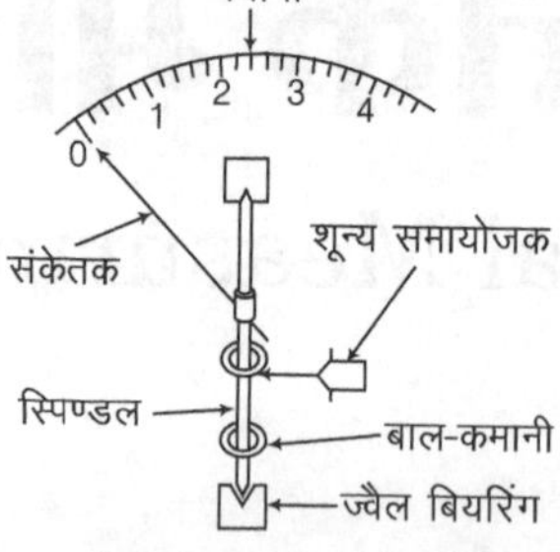

चित्र स्प्रिंग नियन्त्रण प्रणाली

ये अचुम्बकीय पदार्थ से निर्मित होनी चाहिए तथा यदि इनका प्रयोग विद्युत धारा वाहक रूप में भी किया जाना अपेक्षित हो, तो ये निम्न विशिष्ट प्रतिरोध (specific resistance) एवं उच्च ताप गुणांक (temperature coefficient) वाले पदार्थ से निर्मित होनी चाहिए।

बाल-कमानियों के निर्माण के लिए सबसे उपयुक्त पदार्थ है—फॉस्फर ब्रोंज (phosphor bronze)। यह एक अचुम्बकीय, तन्य, निम्न विशिष्ट प्रतिरोध तथा उच्च ताप गुणांक वाली मिश्र धातु है।

(ii) **गुरुत्वीय नियन्त्रण प्रणाली** Gravity Control System

इस प्रणाली में यन्त्र के स्पिण्डल के साथ एक वजन इस प्रकार लगाया जाता है कि विक्षेपण टॉर्क का मान शून्य होने पर संकेतक, पैमाने की शून्य स्थिति पर रहे। इस अवस्था में वजन, ठीक ऊर्ध्वाधर (vertical) रहता है। जब विक्षेपण टॉर्क के कारण स्पिण्डल घूमता है, तो वजन पर कार्यरत गुरुत्वीय बल, उसे ऊर्ध्वाधर स्थिति में लाने का प्रयास करता है।

इस प्रकार गुरुत्वीय बल, नियन्त्रण टॉर्क का कार्य करता है।

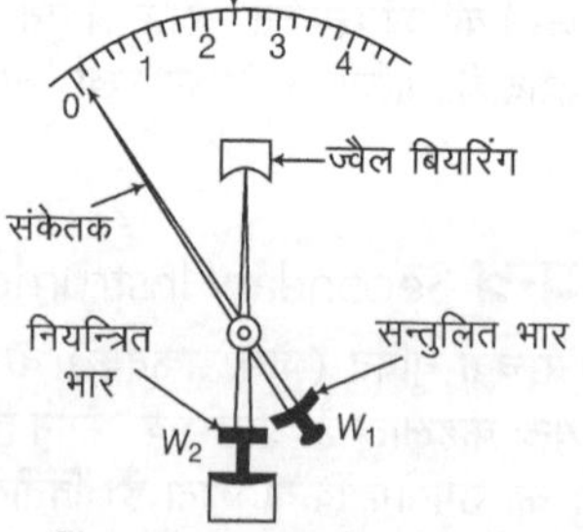

चित्र गुरुत्वीय नियन्त्रण प्रणाली

गुण Merits

1. इस प्रणाली पर तापमान परिवर्तन का कोई विशेष प्रभाव नहीं पड़ता।
2. यह प्रणाली स्प्रिंग नियन्त्रण प्रणाली की अपेक्षा सस्ती पड़ती है।
3. यह प्रणाली, लम्बे समय तक उपयोग करने के बाद भी सूक्ष्मता से कार्य करने योग्य बनी रहती है।

अवगुण Demerits

1. प्रयोग के समय यन्त्र को ऊर्ध्वाधर स्थिति में रखना आवश्यक है।
2. इस प्रणाली पर आधारित यन्त्र का पैमाना पूर्णत: आनुपातिक नहीं होता।

3. अवमन्दन टॉर्क Damping Torque

किसी वैद्युतिक मापक यन्त्र के संकेतक में उत्पन्न होने वाले कम्पनों को समाप्त करने वाला टॉर्क, अवमन्दन टॉर्क (डैम्पिंग टॉर्क) कहलाता है। यदि यन्त्र में अवमन्दन टॉर्क की व्यवस्था न की जाए, तो उसका संकेतक, पाठ्यांक के दाएँ-बाएँ कम्पन करता रहता है और पाठ्यांक लेने में अधिक समय लगाता है। संकेतक के कम्पनों का कारण है- विक्षेपण टॉर्क तथा नियन्त्रण टॉर्क की आपसी प्रतिक्रिया। अच्छी अवमन्दन प्रणाली में निम्न विशेषताएँ होनी चाहिए

- संकेतक की गति-शून्य अवस्था में होने पर अवमन्दन टॉर्क का मान भी शून्य होना चाहिए।
- प्रणाली, सरल तथा सस्ती होनी चाहिए।
- प्रणाली, अधिक स्थान घेरने वाली नहीं होनी चाहिए।

वैद्युतिक मापक यन्त्रों में मुख्यत: निम्न तीन प्रकार की अवमन्दन (damping) प्रणालियाँ प्रयोग की जाती हैं

(i) वायु घर्षण अवमन्दन प्रणाली
Air Friction Damping System

इस प्रणाली में, यन्त्र के स्पिण्डल के साथ एल्युमीनियम धातु से बनी एक पिस्टन-नुमा पत्ती जोड़ दी जाती है। यह पत्ती एक वृत्तखण्डीय बेलनाकार वायु-कक्ष (sector shaped air-chamber) में गति कर सकती है। जब विक्षेपण टॉर्क के प्रभाव के कारण यन्त्र का स्पिण्डल घूमता है, तो उसके साथ ही पिस्टन-नुमा पत्ती, वायु-कक्ष में गति करती है। वायु के घर्षण के कारण, पिस्टन-नुमा पत्ती तथा साथ ही स्पिण्डल से जुड़े संकेतक की घूर्णीय-गति घट जाती है। दूसरे शब्दों में, यन्त्र में अवमन्दन अर्थात् डैम्पिंग टॉर्क उत्पन्न हो जाता है, जो संकेतक को कम्पनमुक्त कर देता है। यह सर्वाधिक प्रयोग की जाने वाली प्रणाली है।

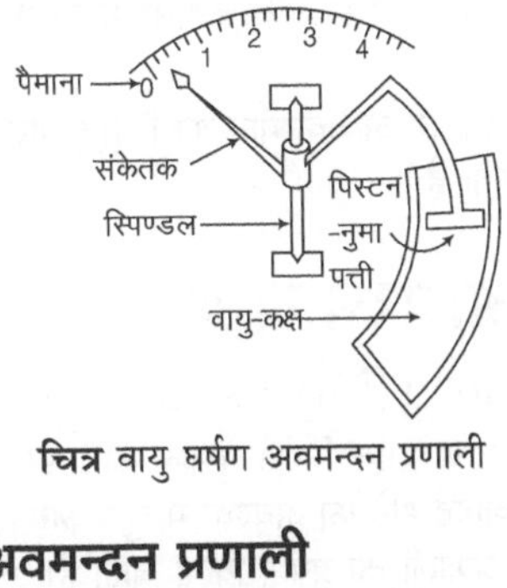

चित्र वायु घर्षण अवमन्दन प्रणाली

(ii) एडी धारा अवमन्दन प्रणाली
Eddy Current Damping System

इस प्रणाली में, यन्त्र के स्पिण्डल से एल्युमीनियम अथवा ताँबे से बनी एक गोल चकती (disc) लगाई जाती है। चकती को एक स्थायी चुम्बक के ध्रुवों के बीच 'गैप' में रखा जाता है। जब विक्षेपण टॉर्क के प्रभाव के कारण यन्त्र का स्पिण्डल घूमता है, तो उसके साथ ही एल्युमीनियम डिस्क भी घूमती है। स्थायी चुम्बक के चुम्बकीय क्षेत्र में गति करने के कारण डिस्क में एडी धारा उत्पन्न हो जाती है, जो अवमन्दन टॉर्क उत्पन्न (लेंज के नियमानुसार) करती है। इस प्रणाली का उपयोग केवल ऐसे यन्त्रों में किया जा सकता है, जिनमें स्थायी चुम्बक होता है। यह प्रणाली, एक सफल एवं उपयोगी अवमन्दन प्रणाली है।

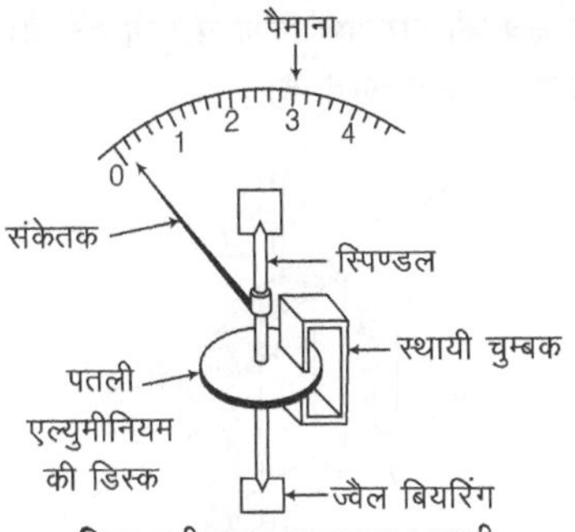

चित्र एडी धारा अवमन्दन प्रणाली

(iii) द्रव घर्षण अवमन्दन प्रणाली
Fluid Friction Damping System

इस प्रणाली में, यन्त्र के स्पिण्डल से एल्युमीनियम धातु से बने 4 पंखे जोड़े जाते हैं और उन्हें द्रव से भरे कक्ष में रखा जाता है। जब विक्षेपण टॉर्क के प्रभाव के कारण यन्त्र का स्पिण्डल घूमता है, तो उससे जुड़े पंखे, द्रव में डूबे होने के कारण धीरे-धीरे गति करते हैं, जिससे अवमन्दन टॉर्क उत्पन्न हो जाता है। यह अवमन्दन टॉर्क, संकेतक को कम्पनमुक्त कर देता है। यह प्रणाली, केवल ऐसे मापक यन्त्रों में प्रयोग की जाती है, जिन्हें ऊर्ध्वाधर स्थिति में किसी एक नियत स्थान; जैसे— पैनल बोर्ड आदि पर उपयोग में लाया जाना हो।

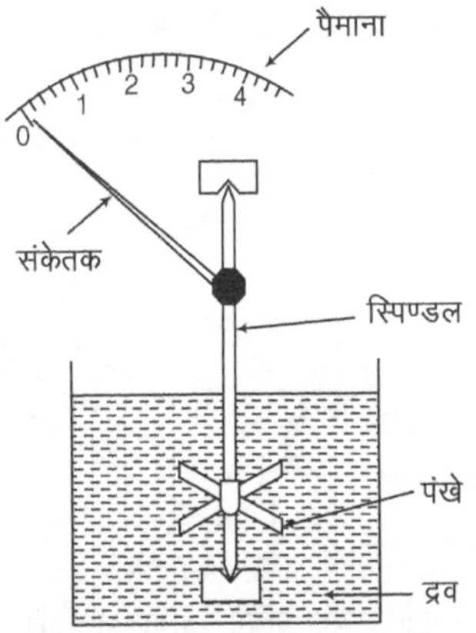

चित्र द्रव घर्षण अवमन्दन प्रणाली

7.3 स्थायी चुम्बक मूविंग क्वॉयल यन्त्र
Permanent Magnet Moving Coil (PMMC) Instrument

इस यन्त्र में स्केल पर संकेतक का चालन एक कुण्डली के द्वारा होता है। इसी कारण से इसे मूविंग क्वॉयल यन्त्र कहा जाता है। डी.सी. सप्लाई में वोल्टेज व धारा को मापने में मूविंग क्वॉयल यन्त्रों का सर्वाधिक उपयोग होता है। ये यन्त्र केवल डी.सी. पर ही कार्य करते हैं। इन यन्त्रों में स्थायी चुम्बक का प्रयोग किया जाता है, इसलिए ये स्थायी चुम्बक मूविंग क्वॉयल (PMMC) यन्त्र के नाम से जाने जाते हैं।

कार्य सिद्धान्त Working Principle

यदि चुम्बकीय क्षेत्र में आलम्बित (Mounted) कुण्डली में से विद्युत धारा प्रवाहित की जाए, तो उसमें एक बल-युग्म विकसित हो जाता है। यह बल-युग्म उस कुण्डली को स्थिर चुम्बकीय क्षेत्र तथा कुण्डली द्वारा जनित चुम्बकीय क्षेत्र की परिणामी दिशा में घुमा देता है। डी.सी. मोटर भी इसी कार्य सिद्धान्त पर कार्य करती है।

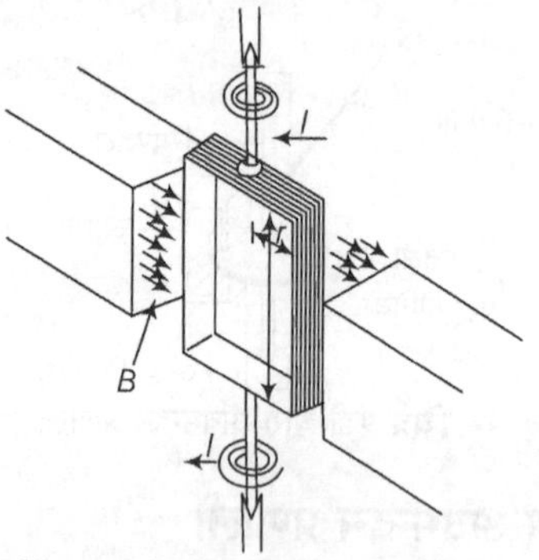

चित्र स्थायी चुम्बक मूविंग क्वॉयल यन्त्र

संरचना Construction

इस यन्त्र में स्थायी चुम्बक, दो ध्रुव-खण्ड, एल्युमीनियम से बने आयताकार ढाँचे पर लपेटी गई कुण्डली, स्पिण्डल, दो बाल-कमानी, दो ज्वैल बियरिंग एक पूर्वांकित पैमाना, एक संकेतक, सन्तुलक वजन, नर्म लौह क्रोड आदि भाग होते हैं। आयताकार कुण्डली को दो ज्वैल बियरिंग्स पर इस प्रकार आलम्बित किया जाता है कि वह सरलता से लगभग 150° तक घूम सके। क्वॉयल को बाल-कमानियों के द्वारा विद्युत धारा प्रदान की जाती है।

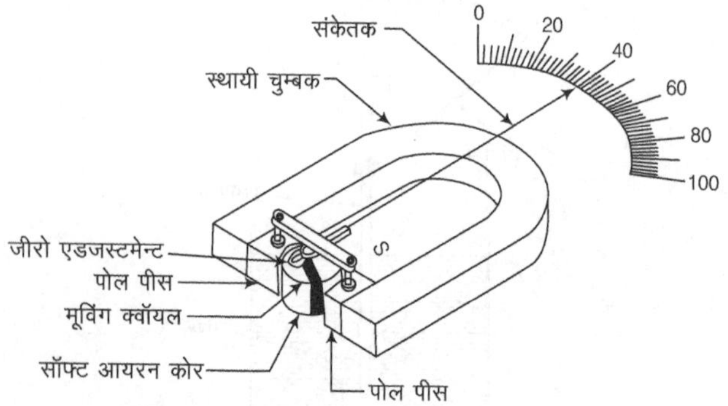

चित्र स्थायी चुम्बक मूविंग क्वॉयल यन्त्र की संरचना

कार्यप्रणाली Working Method

स्थायी चुम्बक, ध्रुव-खण्डों (pole-pieces) की सहायता से एक बेलनाकार चुम्बकीय क्षेत्र स्थापित करता है। चुम्बकीय क्षेत्र को एक समान (uniform) बनाने के लिए कुण्डली के मध्य में एक बेलनाकार नर्म लौह क्रोड इस प्रकार स्थापित की जाती है कि कुण्डली, चुम्बकीय क्षेत्र में लगभग 150° तक घूम सके।

जब बाल-कमानियों के द्वारा क्वॉयल में से विद्युत धारा प्रवाहित की जाती है, तो वह स्वयं का एक चुम्बकीय क्षेत्र स्थापित करती है। एक ही स्थान पर कार्यरत दो चुम्बकीय क्षेत्रों की आपसी प्रतिक्रिया के फलस्वरूप कुण्डली घूम जाती है। कुण्डली का घुमाव, उसमें से प्रवाहित विद्युत धारा के अनुक्रमानुपाती होता है अर्थात् कम विद्युत धारा प्रवाहित करने पर उसमें कम विक्षेप तथा अधिक विद्युत धारा प्रवाहित करने पर अधिक विक्षेप उत्पन्न होता है। कुण्डली से जुड़ा स्पिण्डल तथा संकेतक भी घूम जाता है। संकेतक के घुमाव को एक पूर्वांकित पैमाने पर एम्पियर्स/मिली एम्पियर्स के रूप में व्यक्त किया जाता है।

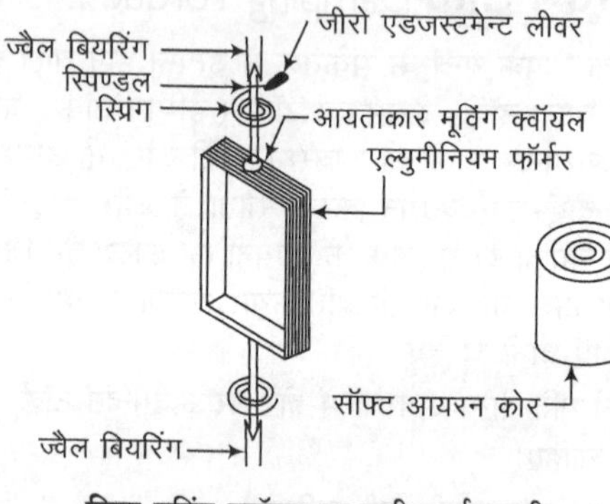

चित्र मूविंग क्वॉयल यन्त्र की कार्यप्रणाली

यन्त्र में प्रयोग की गई दो बाल-कमानियाँ, आवश्यक नियन्त्रण टॉर्क उत्पन्न करती हैं और कुण्डली का एल्युमीनियम ढाँचा, आवश्यक अवमन्दन टॉर्क उत्पन्न करता है। इस प्रकार, इस यन्त्र में एडी धारा अवमन्दन प्रणाली प्रयोग की जाती है।

गुण Merits

1. यह एक सुग्राही यन्त्र है।
2. इस यन्त्र का आन्तरिक प्रतिरोध कम होता है, अत: इसका विद्युत शक्ति व्यय भी कम होता है।
3. यह उच्च दक्षता वाला यन्त्र है, जो विद्युत धारा का यथार्थ मापन करता है।
4. इस यन्त्र का पैमाना आनुपातिक होता है।
5. इसकी माप सीमा बढ़ाई जा सकती है।

अवगुण Demerits

1. इस यन्त्र का उपयोग ए.सी. विद्युत धारा मापन के लिए नहीं किया जा सकता।
2. इस यन्त्र का उपयोग अधिक मान की विद्युत धारा मापन के लिए नहीं किया जा सकता है।

7.4 मूविंग आयरन यन्त्र
Moving Iron (MI) Instrument

मूविंग आयरन मापक यन्त्र में एक विद्युत चुम्बक का प्रयोग किया जाता है, जोकि केवल विद्युत धारा प्रवाहित होने की अवस्था में चुम्बकीय क्षेत्र उत्पन्न करता है। इसमें वायु अवमन्दन प्रणाली का प्रयोग किया जाता है। इनका प्रयोग ए.सी. व डी.सी. दोनों प्रकार की सप्लाई के लिए किया जा सकता है। इस यन्त्र में कुण्डली के स्थान पर लौह डिस्क अथवा लौह पत्ती, स्पिण्डल को घुमाती है। यह यन्त्र निम्न दो प्रकार के होते हैं

1. आकर्षण प्रकार का मूविंग आयरन यन्त्र
2. प्रत्याकर्षण प्रकार का मूविंग आयरन यन्त्र

1. आकर्षण प्रकार का मूविंग आयरन यन्त्र
Attraction Type Moving Iron Instrument

यह यन्त्र विद्युत-चुम्बकीय आकर्षण के सिद्धान्त पर कार्य करता है। इस प्रकार के मापक यन्त्र अमीटर तथा वोल्टमीटर के रूप में प्रयोग किए जाते हैं। इस यन्त्र में मुख्यत: एक बड़ी कुण्डली, एक विकेन्द्रित (eccentric) लौह डिस्क, दो ज्वैल-बियरिंग्स पर आलम्बित एक स्पिण्डल, एक संकेतक, संकेतक से जुड़े दो भार (गुरुत्वीय नियन्त्रण प्रणाली के लिए), पूर्वांकित पैमाना तथा वायु अवमन्दन प्रणाली होती है। सभी भाग निम्न चित्र के अनुसार व्यवस्थित होते हैं।

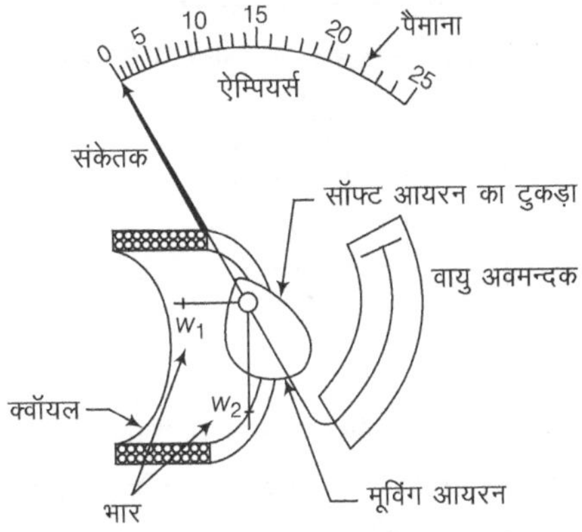

चित्र आकर्षण प्रकार का मूविंग आयरन यन्त्र

कार्यप्रणाली Working Method

जब यन्त्र की कुण्डली में से विद्युत धारा प्रवाहित की जाती है, तो वह एक चुम्बकीय क्षेत्र स्थापित करती है जो लौह डिस्क को आकर्षित करता है, क्योंकि लौह डिस्क की बनावट अण्डाकार होती है और वह अपने केन्द्र से दूर एक सिरे पर स्पिण्डल में जुड़ी होती है। अत: डिस्क का बड़ा भाग कुण्डली की ओर घूम जाता है, जिससे डिस्क के साथ जुड़ा स्पिण्डल भी घूम जाता है और स्पिण्डल से जुड़ा संकेतक, पूर्वांकित पैमाने पर विद्युत धारा का मान दर्शाता है।

गुण Merits

1. इस यन्त्र का उपयोग डी.सी. तथा ए.सी. दोनों प्रकार की विद्युत धारा के मापन के लिए समान रूप से किया जा सकता है, क्योंकि चुम्बकीय आकर्षण अथवा प्रत्याकर्षण, विद्युत धारा की दिशा से अप्रभावित रहता है।
2. मूविंग क्वॉयल यन्त्र की अपेक्षा इसका मूल्य कम होता है।
3. इस यन्त्र की संरचना, मूविंग क्वॉयल यन्त्र की अपेक्षा अधिक टिकाऊ होती है।
4. इस यन्त्र के द्वारा अधिक एम्पियर्स मान की विद्युत धारा सरलता से नापी जा सकती है। इसके लिए यन्त्र में उच्च इम्पीडेन्स वाली कुण्डली प्रयोग की जाती है।

अवगुण Demerits

1. इस यन्त्र का पैमाना आनुपातिक नहीं होता, पैमाना प्रारम्भ में सघन होता है और बाद में खुला-खुला होता जाता है। इसका कारण है कि चुम्बकीय आकर्षण बल, विद्युत धारा के वर्ग के अनुक्रमानुपाती होगा।

$$F \propto \frac{M_1 \times M_2}{d^2} \quad \text{परन्तु} \quad M_1 \propto I,\ M_2 \propto I$$

$$\therefore \quad F \propto I^2$$

2. यन्त्र में गुरुत्वीय नियन्त्रण प्रणाली प्रयोग किए जाने के कारण पाठ्यांक में घर्षण जनित त्रुटि विद्यमान रहती है।
3. यन्त्र में हिस्टरैसिस, फ्रीक्वेन्सी परिवर्तन तथा बिखरे हुए चुम्बकीय क्षेत्र के कारण पाठ्यांक में कुछ त्रुटि विद्यमान हो सकती है।
4. यह यन्त्र वोल्टमीटर के रूप में अधिक यथार्थ नहीं होता, क्योंकि किसी वोल्टमीटर में से प्रवाहित होने वाली विद्युत धारा का मान न्यूनतम होना चाहिए, जबकि इस यन्त्र के प्रचालन के लिए अधिक विद्युत धारा मान (कुण्डली के अधिक प्रतिरोध के कारण) की आवश्यकता होती है।

2. प्रत्याकर्षण प्रकार का मूविंग आयरन यन्त्र
Repulsion Type Moving Iron Instrument

यह यन्त्र, समान ध्रुवता वाले विद्युत-चुम्बकीय ध्रुवों में विद्यमान प्रत्याकर्षण के सिद्धान्त पर कार्य करता है। आकर्षण प्रकार के मापक यन्त्रों की तुलना में प्रतिकर्षण मापक यन्त्र अधिक परिशुद्ध होते हैं इस यन्त्र में मुख्यत: एक बड़ी बेलनाकार कुण्डली, दो ज्वैल बियरिंग्स पर आलम्बित एक स्पिण्डल, स्पिण्डल के साथ जुड़ी सचल-पत्ती (moving-vane), कुण्डली के ढाँचे से जुड़ी स्थिर पत्ती (fixed-vane), बाल-कमानी, संकेतक, पूर्वांकित पैमाना तथा वायु अवमन्दन प्रणाली होती हैं।

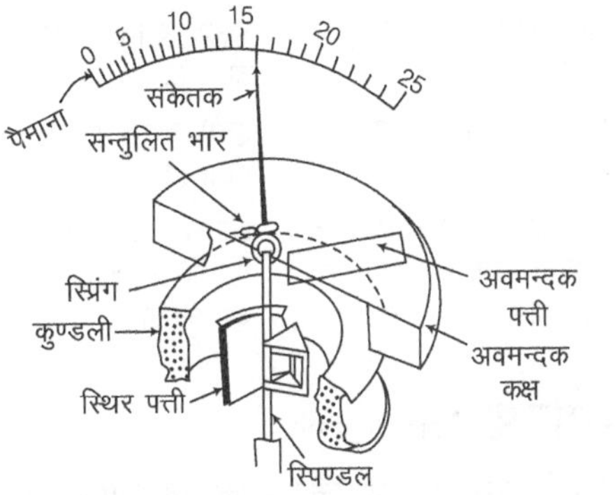

चित्र प्रत्याकर्षण प्रकार का मूविंग आयरन यन्त्र

कार्यप्रणाली Working Method

जब यन्त्र की कुण्डली में से विद्युत धारा प्रवाहित की जाती है, तो वह एक चुम्बकीय क्षेत्र स्थापित करती है, जो सचल तथा स्थिर पत्तियों में समान ध्रुवता का चुम्बकत्व उत्पन्न करता है। समान चुम्बकीय ध्रुवों में प्रत्याकर्षण होता है, जिसके फलस्वरूप स्पिण्डल तथा उसके साथ जुड़ा संकेतक घूम जाता है और वह एक पूर्वांकित पैमाने पर विद्युत धारा का मान दर्शाता है। इस यन्त्र से ए.सी. विद्युत धारा मापन किया जाए, तो उसकी प्रवाह की दिशा परिवर्तित होने पर भी सचल तथा स्थिर पत्तियों में एक समान ध्रुवता वाला चुम्बकत्व उत्पन्न होता है और चुम्बकीय प्रत्याकर्षण, यथावत् विद्यमान रहता है।

विशेषताएँ Specifications

इस यन्त्र के गुण तथा अवगुण आकर्षण प्रकार के यन्त्र के समान ही होते हैं। एक अतिरिक्त विशेषता यह है कि यह यन्त्र, आकर्षण प्रकार के मूविंग आयरन यन्त्र की अपेक्षा अधिक सुग्राही होता है, क्योंकि प्रत्याकर्षण की क्रिया, आकर्षण की क्रिया की अपेक्षा अधिक शीघ्रता से सम्पन्न होती है।

तालिका मूविंग क्वॉयल तथा मूविंग आयरन यन्त्रों की तुलना

क्र.सं.	मूविंग क्वॉयल यन्त्र	मूविंग आयरन यन्त्र
1.	इसका उपयोग केवल डी.सी. विद्युत धारा के मापन के लिए किया जाता है।	इसका उपयोग डी.सी. तथा ए.सी. दोनों प्रकार की विद्युत धारा के मापन के लिए किया जाता है।
2.	इसमें एडी धारा अवमन्दन प्रणाली प्रयोग की जाती है।	इसमें वायु घर्षण अवमन्दन प्रणाली प्रयोग की जाती है।
3.	इसमें स्थायी चुम्बक प्रयोग किया जाता है।	इसमें विद्युत चुम्बक प्रयोग किया जाता है।
4.	इसमें कुण्डली सचल रखी जाती है।	इसमें कुण्डली स्थिर रखी जाती है और लौह पत्तियाँ सचल रखी जाती हैं।
5.	यह सुग्राही (sensitive) होता है।	यह अपेक्षाकृत कम सुग्राही होता है।
6.	इसका पैमाना आनुपातिक होता है।	इसका पैमाना आनुपातिक नहीं होता है।
7.	इसके द्वारा ली गई माप, अधिक यथार्थ (accurate) होती है।	इसके द्वारा ली गई माप, अपेक्षाकृत कम यथार्थ होती है।
8.	इसकी बनावट कम मजबूत होती है।	इसकी बनावट अधिक मजबूत होती है।
9.	इनमें विद्युत शक्ति व्यय कम होता है।	इनमें विद्युत शक्ति व्यय अधिक होता है।
10.	इसका उपयोग वोल्टमीटर के रूप में सुगमता से किया जा सकता है।	इसका प्रयोग वोल्टमीटर के रूप में अधिक यथार्थता से नहीं किया जा सकता।

7.5 अमीटर Ammeter

किसी परिपथ में धारा मापन के लिए प्रयुक्त किए जाने वाले मापक यन्त्र को अमीटर कहते हैं। अमीटर को बनाने के लिए मूविंग क्वॉयल यन्त्र अथवा अन्य प्रकार के यन्त्रों का प्रयोग किया जाता है। धारा मापन के लिए अमीटर को परिपथ के श्रेणीक्रम में संयोजित किया जाता है। तथा मूविंग क्वॉयल यन्त्र की सुग्राहिता बढ़ाने के लिए उसकी क्वॉयल का प्रतिरोध न्यूनतम रखा जाता है।

MC अमीटर के परास का विस्तारण Extension of Range of MC Ammeter

मौलिक मीटरों की मूविंग क्वॉयल, स्वयं अधिक धारा वहन नहीं कर सकती हैं, क्योंकि यह महीन तार की बनी होती हैं। मूविंग क्वायॅल से अधिक धारा मापन के लिए एक लघु प्रतिरोधक, जिसे शंट प्रतिरोधक कहते हैं, मापक यन्त्र के टर्मिनल पर चित्र (a) के अनुसार संयोजित किया जाता है। शंट प्रतिरोधक के द्वारा मौलिक अमीटर द्वारा मापी जाने वाली धारा से अधिक धारा का मापन सम्भव होता है। एक शंट प्रतिरोधक के उपयोग द्वारा अमीटर के परास (range) को बढ़ाया या विस्तारित किया जा सकता है इसे समझने के लिए, दो समान्तर प्रतिरोधकों में धारा प्रवाह के व्यवहार को समझना अति महत्त्वपूर्ण है।

हम जानते हैं कि समान्तर क्रम में संयोजन में दो प्रतिरोधकों के बीच धारा विभाजित होती है एवं प्रत्येक प्रतिरोधक में धारा, उसके प्रतिरोध के विलोमानुपाती होती है, अर्थात् यदि एक प्रतिरोधक का प्रतिरोध दूसरे की तुलना में दोगुना है, तो बड़े प्रतिरोधक की धारा, छोटे प्रतिरोधक की धारा से आधी होगी जैसा कि चित्र (b) में दर्शाया गया है।

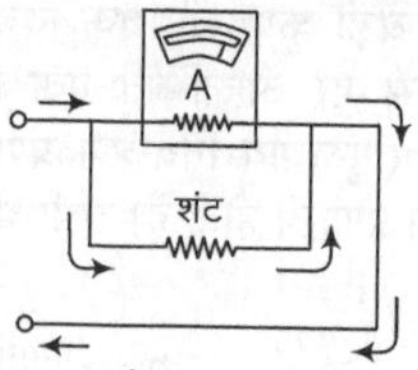

चित्र (a) शंट प्रतिरोधक का अमीटर से संयोजन

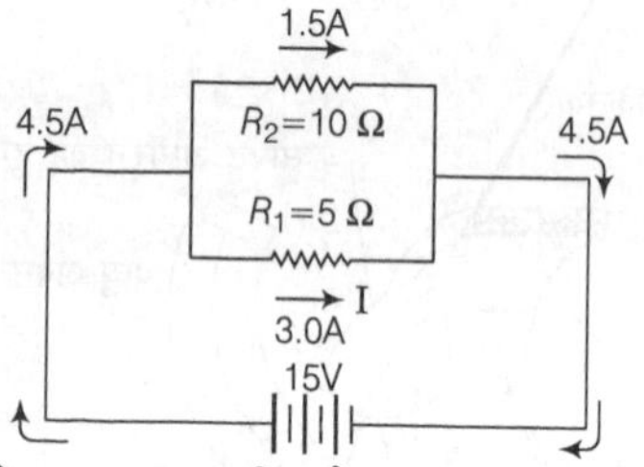

चित्र (b) MC अमीटर के परास का विस्तारण

समान्तर क्रम में संयोजित दो प्रतिरोधकों के बीच धारा के प्रवाह का विभाजन, उनके प्रतिरोधों के व्युत्क्रमानुपाती (inversely proportional) होता है। चित्र (b) में प्रतिरोधक R_1 की तुलना में प्रतिरोधक R_2का मान दोगुना है। इसलिए R_2 में धारा R_1की तुलना में आधी होगी।

प्रत्येक मूविंग क्वॉयल का निश्चित DC प्रतिरोध होता है। अत: जब एक क्वॉयल के समान्तर में शंट प्रतिरोधक जोड़ा जाता है, तो धारा, क्वॉयल और शंट प्रतिरोधक में विभाजित होगी, जैसे कि दो समान्तर क्रम में संयोजित प्रतिरोधकों में होता है।

उचित प्रतिरोध के शंट प्रतिरोधक का उपयोग करके अमीटर की मूविंग क्वॉयल की धारा को उस मान तक सीमित किया जा सकता है जिसे वह आसानी से नियन्त्रित कर सकें। शेष धारा शंट प्रतिरोधक से प्रवाहित होगी।

बहुपरास अमीटर Multi Range Ammeter

केवल कुछ अनुप्रयोगों में एक परास वाले अमीटर का उपयोग व्यावहारिक होता है; जैसे- केवल 0-1 एम्पियर अथवा 0-100 mA, 0-10 mA इत्यादि।

अनेक स्थानों विशेषकर दोष निवारण के समय अनेक पृथक् अमीटरों का उपयोग उपकरणों की धारा को मापने के लिए अव्यावहारिक होता है। इन स्थितियों में एक बहुपरास अमीटर प्रयुक्त किया जाता है।

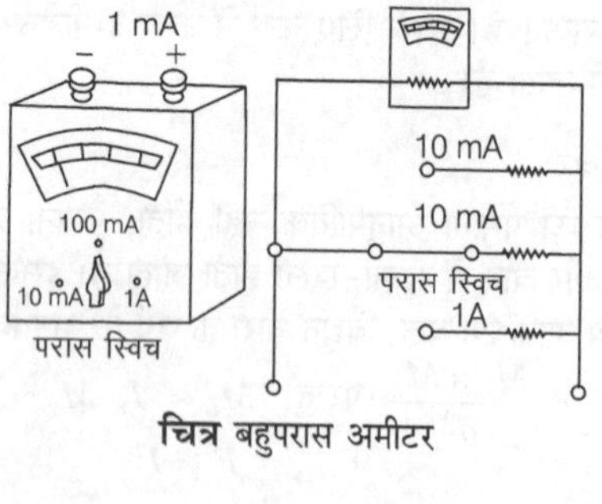

चित्र बहुपरास अमीटर

एक बहुपरास अमीटर में एक मौलिक मीटर के सिरों पर जोड़ें जा सकने वाले अनेक शंट प्रतिरोधक होते हैं। वांछित धारा परास के लिए एक रेंज स्विच का प्रयोग एक विशेष शंट प्रतिरोधक का चयन करने के लिए किया जाता है। कभी-कभी प्रत्येक परास के लिए मीटर आवरण पर पृथक् टर्मिनल माउण्ट किए जाते हैं जैसा कि निम्न चित्र में दर्शाया गया है

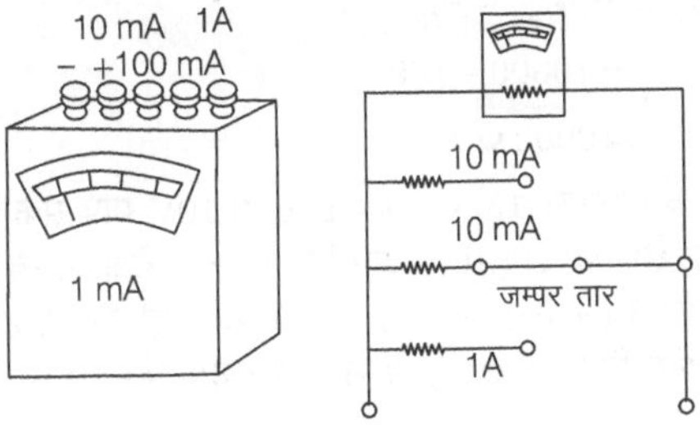

चित्र पृथक् टर्मिनल वाला बहुपरास अमीटर

परिपथों में अमीटर का वोल्टेज ड्रॉप प्रभाव

Voltage Drop Effect of Ammeter in Circuits

किसी परिपथ में उच्च धारा मापन के लिए प्रयुक्त अमीटर में कुछ वोल्टेज ड्रॉप भी होता है। यह वोल्टेज ड्रॉप परिपथ की कार्य प्रणाली को प्रभावित करता है। आदर्श अमीटर का आन्तरिक प्रतिरोध शून्य होता है, जिससे अमीटर के एक्रास धारा का प्रवाह होने पर वोल्टेज ड्रॉप कम होता है।

परन्तु व्यावहारिक रूप से यह असम्भव है। आदर्श अमीटर के लिए,

$$\text{अज्ञात मीटर प्रतिरोध } (R_m) = \frac{\text{वोल्टमीटर पाठ्यांक}}{\text{अमीटर पाठ्यांक}}\ \frac{(V)}{(I)}$$

दर्शाए गए परिपथ में, अमीटर, प्रतिरोधक से जाने वाली धारा का वास्तविक मान पढ़ता है, परन्तु वोल्टमीटर , प्रतिरोधक के एक्रॉस वोल्टेज का वास्तविक मान नहीं पढ़ता है। यह प्रतिरोधक तथा अमीटर के एक्रॉस वोल्टेज ड्रॉप को मापता है।

माना कि अमीटर का प्रतिरोध R_a है,

तब अमीटर के एक्रॉस वोल्टेज ड्रॉप, $V_a = I\,R_a$

$$\text{एवं प्रतिरोधक,}\quad R_m = \frac{V}{I} = \frac{V_R + V_a}{I_R}$$

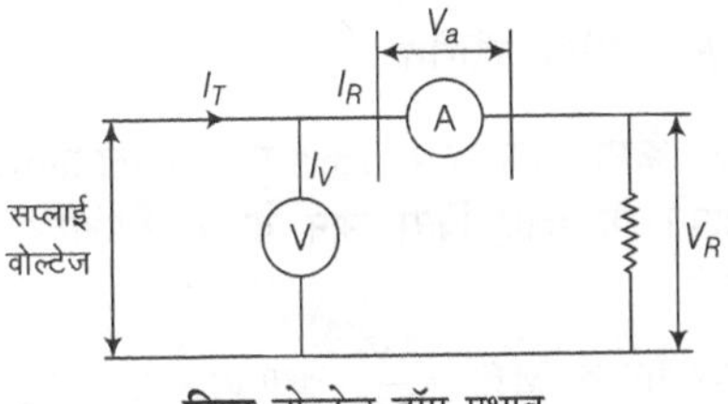

चित्र वोल्टेज ड्रॉप प्रभाव

$$\therefore \quad R_t = \frac{I_R R + I_R R_a}{I_R} = R + R_a \quad \ldots\text{(i)}$$

प्रतिरोधक R का वास्तविक मान, $R = R_m - R_a$ ...(ii)

समीकरण (ii) से स्पष्ट है कि प्रतिरोध का मापा गया मान, वास्तविक मान से अधिक है। समीकरण से यह भी स्पष्ट है कि वास्तविक मान मापे गए मान के बराबर होगा यदि अमीटर के प्रतिरोध (R_a) का मान शून्य हो तो

$$\text{आपेक्षिक त्रुटि, } e_r = \frac{R_m - R}{R};\ e_r = \frac{R_m - (R_m - R_a)}{R} = \frac{R_a}{R} \quad \ldots\text{(iii)}$$

समीकरण (iii) से स्पष्ट है कि मापन त्रुटि कम होगी यदि मापा जाने वाला प्रतिरोध, अमीटर के प्रतिरोध की तुलना में अधिक होगा। इसलिए उपरोक्त चित्र में प्रदर्शित परिपथ केवल उच्च प्रतिरोध को मापने के लिए अधिक उपयोगी है।

उदाहरण 1. किसी मूविंग क्वॉयल यन्त्र का आन्तरिक प्रतिरोध 2 ओम है और वह 1 एम्पियर विद्युत धारा पर पूर्ण-विक्षेप दर्शाता है। यन्त्र की मापसीमा को 0-5A तक बढ़ाने के लिए आवश्यक शण्ट प्रतिरोध की गणना कीजिए।

हल ज्ञात है, यन्त्र का आन्तरिक प्रतिरोध, $R_m = 2$ ओम

यन्त्र की विद्युत धारा, $I_m = 1$ एम्पियर

मापसीमा बढ़ाने पर विद्युत धारा, $I = 5$ A

$\therefore$ अमीटर गुणक, $M = \frac{I}{I_m} = \frac{5}{1} = 5$

$\therefore$ शण्ट प्रतिरोध, $R_{SH} = \frac{R_m}{M-1} = \frac{2}{5-1} = \frac{2}{4} = 0.5$ ओम

उदाहरण 2. एक माइक्रोअमीटर का आन्तरिक प्रतिरोध 500 ओम है। उसकी मापसीमा को 0-100 μA से 0-10 A तक बढ़ाने के लिए आवश्यक शण्ट प्रतिरोध की गणना कीजिए।

हल ज्ञात है, यन्त्र का आन्तरिक प्रतिरोध, $R_m = 500$ ओम,

यन्त्र की मापसीमा, $I_m = 0\text{-}100\,\mu A$

तथा आवश्यक मापसीमा, $I = 0\text{-}10$ A

$\therefore$ अमीटर गुणक, $M = \frac{I}{I_m} = \frac{10}{100 \times 10^{-6}} = 1 \times 10^5$

अतः शण्ट प्रतिरोध, $R_{sh} = \frac{R_m}{M-1} = \frac{500}{(1 \times 10^5) - 1}$

$= \frac{500}{100000 - 1} = 0.005$ ओम

7.6 वोल्टमीटर Voltmeter

किसी परिपथ में वोल्टेज मापन के लिए प्रयुक्त किए जाने वाले मापक यन्त्र को वोल्टमीटर कहते हैं। वोल्टमीटर के रूप में मूविंग क्वॉयल यन्त्र अथवा अन्य प्रकार के यन्त्रों का प्रयोग किया जाता है। वोल्टमीटर को वोल्टता मापन के लिए परिपथ में समान्तर क्रम में संयोजित किया जाता है। मूविंग क्वॉयल यन्त्र अपने प्रतिरोध एवं प्रवाहित धारा के गुणनफल के द्वारा वोल्टेज का मापन करता है। वोल्टमीटर में से प्रवाहित होने वाली धारा का मान न्यूनतम होना चाहिए अन्यथा इसके कारण लोड धारा प्रभावित हो जाती है, इसलिए वोल्टमीटर के प्रतिरोध का मान अधिकतम होना चाहिए।

MC वोल्टमीटर के परास का विस्तारण

Extension of Range of MC Voltmeter

एक मौलिक वोल्टमीटर का उपयोग वोल्टता मापन में ही किया जा सकता है। हम जानते हैं कि, प्रत्येक मीटर क्वॉयल का एक स्थिर प्रतिरोध होता है इसलिए जब क्वॉयल से धारा प्रवाहित होती है, तो प्रतिरोध के सिरों पर एक वोल्टता पात (voltage drop) होता है। ओम के नियमानुसार, वोल्टता पात (E), प्रतिरोध (R) में प्रवाहित धारा के समानुपाती होता है ($E = IR$)।

उदाहरण के लिए चित्र में 0-1 mA मीटर प्रदर्शित है, जिसकी क्वॉयल का प्रतिरोध 1000 Ω है जब मीटर क्वॉयल में 1 mA धारा प्रवाहित हो रही है एवं पूर्ण पैमाना, विक्षेपण हो रहा है, तो क्वॉयल प्रतिरोध के सिरों पर उत्पन्न वोल्टता होगी $E = I_m\ R_m = 0.001 \times 1000 = 1\text{ V}$

यदि उस धारा की केवल आधी धारा (0.5 mA) प्रवाहित हुई होती, तो क्वॉयल के सिरों पर वोल्टता $I_M\ .\ R_M = 0.005 \times 1000 = 0.5\text{ V}$ होती।

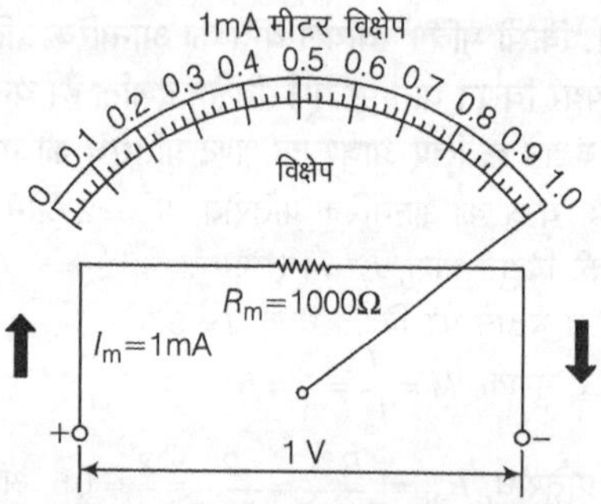

चित्र MC वोल्टमीटर का परास विस्तारण

यह देखा जा सकता है कि क्वॉयल के सिरों पर उत्पन्न वोल्टेज क्वॉयल में प्रवाहित धारा के समानुपाती होती है। क्वॉयल से प्रवाहित धारा, क्वॉयल पर आरोपित वोल्टता के भी समानुपाती होती है, इसलिए मीटर पैमाने पर अंशांकन (calibrating), धारा इकाई (unit) में करने के स्थान पर वोल्टता इकाई में किया जाता है, जिससे परिपथ के विभिन्न भागों में वोल्टेज मापन किया जा सकता है।

यद्यपि मीटर मूवमेन्ट में वोल्टता का मापन अन्तर्निहित है, परन्तु इसकी उपयोगिता सीमित है, क्योंकि इस मीटर की क्वॉयल में से प्रवाहित धारा को नियन्त्रित किया जा सकता है एवं इसका क्वॉयल प्रतिरोध भी काफी कम होता है।

उदाहरण के लिए, उपरोक्त उदाहरण से 1mA मीटर विक्षेप से, जो अधिकतम वोल्टेज मापी जा सकती है वह एक वोल्ट है। वास्तविक व्यवहार में, एक वोल्ट से अधिक वोल्टेज मापन की आवश्यकता पड़ेगी, इसलिए वोल्टमीटर की परास का विस्तारण किया जाता है। इस कार्य हेतु वोल्टमीटर की क्वॉयल की श्रेणी में एक नॉन-इण्डक्टिव उच्च प्रतिरोधक जोड़ा जाता है, जिसे मल्टीप्लायर प्रतिरोधक या वोल्टमीटर गुणांक कहते हैं।

मल्टीप्लायर प्रतिरोधक
Multiplier Resistor

चूँकि एक मौलिक वोल्टमीटर बहुत कम वोल्टेज माप सकता है। एक क्वॉयल प्रतिरोध के सिरों पर $I_m R_m$ वोल्टता पात से अधिक वोल्टेज मापन के लिए इस मीटर की श्रेणी में एक प्रतिरोध जोड़ देने से वोल्टमीटर की परास विस्तारित की जा सकती है।

यदि एक मल्टीप्लायर प्रतिरोधक (R_{MULT}) को मीटर प्रतिरोधक (R_m) के साथ श्रेणी में जोड़ दिया जाए, तो मीटर धारा को एक मिली एम्पियर तक सीमित किया जा सकता है, चूँकि मीटर से अधिकतम 1mA धारा प्रवाहित हो सकती है, इसलिए मीटर प्रतिरोधक और मल्टीप्लायर प्रतिरोधक, ($R_{TOT} = R_{MULT} + R_m$) मीटर धारा को एक मिली एम्पियर पर सीमित कर देंगे।

ओम के नियम के अनुसार, कुल प्रतिरोधक

$$R_{TOT} = R_{MAX} / I_M = 10\text{ V}/ 0.001\text{ A}$$
$$= 10000\ \Omega$$

यह कुल आवश्यक प्रतिरोध है इसलिए मल्टीप्लायर प्रतिरोध,

$$R_{MULT} = R_{TOT} - R_M$$
$$= 10000 - 1000$$
$$= 9000\ \Omega$$

अब मौलिक वोल्टमीटर 1mA, 1000 Ωm, 0-10V माप सकता है, क्योंकि पूर्ण पैमाना विक्षेप के लिए 10 V आरोपित करना पड़ेगा, परन्तु मीटर स्केल का पुन: अंशांकन (re-calibration) 0-10 वोल्ट हो सकता है अथवा यदि स्केल का प्रयोग किया जाता है, तो सभी पाठ्यांक की 10 से गुणा करनी पड़ेगी।

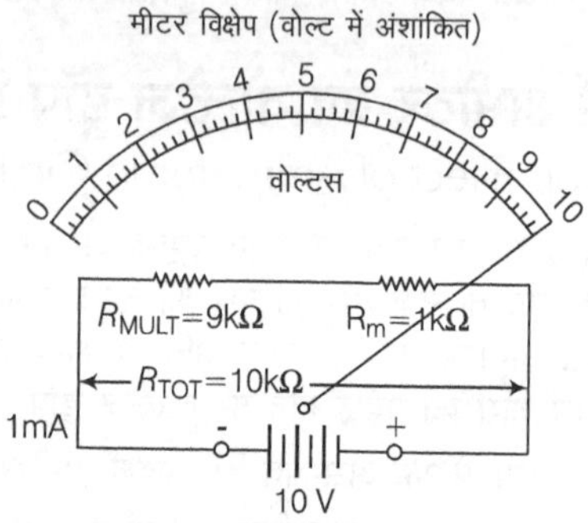

चित्र मल्टीप्लायर प्रतिरोधक के द्वारा वोल्टमीटर का परास विस्तारण

मल्टीप्लायर गुणक Multiplier Factor (MF)

$$MF = \frac{\text{प्रस्तावित वोल्टमीटर परास V}}{\text{MC के सिरों पर वोल्टेज ड्राप (FSD) पर}} = \frac{V}{V_m}$$

MF द्वारा मल्टीप्लायर प्रतिरोध की गणना करने पर

$$R_{MULT} = (MF - 1) \times R_m$$

जहाँ, R_{MULT} = मल्टीप्लायर प्रतिरोध

MF = मल्टीप्लायर गुणक,

R_F = मीटर प्रतिरोध

उदाहरण 3. किसी उपकरण का 1mA पर क्वॉयल प्रतिरोध 1000 ओम है। 100V मापने के लिए किस मान के मल्टीप्लायर प्रतिरोधक की आवश्यकता होगी?

हल मल्टीप्लायर गुणक (MF) $= \frac{V}{V_m}$ तथा $V_m = I_m \times R_m$

$$= 1 \times 10^{-3} \times 1000 = 1\text{V}$$

$$MF = \frac{V}{V_m} = \frac{100}{1} = 100$$

$$R_{MULT} = (MF - 1)R_m$$
$$= (100 - 1)\ 1000$$
$$= 99000\ \Omega$$

बहुपरास वोल्टमीटर Multi Range Voltmeter

अनेक प्रकार के उपकरणों में एक वोल्ट के कुछ दसवें भाग से लेकर सैंकड़ों और हजारों वोल्ट तक वोल्टेज मापने की आवश्यकता पड़ती है। इन उपकरणों में बहुपरास वोल्टमीटर का उपयोग किया जाता है, जो अनेक परास (range) वोल्टेज वाले होते हैं।

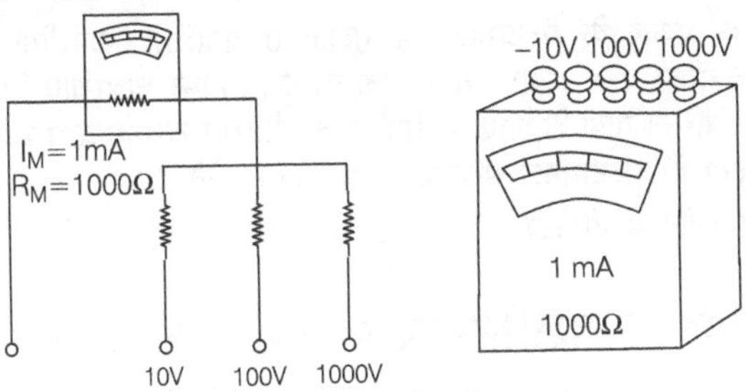

चित्र बहुपरास वोल्टमीटर

एक बहुपरास वोल्टमीटर में अनेक मल्टीप्लायर प्रतिरोध होते हैं जिन्हें मीटर के साथ श्रेणी में जोड़ा जा सकता है। इसमें एक परास स्विच का उपयोग एक विशेष प्रतिरोध अथवा प्रतिरोधकों के वांछित परास के लिए किया जाता है।

अमीटर से वोल्टमीटर में परिवर्तन

Conversion into Ammeter to Voltmeter

जब एक मूविंग क्वॉयल मीटर का प्रयोग धारा मापने के लिए करते हैं तब उसका संकेतक घूमता है, जिससे पता चलता है कि वह अमीटर के समान कार्य कर रहा है। इसके लिए मूविंग क्वॉयल मीटर को परिपथ में श्रेणीक्रम में संयोजित किया जाता है।

एक अमीटर मापक यन्त्र को वोल्टमीटर में सरलता से परिवर्तित किया जा सकता है। इसके लिए अमीटर के श्रेणीक्रम में एक उच्च मान वाले प्रतिरोध को संयोजित कर दिया जाता है। ओम के नियमानुसार इसमें से प्रवाहित होने वाली धारा प्रयुक्त की गई वोल्टता को प्रदर्शित करती है।

इसके विपरीत वोल्टमीटर को अमीटर में परिवर्तित करना भी एक सरल कार्य होता है। इसके लिए वोल्टमीटर के समान्तर क्रम में निम्न मान युक्त प्रतिरोध को संयोजित कर दिया जाता है। ओम के नियमानुसार, इसके आर-पार (across) होने वाला वोल्टेज ड्रॉप इसमें से प्रवाहित होने वाली धारा को प्रदर्शित करता है। अत: इस प्रकार सरलता से अमीटर को वोल्टमीटर में तथा वोल्टमीटर को अमीटर में आवश्यकतानुसार बदला जा सकता है।

नोट *(i) किसी अमीटर के समान्तर क्रम में संयोजित किया जाने वाला शण्ट, **गुणक** अथवा **मल्टीप्लायर** (multiplier) कहलाता है।*
(ii) पूर्ण पैमाना = Full Scale Deflection or (FSD)

उदाहरण 4. किसी वोल्टमीटर का आन्तरिक प्रतिरोध 50 Ω है और वह 5 वोल्ट के वोल्टेज पर पूर्ण-विक्षेप दर्शाता है। यन्त्र की मापसीमा को 0-250 V तक बढ़ाने के लिए आवश्यक प्रतिरोध की गणना कीजिए।

हल ज्ञात है, यन्त्र का आन्तरिक प्रतिरोध, $R_m = 50\,\Omega$

यन्त्र का विभवान्तर, $V_m = 5$ वोल्ट

मापसीमा बढ़ाने पर विभवान्तर, $V = 250$ वोल्ट

$\therefore$ वोल्टमीटर गुणक, $M = \dfrac{V}{V_m} = \dfrac{250}{5} = 50$

$\therefore$ श्रेणी प्रतिरोध, $R_x = R_m\,(M-1) = 50\,(50-1) = 2450\,\Omega$

उदाहरण 5. किसी मूविंग क्वॉयल यन्त्र का आन्तरिक प्रतिरोध 2 Ω है और वह 50 mA विद्युत धारा पर पूर्ण विक्षेप दर्शाता है। यन्त्र द्वारा 0-250 V पढ़ने के लिए आवश्यक श्रेणी प्रतिरोध क्या होगा?

हल ज्ञात है, यन्त्र का आन्तरिक प्रतिरोध, $R_m = 2\,\Omega$

यन्त्र की विद्युत धारा, $I_m = 50$ mA

$\therefore$ मापसीमा बढ़ाने पर विभवान्तर, $V = 250\,V$

यन्त्र का विभवान्तर, $V_m = I_m . R_m$

$= 50 \times 10^{-3} \times 2 = 0.1\,V$

$\therefore$ वोल्टमीटर गुणक, $M = \dfrac{V}{V_m} = \dfrac{250}{0.1} = 2500$

श्रेणी प्रतिरोध $R_x = R_m\,(M-1) = 2\,(2500-1)$

$= 2 \times 2499 = 4998\,\Omega$

वोल्टमीटर की सुग्राहिता

Sensitivity of Voltmeter

किसी वोल्टमीटर के लिए उसके प्रतिरोध तथा वोल्टेज मापसीमा का अनुपात उसकी सुग्राहिता कहलाता है।

$$\text{वोल्टमीटर की सुग्राहिता} = \frac{\text{वोल्टमीटर प्रतिरोध}}{\text{वोल्टमीटर मापसीमा}}$$

यहाँ, वोल्टमीटर प्रतिरोध से आशय है यन्त्र की कुण्डली का प्रतिरोध तथा उसके श्रेणी क्रम में संयोजित गुणक-प्रतिरोध का योग।

उदाहरण 6. यदि 5 Ω आन्तरिक प्रतिरोध रखने वाला मूविंग क्वॉयल यन्त्र 1 mA विद्युत धारा के लिए पूर्ण पैमाना विक्षेप दर्शाता है, तो उसे 0-5 V तक पढ़ने वाले वोल्टमीटर में परिवर्तित करने के लिए कितना श्रेणी-प्रतिरोध संयोजित करना पड़ेगा और वोल्टमीटर की सुग्राहिता क्या होगी?

हल ज्ञात है, यन्त्र का आन्तरिक प्रतिरोध, $R_m = 5$ ओम

यन्त्र की विद्युत धारा, $I_m = 1\,\text{mA}$

आवश्यक वोल्टेज मापसीमा, $V = 5\,V$

(i) यन्त्र की मूल वोल्टेज मापसीमा, $V_m = I_m . R_m$

$= 1 \times 10^{-3} \times 5$

$= 0.005\,V$

वोल्टमीटर गुणक, $M = \dfrac{V}{V_m} = \dfrac{5}{0.005} = 1000$

श्रेणी-प्रतिरोधक, $R = R_m\,(M-1) = 5\,(1000-1)$

$= 5 \times 999 = 4995\,\Omega$

(ii) $\therefore$ वोल्टमीटर सुग्राहिता $= \dfrac{\text{वोल्टमीटर प्रतिरोध}}{\text{वोल्टमीटर मापसीमा}}$

$= \dfrac{5 + 4995}{5} = \dfrac{5000}{5}$

$= 1000\,\Omega/V$

एक अच्छे वोल्टमीटर का प्रतिरोध उच्च होना चाहिए अर्थात् उसकी 'ओम प्रति वोल्ट' सुग्राहिता का मान उच्च होना चाहिए, तभी उसके द्वारा ली गई माप यथार्थ (accurate) होगी। इस प्रकार, यह कहा जा सकता है कि अनन्त प्रतिरोध वाला वोल्टमीटर ही यथार्थ माप दर्शाता है।

7.7 ओममीटर Ohmmeter

ओममीटर प्रतिरोध की गणना करने वाली प्रत्यक्ष पाठ्यांक युक्ति है। इस यन्त्र की परिशुद्धता कम होती है यद्यपि परिशुद्धता का कम होना यन्त्र की क्षमता को प्रभावित नहीं करता है। इस यन्त्र का प्रयोग प्रतिरोध का निकटतम मान (approximate value) ज्ञात करने के लिए किया जाता है।

संरचना Construction

ओममीटर में मुख्यत: एक अमीटर, बैटरी विद्युत धारा नियन्त्रण, प्रतिरोधक, शून्य समायोजक प्रतिरोधक (पोटेन्शियोमीटर) तथा 'प्रोब्स' (probes) होती हैं। ये यन्त्र दो प्रकार के होते हैं : 1. श्रेणी प्रकार के 2. शण्ट प्रकार के। श्रेणी प्रकार के यन्त्र में अज्ञात प्रतिरोधक को बैटरी तथा माइक्रो-अमीटर के साथ श्रेणीक्रम में संयोजित किया जाता है। इसका उपयोग मध्यम तथा उच्च प्रतिरोध मान के मापन हेतु किया जाता है। शण्ट प्रकार के यन्त्र में अज्ञात प्रतिरोधक को माइक्रोअमीटर के साथ समान्तर क्रम में संयोजित किया जाता है। इसका उपयोग निम्न तथा मध्यम प्रतिरोध मान के मापन के लिए किया जाता है।

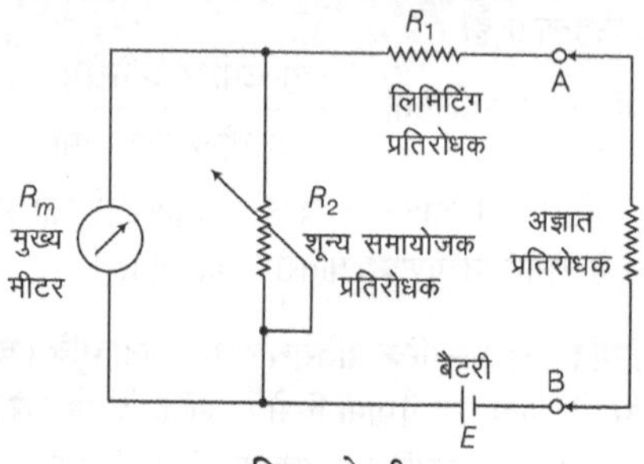

चित्र ओममीटर

कार्यप्रणाली Working Method

A तथा *B* संयोजकों को 'शॉर्ट-सर्किट' करने पर अर्थात् अज्ञात प्रतिरोधक का मान शून्य होने पर, परिपथ में से अधिकतम विद्युत धारा प्रवाहित होती है। इस स्थिति में शून्य समायोजक प्रतिरोधक (zero adjustment resistor) के द्वारा संकेतक को पैमाने की शून्य स्थिति पर समायोजित कर दिया जाता है। पैमाने पर 'शून्य' दायीं ओर होता है।

जब संयोजकों *A* तथा *B* को एक-दूसरे से पृथक् रखा जाता है, तो संकेतक, पैमाने पर शून्य विद्युत धारा तथा अनन्त (infinite) प्रतिरोध दर्शाता है। संयोजकों *A* तथा *B* के बीच अज्ञात प्रतिरोधक संयोजित करने पर यन्त्र का संकेतक, पैमाने पर सीधे ही प्रतिरोध 'ओम' में दर्शाता है। इस यन्त्र का पैमाना, आनुपातिक नहीं होता है।

विशेषताएँ Specifications

1. इस यन्त्र के द्वारा अज्ञात प्रतिरोधक का मान सीधे ही 'ओम' में पढ़ा जा सकता है और किसी प्रकार की गणना करने की आवश्यकता नहीं होती।
2. इस यन्त्र में अतिरिक्त प्रतिरोधक तथा बैटरी संयोजित करके कई मापसीमाएँ बनाई जा सकती हैं। प्रत्येक मापसीमा के लिए एक 'गुणक' (multiplier) होता है, जो यन्त्र के स्विच की स्थितियों पर अंकित कर दिया जाता है; जैसे— $R_x = 1$, $R_x = 1000$ आदि।

7.8 मल्टीमीटर Multimeter

'मल्टीमीटर' का अर्थ है—कई प्रकार की वैद्युतिक राशियों को नापने वाला यन्त्र। ये वैद्युतिक राशियाँ हैं—माइक्रो/मिली एम्पियर, वोल्ट तथा ओम। इस यन्त्र को **बहुमापी** एवं **'एवो मीटर'** (AVO meter means Ampere Volt Ohm meter) भी कहते हैं।

पारम्परिक प्रकार के मल्टीमीटर में मूलत: 0-250 μA मापसीमा वाला 'मूविंग क्वॉयल यन्त्र' प्रयोग किया जाता है। इसमें निम्न व्यवस्थाएँ विद्यमान होती हैं। विभिन्न मापों के लिए मल्टीमीटर को रोटरी स्विच के द्वारा संयोजित किया जाता है। मल्टीमीटर मुख्यत: दो प्रकार के होते हैं

1. एनालॉग मल्टीमीटर
2. डिजिटल मल्टीमीटर

1. एनालॉग मल्टीमीटर Analog Multimeter

एनालॉग मल्टीमीटर धारा, वोल्टेज व प्रतिरोध तीनों ही वैद्युत राशियों को मापने हेतु प्रयोग होता है। इसमें वैद्युत राशियों के मापन को एक पैमाने पर संकेतक द्वारा दर्शाया जाता है, इसलिए इसे एनालॉग मल्टीमीटर कहते हैं। परास स्विच की सहायता से यह पृथक्-पृथक् किसी भी वैद्युत राशि को मापने हेतु प्रयोग में लाया जा सकता है।

एनालॉग मल्टीमीटर के ब्लॉक आरेख को चित्र में प्रदर्शित किया गया है

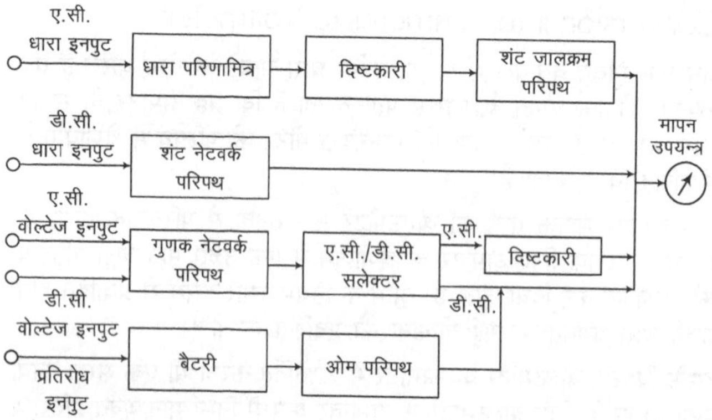

चित्र एनालॉग मल्टीमीटर का ब्लॉक डायग्राम

कार्यप्रणाली Working Method

एनालॉग मल्टीमीटर के द्वारा निम्न राशियों का मापन किया जाता है

वोल्टेज एवं धारा मापन Voltage and Current Measurement

चित्रानुसार, मल्टीमीटर की आन्तरिक संरचना में एनालॉग मल्टीमीटर की भिन्न परासों के लिए पृथक्-पृथक् प्लग सॉकेट्स होते हैं। इस मल्टीमीटर के साथ दो परीक्षण लीड्स (testing leads) होती हैं, जिनमें एक लाल रंग की तथा दूसरी काले रंग की होती है। काले रंग की परीक्षण लीड को कॉमन (common) अंकित वाले प्लग सॉकेट के साथ संयोजित किया जाता है तथा लाल रंग की परीक्षण लीड को उपयुक्त परास वाले प्लग सॉकेट के साथ संयोजित किया जाता है।

माना, हमें 2.0 वोल्ट की डी.सी. सप्लाई के वोल्टेज को मापना है, तब हम मल्टीमीटर का लाल रंग की परीक्षण लीड के सिरे पर लगी धातु पिन को, सप्लाई लाइन के धनात्मक (+) तार के सिरे से तथा काले रंग की परीक्षण

लीड के सिरे पर लगी धातु पिन को, सप्लाई लाइन के ऋणात्मक (–) तार के सिरे से संयोजित करते हैं, जिससे मल्टीमीटर का प्वॉइण्टर डायल पैमाने पर सप्लाई लाइन वोल्टेज को दर्शाएगा। चित्र में एक एनालॉग मल्टीमीटर को दर्शाया गया है

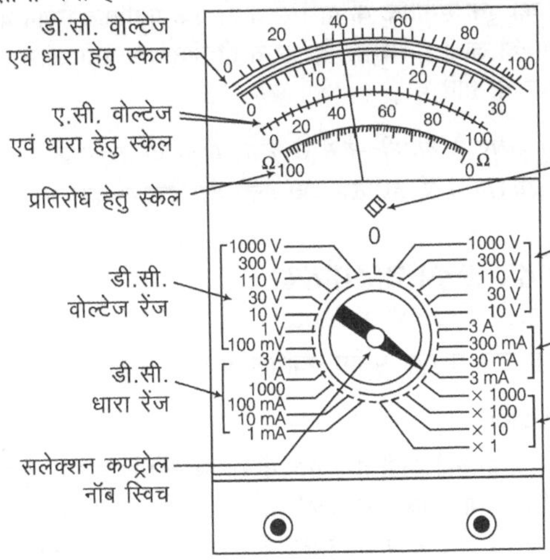

चित्र एनालॉग मल्टीमीटर

इसी प्रकार, धारा मापन हेतु लाल रंग की परीक्षण तार को उचित परास वाले डी.सी. धारा प्लग सॉकेट के साथ संयोजित करने के पश्चात् दोनों लीड के सिरों को सप्लाई से जुड़े लोड के श्रेणी क्रम में संयोजित करने पर प्वॉइण्टर डायल पैमाने पर डी.सी. धारा मान को दर्शाएगा।

(i) अधिक वोल्टेज/धारा की वैद्युत राशि को कभी भी कम परास में नहीं मापना चाहिए। ऐसा करने से मापक यंत्र की मूविंग क्वॉयल से अधिक धारा प्रवाहित होने के कारण क्वॉयल जल सकती है। इसके अतिरिक्त अधिक घूर्णन टॉर्क उत्पन्न होने के कारण प्वॉइण्टर अन्तिम सीमा पर लगे स्टॉपर से टकरा कर टूट सकता है।

(ii) हमेशा वोल्टेज मापन हेतु परीक्षण लीड्स के सिरों को लोड/सप्लाई के समान्तर में तथा धारा मापन हेतु लोड के श्रेणी क्रम में संयोजित किया जाता है।

प्रतिरोध मापन Resistance Measurement

मल्टीमीटर की परीक्षण लीड्स के सिरों को काले रंग की परीक्षण लीड को कॉमन प्लग सॉकेट के साथ तथा लाल रंग की परीक्षण लीड को 10 kΩ के प्लग सॉकेट के साथ संयोजित करने के पश्चात् दोनों परीक्षण लीड्स के सिरों को आपस में शॉर्ट-सर्किट करके शून्य समंजन नॉब (zero adjusting knob) के द्वारा दाईं ओर बने शून्य (0) पर समंजित करते हैं। इसके पश्चात् मापे जाने वाले प्रतिरोधक (resistor) के दोनों सिरों के साथ परीक्षण लीड के सिरों को संयोजित करने पर प्रतिरोधक का प्रतिरोध मान ओम पैमाने पर प्रदर्शित होगा।

यदि प्वॉइण्टर, प्रतिरोध के मान को 10kΩ से अधिक अर्थात् अन्तिम मान से अधिक दर्शाता है, तब लाल रंग की परीक्षण लीड को 1MΩ परास वाले प्लग सॉकेट से संयोजित करने के पश्चात् प्रतिरोध के मान को मेगा ओम (M Ω) में पढ़ते हैं।

नोट *सभी प्रतिरोधकों पर प्रतिरोध मान को ज्ञात करने हेतु कलर कोड छपी होती है। अतः कलर कोड के अनुसार प्रतिरोध मान का अनुमान लगाने के पश्चात् ही मल्टीमीटर की ओम परास प्लग सॉकेट का चयन किया जाता है।*

2. डिजिटल मल्टीमीटर Digital Multimeter

जिन मल्टीमीटर में वैद्युत राशि के पाठ्यांक को डॉयल पैमाने पर प्वॉइण्टर के द्वारा दर्शाए जाने के स्थान पर, सीधे ही LCD डिस्प्ले इकाई पर डिजिट्स में दर्शाया जाता है, डिजिटल मल्टीमीटर कहलाता है।

एनालॉग मल्टीमीटर्स के द्वारा विभिन्न वैद्युत राशियों को मापते समय चल प्रणाली (moving system) के द्वारा पाठ्यांक को पढ़ा जाना हैं, जिससे त्रुटियों के कारण इनके द्वारा प्राप्त पाठ्यांक में यथार्थता (accurate) की कमी होती है, जबकि डिजिटल मल्टीमीटर के द्वारा प्राप्त किए गए पाठ्यांक में यथार्थता (accuracy) अधिक होती है। यह आकार में छोटे तथा वजन में हल्के होते हैं।

इनके द्वारा प्राप्त पाठ्यांक अंकों (digits) में पढ़ा जाता है।

डिजिटल मल्टीमीटर का ब्लॉक आरेख चित्र में दर्शाया गया है।

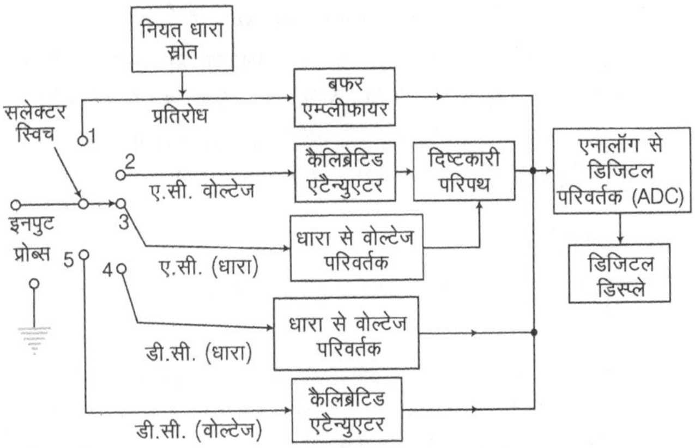

चित्र डिजिटल मल्टीमीटर ब्लॉक आरेख

कार्यप्रणाली Working Method

सर्वप्रथम इनपुट 'प्रोब' को एक सलैक्टर नियन्त्रण स्विच के द्वारा संयोजित किया गया है, जो मापी जाने वाली भौतिक राशि का चयन करता है; जैसे—प्रतिरोध, ए.सी. वोल्टेज, ए.सी. धारा, डी.सी. धारा एवं डी.सी. वोल्टेज इत्यादि।

'प्रचालन धारा', एक स्थिर धारा स्रोत से प्राप्त की जाती है। प्रतिरोध मापन हेतु प्रचालन धारा को सीधे ही आपूर्ति के एक 'बफर एम्प्लीफायर' के द्वारा एम्प्लीफाई किया जाता है।

'ए.सी. वोल्टेज' के मापन हेतु एक 'एटैन्युएटर' स्टेज इनपुट वोल्टेज को घटाकर यन्त्र के उपयुक्त बनाता है और दिष्टकारी परिपथ ए.सी. राशि को डी.सी. राशि में परिवर्तित कर देता है। 'ए.सी. धारा' मापन हेतु एक 'धारा से वोल्टेज परिवर्तक' और तत्पश्चात् 'रेक्टिफायर' स्टेज प्रयोग की जाती है।

'डी.सी. धारा' मापन हेतु एक 'धारा से वोल्टेज परिवर्तक' स्टेज ही प्रयोग की जाती है। 'डी.सी. वोल्टेज' मापन हेतु एक 'कैलिब्रेटिड एटैन्युएटर' स्टेज प्रयोग की जाती है। सभी पाँच प्रकार की राशियों से प्राप्त हुआ डी.सी. आउटपुट, एक 'एनालॉग से डिजिटल परिवर्तक' के द्वारा डिजिटल संकेतों में परिवर्तित किया जाता है, तत्पश्चात्, एक 'डिजिटल डिस्प्ले इकाई' के द्वारा डिजिटल संकेतों को दृश्य अंकों में परिवर्तित कर पाठ्यांक प्राप्त हो जाता है।

चित्र में एक डिजिटल मल्टीमीटर का पैनल दृश्य दर्शाया गया है।

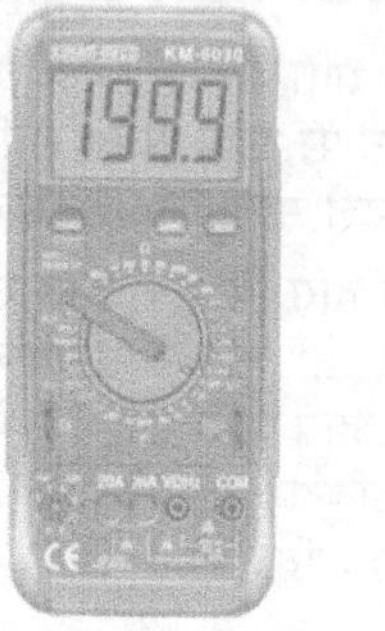

चित्र डिजिटल मल्टीमीटर का पैनल दृश्य

विशेषताएँ Specifications

1. एक अच्छे मल्टीमीटर की सुग्राहिता 20 kΩ/V होती है।
2. कुछ मल्टीमीटर्स में 0-10A डी.सी. मापसीमा भी बनाई जाती है, जिसके लिए बहुत ही अल्प मान वाला 'शंट' प्रयोग करना पड़ता है।

नोट *मूविंग क्वॉयल यन्त्र, केवल डी.सी. पर ही कार्य करता है। अतः इनके द्वारा ए.सी. विद्युत धारा का मापन सीधे ही (directly) नहीं किया जा सकता।*

सावधानियाँ Precautions

1. प्रतिरोध मापन के समय प्रतिरोधक को परिपथ से पृथक् कर लेना चाहिए।
2. प्रतिरोध मापन में सही पाठ्यांक प्राप्त करने के लिए प्रत्येक माप से पूर्व यन्त्र की प्रोब्स को आपस में स्पर्श करके शून्य समायोजक अर्थात् (वोल्टमीटर द्वारा) यन्त्र के संकेतक को पैमाने की शून्य स्थिति पर समायोजित कर लेना चाहिए।
3. वोल्टेज मापन के समय प्रारम्भ में उच्च माप सीमा का चयन करना चाहिए।

7.9 वाटमीटर Wattmeter

किसी वैद्युतिक परिपथ की शक्ति अर्थात् वाटेज मापने के लिए प्रयोग किया जाने वाला यन्त्र वाटमीटर कहलाता है। शक्ति की इकाई वाट होती है, जिसे W से प्रदर्शित किया जाता है।

हम जानते हैं कि डी.सी. परिपथ में, वाटेज, $W = V \times I$

ए.सी. परिपथ में, वाटेज, $W = V \times I \times \cos\phi$

इस प्रकार, डी.सी. परिपथ में अमीटर से विद्युत धारा तथा वोल्टमीटर से वोल्टेज मापकर, गणना द्वारा वाटेज ज्ञात की जा सकती है। इसी प्रकार ए.सी. परिपथ में अमीटर से विद्युत धारा, वोल्टमीटर से वोल्टेज तथा पावर-फैक्टर मीटर से पावर-फैक्टर मापकर, गणना द्वारा वाटेज ज्ञात की जा सकती है, परन्तु इस प्रक्रिया में कई दोष होने की सम्भावना रहती है। ये दोष निम्न प्रकार हैं

1. अधिक संख्या में मापक यन्त्र प्रयोग किए जाने के कारण पाठ्यांक लेने में त्रुटि की सम्भावना बनी रहती है और साथ ही माप की यथार्थता (accuracy) भी निम्न स्तरीय की हो जाती है।
2. परिपथ का संयोजन कार्य जटिल होता है।
3. यह विधि परिवर्तनशील लोड वाले परिपथों के लिए उपयुक्त नहीं है।

वाटमीटर के प्रकार Types of Wattmeter

गणना द्वारा किसी परिपथ की वाटेज ज्ञात करने की प्रणाली में विद्यमान दोषों के निवारण हेतु कई प्रकार के वाटमीटर्स बनाए गए हैं। इनमें किसी वैद्युतिक परिपथ की वाटेज को एक संकेतक के द्वारा सीधे ही एक पूर्वांकित पैमाने पर दर्शाने की व्यवस्था की जाती है जिससे कि तुरन्त ही पाठ्यांक पढ़ा जा सके। ये यन्त्र निम्न प्रकार के होते हैं

नोट *उपरोक्त प्रकार के वाटमीटर्स में से केवल प्रथम दो प्रकार के वाटमीटर्स ही प्रचालन में हैं, इसलिए यहाँ इन्हीं का विवरण दिया गया है।*

1. डायनमोमीटर टाइप वाटमीटर Dynamometer Type Wattmeter

यह यन्त्र सैद्धान्तिक रूप से एक मूविंग क्वॉयल यन्त्र होता है।

संरचना Construction

इसमें दो कुण्डलियाँ प्रयोग की जाती हैं—एक तो महीन ताँबे के इनैमल्ड तार से बनी 'प्रैशर क्वॉयल' या 'मूविंग क्वॉयल' (pressure coil or moving coil) होती है और दूसरी ताँबे के मोटे इनैमल्ड तार से बनी 'करण्ट क्वॉयल' या 'स्थिर क्वॉयल' (current coil or fixed coil) होती है। मूविंग क्वॉयल को एल्युमीनियम धातु से बने ढाँचे पर लपेटा जाता है। एल्युमीनियम ढाँचा, यन्त्र में 'एडी धारा द्वारा अवमन्दन बल' उत्पन्न करता है।

मूविंग क्वॉयल को दो ज्वैल-बियरिंग्स पर आलम्बित स्पिण्डल पर स्थापित किया जाता है। यन्त्र में नियन्त्रण टॉर्क करने तथा मूविंग क्वॉयल को विद्युत धारा प्रदान करने के लिए फॉस्फर ब्रोंज धातु से बनी दो बाल-कमानी प्रयोग की जाती हैं। करण्ट क्वॉयल को दो भागों में बनाया जाता है और मूविंग क्वॉयल के चारों ओर विद्युत चुम्बकीय-क्षेत्र स्थापित करने के लिए उसके दोनों ओर करण्ट क्वॉयलों को लगाया जाता है।

दोनों प्रकार की कुण्डलियों के अतिरिक्त यन्त्र में एक संकेतक, एक पैमाना तथा एक बाह्य प्रतिरोध भी होता है।

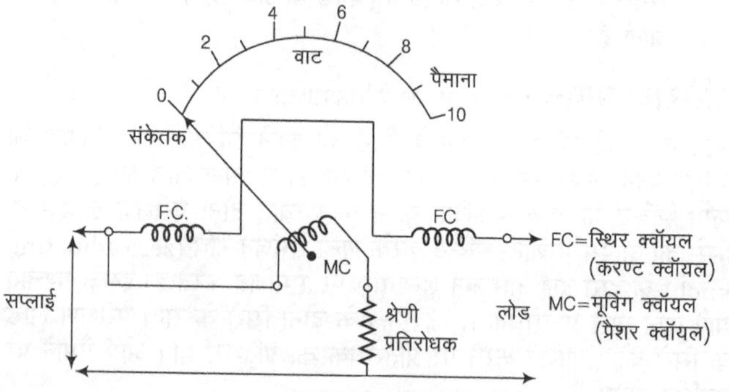

चित्र डायनमोमीटर टाइप वाटमीटर

कार्यप्रणाली Working Method

मूविंग क्वॉयल या प्रैशर क्वॉयल के श्रेणीक्रम में एक उच्च मान वाला प्रतिरोधक संयोजित करके स्रोत के समान्तर क्रम में संयोजित किया जाता है तथा करण्ट क्वॉयल या स्थिर क्वॉयल को स्रोत के श्रेणीक्रम में संयोजित किया जाता है। करण्ट क्वॉयल द्वारा उत्पन्न होने वाला चुम्बकीय क्षेत्र, लोड में से प्रवाहित हो रही विद्युत धारा मान के अनुक्रमानुपाती होता है, जबकि प्रैशर

क्वॉयल द्वारा उत्पन्न होने वाला चुम्बकीय क्षेत्र, लोड के सिरों पर विद्यमान विभवान्तर के अनुक्रमानुपाती होता है। इस प्रकार यन्त्र का विक्षेपण टॉर्क, वोल्टेज तथा करण्ट के गुणनफल के अनुक्रमानुपाती होता है

अर्थात् $$T \propto V \times I \Rightarrow T \propto W$$

विशेषताएँ Specifications

1. इस यन्त्र का पैमाना आनुपातिक होता है।
2. इस यन्त्र का उपयोग डी.सी. अथवा ए.सी. स्रोत पर समान रूप से किया जा सकता है, क्योंकि ए.सी. में विद्युत धारा प्रवाह की दिशा परिवर्तन का, परिणामी टॉर्क पर कोई प्रभाव नहीं पड़ता क्योंकि 'प्रैशर' तथा 'करण्ट' दोनों क्वॉयल्स में विद्युत धारा प्रवाह की दिशा एक साथ परिवर्तित होती है।
3. इस यन्त्र का उपयोग, वोल्टमीटर के रूप में किया जा सकता है,

नोट *इस यन्त्र का उपयोग अमीटर के रूप में नहीं किया जा सकता, क्योंकि यन्त्र की मूविंग क्वॉयल में से विद्युत धारा की अधिक मात्रा प्रवाहित नहीं की जा सकती है। आवृत्ति परिवर्तन से इस यन्त्र के पाठ्यांक में त्रुटि आ जाती है।*

2. इन्डक्शन टाइप वाटमीटर Induction Type Wattmeter

ये केवल ए.सी. परिपथ पर ही कार्य करते हैं। इन वाटमीटर्स की उपयोगिता तभी है, जब आवृत्ति एवं वोल्टेज स्थिर हो, क्योंकि आवृत्ति एवं वोल्टेज परिवर्तन से इनके पाठ्यांक प्रभावित होते हैं।

संरचना Construction

इस यन्त्र में दो विद्युत-चुम्बक प्रयोग किए जाते हैं, जिन्हें 'प्रैशर क्वॉयल' तथा 'करण्ट क्वॉयल' से उत्तेजित किया जाता है। दोनों विद्युत चुम्बकों के बीच, एल्युमीनियम धातु से बनी एक वृत्ताकार डिस्क, दो ज्वैल-बियरिंग्स पर आलम्बित स्पिण्डल पर जड़ी जाती है। स्पिण्डल के साथ ही एक संकेतक जुड़ा होता है, जो एक पूर्वांकित पैमाने पर परिपथ दर्शाता है। नियन्त्रण टॉर्क उत्पन्न करने के लिए, स्पिण्डल के साथ दो बाल-कमानियाँ (hair springs) लगाई जाती हैं।

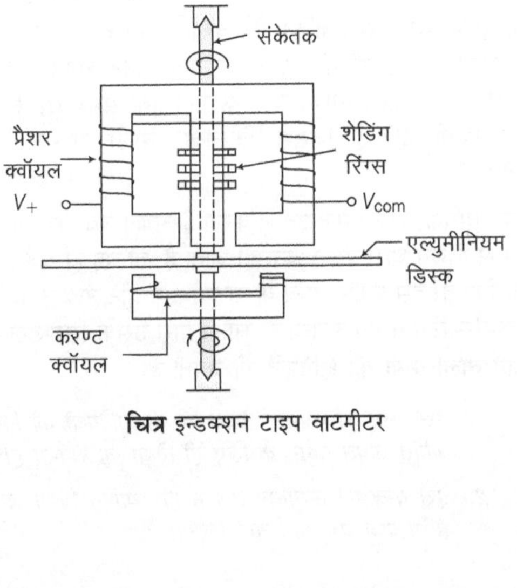

चित्र इन्डक्शन टाइप वाटमीटर

कार्यप्रणाली Working Method

यह यन्त्र, सिंगल फेज इन्डक्शन मोटर के सिद्धान्त पर कार्य करता है। 'करण्ट क्वॉयल' में लोड विद्युत धारा प्रवाहित होती है और 'प्रैशर क्वॉयल' में से वोल्टेज के आनुपातिक विद्युत धारा प्रवाहित होती है। दोनों प्रकार की कुण्डलियों द्वारा उत्पन्न चुम्बकीय फ्लक्स का छेदन, एल्युमीनियम की डिस्क के द्वारा होता है और फलस्वरूप उसमें 'एडी धारा' उत्पन्न हो जाती है।

चुम्बकीय फ्लक्स तथा 'एडी धारा' की आपसी प्रतिक्रिया के कारण एक विक्षेपण टॉर्क विकसित हो जाता है, जो डिस्क को घुमा देता है। स्पिण्डल से जुड़ा नगण्य भार वाला संकेतक, पूर्वांकित पैमाने पर परिपथ की वाटेज दर्शाता है, क्योंकि विक्षेपण वोल्टेज तथा धारा के गुणनफल के अनुक्रमानुपाती अर्थात् $T \propto V \times I$ होता है।

'प्रैशर क्वॉयल' द्वारा उत्तेजित विद्युत-चुम्बक की मध्य भुजा पर कुछ 'शेडेड रिंग्स' (shaded rings) स्थापित किए जाते हैं, जिनका उद्देश्य, सिंगल फेज इन्डक्शन मोटर की भाँति एक फेज वाली सप्लाई के वोल्टेज तथा करण्ट में फेज-अन्तर (phase difference) उत्पन्न करना होता है। इन रिंग्स की स्थिति को समायोजित करके, 'प्रैशर क्वॉयल' के फ्लक्स को सप्लाई वोल्टेज से 90° पश्चगामी रखा जा सकता है।

विशेषताएँ Specifications

1. इस यन्त्र में अवमन्दन (damping) के लिए अलग से कोई व्यवस्था नहीं की जाती है, क्योंकि एल्युमीनियम डिस्क में उत्पन्न हुई एडी धारा, स्वत: ही 'एडी धारा अवमन्दन बल' भी उत्पन्न करती रहती है।
2. अधिक वोल्टेज एवं अधिक धारा वाले परिपथों में वाटेज के मापन के लिए इस यन्त्र के साथ 'करण्ट ट्रांसफॉर्मर' एवं 'पोटैन्शियल ट्रांसफॉर्मर' (CT एवं PT) प्रयोग किए जाते हैं।

नोट *प्रेरण सिद्धान्त पर आधारित होने के कारण इस यन्त्र का उपयोग केवल ए.सी. परिपथों में ही किया जा सकता है।*

तालिका डायनमोमीटर टाइप एवं इन्डक्शन टाइप वाटमीटर टाइप के मध्य अन्तर

क्र.सं.	डायनमोमीटर वाटमीटर	इन्डक्शन वाटमीटर
1.	ये ए.सी. तथा डी.सी. दोनों पर प्रयोग किए जा सकते हैं।	इन्हें केवल ए.सी पर ही प्रयोग किया जा सकता है।
2.	इसमें कार्यकारी बलाघूर्ण दुर्बल होता है।	इसमें कार्यकारी बलाघूर्ण अपेक्षाकृत शक्तिशाली होता है।
3.	इसमें तुलनात्मक शक्ति व्यय कम होता है।	इसमें तुलनात्मक शक्ति व्यय उच्च होता है।
4.	इसमें चल तन्त्र का भार अपेक्षाकृत कम होता है।	इसमें चल तन्त्र का भार अपेक्षाकृत अधिक होता है।
5.	यह उच्च परिशुद्धता रखता है	यह कम परिशुद्ध (accurate) होता है व स्थिर आवृत्ति और तापक्रम पर परिशुद्धता देता है।

7.10 एनर्जी मीटर Energy Meter

ऊर्जा मापन के लिए प्रयुक्त होने वाले यन्त्र को एनर्जी मीटर कहा जाता है। ऊर्जा की इकाई जूल तथा किलोवाट-घण्टा होती है अर्थात् किसी वैद्युतिक परिपथ में **किलोवाट-घण्टा** (kWh) मात्रक में विद्युत शक्ति की खपत मापने वाला यन्त्र 'एनर्जी मीटर' कहलाता है।

यह एक इन्टीग्रेटिंग प्रकार का यन्त्र है। किसी एनर्जी मीटर में निम्नलिखित तीन मुख्य भाग होते हैं

1. **प्रचालन युक्ति** (Operating device) इस यन्त्र में एक चक्कर काटने वाली डिस्क (disc) होती है, जिसकी घूर्णन गति (किलोवाट में) विद्युत खपत के अनुक्रमानुपाती होती है।
2. **ब्रेकिंग युक्ति** (Braking device) यह युक्ति, मापक यन्त्र को परिपथ से हटा देने पर तुरन्त ही डिस्क के घूर्णन को रोक देती है।
3. **रिकॉर्डिंग युक्ति** (Recording device) यह युक्ति, विद्युत शक्ति की खपत को एक संख्या के रूप में रिकॉर्ड करती जाती है।

एनर्जी मीटर को मुख्यत: निम्न तीन आधारों पर वर्गीकृत किया जा सकता है

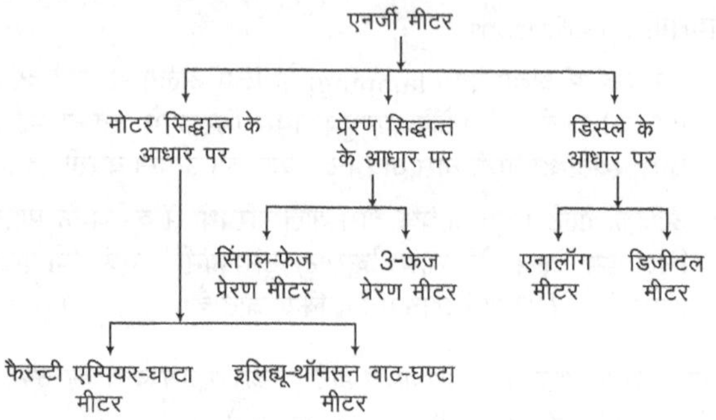

1. मोटर सिद्धान्त के आधार पर

On the Basis of Motor Principle

मोटर सिद्धान्त पर आधारित एनर्जी मीटर्स का वर्णन निम्न प्रकार है

(i) फैरेन्टी ऐम्पियर-घण्टा मीटर

Ferranti Ampere-Hour Meter

इस यन्त्र की डिस्क (disc) की घूर्णन गति, 'फ्रिक्शन-कम्पैन्सेटिंग- क्वॉयल' में से प्रवाहित हो रही विद्युत धारा के मान और समय के गुणनफल के अनुक्रमानुपाती होती है, इसे एम्पियर घण्टा (AH) मीटर भी कहते हैं।

इसका उपयोग केवल ऐसे डी.सी. परिपथों की विद्युत शक्ति खपत मापने के लिए किया जाता है, जिनमें वोल्टेज स्थिर रहता है। यन्त्र की रिकॉर्डिंग युक्ति, किलोवाट-घण्टा में विद्युत शक्ति की खपत व्यक्त करती है।

सिद्धान्त Principle

एम्पियर-घण्टा मीटर (AH meter), डी.सी. मोटर के सिद्धान्त पर आधारित होता है, जिसके अनुसार किसी चुम्बकीय क्षेत्र में रखा गया एक विद्युत धारावाही चालक अपने ऊपर आरोपित एक बल का अनुभव करता है, जो उसे चुम्बकीय क्षेत्र से दूर ले जाने का प्रयास करता है।

संरचना Construction

इसमें मुख्यत: एल्युमीनियम अथवा ताँबे से बनी एक वृत्ताकार डिस्क होती है, जिसके केन्द्र पर एक स्पिण्डल (Spindle) जुड़ा होता है। स्पिण्डल का निचला सिरा, एक ज्वैल बियरिंग पर टिका होता है और उसके नीचे एक समायोजक पेंच A लगा होता है। स्पिण्डल के ऊपरी सिरे से रिकॉर्डिंग प्रणाली जुड़ी होती है। डिस्क, पारे से भरे एक बन्द कक्ष में रखी जाती है। डिस्क के दोनों ओर 'C' आकृति के दो शक्तिशाली स्थायी चुम्बक इस प्रकार स्थापित किए जाते हैं कि डिस्क उनके ध्रुवों के बीच विद्यमान 'एयर गैप' में गति कर सके, इनमें से पहला 'ड्राइविंग चुम्बक' तथा दूसरा 'ब्रेकिंग चुम्बक' कहलाता है। पेंच A के नीचे उससे जुड़ी एक करण्ट क्वॉयल होती है, जो 'फ्रिक्शन कम्पैन्सेटिंग क्वॉयल' कहलाती है।

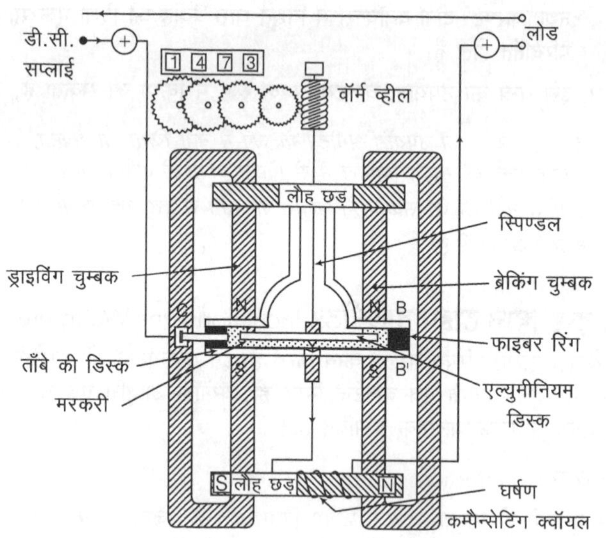

चित्र फैरेन्टी-एम्पियर घण्टा मीटर

कार्यप्रणाली Working Method

जब लोड विद्युत धारा पेंच C, मरकरी डिस्क, पेंच A तथा फ्रिक्शन कम्पैन्सेटिंग क्वॉयल में से होती हुई प्रवाहित होती है, तो स्थायी चुम्बकीय क्षेत्र के कारण डिस्क के बाएँ भाग में टॉर्क विकसित हो जाता है, जो उसे घुमा देता है।

डिस्क का घूर्णन, उसमें से प्रवाहित होने वाली विद्युत धारा के मान पर निर्भर करता है। यन्त्र की रिकॉर्डिंग प्रणाली के प्रति मिनट चक्करों की संख्या, डिस्क में से गुजरने वाली विद्युत धारा के मान तथा समय (t) के गुणनफल के अनुक्रमानुपाती होती है, जिससे 'किलोवाट-घण्टा' मात्रक में पाठ्यांक प्रदर्शित होता है।

दाईं ओर का चुम्बक, ब्रेकिंग बल उत्पन्न करता है अर्थात् जब फ्रिक्शन कम्पैन्सेटिंग क्वॉयल में से विद्युत धारा प्रवाह बन्द हो जाता है, तो यह चुम्बक, डिस्क को तुरन्त रोक देता है। इस प्रकार, यन्त्र के पाठ्यांक में त्रुटि उत्पन्न नहीं हो पाती। फ्रिक्शन कम्पैन्सेटिंग क्वॉयल यन्त्र के घर्षण द्वारा उसके स्पिण्डल की घूर्णन गति में होने वाली कमी की क्षतिपूर्ति भी करती है।

नोट
1. *इस यन्त्र का उपयोग केवल डी.सी. परिपथों की विद्युत शक्ति खपत नापने के लिए ही किया जा सकता है।*
2. *इस यन्त्र को ऊर्ध्वाधर तल में ही स्थापित किया जा सकता है अन्यथा यह कार्य नहीं करेगा।*

(ii) इलिह्यू-थॉमसन वाट-घण्टा मीटर Elihu-Thomson Watt-Hour Meter

इस यन्त्र में एक छोटी डी.सी. मोटर प्रयोग की जाती है, इसलिए इसे **वाट-घण्टा कम्यूटेटर मीटर** भी कहते हैं।

संरचना Construction

इस यन्त्र की संरचना, चित्र में दर्शाई गई है। इसमें डी.सी. मोटर की क्षेत्र-कुण्डलियाँ, लोड के श्रेणी क्रम में संयोजित की जाती हैं और इन्हें 'करण्ट-क्वॉयल्स' (current-coils) भी कहते हैं।

यन्त्र के घर्षण द्वारा आर्मेचर की घूर्णन गति में उत्पन्न होने वाली कमी की क्षतिपूर्ति के लिए, क्षेत्र-कुण्डलियों के श्रेणीक्रम में एक 'फ्रिक्शन कम्पैन्सेटिंग' भी संयोजित की जाती है। डी.सी. मोटर के आर्मेचर को, जिसे 'प्रैशर क्वॉयल' (pressure coil) कहते हैं। कम्यूटेटर के द्वारा लोड के समान्तर क्रम में संयोजित किया जाता है

'प्रैशर-क्वॉयल' के श्रेणीक्रम में एक उच्च प्रतिरोध मान वाला प्रतिरोधक भी संयोजित किया जाता है। मोटर की शाफ्ट पर एक ओर एक एल्युमीनियम धातु से बनी वृत्ताकार डिस्क लगायी जाती है।

इस डिस्क के दोनों ओर *'C'* आकृति के दो स्थायी-चुम्बक या विद्युत चुम्बक प्रयोग किए जाते हैं। मोटर की शाफ्ट या स्पिण्डल, दो ज्वैल-बियरिंग्स पर आलम्बित होता है। स्पिण्डल के ऊपरी सिरे से रिकॉर्डिंग प्रणाली जुड़ी होती है।

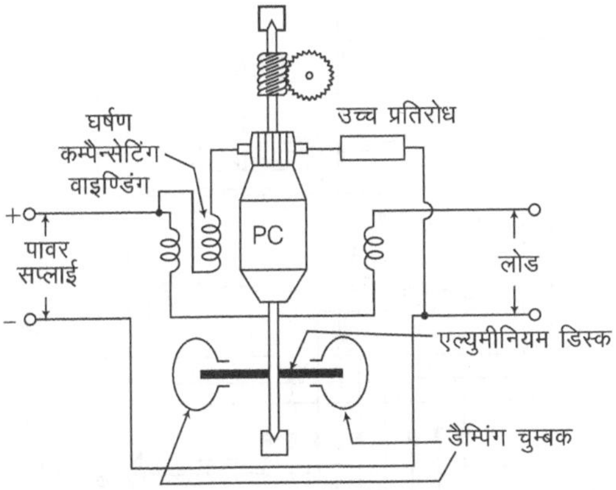

चित्र इलिह्यू-थॉमसन वाट-घण्टा मीटर

कार्यप्रणाली Working Method

इस यन्त्र का विक्षेपण टॉर्क, क्षेत्र कुण्डलियों में से गुजरने वाली लोड धारा तथा आर्मेचर वाइण्डिंग के सिरों पर विद्यमान विभवान्तर के गुणनफल के अनुक्रमानुपाती होता है। इस प्रकार, प्रेक्षण समयान्तराल में मोटर की शाफ्ट के द्वारा पूर्ण किए गए घूर्णनों की संख्या, वाट-घण्टा व्यक्त करती है, परन्तु यन्त्र की रिकॉर्डिंग प्रणाली, किलोवाट-घण्टा मात्रक में विद्युत शक्ति की खपत रिकार्ड करती है।

यन्त्र में प्रयोग किए गए *'C'*—आकृति वाले स्थायी/विद्युत चुम्बकों में से पहला 'ड्राइविंग चुम्बक' तथा दूसरा 'ब्रेकिंग चुम्बक' की भाँति कार्य करता है।

विशेषताएँ Specifications

(i) यह यन्त्र केवल डी.सी. परिपथों की विद्युत शक्ति खपत मापने के लिए बनाया गया है।

(ii) यन्त्र का प्रारम्भिक-टॉर्क उच्च होता है, जिसके कारण यह यथार्थ पाठ्यांक उपलब्ध कराता है।

2. प्रेरण सिद्धान्त के आधार पर On the Basis of Induction Principle

प्रेरण सिद्धान्त पर आधारित होने के कारण इन यन्त्रों का उपयोग केवल ए.सी. परिपथों में ही किया जा सकता है। ये यन्त्र मुख्यत: निम्न दो प्रकार के होते हैं

(i) सिंगल-फेज एनर्जी मीटर Single Phase Energy Meter

यह सिंगल-फेज ए.सी. स्रोत पर कार्य करने वाला यन्त्र है। इसमें, 'U'-आकृति का एक विद्युत-चुम्बक M_1 होता है, जिसे 'प्रैशर-क्वॉयल' से उत्तेजित किया जाता है। 'प्रैशर-क्वॉयल', महीन इनैमल्ड ताँबे के तार से अधिक लपेट लगाकर तैयार की जाती है और इसे स्रोत के समान्तर-क्रम में संयोजित किया जाता है, इसलिए इस विद्युत-चुम्बक को 'शण्ट-चुम्बक' भी कहते हैं।

दूसरा विद्युत-चुम्बक M_2 होता है जो *'E'*-आकृति का होता है, जिसे 'करण्ट-क्वॉयल' से उत्तेजित किया जाता है। 'करण्ट-क्वॉयल', मोटे इनैमल्ड ताँबे के तार से कम लपेटों तैयार की जाती है, इसलिए इस विद्युत-चुम्बक को 'सीरीज-चुम्बक' भी कहते हैं। दोनों चुम्बकों के बीच एल्युमीनियम धातु से बनी एक वृत्ताकार डिस्क होती है जो दो ज्वैल-बियरिंग्स पर आलम्बित स्पिण्डल पर जड़ी होती है।

डिस्क पर एक ओर *'C'* आकृति का एक स्थायी-चुम्बक लगाया जाता है जो 'ब्रेकिंग-चुम्बक' की भाँति कार्य करता है। यन्त्र का संयोजन चित्र के अनुसार किया जाता है।

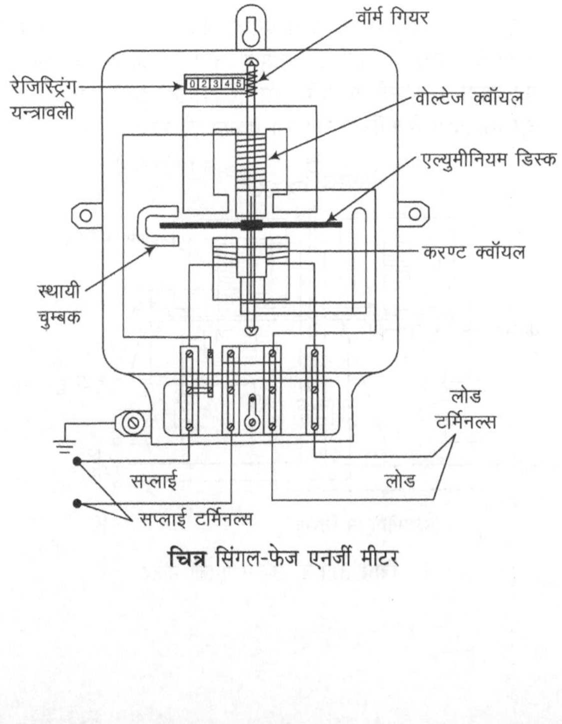

चित्र सिंगल-फेज एनर्जी मीटर

कार्यप्रणाली Working Method

जब यन्त्र को ए.सी. स्रोत तथा लोड के मध्य संयोजित किया जाता है, तो 'करण्ट-क्वॉयल', लोड धारा के अनुक्रमानुपाती तथा 'प्रैशर क्वॉयल' स्रोत वोल्टेज के अनुक्रमानुपाती चुम्बकीय फ्लक्स उत्पन्न करती है। एल्युमीनियम डिस्क में उत्पन्न एडी करण्ट तथा उक्त चुम्बकीय-क्षेत्रों की प्रतिक्रिया के फलस्वरूप डिस्क में टॉर्क विकसित हो जाता है और वह घूर्णन करने लगती है। डिस्क की घूर्णन गति, लोड धारा पर निर्भर करती है। डिस्क एवं उसके साथ जुड़े संकेतक के घूर्णनों की संख्या रिकॉर्ड करने के लिए संकेतक के ऊपरी सिरे पर रिकॉर्डिंग प्रणाली जुड़ी होती है। आजकल अधिकांश यन्त्रों में संख्यात्मक रिकॉर्डिंग प्रणाली प्रयोग की जाती है।

विशेषताएँ Specifications

(i) एक 'किलो-वाट-घण्टा' (kWh) के लिए यन्त्र की डिस्क द्वारा पूर्ण किए गए चक्करों की संख्या, यन्त्र नियतांक कहलाती है और यह नियतांक, यन्त्र के खोल पर अंकित रहता है।

$$\text{एक किलो-वाट-घण्टा} = \frac{\text{चकती द्वारा पूर्ण किए गए चक्कर}}{\text{यन्त्र-नियतांक}}$$

(ii) यह यन्त्र केवल सिंगल-फेज ए.सी. परिपथों की विद्युत शक्ति खपत मापने के लिए प्रयोग किया जाता है।

(iii) यन्त्र के पावर फैक्टर के समंजन के लिए 'शण्ट चुम्बक' पर 'शेडिंग रिंग' भी प्रयोग की जा सकती है।

(ii) 3-फेज एनर्जी मीटर 3-Phase Energy Meter

3-फेज ए.सी. परिपथों में विद्युत शक्ति की खपत मापने के लिए निम्न दो प्रकार के यन्त्र प्रयोग किए जाते हैं

(a) **3-फेज, 3 तार एनर्जी मीटर** (3-phase, 3-wire energy meter)

यह यन्त्र 3-फेज, सन्तुलित लोड वाले ए.सी. परिपथों में विद्युत-शक्ति की खपत 'किलो-वाट-घण्टा' मात्रक में नापने के लिए प्रयोग किया जाता है।

इस यन्त्र में दो सिंगल-फेज एनर्जी मीटर्स को संयुक्त कर दिया जाता है। इसमें दो 'करण्ट-क्वॉयल' तथा 'दो प्रैशर-क्वॉयल' प्रयोग की जाती हैं, परन्तु एल्युमीनियम, स्पिण्डल, टूटा हुआ (braking) चुम्बक तथा रिकॉर्डिंग-प्रणाली एकल ही रखी जाती है।

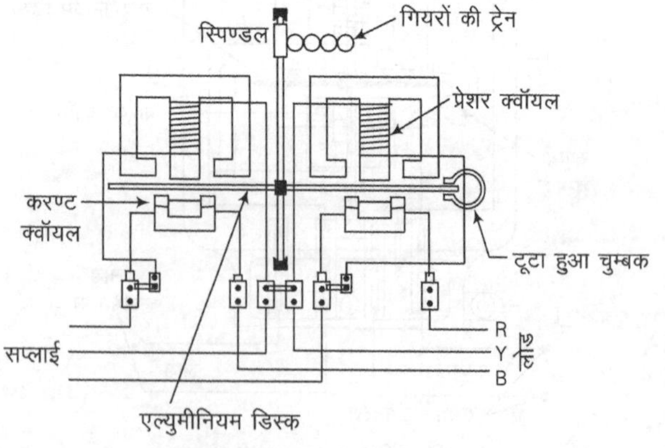

चित्र 3-फेज, 3-तार एनर्जी मीटर

कार्यप्रणाली Working Method

यन्त्र की डिस्क की घूर्णन गति, दोनों 'करण्ट क्वॉयल्स' में से प्रवाहित होने वाले लोड धारा पर निर्भर करती है। यन्त्र की 'प्रैशर-क्वॉयल्स' फेज-टू-फेज संयोजित होती हैं और एक फेज उभयनिष्ठ (common) रखा जाता है।

(b) **3-फेज, 4-तार एनर्जी मीटर** (3-phase, 4-wire energy meter)

इस यन्त्र में तीन स्वतन्त्र सिंगल-फेज एनर्जी मीटर होते हैं। तीनों यन्त्रों में पृथक्-पृथक् 'करण्ट-क्वॉयल', 'प्रैशर-क्वॉयल' होती हैं, परन्तु एल्युमीनियम डिस्क, स्पिण्डल तथा स्थायी-चुम्बक एक-एक भी प्रयोग किए जा सकते है तथा तीन अलग-अलग डिस्क तथा टूटे हुए चुम्बकों के लिए एक उभयनिष्ठ स्पिण्डल भी प्रयोग किया जा सकता है।

कार्यप्रणाली Working Method

यन्त्र की तीनों डिस्कों में उत्पन्न हुआ टॉर्क, स्पिण्डल को घुमाता है और स्पिण्डल से जुड़ी रिकॉर्डिंग प्रणाली, तीनों फेजों की कुल विद्युत शक्ति खपत को रिकॉर्ड करती है। इस यन्त्र का उपयोग असन्तुलित लोड वाले ए.सी. परिपथों में किया जाता है।

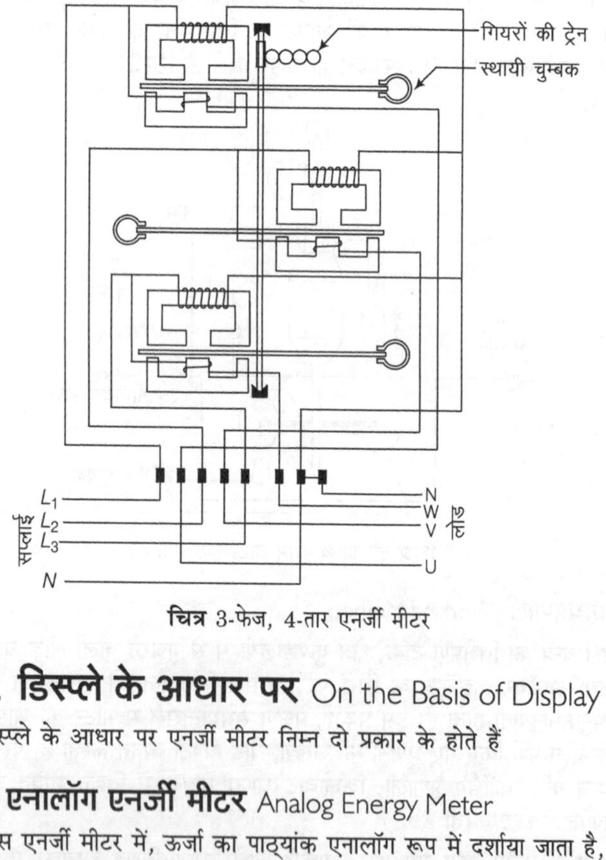

चित्र 3-फेज, 4-तार एनर्जी मीटर

3. डिस्प्ले के आधार पर On the Basis of Display

डिस्प्ले के आधार पर एनर्जी मीटर निम्न दो प्रकार के होते हैं

(i) एनालॉग एनर्जी मीटर Analog Energy Meter

जिस एनर्जी मीटर में, ऊर्जा का पाठ्यांक एनालॉग रूप में दर्शाया जाता है, उसे एनालॉग एनर्जी मीटर कहते हैं। इस प्रकार के एनर्जी मीटर में पाँच छोटे-छोटे मीटर होते हैं, जोकि घूर्णन डिस्क से आन्तरिक रूप से संयोजित होते हैं, जिसके गुणांक क्रमांक 1, 10, 100, 1000, 10000k Wh होते हैं।

इस प्रकार के एनर्जी मीटर में ऊर्जा के व्यय का समाकलन किया जाता है, ऊर्जा व्यय को डिस्क के परिक्रमण के अनुसार, सुई द्वारा विभिन्न मीटरों में इंगित किया जाता है चित्र में एक एनालॉग एनर्जी मीटर को दर्शाया गया है।

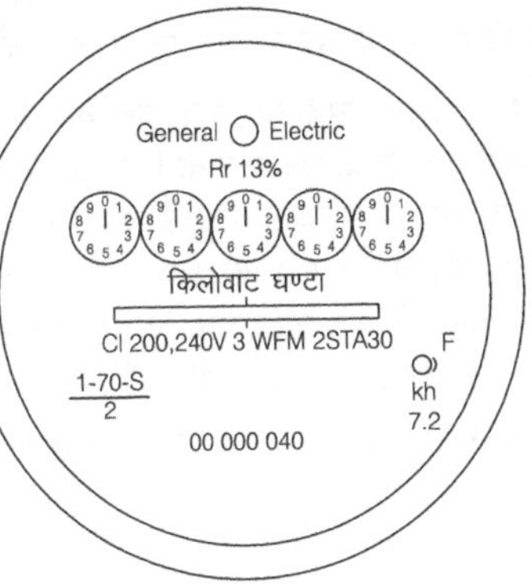

चित्र एनालॉग एनर्जी मीटर

(ii) डिजिटल एनर्जी मीटर Digital Energy Meter

डिजिटल एनर्जी मीटर की कार्य प्रणाली एनालॉग एनर्जी मीटर के समान ही होती है, परन्तु डिजिटल एनर्जी मीटर में डिस्क के स्थान पर संकेतक LCD (Liquid Crystal Display) प्रयोग किया जाता है, जिसमें ऊर्जा मापन में प्राप्त ऊर्जा व्यय पाठ्यांक को LCD डिस्प्ले पर देखा जाता है। इस प्रकार के एनर्जी मीटर में एनालॉग-टू-डिजिटल कन्वर्टर का प्रयोग किया जाता है, जो एनालॉग पाठ्यांक को डिजिटल पाठ्यांक में बदलकर उसे LCD डिस्प्ले पर दर्शाते हैं। चित्र में एक डिजिटल एनर्जी मीटर को दर्शाया गया है।

चित्र डिजिटल एनर्जी मीटर

एनर्जी मीटर की सामान्य त्रुटि
Common Errors of Energy Meter

एनर्जी मीटर में सामान्यत: निम्न त्रुटि उत्पन्न हो जाती हैं, जिनका कारण एवं निवारण निम्न प्रकार है

1. **क्रीपिंग त्रुटि** Creeping Error

जब लोड उपस्थित न होने पर भी डिस्क घूर्णन करने लगे, तो यह त्रुटि क्रीपिंग त्रुटि कहलाता है। इस त्रुटि के निवारण के लिए डिस्क में कुछ छिद्र बना दिए जाते हैं।

2. **गति त्रुटि** Speed Error

डिस्क का निर्धारित गति की अपेक्षा कम अथवा अधिक गति पर घूर्णन करना, गति त्रुटि कहलाती है। इस त्रुटि के निवारण के लिए अवमन्दन चुम्बक प्रयोग किए जाते हैं, जिनके द्वारा डिस्क की घूर्णन गति को समायोजित किया जा सकता है।

3. **फेज त्रुटि** Phase Error

जब प्रैशर क्वॉयल में से प्रवाहित होने वाली विद्युत धारा, वोल्टेज से ठीक 90° पश्चगामी न हो, तो यन्त्र में फेज त्रुटि उत्पन्न हो जाती है। इस त्रुटि के निवारण के लिए प्रैशर क्वॉयल के श्रेणीक्रम में संयोजित प्रतिरोधक का मान बढ़ाया जाता है।

4. **घर्षण त्रुटि** Frictional Error

यन्त्र की बियरिंग अथवा यान्त्रिक प्रणाली में स्नेहक की कमी से उत्पन्न होने वाली त्रुटि, घर्षण त्रुटि कहलाती है। इस त्रुटि के कारण डिस्क की घूर्णन गति घट जाती है।

इस त्रुटि के निवारण के लिए बियरिंग तथा यान्त्रिक प्रणाली में उपयुक्त स्नेहक डाला जाता है तथा प्रणाली के पेंचों को समायोजित किया जाता है।

5. **तापमान त्रुटि** Temperature Error

लोड करण्ट का मान, निर्धारित सीमा से अधिक हो जाने पर करण्ट क्वॉयल' अधिक गर्म हो जाती है और यन्त्र शोर उत्पन्न करने लगता है। यन्त्र द्वारा शोर उत्पन्न करना इस बात का संकेत है कि लोड घटाया जाए अन्यथा यन्त्र सही विद्युत शक्ति खपत नहीं दर्शाएगा, इसके अतिरिक्त यन्त्र जल भी सकता है।

7.11 फ्रीक्वेन्सी मीटर Frequency Meter

विद्युत उत्पादन एवं वितरण केन्द्रों पर ए.सी. स्रोत की फ्रीक्वेन्सी मापने के लिए प्रयोग किया जाने वाला यन्त्र, फ्रीक्वेन्सी मीटर कहलाता है। यह यन्त्र अनेक प्रकार का होता है; जैसे

1. रीड प्रकार का फ्रीक्वेन्सी मीटर
2. विद्युत डायनेमिक फ्रीक्वेन्सी मीटर
3. मूविंग आयरन फ्रीक्वेन्सी मीटर
4. इलेक्ट्रॉनिक फ्रीक्वेन्सी मीटर

उपरोक्त यन्त्रों का विवरण निम्नवत् है।

1. रीड प्रकार का फ्रीक्वेन्सी मीटर
Reed Type Frequency Meter

यह यन्त्र, पदार्थों की प्राकृतिक कम्पन आवृत्ति (natural vibration frequency) पर आधारित होता है। प्रत्येक वस्तु की एक प्राकृतिक कम्पन आवृत्ति होती है, जो उसके आकार तथा भार पर निर्भर करती है। यदि वस्तु को किसी कम्पनशील माध्यम में रख दिया जाए, तो वह कम्पन करने लगेगी उस स्थिति में यदि माध्यम की आवृत्ति, वस्तु की प्राकृतिक कम्पन आवृत्ति के बराबर हो जाती है, तो वस्तु के कम्पनों का आयाम (amplitude) बहुत बढ़ जाता है।

संरचना Construction

इस यन्त्र में एक विद्युत-चुम्बक होता है, जिससे 7-8 लौह पत्तियाँ (reeds) जुड़ी हुई होती हैं। पत्तियाँ, 'L'-आकृति की होती हैं और उनकी मुड़ी हुई भुजा पर सफेद पेन्ट आलेपित होता है।

इन पत्तियों की चौड़ाई लगभग 4 मिमी तथा मोटाई लगभग 0.5 मिमी रखी जाती है।

पत्तियों की प्राकृतिक कम्पन आवृत्तियों में (उनकी मोटाई में भिन्नता के आधार पर) 1/2 चक्र (cycle) का अन्तर रखा जाता है। सभी पत्तियों को आवृत्ति के बढ़ते क्रम में एक लाइन में लगाया जाता है।

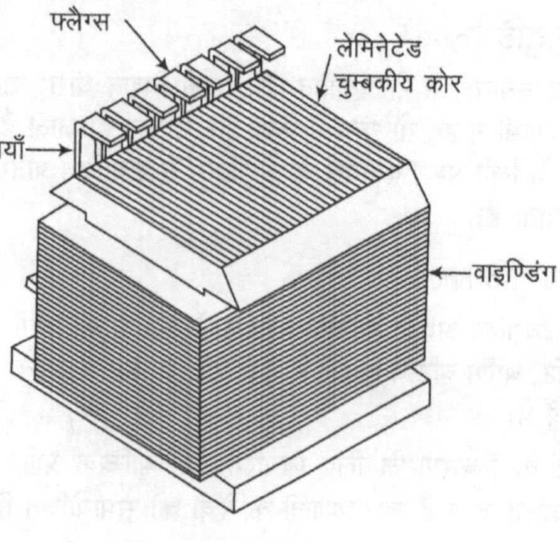

चित्र रीड प्रकार का फ्रीक्वेन्सी मीटर

कार्यप्रणाली Working Method

यन्त्र को स्रोत के समान्तर क्रम में संयोजित किया जाता है। विद्युत चुम्बक एक परिवर्ती प्रकार का चुम्बकीय क्षेत्र उत्पन्न (ए.सी. स्रोत से जुड़े होने के कारण) करता है, जोकि स्रोत आवृत्ति परिवर्तित होने पर परिवर्तित होता रहता है। जिस पत्ती की प्राकृतिक कम्पन आवृत्ति, चुम्बकीय क्षेत्र की परिवर्तन दर के बराबर होती है, वह पत्ती अधिक आयाम के साथ कम्पन, करती है।

यन्त्र में 1/2 चक्र के अन्तर पर पत्तियों की संख्या के बराबर ही फ्लैग्स बने होते हैं और प्रत्येक फ्लैग्स पर आवृत्ति का मान अंकित होता है। इस प्रकार, अधिक आयाम के साथ कम्पन करने वाली पत्ती की आवृत्ति ही स्रोत आवृत्ति होती है।

विशेषताएँ Specifications

1. यह यन्त्र, स्रोत वोल्टेज परिवर्तनों से अप्रभावित रहता है।
2. यह यन्त्र, 1/2 चक्र से कम आवृत्ति अन्तर को नहीं पढ़ सकता।

2. विद्युत डायनेमिक फ्रीक्वेन्सी मीटर
Electro Dynamic Frequency Meter

यह एक प्रकार का मूविंग क्वॉयल मीटर होता है, जिसमें दो स्थायी चुम्बक के मध्य में मूविंग भाग पर दो क्वॉयल एक-दूसरे से 90° पर संयोजित होती हैं। यह डी.सी. पर कार्य करता है। ए.सी. को डी.सी. में परिवर्तित करने के लिए इसमें दो ब्रिज रेक्टिफायर प्रयोग किए जाते हैं, जिसमें सप्लाई के साथ प्रतिरोधक एवं संधारित्र लगे होते हैं।

प्रतिरोध (R) एवं धारिता (C) के मान के अनुसार इस मीटर के द्वारा 40 से 60 Hz, 1200 से 2000 Hz अथवा 8000 से 12000 Hz की आवृत्ति मापी जा सकती है।

संरचना Construction

यह एक मूविंग क्वॉयल (moving coil) प्रकार का यन्त्र है। इसमें दो क्वॉयल्स; X तथा Y होती हैं। दोनों क्वॉयल्स को एक स्पिण्डल पर संयोजित करके, दो ज्वैल बियरिंग्स पर आलम्बित किया जाता है।

स्पिण्डल के साथ जुड़ा एक संकेतक, एक पूर्वांकित पैमाने पर आवृत्ति का मान दर्शाता है, क्योंकि यन्त्र के प्रचालन के लिए डी.सी. आवश्यक होती है, अत: ए.सी. को डी.सी. में परिवर्तित करने के लिए दो ब्रिज रेक्टिफायर संयोजित किए जाते हैं। क्वॉयल X के श्रेणीक्रम में एक संधारित्र C तथा क्वॉयल Y के श्रेणीक्रम में एक प्रतिरोधक R संयोजित किया जाता है। दोनों क्वॉयल्स, एक प्रबल स्थायी चुम्बकीय क्षेत्र में आलम्बित होती हैं।

इस यन्त्र को **रेशियोमीटर प्रकार का फ्रीक्वेन्सी मीटर** भी कहते हैं।

कार्यप्रणाली Working Method

यन्त्र को ए.सी. स्रोत से जोड़ने पर, क्वॉयल्स X तथा Y को ब्रिज रेक्टिफायर्स से रेक्टिफाइड डी.सी. प्राप्त होती है। सामान्य अवस्था में दोनों कुण्डलियों में बराबर तथा विपरीत दिशा वाला टॉर्क उत्पन्न होता है और संकेतक, 50 Hz आवृत्ति दर्शाता है।

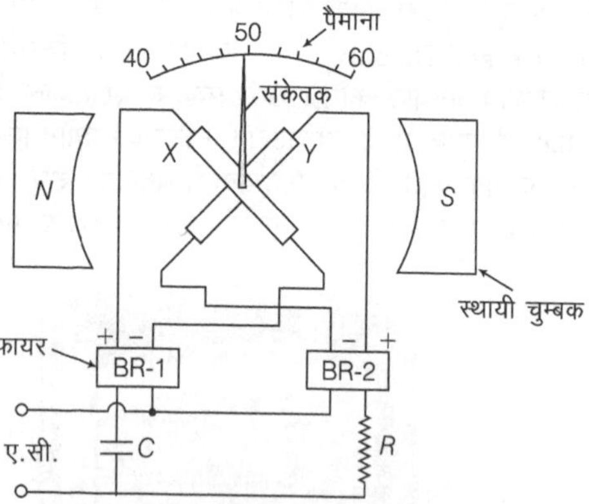

चित्र विद्युत-डायनेमिक फ्रीक्वेन्सी मीटर

फ्रीक्वेन्सी का मान 50 Hz से कम अथवा क्वॉयल अधिक होने पर संधारित्र C के कैपेसिटिव रिएक्टेन्स के कारण, क्वॉयल X का टॉर्क क्रमश: अधिक अथवा कम हो जाता है, जबकि क्वॉयल Y का टॉर्क (परिपथ में प्रतिरोधक R जुड़े होने के कारण) नियत रहता है।

इस प्रकार, आवृत्ति का मान 50 Hz से कम या अधिक होने पर, परिणामी टॉर्क क्रमश: कम या अधिक हो जाता है और संकेतक, पूर्वांकित पैमाने पर आवृत्ति का कम या अधिक मान दर्शाता है।

विशेषताएँ Specifications

1. यह यन्त्र वोल्टेज परिवर्तनों से अप्रभावित रहता है।
2. इस यन्त्र का पैमाना आनुपातिक होता है।
3. सामान्यत: इस यन्त्र के द्वारा एक लघु आवृत्ति माप सीमा; (जैसे 40Hz से 60 Hz) के अन्तर्गत ही आवृत्ति मापन कार्य किया जा सकता है, परन्तु C तथा R के मान परिवर्तित करके अन्य मापसीमाएँ भी प्राप्त की जा सकती हैं।

3. मूविंग आयरन फ्रीक्वेन्सी मीटर Moving Iron Frequency Meter

यह एक चल-लौह (moving iron) प्रकार का यन्त्र है, जिसमें क्वॉयल्स स्थिर रखी जाती हैं। इसमें दो क्वॉयल्स; X तथा Y; होती हैं, जो एक-दूसरे से समकोण पर रखी जाती हैं। दोनों क्वॉयल्स के मध्य एक स्पिण्डल से जुड़ी नर्म लोहे की एक पत्ती और संकेतक होता है।

संकेतक, दो ज्वैल-बियरिंग्स पर आलम्बित होता है। क्वॉयल X के श्रेणीक्रम में प्रतिरोधक R_1 तथा समान्तर क्रम में क्वॉयल L_2 जुड़ी होती है तथा क्वॉयल Y के श्रेणी-क्रम में क्वॉयल L_2 तथा समान्तर क्रम में प्रतिरोधक R_2 जुड़ा होता है। इन दोनों क्वॉयल्स को, क्वॉयल L के साथ श्रेणी-क्रम में संयोजित कर ए.सी. स्रोत से जोड़ दिया जाता है।

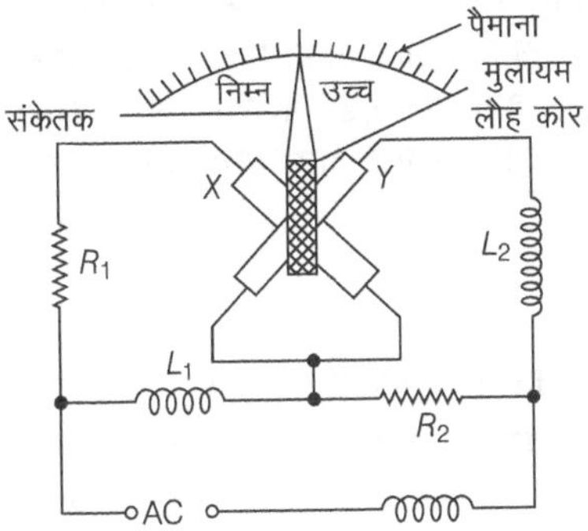

चित्र मूविंग आयरन फ्रीक्वेन्सी मीटर

कार्यप्रणाली Working Method

यन्त्र को ए.सी. स्रोत से जोड़ने पर दोनों क्वॉयल्स में से विद्युत धारा प्रवाह प्रारम्भ हो जाता है और उनमें एक-दूसरे के विपरीत कार्य करने वाला टॉर्क उत्पन्न हो जाता है, जब स्रोत आवृत्ति का मान 50 Hz से अधिक हो जाता है। तो क्वॉयल L_2 का इन्डक्टिव रिएक्टेन्स बढ़ जाने के कारण, क्वॉयल X में से क्वॉयल Y की अपेक्षा अधिक धारा प्रवाहित होती है; फलत: क्वॉयल X का चुम्बकीय क्षेत्र अधिक प्रबल हो जाता है और यन्त्र का संकेतक 'उच्च' (high) की ओर विक्षेप दर्शाने लगता है।

इसी प्रकार, स्रोत आवृत्ति का मान 50 Hz से कम हो जाता है, तो क्वॉयल L_1 का इन्डक्टिव रिएक्टेन्स बढ़ जाने के कारण, क्वॉयल X की अपेक्षा क्वॉयल Y में से अधिक विद्युत धारा प्रवाहित होती है, अत: क्वॉयल Y का चुम्बकीय क्षेत्र अधिक प्रबल हो जाता है और यन्त्र का संकेतक 'निम्न' (low) की ओर विक्षेप दर्शाने लगता है।

यदि स्रोत फ्रीक्वेन्सी का मान 50 Hz पर स्थिर रहता है, तो दोनों क्वॉयल्स में बराबर-बराबर टॉर्क उत्पन्न होता है और संकेतक 'मध्य स्थिति' (50 Hz) पर स्थिर रहता है।

नोट *इस यन्त्र के द्वारा फ्रीक्वेन्सी का मापन यथार्थता के साथ नहीं किया जा सकता, केवल पूर्व निर्धारित मान से 'अधिक' अथवा 'कम' हो जाने पर पता चल पाता है।*

4. इलेक्ट्रॉनिक प्रकार का फ्रीक्वेन्सी मीटर Electronic Type Frequency Meter

यह एक इलेक्ट्रॉनिक परिपथ आधारित यन्त्र होता है, जिसमें प्राय: LED (Light Emitting Diode) प्रदर्शक इकाई के द्वारा स्रोत आवृत्ति का यथार्थ मान अंकों में दर्शाया जाता है। इस मापक यन्त्र की मापसीमा 40 Hz से 60 Hz होती है।

7.12 अर्थ टेस्टर Earth Tester

भूमि का प्रतिरोध मापने के लिए अर्थ टेस्टर का उपयोग किया जाता है। अर्थ इलेक्ट्रॉड की सही स्थिति जानने हेतु इस यन्त्र के द्वारा अर्थ प्रतिरोध मापा जाता है, जिससे कि अर्थिंग की गुणवत्ता बनी रहे। अर्थ टेस्टर को **अर्थ टेस्टर मैगर** भी कहा जाता है।

संरचना Construction

एक अर्थ टेस्टर में मुख्यत: निम्न भाग होते हैं

(i) **हस्त चालित जनित्र** यह हाथ तथा क्रैंक से चलने वाला जनित्र है। क्रैंक से जुड़ा क्लच इसकी गति को नियन्त्रित करके इसके द्वारा उत्पन्न की गई वोल्टेज को स्थिर रखता है।

(ii) **रोटरी धारा रिवर्सर** यह स्विच शाफ्ट पर लगा होता है। इसका प्रयोग डी.सी. धारा को ए.सी. में प्राप्त करने के लिए किया जाता है। अर्थ टैस्ट के समय केवल ए.सी. ही अर्थ में से गुजारी जाती है। डी.सी. का प्रयोग करने से विद्युत अपघट्य का प्रभाव उत्पन्न हो जाता है, जिससे पाठ्यांक दोषपूर्ण हो जाता है।

(iii) **तुल्यकालिक रोटरी रेक्टिफायर** जब धरती में से ए.सी. धारा प्रवाहित होती है ,तो इसमें ए.सी. वोल्टेज ड्रॉप (voltage drop) होता है। मीटर के ओममीटर को डी.सी. वोल्टेज की आवश्यकता होती है, इसलिए ए.सी. वोल्टेज ड्रॉप को डी.सी. वोल्टेज में परिवर्तित करना पड़ता है। इस उद्देश्य के लिए ही तुल्यकालिक रेक्टिफायर का प्रयोग किया जाता है, जो जनित्र की शाफ्ट पर ही बना होता है।

(iv) **ओममीटर** ओममीटर में परस्पर लम्बवत् दो क्वॉयल, प्रैशर एवं धारा क्वॉयल लगी होती हैं। ये दोनों क्वॉयल एक ही स्पिण्डल पर फिट होती हैं।

कार्यप्रणाली Working Method

अर्थ इलेक्ट्रॉड का प्रतिरोध मापने के लिए दो लोहे की छड़ें (spikes) आवश्यक दूरी पर जमीन में गाड़ते हैं। मेन इलेक्ट्रॉड (E) से सहायक इलेक्ट्रॉड अर्थात् छड़ (P) की दूरी लगभग 12.5 मीटर एवं छड़ (C) की दूरी 25 मीटर होती है।

मीटर की प्रैशर क्वॉयल (P_1) तथा करण्ट क्वॉयल (C_1) को आपस में जोड़ दिया जाता है, फिर अर्थ 'E' को P_1 तथा C_1 से (चित्रानुसार) जोड़ दिया जाता है। दबाई गई लोहे की छड़ें P तथा C को P_2 तथा C_2 से क्रमवार जोड़ दिया जाता है, जैसा कि चित्र में दर्शाया गया है।

अब हैण्डिल को घुमा कर मीटर के पैमाने पर प्रतिरोध के मान को पढ़ा जा सकता है। धारा क्वॉयल (CC) परीक्षक क्वॉयल में जाने वाली धारा के अनुपात में होती है, जबकि प्रेशर क्वॉयल की धारा परीक्षण प्रतिरोध के सिरों पर विभवान्तर के अनुपात में होती है।

इसलिए मापी यन्त्र की धारा क्वॉयल (CC) वोल्टेज ड्रॉप विधि में एम्पियर मीटर की भाँति कार्य करती है व प्रैशर क्वॉयल (PC) एक वोल्टमीटर की भाँति कार्य करती है और ओममीटर प्वॉइण्ट का विक्षेपण, दो स्पिण्डलों में धारा का अनुपात होता है। अर्थ टेस्टर सीधे ही प्रतिरोध का मापन कर देता है।

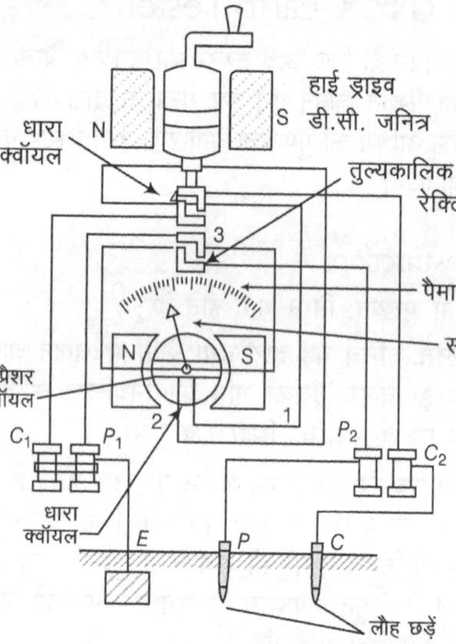

चित्र अर्थ टेस्टर

इसी प्रकार, अर्थ इलेक्ट्रॉड के चारों ओर दर्शाई गई दूरी पर छड़ें (spokes) गाड़ कर कम-से-कम तीन पाठ्यांक नोट कर लेते हैं। इन सभी पाठ्यांकों का औसत, अर्थ इलेक्ट्रॉड का सही प्रतिरोध होगा।

7.13 मैगर Megger

'अर्थ' का प्रतिरोध नापने वाला यन्त्र **मैगर** अथवा **अर्थ प्रतिरोध टेस्टर** (earth resistance tester) कहलाता है। इसमें 500 वोल्ट डी.सी. उत्पन्न करने वाला जनित्र प्रयोग किया जाता है और यन्त्र की संरचना, डायनमोमीटर यन्त्र के समान होती है।

यदि इस यन्त्र में 5000 वोल्ट डी.सी. उत्पन्न करने वाला जनित्र प्रयुक्त किया जाए, तो इसके द्वारा 1,00,000 मेगाओम तक प्रतिरोध नापा जा सकता है, ऐसा यन्त्र, **इन्सुलेशन टेस्टर** (insulation tester) या **अर्थ टेस्टर** (earth tester) कहलाता है।

संरचना Construction

इस यन्त्र में डी.सी. जनित्र के अतिरिक्त एक डायनमोमीटर यन्त्र होता है, जिसमें एक 'प्रैशर क्वॉयल' तथा एक 'धारा क्वॉयल' होती है। 'प्रैशर क्वॉयल' को एक उच्च प्रतिरोध मान वाले श्रेणी प्रतिरोधक R_1 के द्वारा, स्रोत के समान्तर क्रम में संयोजित किया जाता है। 'धारा क्वॉयल को एक निम्न प्रतिरोध मान वाले श्रेणी प्रतिरोधक R_2 के द्वारा, स्रोत के श्रेणी-क्रम में संयोजित किया जाता है।

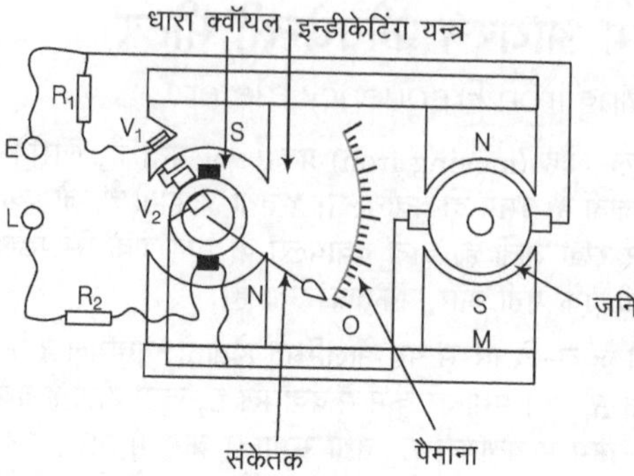

चित्र मैगर की आन्तरिक संरचना

'धारा क्वॉयल' द्वारा उत्पन्न होने वाला टॉर्क, लोड धारा के समानुपाती 'प्रैशर क्वॉयल' द्वारा उत्पन्न होने वाली टॉर्क, स्रोत वोल्टेज के समानुपाती होता है। दोनों क्वॉयल्स के केन्द्र पर जुड़ा संकेतक, परिणामी टॉर्क के द्वारा एक पूर्वांकित पैमाने पर गति करता है और 'शून्य' तथा 'अनन्त' के बीच प्रतिरोध मान दर्शाता है।

विशेषताएँ Specifications

1. यन्त्र के जनित्र की घूर्णन गति 140 से 160 RPM रखी जाती है।
2. एक अन्य प्रकार के 'अर्थ' टेस्टर में डी.सी. जनित्र के स्थान पर मैग्नेटो प्रकार का आल्टरनेटर प्रयोग किया जाता है, जो 'अर्थ' इलेक्ट्रॉड में से ए.सी. प्रवाहित करता है। मूविंग क्वॉयल यन्त्र के प्रचालन के लिए ए.सी. को 'रोटरी रेक्टिफायर' के द्वारा डी.सी. में परिवर्तित किया जाता है।

टिप्पणी *डी.सी. मैगर से नापा गया भू-प्रतिरोध गलत हो सकता है, इसका कारण है–भूमि में विकसित हुआ* ***विद्युत-अपघट्य वि.वा. ब.***। *इस प्रभाव के निराकरण के लिए डी.सी. मैगर के साथ एक घूर्णीय परिवर्तक (rotary convertors) प्रयोग करके डी.सी. को ए.सी. में परिवर्तित किया जाता है।*

इन्सुलेशन एवं निरन्तरता परीक्षण
Insulation and Continuity Test

किसी वैद्युतिक वायरिंग की स्थापना के पश्चात् उसके इन्सुलेशन एवं निरन्तरता का परीक्षण मैगर से किया जाता है जोकि निम्नवत हैं

1. चालक तथा 'अर्थ' के मध्य इन्सुलेशन परीक्षण
Insulation Test between Conductor and Earth

BIS भाग-II 1982 के अनुसार, यह परीक्षण सम्पूर्ण वायरिंग अथवा उसके एक उप-परिपथ के लिए किया जाता है। इसकी विधि निम्न प्रकार है

1. मेन-स्विच 'ऑफ' करें तथा मेन-फ्यूज-कैरियर निकाल दें।
2. सभी लैम्प होल्डर्स, सीलिंग रोज आदि में लोड संयोजित कर दें।
3. सॉकेट्स से संयोजित उपकरणों को विसंयोजित कर दें और सॉकेट्स के फेज तथा न्यूट्रल पिनों को जम्पर तार द्वारा शॉर्ट-सर्किट कर दें।
4. मेन-स्विच से वायरिंग की ओर जाने वाले केबिल्स को आपस में शॉर्ट-सर्किट करके, मैगर के 'L' संयोजक से संयोजित कर दें।
5. मैगर का 'E' संयोजक, वायरिंग के 'अर्थ' से संयोजित कर दें।

अब मैगर का हैण्डिल घुमाने पर वायरिंग का प्रतिरोध 1 MΩ से अधिक होना चाहिए।

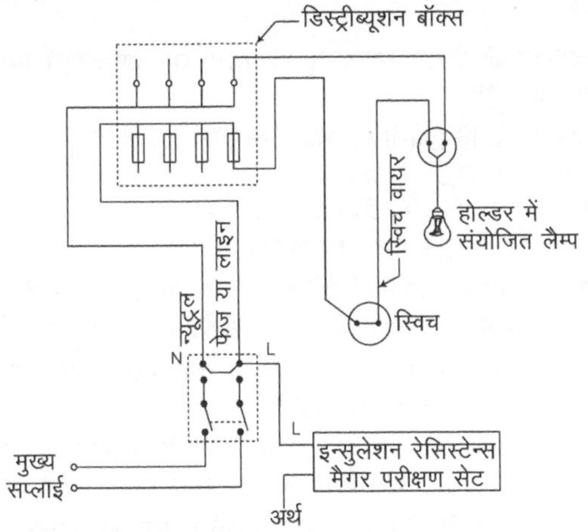

चित्र चालक एवं अर्थ के मध्य इन्सुलेशन प्रतिरोध परीक्षण

क्योंकि इन्सुलेशन प्रतिरोध

$$= \frac{50}{\text{परिपथ के उपभोग बिन्दुओं की संख्या}} \text{ M}\Omega$$

यदि किसी परिपथ/उप-परिपथ में 12 उपभोग बिन्दु हों, तो इन्सुलेशन प्रतिरोध

$$= \frac{50}{12 \times 2} = 2.08 \text{ M}\Omega$$

टिप्पणी *क्योंकि प्रत्येक उपभोग बिन्दु में दो आउटलेट, एक स्विच तथा एक होल्डर/सीलिंग रोज होते हैं, इसलिए 12 × 2 किया गया है।*

भारतीय विद्युत नियम के अनुसार, किसी वायरिंग परिपथ में लीकेज धारा का मान, पूर्ण लोड-धारा के 1/5000 वें भाग से अधिक नहीं होना चाहिए।

अत: इन्सुलेशन प्रतिरोध

$$= \frac{\text{सप्लाई वोल्टेज (वोल्ट्स में)} \times 5000 \times 10^{-6}}{\text{पूर्ण लोड-धारा (एम्पियर्स में)}} \text{ M}\Omega$$

इस प्रकार, इन्सुलेशन प्रतिरोध का मान 1 MΩ से कम नहीं होना चाहिए।

2. चालकों के मध्य इन्सुलेशन परीक्षण
Insulation Test Between Conductors

इस परीक्षण के अन्तर्गत फेज एवं न्यूट्रल केबिल्स के मध्य इन्सुलेशन प्रतिरोध नापा जाता है। इसकी विधि निम्न प्रकार है

1. मेन-स्विच 'ऑफ' करें तथा मेन-फ्यूज कैरियर निकाल दें।
2. सभी लैम्पों को होल्डर्स में से निकाल दें और सभी उपकरणों को विसंयोजित कर दें।
3. सभी स्विचेज को 'ऑन' कर दें।
4. डिस्ट्रीब्यूशन बोर्ड में सभी फ्यूजों को लगा रहने दें।
5. मैगर के किसी एक संयोजक को फेज से तथा दूसरे संयोजक को न्यूट्रल लाइन में संयोजित करें।
6. मैगर के हैण्डिल को चलाएँ और फेज व न्यूट्रल केबिल्स के बीच इन्सुलेशन प्रतिरोध नापें।

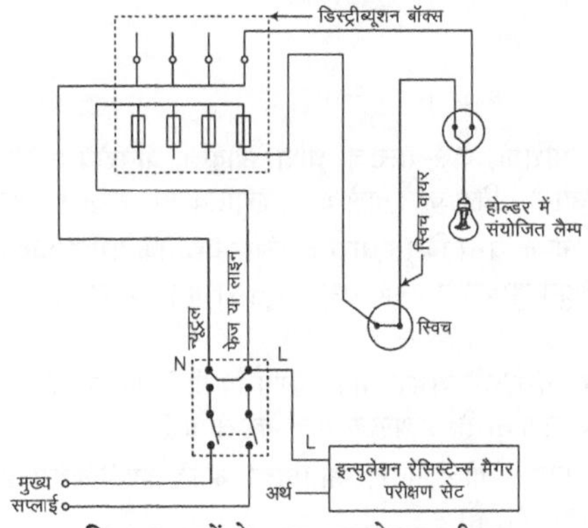

चित्र चालकों के मध्य इन्सुलेशन परीक्षण

यदि इन्सुलेशन का मान 1 MΩ या अधिक हो, तो वायरिंग परिपथ ठीक है अन्यथा उसमें 'लीकेज दोष' है। यदि मैगर शून्य प्रतिरोध दर्शाता है, तो फेज का न्यूट्रल के साथ शॉर्ट-सर्किट निश्चित है।

टिप्पणी *उपरोक्त परीक्षण के लिए 500 V डी.सी. आउटपुट प्रदान करने वाला मैगर प्रयोग करना चाहिए।*

3. निरन्तरता परीक्षण Continuity Test

इस परीक्षण को 'ओपन सर्किट' परीक्षण भी कहते हैं। इसके अन्तर्गत वायरिंग में चित्र के अनुसार 'ओपन सर्किट' की खोज की जाती है, जिसकी विधि निम्न प्रकार है

(i) मुख्य स्विच ऑफ स्थिति में हो।
(ii) सभी स्विच ऑफ (OFF) स्थिति में हों।
(iii) सभी स्विच-पंखे, इत्यादि संयोजित हों।
(iv) मैगर यन्त्र के दोनों E व L सिरों को वितरण बोर्ड के दो सिरों पर एक परिपथ पर लगाएँ।
(v) अब मैगर के हैण्डिल को घुमाएँ, यदि स्विच ऑफ (OFF) है, तो मैगर अनन्त (∞) स्थिति दर्शाएगा।
(vi) यदि उप-परिपथ के किसी एक स्विच को ऑन (ON) किया जाए, तब मैगर शून्य (0) विक्षेप दर्शाएगा।

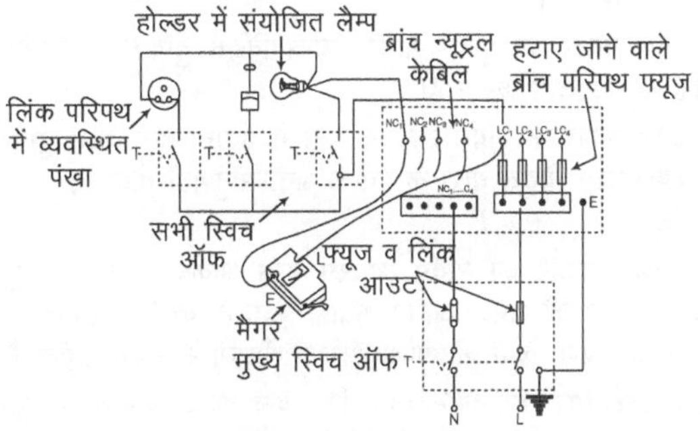

चित्र निरन्तरता या खुला परिपथ परीक्षण

निष्कर्ष

1. यदि किसी विद्युत उपभोग इकाई के स्विच की 'ऑन' स्थिति में मैगर शून्य विक्षेप नहीं दर्शाता, तो इसका अर्थ है कि वह परिपथ 'ओपन' है और उसमें निरन्तरता नहीं है।
2. यदि किसी विद्युत उपभोग इकाई के स्विच की 'ऑन' एवं 'ऑफ' दोनों स्थितियों में मैगर, शून्य विक्षेप दर्शाता है, तो इसका अर्थ है कि वह परिपथ शॉर्ट-सर्किट है।

महत्त्वपूर्ण बिन्दु

- वैद्युतिक राशियों; जैसे-वोल्टेज, धारा, आवृत्ति, प्रतिरोध आदि के मापन के लिए उपयोग किए जाने वाले यन्त्र, वैद्युतिक मापक यन्त्र कहलाते हैं।
- वैद्युतिक मापक यन्त्र विद्युत धारा के स्थिर-वैद्युतिक प्रभाव, वैद्युत ऊष्मीय प्रभाव, वैद्युत चुम्बकीय प्रभाव तथा वैद्युत रासायनिक प्रभाव पर आधारित होते हैं।
- वह यन्त्र जो किसी सूचक युक्ति द्वारा किसी वैद्युतिक राशि की केवल उपस्थिति दर्शाता है, प्राथमिक यन्त्र कहलाता है।
- एम्पियर मीटर, वोल्टमीटर, ओममीटर आदि इण्डीकेटिंग प्रकार के मापक यन्त्र होते हैं।
- इण्डीकेटिंग प्रकार के वैद्युतिक मापक यन्त्रों के संचालन के लिए तीन प्रकार के घुमाव बल, विक्षेपण टॉर्क, नियन्त्रण टॉर्क व अवमन्दन टॉर्क आवश्यक होते हैं।
- नियन्त्रण टॉर्क, यन्त्र के संकेतक की गति को नियन्त्रित करता है तथा प्रेक्षण लेने के बाद संकेतक को पैमाने की शून्य स्थिति पर वापस लाता है।
- स्प्रिंग नियन्त्रण प्रणाली में यन्त्र के घूमने वाले भाग अर्थात् स्पिण्डल के साथ एक अथवा दो बाल-कमानी (hair-spring) लगाई जाती है।
- गुरुत्वाकर्षण नियन्त्रण प्रणाली को प्रयोग करते समय यन्त्र को ऊर्ध्वाधर स्थिति में रखना आवश्यक होता है।
- वायु घर्षण अवमन्दन प्रणाली में यन्त्र के स्पिण्डल से एल्युमीनियम धातु के बने चार पंखे जोड़े जाते हैं तथा उन्हें द्रव से भरे कक्ष में रखा जाता है।
- मूविंग क्वॉयल मापक यन्त्र केवल डी.सी. पर ही कार्य करते हैं।
- यदि चुम्बकीय क्षेत्र में आलम्बित कुण्डली में से विद्युत धारा प्रवाहित की जाए, तो उसमें एक बल-युग्म विकसित हो जाता है।
- मूविंग क्वॉयल यन्त्रों में चुम्बकीय क्षेत्र को एकसमान बनाने के लिए कुण्डली के मध्य में एक बेलनाकार नर्म लौह क्रोड इस प्रकार स्थापित करते हैं कि कुण्डली चुम्बकीय क्षेत्र में लगभग 150° तक घूम सके।
- मूविंग आयरन मापक यन्त्र में एक विद्युत चुम्बक का प्रयोग किया जाता है, जोकि केवल विद्युत धारा प्रवाहित होने की अवस्था में चुम्बकीय क्षेत्र उत्पन्न करती है।
- आकर्षण प्रकार का मूविंग आयरन यन्त्र विद्युत चुम्बकीय आकर्षण के सिद्धान्त पर कार्य करता है।
- आकर्षण प्रकार के मूविंग आयरन यन्त्र में उत्पन्न होने वाला चुम्बकीय आकर्षण बल, विद्युत धारा के वर्ग के अनुक्रमानुपाती होता है,
  अर्थात् $F \propto I^2$
- प्रत्याकर्षण प्रकार का मूविंग आयरन यन्त्र आकर्षण प्रकार के मूविंग आयरन यन्त्र की अपेक्षा अधिक सुग्राही होता है, क्योंकि प्रत्याकर्षण की क्रिया, आकर्षण क्रिया की अपेक्षा अधिक शीघ्रता से सम्पन्न होती है।
- अमीटर की धारा रेंज को बढ़ाने के लिए यन्त्र की क्वॉयल के समान्तर में एक निम्न मान वाला शण्ट प्रतिरोध लगाया जाता है।
- वोल्टमीटर को वोल्टेज मापन हेतु परिपथ में समान्तर क्रम में संयोजित किया जाता है।
- वोल्टमीटर के लिए श्रेणी प्रतिरोध निम्न होता है

  $$R_{sh} = R_m(M-1)$$

  जहाँ, M = मल्टीप्लाइंग पावर तथा

  R_m = मीटर का प्रतिरोध
- अमीटर को वोल्टमीटर में परिवर्तित करने के लिए अमीटर के श्रेणी क्रम में एक उच्च मान वाले प्रतिरोधक को संयोजित कर दिया जाता है।
- किसी वोल्टमीटर के लिए उसके प्रतिरोध तथा वोल्टेज माप सीमा का अनुपात उसकी सुग्राहिता कहलाता है।
- अनेक माप सीमा वाले वोल्टमीटर से किसी प्रतिरोध के सिरों पर विद्यमान वोल्टेज नापते समय, प्रारम्भ में उच्च माप सीमा प्रयोग करनी चाहिए।
- अनेक प्रकार की वैद्युतिक राशियों को मापने के लिए मल्टीमीटर अथवा एवोमीटर (AVO meter → Ampere Volt Ohm meter) का प्रयोग किया जाता है।
- मल्टीमीटर से प्रतिरोध का मापन करते समय 10 kΩ से अधिक मान के प्रतिरोध के लिए लाल रंग की परीक्षण लीड को 1 MΩ परास वाले प्लग सॉकेट से संयोजित किया जाता है।
- डिजिटल मल्टीमीटर में पाठ्यांक को सीधे LCD डिस्प्ले इकाई पर डिजिट में दर्शाया जाता है।
- डिजिटल मल्टीमीटर के ROTARY SELECTOR में डी.सी. वोल्टेज, ए.सी. वोल्टेज, ओम, तापमान आदि स्थितियाँ होती हैं।
- डायनमोमीटर टाइप वाटमीटर में प्रयुक्त होने वाला एल्युमीनियम ढाँचा, यन्त्र में एडी धारा द्वारा अवमन्दन बल उत्पन्न करता है।
- अधिक वाटेज के मापन के लिए प्रेरण टाइप वाटमीटर के साथ करण्ट ट्रांसफॉर्मर (CT) तथा पोटैन्शियल ट्रांसफॉर्मर (PT) प्रयोग किए जाते हैं।
- एनर्जी मीटर, विद्युत शक्ति की खपत किलो-वाट-घण्टा (kWh) मात्रक में मापता है।
- इलिहू-थॉमसन वाट-घण्टा मीटर में एक छोटी डी.सी. मोटर प्रयोग की जाती है।
- सिंगल फेज एनर्जी मीटर में 'U' आकृति का एक विद्युत चुम्बक M_1 होता है, जिसे प्रेशर क्वॉयल से उत्तेजित किया जाता है।
- इलेक्ट्रॉनिक प्रकार के आवृत्ति मीटर की माप सीमा 40 Hz से 60 Hz होती है।
- अर्थ इलेक्ट्रॉड की सही स्थिति जानने हेतु अर्थ टेस्टर का प्रयोग करके अर्थ प्रतिरोध मापा जाता है।
- यदि मैगर में 5000 वोल्ट डी.सी. उत्पन्न करने वाला जनित्र प्रयुक्त किया जाए, तो इसके द्वारा 10^6 मेगाओम तक का प्रतिरोध मापा जा सकता है।

महत्त्वपूर्ण प्रश्नोत्तरी

1. वैद्युतिक मापक यन्त्र से क्या अभिप्राय है?

उत्तर किसी वैद्युतिक राशि; जैसे–वोल्टेज, करण्ट आदि को मापने वाला यन्त्र, वैद्युतिक मापक यन्त्र कहलाता है।

2. सूचक उपकरण के लिए अपेक्षित तीन अनिवार्य बल बताइए।

उत्तर (i) विक्षेपण बल, (ii) नियन्त्रण बल (iii) अवमन्दन बल

3. अवमन्दन बल क्या होता है?

उत्तर वैद्युतिक मापक यन्त्र के संकेतक के कम्पनों को नियन्त्रित करने वाला बल, अवमन्दन बल कहलाता है।

4. मूविंग क्वॉयल यन्त्र (moving coil instrument) किस सिद्धान्त पर आधारित है?

उत्तर मूविंग क्वॉयल यन्त्र, डी.सी. मोटर के सिद्धान्त पर कार्य करता है।

5. एक मूविंग क्वॉयल यन्त्र को वोल्टमीटर के रूप में किस प्रकार प्रयोग किया जाता है?

उत्तर एक मूविंग क्वॉयल यन्त्र की चल-कुण्डली के श्रेणी-क्रम में उच्चमान का प्रतिरोधक संयोजित करके वोल्टमीटर के रूप में प्रयोग किया जाता है।

6. वोल्टमीटर की परास में किस प्रकार वृद्धि की जा सकती है?

उत्तर श्रेणी-क्रम में उचित मान का प्रतिरोध लगाकर वोल्टमीटर की परास में वृद्धि की जा सकती है।

7. मीटर सुग्राहिता क्या होती है?

उत्तर किसी मापक यन्त्र की न्यूनतम राशि मापने की क्षमता उसकी सुग्राहिता कहलाती है।

8. एवोमीटर (avometer) क्या होता है?

उत्तर एम्पियर, वोल्ट तथा ओम नापने वाला यन्त्र एवोमीटर या मल्टीमीटर कहलाता है।

9. क्या मल्टीमीटर से ऑडियो आउटपुट भी नापा जा सकता है?

उत्तर हाँ, 10 वोल्ट ए.सी. माप सीमा में स्केल को डेसीबल में अंकित करके, मल्टीमीटर के द्वारा ऑडियो आउटपुट भी नापा जा सकता है।

10. एक 3-फेज लोड में पैनल बोर्ड पर एक एकल अमीटर का प्रयोग कर आपको 3-फेज की धारा को मापना है। परिपथ में अमीटर को जोड़ने के लिए किसकी आवश्यकता पड़ेगी?

उत्तर एक 3-फेज लोड में पैनल बोर्ड पर एक एकल अमीटर का प्रयोग करके 3-फेज की धारा को मापने के लिए अमीटर के साथ सलेक्टर स्विच एवं धारा ट्रांसफॉर्मर की आवश्यकता पड़ेगी।

11. आपको वाटमापी का उपयोग करते हुए तापक द्वारा खपत शक्ति को मापना है। शक्ति के मापन के लिए आप दाब कुण्डली एवं धारा कुण्डली को कैसे संयोजित कर सकते हैं?

उत्तर शक्ति के मापन के लिए वाटमापी में धारा-कुण्डली, लोड के श्रेणीक्रम में तथा दाब कुण्डली, लोड के समान्तर क्रम में संयोजित की जाती है।

12. फैरण्टी–एम्पियर–घण्टा यन्त्र (ferranti-ampere-hour meter) कैसा होता है?

उत्तर फैरण्टी-एम्पियर-घण्टा यन्त्र एक डी.सी. kWh मापक यन्त्र है, जो डी.सी. मोटर के सिद्धान्त पर आधारित होता है।

अभ्यास प्रश्न

परीक्षा प्रारूपी प्रश्न

बहुविकल्पीय

1. स्थायी चुम्बक चल कुण्डली यन्त्र में अवमन्दन बल (damping torque) उत्पन्न करने के लिए कौन–सी विधि प्रयोग की जाती है?

(a) वायु अवमन्दन (b) कमानी अवमन्दन
(c) एडी करण्ट अवमन्दन (d) द्रव अवमन्दन

2. एक वैद्युतिक मापक यन्त्र का संकेतक बिना कम्पन किए शीघ्र ही अपनी अन्तिम विक्षेप अवस्था प्राप्त कर लेता है, यदि

(a) उसमें उचित अवमन्दन उपस्थित हो
(b) उसमें अवमन्दन उपस्थित न हो
(c) उसमें निम्न अवमन्दन उपस्थित हो
(d) उसमें उच्च अवमन्दन उपस्थित हो

3. वैद्युतिक मापक यन्त्रों की कमानी के निर्माण के लिए सबसे उपयुक्त धातु है

(a) इस्पात (b) नाइक्रोम (c) यूरेका (d) फॉस्फर ब्रोंज

4. किसी वैद्युतिक मापक यन्त्र के सचल भाग पर कार्यरत् टॉर्क है

(a) विक्षेपण घुमाव-बल (b) नियन्त्रण घुमाव-बल
(c) अवमन्दन घुमाव-बल (d) ये सभी

5. निम्नलिखित में से कौन–सा यन्त्र एब्सोल्यूट वर्ग (absolute class) का है

(a) गैल्वेनोमीटर (b) टेंजेण्ट गैल्वेनोमीटर
(c) मिली अमीटर (d) वोल्टमीटर

6. नीचे दिए गए चित्र में पेंच 1 के द्वारा निम्न में से कौन–सा कार्य किया जाता है?

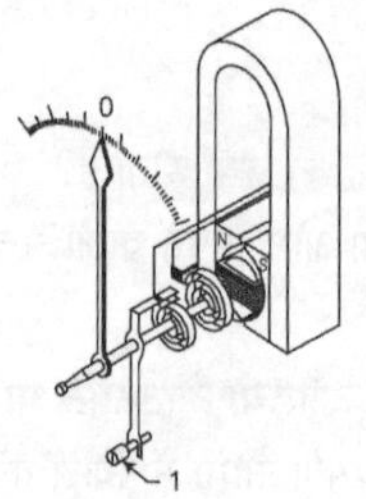

(a) यन्त्र की सुग्राहिता समायोजित की जाती है
(b) यन्त्र की माप सीमा परिवर्तित की जाती है
(c) यन्त्र के संकेतक को शून्य स्थिति पर समायोजित किया जाता है
(d) उपरोक्त में से कोई नहीं

7. चल–लौह धारामापी में निम्न में से कौन–सी अवमन्दन विधि सामान्यतः अपनाई जाती है?
(a) वायु अवमन्दन (b) द्रव अवमन्दन
(c) एडी-करण्ट अवमन्दन (d) विस्कोसिटी अवमन्दन

8. चित्र में कौन–सा यन्त्र दर्शाया गया है

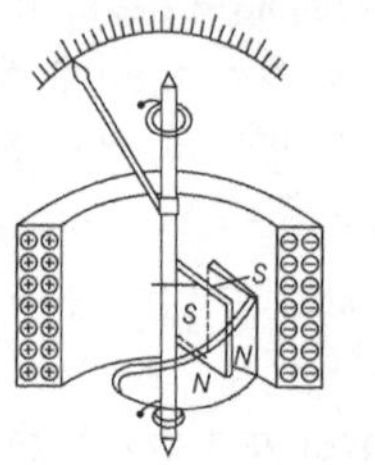

(a) डायनमोमीटर (b) चल-लौह यन्त्र
(c) चल-कुण्डली यन्त्र (d) थर्मो-कपल यन्त्र

9. वह बल जो किसी यन्त्र के संकेतक को गतिमान करता है, कहलाता है
(a) विक्षेपण बल (b) नियन्त्रण बल
(c) अवमन्दन बल (d) व्याकुलता बल

10. ………… द्वारा संकेतक के घुमाव की गति नियन्त्रित की जाती है।
(a) विक्षेपण बल (b) नियन्त्रण बल
(c) अवमन्दन बल (d) ये सभी

11. किसी सूचक यन्त्र में सूचक को चलाने के लिए आवश्यक बल ···· है।
(a) विक्षेपण बल (b) नियन्त्रण बल
(c) 'एडी' करण्ट अवमन्दन बल (d) वायु घर्षण अवमन्दन बल

12. कौन–सा मापक यन्त्र एक संकेतक यन्त्र है?
(a) रीड टाइप फ्रीक्वेन्सी मीटर (b) एनर्जी मीटर
(c) अमीटर (d) तापक्रम रिकॉर्डिंग यन्त्र

13. निम्न में से किस नियन्त्रण बल के द्वारा यन्त्र को किसी भी स्थिति में रखा जा सकता है?
(a) गुरुत्व नियन्त्रण बल
(b) स्प्रिंग नियन्त्रण बल
(c) द्रव घर्षण नियन्त्रण बल
(d) हाइड्रॉलिक घर्षण नियन्त्रण बल

14. आपके घर में विद्युत ऊर्जा को मापने के लिए लगाया गया मीटर ……. का एक उदाहरण है।
(a) इन्डीकेटिंग प्रकार के यन्त्र (b) रिकॉर्डिंग प्रकार के यन्त्र
(c) इन्डीकेटिंग प्रकार के यन्त्र
(d) इन्डीकेटिंग व रिकॉर्डिंग प्रकार के यन्त्र

15. मूविंग क्वॉयल यन्त्र ………… के प्रभाव पर कार्य करता है।
(a) रासायनिक प्रभाव (b) वैद्युत-चुम्बकीय प्रभाव
(c) ऊष्मीय प्रभाव (d) स्थिर-वैद्युत प्रभाव

16. PMMC प्रकार का यन्त्र ……. मीटर के सिद्धान्त पर कार्य करता है।
(a) डी.सी. जेनरेटर (b) ट्रांसफॉर्मर
(c) मूविंग आयरन मीटर (d) डी.सी. मोटर

17. सामान्यतः मूविंग आयरन यन्त्र के पैमाने ………… होंगे।
(a) प्रारम्भ में इकट्ठा, धीरे-धीरे चौड़ा स्केल
(b) प्रारम्भ में चौड़ा, धीरे-धीरे इकट्ठा स्केल
(c) एक समान वर्गीकृत स्केल
(d) असमान ग्रेडेड स्केल

18. आकर्षण प्रकार के मूविंग आयरन यन्त्र के सन्दर्भ में निम्न में से कौन–सा कथन सत्य है?
(a) इस यन्त्र का पैमाना आनुपातिक नहीं होता है।
(b) यन्त्र में गुरुत्वीय नियन्त्रण प्रणाली प्रयुक्त करने से पाठ्यांक में घर्षण त्रुटि होती है।
(c) यह यन्त्र वोल्टमीटर के रूप में अधिक यथार्थ नहीं होता है।
(d) उपरोक्त सभी

19. प्रतिकर्षण प्रकार के एम.आई. यन्त्र का विक्षेपण बल ………… के प्रत्यक्ष समानुपाती है।
(a) धारा (b) वोल्टेज
(c) धारा के वर्ग (d) चुम्बकीय क्षेत्र

20. माप की शुद्धता चयनित साधनों की सीमा पर निर्भर करती है । रेंज के चयन के लिए सामान्य नियम है, कि मापा गया मान ····· होना चाहिए।
(a) मध्य पैमाने के ऊपर (b) मध्य पैमाने के नीचे
(c) मध्य स्केल पर (d) पूरी तरह से पूर्ण पैमाने पर

21. यदि मूविंग क्वॉयल अमीटर को डी.सी. परिपथ में संयोजित करके उसके संयोजनों को अन्तः बदल दिया जाए ,तो यन्त्र
(a) का पाठ्यांक अपरिवर्तित रहेगा
(b) कोई विक्षेप नहीं दर्शाएगा
(c) विपरीत दिशा में विक्षेप दर्शाएगा
(d) गलत पाठ्यांक दर्शाएगा

22. निम्न में से किस पदार्थ को यन्त्र में प्रयुक्त स्थायी चुम्बक के लिए वरीयता दी जाती है
(a) रॉट आयरन (b) एल्निको (c) *Y*- अलॉय (d) सिलिकॉन

23. किसी परिपथ में लगभग 5A की तथा 10A की धारा की माप की जानी है। दोनों मानकों का अधिक शुद्धता से पाठ्यांक लेने के लिए आप इनमें से किस अमीटर का उपयोग करेंगे?
(a) 0-10 A (b) 0-15 A (c) 0-20 A (d) 0-25 A

24. आपको एक 3-फेज, 5HP, 415V, 50Hz स्क्विरल केज इण्डक्शन मोटर द्वारा जो DOL स्टार्टर से संयोजित है, ली गई धारा का निरीक्षण करने के लिए एक अमीटर जोड़ना है। मोटर परिपथ में संयोजित करने के लिए उपयुक्त अमीटर का परास ········· है।
(a) 0 से 30 एम्पियर (विस्तारित स्केल)
(b) 0 से 15 एम्पियर (रैखिक स्केल)
(c) 0 से 15 एम्पियर (अरैखिक स्केल)
(d) 0 से 5 एम्पियर (विस्तारित स्केल)

25. अमीटर के परास विस्तार के लिए शंट प्रतिरोधक हेतु, किस पदार्थ का प्रयोग किया जाता है?
(a) पीतल (b) मैंगनिन (c) कांस्य (d) ताँबा

26. लघु अधिभार परिपथों में धारा मापन के लिए प्रयुक्त अमीटर अन्य अनुप्रयोगों से भिन्न है। लघु अधिभार परिपथ में प्रयुक्त अमीटरों में होता है
(a) अनेकघाती मापक्रम (b) विस्तारित मापक्रम
(c) एकघाती मापक्रम (d) सूक्ष्म मापक्रम

27. 1 किलो ओम प्रति वोल्ट सुग्राहिता (sensitivity) वाले यन्त्र का मीटर प्रतिरोध ········· होगा, जबकि माप सीमा 50 वोल्ट है।
(a) 50 Ω (b) 500 Ω (c) 5,000 Ω (d) 50,000 Ω

28. एक पैनल प्रकार के वोल्टमीटर में एक लेखनी, एक ग्राफ कागज पर गतिमान है, तो उसका वर्ग है
(a) एब्सोल्यूट यन्त्र
(b) द्वितीयक यन्त्र–सूचक प्रकार का
(c) द्वितीयक यन्त्र–पूरक प्रकार का
(d) द्वितीयक यन्त्र–संग्रहण प्रकार का

29. मापन के लिए निम्नलिखित में किन उपकरणों को एकसमान संयोजित करेंगे?
(a) फ्रीक्वेन्सी मीटर और PF मीटर
(b) वोल्टमीटर और फ्रीक्वेन्सी मीटर
(c) वोल्टमीटर और PF मीटर
(d) वाटमीटर और वोल्टमीटर

30. उच्च प्रतिरोध वाले परिपथ में वोल्टता मापन के लिए उच्च आन्तरिक प्रतिरोध के वोल्टमीटर का प्रयोग करना चाहिए। इसका कारण निम्नवत् होता है
(a) वोल्टता मापते समय प्रतिरोधक की ओवरलोडिंग से बचाव हेतु
(b) तापमान परिवर्तन के कारण अयथार्थता से बचाव हेतु
(c) मीटर की आन्तरिक वोल्टेज खपत से मापन त्रुटि को छोटा बनाने हेतु
(d) मीटर को ओवरलोडिंग से बचाने हेतु

31. 3 अंकों वाले मिली वोल्टमीटर को किसी प्रतिरोधक के आर-पार mV पात मापने के लिए संयोजित किया जाता है और पाठ्यांक फ्लैश करने लगता है। मिली वोल्टमीटर पर पाठ्यांक के फ्लैश करने का कारण ·········।
(a) मापक यन्त्र की बैटरी कमजोर है
(b) मापक यन्त्र में कोई बैटरी नहीं है
(c) मापित मान का परिसर अधिक है
(d) प्रदर्शक क्षतिग्रस्त है

32. वोल्टेज मापने के लिए किस यन्त्र का उपयोग किया जाता है?
(a) अमीटर (b) वोल्टमीटर
(c) ओममीटर (d) पावर-फैक्टर मीटर

33. यन्त्र की सुग्राहिता की इकाई है
(a) ओम/वोल्ट (b) वोल्ट/ओम
(c) वोल्ट-एम्पियर (d) एम्पियर/सेकण्ड

34. एक 6.6 kV के 3-फेज परिपथ का लोड 500 kVA है। आपको इसकी धारा और वोल्टेज मापना है। इसके लिए आपके पास 5 एम्पियर का अमीटर और 110 वोल्ट का वोल्टमीटर है। इसके लिए किस अनुपात के C.T. (धारा ट्रांसफॉर्मर) एवं P.T. (विभव ट्रांसफॉर्मर) की आवश्यकता है?
(a) PT 60 : 1, CT 15 : 1 (b) PT 60 : 1, CT 50 : 1
(c) PT 1 : 60, CT 1 : 10 (d) PT 25 : 1, CT 100 : 1

35. नीचे प्रदर्शित चित्र में वोल्टमीटर विधि द्वारा 3-फेज स्टार्टर मोटर के टर्मिनल की पहचान हेतु सम्बन्ध दर्शाया गया है।

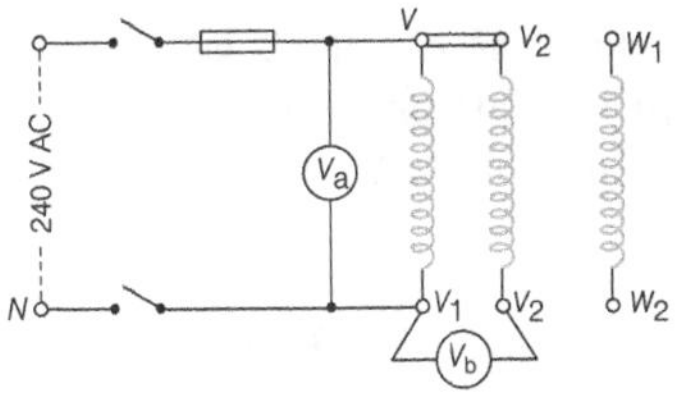

यदि चित्र में प्रदर्शित टर्मिनल सही है, तो वोल्टमीटर V_b निम्न माप देगा
(a) आपूर्ति वोल्टेज (240V) (b) आपूर्ति वोल्टेज से अधिक
(c) आपूर्ति वोल्टेज से कम (d) शून्य वोल्ट

36. एक 3-फेज 3-एलीमेण्ट एनर्जी मीटर 415V, 50 Hz है इसकी प्रैशर क्वॉयल निम्न दर की होगी।
(a) 230 वोल्ट (b) 240 वोल्ट (c) 415 वोल्ट (d) 440 वोल्ट

37. उच्च प्रतिरोध वाले परिपथ में वोल्टता मापन के लिए उच्च आन्तरिक प्रतिरोध के वोल्टमीटर का प्रयोग करना चाहिए। इसका मुख्य कारण है
(a) वोल्टेज मापते समय प्रतिरोधक को ओवरलोडिंग से बचाता है
(b) जब तापक्रम बदलता है, तो गलती को रोकता है
(c) मीटर की आन्तरिक खपत से मापन त्रुटि को छोटा बनाए रखता है
(d) मीटर को ओवरलोडिंग से बचाता है

38. अज्ञात मान की वोल्टता नापने के लिए निम्न में से किसका प्रयोग सर्वप्रथम किया जाएगा?
(a) 0.5 V (b) 5.0 V (c) 50 V (d) 500 V

39. वोल्टमीटर का पाठ्यांक पर क्या प्रभाव पड़ेगा जब परिपथ की कुंजी बन्द कर दी जाए?

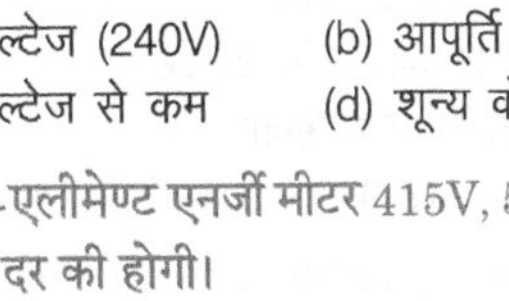

(a) बढ़ेगा (b) घटेगा
(c) शून्य (d) कोई परिवर्तन नहीं

40. नीचे दर्शाए गए चित्र का परिपथ निम्न प्रतिरोध मापन हेतु अभिकल्पित है। वोल्टता पतन (voltage drop) की इस विधि द्वारा गणना में न्यूनतम त्रुटि रखने के लिए

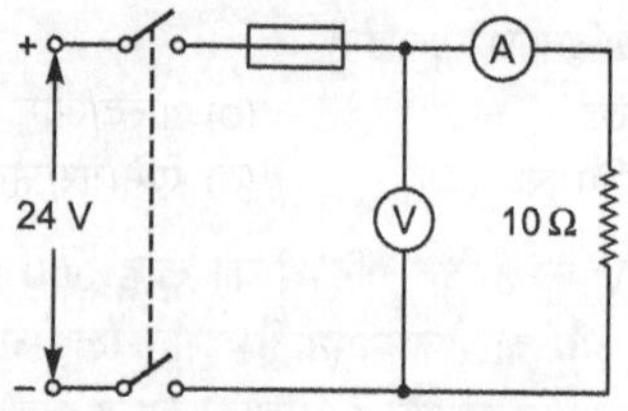

(a) अमीटर का प्रतिरोध निम्न तथा वोल्टमीटर का प्रतिरोध उच्च होना चाहिए
(b) अमीटर का प्रतिरोध उच्च तथा वोल्टमीटर का प्रतिरोध निम्न होना चाहिए
(c) दोनों यन्त्रों का प्रतिरोध उच्च होना चाहिए
(d) दोनों यन्त्रों का प्रतिरोध निम्न होना चाहिए

41. ओममीटर को उपयोग में लाने से पूर्व यह आवश्यक है कि
(a) उसकी 'प्रोब्स' को शॉर्ट-सर्किट कर लें
(b) उपयुक्त माप सीमा का चयन कर लें
(c) संकेतक को शून्य प्रतिरोध हेतु समायोजित कर लें
(d) उपरोक्त सभी

42. यदि विद्युत लाइन चालू (ON) हो तो निम्न में से कौन-सा उपकरण प्रयोग नहीं करना चाहिए?
(a) वाट मीटर और PF मीटर
(b) आवृत्ति मीटर और टॉंग टेस्टर
(c) फेजक्रम मीटर और ऊर्जामीटर
(d) ओम मीटर और मैगर

43. निम्न सूची का मिलान कीजिए

सूची I	सूची II
A. निम्न प्रतिरोध मापन के लिए उपयुक्त	(i) इलिह्यू-थॉमसन वाट-घण्टा मीटर।
B. अति उच्च प्रतिरोध मापन के लिए उपयुक्त	(ii) थर्मो-कपल यन्त्र।
C. डी.सी. परिपथ में kWh मापन के लिए उपयुक्त	(iii) पोस्ट-ऑफिस बॉक्स यन्त्र।
D. उच्च आवृत्ति पर धारा मापन के लिए उपयुक्त	(iv) मैगर यन्त्र

कूट
(a) A-(i); B-(iii); C-(ii); D-(iv) (b) A-(iv); B-(ii); C-(iii); D-(i)
(c) A-(ii); B-(iii); C-(iv); D-(i) (d) A-(iii); B-(iv); C-(i); D-(ii)

44. ओममीटर में एक पोटैन्शियोमीटर .... के लिए लगाया जाता है।
(a) उच्च प्रतिरोध (b) उचित पाठ्यांक
(c) शून्य समंजन (d) इनमें से कोई नहीं

45. किस यन्त्र का उपयोग प्रत्यक्षतः मध्यम प्रतिरोध मापने के लिए किया जाता है?
(a) अमीटर (b) मैगर (c) ओममीटर (d) वोल्टमीटर

46. 125 ओम नापने के लिए मल्टीमीटर की निम्न में से कौन-सी माप सीमा उपयुक्त होगी?
(a) $R \times 1$ (b) $R \times 10$ (c) $R \times 100$ (d) $R \times 1000$

47. ए.सी. परिपथों में इन्स्ट्रूमेण्ट ट्रांसफॉर्मर का उपयोग किसकी माप सीमा बढ़ाने के लिए किया जाता है?
(a) केवल धारामापी (b) केवल वोल्टतामापी
(c) केवल वाटमापी (d) ये सभी

48. एक मल्टीमीटर का पैमाना 60 V के लिए सैट किया गया है। सूचित त्रुटि का प्रतिशत .... के परिसर पर उच्चतम होगा।
(a) 0 V से 10 V तक (b) 20 V से 40 V तक
(c) 40 V से 50 V तक (d) 50 V से 60 V तक

49. दर्शाए गए यन्त्र के लिए निम्न में से कौन-सा कथन सत्य है?

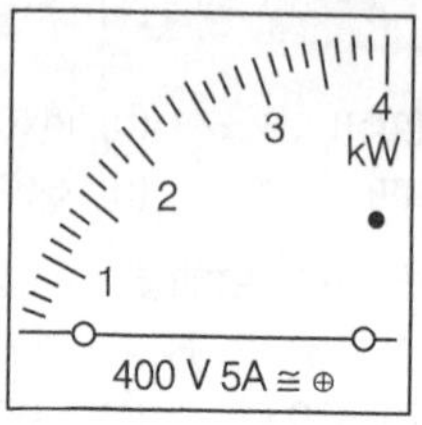

(a) यह एक उच्च आवृत्ति मापक यन्त्र है
(b) यह केवल क्षैतिज स्थिति में कार्य करने के लिए प्रयोग किया जाता है
(c) यह केवल ऊर्ध्व स्थिति में कार्य करने के लिए प्रयोग किया जाता है
(d) इसकी धारा क्वॉयल पर केवल 5 एम्पियर तक भार डाला जा सकता है

50. बैटरी चालित डिजिटल मल्टीमीटर जिसमें एल.सी.डी. डिस्प्ले होता है, वह सबसे अधिक प्रयोग होता है। इसका कारण है।
(a) मुख्य पावर सभी जगह उपलब्ध नहीं होती है
(b) इसे बिजली की केवल कुछ मात्रा की आवश्यकता होती है
(c) एल.सी.डी. से अँधेरे में भी पढ़ा जा सकता है
(d) एल.सी.डी. का डिस्प्ले काफी तेज होता है

51. दो प्रकार के मल्टीमीटर एनालॉग एवं डिजिटल उपयोग किए जाते हैं , दोनों प्रकारों के लिए निम्न में से कौन-सा कथन सही है?
(a) दोनों मीटरों में चल तत्त्व हैं, इसलिए क्षैतिज रूप में उनका उपयोग करना चाहिए
(b) दोनों मीटरों का उपयोग बैटरी के बिना धारा तथा वोल्टता के मापन के लिए प्रयुक्त होता है
(c) दोनों मीटरों में प्रतिरोध के मापन के लिए हस्त शून्य व्यवस्थापन की आवश्यकता है
(d) दोनों मीटरों में प्रतिरोध के मापन के लिए बैटरी की आवश्यकता है

52. डायनमोमीटर प्रकार के यन्त्र का उपयोग क्या मापने के लिए किया जाता है?
(a) केवल डी.सी. राशियाँ
(b) केवल ए.सी. राशियाँ
(c) केवल पल्सेटिंग ए.सी. राशियाँ
(d) डी.सी. एवं ए.सी. दोनों प्रकार की राशियाँ

53. डायनमोमीटर प्रकार के यन्त्र में ………… स्थिर रखा जाता है।
(a) प्रैशर कुण्डलियों को (b) धारा कुण्डलियों को
(c) प्रैशर तथा धारा कुण्डलियों को (d) इनमें से कोई नहीं

54. एक वैल्डिंग कार्यशाला जिसमें 3-फेज, 415 V, 50 Hz आपूर्ति है उसकी विद्युत खपत को मापना है। इसमें निम्नलिखित लोड जुड़े हैं
(i) 5 kVA के दो वैल्डिंग सेट L_1, L_2 और L_3 के आर-पार।
(ii) 5 kVA का एक सेट L_2 और L_3 के आर-पार।
आप इस मापन के लिए किस प्रकार के वाटमीटर का चयन करेंगे?
(a) 3-एलीमेण्ट, 3-तार प्रकार का 3-फेज वाटमीटर
(b) किन्हीं दो फेज के मध्य जुड़े एक एकल फेज वाटमीटर और माप को तीन से गुणा कर
(c) 3-एलीमेण्ट, 4-तार प्रकार का 3-फेज वाटमीटर
(d) 2-एलीमेण्ट प्रकार का 3-फेज वाटमीटर

55. वाटमीटर का वर्गीकरण ………… के रूप में किया गया है।
(a) विक्षेपी उपकरण (b) सूचक यन्त्र
(c) अभिलेखन उपकरण (d) समाकलन उपकरण

56. निम्न सूचियों का मिलान कीजिए

सूची I	सूची II
A. वोल्टमीटर	(i) इसे प्रयोग करते समय परिपथ, विद्युत स्रोत से विसंयोजित (disconnected) होना चाहिए।
B. धारा मीटर	(ii) यह एक kWh मापी यन्त्र है।
C. ऊर्जा मीटर	(iii) इसे सदैव लोड के समान्तर में संयोजित किया जाता है।
D. ओममापी	(iv) इसे सदैव लोड के श्रेणी में संयोजित किया जाता है।

कूट
(a) A-(i); B-(iv); C-(iii); D-(ii) (b) A-(iv); B-(iii); C-(ii); D-(i)
(c) A-(iii); B-(iv); C-(ii); D-(i) (d) A-(i); B-(iii); C-(ii); D-(iv)

57. किस प्रकार के यन्त्र को केवल ए.सी. परिपथों में प्रयोग किया जा सकता है?
(a) मल्टीमीटर
(b) इण्डक्शन टाइप वाटमीटर
(c) मूविंग आयरन वोल्टमीटर
(d) स्थायी मैग्नेट मूविंग क्वॉयल मीटर

58. वैद्युत ऊर्जा खपत मापने की सर्वोत्तम विधि है
(a) वोल्टमापी तथा धारामापी
(b) वोल्टमापी, धारामापी तथा स्टॉप-वॉच
(c) वाटमीटर तथा स्टॉप-वॉच
(d) एनर्जी मीटर

59. यदि किसी ऊर्जा मीटर की चकती 1 kWh ऊर्जा खपत दर्शाने में 1500 घूर्णन करती है, तो उसके 1 चक्कर द्वारा दर्शायी गई ऊर्जा खपत होगी
(a) 40 वाट-मिनट (b) 60 वाट-मिनट
(c) 80 वाट-मिनट (d) 120 वाट-मिनट

60. यदि किसी ऊर्जामापी के फेज तथा न्यूट्रल संयोजनों को अन्तः बदल कर दिया जाए तो
(a) डिस्क की घूर्णन दिशा परिवर्तित नहीं होगी
(b) डिस्क की घूर्णन दिशा परिवर्तित हो जाएगी
(c) डिस्क रुक जाएगी
(d) डिस्क की घूर्णन गति घट जाएगी

61. यदि किसी ऊर्जामापी की चकती, बिना लोड संयोजित किए भी धीमी गति पर गतिमान रहती है, तो यन्त्र का यह दोष कहलाता है
(a) गति दोष (b) घर्षण दोष
(c) क्रीपिंग दोष (d) तापमान दोष

62. एक घर में 4 किलोवाट का लोड जुड़ा है तथा इसे सिंगल फेज आपूर्ति दी जा रही है। इस घर के लिए किस परास के एनर्जी मीटर की आवश्यकता होगी?
(a) 20 एम्पियर (b) 15 एम्पियर
(c) 30 एम्पियर (d) 10 एम्पियर

63. निम्नलिखित में से कौन-सा मीटर, एकीकृत प्रकार के उपकरण के अन्तर्गत आता है?
(a) वोल्टमीटर (b) ऊर्जा मीटर
(c) अमीटर (d) वाट मीटर

64. ऊर्जामापी के एल्युमीनियम डिस्क में छिद्र बनाने का प्रयोजन है
(a) यन्त्र प्रतिरोध को घटाना (b) क्रीपिंग दोष को दूर करना
(c) घर्षण दोष को दूर करना (d) चकती के भार को कम करना

65. इन्सुलेशन प्रतिरोध मापने के लिए किस यन्त्र का उपयोग किया जाता है?
(a) ओममीटर (b) वोल्टमीटर (c) अमीटर (d) मैगर

उत्तरमाला

1. (c)	2. (a)	3. (d)	4. (d)	5. (a)	6. (c)	7. (a)	8. (b)	9. (a)	10. (b)
11. (a)	12. (c)	13. (b)	14. (c)	15. (b)	16. (d)	17. (d)	18. (d)	19. (a)	20. (d)
21. (c)	22. (b)	23. (a)	24. (a)	25. (b)	26. (b)	27. (d)	28. (d)	29. (b)	30. (d)
31. (a)	32. (b)	33. (a)	34. (a)	35. (b)	36. (c)	37. (d)	38. (d)	39. (a)	40. (a)
41. (c)	42. (d)	43. (d)	44. (c)	45. (c)	46. (b)	47. (d)	48. (a)	49. (d)	50. (b)
51. (d)	52. (d)	53. (b)	54. (c)	55. (a)	56. (c)	57. (b)	58. (d)	59. (a)	60. (b)
61. (c)	62. (c)	63. (b)	64. (b)	65. (d)					

अध्याय 08

बेसिक इलेक्ट्रॉनिक्स
Basic Electronics

परिचय Introduction

विज्ञान की वह शाखा, जिसमें बाह्य बलों के प्रभाव के अन्तर्गत इलेक्ट्रॉन तथा अन्य आवेश वाहकों के गुणों, व्यवहार एवं अनुप्रयोगों का अध्ययन किया जाता है, उसे इलेक्ट्रॉनिक्स कहा जाता है। वस्तुत: इलेक्ट्रॉनिक्स शब्द की उत्पत्ति इलेक्ट्रॉन से हुई है। इलेक्ट्रॉन प्रकृति का वह मूल कण है, जो न्यूनतम **द्रव्यमान** एवं न्यूनतम **ऋणावेश** रखता है। अपनी चक्रण एवं कक्षीय गतियों के कारण ही इलेक्ट्रॉन विभिन्न प्रकार की प्रक्रियाओं, यन्त्रों, उपकरणों (कम्प्यूटर, टी.वी. आदि) का मूल आधार माना जाता है। इलेक्ट्रॉन्स के प्रवाह के आधार पर ही वैद्युतिक पदार्थ को चालक, कुचालक एवं अर्द्धचालक में वर्गीकृत किया जाता है।

सम्पूर्ण इलेक्ट्रॉनिक्स का आधार अर्द्धचालक पदार्थ होते हैं, अर्द्धचालक पदार्थों के द्वारा ही इलेक्ट्रॉनिक्स युक्तियाँ; जैसे-डायोड, ट्रांजिस्टर इत्यादि का निर्माण किया जाता है। इलेक्ट्रॉनिक परिपथों में डायोड का उपयोग स्विच की भाँति किया जाता है तथा इसका उपयोग रेक्टिफायर परिपथों में भी किया जाता है। रेक्टिफायर के द्वारा ए. सी. (प्रत्यावर्ती धारा) को डी.सी. (दिष्ट धारा) में परिवर्तित करके विविध अनुप्रयोगों में उपयोग किया जाता है।

अध्याय विषय सूची

8.1 अर्द्धचालक Semiconductor

जिन पदार्थों की चालकता का स्तर, चालकों एवं अचालकों के मध्य का होता है, वे अर्द्धचालक कहलाते हैं। इन पदार्थों में मुक्त इलेक्ट्रॉन्स की संख्या अचालक पदार्थों से अधिक, परन्तु चालक पदार्थों से कम होती है। इन पदार्थों के परमाणुओं की अन्तिम कक्षा में प्राय: 4 इलेक्ट्रॉन्स होते हैं; जैसे—कार्बन, जर्मेनियम, सिलिकॉन आदि।

जर्मेनियम तथा सिलिकॉन चतुष्संयोजी (tetravalent) तत्त्व हैं अर्थात् इनकी बाह्यतम कक्षा में 4 इलेक्ट्रॉन्स होते हैं।

तत्त्व	प्रतीक	परमाणु संख्या	इलेक्ट्रॉनिक विन्यास
जर्मेनियम	Ge	32	2, 8, 18, 4
सिलिकॉन	Si	14	2, 8, 4

इन तत्त्वों में अन्य विशिष्ट तत्त्वों को अशुद्धि (impurity) के रूप में मिलाकर इनकी चालकता परिवर्तित की जा सकती है।

चित्र में अर्द्धचालक पदार्थों का ऊर्जा बैण्ड आरेख दर्शाया गया है, जिससे स्पष्ट है कि अर्द्धचालक पदार्थों का बैण्ड अन्तराल चालक पदार्थों से अधिक तथा अचालक पदार्थों से कम होता है। परम शून्य ताप पर अर्द्धचालक पदार्थ अचालक के समान व्यवहार करते हैं।

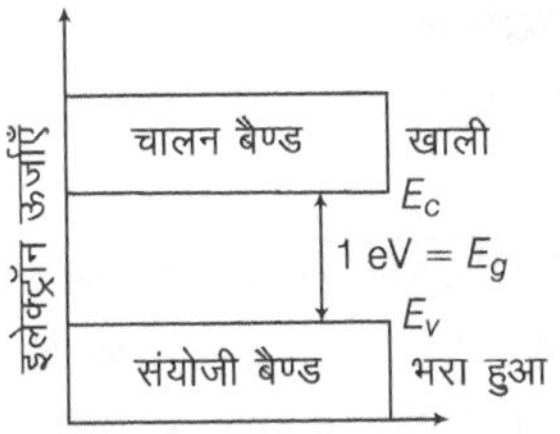

चित्र अर्द्धचालकों का ऊर्जा बैण्ड आरेख

समस्त इलेक्ट्रॉन संयोजी बैण्ड में उपस्थित होते हैं और यह पूर्णत: भरा होता है, जैसे-जैसे तापमान में वृद्धि की जाती है, संयोजी बैण्ड के इलेक्ट्रॉन्स इस ऊर्जा को ग्रहण करते हैं और बैण्ड अन्तराल को पार करके चालन बैण्ड में चले जाते हैं, जिससे विद्युत धारा का प्रवाह प्रारम्भ हो जाता है अर्थात् अर्द्धचालक पदार्थ का प्रतिरोध घटने लगता है।

अत: हम कह सकते हैं कि तापमान वृद्धि के साथ-साथ अर्द्धचालक की वैद्युतिक चालकता में भी वृद्धि होती है, जिससे यह चालक की भाँति व्यवहार करना प्रारम्भ कर देता है। विद्युतीय प्रतिरोधकता के अतिरिक्त अर्द्धचालकों की कुछ प्रमुख विशेषताएँ निम्न होती हैं—

1. चालक का ताप बढ़ने पर उसका प्रतिरोध या प्रतिरोधकता बढ़ती है, जबकि अर्द्धचालक का ताप बढ़ाने पर उसकी प्रतिरोधकता तेजी से घटती है अर्थात् उनकी विद्युत चालकता बढ़ती है।
2. अर्द्धचालकों का प्रतिरोध ताप गुणांक (temperature coefficient of resistance) ऋणात्मक होता है।
3. अर्द्धचालक क्रिस्टल के परमाणु के बीच बन्धन बल की प्रकृति तथा उसका मान चालक के लिए बन्धन बल से भिन्न होता है।
4. किसी अर्द्धचालक में थोड़ी-सी उपयुक्त अशुद्धि मिला देने पर उसकी विद्युत चालकता को बहुत अधिक बढ़ाया जा सकता है, जबकि चालकों में ऐसा नहीं होता है।

   जैसा हमने ऊपर उल्लेख किया है कि सभी अर्द्धचालक की विद्युत चालकता (या विद्युत प्रतिरोधकता) ताप पर निर्भर करती है। शुद्ध अवस्था में, परम शून्य ताप ($0°K$ या $-273°C$) पर जर्मेनियम तथा सिलिकॉन अचालक के समान व्यवहार करते हैं अर्थात् उस ताप पर उसमें स्वतन्त्र इलेक्ट्रॉन नहीं होते हैं। ताप बढ़ाने पर शुद्ध जर्मेनियम तथा सिलिकॉन में भी मुक्त इलेक्ट्रॉनों की उत्पत्ति सम्भव हो जाती है तथा वे विद्युत चालन करने लगते हैं।

तालिका वैद्युतिक पदार्थों की विद्युत चालकता एवं प्रतिरोधकता (कमरे के ताप पर)

पदार्थ	चालकता	प्रतिरोधकता	वर्गीकरण
सिल्वर	6.25×10^{7}	1.6×10^{-8}	
कॉपर	5.88×10^{7}	1.7×10^{-8}	चालक
एल्युमीनियम	3.85×10^{7}	2.6×10^{-8}	
जर्मेनियम	1.54	6.5×10^{-1}	अर्द्धचालक
सिलिकॉन	5.0×10^{-4}	2.0×10^{3}	
पोर्सलीन	3.33×10^{-10}	3.0×10^{9}	
ग्लास	5.88×10^{-12}	1.7×10^{11}	अचालक
कठोर रबर	1.0×10^{-16}	1.0×10^{16}	

अर्द्धचालकों की परमाणु संरचना

Atomic Structure of Semiconductors

विभिन्न पदार्थों के परमाणुओं में प्रोटॉन तथा इलेक्ट्रॉनों की संख्या भिन्न होती है तथा नाभिक के चारों ओर घूमने वाले इलेक्ट्रॉन विभिन्न कक्षाओं में घूमते हैं।

नाभिक के चारों ओर किसी भी कक्षा में अधिक से अधिक इलेक्ट्रॉनों की संख्या $2n^2$ हो सकती है, यहाँ n सम्बन्धित कक्षा की संख्या है, किन्तु इस नियम में यह प्रतिबन्ध है कि सबसे बाहरी कक्षा में 8 से अधिक इलेक्ट्रॉन नहीं हो सकते। इस नियम के अनुसार,

प्रथम कक्षा में अधिक से अधिक $2\times1^2=2$ इलेक्ट्रॉन हो सकते हैं। इसे K कक्षा (shell) कहते हैं।

दूसरी कक्षा में अधिक से अधिक $2\times2^2=8$ इलेक्ट्रॉन हो सकते हैं। इसे L कक्षा कहते हैं।

इसी प्रकार, तीसरी कक्षा में 18, चौथी में 32 आदि इलेक्ट्रॉन हो सकते हैं और इन्हें क्रमश: M कक्षा, N कक्षा आदि कहते हैं।

किसी तत्त्व के परमाणु की सबसे बाहरी कक्षा में जितने इलेक्ट्रॉन होते हैं उतनी ही उस तत्त्व की 'संयोजकता' (valency) होती है, जो अधिकतम 8 हो सकती है।

उदाहरण के लिए **सिलिकॉन** परमाणु के नाभिक में 14 प्रोटॉन (14P) तथा 14 न्यूट्रॉन (14N) हैं, इसलिए प्रथम कक्षा में 2 द्वितीय कक्षा में 8 तथा तृतीय कक्षा में 4 इलेक्ट्रॉन व्यवस्थित होते हैं। अत: इसमें 4 संयोजी इलेक्ट्रॉन (valence electron) होते हैं।

जर्मेनियम परमाणु के नाभिक में 32 प्रोटॉन व 41 न्यूट्रॉन होते हैं। प्रथम कक्षा में 2, द्वितीय कक्षा में 8, तृतीय कक्षा में 18 तथा चतुर्थ कक्षा में 4 इलेक्ट्रॉन होते हैं। इस प्रकार जर्मेनियम में भी सिलिकॉन के समान 4 संयोजी इलेक्ट्रॉन होते हैं।

अतः दोनों पदार्थों के बहुत से गुण समान होते हैं।

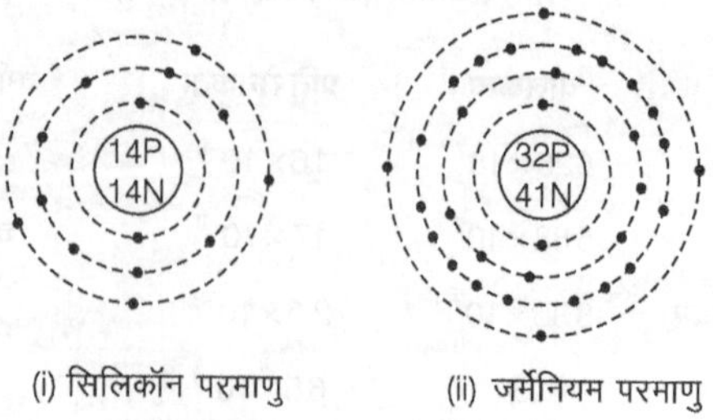

(i) सिलिकॉन परमाणु (ii) जर्मेनियम परमाणु

चित्र अर्द्धचालकों की परमाणु संरचना

8.2 अर्द्धचालक ऊर्जा स्तर
Semiconductor Energy Level

पृथ्वी पर उपस्थित समस्त तत्त्वों के प्रत्येक परमाणु की कक्षाएँ निश्चित होती हैं। ये कक्षाएँ स्थायी अथवा अस्थायी दोनों प्रकार की होती हैं, परन्तु परमाणु में उपस्थित इलेक्ट्रॉन्स केवल स्थायी कक्षाओं में ही नाभिक की परिक्रमा करते हैं।

परमाणु में उपस्थित प्रत्येक कक्षा एक निश्चित ऊर्जा स्तर से संयोजित होती है। अतः किसी परमाणु में उपस्थित विभिन्न कक्षाओं से संयोजित ऊर्जा स्तरों का समूह उस परमाणु का ऊर्जा बैण्ड कहलाता है। चित्र में एक परमाणु के विभिन्न कक्षाओं से संयोजित ऊर्जा स्तर दर्शाए गए हैं।

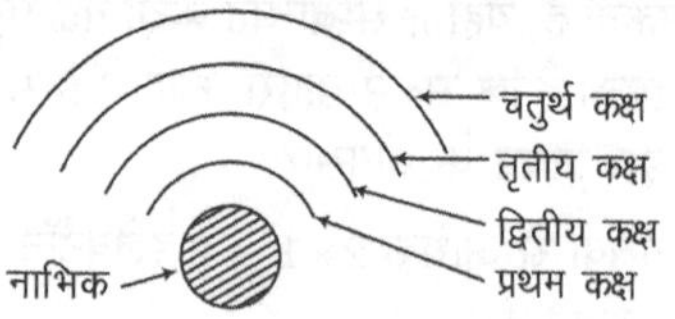

(a) परमाणु की कक्षाएँ

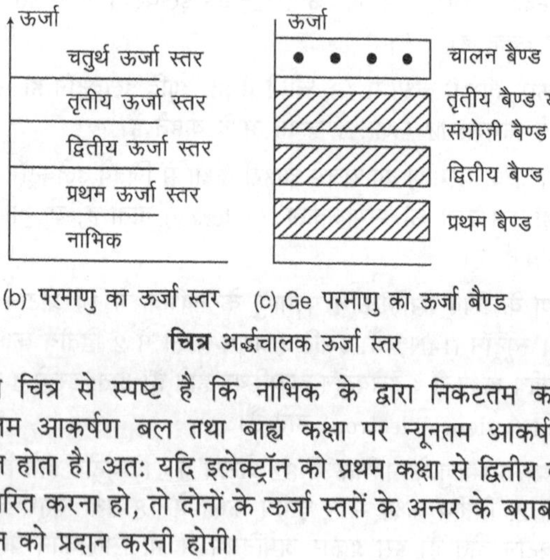

(b) परमाणु का ऊर्जा स्तर (c) Ge परमाणु का ऊर्जा बैण्ड

चित्र अर्द्धचालक ऊर्जा स्तर

उपरोक्त चित्र से स्पष्ट है कि नाभिक के द्वारा निकटतम कक्षा पर अधिकतम आकर्षण बल तथा बाह्य कक्षा पर न्यूनतम आकर्षण बल आरोपित होता है। अतः यदि इलेक्ट्रॉन को प्रथम कक्षा से द्वितीय कक्षा में स्थानान्तरित करना हो, तो दोनों के ऊर्जा स्तरों के अन्तर के बराबर ऊर्जा इलेक्ट्रॉन को प्रदान करनी होगी।

उपरोक्त चित्र C में Ge परमाणु का ऊर्जा बैण्ड दर्शाया गया है। यदि Ge परमाणु को बाह्य स्रोत से ऊर्जा (प्रकाश अथवा ऊष्मा के रूप में) प्रदान की जाए, तो Ge परमाणु उत्तेजित हो जाता है, जिस कारण उसमें इलेक्ट्रॉन्स का स्थानान्तरण निम्न ऊर्जा की कक्षा से उच्च ऊर्जा स्तर की कक्षा में होने लगता है।

8.3 अर्द्धचालक के प्रकार
Types of Semiconductor

अर्द्धचालक निम्न दो प्रकार के होते हैं

1. इन्ट्रिन्सिक अर्द्धचालक
2. एक्सट्रिन्सिक अर्द्धचालक

1. इन्ट्रिन्सिक अर्द्धचालक Intrinsic Semiconductor

ऐसे अर्द्धचालक जो प्रकृति में शुद्ध अवस्था में विद्यमान होते हैं, वे इन्ट्रिन्सिक या शुद्ध अर्द्धचालक कहलाते हैं। शुद्ध अवस्था में अर्द्धचालक पदार्थ, विद्युत धारा प्रवाह के लिए उच्च प्रतिरोध प्रस्तुत करते हैं। इनकी संरचना क्रिस्टलीय (crystalline) होती है। सिलिकॉन एवं जर्मेनियम इन्ट्रिन्सिक अर्द्धचालक के उदाहरण हैं।

2. एक्सट्रिन्सिक अर्द्धचालक
Extrinsic Semiconductor

शुद्ध अर्द्धचालक पदार्थों में किसी उचित पदार्थ को अशुद्धि (impurity) के रूप में मिलाकर उनकी चालकता में वृद्धि की जा सकती है। अशुद्धि युक्त अर्द्धचालक, एक्सट्रिन्सिक अर्द्धचालक कहलाते हैं। शुद्ध अर्द्धचालकों में सूक्ष्म मात्रा में अशुद्धि मिलाने की यह प्रक्रिया **डोपिंग** (doping) कहलाती है।

अर्द्धचालक परम शून्य ताप (शून्य केल्विन) पर कुचालक के समान कार्य करता है एवं इसमें धारा का प्रवाह ताप पर निर्भर करता है। शुद्ध अर्द्धचालकों में अशुद्धि मिलाने पर तापमान में वृद्धि किए बिना ही उसमें धारा के प्रवाह को बढ़ाया जा सकता है।

डोपिंग के आधार पर एक्सट्रिन्सिक अर्द्धचालकों को निम्न दो भागों में वर्गीकृत किया जाता है

(i) *p*–टाइप अर्द्धचालक

(ii) *n*–टाइप अर्द्धचालक

(i) *p*-टाइप अर्द्धचालक *p*-Type Semiconductor

इण्डियम तथा गैलियम त्रिसंयोजी (trivalent) तत्त्व होते हैं। यदि इनमें से किसी एक तत्त्व की अल्प मात्रा, जर्मेनियम/सिलिकॉन में प्रवेश करा दी जाए, तो प्रत्येक इण्डियम/गैलियम परमाणु के लिए एक इलेक्ट्रॉन की कमी उत्पन्न हो जाती है, जो **होल** (hole) अथवा **कोटर** कहलाती है,

'होल' का अर्थ इलेक्ट्रॉन के लिए 'रिक्त स्थान' या 'रिक्ति' होता है। जर्मेनियम की संरचना जालीय (lattice) होती है, जिसमें प्रत्येक जर्मेनियम परमाणु, चार अन्य जर्मेनियम परमाणुओं के साथ सह-संयोजी बन्ध स्थापित करता है।

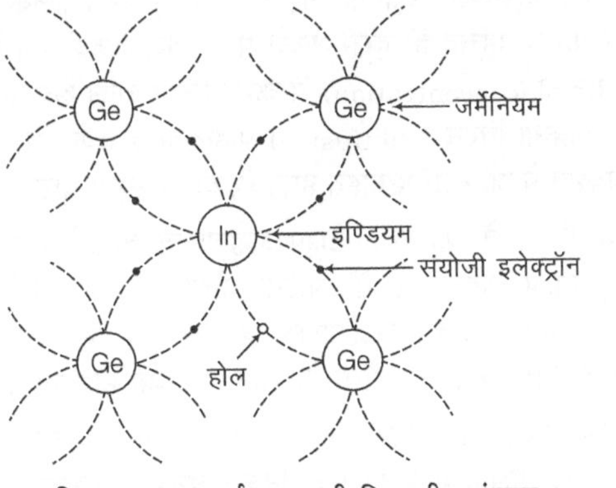

चित्र p-टाइप अर्द्धचालक की क्रिस्टलीय संरचना

जब इस जालीय संरचना में एक त्रिसंयोजी (trivalent) इण्डियम प्रवेश कर जाता है, तो उसकी बाह्य कक्षा में केवल 3 इलेक्ट्रॉन्स विद्यमान होने के कारण एक इलेक्ट्रॉन की कमी हो जाती है अर्थात् 'होल' (hole) उत्पन्न हो जाता है। इस 'होल' का आवेश धनात्मक होता है।

चूँकि इण्डियम परमाणु क्रिस्टल में से कोई एक अन्य इलेक्ट्रॉन ले लेता है, इसलिए इसे ग्राही (acceptor) कहते हैं, क्योंकि क्रिस्टल की वैद्युत चालकता बढ़ाने के लिए एक धनात्मक आवेश उपलब्ध है, इसलिए इस क्रिस्टल को p-टाइप अर्द्धचालक कहते हैं।

p-टाइप के अर्द्धचालक में होल उत्पन्न होने के कारण यह एक इलेक्ट्रॉन ग्रहण करने की क्षमता रखता है, जिस कारण p-टाइप के अर्द्धचालक में मिश्रित अशुद्धि, ग्राही या एक्सेप्टर अशुद्धि कहलाती है, जिसका ऊर्जा स्तर संयोजी बैण्ड से ठीक ऊपर होता है।

चित्र में p-टाइप के अर्द्धचालक का ऊर्जा स्तर आरेख दर्शाया गया है, जो E_c चालन बैण्ड, E_v संयोजी बैण्ड, E_g बैण्ड अन्तराल तथा E_a ग्राही ऊर्जा स्तर को प्रदर्शित करता है।

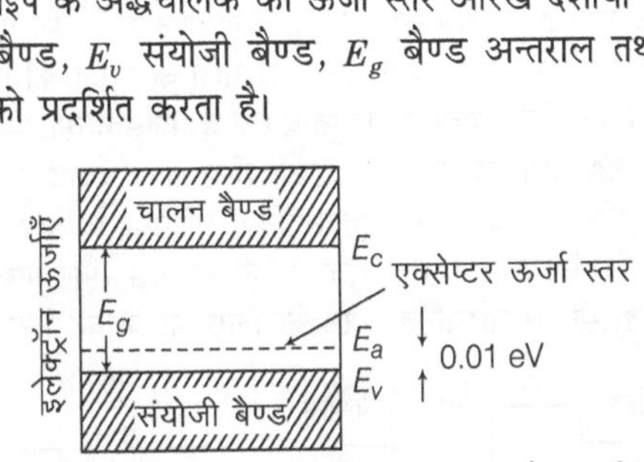

चित्र p-टाइप के अर्द्धचालक के लिए ऊर्जा बैण्ड आरेख

टिप्पणी *p-टाइप के अर्द्धचालक में होल्स की अधिकता के कारण होल्स बहुसंख्यक आवेश वाहक तथा इलेक्ट्रॉन्स अल्पसंख्यक आवेश वाहक होते हैं।*

(ii) n-टाइप अर्द्धचालक n-Type Semiconductor

आर्सेनिक तथा एन्टीमनी पंचसंयोजी (pentavalent) तत्त्व हैं। यदि इनमें से किसी एक तत्त्व की अल्प मात्रा, जर्मेनियम/सिलिकॉन में प्रवेश करा दी जाए, तो प्रत्येक आर्सेनिक/एन्टीमनी परमाणु का एक इलेक्ट्रॉन, जालीय संरचना में मुक्त हो जाता है, जो **मुक्त इलेक्ट्रॉन** (free electron) कहलाता है, जैसा कि चित्र में दर्शाया गया है।

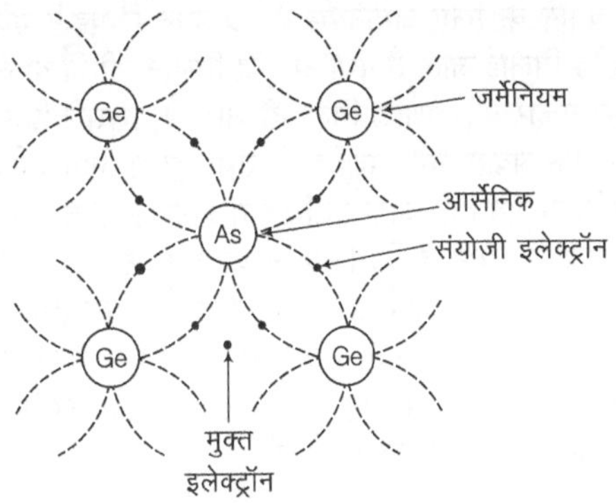

चित्र n-टाइप अर्द्धचालक की क्रिस्टलीय संरचना

जब जर्मेनियम की जालीय संरचना में एक पंचसंयोजी (pentavalent) आर्सेनिक प्रवेश कर जाता है, तो उसकी बाह्यतम कक्षा में 5 इलेक्ट्रॉन्स विद्यमान होने के कारण एक इलेक्ट्रॉन को जालीय संरचना में स्थान नहीं मिल पाता और वह 'मुक्त' हो जाता है।

'n-टाइप' अर्द्धचालक में 'मुक्त इलेक्ट्रॉन्स' की संख्या पदार्थ में मिलाए गए आर्सेनिक की मात्रा पर निर्भर करती है। n–टाइप के अर्द्धचालक में संयोजी बन्ध बनने के पश्चात् एक मुक्त इलेक्ट्रॉन शेष रह जाता है, जिस कारण यह एक इलेक्ट्रॉन प्रदान करने की क्षमता रखता है।

अत: n–टाइप अर्द्धचालक में मिश्रित अशुद्धि, दाता अथवा डोनर अशुद्धि कहलाती है, जिसका ऊर्जा स्तर अर्थात् डोनर ऊर्जा स्तर E_d, चालन बैण्ड के ठीक नीचे स्थित होता है।

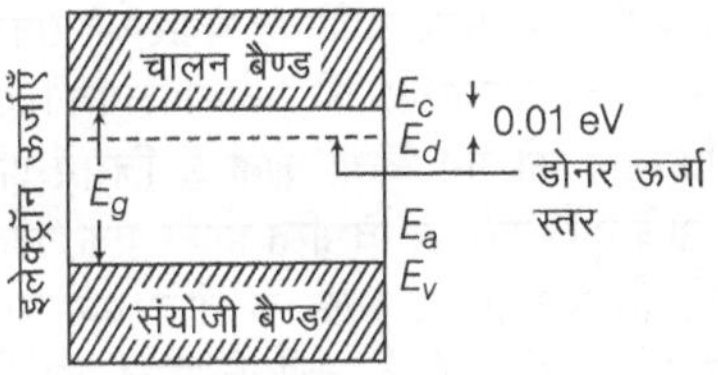

चित्र n-टाइप अर्द्धचालक के लिए ऊर्जा बैण्ड आरेख

टिप्पणी *मुक्त इलेक्ट्रॉन्स की अधिकता के कारण n-टाइप के अर्द्धचालक में इलेक्ट्रॉन्स बहुसंख्यक आवेश वाहक तथा होल्स अल्पसंख्यक आवेश वाहक होते हैं।*

8.4 p-n जंक्शन p-n Junction

जब किसी p तथा n-टाइप क्रिस्टल को ऊष्मीय प्रक्रिया द्वारा संयुक्त किया जाता है, तो प्राप्त जंक्शन p-n जंक्शन कहलाता है। व्यावहारिक रूप में p-टाइप अर्द्धचालक को n-टाइप अर्द्धचालक के साथ रखकर नहीं बनाया जा सकता है। p-n जंक्शन को निम्न दो विधियों द्वारा बनाया जाता है

(i) **ग्राउन p-n जंक्शन** (Grown p-n junction) इस प्रकार के जंक्शन को बनाने के लिए जर्मेनियम के क्रिस्टल में पहले एक प्रकार की अशुद्धि मिलाई जाती है तथा अशुद्धि मिलाने की क्रिया के बीच में ही दूसरी प्रकार की अशुद्धि मिला दी जाती है, जिससे क्रिस्टल का एक भाग एक प्रकार की अशुद्धि से तथा दूसरा भाग अन्य प्रकार की अशुद्धि से युक्त हो जाता है। चित्र में ग्राउन p-n जंक्शन दर्शाया गया है। चित्र से स्पष्ट है कि क्रिस्टल का एक भाग p-टाइप तथा दूसरा भाग n-टाइप का अर्द्धचालक बन गया है। ऋणात्मक चिह्न (–) के बड़े गोले ग्राही (acceptor) अशुद्धि के परमाणु के ऋण आयन तथा धनात्मक चिह्न (+) के बड़े गोल दाता (donor) अशुद्धि के परमाणु धन आयन को प्रदर्शित करते हैं।

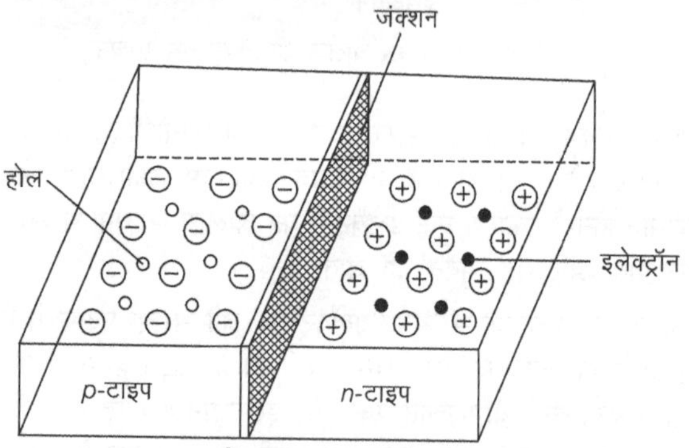

चित्र ग्राउन p-n जंक्शन

इस प्रकार ग्राउन जंक्शन में p–भाग में होल (hole) के कारण तथा n–भाग में इलेक्ट्रॉन के कारण धारा प्रवाहित हो सकती है।

(ii) **फ्यूज्ड p-n जंक्शन** (Fused p-n junction) इस प्रकार के जंक्शन को बनाने के लिए n-टाइप जर्मेनियम वेफर की सतह पर इण्डियम की बहुत सूक्ष्म मात्रा (क्रिस्टल की अपेक्षा लगभग एक लाखवाँ भाग) रखकर क्रिस्टल को गर्म किया जाता है जिसमें इण्डियम, जर्मेनियम सतह के नीचे कुछ दूरी पर विसरित होकर एक पतली परत के रूप में फैल जाती है। इस प्रकार सतह के नीचे एक पतली परत p-टाइप जर्मेनियम की बन जाती है तथा क्रिस्टल का शेष भाग n-टाइप जर्मेनियम ही रहता है, इस प्रकार p-टाइप क्षेत्र के मध्य क्षेत्र के मध्य एक p-n जंक्शन बन जाता है, जैसा कि चित्र में दर्शाया गया है।

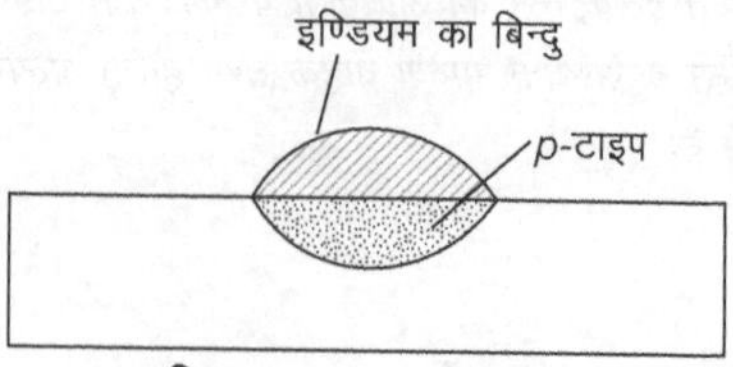

चित्र फ्यूज्ड p-n जंक्शन

कार्यप्रणाली Working Method

चित्र में p-n जंक्शन की संरचना दर्शायी गई है। p-n जंक्शन बनने के बाद p-टाइप अर्द्धचालक से होल्स (बहुसंख्यक आवेश वाहक) निम्न ऊर्जा प्राप्त करके n-टाइप अर्द्धचालक में तथा n-टाइप अर्द्धचालक से इलेक्ट्रॉन (बहुसंख्यक आवेश वाहक) p-टाइप अर्द्धचालक के जंक्शन को पार करके पहुँचते हैं। दूसरे शब्दों में, आवेश वाहकों का स्थानान्तरण उच्च सान्द्रता (concentration) से कम सान्द्रता वाले क्षेत्र की ओर होता है। यह प्रक्रिया विसरण (diffusion) कहलाती है तथा इस प्रक्रिया द्वारा p-n जंक्शन में जो धारा प्रवाहित होती है, वह विसरण धारा कहलाती है।

विसरण प्रक्रिया के कारण n–टाइप अर्द्धचालक के इलेक्ट्रॉन जंक्शन के निकट p-टाइप अर्द्धचालक में उपस्थित होल्स के साथ संयोजित हो जाते हैं। इसी प्रकार p–टाइप अर्द्धचालक के होल्स n-टाइप अर्द्धचालक के जंक्शन के निकटवर्ती इलेक्ट्रॉन्स के साथ संयोजित हो जाते हैं।

परिणामस्वरूप p-टाइप अर्द्धचालक में जंक्शन के निकट ऋणावेश तथा n-टाइप अर्द्धचालक में जंक्शन के निकट धनावेश एकत्रित हो जाता है। जंक्शन के निकट इन स्थिर आयनों के एकत्रित होने के कारण आवेश–वाहकों का पुन: स्थानान्तरण बाधित हो जाता है और p-n जंक्शन की साम्यावस्था प्राप्त हो जाती है।

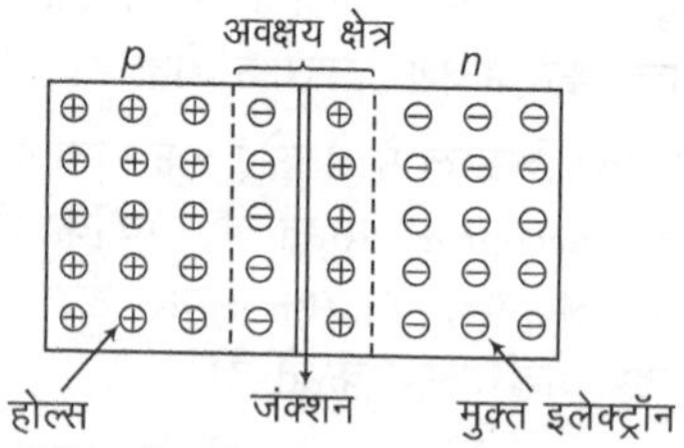

चित्र p-n जंक्शन की संरचना

8.5 p-n जंक्शन डायोड p-n Junction Diode

p-n जंक्शन डायोड दो टर्मिनल वाली p-n जंक्शन से निर्मित एक युक्ति है, जिसमें धारा का प्रवाह एकदिशीय होता है। धारा के प्रवाह की विपरीत दिशा में यह युक्ति अत्यधिक प्रतिरोध प्रस्तुत करती है, जिसके कारण उस दिशा में धारा का प्रवाह अवरुद्ध होता है। एकदिशीय धारा प्रवाह के कारण इसे एकदिशीय युक्ति भी कहते हैं। इलेक्ट्रॉनिक परिपथों में डायोड का प्रयोग स्विच की भाँति किया जाता है। इसके अतिरिक्त, इसे रेक्टिफायर परिपथ में ए.सी. को डी.सी. में परिवर्तित करने के लिए भी प्रयुक्त किया जाता है।

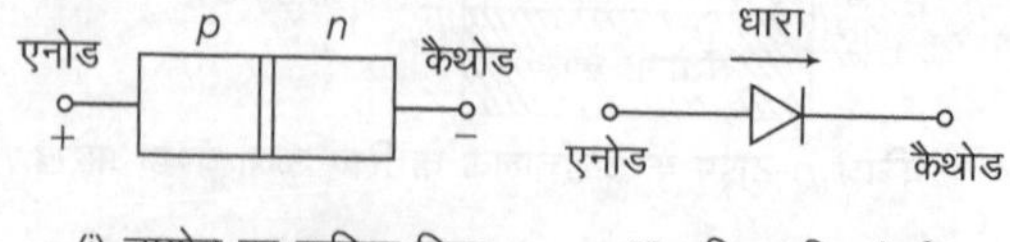

(i) डायोड का ग्राफिक चिन्ह (ii) परिपथ चिन्ह/प्रतीक

चित्र p-n जंक्शन डायोड

उपरोक्त चित्र में अर्द्धचालक डायोड का ग्राफिक चिह्न तथा परिपथ चिह्न प्रदर्शित किया गया है। परिपथ चिह्न में तीर का निशान धारा की दिशा को प्रदर्शित करता है।

p-n जंक्शन डायोड के प्रकार
Types of p-n Junction Diode

p-n जंक्शन डायोड के निर्माण में प्रयुक्त अर्द्धचालक पदार्थ के आधार पर डायोड मुख्यत: निम्न दो प्रकार के होते हैं

(i) **जर्मेनियम डायोड** (Germanium diode) ये डायोड्स जर्मेनियम नामक तत्त्व से तैयार किए गए 'p-टाइप' तथा 'n-टाइप' के क्रिस्टलों को ऊष्मा प्रक्रिया द्वारा जोड़कर बनाए जाते हैं। इनका विभव प्राचीर 0.1 V से 0.3 V तक होता है। इनका उपयोग रेडियो तथा टी.वी. रिसीवर्स में डिटेक्शन के लिए किया जाता है।

(ii) **सिलिकॉन डायोड** (Silicon diode) ये डायोड्स सिलिकॉन नामक तत्त्व से तैयार किए गए p-टाइप तथा n-टाइप के क्रिस्टलों को ऊष्मा-प्रक्रिया द्वारा जोड़कर बनाए जाते हैं। इनका विभव प्राचीर 0.7 V तक होता है। इनका उपयोग 'रेक्टीफिकेशन' के लिए किया जाता है। इस कार्य के लिए 1000 V तक तथा 10 A तक विद्युत धारा वहन क्षमता वाले सिलिकॉन डायोड्स बनाए जाते हैं।

p-n जंक्शन डायोड की बायसिंग
Biasing of p-n Junction Diode

p-n जंक्शन को बाह्य वोल्टेज से संयोजित करने की प्रक्रिया बायसिंग कहलाती है। बायसिंग प्रक्रिया निम्न दो प्रकार की होती हैं

1. फॉरवर्ड बायसिंग 2. रिवर्स बायसिंग

1. फॉरवर्ड बायसिंग Forward Biasing

यदि p-n जंक्शन डायोड के 'p-टाइप' पदार्थ को बैटरी के धन (+) तथा 'n-टाइप' पदार्थ को बैटरी के ऋण (−) सिरे से संयोजित कर दिया जाए, तो यह फॉरवर्ड बायसिंग कहलाती है। इस स्थिति में 'होल्स' तथा 'मुक्त इलेक्ट्रॉन्स' जंक्शन के निकट आ जाते हैं। बैटरी का ऋणात्मक आवेश, 'n-टाइप' पदार्थ में उपस्थित 'मुक्त इलेक्ट्रॉन्स' को जंक्शन की ओर विकर्षित तथा 'होल्स' को अपनी ओर आकर्षित करता है। इसी प्रकार, बैटरी का धनात्मक आवेश 'p-टाइप' पदार्थ में उपस्थित 'होल्स' को जंक्शन की ओर विकर्षित तथा 'मुक्त इलेक्ट्रॉन्स' को अपनी ओर आकर्षित करता है। फलस्वरूप 'मुक्त इलेक्ट्रॉन्स', p-टाइप पदार्थ में प्रवेश कर 'होल्स' के साथ पुनर्मिलन (recombination) प्रक्रिया सम्पादित कर विद्युत धारा का प्रवाह स्थापित कर देते हैं। इस प्रक्रिया में 'मुक्त इलेक्ट्रॉन्स', एक होल से दूसरे होल में जाते हैं और 'होल्स' अर्थात् 'रिक्तियाँ' खिसकती (drift) रहती हैं। इस प्रकार उत्पन्न होने वाली धारा **विसरण धारा** (diffusion current) कहलाती है, जोकि mA में होती है।

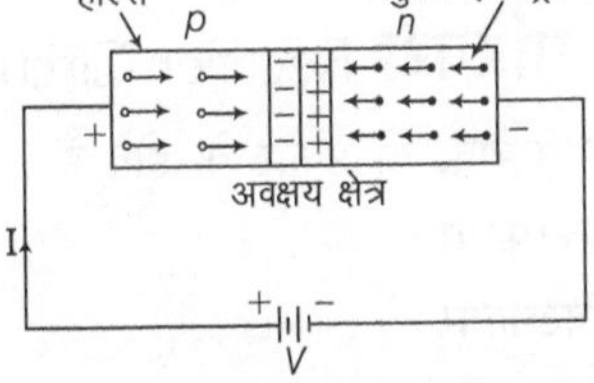

चित्र p-n जंक्शन की फॉरवर्ड बायसिंग

टिप्पणी (i) फॉरवर्ड बायसिंग प्रक्रिया में आरोपित बाह्य वोल्टेज का मान बढ़ाने पर विभव प्राचीर कम होने से धारा का मान बढ़ता है।

(ii) फॉरवर्ड बायसिंग में अवक्षय क्षेत्र की चौड़ाई आरोपित विद्युत वाहक बल के साथ कम होती है।

(iii) फॉरवर्ड बायसिंग में p-n जंक्शन डायोड एक बन्द स्विच, शॉर्ट परिपथ की भाँति कार्य करता है।

2. रिवर्स बायसिंग Reverse Biasing

यदि p-n जंक्शन डायोड के 'p-टाइप' पदार्थ को बैटरी के ऋण (–) तथा 'n-टाइप' पदार्थ को बैटरी के धन (+) सिरे से संयोजित कर दिया जाए, तो यह p-n जंक्शन की रिवर्स बायसिंग कहलाती है। इस स्थिति में 'होल्स' तथा 'मुक्त' इलेक्ट्रॉन्स' जंक्शन से दूर हट जाते हैं। बैटरी का धनात्मक आवेश, 'मुक्त इलेक्ट्रॉन्स' को आकर्षित कर लेता है और उसका ऋणात्मक आवेश, 'होल्स' को आकर्षित कर लेता है, फलत: इस युक्ति में विद्युत धारा प्रवाहित नहीं होती है।

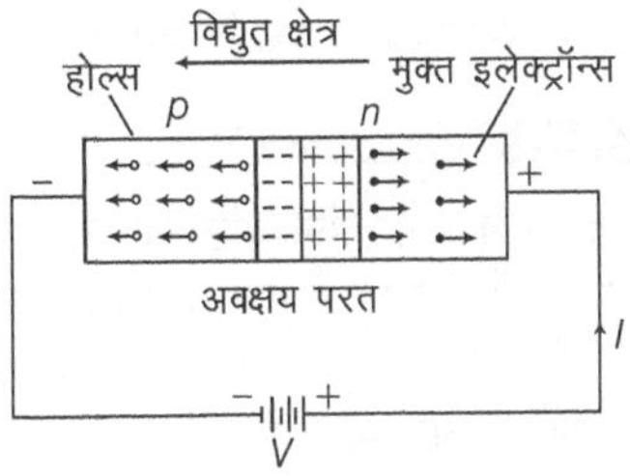

चित्र p-n जंक्शन की रिवर्स बायसिंग

वास्तव में, युक्ति में उपस्थित ऊष्मीय ऊर्जा एवं आरोपित विद्युत वाहक बल द्वारा उत्पन्न ऊष्मीय ऊर्जा के कारण 'n-टाइप' पदार्थ से कुछ 'होल्स' (अल्पसंख्यक आवेश वाहक) तथा 'p-टाइप' पदार्थ से कुछ 'मुक्त इलेक्ट्रॉन्स' निकलते रहते हैं। जंक्शन के निकट इन अल्पसंख्यक आवेश वाहकों की पुनर्मिलन (recombination) प्रक्रिया से रिवर्स बायसिंग में भी अल्प मात्रा में विद्युत धारा प्रवाहित होती है, जिसे लीकेज धारा (leakage current) कहते हैं।

रिवर्स बायसिंग अवस्था में यदि आरोपित विद्युत वाहक बल का मान, एक निश्चित सीमा से अधिक हो जाता है, तो रिवर्स दिशा में विद्युत धारा प्रवाह का मान एकाएक बहुत बढ़ जाता है और यह स्थिति **ब्रेकडाउन** (breakdown) कहलाती है तथा आरोपित विद्युत वाहक बल ब्रेकडाउन वोल्टेज कहलाता है।

नोट *(i) रिवर्स बायसिंग में विभव प्राचीर का मान आरोपित विद्युत वाहक बल के साथ-साथ बढ़ता है।*

(ii) रिवर्स बायसिंग में अवक्षय क्षेत्र की चौड़ाई आरोपित विद्युत वाहक बल के साथ बढ़ती है।

(iii) रिवर्स बायसिंग में p-n जंक्शन डायोड एक ओपन स्विच (खुला परिपथ) की भाँति कार्य करता है।

8.6 कुछ विशिष्ट प्रकार के डायोड्स
Some Special Types of Diodes

सामान्य प्रकार के p-n जंक्शन डायोड्स के अतिरिक्त विशेष प्रयोजनों हेतु कई विशेष प्रकार के डायोड्स भी बनाए गए हैं, जिनमें से कुछ प्रमुख डायोड्स अग्रवर्णित हैं

1. प्रकाश उत्सर्जक डायोड Light Emitting Diode

यह एक प्रकाशोत्पादक डायोड है। यह गैलियम आर्सेनाइड (GaAs) या गैलियम फॉस्फाइड (GaP) नामक यौगिक से बनाया जाता है। इसमें 'होल्स' तथा 'मुक्त इलेक्ट्रॉन्स' के पुनर्मिलन (recombination) की दर इतनी अधिक होती है कि इसके जंक्शन के सिरों पर फॉरवर्ड बायसिंग दिशा में पूर्व निर्धारित मान का विभवान्तर आरोपित करने पर यह प्रकाश किरणें उत्सर्जित करने लगता है। इसका प्रतीक चित्र में दर्शाया गया है। यह प्राय: चार रंगों में बनाया जाता है—हरा, नीला, पीला तथा लाल। इसका उपयोग इण्डीकेटर बल्ब के स्थान पर प्रदर्शक युक्ति एनोड के रूप में किया जाता है।

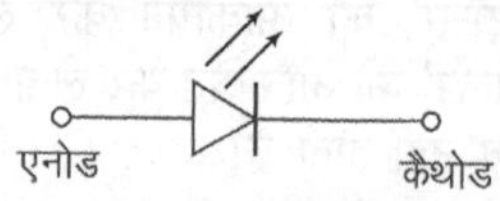

चित्र प्रकाश उत्सर्जक डायोड

2. वैरेक्टर डायोड Varactor Diode

रिवर्स बायसिंग अवस्था में प्रयोग होने वाला यह डायोड एक संधारित्र की भाँति प्रयोग किया जाता है, जिसमें प्रयुक्त p तथा n-टाइप के अर्द्धचालक, चालक प्लेटों की भाँति तथा अवक्षय क्षेत्र, एक परावैद्युत पदार्थ अथवा अचालक प्लेट की भाँति कार्य करते हैं।

इस डायोड की धारिता आरोपित रिवर्स वोल्टेज में परिवर्तन करके परिवर्तित की जा सकती है। इस कारण इस डायोड को वैरीकैप डायोड भी कहा जाता है। चित्र में वैरेक्टर डायोड का प्रतीक दर्शाया गया है।

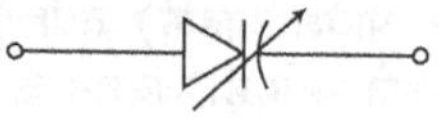

चित्र वैरेक्टर डायोड

3. जीनर डायोड Zener Diode

जीनर डायोड एक उच्च डोपिंग वाला सिलिकॉन अर्द्धचालक डायोड है, जो विशेष रूप से रिवर्स ब्रेकडाउन क्षेत्र में प्रचालित करने हेतु बनाया जाता है। इसे बिना किसी क्षति (damage) के ब्रेकडाउन रीजन में बार-बार प्रचालित किया जा सकता है, इसलिए यह ब्रेकडाउन डायोड के नाम से भी जाना जाता है।

इस डायोड की 'ब्रेकडाउन वोल्टेज' सामान्य p-n जंक्शन डायोड से कम होती है जोकि पूर्व-निर्धारित होती है; जैसे—12V, 27V आदि। इसका प्रतीक चित्र में दर्शाया गया है। इसका उपयोग वोल्टेज रेगुलेटर के रूप में किसी इलेक्ट्रॉनिक परिपथ को पूर्व निर्धारित मान की वोल्टेज प्रदान करने के लिए किया जाता है। वोल्टेज का मान, निर्धारित मान से अधिक हो जाने की स्थिति में यह रिवर्स बायसिंग अवस्था में ही प्रचालित हो जाता है और इलेक्ट्रॉनिक परिपथ पर निर्धारित मान से अधिक वोल्टेज नहीं पहुँचने देता।

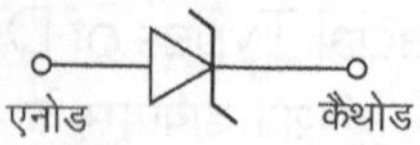

चित्र जीनर डायोड का प्रतीक

जीनर डायोड, वोल्टेज को लगातार तब तक नियन्त्रित रखता है, जब तक रिवर्स ब्रेकडाउन रीजन में डायोड धारा, निम्नतम धारा मान (I_z) तक नहीं पहुँच जाती। चित्र में जीनर डायोड का अभिलाक्षणिक वक्र प्रदर्शित किया गया है।

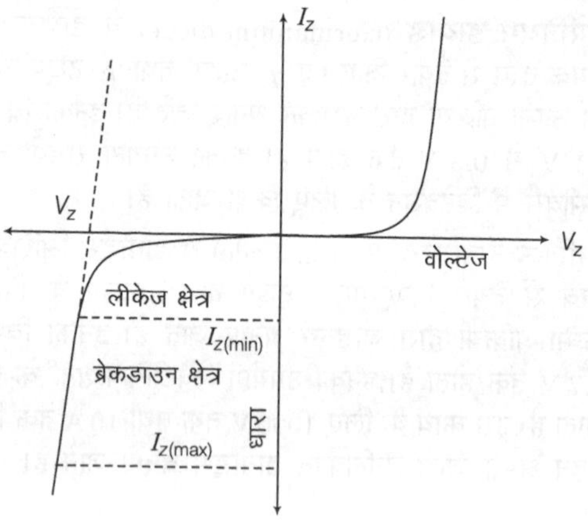

चित्र जीनर डायोड का अभिलाक्षणिक वक्र

8.7 रेक्टिफायर Rectifier

ए.सी. को डी.सी. में बदलने वाली इलेक्ट्रॉनिक युक्ति, रेक्टिफायर कहलाती है। ए.सी. से डी.सी. में परिवर्तन की क्रिया रेक्टिफिकेशन कहलाती है। निम्न ब्लॉक आरेख प्रणाली में ए.सी. वोल्टेज का शुद्ध डी.सी. वोल्टेज में परिवर्तन दर्शाया गया है

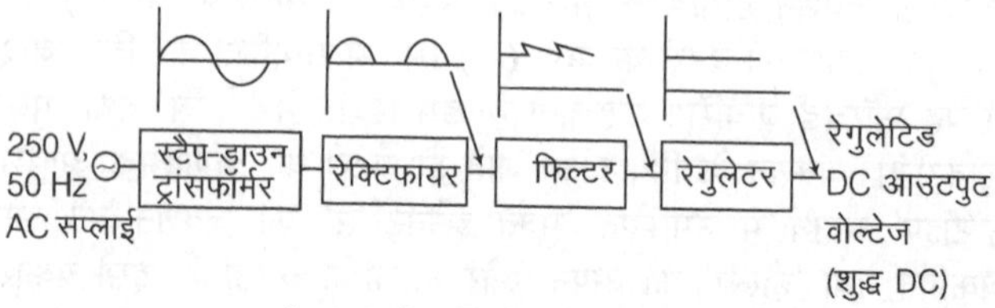

चित्र ए.सी. का डी.सी. में परिवर्तन

इसमें सर्वप्रथम एक स्टैप-डाउन ट्रांसफॉर्मर लगा होता है, जो ए.सी. वोल्टेज को स्टैप-डाउन करता है तथा रेक्टिफायर में भेजता है। फिर रेक्टिफायर जोकि डायोड से बना होता है, उसे डी.सी. में परिवर्तित करता है। इसके बाद प्राप्त डी.सी.को फिल्टर से गुजारा जाता है। फिल्टर से गुजरने के पश्चात् पल्सेटिंग डी.सी. प्राप्त होती है, जिसे एक रेगुलेटर द्वारा रेगुलेटिड किया जाता है। इस प्रकार रेगुलेटर की आउटपुट पर शुद्ध रेगुलेटिड डी.सी. वोल्टेज प्राप्त होती है।

रेक्टिफायर परिपथ Rectifier Circuits

रेक्टिफायर परिपथ मुख्यत: दो प्रकार के होते हैं

1. हाफ वेव रेक्टिफायर
2. फुल वेव रेक्टिफायर

1. हाफ वेव रेक्टिफायर Half Wave Rectifier

इस रेक्टिफायर में केवल एक डायोड प्रयोग किया जाता है। इनपुट ए.सी. वोल्टेज आरोपित होने पर जब डायोड का एनोड धनात्मक होता है (फॉरवर्ड बायसिंग अवस्था), तो परिपथ में से विद्युत धारा प्रवाहित होती है, परन्तु एनोड के ऋणात्मक होने पर (रिवर्स बायसिंग अवस्था) परिपथ में से विद्युत धारा प्रवाहित नहीं होती है। इस प्रकार, प्रत्येक ए.सी. चक्र का ऋण अंश विलुप्त अर्थात् रेक्टिफाई हो जाता है और आउटपुट में केवल धन (+) अर्द्ध-चक्र ही उपस्थित होते हैं। यह डी.सी. आउटपुट, घटते-बढ़ते स्वभाव वाला अर्थात् पल्सेटिंग (pulsating) होता है। आउटपुट में फिल्टर परिपथ का प्रयोग करके पल्सेटिंग डी.सी. को शुद्ध डी.सी. में परिवर्तित कर लिया जाता है।

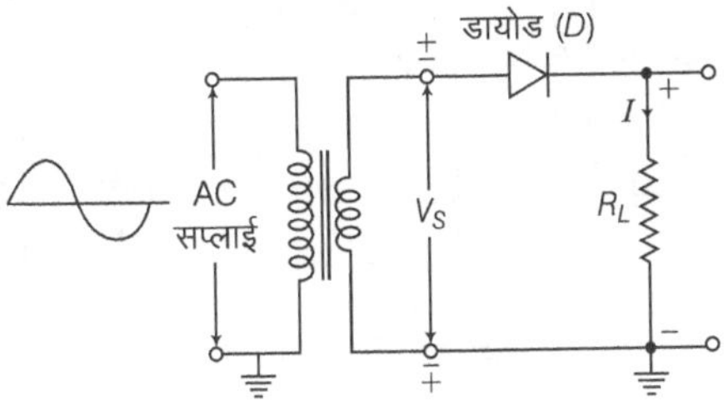

चित्र हाफ वेव रेक्टिफायर परिपथ

हाफ वेव रेक्टिफायर की कार्यप्रणाली को निम्न प्रकार समझा जा सकता है

(i) ए.सी. वोल्टेज के धनात्मक चक्र में डायोड फॉरवर्ड बायस अवस्था में होने के कारण बन्द परिपथ (close circuit) की भाँति कार्य करता है, जिसे निम्न चित्र में दर्शाया गया है

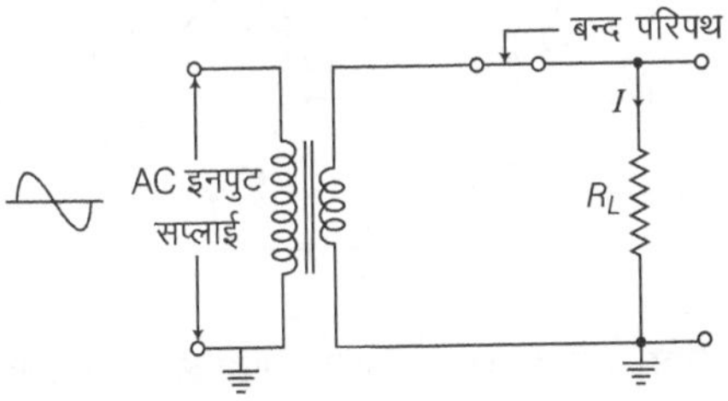

चित्र ए.सी. इनपुट के धनात्मक चक्र के समय हाफ वेव रेक्टिफायर

(ii) ए.सी. वोल्टेज के ऋणात्मक चक्र में डायोड रिवर्स बायस अवस्था में होने के कारण खुले परिपथ (open circuit) की भाँति कार्य करता है, जिसे निम्न चित्र में दर्शाया गया है

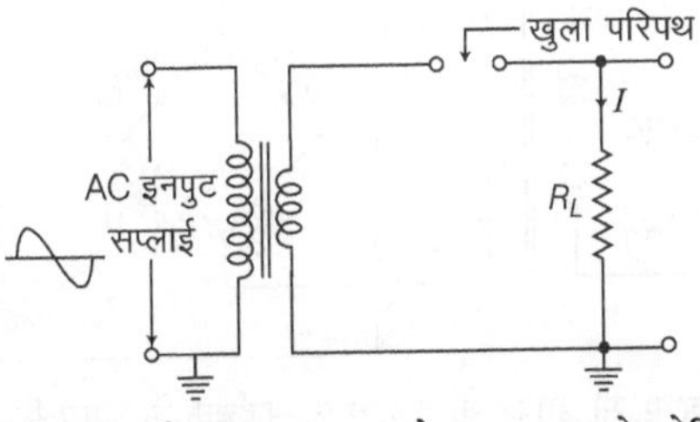

चित्र ए.सी. इनपुट के ऋणात्मक चक्र के समय हाफ वेव रेक्टिफायर

निम्न चित्र में हाफ वेव रेक्टिफायर के इनपुट एवं आउटपुट तरंगरूप को दर्शाया गया है

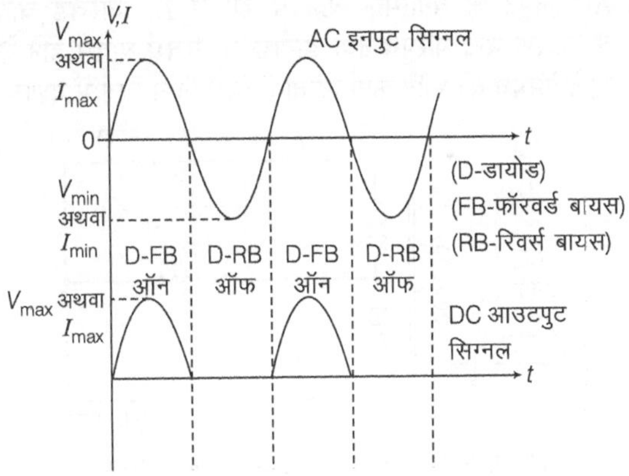

चित्र हाफ वेव रेक्टिफायर का इनपुट तथा आउटपुट तरंगरूप

2. फुल वेव रेक्टिफायर Full Wave Rectifier

इस रेक्टिफायर के द्वारा पूर्ण डी.सी. आउटपुट फुल वेव के रूप में प्राप्त होता है। फुल वेव रेक्टिफायर निम्न दो प्रकार के होते हैं

(a) सेन्टर टैप्ड रेक्टिफायर Centre Tapped Rectifier

इस रेक्टिफायर में दो डायोड्स तथा एक ऐसा मेन ट्रांसफॉर्मर प्रयोग किया जाता है, जिसकी सेकेण्डरी वाइण्डिग में से एक मध्य **संयोजक सिरा** (centre tape) निकाला गया हो।

मध्य सिरे को 'ग्राउण्ड' कर दिया जाता है। इसे सेन्टर टैप्ड ट्रांसफॉर्मर कहते हैं। प्रथम अर्द्ध AC चक्र में जब सेकेण्डरी वाइण्डिग का सिरा-1 धन (+) होता है, तो डायोड D_1 कार्य करता है और डी.सी. आउटपुट प्रदान करता है।

दूसरे अर्द्ध ए.सी. चक्र में जब सेकेण्डरी वाइण्डिग का सिरा-3 धन (+) होता है, तो डायोड D_2 कार्य करता है और डी.सी. आउटपुट प्रदान करता है। इस प्रकार, ए.सी. इनपुट के प्रत्येक चक्र के दोनों अर्द्ध-चक्रों (धन तथा ऋण) के लिए डी.सी. आउटपुट प्राप्त होती है और इसलिए ही यह फुल वेव रेक्टिफायर कहलाता है।

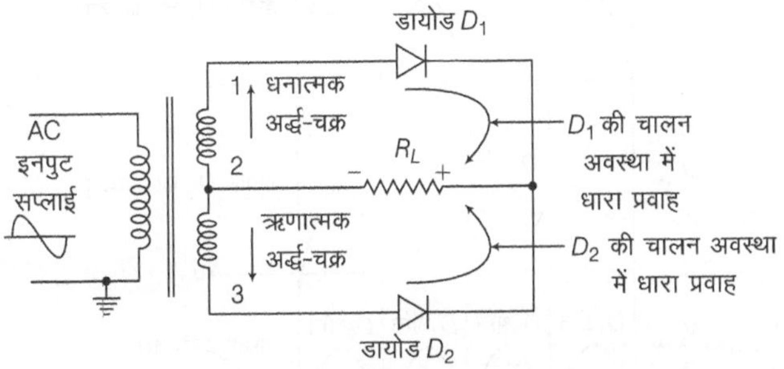

चित्र सेन्टर टैप्ड रेक्टिफायर परिपथ

सेन्टर टैप्ड रेक्टिफायर की कार्यप्रणाली को निम्न प्रकार संक्षिप्त रूप में समझा जा सकता है

(i) AC इनपुट के धनात्मक चक्र में डायोड D_1 फॉरवर्ड बायस होने के कारण बन्द परिपथ तथा डायोड D_2 रिवर्स बायस होने के कारण खुले परिपथ की भाँति कार्य करता है जिसे निम्न चित्र में दर्शाया गया है

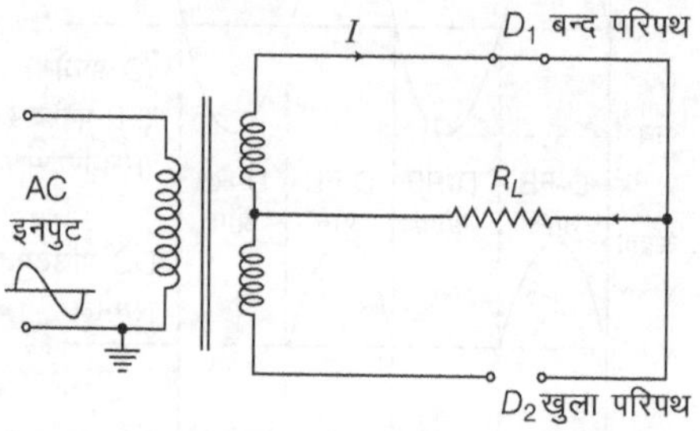

चित्र ए.सी. इनपुट के धनात्मक अर्द्ध-चक्र के समय सेन्टर टैप फुल वेव रेक्टिफायर

(ii) AC इनपुट के ऋणात्मक चक्र में डायोड D_1 रिवर्स बायस होने के कारण खुले परिपथ तथा D_2 फॉरवर्ड बायस होने के कारण बन्द परिपथ की भाँति कार्य करता है। निम्न चित्र में यह अवस्था दर्शाई गई है

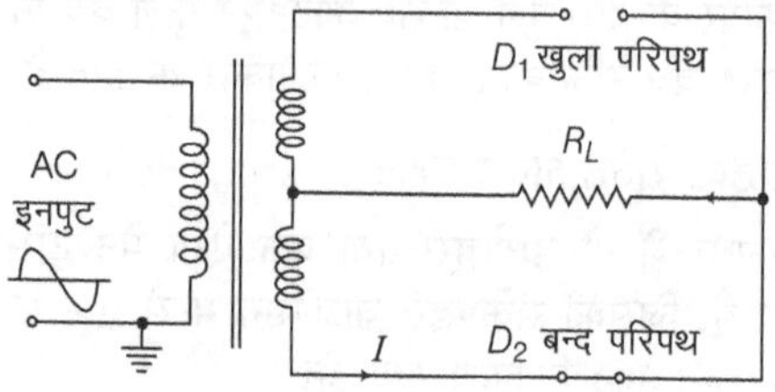

चित्र ए.सी. इनपुट के ऋणात्मक अर्द्ध-चक्र समय सेन्टर टैप फुल वेव रेक्टिफायर

निम्न चित्र में सेन्टर टैप्ड फुल वेव रेक्टिफायर की इनपुट एवं आउटपुट तरंगरूप को दर्शाया गया है

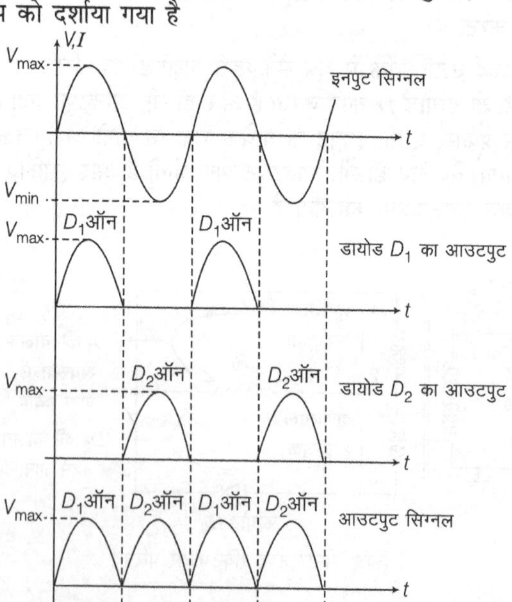

चित्र सेन्टर टैप फुल वेव रेक्टिफायर का इनपुट तथा आउटपुट तरंगरूप

(b) **ब्रिज रेक्टिफायर** Bridge Rectifier

इस रेक्टिफायर में चार डायोड्स प्रयोग किए जाते हैं और इसमें किसी मध्य सिरायुक्त मेन ट्रांसफॉर्मर (सेन्टर टैप्ड ट्रांसफॉर्मर) की आवश्यकता नहीं होती है,

इसलिए इसका आकार तथा मूल्य कम होता है। यह परिपथ, फुल वेव रेक्टिफिकेशन करता है। इस रेक्टिफायर में चार डायोड्स D_1, D_2, D_3 एवं D_4 होते हैं, जिनमें D_2 एवं D_4 ए.सी. इनपुट के ऋणात्मक अर्द्ध-चक्र के लिए तथा D_1 एवं D_3 धनात्मक चक्र के लिए कार्य करते हैं।

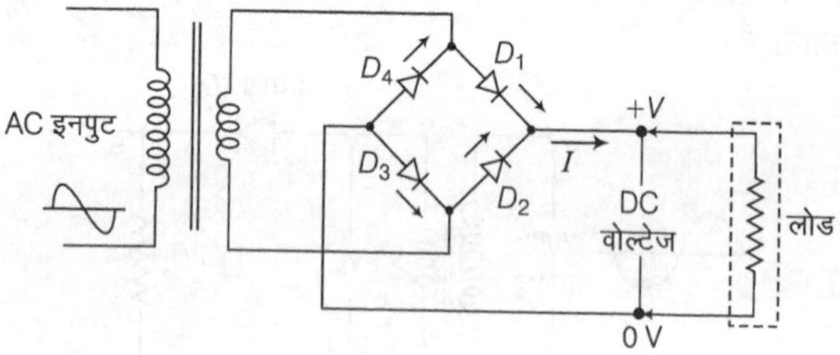

चित्र ब्रिज रेक्टिफायर परिपथ

ब्रिज रेक्टिफायर की कार्यप्रणाली को संक्षिप्त रूप में निम्न प्रकार समझा जा सकता है

(i) AC इनपुट के धनात्मक चक्र में डायोड D_1 तथा D_3 बन्द परिपथ तथा डायोड D_2 तथा D_4 खुले परिपथ की भाँति कार्य करेंगे, जैसा निम्न चित्र में दर्शाया गया है

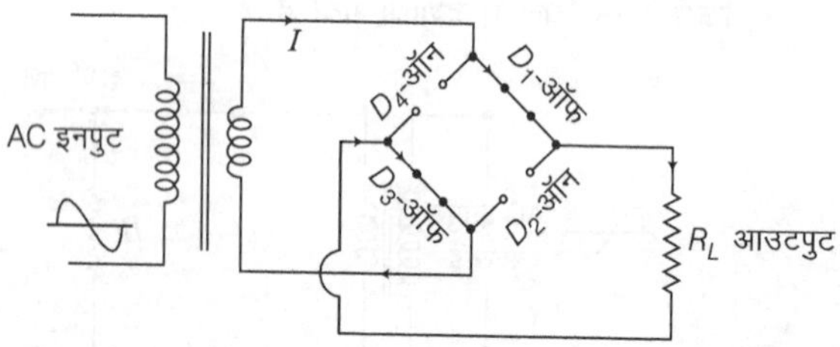

चित्र ए.सी. इनपुट के धनात्मक अर्द्धचक्र के समय ब्रिज रेक्टिफायर

(ii) इसके विपरीत AC इनपुट के ऋणात्मक अर्द्धचक्र में डायोड D_1 तथा D_3 खुले परिपथ तथा D_2 एवं D_4 बन्द परिपथ की तरह कार्य करेंगे जैसा निम्न चित्र में दर्शाया गया है

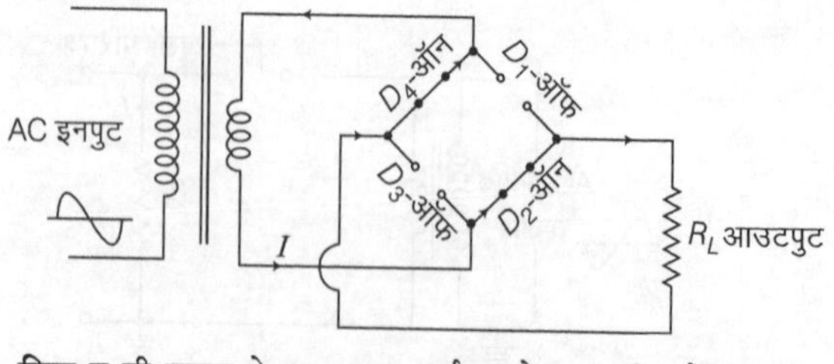

चित्र ए. सी. इनपुट के ऋणात्मक अर्द्धचक्र के समय ब्रिज रेक्टिफायर

निम्न चित्र में ब्रिज रेक्टिफायर को इनपुट एवं आउटपुट तरंगरूप को दर्शाया गया है

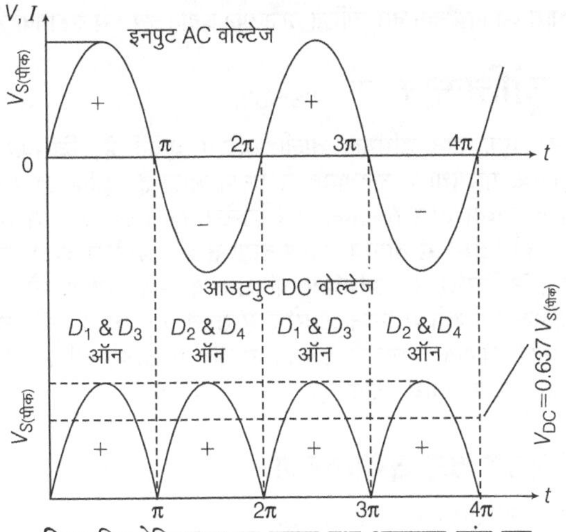

चित्र ब्रिज रेक्टिफायर का इनपुट तथा आउटपुट तरंग रूप

8.8 फिल्टर Filter

किसी भी रेक्टिफायर से प्राप्त आउटपुट पूर्ण रूप से डी.सी. नहीं होती, इसमें कुछ मात्रा में ए.सी. के अवयव भी प्राप्त होते हैं। ए.सी. की इस मात्रा को रिपिल कहते हैं। हाफ वेव रेक्टिफायर में रिपिल का मान अधिक तथा फुल वेव रेक्टिफायर में अपेक्षाकृत कम रहता है। अत: रेक्टिफायर से प्राप्त आउटपुट से स्थिर डी.सी. प्राप्त करने के लिए कुछ अन्य परिपथों का भी प्रयोग किया जाता है। फिल्टर परिपथ वह युक्ति है, जो किसी रेक्टिफायर के आउटपुट से प्राप्त पल्सेटिंग डी.सी. को स्थिर डी.सी. में परिवर्तित करता है।

फिल्टर के प्रकार Types of Filter

रेक्टिफायरों में निम्नलिखित प्रकार के फिल्टर परिपथों का प्रयोग किया जाता है

1. कैपेसिटर इनपुट फिल्टर
2. श्रेणी इण्डक्टर फिल्टर
3. चोक इनपुट L-C फिल्टर
4. पाई फिल्टर

1. कैपेसिटर इनपुट फिल्टर Capacitor Input Filter

इस परिपथ का इनपुट घटक कैपेसिटर होता है। यह कैपेसिटर उच्च धारिता वाला होता है, जिसे लोड प्रतिरोध के समान्तर क्रम में संयोजित किया जाता है। यह केवल डी.सी. में विद्यमान रिपिल्स के लिए कम अवरोध वाला समान्तर मार्ग प्रदान करके उन्हें 'बाइपास' (bypass) कर देता है, जबकि डी.सी. के लिए अधिक अवरोध प्रस्तुत करता है।

इस प्रकार आउटपुट में रिपिल्स रहित डी.सी. प्राप्त हो जाती है।

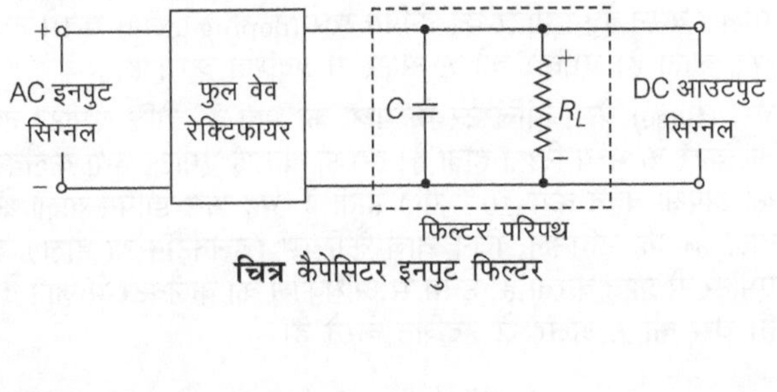

चित्र कैपेसिटर इनपुट फिल्टर

कैपेसिटर इनपुट फिल्टर की कार्यप्रणाली
Working of Capacitor Input Filter

कैपेसिटर डी.सी. के लिए अनन्त अवरोध तथा पल्सेटिंग डी.सी. के लिए कम अवरोध प्रदान करता है। जैसे ही रेक्टिफायर की आउटपुट वोल्टेज का मान बढ़ता है, कैपेसिटर अधिकतम वोल्टेज (या पीक वोल्टेज) तक चार्ज होता है। निम्न चित्रानुसार, बिन्दु Q पर कैपेसिटर का अधिकतम वोल्टेज $+V_P$ तक पहुँच जाता है।

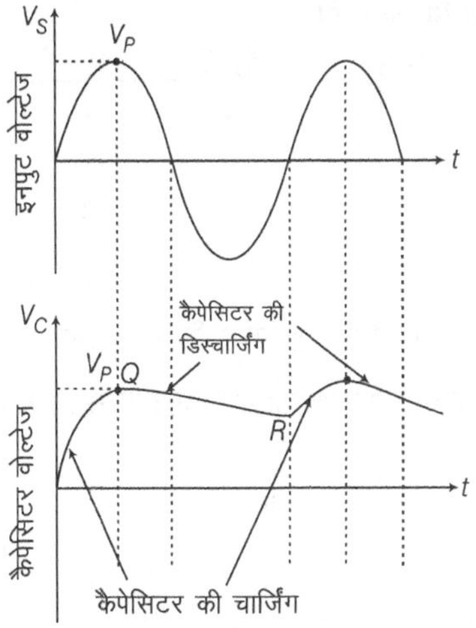

चित्र कैपेसिटर इनपुट फिल्टर के तरंगरूप

जैसे ही रेक्टिफायर की आउटपुट वोल्टेज V_P से कुछ कम होने लगती है, कैपेसिटर लोड के सापेक्ष डिस्चार्ज होने लगता है। कैपेसिटर की यह डिस्चार्जिंग प्रक्रिया वोल्टेज के शून्य होने तक चलती है तथा वोल्टेज के शून्य होने की स्थिति में भी कैपेसिटर की वोल्टेज का मान शून्य नहीं होता है। इस प्रकार लोड में धारा का मान शून्य नहीं हो पाता।

पुन: जब आउटपुट वोल्टेज का मान शून्य से बढ़ता है, तो कैपेसिटर फिर से चार्ज होने लगता है। यही प्रक्रिया बार-बार चलती रहती है और आउटपुट पर धारा का मान शून्य तक नहीं पहुँच पाता है।

लाभ Advantages

(i) यह अपेक्षाकृत सस्ता होता है।
(ii) यह आकार में छोटा एवं वजन में हल्का होता है।
(iii) इसका प्रयोग हाफ वेव एवं फुल वेव रेक्टिफायर दोनों में किया जा सकता है।

हानि Disadvantages

(i) जटिल परिपथों में इसका प्रयोग नहीं किया जा सकता है।
(ii) इसका उपयोग सामान्यत: केवल उच्च वोल्टेज व निम्न धारा सप्लाई के लिए होता है।

2. श्रेणी इण्डक्टर फिल्टर Series Inductor Filter

श्रेणी इण्डक्टर फिल्टर में एक उच्च मान के प्रेरक L को लोड के साथ श्रेणीक्रम में जोड़ा जाता है। इण्डक्टर सदैव धारा में होने वाले परिवर्तनों का विरोध करता है।

श्रेणी इण्डक्टर फिल्टर की कार्यप्रणाली
Working of Series Inductor Filter

इण्डक्टर डी.सी. के लिए शून्य प्रतिरोध एवं पल्सेटिंग डी.सी. के लिए पर्याप्त प्रतिरोध प्रदान करता है। जब रेक्टिफायर से प्राप्त आउटपुट धारा एक निश्चित मान से ज्यादा हो जाती है, तो उस स्थिति में यह ऊर्जा, इण्डक्टर में चुम्बकीय क्षेत्र के रूप में संचित हो जाती है तथा आउटपुट धारा का मान औसत मान से कम होने पर इसे पुन: धारा के रूप में लोड को वापस कर दिया जाता है।

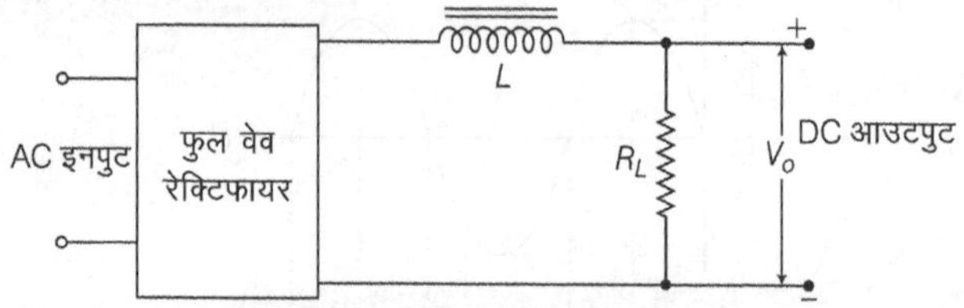

चित्र श्रेणी इण्डक्टर फिल्टर परिपथ

श्रेणी इण्डक्टर फिल्टर परिपथ का आउटपुट तरंग निम्न दिए गए चित्र में दर्शाया गया है

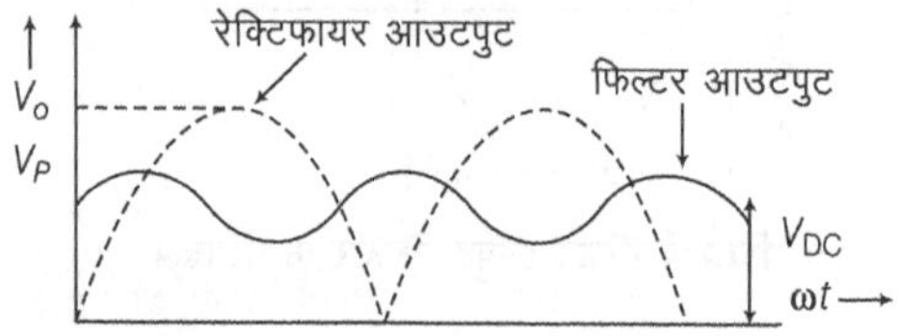

चित्र श्रेणी इण्डक्टर फिल्टर की आउटपुट तरंग

लाभ Advantages

(i) यह धारा में अचानक हुए परिवर्तन को स्थिरता प्रदान करता है।
(ii) उच्च लोड धारा पर यह फिल्टर प्रक्रम में सुधार करता है।

हानि Disadvantages

(i) प्रेरक में वोल्टेज ड्रोप के कारण आउटपुट पर कम वोल्टेज प्राप्त होती है।
(ii) यह फिल्टर परिपथ जटिल एवं आकार में बड़ा होता है।
(iii) यह हाफ वेव रेक्टिफायर के लिए उपयुक्त नहीं है।

3. चोक इनपुट L-C फिल्टर Choke Input L-C Filter

इस परिपथ का इनपुट घटक एक चोक होती है। इसमें एक इण्डक्टर तथा समान्तर में एक कैपेसिटर, लोड के साथ चित्रानुसार संयोजित किए जाते हैं। यह कैपेसिटर इनपुट फिल्टर तथा श्रेणी इण्डक्टर फिल्टर का संयोजित रूप है।

चोक इनपुट L-C फिल्टर की कार्यप्रणाली

श्रेणी क्रम में संयोजित इण्डक्टर, रिपिल्स के लिए अवरोधक का कार्य करता है। यह डी.सी. में विद्यमान रिपिल्स का विरोध करता है तथा रिपिल्स रहित (अथवा कम रिपिल्स युक्त) डी.सी. को आउटपुट की ओर जाने देता है। चोक के बाद समान्तर क्रम में संयोजित कैपेसिटर बचे हुए रिपिल्स को 'बाइपास' कर देता है, फलत: आउटपुट में रिपिल्स रहित डी.सी. प्राप्त हो जाती है।

इस परिपथ का 'वोल्टेज रेगुलेशन' उच्च होता है तथा इसमें एक ब्लीडर प्रतिरोधक R_B का प्रयोग होता है, जो परिपथ में प्रवाहित होने वाली धारा को नियन्त्रित कर वांछित आउटपुट प्रदान करने में सहायक होता है।

8.9 ट्रांजिस्टर Transistor

ट्रांजिस्टर एक तीन टर्मिनल वाली सक्रिय युक्ति है, जिसका प्रयोग इलेक्ट्रॉनिक परिपथों में बहुतायत से किया जाता है। ट्रांजिस्टर शब्द की उत्पत्ति दो शब्दों ट्रांस (trans) व रेसिस्टेन्स (resistance) से मिलकर हुई है, जहाँ 'ट्रांस' से तात्पर्य स्थानान्तरण तथा रेसिस्टेन्स का प्रतिरोध से हैं। अत: ट्रांजिस्टर से अभिप्राय प्रतिरोध के स्थानान्तरण से है। यह इलेक्ट्रॉनिक परिपथों में निम्न प्रतिरोध से उच्च प्रतिरोध की ओर वोल्टेज का एम्प्लीफिकेशन करता है। इसका उपयोग प्रवर्द्धक, दोलित्र व स्विच आदि के रूप में किया जाता है।

ट्रांजिस्टर का वर्गीकरण
Classification of Transistor

ट्रांजिस्टर को निम्न दो भागों में वर्गीकृत किया गया है

(i) **यूनीपोलर ट्रांजिस्टर** (Unipolar transistor) वे ट्रांजिस्टर, जिनमें विद्युत धारा का चालन अल्पसंख्यक (minority) अथवा बहुसंख्यक (majority) केवल एक प्रकार के आवेश वाहकों द्वारा होता है, यूनीपोलर ट्रांजिस्टर कहलाते हैं; जैसे—फील्ड इफेक्ट ट्रांजिस्टर (FET)।

(ii) **बाइपोलर ट्रांजिस्टर** (Bipolar transistor) वे ट्रांजिस्टर, जिनमें विद्युत धारा का चालन दोनों प्रकार के आवेश वाहकों (अल्पसंख्यक व बहुसंख्यक) द्वारा होता है, बाइपोलर ट्रांजिस्टर कहलाते हैं; जैसे—बाइपोलर जंक्शन ट्रांजिस्टर (BJT)। ये दो प्रकार के होते हैं—*n-p-n* तथा *p-n-p*। इस अध्याय में हम पाठ्यक्रम के अनुसार *n-p-n* तथा *p-n-p* ट्रांजिस्टरों सम्बन्धी विवरण तथा अभिलक्षणों का अवलोकन करेंगे।

ट्रांजिस्टर टर्मिनल Transistor Terminal

बाइपोलर जंक्शन ट्रांजिस्टर में तीन टर्मिनल होते हैं, जिन्हें इलेक्ट्रॉड भी कहा जाता है। प्रथम टर्मिनल को उत्सर्जक या एमीटर, दूसरे को बेस या आधार तथा तीसरे को संग्राहक या कलैक्टर कहते हैं। तीनों टर्मिनल्स का विवरण निम्न प्रकार है

- **एमीटर** (Emitter) ट्रांजिस्टर के बाईं ओर का भाग एमीटर (emitter) होता है। इस भाग का मुख्य कार्य बेस को बहुसंख्यक आवेश वाहक (*n-p-n* ट्रांजिस्टर में इलेक्ट्रॉन तथा *p-n-p* ट्रांजिस्टर में होल) सप्लाई करना होता है। अधिक-से-अधिक आवेश वाहकों को सप्लाई करने हेतु एमीटर का डोपिंग स्तर (doping level) सबसे उच्च रखा जाता है। एमीटर को E अक्षर से प्रदर्शित करते हैं।
- **बेस** (Base) बेस, ट्रांजिस्टर के मध्य का भाग है, जोकि एमीटर तथा कलैक्टर के मध्य स्थित होता है। इसकी चौड़ाई एमीटर तथा कलैक्टर की अपेक्षा बहुत कम (10^{-6} मी) होती है। यह कम डोपिंग वाला क्षेत्र होता है। यह टर्मिनल, जिन चार्ज कैरियर्स (इलेक्ट्रॉन या होल) को एमीटर से प्राप्त करता है, उनमें से अधिकांश को कलैक्टर में जाने देता है। बेस को B अक्षर से प्रदर्शित करते हैं।

- **कलैक्टर** (Collector) कलैक्टर, ट्रांजिस्टर के दाहिने ओर का भाग होता है। इसका मुख्य कार्य बेस के अधिकांश मैजोरिटी चार्ज कैरियर्स को ग्रहण कर एकत्रित करना होता है। यह टर्मिनल एमीटर से बड़ा होता है, क्योंकि उसे अधिक ऊष्मा वहन करनी होती है। इस अन्तर के कारण ट्रांजिस्टर को उत्क्रम (invert) करने (अर्थात् कलैक्टर को एमीटर बनाने) की सम्भावना नहीं होती है। इसे C अक्षर से प्रदर्शित करते हैं।

ट्रांजिस्टर की संरचना
Construction of Transistor

ट्रांजिस्टर अर्द्ध-चालक पदार्थों; जैसे-सिलिकॉन एवं जर्मेनियम से निर्मित किए जाते हैं। जब दो p-प्रकार के पदार्थों के मध्य में एक n-प्रकार के पदार्थ की पतली परत को सैंडविच (sandwich) किया जाता है, तो इस प्रकार निर्मित संरचना को p-n-p ट्रांजिस्टर कहते हैं। इसके विपरीत, जब दो n-प्रकार के पदार्थों के मध्य में एक p-प्रकार के पदार्थ की पतली परत को सैंडविच किया जाता है, तब इस प्रकार बनने वाली संरचना को n-p-n ट्रांजिस्टर कहते हैं।

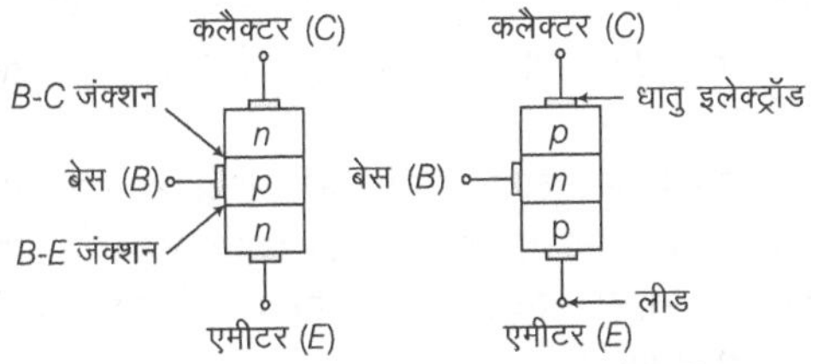

(a) n-p-n ट्रांजिस्टर (b) p-n-p ट्रांजिस्टर

चित्र ट्रांजिस्टर की संरचना

उपरोक्त चित्र में, BJT ट्रांजिस्टर की संरचना दर्शायी गई है, जिसमें BJT के तीन टर्मिनल-एमीटर, बेस तथा कलैक्टर के अतिरिक्त एक धात्विक इलेक्ट्रॉड तथा एक लीड भी लगी है, जिनका प्रयोग ट्रांजिस्टर को बाह्य विद्युत परिपथ से जोड़ने में किया जाता है।

इसके अतिरिक्त, दो अर्द्ध-चालकों के मध्य बनने वाले जंक्शन को भी दर्शाया गया है। बेस तथा एमीटर के मध्य बनने वाले जंक्शन को **बेस-एमीटर** (B-E) जंक्शन, जबकि बेस तथा कलैक्टर के मध्य बनने वाले जंक्शन को **बेस-कलैक्टर** (B-C) जंक्शन कहते हैं। इस प्रकार, BJT को दो बैक-टू-बैक डायोड संयोजित करके बनाया जाता है, जिसे नीचे दर्शाए गए चित्र द्वारा समझा जा सकता है

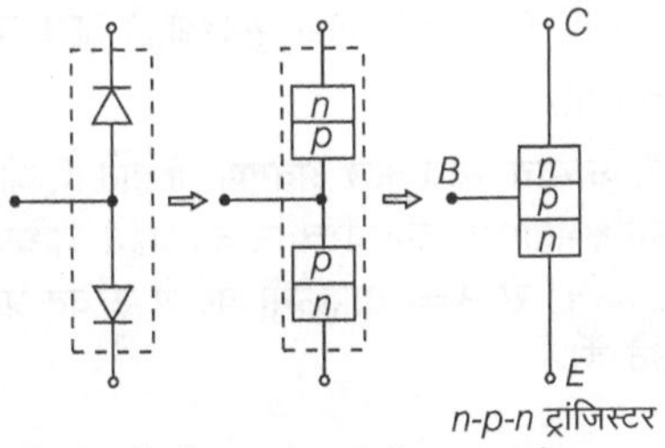

चित्र दो बैक-टू-बैक डायोड का संयोजन

ट्रांजिस्टर के प्रतीक Symbols of Transistor

चित्र में n-p-n तथा p-n-p ट्रांजिस्टर के ब्लॉक आरेख एवं प्रतीकों को दर्शाया गया है

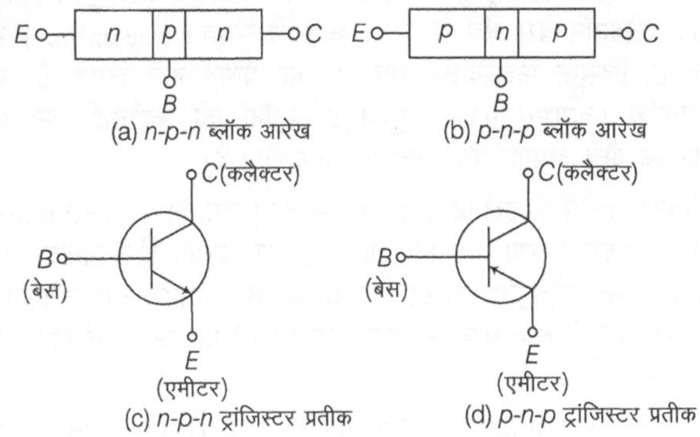

(a) n-p-n ब्लॉक आरेख (b) p-n-p ब्लॉक आरेख

(c) n-p-n ट्रांजिस्टर प्रतीक (d) p-n-p ट्रांजिस्टर प्रतीक

चित्र ट्रांजिस्टर के ब्लॉक एवं प्रतीक

ट्रांजिस्टर के प्रचालन का सिद्धान्त
Principle of Operation of Transistor

ट्रांजिस्टर के n-p-n एवं p-n-p दोनों प्रकारों के प्रचालन सिद्धान्तों को नीचे समझाया गया है

n-p-n ट्रांजिस्टर का प्रचालन सिद्धान्त
Operating Principle of n-p-n Transistor

प्रदर्शित चित्र में n-p-n ट्रांजिस्टर के एमीटर-बेस जंक्शन को फारवर्ड बायस तथा बेस-कलैक्टर को रिवर्स बायस प्रदान करने के लिए एमीटर को बैटरी के ऋणात्मक सिरे से तथा कलैक्टर को बैटरी के धनात्मक सिरे से संयोजित किया गया है।

बेस को कलैक्टर की अपेक्षा बहुत कम धनात्मक विभव पर रखा जाता है। बैटरी के ऋणात्मक सिरे द्वारा, एमीटर में विद्यमान मुक्त इलेक्ट्रॉन, बेस क्षेत्र की ओर प्रतिकर्षित होते हैं।

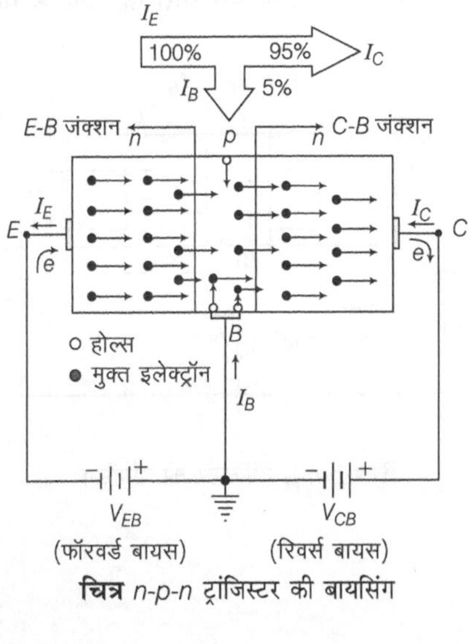

चित्र n-p-n ट्रांजिस्टर की बायसिंग

दिए गए परिपथ में KCL नियम का प्रयोग करने पर,

$$I_E = I_B + I_C$$

अत: बेस क्षेत्र का p-टाइप पदार्थ स्वाभाविक रूप से एमीटर द्वारा प्रतिकर्षित मुक्त इलेक्ट्रॉनों को आकर्षित कर लेता है। कुछ मुक्त (लगभग 5%) इलेक्ट्रॉन बेस क्षेत्र में होल्स के साथ संयुक्त (recombine) हो जाते हैं, जिसके फलस्वरूप धारा I_B का प्रवाह होने लगता है, परन्तु अधिकांश (लगभग 95%) मुक्त इलेक्ट्रॉनों को कलैक्टर का प्रबल धनात्मक क्षेत्र अपनी ओर आकर्षित कर लेता है।

कलैक्टर क्षेत्र में भी इलेक्ट्रॉन तथा होल्स का पुनर्मिलन (recombination) होता है, जिस कारण कलैक्टर धारा (I_C) का प्रवाह होने लगता है। इस प्रकार, मुक्त इलेक्ट्रॉन एमीटर क्षेत्र से चलकर एमीटर-बेस जंक्शन पार कर बेस क्षेत्र में तथा बेस-कलैक्टर जंक्शन को पार कर कलैक्टर क्षेत्र में पहुँच जाते हैं।

अत: इलेक्ट्रॉन्स प्रवाह के कारण एमीटर धारा (I_E) का प्रवाह सम्भव होता है।

p-n-p ट्रांजिस्टर का प्रचालन सिद्धान्त

Operating Principle of *p-n-p* Transistor

p-n-p ट्रांजिस्टर में भी एमीटर-बेस जंक्शन को फॉरवर्ड बायस तथा बेस-कलैक्टर जंक्शन को रिवर्स बायस में संयोजित किया जाता है। एमीटर पर आरोपित धन आवेश, धनावेशी 'होल्स' को विकर्षित करता है। दूसरी ओर बेस पर आरोपित ऋण आवेश 'मुक्त इलेक्ट्रॉनों' को विकर्षित करता है। इस प्रक्रिया में कुछ 'होल्स' बेस क्षेत्र की ओर खिसक जाते हैं। इनमें से कुछ 'होल्स' तो 'मुक्त इलेक्ट्रॉनों' के साथ पुनर्मिलन क्रिया करते हैं, जिसके फलस्वरूप धारा I_B का प्रवाह होने लगता है और शेष कलैक्टर के ऋण आवेश द्वारा कलैक्टर क्षेत्र में आकर्षित कर लिए जाते हैं।

कलैक्टर क्षेत्र में भी इलेक्ट्रॉनों व होल्स का पुनर्मिलन होता है, जिस कारण कलैक्टर धारा (I_C) का प्रवाह होने लगता है। इस प्रकार 'होल्स' का प्रवाह एमीटर से कलैक्टर की ओर होने लगता है, जिसके फलस्वरूप एमीटर धारा (I_E) का प्रवाह एमीटर से कलैक्टर की ओर होने लगता है। KCL (Kirchhoff Current Law) के नियम के अनुसार, परिपथ में एमीटर धारा का मान कलैक्टर धारा तथा बेस धारा के मानों के योग के बराबर होता है अर्थात्

$$I_E = I_C + I_B$$

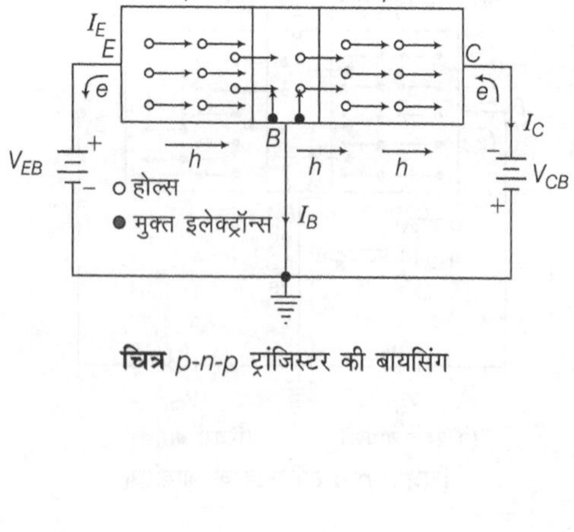

चित्र *p-n-p* ट्रांजिस्टर की बायसिंग

ध्यान रहे कि होल्स का प्रवाह वास्तव में नहीं होता है, क्योंकि होल्स केवल रिक्तियाँ हैं, जो मुक्त इलेक्ट्रॉनों द्वारा भरती रहती हैं और रिक्त होती रहती हैं, इस प्रकार रिक्तियाँ खिसकती (drift) रहती हैं।

विद्युत धारा का वास्तविक चालन केवल मुक्त इलेक्ट्रॉनों के द्वारा ही सम्पन्न होता है। इस प्रकार *p-n-p* ट्रांजिस्टर में विद्युत धारा का प्रवाह, होल्स के प्रवाह की दिशा में होता है।

टिप्पणी *n-p-n ट्रांजिस्टर की कार्यप्रणाली के समान ही, p-n-p ट्रांजिस्टर में भी बहुसंख्यक आवेश वाहकों का अल्पसंख्यक आवेश वाहकों से समान अनुपात में (5% बेस में तथा 95% कलैक्टर में) पुनर्संयोजन होता है*

ट्रांजिस्टर के गुण एवं अवगुण

Merits and Demerits of Transistor

गुण Merits

ट्रांजिस्टर के आविष्कार के पश्चात् वैक्यूम ट्यूब को पूर्णरूप से ट्रांजिस्टर के द्वारा प्रतिस्थापित कर दिया गया है, क्योंकि वैक्यूम ट्यूब की अपेक्षा ट्रांजिस्टर में विविध गुण विद्यमान होते हैं, जो निम्न प्रकार हैं—

(i) ट्रांजिस्टरों में वैक्यूम ट्यूब के समान फिलामेन्ट सर्किट नहीं होता है, इसलिए इनके तापन (heating) में पावर व्यय नहीं करनी पड़ती है।

(ii) वैक्यूम ट्यूब की तुलना में ट्रांजिस्टर अपेक्षाकृत कम वोल्टेज पर प्रचालित किया जा सकता है। उदाहरणार्थ-ट्यूब के प्रचालन के लिए 220 वोल्ट आवश्यक है, जबकि ट्रांजिस्टर के लिए 2-8 वोल्ट ही पर्याप्त है।

(iii) ट्रांजिस्टर में कोई कैथोड नहीं होता है, जिससे उसकी कार्यकारी आयु अधिक होती है। इसके विपरीत, ट्यूब की आयु न केवल सीमित है, अपितु वह कभी भी जलकर नष्ट हो सकती है।

(iv) ट्रांजिस्टर का आकार वैक्यूम ट्यूब की तुलना में बहुत छोटा होता है। अत: ट्रांजिस्टर का उपयोग अत्यधिक छोटे इलेक्ट्रॉनिक उपकरणों में भी किया जा सकता है।

(v) ट्रांजिस्टर की दक्षता वैक्यूम ट्यूब की अपेक्षा अधिक होती है। इसके द्वारा 3 वोल्ट के स्रोत से कई मिली-वाट शक्ति प्राप्त की जा सकती है।

(vi) वैक्यूम ट्यूब द्वारा बने यन्त्र स्विच ऑन करने के कुछ देर बाद गर्म होकर कार्य करना प्रारम्भ करते हैं, जबकि ट्रांजिस्टर युक्त यन्त्र स्विच ऑन करते ही कार्य करने लगते हैं। ट्रांजिस्टर के उपरोक्त गुणों के कारण ही आजकल इनका उपयोग रेडियो, टेलीविजन, कम्प्यूटर्स आदि सभी इलेक्ट्रॉनिक युक्तियों में किया जाता है।

अवगुण Demerits

ट्रांजिस्टर में गुणों के साथ-साथ कुछ अवगुण भी होते हैं, जो निम्न प्रकार हैं

(i) इनकी कार्यक्षमता पर ताप परिवर्तन का बहुत अधिक प्रभाव पड़ता है। प्राय: 35°C से उच्च तापक्रमों पर ये उचित प्रकार कार्य नहीं कर सकते हैं।

(ii) इनके अभिलक्षण एकसमान (uniform) नहीं होते हैं, जिसके कारण इनका व्यवहार भी एकसमान नहीं होता है।
(iii) इनके द्वारा उच्च आउटपुट शक्ति प्राप्त नहीं की जा सकती। अतः अत्यधिक शक्तिशाली प्रसारण में इन्हें प्रयुक्त नहीं किया जाता।
(iv) इनमें वैक्यूम ट्यूबों की अपेक्षा गुंजन ध्वनि अधिक होती है।
(v) वोल्टेज के उतार-चढ़ाव के कारण ये शीघ्र ही नष्ट हो जाते हैं।

8.10 ट्रांजिस्टर के विविध अभिविन्यास
Various Configurations of Transistor

किसी एम्प्लीफायर परिपथ में ट्रांजिस्टर को तीन प्रकार से संयोजित किया जा सकता है। ये तीन परिपथ ही ट्रांजिस्टर के बेसिक अभिविन्यास (basic configurations) कहलाते हैं। ट्रांजिस्टर परिपथ में ट्रांजिस्टर के किन्हीं दो टर्मिनल या इलेक्ट्रॉड्स के मध्य इनपुट सिग्नल दिया जा सकता है एवं एक टर्मिनल को उभयनिष्ठ (common) रखते हुए तीसरे व उभयनिष्ठ टर्मिनल से आउटपुट लिया जा सकता है। इस प्रकार, तीन बेसिक अभिविन्यासों का निर्माण होता है, जोकि निम्न प्रकार हैं

1. कॉमन-बेस अभिविन्यास
2. कॉमन-एमीटर अभिविन्यास
3. कॉमन-कलैक्टर अभिविन्यास

1. कॉमन-बेस अभिविन्यास
Common-Base Configuration

इसे निम्न चित्रानुसार संयोजित किया जाता है। एमीटर व बेस के मध्य इनपुट सिग्नल दिया जाता है तथा कलैक्टर व बेस के मध्य जोड़े गए लोड प्रतिरोधक R_L के सिरों पर आउटपुट सिग्नल V_{out} प्रवर्द्धित (amplified) रूप में प्राप्त होता है।

अतः आउटपुट कलैक्टर तथा बेस के मध्य प्राप्त होता है।

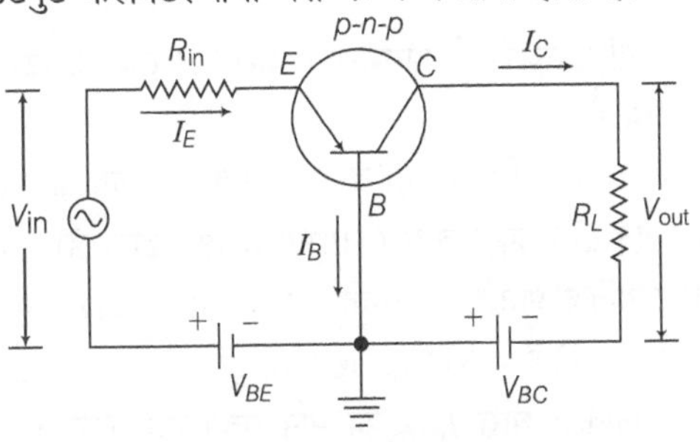

चित्र कॉमन-बेस अभिविन्यास परिपथ

कॉमन-बेस अभिविन्यास के अभिलक्षण
Characteristics of CB Configuration

किसी कॉमन-बेस ट्रांजिस्टर में एमीटर धारा (I_E), एमीटर व बेस के मध्य वोल्टेज(V_{BE}), कलैक्टर धारा (I_C) तथा कलैक्टर व बेस के मध्य वोल्टेज (V_{BC}) चारों राशियाँ ही परिवर्तनशील होती हैं। इन चारों राशियों में से किन्हीं दो के मध्य खींचे गए वक्रों को ट्रांजिस्टर के अभिलक्षण कहते हैं, क्योंकि इस प्रकार के ट्रांजिस्टर को इनपुट, एमीटर परिपथ द्वारा ही दिया जाता है।

अतः एमीटर धारा I_E तथा एमीटर व बेस के मध्य वोल्टेज V_{BE} के मध्य खींचा गया वक्र **इनपुट अभिलक्षण** (input characteristics) कहलाता है। इसी प्रकार, कलैक्टर धारा I_C तथा कलैक्टर व बेस के मध्य वोल्टेज V_{BC} के मध्य खींचे गए वक्र को **आउटपुट अभिलक्षण** (output characteristics) कहते हैं। चित्र में *p-n-p* ट्रांजिस्टर का कॉमन-बेस अभिलक्षण वक्र प्राप्त करने हेतु परिपथ दर्शाया गया है

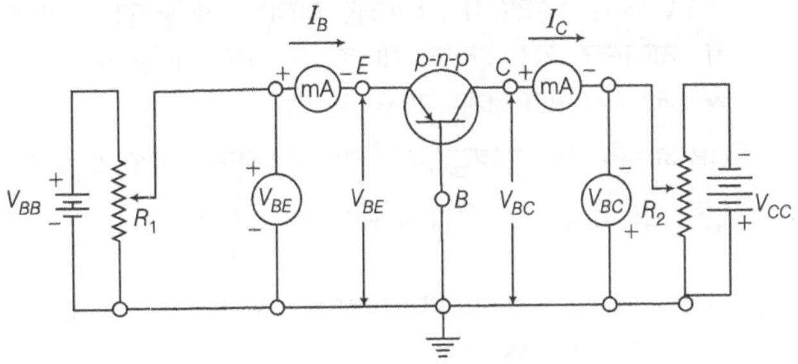

चित्र कॉमन-बेस अभिविन्यास का विद्युतीय परिपथ

चित्र में प्रयुक्त मिली मीटर का प्रयोग एमीटर तथा कलैक्टर धारा के मापन हेतु किया जाता है तथा वोल्टमीटर V_{BE} तथा V_{BC} का प्रयोग क्रमशः बेस-एमीटर एवं कलैक्टर-बेस जंक्शन वोल्टेज का मान ज्ञात करने के लिए किया जाता है।

कॉमन-बेस ट्रांजिस्टर के अभिलक्षणों का विवरण निम्नवत् है–

(i) इनपुट अभिलक्षण Input Characteristics

नियत कलैक्टर-बेस वोल्टेज (V_{BC}) के लिए एमीटर-बेस वोल्टेज (V_{BE}) तथा एमीटर धारा (I_E) के मध्य वक्र खींचकर, इनपुट अभिलक्षण प्राप्त किया जाता है। यह अभिलक्षण डायोड के फॉरवर्ड बायस पर प्राप्त अभिलक्षण के समान आता है।

कॉमन-बेस ट्रांजिस्टर का इनपुट अभिलक्षण नीचे दिए गए चित्र में दर्शाया गया है

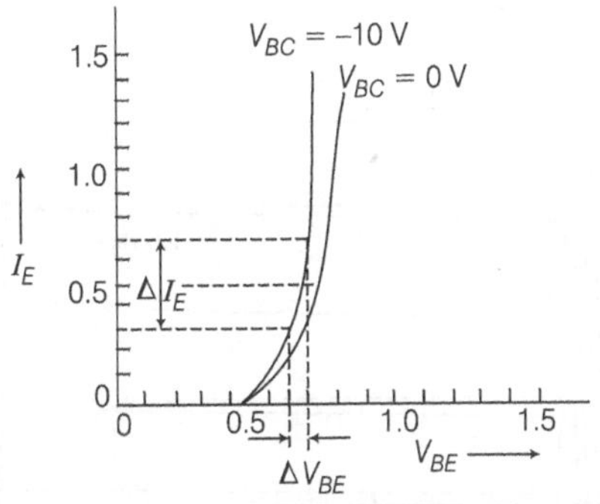

चित्र इनपुट अभिलक्षण वक्र

ट्रांजिस्टर के इनपुट अभिलक्षणों से निम्न निष्कर्ष प्राप्त होते हैं

(a) चित्र में देखा जा सकता है कि प्रारम्भ में एमीटर बेस वोल्टेज (V_{BE}) का मान शून्य होने पर एमीटर/इनपुट धारा (I_E) का मान भी शून्य होता है, जिसके कारण वक्र मूल बिन्दु से प्रारम्भ होता है।

(b) V_{BE} का मान शून्य से अधिक बढ़ाने पर प्रारम्भ में धारा I_E के मान में नगण्य वृद्धि होती है, परन्तु V_{BE} के एक नियत मान, जिसे **थ्रैसहोल्ड वोल्टेज** (threshold voltage) अथवा **नी वोल्टेज** (knee voltage) कहते हैं, के पश्चात् धारा I_E का मान तीव्रता से बढ़ता है।

(c) ट्रांजिस्टर की प्रकृति के अनुसार थ्रैसहोल्ड वोल्टेज का मान 0.1 V से 0.5 V के मध्य होता है। इस प्रकार, ट्रांजिस्टर के इनपुट अभिलक्षण से ट्रांजिस्टर का इनपुट गतिज प्रतिरोध (dynamic input resistance) ज्ञात किया जा सकता है।

CB अभिविन्यास के विद्युतीय परिपथ के अनुसार, नियत V_{BC} पर, ट्रांजिस्टर का इनपुट गतिज प्रतिरोध $(r_i) = \dfrac{\Delta V_{BE}}{\Delta I_E}$,

कॉमन-बेस ट्रांजिस्टर के लिए गतिज प्रतिरोध r_i का मान बहुत कम लगभग 20 से 100 ओम के मध्य होता है।

(ii) **आउटपुट अभिलक्षण** Output Characteristics

आउटपुट अभिलक्षण खींचने के लिए CB अभिविन्यास के विद्युतीय परिपथ आरेख के अनुसार, वोल्टेज डिवाइडर (R_1) द्वारा एमीटर धारा (I_E) का मान निश्चित कर देते हैं।

अब आउटपुट सर्किट में कलैक्टर तथा बेस के मध्य पोटैंशियल डिवाइडर (R_2) द्वारा वोल्टेज (V_{BC}) का मान बदलते जाते हैं एवं प्रत्येक स्थिति में कलैक्टर धारा (I_C) का मान मिली ऐम्पियर मीटर (mA meter) द्वारा ज्ञात करते जाते हैं।

इसी प्रकार, एमीटर धारा (I_E) का एक अन्य नियत मान लेकर दूसरा आउटपुट अभिलक्षण खींचा जाता है। नीचे चित्र में, विभिन्न नियत एमीटर धाराओं (I_E) पर ट्रांजिस्टर के आउटपुट अभिलक्षण वक्र दर्शाया गया है।

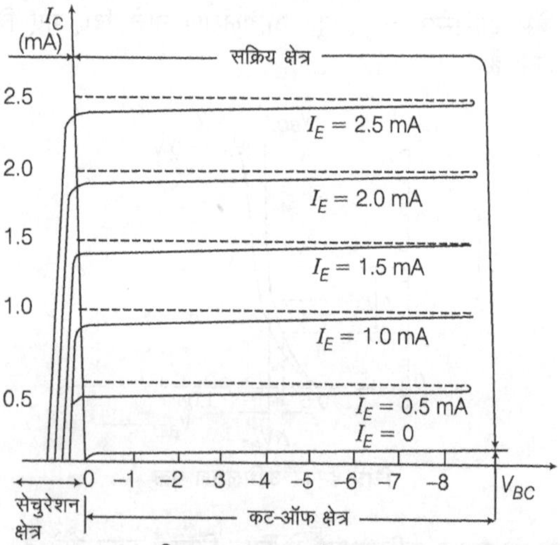

चित्र आउटपुट अभिलक्षण वक्र

ट्रांजिस्टर के आउटपुट अभिलक्षणों से निम्न निष्कर्ष प्राप्त होते हैं—

(a) कलैक्टर-बेस वोल्टेज V_{BC} जब धनात्मक हो जाती है, तब संतृप्त क्षेत्र (saturated region) में कलैक्टर धारा I_C तीव्रता से घटती है।

(b) कलैक्टर-बेस वोल्टेज V_{BC} जब ऋणात्मक हो जाती है तब सक्रिय क्षेत्र (active region) में कलैक्टर धारा I_C एमीटर धारा I_E के लगभग समान होती है।

(c) जब एमीटर धारा $I_E = 0$ कलैक्टर धारा I_C शून्य नहीं होती है, तब कलैक्टर धारा के इस मान को रिवर्स लीकेज धारा I_{CBO} कहते हैं।

ट्रांजिस्टर के लिए, आउटपुट गतिज प्रतिरोध (output dynamic resistance) $r_0 = \dfrac{\Delta V_{BC}}{\Delta I_C}$, जबकि I_E नियत है।

चित्र में दर्शाए गए वक्रों का अध्ययन करने से स्पष्ट है कि V_{BC} के किसी मान के लिए ΔI_C का मान बहुत कम होता है, क्योंकि वक्र लगभग समतल (flat) है। अत: आउटपुट गतिज प्रतिरोध का मान बहुत अधिक (लगभग 1 मेगाओम) होता है।

(iii) **ट्रांसफर अभिलक्षण** Transfer Characteristics

कलैक्टर-बेस वोल्टेज V_{CB} को नियत रखने पर आउटपुट धारा (I_C) में इनपुट धारा (I_E) के सापेक्ष होने वाला परिवर्तन कॉमन-बेस ट्रांजिस्टर का ट्रांसफर अभिलक्षण कहलाता है। नीचे दिए गए चित्र में यह अभिलक्षण दर्शाया गया है। चित्र से यह स्पष्ट है कि यह सरल रेखीय होता है।

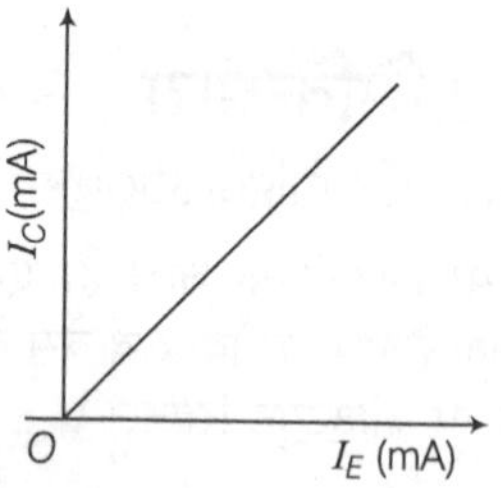

चित्र कॉमन-बेस ट्रांजिस्टर अभिविन्यास का ट्रांसफर अभिलक्षण वक्र

कॉमन-बेस अभिविन्यास से सम्बन्धित धारा गेन तथा वोल्टेज गेन का वर्णन निम्नवत् है—

अत: कॉमन-बेस अभिविन्यास ट्रांजिस्टर से निम्न निष्कर्ष प्राप्त होते हैं

(a) धारा गेन (α) बहुत कम (लगभग 0.98) होता है।

(b) इनपुट गतिज प्रतिरोध r_i बहुत कम लगभग 20 Ω होता है।

(c) आउटपुट गतिज प्रतिरोध r_0 बहुत अधिक लगभग 1 MΩ होता है।

(d) रिवर्स लीकेज धारा I_{CBO} का मान बहुत कम (लगभग 2-5 μA जर्मेनियम के लिए तथा 0.02 μA सिलिकॉन के लिए) होता है। इसका मान तापमान पर निर्भर करता है।

(e) इसका इनपुट इम्पीडैन्स बहुत कम और आउटपुट इम्पीडैन्स बहुत अधिक होता है।

2. कॉमन-एमीटर अभिविन्यास
Common-Emitter Configuration

कॉमन-एमीटर अभिविन्यास को चित्रानुसार संयोजित करते हैं। इस परिपथ में इनपुट सिरा बेस तथा आउटपुट सिरा कलैक्टर होता है।

बेस एमीटर के मध्य इनपुट सिग्नल V_S को आरोपित किया जाता है तथा एमीटर कलैक्टर के मध्य जुड़े लोड प्रतिरोधक R_L के सिरों पर आउटपुट सिग्नल प्राप्त होता है।

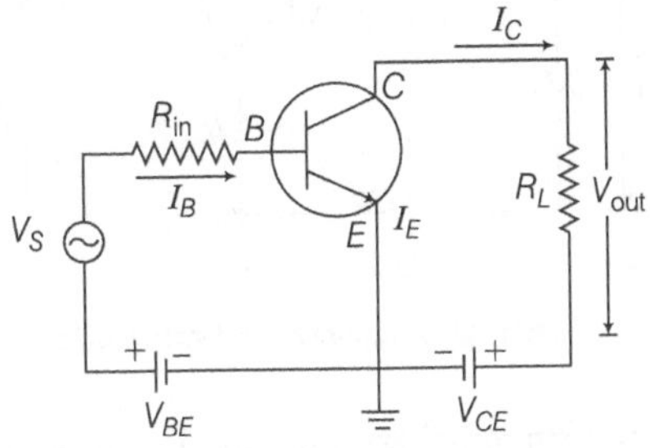

चित्र कॉमन-एमीटर अभिविन्यास परिपथ

कॉमन-एमीटर अभिविन्यास के अभिलक्षण

Characteristics of Common-Emitter Configuration

कॉमन-एमीटर ट्रांजिस्टर परिपथ में, बेस धारा (I_B), बेस व एमीटर के मध्य वोल्टेज (V_{BE}), कलैक्टर धारा (I_C) तथा कलैक्टर व एमीटर के मध्य वोल्टेज (V_{CE}) चारों राशियाँ परिवर्तनशील होती हैं। इन चारों राशियों में से बेस धारा (I_B) तथा बेस व एमीटर के मध्य वोल्टेज (V_{BE}) इनपुट परिपथ में होते हैं।

अत: बेस धारा (I_B) तथा एमीटर व बेस वोल्टेज (V_{BE}) के मध्य खींचे गए वक्र को **इनपुट अभिलक्षण** (input characteristics) तथा कलैक्टर धारा (I_C) तथा कलैक्टर-एमीटर वोल्टेज (V_{CE}) के मध्य सम्बन्ध प्रकट करने वाले वक्रों को **आउटपुट अभिलक्षण** (output characteristics) कहते हैं। दिए गए चित्र में कॉमन-एमीटर ट्रांजिस्टर अभिविन्यास के अभिलक्षण खींचने के लिए विद्युतीय परिपथ दर्शाया गया है। विद्युतीय आरेख में धारा मापने हेतु बेस सर्किट (इनपुट) में माइक्रो ऐम्पियर (μA) मीटर तथा कलैक्टर या आउटपुट सर्किट में मिली ऐम्पियर (mA) मीटर संयोजित किए गए हैं।

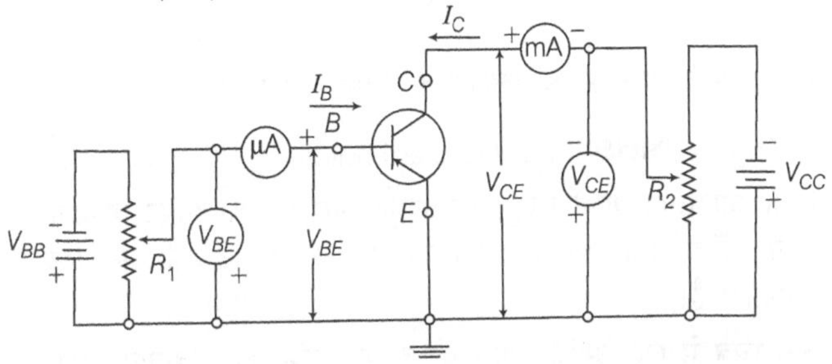

चित्र कॉमन-एमीटर ट्रांजिस्टर अभिविन्यास का विद्युतीय परिपथ

CE अभिविन्यास के अभिलक्षण भी तीन प्रकार के होते हैं, जोकि निम्नवत् हैं

(i) इनपुट अभिलक्षण Input Characteristics

इनपुट अभिलक्षण के लिए वोल्टेज डिवाइडर R_2 के द्वारा कलैक्टर व एमीटर के मध्य वोल्टेज (V_{CE}) को एक नियत तथा उपयुक्त मान पर समायोजित करते हैं।

अब बेस व एमीटर के मध्य वोल्टेज (V_{BE}) को वोल्टेज डिवाइडर R_1 के द्वारा बदलते जाते हैं तथा प्रत्येक एमीटर बेस वोल्टेज (V_{BE}) के लिए संगत बेस धारा (I_B) का मान ज्ञात करते जाते हैं। इस प्रकार, V_{BE} तथा I_B के प्राप्त मानों के मध्य अभिलक्षण वक्र खींचते हैं, जोकि इस अभिविन्यास का इनपुट अभिलक्षण होता है।

कलैक्टर व एमीटर के मध्य वोल्टेज (V_{CE}) को बदलकर, प्रत्येक V_{CE} पर बेस धारा का मान ज्ञात करते जाते हैं। इस प्रकार, V_{BE} तथा I_B के मानों के मध्य दूसरा इनपुट अभिलक्षण खींचा जा सकता है। चित्र में कॉमन-एमीटर ट्रांजिस्टर अभिविन्यास के लिए इनपुट अभिलक्षणों को दर्शाया गया है।

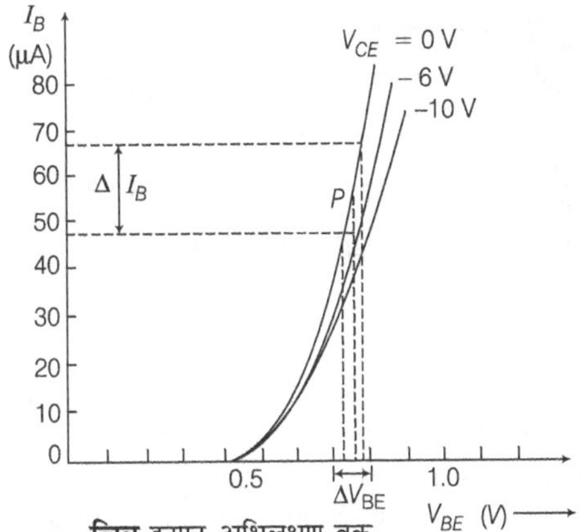

चित्र इनपुट अभिलक्षण वक्र

ट्रांजिस्टर के इनपुट अभिलक्षण द्वारा इनपुट प्रतिरोध ज्ञात किया जा सकता है, जो बेस-एमीटर वोल्टेज में होने वाले परिवर्तन ΔV_{BE} तथा इनपुट/बेस धारा में होने वाले परिवर्तन का अनुपात होता है, जबकि कलैक्टर-एमीटर वोल्टेज (V_{CE}) नियत है।

$$\therefore \quad \text{इनपुट प्रतिरोध, } r_i = \left(\frac{\Delta V_{BE}}{\Delta I_N}\right)_{V_{CE} = \text{नियत}}$$

(ii) आउटपुट अभिलक्षण Output Characteristics

कॉमन-एमीटर आउटपुट अभिलक्षण खींचने के लिए एमीटर-कलैक्टर वोल्टेज (V_{CE}) तथा कलैक्टर धारा (I_C) के मध्य वक्र खींचते हैं। सर्वप्रथम R_1 की सहायता से बेस धारा (I_B) का मान नियत कर लेते हैं। बेस धारा का यह मान माइक्रो ऐम्पियर (μA) मीटर द्वारा पढ़ते हैं, तत्पश्चात् आउटपुट परिपथ में R_2 की सहायता से एमीटर-कलैक्टर वोल्टेज (V_{CE}) का मान परिवर्तित करते हैं।

वोल्टमीटर द्वारा V_{CE} का मान तथा संगत कलैक्टर धारा (I_C) का मान मिली ऐम्पियर (mA) मीटर द्वारा पढ़ते हैं। अब (V_{CE}) के मान को बदलते जाते हैं तथा उसके प्रत्येक मान के लिए संगत कलैक्टर धारा (I_C) का मान ज्ञात करके, (V_{CE}) तथा (I_C) के मध्य वक्र खींच लेते हैं। अब बेस धारा (I_B) के अन्य मान के लिए इसी क्रिया को दोहराकर, दूसरा आउटपुट अभिलक्षण वक्र खींचते हैं।

कॉमन-एमीटर ट्रांजिस्टर अभिविन्यास के लिए आउटपुट अभिलक्षण वक्र चित्र में दर्शाया गया है उपरोक्त अभिलक्षणों से कॉमन-एमीटर ट्रांजिस्टर अभिविन्यास के लिए आउटपुट गतिज प्रतिरोध $r_0 = \frac{\Delta V_{CE}}{\Delta I_C}$ (जबकि I_B नियत है।) ज्ञात किया जा सकता है।

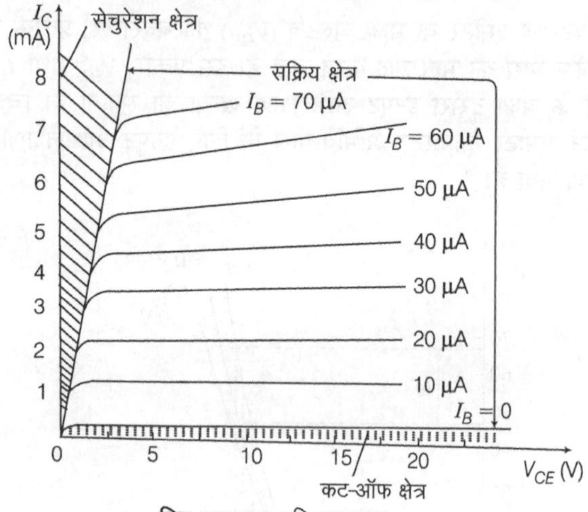

चित्र आउटपुट अभिलक्षण वक्र

इन वक्रों से कॉमन-एमीटर अभिविन्यास के लिए आउटपुट गतिज प्रतिरोध का प्राप्त मान बहुत अधिक (लगभग 20 किलो ओम) होता है। वक्र से स्पष्ट है कि जब $I_B = 0$ है, तब I_C का मान शून्य नहीं है। यह लीकेज धारा (leakage current) I_{CEO} है, जिसका मान अधिक होता है।

(iii) **ट्रांसफर अभिलक्षण** Transfer Characteristics

नियत कलैक्टर-एमीटर वोल्टेज (V_{CE}) पर आउटपुट/कलैक्टर धारा में इनपुट/बेस धारा (I_B) के सापेक्ष होने वाले परिवर्तन के मध्य खीचे गए वक्र को CE अभिविन्यास का ट्रांसफर अभिलक्षण कहते हैं। CE अभिविन्यास का ट्रांसफर अभिलक्षण वक्र चित्र में दिखाया गया है, जोकि रेखीय प्रकृति का होता है।

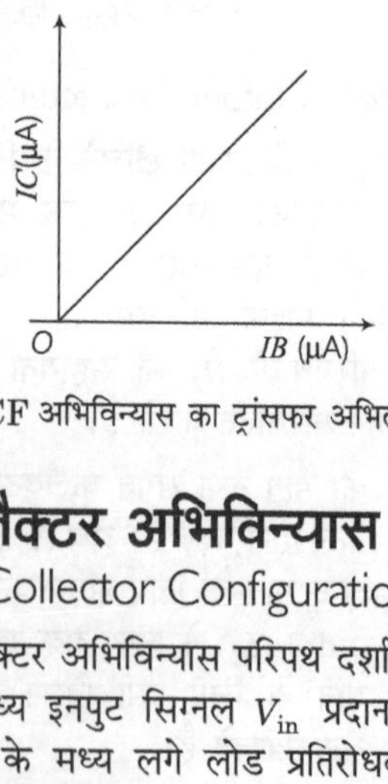

चित्र CF अभिविन्यास का ट्रांसफर अभिलक्षण चक्र

3. कॉमन-कलैक्टर अभिविन्यास
Common-Collector Configuration

चित्र में, कॉमन-कलैक्टर अभिविन्यास परिपथ दर्शाया गया है। इसमें बेस तथा कलैक्टर के मध्य इनपुट सिग्नल V_{in} प्रदान किया जाता है तथा एमीटर व कलैक्टर के मध्य लगे लोड प्रतिरोधक R_L के सिरों पर आउटपुट सिग्नल प्राप्त होता है।

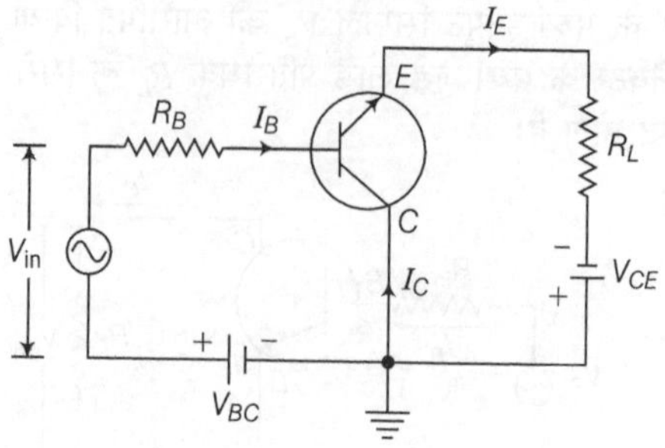

चित्र कॉमन-कलैक्टर अभिविन्यास परिपथ

यह परिपथ **वोल्टेज फॉलोअर** (voltage follower) अथवा **एमीटर फॉलोअर** (emitter follower) परिपथ भी कहलाता है। इस अभिविन्यास का एम्प्लीफिकेशन गेन, अन्य अभिविन्यास परिपथों की तुलना में कम होता है।

कॉमन-कलैक्टर अभिविन्यास के अभिलक्षण
Characteristics of Common-Collector Configuration

कॉमन-कलैक्टर अभिविन्यास ट्रांजिस्टर के अभिलक्षण प्राप्त करने हेतु विद्युतीय परिपथ नीचे चित्र में दर्शाया गया है

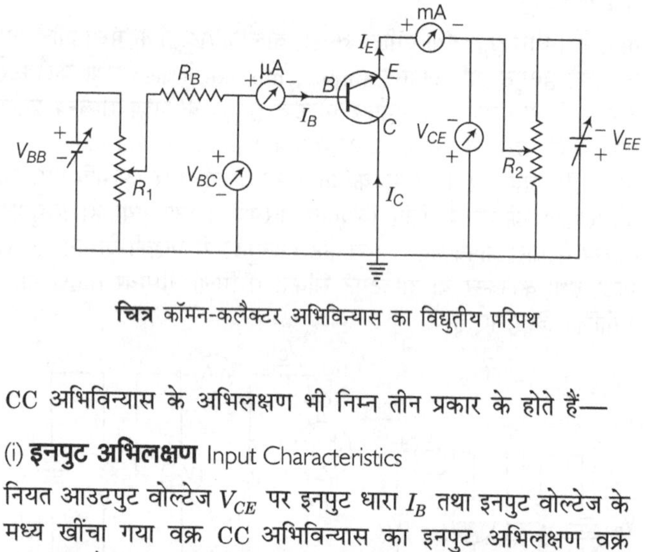

चित्र कॉमन-कलैक्टर अभिविन्यास का विद्युतीय परिपथ

CC अभिविन्यास के अभिलक्षण भी निम्न तीन प्रकार के होते हैं—

(i) **इनपुट अभिलक्षण** Input Characteristics

नियत आउटपुट वोल्टेज V_{CE} पर इनपुट धारा I_B तथा इनपुट वोल्टेज के मध्य खींचा गया वक्र CC अभिविन्यास का इनपुट अभिलक्षण वक्र कहलाता है।

अग्र चित्र में CC अभिविन्यास का इनपुट अभिलक्षण दिखाया गया है, जिससे स्पष्ट है कि इनपुट वोल्टेज V_{BC} तथा धारा के बीच व्युत्क्रमानुपाती सम्बन्ध है, अत: V_{BC} को बढ़ाने पर धारा I_B का मान घट रहा है।

ट्रांजिस्टर के इनपुट अभिलक्षण से इनपुट गतिज प्रतिरोध (r_i) का मान निम्न सूत्र द्वारा ज्ञात किया जा सकता है

$$r_i = \left.\frac{\Delta V_{BC}}{\Delta I_B}\right|_{V_{CE} = \text{नियत}}$$

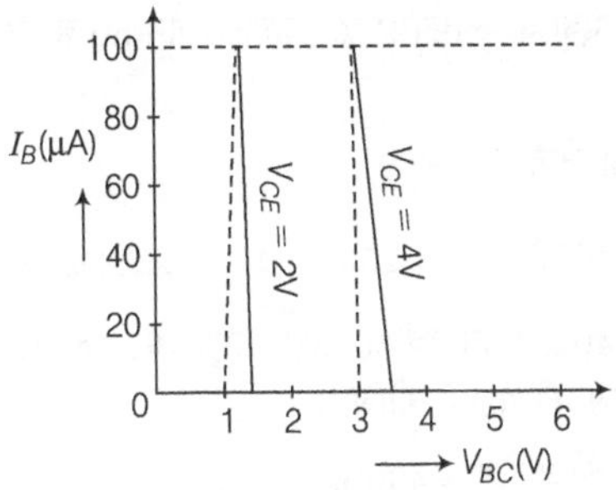

चित्र CC अभिविन्यास का इनपुट अभिलक्षण

(ii) **आउटपुट अभिलक्षण** Output Characteristics

इनपुट धारा I_B को नियत रखकर, आउटपुट वोल्टेज V_{CE} तथा धारा I_E के मध्य खींचा गया वक्र CC अभिविन्यास का आउटपुट अभिलक्षण वक्र कहलाता है। इनपुट पर लगे प्रतिरोधक R_1 के माध्यम से धारा I_B का मान नियत रखा जाता है तथा वोल्टेज V_{CE} के मान में प्रतिरोधक R_2 की सहायता से परिवर्तन करते हुए, धारा I_E के संगत मान को मिली-ऐम्पियर (mA) मीटर में पढ़ते रहते हैं।

इसी प्रकार, I_B के अन्य मानों के लिए I_E तथा V_{CE} के मान पढ़ते हैं तत्पश्चात् I_E तथा V_{CE} के विभिन्न मानों के लिए वक्र खींचते हैं।

चित्र में CC अभिविन्यास का आउटपुट अभिलक्षण वक्र दर्शाया गया है।

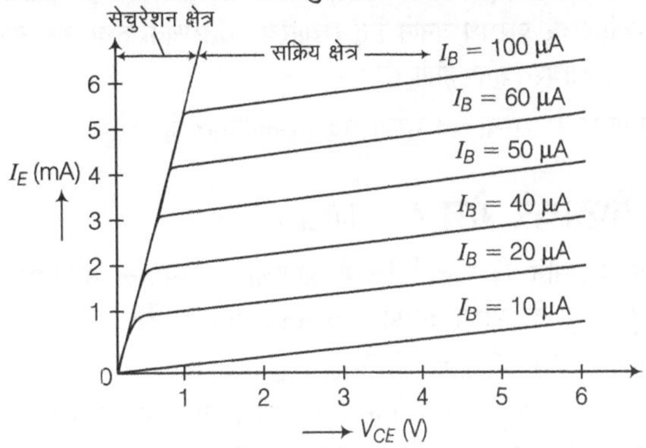

चित्र CC अभिविन्यास का आउटपुट अभिलक्षण

चित्र से यह स्पष्ट है कि जैसे-जैसे बेस धारा का मान बढ़ता है, वैसे-वैसे सक्रिय क्षेत्र में कमी आती है।

(iii) **ट्रांसफर अभिलक्षण** Transfer Characteristics

आउटपुट वोल्टेज V_{CE} को नियत रखने पर, आउटपुट धारा I_E में इनपुट धारा I_B के सापेक्ष होने वाला परिवर्तन, CC अभिविन्यास का ट्रांसफर अभिलक्षण कहलाता है।

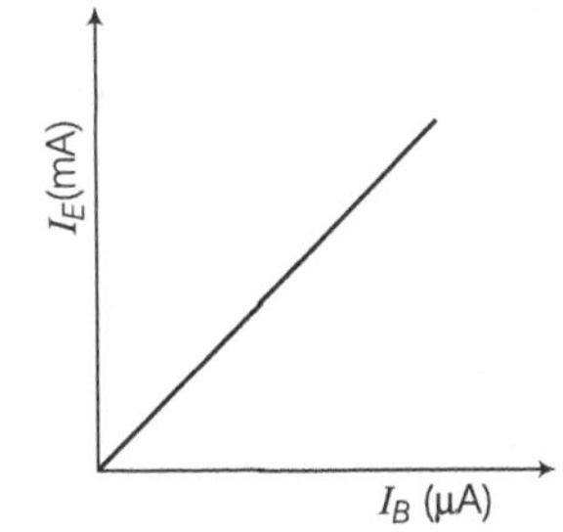

चित्र CC अभिविन्यास का ट्रांसफर अभिलक्षण वक्र

ट्रांजिस्टर अभिविन्यासों की तुलना Comparison of Transistor Configurations

ट्रांजिस्टर अभिविन्यासों का तुलनात्मक अध्ययन निम्न तालिका द्वारा किया जा सकता है

विशेषता	**कॉमन-एमीटर** (CE)	**कॉमन-बेस** (CB)	**कॉमन-कलैक्टर** (CC)
इनपुट प्रतिरोध	1 kΩ-10 kΩ	20 Ω	20 kΩ-500 kΩ
आउटपुट प्रतिरोध	10 kΩ-100 kΩ	100 kΩ-1 MΩ	50 Ω-100 Ω
धारा गेन	20-500	0.95-0.99	50-500
वोल्टेज गेन	5-50	20-100	< 1
पावर गेन	100-1000	20-100	< 1
फेज परिवर्तन	180°	0°	0°
अनुप्रयोग	(i) सामान्य एम्प्लीफायर्स (ii) कैस्केड एम्प्लीफायर्स	(i) मैचिंग परिपथ, निम्न इम्पीडैन्स से उच्च इम्पीडैन्स परिपथ (ii) RF, VHF एम्प्लीफायर्स (iii) डिफरैन्शियल एम्प्लीफायर	(i) उच्च इम्पीडैन्स से निम्न इम्पीडैन्स परिपथ (ii) टू-वे एम्प्लीफायर (iii) स्विचिंग परिपथ (iv) ए.एफ. एम्प्लीफायर्स में डिस्टॉर्शन को सीमित करने के लिए

8.11 एम्प्लीफायर Amplifier

एम्प्लीफायर (amplifier) एक ऐसी इलेक्ट्रॉनिक युक्ति है, जिसका प्रयोग किसी सिग्नल को एम्प्लीफाई अथवा उसकी शक्ति बढ़ाने हेतु किया जाता है। एम्प्लीफायर परिपथ बनाने हेतु संधारित्र, प्रतिरोधक तथा एक बायसिंग बैटरी की आवश्यकता होती है।

एम्प्लीफायर से सम्बन्धित मुख्य पद निम्नलिखित हैं

एम्प्लीफायर गेन Amplifier Gain

एम्प्लीफायर गेन से तात्पर्य किसी प्रणाली के सिग्नल आउटपुट तथा सिग्नल इनपुट के माध्य अनुपात (mean ratio) से है।

एम्प्लीफायर गेन की इकाई डेसीबल (decibel) होती है, जिसका प्रयोग किसी भौतिक राशि के दो मानों के बीच अनुपात को व्यक्त करने हेतु किया जाता है। एम्प्लीफायर गेन निम्न प्रकार के होते हैं

(i) **वोल्टेज गेन** (Voltage gain) किसी एम्प्लीफायर की आउटपुट वोल्टेज तथा इनपुट वोल्टेज के मध्य अनुपात, वोल्टेज गेन कहलाता है।

अर्थात् वोल्टेज गेन $= \frac{V_{out}}{V_{in}}$

अथवा वोल्टेज गेन $= 10 \log \left(\frac{V_{out}}{V_{in}}\right)^2 \text{dB} = 20 \log \left(\frac{V_{out}}{V_{in}}\right) \text{dB}$

(ii) **पावर गेन** (Power gain) किसी एम्प्लीफायर का पावर गेन उसकी आउटपुट पावर तथा इनपुट पावर का अनुपात होता है।

अर्थात् पावर गेन $= \frac{P_{out}}{P_{in}}$ अथवा पावर गेन $= 10 \log \left(\frac{P_{out}}{P_{in}}\right) \text{dB}$

(iii) **धारा गेन** (Current gain) किसी एम्प्लीफायर की आउटपुट धारा व इनपुट धारा के बीच अनुपात, उसका धारा गेन कहलाता है।

अर्थात् धारा गेन $= \frac{I_{out}}{I_{in}} = 10 \log \left(\frac{I_{out}}{I_{in}}\right)^2 \text{dB}$

$$= 20 \log \left(\frac{I_{out}}{I_{in}}\right) \text{dB}$$

डेसीबल Decibel

दो ध्वनियों, श्रव्य आवृत्ति संकेतों/रेडियो आवृत्ति संकेतों आदि की शक्ति की तुलना करने के लिए बेल (bel) मात्रक प्रयोग किया जाता है। बेल का दसवाँ अंश डेसीबल (decibel) कहलाता है; इसका प्रतीक dB होता है। यह एक लघुगणकीय मात्रक है।

अतः $$n = 10 \log \frac{P_2}{P_1}$$

यहाँ, n = तुलनात्मक अंक अर्थात् 'गेन', dB में

P_2 = द्वितीय संकेत शक्ति, वाट में P_1 = प्रथम संकेत शक्ति, वाट में

इस मात्रक का प्रयोग एम्प्लीफायर्स के शक्ति लाभ (power gain) की गणना करने में किया जाता है।

उदाहरण 1. एक एम्प्लीफायर का वोल्टेज गेन 50 है। उसका गेन dB में ज्ञात कीजिए।

हल ज्ञात है, वोल्टेज गेन = 50

∴ वोल्टेज गेन $= 20 \log 50 = 20 \times 1.6990 = 33.98$ dB

उदाहरण 2. 40 dB गेन एवं 50 mV इनपुट वोल्टेज वाले एम्प्लीफायर के आउटपुट वोल्टेज की गणना कीजिए।

हल ज्ञात है, वोल्टेज गेन = 40dB,

इनपुट वोल्टेज $V_i = 50$mV

सूत्र, वोल्टेज गेन $= 20 \log \frac{V_o}{V_i}$ से

$$40 = 20 \log \frac{V_o}{50 \times 10^{-3}} \quad \text{या} \quad 40 = 20 \log \frac{V_o}{0.05}$$

या $$\frac{40}{20} = \log \frac{V_o}{0.05} \quad \text{या} \quad 2 = \log \frac{V_o}{0.05}$$

या $$\text{antilog } 2 = \frac{V_o}{0.05} \quad \text{या} \quad 100 = \frac{V_o}{0.05}$$

$(\because \log 100 = 2, \ \therefore \text{antilog } 2 = 100)$

$$V_o = 0.05 \times 100 = 5 \text{ V}$$

8.12 एम्प्लीफायर्स का वर्गीकरण Classification of Amplifiers

एम्प्लीफायर्स का वर्गीकरण निम्न आधारों पर किया जाता है

एम्प्लीफायर्स का वर्गीकरण

- 1. ट्रांजिस्टर विन्यास के आधार पर
  - कॉमन-एमीटर एम्प्लीफायर
  - कॉमन-बेस एम्प्लीफायर
  - कॉमन-कलैक्टर एम्प्लीफायर
- 2. कपलिंग के आधार पर
  - RC कपल्ड एम्प्लीफायर
  - डायरेक्ट कपल्ड एम्प्लीफायर
  - ट्रांसफॉर्मर कपल्ड एम्प्लीफायर
  - इम्पीडैन्स कपल्ड एम्प्लीफायर
- 3. प्रचालन मोड के आधार पर
  - श्रेणी 'A' एम्प्लीफायर
  - श्रेणी 'B' एम्प्लीफायर
  - श्रेणी 'AB' एम्प्लीफायर
  - श्रेणी 'C' एम्प्लीफायर
- 4. फ्रीक्वेंसी के आधार पर
  - ऑडियो फ्रीक्वेंसी (AF) एम्प्लीफायर
  - रेडियो फ्रीक्वेंसी (RF) एम्प्लीफायर
  - इण्टरमीडिएट फ्रीक्वेंसी (IF) एम्प्लीफायर
  - वीडियो एम्प्लीफायर
- 5. आउटपुट के आधार पर
  - पावर एम्प्लीफायर
    - समान्तर एम्प्लीफायर
    - पुश-पुल एम्प्लीफायर
    - सिंगल एण्ड पुश-पुल एम्प्लीफायर
    - कॉम्प्लीमेन्ट्री सिमेट्री एम्प्लीफायर
  - वोल्टेज एम्प्लीफायर
  - धारा एम्प्लीफायर

पाठ्यक्रम को ध्यान में रखते हुए कुछ मुख्य एम्प्लीफायर का वर्णन अग्रपृष्ठ पर वर्णित है।

1. ट्रांजिस्टर विन्यास के आधार पर On the Basis of Transistor Configuration

ट्रांजिस्टर विन्यास के आधार पर एम्प्लीफायर निम्न प्रकार के होते हैं

(i) कॉमन-एमीटर एम्प्लीफायर Common-Emitter Amplifier

चित्र में एक *n-p-n* कॉमन-एमीटर एम्प्लीफायर दर्शाया गया है, जिसमें बेस व एमीटर के मध्य इनपुट सिग्नल आरोपित है तथा कलैक्टर व एमीटर के मध्य आउटपुट सिग्नल प्राप्त होता है। एमीटर-बेस जंक्शन को फॉरवर्ड बायस तथा कलैक्टर-बेस जंक्शन को रिवर्स बायस किया गया है।

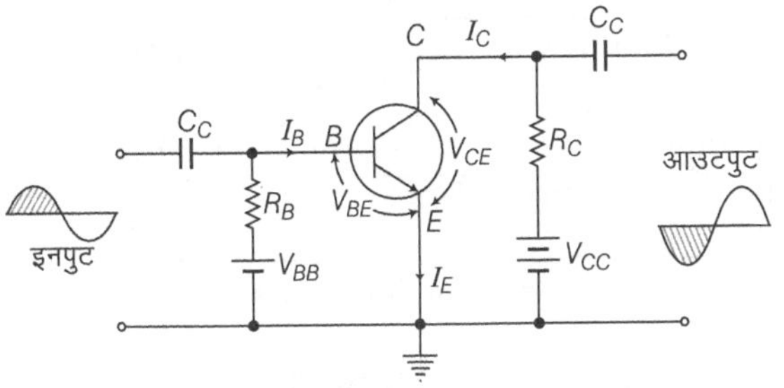

चित्र n-*p*-*n* कॉमन-एमीटर एम्प्लीफायर परिपथ

जब एमीटर-बेस के मध्य सिग्नल आरोपित किया जाता है, तब ए.सी. सिग्नल के धनात्मक अर्द्ध-चक्र में बेस व एमीटर के मध्य वोल्टेज V_{BE} का मान बढ़ता है, जिसके फलस्वरूप बेस धारा I_B का मान बढ़ जाता है। ट्रांजिस्टर जंक्शन के कारण कलैक्टर धारा I_C का मान β गुना बढ़ जाता है। जब कलैक्टर धारा I_C, प्रतिरोध R_C से प्रवाहित होती है, तब वोल्टेज ड्रॉप $(I_C R_C)$ का मान बढ़ जाता है तथा कलैक्टर व एमीटर में मध्य वोल्टेज V_{CE} घट जाती है। एम्प्लीफाइड वोल्टेज को R_C के एक्रॉस प्राप्त कर लिया जाता है। इस प्रकार आउटपुट सिग्नल ऋणात्मक प्राप्त होता है।

(ii) कॉमन-बेस एम्प्लीफायर Common-Base Amplifier

चित्र में एक *n-p-n* कॉमन-बेस एम्प्लीफायर दर्शाया गया है। इनपुट सिग्नल परिपथ के एमीटर व बेस टर्मिनल के मध्य आरोपित किया गया है एवं कलैक्टर व बेस टर्मिनल के मध्य आउटपुट प्राप्त किया जाता है। एमीटर-बेस जंक्शन को फॉरवर्ड बायस तथा कलैक्टर-बेस जंक्शन को रिवर्स बायस किया गया है।

जब एमीटर व बेस के मध्य सिग्नल आरोपित किया जाता है, तो सिग्नल के धनात्मक अर्द्ध-चक्र के लिए फॉरवर्ड धारा तथा बेस धारा का मान घट जाता है, जिसके फलस्वरूप कलैक्टर धारा I_C व एमीटर धारा I_E भी घट जाती है, जोकि बेस धारा की β गुनी होती है। कलैक्टर प्रतिरोध R_C के एक्रॉस वोल्टेज ड्रॉप $(I_C R_C)$ घट जाता है, जिसके परिणामस्वरूप V_{BC} बढ़ जाती है।

इस प्रकार आउटपुट सिग्नल धनात्मक प्राप्त होता है।

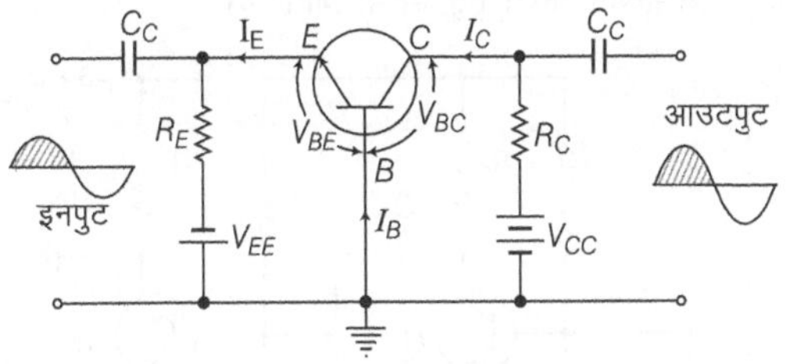

चित्र *n-p-n* कॉमन-बेस एम्प्लीफायर परिपथ

(iii) कॉमन-कलैक्टर एम्प्लीफायर Common-Collector Amplifier

चित्र में एक *n-p-n* कॉमन-कलैक्टर एम्प्लीफायर दर्शाया गया है। परिपथ में इनपुट सिग्नल बेस व कलैक्टर टर्मिनल पर दिया गया है। एमीटर-बेस जंक्शन को रिवर्स बायस तथा कलैक्टर-बेस जंक्शन को फारवर्ड बायस किया जाता है। जब अर्द्ध-धनात्मक सिग्नल (half-positive signal) आरोपित किया जाता है तब V_{BE} के धनात्मक होने के कारण इसका मान बढ़ जाता है। बेस धारा I_B व एमीटर धारा I_E के बढ़ने से प्रतिरोध R_E के एक्रॉस वोल्टेज ड्रॉप होता है तथा आउटपुट वोल्टेज बढ़ जाती है। इस प्रकार धनात्मक आउटपुट प्राप्त होता है।

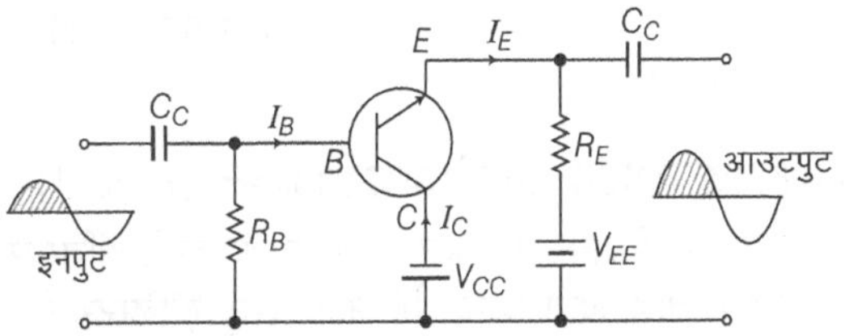

चित्र *n-p-n* कॉमन-कलैक्टर एम्प्लीफायर परिपथ

2. कपलिंग के आधार पर On the Basis of Coupling

दो स्टेजों के मध्य प्रयुक्त कपलिंग के आधार पर एम्प्लीफायर निम्न प्रकार के होते हैं

(i) RC कपल्ड एम्प्लीफायर RC Coupled Amplifier

RC कपल्ड एम्प्लीफायर वह एम्प्लीफायर है, जिसमें रेसिस्टर तथा कैपेसिटर को उच्च दोलन (oscillation) प्राप्त करने हेतु संयुक्त रूप से संयोजित किया जाता है।

चित्र में दो स्टेज RC कपल्ड एम्प्लीफायर दर्शाया गया है, जिसमें दो समान ट्रांजिस्टर्स तथा एक कॉमन पावर सप्लाई प्रयोग की गई है।

कपलिंग संधारित्र C_C का प्रयोग पहली स्टेज के आउटपुट से दूसरी स्टेज के बेस को संयोजित करने हेतु किया जाता है।

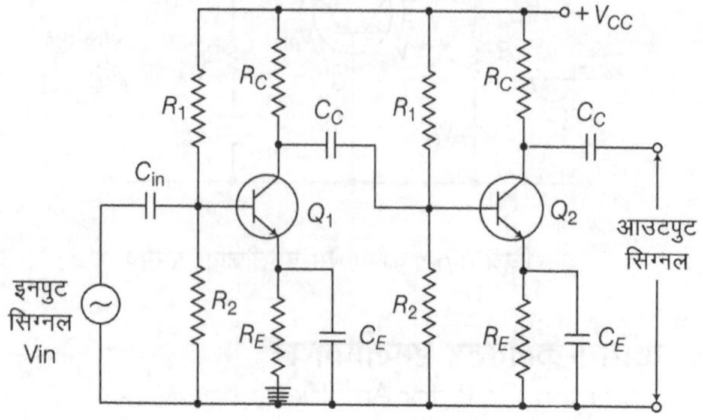

चित्र RC कपल्ड एम्प्लीफायर

जब पहली स्टेज के इनपुट (बेस व एमीटर) पर कमजोर सिग्नल (weak signal) आरोपित किया जाता है, तो एम्प्लीफाइड सिग्नल (amplified signal) कलैक्टर रेसिस्टेन्स R_c पर प्राप्त होता है।

कलैक्टर पर प्राप्त सिग्नल ए.सी. व डी.सी. दोनों प्रकार का होता है, इसलिए कपलिंग कैपेसिटर (C_C) डी.सी. सिग्नल को रोक (ब्लॉक) देता है तथा ए.सी. सिग्नल को दूसरी स्टेज के इनपुट पर ट्रांसफर कर देता है। जिससे दूसरी स्टेज के द्वारा पहली स्टेज से प्राप्त सिग्नल को एम्प्लीफाई कर दिया जाता है।

(ii) डायरेक्ट कपल्ड एम्प्लीफायर Direct Coupled Amplifier

इस प्रकार के एम्प्लीफायर में, पहले ट्रांजिस्टर को दूसरे ट्रांजिस्टर से सीधे (वायर द्वारा) जोड़ दिया जाता है। अत: दूसरे ट्रांजिस्टर के बेस का वोल्टेज पहले ट्रांजिस्टर के कलैक्टर के समान होता है। चित्र में डायरेक्ट कपल्ड एम्प्लीफायर परिपथ दर्शाया गया है।

प्रत्येक ट्रांजिस्टर के बेस-एमीटर के मध्य उचित बायस (bias) भी देना आवश्यक होता है, इसलिए इसमें प्रत्येक ट्रांजिस्टर के एमीटर को ऐसी (उचित) वोल्टेज दी जाती है कि उसके बेस एमीटर के मध्य आवश्यक बायस भी मिल जाए।

इस एम्प्लीफायर की फिडेलिटी निम्न आवृत्ति परास फ्रीक्वेंसी रेंज में सबसे अच्छी होती है। इसका प्रयोग टी.वी. रिसीवर में वीडियो एम्प्लीफायर के रूप में किया जाता है।

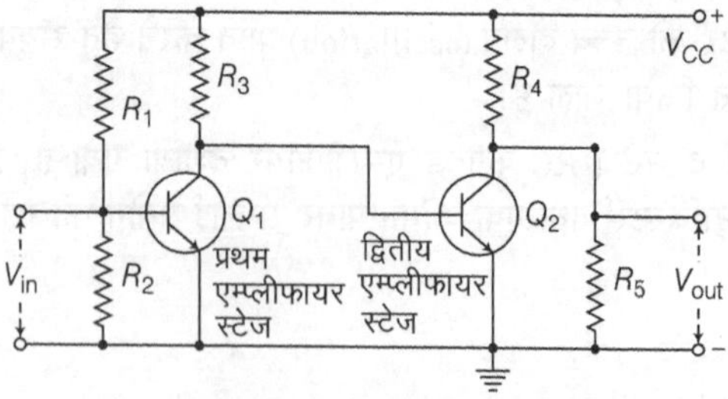

चित्र डायरेक्ट कपल्ड एम्प्लीफायर

(iii) ट्रांसफॉर्मर कपल्ड एम्प्लीफायर
Transformer Coupled Amplifier

इस प्रकार के एम्प्लीफायर में दो स्टेजों के मध्य कपलिंग के लिए ट्रांसफॉर्मर का प्रयोग चित्रानुसार किया जाता है। ट्रांसफॉर्मर की प्राइमरी वाइण्डिंग, प्रथम ट्रांजिस्टर के लिए इण्डक्टिव लोड का कार्य करती है तथा सेकण्डरी वाइण्डिंग, दूसरे ट्रांजिस्टर के लिए सिग्नल स्रोत का कार्य करती है। ट्रांसफॉर्मर की सेकण्डरी वाइण्डिंग पर, अगली (next) स्टेज के इनपुट पर एम्प्लीफाइड सिग्नल प्राप्त होता है। इस एम्प्लीफायर की फिडेलिटी निम्न आवृत्ति परास पर अच्छी नहीं होती है।

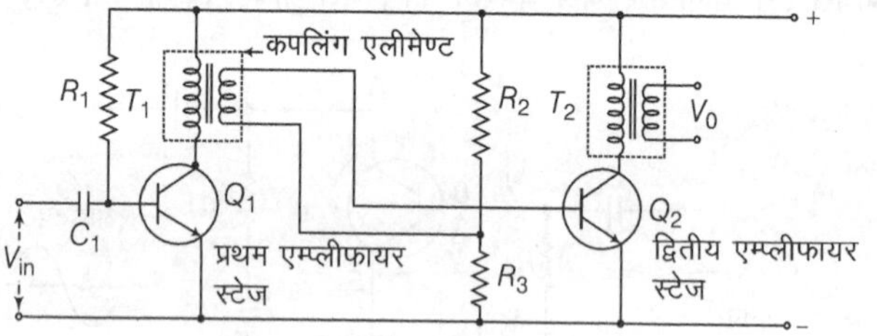

चित्र ट्रांसफॉर्मर कपल्ड एम्प्लीफायर

(iv) इम्पीडैन्स कपल्ड एम्प्लीफायर
Impedance Coupled Amplifier

इस प्रकार के एम्प्लीफायर में कलैक्टर परिपथ में इण्डक्टर का प्रयोग चित्रानुसार लोड के रूप में किया जाता है तथा एक स्टेज के आउटपुट सिग्नल को दूसरी स्टेज के इनपुट में पहुँचाने के लिए कैपेसिटर का प्रयोग किया जाता है। अत: इस एम्प्लीफायर को LC **कपल्ड एम्प्लीफायर** (LC coupled amplifier) भी कहते हैं। इस एम्प्लीफायर की फिडेलिटी भी अधिक अच्छी नहीं होती है, क्योंकि इसका एम्प्लीफिकेशन सिग्नल की आवृत्ति के बढ़ने पर बढ़ता है तथा घटने पर घटता है।

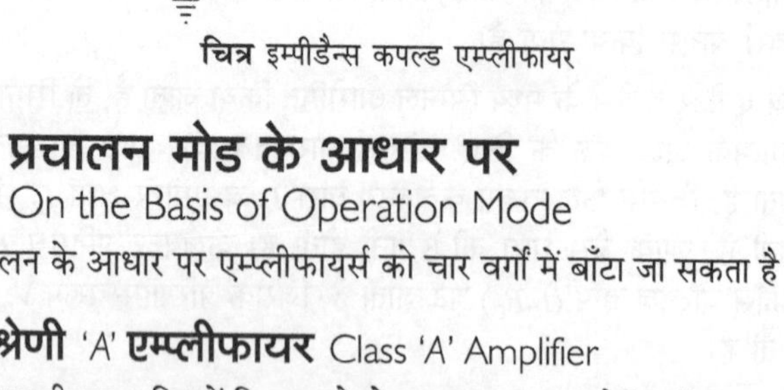

चित्र इम्पीडैन्स कपल्ड एम्प्लीफायर

3. प्रचालन मोड के आधार पर
On the Basis of Operation Mode

प्रचालन के आधार पर एम्प्लीफायर्स को चार वर्गों में बाँटा जा सकता है

(i) श्रेणी 'A' एम्प्लीफायर Class 'A' Amplifier

वह एम्प्लीफायर, जिसमें सिग्नल वोल्टेज इस प्रकार समायोजित किया जाता है कि इनपुट सिग्नल के पूरे समय के लिए कलैक्टर धारा प्रवाहित होती रहे, श्रेणी 'A' एम्प्लीफायर कहलाता है।

इस एम्प्लीफायर की फिडेलिटी सर्वोत्तम, डिस्टॉर्शन न्यूनतम तथा आउटपुट पावर कम होती है। इसकी दक्षता 20-35% तक होती है। '*A*' श्रेणी के एम्प्लीफायर्स को प्री-एम्प्लीफायर तथा AF (audio frequency) एम्प्लीफायर के रूप में प्रयोग किया जाता है।

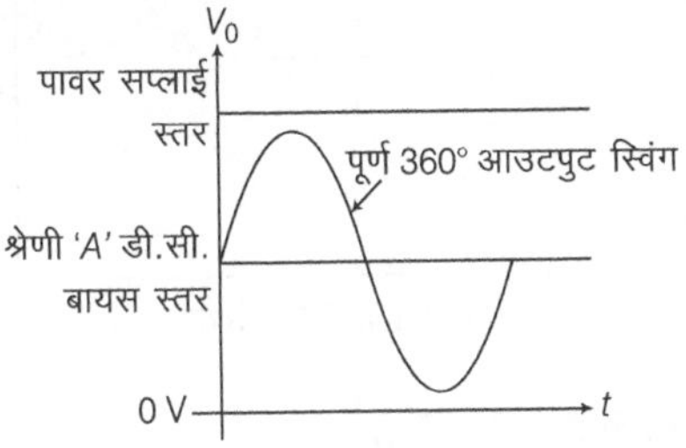

चित्र श्रेणी '*A*' एम्प्लीफायर का आउटपुट सिग्नल

(ii) श्रेणी 'B' एम्प्लीफायर Class 'B' Amplifier

वह एम्प्लीफायर, जिसमें सिग्नल वोल्टेज इस प्रकार समायोजित किया जाता है कि इनपुट में सिग्नल के लगभग आधे समय के लिए ही कलैक्टर धारा प्रवाहित होती हो, श्रेणी '*B*' एम्प्लीफायर कहलाता है। सिग्नल रहित अवस्था में, इसके कलैक्टर में धारा का प्रवाह शून्य होता है। इस एम्प्लीफायर की फिडेलिटी कम, डिस्टॉर्शन लगभग 50% तथा आउटपुट पावर अधिक होती है। इसकी दक्षता 50-60% होती है।

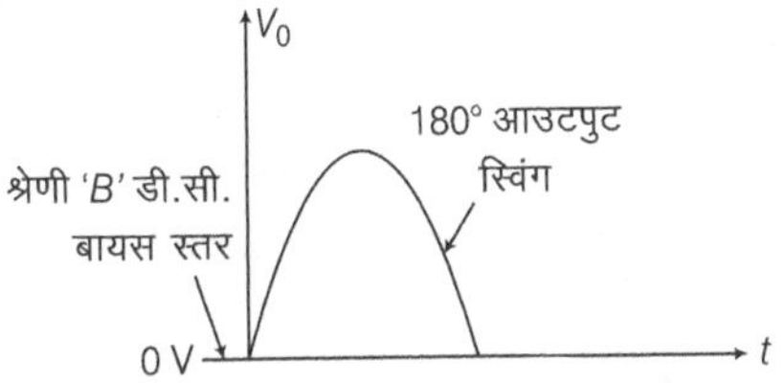

चित्र श्रेणी 'B' एम्प्लीफायर का आउटपुट सिग्नल

(iii) श्रेणी 'AB' एम्प्लीफायर Class 'AB' Amplifier

वह एम्प्लीफायर, जिसमें सिग्नल वोल्टेज इस प्रकार समायोजित किया जाता है कि इनपुट सिग्नल के आधे से अधिक, परन्तु पूरे से कम समय के लिए कलैक्टर धारा प्रवाहित होती हो, श्रेणी '*AB*' एम्प्लीफायर कहलाता है। इस प्रकार के एम्प्लीफायर निम्न सिग्नल स्तर पर स्वत: ही श्रेणी-*B* की भाँति कार्य करने लगते हैं। अत: इनकी उपयोगिता अधिक है। इस एम्प्लीफायर की फिडेलिटी श्रेणी *A* तथा *B* के मध्य की होती है।

इसमें निम्न सिग्नल स्तर पर कोई डिस्टॉर्शन नहीं होता है। इसकी आउटपुट पावर, श्रेणी '*A*' तथा '*B*' एम्प्लीफायर के मध्य होती है तथा दक्षता 35-50% तक होती है।

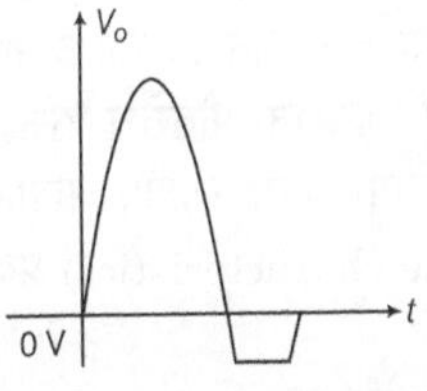

चित्र श्रेणी '*AB*' एम्प्लीफायर का आउटपुट सिग्नल

(iv) श्रेणी 'C' एम्प्लीफायर Class 'C' Amplifier

वह एम्प्लीफायर, जिसमें सिग्नल वोल्टेज इस प्रकार समायोजित किए गए हों कि इनपुट सिग्नल के आधे से कम समय के लिए धारा प्रवाहित होती हो, वह श्रेणी *C* एम्प्लीफायर कहलाता है। श्रेणी '*B*' की भाँति ही सिग्नल रहित अवस्था में इसकी कलैक्टर धारा प्रवाह शून्य होता है। इस एम्प्लीफायर की फिडेलिटी न्यूनतम, डिस्टॉर्शन अधिकतम तथा आउटपुट पावर अधिकतम होती है। इसकी दक्षता 70-75% तक होती है। श्रेणी '*C*' एम्प्लीफायर्स को ट्रांसमीटर में RF (radio frequency) एम्प्लीफायर के रूप में प्रयोग किया जाता है।

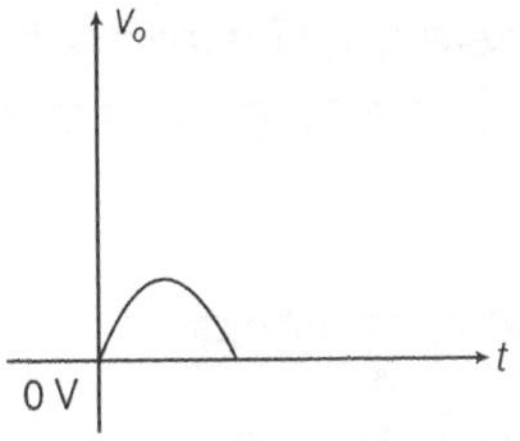

चित्र श्रेणी 'C' एम्प्लीफायर का आउटपुट सिग्नल

4. आउटपुट के आधार पर On the Basis of Output

आउटपुट के आधार पर एम्प्लीफायर्स निम्न प्रकार के होते हैं

(i) वोल्टेज एम्प्लीफायर Voltage Amplifier

वह परिपथ, जिसके द्वारा कमजोर इनपुट सिग्नल की वोल्टेज, आउटपुट पर बढ़कर प्राप्त होती हो, वोल्टेज एम्प्लीफायर कहलाता है। इस परिपथ हेतु उच्च एम्प्लीफिकेशन फैक्टर वाली युक्ति प्रयोग की जाती है। ये एम्प्लीफायर्स ऑडियो, रेडियो, आई.एफ. तथा वीडियो फ्रीक्वेंसी के लिए इम्पीडैन्स ट्रांसफॉर्मर अथवा डायरेक्ट कपल्ड प्रकार के होते हैं।

(ii) धारा एम्प्लीफायर Current Amplifier

वे एम्प्लीफायर जिनमें इनपुट परिपथ में दुर्बल वोल्टेज या धारा सिग्नल देने पर आउटपुट परिपथ में उच्च धारा प्राप्त होती है, धारा एम्प्लीफायर कहलाते हैं। इन एम्प्लीफायरों में उच्च अन्योन्य चालकता (mutual conductance) वाली युक्ति प्रयुक्त होती है। इस प्रकार के एम्प्लीफायरों का प्रयोग फोटोइलेक्ट्रिक (photoelectric) परिपथों में होता है।

(iii) पावर एम्प्लीफायर Power Amplifier

रेडियो रिसीवर, टी.वी. ट्रांसमीटर आदि में अनेक वोल्टेज एम्प्लीफायर्स प्रयोग करने के बाद भी सिग्नल की पावर, लाउडस्पीकर को प्रचालित करने के लिए एवं पिक्चर ट्यूब को प्रचालित करने के लिए पर्याप्त नहीं होती है। अत: पब्लिक एड्रेसिंग एम्प्लीफायर, रिसीवर, ट्रांसमीटर आदि उपकरणों में एक पावर एम्प्लीफायर स्टेज प्रयोग करना आवश्यक होता है। यह स्टेज आउटपुट स्टेज के नाम से भी जानी जाती है। इस कार्य के लिए विशेष प्रकार से डिजाइन किए गए ट्रांजिस्टर्स की आवश्यकता होती है

8.13 पावर इलेक्ट्रॉनिक्स युक्तियाँ
Power Electronics Devices

सामान्य डायोड्स एवं ट्रांजिस्टर्स के अतिरिक्त इलेक्ट्रॉनिकी में विद्युत शक्ति के नियन्त्रण हेतु कुछ विशेष प्रकार की युक्तियाँ भी निर्मित की गई हैं जो पावर इलेक्ट्रॉनिक्स युक्तियाँ कहलाती हैं। इन युक्तियों को 'ठोस अवस्था युक्ति' (solid stage device) भी कहा जा सकता है, क्योंकि इनमें प्रयुक्त '*p*-प्रकार' एवं '*n*-प्रकार' के पदार्थ खण्डों के मध्य में कोई रिक्त स्थान नहीं होता है और आवेश वाहक (मुक्त इलेक्ट्रॉन्स तथा होल्स) सीधे ही एक पदार्थ खण्ड से दूसरे पदार्थ खण्ड में गतिमान हो जाते हैं। इनमें से अधिकांश युक्तियाँ, परिपथों के लिए ऑन-ऑफ कण्ट्रोल युक्तियों की भाँति कार्य करती हैं। कुछ मुख्य पावर इलेक्ट्रॉनिक्स युक्तियों का वर्णन निम्न प्रकार है

1. यूनीजंक्शन ट्रांजिस्टर
Unijunction Transistor

यूनीजंक्शन ट्रांजिस्टर (UJT) एक विशेष प्रकार की तीन टर्मिनल, दो लेयर (layer) युक्त एक स्विचिंग युक्ति है। इसमें केवल एक *p-n* जंक्शन वाला ट्रांजिस्टर होता है।

इसमें एक छोटा '*p*-क्षेत्र' होता है जो 'एमीटर' (emitter) कहलाता है और एक बड़ा '*n*-क्षेत्र' होता है, जिसमें दो संयोजक 'बेस-1' तथा 'बेस-2' संयोजित किए जाते हैं। दोनों बेस संयोजकों के बीच प्रतिरोध का मान 5 kΩ से 10 kΩ के बीच रखा जाता है।

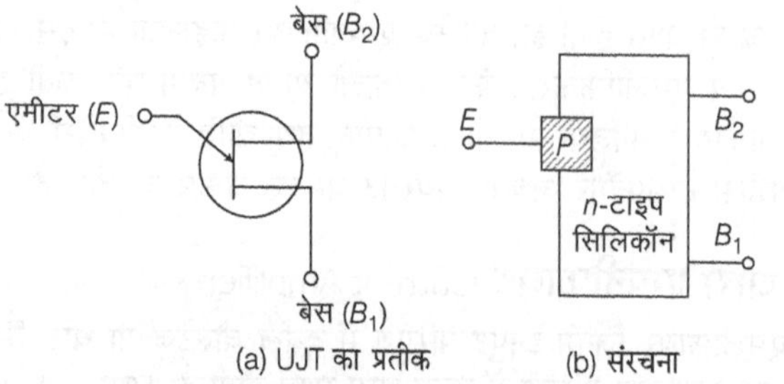

(a) UJT का प्रतीक (b) संरचना

चित्र UJT का प्रतीक एवं संरचना

यूनीजंक्शन ट्रांजिस्टर की संरचना
Construction of Unijunction Transistor

इसमें एक उच्च प्रतिरोधकता वाला *n*-टाइप अर्द्धचालक होता है जिसमें एक *p*-क्षेत्र ऊपर की ओर संयोजित किया गया होता है। यह पूर्ण संरचना ऊपर की ओर से SiO_2 पर्त द्वारा ढकी होती है। इस पर्त में कुछ रिक्तियाँ छोड़ी हुई होती हैं, जिनमें वैद्युत संयोजन हेतु एल्युमीनियम धात्विकरण विधि द्वारा एमीटर (*E*) एवं बेस (B_1 तथा B_2) टर्मिनल्स जुड़े होते हैं। नीचे दिए गए चित्र में यूनीजंक्शन ट्रांजिस्टर की संरचना को दर्शाया गया है

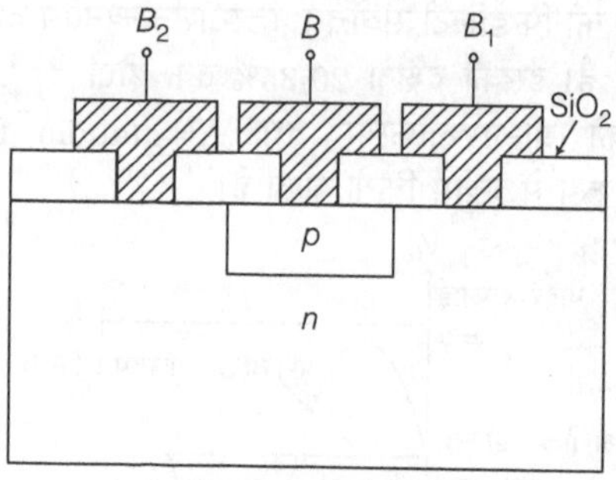

चित्र UJT की संरचना

UJT का तुल्य परिपथ
Equivalent Circuit of UJT

दिए गए चित्र में UJT का एक तुल्य परिपथ दर्शाया गया है। इसमें दो प्रतिरोध (R_{B_1} व R_{B_2}) तथा एक *p-n* जंक्शन डायोड निहित होता है। प्रतिरोध R_{B_2} का मान R_{B_1} से कम रखा जाता है।

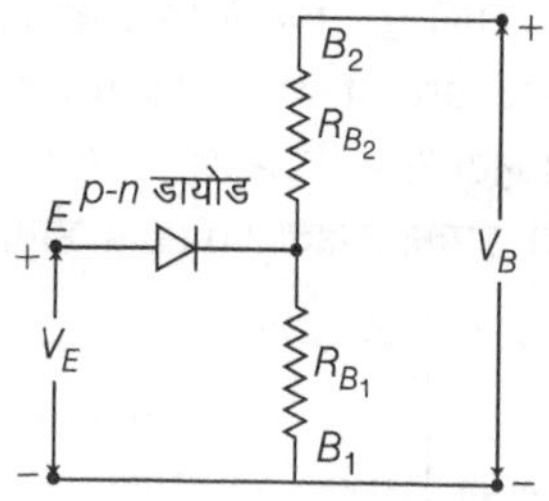

चित्र UJT का तुल्य परिपथ

UJT की कार्यप्रणाली
Working Method of UJT

UJT के सामान्य परिपथ में बेस-1 को अर्थ (earth) कर दिया जाता है एवं बेस-2 पर धनात्मक वोल्टेज आरोपित की जाती है। जब तक एमीटर परिपथ में एमीटर धारा का मान शून्य है, तब तक *n*-क्षेत्र एक वोल्टेज विभाजक (divider) के समान कार्य करता है। इस प्रकार जंक्शन पर कुछ धनात्मक वोल्टेज विद्यमान रहती है।

यदि एमीटर पर दिए गए धनात्मक वोल्टेज का मान बेस-क्षेत्र पर विद्यमान धनात्मक वोल्टेज से कम है, तब ट्रांजिस्टर रिवर्स बायस पर रहेगा। यदि एमीटर वोल्टेज का मान, बेस-क्षेत्र से अधिक हो जाए तब ट्रांजिस्टर फॉरवर्ड बायस में होगा एवं एमीटर क्षेत्र से होल्स, जंक्शन के पार बेस-1 पर पहुँचना प्रारम्भ कर देंगे। इस प्रकार, एमीटर धारा का प्रवाह प्रारम्भ हो जाएगा तथा जंक्शन का प्रभावी प्रतिरोध घट जाएगा। एमीटर धारा वृद्धि से जंक्शन प्रतिरोध (resistance) घटेगा जिससे एमीटर वोल्टेज भी घटेगी। अत: UJT, ऋणात्मक प्रतिरोध का लक्षण (negative resistance characteristics) प्रदर्शित करेगा।

UJT के लाभ Advantages of UJT

UJT के लाभ निम्नलिखित हैं

- UJT की लीकेज धारा बहुत कम तथा धारा वहन क्षमता बहुत अधिक होती है।
- UJT की संरचना बहुत सरल होती है।
- यह बाजार में बहुत कम कीमत पर उपलब्ध है।
- UJT को प्रारम्भ करने हेतु बहुत कम मात्रा में वैद्युत धारा की आवश्यकता होती है।

UJT के अनुप्रयोग Applications of UJT

UJT के अनुप्रयोग निम्नलिखित हैं

- फेज नियन्त्रण में
- थायरिस्टर को ट्रिगर करने में
- मोटर गति नियन्त्रण में
- पल्स व सॉ-टूथ तरंग उत्पन्न करने में
- टाइमर में
- नियमित पावर सप्लाई में
- SCR के लिए ट्रिगर पल्स उत्पन्न करने में
- बाई-स्टेबल परिपथों में
- विश्रान्ति दोलित्र (relaxation oscillator) एवं निम्न आवृत्ति दोलित्र में
- स्विचिंग परिपथों में

2. सिलिकॉन कण्ट्रोल्ड रेक्टिफायर Silicon Controlled Rectifier (SCR)

सिलिकॉन कण्ट्रोल्ड रेक्टिफायर (SCR), डायोड की भाँति ही एकदिशीय (unidirectional) ठोस अवस्था युक्ति है। दोनों (डायोड तथा SCR) में मुख्य अन्तर यह है कि SCR की स्विचिंग प्रक्रिया, SCR में ही संयोजित एक अतिरिक्त इनपुट टर्मिनल द्वारा कण्ट्रोल की जाती है। इस इनपुट टर्मिनल को गेट (gate) कहते हैं।

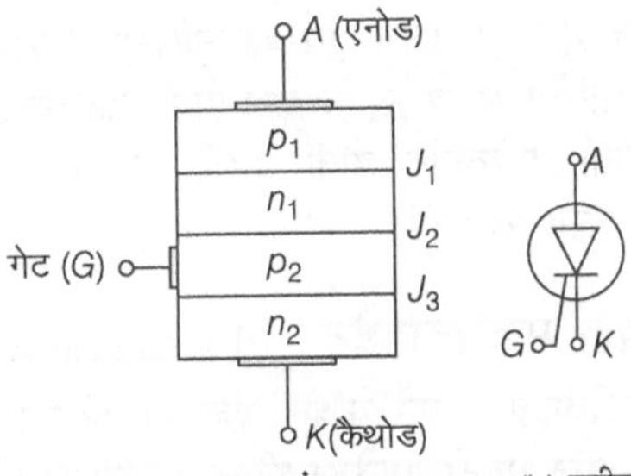

(a) संरचना (b) प्रतीक

चित्र SCR की संरचना व प्रतीक

SCR की संरचना Construction of SCR

चित्रानुसार SCR में p_1, n_1, p_2, n_2 चार लेयर तथा J_1, J_2, J_3 तीन जंक्शन होते हैं। इसके तीन टर्मिनल एनोड, कैथोड एवं गेट होते हैं। p_1 व n_2 लेयर में अशुद्धि की सान्द्रता (concentration) अधिक जबकि p_2 व n_1 में कम रखी जाती है।

अत: इसी कारण से J_1 व J_3 जंक्शन की डिप्लीशन लेयर की चौड़ाई J_2 जंक्शन से कम होती है। SCR के प्रचालन में फॉरवर्ड बायस हेतु एनोड, कैथोड के सापेक्ष धनात्मक होना चाहिए, परन्तु यह स्थिति SCR को टर्न-ऑन करने के लिए पर्याप्त नहीं है। SCR को पूर्णत: ऑन करने के लिए गेट टर्मिनल से धारा का प्रवाह होना आवश्यक है।

SCR की कार्यप्रणाली Working Method of SCR

SCR की कार्यप्रणाली को निम्न दो भागों में विभक्त किया गया है—

1. **जब गेट खुला हो** (When gate is open) चित्रानुसार, जब SCR के एनोड टर्मिनल को कैथोड के सापेक्ष धनात्मक (+ ve) वोल्टेज से संयोजित किया जाता है। इस स्थिति में जंक्शन J_1 व J_3 फॉरवर्ड बायस में एवं J_2 रिवर्स बायस में होंगे एवं SCR फॉरवर्ड बायस में कहा जाता है। इस समय SCR में लीकेज धारा के अतिरिक्त अन्य कोई धारा प्रवाहित नहीं होती है। प्रायोगिक रूप से इस स्थिति में SCR ऑफ (OFF) रहता है। यह SCR की **फॉरवर्ड ब्लॉकिंग अवस्था** (forward blocking stage) कहलाती है।

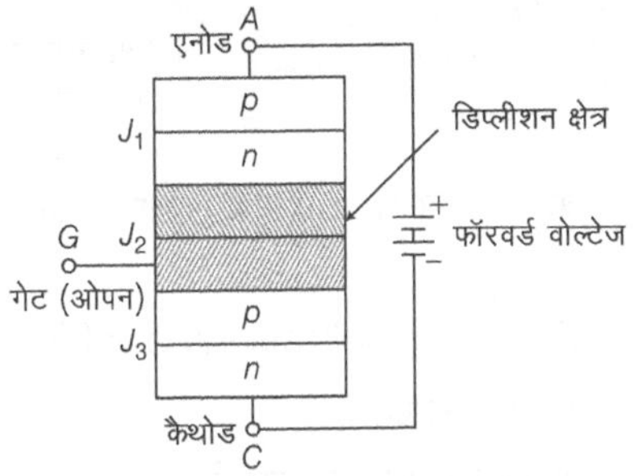

चित्र SCR की फॉरवर्ड ब्लॉकिंग अवस्था

इसके विपरीत यदि एनोड को कैथोड के सापेक्ष ऋणात्मक (– ve) वोल्टेज से संयोजित किया जाए, तो चित्र के अनुसार, जंक्शन J_1, J_3 रिवर्स बायस में एवं जंक्शन J_2 फॉरवर्ड बायस में होगा तथा SCR में केवल लीकेज धारा का प्रवाह होगा। SCR की यह अवस्था, **रिवर्स ब्लॉकिंग अवस्था** (reverse blocking state) कहलाती है तथा इस स्थिति में SCR ऑफ (OFF) रहता है।

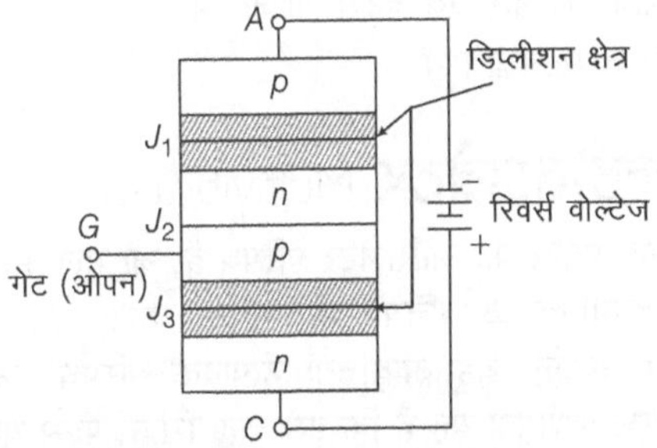

चित्र SCR की रिवर्स ब्लॉकिंग अवस्था

2. **जब गेट बन्द हो** (When gate is closed) इस स्थिति में गेट को कैथोड के सापेक्ष धनात्मक वोल्टेज से संयोजित किया जाता है। इस दशा में जंक्शन J_2 व J_3 फॉरवर्ड बायस एवं जंक्शन J_1 रिवर्स बायस हो जाता है,

जिससे n-प्रकार के अर्द्धचालक से इलेक्ट्रॉन्स, जंक्शन J_3 को क्रॉस (cross) करके बैटरी के धनात्मक सिरे पर (अर्थात् जंक्शन J_2 की ओर) पहुँचने लगते हैं, जबकि p-प्रकार के अर्द्धचालक से होल्स बैटरी के ऋणात्मक सिरे की ओर आकर्षित होने लगते हैं जिसके फलस्वरूप SCR में गेट धारा (I_G) प्रवाहित होने लगती है। इस गेट धारा के कारण एनोड धारा में भी वृद्धि होने लगती है।

इस एनोड धारा के कारण जंक्शन J_2 पर अधिक इलेक्ट्रॉन उपलब्ध हो जाते हैं, जोकि जंक्शन J_2 को क्रॉस कर जाते हैं एवं कुछ ही समय में जंक्शन J_2 के ब्रेकडाउन होने पर SCR कार्य करने लगता है। जैसे ही चालन (conduction) प्रारम्भ होता है, गेट धारा का नियन्त्रण समाप्त हो जाता है।

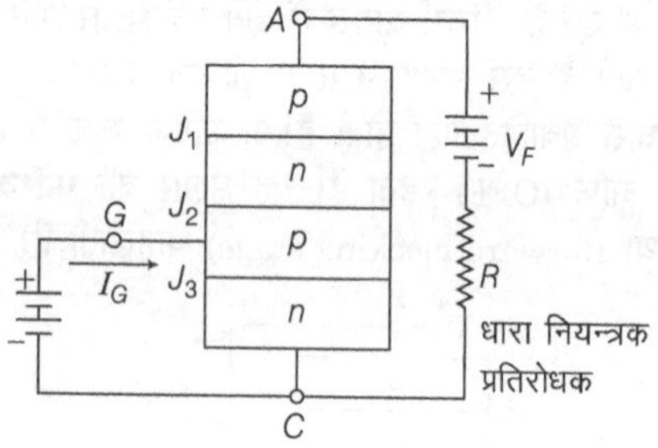

चित्र गेट टर्मिनल पर वोल्टेज आरोपित करना

SCR के अनुप्रयोग Applications of SCR

SCR के अनुप्रयोग निम्नलिखित हैं

- ए.सी./डी.सी. मोटर्स की गति नियन्त्रण हेतु
- तापमान व प्रकाश नियन्त्रण में
- दिष्टकारी स्विच के रूप में
- इन्वर्टर के रूप में
- रिले एवं ऊष्मा नियन्त्रण में
- लॉजिक एवं डिजिटल परिपथों में
- टाइम डिले परिपथ में
- नियमित पावर सप्लाई एवं बैटरी चार्जिंग में
- उच्च वोल्टेज से बचाव में

8.14 मल्टीवाइब्रेटर Multivibrator

यह एक विशेष प्रकार का ऑसिलेटर परिपथ है, जो मूल आवृत्ति के साथ ही अनेक हॉर्मोनिक आवृत्तियाँ भी उत्पन्न करता है, इसलिए इसे मल्टीवाइब्रेटर अर्थात् 'बहु आवृत्तियाँ उत्पादक परिपथ' कहते हैं। इस परिपथ की एक विशेषता यह है कि इसे बाह्य सिंक, पल्स या ट्रिगर पल्स (sync, pulse or trigger pulse) प्रदान करने पर, यह उस पल्स की आवृत्ति पर दोलन करने लगता है और इस प्रकार यह पल्स आवृत्ति को शक्तिशाली बनाने में सहायक होता है। मल्टीवाइब्रेटर परिपथ के अतिरिक्त ब्लॉकिंग तथा स्वीप या सॉ-टूथ दोलित्र भी अज्यावक्रीय दोलित्र होते हैं।

मल्टीवाइब्रेटर का प्रयोग मुख्यत: वर्गाकार तरंग (square wave) उत्पन्न करने के लिए किया जाता है। कार्य प्रचालन स्थिति के आधार पर, मल्टीवाइब्रेटर परिपथ निम्न तीन प्रकार के होते हैं

(i) एस्टेबल या फ्री रनिंग मल्टीवाइब्रेटर
(ii) मोनोस्टेबल मल्टीवाइब्रेटर
(iii) बाइस्टेबल मल्टीवाइब्रेटर

(i) एस्टेबल या फ्री-रनिंग मल्टीवाइब्रेटर Astable or Free Running Multivibrator

एस्टेबल मल्टीवाइब्रेटर की कोई स्थायी स्टेट (stable state) नहीं होती है तथा इस परिपथ में कोई पूर्व-निर्धारित प्रचालन स्थिति नहीं होती है। चित्र में, एस्टेबल मल्टीवाइब्रेटर का परिपथ दर्शाया गया है। इसमें दो ट्रांजिस्टर Q_1 व Q_2 प्रयोग किए गए हैं। दोनों में से कोई भी एक ट्रांजिस्टर पहले प्रचालन प्रारम्भ कर सकता है।

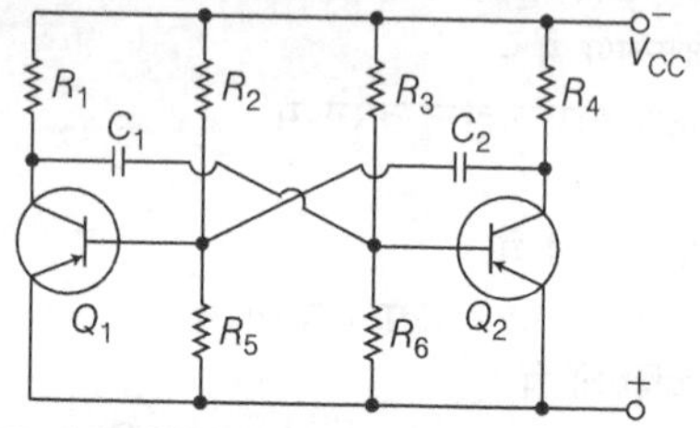

चित्र एस्टेबल फ्री-रनिंग मल्टीवाइब्रेटर परिपथ

एक ट्रांजिस्टर के कलैक्टर से दूसरे ट्रांजिस्टर के लिए बेस-बायस तैयार की जाती है। माना कि पहले ट्रांजिस्टर Q_2 कार्य प्रारम्भ करता है, तो उस समय Q_1 निष्क्रिय रहता है। Q_1 का कलैक्टर वोल्टेज, संधारित्र C_1 को आवेशित करता है एवं यह Q_2 के बेस पर पहुँचता है। Q_2 का बेस-एमीटर जंक्शन C_1 के आवेशित मार्ग को पूर्ण करता है। अब संधारित्र C_2, R_2 व R_5 के द्वारा डिस्चार्ज होने लगता है।

R_5 के सिरों पर उत्पन्न वोल्टेज, R_2 तथा R_5 में से प्रवाहित धारा से नियन्त्रित होती है। इस प्रकार ट्रांजिस्टर Q_1 को बेस-बायस प्राप्त हो जाएगी एवं वह कार्य करना प्रारम्भ कर देगा। इसी समय, Q_2 का कलैक्टर वोल्टेज शून्य हो जाएगा एवं वह निष्क्रिय हो जाएगा। इस स्थिति में, C_1 की डिस्चार्जिंग R_3 व R_6 के द्वारा होगी। ट्रांजिस्टर Q_1 व Q_2 की प्रचालन स्थितियाँ परिवर्तित होती रहती हैं एवं परिपथ दोलन (oscillations) करता रहता है।

(ii) मोनोस्टेबल मल्टीवाइब्रेटर Monostable Multivibrator

मोनोस्टेबल मल्टीवाइब्रेटर की केवल एक ही स्टेबल स्टेज होने के कारण इस **वन-शॉट मल्टीवाइब्रेटर** भी कहा जाता है। इसे स्टेबल स्टेज से ऑपरेट होने की स्टेज में लाने के लिए ट्रिगर पल्स की आवश्यकता होती है। ट्रिगर पल्स देने तथा यह एक निश्चित समय तक प्रचालित रहने के बाद यह पुन: स्टेबल स्टेज में पहुँच जाता है।

चित्र में मोनोस्टेबल मल्टीवाइब्रेटर का परिपथ दर्शाया गया है। इस परिपथ में दो में से एक ट्रांजिस्टर को 'ऑन' स्थिति में रखकर ट्रिगर पल्स दिया जाता है, जिसके कारण प्रचालन की अवस्था (stage) बदलने लगती है।

इस परिवर्तन के कारण दोलन बनने प्रारम्भ हो जाते हैं तथा एक निश्चित समय के बाद परिपथ पुनः स्टेबल अवस्था (stage) में पहुँच जाता है। मोनोस्टेबल मल्टीवाइब्रेटर का प्रयोग कम्प्यूटर में किया जाता है।

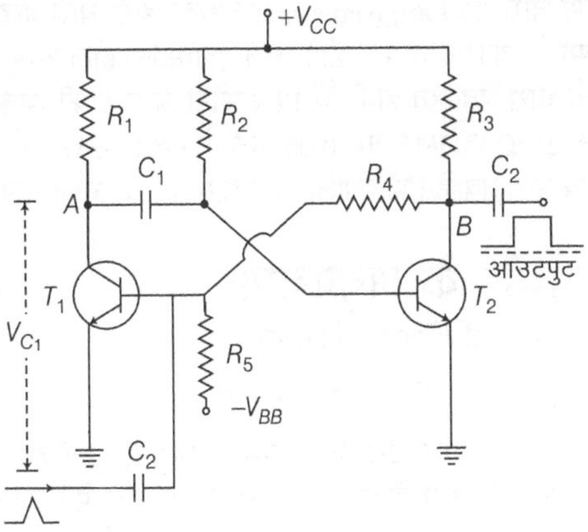

चित्र मोनोस्टेबल मल्टीवाइब्रेटर परिपथ

(iii) बाइस्टेबल मल्टीवाइब्रेटर Bistable Multivibrator

बाइस्टेबल मल्टीवाइब्रेटर को फ्लिप-फ्लॉप परिपथ के नाम से भी जाना जाता है। इसमें दो आउटपुट सिग्नल (Q एवं $\overline{Q}$) प्राप्त होते हैं, जोकि सदैव एक-दूसरे के विपरीत होते हैं। अतः एक आउटपुट उच्च (1) होने पर दूसरी आउटपुट निम्न (0) हो जाती है। बाइस्टेबल मल्टीवाइब्रेटर परिपथ को चित्र में प्रदर्शित किया गया है।

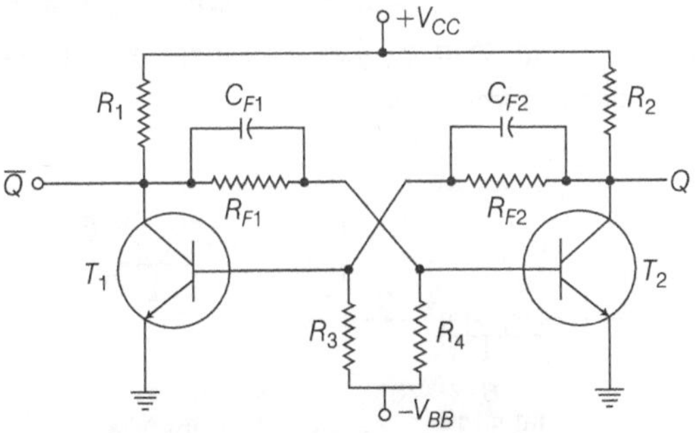

चित्र बाइस्टेबल मल्टीबाइब्रेटर परिपथ

इसके परिपथ में दो ट्रांजिस्टर (T_1 एवं T_2) का प्रयोग किया जाता है। इसमें जब ट्रांजिस्टर (T_1) ऑन होता है तब, ट्रांजिस्टर (T_2) ऑफ होता है। इन दोनों अवस्थाओं में से परिपथ सदैव किसी भी एक अवस्था में तब तक रहता है, जब तक कि परिपथ की अवस्था को परिवर्तित करने के लिए बाहर से ट्रिगर सिग्नल प्रयुक्त नहीं किया जाता है। इस प्रकार बाइस्टेबल परिपथ में दो स्थिर अवस्थाएँ होने के कारण ही इसे **बाइस्टेबल मल्टीवाइब्रेटर** (bistable multivibrator) कहते हैं।

इस परिपथ में यदि ट्रांजिस्टर (T_1) ऑन है तथा ट्रांजिस्टर (T_2) ऑफ है, तब इस अवस्था को दो प्रकार से परिवर्तित किया जा सकता है, **ऑन ट्रांजिस्टर**,(T_1) के बेस पर ऋणात्मक ट्रिगर पल्स देकर अथवा **ऑफ ट्रांजिस्टर**, (T_2) के बेस पर धनात्मक ट्रिगर पल्स देकर।

बाइस्टेबल मल्टीवाइब्रेटर परिपथ का प्रयोग क्रमिक डिजिटल परिपथों में मैमोरी सैल अथवा रजिस्टर की भाँति किया जाता है। यह एक बाइनरी बिट को स्टोर करने की क्षमता रखता है।

मल्टीवाइब्रेटर के अनुप्रयोग

मल्टीवाइब्रेटर के मुख्य अनुप्रयोग निम्न प्रकार हैं

1. कम्प्यूटर्स में मैमोरी ऐलीमेन्ट्स में
2. R-S फ्लिप-फ्लॉप के समान
3. CRO में क्षैतिज विक्षेप परिपथ में टाइम बेस जेनरेटर की भाँति
4. टेलीविजन में रास्टर उत्पन्न करने के लिए

8.15 ऑप्टो इलेक्ट्रॉनिक युक्तियाँ

Opto-electronic Devices

ऑटो-इलेक्ट्रॉनिक युक्तियाँ वे युक्तियाँ होती हैं, जो प्रकाश पर किसी-न-किसी रूप में आधारित होती हैं। फोटो डायोड व फोटो ट्रांजिस्टर ऐसी ही ऑप्टो-इलेक्ट्रॉनिक युक्तियाँ हैं, जिनका वर्णन निम्न प्रकार है

फोटो डायोड Photo Diode

फोटो डायोड दो टर्मिनल वाली अर्द्धचालक p-n जंक्शन युक्ति होती है, जिसे रिवर्स बायस में कार्य करने योग्य बनाया जाता है। इसकी सामान्य संरचना, मूल बायसिंग परिपथ एवं प्रतीक को चित्र में दर्शाया गया है। इसे पारदर्शक केस अथवा जंक्शन पर ऑप्टिकल लेन्स लगाकर बनाया जाता है।

इसका आउटपुट, प्रतिरोध (R) पर प्राप्त किया जाता है। तापमान के बढ़ने पर रिवर्स संतृप्त धारा धीरे-धीरे बढ़ती है, इसी प्रकार जंक्शन पर प्रकाश पड़ने से डायोड में अधिक रिवर्स धारा प्रवाहित होती है। इस पर प्रकाश न पड़ने पर प्रवाहित होने वाली धारा को डार्क धारा (dark current) कहा जाता है। फोटो डायोड पर धनात्मक बायस प्रयुक्त करने पर धारा शून्य हो जाती है, इसलिए फोटो डायोड केवल रिवर्स बायस में ही कार्य करता है। फोटो डायोड एक फोटो-चलित युक्ति (photo-conductive device) होती है, परन्तु यदि यह फॉरवर्ड बायस में कार्य करती है, तब यह फोटो-वोल्टाइक युक्ति (photo-voltaic device) बन जाती है।

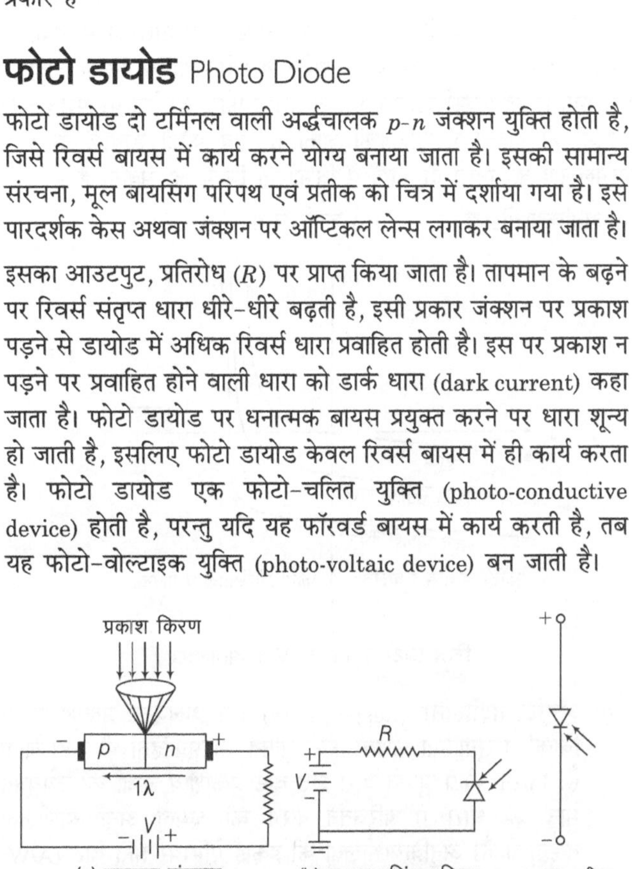

चित्र फोटो डायोड

फोटो डायोड की कार्यप्रणाली
Working of Photo Diode

रिवर्स बायस की स्थिति में जब प्रकाश किरणें फोटो डायोड पर पड़ती हैं, तब रिवर्स दिशा में ही धारा प्रवाहित होने लगती है। इस धारा का मान प्रकाश की तीव्रता (intensity) के साथ बढ़ता है। इस स्थिति में जंक्शन के पास जो इलेक्ट्रॉन-होल युग्म (electron-hole pair) उत्पन्न होते हैं, उन्हें अल्पसंख्यक आवेश वाहक (minority charge carrier) कहा जाता है। ये अल्पसंख्यक आवेश वाहक आसानी से जंक्शन पार कर लेते हैं तथा परिपथ में धारा प्रवाहित होने लगती है। फोटो डायोड की रिवर्स धारा का मान प्रकाश की तीव्रता के समानुपाती होने के कारण, प्रकाश की तीव्रता बढ़ने के सापेक्ष ही फोटो डायोड में उत्पन्न इलेक्ट्रॉन-होल युग्मों की संख्या में वृद्धि होती है। इसके फलस्वरूप फोटो डायोड में प्रवाहित होने वाली रिवर्स धारा के मान में भी वृद्धि हो जाती है।

फोटो डायोड का अभिलक्षण
Characteristics of Photo Diode

फोटो डायोड के V-I अभिलक्षण को नीचे दर्शाए गए चित्र में स्पष्ट रूप से प्रदर्शित किया गया है। फोटो डायोड को सामान्य अवस्था में प्रचालित करने के लिए फोटो डायोड को रिवर्स बायस में संयोजित किया जाता है। यदि एक नियत रिवर्स वोल्टेज प्रयुक्त करके फोटो डायोड पर पड़ने वाले प्रकाश की तीव्रता में वृद्धि की जाती है, तब फोटो डायोड के V-I अभिलक्षण को निम्न दो भागों में विभाजित किया जा सकता है—

(i) अनुक्रियाशीलता (ii) डार्क धारा

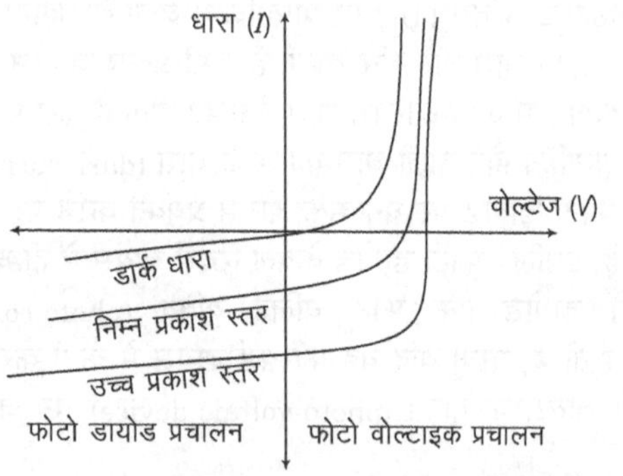

चित्र फोटो डायोड का V-1 अभिलक्षण

(i) **अनुक्रियाशीलता** (Responsivity) इसे कलैक्टर प्रकाश धारा, विकिरित सुग्राहिता अथवा फोटो युक्ति की सुग्राहिता भी कहा जाता है। किसी फोटो युक्ति द्वारा प्रति वाट प्रकाशीय ऊर्जा को उपयुक्त मान की धारा में परिवर्तन करने की क्षमता अनुक्रियाशीलता कहलाती है। अनुक्रियाशीलता की इकाई ऐम्पियर प्रति वाट (A/W) होती है। p-n फोटो डायोड की सामान्यत: सुग्राहिता लगभग 0.2 से 0.3 μA/μW होती है, जबकि PIN फोटो डायोड की सुग्राहिता का मान लगभग 0.5 μA/μW होता है।

(ii) **डार्क धारा** (Dark current) किसी फोटो डिटेक्टर में प्रकाश की अनुपस्थिति में DC बायस का प्रयुक्त किए जाने के कारण, उसमें को रिवर्स धारा प्रवाहित होती है, उसे फोटो डिटेक्टर युक्ति की क्षरण धारा (Leakage current) अथवा डार्क धारा कहा जाता है। ऊष्मा के कारण उत्पन्न होने वाले इलेक्ट्रॉन-होल युग्म के कारण डार्क धारा प्रवाहित होती है। PIN फोटो डायोड की डार्क धारा का मान 25°C तापमान पर 0.05 नैनो ऐम्पियर (nA) होता है। फोटो डिटेक्टर में प्रवाहित होने वाली डार्क धारा का मान बहुत कम होता है।

फोटो डायोड के अनुप्रयोग
Applications of Photo Diode

फोटो डायोड के अनुप्रयोग निम्न प्रकार हैं

(i) इसका प्रयोग डिटेक्शन, डिमॉड्यूलेशन, लॉजिक परिपथ, ऑप्टिकल संचार यन्त्रों एवं रिमोट कण्ट्रोल परिपथों में किया जाता है।

(ii) फोटो डायोड का उपयोग कम्प्यूटर कार्ड की पंचिंग (punching) तथा टेप में उच्च गति पाठ्यांक (high speed reading) प्राप्त करने के लिए भी किया जाता है।

8.16 फोटो ट्रांजिस्टर Photo Transistor

फोटो ट्रांजिस्टर एक साधारण BJT ट्रांजिस्टर के समान होता है। इसके कलैक्टर-बेस जंक्शन को फोटो डायोड की भाँति निर्मित किया जाता है। फोटो ट्रांजिस्टर की बनावट इस प्रकार की होती है कि इसमें जिसमें प्रकाश का पूर्ण रूप से प्रयोग किया जा सके। इसके लिए इसके पैकेज में लेन्स (lens) लगाया जाता है, जिससे रेडिएशन को कलैक्टर-बेस जंक्शन पर फोकस किया जा सके।

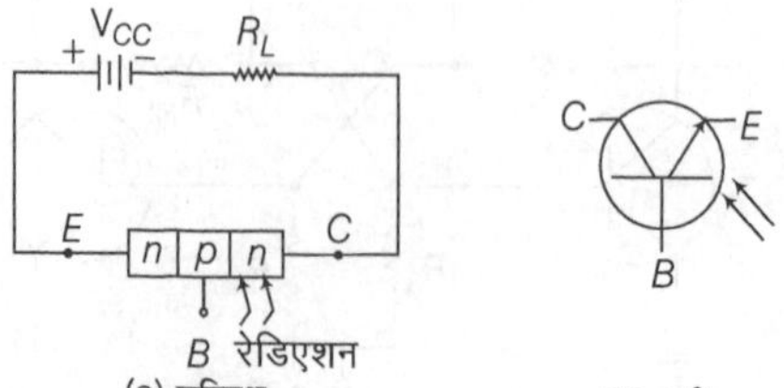

(a) परिपथ (b) प्रतीक

चित्र फोटो ट्रांजिस्टर का परिपथ एवं प्रतीक

इनपुट के रूप में इसमें बेस-सिग्नल धारा के स्थान पर ट्रांजिस्टर के जंक्शन पर खुला बेस-परिपथ (open base-circuit) की स्थिति में जंक्शन पर प्रकाश डाला जाता है।

फोटो ट्रांजिस्टर की कार्यप्रणाली
Working of Photo Transistor

एक साधारण BJT जिसका बेस टर्मिनल खुला (open) है, जैसा कि निम्न चित्र (a) में दर्शाया गया है। इसमें कलैक्टर बेस क्षरण धारा (leakage current) I_{CBO} बेस धारा के रूप में कार्य करती है तथा कलैक्टर धारा $I_C \approx (h_{FE} + 1)\, I_{CBO}$ प्रदान करती है। फोटो डायोड की स्थिति में रिवर्स संतृप्त (reverse saturation) धारा जंक्शन पर प्रकाश ऊर्जा प्राप्त होने के साथ बढ़ती है।

इसी प्रकार फोटो ट्रांजिस्टर में I_{CBO} कलैक्टर बेस जंक्शन पर आपतित होने वाले प्रकाश की तीव्रता पर निर्भर करती है। अत: कलैक्टर धारा भी प्रकाश तीव्रता के समानुपाती होती है।

फोटो ट्रांजिस्टर द्वारा प्रदान की गई आउटपुट धारा, फोटो डायोड की आउटपुट धारा से अधिक होती है। अत: फोटो ट्रांजिस्टर की संवेदनशीलता फोटो डायोड से अधिक होती है। फोटो ट्रांजिस्टर के विद्युत परिपथ को चित्र (a) में दर्शाया गया है। फोटो ट्रांजिस्टर में कलैक्टर धारा कलैक्टर-बेस जंक्शन पर आपतित प्रकाश तीव्रता (H) पर निर्भर करती है।

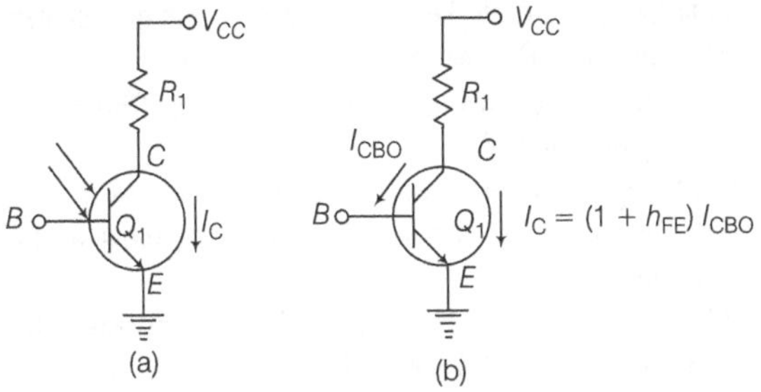

चित्र फोटो ट्रांजिस्टर के विविध परिपथ

फोटो ट्रांजिस्टर का अभिलक्षण
Characteristics of Photo Transistor

फोटो ट्रांजिस्टर के आदर्श आउटपुट अभिलक्षण वक्रों (characteristic curves) को चित्र में दर्शाया गया है, जिससे कलैक्टर धारा I_C तथा कलैक्टर-एमीटर वोल्टेज V_{CE} के मध्य खींचे गए अभिलक्षण वक्रों का अध्ययन किया जा सकता है।

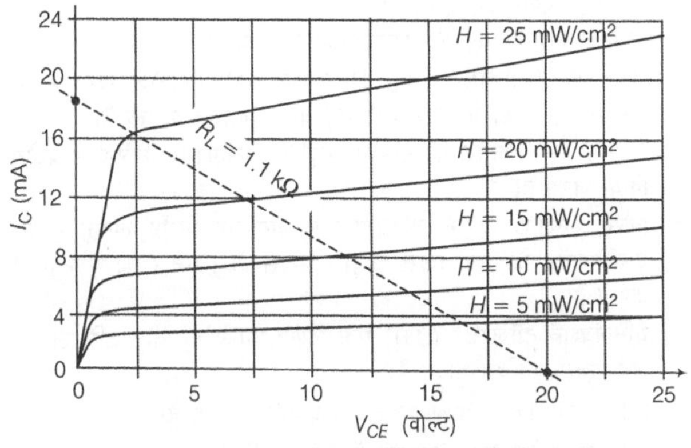

चित्र फोटो ट्रांजिस्टर का अभिलक्षण वक्र

फोटो ट्रांजिस्टर के अनुप्रयोग
Applications of Photo Transistor

फोटो ट्रांजिस्टर के मुख्य अनुप्रयोग निम्न हैं

(i) फोटो ट्रांजिस्टर को विद्युत चुम्बक रिले तथा सिलिकॉन कण्ट्रोल रेक्टिफायर (SCR) के चालन (conduction) को नियन्त्रित करने के लिए प्रयोग किया जाता है।

(ii) फोटो ट्रांजिस्टर को ऑप्टिकल सेन्सर (optical sensor) के रूप में भी प्रयोग किया जाता है।

8.17 इन्टीग्रेटेड सर्किट्स Integrated Circuits

आई.सी. एक पूर्ण परिपथ होता है जिसमें अनेक डायोड्स, ट्रांजिस्टर्स, प्रतिरोधक एवं कैपेसिटर एक ही चिप (chip) पर परिपथ के अनुसार बना दिए जाते हैं, अर्थात् प्रतिरोधक, कैपेसिटर, डायोड्स एवं ट्रांजिस्टर्स इत्यादि को अतिलघु आकार में एक ही प्लेट पर संयोजित करके बनाए गए परिपथ को इण्टीग्रेटेड परिपथ आई.सी. (IC) या चिप (chip) कहते हैं।

ICs को प्रयोग करने की दृष्टि से इसमें कुछ टर्मिनल्स लगे होते हैं जो बाहर की ओर निकले होते हैं। आई.सी. से बाहर निकाले गए इन टर्मिनल्स की संख्या प्राय: 8 से 168 तक होती है। वर्तमान समय में टी.वी., रेडियो रिसीवर, टेपरिकॉर्डर, कम्प्यूटर इत्यादि में आई.सी. का प्रयोग किया जा रहा है। आई.सी. मुख्यत: निम्न दो प्रकार की होती हैं

1. एनालॉग आई.सी. Analog IC

इस प्रकार की आई.सी. का उपयोग रेडियो, ट्रांसमीटर, रिसीवर्स आदि में किया जाता है। इसका एम्प्लीफिकेशन रैखिक (linear) होता है और यह उपकरण की आवश्यकता एवं संकेत शक्ति के अनुसार कम या अधिक हो सकता है। कुछ एनालॉग आई.सी. के उदाहरण निम्नवत् हैं CA 3068, TBA 120, TBA 810, TBA 920, TDA 1044 आदि।

2. डिजिटल आई.सी. Digital IC

इस प्रकार की आई.सी. का आउटपुट उसके इनपुट के अनुक्रमानुपाती होता है। ये अरैखिक (non-linear) आई.सी. भी कहलाती है। इन आई.सी. में चार-पाँच से लेकर कई लाख तक की संख्या में लॉजिक इकाइयाँ हो सकती हैं। कुछ डिजिटल आई.सी. के उदाहरण निम्नवत् हैं 7400, 7404, 7416, 7420, 7448, 74132, 74240, 74352 आदि।

महत्त्वपूर्ण बिन्दु

- विज्ञान की वह शाखा, जिसमें बाह्य बलों के प्रभाव के अन्तर्गत इलेक्ट्रॉन तथा अन्य आवेश वाहकों के गुणों, व्यवहार एवं अनुप्रयोगों का अध्ययन किया जाता है, उसे इलेक्ट्रॉनिक्स कहते है।
- जिन पदार्थों में विद्युत धारा सुगमता से प्रवाहित हो सकती है, वे चालक कहलाते हैं; जैसे-चाँदी, ताँबा, एल्युमीनियम आदि।
- जिन पदार्थों में विद्युत धारा या तो प्रवाहित नहीं हो सकती या अल्प मात्रा में कठिनाई से प्रवाहित होती है, वे अचालक कहलाते हैं, जैसे-कागज, रबर, चीनी मिट्टी आदि।
- अर्द्धचालकों; जैसे-कार्बन, जर्मेनियम, सिलिकॉन आदि के परमाणुओं की अन्तिम कक्षा में प्रायः 4 इलेक्ट्रॉन होते हैं।
- ऐसे अर्द्धचालक जो प्रकृति में शुद्ध अवस्था में विद्यमान होते हैं, वे इन्ट्रिन्सिक अर्द्धचालक कहलाते हैं, जिनकी संरचना क्रिस्टलीय होती है।
- शुद्ध अर्द्धचालकों में कुछ मात्रा उचित अशुद्धि की मिलाने से अर्थात् डोपिंग करने से इनकी चालकता बढ़ जाती है जिससे एक्सट्रिन्सिक अर्द्धचालक बनते हैं।
- इण्डियम तथा गैलियम त्रिसंयोजी (trivalent) तत्व हैं जिन्हें शुद्ध सिलिकॉन या जर्मेनियम में मिलाने से *p*-टाइप अर्द्धचालक प्राप्त होता है।
- *p*-टाइप अर्द्धचालक में बहुसंख्यक आवेश वाहक होल्स तथा अल्पसंख्यक आवेश वाहक इलेक्ट्रॉन होते हैं।
- आर्सेनिक तथा एन्टीमनी पंचसंयोजी (pentavalent) तत्व हैं।
- शुद्ध सिलिकॉन अथवा जर्मेनियम में पंचसंयोजी तत्त्व की डोपिंग करने से *n*-टाइप अर्द्धचालक प्राप्त होता है।
- जब सिलिकॉन अथवा जर्मेनियम के *p*-टाइप अर्द्धचालक एवं *n*-टाइप अर्द्धचालक को ऊष्मीय प्रक्रिया द्वारा जोड़ा जाता है तो इसे *p-n* जंक्शन डायोड कहते हैं।
- *p-n* जंक्शन में आवेश वाहकों का स्थानान्तरण उच्च सान्द्रता से कम सान्द्रता वाले क्षेत्र की ओर होता है जोकि विसरण कहलाता है।
- जर्मेनियम के लिए विभव प्राचीर (V_B) 0.3 वोल्ट होता है जबकि सिलिकॉन के लिए विभव प्राचीर 0.7 वोल्ट होता है।
- *p-n* जंक्शन डायोड में धारा का प्रवाह एक ही दिशा में होता है, इसलिए इसे एकदिशीय युक्ति भी कहते हैं।
- जीनर डायोड अर्थात् ब्रेकडाउन डायोड यह उच्च डोपिंग वाला सिलिकॉन अर्द्धचालक डायोड है, जो रिवर्स बायस में कार्य करता है।
- रेक्टिफायर से प्राप्त डी.सी. को फिल्टर से गुजारा जाता है, जिससे पल्सेटिंग डी.सी. प्राप्त होती है।
- हाफ वेव रेक्टिफायर में केवल एक डायोड प्रयोग किया जाता है, जिसके फॉरवर्ड बायस में होने पर परिपथ में से विद्युत धारा प्रवाहित होती है।
- हाफ वेव रेक्टिफायर में लगा डायोड ए.सी. वोल्टेज के ऋणात्मक चक्र में रिवर्स बायस में हो जाता है जिससे वह खुले परिपथ की भाँति व्यवहार करने लगता है।
- लो-पास फिल्टर एक पूर्व निर्धारित आवृत्ति से कम आवृत्ति की धारा के लिए निम्न अवरोध तथा उससे अधिक आवृत्ति के लिए उच्च अवरोध प्रस्तुत करता है।
- ट्रांजिस्टर इलेक्ट्रॉनिक परिपथों में निम्न प्रतिरोध से उच्च प्रतिरोध की ओर वोल्टेज का एम्प्लीफिकेशन करता है।
- ट्रांजिस्टर दो जंक्शन डायोड को बैक-टू-बैक संयुक्त करके बनाया जाता है।
- *p-n-p* ट्रांजिस्टर के एमीटर में तीर का चिह्न अन्दर की ओर तथा *n-p-n* ट्रांजिस्टर में तीर का चिह्न बाहर की ओर होता है, जो धारा प्रवाह की दिशा को प्रदर्शित करता है।
- ट्रांजिस्टर निर्माण के लिए प्रायः जंक्शन विधि तथा बिन्दु स्पर्श विधि का प्रयोग किया जाता है।
- BJT एक तीन टर्मिनल्स वाली युक्ति है। इसके टर्मिनल्स क्रमशः एमीटर, बेस तथा कलैक्टर होते हैं।
- ट्रांजिस्टर्स के तीनों टर्मिनल्स में सबसे उच्च डोपिंग स्तर एमीटर का, इसके पश्चात् कलैक्टर का और सबसे निम्न बेस का होता है।
- ट्रांजिस्टर में कलैक्टर का कार्य, बेस के अधिकांश बहुसंख्यक आवेश वाहकों को ग्रहण कर एकत्रित करना है, इसलिए इस भाग का क्षेत्रफल, एमीटर तथा बेस की अपेक्षा अधिक रखा जाता है।
- बेस, ट्रांजिस्टर का निम्नतम डोपिंग स्तर तथा निम्नतम चौड़ाई (10^{-8} मी) वाला भाग होता है।
- ट्रांजिस्टर को सक्रिय क्षेत्र में प्रचालित करने के लिए एमीटर-बेस जंक्शन को फॉरवर्ड बायस तथा कलैक्टर-बेस जंक्शन को रिवर्स बायस में संयोजित किया जाता है।
- ट्रांजिस्टर विन्यास के आधार पर एम्प्लीफायरों को कॉमन-एमीटर, कॉमन-बेस तथा कॉमन-कलैक्टर एम्प्लीफायरों में वर्गीकृत किया जाता है।
- कॉमन-एमीटर एम्प्लीफायर में ट्रांजिस्टर के बेस व एमीटर टर्मिनल के मध्य इनपुट सिग्नल आरोपित किया जाता है तथा कलैक्टर व एमीटर से आउटपुट सिग्नल प्राप्त किया जाता है।
- RC कपल्ड एम्प्लीफायर वह एम्प्लीफायर है जिसमें प्रतिरोधक तथा संधारित्र को उच्च दोलन प्राप्त करने हेतु संयुक्त रूप से संयोजित किया जाता है।
- RC कपल्ड एम्प्लीफायर में कपलिंग संधारित्र CC का प्रयोग पहली स्टेज के आउटपुट से दूसरी स्टेज के बेस को संयोजित करने हेतु किया जाता है।
- श्रेणी A एम्प्लीफायर की फिडेलिटी सर्वोत्तम, डिस्टॉर्शन न्यूनतम तथा आउटपुट पावर कम होती है।
- श्रेणी B एम्प्लीफायर की दक्षता 50-60% होती है।
- श्रेणी AB एम्प्लीफायर, इनपुट सिग्नल के आधे से अधिक परन्तु पूरे से कम चक्र (cycle) के लिए कलैक्टर धारा प्रवाहित कराता है।
- श्रेणी C एम्प्लीफायर्स को रेडियो आवृत्ति एम्प्लीफायर के रूप में प्रयोग किया जाता है।
- किसी एम्प्लीफायर की संरचना इस बात पर निर्भर करती है कि एम्प्लीफायर के द्वारा किस आवृत्ति परास के सिग्नल को एम्प्लीफाई करना है।
- यूनिजंक्शन ट्रांजिस्टर (UJT) एक विशेष प्रकार की तीन टर्मिनल, दो लेयरयुक्त स्विचिंग युक्ति है।
- UJT ऋणात्मक प्रतिरोध का लक्षण प्रदर्शित करता है।
- UJT का प्रयोग फेज नियन्त्रण में, मोटर गति नियन्त्रण में, टाइमर में, SCR के लिए ट्रिगर पल्स उत्पन्न करने में तथा विश्रांति दोलित्र (relaxation oscillator) एवं निम्न आवृत्ति दोलित्र में किया जाता है।
- SCR, डायोड की भाँति एकदिशीय ठोस अवस्था युक्ति है, परन्तु SCR की स्विचिंग प्रक्रिया को इसमें लगे एक अतिरिक्त टर्मिनल (गेट) द्वारा कण्ट्रोल किया जाता है।
- SCR एक चार लेयर एवं तीन जंक्शन वाली युक्ति है जिसे थायरिस्टर भी कहा जाता है।
- SCR का प्रयोग ए.सी./डी.सी. मोटर की गति नियन्त्रण में, तापमान व प्रकाश नियन्त्रण में , डी.सी. स्विच के रूप में, इन्वर्टर के रूप में, रिले एवं ऊष्मा नियन्त्रण में, लॉजिक एवं डिजिटल परिपथों में तथा रेगुलेटिड पावर सप्लाई व बैटरी चार्जिंग में किया जाता है।

महत्त्वपूर्ण प्रश्नोत्तरी

1. चालक, अचालक एवं अर्द्धचालक में अन्तर स्पष्ट कीजिए।

उत्तर चालक, अचालक एवं अर्द्धचालक पदार्थ में मुख्य अन्तर चालकता के आधार पर किया जाता है, जो मुक्त इलेक्ट्रॉन्स पर निर्भर करता है। चालक पदार्थों में मुक्त इलेक्ट्रॉन्स की संख्या पर्याप्त, अचालक पदार्थ में नगण्य तथा अर्द्धचालक में चालक तथा अचालक के मध्य स्तर की होती है।

2. परम शून्य ताप पर चालन बैण्ड में इलेक्ट्रॉनों द्वारा प्राप्त अधिकतम ऊर्जा स्तर क्या कहलाता है?

उत्तर परम शून्य ताप पर चालन बैण्ड में इलेक्ट्रॉनों द्वारा प्राप्त अधिकतम ऊर्जा स्तर फर्मी स्तर कहलाता है।

3. शुद्ध अर्द्धचालक पदार्थ में त्रिसंयोजी पदार्थ की डोपिंग करने पर किस प्रकार का अर्द्धचालक बनेगा?

उत्तर शुद्ध अर्द्धचालक पदार्थ में त्रिसंयोजी पदार्थ की डोपिंग करने पर *p*-टाइप का अर्द्धचालक बनेगा।

4. एक अर्द्धचालक में इलेक्ट्रॉनों तथा होल्स की बराबर मात्रा $6 \times 10^8 \text{ m}^{-3}$ है। किसी अशुद्धि से डोपिंग करने पर इलेक्ट्रॉन की मात्रा $8 \times 10^{12} \text{ m}^{-3}$ तक बढ़ जाती है। डोपिंग के पश्चात् अर्द्धचालक किस प्रकार का होगा?

उत्तर दिए गए आंकिक आँकड़ों से स्पष्ट है कि डोपिंग करने के पश्चात् अर्द्धचालक में इलेक्ट्रॉनो की संख्या बढ़ जाती है। अतः डोपिंग के पश्चात् अर्द्धचालक *n*-टाइप का होगा।

5. बाइपोलर एवं यूनीपोलर ट्रांजिस्टर के मुख्य अन्तर को लिखिए।

उत्तर बाइपोलर ट्रांजिस्टर में विद्युत धारा चालन दोनों प्रकार के आवेश वाहकों के द्वारा होता है, जबकि यूनीपोलर ट्रांजिस्टर में विद्युत धारा चालन केवल एक प्रकार के आवेश वाहकों के द्वारा होता है।

6. किस प्रकार के ट्रांजिस्टर में एमीटर–बेस जंक्शन को फॉरवर्ड बायस तथा बेस–कलैक्टर जंक्शन को रिवर्स बायस प्रदान की जाती है?

उत्तर दोनों प्रकार के (*n-p-n* एवं *p-n-p*) ट्रांजिस्टर्स में एमीटर-बेस जंक्शन को फॉरवर्ड बायस तथा बेस-कलैक्टर जंक्शन को रिवर्स बायस प्रदान की जाती है।

7. ट्रांजिस्टर के एमीटर टर्मिनल का डोपिंग स्तर उच्च क्यों रहता है?

उत्तर ट्रांजिस्टर के एमीटर टर्मिनल का डोपिंग स्तर उच्च रहता है, क्योंकि यह भाग बेस को बहुसंख्यक आवेश वाहक (*n-p-n* में इलेक्ट्रॉन एवं *p-n-p* में होल्स) प्रदान करता है।

8. ट्रांजिस्टर परिपथ में एमीटर धारा (I_E) का मान, कलैक्टर धारा (I_C) से अधिक होता है, क्यों?

उत्तर ट्रांजिस्टर परिपथ में एमीटर धारा का मान, कलैक्टर धारा से अधिक होता है, क्योंकि एमीटर परिपथ में से कलैक्टर तथा बेस दोनों प्रकार की धाराएँ प्रवाहित होती हैं।

9. यदि SCR की सप्लाई वोल्टेज का मान ब्रेकओवर वोल्टेज के मान से अधिक हो जाए, तो क्या होगा?

उत्तर यदि SCR की सप्लाई वोल्टेज का मान ब्रेकओवर वोल्टेज के मान से अधिक हो जाए, तो SCR कार्य नहीं करेगा।

10. SCR का उपयोग बैटरी चार्जर में क्यों किया जाता है?

उत्तर SCR का उपयोग बैटरी चार्जर में किया जाता है, क्योंकि SCR, 100 ऐम्पियर तक डी.सी. उपलब्ध करा सकता है एवं बैटरी आवेशन के लिएएक ऐम्पियर से 15 ऐम्पियर तक आवेशन धारा की आवश्यकता होती है।

11. डायक के मुख्य अनुप्रयोग लिखिए।

उत्तर डायक का प्रयोग मोटर की गति नियन्त्रक, ऊष्मा नियन्त्रक व प्रॉक्सीमिटी डिटेक्टर युक्तियों में किया जाता है।

12. सामान्य अवस्था में ट्रायक के प्रचालन हेतु किस धारा की आवश्यकता होती है?

उत्तर सामान्य अवस्था में गेट धारा के कारण ही ट्रायक युक्ति का प्रचालन सम्भव है।

अभ्यास प्रश्न

परीक्षा प्रारूपी प्रश्न

1. सिलिकॉन परमाणु के सबसे बाहरी कक्ष में कितने इलेक्ट्रॉन होते हैं?
(a) 3 (b) 4 (c) 5 (d) 14

2. वह कौन-सा अवयव है, जिसका प्रयोग एक अर्द्धचालक के रूप में होता है?
(a) ताँबा (b) चाँदी
(c) सिलिकॉन (d) एल्युमीनियम

3. जर्मेनियम अवयव में संयोजी इलेक्ट्रॉनों की संख्या .... होती है।
(a) 5 (b) 4 (c) 3 (d) 2

4. उस अवयव का नाम बताइए जो 'n-टाइप' किस्म के अर्द्धचालक के निर्माण हेतु एक अशुद्धता के रूप में प्रयोग होता है
(a) गैलियम (b) बोरोन
(c) एल्युमीनियम (d) आर्सेनिक

5. जर्मेनियम अवयव की अवरोधक विभव प्राचीर .... होती है।
(a) 0.7 वोल्ट (b) 0.6 वोल्ट
(c) 0.5 वोल्ट (d) 0.3 वोल्ट

6. सिलिकॉन पदार्थ का विभव प्राचीर है
(a) 0.7 वोल्ट (b) 0.5 वोल्ट
(c) 0.3 वोल्ट (d) 0.2 वोल्ट

7. निम्न कथनों पर विचार कीजिए
कथन I इण्डियम तथा गैलियम पंचसंयोजी तत्त्व होते हैं।
कथन II आर्सेनिक तथा एन्टीमनी त्रिसंयोजी तत्त्व होते हैं।
उपरोक्त कथनों में से कौन-सा/से कथन सही है/हैं?
(a) कथन I सही है
(b) कथन II सही है
(c) कथन I और II दोनों सही हैं
(d) कथन I और II दोनों गलत हैं

8. सिलिकॉन p-n जंक्शन डायोड की $25°C$ तापमान पर बैरियर वोल्टता होती है
(a) 0.3 वोल्ट (b) 0.5 वोल्ट
(c) 0.7 वोल्ट (d) 1.0 वोल्ट

9. अर्द्धचालक पदार्थ न चालक है और न अचालक। पदार्थों की चालकता बढ़ायी जा सकती है
(a) अशुद्ध अणुओं को हटाकर
(b) शुद्ध अणुओं को जोड़कर
(c) अशुद्ध अणुओं को जोड़कर
(d) वोल्टेज का प्रयोग कर

10. निम्नलिखित में से कौन-सा परिपथ फॉरवर्ड बायस p-n जंक्शन डायोड को प्रदर्शित करता है?

(a) 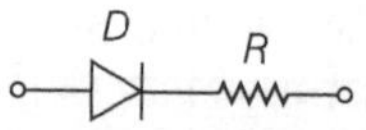

(b) 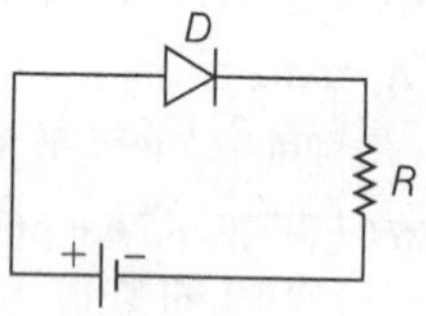

(c) 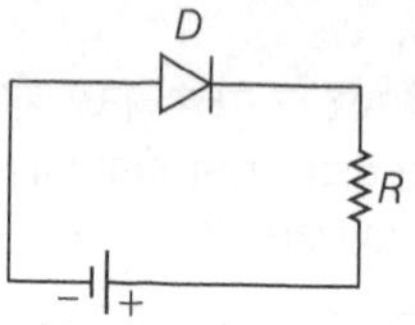

(d) इनमें से कोई नहीं

11. यदि चालन बैण्ड तथा संयोजी बैण्ड के बीच की दूरी 1 इलेक्ट्रॉन वोल्ट हो, तो यह संयोजन निम्न में से किस पदार्थ को दर्शाता है?
(a) कुचालक (b) चालक
(c) अर्द्धचालक (d) इनमें से कोई नहीं

12. डायोड की मुख्य विशेषता यह है कि
(a) यह केवल एक ही दिशा में धारा का प्रभावी प्रवाह होने देता है
(b) इसमें से अधिकांश धारा तब प्रवाहित होती है, जब यह विपरीत दिशा में बायस्ड होता है
(c) फॉरवर्ड बायस्ड दिशा में इसमें से धारा प्रवाह नहीं होता
(d) इसमें कैथोड से एनोड की ओर धारा प्रवाह होता है

13. निम्न कथनों पर विचार कीजिए
कथन I जर्मेनियम डायोड का उपयोग रेडियो तथा टी.वी. रिसीवर्स में डिटेक्शन के लिए किया जाता है।
कथन II सिलिकॉन डायोड का उपयोग 'रेक्टीफिकेशन' के लिए किया जाता है।
उपरोक्त कथनों में से कौन-सा/से कथन सही है/हैं?
(a) कथन I सही है (b) कथन II सही है
(c) कथन I और II दोनों सही हैं (d) कथन I और II दोनों गलत हैं

14. डायोड की फॉरवर्ड बायस अवस्था में 'n-टाइप' के पदार्थ से कुछ मुक्त इलेक्ट्रॉन्स निकलकर 'p-टाइप' के पदार्थ में प्रवेश कर जाते हैं। ये मुक्त इलेक्ट्रॉन 'p-टाइप' के पदार्थ में
(a) एकत्र हो जाते हैं
(b) 'रिक्तियों' (holes) के साथ पुनर्मिलन क्रिया करते हैं
(c) से बिना किसी प्रभाव के पार निकल जाते हैं
(d) उपरोक्त में से कोई नहीं

15. प्राकृतिक रूप से प्राप्त शुद्ध सिलिकॉन एवं जर्मेनियम पदार्थ को क्या कहते हैं?
(a) चालक पदार्थ
(b) इन्ट्रिन्सिक अर्द्धचालक पदार्थ
(c) एक्सट्रिन्सिक अर्द्धचालक पदार्थ
(d) अचालक पदार्थ

16. p-n जंक्शन की ब्रेकडाउन स्थिति के सन्दर्भ में निम्न में से कौन-सा कथन सत्य है?
(a) इसमें रिवर्स बायस में धारा तीव्रता से बढ़ती है
(b) इसमें फॉरवर्ड बायस में धारा तीव्रता से बढ़ती है
(c) इसमें फॉरवर्ड बायस में वोल्टेज तीव्रता से बढ़ती है
(d) इसमें रिवर्स बायस में वोल्टेज तीव्रता से बढ़ती है

17. डायोड में, वह धारा जो बिना क्षति के अपने में से प्रवाह को गुजार सकता है, वह ……………… कहलाती है।
(a) अधिकतम रिवर्स धारा
(b) अधिकतम फॉरवर्ड धारा
(c) अधिकतम सर्ज धारा
(d) अधिकतम लोड धारा

18. डायोड शब्दावली में पी.आई.वी. (PIV) का विस्तृत रूप ………. है।
(a) पीक इन्सटैनटेनियस वोल्टेज
(b) पोलैरिटी आईडेएन्टीफिकेशन वैल्यू
(c) पीक इन्वर्स वोल्टेज
(d) पीक इन्वर्स वैल्यू

19. किसी डायोड पर फॉरवर्ड बायस आरोपित करते ही उसके परिपथ में एक उच्च मानक धारा प्रवाहित होने लगती है, यह धारा कहलाती है
(a) सर्ज धारा
(b) प्रत्यावर्ती धारा
(c) दिष्ट धारा
(d) विसर्जन धारा

20. डायोड आदि ठोस अवस्था युक्तियों में एक अवगुण यह है कि यदि उनका तापमान एक सुरक्षित मान (75°C) से अधिक हो जाए, तो वे बेकार हो जाती हैं। तकनीकी भाषा में यह प्रक्रिया कहलाती है
(a) रिवर्स बायसिंग
(b) ड्रॉफ्टिंग
(c) पोटेन्शियल बैरियर
(d) थर्मल रनवे

21. एकल हरे रंग की एल.ई.डी. की फॉरवर्ड वोल्टेज ड्रॉप ………… है।
(a) 1.8 वोल्ट
(b) 2.0 वोल्ट
(c) 2.2 वोल्ट
(d) 2.1 वोल्ट

22. आजकल बल्ब के स्थान पर निम्न वोल्टेज पर कार्य करने वाली ठोस अवस्था युक्ति प्रयोग की जाती है, उसका नाम है
(a) जीनर डायोड
(b) p-n डायोड
(c) लाइट एमिटिंग डायोड
(d) फोटो कण्डक्टिव डायोड

23. जीनर डायोड में ………।
(a) p-क्षेत्र की डोपिंग अधिक होती है
(b) n-क्षेत्र की डोपिंग अधिक होती है
(c) p तथा n दोनों क्षेत्र की डोपिंग अधिक होती है
(d) उपरोक्त में से कोई नहीं

24. चित्र में किस डायोड का अभिलक्षण वक्र प्रदर्शित किया गया है?

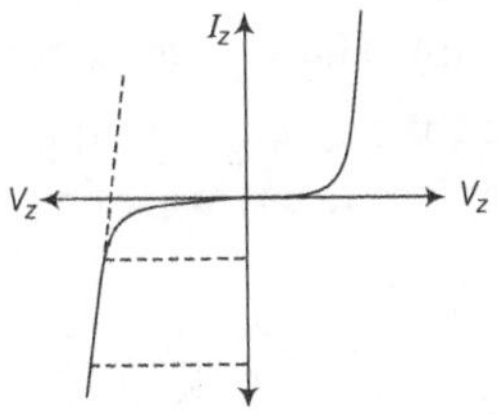

(a) वैरेक्टर डायोड
(b) p-n जंक्शन डायोड
(c) जीनर डायोड
(d) इनमें से कोई नहीं

25. निम्न में से किसका प्रयोग लाइट कण्ट्रोल स्विचों में किया जाता है?
(a) टनल डायोड
(b) जीनर डायोड
(c) फोटो डायोड
(d) इनमें से कोई नहीं

26. चित्र में किस डायोड को प्रदर्शित किया गया है?

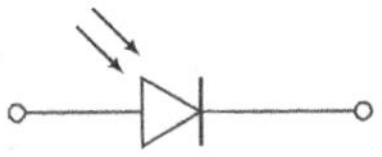

(a) जीनर डायोड
(b) फोटो कण्डक्टिव डायोड
(c) प्रकाश उत्सर्जक डायोड
(d) p-n जंक्शन डायोड

27. रेक्टिफायर परिपथ में प्रयुक्त युक्ति है
(a) ट्रांजिस्टर
(b) थायरिस्टर
(c) डायोड
(d) ये सभी

28. रेक्टिफायर के आउटपुट पर प्राप्त सिग्नल की प्रकृति होती है
(a) पल्सयुक्त
(b) वर्गाकार
(c) सॉ-टूथ
(d) त्रिभुजाकार

29. रेक्टिफायर का प्रयोग निम्न में से कहाँ किया जाता है?
(a) पावर सप्लाई में
(b) रेडियो सिग्नल डिटेक्टर के रूप में
(c) ए.सी. को डी.सी. में बदलने के लिए
(d) उपरोक्त सभी

30. रेक्टिफायर परिपथ में प्रयुक्त डायोड
(a) फॉरवर्ड बायस में धारा प्रवाह करता है
(b) रिवर्स बायस में धारा प्रवाह करता है
(c) फॉरवर्ड बायस में खुले स्विच की भाँति कार्य करता है
(d) उपरोक्त में से कोई नहीं

31. एक हाफ वेव रेक्टिफायर में प्रयुक्त डायोड का एनोड किस बायस में धनात्मक होता है?
(a) फॉरवर्ड बायस
(b) रिवर्स बायस
(c) शून्य बायस
(d) इनमें से कोई नहीं

32. हाफ वेव रेक्टिफायर के लिए औसत वोल्टेज मान होता है
(a) $0.318 V_m$
(b) $0.787 V_m$
(c) $0.512 V_m$
(d) $0.858 V_m$

33. हाफ वेव रेक्टिफायर परिपथ में कितने डायोड प्रयुक्त किए जाते हैं?
(a) 1
(b) 2
(c) 3
(d) 4

34. हाफ वेव रेक्टिफायर में पूर्ण तरंग रेक्टिफायर की तुलना में रिपिल का मान होता है

(a) कम (b) अधिक (c) बराबर (d) अनिर्धारित

35. नीचे दिए गए चित्र में जोड़ बिन्दु 1 के, बिन्दु 2 की अपेक्षा धन होने पर कौन-कौन से डायोड्स में धारा चालन होगा?

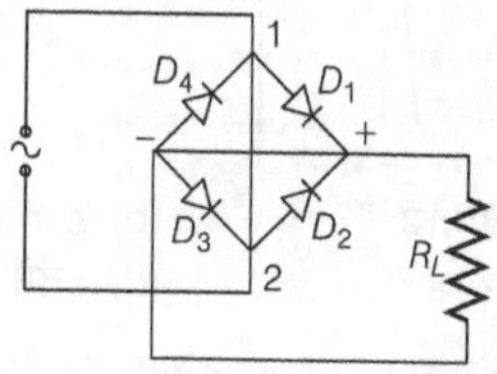

(a) D_2 तथा D_4 (b) D_2 तथा D_3
(c) D_1 तथा D_3 (d) D_1 तथा D_4

36. दो डायोड वाले फुल वेव रेक्टिफायर की अपेक्षा ब्रिज रेक्टिफायर का लाभ यह है कि

(a) रिपिल आवृत्ति उच्च होती है
(b) डी.सी. आउटपुट स्तर उच्च होता है
(c) भारी ट्रांसफॉर्मर से छुटकारा मिल जाता है
(d) प्रत्येक डायोड आधी भार-धारा वहन करता है

37. फुल वेव रेक्टिफायर में दो डायोडों का प्रयोग करने की स्थिति में किस प्रकार के ट्रांसफॉर्मर को प्रयुक्त किया जाता है?

(a) ऑटो ट्रांसफॉर्मर (b) सेन्टर टैप्ड ट्रांसफॉर्मर
(c) शक्ति ट्रांसफॉर्मर (d) धारा ट्रांसफॉर्मर

38. फुल वेव रेक्टिफायर का निर्माण निम्न में से कितने डायोड प्रयुक्त करके नहीं किया जा सकता है?

(a) 2 (b) 3
(c) 4 (d) ये सभी

39. एक फुल वेव रेक्टिफायर में I_{DC} का मान होता है

(a) $\frac{2I_m}{\pi}$ (b) 0.318 I_m
(c) 0.636 I_m (d) 'a' और 'c' दोनों

40. रेक्टिफायर परिपथ में एकसमान दिष्ट धारा प्राप्त करने हेतु उपयोग किया गया विद्युत परिपथ निम्न में से क्या कहलाता है?

(a) दोलित्र (b) वोल्टेज रेगुलेटर
(c) प्रवर्धक (d) इनमें से कोई नहीं

41. रेक्टिफायर से प्राप्त आउटपुट डी.सी. शक्ति तथा आरोपित ए.सी. शक्ति का अनुपात कहलाता है

(a) वोल्टेज रेगुलेशन (b) रिपिल फैक्टर
(c) रेक्टिफायर दक्षता (d) रिपिल आवृत्ति

42. रेक्टिफायर से प्राप्त आउटपुट की शुद्धता की जाँच निम्न में से किसके द्वारा की जाती है?

(a) रेक्टिफायर दक्षता (b) रिपिल फैक्टर
(c) रिपिल आवृत्ति (d) वोल्टेज रेगुलेशन

43. हाफ वेव रेक्टिफायर के लिए उपयुक्त नहीं है

(a) चोक इनपुट फिल्टर (b) कैपेसिटर इनपुट फिल्टर
(c) π-फिल्टर (d) इनमें से कोई नहीं

44. श्रेणी प्रेरक फिल्टर में प्रेरक, लोड के साथ किस प्रकार संयोजित होता है?

(a) श्रेणी-क्रम में (b) समान्तर क्रम में
(c) श्रेणी या समान्तर क्रम में (d) इनमें से कोई नहीं

45. निम्न में से कौन-से फिल्टर में त्रि-स्तरीय फिल्ट्रेशन क्रिया सम्पन्न होती है?

(a) चोक इनपुट *L-C* फिल्टर (b) पाई फिल्टर
(c) कैपेसिटर इनपुट फिल्टर (d) श्रेणी इण्डक्टर फिल्ट

46. ट्रांजिस्टर एक ………… प्रचालित युक्ति है।

(a) वोल्टता
(b) धारा
(c) 'a' और 'b' दोनों
(d) उपरोक्त में से कोई नहीं

47. ट्रांजिस्टर्स में कलैक्टर धारा नियन्त्रित की जाती है

(a) कलैक्टर वोल्टेज द्वारा (b) बेस धारा द्वारा
(c) कलैक्टर प्रतिरोध द्वारा (d) ये सभी

48. जिन ट्रांजिस्टर्स में विद्युत धारा चालन केवल एक प्रकार के आवेश वाहकों के द्वारा सम्पन्न होता है, वे ………… कहलाते हैं।

(a) पोलर ट्रांजिस्टर्स
(b) बाइपोलर ट्रांजिस्टर्स
(c) यूनीपोलर ट्रांजिस्टर्स
(d) उपरोक्त में से कोई नहीं

49. "इन ट्रांजिस्टर्स में विद्युत धारा चालन होल्स तथा मुक्त इलेक्ट्रॉन दोनों प्रकार के आवेश वाहकों के द्वारा सम्पन्न होता है।" यह कथन निम्न में से किस ट्रांजिस्टर से सम्बन्धित है?

(a) यूनीपोलर ट्रांजिस्टर
(b) बाइपोलर ट्रांजिस्टर
(c) 'a' और 'b' दोनों
(d) उपरोक्त में से कोई नहीं

50. निर्वात नलिका की तुलना में ट्रांजिस्टर का लाभ है

(a) इसमें ऊष्मा की आवश्यकता नहीं होती है
(b) इसका साइज कम तथा भार कम होता है
(c) पावर की खपत कम होती है
(d) उपरोक्त सभी

51. ट्रांजिस्टर में कलैक्टर की डोपिंग ………… होती है।

(a) बेस से अधिक व एमीटर से कम
(b) एमीटर से अधिक
(c) बेस से कम
(d) एमीटर के बराबर

52. ट्रांजिस्टर में निम्न में से कौन-सा क्षेत्र सबसे बड़ा होता है?

(a) कलैक्टर (b) बेस
(c) एमीटर (d) ये सभी

53. ट्रांजिस्टर में सबसे कम व सबसे अधिक डोपिंग क्रमशः होती है

(a) कलैक्टर तथा बेस में
(b) बेस तथा एमीटर में
(c) एमीटर तथा बेस में
(d) एमीटर तथा कलैक्टर में

54. ट्रांजिस्टर में ······ जंक्शन व ······ टर्मिनल होते हैं।

(a) 3, 2 (b) 2, 2 (c) 3, 3 (d) 2, 3

55. ट्रांजिस्टर के चिह्न में तीर का निशान ·········· की दिशा को दर्शाता है।

(a) एमीटर में इलेक्ट्रॉन करण्ट (b) एमीटर में होल करण्ट

(c) कलैक्टर में इलेक्ट्रॉन करण्ट (d) कलैक्टर में होल करण्ट

56. n-p-n ट्रांजिस्टर को p-n-p ट्रांजिस्टर की तुलना में वरीयता दी जाती है, इसका कारण है

(a) उच्च स्विचिंग गति

(b) पॉजिटिव सप्लाई प्रदान करना सरल होता है

(c) प्रचालन तापमान की बड़ी सीमा

(d) उपरोक्त में से कोई नहीं

57. बाइपोलर ट्रांजिस्टर के टर्मिनल हैं

(a) गेट (G), कलैक्टर (C) व सोर्स (S)

(b) सोर्स (S), कलैक्टर (C) व गेट (G)

(c) बेस (B), कलैक्टर (C) व एमीटर (E)

(d) ड्रेन (D), एमीटर (E) व बेस (B)

58. चित्र में किस प्रकार का ट्रांजिस्टर दर्शाया गया है?

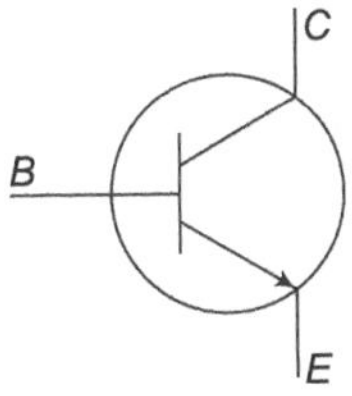

(a) *p-n-p* ट्रांजिस्टर (b) *n-p-n* ट्रांजिस्टर

(c) FET ट्रांजिस्टर (d) JFET ट्रांजिस्टर

59. निम्न में से p-n-p ट्रांजिस्टर के प्रतीक को पहचानिए

(a) 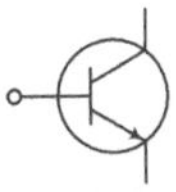

(b) 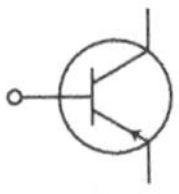

(c) 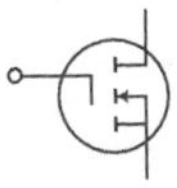

(d) 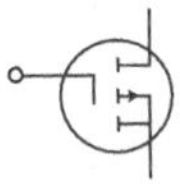

60. ट्रांजिस्टर की धारा रेटिंग निर्भर करती है

(a) ट्रांजिस्टर जंक्शनों के अनुप्रस्थ क्षेत्रफल पर

(b) मुक्त इलेक्ट्रॉनों की संख्या पर

(c) ट्रांजिस्टर की मानक वोल्टेज पर

(d) उपरोक्त सभी

61. किसी परिपथ में निम्न में से किस प्रकार से ट्रांजिस्टर को संयोजित किया जाता है?

(a) कॉमन-कलैक्टर (CC) (b) कॉमन-बेस (CB)

(c) कॉमन-एमीटर (CE) (d) ये सभी

62. CE मोड में ट्रांजिस्टर के इनपुट व आउटपुट के बीच फेज अन्तर होता है

(a) 0° (b) 90°

(c) 180° (d) 270°

63. जब ट्रांजिस्टर का तापमान बढ़ता है, तब बेस-एमीटर रेसिस्टेन्स

(a) बढ़ता है (b) घटता है

(c) में कोई परिवर्तन नहीं होता है (d) शून्य हो जाता है

64. निम्न में से किस अनुप्रयोग में ट्रांजिस्टर का उपयोग नहीं किया जाता है?

(a) एम्प्लीफायर में (b) दोलन में

(c) वोल्टेज मल्टीप्लायर में (d) ये सभी

65. एम्प्लीफायर का उपयोग ········ प्राप्त करने के लिए किया जाता है।

(a) वोल्टता, धारा या शक्ति में वृद्धि

(b) इनपुट सिग्नल में परिवर्तन

(c) सिग्नल के फ्रीक्वेंसी रेस्पोन्स में वृद्धि

(d) डिस्टॉर्शन रहित रेडियो सिग्नल

66. एम्प्लीफायर के गेन को dB में व्यक्त किया जाता है, क्योंकि

(a) यह एक साधारण यूनिट है

(b) गणना आसान होती है

(c) मनुष्य के कान का रेस्पोन्स लघुगणक होता है

(d) उपरोक्त में से कोई नहीं

67. एम्प्लीफायर में प्रयुक्त कपलिंग संधारित्र ·········· को रोकते हैं।

(a) ए.सी. (b) डी.सी.

(c) 'a' और 'b' दोनों (d) इनमें से कोई नहीं

68. इनमें से कौन-सा एम्प्लीफायर, पावर एम्प्लीफायरों के अन्तर्गत नहीं आता है?

(a) डायरेक्ट कपल्ड एम्प्लीफायर

(b) समान्तर एम्प्लीफायर

(c) पुश-पुल एम्प्लीफायर

(d) कॉम्प्लीमेण्ट्री सिमेट्री एम्प्लीफायर

69. निम्न में से कौन-सा आउटपुट सिग्नल श्रेणी 'C' एम्प्लीफायर है?

(a)

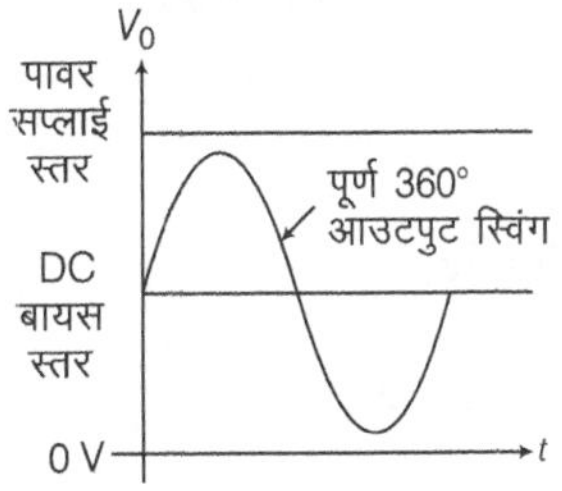

(b)

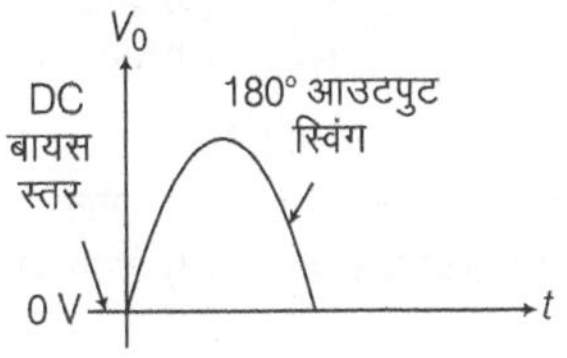

(c)

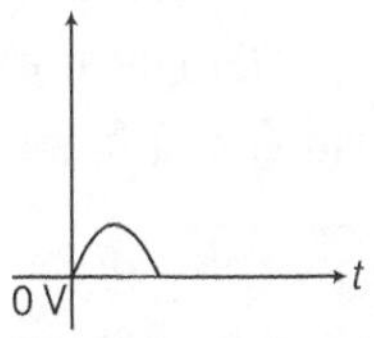

(d) उपरोक्त में से कोई नहीं

70. यूनीजंक्शन ट्रांजिस्टर में दो संयोजकों के बीच प्रतिरोध का मान ········· के बीच रखा जाता है।
(a) 5 kΩ से 10 kΩ (b) 10 kΩ से 20 kΩ
(c) 20 kΩ से 30 kΩ (d) इनमें से कोई नहीं

71. UJT का उपयोग ········· के रूप में किया जा सकता है।
(a) ऑसिलेटर (b) टाइमर
(c) निम्न आवृत्ति ऑसिलेटर (d) ये सभी

72. जब UJT का कलैक्टर टर्मिनल खुला (open) होता है, तब बेस टर्मिनल पर प्रतिरोध का मान होगा
(a) उच्च (b) निम्न
(c) शून्य (d) अनन्त

73. निम्न चित्र में किस पावर इलेक्ट्रॉनिक युक्ति के प्रतीक को दर्शाया गया है?

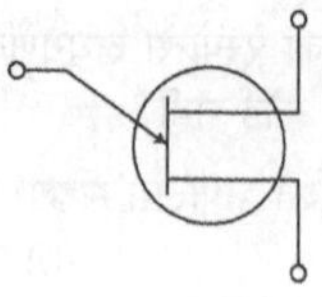

(a) SCR (b) MOSFET
(c) UJT (d) FET

74. निम्न में से किस युक्ति की आन्तरिक संरचना में चार पर्तें नहीं होती हैं?
(a) UJT (b) DIAC
(c) SCR (d) TRIAC

75. निम्न युक्तियों में से बेस-1 तथा बेस-2 किस युक्ति से सम्बन्धित हैं?
(a) UJT (b) DIAC
(c) SCR (d) TRIAC

76. UJT का एक अनुप्रयोग ············ है।
(a) फिल्टर सर्किट
(b) पावर एम्प्लीफायर
(c) रिलैक्सेशन ऑसिलेटर
(d) ज्यावक्रीय ऑसिलेटर

77. अच्छे SCR में एनोड तथा कैथोड के मध्य ············ प्रतिरोध होता है।
(a) शून्य (b) अनन्त
(c) कम (d) अधिक

78. SCR में संयोजक सिरे कहलाते हैं
(a) सोर्स, गेट तथा ड्रेन (b) एमीटर, बेस तथा कलैक्टर
(c) कैथोड, गेट तथा एनोड (d) इनमें से कोई नहीं

79. SCR का प्रयोग किया जा सकता है
(a) एम्प्लीफायर के रूप में (b) रेक्टिफायर के रूप में
(c) FET के रूप में (d) इनमें से कोई नहीं

80. SCR में जब अधिक गेट धारा दी जाती है, तब फॉरवर्ड ब्रेकओवर वोल्टेज
(a) कम हो जाती है
(b) अत्यधिक बढ़ जाती है
(c) अचानक से शून्य हो जाती है
(d) इस पर कोई प्रभाव नहीं पड़ता है

81. SCR में लोड के द्वारा करण्ट जो क्रान्तिक मान से नीचे है, वह ········· कहलाती है।
(a) गेट करण्ट
(b) फॉरवर्ड करण्ट
(c) होल्डिंग करण्ट
(d) लोड करण्ट

82. SCR का मुख्य अनुप्रयोग है
(a) मोटरों का गति नियन्त्रण
(b) वोल्टता प्रवर्धक नियन्त्रण
(c) फिल्टर सर्किट
(d) दोलित्र (ऑसिलेटर) सर्किट

83. SCR के बन्द होने का कारण है
(a) एनोड धारा का शून्य हो जाना
(b) गेट वोल्टेज का शून्य हो जाना
(c) गेट टर्मिनल रिवर्स बायस होना
(d) उपरोक्त सभी

84. इनमें से कौन-सा मल्टीवाइब्रेटर का एक प्रकार नहीं है?
(a) एस्टेबल (b) मोनोस्टेबल
(c) मल्टीस्टेबल (d) बाइस्टेबल

85. एस्टेबल मल्टीवाइब्रेटर को ········· मल्टीवाइब्रेटर भी कहा जाता है।
(a) बफर
(b) फ्लिप-फ्लॉप
(c) फ्री-रनिंग
(d) ड्यूल एस्टेबल

86. एस्टेबल मल्टीवाइब्रेटर इनमें से कौन-सा तरंग रूप उत्पन्न करता है?
(a) वर्गाकार
(b) त्रिभुजाकार
(c) ज्यावक्रीय
(d) सॉ-टूथ

87. चित्र में किस प्रकार का मल्टीवाइब्रेटर दर्शाया गया है?

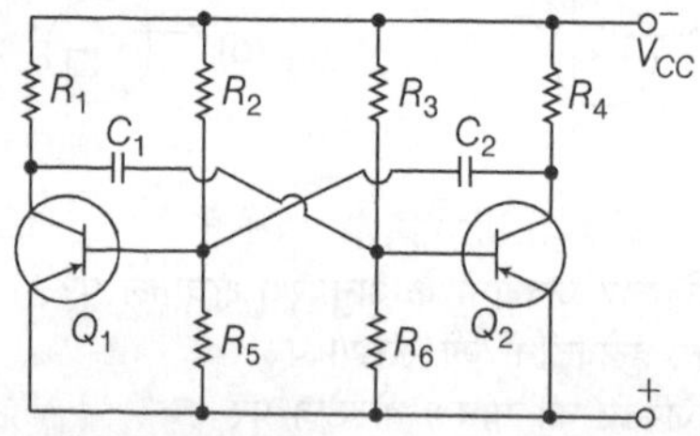

(a) फ्री-रनिंग मल्टीवाइब्रेटर
(b) मोनोस्टेबल मल्टीवाइब्रेटर
(c) बाइस्टेबल मल्टीवाइब्रेटर
(d) उपरोक्त में से कोई नहीं

88. मोनोस्टेबल मल्टीवाइब्रेटर को प्रचालन स्टेट में लाने के लिए ········· की आवश्यकता पड़ती है।
(a) क्रिस्टल
(b) ऋणात्मक फीडबैक
(c) ट्रांजिस्टर मैचिंग
(d) ट्रिगर पल्स

89. "बाइस्टेबल मल्टीवाइब्रेटर को फ्लिप-फ्लॉप भी कहा जाता है।" फ्लिप-फ्लॉप किस प्रकार की युक्ति होती है?
(a) ट्रिगरिंग युक्ति
(b) भण्डारण युक्ति
(c) काल नियामक अथवा टाइमर युक्ति
(d) उपरोक्त में से कोई नहीं

90. निम्न में से कौन-सा परिपथ टाइमिंग के लिए प्रयोग किया जाता है?
(a) मोनोस्टेबल मल्टीवाइब्रेटर (b) एस्टेबल मल्टीवाइब्रेटर
(c) बाइस्टेबल मल्टीवाइब्रेटर (d) इनमें से कोई नहीं

91. फोटो डायोड में डार्क धारा का मान कितना होता है?
(a) अधिक (b) 5 A
(c) 1 A (d) लगभग शून्य

92. फोटो डायोड एवं फोटो ट्रांजिस्टर्स निम्न में से किस युक्ति के रूप में कार्य करते हैं?
(a) कण्ट्रोलिंग युक्ति (b) स्विचिंग युक्ति
(c) सेन्सर युक्ति (d) ये सभी

93. फोटो डायोड कार्य करता है
(a) रिवर्स बायस पर
(b) फॉरवर्ड बायस पर
(c) सेचुरेशन रीजन मेंम
(d) कट-ऑफ रीजन में

94. फोटो ट्रांजिस्टर की कलैक्टर धारा प्रकाश तीव्रता के ………… होती है।
(a) विलोमानुपाती
(b) समानुपाती
(c) समान
(d) उपरोक्त में से कोई नहीं

95. फोटो ट्रांजिस्टर का उपयोग किया जाता है
(a) विद्युत चुम्बक रिले को नियन्त्रित करने के लिए
(b) SCR के चालन को नियन्त्रित करने के लिए
(c) 'a' और 'b' दोनों
(d) उपरोक्त में से कोई नहीं

उत्तरमाला

1. (b)	**2.** (c)	**3.** (b)	**4.** (a)	**5.** (d)	**6.** (a)	**7.** (d)	**8.** (c)	**9.** (c)	**10.** (b)
11. (c)	**12.** (a)	**13.** (c)	**14.** (b)	**15.** (b)	**16.** (a)	**17.** (c)	**18.** (c)	**19.** (a)	**20.** (d)
21. (d)	**22.** (c)	**23.** (c)	**24.** (c)	**25.** (c)	**26.** (b)	**27.** (c)	**28.** (a)	**29.** (d)	**30.** (a)
31. (a)	**32.** (a)	**33.** (a)	**34.** (b)	**35.** (c)	**36.** (c)	**37.** (b)	**38.** (b)	**39.** (d)	**40.** (b)
41. (c)	**42.** (b)	**43.** (a)	**44.** (a)	**45.** (b)	**46.** (c)	**47.** (b)	**48.** (c)	**49.** (b)	**50.** (d)
51. (a)	**52.** (a)	**53.** (b)	**54.** (d)	**55.** (b)	**56.** (c)	**57.** (c)	**58.** (b)	**59.** (b)	**60.** (a)
61. (d)	**62.** (c)	**63.** (b)	**64.** (c)	**65.** (a)	**66.** (c)	**67.** (b)	**68.** (a)	**69.** (c)	**70.** (a)
71. (d)	**72.** (a)	**73.** (c)	**74.** (a)	**75.** (a)	**76.** (c)	**77.** (b)	**78.** (c)	**79.** (b)	**80.** (a)
81. (a)	**82.** (a)	**83.** (a)	**84.** (c)	**85.** (c)	**86.** (a)	**87.** (a)	**88.** (d)	**89.** (b)	**90.** (a)
91. (d)	**92.** (b)	**93.** (a)	**94.** (b)	**95.** (c)					

अध्याय 09

वैल्डिंग
Welding

परिचय Introduction

प्राचीनकाल से ही विभिन्न उपयोगी वस्तुओं के निर्माण में धातु खण्डों को आपस में जोड़ने की आवश्यकता रही है। प्रारम्भ में कुछ धातुओं को पिघलने की स्थिति तक गर्म करके हथौड़े के प्रैशर से जोड़ा जाता था; जैसे—चेन (chain), कड़ा (rings) आदि, परन्तु बाद में कई अन्य प्रक्रमों का आविष्कार हुआ जिनमें से वैल्डिंग एक महत्त्वपूर्ण प्रक्रम है। धातुओं को जोड़ने वाले अन्य प्रक्रमों; जैसे—रिवेटिंग, सोल्डरिंग, ब्रेजिंग तथा बोल्ट द्वारा अस्थायी जोड़ प्राप्त होते हैं जबकि वैल्डिंग द्वारा स्थायी जोड़ प्राप्त होते हैं। रिवेट का शीर्ष काटकर, सोल्डरिंग व ब्रेजिंग पर अधिक ताप प्रदान करके तथा बोल्ट से नट व सीम से हुक खोलकर अस्थायी जोड़ों को अलग किया जा सकता है जबकि वैल्डिंग किए गए जोड़ों को अलग नहीं किया जा सकता, क्योंकि जोड़ने वाले किनारों को एक साथ तापन एवं संगलन (heating and fusing) द्वारा समांगी (homogeneous) बनाया जाता है। प्रस्तुत अध्याय में वैल्डिंग सम्बन्धी प्रक्रमों के अध्ययन हेतु पाठ्य-सामग्री को एकीकृत किया गया है।

अध्याय विषय सूची

9.1 वैल्डिंग Welding

वैल्डिंग, दो समान अथवा असमान धातुओं को एक निश्चित तापमान के अन्तर्गत गर्म करके दाब अथवा बिना दाब की सहायता से और पूरक पदार्थ (filler material) अथवा बिना पूरक पदार्थ की सहायता से स्थायी रूप में जोड़ने का प्रक्रम है। वैल्डिंग के अन्तर्गत मुख्यत: धातु अथवा थर्मोप्लास्टिक (thermoplastic) के कार्यखण्डों को ऊष्मा की सहायता से जोड़ा जाता है। वैल्डिंग में मुख्यत: कार्यखण्डों को पिघलाकर और इसमें पूरक पदार्थ को मिलाकर परस्पर जोड़ बनाया जाता है। कभी-कभी वैल्डिंग करते समय ऊष्मा के साथ-साथ दाब की भी आवश्यकता पड़ती है। वैल्डिंग के द्वारा कार्यखण्ड के सामर्थ्य के समान ही जोड़ का निर्माण होता है।

वैल्डिंग के उपयोग Uses of Welding

वर्तमान में वैल्डिंग का उपयोग लगभग सभी स्थानों पर होता है। वैल्डिंग के मुख्य उपयोग निम्नलिखित हैं

(i) इमारत व घर निर्माण कार्यों में।
(ii) हवाई जहाज बनाने वाले कारखानों में।
(iii) कार, मोटर-साइकिल, साइकिल, बस आदि बनाने में।
(iv) बड़ी व छोटी मशीनों के पार्ट्स बनाने में।
(v) पुल व बाँधों के ढाँचों को बनाने के लिए।
(vi) मशीनों की मरम्मत करने के लिए।

वैल्डिंग के लाभ Advantages of Welding

(i) वैल्डिंग प्रक्रिया द्वारा बना जोड़ एक स्थायी जोड़ है जोकि अन्य विधियों द्वारा बनाए गए जोड़ से अधिक मजबूत होता है।
(ii) वैल्डिंग द्वारा कम समय में जोड़ बन जाता है तथा इस प्रक्रिया द्वारा जोड़ बनाने में लागत भी कम आती है।
(iii) वैल्डिंग द्वारा बना जोड़ उच्च तापमान व दाब सहन कर सकता है।
(iv) वैल्डिंग द्वारा बने जोड़ की गुणवत्ता उच्च कोटि की होती है तथा इसका भार भी कम होता है।
(v) वैल्डिंग द्वारा जोड़ बनाने में फिलर धातु कम लगती है।
(vi) वैल्डिंग में जोड़ का रंग परिवर्तित नहीं होता है।

वैल्डिंग की हानियाँ Disadvantages of Welding

(i) वैल्डिंग जोड़ बनाने में उच्च तापक्रम की आवश्यकता होती है जिससे धातुओं के गुण प्रभावित होते हैं।
(ii) वैल्डिंग प्रक्रम द्वारा जोड़ बनाने के दौरान विभिन्न प्रकार की विषैली गैसें तथा धुआँ उत्पन्न होता है जो स्वास्थ्य के लिए हानिकारक होता है।
(iii) वैल्डिंग प्रक्रम के दौरान उत्पन्न चिंगारी आँखों के लिए हानिकारक होती है।

9.2 वैल्डिंग प्रक्रमों का वर्गीकरण Classification of Welding Processes

वैल्डिंग प्रक्रमों को निम्न आधारों पर वर्गीकृत किया जाता है

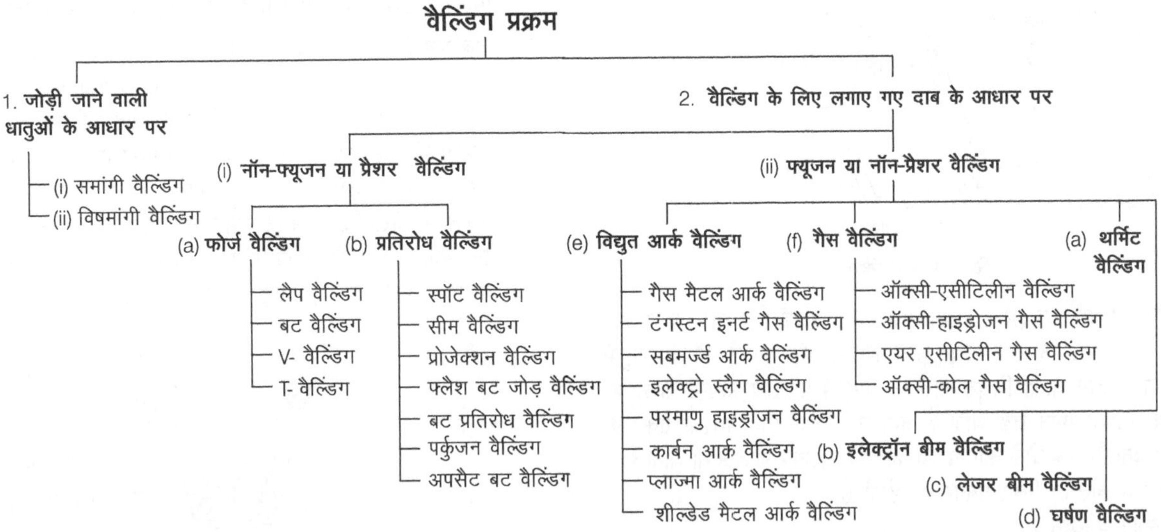

1. जोड़ी जाने वाली धातुओं के आधार पर On the Basis of Metals to be Weld

जोड़ी जाने वाली धातुओं के आधार पर वैल्डिंग को निम्न दो भागों में बाँटा गया है

(i) समांगी वैल्डिंग Homogeneous Welding

जब वैल्डिंग द्वारा समान धातु के दो भागों को उसी धातु की फिलर रॉड की सहायता से अथवा इसके बिना जोड़ा जाता है तो उसे समांगी वैल्डिंग कहते हैं; जैसे—माइल्ड स्टील के भाग को माइल्ड स्टील द्वारा वैल्ड करना। फोर्ज वैल्डिंग, आर्क वैल्डिंग, गैस वैल्डिंग आदि प्रक्रियाएँ इसके अन्तर्गत आती हैं।

(ii) विषमांगी वैल्डिंग Heterogeneous Welding

जब अलग-अलग धातु के भागों को फिलर रॉड की सहायता से अथवा इसके बिना जोड़ा जाता है तो उसे विषमांगी वैल्डिंग कहते हैं। इसमें फिलर धातु की रॉड का गलनांक जोड़े जाने वाली धातु के भागों से कम रहता है। इसके द्वारा ताँबा व पीतल तथा माइल्ड स्टील व कास्ट आयरन को अधिकता से जोड़ा जाता है। सोल्डरिंग (soldering), ब्रेजिंग (brazing) आदि प्रक्रियाएँ विषमांगी वैल्डिंग के अन्तर्गत की जाती हैं।

2. वैल्डिंग के लिए लगाए गए दाब के आधार पर On the Basis of the Pressure Applied for Welding

वैल्डिंग के लिए लगाए गए दाब के आधार पर वैल्डिंग को दो भागों में बाँटा गया है

(i) नॉन-फ्यूजन या प्रैशर वैल्डिंग Non-Fusion or Pressure Welding

इस प्रक्रिया में दो विभिन्न धातुओं को प्लास्टिक अवस्था तक गर्म करके दोनों धातुओं की सतहों पर दबाव डालकर जोड़ बनाया जाता है। इस प्रक्रिया में धातुओं को गर्म करने के लिए विद्युत आर्क, ऑक्सी-हाइड्रोजन फ्लेम, ऑक्सी-एसीटिलीन तथा ब्लैकस्मिथ फायर का प्रयोग किया जाता है।

निम्न चित्र में प्रेशर वैल्डिंग को दर्शाया गया है।

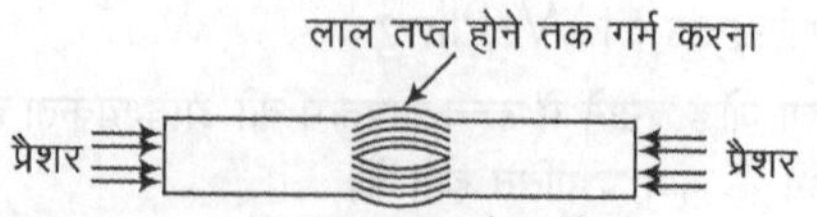

चित्र नॉन-फ्यूजन या प्रेशर वैल्डिंग

यह वैल्डिंग निम्न दो प्रकार से की जाती है

(a) **फोर्ज वैल्डिंग** (Forge welding) फोर्ज वैल्डिंग धातुओं को जोड़ने की सबसे पुरानी विधि है। इस प्रक्रिया में धातु के कार्यखण्डों को भट्ठी (furnace) में गर्म किया जाता है। धातु के जिस भाग को जोड़ना होता है, उसे गर्म करके प्लास्टिक अवस्था तक लाया जाता है, उसके बाद दोनों भागों को आपस में जोड़कर हथौड़े या उच्च दाब के द्वारा एक स्थायी जोड़ बनाया जाता है। फोर्ज वैल्डिंग द्वारा V-जोड़, T-जोड़ किनारा जोड़, लैप जोड़, बट जोड़ आदि बनाए जाते हैं।

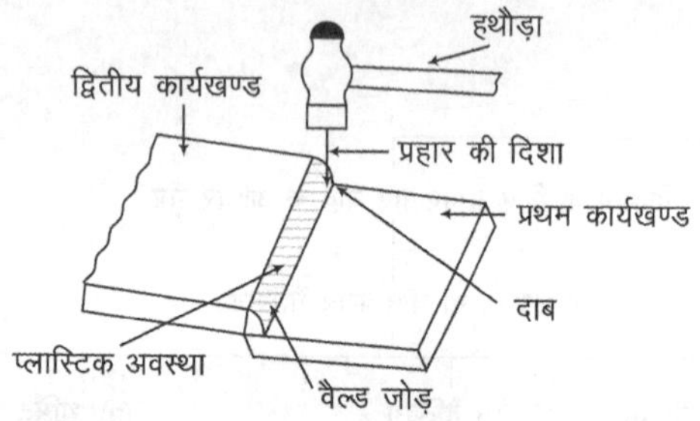

चित्र फोर्ज वैल्डिंग

(b) **प्रतिरोध वैल्डिंग** (Resistance welding) प्रतिरोध वैल्डिंग में धातु के कार्यखण्डों के मध्य विद्युत धारा प्रवाहित की जाती है। किसी धातु में प्रवाहित होने वाली विद्युत धारा के मार्ग में प्रतिरोध उत्पन्न करने पर धातु का तापमान बढ़ जाता है तथा उसे प्लास्टिक अवस्था तक गर्म कर देता है। अब दोनों कार्यखण्डों को दाब डालकर जोड़ दिया जाता है।
प्रतिरोध वैल्डिंग निम्न प्रकार की होती है

- स्पॉट वैल्डिंग
- सीम वैल्डिंग
- प्रोजेक्शन वैल्डिंग
- फ्लैश बट जोड़ वैल्डिंग
- बट प्रतिरोध वैल्डिंग
- पर्कुजन वैल्डिंग
- अपसैट बट वैल्डिंग

इस वैल्डिंग का प्रयोग गैसरोधी, जलरोधी, वायुरोधी तथा वाष्परोधी जोड़ बनाने में किया जाता है।

(ii) फ्यूजन या नॉन-प्रेशर वैल्डिंग
Fusion or Non-Pressure Welding

इस विधि में जोड़ी जाने वाली सतहों को एकसाथ रखकर ऊष्मा की सहायता से पिघलने तक गर्म किया जाता है। ये पिघली हुई धातुएँ आपस में मिलकर मिश्रण बनाती हैं जो बाद में ठण्डा होकर एक मजबूत जोड़ बनता है। इस विधि में जोड़ बनाने के लिए दाब की आवश्यकता नहीं होती है। इस विधि में धातुओं को गर्म करने के लिए विद्युत या ऑक्सी-एसीटिलीन का प्रयोग किया जाता है।

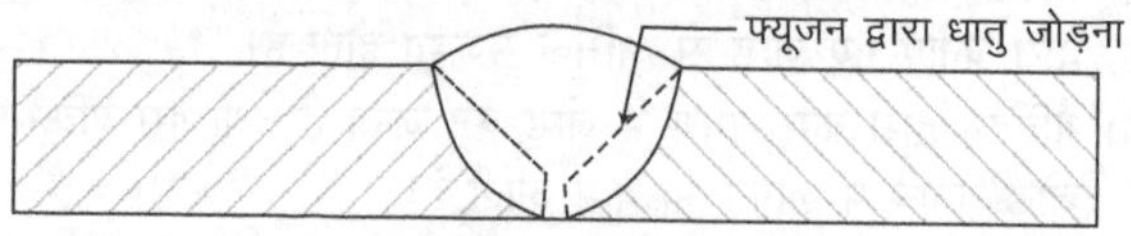

चित्र फ्यूजन वैल्डिंग

यह वैल्डिंग निम्न प्रकार की होती है

(a) थर्मिट वैल्डिंग
(b) इलेक्ट्रॉन बीम वैल्डिंग
(c) लेजर बीम वैल्डिंग
(d) घर्षण वैल्डिंग
(e) गैस वैल्डिंग
(f) विद्युत आर्क वैल्डिंग

(a) **थर्मिट वैल्डिंग** (Thermit welding) इस प्रकार की वैल्डिंग में मैटल ऑक्साइड (metal oxide) तथा एल्युमीनियम पाउडर अवस्था में प्रयोग किए जाते हैं। इसके लिए आयरन ऑक्साइड (iron oxide) के 10 भाग तथा एल्युमीनियम पाउडर के 3 भागों को मिलाकर एक मिश्रण तैयार किया जाता है, जिसे थर्मिट पाउडर कहते हैं। जब इस मिश्रण को बेरियम परॉक्साइड (barium peroxide) के द्वारा एक चैम्बर में जलाया जाता है तो रासायनिक अभिक्रिया के फलस्वरूप इससे ऊष्मा प्राप्त होती है। यह प्रक्रिया 1550°C पर प्रारम्भ होती है तथा ऊष्मा के कारण इसका तापमान 3000°C तक पहुँच जाता है जिससे आयरन पिघलकर मोल्ड में जाकर वैल्ड जोड़ बनाता है, जैसा कि निम्न चित्र में दर्शाया गया है। इस क्रिया का प्रयोग रेल की पटरी, लोकोमोटिव इंजन (locomotive engine), भारी मशीनरी आदि के बड़े जोड़ बनाने में किया जाता है।

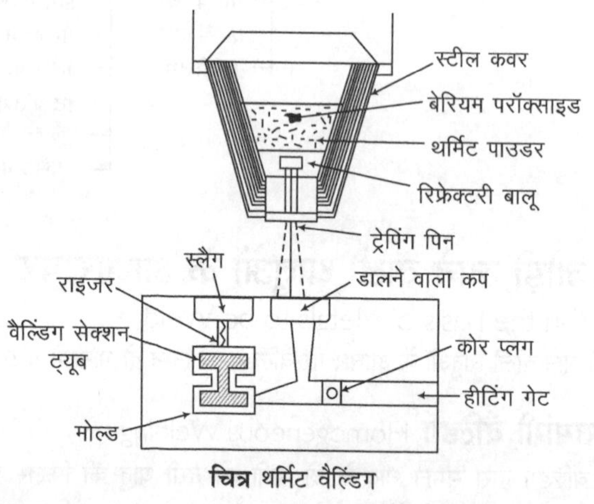

चित्र थर्मिट वैल्डिंग

(b) **इलेक्ट्रॉन बीम वैल्डिंग** (Electron beam welding) इस विधि में ऊष्मा को, इलेक्ट्रॉन्स की ऊर्जा वाली किरण या बीम को फोकस करके वैल्ड के स्थान से टकराकर उत्पन्न किया जाता है। इस विधि में इलेक्ट्रॉन की गतिज ऊर्जा को तापीय ऊर्जा में बदला जाता है। पहले इलेक्ट्रॉन्स की गति 30000 से 120000 किमी/सेकण्ड तक कार्य के अनुसार रहती है। इससे ऊर्जा कई लाख डिग्री तापमान तक पहुँच जाती है। जब इलेक्ट्रॉन्स वैल्ड स्थान से टकराते हैं, तब इनकी गति कम हो जाती है। इस विधि द्वारा टंगस्टन, मॉलिब्डेनम, कैडमियम तथा टाइटेनियम जैसी धातुओं को जोड़ा जाता है।

(c) **लेजर बीम वैल्डिंग** (Laser beam welding) इस विधि में बाल से भी पतले व्यास के स्पॉट पर लेजर बीम केन्द्रित करके धातु को पिघलाया जाता है। यह बीम 1 वर्ग सेमी में कई लाख वाट की शक्ति उत्पन्न करने की क्षमता रखती है। इस विधि द्वारा तारों का इन्सुलेशन खराब किए बिना वैल्डिंग की जा सकती है।

(d) **घर्षण वैल्डिंग** (Friction welding) घर्षणयुक्त दो वस्तुओं के मध्य, दोनों सतहों के बलपूर्वक आपस में घर्षण करने से उत्पन्न ऊष्मा के द्वारा, प्लास्टिक अवस्था पर लाकर दाब के साथ एक-दूसरे के विरुद्ध जोड़ना घर्षण वैल्डिंग कहलाता है। इस विधि का प्रयोग मुख्य रूप से गोल छड़ों के बड़े भागों तथा अत्यधिक भारी ट्यूब व पाइपों की बट वैल्डिंग करने में किया जाता है।

9.3 विद्युत आर्क वैल्डिंग
Electric Arc Welding

फ्लक्स कोटेड इलेक्ट्रॉड का प्रयोग करते हुए की जाने वाली वैल्डिंग को विद्युत आर्क वैल्डिंग (electric arc welding) कहते हैं। इसमें धातु को पिघलाने के लिए आवश्यक ऊष्मा विद्युत आर्क से प्राप्त होती है। यह आर्क इलेक्ट्रॉड तथा जॉब को विद्युत धारा प्रदान करके प्राप्त की जाती है।

इस आर्क से जॉब की धातु पिघलकर एक वैल्ड पूल बनाती है। इसी वैल्ड पूल में इलेक्ट्रॉड की धातु भी पिघलकर मिल जाती है। इस प्रकार पिघली अवस्था में आधार धातु (base metal) तथा फिलर धातु (filler metal) आपस में मिलकर वैल्ड धातु (weld metal) बनाती है। यह वैल्ड धातु ठण्डी होकर एक पक्का तथा स्थायी जोड़ बनाती है।

विद्युत आर्क वैल्डिंग में आवश्यक धारा को ए.सी. या डी.सी. वैल्डिंग मशीन के द्वारा प्राप्त किया जाता है। जब इलेक्ट्रॉड को जॉब के अति निकट लाया जाता है, तो उनके मध्य उपस्थित हवा का स्तम्भ (column) आयनित (ionised) हो जाता है।

इसके कारण इलेक्ट्रॉन इस स्तम्भ से गुजरने लगते हैं तथा आर्क का स्वरूप ले लेते हैं। इस आर्क के प्रतिरोध के कारण ऊष्मा उत्पन्न होती है। इस ऊष्मा का अधिकतर ताप जॉब को पिघलाता है तथा शेष ताप इलेक्ट्रॉड को पिघलाने का कार्य करता है।

निम्न चित्र में विद्युत आर्क वैल्डिंग को दर्शाया गया है।

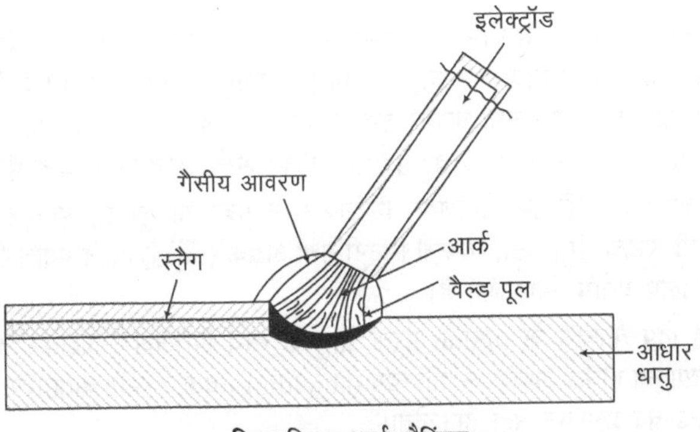

चित्र विद्युत आर्क वैल्डिंग

विद्युत आर्क वैल्डिंग के लाभ
Advantages of Electric Arc Welding

(i) अन्य वैल्डिंग प्रक्रियाओं की अपेक्षा यह विधि सस्ती है।
(ii) यह विधि छोटे-छोटे कार्यों के लिए अधिक उपयोगी है।
(iii) इसमें ए.सी. तथा डी.सी. दोनों प्रकार की वैल्डिंग मशीनें प्रयोग की जा सकती हैं।
(iv) इसमें धारा को कम या अधिक करके हल्के व भारी सभी प्रकार के वैल्डिंग कार्य किए जा सकते हैं।
(v) वैल्डर तथा इसके उपयोगी सामान आसानी से उपलब्ध हैं।

विद्युत आर्क वैल्डिंग को सर्वाधिक प्रयोग किए जाने के कारण Reasons for Maximum Use of Electric Arc Welding

निम्न कारणों से विद्युत आर्क वैल्डिंग तथा विशेष तौर पर मैनुअल आर्क वैल्डिंग अधिक प्रयोग की जाती है

1. इस प्रक्रम के द्वारा हल्के-से-हल्के तथा भारी-से-भारी काफी बड़ी रेंज (wide-range) के कार्यखण्डों को भी वैल्ड किया जा सकता है।
2. आर्क द्वारा बनी ज्वाला का तापमान अन्य प्रकार से बनी ज्वालाओं के तापमान से अधिक होता है।
3. आर्क वैल्डिंग के द्वारा वैल्डिंग करने में कम समय व्यय होता है।
4. वर्तमान में वैल्डिंग के लिए अनेक प्रकार के वैल्डिंग इलेक्ट्रॉड उपलब्ध हैं जिनका प्रयोग करके लगभग प्रत्येक प्रकार की धातु को वैल्ड किया जा सकता है।
5. विद्युत (electricity) आसानी से सभी जगह उपलब्ध है, इसलिए आर्क वैल्डिंग करना सरल होता है।
6. विशेष सावधानी अपनाने पर आर्क वैल्डिंग द्वारा बनी बीड (bead) में कम दोष होते हैं।

आर्क वैल्डिंग करते समय सुरक्षा एवं सावधानियाँ
Safety and Precautions While Arc Welding

1. वैल्डिंग करने के दौरान उचित दस्तानों तथा कपड़ों का उपयोग करना चाहिए।
2. वैल्डिंग करते समय उत्पन्न होने वाली चिंगारी की रोशनी से आँखों को बचाने के लिए हैण्ड स्क्रीन तथा हैलमेट का प्रयोग करना चाहिए।
3. वैल्डिंग करने के लिए उचित इलैक्ट्रॉड का प्रयोग करना चाहिए।
4. वैल्डिंग के लिए प्रयुक्त इलैक्ट्रॉड तथा वैल्ड की जाने वाली धातु के मध्य अन्तर 3 मिमी से अधिक नहीं होना चाहिए।
5. वैल्डिंग के पश्चात् छोटे जॉब को उठाने के लिए संडासी का प्रयोग करना चाहिए।
6. वैल्डिंग कार्यशाला का फर्श, ग्रीस तथा तेल से मुक्त होना चाहिए।
7. वैल्डिंग में प्रयुक्त किए जाने वाले ट्रांसफॉर्मर की केबल कटी नहीं होनी चाहिए।

8. वैल्डिंग में प्रयोग होने वाले ट्रांसफॉर्मर में अधिक लम्बी लीड का उपयोग नहीं करना चाहिए।
9. समय-समय पर ट्रांसफॉर्मर के तेल के स्तर को चैक करते रहना चाहिए।
10. वैल्डिंग के पश्चात् विद्युत स्विच को बन्द कर देना चाहिए।

विद्युत आर्क वैल्डिंग के प्रकार
Types of Electric Arc Welding

विद्युत आर्क वैल्डिंग निम्न प्रकार की होती है

1. गैस मैटल आर्क वैल्डिंग
Gas Metal Arc Welding (GMAW)

इस वैल्डिंग प्रक्रिया में कार्यखण्ड और धातु इलेक्ट्रॉड के मध्य आर्क बनाई जाती है। इस आर्क के द्वारा उत्पन्न ऊष्मा, कार्यखण्ड की वैल्डिंग वाली सतह तथा इलेक्ट्रॉड, दोनों को पिघलाकर एक समांगी (homogeneous) मिश्रण बनाती है। इस प्रक्रिया में इलेक्ट्रॉड पर कोई फ्लक्स नहीं होता है।

गैस मैटल आर्क वैल्डिंग में इनर्ट गैस के रूप में ऑर्गन या हीलियम या दोनों गैसों का मिश्रण प्रयोग किया जाता है जबकि एक्टिव गैस के रूप में कार्बन डाइ-ऑक्साइड (CO_2) गैस प्रयोग की जाती है।

इस विधि का प्रयोग स्वचालित मशीनों द्वारा उत्पादन बढ़ाने तथा उच्च गुणवत्ता वाले उत्पाद प्राप्त करने हेतु किया जाता है।

2. टंगस्टन इनर्ट गैस वैल्डिंग
Tungsten Inert Gas (TIG) Welding

इसे **गैस टंगस्टन आर्क वैल्डिंग** (Gas Tungsten Arc Welding, GTAW) के नाम से भी जाना जाता है। इसमें प्रयुक्त नॉन-कंज्यूमेबल इलेक्ट्रॉड (non-consumable electrode), टंगस्टन धातु का होता है जो एक विशेष इलेक्ट्रॉड होल्डर में लगा होता है।

इसी इलेक्ट्रॉड होल्डर से एक इनर्ट गैस प्रवाहित होती है जो इलेक्ट्रॉड तथा वैल्ड धातु को सुरक्षात्मक आवरण प्रदान करती है। इस विधि में फ्लक्स के स्थान पर इनर्ट गैस द्वारा शील्डिंग की जाती है। इनर्ट गैस के रूप में ऑर्गन (argon) तथा हीलियम (helium) गैसों का उपयोग किया जाता है।

3. सबमर्ज्ड आर्क वैल्डिंग Submerged Arc Welding

सबमर्ज्ड शब्द का अर्थ है 'डूबा हुआ' अर्थात् सबमर्ज्ड आर्क वैल्डिंग में आर्क पूरी तरह से वैल्डिंग के फ्लक्स में डूबी रहती है। इस विधि में आर्क, कॉपर कोटेड इलेक्ट्रॉड और बेस मैटल (आधार धातु) के मध्य में बनायी जाती है। आर्क बनने से इलेक्ट्रॉड और बेस मैटल पिघलते हैं तथा साथ ही कुछ फ्लक्स भी पिघलकर वैल्ड बीड के ऊपर एक सुरक्षात्मक आवरण बना लेता है।

4. इलेक्ट्रो स्लैग वैल्डिंग Electro Slag Welding

इलेक्ट्रो स्लैग वैल्डिंग प्रक्रिया, सबमर्ज्ड आर्क वैल्डिंग का ही विकसित रूप है जिसके द्वारा मोटी प्लेटों की सिंगल पास (single pass) में वैल्डिंग की जाती है।

इसके द्वारा 25 मिमी या अधिक मोटी प्लेटों की वैल्डिंग, बिना किसी मल्टीपल पास (multiple pass) एवं बिना किनारे तैयार किए; जैसे—बेवेल जोड़, 'V' जोड़, 'J' जोड़ तथा 'U' जोड़ आदि की जाती है।

5. परमाणु हाइड्रोजन वैल्डिंग
Atomic Hydrogen Welding

इस विधि में फ्यूजन के लिए आवश्यक ऊष्मा दो टंगस्टन के इलेक्ट्रॉडों के मध्य आर्क बनाकर पैदा की जाती है। कार्यखण्ड को ऊष्मा, आर्क तथा परमाणु हाइड्रोजन के टकराने से मिलती है। यह हाइड्रोजन गैस ही वैल्ड मैटल को सुरक्षा कवच प्रदान करती है। वैल्डिंग के लिए फिलर रॉड भी आवश्यकतानुसार प्रकयोग की जा सकती है।

6. कार्बन आर्क वैल्डिंग
Carbon Arc Welding

इस वैल्डिंग विधि में आर्क, एक कार्बन इलेक्ट्रॉड तथा जोड़ी जाने वाली धातु के बीच या दो कार्बन इलेक्ट्रॉड्स के बीच स्थापित की जाती है। आर्क की लम्बाई साधारणतः 12 से 50 मिमी तक रखी जाती है। यह लम्बाई अधिकतम सम्भव सीमा तक रखी जानी चाहिए जिससे कि आर्क टूटे नहीं। आर्क, जोड़ पर धातु को पिघलाती है। आवश्यकतानुसार इसके साथ पूरक धातु छड़ (filler metal rod) को भी पिघलाकर जोड़ पर भरा जाता है। कार्बन आर्क वैल्डिंग का उपयोग चादर-इस्पात, ताँबा, पीतल, काँसा (bronze) तथा एल्युमीनियम आदि वैल्ड करने में किया जाता है।

7. प्लाज्मा आर्क वैल्डिंग
Plasma Arc Welding

किसी इलेक्ट्रिक आर्क से जब कोई गैस गुजारी जाती है, तो यह अपने आयनों में टूट जाती है और स्वतन्त्र रूप से इलेक्ट्रॉनों को छोड़ती है। इस प्रकार प्राप्त इलेक्ट्रॉन, गैस के आयनों और गैस के परमाणुओं के मिश्रण को ही प्लाज्मा कहते हैं।

प्लाज्मा आर्क वैल्डिंग में इलेक्ट्रॉन आयन तथा उत्तेजित अणुओं का मिश्रण होता है जिसके कारण आयनीकरण (ionisation) की डिग्री 1% से 100% तक हो जाती है।

इस वैल्डिंग में जेट टॉर्च का तापमान 50000° F होता है। इस उच्च तापमान के कारण ही प्लाज्मा जेट की ऊर्जा तथा शक्ति भी उच्च होती है। प्लाज्मा आर्क वैल्डिंग का कार्यकारी तापमान 20000°C से 30000°C तक होता है।

8. शील्डेड मैटल आर्क वैल्डिंग
Shielded Metal Arc Welding (SMAW)

शील्डेड मैटल आर्क वैल्डिंग के अन्तर्गत परिरक्षण माध्यम का प्रयोग किया जाता है। यह शील्डिंग आर्क तथा पिघली धातु की किसी निष्क्रिय गैस (सामान्यतः ऑर्गन तथा कार्बन डाइ-ऑक्साइड) द्वारा या पूरक धातु छड़ (filler metal rod) पर उचित पदार्थों का लेप करके प्राप्त किया जाता है।

साधारणतः सोडियम पोटैशियम सिलिकेट, लकड़ी का बुरादा, सेल्युलोज, चीनी, स्टार्च, सिलिका, चिकनी मिट्टी तथा अभ्रक (mica) आदि पदार्थ लेप के लिए प्रयोग किए जाते हैं।

यह लेप वैल्डिंग के अन्तर्गत पूरक धातु के साथ पिघलकर, जलकर तथा वाष्पीकृत होकर आवश्यक शील्डिंग (shielding) देता है और वातावरण से वैल्ड को प्रभावित नहीं होने देता।

विद्युत आर्क वैल्डिंग सम्बन्धी उपकरण, औजार एवं उपसाधन Equipments, Tools and Accessories Related to Electric Arc Welding

आर्क वैल्डिंग में विभिन्न प्रकार के उपकरणों, हस्त औजारों तथा उपसाधनों का उपयोग किया जाता है। आर्क वैल्डिंग में प्रयुक्त किए जाने वाले मुख्य उपकरण, औजार एवं उपसाधन निम्न हैं

1. वैल्डिंग बूथ Welding Booth

वैल्डिंग का कार्य जोखिम भरा तथा हानिकारक रोशनी उत्पन्न करने वाला होता है। वैल्डर तो हेलमेट, हैण्ड शील्ड तथा एप्रन आदि पहनकर सुरक्षित हो जाता है, परन्तु अन्य मशीनों पर कार्यरत् कार्मिकों के लिए यह सम्भव नहीं है।

अत: वैल्डिंग कार्य के लिए आवश्यकतानुसार अलग कक्ष का निर्माण किया जाता है जिसे वैल्डिंग बूथ कहते हैं। इसकी दीवारें काले रंग की होती हैं जिससे प्रकाश का परावर्तन (reflection of light) न हो। ऐसा ही एक बूथ निम्न चित्र में दिखाया गया है। इसमें वैल्डिंग टेबिल तथा अन्य वैल्डिंग उपकरण रखे रहते हैं।

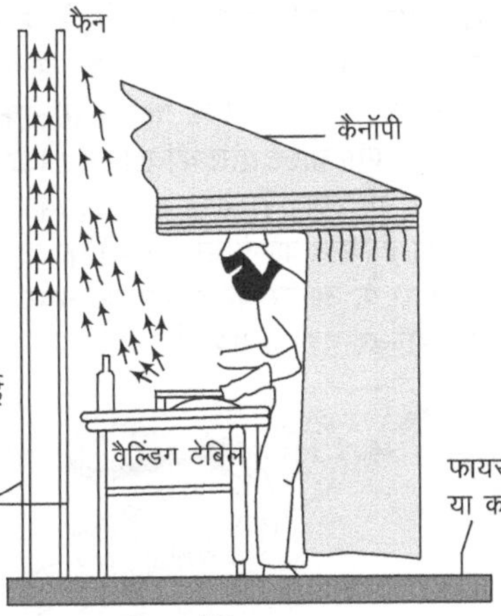

चित्र वैल्डिंग बूथ

2. वैल्ड गेज Weld Gauge

वैल्डिंग में वैल्ड की जाने वाली धातुओं के आधार पर फिलर मैटल अवतल या उत्तल (concave or convex) बीड देती है। बीड की गुणवत्ता को जाँचने के लिए कुछ निश्चित मापदण्ड बनाने की आवश्यकता होती है।

वैल्ड गेज किसी वैल्ड बीड की अवतलता या उत्तलता की माप कर यह बताते हैं कि बीड किस गुणवत्ता की है। इसमें भिन्न-भिन्न साइज और शेप की गेजें एक गुच्छे में पिरोई होती हैं। इनके द्वारा बट वैल्डिंग तथा फिलेट आदि सभी प्रकार की वैल्डिंग को मापा जा सकता है।

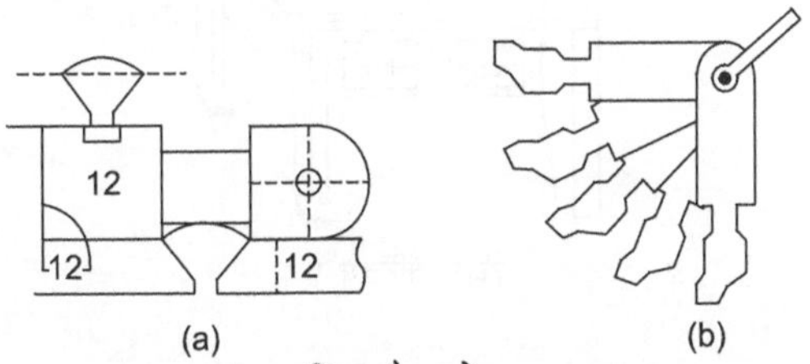

चित्र वैल्ड गेज

3. वैल्डिंग स्क्रीन Welding Screen

जब वैल्डिंग बूथ के बाहर कहीं वैल्डिंग करनी होती है, तो वैल्डिंग की चमक के समीप कार्य कर रहे कार्मिकों को बचाने के लिए वैल्डिंग स्क्रीन का प्रयोग किया जाता है।

यह लकड़ी या लोहे के पाइप के फ्रेम में लकड़ी के तख्ते या प्लाई लगाकर बनाई जाती है। यह स्क्रीन हल्की (light) और सन्तुलित (balanced) होनी चाहिए जिससे इसे आसानी से कहीं भी ले जाकर प्रयोग किया जा सके।

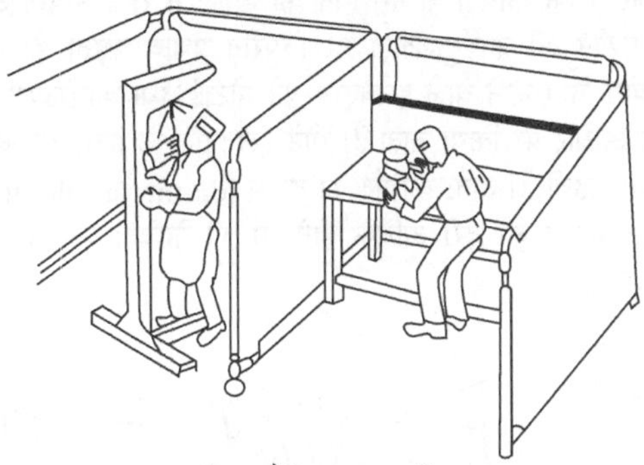

चित्र वैल्डिंग बूथ स्क्रीन

4. अर्थ-क्लैम्प Earth Clamp

इनका प्रयोग कार्यखण्ड या वैल्डिंग टेबिल को अर्थ केबिल से जोड़ने के लिए किया जाता है। ये कई प्रकार के होते हैं। चित्र में एक अर्थ-क्लैम्प दर्शाया गया है। ठीक गुणवत्ता की वैल्डिंग प्राप्त करने के लिए कार्यखण्ड या टेबिल को अर्थ करना आवश्यक होता है। ये ताँबे या ताँबे की मिश्र धातुओं से बनाए जाते हैं।

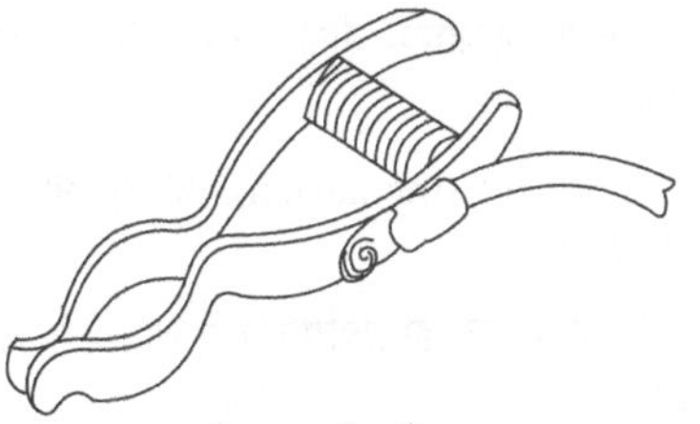

चित्र अर्थ-क्लैम्प

स्क्रू या स्प्रिंग लोडेड अर्थ-क्लैम्प 200, 300 या 500 ऐम्पियर क्षमता वाले होते हैं।

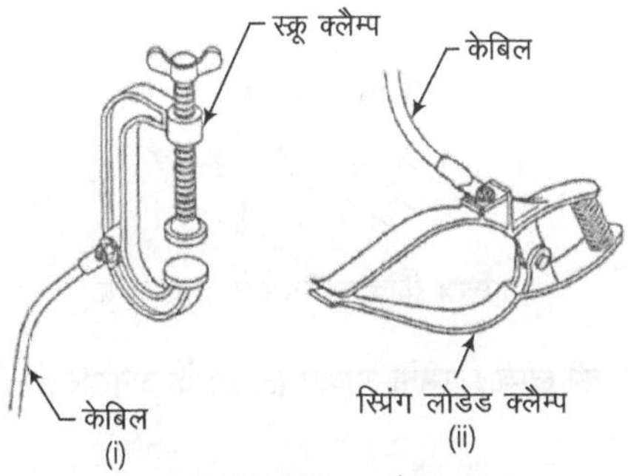

चित्र वर्क केबिल अटैचमेन्ट

5. वैल्डिंग केबिल Welding Cable

केबिल या लीड बिजली की विशेष तारें होती हैं, जो वैल्डिंग मशीन से इलेक्ट्रॉड होल्डर तथा कार्यखण्ड को विद्युत धारा प्रदान करती हैं। इस प्रकार वैल्डिंग करते समय धारा वैल्डिंग मशीन से इलेक्ट्रॉड होल्डर, इलेक्ट्रॉड आर्क, कार्यखण्ड तथा अर्थ क्लैम्प से होती हुई वापस वैल्डिंग मशीन तक पहुँचती है। वैल्डिंग कार्य में उच्च धारा प्रयोग की जाती है। अत: इन केबिलों की धारा ले जाने की क्षमता (current carrying capacity) अधिक होनी चाहिए जिससे कि केबिल के गर्म होने का खतरा न रहे। केबिल अधिक गर्म होने पर मशीन की कार्यकुशलता पर विपरीत प्रभाव पड़ता है। केबिल का चयन, प्रयोग किए जाने वाले इलेक्ट्रॉड की मोटाई तथा कार्यखण्ड की मशीन से दूरी के आधार पर किया जाता है। मोटे इलेक्ट्रॉड के लिए अधिक धारा की आवश्यकता रहती है। अत: केबिल का व्यास (diameter) भी अधिक रखना पड़ेगा। कार्यखण्ड की दूरी अधिक होने पर भी केबिल का आकार (size) बढ़ाना पड़ेगा।

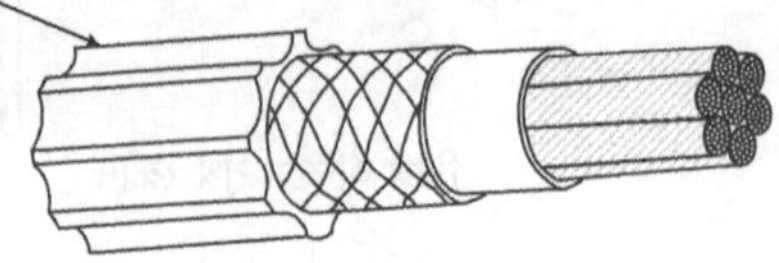

चित्र वैल्डिंग केबिल

केबिल आमतौर पर सिंगल कोर (single core) की बनाई जाती है जिसमें उच्च कोटि के ताँबे के तार होते हैं। इनमें लचीलापन पैदा करने के लिए इन्हें पहले कागज तथा उसके ऊपर विशेष रूई के धागों से लपेटा जाता है तथा अन्त में मजबूती देने के लिए इसके ऊपर सख्त रबड़ चढ़ाई जाती है।

एक उत्तम केबिल में निम्न गुण होने चाहिए

(i) केबिल में लचक अत्यधिक होनी चाहिए, जिससे वैल्डर आसानी से कार्य कर सके।

(ii) केबिल का इन्सुलेशन (insulation) अच्छा और रगड़ सहन करने योग्य होना चाहिए।

(iii) उचित क्षमता की केबिल ही प्रयोग करनी चाहिए जिससे केबिल अधिक गर्म न रहे।

(iv) केबिल के जोड़ मजबूती से कसे होने चाहिए जिससे कि स्पार्किंग होने का खतरा न रहे।

(v) वैल्डिंग केबिल के संयोजन के लिए उचित अटैचमेन्ट का ही प्रयोग करना चाहिए।

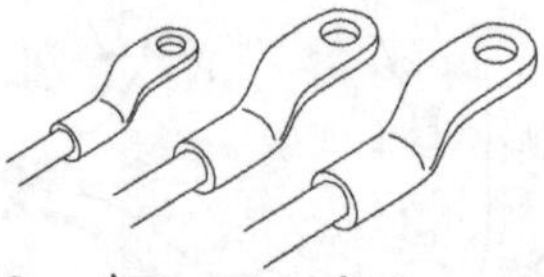

चित्र वैल्डिंग लीड्स के लिए लग्स

केबिल की लम्बाई उसके आकार (size) के अनुसार ही लेनी चाहिए।

तालिका आर्क वैल्डिंग के लिए निर्धारित कॉपर वायर

केबिल का व्यास (मिमी में)	धारा क्षमता (ऐम्पियर में)		
	0-15 मी लम्बाई के लिए	15-30 मी लम्बाई के लिए	30-75 मी लम्बाई के लिए
24.0	600	600	400
21.0	500	400	300
19.0	400	350	300
18.0	300	300	200
16.5	250	200	175
15.0	200	195	150
14.5	150	150	100
13.5	125	100	75

6. इलेक्ट्रॉड होल्डर Electrode Holder

यह प्लायर (plier) की तरह ही एक उपकरण है जो इलेक्ट्रॉड को पकड़ने और उसे वैल्डिंग सैट के केबिल के साथ जोड़ने के काम आता है। यह अच्छी विद्युतीय चालकता के लिए कॉपर/कॉपर अलॉय से बना होता है। इलेक्ट्रॉड को पकड़कर गाइड करने के लिए इसमें एक इन्सुलेटर हैण्डिल होता है जिसके अन्दर एक बोल्ट द्वारा केबिल को जोड़ा जाता है। इलेक्ट्रॉड को पकड़ने के लिए बने जबड़े (jaws) ताँबे की मिश्र धातु के बने होते हैं जिनमें इलेक्ट्रॉड को विभिन्न कोणों पर पकड़ने के लिए खाँचे बने होते हैं। प्रयोग होने वाली धारा के आधार पर होल्डर का चयन किया जाता है। चित्र में एक इलेक्ट्रॉड होल्डर दर्शाया गया है

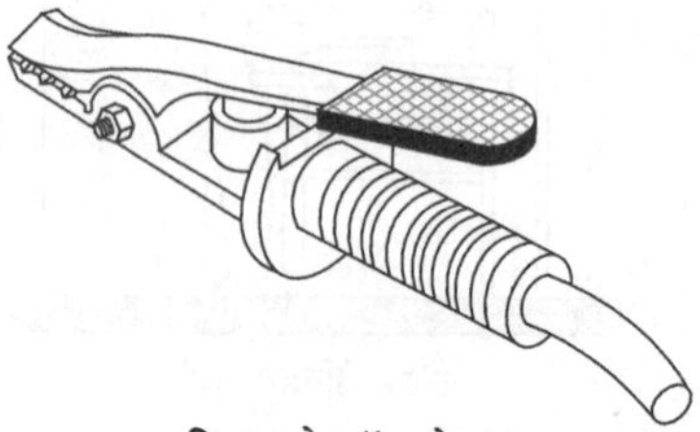

चित्र इलेक्ट्रॉड होल्डर

7. वैल्डिंग मेज Welding Table

विभिन्न अवयवों की वैल्डिंग करने के लिए उन्हें बार-बार अर्थ करना होता है जिससे समय नष्ट होता है। इस समय को बचाने के लिए एक लोहे की एंगल आयरन या पाइप की टेबिल बना ली जाती है।
इसे अर्थ क्लैम्प के द्वारा अर्थ कर दिया जाता है।

चित्र वैल्डिंग मेज

इस मेज की टाँगें मोटी लोहे की प्लेट की बनाई जाती हैं। यह मेज निश्चित ऊँचाई, घटाने-बढ़ाने वाली या घूमने वाली सभी प्रकार की बन सकती है। जॉब को मेज पर रखकर सीधे वैल्ड किया जाता है। अब उसे अर्थ करने की आवश्यकता नहीं रहती। जॉब को किसी भी अवस्था में पकड़ने के लिए इस मेज पर फिक्स्चर भी वैल्ड किए जा सकते हैं।

8. इलेक्ट्रॉड बॉक्स या कैरियर Electrode Box or Carrier

फिलर रॉड या इलेक्ट्रॉड कैरियर को इलेक्ट्रॉड बॉक्स भी कहते हैं। इलेक्ट्रॉड बॉक्स का प्रयोग इलेक्ट्रॉड या फिलर रॉड को रखने के लिए किया जाता है। इलेक्ट्रॉड बॉक्स तरकश के समान इलेक्ट्रॉड रखने के लिए चमड़े का बना एक डिब्बा होता है जिसे वैल्डर अपनी बैल्ट में बाँध लेता है। वैल्डर आवश्यकतानुसार इलेक्ट्रॉड इसमें रख सकता है, जिससे उसे बार-बार नहीं उठना पड़ता।

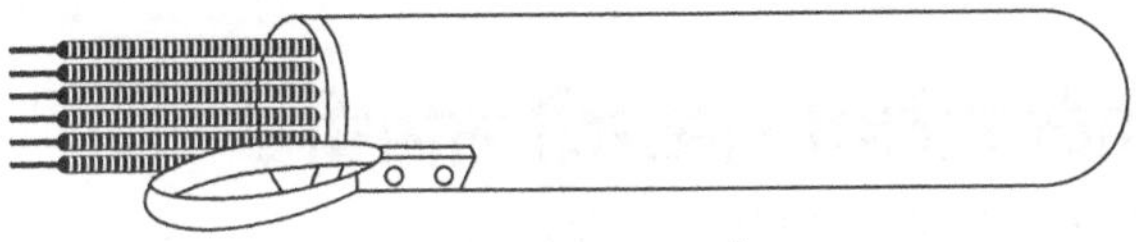

चित्र इलेक्ट्रॉड बॉक्स या कैरियर

9. स्प्रिट लेवल Spirit Level

स्प्रिट लेवल का प्रयोग मशीन की स्थापना के लिए प्रयुक्त सतह को लेवल करने के लिए किया जाता है। स्प्रिट लेवल में काँच की एक ट्यूब होती है जिसमें द्रव भरा होता है। स्प्रिट लेवल में पानी की अपेक्षा एल्कोहॉल जैसे इथेनॉल का प्रयोग किया जाता है, क्योंकि एल्कोहॉल में निम्न श्यानता तथा निम्न पृष्ठ तनाव होता है। काँच की ट्यूब में वायु का बुलबुला बना रहता है।

गुरुत्वाकर्षण बल के द्वारा बुलबुला तथा द्रव समान कार्य करते हैं। एल्कोहॉल का घनत्व अधिक होने के कारण यह नीचे की ओर जबकि वायु का बुलबुला ऊपर की ओर चलता है। वायु के बुलबुले को स्केल के केन्द्र में रोकने के लिए काँच की ट्यूब को वीयर कास्ट आयरन (wear cast iron) के आधार पर सैट किया जाता है।

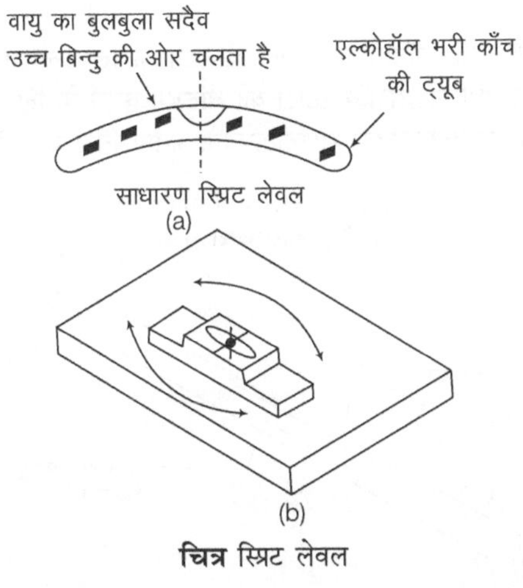

चित्र स्प्रिट लेवल

10. वायर ब्रुश Wire Brush

वायर ब्रुश बीड के किनारों से मैल निकालने के काम आता है। वायर ब्रुश में स्प्रिग स्टील के टैम्पर किए हुए तार लगे होते हैं। ठण्डे जॉब पर ही वायर ब्रुश प्रयोग करना चाहिए अन्यथा ब्रुश के तार गर्म होकर अनील्ड (annealed) हो जाएँगे और उनकी लचक समाप्त हो जाएगी।

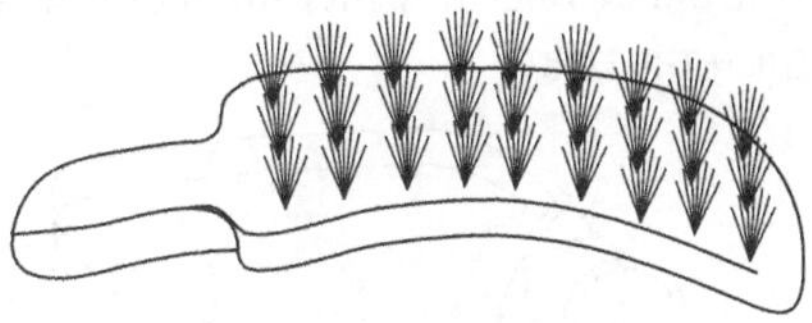

चित्र वायर ब्रुश

11. दस्ताने Gloves

वैल्डिंग प्रक्रम के अन्तर्गत कार्यखण्ड पर तेल आदि होने या अन्य कारणों से पिघली हुई धातुओं के छिटकने (spattering) से हाथ के जल जाने का खतरा रहता है। इस कारण वैल्डिंग करते समय हाथों के बचाव के लिए दस्तानों का प्रयोग किया जाता है। ये दस्ताने क्रोम चमड़े के बने होते हैं।

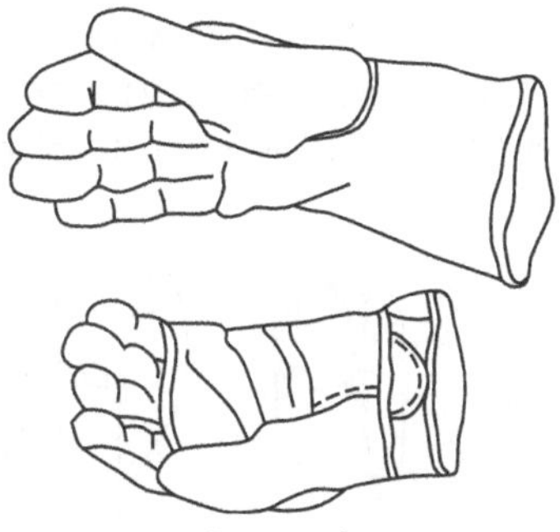

चित्र दस्ताने

12. एप्रन Apron

वैल्डिंग प्रक्रम के अन्तर्गत कपड़ों और शरीर को जलने से बचाने के लिए एप्रन का प्रयोग किया जाता है। एप्रन क्रोम चमड़े का बना होता है।

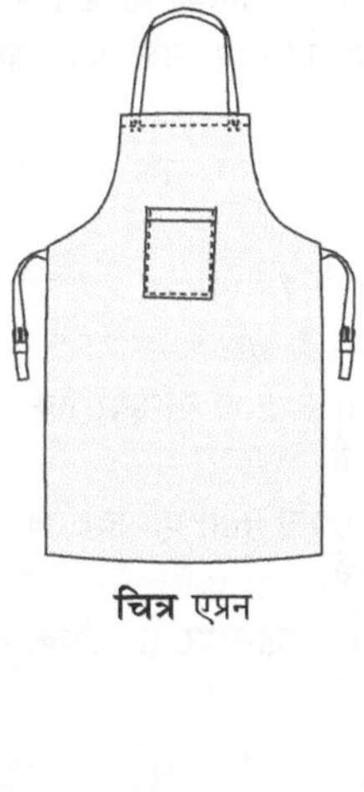

चित्र एप्रन

13. चश्मा Goggle

गहरे काले रंग का शीशे का चश्मा जो आँखों को पूरी तरह (साइडों से भी) ढके रहता है, वैल्डिंग कार्यों के लिए प्रयोग किया जाता है। आर्क वैल्डिंग में वैल्ड बीड के ऊपर फ्लक्स की परत जम जाती है जिसे चिपिंग हैमर से तोड़कर अलग किया जाता है। वैल्डिंग करते समय चश्मा लगा लेना चाहिए जिससे फ्लक्स छिटककर आँख में न गिरे। गैस वैल्डिंग के समय भी चश्मा लगाकर वैल्डिंग करनी चाहिए।

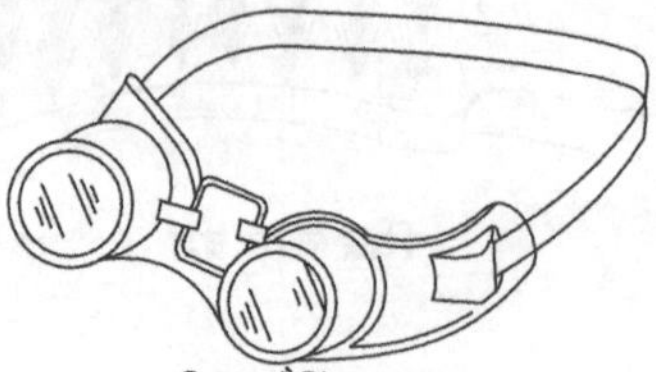

चित्र वैल्डिंग चश्मा

14. फेस शील्ड एवं हैण्ड शील्ड Face Shield and Hand Shield

आर्क वैल्डिंग में तेज रोशनी के साथ ही अल्ट्रावॉयलेट (ultraviolet) तथा इन्फ्रारैड (infrared) किरणें निकलती हैं। ये किरणें आँखों के रेटिना को नुकसान पहुँचा सकती हैं। हेलमेट तथा हैण्ड शील्ड वैल्डर की आँखों तथा त्वचा को इन हानिकारक किरणों से बचाने के साथ ही वैल्डिंग सतह तथा वैल्डिंग क्रिया को ठीक से देखने में सहायता प्रदान करते हैं। इनके प्रयोग के बिना वैल्डिंग करना सम्भव नहीं है। नीचे चित्र में फेस शील्ड और हैण्ड शील्ड को दर्शाया गया है

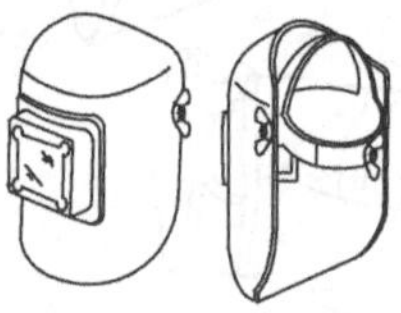

चित्र (a) फेस शील्ड

चित्र (b) हैण्ड शील्ड

फेस शील्ड व हैण्ड शील्ड फाइबर की हल्की शीटों से बनाई जाती हैं तथा तेज आर्क को देखने के लिए इनमें विशेष काले शीशे लगे होते हैं।

ये शीशे बाजार में निम्नलिखित शेडों में उपलब्ध हैं

(i) **शेड नं. 5** — स्पॉट या हल्की वैल्डिंग के लिए उपयुक्त है।

(ii) **शेड नं. 6** — 20 ऐम्पियर तक की धारा की आर्क वैल्डिंग के लिए उपयुक्त है।

(iii) **शेड नं. 7** — 30 ऐम्पियर तक की धारा की आर्क वैल्डिंग के लिए उपयुक्त है।

(iv) **शेड नं. 8** — 30 से 75 ऐम्पियर तक की धारा की आर्क वैल्डिंग के लिए उपयुक्त है।

(v) **शेड नं. 10** — 75 से 200 ऐम्पियर तक की धारा की आर्क वैल्डिंग के लिए उपयुक्त है।

(vi) **शेड नं. 12** — 200 से 400 ऐम्पियर तक की धारा की आर्क वैल्डिंग के लिए उपयुक्त है।

(vii) **शेड नं. 14** — 400 ऐम्पियर से अधिक की धारा की आर्क वैल्डिंग के लिए उपयुक्त है।

15. लेग गार्ड Leg Guard

वैल्डिंग करते समय पैरों की सुरक्षा के लिए लेग गार्ड का प्रयोग किया जाता है। लेग गार्ड क्रोम चमड़े के बने होते हैं।

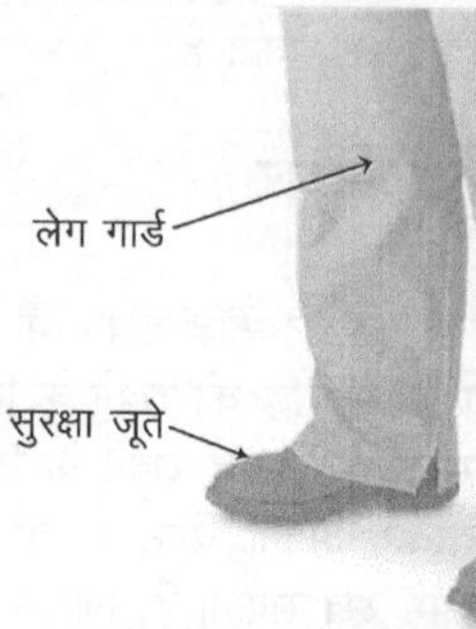

चित्र लेग गार्ड

आर्क वैल्डिंग सम्बन्धी सामग्री
Material Related to Arc Welding

आर्क वैल्डिंग से सम्बद्ध मुख्य सामग्री निम्न हैं

1. इलैक्ट्रॉड Electrode

वैल्डिंग प्रक्रम में विविधता के अनुरूप इनका चयन किया जाता है। इलैक्ट्रॉड बेलनाकार आकृति की एक ठोस या खोखली रॉड होती है। इलैक्ट्रॉड का चयन कार्यखण्ड की धातु के आधार पर एवं वैल्ड जोड़ की प्रकृति के आधार पर किया जाता है।

आर्क वैल्डिंग में साधारणत: फ्लक्स लेपित अथवा कोटेड इलैक्ट्रॉड्स प्रयोग किए जाते हैं, जिनमें एक कोर वायर होता है जिस पर कुछ रासायनिक पदार्थों का लेप चढ़ाया होता है। यह कोर वायर कुछ राष्ट्रीय और अन्तर्राष्ट्रीय मानकों के अनुरूप चयनित किया जाता है। ये मानक कोर वायर का गेज तथा धात्विक संयोजन (material composition) आदि नियत करते हैं।

मैनुअल तथा सेमी-ऑटोमैटिक आर्क वैल्डिंग के लिए लो तथा मीडियम कार्बन स्टील तथा लो अलॉय स्टील की वैल्डिंग करने के लिए 0.12% की कार्बन स्टील के इलैक्ट्रॉड्स सफलतापूर्वक प्रयोग किए जाते हैं।

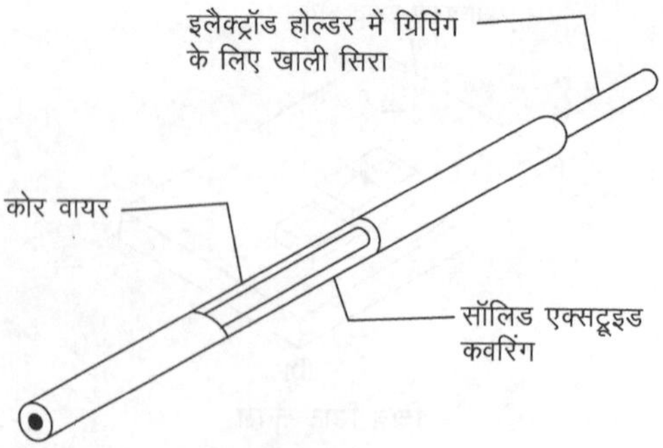

चित्र इलैक्ट्रॉड

वैल्डिंग जैसा प्रक्रम करने हेतु उसके लिए उपयुक्त इलैक्ट्रॉड का चयन अनिवार्य है। इलैक्ट्रॉड्स का कार्य प्रकृति के अनुरूप चयन करने के कुछ आधार हैं, जो निम्नवत् हैं

(i) **फ्लक्स चढ़ाने की विधि के आधार पर**
On the Basis of Flux Coating Method

वायर पर फ्लक्स चढ़ाने की विधियों के आधार पर उन्हें विभाजित किया जाता है।

(a) **डिप्ड इलैक्ट्रॉड्स** (Dipped electrodes) फ्लक्स को कोर वायर पर चढ़ाने के लिए उसे फ्लक्स के घोल में डुबोया जाता है तथा बाहर निकालकर सुखाने के लिए लटका दिया जाता है। यह विधि आसान है, परन्तु इससे फ्लक्स की परत समान नहीं चढ़ती है। इस कारण वैल्डिंग करते समय समस्या बनी रहती है, इसलिए इस विधि का उपयोग कम किया जाता है।

(b) **एक्स्ट्रूडेड इलैक्ट्रॉड्स** (Extruded electrodes) इस विधि के लिए एक विशेष प्रकार से बनाई गई एक्स्ट्रूजन प्रैस का प्रयोग किया जाता है। इसमें एक तरफ से इलैक्ट्रॉड को फीड किया जाता है। इस पर दबाव द्वारा फ्लक्स चढ़ाया जाता है।

इसमें कोर वायर के चारों ओर समान मोटाई की परत चढ़ती है। आर्क इलैक्ट्रॉड बनाने के लिए अधिकतम इसी विधि का प्रयोग किया जाता है। फ्लक्स चढ़ाने के पश्चात् उसके एक सिरे पर चैम्फर (chamfer) कर दिया जाता है तथा दूसरे सिरे को कुछ दूरी तक नंगा (bare) कर दिया जाता है। इलैक्ट्रॉड के इस नंगे भाग को होल्डर में पकड़ा जाता है।

(ii) **फ्लक्स की मोटाई के आधार पर**
On the Basis of Flux Thickness

फ्लक्स की मोटाई के आधार पर इलैक्ट्रॉड तीन प्रकार के होते हैं

(a) **हल्की परत वाले** (Lightly coated) इस इलैक्ट्रॉड पर चूने की हल्की-सी परत चूने के घोल में डुबोकर चढ़ाई जाती है। यह इलैक्ट्रॉड को जंग लगने से बचाती है तथा यह आर्क को स्थिर रखने में सहायक है।

इसका कोटिंग फैक्टर 1.25-1.3 होता है।

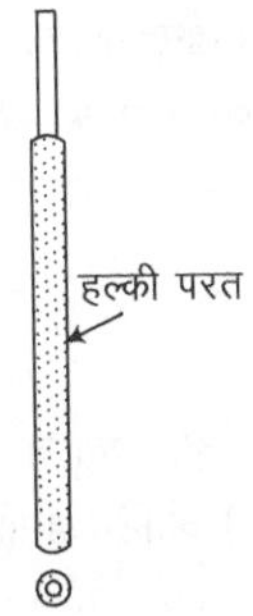

(b) **मध्यम परत वाले** (Medium coated) इस प्रकार के इलैक्ट्रॉड्स पर फ्लक्स की पतली परत चढ़ाई जाती है। यह परत आर्क को स्थिर रखने में सहायता देती है तथा बीड के ऊपर स्लैप की हल्की परत बनाकर उसे वायुमण्डलीय गैसों से सुरक्षा प्रदान करती है।

इसका कोटिंग फैक्टर 1.3-1.5 होता है।

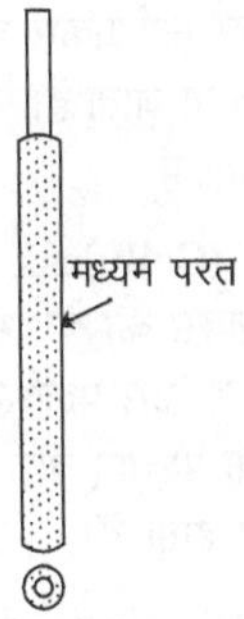

(c) **मोटी परत वाले** (Heavy coated) ऐसे इलैक्ट्रॉड्स पर फ्लक्स की मोटी परत चढ़ाई जाती है। इस फ्लक्स में अलॉयिंग एलीमेन्ट्स भी मिले होते हैं, जो वैल्ड मैटल के रसायन गुणों को बदलते हैं। फ्लक्स की परत मोटी होने के कारण यह देर से पिघलता है और कोर वायर के ऊपर एक स्लीव का कार्य करता है, जिससे आर्क सही दिशा में निर्देशित होती है। स्लैग की मात्रा अधिक होने के कारण वैल्ड बीड के वातावरण से पूर्ण सुरक्षा प्रदान करता है तथा इसे कठोर होने से भी बचाता है। इसका कोटिंग फैक्टर 15-2.2 होता है।

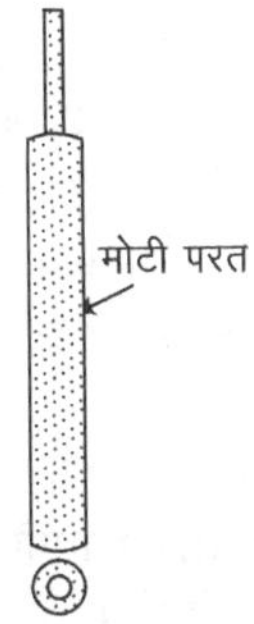

Note *कोटिंग व्यास तथा कोर व्यास के बीच का सम्बन्ध कोटिंग फैक्टर (coating factor) कहलाता है।*

$$\text{कोटिंग फैक्टर} = \frac{\text{कोटिंग व्यास}}{\text{कोर व्यास}}$$

(iii) **इलैक्ट्रॉड की खपत के आधार पर**
On the Basis of Electrodes Consumption

खपत के आधार पर इलैक्ट्रॉड्स दो प्रकार के होते हैं

(a) **खपने वाले इलैक्ट्रॉड्स** (Consumable electrodes) ये इलैक्ट्रॉड्स फिलर मैटल का कार्य करते हैं और वैल्ड मैटल के अन्दर ही गलकर मिल जाते हैं। ऐसे इलैक्ट्रॉड्स की कोर की धातु बेस मैटल के अनुसार चयन की जाती है; जैसे—अलॉय इलैक्ट्रॉड्स, हाई कार्बन इलैक्ट्रॉड्स, कास्ट आयरन व स्टेनलैस स्टील इलैक्ट्रॉड्स।

(b) **न खपने वाले इलैक्ट्रॉड्स** (Non-consumable electrodes) ये इलैक्ट्रॉड्स वैल्डिंग प्रक्रिया में वैल्ड मैटल के अन्दर गलते नहीं हैं इसी कारण इनकी आयु अधिक होती है। इन इलैक्ट्रॉड्स के द्वारा केवल आर्क बनाने का कार्य किया जाता है; जैसे—कार्बन इलैक्ट्रॉड्स तथा टंगस्टन इलैक्ट्रॉड्स (tungston electrodes) इत्यादि।

(iv) **फ्लक्स के आधार पर** On the Basis of Flux

आर्क इलैक्ट्रॉड के कोर वायर पर कई प्रकार का फ्लक्स चढ़ाकर उसे विशेष वैल्डिंग प्रक्रिया के लिए तैयार किया जाता है। फ्लक्स के आधार पर इलैक्ट्रॉड को चार भागों में बाँटा जा सकता है

(a) **सैलूलोसिक इलैक्ट्रॉड** (Cellulosic electrode) इस प्रकार के इलैक्ट्रॉड पर चढ़े हुए फ्लक्स का बेस सैलूलोज (cellulose) होती है। यह अच्छा पैनीट्रेशन देता है। इस फ्लक्स की इलैक्ट्रॉड पर पतली परत चढ़ाई जाती है। वैल्डिंग के पश्चात् बीड पर हल्का स्लैग चढ़ा होता है। इसमें गैसें अधिक उत्पन्न होती हैं।

(b) **रूटाइल इलैक्ट्रॉड** (Rutile electrode) इसके फ्लक्स में सिलिकेट व सैलूलोज को बेस के रूप में प्रयोग किया जाता है। इसका प्रयोग फैब्रीकेशन के कार्यों के लिए अधिक किया जाता है; जैसे—गैस कन्टेनर, पानी के जहाज, हाई प्रैशर पाइप लाइन आदि।

(c) **आयरन ऑक्साइड इलैक्ट्रॉड** (Iron oxide electrode) इसमें आयरन ऑक्साइड तथा सिलिकेट को फ्लक्स के बेस के रूप में प्रयोग किया जाता है। इसकी अच्छी मोटी परत कोर वायर पर चढ़ाई जाती है। इसका प्रयोग ओवरहैड व वर्टिकल वैल्डिंग के लिए नहीं किया जाता है। यह फ्लैट वैल्डिंग के लिए अधिक उपयुक्त है।

(d) **बेसिक इलैक्ट्रॉड** (Basic electrode) इसके फ्लक्स में कैल्शियम कार्बोनेट व फ्लोराइड का प्रयोग किया जाता है। इसके फ्लक्स की अच्छी मोटी परत प्रयोग की जाती है। ये इलैक्ट्रॉड छोटी आर्क (short arc) में अच्छा कार्य करते हैं। इनका प्रयोग ओवरहैड व वर्टिकल वैल्डिंग के लिए किया जाता है। इनको लो हाइड्रोजन इलैक्ट्रॉड भी कहते हैं।

इलैक्ट्रॉड का आकार Size of Electrode

कोर वायर का व्यास 3.15 से 12.50 मिमी के अतिरिक्त क्रमश: 4.00, 5.00, 6.30, 8.00 तथा 10.00 मिमी में भी बाजार में उपलब्ध रहता है। इलैक्ट्रॉड की कोटेड भाग की लम्बाई 250 मिमी में 450 मिमी रहती है (250, 300, 350-450 मिमी) तथा 20 मिमी से 30 मिमी तक बिना कोटेड भाग की लम्बाई रहती है। बिना कोटेड भाग से ही इलैक्ट्रॉड को इलैक्ट्रॉड होल्डर में पकड़ा जाता है।

इलैक्ट्रॉड का चुनाव Selection of Electrodes

आर्क वैल्डिंग हेतु इलैक्ट्रॉड का चुनाव निम्न आधार पर किया जाता है

(i) **वैल्डिंग स्थिति** (Welding situation) वैल्डिंग स्थिति के अनुसार ही इलैक्ट्रॉड का चयन करना चाहिए। लैफ्ट और राइट हैण्ड वैल्डिंग के लिए अलग-अलग प्रकार के इलैक्ट्रॉड प्रयोग किए जाते हैं।

(ii) **वैल्डिंग करण्ट** (Welding current) इलैक्ट्रॉड का चयन करण्ट के प्रकार (ए.सी. व डी.सी.) पर भी निर्भर करता है।

(iii) **बेस मैटल के गुणों के अनुसार** (According to base metal properties) इलैक्ट्रॉड का चयन बेस मैटल के गुणों पर भी निर्भर करता है; जैसे—धातु की मोटाई, वैल्डर की दक्षता आदि।

तालिका इलैक्ट्रॉड का साइज तथा वैद्युत धारा की परास

इलैक्ट्रॉड का साइज (mm)	विद्युत धारा की परास (ऐम्पियर)
1.6	40-60
2.5	50-80
3.2	90-130
4.0	120-170
5.0	130-270
6.0	300-400

इलैक्ट्रॉड के रख-रखाव में सावधानियाँ
Cares to be Taken in Keeping Electrode

इलैक्ट्रॉड के भण्डारण व प्रयोग के समय निम्न सावधानियाँ को दृष्टिगत रखा जाता है

1. वैल्डिंग इलैक्ट्रॉड का भण्डारण सदैव शुष्क स्थान पर करना चाहिए जिससे इलैक्ट्रॉड में नमी प्रवेश न कर सके।
2. नमीयुक्त इलैक्ट्रॉड को ड्रॉइंग ओवन में 1 से 2 घण्टे के लिए लगभग 100°C से 150°C तापमान पर रखना चाहिए।
3. नमीयुक्त इलैक्ट्रॉड द्वारा की गई वैल्डिंग में पोरोसिटी (porosity) का दोष उत्पन्न हो जाता है। अत: इलैक्ट्रॉड को नमी से बचाना चाहिए।
4. नमीयुक्त इलैक्ट्रॉड के स्टब (stub) में सदैव जंग लगने की सम्भावना होती है।

2. फिलर रॉड Filler Rod

धातु कार्यखण्ड को जोड़ने (वैल्डिंग के अन्तर्गत) के लिए बीड की आवश्यकता होती है। यह बीड पिघली धातु को कार्यखण्ड की सतह पर फैलाकर प्राप्त की जाती है। वैल्डिंग के अन्तर्गत फिलर रॉड को पिघलाकर वैल्डिंग बीड बनाई जाती है।

फिलर रॉड एक बेलनाकार आकृति की ठोस या खोखली रॉड या तार के रूप में होती है। फिलर रॉड का चुनाव कार्यखण्ड की धातु के आधार पर किया जाता है। फिलर रॉड की ऊपरी सतह पर फ्लक्स (गालक) का लेप किया जाता है। कुछ फिलर रॉड (खोखली) के अन्दर भी फ्लक्स भरा होता है। फ्लक्स पिघली अवस्था में फिलर धातु को वायुमण्डलीय प्रभाव से बचाता है। फ्लक्स कार्यखण्ड की सतह को भी ऑक्सीडेशन (oxidation) से बचाता है।

फिलर रॉड के गुण Properties of Filler Rod

(i) फिलर रॉड का आकार वैल्ड धातु के आधार पर होना चाहिए।

(ii) फिलर रॉड पर कॉपर की कोटिंग होनी चाहिए, जिससे इसे जंग से बचाया जा सके।

(iii) फिलर रॉड के तत्त्वों का गुण जोड़ को सख्त होने से रोकने वाला होना चाहिए।

(iv) फिलर रॉड की धातु एवं वैल्डिंग धातु में समानता होनी चाहिए।
(v) फिलर रॉड में किसी भी प्रकार अशुद्धि नहीं होनी चाहिए।
(vi) फिलर रॉड, ज्वाला के सम्पर्क में आने पर छिटकनी नहीं चाहिए। ज्वाला के सम्पर्क में यह पिघलकर बूँद के आकार में गिरती रहनी चाहिए।
(vii) फिलर रॉड फ्लक्स की परत एकसमान होनी चाहिए।

3. फ्लक्स Flux

वैल्डिंग के अन्तर्गत फ्लक्स का प्रयोग फिलर धातु और कार्यखण्ड को वायुमण्डल की गैसों और अशुद्धियों से सुरक्षित रखने के लिए किया जाता है। फ्लक्स, आर्क वैल्डिंग में आर्क को स्थायी रखने में सहायता करता है।

यह पिघली धातु पर ऊष्मा निरोधक आवरण स्थापित करता है जिससे वैल्ड धातु या पिघली धातु धीरे-धीरे ठण्डी होती है। फ्लक्स कार्यखण्ड को डी-ऑक्सीडाइड होने से भी बचाता है। फ्लक्स को कार्यखण्ड अथवा इलैक्ट्रॉड पर लेप करके प्रयोग किया जाता है।

फ्लक्स के गुणधर्म Properties of Flux

(i) यह वैल्ड की जाने वाली धातु से हल्का होना चाहिए।
(ii) फ्लक्स के पिघलने का तापमान वैल्ड धातु की अपेक्षा कम होना चाहिए।
(iii) फ्लक्स मिश्रण पिघलकर धातु की सतह पर आसानी से फैल जानी चाहिए।
(iv) इसमें वैल्ड मैटल को साफ करने का गुण होना चाहिए।
(v) इसमें एक अच्छे ऊष्मारोधक पदार्थ की योग्यता होनी चाहिए।

फ्लक्स कोटिंग के उद्देश्य
Objectives of Flux Coating

आर्क इलैक्ट्रॉड में कोर वायर (core wire) पर फ्लक्स की कोटिंग करने के निम्न उद्देश्य हैं

1. आर्क को बनाने और उसे स्थायी रखने में सहायता देता है।
2. आर्क की गर्मी से फ्लक्स पिघलकर सुरक्षात्मक गैसें देता है, जिससे वायुमण्डलीय ऑक्सीजन और नाइट्रोजन गैसों से पिघली धातु सुरक्षित रहती है।
3. फ्लक्स पिघली धातु पर एक ऊष्मा निरोधक कवच ढक देता है, जिससे वैल्ड मैटल धीरे-धीरे ठण्डी होती है। इस प्रकार फ्लक्स वैल्ड बीड को क्रैक होने या कठोर (hard) होने से बचाता है।
4. वैल्ड धातु को डी-ऑक्सीडाइज (de-oxidise) तथा रिफाइन (refine) करता है। इससे बीड की शक्ति बढ़ती है।
5. कोर वायर की धातु में अनुपस्थित अलॉयिंग एलीमेन्ट्स (alloying elements) की कमी को दूर करने में सहायता देता है। फ्लक्स के द्वारा इस प्रकार के अलॉयिंग एलीमेन्ट्स (alloying elements) सीधे-सीधे वैल्ड मैटल में मिलाए जा सकते हैं। इस प्रकार वैल्ड मैटल की कैमिस्ट्री को बिना कोर वायर बदले बदला जा सकता है।
6. वैल्ड बीड की प्रोफाइल (profile) को नियन्त्रित करने और समतल वैल्डिन सतह बनाने में सहायता प्रदान करता है।
7. फ्लक्स के द्वारा स्पैटरिंग (spattering) कम होती है।
8. यह इलैक्ट्रॉड पर एक कुचालक कोटिंग देता है, जिससे इलैक्ट्रॉड अधिक करण्ट पर तथा संकरे स्थानों पर भी सुगमतापूर्वक कार्य कर सकती है।
9. इसके द्वारा स्लैग की सान्द्रता को बढ़ाकर ऊर्ध्वाधर तथा ओवरहैड वैल्डिंग सुगमतापूर्वक की जा सकती है।
10. फ्लक्स, वैल्ड बीड की पैनीट्रेशन की गहराई (depth of penetration) तथा इलैक्ट्रॉड के गलने की दर पर प्रभाव डालता है।
11. कोर वायर की धातु से कुछ फ्लक्स देर में गलते हैं जिससे कोर वायर को ऊपर से एक पाइप के रूप में ढक लेते हैं। इससे आर्क की दिशा और ताप एक उचित स्थान पर केन्द्रित होता है।
12. कोटिंग से वैल्ड मैटल के डिपोजिट होने की दर बढ़ती है।
13. फ्लक्स के द्वारा आयनीकरण, उत्सर्जन, मैटल ट्रांसफर आदि को नियन्त्रित किया जाता है।

9.4 गैस वैल्डिंग Gas Welding

गैस वैल्डिंग अब तक प्रचलित वैल्डिंग की प्राचीनतम विधियों में से एक तथा बहु-परिवर्तनीय वैल्डिंग प्रक्रम है। विगत कुछ वर्षों में औद्योगिक क्षेत्र में इसकी लोकप्रियता में कमी आई है, परन्तु यह विधि अभी भी बड़े स्तरों पर पाइप तथा ट्यूबों की वैल्डिंग के साथ-साथ मरम्मत कार्यों में भी प्रयुक्त की जा रही है। गैस वैल्डिंग विधि में जोड़ के स्थान पर गैस की फ्लेम द्वारा धातु को पिघलने की अवस्था तक गर्म किया जाता है।

पिघली धातु के स्थान पर आवश्यकतानुसार फिलर धातु छड़ भी इसके साथ-साथ पिघलाई जाती है। गैस वैल्डिंग विधि में धातु को पिघलाने के लिए ज्वलनशील गैसें; जैसे—हाइड्रोजन, मीथेन, जल-गैस, एसीटिलीन आदि गैसों को शुद्ध ऑक्सीजन के साथ जलाया जाता है।

इसमें अधिकतम तापमान लगभग 3200°C होता है जो एसीटिलीन गैस की फ्लेम से प्राप्त होता है। यह गैस इस्पात के खण्डों को जोड़ने में प्रयोग की जाती है। अन्य गैसों की ज्वाला का तापमान कम होता है, इसलिए हाइड्रोजन, मीथेन आदि की ज्वाला का प्रयोग पतली धातु चादरों या ट्यूबों को जोड़ने में किया जाता है।

नोट *गैस वैल्डिंग विधियों में ऑक्सी-एसीटिलीन गैस वैल्डिंग विधि सर्वाधिक प्रयोग की जाने वाली गैस वैल्डिंग विधि है, इसीलिए यहाँ ऑक्सी-एसीटिलीन गैस वैल्डिंग का ही वर्णन किया गया है।*

ऑक्सी-एसीटिलीन गैस वैल्डिंग
Oxy-acetylene Gas Welding

इस विधि में ऑक्सीजन तथा एसीटिलीन गैसों के मिश्रण से फ्लेम बनाई जाती है। एसीटिलीन गैस की फ्लेम (flame) का तापमान सबसे अधिक (लगभग 3300°C) होता है। इसमें ऑक्सीजन गैस, एसीटिलीन को जलाने का कार्य करती है। इस विधि में ऑक्सीजन तथा एसीटिलीन गैसों को सिलेण्डरों से हौज पाइपों द्वारा वैल्डिंग टॉर्च तक पहुँचाया जाता है।

इस टॉर्च में दोनों गैसों का एक मिश्रण तैयार करके इसकी नॉजल (nozzle) पर फ्लेम जलायी जाती है। इस अधिक तापमान की फ्लेम की सहायता से धातु या कार्यखण्ड को पिघलाया जाता है। दोनों गैसों का मिश्रण पिघली धातु को ऑक्सीकरण (oxidation) से बचाता है तथा बाद में ठण्डा होकर यह एक मजबूत जोड़ बनाता है।

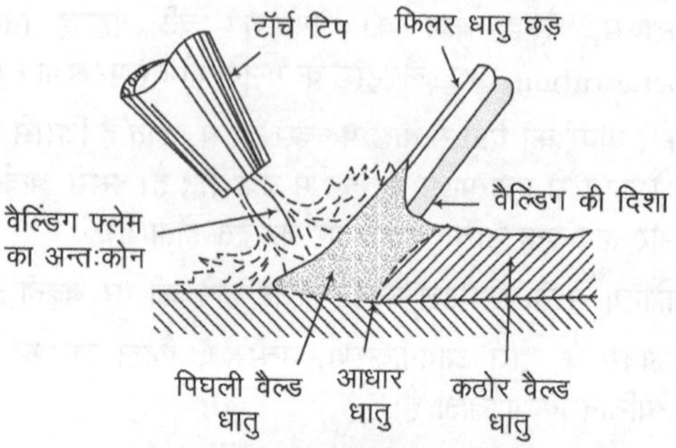

चित्र ऑक्सी-एसीटिलीन गैस वैल्डिंग

गैस वैल्डिंग की कार्यप्रणाली
Working Method of Gas Welding

गैस वैल्डिंग करने के लिए वैल्डर को अपना हाथ साधकर टॉर्च को चलाने का अभ्यास करना चाहिए। टॉर्च को वैल्डर अपनी सुविधा के अनुसार दो प्रकार से पकड़ सकता है (i) पैन की भाँति तथा (ii) हथौड़े की भाँति।

गैस वैल्डर को सर्वप्रथम पिघली धातु का कुण्ड बनाकर बिना फिलर रॉड के उसको आगे बढ़ाने का अभ्यास करना चाहिए।

पैडिल को चलाना सीखने के लिए वैल्डिंग टेबिल पर रखी फायर ब्रिक पर एक मृदु इस्पात (mild steel) की प्लेट रखें। प्लेट पर चॉक द्वारा एक वैल्डिंग की लाइन बना लें। अब न्यूट्रल फ्लेम तैयार करें तथा प्लेट के साथ 35°–45° का कोण बनाते हुए तथा भीतरी कोन को प्लेट से 1.5-3 मिमी दूर रखते हुए धातु को पिघलने दें। टॉर्च को गोल घुमाते हुए धीरे-धीरे आगे बढ़ाएँ, टॉर्च को एक स्थान पर नहीं रुकने देना चाहिए अन्यथा धातु जल जाएगी और उस जगह पर छेद हो जाएगा। बहुत तेज चलाने पर धातु पूर्ण रूप से पिघल नहीं पाएगी तथा कुण्ड बराबर साइज के नहीं बनेंगे।

कुण्ड में एक न्यूट्रल डॉट बनता है, जो कुण्ड की परिधि के ऊपर तैरता रहता है, जैसा कि चित्र में दर्शाया गया है। इसकी सहायता से अच्छी गुणवत्ता की न्यूट्रल फ्लेम बनाई जा सकती है। यदि इसका साइज बड़ा हो और कुण्ड गन्दा तथा धुआँदार हो तो यह माना जाता है कि फ्लेम कार्बुराइजिंग टाइप की है तथा ऑक्सीजन की मात्रा बढ़ाकर न्यूट्रल फ्लेम बनाई जाती है। गैस वैल्डिंग में फिलर रॉड को जोड़ के लिए बनाए गए खाली स्थान (groove) को भरने के लिए प्रयोग किया जाता है। फिलर रॉड की धातु का चुनाव बेस धातु के अनुसार किया जाता है तथा आकार का चुनाव प्लेट की मोटाई के अनुसार किया जाता है। अधिक मोटी प्लेट के लिए अधिक मोटी रॉड प्रयोग की जानी चाहिए। फिलर रॉड को 90° पर मोड़कर प्रयोग करना चाहिए, जिससे गर्मी सीधी हाथ को न लगे जैसा कि निम्नांकित चित्र में दर्शाया गया है

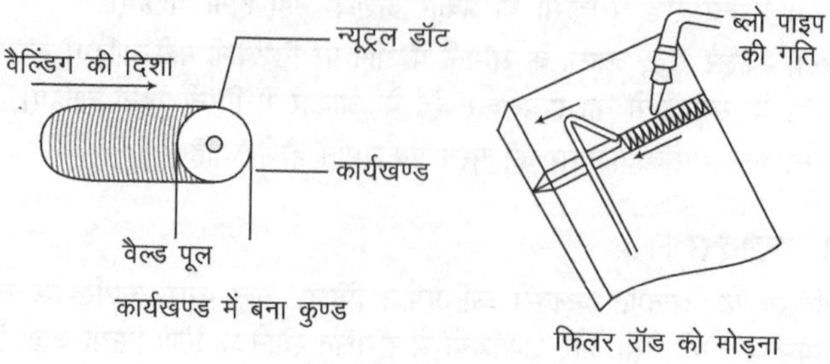

चित्र गैस वैल्डिंग की कार्यप्रणाली

टॉर्च से न्यूट्रल फ्लेम तैयार करके फ्लेम के कोन (cone) को प्लेट के निकट लाकर एक छोटा-सा पिघली धातु का कुण्ड (puddle of molten metal) तैयार करते हैं (कोन को प्लेट से कम-से-कम 1.4 मिमी दूर रखना चाहिए)।

गैस वैल्डिंग से सम्बन्धित उपकरण, औजार एवं उपसाधन Equipments, Tools and Accessories Related to Gas Welding

आर्क वैल्डिंग में प्रयोग होने वाले कुछ सामान्य औजार; जैसे— बेंच वाइस, 'C' क्लैम्प वाइस, दस्ताने, चश्मा, एप्रन, टूल किट आदि का प्रयोग गैस वैल्डिंग में भी किया जाता है। इन सभी के अतिरिक्त गैस वैल्डिंग में प्रयुक्त होने वाले उपकरण, औजार एवं उपसाधन निम्न हैं

1. ऑक्सीजन सिलेण्डर
2. एसीटिलीन सिलेण्डर
3. सिलेण्डर मैनीफोल्ड
4. सिंगल एण्डेड ओपन स्पैनर
5. डबल एण्डेड स्पैनर
6. सिलेण्डर 'की'
7. हाइड्रॉलिक बैक प्रैशर वाल्व
8. गैस शोधक
9. सेफ्टी वाल्व
10. दाब या गैस रेगुलेटर
11. हौज पाइप
12. वैल्डिंग टॉर्च या ब्लो पाइप
13. सिलेण्डर ट्रॉली
14. लाइटर या इग्नाइटर
15. फ्लैश बैक अरेस्टर

उपरोक्त उपकरणों, औजारों एवं उपसाधनों का वर्णन निम्नवत् है

1. ऑक्सीजन सिलेण्डर Oxygen Cylinder

ऑक्सीजन सिलेण्डर 3400, 5200 तथा 6800 लीटर की क्षमता में उपलब्ध होता है। इसमें ऑक्सीजन का दाब 136 से 172 बार तक रहता है। सिलेण्डर में भरी ऑक्सीजन का भार उसके दाब के समानुपाती होता है।

यदि सिलेण्डर का दाब 25% गिरता है, तो इसका अर्थ है कि एक चौथाई गैस खर्च हो चुकी है। प्रत्येक सिलेण्डर में एक सेफ्टी नट लगा होता है, जो अधिक दाब से सिलेण्डर को सुरक्षित रखता है। इस सिलेण्डर पर काला पेन्ट किया जाता है तथा इसमें दाएँ हाथ की चूड़ियाँ (right hand threads) होती हैं।

ऑक्सीजन सिलेण्डर का भार लगभग 80 किग्रा होता है।

चित्र ऑक्सीजन सिलेण्डर

2. एसीटिलीन सिलेण्डर Acetylene Cylinder

एसीटिलीन सिलेण्डर विभिन्न क्षमता में उपलब्ध होते हैं, चूँकि उच्च दाब पर एसीटिलीन स्थायी नहीं रह पाती है। अत: इसे एसीटोन में घोलकर (dissolved) रखा जाता है। एसीटिलीन के एसीटोन में घुले होने के कारण इसे डिसोल्वड एसीटिलीन (dissolved acetylene) या डी.ए. भी कहते हैं। यह मैरून रंग (maroon colour) का होता है।

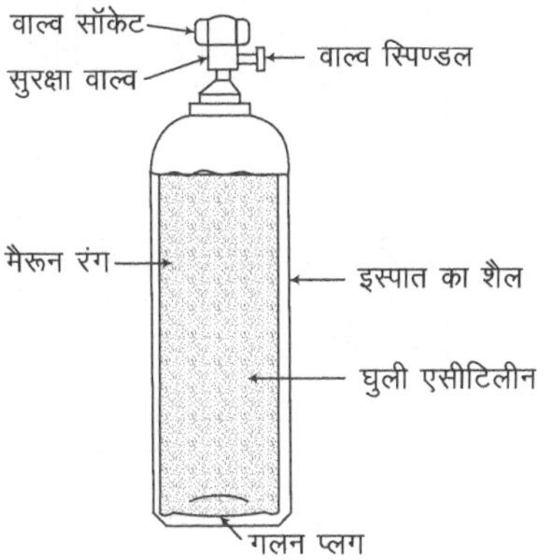

चित्र एसीटिलीन सिलेण्डर

3. सिलेण्डर मैनीफोल्ड Cylinder Manifold

गैस वैल्डिंग के बड़े कार्यों के लिए अधिक गैस की आवश्यकता होती है जिसके लिए कई गैस सिलेण्डरों को पाइपों की सहायता से एक साथ जोड़ दिया जाता है जिसे सिलेण्डर मैनीफोल्ड कहते हैं। एक लाइन रेगुलेटर की सहायता से गैस के दाब को कम करके गैस को पाइपों के द्वारा कार्यस्थलों तक पहुँचाया जाता है। ये निम्न दो प्रकार के होते हैं

(i) **पोर्टेबल सिलेण्डर मैनीफोल्ड** (Portable cylinder manifold) जैसा कि निम्न चित्र में दर्शाया गया है इसमें सिलेण्डरों को एक फ्लैक्सिबल हौज पाइप के द्वारा जोड़ा जाता है। अन्तिम सिलेण्डर को प्लग कर दिया जाता है तथा पहले सिलेण्डर में रेगुलेटर लगाकर लाइन में निम्न दाब पर गैस सप्लाई की जाती है।

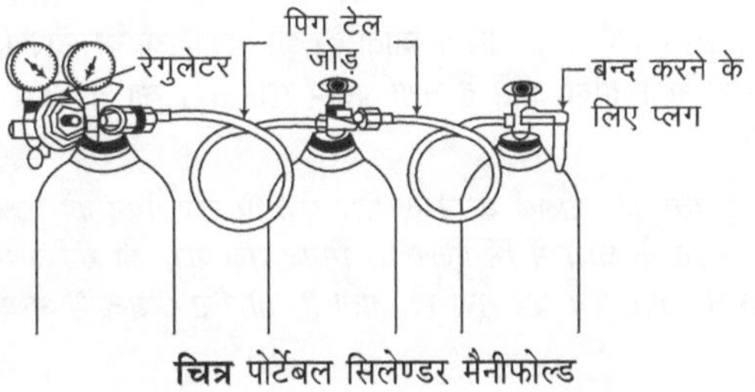

चित्र पोर्टेबल सिलेण्डर मैनीफोल्ड

(ii) **स्थायी सिलेण्डर मैनीफोल्ड** (Permanent cylinder manifold) इसमें सिलेण्डरों को एक स्थायी धात्विक पाइप लाइन से जोड़ा जाता है। ऑक्सीजन के लिए ताँबे की पाइप लाइन तथा एसीटिलीन के लिए स्टील की पाइप लाइन का प्रयोग किया जाता है। ऑक्सीजन मैनीफोल्ड में 16 मी^{3} तथा एसीटिलीन में 50 मी^{3} गैस प्रयोग की जा सकती है।

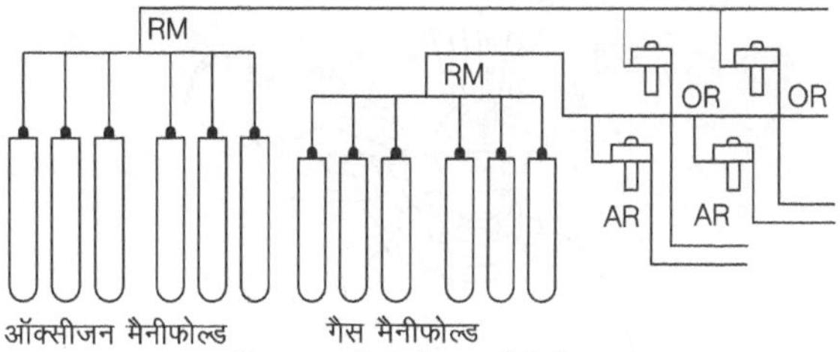

चित्र स्थायी सिलेण्डर मैनीफोल्ड

4. सिंगल एण्डेड ओपन स्पैनर
Single Ended Open Spanner

इस प्रकार के स्पैनर में केवल एक ही सिरे पर मुँह बना होता है। अत: यह मात्र एक ही साइज के नट या बोल्ट को खोल या बन्द कर सकता है। चित्र में एक सिंगल एण्डेड स्पैनर (single ended spanner) को दर्शाया गया है

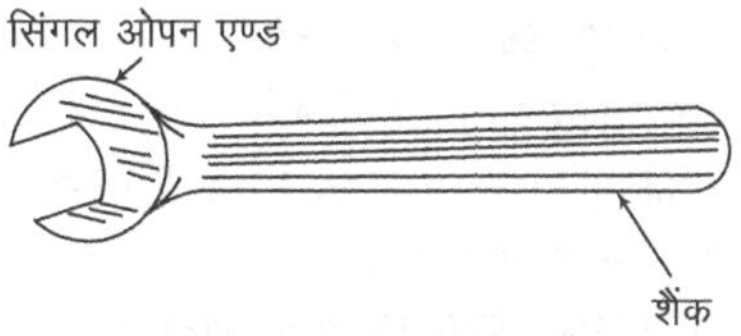

चित्र सिंगल एण्डेड ओपन स्पैनर

5. डबल एण्डेड स्पैनर Double Ended Spanner

डबल एण्डेड स्पैनर फोर्ज्ड क्रोम वेनेडियम स्टील के बने होते हैं। इनका प्रयोग षट्भुजाकार या वर्गाकार हैड वाले नट व बोल्ट को ढीला या टाइट करने के लिए किया जाता है। वैल्डिंग में स्पैनर का उपयोग गैस सिलेण्डर वाल्व पर रेगुलेटर को फिक्स करने, रेगुलेटर व ब्लो पाइप पर हौज कनैक्टर व प्रोट्रैक्टर को लगाने तथा आर्क वैल्डिंग मशीन के आउटपुट टर्मिनल पर केबिल प्लग को फिक्स करने आदि में किया जाता है।

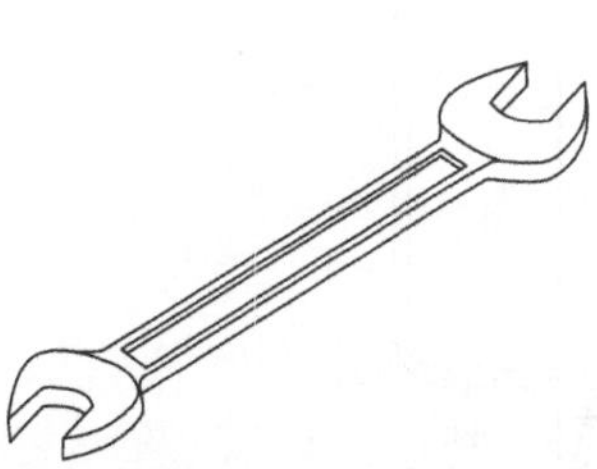

चित्र डबल एण्डेड स्पैनर

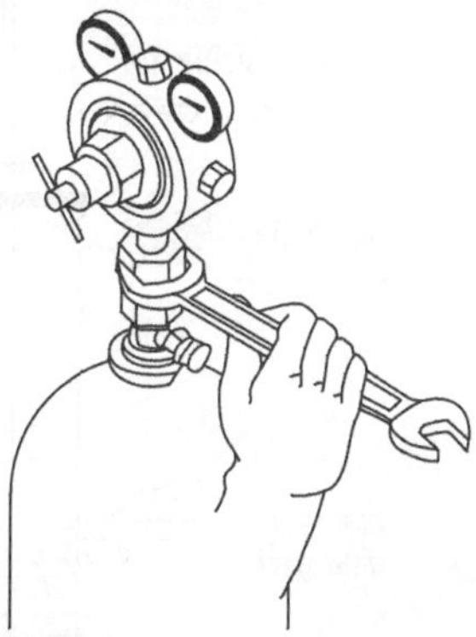

चित्र गैस सिलेण्डर पर स्पैनर का उपयोग

6. सिलेण्डर 'की' Cylinder Key

चित्र में सिलेण्डर के साथ सिलेण्डर 'की' का उपयोग दर्शाया गया है। इसका प्रयोग सिलेण्डर वाल्व सॉकेट को खोलने अथवा बन्द करने के लिए किया जाता है।

चित्र सिलेण्डर 'की' का उपयोग

7. हाइड्रॉलिक बैक प्रैशर वाल्व Hydraulic Back Pressure Valve

हाइड्रॉलिक बैक प्रैशर वाल्व को वाटर सील के नाम से भी जाना जाता है। यह एक प्रकार की सुरक्षा युक्ति (safety device) है जिसको एसीटिलीन की सप्लाई लाइन में फिट किया जाता है। इसका मुख्य उद्देश्य जेनरेटर को बैक फायर (back fire) से सुरक्षा प्रदान करना है। वाटर सील को निम्न दाब तथा उच्च दाब दोनों के लिए बनाया जाता है। निम्न चित्र में एक वाटर सील दर्शायी गई है। इस वाल्व की बॉडी एक पाइप की बनी होती है जिसे दोनों सिरों पर ढक्कन द्वारा बन्द किया जाता है। बॉडी के निचले भाग में एक लेवल तक पानी भरा होता है। इस पानी को भरने के लिए एक फनल तथा पाइप की व्यवस्था रहती है। एसीटिलीन जेनरेटर से एक पाइप एसीटिलीन को इस पानी में छोड़ता है। पानी से निकलकर यह गैस बॉडी के ऊपरी भाग से टोंटी द्वारा हौज पाइप में छोड़ दी जाती है। हौज पाइप के द्वारा गैस ब्लो पाइप तक जाती है।

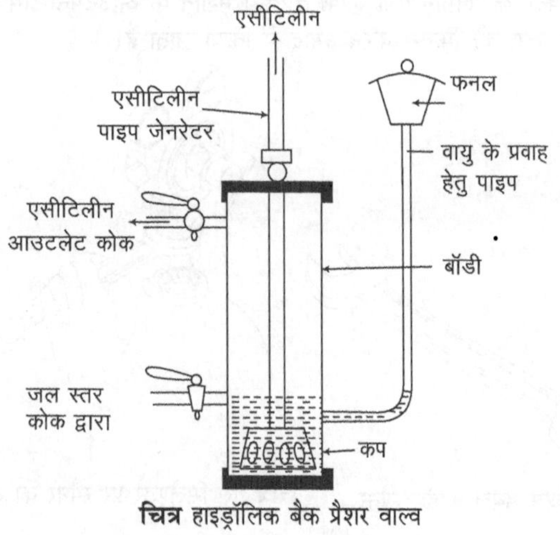

चित्र हाइड्रॉलिक बैक प्रैशर वाल्व

8. गैस शोधक Gas Purifier

एसीटिलीन गैस में कुछ मात्रा में फॉस्फोमिन या फॉस्फोरेटेड हाइड्रोजन, कार्बन डाइ-ऑक्साइड, सल्फ्यूरेटेड हाइड्रोजन, अमोनिया आदि गैसों की अशुद्धियाँ मिली होती हैं। इसके अतिरिक्त इसमें जलवाष्प (water vapour) भी मिली रहती हैं। ये अशुद्धियाँ वैल्डिंग के लिए हानिकारक हैं, इसलिए इनका निवारण आवश्यक है। इन अशुद्धियों का निवारण गैस शोधक के द्वारा किया जाता है। गैस शोधक को जेनरेटर तथा वाटर सील के मध्य स्थापित किया जाता है।

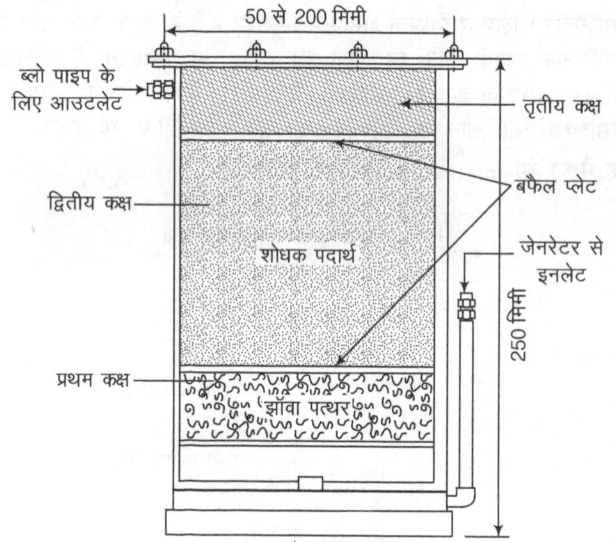

चित्र गैस शोधक

इसमें एक सिलेण्डर को तीन भागों में बाँटा जाता है। इसमें एक इनलेट नीचे तथा एक आउटलेट ऊपरी भाग में लगी होती है। इनलेट नीचे खुले भाग में खुलती है। जेनरेटर से प्राप्त एसीटिलीन, शोधक के निचले कक्ष में गैस इनलेट पाइप से होकर प्रवेश करती है तथा तीनों कक्षों से होकर आउटलेट पाइप से बाहर निकलती है।

प्रथम कक्ष में झाँवा पत्थर (pumice stone) के टुकड़े या कैल्शियम क्लोराइड (calcium chloride) भरा होता है। यह गैस के अन्दर उपस्थित जलवाष्प को शोषित (सोख) कर लेता है।

द्वितीय कक्ष में शोधक रसायन जैसे ब्लीचिंग पाउडर (bleaching powder) भरा होता है जो एसीटिलीन से सल्फेटिड तथा फास्फोरेटिड हाइड्रोजन की अशुद्धियों को अपने अन्दर सोख लेता है।

तृतीय कक्ष में ग्लास वूल (glass wool) भरी होती है जो धूल कणों या चूने के पाउडर को गैस के साथ जाने से रोकती है। गैस शोधक में कभी-कभी लकड़ी का बुरादा या पहले से तैयार शोधन कम्पाउण्ड (purifying compound) का भी प्रयोग किया जाता है। इन अशुद्धियों के कारण वैल्डिंग में पोरोसिटी ब्लो-होल आते हैं तथा फ्लेम (flame) का तापक्रम कम बनता है।

टिप्पणी *शुद्धता का परीक्षण करने के लिए एक फिल्टर पेपर को 10% सिल्वर नाइट्रेट के घोल में भिगोकर 10 मिनट तक शुद्ध की गई एसीटिलीन के सम्पर्क में लाएँ। यदि यह भूरा हो जाता है, तो गैस अशुद्ध है अन्यथा शुद्ध है।*

9. सेफ्टी वाल्व Safety Valve

मध्यम दाब एसीटिलीन जेनरेटर या उच्च दाब एसीटिलीन जेनरेटर की गैस स्टोरेज टंकी में सुरक्षा वाल्व लगाए जाते हैं, जिससे कि एक निश्चित दाब से अधिक दाब होने पर ये स्वत: गैस को वायुमण्डल में निष्कासित कर देते हैं तथा दाब घटने पर स्वत: बन्द हो जाते हैं। इस प्रकार गैस की टंकी अधिक दाब के कारण फटने से बच जाती है। सेफ्टी वाल्व जिस दाब पर खुलता है, उसे एक स्प्रिंग के द्वारा नियत किया जाता है। इसकी सैटिंग को कभी भी बदलना नहीं चाहिए एवं समय-समय पर इसकी जाँच अवश्य कराते रहना चाहिए।

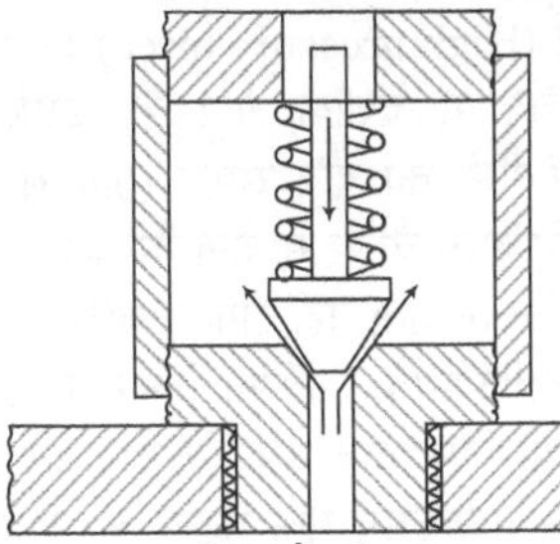

चित्र सेफ्टी वाल्व

10. दाब या गैस रेगुलेटर Pressure or Gas Regulator

गैस वैल्डिंग में निम्न दो प्रकार के दाब रेगुलेटर प्रयोग किए जाते हैं

(i) **ऑक्सीजन दाब रेगुलेटर** Oxygen Pressure Regulator

ब्लो पाइप में ऑक्सीजन के प्रवाह को नियन्त्रित करने व ऑक्सीजन सिलेण्डर में गैस दाब को घटाने के लिए ऑक्सीजन दाब नियन्त्रक का प्रयोग किया जाता है। इसमें राइट हैण्ड स्क्रू चूड़ियाँ कटी होती हैं।

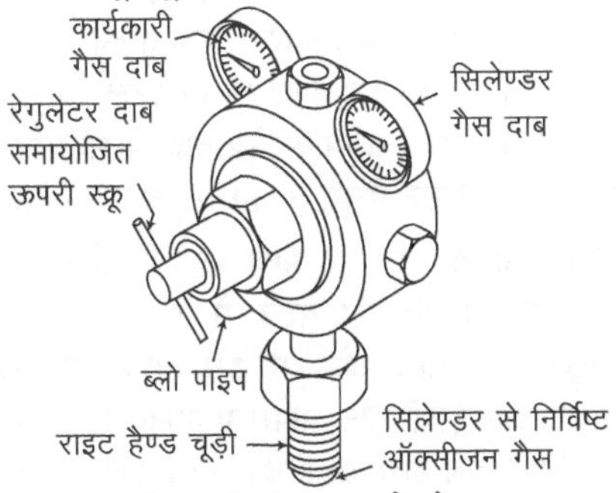

चित्र ऑक्सीजन दाब रेगुलेटर

(ii) **एसीटिलीन दाब रेगुलेटर** Acetylene Pressure Regulator

इस दाब रेगुलेटर का उपयोग ब्लो पाइप में एसीटिलीन गैस के प्रवाह को नियन्त्रित करने व सिलेण्डर में एसीटिलीन गैस के प्रवाह को कम करने के लिए किया जाता है। इस प्रकार के नियन्त्रक पर लैफ्ट हैण्ड चूड़ियाँ बनी होती हैं।

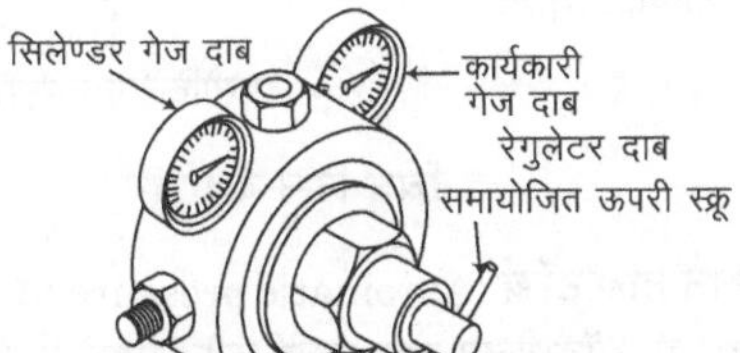

चित्र एसीटिलीन दाब रेगुलेटर

दाब रेगुलेटर के कार्य
Functions of Pressure Regulator

गैस के सिलेण्डरों पर रेगुलेटर निम्न कार्यों के लिए लगाए जाते हैं

(i) सिलेण्डर में गैस का दाब, उसके कार्य दाब (working pressure) से बहुत अधिक होता है। रेगुलेटर उसे आवश्यक दाब तक कम करके सप्लाई करता है।

(ii) सिलेण्डर से गैस कम आने पर उसका दाब घटता रहता है तथा इस कारण बाहर जाने वाली गैस का दाब भी घटेगा। यह उसे नियन्त्रित करके समान दाब पर सप्लाई करता है।

(iii) रेगुलेटर के द्वारा हम आवश्यकतानुसार किसी भी दाब पर गैस की सप्लाई प्राप्त कर सकते हैं।

(iv) रेगुलेटर में लगे दाब गेज, सिलेण्डर तथा वर्किंग गैस का दाब दर्शाते रहते हैं।

रेगुलेटर को सिलेण्डर से जोड़ने एवं हटाने की विधि
Method of Fixing and Removing Regulator from Cylinder

रेगुलेटर को सिलेण्डर में जोड़ने के लिए क्रमवार दिए गए पदों में कार्य करना चाहिए।

(i) सर्वप्रथम, वाल्व सीट तथा उसके मार्ग को साफ करने के लिए वाल्व को हल्का-सा खोलें तथा थोड़ी गैस वायुमण्डल में जाने दें इसे क्रैकिंग ऑफ सिलेण्डर (cracking of cylinder) कहते हैं।

(ii) अब उचित रेगुलेटर को सिलेण्डर पर कस दें।

(iii) रेगुलेटर के ऊपर दाब गेज सीधा कसें तथा एक लीकप्रूफ जोड़ बनाने के लिए वाशर का प्रयोग करें।

(iv) दाब सैटिंग स्क्रू को पूरा खोल दें।

(v) सिलेण्डर का वाल्व धीरे-धीरे खोलें। सिलेण्डर दाब गेज द्वारा इसका दाब प्रदर्शित होता है।

(vi) अब दाब एडजस्टिंग स्क्रू को धीरे-धीरे दाएँ घुमाकर अन्दर की ओर कसें तथा कार्यकारी दाब गेज में रीडिंग को देखते हुए कार्यकारी दाब सैट कर दें।

(vii) जब रेगुलेटर को उतारना हो, तो पहले सिलेण्डर वाल्व को बन्द कर दें तथा टॉर्च में गैस को जलने दें। जब ज्वाला बन्द हो जाए तथा दोनों दाब गेज शून्य (zero) पर आ जाएँ, तब एडजस्टिंग स्क्रू को पूरा ढीला करके रेगुलेटर को सिलेण्डर से अलग कर दें।

11. हौज पाइप Hose Pipe

ऑक्सीजन तथा एसीटिलीन गैस को गैस सिलेण्डरों से वैल्डिंग टॉर्च तक पहुँचाने के लिए रबड़ के हौज पाइप प्रयोग किए जाते हैं। इनको री-इन्फोर्स करके गैस का दाब सहने योग्य बनाया जाता है। हरे या काले रंग का पाइप ऑक्सीजन के लिए प्रयोग किया जाता है। हौज पाइप को निप्पल (nipple) पर चढ़ाकर प्लेन नट के द्वारा सिलेण्डर पर लगे रेगुलेटर में फिट किया जाता है। इन नटों के अन्दर दाएँ हाथ की चूड़ियाँ होती हैं। हौज पाइपों के नट तथा निप्पल चित्र में दर्शाए गए हैं। लाल रंग के हौज पाइप को ग्रूव कटे हुए नटों वाले निप्पल पर चढ़ाकर एसीटिलीन गैस के सिलेण्डर पर लगे रेगुलेटर के निकास पर फिट किया जाता है। इन नटों में बाएँ हाथ की चूड़ियाँ होती हैं।

काले रंग के हौज पाइप अन्य प्रकार की वैल्डिग गैसों के लिए प्रयोग किए जाते हैं। हौज पाइप 5 मी से 20 मी की लम्बाई के होते हैं।

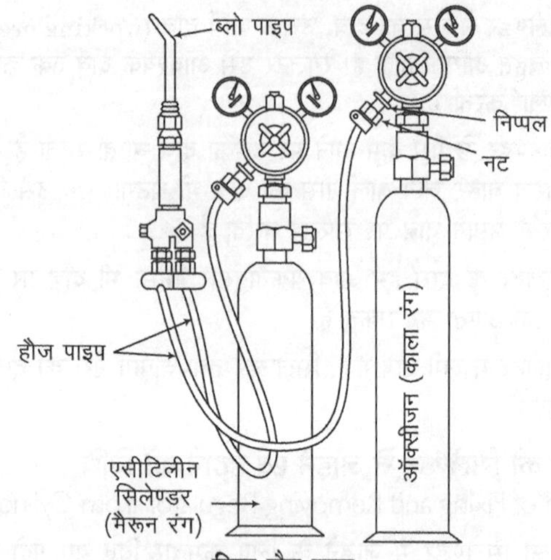

चित्र हौज पाइप

हौज पाइप सम्बन्धी दुर्घटना से बचने के लिए निम्न बातों का सावधानीपूर्वक पालन करना चाहिए

(i) हौज पाइपों को ज्वलनशील पदार्थों; जैसे-तेल आदि से दूर रखना चाहिए जिससे इनके आग पकड़ने का खतरा न रहे।

(ii) हौज पाइप उपयोग न होने के समय उन्हें लपेटकर दीवार या स्टैण्ड पर लटका देना चाहिए जिससे इनके कटने का डर न रहे।

(iii) हौज पाइप पर टेप लगाकर कभी रिपेयर नहीं करना चाहिए।

(iv) हौज पाइपों को उपयुक्त फिटिंग के साथ ही प्रयोग करना चाहिए तथा हमेशा क्लैम्प प्रयोग करने चाहिए।

(v) प्रयोग से पहले हौज पाइप को ध्यानपूर्वक साफ कर लेना चाहिए।

12. वैल्डिंग टॉर्च या ब्लो पाइप
Welding Torch or Blow Pipe

वैल्डिंग टॉर्च अथवा ब्लो पाइप के द्वारा उचित अनुपात में ईंधन गैस तथा ऑक्सीजन या हवा को मिलाकर एक नॉजल के द्वारा फ्लेम (flame) तैयार की जाती है। आवश्यक गुणों वाली फ्लेम तैयार करने के लिए इसमें ईंधन गैस तथा ऑक्सीजन की मात्रा को नियन्त्रित करने के लिए दो निडिल वाल्व (needle valve) होते हैं। वैल्डिंग टिप के आगे टिप वाले भाग को नॉजल कहते हैं।

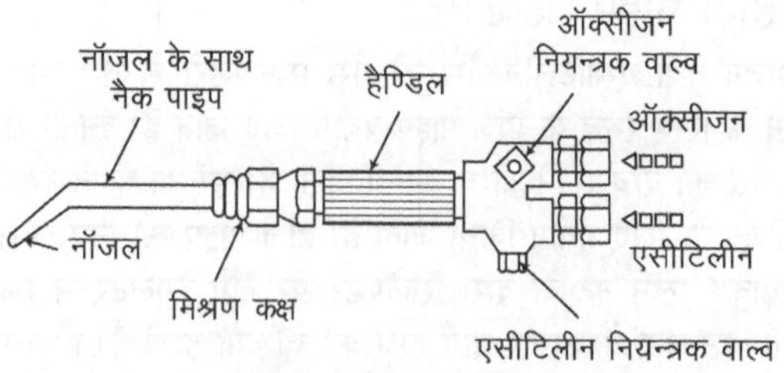

चित्र वैल्डिंग टॉर्च

वैल्डिंग टॉर्च में सर्वप्रथम दोनों गैसों को वाल्व द्वारा नियन्त्रित कर मिक्सिंग चैम्बर में भेजा जाता है। यहाँ दोनों गैसों को आपस में अच्छे से मिलाया जाता है।

इसके पश्चात् इस मिश्रण को एक स्मूथ फ्लो (smooth flow) द्वारा टॉर्च की टिप की ओर भेज दिया जाता है। इस स्मूथ फ्लो एवं मिश्रण गैस से स्मूथ एवं नियन्त्रित फ्लेम प्राप्त होती है। एसीटिलीन गैस आपूर्ति के आधार पर वैल्डिंग टॉर्च तीन प्रकार की होती हैं

(i) उच्च दाब टॉर्च
(ii) निम्न दाब टॉर्च
(iii) स्वचालित दाब टॉर्च

(i) **उच्च दाब टॉर्च** (High pressure torch) उच्च दाब टॉर्च का एक कट सेक्शन चित्र में दर्शाया गया है। इसमें एसीटिलीन तथा ऑक्सीजन दोनों गैसों का दाब समान (0.5 से 0.7 वायुमण्डलीय दाब) होता है। मिक्सिंग चैम्बर में दोनों गैसें बराबर अनुपात में मिलती हैं। इसमें कोई कोन (cone) नहीं लगाया जाता है। उच्च दाब पर होने के कारण एसीटिलीन स्वत: मिक्सिंग चैम्बर में पहुँचती है। उच्च दाब टॉर्च को कभी-भी निम्न दाब एसीटिलीन लाइन से समायोजित नहीं करना चाहिए, क्योंकि इसमें बैक फायर का खतरा होता है।

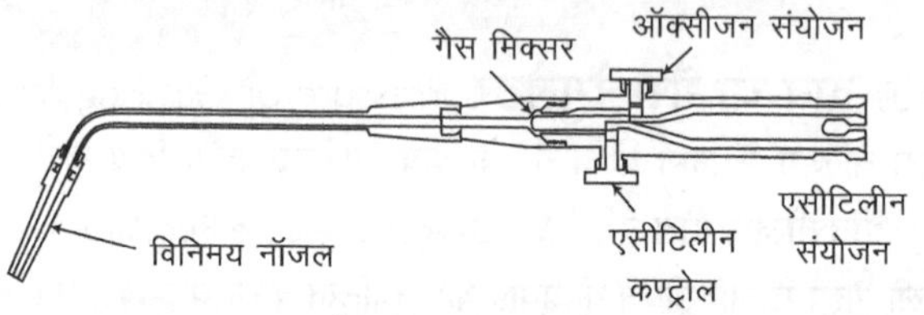

चित्र उच्च दाब टॉर्च

(ii) **निम्न दाब टॉर्च** (Low pressure torch) चित्र में एक निम्न दाब टॉर्च दर्शायी गई है जिसमें इंजेक्टर सिद्धान्त का प्रयोग होता है। इसमें जेनरेटर द्वारा निम्न दाब पर बनाई गई एसीटिलीन गैस प्रयोग की जाती है। इस गैस का दाब, वायुमण्डलीय दाब से भी कम होता है। इसमें मिक्सिंग चैम्बर में एक वेंचुरी (venturi) को फिट किया जाता है।

ऑक्सीजन अधिक दाब पर मध्य मार्ग से कोन में छोड़ी जाती है जिससे वेंचुरी में क्षेत्रफल बढ़ने से दाब कम हो जाता है और एसीटिलीन गैस चारों ओर से इस चैम्बर में खिंच आती है। ऑक्सीजन तथा एसीटिलीन आपस में मिलकर टिप की ओर प्रवाहित होती हैं। निम्न दाब टॉर्च की टिप (tip) विभिन्न आकारों में उपलब्ध हैं जिससे फ्लेम को उत्पाद की मोटाई के अनुसार समायोजित किया जा सकता है।

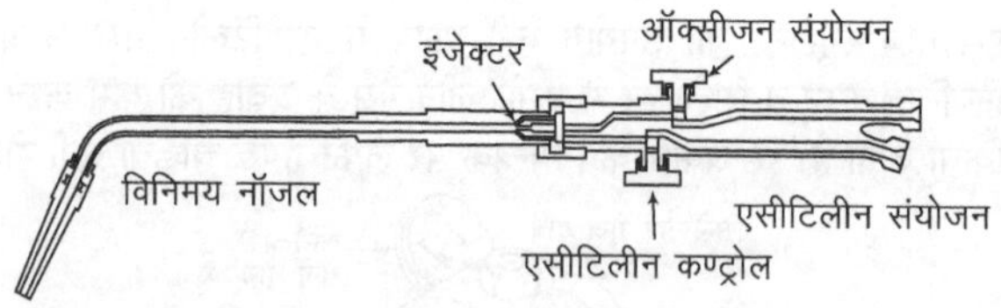

चित्र निम्न दाब टॉर्च

(iii) **स्वचालित दाब टॉर्च** (Automatic pressure torch) इस टॉर्च या ब्लो पाइप में ऑक्सीजन तथा एसीटिलीन पहले से निर्धारित अनुपात में मिलती है। अत: फ्लेम को आवश्यकतानुसार परिवर्तित नहीं किया जा सकता। यह सदैव एक ही प्रकार की बनी रहती है, इसलिए इसका उपयोग स्वचालित वैल्डिंग में किया जाता है।

उपरोक्त वर्गीकरण के अतिरिक्त वैल्डिंग टॉर्चों को टिपों के आधार पर 'सिंगल टिप' तथा 'मल्टी टिप' टॉर्च में वर्गीकृत किया जा सकता है। सिंगल टिप टॉर्च में एक ही टिप होती है, जबकि मल्टी टिप टॉर्च में कार्य की आवश्यकता के अनुसार उचित साइज की टिप बदलकर प्रयोग की जाती है।

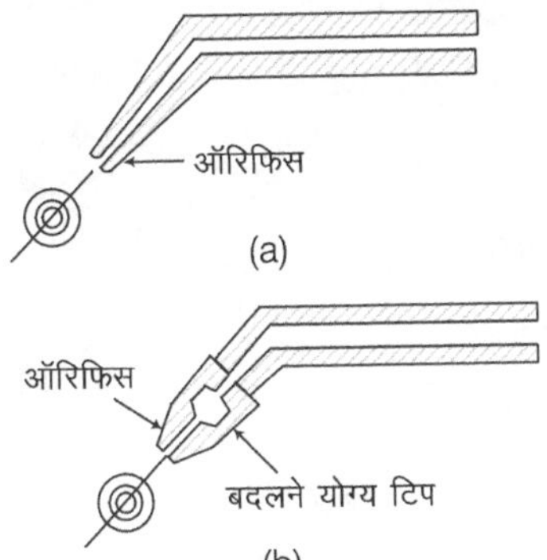

चित्र टॉर्च टिप

वैल्डिंग टॉर्च टिप का साइज Size of the Welding Torch Tip

नॉजल या टिप, वैल्डिंग टॉर्च/ब्लो पाइप के आगे अलग से लगाया गया एक प्रमुख भाग है। इसके द्वारा फ्लेम का आकार (size) व उससे पैदा होने वाली ऊष्मा की मात्रा को निर्धारित किया जाता है। इससे गुजरने वाली गैस की मात्रा इसमें बने छिद्र के आकार पर निर्भर करती है।

इसका साइज भी इसी छिद्र के आकार से दिया जाता है। ये टिप पीतल अथवा ताँबे की बनाई जाती हैं। ये धातुएँ ताप की अच्छी सुचालक होने के कारण (ऊष्मा के कारण) जल्दी खराब नहीं होती हैं। टिपों का साइज उन पर नम्बर डालकर अंकित किया जाता है

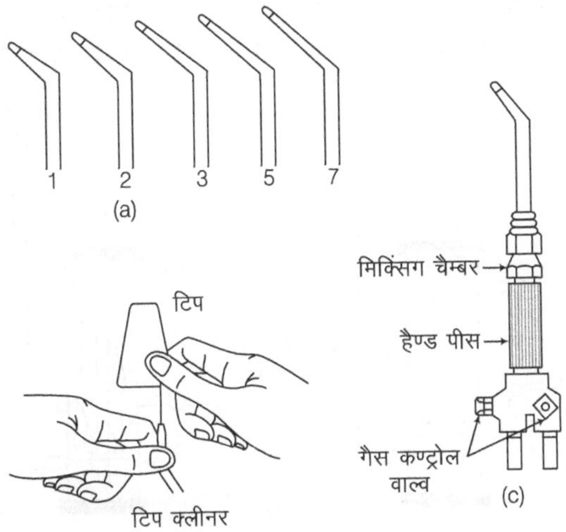

चित्र विभिन्न प्रकार के नॉजल व उनकी फिटिंग

वैल्ड की जाने वाली प्लेटों की मोटाई के अनुसार नॉजल के आकार में विभिन्नता अग्र तालिका में दर्शायी गई है

तालिका विभिन्न मोटाई की प्लेटों के लिए उपयुक्त टिप का आकार

टिप/नॉजल का नम्बर	प्लेट की मोटाई (मिमी)	गैस खपत (ली/घण्टा)
1	0.8	29
2	0.8-1.2	57
3	1.2-1.6	86
5	1.6-2.4	140
7	2.4-3.0	200
10	3.0-4.0	280
13	4.0-5.0	370
18	5.0-6.0	520
25	6.0-8.0	710
35	8.0-10.0	1000
45	10.0-12.0	1300
55	12.0-19.0	1600
70	19.0-25.0	2000
90	25.0-32.0	2500

टिप में किसी प्रकार की रुकावट होने पर बैक फायर (back fire) या पोप (pop) होने का खतरा रहता है। अत: टिप को साफ करते रहना चाहिए।

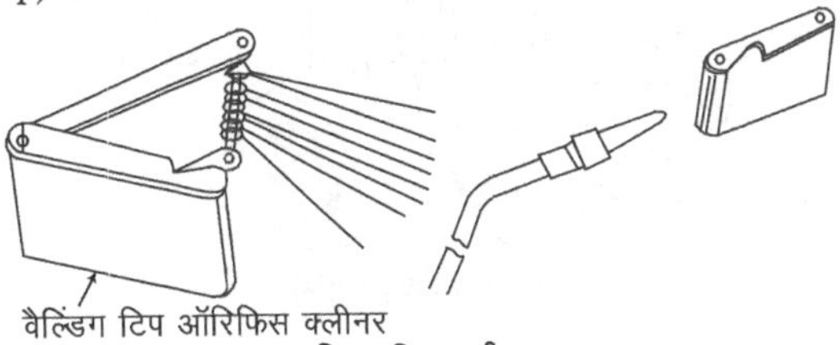

चित्र टिप क्लीनर

वैल्डिंग टॉर्च टिप के लिए अनुरक्षण बिन्दु
Maintenance Points for Welding Torch Tip

टॉर्च टिप के उचित अनुरक्षण के लिए निम्न बातें सदैव ध्यान रखनी चाहिए

(i) गर्म टॉर्च की टिप खोली तो जा सकती है, पर गर्म टॉर्च पर टिप लगानी नहीं चाहिए।

(ii) टिप को प्लायर के द्वारा कभी नहीं खोलना चाहिए। हमेशा स्पैनर द्वारा ही टिप को खोलना चाहिए।

(iii) नॉजल ऑरिफिस को केवल टिप क्लीनर से साफ करें, जो इस उद्देश्य के लिए मुख्य रूप से बना होता है।

टिप की मरम्मत करने की विधि निम्न चित्र में दर्शायी गई है

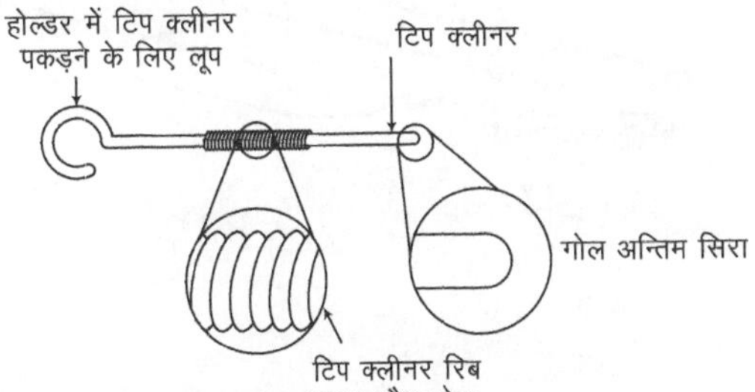

चित्र टिप रिपेयर करने की विधि

13. सिलेण्डर ट्रॉली Cylinder Trolly

गैस सिलेण्डरों को एक स्थान से दूसरे स्थान पर ले जाने के लिए सदैव ट्रॉली का ही प्रयोग करना चाहिए। गैस सिलेण्डर को ट्रॉली में ले जाते समय यह सुनिश्चित कर लेना चाहिए कि उन्हें ठीक से ट्रॉली में चेन द्वारा बाँध लिया गया है अथवा नहीं। सिलेण्डरों को घसीटकर या लुढ़काकर कभी भी नहीं ले जाना चाहिए, इससे रेगुलेटर के टूटने का खतरा बना रहता है। सिलेण्डर ट्रॉली में दो बड़े पहिए तथा एक चौरसनुमा पाइप का हैण्डिल लगा होता है जिनकी सहायता से सिलेण्डरों को आसानी से लाया और ले जाया जा सकता है।

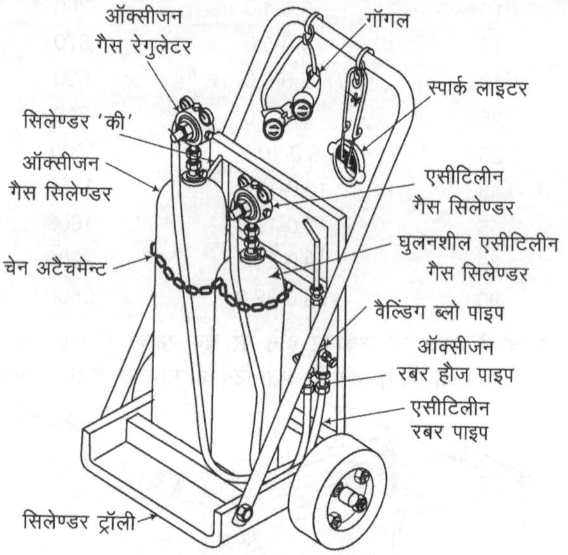

चित्र सिलेण्डर ट्रॉली

14. लाइटर या इग्नाइटर Lighter or Ignitor

टॉर्च या ब्लो पाइप पर गैस को जलाने के लिए कभी भी माचिस के प्रयोग की अनुमति नहीं दी जाती, क्योंकि इससे हाथ जलने का खतरा रहता है। इसके लिए एक विशेष प्रकार का टॉर्च लाइटर प्रयोग किया जाता है, जैसा कि निम्न चित्र में दर्शाया गया है।

इसमें एक रेतीनुमा सतह पर फ्लिंट पत्थर (flint stone) को रगड़कर स्पार्क बनाया जाता है। यह स्पार्क कप के अन्दर एकत्र गैस को जला देता है। इससे ज्वलनशील गैस जलकर फ्लेम बना देती है। यदि टॉर्च लाइटर न हो, तो इस स्थिति में सुलगती हुई रस्सी प्रयोग करनी चाहिए।

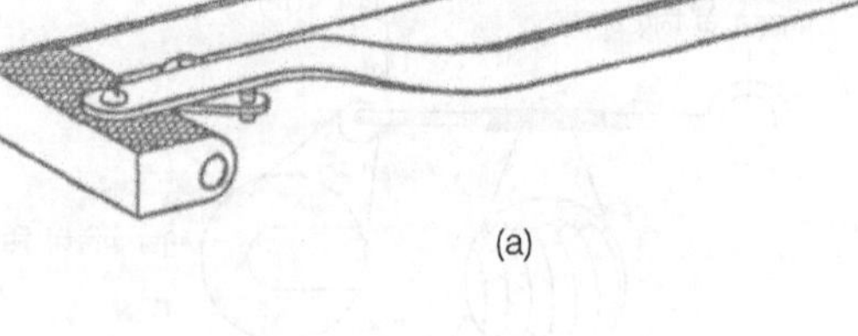

(a)

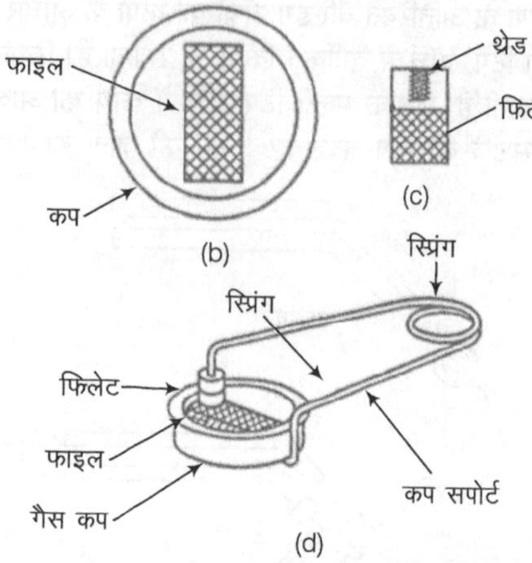

चित्र टॉर्च लाइटर

15. फ्लैश बैक अरेस्टर Flash Back Arrestor

जब कभी भी बैक फायर या फ्लैश बैक (back fire or flash back) होता है, तो गैस पाइप के अन्दर ही जलने लगती है, जिससे पाइप के अन्दर का दाब बढ़ जाता है। इससे पानी का तल घट जाता है और गैस तथा फ्लेम पोरिंग पाइप (pouring pipe) से बाहर निकल जाती है, जबकि इन्कमिंग गैस पाइप (incoming gas pipe) अभी भी पानी में डूबा रहता है।

इस प्रकार फ्लेम, जेनरेटर की ओर नहीं जा पाती है, इसे फ्लैश बैक अरेस्टर कहते हैं। यह गैस पाइप में बैक फायर या फ्लैश बैक नहीं होने देता है। इससे सुरक्षा हेतु निम्न बातों का ध्यान अवश्य रखें

(i) एक वाटर सील के साथ केवल एक ही ब्लो पाइप जुड़ा होना चाहिए।
(ii) जब भी फ्लैश बैक हो तो पानी के तल की जाँच अवश्य करनी चाहिए।
(iii) समय-समय पर वाटर सील की जाँच करते रहना चाहिए।
(iv) गैस पाइप में पानी का एक निश्चित तल बनाए रखना चाहिए।

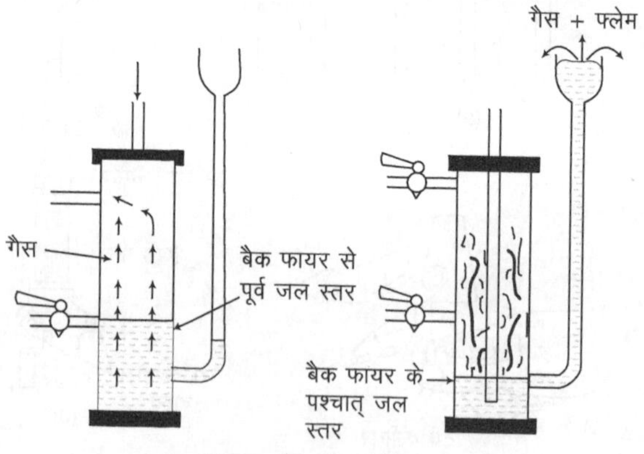

चित्र फ्लैश बैक अरेस्टर

गैस वैल्डिंग उपकरण का प्रयोग करते समय सावधानियाँ
Precautions During Gas Welding Equipments

1. सिलेण्डर को क्लैम्प करके रखना चाहिए।
2. सिलेण्डर वाल्व को खोलकर उसका पथ साफ करके रेगुलेटर को फिट करना चाहिए।
3. साबुन वाले पानी का प्रयोग लीकेज की जाँच करने के लिए करना चाहिए।
4. टॉर्च को जलाने के लिए हमेशा स्पार्क लाइटर का प्रयोग करना चाहिए।
5. गैस वैल्डिंग करते समय फायर, बैक तथा फ्लैश बैक के कारण उत्पन्न न होने दें।
6. वैल्डिंग के लिए नरम न्यूट्रल फ्लेम का उपयोग करना चाहिए।
7. सिलेण्डर वाल्व खोलते समय वर्किंग प्रैशर एडजस्टिंग स्क्रू एडजस्ट कर लेना चाहिए।

11.5 गैस वैल्डिंग में प्रयुक्त गैसें
Gases used in Gas Welding

विभिन्न गैस वैल्डिंग प्रक्रमों में ईंधन गैस के दहन से वैल्डिंग के लिए वांछित ऊष्मा प्राप्त की जाती है। ईंधन गैस के दहन (combustion) के लिए ऑक्सीजन की आवश्यकता होती है। ऑक्सीजन एवं ईंधन गैस के दहन से एक ज्वाला उत्पन्न होती है, जो वैल्डिंग के लिए धातु को तप्त करती है, तत्पश्चात् वैल्डिंग की क्रिया सम्पन्न होती है।

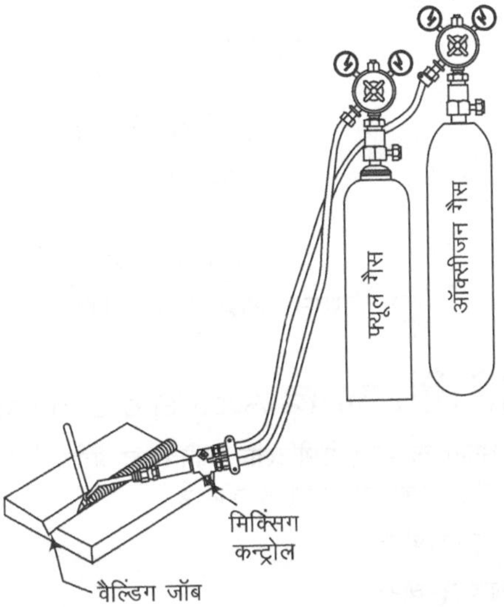

वैल्डिंग के लिए निम्न गैसें प्रयोग की जाती हैं

- एसीटिलीन गैस
- हाइड्रोजन गैस
- कोल गैस
- द्रवित पेट्रोलियम गैस (एल.पी.जी.)

उपरोक्त सभी गैसों को जलाने में ऑक्सीजन सहायता करती है। इस कारण ऑक्सीजन को दहन गैस या सहायक गैस भी कहते हैं।

विभिन्न गैस फ्लेम संयोग
Different Gas Flame Combinations

(i) ऑक्सीजन + एसीटिलीन = ऑक्सी-एसीटिलीन गैस फ्लेम
(ii) ऑक्सीजन + हाइड्रोजन = ऑक्सी-हाइड्रोजन गैस फ्लेम
(iii) ऑक्सीजन + एल. पी. जी. = एल. पी. जी. गैस फ्लेम
(iv) ऑक्सीजन + कोल गैस = ऑक्सी-कोल गैस फ्लेम
(v) ऑक्सीजन + प्रोपेन गैस = ऑक्सी-प्रोपेन गैस फ्लेम

(i) ऑक्सी-एसीटिलीन गैस फ्लेम
Oxy-acetylene Gas Flame

ऑक्सी-एसीटिलीन गैस की फ्लेम का तापक्रम 3100°C से 3300°C तक होता है।

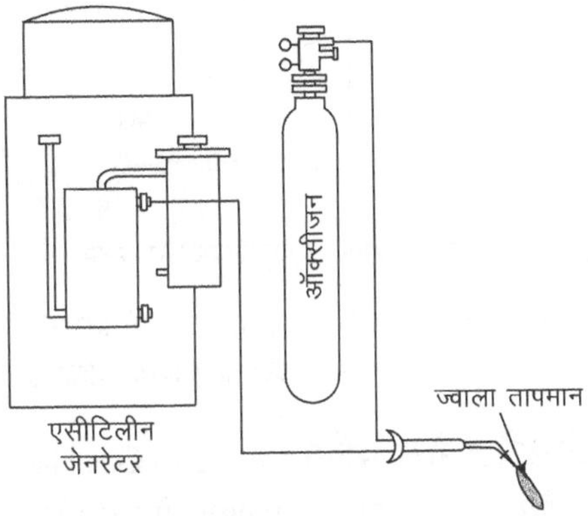

चित्र ऑक्सी-एसीटिलीन गैस फ्लेम

जिस कारण इसका उपयोग सभी लौह एवं अलौह धातुओं तथा उनके अलॉय की वैल्डिंग, गैस कटिंग, इस्पात ब्रेजिंग की गाउजिंग (gouging), ब्रोंज वैल्डिंग, मैटल स्प्रेइंग तथा पाउडर स्प्रेइंग हेतु किया जाता है। ऑक्सी-एसीटिलीन गैस फ्लेम का मिश्रण वैल्डिंग के लिए सर्वाधिक प्रयोग किया जाता है।

(ii) ऑक्सी-हाइड्रोजन गैस फ्लेम Oxy-hydrogen Gas Flame

नमी का प्रभाव और कार्बन उपस्थिति के कारण इसका प्रयोग केवल ब्रेजिंग, चाँदी सोल्डरिंग तथा जल के भीतर इस्पात की गैस कटिंग में किया जाता है। इसकी फ्लेम का तापक्रम 2400°C से 2700°C होता है।

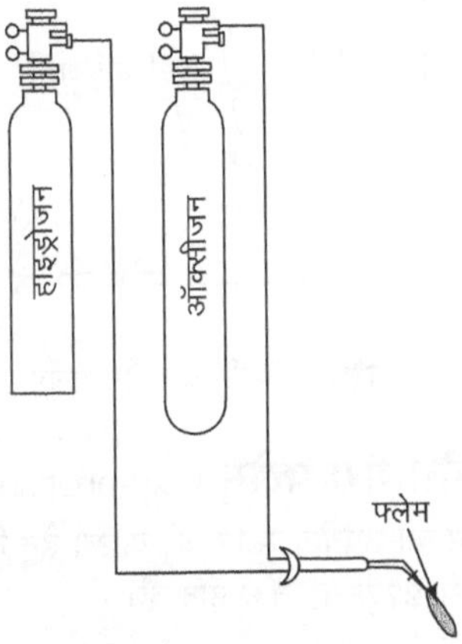

चित्र ऑक्सी-हाइड्रोजन गैस फ्लेम

(iii) ऑक्सी-द्रव पेट्रोलियम गैस फ्लेम
Oxy-Liquid Petrolium Gas Flame

इसकी फ्लेम का तापक्रम 2700°C से 2800°C तक होता है।

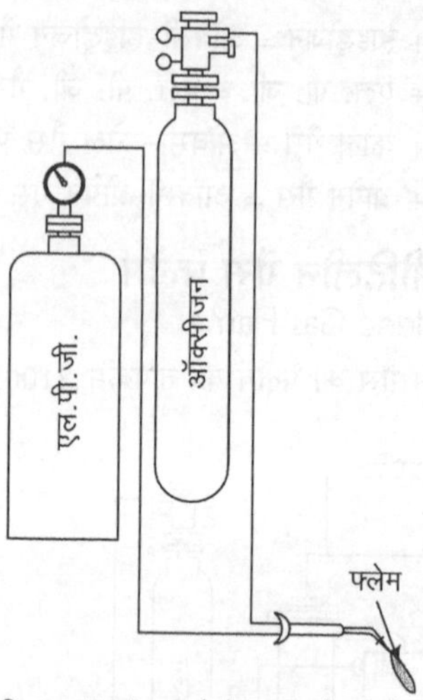

चित्र ऑक्सी-द्रव पेट्रोलियम गैस फ्लेम

इस फ्लेम में कार्बन एवं नाभिकीय प्रभाव होता है। इसे इस्पात की गैस कटिंग के समय हीटिंग (heating) के लिए इस्तेमाल किया जाता है।

(iv) ऑक्सी-कोल गैस फ्लेम Oxy-coal Gas Flame

ऑक्सी-कोल गैस फ्लेम का तापक्रम 1800°C से 2200°C होता है। अन्य गैसों की तुलना में इसका तापक्रम कम होने के कारण तथा ज्वाला (flame) में कार्बन का प्रभाव होने से इसे सोल्डरिंग एवं ब्रेजिंग के लिए प्रयोग किया जाता है।

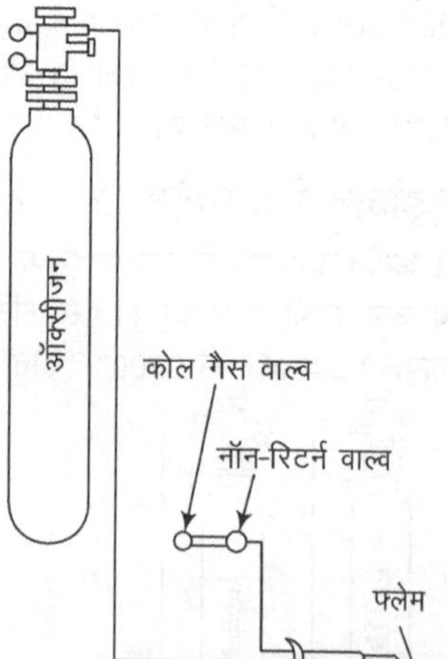

चित्र ऑक्सी-कोल गैस फ्लेम

(v) ऑक्सी-प्रोपेन गैस फ्लेम Oxy-propane Gas Flame

ऑक्सी-प्रोपेन फ्लेम का उपयोग स्टील की कटिंग हेतु किया जाता है। इसका तापमान 2450°C से 2775°C तक होता है।

9.6 एसीटिलीन की निर्माणक विधियाँ
Preparation Methods of Acetylene

एसीटिलीन गैस को निम्न विधियों द्वारा तैयार किया जाता है

1. कैल्शियम कार्बाइड द्वारा
By Calcium Carbide

इस विधि का प्रयोग एसीटिलीन गैस बनाने में सबसे अधिक किया जाता है। इस विधि में जब कैल्शियम कार्बाइड पानी के सम्पर्क में आती है, तो एसीटिलीन गैस उत्पन्न होती है। इसकी रासायनिक क्रिया निम्न प्रकार होती है

$$\underset{\text{(कैल्शियम कार्बाइड)}}{CaC_2} + \underset{\text{(पानी)}}{2H_2O} \longrightarrow \underset{\text{(एसीटिलीन)}}{C_2H_2} + \underset{\text{(चूना)}}{Ca(OH)_2}$$

कैल्शियम कार्बाइड तथा पानी की क्रिया द्वारा चूना तथा एसीटिलीन गैस उत्पन्न होती है। यह गैस जनित्र टंकी में एकत्र कर ली जाती है। जब टंकी में चूना नीचे बैठ जाता है, तो जनित्र खोलकर इसे बाहर निकाल दिया जाता है। इस चूने का प्रयोग घरों में सफेदी करने तथा खाद इत्यादि में किया जाता है।

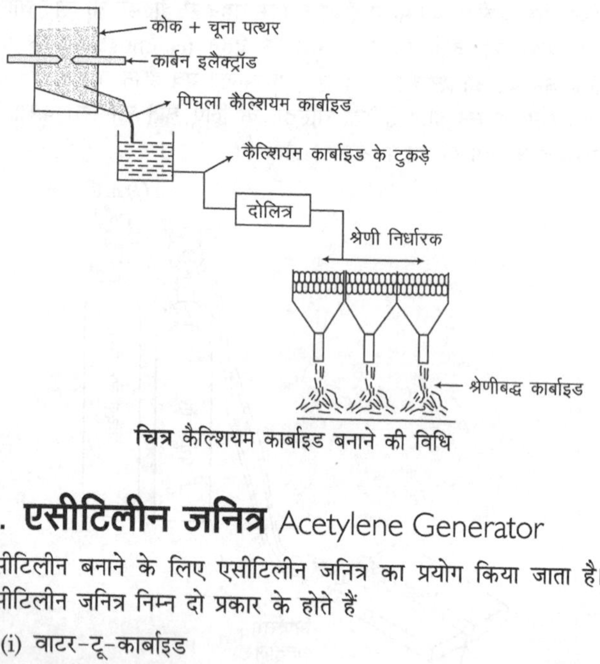

चित्र कैल्शियम कार्बाइड बनाने की विधि

2. एसीटिलीन जनित्र Acetylene Generator

एसीटिलीन बनाने के लिए एसीटिलीन जनित्र का प्रयोग किया जाता है। एसीटिलीन जनित्र निम्न दो प्रकार के होते हैं

(i) वाटर-टू-कार्बाइड

(ii) कार्बाइड-टू-वाटर

(i) वाटर-टू-कार्बाइड Water to Carbide

इस विधि द्वारा एसीटिलीन बनाने के लिए कार्बाइड को एक विशेष प्रकार के बर्तन में रखने के पश्चात् ऊपर से पानी डाला जाता है। इस प्रकार प्राप्त एसीटिलीन गैस का प्रयोग वैल्डिंग कार्यों हेतु किया जाता है। सामान्यत: एसीटिलीन बनाने के लिए पोर्टेबल वाटर-टू-कार्बाइड एसीटिलीन जनित्र का उपयोग किया जाता है।

पोर्टेबल टाइप Portable Type

चित्र में एक पोर्टेबल टाइप निम्न दाब जनित्र दिखाया गया है। इस जनित्र द्वारा 0.17 किग्रा/सेमी^{2} का एसीटिलीन दाब उत्पन्न किया जाता है। इसमें एक ड्रम होता है, जिसके निचले सिरे में एक समकोण बनाता हुआ गोल चैम्बर वैल्ड किया होता है। इसके साथ बाहर की तरफ एक लीकप्रूफ (leakproof) ढक्कन लगा होता है, जो चूड़ियों की सहायता से बन्द होता है। इस चैम्बर में तश्तरी (tray) रखी जाती है, जिस पर कार्बाइड रखा जाता है। इसके चारों ओर पानी भरा रहता है, जिससे चैम्बर ठण्डा रहता है और एसीटिलीन बनने के समय गर्मी को बाहर निकालता है। इस चैम्बर को जेनरेटिंग चैम्बर कहते हैं।

गैस बनाने की विधि Method of Making Gas

एसीटिलीन बनाने के लिए सर्वप्रथम आवश्यक कार्बाइड की तश्तरी को चैम्बर में रखकर ढक्कन बन्द कर दिया जाता है। पानी की सप्लाई बाईं ओर लगे कैम लीवर को उठाकर प्रदान की जाती है। उत्पन्न गैस 'U' आकार के पाइप से संघनन कक्ष में इकट्ठी हो जाती है तथा अपने दाब द्वारा पानी को पीछे धकेल देती है। इस चैम्बर से गैस मुख्य टोंटी (main cock) तथा वाटर सील (water seal) से होती हुई फ्लेम बनाने के लिए बाएँ पाइप में चली जाती है।

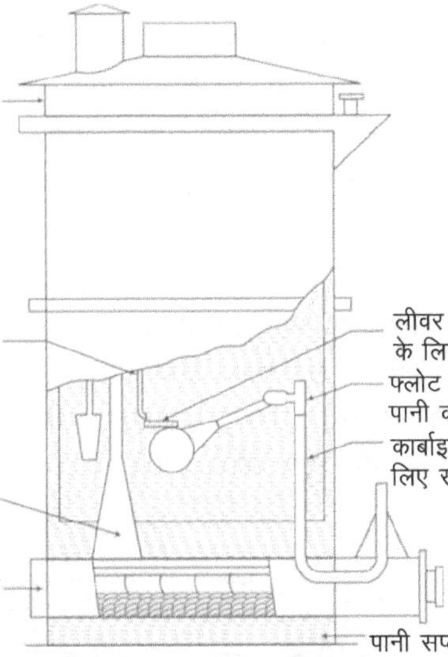

चित्र पोर्टेबल टाइप वाटर-टू-कार्बाइड जनित्र

(ii) कार्बाइड-टू-वाटर Carbide to Water

इस प्रकार के माध्यम दाब एसीटिलीन गैस जनित्र में कार्बाइड, जल पर स्वत: गिरता है। इसके द्वारा 1 किग्रा/सेमी^{2} तक का एसीटिलीन दाब उत्पन्न किया जा सकता है। इस प्रकार के जनित्र में कार्बाइड को हॉपर (hopper) या विशेष प्रकार के बर्तन में डालकर पानी में धीरे-धीरे गिराया जाता है। टोकरी या छिद्रों वाले बर्तन में कार्बाइड रखकर पानी में धीरे-धीरे डुबोया जाता है। इस प्रकार एसीटिलीन गैस उत्पन्न होती है और इसका दाब जनित्र में बढ़ जाता है। बढ़े हुए दाब से हॉपर का खुलने वाला ढक्कन बन्द होता है और पानी को पीछे धकेलकर पानी का सम्पर्क टूट जाता है और एसीटिलीन बननी बन्द हो जाती है। गैस का उपयोग करने पर जब दाब कम होता है, तो हॉपर का मुँह खुल जाता है और पानी कार्बाइड के सम्पर्क में आकर गैस बनानी शुरू कर देता है। इस प्रकार बार-बार यही प्रक्रिया दोहराई जाती है। यह एक मीडियम दाब जनित्र है।

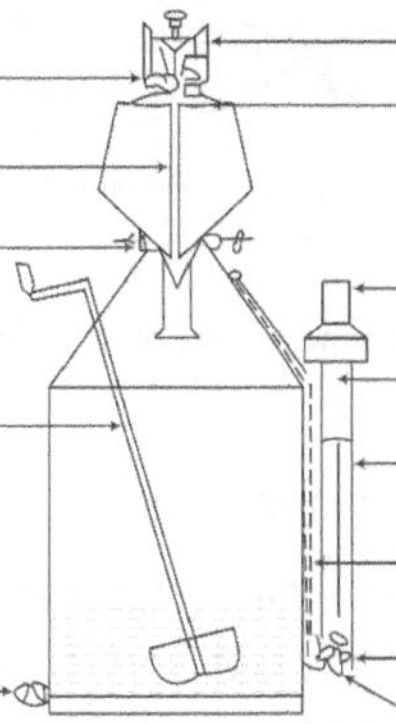

चित्र कार्बाइड-टू-वाटर जनित्र

तालिका कार्बाइड-टू-वाटर तथा वाटर-टू-कार्बाइड एसीटिलीन जनित्र में अन्तर

क्र.सं.	कार्बाइड-टू-वाटर	वाटर-टू-कार्बाइड
1.	इसमें गैस का उत्पादन अधिक मात्रा में होता है।	इसमें गैस कम मात्रा में बनती है।
2.	इसमें गैस अधिक दाब पर बनाई जा सकती है।	इसमें गैस कम दाब पर बनती है।
3.	इसे पुनः चार्ज करने में अधिक समय लगता है तथा कठिन भी है।	इसे पुनः चार्ज करने में कम समय लगता है तथा आसान है।
4.	इसकी प्रारम्भिक लागत अधिक है।	इसकी प्रारम्भिक लागत कम है।
5.	इसमें मात्र 14 NDT ग्रेड का कार्बाइड प्रयोग किया जाता है।	इसमें किसी भी ग्रेड का कार्बाइड प्रयोग किया जा सकता है।
6.	इसमें कार्यकारी दाब (working pressure) को आसानी से नियन्त्रित किया जा सकता है।	कार्यकारी दाब को आसानी से नियन्त्रित नहीं किया जा सकता है।
7.	इसमें सभी प्रकार के ब्लो पाइपों का प्रयोग किया जा सकता है।	इसमें इंजेक्टर टाइप का ब्लो पाइप तैयार किया जा सकता है।

9.7 ऑक्सी-एसीटिलीन फ्लेम के मुख्य भाग

Main Parts of Oxy-Acetylene Flame

ऑक्सी-एसीटिलीन फ्लेम निम्न तीन भागों से मिलकर बनी होती है

1. भीतरी कोन 2. मध्य आवरण 3. बाहरी आवरण

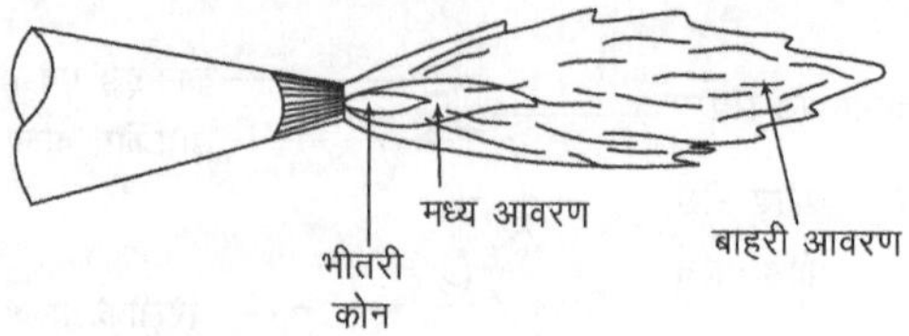

चित्र ऑक्सी-एसीटिलीन फ्लेम के मुख्य भाग

1. भीतरी कोन Inner Cone

यह फ्लेम का वह चमकदार भाग है, जहाँ एसीटिलीन तथा ऑक्सीजन का मिश्रण वैल्डिंग टॉर्च की टिप से बाहर आता है। इस कोन का रंग हल्का नीला होता है। इस भाग का तापमान 2760°C से 3480°C तक होता है।

भीतरी कोन के सबसे अगले भाग का तापमान 3480°C होता है। वैल्डिंग प्रक्रिया के समय यह कोन बेस धातु से छूना नहीं चाहिए, बल्कि यह बेस धातु से 1.00 से 3.00 मिमी दूर रहना चाहिए।

चित्र में फ्लेम का भीतरी कोन दर्शाया गया है। इस भाग को ब्रिलिएन्ट कम्बशन जोन (brilliant combustion zone) भी कहते हैं। इस भाग में एसीटिलीन गैस, टॉर्च की ऑक्सीजन से क्रिया करती है तथा ऊष्मा प्रदान करती है।

$$C_2H_2 + O_2 \longrightarrow 2CO + H_2 + 107.58 \text{ kcal}$$

2. मध्य आवरण Intermediate Zone

भीतरी कोन के ऊपरी तथा बाहरी कवच (outer envelope) के अन्दर के भाग को मध्य भाग (intermediate zone) कहा जाता है। इसको एसीटिलीन फीदर (acetylene feather) भी कहा जाता है।

इसी भाग में एसीटिलीन गैस का प्रज्वलन (ignition) होता है। इस भाग का रंग सफेद होता है। फ्लेम के मध्य आवरण में ही कार्बन मोनोऑक्साइड तथा हाइड्रोजन का रिडक्शन (reduction) होता है तथा ताप उत्पन्न होता है। इसमें सबसे अधिक 2090°C तापक्रम होता है।

$$2CO + H_2 + 1.5O_2 \longrightarrow 2CO_2 + H_2O + 203.57 \text{ kcal}$$

3. बाहरी आवरण Outer Zone

यह फ्लेम का सबसे बाहरी भाग होता है। इस भाग के मध्य में बने अवशेषों का पुनर्ज्वलन वायुमण्डलीय ऑक्सीजन से होता है। अत: इसी भाग में ज्वलन क्रिया पूरी होती है। इस भाग का तापक्रम 2000°C से 2400°C तक होता है।

9.8 ऑक्सी-एसीटिलीन फ्लेम का वर्गीकरण

Classification of Oxy-Acetylene Flame

ऑक्सी-एसीटिलीन फ्लेम को निम्न आधार पर वर्गीकृत किया जा सकता है

गैसों के अनुपात के आधार पर

On the Basis of Ratio of Gases

ऑक्सी-एसीटिलीन फ्लेम को ऑक्सीजन तथा एसीटिलीन गैसों के अनुपात के आधार पर तीन निम्न वर्गों में विभाजित किया जा सकता है

(i) उदासीन फ्लेम
(ii) कार्बुराइजिंग फ्लेम
(iii) ऑक्सीडाइजिंग फ्लेम

(i) उदासीन फ्लेम Neutral Flame

उदासीन फ्लेम में एसीटिलीन तथा ऑक्सीजन की लगभग बराबर मात्राएँ एसीटिलीन टॉर्च में मिलाकर जलाई जाती हैं। इसका तापक्रम लगभग 3260°C होता है। इसमें फ्लेम के भीतरी कोन के ऊपर बाहरी कवच होता है। इसमें मध्य भाग नहीं होता है। इसके बाहरी कवच में सुपरहीटेड (superheated) कार्बन मोनोऑक्साइड तथा हाइड्रोजन गैसें होती हैं, जो भीतरी कोन से प्राप्त होती हैं तथा वायुमण्डल में उपस्थित ऑक्सीजन से क्रिया करती हैं।

इसका रंग भीतरी कोन के रंग से अधिक गाढ़ा (dark) होता है। इस फ्लेम को उदासीन फ्लेम इसलिए कहा जाता है, क्योंकि इसके द्वारा वैल्ड धातु में कोई रासायनिक परिवर्तन नहीं होता। इसके द्वारा माइल्ड स्टील, स्टेनलैस स्टील, कास्ट आयरन, कॉपर तथा एल्युमीनियम आदि धातुएँ वैल्ड की जा सकती हैं। चित्र में एक न्यूट्रल फ्लेम दर्शायी गई है।

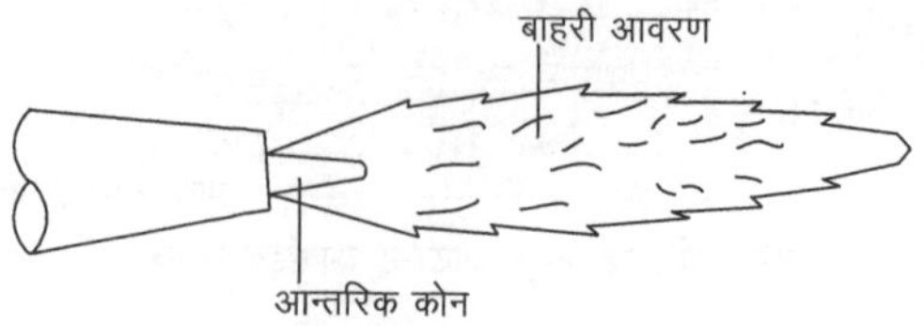

चित्र उदासीन फ्लेम

(ii) कार्बुराइजिंग फ्लेम Carburising Flame

यदि उदासीन ज्वाला (neutral flame) को दी जाने वाली ऑक्सीजन की मात्रा घटा दी जाए तो फ्लेम, कार्बुराइजिंग या रिड्यूसिंग फ्लेम में परिवर्तित हो जाती है। इसमें ऑक्सीजन की तुलना में एसीटिलीन की मात्रा अधिक होती है। चित्र में एक कार्बुराइजिंग फ्लेम दर्शायी गई है।

जैसा कि चित्र में भी दर्शाया गया है, इसमें भीतरी कोन तथा बाह्य कवच के बीच में एक एसीटिलीन फीदर (acetylene feather) भी होता है। इसी से कार्बुराइजिंग फ्लेम की पहचान होती है। इस फ्लेम का बाह्य कवच, उदासीन फ्लेम की तुलना में अधिक बड़ा तथा चमकदार होता है।

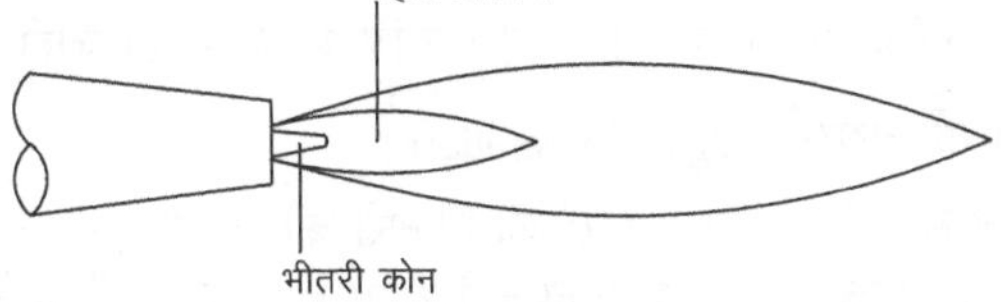

चित्र कार्बुराइजिंग फ्लेम

यह फ्लेम एसीटिलीन गैस में उपस्थित समस्त कार्बन का ऑक्सीकरण नहीं करती, इसलिए इसका तापक्रम 3038°C तक ही हो पाता है। फ्लेम में बचा हुआ कार्बन वैल्ड धातु के साथ मिल जाता है और इसकी कठोरता बढ़ाता है। यह कार्बन स्टील या आयरन के साथ मिलकर एक अत्यन्त कठोर पदार्थ, आयरन कार्बाइड बनाता है। यह फ्लेम हार्ड फेसिंग (hard facing) या केस हार्डनिंग (case hardening) के काम भी आती है।

इस फ्लेम का प्रयोग निकेल, मोनल धातु (monel metal) को वैल्ड करने या चाँदी का टाँका लगाने के लिए भी किया जाता है। इसके द्वारा ऐसी धातु को वैल्ड नहीं करना चाहिए, जो कार्बन को अपने अन्दर शोषित करे और जिसके अनावश्यक रूप से कठोर (hard) होने का खतरा हो।

कार्बुराइजिंग फ्लेम तथा रिड्यूसिंग फ्लेम में अन्तर भी होता है। एक कार्बुराइजिंग फ्लेम वैल्ड धातु को कार्बन सप्लाई करती है, जबकि रिड्यूसिंग फ्लेम वैल्ड धातु को ऑक्सीडाइज होने से सुरक्षा प्रदान करती है। यह फ्लेम सुविधापूर्वक हाई कार्बन स्टील (high carbon steel) को वैल्ड करने के लिए प्रयोग की जा सकती है।

(iii) ऑक्सीडाइजिंग फ्लेम Oxidising Flame

उदासीन फ्लेम बनाने के पश्चात् यदि ऑक्सीजन की मात्रा को और अधिक बढ़ा दिया जाए, तो यह ऑक्सीडाइजिंग फ्लेम बन जाती है। इसमें भीतरी कोन की लम्बाई, न्यूट्रल फ्लेम के भीतरी कोन की लम्बाई से कम होती है। इसका रंग नीला होता है। जलते समय यह शोर करती है। चित्र में एक ऑक्सीडाइजिंग फ्लेम दर्शायी गई है।

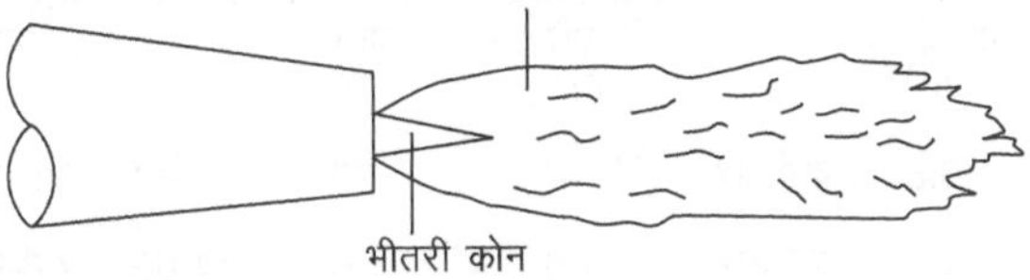

चित्र ऑक्सीडाइजिंग फ्लेम

ऑक्सीडाइजिंग फ्लेम का तापक्रम 3480°C तक रहता है, जोकि सभी प्रकार के फ्लेम में सर्वाधिक है। ऑक्सीजन की अधिकता के कारण वैल्ड धातु का ऑक्सीकरण होने की प्रबल सम्भावना होती है। इसी कारण वैल्डिंग में बहुत कम प्रयोग की जाती है। स्टील के लिए इस फ्लेम का प्रयोग नहीं किया जाता।

फ्लेम तापमान Flame Temperature

फ्लेम तापमान, ईंधन गैस का भौतिक गुण होता है। विभिन्न गैसों के मिश्रण के लिए फ्लेम तापमान तथा अनुप्रयोग निम्न तालिका में दिए गए हैं

क्र.सं.	फ्लेम का नाम	तापमान	अनुप्रयोग
1.	ऑक्सी-एसीटिलीन	3100-3200°C	लौह व अलौह धातु की वैल्डिंग, कटिंग, गाउजिंग, स्प्रेइंग तथा हार्ड फेसिंग आदि।
2.	ऑक्सी-कोल गैस	1800-2200°C	पानी के नीचे स्टील की कटिंग व सिल्वर सोल्डरिंग।
3.	ऑक्सी-हाइड्रोजन	2400-2700°C	पानी के नीचे स्टील वैल्डिंग, कटिंग व ब्रेजिंग।
4.	ऑक्सी-ब्यूटेन	2700-2800°C	स्टील कटिंग।
5.	ऑक्सी-प्रोपेन	2450-2750°C	स्टील कटिंग।
6.	वायु-एसीटिलीन	1825-1875°C	प्री-हीटिंग व ब्रेजिंग तथा सोल्डरिंग।

फ्लेम के दोष एवं उपाय Faults and Remedies of Flames

फ्लेम में उत्पन्न होने वाले दोषों तथा उनके उपायों को निम्न तालिका में दर्शाया गया है

क्र.सं.	दोष	विवरण	उपाय
1.	फ्लेम का टूटना	गैस का दाब अत्यधिक होने के कारण फ्लेम बार-बार टूटती है तथा टॉर्च की टिप से अधिक लम्बाई में जलती है।	सिलेण्डर में प्रयुक्त रेगुलेटर के दाब एडजस्टिंग स्क्रू द्वारा गैस का दाब कम करें।
2.	बैक फायर होना	टिप के अधिक गर्म होने, टिप के जॉब के अत्यधिक समीप होने से फ्लेम तेज आवाज के साथ बन्द हो जाती है।	टॉर्च को बन्द करके उसे ठण्डा होने दें। टिप को जॉब से उचित दूरी पर रखें। गैस का दाब सही सैट करें।
3.	फ्लेम के साइज का कम या अधिक होना	दाब रेगुलेटरों का सही प्रकार से कार्य न करने से दोनों गैसों के दाबों में अन्तर आ जाता है।	सिंगल स्टेज रेगुलेटर के स्थान पर डबल स्टेज रेगुलेटर का प्रयोग करें।
4.	फ्लैश बैक होना	बैक फायर के कारण फ्लेम टॉर्च के अन्दर चली जाती है जिसे फ्लैश बैक कहते हैं।	टॉर्च में प्रयुक्त निडिल वाल्व बन्द करके वाटर सील का पानी चैक करें।
5.	टॉर्च टिप तथा हैड का गर्म हो जाना	ताप के रेडिएशन के फलस्वरूप फ्लेम का सही दिशा में उपयोग न करने से हैड तथा टिप गर्म हो जाते हैं।	ऑक्सीजन वाल्व को खोलकर टिप व हैड को ठण्डे पानी में डुबोएँ।
6.	फ्लेम का काँपना	फ्लेम एक समान न जलकर हिलती हुई जलती है।	वैल्डिंग टॉर्च के हौज पाइप से पानी बाहर निकालें।
7.	पोपिंग	फ्लेम से पिट-पिट की आवाज आती है।	गैस की सप्लाई चैक करें।

9.9 गैस वैल्डिंग विधियाँ Gas Welding Methods

गैस वैल्डिंग प्रक्रम विविध उद्‌देश्यों से किया जाता है। इनमें वैल्डिंग बीड की स्थिति की विशेष भूमिका होती है। अत: अपनी आवश्यकता को ध्यान में रखते हुए वैल्डिंग बीड की स्थिति के आधार पर गैस वैल्डिंग की निम्न विधियाँ हैं

समतल स्थिति में वैल्डिंग Welding in Flat Position

समतल स्थिति में वैल्डिंग बीड बाएँ-से-दाएं या दाएं-से-बाएं दोनों ओर बनाई जा सकती है। इसी के आधार पर इसकी दो विधियाँ हैं

(i) फोरहैण्ड वैल्डिंग या लैफ्टवर्ड वैल्डिंग Forehand Welding or Leftward Welding

फोरहैण्ड विधि में वैल्डिंग दाएँ-से-बाएँ को जाती है, इसलिए इसे फोरहैण्ड या लैफ्टवर्ड वैल्डिंग कहा जाता है।

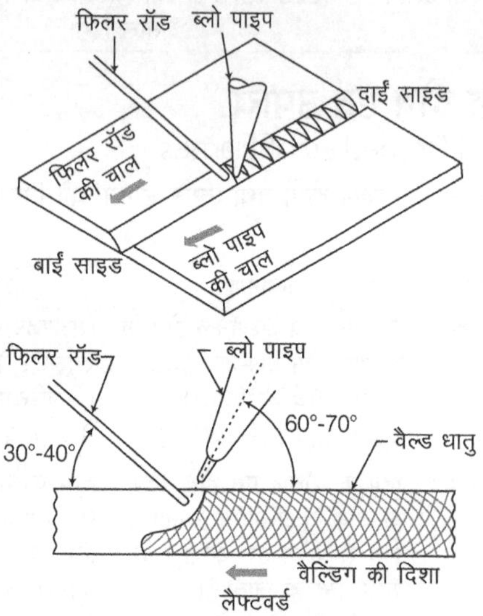

चित्र फोरहैण्ड वैल्डिंग

फोरहैण्ड वैल्डिंग में वैल्डिंग टॉर्च दाएँ हाथ में तथा फिलर रॉड बाएँ हाथ में रहती है। वैल्डिंग टॉर्च, वैल्डिंग बीड तथा फिलर रॉड के मध्य में रहती है। वैल्डिंग सतह से फिलर रॉड का झुकाव 30° से 40° तक रखा जा सकता है, जबकि वैल्डिंग टॉर्च का झुकाव प्लेट की 60°-70° तक रखा जाता है। इसमें फिलर रॉड को फ्लेम के सामने आगे-पीछे चलाया जाता है, जबकि टॉर्च की फ्लेम को वैल्ड जोड़ के एक किनारे से दूसरे किनारे तक घुमाते हुए आगे चलाया जाता है।

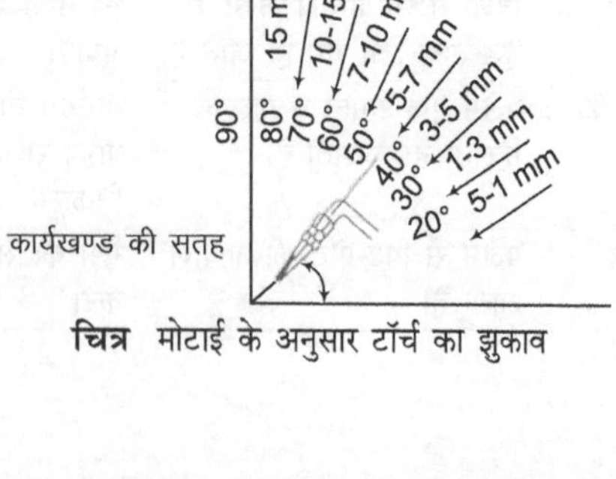

चित्र मोटाई के अनुसार टॉर्च का झुकाव

फोरहैण्ड वैल्डिंग में फ्लेम से बेस धातु को कम गर्मी मिलती है तथा फिलर रॉड को अधिक गर्मी मिलती है, इसलिए बेस धातु से फिलर रॉड अधिक पिघलती है।

यह तरीका पतली चादरों को वैल्ड करने के लिए अधिक उपयोगी है। इस विधि से 5 मिमी मोटी चादरों को ही वैल्ड किया जा सकता है। लौह तथा अलौह दोनों ही प्रकार की धातुएँ इस विधि से वैल्ड की जाती हैं।

किनारों की तैयारी Edges Preparation

इस विधि में 3 मिमी तक चादरों की किनारों की सज्जा (preparation of edges) करने की आवश्यकता नहीं रहती है। इससे अधिक के लिए किनारों को 80° का 'V' बनाकर तैयार किया जाता है, जैसा कि चित्र में दर्शाया गया है। इससे अधिक मोटी चादरों को बैकहैण्ड वैल्डिंग द्वारा वैल्ड किया जाता है।

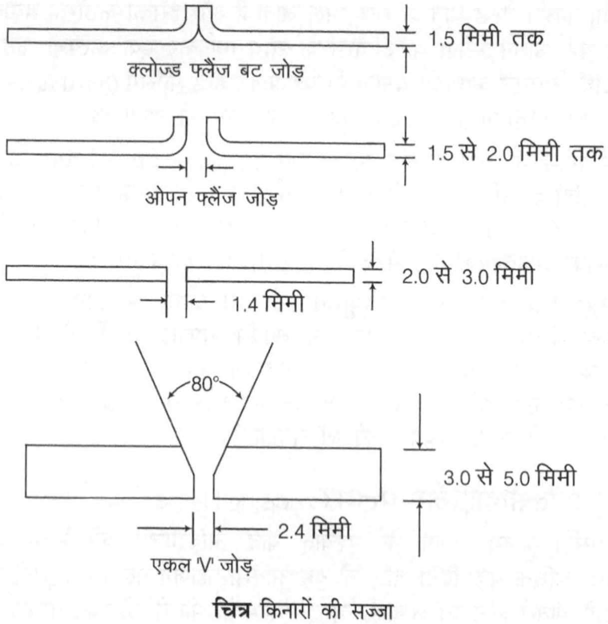

चित्र किनारों की सज्जा

तालिका लैफ्टवर्ड वैल्डिंग डाटा

क्र.सं.	प्लेट की मोटाई (*t*) मिमी	किनारा	किनारों के बीच की दूरी (*d*) (मिमी)	फिलर रॉड व्यास (मिमी)	गैस खपत (ली/घण्टा)	वैल्डिंग दर (मी/घण्टा)
1.	0.8	वर्गाकार	–	1.6	22-44	6.0-7.6
2.	1.6	वर्गाकार	1.6	1.6	44-66	7.6-9.0
3.	2.4	वर्गाकार	2.4	1.6	66-107	6.0-7.6
4.	3.2	वर्गाकार	3.2	3.2	107-153	5.4-6.0
5.	4.0	80° V	3.2	3.2	153-214	4.6-5.4
6.	5.0	80° V	3.2	3.2	214-283	3.6-4.6

(ii) बैकहैण्ड वैल्डिंग या राइटवर्ड वैल्डिंग

Backhand Welding or Rightward Welding

समतल अवस्था में जब बाएँ-से-दाएँ ओर वैल्डिंग की जाती है, तो इसे बैकहैण्ड वैल्डिंग कहा जाता है। बैकहैण्ड वैल्डिंग को ही बैकवर्ड वैल्डिंग या राइटवर्ड वैल्डिंग कहा जाता है। इस वैल्डिंग में भी वैल्डिंग टॉर्च दाएँ हाथ में व फिलर रॉड बाएँ हाथ में पकड़ी जाती है, परन्तु वैल्डिंग बीड तथा वैल्डिंग टॉर्च के मध्य में फिलर रॉड रहती है। कार्यखण्ड की सतह से फिलर रॉड का झुकाव 30° से 40° के बीच रहता है तथा वैल्डिंग टॉर्च की टिप का कार्यखण्ड से झुकाव 40° से 50° के मध्य रहता है।

बीड को बाएँ सिरे से प्रारम्भ करके फ्लेम को स्थिर रखते हुए आगे-पीछे चलाया जाता है तथा फिलर रॉड को गोल चक्कर में चित्र के अनुसार घुमाते हुए आगे चलाया जाता है।

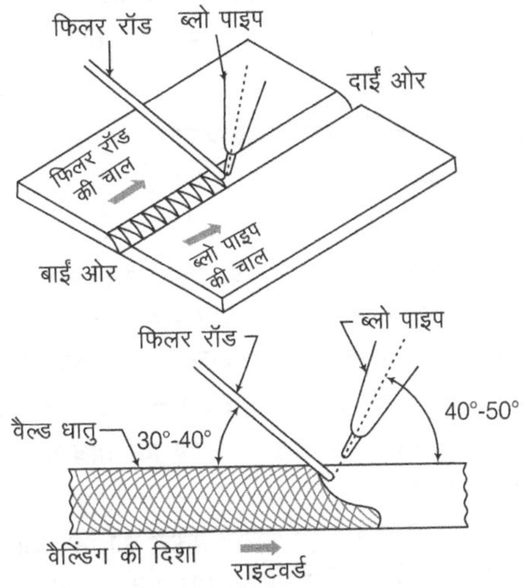

चित्र बैकहैण्ड वैल्डिंग

इस विधि में बेस धातु को ज्यादा गर्मी प्राप्त होती है। अतः बेस धातु शीघ्र पिघलती है, इसलिए यह विधि मोटी प्लेटों पर वैल्डिंग करने के लिए अधिक उपयुक्त है।

किनारों की तैयारी Edges Preparation

इस विधि द्वारा 8 मिमी तक मोटी चादरों की किनारों की सज्जा की आवश्यकता नहीं होती है तथा 16 मिमी तक चादरों की वैल्डिंग एक ही बीड द्वारा की जा सकती है। वैल्डिंग बीड धीरे-धीरे ठण्डी होती है, क्योंकि उसे फ्लेम से ऊष्मा (गर्मी) मिलती रहती है। इसलिए अच्छे ग्रेन (good grains) वाली बीड (beed) बनती है। वैल्ड पूल जल्दी बनने के कारण इस विधि द्वारा वैल्डिंग की स्पीड अधिक होती है।

निम्न दिये गये चित्रों में किनारों की साज-सज्जा दर्शायी गई है।

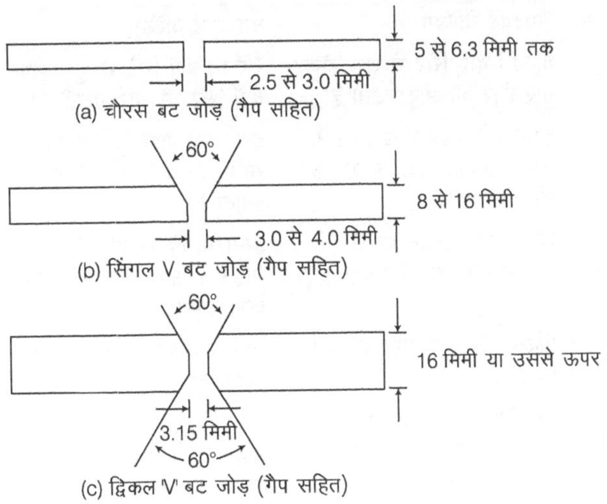

चित्र किनारों की सज्जा

तालिका राइटवर्ड वैल्डिंग डाटा

क्र.सं.	प्लेट की चौड़ाई (*t*) मिमी	किनारा	किनारों के बीच की दूरी (*d*) मिमी	फिलर रॉड का व्यास (मिमी)	गैस खपत ली/घण्टा	वैल्डिंग दर मी/घण्टा
1.	6.5	वर्गाकार	2.4	2.4	370-520	3.6-4.6
2.	6.5	वर्गाकार	3.2	3.2	520-570	3.0-3.6
3.	8.2	वर्गाकार	4.0	4.0	710-860	2.1-2.4
4.	10.0	60° V	3.2	5.0	1000-1300	1.8-2.1
5.	13.0	60° V	3.2	6.5	1300-1400	1.3-1.5
6.	16.2	60° V	3.2	6.5	1600-1700	1.1-1.3
7.	19.0	60° (शीर्ष)	4.0	6.5	1700-2000	0.9-1.0
8.	25.0	80° (तल)	4.0	6.5	2000-2500	0.6-0.7

तालिका लैफ्टवर्ड तथा राइटवर्ड वैल्डिंग में अन्तर

क्र.सं.	लैफ्टवर्ड वैल्डिंग	राइटवर्ड वैल्डिंग
1.	वैल्डिंग दाएँ सिरे से शुरू होकर बाएँ सिरे की ओर चलती है।	वैल्डिंग बाएँ सिरे से शुरू होकर दाएँ सिरे की ओर चलती है।
2.	इसमें ब्लो पाइप वैल्डलाइन के साथ अधिकतर 60° से 70° का कोण बनाता है।	इसमें ब्लो पाइप वैल्डलाइन के साथ मात्र 40° से 50° का कोण बनाता है।
3.	फिलर रॉड वैल्डलाइन से 30° से 40° का कोण बनाती है।	इसमें भी फिलर रॉड वैल्ड लाइन के साथ 30° से 40° का कोण बनाता है।
4.	फिलर रॉड ब्लो पाइप से आगे चलती है।	इसमें रॉड ब्लो पाइप से पीछे चलती है।
5.	इस विधि द्वारा अधिकतम 5.0 मिमी मोटी चादर वैल्ड की जा सकती है।	इस विधि द्वारा 5.0 मिमी से भी अधिक मोटी चादरों को वैल्ड किया जा सकता है।
6.	इसमें फिलर रॉड अधिक व्यय होती है।	इसमें फिलर रॉड कम व्यय होती है।
7.	इसमें गैस अधिक व्यय होती है।	इसमें गैस कम व्यय होती है।
8.	यह महँगी विधि है।	यह सस्ती विधि है।
9.	यह प्रक्रिया लौह व अलौह दोनों के लिए प्रयोग की जाती है।	यह प्रक्रिया अधिकतर स्टील के लिए प्रयोग की जाती है।
10.	इसमें वैल्डिंग की गति धीमी रहती है।	इसमें वैल्डिंग की गति अधिक रहती है।
11.	वैल्डिंग की गुणवत्ता अच्छी नहीं होती है।	इस प्रक्रिया से वैल्डिंग में अच्छे यान्त्रिक गुण आते हैं।
12.	फ्लेम को मोल्टन पूल से 2-3 मिमी ऊपर रखा जाता है।	फ्लेम व मोल्टन पूल की सतह आपस में एक-दूसरे को स्पर्श करती है।
13.	इसे फोरवर्ड या फोरहैण्ड वैल्डिंग भी कहते हैं।	इसे बैकवर्ड या बैकहैण्ड वैल्डिंग भी कहते हैं।

9.10 गैस कटिंग Gas Cutting

गैस कटिंग एवं गैस वैल्डिंग दोनों समान प्रक्रम हैं। गैस वैल्डिंग के समान कटिंग में भी ऊष्मा के लिए ईंधन के रूप में गैसों को जलाया जाता है, जिससे धातु के कार्यखण्डों को पिघलाकर कर्तन किया जाता है।

सिद्धान्त Principle

गैस कटिंग प्रक्रम धातु के ऑक्सीकरण के सिद्धान्त पर आधारित है। जब किसी धातु को गर्म किया जाता है, तो उसका ऑक्सीकरण होता है, जिसके कारण उसका तापमान उस धातु के जलने के ताप पर पहुँच जाता है। जब धातु पिघलती है, तो उसके ऑक्साइड एवं अशुद्धियाँ मिलकर कर्फ (kerf) बनाती हैं। इस कर्फ पर ऑक्सीजन के तेज प्रवाह से इसका ऑक्सीकरण अधिक तीव्रता से होता है। तीव्र दाब के प्रभाव से कर्फ पिघल जाता है, जिससे कार्यखण्ड से प्लेट का भाग अलग हो जाता है।

गैस कटिंग के प्रकार Types of Gas Cutting

विभिन्न गैसों के आधार पर गैस कटिंग के मुख्य प्रकार निम्नलिखित हैं

1. ऑक्सी-एसीटिलीन
2. ऑक्सी-हाइड्रोजन
3. ऑक्सी-प्रोपेन
4. ऑक्सी-नैचुरल गैस

अन्य गैस कटिंग प्रकारों की अपेक्षा ऑक्सी एसीटिलीन गैस कटिंग, उद्योगों तथा कटिंग कार्यों में सर्वाधिक उपयोग की जाती है। पाठ्यक्रम को दृष्टिगत रखते हुए यहाँ केवल ऑक्सी-एसीटिलीन गैस कटिंग का ही विस्तृत वर्णन किया गया है।

ऑक्सी-एसीटिलीन गैस कटिंग Oxy-acetylene Gas Cutting

यह एक रासायनिक प्रक्रम है, जिसमें ऑक्सीजन व एसीटिलीन गैस के मिश्रण का प्रयोग कटिंग के रूप में किया जाता है। ऑक्सी-एसीटिलीन ज्वाला से सभी लौह धातुओं का कर्तन किया जा सकता है। इस विधि को ज्वाला कटिंग भी कहते हैं।

ऑक्सी-एसीटिलीन कटिंग की कार्यप्रणाली
Working Method of Oxy-Acetylene Cutting

ऑक्सी-एसीटिलीन गैस कटिंग की प्रक्रिया निम्न पदों में पूर्ण की जाती है

1. सही प्रोफाइल में कटिंग करने के लिए जॉब पर चॉक द्वारा एक लाइन खींच देनी चाहिए। कटिंग करते समय टॉर्च को सावधानीपूर्वक खींची गई लाइन पर चलाने की कोशिश करनी चाहिए।
2. कटिंग प्रारम्भ करने से पूर्व जॉब को मेज पर बाहर निकालकर रखना चाहिए तथा ध्यान रखना चाहिए कि जॉब के साथ मेज तो नहीं कट रही है।
3. प्लेट की मोटाई के अनुसार उचित प्रकार की टिप का चुनाव कर ऑक्सीजन का प्रैशर भी इसी अनुसार सैट कर देना चाहिए।
4. वैल्डिंग टॉर्च की भाँति एसीटिलीन निडिल वाल्व खोलकर फ्लेम जलाएँ तथा ऑक्सीजन निडिल वाल्व खोलकर वांछित फ्लेम सैट करें।

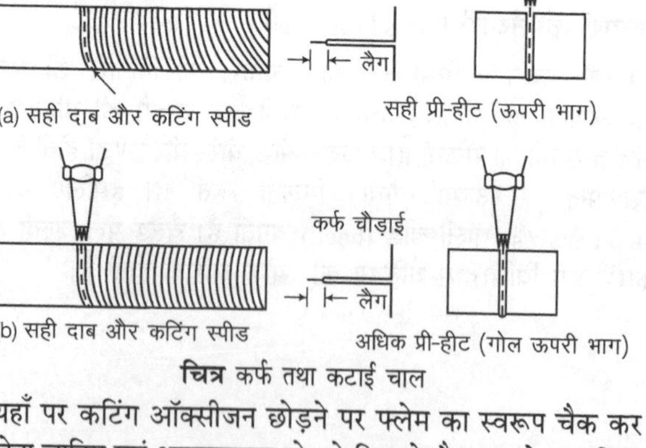

चित्र कर्फ तथा कटाई चाल

5. यहाँ पर कटिंग ऑक्सीजन छोड़ने पर फ्लेम का स्वरूप चैक कर लेना चाहिए एवं आवश्यकता हो, तो फिर से सैट कर लेना चाहिए।
6. साफ कट लगाने के लिए बहुत अभ्यास की आवश्यकता रहती है।
   (i) टॉर्च इधर-उधर हिलते हुए चलने से कट का रास्ता चौड़ा हो जाएगा तथा कण्टूर भी साफ नहीं बनेंगे।

(ii) फ्लेम की जॉब से दूरी 1.5 मिमी से कम नहीं होनी चाहिए। यह आगे चलाने पर समान ही रहनी चाहिए।

(iii) कटिंग की गति भी समान ही रहनी चाहिए।

7. टॉर्च को जॉब के सिरे पर, जहाँ से काटना है, पर ले जाएँ तथा प्री-हीट फ्लेम के द्वारा सिरे को 900°C तक गर्म करके लाल तप्त (red hot) करें।
8. अब कटिंग ऑक्सीजन का वाल्व धीरे-धीरे खोलें। गर्म पिघले लोहे को ऑक्सीजन ऑक्साइड में बदल देती है, जो चिंगारियों के जैट के रूप में नीचे गिरता है। टॉर्च को धीरे-धीरे आगे बढ़ाते हैं। यदि चिंगारी न दिखाई दे, तो कटिंग ऑक्सीजन का वाल्व बन्द करके दोबारा गर्म करें।
9. जब जॉब के मध्य से कट लगाना हो, तो जॉब को थोड़ा अधिक गर्म करके टॉर्च की टिप को 12 मिमी ऊपर उठाकर ऑक्सीजन जैट छोड़ते हैं, इस प्रकार एक छेद हो जाता है जिसे आवश्यकतानुसार आकार में बढ़ाया जा सकता है।

ऑक्सी-एसीटिलीन गैस कटिंग के उपकरण

ऑक्सी-एसीटिलीन गैस कटिंग के अधिकांश उपकरण गैस वैल्डिंग में प्रयोग होने वाले उपकरणों के समान ही होते हैं; जैसे

(i) ऑक्सीजन सिलेण्डर
(ii) एसीटिलीन सिलेण्डर
(iii) हौज पाइप
(iv) रेगुलेटर आदि

गैस कटिंग में प्रयुक्त उपकरणों के सैट-अप को निम्न चित्र में दिखाया गया है

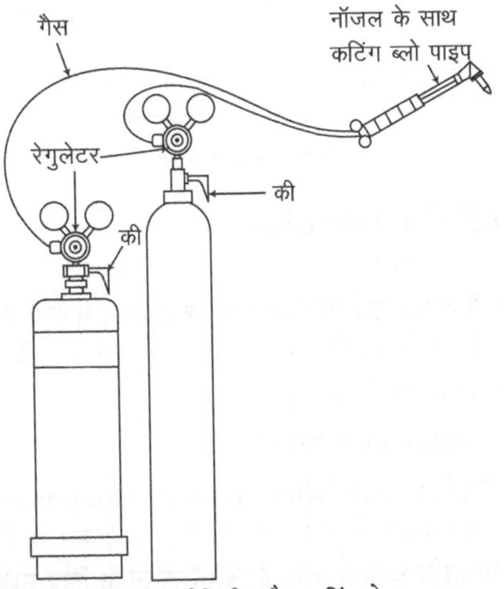

चित्र ऑक्सी-एसीटिलीन गैस कटिंग के उपकरण

गैस कटिंग में एक विशेष प्रकार के ब्लो पाइप का प्रयोग किया जाता है, जो गैस वैल्डिंग ब्लो पाइप से भिन्न होता है।

गैस कर्तन ब्लो पाइप (Gas cutting blow pipe) इस धातु कार्यखण्ड को काटने के लिए वैल्डिंग ब्लो पाइप के स्थान पर कटिंग टॉर्च का प्रयोग किया जाता है। कर्तन ब्लो पाइप स्टैण्डर्ड गैस वैल्डिंग ब्लो पाइप से अलग प्रकार का होता है। इसमें वैल्डिंग टॉर्च की भाँति ऑक्सीजन एवं एसीटिलीन वाल्व फिट होते हैं। इसमें इन वाल्वों के अलावा एक और वाल्व होता है, जो कर्तन ऑक्सीजन की मात्रा का नियन्त्रण करता है। यह वाल्व ब्लो पाइप के ऊपरी सिरे पर लगा होता है। कर्तन ब्लो पाइप या टॉर्च का मिश्रण कक्ष और हैण्डिल, वैल्डिंग टॉर्च की अपेक्षा लम्बे होते हैं।

कर्तन ब्लो पाइप की नॉजल उसके शरीर (body) से 90° के कोण पर मुड़ी होती है। अधिक बड़े आकार के कारण यह ब्लो पाइप वजन में भारी होते हैं। कटिंग ब्लो पाइप के टिप के केन्द्र पर एक बड़ा सुराख होता है, जिसमें से कटिंग ऑक्सीजन निकलती है। इस कर्तन सुराख (cutting orifice) के चारों ओर समान दूरी पर 4 या 6 छोटे सुराख बने होते हैं, जिन्हें प्री-हीटिंग सुराख (preheating orifice) कहा जाता है। कटिंग ब्लो पाइप को चित्र में दर्शाया गया है।

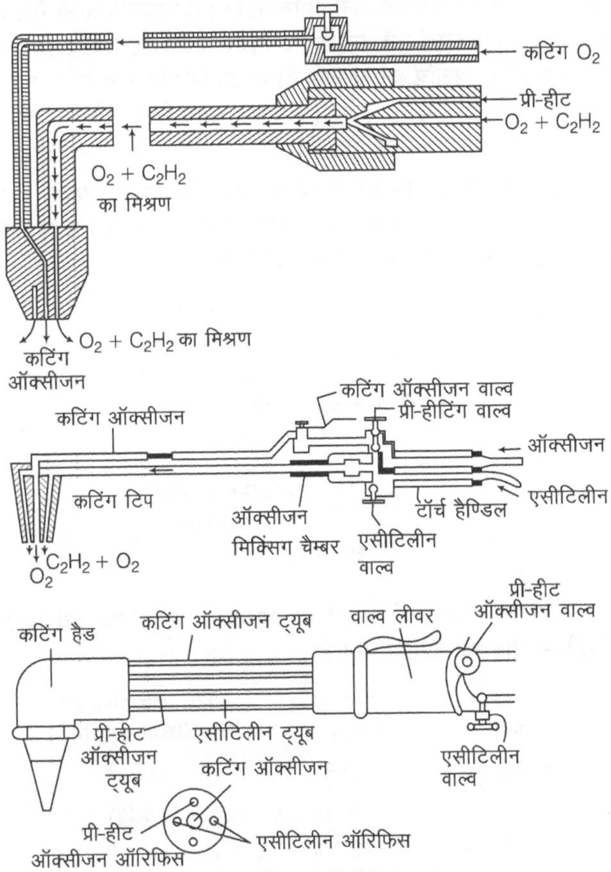

चित्र गैस कर्तन ब्लो पाइप

तालिका गैस कर्तन ब्लो पाइप एवं गैस वैल्डिंग ब्लो पाइप में अन्तर

क्र.सं.	गैस कर्तन ब्लो पाइप	गैस वैल्डिंग ब्लो पाइप
1.	गैस कर्तन ब्लो पाइप में कर्तन के दौरान ऑक्सीजन के नियन्त्रण हेतु लीवर लगा होता है।	गैस वैल्डिंग ब्लो पाइप में ऑक्सीजन नियन्त्रण हेतु किसी भी प्रकार का लीवर नहीं लगा होता है।
2.	इसका नॉजल शरीर (body) से 90° के कोण पर मुड़ा होता है।	इसका नॉजल शरीर (body) से लगभग 120° के कोण पर मुड़ा होता है।
3.	इसमें नॉजल के केन्द्र में एक बड़ा सुराख कर्तन ऑक्सीजन एवं इसके चारों ओर छोटे-छोटे सुराख पूर्वतापन के लिए होते हैं।	इसमें नॉजल के केन्द्र में मात्र एक सुराख पूर्वतापन ज्वाला के लिए होता है।
4.	इस प्रकार के ब्लो पाइप प्राय: वजन में भारी होते हैं।	इस प्रकार के ब्लो पाइप प्राय: वजन में हल्के होते हैं।

नॉजल टिप (Nozzle tip) नॉजल टिप, कटिंग ब्लो पाइप के आगे अलग से लगाया जाने वाला एक प्रमुख भाग है। इसके द्वारा फ्लेम का आकार व ऊष्मा की मात्रा का निर्धारण होता है। किसी टिप से निकलने वाली गैस की मात्रा एवं तीव्रता इसमें बने सुराख पर निर्भर करती है। कटिंग टिप को अधिकतर कॉपर अलॉय बनाया जाता है। कटिंग टिप के केन्द्र के सुराख के चारों ओर छोटे-छोटे सुराख होते हैं। टिप का चुनाव किए जाने वाले कटिंग कार्य एवं धातु पर आधारित होता है।

टिप का साइज उसके केन्द्रीय सुराख के व्यास के अनुसार प्रकट किया जाता है अर्थात् यदि किसी टिप के केन्द्रीय सुराख का व्यास 1.2 मिमी है, तो उसे 1.2 मिमी नॉजल या टिप से व्यक्त किया जाएगा।

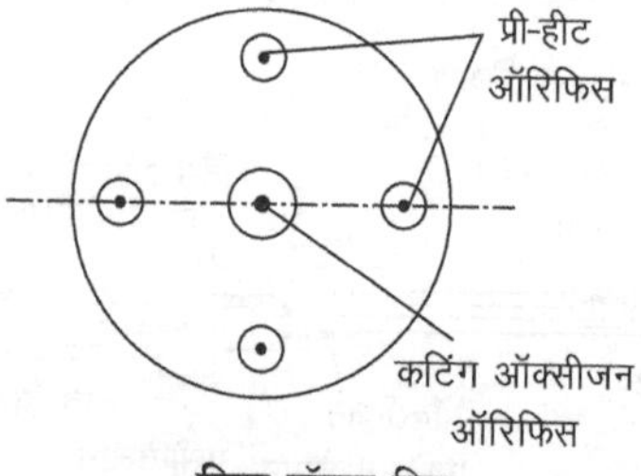

चित्र नॉजल टिप

निम्न तालिका में प्लेट की मोटाई पर आधारित टिप साइज एवं कटिंग ऑक्सीजन दाब को दर्शाया गया है

टिप साइज (मिमी)	प्लेट की मोटाई (मिमी)	कटिंग ऑक्सीजन का दाब (किग्रा बल/सेमी²)
0.8	3-6	1.0-1.4
1.2	6-19	1.4-2.1
1.6	19-100	2.1-4.2
2.0	100-150	4.2-4.6
2.4	150-200	4.6-4.9
2.8	200-250	4.9-5.5
3.2	250-300	5.5-5.6

नॉजल का चुनाव (Selection of Nozzle) विभिन्न प्रकार की कर्तन प्रक्रम के लिए अलग-अलग नॉजल का चुनाव किया जाता है। अधिकतर नॉजल का चुनाव कर्तन किए जाने वाली धातु प्लेट की मोटाई के अनुसार किया जाता है। पतली चादर या प्लेट की कर्तन के लिए छोटे व्यास का नॉजल एवं मोटी प्लेट के लिए बड़े व्यास के नॉजल का प्रयोग किया जाता है। निम्न चित्र में विभिन्न प्रकार के नॉजल दर्शाए गए हैं

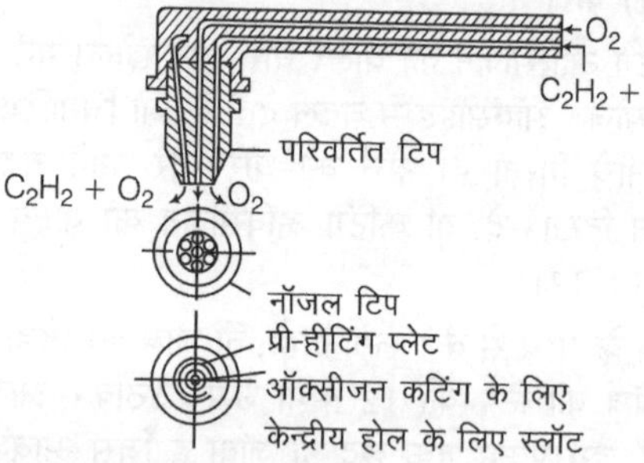

(a) साधारण कर्तन के लिए
(b) पेन्ट लगी हुई सतहों के कर्तन के लिए
(c) रिवेट कर्तन के लिए
(d) खाँचे बनाने एवं अपूर्ण वैल्ड हटाने के लिए
(e) सरल रेखा या वृत्ताकार कर्तन के लिए
(f) शीट मैटल कर्तन के लिए।

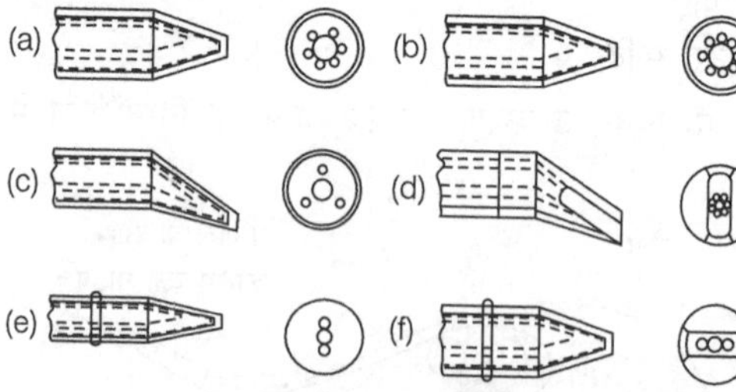

चित्र नॉजल के प्रकार

ऑक्सी-एसीटिलीन मशीन कटिंग

Oxy-Acetylene Machine Cutting

वर्तमान युग में सुरक्षा एवं परिशुद्धता के लिए कर्तन मशीनों को प्रयोग में लाया जाता है। कर्तन मशीनें मुख्यत: दो प्रकार की होती हैं

(i) हस्त चालित कर्तन मशीन
(ii) विद्युत चालित कर्तन मशीन

(i) **हस्त चालित कर्तन मशीन** (Manual cutting machine) इस प्रकार की मशीनों में ब्लो पाइप को निश्चित प्रकार के फिक्स्चर में क्लैम्प करके चलाया जाता है। इसमें कर्तन के लिए मशीन के ब्लो पाइप को हाथों द्वारा दिशा दी जाती है। हस्त चालित कर्तन मशीनों की चाल में विभिन्नता होती है तथा इनकी गति भी सीमित एवं अनियमित होती है। कर्तन के आकार को ध्यान में रखकर इसमें क्रैंक या पहियों का प्रयोग किया जाता है।

वृत्त, वर्ग तथा अन्य प्रोफाइल कर्तन के लिए इसमें लिंक प्रणाली का प्रयोग होता है।

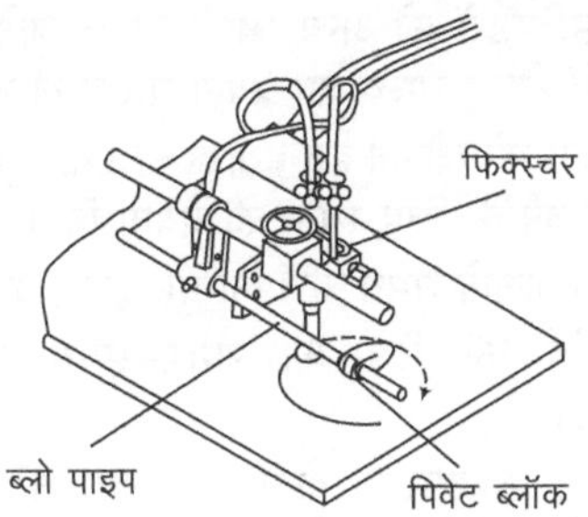

चित्र हस्त चालित कर्तन मशीन

(ii) **विद्युत चालित कर्तन मशीन** (Electrically driven cutting machine) जिन कर्तन मशीनों में चलाने के लिए हस्त शक्ति के स्थान पर विद्युत शक्ति का प्रयोग होता है,

उन्हें विद्युत चालित कर्तन मशीन कहते हैं। ये दो प्रकार की होती हैं

(a) **पोर्टेबल विद्युत कर्तन मशीन** (Portable electrically driven cutting machine) इस मशीन का प्रयोग रेखीय, बेवेल, वृत्ताकार एवं अन्य प्रोफाइल की कटिंग के लिए किया जा सकता है। इस मशीन में कर्तन ब्लो पाइप को एक कैरिज (carriage) पर व्यवस्थित किया जाता है।

यह कैरिज को विद्युत ऊर्जा द्वारा गाइड वे (guide way) पर चलाता है। गाइड-वे का आकार कर्तन की प्रोफाइल पर निर्भर करता है। हस्त चालित मशीन की तुलना में इस मशीन में गति अधिक होती है तथा एक अधिक उन्नत कट होता है।

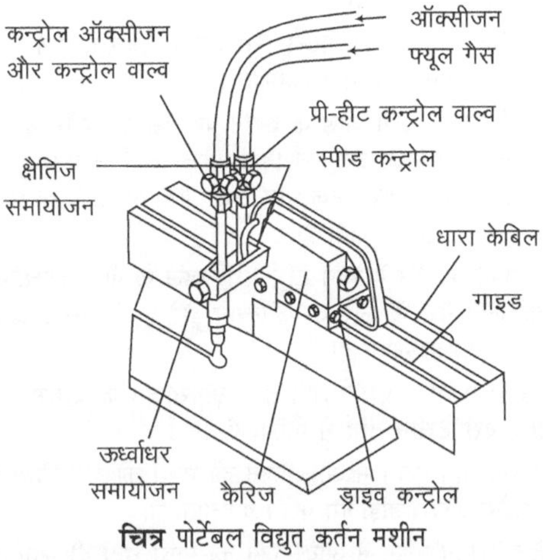

चित्र पोर्टेबल विद्युत कर्तन मशीन

(b) **स्थिर विद्युत चालित कर्तन मशीन** (Static electrically driven cutting machine) इन मशीनों का प्रयोग भारी चादरों की कटिंग के लिए किया जाता है। इन मशीनों के प्रयोग से अधिक परिशुद्ध कार्य किया जा सकता है, जो साधारण हस्त चालित एवं पोर्टेबल विद्युत मशीन से सम्भव नहीं होता। इसमें कार्यखण्ड या प्लेट को मशीन के पास लाया जाता है। इसमें कैरिज पर एक ब्लो पाइप बँधा होता है, जो एक स्तम्भ के चारों ओर घूमता है।

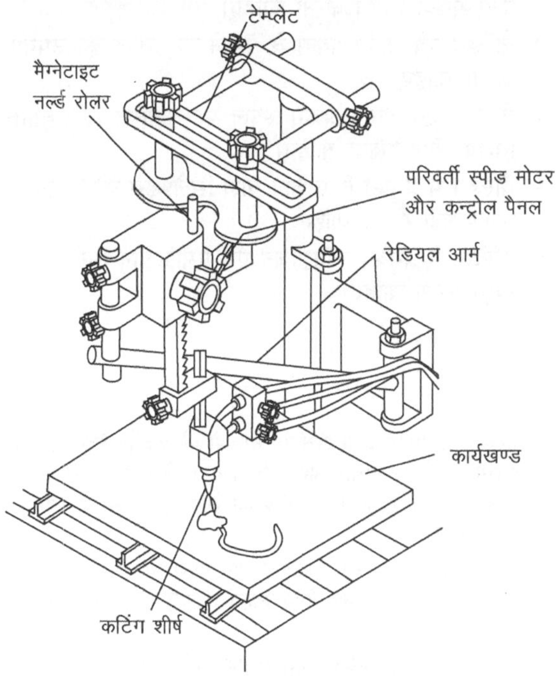

चित्र स्थिर विद्युत चालित कर्तन मशीन

मशीन की नियन्त्रक व्यवस्था (controlling system) के द्वारा विभिन्न प्रकार की प्रोफाइल की कटिंग की जा सकती है। प्रोफाइल कर्तन के लिए इसमें टेम्प्लेट्स का प्रयोग किया जाता है।

इस टेम्प्लेट को ट्रेस (trace) करके कैरिज को आवश्यक दिशा प्रदान की जाती है। इन मशीनों के उपयोग में मुख्य हानि यह है कि इन्हें अधिक भार होने के कारण इन मशीनों को एक स्थान से दूसरे स्थान तक नहीं ले जाया जा सकता।

ऑक्सी-एसीटिलीन वैल्डिंग एवं कर्तन प्रक्रम के अन्तर्गत सावधानियाँ Precautions During Oxy-acetylene Welding and Cutting Process

ऑक्सी-एसीटिलीन वैल्डिंग एवं कर्तन के समय कुछ विशेष सुरक्षा नियमों का भी पालन करना होता है। कुछ ऐसे ही सुरक्षा नियम निम्न प्रकार हैं

1. वैल्डिंग एवं कर्तन करने से पूर्व समस्त प्रारम्भिक तैयारियाँ पूर्ण कर लेनी चाहिए।
2. वैल्डिंग एवं कर्तन प्रक्रम आरम्भ करने से पूर्व सुरक्षा आवरण धारण कर लेना चाहिए।
3. वैल्डिंग एवं कर्तन के दौरान निकलने वाली अल्ट्रावॉयलेट किरणों से सुरक्षा के लिए हैलमेट व काला चश्मा अवश्य धारण करना चाहिए।

4. फ्लेम जलाने के लिए गैस लाइटर का प्रयोग करना चाहिए न कि माचिस का।
5. वैल्डिंग एवं कर्तन कार्य के दौरान उत्पन्न होने वाले धुएँ से सुरक्षा के लिए मास्क धारण करना चाहिए।
6. वैल्डिंग एवं कर्तन प्रक्रम के स्थान पर स्क्रीन का उपयोग अवश्य करना चाहिए।
7. वैल्डिंग एवं कर्तन प्रक्रम स्थल पर वातायन (ventilation) का विशेष ध्यान रखना चाहिए।
8. वैल्डिंग में प्रयुक्त किए जाने वाले सिलेण्डरों को विद्युत व आग के समीप नहीं रखना चाहिए।
9. वैल्डिंग में प्रयुक्त ऑक्सीजन एवं एसीटिलीन सिलेण्डरों को सीधा खड़ा करना चाहिए।
10. गैस भराव के दौरान ऑक्सीजन सिलेण्डर में ऑक्सीजन तथा एसीटिलीन सिलेण्डर में एसीटिलीन ही भरनी चाहिए।
11. यदि गैस सिलेण्डरों को अन्य स्थानों पर ले जाने की आवश्यकता हो, तो उनमें सेफ्टी वाल्व का प्रयोग करके ले जाना चाहिए।
12. सिलेण्डर कैप को खोलने हेतु हथौड़े का प्रयोग नहीं करना चाहिए। कैप को खोलने के लिए स्पैनर ही प्रयोग किया जाना चाहिए।
13. वैल्डिंग टॉर्च जलाते समय टॉर्च का मुँह दूसरी ओर रखना चाहिए।
14. वैल्डिंग टॉर्च की टिप को समय-समय पर ठण्डा करते रहना चाहिए।
15. कार्य समाप्ति के उपरान्त दोनों सिलेण्डरों की वाल्वों को बन्द करके पहले एसीटिलीन सिलेण्डर तथा बाद में ऑक्सीजन सिलेण्डर बन्द करना चाहिए।

महत्त्वपूर्ण बिन्दु

- वैल्डिंग दो समान तथा असमान धातुओं को एक निश्चित तापमान के अन्तर्गत गर्म करके दाब अथवा बिना दाब की सहायता से और फिलर रॉड या बिना फिलर रॉड की सहायता से स्थायी रूप से जोड़ने का प्रक्रम है।
- आर्क वैल्डिंग करते समय उत्पन्न होने वाली चिंगारियों की रोशनी से आँखों को बचाने के लिए हैण्ड स्क्रीन तथा हैलमेट का प्रयोग करना चाहिए।
- वैल्डिंग के दौरान पिघली धातु से हाथों की रक्षा हेतु दस्तानों का प्रयोग किया जाता है।
- वैल्डिंग प्रक्रम के अन्तर्गत कपड़ों और शरीर को जलने से बचाने के लिए एप्रन का प्रयोग किया जाता है।
- गहरे काले शीशे के चश्मे, जो आँखों को पूरी तरह ढके रहते हैं, वैल्डिंग कार्यों के लिए प्रयोग किए जाते हैं।
- वैल्डिंग करते समय पैरों की सुरक्षा के लिए लेग गार्ड का प्रयोग किया जाता है।
- डी.सी. वैल्डिंग मशीन के मोटर जेनरेटर सैट को एक इण्डक्शन मोटर या ऑयल इंजन द्वारा चलाया जाता है।
- वैल्डिंग मशीन में ए.सी. सप्लाई को डी.सी. सप्लाई में बदलने के लिए वैल्डिंग रेक्टिफायर का प्रयोग किया जाता है।
- इलैक्ट्रॉड को पकड़ने और उसे वैल्डिंग सैट के केबिल द्वारा जोड़ने के लिए प्रयुक्त उपकरण इलैक्ट्रॉड होल्डर कहलाता है।
- सरल ध्रुवता में इलैक्ट्रॉड को ऋणात्मक तथा कार्यखण्ड को धनात्मक तथा विपरीत ध्रुवता में इलैक्ट्रॉड को धनात्मक और कार्यखण्ड को ऋणात्मक रखा जाता है।
- स्पॉट वैल्डिंग, सीम वैल्डिंग, प्रोजेक्शन वैल्डिंग, पर्कुजन वैल्डिंग आदि प्रतिरोध वैल्डिंग के प्रकार हैं तथा मैटल आर्क वैल्डिंग, TIG वैल्डिंग, MIG वैल्डिंग आदि वैद्युत आर्क वैल्डिंग के प्रकार हैं।
- CO_2 गैस वैल्डिंग एक इलैक्ट्रॉड आर्क वैल्डिंग प्रक्रिया है, जिसमें धातुओं को लगातार फिलर वायर और कार्य के बीच एक आर्क द्वारा गर्म करके इनमें मिलाप उत्पन्न करती है।
- उच्च दाब वैल्डिंग में एसीटिलीन को 15 किग्रा प्रति सेमी^{2} के दाब पर सिलेण्डरों में भरा जाता है तथा निम्न दाब वैल्डिंग में एसीटिलीन को 1.00 किग्रा प्रति सेमी^{2} के दाब से सिलेण्डरों में भरा जाता है।
- बिजली के इलैक्ट्रॉडों (कैथोड तथा एनोड) के मध्य हवा में उत्पन्न किया गया इलैक्ट्रॉनों का विसर्जन आर्क कहलाता है। इसके स्वरूप और गुण फ्लेम के समान होते हैं।
- फ्लक्स आर्क को बनाने और उसे स्थायी रखने में सहायता प्रदान करता है।
- आर्क ब्लो इलैक्ट्रॉड में होकर बहने वाली धारा के द्वारा बने चुम्बकीय क्षेत्र, आर्क और बेस मैटल तीनों के कारण होने वाली बाधा है।
- जब दो प्लेटों को एक-दूसरे के सामने रखकर वैल्ड किया जाता है, तो बट जोड़ बनता है तथा दोनों वैल्ड की जाने वाली प्लेटें एक-दूसरे पर चढ़ी हुई (overlapped) अवस्था में वैल्ड की जाती हैं, तो उसे लैप जोड़ कहते हैं।
- दरारें, ऊँची-नीची बीड, स्पैटर्स, क्रैटर्स, सतही रन्ध्रता आदि बाह्य ऊपरी दोष कहलाते हैं।
- आन्तरिक रन्ध्रता, वैल्ड मैटल, मैटल कम पिघलना, पैनीट्रेशन की कमी आदि आन्तरिक दोष कहलाते हैं।
- गैस वैल्डिंग विधि में जोड़ के स्थान पर गैस की फ्लेम द्वारा धातु को पिघलने की अवस्था तक गर्म किया जाता है। पिघली धातु के स्थान पर आवश्यकतानुसार पूरक धातु छड़ (filler metal rod) भी इसके साथ-साथ पिघलाई जाती है।
- ब्लो पाइप या गैस वैल्डिंग टॉर्च में हैण्डिल के पीछे ऑक्सीजन तथा एसीटिलीन गैस के लिए दो कनैक्शन होते हैं, जिनमें सीधे हौज पाइप को जोड़ा जाता है।
- उदासीन फ्लेम में एसीटिलीन तथा ऑक्सीजन की लगभग बराबर मात्राएँ एसीटिलीन टॉर्च में मिलाकर बनाई जाती है।
- यदि उदासीन फ्लेम में ऑक्सीजन की मात्रा को बढ़ा दिया जाए, तो यह फ्लेम ऑक्सीडाइजिंग फ्लेम कहलाती है।
- यदि उदासीन फ्लेम में ऑक्सीजन की मात्रा घटा दी जाए, तो फ्लेम कार्बुराइजिंग या रिड्यूसिंग फ्लेम में परिवर्तित हो जाती है।
- भीतरी कोन फ्लेम का वह चमकदार भाग है, जहाँ ऑक्सीजन तथा एसीटिलीन का मिश्रण वैल्डिंग टॉर्च की टिप से बाहर आता है।
- फ्लेम का सबसे बाहरी भाग जिसका तापमान 2000°C से 2400°C तक होता है, बाहरी आवरण कहलाता है।
- भीतरी कोन के ऊपरी तथा बाहरी आवरण के अन्दर का भाग मध्य आवरण कहलाता है। इसको एसीटिलीन फीदर भी कहते हैं।

महत्त्वपूर्ण प्रश्नोत्तरी

1. दो वैल्डिंग जनित्रों के नाम बताइए, जो चालन बल पर कार्य करते हैं?

उत्तर चालन बल पर कार्य करने वाले दो वैल्डिंग जनित्रों के नाम मोटर जेनरेटर सैट व इंजन जेनरेटर सैट हैं।

2. परमाणु हाइड्रोजन वैल्डिंग में फ्यूजन के लिए आवश्यक ऊष्मा कैसे प्राप्त की जाती है?

उत्तर परमाणु हाइड्रोजन वैल्डिंग में फ्यूजन के लिए आवश्यक ऊष्मा टंगस्टन के दो इलैक्ट्रॉडों के मध्य आर्क बनाकर प्राप्त की जाती है।

3. किसी वैल्डिंग को उच्च दाब वैल्डिंग कब कहा जाता है?

उत्तर जब एसीटिलीन गैस को बड़े कारखानों में तैयार करके 15 किग्रा प्रति-वर्ग सेमी दाब पर सिलेण्डरों में भरकर प्रयुक्त किया जाता है।

4. विद्युत लेपन प्रक्रम में कार्य से डी.सी. प्रदाय का कौन-सा ध्रुव संयोजित किया जाता है?

उत्तर विद्युत लेपन प्रक्रम में कार्य से डी.सी. प्रदाय का ऋण ध्रुव संयोजित किया जाता है।

5. वैल्डिंग नॉजल ताँबे का क्यों बनाया जाता है?

उत्तर ताँबा ऊष्मा का अच्छा सुचालक है। ताँबे के बने नॉजल लम्बे समय तक ऊष्मा से खराब नहीं होते। इसलिए वैल्डिंग नॉजल ताँबे का बनाया जाता है।

6. पीतल की वैल्डिंग में प्रयुक्त ज्वाला के प्रकार का नाम बताइए।

उत्तर पीतल की वैल्डिंग में ऑक्सीकृत ज्वाला का प्रयोग किया जाता है।

7. इलैक्ट्रॉडों का प्रयोग करने से पहले उन्हें पूर्णतः सुखा लिया जाता है, क्यों?

उत्तर यदि इलेक्ट्रॉड सुखाया न जाए तो आर्क से ताप के कारण नमी भाप बन जाएगी और फ्लक्स कोटिंग को फोड़ देगी। इसके कारण खराब गुणवत्ता का वैल्ड बनेगा।

8. विभिन्न प्रकार के मूल वैल्डिंग जोड़ कौन-से हैं?

उत्तर विभिन्न प्रकार के वैल्डिंग जोड़ बट जोड़, लैप जोड़, 'T' जोड़, किनारा जोड़, एज जोड़ आदि हैं।

अभ्यास प्रश्न

परीक्षा प्रारूपी प्रश्न

1. निम्न में से कौन-सी फ्यूजन प्रक्रिया नहीं है?
(a) गैस वैल्डिंग (b) आर्क वैल्डिंग
(c) थर्मिट वैल्डिंग (d) रेजिस्टेन्स वैल्डिंग

2. निम्न में से कौन आर्क वैल्डिंग का प्रकार नहीं है?
(a) टिग वैल्डिंग
(b) स्टड वैल्डिंग
(c) एटोमिक हाइड्रोजन वैल्डिंग
(d) लेजर वैल्डिंग

3. निम्न में से कौन-सी प्रक्रिया प्रैशर वैल्डिंग प्रक्रिया है?
(a) रेजिस्टेन्स वैल्डिंग
(b) लेजर वैल्डिंग
(c) थर्मिट वैल्डिंग
(d) टिग वैल्डिंग

4. मूल वैल्डिंग से पूर्व टाँका वैल्डिंग करने का उद्देश्य क्या है?
(a) मूल अन्तर्वेशन प्राप्त करने के लिए
(b) मूल धातु के प्रवर्तन बिन्दु पर अधिगमन से बचने के लिए
(c) जोड़ बिन्दुओं के अन्तराल और संरेखण को बनाए रखने के लिए
(d) जुड़ने वाले दोनों सिरों पर वैल्डिंग के अपूर्ण होने से बचाने के लिए

5. आर्क वैल्डिंग के समय जोड़े गए भागों के बीच दिए गए रूट गैप की क्या आवश्यकता है?
(a) स्पैटर को अनदेखा करने के लिए
(b) अशुद्धि के नियन्त्रण के लिए
(c) फ्यूज धातु के मुक्त प्रवाह के लिए
(d) फ्यूज धातु को जोड़ के अन्त तक भरने के लिए

6. सिर के ऊपर वैल्डिंग करते समय चिंगारियों से बचने के लिए किस वेशभूषा का प्रयोग करना चाहिए?
(a) एप्रन (b) दस्ताना
(c) हैलमेट स्क्रीन (d) चश्मा

7. निम्न में से किस मशीन में ध्रुव बदलने का सिस्टम होता है?
(a) डी.सी. जेनरेटर (b) ए.सी. ट्रांसफॉर्मर
(c) रेक्टिफायर (d) इन्वर्टर

8. निम्नलिखित में किस वस्तु का प्रयोग वैल्डिंग केबिल और इलैक्ट्रॉड के बीच विद्युत धारा के प्रवाह के लिए होता है?
(a) केबिल लग (b) अर्थ क्लैम्प
(c) अर्थ केबिल (d) इलैक्ट्रॉड होल्डर

9. वैल्डिंग के लिए किस वैल्डिंग सैट का प्रयोग होता है जहाँ विद्युत शक्ति साधन उपलब्ध नहीं है?
(a) रेक्टिफायर वैल्डिंग सैट (b) इंजन जेनरेटर वैल्डिंग सैट
(c) ट्रांसफॉर्मर वैल्डिंग सैट (d) मोटर जेनरेटर वैल्डिंग सैट

10. ϕ 1.6 मिमी एम.एस. इलैक्ट्रॉड की आर्क वैल्डिंग में कितनी धारा के परास की आवश्यकता होती है?
(a) 6-40 ऐम्पियर (b) 50-80 ऐम्पियर
(c) 120-170 ऐम्पियर (d) 180-270 ऐम्पियर

11. निम्न में से कौन–सा इलैक्ट्रॉड ए.सी. और डी.सी. दोनों वैल्डिंग मशीन में प्रयोग किया जाता है?
(a) कार्बन इलैक्ट्रॉड (b) एल्युमीनियम इलैक्ट्रॉड
(c) बेयर मैटल इलैक्ट्रॉड (d) माइल्ड स्टील कोटेड इलैक्ट्रॉड

12. आर्क वैल्डिंग में अत्यधिक तेजी से वैल्डिंग करने पर क्या हानि होती है?
(a) फ्यूजन की कमी (b) पोरोसिटी
(c) स्पैटर्स (d) ओवरलैप

13. चित्र में प्रदर्शित वैल्डिंग सैट की पहचान कीजिए।

(a) मोटर जेनरेटर सैट (b) इंजन जेनरेटर सैट
(c) रेक्टिफायर (d) वैल्डिंग ट्रांसफॉर्मर

14. निम्न में से किस वैल्डिंग प्रक्रम में नॉन–कंज्यूमेबिल इलैक्ट्रॉड का प्रयोग किया जाता है?
(a) टंगस्टन इनर्ट गैस आर्क वैल्डिंग
(b) मैटल इनर्ट गैस आर्क वैल्डिंग
(c) प्लाज्मा आर्क वैल्डिंग
(d) उपरोक्त में से कोई नहीं

15. वैल्डिंग करते समय वैल्डिंग रॉड का वैल्ड रेखा से कोण रखा जाता है
(a) 30°–45° (b) 45°–60° (c) 60°–70° (d) 70°–80°

16. गैस वैल्डिंग में जोड़े जाने वाले भाग के आकार और माप में स्थायी परिवर्तन आ जाता है। यह दोष किस कारण होता है?
(a) अनुचित ज्वाला सैटिंग
(b) किनारे की तैयारी ठीक से न होना
(c) अनुचित नॉजल आकार का चयन
(d) स्थानीय तपन और शीतलन

17. ऑक्सी–एसीटिलीन वैल्डिंग के पूर्व क्षरण (leakage) की जाँच के लिए, एसीटिलीन संयोजन किस जल से जाँचना चाहिए?
(a) नमक जल (b) साबुन जल
(c) कठोर जल (d) स्वच्छ जल

18. गैस वैल्डिंग में अनेक प्रकार के फिलर रॉड का प्रयोग करते हैं। फिलर रॉड के आकार का चयन आधारित होता है
(a) वैल्डिंग स्थिति पर
(b) गैस के प्रकार पर
(c) पदार्थ की मोटाई पर
(d) कटिंग ब्लो पाइप के प्रकार पर

19. ए.सी. वैल्डिंग में प्रयुक्त ट्रांसफॉर्मर होता है
(a) स्टैप अप ट्रांसफॉर्मर
(b) स्टैप डाउन ट्रांसफॉर्मर
(c) 'a' और 'b' दोनों
(d) उपरोक्त में से कोई नहीं

20. गैस वैल्डिंग में जोड़ों को क्रमशः रासायनिक सफाई और मैकेनिकल सफाई द्वारा साफ किया जाता है। रासायनिक सफाई में जोड़ की सतह को ………… से धोया जाता है।
(a) नाइट्रिक अम्ल (b) केरोसीन
(c) सल्फ्यूरिक अम्ल (d) सान्द्र हाइड्रोक्लोरिक अम्ल

21. कार्यखण्ड या वैल्डिंग टेबिल को केबिल से जोड़ने के लिए प्रयुक्त की जाने वाली युक्ति है
(a) अर्थ क्लैम्प (b) इलैक्ट्रॉड कैरियर
(c) इलैक्ट्रॉड होल्डर (d) ये सभी

22. ऑक्सी–एसीटिलीन वैल्डिंग में एसीटिलीन सिलेण्डर किस रंग से रँगा होता है?
(a) काला (b) लाल (c) मैरून (d) भूरा

23. बट जोड़ में नीचे कुछ खुला स्थान छोड़ने का मुख्य कारण है
(a) दोनों पार्ट को संरेखन में रखने के लिए
(b) वैल्ड जोड़ की सुन्दरता बनाने के लिए
(c) पूर्ण पैनीट्रेशन प्राप्त करने के लिए
(d) ऑक्सीकरण को रोकने के लिए

24. वास्तविक वैल्डिंग शुरू करने से पूर्व वैल्ड किए जाने वाले भागों को टैकिंग करके जोड़ दिया जाता है। इसका मुख्य कारण है
(a) दोनों टुकड़ों को सहारने के लिए
(b) वैल्डिंग से होने वाले विरूपण (distortion) को रोकने के लिए
(c) स्पैटरिंग को कम करने के लिए
(d) कार्य को आसानी से करने के लिए

25. एसीटिलीन गैस में निम्न दो तत्त्व होते हैं
(a) कार्बन व हाइड्रोजन
(b) कैल्शियम व हाइड्रोजन
(c) कैल्शियम व क्लोरीन
(d) कार्बन व क्लोरीन

26. फिलर रॉड के साइज के निर्धारण में निम्न से कौन विचारणीय नहीं है?
(a) वैल्ड की जाने वाली धातु का भार
(b) वैल्ड की जाने वाली धातु का प्रकार
(c) जोड़ की प्रकृति
(d) वैल्डिंग तकनीक का प्रकार

27. उच्च दाब पाइप लाइन की वैल्डिंग में इनमें से किस इलैक्ट्रॉड का प्रयोग किया जाता है?
(a) रूटाइल इलैक्ट्रॉड (b) सेलुलोसिक इलैक्ट्रॉड
(c) बेसिक इलैक्ट्रॉड (d) ये सभी

28. वैल्डिंग के समय टॉर्च कार्यखण्ड से लगभग ····· मिमी दूर रहनी चाहिए।
(a) 15-18 (b) 16-20 (c) 10-12 (d) 12-18

29. ऑक्सी-एसीटिलीन गैस कटिंग में दो प्रक्रियाएँ पूर्वतापन और कटिंग की जाती हैं। कटिंग के पूर्व, पूर्वतापन के लिए किस ज्वाला को सैट किया जाता है?
(a) उदासीन ज्वाला (b) ऑक्सीकरण ज्वाला
(c) कार्बुराइजिंग ज्वाला (d) न्यून कार्बुराइजिंग ज्वाला

30. कैल्शियम कार्बाइड एवं जल की रासायनिक प्रतिक्रिया में कौन-सी गैस बनती है?
(a) हाइड्रोजन (b) कार्बन डाइ-ऑक्साइड
(c) मीथेन (d) एसीटिलीन

31. कैल्शियम कार्बाइड, पानी के साथ क्रिया करके गैस के अतिरिक्त निम्न कम्पाउण्ड भी बनाता है
(a) कैल्शियम क्लोराइड (b) कैल्शियम हाइड्रॉक्साइड
(c) कैल्शियम कार्बोनेट (d) कैल्शियम ऑक्साइड

32. चित्र में प्रदर्शित उपकरण का नाम बताइए

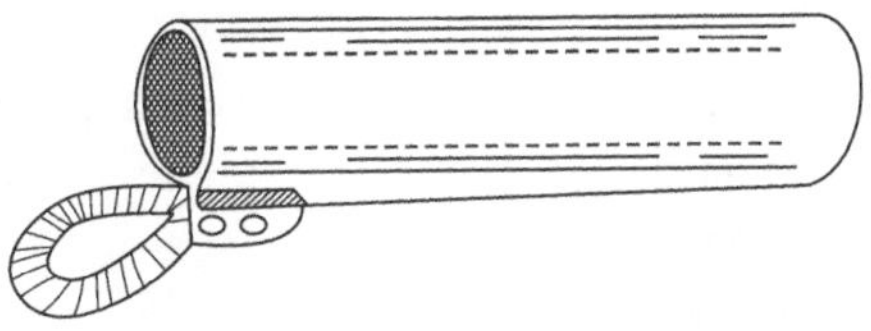

(a) इलैक्ट्रॉड कैरियर (b) इलैक्ट्रॉड होल्डर
(c) अर्थ क्लैम्प (d) रेक्टिफायर

33. एसीटिलीन को सिलेण्डर में स्टोर करने के लिए एक द्रव में घोलकर रखा जाता है। उसे निम्न नाम से पुकारा जाता है
(a) अमोनिया (b) पेट्रोलियम
(c) पानी (d) एसीटोन

34. फिलर रॉड का चयन निम्न में से किसके अनुसार किया जाता है?
(a) बेस मैटल (b) कार्यखण्ड
(c) 'a' और 'b' दोनों (d) इनमें से कोई नहीं

35. गैस कटिंग के समय नॉजल होना चाहिए
(a) कार्य के सम्पर्क में
(b) कार्य के 2 मिमी दूर
(c) कार्य के 5 मिमी दूर
(d) कार्य के 10 मिमी दूर

36. ब्रेज वैल्डिंग में निम्न में से कौन-सा कार्य फ्लक्स का नहीं है?
(a) जोड़ की रासायनिक सफाई
(b) फिलर धातु के गलने से पूर्व वाष्पीकरण
(c) जोड़ से अशुद्धियाँ हटाना
(d) गलित फिलर धातु का सरल बहाव

37. चित्र में दर्शायी गई वैल्डिंग प्रारूप को पहचानिए

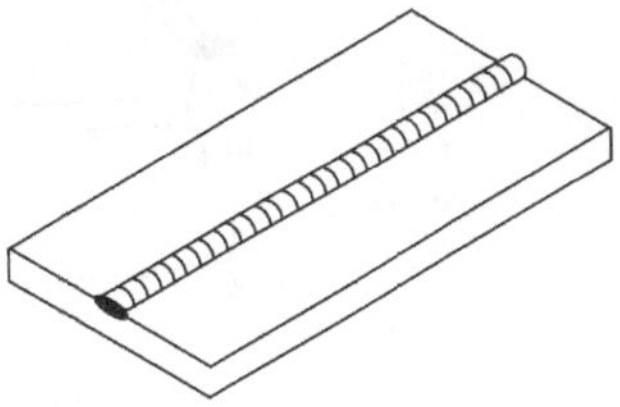

(a) बट वैल्डिंग
(b) फिलेट वैल्डिंग
(c) बैड वैल्डिंग
(d) प्लग वैल्डिंग

38. हौज पाइप के कनैक्शनों में किस प्रकार पहचान बनाई गई है?
(a) ऑक्सीजन के लिए कनैक्शन की चूड़ियाँ राइट हैण्ड तथा ऊपर कट लगा होता है
(b) एसीटिलीन के लिए कनैक्शन की चूड़ियाँ लैफ्ट हैण्ड तथा ऊपर कट लगा होता है
(c) एसीटिलीन के लिए कनैक्शन की चूड़ियाँ राइट हैण्ड तथा ऊपर कट लगा होता है
(d) ऑक्सीजन के लिए कनैक्शन की चूड़ियाँ लैफ्ट हैण्ड तथा ऊपर कट लगा होता है

39. गैस कटिंग के समय कटिंग प्रारम्भ करने के लिए कटिंग नॉजल को प्लेट सर्फेस से 90° कोण पर पकड़ें। ठोस कटिंग के लिए नॉजल के अग्र से धातु की सर्फेस पर कितनी दूरी पर रखना चाहिए?
(a) 10 से 12 मिमी तक
(b) 6 से 9 मिमी तक
(c) 3 से 5 मिमी तक
(d) 1 से 2 मिमी तक

40. निम्न में किस ध्रुवता में इलैक्ट्रॉड को ऋणात्मक तथा कार्यखण्ड को धनात्मक रखा जाता है?
(a) विपरीत ध्रुवता (b) सरल ध्रुवता
(c) समान्तर ध्रुवता (d) इनमें से कोई नहीं

41. कैल्शियम कार्बाइड बनाने के लिए चूना-पत्थर तथा कोक को निम्न ताप पर गर्म किया जाता है
(a) 1200°C (b) 1500°C
(c) 1900°C (d) 2000°C

42. निम्न में से कौन-सा ईंधन गैस (fuel gas) नहीं है?
(a) ऑक्सीजन (b) एसीटिलीन
(c) कोल गैस (d) हाइड्रोजन

43. ऑक्सी-एसीटिलीन फ्लेम (flame) की तापक्रम रेंज क्या है?
(a) 2100-2300°C (b) 3100-3300°C
(c) 3500-3600°C (d) 2500-2600°C

44. निम्न में से किस युक्ति द्वारा वैल्ड बीड की उत्तलता या अवतलता की जाँच की जाती है?
(a) स्टील टैप (b) एल स्क्वायर
(c) स्क्राइबर (d) वैल्ड गेज

45. चित्र में प्रदर्शित वैल्डिंग विधि का नाम बताइए।

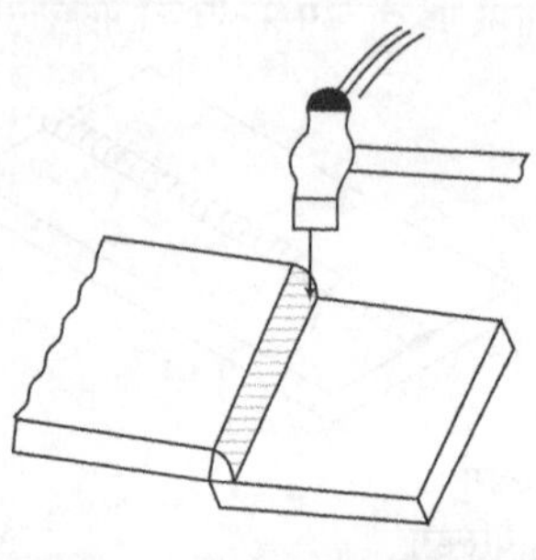

(a) फोर्ज वैल्डिंग (b) प्रतिरोध वैल्डिंग
(c) फ्यूजन वैल्डिंग (d) थर्मिट वैल्डिंग

46. निम्न में से किस विधि द्वारा तारों का इन्सुलेशन खराब किए बिना वैल्डिंग की जा सकती है?
(a) गैस वैल्डिंग (b) फोर्ज वैल्डिंग
(c) इलैक्ट्रॉन बीम वैल्डिंग (d) लेजर बीम वैल्डिंग

47. एसीटिलीन गैस के सिलेण्डर पर प्रयोग होने वाले हौज पाइप का रंग होना चाहिए
(a) काला (b) हरा (c) लाल (d) पीला

48. ऑक्सीजन तथा एसीटिलीन को विभिन्न अनुपात में मिलाकर विभिन्न प्रकार के फ्लेम सैट किए जाते हैं। ऑक्सीजन की तुलना में अधिक एसीटिलीन को ज्वलित कर ········ प्राप्त करते हैं।
(a) उदासीन फ्लेम (b) ऑक्सीकरण फ्लेम
(c) कार्बुराइजिंग फ्लेम (d) गैस कर्तन फ्लेम

49. निम्न में कार्बुराइजिंग फ्लेम का विभेदीय लक्षण क्या है?
(a) दो आन्तरिक फ्लेम कोन तथा एक बाहरी आवरण
(b) दो फ्लेम कोन तथा एक बाहरी आवरण
(c) लघु पीला फ्लेम और बाहरी आवरण
(d) लम्बा, पीला, चिकना फ्लेम आवरण

50. कार्बुराइजिंग ज्वाला द्वारा कार्बन आपूर्ति करने पर वैल्ड हो जाता है
(a) मजबूत (b) नम्य
(c) भंगुर (d) कठोर और भंगुर

51. गैस वैल्डिंग के अन्तर्गत किस कार्य में वैल्डिंग गैसों का प्रयोग किया जाता है?
(a) जोड़ लगाने में
(b) धातु चादरों के कर्तन में
(c) वैल्डिंग बीड को वायुमण्डल से सुरक्षा प्रदान करने में
(d) उपरोक्त सभी

52. न जलने वाली गैसों में निम्न में से कौन-सी गैस सम्मिलित है?
(a) ऑर्गन (b) हीलियम
(c) 'a' और 'b' दोनों (d) इनमें से कोई नहीं

53. एसीटिलीन गैस वायु से मिलकर क्या बनाती है?
(a) विस्फोटक मिश्रण (b) निष्क्रिय मिश्रण
(c) तटस्थ मिश्रण (d) इनमें से कोई नहीं

54. निम्न में से किन गैसों का प्रयोग वैल्डिंग बीड एवं तप्त कार्यखण्ड को वायुमण्डल की गैसों से सुरक्षा प्रदान करने के लिए किया जाता है?
(a) हीलियम (b) ऑर्गन
(c) 'a' और 'b' दोनों (d) ऑक्सीजन

55. वैल्डिंग की क्रियाशीलता बढ़ाने के लिए किस गैस का प्रयोग किया जाता है?
(a) शील्डिंग गैस (b) एक्टिव गैस
(c) ईंधन गैस (d) ये सभी

56. कैल्शियम कार्बाइड हवा की नमी के साथ मिलकर कौन-सी गैस बनाता है?
(a) एसीटिलीन (b) नाइट्रोजन
(c) हाइड्रोजन (d) कार्बन डाइ-ऑक्साइड

57. CO_2 वैल्डिंग का लाभ है
(a) स्लैग रहित जोड़ प्राप्त होता है
(b) ऑटोमेशन आसानी से किया जा सकता है
(c) ऑपरेटर को आर्क स्पष्ट दिखाई देती है
(d) उपरोक्त सभी

58. उच्च दाब वैल्डिंग में ऑक्सीजन सिलेण्डर का दाब होता है
(a) 12.5 किग्रा/सेमी^{2} (b) 15.5 किग्रा/सेमी^{2}
(c) 22.5 किग्रा/सेमी^{2} (d) 25.5 किग्रा/सेमी^{2}

59. एसीटिलीन गैस का रासायनिक सूत्र निम्न है
(a) CH_4 (b) C_2H_2
(c) CH_2 (d) C_4H_4

60. यदि आर्क की लम्बाई इलैक्ट्रॉड के व्यास से अधिक है, तो इसे कहते हैं
(a) दीर्घ आर्क
(b) लघु आर्क
(c) उचित आर्क
(d) उपरोक्त में से कोई नहीं

61. निम्न अलॉय स्टील की वैल्डिंग में प्रयुक्त इलैक्ट्रॉड में कार्बन की मात्रा होती है
(a) 0.12% (b) 0.22% (c) 0.32% (d) 1.2%

62. गर्म कोयले के ऊपर से भाप प्रवाहित करने से ········ तैयार होती है।
(a) ऑक्सीजन गैस (b) वाटर गैस
(c) एसीटिलीन गैस (d) हाइड्रोजन गैस

63. खनिज तेल के कुओं से निकलने वाली गैस इनमें से कौन-सी है?
(a) एक्टिंग गैस (b) इनर्ट गैस
(c) प्राकृतिक गैस (d) इनमें से कोई नहीं

64. इनमें से कौन-सी गैस 1°C ताप एवं 49 किग्रा/वर्ग सेमी दाब पर तरल अवस्था में आ जाती है?
(a) ऑक्सीजन (b) ऑर्गन
(c) हीलियम (d) एसीटिलीन

65. एसीटिलीन सिलेण्डर में एसीटिलीन लगभग ………. दाब पर भरी जाती है।
(a) 14 किग्रा/सेमी^{2} (b) 15 किग्रा/सेमी^{2}
(c) 10 किग्रा/सेमी^{2} (d) 20 किग्रा/सेमी^{2}

66. एसीटिलीन गैस के शुद्धिकरण में पहले कोष्ठ में निम्न शुद्धकारक पदार्थ होता है
(a) शुद्धकारक वस्तु (b) चूने का पत्थर
(c) फिल्टर वूल (d) जल

67. चित्र में प्रदर्शित 'X' भाग का नाम है

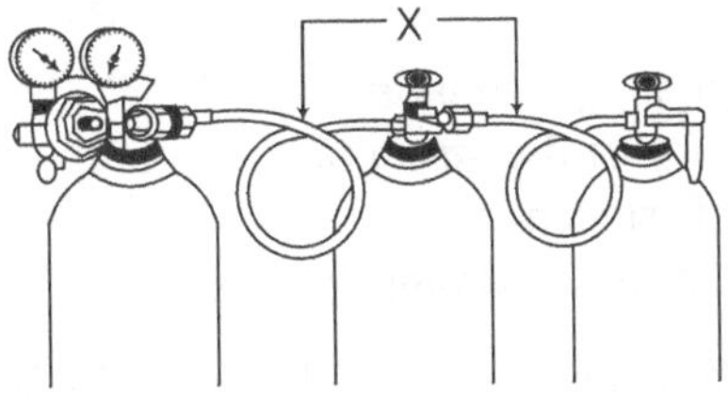

(a) रेगुलेटर (b) पिग टेल जोड़
(c) बन्द करने का प्लग (d) इनमें से कोई नहीं

68. गैस वैल्डिंग में प्रयुक्त ऑक्सीजन सिलेण्डर में ऑक्सीजन किस ताप पर भरी जाती है?
(a) 70°F पर (b) 75°F फर
(c) 110°F पर (d) 115°F पर

69. गैस सिलेण्डर को बन्द करने एवं खोलने के लिए हमेशा ………. का प्रयोग करना चाहिए।
(a) रिंच (b) स्पैनर
(c) प्लायर (d) संडासी

70. हाइड्रॉलिक बैक प्रैशर वाल्व को कहाँ लगाया जाता है?
(a) एसीटिलीन सप्लाई में (b) ऑक्सीजन सप्लाई में
(c) हौज पाइप के बाद (d) इनमें से कोई नहीं

71. एसीटिलीन जनित्र की गैस स्टोरेज टंकी में सुरक्षा एवं दाब नियन्त्रण के लिए क्या प्रयुक्त किया जाता है?
(a) गैस शुद्धक (b) फ्लैश अरेस्टर
(c) सुरक्षा वाल्व (d) ब्लो पाइप

72. एसीटिलीन को ………. में घोला जा सकता है।
(a) जल (b) मिट्टी के तेल
(c) एसीटोन (d) ये सभी

73. निम्न में से किस रेगुलेटर में केवल एक ही डायफ्राम होता है?
(a) सिंगल स्टेज रेगुलेटर (b) डबल स्टेज रेगुलेटर
(c) थ्री स्टेज रेगुलेटर (d) ये सभी

74. निम्न दाब प्रणाली के लिए किस प्रकार की टॉर्च का प्रयोग किया जाता है?
(a) उच्च दाब टॉर्च (b) निम्न दाब टॉर्च
(c) 'a' और 'b' दोनों (d) इनमें से कोई नहीं

75. निम्न में से किस टॉर्च में इंजेक्टर का प्रयोग होता है?
(a) उच्च दाब टॉर्च (b) निम्न दाब टॉर्च
(c) स्वचालित दाब टॉर्च (d) कर्तन टॉर्च

76. गैस वैल्डिंग ब्लो पाइप का नॉजल शरीर से लगभग ………. के कोण पर मुड़ा होता है।
(a) 90° (b) 125°
(c) 60° (d) 120°

77. गैस वैल्डिंग में ब्लो पाइप में ज्वाला बनाने के लिए ………. का प्रयोग करना चाहिए।
(a) इग्नाइटर (b) आग
(c) माचिस (d) लैम्प

78. निम्न में से फ्लेम के किस भाग में सबसे अधिक तापमान होता है?
(a) भीतरी कोन (b) मध्य भाग
(c) बाहरी आवरण (d) इनमें से कोई नहीं

79. ब्रिलिएन्ट कम्बशन जोन (brilliant combustion zone) का दूसरा नाम है
(a) बाहरी आवरण (b) भीतरी कोन
(c) 'a' और 'b' दोनों (d) मध्य भाग

80. फ्लेम के सबसे अधिक चमकदार भाग का तापमान होता है
(a) 2000-2400°C (b) 1600-2000°C
(c) 2100°C (d) 2760-3480°C

81. वैल्डिंग करते समय बनने वाली आर्क का स्थिर न रहकर इधर-उधर होना कहलाता है
(a) आर्क ब्लो (b) स्पैटर
(c) क्रैटर (d) पोरोसिटी

82. निम्न में से किस कारण से ऑक्सी-एसीटिलीन फ्लेम सबसे अधिक प्रयोग की जाती है?
(a) यह आसानी से उपलब्ध है
(b) यह सबसे अधिक तापमान देती है
(c) यह सबसे सस्ती पड़ती है
(d) यह हानिरहित होती है

83. ऑक्सीकारक ज्वाला का विशिष्ट गुण निम्न में से है
(a) दो आन्तरिक ज्वाला शंकु तथा बाह्य आवरण
(b) V- आकृति का आन्तरिक शंकु तथा बाह्य आवरण
(c) U- आकृति का आन्तरिक शंकु तथा बाह्य आवरण
(d) लम्बा-पीला चमकदार आवरण

84. उदासीन फ्लेम के द्वारा किन धातुओं की वैल्डिंग की जाती है?
(a) माइल्ड स्टील की (b) स्टेनलैस स्टील की
(c) कॉपर की (d) ये सभी

85. न्यूट्रल फ्लेम निम्न स्टील के लिए उपयुक्त है
(a) हाई कार्बन स्टील
(b) माइल्ड स्टील
(c) लो कार्बन स्टील
(d) उपरोक्त सभी

86. उदासीन फ्लेम का तापक्रम लगभग होता है
(a) 3460°C (b) 3260°C
(c) 3160°C (d) 3060°C

87. निम्न में से किस फ्लेम में मध्य भाग उपस्थित नहीं होता है?
(a) कार्बुराइजिंग फ्लेम (b) उदासीन फ्लेम
(c) ऑक्सीडाइजिंग फ्लेम (d) नर्म फ्लेम

88. फ्लेम के बाहरी भाग में बने अवशेषों का पुनर्ज्वलन निम्न में से किस गैस से होता है?
(a) हाइड्रोजन (b) नाइट्रोजन
(c) ऑक्सीजन (d) ऑर्गन

89. कटिंग के पूर्वतापन के लिए सही फ्लेम निम्न होती है
(a) ऑक्सीकरण फ्लेम (b) उदासीन (न्यूट्रल) फ्लेम
(c) हल्की कार्बुराइजिंग फ्लेम (d) कार्बुराइजिंग फ्लेम

90. निम्न में से कौन-सी फ्लेम को सुविधापूर्वक हाई कार्बन स्टील की वैल्डिंग के लिए प्रयोग किया जाता है?
(a) ऑक्सीडाइजिंग फ्लेम (b) कार्बुराइजिंग फ्लेम
(c) 'a' और 'b' दोनों (d) उदासीन फ्लेम

91. ऑक्सी-एसीटिलीन फ्लेम का उपयोग किया जाता है
(a) लौह धातु की वैल्डिंग में (b) अलौह धातु की वैल्डिंग में
(c) कटिंग में (d) ये सभी

92. कार्बुराइजिंग फ्लेम के भीतरी कोन तथा बाह्य कवच के मध्य में .... होता है।
(a) ऑक्सीजन फीदर (b) हाइड्रोजन फीदर
(c) निर्वात (d) फीदर

93. निम्न में से किस फ्लेम का तापमान सबसे अधिक होता है?
(a) उदासीन फ्लेम (b) ऑक्सीडाइजिंग फ्लेम
(c) कार्बुराइजिंग फ्लेम (d) नर्म फ्लेम

94. नर्म फ्लेम का वेग होता है
(a) 10 से 20 मी/सेकण्ड (b) 10 से 15 मी/सेकण्ड
(c) 10 से 25 मी/सेकण्ड (d) 10 से 40 मी/सेकण्ड

95. अधिकतर कार्यों में प्रयोग की जाने वाली फ्लेम कौन-सी है?
(a) सख्त फ्लेम (b) नर्म फ्लेम
(c) डेटोनेशन फ्लेम (d) उदासीन फ्लेम

96. निम्न में से किस फ्लेम का उपयोग वैल्डिंग में असम्भव है?
(a) नर्म फ्लेम (b) उदासीन फ्लेम
(c) डेटोनेशन फ्लेम (d) सख्त फ्लेम

97. ज्वाला टिप से हटकर चलने लगती है। इसे कैसे सुधारा जा सकता है?
(a) गैस का दाब कम करके
(b) नॉजल का छिद्र साफ करके
(c) टॉर्च को शीतल करके
(d) ऑक्सीजन का आयतन कम करके

98. निम्नलिखित गैस फ्लेम कॉम्बीनेशन में किसका तापमान न्यूनतम होता है?
(a) ऑक्सी-कोल गैस (b) ऑक्सी-हाइड्रोजन गैस
(c) ऑक्सी-एसीटिलीन गैस (d) ऑक्सी-द्रव पेट्रोलियम गैस

99. "इस दोष के अन्तर्गत फ्लेम टिप के ऊपर न जलकर, टिप से आगे जलती है।" उपरोक्त कथन निम्न में से किस दोष से सम्बन्धित है?
(a) पॉपिंग (b) फ्लेम का आकार बदलना
(c) फ्लेम का कम्पन (d) फ्लेम का बार-बार टूटना

100. वैल्डिंग टॉर्च से पिट-पिट की आवाज आना कहलाता है
(a) पॉपिंग (b) नॉकिंग
(c) लॉकिंग (d) ये सभी

उत्तरमाला

1. (d)	**2.** (d)	**3.** (a)	**4.** (c)	**5.** (b)	**6.** (c)	**7.** (c)	**8.** (d)	**9.** (b)	**10.** (a)
11. (d)	**12.** (c)	**13.** (b)	**14.** (a)	**15.** (d)	**16.** (d)	**17.** (b)	**18.** (c)	**19.** (b)	**20.** (d)
21. (a)	**22.** (c)	**23.** (a)	**24.** (c)	**25.** (a)	**26.** (a)	**27.** (a)	**28.** (c)	**29.** (a)	**30.** (d)
31. (b)	**32.** (a)	**33.** (d)	**34.** (a)	**35.** (c)	**36.** (b)	**37.** (c)	**38.** (b)	**39.** (c)	**40.** (b)
41. (d)	**42.** (a)	**43.** (b)	**44.** (d)	**45.** (a)	**46.** (d)	**47.** (c)	**48.** (c)	**49.** (a)	**50.** (a)
51. (d)	**52.** (c)	**53.** (a)	**54.** (c)	**55.** (b)	**56.** (a)	**57.** (d)	**58.** (a)	**59.** (b)	**60.** (a)
61. (a)	**62.** (b)	**63.** (c)	**64.** (d)	**65.** (b)	**66.** (b)	**67.** (b)	**68.** (a)	**69.** (a)	**70.** (a)
71. (c)	**72.** (c)	**73.** (a)	**74.** (b)	**75.** (b)	**76.** (d)	**77.** (a)	**78.** (a)	**79.** (b)	**80.** (d)
81. (a)	**82.** (c)	**83.** (a)	**84.** (d)	**85.** (b)	**86.** (b)	**87.** (b)	**88.** (c)	**89.** (b)	**90.** (b)
91. (d)	**92.** (d)	**93.** (b)	**94.** (b)	**95.** (b)	**96.** (c)	**97.** (a)	**98.** (d)	**99.** (d)	**100.** (a)

अध्याय 10

सोल्डरिंग तथा ब्रेजिंग
Soldering and Brazing

10.1 सोल्डर Solder

सामान्यत: सोल्डर, धातुओं को जोड़ने के लिए प्रयोग की जाने वाली प्रक्रिया में फिलर पदार्थ का कार्य करता है। टिन (tin) तथा लैड (lead) जैसी नरम धातुओं को विभिन्न प्रतिशत मात्रा में मिलाकर सोल्डर बनाया जाता है। टिन (tin) का गलनांक 231.9°C तथा लैड का गलनांक 327.5°C होता है।

सबसे अधिक प्रयोग होने वाला सोल्डर, टिन तथा लैड को 63 : 37 के अनुपात में मिलाकर बनता है। इसका गलनांक 96°C से 255°C तक होता है। टिन-लैड सोल्डर के अतिरिक्त विभिन्न धातुओं के साथ भी टिन सोल्डर बनाता है; जैसे—टिन-एन्टीमनी, टिन-एन्टीमनी-लैड, टिन-सिल्वर, टिन-लैड-सिल्वर, टिन-जिंक, कैडमियम-सिल्वर, कैडमियम-जिंक, जिंक-एल्युमीनियम आदि का उपयोग विशेष स्थितियों में किया जाता है।

अध्याय विषय सूची

सोल्डर के प्रकार Types of Solder

सोल्डर मुख्यत: निम्न दो प्रकार के होते हैं

1. कठोर सोल्डर
2. नर्म सोल्डर

1. कठोर सोल्डर Hard Solder

कठोर सोल्डर में ताँबा, टिन, सिल्वर, जिंक, कैडमियम तथा फॉस्फोरस के अलॉय होते हैं जो भारी धातुओं की सोल्डरिंग के लिए प्रयोग किये जाते हैं। इस सोल्डर का गलनांक अन्य सोल्डर के गलनांकों की अपेक्षा अधिक होता है। सामान्यत: इसका गलनांक 450°C से ऊपर तक होता है। इसका उपयोग ताँबा, पीतल, लोहा आदि धातुओं के बड़े आकार के टुकड़ों या मोटे तारों व केबिल्स के जोड़ों पर टाँका लगाने के लिए किया जाता है। यह निम्न प्रकार का होता है

(i) स्पैल्टर सोल्डर (ii) सिल्वर सोल्डर

(i) **स्पैल्टर सोल्डर** (Spelter solder) यह निम्न तीन अनुपातों में बनाया जाता है और जॉब की आवश्यकतानुसार प्रयोग किया जाता है। ये बाजार में छड़ के रूप में उपलब्ध रहते हैं, जैसा कि चित्र में दर्शाया गया है।

(a) ताँबा = 50%, जिंक = 50%

(b) ताँबा = 67%, जिंक = 33%

(c) ताँबा = 50%, जिंक = 37%, टिन = 13%

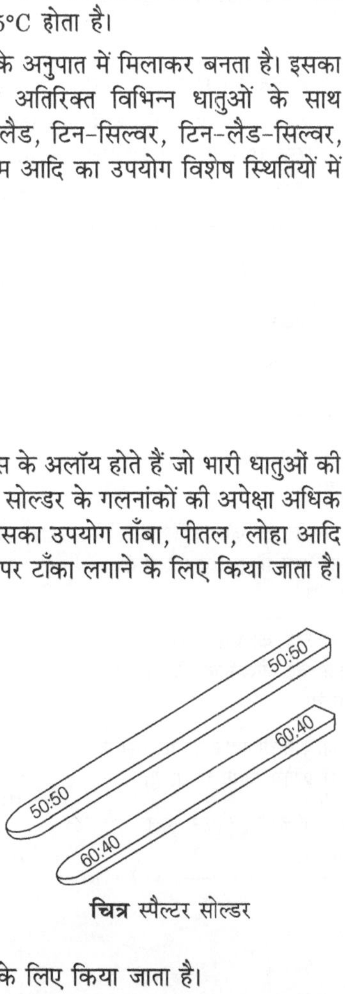

चित्र स्पैल्टर सोल्डर

इनका उपयोग प्लम्बर एवं शीट मैटल कार्यों में ब्रेजिंग करने के लिए किया जाता है।

(ii) **सिल्वर सोल्डर** (Silver solder) इसका गलनांक, स्पैल्टर सोल्डर के गलनांक से कम होता है। इसका उपयोग सोना, चाँदी, जर्मन सिल्वर आदि धातुओं की वस्तुओं में टाँका लगाने के लिए किया जाता है। सोना, चाँदी, जस्ता आदि धातुओं में टाँका लगाने वाला सोल्डर निम्न अनुपातों में बनाया जाता है

(a) ताँबा = 33%, चाँदी = 67%, इसका उपयोग चाँदी की वस्तुओं में टाँका लगाने के लिए किया जाता है।

(b) ताँबा = 20%, चाँदी = 10%, सोना = 70%, इसका उपयोग स्वर्ण आभूषणों में टाँका लगाने के लिए किया जाता है।

(c) ताँबा = 20%, चाँदी = 70%, जस्ता = 10%, इसका उपयोग रजत आभूषणों में टाँका लगाने के लिए किया जाता है।

(d) ताँबा = 35%, जस्ता = 55%, निकिल = 10%, इसका उपयोग जर्मन सिल्वर में टाँका लगाने के लिए किया जाता है।

2. नर्म सोल्डर Soft Solder

ये सोल्डर टिन, लैड, एण्टीमनी, ताँबा, कैडमियम तथा जिंक के अलॉय होते हैं जो हल्की धातुओं पर सोल्डरिंग के लिए प्रयोग किये जाते हैं। नर्म सोल्डर का प्रयोग पतली शीटों, छोटे पुर्जों तथा तारों को जोड़ने के लिए किया जाता है।

इसके निर्माण में टिन और सीसा धातुएँ प्रयोग की जाती हैं। सोल्डर में टिन की मात्रा जितनी अधिक रखी जाती है, उतना ही उसका गलनांक कम होता है। इसका गलनांक 450°C से नीचे होता है, परन्तु एण्टीमनी व बिस्मथ मिलाने से इसका गलनांक 96°C तक कम हो जाता है।

सोल्डर के रूप में साधारणत: टिन तथा लैड की मिश्र धातु ही प्रयोग की जाती है। विभिन्न धातुओं के लिए इनका मिश्रण अलग-अलग रहता है।

तालिका कठोर सोल्डर एवं नर्म सोल्डर में अन्तर

क्र. सं.	कठोर सोल्डर	नर्म सोल्डर
1.	यह पक्का जोड़ होता है।	यह कच्चा जोड़ होता है।
2.	यह कॉपर और जिंक की मिश्र धातु है।	यह लैड और टिन की मिश्र धातु है।
3.	यह नर्म सोल्डर की अपेक्षा अधिक तापमान पर पिघलता है।	नर्म सोल्डर का जोड़ बहुत कम तापमान पर पिघला कर लगाया जाता है।
4.	कठोर सोल्डर का प्रयोग भारी वस्तुओं को जोड़ने के लिए किया जाता है।	नर्म सोल्डर का प्रयोग हल्की वस्तुओं को जोड़ने के लिए किया जाता है।
5.	इस जोड़ में सुहागे का फ्लक्स के रूप में प्रयोग किया जाता है।	इस जोड़ में नौसादर का फ्लक्स के रूप में प्रयोग किया जाता है।
6.	इसका जोड़ कार्य करने पर नहीं खुलता है।	इसका जोड़ गर्म होकर खुल जाता है।

सोल्डर के विभिन्न संघटन व उनके उपयोग
Different Composition of Solder and their Uses

सोल्डर के विभिन्न संघटक (% में) व उनके मुख्य उपयोग निम्न तालिका में दिए गए हैं

तालिका सोल्डर के विभिन्न संघटन

क्र.सं.	BS सोल्डर	टिन	लैड	एन्टीमनी	गलनांक °C	उपयोग
1.	A	65	34.4	0.6	183-185	इलेक्ट्रॉनिक उपकरणों की सोल्डरिंग में
2.	K	60	39.5	0.5	183-188	टिन व स्मिथ के उच्च कार्यों में
3.	F	50	49.5	0.5	183-212	ताँबे के कार्यों व धातु शीट कार्यों में
4.	G	40	59.6	0.4	183-234	आभूषणों के जोड़ लगाने में
5.	J	30	69.7	0.3	183-255	

10.2 सोल्डरिंग आयरन Soldering Iron

सोल्डरिंग करने के लिए जिस औजार को गर्म करके सोल्डर को पिघलाने का कार्य किया जाता है, वह सोल्डरिंग आयरन कहलाता है। इसका प्रयोग सोल्डर को पिघलाने तथा जोड़ी जाने वाली धातु को गर्म करने के लिए किया जाता है।

सोल्डरिंग आयरन के निम्नलिखित भाग होते हैं

(i) कोर (ii) हैड

(iii) शैंक (iv) लकड़ी का हैण्डिल

(i) **कोर** (Edge) यह हैड के सबसे नीचे का भाग होता है, जिसका आकार अंग्रेजी के 'V' अक्षर के समान होता है। कोर का आकार आवश्यकतानुसार बदलता रहता है। कोर ही सोल्डरिंग आयरन का वह भाग है, जो गर्म होकर सोल्डरिंग प्रक्रिया करता है।

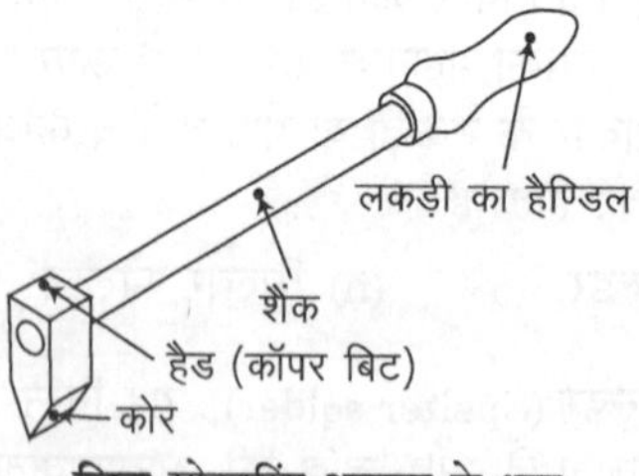

चित्र सोल्डरिंग आयरन के भाग

(ii) **हैड** (Head) सोल्डरिंग आयरन का हैड फोर्ज ताँबे का बना होता है, क्योंकि ताँबे में ताप का संचालन शीघ्रता से होता है। यह सोल्डर को सरलता से चिपका लेता है तथा शीघ्रता से पिघला भी देता है।

(iii) **शैंक** (Shank) सोल्डरिंग आयरन की शैंक लोहे की बनी होती है। इस शैंक के द्वारा ही ऊष्मा का संचरण हैड तक हो पाता है। शैंक ही हैड तथा हैण्डिल के बीच का भाग होता है।

(iv) **हैण्डिल** (Handle) लकड़ी ऊष्मा की सबसे अच्छी कुचालक है। इसी बात को ध्यान में रखते हुए, सोल्डरिंग आयरन का हैण्डिल लकड़ी का बनाया जाता है। कारीगर इस हैण्डिल को हाथ से पकड़कर सोल्डरिंग आयरन की कोर पर फ्लक्स आरोपित करता हुआ सोल्डरिंग प्रक्रिया करता है।

सोल्डरिंग आयरन के प्रकार

Types of Soldering Iron

सोल्डरिंग आयरन निम्न दो प्रकार के होते हैं

1. यान्त्रिक सोल्डरिंग आयरन

Mechanical Soldering Iron

वे सोल्डरिंग आयरन जिनकी बिट को ब्लो लैम्प अथवा भट्ठी में गर्म किया जाता है, इसके बाद सोल्डरिंग प्रक्रिया की जाती है, यान्त्रिक सोल्डरिंग आयरन की श्रेणी में आते हैं। ये हैचेट तथा वर्गाकार नोंकदार प्रकार के होते हैं।

(i) **हैचेट प्रकार** के सोल्डरिंग आयरन का कोर त्रिभुजाकार आकृति का बना होता है। इस त्रिभुज का हैड नीचे की ओर रहता है। इसी हैड के द्वारा चित्रानुसार सोल्डरिंग की जाती है।

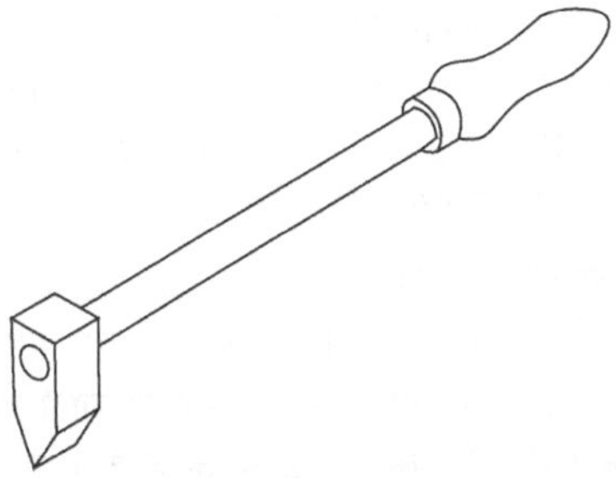

चित्र हैचेट प्रकार का सोल्डरिंग आयरन

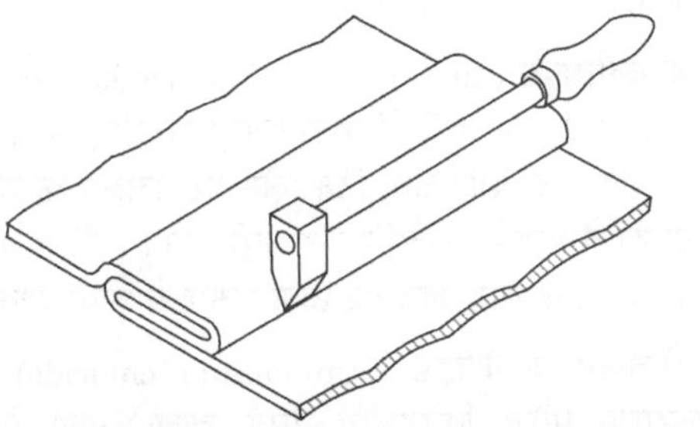

चित्र हैचेट प्रकार के सोल्डरिंग आयरन द्वारा टाँका लगाना

(ii) **वर्गाकार नोंकदार** प्रकार के सोल्डरिंग आयरन में चारों फेस को एक कोण पर पिरामिड के आकार में बना लिया जाता है। इसका उपयोग जोड़ बिन्दुओं पर टाँका लगाने के लिए किया जाता है। दिए गए चित्रों में वर्गाकार नोंकदार प्रकार का सोल्डरिंग आयरन तथा उसके द्वारा टाँका लगाने की विधि को दर्शाया गया है।

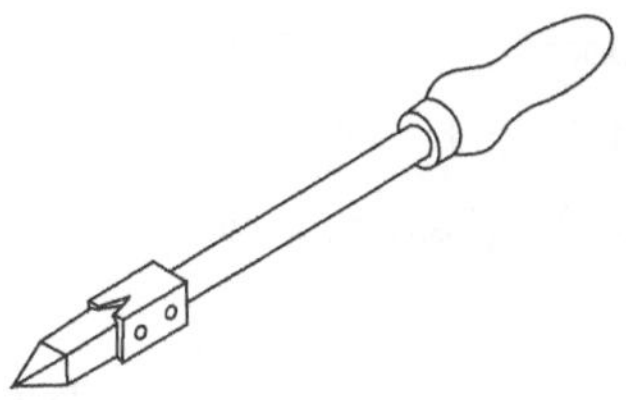

चित्र वर्गाकार नोंकदार प्रकार का सोल्डरिंग आयरन

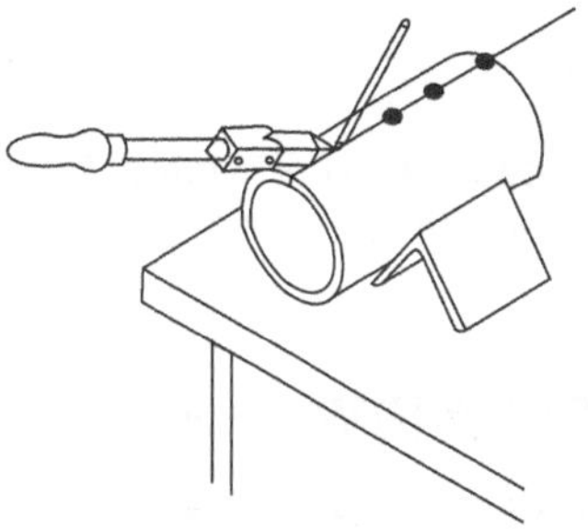

चित्र वर्गाकार नोंकदार प्रकार के सोल्डरिंग आयरन द्वारा टाँका लगाना

2. वैद्युतिक सोल्डरिंग आयरन Electric Soldering Iron

वैद्युतिक सोल्डरिंग आयरन का उपयोग विद्युत संयोजनों में किया जाता है। इनकी शैंक से होकर हीटिंग एलीमेण्ट कॉपर बिट तक पहुँचता है। जैसे ही इस एलीमेण्ट में विद्युत धारा प्रवाहित होती है, यह गर्म होने लगता है। जिस कारण कॉपर धातु का बना हुआ बिट भी गर्म होने लगता है।

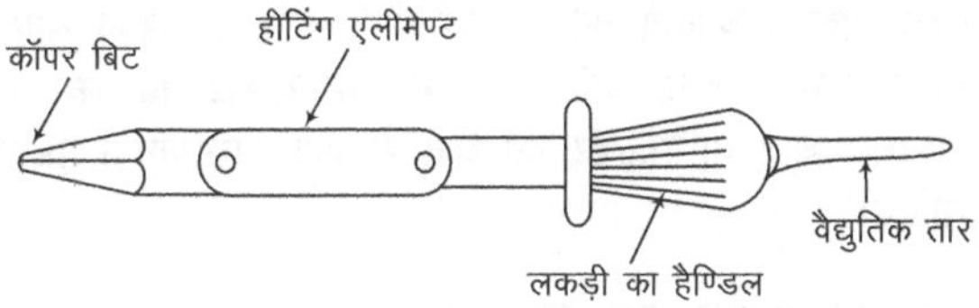

चित्र वैद्युतिक सोल्डरिंग आयरन

मीडियम ड्यूटी के वैद्युतिक सोल्डरिंग आयरन 100 से 250 वाट तक की रेंज में तथा हैवी ड्यूटी के वैद्युतिक सोल्डरिंग आयरन 250 से 500 वाट तक की रेंज के आयरन बाजार में उपलब्ध हैं।

तालिका विभिन्न धातुओं के सोल्डर

क्र.सं.	धातु का नाम	फ्लक्स	सोल्डर की विभिन्न धातुओं का मिश्रण गलनांक						
			Sn	Pb	Al	P	Zn	Bs	ताप
1.	पीतल (Brass)	जिंक क्लोराइड रेजिन नौसादर	66	34					185°C
2.	गन मैटल		63	37					183°C
3.	ताँबा (Copper)		60	40					180°C
4.	टिन्ड स्टील (Tinned steel)		6	36					180°C
5.	गैल्वेनाइज्ड स्टील (Galvanised steel)	हाइड्रोक्लोरिक एसिड	58	42					192°C
6.	जिंक		55	45					202°C
7.	स्टील व आयरन	नौसादर	50	50					205°C
8.	चाँदी (silver)	जिंक क्लाराइड ($ZnCl_2$)	67	33					183°C
9.	सोना (gold)		67	33					183°C
10.	एल्युमीनियम	स्टियरिन (stearin)	70		3	2	25		–

***टिप्पणी** एल्युमीनियम की वस्तुओं को जोड़ने के लिए कोई भी सोल्डर उपयुक्त नहीं होता है। इसके लिए 'ALCA-P' अथवा निम्न मिश्रण वाला सोल्डर प्रयोग किया जाता है। टिन = 70%, जस्ता = 25%, एल्युमीनियम = 3%, फॉस्फर-टिन = 2%*

10.3 सोल्डर फ्लक्स Solder Flux

सोल्डरिंग प्रक्रिया में प्रयुक्त होने वाला फ्लक्स पाउडर, पेस्ट तथा द्रव तीनों रूपों में उपलब्ध होता है। सोल्डरिंग करते समय ऑक्साइड की परत न जमा हो, इसके लिए सोल्डर के साथ फ्लक्स का प्रयोग किया जाता है। यह ऑक्सीकरण से बचाव के साथ-साथ सोल्डर को शीघ्र पिघलने में भी सहायता करता है। सोल्डर की जाने वाली सतह का ऑक्साइड रहित होना, चिकनाई रहित होना तथा अन्य गन्दगी से रहित होना अत्यन्त आवश्यक है, क्योंकि सोल्डरिंग करने में बेस धातु का फ्यूजन नहीं होता है।

इसके अतिरिक्त फ्लक्स सोल्डर की पकड़ मजबूत बनाने में भी सहायता प्रदान करता है। अच्छे फ्लक्स में कम ताप पर ही धातु तथा सोल्डर से ऑक्साइड बाहर निकालने की सामर्थ्य होनी चाहिए। इसका वाष्पनांक, गलनांक से अधिक होना चाहिए अन्यथा यह सफाई नहीं कर पाएगा। इसकी आधार धातु या सोल्डर की धातु से कोई रासायनिक क्रिया नहीं होनी चाहिए।

सोल्डर फ्लक्स का चयन Selection of Solder Flux

सोल्डर फ्लक्स का चयन निम्न बिन्दुओं के आधार पर किया जाता है

1. सोल्डरिंग की प्रक्रिया पर
2. सोल्डर के कार्यकारी तापमान पर
3. जुड़ने वाली धातु पर

सोल्डर फ्लक्स के प्रकार Types of Solder Flux

सोल्डर फ्लक्स के मुख्य प्रकार निम्न हैं

1. कोरोसिव फ्लक्स
2. नॉन-कोरोसिव फ्लक्स

1. कोरोसिव फ्लक्स Corrosive Flux

ये वे फ्लक्स हैं, जिनमें अकार्बनिक पदार्थ होते हैं; जैसे—जिंक क्लोराइड, अमोनियम क्लोराइड, हाइड्रोक्लोरिक एसिड आदि। ऐसे फ्लक्स यदि धातु पर लगे रह जाएँ, तो उन्हें क्षति पहुँचाते हैं एवं धातु पर जंग लग जाता है। इसलिए इन्हें सोल्डरिंग के बाद अवश्य साफ कर देना चाहिए। ये मुख्यत: निम्न प्रकार के होते हैं

(i) **हाइड्रोक्लोरिक एसिड** (Hydrochloric acid) यह एक द्रव पदार्थ है, जो हवा के साथ सम्पर्क में आने पर धुआँ बनाता है। इसे पानी के दो या तीन भाग के साथ मिलाया जाता है। इसे जिंक के साथ मिलाने से जिंक क्लोराइड बनता है तथा फ्लक्स तैयार होता है, इसलिए इसका प्रयोग जिंक के साथ फ्लक्स के रूप में किया जाता है।

(ii) **जिंक क्लोराइड** (Zinc chloride) जिंक क्लोराइड सफेद क्रिस्टलीय ठोस होता है, जो पानी में अत्यधिक घुलनशील है। इसका प्रयोग ताँबे, पीतल की शीट तथा टिन प्लेट पर फ्लक्स के रूप में किया जाता है। ये फ्लक्स अत्यधिक संक्षारीय होते हैं जिस कारण इनका प्रयोग करने के बाद जोड़ को ठीक प्रकार से धोना आवश्यक है।

(iii) **अमोनियम क्लोराइड** (Ammonium chloride) अमोनियम क्लोराइड सफेद क्रिस्टलीय नमक वाला, पानी में अत्यधिक घुलनशील अकार्बनिक यौगिक है। यह पाउडर या लेप में काम आता है। यह गर्म होने पर शीघ्र वाष्प में बदलता है। इसे पानी में घोलकर स्टेनलैस स्टील की सोल्डरिंग के समय फ्लक्स के रूप में प्रयोग करते हैं।

2. नॉन-कोरोसिव फ्लक्स Non-Corrosive Flux

कोरोसिव फ्लक्स के विपरीत, इन फ्लक्सों में अम्ल तथा क्षार की थोड़ी-सी भी मात्रा नहीं होती है। इस प्रकार के फ्लक्स रेजिन पर आधारित होते हैं। रेजिन को चीड़ के वृक्ष से निकाला जाता है। धातु की सतह पर अधिक समय तक रहने पर भी ये फ्लक्स धातु को किसी भी प्रकार का नुकसान नहीं पहुँचाते।

कुछ मुख्य नॉन-कोरोसिव फ्लक्स निम्न प्रकार हैं

(i) **ऑलिव ऑयल** (Olive oil) यह एक प्रकार का वनस्पति तेल होता है, जो सोल्डरिंग पर हल्के अम्ल के रूप में कार्य करता है।

(ii) **बोरेक्स** (Borax) बोरेक्स को सोडियम बोरेट भी कहते हैं। यह एक सफेद ठोस संरचना वाला बोरॉन का महत्त्वपूर्ण यौगिक है, जिसका प्रयोग दो भिन्न-भिन्न धातुओं पर जोड़ लगाने वाली विधि, ब्रेजिंग में किया जाता है।

(iii) **रेजिन** (Resin) रेजिन कार्बनिक अम्लों के मिश्रण वाला एक बेजान ठोस है। इसका प्रयोग ताँबे व पीतल की सोल्डरिंग में फ्लक्स के रूप में किया जाता है। रेजिन का गलनांक 80°C से 100°C होता है। इसका दूसरा नाम बिरोजा भी है।

(iv) **पेस्ट** (Paste) यह जिंक क्लोराइड, रेजिन, ग्लिसरीन आदि को मिलाकर पेस्ट के रूप में तैयार किया जाता है।

यह ऑक्सीकरण को समान करने में तीव्रता से कार्य करता है। इसका प्रयोग तारों को जोड़ने व हल्के कार्यों में किया जाता है। भिन्न-भिन्न धातुओं को जोड़ने के लिए भिन्न-भिन्न सोल्डर का भी प्रयोग होता है।

(v) **टैलो** (Tallow) टैलो का उपयोग मुख्यत: सिक्कों की सोल्डरिंग के लिए किया जाता है। सिक्के को गर्म करने के पश्चात् जोड़ पर टैलो को रगड़ा जाता है।

(vi) **नौसादर** (Salt Ammonic) इसका उपयोग जोड़ को साफ करने तथा कलई करने के लिए किया जाता है। यह बाजार में पाउडर तथा टिकिया दोनों रूपों में उपलब्ध है।

सोल्डर फ्लक्स के अनुप्रयोग
Applications of Solder Flux

1. फ्लक्स, सोल्डर सतह से ऑक्साइड को अपने में घोलकर बाहर ले आता है तथा फिर से ऑक्साइड बनने से रोकता है।
2. यह संक्षारण को दूर करता है।
3. यह सोल्डर का पृष्ठ तनाव कम रहता है, जिससे यह पतला होकर समस्त जोड़ में फैल जाता है।
4. फ्लक्स, सोल्डरिंग आयरन का ताप जोड़ के तल में पहुँचाने में सहायता करता है।
5. यह सोल्डरिंग किए जाने वाले जोड़ को मजबूती प्रदान करता है।

10.4 सोल्डरिंग Soldering

दो या दो से अधिक धातु के पार्ट्स को सोल्डर के माध्यम से जोड़ने की प्रक्रिया सोल्डरिंग कहलाती है। सोल्डरिंग एक प्रकार का कच्चा जोड़ होता है, जो कम्पन (vibration) होने पर खुल जाता है तथा अधिक लोड सहन नहीं कर पाता है। इसे नर्म टाँका लगाया जाना भी कहते हैं। सोल्डरिंग में गलनांक बढ़ाने व घटाने के लिए क्रमश: एण्टीमनी तथा बिस्मथ का प्रयोग किया जाता है। वैल्डिंग प्रक्रिया में जॉब की धातु को पिघलने तक गर्म किया जाता है तथा दोनों बेस धातुओं को आपस में मिलाया जाता है, फिर दोनों को ठण्डा होने के लिए छोड़ दिया जाता है।

इसमें जोड़े जाने वाली सतहें अपना वास्तविक स्वरूप नहीं रख पाती हैं, परन्तु यदि जोड़े जाने वाली दोनों सतहों के वास्तविक स्वरूप को सुरक्षित रखते हुए जोड़ना हो, तो उन्हें सोल्डरिंग (soldering) द्वारा जोड़ा जा सकता है। इस विधि में जोड़े जाने वाली धातुओं की सतहों को पिघलाने की आवश्यकता नहीं होती। अपितु धातुओं को उनके गलनांक से काफी कम तापक्रम पर ही सोल्डर या स्पैल्टर की सहायता से जोड़ा जाता है। इस विधि में सोल्डर या स्पैल्टर फिलर धातु के रूप में प्रयोग होती है। सोल्डर का गलनांक 450°C से कम रहता है।

सोल्डरिंग सम्बन्धी महत्त्वपूर्ण बिन्दु
Important Points Related to Soldering

सोल्डरिंग करते समय कुछ बिन्दुओं को ध्यान में रखना अत्यन्त आवश्यक होता है जिससे कि सोल्डरिंग के समय होने वाली समस्याओं से बचा जा सके। इसमें से मुख्य बिन्दु निम्न प्रकार हैं

1. सोल्डरिंग प्रक्रिया में प्रयुक्त किए जाने वाले सोल्डर का गलनांक जोड़े जाने वाली धातुओं के गलनांक से कम होना चाहिए।
2. सोल्डर, धातु सतहों पर सरलतापूर्वक फैलने वाला होना चाहिए।
3. सोल्डर द्वारा लगाया गया जोड़ मजबूत होना चाहिए।
4. जोड़े जाने वाली धातुएँ, एक-दूसरे से अच्छी प्रकार जुड़ जानी चाहिए।

सोल्डरिंग प्रक्रिया Soldering Process

सोल्डरिंग प्रक्रिया निम्न पदों में पूरी की जाती है

1. सोल्डरिंग आयरन को गर्म करना
Heating the Soldering Iron

सोल्डरिंग करने के लिए सर्वप्रथम सोल्डरिंग आयरन को गर्म करना आवश्यक होता है। इसके लिए ब्लो लैम्प, ब्लो टार्च या गैस फ्लेम का प्रयोग किया जाता है। सोल्डरिंग आयरन की बिट को केवल उतना ही गर्म किया जाना चाहिए, जिससे कि सोल्डर सरलतापूर्वक पिघल सके।

2. टिनिंग Tinning

सोल्डरिंग आयरन के बिट को गर्म करने के पश्चात् उसकी टिप पर सोल्डर की परत चढ़ाना टिनिंग कहलाता है। टिनिंग करने से पहले सोल्डरिंग आयरन की बिट को रेती से साफ किया जाता है। बिट को साफ करने के पश्चात् बिट को गर्म करके उस पर नौसादर रगड़कर सोल्डर की परत चढ़ा दी जाती है।

चित्र में टिनिंग प्रक्रिया को दर्शाया गया है

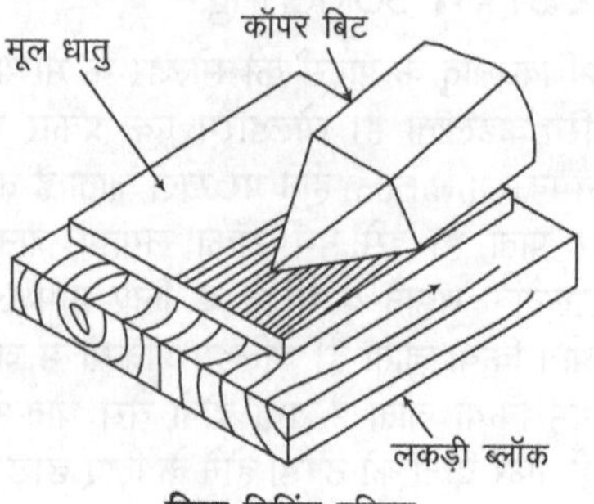

चित्र टिनिंग प्रक्रिया

3. टेकिंग Tacking

सोल्डरिंग प्रक्रिया शुरू करने से पहले जोड़ पर टेकिंग प्रक्रिया की जाती है। टेकिंग पहले सेन्टर में तथा फिर किनारों पर की जाती है, जिससे कि जोड़े जाने वाले भागों का अलाइनमेण्ट बना रहे।

4. फ्लोटिंग Floating

फ्लोटिंग में जॉब के जोड़ की आन्तरिक व बाहरी सतह पर फ्लक्स लगाकर जॉब को लकड़ी के ब्लॉक पर 45° के कोण पर पकड़ा जाता है। इसके बाद सोल्डर के टुकड़ों को जोड़ पर रखकर उन्हें सोल्डरिंग आयरन द्वारा पिघलाया जाता है।

सोल्डरिंग की विधियाँ Methods of Soldering

सोल्डरिंग प्रक्रिया को ताप देने की विधि के अनुसार, निम्न विधियों में बाँटा गया है

1. सोल्डरिंग आयरन विधि
2. सोल्डरिंग टॉर्च विधि
3. डिप एण्ड वेव विधि
4. इण्डक्शन विधि
5. रेजिस्टेन्स विधि
6. फर्नेश एण्ड हॉट प्लेट विधि
7. स्प्रे विधि
8. अल्ट्रासोनिक विधि तथा
9. कण्डेन्सेशन विधि

टिप्पणी *इन सभी विधियों में से पहली दो विधियाँ ही अधिक प्रचलित हैं। अतः उनका ही विवरण यहाँ दिया जा रहा है।*

1. सोल्डरिंग आयरन विधि Soldering Iron Method

यह सोल्डरिंग करने की सबसे पुरानी विधि है। इसमें एक सोल्डरिंग आयरन का प्रयोग किया जाता है, जिसकी टिप कॉपर की बनी होती है। इसको गर्म करने के लिए बिजली, तेल, कोक या अन्य कोई गैस प्रयोग की जाती है।

आजकल बिजली वाले सोल्डरिंग आयरन अधिक प्रयोग होते हैं। ये 15 वाट से 100 वाट की क्षमता में उपलब्ध हैं। चित्र में विभिन्न प्रकार के सोल्डरिंग आयरन दर्शाए गए हैं।

ये दो प्रकार के होते हैं

(i) बाहर से गर्म होने वाले (ii) अन्दर से गर्म होने वाले।

बाहर से गर्म होने वाले सोल्डरिंग आयरन भट्ठी, ब्लो लैम्प या गैस बर्नर द्वारा गर्म किए जाते हैं। ये बिट के वजन के आधार पर बाजार में उपलब्ध हैं। साधारणतः ये 250 ग्राम से 1 किग्रा तक के वजन में मिलते हैं। अधिक वजन का सोल्डरिंग आयरन अधिक ताप एकत्र कर सकता है तथा इसलिए अधिक देर तक कार्य कर सकता है। अन्दर से गर्म होने वाले सोल्डरिंग आयरन बिजली द्वारा गर्म किए जाते हैं।

इनका लाभ यह है कि ये लगातार गर्मी दे सकते हैं। सोल्डरिंग करते समय भी ये गर्म होते रहते हैं। इनमें एक बिजली का एलीमेण्ट बिट को लगातार गर्मी देता रहता है।

सोल्डरिंग करने से पहले सोल्डरिंग आयरन की बिट को थोड़ा गर्म करके रेती या ईंट द्वारा रगड़कर ऊपरी सतह पर बनी हुई ऑक्साइड की परत हटा दी जाती है।

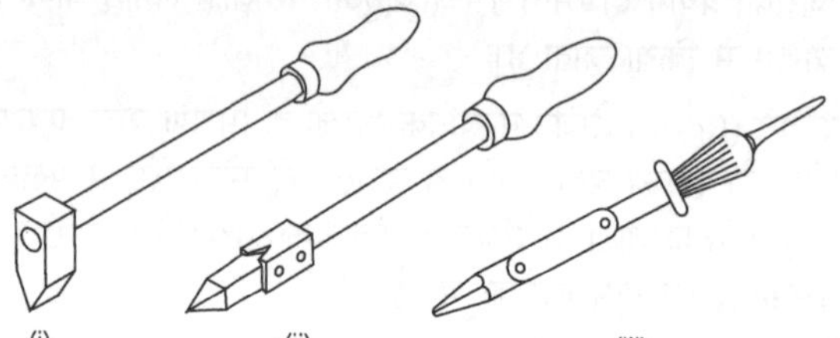

चित्र विभिन्न प्रकार के सोल्डरिंग आयरन

अब सोल्डरिंग आयरन की बिट पर नौसादर तथा रेजिन के फ्लक्स की एक मोटी परत चढ़ा दी जाती है। सोल्डरिंग आयरन पर फ्लक्स लगाने के पश्चात् निम्न पदों में सोल्डरिंग प्रक्रिया पूरी की जाती है

(i) सर्वप्रथम सोल्डर करने वाली सतहों से तेल, ग्रीस तथा ऑक्साइड आदि को साफ कर लिया जाता है।

(ii) उचित प्रकार के फ्लक्स का चयन करके जोड़ने वाली सतहों पर लगा दिया जाता है।

(iii) जोड़ के अनुसार उचित साइज के सोल्डरिंग आयरन का चुनाव करके उसे वांछित तापक्रम तक गर्म किया जाता है।

(iv) गर्म सोल्डरिंग आयरन को फ्लक्स लगी सतह के सम्पर्क में लाकर उसे गर्म किया जाता है।

(v) अब सोल्डरिंग आयरन की नोंक (toe) पर सोल्डर लगाकर उसे जोड़ के साथ-साथ चलाया जाता है। सोल्डर करने की गति जोड़ की गहराई के अनुसार ही रखी जाती है, जिससे सोल्डर पिघलकर जोड़ में गहराई तक जा सके। सोल्डरिंग आयरन को हटा लेने से सोल्डर ठण्डा होकर जोड़ बनाता है। ठण्डा होने के दौरान जोड़ को हिलाना नहीं चाहिए, इससे सोल्डर में दरारें (fractures) पड़ने की सम्भावना रहती है।

(vi) सोल्डरिंग के पश्चात् कोरोसिव फ्लक्स को हटाया जाता है जिससे कि सतहों को जंग (corrosion) से बचाया जा सके।

(vii) सोल्डर को कभी-कभी अस्थायी जोड़ लगाने के लिए प्रयोग किया जाता है। यदि दो प्लेटों को आपस में जोड़ना हो, तो पहले उन्हें गर्म करके पूरी सतह पर (फ्लक्स आदि प्रयोग करते हुए) सोल्डर लगा देते हैं।

चित्र दो भागों की स्वीटिंग विधि

तत्पश्चात् चित्रानुसार उन्हें एक-दूसरे पर रखकर बाहर से पतली प्लेट को गर्मी तथा दबाव पहुँचाते हैं। इससे सोल्डर पिघलकर जोड़ बना देता है। इस प्रकार सोल्डर के पिघलकर जोड़ बनाने की प्रक्रिया **स्वीटिंग** (sweating) कहलाती है।

2. सोल्डरिंग टॉर्च विधि Soldering Torch Method

इस विधि द्वारा सोल्डरिंग करने के लिए गैस टॉर्च द्वारा ऊष्मा प्राप्त की जा सकती है। टॉर्च के द्वारा जॉब को बहुत तेजी से गर्म किया जा सकता है। ऑक्सी-एसीटिलीन फ्लेम के अतिरिक्त अन्य कम ताप वाली फ्लेम; जैसे—ब्यूटेन, प्रोपेन आदि भी सोल्डरिंग करने के लिए प्रयोग की जा सकती है। इस विधि में प्रयोग होने वाली विभिन्न प्रकार की टॉर्च चित्र में दर्शायी गई है।

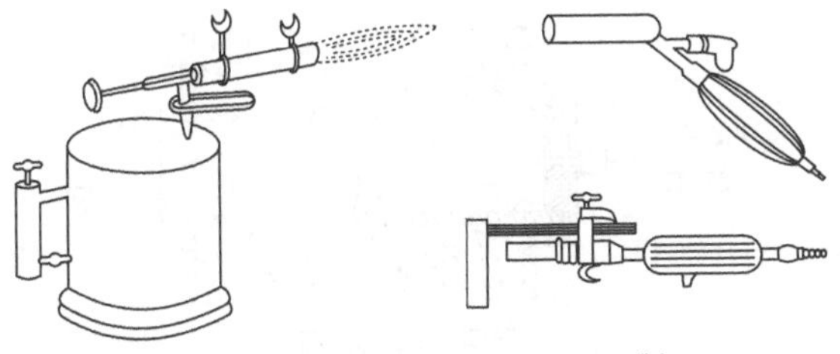

(a) (b)

चित्र ब्लो लैम्प (a) तथा सोल्डरिंग टॉर्च (b)

सोल्डरिंग टॉर्च विधि का प्रयोग बहुत बड़े व भारी-भरकम जॉब को सोल्डर करने, बिजली की सप्लाई के लिए तारों में लग्स (lugs) लगाने तथा जेनरेटर आदि के कम्यूटेटर के कनैक्शन बनाने के लिए किया जाता है।

सोल्डरिंग के लाभ तथा हानियाँ
Advantages and Disadvantages of Soldering

सोल्डरिंग के लाभ तथा हानियाँ निम्न प्रकार हैं

लाभ Advantages

(i) सोल्डरिंग द्वारा निम्न ताप पर (300°C) पर शीघ्रता से जोड़ लगाया जा सकता है।

(ii) सोल्डरिंग करने के लिए विशेष अनुभव या दक्षता की आवश्यकता नहीं है।

(iii) सोल्डरिंग द्वारा छोटे पाट्र्स, तार तथा पतली चादरों को अस्थायी रूप से जोड़ा जा सकता है।

(iv) सोल्डरिंग प्रक्रिया में जोड़ लगाने में कम लागत आती है।

हानियाँ Disadvantages

(i) सोल्डरिंग द्वारा लगा जोड़ कमजोर होता है, जिससे यह आसानी से खुल जाता है।

(ii) सोल्डरिंग द्वारा भारी व मोटी प्लेटों पर जोड़ नहीं लगाए जा सकते हैं।

10.5 ब्रेजिंग Brazing

दो एकसमान व भिन्न-भिन्न धातुओं पर कठोर जोड़ लगाने की विधि ब्रेजिंग कहलाती है। ब्रेजिंग को हार्ड सोल्डरिंग भी कहा जाता है। सोल्डरिंग क्रिया के विपरीत, ब्रेजिंग में सोल्डरिंग आयरन की आवश्यकता नहीं होती है। ब्रेजिंग का प्रयोग कटिंग टूल्स पर कार्बाइड टिप नल तथा उनकी फिटिंग आदि जोड़ने के लिए कास्ट आयरन की मरम्मत के लिए, रेडिएटर आदि के लिए किया जाता है। ब्रेजिंग में जोड़ लगाने के लिए स्पैल्टर या सिल्वर का प्रयोग किया जाता है। इसके द्वारा लगाए गए जोड़ अपेक्षाकृत अधिक मजबूत होते हैं।

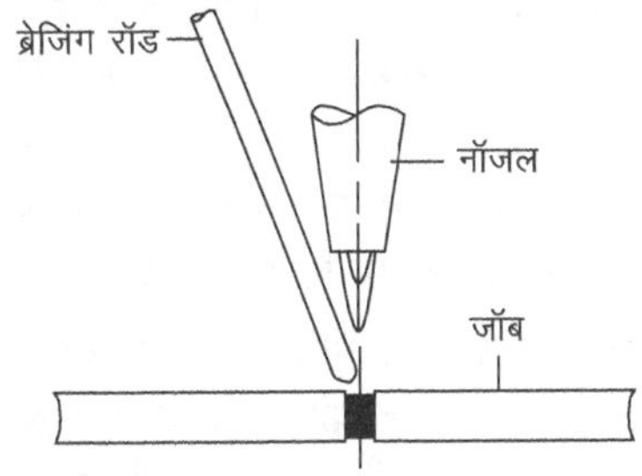

चित्र ब्रेजिंग प्रक्रिया

ब्रेजिंग अलॉय Brazing Alloy

ब्रेजिंग करने के लिए प्रयोग होने वाली फिलर धातु को स्पैल्टर या ब्रेजिंग अलॉय कहते हैं। विभिन्न धातुओं को जोड़ने के लिए अलग-अलग प्रकार के ब्रेजिंग अलॉय या फिलर धातु प्रयोग की जाती है। एक अच्छे ब्रेजिंग अलॉय में निम्नलिखित गुण होने चाहिए

1. यह बेस मैटल की सतह पर आसानी से फैलने योग्य होना चाहिए।
2. यह केशिकात्व (capillary action) के द्वारा आसानी से जोड़ों में भरने योग्य नहीं होना चाहिए।
3. इसका गलनांक (melting point) बेस मैटल के गलनांक से काफी कम होना चाहिए, जिससे कि ब्रेजिंग करने से बेस मैटल की सतह क्षतिग्रस्त न हो।

4. इसमें जोड़ के यान्त्रिक गुण (mechanical properties); जैसे—टेन्साइल स्ट्रेन्थ (tensile strength), तन्यता (ductility) आदि आवश्यकतानुसार होने चाहिए।

स्पैल्टर तथा सिल्वर स्पैल्टर ये दो प्रकार के ब्रेजिंग अलॉय, ब्रेजिंग क्रिया में मुख्य रूप से प्रयोग किए जाते हैं। इनका वर्णन निम्नलिखित है

1. **स्पैल्टर** (Spelter) यह ताँबा और जस्ता से बनने वाली एक मिश्र धातु होती है। ब्रेजिंग प्रक्रिया में प्रयुक्त स्पैल्टर के द्वारा ताँबा, ब्रास, लोहा, जस्ता, स्टील आदि धातुएँ जोड़ी जाती हैं।

   ताँबे तथा चाँदी जैसी धातुओं को परस्पर जोड़ने के लिए स्पैल्टर का गलनांक 600°C से 850°C तक, ताँबे तथा जिंक को परस्पर जोड़ने के लिए स्पैल्टर का गलनांक 650°C से 950°C तक तथा चाँदी व जिंक को परस्पर जोड़ने के लिए स्पैल्टर का गलनांक 688°C से 750°C होता है।

2. **सिल्वर स्पैल्टर** (Silver spelter) यह ताँबा और चाँदी अथवा चाँदी तथा जस्ता से बनने वाली एक मिश्र धातु होती है। इससे फ्लक्स के रूप में सुहागा प्रयोग किया जाता है। इसमें ताँबा, जस्ता तथा चाँदी की प्रतिशत मात्रा क्रमश: 50%, 30% तथा 20% तक होती है।

ब्रेजिंग की प्रक्रिया
Procedure of Brazing

सोल्डरिंग के समान ब्रेजिंग के लिए भी सर्वप्रथम ब्रेजिंग की जाने वाली सतहों की सफाई होनी आवश्यक है। इसके लिए कुछ ब्रेजिंग फ्लक्स प्रयोग किए जाते हैं। ब्रेजिंग फ्लक्स फिलर धातु के गलनांक से कम तापक्रम पर ही पिघलकर सम्पूर्ण सतह पर फैल जाना चाहिए। फ्लक्स के रूप में अधिकतर सुहागा (borax) प्रयोग किया जाता है।

60°C या अधिक ताप के लिए सोडियम, पोटैशियम या लीथियम बोरेट प्रयोग किए जाते हैं। ऑक्साइड को हटाने के लिए Na, K तथा Li के फ्लोराइड्स प्रयोग किए जाते हैं। ब्रेजिंग के दौरान ऑक्साइड बनने से रोकने के लिए विभिन्न प्रकार के कृत्रिम वायुमण्डल तैयार करके उसके अन्दर वैल्डिंग की जाती है। इसके पश्चात् निम्न पदों में शेष प्रक्रिया पूरी की जाती है

(i) ब्रेज धातु के छोटे-छोटे टुकड़े, जोड़ के साइज के अनुरूप काटकर, सुहागा लगाकर इस प्रकार रखे जाते हैं, जिससे कि ये गर्म होने पर पिघलकर जोड़ के चारों ओर फैल जाएँ।

(ii) जोड़ को सही स्थिति में रखकर फिक्स्चर, क्लैम्प या अनील्ड वायर के द्वारा कसकर बाँध देते हैं।

(iii) ब्लो लैम्प या वैल्डिंग टॉर्च के द्वारा जोड़ को तब तक गर्म करते हैं, जब तक स्पैल्टर पिघलकर जोड़ में न चला जाए।

(iv) गर्म पानी में धोकर फ्लक्स को हटाया जा सकता है या फिर गर्म जॉब को पानी में ब्रेजिंग के तुरन्त बाद धोकर फ्लक्स को हटा देते हैं।

ब्रेजिंग की विधियाँ Methods of Brazing

जॉब को गर्म करने के आधार पर ब्रेजिंग की विधियाँ निम्न प्रकार हैं

1. ब्लो पाइप ब्रेजिंग Blow Pipe Brazing

इसमें ब्रेज करने वाली वस्तु को एक चारकोल के टुकड़े पर रखकर जोड़ के ऊपर फ्लक्स लगाकर फिलर धातु का टुकड़ा रख दिया जाता है। अब एक लैम्प या मोमबत्ती की ज्वाला को ब्लो पाइप और मुँह की सहायता से जोड़ पर फूँका जाता है। इससे फिलर धातु पिघलकर जोड़ में भर जाती है या ठण्डी होने पर मजबूत जोड़ बनाती है। यह विधि विशेष रूप से स्वर्णकारों द्वारा सोने-चाँदी के गहनों को ब्रेज करने के लिए प्रयोग की जाती है।

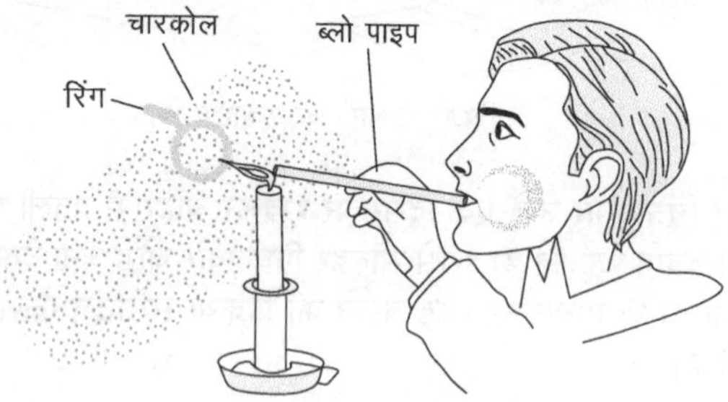

चित्र ब्लो पाइप ब्रेजिंग

2. भट्ठी ब्रेजिंग Furnace Brazing

इसमें फिलर धातु के छोटे-छोटे टुकड़ों को जोड़े जाने वाले भागों के बीच में रखकर सही स्थिति में बाँध दिया जाता है। जॉब को ऑक्सीडेशन से बचाने के लिए भट्ठी का वायुमण्डल भी नियन्त्रित किया जाता है। बहुत बड़े जॉब (1-1.5 kg approx) को अधिक संख्या में ब्रेजिंग करने के लिए इस विधि का प्रयोग किया जाता है।

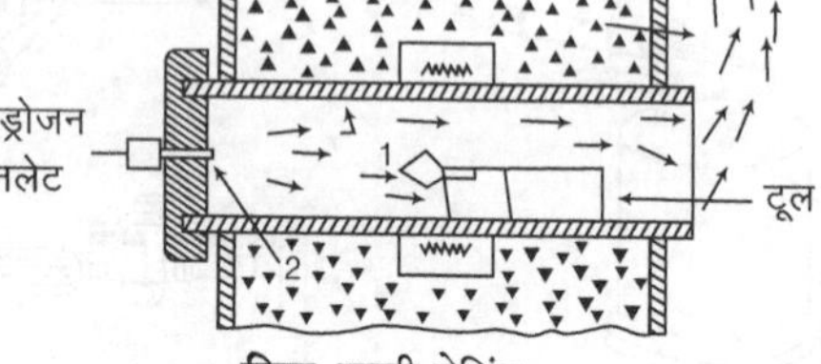

चित्र भट्ठी ब्रेजिंग

गर्म होने पर फिलर धातु पिघलकर जोड़ की सम्पूर्ण सतह पर केशिकात्व के द्वारा फैल जाती है तथा ठण्डी होकर एक मजबूत जोड़ बनाती है। भट्ठी ब्रेजिंग में सम्पूर्ण जॉब ही गर्म किया जाता है, इसलिए जोड़ के पश्चात् ठण्डा होने पर आन्तरिक प्रतिबल (internal stress) कम-से-कम बनते हैं।

3. टॉर्च ब्रेजिंग Torch Brazing

यह विधि सबसे अधिक प्रचलित है। इसके द्वारा फैब्रिकेशन तथा मरम्मत दोनों ही प्रकार के कार्य सभी कारखानों में किए जाते हैं। इसमें ऊष्मा का स्रोत एक वैल्डिंग टॉर्च द्वारा एसीटिलीन गैस और हवा के मिश्रण को जलाकर ज्वाला के रूप में प्राप्त किया जाता है। नॉन-फैरस धातुओं; जैसे—एल्युमीनियम आदि की ब्रेजिंग करने के लिए ऑक्सी-हाइड्रोजन टॉर्च का भी प्रयोग किया जा सकता है।

इसमें जोड़ को गर्म करके ब्रेजिंग छड़ को फ्लक्स के साथ ही पिघलाया जाता है।

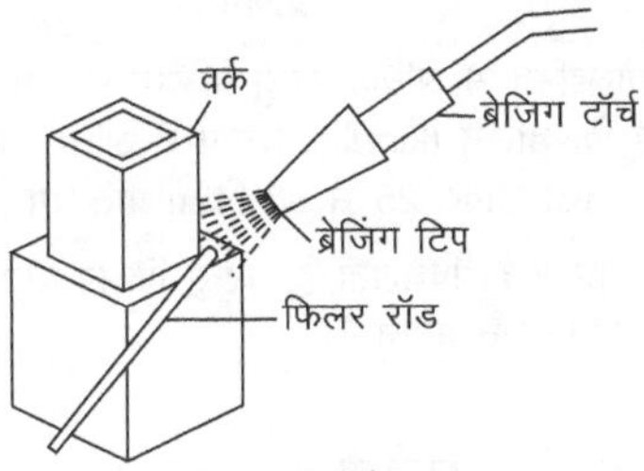

चित्र टॉर्च ब्रेजिंग

4. निर्वात ब्रेजिंग Vacuum Brazing

यह एक विशेष प्रकार की फर्नेस ब्रेजिंग प्रक्रिया है, जिसमें धातु को ऑक्सीकरण होने से बचाने के लिए वायुमण्डल को नियन्त्रित करने के स्थान पर निर्वात उत्पन्न किया जाता है। निर्वात उत्पन्न होने से धातु का ऑक्सीकरण नहीं हो पाता है।

5. इण्डक्शन ब्रेजिंग Induction Brazing

ऐसे स्थानों पर जहाँ उत्पादन दर बहुत अधिक हो एवं पार्ट को बहुत अधिक तेजी से गर्म करने की आवश्यकता हो वहाँ पर इण्डक्शन ब्रेजिंग प्रक्रिया प्रयोग की जाती है। इस प्रक्रिया में ब्रेज किए जाने वाले भागों को एक इण्डक्शन क्वॉयल के अन्दर रखकर उच्च आवृत्ति (high frequency) का करण्ट, क्वॉयल में से गुजारा जाता है। इससे इण्डक्शन द्वारा भागों को ऊर्जा मिलती है जिसके कारण पूरा जॉब बहुत कम समय में ही गर्म हो जाता है। इसकी गर्मी से फिलर धातु पिघलकर जोड़ों में पेनीट्रेट (penetrate) करती है और ठण्डी होने पर मजबूत जोड़ बनाती है।

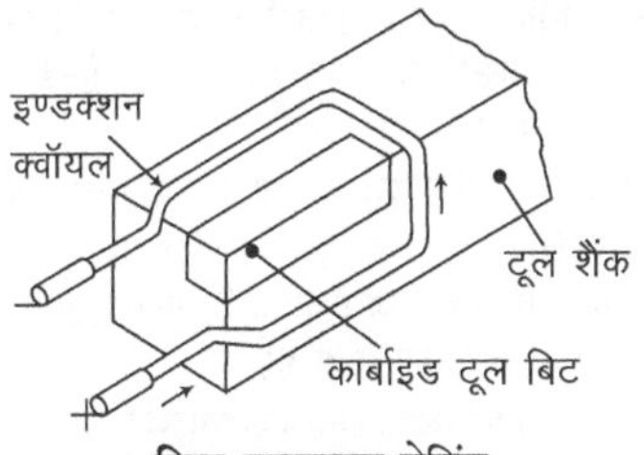

चित्र इण्डक्शन ब्रेजिंग

6. डिप ब्रेजिंग Dip Brazing

इस प्रक्रिया में ब्रेज करने वाले पार्ट्स को पहले से ही फ्लक्स लगाकर पिघली हुई फिलर धातु के रासायनिक बाथ में डुबोया जाता है, इससे पार्ट गर्म हो जाता है और फिलर धातु जोड़ में पहुँच जाती है, जो ठण्डी होने पर मजबूत जोड़ बनाती है।

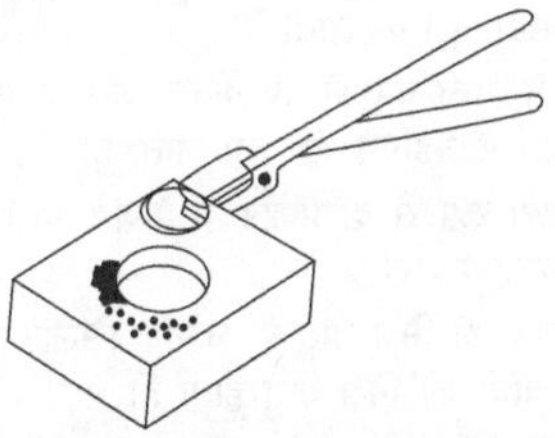

चित्र डिप ब्रेजिंग

7. सिल्वर ब्रेजिंग Silver Brazing

सिल्वर सोल्डरिंग को ब्रेजिंग भी कहा जाता है। सिल्वर ब्रेजिंग में फिलर धातु के रूप में सिल्वर मिश्र धातु का प्रयोग किया जाता है। सिल्वर मिश्र धातु में सिल्वर तथा अन्य धातुओं; जैसे—कॉपर, जिंक व कैडमियम की भिन्न-भिन्न प्रतिशत मात्रा होती है। इसमें सिल्वर 40% से 60% तक होती है। सिल्वर मिश्र धातु को जब 600-850°C पर गर्म किया जाता है, तो यह पिघलकर धातु जोड़ में पहुँच जाती है तथा ठण्डी होकर मजबूत जोड़ बनाती है।

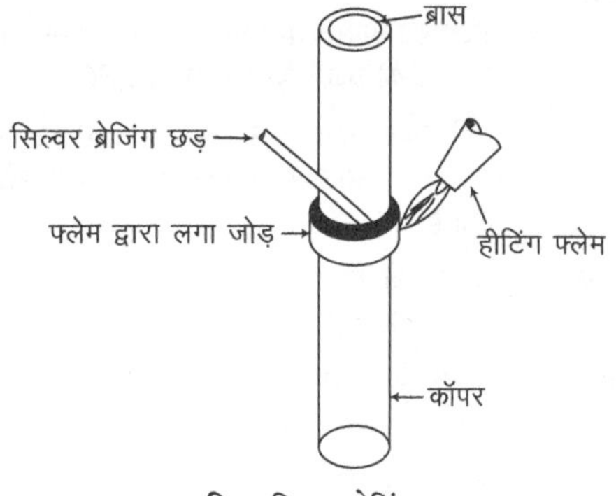

चित्र सिल्वर ब्रेजिंग

ब्रेजिंग के लाभ व हानियाँ
Advantages and Disadvantages of Brazing

ब्रेजिंग के लाभ व हानियाँ निम्न प्रकार हैं

लाभ Advantages

(i) ब्रेजिंग के द्वारा मोटी जॉब को जोड़ा जाता है।
(ii) इसके द्वारा लगे जोड़ पक्के व मजबूत होते हैं।
(iii) ये कम्पन को सरलता से सहन कर सकते हैं।
(iv) ये जोड़ भार सहन करने योग्य होते हैं।
(v) ये जोड़ उच्च तापमान पर भी शीघ्रता से खुलते नहीं हैं।
(vi) ब्रेजिंग के द्वारा दो भिन्न धातुओं को जोड़ा जा सकता है।

हानियाँ Disadvantages

(i) ब्रेजिंग प्रक्रिया अपेक्षाकृत महँगी होती है।
(ii) ब्रेजिंग करने में अधिक समय लगता है।
(iii) ब्रेजिंग के लिए अधिक तापमान की आवश्यकता होती है।
(iv) ब्रेजिंग के द्वारा पतली शीटों को नहीं जोड़ा जा सकता है।

10.6 सोल्डरिंग तथा ब्रेजिंग में अन्तर
Differences between Soldering and Brazing

सोल्डरिंग तथा हार्ड सोल्डरिंग में अन्तर निम्न तालिका में दिया गया है। इस तालिका के माध्यम से हम सोल्डरिंग एवं ब्रेजिंग के गुणों का तुलनात्मक अध्ययन करेंगे

सोल्डरिंग तथा ब्रेजिंग के मध्य अन्तर को उनके गुणों के आधार पर निम्न तालिका में दिया गया है

गुण	सोल्डरिंग	ब्रेजिंग
शक्ति	ये जोड़ सबसे अधिक कमजोर होते हैं तथा अधिक ताप सहन नहीं कर सकते हैं। ये 7.5 kg प्रति वर्ग मिमी से अधिक भार सहन नहीं कर सकते।	ये जोड़ सोल्डरिंग से अधिक परन्तु वैल्डिंग से कम शक्तिशाली होते हैं। ये किण्डलिंग (kindling) ताप से अधिक ताप सहन नहीं कर पाते। इनकी शक्ति 25 से 50 किलो प्रति वर्ग मिमी होती है।
पैनीट्रेशन	इस पर बेस धातु नहीं पिघलती। सोल्डर केवल ऊपरी सतह से मिलकर मैटालिक बॉण्ड (metallic bond) बनाता है।	इसमें भी स्पैल्टर ही पिघलता है, परन्तु फिलर धातु का मैटालिक बॉण्ड अधिक मजबूत बनता है।
तापमान	सोल्डरिंग फिलर धातु के गलनांक (melting point) से अधिक ताप पर की जाती है, लगभग 450°C।	ब्रेजिंग स्पैल्टर के गलनांक से अधिक ताप पर की जाती है, लगभग 650°C।
फिलर धातु	इसमें काम आने वाली फिलर धातु को सोल्डर कहा जाता है। साधारणतः सोल्डर में टिन (tin) तथा सीसा (lead) का मिश्रण होता है।	इसमें काम में आने वाली फिलर धातु को स्पैल्टर, हाई सोल्डर या ब्रेज कहा जाता है। साधारणतः स्पैल्टर में ताँबा तथा अन्य धातुओं का मिश्रण होता है।
फिलर धातु की चाल	सोल्डर को सोल्डरिंग आयरन के साथ-साथ बेस धातु की सतह पर फैलाना होता है।	पिघला हुआ स्पैल्टर फिलर अलॉय केशिकात्व के द्वारा जोड़ में बनी झिर्री के अन्दर तक पहुँचता है।
जोड़े जाने वाली धातुओं का प्रकार	सोल्डर के द्वारा दो असमान धातुओं को भी जोड़ा जा सकता है; जैसे–ब्रास एवं लोहा।	ब्रेजिंग के द्वारा भी दो असमान धातुओं को जोड़ा जा सकता है।
दबाव	इसमें दबाव की आवश्यकता नहीं होती।	इसमें जोड़ने वाली सतहों को आपस में दबाव सहित बाँधकर रखा जाता है, जिससे कम-से-कम पतली झिर्री बनी रह सके।

महत्त्वपूर्ण बिन्दु

- सोल्डर एक प्रकार का मिश्रण होता है, जो टिन तथा लैड जैसी नर्म धातुओं को विभिन्न प्रतिशतता में मिलाकर बनाया जाता है।
- सोल्डर प्रायः पतली शीटों तथा पतले तारों को टाँके द्वारा जोड़ने के लिए प्रयोग किया जाता है।
- सोल्डर दो प्रकार का होता है–नर्म सोल्डर तथा कठोर सोल्डर।
- नर्म सोल्डर का उपयोग ऐसी पतली शीटों को जोड़ने के लिए किया जाता है, जिन्हें उच्च ताप पर गर्म नहीं किया जा सकता। कठोर सोल्डर का उपयोग ताँबा, पीतल व लोहा आदि धातुओं के बड़े आकार के टुकड़ों या मोटे तारों व केबिल्स के जोड़ों पर टाँका लगाने के लिए किया जाता है।
- सोल्डरिंग प्रक्रिया में ऑक्साइड की परत को जमा होने से रोकने के लिए सोल्डर के साथ फ्लक्स का प्रयोग किया जाता है।
- सोल्डरिंग में प्रयुक्त होने वाला फ्लक्स पाउडर, पेस्ट व द्रव तीनों रूपों में उपलब्ध होता है।
- सोल्डर फ्लक्स अनेक कार्य करता है; जैसे- सोल्डर सतह से ऑक्साइड को अपने में घोलकर बाहर ले आना, ऑक्साइड बनने से रोकना, संक्षारण को रोकना, सोल्डर का पृष्ठ तनाव कम करना आदि।
- सोल्डर फ्लक्स का चयन अनेक बिन्दुओं के आधार पर किया जाता है; जैसे-सोल्डरिंग की पद्धति पर, सोल्डर के कार्यकारी तापमान पर, जोड़े जाने वाली धातु पर।
- सोल्डर फ्लक्स मुख्य रूप से दो प्रकार का होता है- कोरोसिव फ्लक्स तथा नॉन-कोरोसिव फ्लक्स।
- कोरोसिव फ्लक्स वे फ्लक्स हैं, जिनमें अकार्बनिक पदार्थ होते हैं; जैसे-जिंक क्लोराइड, अमोनियम क्लोराइड, फॉस्फोरिक एसिड, हाइड्रोक्लोरिक एसिड आदि।
- नॉन-कोरोसिव फ्लक्स वे फ्लक्स हैं, जिनमें अम्ल तथा क्षार की थोड़ी-सी भी मात्रा नहीं होती है; जैसे-ऑलिव ऑयल, बोरेक्स, रेजिन, पेस्ट, टैलो आदि।
- सोल्डरिंग करने के लिए जिस औजार को गर्म करके सोल्डर को पिघलाने का कार्य किया जाता है, वह सोल्डरिंग आयरन कहलाता है।
- सोल्डरिंग आयरन के अनेक भाग होते हैं-(i) एज (edge), (ii) हैड या बिट (head or bit), (iii) शैंक (shank) तथा (iv) हैण्डिल आदि।
- सोल्डरिंग आयरन अनेक प्रकार के होते हैं-हैचेट सोल्डरिंग आयरन, नोंकदार सोल्डरिंग आयरन, एडजस्टेबिल सोल्डरिंग आयरन, हैण्डी सोल्डरिंग आयरन, वैद्युतिक सोल्डरिंग आयरन आदि।
- दो या दो से अधिक धातु के पार्ट्स को सोल्डर के माध्यम से जोड़ने की क्रिया सोल्डरिंग कहलाती है।
- सोल्डरिंग एक प्रकार का कच्चा जोड़ होता है, कम्पन होने पर खुल जाता है तथा अधिक लोड सहन नहीं कर पाता है।
- सोल्डरिंग प्रक्रिया में प्रयुक्त किए जाने वाले सोल्डर का गलनांक जोड़े जाने वाली धातुओं के गलनांक से कम होना चाहिए।
- सोल्डरिंग प्रक्रिया अनेक पदों में पूरी की जाती है-सोल्डरिंग आयरन को गर्म करना, टिनिंग, टेकिंग तथा फ्लोटिंग।
- सोल्डरिंग की निम्न विधियाँ हैं–सोल्डरिंग आयरन विधि, सोल्डरिंग टॉर्च विधि, डिप एण्ड वेव विधि, इण्डक्शन विधि, रेजिस्टेन्स विधि, फर्नेश एण्ड हॉट प्लेट विधि आदि।
- सोल्डर को कभी-कभी अस्थायी जोड़ लगाने के लिए प्रयोग किया जाता है, जिसमें सोल्डर को एक विशेष विधि से पिघलाकर जोड़ बनाया जाता है। यह प्रक्रिया स्वीटिंग (sweating) कहलाती है।
- दो एक-समान व भिन्न-भिन्न धातुओं पर कठोर जोड़ लगाने की विधि ब्रेजिंग कहलाती है, जिसे हार्ड सोल्डरिंग भी कहा जाता है।
- हार्ड सोल्डरिंग में मुख्य रूप से दो प्रकार के ब्रेजिंग अलॉय प्रयुक्त किए जाते हैं स्पैल्टर तथा सिल्वर स्पैल्टर।
- स्पैल्टर ताँबे तथा जस्ते की मिश्र धातु है, जबकि सिल्वर स्पैल्टर ताँबे और चाँदी या जस्ते और चाँदी की मिश्र धातु होती है।
- ब्रेजिंग की अनेक विधियाँ हैं–ब्लो पाइप ब्रेजिंग, भट्ठी ब्रेजिंग, टॉर्च ब्रेजिंग, निर्वात ब्रेजिंग, इण्डक्शन ब्रेजिंग आदि।

महत्त्वपूर्ण प्रश्नोत्तरी

1. वे कौन-सी दो धातुएँ हैं, जिनका प्रयोग सोल्डर बनाने के लिए मुख्य रूप से किया जाता है?

उत्तर सोल्डर बनाने के लिए मुख्य रूप से टिन तथा लैड का प्रयोग किया जाता है।

2. एल्युमीनियम की सोल्डरिंग के लिए लैड सोल्डर का प्रयोग न किए जाने का क्या कारण है?

उत्तर एल्युमीनियम तथा लैड आपस में मिश्रित नहीं हो सकते हैं, इसलिए एल्युमीनियम की सोल्डरिंग के लिए लैड सोल्डर का प्रयोग नहीं किया जाता है।

3. सोल्डरिंग के पश्चात् सोल्डर किए गए जोड़ को जल तथा रेगमाल से साफ करना क्यों आवश्यक है?

उत्तर बचे हुए फ्लक्स को हटाने के लिए सोल्डरिंग के पश्चात् सोल्डर किए जोड़ को जल तथा रेगमाल से साफ करना आवश्यक है।

4. वे कौन-सी तीन बातें हैं, जो फ्लक्स का चयन करते समय ध्यान में रखी जाती हैं?

उत्तर फ्लक्स का चयन करते समय निम्न तीन बातों का ध्यान रखा जाता है

(i) सोल्डरिंग विधि (ii) जोड़े जाने वाली धातु

(iii) सोल्डर का प्रचालन तापमान

5. सोल्डरिंग आयरन विधि में जोड़ को क्यों नहीं हिलाना चाहिए?

उत्तर सोल्डरिंग आयरन विधि द्वारा लगाए गए जोड़ कम मजबूत होते हैं। अत: जोड़ को हिलाने पर उसमें दरारें पड़ने की सम्भावना बढ़ जाती है।

6. सोल्डरिंग आयरन की टिप को कॉपर का ही क्यों बनाया जाता है?

उत्तर सोल्डरिंग आयरन की टिप को कॉपर का ही बनाए जाने का मुख्य कारण यह है कि कॉपर में ऊष्मा का चालन (conduction) शीघ्रता से होता है, जिससे टिप शीघ्र गर्म हो जाती है।

7. ब्रेजिंग अलॉय का गलनांक, बेस धातु के गलनांक से अधिक क्यों नहीं होना चाहिए?

उत्तर यदि ब्रेजिंग अलॉय का गलनांक, बेस धातु के गलनांक से अधिक होगा, तो ब्रेजिंग के दौरान बेस धातु की सतह खराब हो सकती है।

8. कारखानों में मरम्मत तथा फैब्रीकेशन का कार्य ब्रेजिंग की किस विधि द्वारा किया जाता है?

उत्तर कारखानों में मरम्मत तथा फैब्रीकेशन का कार्य ब्रेजिंग की टॉर्च विधि द्वारा किया जाता है।

9. ब्रेजिंग की निर्वात ब्रेजिंग विधि में निर्वात उत्पन्न किए जाने का क्या कारण है?

उत्तर ब्रेजिंग की निर्वात ब्रेजिंग विधि में निर्वात उत्पन्न करने से धातु का ऑक्सीकरण होने से बच सकता है।

10. धातुओं को जोड़ने की क्षमता के आधार पर, आप सोल्डरिंग तथा ब्रेजिंग में अन्तर किस प्रकार व्यक्त करेंगे?

उत्तर **सोल्डरिंग** इस विधि द्वारा बने जोड़ बहुत कमजोर होते हैं तथा अधिक ताप सहन नहीं कर पाते। **ब्रेजिंग** इस विधि द्वारा बने जोड़ सोल्डरिंग द्वारा बने जोड़ से अधिक शक्तिशाली होते हैं तथा इसके द्वारा बने जोड़ एक निश्चित ताप के बाद खुल जाते हैं।

अभ्यास प्रश्न

परीक्षा प्रारूपी प्रश्न

1. निम्न में से किस संयोग से सोल्डर बनाया जाता है?
(a) टिन-एन्टीमनी (b) टिन-सिल्वर
(c) टिन-जिंक (d) ये सभी

2. सोल्डर का गलनांक (melting point) कम करने के लिए किस धातु को मिलाया जाता है?
(a) टिन (b) लैड (c) लोहा (d) बिस्मथ

3. सोल्डर का गलनांक अधिक करने के लिए किस धातु को मिलाया जाता है?
(a) एन्टीमनी (b) बिस्मथ (c) टिन (d) लैड

4. सोल्डर एवं स्पैल्टर क्रमशः धातुओं को जोड़ने के लिए प्रयुक्त किए जाने वाले .... हैं।
(a) ब्रेजन अलॉय
(b) फिलर धातु
(c) 'a' और 'b' दोनों
(d) उपरोक्त में से कोई नहीं

5. सोल्डर जोड़ बहुत कम तापमान पर लगाया जाता है। सोल्डर को निम्न में से किस प्रकार का टाँका कहा जा सकता है?
(a) पक्का टाँका (b) नर्म टाँका
(c) बहुत मजबूत टाँका (d) इनमें से कोई नहीं

6. सोल्डर का गलनांक परस्पर जोड़ी जाने वाली धातुओं के गलनांक से कम-से-कम ·········· कम होनी चाहिए।
(a) 80°C (b) 100°C (c) 40°C (d) 60°C

7. सबसे अधिक प्रयोग किए जाने वाले सोल्डर में टिन तथा लैड का अनुपात क्या होता है?
(a) 35:65 (b) 63:37
(c) 30:70 (d) इनमें से कोई नहीं

8. नर्म सोल्डर में मुख्य तत्त्व हैं
(a) टिन और जिंक (b) सीसा और जिंक
(c) टिन और लैड (d) टिन और ताँबा

9. सोल्डर एक मिश्र धातु है
(a) कॉपर और टिन की (b) लैड और टिन की
(c) जिंक और टिन की (d) एन्टीमनी और टिन की

10. सोल्डर किस तापमान पर लगाया जाता है?
(a) 235° C से 325° C पर (b) 183° C से 235°C पर
(c) 200° C से 350° C पर (d) 200° C से 325° C पर

11. एक अच्छे फ्लक्स में निम्न में से कौन-सा गुण होना चाहिए?
(a) कम ताप पर ही धातु तथा सोल्डर से ऑक्साइड बाहर निकालने की सामर्थ्य होनी चाहिए
(b) इसका वाष्पनांक, गलनांक से अधिक होना चाहिए
(c) इसकी बेस मैटल या सोल्डर की मैटल से रासायनिक क्रिया नहीं होनी चाहिए
(d) उपरोक्त सभी

12. सोल्डर फ्लक्स निम्न में से क्या कार्य करता है?
(a) सोल्डर करने वाली सतह से ऑक्साइड को घोलकर बाहर ले आता है
(b) पिघले हुए सोल्डर को ऑक्साइड बनने से रोकता है
(c) सोल्डरिंग आयरन का ताप जोड़ के तल में पहुँचाने में सहायता करता है
(d) उपरोक्त सभी

13. आयरन शीट के लिए किस फ्लक्स का प्रयोग किया जाता है?
(a) जिंक क्लोराइड (b) अमोनियम क्लोराइड
(c) 'a' और 'b' दोनों (d) इनमें से कोई नहीं

14. ताँबे की धातु के लिए किस प्रकार का फ्लक्स प्रयोग करते हैं?
(a) जिंक क्लोराइड (b) अमोनियम क्लोराइड
(c) 'a' और 'b' दोनों (d) बोरेक्स

15. फ्लक्स का प्रयोग जोड़ की ······················ बढ़ाने के लिए किया जाता है।
(a) आयु (b) क्षमता
(c) सामर्थ्य (d) ये सभी

16. सोल्डरिंग आयरन विधि में महत्त्वपूर्ण भूमिका किसकी होती है?
(a) स्पैल्टर (b) सोल्डर
(c) सोल्डरिंग आयरन (d) इनमें से कोई नहीं

17. सोल्डरिंग आयरन की टिप बनी होती है
(a) स्टील की (b) कॉपर की
(c) एल्युमीनियम की (d) टिन की

18. चित्र में प्रदर्शित सोल्डरिंग आयरन का नाम बताइए।

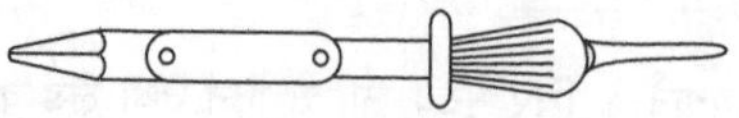

(a) विद्युत ऊष्मित सोल्डरिंग आयरन
(b) अन्तः ऊष्मित सोल्डरिंग आयरन
(c) बाह्य ऊष्मित सोल्डरिंग आयरन
(d) उपरोक्त में से कोई नहीं

19. सोल्डरिंग आयरन निम्न में से किस प्रकार का होता है?
(a) बाहर से गर्म होने वाला
(b) अन्दर से गर्म होने वाला
(c) 'a' और 'b' दोनों
(d) उपरोक्त में से कोई नहीं

20. कॉपर की सोल्डरिंग में प्रयुक्त फ्लक्स मिश्रण है
(a) रेजिन
(b) जिंक क्लोराइड 90%, साल अमोनिक 10%
(c) जिंक क्लोराइड 95%, सोडियम क्लोराइड 5%
(d) जिंक क्लोराइड (10-30%), पानी (90-70%)

21. सोल्डरिंग आयरन की अधिकतम वाटेज क्षमता कितनी होती है?
(a) 80 वाट (b) 100 वाट
(c) 150 वाट (d) 200 वाट

22. सोल्डरिंग प्रक्रिया में सोल्डरिंग आयरन का कार्य क्या है?
(a) धातु को पिघलाना (b) सोल्डर को पिघलाना
(c) सोल्डर को ठण्डा करना (d) धातु को ठण्डा करना

23. सोल्डरिंग आयरन का हैड बना होता है
(a) सीसे का (b) ब्रोंज का
(c) ताँबे का (d) लोहे का

24. सोल्डरिंग बिट के लिए उत्तम पदार्थ ······है।
(a) सीसा (b) टिन
(c) ताँबा (d) जस्ता

25. दिए गए चित्र में किस प्रकार का सोल्डरिंग आयरन दर्शाया गया है?

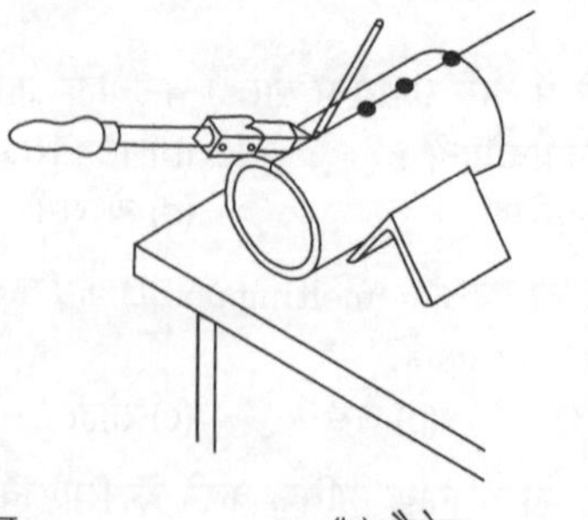

(a) नोंकदार (b) हैचेट
(c) वर्गाकार (d) इनमें से कोई नहीं

26. जोड़ी जाने वाली सतहों को उनके वास्तविक रूप में सुरक्षित करने की निम्न में कौन-सी विधि है?
(a) सोल्डरिंग (b) ब्रेजिंग
(c) 'a' और 'b' दोनों (d) इनमें से कोई नहीं

27. निम्न में से किसके जोड़ सबसे अधिक कमजोर होते हैं?
(a) वैल्डिंग (b) सोल्डरिंग
(c) ब्रेजिंग (d) इनमें से कोई नहीं

28. सोल्डरिंग में किसका फिलर धातु के रूप में प्रयोग होता है?
(a) सोल्डर (b) स्पैल्टर
(c) 'a' और 'b' दोनों (d) इनमें से कोई नहीं

29. सोल्डरिंग प्रक्रिया के बाद क्या शेष रह जाता है?
(a) सतह से कोरोसिव फ्लक्स को हटाना
(b) सतहों को रेजिन से बचाना
(c) 'a' और 'b' दोनों
(d) उपरोक्त में से कोई नहीं

30. सोल्डरिंग के लिए कितने डिग्री सेन्टीग्रेड तापमान की आवश्यकता होती है?
(a) 150°C (b) 200°C (c) 600°C (d) 300°C

31. निम्न चित्र में किस सोल्डरिंग प्रक्रम को दर्शाया गया है?

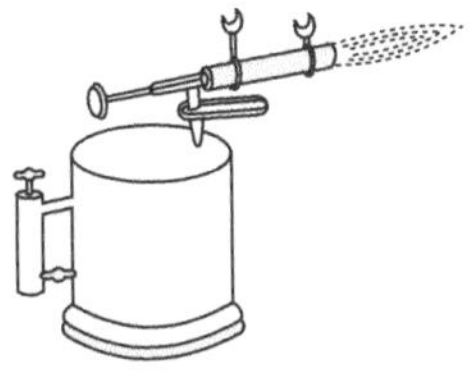

(a) ब्लो लैम्प टॉर्च सोल्डरिंग (b) रेसिस्टेन्स सोल्डरिंग
(c) स्प्रे सोल्डरिंग (d) इनमें से कोई नहीं

32. सोल्डरिंग का प्रयोग समंजन कार्य में जोड़ों की ………… बढ़ाने के लिए किया जाता है।
(a) तनन सामर्थ्य (b) प्रतिरोधकता
(c) तन्यता (d) चालकता

33. निम्नलिखित में सोल्डरिंग की यान्त्रिक विधि कौन-सी है?
(a) चिपिंग (b) ब्रेजिंग (c) रीमिंग (d) सीमिंग

34. सोल्डरिंग द्वारा शुष्क जोड़ नहीं बनाने चाहिए, क्योंकि
(a) शुष्क जोड़ में से विद्युत धारा का प्रवाह 100% अर्थात् शत-प्रतिशत नहीं हो पाता है
(b) शुष्क जोड़ अधिक स्थायी जोड़ नहीं होते हैं
(c) शुष्क जोड़ बहुत कम मजबूत होते हैं
(d) उपरोक्त में से कोई नहीं

35. फ्लोटिंग में जॉब को लकड़ी के ब्लॉक पर ……… के कोण पर पकड़ा जाता है।
(a) 90° (b) 60°
(c) 45° (d) 35°

36. सोल्डरिंग टॉर्च का प्रयोग किया जाता है
(a) भारी-भरकम जॉब को सोल्डर करने में
(b) बिजली की सप्लाई के लिए तारों में लग्स लगाने के लिए
(c) कम्यूटेटर के कनैक्शन बनाने के लिए
(d) उपरोक्त सभी

37. अच्छे फ्लक्स में कम ताप पर ही धातु तथा सोल्डर से ………… बाहर निकालने की सामर्थ्य होनी चाहिए।
(a) नाइट्रोजन (b) ऑक्साइड
(c) फैरस अलॉय (d) इनमें से कोई नहीं

38. सोल्डरिंग की सहायता से डी.सी. मशीन के किस भाग को कम्यूटेटर सेग्मेन्ट्स से जोड़ते हैं?
(a) आर्मेचर वाइण्डिंग को (b) केज वाइण्डिंग को
(c) कम्पेन्सेटिंग वाइण्डिंग को (d) रोटर वाइण्डिंग को

39. सोल्डरिंग करने के लिए सबसे पहले की जाती है
(a) टेकिंग (b) फ्लोटिंग
(c) टिनिंग (d) फ्लक्स कोटिंग

40. सोल्डर एवं स्पैल्टर (spelter) किस कार्य हेतु प्रयुक्त किए जाते हैं?
(a) धातुओं को जोड़ने के लिए
(b) धातुओं को पृथक् करने के लिए
(c) धातुओं की चैम्फरिंग के लिए
(d) उपरोक्त सभी

41. सोल्डरिंग बिट (bit) को निम्न में से किससे साफ करना चाहिए?
(a) साधारण कागज (plain paper) से
(b) सूती कपड़े (cotton cloth) से
(c) बालू कागज (sand paper) से
(d) जल (water) से

42. ब्रेजिंग के लिए प्रयुक्त फ्लक्स है
(a) बोरेक्स (b) सोडियम फॉस्फेट
(c) सोडियम क्लोराइड (d) बेरियम क्लोराइड

43. ब्रेजिंग करने के लिए प्रयोग होने वाली फिलर धातु का एक अन्य नाम है
(a) स्पैल्टर (b) सोल्डर
(c) वैल्डिंग रॉड (d) इनमें से कोई नहीं

44. ब्रेजिंग में फ्लक्स के रूप में अधिकतर ……… प्रयोग किया जाता है।
(a) पोटैशियम (b) सुहागा
(c) सोडियम (d) इनमें से कोई नहीं

45. ब्रेजिंग के प्रकार हैं
(a) ब्लो पाइप ब्रेजिंग (b) भट्ठी ब्रेजिंग
(c) टॉर्च ब्रेजिंग (d) ये सभी

46. सोने के गहनों की हार्ड सोल्डरिंग के लिए प्रयुक्त विधि है
(a) ब्लो पाइप ब्रेजिंग (b) भट्ठी ब्रेजिंग
(c) टॉर्च ब्रेजिंग (d) निर्वात ब्रेजिंग

47. ब्रेजिंग के लिए प्रयुक्त स्पैल्टर किसका बना होता है?
(a) ताँबे के मिश्रण का (b) जस्ते का
(c) 'a' और 'b' दोनों (d) इनमें से कोई नहीं

48. गन्धक के बुरे प्रभाव को खत्म करने के लिए फिलर धातु में किसका प्रयोग करते हैं?
(a) क्रोमियम (b) निकिल (c) मैंगनीज (d) फॉस्फोरस

49. फिलर धातु में कौन-सा तत्त्व मिला रहता है?
(a) कार्बन (b) सिलिकॉन (c) गन्धक (d) ये सभी

50. ब्रेजिंग वैल्डिंग में निम्न में से कौन-सा कार्य फ्लक्स का नहीं है?
(a) जोड़ की रासायनिक सफाई
(b) फिलर धातु के गलने से पूर्व वाष्पीकरण
(c) जोड़ से अशुद्धियाँ हटाना
(d) गलित फिलर धातु का सरल बहाव

51. चित्र में ब्रेजिंग की किस विधि को दर्शाया गया है?

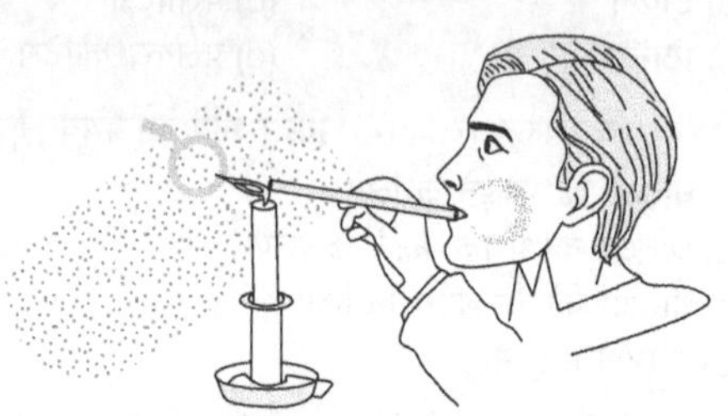

(a) टॉर्च ब्रेजिंग
(b) डिप ब्रेजिंग
(c) ब्लो पाइप ब्रेजिंग
(d) निर्वात ब्रेजिंग

52. "बहुत बड़े जॉब की अधिक संख्या में ब्रेजिंग करने के लिए इस विधि का उपयोग किया जाता है।" दिया गया वाक्य किस हार्ड सोल्डरिंग विधि से सम्बन्धित है?
(a) भट्ठी ब्रेजिंग
(b) टॉर्च ब्रेजिंग
(c) निर्वात ब्रेजिंग
(d) डिप ब्रेजिंग

53. एल्युमीनियम के लिए प्रयुक्त फिलर अलॉय का मिश्रण है
(a) Al-85%, Si-10%, Cu-4%
(b) 9% Al, 0.5% Si, 0.5% Cu, 2% Zn, 88% Au
(c) 63% Cu, Au 37%
(d) उपरोक्त में से कोई नहीं

54. स्टील के लिए प्रयुक्त फिलर अलॉय में किन धातुओं का मिश्रण होता है?
(a) कॉपर और जिंक
(b) एल्युमीनियम और सिलिकॉन
(c) 'a' और 'b' दोनों
(d) कॉपर और सिल्वर

उत्तरमाला

1. (d)	**2.** (d)	**3.** (a)	**4.** (c)	**5.** (b)	**6.** (d)	**7.** (b)	**8.** (c)	**9.** (b)	**10.** (d)
11. (d)	**12.** (d)	**13.** (b)	**14.** (c)	**15.** (c)	**16.** (c)	**17.** (b)	**18.** (a)	**19.** (c)	**20.** (a)
21. (b)	**22.** (b)	**23.** (c)	**24.** (c)	**25.** (a)	**26.** (c)	**27.** (b)	**28.** (a)	**29.** (c)	**30.** (d)
31. (a)	**32.** (d)	**33.** (d)	**34.** (a)	**35.** (c)	**36.** (d)	**37.** (b)	**38.** (a)	**39.** (c)	**40.** (a)
41. (c)	**42.** (a)	**43.** (a)	**44.** (b)	**45.** (d)	**46.** (a)	**47.** (c)	**48.** (c)	**49.** (d)	**50.** (b)
51. (c)	**52.** (a)	**53.** (a)	**54.** (a)						

अध्याय 11

बेसिक रेफ्रिजरेशन

Basic Refrigeration

परिचय Introduction

रेफ्रिजरेशन, तापमान नियमन तथा शीतलन सम्बन्धी वह विधि है, जिसमें वस्तुओं की सामान्य ऊष्मा को बाह्य वातावरण के तापक्रम से कम कर दिया जाता है। रेफ्रिजरेशन के माध्यम से तापमान को स्थिर भी रखा जाता है। इस कार्य को सफलतापूर्वक सम्पन्न करने के लिए रेफ्रिजरेशन प्रणाली का प्रयोग किया जाता है। रेफ्रिजरेशन की संकल्पना मुख्य रूप से खाद्य पदार्थों को लम्बे समय तक सुरक्षित रखने के लिए की गई थी, जो बाद में इसके उन्नत रूप एयर कण्डीशनिंग के रूप में सामने आई।

रेफ्रिजरेशन प्रणाली में वस्तुओं को ठण्डा करने के लिए गैस तथा वाष्प का प्रयोग किया जाता है। गैस तथा वाष्प, ऊष्मा द्वारा उत्पन्न होती है। इसमें ऊष्मा स्थानान्तरित होती है, जिसके कारण शक्ति उत्पादन कर रेफ्रिजरेशन तथा गैस का कम्प्रैसन होता है। ये सभी कार्य सामान्य विज्ञान के अन्तर्गत आते हैं।

अतः रेफ्रिजरेशन प्रणाली के अध्ययन से पूर्व प्रत्येक प्रशिक्षु के लिए सामान्य विज्ञान से अवगत होना अत्यन्त आवश्यक है।

अध्याय विषय सूची

11.1 रेफ्रिजरेशन Refrigeration

वह विधि जिसमें एक स्थान या पदार्थ से तापमान को कम करके अन्य स्थान या पदार्थ पर स्थानान्तरित किया जाता है, रेफ्रिजरेशन कहलाती है।

रेफ्रिजरेशन का सिद्धान्त Principle of Refrigeration

रेफ्रिजरेशन प्रणाली में कूलिंग (cooling) उत्पन्न करने हेतु निम्न ऊष्मा की वायु को रेफ्रिजरेटिड स्थान में प्रवेश कराया जाता है। यह वायु रेफ्रिजरेटिड स्थान के ताप को ग्रहण करके बाहर निकल जाती है, जिसके फलस्वरूप रेफ्रिजरेशन प्रणाली की ऊष्मा में कमी हो जाती है। इस प्रकार रेफ्रिजरेशन प्रणाली में कूलिंग उत्पन्न हो जाती है।

रेफ्रिजरेशन प्रणाली में कूलिंग प्रभाव निम्नलिखित विधियों द्वारा प्राप्त किया जाता है

1. रासायनिक विधि द्वारा By Chemical Method

इस विधि में रासायनिक अभिक्रियाओं द्वारा ऊष्मा का अवशोषण किया जाता है। इन रासायनिक अभिक्रियाओं को ऊष्माशोषी अभिक्रियाएँ कहा जाता है। इन रासायनिक अभिक्रियाओं को ऊष्मा ठण्डी की जाने वाली वस्तु अथवा परिवेश से प्राप्त होती है। इस प्रकार स्थान अथवा वस्तुओं के ऊष्मा परित्याग के फलस्वरूप वस्तुएँ ठण्डी हो जाती हैं।

2. ऊष्मा पम्प द्वारा By Heat Pump

इस विधि में ऊष्मा के स्थानान्तरण के लिए ऊष्मा पम्प का उपयोग किया जाता है। ऊष्मा पम्प की सहायता से ऊष्मा एक स्थान या वस्तु से, अन्य स्थान या वस्तु को स्थानान्तरित हो जाती है।

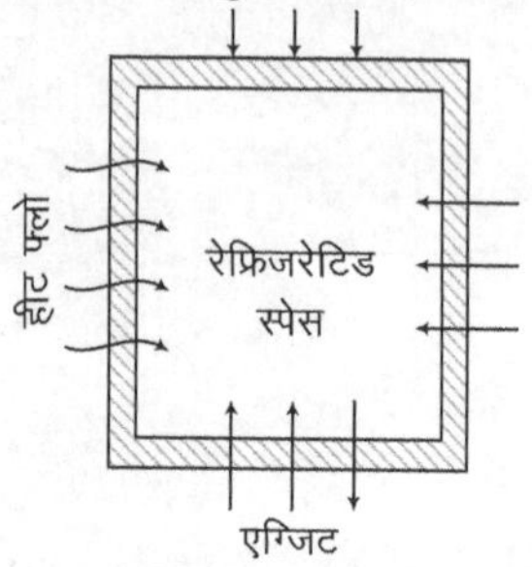

चित्र ऊष्मा पम्प

3. सम्पर्क विधि द्वारा By Contact Method

इस विधि में ठण्डी की जाने वाली वस्तु को कम ताप वाली वस्तु के सम्पर्क में रख दिया जाता है। ऊष्मा, उच्च ताप वाली वस्तु से निम्न ताप वाली वस्तु की ओर प्रवाहित होती है जिसके फलस्वरूप वस्तु ठण्डी हो जाती है।

11.2 रेफ्रिजरेशन सम्बन्धी सामान्य विज्ञान General Science Related to Refrigeration

रेफ्रिजरेशन में प्रयुक्त सामान्य विज्ञान को समझने हेतु मुख्य पद निम्न प्रकार हैं

1. द्रव्यमान Mass

किसी वस्तु के पदार्थ की वह मात्रा जो पृथ्वी के गुरुत्वाकर्षण से प्रभावित नहीं होती तथा सभी स्थानों पर समान रहती है, उस वस्तु का द्रव्यमान कहलाती है। इसका मात्रक किग्रा होता है।

2. भार Weight

किसी वस्तु का भार, उस वस्तु के द्रव्यमान के अनुक्रमानुपाती होता है अर्थात्

$$\text{भार} \propto \text{द्रव्यमान}$$

यदि वस्तु का द्रव्यमान m एवं भार w हो तो

$$w \propto m$$

$$w = mg$$

जहाँ, g (गुरुत्वीय त्वरण) एक नियतांक है।

चूँकि g का मान स्थिति के अनुसार परिवर्तित होता रहता है, अत: वस्तु का भार भी स्थिति के अनुसार बदलता रहता है।

3. बल Force

किसी वस्तु पर लगने वाला बल वह दाब या खिंचाव है, जो उस वस्तु की स्थिति या गति में परिवर्तन करता है या परिवर्तन करने का प्रयास करता है। न्यूटन के द्वितीय नियमानुसार, किसी वस्तु पर कार्यरत् बल उस वस्तु के द्रव्यमान तथा त्वरण के गुणनफल के बराबर होता है। यदि वस्तु का द्रव्यमान m तथा त्वरण a हो तो

$$\text{बल} = \text{वस्तु का द्रव्यमान} \times \text{त्वरण} = Ma$$

अर्थात् $\boxed{F = ma}$

बल का गुरुत्वीय मात्रक (Gravitational unit of force) बल का गुरुत्वीय मात्रक उस बल के समान होता है, जो किसी एकांक द्रव्यमान की वस्तु पर आरोपित कर देने पर उसमें गुरुत्वीय त्वरण (g) के बराबर त्वरण उत्पन्न करता है।

SI पद्धति में बल का गुरुत्वीय मात्रक, 1 किग्रा-भार = 9.8 न्यूटन

CGS पद्धति में बल का गुरुत्वीय मात्रक, 1 ग्राम-भार = 980 डाइन

4. कार्य Work

यदि किसी पिण्ड पर बल आरोपित हो तथा उसके परिणामस्वरूप पिण्ड अपने स्थान से विस्थापित हो जाता है, तो इस प्रक्रम में बल द्वारा कार्य किया जाता है।

इस प्रकार, किसी बल द्वारा किया गया कार्य बल के विस्थापन की दिशा के अनुदिश घटक तथा विस्थापन के परिमाण के गुणनफल के तुल्य होता है।

यदि कोई नियत बल $\vec{\mathbf{F}}$ किसी पिण्ड पर आरोपित किया जाता है तथा पिण्ड बल की दिशा में S विस्थापित हो जाता है, तो बल द्वारा किया गया कार्य,

$$\mathbf{W = FS}$$

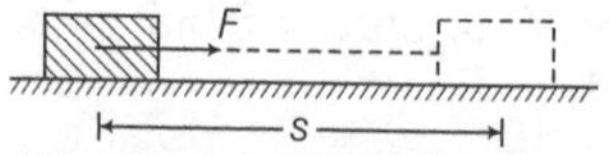

चित्र बल द्वारा पिण्ड का विस्थापन

परन्तु यदि बल F, विस्थापन S की दिशा में θ कोण पर कार्यरत् हो, तब बल द्वारा किया गया कार्य $W = F\cos\theta \times S$

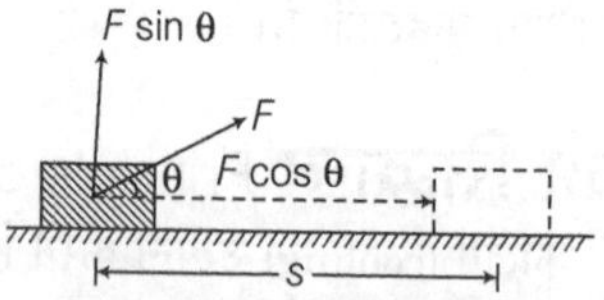

चित्र θ कोण पर लगा बल

$$W = FS\cos\theta$$

$$\boxed{W = \mathbf{F \cdot S}}$$

अत: बल द्वारा कृत कार्य को आरोपित बल $\mathbf{F}$ तथा विस्थापन $\mathbf{s}$ के अदिश गुणन के रूप में भी प्रदर्शित कर सकते हैं।

कार्य के निम्न दो मात्रक होते हैं

(i) **कार्य का निरपेक्ष मात्रक** (Absolute unit of work) किसी वस्तु पर 1 न्यूटन बल लगाकर उसे बल की दिशा में 1 मीटर विस्थापित करने में किया गया कार्य 1 जूल के तुल्य होता है। SI पद्धति में इसे कार्य का निरपेक्ष मात्रक कहते हैं।

$$1 \text{ जूल} = 1 \text{ न्यूटन} \times 1 \text{ मीटर}$$

इसी प्रकार, यदि 1 डाइन का बल किसी वस्तु को बल की ही दिशा में 1 सेमी विस्थापित कर दे, तो बल द्वारा कृत कार्य 1 अर्ग होगा। इसे CGS पद्धति में कार्य का निरपेक्ष मात्रक कहते हैं।

$$1 \text{ अर्ग} = 1 \text{ डाइन} \times 1 \text{ सेमी}$$

$$\because \quad 1 \text{ जूल} = 1 \text{ न्यूटन} \times 1 \text{ मीटर} = 10^5 \text{ डाइन} \times 10^2 \text{ सेमी}$$

$$1 \text{ जूल} = 10^7 \text{ अर्ग}$$

(ii) **कार्य का गुरुत्वीय मात्रक** (Gravitational unit of work) यदि एकांक गुरुत्वीय बल द्वारा वस्तु को एकांक दूरी तक विस्थापित किया जाता है, तो किया गया कार्य एकांक गुरुत्वीय मात्रक कहलाता है।

SI पद्धति में कार्य का गुरुत्वीय मात्रक किग्रा भार-मीटर होता है।

अर्थात् 1 किग्रा-भार-मी $= 1$ किग्रा-भार $\times$ 1 मी

$$= 9.81 \times 1$$

$$= 9.81 \text{ जूल}$$

CGS पद्धति में कार्य का गुरुत्वीय मात्रक ग्राम-भार-सेमी होता है।

$$1 \text{ ग्राम-भार-सेमी} = 1 \text{ ग्राम-भार} \times 1 \text{ सेमी}$$

$$= 981 \text{ डाइन} \times 1 \text{ सेमी}$$

$$= 981 \text{ अर्ग}$$

उदाहरण 1. 50 न्यूटन के बल द्वारा किसी पिण्ड को 5 मी विस्थापित करने में किए गए कार्य की गणना कीजिए।

हल दिया है, $F = 50$ न्यूटन, $S = 5$ मी

$$\therefore \quad W = FS = 50 \times 5 = 250 \text{ जूल}$$

उदाहरण 2. एक वस्तु पर 40 न्यूटन का बल लगाने पर वस्तु बल की दिशा से 30° का कोण बनाते हुए 10 मी विस्थापित हो जाती है, तो बल द्वारा कृत कार्य की गणना कीजिए।

हल दिया है, बल $(F) = 40$ न्यूटन, विस्थापन $(S) = 10$ मी, कोण $(\theta) = 30°$

हम जानते हैं, कार्य $(W) = FS \cos \theta$

$$W = 40 \times 10 \times \cos 30°$$

$$W = 40 \times 10 \times \frac{\sqrt{3}}{2} = 346.41 \text{ जूल}$$

5. शक्ति Power

कार्य करने की समय दर को सामर्थ्य अथवा शक्ति कहते हैं। इसे P द्वारा प्रदर्शित किया जाता है।

$$\boxed{\text{सामर्थ्य या शक्ति } (P) = \frac{\text{कार्य } (W)}{\text{समय } (t)}}$$

यदि किसी मशीन द्वारा t समयान्तराल में W कार्य किया जाता है, तो मशीन की शक्ति

$$P = \frac{W}{t} \quad \ldots\text{(i)}$$

परन्तु कार्य $\quad (W) = F \cdot S \quad \ldots$(ii)

समी (ii) का मान समी (i) में रखने पर, $P = \dfrac{F \cdot S}{t}$

$$\Rightarrow \quad \boxed{P = F \cdot v} \quad \left[\because v = \frac{S}{t}\right]$$

या

$$\boxed{P = Fv \cos \theta}$$

यहाँ θ, **F** तथा **v** के मध्य बना कोण है।

शक्ति के मात्रक (Units of power) शक्ति का SI पद्धति में मात्रक वाट (Watt) होता है। यदि किसी व्यक्ति या वस्तु द्वारा 1 सेकण्ड में 1 जूल कार्य किया जाता है, तो उसकी शक्ति 1 वाट कहलाती है।

$$1 \text{ वाट} = 1 \text{ जूल/से}$$

CGS पद्धति में शक्ति का मात्रक अर्ग/सेकण्ड होता है।

$$1 \text{ वाट} = 10^7 \text{ अर्ग/से}$$

शक्ति के अन्य बड़े मात्रक किलोवाट (kW), मेगावाट (MW) तथा अश्व-शक्ति (HP) होते हैं।

$$1 \text{ किलोवाट (kW)} = 10^3 \text{ वाट}$$

$$1 \text{ मेगावाट (MW)} = 10^6 \text{ वाट}$$

$$1 \text{ अश्व-शक्ति (HP)} = 746 \text{ वाट}$$

उदाहरण 3. एक व्यक्ति 40 किग्रा के द्रव्यमान के साथ 2 मी ऊँची सीढ़ी पर 4 सेकण्ड में चढ़ जाता है, तो उस व्यक्ति की शक्ति की गणना कीजिए।

हल दिया है, द्रव्यमान $(m) = 40$ किग्रा, सीढ़ी की ऊँचाई $(h) = 2$ मी

समय $(t) = 4$ सेकण्ड

कार्य $(W) = mgh = 40 \times 9.8 \times 2 = 784$ जूल

$$\text{शक्ति } (P) = \frac{\text{कार्य } (W)}{\text{समय } (t)} = \frac{784}{4} = 196 \text{ जूल-सेकण्ड}^{-1} \text{ या } 196 \text{ वाट}$$

6. ऊर्जा Energy

किसी वस्तु द्वारा कार्य करने की क्षमता को ऊर्जा कहते हैं। किसी वस्तु में निहित ऊर्जा का मापन उस कुल कार्य से किया जाता है, जिसे वस्तु अपनी वर्तमान स्थिति से शून्य ऊर्जा वाली स्थिति में आने तक करती है। इस प्रकार, किसी वस्तु द्वारा किया गया कार्य ही ऊर्जा की माप है।

प्रकृति में ऊर्जा विभिन्न रूपों में पाई जाती है; जैसे—यान्त्रिक ऊर्जा, तापीय ऊर्जा, रासायनिक ऊर्जा, विद्युत ऊर्जा, प्रकाश ऊर्जा, नाभिकीय ऊर्जा इत्यादि। ऊर्जा को न तो उत्पन्न किया जा सकता है और न ही नष्ट किया जा सकता है।

इसे केवल एक रूप से दूसरे रूप में परिवर्तित किया जा सकता है। इस प्रकार प्रकृति में समस्त ऊर्जा का परिमाण नियत रहता है। इसे ऊर्जा संरक्षण का सिद्धान्त कहते हैं।

ऊर्जा मुख्य रूप से दो प्रकार की होती हैं

(i) **गतिज ऊर्जा** (Kinetic energy) किसी वस्तु में उसकी गति के कारण जो कार्य करने की क्षमता निहित रहती है, वस्तु की गतिज ऊर्जा कहलाती है। गतिज ऊर्जा का मान सदैव धनात्मक होता है तथा यह एक अदिश राशि है। यदि किसी वस्तु का द्रव्यमान (m) है, जोकि v वेग से गतिशील है, तब वस्तु की गतिज ऊर्जा

$$K = \frac{1}{2} mv^2$$

SI पद्धति में गतिज ऊर्जा का मात्रक जूल तथा CGS पद्धति में अर्ग होता है।

उदाहरण 4. **2 किग्रा द्रव्यमान का एक पिण्ड 45 मी ऊँची मीनार की चोटी से विरामावस्था से गिराया जाता है। पृथ्वी तल से टकराते समय उसकी गतिज ऊर्जा कितनी होगी?**

हल पृथ्वी तल से टकराते समय गतिज ऊर्जा ज्ञात करने के लिए सर्वप्रथम, पृथ्वी तल से टकराते समय पिण्ड का वेग ज्ञात करना होगा।

गति के समीकरण $v^2 = u^2 + 2gh$ से,

प्रारम्भिक वेग, $u = 0$, क्योंकि पिण्ड विरामावस्था से गिरता है।

$\therefore \quad v^2 = 2gh$

$\Rightarrow \quad v = \sqrt{2gh}$

$= \sqrt{2 \times 10 \times 45} = \sqrt{900}$

$= 30$ मी/से

$\therefore$ पृथ्वी तल से टकराते समय गतिज ऊर्जा $= \frac{1}{2} mv^2$

$= \frac{1}{2} \times 2 \times (30)^2$

$= 900$ जूल

(ii) **स्थितिज ऊर्जा** (Potential energy) किसी वस्तु या पिण्ड में उसकी स्थिति या विन्यास के कारण जो ऊर्जा होती है, वह उसकी स्थितिज ऊर्जा कहलाती है। इसे U से प्रदर्शित किया जाता है; जैसे—बाँध में ऊँचाई पर संचित जल, धनुष की खींची गई डोरी इत्यादि।

यदि m द्रव्यमान की एक वस्तु को h ऊँचाई तक ऊपर उठाया जाता है, तब वस्तु की स्थितिज ऊर्जा = वस्तु की गुरुत्वाकर्षण बल के विरुद्ध h ऊँचाई तक ले जाने में कृत कार्य

$U = F \times h$

$U = mg \times h = mgh$

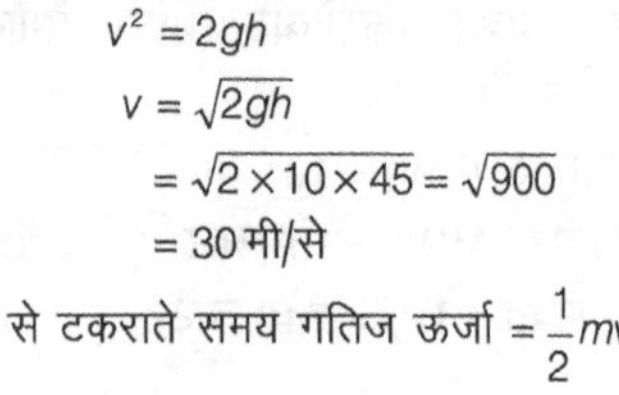

चित्र *h* ऊँचाई तक उठी हुई वस्तु

उदाहरण 5. **40 किग्रा द्रव्यमान की एक वस्तु को पृथ्वी से 5 मी की ऊँचाई तक उठाया जाता है। इसकी स्थितिज ऊर्जा ज्ञात कीजिए। ($g = 10$ मी/से^{2})**

हल दिया है, वस्तु का द्रव्यमान (m) = 40 किग्रा

वस्तु की ऊँचाई (h) = 5 मी

गुरुत्वीय त्वरण (g) = 10 मी/से^{2}

हम जानते हैं,

स्थितिज ऊर्जा $U = mgh$

$\therefore \quad U = 40 \times 10 \times 5$

$= 2000$ किग्रा-मी^{2}/से^{2}

$= 2000$ जूल

7. दाब Pressure

"किसी पृष्ठ के प्रति एकांक क्षेत्रफल पर लगने वाले अभिलम्बवत् बल को दाब कहते हैं।" इसे p से प्रदर्शित करते हैं। यदि किसी पृष्ठ के क्षेत्रफल A पर कार्यरत् अभिलम्बवत् बल F है, तो पृष्ठ पर लगने वाला दाब निम्न प्रकार होगा

$$\text{दाब,} \quad p = \frac{\text{अभिलम्बवत् बल } (F)}{\text{क्षेत्रफल } (A)}$$

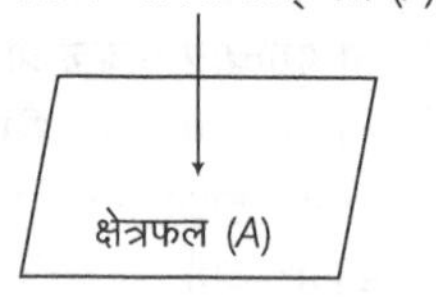

चित्र किसी पृष्ठ पर अभिलम्बवत् बल

दाब का मात्रक न्यूटन/मीटर^2 या पास्कल होता है।

दाब निम्नलिखित प्रकार के होते हैं—

(i) **वायुमण्डलीय दाब** (Atmospheric pressure) पृथ्वी के चारों ओर गैसों का सघन आवरण वायुमण्डल कहलाता है। वायुमण्डल द्वारा आरोपित दाब, वायुमण्डलीय दाब कहलाता है। पृथ्वी की सतह पर अर्थात् $0°$ C ताप तथा $45°$ अक्षांश पर समुद्र तल पर प्रामाणिक वायुमण्डलीय दाब लगभग 1.013×10^5 न्यूटन/मी^{2} होता है।

(ii) **गेज दाब** (Gauge pressure) किसी भी गैस अथवा द्रव के दाब को गेज दाब कहते हैं। इस दाब को प्रैशर गेज यन्त्र (pressure gauge instrument) से मापा जाता है, जो वायुमण्डल से अधिक दाब को प्रदर्शित करता है। गेज दाब में बॉर्डन प्रैशर गेज (bourdon pressure gauge) सबसे अधिक प्रयोग किया जाता है। इसके द्वारा वायुमण्डलीय दाब से अधिक या कम दबाव माप सकते हैं। इसमें दीर्घवृत्तीय (elliptical) आकार की एक नली या ट्यूब होती है, जिसमें एक डायल लगा होता है। इस डायल पर कैलीब्रेटिड स्केल (calibrated scale) लगा होता है, जिस पर सुईं घूमती है।

स्केल पर kg/cm^2 में निशान लगे होते हैं। इस गेज के द्वारा 200 पौण्ड प्रति वर्ग इंच तक दाब मापा जा सकता है। इस गेज का प्रयोग बॉयलर के अन्दर का दाब मापने के लिए भी किया जाता है।

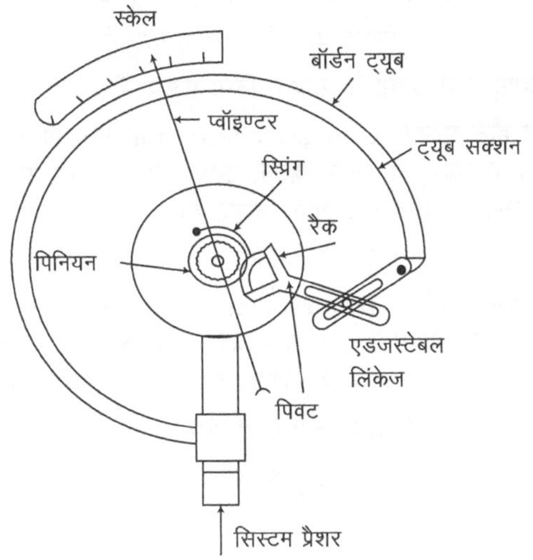

चित्र बॉर्डन प्रैशर गेज

(iii) **परम दाब** (Absolute pressure) निश्चित समय पर वायुमण्डलीय दाब और गेज दाब के योग को परम दाब (absolute pressure) कहते हैं अर्थात् शून्य दाब से ऊपर मापा गया दाब परम दाब कहलाता है। इसे सम्पूर्ण दाब भी कहते हैं।

यदि गेज दाब 22 पौण्ड प्रति इंच है, तो निरपेक्ष दाब $= 22 + 14.7 = 36.7$ पौण्ड प्रति वर्ग इंच होगा।

(iv) **निर्वात् दाब** (Vacuum pressure) वायुमण्डलीय दाब से कम दाब को निर्वात् दाब कहते हैं।

(v) **दाब मापक यन्त्र** (Pressure measuring instruments) दाब का मापन करने के लिए निम्न यन्त्रों का प्रयोग किया जाता है—

- **बैरोमीटर** (Barometer) वायुमण्डलीय दाब मापने के लिए जिस मापक यन्त्र का प्रयोग किया जाता है, उसे बैरोमीटर कहते हैं। इसमें एक काँच की नली पारे से पूरी तरह भरकर इसके खुले मुँह की ओर से, पारे से भरे बीकर में डुबोई जाती है।
  काँच की नली को पारे में डुबोने पर पारा कुछ नीचे आकर निश्चित स्थान पर रुक जाता है। पारे की ऊँचाई 76 सेमी होती है। जैसे-जैसे हम समुद्र तल से ऊँचाई पर जाएँगे, वैसे-वैसे पारे की ऊँचाई कम होती जाती है। लगभग 300 मी समुद्रतल से ऊपर जाने पर पारा 25 सेमी नीचे गिरता है। इस प्रकार इस यन्त्र की सहायता से किसी भी स्थान पर समुद्रतल से ऊँचाई माप सकते हैं। काँच की नली में पारा नीचे गिरने से जो रिक्त स्थान बनता है, उसे निर्वात् कहते हैं।
  बैरोमीटर का प्रयोग मौसम की भविष्यवाणी के लिए भी किया जा सकता है। निम्न चित्र में मापन यन्त्र बैरोमीटर को दर्शाया गया है।

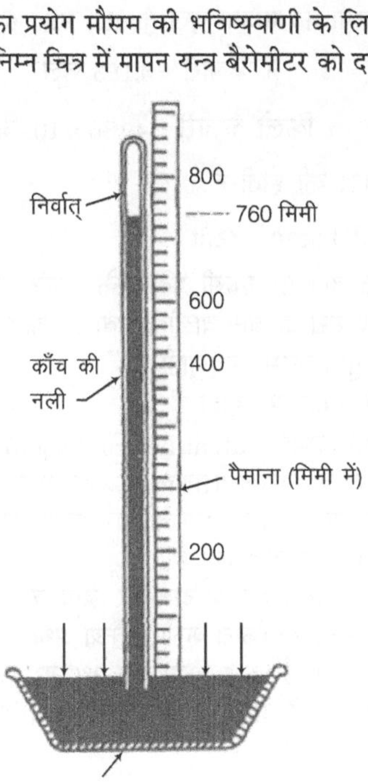

चित्र बैरोमीटर

- **मैनोमीटर** (Manometer) गेज दाब मापने के लिए जिस मापक यन्त्र का प्रयोग किया जाता है, उसे मैनोमीटर कहते हैं। इसमें एक U-नली होती है, जिसमें कुछ द्रव भरा होता है। इस नली का एक सिरा खुला तथा दूसरा सिरा पात्र से जुड़ा रहता है। नीचे चित्र में मैनोमीटर को दर्शाया गया है।

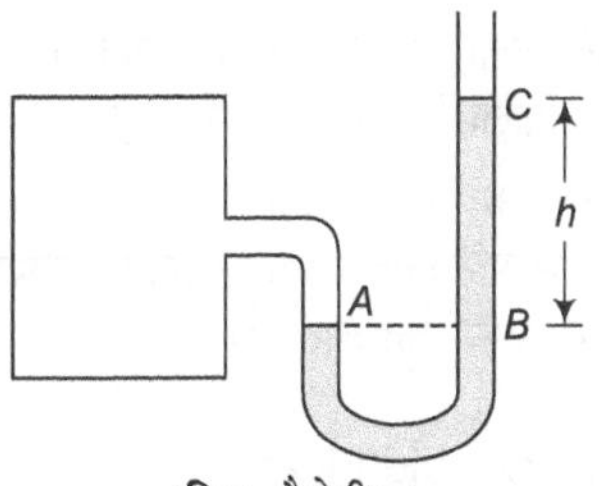

चित्र मैनोमीटर

8. ऊष्मा Heat

ऊष्मा, ऊर्जा का ही एक प्रारूप है, जिसका स्थानान्तरण दो निकायों के बीच तापान्तर के कारण एक निकाय से दूसरे निकाय में होता है। अत: किन्हीं दो वस्तुओं के बीच उनके तापान्तर के कारण स्थानान्तरित होने वाली ऊर्जा को ऊष्मा कहते हैं। ऊष्मा अथवा ऊष्मीय ऊर्जा का व्यावहारिक मात्रक कैलोरी होता है। 1 ग्राम पानी का ताप 14°C से 15°C तक बढ़ाने के लिए आवश्यक ऊष्मीय ऊर्जा का मान 1 कैलोरी के तुल्य होता है।

SI पद्धति में ऊष्मा का मात्रक जूल (joule) होता है।

$$1 \text{ कैलोरी} = 4.186 \text{ जूल}$$

$$1 \text{ किलो कैलोरी} = 4.186 \times 10^3 \text{ जूल}$$

ऊष्मा निम्न प्रकार की होती है

(i) गुप्त ऊष्मा Latent Heat

''किसी निश्चित ताप पर किसी पदार्थ के एकांक द्रव्यमान की अवस्था परिवर्तन के लिए उसे दी जाने वाली अथवा ली जाने वाली ऊष्मा की मात्रा उस पदार्थ की गुप्त ऊष्मा कहलाती है।''

गुप्त ऊष्मा तीन प्रकार की होती हैं

- **गलन की गुप्त ऊष्मा** (Latent heat of fusion) किसी ठोस पदार्थ के एकांक द्रव्यमान को उसके गलनांक पर ठोस से द्रव अवस्था में परिवर्तित करने के लिए पदार्थ द्वारा ग्रहण की गई ऊष्मा की मात्रा उस पदार्थ की गलन की गुप्त ऊष्मा कहलाती है।

  उदाहरण एक वायुमण्डलीय दाब पर बर्फ के गलन की गुप्त ऊष्मा 80 कैलोरी/ग्राम या 80 किलो कैलोरी/किग्रा अथवा 3.36×10^5 जूल/किग्रा होती है। इसका अर्थ है कि 1 किग्रा बर्फ 0°C पर गलने के लिए 80 किलो कैलोरी ऊष्मा लेती है अथवा 1 किग्रा जल 0°C पर जमने पर 80 किलो कैलोरी ऊष्मा देता है।

- **वाष्पन की गुप्त ऊष्मा** (Latent heat of vaporisation) किसी द्रव के एकांक द्रव्यमान को उसके क्वथनांक पर द्रव से गैस अवस्था में परिवर्तित करने के लिए पदार्थ द्वारा ग्रहण की गई ऊष्मा की मात्रा उस द्रव की वाष्पन की गुप्त ऊष्मा कहलाती है।

  उदाहरण एक वायुमण्डलीय दाब पर जल के वाष्पन की गुप्त ऊष्मा 539 कैलोरी/ग्राम अथवा 539 किलो कैलोरी/किग्रा अथवा 22.6×10^5 जूल/किग्रा होती है। इसका अर्थ है कि 1 किग्रा जल 100°C पर भाप बनने के लिए 539 किलो कैलोरी ऊष्मा लेता है अथवा 1 किग्रा भाप 100°C पर द्रवित होने में 539 किलो कैलोरी ऊष्मा देती है।

- **ऊर्ध्वपातन की गुप्त ऊष्मा** (Latent heat of sublimation) 1 किग्रा ठोस को सीधे गैस में परिवर्तित करने के लिए आवश्यक ऊष्मा की मात्रा, ऊर्ध्वपातन की गुप्त ऊष्मा कहलाती है।

(ii) संवेदी ऊष्मा Sensible Heat

वह ऊष्मा जिसके कारण वस्तु के तापमान में परिवर्तन होता है, संवेदी ऊष्मा कहलाती है। तापमान बढ़ने से वस्तु के अणु ऊष्मीय ऊर्जा को शोषित कर लेते हैं, जिससे अणु तेजी से घूमने लगते हैं। यदि संवेदी ऊष्मा को हटा दिया जाए, तो तापमान कम हो जाता है और वस्तु मूल रूप में आ जाती है। अधिक ऊष्मा हटा लेने पर वस्तु ठण्डी प्रतीत होने लगती है।

ऊष्मा के मात्रक Units of Heat

विभिन्न प्रणालियों में ऊष्मा के मात्रक निम्न प्रकार हैं—

CGS प्रणाली में ऊष्मा के मात्रक निम्न प्रकार हैं

कैलोरी (Calorie) एक ग्राम पानी का तापमान 1°C बढ़ाने के लिए जितनी ऊष्मा की आवश्यकता होती है, उसे एक कैलोरी कहते हैं।

$$1 \text{ कैलोरी} = 1 \text{ ग्राम पानी} \times 1°\text{C तापमान}$$

$$1 \text{ कैलोरी} = 4.2 \text{ जूल}$$

किलो कैलोरी (Kilo calorie) एक किलोग्राम पानी का तापमान 1°C बढ़ाने के लिए जितनी ऊष्मा की आवश्यकता होती है, उसे एक किलो कैलोरी कहते हैं।

$$1 \text{ किलोग्राम पानी} \times 1°\text{C तापमान} = 1 \text{ किलो कैलोरी}$$

$$1 \text{ किलो कैलारी} = 1000 \text{ कैलोरी}$$

ब्रिटिश प्रणाली में ऊष्मा के मात्रक निम्न प्रकार हैं

सेन्टीग्रेड हीट यूनिट (Centigrade heat unit) एक पौण्ड जल का तापमान 1° C बढ़ाने के लिए जितनी ऊष्मा की मात्रा का प्रयोग किया जाता है, उसे सेन्टीग्रेड हीट यूनिट कहते हैं।

$$1 \text{ CHU} = 453.6 \text{ कैलोरी}$$

ब्रिटिश थर्मल यूनिट (British thermal unit or B.Th.U.) एक पौण्ड पानी का तापमान 1° F तक बढ़ाने के लिए जितनी मात्रा की आवश्यकता होती है, उसे एक ब्रिटिश थर्मल यूनिट कहते हैं।

$$1 \text{ B.Th.U.} = 252 \text{ कैलोरी}$$

$$1 \text{ CHU} = \frac{9}{5} \text{ B.Th.U.}$$

या 1.8 B.Th.U.

9. तापमान Temperature

सामान्यत: किसी वस्तु की ठण्डक या गर्माहट की माप तापमान कहलाती है अर्थात् किसी वस्तु के ठण्डा या गर्म होने का अनुमान, उसके तापमान द्वारा ही लगाया जाता है। तापमान को डिग्री में व्यक्त किया जाता है।

ताप मापने के विभिन्न पैमाने
Different Scales of Temperature Measurement

ताप को मापने के लिए थर्मामीटर का प्रयोग किया जाता है। थर्मामीटर पर ताप का पैमाना बना होता है, जो दो स्थिर बिन्दुओं के बीच विभाजित होता है। ताप-पैमाने का विभाजन पानी के जमाव बिन्दु या हिमांक तथा वाष्प बिन्दु या क्वथनांक बिन्दु के बीच होता है। हिमांक तथा वाष्प बिन्दु सामान्य वायुमण्डलीय दाब (760 मिमी मरकरी) पर नियत होते हैं। ताप मापने के लिए निम्नलिखित पैमाने प्रयुक्त किए जाते हैं

- **फारेनहाइट पैमाना** (Fahrenheit scale) ब्रिटिश प्रणाली में ताप मापने की इकाई डिग्री फारेनहाइट (°F) है। इस पैमाने में हिमांक 32°F तथा वाष्प बिन्दु 212°F होता है। इनके बीच की दूरी को $(212 - 32 = 180)$ 180 बराबर भागों में बाँटा जाता है। प्रत्येक भाग को 1°F कहते हैं।
- **सेन्टीग्रेड पैमाना** (Centigrade scale) मीट्रिक प्रणाली में ताप मापने की इकाई डिग्री सेन्टीग्रेड (° C) है। इसमें एक वायुमण्डलीय दाब पर हिमांक 0° C तथा वाष्प बिन्दु 100° C होता है। इनके बीच की दूरी को 100 बराबर भागों में बाँटा जाता है। प्रत्येक भाग को 1° C कहते हैं। इस पैमाने को सेल्सियस पैमाना भी कहते हैं।
- **केल्विन अथवा परमताप पैमाना** (Kelvin or absolute temperature scale) इसमें हिमांक 273 K तथा वाष्प बिन्दु 373 K होता है। इनके बीच की दूरी को 100 बराबर भागों में बाँटा जाता है।

प्रत्येक भाग को 1 K कहते हैं। इस पैमाने के शून्य (0 K) को परम शून्य (absolute zero) कहते हैं। यह न्यूनतम सम्भव ताप है। व्यावहारिक रूप से परम शून्य ताप प्राप्त नहीं किया जा सकता है। केल्विन पैमाने के ताप लिखने में डिग्री नहीं लिखी जाती है। उदाहरण के लिए, 300°K गलत है तथा 300 K सही है।

- **रियूमर पैमाना** (Reaumer scale) इस पैमाने में साधारण वायुमण्डलीय दाब पर हिमांक 0°R तथा वाष्प बिन्दु 80°R होता है। इस अन्तर को 80 बराबर भागों में बाँटा जाता है। प्रत्येक भाग को 1°R कहते हैं।

तापमान का परिवर्तन
Conversion of Temperature

तीन स्केलों के तापमान आपस में बदले जा सकते हैं अर्थात् सेन्टीग्रेड को फॉरेनहाइट या रियूमर अथवा रियूमर को सेन्टीग्रेड या फॉरेनहाइट में परिवर्तित किया जा सकता है।

इस प्रकार, सेन्टीग्रेड थर्मामीटर पर जमाव बिन्दु और उबाल बिन्दु के मध्य 100 भाग, फॉरेनहाइट थर्मामीटर पर 180 भाग और रियूमर थर्मामीटर पर 80 भाग होते हैं। तीनों पैमानों में आपस में निम्न सम्बन्ध होता है

$$\frac{C}{100} = \frac{F-32}{180} = \frac{R}{80}$$

$$\Rightarrow \quad \frac{C}{5} = \frac{F-32}{9} = \frac{R}{4}$$

अर्थात्

$$^\circ C = (F-32)\frac{5}{9}$$

$$\Rightarrow \quad ^\circ F = {^\circ C} \times \frac{9}{5} + 32$$

संतृप्त तापमान Saturation Temperature

वह तापमान जिस पर रेफ्रिजरेन्ट, द्रव अवस्था से वाष्प अवस्था अथवा वाष्प अवस्था से द्रव अवस्था में परिवर्तित हो जाता है, संतृप्त तापमान कहलाता है। द्रव का तापमान संतृप्त तापमान में परिवर्तित होने पर यह द्रव संतृप्त द्रव तथा वाष्प का तापमान संतृप्त तापमान में परिवर्तित होने पर वाष्प संतृप्त वाष्प कही जाती है। किसी निश्चित दाब पर द्रव तथा वाष्प के संतृप्त तापमान समान होते हैं

तापमान मापक Temperature Measurement

तापमान या तापक्रम को मापने के लिए निम्न यन्त्र प्रयोग किए जाते हैं—

(i) **थर्मामीटर** (Thermometer) थर्मामीटर वह यन्त्र है, जिसके द्वारा 357° C तक का तापमान मापा जा सकता है। थर्मामीटर, पारे के गर्म होकर फैलने के सिद्धान्त पर कार्य करता है। यह काँच की नली का बना होता है।

इसके पतले किनारे पर एक बल्ब (bulb) होता है, जिसमें पारा भरा होता है। नली के ऊपर तापमान चैक करने के लिए डिग्री के निशान अंकित होते हैं। ये निशान पानी के जमाव बिन्दु 0° C या 32° F या 0°R या 273.15° K से प्रारम्भ होकर पानी के क्वथनांक बिन्दु (boiling point) 100° C या 212° F या 80° R या 373.15° K तक होते हैं।

जब थर्मामीटर को किसी गर्म वस्तु या द्रव के सम्पर्क में लाया जाता है, तो थर्मामीटर में भरा पारा गर्मी प्राप्त करके फैल जाता है तथा नली में ऊपर चढ़ जाता है। पारे की ऊँचाई को नली पर बने पैमाने की सहायता से पढ़ लिया जाता है। ये पैमाने सेन्टीग्रेड, फारेनहाइट, रियूमर तथा केल्विन प्रकार के होते हैं।

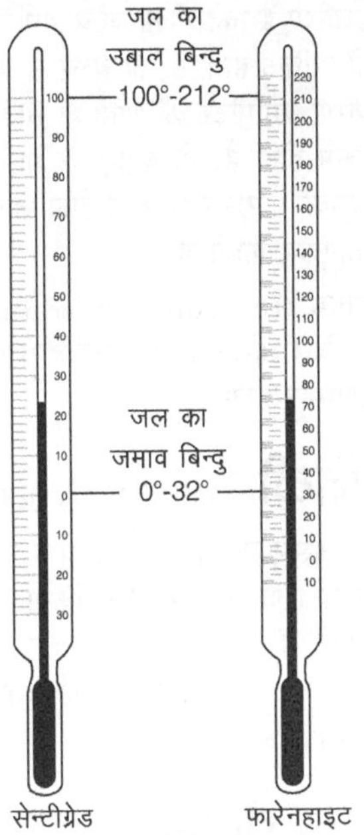

चित्र थर्मामीटर

(ii) **पायरोमीटर** (Pyrometer) पारे का क्वथनांक बिन्दु 357° C होता है, इसलिए थर्मामीटर का प्रयोग ऊँचे तापमान के लिए नहीं कर सकते हैं। अत: उच्च तापमान को मापने के लिए पायरोमीटर का प्रयोग किया जाता है। ये दो प्रकार के होते हैं

- **थर्मोइलेक्ट्रिक पायरोमीटर** (Thermoelectric pyrometer) इसमें दो अलग-अलग प्रकार की धातुओं के तारों को थर्मोकपल करने के पश्चात् एक बन्द इलेक्ट्रिक परिपथ के रूप में जोड़ दिया जाता है। परिपथ में विद्युत धारा (current) प्रवाहित करने पर परिपथ में एक विद्युत वाहक बल उत्पन्न होता है। इस बल की मात्रा परिपथ में प्रवाहित धारा की मात्रा तथा थर्मोकपल के तापमान के अन्तर पर निर्भर करती है। धारा की मात्रा के मापन के लिए गैल्वनोमीटर का प्रयोग किया जाता है।
- **ऑप्टिकल पायरोमीटर** (Optical pyrometer) जब तापमान थर्मोइलेक्ट्रिक पायरोमीटर से भी नहीं मापा जा सकता, तो ऐसी स्थिति में तापमान मापने के लिए ऑप्टिकल पायरोमीटर का प्रयोग किया जाता है। इसके द्वारा 4000° C तक का तापमान मापा जा सकता है। यह किसी पिण्ड द्वारा छोड़े गए प्रकाश की तीव्रता की किसी प्रामाणिक स्रोत से तुलना के सिद्धान्त पर कार्य करता है। ऑप्टिकल पायरोमीटर का प्रयोग अधिक तापमान वाली भट्ठियों में किया जाता है।

(iii) **आर्द्र बल्ब तापक्रम** (Wet bulb temperature) जब वायु में नमी होती है, तो वायु का तापक्रम कम हो जाता है। नमी के घटने-बढ़ने से तापक्रम घटता-बढ़ता रहता है। इस तापमान को आर्द्र बल्ब थर्मामीटर (wet bulb temperature) से मापा जाता है। यह साधारण थर्मामीटर जैसा ही होता है, केवल इसके बल्ब पर गीला कपड़ा रखकर उसे गीला रखा जाता है, इसलिए इसको गीला बल्ब थर्मामीटर भी कहा जाता है। जब वायु में नमी अधिक होती है, तो बल्ब से पानी वाष्पित नहीं होता, जिससे यह साधारण थर्मामीटर की भाँति ही रीडिंग देता हैं। जब वायु में नमी की मात्रा कम होती है, तो कपड़े के पानी का वाष्पीकरण होने लगता है और उसका तापक्रम भी कम होता जाता है। इस तापक्रम को ही आर्द्र बल्ब तापक्रम कहते है।

(iv) **ड्राई बल्ब तापक्रम** (Dry bulb temperature) यह हवा का वह तापमान होता है, जिसे साधारण थर्मामीटर द्वारा मापा जाता है। यह हवा का वास्तविक तापमान होता है।

11.3 ऊष्मागतिकी Thermodynamics

विज्ञान की वह शाखा जिसमें ऊष्मा तथा यान्त्रिक ऊर्जा के मध्य सम्बन्ध तथा उनके परस्पर रूपान्तरण का अध्ययन किया जाता है, ऊष्मागतिकी कहलाती है। ऊष्मागतिकी में ऊष्मा तथा ऊष्मीय ऊर्जा को ऊर्जा के अन्य रूपों; जैसे—यान्त्रिक ऊर्जा, रासायनिक ऊर्जा, वैद्युत ऊर्जा आदि में परिवर्तित किया जाता है।

ऊष्मागतिकी सम्बन्धी पद

Terms Related to Thermodynamics

निम्नलिखित पद ऊष्मागतिकी से सम्बन्धित है, जिनका वर्णन निम्न प्रकार है

एन्थैल्पी Enthalpy

ऊष्मागतिकी निकाय के दाब (P) तथा आयतन (V) के गुणनफल से निकाय की आन्तरिक ऊर्जा (V) का योग, एन्थैल्पी कहलाती है। इसे H से प्रदर्शित करते हैं।

$$H = U + PV$$

जहाँ U = निकाय की आन्तरिक ऊर्जा

P = निकाय का दाब

V = निकाय का आयतन

यदि निकाय द्वारा किया गया कार्य स्थिर आयतन पर किया जाए, तो एन्थैल्पी, निकाय की स्थानान्तरित ऊष्मा के समान होगी।

एन्ट्रॉपी Entropy

एन्ट्रॉपी एक ऊष्मागतिक चर है जो निकाय की आणविक अव्यवस्था की माप है तथा जिसके मान में परिवर्तन स्थानान्तरित अवशोषित ऊष्मा (dQ) तथा ताप (T) के अनुपात के बराबर होता है। इसे S से प्रदर्शित करते हैं।

$$\therefore \quad dS = \frac{dQ}{T}$$

(a) रुद्धोष्म प्रक्रम के लिए एन्ट्रॉपी नियत रहती है।

(b) किसी m द्रव्यमान की वस्तु का अवस्था परिवर्तन में एन्ट्रॉपी में परिवर्तन दिया जाता है।

ऊष्मा अवशोषण के लिए (+) चिन्ह व ऊष्मा उत्सर्जन के लिए – चिन्ह प्रयुक्त होता है।

(c) ताप का मान T_c से T_i तक परिवर्तित होने में एन्ट्रॉपी में परिवर्तन दिया जाता है।

(d) जब गैस का प्रसरण होता है तो इसका आयतन बढ़ता है तथा रुद्धोष्म प्रसरण के लिए दाब का मान सबसे कम होता है। जब गैस का सम्पीडन होता है तो इसके आयतन में कमी होती है व इसका दाब प्रारम्भिक दाब से अधिक हो जाता है, रुद्धोष्म सम्पीडन के लिए दाब में वृद्धि सर्वाधिक होती है।

ऊष्मागतिकी सम्बन्धी आरेख

Diagram Related to Thermodynamics

रेफ्रिजरेशन की प्रक्रिया को समझने के लिए ऊष्मागतिकी आरेखों का अध्ययन अनिवार्य है। इन आरेखों से रेफ्रिजरेन्ट की भिन्न-भिन्न अवस्थाओं को विभिन्न प्रक्रियाओं के आरम्भ व अन्त में ज्ञात किया जा सकता है। ऊष्मागतिकी आरेख निम्नवत् है।

(i) प्रैशर-एन्थैल्पी (p-h) चार्ट

Pressure-Enthalpy (p-h) Chart

रेफ्रिजरेन्ट के व्यवहार का अध्ययन करने के लिए सबसे सुविधाजनक चार्ट p-h चार्ट, जिसमें ऊर्ध्वाधर कोटि प्रैशर और क्षैतिज कोटि एन्थैल्पी को दर्शाती है। दिए गए चित्र में एक विशिष्ट चार्ट दिखाया गया है, जिसमें सम्पूर्ण चार्ट पर कुछ महत्त्वपूर्ण रेखाएँ खींची गई हैं। संतृप्त तरल रेखा (saturated liquid line) और संतृप्त वाष्प रेखा (saturated vapour line) क्रान्तिक बिन्दु (critical point) पर एक दूसरे में विलीन (merge) हो जाती है। एक संतृप्त तरल वह होता है जिसका तापमान उसके दाब के अनुरूप संतृप्ति तापमान (saturated temperature) के बराबर होता है। इसलिए संतृप्त तरल रेखा के बाईं ओर का स्थान सब कूल्ड तरल क्षेत्र (sub-cooled liquid region) होगा। तरल और वाष्प रेखाओं के बीच के स्थान को नम वाष्प क्षेत्र (wet vapour region) कहा जाता है और संतृप्त वाष्प रेखा के दाईं ओर एक सुपरहीटिड वाष्प क्षेत्र (superheated vapour region) होता है।

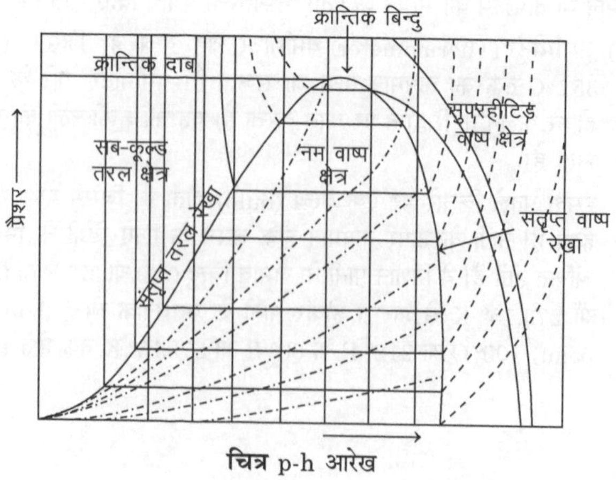

चित्र p-h आरेख

(ii) टेम्परेचर-एन्ट्रॉपी (T-s) आरेख
Temperature-Entropy (T-s) Chart

एक टेम्परेचर-एन्ट्रॉपी आरेख मुख्यत: ऊर्जा हस्तान्तरण प्रणाली चक्रों का विकुलेषण करने के लिए उपयोग किया जाता है। ऊष्मागतिकी प्रक्रिया या चक्र के दौरान तापमान और विशिष्ट एन्ट्रॉपी में परिवर्तन की कल्पना करने के लिए इसका उपयोग ऊष्मागतिकी में किया जाता है।

क्योंकि सिस्टम द्वारा या उस पर किए गए कार्य और सिस्टम से जोड़े या निकाले गए ताप का T-s आरेख पर देखा जा सकता है। एन्ट्रापी की परिभाषा के अनुसार, सिस्टम से या उससे स्थानान्तरित होने वाली ऊष्मीय प्रकिया को T-S आरेख के क्षेत्र के बराबर होती है।

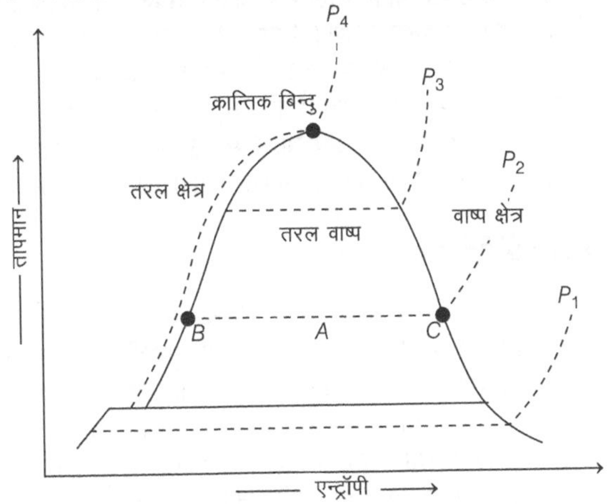

चित्र T-s आरेख

ऊष्मागतिकी के नियम Thermodynamics Laws

ऊष्मागतिकी से सम्बन्धित नियम निम्न प्रकार हैं

1. ऊष्मागतिकी का शून्यांकी नियम
Zeroth Law of Thermodynamics

इस नियम के अनुसार, ''यदि दो निकाय किसी तीसरे निकाय के साथ अलग-अलग तापीय साम्यवस्था में हैं, तो दोनों निकाय भी परस्पर तापीय साम्यवस्था में होंगे।''

उदाहरण के लिए, यदि दो निकाय A और B किसी तीसरे निकाय C के साथ तापीय साम्य में है, तो निकाय A तथा B भी परस्पर तापीय साम्य में होंगे अर्थात् यदि $A = T_C$ तथा $B = T_C$ हो तो $T_A = T_B$ होगा।

2. ऊष्मागतिकी का प्रथम नियम
First Law of Thermodynamics

यदि बाह्य वातावरण के विरुद्ध कार्य करने में सक्षम किसी निकाय को ऊष्मा दी जाए, तो निकाय के द्वारा अवशोषित ऊष्मा (Q), निकाय की आन्तरिक ऊर्जा में वृद्धि (ΔU) तथा निकाय के द्वारा किए गए बाह्य कार्य (W) के योग के तुल्य होती है।

अर्थात्
$$\boxed{Q = \Delta U + W} \quad \text{...(i)}$$

यही ऊष्मागतिकी का प्रथम नियम है। यदि निकाय की दो अवस्थाओं A व B में आन्तरिक ऊर्जाएँ U_A व U_B हों,

तो
$$\Delta U = U_B - U_A \quad \text{...(ii)}$$

समी (i) अथवा समी (ii) ऊष्मागतिकी के प्रथम नियम का गणितीय रूप हैं तथा इन समीकरणों से स्पष्ट होता है कि ऊष्मागतिकी का प्रथम नियम **ऊर्जा संरक्षण के नियम** का ही एक रूप है।

3. ऊष्मागतिकी का द्वितीय नियम
Second Law of Thermodynamics

ऊष्मागतिकी का द्वितीय नियम, प्रथम नियम का पूरक है। इस नियम के अनेक कथन हैं, जो शाब्दिक रूप से भिन्न-भिन्न प्रतीत होते हैं, परन्तु इन सभी कथनों का अर्थ समान है, जो निम्नलिखित हैं

''कोई भी ऐसा ऊष्मा इंजन बनाना असम्भव है, जो किसी स्रोत से अवशोषित ऊष्मा को पूरी तरह कार्य में बदल सके अर्थात् 100% दक्षता वाला ऊष्मा इंजन बनाना असम्भव है।''

ऊष्मागतिकी के द्वितीय नियम को भिन्न-भिन्न रूपों में व्यक्त किया गया है, परन्तु ये सभी मूलत: तुल्य हैं।

- **केल्विन-प्लांक कथन** (Statement of Kelvin-Planck) इस कथन के अनुसार ''ऐसा कोई प्रक्रम सम्भव नहीं है, जो किसी ऊष्मा स्रोत से ऊष्मा लेकर उस ऊष्मा को पूर्णतया कार्य में रूपान्तरित कर दे।''
- **क्लॉसियस का कथन** (Statement of Clausius) इस कथन के अनुसार, ''किसी भी स्वत: चालित मशीन के द्वारा, बिना किसी बाह्य ऊर्जा स्रोत अथवा कार्य की सहायता के, ऊष्मा को किसी निम्न ताप वाली वस्तु से लेकर उच्च ताप वाली वस्तु को देना असम्भव है।''

4. ऊष्मागतिकी का तृतीय नियम
Third Law of Thermodynamics

नर्स्ट (Nernst) नामक वैज्ञानिक ने सन् 1906 में एक नई ऊष्मा प्रमेय का प्रतिपादन किया, यह प्रमेय ऊष्मागतिकी के तृतीय नियम से जानी जाती है। इसके अनुसार, ''किसी भी निकाय का ताप किसी भी क्रिया द्वारा परम शून्य (absolute zero) नहीं किया जा सकता है।'' यह नियम परम शून्य की अवधारणा को बताता है।

11.4 रेफ्रिजरेशन एवं एयर कण्डीशनिंग के मूलभूत प्रचालन Basic Operations of Refrigeration and Air Conditioning

रेफ्रिजरेशन एवं एयर कण्डीशनिंग तकनीक पर आधारित अनुप्रयोगों में मशीनों के विभिन्न अवयवों को प्रचालित करने व उनकी दक्षता में वृद्धि करने के लिए निम्नलिखित प्रचालनों की सहायता ली जाती है

1. सब-कूलिंग
2. सुपरहीटिंग

1. सब-कूलिंग Sub-cooling

दिए गए दाब पर कण्डेन्सिंग तापमान से कम ताप पर रेफ्रिजरेन्ट के ठण्डा होने की प्रक्रिया सब-कूलिंग कहलाती है। इसमें रेफ्रिजरेन्ट वाष्प आवश्यक कण्डेन्सन तापमान से कम तापमान पर ही द्रव रूप में परिवर्तित हो जाती है।

द्रव रूप में रेफ्रिजरेन्ट के एक्सपैन्शन वाल्व में जाने से पूर्व ही सब-कूलिंग (sub-cooling) होती है। इसके कार्यक्षमता सम्बन्धी निम्नलिखित प्रभाव होते हैं

(i) **रेफ्रिजरेशन प्रभाव** (Refrigeration effect) सब-कूलिंग से रेफ्रिजरेन्ट घुमाव का रेफ्रिजरेन्ट प्रभाव प्रति किग्रा बढ़ जाता है।

(ii) **प्रवाह दर/टन पर प्रभाव** (Effect on flow rate/ton) सब-कूल्ड चक्र में रेफ्रिजरेन्ट घुमाव का प्रति किग्रा रेफ्रिजरेशन प्रभाव बढ़ जाता है, परन्तु रेफ्रिजरेशन के प्रवाह की दर प्रति मिनट प्रति टन सामान्य चक्र की अपेक्षा कम हो जाती है।

(iii) **कम्प्रैसर आयतन क्षमता पर प्रभाव** (Effect on compressor volume capacity) यद्यपि एवैपोरेटर से या सक्शन लाइन से रेफ्रिजरेन्ट वाष्प बिना परिवर्तन के ही कम्प्रैसर में पहुँचती है और सामान्य चक्र व सब-कूल्ड चक्र में वाष्प का स्पेसिफिक आयतन समान रूप से कम्प्रैसर शोषित करता है,

परन्तु सब-कूल्ड की स्थिति में रेफ्रिजरेशन के प्रवाह की दर प्रति टन कम हो जाती है, जिससे कम्प्रैसर प्रति टन रेफ्रिजरेशन द्वारा वाष्प का आयतन कम हो जाता है।

(iv) **निष्पादन के गुणांक पर प्रभाव** (Effect on coefficient of performance) सामान्य चक्र तथा सब-कूल्ड चक्र में रेफ्रिजरेन्ट प्रभाव तथा कम्प्रैसर का कार्य समान होता है, परन्तु सब-कूल्ड चक्र में रेफ्रिजरेन्ट प्रभाव में वृद्धि हो जाने के कारण निष्पादन गुणांक बढ़ जाता है।

(v) **रेफ्रिजरेशन के हॉर्स पावर प्रति टन पर प्रभाव** (Effect on horse power per ton of refrigeration) सामान्य चक्र और सब-कूल्ड चक्र में किया गया कार्य (work done) प्रति किग्रा समान होता है, परन्तु सब-कूल्ड चक्र में रेफ्रिजरेन्ट के प्रवाह की मात्रा दर प्रति टन कम हो जाती है, जिससे हॉर्स पावर प्रति टन में भी कमी हो जाती है। इस प्रकार सब-कूल्ड चक्र के प्रभाव से रेफ्रिजरेशन की हॉर्स पावर प्रति टन कम हो जाती है।

(vi) **कण्डेन्सर निष्पादन पर प्रभाव** (Effect on condenser performance) द्रव सब-कूलर में पाइप, कण्डेन्सर के साथ श्रेणी-क्रम में या समान्तर क्रम में लगाए जाते हैं। श्रेणी-क्रम संयोजन में ठण्डा पानी पहले सब-कूलर सक्शन में प्रवाहित होता है और तब कण्डेन्सर सक्शन में जाता है। ठण्डा पानी द्रव के सम्पर्क में आते ही सब-कूल्ड हो जाता है, परन्तु ठण्डे पानी को समान तापमान पर ऊष्मा प्राप्त होती है, जिससे कण्डेन्सर में ऊष्मा परिवर्तन की दर कम हो जाती है और कण्डेन्सर तापमान बढ़ जाता है। इस प्रकार सब-कूलिंग के कारण चक्रिक क्षमता बढ़ जाती है।

2. सुपरहीटिंग Superheating

रेफ्रिजरेन्ट द्रव का स्थिर दाब पर उबाल बिन्दु या क्वथनांक (boiling point) की ऊष्मा से अधिक ऊष्मा ग्रहण करना सुपरहीटिंग कहलाता है। रेफ्रिजरेन्ट की एवैपोरेटर या सक्शन से बाहर आते ही और कम्प्रैसर में जाने से पूर्व ही सुपरहीटिंग हो जाती है। सामान्यत: इस प्रकार से रेफ्रिजरेन्ट द्रव का तापमान कुछ डिग्री बढ़ जाता है तथा एवैपोरेटर में कोल्ड रेफ्रिजरेन्ट द्रव वाष्प में परिवर्तित नहीं हो पाता है।

रेफ्रिजरेन्ट द्रव को वाष्प में परिवर्तित करने के लिए अतिरिक्त ऊष्मा को शोषित किया जाता है, जिससे रेफ्रिजरेशन प्रभाव अधिक हो जाता है और कार्य कुशलता कम हो जाती है। सुपरहीट का प्रभाव एक्सपैन्शन वाल्व को खुलने के आकार पर निर्भर करता है। सुपरहीट का प्रभाव वाल्व के अधिक खुलने पर अधिक और कम खुलने पर कम होता है।

महत्त्वपूर्ण बिन्दु

- रेफ्रिजरेशन, तापमान नियमन तथा शीतलन सम्बन्धी विधि है।
- रेफ्रिजरेशन प्रणाली में वस्तुओं को ठण्डा करने के लिए गैस तथा वाष्प का प्रयोग किया जाता है।
- वह विधि जिसमें एक स्थान या पदार्थ से तापमान को कम करके अन्य स्थान या पदार्थ पर स्थानान्तरित किया जाता है, रेफ्रिजरेशन कहलाती है।
- रेफ्रिजरेशन प्रणाली में कूलिंग प्रभाव निम्नलिखित विधियों द्वारा प्राप्त किया जाता है
  (i) रासायनिक विधि द्वारा (ii) ऊष्मा पम्प विधि द्वारा
  (iii) सम्पर्क विधि द्वारा
- किसी वस्तु पर लगने वाला वह कारक, जो उस वस्तु की स्थिति में परिवर्तन करता है या परिवर्तन करने का प्रयास करता है, बल कहलाता है।
- किसी बल द्वारा किया गया कार्य बल के विस्थापन की दिशा के अनुदिश घटक तथा विस्थापन के परिमाण के गुणनफल के तुल्य होता है।
- कार्य करने की दर को सामर्थ्य अथवा शक्ति कहते हैं।
- किसी वस्तु द्वारा कार्य करने की क्षमता को ऊर्जा कहते हैं।
- किसी पृष्ठ के प्रति एकांक क्षेत्रफल पर लगने वाले अभिलम्बवत् बल को दाब कहते हैं।
- पृथ्वी के चारों ओर गैसों का सघन आवरण वायुमण्डल कहलाता है।
- किसी भी गैस अथवा द्रव के दाब को गेज दाब कहते हैं।
- निश्चित समय पर वायुमण्डलीय दाब और गेज दाब के योग को परम दाब कहते हैं।
- वायुमण्डलीय दाब से कम दाब को निर्वात् (vacuum) दाब कहते हैं।
- ऊष्मा, ऊर्जा का ही प्रारूप है, जिसका स्थानान्तरण दो निकायों के बीच तापान्तर के कारण होता है।
- किसी निश्चित ताप पर किसी पदार्थ के एकांक द्रव्यमान की अवस्था परिवर्तन के लिए उसे दी जाने वाली अथवा ली जाने वाली ऊष्मा की मात्रा उस पदार्थ की गुप्त ऊष्मा कहलाती है।
- वह ऊष्मा जिसके कारण वस्तु के तापमान में परिवर्तन होता है, संवेदी ऊष्मा कहलाती है।
- किसी वस्तु की ठण्डक या गर्माहट की माप तापमान कहलाती है।
- विज्ञान की वह शाखा जिसमें ऊष्मा तथा यान्त्रिक ऊर्जा के मध्य सम्बन्ध स्थापित किया जाता है, ऊष्मागतिकी कहलाती है।
- दिए गए दाब पर कण्डेंन्सिग तापमान से कम ताप पर रेफ्रिजरेन्ट को ठण्डा करने की प्रक्रिया सब-कूलिंग कहलाती है।
- रेफ्रिजरेन्ट द्रव का स्थिर दाब पर क्वथनांक की ऊष्मा से अधिक ऊष्मा ग्रहण करना सुपर हीटिंग कहलाता है।

महत्त्वपूर्ण प्रश्नोत्तरी

1. बल को परिभाषित कीजिए।

उत्तर किसी वस्तु पर कार्यरत् बल, उस वस्तु के द्रव्यमान तथा त्वरण के गुणनफल के बराबर होता है।

2. किसी वस्तु पर 5 न्यूटन का बल लगाकर उसे गतिशील किया जाता है। यदि वस्तु अपनी प्रारम्भिक स्थिति में लौट आए, तो किया गया कार्य कितना होगा?

उत्तर वस्तु द्वारा किया गया कार्य शून्य होगा, क्योंकि वस्तु का विस्थापन शून्य है।

3. क्या किसी वस्तु का त्वरण शून्य हो सकता है, चाहे उस पर कितने ही बल कार्य कर रहे हों?

उत्तर यदि वस्तु पर कार्यरत् सभी बलों का परिणामी शून्य है, तो वस्तु का त्वरण भी शून्य होगा।

4. एक स्प्रिंग को लम्बाई के अनुदिश दबाने पर किस प्रकार की ऊर्जा संचित होती है?

उत्तर एक स्प्रिंग को लम्बाई के अनुदिश दबाने पर प्रत्यास्थ ऊर्जा संचित होती है।

5. ऊष्मागतिकी का शून्यांकी नियम क्या है?

उत्तर यदि कोई दो वस्तुएँ किसी तीसरी वस्तु के साम्य में है, तो वे दोनों वस्तुएँ भी साम्य में होंगी।

6. रेफ्रिजरेशन से आप क्या समझते हैं?

उत्तर आस-पास के वातावरण से कम ताप उपलब्ध कराने और बनाए रखने का विज्ञान, रेफ्रिजरेशन कहलाता है।

7. रेफ्रिजरेशन प्रणाली में कण्डेन्सिंग यूनिट का क्या कार्य है?

उत्तर रेफ्रिजरेशन प्रणाली में कण्डेन्सिग यूनिट गैस को कण्डेन्स करके उसे तरल अवस्था में परिवर्तित करती है।

8. 'टन ऑफ रेफ्रिजरेशन' से आप क्या समझते हैं?

उत्तर रेफ्रिजरेशन इकाई की क्षमता को मापने का मानक पद 'टन ऑफ रेफ्रिजरेशन' कहलाता है। एक टन के रेफ्रिजरेशन का अर्थ है-एक टन बर्फ को 32°F पर पिघलाने के लिए 24 घण्टे में बिटिश थर्मल यूनिट में आवश्यक ऊष्मा की मात्रा।

9. घरेलू रेफ्रिजरेटरों में सामान्यतः अमोनिया तथा पानी का ही अधिक प्रयोग किया जाता है, क्यों?

उत्तर घरेलू रेफ्रिजरेटरों में सामान्यतः अमोनिया तथा पानी का ही अधिक प्रयोग किए जाने के निम्नलिखित कारण हैं–

(i) अमोनिया तथा पानी सरलता से मिश्रित हो जाते हैं।
(ii) अमोनिया तथा पानी के क्वथनांक बिन्दु अलग-अलग होते हैं।
(iii) पानी एक ऐसा अवशोषक है, जो अमोनिया को सर्वाधिक अवशोषित करता है।

10. सब–कूलिंग से आप क्या समझते हैं?

उत्तर रेफ्रिजरेशन प्रणाली में रेफ्रिजरेशन वाष्प को एक्सपैन्शन वाल्व में भेजने से पूर्व हीट एक्सचेन्जर द्वारा ठण्डा किए जाने की प्रक्रिया सब-कूलिंग (sub-cooling) कहलाती है।

अभ्यास प्रश्न

परीक्षा प्रारूपी प्रश्न

बहुविकल्पीय

1. यदि कोई नियत बल F किसी पिण्ड को s दूरी पर विस्थापित कर देता है, तो बल द्वारा कृत कार्य होगा
(a) $F \times s$ (b) $\frac{F}{s}$ (c) $\frac{s}{F}$ (d) $F + s$

2. 1 किलोग्राम भार होता है
(a) 9.98 न्यूटन (b) 0.98 न्यूटन
(c) 9.8 न्यूटन (d) 9.8 डाइन

3. SI पद्धति में कार्य का गुरुत्वीय मात्रक है
(a) ग्राम भार-सेमी (b) किग्रा भार-मीटर
(c) किग्रा भार/मीटर (d) इनमें से कोई नहीं

4. कार्य करने की दर कहलाती है
(a) बल (b) शक्ति (c) क्षमता (d) ये सभी

5. 1 मैगावाट समतुल्य है
(a) 10^3 वाट (b) 10^6 वाट (c) 10^9 वाट (d) 10^{12} वाट

6. संघनन प्रक्रिया सम्पन्न होती है
(a) कम्प्रैसर में (b) एवैपोरेटर में
(c) एक्सपैन्शन वाल्व में (d) कण्डेन्सर में

7. किसी वस्तु या पिण्ड में स्थिति या विन्यास के कारण जो ऊर्जा होती है, कहलाती है
(a) गतिज ऊर्जा (b) कुल ऊर्जा
(c) स्थितिज ऊर्जा (d) इनमें से कोई नहीं

8. घर्षण बल द्वारा किया गया कार्य होता है
(a) धनात्मक (b) ऋणात्मक
(c) शून्य (d) इनमें से कोई नहीं

9. एक मनुष्य दीवार को धकेलता है, परन्तु इसको विस्थापित नहीं कर पाता है। मनुष्य द्वारा किया गया कार्य होगा
(a) ऋणात्मक (b) धनात्मक
(c) शून्य (d) धनात्मक परन्तु अधिकतम नहीं

10. किसी निश्चित समय पर वायुमण्डलीय दाब तथा गेज दाब का योग कहलाता है
(a) निर्वात् दाब (b) परम दाब
(c) कुल दाब (d) इनमें से कोई नहीं

11. 1 जूल बराबर होता है
(a) 10^2 अर्ग (b) 10^3 अर्ग
(c) 10^5 अर्ग (d) 10^7 अर्ग

12. निम्नलिखित में से कौन-सा शक्ति का मात्रक नहीं है?
(a) अश्व शक्ति (b) वाट
(c) जूल-सेकण्ड (d) जूल/सेकण्ड

13. ऊर्जा का मात्रक है
(a) न्यूटन-मीटर (b) न्यूटन
(c) जूल/मी (d) जूल/सेकण्ड

14. CGS पद्धति में गतिज ऊर्जा का मात्रक है
(a) जूल (b) डाइन (c) अर्ग (d) वाट

15. 1 ग्राम भार-सेमी बराबर होता है
(a) 981 अर्ग (b) 381 अर्ग (c) 481 अर्ग (d) 1081 अर्ग

16. किसी पृष्ठ के प्रति एकांक क्षेत्रफल पर लगने वाला अभिलम्बवत् बल कहलाता है
(a) दाब (b) आवेग (c) संवेग (d) जड़त्व

17. निम्न में से किस उपकरण में विद्युत ऊर्जा गतिज ऊर्जा में रूपान्तरित होती है?
(a) बल्ब (b) लालटेन (c) लाउडस्पीकर (d) पंखा

18. किसी गतिशील पिण्ड का वेग आधा करने से उसकी गतिज ऊर्जा हो जाती है
(a) आधी (b) दोगुनी (c) चार गुनी (d) एक-चौथाई

19. एक स्प्रिंग में गतिज ऊर्जा, उसकी किस स्थिति में अधिकतम होती है?
(a) खिंची स्थिति में (b) मध्यमान स्थिति में
(c) कम्प्रैस्ड स्थिति में (d) गतिहीन स्थिति में

20. दाब का मात्रक है
(a) न्यूटन-मी (b) किग्रा (c) जूल (d) न्यूटन/मी^{2}

21. एक व्यक्ति द्वारा भूमि पर सर्वाधिक बल लगेगा, जब वह
(a) लेटा हो (b) बैठा हो
(c) एक पैर पर खड़ा हो (d) दोनों पैरों पर खड़ा हो

22. द्रव दाब निर्भर करता है
(a) केवल गहराई पर (b) केवल घनत्व पर
(c) केवल गुरुत्वीय त्वरण पर (d) ये सभी

23. आन्तरिक ऊर्जा की अभिधारणा को प्रस्तुत किया गया
(a) ऊष्मागतिकी के प्रथम नियम द्वारा
(b) ऊष्मागतिकी के द्वितीय नियम द्वारा
(c) स्टीफन के नियम द्वारा
(d) उपरोक्त सभी

24. ऊष्मा का प्रवाह सदैव होता है
(a) कम तापक्रम से अधिक की ओर
(b) उच्च तापक्रम से निम्न तापक्रम की ओर
(c) समान तापक्रम की ओर
(d) उपरोक्त में से कोई नहीं

25. वाष्प की ऊष्मा को बाहर निकालने पर प्राप्त होता है
(a) ठोस (b) द्रव
(c) गैस (d) इनमें से कोई नहीं

26. वैक्यूम प्रैशर की इकाई होती है
(a) PSI (b) वर्ग इंच/मिनट
(c) किग्रा/मी (d) इंच मरकरी

27. वायुमण्डलीय दाब और गेज दाब के योग को कहते हैं
(a) कुल दाब (b) एब्सॉल्यूट दाब
(c) अधिकतम दाब (d) बचा हुआ दाब

28. सुमेलित कीजिए

	सूची I (मापक)		सूची II (मापने में)
A.	प्रैशर गेज	(i)	आर्द्रता
B.	कम्पाउण्ड गेज	(ii)	निर्वात् दाब
C.	वैक्यूम गेज	(iii)	तापमान
D.	थर्मामीटर	(iv)	सक्शन प्रैशर
E.	हाइड्रोमीटर	(v)	डिस्चार्ज प्रैशर

कूट
(a) A-(i); B-(iii); C-(ii); D-(iv); E-(v)
(b) A-(v); B-(iv); C-(ii); D-(iii); E-(i)
(c) A-(ii); B-(i); C-(iv); D-(v); E-(iii)
(d) A-(iii); B-(ii); C-(i); D-(iv); E-(v)

29. अवस्था परिवर्तन के दौरान ऊष्मा बढ़ाना या घटाना जाना जाता है
(a) सुपर हीट के रूप में (b) गुप्त ऊष्मा के रूप में
(c) विशिष्ट ऊष्मा के रूप में (d) संवेदी ऊष्मा के रूप में

30. ऊष्मागतिकी का प्रथम नियम किसने प्रतिपादित किया?
(a) कार्नोट ने (b) चार्ल्स ने
(c) आइन्सटीन ने (d) रूडोल्फ क्लॉसियस ने

31. 170 लीटर के रेफ्रिजरेशन का मासिक ऊर्जा उपभोग होता है
(a) 30 यूनिट (b) 60 यूनिट
(c) 120 यूनिट (d) 240 यूनिट

32. एक पौण्ड पानी का तापक्रम 1° फारेनहाइट बढ़ाने के लिए आवश्यक ऊष्मा की मात्रा है
(a) एक कैलोरी (b) 1 बी.टी.यू.
(c) 1 किलो कैलोरी (d) 1 टन

33. एक मैकेनिकल रेफ्रिजरेशन प्रणाली को रेफ्रिजरेन्ट कण्डेन्सर को ······· की तरह छोड़ता है।
(a) निम्न दाब तरल (b) उच्च दाब तरल
(c) निम्न दाब गैस (d) उच्च दाब गैस

34. चित्र में प्रदर्शित दाब मापक यन्त्र को पहचानिए।

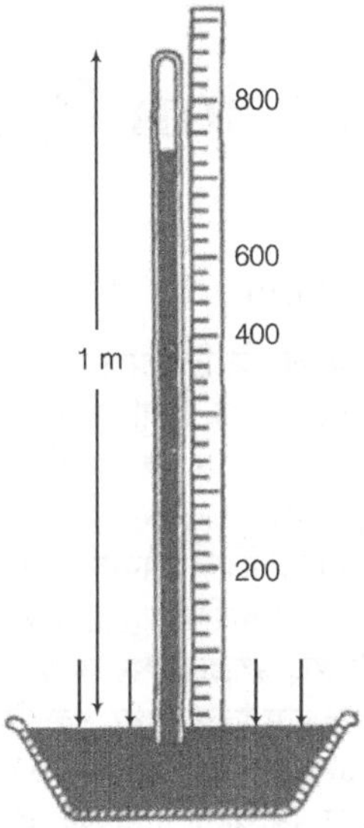

(a) मैनोमीटर (b) बैरोमीटर
(c) बॉर्डन प्रैशर गेज (d) इनमें से कोई नहीं

35. चित्र में किस मापक यन्त्र को दर्शाया गया है?

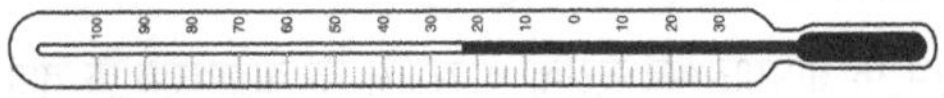

(a) सेन्टीग्रेड थर्मामीटर (b) फारेनहाइट थर्मामीटर
(c) पायरोमीटर (d) इनमें से कोई नहीं

36. निम्न में से कौन-सा वेग मापन यन्त्र है?
(a) साइक्रोमीटर (b) थर्मोमीटर
(c) एनिमोमीटर (d) माइक्रोमीटर

37. किस दाब पर गेज शून्य दर्शाता है?
(a) निर्वात् दाब (b) क्रान्तिक दाब
(c) परम दाब (d) वायुमण्डलीय दाब

उत्तरमाला

1. (a)	2. (c)	3. (b)	4. (b)	5. (b)	6. (d)	7. (c)	8. (b)	9. (c)	10. (b)
11. (d)	12. (c)	13. (a)	14. (c)	15. (a)	16. (a)	17. (d)	18. (d)	19. (b)	20. (d)
21. (c)	22. (d)	23. (a)	24. (b)	25. (b)	26. (a)	27. (b)	28. (b)	29. (b)	30. (d)
31. (b)	32. (b)	33. (a)	34. (b)	35. (a)	36. (c)	37. (d)			

अध्याय 12

रेफ्रिजरेशन सिस्टम

Refrigeration System

परिचय Introduction

आरम्भिक समय में रेफ्रिजरेशन के लिए प्राकृतिक कूलिंग अपनाई जाती थी। परन्तु प्राकृतिक कूलिंग अधिक समय तक स्थायी नहीं होती थी। जिस कारण आधुनिक युग में अधिक समय तक कूलिंग प्रभाव बनाए रखने के लिए कृत्रिम रेफ्रिजरेशन सिस्टम का आविष्कार किया गया। जिनमें मुख्यत: वैपर कम्प्रैशन रेफ्रिजरेशन सिस्टम (vapour compression refrigeration system) एवं वैपर एब्जॉर्पशन रेफ्रिजरेशन सिस्टम (vapour absorption refrigeration system) सर्वाधिक उपयोग में लाये जाते हैं। कृत्रिम रेफ्रिजरेशन का पहला प्रलेख सार्वजनिक प्रदर्शन हेतु 1756 में एडिनबर्ग में प्रकाशित हुआ, जब स्कॉटिश प्रोफेसर, रसायनज्ञ और चिकित्सक विलियम क्यूलेन (William Cullen) ने डाई ईथाइल ईथर के एक कंटेनर पर आंशिक वैक्यूम बनाने के लिए एक पंप का उपयोग किया। जैसे ही उसने दाब कम किया, ईथर उबलने लगा और आसपास के वातावरण में उपस्थित गर्मी या ऊष्मा को अवशोषित करने लगा। इसने बर्फ की एक छोटी मात्रा का निर्माण किया। हालाँकि घटना का कोई व्यावहारिक उपयोग नहीं खोजा गया था, किन्तु इस घटना ने अग्रणी खोज के मार्ग को प्रशस्त करने का कार्य किया। जिसमें आगे चलकर अमेरिकी आविष्कारक इंजीनियर और व्यवसायी ओलिवर इवांस (Oliver Evans) ने वैपर कम्प्रैशन रेफ्रिजरेशन सिस्टम विकसित किया।

अध्याय विषय सूची

12.1 रेफ्रिजरेशन Refrigeration

किसी पदार्थ के तापमान को उसके आसपास के वातावरण के तापमान से कम करने या बनाए रखने की प्रक्रिया को रेफ्रिजरेशन कहते हैं। रेफ्रिजरेशन द्वारा खराब होने वाले खाद्य पदार्थ और दवाओं को भविष्य में उपयोग के लिए संरक्षित किया जाता है। रेफ्रिजरेशन प्रणाली में कूलिंग (cooling) उत्पन्न करने हेतु निम्न ऊष्मा की वायु को रेफ्रिजरेटिड स्थान में प्रवेश कराया जाता है। यह वायु रेफ्रिजरेटिड स्थान के ताप को ग्रहण करके बाहर निकल जाती है, जिसके फलस्वरूप रेफ्रिजरेशन प्रणाली की ऊष्मा में कमी हो जाती है। इस प्रकार रेफ्रिजरेशन प्रणाली में कूलिंग उत्पन्न हो जाती है।

रेफ्रिजरेशन के प्रकार Types of Refrigeration

रेफ्रिजरेशन के मुख्य प्रकार निम्नलिखित हैं—

1. बर्फ रेफ्रिजरेशन
2. शुष्क बर्फ रेफ्रिजरेशन
3. एवैपोरेटिव रेफ्रिजरेशन
4. एयर एक्सपैन्शन रेफ्रिजरेशन
5. गैस थ्रॉटलिंग रेफ्रिजरेशन
6. लिक्विड गैस रेफ्रिजरेशन
7. वैपर कम्प्रैसन रेफ्रिजरेशन
8. वैपर एब्जॉर्पशन रेफ्रिजरेशन
9. थर्मो-इलेक्ट्रिक रेफ्रिजरेशन

उपरोक्त का विवरण अग्रपृष्ठ पर वर्णित है।

1. **बर्फ रेफ्रिजरेशन** (Ice refrigeration) यह रेफ्रिजरेशन प्रणाली केवल कूलिंग प्रभाव उत्पन्न करने के लिए प्रयोग की जाती है, जिसमें किसी स्थान का तापमान शीतकाल में बनी प्राकृतिक बर्फ अथवा कृत्रिम बर्फ का प्रयोग करके कम किया जाता है। इसमें वायुमण्डलीय दाब में एक किलोग्राम बर्फ को पिघलाने के लिए 80 किलो कैलोरी ऊष्मा प्रयुक्त होती है अर्थात् वायुमण्डलीय दाब पर यदि किसी बन्द स्थान पर इस बर्फ को रखा जाए तो बर्फ बन्द स्थान से 80 किलो कैलोरी ऊष्मा लेकर पिघल जाती है और वहाँ 0°C तापमान बन जाता है। उदाहरण के लिए यदि एक बन्द बड़े बर्तन में एक ट्रे में बर्फ को रखकर उसके चारों ओर बेफिल्स लगा दिए जाएँ तथा आइस-ट्रे के नीचे एक ड्रिप पैन (drip pan) रख दिया जाए, तो इसके समीप रिक्त स्थान की गर्मी बर्फ की ओर जाने लगती है, जिसे बर्फ शोषित कर लेती है और रिक्त स्थान ठण्डा हो जाता है। रिक्त स्थान में खाद्य पदार्थ रखने पर वे भी ठण्डे हो जाते हैं तथा उन पदार्थों की गर्मी भी बर्फ की ओर चली जाती है।

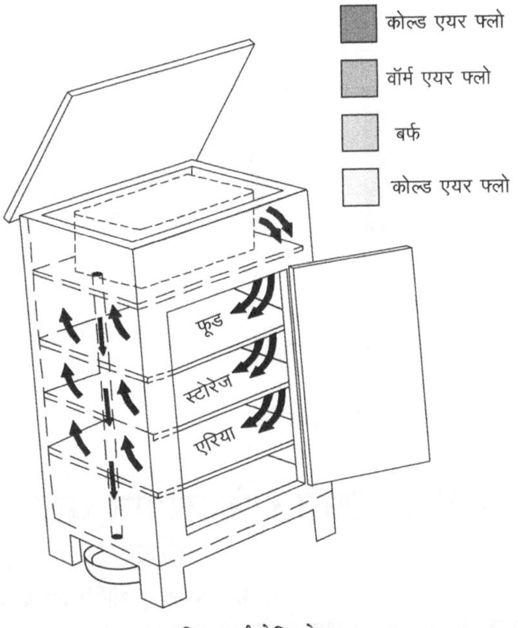

चित्र बर्फ रेफ्रिजरेशन

2. **शुष्क बर्फ रेफ्रिजरेशन** (Dry ice refrigeration) शुष्क बर्फ को ठोस कार्बन डाइ-ऑक्साइड भी कहा जाता है। इस विधि में बर्फ के स्थान पर ठोस कार्बन डाइ-ऑक्साइड का प्रयोग किया जाता है। स्थान या खाद्य पदार्थ की गर्मी से कार्बन डाइ-ऑक्साइड ठोस से वाष्प में बदल जाती है, परन्तु ठोस द्रव में नहीं बदलता है। इस विधि द्वारा बर्फ रेफ्रिजरेशन की तुलना में तापमान काफी कम किया जा सकता है। यह विधि उन स्थानों पर प्रयोग की जाती है, जहाँ शीघ्र खराब होने वाले खाद्य पदार्थों को सुरक्षित रखकर एक स्थान से दूसरे स्थान पर ले जाया जाता है।

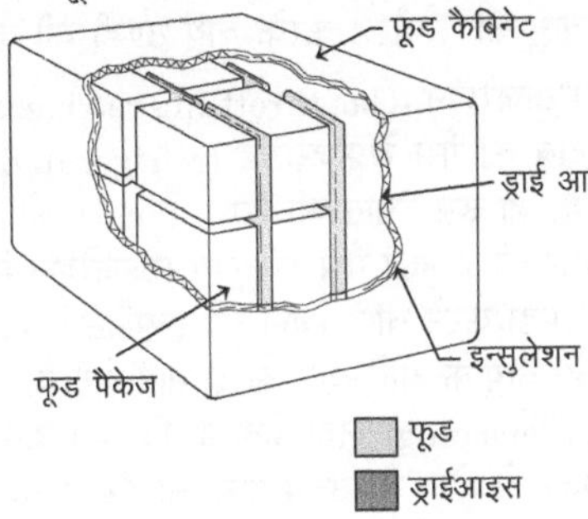

चित्र शुष्क बर्फ रेफ्रिजरेशन

3. **एवैपोरेटिव रेफ्रिजरेशन** (Evaporative refrigeration) किसी द्रव को जब एवैपोरेटर किया जाता है, तो उसे चारों ओर से ऊष्मा दी जाती है, जिससे द्रव ऊष्मा को शोषित कर वाष्प में बदल जाता है। जब स्प्रिट को हथेली पर रखा जाता है, तो यह हाथ की त्वचा की ऊष्मा को शोषित कर लेती है, जिससे हथेली ठण्डी प्रतीत होती है। इसी प्रकार से एवैपोरेटिव रेफ्रिजरेशन प्रणाली भी कार्य करती है। मिट्टी के घड़े में पानी भरकर ग्रीष्म ऋतु में रात को खुली वायु में रख दिया जाता है। घड़े के सूक्ष्म छिद्रों से बाहरी वायु टकराती है और पानी की ऊष्मा बाहरी वायु से ठण्डी हो जाती है और पानी सूक्ष्म छिद्रों से बाहर आ जाता है तथा वाष्प बन जाता है। इस प्रकार घड़े के अन्दर का पानी ठण्डा रहता है। एवैपोरेटिव रेफ्रिजरेशन में इसी प्रकार की विधि अपनाई जाती है। डेजर्ट कूलर अर्थात् कक्ष कूलिंग रेफ्रिजरेशन प्रक्रिया इसी विधि पर आधारित होती है।

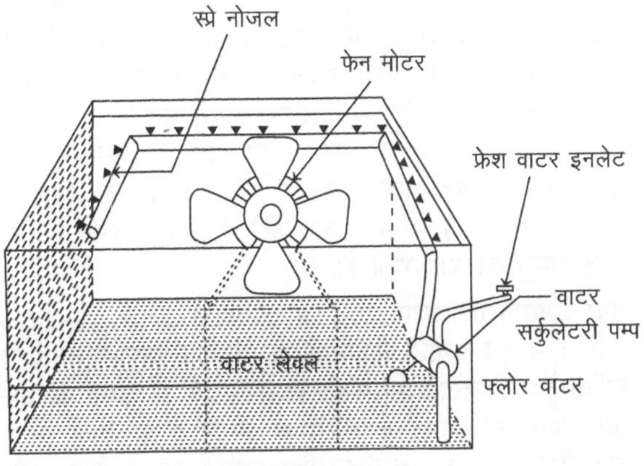

चित्र एवैपोरेटिव रेफ्रिजरेशन

4. **एयर एक्सपैन्शन रेफ्रिजरेशन** (Air expansion refrigeration) इस प्रणाली में वायु अथवा अन्य किसी गैस को चारों ओर विस्तारित (expand) कर दिया जाता है। वायु या अन्य गैस के विस्तारित होने से उसके तापमान में कमी हो जाती है तथा वायु अथवा गैस ठण्डी हो जाती है।

यदि वायुमण्डलीय वायु को किसी तापमान पर कम्प्रैस्ड किया जाए, तो उसका दाब बढ़ जाता है और तापमान कम हो जाता है। इस प्रकार इस प्रणाली में वायु को कम्प्रैस्ड करके वायु ठण्डी की जाती है।

5. **गैस थ्रॉटलिंग रेफ्रिजरेशन** (Gas throttling refrigeration) इस विधि में उच्च दाब की गैस रेफ्रिजरेटिड (refrigerated) स्थान पर पहुँचायी जाती है, जो उस स्थान की ऊष्मा (heat) को शोषित कर लेती है। इस प्रकार की प्रणाली गैस थ्रॉटलिंग रेफ्रिजरेशन में प्रयोग की जाती है। इसमें ठण्डा करने वाले स्थान को इन्सुलेटेड पदार्थ से बन्द कर दिया जाता है। वायु के आने-जाने के दो मार्ग होते हैं। इस मार्ग पर रन्ध्रमय प्लग (porous plug) लगा होता है, जिसका कनेक्शन उच्च दाब गैस सिलेण्डर से होता है। उच्च दाब की गैस रन्ध्रमय प्लग से होकर ठण्डा किए जाने वाले स्थान पर जाती है। इस प्रकार गैस उस स्थान की ऊष्मा को शोषित कर बाहर निकल जाती है और स्थान ठण्डा हो जाता है।

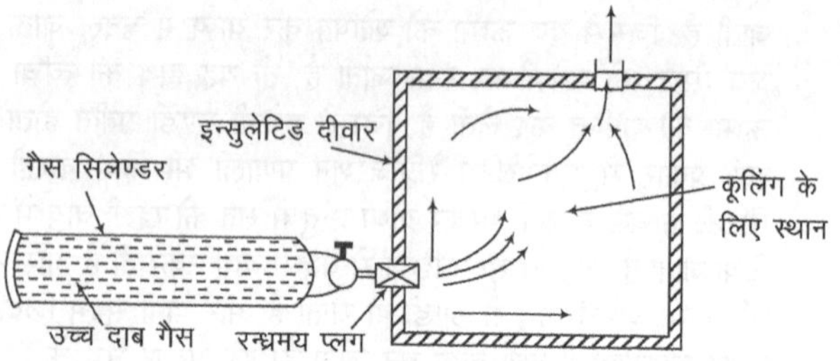

चित्र गैस थ्रॉटलिंग रेफ्रिजरेशन

6. **लिक्विड गैस रेफ्रिजरेशन** (Liquid gas refrigeration) इस प्रणाली में द्रव गैसों के एवैपोरेशन के द्वारा रेफ्रिजरेशन प्रक्रिया सम्पन्न की जाती है। इस प्रणाली में एक इन्सुलेटिड सिलेण्डर होता है, जिसमें द्रव गैस भरी होती है। इस गैस को ठण्डा करने वाले स्थान से गुजारा जाता है, जिससे गैस एवैपोरेटर होती है और उस स्थान का तापमान कम हो जाता है। एवैपोरेशन की ऊष्मा वायुमण्डल में छोड़ दी जाती है। द्रव गैस तरल (द्रव) रूप में ही होती है; जैसे— लिक्विड नाइट्रोजन, लिक्विड कार्बन डाइ-ऑक्साइड आदि। यह प्रणाली उन वाहनों (vehicles) में प्रयोग की जाती है, जिनमें खराब हो सकने वाली वस्तुएँ ले जाई जाती हैं।

7. **वैपर कम्प्रैसन रेफ्रिजरेशन** (Vapour compression refrigeration) वर्तमान में इस प्रणाली का सर्वाधिक उपयोग किया जाता है। इसे यान्त्रिकीय रेफ्रिजरेशन भी कहते हैं। इसमें द्रव की ऊष्मा को शोषित कर वाष्प बन जाने वाला सिद्धान्त प्रयोग किया जाता है। जब रेफ्रिजरेशन में प्रयुक्त द्रव रेफ्रिजरेटिड स्थान से गुजरता है, तो वहाँ की ऊष्मा शोषित कर यह द्रव, वाष्प में बदल जाता है। इसके फलस्वरूप उस स्थान से ऊष्मा बाहर निकल जाती है और वह स्थान ठण्डा हो जाता है। इस वाष्प को ठण्डा करके द्रव में परिवर्तित कर लिया जाता है। यह द्रव इसी प्रकार पुन: रेफ्रिजरेशन स्थान पर जाकर वाष्प बन जाता है। यही क्रिया बार-बार चक्र (cycle) के रूप में होती है।

   इस विधि में रेफ्रिजरेशन व्यर्थ नहीं जाता है। यह रेफ्रिजरेशन, अमोनिया, कार्बन डाइ-ऑक्साइड और फ्रिऑन होते हैं। यह प्रणाली सभी रेफ्रिजरेटर तथा एयर कण्डीशनिंग में प्रयोग की जाती है।

8. **वैपर एब्जॉर्पशन रेफ्रिजरेशन** (Vapour absorption refrigeration) इस रेफ्रिजरेशन प्रणाली में ऊष्मीय ऊर्जा का प्रयोग किया जाता है। इस प्रणाली में कम्प्रैसर के स्थान पर, एक द्रव पम्प, एवैपोरेटर तथा जेनरेटर का प्रयोग किया जाता है। प्रणाली का प्रयोग घरेलू तथा व्यापारिक दोनों प्रकार की रेफ्रिजरेशन प्रणाली में किया जाता है।

9. **थर्मो-इलेक्ट्रिक रेफ्रिजरेशन** (Thermo-electric refrigeration) यह एक रेफ्रिजरेशन यान्त्रिकी (mechanism) है, जो पैल्टियर प्रभाव पर निर्भर करती है। प्रतिकूल धातुएँ (unlike metals) के मध्य इलेक्ट्रिक जंक्शन में से यदि सीधी धारा (current) गुजारी जाए, तो इससे हीटिंग (heating) या कूलिंग (cooling) प्रभाव उत्पन्न होगा, जो धारा के प्रवाह की दिशा पर निर्भर करता है। थर्मो-इलेक्ट्रिक कूलिंग (cooling) के लिए किसी प्रकार के उपकरण; जैसे—कम्प्रैसर, एवैपोरेटर, कण्डेन्सर या रेफ्रिजरेटर की आवश्यकता नहीं होती है न ही इसमें कोई चलायमान (moving) भाग होते हैं। यह एक मूक (silent) इकाई (unit) होती है।

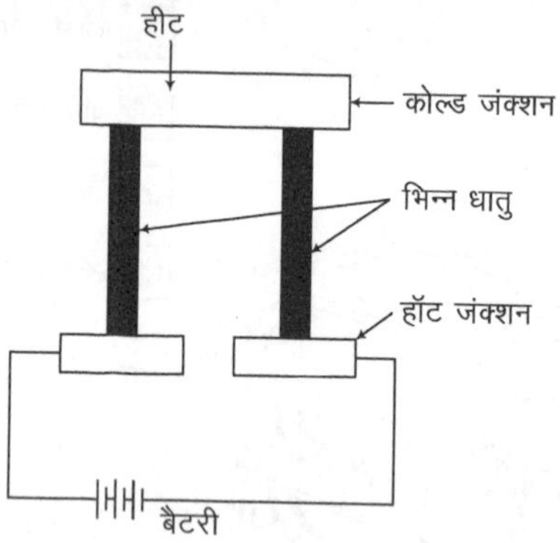

चित्र थर्मो-इलेक्ट्रिक रेफ्रिजरेशन

12.2 वैपर कम्प्रैसन रेफ्रिजरेशन चक्र
Vapour Compression Refrigeration Cycle

इस प्रणाली में रेफ्रिजरेन्ट मुख्य रूप से कार्य करता है और स्थान या पदार्थों की ऊष्मा को अवशोषित कर लेता है, जिसके फलस्वरूप स्थान या पदार्थ का तापमान कम हो जाता है तथा वह स्थान या पदार्थ ठण्डा हो जाता है। रेफ्रिजरेन्ट द्रव ऊष्मा पाकर वाष्प में बदल जाता है तथा वाष्प की ऊष्मा (heat) वायु या पानी में चली जाती है और वाष्प द्रव में परिवर्तित हो जाती है। यह रेफ्रिजरेन्ट द्रव पुन: स्थान या पदार्थ की ओर जाता है, जिससे स्थान या पदार्थ पुन: ठण्डे हो जाते हैं और द्रव रेफ्रिजरेन्ट पुन: वाष्प में परिवर्तित हो जाता है। इस प्रकार रेफ्रिजरेन्ट एक चक्र (cycle) में घूमता रहता है। इसमें रेफ्रिजरेन्ट की बिना हानि पर भी स्थान या पदार्थ ठण्डा हो जाता है। इस पूरी क्रिया को रेफ्रिजरेशन चक्र (refrigeration cycle) कहते हैं।

इसी को कम्प्रैसन चक्र (compression cycle) भी कहते हैं, क्योंकि कम्प्रैसर (compressor) के द्वारा रेफ्रिजरेन्ट का कम्प्रैसन होता है, जिससे ऊष्मा ऊर्जा परिवर्तित होती है।

रेफ्रिजरेन्ट एक स्थान से ऊष्मा को शोषित करके दूसरे स्थान को प्रदान करता है।

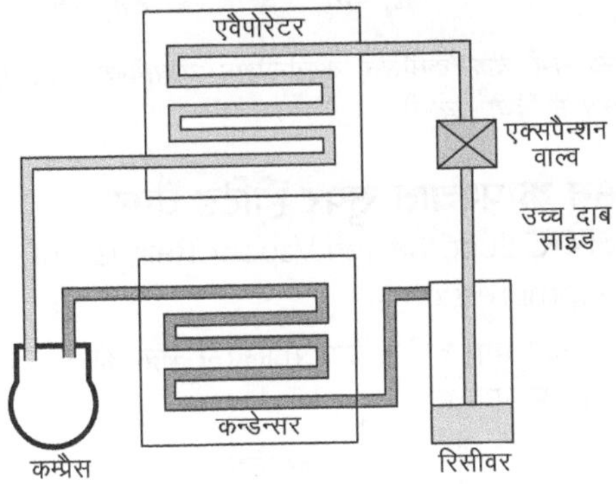

चित्र वैपर कम्प्रैसर रेफ्रिजरेशन चक्र

यह चक्र (cycle) वर्तमान में अधिकांश रेफ्रिजरेटरों में प्रयोग किया जाता है। एक पूर्ण चक्र (complete cycle) के लिए सामान्यत: निम्न क्रियाएँ की जाती हैं—

1. **कम्प्रैसन** (Compression) रेफ्रिजरेटिड (refrigerated) स्थान से रेफ्रिजरेन्ट गर्म होकर एवैपोरेटर से वाष्प (vapour) के रूप में निम्न दाब पर कम्प्रैसर की ओर आता है। कम्प्रैसर, कम्प्रैसन उत्पन्न करता है, जिससे उसका तापमान व दाब बढ़ने लगता है। यह तापमान उस समय तक बढ़ता रहता है, जब तक कि वाष्प का तापमान कण्डेन्सर के तापमान से अधिक न हो जाए।
2. **कण्डेंसेशन** (Condensation) कम्प्रैसन (compression) के पश्चात् कण्डेंसेशन (condensation) की दूसरी प्रक्रिया प्रारम्भ होती है, जहाँ कम्प्रैसर वाष्प रेफ्रिजरेन्ट के दाब में वृद्धि करके इसे कण्डेन्सर (condensor) की ओर भेज देता है। कण्डेन्सर में वाष्प की ऊष्मा कूलिंग माध्यम से ठण्डी हो जाती है। कूलिंग माध्यम के रूप में पानी या वायु का प्रयोग किया जाता है। जब रेफ्रिजरेन्ट वाष्प से ऊष्मा बाहर निकल जाती है, तब यह द्रव रेफ्रिजरेन्ट में परिवर्तित हो जाता है।
3. **एक्सपैन्शन** (Expansion) कण्डेन्सर से द्रव रेफ्रिजरेन्ट में एकत्रित होता है और आवश्यक मात्रा में आगे की ओर एक्सपैन्शन वाल्व में जाता है। यह वाल्व इस द्रव रेफ्रिजरेन्ट का दाब कम कर देता है, जिससे लगभग −10°C के निम्न तापमान पर द्रव रेफ्रिजरेन्ट का वेपोराइजेशन होने लगता है।
4. **एवैपोरेशन** (Evaporation) एक्सपैन्शन वाल्व में एक्सपैन्शन के पश्चात् जब निम्न दाब का द्रव रेफ्रिजरेन्ट, रेफ्रिजरेटिड स्थान से होकर एवैपोरेटर के द्वारा गुजरता है, तो उस स्थान की ऊष्मा और उसमें रखे खाद्य पदार्थों की ऊष्मा से द्रव रेफ्रिजरेन्ट वाष्प में परिवर्तित हो जाता है, जो कम्प्रैसर की ओर जाने लगता है। इस प्रकार स्थान व खाद्य पदार्थ ठण्डे हो जाते हैं।

उपरोक्त चारों प्रक्रियाओं में रेफ्रिजरेन्ट बार-बार द्रव रूप से वाष्प रूप में परिवर्तित होता रहता है और रेफ्रिजरेटिड स्थान व खाद्य पदार्थ की ऊष्मा निकल जाती है। इस प्रकार रेफ्रिजरेन्ट की बिना हानि के स्थान व खाद्य पदार्थ ठण्डे हो जाते हैं। यह सभी प्रक्रियाएँ एक चक्र (cycle) के रूप में होती हैं। इस कारण इसे रेफ्रिजरेशन चक्र (refrigeration cycle) कहते हैं। वेपर कम्प्रैसन रेफ्रिजरेशन सिस्टम में कम्प्रैशन, कण्डेंसेशन, एवैपोरेशन आदि प्रक्रियाएँ एक नियत ताप व दाब पर सम्पन्न होती है।

निम्न चित्र द्वारा इन ताप व दाब के मध्य सम्बन्ध स्थापित किया जाता है

3 कण्डेंसेशन

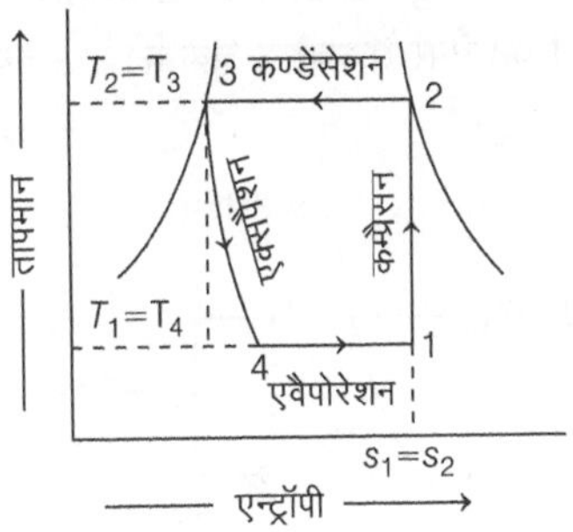

(a)T-s आरेख

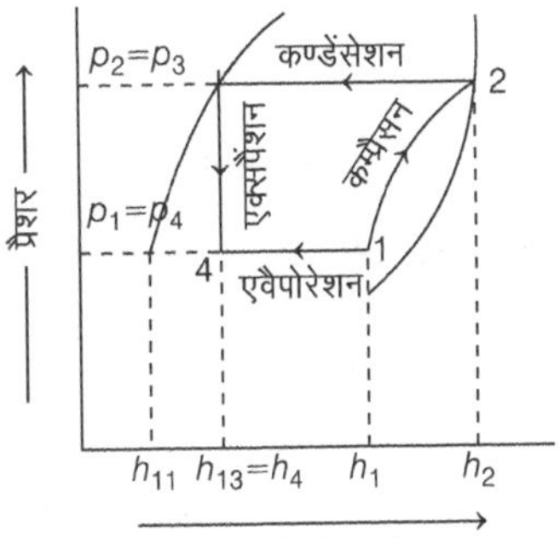

(b)p-h एन्थैल्पी आरेख

चित्र कम्प्रेशन के पश्चात् ड्राई सैचुरेटिड वैपर के साथ वेपर कम्प्रैसन चक्र

उपरोक्त चित्र में (i) कम्प्रैसर द्वारा आइसेन्ट्रॉफिक कम्प्रैसन के दौरान किया गया कार्य

$$w = h_2 - h$$

जहाँ h_1 = कम्प्रैसन के पूर्व T_1 तापमान पर एन्थैल्पी

h_2 = कम्प्रैसन के पश्चात् T_2 तापमान पर एन्थैल्पी

(ii) एवैपोरेटर द्वारा उत्पन्न रेफ्रिजरेटिंग प्रभाव या एवैपोरेशन के दौरान रेफ्रिजरेन्ट द्वारा अवशोषित ऊष्मा

$RE = h_1 - h_4$ या, $h_1 - h_3$

RE = एवैपोरेटर द्वारा उत्पन्न कूलिंग

जहाँ h_4 = एक्सपैंशन के पश्चात् T_4 तापमान पर एन्थैल्पी

$h_3 = T_3$ तापमान पर सेन्सेबिल हीट या कण्डेंसर से बार निकलते समय रेफ्रिजरेन्ट की एन्थैल्पी

∴ निष्पादन गुणांक (Coefficient of performance) = $\dfrac{\text{रेफ्रिजरेटिंग प्रभाव}}{\text{किया गया कार्य}}$

$$COP = \frac{RE}{W}$$

$$COP = \frac{h_1 - h_4}{h_2 - h_1} \quad \text{या} \quad COP = \frac{h_1 - h_3}{h_2 - h_1}$$

आवश्यकता अनुसार वेपर कम्प्रैसर रेफ्रिजरेशन चक्र के निष्पादन गुणांक को अग्रपृष्ठ पर दी गई विधियों द्वारा बढ़ाया या घटाया जा सकता है।

1. कम्प्रैसन के पश्चात् वेट वैपर रेफ्रिजरेन्ट
Wet Vapour Refrigerent After Compression

कम्प्रैसन के पश्चात् वेट वैपर रेफ्रिजरेन्ट चक्र को T-r तथा p-h आरेख द्वारा दर्शाया गया है

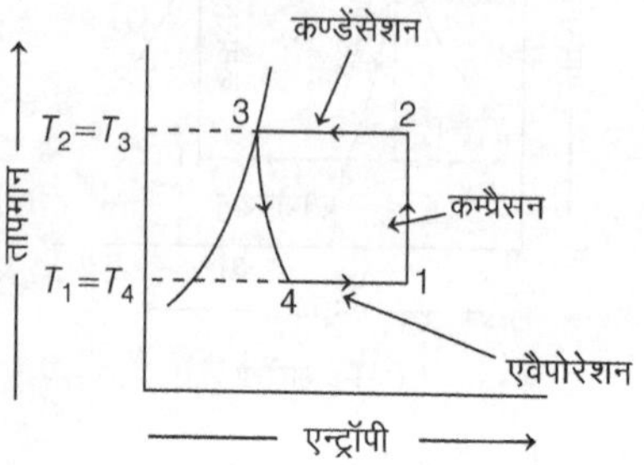

(a) T-s आरेख

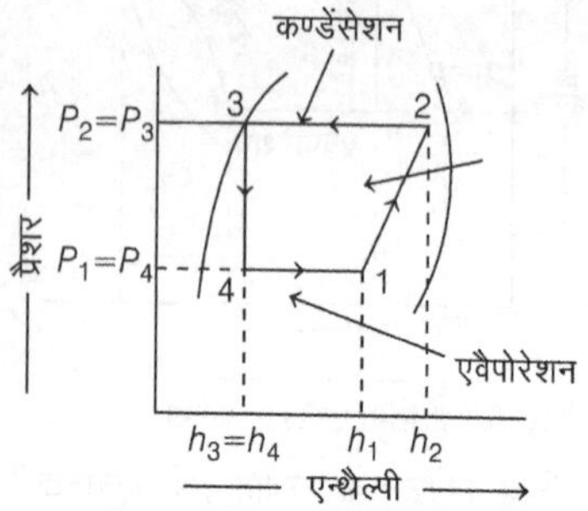

(b) p-h आरेख

चित्र कम्प्रैशन के पश्चात् वेट वैपर रेफ्रिजरेन्ट की स्थिति

उपरोक्त चित्र में कम्प्रैसर द्वारा आइसेन्ट्रॉपिक कम्प्रैसन के दौरान किया गया कार्य

$$w = h_2 - h_1$$

जहाँ h_1 = कम्प्रैसन से पूर्व T_1 तापमान पर एन्थैल्पी

h_2 = कम्प्रैसन के पश्चात् T_2 तापमान पर एन्थैल्पी

एवैपोरेटर द्वारा उत्पन्न रेफ्रिजरेटिंग प्रभाव या एवैपोरेशन के दौरान रेफ्रिजरेन्ट द्वारा अवशोषित ऊष्मा

$$RE = h_1 - h_4 \text{ या } h_1 - h_3 \qquad (\because h_4 = h_{f3})$$

जहाँ h_4 = एक्सपैंशन के पश्चात् T_4 तापमान पर एन्थैल्पी

h_{f3} = T_3 तापमान पर सेन्सेबिल हीट या कण्डेंसर से बाहर निकलते समय रेफ्रिजरेन्ट की एन्थैल्पी

∵ निष्पापन गुणांक (coefficient of performance)

$$COP = \frac{RE}{w}$$

$$COP = \frac{h_1 - h_4}{h_2 - h_1} \text{ या } COP = \frac{h_1 - h_{f3}}{h_2 - h_1}$$

नोट *अन्य सभी चक्र (कम्प्रैसन, कण्डेन्सेशन, एक्सपैन्शन तथा एवैपोरेशन) को प्रारम्भ में दिया गया है।*

2. कम्प्रैसन के पश्चात् सुपर हीटिड वैपर रेफ्रिजरेन्ट Superheated Vapour Refrigerent After Compression

कम्प्रैसन के पश्चात् सुपर हीटिड वैपर रेफ्रिजरेन्ट चक्र को $t-s$ तथा $p-h$ आरेख द्वारा दर्शाया गया है

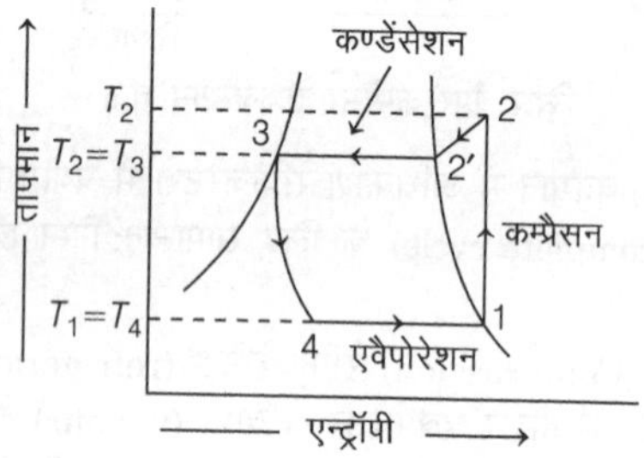

(a) *T-s* आरेख

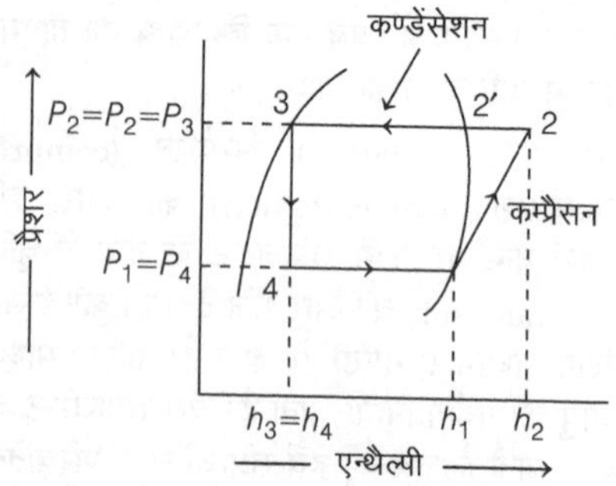

(b) *p-h* आरेख

चित्र कम्प्रैसन के पश्चात् सुपरहीटिड वैपर के साथ वैपर कम्प्रैसन चक्र

चित्र कम्प्रैसन आरेख के पश्चात् सुपर हीटिड वैपर के आरेख साथ वैपर कम्प्रैसन चक्र

उपरोक्त चित्र में कम्प्रैसर द्वारा आइसेन्ट्रॉपिक कम्प्रैसन के दौरान किया गया कार्य

$$w = h_2 - h_1$$

जहाँ h_1 = कम्प्रैसन के पूर्व T_1 तापमान पर एन्थैल्पी

h_2 = कम्प्रैसन के पश्चात् T_2 तापमान पर एन्थैल्पी

एवैपोरेटर द्वारा उत्पन्न रेफ्रिजरेन्ट द्वारा प्रभाव या एवैपोरेशन के दौरान रेफ्रिजरेन्ट द्वारा अवशो षित ऊष्मा

$$RE = h_1 - h_4 \text{ या } h_1 - h_{f3} \qquad (\because h_4 = h_{f3})$$

जहाँ h_4 = एक्सपैंशन के पश्चात् T_4 तापमान पर एन्थैल्पी

$h_{f2} = T_3$ तापमान पर सेन्सेबिल हीट या कण्डेंसर से बाहर निकलते समय रेफ्रिजरेन्ट की एन्थैल्पी

∴ निष्पादन गुणांक (coefficient of performance)

$$COP = \frac{RE}{w}$$

$$COP = \frac{h_1 - h_4}{h_2 - h_1}$$

वैपर कम्प्रैसन रेफ्रिजरेशन चक्र के मुख्य भाग

Main Parts of Vapour Compression Refrigeration Cycle

नीचे चित्र में वाष्प कम्प्रैसन रेफ्रिजरेशन प्रणाली के विभिन्न भाग दर्शाए गए हैं। प्रत्येक भाग एक-दूसरे से संयोजित (connect) रहता है। इन सभी भागों में रेफ्रिजरेन्ट, द्रव और वाष्प रूप में अपना चक्र पूरा करता है। चक्र बनने की यह क्रिया बार-बार होती है और प्रत्येक चक्र में रेफ्रिजरेन्ट, द्रव से वाष्प और वाष्प से द्रव परिवर्तित होता रहता है। यह रेफ्रिजरेन्ट द्रव स्थान या अन्य वस्तुओं की ऊष्मा शोषित करता है, जिससे वहाँ का स्थान व वस्तुएँ ठण्डी हो जाती हैं। इस क्रिया के बार-बार होने से स्थान या वस्तुएँ अधिक ठण्डी हो जाती हैं। इस प्रणाली के मुख्य भाग निम्न हैं—

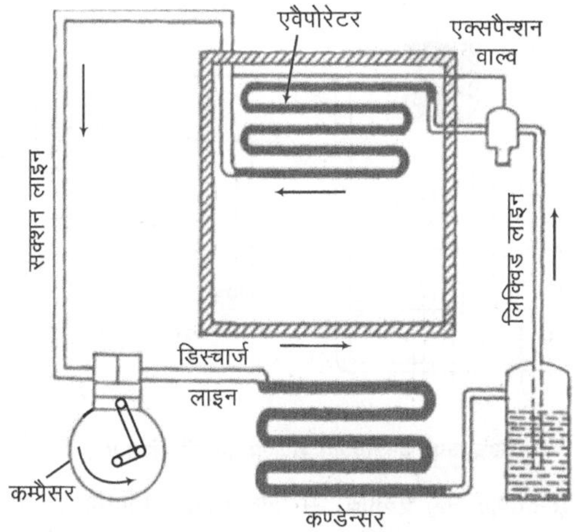

चित्र वैपर कम्प्रैसन रेफ्रिजरेशन चक्र के मुख्य भाग

(i) **एवैपोरेटर** (Evaporator) एवैपोरेटर, ट्यूब या पाइप के आकार का होता है, जिसमें रेफ्रिजरेन्ट द्रव रूप में प्रवाहित होता है। यह रेफ्रिजरेटिड स्थान पर लगा होता है। इस स्थान पर ठण्डे करने वाले पदार्थ भी रखे जाते हैं। स्थान और पदार्थों की ऊष्मा को एवैपोरेटर में भरा द्रव शोषित कर लेता है, जिससे स्थान व पदार्थ ठण्डे हो जाते हैं। इस ऊष्मा को शोषित करते ही रेफ्रिजरेन्ट, द्रव से वाष्प में परिवर्तित हो जाता है।

(ii) **सक्शन लाइन** (Suction line) यह ट्यूब या पाइप के रूप में होती है तथा कम्प्रैसर (compressor) और एवैपोरेटर के मध्य लगी होती है। इसमें निम्न दाब की रेफ्रिजरेन्ट वाष्प एवैपोरेटर से आती है और इस लाइन से होकर कम्प्रैसर की ओर चली जाती है। यह कॉपर की बनी होती है और इस पर रेफ्रिजरेन्ट का कोई प्रभाव नहीं पड़ता है।

(iii) **कम्प्रैसर** (Compressor) कम्प्रैसर को चलाने के लिए प्राइम मूवर के रूप में ए.सी. या डी.सी. मोटर अथवा अन्य साधनों का प्रयोग किया जाता है। यह सक्शन लाइन और डिस्चार्ज लाइन के मध्य लगाया जाता है। इसका मुख्य कार्य एवैपोरेटर और कण्डेन्सर (condenser) में दाबान्तर बनाए रखना होता है। एवैपोरेटर में रेफ्रिजरेन्ट वाष्प का दाब कम होता है। कम्प्रैसर इस वाष्प को अपनी ओर खींचता है और उसका दाब बढ़ा देता है, जिसके फलस्वरूप रेफ्रिजरेन्ट वाष्प से द्रव में परिवर्तित हो जाता है। इसके अतिरिक्त यह रेफ्रिजरेन्ट के प्रवाह को पूरी प्रणाली में लगातार बनाए रखता है। कार्य व बनावट के अनुसार कम्प्रैसर विभिन्न प्रकार के होते हैं, परन्तु अधिकतर ए.सी. (AC) प्रोकेटिंग कम्प्रैसर का ही प्रयोग किया जाता है।

(iv) **प्राइम मूवर** (Prime mover) कम्प्रैसर घूमने वाली मशीन है, जिसे चलाने के लिए अतिरिक्त बल प्रयोग किया जाता है। यह बल प्राइम मूवर (मुख्य चालक) द्वारा उत्पन्न होता है।

प्राइम मूवर के लिए निम्नलिखित में से किसी एक का प्रयोग किया जा सकता है

- ए.सी.मोटर (AC Motor)
- डी.सी.मोटर (DC Motor)
- डीजल इंजन (Diesel Engine)
- पेट्रोल इंजन (Petrol Engine)

(v) **उच्च व निम्न साइडें** (High and low sides) जब रेफ्रिजरेशन प्रणाली कार्य करती है, तो इसमें दो प्रकार का दाब उत्पन्न होता है। उच्च दाब तथा निम्न दाब। रेफ्रिजरेशन प्रणाली का वह भाग जिसमें गैस का दाब अधिक (high) रहता है, उच्च दाब किनारा कहलाता है। उच्च दाब किनारे के मुख्य भागों में कम्प्रैसर, डिस्चार्ज लाइन, डिस्चार्ज सर्विस वाल्व, कण्डेन्सर, लिक्विड लाइन, रिसीवर तथा एक्सपैन्शन वाल्व का इनलेट सम्मिलित हैं।

उच्च दाब किनारा को अन्य नामों; जैसे—डिस्चार्ड प्रैशर, हाई साइड प्रैशर व कण्डेन्सन दाब से भी जाना जाता है। रेफ्रिजरेशन प्रणाली का वह भाग जिसमें रेफ्रिजरेन्ट का दाब निम्न (low) रहता है, निम्न दाब किनारा कहलाता है। निम्न दाब किनारे के अन्तर्गत कम्प्रैसर, एवैपोरेटर, सक्शन लाइन और सक्शन सर्विस वाल्व सम्मिलित किए जाते हैं।

निम्न दाब किनारा को भिन्न-भिन्न नामों; जैसे—निम्न किनारा दाब, एवैपोरेटिव प्रैशर व सक्शन प्रैशर; से भी जाना जाता है।

(vi) **डिस्चार्ज लाइन** (Discharge line) कम्प्रैसर और कण्डेन्सर के मध्य की लाइन को डिस्चार्ज लाइन कहते हैं। यह लाइन कॉपर की ट्यूब या पाइप के रूप में होती है, जिसे सरलता से मोड़ा जा सकता है। इसके द्वारा कम्प्रैसर से उच्च दाब और उच्च ताप की रेफ्रिजरेन्ट वाष्प कण्डेन्सर में जाती है।

(vii) **कण्डेन्सर** (Condenser) यह डिस्चार्ज लाइन और रिसीवर के मध्य लगाया जाता है। कण्डेन्सर ट्यूब के क्वॉयल के रूप में होता है, जिसमें कम्प्रैसर से रेफ्रिजरेन्ट वाष्प प्रवाहित होती है। इस क्वॉयल के चारों ओर वायु या ठण्डे पानी का सम्पर्क रहता है। क्वॉयल में प्रवाहित होने वाली वाष्प की गर्मी वायु या ठण्डे पानी के सम्पर्क में आने पर निकल जाती है, जिससे रेफ्रिजरेन्ट की वाष्प द्रव में परिवर्तित हो जाती है और पुनः कार्य करने योग्य हो जाती है।

(viii) **रिसीवर** (Receiver) यह एक प्रकार का स्टोरेज टैंक है, जिसमें कण्डेन्सर से रेफ्रिजरेन्ट द्रव रूप में आता है और एकत्रित होता रहता है। इसमें आउटलेट व इनलेट होते हैं। यह लिक्विड लाइन और कण्डेन्सर के मध्य लगा होता है। यह अधिकतर व्यापारिक रेफ्रिजरेशन प्रणालियों में ही प्रयोग किया जाता है। छोटी-छोटी या घरेलू इकाइयों (units) में कण्डेन्सर ही रिसीवर का कार्य करते हैं।

(ix) **लिक्विड लाइन** (Liquid line) यह कॉपर की बनी ट्यूब होती है, जो एक्सपैन्शन वाल्व और रिसीवर के मध्य लगी होती है। रिसीवर में रेफ्रिजरेन्ट द्रव इसी लाइन से होकर एक्सपैन्शन वाल्व में जाता है।

(x) **एक्सपैन्शन वाल्व** (Expansion valve) यह एवैपोरेटर और लिक्विड लाइन के मध्य लगा होता है तथा रेफ्रिजरेन्ट के प्रवाह का नियन्त्रण करके रेफ्रिजरेन्ट के दाब को कम करता है। यह वाल्व कम दाब पर एवैपोरेटर में रेफ्रिजरेन्ट द्रव को उचित मात्रा में सप्लाई करता है, जिससे कि रेफ्रिजरेन्ट रेफ्रिजरेटिड स्थान से उचित मात्रा में ऊष्मा प्राप्त कर सके।

वैपर कम्प्रैसन चक्र के अनुप्रयोग
Applications of Vapour Compression Cycle

वाष्प कम्प्रैसन चक्र के मुख्य अनुप्रयोग निम्न प्रकार हैं—

1. घरेलू तथा औद्योगिक एयर कण्डीशनिंग।
2. घरेलू रेफ्रिजरेटरों।
3. कम्प्यूटर सिस्टम।
4. ऑटोमोबाइल।
5. टेलीकम्यूनिकेशन प्रणाली में प्रयुक्त मशीन।

12.3 वैपर एब्जॉर्पशन रेफ्रिजरेशन
Vapour Absorption Refrigeration

वैपर एब्जॉर्पशन रेफ्रिजरेशन प्रणाली का आविष्कार फ्रैंच वैज्ञानिक फेर्डीनेण्ड केरे ने 1858 ई. में किया था। इस प्रणाली में यान्त्रिक ऊर्जा कम्प्रैसर के स्थान पर ऊष्मीय ऊर्जा का प्रयोग किया जाता है। ऊष्मीय ऊर्जा प्राप्त करने के लिए इसमें एब्जॉर्बर, जेनरेटर तथा हीट एक्सचेंजर लगे होते हैं। इस प्रणाली में रेफ्रिजरेन्ट के रूप में अमोनिया गैस प्रयुक्त की जाती है।

वैपर एब्जॉर्पशन रेफ्रिजरेशन की संरचना

वैपर एब्जॉर्पशन रेफ्रिजरेशन प्रणाली की संरचना वैपर कम्प्रैसन रेफ्रिजरेशन प्रणाली के समान होती है। इसकी संरचना में निम्नलिखित मुख्य भाग होते हैं

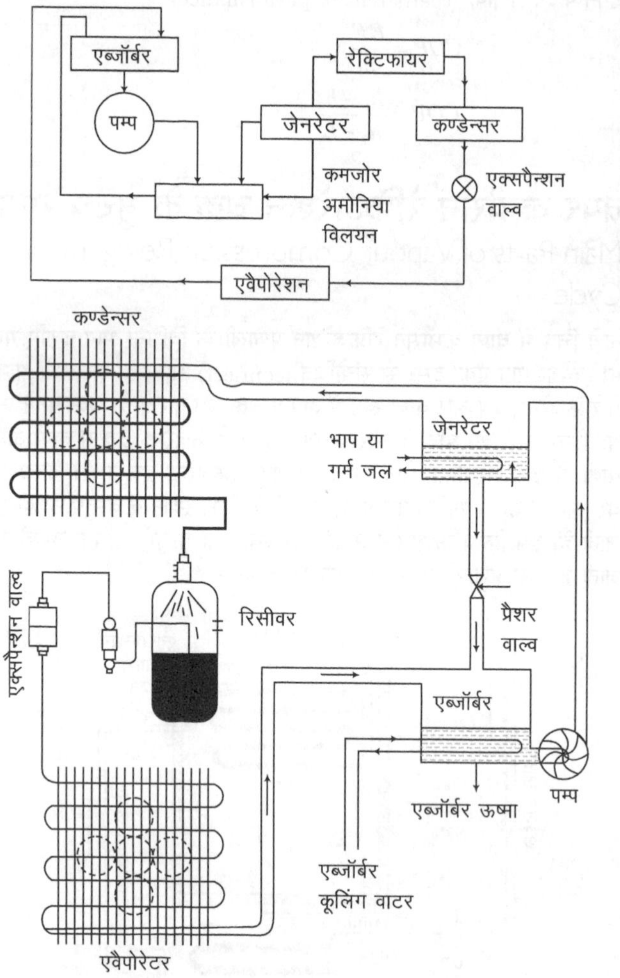

चित्र वैपर एब्जॉर्पशन रेफ्रिजरेशन की संरचना

- **जेनरेटर** (Generator) एब्जॉर्बर से प्राप्त सान्द्र अमोनिया को गर्म करने के लिए जेनरेटर का प्रयोग किया जाता है। सान्द्र अमोनिया विलयन को गर्म करने पर विलयन से जल वाष्प तथा अमोनिया वाष्प उत्पन्न होती है।
- **कण्डेन्सर** (Condenser) जेनरेटर से प्राप्त उच्च दाब की अमोनिया वाष्प को उच्च दाब के अमोनिया द्रव में परिवर्तित करने के लिए कण्डेन्सर का प्रयोग किया जाता है।
- **एक्सपैन्शन वाल्व** (Expansion valve) यह रिसीवर तथा एवैपोरेटर के मध्य लगा होता है। इसका उपयोग उच्च दाब के अमोनिया द्रव को निम्न दाब तथा ताप के अमोनिया द्रव में परिवर्तित करने के लिए किया जाता है।

- **एवैपोरेटर** (Evaporator) एवैपोरेटर को कूलिंग चैम्बर (cold chamber) भी कहा जाता है। यह द्रव अमोनिया को वाष्प अमोनिया में परिवर्तित करता है।
- **एब्जॉर्बर** (Absorber) एब्जॉर्बर का मुख्य कार्य एवैपोरेटर से प्राप्त निम्न दाब की अमोनिया तथा जेनरेटर से प्राप्त अमोनिया द्रव को अवशोषित करना है।
- **हीट एक्सचेंजर** (Heat exchanger) इसे जेनरेटर तथा एब्जॉर्बर के मध्य लगाया जाता है। इसका प्रयोग एब्जॉर्बर से जेनरेटर को पम्प किए गए अमोनिया द्रव को गर्म करने के लिए किया जाता है।
- **रिसीवर** (Receiver) रिसीवर का प्रयोग द्रव रेफ्रिजरेन्ट को एकत्र करने के लिए किया जाता है। घरेलू इकाइयों में रिसीवर का प्रयोग नहीं किया जाता है।
- **पम्प** (Pump) यह जेनरेटर तथा एब्जॉर्बर के मध्य लगाया जाता है। यह अमोनिया तथा पानी मिले मिश्रण को एब्जॉर्बर से जनित्र को पहुँचाने के लिए प्रयोग किया जाता है। पम्प मिश्रण के दाब में वृद्धि कर देता है।

वैपर एब्जॉर्पशन की कार्यप्रणाली
Working Method of Vapour Absorption

जब निम्न दाब अमोनिया वाष्प एवैपोरेटर से एब्जॉर्बर में प्रवेश करती है, तो कूल्ड वाटर के साथ दृढ़ अमोनिया विलयन बनाती है। इस दृढ़ अमोनिया विलयन को आर्द्र अमोनिया कहते हैं। अमोनिया के एवैपोरेशन के दौरान, एब्जॉर्बर में अमोनिया का दाब कम हो जाता है, जिसके फलस्वरूप विलयन के ताप में वृद्धि हो जाती है, जिसे कूलेन्ट (coolant) की सहायता से कम कर दिया जाता है। एब्जॉर्बर से दृढ़ विलयन हीट एक्सचेंजर की सहायता जेनरेटर को लिक्विड पम्प द्वारा पम्प किया जाता है, जिससे विलयन का दाब बढ़ जाता है। हीट एक्सचेंजर उच्च दाब के इस दृढ़ विलयन के ताप में वृद्धि कर देता है। अमोनिया के दृढ़ विलयन को जेनरेटर में भाप या हीटिंग क्वॉयल द्वारा पुनः गर्म किया जाता है। इस हीटिंग प्रक्रिया के दौरान अमोनिया वाष्प उत्पन्न होती है। इस गर्म अमोनिया वाष्प का कण्डेन्सर में कण्डेन्सेशन किया जाता है।

कण्डेन्सेशन के लिए कूल्ड वाटर का प्रयोग किया जाता है। वाष्प के उत्पन्न होने के दौरान कुछ विलयन जेनरेटर में रह जाता है जिसे दाब कम करने वाले वाल्व से गुजारकर उच्च दाब पर एब्जॉर्बर को वापस भेज दिया जाता है, जहाँ यह पुनः ऊष्मा ग्रहण करके वाष्प में परिवर्तित हो जाता है। इस प्रकार ऊष्मा के लगातार आदान-प्रदान के फलस्वरूप रेफ्रिजरेशन प्रणाली कूलिंग प्रभाव उत्पन्न करती रहती है।

लिथियम ब्रोमाइड एब्जॉर्पशन रेफ्रिजरेशन सिस्टम
Lithium Bromide Absorption Refrigeration System

वाटर-लिथियम ब्रोमाइड वैपर एब्जॉर्पशन रेफ्रिजरेशन प्रणाली में, पानी का उपयोग रेफ्रिजरेन्ट के रूप में किया जाता है जबकि लिथियम ब्रोमाइड (Li Br) का अवशोषक के रूप में उपयोग किया जाता है। अवशोषण में, लिथियम-ब्रोमाइड पानी के रेफ्रिजरेंट को अवशोषित करता है, जिससे पानी और लिथियम ब्रोमाइड का घोल बनता है। इस घोल को पम्प द्वारा जनरेटर में पम्प किया जाता है जहाँ घोल को गर्म किया जाता है। पानी का रेफ्रिजरेंट वाष्पीकृत हो जाता है और कण्डेनसर में चला जाता है जहाँ इसे ठण्डा किया जाता है जबकि लिथियम ब्रोमाइड वापस अवशोषक में प्रवाहित होता है जहाँ यह एवैपोरेटर से आने वाले पानी को और अवशोषित करता है।

जल-लिथियम ब्रोमाइड वैपर एब्जॉर्पशन प्रणाली का उपयोग कई एयर कण्डीशनिंग अनुप्रयोगों में किया जाता है। यह प्रणाली उन अनुप्रयोगों के लिए उपयोगी है, जहाँ आवश्यक तापमान 32 डिग्री फारेनहाइट से अधिक है।

वाटर-लिथियम ब्रोमाइड घोल की विशेषताएँ
Special Features of Water Lithium Bromide Solution

1. लिथियम ब्रोमाइड तथा जल वाष्प के मध्य बहुत अच्छा सम्बन्ध है, हालाँकि जब वाटर-लिथियम ब्रोमाइड घोल बनता है, तो वे एब्जॉर्पशन रेफ्रिजरेशन प्रणाली की सभी परिचालन स्थितियों में एक-दूसरे के साथ पूरी तरह से घुलनशील नहीं होते हैं। इस वजह से, डिजाइन को इस बात का ध्यान रखना चाहिए कि लिथियम ब्रोमाइड का क्रिस्टलीकरण ऐसी स्थिति न बने।
2. एब्जॉर्पशन रेफ्रिजरेशन प्रणाली में रेफ्रिजरेंट के रूप में उपयोग किए जाने वाले पानी का अर्थ है कि कण्डेंसर में ऑपरेटिंग प्रैशर और एवैपोरेशन बहुत कम होना चाहिए। यहाँ तक कि कण्डेंसर और एवैपोरेटर के बीच दबाव का अन्तर बहुत कम होना चाहिए। यह निम्न दाबान्तर सिस्टम में एक्सपैंशन वाल्व स्थापित किए बिना भी प्राप्त किया जा सकता है, क्योंकि दबाव में गिरावट रेफ्रिजरेशन पाइपिंग और स्प्रे नोजल में घर्षण के कारण होती है।
3. किसी भी एब्जॉर्पशन रेफ्रिजरेशन प्रणाली की क्षमता अवशोषक की रेफ्रिजरेंट को अवशोषित करने की क्षमता पर निर्भर करती है। सिस्टम की क्षमता बढ़ाने के लिए अवशोषक की सान्द्रता को बढ़ाया जाना चाहिए, जिससे अधिक रेफ्रिजरेंट का अवशोषण हो सके। अवशोषक की सान्द्रता को बदलने के लिए उपयोग की जाने वाली कुछ सबसे सामान्य विधियाँ हैं: जनरेटर को भाप या गर्म पानी के प्रवाह को नियन्त्रित करना, कण्डेंसर में संघनन के लिए उपयोग किए जाने वाले पानी के प्रवाह को नियन्त्रित करना और जनरेटर को छोड़ने वाले अवशोषक को फिर से केन्द्रित करना।

Li-Br एब्जॉर्पशन रेफ्रिजरेशन सिस्टम के भाग
Parts of Li-Br Absorption Refrigeration

Li-Br एब्जॉर्पशन सिस्टम के मुख्य भागों का विवरण निम्न प्रकार है

1. **एवैपोरेटर** (Evaporator) रेफ्रिजरेन्ट के रूप में पानी बहुत कम दबाव और तापमान पर एवैपोरेटर में प्रवेश करता है। चूँकि एवैपोरेटर के अन्दर बहुत कम दबाव बना रहता है, पानी आंशिक तरल अवस्था और आंशिक वाष्प अवस्था में उपस्थित होता है। यह वाटर रेफ्रिजरेंट ठण्डा होने वाले पदार्थ से गर्मी को अवशोषित करता है और पूरी तरह से वैपर में परिवर्तित हो जाता है। यह फिर अवशोषक में प्रवेश करता है।

2. **अवशोषक** (Absorber) अवशोषक में लिथियम ब्रोमाइड का एक सान्द्रित घोल (Concentrated Solution) उपलब्ध होता है। चूँकि पानी लिथियम ब्रोमाइड में अत्यधिक घुलनशील है, इसलिए पानी-लिथियम ब्रोमाइड सा घोल बनता है। इस घोल को जेनरेटर में पम्प किया जाता है।

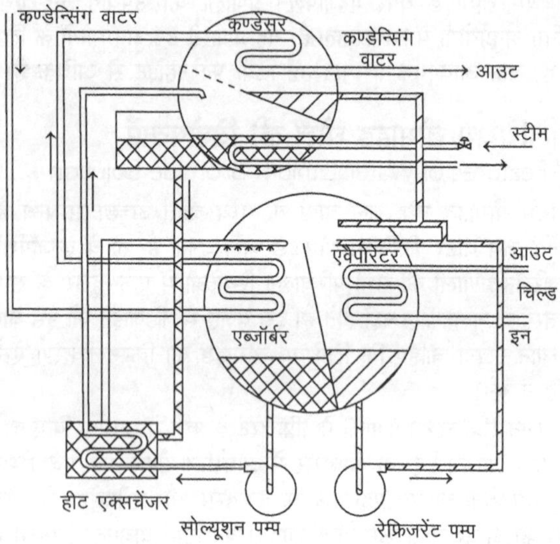

चित्र लिथियम-ब्रोमाइड रेफ्रिजरेशन सिस्टम

3. **जनरेटर** (Generator) भाप या गर्म पानी से जेनरेटर में उपस्थित पानी और अवशोषक लिथियम ब्रोमाइड घोल के लिए ऊष्मा की आपूर्ति की जाती है। पानी एवैपोरेट हो जाता है और कण्डेंसर में चला जाता है, जहाँ यह ठण्डा हो जाता है। जैसे-जैसे वाटर रेफ्रिजरेंट रेफ्रिजरेशन पाइपिंग और नोजल में आगे बढ़ता है, तापमान के साथ-साथ इसका दबाव कम होता जाता है। यह वाटर रेफ्रिजरेंट फिर एवैपोरेटर में प्रवेश करता है जहाँ यह कूलिंग करता है। यह चक्र लगातार दोहराया जाता है। दूसरी ओर लिथियम ब्रोमाइड, जेनरेटर को छोड़ देता है और जल रूपी रेफ्रिजरेंट को अवशोषित करने के लिए अवशोषक में फिर से प्रवेश करता है।

कण्डेंसर में जल रूपी रेफ्रिजरेंट को ठण्डा करने के लिए कण्डेंसर जल का उपयोग किया जाता है। जेनरेटर में वाटर Li -Br के घोल को गर्म करने के लिए भाप का उपयोग किया जाता है। इस वाटर Li-Br एब्जॉर्पशन रेफ्रिजरेशन सिस्टम की क्षमता को बदलने के लिए Li-Br की सान्द्रता को बदला जा सकता है।

12.4 रेफ्रिजरेशन की इकाई
Unit of Refrigeration

किसी भी रेफ्रिजरेशन मशीन की क्षमता 'टन ऑफ रेफ्रिजरेशन' में व्यक्त की जाती है अर्थात् किसी भी रेफ्रिजरेशन इकाई की क्षमता का आकलन उसके 'टन ऑफ रेफ्रिजरेशन' द्वारा किया जाता है। यान्त्रिकीय रेफ्रिजरेशन प्रणाली की खोज से पहले प्राकृतिक बर्फ से रेफ्रिजरेशन प्रभाव उत्पन्न किया जाता था, तब बर्फ का प्रतिदिन का व्यय 'टन' में निकाला जाता था। एक टन के रेफ्रिजरेटर का अर्थ है–एक टन बर्फ को 32°F पर पिघलाने के लिए 24 घण्टों में आवश्यक ऊष्मा की मात्रा जबकि ऊष्मा की मात्रा ब्रिटिश थर्मल यूनिट में मापी गई है।

FPS प्रणाली में 1 टन बर्फ का भार 2000 पौण्ड तथा बर्फ की गुप्त ऊष्मा 144 BTU होती है।

अत: $= 2000 \times 144 = 1$ टन/24 घण्टे

$$\text{एक टन} = \frac{2000 \times 144}{24} \text{ प्रति घण्टा}$$

$$\text{एक टन} = 12000 \text{ BTU} = \frac{12000}{60}$$

$$= 200 \text{ BTU प्रति मिनट}$$

इसी प्रकार **MKS प्रणाली** में एक टन भार 900 किग्रा और बर्फ की गुप्त ऊष्मा 80 किलो कैलोरी है।

अत: $\text{एक टन} = 900 \times 80\text{ce}$ प्रति 24 घण्टा

$$\text{एक टन} = \frac{900 \times 80}{24} \text{ या 3000 किलो कैलोरी/घण्टा}$$

$$\text{एक टन} = \frac{3000}{60} \text{ या 50 किलो कैलोरी/मिनट}$$

SI यूनिट में एक टन रेफ्रिजरेशन 3.5 किलो जूल/सेकण्ड के बराबर होता है।

महत्त्वपूर्ण बिन्दु

- स्थायी कूलिंग हेतु कृत्रिम रेफ्रिजरेशन का प्रयोग किया जाता है।
- कृत्रिम रेफ्रिजरेशन में वैपर कम्प्रैसन रेफ्रिजरेशन तथा वैपर एब्जॉर्पशन रेफ्रिजरेशन सिस्टम का उपयोग किया जाता है
- किसी पदार्थ के तापमान को उसके आसपास के वातावरण के तापमान से कम करने या बनाये रखने की प्रक्रिया को रेफ्रिजरेशन कहते हैं।
- रेफ्रिजरेशन प्रणाली में कूलिंग उत्पन्न करने हेतु निम्न ऊष्मा की वायु को रेफ्रिजरेटिड स्थान में प्रवेश कराया जाता है।
- बर्फ रेफ्रिजरेशन प्रणाली केवल कूलिंग प्रभाव उत्पन्न करने के लिए प्रयोग की जाती है।
- शुष्क बर्फ को ठोस कार्बन डाई आक्साइड भी कहा जाता है।
- डेजर्ट कूलर एवैपोरेटिव रेफ्रिजरेशन पर आधारित है।
- एयर एक्सपैंशन रेफ्रिजरेशन प्रणाली में वायु को कम्प्रैस्ड करके कूलिंग की जाती है।
- गैस थ्रॉटलिंग रेफ्रिजरेशन में उच्च दाब की गैस रेफ्रिजरेटिड स्थान पर पहुँचायी जाती है।
- लिक्विड गैस रेफ्रिजरेशन प्रणाली में द्रव गैसों के एवैपोरेशन के द्वारा रेफ्रिजरेशन प्रक्रिया सम्पन्न की जाती है।
- लिक्विड गैस रेफ्रिजरेशन में एक इन्सुलेटिड सिलेण्डर होता है।
- वैपर कम्प्रैसन रेफ्रिजरेशन को यान्त्रिकीय रेफ्रिजरेशन भी कहते हैं।
- वैपर एब्जॉर्पशन रेफ्रिजरेशन प्रणाली में ऊष्मीय ऊर्जा का प्रयोग किया जाता है
- थर्मो इलैक्ट्रिक रेफ्रिजरेशन पैल्टियर प्रभाव पर निर्भर करती है
- अधिकांश रेफ्रिजरेटरों में वैपर कम्प्रैसन रेफ्रिजरेशन चक्र (cycle) का उपयोग किया जाता है।

महत्त्वपूर्ण प्रश्नोत्तरी

1. बल को परिभाषित कीजिए।

उत्तर किसी वस्तु पर कार्यरत् बल, उस वस्तु के द्रव्यमान तथा त्वरण के गुणनफल के बराबर होता है। अर्थात् $F = ma$

2. किसी वस्तु पर 5 न्यूटन का बल लगाकर उसे गतिशील किया जाता है। यदि वस्तु अपनी प्रारम्भिक स्थिति में लौट आए, तो किया गया कार्य कितना होगा?

उत्तर वस्तु द्वारा किया गया कार्य शून्य होगा, क्योंकि वस्तु का विस्थापन शून्य है।

3. क्या किसी वस्तु का त्वरण शून्य हो सकता है, चाहे उस पर कितने ही बल कार्य कर रहे हों?

उत्तर यदि वस्तु पर कार्यरत सभी बलों का परिणामी शून्य है, तो वस्तु का त्वरण भी शून्य होगा।

4. एक स्प्रिंग को लम्बाई के अनुदिश दबाने पर किस प्रकार की ऊर्जा संचित होती है?

उत्तर एक स्प्रिंग को लम्बाई के अनुदिश दबाने पर प्रत्यास्थ ऊर्जा संचित होती है।

5. ऊष्मागतिकी का शून्यांकी नियम क्या है?

उत्तर यदि कोई दो वस्तुएँ किसी तीसरी वस्तु के साम्य में है, तो वे दोनों वस्तुएँ भी साम्य में होंगी।

6. रेफ्रिजरेशन से आप क्या समझते हैं?

उत्तर आस-पास के वातावरण से कम ताप उपलब्ध कराने और बनाए रखने का विज्ञान, रेफ्रिजरेशन कहलाता है।

7. रेफ्रिजरेशन प्रणाली में कण्डेन्सिंग यूनिट का क्या कार्य है?

उत्तर रेफ्रिजरेशन प्रणाली में कण्डेन्सिग यूनिट गैस को कण्डेन्स करके उसे तरल अवस्था में परिवर्तित करती है।

8. 'टन ऑफ रेफ्रिजरेशन' से आप क्या समझते हैं?

उत्तर रेफ्रिजरेशन इकाई की क्षमता को मापने का मानक पद 'टन ऑफ रेफ्रिजरेशन' कहलाता है। एक टन के रेफ्रिजरेशन का अर्थ है-एक टन बर्फ को 32°F पर पिघलाने के लिए 24 घण्टे में ब्रिटिश थर्मल यूनिट में आवश्यक ऊष्मा की मात्रा।

9. घरेलू रेफ्रिजरेटरों में सामान्यतः अमोनिया तथा पानी का ही अधिक प्रयोग किया जाता है, क्यों?

उत्तर घरेलू रेफ्रिजरेटरों में सामान्यतः अमोनिया तथा पानी का ही अधिक प्रयोग किए जाने के निम्नलिखित कारण हैं–

(i) अमोनिया तथा पानी सरलता से मिश्रित हो जाते हैं।

(ii) अमोनिया तथा पानी के क्वथनांक बिन्दु अलग-अलग होते हैं।

(iii) पानी एक ऐसा अवशोषक है, जो अमोनिया को सर्वाधिक अवशोषित करता है।

10. सब–कूलिंग से आप क्या समझते हैं?

उत्तर रेफ्रिजरेशन प्रणाली में रेफ्रिजरेशन वाष्प को एक्सपैन्शन वाल्व में भेजने से पूर्व हीट एक्सचेंजर द्वारा ठण्डा किए जाने की प्रक्रिया सब-कूलिंग (sub-cooling) कहलाती है।

अभ्यास प्रश्न

परीक्षा प्रारूपी प्रश्न

बहुविकल्पीय

1. चित्र में किस रेफ्रिजरेशन प्रणाली को दर्शाया गया है?

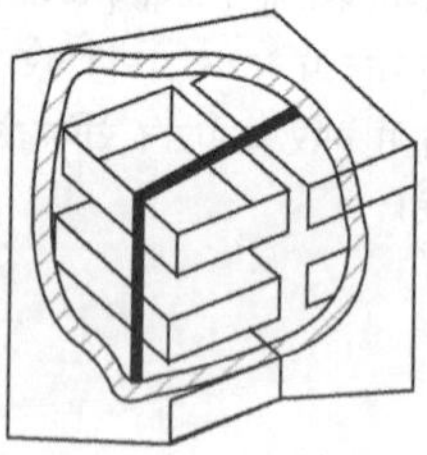

(a) बर्फ रेफ्रिजरेशन (b) शुष्क बर्फ रेफ्रिजरेशन
(c) गैस थ्रॉटलिंग रेफ्रिजरेशन (d) वाष्प कम्प्रैसन रेफ्रिजरेशन

2. लिक्विड रेफ्रिजरेन्ट के प्रवाह में बाधा उत्पन्न करता है
(a) एक्सपैन्शन वाल्व (b) सक्शन वाल्व
(c) डिस्चार्ज वाल्व (d) इनमें से कोई नहीं

3. रेफ्रिजरेशन किस प्रकृति की विधि है?
(a) नियमन (b) कूलिंग
(c) तापान्तर (d) ये सभी

4. रेफ्रिजरेशन में कूलिंग प्रभाव प्राप्त किया जाता है
(a) रासायनिक विधि द्वारा (b) ऊष्मा पम्प द्वारा
(c) सम्पर्क विधि द्वारा (d) ये सभी

5. वाष्प कम्प्रैसन प्रणाली में प्रक्रम होते हैं
(a) 3 (b) 1 (c) 4 (d) 2

6. एक वैपर एब्जॉर्पशन प्रणाली (vapour absorption system) में कम्प्रैसर
(a) का प्रयोग किया जाता है
(b) का प्रयोग नहीं किया जाता
(c) के स्थान पर एक एब्जॉर्बर हीट एक्सचेन्जर का प्रयोग किया जाता है
(d) के स्थान पर एक एब्जॉर्बर जेनरेटर का प्रयोग किया जाता है

7. वैपर एब्जॉर्पशन प्रणाली का सिद्धान्त होता है कि
(a) अमोनिया और पानी आसानी से एक-दूसरे में विलय नहीं होते
(b) अमोनिया और पानी गर्म करने पर विलय होते हैं
(c) अमोनिया और पानी आसानी से विलय हो जाते हैं
(d) उपरोक्त में से कोई नहीं

8. वाष्प एब्जॉर्पशन प्रणाली में ········ का उपयोग होता है।
(a) मैकेनिकल ऊर्जा (b) इलेक्ट्रिकल ऊर्जा
(c) पोटैन्शियल ऊर्जा (d) ऊष्मा ऊर्जा

9. इनमें से किसमें रेफ्रिजरेशन उपयोगी नहीं है?
(a) खाद्य पदार्थों के भण्डारण में (b) कुकिंग में
(c) औषधि सुरक्षण में (d) इनमें से कोई नहीं

10. रेफ्रिजरेशन का एक टन होता है
(a) 50 किलो कैलोरी प्रति मिनट
(b) 200 किलो कैलोरी प्रति मिनट
(c) 3000 किलो कैलोरी प्रति मिनट
(d) उपरोक्त में से कोई नहीं

11. ·········· को कम करने के लिए एक रेफ्रिजरेशन प्रणाली की उच्च लिक्विड लाइन को इन्सुलेट किया जाता है।
(a) कण्डेन्सन (b) ऊष्मा ह्रास
(c) ऊष्मा लाभ (d) ऊष्मा ट्रांसफर

12. कॉपर ट्यूबिंग की क्वॉयल जिसमें ठण्डे रेफ्रिजरेन्ट का प्रवाह होता है, को कहते हैं
(a) कण्डेन्सर (b) एवैपोरेटर (c) थर्मोस्टेट (d) कम्प्रैसर

13. मैकेनिकल रेफ्रिजरेशन प्रणाली का कौन-सा अवयव उसका हृदय माना जाता है?
(a) कम्प्रैसर (b) कण्डेन्सर (c) एवैपोरेटर (d) थर्मोस्टेट

14. चित्र में प्रदर्शित वैपर कम्प्रैसन रेफ्रिजरेशन चक्र के 'X' भाग की पहचान कीजिए

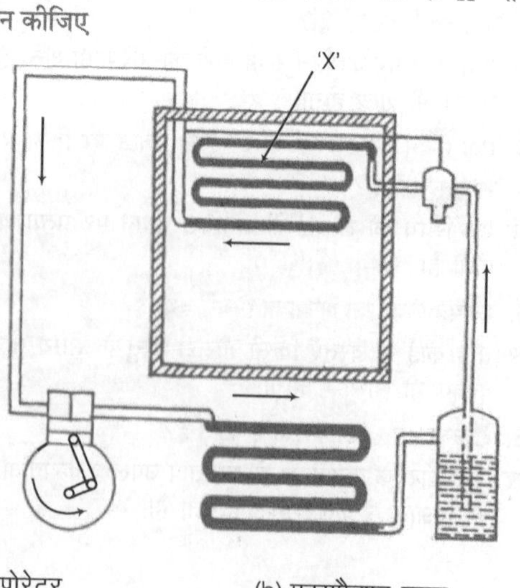

(a) एवैपोरेटर (b) एक्सपैन्शन वाल्व
(c) कण्डेन्सर (d) कम्प्रैसर

15. चित्र में प्रदर्शित गैस थ्रॉटलिंग रेफ्रिजरेशन प्रणाली में 'X' भाग का नाम बताइए।

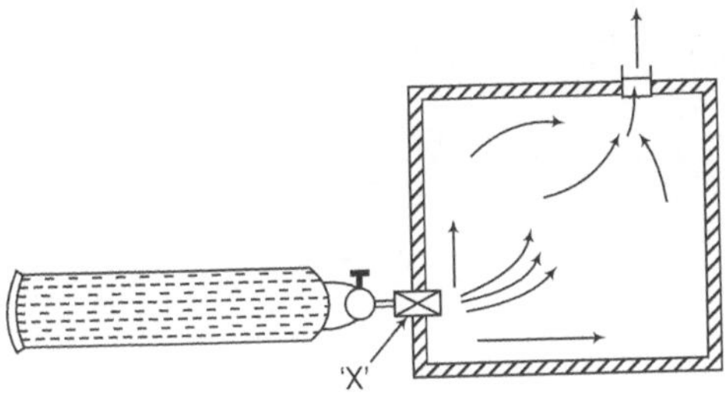

(a) रन्ध्रमय प्लग (b) इन्सुलेटिड वाल
(c) कूलिंग स्थान (d) इनमें से कोई नहीं

16. एब्जॉर्पशन रेफ्रिजरेशन प्रणाली में कौन-सा भाग आवश्यक नहीं है?
(a) एब्जॉर्बर (b) कण्डेन्सर
(c) जेनरेटर (d) कम्प्रैसर

17. शुष्क बर्फ को वायुमण्डल के सम्पर्क में रखने से क्या होता है?
(a) सब्लीमेट
(b) पिघलकर पानी का बनना
(c) पानी बनकर उबलने लगना
(d) सॉफ्टी के समान बर्फ बनना

18. मौसम के पूर्व अनुमान के अवलोकन के लिए प्रयोग किया जाता है
(a) थर्मामीटर (b) बैरोमीटर
(c) सीजमो मीटर (d) डी.बी. मीटर

19. रेफ्रिजरेटर में प्रयोग होने वाली इनर्ट गैस का नाम है
(a) हाइड्रोजन (b) अमोनिया
(c) हीलियम (d) ऑक्सीजन

20. रेफ्रिजरेशन चक्र में ताप प्रवाहित होता है
(a) उच्च तापमान से कम तापमान की ओर
(b) कम तापमान से उच्च तापमान की ओर
(c) कम्प्रैसन से एवैपोरेटर की ओर
(d) तरल लाइन से एवैपोरेटर की ओर

21. दिए गए दाब पर कण्डेन्सिंग तापमान से कम पर रेफ्रिजरेन्ट के ठण्डा होने की प्रक्रिया को कहते हैं
(a) सब-हीटिंग
(b) सब-कूलिंग
(c) सब-मिक्सिंग
(d) उपरोक्त में से कोई नहीं

22. एवैपोरेटर में रेफ्रिजरेन्ट का कार्यकारी तापमान पानी के हिमांक बिन्दु ·········· से अधिक होता है।
(a) 0°C (b) 100°C (c) −100°C (d) 200°C

23. इनमें से किस रेफ्रिजरेशन प्रणाली में चलायमान (moving) भाग नहीं होते हैं?
(a) एवैपोरेटिव (b) थर्मो-इलेक्ट्रिक
(c) लिक्विड गैस (d) बर्फ रेफ्रिजरेशन

24. इनमें से कौन-सी रेफ्रिजरेशन (refrigeration) प्रणाली केवल कूलिंग का प्रभाव उत्पन्न करने के लिए प्रयुक्त की जाती है?
(a) बर्फ प्रशीतन (b) शुष्क बर्फ प्रशीतन
(c) गैस थ्रॉटलिंग (d) इनमें से कोई नहीं

25. एब्जॉर्पशन रेफ्रिजरेशन प्रणाली में पानी का उपयोग किया जाता है
(a) दाब कारक के रूप में
(b) कूलेन्ट कारक के रूप में
(c) रेफ्रिजरेन्ट कारक के रूप में
(d) एब्जॉर्बेन्ट कारक के रूप में

26. निम्न सूचियों का मिलान कीजिए

	सूची I (रेफ्रिजरेन्ट)		सूची II (स्थिति)
A.	हाई प्रैशर वाष्प	(i)	डिस्चार्ज लाइन
B.	हाई प्रैशर लिक्विड	(ii)	सक्शन लाइन
C.	लो प्रैशर वैपर वाष्प	(iii)	लिक्विड लाइन

कूट
(a) A-(i); B-(iii); C-(ii) (b) A-(ii); B-(i); C-(iii)
(c) A-(iii); B-(i); C-(ii) (d) A-(i); B-(ii); C-(iii)

27. निम्न में से कौन-सी प्रणाली अत्यधिक दक्ष है?
(a) एब्जॉर्पशन रेफ्रिजरेशन प्रणाली
(b) कम्प्रैसन रेफ्रिजरेशन प्रणाली
(c) लिथियम-ब्रोमाइड प्रणाली
(d) अमोनिया रेफ्रिजरेशन प्रणाली

28. निम्न में से कौन-सी प्रणाली शोर रहित है?
(a) एब्जॉर्पशन रेफ्रिजरेशन प्रणाली
(b) कम्प्रैसन रेफ्रिजरेशन प्रणाली
(c) 'a' और 'b' दोनों
(d) उपरोक्त में से कोई नहीं

उत्तरमाला

1. (b)	2. (a)	3. (a)	4. (d)	5. (c)	6. (d)	7. (c)	8. (d)	9. (b)	10. (a)
11. (c)	12. (b)	13. (a)	14. (d)	15. (a)	16. (d)	17. (a)	18. (b)	19. (a)	20. (b)
21. (b)	22. (a)	23. (b)	24. (a)	25. (d)	26. (a)	27. (b)	28. (a)		

अध्याय 13

रेफ्रिजरेशन

Refrigeration

परिचय Introduction

रेफ्रिजरेटर लगभग सभी घरों में और विविध रूपों (forms) में प्रयोग किया जाता है। इसके द्वारा खाद्य पदार्थों को सुरक्षित रखा जाता है। साथ ही इसके प्रयोग से खाद्य पदार्थों के खराब होने की सम्भावना भी कम हो जाती है। रेफ्रिजरेशन एवं एयर कण्डीशनिंग उद्योग के द्वारा इस तकनीक पर आधारित अनेक अनुप्रयोगों का व्यापक स्तर पर उत्पादन किया जाता है। रेफ्रिजरेटर का मुख्य कार्य खाद्य पदार्थों को निम्न तापमान पर बनाए रखना है, जिससे खाद्य पदार्थ सुरक्षित रह सकें। इसका दूसरा कार्य घर में व्यय होने वाली बर्फ का बनाना भी है। ताजे खाद्य पदार्थों को सुरक्षित रखने के लिए 0 से 4°C का तापमान पर्याप्त होता है।

घरेलू रेफ्रिजरेटर में एवैपोरेटर एक बॉक्स के रूप में होता है, जो फ्रीजर का कार्य करता है। इसमें खाद्य वस्तुएँ कूलिंग के लिए रखी जाती हैं। एवैपोरेटर का तापमान लगभग −18°C रहता है, जो सामान्यत: प्राकृतिक वायु संचालन द्वारा ठण्डा रहता है। अधिकतर रेफ्रिजरेटरों में मैकेनिकल वेपर कम्प्रैसन प्रणाली का प्रयोग किया जाता है और सामान्यतया घरों में 65 से 390 लीटर क्षमता के रेफ्रिजरेटरों का उपयोग किया जाता है।

अध्याय विषय सूची

13.1 घरेलू रेफ्रिजरेटर Domestic Refrigerators

घरेलू रेफ्रिजरेटर का मुख्य कार्य भोजन को खराब होने से बचाने के लिए भोजन के स्थान को कम तापमान पर बनाए रखना होता है। अधिकतर ताजे भोजन को खराब होने से बचाने के लिए सन्तोषजनक तापमान 0°C से 4°C होता है। घरेलू रेफ्रिजरेटर में मुख्य रूप से सिंगल डोर रेफ्रिजरेटर का प्रयोग किया जाता है।

सिंगल डोर रेफ्रिजरेटर Single Door Refrigerator

यह एक सिंगल डोर वाला सामान्य प्रकार का रेफ्रिजरेटर होता है जिसका उपयोग सामान्य कार्यों; जैसे—कम मात्रा में बर्फ या आइसक्रीम जमाने, पीने के पानी को ठण्डा करने के साथ-साथ रेस्तराँ, दवाइयों को स्टोर करने, जनरल स्टोर आदि में भी किया जाता है।

संरचना Construction

सिंगल डोर रेफ्रिजरेटर के केबिनेट की इनर शैल (inner shell) पोर्सलीन कोटेड प्लास्टिक शीट या स्टील शीट की बनी होती है तथा बाहरी शैल (outer shell) वैल्डिड स्टील शीट की बनी होती है। रेफ्रिजरेटर का दरवाजा भी स्टील का बना होता है। ऊष्मा रिसाव को रोकने के लिए केबिनेट और दरवाजे के बीच में गैस्केट फिट की जाती है।

यह रबर गैस्केट, रबर या PVC की होती है। रेफ्रिजरेटर के सबसे ऊपरी भाग को फ्रीजर कहते हैं। फीजर का उपयोग मुख्य रूप से बर्फ जमाने के लिए किया जाता है। फ्रीजर से निकलने वाले पानी को एकत्र करने तथा बाहर निकालने के लिए इसके नीचे एक ट्रे लगाई जाती है, जिसे डिप ट्रे (dip tray) कहते हैं। इस डिप ट्रे के नीचे चिल ट्रे (chill tray) तथा जालीयुक्त शैल्फ बने होते हैं।

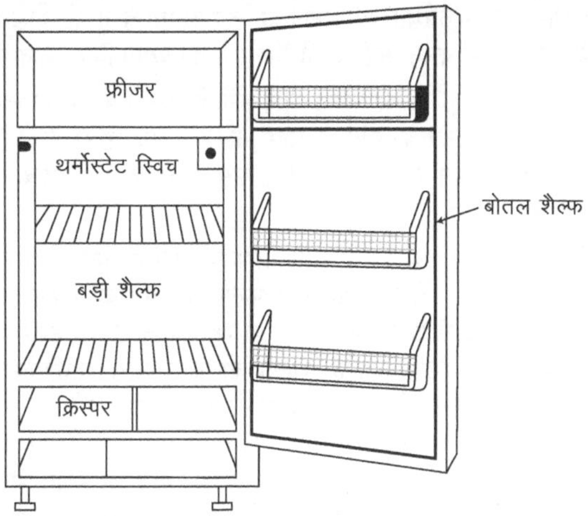

चित्र सिंगल डोर रेफ्रिजरेटर

रेफ्रिजरेटर के सबसे निचले तल पर फल, सब्जी इत्यादि रखने के लिए एक बॉक्स बना होता है। यह बॉक्स क्रिस्पर (crisper) कहलाता है। सिंगल डोर रेफ्रिजरेटर में बोतलें रखने के लिए इसके डोर में शैल्फ बने होते हैं। सिंगल डोर रेफ्रिजरेटर में प्रकाश उत्पन्न करने के लिए एक छोटा बल्ब भी लगा होता है। यह बल्ब रेफ्रिजरेटर के डोर को खोलने पर स्वयं जल जाता है तथा डोर को बन्द करने पर स्वत: ही बन्द हो जाता है।

कार्यप्रणाली Working Method

सिंगल डोर रेफ्रिजरेटर वेपर कम्प्रैसन रेफ्रिजरेशन सिस्टम के सिद्धान्त पर आधारित है। इसमें रेफ्रिजरेन्ट वाष्प अवस्था में एवैपोरेटर से सक्शन लाइन द्वारा कम्प्रैसर में पहुँचकर कम्प्रेस्ड होता है। यह कम्प्रेस्ड रेफ्रिजरेन्ट कण्डेन्सर में पहुँचकर द्रव में परिवर्तित हो जाता है।

इस प्रक्रिया में रेफ्रिजरेन्ट से ऊष्मा मुक्त होती है। इसके पश्चात् यह ठण्डा रेफ्रिजरेन्ट, उच्च दाब ग्रहण करके रिसीवर से गुजरकर एवैपोरेटर में पहुँचता है तथा ऊष्मा ग्रहण करके पुन: वाष्प अवस्था में परिवर्तित हो जाता है। सिंगल डोर रेफ्रिजरेटर में एवैपोरेटर फ्रीजर से संयोजित रहता है, जिसके फलस्वरूप फ्रीजर अपनी ऊष्मा रेफ्रिजरेन्ट को देता रहता है। इसलिए फ्रीजर का तापमान न्यूनतम रहता है।

रेफ्रिजरेशन द्वारा भोजन का संरक्षण
Preservation of Food By Refrigeration

सब्जियों, फलों आदि जैसे खाद्य उत्पाद फ्रिजिंग (freezing) तापमान से कुछ ऊपर तापमान पर रखने पर लम्बे समय तक चलते हैं। कम तापमान, भोजन के ऑक्सीकरण को धीमा कर देता है तथा जीवित कोशिकाओं और फाइबर में बैक्टीरिया के विकास को कम करता है। फ्रिज के अन्दर की हवा शुष्क होती है।

जब रेफ्रिजरेटर चालू हो तो खाने के बर्तनों में नमी को ढक कर रखना चाहिए। चूँकि ये नमी एवैपोरेटर की सतह पर एकत्रित या संघनित हो जाएगी और बर्फ की मोटी परत बना देगी। जिससे फ्रिज की क्षमता में कमी उत्पन्न होगी तथा खाद्य पदार्थ भी जल्दी सन्दूषित होने लगेंगे। जमे हुए मांस और मछली को यथासम्भव 0 डिग्री सेल्सियस के समीप संग्रहित किया जाना चाहिए। फलों और सब्जियों को धोकर फ्रिज में रखने के लिए सुखा लेना चाहिए। यह बहुत महत्त्वपूर्ण है कि जमे हुए खाद्य पदार्थों को नमी प्रूफ कण्टेनरों के साथ कवर किया जाना चाहिए। इसलिए जमे हुए भोजन में उपस्थित नमी का एवैपोरेटर की सतह पर संघनित होने और जमने की सम्भावना अधिक होती है। यह एवैपोरेटर क्वॉयल से ऊष्मा स्थानान्तरण को प्रभावित करेगा और रेफ्रिजरेटर लम्बे समय तक प्रभावी नहीं होगा।

घरेलू रेफ्रिजरेटर के मुख्य यान्त्रिकीय अवयव
Main Mechanical Components of a Domestic Refrigerator

कुछ यान्त्रिकीय अवयव ऐसे होते हैं, जिनका उपयोग घरेलू रेफ्रिजरेटरों में किया जाता है। ऐसे मुख्य अवयव निम्न प्रकार हैं—

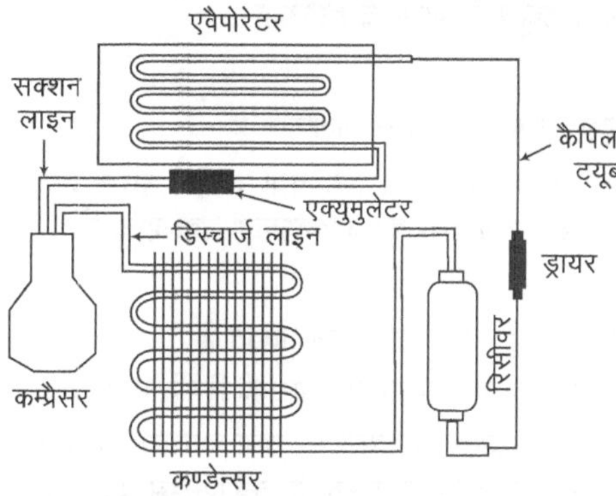

चित्र घरेलू रेफ्रिजरेटर में यान्त्रिकीय अवयवों की व्यवस्था

(i) **कम्प्रैसर** (Compressor) घरेलू रेफ्रिजरेटरों में प्रयोग किया जाने वाला कम्प्रैसर रोटरी प्रकार का होता है तथा यह एक सील्ड यूनिट होता है।

(ii) **एवैपोरेटर** (Evaporator) केबिनेट में एवैपोरेटर अपने चारों ओर की हवा को ठण्डा करता है। ठण्डी हवा भारी होने से नीचे की ओर जाती है, जिससे खाद्य पदार्थ ठण्डा हो जाता है और वायु गर्म हो जाती है। यह गर्म वायु हल्की होने के कारण ऊपर की ओर जाती है और ठण्डी वायु का स्थान ले लेती है। इस प्रकार केबिनेट में कन्वेक्शन करण्ट्स बनते हैं, जिससे केबिनेट में एकसमान (uniform) तापमान बनाए रखा जा सकता है।

(iii) **ड्रायर** (Drier) ड्रायर को रिसीवर और एवैपोरेटर के मध्य संयोजित किया जाता है। ड्रायर का मुख्य कार्य नमी का अवशोषण करना होता है।

(iv) **एक्युमुलेटर** (Accumulator) एवैपोरेटर और कम्प्रैसर के बीच में एक एक्युमुलेटर संयोजित रहता है, जो रेफ्रिजरेन्ट की बूँदों को एकत्र करता है और कम्प्रैसर को किसी सम्भावित खराबी से बचाता है।

(v) **कैपिलरी ट्यूब** (Capillary Tube) यह एक कम व्यास वाली ताँबे की नली होती है, जो एवैपोरेटर तथा कण्डेन्सर के मध्य संयोजित की जाती है। इस नली की लम्बाई नियत रखी जाती है। किसी भी प्रकार की अशुद्धि को रोकने के लिए इस नली के खुले सिरे पर एक जाली लगा दी जाती है।

इस नली का अन्त: व्यास 0.5 मिमी से 2.28 मिमी तक रखा जाता है।

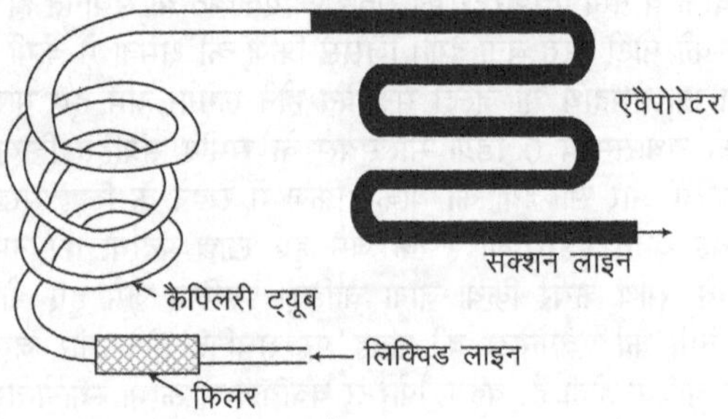

चित्र कैपिलरी ट्यूब

कण्डेन्सर से गुजरने वाला रेफ्रिजरेन्ट जब कैपिलरी ट्यूब में प्रवेश करता है, तो ट्यूब का व्यास कम होने कारण रेफ्रिजरेन्ट का दाब कम हो जाता है। रेफ्रिजरेन्ट के दाब में आने वाली यह कमी कैपिलरी ट्यूब की लम्बाई तथा व्यास के आधार पर ज्ञात की जाती है।

कैपिलरी ट्यूब के लाभ व हानियाँ

लाभ

कैपिलरी ट्यूब के लाभ निम्नलिखित हैं

कैपिलरी ट्यूब की लागत कम तथा बनावट सरल होती है। अत: इसके विशेष अनुरक्षण की आवश्यकता नहीं होती है।

हानियाँ

कैपिलरी ट्यूब की हानियाँ निम्नलिखित हैं

(i) कैपिलरी ट्यूब, परिवर्तनीय भार की स्थिति में उपयोगी नहीं है।

(ii) कैपिलरी ट्यूब में नमीयुक्त तथा कचरायुक्त रेफ्रिजरेन्ट का प्रयोग नहीं किया जा सकता है, क्योंकि इस प्रकार के रेफ्रिजरेन्ट का प्रयोग करने से ट्यूब के ब्लॉक हो जाने की सम्भावना बढ़ जाती है।

(vi) **फ्रीजर** (Freezer) सिंगल डोर रेफ्रिजरेटरों में फ्रीजर कम्पार्टमेन्ट होता है, जिसमें बर्फ, आइसक्रीम, ठण्डे जमे पदार्थ, प्रोसेस्ड फूड, मछली आदि रखे जाते हैं। बर्फ बनाने के लिए पिघली बर्फ का पानी नहीं जमाना चाहिए अन्यथा इस पानी से बनी बर्फ से उसमें रखे खाद्य पदार्थ की तीव्र गन्ध आने लगती है। बर्फ बनाने के लिए ताप नियन्त्रण को सामान्य स्थिति पर सेट किया जाता है। आइसक्रीम स्टोर करने के लिए ताप नियन्त्रण को ठीक स्थान पर सेट करना अनिवार्य है। आइसक्रीम फ्रीजर में थोड़ी मुलायम रहती है। इस कारण आइसक्रीम को डीप फ्रीजर में रखा जाता है, जिसमें तापमान कम रखा जाता है।

(vii) **गैस्केट** (Gasket) रेफ्रिजरेशन में लीकप्रूफ जोड़ बनाने के लिए गैस्केट का प्रयोग किया जाता है। गैस्केट बनाने के लिए लैड, रबर, एल्युमीनियम आदि का प्रयोग किया जाता है,
परन्तु रेफ्रिजरेटिंग कम्प्रैसर में लैड गैस्केट का ही प्रयोग किया जाता है। बाजार में लैड गैस्केट 1.6 मिमी से 0.4 मिमी तक उपलब्ध हैं। गैस्केट को लगाने के लिए इन्हें जोड़ के बीच में रखकर बोल्ट कस दिए जाते हैं, जिससे जोड़ एयर टाइट या लीकप्रूफ बन जाते हैं। एक अच्छे गैस्केट में निम्नलिखित गुण होने चाहिए

1. यह उच्च दाब तथा ताप सहने वाला होना चाहिए।
2. इस पर रेफ्रिजरेटर में प्रयुक्त की जाने वाली गैसों का कोई प्रभाव नहीं पड़ना चाहिए।
3. यह काटने में सरल होना चाहिए, जिससे कि इसे विभिन्न आकारों में काटा जा सके।

(viii) **चिलर ट्रे** (Chiller Tray) घरेलू रेफ्रिजरेटर में फ्रीजर के नीचे चिलर ट्रे लगाई जाती है, जिसमें पिघली हुई बर्फ का पानी भर जाता है। कभी-कभी अतिरिक्त बर्फ बनाने के लिए अथवा वस्तु को थोड़े समय के लिए ठण्डा करने के लिए भी चिलर ट्रे का प्रयोग किया जाता है।

(ix) **क्रिस्पर** (Crisper) यह सब्जी की ट्रे होती है, जिसमें पत्तेदार अथवा बिना पत्तेदार सब्जी स्टोर की जाती हैं। इसमें फल व सलाद भी रखे जाते हैं। इस स्थान का तापमान सामान्य रहता है, जिससे ये वस्तुएँ शीघ्र खराब नहीं हो पाती हैं।

(x) **शैलव्ज** (Shelves) चिलर ट्रे से शैल्फ का तापमान कम होता है। इस कारण चिलर ट्रे से नीचे की ओर फलों के रखने का स्थान होता है और चिलर ट्रे से ऊपर अधिक ठण्डा स्थान होता है, तो उसमें क्रीम, मक्खन आदि रखा जाता है। शैल्फ को ऊपर-नीचे आवश्यकता के अनुसार व्यवस्थित किया जा सकता है। ये जालीदार होते हैं। इसी के कारण इन पर वस्तुओं के रखने पर ये थोड़ा झुक जाते हैं। दरवाजे के पीछे की ओर सबसे ऊपर की ओर अण्डे रखने का स्थान होता है। उसके नीचे मक्खन और पनीर रखने का स्थान होता है। मक्खन व पनीर सामान्य तापमान पर सुरक्षित रहते हैं। इसके नीचे बोतलों के रखने का स्थान होता है।

(xi) **रेफ्रिजरेटर डोर** (Refrigerators Door) रेफ्रिजरेशन प्रणाली में एवैपोरेटर द्वारा उत्पन्न ठण्डी वायु को अधिक समय तक रेफ्रिजरेटिड स्पेस में रखने के लिए रेफ्रिजरेटर डोर लगाए जाते हैं। रेफ्रिजरेटर डोर बनाने के लिए गैस फिल्ड पैनल एडवान्स इन्सुलेशन (gas field panel advanced insulation) तकनीक का प्रयोग किया जाता है, परन्तु आधुनिक रेफ्रिजरेटरों में पॉलीयूरेथेन फोम द्वारा बने रेफ्रिजरेटर डोर भी प्रयोग किए जाते हैं। रेफ्रिजरेटर डोर से गैस के रिसाव को रोकने के लिए गैस्केट प्रयोग किए जाते हैं। 65 लीटर से 200 लीटर क्षमता वाले रेफ्रिजरेटरों में सिंगल डोर, जबकि 200 लीटर से अधिक क्षमता वाले रेफ्रिजरेटरों में डबल डोर लगाए जाते हैं।

(xii) **हीट एक्सचेंजर** (Heat Exchanger) यह रेफ्रिजरेशन मशीन का वह अवयव है, जिसमें ऊष्मा का एक स्थान से दूसरे स्थान पर स्थानान्तरण होता है। इसके निम्नलिखित लाभ होते हैं

1. इसके द्वारा कण्डेन्सर में संघनित न होने वाली वाष्प सक्शन लाइन के साथ स्पर्श में आते ही संघनित हो जाती है।
2. इसके द्वारा एवैपोरेटर में वाष्प न बन सकने वाला रेफ्रिजरेन्ट द्रव, लिक्विड लाइन के सम्पर्क में आते ही एवैपोरेट हो जाता है।
3. यह रेफ्रिजरेशन मशीन की कार्यदक्षता 10% से 20% बढ़ा देता है।
4. सक्शन लाइन में बढ़े हुए तापमान से स्वीटिंग (sweating) की सम्भावना कम हो जाती है।

हीट एक्सचेंजर सक्शन लाइन और लिक्विड लाइन के साथ लगाया जाता है और इसे हीट इन्सुलेटिंग वस्तु से इन्सुलेट कर दिया जाता है। इसमें एक ओर से रेफ्रिजरेन्ट वैपर आता है और सक्शन लाइन से होता हुआ कम्प्रैसर में चला जाता है।

जब द्रव रेफ्रिजरेन्ट एक्सपैन्शन वाल्व से प्रवाहित होता है, तो एवैपोरेटर में प्रैशर के अनुसार संतृप्त तापमान कम हो जाता है, जिससे कि सेन्सिबिल हीट समाप्त हो जाती है। हीट एक्सचेंजर कई प्रकार के होते हैं, परन्तु डबल पाइप टाइप और शैल एण्ड क्वॉयल टाइप के हीट एक्सचेंजर अधिक प्रयोग किए जाते हैं। इसमें कमजोर द्रव से मजबूत द्रव की ओर ऊष्मा स्थानान्तरित होती है। डबल पाइप का हीट एक्सचेंजर वर्टिकल स्टील सिलेण्डर में लगा होता है, जिसमें 2 इनलेट व 2 आउटलेट होते हैं।

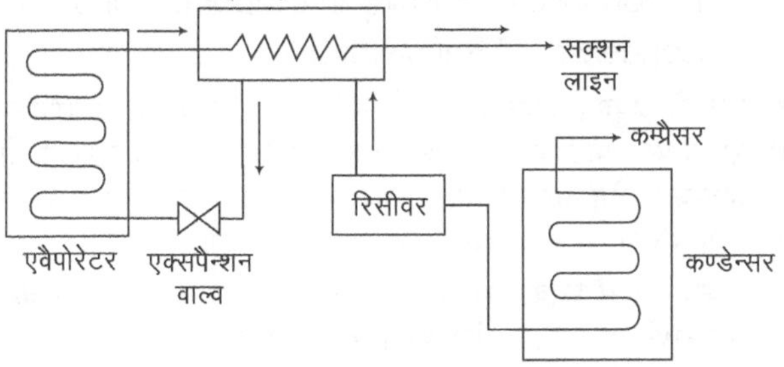

चित्र हीट एक्सचेंजर लगाने की विधि

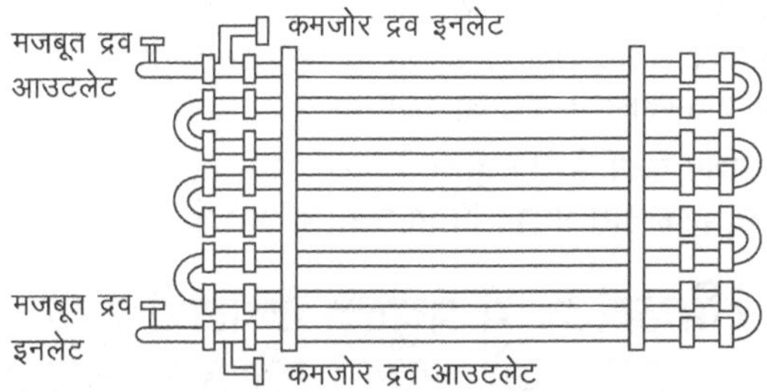

चित्र डबल पाइप टाइप का हीट एक्सचेंजर

घरेलू रेफ्रिजरेटर के मुख्य वैद्युतिक अवयव

Main Electrical Components of a Domestic Refrigerator

घरेलू रेफ्रिजरेटर के प्रचालन में कुछ वैद्युतिक अवयव भी अपनी भूमिका का निर्वहन करते हैं, ये वैद्युतिक अवयव निम्न प्रकार हैं—

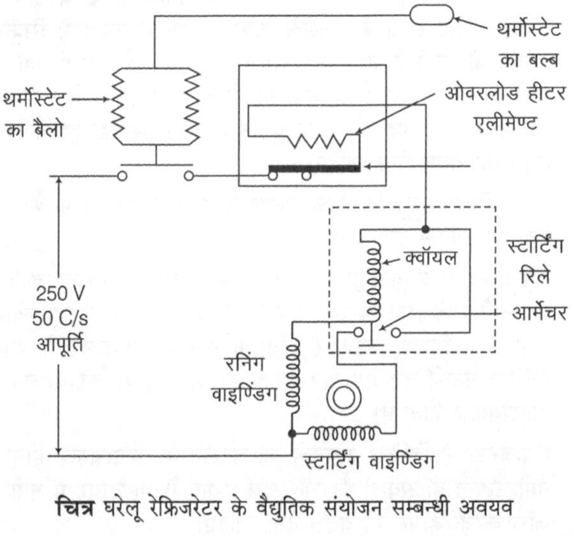

चित्र घरेलू रेफ्रिजरेटर के वैद्युतिक संयोजन सम्बन्धी अवयव

(i) **स्टार्टिंग रिले** (Starting Relay) रेफ्रिजरेटर की मोटर को स्टार्ट करने हेतु आवश्यक स्टार्टिंग टॉर्क प्रदान करने के लिए स्टार्टिंग रिले का प्रयोग किया जाता है। जब मोटर स्पीड पकड़ लेती है, तब यह मोटर की स्टार्टिंग वाइण्डिग को असम्बद्ध करने का भी कार्य करता है। जब कम्प्रैसर मोटर को स्टार्ट करना होता है, तब थर्मोस्टेट बन्द स्थिति में होता है। जैसे ही विद्युत सप्लाई दी जाती है, विद्युत धारा मोटर की रनिंग वाइण्डिग और स्टार्टिंग रिले से गुजरती है। रिले क्वॉयल में विद्युत धारा बहने और इलेक्ट्रोमेग्नेटिज्म के कारण इसके आर्मेचर में खिंचाव आ जाता है, जिससे स्टार्टिंग वाइण्डिग कॉन्टैक्ट बन्द हो जाते हैं। वह धारा जो स्टार्टिंग वाइण्डिग में बहती है, आवश्यक स्टार्टिंग टॉर्क प्रदान करती है और मोटर स्टार्ट हो जाती है। जैसे ही मोटर स्पीड पकड़ती है, रनिंग वाइण्डिग धारा कम हो जाती है।

स्टार्टिंग रिले में यह धारा रिले को और अधिक पकड़ने की स्थिति में नहीं होती और वह रिलीज हो जाती है और वाइण्डिग कॉन्टैक्ट्स खुल जाते हैं। इस प्रकार स्टार्टिंग वाइण्डिग असम्बद्ध हो जाती है तथा मोटर, इण्डक्शन मोटर के समान रनिंग वाइण्डिग पर चलने लगती है।

(ii) **ओवरलोड प्रोटेक्टर** (Overload Protector) ओवरलोड प्रोटेक्टर का मुख्य कार्य धारा के अधिक होने के कारण विद्युत परिपथ में किसी दोष के कारण ओवरहीटिंग व ओवरलोड अवस्थाओं में कम्प्रैसर मोटर वाइण्डिग को खराब होने से बचाना होता है। एक ओवरलोड प्रोटेक्टर में एक बाइमेटालिक स्ट्रिप होती है। कम्प्रैसर की सामान्य कार्यिकी के दौरान कॉन्टैक्ट्स प्रोटेक्टर बन्द होते हैं। असामान्य अवस्थाओं; जैसे—ओवरलोड, ओवरहीटिंग, ओवर करण्ट से बाइमैटालिक स्ट्रिप गर्म हो जाती है और ऊपर की ओर मुड़ जाती है, जिससे मोटर के कॉन्टैक्ट्स खुल जाते हैं तथा मोटर बन्द हो जाती है। लो वोल्टेज, हाई वोल्टेज, उच्च सक्शन एवं डिस्चार्ज प्रैशर, हाई लोड तथा गलत चार्जिंग अवस्थाओं के कारण ओवरलोड प्रोटेक्टर कार्य करता है।

ओवरलोड प्रोटेक्टर कम्प्रैसर की बॉडी पर फिट किया होता है और उत्पन्न हीट के कम्बाइण्ड एक्शन के कारण प्रचालित होता है, जिसके फलस्वरूप बाइमैटालिक स्ट्रिप और हीटर तन्तु से धारा गुजरती है तथा कम्प्रैसन बॉडी से हीट स्थानान्तरित होती है। 250°C से अधिक तापमान पर मोटर वाइण्डिग की इन्सुलेशन जल जाती है, इसलिए प्रोटेक्टर ऐसा होना चाहिए कि इस सीमा तक तापमान पहुँचने से पहले ही खुल जाए। एक ओवर साइज वाला प्रोटेक्टर मोटर वाइण्डिग को खराब होने से नहीं बचा सकता और एक अण्डर साइज वाला प्रोटेक्टर अनावश्यक ट्रिप कर जाता है। अत: सदैव उचित आकार का ही प्रोटेक्टर प्रयोग में लाना चाहिए।

(iii) **थर्मोस्टेट** (Thermostat) थर्मोस्टेट का मुख्य कार्य केबिनेट के अन्दर के तापमान को नियन्त्रित करना होता है। विभिन्न तापमानों को बनाए रखने के लिए इसको विभिन्न स्थितियों पर सैट किया जा सकता है। इसमें एक थर्मोस्टेट बल्ब एवैपोरेटर पर फिट रहता है, जिसमें द्रव भरा होता है। जब रेफ्रिजरेटिड स्पेस का ताप घटता है, तो बल्ब में भरे द्रव का दाब भी घटता है, जिसके फलस्वरूप यह बैलोज पर उपयुक्त दाब आरोपित नहीं कर पाता तथा कम्प्रैसर मोटर के कॉन्टैक्ट्स को खोल देता है तथा मोटर बन्द हो जाती है। जब रेफ्रिजरेटिड स्पेस का ताप बढ़ता है, तो बल्ब में भरे द्रव का

दाब भी बढ़ता है, जिसके फलस्वरूप कम्प्रैसर मोटर के कॉन्टैक्ट्स को बन्द कर देता है तथा मोटर स्टार्ट हो जाती है।

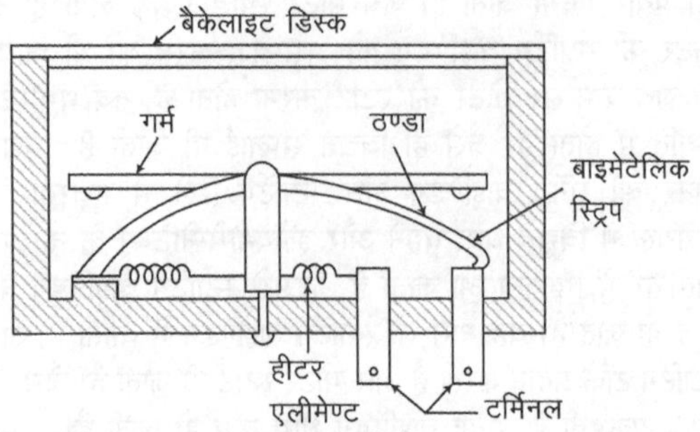

चित्र थर्मोस्टेट

(iv) **स्प्लिट फेज मोटर** (Split Phase Motor) यह एक प्रकार की सिंगल फेज मोटर होती है, जिसके स्टेटर पर दो वाइण्डिंग्स स्थापित की जाती हैं, जिन्हें क्रमश: रनिंग वाइण्डिग तथा स्टार्टिंग वाइण्डिग कहते हैं। रनिंग वाइण्डिग को मुख्य वाइण्डिग भी कहा जाता है। ये दोनों वाइण्डिंग्स एक-दूसरे से 90° के कोण पर स्थापित की जाती हैं। मोटर को प्रचालित करने के लिए मुख्य वाइण्डिग का प्रयोग किया जाता है जबकि स्टार्टिंग वाइण्डिग मोटर के स्टार्ट होने के समय कुछ देर के लिए चलती है तथा इसके पश्चात् परिपथ से अलग हो जाती है। इस प्रकार, मुख्य वाइण्डिग का प्रतिरोध निम्न जबकि स्टार्टिंग वाइण्डिग का प्रतिरोध उच्च होता है।

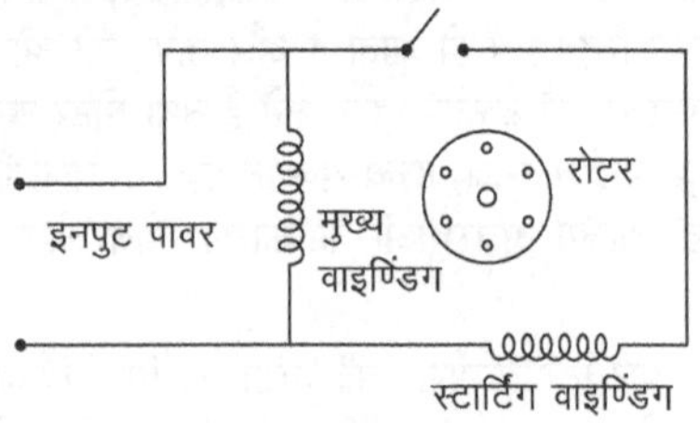

चित्र स्प्लिट फेज मोटर

मुख्य वाइण्डिग का प्रतिरोध निम्न होने के कारण उसमें से प्रवाहित होने वाली विद्युत धारा वोल्टेज से लगभग 40° से 50° पश्चगामी हो जाती है, जबकि स्टार्टिंग वाइण्डिग का प्रतिरोध उच्च होने के कारण विद्युत धारा, आरोपित वोल्टेज के लगभग इन फेज रहती है। इस प्रकार दोनों वाइण्डिंग्स में घूमने वाला चुम्बकीय क्षेत्र उत्पन्न हो जाता है तथा मोटर स्टार्ट हो जाती है। मोटर द्वारा पर्याप्त घूर्णन (75%) प्राप्त कर लेने पर अपकेन्द्री स्विच ऑफ हो जाता है, जिससे स्टार्टिंग वाइण्डिग परिपथ से अलग हो जाती है तथा मोटर मुख्य वाइण्डिग पर ही प्रचालित रहती है। स्प्लिट फेज मोटर का उपयोग रेफ्रिजरेटर के कम्प्रैसर को प्रचालित करने के लिए किया जाता है।

रेफ्रिजरेटर का रख-रखाव
Care and Maintenance of Refrigerator

1. रेफ्रिजरेटर के उचित कार्य के लिए सप्ताह में कम से कम दो बार रेफ्रिजरेटर को डी-फ्रॉस्ट किया जाना चाहिए।
2. पूर्ण डीफ्रॉस्ट के बाद आन्तरिक और बाहरी केबिन को साफ किया जाना चाहिए।
3. घटकों के अनुसार सफाई और सर्विस आवश्यकतानुसार रेफ्रिजरेशन मैकेनिक द्वारा ही किया जाना चाहिए।
4. उचित रख-रखाव रेफ्रिजरेटर के कार्यकारी काल में विस्तार करता है तथा यह सर्वोत्तम क्षमता भी प्रदर्शित करेगा।

13.2 रेफ्रिजरेटर के एवैपोरेटर एवं कण्डेन्सर में फ्लशिंग का महत्त्व
Importance of Flushing in Evaporator and Condenser of Refrigerator

रेफ्रिजरेटर में प्रयुक्त अवयवों; जैसे—एवैपोरेटर, कण्डेन्सर इत्यादि की समय-समय पर सफाई करना फ्लशिंग कहलाता है। अत: रेफ्रिजरेटर के दोष मुक्त कार्य करने हेतु अवयवों की फ्लशिंग अत्यन्त महत्त्वपूर्ण है। रेफ्रिजरेटर में फ्लशिंग प्रक्रिया से होने वाले मुख्य लाभ निम्न प्रकार हैं

1. रेफ्रिजरेटर में प्रयुक्त क्वॉयलों पर धूल जमा हो जाने के फलस्वरूप उपकरणों पर अधिक लोड पड़ता है। फ्लशिंग करने पर क्वॉयलों की धूल साफ हो जाती है तथा उपकरणों पर अधिक लोड नहीं पड़ता है।
2. रेफ्रिजरेटर में प्रयुक्त क्वॉयलों पर धूल जमा हो जाने से इनका जीवनकाल घट जाता है। फ्लशिंग से इन क्वॉयलों तथा अन्य उपकरणों के जीवनकाल में वृद्धि हो जाती है।
3. फ्लशिंग करने से रेफ्रिजरेटर के कार्य करने की क्षमता बढ़ जाती है तथा इनके द्वारा प्रयुक्त विद्युत व्यय भी कम हो जाता है।

13.3 रेफ्रिजरेटर में प्रयुक्त कैपलरी ट्यूब एवं ड्रायर को बदलने की आवश्यकता
Necessity of Replacing Capillary Tube and Drier Used in Refrigerator

कैपिलरी ट्यूब तथा ड्रायर से अच्छे परिणाम प्राप्त करने के लिए इनमें उत्पन्न समस्याओं के निवारण की आवश्यकता होती है। इसके लिए इन्हें प्रत्येक 2 या 3 वर्ष में बदल दिया जाता है। कैपिलरी ट्यूब तथा ड्रायर को बदलने के निम्नलिखित कारण हो सकते हैं

1. रेफ्रिजरेटर में प्रयुक्त कैपिलरी ट्यूब में रेफ्रिजरेन्ट उच्च दाब पर प्रवाहित होता रहता है, जिसके कारण कैपिलरी ट्यूब में सिकुड़न उत्पन्न हो जाती है तथा कैपिलरी ट्यूब भली-भाँति कार्य नहीं कर पाती है। इससे रेफ्रिजरेन्ट के प्रवाह में बाधा उत्पन्न होने लगती है। रेफ्रिजरेन्ट के प्रवाह को सुगम बनाने के लिए सिकुड़ी हुई कैपिलरी ट्यूब को बदल देना चाहिए।
2. यदि कैपिलरी ट्यूब किसी कारणवश लीक हो गई हो तब भी कैपिलरी ट्यूब को बदल देना चाहिए।
3. रेफ्रिजरेटर में प्रयुक्त ड्रायर में कभी-कभी नमी उत्पन्न हो जाती है। यह नमी रेफ्रिजरेन्ट से रासायनिक अभिक्रिया करके हाइड्रोक्लोरिक एसिड का निर्माण करता है, जिसके कारण रेफ्रिजरेटर में प्रयुक्त विभिन्न घटकों का क्षय होने लगता है। अत: ड्रायर को बदलने की आवश्यकता होती है।
4. रेफ्रिजरेटर में विभिन्न अवयवों को बदलने के फलस्वरूप ड्रायर में नमी उत्पन्न हो सकती है। अत: इस स्थिति में भी ड्रायर में नमी की जाँच करके ड्रायर को बदल देना चाहिए।

13.4 रेफ्रिजरेशन प्रणाली से वायु निकालना Extraction of Air in Refrigeration System

रेफ्रिजरेशन प्रणाली से वायु को निकालने के लिए वैक्यूम पम्प (vacuum pump) का प्रयोग किया जाता है। यह पम्प वायु को खींचता है, जिससे वायु के साथ-साथ नमी भी बाहर निकल जाती है। वायु को बाहर निकालने के लिए वैक्यूम पम्प के अतिरिक्त कम्पाउण्ड गेज का भार प्रयोग किया जा सकता है। कम्पाउण्ड गेज के स्केल पर दो कॉलम बने होते हैं जिनमें से एक कॉलम पर 30 इंच या 75 सेमी लिखा होता है, जो रेफ्रिजरेशन प्रणाली में होने वाले रिक्त स्थान को प्रदर्शित करता है, जबकि दूसरा कॉलम रेफ्रिजरेशन प्रणाली के दाब को प्रदर्शित करता है।

रेफ्रिजरेशन प्रणाली से वायु को बाहर निकालने के लिए निम्न दो विधियों का प्रयोग किया जाता है

1. प्रथम विधि First Method

इस विधि में कम्प्रैसर के साथ, एवैपोरेटर, एक्सपैन्शन वाल्व तथा कण्डेन्सर का प्रयोग किया जाता है। इसके अतिरिक्त कम्प्रैसर के साथ एक लाइन वाल्व भी लगाया जाता है, जिससे कम्पाउण्ड गेज संयोजित रहता है। इस कम्पाउण्ड गेज को वैक्यूम पम्प से सम्बद्ध कर दिया जाता है। वैक्यूम पम्प से कॉपर की 6 मिमी व्यास की नली का एक सिरा जोड़ा जाता है, जबकि नली के दूसरे सिरे को कण्टेनर में भरे तेल में डुबोया जाता है। वैक्यूम पम्प को चलाकर कम्पाउण्ड गेज के स्केल को देखते हैं। जैसे-जैसे रेफ्रिजरेशन प्रणाली से वायु निकलती जाएगी, वैसे-वैसे ही गेज का स्केल बढ़ता जाएगा तथा साथ ही ऑयल कण्टेनर में बुलबुले उठते दिखाई देंगे। कुछ समय पश्चात् जब गेज का प्वॉइण्ट लगभग 70 सेमी प्रदर्शित करे तथा एक ही प्वॉइण्ट पर स्थिर हो जाए, साथ ही कण्टेनर में बुलबुले उठते दिखाई न दें तो यह समझा जाता है कि रेफ्रिजरेशन प्रणाली से सम्पूर्ण वायु निकल गई है।

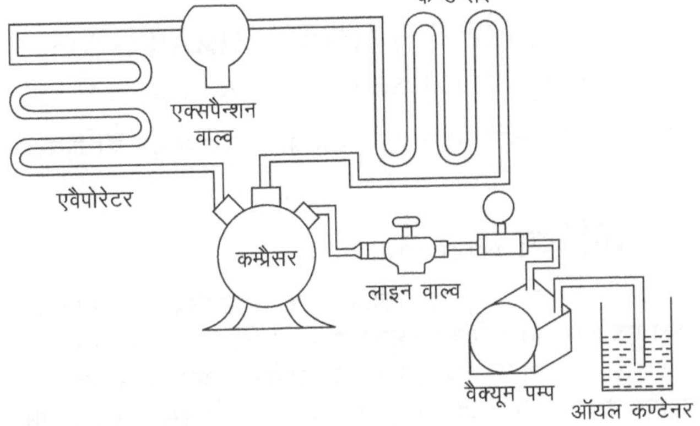

चित्र प्रणाली में उपस्थित वायु को निकालना

2. द्वितीय विधि Second Method

इस विधि में ऑयल को चार्ज करने के लिए क्रैंक केस में सक्शन वाल्व द्वारा ऑयल खींचकर डाला जाता है, इसके लिए स्पेशल ऑयल चार्जिंग लाइन बनाई जाती है। इसमें सक्शन वाल्व और कम्पाउण्ड गेज लगा होता है। चार्जिंग लाइन में सर्विस वाल्व और ऑयल कण्टेनर लगाया गया है।

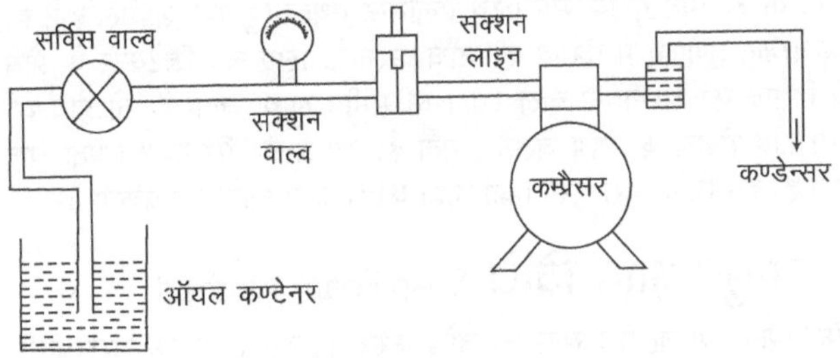

चित्र ऑयल चार्जिंग विधि

सक्शन लाइन में लगा सक्शन वाल्व बैक सीट होता है, उसके गेज पोर्ट प्लग को पृथक् करके उसमें ऑयल चार्जिंग लाइन लगा दी जाती है। अब इस लाइन में कम्पाउण्ड गेज लगाया जाता है। इस लाइन में लगा सक्शन वाल्व बन्द किया जाता है। जब गेज से आगे सक्शन वाल्व बन्द करते ही लाइन बन्द हो जाती है, तो आगे की ओर लगा वैक्यूम वाल्व खोल दिया जाता है, जिससे ऑयल कम्प्रैसर से वायु निकल सके। कम्प्रैसर को स्टार्ट करके प्रणाली से वायु को निकाल दिया जाता है जिससे उसमें नमी न रहने पाए। गेज पर 0.1 किग्रा/वर्ग सेमी प्रैशर होने तक वायु निकाली जाती है जब यह प्रैशर स्थिर हो जाता है, तभी सर्विस वाल्व खोल दिया जाता है।

ऑयल कण्टेनर से ऑयल लाइन के द्वारा प्रणाली में जाने लगता है। आवश्यक मात्रा में ऑयल के पहुँचने पर सर्विस वाल्व बन्द कर दिया जाता है। आवश्यक ऑयल की मात्रा गेज से ज्ञात की जाती है। कम्पाउण्ड गेज और ऑयल चार्जिंग लाइन निकालकर सक्शन वाल्व को बैक सीट कर दिया जाता है।

13.5 रेफ्रिजरेशन प्रणाली में रिसाव की जाँच करना Checking of Leakage in Refrigeration System

रेफ्रिजरेशन प्रणाली के समस्त पाइपों, वैल्ड किए गए भागों तथा एवैपोरेटर में रिसाव की सम्भावना रहती है। रेफ्रिजरेशन में रिसाव होने से कूलिंग ठीक से नहीं हो पाती, हैड प्रैशर तथा सक्शन प्रैशर कम तथा कण्डेन्सर गर्म हो जाता है और मोटर ओवरलोड हो जाती है। इस प्रकार रिसाव होने से सम्पूर्ण रेफ्रिजरेशन प्रणाली की कार्यक्षमता प्रभावित होती है। अतः रेफ्रिजरेशन प्रणाली में समय-समय पर रिसाव की जाँच करते रहना चाहिए। रेफ्रिजरेशन में रिसाव की जाँच करने के लिए निम्न विधियाँ उपयोग में लाई जाती हैं

1. इलेक्ट्रॉनिक डिटेक्टर विधि
2. साबुन झाग विधि
3. हैलाइड टॉर्च विधि
4. रेफ्रिजरेशन यूनिट को पानी में डुबोकर
5. विशेष विधियाँ

1. इलेक्ट्रॉनिक डिटेक्टर विधि Electronic Detector Method

रिसाव जाँचने की यह विधि वर्तमान में सर्वाधिक प्रचलित है। इस विधि में एक इलेक्ट्रॉनिक डिटेक्टर का प्रयोग किया जाता है। यह डिटेक्टर छोटे-से-छोटे रिसाव को भी सरलतापूर्वक ढूँढ सकता है। यह डिटेक्टर गैसों के परावैद्युत अन्तर के सिद्धान्त पर आधारित है।

इसमें एक कण्ट्रोल यूनिट तथा एक प्रोब ट्यूब प्रयुक्त की जाती है। कण्ट्रोल यूनिट के अन्तर्गत गुणक सेन्सिटिव एलीमेन्ट तथा वायु पम्प शामिल होते हैं। रेफ्रिजरेशन प्रणाली में रिसाव की जाँच करने के लिए जब डिटेक्टर के प्रोब को रिसाव की सम्भावना वाले स्थान के समीप लाया जाता है, तो प्रोब का लैम्प तीव्र रोशनी के साथ जलने लगता है। इस प्रकार रिसाव का पता चल जाता है। इस विधि द्वारा रिसाव की मात्रा को भी ज्ञात किया जा सकता है।

2. साबुन झाग विधि Soap Foam Method

रेफ्रिजरेशन प्रणाली में रिसाव की जाँच करने की यह सर्वाधिक सरल विधि है। इस विधि का प्रयोग करके लगभग समस्त प्रकार के रेफ्रिजरेन्टों के रिसाव की जाँच की जा सकती है। इस विधि में साबुन का घोल बनाया जाता है। इस घोल को ब्रश की सहायता से पाइपों के जोड़ों तथा रिसाव की सम्भावना वाले स्थानों पर लगाया जाता है। यदि पाइपों के जोड़ों तथा रिसाव (की सम्भावना) वाले स्थान पर रिसाव होता है, तो वहाँ साबुन के झाग उत्पन्न हो जाते हैं। इस प्रकार रिसाव की जाँच हो जाती है। इस विधि का प्रयोग केवल ऐसे स्थानों पर ही किया जाता है, जहाँ धनात्मक प्रैशर हो ताकि साबुन का घोल अन्दर प्रवेश करके किसी भी प्रकार की क्षति न पहुँचा सके।

3. हैलाइड टॉर्च विधि Halide Torch Method

हैलाइड टॉर्च विधि द्वारा महीन-से-महीन रिसाव की भी सरलतापूर्वक जाँच की जा सकती है। इसमें एक कार्बन का एलीमेन्ट प्रयोग किया जाता है। इस कार्बन एलीमेन्ट को गर्म करने के लिए हाइड्रोकार्बन या मिथाइल एल्कोहल की फ्लेम का प्रयोग किया जाता है। कार्बन एलीमेन्ट के अतिरिक्त इस टॉर्च में एक रबर की नली भी लगी होती है। इस रबर की नली को सर्ज हौज कहा जाता है। रेफ्रिजरेशन प्रणाली में रिसाव ज्ञात करने के लिए इस सर्ज हौज को पाइपों के जोड़ों तथा फिटिंग्स के चारों ओर घुमाते हैं तथा साथ ही साथ फ्लेम की 'लौ' के रंग में होने वाले परिवर्तनों को देखते हैं। लौ के रंग में होने वाले परिवर्तनों के अनुरूप रिसाव की निम्नलिखित सम्भावनाएँ उत्पन्न हो सकती हैं

क्र.सं.	रंग	रिसाव की सम्भावना
1.	बैंगनीनुमा रिसाव	अत्यधिक रिसाव
2.	बैंगनी	अधिक रिसाव
3.	पीला	थोड़ी मात्रा में रिसाव
4.	हल्का पीला	बहुत कम रिसाव
5.	हल्का नीला	कोई रिसाव नहीं

इस विधि का प्रयोग करते समय विशेष सावधानी की आवश्यकता होती है। टॉर्च का प्रयोग करते समय टॉर्च से निकलने वाली वाष्पों में साँस नहीं लेनी चाहिए, क्योंकि ये वाष्प जहरीली होती हैं।

4. रेफ्रिजरेशन यूनिट को पानी में डुबोकर Submerging Refrigeration Unit in Water

इस विधि में रेफ्रिजरेशन यूनिट को रेफ्रिजरेशन प्रणाली से अलग करने के पश्चात् इसके समस्त विद्युतीय भागों को हटा दिया जाता है। अब इस यूनिट को कार्बन डाइ-ऑक्साइड से भरकर पानी में डुबो दिया जाता है। इस प्रकार रिसाव के स्थान पर गैस के बुलबुले निकलने लगते हैं। रेफ्रिजरेशन यूनिट में कार्बन डाइ-ऑक्साइड गैस भरने के लिए चार्जिंग लाइन का प्रयोग किया जाता है।

5. विशेष विधियाँ Specific Methods

अमोनिया तथा सल्फर डाइ-ऑक्साइड जैसे रेफ्रिजरेन्टों के रिसाव को ज्ञात करने के लिए कुछ विशेष विधियों का प्रयोग किया जाता है। यह विशेष विधियाँ निम्न प्रकार हैं

- **लिटमस परीक्षण** (Litmus test) इस विधि में रिसाव ज्ञात करने के लिए लिटमस पेपर का प्रयोग किया जाता है। लिटमस पेपर को जब अमोनिया के रिसाव वाले सम्भावित स्थान पर लाते हैं, तो लिटमस पेपर का रंग परिवर्तित होकर नीला हो जाता है।
- **गन्धक परीक्षण** (Sulphur test) इस विधि में गन्धक युक्त मोमबत्ती का प्रयोग किया जाता है। जब इस मोमबत्ती को जलाकर रिसाव वाले सम्भावित स्थान पर ले जाते हैं, तो अमोनिया वाष्प के कारण वहाँ सफेद धुआँ उत्पन्न हो जाता है। इस प्रकार अमोनिया गैस के रिसाव का पता चल जाता है।
- **फिनॉफ्थेलीन परीक्षण** (Phenolphthalein test) इस विधि में फिनॉफ्थेलीन पेपर का प्रयोग किया जाता है। फिनॉफ्थेलीन पेपर तैयार करने के लिए नरम पेपर को एल्कोहॉल ($\frac{1}{8}$ गैलन) तथा फिनॉफ्थेलीन ($\frac{1}{2}$ ग्राम) के घोल में भिगोया जाता है। जब यह पेपर सूख जाता है तो इस पेपर को अमोनिया रिसाव के सम्भावित स्थान के समीप ले जाते हैं। अमोनिया का रिसाव होने पर इस फिनॉफ्थेलीन पेपर का रंग परिवर्तित होकर गुलाबी हो जाता है। कण्डेन्स जल में अमोनिया का रिसाव ज्ञात करने की यह सर्वोत्तम विधि है।

उपरोक्त तीनों विधियों का प्रयोग केवल अमोनिया का रिसाव ज्ञात करने के लिए किया जाता है। सल्फर डाइ-ऑक्साइड के रिसाव को ज्ञात करने के लिए अमोनिया छड़ को रिसाव वाले सम्भावित स्थान पर ले जाया जाता है। यदि उस स्थान से सल्फर का रिसाव हो रहा है, तो अमोनिया सल्फर से अभिक्रिया करके सफेद धुआँ उत्पन्न करती है। इस प्रकार सल्फर का रिसाव ज्ञात हो जाता है।

13.6 रेफ्रिजरेटर में प्रयुक्त रेफ्रिजरेन्ट्स Refrigerants Used in Refrigerator

रेफ्रिजरेटर में अधिकतर प्रयुक्त होने वाले प्रमुख रेफ्रिजरेन्ट्स का विवरण निम्न प्रकार है

1. अमोनिया Ammonia

यह रेफ्रिजरेन्ट नाइट्रोजन और हाइड्रोजन का रासायनिक कम्पाउण्ड है। इसका सूत्र NH_3 है। अमोनिया नशीली, थोड़ी विस्फोटक और कुछ स्थिति में ज्वलनशील भी होती है। जब एक आयतन अमोनिया और दो आयतन वायु को मिलाया जाए, तब यह ज्वलनशील बन जाती है। इसका धातुओं पर अधिक बुरा प्रभाव नहीं पड़ता है फिर भी नमी की उपस्थिति में ताँबा, पीतल और ताँबे से बनी वस्तुओं पर जंग का प्रभाव डालती है।

इस कारण जिस प्रणाली में अमोनिया प्रयोग की जाती है उसमें लोहा या स्टील धातु ही प्रयोग की जाती है। इस कारण सभी पाइप कॉपर के स्थान पर स्टील के प्रयोग किए जाते हैं। यह रेफ्रिजेरेन्ट ऑयल में घुल जाता है, जो कण्डेन्सर और एवैपोरेटर क्वॉयल में जाने से पहले पृथक् हो जाता है। इसकी गुप्त ऊष्मा 313.53 kcal/kg से अधिक होने के कारण रेफ्रिजरेशन प्रभाव बहुत अधिक होता है।

यह आइस प्लांट, बेकिंग प्लांट, बड़े कोल्ड स्टोरेज आदि में प्रयोग होती है। अमोनिया रिसाव टेस्ट के लिए गन्धक की बत्ती (sulphur stick) प्रयोग की जाती है। गन्धक अमोनिया के सम्पर्क में आती है, तो सफेद धुआँ उत्पन्न हो जाता है। वाष्प की स्थिति में कम विशिष्ट आयतन रहने के कारण रेफ्रिजरेशन क्षमता अधिक रहती है, जिससे कम्प्रैसर के पिस्टन पर दबाव कम रहता है।

अणुभार = 17

क्वथनांक = −33° C

हिमांक = −77.8° C

क्रान्तिक तापमान = 133° C

वाष्प स्थिति में विशिष्ट ऊष्मा = 0.523 किलो कैलोरी/किग्रा

विशिष्ट आयतन = 0.509 मी^{3}/किग्रा

एवैपोरेटर दाब 15°C पर = 2.41 किग्रा/सेमी^{2}

कण्डेन्सिंग दाब = 11.91 किग्रा/सेमी^{2}

2. सल्फर डाइ-ऑक्साइड Sulphur Dioxide

यह अधिक नशीला और तेज गन्ध वाला रेफ्रिजरेन्ट है। यह अज्वलनशील विस्फोटक नहीं होता है तथा कम प्रैशर पर कार्य करता है। वायु में इसे जलाने पर सल्फर डाइ-ऑक्साइड गैस बनती है, जो पानी में घुलकर एसिड बनाती है। यह रेफ्रिजरेन्ट धातुओं पर प्रभाव नहीं डालता है, परन्तु नमी के साथ मिलकर धातु के भाग खराब हो जाते हैं। यह तेल में घुलनशील नहीं है। आवश्यक क्षमता प्राप्त करने के लिए कण्डेन्सिंग उपकरण की स्पीड को बढ़ाना पड़ता है अथवा सिलेण्डर का साइज बढ़ाना पड़ता है। यह रेफ्रिजरेन्ट पानी के साथ एसिड बनाता है, जिसका कुछ प्रभाव खाद्य पदार्थों पर आ जाता है, परन्तु कोई रासायनिक क्रिया नहीं होती है। इससे खाद्य पदार्थ सड़ने या गलने नहीं पाते। यह लीक होती है तो अमोनिया को इसके समीप ले जाने पर सफेद धुआँ उत्पन्न करती है।

रिसाव वाले भाग पर अमोनिया में डूबे हुए कपड़े को लपेट दिया जाता है, तो रिसाव नहीं रहता है। अमोनिया न होने पर रिसाव साबुन के झाग से भी ठीक किया जा सकता है।

अणुभार = 64

हिमांक = − 75° C

एवैपोरेटर दाब − 15° C पर 0.823 किग्रा/सेमी^{2}

क्वथनांक = − 10° C

क्रिटिकल तापमान = 3° C

कण्डेन्सिंग दाब = 4.71 किग्रा/सेमी^{2}

3. कार्बन डाइ-ऑक्साइड Carbon Dioxide

वर्तमान में यह रेफ्रिजरेन्ट यान्त्रिकीय रेफ्रिजरेशन में प्रयोग किया जाता है। यह रंगहीन और गन्धरहित होता है। यह विस्फोटक नहीं है और न ही ज्वलनशील है। यह नशीला भी नहीं है। यह तेल से हल्का होता है, इस कारण तेल में घुलनशील नहीं है। रिसाव को साबुन के झाग से ज्ञात किया जाता है। यह अधिक रेफ्रिजरेशन प्रभाव और कम स्थान वाले स्थानों पर एयर कण्डीशनिंग प्लांट में प्रयोग किया जाता है।

4. फ्रिऑन-11 Freon-11

इसमें कार्बन की एक मात्रा, क्लोरीन की तीन मात्रा और फ्लोरीन की एक मात्रा होती है। यह अज्वलनशील, अविषैला और जंग न लगने वाला होता है। यह प्राकृतिक रबर को घोल देता है। इसका क्वथनांक 23.8°C होता है। यह बड़े-बड़े एयर कण्डीशनिंग प्लांट में प्रयोग किया जाता है। इसके लिए सेन्ट्रीफ्यूगल कम्प्रैसर प्रयोग किया जाता है, क्योंकि इस रेफ्रिजरेन्ट का ऑपरेटिंग प्रैशर कम और कम्प्रैसर दाब अधिक होता है। इस रेफ्रिजरेन्ट का अणुभार 137.38 और कम्प्रैसन अनुपात 6.24 तथा वाष्प का आपेक्षित घनत्व −15° C पर 0.8m^3/kg है।

5. फ्रिऑन-12 Freon-12

इसमें कार्बन की एक मात्रा, क्लोरीन और फ्लोरीन की दो मात्रा होती है। वर्तमान में इसका प्रयोग औद्योगिक, व्यापारिक और घरेलू रेफ्रिजरेटरों पर अधिक किया जाता है। इसके अतिरिक्त आइसक्रीम केबिनेट, फूड प्रोडक्ट, फूड लॉकर संयन्त्र, वाटर कूलर आदि में भी इसका प्रयोग किया जाता है। यह विषैला नहीं होता है और न शरीर के किसी भाग पर हानिकारक प्रभाव डालता है। यह गन्धहीन होता है। यह सामान्य वायुमण्डलीय स्थिति में सामान्य दाब पर ही वाष्प से द्रव में परिवर्तित हो जाता है। इसका वायुमण्डलीय दाब पर क्वथनांक −30° C होता है, जो छोटे, मध्यम और बड़े कार्यों के लिए उपयुक्त है। यह रेफ्रिजरेन्ट मैग्नीशियम पर प्रभाव डालता है। इस कारण किसी इकाई का भाग मैग्नीशियम का नहीं होता है। आग लगने पर रेफ्रिजरेन्ट अपने अवयवों कार्बन, क्लोरीन और फ्लोरीन में विभक्त हो जाता है। इसमें तीनों प्रकार के कम्प्रैसर प्रत्यागामी, रोटरी और सेन्ट्रीफ्यूगल में से कोई भी प्रयोग किया जा सकता है।

सामान्यतः यह रेफ्रिजरेन्ट, रेफ्रिजरेटिंग यूनिट में प्रयुक्त धातुओं के उपकरणों पर जंग नहीं लगने देता है। यह पानी में कम घुलनशील है। पानी की उपस्थिति में पीतल, स्टील व ताँबे को रंगहीन बना देता है। यह अज्वलनशील होता है।

फ्रिऑन 12 का अणुभार = 120.9

एवैपोरेटर दाब − 1.862 किग्रा/सेमी^{2}

कण्डेन्सिंग दाब 30° C पर = 7.50 किग्रा/सेमी^{2}

विशिष्ट आयतन = 0093 मी^{3}/किग्रा

गुप्त ऊष्मा = 38.5 किलो कैलोरी/किग्रा −15° C पर;

विशिष्ट ऊष्मा = 0.243

क्रान्तिक तापमान = 111.7° C

और विसर्जन तापमान = 38° C

6. फ्रिऑन-13 Freon-13

इसका पूरा नाम मोनोक्लोरो ट्राईफ्लोरो मीथेन है। इसमें कार्बन की एक मात्रा और फ्लोरीन की तीन मात्राएँ होती हैं। इसका सूत्र $CClF_3$ है। यह कम तापमान वाले रेफ्रिजरेशन एवं एयर कण्डीशनिंग उपकरणों में प्रयोग होता है।

यह रेफ्रिजरेन्ट प्रत्यागामी कम्प्रैसरों के लिए उपयुक्त रहता है। इसका क्वथनांक = −82° C, हिमांक = − 181° C, क्रान्तिक तापमान = 29° C

7. फ्रिऑन-14 Freon-14

इसका पूरा नाम टेट्राफ्लोरो मीथेन तथा सूत्र CF_4 है। इसमें कार्बन की एक और फ्लोरीन की 4 मात्रा होती है। इसका प्रयोग औद्योगिक रेफ्रिजरेटरों में किया जाता है। इसमें भी प्रत्यागामी कम्प्रैसर प्रयोग किया जाता है।

इसका क्वथनांक = 92° C, हिमांक = −155° C, क्रान्तिक तापमान = 10° C

8. फ्रिऑन-21 Freon-21

इस फ्रिऑन का पूरा नाम डाइक्लोरो मोनोफ्लोरो मीथेन है। यह कम हॉर्स पावर वाले घरेलू रेफ्रिजरेटरों में प्रयोग किया जाता है। यह सिंगल स्टेज या मल्टीस्टेज के कम्प्रैसर के साथ औद्योगिक एयर कण्डीशनरों में भी किया जाता है। यह फ्रिऑन शोषित करने वाले (absorption type) रेफ्रिजरेटरों में प्रयोग किया जाता है। इसकी रेफ्रिजरेशन क्षमता 100 टन होती है।

क्वथनांक = −45° C
हिमांक = 135° C
क्रान्तिक तापमान = 123° C
क्रान्तिक दाब = 75° C पौण्ड/वर्ग इंच

9. फ्रिऑन-22 Freon-22

इस रेफ्रिजरेन्ट का पूरा नाम मोनोक्लोरो डाइफ्लोरो मीथेन है। यह आवश्यक रेफ्रिजरेशन प्रभाव उत्पन्न करने के लिए पॉजिटिव प्रैशर पर कार्य करता है।

डिस्चार्ज प्रैशर अधिक रहने के कारण सक्शन प्रैशर कम-से-कम रखा जाता है। यह नमी को शीघ्रता से शोषित कर लेता है। इसकी रेफ्रिजरेशन क्षमता F-12 से 60% अधिक होती है। इसमें प्रयुक्त पाइप कम व्यास के होते हैं। यह घरेलू और व्यापारिक रेफ्रिजरेशन एवं एयर कण्डीशनिंग संयन्त्रों में प्रयोग किया जाता है।

अणुभार = 48.48

क्वथनांक = −40.8° C

हिमांक = −160° C

क्रान्तिक तापमान = 96° C

क्रान्तिक दाब = 50.34 किग्रा/सेमी^{3}

विशिष्ट ऊष्मा = 0.03

विशिष्ट आयतन = 15 मी^{3}/किग्रा

एवैपोरेटिव दाब = 3.03 किग्रा-न्यूटन/सेमी^{2}

10. फ्रिऑन-113 Freon-113

इसका पूरा नाम ट्राईक्लोरो ट्राईफ्लोरो ईथेन है। इसमें कार्बन की दो, फ्लोरीन की तीन और क्लोरीन की तीन मात्राएँ होती हैं। यह चार या इससे अधिक स्टेज के सेन्ट्रीफ्यूगल कम्प्रैसरों में प्रयोग किया जाता है।

क्वथनांक = −47.6° C
हिमांक = −35° C
क्रान्तिक तापमान = 214° C
क्रान्तिक दाब = 34.8 किग्रा न्यूटन/सेमी^{2}
वायुमण्डलीय दाब पर विशिष्ट गुरुत्व = 1.559
द्रव विशिष्ट ऊष्मा = −15° C पर 0.21
एवैपोरेटर दाब = 0.0704 किग्रा न्यूटन/सेमी^{2}
कण्डेन्सिंग दाब = 0.5527 किग्रा न्यूटन/सेमी^{2}

11. फ्रिऑन-114 Freon-114

इसका पूरा नाम डाइक्लोरो टेट्राफ्लोरो ईथेन है। इसमें कार्बन तथा क्लोरीन की दो मात्रा और फ्लोरीन की पाँच मात्राएँ होती हैं। इस प्रकार, इसका सूत्र $C_2Cl_2F_5$ बनता है। यह घर्षणीय अश्व शक्ति के घरेलू रेफ्रिजरेशन प्रणालियों और पानी के कूलरों में प्रयोग होता है। इसके लिए सील्ड रोटरी वेन टाइप कम्प्रैसर प्रयोग होते हैं। यह व्यापारिक एयरकण्डीशनरों में भी प्रयुक्त होता है।

क्वथनांक = 3.3° C

हैड प्रैशर 30°C पर = 21 पौण्ड/वर्ग इंच

12. मिथाइल क्लोराइड Methyl Chloride (CH_3Cl)

यह घरेलू और व्यापारिक रेफ्रिजरेशन प्रणालियों में सीमित मात्रा में प्रयोग होता है। हल्का मिथाइल क्लोराइड नशीला नहीं होता है, परन्तु गाढ़ा (concentrate) मिथाइल क्लोराइड नशीला बन जाता है। यह वायु से मिलकर ज्वलनशील पदार्थ बनता है। यह धातु एल्युमीनियम, जिंक, मैग्नीशियम और इनके यौगिक धातुओं के सम्पर्क में आने पर हानिकारक प्रभाव छोड़ देते हैं। इस कारण इन धातुओं को इस रेफ्रिजरेन्ट वाले रेफ्रिजरेशन प्रणाली में प्रयोग नहीं किया जाता है। यह नमी की उपस्थिति में अम्लीय बन जाता है और अधातुओं पर हानिकारक प्रभाव डालता है।

इसमें प्राकृतिक रबर, सिन्थेटिक और नियोप्रिन (neoprene) घुल जाती है, जिसके कारण इन्हें वाशर आदि के रूप में प्रयोग नहीं किया जाता है। कम्प्रैसर के कॉपर प्लेटिंग भाग पर नमी की उपस्थिति में चिपचिपा-सा कीचड़ जम जाता है जो धातु को हानि पहुँचाता रहता है।

मिथाइल क्लोराइड की गन्ध हल्की होती है जो मनुष्यों, खाद्य पदार्थ और ऊनी, रेशमी वस्त्रों पर हानिकारक प्रभाव नहीं डालती है। यह रेफ्रिजरेन्ट स्वयं उत्तेजक नहीं है, परन्तु अन्य किसी पदार्थ के मिलाने पर क्रिया शीघ्र होने लगती है, ऐसे मिलाने वाले पदार्थ वार्निंग एजेण्ट कहलाते हैं। इसमें वार्निंग एजेण्ट के रूप में 1% एक्रोलीन पदार्थ मिलाया जाता है, जिससे क्रिया में शीघ्रता आ जाती है। इसके रिसाव को हैलाइड टॉर्च से ज्ञात किया जाता है। टॉर्च में एल्कोहॉल प्रयोग होता है। रिसाव वाले स्थान पर पहले हरे रंग की लौ दिखाई देती है फिर लौ गहरी पीली हो जाती है।

क्वथनांक = −24 .2° C

हिमांक = −96.7° C

क्रान्तिक ताप = 152° C

क्रान्तिक दाब = 68.1 kgf/cm^2

विशिष्ट गुरुत्व = 1.002

द्रव विशिष्ट ऊष्मा = 0.38

एवैपोरेटर दाब = 1.487 kgf/cm^2

कण्डेन्सिंग दाब = 6.658 kgf/cm^2

13. जल R-718 Water R-718

जल एक आसानी से प्राप्त होने वाला रेफ्रिजरेन्ट है। यह 0°C पर जमकर बर्फ बन जाता है तथा रेफ्रिजरेन्ट प्रणाली को अवरुद्ध कर देता है, इसलिए इसका प्रयोग 0°C से कम तापमान के लिए नहीं किया जाता है।

प्रति किग्रा वाट रेफ्रिजरेन्ट के लिए इसकी प्रवाह दर अत्यधिक होती है, इसलिए जल को रेफ्रिजरेन्ट के रूप में प्रयोग करने पर रेफ्रिजरेटर को अधिक पावर की आवश्यकता होती है।

14. वायु R-729 Air R-729

वायु अकार्बनिक गैसीय रेफ्रिजरेन्ट है। इसका उपयोग मुख्य रूप से वायुयानों की रेफ्रिजरेशन प्रणाली में किया जाता है। यह अविषाक्त तथा आसानी से प्राप्त होने वाला रेफ्रिजरेन्ट है। −15°C से 80°C ताप सीमाओं के मध्य कार्य करने वाले वायु चक्र के लिए इसका निष्पादन गुणांक बहुत कम (लगभग 1.67) होता है।

13.7 रेफ्रिजरेन्ट चार्जिंग
Refrigerent Charging

सामान्यत: प्रत्येक रेफ्रिजरेटिंग एयर कण्डीशनिंग सिस्टम (बड़ी क्षमता वाले प्लांट) में रेफ्रिजरेंट के कारण समस्या मुख्य रूप से वायु निकासी और चार्जिंग के दौरान उत्पन्न होती है। इसलिए सिस्टम की चार्जिंग के दौरान पूरी सावधानी अपनानी चाहिए, सिस्टम/उपकरण की दक्षता (रेफ्रिजरेटिंग इफेक्ट) ज्यादातर, यहीं पर निर्धारित होती है।

रेफ्रिजरेंट चार्जिंग की विधियाँ
Methods of Refrigerent Charging

रेफ्रिजरेंट की चार्जिंग सिस्टम में लो साइड या हाई साइड से की जा सकती है। अधिकतर रेफ्रिजरेटिंग और एयर कण्डीशनिंग उपकरण जैसे रेफ्रिजरेटर, बोतल कूलर, डीप फ्रीजर, विण्डो/स्प्लिट एयर कण्डीशनर को केवल लो साइड (कम्प्रेसर सक्शन के माध्यम से वाष्प अवस्था के रूप में) से चार्जिंग की जाती है।

कुछ विशेष स्थितियों में (विशेष रूप से कोल्ड स्टोरेज, आइस प्लांट, चिलिंग प्लाण्ट 100TR लोड और उससे अधिक की बड़ी क्षमता वाले प्लांट के लिए) जहाँ, बड़ी मात्रा में रेफ्रिजरेंट चार्जिंग करनी होती है, रेफ्रिजरेंट को लिक्विड स्टेट में हाई साइड से चार्जिंग करने में समय की बचत होती है।

क्योंकि किसी भी रेफ्रिजरेंट का घनत्व kg/m^3 तरल और वाष्प अवस्था के लिए अलग-अलग इसलिए घनत्व के अनुसार रेफ्रिजरेन्ट की चार्जिंग सिस्टम की लो साइड या हाई साइड से की जाती है। सारणी द्वारा चार्जिंग प्रक्रियाओं (विधियों) के बारे में पता लगाया जा सकता है।

सारणी-1 रेफ्रिजरेन्ट चार्जिंग विधियाँ

सिस्टम	चार्जिंग स्थान		भौतिक अवस्था	
सिस्टम की प्रवृत्ति	हाई साइड लिक्विड लाइन	लो साइड लिक्विड लाइन	लिक्विड	वैपर
घरेलू व्यावसायिक-उपकरण		✓		✓
मध्यम वृहद क्षमता वाले प्लाण्ट	✓		✓	

कुछ परिस्थितियों में यदि तरल रेफ्रिजरेंट को सिस्टम में कम्प्रेसर प्रोसेस ट्यूब के माध्यम से लगातार भेजा जाता है, तो यह कम्प्रेसर की जरूरतों या किसी यान्त्रिक क्षति की विफलता का कारण बन सकता है।

चार्जिंग एसेसरीज Charging Accessories

रेफ्रिजरेंट चार्ज करने के लिए अधिकतम उपकरण निकासी के लिए उपयोग किए गए उपकरणों के समान होते हैं। सिस्टम को चार्ज करते समय यह ध्यान रखा जाना चाहिए कि चार्ज किए जाने वाले रेफ्रिजरेंट की मात्रा इतनी चुनी जाए कि यह वांछित (डिजाइन) सक्शन बनाए रखे और डिस्चार्ज प्रैशर कम्प्रेसर में वापस रेफ्रिजरेन्ट को ना भेजें। किसी भी उपकरण की सहायता के बिना चार्जिंग करने के लिए उच्च स्तर के कौशल और निर्णय की आवश्यकता होती है। कभी-कभी चार्जिंग बिना किसी उपकरण की सहायता के की जाती है। यह प्रणाली चार्ज मात्रा के संकेत के रूप में सक्शन और डिस्चार्ज प्रैशर का उपयोग करती है। परिवेश की स्थितियों में परिवर्तन के कारण सक्शन प्रैशर वायुमण्डलीय दाब के अनुसार बदलता रहता है।

चार्जिंग सिलेण्डर Charging Cylinder

चार्जिंग सिलेण्डर एक कैलिब्रेटेड रेफ्रिजरेंट स्टोरेज टैंक है। कुछ में एक इलेक्ट्रिक हीटर लगाया गया है जिससे अन्दर जमा होने वाले रेफ्रिजरेंट पर ऊष्मा और दबाव डाला जा सके। सिलेण्डर के किनारे पर अंशांकन सिलेण्डर में निहित रेफ्रिजरेंट की मात्रा को दर्शाता है। अलग-अलग रेफ्रिजरेंट के लिए अलग-अलग स्केल होते हैं। प्रत्येक रेफ्रिजरेंट के भार के मापन हेतु सिलेण्डर में दबाव के अनुरूप कई पैमाने होते हैं। चार्जिंग सिलेण्डर से रेफ्रिजरेंट को चार्ज करने की तैयारी करते समय सिलेण्डर के बाहरी बैरल को घुमाया जाता है ताकि सिलेण्डर में तरल स्तर के साथ उपयुक्त स्केल लाइन हो जाए। तरल की प्रारम्भिक मात्रा नोट की जाती है, फिर रेफ्रिजरेंट को वाष्प अवस्था (शीर्ष वाल्व के माध्यम से) या तरल अवस्था (नीचे वाल्व के माध्यम से) के रूप में वितरित किया जा सकता है। अब डिस्पेंसिंग वाल्व को बन्द करके और सिलेण्डर में शेष रेफ्रिजरेंट की मात्रा को पढ़कर चार्जिंग प्रक्रिया पूरी हो जाती है।

प्रारम्भिक मात्रा के मान से अन्तिम मात्रा को घटाकर, चार्ज किए गए रेफ्रिजरेंट की कुल मात्रा (ounce/kilogram) ज्ञात की जा सकती है। जब चार्जिंग सिलेण्डर खाली हो जाता है, तो इसे मुख्य सिलेण्डर से रेफ्रिजरेंट से रिफिल किया जा सकता है।

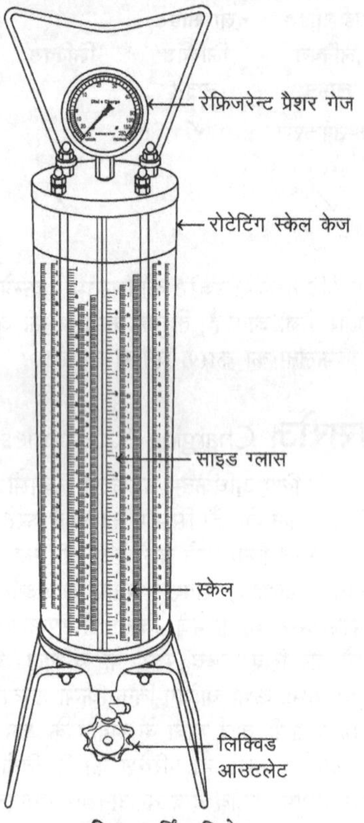

चित्र चार्जिंग सिलेण्डर

चार्जिंग बोर्ड Charging Board

चार्जिंग बोर्ड/पैनल उन उपकरणों/यन्त्रों की एक तैयार असेम्बली है, जो वैक्यूमिंग/चार्जिंग प्रक्रियाओं को करने के लिए आवश्यक है। बोर्ड में वैक्यूम पम्प, मैकलोड (वैक्यूम) गेज, हाई और कम्पाउण्ड/एलपी गेज, हैण्ड शट ऑफ वॉल्व, रेफ्रिजरेंट सिलेण्डर (पोर्टेबल/सर्विस सिलेण्डर) आदि उपकरण द्वारा संयोजित होते हैं। सभी उपकरण यूनियनों, नट, चार्जिंग होसेस कॉपर ट्यूब आदि फ्लेयर से जुड़े होते हैं। चार्जिंग बोर्ड का उपयोग सामान्यतः मध्यम/लघु उद्योगों में रेफ्रिजरेंट को सिस्टम/उपकरण में चार्ज करने के लिए किया जाता है। इस चार्जिंग बोर्ड के प्रयोग से रेफ्रिजरेंट को वॉल्यूमेट्रिक विधि द्वारा चार्ज किया जाता है।

रेफ्रिजरेंट कण्टेनर/सिलेण्डर
Refrigerent Container/Cylinder

रेफ्रिजरेंट सिलेण्डर (सर्विस/पोर्टेबल सिलेण्डर) और गेज मैनिफोल्ड आदि का उपयोग करके चार्जिंग करना एक जटिल प्रक्रिया है। इसी कारण रेफ्रिजरेंट कण्टेनर का प्रयोग किया जाता है। इस तकनीक का उपयोग मुख्यतः आउटडोर चार्जिंग/स्पॉट चार्जिंग के स्थानों में किया जाता है। 10TR क्षमता तक के रेफ्रिजरेटिंग संयन्त्रों को रेफ्रिजरेटिंग कण्टेनर द्वारा चार्ज किया जाता है।

स्वचालित रेफ्रिजरेन्ट चार्जिंग मीटर
Automatic Refrigerent Charging Meter

यह सबसे उन्नत उपकरण है जिसका उपयोग चार्जिंग प्रक्रिया को पूरा करने के लिए किया जाता है। यह 'माइक्रोप्रोसेसर नियन्त्रण' प्रणाली के अन्तर्गत कार्य करता है और यह उपकरण रेफ्रिजरेंट को सिस्टम में निर्धारित कार्यक्रम के अनुसार चार्ज करता है।

इस उपकरण का मुख्य लाभ है

- कॉम्पैक्ट आकार
- कम वजन (4 किग्रा)
- सटीक चार्जिंग (प्लस या माइनस 1/4)
- आवेशित मात्रा का दो पैमानों (पाउण्ड या किलोग्राम) में मापन
- रेफ्रिजरेंट हैण्डलिंग मात्रा का मध्यम स्तर (50 किग्रा तक)

चार्ज करने से पहले महत्त्वपूर्ण निर्देश
Important Instruction Before Charging

- यह सुनिश्चित किया जाना चाहिए कि चार्जिंग प्रक्रिया के लिए आवश्यक सहायक उपकरण अच्छी/स्वच्छ स्थिति में हों।
- चार्जिंग लाइन्स/होज चार्जिंग मैनिफोल्ड, हैण्डशट ऑफ वाल्व/एंगल वाल्व धूल, गन्दगी, नमी, हवा, प्रोसेसिंग कैमिकल्स आदि से मुक्त होने चाहिए।
- उच्च और निम्न कम्पाउण्ड दबाव गेज त्रुटि रहित होने चाहिए।
- चार्जिंग होज दोनों सिरों पर रबर की बुश के साथ होना चाहिए और इसमें कोई दरार/कट/छेद आदि नहीं होना चाहिए।
- रेफ्रिजरेंट सिलेण्डर में रेफ्रिजरेंट की आवश्यक मात्रा पूर्व निर्धारित मान के बराबर होनी चाहिए।
- रेफ्रिजरेंट सिलेण्डर आवश्यक प्रकार के रेफ्रिजरेंट के साथ होना चाहिए।
- कभी-कभी, रेफ्रिजरेंट कम्प्रेसर ऑयल को रेफ्रिजरेंट की चार्ज करने से पहले निकासी (evacuation) और निर्जलीकरण (dehydration) के बाद कम्प्रेसर में चार्ज किया जाना चाहिए।
- रेफ्रिजरेंट सिलेण्डरों को बिना फेल हुए चार्ज करने से पहले और बाद में तौला जाना चाहिए।
- धूल/गन्दगी के कणों/नमी को खत्म करने के लिए चार्जिंग लाइनों में फिल्टर/ड्रायर का उपयोग करना बेहतर होता है।
- रेफ्रिजरेंट को वॉल्यूमेट्रिक विधि की तुलना में वजन के हिसाब से चार्ज किया जाना चाहिए।

सिस्टम क्षमता System Performance

रेफ्रिजरेटर में कूलिंग रेट तथा पावर इनपुट के बीच का अनुपात सिस्टम की क्षमता कहलाती है। यह सभी रेफ्रिजरेटिंग और एयर कण्डीशनिंग सिस्टम/उपकरणों के लिए लागू होने वाला सबसे महत्त्वपूर्ण आवश्यक कारक है। यह रेफ्रिजरेंट चार्जिंग सिस्टम के प्रदर्शन में एक प्रमुख भूमिका निभा रहा है। प्रत्येक सिस्टम/उपकरण को अनुप्रयोग (उच्च, मध्यम या निम्न तापमान) और घटकों के आकार (कण्डेसर, रिसीवर, एवैपोरेटर, एक्युमुलेटर आदि) के आधार पर उपकरण को एक विशेष चार्ज मात्रा की आवश्यकता होती है।

सिस्टम की क्षमता Kcal/hr (मीट्रिक) या KW (SI इकाई) में व्यक्त किया जाता है जो निम्न सूत्र से ज्ञात की जा सकती है।

सिस्टम क्षमता = रेफ्रिजरेंट का द्रव्यमान प्रवाह × रेफ्रिजरेटिंग प्रभाव

किलो कैलोरी/घण्टा = किग्रा/सेकण्ड × किलो कैलोरी/किग्रा

(या) Kj/s (किलोवाट) = किग्रा सेकण्ड × किलो, कैलोरी/किग्रा

रेफ्रिजरेंट का द्रव्यमान प्रवाह (Mass flow) रेफ्रिजरेंट के वॉल्यूम फलो रेट (कम्प्रेसर का वॉल्यूम विस्थापन), रेफ्रिजरेंट का घनत्व (विशेष वाष्पीकरण तापमान पर) और रेफ्रिजरेंट की चार्ज मात्रा पर आधारित होता है।

प्रत्येक रेफ्रिजरेंट के प्रेशर एन्थैल्पी (p-h) चार्ट का उपयोग करके रेफ्रिजरेटिंग प्रभाव प्राप्त किया जा सकता है। एवैपोरेटर की दक्षता रेफ्रिजरेटिंग प्रभाव पर आधारित होती है।

सारणी-2 हीट रिजेक्शन फैक्टर

	कण्डेन्सिंग तापमान (°F)					
एवैपोरेटर तापमान °F	90	100	110	120	130	140-40
-40	1.66	1.73	1.80	2.00	*	
-30	1.57	1.62	1.68	1.80	-	
-20	1.49	1.53	1.58	1.65	-	
-10	1.42	1.46	1.50	1.57	1.64	
0	1.36	1.40	1.44	1.50	1.56	1.62
5	1.33	1.37	1.41	1.46	1.52	1.59
10	1.31	1.34	1.38	1.43	1.49	1.55
15	1.28	1.32	1.35	1.40	1.46	1.52
20	1.26	1.29	1.33	1.37	1.43	1.49
25	1.24	1.27	1.31	1.35	1.40	1.45
30	1.22	1.25	1.28	1.32	1.37	1.42
40	1.18	1.21	1.24	1.27	1.31	1.35
50	1.14	1.47	1.20	1.23	1.26	1.29

सारणी-3 सक्शन तथा डिस्चार्ज दाब

क्रम सं.	**अनुप्रयोग**	**रेफ्रिजरेंट**	**एवैपोरेटर**		**कण्डेन्सर**				**परिवेश तापमान** °C	**दाब अनुपात**
					एयर कूल्ड		**वाटर कूल्ड**			
			तापमान °C	**दाब** Kg/cm^3	**तापमान** °C	**दाब** Kg/cm^3	**तापमान** °C	**दाब** Kg/cm^3		
1.	उच्च तापमान	R-22	7	5.41	55	21.09	-	-	35	4.18
2.	उच्च तापमान	R-22	7	5.4	-	-	42	15.5	35	4.18
3.	उच्च तापमान	R-12	7	2.9	55	12.9	-	-	35	4.3
4.	उच्च तापमान	R134A	7	2.8	55	13.2	-	-	35	4.3
5.	मध्यम तापमान	R12	-1	2.02	55	12.9	-	-	35	4.5
6.	मध्यम तापमान	R134A	-1	1.85	55	13.2	-	-	35	
7.	निम्न तापमान	R12	-23	0.34	55	12.9	-	-	35	
8.	निम्न तापमान	R134A	-23	0.15	55	13.2	-	-	35	

13.8 रेफ्रिजरेटर में प्रयुक्त ऊष्मा अवरोधक पदार्थ
Heat Insulation Materials Used in Refrigerators

रेफ्रिजरेटर में प्रयुक्त किए जाने वाले विभिन्न ऊष्मा अवरोधक पदार्थ नीचे तालिका में दिए गए हैं

क्र.सं.	ऊष्मा अवरोधक पदार्थ	संरचना	तापमान	तापीय चालकता	जीवनकाल	अनुप्रयोग
1.	एल्युमीनियम सिलिकेट	फाइबर	≤ 1400° C	≤ 0.045	3 से 5 वर्ष	उच्च ताप युक्त औद्योगिक फर्नेश में
2.	पॉलीयूरेथेन	फोम	–50° C – 150° C	≤ 0.030	2 से 3 वर्ष	बिजली के उपकरणों तथा भवनों में
3.	फाइबर ग्लास	फाइबर	–17° C – 538° C	≤ 0.035	3 से 5 वर्ष	वाहनों में
4.	कैल्शियम सिलिकेट	खुली केशिका	27° C – 650° C	≥ 0.050	2 से 3 वर्ष	औद्योगिक इमारतों में
5.	रॉक वूल	फाइबर	–17° C – 538° C	≤ 0.042	3 से 5 वर्ष	फर्नेस तथा इमारत बनाने में

उपरोक्त ऊष्मा अवरोधक पदार्थों में पॉलीयूरेथेन फोम का उपयोग अवरोधक पदार्थ के रूप में सर्वाधिक किया जाता है। यह एक सफेद रंग का पदार्थ होता है। इस पदार्थ के उपयोग से रेफ्रिजरेटर तथा फ्रीजर को ठण्डा करने में प्रयुक्त ऊर्जा की खपत कम होती है। इसके अतिरिक्त, रेफ्रिजरेटर के आन्तरिक भागों को सुसज्जित बनाने के लिए भी किया जाता है।

पॉलीयूरेथेन फोम (PUF) के रेफ्रिजरेटर में ऊष्मा अवरोधक के रूप में प्रयोग से निम्न लाभ होते हैं—

(i) इसके प्रयोग से रेफ्रिजरेटर में अधिक समय तक ठण्डक बनी रहती है।
(ii) कम भार होने के कारण इसे एक स्थान से दूसरे स्थान पर ले जाना सरल है।
(iii) इसके प्रयोग से रेफ्रिजरेटिड स्पेस प्रभावित नहीं होता है।
(iv) यह सस्ता तथा आसानी से उपलब्ध है।

13.9 रेफ्रिजरेटर में सामान्य दोष, कारण एवं उनके उपचार
Common Faults in Refrigerator, Causes and their Remedies

रेफ्रिजरेटर में उत्पन्न होने वाले मुख्य दोष तथा उनके कारण एवं उपचार निम्नलिखित हैं—

क्र.सं.	दोष	कारण	उपचार
1.	रेफ्रिजरेटर का चालू न होना।	कम वोल्टेज। फ्यूज का जला होना। कनेक्शन का टूटा होना। ताप नियन्त्रण नॉब का ऑफ स्थिति में होना। वायरिंग का ठीक न होना। स्टार्ट या रनिंग कैपेसिटर का ठीक न होना। रिले का ठीक से काम न कर पाना।	वोल्टमीटर से वोल्टेज चैक करें और स्टेबिलाइजर को सही व्यवस्थित करें। फ्यूज को चैक करें, यदि फ्यूज जला हुआ हो तो फ्यूज नया लगा दें। यदि कनेक्शन ढीले होंगे तो सप्लाई सही नहीं हो पाएगी। वायरिंग चैक करें यदि कहीं से खराब है, तो उसे बदल दें। स्टार्ट या रनिंग कैपेसिटर चैक करें, यदि खराब हो तो उसे बदल दें। रिले को पहले चैक करें यदि वह ठीक न हो तो इसे बदल दें।
2.	रेफ्रिजरेटर का कार्य करना पर बल्ब न जलना।	लैम्प (lamp) फ्यूज है। कनेक्शन ढीले हैं। तार टूटी हुई है।	यदि लैम्प फ्यूज है तो उसे बदल दें। कनेक्शन ठीक करें। यदि तार टूटी है तो इसे बदल दें।
3.	रेफ्रिजरेटर के कम्प्रैसर का न चलना।	वोल्टेज कम हैं। स्टार्टिंग रिले खराब है। ओवरलोड प्रोटेक्टर खराब है। कम्प्रैसर खराब है।	कम वोल्टेज रहती है तो स्टेबिलाइजर का प्रयोग करें। रिले चैक करें, दोषपूर्ण होने पर बदलें। ओवरलोड प्रोटेक्टर चैक करें, दोषपूर्ण होने पर बदल दें। कम्प्रैसर को यूनिट से अलग करके चालू करें, यदि फिर भी चालू न हो, तो इसकी मीटर खराब है, इसे ठीक करें।
4.	रेफ्रिजरेटर का थोड़ी देर चलना और आवाज करके बन्द हो जाना।	वोल्टेज का सही न होना, तार अधिक लम्बी होना। कैपेसिटर का सही न होना। रिले का खराब होना।	वोल्टेज चैक करें और स्टेबिलाइजर का प्रयोग करें। कैपेसिटर चैक करें। यदि खराब हो तो बदल दें। रिले चैक करें यदि ठीक न हो तो इसे बदल दें।

क्र.सं.	दोष	कारण	उपचार
5.	रेफ्रिजरेटर का अधिक तेज चलना।	अन्दर के लैम्प लगातार जलते रहना। डोर गैस्केट का सही न होना। इकाई (यूनिट) से गैस रिस रही है। रेफ्रिजरेटर का सही मात्रा में चार्ज न होना थर्मोस्टेट खराब है। एवैपोरेटर से थर्मोस्टेट वाल्व का कनेक्शन ढीला है। नमी का होना।	यदि रेफ्रिजरेटर केबिनेट बन्द करने पर भी लैम्प जलता रहता है तो ऐसी स्थिति में लैम्प का स्विच चैक करें और उसे ठीक करें या बदल दें। यदि डोर गैस्केट ढीली होगी तो उसमें रिसाव होता है। अतः पहले रिसाव चैक करें। यदि रिसाव हो तो उसे ठीक करें या गैस्केट बदल दें। यदि यूनिट से गैस रिस रही हो तो उसे पहले चैक करें फिर उस भाग की मरम्मत करें या उसे बदल दें। रेफ्रिजरेन्ट हमेशा उचित मात्रा में होना चाहिए अर्थात् न कम न अधिक। थर्मोस्टेट को हटाने पर यदि रेफ्रिजरेटर कार्य करता रहता है तो थर्मोस्टेट को बदले दें। कनेक्शन को चैक करें तथा उसे टाइट करें। यदि रेफ्रिजरेटर में नमी लगे तो फिल्टर बदल लेना चाहिए।
6.	रेफ्रिजरेटर का आवाज अधिक करना।	रेफ्रिजरेटर की इन्स्टॉलेशन सही न होना। केबिनेट का लेवल सही न होना। मोटर आवाज करती है। कम्प्रैसर आवाज करता है। ट्यूबें या पाइप आपस में रगड़ते हैं।	रेफ्रिजरेटर को सही लेवल में स्थापित करना चाहिए। केबिनेट को सही लेवल में करें, उसकी दीवार से उचित दूरी रखें। मोटर के रोटर व स्टेटर आपस में रगड़ न खाते हों, इन्हें चैक करें। कम्प्रैसर चैक करें, उसमें स्नेहक ठीक है या नहीं। पाइप या ट्यूबें ढीली हों तो उन्हें हाथ से ठीक करें।
7.	रेफ्रिजरेटर का आइसक्रीम को ठण्डा नहीं करना।	ताप नियन्त्रण की सैटिंग ठीक नहीं है। एवैपोरेटर और आइस ट्रे के बीच में अधिक बर्फ जमी है। कमरे का तापमान सामान्य से कम है। ट्रे टेढ़ी है या मुड़ी हुई है।	नॉब को सही स्थिति में सेट करें। डिफ्रॉस्टिंग करें। रेफ्रिजरेटर को गर्म स्थान पर लगाएँ। हमेशा वर्गाकार तल वाले बर्तन का प्रयोग करें।
8.	रेफ्रिजरेटर का कार्य करना लेकिन ठण्डक कम होना अर्थात् खाद्य पदार्थ ठण्डे नहीं होना।	एवैपोरेटर पर बर्फ अधिक जमी हुई है। दरवाजा बन्द होने पर भी बल्ब जलता रहता है। चिल ट्रे डिफ्लेक्टर गलत लगा है। ताप नियन्त्रण सही सेट नहीं है। रेफ्रिजरेटर केबिनेट ठीक लेवल पर नहीं है। दरवाजे को बार-बार खोलना। रेफ्रिजरेटिड भाग का प्लास्टिक या कपड़े से ढका होना।	इसे डिफ्रॉस्ट करें। बल्ब का स्विच बदलें। चिल ट्रे डिफ्लेक्टर को हटाकर उसे सही स्थिति में सेट करें। ताप नियन्त्रण की सही सैटिंग करें। ग्लाइडर स्क्रू की सहायता से रेफ्रिजरेटर केबिनेट का लेवल ठीक करें। दरवाजा कम खोलें तथा खोलने पर कम-से-कम समय तक खुला रखें। रेफ्रिजरेटिड भाग को कभी प्लास्टिक या कपड़े से नहीं ढकें।
9.	सील्ड यूनिट का लगातार चलना।	थर्मोस्टेट स्विच का बहुत कम तापक्रम पर सेट होना। थर्मोस्टेट स्विच के संयोजित प्वॉइण्टों का आपस में जुड़ा रहना। कूलिंग क्वॉयल का कम ठण्डा होना।	थर्मोस्टेट स्विच को चैक करके सही सेट करें। यदि ठीक न हो, तो बदल दें। थर्मल बल्ब का शीतलन क्वॉयल का कनेक्शन चैक करें। मशीन की जाँच करें तथा कूलिंग क्वॉयल के कम ठण्डा होने का कारण ज्ञात करके उसकी मरम्मत करें।
10.	रेफ्रिजरेटर का बर्फ जमाना पर खाद्य पदार्थों को ठण्डा न रखना।	कूलिंग क्वॉयल पर बर्फ का अधिक जमा होना। अन्दर की लाइन का लगातार जलते रहना। केबिनेट में हवा घूमने में रुकावट होना। केबिनेट के अन्दर रोधकता (इन्सुलेशन) का सही न होना। डोर से रिसाव होना।	यदि बर्फ की मात्रा अधिक जमी हो, तो इसे डिफ्रॉस्ट करें। डोर स्विच को देखें। खराब होने पर ठीक करें या बदल दें। केबिनेट की ट्रे खाने-पीने की चीजों से बहुत ज्यादा तो नहीं भरी है, इन्हें अधिक न भरें। केबिनेट की रोधकता यदि बाहर की गर्मी को रोकने में असफल हो, तो उसे बदलकर नया रोधक पदार्थ भरें। सबसे पहले डोर गैस्केट के रिसाव की जाँच करें, यदि कहीं पर रिसाव हो तो उसे ठीक करें।
11.	रेफ्रिजरेटर का खाद्य पदार्थ भाग अधिक ठण्डा रहना।	थर्मोस्टेट स्विच का सही कार्य न करना। यूनिट के चारों ओर का तापक्रम ठण्डा है।	नियन्त्रण को अधिकतम बिन्दु पर सेट करके चलाएँ। यदि तापक्रम सामान्य से कम हो जाता है, तो थर्मोस्टेट स्विच को बदल दें। जिस कमरे में यूनिट रखी है, यदि वह अधिक ठण्डा रहता है, तो यूनिट को वहाँ से बदलकर अन्य दूसरे कमरे में लगाएँ, जहाँ कमरा उससे गर्म रहता हो।

13.10 वैक्यूम Vacuum

वैक्यूम एक प्रकार का दबाव है जिसका मान वायुमण्डल दाब (1.01325 बार) से कम होता है। रेफ्रिजरेशन और एयरकण्डीशनिंग ट्रेड में अपनाई जाने वाली वैक्यूमिंग प्रक्रिया शुद्ध रेफ्रिजरेंट परिवर्तन को सुविधाजनक बनाने के लिए सिस्टम से हवा नमी, गैर-संघनीय गैसों को हटा देती है। इसलिए वैक्यूमिंग प्रक्रिया के दौरान उचित देखभाल की जानी चाहिए, क्योंकि वैक्यूमिंग सिस्टम प्रोसेसिंग की प्रक्रिया में से एक है। दिन-प्रतिदिन कई सिस्टम उपकरण विफल हो जाते हैं क्योंकि खराब सिस्टम प्रोसेसिंग अधिकांश सिस्टम विफलताओं का मुख्य कारण हो सकता है।

वैक्यूम स्तरः Vacuum Level

वैक्यूम/वैक्यूम स्तर को मापने के लिए एक पैमाना होता है। मुख्यत: यह माइक्रोन या Hg के इंच में होता है। अनुशंसित वैक्यूम स्तर 150 माइक्रोन/30 इंच Hg होना चाहिए। कोई भी प्रणाली वैक्यूम करती रही, उसे इस विशेष स्तर तक पहुँचना चाहिए। तभी यह प्रक्रिया पूरी होगी और इसे 'परफेक्ट वैक्यूमाइजिंग कहा जाता है।

महत्त्वपूर्ण बिन्दु

- सिगल डोर रेफ्रिजरेटर के केबिनेट की इनर शैल पोर्सलीन कोटेड प्लास्टिक शीट या स्टील की बनी होती है।
- ड्रायर को रिसीवर और एवैपोरेटर के मध्य संयोजित किया जाता है।
- एवैपोरेटर और कम्प्रैसर के बीच में एक एक्युमुलेटर संयोजित रहता है।
- रेफ्रिजरेशन में लीकप्रूफ जोड़ बनाने के लिए गैस्केट का प्रयोग किया जाता है।
- थर्मोस्टेट का मुख्य कार्य केबिनेट के अन्दर के तापमान को नियन्त्रित करना होता है।
- फ्रॉस्ट फ्री रेफ्रिजरेटर घरेलू रेफ्रिजरेटर का ही विकसित रूप है। इस रेफ्रिजरेटर में एवैपोरेटर को डिफ्रॉस्टिंग का कार्य करने की आवश्यकता नहीं होती है।
- डेयरियों, रेस्तराओं इत्यादि में खाद्य पदार्थों के संरक्षण तथा कूलिंग के लिए व्यावसायिक रेफ्रिजरेटरों का उपयोग किया जाता है।
- डीप फ्रीजर में खाद्य पदार्थों को सुरक्षित रखने के लिए इसके केबिनेट का तापमान 0°C रखा जाता है।
- रेफ्रिजरेटर में प्रयुक्त अवयवों; जैसे-एवैपोरेटर कण्डेन्सर इत्यादि की समय-समय पर सफाई करना फ्लशिंग कहलाता है।
- रेफ्रिजरेशन प्रणाली से वायु निकालने के लिए वैक्यूम पम्प का प्रयोग किया जाता है।
- सल्फर डॉई ऑक्साइड अधिक नशीला और तेज गन्ध वाला रेफ्रिजरेन्ट है।

महत्त्वपूर्ण प्रश्नोत्तरी

1. घरेलू रेफ्रिजरेटरों में किस प्रकार की मीटरिंग युक्ति का प्रयोग किया जाता है?

उत्तर घरेलू रेफ्रिजरेटरों में मीटरिंग युक्ति के रूप में कैपिलरी ट्यूब का प्रयोग किया जाता है

2. रेफ्रिजरेटर को दीवार के समीप क्यों नहीं स्थापित करना चाहिए?

उत्तर रेफ्रिजरेटर को दीवार के समीप स्थापित करने से वायु के सर्कुलेशन (circulation) में बाधा उत्पन्न होती है।

3. घरेलू रेफ्रिजरेटर में ड्रायर के उपयोग का क्या उद्देश्य है?

उत्तर घरेलू रेफ्रिजरेटर में ड्रायर का उपयोग नमी को दूर करने के लिए किया जाता है।

4. रेफ्रिजरेटर की क्षमता का निर्धारण किस प्रकार किया जाता है?

उत्तर रेफ्रिजरेटर की क्षमता का निर्धारण उसके सम्पूर्ण आन्तरिक आयतन के आधार पर किया जाता है।

5. रेफ्रिजरेटर की शैल्फों पर अधिक सामान क्यों नहीं रखना चाहिए?

उत्तर रेफ्रिजरेटर की शैल्फों पर अधिक सामान रखने से रेफ्रिजरेटर के अन्दर वायु के सर्कुलेशन में रुकावट उत्पन्न होती है, जिससे रेफ्रिजरेटर के अन्दर के तापमान को नियत नहीं रखा जा सकता।

6. रेफ्रिजरेटर में थर्मोस्टेट के उपयोग का क्या उद्देश्य है?

उत्तर रेफ्रिजरेटर के केबिनेट के ताप को नियन्त्रित करने के लिए थर्मोस्टेट का उपयोग किया जाता है।

7. रेफ्रिजरेटर में बर्फ की ट्रे को बाहर निकालने के लिए नुकीली वस्तु का प्रयोग क्यों नहीं करना चाहिए?

उत्तर रेफ्रिजरेटर में बर्फ की ट्रे को बाहर निकालने के लिए नुकीली वस्तु के प्रयोग से कूलिंग क्वॉयल में छिद्र होने की सम्भावना होती है, जिससे रेफ्रिजरेन्ट बाहर निकल सकता है।

8. फ्रॉस्ट फ्री रेफ्रिजरेटर में डिफ्रॉस्ट टाइमर का क्या कार्य है?

उत्तर फ्रॉस्ट फ्री रेफ्रिजरेटर में डिफ्रॉस्ट टाइमर, समय-समय पर डिफ्रॉस्ट हीटर को सक्रिय करता रहता है।

9. यदि किसी रेफ्रिजरेटर की स्थापना सही नहीं है तो रेफ्रिजरेटर में किस प्रकार का दोष उत्पन्न हो सकता है?

उत्तर रेफ्रिजरेटर की स्थापना सही नहीं होने से रेफ्रिजरेटर अधिक आवाज करता है।

10. रेफ्रिजरेटर का रिसाव ज्ञात करने की हैडलाइड टॉर्च विधि में किस प्रकार की फ्लेम का प्रयोग किया जाता है?

उत्तर रेफ्रिजरेटर का रिसाव ज्ञात करने की हैडलाइड टॉर्च विधि में हाइड्रोकार्बन या मिथाइल एल्कोहल की फ्लेम का प्रयोग किया जाता है।

अभ्यास प्रश्न

परीक्षा प्रारूपी प्रश्न

बहुविकल्पीय

1. घरेलू रेफ्रिजरेटर के रूप में निम्न में से किस रेफ्रिजरेटर का प्रयोग किया जाता है?
(a) सिंगल डोर रेफ्रिजरेटर
(b) डबल डोर रेफ्रिजरेटर
(c) ट्रिपल डोर रेफ्रिजरेटर
(d) उपरोक्त सभी

2. सिंगल डोर रेफ्रिजरेटर का प्रयोग किया जाता है
(a) कम मात्रा में पानी ठण्डा करने के लिए
(b) आइसक्रीम जमाने में
(c) जनरल स्टोर में
(d) उपरोक्त सभी

3. रेफ्रिजरेटर के सबसे ऊपरी भाग को कहा जाता है
(a) क्रिस्पर (b) फ्रीजर
(c) शैल्फ (d) इनमें से कोई नहीं

4. घरेलू रेफ्रिजरेटरों में प्रयुक्त कम्प्रैसर होता है
(a) रोटरी टाइप (b) हरमेटिक टाइप
(c) सेमी-हरमेटिक टाइप (d) सर्कुलर

5. घरेलू रेफ्रिजरेटरों में फ्रीजर के नीचे लगी ट्रे कहलाती है
(a) क्रिस्पर (b) शैल्फ
(c) चिलर (d) इनमें से कोई नहीं

6. रेफ्रिजरेटर में एवैपोरेटर द्वारा उत्पन्न ठण्डी वायु को अधिक समय तक रेफ्रिजरेटिड स्पेस में रखने के लिए लगाए जाते हैं
(a) रेफ्रिजरेटर डोर (b) थर्मोस्टेट
(c) कैपिलरी ट्यूब (d) शैल्फ

7. रेफ्रिजरेटर में प्रयुक्त रेफ्रिजरेन्ट के दाब में आने वाली कमी निर्भर करती है
(a) कैपिलरी ट्यूब की लम्बाई पर
(b) कैपिलरी ट्यूब के व्यास पर
(c) 'a' और 'b' दोनों पर
(d) रेफ्रिजरेन्ट के प्रकार पर

8. ताजा खाद्य पदार्थों को सुरक्षित रखने के लिए इनमें से कितना तापमान उपयुक्त है?
(a) 0°-4°C (b) 5°C-8°C
(c) 8°C-12°C (d) इनमें से कोई नही

9. रेफ्रिजरेटर के सबसे अधिक ठण्डे भाग को इनमें से क्या कहा जाता है?
(a) फ्रीजर (b) शैल्फ
(c) क्रिस्पर (d) इनमें से कोई नहीं

10. निम्न में से किस क्षमता के रेफ्रिजरेटर सर्वाधिक प्रयुक्त किए जाते हैं?
(a) 65 से 390 ली (b) 90 से 390 ली
(c) 180 से 490 ली (d) इनमें से कोई नहीं

11. निम्न में से स्टार्टिंग रिले का क्या कार्य है?
(a) मोटर को स्टार्ट करने में
(b) स्टार्टिंग टॉर्क प्रदान करने में
(c) स्टार्टिंग वाइण्डिंग को असम्बद्ध करने में
(d) उपरोक्त सभी

12. रेफ्रिजरेटर की क्षमता दर्शाई जाती है
(a) लीटर्स में (b) टन में
(c) किग्रा में (d) इनमें से कोई नहीं

13. फ्रोजन फूड चेस्ट में ठण्डक वाले स्थान पर इनमें से किस कारण से बर्फ जम जाती है?
(a) वायु की नमी एक्सपैन्ड होने से
(b) वायु की नमी संघनित होने से
(c) ठण्डक कम हो जाने से
(d) उपरोक्त में से कोई नहीं

14. थर्मोस्टेट का थर्मल बल्ब ………… पर फिट रहता है।
(a) कण्डेन्सर क्वॉयल (b) कम्प्रैसर क्वॉयल
(c) फ्रीजिंग क्वॉयल (d) एवैपोरेटर क्वॉयल

15. रिले का प्रयोग किया जाता है
(a) कम्प्रैसर में (b) कैपिलरी ट्यूब में
(c) एवैपोरेटर में (d) इनमें से कोई नहीं

16. रेफ्रिजरेटर से वायु निकालने की प्रथम विधि में कम्प्रैसर के साथ लगा होता है
(a) एवैपोरेटर (b) एक्सपैन्शन वाल्व
(c) कण्डेन्सर (d) ये सभी

17. रेफ्रिजरेटर से वायु निकालने की द्वितीय विधि में चार्जिंग लाइन के साथ लगाया जाता है
(a) सर्विस वाल्व (b) ऑयल कण्टेनर
(c) 'a' और 'b' दोनों (d) कण्डेन्सर

18. रेफ्रिजरेटर के स्थिर तापमान को बनाए रखने में मुश्किल इनमें से किसके कारण होती है?
(a) नमी (b) हवा
(c) 'a' और 'b' दोनों (d) इनमें से कोई नहीं

19. निम्न में से कौन-सी रेफ्रिजरेटर के रिसाव को ज्ञात करने की विधि नहीं है?
(a) इलेक्ट्रॉनिक डिटेक्टर विधि
(b) साबुन-झाग विधि
(c) हैलाइड टॉर्च विधि
(d) उपरोक्त में से कोई नहीं

20. निम्न कथनों पर विचार कीजिए

कथन I इलेक्ट्रॉनिक डिटेक्टर विधि द्वारा छोटे-से-छोटे रिसाव को सरलतापूर्वक ज्ञात किया जा सकता है।

कथन II यह विधि गैसों के परावैद्युत अन्तर पर आधारित है।

निम्न में से कौन-सा/से कथन सत्य है/हैं?
(a) कथन I सत्य है।
(b) कथन II सत्य है।
(c) कथन I और II दोनों सत्य हैं
(d) कथन I और II दोनों असत्य हैं

21. रेफ्रिजरेटर का रिसाव ज्ञात करने की विशेष विधियों के अन्तर्गत निम्न में से कौन-सा परीक्षण किया जाता है?
(a) लिटमस परीक्षण (b) गन्धक परीक्षण
(c) फिनॉफ्थेलीन परीक्षण (d) ये सभी

22. रेफ्रिजरेन्ट फ्रिऑन-13 का पूरा नाम है
(a) टेट्रा फ्लोरो मीथेन
(b) मोनोक्लोरो ट्राइफ्लोरो मीथेन
(c) मोनोक्लोरो डाइफ्लोरो मीथेन
(d) उपरोक्त में से कोई नहीं

23. वायुयानों की रेफ्रिजरेशन प्रणाली में प्रयुक्त किया जाने वाला रेफ्रिजरेन्ट है
(a) वायु (b) जल
(c) मीथेन (d) मिथाइल क्लोराइड

24. सूची I का सूची II से मिलान कीजिए

	सूची I (उपकरण)		सूची II (कार्य)
A.	फ्यूज	(i)	कण्ट्रोल डिफ्रॉस्टिंग
B.	बाइमैटालिक थर्मोस्टेट	(ii)	परिपथ सेफ्टी के लिए
C.	टाइमर मोटर	(iii)	हीटिंग पैदा करता है
D.	डिफ्रॉस्ट हीटर	(iv)	डिफ्रॉस्टिंग

कूट
(a) A-(ii); B-(i); C-(iv); D-(iii)
(b) A-(i); B-(ii); C-(iii); D-(iv)
(c) A-(iii); B-(iv); C-(ii); D-(i)
(d) A-(iv); B-(iii); C-(ii); D-(i)

25. सूची I का सूची II से मिलान कीजिए

	सूची I (उपकरण)		सूची II (प्रकार)
A.	एक्सपैन्शन	(i)	पेन्सिल टाइप
B.	कम्प्रैसर	(ii)	प्लेट टाइप
C.	कण्डेन्सर	(iii)	सील्ड रेसीप्रोकेटिंग
D.	फिल्टर ड्रायर	(iv)	वायरमैश टाइप
E.	एवैपोरेटर	(v)	कैपिलरी ट्यूब

कूट
(a) A-(i); B-(ii); C-(iii); D-(iv); E-(v)
(b) A-(v); B-(iii); C-(iv); D-(i); E-(ii)
(c) A-(v); B-(iv); C-(iii); D-(ii); E-(i)
(d) A-(iv); B-(v); C-(i); D-(iii); E-(ii)

26. निम्न में से क्या रेफ्रिजरेटर से सम्बन्धित समस्या नहीं है?
(a) कम्प्रैसर का आवाज करना
(b) रेफ्रिजरेटर का ठीक से खड़ा न होना
(c) धाराप्रवाह का बाधित होना
(d) उपरोक्त में से कोई नहीं

27. बाजार से नया रेफ्रिजरेटर विक्रय करते समय इनमें से क्या ध्यान में रखना चाहिए?
(a) रेफ्रिजरेटर की विशिष्टियाँ (b) रखने का उपयुक्त स्थान
(c) 'a' और 'b' दोनों (d) इनमें से कोई नहीं

28. ऑटोमैटिक डिफ्रॉस्टिंग प्रणाली में इनमें से क्या लगा होता है?
(a) टाइमर (b) ऊष्मक
(c) थर्मोस्टेट (d) ये सभी

29. निम्न में रेफ्रिजरेटर में प्रयुक्त ऊष्मा अवरोधक पदार्थ है
(a) वॉली यूरेथिन कोम (b) कैल्शियम सिलिकेट
(c) रॉक वूल (d) ये सभी

30. एक आदर्श रेफ्रिजरेन्ट वह होता है जिसका क्वथनांक बिन्दु ……… होता है।
(a) उच्च (b) निम्न
(c) मध्यम (d) इनमें से कोई नहीं

31. घरेलू रेफ्रिजरेटर यूनिट में निम्न विस्तार उपकरण प्रयोग होता है
(a) कैपिलरी ट्यूब (b) स्थिर दाब एक्सपैन्शन वाल्व
(c) थर्मोस्टेटिक एक्सपैन्शन वाल्व (d) इनमें से कोई नहीं

32. कोल्ड स्टोरेज प्लाण्ट में अमोनिया का प्रयोग रेफ्रिजरेन्ट के रूप में निम्न में से किस गुण के कारण किया जाता है?
(a) भौतिक (b) सुरक्षित कार्य
(c) थर्मोडायनमिक (d) इनमें से कोई नहीं

33. अच्छे रेफ्रिजरेन्ट्स नहीं होते हैं
(a) विषैले (b) अज्वलनशील
(c) विस्फोटक (d) ये सभी

34. रेफ्रिजरेन्ट अमोनिया का कलर कोड होता है
(a) सन्तरी (b) सफेद
(c) हल्का नीला (d) हरा

35. घरेलू रेफ्रिजरेन्ट प्रणाली में रेफ्रिजरेन्ट प्रवाह एवं विस्तारण नियन्त्रित करने हेतु एक्सपैन्शन वाल्व की अपेक्षा कैपिलरी ट्यूब प्रयोग की जाती है, क्योंकि
(a) निर्मित करने में यह सरल एवं किफायती है
(b) इसके ब्लॉक होने की सम्भावना कम होती है
(c) यह अधिक सही ढंग से प्रवाह नियन्त्रित करने में सक्षम होती है
(d) इसे प्रणाली में बदलना आसान होता है।

36. एक घरेलू रेफ्रिजरेटर कम्प्रैसर स्विच ऑन करने पर चालू नहीं होता है, तो सबसे पहले कौन-से बिन्दु की जाँच करनी चाहिए?
(a) यह देखना चाहिए कि कम्प्रैसर मोटर जला तो नहीं है
(b) थर्मोस्टेट ओपन पॉजिशन में जाम तो नहीं हो गया है
(c) ओवर लोड के कारण कम्प्रैसन सेफ्टी डिवाइस खुली तो नहीं हैं
(d) पावर प्वॉइण्ट में पावर है अथवा नहीं

37. घरेलू रेफ्रिजरेटर में कैपिलरी ट्यूब से रेफ्रिजरेन्ट प्रवाह नियन्त्रित होता है
(a) एक्सपैन्शन वाल्व से एवैपोरेटर के मध्य
(b) एवैपोरेटर से थर्मोस्टेट के मध्य
(c) कण्डेन्सर से एक्सपैन्शन वाल्व के मध्य
(d) कण्डेन्सर से एवैपोरेटर के मध्य

38. फ्रिऑन प्रयोग होने वाले रेफ्रिजरेशन में लीकेज का पता लगाते हैं।
(a) एसीटिलीन टॉर्च से
(b) हैलाइड टॉर्च से
(c) साबुन के घोल से
(d) अमोनिया वाष्प से

39. घरेलू रेफ्रिजरेटर में प्रयुक्त किया जाने वाला रेफ्रिजरेन्ट है
(a) अमोनिया (b) *R*-11
(c) *R*-134 (d) जल

40. निम्न में से कौन-सा रेफ्रिजरेन्ट टॉक्सिक होता है?
(a) *R*-11 (b) *R*-12
(c) *R*-22 (d) *R*-717

41. रेफ्रिजरेटर का प्रकाश बल्ब प्रचालित होता है
(a) रिले
(b) थर्मोस्टेट
(c) ओवरलोड प्रोटेक्टर
(d) डोर स्विच

42. वैपर एब्जॉर्पशन प्रणाली में मुख्यतः प्रयोग किया जाने वाला रेफ्रिजरेन्ट है
(a) जल (b) अमोनिया
(c) फ्रिऑन (d) एक्वा-अमोनिया

उत्तरमाला

1. (a)	**2.** (d)	**3.** (b)	**4.** (a)	**5.** (a)	**6.** (a)	**7.** (c)	**8.** (a)	**9.** (a)	**10.** (a)
11. (d)	**12.** (a)	**13.** (b)	**14.** (c)	**15.** (a)	**16.** (d)	**17.** (c)	**18.** (c)	**19.** (d)	**20.** (c)
21. (d)	**22.** (b)	**23.** (a)	**24.** (a)	**25.** (b)	**26.** (c)	**27.** (c)	**28.** (d)	**29.** (d)	**30.** (b)
31. (a)	**32.** (d)	**33.** (a)	**34.** (c)	**35.** (a)	**36.** (d)	**37.** (d)	**38.** (b)	**39.** (c)	**40.** (b)
41. (d)	**42.** (d)								

अध्याय 14

फ्रॉस्ट फ्री रेफ्रिजरेटर

Frost Free Refrigerator

परिचय Introduction

परम्परागत रेफ्रिजरेटरों का उन्नत रूप फ्रॉस्ट फ्री रेफ्रिजरेटर है। फ्रॉस्ट फ्री रेफ्रिजरेटरों (frost free refrigerator) में मैनुअल डिफ्रॉस्टिंग (manual defrosting) करने की आवश्यकता नहीं होती है। इन रेफ्रिजरेटरों में आवधिक (periodic) रूप से डिफ्रॉस्टिंग स्वत: ही होती रहती है। अत: इन फ्रॉस्ट फ्री रेफ्रिजरेटरों द्वारा शक्ति की खपत (power consumption) कम होती है तथा खाद्य पदार्थों के संदूषण (contamination) की सम्भावना भी कम हो जाती है। इसके अतिरिक्त फ्रॉस्ट फ्री रेफ्रिजरेटरों द्वारा एक समान कूलिंग (uniform cooling) प्राप्त होती है। वर्तमान समय में फ्रॉस्ट फ्री रेफ्रिजरेटर सर्वाधिक प्रयोग किए जाते हैं। स्थान की उपलब्धता के अनुसार ये सिंगल डोर, डबल डोर तथा ट्रिपल ड्रोर में बाजारों में उपलब्ध होते हैं।

अध्याय विषय सूची

14.1 फ्रॉस्ट फ्री रेफ्रिजरेटर Frost Free Refrigerator

फ्रॉस्ट फ्री रेफ्रिजरेटर घरेलू रेफ्रिजरेटर का ही विकसित रूप है। इस रेफ्रिजरेटर में एवैपोरेटर को डिफ्रॉस्टिंग का कार्य करने की आवश्यकता नहीं होती है। इसलिए ही ये रेफ्रिजरेटर फ्रॉस्ट फ्री रेफ्रिजरेटर कहलाते हैं। इस प्रकार के रेफ्रिजरेटर्स में एवैपोरेटर से ठण्डी वायु बाहर निकालने के लिए एक पंखा लगा होता है।

फ्रॉस्ट फ्री रेफ्रिजरेटर की संरचना (Construction of the frost free refrigerator) सामान्यत: इस मॉडल में दो द्वार होते हैं जिसमें से एक शीर्ष पर फ्रीजर कैबिन को आवरणित करने के लिए तथा दूसरा रेफ्रिजरेटर कैबिनेट को बन्द करने के लिए लगाए जाते हैं। प्रकाश की सुविधा केवल रेफ्रिजरेटर के निचले कक्ष के लिए उपलब्ध होगी तथा प्रकाश 'की' निचले द्वार द्वारा प्रचालित होती है। डिफ्रॉस्टिंग की आवश्यकता तथा मैनुअल डिफ्रॉस्टिंग विधियों का वर्णन किया जा चुका है। उपयोग को अधिक सुविधाजनक बनाने के लिए, फ्रॉस्ट फ्री रेफ्रिजरेटर में आटोमैटिक डिफ्रॉस्टिंग सिस्टम को अपनाया जाता है। फ्रॉस्ट फ्री रेफ्रिजरेटरों की कण्डेन्सर यूनिट, सामान्य प्रकार के रेफ्रिजरेटरों के समान होती है।

फ्रॉस्ट फ्री रेफ्रिजरेशन चक्र लगभग कन्वेंशनल रेफ्रिजरेशन चक्र के समान ही है। लेकिन पंखे तथा तापमान घटक के साथ उपलब्ध कण्डेंसर तथा एवैपोरेटर, फास्टर डिफ्रॉस्टिंग करने में मदद करते हैं। कन्वेंशनल रेफ्रिजरेशन चक्र से तुलना में फ्रॉस्ट फ्री रेफ्रिजरेटर अधिक धारा लेते हैं।

फ्रॉस्ट फ्री रेफ्रिजरेटर की संरचना तथा प्रचालन चक्र को नीचे चित्र में दर्शाया गया है।

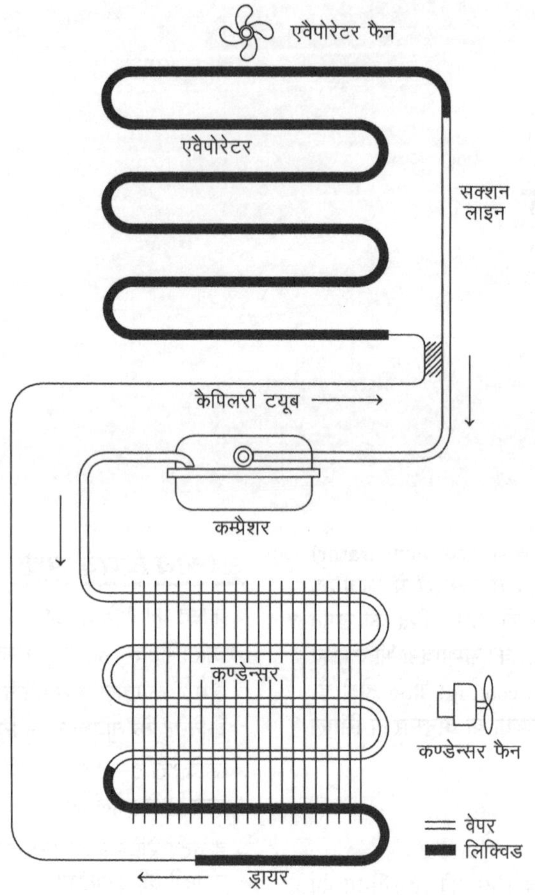

चित्र फ्रॉस्ट फ्री रेफ्रिजरेटर का आरेख

इन प्रकारों में ऑटोमैटिक डिफ्रॉस्टिंग के लिए दो मूल पद्धति प्रयोग होती है, सोलेनॉइड वाल्व द्वारा गर्म गैस सिस्टम का नियन्त्रण तथा एवैपोरेटर को डिफ्रॉस्टिंग करने के लिए डिस्चार्ज लाइन गर्म रेफ्रिजरेन्ट वाष्प का प्रयोग करते हैं। दूसरी पद्धति एवैपोरेटर पर फ्रॉस्टिंग को पिघलाने के लिए तथा बाह्य कैबिनेट को गर्म रखने के लिए तथा स्वेटिंग (sweating) को रोकने के लिए विद्युत इलेक्ट्रिक हीटर का उपयोग करते हैं। इसमें एक फ्रोजन फूड कैबिनेट तथा ऑटोमैटिक डिफ्रॉस्टिंग होता है। फ्रोजन फूड कैबिनेट में एवैपोरेटर, फास्ट फ्रिजिंग शैल्फ के समान कार्य करता है। फ्रैश फूड कैबिनेट में बटर कण्डीशनर मीट भण्डारण तथा सब्जी अभिशीतक (crisper) होता है। जब फ्रिज प्रचालन में हो तब, ऑटोमैटिक डिफ्रॉस्टिंग में ड्रेन ट्यूब द्वारा संघनित जल, ट्रे में एकत्र होता है, जो कम्प्रैसर पर उपलब्ध होता है कम्प्रैसर तथा कण्डेंसर ताप की ऊष्मा द्वारा एवैपोरेट होता है।

फ्रीजर कैबिनेट में मूल रूप से एवैपोरेटर स्थित होता है जो फ्रैश फूड कैबिनेट से फ्रीजर कक्ष को पृथक् करता है। बाहरी केस के अन्दर कैबिनेट के शीर्ष पर एक विद्युतीय प्रतिरोध ऊष्मक लगा होता है जो बाहरी कैबिनेट को पर्याप्त गर्म रखता है जिससे कि नम मौसम की स्थितियों के दौरान सतह पर स्वेटिंग को रोका जा सके। एवैपोरेटर, इलेक्ट्रिक डिफ्रॉस्टिंग के साथ फिन प्रकार या प्लेट प्रकार की हो सकती है, फ्रीजर कैबिनेट में वायु प्रवाह होती है तथा डैम्पर द्वारा एवैपोरेटर को समायोजित किया जा सकता है।

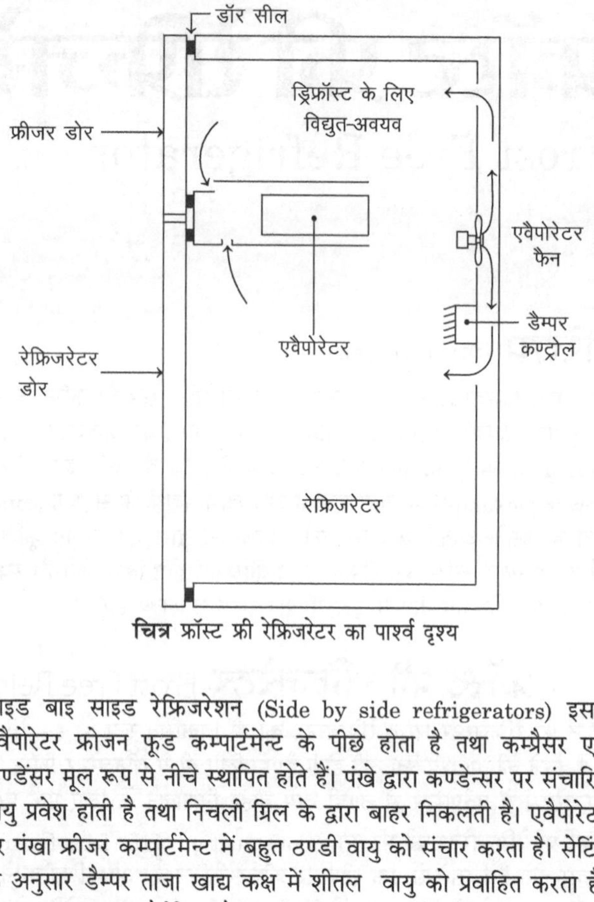

चित्र फ्रॉस्ट फ्री रेफ्रिजरेटर का पार्श्व दृश्य

साइड बाइ साइड रेफ्रिजरेशन (Side by side refrigerators) इसमें एवैपोरेटर फ्रोजन फूड कम्पार्टमेन्ट के पीछे होता है तथा कम्प्रैसर एवं कण्डेसर मूल रूप से नीचे स्थापित होते हैं। पंखे द्वारा कण्डेन्सर पर संचारित वायु प्रवेश होती है तथा निचली ग्रिल के द्वारा बाहर निकलती है। एवैपोरेटर पर पंखा फ्रीजर कम्पार्टमेन्ट में बहुत ठण्डी वायु को संचार करता है। सेटिंग के अनुसार डैम्पर ताजा खाद्य कक्ष में शीतल वायु को प्रवाहित करता है। ताजा खाद्य कक्ष, एवैपोरेटर कैबिन में फ्रीजर कम्पार्टमेन्ट से रिटर्न एयर की तरह कार्य करते हैं।

साइड बाइ साइड अन्य फ्रॉस्ट फ्री मॉडल से तुलना करने पर हर छ: घण्टे के कम्प्रैसर के चालन समय में रेफ्रिजरेटर स्वचालित रूप से फ्रॉस्टिंग करता है।

डिफ्रॉस्ट थर्मोस्टेट, डिफ्रॉस्ट साइकिल के आरम्भ होने के 30 मिनट के पश्चात् लगभग 10°C पर ऊष्मक परिपथ को खोलता है। टाइमर कम्प्रैसर तथा वायु संचार पंखे के प्रचालन को पुन: स्थापित करता है। डिफ्रॉस्ट थर्मोस्टेट सम्पर्क -7°C पर बन्द होता है।

विभिन्न कैबिनेट का तापमान डैम्पर के उपयोग द्वारा बनाए रखे जाते हैं, जो विभिन्न कक्षों में शीतल वायु के प्रवाह को नियन्त्रित करते हैं।

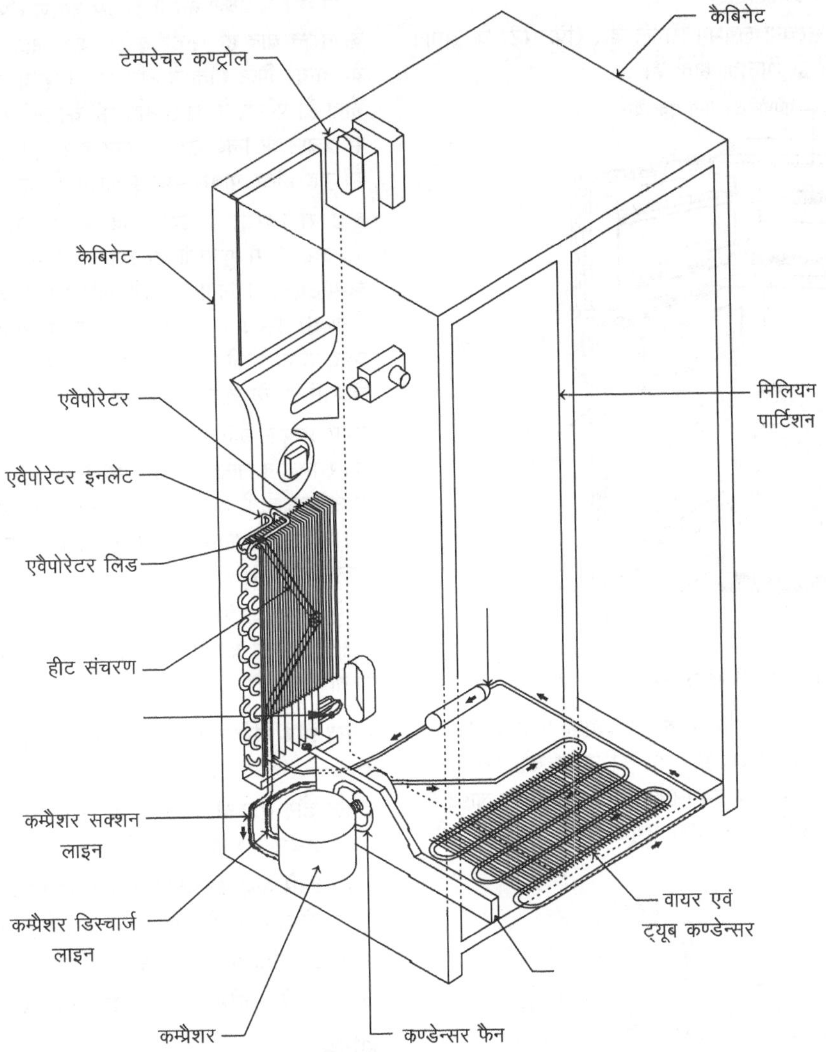

चित्र फ्रॉस्ट फ्री रेफ्रिजरेटर की आन्तरिक संरचना

उपयोग के आधार पर फ्रॉस्ट फ्री रेफ्रिजरेटर निम्न प्रकार के होते हैं

(i) डबल डोर रेफ्रिजरेटर
(ii) ट्रिपल डोर रेफ्रिजरेटर

(i) डबल डोर रेफ्रिजरेटर Double Door Refrigerator

डबल डोर रेफ्रिजरेटर में ऊपर (top) का कम्पार्टमेन्ट फ्रीजर और नीचे (bottom) का सामान्य भण्डारण का होता है। इसके फ्रीजर के अन्दर का तापमान 32°F से नीचे होता है। सब्जियाँ, फल, मक्खन और पनीर आदि वस्तुएँ रेफ्रिजरेटर अर्थात् जनरल स्टोरेज में ठण्डी होने अर्थात् सुरक्षित रखने के लिए रखी जाती हैं। इस कम्पार्टमेन्ट का तापमान 32°F से अधिक होता है।

डबल डोर रेफ्रिजरेटर की कार्यप्रणाली
Working of Double Door Refrigerator

इस प्रकार के रेफ्रिजरेटर की संरचना लगभग सिंगल डोर रेफ्रिजरेटर के समान ही होती है। केवल आकृति में ही भिन्नता होती है।

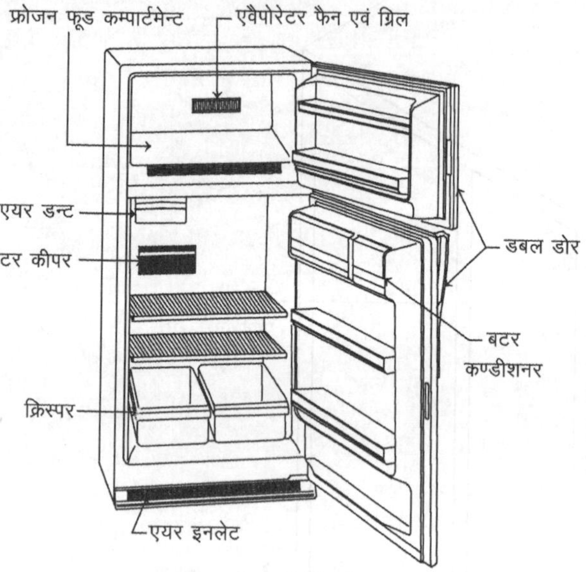

चित्र फ्रॉस्ट फ्री रेफ्रिजरेटर

रेफ्रिजरेटर कैबिनेट के अन्दर फिट एवैपोरेटर के साथ एक प्लेट एवैपोरेटर श्रेणी-क्रम में जुड़ा होता है, जोकि अन्दर के स्थान की ऊष्मा को अवशोषित करता है। इस एवैपोरेटर से निम्न दाब वेपर एक्युमुलेटर के द्वारा सक्शन लाइट में गुजरती है। सर्वप्रथम तरल रेफ्रिजरेन्ट कैपिलरी ट्यूब में से आता है और एवैपोरेटर में एवैपोरेट होता है।

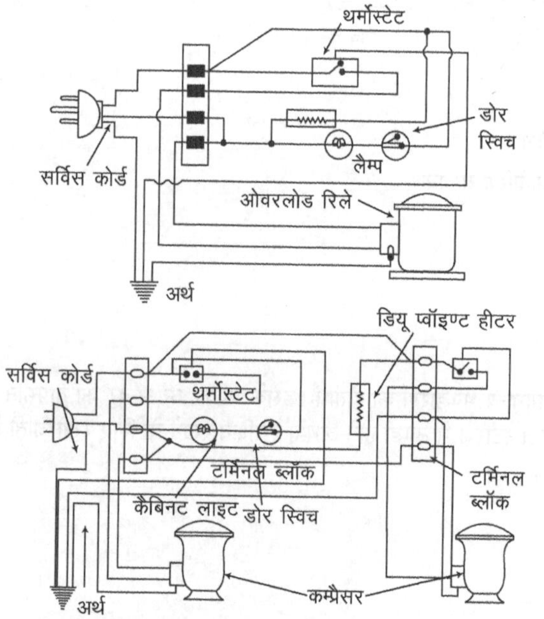

चित्र डबल डोर रेफ्रिजरेशन की वैद्युतिक व्यवस्था

इसके पश्चात् तरल रेफ्रिजरेन्ट एवैपोरेटर को पूर्णतया ठण्डा करके प्लेट एवैपोरेटर में प्रवेश करता है। इस कारण रेफ्रिजरेटर कम्प्रैसर के स्टार्ट होने के तुरन्त बाद ही अन्दर कूलिंग शुरू नहीं होती है। थर्मोस्टेट, रेफ्रिजरेटर के अन्दर फिट होता है और थर्मल बल्ब, प्लेट एवैपोरेटर के साथ जुड़ा होता है। फ्रीजर के चारों ओर की कैबिनेट सतह को स्वेटिंग (sweating) से बचाने के लिए डयू प्वॉइण्ट हीटर (dew point heater) लगा होता है। यह हीटर पावर सप्लाई लाइन से जुड़ा होता है।

कुछ रेफ्रिजरेटर में इस सतह को गर्म करने के लिए डिस्चार्ज लाइन कैबिनेट में से गुजरती है। इस प्रकार के रेफ्रिजरेटर में थर्मोस्टेट निचले कम्पार्टमेन्ट में लगा होता है और थर्मल बल्ब प्लेट एवैपोरेटर से जुड़ा होता है। इस प्रकार इस रेफ्रिजरेटर में थर्मोस्टेट की तापमान में कटौती बहुत ऊँची होती है। जिस कारण यह कम्प्रैसर को प्लेट एवैपोरेटर की डिफ्रॉस्टिंग के बाद ही शुरू करता है।

इसमें प्रत्येक ऑफ साइकिल (off cycle) के बाद पानी ट्यूब के द्वारा बाहर निकल जाता है। जिन डबल डोर रेफ्रिजरेन्ट की क्षमता 300 लीटर से अधिक होती है, उनमें दो अलग-अलग रेफ्रिजरेटर प्रणालियाँ होती हैं। वह ऊपरी कम्पार्टमेन्ट के लिए अलग और निचले कम्पार्टमेन्ट के लिए अलग होता है।

इसमें विशेष कम्प्रैसर और कण्डेन्सर, रेफ्रिजरेटर की बैक साइड में फिट होते हैं। इसकी कार्यप्रणाली को दो अलग-अलग थर्मोस्टेट द्वारा नियन्त्रित किया जाता है।

डबल डोर रेफ्रिजरेटर के लाभ तथा हानियाँ

लाभ

डबल डोर रेफ्रिजरेटर के मुख्य लाभ निम्न प्रकार हैं

(i) डबल डोर रेफ्रिजरेटर में डिफ्रॉस्टिंग प्रक्रिया स्वयं पूर्ण हो जाती है।

(ii) इनमें वायु का प्रवाह लगातार बना रहता है, जिसके फलस्वरूप इन रेफ्रिजरेटरों में दुर्गन्ध उत्पन्न नहीं होती।

(iii) इन रेफ्रिजरेटरों के फ्रीजर में बर्तन केबिनेट से नहीं चिपकते।

(iv) इन रेफ्रिजरेटरों में तापमान एक समान बना रहता है।

हानियाँ

डबल डोर रेफ्रिजरेटर की मुख्य हानियाँ निम्न प्रकार हैं—

(i) ये रेफ्रिजरेटर, सिंगल डोर रेफ्रिजरेटर की तुलना में महँगे होते हैं।

(ii) हीटिंग एलीमेन्ट को बन्द करने के लिए इन रेफ्रिजरेटरों में सुरक्षा युक्ति नहीं होती है।

(ii) ट्रिपल डोर रेफ्रिजरेटर
Triple Door Refrigerator

इस प्रकार के रेफ्रिजरेटर्स को डबल डोर रेफ्रिजरेटर का विस्तृत रूप भी कहा जाता है, क्योंकि इसमें भी डबल डोर रेफ्रिजरेटर के समान ही अलग फ्रीजर होता है, परन्तु ट्रिपल डोर रेफ्रिजरेटर की क्षमता, डबल डोर रेफ्रिजरेटर से अधिक होती है। जिन पदार्थों को 32°F से कम तापमान पर ठण्डा करना होता है,

उन्हें फ्रीजर के अन्दर रखा जाता है तथा अन्य रेफ्रिजरेटिड स्थानों के तापमान को अलग-अलग, थर्मोस्टेट से नियन्त्रित किया जाता है।

चित्र ट्रिपल डोर रेफ्रिजरेटर

ट्रिपल डोर रेफ्रिजरेटर की संरचना तथा कार्यप्रणाली
Construction and Working of Triple Door Refrigerator

ट्रिपल डोर रेफ्रिजरेटर की कार्यप्रणाली, डबल डोर रेफ्रिजरेटर के समान ही होती है। इसमें फ्रीजर कम्पार्टमेन्ट नीचे लगा होता है। इसी कारण ट्रिपल डोर रेफ्रिजरेटरों में एवैपोरेटर भी नीचे लगाया जाता है।

इस रेफ्रिजरेटर में डबल डोर रेफ्रिजरेटर के समान दो पंखे लगाए जाते हैं, जिनका मुख्य कार्य डिफ्रॉस्टिंग तथा कैबिनेट में वायु का प्रवाह बनाए रखना है।

इन रेफ्रिजरेटरों में एवैपोरेटर के नीचे लगा होने के कारण ठण्डी वायु नीचे से प्रारम्भ होकर ऊपर की ओर प्रवाहित होती है, जिसके फलस्वरूप सम्पूर्ण रेफ्रिजरेटर कैबिनेट ठण्डा बना रहता है।

ट्रिपल डोर रेफ्रिजरेटर के लाभ एवं हानियाँ

लाभ

ट्रिपल डोर रेफ्रिजरेटर के मुख्य लाभ निम्न प्रकार हैं

(i) इन रेफ्रिजरेटरों की क्षमता, अन्य प्रकार के रेफ्रिजरेटरों की अपेक्षा अधिक होती है।

(ii) इन रेफ्रिजरेटरों में उच्च कूलिंग प्रभाव प्राप्त होता है।

(iii) ये रेफ्रिजरेटर अधिक क्षेत्रफल में कूलिंग करते हैं।

हानियाँ

ट्रिपल डोर रेफ्रिजरेटर की मुख्य हानियाँ निम्न प्रकार हैं

(i) इन रेफ्रिजरेटरों का मूल्य अत्यधिक है।

(ii) ये रेफ्रिजरेटर बाजार में पर्याप्त मात्रा में उपलब्ध नहीं हैं।

फ्रॉस्ट फ्री रेफ्रिजरेटर में एयर डिस्ट्रीब्यूशन सिस्टम
Air Distribution System in Frost Free Refrigerator

रेफ्रिजरेशन चक्र के प्रचालन के दौरान एवैपोरेटर पर वायु प्रवाहित की जाती है तथा फ्रीजर रेफ्रिजरेटिड कक्ष में वायु बल द्वारा भेजी जाती है। निम्न एयर डिस्ट्रीब्यूशन सिस्टम को दर्शाया गया है।

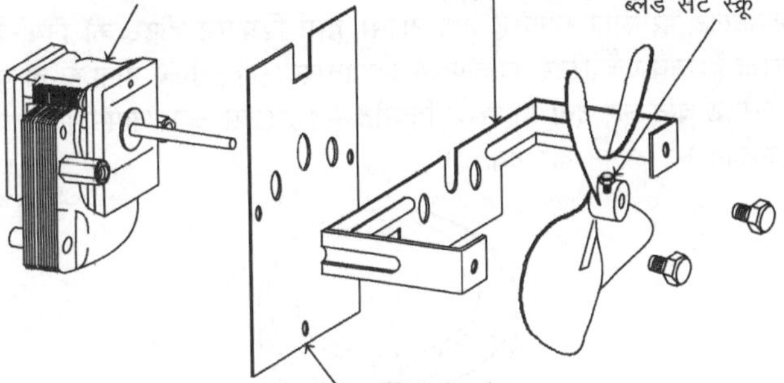

चित्र एयर डिस्ट्रीब्यूशन सिस्टम

साइकिल के दूसरे भाग पर, ये एवैपोरेटर स्वचालित रूप से डिफ्रॉस्ट होते हैं। एवैपोरेटर से कण्डेन्सेशन से जो जल ऑफ चक्र के दौरान पिघलता है, वह सीधे एवैपोरेटर पैन या कम्प्रैसर की सतह पर एकत्रित कर लिया जाता है, जो इसमें उपस्थित नमी को एवैपोरेट कर देता है। सभी वायु में कुछ नमी होती है। जब वायु एवैपोरेट सतह के साथ सम्पर्क में आती है जिससे फ्रिजिंग तापमान से नीचे तापमान पर नमी द्रवित हो जाती है तथा कन्वेन्शनल मैनुअल डिफ्रॉस्ट रेफ्रिजरेटर में एवैपोरेटर पर बर्फ जमने लगती है। जिससे फ्रोजन फूड को लम्बे समय तक सुरक्षित नहीं रखा जा सकता।

फ्रॉस्ट फ्री रेफ्रिजरेटर में मोटरचलित पंखा, विभिन्न डक्ट के द्वारा एवैपोरेटर सतह पर वायु को दाबित करता है। यह कक्ष को आवश्यक तापमान उपलब्ध कराता है। इसके द्वारा सम्पूर्ण रेफ्रिजरेटिड कैबिनेट में ठण्डी वायु संचारित होती है। पैकिंग के बिना रखे गए भोजन को अनके सप्ताहों के लिए सुरक्षित रखा जा सकता है। ताजी सब्जियाँ तथा क्रिस्प (crisp) उत्पाद एक सप्ताह में खराब नहीं होते हैं।

फ्रॉस्ट फ्री रेफ्रिजरेटरों में प्रयुक्त विद्युतीय उपसाधन
Electrical Accessories Used in Frost Free Refrigerators

फ्रॉस्ट फ्री रेफ्रिजरेटरों में प्रयुक्त विद्युतीय उपसाधन निम्न प्रकार हैं

डिफ्रॉस्ट टाइमर Defrost Timer

डिफ्रॉस्ट टाइमर कम्प्रैसर यूनिट के पीछे की ओर लगा रहता है। यह इलेक्ट्रिक हीटिंग क्वॉयल को कुछ समय अन्तराल पर क्रियान्वित (लगभग 8 घण्टे) करता रहता है।

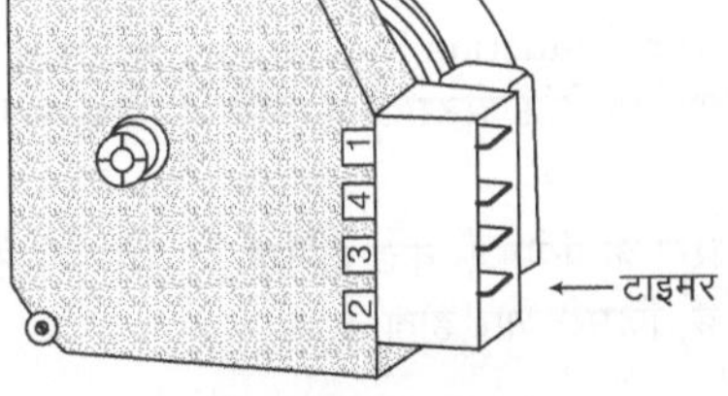

चित्र डिफ्रॉस्ट टाइमर

बाई-मैटालिक थर्मोस्टेट Bimetallic Thermostat

यह एक इलेक्ट्रिकल डिवाइस है जो टर्मिनल पेयर के साथ एक सील्ड बॉक्स में रहता है। यह धूल एवं नमी रहित रहता है। यह एवैपोरेटिंग क्वॉयल के आउटलेट पर लगा रहता है तथा टाइमर द्वारा डिफ्रॉस्ट हीटर को नियन्त्रित करता है। जब एवैपोरेटर का तापक्रम ऋणात्मक (negative) होता है, तो यह कॉन्टैक्ट बन्द कर देता है। इसके विपरीत + 13°C से ऊपर तापमान पर यह कॉन्टैक्ट को ओपन कर देता है।

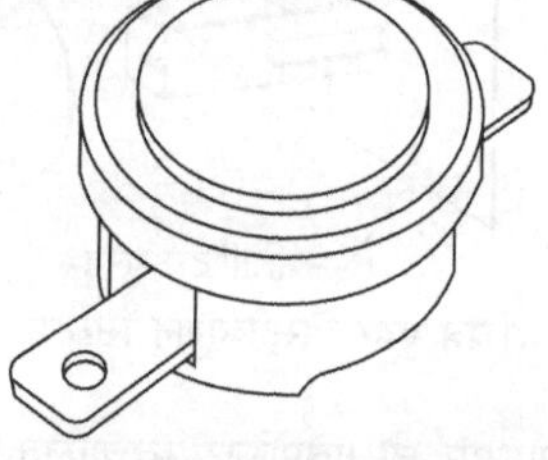

चित्र बाई-मैटालिक थर्मोस्टेट

डिफ्रॉस्ट हीटर Defrost Heater

यह एवैपोरेटिंग क्वॉयल के साथ लगा रहता है। डिफ्रॉस्ट चक्र के समय कम्प्रैसर असम्बद्ध रहता है और हीटिंग एलीमेन्ट कार्य करता है, जो एवैपोरेटर पर जमी हुई बर्फ को समाप्त करता है।

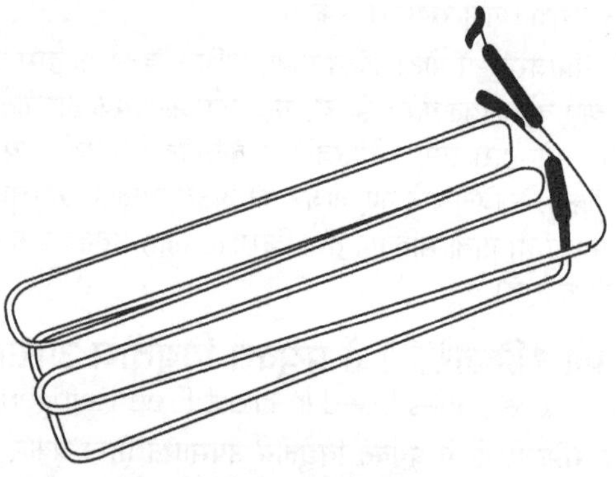

चित्र डिफ्रॉस्ट हीटर

यदि यह फ्रॉस्टिंग न हटाई जाए, तो यह इन्सुलेटर का कार्य करती है, जिससे कूलिंग प्रभाव प्रभावित होता है।

पी.टी.सी. रिले PTC Relay

यह रिले FHP (Fractional Horse Power) कम्प्रैसर के साथ RSIR (Resistance Start Induction Run Motor) परिपथ में स्टार्टिंग के लिए प्रयोग होती है। साधारण रेफ्रिजरेटरों में कम्प्रैसर के साथ करण्ट क्वॉयल रिले लगी होती है।

करण्ट क्वॉयल रिले के प्रयोग से कुछ हानियाँ हैं; जैसे—रिले के अन्दर कुछ भाग मूव करते हैं, जिससे शोर होता है, जबकि PTC (Positive Temperature Coefficient) रिले में कोई आवाज नहीं होती।

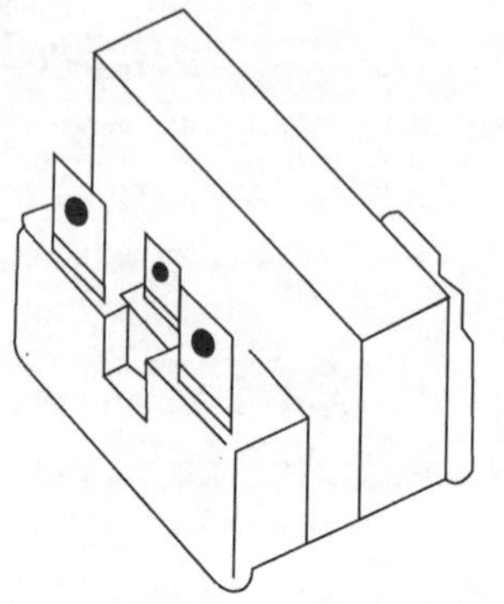

चित्र PTC रिले

PTC रिले में सॉलिड सेरामिक प्लेट होती है, जो 30 Ω तक कम्प्रैसर को धारा प्रवाहित करती है, परन्तु जब कम्प्रैसर अपनी स्पीड प्राप्त कर लेता है, तो सेरामिक सामग्री गर्म होकर उसका प्रतिरोध बढ़कर (increase) लगभग 30000 Ω तक हो जाता है, तब यह स्टार्टिंग वाइण्डिंग को असम्बद्ध कर देती है।

फैन मोटर Fan Motor

फैन मोटर कण्डेन्सर एवं एवैपोरेटर के लिए अलग-अलग लगी रहती है। कण्डेन्सर, फैन कण्डेन्सर को ठण्डा रखती है तथा एवैपोरेटर फैन मोटर प्रैशर के साथ ठण्डी वायु को फ्रोजन फूड कम्पार्टमेन्ट में फेंकता है। एयर फ्लो को आवश्यकतानुसार नियन्त्रित करने हेतु इसके साथ एडजस्टेबिल डैम्पर लगा होता है।

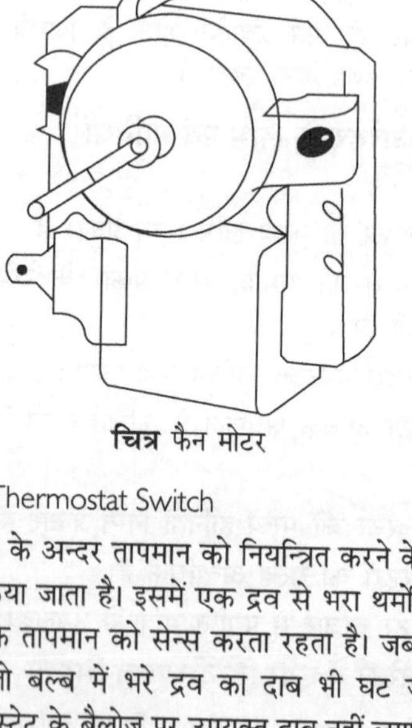

चित्र फैन मोटर

थर्मोस्टेट स्विच Thermostat Switch

रेफ्रिजरेशन कैबिनेट के अन्दर तापमान को नियन्त्रित करने के लिए थर्मोस्टेट स्विच का प्रयोग किया जाता है। इसमें एक द्रव से भरा थर्मोस्टेट बल्ब होता है, जो रेफ्रिजरेटर के तापमान को सेन्स करता रहता है। जब रेफ्रिजरेटर का तापमान घटता है तो बल्ब में भरे द्रव का दाब भी घट जाता है, जिसके फलस्वरूप यह थर्मोस्टेट के बैलोज पर उपयुक्त दाब नहीं लगा पाता है, जिससे यह कम्प्रैसर मोटर के संयोजनों को खोल देता है तथा मोटर बन्द हो जाती है।

इसी प्रकार जब रेफ्रिजरेटर के तापमान में वृद्धि होती है, तो बल्ब में भरे द्रव के दाब में भी वृद्धि हो जाती है। इस अवस्था में यह थर्मोस्टेट के बैलोज (bollows) पर उच्च दाब लगाता है, जिससे कम्प्रैसर मोटर के संयोजनों (contacts) को बन्द कर देता है तथा मोटर स्टार्ट हो जाती है।

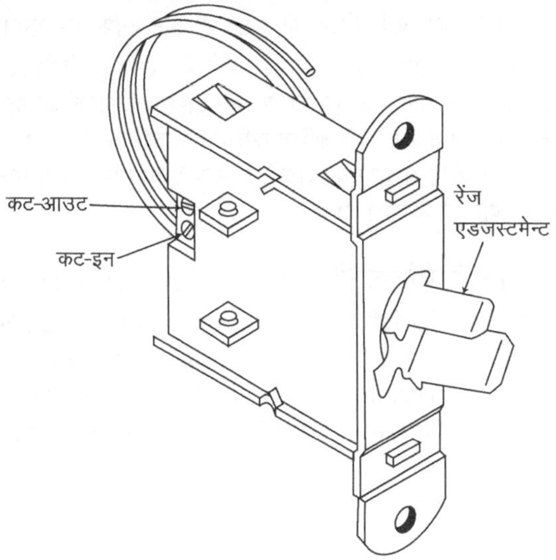

चित्र थर्मोस्टेट स्विच

एयर डक्ट परिपथ Air Duct Circuit

रेफ्रिजरेटर के ताप को कम करने के लिए वायुमण्डल की ठण्डी वायु का प्रयोग किया जा सकता है। रेफ्रिजरेटर का ताप कम हो जाने के पश्चात् इस वायु को कैबिनेट में से गुजारकर एवैपोरेटर द्वारा बाहर निकाल दिया जाता है। इस पूरे चक्र को एयर डक्ट परिपथ कहते हैं।

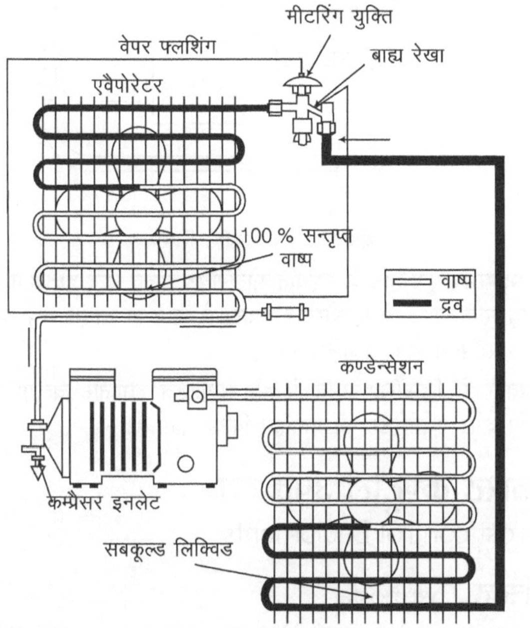

चित्र एयर डक्ट परिपथ

चित्रानुसार, एवैपोरेटर में रेफ्रिजरेन्ट कैबिनेट से ऊष्मा ग्रहण करके द्रव अवस्था से वाष्प अवस्था में बदल जाता है, जिसके फलस्वरूप एवैपोरेटर में उपस्थित वायु ठण्डी हो जाती है तथा एवैपोरेटर फैन द्वारा कण्डेन्सर में पहुँच जाती है। यहाँ कण्डेन्सर, ऊष्मा मुक्त करके वाष्प रेफ्रिजरेटर को पुन: द्रव में परिवर्तित कर देता है। कण्डेन्सर द्वारा ऊष्मा मुक्त करने के फलस्वरूप एवैपोरेटर की वायु गर्म हो जाती है तथा कण्डेन्सर फैन द्वारा बाहर निकल जाती है।

फोर्स्ड ड्राफ्ट कूलिंग टावर Forced Draft Cooling Tower

वह कूलिंग टावर जिसमें फैन (fan) बाहर की कूलिंग टावर के अन्दर फोर्स (force) द्वारा वायु को फेंकता है, फोर्स्ड ड्राफ्ट कूलिंग टावर कहलाता है। इस कूलिंग टावर में पानी के टैंक के ऊपर स्थान बनाकर फैन लगा दिया जाता है तथा टावर का सबसे ऊपरी भाग खुला रखा जाता है। फैन बाहर की वायु को खींचकर टावर के अन्दर फेंकता है। यह वायु, तीव्र गति से पानी के स्प्रे के पास से होती हुई ऊपर की ओर चली जाती है।

एवैपोरेशन के कारण वाटर टैंक में पानी का स्तर कम होता रहता है। इस स्तर को बनाए रखने के लिए टैंक में एक मैक-अप वाटर कनेक्शन दे दिया जाता है। इस प्रकार, एवैपोरेटर में पानी का स्तर बना रहता है।

फोर्स्ड ड्राफ्ट कूलिंग टावर का प्रयोग कम समय में ठण्डा पानी प्राप्त करने के लिए किया जाता है।

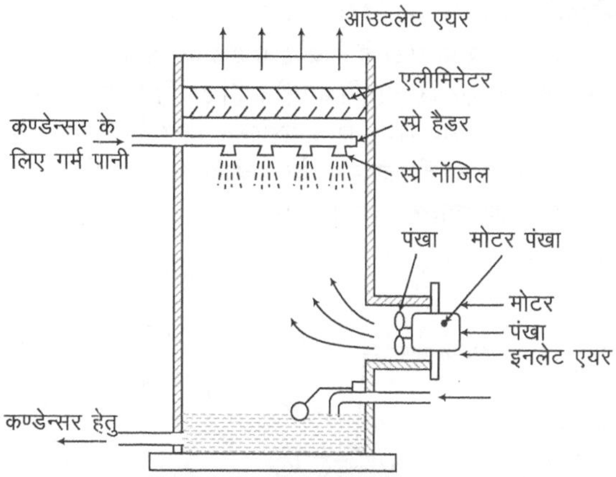

चित्र फोर्स्ड ड्राफ्ट कूलिंग टावर

फोर्स्ड ड्राफ्ट कूलिंग टावर के लाभ एवं हानियाँ

लाभ

फोर्स्ड ड्राफ्ट कूलिंग टावर के लाभ निम्न प्रकार हैं

(i) इसके द्वारा अपेक्षाकृत उच्च कूलिंग प्राप्त होता है।
(ii) इसमें कूलिंग की क्षमता को नियन्त्रित किया जा सकता है।
(iii) इसमें वायु प्रवाह, तीव्र गति से नीचे से ऊपर की ओर होता है।
(iv) इसमें जल का स्तर स्थिर बना रहता है।

हानियाँ

फोर्स्ड ड्राफ्ट कूलिंग टावर की हानियाँ निम्न प्रकार हैं

(i) इसमें अधिक क्षमता वाले फैन की आवश्यकता होती है।
(ii) इसकी अनुरक्षण लागत अपेक्षाकृत अधिक होती है।
(iii) इसमें जल का वाष्पन अधिक होता है।

फ्रॉस्ट फ्री रेफ्रिजरेटरों की देखभाल एवं रख-रखाव
Care and Maintenance of Frost Free Refrigerators

फ्रॉस्ट फ्री रेफ्रिजरेटर की देखभाल एवं रख-रखाव निम्न प्रकार हैं

(i) फ्रॉस्ट फ्री रेफ्रिजरेटर की समय-समय पर सफाई की जानी चाहिए। इसके लिए रेफ्रिजरेटर की समस्त शैल्फों, प्लेटों आदि को निकालकर बेकिंग सोडा मिले गर्म जल से सफाई की जानी चाहिए।

(ii) रेफ्रिजरेटर में कम्प्रैसर के ऊपर लगी एवैपोरेटर ट्रे (evaporator tray) को साल में कम-से-कम दो बार अवश्य साफ करना चाहिए।

(iii) यदि रेफ्रिजरेटर का उपयोग न किया जा रहा हो, तो रेफ्रिजरेटर के डोर का बार-बार नहीं खोलना चाहिए।

(iv) रेफ्रिजरेटर को कभी-भी दीवार से सटाकर नहीं रखना चाहिए, क्योंकि दीवार से सटाकर रखने से वायु के सर्कुलेशन में बाधा आती है।

14.2 ऑटोमैटिक डिफ्रॉस्ट सिस्टम
Automatic Defrost System

फ्रॉस्ट फ्री रेफ्रिजरेटर में ऑटोमैटिक डिफ्रॉस्टिंग निम्न सिस्टम द्वारा की जाती है

1. विद्युतीय डिफ्रॉस्ट सिस्टम Electrical-De-frost System

अधिकांश फ्रॉस्ट फ्री रेफ्रिजरेटर में कैबिनेट में एक मानक तापमान विभाग तथा एक फ्रोजन फूड (frozen food) विभाग होता है। इस द्वि प्रयोजन कैबिनेटों को मोटर नियन्त्रण की विशेष श्रेणी की आवश्यकता होती है। नियन्त्रण के लिए दोनों विभागों में एक ही तापमान देना चाहिए तथा पूर्णत: स्वचालित डिफ्रॉस्टिंग नियन्त्रण उपलब्ध करानी चाहिए।

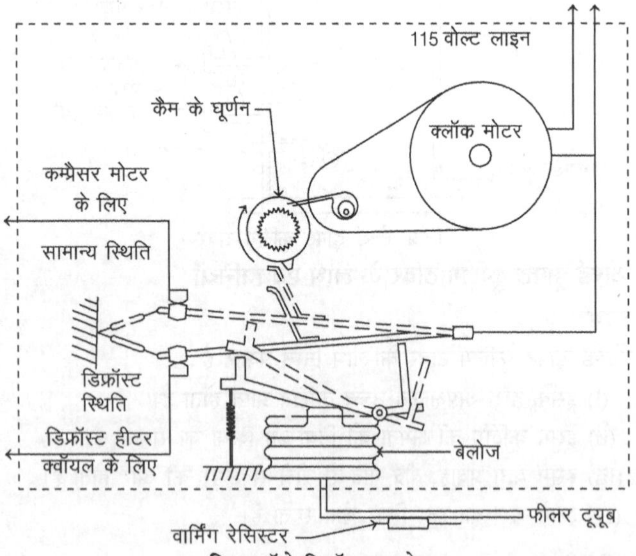

चित्र ऑटो डिफ्रॉस्ट कण्ट्रोल

टाइमर, कम्प्रैसर तथा फ्रीजर कैबिनेट पंखे को बन्द करता है। उसी समय यह एवैपोरेटर पर हीटर तथा एवैपोरेटर क्वायल पर इलेक्ट्रिक हीटर को ऊर्जित करता है। हीटर, फ्रॉस्टिंग बर्फ को पिघलाता है तथा जल ट्यूब में से बहकर कम्प्रैसर के नीचे रखे टब में एकत्र होता है। यूनिट के प्रचालन के समय यह जल कम्प्रैसर की ऊष्मा के द्वारा गर्म होकर एवैपोरेट होता है।

जब बाई-मैटालिक थर्मोडिस्क का तापमान लगभग 10°C पर पहुँचता है, तो क्वायल हीटर बन्द हो जाती है। क्वायल इस समय में पूर्णत: डिफ्रॉस्ट हो चुकी होगी। डिफ्रॉस्ट का समय लगभग 10 मिनट होगा।

यदि बाई-मैटालिक डिस्क हीटर को बन्द करने में विफल होती है, तो टाइमर कण्ट्रोल 'की' द्वारा हीटर को स्वत: ही कट ऑफ कर देगा।

थर्मो डिस्क द्वारा क्वायल हीटर के बन्द होने के पश्चात् एवैपोरेटर हीटर लगभग 5 मिनट के लिए चालू रहता है तथा टाइमर कण्ट्रोल की द्वारा वह विच्छेदित क्वायल तापमान को वांछित कूलिंग तक लाने के लिए तुरन्त चालू होता है। नम वायु के संचरण को रोकने के लिए एवैपोरेटर फैन 5 मिनट के विलम्ब के बाद चालू होता है।

2. गर्म गैस डिफ्रॉस्ट सिस्टम Hot Gas Defrost System

डिफ्रॉस्ट की गर्म गैस विधि कम्प्रैसर डिस्चार्ज से एवैपोरेटर उपमार्ग को खोलने तथा बन्द करने के लिए एक परनालिका का प्रयोग करती है। जब परनालिका वाल्व खुलता है तो गर्म गैस एवैपोरेटर का प्रवाह करती है तथा डिफ्रॉस्ट बर्फ को पिघलाती है तथा वापिस कम्प्रैसर को लौटती है।

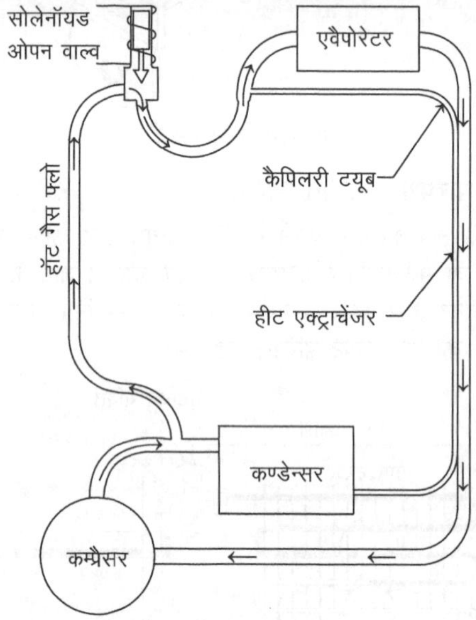

चित्र हॉट गैस डिफ्रॉस्ट सिस्टम

डिफ्रॉस्ट समय पूर्ण होने के पश्चात् सोलेनॉयड वाल्व बन्द हो जाती है, गर्म गैस उप मार्ग लाइन जो एवैपोरेट हो जाता है, बन्द हो जाएगा तथा प्रशीतित्र के लिए सामान्य चक्र प्रचालित होगा।

इस प्रकार में डिफ्रॉस्ट समय में भी सम्पीडित्र लगातार चलेगा, केवल विसर्जन वेपर एवैपोरेटर को प्रवाहित किया जाता है।

डिफ्रास्ट कण्ट्रोल उपकरण
Defrost control Equipments

थर्मोस्टेट Thermostat

कार्य तथा प्रचालन के लिए एवैपोरेटर कक्ष के साथ-साथ कूलिंग कैबिन में वांछित तापक्रम बनाए रखने के लिए कम्प्रैसर के ऑन तथा ऑफ 'की' की तरह कार्य करने वाला यह उपकरण थर्मोस्टेट कहलाता है।

टाइमर तथा हीटर (Timer and Heater)

डिफ्रॉस्ट हीटर केवल यूनिट के विच्छेद अवधि पर ऊर्जित होता है तथा यह हर 12 घण्टों में एक बार डिफ्रॉस्टिंग चक्र आरम्भ करते हुए टाइमर कण्ट्रोल मैकेनिज्म (timer control mechanism) द्वारा प्रचालित हो सकता है।

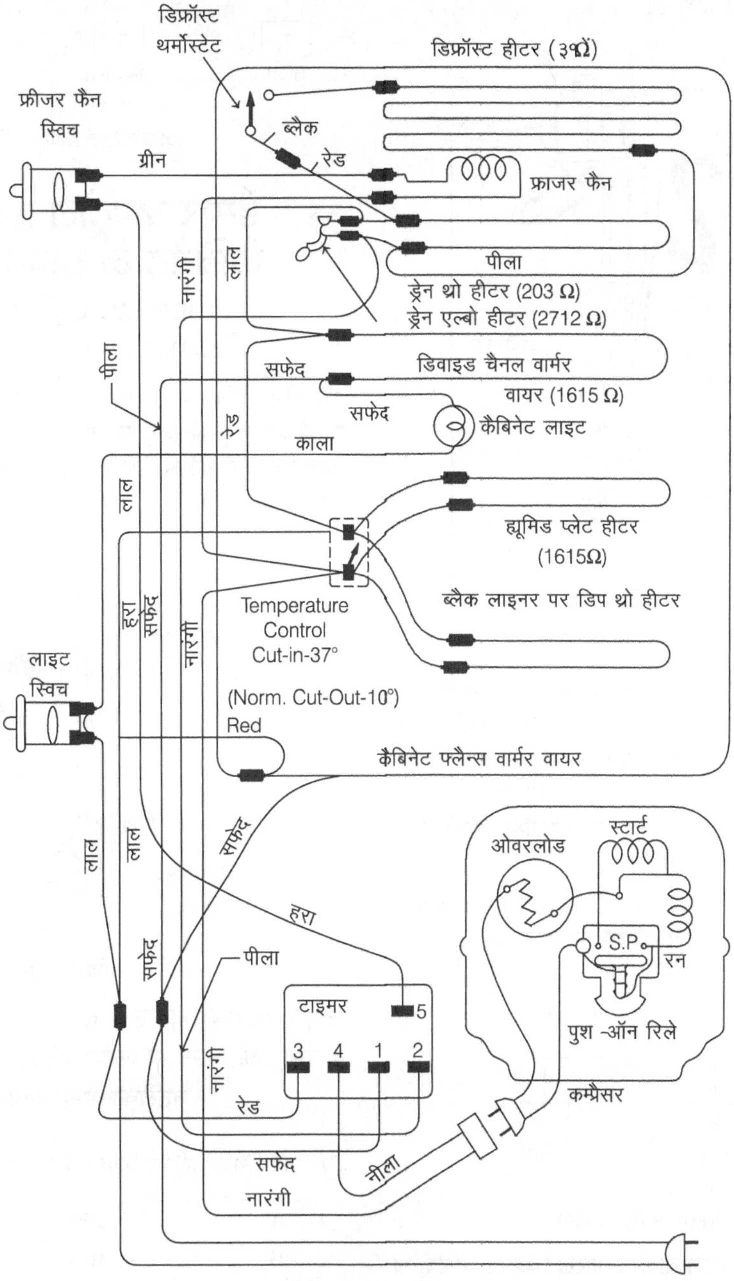

चित्र वायरिंग आरेख

कम्प्रैसर डिफ्रॉस्ट तथा कूलिंग साइकिल दोनों के दौरान ताप नियन्त्रण 'की' के द्वारा नियन्त्रित होती है। डिफ्रॉस्ट कण्ट्रोल की थर्मोस्टेट की विच्छेद स्थिति (जब सम्पीडित बन्द होता है) के दौरान डिफ्रॉस्ट स्थिति में रहती है।

ताप नियन्त्रण कुंजी के बन्द होने तथा कम्प्रैसर के चालू होने तक डिफ्रास्ट चक्र चालू नहीं होगा। विद्युतीय घड़ी द्वारा 'की' की भुजा डिफ्रॉस्ट स्थिति पर चलती है। 'की' की भुजा शक्ति घटक द्वारा सामान्य स्थिति पर वापिस आती है, जो ताप में परिवर्तन पर अनुक्रित होती है।

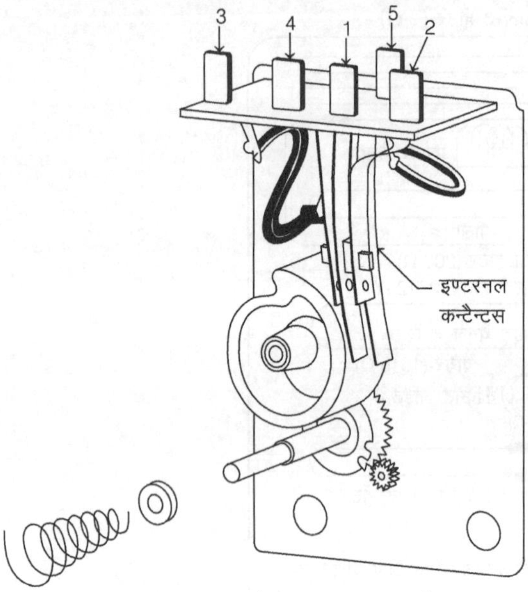

चित्र डिफ्रॉस्ट टाइमर कान्टैक्ट तथा टर्मिनल अटैचमेन्ट

लाइनर हीटर कम्प्रैसर के विच्छेद के दौरान प्रचालित होता है तथा बर्फ के बनने को डिफ्रॉस्ट करता है। बाई-मैटालिक डिफ्रॉस्ट थर्मोस्टेट डिफ्रॉस्टिंग के दौरान 6°C पर यह ऊष्मक बन्द होता है तथा 10°C पर खुलने को नियन्त्रण करता है। टाइमर केवल तभी चलता है जब यूनिट ऑन होती है। ये नियन्त्रण प्रचालन चक्र के ऑफ स्थिति के दौरान एवैपोरेटर को डिफ्रॉस्ट, करते हैं। ये कम्प्रैसर तथा एवैपोरेटर फेन को बन्द करते हैं।

कम्प्रैसर के लगभग 5 मिनट चलने के पश्चात् एवैपोरटर चालू हो जाता है तथा फिर यूनिट अपने सामान्य प्रचालन पर वापिस आ जाती है।

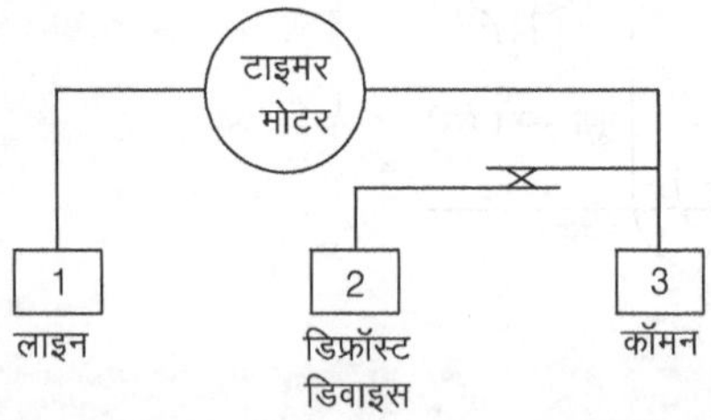

(a) हॉट गैस डिफ्रॉस्ट सिस्टम के लिए वायरिंग

ऑटोमैटिक डिफ्रॉस्टिंग कण्ट्रोल की सरल वायरिंग आरेख चित्र (a) में दर्शाया गया है। गर्म गैस डिफ्रॉस्टिंग सिस्टम में परनालिका वाल्व खुली होने के कारण एवैपोरेटर को गर्म गैस आपूर्ति करने के लिए डिफ्रॉस्टिंग चक्र में कम्प्रैसर लगातार चलता है।

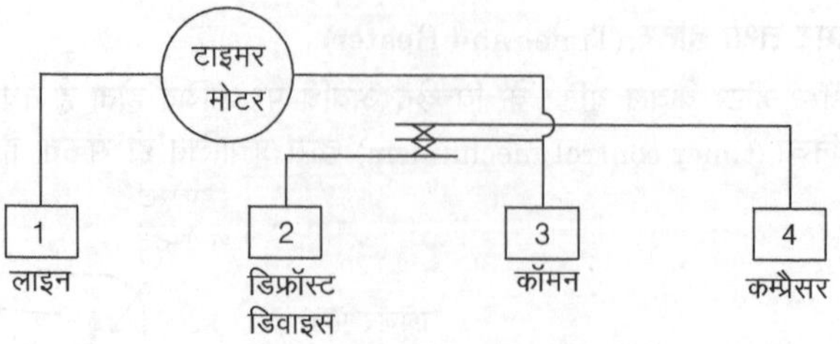

(b) इलैक्ट्रिक डिफ्रॉस्ट सिस्टम हेतु वायरिंग

14.3 डैम्पर कण्ट्रोल द्वारा फ्रीजर तथा कैबिनेट के तापमान का नियन्त्रण

Temperature Control of freezer and Cabinet by Damper Control

रेफ्रिजरेटर कैबिन में एक डैम्पर नियन्त्रण मैनुअल की उपलब्ध होती है जिसे या तो फ्रीजर (freezer) या रेफ्रिजरेटिड (refrigerated) कक्ष में भण्डारित खाद्य उत्पादकों की आवश्यकता के अनुसार समायोजित किया जा सकता है।

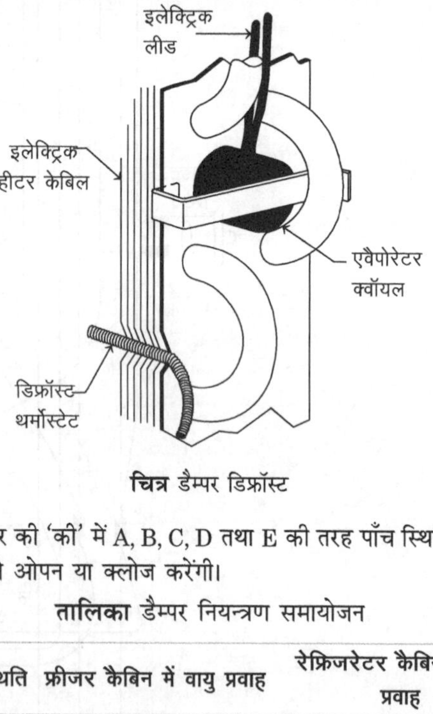

चित्र डैम्पर डिफ्रॉस्ट

पियानो प्रकार की 'की' में A, B, C, D तथा E की तरह पाँच स्थितियाँ होंगी। ये डैम्पर को ओपन या क्लोज करेंगी।

तालिका डैम्पर नियन्त्रण समायोजन

'की' की स्थिति	फ्रीजर कैबिन में वायु प्रवाह	रेफ्रिजरेटर कैबिन में वायु प्रवाह
A	20%	80%
B	40%	60%
C	50%	50%
D	60%	40%
E	80%	20%

इन व्यवस्थाओं के अनुसार उपभोक्ता मैनुअली वायु प्रवाह के साथ-साथ फ्रीजर (freezer) या रेफ्रिजरेटिड कक्ष के अन्दर वांछित तापमान के लिए डैम्पर को समायोजित कर सकता है।

14.4 डिजिटल इन्वर्टर टेक्नोलॉजी
Digital Inverter Technology

कन्वैन्शनल कम्प्रैसर से डिजिटल इन्वेंटर कम्प्रैसर कहीं अधिक आधुनिक एवं दक्ष है। ये अपनी स्पीड को कूलिंग आपूर्ति के अनुसार एडजस्ट कर सकते हैं। इसमें मोटर की स्पीड को वांछित RPM पर सैट किया जा सकता है। मोटर की स्पीड को सैट करने के लिए IGBT (इन्सुलेटिड गेट बाई-पोलर ट्रांजिस्टर) का प्रयोग किया जाता है।

IGBT एक थ्री टर्मिनल पावर सेमी कण्डक्टर डिवाइस है, जो पल्स विड्थ माड्यूलेटर (PWM) थ्री फेज ड्राइवर में भी प्रयोग किया जाता है। पल्स विड्थ माड्यूलेटर इन्वर्टर कम्प्रैसर में मुख्य भूमिका निभाता है। ए. सी. (AC) पावर सप्लाई ज्यावक्रीय (sinusoidal) या ज्या तरंगें होती हैं। परन्तु ये तरंगें वर्गाकार तरंगों के रूप में परिवर्तित हो जाती हैं। इन वर्गाकार तरंगों की चौड़ाई 0 से 120 हर्ट्ज तक परिवर्तित होती रहती है। कम्प्रैसर मोटर की स्पीड भी इसी परिवर्तित आवृत्ति के अनुसार बदलती रहती है।

BLDC मोटर की कार्यविधि
Working of BLDC Motor

बुश लैस डीसी मोटर स्थायी चुम्बक (इन्सुलेटिड इलैक्ट्रो-मेग्नेट्स) होती हैं। ये स्थायी चुम्बक ए. सी. मैग्नेटिक फिल्ड के स्थान पर डी सी मैग्नेटिक फील्ड उत्पन्न करती है। इस डी. सी. फील्ड का उत्पादन एसी करण्ट को स्थायी चुम्बक से गुजारकर किया जाता है, यह मैग्नेटिक फील्ड पूर्व स्थापित मैग्नेटिक फील्ड को प्रतिच्छेदित करता है, जिसके परिणामस्वरूप मोटर में करण्ट प्रवाहित होता है।

14.5 इन्वर्टर टेक्नोलॉजी
Inverter Technology

डिजिटल इन्वर्टर कम्प्रेसर के आविष्कार से, सिंगल-स्पीड इण्डक्शन मोटर कम्प्रेसर की तुलना में ऊर्जा की खपत और भी कम हो गई है और इस प्रकार ग्रीन हाउस गैसों को कम करने में कहीं अधिक योगदान प्राप्त हुआ है।

नए ऊर्जा दक्षता मानकों की शुरुआत के कारण, आज बनाए गए रेफ्रिजरेटर पिछले मॉडलों की तुलना में बहुत अधिक कुशल हैं, व तीन गुना बड़े होने के बावजूद उतनी ही ऊर्जा की खपत करते हैं। पुराने रेफ्रिजरेटर की दक्षता को डीफ्रॉस्टिंग (यदि यूनिट मैनुअल डिफ्रॉस्ट है) और नियमित रूप से साफ करके पुराने और खराब हो चुके दरवाजे की सील को बदलकर, वास्तविक सामग्री को समायोजित करके थर्मोस्टेट को समायोजित करके सुधारा जा सकता है।

कुछ साइटें आपको हर महीने कण्डेनसर क्वॉइल को साफ करने की सलाह देती हैं, जो पीछे की तरफ क्वॉइल वाली यूनिट पर स्थापित हैं। यह साबित हो गया है इससे दक्षता में सुधार बहुत कम मात्रा में होता है, हालाँकि, इकाई को आगे, पीछे, पक्षों और इकाई के ऊपर पर्याप्त रिक्त स्थान छोड़ा जाता है। जिससे यूनिट को पर्याप्त वायु प्राप्त हो सके। यदि रेफ्रिजरेटर कण्डेनसर को ठण्डा रखने के लिए पंखे का उपयोग करता है, तो इसे कम-से-कम वार्षिक रूप से साफ किया जाना चाहिए।

फ्रॉस्ट-फ्री रेफ्रिजरेटर या फ्रीजर उपयुक्त कम्पार्टमेन्ट को ठण्डा करने के लिए बिजली के पंखे का उपयोग करते हैं। इसे "फैन फोर्स्ड रेफ्रिजरेटर" कहा जा सकता है, जबकि मैनुअल डीफ्रॉस्ट यूनिट पर्याप्त कूलिंग प्राप्त करने के लिए तल से प्राप्त ठण्डी हवा पर निर्भर करती हैं। हवा को एक इनलेट डक्ट के माध्यम से खींचा जाता है और एवैपोरेटर से गुजारा जाता है जहाँ इसे ठण्डा किया जाता है, फिर हवा को पूरे कैबिनेट में नलिकाओं और वेंट की एक शृंखला के माध्यम से प्रसारित किया जाता है। चूँकि एवैपोरेटर से गुजरने वाली हवा गर्म और नम होती है, इसलिए एवैपोरेट पर फ्रॉस्टिंग बनना शुरू हो जाती है।

सस्ते और/या पुराने मॉडलों में, एक डीफ्रॉस्ट साइकिल को एक मकैनिकल टाइमर के माध्यम से नियन्त्रित किया जाता है। यह टाइमर कम्प्रेसर और पंखे को बन्द करने के लिए सेट है और हर 6 से 12 घण्टे में लगभग 15 से 30 मिनट के लिए एवैपोरेटर के पास या उसके आस-पास स्थित एक हीटिंग तत्त्व को सक्रिय करता है। यह किसी भी ठण्डे या बर्फ के निर्माण को पिघला देता है और रेफ्रिजरेटर को एक बार फिर सामान्य रूप से काम करने योग्य बना देता है।

यह माना जाता है कि फ्रॉस्ट फ्री यूनिट में उनके एयर, कण्डीशनर जैसे एवैपोरेटर करने वाले क्वॉइल के कारण ठण्ड के लिए कम सहनशीलता होती है इसलिए यदि कोई दरवाजा गलती से (विशेषकर फ्रीजर) खुला छोड़ दिया जाता है, तो डीफ्रॉस्ट सिस्टम सभी फ्रॉस्टिंग को दूर नहीं कर सकता है, इस मामले में फ्रीजर (या रेफ्रिजरेटर) को डिफ्रॉस्ट किया जाना चाहिए।

यदि डिफ्रॉस्टिंग सिस्टम समयबद्ध डिफ्रॉस्टिंग अवधि समाप्त होने से पहले सभी बर्फ को पिघला देता है, तो एक छोटा उपकरण (जिसे डिफ्रॉस्ट लिमिटर कहा जाता है) थर्मोस्टेट की तरह कार्य करता है और तापमान में बहुत अधिक उतार-चढ़ाव को रोकने के लिए हीटिंग तत्त्व को बन्द कर देता है, यह हवा के गर्म विस्फोटों को भी रोकता है।

कुछ शुरुआती फ्रॉस्ट फ्री मॉडलों पर डिफ्रॉस्ट लिमिटर समय पर डिफ्रॉस्ट चक्र समाप्त होने से पहले हीटिंग तत्त्व को बन्द करते ही डिफ्रॉस्ट टाइमर को कम्प्रेसर और पंखे को चालू करने के लिए एक संकेत भेजता है। जब डिफ्रॉस्ट चक्र पूरा हो जाता है, तो कम्प्रेसर और पंखे को वापस चालू करने की अनुमति दी जाती है।

फ्रॉस्ट-फ्री रेफ्रिजरेटरों जिनमें कुछ शुरुआती फ्रॉस्ट-फ्री रेफ्रिजरेटर/फ्रीजर शामिल हैं, जो फ्रीजर सेक्शन से एयरफ्लो के बजाय अपने रेफ्रिजरेटर सेक्शन में कोल्ड प्लेट का उपयोग करते हैं, सामान्यत: डिफ्रॉस्टिंग के दौरान अपने रेफ्रिजरेटर के पंखे बन्द नहीं करते हैं।

यह उपभोक्ताओं को मुख्य रेफ्रिजरेटर डिब्बे में भोजन को खुला छोड़ने की अनुमति देता है और सब्जियों को नम रखने में भी मदद करता है। यह विधि ऊर्जा की खपत को कम करने में भी मदद करती है, क्योंकि रेफ्रिजरेटर फ्रीज बिन्दु से ऊपर है और डिफ्रॉस्टिंग चक्र की सहायता के लिए एवैपोरेटर या ठण्डी प्लेट के माध्यम से गर्म-से-ठण्ड वाली हवा को प्रवाहित कर सकता है।

मॉड्यूलर रेफ्रिजरेशन सिस्टम

कई विशेष स्टोर फ्लैक्सिबल रेफ्रिजरेशन सिस्टम का उपयोग करते हैं। काँच के दरवाजे के भण्डारण घटकों का उपयोग रेफ्रिजरेशन यूनिट के साथ कई संयोजनों में किया जा सकता है। रेफ्रिजरेशन यूनिट चार स्टोरेज यूनिट को ठण्डा करती है। इस सिस्टम में फोर्स्ड एयर सर्कुलेशन (farced air circulation) स्वचालित डीफ्रॉस्ट, समायोज्य तापमान नियन्त्रण स्थापित होता है। छोटे रेस्तरां में इस तरह की यूनिट का उपयोग किया जाता है।

14.6 इन्वर्टर रेफ्रिजरेटर नियन्त्रण प्रणाली की एनाटॉमी Anatomy of Inverter Refrigerator Control System

इन्वर्टर रेफ्रिजरेटर में आमतौर पर नियन्त्रण के दो भाग होते हैं, एक कम्प्रेसर नियन्त्रण क लिए और दूसरा सिस्टम नियन्त्रण के लिए होता है। सिस्टम नियन्त्रण भाग मुख्य रूप से कक्षों के तापमान, पर्यावरण कम्प्रेसर की गति, प्रशंसकों की स्थिति और फ्रिज में डीफ्रॉस्ट हीटर को नियन्त्रित करता है। यह डिस्प्ले के साथ एक कण्ट्रोल पैनल को भी चलाता है और उस पर इनपुट्स देता है। सिस्टम कण्ट्रोल पार्ट एक PWM सिग्नल को आउटपुट करता है जिसकी आवृत्ति कमाण्ड स्पीड को दर्शाती है और कम्प्रेसर कण्ट्रोल पार्ट इस कमाण्ड के अनुसार मोटर को प्रचालित करता है। मान्यत: 40 हर्ट्ज से 150 हर्ट्ज की आवृत्ति रेंज 1200 rpm से 4500 rpm पर मेल खाती है। सिस्टम नियन्त्रण और कम्प्रेसर नियन्त्रण भागों को आमतौर पर मौजूदा बाजारों में अलग-अलग MCU पर लागू किया जाता है। एक रेफ्रिजरेटर के अन्दर एक HMI मॉड्यूल के साथ एक सिस्टम कण्ट्रोल बोर्ड और एक कम्प्रेसर कण्ट्रोल बोर्ड होता है। AC-DC पावर सर्किट के एक सेट को खत्म करने के लिए इन दो भागों को एक बोर्ड पर भी लागू किया जा सकता है।

रेफ्रिजरेशन सिस्टम की पृष्ठभूमि
Background of Refrigeration System

एक रेफ्रिजरेशन सिस्टम कम्प्रेसर कण्डेनसर मीटरिंग डिवाइस और एवैपोरेटर से मिलकर बना होता है। मीटरिंग डिवाइस रेफ्रिजरेशन में एक कैपिलरी ट्यूब होती है। जब सिस्टम काम करना शुरू करता है, तो कम्प्रेसर अपने इनलेट से कम दबाव वाले वाष्प रेफ्रिजरेंट को कम्प्रैस करता है और इसके आउटलेट पर उच्च दबाव व उच्च तापमान वेपर उत्पन्न करता है। यह उच्च दाब व उच्च तापमान वेपर रेफ्रिजरेंट कण्डेनसर में प्रवाहित होता है। क्योंकि परिवेशी वायु कण्डेनसर की तुलना में ठण्डी होती है, गर्मी को ठण्डी हवा में स्थानान्तरित कर दिया जाता है और वेपर रेफ्रिजरेंट एक उच्च दबाव तरल स्थिति बन जाता है। फिर यह उच्च दाब तरल रेफ्रिजरेंट कण्डेन्सर को छोड़ देता है और मीटरिंग उपकरण में प्रवाहित होता है जो एक कैपिलरी ट्यूब है एवैपोरेटर तक पहुँचने पर रेफ्रिजरेंट कम दबाव और ठण्डा तरल बन जाता है। एवैपोरेटर ट्यूबों में ये ठण्डा रेफ्रिजरेंट हवा में गर्मी को अवशोषित करता है, कूलिंग प्रदान करता है जब यह कम्प्रेसर के इनलेट तक पहुँचता है, तो यह कम दबाव वाले ठण्डे वाष्प में बदल जाता है। कम दबाव वाले वाष्प रेफ्रिजरेंट को कम्प्रेसर में खींचा जाता है और चक्र फिर से शुरू हो जाता है। जैसे-जैसे रेफिजरेटिंग चक्र चलता है, हाई-साइड प्रेशर कम्प्रेसर के आउटलेट पर काफी बढ़ जाता है, ओर लो-साइड प्रेशर कम्प्रेसर के इनलेट पर भी थोड़ा कम हो जाता है।

इन्वर्टर रेफ्रिजरेटर कम्प्रेसर नियन्त्रण में कुछ विशेषताएँ
Some features in Inverter Refrigeratder compressor control

इन्वर्टर रेफ्रिजरेटर कम्प्रेसर नियन्त्रण में कुछ प्रमुख विशेषताएँ हैं

लोडिंग स्थिर नहीं है लेकिन समय-समय पर प्रत्येक घूर्णन में परिवर्तन होता है, अर्थात् पिस्टन की पारस्परिक गति के कारण प्रत्येक घूर्णन में अधिकतम लोडिंग टॉर्क और न्यूनतम लोडिंग टॉर्क होता है। कम्प्रेसर के इनलेट और आउटलेट के बीच अवशिष्ट दबाव अन्तर बहुत बड़ा हो सकता है, जिससे स्टार्टअप मुश्किल हो जाता है। रेफ्रिजरेटर के लिए दक्षता बहुत महत्त्वपूर्ण है। चूँकि कम्प्रेसर ज्यादातर समय बन्द रहता है, नियन्त्रण बोर्ड की खपत का प्रभाव महत्त्वपूर्ण हो जाता है।
सुरक्षा के सभी प्रकार हैं।

उच्च दबाव अन्तर के तहत स्टार्टअप
Startup under High Pressure Difference

कप्रेसर के अन्दर की मोटर एक क्रैंकशाफ्ट को चलाती है, जो पिस्टन को एक पश्चाग्र गति प्रदान करती है। इस गति में रेफ्रिजरेन्ट वेपर कम्प्रैस होती है। चूँकि लो-साइड प्रेशर की तुलना में हाई साइड प्रेशर बहुत अधिक है, इसलिए एक यान्त्रिक घूर्णन में एक महत्त्वपूर्ण लोड टॉर्क परिवर्तन होता है। जब मोटर तेज गति से चल रही हो, तो यह आवधिक लोड टॉर्क परिवर्तन एक बड़ी समस्या नहीं है क्योंकि बहुत कम समय में लोड परिवर्तन से गति में बहुत अधिक बदलाव नहीं होगा। जब कम्प्रेसर थोड़ी देर काम करने के बाद बन्द हो जाता है तो हाईसाइड और लो-साइड के बीच दबाव अन्तर उपस्थित होता है और समय के साथ शून्य हो जाता है। जब एक बडा अवशिष्ट दबाव अन्तर (residual pressure difference) होता है, तो स्टार्टअप के समय लोडिंग या तो बड़ी या छोटी हो सकती है क्योंकि रोटर और पिस्टन की सटीक स्थिति ज्ञात नहीं होती है, इसलिए हम नहीं जानते कि पिस्टन को दाब के विरुद्ध चलना है या नहीं।

14.7 रेफ्रिजरेटर कैबिनेट के आयतन की गणना Volume Calculation of Refrigerator Cabinet

रेफ्रिजरेटर कैबिनेट की आयतन गणना निम्नलिखित पदों में पूरी की जाती है

1. सर्वप्रथम, रेफ्रिजरेशन में संयोजित समस्त अवयवों; जैसे—ड्रायर, शैल्वस आदि को रेफ्रिजरेशन प्रणाली से असम्बद्ध करते हैं।
2. तत्पश्चात् रेफ्रिजरेटर के शीर्ष से तल तक की ऊँचाई मापते हैं।
3. ऊँचाई मापने के पश्चात् रेफ्रिजरेटर की बाएँ से दाएँ तक की लम्बाई तथा कैबिनेट की गहराई मापते हैं।
4. उपरोक्त तीनों लम्बाई, ऊँचाई तथा गहराई को आपस में गुणा करने पर प्राप्त आयतन रेफ्रिजरेटर कैबिनेट आयतन कहलाता है।
5. यदि कैबिनेट में एक से अधिक कम्पार्टमेन्ट हैं तो सभी कम्पार्टमेन्ट्स का अलग-अलग आयतन ज्ञात करके उनका बीजगणितीय योग कर देते हैं। इस प्रकार प्राप्त आयतन ही रेफ्रिजरेटर कैबिनेट का कुल आयतन होता है।
6. रेफ्रिजरेटर कैबिनेट आयतन को घन मीटर या घन फीट इत्यादि में व्यक्त किया जाता है।

14.8 रेफ्रिजरेटर के उपयोग हेतु औपचारिकताएँ Formalities for Refrigerator Use

रेफ्रिजरेटर एक विद्युत चालित युक्ति है, जिसे प्रयोग में लाने से पूर्व कुछ औपचारिकताएँ पूर्ण की जाती हैं। कुछ मुख्य औपचारिकताएँ निम्न प्रकार हैं

रखना Placing

यदि बाजार से नया रेफ्रिजरेटर खरीदा जाता है, तो पहले यह विचार कीजिए कि इसे रखना कहाँ है? रेफ्रिजरेटर के पीछे की ओर कण्डेन्सर लगा होता है। अत: इसे कुछ ताजी वायु भी चाहिए। इस कारण इसे पीछे की दीवार से 15 सेमी दूर और साइड की ओर से 10 सेमी दूर रखना चाहिए। रेफ्रिजरेटर के ऊपर सूर्य का प्रकाश नहीं आना चाहिए। रेफ्रिजरेटर के पास सीधे ही गर्मी देने वाला उपकरण; जैसे—हीटर, गैस उपकरण आदि नहीं रखना चाहिए। रेफ्रिजरेटर को फर्श पर लेवल में रखना चाहिए। यदि रेफ्रिजरेटर ठीक प्रकार से लेवल में नहीं रखा जाता है, तो निम्नलिखित समस्याएँ उत्पन्न हो सकती हैं

1. कम्प्रैसर (compressor) आवाज करने लगता है। स्प्रिंग और गलत लेवल के कारण कम्प्रैसर के भाग लटके रहते हैं और पूर्ण रूप से भूमि से नहीं लगे रहते हैं।
2. रेफ्रिजरेटर ठीक प्रकार से ठण्डा नहीं होगा। लेवल ठीक न होने के कारण दरवाजा ठीक से बन्द नहीं होगा और बाह्य ऊष्मा अन्दर की ठण्डक को कम कर देगी।

इसके लिए इसमें नीचे चारों ओर ग्लाइडर स्क्रू लगे होते हैं। इन्हें समान रूप से रखा जाता है और पीछे के स्क्रू को आगे बढ़ाना होता है। इस स्थिति में रेफ्रिजरेटर का दरवाजा रेफ्रिजरेटर केबिनेट के सामने के भाग पर रेफ्रिजरेटर से सेट हो जाता है। इसमें मैग्नेटिक गैस्केट के साथ यूनीफॉर्म सील होती है, जिससे दरवाजा सरलता से बन्द हो जाता है। रेफ्रिजरेटर के दरवाजे को 45° से कम कोण पर खोलकर छोड़ दिया जाए, तो कैबिनेट के उचित लेवल होने पर दरवाजा कैबिनेट से आसानी से लग जाता है और बिना झटके (jerk) के कैबिनेट सील हो जाता है। कैबिनेट की मैग्नेट सील कार्य में सुधार करती है।

स्टार्टिंग Starting

रेफ्रिजरेटर के अन्दर दाईं ओर गोल नॉब होती है, जिसे ताप नियन्त्रण नॉब कहते हैं। नॉब पर 0 से 9 नम्बर होते हैं। ताप के नियन्त्रण के लिए इस नॉब को 1 नम्बर पर रखा जाता है। इसमें एक चिल ट्रे होती है।

जो फ्रीजर चेस्ट के नीचे लगी होती है। पीछे की ओर प्लास्टिक फ्लैप होता है, जिसे चिल डिफ्लेक्टर कहते हैं। यह डिफ्लेक्टर चिल ट्रे के अन्दर की ओर रख देना चाहिए। यदि रेफ्रिजरेटर का स्विच ऑफ करके तुरन्त पुन: ऑन कर दिया जाए, तो तुरन्त कम्प्रैसर आरम्भ नहीं होता है, परन्तु कुछ समय पश्चात् स्वयं स्टार्ट हो जाता है।

ताप नियमन Temperature Regulation

रेफ्रिजरेटर कैबिनेट ताप उपकरण लगाने के स्थान के ताप से प्रभावित होता है। इसके अतिरिक्त दरवाजे को बार-बार खोलने व बन्द करने से रेफ्रिजरेटर के अन्दर स्टोर (stored) किए गए खाद्य पदार्थों का ताप भी प्रभावित होता है। ताप नियन्त्रण नॉब को इन सब स्थितियों को देखकर उपयुक्त ताप पर सेट किया जाता है। प्रत्येक रेफ्रिजरेटर के नियन्त्रण नॉब में घुमाने की दिशा तीर के निशान द्वारा प्रदर्शित की जाती है। डबल डोर रेफ्रिजरेटर में ताप नियन्त्रण नीचे के बजाय रेफ्रिजरेटर कम्पार्टमेन्ट में लगी होती है, जो फ्रीजर और रेफ्रिजरेटर दोनों विभागों के ताप को नियन्त्रित करती है। डबल डोर रेफ्रिजरेटर में ताप नियन्त्रण के साथ ऑटोडिफ्रॉस्ट (autodefrost) बटन नहीं होता है, जबकि यह सेल्फ डिफ्रॉस्टिंग प्रणाली के साथ लगा होता है, परन्तु सिंगल डोर रेफ्रिजरेटर में यह बटन होता है। रेफ्रिजरेटर के सामान्य रूप से चलने पर कम्प्रैसर (compressor) और कण्डेन्सर (condensor) गर्म हो जाते हैं। यह कोई दोष नहीं होता है, बल्कि सामान्य प्रक्रिया है।

डिफ्रॉस्टिंग Defrosting

रेफ्रिजरेटर में ठण्डे भाग को फ्रीजर कहा जाता है। यह फ्रोजन फूड चेस्ट होता है, जिसमें बर्फ के लिए आइस ट्रे रखी होती है। रेफ्रिजरेटर के फ्रोजन फूड चेस्ट के ठण्डक वाले स्थान पर वायु की नमी कण्डेन्स हो जाती है और बर्फ बन जाती है। यह बर्फ रेफ्रिजरेटर की ठण्डक को कम कर देती है, इसलिए इसे हटाना आवश्यक हो जाता है।

बर्फ हटाने के लिए ताप नियन्त्रण नॉब को ऑफ स्थिति में किया जाता है। फ्रोजन फूड चेस्ट से खाद्य पदार्थों को हटा दिया जाता है। वहाँ अखबार की कई परतें बिछा दी जाती हैं। चिल ट्रे को निकालकर साफ कर दिया जाता है। चिल ट्रे डिफ्लेक्टर खोलकर तथा उसमें भरा पानी या बर्फ निकालकर साफ करके चिल ट्रे को लगा दिया जाता है। यह ध्यान रहे कि बर्फ हटाने के लिए किसी नुकीली वस्तु से खुरचना या ठोकना नहीं चाहिए। इसमें क्षारीय घोल का प्रयोग भी नहीं किया जाता है।

स्वचालित डिफ्रॉस्टिंग Automatic Defrosting

कुछ रेफ्रिजरेटर में स्वचालित डिफ्रॉस्टिंग भी होती है। इसमें सफेद रंग का पुश बटन टाइप थर्मोस्टेट लगा होता है। इसके मध्य में लाल रंग का पुश बटन लगा होता है। चिल ट्रे निकालकर चिल डिफ्लेक्टर को पीछे की ओर करके चिल ट्रे को अपने स्थान पर लगा दिया जाता है। डिफ्रॉस्टिंग के लिए थर्मोस्टेट के मध्य में लगे लाल पुश बटन को प्रेस कर दिया जाता है। इसमें डिफ्रॉस्टिंग की क्रिया स्वत: होती रहती है। डिफ्रॉस्टिंग समाप्त होने के पश्चात् लाल पुश बटन स्वयं ही पुन: आरम्भ हो जाता है। डिफ्रॉस्टिंग के पश्चात् चिल ट्रे में पानी भर जाता है, जिसे निकालकर फेंक दिया जाता है।

डबल डोर रेफ्रिजरेटर में माह में एक बार फ्रीजर को डिफ्रॉस्ट किया जाता है। उपकरण का स्विच ऑफ कर दिया जाता है और फ्रीजर से सभी वस्तुएँ निकाल दी जाती हैं। एक बार बर्फ पिघल जाती है, तो पानी फ्रीजर के नीचे एकत्रित हो जाता है। एक ड्रेन ट्यूब फ्रीजर के नीचे से होकर दूसरे कम्पार्टमेन्ट के ऊपरी सिरे से लगी होती है।

यह ट्यूब सामान्यत: प्लास्टिक प्लग से बन्द रहती है। प्लग को हटाने पर बर्फ का पिघला पानी, ट्यूब से कण्टेनर में चला जाता है। वर्टिकल रेफ्रिजरेटर प्लेट के द्वारा रेफ्रिजरेटर कम्पार्टमेन्ट ठण्डा होता है, जिससे नियमित अन्तराल से बर्फ पिघलती रहती है और बर्फ का पानी कम्प्रैसर के पास में लगे कण्टेनर में भर जाता है। यह पानी कम्प्रैसन की गर्मी से भाप बनकर उड़ जाता है।

सफाई करना Cleaning

रेफ्रिजरेशन की सफाई करने से पहले स्विच को ऑफ कर दिया जाता है और प्लग सॉकिट से पृथक् कर दिया जाता है, जिससे विद्युत शॉक की सम्भावना समाप्त हो जाती है। कण्डेन्सर रेफ्रिजरेशन के पीछे की ओर लगा होता है। इस पर जमी धूल आदि साफ कर दी जाती है। इसे ताप से बचाया जाता है अन्यथा कूलिंग क्षमता कम हो जाती है।

कण्डेन्सर की सफाई 6 माह में कम-से-कम 1-2 बार की जाती है। आउटर केबिनेट और इनर लाइनर के मध्य थोड़ा स्थान रहता है, जिसमें कॉकरोच के आने की सम्भावना अधिक रहती है। उस स्थान को दरवाजा बन्द करते समय देखते रहना चाहिए कि गैस्केट ठीक प्रकार से लगी है और ठीक स्थिति में है।

सभी शेल्व (shelve) को निकालकर धीरे-धीरे कपड़े से पोंछे। इसके साथ सामान को भी गीले कपड़े से साफ करें। मुख्य कम्पार्टमेन्ट और डोर स्टोरेज स्थान को गुनगुने पानी से साफ कर मुलायम कपड़े से साफ करें। अब आइस ट्रे और डिवाइडर को गुनगुने पानी से साफ करें। फिर ठण्डे पानी से ठीक प्रकार से अन्दर की दीवारों और डोर लाइनर को साफ करें, परन्तु किसी प्रकार का पाउडर या डिटर्जेन्ट प्रयोग नहीं करना चाहिए। बाहरी भाग को साबुन या सिन्थेटिक डिटर्जेन्ट से साफ करके और कपड़े से सुखाना चाहिए। इसके पश्चात् उसके ऊपर रेफ्रिजरेटिड पॉलिश अथवा लिक्विड पॉलिश कर दी जाती है।

स्थापना Installation

रेफ्रिजरेटर की स्थापना करते समय निम्नलिखित महत्त्वपूर्ण संकेतों को ध्यान में रखना चाहिए—

1. इसे साफ ठण्डे, सूखे, अच्छी रोशनी व हवा वाले क्षेत्र में स्थापित करना चाहिए।
2. इस पर सूर्य की किरणें सीधी नहीं पड़नी चाहिए।
3. इसे दीवार के बिल्कुल समीप नहीं रखना चाहिए, जोकि वेन्टीलेशन (Ventilation) में रुकावट डाल सकती है। दीवार से इसकी दूरी कम-से-कम 22.5 सेमी रखनी चाहिए।
4. इसे ऐसे आधार पर रखना चाहिए, जो ऑपरेटिंग कम्पनों को सहन कर सके या फिर वाइब्रेशन आइसोलेटरों का प्रयोग करना चाहिए।
5. इसका लेवल सही रखना चाहिए।
6. रेफ्रिजरेटर के लिए अलग प्लग लगाया जाना चाहिए।

महत्त्वपूर्ण बिन्दु

- फ्रॉस्ट फ्री रेफ्रिजरेटर घरेलू रेफ्रिजरेटर का ही विकसित रूप है।
- फ्रॉस्ट फ्री रेफ्रिजरेटर कैबिनेट के अन्दर एक प्लेट एवैपोरेटर श्रेणी क्रम में जुड़ा होता है।
- प्लेट एवैपोरेटर से निम्न दाब वेपर एक्युमुलेटर के द्वारा सक्शन लाइट गुजरती है।
- थर्मोस्टेट, रेफ्रिजरेटर के अन्दर फिट होता है।
- फ्रॉस्ट फ्री रेफ्रिजरेटर में थर्मल बल्ब, प्लेट एवैपोरेटर के साथ जुड़ा होता है।
- फ्रीजर के चारों ओर की कैबिन की सतह को स्वेटिंग से बचाने के लिए ड्यू प्वॉइण्ट हीटर लगा होता है।
- फ्रॉस्ट फ्री रेफ्रिजरेटर में प्रत्येक ऑफ साइकिल के बाद पानी ट्यूब से निकाल दिया जाता है।
- फ्रॉस्ट फ्री रेफ्रिजरेटर की कार्यप्रणाली को दो अलग-अलग थर्मोस्टेट द्वारा नियन्त्रित किया जाता है।
- डबल डोर रेफ्रिजरेटर में फ्रॉस्ट फ्री रेफ्रिजरेटिंग प्रक्रिया स्वयं पूर्ण हो जाती है।
- फ्रॉस्ट फ्री रेफ्रिजरेटरों में तापमान नियत बना रहता है।
- ट्रिपल डोर रेफ्रिजरेटरों की क्षमता, डबल डोर रेफ्रिजरेटरों से अधिक होती है
- ट्रिपल डोर रेफ्रिजरेटरों में फ्रीजर कम्पार्टमेन्ट नीचे लगा होता है।
- डिफ्रॉस्ट टाइमर कम्प्रैसर के पीछे लगा होता है।
- बाई-मैटालिक थर्मोस्टेट एक इलेक्ट्रिकल डिवाइस है।
- बाई-मैटालिक थर्मोस्टेट, टर्मिनल पेयर के साथ एक सील्ड बॉक्स में रहता है।
- डिफ्रॉस्ट हीटर एवैपोरेटर क्वॉयल के साथ लगा होता है।
- डिफ्रॉस्टर चक्र के समय कम्प्रैसर असम्बद्ध रहता है।
- RTC रिले में सॉलिड सेरामिक प्लेट होती है।
- फैन मोटर, कन्डेन्सर तथा एवैपोरेटर से अलग-अलग होती है।

महत्त्वपूर्ण प्रश्नोत्तरी

1. फ्रॉस्ट फ्री रेफ्रिजरेटर में थर्मोस्टेट के उपयोग का क्या उद्देश्य है?

उत्तर रेफ्रिजरेटर के कैबिनेट के ताप को नियन्त्रित करने के लिए थर्मोस्टेट का उपयोग किया जाता है।

2. रेफ्रिजरेटर में बर्फ की ट्रे को बाहर निकालने के लिए नुकीली वस्तु का प्रयोग क्यों नहीं करना चाहिए?

उत्तर रेफ्रिजरेटर में बर्फ की ट्रे को बाहर निकालने के लिए नुकीली वस्तु के प्रयोग से कूलिंग क्वॉयल में छिद्र होने की सम्भावना होती है, जिससे रेफ्रिजरेन्ट बाहर निकल सकता है।

3. फ्रॉस्ट फ्री रेफ्रिजरेटर में डिफ्रॉस्ट टाइमर का क्या कार्य है?

उत्तर फ्रॉस्ट फ्री रेफ्रिजरेटर में डिफ्रॉस्ट टाइमर, समय-समय पर डिफ्रॉस्ट हीटर को सक्रिय करता रहता है।

4. यदि किसी रेफ्रिजरेटर की स्थापना सही नहीं है, तो रेफ्रिजरेटर में किस प्रकार का दोष उत्पन्न हो सकता है?

उत्तर रेफ्रिजरेटर की स्थापना सही नहीं होने से रेफ्रिजरेटर अधिक आवाज करता है।

5. रेफ्रिजरेटर का रिसाव ज्ञात करने की हैडलाइड टॉर्च विधि में किस प्रकार की फ्लेम का प्रयोग किया जाता है?

उत्तर रेफ्रिजरेटर का रिसाव ज्ञात करने की हैडलाइड टॉर्च विधि में हाइड्रोकार्बन या मिथाइल एल्कोहल की फ्लेम का प्रयोग किया जाता है।

अभ्यास प्रश्न

परीक्षा प्रारूपी प्रश्न

बहुविकल्पीय

1. घरेलू रेफ्रिजरेटर के रूप में निम्न में से किस रेफ्रिजरेटर का प्रयोग किया जाता है?
(a) सिंगल डोर रेफ्रिजरेटर (b) डबल डोर रेफ्रिजरेटर
(c) ट्रिपल डोर रेफ्रिजरेटर (d) ये सभी

2. सिंगल डोर रेफ्रिजरेटर का प्रयोग किया जाता है
(a) कम मात्रा में पानी ठण्डा करने के लिए
(b) आइसक्रीम जमाने में
(c) जनरल स्टोर में
(d) उपरोक्त सभी

3. रेफ्रिजरेटर के सबसे ऊपरी भाग को कहा जाता है
(a) क्रिस्पर (b) फ्रीजर
(c) शैल्फ (d) इनमें से कोई नहीं

4. घरेलू रेफ्रिजरेटरों में प्रयुक्त कम्प्रैसर होता है
(a) रोटरी टाइप (b) हरमेटिक टाइप
(c) सेमी-हरमेटिक टाइप (d) सर्कुलर

5. घरेलू रेफ्रिजरेटरों में फ्रीजर के नीचे लगी ट्रे कहलाती है
(a) क्रिस्पर (b) शैल्फ
(c) चिलर (d) इनमें से कोई नहीं

6. रेफ्रिजरेटर में एवैपोरेटर द्वारा उत्पन्न ठण्डी वायु को अधिक समय तक रेफ्रिजरेटिड स्पेस में रखने के लिए लगाए जाते हैं
(a) रेफ्रिजरेटर डोर (b) थर्मोस्टेट
(c) कैपिलरी ट्यूब (d) शैल्फ

7. रेफ्रिजरेटर में प्रयुक्त रेफ्रिजरेन्ट के दाब में आने वाली कमी निर्भर करती है
(a) कैपिलरी ट्यूब की लम्बाई पर
(b) कैपिलरी ट्यूब के व्यास पर
(c) 'a' और 'b' दोनों पर
(d) रेफ्रिजरेन्ट के प्रकार पर

8. ताजा खाद्य पदार्थों को सुरक्षित रखने के लिए इनमें से कितना तापमान उपयुक्त है?
(a) 0°-4°C (b) 5°C-8°C
(c) 8°C-12°C (d) इनमें से कोई नही

9. रेफ्रिजरेटर के सबसे अधिक ठण्डे भाग को इनमें से क्या कहा जाता है?
(a) फ्रीजर (b) शैल्फ
(c) क्रिस्पर (d) इनमें से कोई नहीं

10. निम्न में से किस क्षमता के रेफ्रिजरेटर सर्वाधिक प्रयुक्त किए जाते हैं?
(a) 65 से 390 ली (b) 90 से 390 ली
(c) 180 से 490 ली (d) इनमें से कोई नहीं

11. निम्न में से स्टार्टिंग रिले का क्या कार्य है?
(a) मोटर को स्टार्ट करने में (b) स्टार्टिंग टॉर्क प्रदान करने में
(c) स्टार्टिंग वाइण्डिग को असम्बद्ध करने में
(d) उपरोक्त सभी

12. रेफ्रिजरेटर की क्षमता दर्शाई जाती है
(a) लीटर्स में (b) टन में
(c) किग्रा में (d) इनमें से कोई नहीं

13. फ्रोजन फूड चेस्ट में ठण्डक वाले स्थान पर इनमें से किस कारण से बर्फ जम जाती है?
(a) वायु की नमी एक्सपैन्ड होने से
(b) वायु की नमी संघनित होने से
(c) ठण्डक कम हो जाने से
(d) उपरोक्त में से कोई नहीं

14. थर्मोस्टेट का थर्मल बल्ब .... पर फिट रहता है।
(a) कण्डेन्सर क्वॉयल (b) कम्प्रैसर क्वॉयल
(c) फ्रीजिंग क्वॉयल (d) एवैपोरेटर क्वॉयल

15. रिले का प्रयोग किया जाता है
(a) कम्प्रैसर में (b) कैपिलरी ट्यूब में
(c) एवैपोरेटर में (d) इनमें से कोई नहीं

16. फ्रीजर पर अधिक फ्रॉस्टिंग निम्न में से किसका कार्य करती है?
(a) अचालक (b) सुचालक (c) प्रशीतक (d) शीतलन

17. पी.टी.सी. रिले में लगी होती है
(a) सेरामिक प्लेट (b) धातु की प्लेट
(c) बैकेलाइट प्लेट (d) इनमें से कोई नहीं

18. एक्सपैन्शन वाल्व का कार्य है
(a) रेफ्रिजरेन्ट का दाब को कम करना
(b) एवैपोरेटर को सुरक्षित रखना
(c) उच्च तथा निम्न साइड प्रैशर बनाए रखना
(d) उपरोक्त में से कोई नहीं

19. निम्न में से सक्शन लाइन तथा लिक्विड लाइन के साथ लगाई जाने वाली युक्ति है
(a) थर्मोस्टेट (b) ओवरलोड प्रोटेक्टर
(c) हीट एक्सचेंजर (d) स्प्लिट फेज मोटर

20. नीचे चित्र में प्रदर्शित युक्ति का नाम बताइए

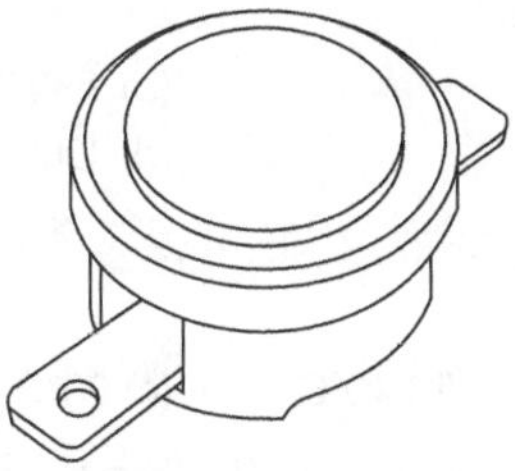

(a) बाइमैटालिक थर्मोस्टेट (b) हीट एक्सचेंजर
(c) स्प्लिट फेज मोटर (d) इनमें से कोई नहीं

21. स्प्लिट फेज मोटर के स्टेटर पर लगी वाइण्डिंग्स की संख्या होती है
(a) 1 (b) 2 (c) 3 (d) 4

22. नीचे चित्र में प्रदर्शित युक्ति की पहचान कीजिए

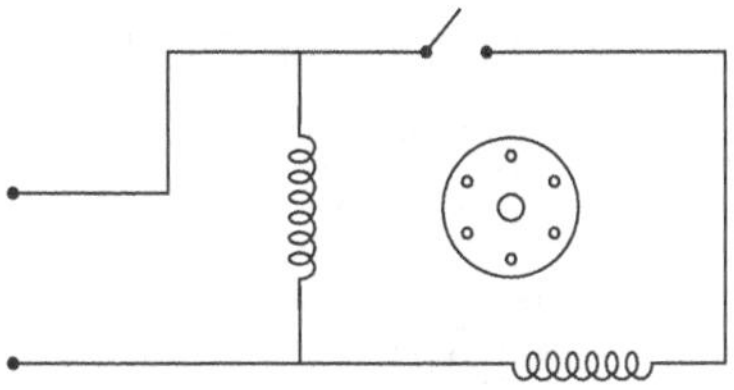

(a) ओवरलोड प्रोटेक्टर (b) थर्मोस्टेट स्विच
(c) स्प्लिट फेज मोटर (d) डबल फेज मोटर

23. फ्रॉस्ट फ्री रेफ्रिजरेटर में निम्न में से किस प्रकार के कण्डेन्सर लगे होते हैं?
(a) प्लेट कण्डेन्सर (b) फिन्ड क्वॉयल कण्डेन्सर
(c) वायरमैश कण्डेन्सर (d) ये सभी

24. फ्रॉस्ट फ्री रेफ्रिजरेटर में कण्डेन्सर के साथ कण्डेन्सर पंखे लगे होने का क्या लाभ मिलता है?
(a) ऊष्मा स्थानान्तरण की क्षमता में वृद्धि
(b) शीतलन स्थानान्तरण की क्षमता में वृद्धि
(c) 'a' और 'b' दोनों
(d) उपरोक्त में से कोई नहीं

25. चित्र में प्रदर्शित डबल डोर रेफ्रिजरेटर के 'X' भाग की पहचान कीजिए।

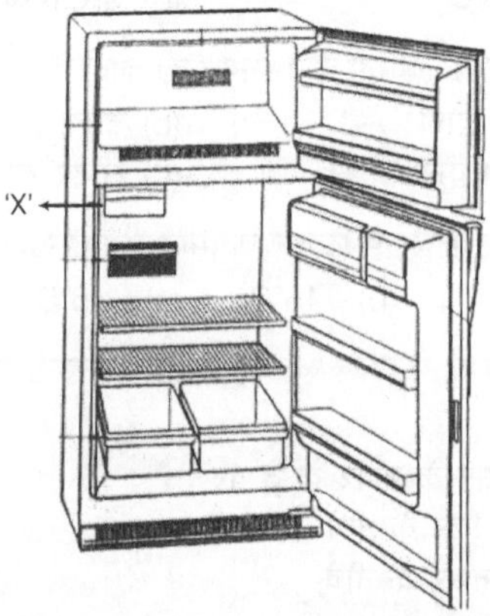

(a) क्रिस्पर (b) फ्रीजर (c) मीटर रीपर (d) वायु डक्ट

26. इनमें से किस कारण से फैन मोटर रेफ्रिजरेटर के दो अवयवों के लिए अलग-अलग रहती है?
(a) कण्डेन्सर को ठण्डा रखने के लिए
(b) वायु को फ्रोजन फूड कम्पार्टमेन्ट के लिए
(c) 'a' और 'b' दोनों
(d) उपरोक्त में से कोई नहीं

27. निम्न में से रेफ्रिजरेटर के टर्मिनल पेयर के साथ सील्ड बॉक्स में लगाई जाने वाली इलेक्ट्रिक डिवाइस है
(a) डिफ्रॉस्ट टाइमर (b) डिफ्रॉस्ट हीटर
(c) बाइमैटालिक थर्मोस्टेट (d) पी.टी.सी. रिले

28. नीचे चित्र में दर्शाई गई इलेक्ट्रिक डिवाइस की पहचान कीजिए

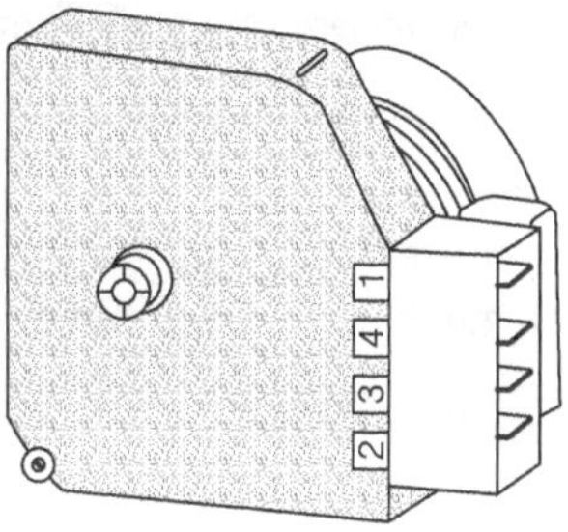

(a) बाई-मैटालिक थर्मोस्टेट (b) डिफ्रॉस्ट टाइमर
(c) डिफ्रॉस्ट हीटर (d) फैन मोटर

29. निम्न में से कौन-सी डिवाइस एवैपोरेटिंग क्वॉयल के साथ लगी रहती है?
(a) डिफ्रॉस्ट हीटर (b) डिफ्रॉस्ट टाइमर
(c) फैन मोटर (d) पी.टी.सी. रिले

30. चित्र में प्रदर्शित युक्ति की पहचान कीजिए।

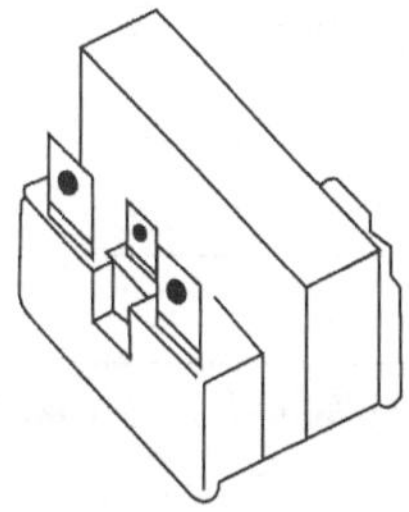

(a) फैन मोटर (b) PTC रिले
(c) ओवरलोड प्रोटेक्टर (d) इनमें से कोई नहीं

31. रेफ्रिजरेटर में कम्प्रैसर के ऊपर लगी एवैपोरेटर ट्रे को वर्ष में कम-से-कम ………… साफ करना चाहिए।
(a) दो बार (b) तीन बार
(c) चार बार (d) एक बार

32. बड़े-बड़े होटलों, डेयरियों आदि में खाद्य पदार्थों के संरक्षण तथा कूलिंग के लिए ………… रेफ्रिजरेटर का प्रयोग किया जाता है।
(a) डबल डोर रेफ्रिजरेटर (b) घरेलू रेफ्रिजरेटर
(c) ट्रिपल डोर रेफ्रिजरेटर (d) कॉमर्शियल रेफ्रिजरेटर

33. अधिकतम ऊष्मा को रेफ्रिजरेटर से एम्बीनेट हवा में निष्कासित कर देता है?
(a) एक्सपेंशन वाल्व (b) कम्प्रेसर
(c) कण्डेंसर (d) एवैपोरेटर

34. कौन-सा घटक फ्रॉस्ट फ्री रेफ्रिजरेटर में कैबिनेट पदार्थ से अधिकतम ऊष्मा को अवशोषित करता है?
(a) कण्डेंसर (b) एवैपोरेटर (c) कम्प्रैसर (d) एक्सपेंशन वाल्व

35. रेफ्रिजरेटर में हीट एक्सचेंजर के रूप में कौन-से दो ट्यूब कार्य करते हैं?
(a) सक्शन और वार्जिंग ट्यूब (b) डिस्चार्ज और सक्शन ट्यूब
(c) कैपिलरी और सक्शन ट्यूब (d) डिस्चार्ज और कैलिपरी ट्यूब

36. कौन-सी प्रक्रिया कैनिबेट से रेफ्रिजरेटर में ऊष्मा अवशोषित करती है?
(a) एक्सपेंशन (b) कम्प्रेशन (c) एवैपोरेशन (d) कण्डेनसेशन

37. एवैपोरेटर फ्रॉस्ट प्रभाव उप-तापमान को रेफ्रिजरेटर में थर्मल रूप से कैसे प्रभावित करता है?
(a) कण्डक्टर के रूप में (b) इन्सुलेटर के रूप में
(c) कन्वर्टर के रूप में (d) रेडिएटर के रूप में

38. डीफ्रॉस्ट हीटर सक्रिय होने के दौरान किस घटक को बन्द कर दिया जाता है?
(a) कैबिनेट बल्ब (b) एवैपोरेटर फेन
(c) थर्मोस्टेट सेंसर (d) ओवर लोड प्रोटेक्टर

39. फ्रॉस्ट फ्री रेफ्रिजरेटर में उपयोग किया जाने वाला घटक क्या है?

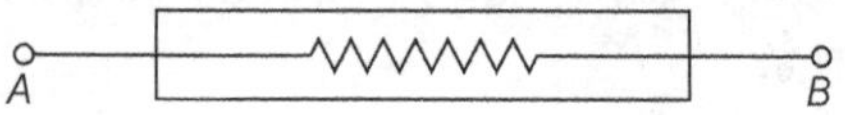

(a) ओवर लोड प्रोटेक्टर (b) डिफ्रॉस्ट हीटर
(c) PTC रिले (d) टाइमर

40. फ्रॉस्ट फ्री रेफ्रिजरेटर में कौन-सा घटक डिफ्रॉस्ट करता है ?
(a) बल्ब (b) हीटर (c) थर्मोस्टेट (d) कैपिलरी ट्यूब

41. निम्न चित्र में फ्रॉस्ट फ्री रेफ्रिजरेटर में उपयोग किया जाने वाला घटक दर्शाया गया है।

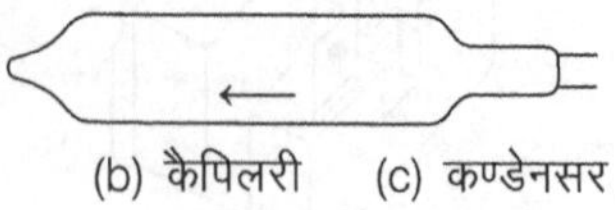

(a) स्ट्रेनर (b) कैपिलरी (c) कण्डेनसर (d) एक्युमुलेटर

42. निम्न चित्र में फ्रॉस्ट फ्री रेफ्रिजरेटर में उपयोग किया जाने वाला घटक की पहचान कीजिए।

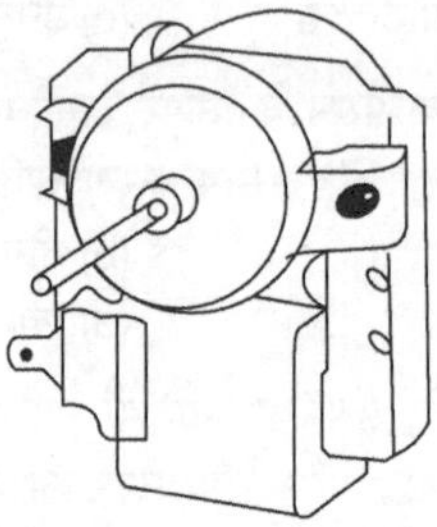

(a) PTC रिले (b) डिफ्रॉस्ट हीटर
(c) ओवर लोड प्रोटेक्टर (d) एवैपोरेटर फेन मोटर

43. RSIR मोटर में आरम्भिक वाइण्डिंग को कौन-सा घटक ON/OFF स्विच करता है?
(a) थर्मोस्टेट (b) कैपेसिटर
(c) रिले (d) OLP

44. फ्रॉस्ट फ्री रेफ्रिजरेटर में बाई-मैटल थर्मो का कट आउट तापमान कितना होता है?
(a) 5°C (b) 10°C (c) 20°C (d) 25°C

45. कौन-सी घरेलू प्रणाली स्वचालित डिफ्रॉस्ट का उपयोग करती है?
(a) फ्रास्ट फ्री रेफ्रिजरेटर (b) कन्वेंशनल रेफ्रिजरेटर
(c) स्प्लिट एयर कण्डीशनर (d) विण्डो एयर कण्डीशनर

46. रेफ्रिजरेटर की डोर गैसकेट की टिगनेस की जाँच के लिए कौन-सी शीट का उपयोग किया जाता है?
(a) रबर (b) प्लास्टिक (c) ताँबा (d) जस्ता

47. रेफ्रिजरेटर वायरिंग में प्रयुक्त घटक क्या है?

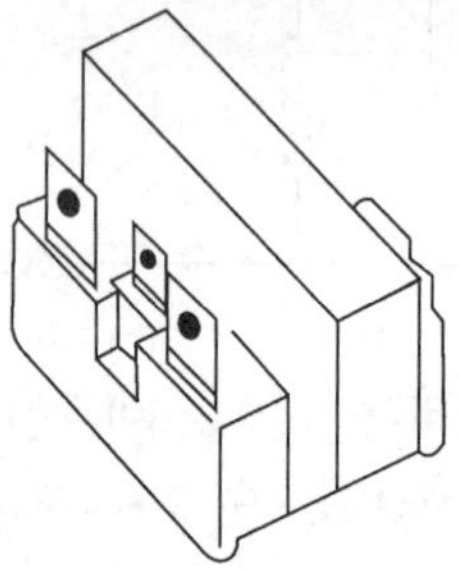

(a) एवैपोरेटर फेन मोटर (b) ओवर लोड प्रोटेक्टर
(c) डि फ्रॉस्ट हीटर (d) PTC रिले

48. एक रेफ्रिजरेटर के कण्डेनसर फिन्स को साफ कराने के लिए किसका उपयोग किया जाता है?
(a) पेंटिंग ब्रश (b) जलमिश्रित अम्ल
(c) साबुन का घोल (d) फिन कंघी

49. रेफ्रिजरेटर कैबिनेट में हवा को प्रवेश करने से रोकने के लिए किस घटक को प्रतिस्थापित किया जाता है?
(a) थर्मोस्टेट (b) डोर गैस कैट
(c) डोर पेंट (d) डोर हिन्ज्स

50. रेफ्रिजरेटर की क्षमता कैसे व्यक्त की जाती है?
(a) वेटेज द्वारा (b) टनेज द्वारा
(c) वाटेज द्वारा (d) लीटर द्वारा

51. रेफ्रिजरेटर फ्रीजर में कितना तापमान बनाए रखा जाता है?
(a) 0°C (b) – 15°C (c) – 45°C (d) – 65°C

52. रेफ्रिजरेटर में मैनुअल रूप से डिफ्रॉस्टेड पानी कहाँ संग्रहीत किया जाता है?
(a) कम्प्रेसर के ऊपर के ट्रे पर
(b) एवैपोरेटर के नीचे
(c) कण्डेनसर के नीचे
(d) फ्रीजर के ऊपर

53. फ्रॉस्ट फ्री रेफ्रिजरेटर में किस घटक का उपयोग किया जाता है?
(a) प्लेट क्वॉइल एवैपोरेटर (b) लिक्विड रिसीवर
(c) ऑइल सेपेरेटर (d) टाइमर स्विच

54. फ्रॉस्ट फ्री रेफ्रिजरेटर में किस प्रकार के एवैपोरेटर का उपयोग होता है?
(a) प्लेट टाइप (b) वायर मेश
(c) फिण्ड ट्यूब (d) शैल और ट्यूब

55. कौन-सा उपकरण कम्प्रेसर मोटर को अधिक करण्ट के कुप्रभाव से बचाता है?
(a) ओ.एल.पी (b) रिले (c) थर्मोस्टेट (d) डोर स्विच

56. फ्रॉस्ट फ्री रेफ्रिजरेटर में कौन-सा उपकरण सिस्टम के दाब को बराबर करता है?
(a) कैपिलरी ट्यूब (b) कम्प्रेसर (c) कण्डेनसर (d) एवैपोरेटर

57. फ्रॉस्ट फ्री रेफ्रिजरेटर में रेफ्रिजरेशन प्रणाली की कौन-सी विधि अपनाई जाती है?
(a) वेपर कम्प्रैसन (b) वेयर एब्जॉर्पशन
(c) जलवाष्प (d) निकासी

58. फ्रॉस्ट फ्री रेफ्रिजरेटर में हीटिंग तत्त्व को कौन-सा विद्युत नियन्त्रण काट देता है?
(a) बायमेटल थर्मो (b) थर्मोस्टेट (c) रिले (d) टाइमर

59. फ्रॉट फ्री रेफ्रिजरेटर में डिफ्रॉस्ट साइकिल के दौरान घटक की कार्यशील स्थिति क्या रहती है?
(a) एवैपोरेटर फेन की मोटर चल रही है
(b) कम्प्रेसर नहीं चल रहा है
(c) थर्मोस्टेट कट जाता है
(d) रिले सक्रिय हो जाता है

60. कौन-सा घटक फ्रॉस्ट फ्री रेफ्रिजरेटर में डिफ्रॉस्ट चक्र को सक्रिय करता है?
(a) बायमेटल थर्मो (b) डिफ्रॉस्ट हीटर
(c) टाइमर (d) रिले

61. प्लंजर की कौन-सी गति रिले ऑपरेशन में स्टार्ट वाइंडिंग को सक्रिय करती है?
(a) ऊर्ध्वाधर रूप से ऊपर (b) नीचे की ओर
(c) लम्बवत नीचे (d) क्षैतिज रूप से बाईं तरफ

62. मोटर सर्किट में स्टार्ट कैपेसिटर के साथ शृंखला में क्या जुड़ा होता है?
(a) स्टार्टिंग वाइंडिंग (b) कॉमन टर्मिनल
(c) रनिंग टर्मिनल (d) रनिंग वाइंडिंग

63. ओपन टाइप सिस्टम की तुलना में सील सिस्टम का क्या लाभ है?
(a) यान्त्रिक दक्षता अधिक होती है
(b) सिलेण्डर लुब्रिकेशन आसान होता है
(c) किसी भी रेफ्रिजरेंट का उपयोग किया जा सकता है
(d) कोई शाफ्ट सील की आवश्यकता नहीं होती है

64. फ्रॉस्ट फ्री मॉडल रेफ्रिजरेटर उत्पादों का ठण्डा होने का समय कम लेता है, क्यों?
(a) मजबूर हवा के संचार के कारण
(b) प्राकृतिक वायु के संचार के कारण
(c) कम तापमान सेटिंग के कारण
(d) उच्च तापमान सेटिंग के कारण

65. क्या कारण है अगर रेफ्रिजरेटर सामान्य रूप से चलता है लेकिन कोई शीतलन प्रभाव नहीं होता है?
(a) रेफ्रिजरेंट का रिसाव (b) कण्डेनसर ब्लॉक
(c) फिल्टर ब्लॉक (d) ओवर चार्ज

66. फ्रॉस्ट फ्री रेफ्रिजरेटर में ON स्थिति में बायमेटल थर्मो टिक्स का प्रभाव क्या होता है?
(a) फ्रॉस्ट का एक्यूमुलेशन
(b) अधिक शीतलता
(c) खराब कूलिंग
(d) कोई कूलिंग नहीं

67. रेफ्रिजरेशन प्रणाली में सन्दूषण का प्रभाव क्या होता है?
(a) उच्च ताप (b) खराब कूलिंग
(c) कम दाब (d) कम नमी

68. बन्द होने की स्थिति में रेफ्रिजरेटर दरवाजा के अन्तराल का कारण क्या है?
(a) असमान फर्श का स्तर
(b) या तो साइड गैप ज्यादा है
(c) या तो साइड गैप कम है
(d) असमान कण्डेन्सर का स्तर

उत्तरमाला

1. (a)	2. (d)	3. (b)	4. (a)	5. (a)	6. (a)	7. (c)	8. (a)	9. (a)	10. (a)
11. (d)	12. (a)	13. (b)	14. (c)	15. (a)	16. (a)	17. (a)	18. (c)	19. (c)	20. (a)
21. (b)	22. (c)	23. (b)	24. (a)	25. (d)	26. (c)	27. (c)	28. (b)	29. (a)	30. (b)
31. (a)	32. (d)	33. (c)	34. (b)	35. (c)	36. (c)	37. (b)	38. (b)	39. (b)	40. (b)
41. (a)	42. (d)	43. (c)	44. (b)	45. (a)	46. (b)	47. (d)	48. (a)	49. (b)	50. (d)
51. (b)	52. (a)	53. (d)	54. (c)	55. (a)	56. (a)	57. (a)	58. (a)	59. (b)	60. (c)
61. (a)	62. (a)	63. (d)	64. (a)	65. (a)	66. (d)	67. (b)	68. (a)		

अध्याय 15

कम्प्रैसर

Compressor

परिचय Introduction

रेफ्रिजरेशन एवं एयर कण्डीशनिंग प्रणाली (refrigeration and air conditioning) में किसी वस्तु एवं किसी निश्चित स्थान को ठण्डा करने के लिए रेफ्रिजरेन्ट (refrigerant) को विद्युत एवं यान्त्रिक युक्तियों द्वारा एक स्थान से दूसरे स्थान तक प्रवाहित किया जाता है। रेफ्रिजरेन्ट का यह प्रवाह दो भिन्न-भिन्न दाबों (एक सक्शन लाइन के लिए तथा दूसरा कण्डेन्सर के लिए) पर किया जाता है। रेफ्रिजरेशन एवं एयर कण्डीशनिंग प्रणाली में दाबों का यह अन्तर कम्प्रैसर (compressor) द्वारा उत्पन्न किया जाता है।

कम्प्रैसर द्वारा सक्शन लाइन से निम्न दाब पर वाष्प प्राप्त की जाती है तथा उच्च दाब पर कण्डेन्सर को भेज दी जाती है। कम्प्रैसर रेफ्रिजरेन्ट के प्रवाह को एक स्थान से दूसरे स्थान तक बनाए रखने का कार्य करता है। कम्प्रैसरों (compressors) का उपयोग आवश्यकता के अनुसार किया जाता है। अत: प्रशिक्षुओं के लिए इसके प्रकारों से भी अवगत होना आवश्यक है, जिन्हें निम्न आधारों पर विभाजित किया जाता है—

1. स्पीड के आधार पर
2. कम्प्रैसन विधि के आधार पर
3. प्राइम मूवर की स्थिति के आधार पर
4. इन्वर्टर कम्प्रैसर

अध्याय विषय सूची

15.1 स्पीड के आधार पर On the Basis of speed

स्पीड के आधार पर कम्प्रैसर दो प्रकार के होते हैं।

1. कॉन्सटैन्ट स्पीड कम्प्रैसर Constant Speed Compressor

एक कॉन्सटैन्ट स्पीड कम्प्रैसर जब भी प्रचलित होता है तो नियत गति से कार्य करता है। डिजाइन के अनुसार इसे सदैव अधिकतम सम्पीडित हवा की सप्लाई को पूरा करने के लिए वांछित शक्ति की मात्रा की आवश्यकता होती है, भले ही आवश्यक सप्लाई अधिकतम सप्लाई से कम हो। कॉन्सटैन्ट स्पीड एयर कम्प्रैसर की शुरुआती लागत कम होती है, इसलिए वे उन कम्पनियों के लिए एक अच्छा विकल्प हो सकते हैं, जिनके पास कैपिटल फण्ड सीमित होता है। एक निश्चित गति कम्प्रैसर के लिए पुर्जे और रख-रखाव भी सामान्यत: कम खर्चीले होते हैं। वैरिएबल स्पीड ड्राइव (variable speed drive) के लिए ऊर्जा बचत आपकी बिजली कम्पनी से प्रोत्साहन के साथ, समय के साथ कॉन्सटैन्ट स्पीड और वैरिएबल स्पीड ड्राइव एयर कम्प्रैसर के बीच लागत अन्तर को काफी कम करती है।

एक कॉन्सटैन्ट स्पीड कम्प्रैसर उन परिदृश्यों में भी अधिक कुशल हो सकता है जहाँ CFM रेटिंग में भिन्नताएँ न्यूनतम हैं और सिस्टम हमेशा अपनी अधिकतम CFM रेटिंग पर कार्य कर रहा होगा। कॉन्सटैन्स स्पीड एयर कम्प्रैसर इसके लिए सबसे अच्छे हैं क्योंकि सम्पीडित हवा की सप्लाई में बहुत कम भिन्नता वाली कम्पनियाँ, पैरो रोबोटिक में प्रयोग किये जाते हैं।

असंगत बिजली आपूर्ति वाली कम्पनियाँ वैरिएबल स्पीड ड्राइव (VSD) कम्प्रैसर से आने वाली बिजली विसंगतियों के प्रति अत्यधिक संवेदनशील होते हैं।

VSD कम्प्रैसर में इलेक्ट्रॉनिक्स एक निश्चित गति कम्प्रैसर के घटकों की तुलना में नमी और गन्दगी के प्रति अधिक संवेदनशील होते हैं। इस समस्या के निवारण हेतु इलेक्ट्रॉनिक कैबिनेट में फिल्टर जोड़ा जाता है।

2. वैरिएबल स्पीड ड्राइवर

Variable Speed Drive (VSD)

इस ड्राइव का उपयोग एयर कण्डीशनर में रेफ्रिजरेंट के प्रवाह को गति कम्प्रैसर को बदलकर अलग करने के लिए किया जाता है। VSD में यह महत्त्वपूर्ण है कि आवृत्ति (f) और वोल्टेज (V) को आनुपातिक रूप से बदला जाना चाहिए। यह उपकरण एक 'संचालित उपकरण' की गति को नियन्त्रित करता है, यहाँ मुख्य रूप से एक इलेक्ट्रॉनिक नियन्त्रक द्वारा नियन्त्रण किया जाता है जो सिंगल फेज तथा थ्री फेज आपूर्ति के प्रेरण मोटर्स की गति को नियन्त्रित करता है। एक VFD में एक आवृत्ति कनवर्टर होता है, जो सामान्यत: स्कैवरल केज प्रकार की मोटर का उपयोग करने वाले प्रेरण मोटर्स को आपूर्ति की आवृत्ति और वोल्टेज को बदल सकता है।

एक वैरिएबल स्पीड ड्राइव (VSD) सिस्टम पर वास्तविक समय की माँग के अनुसार एयर कम्प्रैसर पर ड्राइव मोटर को सप्लाई की गई आवृत्ति को नियन्त्रित करता है। जब माँग कम होती है, तो मोटर कम गति से चलेगी, जिसके संचालन के लिए कम ऊर्जा की आवश्यकता होगी।

जब सम्पीडित हवा की आवश्यकता अधिक होती है, तो मोटर स्वचालित रूप से CFM सप्लाई को पूरा करने के लिए एयर कम्प्रैसर मोटर की आवृत्ति में वृद्धि करेगी। दूसरी ओर, एक निश्चित गति वाला रोटरी स्क्रू एयर कम्प्रैसर हर समय एक ही RPM पर संचालित होता है। मोटर की गति को समायोजित करने के अतिरिक्त फिक्स्ड स्पीड एयर कम्प्रैसर CFM आवश्यकताओं के आधार पर कम या ज्यादा हवा को बाहर निकालने के लिए एयर इनलेट वाल्व को समायोजित करता है। यहाँ तक कि जब सम्पीडित हवा की जरूरत कम होती है, मोटर हमेशा एक ही गति से चल रही होती है, इसलिए यह हमेशा उच्चतम CFM को पूरा करने के लिए तैयार रहती है जिसके लिए इसे रेट किया गया है।

15.2 संरचना के आधार पर

On the Basis of Construction

कम्प्रैसन विधि के आधार पर कम्प्रैसरों को निम्न भागों में बाँटा गया है

1. रेसिप्रोकेटिंग कम्प्रैसर
2. रोटरी कम्प्रैसर
3. स्क्रॉल कम्प्रैसर
4. अपकेन्द्री कम्प्रैसर
5. स्क्रू कम्प्रैसर

1. रेसिप्रोकेटिंग कम्प्रैसर

Reciprocating Compressor

इस प्रकार के कम्प्रैसर को पिस्टन टाइप या सिलेण्डर टाइप कम्प्रैसर भी कहते हैं। इसमें रेफ्रिजरेन्ट को पिस्टन की रेसिप्रोकेटिंग गति (reciprocating motion) द्वारा कम्प्रैस किया जाता है। इस प्रकार के कम्प्रैसर द्वारा रेफ्रिजरेन्ट की वाष्प को, पिस्टन की रेसिप्रोकेटिंग गति (सीधी रेखा में आगे व पीछे की ओर गति) की सहायता से कम्प्रैस किया जाता है। रेसिप्रोकेटिंग कम्प्रैसर $\frac{1}{2}$ से 150 HP की क्षमता में बनाएँ जाते हैं।

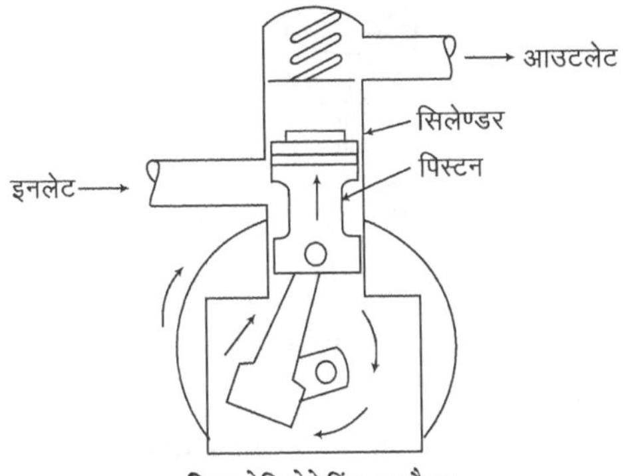

चित्र रेसिप्रोकेटिंग कम्प्रैसर

रेसिप्रोकेटिंग कम्प्रैसर अधिक सहजता (simplicity) के साथ कार्य करता है तथा इसकी दक्षता भी उच्च होती है। इस कम्प्रैसर का प्रयोग अमोनिया, फ्रिऑन-12, फ्रिऑन-22 तथा मिथाइल क्लोराइड आदि उच्च विभेदी दाब (high differential pressure) वाले रेफ्रिजरेन्ट के लिए किया जाता है।

रेसिप्रोकेटिंग कम्प्रैसर के भाग

Part of Reciprocating Compressor

रेसिप्रोकेटिंग कम्प्रैसर में निम्न भाग होते हैं

पिस्टन Piston

पिस्टन सामान्यत: कास्ट आयरन या एल्युमीनियम के बनाए जाते हैं। कम क्षमता वाले कम्प्रैसर में सॉलिड पिस्टन एवं व्यावसायिक कम्प्रैसर में ट्रंक पिस्टन लगे होते हैं। इनकी ऊपरी सतह चिकनी एवं पॉलिश की हुई होती है। यह पिस्टन, पिन द्वारा कनैक्टिंग रॉड से जुड़ी होती है। कम व्यास वाले पिस्टन में ऑयल ग्रूव बना रहता है तथा अधिक व्यास वाले पिस्टनों में रिंग डालने के लिए ग्रूव्स बने रहते हैं।

कम्प्रैसर की अच्छी कार्यक्षमता के लिए सिलेण्डर तथा पिस्टन में कम क्लीयरैन्स होता है। यह क्लीयरैन्स 0.003 इंच के आस-पास रखा जाता है।

पिस्टन में दो कम्प्रैसन रिंग तथा दो ऑयल रिंग लगाए जाते हैं। कम्प्रैसन रिंग का प्रयोग पिस्टन तथा सिलेण्डर के मध्य गैप (gap) को सील्ड करने के लिए तथा ऑयल रिंग का प्रयोग पिस्टन तथा सिलेण्डर के मध्य स्नेहक (lubricant) पहुँचाने के लिए किया जाता है।

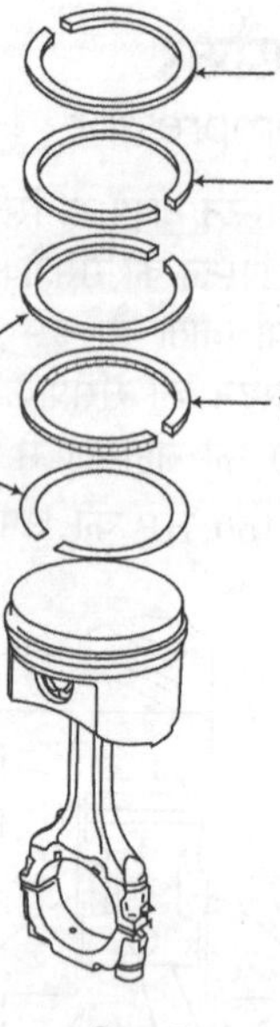

चित्र पिस्टन

सिलेण्डर Cylinder

अधिकतर सिलेण्डर कास्ट आयरन के बनाए जाते हैं तथा कास्ट आयरन का घनत्व बढ़ाने के लिए इसमें निकिल की कुछ मात्रा मिला दी जाती है। सिलेण्डर को ढालने के पश्चात् उसे मशीन किया जाता है।

सिलेण्डर में बाहर की ओर कूलिंग फिन्स बनाई जाती है, जिनसे सिलेण्डर ठण्डा रहता है। कई बार सिलेण्डर में एक सिलेण्डर लाइनर भी डाल दिया जाता है। खराब होने पर यह लाइनर बदल दिया जाता है।

सामान्यत: सिलेण्डर ब्लॉक एक ही पीस में बनाए जाते हैं, जिससे जोड़ों की संख्या कम-से-कम हो तथा लीकेज की सम्भावना भी कम रहे।

ऐसा करने से सिलेण्डर तथा क्रैंक केस मेन बियरिंग का एलाइनमेन्ट भी अच्छा होता है।

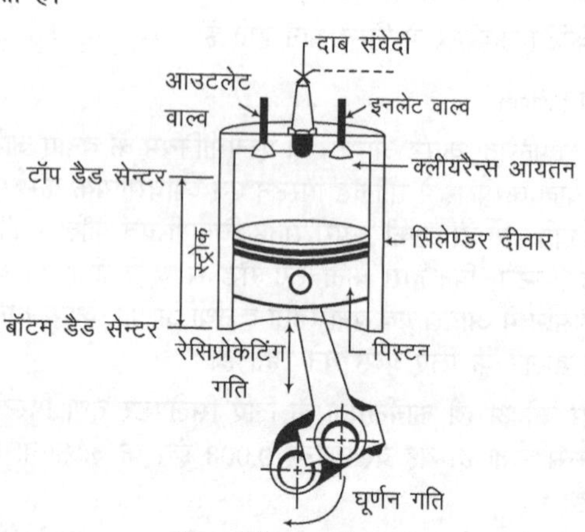

चित्र सिलेण्डर असेम्बली

क्रैंक शाफ्ट Crank Shaft

कम्प्रैसर की क्रैंक शाफ्ट को बाहरी शक्ति द्वारा चलाया जाता है तथा क्रैंक शाफ्ट की घूर्णीय गति को, कनैक्टिंग रॉड के द्वारा रेसिप्रोकेटिंग गति में परिवर्तित किया जाता है। शाफ्ट दो प्रकार की होती हैं—थ्रो क्रैंक शाफ्ट तथा एसेन्ट्रिक क्रैंक शाफ्ट। बड़े-बड़े कम्प्रैसर में अधिकतर थ्रो क्रैंक शाफ्ट का प्रयोग किया जाता है। ये फोर्ज्ड स्टील अथवा कास्ट आयरन की बनाई जाती हैं। क्रैंक शाफ्ट में मेन बियरिंग जर्नल (main bearing journal) कनैक्टिंग रॉड तथा शाफ्ट कॉलर आदि मुख्य भाग होते हैं।

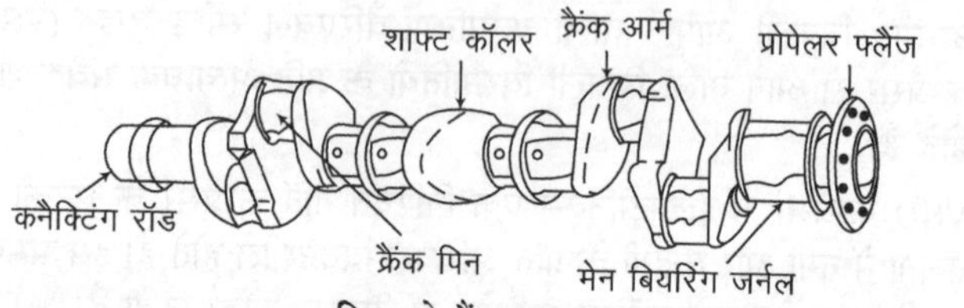

चित्र थ्रो क्रैंक शाफ्ट

एसेन्ट्रिक क्रैंक शाफ्ट के साथ कास्ट आयरन का अलग एसेन्ट्रिक बनाकर लगाया जाता है। इस एसेन्ट्रिक को लॉकिंग नट-बोल्ट के द्वारा क्रैंक शाफ्ट के ऊपर फिट कर दिया जाता है। इस शाफ्ट में कनैक्टिंग रॉड बियरिंग जर्नल का काम एसेन्ट्रिक सर्फेस (eccentric surface) से लिया जाता है। दोनों ही प्रकार की शाफ्ट में स्नेहन के लिए ऑयल चैनल बना होता है, जिससे स्नेहन निरन्तर होता रहता है।

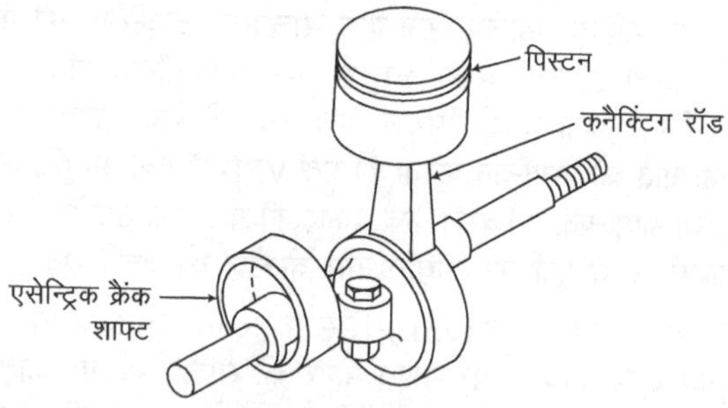

चित्र एसेन्ट्रिक क्रैंक शाफ्ट

कनैक्टिंग रॉड एवं गजन पिन
Connecting Rod and Gadgeon Pin

पिस्टन को क्रैंक शाफ्ट के साथ जोड़ने के लिए कनैक्टिंग रॉड का प्रयोग किया जाता है। साधारणत: कनैक्टिंग रॉड एल्युमीनियम, ब्रोन्ज या कास्ट आयरन की बनी होती है। कनैक्टिंग रॉड के दो भाग होते हैं। एक स्माल एण्ड बियरिंग (small end bearing), जो पिस्टन को गजन पिन द्वारा जोड़ता है तथा दूसरा बिग एण्ड बियरिंग, (big end bearing), जो क्रैंक शाफ्ट पर फिट रहता है। कुछ कनैक्टिंग रॉड में बिग एण्ड बियरिंग दो भागों में बना होता है। कनैक्टिंग रॉड के स्माल एण्ड बियरिंग में पिस्टन पिन या गजन पिन डालकर, पिस्टन को जोड़ दिया जाता है। पिस्टन पिन हार्ड कास्ट स्टील की बनी होती है। यह पिस्टन पिन तीन प्रकार की होती है—फुल फ्लोटिंग, सेमी-फ्लोटिंग तथा सैट स्क्रू पिस्टन पिन।

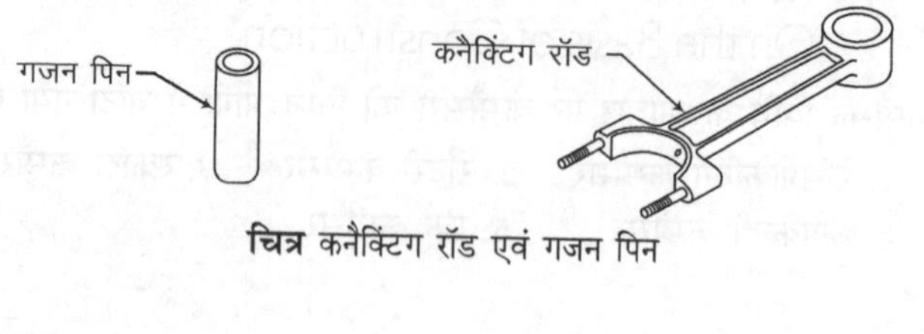

चित्र कनैक्टिंग रॉड एवं गजन पिन

वाल्व प्लेट असेम्बली Valve Plate Assembly

वाल्व प्लेट, सक्शन रीड, डिस्चार्ज रीड तथा उनके रिटेनर्स को मिलाकर वाल्व प्लेट असेम्बली बनती है, उसे फ्लैपर वाल्व प्लेट (flaper valve plate) भी कहते हैं। वाल्व रीड्स स्प्रिंग स्टील तथा वाल्व प्लेट हार्ड स्टील की बनाई जाती है।

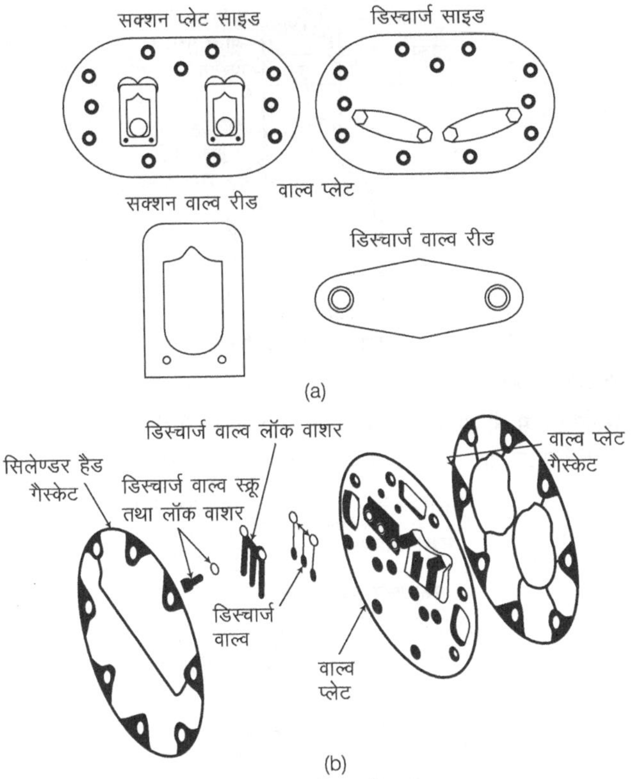

चित्र वाल्व प्लेट असेम्बली

सक्शन तथा डिस्चार्ज वाल्व अलग-अलग डिजाइन के बनाए जाते हैं तथा उनकी अवस्थिति (location) भी अलग-अलग होती है। कुछ जगह पर सक्शन व डिस्चार्ज वाल्व, रीड्स फ्लेपर वाल्व प्लेट पर लगाए जाते हैं। सक्शन रीड्स को अपनी जगह पर रोकने के लिए छोटी पिनों का प्रयोग किया जाता है, जिन्हें डुअल पिन (dual pin) कहते हैं। डिस्चार्ज रीड्स को अपनी सीट पर रोकने के लिए वाल्व गाइड तथा स्प्रिंग लगाया जाता है। वाल्व तथा इनकी सीटों (seats) में 0.001 इंच का क्लीयरैन्स रखा जाता है। यदि यह क्लीयरैन्स अधिक होगा, तो कम्प्रैसर आवाज करने लगता है और वाल्व लीकेज शुरू कर देता है।

शाफ्ट सील Shaft Seal

यह कम्प्रैसर का एक मुख्य भाग है, क्योंकि इसके द्वारा लीकेज को रोका जाता है तथा कम्प्रैसर की क्षमता को कम होने से बचाया जाता है। शाफ्ट सील को क्रैंक शाफ्ट पर लगाया जाता है। इसका प्रयोग उस स्थान पर किया जाता है, जहाँ शाफ्ट कम्प्रैसर से बाहर निकली होती है। इसके लगाने से उच्च दाब की रेफ्रिजरेन्ट वाष्प का लीकेज नहीं होता है।

शाफ्ट सील तीन प्रकार की होती है—बैलोज टाइप, रोटरी टाइप तथा डायफ्राम टाइप। बैलोज टाइप सील (bellow type seal) काँसे से निर्मित होती है। इसका एक सिरा फ्लैंज तथा दूसरा सील फेस से जुड़ा होता है। बैलोज के चारों ओर बेलनाकार स्प्रिंग लगी होती है। इसमें सील रिंग के साथ ऑयल प्रूफ सिन्थेटिक रबर रिंग लगा होता है, जो लीक प्रूफ जोड़ बनाता है।

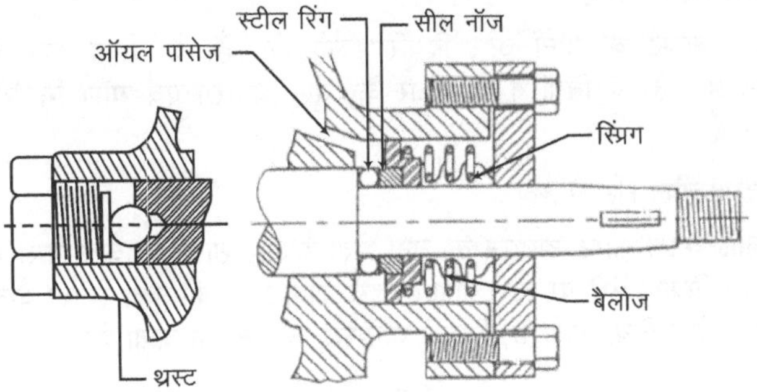

चित्र बैलोज टाइप सील

रोटरी टाइप सील (rotary type seal) में एक सील फ्लैंज तथा एक सील रिंग होता है। इनकी सतहों को जोड़ने के लिए एक स्प्रिंग का प्रयोग किया जाता है। यह सील शाफ्ट के साथ घूमती है।

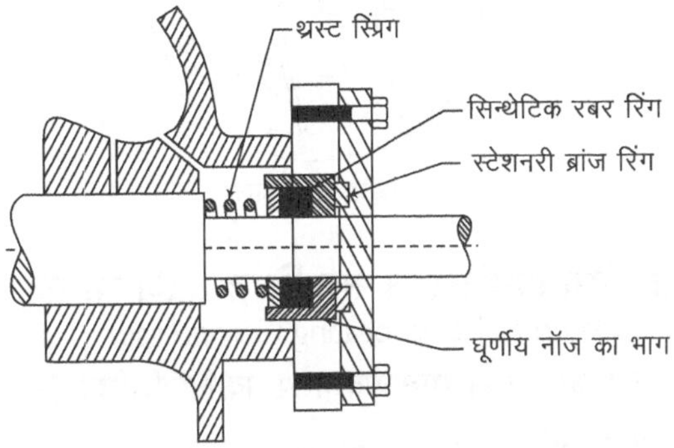

चित्र रोटरी टाइप सील

डायफ्राम टाइप सील (diaphragm type seal) में एक धातु की प्लेट का प्रयोग किया जाता है, जिसे डायफ्राम कहते हैं। डायफ्राम में दबाव के द्वारा जोड़ को लीक प्रूफ बनाया जाता है।

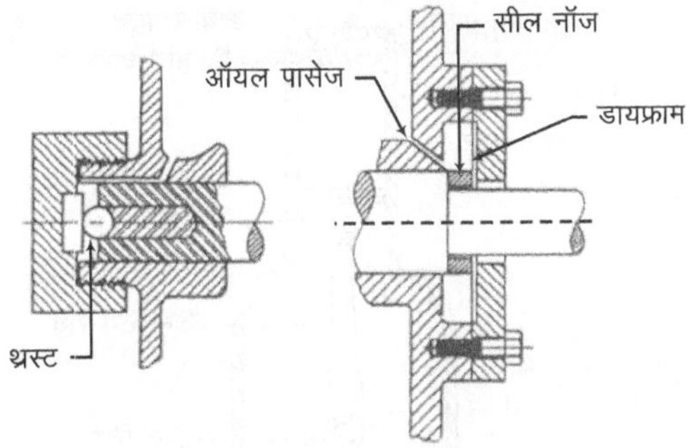

चित्र डायफ्राम टाइप सील

ऑयल प्लग Oil plug

बड़े व्यावसायिक कम्प्रैसरों में ऑयल की कमी को पूरा करने के लिए समय-समय पर तेल बदलना पड़ता है, इसके लिए एक ऑयल पार्ट (oil part) बना होता है, जिस पर एक प्लग लगा होता है।

बियरिंग Bearing

क्रैंक शाफ्ट के दोनों ओर बियरिंग लगे होते हैं। ये ब्रोन्ज धातु के बने होते हैं। ये बियरिंग दो प्रकार के, बुश बियरिंग एवं बॉल बियरिंग होते हैं।

फ्लाईव्हील Fly Wheel

फ्लाई व्हील कास्ट आयरन का बना होता है और शाफ्ट के क्रैंक केस से बाहर निकले सिरे पर लगा होता है। इसे प्राइम मूवर की पुली से 'V' वैल्ट द्वारा जोड़ दिया जाता है, जिससे कम्प्रैसर को चलाया जाता है।

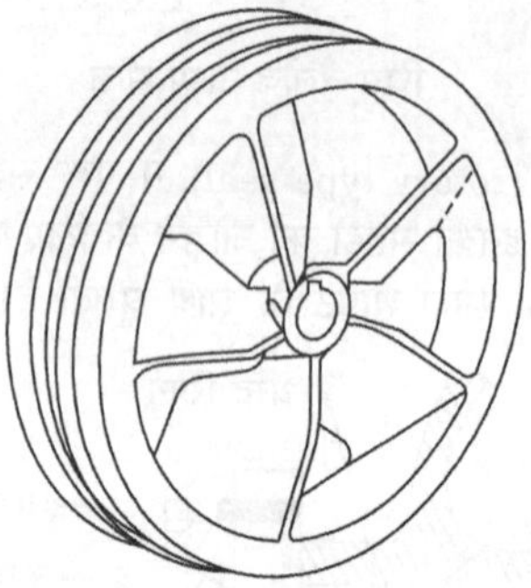

चित्र फ्लाईव्हील

रेसिप्रोकेटिंग कम्प्रैसर से सम्बन्धित चरण या पद

Terms Related to Reciprocating Compressor

रेसिप्रोकेटिंग कम्प्रैसर से सम्बन्धित मुख्य पद निम्नलिखित हैं—

बी.डी.सी. स्थिति B.D.C. Condition

सिलेण्डर में पिस्टन जब गति करता हुआ नीचे की ओर निम्नवत् बिन्दु पर पहुँच जाए, तब पिस्टन की इस स्थिति को 'बॉटम डेड सेन्टर (बी.डी.सी.) स्थिति' कहते हैं।

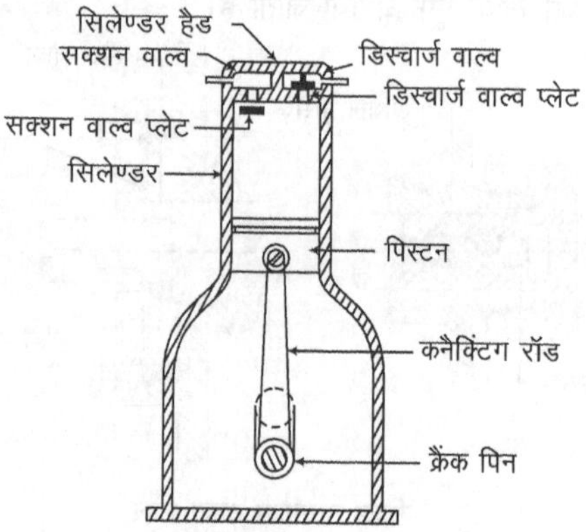

चित्र बी.डी.सी. स्थिति

टी.डी.सी. स्थिति T.D.C. Condition

जब पिस्टन सिलेण्डर में ऊपर की ओर गति करते हुए अपने उच्चतम बिन्दु पर पहुँच जाए, तब पिस्टन की इस स्थिति को 'टॉप डेड सेन्टर (टी.डी.सी.) स्थिति' कहते हैं।

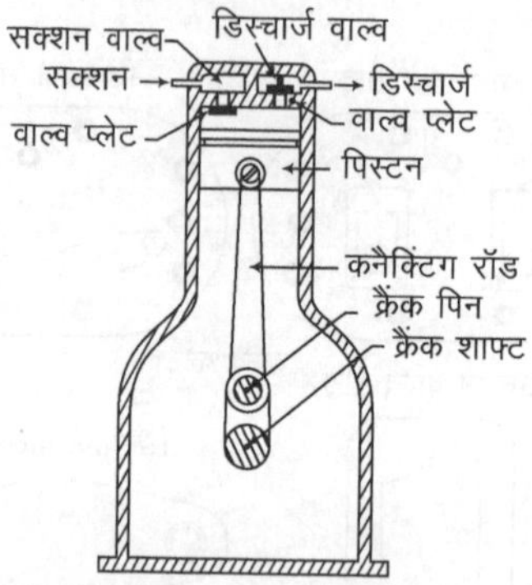

चित्र टी.डी.सी. स्थिति

स्ट्रोक Stroke

सिलेण्डर में बी.डी.सी. से टी.डी.सी. अथवा टी.डी.सी. से बी.डी.सी. के मध्य पिस्टन द्वारा की गई गति को एक स्ट्रोक कहते हैं।

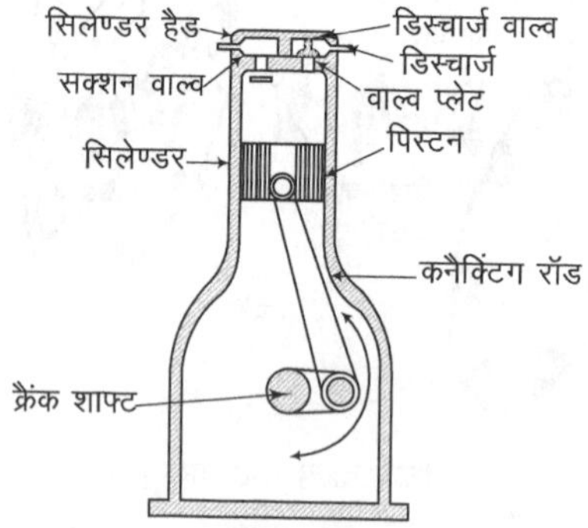

चित्र स्ट्रोक

सक्शन स्ट्रोक Suction Stroke

सिलेण्डर में पिस्टन द्वारा टी.डी.सी से बी.डी.सी. तक गति करने को सक्शन स्ट्रोक कहते हैं। इस क्रिया में सिलेण्डर में दबाव कम हो जाता है, जिससे डिस्चार्ज वाल्व बन्द हो जाता है तथा सक्शन वाल्व खुल जाते हैं, जिसके फलस्वरूप सिलेण्डर में गैस एकत्र हो जाती है।

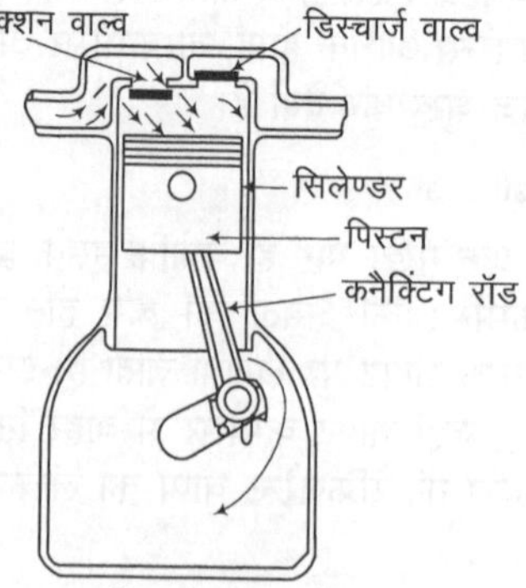

चित्र सक्शन स्ट्रोक

कम्प्रैसन स्ट्रोक Compression Stroke

जब सिलेण्डर में पिस्टन बी.डी.सी. से टी.डी.सी. तक गति करता है तथा गैस को कम्प्रैस करके डिस्चार्ज वाल्व से डिस्चार्ज करता है, तब इस स्ट्रोक को कम्प्रैसन स्ट्रोक कहते हैं। इस क्रिया में सिलेण्डर में दबाव बढ़ जाता है, जिससे सक्शन वाल्व बन्द हो जाता है तथा डिस्चार्ज वाल्व खुल जाता है और कम्प्रैस गैसें बाहर निकल जाती हैं।

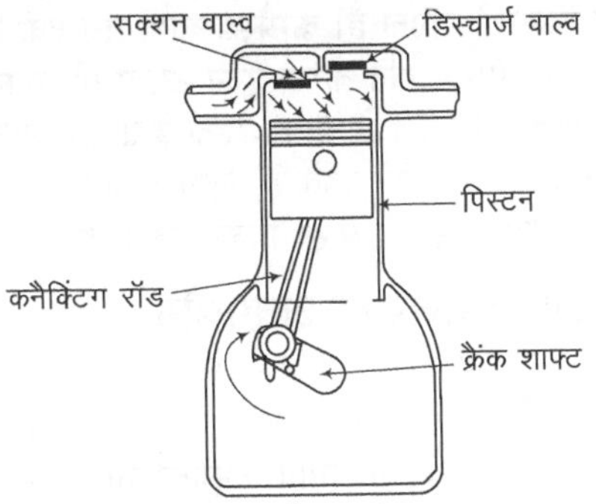

चित्र कम्प्रैसन स्ट्रोक

क्लीयरैन्स आयतन Clearance Volume

जब पिस्टन सिलेण्डर में अपनी टॉप डैड सेन्टर की स्थिति में होता है, तब पिस्टन तथा डिस्चार्ज वाल्व के मध्य रिक्त स्थान को क्लीयरैन्स आयतन कहते हैं।

क्लीयरैन्स पॉकेट Clearance Pocket

पिस्टन की टॉप डैड सेन्टर की स्थिति में पिस्टन के शीर्ष तथा वाल्व प्लेट के बीच के स्थान को क्लीयरैन्स पॉकेट कहते हैं।

कम्प्रैसर स्पीड Compressor Speed

प्रति इकाई समय में फ्लाई व्हील की गति को कम्प्रैसर स्पीड कहते हैं। इसे चक्कर प्रति मिनट (rpm) में प्रदर्शित करते हैं।

आयतनिक दक्षता Volumetric Efficiency

किसी कम्प्रैसर की कम्प्रैसन क्षमता अथवा सक्शन आयतन तथा पिस्टन विस्थापन आयतन का अनुपात उस कम्प्रैसर की आयतनिक दक्षता कहलाता है।

अर्थात् $$\eta_v = \frac{V_s}{V_p}$$

जहाँ, η_v = कम्प्रैसर की आयतनिक दक्षता

V_s = सक्शन आयतन अथवा कम्प्रैसन क्षमता

V_p = पिस्टन विस्थापन आयतन

किसी अच्छे कम्प्रैसर की आयतनिक दक्षता 70 से 80 % होती है।

आयतनिक दक्षता क्लीयरैन्स आयतन के व्युत्क्रमानुपाती होती है। क्लीयरैन्स आयतन के बढ़ने पर कम्प्रैसर की आयतनिक दक्षता कम हो जाती है तथा कम्प्रैसर की क्षमता भी कम हो जाती है। इसके विपरीत यदि क्लीयरैन्स आयतन घटता है, तो कम्प्रैसर की आयतनिक दक्षता बढ़ जाती है तथा इसकी क्षमता भी अधिक हो जाती है। निम्नलिखित कारकों के कारण कम्प्रैसर की आयतनिक दक्षता कम हो जाती है

- सिलेण्डर का अधिक गर्म होना।
- पश्च दाब (Back Pressure) का बहुत कम होना।
- अग्र दाब (Forward Pressure) का अधिक होना।
- क्लीयरैन्स पॉकेट का अधिक होना।
- कम्प्रैसर की गति बहुत अधिक होना।
- सिलेण्डर एवं पिस्टन के मध्य अधिक क्लीयरैन्स आयतन होना।
- वाल्व की लीकेज होना।

कम्प्रैसर का क्षमता नियन्त्रण Capacity Control of Compressor

कम्प्रैसर में उपयोग के अनुसार, रेफ्रिजरेन्ट की मात्रा को नियन्त्रित करना कम्प्रैसर का क्षमता नियन्त्रण कहलाता है।

कम्प्रैसर की क्षमता नियन्त्रण की विधियाँ निम्न प्रकार हैं

(i) **ऑन/ऑफ नियन्त्रण** (On/Off control) कम्प्रैसर में रेफ्रिजरेन्ट के सक्शन को बन्द अथवा चालू करना ही ऑन/ऑफ नियन्त्रण कहलाता है। यह विधि कम्प्रैसर की क्षमता नियन्त्रण की अत्यन्त सरल विधि है।

(ii) **सक्शन वाल्व लिफ्ट नियन्त्रण** (Suction valve lift control) इस विधि में लोड के अनुसार एक या एक से अधिक सिलेण्डर के सक्शन वाल्व को खोल दिया जाता है जिससे वे कार्य न कर सकें।

(iii) **सिलेण्डर हैड बाईपास नियन्त्रण** (Cylinder head bypass control) इस नियन्त्रण विधि का उपयोग मल्टी-सिलेण्डर कम्प्रैसरों में किया जाता है। लोड के अनुसार, एक या एक से अधिक सिलेण्डरों के डिस्चार्ज पोर्ट से प्राप्त गैस को, उनके सक्शन पोर्ट पर बाईपास कर दिया जाता है, जिससे ये सिलेण्डर अप्रभावशाली हो जाते हैं। गैस के बाईपास के लिए थर्मोस्टेट तथा सोलेनॉयड वाल्व का प्रयोग किया जाता है।

(iv) **गति नियन्त्रण विधि** (Speed control method) इस विधि द्वारा कम्प्रैसर की क्षमता नियन्त्रण के लिए मल्टी स्पीड मोटर का प्रयोग किया जाता है। इसके द्वारा कम्प्रैसर को निम्न गति पर प्रचालित करके लगभग 50% तक क्षमता को नियन्त्रित किया जा सकता है।

(v) **हॉट गैस बाईपास सिस्टम** (Hot gas bypass system) कम्प्रैसर पर अतिरिक्त कृत्रिम लोड लगाकर इसकी क्षमता को नियन्त्रित किया जा सकता है। कृत्रिम लोड को स्थापित करने के लिए, डिस्चार्ज पोर्ट से प्राप्त गर्म गैस की ऊष्मा को सक्शन गैस में बाईपास कर दिया जाता है। इसके लिए कम्प्रैस गैस का कुछ भाग सक्शन पोर्ट में बाईपास कर दिया जाता है। जैसे ही एवैपोरेटर का दाब कम होता है सक्शन लाइन में कम्प्रैस गैस प्रवेश करने लगती है।

वैट कम्प्रैसन Wet Compression

वैट कम्प्रैसन वह कम्प्रैसन होता है, जिसमें कम्प्रैसर की दक्षता बढ़ाने के लिए कम्प्रैसर में निश्चित मात्रा में पानी को स्प्रे (spray) किया जाता है। वैट कम्प्रैसन के अन्तर्गत, कम्प्रैसर में पानी का स्प्रे करने से कम्प्रैसर द्वारा रेफ्रिजरेन्ट को कम्प्रैस करने के लिए आवश्यक ऊर्जा में कमी आ जाती है, जिसके कारण कम्प्रैसर की दक्षता बढ़ जाती है। कम्प्रैसर में स्प्रे किया गया पानी जब कम्प्रैस वाष्प के सम्पर्क में आता है, तो यह भी वाष्प में परिवर्तित हो जाता है। इस प्रकार वाष्प के तापमान में कमी उत्पन्न हो जाती है। तापमान में कमी के कारण कम्प्रैसर के द्वारा वाष्प को कम्प्रैस करने के लिए आवश्यक ऊर्जा में भी कमी हो जाती है जिससे कम्प्रैसर की दक्षता बढ़ जाती है।

वैट कम्प्रैसर के कारण कम्प्रैसर में कुछ दोष उत्पन्न हो जाते हैं जो निम्नलिखित हैं—

(i) पानी का स्प्रे करने के कारण पानी की बूँदें स्नेहक में मिल जाती हैं, जिससे स्नेहक की कार्यविधि प्रभावित हो जाती है। इसके कारण कम्प्रैसर में घर्षण प्रारम्भ हो सकता है, जिससे कम्प्रैसर के अवयवों में क्षति होने की सम्भावना बढ़ जाती है।

(ii) कम्प्रैसर के विभिन्न भागों; जैसे-वाल्व, सिलेण्डर आदि में पानी एकत्र होने के कारण इनमें जंग लगने की सम्भावना बनी रहती है।

रेसिप्रोकेटिंग कम्प्रैसर की कार्यविधि
Working of Reciprocating Compressor

रेसिप्रोकेटिंग कम्प्रैसर में दो वाल्व लगे होते हैं—सक्शन वाल्व तथा डिस्चार्ज वाल्व। ये दोनों वाल्व केवल एक ही दिशा में खुल सकते हैं। सक्शन वाल्व के द्वारा वाष्प सिलेण्डर में प्रवेश करती है तथा डिस्चार्ज वाल्व द्वारा यह वाष्प सिलेण्डर से बाहर निकाल दी जाती है।

जब पिस्टन गति करता हुआ बी.डी.सी. (बॉटम डैड सेन्टर) की ओर आता है, तब क्लीयरैन्स आयतन में वाष्प का दबाव कम होने लगता है, जिससे वाष्प का एक्सपैन्शन (expansion) होने लगता है। इसके फलस्वरूप सक्शन वाल्व खुल जाता है तथा सक्शन वाल्व से होकर वाष्प सिलेण्डर में प्रवेश करने लगती है। सिलेण्डर में वाष्प तब तक प्रवेश करती है जब तक कि पिस्टन बी.डी.सी. तक न पहुँच जाए।

जब पिस्टन बी.डी.सी. से टी.डी.सी. की ओर गति प्रारम्भ करता है, तब क्लीयरैन्स आयतन के वाष्प का दबाव बढ़ने लगता है, जिससे वाष्प कम्प्रैस होने लगती है। इसके फलस्वरूप सक्शन वाल्व बन्द हो जाता है तथा डिस्चार्ज वाल्व खुल जाता है तथा कम्प्रैस्ड वाष्प, डिस्चार्ज वाल्व से होकर बाहर निकलने लगती है। कम्प्रैस्ड वाष्प तब तक बाहर निकलती है, जब तक कि पिस्टन गति करता हुआ टी.डी.सी. तक नहीं पहुँचता। यही क्रिया निरन्तर तीव्र गति से चलती रहती है तथा सक्शन एवं डिस्चार्ज वाल्व खुलते और बन्द होते रहते हैं, जिससे वाष्प सिलेण्डर में प्रवेश करती है तथा कम्प्रैस होकर बाहर निकल जाती है।

रेसिप्रोकेटिंग कम्प्रैसर के अनुप्रयोग
Applications of Reciprocating Compressor

रेसिप्रोकेटिंग कम्प्रैसर, रेफ्रिजरेशन के क्षेत्र में सबसे ज्यादा प्रयोग होने वाला कम्प्रैसर है, जिसके अनुप्रयोग निम्नलिखित हैं—

1. रेसिप्रोकेटिंग कम्प्रैसर 1/4 टन से अधिक तथा 1000 टन से कम क्षमता के रेफ्रिजरेशन संयन्त्रों के लिए प्रयोग किए जाते हैं।
2. रेसिप्रोकेटिंग कम्प्रैसर 1/8 हॉर्स पावर के घरेलू इकाई से 100 हॉर्स पावर या इससे अधिक के बड़े एयर कण्डीशनिंग और औद्योगिक स्थापना परास (Industrial Installation Range) तक ही साइजों में मिलते हैं।
3. रेसिप्रोकेटिंग कम्प्रैसर, कम डिस्प्लेसमेन्ट और उच्च दाब कण्डेन्सिंग के लिए उपयुक्त रेफ्रिजरेन्ट के साथ प्रयोग किए जाते हैं। ये रेफ्रिजरेन्ट कम विशिष्ट आयतन के होते हैं।
4. रेसिप्रोकेटिंग कम्प्रैसर में सामान्य रेफ्रिजरेन्ट; जैसे—फ्रीऑन 12, R-1349, फ्रीऑन 22, सल्फर डाइ-ऑक्साइड और अमोनिया, जो सरलता से उपलब्ध हो जाते हैं। कम्प्रैसर में रेफ्रिजरेन्ट वाष्प का दाब पिस्टन और वाल्व के कार्य से बढ़ जाता है।

रेसिप्रोकेटिंग कम्प्रैसर का वर्गीकरण Classification of Reciprocating Compressor

रेसिप्रोकेटिंग कम्प्रैसर का वर्गीकरण निम्न प्रकार है।

रेसिप्रोकेटिंग कम्प्रैसर

- सिलेण्डर एवं पिस्टनों की संख्या के आधार पर
  - सिंगल सिलेण्डर कम्प्रैसर
  - डबल सिलेण्डर कम्प्रैसर
  - मल्टी-सिलेण्डर कम्प्रैसर
- सिलेण्डर की स्थिति के आधार पर
  - ऊर्ध्वाधर रेसिप्रोकेटिंग कम्प्रैसर
  - क्षैतिज रेसिप्रोकेटिंग कम्प्रैसर
- गैस को कम्प्रैस करने के स्तर की विधि के आधार पर
  - सिंगल एक्टिंग रेसिप्रोकेटिंग कम्प्रैसर
  - डबल एक्टिंग रेसिप्रोकेटिंग कम्प्रैसर
- गैस को कम्प्रैस करने के स्तर की संख्या के आधार पर
  - सिंगल स्टेज रेसिप्रोकेटिंग कम्प्रैसर
  - मल्टी-स्टेज एक्टिंग रेसिप्रोकेटिंग कम्प्रैसर
- विशेष प्रकार के रेसिप्रोकेटिंग कम्प्रैसर
  - स्वैश प्ले कम्प्रैसर
  - वॉबल प्ले कम्प्रैसर

नोट *पाठ्यक्रम की उपयोगिता को ध्यान में रखते हुए यहाँ केवल विशेष प्रकार के रेसिप्रोकेटिंग कम्प्रैसरों का विस्तृत वर्णन किया गया है।*

विशेष प्रकार के रेसिप्रोकेटिंग कम्प्रैसर
Special Type of Reciprocating Compressor

स्वैश तथा वॉबल प्लेट कम्प्रैसर, विशेष प्रकार के रेसिप्रोकेटिंग कम्प्रैसर होते हैं, जिनका विवरण निम्नवत् है—

स्वैश प्लेट कम्प्रैसर (Swash plate compressor) इस विशेष प्रकार के रेसिप्रोकेटिंग कम्प्रैसर में एक घूमने वाली स्वैश प्लेट एवं पिस्टन का प्रयोग किया जाता है। स्वैश प्लेट, शाफ्ट के साथ एक निश्चित कोण पर जुड़ी रहती है तथा शाफ्ट के साथ-साथ घूर्णन गति करती है। स्वैश प्लेट से एक पिस्टन, शू (shoe) के माध्यम से जुड़ा रहता है तथा रेसिप्रोकेटिंग गति करता है। पिस्टन इस प्रकार की गति के कारण ही स्वैश कम्प्रैसर में रेफ्रिजरेन्ट का कम्प्रैसन होता है।

एवैपोरेटर (Evaporator) से प्राप्त रेफ्रिजरेन्ट सक्शन वाल्व से होकर कम्प्रैसर के सिलेण्डर में प्रवेश करता है। पिस्टन की रेसिप्रोकेटिंग गति के कारण इस कम्प्रैसर के क्लीयरैन्स आयतन में कमी उत्पन्न हो जाती है, जिस कारण रेफ्रिजरेन्ट का कम्प्रैसन हो जाता है। इस कम्प्रैस रेफ्रिजरेन्ट को डिस्चार्ज वाल्व के द्वारा कण्डेन्सर में भेज दिया जाता है।

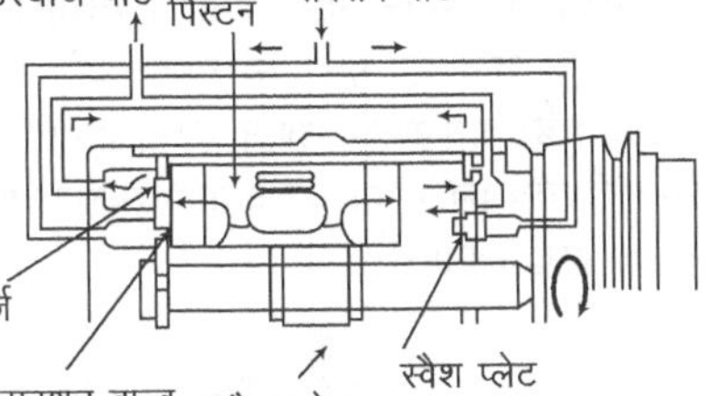

चित्र स्वैश प्लेट कम्प्रैसर

वॉबल प्लेट कम्प्रैसर (Wobble plate compressor) इस कम्प्रैसर की संरचना लगभग स्वैश प्लैट कम्प्रैसर के समान होती है। इसमें स्वैश प्लेट के स्थान पर वॉबल प्लेट प्रयुक्त की जाती है, जो शाफ्ट के साथ एक निश्चित कोण पर जुड़ी रहती है। स्वैश प्लेट कम्प्रैसर में लगी स्वैश प्लेट घूर्णन गति करती है परन्तु वॉबल प्लेट, शाफ्ट के घूमने के कारण रेसिप्रोकेटिंग गति करती है। वॉबल प्लेट की इस प्रकार की गति के कारण पिस्टन भी गति करने लगता है, जिससे एवैपोरेटर से प्राप्त रेफ्रिजरेन्ट, सक्शन वाल्व से होकर सिलेण्डर में प्रवेश करने लगता है। इसके पश्चात् यह रेफ्रिजरेन्ट कम्प्रैस होकर डिस्चार्ज वाल्व के द्वारा कण्डेन्सर में भेज दिया जाता है।

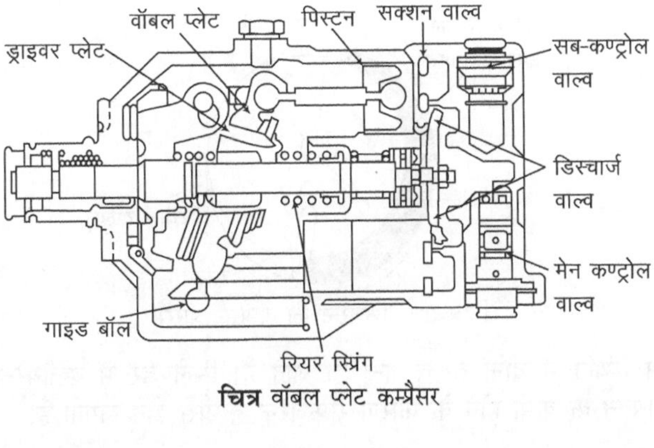

चित्र वॉबल प्लेट कम्प्रैसर

2. रोटरी कम्प्रैसर Rotary Compressor

इस प्रकार के कम्प्रैसर में रेफ्रिजरेन्ट को घूर्णीय (rotary) गति द्वारा कम्प्रैस किया जाता है। इस कम्प्रैसर को अधिक गति पर चलाया जाता है, जिससे इसमें प्रयुक्त रेफ्रिजरेन्ट भी तीव्र गति से घूमता है। इस कारण इनके पार्ट्स में उत्पादन टॉलरेन्स बहुत कम रखा जाता है। इस प्रकार के कम्प्रैसरों का प्रयोग प्रायः घरेलू मशीनों में किया जाता है।

रोटरी कम्प्रैसर का प्रयोग सामान्यतः कम क्षमता वाली मशीनों जैसे घरेलू उपकरणों में होता है। रोटरी कम्प्रैसर में एक बन्द सिलेण्डर में रोलर की घूर्णीय गति के द्वारा गैस को कम्प्रैस (compress) किया जाता है। ये निम्न प्रकार के होते हैं

(i) स्टेशनरी ब्लेड टाइप कम्प्रैसर (ii) रोटरी ब्लेड टाइप कम्प्रैसर

(i) स्टेशनरी ब्लेड टाइप कम्प्रैसर
Stationary Blade Type Compressor

इस कम्प्रैसर को 'सिलेण्डर टाइप कम्प्रैसर' या 'एसेन्ट्रिक टाइप कम्प्रैसर' भी कहते हैं। इसमें सिलेण्डर के अन्दर एक रोलर होता है, जो घूर्णीय गति करता है। सिलेण्डर में इनलेट और आउटलेट को एक डिवाइडिंग ब्लेड के द्वारा अलग-अलग रखा जाता है। यह डिवाइडिंग ब्लेड (dividing blade) अपने आकार पर स्थिर रहकर आगे व पीछे (रेसिप्रोकेटिंग) गति करता है। इस डिवाइडिंग ब्लेड के द्वारा ही सिलेण्डर में एक ओर सक्शन होता है तथा दूसरी ओर गैस कम्प्रैसर होकर डिस्चार्ज होती है।

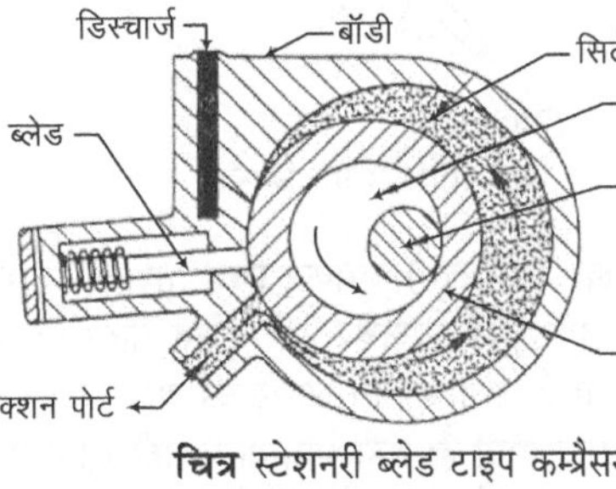

चित्र स्टेशनरी ब्लेड टाइप कम्प्रैसर

स्टेशनरी ब्लेड टाइप कम्प्रैसर की कार्यविधि
Working Method of Stationary Blade Type Compressor

प्रारम्भ में इस कम्प्रैसर के दोनों वाल्व (सक्शन एवं डिस्चार्ज) बन्द होते हैं। जैसा कि चित्र (a) में प्रदर्शित है जैसे ही रोलर घूमता है, ब्लेड पर्याप्त मात्रा में वाष्प को एकत्र कर लेता है। यह वाष्प छोटे स्थान में कम्प्रैस हो जाती है, जिससे उच्च दाब के कारण डिस्चार्ज वाल्व खुल जाता है।

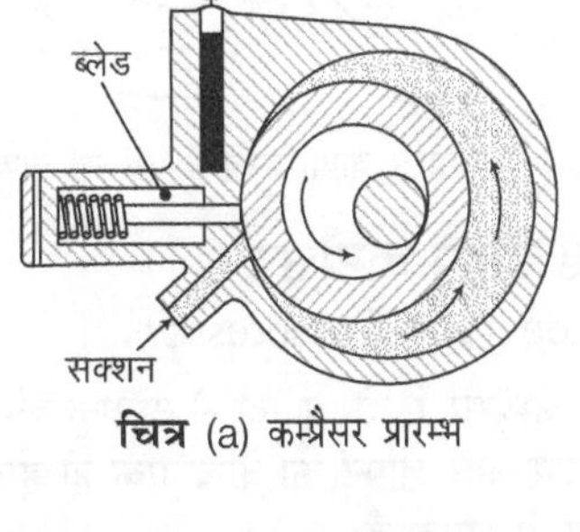

चित्र (a) कम्प्रैसर प्रारम्भ

निम्न दिए गए चित्र (b) के अनुसार, वाष्प की कुछ मात्रा का कम्प्रैसन होता है तथा साथ ही एवैपोरेटर से रेफ्रिजरेन्ट वाष्प की मात्रा सक्शन स्ट्रोक के साथ सिलेण्डर में प्रवेश करती है।

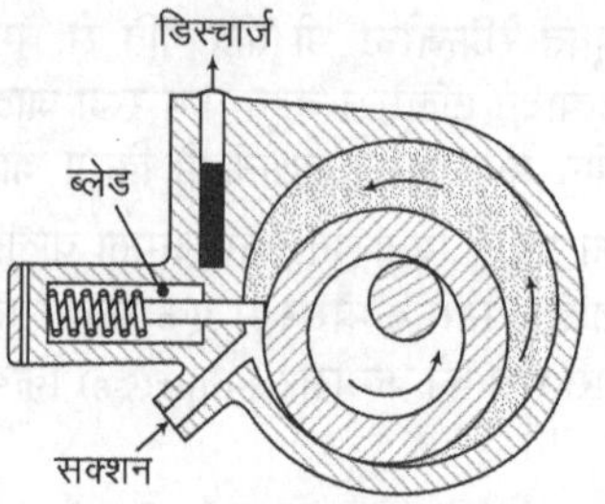

चित्र (b) कम्प्रैसर के सक्शन स्ट्रोक में वाष्प इनटेक

सिलेण्डर में और अधिक वाष्प प्रवेश करने के कारण सिलेण्डर में वाष्प की मात्रा अधिक हो जाती है। इसके फलस्वरूप इस स्थिति में सर्वाधिक कम्प्रैस वाष्प डिस्चार्ज वाल्व से बाहर निकलती है, जैसा कि चित्र (c) में प्रदर्शित है।

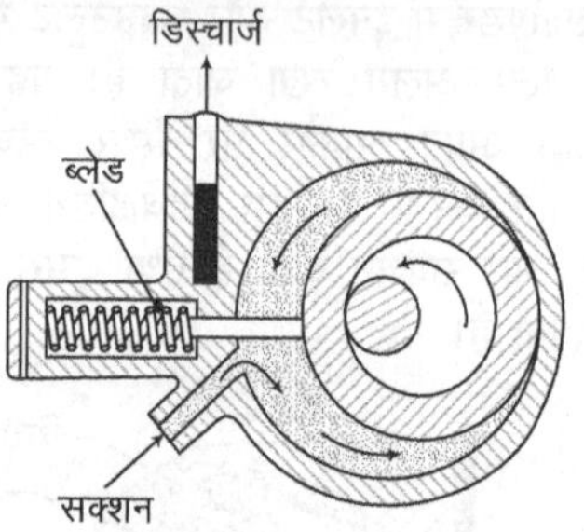

चित्र (c) कम्प्रैसन डिस्चार्ज

इसके पश्चात् जब रोलर (इम्पेलर) घूमकर चित्र (d) के अनुसार, स्थिति में पहुँचता है, तब सिलेण्डर में उपलब्ध अधिकतम वाष्प डिस्चार्ज वाल्व द्वारा बाहर निकल जाती है तथा एवैपोरेटर से नई वाष्प सक्शन वाल्व से सिलेण्डर में प्रवेश करने लगती है। यही प्रक्रिया चलती रहती है तथा निम्न दाब की रेफ्रिजरेन्ट वाष्प कम्प्रैस होती रहती है।

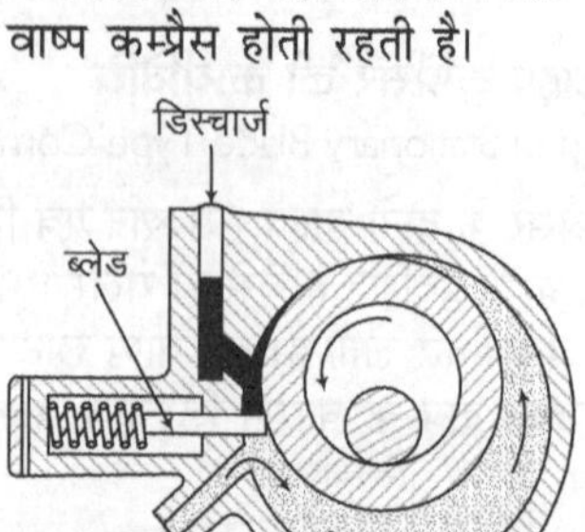

चित्र (d) कम्प्रैसर वाष्प डिस्चार्ज एवं नई वाष्प इनटेक

(ii) रोटरी ब्लेड टाइप कम्प्रैसर

Rotary Blade Type Compressor

रोटरी ब्लेड टाइप कम्प्रैसर में दो–या–दो से अधिक ब्लेडों का प्रयोग किया जाता है। इसमें रोलर और शाफ्ट का केन्द्र एक ही होता है, जोकि अलग केन्द्र के सिलेण्डर में घूमता है। सिलेण्डर और रोलर के मध्य का स्थान, रोलर में लगे हुए ब्लेडों द्वारा चार भागों में विभक्त हो जाता है।

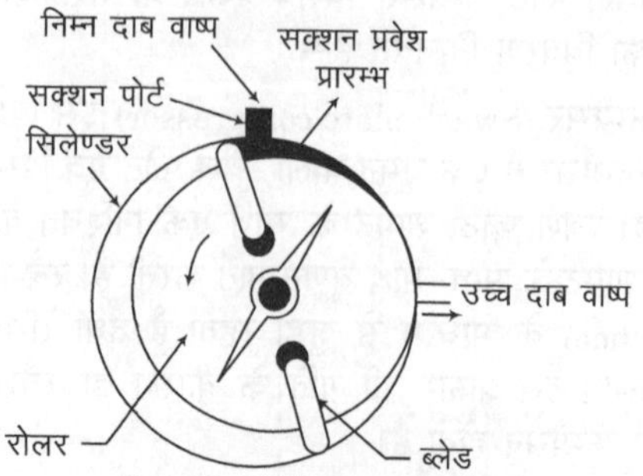

चित्र रोटरी ब्लेड टाइप कम्प्रैसर

रोटरी ब्लेड टाइप कम्प्रैसर की कार्यविधि

Working Method of Rotary Blade Type Compressor

जब रोलर (इम्पेलर) शाफ्ट के साथ संकेन्द्रिक होकर अलग केन्द्र के सिलेण्डर में घूर्णन करता है, तो रोलर पर लगे ब्लेडों से रोलर और सिलेण्डर के मध्य का स्थान चार भागों में विभाजित हो जाता है। ये ब्लेड्स अपकेन्द्रिय बल के द्वारा सिलेण्डर की आन्तरिक दीवार से सटकर गति करते हैं। जब रोलर घूर्णन करता हुआ चित्र (a) के अनुसार स्थिति में आता है, तब सिलेण्डर का केवल सक्शन वाल्व खुलता है तथा डिस्चार्ज वाल्व बन्द रहता है।

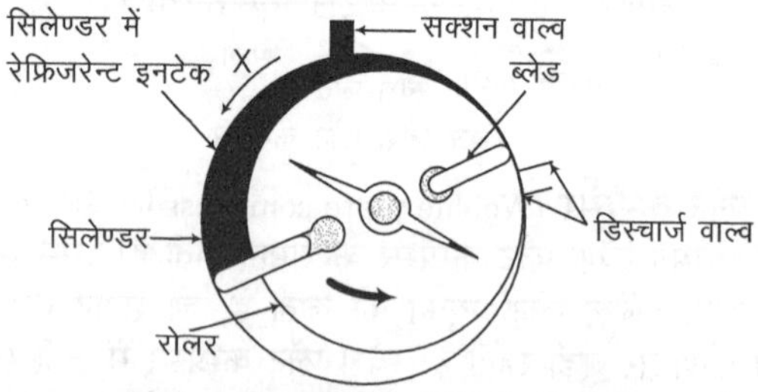

चित्र (a) रेफ्रिजरेन्ट का सिलेण्डर में प्रवेश

उपरोक्त चित्र (a) में रेफ्रिजरेन्ट की स्थिति को 'X' द्वारा प्रदर्शित किया गया है। रेफ्रिजरेन्ट सक्शन वाल्व से होकर सिलेण्डर में प्रवेश करता है तथा रोलर ब्लेड्स के मध्य में एकत्र हो जाता है। इसके पश्चात् रोलर घूर्णन करता हुआ आगे बढ़ता हुआ चित्र (b) के अनुसार स्थिति में पहुँच जाता है।

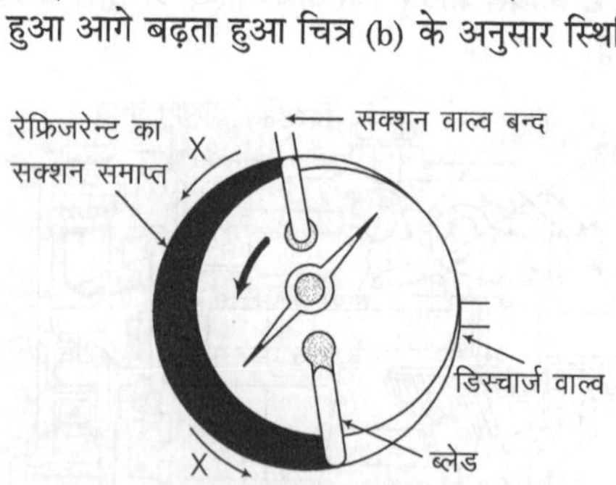

चित्र (b) रेफ्रिजरेन्ट का कम्प्रैसन प्रारम्भ

इस स्थिति में दोनों वाल्व बन्द हो जाते हैं। सिलेण्डर में क्लीयरैन्स आयतन के कमी होने के कारण रेफ्रिजरेन्ट कम्प्रैस होने लगता है।

जैसे-जैसे रोलर गति करता है रोलर ब्लेड्स के कारण रेफ्रिजरेन्ट कम्प्रैस होता जाता है। जैसे ही रोलर डिस्चार्ज वाल्व को पार करता है, रेफ्रिजरेन्ट के दाब के कारण डिस्चार्ज वाल्व खुल जाता है तथा कम्प्रैस रेफ्रिजरेन्ट बाहर निकलने लगता है जैसे निम्न चित्र (c) द्वारा प्रदर्शित है

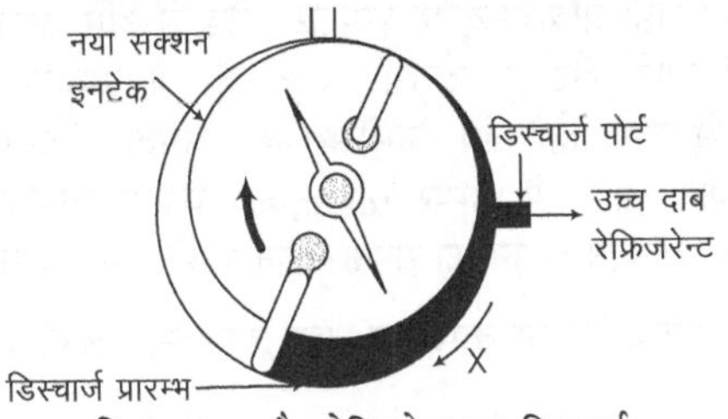

चित्र (c) कम्प्रैस रेफ्रिजरेन्ट का डिस्चार्ज

यही प्रक्रिया चलती रहती है और डिस्चार्ज वाल्व से उच्च दाब पर कम्प्रैस रेफ्रिजरेन्ट प्राप्त होता रहता है।

तालिका स्टेशनरी ब्लेड टाइप कम्प्रैसर तथा रोटरी ब्लेड टाइप कम्प्रैसर में अन्तर

क्र.सं.	स्टेशनरी ब्लेड टाइप कम्प्रैसर	रोटरी ब्लेड टाइप कम्प्रैसर
1.	इस प्रकार के रोटरी कम्प्रैसर में संकेन्द्रिक सिलेण्डर के अन्दर अलग केन्द्र का रोलर गति करता है, जिससे वाष्प का कम्प्रैसन होता है।	इस प्रकार के रोटरी कम्प्रैसर में अलग केन्द्र के सिलेण्डर में संकेन्द्रिक रोलर गति करता है जिससे कम्प्रैसन होता है।
2.	इसमें लगा डिवाइडिंग ब्लेड कम्प्रैसर को निम्न एवं उच्च दाब में बाँटता है।	इसमें लगे ब्लेड्स सिलेण्डर की आन्तरिक दीवार से स्पर्श करते हैं तथा सक्शन व डिस्चार्ज वाल्व को विभाजित करते हैं।
3.	डिवाइडिंग ब्लेड, सिलेण्डर में बने ग्रूव में रेसिप्रोकेटिंग गति करता है।	इसके ब्लेड्स सिलेण्डर में रोलर के साथ घूर्णन गति करते हैं।
4.	इसमें शाफ्ट के साथ सिलेण्डर संकेन्द्रित होता है तथा रोलर का अलग केन्द्र होता है।	इसमें शाफ्ट के साथ रोलर संकेन्द्रित होता है तथा सिलेण्डर का अलग केन्द्र होता है।

तालिका रेसिप्रोकेटिंग कम्प्रैसर तथा रोटरी कम्प्रैसर में अन्तर

क्र.सं.	रेसिप्रोकेटिंग कम्प्रैसर	रोटरी कम्प्रैसर
1.	इसमें वाष्प रेसिप्रोकेटिंग गति से कम्प्रैस होती है।	इसमें वाष्प रोटरी गति से कम्प्रैस होती है।
2.	ये कम्प्रैसर, एक या इससे अधिक सिलेण्डर के बनाए जाते हैं।	ये कम्प्रैसर केवल एक ही सिलेण्डर के बनाए जाते हैं।
3.	इसमें रेफ्रिजरेन्ट, सक्शन वाल्व द्वारा खींचा जाता है।	इसमें चैक वाल्व द्वारा रेफ्रिजरेन्ट खींचा जाता है।
4.	इसमें पिस्टन, सिलेण्डर, डिस्चार्ज एवं सक्शन वाल्व और कनैक्टिंग रॉड आदि भाग होते हैं।	इसमें सिलेण्डर, सीलिंग ब्लेड, स्प्रिंग और चैक वाल्व आदि भाग होते हैं।
5.	ये घरेलू और व्यापारिक कार्यों में प्रयुक्त होते हैं।	ये केवल घरेलू कार्यों में ही प्रयोग होते हैं।

3. स्क्रॉल कम्प्रैसर Scroll Compressor

स्क्रॉल कम्प्रैसर का प्रयोग द्रव रेफ्रिजरेन्टों; जैसे—तरल तथा गैस आदि को कम्प्रैस करने के लिए किया जाता है। इसमें रेफ्रिजरेन्ट को पम्प करने के लिए दो अन्तः संयोजी स्पाइरल (inter-fitting spiral) आकृति के स्क्रॉल प्रयुक्त किए जाते हैं। इसमें एक स्क्रॉल स्थिर तथा दूसरा कक्षीय गति करता है। इसमें रेसिप्रोकेटिंग कम्प्रैसर की अपेक्षा कम चलायमान (moving) भाग होते हैं, जिसके कारण यह कम्प्रैसर, अन्य परम्परागत कम्प्रैसरों की अपेक्षा आसानी से कम आवाज उत्पन्न किए, विश्वसनीयता से प्रचालित होता है।

स्क्रॉल कम्प्रैसर का प्रयोग खाने व फलों के रेफ्रिजरेशन, ट्रक ट्रांसपोर्टेशन, मैरीन के कन्टेनर्स तथा घरों एवं छोटे व बड़े आकार के व्यावसायिक एयर कण्डीशनिंग अनुप्रयोगों में किया जाता है।

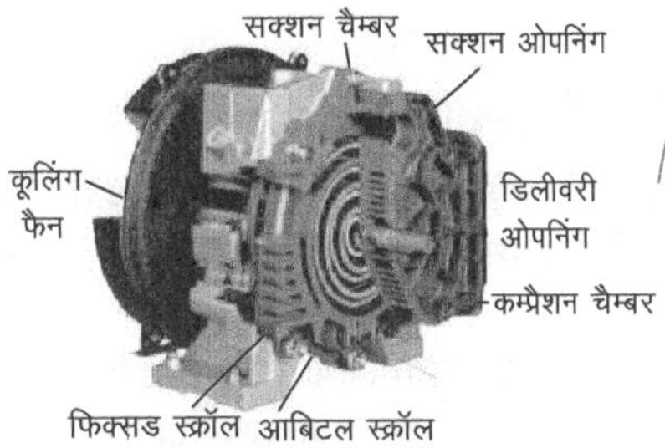

चित्र स्क्रॉल कम्प्रैसर

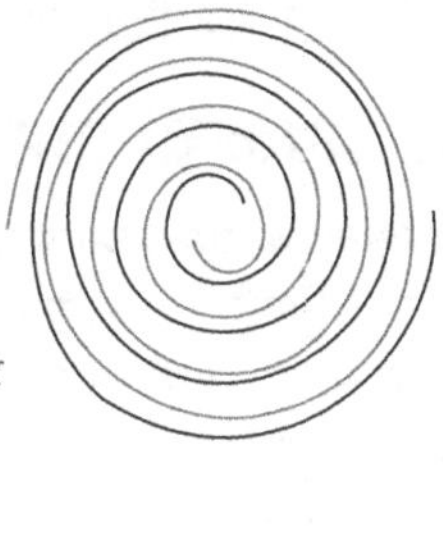

चित्र स्पाइरल स्क्रॉल

स्क्रॉल कम्प्रैसर की कार्यविधि
Working Method of Scroll Compressor

जैसा कि हम जानते हैं कि स्क्रॉल कम्प्रैसर में दो स्पाइरल अर्थात् स्क्रॉल प्रयोग की जाती है, जो आन्तरिक रूप से जुड़ी रहती हैं। इनमें एक स्क्रॉल स्थिर तथा दूसरी घूमने के लिए स्वतन्त्र होती है। जैसे ही स्पाइरल घूमती है, स्पाइरल में विभिन्न आकार के पॉकेट्स (pockets) का निर्माण हो जाता है, जिनके द्वारा रेफ्रिजरेन्ट गैस, पॉकेट्स से होकर स्पाइरल के केन्द्र के समीप खींच ली जाती है।

जब गैस स्पाइरल पॉकेट में प्रवेश करती है, तो स्पाइरल पॉकेट्स सील्ड (sealed) हो जाते हैं तथा कम्प्रैसन प्रारम्भ हो जाता है, जैसा कि चित्र (a) और चित्र (b) में प्रदर्शित है।

चित्र (a) पॉकेट निर्माण के कारण गैस का प्रवेश

चित्र (b) सीलिंग के कारण गैस का कम्प्रैसन प्रारम्भ

इसके पश्चात् जैसे ही गैस स्पाइरल के अगले पॉकेट में पहुँचती है, तब स्पाइरल का सक्शन पुनः प्रारम्भ हो जाता है। यही प्रक्रिया तब तक चलती है जब तक कि गैस स्पाइरल के केन्द्र में न पहुँच जाए तथा स्पाइरल के सभी पॉकेट्स में गैस एकत्र न हो जाए।

जब गैस पॉकेट के द्वारा केन्द्र में प्रवेश करती है, तब डिस्चार्ज पोर्ट खुल जाता है, जैसा कि निम्न चित्र (c), (d) और (e) में प्रदर्शित है।

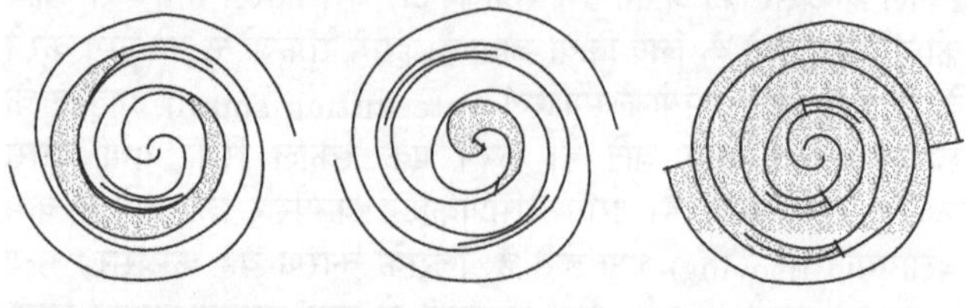

चित्र (c) पॉकेट आकार में कमी **चित्र** (d) गैस पॉकेट के केन्द्र में पहुँचना **चित्र** (e)गैस पॉकेट्स में गैस का एकत्र होना

जब गैस लगातार छोटे आन्तरिक पॉकेट्स में पहुँचती रहती है, तब गैस का ताप एवं दाब बढ़ने लगता है। इस प्रकार आवश्यक डिस्चार्ज दाब को स्क्रॉलों की गति के द्वारा प्राप्त कर लिया जाता है तथा इसे कण्डेन्सर क्वॉयल में भेज दिया जाता है।

4. अपकेन्द्री कम्प्रैसर Centrifugal Compressor

अपकेन्द्री कम्प्रैसरों का प्रयोग बड़े-बड़े रेफ्रिजरेटिंग प्लाण्टों में किया जाता है। जब किसी गैस को एक गोलीय पथ में तेजी से घुमाया जाता है, तो वह केन्द्र से दूर अर्थात् बाहर निकलने का प्रयास करती है। इसमें गैस को घुमाने के लिए इम्पेलर (impeller) का प्रयोग किया जाता है। इस कम्प्रैसर में सामान्यत: एक या दो इम्पेलर होते हैं, परन्तु आवश्यकतानुसार इनकी संख्या को बढ़ाया जा सकता है।

अपकेन्द्री कम्प्रैसर में मिथाइल फॉर्मूलेट और फ्रिऑन-11 आदि रेफ्रिजरेन्ट प्रयुक्त किए जाते हैं। इन रेफ्रिजरेन्टों में उच्च दाब तथा निम्न दाब के मध्य एक निम्न दाब-अन्तर पर कार्य करने की क्षमता होती है।

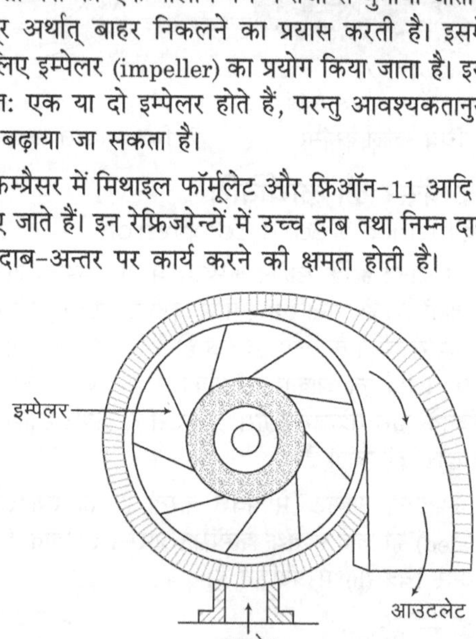

चित्र अपकेन्द्री कम्प्रैसर

इस कम्प्रैसर के द्वारा सिस्टम में दाब-अन्तर उत्पन्न करने के लिए, 'अपकेन्द्री बल' (centrifugal force) के सिद्धान्त का प्रयोग किया जाता है। इस प्रकार के कम्प्रैसर में पिस्टन, सिलेण्डर, सक्शन वाल्व एवं डिस्चार्ज वाल्व का प्रयोग नहीं किया जाता, अपितु इसकी मेन बॉडी में एक इम्पेलर को मोटर द्वारा घुमाया जाता है।

अपकेन्द्री कम्प्रैसर की कार्यविधि
Working Method of Centrifugal Compressor

जब निम्न दाब व निम्न ताप का रेफ्रिजरेन्ट वाष्प सक्शन लाइन से इनलेट होती है, तो इसे इम्पेलर्स (impellers) के सेन्टर (centre) में छोड़ा जाता है। इस समय क्योंकि इम्पेलर्स तेजी के साथ घूम रहे होते हैं, जिसके कारण यह रेफ्रिजरेन्ट वाष्प अपने केन्द्र (centre) से दूर जाने का प्रयास करती है। इसके पश्चात् यह वाष्प, हाउसिंग (housing) से टकराती है। इस क्रिया में रेफ्रिजरेन्ट वाष्प का दबाव बढ़ने लगता है। एक इम्पेलर ब्लेड सैट के बाद यही प्रक्रिया दूसरे इम्पेलर ब्लेड में और आवश्यकतानुसार तीसरे एवं चौथे सैट में दोहराई जाती है। ये इम्पेलर ब्लेड सैट्स श्रेणीक्रम में लगे होते हैं। कम्प्रैसर का क्षमता नियन्त्रण करने के लिए, सक्शन लाइन में डैम्पर (damper) का प्रयोग किया जाता है, जोकि स्वत: सक्शन लाइन का रास्ता खोलता और बन्द करता रहता है।

तालिका रेसिप्रोकेटिंग कम्प्रैसर तथा अपकेन्द्री कम्प्रैसर में अन्तर

क्र.सं.	रेसिप्रोकेटिंग कम्प्रैसर	अपकेन्द्री कम्प्रैसर
1.	इसमें रेफ्रिजरेन्ट, रेसिप्रोकेटिंग गति द्वारा कम्प्रैसर होता है।	इसमें रेफ्रिजरेन्ट अपकेन्द्री गति द्वारा कम्प्रैसर होता है।
2.	ये कम क्षमता के होते हैं।	ये अधिक क्षमता के होते हैं।
3.	इसमें पिस्टन सिलेण्डर में आगे-पाछे चलता है।	इसमें इम्पेलर सिलेण्डर में घूमते रहते हैं।
4.	इनकी गति कम होती है।	इनकी गति अधिक होती है।
5.	इनमें आवाज कम होती है।	इनमें आवाज अधिक होती है।

5. स्क्रू कम्प्रैसर Screw Compressor

यह एक रोटरी टाइप कम्प्रैसर होता है। इसकी क्षमता 15 HP से 800 HP तक होती है। क्षमता एवं सरल संरचना के कारण इनका प्रयोग अधिक किया जाता है। स्क्रू कम्प्रैसर को नीचे दिए गए चित्र में दर्शाया गया है।

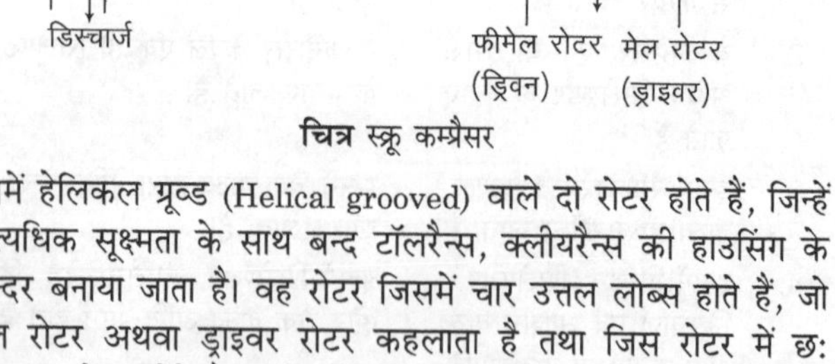

चित्र स्क्रू कम्प्रैसर

इसमें हेलिकल ग्रूव्ड (Helical grooved) वाले दो रोटर होते हैं, जिन्हें अत्यधिक सूक्ष्मता के साथ बन्द टॉलरैन्स, क्लीयरैन्स की हाउसिंग के अन्दर बनाया जाता है। वह रोटर जिसमें चार उत्तल लोब्स होते हैं, जो मेल रोटर अथवा ड्राइवर रोटर कहलाता है तथा जिस रोटर में छ: अवतल लोब्स होते हैं, फीमेल रोटर अथवा ड्रिवन रोटर कहलाता है। ये दोनों रोटर आपस में मैश (mesh) होते हैं तथा हाउसिंग में फिट रहते हैं। जब मेल रोटर एक दिशा में घूमता है, तो फीमेल रोटर उसकी विपरीत दिशा में घूमता है।

स्क्रू कम्प्रैसर की कार्यविधि
Working Method of Screw Compressor

जब दोनों रोटर घूर्णन प्रारम्भ करते हैं, तो सक्शन की तरफ से रेफ्रिजरेन्ट को खींचते हैं। सक्शन की ओर हाउसिंग का आयतन अधिक होता है, जिससे अधिक रेफ्रिजरेन्ट अन्दर प्रवेश करता है। यह रेफ्रिजरेन्ट रोटरों द्वारा डिस्चार्ज की ओर भेज दिया जाता है। डिस्चार्ज की ओर हाउसिंग का आयतन कम होता है, जिसके कारण रेफ्रिजरेन्ट कम्प्रैस होकर डिस्चार्ज से बाहर निकल जाता है।

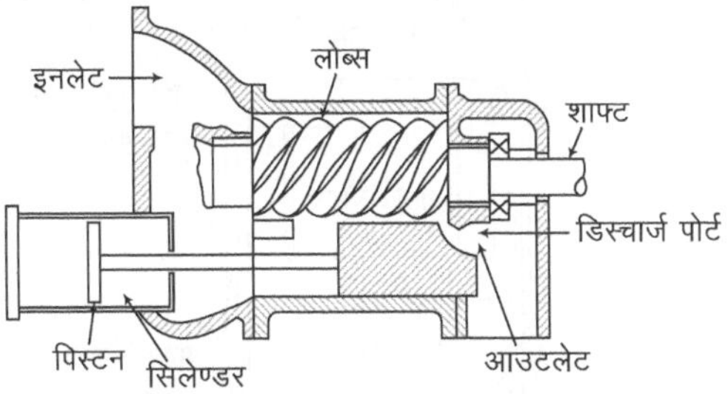

चित्र स्क्रू कम्प्रैसर का कार्यिकी आरेख

6. वॉबल प्लेट कम्प्रैसर Wobble Plate Compressor

सिंगल रो एक्सियस कम्प्रैसर में पाँच, छह या सात पिस्टन एक वॉबल प्लेट से जुड़े होते हैं। पिस्टन की कनैक्टिंग रॉड्स में प्रत्येक सिरे पर एक बॉल लगी होती है और ये बॉल प्रत्येक पिस्टन और वॉबल प्लेट पर सॉकेट में फिट हो जाती हैं। वॉबल प्लेट को एण्टी-रोटेशन गियर द्वारा अपने स्थान पर रखा जाता है और एक कैम वॉबल प्लेट के पीछे घूमता है। घूमने वाले कैम और स्थिर वॉबल प्लेट के संयोजन से पिस्टन को कम्प्रैसर ड्राइव शाफ्ट के समानान्तर एक तल में ले जाने का कारण बनता है।

पुनर्प्राप्ति (recovery) तल और पुनर्चक्रण (recycling) के समय रेफ्रिजरेन्ट का पुन: उपयोग किया जाता है। वॉबल प्लेट कम्प्रैसर उच्च श्रेणी के ऑटोमोबाइल के लिए एयर कण्डीशनिंग में अच्छी तरह से उपयोग किया जाता है। ये कम दाब को एक निश्चित सीमा से ऊपर बनाए रखने के लिए, पिस्टन स्ट्रोक के स्वचालित समायोजन द्वारा निरन्तर नियन्त्रण की अनुमति देता है। यहाँ एक बाहरी नियन्त्रित वॉबल प्लेट कम्प्रैसर का प्रयोगात्मक रूप से विश्लेषण किया जाता है, जो इसके आइसोट्रोपिक और वॉल्यूमेट्रिक प्रभावशीलता और नियन्त्रण विशेषताओं के माध्यम से होता है। कम्प्रैसर की प्रभावशीलता मुख्य रूप से कम्प्रैसर की गति और दाब अनुपात पर निर्भर करती है। उदाहरण के लिए, 1000 rpm पर 4 के दाब अनुपात के लिए 0.65 और 0.8 की आइसेंट्रोपिक और वॉल्यूमेट्रिक क्षमता प्राप्त होती है तथा 4000 rpm पर समान दबाव अनुपात के लिए 0.4 और 0.35 आइसेंट्रोपिक और वॉल्यूमेट्रिक क्षमता प्राप्त होती है। इस दाब में आई कमी के कारण इसकी क्षमता में कमी नोट की जाती है।

कम्प्रैसर, कण्डेन्सर और एवैपोरेटर पर थर्मल सन्तुलन के अवशेषों को कम करके 'स्नेहक' द्रव्यमान प्रवाह दर प्राप्त की जाती है। यहाँ एक महत्त्वपूर्ण तेल-प्रवाह परिसंचरण प्राप्त होता है। तात्कालिक पिस्टन स्ट्रोक को मापने और इसे समग्र कम्प्रैसर प्रदर्शन से जोड़ने के लिए एक विशेष विस्थापन सेंसर का उपयोग किया जाता है। इस माप की तुलना सेमी-एम्पेरिकल मॉडल के साथ प्राप्त परिणामों के साथ की जाती है, जोकि आंशिक भार में, कम्प्रैसर विस्थापन की भविष्यवाणी करने में सक्षम है। मॉडल विचलन के साथ विस्थापन अनुपात को ज्ञात किया जा सकता है।

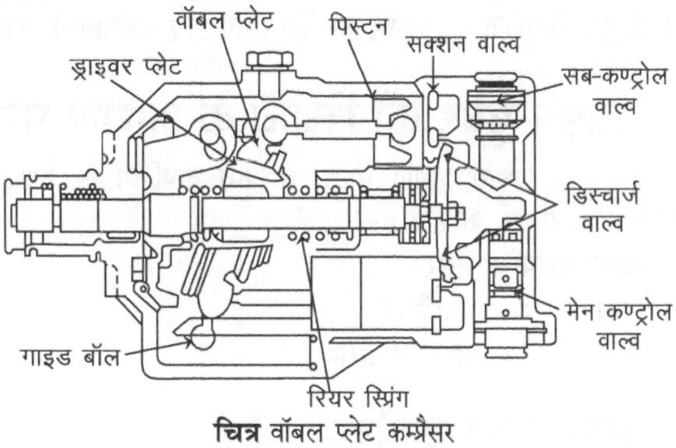

चित्र वॉबल प्लेट कम्प्रैसर

7. स्वाश प्लेट कम्प्रैसर Swash Plate Compressor

इन कम्प्रैसर में सामान्यत: छह या दस पिस्टन होते हैं। एक विपरीत अक्षीय कम्प्रैसर में पिस्टन एक ठोस टुकड़े से एक साथ जुड़े होते हैं जो उन्हें एक-दूसरे से एक निश्चित दूरी पर रखता है। एक घूमने वाला उपकरण जिसे स्वाश प्लेट कहा जाता है, पिस्टन को गति प्रदान करता है। स्वाश प्लेट एक अण्डाकार डिस्क है जिसे कम्प्रैसर ड्राइव शाफ्ट के कोण पर लगाया जाता है। स्वाश प्लेट का घुमाव पिस्टन को ड्राइव शाफ्ट के समानान्तर ले जाता है। एक अन्य घटक जिसे स्लिपर डिस्क कहा जाता है, स्वाश प्लेट पर स्लाइड करता है और एक बॉल स्लिपर डिस्क में सॉकेट में गति करती है। पिस्टन और स्लिपर डिस्क को जोड़ने के प्रभाव में बॉल भी पिस्टन में एक सॉकेट में गति करती है।

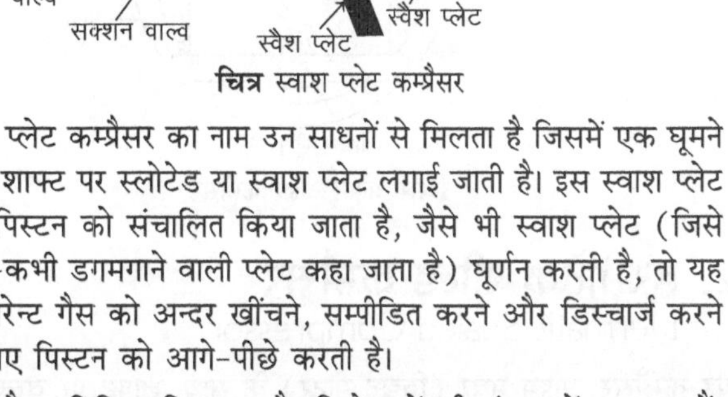

चित्र स्वाश प्लेट कम्प्रैसर

स्वाश प्लेट कम्प्रैसर का नाम उन साधनों से मिलता है जिसमें एक घूमने वाली शाफ्ट पर स्लोटेड या स्वाश प्लेट लगाई जाती है। इस स्वाश प्लेट द्वारा पिस्टन को संचालित किया जाता है, जैसे भी स्वाश प्लेट (जिसे कभी-कभी डगमगाने वाली प्लेट कहा जाता है) घूर्णन करती है, तो यह रेफ्रिजरेन्ट गैस को अन्दर खींचने, सम्पीडित करने और डिस्चार्ज करने के लिए पिस्टन को आगे-पीछे करती है।

ये कम्प्रैसर विभिन्न विन्यास और सिलेण्डरों की संख्या में उपलब्ध हैं। प्रत्येक पिस्टन में बॉल-एण्ड-सॉकेट-प्रकार के बियरिंग्स के साथ एक रॉड स्थापित होती है, जो एक स्लिपर (पिस्टन के पैर) में फिट होती है। स्वाश प्लेट के घूमने से इसके सिलेण्डर के अन्दर प्रत्येक पिस्टन की पश्चाग्र (reciprocating) (ऊपर और नीचे) गति होती है।

वाल्व प्लेट में एक रीड वाल्व असेम्बली होती है। ये रीड वाल्व रेफ्रिजरेन्ट को केवल एक दिशा में बहने देते हैं। कई निर्माता स्वाश प्लेट कम्प्रैसर का उपयोग करते हैं क्योंकि वे दो-पिस्टन-प्रकार के कम्प्रैसर द्वारा लगाए गए 14 हॉर्सपावर ड्रेग की तुलना में इंजन पर कम ड्रैग (लगभग 7 हॉर्सपावर) लगाते हैं।

15.3 प्राइम मूवर की स्थिति के आधार पर

प्राइम मूवर की स्थिति अर्थात् मोटर के साथ कपलिंग के आधार पर कम्प्रैसर निम्न प्रकार के होते हैं—

1. ओपन टाइप कम्प्रैसर
2. हरमेटिक सील्ड कम्प्रैसर
3. सेमी हरमेटिक सील्ड कम्प्रैसर

1. ओपन टाइप कम्प्रैसर
Open Type Compressor

इस प्रकार के कम्प्रैसर को चलाने के लिए प्राइम मूवर की आवश्यकता होती है। यह प्राइम मूवर, विद्युत मोटर (AC अथवा DC) या डीजल इंजन होता है। इसमें प्राइम मूवर तथा कम्प्रैसर को एक ही आधार पर अलग-अलग फिट किया जाता है तथा इन्हें V-बेल्ट (V-belt) का प्रयोग करके संयोजित किया जाता है। लीकेज को रोकने के लिए शाफ्ट के चारों ओर शाफ्ट सील का प्रयोग किया जाता है। ओपन टाइप कम्प्रैसर तथा प्राइम मूवर की मरम्मत सरलता से की जा सकती है। इसका प्रयोग घरेलू तथा व्यावसायिक कार्यों में किया जाता है।

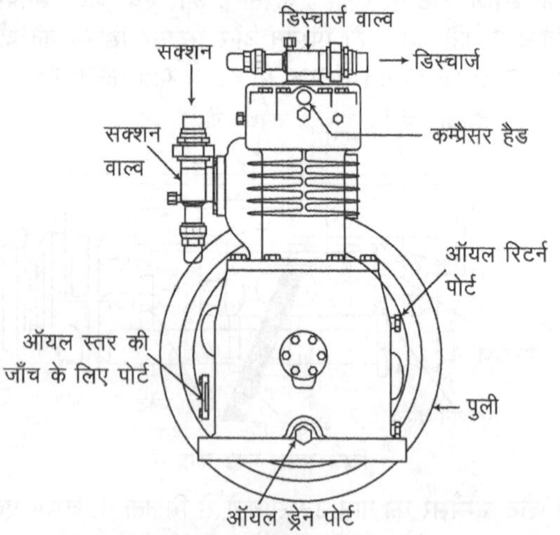

चित्र ओपन टाइप कम्प्रैसर

2. हरमेटिक सील्ड कम्प्रैसर
Hermatic Sealed Compressor

यह कम्प्रैसर, प्राइम मूवर (विद्युत मोटर) के साथ, शाफ्ट पर वैल्ड किए हुए डोम (dome) में बन्द होता है। इस कम्प्रैसर में से क्रैंक शाफ्ट बाहर निकली होती है, जिसे प्राइम मूवर के साथ जोड़ दिया जाता है। कम्प्रैसर में जिस स्थान से क्रैंक शाफ्ट निकली होती है, वहाँ शाफ्ट सीट लगा दी जाती है, जिससे रेफ्रिजरेन्ट बाहर न निकले।

मोटर की वाइण्डिंग में उत्पन्न ऊष्मा को कम करने के लिए, गैस को कम्प्रैसर द्वारा कम्प्रैस करने से पहले मोटर वाइण्डिग के चारों ओर भेज दिया जाता है। इस कम्प्रैसर में उत्पन्न होने वाली ध्वनि को कम करने के लिए इसमें मफलर लगे होते हैं। इस कम्प्रैसर में डोम से बाहर की ओर सक्शन लाइन, डिस्चार्ज लाइन तथा चार्जिंग लाइन जुड़ी होती हैं। डोम के ऊपर मोटर के तीन टर्मिनल होते हैं तथा मोटर को चलाने के लिए स्टार्टिंग रिले का प्रयोग किया जाता है।

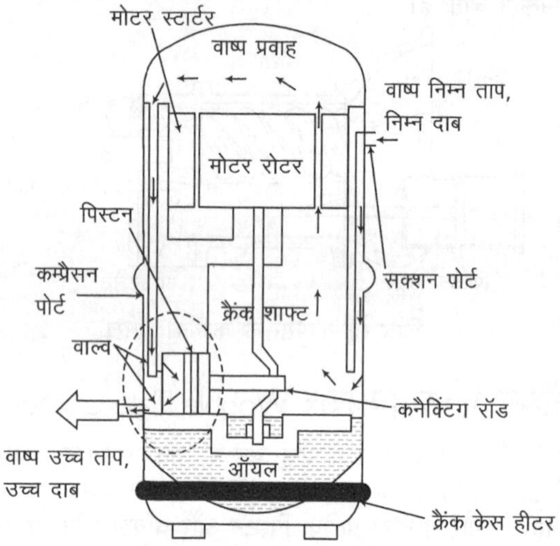

चित्र हरमेटिक सील्ड कम्प्रैसर

हरमेटिक सील्ड कम्प्रैसर में रेफ्रिजरेन्ट का लीकेज नहीं होता है तथा इसमें शोर भी कम उत्पन्न होता है। इस कम्प्रैसर का उपयोग कम ताप एवं दाब की गैस को खींचकर, उच्च ताप एवं दाब पर कम्प्रैस करके डिस्चार्ज करने के लिए किया जाता है।

तालिका हरमेटिक कम्प्रैसर तथा ओपन टाइप कम्प्रैसर में अन्तर

क्र.सं.	हरमेटिक कम्प्रैसर	ओपन टाइप कम्प्रैसर
1.	इस प्रकार के कम्प्रैसर में सिंगल फेज इण्डक्शन मोटर प्रयोग होती है।	यह कम्प्रैसर AC अथवा DC मोटर अथवा डीजल इंजन से चलते हैं।
2.	इसमें गैस लीकेज की समस्या नहीं होती है।	इसमें गैस लीकेज की समस्या बनी रहती है।
3.	यह कम स्थान घेरता है।	यह अधिक स्थान घेरता है।
4.	इस कम्प्रैसर की गति स्थिर रहती है।	इस कम्प्रैसर की गति को कम या अधिक किया जा सकता है।
5.	इसका प्रयोग घरेलू कार्यों में किया जाता है।	इसका प्रयोग घरेलू व व्यापारिक कार्यों दोनों में किया जाता है।
6.	इस इकाई में मोटर व कम्प्रैसर आपस में कपलिंग द्वारा जुड़े रहते हैं।	इस इकाई में कम्प्रैसर तथा मोटर आपस में 'V'-बेल्ट द्वारा जुड रहते हैं।
7.	इस इकाई की देखभाल कठिन होती है।	इसकी देखभाल करनी आसान होती है।

3. सेमी-हरमेटिक सील्ड कम्प्रैसर
Semi-Hermatic Sealed Compressor

इस प्रकार के कम्प्रैसर में प्राइम मूवर (विद्युत मोटर) तथा कम्प्रैसर के लिए एक ही शाफ्ट प्रयोग की जाती है, परन्तु आवश्यकता पड़ने पर इन्हें अलग भी किया जा सकता है, क्योंकि कम्प्रैसर और मोटर को वैल्ड करने के स्थान पर अस्थायी रूप से जोड़ा जाता है।

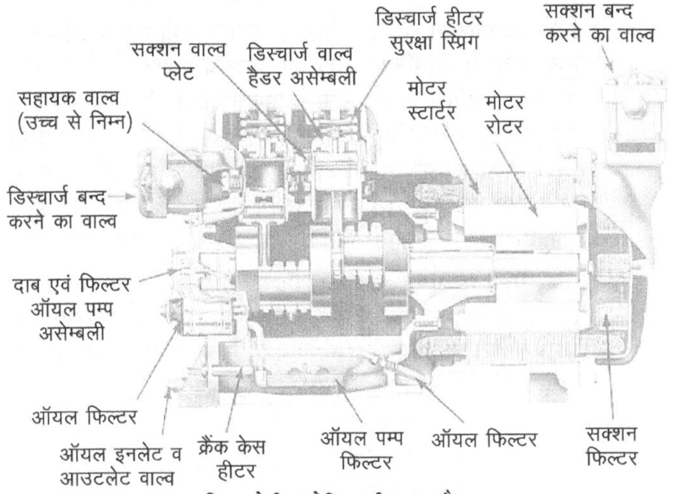

चित्र सेमी-हरमेटिक सील्ड कम्प्रैसर

17.4 इन्वर्टर कम्प्रैसर Inverter Compressor

हीटिंग वैन्टिलेशन एवं एयर कण्डीशनिंग (HVAC) में इन्वर्टर तकनीक सबसे अधिक ऊर्जा कुशल तकनीक है और वर्तमान में दुनिया भर में जलवायु नियन्त्रण की आवश्यकताओं को पूरा करने के लिए एयर कण्डीशनिंग सिस्टम को डिजाइन और निर्मित करने के तरीके में क्रान्ति ला रही है। वैरिएबल स्पीड टेक्नोलॉजी के अपनाने वाले पहले व्यक्ति को प्रतिस्पर्द्धात्मक लाभ प्राप्त होता है।

एक इन्वर्टर कम्प्रैसर को एक वैरिएबल स्पीड ड्राइव के साथ संचालित करने के लिए डिजाइन किया गया है जो कूलिंग की आवश्यकता को पूरा करने के लिए कम्प्रैसर मोटर की गति को स्थिर रूप से समायोजित करता है। यह स्क्रू, सेंट्रीफ्यूगल और एक्सियल कम्प्रैसर सहित स्क्रॉल रोटरी या रेसिप्रोकेटिंग, सेमी-हर्मेटिक ओपन कम्प्रैसर हो सकता है। इस प्रकार का कम्प्रैसर, कम्प्रैसर मोटर की गति (राउण्ड प्रति सेकण्ड rpm में) को नियन्त्रित करने के लिए एक विशेष ड्राइव का उपयोग करता है। इन्वर्टर कम्प्रैसर अलग-अलग गति से कार्य कर सकते हैं: इन्वर्टर कम्प्रैसर को विशेषरूप से विभिन्न मोटर गति पर चलाने के लिए डिजाइन किया गया है, जिससे एक मॉड्यूलेटेड रेफ्रिजरेन्ट मास ऑयल फ्लो और कूलिंग आउटपुट उत्पन्न होता है।

वैरिएबल स्पीड ड्राइव कम्प्रैसर मोटर की कूलिंग आवश्यकता को इंगित करता है। सटीक कूलिंग आवश्यकता से मेल खाने के लिए मोटर लगातार कम या ज्यादा कूलिंग क्षमता उत्पन्न करने के लिए गति को अनुकूलित करता है। दो उपकरणों का संयोजन-कम्प्रैसर और ड्राइव-एक निरन्तर कूलिंग मॉड्यूलेशन देता है। वैरिएबल स्पीड सिद्धान्त को पूर्ण गति से चलने के लिए एक बहुत मजबूत कम्प्रैसर और तेल का उपयोग करने वाले सिस्टम के लिए एक विशेष कम्प्रैसर स्नेह प्रणाली की आवश्यकता होती है।

कम्पैसर के जीवन काल को सुरक्षित रखने के लिए उत्कृष्ट तेल प्रबन्धन एक महत्त्वपूर्ण आवश्यकता है। तेल प्रबन्धन प्रणाली कम गति पर स्क्रॉल सेट के अच्छे स्नेहन की गारण्टी देती है और एक आदर्श तेल परिसंचरण अनुपात बनाए रखने के लिए पूरी गति से संचालन करते समय अतिरिक्त तेल को सर्किट में इंजेक्ट होने से रोकती है।

15.5 कम्प्रैसरों का स्नेहन
Lubrication of Compressors

किसी कम्प्रैसर में घूमने वाले भागों के बीच घर्षण एवं घर्षण के कारण उत्पन्न ऊष्मा को कम करने के लिए स्नेहक का प्रयोग किया जाता है। कम्प्रैसर स्नेहन के लिए मुख्यत: निम्न विधियाँ अपनाई जाती हैं

1. स्प्लैश स्नेहन 2. फोर्स फीड स्नेहन 3. हस्त स्नेहन

1. स्प्लैश स्नेहन Splash Lubrication

सामान्यत: कम क्षमता और धीमी गति वाले कम्प्रैसर में स्नेहन के लिए इस विधि का प्रयोग किया जाता है। इन कम्प्रैसरों में क्रैंक केस के बॉटम में क्रैंक शाफ्ट के मेन बियरिंग तक स्नेहन ऑयल एक सम्प में भर दिया जाता है। क्रैंक शाफ्ट के प्रत्येक चक्कर में कनैक्टिंग रॉड बियरिंग ऑयल में डूब जाती है, जिससे यह तेल की कुछ मात्रा उछाल देती है।

वह तेल स्नेहन के लिए बने ऑयल चैनल तथा होल्स के द्वारा प्रत्येक बियरिंग में पहुँच जाता है। कुछ कम्प्रैसरों में कनैक्टिंग रॉड के साथ स्प्लैशिंग फिंगर्स (splashing fingers) लगी होती हैं, जिससे ऑयल को अच्छी प्रकार से स्प्लैश किया जा सके। यही प्रक्रिया पिस्टन की गति के साथ निरन्तर चलती रहती है।

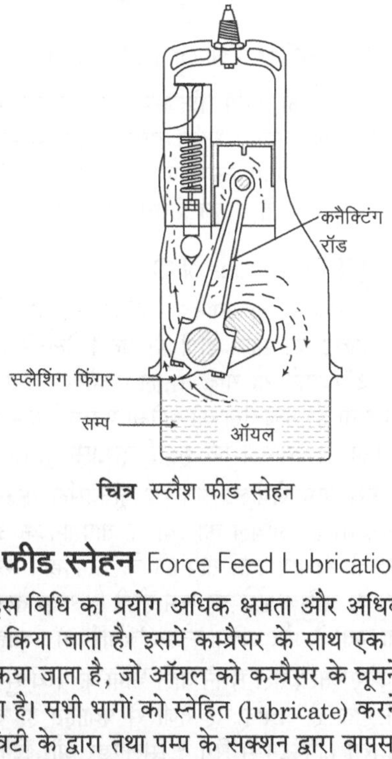

चित्र स्प्लैश फीड स्नेहन

2. फोर्स फीड स्नेहन Force Feed Lubrication

स्नेहन की इस विधि का प्रयोग अधिक क्षमता और अधिक गति वाले कम्प्रैसरों में किया जाता है। इसमें कम्प्रैसर के साथ एक ऑयल पम्प का प्रयोग किया जाता है, जो ऑयल को कम्प्रैसर के घूमने वाले भागों तक पहुँचाता है। सभी भागों को स्नेहित (lubricate) करने के पश्चात् वह तेल ग्रेविटी के द्वारा तथा पम्प के सक्शन द्वारा वापस पम्प में आ जाता है। इस ऑयल पम्प के इनलेट में ऑयल फिल्टर लगा होता है।

समय-समय पर फिल्टर को साफ कर दिया जाता है।

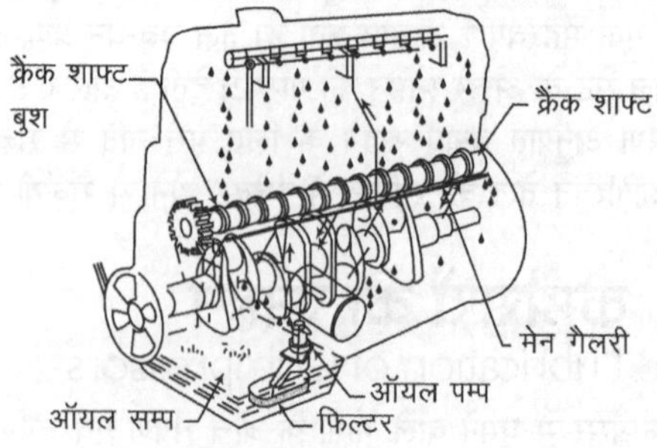

चित्र फोर्स फीड स्नेहन

3. हस्त स्नेहन Manual Lubrication

हस्त स्नेहन विधि में हस्त स्नेहक गन (manual lubricant gun) प्रयोग की जाती है। इस हस्त स्नेहक गन में ऑयल अथवा अन्य स्नेहक भरा होता है। इसके द्वारा केवल स्थिर तथा खुले भागों पर ही स्नेहन किया जा सकता है। इसका प्रयोग करते समय मशीन को बन्द कर देना चाहिए।

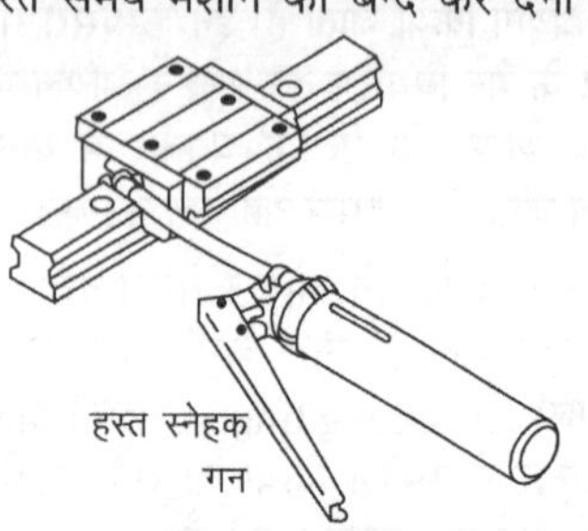

चित्र हस्त स्नेहन

ऑयल या स्नेहक Oil or Lubricants

ऑयल अथवा स्नेहक का प्रयोग रेफ्रिजरेशन एवं एयर कण्डीशनिंग प्रणाली में गतिशील भागों को घर्षण, घर्षण द्वारा उत्पन्न ऊष्मा तथा भागों की घिसावट को रोकने के लिए किया जाता है। स्नेहक के रूप में मुख्यत: नैफ्थीन समूह के खनिज तेलों का प्रयोग किया जाता है।

ऑयल के गुण Properties of Oil

(i) **श्यानता** (Viscocity) श्यानता, ऑयल या द्रव के बहने में होने वाली रुकावट की मात्रा होती है। पतले तेल में यह रुकावट कम होती है और मोटे या गाढ़े (thick) ऑयल में रुकावट की मात्रा अधिक होती है। गाढ़े तेल की अपेक्षा पतला तेल सरलता से प्रवाहित होने लगता है। श्यानता की इकाई एस.एस.यू. (SSU) है।

इसका पूरा नाम सेबोल्ट सेकण्ड यूनिवर्सल (Saybolt Seconds Universal) है। ऑयल की श्यानता तापमान के अनुसार परिवर्तित होती रहती है। श्यानता, तापमान के कम होने पर बढ़ती है और तापमान के अधिक होने पर कम होती है। गाढ़ा तेल सभी स्थानों पर नहीं जा पाता है और उचित स्नेहन बियरिंग में प्रवाहित हो जाता है।

दूसरी ओर पतला तेल घूमने वाले भागों के मध्य सुरक्षित तह के रूप में नहीं होता है अर्थात् यह तेजी से प्रवाहित हो जाता है। ऑयल, पिस्टन रिंग (पिस्टन में रिंग व सिलेण्डर और रिंग व रिंग ग्रूव्स के मध्य) के चारों ओर सीलिंग का कार्य करता है।

यह कम्प्रैसर के हैड से सिलेण्डर की ओर रेफ्रिजरेन्ट के लीकेज को रोकता है। यदि ऑयल पतला है, तो सीलिंग प्रभावित नहीं होगी, इसलिए ऑयल की श्यानता निश्चित सीमा में होती है।

ऑयल सम्पूर्ण प्रणाली में रेफ्रिजरेन्ट के साथ चलता है। इस पर तापमान का भी प्रभाव नहीं होता है, क्योंकि एवैपोरेटर में कम तापमान पर सिलेण्डर हैड और क्रैंक केस में अधिक तापमान होता है। इस कारण यह कम और अधिक तापमान पर सरलता से कार्य करता है।

(ii) **निम्न अम्लीयता** (Low acidity) लगभग सभी स्नेहन ऑयल में कुछ मात्रा में कार्बनिक अम्ल की अम्लीयता होती है। अम्लीयता की डिग्री, ऑयल के एक ग्राम में अम्लीयता को निष्क्रिय करने के लिए आवश्यक पोटैशियम हाइड्रॉक्साइड के भार से ज्ञात की जाती है। रेफ्रिजरेन्ट ऑयल में अम्लीयता, ऑयल के प्रति ग्राम में पोटैशियम हाइड्रॉक्साइड की 0.01 मिली ग्राम से अधिक नहीं होनी चाहिए। ऑयल में नमी की क्रिया से अम्लीयता बढ़ जाती है।

(iii) **पोर, क्लाउड एण्ड फ्लोक प्वॉइण्ट** (Pore, cloud and floak point) ऑयल का पोर प्वॉइण्ट वह तापमान होता है, जिस पर यह प्रवाहित होता है। ऑयल का चयन करने में पोर प्वॉइण्ट का भी ध्यान रखा जाता है। यह विशेष रूप से निम्न तापमान प्रणाली के लिए चयन किया जाता है। यदि ऑयल का पोर प्वॉइण्ट अधिक हो तो ऑयल ठीक प्रकार से कार्य नहीं करेगा जिस कारण वह ठण्डे एवैपोरेटर को चिपकाने लगता है। रेफ्रिजरेशन ऑयल में पैराफिन अर्थात् मोम की निश्चित मात्रा मिली होती है। यदि ऑयल का तापमान निम्न स्तर से कम हो जाए, तो ऑयल में मोम नीचे की ओर बैठ जाता है। ऑयल का फ्लोक प्वॉइण्ट वह तापमान होता है, जिस पर 90% रेफ्रिजरेन्ट और 10% ऑयल मिले हुए स्नेहक में से मोम नीचे की ओर बैठ जाए। यदि फ्लोक प्वॉइण्ट अधिक हो, तो ऑयल में से मोम एक्सपैन्शन वाल्व पृथक् कर देता है, जो रेफ्रिजरेन्ट के प्रवाह में विरोध करता है। इसलिए कम फ्लोक प्वॉइण्ट का ऑयल रेफ्रिजरेशन प्रणाली में प्रयोग करना आवश्यक है।

तेल में मोम के मिले होने से तेल का तापमान कम होता है। वह तापमान जिस पर ऑयल में बादल जैसा धुआँ (fumes) उठने लगता है, उस प्वॉइण्ट को क्लाउड प्वॉइण्ट कहा जाता है। तेल मोमरहित प्रयोग करना चाहिए जिससे कम्प्रैसर बिना बाधा के कार्य करता रहे।

(iv) **डाइ-इलेक्ट्रिक स्ट्रेंथ** (Di-electric strength) डाइ-इलेक्ट्रिक स्ट्रेंथ, ऑयल में इलेक्ट्रिक धारा के प्रवाहित करने पर उसके प्रतिरोध (resistance) को प्रदर्शित करता है। यह लगभग 2.5 मिमी की दूरी पर विद्युत के दोनों सिरों को रखने पर बनने वाली आर्क के वोल्टेज से ज्ञात किया जाता है। नमी व अन्य अशुद्धियाँ ऑयल की डाइ-इलेक्ट्रिक स्ट्रेंथ कम कर देती हैं। नमी के होने पर तेल में अम्लीयता उत्पन्न हो जाती है, जो धातु को नष्ट करती है। इस कारण तेल नमी रहित व बिना अशुद्धियों के होना चाहिए।

(v) **रासायनिक स्थायित्व** (Chemical stability) अधिक समय तक स्नेहन कार्य के लिए, अधिक रासायनिक स्थायित्व वाला ऑयल प्रयोग किया जाता है। यह हाइड्रोकार्बन के विपरीत अनुपात में होता है, ऑयल में हाइड्रोकार्बन की मात्रा जितनी कम होगी, उतना ही अधिक ऑयल का रासायनिक स्थायित्व होगा।

महत्त्वपूर्ण बिन्दु

- रेसिप्रोकेटिंग कम्प्रैसर में पिस्टन की रेसिप्रोकेटिंग गति द्वारा कम्प्रैस किया जाता है।
- पिस्टन सामान्यतः कास्ट आयरन या एल्युमीनियम के बनाए जाते हैं।
- कम्प्रैसर की क्रैंक शाफ्ट को बाहरी शक्ति द्वारा चलाया जाता है तथा क्रैंक शाफ्ट की घूर्णीय गति को कनैक्टिंग रॉड रेसिप्रोकेटिंग गति में परिवर्तित किया जाता है।
- पिस्टन को क्रैंक शाफ्ट के साथ जोड़ने के लिए कनैक्टिंग रॉड का प्रयोग किया जाता है।
- बड़े व्यावसायिक कम्प्रैसरों में ऑयल की कमी को पूरा करने के लिए समय-समय पर तेल बदलना पड़ता है।
- सिलेण्डर में पिस्टन जब गति करता हुआ नीचे की ओर निम्नवत् बिन्दु पर पहुँच जाए, तब पिस्टन की इस स्थिति को बॉटम डेट सेन्टर स्थिति कहते हैं।
- किसी कम्प्रैसर की कम्प्रैसन क्षमता अथवा सक्शन तथा पिस्टन विस्थापन आयतन का अनुपात उस कम्प्रैसर की आयतनिक दक्षता कहलाता है
- कम्प्रैसर में उपयोग के अनुसार रेफ्रिजरेन्ट की मात्रा को नियन्त्रित करना कम्प्रैसर का क्षमता नियन्त्रण कहलाता है।
- वैट कम्प्रैसर वह कम्प्रैसन होता है, जिसमें कम्प्रैसर की दक्षता बढ़ाने के लिए कम्प्रैसर में निश्चित मात्रा में पानी को स्प्रे किया जाता है।
- रोटरी कम्प्रैसर का प्रयोग सामान्यतः कम क्षमता वाली मशीनों जैसे घरेलू उपकरणों में होता है।
- स्क्रॉल कम्प्रैसर का प्रयोग द्रव रेफ्रिजरेन्टों जैसे तरल तथा गैस आदि को कम्प्रैस करने के लिए किया जाता है।
- अपकेन्द्री कम्प्रैसरों का प्रयोग बड़े-बड़े रेफ्रिजरेटिंग प्लाण्टों में किया जाता है।
- अपकेन्द्री कम्प्रैसर के द्वारा सिस्टम में दाब अन्तर उत्पन्न करने के लिए अपकेन्द्री बल के सिद्धान्त का प्रयोग किया जाता है।
- हरमेटिक सील्ड कम्प्रैसर में रेफ्रिजरेन्ट का लीकेज नहीं होता है तथा इसमें शोर भी कम उत्पन्न होता है।
- किसी कम्प्रैसर में घूमने वाले भागों के बीच घर्षण एवं घर्षण के कारण उत्पन्न ऊष्मा को कम करने के लिए स्नेहन का प्रयोग किया जाता है।
- डाइ-इलेक्ट्रिक स्ट्रेंथ ऑयल में इलेक्ट्रिक धारा के प्रवाहित करने पर उसके प्रतिरोध को प्रदर्शित करता है।
- अधिक समय तक स्नेहन कार्य के लिए, अधिक रासायनिक स्थायित्व वाला ऑयल प्रयोग किया जाता है।

महत्त्वपूर्ण प्रश्नोत्तरी

1. कम्प्रैसन को परिभाषित कीजिए।

उत्तर वह प्रक्रिया जिसमें निम्न दाब की वाष्प को उच्च दाब को वाष्प में परिवर्तित किया जाता है 'कम्प्रैसन' कहलाती है।

2. पिस्टन में कम्प्रैसन रिंग का प्रयोग क्यों किया जाता है?

उत्तर पिस्टन तथा सिलेण्डर के मध्य गैप को सील करने के लिए पिस्टन में कम्प्रैसन रिंग का प्रयोग किया जाता है।

3. टॉप डैड सेन्टर तथा बॉटम डैड सेन्टर के मध्य पिस्टन द्वारा तय की गई दूरी को क्या कहते हैं?

उत्तर टॉप डैड सेन्टर तथा बॉटम डैड सेन्टर के मध्य पिस्टन द्वारा तय की गई दूरी को स्ट्रोक कहते हैं।

4. कम्प्रैसर की गति को किस इकाई में मापते हैं?

उत्तर कम्प्रैसर की गति को चक्कर प्रति मिनट (rpm) में मापते हैं।

5. स्टेशनरी ब्लेड टाइप कम्प्रैसर में प्रयुक्त ब्लेड किस प्रकार की गति करता है?

उत्तर स्टेशनरी ब्लेड टाइप कम्प्रैसर में प्रयुक्त ब्लेड रेसिप्रोकेटिंग गति करता है।

6. स्क्रू कम्प्रैसर में प्रयुक्त मेल तथा फीमेल रोटरों में क्या मुख्य अन्तर है?

उत्तर स्क्रू कम्प्रैसर में प्रयुक्त मेल रोटर में चार उत्तल लोब्स होते हैं, जबकि फीमेल रोटर में छः अवतल लोब्स होते हैं।

7. अपकेन्द्री कम्प्रैसर किस सिद्धान्त पर कार्य करता है?

उत्तर अपकेन्द्री कम्प्रैसर अपकेन्द्री बल के सिद्धान्त पर कार्य करता है।

8. ऑयल के क्लाउड प्वॉइण्ट से आप क्या समझते हैं?

उत्तर ऑयल का क्लाउड प्वॉइण्ट वह तापमान होता है, जिस पर ऑयल में से बादल जैसा धुआँ उठने लगता है।

अभ्यास प्रश्न

परीक्षा प्रारूपी प्रश्न

बहुविकल्पीय

1. कम्प्रैसर का कार्य है
(a) रेफ्रिजरेन्ट को निम्न दाब से उच्च दाब में परिवर्तित करना
(b) रेफ्रिजरेन्ट को निम्न ताप से उच्च ताप में परिवर्तित करना
(c) एवैपोरेटर से रेफ्रिजरेन्ट वाष्प को खींचना
(d) उपरोक्त सभी

2. उस घटक का नाम बताइए जो रेफ्रिजरेशन सिस्टम में ताप और दाब बढ़ाता है?
(a) कण्डेन्सर (b) एवैपोरेटर
(c) कम्प्रैसर (d) एक्सपैन्शन उपकरण

3. रेसिप्रोकेटिंग कम्प्रैसर में प्रयुक्त रेफ्रिजरेन्ट है
(a) अमोनिया (b) फ्रिऑन-12
(c) मिथाइल क्लोराइड (d) ये सभी

4. पिस्टन किस कम्प्रैसर से सम्बन्धित है?
(a) रेसिप्रोकेटिंग (b) सेन्ट्रीफ्यूगल
(c) रोटरी (d) गियर

5. घरेलू कम्प्रैसर में पिस्टन बनाने के लिए किस पदार्थ का प्रयोग किया जाता है?
(a) स्टील (b) पीतल
(c) कच्चा लोहा (d) एल्युमीनियम मिश्रधातु

6. निम्न कथनों पर विचार कीजिए
कथन I पिस्टन का कार्य कम्प्रैसर के सिलेण्डर में गैस को कम्प्रैस करना है।
कथन II पिस्टन तथा सिलेण्डर के मध्य गैप को सील करने के लिए कम्प्रैसन रिंग का प्रयोग किया जाता है।
उपरोक्त कथनों में से कौन-सा/से कथन सही है/हैं?
(a) कथन I सही है
(b) कथन II सही है
(c) कथन I और कथन II दोनों सही हैं
(d) कथन I और कथन II दोनों गलत हैं

7. कम्प्रैसर रिंग का उद्देश्य पिस्टन और सिलेण्डर के बीच को सील करना है। कम्प्रैसर रिंग प्रायः बना होता है
(a) निम्न कार्बन स्टील (b) उच्च कार्बन स्टील
(c) एल्युमीनियम (d) कास्ट आयरन

8. कम्प्रैसर के पिस्टन बनाने के लिए निम्न में से किस धातु का प्रयोग किया जाता है?
(a) कास्ट आयरन
(b) एल्युमीनियम
(c) कार्बन स्टील
(d) 'a' और 'b' दोनों

9. कम्प्रैसर को अच्छी कार्यक्षमता के लिए पिस्टन एवं सिलेण्डर में कम क्लीयरैन्स रखा जाता है। यह क्लीयरैन्स लगभग कितना होना चाहिए?
(a) 0.003 इंच (b) 0.03 इंच
(c) 0.002 इंच (d) 0.02 इंच

10. पिस्टन में कई प्रकार के रिंग प्रयुक्त किए जाते हैं। पिस्टन तथा सिलेण्डर के मध्य स्नेहक पहुँचाने के लिए किस रिंग का प्रयोग किया जाता है?
(a) कम्प्रैसन रिंग (b) ऑयल रिंग
(c) एक्सपेंशन रिंग (d) इनमें से कोई नहीं

11. कम्प्रैसर के निम्न आरेख में 'X' द्वारा किस भाग को प्रदर्शित किया गया है?

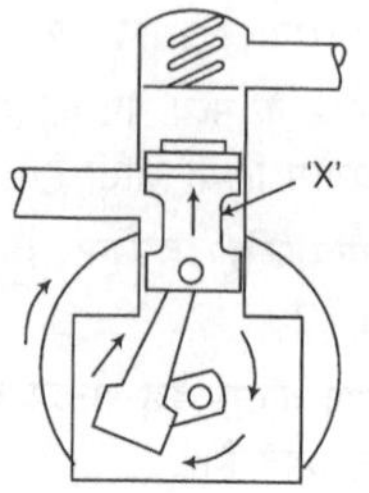

(a) हाउसिंग
(b) सिलेण्डर
(c) पिस्टन
(d) सक्शन वाल्व

12. सामान्यतः सिलेण्डर कास्ट आयरन के बनाए जाते हैं। सिलेण्डर में कास्ट आयरन का घनत्व बढ़ाने के लिए किस धातु का मिश्रण किया जाता है?
(a) एल्युमीनियम
(b) कार्बन
(c) पीतल
(d) निकिल

13. 'X' जैसे निर्दिष्ट भाग का क्या नाम है?

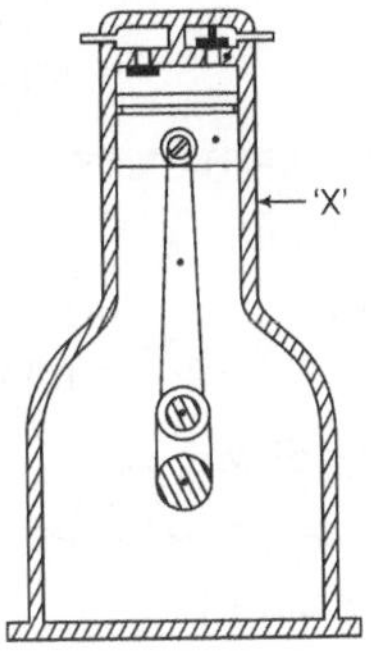

(a) पिस्टन (b) सिलेण्डर (c) क्रैंक पिन (d) क्रैंक शाफ्ट

14. पिस्टन को क्रैंक शाफ्ट से जोड़ने वाला भाग कहलाता है
(a) गजन पिन (b) वाल्व
(c) कनैक्टिंग रॉड (d) फ्लाईव्हील

15. कम्प्रैसर के पिस्टन में लगी कनैक्टिंग रॉड किस धातु की बनाई जाती है?
(a) एल्युमीनियम (b) कांस्य
(c) कास्ट आयरन (d) ये सभी

16. नीचे दिए गए चित्र में किस कम्प्रैसर की कार्यविधि को दर्शाया गया है?

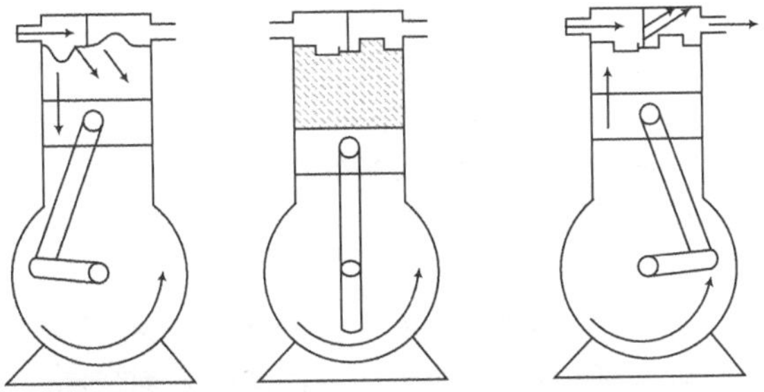

(a) रेसिप्रोकेटिंग कम्प्रैसर (b) रोटरी कम्प्रैसर
(c) स्क्रोल कम्प्रैसर (d) स्क्रू कम्प्रैसर

17. पिस्टन को अलग करने के लिए आपको अवश्य हटाना चाहिए
(a) हैड वोल्ट (b) वाल्व प्लेट
(c) गजन पिन (d) कनैक्टिंग रॉड

18. पिस्टन को कनैक्टिंग रॉड से जोड़ने वाली पिस्टन पिन अथवा गजन पिन ………… की बनाई जाती है।
(a) कास्ट आयरन (b) हार्ड कास्ट स्टील
(c) हाई कार्बन स्टील (d) कॉपर

19. निम्न कथनों पर विचार कीजिए
कथन I वाल्व तथा इनकी सीटों में अधिक क्लीयरैन्स होने पर कम्प्रैसर आवाज करने लगता है।
कथन II वाल्व तथा इनकी सीटों में कम क्लीयरैन्स होने से लीकेज होने लगता है
उपरोक्त कथनो में से कौन-सा/से कथन सही है/हैं?
(a) कथन I सही है
(b) कथन II सही है
(c) कथन I और II दोनों सही हैं
(d) कथन I और II दोनों गलत हैं

20. कम्प्रैसर से बाहर निकली हुई शाफ्ट के आस-पास लीकेज को रोकने के लिए किस युक्ति का प्रयोग किया जाता है?
(a) पिस्टन पिन (b) वाल्व प्लेट
(c) शाफ्ट सील (d) सर्विस वाल्व

21. कम्प्रैसर में दो धातुओं के अन्तराल को सील करने में कौन-सी प्रक्रिया सहायक है?
(a) लैपिंग (b) रीमिंग
(c) पॉलिशिंग (d) गैस्केट कटिंग

22. निम्न चित्र में 'A' द्वारा दर्शाए गए कम्प्रैसर वाल्व प्लेट असेम्बली के भाग का क्या नाम है?

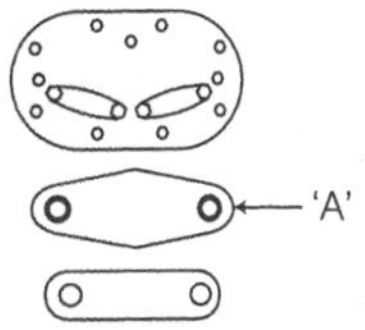

(a) डिस्चार्ज वाल्व सोल्डर स्प्रिंग
(b) डिस्चार्ज वाल्व रिटेनर
(c) डिस्चार्ज वाल्व लीफ
(d) वाल्व प्लेट

23. गैस्केट में छिद्र कैसे काटेंगे, जिससे वह बोल्ट में से जा सके?
(a) चाकू का प्रयोग करके
(b) चीजल का प्रयोग करके
(c) पंच का प्रयोग करके
(d) हैक्सॉ का प्रयोग करके

24. क्रैंक केस से बाहर निकले सिरे पर फ्लाईव्हील लगा होता है। यह फ्लाईव्हील किस धातु का बना होता है?
(a) कास्ट आयरन (b) एल्युमीनियम
(c) कार्बन स्टील (d) निकिल

25. शाफ्ट सील असेम्बली का उद्देश्य क्या है?
(a) शाफ्ट को आसानी से रोटेट करना
(b) तेल को भागों पर छिड़कना
(c) सम्प के तेल को निकलने से रोकना
(d) मेन बियरिंग का लुब्रीकेशन करना

26. जब पिस्टन सिलेण्डर के अन्दर गति करते हुए अपने उच्चतम बिन्दु पर पहुँचता है, तो पिस्टन की इस स्थिति को कहते हैं।
(a) बी.डी.सी. (b) टी.डी.सी.
(c) सक्शन स्ट्रोक (d) डिस्चार्ज स्ट्रोक

27. चित्र में प्रदर्शित रेसिप्रोकेटिंग कम्प्रैसर के भागों को देखकर मिलान कीजिए

सूची I (रेसिप्रोकेटिंग कम्प्रैसर)	सूची II (भागों के नाम)
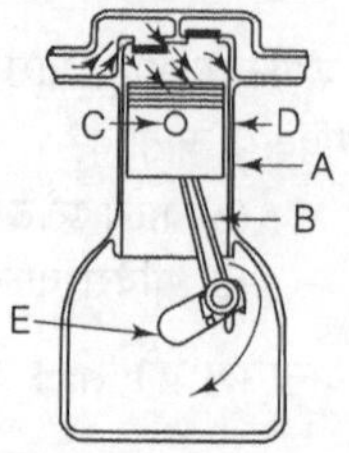	(i) सिलेण्डर (ii) पिस्टन (iii) कनैक्टिंग रॉड (iv) गजन पिन (v) क्रैंक शाफ्ट

कूट

(a) A-(i); B-(ii); C-(iii); D-(v); E-(iv)
(b) A-(ii); B-(iii); C-(iv); D-(i); E-(v)
(c) A-(iii); B-(iv); C-(v); D-(ii); E-(i)
(d) A-(iv); B-(i); C-(v); D-(iii); E-(ii)

28. कौन-सा भाग कम्प्रैसर से प्रैशर निकालता है?
(a) डिलीवरी वाल्व रीड (b) सक्शन वाल्व पोर्ट
(c) डिस्चार्ज लाइन (d) वाल्व प्लेट

29. कौन-सा भाग गैस को कम्प्रैसर के सिलेण्डर से ऊपर की तरफ जाने देता है?
(a) सक्शन सर्विस वाल्व (b) डिस्चार्ज सर्विस वाल्व
(c) डिस्चार्ज वाल्व (d) सक्शन वाल्व

30. 'X' से चिन्हित ओपन टाइप कम्प्रैसर के भाग का नाम बताइए

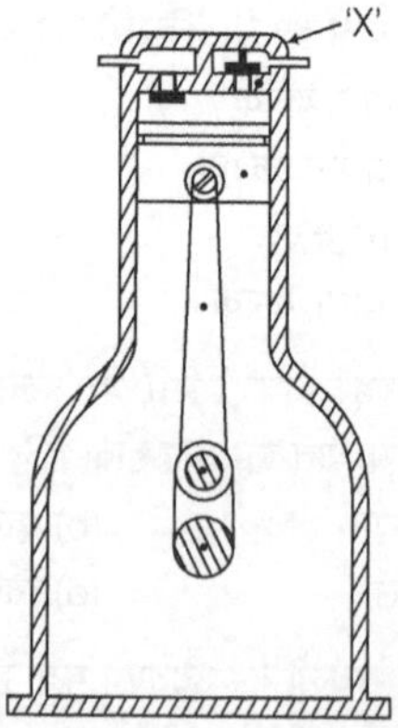

(a) सक्शन वाल्व (b) डिस्चार्ज वाल्व
(c) डिस्चार्ज वाल्व प्लेट (d) सक्शन वाल्व प्लेट

31. पूर्ण डिस्चार्ज दाब एवं पूर्ण सक्शन दाब का अनुपात कहलाता है
(a) कम्प्रैसन अनुपात (b) कम्प्रैसन दक्षता
(c) कम्प्रैसन क्षमता (d) इनमें से कोई नहीं

32. पिस्टन की टी.डी.सी की स्थिति में पिस्टन के शीर्ष तथा वाल्व प्लेट के बीच के स्थान को कहते हैं
(a) क्लीयरैन्स आयतन (b) क्लीयरैन्स पॉकेट
(c) आयतनीक दक्षता (d) वैट कम्प्रैसन

33. प्रति इकाई समय में ………… की गति को कम्प्रैसन गति कहते हैं।
(a) शाफ्ट (b) पिस्टन
(c) फ्लाई व्हील (d) इनमें से कोई नहीं

34. किसी कम्प्रैसर की कम्प्रैसन क्षमता तथा पिस्टन विस्थापन आयतन का अनुपात कहलाता है
(a) आयतनिक दक्षता (b) कम्प्रैसन स्पीड
(c) वैट कम्प्रैसर (d) कम्प्रैसन अनुपात

35. कम्प्रैसर की क्षमता में कमी के कुछ लक्षण सिस्टम में दिखते हैं। कम्प्रैसर क्षमता में कमी के लक्षण चुनें।
(a) डिस्चार्ज प्रैशर बढ़ता है
(b) सक्शन प्रैशर घटता है
(c) डिस्चार्ज प्रैशर घटता है
(d) सक्शन प्रैशर बढ़ता है

36. आयतनिक दक्षता कलीयरैन्स आयतन के ……… होती है।
(a) समानुपाती (b) व्युत्क्रमानुपाती
(c) बराबर (d) इनमें से कोई नहीं

37. कम्प्रैसर की दक्षता कम होने का एक कारण है
(a) सिलेण्डर का अधिक गर्म होना
(b) क्लीयरैन्स पॉकेट का अधिक होना
(c) वाल्व का लीकेज होना
(d) उपरोक्त सभी

38. कम्प्रैसर के क्षमता नियन्त्रण की विधि है
(a) ऑन/ऑफ नियन्त्रण
(b) सक्शन वाल्व लिफ्ट नियन्त्रण
(c) सिलेण्डर टैड बाईपास नियन्त्रण
(d) उपरोक्त सभी

39. वैट कम्प्रैसन का लाभ है
(a) प्रचालन ऊर्जा में कमी (b) दक्षता बढ़ना
(c) 'a' और 'b' दोनों (d) इनमें से कोई नहीं

40. डिवाइडिंग ब्लेड किस कम्प्रैसर से सम्बन्धित है?
(a) स्क्रू कम्प्रैसर
(b) रोटरी कम्प्रैसर
(c) सेन्ट्रीफ्यूगल कम्प्रैसर
(d) रेसिप्रोकेटिंग कम्प्रैसर

41. निम्न में से किस प्रकार के कम्प्रैसर में रेफ्रिजरेन्ट को घूर्णीय गति द्वारा कम्प्रैस किया जाता है?
(a) रेसिप्रोकेटिंग कम्प्रैसर
(b) रोटरी कम्प्रैसर
(c) स्क्रॉल कम्प्रैसर
(d) अपकेन्द्री कम्प्रैसर

42. स्टेशनरी ब्लेड टाइप कम्प्रैसर में प्रयुक्त डिवाइडिंग ब्लेड में किस प्रकार की गति होती है?
(a) सरल रेखीय गति (b) घूर्णीय गति
(c) रेसिप्रोकेटिंग गति (d) कोई गति नहीं

43. निम्न चित्र में स्टेशनरी ब्लेड टाइप रोटरी कम्प्रेसर को दर्शाया गया है। इसमें प्रदर्शित 'X' भाग का नाम बताइए।

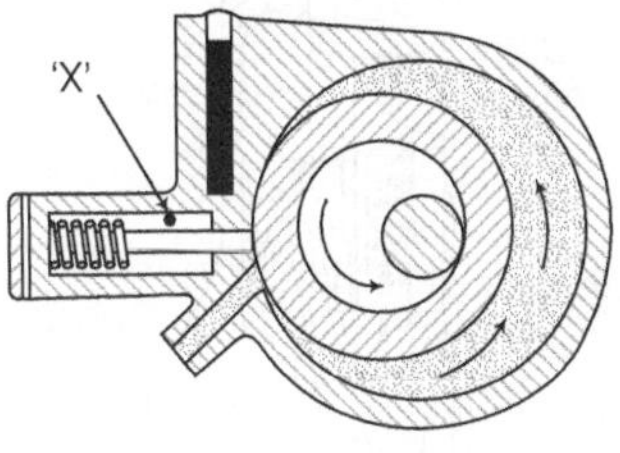

(a) पिस्टन (b) ब्लेड
(c) रोलर (d) सिलेण्डर

44. रोटरी कम्प्रेसर में रोलर किसके साथ संकेन्द्रित होकर घूमता है?
(a) सिलेण्डर (b) ब्लेड्स
(c) इम्पेलर (d) शाफ्ट

45. रोटरी कम्प्रेसर का मुख्य भाग है
(a) सीलिंग ब्लेड (b) सक्शन वाल्व
(c) डिस्चार्ज वाल्व (d) कनैक्टिंग रॉड

46. दो अन्तः संयोजी स्पाइरल द्वारा गैस को कम्प्रैस करने के लिए किस प्रकार के कम्प्रेसर का प्रयोग किया जाता है?
(a) रेसिप्रोकेरिंग कम्प्रेसर (b) रोटरी कम्प्रेसर
(c) स्क्रोल कम्प्रेसर (d) अपकेन्द्री कम्प्रेसर

47. स्क्रोल कम्प्रेसर का प्रयोग किया जाता है
(a) खाने व फलों के रेफ्रिजरेशन में
(b) ट्रक ट्रांसपोर्टेशन में
(c) मैरीन कन्टेनर्स के समर कण्डीशनिंग में
(d) उपरोक्त सभी

48. अपकेन्द्री कम्प्रेसर में वाष्प को घुमाने के लिए .... का प्रयोग किया जाता है
(a) पिस्टन (b) इम्पेलर
(c) सक्शन वाल्व (d) डिस्चार्ज वाल्व

49. 'X' द्वारा निर्दिष्ट भाग का क्या नाम है?

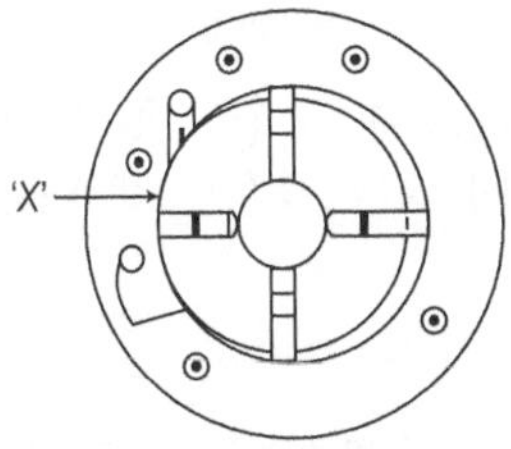

(a) रोलर (b) ब्लेड
(c) हाउसिंग (d) कॉन्टैक्ट प्वॉइण्ट

50. 'V' -बेल्ट के अतिरिक्ट कम्प्रैसर, मोटर से कैसे जुड़ा हुआ है?
(a) मेन बियरिंग (b) कनैक्टिंग रॉड
(c) टायर कपलिंग (d) फ्लाईव्हील

51. हैलिकल रोटरी स्क्रू पॉजीटिव डिसप्लेसमेन्ट कम्प्रैसर के बाहर है। हैलिकल रोटरी स्क्रू में स्लाइड वाला का कार्य है
(a) कम्प्रैसर की क्षमता को नियन्त्रित करना
(b) कम्प्रैसर वाल्व वाष्प को निकालना
(c) कम्प्रैसर से सक्शन वाष्प को प्रवेश कराना
(d) सिलेण्डर में वाष्प कम्प्रैस करना

52. रेफ्रिजरेन्ट के लिए आकार, स्थान और सिस्टम का उपयोग में कुछ कारण हो जो विभिन्न प्रकार के कम्प्रैसर की जरूरत पैदा करते हैं। कम्प्रैसर के प्रकार की पहचान करें

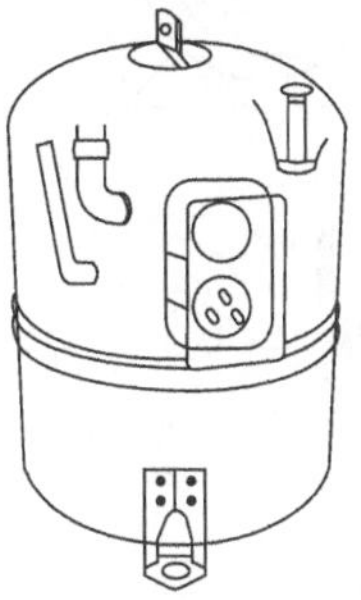

(a) ओपन प्रकार का कम्प्रैसर
(b) सील्ड कम्प्रैसर
(c) अर्द्ध सील कम्प्रैसर
(d) रोटरी कम्प्रैसर

53. ओपन टाइप कम्प्रेसर में बन्द असेम्बली कहाँ निर्धारित होती है?
(a) हैड प्लेट (b) क्रैंक केस
(c) पिस्टन के ऊपर (d) नीचे केन्द्र के अन्त में

54. भली-भाँति बन्द या मोहर लगी बन्द कम्प्रैसर में क्या लाभ है?
(a) बड़ा आकार (b) कम आवाज
(c) दृश्य शीशा (d) पेटी चाल

55. ओपन टाइप कम्प्रैसर में प्राइम मूवर का कार्य करता है
(a) AC मोटर (b) DC मोटर
(c) डीजल इंजन (d) ये सभी

56. कम्प्रैसर में तेल कहाँ निर्धारित होता है?
(a) सिलेण्डर (b) क्रैंक केस
(c) सक्शन चैम्बर (d) डिस्चार्ज चैम्बर

57. लुब्रीकेटिंग ऑयल फिल्टर में अन्दर कौन-से प्रकार का मैश प्रदान किया गया है?
(a) फाइन मैश (b) कोर्स मैश
(c) स्पंज मैश (d) रबर मैश

58. स्नेहक ऑयल पम्प के साथ क्रैंक शाफ्ट कैसे संलग्न है?
(a) गियर (b) बेल्ट
(c) चेन (d) स्लिंग

59. कम्प्रैसर में घर्षण को कौन बचाता है?
(a) कन्टामीनेशन (b) रेफ्रिजरेन्ट
(c) ऑक्सीडेशन (d) लुब ऑयल

60. सूची I का सूची II से मिलान कीजिए

	सूची I		सूची II
A.	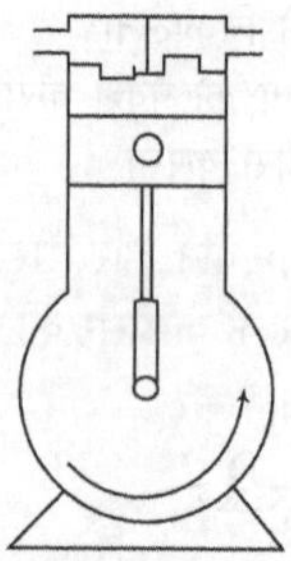	(i)	रेसिप्रोकेटिंग कम्प्रैसर
B.	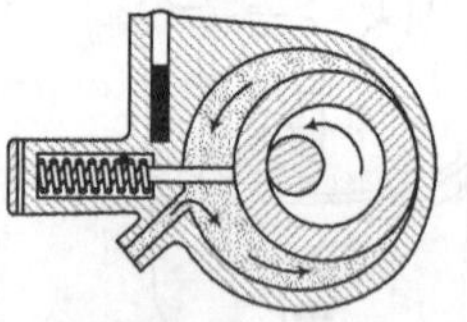	(ii)	रोटरी कम्प्रैसर
C.		(iii)	स्क्रॉल कम्प्रैसर
D.	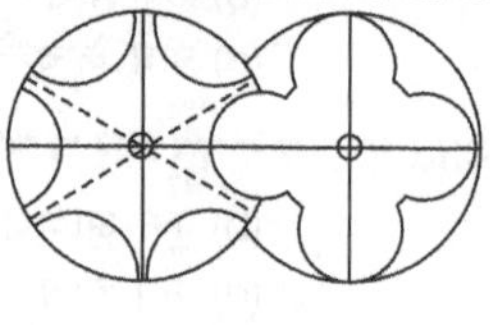	(iv)	स्क्रू कम्प्रैसर

कूट

(a) A-(i); B-(ii); C-(iii); D-(iv)
(b) A-(i); B-(iv); C-(ii); D-(iii)
(c) A-(i); B-(iii); C-(ii); D-(iv)
(d) A-(i); B-(ii); C-(iv); D-(iii)

61. निम्न आरेख में स्नेहन की कौन-सी विधि दर्शाई गई है?

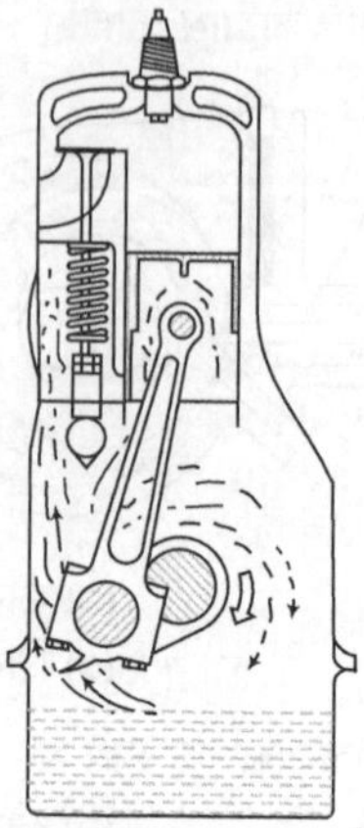

(a) स्प्लैश स्नेहन (b) फोर्स फीड स्नेहन
(c) हस्त स्नेहन (d) इनमें से कोई नहीं

62. कम्प्रैसर के स्नेहक तेल में एक महत्त्वपूर्ण गुण होता है, स्नेहक तेल का महत्त्वपूर्ण गुण क्या होता है?
(a) बॉयलिंग प्वॉइण्ट (b) हिमांक बिन्दु
(c) चिपचिपान (d) फ्लैश बिन्दु

63. निम्न में से किस स्नेहन विधि में ऑयल गन का प्रयोग किया जाता है?
(a) फोर्स फीड स्नेहन (b) स्प्लैश स्नेहन
(c) हस्त स्नेहन (d) इनमें से कोई नहीं

64. एक अच्छे स्नेहन ऑयल का गुण है
(a) श्यानता (b) निम्न अम्लीयता
(c) रासायनिक स्थायित्व (d) ये सभी

65. सूची I का सूची II से मिलान कीजिए

	सूची I		सूची II
A.	श्यानता	(i)	गाढ़ापन
B.	डाइ- इलेक्ट्रिक स्ट्रेंथ	(ii)	विद्युतीय प्रतिरोधक
C.	पोर प्वॉइण्ट	(iii)	ऑयल का बहाव बिन्दु
D.	क्लाउड प्वॉइण्ट	(iv)	ऑयल में बादल जैसा धुआँ उत्पन्न होना

कूट

(a) A-(i); B-(ii); C-(iii); D-(iv) (b) A-(i); B-(iii); C-(ii); D-(iv)
(c) A-(i); B-(ii); C-(iv); D-(iii) (d) A-(i); B-(iii); C-(iv); D-(ii)

उत्तरमाला

1. (d)	**2.** (c)	**3.** (d)	**4.** (a)	**5.** (c)	**6.** (c)	**7.** (d)	**8.** (d)	**9.** (a)	**10.** (b)
11. (c)	**12.** (d)	**13.** (b)	**14.** (c)	**15.** (d)	**16.** (a)	**17.** (c)	**18.** (b)	**19.** (a)	**20.** (c)
21. (d)	**22.** (b)	**23.** (c)	**24.** (a)	**25.** (c)	**26.** (b)	**27.** (b)	**28.** (c)	**29.** (b)	**30.** (c)
31. (a)	**32.** (b)	**33.** (c)	**34.** (a)	**35.** (c)	**36.** (b)	**37.** (d)	**38.** (d)	**39.** (c)	**40.** (b)
41. (b)	**42.** (c)	**43.** (b)	**44.** (d)	**45.** (a)	**46.** (c)	**47.** (d)	**48.** (b)	**49.** (c)	**50.** (d)
51. (a)	**52.** (b)	**53.** (b)	**54.** (b)	**55.** (d)	**56.** (b)	**57.** (a)	**58.** (a)	**59.** (d)	**60.** (a)
61. (a)	**62.** (c)	**63.** (c)	**64.** (d)	**65.** (a)					

अध्याय 16

3-फेज प्रेरण मोटर्स

3-Phase Induction Motors

परिचय Introduction

कार्यशालाओं एवं औद्योगिक कार्यों में मुख्यत: ए.सी. एवं डी.सी. प्रकार की मोटर्स का प्रयोग किया जाता है। ए.सी. व डी.सी. मोटर्स में मुख्य अन्तर यह है कि डी.सी. मोटर्स के प्रचालन हेतु उसके आर्मेचर एवं क्षेत्र वाइण्डिंग्स को डी.सी. आपूर्ति करनी पड़ती है। इसके विपरीत ए.सी. मोटर्स में केवल क्षेत्र वाइण्डिंग्स को आपूर्ति प्रदान करना ही पर्याप्त होता है और आर्मेचर अर्थात् रोटर में प्रेरण क्रिया के द्वारा क्षेत्र वाइण्डिंग्स से विद्युत वाहक बल प्रेरित हो जाता है। ए.सी. मोटर के रोटर में, स्टेटर के द्वारा ट्रांसफॉर्मेशन क्रिया अर्थात् प्रेरण के द्वारा विद्युत वाहक बल उत्पन्न होता है, इसलिए ए.सी. मोटर को प्रेरण मोटर कहते हैं। दूसरे शब्दों में, प्रेरण सिद्धान्त पर आधारित होने के कारण ए.सी. मोटर को प्रेरण मोटर कहते हैं। कार्यप्रणाली एवं फेजों की संख्या के आधार पर प्रेरण मोटर्स, सिंगल-फेज व 3-फेज प्रकार की होती है। इस अध्याय में 3-फेज प्रेरण मोटर का वर्णन विस्तारपूर्वक किया गया है।

अध्याय विषय सूची

16.1 डी.सी. एवं ए.सी. मोटर्स में अन्तर

Difference between DC and AC Motors

ए.सी. मोटर का कार्य सिद्धान्त भी वही है, जो डी.सी. मोटर का है अर्थात् चुम्बकीय क्षेत्र में रखा गया विद्युत धारावाही चालक, एक टॉर्क (torque) अनुभव करता है, परन्तु फिर भी ए.सी. तथा डी.सी. मोटर्स की संरचना एवं कार्यप्रणाली में बहुत अन्तर है। डी.सी. एवं ए.सी. मोटर की संरचना एवं कार्यप्रणाली में अन्तर को निम्न तालिका में स्पष्ट रूप से समझाया गया है—

क्र.सं.	डी.सी. मोटर	ए.सी. मोटर
1.	इसमें स्टेटर अर्थात् फील्ड एवं रोटर अर्थात् आर्मेचर दोनों को डी.सी. स्रोत से संयोजित किया जाता है।	इसमें केवल स्टेटर को ए.सी. स्रोत से संयोजित किया जाता है।
2.	इसमें आर्मेचर को स्रोत से संयोजित करने के लिए कम्यूटेटर का प्रयोग आवश्यक है।	इसमें कम्यूटेटर की कोई आवश्यकता नहीं होती है।
3.	डी.सी. मोटर की घूर्णन गति, विरोधी विद्युत वाहक बल के अनुक्रमानुपाती तथा चुम्बकीय फ्लक्स के व्युत्क्रमानुपाती होती है।	ए.सी. मोटर की घूर्णन गति, आवृत्ति के अनुक्रमानुपाती तथा पोल्स की संख्या के व्युत्क्रमानुपाती होती है।
4.	डी.सी. मोटर में घूर्णन दिशा, सरलता से परिवर्तित की जा सकती है।	सिंगल फेज ए.सी. मोटर की घूर्णन दिशा सरलता से परिवर्तित नहीं की जा सकती।
5.	डी.सी. मोटर का आकार बड़ा होता है।	समान शक्ति की डी.सी. मोटर की अपेक्षा इसका आकार छोटा होता है।

16.2 ए.सी. मोटर्स का वर्गीकरण
Classification of AC Motors

ए.सी. मोटर्स को निम्न दो प्रमुख वर्गों में वर्गीकृत किया गया है

1. प्रेरण अथवा अतुल्यकालिक मोटर
Induction or Non-synchronous Motor

ए.सी. स्रोत की फेज संख्या के आधार पर इन्हें निम्न दो वर्गों में रखा गया है

(i) **3-फेज प्रेरण मोटर**
- (a) स्क्विरल केज प्रेरण मोटर (b) स्लिप-रिंग प्रेरण मोटर

(ii) **सिंगल-फेज प्रेरण मोटर**
- (a) स्प्लिट-फेज प्रेरण मोटर (b) कैपेसिटर प्रेरण मोटर
  - कैपेसिटर-स्टार्ट मोटर
  - स्थायी कैपेसिटर मोटर
  - कैपेसिटर-स्टार्ट कैपेसिटर-रन मोटर
- (c) शेडेड पोल मोटर (d) यूनिवर्सल मोटर
- (e) रिपल्शन मोटर
  - सामान्य रिपल्शन मोटर
  - रिपल्शन-स्टार्ट प्रेरण-रन मोटर
  - रिपल्शन-प्रेरण मोटर
- (f) सिंगल-फेज स्लिप-रिंग प्रेरण मोटर

2. तुल्यकालिक मोटर Synchronous Motor

तुल्यकालिक मोटर निम्न दो प्रकार के होते हैं

(i) सामान्य तुल्यकालिक मोटर (ii) ऑटो तुल्यकालिक मोटर

16.3 3-फेज प्रेरण मोटर का कार्य सिद्धान्त
Working Principle of 3-phase Induction Motor

3-फेज प्रेरण मोटर में मुख्यत: एक स्टेटर (stator) एवं एक रोटर (rotor) होता है। इसके स्टेटर में 3 के गुणक में 3-फेज वाइण्डिंग्स स्थापित की जाती हैं और रोटर में सामान्यत: शॉर्ट-सर्किट किए हुए चालक स्थापित किए जाते हैं।

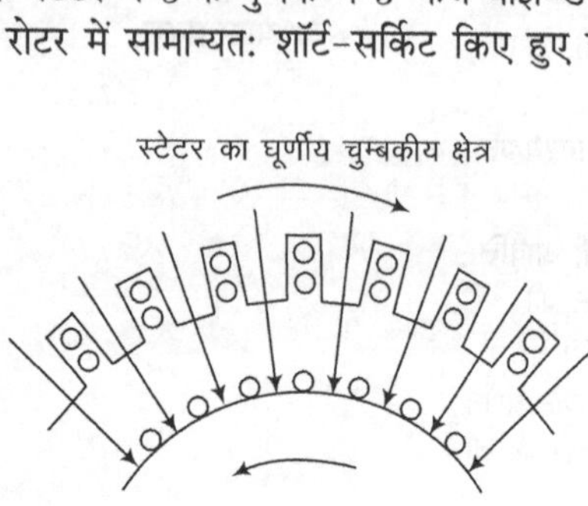

(a)

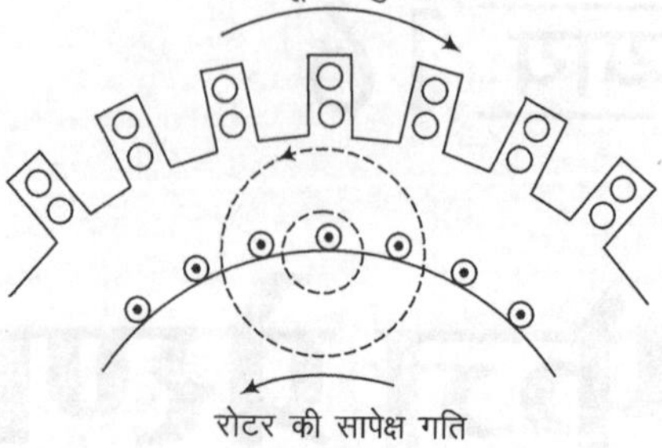

(b)

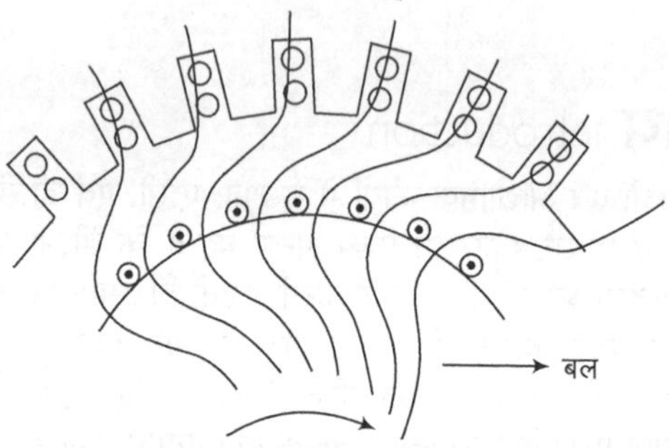

(c)

चित्र 3-फेज मोटर का कार्य सिद्धान्त

जब स्टेटर को 3-फेज सप्लाई दी जाती है, तो यह घूमने वाला चुम्बकीय क्षेत्र (rotating magnetic field) स्थापित करता है।

वास्तव में चुम्बकीय क्षेत्र घूमता नहीं है अपितु उसके पोल इतनी तीव्रता से चक्रीय क्रम में उत्तेजित होते हैं कि वे घूमते हुए प्रतीत होते हैं, ठीक मूविंग लाइट की भाँति। यह क्रिया एक-फेज वाली सप्लाई पर नहीं होती; इसके लिए कम-से कम दो-फेज की सप्लाई आवश्यक होती है। घूमने वाला चुम्बकीय क्षेत्र, रोटर चालकों द्वारा छेदित होता है और उनमें विद्युत वाहक बल उत्पन्न कर देता है।

माना प्रेरण मोटर का स्टेटर चुम्बकीय क्षेत्र के दक्षिणावर्त (clockwise) दिशा में घूर्णन करता है जिस कारण रोटर की सापेक्ष गति वामावर्त (anti clockwise) दिशा में होती है, चित्र (a) फ्लेमिंग के दायें हाथ के नियमानुसार, रोटर में उत्पन्न विद्युत वाहक बल रोटर की दिशा में गतिमान होता है जिससे रोटर में उत्पन्न चुम्बकीय क्षेत्र स्टेटर के चुम्बकीय क्षेत्र के विपरीत दिशा में होता है। चित्र (b) के अनुसार, स्टेटर तथा रोटर के चुम्बकीय क्षेत्रों के परस्पर प्रतिच्छेदन (interaction) से एक बल उत्पन्न होता है जिसके परिणामस्वरूप रोटर, स्टेटर के चुम्बकीय क्षेत्र की दिशा में गति करने लगता है। जैसा कि चित्र (c) में दर्शाया गया है। स्टेटर के घूर्णीय चुम्बकीय क्षेत्र की गति, तुल्यकालिक गति (synchronous speed) कहलाती है। इसी कार्य सिद्धान्त पर 3-फेज प्रेरण मोटर कार्य करता है।

16.4 3-फेज प्रेरण मोटर की संरचना
Construction of 3-phase Induction Motor

3-फेज प्रेरण मोटर में निम्न दो मुख्य भाग होते हैं

1. स्टेटर Stator

प्रेरण मोटर का स्थिर भाग स्टेटर कहलाता है। स्टेटर में 3-फेज वाइण्डिंग्स, लेमिनेटेड स्टील-कोर पर स्थापित की जाती हैं। स्टेटर पोल्स की संख्या, 3 का गुणक होती हैं। प्रत्येक वाइण्डिग-सैट की तीनों वाइण्डिंग्स में 120° का अन्तर रखा जाता है।

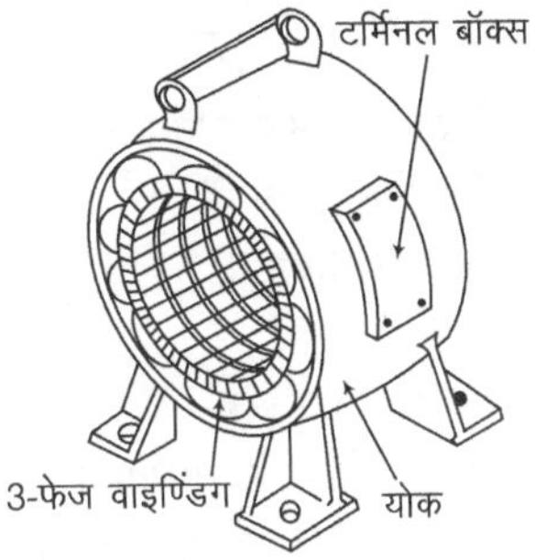

चित्र स्टेटर

वाइण्डिग सहित कोर को, स्टील अथवा कास्ट आयरन से बने 'फ्रेम' या 'योक' (frame or yoke) पर कस दिया जाता है। सभी वाइण्डिग्स-सैट को आपस में श्रेणी-क्रम में संयोजित कर कुल 6 संयोजक-सिरे (terminals) निकाल लिए जाते हैं और उन्हें फ्रेम पर बने 'टर्मिनल बॉक्स' में ले जाया जाता है। इन संयोजक-सिरों को आवश्यकतानुसार 'स्टार' अथवा 'डेल्टा' संयोजन में संयोजित किया जा सकता है।

2. रोटर Rotor

प्रेरण मोटर का घूर्णन गति करने वाला भाग रोटर कहलाता है।

रोटर निम्न दो प्रकार के होते हैं

(i) स्क्विरल केज रोटर

(ii) वाउण्ड रोटर

(i) स्क्विरल केज रोटर Squirrel Cage Rotor

ये रोटर निम्न दो प्रकार के होते हैं

(a) **सिंगल केज रोटर** (Single cage rotor) इस प्रकार के रोटर में लेमिनेटेड लौह-क्रोड से बना एक खोखला बेलनाकार (पाइप जैसा) भाग होता है। इसमें ताँबे की छड़ें स्थापित की जाती हैं और छड़ों के दोनों ओर के सिरे, ताँबे से बने छल्लों पर ब्रेजिंग अथवा वैल्डिंग के द्वारा जोड़ दिए जाते हैं। रोटर छड़ों को धात्विक छल्लों के द्वारा शॉर्ट-सर्किट कर दिए जाने के कारण ये रोटर वाइण्डिंग्स की भाँति कार्य करते हैं।

कुछ लघु आकार वाली स्क्विरल केज मोटर्स में ताँबे के स्थान पर एल्युमीनियम से बने छल्ले तथा चालक छड़ें प्रयोग की जाती हैं।

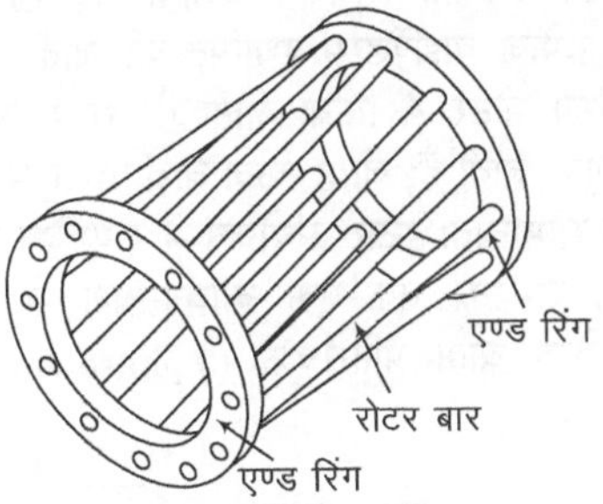

चित्र सिंगल केज रोटर

इस रोटर को वैद्युत स्रोत से संयोजित नहीं किया जाता है। ट्रांसफॉर्मेशन प्रक्रिया से इसमें स्टेटर के द्वारा विद्युत वाहक बल प्रेरित होता है। रोटर के चुम्बकीय क्षेत्र तथा टॉर्क को एकसमान (uniform) स्वभाव वाला रखने के लिए चालक छड़ों को शाफ्ट के ठीक समान्तर स्थापित नहीं किया जाता, अपितु कुछ ऐंठी हुई (skewed) अवस्था में स्थापित किया जाता है।

(b) **डबल केज रोटर** (Double cage rotor) इस प्रकार के रोटर में चालक छड़ों की दो परतें होती हैं। छड़ों की बाह्य परत 'आउटर केज' (outer cage) तथा भीतरी परत 'इनर केज' (inner cage) कहलाती हैं, संलग्न चित्र देखें। बाह्य परत के चालक उच्च प्रतिरोध वाली धातु जैसे पीतल के बनाए जाते हैं और भीतरी परत के चालक ताँबे के बनाए जाते हैं। इस प्रकार, चालकों की बाह्य परत, उच्च प्रतिरोध एवं निम्न रिएक्टेन्स वाली तथा भीतरी परत, निम्न प्रतिरोध एवं उच्च रिएक्टेन्स वाली बन जाती है।

स्टार्टिंग के समय रोटर फ्रीक्वेन्सी का मान, स्टेटर फ्रीक्वेन्सी के बराबर होता है। अत: भीतरी केज अधिक इण्डक्टिव रिएक्टेन्स के कारण विद्युत धारा प्रवाह के लिए अधिक अवरोध प्रस्तुत करता है।

फलत: विद्युत धारा का अधिकांश अंश, अधिक प्रतिरोध वाले बाह्य केज में से प्रवाहित होता है और मोटर का स्टार्टिंग टॉर्क उच्च रहता है। जब मोटर की गति बढ़ती है, तो रोटर फ्रीक्वेन्सी का मान घट जाता है, जिससे भीतरी केज का रिएक्टेन्स भी घट जाता है, क्योंकि $X_L = 2\pi fL$ होता है। जिसके परिणामस्वरूप विद्युत धारा का अधिकांश अंश, भीतरी केज में से प्रवाहित होने लगता है और वह मोटर के रनिंग टॉर्क को बनाए रखता है।

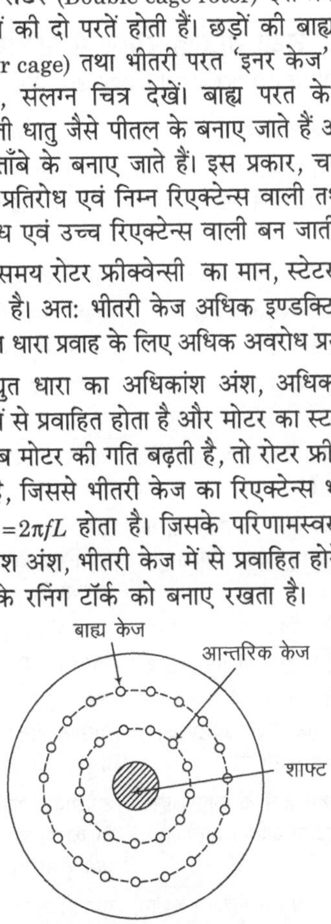

चित्र डबल केज रोटर

(ii) वाउण्ड रोटर Wound Rotor

वाउण्ड रोटर की संरचना चित्र में दर्शायी गई है। इसमें लेमिनेटिड लौह-क्रोड पर 3-फेज वाइण्डिंग्स स्थापित की जाती है। इस रोटर का उपयोग स्लिप रिंग मोटर में किया जाता है। रोटर की शाफ्ट पर तीन स्लिप-रिंग्स लगायी जाती हैं, जो 3-फेज वाइण्डिंग्स से संयोजित होती हैं। तीनों वाइण्डिंग्स सामान्यत: स्टार-संयोजन में संयोजित की जाती हैं। तीनों स्लिप-रिंग्स का सम्बन्ध एक-एक कार्बन-ब्रश से होता है और ये कार्बन-ब्रुश, 3-फेज बाह्य प्रतिरोधक (3-phase outer resistor) से संयोजित होते हैं।

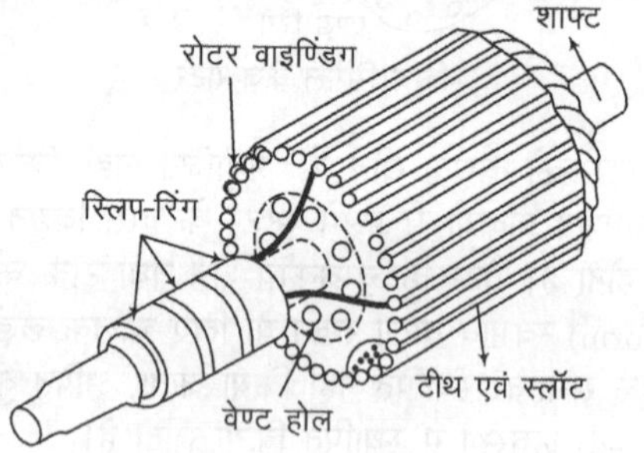

चित्र वाउण्ड रोटर

स्क्विरल केज तथा वाउण्ड रोटर में अन्तर
Difference between Squirrel Cage and Wound Rotor

क्र.सं.	स्क्विरल केज रोटर	वाउण्ड रोटर
1.	इस रोटर में प्रयुक्त छड़ें, एण्ड रिंग की सहायता से शॉर्ट होती हैं।	इसमें लेमिनेटिड लौह-क्रोड पर 3-फेज वाइण्डिंग्स स्थापित की जाती है।
2.	इस रोटर की संरचना सरल है।	इसकी संरचना अपेक्षाकृत कठिन है।
3.	इसमें स्लिप-रिंग्स तथा ब्रुश अनुपस्थित होते हैं।	इसमें स्लिप-रिंग्स तथा ब्रुश उपस्थित होते हैं।
4.	इस रोटर में बाह्य रूप से कोई प्रतिरोधक नहीं जोड़ा जा सकता।	इस रोटर में बाह्य प्रतिरोधक जोड़ा जा सकता है।
5.	सरल संरचना के कारण यह रोटर सस्ता होता है।	यह रोटर बहुत महँगा होता है।
6.	इस रोटर के द्वारा मध्यम श्रेणी का प्रारम्भिक बलाघूर्ण प्राप्त किया जा सकता है।	इस रोटर के द्वारा उच्च श्रेणी का प्रारम्भिक बलाघूर्ण प्राप्त किया जा सकता है।
7.	इस रोटर में प्रयुक्त रोटर प्रतिरोध के द्वारा गति नियन्त्रण सम्भव नहीं है।	इसमें रोटर प्रतिरोध के द्वारा गति नियन्त्रण सम्भव है।
8.	95% औद्योगिक क्षेत्र में स्क्विरल केज रोटर युक्त प्रेरण मोटर का उपयोग किया जाता है।	केवल 5% औद्योगिक क्षेत्रों में वाउण्ड रोटर युक्त प्रेरण मोटर प्रयुक्त की जाती है।
9.	ताम्र हानि कम होने के कारण इस रोटर की दक्षता अधिक होती है।	अपेक्षाकृत अधिक ताम्र हानि होने के कारण इस रोटर की दक्षता कम होती है।
10.	इस रोटर का प्रयोग ड्रिलिंग मशीन, ग्राइण्डर, वाटर पम्प प्रिन्टिंग मशीन इत्यादि में किया जाता है।	इस रोटर का प्रयोग लिफ्ट, क्रेन, कम्प्रैशर, एलिवेटर इत्यादि में किया जाता है।

16.5 प्रेरण मोटर्स सम्बन्धी पद
Terms Related to Induction Motors

सिंगल एवं 3-फेज प्रेरण मोटर्स में प्रयुक्त महत्त्वपूर्ण पदों का वर्णन निम्न प्रकार है

1. तुल्यकालिक गति Synchronous Speed

जिस घूर्णीय गति पर किसी प्रेरण मोटर के स्टेटर का चुम्बकीय क्षेत्र गतिमान होता है, वह उसकी तुल्यकालिक गति (N_s) कहलाती है। इसका मान सप्लाई की फ्रीक्वेन्सी तथा स्टेटर पोल्स की संख्या पर निर्भर करता है।

अत:
$$N_s = \frac{120 \times f}{P}$$

यहाँ, N_s = स्टेटर की तुल्यकालिक गति (RPM में)
f = सप्लाई फ्रीक्वेन्सी, हर्ट्ज में
P = स्टेटर पोल्स की संख्या

2. रोटर स्लिप Rotor Slip

रोटर की घूर्णीय गति सदैव स्टेटर के चुम्बकीय क्षेत्र की घूर्णीय दिशा में होती है, परन्तु इसका मान स्टेटर की तुल्यकालिक गति से सदैव कम होता है। यह आवश्यक भी है, क्योंकि दोनों की घूर्णीय गति समान होने पर उनकी सापेक्ष गति (relative motion) शून्य हो जाएगी, जिसके परिणामस्वरूप न तो रोटर चालकों में विद्युत वाहक बल उत्पन्न होगा और न ही रोटर में टॉर्क उत्पन्न होगा। इस प्रकार, तुल्यकालिक गति तथा रोटर गति का अन्तर एब्सोल्यूट स्लिप या स्लिप कहलाता है।

3. अंशीय स्लिप Fractional Slip

जब स्लिप को तुल्यकालिक गति के अंश के रूप में व्यक्त किया जाता है, तो यह अंशीय स्लिप कहलाती है। अत: $S = \frac{N_s - N_r}{N_s}$

यहाँ, S = अंशीय स्लिप
N_s = तुल्यकालिक गति (RPM में)
N_r = रोटर गति (RPM में)

4. प्रतिशत स्लिप Percentage Slip

जब स्लिप को प्रतिशत के रूप में व्यक्त किया जाता है, तो वह प्रतिशत स्लिप कहलाती है।

अत:
$$\% S = \frac{N_s - N_r}{N_s} \times 100$$

विशिष्ट बिन्दु *अधिकांश स्क्विरल केज 3-फेज मोटर्स में प्रतिशत स्लिप का मान 2 से 5% तक होता है।*

5. रोटर फ्रीक्वेन्सी Rotor Frequency

रोटर चालकों में प्रेरित हुआ विद्युत वाहक बल, रोटर वोल्टेज कहलाता है तथा इस रोटर वोल्टेज की फ्रीक्वेन्सी, रोटर फ्रीक्वेन्सी कहलाती है।

अत: रोटर फ्रीक्वेन्सी (f_r) = अंशीय स्लिप (S) $\times$ स्टेटर फ्रीक्वेन्सी (f)

उदाहरण 1. यदि एक 400 V, 3-फेज, 8 पोल, 50Hz स्क्विरल केज मोटर की पूर्ण लोड पर घूर्णीय गति 720 RPM हो तो ज्ञात कीजिए

(i) तुल्यकालिक गति
(ii) लोड पर रोटर गति
(iii) लोड पर प्रतिशत स्लिप
(iv) स्टार्टिंग के समय प्रतिशत स्लिप तथा
(v) लोड पर रोटर फ्रीक्वेन्सी

हल ज्ञात है, सप्लाई वोल्टेज = 400 V

पोल्स की संख्या, $P = 8$, सप्लाई फ्रीक्वेन्सी, $f = 50$ Hz तथा लोड पर घूर्णीय गति, $N = 720$ RPM

(i) अतः तुल्यकालिक गति, $N_s = \frac{120 \times f}{P} = \frac{120 \times 50}{8} = 750$ RPM

(ii) लोड पर गति, N_r = तुल्यकालिक गति - लोड पर घूर्णीय गति

$= 750 - 720 = 30$ RPM

(iii) लोड पर प्रतिशत स्लिप, $S\% = \frac{N_s - N_r}{N_s} \times 100$

$= \frac{(750 - 720) \times 100}{750} = 4\%$

(iv) स्टार्टिंग के समय रोटर गति शून्य होती है

अतः स्टार्टिंग के समय प्रतिशत स्लिप $= \frac{N_s - N_r}{N_s} \times 100$

$= \frac{750 - 0}{750} \times 100 = 100\%$

(v) लोड पर रोटर फ्रीक्वेन्सी, $f_r = S \times f = \frac{4 \times 50}{100} = 2$ Hz

उदाहरण 2. एक 10 पोल्स आल्टरनेटर 600 RPM पर कार्यरत् है और वह 8 पोल्स की इण्डक्शन मोटर को सप्लाई देता है। यदि पूर्ण लोड पर मोटर की स्लिप 4% हो, तो (i) मोटर की रोटर फ्रीक्वेन्सी तथा (ii) पूर्ण लोड पर, मोटर की रोटर गति की गणना कीजिए।

हल ज्ञात है, आल्टरनेटर की पोल्स संख्या, $P_a = 10$

आल्टरनेटर की घूर्णन गति, $N_a = 600$ RPM

मोटर की पोल्स संख्या, $P_m = 8$

मोटर की स्लिप, $S = 4\%$

(i) अतः आल्टरनेटर की फ्रीक्वेन्सी,

$$f_a = \frac{N_a \times P_a}{120} = \frac{600 \times 10}{120} = 50 \text{ Hz}$$

$\therefore$ मोटर की रोटर फ्रीक्वेन्सी, $f_r = f \times S = \frac{50 \times 4}{100} = 2$ Hz

(ii) मोटर की तुल्यकालिक गति,

$$N_m = \frac{f_a \times 120}{P_m} = \frac{50 \times 120}{8} = 750 \text{ RPM}$$

प्रतिशत स्लिप $S\% = \frac{N_s - N_r}{N_s} \times 100 = \frac{750 - N_r}{750} \times 100$

प्रश्नानुसार, $\frac{750 - N_r}{750} \times 100 = 4\%$

$\therefore$ $750 - N_r = \frac{4 \times 750}{100} = 30$

या $N_r = 750 - 30 = 720$ RPM

6. रोटर विद्युत वाहक बल

Rotor Electro Motive Force

जब रोटर स्थिर होता है, तब प्रेरण मोटर, 3-फेज ट्रांसफॉर्मर की भाँति कार्य करती है, इसलिए स्टार्टिंग के समय रोटर में प्रेरित विद्युत वाहक बल (E_2) दर्शाया जाता है।

यदि स्टेटर तथा रोटर में प्रेरित विद्युत वाहक बल क्रमशः E_1 एवं E_2 तथा टर्नों की संख्या N_1 तथा N_2 हो, तो रोटर विद्युत वाहक बल को निम्न समीकरण द्वारा व्यक्त किया जाता है

$$\frac{E_2}{E_1} = \frac{N_2}{N_1}$$

या रोटर विद्युत वाहक बल, $E_2 = E_1 \times \frac{N_2}{N_1}$

7. रोटर धारा Rotor Current

प्रेरण मोटर में रोटर धारा (I_2) को प्रति फेज में प्रेरित विद्युत वाहक बल (E_2) तथा प्रतिबाधा (Z_2) के अनुपात द्वारा परिभाषित किया जाता है।

रोटर धारा $(I_2) = \frac{E_2}{Z_2}$

यदि R_2 = रोटर प्रतिरोध प्रति फेज, X_2 = रोटर प्रतिघात प्रति फेज

तब, रोटर प्रतिबाधा प्रति फेज $Z_2 = \sqrt{R_2^2 + X_2^2}$

अतः रोटर धारा $(I_2) = \frac{E_2}{\sqrt{R_2^2 + X_2^2}}$

स्लिप (S) पर रोटर प्रतिबाधा, $Z_2 = \sqrt{R_2^2 + (SX_2)^2}$ होगी

इसलिए जब मोटर चालू (running) अवस्था में हो, तब रोटर धारा निम्न सूत्र द्वारा ज्ञात की जाती है

$$I_2 = \frac{SE_2}{\sqrt{R_2^2 + (SX_2)^2}}$$

8. शक्ति गुणक Power Factor (PF)

रोटर के शक्ति गुणक को $\cos\phi$ से प्रदर्शित किया जाता है। अतः शक्ति गुणक,

$$\cos\phi = \frac{R_2}{\sqrt{R_2^2 + X_2^2}}$$

स्लिप (S) के साथ शक्ति गुणक ($\cos\phi$) होगा।

$$\cos\phi = \frac{R_2}{\sqrt{R_2^2 + (SX_2^2)}}$$

यहाँ, S = रोटर स्लिप

16.6 टॉर्क समीकरण Torque Equation

किसी प्रेरण मोटर में उत्पन्न टॉर्क निम्न कारकों पर निर्भर करता है

(i) रोटर परिपथ के शक्ति गुणक ($\cos\phi$) पर
(ii) रोटर धारा (I_2) के परिमाण पर
(iii) घूर्णन चुम्बकीय क्षेत्र के उस भाग पर, जो रोटर के साथ क्रिया करता है एवं रोटर में प्रेरित विद्युत वाहक बल के उत्पन्न होने का कारण होता है।

अत: प्रेरण मोटर में, रोटर टॉर्क, फ्लक्स प्रति स्टेटर पोल (ϕ), रोटर धारा (I_2) तथा शक्ति गुणक के अनुक्रमानुपाती होता है।

$\therefore$ टॉर्क, $$T \propto \phi I_2 \cos\phi \quad \text{...(i)}$$

स्थिर अवस्था में प्रति फेज रोटर का विद्युत वाहक बल E_2 होगा

$\because$ $$\phi \propto E_2 \quad \text{...(ii)}$$

अत: $$T \propto E_2 I_2 \cos\phi \quad \text{...(iii)}$$

अब समी (iii) में गतिशील अवस्था की रोटर धारा (I_2) एवं शक्ति गुणक ($\cos\phi$) का मान रखने पर

$$T \propto E_2 \frac{SE_2}{\sqrt{R_2^2 + (SX_2)^2}} \frac{R_2}{\sqrt{R_2^2 + (SX_2)^2}}$$

$\therefore$ $$T \propto \frac{SE_2^2 R_2}{R_2^2 + (SX_2)^2} \text{ N-m}$$

रनिंग टॉर्क (Running torque) वह टॉर्क जिस पर प्रेरण मोटर कार्यरत अवस्था (running condition) में होती है, रनिंग टॉर्क कहलाता है।

अत: रनिंग टॉर्क या $T = \dfrac{KSE_2^2 R_2}{R_2^2 + (SX_2)^2}$ ...(iv)

(जहाँ, K = नियतांक)

3-फेज प्रेरण मोटर के लिए K का मान $\dfrac{3}{2\pi N_s}$ होता है।

समी (iv) में K का मान रखने पर,

रनिंग टार्क, $$T = \frac{3}{2\pi N_s} \cdot \frac{SE_2^2 R_2}{R_2^2 + (SX_2)^2}$$

आरम्भिक टॉर्क (Starting torque) प्रेरण मोटर के स्टार्टिंग के समय, स्लिप $S = 1$ होती है। अत: स्टार्टिंग टॉर्क ज्ञात करने के लिए समी (iv) में S का मान 1 रखने पर

स्टार्टिंग टॉर्क, $$T_S = \frac{KR_2 E_2^2}{R_2^2 + X_2^2}$$

अधिकतम टॉर्क के लिए शर्तें
Conditions for Maximum Torque

जब प्रेरण मोटर कार्यरत अर्थात् गतिज अवस्था में होती है, तब टॉर्क,

$$T = \frac{KSR_2E_2^2}{R_2^2 + (SX_2)^2} = KE_2^2 \frac{SR_2}{R_2^2 + (SX_2)^2} \quad \text{...(i)}$$

आरम्भिक टॉर्क अधिकतम होगा, जब $\dfrac{SR_2}{R_2^2 + (SX_2)^2}$ का मान अधिकतम हो

$\therefore$ $$\frac{SR_2}{R_2^2 + S^2X_2^2} = \frac{R_2}{\dfrac{R_2^2}{S} + SX_2^2}$$

या, $$= \frac{R_2}{\left(\dfrac{R_2}{\sqrt{S}} - X_2\sqrt{S}\right)^2 + 2R_2X_2}$$

यदि $$\frac{R_2}{\sqrt{S}} - X_2\sqrt{S} = 0$$

तब $$S = \frac{R_2}{X_2} \text{ या } SX_2 = R_2$$

समी (i) में S का मान 1 रखने पर,

$\therefore$ $$T_{\max} = \frac{KE_2^2 SR_2}{R_2^2 + S^2X_2^2} = \frac{KE_2^2 R_2}{R_2^2 + X_2^2} \quad \text{...(ii)}$$

($R_2 = X_2$, आरम्भिक अवस्था में)

R_2 का मान समी (ii) में रखने पर,

$\therefore$ अधिकतम टॉर्क, $T_{\max} = \dfrac{KE_2^2}{2X_2} = \dfrac{KE_2^2 X_2}{X_2^2 + X_2^2}$

अत: कार्यरत अवस्था (running condition) में टॉर्क अधिकतम होगा, जब

$$S = \frac{R_2}{X_2}$$

$$R_2 = SX_2$$

एवं आरम्भिक अवस्था में टॉर्क अधिकतम होता है, जब

$R_2 = X_2$ [आरम्भिक अवस्था में, $S = 1$]

16.7 स्लिप-टॉर्क अभिलक्षण
Slip-torque Characteristics

आरम्भिक स्लिप ($S = 1$) से तुल्यकालिक गति ($S = 0$) तक बलाघूर्ण (torque) एवं स्लिप के मध्य खींचा गया वक्र, प्रेरण मोटर का स्लिप-बलाघूर्ण वक्र कहलाता है। टॉर्क, $T \propto \dfrac{SR_2}{R_2^2 + (SX_2)^2}$

स्लिप क्षेत्र के प्रकार Types of Slip Region

स्लिप-टॉर्क वक्र को समझने के लिए स्लिप क्षेत्र को निम्न दो भागों में विभक्त करके अध्ययन करते हैं

(i) **निम्न स्लिप क्षेत्र** (Low slip region) इस क्षेत्र में S का मान बहुत कम होता है। अत: $(SX_2)^2$ का मान नगण्य (negligible) माना जा सकता है।

अत:

$$T \propto \frac{S}{R_2^2} \text{ या } T \propto S \qquad (\because R_2 = \text{नियत})$$

अत: निम्न स्लिप क्षेत्र में टॉर्क, स्लिप के समानुपाती होता है, इसलिए लोड बढ़ने पर प्रेरण मोटर की गति घटेगी एवं स्लिप का मान बढ़ेगा। इस कारण से टॉर्क का मान भी बढ़ेगा एवं ग्राफ सीधी रेखा में होगा। $N = N_s$ एवं $S = 0$ होने पर $T = 0$ होगा अर्थात् $N = N_s$ पर कोई टॉर्क उत्पन्न नहीं होगा। अत: प्रेरण मोटर यदि तुल्यकालिक गति ग्रहण करने का प्रयत्न करेगी, तो बन्द हो जाएगी।

(ii) **उच्च स्लिप क्षेत्र** (High slip region) इस क्षेत्र में स्लिप का मान $S=1$ (उच्च) होता है। अत: यह माना जा सकता है कि R_2^2 का मान $(SX_2)^2$ की तुलना में नगण्य है, इसलिए

$$T \propto \frac{SR_2}{(SX_2)^2}$$

या $$T \propto \frac{1}{S} \qquad (\because R_2 \text{ एवं } X_2 = \text{नियत})$$

अत: इस क्षेत्र में टॉर्क, स्लिप के व्युत्क्रमानुपाती होता है एवं इसके वक्र की आकृति अतिपरवलय के समान होगी। जैसे ही लोड (load) बढ़ता है, वैसे ही गति कम हो जाती है तथा स्लिप का मान बढ़ जाता है। इस क्षेत्र में मोटर लगातार घूर्णन नहीं कर सकती है, इसलिए इसे अस्थिर क्षेत्र (unstable region) कहते हैं।

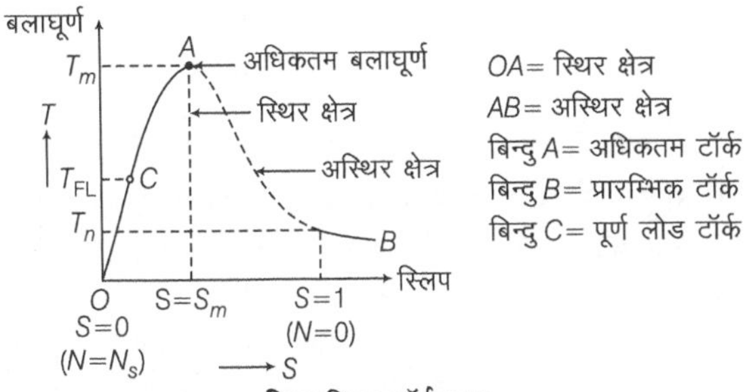

चित्र स्लिप टॉर्क वक्र

चित्र में स्लिप टॉर्क वक्र दर्शाया गया है, जिसके अनुसार निम्न स्लिप क्षेत्र की परास (वक्र के अनुसार) $S=0$ से $S=S_m$ तक है। जहाँ S_m को अधिकतम टॉर्क का ब्रेकडाउन या पुलआउट टॉर्क भी कहा जाता है। उच्च स्लिप क्षेत्र $S=S_m$ से $S=1$ तक होती है। $S=1$ (प्रारम्भ) तथा $N=0$ (प्रारम्भ) पर प्रेरण मोटर एक बलाघूर्ण उत्पन्न करती है, जिसे प्रारम्भिक बलाघूर्ण (T_{st}) कहते हैं।

स्लिप-टॉर्क वक्र के मोड
Modes of Slip-torque Curve

प्रेरण मोटर के स्लिप-टॉर्क अभिलक्षण वक्र को निम्न तीन मोड के द्वारा भली-भाँति समझा जा सकता है, जिन्हें अग्रचित्र में दर्शाया गया है।

- **मोटरिंग मोड** (Motoring mode, $0 \le S \le 1$) इस परास की स्लिप के लिए, उत्पन्न टॉर्क उसी दिशा में होता है, जिस दिशा में रोटर घूर्णन करता है तथा $S=0$ पर टॉर्क शून्य होता है। $S=1$ पर रोटर स्थिर होता है तथा प्रारम्भिक टॉर्क T_S के अनुरूप होता है।
- **ब्रेकिंग मोड** (Braking mode, $S>1$) जब स्लिप का मान 1 से अधिक होता है, तब प्रेरण मोटर ब्रेकिंग मोड में कार्य करती है। $S>1$ पर मोटर, घूर्णन क्षेत्र के विपरीत दिशा में घूमती है। स्टेटर के दो टर्मिनलों के आपस में बदलने पर, फेज क्रम परिवर्तित होता है, जिससे चुम्बकीय क्षेत्र के घूर्णन की दिशा विपरीत हो जाती है, जिस कारण मोटर अचानक रुक जाती है। अत: ब्रेकिंग क्रिया उत्पन्न हो जाती है। यह विधि प्लगिंग विधि भी कहलाती है।
- **जेनरेटिंग मोड** (Generating mode, $S<0$) जब स्लिप का मान शून्य से कम होता है अर्थात् ऋणात्मक होता है, तो प्रेरण मोटर, जेनरेटिंग मोड में कार्य करती है, इससे रोटर अत्यन्त उच्च तुल्यकालिक गति ($N>N_S$) से रन (run) करता है।

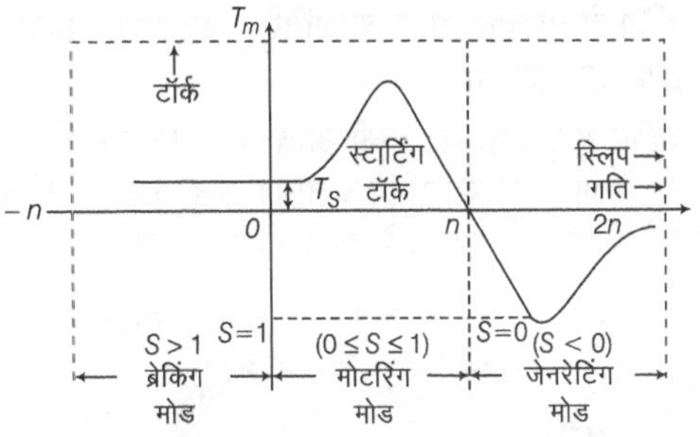

चित्र स्लिप-टॉर्क वक्र के मोड

16.8 3-फेज प्रेरण मोटर के प्रकार
Types of 3-phase Induction Motor

प्रेरण मोटर का रोटर घूर्णन चुम्बकीय क्षेत्र की गति के समान घूर्णन नहीं करता है, इसलिए प्रेरण मोटर को अतुल्यकालिक मोटर भी कहते हैं। 3-फेज प्रेरण मोटर्स मुख्यत: दो प्रकार की होती हैं

1. स्क्विरल केज प्रेरण मोटर 2. स्लिप-रिंग प्रेरण मोटर

1. स्क्विरल केज प्रेरण मोटर
Squirrel Cage Induction Motor

स्क्विरल केज रोटर प्रयुक्त प्रेरण मोटर स्क्विरल केज प्रेरण मोटर कहलाती है। इसकी संरचना अत्यन्त सरल होती है तथा शून्य अथवा पूर्ण लोड पर इस मोटर की गति एकसमान रहती है।

संरचना Construction

स्क्विरल केज प्रेरण मोटर के स्टेटर में 3-फेज वाइण्डिंग, लेमिनेटिड स्टील-क्रोड पर स्थापित की जाती है। इसमें स्क्विरल केज रोटर का उपयोग किया जाता है जिसमें चालक छड़ों के दो सैट (आउटर केज एवं इनर केज) होते हैं जोकि उच्च प्रतिरोध धातु; जैसे—पीतल से बने होते हैं। यह एण्ड रिंग्स द्वारा शॉर्ट-सर्किट किए जाते हैं। स्टार्टिंग के समय, रोटर आवृत्ति प्राय: स्टेटर आवृत्ति के समान होती है।

कार्यप्रणाली Working Method

जब 3-फेज सप्लाई, एक 3-फेज के लिए प्रयुक्त स्टेटर पर आरोपित की जाती है, तब एक घूर्णी चुम्बकीय क्षेत्र स्थापित होता है, जो रोटर के चालकों को काटता है एवं उनमें विद्युत वाहक बल उत्पन्न करता है। स्टार्टिंग के समय इस विद्युत वाहक बल के कारण स्क्विरल केज रोटर में अधिक धारा प्रवाहित होती है, क्योंकि इसका प्रतिरोध अत्यन्त कम होता है। इसमें अधिकतम धारा के अतिरिक्त प्रारम्भिक बलाघूर्ण भी कम होता है, क्योंकि प्रारम्भ (starting) के समय रोटर का शक्ति गुणक (power factor) कम एवं प्रतिघात (reactance) अधिक होता है।

जब रोटर अपनी सामान्य गति प्राप्त कर लेता है, तब रोटर में उत्पन्न विद्युत वाहक बल की आवृत्ति घट जाती है, क्योंकि घूर्णन चुम्बकीय क्षेत्र एवं रोटर की परस्पर गति कम हो जाती है।

रोटर आवृत्ति की कमी से रोटर का, रोटर प्रतिघात कम हो जाता है, इसलिए स्टार्टिंग के पश्चात् रोटर के प्रतिरोध का प्रभाव मोटर के शक्ति गुणक में वृद्धि कर देता है।

इस प्रकार शक्ति गुणक के बढ़ने की आवश्यक शर्तें पूर्ण हो जाती हैं एवं स्क्विरल केज प्रेरण मोटर का रनिंग बलाघूर्ण बढ़ जाता है। लोड के बढ़ने से प्रेरण मोटर के शक्ति गुणक में वृद्धि हो जाती है।

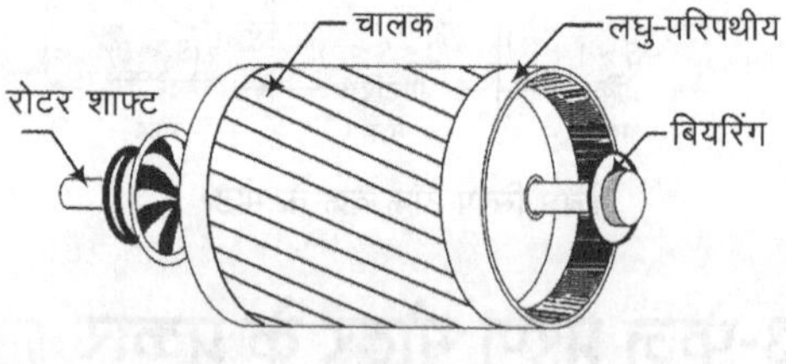

चित्र स्क्विरल केज प्रेरण मोटर

अभिलक्षण Characteristics

प्रेरण मोटर्स का सबसे महत्वपूर्ण अभिलक्षण, गति-टॉर्क अभिलक्षण होता है, जिसे यान्त्रिक अभिलक्षण भी कहा जाता है। इस अभिलक्षण का अध्ययन करने से विभिन्न भार (load) स्थितियों पर मोटर के व्यवहार का पता चलता है, क्योंकि मोटर का टॉर्क, स्लिप पर भी निर्भर करता है।

जैसा कि हम जानते हैं कि स्टेटर एवं रोटर फ्लक्स की परस्पर क्रिया के द्वारा प्रेरण मोटर में टॉर्क उत्पन्न होता है। इसे गणितीय रूप में निम्न प्रकार लिखा जाता है

$$T = K\,\phi_s\,I_2\cos\phi$$

जहाँ T = टॉर्क (न्यूटन-मीटर में)

K = नियतांक

ϕ_2 = स्टेटर फ्लक्स (वेबर में)

I_2 = रोटर करन्ट (ऐम्पियर में)

$\cos\phi$ = रोटर शक्ति गुणक

भार-रहित अवस्था से पूर्ण भार अवस्था तक टॉर्क नियत रहता है, अत: प्रायोगिक रूप से स्क्विरल केज मोटर के लिए स्टेटर फ्लक्स (ϕ_s) एवं रोटर शक्ति गुणक ($\cos\phi$) नियत रहते हैं। अत: मोटर का टॉर्क सीधे ही प्रेरित रोटर धारा (I_2) के समानुपाती होता है अर्थात् यदि प्रेरित रोटर धारा का मान बढ़ेगा तो मोटर का टॉर्क भी बढ़ेगा तथा रोटर धारा का मान, इसकी स्लिप के अनुसार परिवर्तित होगा। स्क्विरल केज प्रेरण मोटर के टॉर्क में परिवर्तन को अग्र वक्र में दर्शाया गया है

रोटर टॉर्क तथा रोटर स्लिप में वृद्धि, रोटर पावर फैक्टर पर निर्भर करती है। स्क्विरल केज मोटर के लिए रोटर प्रतिरोध नियत रहता है, परन्तु स्लिप में वृद्धि होने से रोटर आवृत्ति में भी वृद्धि होगी।

एक मानक स्क्विरल केज के लिए रोटर स्लिप में अपेक्षाकृत कम वृद्धि होगी एवं रोटर आवृत्ति 2 से 5Hz तक बढ़ेगी।

इसलिए इस परास में प्रतिघात पर भार एवं आवृत्ति परिवर्तन का प्रभाव नगण्य होगा।

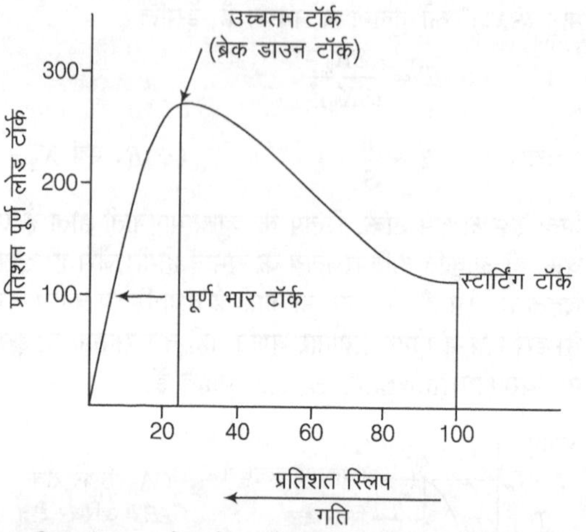

चित्र स्क्विरल केज प्रेरण मोटर का टॉर्क-गति अभिलक्षण

अत: चित्रानुसार रोटर टॉर्क स्लिप के साथ लगभग सीधे सम्बन्ध में वृद्धि करेगा। मोटर की 10 से 25% स्लिप पर इसका उच्चतम टॉर्क प्राप्त होता है, जिसे उच्चतम ब्रेकडाउन टॉर्क कहते हैं यह रेटिड टॉर्क के 200 से 300 प्रतिशत तक पहुँच जाता है, परन्तु जब लोड एवं परिणामी स्लिप को रेटिड पूर्ण भार मान से और अधिक बढ़ा दिया जाता है, तब टॉर्क तेजी से कम हो जाता है एवं मोटर का प्रचालन अस्थिर हो जाता है, जिससे मोटर रुक जाती है।

स्क्विरल केज प्रेरण मोटर की विशेषताएँ

(i) स्क्विरल केज प्रेरण मोटर्स की गति शून्य लोड से पूर्ण लोड तक नियत रहती है।

(ii) रोटर चालकों का प्रतिरोध उच्च होने पर, उच्च स्टार्टिंग टॉर्क प्राप्त होता है।

स्क्विरल केज प्रेरण मोटर के अनुप्रयोग

(i) सिंगल स्क्विरल केज मोटर्स का उपयोग ऐसे सभी कार्यों के लिए किया जाता है, जिनमें लोड पहले से आरोपित न हो; जैसे—लेथ मशीन, ड्रिल मशीन, ग्राइण्डर, सॉ-मिल, वाटर पम्प आदि।

(ii) डबल स्क्विरल केज मोटर्स का उपयोग पूर्व आरोपित हल्के लोड वाले कार्यों के लिए किया जाता है; जैसे—स्लॉटर, टैक्सटाइल मिल, कटिंग टूल मशीन आदि।

स्क्विरल केज प्रेरण मोटर के दोष

कभी-कभी स्क्विरल केज मोटर का रोटर, स्टार्ट नहीं हो पाता। इसका मुख्य कारण है—गलत डिजाइनिंग अर्थात् रोटर तथा स्टेटर स्लॉट्स की संख्याओं में एक उभयनिष्ठ गुणक (common factor) होना। इस दोष को दूर करने के लिए रोटर स्लॉट्स की संख्या रूढ़ अर्थात् 11, 13, 17, 23 आदि होनी चाहिए (रूढ़ संख्या = जिसके गुणनखण्ड न होते हों।)।

2. स्लिप-रिंग प्रेरण मोटर Slip-ring Induction Motor

स्क्विरल केज मोटर की अपेक्षा अधिक स्टार्टिंग टॉर्क प्राप्त करने के लिए वाउण्ड रोटर (wound rotor) युक्त स्लिप-रिंग प्रेरण मोटर का प्रयोग किया जाता है।

संरचना Construction

वाउण्ड रोटर वाली मोटर की रोटर वाइण्डिंग्स को एक 3-फेज बाह्य प्रतिरोधक से संयोजित करने के लिए स्लिप-रिंग्स तथा ब्रुश प्रयोग किए जाते हैं, इसलिए इस मोटर का नाम स्लिप-रिंग प्रेरण मोटर रखा गया है।

स्लिप रिंग प्रेरण मोटर का स्टेटर स्क्विरल केज मोटर के समान ही होता है। स्टेटर वाइण्डिंग्स स्टार या डेल्टा संयोजित हो सकती है। रोटर वाइण्डिंग स्टार संयोजन में संयोजित होती है एवं खुले सिरे (open ends) रोटर शाफ्ट में संयोजित तीन स्लिप-रिंग्स से संयोजित किए जाते हैं।

कार्यप्रणाली Working Method

जब स्लिप रिंग मोटर की स्टेटर वाइण्डिंग को 3-फेज सप्लाई से संयोजित किया जाता है, तो उसके स्टेटर में, स्क्विरल केज मोटर की भाँति घूमने वाला चुम्बकीय क्षेत्र उत्पन्न होता है। यह घूर्णीय चुम्बकीय क्षेत्र, रोटर वाइण्डिंग्स में विद्युत वाहक बल प्रेरित करता है और रोटर वाइण्डिंग्स, स्लिप-रिंग्स, ब्रुशों तथा बाह्य प्रतिरोधकों से बने परिपथ में रोटर धारा प्रवाहित होने लगती है।

बाह्य प्रतिरोधकों के कारण, रोटर धारा का मान निम्न रहता है, परन्तु स्टार्टिंग टॉर्क का मान उच्च रहता है। जैसे-जैसे मोटर गति प्राप्त करती जाती है, वैसे-वैसे ही बाह्य प्रतिरोधकों का मान घटाते जाते हैं और मोटर के पूर्ण गति प्राप्त कर लेने पर बाह्य प्रतिरोधकों को पूर्णत: परिपथ से पृथक् कर हटा दिया जाता है। इस स्थिति में रोटर वाइण्डिंग्स, मोटर के रनिंग टॉर्क को बनाए रखती हैं।

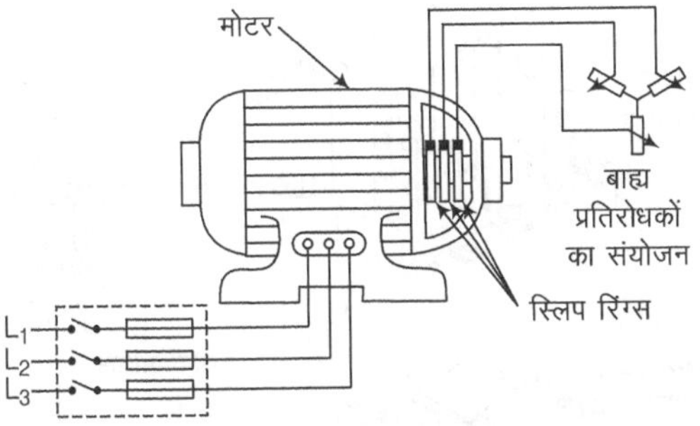

चित्र स्लिप रिंग मोटर का संयोजन

अभिलक्षण Characteristics

स्लिप-रिंग प्रेरण मोटर का अभिलक्षण वक्र टॉर्क एवं गति के मध्य खींचा जाता है। स्लिप-रिंग प्रेरण मोटर की गति एक बाह्य प्रतिरोध के द्वारा सीमित की जाती है। एक उचित मान का प्रतिरोध स्लिप-रिंग मोटर में लगाने से उच्चतम मान पर स्टार्टिंग टॉर्क का मान सुधरता है, लेकिन रोटर प्रतिरोध के परिवर्ती मान के लिए उच्चतम टॉर्क नियत रहता है।

जैसा कि हम जानते हैं कि

$$T \propto \frac{S}{R_2}$$

तथा

$$N = N_S(1-S)$$

नियत टॉर्क के लिए स्लिप का मान, रोटर प्रतिरोध (R_2) पर निर्भर करता है। अत: रोटर प्रतिरोध का मान बढ़ाकर स्लिप को बढ़ाया जा सकता है।

मोटर की उच्चतम दक्षता प्राप्त करने के लिए, जब मोटर पूर्ण गति प्राप्त कर लेती है तब बाह्य प्रतिरोध को हटा दिया जाता है।

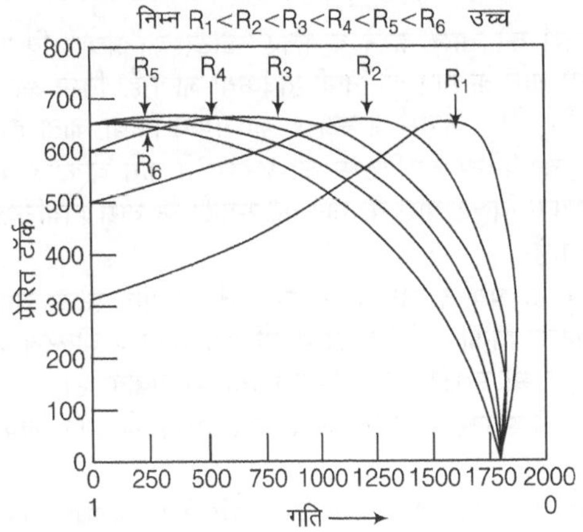

चित्र स्लिप रिंग प्रेरण मोटर का टॉर्क-गति अभिलक्षण वक्र

स्लिप-रिंग प्रेरण मोटर के अनुप्रयोग

स्लिप-रिंग्स प्रेरण मोटर का उपयोग कम्प्रैशर, कन्वेयर, क्रेन, होएस्ट, स्टील मिल, प्रिंटिंग प्रेस आदि में किया जाता है।

तालिका स्क्विरल केज तथा स्लिप-रिंग प्रेरण मोटर की तुलना

क्र.सं.	सन्दर्भ	स्क्विरल केज मोटर	स्लिप-रिंग मोटर
1.	रोटर संरचना	रोटर में चालक स्थापित किए जाते हैं।	रोटर में वाइण्डिंग्स स्थापित की जाती हैं।
2.	अनुरक्षण	लगभग शून्य	स्लिप-रिंग तथा ब्रुशों के अनुरक्षण की आवश्यकता होती है।
3.	स्टार्टिंग	DOL, ऑटो-ट्रांसफॉर्मर या स्टार-डेल्टा स्टार्टर के द्वारा।	3-फेज रिहोस्टेट के द्वारा।
4.	स्टार्टिंग टॉर्क	निम्न	अति उच्च
5.	स्टार्टिंग धारा	उच्च (लोड धारा की 5 गुना तक)	निम्न (लोड धारा की 3 गुना तक)
6.	गति परिवर्तन	कठिन; पोल-परिवर्तन, थायरिस्टर या फ्रीक्वेन्सी परिवर्तन के द्वारा सम्पन्न किया जा सकता है।	सरल; पोल-परिवर्तन, बाह्य रोटर प्रतिरोध, थायरिस्टर, फ्रीक्वेन्सी परिवर्तन या केस्केडिंग द्वारा सम्पन्न किया जा सकता है।
7.	मूल्य	कम	अपेक्षाकृत अधिक
8.	पावर फैक्टर	0.7 से 0.8 तक	0.8 से 0.9 तक।
9.	गति	लगभग स्थिर रहती है, परन्तु लोड पर कुछ घट जाती है।	लोड पर अधिक घट जाती है।
10.	उपयोग	निम्न प्रारम्भिक टॉर्क द्वारा प्रचालित मशीनों के लिए उपयोगी है।	उच्च प्रारम्भिक टॉर्क द्वारा प्रचालित मशीनों के लिए उपयोगी है।

16.9 प्रेरण मोटर में स्टार्टर की आवश्यकता Necessity of Starter in Induction Motor

प्रेरण मोटर्स को चालू करने के लिए स्टार्टर का प्रयोग किया जाता है। इसके द्वारा धारा के मान को नियन्त्रित किया जाता है। निम्न आवश्यकताओं की पूर्ति हेतु प्रेरण मोटर्स में स्टार्टर का प्रयोग किया जाता है।

1. मोटर की स्टेटर वाइण्डिंग्स को प्रारम्भ में कम वोल्टेज प्रदान करके प्रारम्भिक विद्युत धारा के मान को स्टार्टर के द्वारा नियन्त्रित किया जा सकता है।
2. जब मोटर पर्याप्त गति प्राप्त कर लेती है और स्टेटर वाइण्डिंग्स में रिएक्टेन्स विकसित हो जाता है, तो उसे सामान्य वोल्टेज प्रदान करने के लिए भी स्टार्टर का उपयोग किया जा सकता है।
3. मोटर को स्टार्टर के द्वारा सुविधाजनक तरीके से ऑन/ऑफ किया जा सकता है।
4. स्टार्टर में 'ओवरलोड' तथा 'निम्न वोल्टेज' अथवा 'शून्य वोल्टेज' सुरक्षा रिले संयोजित की जाती है, जिससे मोटर की वाइण्डिंग्स के जलने की सम्भावना नगण्य रहती है।

स्टार्टर के प्रकार Types of Starter

3-फेज प्रेरण मोटर्स को स्टार्ट करने के लिए प्रयोग किए जाने वाले स्टार्टर्स के मुख्य प्रकार निम्न है

1. डी.ओ.एल. स्टार्टर DOL Starter

सामान्यत: 3 अश्व-शक्ति और अधिकतम 5 अश्व-शक्ति की स्क्विरल केज प्रकार की 3-फेज इण्डक्शन मोटर को स्टार्ट करने के लिए डी.ओ.एल. स्टार्टर प्रयोग किया जाता है। इस स्टार्टर में लाइन वोल्टेज को कम नहीं किया जाता, इसलिए इसका नाम डायरेक्ट ऑन लाइन या डी.ओ.एल. स्टार्टर रखा गया है। डी.ओ.एल. स्टार्टर का वायरिंग आरेख दर्शाया गया है।

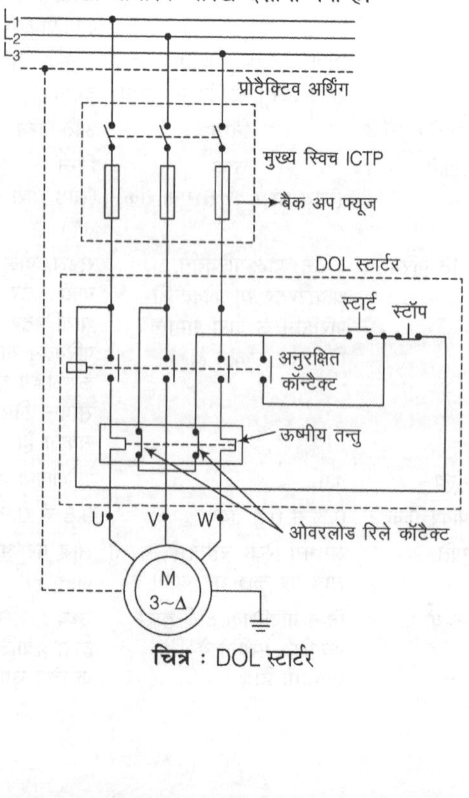

चित्र : DOL स्टार्टर

इस स्टार्टर के प्रमुख भाग निम्न हैं

(i) कॉन्टैक्टर (ii) नो-वोल्ट-क्वॉयल
(iii) ओवर-लोड रिले (iv) रिमोट कण्ट्रोल परिपथ
(v) इन्चिंग या जॉगिंग परिपथ

DOL स्टार्टर की कार्यप्रणाली कॉन्टैक्टर की पूर्ण कार्यप्रणाली के समान होती है। अत: आगे कॉन्टैक्टर का विस्तृत वर्णन पावर एवं कण्ट्रोल परिपथ सहित दिया गया है।

(i) कॉन्टैक्टर Contactor

कॉन्टैक्टर सभी स्टार्टर का मुख्य घटक होता है। यह एक प्रकार की ऐसी स्विचिंग युक्ति है जो एक साथ कई परिपथों को 'ऑन' या 'ऑफ' कर सकती है, इसे यान्त्रिक, वैद्युत यान्त्रिक, न्यूमैटिक या वैद्युत-न्यूमैटिक रिले द्वारा प्रचालित किया जा सकता है।

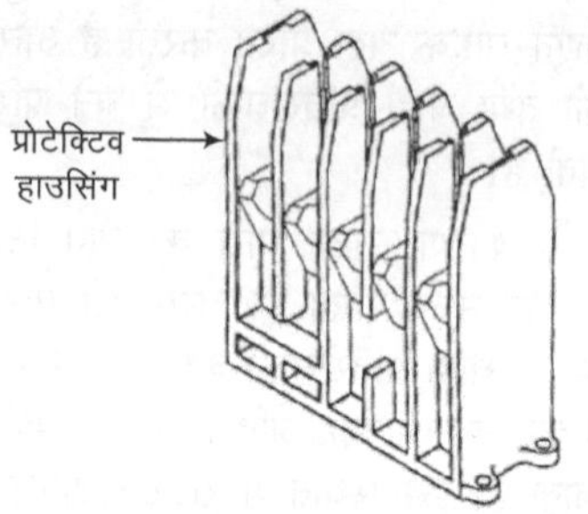

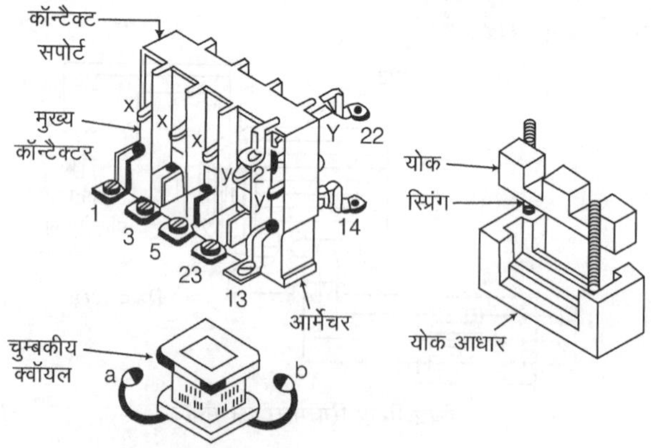

चित्र (a) कॉन्टैक्टर की संरचना

इसकी मुख्य विशेषताएँ हैं

- प्रति घण्टा 50-60 बार प्रचालित किए जाने की क्षमता।
- सप्लाई असफल हो जाने पर स्वत: ही 'ऑफ' हो जाने की क्षमता तथा ऑपरेटर द्वारा पुन: युक्ति को प्रचालित न किए जाने तक लोड परिपथ को ऑफ रखने की क्षमता।
- एक साथ कई परिपथों को ऑन/ऑफ करने की क्षमता।

संरचना (Construction) चित्र (a) में कॉन्टैक्टर की संरचना दर्शायी गई है, जिसमें मुख्य कॉन्टैक्ट, सहायक कॉन्टैक्ट एवं नो-वोल्ट क्वॉयल होती है। इसमें NO (normally open) के तीन सैट होते हैं। टर्मिनल 1 व 2, 3 व 4, 5 व 6 के मध्य मुख्य कॉन्टैक्ट होते हैं। 23 एवं 24, 13 एवं 14 टर्मिनलों के मध्य NO सहायक (auxiliary) कॉन्टैक्ट होते हैं और टर्मिनल 21 व 22 के मध्य NC सहायक कॉन्टैक्ट का एक सैट होता है।

मुख्य कॉन्टैक्ट की तुलना में सहायक कॉन्टैक्ट कम धारा का वहन करते हैं। सामान्यत: कॉन्टैक्टर की आन्तरिक संरचना में पुश-बटन स्टेशन एवं O.L. रिले नहीं होते हैं, लेकिन स्टार्टर कार्यिकी के लिए कॉन्टैक्ट के साथ अलग से सहायक सामग्रियों का उपयोग किया जाता है।

कॉन्टैक्टर में 4 NO कॉन्टैक्ट युग्म हैं। आवश्यकतानुसार एक कॉन्टैक्टर में NO तथा NC कॉन्टैक्ट युग्मों की संख्या सामान्यत: 7 तक होती है। कॉन्टैक्टर में मुख्यत: एक चुम्बकीय क्वॉयल होती है। इसमें एक लौह 'आर्मेचर' होता है और उसके ऊपर उसका विपरीत भाग 'योक' होता है। जब चुम्बकीय क्वॉयल को 230 V या 415 V ए.सी. स्रोत (क्वॉयल की रेटिंग के अनुसार) से संयोजित किया जाता है, तो वह एक प्रत्यावर्ती चुम्बकीय क्षेत्र स्थापित करती है। यद्यपि इस चुम्बकीय क्षेत्र की ध्रुवताएँ, स्रोत फ्रीक्वेन्सी की दर पर परिवर्तित होती रहती हैं; परन्तु ए.सी. के प्रत्येक चक्र में 'आर्मेचर' तथा 'योक' में विपरीत ध्रुवता का चुम्बकत्व उत्पन्न होता है। फलस्वरूप, चुम्बकीय क्वॉयल की सप्लाई से संयोजित स्थिति में 'आर्मेचर' तथा 'योक' एक-दूसरे को आकर्षित कर लेते हैं और NO तथा NC (normally open and normally closed) कॉन्टैक्ट्स के द्वारा लोड परिपथों को 'ऑन' या 'ऑफ' कर देते हैं। 'आर्मेचर' तथा 'योक' द्वारा प्रचालित इस युक्ति को 'क्लच' (clutch) भी कहते हैं।

कॉन्टैक्टर को संयोजित करने के लिए मुख्यत: दो प्रकार के परिपथ का प्रयोग किया जाता है जिनका वर्णन निम्नवत है-

पावर परिपथ (Power circuit) चित्र (b) में कॉन्टैक्टर का नियोजित पावर परिपथ दर्शाया गया है। इस परिपथ में मुख्य सप्लाई से सीधे ही स्टार्ट करने हेतु एक स्क्विरल केज मोटर को संयोजित करने के लिए स्विच (ICTP), पुश बटन स्टेशन एवं ओवरलोड रिले का प्रयोग किया है। इसमें मुख्य ICTP स्विच बन्द रहता है एवं कॉन्टैक्टर K_1 प्रचालित किया जाता है। मोटर की U, V एवं W तीनों वाइण्डिंग्स ICTP स्विच, कॉन्टैक्टर एवं ओवरलोड रिले के द्वारा सप्लाई टर्मिनल्स RYB से संयोजित की जाती है। ओवरलोड धारा रिले (बाइमैटेलिक रिले) मोटर को ओवरलोड से बचाती है जबकि फ्यूज $F_1/F_2/F_3$ फेज-से-फेज या फेज-से-फ्रेम शॉर्ट सर्किट की स्थिति में मोटर परिपथ को बचाते हैं।

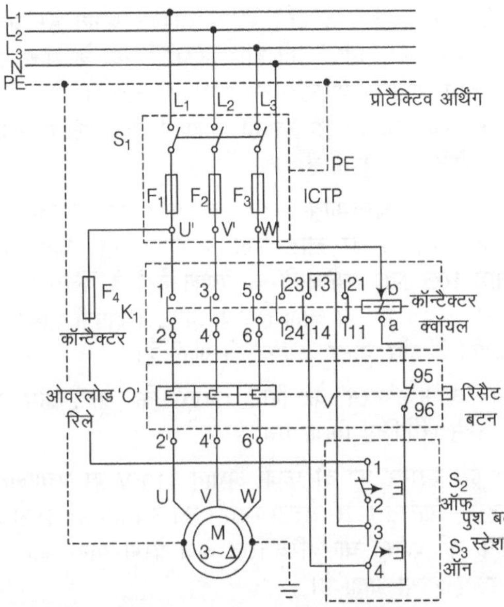

चित्र (b) कॉन्टैक्टर का पावर परिपथ

कण्ट्रोल परिपथ (Control circuit) चित्र (b) में कॉन्टैक्टर का नियोजित परिपथ दर्शाया गया है एवं चित्र (c) में कॉन्टैक्टर का केवल कण्ट्रोल परिपथ दर्शाया गया है।

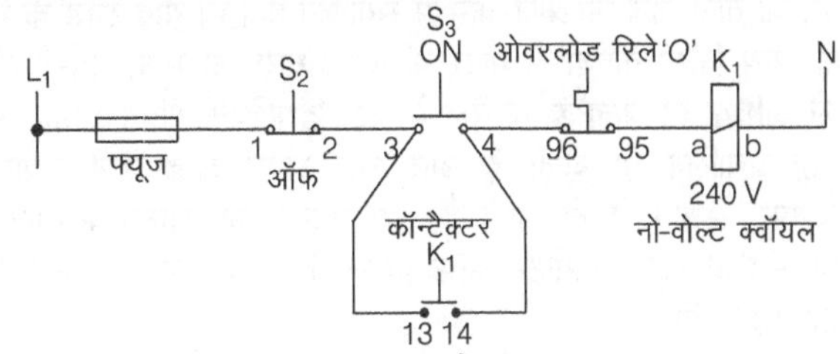

चित्र (c) कण्ट्रोल परिपथ

जब परिपथ के पुश बटन S_3 को दबाया (ऑन) जाता है तब कण्ट्रोल परिपथ बन्द हो जाता है। कॉन्टैक्टर क्वॉयल सक्रिय हो जाती है एवं कॉन्टैक्टर K_1 बन्द हो जाता है। एक सहायक, एक NO कॉन्टैक्ट 13, 14 मुख्य कॉन्टैक्ट्स K_1 के साथ चलित (actuated) हो जाते हैं। यदि इस NO कॉन्टैक्टर को S_3 के समान्तर में संयोजित किया जाए, तो यह सैल्फ-होल्डिंग सहायक कॉन्टैक्टर कहलाता है।

S_3 को रिलीज करने के पश्चात् धारा इस सैल्फ-होल्डिंग कॉन्टैक्टर 13, 14 के माध्यम से प्रवाहित होती है एवं कॉन्टैक्टर बन्द ही रहता है। कॉन्टैक्टर को ओपन (open) करने के लिए S_2 चलित (actuated) होना चाहिए। यदि S_3 एवं S_2 को एक साथ चलित कर दिया जाए, तो उससे कॉन्टैक्टर अप्रभावित रहता है। पावर परिपथ में ओवरलोड की घटना में, ओवरलोड रिले 'O' के 95 एवं 96 NC कॉन्टैक्टर ओपन (open) रहते हैं एवं कण्ट्रोल परिपथ में स्विच ऑफ रहते हैं, जिसके कारण स्विच K_1 मोटर परिपथ को ऑफ कर देता है।

ओवरलोड रिले 'O' के सक्रिय रहने के कारण, यदि 95 एवं 96 मध्य के कॉन्टैक्टर ओपन (open) हो जाएँ तो कॉन्टैक्टर्स ओपन ही रहेंगे और पुश बटन S_3 को दोबारा दबाने से मोटर स्टार्ट नहीं किया जा सकता। इसे रिसैट बटन की सहायता से पुन: NC स्थिति में रिसैट करना पड़ेगा। कुछ स्टार्टर्स में, ऑफ (OFF) बटन को दबाने से भी रिसैट किया जाता है, जोकि ओवरलोड रिले 'O' के लाइन में होता है।

(ii) **नो-वोल्ट-क्वॉयल** No-volt Coil

डी.ओ.एल. (DOL) स्टार्टर में कॉन्टैक्टर की चुम्बकीय क्वॉयल ही नो-वोल्ट क्वॉयल कहलाती है, जो सप्लाई के असफल हो जाने पर मोटर को स्वत: ही 'ऑफ' कर देती है। 'सहायक कॉन्टैक्ट्स', 'ऑन' पुश-बटन के समान्तर-क्रम में संयोजित होते हैं और सप्लाई के असफल हो जाने पर NO (Normally Open) स्थिति में लौट आते हैं। जब तक 'ऑन' पुश-बटन को दबाकर, नो-वोल्ट-क्वॉयल का परिपथ पूर्ण नहीं किया जाता तब तक सप्लाई के पुन: चालू हो जाने पर भी नो-वोल्ट-क्वॉयल उत्तेजित नहीं होती और मोटर स्वत: ही चालू नहीं हो पाती। 'ऑन' पुश-बटन को एक बार दबाने से नो-वोल्ट-क्वॉयल का परिपथ पूर्ण हो जाता है और क्वॉयल उत्तेजित हो जाती है, जिससे आर्मेचर, योक को आकर्षित कर लेता है और सभी NO-संयोजक 'ऑन' हो जाते हैं। इस स्थिति में, 'ऑन' पुश-बटन को छोड़ देने पर भी, अतिरिक्त संयोजकों के द्वारा नो-वोल्ट-क्वॉयल का परिपथ पूर्ण रहता है और वह उत्तेजित रहती है; फलस्वरूप, मोटर चालू रहती है।

(iii) **ओवर-लोड रिले** Over-load Relay

डी.ओ.एल. स्टार्टर में प्राय: ऊष्मा-चालित-रिले (thermal operated relay) प्रयोग की जाती है। इसमें तीन ऊष्मक तन्तु (heating element) होते हैं, जो तीनों फेज के श्रेणी-क्रम में संयोजित होते हैं। यदि लोड के बढ़ने अथवा अन्य किसी कारण से मोटर की लोड धारा का मान, पूर्व-निर्धारित मान से अधिक हो जाता है, तो रिले में जुड़ी द्विधात्विक युक्ति (bimetallic device) प्रचालित हो जाती है और वह ओवर-लोड-रिले-संयोजकों को 'ऑफ' स्थिति में ले जाती है; इस प्रकार, नो-वोल्ट-क्वॉयल का परिपथ भंग हो जाने से मोटर ऑफ हो जाती है और उसकी वाइण्डिंग्स सुरक्षित रहती हैं।

(iv) **रिमोट-कण्ट्रोल परिपथ** Remote-Control Circuit

किसी स्टार्टर प्रचालित मशीन को किसी दूसरे स्थान से नियन्त्रित करने के लिए रिमोट-कण्ट्रोल-परिपथ का प्रयोग किया जाता है। इसमें स्टार्टर के 'ऑन' पुश-बटन के समान्तर-क्रम में दूसरा 'ऑन' पुश-बटन संयोजित किया जाता है।

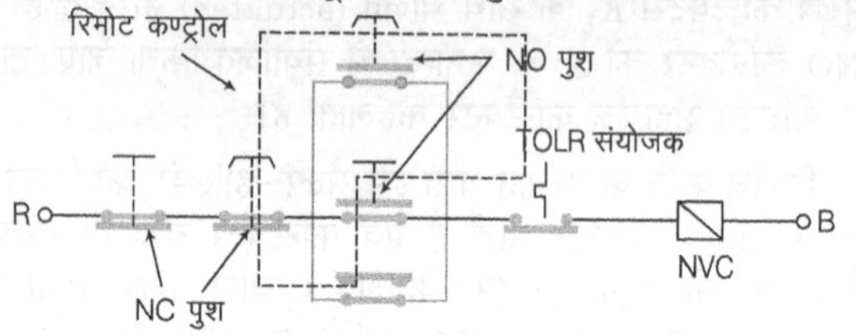

चित्र रिमोट कण्ट्रोल परिपथ

(v) **इंचिंग या जॉगिंग परिपथ** Inching or Jogging Circuit

किसी मोटर अथवा अन्य वैद्युतिक उपकरण में इंचिंग या जॉगिंग परिपथ भी प्रयोग किया जाता है। इस परिपथ में एक अतिरिक्त दुहरा पुश-बटन प्रयोग किया जाता है, जो मुख्य 'ऑन' पुश-बटन के परिपथ को ऑफ कर देता है और साथ ही नो-वोल्ट-क्वॉयल का परिपथ पूर्ण कर मोटर को प्रचालित कर देता है। इंचिंग परिपथ का उपयोग किसी मोटर अथवा वैद्युतिक उपकरण की प्रचालन स्थिति की जाँच करने के लिए किया जाता है। इसके लिए मोटर या उपकरण को बहुत ही अल्प समय के लिए प्रचालित किया जाता है।

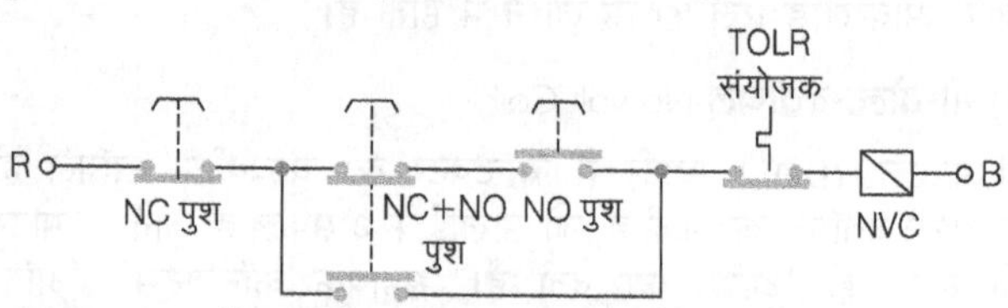

चित्र इंचिंग तथा ऑन/ऑफ कण्ट्रोल परिपथ

2. स्टार-डेल्टा स्टार्टर Star-Delta Starter

3-फेज स्क्विरल केज प्रेरण मोटर की प्रारम्भिक विद्युत धारा का मान, रनिंग विद्युत धारा की अपेक्षा 5 से 6 गुना अधिक होता है। यदि 3 अश्व-शक्ति से अधिक शक्ति वाली मोटर को डी.ओ.एल. स्टार्टर के द्वारा प्रचालित किया जाए, तो अधिक प्रारम्भिक विद्युत धारा के कारण लाइन वोल्टेज में काफी गिरावट उत्पन्न होगी। इस प्रकार लाइन वोल्टेज में अधिक घटाव-बढ़ाव (fluctuation) होगा। अत: 3 अश्व-शक्ति से अधिक शक्ति वाली 3-फेज स्क्विरल केज प्रेरण मोटर के प्रचालन के लिए स्टार-डेल्टा स्टार्टर प्रयोग किया जाता है।

स्टार-डेल्टा स्टार्टर, मोटर को पहले स्टार संयोजन में प्रचालित करता है, जिसमें प्रत्येक वाइण्डिंग को $E_L/\sqrt{3}$ वोल्टेज प्राप्त होता है। इस प्रकार, प्रारम्भ में मोटर को कम वोल्टेज पर प्रचालित किया जाता है, जिससे प्रारम्भिक विद्युत धारा का मान भी कम रहता है।

जब मोटर पूर्ण गति प्राप्त कर लेती है, तो उसे स्टार-संयोजन से हटाकर, डेल्टा-संयोजन में संयोजित कर दिया जाता है, जिससे मोटर को पूर्ण लाइन-वोल्टेज प्राप्त होने लगता है। ये स्टार्टर निम्न तीन प्रकार के होते हैं

(i) हस्त-चालित (ii) अर्द्ध-स्वचालित (iii) स्वचालित

(i) **हस्त-चालित स्टार-डेल्टा स्टार्टर** Manual Star-delta Starter

इस प्रकार के स्टार्टर में स्थिर-संयोजक, 'स्टॉप' पुश-बटन, नो-वोल्ट क्वॉयल (NVC), ओवर-लोड-क्वॉयल (OLC) तथा चल-संयोजकों को घुमाने के लिए एक हैण्डिल होता है।

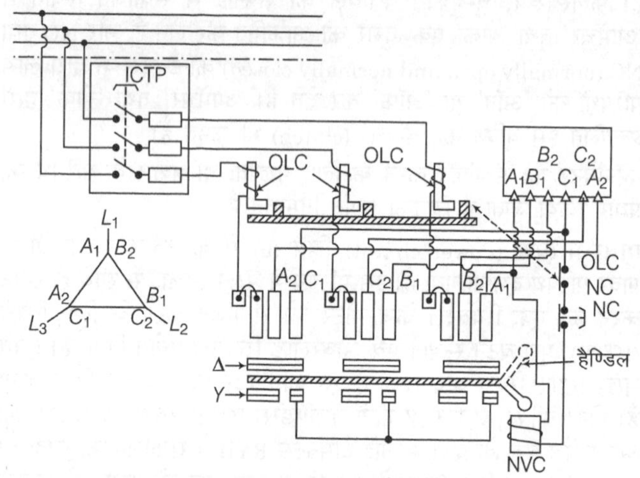

चित्र हस्त-चालित स्टार-डेल्टा स्टार्टर

जब हैण्डिल को नीचे की ओर घुमाया जाता है, तो संयोजक A_1, B_1 तथा C_1 शॉर्ट-सर्किट हो जाते हैं और स्टार-प्वॉइण्ट बनाते हैं। जब मोटर पर्याप्त गति प्राप्त कर लेती है, तो हैण्डिल को झटके के साथ ऊपर की ओर घुमा दिया जाता है। हैण्डिल को ऊपर की ओर घुमाने पर A_1, B_1 तथा C_1 का शॉर्ट-सर्किट समाप्त हो जाता है और स्टेटर वाइण्डिंग्स, डेल्टा में संयोजित हो जाती है।

नो-वोल्ट क्वॉयल, 'चुम्बकीय-क्लच' की भाँति कार्य करती है। ओवर लोड स्थिति में, ओवर-लोड-रिले उत्तेजित हो जाती हैं और ओवर-लोड-रिले NC संयोजकों को खोल देती है, जिससे नो-वोल्ट क्वॉयल का परिपथ भंग हो जाता है तथा हैण्डिल अपनी सामान्य स्थिति में लौट आता है और मोटर 'ऑफ' हो जाती है।

मोटर को 'ऑफ' करने के लिए, NVC के श्रेणी-क्रम में एक NC-पुश-बटन संयोजित किया गया है।

सामान्यत: इस स्टार्टर को दो फेजों अर्थात् 415 V पर प्रचालित किया जाता है। हस्त-चालित स्टार-डेल्टा स्टार्टर का उपयोग 3 HP से अधिक 10 HP तक की शक्ति वाले स्क्विरल केज प्रेरण मोटर को प्रचालित करने के लिए किया जाता है।

(ii) अर्द्ध-स्वचालित स्टार-डेल्टा स्टार्टर
Semi-automatic Star-delta Starter

चित्र (a) में अर्द्ध-स्वचालित स्टार डेल्टा स्टार्टर का पावर परिपथ तथा चित्र (b) में कण्ट्रोल परिपथ दर्शाया गया है। इस परिपथ में तीन कॉन्टैक्टर प्रयोग किए जाते हैं। स्विच S_1 को तब तक दबाए रखा जाता है, जब तक कि मोटर पर्याप्त गति प्राप्त न कर ले। इस समय मोटर स्टार-संयोजन में प्रचालित होती है। स्विच S_1 को दबाने से कॉन्टैक्टर K_1 के NC-संयोजकों के द्वारा कॉन्टैक्टर K_2 उत्तेजित हो जाता है और K_2 के NO-संयोजकों के द्वारा उसकी उत्तेजना जारी रहती है। K_2 के दूसरे NO-संयोजकों के द्वारा K_1 उत्तेजित हो जाती है और K_1 के NO-संयोजकों के द्वारा उसकी उत्तेजना जारी रहती है।

इस प्रकार, K_1 तथा कॉन्टैक्टर K_2 के उत्तेजित हो जाने से मोटर स्टार-संयोजन में चलती है। इसी समय, K_2 के NC-संयोजक ओपन हो जाते हैं और K_3 को उत्तेजित नहीं होने देते। स्विच S_1 को छोड़ने पर, K_2 की उत्तेजना समाप्त हो जाती है और उसके NC-संयोजक 'बन्द' होकर K_3 को उत्तेजित कर देते हैं तथा K_1 व K_3 के द्वारा मोटर, डेल्टा-संयोजन में प्रचालित हो जाती है। यहाँ ध्यान दें कि K_2 के उत्तेजित होने पर, K_3 के श्रेणी-क्रम में जुड़े K_2 के NC-संयोजक खुल जाते हैं, जबकि K_1 के उत्तेजित होने पर, K_3 के श्रेणी-क्रम में जुड़े K_1 के NO-संयोजक बन्द हो जाते हैं, परन्तु K_3 तब तक उत्तेजित नहीं हो सकती जब तक K_2 उत्तेजित है।

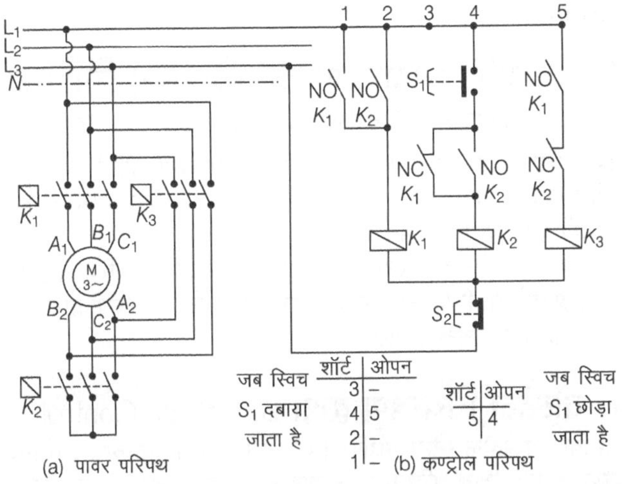

चित्र अर्द्ध-स्वचालित स्टार-डेल्टा स्टार्टर

यह स्टार्टर, अर्द्ध-स्वचालित स्टार्टर इसलिए कहलाता है, क्योंकि इसके NO पुश-बटन को तब तक दबाए रखना पड़ता है, जब तक कि मोटर पर्याप्त गति प्राप्त न कर ले। इसका उपयोग 3-HP से अधिक शक्ति वाली स्क्विरल केज इण्डक्शन मोटर को प्रचालित करने के लिए किया जाता है।

(iii) स्वचालित स्टार-डेल्टा स्टार्टर Automatic Star-delta Starter

अर्द्ध-स्वचालित तथा स्वचालित स्टार्टर, दोनों का 'पावर सर्किट' एक जैसा होता है। स्वचालित स्टार्टर के 'कण्ट्रोल सर्किट' में एक 'टाइमर' भी प्रयोग किया जाता है।

'टाइमर' का लाभ यह है कि इस परिपथ में स्विच S_1 को मोटर के पर्याप्त गति प्राप्त करने तक दबाए रखना नहीं पड़ता, अपितु एक पूर्व-निर्धारित समय (2-3 मिनट) के बाद 'टाइमर', कॉन्टैक्टर K_2 को 'ऑफ' तथा K_3 को उत्तेजित कर देता है। स्वचालित स्टार-डेल्टा स्टार्टर का 'कण्ट्रोल परिपथ' चित्र में दर्शाया गया है।

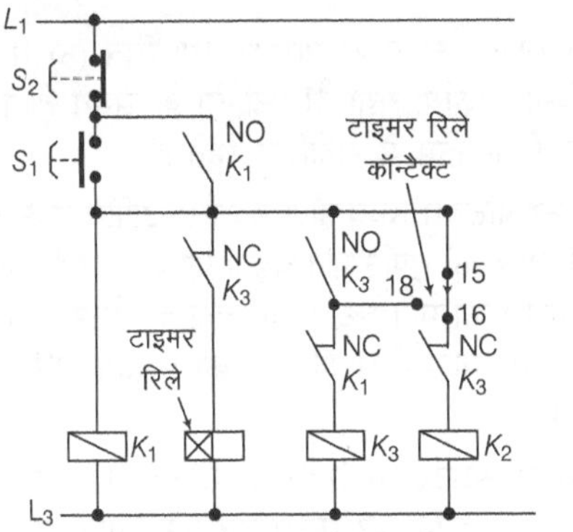

चित्र स्वचालित स्टार-डेल्टा स्टार्टर

स्विच S_1 दबाने पर, कॉन्टैक्टर्स K_1 तथा K_2 उत्तेजित हो जाते हैं, जो मोटर को स्टार-संयोजन में प्रचालित कर देते हैं। K_1 के NO-संयोजक, कॉन्टैक्टर K_1 की उत्तेजना को स्विच S_1 को छोड़ देने पर जारी रखते हैं। इसके साथ ही 'टाइमर रिले' भी प्रचालित हो जाती है। पूर्व निर्धारित समय (2-3 मिनट) के पश्चात्, 'टाइमर' का चल-संयोजक बिन्दु 16 से हट जाता है और बिन्दु 18 को स्पर्श करता है, जिससे K_2 का परिपथ भंग हो जाता है और K_3 उत्तेजित हो जाती है। K_3 के NO-संयोजक, इसकी उत्तेजना को जारी रखते हैं और K_3 के NC-संयोजक, 'ओपन' हो जाने से K_2 का परिपथ पूर्णतः भंग हो जाता है। K_3 के अन्य NC- संयोजक, टाइमर रिले का परिपथ भी भंग कर देते हैं। इस प्रकार K_1 तथा K_3 के द्वारा मोटर डेल्टा-संयोजन में प्रचालित हो जाती है।

नोट *K_2 तथा K_3 के NC-संयोजक, एक-दूसरे कॉन्टैक्टर के लिए 'इण्टरलॉकिंग' व्यवस्था प्रदान करते हैं।*

तालिका DOL स्टार्टर तथा स्टार-डेल्टा स्टार्टर में तुलना

क्र.सं.	सन्दर्भ	DOL स्टार्टर	स्टार-डेल्टा स्टार्टर
1.	स्टार्टिंग धारा	कम नहीं की जा सकती है।	वाइण्डिंग को स्टार क्रम में संयोजित करने पर स्टार्टिंग धारा कम की जा सकती है।
2.	स्टार्टिंग गति	अधिक होती है।	कम होती है।
3.	शक्ति	5 HP तक की मोटरों में प्रयुक्त किया जाता है।	15 HP तक की मोटरों में प्रयुक्त किया जाता है।
4.	स्टार्टिंग टॉर्क	कम होता है।	अधिक होता है।
5.	ऑपरेट	हरे पुश-बटन से स्टार्ट एवं लाल पुश-बटन से ऑफ किया जाता है।	हैण्डिल नीचे करके स्टार्ट एवं ऊपर करके रनिंग स्थिति में लाया जाता है।
6.	ऑपरेटिड वोल्टेज	फुल वोल्टेज पर ऑपरेट होता है।	फुल वोल्टेज के 58.8% पर ऑपरेट होता है।
7.	मूल्य	सस्ता होता है।	महँगा होता है।

3. रोटर प्रतिरोध स्टार्टर Rotor Resistance Starter

केवल स्लिप-रिंग प्रेरण मोटर को प्रचालित करने के लिए इस स्टार्टर का प्रयोग किया जाता है। इसमें मुख्यत: एक डी.ओ.एल. स्टार्टर, 3-फेज रोटर प्रतिरोध, NC-रिहोस्टेट स्विच, NO-रिहोस्टेट स्विच आदि होते हैं।

चित्र (a) इस स्टार्टर का पावर परिपथ तथा चित्र (b) में इस स्टार्टर का 'कण्ट्रोल सर्किट' दर्शाया गया है। स्टार्टिंग के समय तीनों रोटर प्रतिरोध, तीन फेजों के श्रेणी-क्रम में संयोजित रहते हैं।

इस प्रकार, रोटर प्रतिरोध उच्च होता है और स्टार्टिंग टॉर्क भी अधिक होता है। जैसे-जैसे मोटर की घूर्णन गति बढ़ती जाती है, रिहोस्टेट के हैण्डिल के द्वारा रोटर प्रतिरोध का मान घटा दिया जाता है। मोटर द्वारा पूर्ण घूर्णन गति प्राप्त कर लेने पर, बाह्य रोटर प्रतिरोध को पूर्णतया परिपथ से पृथक् कर दिया जाता है।

स्लिप-रिंग मोटर स्टार्टर के रिहोस्टेट में एक NO-पुश-बटन (C) इस प्रकार लगाया जाता है कि यह स्विच तब तक 'ऑन' नहीं होता, जब तक कि रिहोस्टेट का हैण्डिल, पूर्ण प्रतिरोध को रोटर परिपथ में संयोजित नहीं कर देता।

इसी प्रकार एक NC-पुश-बटन (D) इस प्रकार लगाया जाता है कि वह रिहोस्टेट प्रतिरोध के परिपथ से बाहर होने की स्थिति में रोटर, वाइण्डिंग्स पर विद्युत सप्लाई नहीं पहुँचने देता।

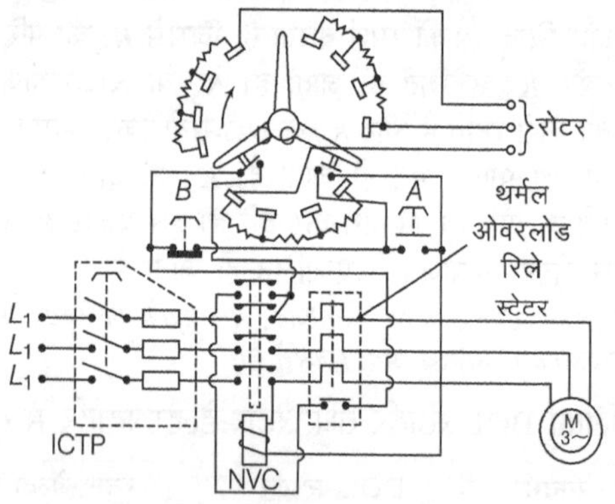

(a) पावर परिपथ

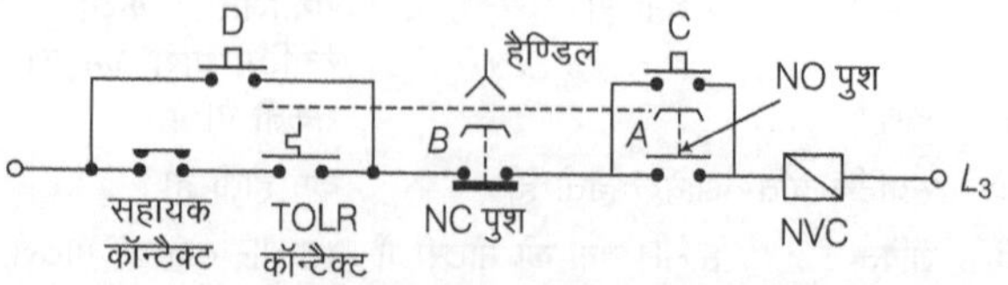

(b) रोटर प्रतिरोध स्टार्टर कण्ट्रोल परिपथ

चित्र रोटर प्रतिरोध स्टार्टर

ध्यान दें, कि इस स्टार्टर के द्वारा मोटर को प्रचालित करने के लिए NO-पुश-बटन (A) को तब तक दबाए रखना पड़ता है, जब तक कि हैण्डिल के द्वारा रिहोस्टेट प्रतिरोध, रोटर परिपथ में संयोजित नहीं हो जाते। मोटर को NC-पुश-बटन (B) द्वारा बन्द किया जा सकता है।

4. ऑटो-ट्रांसफॉर्मर स्टार्टर Auto-Transformer Starter

इस स्टार्टर का प्रयोग 10 HP से अधिक शक्ति वाली स्क्विरल केज मोटर के प्रचालन के लिए किया जाता है। इसमें मुख्यत: 3-फेज ऑटो ट्रांसफॉर्मर, 6-पोल टू-वे हैण्डिल चालित स्विच, थर्मल ओवरलोड रिले, नो-वोल्ट-क्वॉयल, NC-पुश बटन आदि होते हैं।

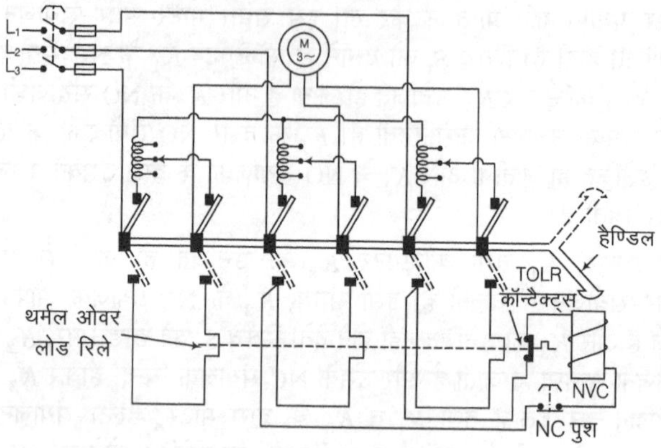

चित्र ऑटो ट्रांसफॉर्मर स्टार्टर

प्रारम्भ में मोटर को ऑटो ट्रांसफॉर्मर के द्वारा निम्न वोल्टेज पर चलाया जाता है। जब मोटर अपनी पूर्ण घूर्णन गति की 75% गति प्राप्त कर लेती है, तो स्टार्टर के हैण्डिल को घुमाकर ऑटो ट्रांसफॉर्मर को परिपथ से बाहर कर दिया जाता है। इस स्थिति में मोटर को पूर्ण वोल्टेज प्राप्त हो जाती है।

16.10 गति नियन्त्रण की विभिन्न विधियाँ Various Methods of Speed Control

यद्यपि प्रेरण मोटर की घूर्णन गति में परिवर्तन करना डी.सी. मोटर की अपेक्षा कठिन कार्य है, तो भी घूर्णन गति में थोड़ा-बहुत परिवर्तन निम्न विधियों द्वारा किया जा सकता है

1. वोल्टेज नियन्त्रण द्वारा
2. ध्रुवों की संख्या में परिवर्तन द्वारा
3. फ्रीक्वेन्सी नियन्त्रण द्वारा
4. रोटर रिहोस्टेट नियन्त्रण द्वारा तथा
5. कैस्केड नियन्त्रण द्वारा

1. वोल्टेज नियन्त्रण द्वारा By Voltage Control

इस विधि में प्रत्येक स्टेटर वाइण्डिंग के श्रेणी-क्रम में एक बाह्य प्रतिरोधक जोड़ा जाता है। तीनों प्रतिरोधकों के मान में एक साथ तथा समान परिवर्तन करके मोटर की घूर्णन गति को कुछ प्रतिशत घटाया जा सकता है।

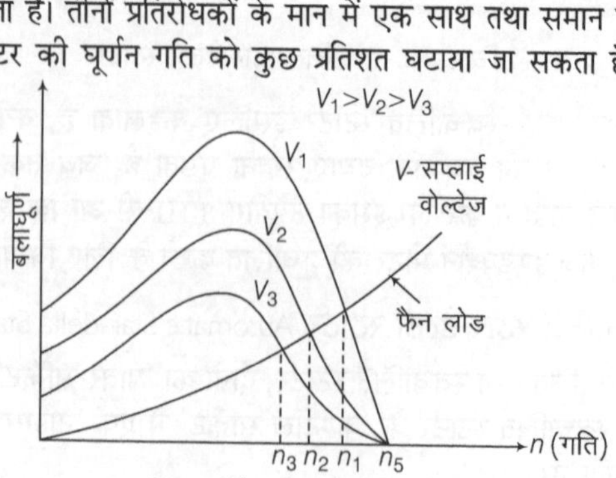

चित्र टॉर्क-गति अभिलक्षण वक्र

इस विधि में विद्युत शक्ति का अपव्यय अधिक होता है और इसलिए इसका प्रयोग कम किया जाता है। इसके अतिरिक्त 3-फेज प्रेरण मोटर का विद्युत चुम्बकीय बल-आघूर्ण सप्लाई वोल्टेज के वर्ग के समानुपाती होता है

अर्थात् $T_{st} \propto V^2$

यहाँ, $V \rightarrow$ सप्लाई वोल्टेज एवं $T_{st} \rightarrow$ विद्युत चुम्बकीय बलाघूर्ण

अत: विद्युत चुम्बकीय बलाघूर्ण द्वारा वोल्टेज सप्लाई में परिवर्तन करके प्रेरण मोटर की गति नियन्त्रित की जा सकती है।

2. ध्रुवों की संख्या में परिवर्तन द्वारा By Changing in the Number of Poles

इस विधि में आवृत्ति समान रखकर ध्रुवों की संख्या को परिवर्तित करके प्राय: दो घूर्णन गतियाँ प्राप्त की जाती हैं। यदि मोटर में 12 ध्रुव हों, तो उसकी घूर्णन गति होगी $N = \frac{120f}{P}$

सूत्र में पोल्स एवं आवृत्ति का मान रखने पर,

$$N = \frac{120 \times 50}{12} = 500 \text{ RPM}$$

अब यदि ध्रुवों की संख्या आधी अर्थात् 6 कर दी जाए, तो उसकी घूर्णन गति होगी, $N = \frac{120 \times 50}{6} = 1000 \text{ RPM}$

इस प्रकार की मोटर का स्टेटर बड़ा रखा जाता है। अत: आवृत्ति का मान नियत रखकर ध्रुवों की संख्या में परिवर्तन करके मोटर की गति ध्रुवों की संख्या में परिवर्तन करके मोटर की गति में परिवर्तन हो जाता है। इस विधि में स्टेटर में इस प्रकार वाइण्डिग की जाती है, जिससे उससे टैपिंग निकाली जा सके। गति नियन्त्रण की यह विधि लिफ्ट आदि में प्रयोग की जाती है।

3. फ्रीक्वेन्सी नियन्त्रण द्वारा By Frequency Control

प्रेरण मोटरों की गति, सप्लाई आवृत्ति से सीधे समानुपाती होती है। आवृत्ति में परिवर्तन से मोटर की गति को परिवर्तित किया जा सकता है।

$$N = \frac{f \times 120}{P}$$

सूत्र से स्पष्ट है कि फ्रीक्वेन्सी बढ़ाने से गति बढ़ेगी और फ्रीक्वेन्सी घटाने से गति घटेगी। फ्रीक्वेन्सी परिवर्तन करना जटिल कार्य है। अत: इस विधि का उपयोग जलयानों आदि में किया जाता है, जहाँ स्थानीय आल्टरनेटर के द्वारा 3-फेज ए.सी. उत्पन्न की जाती है। आल्टरनेटर में आवृत्ति परिवर्तन की व्यवस्था की जाती है और तद्नुसार प्रेरण मोटर की घूर्णन गति घटायी-बढ़ायी जा सकती है।

4. रोटर रिहोस्टेट नियन्त्रण द्वारा By Rotor Rheostat Control

इस विधि का उपयोग केवल वाउण्ड रोटर प्रकार की मोटर्स में ही किया जा सकता है; जैसे—स्लिप-रिंग मोटर। इसमें बाह्य रोटर प्रतिरोध को बढ़ाकर मोटर की घूर्णन गति को कम तो किया जा सकता है, परन्तु सामान्य गति की अपेक्षा उसे बढ़ाया नहीं जा सकता, क्योंकि इस विधि में वैद्युत शक्ति का अपव्यय अधिक होता है। अत: इसका उपयोग केवल अल्प समय के लिए मोटर की घूर्णन गति घटाने के लिए किया जा सकता है।

5. कैस्केड नियन्त्रण द्वारा By Cascade Control

इस विधि में दो स्लिप-रिंग प्रेरण मोटर्स को यान्त्रिक रूप से संयुक्त किया जाता है। पहली मोटर का स्टेटर वैद्युत स्रोत से तथा उसका रोटर दूसरी मोटर के स्टेटर से संयोजित किया जाता है। दूसरी मोटर का रोटर बाह्य 3-फेज रिहोस्टेट से संयोजित किया जाता है।

दोनों मोटर्स की पोल्स संख्या भिन्न-भिन्न रखी जाती है। इस प्रकार, दोनों मोटर्स की परिणामी घूर्णन गति (resultant rotational speed) निम्न सूत्र द्वारा ज्ञात की जाती है

$$N_R = \frac{120 \cdot f}{P_1 + P_2} \text{ RPM}$$

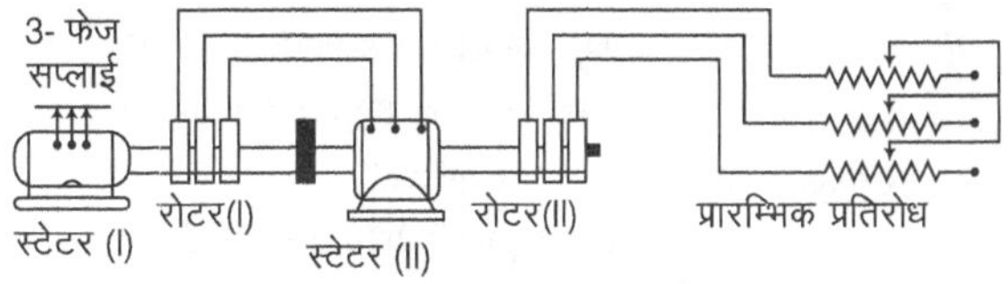

चित्र कैस्केड नियन्त्रण विधि

यद्यपि, यह एक महँगी विधि है, परन्तु इसका उपयोग प्रेरण मोटर की घूर्णन गति को बढ़ाने अथवा घटाने के लिए किया जा सकता है।

16.11 3-फेज प्रेरण मोटर की दक्षता Efficiency of 3-phase Induction Motor

किसी मशीन के इनपुट और आउटपुट पर प्राप्त समान पावर से आशय अधिकतम दक्षता से है, लेकिन यदि यह पावर कम प्राप्त होती है, तो वह उपकरण/मशीन में किसी-न-किसी प्रकार की क्षति की द्योतक होती है। 3-फेज प्रेरण मोटर की दक्षता, इसके रोटर आउटपुट एवं रोटर इनपुट का अनुपात होती है।

अत: $$\text{दक्षता } (\eta) = \frac{\text{रोटर आउटपुट}}{\text{रोटर इनपुट}}$$

$$= \frac{\text{उत्पन्न कुल यान्त्रिक शक्ति}}{\text{रोटर इनपुट}}$$

$$= \frac{\text{शाफ्ट में उत्पन्न शक्ति}}{\text{मोटर की विद्युत इनपुट}}$$

अत:, $$\eta = \frac{P_{out}}{P_{in}}$$

प्रेरण मोटर की प्रतिशत दक्षता $\eta\% = \frac{P_{out}}{P_{in}} \times 100$

16.12 3-फेज प्रेरण मोटर्स में दोष, उनके कारण एवं मरम्मत
Faults, their Causes and Repair of 3-phase Induction Motors

एक कुशल विद्युत्कार को 3-फेज प्रेरण मोटर्स के सुचारु प्रचालन के लिए उनके सामान्य दोष, कारण एवं मरम्मत प्रक्रिया का ज्ञान होना चाहिए। मोटर्स में उत्पन्न होने वाले सामान्य दोष, उनके कारण एवं उपचार निम्न प्रकार हैं

क्र.सं.	दोष	कारण	उपचार
1.	मोटर चालू नहीं होती।	(i) सप्लाई अनुपस्थित है।	(i) टैस्ट लैम्प के द्वारा ICTP स्विच पर सप्लाई की उपस्थिति देखें।
		(ii) फ्यूज उड़ गया है।	(ii) टैस्ट लैम्प द्वारा जाँच करें और उड़े फ्यूज को बदल दें।
		(iii) एक फेज अनुपस्थित है	(iii) टैस्ट लैम्प द्वारा ICTP स्विच पर जाँच करें। यदि एक फेज अनुपस्थित है, तो मोटर को 'ऑफ' कर दें।
		(iv) वोल्टेज कम है।	(iv) वोल्टमीटर से वोल्टेज नापें, यदि वोल्टेज 10% से कम है, तो मोटर न चलाएँ।
		(v) बियरिंग जाम है।	(v) बियरिंग की जाँच करें, यदि आवश्यक हो, तो उन्हें बदल दें।
		(vi) स्टार्टर दोषयुक्त है।	(vi) स्टार्टर के दोष को खोजें और उन्हें दूर करें।
2.	मोटर कम्पन करती है।	(i) फाउण्डेशन नट-बोल्ट ढीले हैं।	(i) नट-बोल्ट कसें।
		(ii) मोटर क्षैतिज तल में स्थापित नहीं है।	(ii) स्प्रिट-लेवल से जाँच करें और आवश्यक हो, तो उसे क्षैतिज तल में करें।
		(iii) एक फेज अनुपस्थित है।	(iii) टैस्ट लैम्प द्वारा ICTP स्विच पर जाँच करें। यदि एक फेज अनुपस्थित है, तो मोटर को 'ऑफ' कर दें।
		(iv) बियरिंग घिस गए हैं।	(iv) बियरिंग बदल दें।
		(v) रोटर का सन्तुलन ठीक नहीं है।	(v) रोटर का सन्तुलन ठीक बनाएँ।
3.	मोटर फ्यूज उड़ाती है।	(i) लोड अधिक है।	(i) लोड घटाएँ।
		(ii) फ्यूज की रेटिंग ठीक नहीं है।	(ii) सही रेटिंग का फ्यूज लगाएँ।
		(iii) कनेक्शन गलत हैं।	(iii) कनेक्शन खोलकर पुनः ठीक प्रकार से करें।
		(iv) संयोजक ढीले हैं।	(iv) संयोजकों को कसें।
		(v) स्टेटर में 'शॉर्ट-सर्किट' है।	(v) शॉर्ट-सर्किट को खोजें और उसे दूर करें।
4.	मोटर की बॉडी अधिक गर्म हो जाती है।	(i) वोल्टेज कम है।	(i) वोल्टमीटर से वोल्टेज नापें, यदि वोल्टेज 10% से अधिक कम हों, तो मोटर न चलाएँ।
		(ii) वोल्टेज अधिक है।	(ii) वोल्टमीटर से वोल्टेज नापें, यदि वोल्टेज 5% से अधिक बढ़े हुए हों तो मोटर न चलाएँ।
		(iii) लोड अधिक है।	(iii) लोड घटाएँ।
		(iv) रोटर रिंग 'ओपन-सर्किट' है।	(iv) रोटर को खोलकर जाँच करें, यदि आवश्यक हो, तो रोटर चालकों को रिंग पर पुनः सोल्डर कराएँ।
		(v) स्टेटर वाइण्डिंग्स में 'शॉर्ट-सर्किट' है।	(v) ओम मीटर से स्टेटर वाइण्डिंग प्रतिरोध नापें। यदि प्रतिरोध कम है, तो 'शॉर्ट-सर्किट' अवश्य है, उसे खोजें और दूर करें। यदि आवश्यक हो तो पुनः वाइण्डिंग करें/कराएँ।
5.	मोटर चलती है, परन्तु लोड नहीं उठाती।	(i) एक फेज अनुपस्थित है।	(i) टैस्ट लैम्प द्वारा ICTP स्विच पर जाँच करें। यदि एक फेज अनुपस्थित है तो मोटर को 'ऑफ' कर दें।
		(ii) लोड अधिक है।	(ii) लोड घटाएँ।
		(iii) वोल्टेज कम है।	(iii) वोल्टमीटर से वोल्टेज नापें। यदि वोल्टेज 10% से अधिक कम हों तो मोटर न चलाएँ।
		(iv) मोटर के वायु मार्ग धूल आदि से बन्द हो गये हैं।	(iv) वायु मार्गों को भली प्रकार साफ करें।
		(v) बेल्ट/बियरिंग ढीले हैं।	(v) बेल्ट कसें, आवश्यक हो तो बियरिंग बदलें।
		(vi) रोटर रिंग 'ओपन-सर्किट' है।	(vi) रोटर को खोलकर जाँच करें। यदि आवश्यक हो, तो रोटर चालकों की रिंग पर पुनः सोल्डरिंग/ब्रेजिंग करें।
6.	मोटर का अचानक 'ऑफ' हो जाना।	(i) सप्लाई 'ऑफ' होना।	(i) टैस्ट लैम्प के द्वारा ICTP स्विच पर सप्लाई की उपस्थिति देखें।
		(ii) फ्यूज जल जाना।	(ii) टैस्ट लैम्प द्वारा जाँच करें और उड़े फ्यूज को बदल दें।
		(iii) लोड बढ़ जाना।	(iii) लोड घटाएँ।
		(iv) वोल्टेज घट जाना।	(iv) वोल्टमीटर से वोल्टेज नापें। यदि वोल्टेज 10% से कम हों, तो मोटर न चलाएँ।
		(v) स्टेटर वाइण्डिंग जल जाना।	(v) स्टेटर को पुनः वाइण्ड कराएँ।

महत्त्वपूर्ण बिन्दु

- डी. सी. मोटर की घूर्णन गति, विरोधी वि. वा. ब. के अनुक्रमानुपाती तथा चुम्बकीय फ्लक्स के व्युत्क्रमानुपाती होती है, जबकि ए.सी. मोटर की घूर्णन गति आवृत्ति के अनुक्रमानुपाती तथा पोल्स की संख्या के व्युत्क्रमानुपाती होती है।
- 3-फेज प्रेरण मोटर के स्टेटर में 3 के गुणक में 3-फेज वाइण्डिंग्स तथा रोटर में सामान्यतः शॉर्ट सर्किट किए हुए चालक स्थापित किए जाते हैं।
- घूमने वाले चुम्बकीय क्षेत्र की गति, तुल्यकालिक गति कहलाती है।
- स्टेटर में स्थापित प्रत्येक वाइण्डिंग सैट की तीनों वाइण्डिंग्स में 120° का अन्तर रखा जाता है।
- लघु आकार की स्क्विरल केज मोटर्स में प्रयुक्त सिंगल केज रोटर में ताँबे के स्थान पर एल्युमीनियम से बने छल्ले तथा चालक छड़ों का प्रयोग किया जाता है।
- डबल केज रोटर की बाह्य परत उच्च प्रतिरोध व निम्न रिएक्टेन्स वाले पदार्थ से, जबकि भीतरी परत निम्न प्रतिरोध व उच्च रिएक्टेन्स वाले पदार्थ से निर्मित होती है।
- वाउण्ड रोटर में तीनों वाइण्डिंग्स सामान्यतः स्टार संयोजन में संयोजित की जाती है।
- स्क्विरल केज रोटर की ताम्र हानि, वाउण्ड रोटर की अपेक्षा कम होने के कारण इसकी दक्षता अपेक्षाकृत अधिक होती है।
- तुल्यकालिक गति, N_S का मान सप्लाई की आवृत्ति (f) तथा स्टेटर पोल्स की संख्या (P) पर निर्भर करती है। $\left(N_S = \dfrac{120f}{P}\right)$
- एब्सॉल्यूट स्लिप, मोटर की तुल्यकालिक गति एवं मोटर गति का अन्तर होती है।
- किसी प्रेरण मोटर में उत्पन्न प्रतिशत स्लिप, $\%S = \dfrac{N_s - N_r}{N_s} \times 100$ सूत्र द्वारा ज्ञात की जाती है।
- 3-फेज प्रेरण मोटर का रोटर स्थिर होने पर यह 3-फेज ट्रांसफॉर्मर की भाँति कार्य करता है।
- रोटर में होने वाली ताम्र क्षति उसके चालकों अथवा वाइण्डिंग्स के प्रतिरोध के कारण होने वाली विद्युत क्षति (I^2R) के समतुल्य होती है।
- प्रेरण मोटर के रोटर में उत्पन्न होने वाला टॉर्क, फ्लक्स प्रति स्टेटर पोल (ϕ), रोटर धारा (I_2) तथा शक्ति गुणक ($\cos\phi$) के अनुक्रमानुपाती होता है।
- प्रेरण मोटर की आरम्भिक अवस्था में सदैव स्लिप (S) का मान एकांक और तुल्यकालिक गति प्राप्त कर लेने पर शून्य होता है।
- मोटर के उच्च स्लिप क्षेत्र को अस्थिर क्षेत्र भी कहते हैं, क्योंकि इस क्षेत्र में मोटर लगातार घूर्णन करने में सक्षम नहीं होता है।
- प्रेरण मोटर, स्लिप का मान ऋणात्मक होने पर जेनरेटिंग मोड में, स्लिप का मान शून्य से एक के मध्य होने पर मोटरिंग मोड में तथा एक से अधिक होने पर ब्रेकिंग मोड में कार्य करता है। स्क्विरल केज प्रेरण मोटर्स की गति शून्य लोड से पूर्ण लोड तक नियत रहती है।
- स्लिप रिंग प्रेरण मोटर्स का उपयोग कम्प्रैशर, कन्वेयर, क्रेन, हॉएस्ट, स्टील मिल, प्रिंटिंग प्रेस आदि में किया जाता है।
- स्क्विरल केज प्रेरण मोटर का पावर फैक्टर 0.7 से 0.8 तक तथा स्लिप रिंग मोटर का पावर फैक्टर 0.8 से 0.9 तक होता है।
- DOL स्टार्टर, 3 अश्व शक्ति से 5 अश्व शक्ति की स्क्विरल केज इण्डक्शन मोटर का स्टार्ट करने के लिए उपयुक्त होते हैं।
- DOL स्टार्टर में कॉन्टैक्टर की चुम्बकीय क्वॉयल ही नो-वोल्ट क्वॉयल कहलाती है, जो सप्लाई के असफल हो जाने पर मोटर को स्वतः ही ऑफ कर देती है।
- स्टार-डेल्टा स्टार्टर, मोटर को पहले स्टार, संयोजन में प्रचालित करता है, जिसमें प्रत्येक वाइण्डिंग को $E_L/\sqrt{3}$ वोल्टेज प्राप्त होती है और मोटर के पूर्ण गति प्राप्त कर लेने पर उसे स्टार संयोजन से हटाकर डेल्टा संयोजन में संयोजित कर देता है।
- स्टार-डेल्टा स्टार्टर हस्त चालित, अर्द्ध-स्वचालित तथा स्वचालित प्रकार के होते हैं।
- DOL स्टार्टर 5 HP तक की मोटरों के लिए तथा स्टार-डेल्टा स्टार्टर 15 HP तक की मोटरों के लिए उपयुक्त होता है।
- प्रेरण मोटर के मासिक अनुरक्षण के अन्तर्गत नियन्त्रकों को ओवरहोल करना, ग्रीस की स्थिति की जाँच करना, तेल परिपथ ब्रेकर की जाँच करना तथा स्लिप रिंग मोटर के ब्रुशों की जाँच करना आदि आते हैं।

महत्त्वपूर्ण प्रश्नोत्तरी

1. डी.सी. तथा ए.सी. मोटर्स में मुख्य अन्तर क्या होता है?

उत्तर डी.सी. मोटर में 'स्टेटर' तथा 'रोटर' दोनों को विद्युत सप्लाई दी जाती है, जबकि ए.सी. मोटर में केवल स्टेटर को सप्लाई दी जाती है।

2. स्क्विरल केज रोटर में वाइण्डिंग चालकों को 'शॉर्ट-सर्किट' क्यों किया जाता है?

उत्तर स्क्विरल केज रोटर में वाइण्डिंग चालकों को शॉर्ट-सर्किट वाइण्डिंग्स का परिपथ पूर्ण करने के लिए किया जाता है, जिससे कि उनमें विद्युत धारा प्रवाह स्थापित हो सके।

3. 3-फेज मोटर की घूर्णन दिशा कैसे परिवर्तित की जाती है?

उत्तर किन्हीं दो फेजों के संयोजनों को आपस में परिवर्तित करके 3-फेज मोटर की घूर्णन दिशा परिवर्तित की जा सकती है।

4. आप 3-फेज प्रेरण मोटर का संयोजन कर रहे हैं। यदि आप तीनों कुण्डलियों के प्रवर्तन सिरों का एक साथ संयोजन करते हैं एवं अन्य तीन सिरों को 3-फेज सप्लाई प्रदान करते हैं, तो किस प्रकार का संयोजन आपने बनाया है?

उत्तर तीनों कुण्डलियों के प्रवर्तन सिरों का एक साथ संयोजन करते हैं एवं अन्य तीन सिरों को 3-फेज सप्लाई प्रदान करने पर स्टार संयोजन बनाया जाता है।

5. 3-फेज प्रेरण मोटरों को भू-सम्पर्कन करने की आवश्यकता क्यों होती है?

उत्तर 3-फेज प्रेरण मोटरों को भू-सम्पर्कन निम्न कारणों से किया जाता है

(i) मोटर व स्टार्टर की सुरक्षा के लिए।

(ii) मोटर को अर्थ व दोष से बचाने के लिए।

6. आप 3-फेज प्रेरण मोटर को एकल-फेज ए.सी. शक्ति प्रदाय से संयोजित कर रहे हैं।

(i) क्या मोटर स्वतः परिवर्तित हो सकती है?

(ii) उसका कारण बताइए।

उत्तर (i) 3-फेज प्रेरण मोटर को एकल फेज ए.सी. शक्ति प्रदाय से संयोजित करने पर मोटर स्वतः परिवर्तित नहीं हो सकती।

(ii) इसका कारण यह है कि घूर्णन मान एक फेज के द्वारा चुम्बकीय क्षेत्र नहीं बना पाता।

7. स्लिप-रिंग प्रेरण मोटरों में प्रवर्तन के समय रोटर परिपथ में बाह्य रूप से प्रतिरोध जोड़ने पर प्रवर्तन बलाघूर्ण उच्च बन जाता है। रोटर परिपथ बाह्य रूप से प्रतिरोध से जोड़ने के दो कारण क्या हैं?

उत्तर रोटर परिपथ में बाह्य रूप से प्रतिरोध से जोड़ने के निम्न दो कारण हैं

(i) रोटर धारा का मान घट जाता है।

(ii) प्रारम्भिक टॉर्क उच्च हो जाता है, क्योंकि रोटर के शक्ति गुणक का मान उच्च हो जाता है।

8. स्क्विरल केज मोटर्स कितनी अश्व-शक्ति तक बनाई जाती है?

उत्तर स्क्विरल केज मोटर्स 100 अश्व-शक्ति तक बनाई जाती है।

9. स्लिप रिंग इण्डक्शन मोटर्स कितनी अश्व-शक्ति तक बनाई जाती हैं?

उत्तर स्लिप रिंग इण्डक्शन मोटर्स 1000 अश्व-शक्ति तक बनाई जाती है।

10. स्लिप-रिंग प्रेरण मोटर की चाल का परिवर्तन, रोटर प्रतिरोध को बदलकर किया जा सकता है। कुछ हानि होने के कारण इस विधि का सीमित प्रयोग है। एक हानि बताइए।

उत्तर स्लिप-रिंग प्रेरण मोटर की चाल का परिवर्तन, रोटर प्रतिरोध को बदलकर करने की हानि यह है कि रोटर परिपथ में पावर क्षति की अधिकता के कारण दक्षता घट जाती है।

11. 3-फेज प्रेरण मोटर में फेजों में एक फेज जो प्रवर्तक के NVC से संयोजित नहीं है, चालन के समय खुल जाता है। मोटर प्रचालन पर तत्काल प्रभाव क्या होगा?

उत्तर 3-फेज प्रेरण मोटर में फेजों में एक फेज जो प्रवर्तक के NVC से संयोजित नहीं है, चालन के समय यह खुल जाता है, जिससे मोटर चलती तो रहेगी, परन्तु भार पर गर्म हो जाती है।

12. DOL स्टार्टर में चटचटाहट की आवाज असमान वोल्टता, अशुद्ध ध्रुव सतह तथा NVC प्रकोष्ठ के दोषित स्प्रिंग से होती है। आप देखेंगे कि सभी अवस्थाएँ आदर्श होने के पश्चात् भी ये समस्याएँ बनी रहती हैं सम्भावित कारण क्या हो सकते हैं?

उत्तर इन समस्याओं के सम्भावित कारण निम्न हैं

(i) मोटर पर भार अधिक होना।

(ii) कॉन्टैक्टर के सी.बी. प्वॉइण्ट्स साफ न होना अथवा उनमें गड्ढे होना।

13. किसी 3-फेज प्रेरण मोटर DOL प्रवर्तक अति भार पर विमोचित हो जाता है 'चालू' बटन दबाकर मोटर को पुनः प्रवर्तन तत्काल सम्भव नहीं होगा। फिर भी 10 मिनट के बाद चालू बटन दबाया गया तो मोटर का प्रवर्तन हुआ। उक्त घटना का कारण बताइए।

उत्तर उक्त घटना का कारण यह है कि दूसरे प्रयास के समय मोटर का भार घट गया था।

14. अर्द्ध-स्वचालित स्टार-डेल्टा स्टार्टर युक्त मोटर का स्टार्टर, DOL स्टार्टर से कैसे भिन्न होता है?

उत्तर अर्द्ध-स्वचालित स्टार-डेल्टा स्टार्टर युक्त मोटर प्रारम्भ में स्टार-पुश-बटन से तथा कुछ क्षणों के पश्चात् दूसरे पुश-बटन से डेल्टा में चलाया जाता है, जबकि DOL स्टार्टर द्वारा मोटर पूर्ण लाइन वोल्टेज के साथ चलती है।

15. दो समान 3-फेज मोटर्स, जो उत्तम अवस्था में है तथा जिनके HP, वोल्टेज, आवृत्ति तथा वेग भी समान हैं, इन्हें रेटिड सप्लाई वोल्टेज से जोड़ा जाता है। नो लोड की अवस्था में यह देखा गया है कि एक मोटर 1.6 A तथा दूसरा 4.8 A ले रहा है। इस धारा में अन्तर का क्या कारण है?

उत्तर इस धारा में अन्तर के निम्न कारण हैं

(i) अधिक धारा लेने वाली मोटर में यान्त्रिक दोष है; जैसे—बियरिंग में ग्रीस न होना, बियरिंग दोषयुक्त होना आदि।

(ii) अधिक धारा लेने वाली मोटर में शॉर्ट-सर्किट दोष है।

अभ्यास प्रश्न

परीक्षा प्रारूपी प्रश्न

बहुविकल्पीय

1. प्रेरित विद्युत वाहक बल की दिशा सदैव ऐसी होती है कि वह ऐसी धारा स्थापित करने का प्रयास करता है, जो उस गति अथवा चुम्बकीय पुंज परिवर्तन का विरोध करती है, जिसके कारण विद्युत वाहक बल प्रेरित हुआ है। यह नियम कहलाता है
(a) ओम का नियम
(b) लेन्ज का नियम
(c) फैराडे का विद्युत-चुम्बकीय प्रेरण नियम
(d) जूल का नियम

2. 3-फेज इण्डक्शन मोटर के स्टेटर में उत्पन्न हुआ चुम्बकीय क्षेत्र .... पर गतिमान होता है।
(a) स्लिप गति (b) तुल्यकालिक गति
(c) तुल्यकालिक-रोटर गति (d) इनमें से कोई नहीं

3. जिस मोटर को सबसे कम अनुरक्षण की आवश्यकता होती है, वह
(a) डी.सी. शण्ट मोटर है
(b) डी.सी. सीरीज मोटर है
(c) स्लिप-रिंग इण्डक्शन मोटर है
(d) स्क्विरल केज इण्डक्शन मोटर है

4. यदि कोई 3-फेज मोटर केवल 2-फेज पर प्रचालित की जाए, तो यह प्रक्रिया 'सिंगल फेजिंग' कहलाती है। इस प्रक्रिया से मोटर अन्ततः
(a) जल जाएगी
(b) लोड नहीं उठाएगी
(c) तीन गुनी घूर्णन गति पर चलेगी
(d) उपरोक्त में से कोई नहीं

5. 3-फेज स्क्विरल केज इण्डक्शन मोटर की रनिंग घूर्णन गति होती है
(a) तुल्यकालिक गति के तुल्य
(b) तुल्यकालिक गति से अधिक
(c) तुल्यकालिक गति से आधी
(d) तुल्यकालिक गति से कम

6. प्रेरण मोटर में विकसित होने वाला घुमाव बल, समानुपाती होता है
(a) स्रोत वोल्टेज के
(b) $(\text{स्रोत वोल्टेज})^2$ के
(c) $\left(\frac{\text{स्रोत वोल्टेज}}{2}\right)$ के
(d) $\sqrt{\text{स्रोत वोल्टेज}}$ के

7. स्लिप-रिंग प्रेरण मोटर की रोटर कुण्डलन को प्रतिरोधक से जोड़ने का उद्देश्य है
(a) स्टार्टिंग धारा को सीमित करना
(b) स्टार्टिंग धारा को बढ़ाना
(c) स्टार्टिंग धारा को सीमित करके स्टार्टिंग घुमाव बल को बढ़ाना
(d) उपरोक्त में से कोई नहीं

8. एक चार ध्रुवीय ए.सी. मशीन में कुल विद्युतीय डिग्री, निम्न के बराबर होंगे
(a) 180° (b) 360° (c) 720° (d) 1080°

9. स्लिप रिंग प्रेरण मोटर में प्रयुक्त तीनों वाइण्डिंग्स का संयोजन सामान्यतः होता है
(a) डेल्टा संयोजन में (b) स्टार संयोजन में
(c) 'a' और 'b' दोनों (d) इनमें से कोई नहीं

10. एक स्क्विरल केज इण्डक्शन मोटर के रोटर में से यदि दो रोटर छड़ें खुल जाएँ, तो रोटर
(a) बन्द हो जाएगा (b) केवल शोर करेगा
(c) बहुत कम चाल पर शोर के साथ चलेगा
(d) शोर के साथ उच्च चाल पर चलेगा

11. स्लिप रिंग इण्डक्शन मोटर में स्टार्टर उपयोग किया जाता है
(a) आटोमैटिक स्टार-डेल्टा स्टार्टर (b) स्टार डेल्टा स्टार्टर
(c) रोटर प्रतिरोध स्टार्टर (d) डी.ओ.एल. स्टार्टर

12. यदि इण्डक्शन मोटर पर पूर्ण भार से अधिक भार डाल दिया जाए तो इसकी स्लिप बढ़ने के साथ-साथ ....।
(a) शक्ति गुणक भी बढ़ता है (b) धारा घटती है
(c) धारा भी बढ़ती है (d) शक्ति गुणक भी कम होता है

13. चित्र में प्रदर्शित प्रेरण मोटर के अंकित भागों के उनके दिए गए नामों से सुमेलित कीजिए।

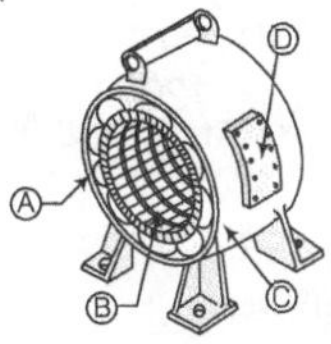

(i) योक/फ्रेम
(ii) तीन-फेज वाइण्डिंग
(iii) टर्मिनल-बॉक्स
(iv) स्टेटर कोर
(v) पटलित स्टील कोर

कूट
(a) A-(iv, v); B-(iii); C-(ii); D-(i)
(b) A-(ii); B-(iii); C-(i, iv); D-(v)
(c) A-(ii); B-(iv, v); C-(i); D-(iii)
(d) A-(ii, iii); B-(v); C-(i); D-(iv)

14. 3-फेज मोटरों पर एक कलायन का क्या प्रभाव होगा, यदि वह मोटर के स्टार्टिंग के समय घटित है?
(a) चालू नहीं होगी या रुक जायेगी।
(b) धीमी चाल पर चलेगी
(c) सामान्य रूप से चलेगी, किन्तु भार नहीं उठाएगी
(d) पूर्ण चाल के लिए समय लगेगा

15. एक 3-फेज मोटर के चलते समय यदि एक फेज फेल हो जाता है, तो मोटर के कार्य पर क्या प्रभाव पड़ेगा?
(a) मोटर दो फेज मोटर जैसी चलेगी एवं कार्य साधारण ही रहेगा
(b) दो फेज पर चलेगी पर लोड नहीं ले पाएगी
(c) दो फेज पर चलकर अधिक धारा लेगी एवं वाइण्डिंग जल जाने की सम्भावना रहेगी
(d) कम वेग पर चलेगी पर लोड नहीं ले पाएगी

16. आपको एक 3-फेज मोटर की दक्षता ज्ञात करनी है। यदि विद्युत निवेश शक्ति 6 kW तथा यान्त्रिक शक्ति 4.8 kW है।
(a) 0.6 (b) 0.8 (c) 1.2 (d) 1.25

17. किसी प्रेरित मोटर की समकालिक चाल ····· की चाल को इंगित करती है।
(a) रोटर (b) आर्मेचर
(c) घूर्णीय चुम्बकीय क्षेत्र (d) नेम प्लेट पर चिन्हित निशान

18. किसी प्रेरण मोटर की स्लिप को परिकलित करें, यदि इसमें 4 ध्रुव 50 हर्ट्ज 400 चक्र प्रति मिनट रोटर चाल है।
(a) 73.3% (b) 66.6% (c) 50% (d) 60%

19. किसी एकल फेज मोटर में घूर्णीय चुम्बकीय क्षेत्र ·············· के कोण पर प्रतिस्थापित होता है।
(a) 30° (b) 60° (c) 90° (d) 120°

20. लोड के लिए उपयुक्त मोटर, जहाँ अचर चाल की आवश्यकता होती है, वह है ················।
(a) प्रेरण मोटर (b) तुल्यकालिक मोटर
(c) संधारित्र मोटर (d) यूनिवर्सल मोटर

21. यदि ध्रुवों की संख्या 'P' तथा आवृत्ति 'f' है, तो सिंक्रोनस चाल 'N_s' ······· द्वारा दिया जाता है।
(a) $N_s = \frac{120P}{f}$ (b) $N_s = \frac{120f}{P}$ (c) $N_s = \frac{Pf}{120}$ (d) $N_s = \frac{120}{Pf}$

22. किसी 3-फेज प्रेरण मोटर के स्टेटर में उत्पन्न चुम्बकीय क्षेत्र ················ पर गति करती है।
(a) घूर्णीय चाल (b) अतुल्य कालिक चाल
(c) सिंक्रोनस चाल (d) स्लिप चाल

23. 3-फेज प्रेरण मोटर द्वारा उत्पन्न बल-आघूर्ण का परिमाण ·········· है।
(a) $T = K \phi_s I_2 \cos\phi$ (b) $T = \phi_s I_2 \cos\phi$
(c) $T = \phi_s I_2 \sin\phi$ (d) $T = K \phi_s I_2 \sin\phi$

24. 3HP से अधिक क्षमता वाली प्रेरण मोटर को सीधे लाइन से चलाने की सलाह नहीं दी जाती है, क्योंकि ·········।
(a) स्टार्टिंग बल-आघूर्ण बहुत कम है
(b) मोटर अपनी फुल लोड धारा का 5 से 7 गुना अधिक लेती है
(c) यह बहुत उच्च चाल पकड़ लेती है
(d) यह विपरीत दिशा में चलने लगेगी

25. संलग्न चित्र में एक 3-फेज मोटर का गति-टॉर्क वक्र दर्शाया गया है। मोटर का प्रारम्भिक टॉर्क है

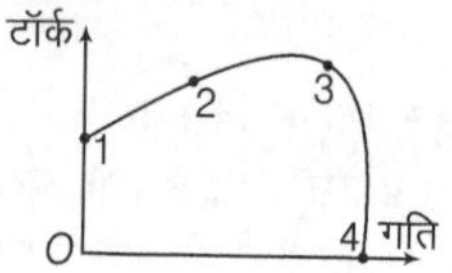

(a) 1 (b) 2
(c) 3 (d) 4

26. कॉन्टैक्टर ·············· के द्वारा प्रचालित होता है।
(a) योक (b) चुम्बकीय कुण्डली
(c) स्विचिंग संयोजक (d) आर्मेचर

27. स्टार्टर का स्विच 'ऑन' करते ही वह तीव्र गति से कम्पन करने लगता है। इसका सम्भावित कारण है
(a) उच्च वोल्टता
(b) आर्मेचर व योक के बीच धूल उपस्थित होना तथा उच्च वोल्टता
(c) निम्न वोल्टता तथा सिंगल फेजिंग
(d) आर्मेचर व योक के बीच धूल उपस्थित होना तथा निम्न वोल्टता

28. कम क्षमता वाली इण्डक्शन मोटर के लिए ······ प्रयोग किया जाता है।
(a) ऑटो-ट्रांसफॉर्मर स्टार्टर
(b) स्टार-डेल्टा स्टार्टर
(c) स्टेप-डाउन ट्रांसफॉर्मर स्टार्टर
(d) DOL स्टार्टर

29. कॉन्टैक्टर के मुख्य संयोजकों की तुलना में सहायक संयोजक (auxiliary contacts) वहन करते हैं
(a) उच्च भार
(b) निम्न वोल्टता
(c) निम्न धारा
(d) अतिरिक्त शक्ति

30. चुम्बकीय ओवरलोड रिले की तुलना में ऊष्मीय ओवरलोड रिले
(a) अधिक तीव्र होती हैं
(b) आकार में बड़ी होती हैं
(c) अधिक धीमी होती हैं
(d) आकार में छोटी होती हैं

31. 3-फेज DOL स्टार्टर में न्यूनतम निम्न संख्या में संयोजक होने चाहिए
(a) 2NO, 2NC (b) 3NO
(c) 3NO, 2NC (d) 4NO

32. DOL स्टार्टर प्रचालित 3-फेज इण्डक्शन मोटर की 'शॉर्ट-सर्किट' अवस्था के लिए
(a) NVC उपलब्ध होती है (b) OLC उपलब्ध होती है
(c) बैक-अप फ्यूज उपलब्ध होते हैं (d) 'अर्थ' चालक उपलब्ध होता है

33. जब एक 3-फेज इण्डक्शन मोटर को DOL स्टार्टर से चालू किया जाता है, तो प्रारम्भिक धारा होती है
(a) पूर्ण-लोड धारा के तुल्य (b) पूर्ण-लोड धारा की आधी
(c) पूर्ण-लोड धारा की दोगुनी (d) पूर्ण-लोड धारा की 5 से 7 गुनी

34. यदि 3-फेज इण्डक्शन मोटर के कण्ट्रोल-सर्किट में एक रिमोट 'ऑन' तथा 'ऑफ' स्विच प्रयोग किए जाएँ, तो इन्हें
(a) वर्तमान स्विचेज के श्रेणी-क्रम में जोड़ें
(b) वर्तमान स्विचेज के समान्तर-क्रम में जोड़ें
(c) 'ऑन' स्विच को वर्तमान 'ऑन' स्विच के समान्तर-क्रम में तथा 'ऑफ' स्विच को वर्तमान 'ऑफ' स्विच के श्रेणी-क्रम में जोड़ें
(d) 'ऑन' स्विच को वर्तमान 'ऑन' स्विच के श्रेणी-क्रम में तथा 'ऑफ' स्विच को वर्तमान 'ऑफ' स्विच के समान्तर क्रम में जोड़ें

35. हस्त-चालित स्टार-डेल्टा स्टार्टर में 'स्टॉप' पुश-बटन को ………… के श्रेणी-क्रम में संयोजित किया जाता है।
(a) NVC
(b) ओवरलोड रिले संयोजक
(c) NVC और ओवरलोड रिले संयोजक
(d) 'NVC' और 'स्टार्ट' पुश-बटन

36. 3-कला, 5 HP, 415 V, 50 Hz प्रेरण मोटर से ली जाने वाली धारा को मॉनीटर करने के लिए आपको अमीटर का संयोजन करना है, जो DOL प्रवर्तक (स्टार्टर) से संयोजित है। मोटर परिपथ में संयोजन के लिए उपयुक्त अमीटर परिसर (रेंज) ………. है।
(a) 0-30 A (विस्तारित मापक्रम) (b) 0-15 A (रैखिक मापक्रम)
(c) 0-10 A (अरैखिक मापक्रम) (d) 0-5A (विस्तारित मापक्रम)

37. स्टार-डेल्टा स्टार्टर का हत्था, जो चित्र में दर्शाया गया है, डेल्टा स्थिति में नहीं रुकता। इसका कारण है

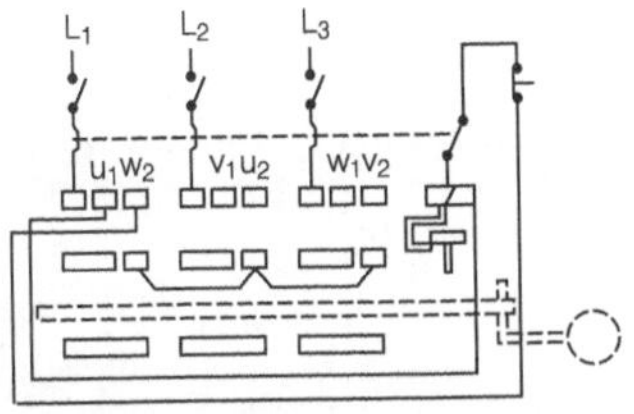

(a) डेल्टा स्थिति में होल्डिंग कुण्डली परिपथ विवृत्त (खुला) है
(b) होल्डिंग कुण्डली को डेल्टा में विभवान्तर नहीं मिलता
(c) डेल्टा स्थिति में मोटर टर्मिनल संयोजन सही नहीं है
(d) ऐसा संयोजन है कि होल्डिंग कुण्डली स्टार परिपथ में काम करेगी, परन्तु डेल्टा में नहीं

38. प्रवर्तक सम्पर्क (स्टार्टर कॉन्टैक्ट्स) या तो उनकी स्थिति के लिए या उनके प्रकार्य के लिए सूचित किए जाते हैं। ऐसी स्थिति में सामान्य संवृत्त (NC) सम्पर्क का तात्पर्य है कि वे
(a) रिले की सभी अवस्थाओं में संवृत्त स्थिति में हैं
(b) विवृत्त हैं, जब रिले कुण्डली उत्तेजित नहीं है
(c) विवृत्त हैं, जब रिले कुण्डली उत्तेजित है
(d) संवृत्त हैं, जब रिले कुण्डली उत्तेजित है

39. मोटर की सुरक्षा के लिए स्टार्टर में थर्मल ओवरलोड रिले (thermal overload relay) का प्रावधान रखा जाता है, जिससे कि …… से बचा जा सके।
(a) निम्न धारा
(b) खुला परिपथ
(c) लीकेज धारा
(d) उच्च धारा

40. DOL स्टार्टर द्वारा चालू किए गए 3-फेज इण्डक्शन मोटर में शॉर्ट सर्किट करण्ट इसके द्वारा बचाते हैं …….।
(a) ओवर लोड रिले
(b) नो वोल्ट क्वॉयल
(c) बैक अप फ्यूज
(d) प्रोटेक्टिव अर्थ कण्डक्टर

41. हस्तचालित स्टार-डेल्टा स्टार्टर में स्टॉप बटन कनेक्शन …… के सीरीज में है।
(a) नो-वोल्ट क्वॉयल
(b) ओवर लोड/रिले कॉन्टैक्ट
(c) नो-वोल्ट क्वॉयल और लोड रिले कॉन्टैक्ट
(d) नो-वोल्ट क्वॉयल और स्टार्ट बटन

42. रोटर प्रतिरोधक स्टार्टर का उपयोग वाउण्ड रोटर प्रेरण मोटर के साथ किया जाता है। जब मोटर चलता है, तो स्टार्टर में प्रतिरोध ………… होता है।
(a) शार्ट सर्किट
(b) खुला-परिपथ
(c) डेल्टा से संयोजित
(d) स्टार से संयोजित

43. आप एक पूर्णरूप से स्वचालित स्टार-डेल्टा स्टार्टर के साथ कार्य कर रहे हैं। आपने देखा कि जब स्टार्ट स्विच को दबाया जाता है, तो मोटर स्टार में चलने लगता है, किन्तु यह डेल्टा में परिवर्तित नहीं होता है। इस स्थिति में खराबी ………… में होगी।
(a) डेल्टा कॉन्टैक्टर
(b) टाइमर व इसकी परिपथ
(c) स्टार कॉन्टैक्टर
(d) लाइन कॉन्टैक्टर

44. एक 3-फेज 15 HP, 415V, 50Hz स्क्विरल केज मोटर का स्टार-डेल्टा स्टार्टर केबिल खराब पाया गया है। कॉपर केबिल को पहले वाले धातु वाहन पाइप से होकर समान धारा की क्षमता वाली एल्युमीनियम केबिल से बदला गया है।

जब मोटर स्टार्टर को उचित रूप से संयोजित किया गया और मोटर चलने लगा, तो फ्यूज उड़ गया, उपरोक्त का कारण हो सकता है .....।

(a) एल्युमीनियम केबिल का इन्सुलेशन, कॉपर केबिल की तुलना में कमजोर है
(b) एल्युमीनियम केबिल की वोल्टेज ग्रेडिंग कॉपर केबिल जैसी नहीं होने की सम्भावना है
(c) एल्युमीनियम तार का पूर्ण आकार कॉपर तार से अधिक है, जिससे कि खींचते समय इसका इन्सुलेशन खराब हो गया
(d) एल्युमीनियम तार द्वारा प्रदत्त अत्यधिक ऊष्मा इन्सुलेशन की असफलता का कारण है

45. आपको किसी मशीन के दोषपूर्ण प्रेरित मोटर को बदलना है। उपलब्ध मोटर की धारिता इस मोटर से अधिक है। इस उच्चतर धारिता वाली मोटर के उपयोग से क्या प्रभाव पड़ेगा?

(a) नई मोटर अत्यधिक गर्म हो जाएगी
(b) नई मोटर इस कार्य के लिए उपयुक्त है
(c) दक्षता व पावर गुणक निम्न हो जाएगा
(d) नई मोटर लम्बी उपयोगी कार्यशील जीवन व दक्षता वाली होगी

उत्तरमाला

1. (b)	**2.** (b)	**3.** (d)	**4.** (b)	**5.** (d)	**6.** (b)	**7.** (c)	**8.** (c)	**9.** (b)	**10.** (c)
11. (c)	**12.** (c)	**13.** (c)	**14.** (a)	**15.** (b)	**16.** (b)	**17.** (c)	**18.** (a)	**19.** (d)	**20.** (a)
21. (b)	**22.** (c)	**23.** (a)	**24.** (b)	**25.** (a)	**26.** (b)	**27.** (d)	**28.** (d)	**29.** (c)	**30.** (c)
31. (a)	**32.** (d)	**33.** (d)	**34.** (c)	**35.** (c)	**36.** (c)	**37.** (b)	**38.** (b)	**39.** (d)	**40.** (a)
41. (a)	**42.** (a)	**43.** (b)	**44.** (c)	**45.** (c)					

अध्याय 17

एकल-फेज प्रेरण मोटर्स

Single-Phase Induction Motors

परिचय Introduction

प्रेरण मोटर में 'घूमने वाला चुम्बकीय क्षेत्र' उत्पन्न करने के लिए कम-से-कम दो फेज वाली सप्लाई आवश्यक होती है। इस स्वभाव वाले चुम्बकीय क्षेत्र के कारण ही मोटर स्वयं चालू (self start) होती है। एकल-फेज प्रेरण मोटर की संरचना, 3-फेज प्रेरण मोटर के समान ही होती है परन्तु इसमें 3-फेज वाइण्डिग के स्थान पर एकल-फेज वाइण्डिग (single phase winding) स्थापित की जाती है। एकल-फेज प्रेरण मोटर निम्न वोल्टेज स्तर (250 V तक) पर कार्य करती है। जब इस मोटर को वैद्युत स्रोत से संयोजित किया जाता है, तो इसके स्टेटर में फ्लक्स या चुम्बकीय क्षेत्र उत्पन्न होता है, परन्तु यह फ्लक्स घूर्णन नहीं कर पाता है जिससे यह फ्लक्स कोई परिणामी टॉर्क उत्पन्न नहीं कर पाता और मोटर स्वयं चालू नहीं हो पाती है। हाँ, यदि स्रोत से संयोजित करने के पश्चात्, मोटर के रोटर को किसी यान्त्रिक विधि द्वारा किसी एक दिशा (वामावर्त अथवा दक्षिणावर्त) में घुमा दिया जाए, तो रोटर उसी दिशा में घूर्णन-गति करने लगता है।

अध्याय विषय सूची

17.1 एकल-फेज प्रेरण मोटर का कार्य सिद्धान्त

Working Principle of Single-Phase Induction Motor

एकल-फेज प्रेरण मोटर का सिद्धान्त भी 3-फेज प्रेरण मोटर के समान ही होता है अर्थात् जब कभी एक शॉर्ट सर्किट (short circuit) चालक को घूर्णन करते हुए चुम्बकीय क्षेत्र (rotating magnetic field) में रखा जाता है, तो वह चालक भी घूर्णन करने लगता है। एकल-फेज प्रेरण मोटर की संरचना भी 3-फेज मोटर्स के समान ही होती है, परन्तु एकल-फेज प्रेरण मोटर के स्टेटर पर, स्टार्टिंग एवं रनिंग दो प्रकार की वाइण्डिग होती हैं। इसमें दो वाइण्डिग इसलिए सम्मिलित होती हैं, क्योंकि केवल एक वाइण्डिग से रोटेटिंग फील्ड (rotating field) न बनकर पल्सेटिंग फील्ड (pulsating field) बनता है। इस प्रकार का क्षेत्र दो भागों में विभक्त हो जाता है जिससे रोटर में उत्पन्न धारा का फ्लक्स, रोटर में दोनों दिशाओं (वामावर्त) में घूर्णन करने का प्रयास करता है जिस कारण रोटर स्थिर रहता है। इस प्रकार मोटर स्वयं चालू (self start) नहीं हो पाती।

17.2 एकल-फेज ए.सी. मोटर्स की स्टार्टिंग एवं रनिंग विधियाँ

Methods of Starting and Running of Single-Phase AC Motors

एकल-फेज प्रेरण मोटर को स्वचालित बनाने के लिए इसकी स्टार्टिंग एवं रनिंग विधियाँ निम्न प्रकार की होती है

1. फेज स्प्लिटिंग विधि 2. कैपेसिटर के प्रयोग द्वारा 3. शेडिंग पोल विधि

1. फेज स्प्लिटिंग विधि Phase Spliting Method

एकल-फेज प्रेरण मोटर को स्वचालित बनाने की इस विधि में एक फेज को विभक्त (split) करके दो फेज बनाए जाते हैं। इसमें स्टेटर पर एक वाइण्डिंग के अतिरिक्त एक अन्य वाइण्डिंग भी स्थापित की जाती है जिसे स्टार्टिंग वाइण्डिंग कहते हैं। दोनों वाइण्डिंग को एक-दूसरे के लम्बवत् (90°) प्रयोग करने से एक फेज को दो फेज में विभक्त किया जा सकता है। जिससे मोटर में एक रोटेटिंग फील्ड उत्पन्न हो जाता है और रोटर घूर्णन करने लगता है। इस विधि का प्रयोग स्प्लिट फेज प्रेरण मोटर में किया जाता है जिसका विवरण निम्नवत् है

स्प्लिट-फेज प्रेरण मोटर Split-Phase Induction Motor

यह मोटर फेज स्प्लिटिंग के सिद्धान्त पर कार्य करती है। इस प्रकार की मोटर का रोटर, स्क्विरल केज प्रकार का होता है। स्टेटर पर दो वाइण्डिंग्स स्थापित की जाती हैं जिन्हें क्रमशः 'रनिंग वाइण्डिंग' तथा 'स्टार्टिंग वाइण्डिंग' (running winding and starting winding) कहते हैं। रनिंग वाइण्डिंग को 'मेन वाइण्डिंग' (main winding) भी कहते हैं। ये दोनों वाइण्डिंग्स, एक-दूसरे से 90° वैद्युतिक अंश पर स्थापित की जाती हैं।

रनिंग वाइण्डिग को मोटे तार से बनाया जाता है और उसे खाँचों में अधिक गहराई पर स्थापित किया जाता है जिससे कि इसका प्रतिरोध निम्न तथा प्रेरकत्व (inductance) उच्च रहे। इसे सीधे ही एकल-फेज ए.सी. स्रोत से संयोजित किया जाता है।

स्टार्टिंग वाइण्डिंग को पतले तार से बनाया जाता है और इसे खाँचों में कम गहराई पर स्थापित किया जाता है जिससे कि इसका प्रतिरोध उच्च तथा प्रेरकत्व (inductance) निम्न रहता है।

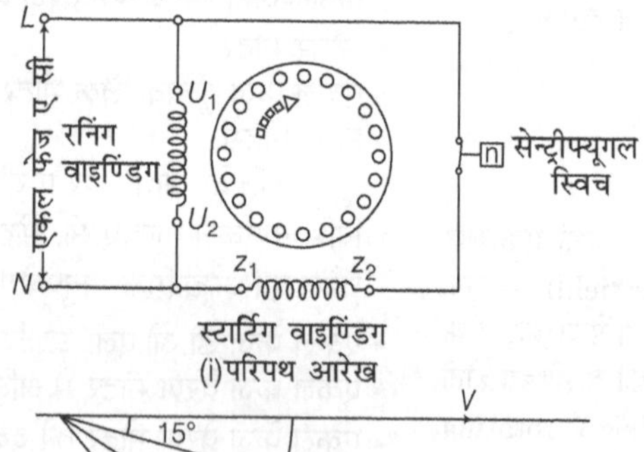

चित्र स्प्लिट-फेज प्रेरण मोटर

इसके श्रेणी-क्रम में सेन्ट्रीफ्यूगल स्विच (centrifugal switch) संयोजित कर इसे 90° वैद्युतिक अंश के अन्तर पर स्थापित कर ए.सी. स्रोत से संयोजित किया जाता है।

कार्यप्रणाली Working Method

रनिंग वाइण्डिग का प्रेरकत्व (inductance) उच्च होता है जिसके कारण उसमें से प्रवाहित होने वाली विद्युत धारा, आरोपित वोल्टेज से लगभग 40° से 50° पश्चगामी (lagging) हो जाती है जबकि स्टार्टिंग वाइण्डिग का प्रेरकत्व (inductance) निम्न होता है जिसके कारण विद्युत धारा, आरोपित वोल्टेज के लगभग इन-फेज (10° से 15° पश्चगामी) रहती है।

इस प्रकार, एकल-फेज ए.सी. स्रोत से दो-फेज का प्रभाव उत्पन्न कर 'घूमने वाला चुम्बकीय क्षेत्र' उत्पन्न किया जाता है और मोटर स्वयं चालू (self start) हो जाती है।

स्टेटर वोल्टेज, रनिंग तथा स्टार्टिंग वाइण्डिंग्स में प्रवाहित होने वाली विद्युत धाराओं का फेज आरेख चित्र (ii) में दर्शाया गया है जिसमें रनिंग वाइण्डिग में प्रवाहित होने वाली धारा I_m तथा स्टार्टिंग वाइण्डिग में प्रवाहित होने वाली धारा I_s है।

रनिंग वाइण्डिग की धारा तथा वोल्टेज के मध्य कोण 15° स्टार्टिंग वाइण्डिग एवं वोल्टेज के मध्य कोण 40° से 40°–15° = 25° अधिक होता है। इस फेज अन्तराल 25° के कारण ही घूमने वाला चुम्बकीय क्षेत्र उत्पन्न होता है। मोटर द्वारा पर्याप्त घूर्णन गति प्राप्त कर लेने पर सेन्ट्रीफ्यूगल स्विच 'ऑफ' हो जाता है और मोटर केवल रनिंग वाइण्डिग पर ही कार्यरत् रहती है।

गति-टॉर्क अभिलक्षण वक्र
Speed-Torque Characteristic Curve

चित्र में स्प्लिट-फेज प्रेरण मोटर का गति-टॉर्क वक्र दिखाया गया है। इस वक्र से पता चलता है कि मोटर स्टार्ट होते समय दोनों वाइण्डिंग द्वारा उत्पन्न टॉर्क फुल-लोड टॉर्क का 150 से 200 गुना होता है, जैसा कि वक्र PQ में दिखाया गया है।

इसके पश्चात् QR स्थिति में सेन्ट्रीफ्यूगल स्विच खुली (open) स्थिति में आ जाता है तथा रनिंग वाइण्डिग द्वारा आवश्यक टॉर्क प्रदान करने से मोटर चलती रहती है। मोटर चलते समय धारा की मात्रा फुल-लोड धारा के मान से 6-8 गुना अधिक होती है।

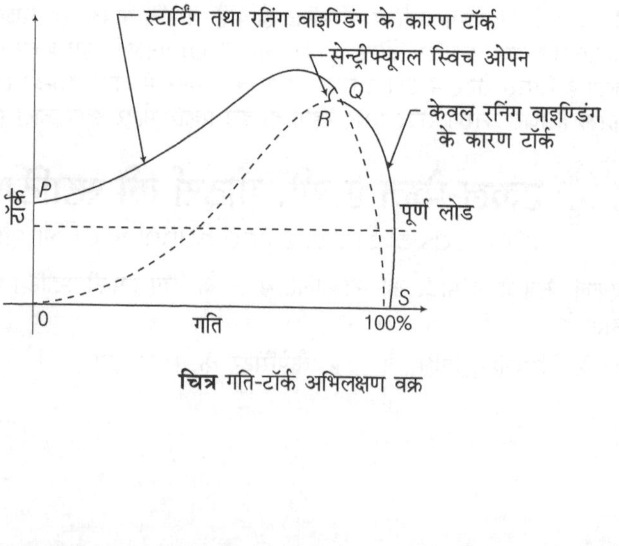

चित्र गति-टॉर्क अभिलक्षण वक्र

विशेषताएँ Characteristics

स्प्लिट-फेज प्रेरण मोटर का टॉर्क, सेन्ट्रीफ्यूगल स्विच 'ऑफ' हो जाने पर केवल एक वाइण्डिंग (रनिंग या मेन वाइण्डिंग) के द्वारा ही उत्पन्न होता है, परन्तु इस टॉर्क का मान दोनों वाइण्डिंग्स के द्वारा उत्पन्न किए जा रहे टॉर्क के लगभग बराबर होता है। ये मोटर्स प्राय: 0.5 अश्व-शक्ति तक की क्षमता में बनाई जाती हैं। इनके पावर फैक्टर का मान 0.3 से 0.4 के बीच होता है।

घूर्णन-दिशा परिवर्तन Change the Rotation Direction

इस मोटर की रनिंग अथवा स्टार्टिंग वाइण्डिंग के संयोजन की दिशा परिवर्तित करके मोटर की घूर्णन दिशा परिवर्तित की जा सकती है।

टिप्पणी *स्प्लिट-फेज प्रेरण मोटर को रेसिस्टेंस-स्टार्ट प्रेरण-रन मोटर भी कहते हैं।*

2. कैपेसिटर के प्रयोग द्वारा By Using Capacitor

एकल फेज प्रेरण मोटर को कैपेसिटर के प्रयोग द्वारा स्वचालित बनाया जा सकता है। कैपेसिटर युक्त एकल फेज प्रेरण मोटर को कैपेसिटर प्रेरण मोटर कहा जाता है।

कैपेसिटर प्रेरण मोटर Capacitor Induction Motor

इस प्रकार की मोटर का रोटर, स्प्लिट-फेज प्रेरण मोटर की भाँति स्क्विरल-केज प्रकार का होता है। इसके स्टेटर पर भी दो वाइण्डिंग्स स्थापित की जाती हैं जिन्हें क्रमश: रनिंग वाइण्डिंग तथा स्टार्टिंग वाइण्डिंग कहते हैं। ये दोनों वाइण्डिंग्स, एक-दूसरे से 90° वैद्युतिक अंश पर स्थापित की जाती हैं। स्टार्टिंग वाइण्डिंग के श्रेणी-क्रम में एक कैपेसिटर भी संयोजित किया जाता है जिससे मोटर का पावर फैक्टर तथा टॉर्क, स्प्लिट-फेज प्रेरण मोटर की अपेक्षा उच्च हो जाता है। कैपेसिटर के संयोजन की विधि के आधार पर कैपेसिटर प्रेरण मोटर निम्न तीन प्रकार की होती हैं

(i) कैपेसिटर-स्टार्ट मोटर
(ii) स्थायी कैपेसिटर मोटर तथा
(iii) कैपेसिटर-स्टार्ट कैपेसिटर-रन मोटर

(i) कैपेसिटर-स्टार्ट मोटर Capacitor-Start Motor

इसमें रनिंग वाइण्डिंग को सीधे ही एकल-फेज ए.सी. स्रोत से संयोजित किया जाता है और स्टार्टिंग वाइण्डिंग के श्रेणी-क्रम में एक 60 से 120 माइक्रो फैरड का कैपेसिटर (इलेक्ट्रोलाइटिक टाइप) एवं एक सेन्ट्रीफ्यूगल स्विच संयोजित किया जाता है।

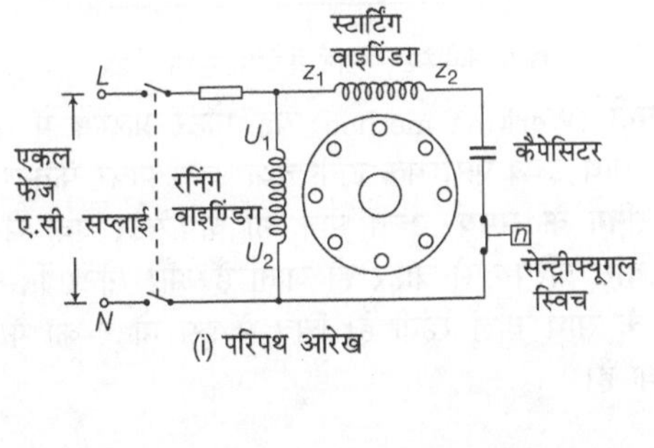

(i) परिपथ आरेख

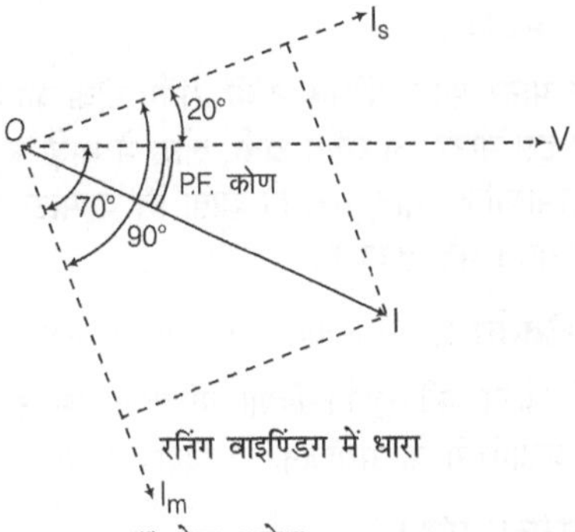

(ii) फेज आरेख

चित्र कैपेसिटर स्टार्ट मोटर

कैपेसिटर के लगाने से मोटर का स्टार्टिंग टॉर्क बढ़ जाता है एवं मोटर लोड पर स्टार्ट हो जाती है। स्टार्टिंग वाइण्डिंग के कारण शक्ति गुणांक (पावर फैक्टर) भी बढ़ जाता है। दोनों वाइण्डिंग्स को चित्र (i) के अनुसार स्टेटर के खाँचों में 90° वैद्युतिक अंश के अन्तर पर स्थापित किया जाता है।

कार्यप्रणाली Working method

स्टार्टिंग के समय रनिंग वाइण्डिंग में से प्रवाहित होने वाली विद्युत धारा (I_m), आरोपित वोल्टेज (V) से लगभग 70° पश्चगामी होती है। विद्युत धारा के पिछड़ने का कोण, रनिंग वाइण्डिंग के प्रतिरोध तथा प्रेरकत्व पर निर्भर करता है। स्टार्टिंग वाइण्डिंग में से प्रवाहित होने वाली विद्युत धारा (I_s), वाइण्डिंग के श्रेणी-क्रम में जुड़े कैपेसिटर के कारण आरोपित वोल्टेज से लगभग 20° अग्रगामी होती है। इस प्रकार रनिंग तथा स्टार्टिंग वाइण्डिंग्स में चित्र (ii) के अनुसार लगभग 90° अंश का फेज-अन्तर उत्पन्न हो जाता है। परिणामस्वरूप मोटर का पावर फैक्टर तथा प्रारम्भिक टॉर्क उच्च हो जाता है। मोटर पर अंकित घूर्णन-गति का लगभग 75% भाग प्राप्त कर लेने पर सेन्ट्रीफ्यूगल स्विच 'ऑफ' हो जाता है और मोटर केवल रनिंग वाइण्डिंग पर कार्यरत् रहती है।

गति-टॉर्क अभिलक्षण वक्र
Speed-torque Characteristic Curve

चित्र में कैपेसिटर-स्टार्ट मोटर का गति-टॉर्क वक्र दिखाया गया है। इसमें PQ स्टार्टिंग टॉर्क, QR सेन्ट्रीफ्यूगल स्विच ऑफ एक्शन तथा RS वास्तविक स्पीड पर रनिंग टॉर्क को प्रदर्शित करता है। मोटर में उत्पन्न टॉर्क, रनिंग वाइण्डिंग की धारा I_m तथा स्टार्टिंग वाइण्डिंग की धारा I_s के मध्य बने कोण के अनुक्रमानुपाती होती है अर्थात् कोण का मान बढ़ने से टॉर्क भी बढ़ता है। मोटर की बनावट में सुधार करके दोनों वाइण्डिंग द्वारा उत्पन्न टॉर्क को फुल-लोड टॉर्क से 350 से 400 प्रतिशत तक बढ़ाया जा सकता है।

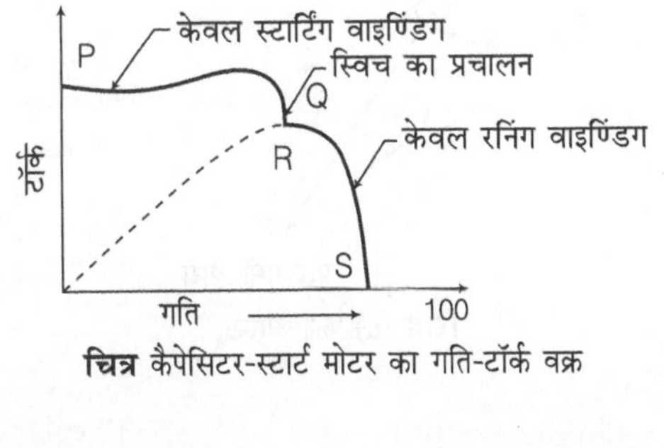

चित्र कैपेसिटर-स्टार्ट मोटर का गति-टॉर्क वक्र

विशेषताएँ Characteristics

कैपेसिटर-स्टार्ट मोटर का प्रारम्भिक टॉर्क, रनिंग टॉर्क की अपेक्षा कई गुना अधिक होता है। इस मोटर का रनिंग टॉर्क, लोड में थोड़े-बहुत परिवर्तन के लिए स्वयं ही समायोजित (adjust) हो जाता है। ये मोटरें उच्च प्रारम्भिक टॉर्क के लिए प्रयुक्त की जाती हैं।

घूर्णन-दिशा परिवर्तन Change the Rotation-Direction

कैपेसिटर-स्टार्ट मोटर की घूर्णन-दिशा परिवर्तित करने के लिए रनिंग अथवा स्टार्टिंग वाइण्डिग के संयोजन की दिशा परिवर्तित की जाती है।

(ii) स्थायी कैपेसिटर मोटर
Permanent Capacitor Motor

कैपेसिटर स्टार्ट तथा स्थायी कैपेसिटर मोटर में मुख्य अन्तर यह होता है कि स्थायी कैपेसिटर मोटर में कैपेसिटर स्थायी रूप से स्टार्टिंग वाइण्डिग के श्रेणी-क्रम में जोड़ दिया जाता है और सेन्ट्रीफ्यूगल स्विच का प्रयोग नहीं किया जाता। कैपेसिटर का मान कम से कम 2 से 2.5 माइक्रो फैरड रखा जाता है। यह मोटर दो फेज मोटर के समान ही चलती है।

स्थायी कैपेसिटर मोटर का रनिंग तथा स्टार्टिंग टॉर्क कम होने के कारण, यह मोटर धीरे-धीरे चलकर स्पीड पकड़ती है तथा 80% गति पर अधिकतम टॉर्क प्रदान करती है।

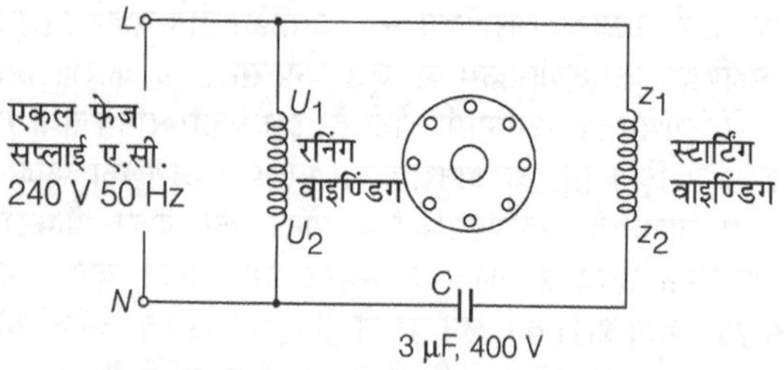

चित्र स्थायी-कैपेसिटर मोटर का परिपथ आरेख

कार्यप्रणाली (Working method) इसकी कार्यप्रणाली, कैपेसिटर-स्टार्ट मोटर के समान ही होती है।

इस मोटर का फेज आरेख चित्र (a) तथा गति-टॉर्क अभिलक्षण वक्र चित्र (b) में दिखाया गया है। इसमें I_s स्टार्टिंग वाइण्डिग की धारा तथा I_m रनिंग वाइण्डिग की धारा है तथा V आरोपित वोल्टेज है। ϕ_m तथा ϕ_s क्रमशः आरोपित वोल्टेज से रनिंग वाइण्डिग तथा स्टार्टिंग वाइण्डिग के मध्य फेज कोण हैं। I_s तथा I_m के मध्य फेज कोण (ϕ) कम होने से स्टार्टिंग टॉर्क भी कम है, जैसा कि चित्र में दिखाया गया है।

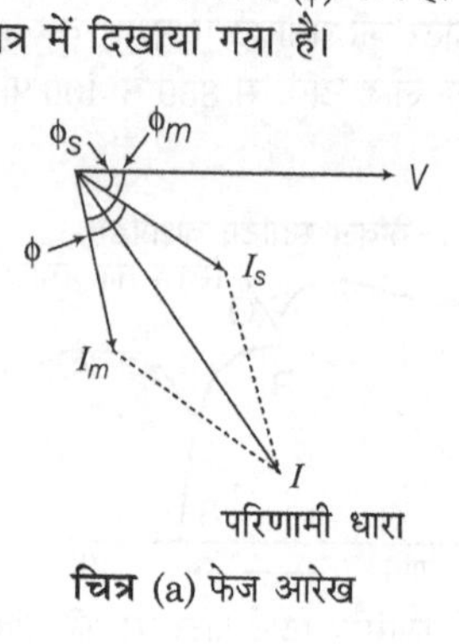

चित्र (a) फेज आरेख

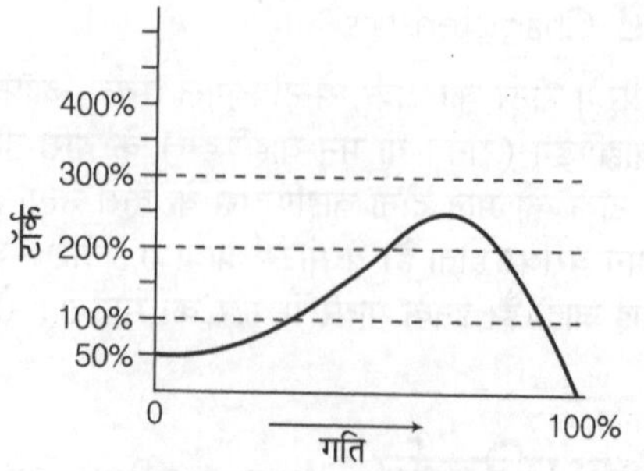

चित्र (b) गति-टॉर्क अभिलक्षण वक्र

विशेषताएँ (Characteristics) इस प्रकार की मोटर का स्टार्टिंग तथा रनिंग टॉर्क अत्यधिक कम होता है। इसका मूल्य, समान रेटिंग की कैपेसिटर-स्टार्ट मोटर की तुलना में कम होता है। प्रारम्भिक टॉर्क कम होने के कारण इस प्रकार की मोटर का उपयोग केवल ऐसे कार्यों में किया जाता है, जिनमें अधिक प्रारम्भिक टॉर्क आवश्यक न हो।

घूर्णन-दिशा परिवर्तन (Change the rotation-direction) इस प्रकार की मोटर की घूर्णन-दिशा, रनिंग अथवा स्टार्टिंग वाइण्डिग के संयोजनों की दिशा बदल कर सरलता से परिवर्तित की जा सकती है।

(iii) कैपेसिटर-स्टार्ट कैपेसिटर-रन मोटर
Capacitor-Start Capacitor-Run Motor

इस प्रकार की मोटर में स्टार्टिंग वाइण्डिग के श्रेणी-क्रम में दो समान्तर संयोजित कैपेसिटर्स C_1 तथा C_2 प्रयोग किए जाते हैं, जैसा कि चित्र में दर्शाया गया है। एक कैपेसिटर C_1 (10 से 20 माइक्रो फैरड), केवल स्टार्टिंग के समय कार्य करता है और मोटर द्वारा पूर्ण घूर्णन-गति का 75% भाग प्राप्त कर लेने पर सेन्ट्रीफ्यूगल स्विच के 'ऑफ' हो जाने से परिपथ से बाहर हो जाता है। दूसरा कैपेसिटर C_2 (2 से 2.5 माइक्रो फैरड), मोटर के घूर्णन काल में भी स्टार्टिंग वाइण्डिग के श्रेणी-क्रम में संयोजित रहता है।

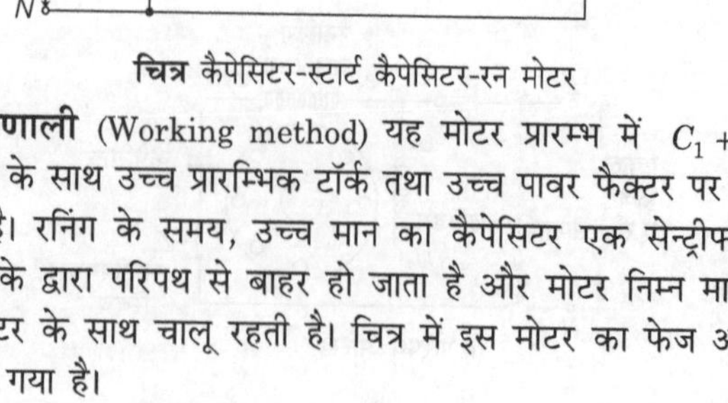

चित्र कैपेसिटर-स्टार्ट कैपेसिटर-रन मोटर

कार्यप्रणाली (Working method) यह मोटर प्रारम्भ में $C_1 + C_2$ धारिता के साथ उच्च प्रारम्भिक टॉर्क तथा उच्च पावर फैक्टर पर चालू होती है। रनिंग के समय, उच्च मान का कैपेसिटर एक सेन्ट्रीफ्यूगल स्विच के द्वारा परिपथ से बाहर हो जाता है और मोटर निम्न मान के कैपेसिटर के साथ चालू रहती है। चित्र में इस मोटर का फेज आरेख दर्शाया गया है।

रनिंग वाइण्डिग में कैपेसिटर लगे होने के कारण रनिंग वाइण्डिग की धारा I_m वोल्टेज से कम अंश पर पश्चगामी (lagging) होती है।

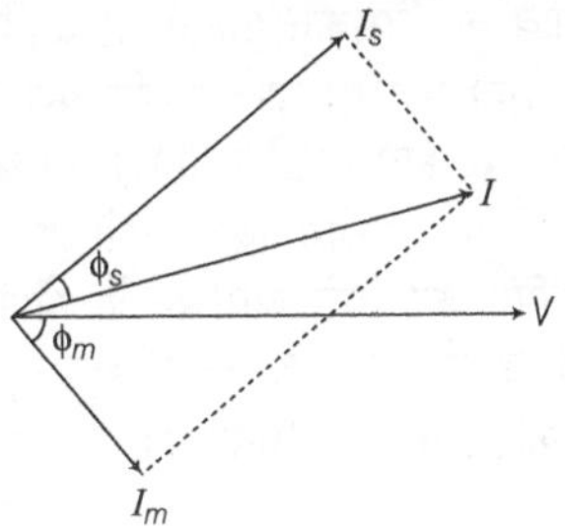

चित्र कैपेसिटर-स्टार्ट कैपेसिटर रन मोटर का फेज आरेख

गति-टॉर्क अभिलक्षण वक्र
Speed-torque Characteristic Curve

नीचे चित्र में इस मोटर का अभिलक्षण वक्र दर्शाया गया है। मोटर के स्टार्टिंग के समय दोनों कैपेसिटर कार्य करते हैं जिससे रनिंग टॉर्क अधिक होता है जब मोटर आधे से अधिक गति प्राप्त कर लेती है तब सेन्ट्रीफ्यूगल के प्रचालन से केवल कैपेसिटर C_2 ही कार्य करता है।

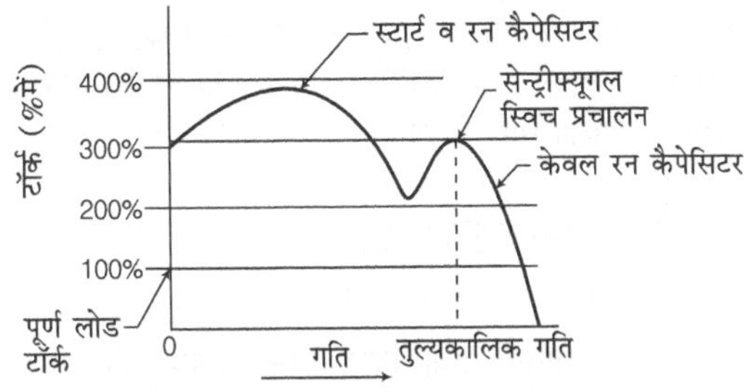

चित्र गति-टॉर्क अभिलक्षण वक्र

विशेषताएँ (Characteristics) इस मोटर का प्रारम्भिक टॉर्क, रनिंग टॉर्क से 3 गुना से अधिक उच्च होता है। स्टार्टिंग तथा रनिंग, दोनों ही काल में पावर फैक्टर का मान उच्च रहता है। यह मोटर, 25% अधिक लोड पर भी पूर्ण दक्षता के साथ कार्यरत् रहती है।

घूर्णन-दिशा परिवर्तन (Change the rotation direction) इस प्रकार की मोटर की घूर्णन दिशा, रनिंग अथवा स्टार्टिंग वाइण्डिग के संयोजनों की दिशा बदलकर परिवर्तित की जा सकती है।

3. शेडिंग पोल विधि Shading Pole Method

एकल फेज प्रेरण मोटर को स्वचालित बनाने के लिए इस विधि में पोल्स (poles) के सिरों पर रिंग (ring) स्थापित करके फेज को विभक्त (split) किया जाता है। इससे मोटर में एक प्रारम्भिक टॉर्क उत्पन्न हो जाता है जो मोटर को चालू (start) कर देता है। शेडेड पोल मोटर में इसी विधि का प्रयोग किया जाता है।

शेडेड पोल मोटर Shaded Pole Motor

शेडेड पोल मोटर को व्यापारिक रूप से बहुत कम अश्व-शक्ति (horse-power, HP) का बनाया जाता है। इसकी संरचना चित्र में दर्शाई गई है। इस प्रकार की मोटर का रोटर, स्क्विरल केज प्रकार का होता है। स्टेटर का प्रत्येक पोल एक खाँचे के द्वारा दो भागों में बँटा होता है, जिनमें से एक भाग बड़ा होता है और दूसरा भाग छोटा (बड़े भाग का एक-तिहाई) होता है। बड़े भाग को 'सेलिएन्ट पोल' (salient pole) तथा छोटे भाग को 'शेडेड पोल' (shaded pole) कहते हैं। मुख्य वाइण्डिग, सेलिएन्ट पोल पर स्थापित की जाती है। शेडेड पोल पर मोटे ताँबे के तार की 'शॉर्ट-सर्किटेड' वाइण्डिग स्थापित की जाती है।

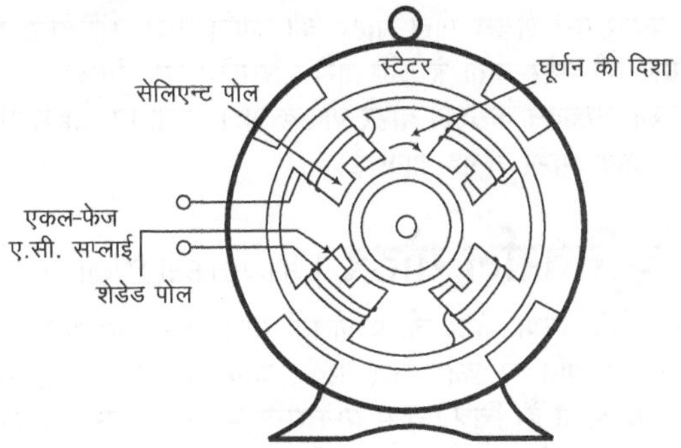

चित्र शेडेड पोल मोटर

कार्यप्रणाली Working Method

जब मुख्य स्टेटर वाइण्डिग को एकल-फेज ए.सी. स्रोत से संयोजित किया जाता है, तो वह अपना चुम्बकीय फ्लक्स स्थापित करता है। फैराडे के नियमों के अनुसार यह चुम्बकीय फ्लक्स, शेडेड पोल्स वाइण्डिग में वि.वा.ब. उत्पन्न करता है और शेडेड पोल भी स्वयं का चुम्बकीय फ्लक्स स्थापित करता है। लैंज के नियमानुसार, शेडेड पोल का चुम्बकीय फ्लक्स, सेलिएन्ट पोल द्वारा स्थापित चुम्बकीय फ्लक्स का विरोधी होता है। दोनों चुम्बकीय फ्लक्स की प्रतिक्रिया के फलस्वरूप, चुम्बकीय अक्ष (magnetic axis) शेडेड पोल की ओर खिसक जाती है।

चुम्बकीय अक्ष का खिसकना वैसा ही प्रभाव उत्पन्न करता है, जैसा कि पॉली-फेज ए.सी. स्रोत से संयोजित स्टेटर उत्पन्न करता है। इस प्रकार रोटर, घूर्णन-गति करने लगता है। रोटर का घूर्णन, सेलिएन्ट पोल से शेडेड पोल की ओर होता है।

गति-टॉर्क अभिलक्षण वक्र Speed-Torque Characteristic Curve

चित्र में शेडेड पोल मोटर का गति टॉर्क अभिलक्षण वक्र दिखाया गया है। इस मोटर का स्टार्टिंग टॉर्क कम होता है, परन्तु मोटर की गति बढ़ने के साथ-साथ टॉर्क भी बढ़ता जाता है।

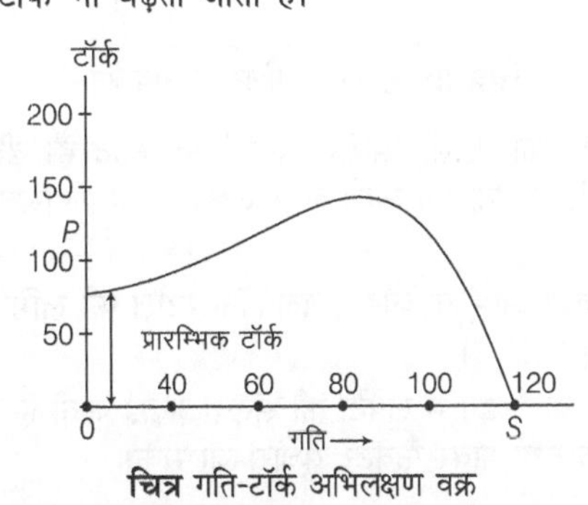

चित्र गति-टॉर्क अभिलक्षण वक्र

विशेषताएँ Characteristics

शेडेड पोल मोटर्स प्राय: 3 वाट से 125 वाट क्षमता में बनाई जाती है। इसका प्रारम्भिक टॉर्क बहुत कम होता है। यह मोटर सरल बनावट वाली तथा अल्प मूल्य वाली होती है, परन्तु इसकी दक्षता बहुत कम (5% से 35% तक) होती है।

घूर्णन-दिशा परिवर्तन Change the Rotation-Direction

सामान्य प्रकार की शेडेड पोल मोटर की घूर्णन दिशा सेलिएन्ट पोल से शेडेड पोल की ओर होती है और इसे परिवर्तित नहीं किया जा सकता। घूर्णन-दिशा परिवर्तन के लिए दोहरे शेडेड पोल वाली या दोहरी सेलिएन्ट वाइण्डिंग वाली मोटर बनाई जाती है।

17.3 यूनिवर्सल मोटर Universal Motor

वह एकल-फेज प्रेरण मोटर जो प्रत्यावर्ती धारा तथा दिष्ट धारा दोनों पर लगभग समान गति से कार्य कर सकें, यूनिवर्सल मोटर (universal motors) कहलाती हैं। चित्र (a) में यूनिवर्सल मोटर की संरचना दर्शाई गई है तथा चित्र (b) में इस मोटर का संयोजन दर्शाया गया है।

इसकी संरचना के प्रमुख भाग आर्मेचर, फील्ड वाइण्डिंग, लेमिनेटिड कोर, फ्रेम, शाफ्ट, बुश इत्यादि हैं। ये मोटर्स उच्च प्रारम्भिक टॉर्क वाली होती हैं। इसकी संरचना डी.सी. सीरीज मोटर के समान होती है और इसे ए.सी. अथवा डी.सी. किसी भी प्रकार की सप्लाई से चलाया जा सकता है।

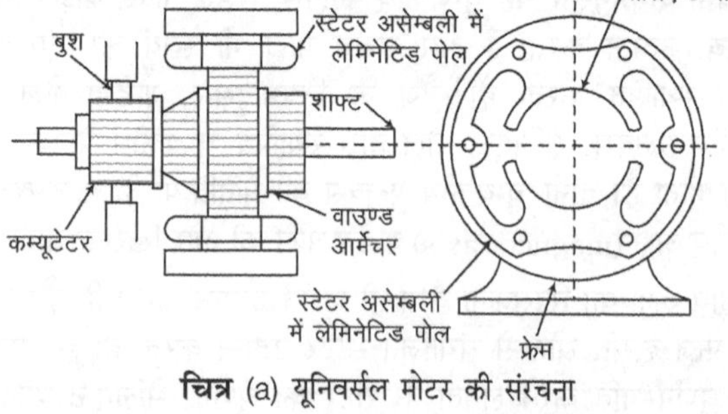

चित्र (a) यूनिवर्सल मोटर की संरचना

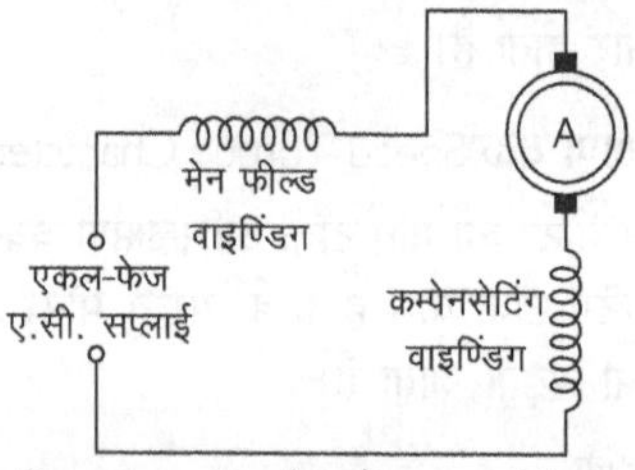

चित्र (b) यूनिवर्सल मोटर का संयोजन

यूनिवर्सल मोटर को 'ए.सी. सीरीज मोटर' भी कहते हैं। डी.सी. सीरीज मोटर को ए.सी. से प्रचालित करने के लिए उसमें निम्नलिखित सुधार किए जाते हैं

1. फील्ड तथा आर्मेचर कोर, सिलिकॉन-स्टील की लेमिनेटिड पत्तियों से बनाई जाती हैं।
2. आर्मेचर वाइण्डिंग में लपेटों की संख्या बढ़ाई जाती है जिससे मोटर का टॉर्क तथा पावर फैक्टर सुधारा जा सके।
3. आर्मेचर वाइण्डिंग के श्रेणी-क्रम में कम्पेनसेटिंग वाइण्डिंग, 'फील्ड' में स्थापित की जाती है। इसके प्रयोग से 'आर्मेचर रिएक्शन' प्रभाव को निराकृत (neutralise) किया जाता है।
4. कम्यूटेटर पर उच्च प्रतिरोध वाले कार्बन बुश प्रयोग किए जाते हैं, इससे कम्यूटेटर पर होने वाली स्पार्किंग को कम किया जाता है।
5. स्टेटर में 'इन्टरपोल' प्रयोग किए जाते हैं जिन पर इन्टरपोल वाइण्डिंग स्थापित कर उन्हें आर्मेचर के श्रेणी-क्रम में संयोजित किया जाता है। इससे मोटर का कम्यूटेशन सुधारा जाता है।
6. आर्मेचर तथा फील्ड के बीच 'एयर गैप' को यथासम्भव कम किया जाता है।

कार्यप्रणाली Working Method

यूनिवर्सल मोटर उसी सिद्धान्त पर कार्य करती है जिस पर डी.सी. सीरीज मोटर कार्य करती है अर्थात् स्टेटर तथा आर्मेचर द्वारा स्थापित चुम्बकीय फ्लक्स की प्रतिक्रिया के फलस्वरूप आर्मेचर में टॉर्क उत्पन्न हो जाता है। इस मोटर को चाहे डी.सी. से प्रचालित किया जाए अथवा ए.सी. से, प्रत्येक दशा में एक ही दिशा में कार्य करने वाला टॉर्क उत्पन्न होता है। जब आर्मेचर तथा क्षेत्र वाइण्डिंग को श्रेणी-क्रम में संयोजित करके धारा प्रयुक्त की जाती है, तब क्षेत्र धारा, उत्पन्न चुम्बकीय बल रेखाएँ आर्मेचर द्वारा उत्पन्न बल रेखाओं से प्रतिक्रिया करती हैं तथा आर्मेचर घूमने लगता है। यह नियम प्रत्यावर्ती धारा या दिष्ट धारा दोनों के लिए लागू होता है।

गति-टॉर्क अभिलक्षण वक्र
Speed-Torque Characteristic Curve

यूनिवर्सल मोटर प्रत्यावर्ती तथा दिष्ट दोनों प्रकार की धाराओं पर प्रचालित की जा सकती है। अत: चित्र में प्रत्यावर्ती तथा दिष्ट दोनों धाराओं के लिए यूनिवर्सल मोटर का गति-टॉर्क वक्र दर्शाया गया है

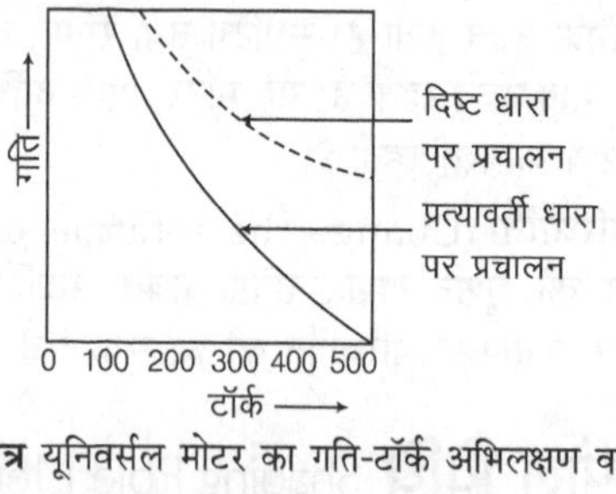

चित्र यूनिवर्सल मोटर का गति-टॉर्क अभिलक्षण वक्र

विशेषताएँ Characteristics

यूनिवर्सल मोटर की घूर्णन-गति, लोड के व्युत्क्रमानुपाती होती है अर्थात् पूर्ण-लोड पर कम तथा शून्य लोड पर अधिकतम होती है। इस प्रकार की मोटर को शून्य लोड पर प्रचालित नहीं करना चाहिए, क्योंकि शून्य लोड पर इसकी घूर्णन-गति भयानक रूप से बढ़ सकती है। यूनिवर्सल मोटर, निम्न आवृत्ति स्रोत पर दक्षतापूर्वक कार्य कर सकती है, परन्तु भारत में स्रोत-आवृत्ति का मान 50 Hz होने के कारण सामान्यत: 50 Hz आवृत्ति पर कार्य करने वाली मोटर्स ही बनाई जाती हैं।

घूर्णन-दिशा परिवर्तन

Change the Rotation-Direction

इस मोटर की घूर्णन-दिशा, आर्मेचर अथवा स्टेटर के संयोजनों की दिशा बदल कर परिवर्तित की जा सकती है।

घूर्णन-गति नियन्त्रण (Rotation-speed control) इस मोटर के श्रेणी-क्रम में बाह्य रिहोस्टेट लगाकर अथवा फील्ड वाइण्डिग में 3-4 टेपिंग्स निकालकर इसकी घूर्णन-गति कम की जा सकती है। इन विधियों के अतिरिक्त मिक्सर-ग्राइण्डर आदि में थायरिस्टर युक्त इलेक्ट्रॉनिक परिपथ के द्वारा भी यूनिवर्सल मोटर की घूर्णन-गति नियन्त्रित की जाती है।

यूनिवर्सल मोटर की ब्रेकिंग प्रणाली

Braking System of Universal Motor

यूनिवर्सल मोटर का प्रयोग विभिन्न प्रकार के हस्त औजारों में किया जाता है। इनपुट पावर को हटाने के ठीक बाद में मोटर की लीड्स को आपस में शॉर्ट करने से मोटर बहुत तीव्रता से बन्द हो जाती है। हस्त औजारों के निर्माणकर्ता अपने औजारों के साथ ब्रेकिंग के लिए इस तकनीक का ही प्रयोग करते हैं। वे पावर स्विच के साथ एक अन्य कॉन्टैक्ट सैट को भी जोड़ते हैं जोकि पावर स्विच के ऑफ होने की स्थिति में मोटर की लीडों को आपस में संयोजित कर देता है जिसके फलस्वरूप मोटर तेजी से रुक जाती है।

इस विधि का प्रयोग प्रेरण मोटर के लिए किया जाना सम्भव नहीं है। इसलिए इस प्रकार की मोटर्स को रोकने के लिए विद्युत ब्रेक का प्रयोग करते हैं जिसके लिए ब्रेकिंग परिपथ की आवश्यकता होती है। मूलत: इन मोटरों को ऑफ करने के लिए स्थिर (stationary) चुम्बकीय क्षेत्र को उत्पन्न किया जाता है। इन मोटर्स में उच्च अनुरक्षित कम्यूटेटर बुश होने के कारण यूनिवर्सल मोटर्स का प्रयोग फूड मिक्सर, पावर टूल आदि में किया जाता है, क्योंकि इनमें उच्च स्टार्टिंग टॉर्क की आवश्यकता होती है।

यूनिवर्सल मोटर के दोष निवारण

Troubleshooting of Universal Motor

यूनिवर्सल मोटर में ओपन वाइण्डिग, शॉर्ट वाइण्डिंग, कार्बन बुशों का घिसना एवं बियरिंग का सूखना/घिसना आदि दोष उत्पन्न हो सकते हैं। इसकी ओपन एवं शॉर्ट वाइण्डिंग्स का परीक्षण करने के लिए ओममीटर का प्रयोग किया जाता है। ओममीटर ओपन स्थिति में अति उच्च प्रतिरोध एवं शॉर्ट स्थिति में अति निम्न प्रतिरोध प्रदर्शित करता है।

यूनिवर्सल मोटर के लिए दोष निवारण का विवरण निम्नवत है

तालिका यूनिवर्सल मोटर के लिए दोष निवारण

दोष	कारण	परीक्षण विधि	निवारण
1. मोटर स्टार्ट नहीं हो रही है	(a) जले फ्यूज के कारण शून्य वोल्टता होना।	(a) वोल्टमीटर अथवा लैम्प से परीक्षण करें।	(a) जले हुए फ्यूज को प्रतिस्थापित करें।
	(b) स्टार्टर ओवरलोड रिले का खुली स्थिति में होना।	(b) वोल्टमीटर अथवा टैस्ट लैम्प से परीक्षण करें।	(b) ओवरलोड रिले सम्पर्क को विसंयोजित करके पुनः संयोजित अथवा ठीक करें।
	(c) अनुपयुक्त आपूर्ति वोल्टता के कारण निम्न वोल्टता होना।	(c) वोल्टमीटर से परीक्षण करें।	(c) स्विच और फ्यूज पर ढीले संयोजनों को दूर करें।
	(d) फील्ड अथवा आर्मेचर ओपन सर्किट होना।	(d) ओममीटर अथवा मैगर से परीक्षण करें।	(d) यदि सम्भव है, तो वाइण्डिंग को उचित रूप से जोड़े अथवा प्रतिस्थापित करें।
	(e) कम्यूटेटर के साथ कार्बन बुशेज का अनुपयुक्त सम्पर्क होना।	(e) देखकर जाँचे और टैस्ट लैम्प द्वारा परीक्षण करें।	(e) कार्बन बुश का कम्यूटेटर से उपयुक्त सम्पर्क के लिए समंजन करें।
	(f) कम्यूटेटर गन्दा होना।	(f) दृष्टीय जाँच करें और टैस्ट लैम्प से परीक्षण करें।	(f) चिकने सेण्ड पेपर का प्रयोग करके दिशा कम्यूटेटर को बर्फिंग द्वारा साफ करें।
2. प्रचालक को शॉक लग रहा है।	(a) कमजोर या दोषयुक्त विद्युत रोधन के कारण फील्ड या आर्मेचर परिपथ का भूसम्पर्कित (earthed) होना।	(a) मैगर अथवा टैस्ट लैम्प से परीक्षण करें।	(a) दोष का निवारण करें और आर्मेचर तथा फील्ड वाइण्डिंग पर शेलैक (shellac) वार्निश लगायें।
	(b) अर्थिंग सही से न होना।	(b) मैगर अथवा टैस्ट लैम्प से परीक्षण करें।	(b) मोटर को उपयुक्त अर्थिंग प्रदान करें।
3. मोटर अतिऊष्मित (overheating) है।	(a) फील्ड अथवा आर्मेचर की क्वॉयल शॉर्ट सर्किट होना।	(a) दृष्टीय जाँच करें एवं प्रतिरोध मापन करें।	(a) लघु पथित फील्ड आर्मेचर क्वॉयल को पुनः वाइण्ड करें।

दोष	कारण	परीक्षण विधि	निवारण
	(b) घिसने अथवा लॉक्ड होने के कारण बियरिंग का कसना।	(b) स्वतन्त्र घूर्णन के लिए शाफ्ट की जाँच करें। अतिऊष्मन (overheating) के लिए शील्ड की जाँच करें।	(b) बियरिंग्स को साफ करें और क्षति की जाँच करें। यदि आवश्यक हो बियरिंग का प्रतिस्थापन करें।
	(c) पिटेड (pitted) कम्यूटेटर के कारण कम्यूटेटर पर भारी चिंगारियाँ उत्पन्न होती है।	(c) दृष्टीय जाँच करें।	(c) कम्यूटेटर को साफ करें और उसकी सतह का परीक्षण करें।
	(d) कम्यूटेटर लघुपथित होना।	(d) ग्राउलर द्वारा आर्मेचर परीक्षण करें।	(d) कम्यूटेटर का प्रतिस्थापन अथवा मरम्मत करें।
	(e) फील्ड अथवा आर्मेचर भू-सम्पर्कित होना।	(e) मैगर द्वारा परीक्षण करें।	(e) फील्ड अथवा आर्मेचर को पुनः वाइण्ड अथवा मरम्मत करें।
4. मोटर शोर (noise) करती है।	(a) फील्ड लघुपथित होना।	(a) ओममीटर द्वारा परीक्षण करें।	(a) फील्ड वाइण्डिंग को पुनः वाइण्ड करें।
	(b) आर्मेचर क्वॉयल लघुपथित होना।	(b) ग्राउलर द्वारा परीक्षण करें।	(b) लघु पथित आर्मेचर वाइण्डिंग को पुनः वाइण्ड करें।

17.4 रिपल्शन मोटर Repulsion Motor

हम जानते हैं कि समान चुम्बकीय ध्रुवों में प्रतिकर्षण विद्यमान होता है; इसी सिद्धान्त के आधार पर यह मोटर कार्य करती है। यद्यपि रिपल्शन मोटर की बनावट जटिल तथा मूल्य अधिक होता है, तो भी उच्च प्रारम्भिक टॉर्क, निम्न प्रारम्भिक विद्युत धारा, अधिक लोड वहन क्षमता तथा सरल घूर्णन-दिशा परिवर्तन आदि गुणों के कारण उद्योगों में इसका उपयोग होता है।

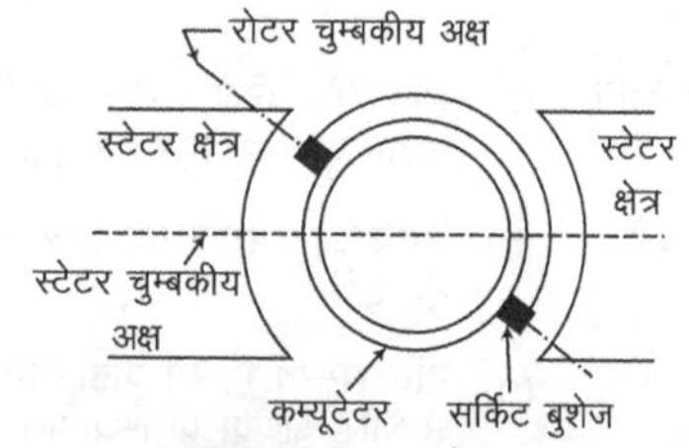

चित्र रिपल्शन मोटर

इस मोटर में एक स्टेटर होता है जिसकी संरचना सामान्य प्रकार की एकल-फेज मोटर के स्टेटर के समान होती है। स्टेटर के बीच एक आर्मेचर, कम्यूटेटर तथा दो कार्बन बुशेज होते हैं। इसकी आर्मेचर वाइण्डिंग को कार्बन बुशेज के द्वारा 'शॉर्ट-सर्किट' कर दिया जाता है तथा कार्बन बुशेज को, स्टेटर की चुम्बकीय अक्ष से लगभग 20° के अन्तर पर स्थापित किया जाता है।

कार्यप्रणाली Working Method

जब स्टेटर को एकल-फेज ए.सी. स्रोत से संयोजित किया जाता है, तो वह एक प्रत्यावर्ती (alternating) चुम्बकीय क्षेत्र स्थापित करता है। इस प्रत्यावर्ती चुम्बकीय क्षेत्र के द्वारा 'ट्रांसफॉर्मेशन प्रक्रिया' के कारण आर्मेचर वाइण्डिंग में वि.वा.ब. प्रेरित हो जाता है जो अपना स्वयं का चुम्बकीय क्षेत्र स्थापित करता है। लैंज के नियमानुसार, आर्मेचर द्वारा स्थापित चुम्बकीय क्षेत्र तथा मुख्य चुम्बकीय क्षेत्र एक-दूसरे को प्रतिकर्षित करने वाले स्वभाव के होते हैं। फलतः आर्मेचर में प्रतिकर्षण प्रक्रिया के कारण टॉर्क उत्पन्न हो जाता है और रोटर घूर्णन-गति करने लगता है।

घूर्णन-दिशा परिवर्तन
Change the Rotation-Direction

यदि कार्बन बुशेज को खिसकाकर दाईं ओर से स्टेटर चुम्बकीय अक्ष के 20° बाईं ओर कर दिया जाए, तो मोटर की घूर्णन दिशा परिवर्तित हो जाती है। इस प्रकार स्टेटर या रोटर वाइण्डिंग के संयोजनों की दिशा परिवर्तित किए बिना ही, मोटर की घूर्णन-दिशा परिवर्तित की जा सकती है। इसके अतिरिक्त, कार्बन बुशेज को स्टेटर के चुम्बकीय अक्ष की ओर थोड़ा-सा खिसकाने पर मोटर की घूर्णन-गति कम हो जाती है। यदि कार्बन बुशेज को खिसकाकर स्टेटर तथा रोटर की चुम्बकीय अक्षों को संरेखीय कर दिया जाए, तो मोटर की घूर्णन-गति को शून्य तक घटाया जा सकता है। इस प्रकार, रिपल्शन मोटर की घूर्णन-गति को अधिकतम दक्षिणावर्त, शून्य तथा अधिकतम वामावर्त (maximum clockwise, zero and maximum anti-clockwise) के बीच परिवर्तित किया जा सकता है।

रिपल्शन मोटर्स के प्रकार
Types of Repulsion Motors

सभी प्रकार की रिपल्शन मोटर्स में स्टेटर की संरचना लगभग एक समान होती है, परन्तु रोटर या आर्मेचर की संरचना में भिन्नता विद्यमान होती है। इस आधार पर रिपल्शन मोटर्स को निम्न वर्गों में वर्गीकृत किया जा सकता है

1. प्लेन रिपल्शन मोटर
2. रिपल्शन-स्टार्ट प्रेरण-रन मोटर
3. रिपल्शन-प्रेरण मोटर

1. प्लेन रिपल्शन मोटर Plain Repulsion Motor

इस प्रकार की रिपल्शन मोटर के रोटर की संरचना में कार्बन बुशेज को 'शॉर्ट-सर्किट' कर दिया जाता है। इस मोटर का प्रारम्भिक टॉर्क उच्च तथा प्रारम्भिक विद्युत धारा निम्न होती है। इसका उपयोग क्रेन आदि में किया जाता है। चित्र में प्लेन रिपल्शन मोटर की संरचना दर्शाई गई है। इस मोटर की गति बुशों की स्थिति पर निर्भर करती है, जो क्षेत्र ध्रुवों की अक्ष में 20° आगे रखे जाते हैं क्योंकि 20° पर मोटर की गति अधिकतम होती है।

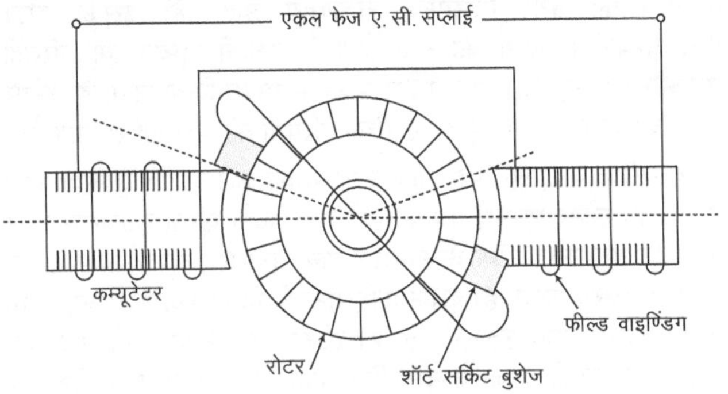

चित्र प्लेन रिपल्शन मोटर की संरचना

2. रिपल्शन-स्टार्ट प्रेरण-रन मोटर Repulsion Start Induction Run Motor

इस प्रकार की मोटर, प्लेन रिपल्शन मोटर के समान स्टार्ट होती है, परन्तु प्रेरण मोटर के समान चलती है। चित्र में रिपल्शन स्टार्ट प्रेरण-रन मोटर की संरचना दर्शाई गई है। इस मोटर में कम्यूटेटर पर एक ताँबे की रिंग इस प्रकार स्थापित की जाती है कि यह शॉर्ट-सर्किट रिंग 75% गति पर पूरे कम्यूटेटर से चिपक जाती है तथा सेगमेन्ट को शॉर्ट-सर्किट कर देती है। रोटर के चालक भी शॉर्ट-सर्किट हो जाते हैं। इस स्थिति में मोटर सामान्य प्रेरण मोटर की भाँति कार्य करती है।

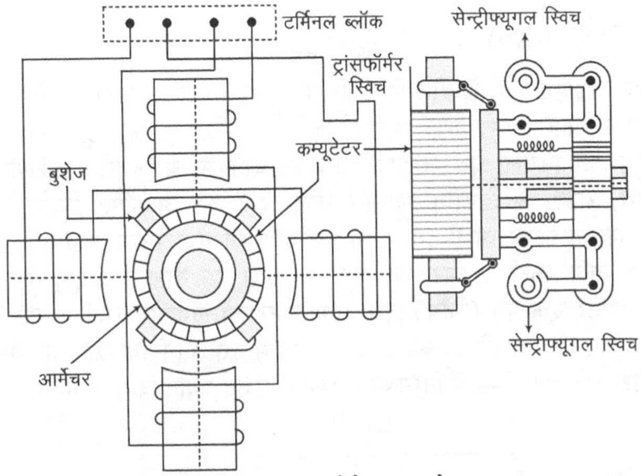

चित्र रिपल्शन-स्टार्ट प्रेरण-रन मोटर

प्रचालित अवस्था में यह मोटर रिपल्शन मोटर के समान चालू होकर, उत्तम टॉर्क प्रदान करना प्रारम्भ कर देती है तथा 75% गति पर जब शॉर्ट-सर्किट रिंग, कम्यूटेटर को शॉर्ट-सर्किट कर देती है, तो प्रेरण मोटर के समान कार्य करने लगती है। इस मोटर में भी कार्बन बुशों की दिशा को बदलकर घूमने की दिशा को बदला जा सकता है। कुछ मोटर्स में ऐसी व्यवस्था भी की जाती है कि कम्यूटेटर के शॉर्ट-सर्किट होने के साथ-साथ कार्बन बुशेज भी ऊपर उठ जाते हैं जिससे कि वह अनावश्यक रूप से न घिसें। इस प्रकार की मोटर का प्रारम्भिक टॉर्क, पूर्ण-लोड का 3 से 3.5 गुना तक होता है तथा प्रारम्भिक विद्युत धारा, पूर्ण-लोड विद्युत धारा की 2 से 2.5 गुना तक होती है।

3. रिपल्शन-प्रेरण मोटर Repulsion-Induction Motor

इस प्रकार की मोटर के रोटर पर दो प्रकार की वाइण्डिंग्स स्थापित की जाती हैं—सामान्य आर्मेचर वाइण्डिंग और डीप केज वाइण्डिंग। प्रारम्भ में केवल आर्मेचर वाइण्डिंग ही कार्य करती है, क्योंकि इस समय फेज वाइण्डिंग का रोटर-प्रतिघात (reactance) उच्च होता है।

इस प्रकार, मोटर का प्रारम्भिक टॉर्क उच्च रहता है। जब मोटर पूर्ण घूर्णन-गति प्राप्त कर लेती है, तो केज वाइण्डिंग प्रभावी हो जाती है जिससे मोटर परिवर्ती लोड (varying load) पर भी अच्छा टॉर्क प्रदान करती है। इस मोटर की दक्षता उच्च एवं शक्ति गुणक लगभग 0.9 रहता है। चित्र में रिपल्शन-प्रेरण मोटर की संरचना दर्शाई गई है।

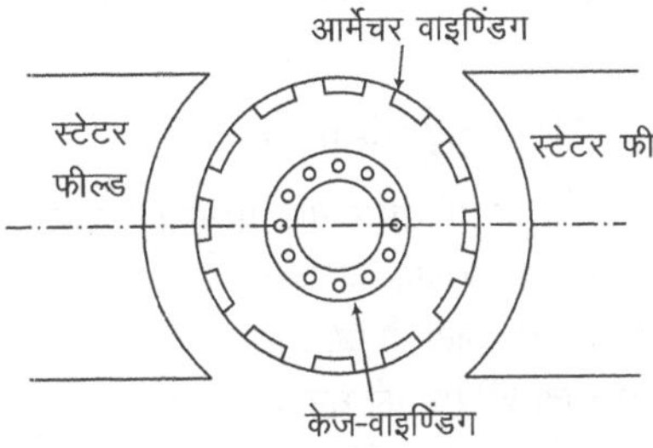

चित्र रिपल्शन-प्रेरण मोटर

गति-टॉर्क अभिलक्षण वक्र
Speed-Torque Characteristic Curve

रिपल्शन मोटर का गति-टॉर्क अभिलक्षण वक्र चित्र में दर्शाया गया है।

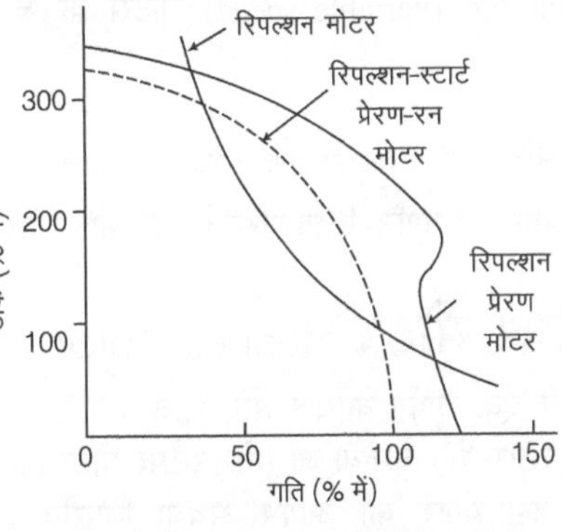

चित्र रिपल्शन मोटर्स का गति टॉर्क अभिलक्षण वक्र

17.5 एकल-फेज स्लिप-रिंग प्रेरण मोटर Single Phase Slip-Ring Induction Motor

इस प्रकार की मोटर के स्टेटर पर केवल एक वाइण्डिंग स्थापित की जाती है जो 'रनिंग वाइण्डिंग' कहलाती है। इस वाइण्डिंग के एक सिरे पर एक प्रतिरोधक तथा दूसरे सिरे पर एक प्रेरकीय (inductive) क्वॉयल संयोजित की जाती है जिससे कि फेज-अन्तर उत्पन्न हो जाए और घूमने वाला चुम्बकीय क्षेत्र स्थापित हो जाए। इसके रोटर पर स्टार-संयोजित 3-फेज वाइण्डिंग लपेटी जाती है जिसे तीन स्लिप-रिंग्स तथा बुशेज के द्वारा एक 3-फेज बाह्य रिहोस्टेट से संयोजित कर दिया जाता है, जैसा कि चित्र में दर्शाया गया है।

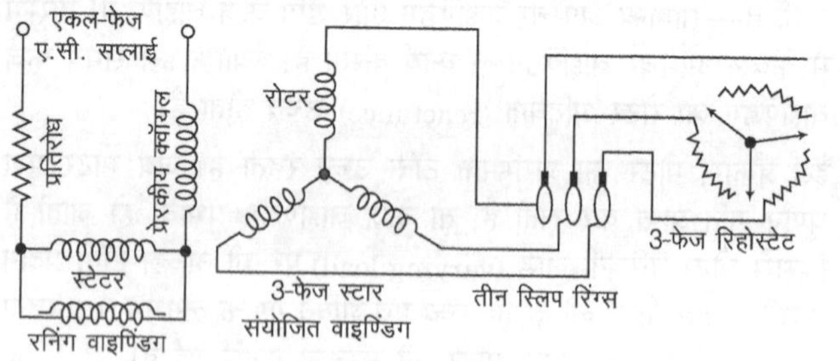

चित्र एकल-फेज स्लिप-रिंग प्रेरण मोटर

कार्यप्रणाली Working Method

स्टेटर वाइण्डिंग से संयोजित प्रतिरोधक तथा प्रेरकीय क्वॉयल के कारण एक फेज बँटकर दो भागों में विभक्त हो जाता है। फलस्वरूप घूमने वाला चुम्बकीय क्षेत्र स्थापित हो जाता है जो रोटर को घुमा देता है। रोटर की घूर्णन-गति बढ़ने पर बाह्य प्रतिरोध को घटा दिया जाता है और रोटर द्वारा पूर्ण घूर्णन-गति प्राप्त कर लेने पर बाह्य प्रतिरोध को पूर्णत: रोटर परिपथ से पृथक् कर दिया जाता है।

विशेषताएँ Characteristics

इस प्रकार की मोटर्स, एक अश्व-शक्ति क्षमता तक की बनाई जाती हैं। इनका उपयोग परिवर्ती-गति (variable speed) मोटर्स के रूप में किया जा सकता है।

घूर्णन-दिशा परिवर्तन Change the Rotation-Direction

इस प्रकार की मोटर में घूर्णन-दिशा परिवर्तन की कोई व्यवस्था नहीं होती।

17.6 स्टैपर मोटर Stepper Motor

वह मोटर जिसे एक घूर्णन के 4वें, 8वें, 12वें, ... आदि अंशों के लिए पगों में (स्टैप्स में) घुमाया जा सके, स्टैपर मोटर (stepper motor) कहलाती है। इस मोटर को अग्रिम अथवा विपरीत दिशा में केवल पूर्व-निर्धारित अंशों के लिए ही प्रचालित किया जा सकता है। इसका प्रचालन डिजिटल संकेत से किया जाता है। स्टैपर मोटर को स्टेपिंग मोटर अथवा स्टेप मोटर के नाम से भी जाना जाता है। इसका नाम स्टैपर इसलिए दिया गया, क्योंकि यह कण्ट्रोलर द्वारा प्राप्त इनुपट धारा की प्रतिक्रिया में एक नियत कोणीय स्टैप द्वारा रोटेट होती है। स्टैपर मोटर का उपयोग कम्प्यूटर उपकरणों में ड्राइविंग टॉर्क उत्पन्न करने के लिए किया जाता है।

स्टैपर मोटर में एक खाँचेदार स्टैपर होता है जिसमें मल्टीपोल (multipole) तथा मल्टीफेज वाइण्डिंग होती है। इसका रोटर फेरो-चुम्बकीय पदार्थ का बना होता है। स्थायी चुम्बक या परिवर्ती रिलेक्टेन्स प्रकार का रोटर, स्टैपर मोटर में प्रयोग किया जाता है। स्टैपर मोटर का प्रचालन बाह्य ड्राइव लॉजिक परिपथों की सहायता से होता है।

ड्राइव सर्किट के इनपुट पर लॉजिक पल्सों का क्रम आरोपित किया जाता है तब यह स्टेटर परिपथ क्वॉयल को धारा प्रदान करता है जिससे रोटर पल्स रेट तथा लोड टॉर्क के अनुसार वायु अन्तराल, चुम्बकीय अक्ष का अनुसरण करने लगता है। इसके लिए रोटर में या तो स्थायी चुम्बक टॉर्क या रिलेक्टेन्स टॉर्क उत्पन्न होता है। स्टेटर भाग में प्राय: दो वाइण्डिंग स्थापित की जाती हैं जो केन्द्रीय सिरे युक्त होती हैं। रोटर में तीन छड़ चुम्बक इस प्रकार स्थापित किए जाते हैं कि 3 उत्तरी ध्रुव और 3 दक्षिणी ध्रुव स्थापित हो जाएँ।

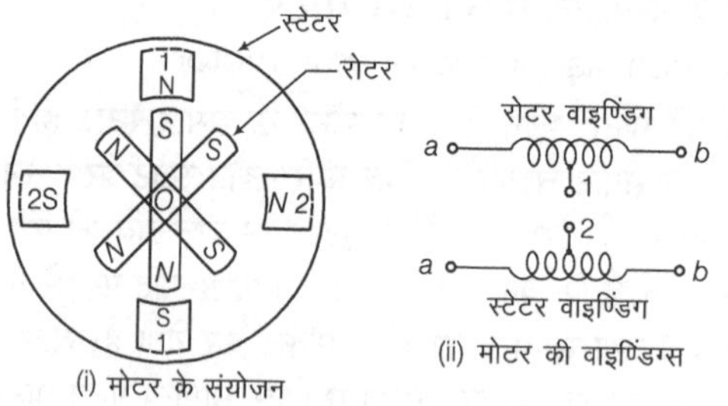

चित्र स्टैपर मोटर की संरचना

कार्यप्रणाली Working Method

जब वाइण्डिंग के केन्द्रीय सिरे को धन आपूर्ति तथा '*a*' व '*b*' सिरों को एकान्तर क्रम में ऋण आपूर्ति प्रदान की जाती है, तो स्टेटर का ऊपरी ध्रुव 'उत्तरी' ध्रुव और निचला ध्रुव 'दक्षिणी' ध्रुव बन जाता है। ये 'उत्तरी'-'दक्षिणी' ध्रुव, रोटर के विपरीत स्वभाव वाले ध्रुवों को आकर्षित करते हैं। तत्पश्चात् स्टेटर वाइण्डिंग 1 को 'ऑफ' करने तथा स्टेटर वाइण्डिंग 2 को 'ऑन' करने से मोटर का रोटर 30 अंश घूम जाता है अर्थात् मोटर का रोटर एक पग (स्टैप) घूम गया। मोटर को लगातार प्रचालित करने के लिए दोनों वाइण्डिंग को एकान्तर क्रम में उत्तेजित किया जाता है और मोटर को 24 स्टैप्स में निम्नवत् डिजिटल संकेत प्रदान किया जाता है

24 पग

वाइण्डिंग 1a →	1000	1000	1000	1000	1000	1000
वाइण्डिंग 1b →	0010	0010	0010	0010	0010	0010
वाइण्डिंग 2a →	0100	0100	0100	0100	0100	0100
वाइण्डिंग 2b →	0001	0001	0001	0001	0001	0001

उपरोक्त डिजिटल संकेत को ध्यानपूर्वक देखने से ज्ञात होता है कि किसी वाइण्डिग (1 या 2) के दोनों अर्द्ध-खण्डों को एक साथ उत्तेजित नहीं किया गया है। डिजिटल प्रणाली में 1 का अर्थ ऑन तथा 0 का अर्थ 'ऑफ' होता है। इस मोटर का रोटर बेलनाकार होता है, इसलिए इस मोटर को, **यूनीपोलर मोटर** (unipolar motor) भी कहते हैं।

स्टैपर मोटर के प्रकार Types of Stepper Motor

संरचना के आधार पर स्टैपर मोटर निम्न तीन प्रकार की होती हैं

1. स्थायी चुम्बक स्टैपर मोटर Permanent Magnet Stepper Motor

स्थायी चुम्बक स्टैपर मोटर का स्टेटर सेलिएन्ट पोल प्रकार का होता है। इस पर फील्ड वाइण्डिग की जाती है। रोटर को सेलिएन्ट (salient) पोल प्रकार की स्थायी चुम्बक से बेलनाकार आकार में बनाया जाता है। इसके रोटर पर अक्षीय स्थिति में स्थायी चुम्बक स्थापित किए जाते हैं।

अत: स्थायी चुम्बक से नियत दिष्ट धारा उत्तेजन मिलता है। जब एक या एक से अधिक स्टेटर वाइण्डिग को ऊर्जा प्रदान की जाती है, तो मशीन तुल्यकालिक मोटर के समान व्यवहार करती है। स्टेटर तथा रोटर पोल के मध्य आकर्षण या प्रतिकर्षण के कारण रोटर घूर्णन करता है।

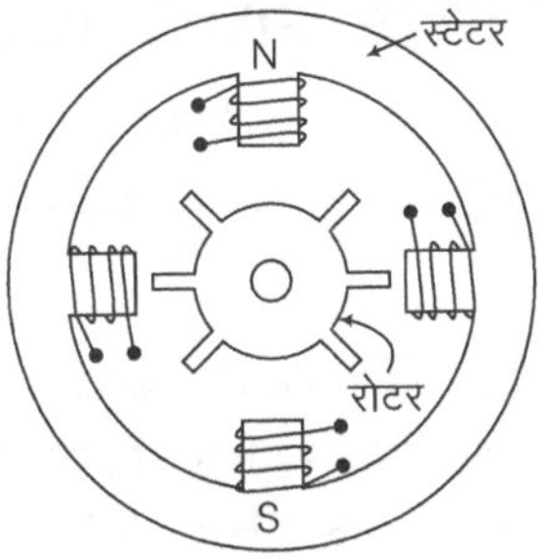

चित्र स्थायी चुम्बक स्टैपर मोटर

2. परिवर्ती रिलेक्टेन्स मोटर Variable Reluctance Motor

चित्र में इस मोटर की संरचना दर्शाई गई है। इस प्रकार की मोटर में रोटर पर स्थायी चुम्बक नहीं होते हैं तथा रोटर लौह चुम्बकीय मल्टीटीथ (multiteeth) प्रकार का होता है। इसमें अक्षों के मध्य में उत्पन्न चुम्बकीय रिलेक्टेन्सों के अन्तर के कारण टॉर्क विकसित होता है।

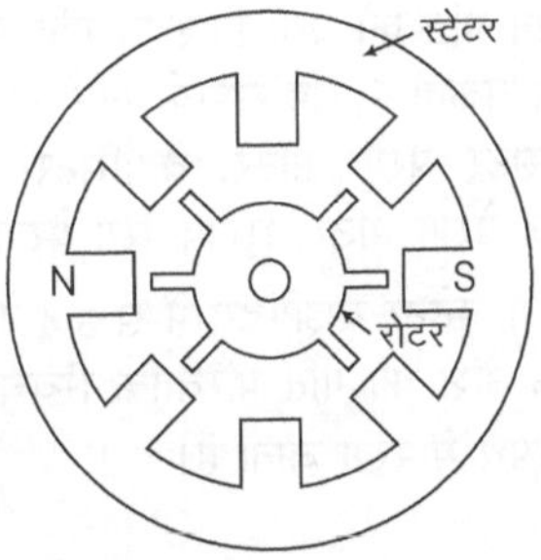

चित्र परिवर्ती रिलेक्टेन्स मोटर

3. हाइब्रिड स्टैपर मोटर Hybrid Stepper Motor

इस प्रकार की मोटर में स्थायी चुम्बक का प्रयोग किया जाता है। इसमें दाँतरूपी रोटर का उपयोग किया जाता है। चित्र में एक 2-फेज 6-स्टैपर ध्रुव तथा 8-पोल वाली हाइब्रिड स्टैपर मोटर को दर्शाया गया है।

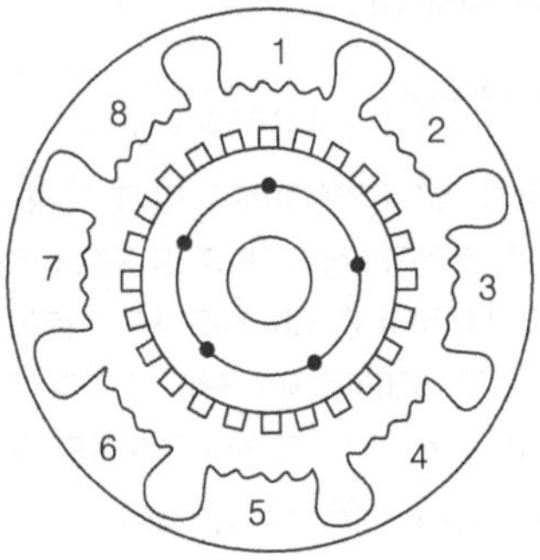

चित्र हाइब्रिड स्टैपर मोटर

17.7 एकल फेज तुल्यकालिक मोटर Single Phase Synchronous Motor

ये मोटर्स एकल फेज ए.सी. सप्लाई द्वारा प्रचालित होती हैं। इन्हें नियत गति पर चलाया जा सकता है। ये निम्न दो प्रकार की होती हैं

1. रिलेक्टेन्स मोटर Reluctance Motor

रिलेक्टेन्स मोटर एक ऐसी सिंगल-फेज तुल्यकालिक मोटर होती है जिसका क्षेत्र खुला होता है, जैसा कि चित्र में दर्शाया गया है। प्रेरण मोटर के समान, इसके स्टेटर में भी घूर्णन चुम्बकीय क्षेत्र उत्पन्न होता है। इस मोटर के स्टेटर में मुख्य (रनिंग) तथा सहायक वाइण्डिग होती है।

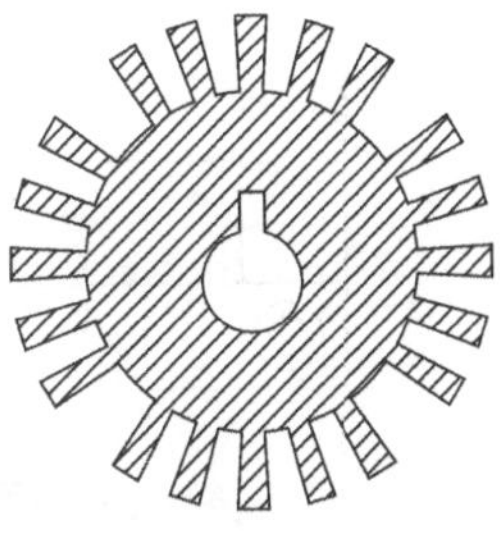

चित्र रिलेक्टेन्स मोटर

रिलेक्टेन्स मोटर की संरचना मुख्यत: दो प्रकार की होती है। प्रथम प्रकार में, स्प्लिट फेज स्टेटर तथा एक सेन्ट्रीफ्यूगल स्विच होता है, जोकि सहायक कुण्डली को परिपथ से हटा देता है। इस प्रकार की मोटरों को स्प्लिट फेज प्रारूपी रिलेक्टेन्स मोटर कहते हैं। दूसरे प्रकार में, स्टेटर स्थायी स्प्लिट कैपेसिटर रन मोटर के समान होता है तथा स्टेटर रिवॉल्विंग (revolving) क्षेत्र उत्पन्न करता है। इन मोटरों का स्क्विरल केज रोटर, असममित चुम्बकीय संरचना का होता है।

कार्यप्रणाली Working Method

यह मोटर, प्रेरण मोटर क्रिया के कारण घूर्णन प्रारम्भ करती है तथा रोटर ऐसी गति से प्रचालित होता है जिसकी गति रोटर-प्रतिरोध पर निर्भर करती है। जैसे ही रोटर की गति तुल्यकालिक गति के निकट पहुँचती है, घूर्णन चुम्बकीय क्षेत्र, रोटर पोल से मन्द गति पर स्लिप (slip) प्रदान करता है।

रोटर पोल जैसे ही घूर्णन क्षेत्र के ध्रुव से पिछड़ना प्रारम्भ करता है रोटर पर एक टॉर्क कार्य करने लगता है। यह टॉर्क, चुम्बकीय फ्लक्स द्वारा निम्न रिलेक्टेन्स पथ (path) का अनुगमन करने की प्रवृत्ति के कारण उत्पन्न होता है। इस मोटर का शक्ति गुणांक तथा दक्षता, समान अश्व-शक्ति की प्रेरण मोटर से निम्न होती है।

2. हिस्टरैसिस मोटर Hysteresis Motor

यह एक विशेष प्रकार की तुल्यकालिक मोटर होती है जिसकी संरचना चित्र में दर्शाई गई है। तुल्यकालिक मोटर में स्टेटर वाइण्डिग को 3-फेज ए.सी. आपूर्ति प्रदान की जाती है और रोटर पर स्थायी ध्रुवता उत्पन्न करने वाली डी.सी. आपूर्ति से उत्तेजित ध्रुव स्थापित किए जाते हैं। हिस्टरैसिस मोटर में डी.सी. आपूर्ति की आवश्यकता नहीं होती है।

इस मोटर का रोटर अचुम्बकीय पदार्थ; जैसे—क्रोम-स्टील से बनाया जाता है जिसके चारों ओर उच्च शैथिल्यता (हिस्टरैसिस) गुण वाले पदार्थों से निर्मित रिंग्स स्थापित किए जाते हैं जिस कारण रोटर पर कोई वाइण्डिग नहीं होती। स्टेटर के घूर्णी चुम्बकीय क्षेत्र से रोटर में भँवर धारा एवं हिस्टरैसिस प्रभाव दोनों उत्पन्न होते हैं। भँवर धाराएँ, प्रेरण मोटर टॉर्क विकसित करती हैं तथा हिस्टरैसिस प्रभाव, हिस्टरैसिस मोटर टॉर्क विकसित करता है।

चित्र हिस्टरैसिस मोटर

कार्यप्रणाली Working Method

इसमें रोटर के रिंग्स में प्रेरित हुआ वि.वा. बल, रोटर के पोल्स को उत्तेजित करता है। मोटर की शेष कार्यप्रणाली सामान्य तुल्यकालिक मोटर के समान ही होती है। यह मोटर एक नियत टॉर्क उत्पन्न करती है जिसका मान मोटर की विभिन्न गतियों पर भी अपरिवर्तित रहता है।

विशेषताएँ Characteristics

इस मोटर के रोटर पर न तो दाँते होते हैं और न ही किसी प्रकार की वाइण्डिग, इसलिए इस मोटर को अत्यधिक शान्त प्रचालन युक्त एवं यान्त्रिक व चुम्बकीय कम्पनों से मुक्त बनाया जाता है।

17.8 FHP मोटर्स FHP Motors

एक से कम अश्व-शक्ति (horse power) की मोटरों को फ्रेक्शनल हॉर्स पावर (FHP) मोटर कहते हैं। FHP (Fractional Horse Power) मोटर्स सामान्यत: सभी एकल-फेज प्रेरण मोटर का ही रूप हैं। 3-फेज प्रेरण मोटर्स की अपेक्षा सिंगल-फेज प्रेरण मोटर्स का अधिक प्रयोग इसलिए भी किया जाता है, क्योंकि निम्न लोड वाले उपकरणों में एकल-फेज की FHP मोटरों का प्रयोग किया जा सकता है। FHP मोटरों का पंखों, रेफ्रीजरेटरों, वैक्यूम क्लीनर्स, वाशिंग मशीनों तथा अन्य रसोई उपकरणों, औजारों, ब्लोअर्स सेन्ट्रीफ्यूगल पम्पों, खेती के छोटे उपकरणों आदि में व्यापक प्रयोग होता है।

उपरोक्त कारणों को ध्यान में रखते हुए अधिकतर फ्रेक्शनल हॉर्स पावर मोटरों को मानक आवृत्ति की सिंगल फेज ए.सी. सप्लाई पर प्रचालित करने हेतु बड़ी संख्या में निर्माण किया जाता है। मोटर निर्माण उद्योग में निश्चित माँग को पूर्ण करने हेतु ऐसी विभिन्न प्रकार की मोटरों को विकसित किया है। 2.5 वाट से 40 वाट तक के बहुत छोटे आकार की सिंगल-फेज FHP प्रेरण मोटरें खिलौने, हेयर ड्रायर आदि में प्रयोग की जाती हैं। यूनिवर्सल मोटर का व्यापक प्रयोग पोर्टेबल औजारों, वैक्यूम क्लीनर्स और रसोई उपकरणों में होता है।

17.9 घूर्णन गति के आधार पर ए.सी.मोटर्स AC Motors on the Basis of Rotation Speed

इस आधार पर ए.सी. मोटर्स को निम्न तीन प्रमुख वर्गों में वर्गीकृत किया जा सकता है

1. स्थिर गति मोटर Constant Speed Motor

जिस मोटर की घूर्णन गति नियत रहती है और उसे सरलता से परिवर्तित नहीं किया जा सकता, वह स्थिर गति मोटर कहलाती है; जैसे—तुल्यकालिक मोटर, शेडेड पोल मोटर।

2. परिवर्तनीय गति मोटर Variable Speed Motor

जिस मोटर की घूर्णन गति को एक निश्चित गति-सीमा में परिवर्तित किया जा सकता है, वह परिवर्तनीय गति मोटर कहलाती है; जैसे—यूनिवर्सल मोटर, रिपल्शन स्टार्ट मोटर, एकल-फेज स्लिप-रिंग प्रेरण मोटर।

3. समायोजनीय गति मोटर Adjustable Speed Motor

जिस मोटर की घूर्णन गति को एक निश्चित गति-सीमा में थोड़ा-बहुत समायोजित किया जा सकता है, वह समायोजनीय गति मोटर कहलाती है; जैसे—स्थायी कैपेसिटर प्रेरण मोटर, कैपेसिटर-स्टार्ट कैपेसिटर-रन मोटर, स्क्विरल केज प्रेरण मोटर, स्लिप-रिंग प्रेरण मोटर।

इस कार्य के लिए प्राय: स्टेटर वाइण्डिग में से 3-4 टेपिंग्स निकाली जाती हैं और वाइण्डिग के अंश को गति परिवर्तक स्विच के द्वारा आवश्यक गति के अनुसार परिपथ में रखा जाता है।

17.10 विभिन्न एकल फेज ए.सी. मोटर्स के घरेलू एवं औद्योगिक अनुप्रयोग Domestic and Industrial Applications of Different Single Phase AC Motors

घरेलू एवं औद्योगिक क्षेत्र में विभिन्न कार्य सम्पन्न करने में एवं विविध वैद्युतिक उपकरणों/युक्तियों में एकल फेज ए.सी. मोटर्स का उपयोग किया जाता है जिनका विवरण निम्न तालिका में दिया गया है

क्र.सं.	एकल फेज प्रेरण मोटर का प्रकार	अनुप्रयोग
1.	स्प्लिट फेज प्रेरण मोटर	इनका उपयोग छोटे पम्प, ग्राइण्डर, बफिंग मशीन, वाशिंग मशीन, वुड वर्किंग मशीन, फैन आदि में किया जाता है।
2.	कैपेसिटर प्रेरण मोटर	
	(i) कैपेसिटर-स्टार्ट मोटर	इस प्रकार की मोटर का उपयोग बैल्ट चालित पंखे, ब्लोअर, ड्रायर, पम्प, वाशिंग मशीन, कम्प्रैशर, प्रिन्टिंग प्रैस, वाटर कूलर आदि में किया जाता है।
	(ii) स्थायी कैपेसिटर मोटर	छत व मेज के पंखे, इण्डक्शन रेगुलेटर, आर्क वैल्डिंग कन्ट्रोल आदि में इसका उपयोग किया जाता है।
	(iii) कैपेसिटर-स्टार्ट कैपेसिटर-रन मोटर	रेफ्रिजरेटर, एयर कण्डीशनर, कम्प्रैशर, सीलिंग पंखों, ब्लोअर आदि में इसका उपयोग किया जाता है।
3.	शेडेड पोल मोटर	निम्न प्रारम्भिक टॉर्क के कारण इन मोटर्स का उपयोग हल्के कार्यों; जैसे-छोटे मेज-पंखे, हेयर ड्रायर, खिलौने, विद्युत घड़ी, विज्ञापन डिस्प्ले, फिल्म प्रोजेक्टर, रेडियो प्लेयर, फोटो-कॉपी मशीन, ग्रामोफोन आदि में किया जाता है।
4.	यूनिवर्सल मोटर	इसका उपयोग मिक्सर-ग्राइण्डर, वैक्यूम क्लीनर, सचल ड्रिल मशीन, सिलाई मशीन, लिफ्ट, साइरन आदि में किया जाता है। भारी कार्यों के अन्तर्गत इसका उपयोग विद्युत चालित रेल इंजन में किया जाता है। रेल इंजन के लिए 200 से 600V, 25 Hz, 2200 HP यूनिवर्सल मोटर प्रयोग की जाती है।
5.	रिपल्शन मोटर	इनका उपयोग मशीन टूल्स, रेफ्रीजरेटर, लेथ मशीन, हॉएस्ट एवं लिफ्ट आदि में किया जाता है।
6.	एकल-फेज स्लिप रिंग प्रेरण मोटर	इसका उपयोग ग्राइण्डर, लेथ मशीन एवं रेफ्रीजरेटर आदि में किया जाता है।
7.	स्टैपर मोटर	कम्प्यूटर डिस्क ड्राइव, टेलीप्रिन्टर, NC/CNC मिलिंग मशीन, X-रे टेबिल एवं सैटेलाइट सोलर पैनल की स्थिति निर्धारण करने में इसका उपयोग किया जाता है।
8.	रिलेक्टेन्स मोटर	रिलेक्टेन्स मोटर स्थिर गति अभिलक्षण के कारण सिग्नल उपकरणों, अभिलेख मापन यन्त्रों व फोनोग्राफ आदि में प्रयोग की जाती है।
9.	हिस्टरैसिस मोटर	इस मोटर का उपयोग मुख्यतः ध्वनि उपकरणों, विद्युत घड़ियों, सूचक यन्त्रों व गियर प्रणाली इत्यादि में किया जाता है।

17.11 एकल-फेज डी.ओ.एल. स्टार्टर Single-Phase DOL Starter

उद्योगों में, मशीनों की सुरक्षा में वृद्धि करने की दृष्टि से एकल-फेज मोटर के साथ एकल-फेज डी.ओ.एल. (Direct Online) स्टार्टर प्रयोग किया जाता है। इसमें निम्न मुख्य भाग होते हैं

1. संयोजक,
2. थर्मल ओवरलोड रिले
3. 'शॉर्ट-सर्किट' रिले तथा
4. 'ऑन' तथा 'ऑफ' पुश-बटन।

'ऑन' पुश-बटन दबाने पर संयोजकों के द्वारा मोटर का परिपथ पूर्ण हो जाता है और वह चालू हो जाती है। एक लीवर के द्वारा 'ऑन' पुश-बटन, 'ऑफ' स्थिति में रहता है, जब तक कि या तो 'ऑफ' पुश-बटन को न दबाया जाए अथवा ओवरलोड अथवा 'शॉर्ट-सर्किट' के कारण लीवर ट्रिप न हो जाए।

थर्मल ओवरलोड रिले प्रायः एक द्विधात्विक पत्ती (bimetallic strip) से बनी 'थर्मल रिले' होती है और इसमें ओवरलोड विद्युत धारा मान के समायोजन की व्यवस्था भी विद्यमान होती है।

'शॉर्ट-सर्किट रिले', एक विद्युत-चुम्बकीय रिले है जो मोटर परिपथ में 'शॉर्ट-सर्किट' हो जाने की स्थिति में मोटर को 'ऑफ' कर देती है और इस प्रकार वह मोटर वाइण्डिग तथा संयोजक केबिल की सुरक्षा करती है। चित्र में एकल-फेज डी.ओ.एल. स्टार्टर की संरचना दर्शाई गई है।

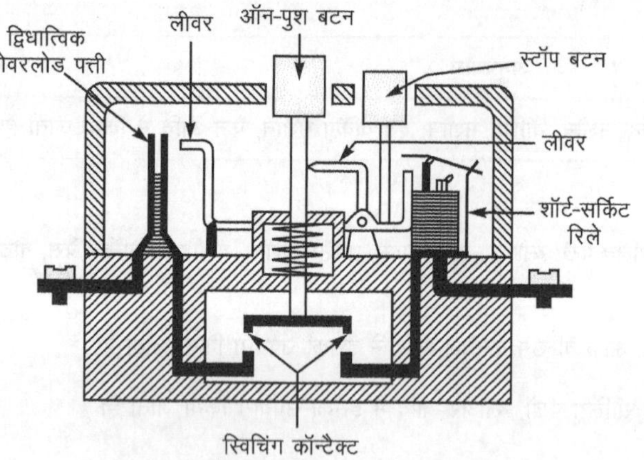

चित्र एकल-फेज डी.ओ.एल स्टार्टर की संरचना

17.12 एकल फेज प्रेरण मोटर में क्षतियाँ
Losses in Single Phase Induction Motor

एकल फेज प्रेरण मोटर में निम्न क्षतियाँ होती हैं

1. स्टेटर क्षति
2. रोटर क्षति
3. वायु एवं घर्षण क्षति

1. स्टेटर क्षति Stator Loss

स्टेटर में दो प्रकार की क्षतियाँ होती हैं

- **ताम्र क्षति** (Copper loss) यह क्षति स्टेटर वाइण्डिंग्स के कारण होती है और इसकी गणना डी.सी. मोटर्स की ही भाँति की जाती है। ताम्र क्षति, $W_c = I_s^2 . R_s [I_s =$ स्टेटर धारा (ऐम्पियर में) तथा $R_s =$ स्टेटर प्रतिरोध (ओम में)]।
- **लौह क्षति** (Iron loss) इसके अन्तर्गत हिस्टरैसिस तथा एडी धारा क्षतियाँ आती हैं। इनका मान नियत होता है और ये स्रोत आवृत्ति तथा फ्लक्स घनत्व पर निर्भर करती हैं।

2. रोटर क्षति Rotor Loss

रोटर में भी स्टेटर की भाँति ताम्र तथा लौह क्षतियाँ होती हैं, क्योंकि मोटर की पूर्ण गति पर रोटर आवृत्ति का मान बहुत कम होता है, इसलिए रोटर की लौह क्षति को नगण्य माना जा सकता है। वाउण्ड रोटर में ताम्र क्षति की गणना स्टेटर क्षति की भाँति ही की जाती है।

3. वायु एवं घर्षण क्षति
Air and Frictional Loss

रोटर के घूमने में वायु के अवरोध के कारण वायु क्षति तथा बियरिंग्स के घर्षण के कारण घर्षण क्षति उत्पन्न होती है। नीचे दी गई तालिका में एकल फेज प्रेरण मोटरों में क्षतियों से सम्बन्धित सूत्रों को दर्शाया गया है

तालिका क्षतियों से सम्बन्धित सूत्र

1. स्टेटर इनपुट (वाट्स में)	–	स्टेटर ताम्र तथा लौह क्षतियाँ (वाट्स में)	= स्टेटर आउटपुट (या रोटर इनपुट वाट्स में)
2. स्टेटर आउटपुट (वाट्स में)	–	रोटर ताम्र क्षति (वाट्स में)	= कुल उत्पन्न टॉर्क या यान्त्रिक शक्ति (वाट्स में)
3. कुल उत्पन्न टॉर्क (वाट्स में)	–	वायु तथा घर्षण क्षतियाँ (वाट्स में)	= रोटर का आउटपुट $\left(\frac{\text{वाट्स}}{735.5} = \text{BHP में}\right)$

17.13 एकल फेज प्रेरण मोटर की दक्षता
Efficiency of Single Phase Induction Motor

किसी मशीन के इनपुट और आउटपुट पर प्राप्त समान पावर से आशय अधिकतम दक्षता से है, परन्तु यदि यह पावर कम प्राप्त होती है, तो वह उपकरण/मशीन में किसी-न-किसी प्रकार की क्षति होती है। एकल-फेज प्रेरण मोटर की दक्षता, इसके रोटर आउटपुट एवं रोटर इनपुट का अनुपात होता है।

अतः $$\text{दक्षता } (\eta) = \frac{\text{रोटर आउटपुट}}{\text{रोटर इनपुट}}$$

$$= \frac{\text{उत्पन्न कुल यान्त्रिक शक्ति}}{\text{रोटर इनपुट}}$$

$$= \frac{\text{शाफ्ट में उत्पन्न शक्ति}}{\text{मोटर की विद्युत इनपुट}}$$

अतः, $$\eta = \frac{P_{out}}{P_{in}}$$

एकल फेज प्रेरण मोटर की प्रतिशत दक्षता

$$\eta\% = \frac{P_{out}}{P_{in}} \times 100$$

17.14 एकल-फेज प्रेरण मोटर्स का दोष-निवारण

Troubleshooting of Single-Phase Induction Motors

एकल फेज ए.सी. प्रेरण मोटर्स के मुख्य दोषों एवं उनके निवारणों को निम्न तालिका में दर्शाया गया है

क्र.सं.	दोष	कारण	निवारण
1.	मोटर चालू नहीं होती है	(i) अपकेन्द्रीय स्विच दोषयुक्त है।	(i) स्विच की जाँच करें, यदि स्विच खराब है, तो उसे बदलें।
		(ii) मुख्य वाइण्डिंग में खुला-परिपथ या लघु-परिपथ दोष है।	(ii) मुख्य वाइण्डिंग के दोष को ज्ञात करके मरम्मत करें।
		(iii) यदि मोटर, शेडेड पोल मोटर है, तो मोटर में लगी शेडेड रिंगों में खुला परिपथ दोष है।	(iii) शेडेड रिंगों की जाँच करें व दोष को दूर करें।
		(iv) कैपेसिटर खराब है।	(iv) कैपेसिटर की जाँच करें यदि आवश्यक हो तो बदल दें।
		(v) सहायक वाइण्डिंग में लघु-परिपथ दोष है या वाइण्डिंग के संयोजन खुल गये हैं।	(v) जाँच करके दोष को दूर करें।
2.	मोटर अधिक गर्म हो जाती है	(i) उचित वातायन नहीं है।	(i) मोटर के शीतलन पंखों की जाँच करें व मरम्मत करें।
		(ii) मोटर की स्टेटर वाइण्डिंग लघु पथित है।	(ii) जाँच करके दोष को दूर करें।
		(iii) मोटर पर अधिक यान्त्रिक भार है।	(iii) भार को कम करें।
3.	मोटर धीमी गति से घूमती है	(i) रोटर वाइण्डिंग की छड़ (बार) टूट गई है या छड़ों का शॉर्ट-सर्किट रिंगों से संयोजन टूट गया है।	(i) रोटर की छड़ बदल दें एवं संयोजन की पुनः जाँच करें।
		(ii) लाइनों में वोल्टेज ड्रॉप है जिससे मोटर के टर्मिनलों पर कम वोल्टेज है।	(ii) वोल्टेज ड्रॉप को दूर करें एवं टर्मिनलों पर उच्च वोल्टेज प्रदान करें।
4.	स्टार्टर को ऑन करने के पश्चात् भी मोटर चालू नहीं होती है।	(i) स्टार्टर के आउटपुट टर्मिनल पर वोल्टेज कम है।	(i) टर्मिनलों की जाँच करें एवं स्टार्टर व मोटर के मध्य के केबिलों की जाँच करें।
		(ii) इनकमिंग सप्लाई दोषपूर्ण है।	(ii) मुख्य स्विच से इनकमिंग सप्लाई की जाँच करें। फ्यूज की जाँच करें।

महत्त्वपूर्ण बिन्दु

- प्रेरण मोटर में घूमने वाला चुम्बकीय क्षेत्र उत्पन्न करने के लिए कम-से-कम दो फेज सप्लाई आवश्यक होती है।
- एकल फेज मोटर की संरचना, 3-फेज इण्डक्शन मोटर के समान ही होती है, अन्तर केवल इतना होता है कि इसमें 3-फेज वाइण्डिंग के स्थान पर एकल-फेज वाइण्डिंग स्थापित की जाती है तथा यह मोटर लो-वोल्टेज स्तर (250 V तक) पर कार्य करती है।
- स्प्लिट-फेज प्रेरण मोटर, फेज स्प्लिटिंग के सिद्धान्त पर कार्य करती है तथा इसका रोटर स्क्विरल केज प्रकार का होता है।
- स्प्लिट-फेज प्रेरण मोटर में रनिंग वाइण्डिंग तथा स्टार्टिंग वाइण्डिंग एक-दूसरे से 90° वैद्युतिक अंश पर स्थापित की जाती हैं।
- स्प्लिट फेज प्रेरण मोटर्स प्रायः 0.5 अश्व-शक्ति तक की क्षमता में बनाई जाती है तथा इनके पावर फैक्टर का मान 0.3 से 0.4 के बीच रखा जाता है।
- स्प्लिट-फेज प्रेरण मोटर को रेसिस्टेंस-स्टार्ट प्रेरण-रन मोटर भी कहते हैं।
- कैपेसिटर प्रेरण मोटर का रोटर भी स्क्विरल केज प्रकार का होता है।
- कैपेसिटर-स्टार्ट मोटर का प्रारम्भिक टॉर्क, रनिंग टॉर्क की अपेक्षा कई गुना अधिक होता है।
- कैपेसिटर-स्टार्ट मोटर का उपयोग बैल्ट चालित पंखे, ब्लोअर, ड्रायर, पम्प, वाशिंग मशीन आदि में किया जाता है।
- स्थायी कैपेसिटर मोटर में सेन्ट्रीफ्यूगल स्विच का प्रयोग नहीं किया जाता है।
- स्थायी कैपेसिटर का मान कम अर्थात् 2 से 2.5μF रखा जाता है तथा यह 80% गति पर अधिकतम टॉर्क प्रदान करती है।
- कैपेसिटर-स्टार्ट कैपेसिटर-रन मोटर का प्रारम्भिक टॉर्क, रनिंग टॉर्क से 3 गुने से अधिक उच्च होता है तथा स्टार्टिंग व रनिंग दोनों ही काल में पावर फैक्टर का मान उच्च होता है।
- कैपेसिटर-स्टार्ट कैपेसिटर-रन मोटर, 25% अधिक लोड पर भी पूर्ण दक्षता के साथ कार्यरत रहती है।
- शेडेड पोल मोटर्स प्रायः 3 वाट से 125 वाट क्षमता में बनाई जाती है जिनकी दक्षता बहुत कम अर्थात् 5% से 35% तक होती है।
- वह एकल-फेज प्रेरण मोटर जो प्रत्यावर्ती धारा तथा दिष्ट धारा दोनों पर लगभग समान गति से कार्य कर सके, यूनिवर्सल मोटर कहलाती है।
- यूनिवर्सल मोटर की संरचना डी.सी. सीरीज मोटर के समान होती है तथा इसे ए.सी. अथवा डी.सी. किसी भी प्रकार की सप्लाई से चलाया जा सकता है।
- यूनिवर्सल मोटर को ए.सी. सीरीज मोटर भी कहते हैं।
- यूनिवर्सल मोटर की घूर्णन-गति, लोड के व्युत्क्रमानुपाती होती है अर्थात् पूर्ण लोड पर कम तथा शून्य लोड पर अधिकतम होती है।
- यूनिवर्सल मोटर का उपयोग मिक्सर-ग्राइण्डर, वैक्यूम क्लीनर, सचल ड्रिल मशीन, सिलाई मशीन आदि में किया जाता है।
- प्लेन रिपल्शन मोटर की गति बुशों की स्थिति पर निर्भर करती है जो क्षेत्र ध्रुवों की अक्ष से 20° आगे रखे जाते हैं।
- रिपल्शन-स्टार्ट प्रेरण-रन मोटर का प्रारम्भिक टॉर्क, पूर्ण-लोड का 3 से 3.5 गुना तक होता है तथा प्रारम्भिक विद्युत धारा, पूर्ण-लोड विद्युत धारा की 2 से 2.5 गुना तक होती है।
- रिपल्शन-प्रेरण मोटर के रोटर पर दो प्रकार की वाइण्डिंग्स स्थापित की जाती है-सामान्य आर्मेचर तथा डीप केज वाइण्डिंग।
- रिपल्शन-प्रेरण मोटर की दक्षता उच्च एवं शक्ति गुणक लगभग 0.9 रहता है।
- एकल-फेज स्लिप-रिंग प्रेरण मोटर के स्टेटर पर केवल एक वाइण्डिंग स्थापित की जाती है जो रनिंग वाइण्डिंग कहलाती है।
- एकल-फेज स्लिप-रिंग प्रेरण मोटर में घूर्णन दिशा परिवर्तन की कोई व्यवस्था नहीं होती है।
- वह मोटर जिसे एक घूर्णन के 4वें, 8वें, 12वें..... आदि अंशों के लिए पगों (स्टैप्स) में घुमाया जा सके, स्टैपर या स्टैप मोटर कहलाती है जिसका प्रचालन डिजिटल संकेत से किया जाता है।
- स्टैपर मोटर का रोटर बेलनाकार होता है, इसलिए इस मोटर को यूनीपोलर मोटर भी कहते हैं।
- परिवर्ती रिलेक्टेन्स मोटर में रोटर पर स्थायी चुम्बक नहीं होते हैं तथा रोटर लौह चुम्बकीय मल्टीटीथ प्रकार का होता है।
- स्टैपर मोटर का प्रयोग NC मिलिंग मशीन, लेथ मशीन, कम्प्यूटर डिस्क ड्राइव में, X-रे टेबल; सेटेलाइट सोलर पैनल आदि में किया जाता है।
- रिलेक्टेन्स मोटर एक ऐसी सिंगल-फेज तुल्यकालिक मोटर होती है जिसका क्षेत्र खुला होता है।
- रिलेक्टेन्स मोटर स्थिर गति अभिलक्षण के कारण सिग्नल उपकरणों, अभिलेख मापन यन्त्रों व फोनोग्राफ आदि में प्रयोग की जाती है।
- हिस्टरैसिस मोटर में डी.सी. आपूर्ति की आवश्यकता नहीं होती है।
- हिस्टरैसिस मोटर का रोटर अचुम्बकीय पदार्थ; जैसे-क्रोम स्टील से बनाया जाता है जिसके चारों ओर उच्च हिस्टरैसिस गुण वाले पदार्थों से निर्मित छल्ले स्थापित किए जाते हैं जिसके कारण रोटर पर कोई वाइण्डिंग नहीं होती।
- हिस्टरैसिस मोटर का उपयोग मुख्यतः ध्वनि उपकरणों, विद्युत घड़ियों, सूचक यन्त्रों व गियर प्रणाली आदि में किया जाता है।
- एक से कम अश्व-शक्ति की मोटर्स को फ्रेक्शनल हॉर्स पावर (FHP) मोटर कहते हैं।
- निम्न लोड वाले उपकरणों में एकल फेज की FHP मोटर्स का प्रयोग किया जाता है।

महत्त्वपूर्ण प्रश्नोत्तरी

1. एकल–फेज मोटर्स स्वचालित क्यों नहीं होती? या एकल–फेज मोटर कैसे स्टार्ट होती है?

उत्तर एकल-फेज मोटर्स स्वचालित इसलिए नहीं होती, क्योंकि केवल एक फेज होने के कारण घूमने वाला चुम्बकीय क्षेत्र उत्पन्न नहीं होता। अतः एकल-फेज मोटर्स स्वचालित नहीं होती।

उसमें कोई-न-कोई ऐसी युक्ति अपनानी पड़ती है जिससे वह स्वयं स्टार्ट हो सके; जैसे–एक फेज को दो फेजों में विभक्त कर देना।

2. क्या स्प्लिट फेज प्रेरण मोटर में स्टार्टिंग वाइण्डिंग, पूर्ण गति पर भी संयोजित रहती है?

उत्तर स्प्लिट फेज प्रेरण मोटर में स्टार्टिंग वाइण्डिंग पूर्ण गति पर संयोजित नहीं होती, क्योंकि मोटर द्वारा पूर्ण गति प्राप्त कर लेने से पूर्व ही एक स्वचालित सेन्ट्रीफ्यूगल स्विच (centrifugal switch) के द्वारा स्टार्टिंग वाइण्डिंग को विसंयोजित कर दिया जाता है।

3. स्प्लिट फेज प्रेरण मोटर में यदि स्टार्टिंग वाइण्डिंग को विसंयोजित न किया जाए तो क्या होगा?

उत्तर स्प्लिट फेज प्रेरण मोटर में यदि स्टार्टिंग वाइण्डिंग को विसंयोजित न किया जाए, तो स्टार्टिंग वाइण्डिंग अधिक गर्म होकर जल सकती है।

4. एकल फेज ए.सी. मोटर में अपकेन्द्री स्विच का क्या कार्य है?

उत्तर एकल फेज ए.सी. मोटर में अपकेन्द्री स्विच, एकल फेज मोटर की स्टार्टिंग वाइण्डिंग के श्रेणी-क्रम में संयोजित किया जाता है। मोटर द्वारा पर्याप्त घूर्णन गति प्राप्त कर लेने पर, यह गति जनित अपकेन्द्री बल से ऊपर उठकर 'ऑफ' हो जाता है और मोटर केवल रनिंग वाइण्डिंग पर कार्य करती है। इस प्रकार, रनिंग वाइण्डिंग को पर्याप्त धारा प्राप्त होती है और वह पूरा भार सुगमता से उठा सकती है।

5. विद्युत पंखों में किस मान के कैपेसिटर प्रयोग किए जाते हैं?

उत्तर विद्युत पंखों में 1.5 से 2.5 माइक्रो फैरड तक मान के कैपेसिटर प्रयोग किए जाते हैं।

6. यदि आपूर्ति वोल्टता को निर्धारित मान से कम कर दिया जाए तो स्थायी कैपेसिटर मोटर की गति पर क्या प्रभाव पड़ेगा?

उत्तर यदि आपूर्ति वोल्टता को निर्धारित मान से कम कर दिया जाए तो स्थायी कैपेसिटर मोटर की घूर्णन गति घट जाएगी।

7. एक मोटर के बन्द होने पर यदि कैपेसिटर स्टार्ट इण्डक्शन–रन मोटर का सेन्ट्रीफ्यूगल स्विच सम्पर्क पुनः बन्द होना विफल हो जाता है। मोटर को पुनः चालू किया जाए तो क्या होगा?

उत्तर इस स्थिति में मोटर को पुनः चालू किया जाए, तो प्रयास विफल होगा एवं मोटर स्टार्ट नहीं होगी।

8. एक दोषित कैपेसिटर को बदलने के पश्चात् भी पंखे का मोटर निर्धारित वोल्टेज पर कम गति से घूमता है।

पंखे के ब्लेड्स और बियरिंग्स भी सही अवस्था में हैं। इस दोष का क्या कारण हो सकता है?

उत्तर दोषित कैपेसिटर को बदलने तथा पंखे के ब्लेड्स तथा बियरिंग्स सही अवस्था में होने के बाद भी निर्धारित वोल्टेज पर पंखे के कम गति से घूमने के निम्न कारण हैं

(i) रोटर-रिंग खुला-पथ होना।

(ii) वाइण्डिंग में आंशिक लघु-पथ होना।

9. शेडेड पोल मोटर की क्या विशेषता है?

उत्तर शेडेड पोल मोटर की विशेषता यह है कि इसका स्टार्टिंग टॉर्क बहुत कम होता है और इसका उपयोग घड़ी, हेयर ड्रायर, रिकॉर्ड प्लेयर आदि में किया जाता है।

10. 'मिक्सर–ग्राइण्डर' में कौन–सी मोटर प्रयोग की जाती है?

उत्तर 'मिक्सर-ग्राइण्डर' में यूनिवर्सल ए.सी. मोटर प्रयोग की जाती है।

11. रिपल्शन स्टार्ट मोटर में क्या विशेषता होती है?

उत्तर रिपल्शन स्टार्ट मोटर की यह विशेषता है कि इसका स्टार्टिंग टॉर्क अधिक और स्टार्टिंग धारा कम होती है। घूर्णन गति बढ़ने पर टॉर्क भी बढ़ जाता है। इसका उपयोग क्रेन आदि में किया जाता है।

12. स्टैपर मोटर को यूनीपोलर मोटर क्यों कहा जाता है? कारण दीजिए।

उत्तर स्टैपर मोटर में प्रयुक्त दोनों वाइण्डिंग को एकान्तर क्रम में उत्तेजित किया जाता है अर्थात् एक समय पर केवल एक वाइण्डिंग ऑन अवस्था में होगी तथा दूसरी ऑफ अवस्था में। इसी कारण स्टैपर मोटर को यूनीपोलर मोटर भी कहा जाता है।

अभ्यास प्रश्न

परीक्षा प्रारूपी प्रश्न

बहुविकल्पीय

1. प्रेरित वि.वा.ब. की दिशा सदैव ऐसी होती है कि वह ऐसी धारा स्थापित करने का प्रयास करता है जो उस गति अथवा चुम्बकीय पुंज परिवर्तन का विरोध करती है जिसके कारण वि.वा.ब. प्रेरित हुआ है। यह नियम कहलाता है
(a) ओम का नियम
(b) लैंज का नियम
(c) फैराडे का विद्युत-चुम्बकीय प्रेरण नियम
(d) जूल का नियम

2. भारत में सभी एकल–फेज मोटर्स ………… आवृत्ति पर प्रचालित होने के लिए निर्मित की जाती हैं।
(a) 50 Hz
(b) 50 ± 0.5 Hz
(c) 50 ± 1 Hz
(d) 50 ± 5 Hz

3. भारत में एकल–फेज मोटर्स किस वोल्टेज पर प्रचालित करने के लिए बनाए जाते हैं?
(a) केवल 220 V पर
(b) 220 V+ 10 V
(c) 200 ± 0 V
(d) 220 ± 10%

4. सिंगल–फेज मोटर में प्रारम्भिक वाइण्डिंग के विसंयोजित होने के पश्चात् मोटर केवल
(a) रनिंग वाइण्डिंग पर चलती है
(b) स्क्विरल फेज वाइण्डिंग पर चलती है
(c) कम्पेनसेटिंग वाइण्डिंग पर चलती है
(d) उपरोक्त में से कोई नहीं

5. स्प्लिट फेज मोटर को स्टार्ट करने के लिए रनिंग तथा स्टार्टिंग दोनों वाइण्डिंग को लाइन
(a) के समान्तर में संयोजित किया जाता है
(b) के श्रेणी में संयोजित किया जाता है
(c) के श्रेणी-समान्तर में संयोजित किया जाता है
(d) की प्रेरकीय कपलिंग में संयोजित किया जाता है

6. निम्न परिपथ को पहचानिए

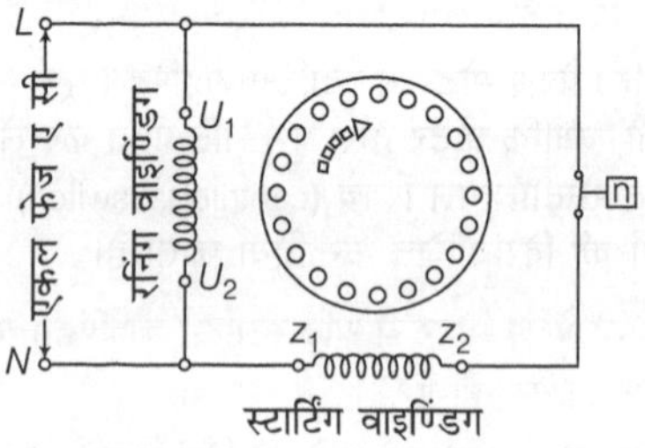

(a) स्थायी कैपेसिटर मोटर
(b) रिपल्शन मोटर
(c) शेडेड पोल मोटर
(d) स्प्लिट फेज मोटर

7. एकल–फेज कैपेसिटर स्टार्ट छोटी मोटर में प्रयुक्त कैपेसिटर का मान होगा
(a) 100 फैरड
(b) 10 फैरड
(c) 100 माइक्रो फैरड से कम
(d) 100 पिको फैरड से कम

8. एक सचल विद्युत ब्लोअर में सामान्यत: किस प्रकार की मोटर प्रयुक्त की जाती है?
(a) रिपल्शन-स्टार्ट मोटर
(b) यूनिवर्सल मोटर
(c) कैपेसिटर-स्टार्ट मोटर
(d) हिस्टरैसिस मोटर

9. कैपेसिटर स्टार्ट मोटर की स्टार्टिंग वाइण्डिंग में से प्रवाहित होने वाली धारा, वाइण्डिंग के श्रेणी–क्रम में जुड़े कैपेसिटर के साथ आरोपित वोल्टेज से लगभग ……… होती है।
(a) 20° अग्रगामी
(b) 70° पश्चगामी
(c) 20° पश्चगामी
(d) 70° अग्रगामी

10. कैपेसिटर स्टार्ट मोटर में लगा सेन्ट्रीफ्यूगल स्विच, मोटर पर अंकित घूर्णन गति का लगभग कितने प्रतिशत भाग प्राप्त कर लेने पर ऑफ हो जाता है?
(a) 20%
(b) 75%
(c) 50%
(d) 90%

11. कैपेसिटर स्टार्ट मोटर में उत्पन्न टॉर्क ······ के अनुक्रमानुपाती होता है।
(a) रनिंग वाइण्डिंग की धारा (I_m)
(b) स्टार्टिंग वाइण्डिंग की धारा (I_s)
(c) रनिंग तथा स्टार्टिंग वाइण्डिंग के मध्य बने कोण
(d) उपरोक्त सभी

12. निम्न में से किस कैपेसिटर मोटर में सेन्ट्रीफ्यूगल स्विच का प्रयोग नहीं किया जाता?
(a) कैपेसिटर-स्टार्ट मोटर
(b) स्थायी कैपेसिटर मोटर
(c) कैपेसिटर-स्टार्ट कैपेसिटर-रन मोटर
(d) उपरोक्त सभी

13. निम्न में से किस मोटर में दो कैपेसिटर का समान्तर युग्म प्रयुक्त किया जाता है?
(a) कैपेसिटर-स्टार्ट मोटर
(b) स्थायी कैपेसिटर मोटर
(c) कैपेसिटर-स्टार्ट कैपेसिटर-रन मोटर
(d) उपरोक्त में से कोई नहीं

14. कैपेसिटर-स्टार्ट मोटर के घूमने की दिशा को ·········· द्वारा रिवर्स (reverse) किया जा सकता है।
(a) आपूर्ति टर्मिनल के संयोजन बदलकर
(b) केवल सहायक टर्नों के संयोजन को बदलकर
(c) या तो मेन वाइण्डिंग या ऑक्जिलरी वाइण्डिंग के टर्मिनलों के संयोजन को बदलकर
(d) केवल मेन वाइण्डिग के संयोजनों को बदलकर

15. घरेलू रेफ्रीजरेटर में निम्न में से कौन-सी मोटर प्रयोग की जाती है?
(a) डी.सी. सीरीज मोटर (b) डी.सी. शण्ट मोटर
(c) यूनिवर्सल मोटर (d) सिंगल-फेज प्रेरण मोटर

16. निम्न में से कौन-सी प्रतिवर्ती मोटर (reversible motor) है?
(a) यूनिवर्सल मोटर
(b) कैपेसिटर स्टार्ट स्प्लिट फेज मोटर
(c) 'a' और 'b' दोनों
(d) उपरोक्त में से कोई नहीं

17. स्थायी कैपेसिटर मोटर कितने प्रतिशत गति पर अधिकतम टॉर्क प्रदान करती है?
(a) 20% (b) 40%
(c) 60% (d) 80%

18. कैपेसिटर-स्टार्ट मोटर में कैपेसिटर ·········· के श्रेणी-क्रम में संयोजित किया जाता है।
(a) स्टार्टिंग वाइण्डिंग (b) रनिंग वाइण्डिंग
(c) कम्पेनसेटिंग वाइण्डिंग (d) इनमें से कोई नहीं

19. वाइण्डिंग मशीन में निम्न में से कौन-सी मोटर प्रयुक्त की जाती है?
(a) यूनिवर्सल मोटर
(b) शेडेड पोल मोटर
(c) रिपल्शन मोटर
(d) कैपेसिटर-स्टार्ट मोटर

20. कैपेसिटर स्टार्ट प्रेरण मोटर का स्टार्टिंग टॉर्क होता है
(a) शून्य
(b) कम
(c) रेटिड टॉर्क के बराबर
(d) रेटिड टॉर्क से अधिक

21. कैपेसिटर स्टार्ट मोटर की स्टार्टिंग वाइण्डिग में, स्प्लिट फेज मोटर की अपेक्षा टर्नों की संख्या
(a) बराबर होगी (b) अधिक होगी
(c) कम होगी (d) इनमें से कोई नहीं

22. चित्र में किस प्रकार का एकल-फेज प्रेरण मोटर दर्शाया गया है?

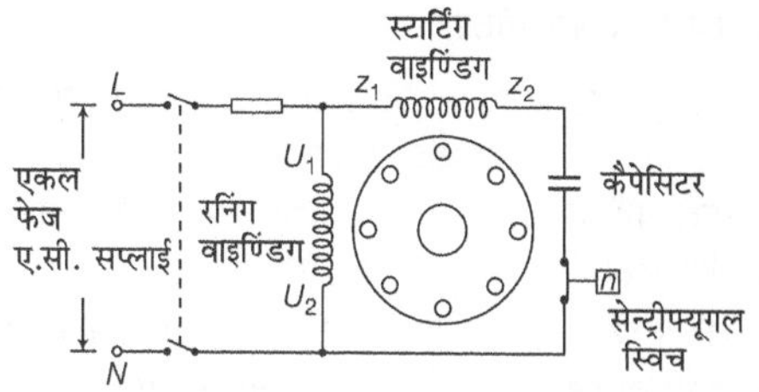

(a) स्प्लिट-फेज प्रेरण मोटर (b) कैपेसिटर प्रेरण मोटर
(c) शेडेड पोल मोटर (d) यूनिवर्सल मोटर

23. यदि आपूर्ति वोल्टेज को निर्धारित मान से कम कर दिया जाए, तो स्थायी कैपेसिटर मोटर की घूर्णन गति
(a) बढ़ जाएगी (b) घट जाएगी
(c) शून्य हो जाएगी (d) अत्यधिक बढ़ जाएगी

24. सिंगल-फेज मोटरों की सुरक्षा के लिए फ्यूज का निर्धारण ············ के तीन गुना के बराबर होना चाहिए।
(a) प्रवाहित धारा (b) चालू करने वाली धारा
(c) नो लोड धारा (d) फुल लोड धारा

25. कैपेसिटर स्टार्ट मोटर में प्रयुक्त कैपेसिटर का प्रकार है
(a) इलेक्ट्रोलाइटिक कैपेसिटर (b) सेरामिक कैपेसिटर
(c) पेपर कैपेसिटर (d) माइका कैपेसिटर

26. किसी स्थायी कैपेसिटर मोटर द्वारा ली गई धारा ·········· होगी।
(a) वोल्टेज से 90° से कम अग्रगामी (b) वोल्टेज से 90° अग्रगामी
(c) वोल्टेज से 90° पश्चगामी (d) वोल्टेज के साथ फेज में

27. किसी स्थायी कैपेसिटर मोटर के घूर्णन की दिशा ············ को बदलकर बदला जा सकता है।
(a) अपकेन्द्रीय स्विच के सिरों
(b) सहायक वाइण्डिग के सिरों
(c) कैपेसिटर के सिरों
(d) आपूर्ति के सिरों

28. सिंगल-फेज कैपेसिटर-स्टार्ट प्रेरण मोटर से चालित मशीन का प्रयोग आर्द्र चक्की में होता है। आप कैपेसिटर को आर्द्र चक्की मोटर से कैसे सम्पर्कित करेंगे?
(a) स्टार्टिंग वाइण्डिग से श्रेणी-क्रम में
(b) रनिंग वाइण्डिग से श्रेणी-क्रम में
(c) स्टार्टिंग वाइण्डिग से समान्तर क्रम में
(d) रनिंग वाइण्डिग से समान्तर क्रम में

29. किसी कैपेसिटर-स्टार्ट प्रेरण चालित मोटर में कैपेसिटर का प्रयोग .... के लिए होता है।
(a) अपकेन्द्रीय स्विच से होकर चिंगारी दबाने
(b) धारा को मुख्य वाइण्डिंग में आगे बढ़ाने
(c) पावर फैक्टर को बढ़ाने
(d) घूर्णीय चुम्बकीय क्षेत्र उत्पन्न करने

30. फुल लोड पर उच्चतम पावर फैक्टर वाली सिंगल फेज प्रेरण मोटर का प्रकार होता है
(a) शेडेड पोल मोटर
(b) स्प्लिट फेज मोटर
(c) कैपेसिटर-स्टार्ट मोटर
(d) कैपेसिटर रन मोटर

31. कैपेसिटर-स्टार्ट मोटर में यदि कैपेसिटर के स्थान पर समान मान का एक प्रेरकत्व लगा दिया जाए, तब मोटर
(a) चालू नहीं होगी (b) सामान्य रूप से चलेगी
(c) जल जाएगी (d) ये सभी

32. कैपेसिटर-स्टार्ट मोटर की घूमने की दिशा परिवर्तन करने से पहले
(a) सेन्ट्रीफ्यूगल स्विच ओपन कर देना चाहिए
(b) रनिंग वाइण्डिंग ओपन कर देनी चाहिए
(c) स्टार्टिंग वाइण्डिंग लाइन से संयोजित कर देनी चाहिए
(d) कैपेसिटर कनेक्शन बदल देने चाहिए

33. यदि एक कैपेसिटर-स्टार्ट मोटर का सेन्ट्रीफ्यूगल स्विच खुला हो, तब
(a) मोटर रुक जाएगी
(b) ऑक्जिलियरी वाइण्डिंग नष्ट हो जाएगी
(c) कैपेसिटर नष्ट हो जाएगा
(d) उपरोक्त में से कोई नहीं

34. निम्न परिपथ को पहचानिए।

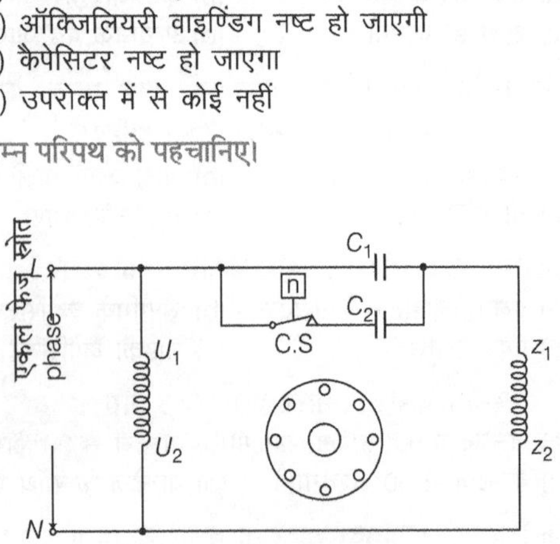

(a) कैपेसिटर-स्टार्ट कैपेसिटर-रन मोटर
(b) हिस्टरैसिस मोटर
(c) रिलेक्टेन्स मोटर
(d) स्टैपर मोटर

35. स्प्लिट फेज मोटर की तुलना में कैपेसिटर-स्टार्ट मोटर की स्टार्टिंग वाइण्डिंग में टर्नों की संख्या होती है
(a) समान
(b) अधिक
(c) कम
(d) उपरोक्त में से कोई नहीं

36. निम्न में से किस एकल-फेज मोटर का प्रारम्भिक घुमाव बल न्यूनतम होगा?
(a) कैपेसिटर-स्टार्ट कैपेसिटर-रन मोटर
(b) रिपल्शन-प्रेरण मोटर
(c) शेडेड पोल मोटर
(d) यूनिवर्सल मोटर

37. शेडेड पोल मोटर्स की दक्षता कितने प्रतिशत तक होती है?
(a) 10% से 40% तक (b) 5% से 35% तक
(c) 5% से 30% तक (d) 10% से 50% तक

38. शेडेड पोल मोटर में शेडिंग क्वॉयल बनी होती है
(a) लोहे से (b) एल्युमीनियम से
(c) कॉपर से (d) पीतल से

39. टेप-रिकॉर्डर में निम्न में से कौन-सी मोटर प्रयोग की जाती है?
(a) यूनिवर्सल मोटर (b) शेडेड पोल मोटर
(c) कैपेसिटर-स्टार्ट मोटर (d) रिपल्शन मोटर

40. शेडेड पोल मोटर के मुख्य ध्रुव की तुलना में शेडेड रिंग का स्थान .... निर्धारित करता है।
(a) मोटर की चाल (b) घूर्णन की दिशा
(c) दक्षता (d) बल-आघूर्ण

41. निम्न चित्र को पहचानिए।

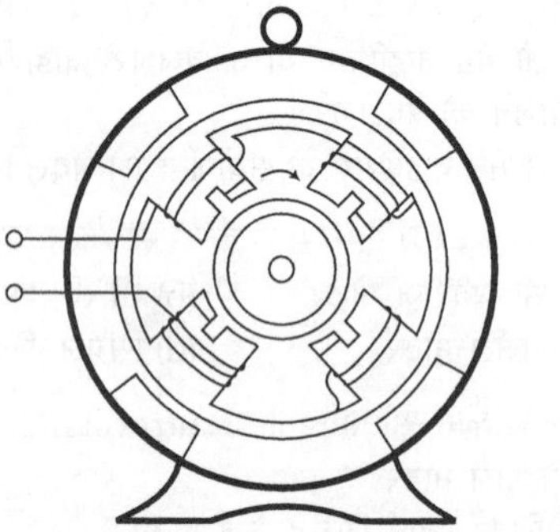

(a) यूनिवर्सल मोटर (b) स्टैपर मोटर
(c) शेडेड पोल प्रेरण मोटर (d) रिलेक्टेन्स मोटर

42. शेडेड पोल मोटर में घूर्णन की दिशा होती है
(a) मुख्य पोल से शेडेड पोल की ओर
(b) शेडेड पोल से मुख्य पोल की ओर
(c) सप्लाई लाइन ध्रुवता पर निर्भर
(d) उपरोक्त में से कोई नहीं

43. यूनिवर्सल मोटर की बनावट .... मोटर की भाँति होती है।
(a) शेडेड पोल (b) ए.सी.सीरीज
(c) डी.सी. सीरीज (d) रिपल्शन

44. रेल इंजन के लिए कितनी अश्व-शक्ति तक की यूनिवर्सल मोटर प्रयोग की जाती है?
(a) 1100 HP (b) 1500 HP
(c) 2200 HP (d) 2500 HP

45. यूनिवर्सल मोटर के दिखाए गए चित्र में जाँच विधियों का कथन के साथ मिलान कीजिए।

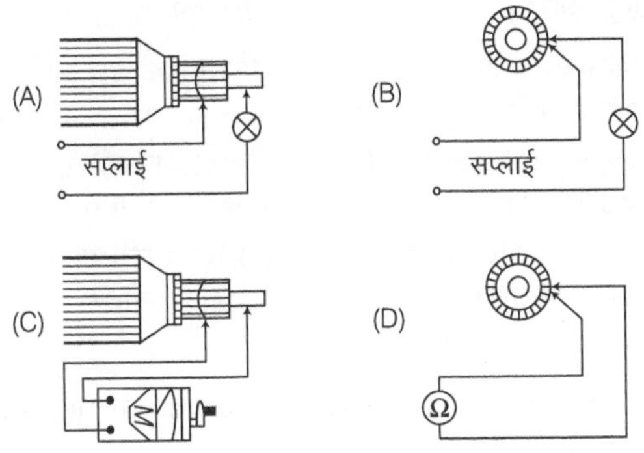

(i) वाइण्डिंग के खुले परिपथ की अवस्था में लैम्प नहीं जलेगा
(ii) सम्पूर्ण वाइण्डिंग की ग्राउण्डिंग जाँचने में
(iii) आर्मेचर कुण्डली के प्रतिरोध मापन में
(iv) जलती स्थिति ग्राउण्ड दोष दर्शाती है
(v) इन्सुलेशन प्रतिरोध मापने में

कूट
(a) A-(ii); B-(i, v); C-(iii); D-(iv)
(b) A-(iv); B-(i); C-(ii, v); D-(iii)
(c) A-(i); B-(iii); C-(ii); D-(iv, v)
(d) A-(i, iii); B-(ii); C-(iv); D-(v)

46. मिक्सर-ग्राइण्डर में निम्न में से कौन-सी मोटर प्रयोग की जाती है?
(a) शेडेड पोल मोटर (b) यूनिवर्सल मोटर
(c) कैपेसिटर-स्टार्ट मोटर (d) स्थायी कैपेसिटर मोटर

47. जब 5000 RPM गति की मोटर की आवश्यकता होती है, तब निम्न में से किस मोटर का चुनाव करना चाहिए?
(a) कैपेसिटर स्टार्ट मोटर (b) शेडेड पोल मोटर
(c) हिस्टरैसिस मोटर (d) यूनिवर्सल मोटर

48. किसी यूनिवर्सल मोटर में आर्मेचर अभिक्रिया को ………… द्वारा कम किया जा सकता है।
(a) बहिर्गत ध्रुव
(b) क्षतिपूर्ति करने वाले आर्मेचर
(c) बुश स्थिति को परिवर्तित करके
(d) समकारी

49. यूनिवर्सल मोटर का एक ऑपरेटिंग गुण है
(a) सभी लोड्स पर अचर चाल
(b) फुल लोड पर उच्च चाल
(c) फुल लोड पर अचर चाल
(d) लोड पर निर्भर परिवर्तित चाल

50. निम्न में से कौन-सी मोटर उच्चतम टॉर्क युक्त होगी?
(a) कैपेसिटर-स्टार्ट मोटर
(b) यूनिवर्सल मोटर
(c) शेडेड पोल मोटर
(d) रिलेक्टेन्स मोटर

51. एक यूनिवर्सल मोटर को प्रचालित करते समय विद्युत झटका लगता है निम्न में से कौन-सा सम्भावित कारण है?
(a) फील्ड वाइण्डिग का अर्थ होना
(b) आर्मेचर वाइण्डिंग में शॉर्ट-सर्किट दोष उत्पन्न होना
(c) मोटर को उसकी अंकित गति से अधिक गति पर चलाना
(d) उपरोक्त सभी

52. सामान्य रूप से किस मोटर की गति 3000 RPM से अधिक हो सकती है?
(a) स्प्लिट-फेज प्रेरण मोटर (b) कैपेसिटर-स्टार्ट मोटर
(c) यूनिवर्सल मोटर (d) शेडेड पोल मोटर

53. एक रिपल्शन-स्टार्ट प्रेरण-रन मोटर उस अवस्था में प्रेरण मोटर की भाँति चलती है, जब
(a) कम्यूटेटर सैगमैन्ट शॉर्ट-सर्किट हो जाते हैं
(b) बुश न्यूट्रल प्लेन में शिफ्ट हो जाते हैं
(c) स्टेटर कनेक्शन रिवर्स किए जाते हैं
(d) शॉर्ट-सर्किट करने के लिए कोई डिवाइस प्रयुक्त की जाती है

54. रिपल्शन मोटर का मुख्य अवगुण है
(a) भार परिवर्तन से गति में परिवर्तन होना
(b) निम्न शक्ति गुणक होना
(c) बुशों पर स्फुरण उत्पन्न होना
(d) उपरोक्त सभी

55. रिपल्शन मोटर की घूर्णन दिशा, …………… परिवर्तित करके बदली जा सकती है।
(a) स्रोत संयोजन
(b) स्टेटर संयोजन
(c) रोटर कुण्डलन संयोजन
(d) बुश स्थिति

56. निम्नलिखित में से किस प्रकार की एकल-फेज मोटर उत्तम पावर फैक्टर पर कार्य करती है?
(a) यूनिवर्सल मोटर (b) रिपल्शन मोटर
(c) कैपेसिटर-स्टार्ट मोटर (d) कैपेसिटर-रन मोटर

57. एकल कला मोटर जिसकी घूर्णन दिशा का परिवर्तन संयोजन को बदलकर नहीं किया जा सकता …………… कहलाती है।
(a) कैपेसिटर-स्टार्ट कैपेसिटर-रन मोटर
(b) डबल कैपेसिटर मोटर
(c) रिपल्शन प्रेरण मोटर
(d) यूनिवर्सल मोटर

58. सूची I का सूची II से मिलान कीजिए।

	सूची I	सूची II
A.	कैपेसिटर-स्टार्ट कैपेसिटर-रन मोटर	(i) मिक्सर-ग्राइण्डर
B.	शेडेड पोल मोटर	(ii) हेयर ड्रायर
C.	यूनिवर्सल मोटर	(iii) कम्प्रैशर
D.	रिपल्शन-स्टार्ट प्रेरण-रन मोटर	(iv) लेथ मशीन

कूट

(a) A-(ii); B-(iv); C-(iii); D-(i)
(b) A-(iii); B-(i); C-(iv); D-(ii)
(c) A-(iv); B-(ii); C-(i); D-(iii)
(d) A-(iv); B-(iii); C-(ii); D-(i)

59. निम्न में से कौन-सा वक्र रिपल्शन प्रेरण मोटर के टॉर्क-गति अभिलक्षण को दर्शाता है?

(a)
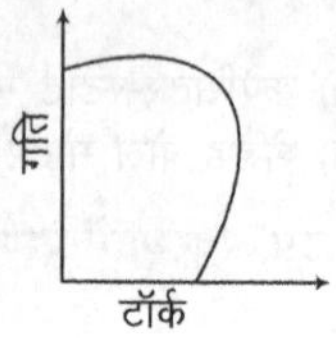

(b)
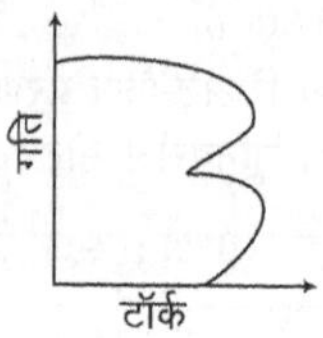

(c)
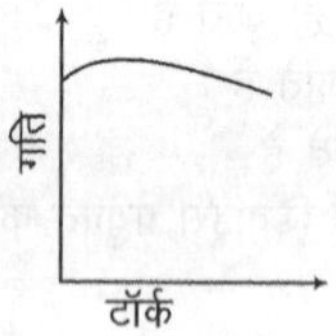

(d)
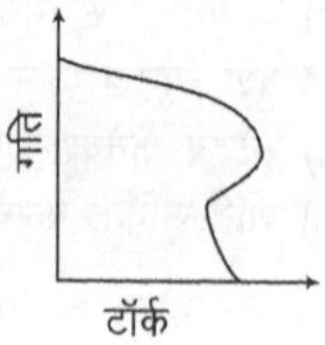

60. नो लोड पर रिपल्शन मोटर की गति होती है
(a) निम्न
(b) उच्च
(c) अत्यधिक निम्न
(d) अत्यधिक उच्च

61. रिपल्शन-स्टार्ट प्रेरण-रन मोटर्स में, जब मोटर चल रही है, तो बुश
(a) कम्यूटेटर से ऊपर उठेगा एवं एक मैकेनिज्म के द्वारा लघु-परिपथ में होगा
(b) कम्यूटेटर से ऊपर उठेगा एवं कम्यूटेटर मैकेनिज्म के द्वारा लघु परिपथ में होगा
(c) कम्यूटेटर पर रहेगा जबकि उनके सिरे लघु-परिपथ में होंगे
(d) कम्यूटेटर पर रहेगा एवं ए.सी. आपूर्ति से एक मैकेनिज्म के द्वारा संयोजित होगा

62. स्लिप रिंग मोटर का पावर फैक्टर 0.8 से ·········· तक होता है।
(a) 0.9 (b) 1.0
(c) 0.98 (d) 0.99

63. किसी प्रेरण मोटर की स्टेटर वाइण्डिंग अचानक जल उठती है जबकि इसका रोटर ए.सी. आपूर्ति के दौरान पश्च वि.वा.बल की अनुपस्थिति के कारण घूर्णन नहीं करता है। कौन-सी मोटर की स्टेटर वाइण्डिंग नहीं जलेगी, जबकि मोटर का रोटर नहीं घूमता है?
(a) शेडेड पोल मोटर (b) स्लिप रिंग मोटर
(c) कैपेसिटर मोटर (d) स्टैपर मोटर

64. स्टैपर मोटर का रोटर होता है
(a) वृत्ताकार (b) बेलनाकार (c) आयताकार (d) वर्गाकार

65. एक बिना एक्साइटेशन वाली सिंगल फेज सिंक्रोनस मोटर होती है
(a) रिलेक्टेन्स मोटर (b) यूनिवर्सल मोटर
(c) रिपल्शन मोटर (d) ए.सी. सीरीज मोटर

66. हिस्टरैसिस मोटर का रोटर बनाया जाता है
(a) चुम्बकीय पदार्थ से
(b) विद्युत चुम्बकीय पदार्थ से
(c) अचुम्बकीय पदार्थ से
(d) उपरोक्त में से कोई नहीं

67. हिस्टरैसिस मोटर के घूर्णन की दिशा ······ द्वारा निर्धारित होती है।
(a) मुख्य पोल के सापेक्ष शेडेड पोल की स्थिति
(b) रोटर मैटीरियल की धारणीयता
(c) सप्लाई लीड के परस्पर परिवर्तन पर
(d) उपरोक्त में से कोई नहीं

68. यदि एक एकल-फेज प्रेरण मोटर निर्धारित गति से कम गति पर चलती है, तो दोष का मुख्य कारण है
(a) फ्यूजों का अनुचित आकार
(b) आवरणों के घिसने या निम्न वोल्टेज या ओवरलोड
(c) वाइण्डिंग में खुला परिपथ
(d) वाइण्डिंग में लघु परिपथ

उत्तरमाला

1. (b)	2. (d)	3. (d)	4. (a)	5. (a)	6. (d)	7. (c)	8. (c)	9. (a)	10. (b)
11. (c)	12. (b)	13. (c)	14. (c)	15. (d)	16. (c)	17. (d)	18. (a)	19. (d)	20. (b)
21. (b)	22. (b)	23. (b)	24. (d)	25. (a)	26. (a)	27. (b)	28. (a)	29. (c)	30. (d)
31. (a)	32. (c)	33. (c)	34. (a)	35. (b)	36. (c)	37. (b)	38. (c)	39. (b)	40. (b)
41. (c)	42. (a)	43. (c)	44. (c)	45. (b)	46. (b)	47. (d)	48. (b)	49. (d)	50. (b)
51. (a)	52. (c)	53. (a)	54. (d)	55. (d)	56. (b)	57. (c)	58. (c)	59. (d)	60. (d)
61. (b)	62. (a)	63. (d)	64. (b)	65. (a)	66. (c)	67. (a)	68. (b)		

अध्याय 18

कण्डेन्सर

Condenser

परिचय Introduction

रेफ्रिजरेशन एवं एयर कण्डीशनिंग प्रणाली में कण्डेन्सर एक महत्त्वपूर्ण भूमिका निभाता है, क्योंकि इसके द्वारा कम्प्रैसर से प्राप्त होने वाली उच्च ताप की वाष्प को ठण्डा करके द्रव में परिवर्तित किया जाता है। कण्डेन्सर, रेफ्रिजरेन्ट वाष्प से ऊष्मा प्राप्त करके उसे वायु अथवा जल में स्थानान्तरित कर देता है। कण्डेन्सर विभिन्न प्रकार के होते हैं, जिनका उपयोग रेफ्रिजरेशन प्रणाली की क्षमता, रेफ्रिजरेन्ट के प्रकार तथा कूलिंग सिस्टम के आधार पर किया जाता है। रेफ्रिजरेशन प्रणाली में रेफ्रिजरेन्ट को कण्डेन्सर द्वारा ठण्डा करने के पश्चात् तरल रिसीवर में संग्रहीत किया जाता है। इस अध्याय में कण्डेन्सर तथा तरल रिसीवर का विस्तृत विवरण दिया गया है।

अध्याय विषय सूची

18.1 कण्डेन्सर की कार्यविधि
Working Method of Condenser

कण्डेन्सर एक ऊष्मा स्थानान्तरक (heat exchanger) युक्ति है, जिसके द्वारा कम्प्रैसर और एवैपोरेटर की सहायता से रेफ्रिजरेन्ट को दी गई ऊष्मा को वायु, जल अथवा दोनों में स्थानान्तरित कर दिया जाता है। इस प्रक्रिया में रेफ्रिजरेन्ट वाष्प की ऊष्मा अथवा गर्मी को वायु या जल में भेजकर रेफ्रिजरेन्ट वाष्प को द्रव या तरल में परिवर्तित किया जाता है। निम्न आरेख में कण्डेन्सर की कार्यविधि को दर्शाया गया है। इसमें क्वॉयल्स के रूप में निर्मित कण्डेन्सर में एक ओर से कम्प्रैसर द्वारा प्राप्त उच्च ताप एवं दाब की रेफ्रिजरेन्ट वाष्प को इनलेट (inlet) किया जाता है। कण्डेन्सर को कूलेन्ट (वायु अथवा जल) से भरे पात्र में रखा जाता है। यह कूलेन्ट, रेफ्रिजरेन्ट वाष्प की ऊष्मा को अवशोषित कर लेता है, जिससे रेफ्रिजरेन्ट वाष्प ठण्डी होकर तरल में परिवर्तित हो जाती है।

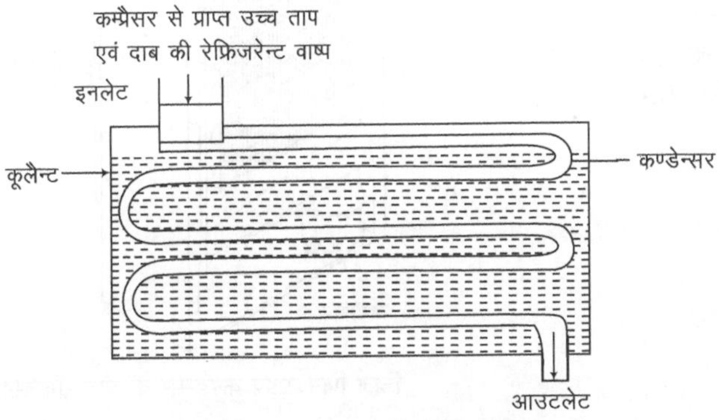

चित्र कण्डेन्सर का कार्यविधि आरेख

18.2 कण्डेन्सरों का वर्गीकरण Classification of Condensers

कण्डेन्सरों का वर्गीकरण निम्न प्रकार है

- कण्डेन्सर
  - 1. एयर कूल्ड कण्डेन्सर
    - (i) प्राकृतिक कन्वेक्शन कण्डेन्सर
      - (a) फिन टाइप कण्डेन्सर
      - (b) प्लेट टाइप कण्डेन्सर
      - (c) बॉडी कण्डेन्सर
    - (ii) फोर्स्ड कन्वेक्शन कण्डेन्सर
      - (a) चेसिस माउण्टिड कण्डेन्सर
      - (b) रिमोट टाइप कण्डेन्सर
  - 2. वाटर कूल्ड कण्डेन्सर
    - (i) शैल एवं ट्यूब कण्डेन्सर
      - (a) हॉरिजोण्टल शैल एवं ट्यूब कण्डेन्सर
      - (b) वर्टिकल शैल एवं ट्यूब कण्डेन्सर
    - (ii) शैल एवं क्वॉयल कण्डेन्सर
    - (iii) डबल पाइप कण्डेन्सर
  - 3. एवैपोरेटिव कण्डेन्सर

1. एयर कूल्ड कण्डेन्सर Air Cooled Condenser

वे कण्डेन्सर जिनमें रेफ्रिजरेन्ट वाष्प को ठण्डा करने के लिए वायु का प्रयोग किया जाता है, एयर कूल्ड कण्डेन्सर कहलाते हैं। इस प्रकार के कण्डेन्सर में रेफ्रिजरेन्ट वाष्प को नलिकाओं में प्रवाहित किया जाता है तथा इन नलिकाओं के ऊपर वायु प्रवाहित की जाती है। यह वायु रेफ्रिजरेन्ट वाष्प से ऊष्मा को सोखकर उसे ठण्डा कर देती है।

एयर कूल्ड कण्डेन्सर निम्न दो प्रकार के होते हैं

(i) प्राकृतिक कन्वेक्शन कण्डेन्सर

(ii) फोर्स्ड कन्वेक्शन कण्डेन्सर

(i) प्राकृतिक कन्वेक्शन कण्डेन्सर Natural Convection Condenser

इस प्रकार के कण्डेन्सर में प्राकृतिक वायु अथवा वातावरण की सहायता से कम्प्रैस रेफ्रिजरेन्ट वाष्प के तापमान को कम किया जाता है। इन कण्डेन्सरों की कूलिंग करने की क्षमता कम होती है, क्योंकि इनमें अधिक कण्डेन्सिंग क्षेत्र की आवश्यकता होती है तथा इसमें प्रकृति विधि द्वारा धीरे-धीरे रेफ्रिजरेन्ट की कूलिंग होती है। प्राकृतिक कण्डेन्सर द्वारा रेफ्रिजरेन्ट की कूलिंग, कण्डेन्सर के वायु में क्षेत्रफल पर निर्भर करती है। एक टन क्षमता के रेफ्रिजरेशन के लिए 2.5 से 5 मीटर^2 के कण्डेन्सर क्षेत्रफल की आवश्यकता होती है तथा वायु की मात्रा 30 मी^{2} होनी चाहिए। इन कण्डेन्सरों में रेफ्रिजरेन्ट की ऊष्मा का स्थानान्तरण वायु की गति पर निर्भर करता है। इसके लिए वायु का वेग 300 मी/मि होना चाहिए। इस प्रकार के कण्डेन्सरों का प्रयोग घरेलू रेफ्रिजरेटरों, डीप फ्रीजरों तथा कम क्षमता वाले उपकरणों में किया जाता है।

प्राकृतिक कन्वेक्शन कण्डेन्सर निम्न प्रकार के होते हैं—

(a) फिन टाइप कण्डेन्सर

(b) प्लेट टाइप कण्डेन्सर

(c) बॉडी टाइप कण्डेन्सर

(a) फिन टाइप कण्डेन्सर Fin Type Condenser

इस प्रकार के कण्डेन्सर में एक ऊर्ध्वाधर (vertical) फ्रेम के ऊपर फिन्स (fins) लगी होती है। ये फिन्स, फ्रेम पर उचित अन्तराल में वैल्ड की हुई 2 मिमी व्यास की छड़ों के रूप में होती है। इन फिन्स पर नलिकाओं के रूप में कण्डेन्सर को वैल्ड किया जाता है। सम्पूर्ण फ्रेम को रेफ्रिजरेन्ट के पीछे स्क्रू के द्वारा फिट कर दिया जाता है। इन फिन्स में से प्राकृतिक वायु गुजरती है तथा कण्डेन्सर की नलिकाओं को ठण्डा कर देती है, जिसके कारण इन नलिकाओं में प्रवाहित रेफ्रिजरेन्ट वाष्प भी अपनी ऊष्मा वायु में स्थानान्तरित करके ठण्डी हो जाती है।

वायु प्रदूषण के कारण कण्डेन्सर की फिन्स पर बारीक धूल जम जाती है। कण्डेन्सर पर जमी यह धूल ऊष्मा के स्थानान्तरण की दक्षता को प्रभावित करती है। कण्डेन्सर की दक्षता बनाए रखने के लिए इसे समय-समय पर साफ करते रहना चाहिए।

इस कण्डेन्सर की फिन्स को रेफ्रिजरेटर की सतह से 10 से 15 सेमी की दूरी पर लगाना चाहिए, जिससे प्राकृतिक वायु फिन से लगातार गुजरती रहे।

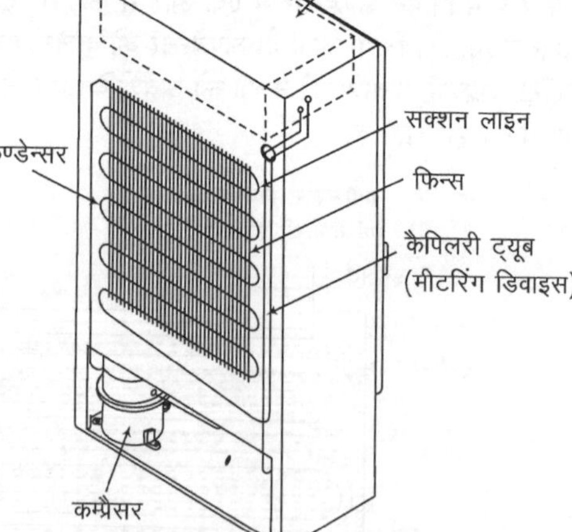

चित्र फिन टाइप कण्डेन्सर के साथ रेफ्रिजरेटर

(b) **प्लेट टाइप कण्डेन्सर** Plate Type Condenser

इस प्रकार के कण्डेन्सर में फिन के स्थान पर कण्डेन्सर क्वॉयल प्रयोग की जाती है, जो धातु की प्लेट पर सोल्डर की होती हैं। इस प्लेट को रेफ्रिजरेटर के पीछे स्क्रू द्वारा कस दिया जाता है। इसमें प्राकृतिक वायु के द्वारा कूलिंग होती है। धात्विक चालकों की सहायता से रेफ्रिजरेन्ट वाष्प की ऊष्मा को प्लेट पर स्थानान्तरित किया जाता है। वायु की गति के कारण इस कण्डेन्सर की रेफ्रिजरेटर की सतह से प्लेट की न्यूनतम दूरी 15 सेमी होनी चाहिए।

कण्डेन्सिग क्वॉयल को प्लेट के आन्तरिक भाग में लगाया जाता है। यदि प्लेट अथवा क्वॉयल पर धूल जमा हो जाती है, तो इसे साबुन के घोल से साफ करना चाहिए। मरम्मत के समय इस प्लेट तथा क्वॉयल को आसानी से अलग किया जा सकता है।

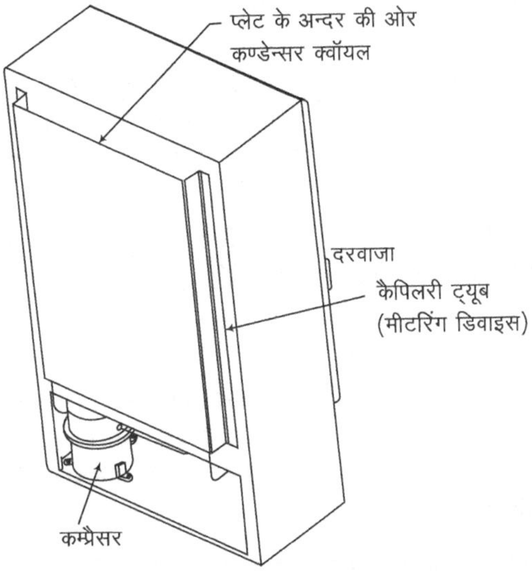

चित्र प्लेट टाइप कण्डेन्सर के साथ रेफ्रिजरेटर

(c) **बॉडी टाइप कण्डेन्सर** Body Type Condenser

आधुनिक रेफ्रिजरेटरों में बाह्य कण्डेन्सर के स्थान पर आन्तरिक रूप से इसकी सतहों को ही कण्डेन्सर के रूप में प्रयुक्त किया जाता है। इन रेफ्रिजरेटरों में रेफ्रिजरेटिड कैबिनेट में इन्सुलेशन के लिए ग्लासवूल (glass wool) के स्थान पर पॉली-यूरेथीन फोम (Poly-urethene Foam, PUF) का प्रयोग किया जाता है।

इसमें रेफ्रिजरेन्ट कैबिनेट (बॉडी) तथा PUF इन्सुलेशन के मध्य कण्डेन्सिंग नलिकाओं को कैबिनेट की सतह से जोड़ दिया जाता है। इन कण्डेन्सिंग नलिकाओं द्वारा ऊष्मा को कैबिनेट की सतहों की प्लेट में स्थानान्तरित कर दिया जाता है। प्राकृतिक वायु कैबिनेट की सतहों को शीतल रखती है, जिससे रेफ्रिजरेन्ट ठण्डा बना रहता है।

रेफ्रिजरेटर के प्रचालन के समय यह अधिक गर्म हो जाता है, क्योंकि इस समय इसकी बॉडी कण्डेन्सर से ऊष्मा को अवशोषित करती है।

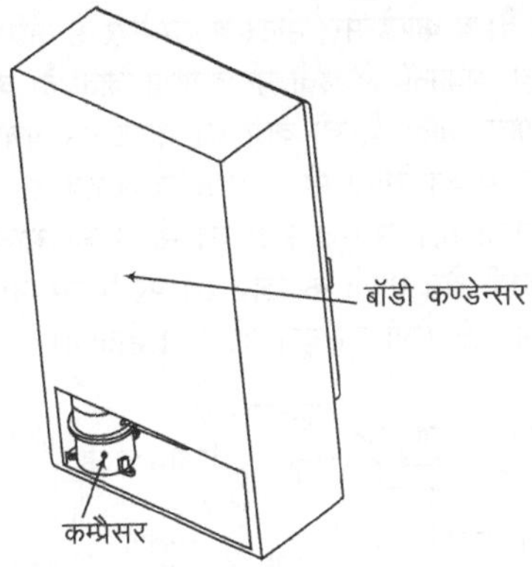

चित्र बॉडी कण्डेन्सर के साथ आधुनिक रेफ्रिजरेटर

(ii) फोर्स्ड कन्वेक्शन कण्डेन्सर
Forced Convection Condenser

इस प्रकार के एयर कूल्ड कण्डेन्सर में प्राकृतिक वायु को प्रवाहित करने के लिए एक यान्त्रिक युक्ति का प्रयोग किया जाता है, जिसे पंखा या ब्लोअर (fan or blower) कहते हैं। इस युक्ति के द्वारा वायु में बल (force) पैदा किया जाता है और इस बलयुक्त वायु को कण्डेन्सर के ऊपर से गुजारा जाता है। फोर्स्ड कन्वेक्शन कण्डेन्सर निम्न दो प्रकार के होते हैं—

(a) **चेसिस माउण्टिड कण्डेन्सर**
Chassis Mounted Condenser

ये कण्डेन्सर एक ही चेसिस पर कम्प्रैसर, मोटर रिसीवर के साथ लगे होते हैं। इस प्रकार के कण्डेन्सर का प्रयोग सामान्यत: तीन टन से कम क्षमता वाली मशीनों में किया जाता है। इस प्रकार के कण्डेन्सर को सेल्फ कण्टेन्ड कण्डेन्सर (self contained condenser) यूनिट भी कहते हैं। ये कण्डेन्सर फिन्स ट्यूब टाइप के होते हैं।

चेसिस माउण्टिड कण्डेन्सरों में यह दोष होता है कि ये शीघ्र ही धूल एवं रेशों के कारण गन्दे हो जाते हैं, जिससे वायु की गति में अवरोध उत्पन्न हो जाता है और कण्डेन्सेशन (condensation) कम हो जाता है।

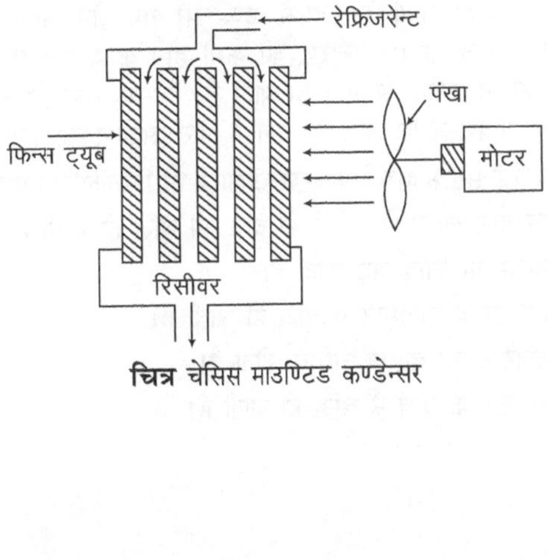

चित्र चेसिस माउण्टिड कण्डेन्सर

(b) **रिमोट टाइप कण्डेन्सर** Remote Type Condenser

रिमोट टाइप कण्डेन्सर का प्रयोग तीन टन से अधिक क्षमता वाली मशीनों के लिए किया जाता है। ये कण्डेन्सर, मोटर व कम्प्रैसर से अधिक दूरी पर लगाए जाते हैं। इन्हें प्राय: मकानों की छतों पर लगाया जाता है। कण्डेन्सर के आगे एक ब्लोअर लगाया जाता है, जो वायु को कण्डेन्सर क्वॉयल के ऊपर से गुजारता है। इस वायु का वेग 2 मी/से से 5 मी/से तक रहता है। ब्लोअर को घुमाने के लिए प्राय: 0.1 से 0.2 HP की मोटर की आवश्यकता होती है। कण्डेन्सर का सतही क्षेत्र बढ़ाने के लिए इस पर फिन्स लगा दी जाती हैं। ये फिन्स 5-7 फिन्स प्रति सेमी की दूरी पर लगी होती हैं।

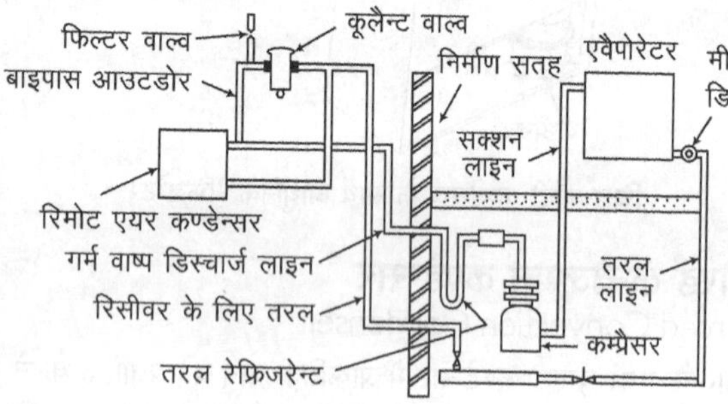

चित्र रिमोट टाइप कण्डेन्सर

एयर कूल्ड कण्डेन्सर में दोष
Fault in Air Cooled Condenser

एयर कूल्ड कण्डेन्सर में वायु प्रदूषण के कारण धूल की परत तथा रेफ्रिजरेन्ट के प्रवाह के कारण रेफ्रिजरेन्ट की परत जम जाती है। यही इसमें होने वाले दोष हैं। धूल जमे हुए कण्डेन्सर को चोक्ड कण्डेन्सर (chocked condenser) तथा कण्डेन्सर क्वॉयल में रेफ्रिजरेन्ट की परत जमने की क्रिया को स्केलिंग (scaling) कहते हैं और रेफ्रिजरेन्ट परत को हटाने की क्रिया, डिस्केलिंग (discaling) कहलाती है।

- **चोक्ड कण्डेन्सर** (Chocked condenser) कण्डेन्सर से निरन्तर वायु प्रवाहित होती रहती है। इस वायु में विद्यमान धूल एवं प्रदूषण के कारण कण्डेन्सर के फिन्स एवं क्वॉयल पर धूल व मिट्टी की परत जमा हो जाती है। इस धूल से जमे हुए कण्डेन्सर को चोक्ड कण्डेन्सर कहते हैं। कण्डेन्सर पर धूल जमा होने के कारण कण्डेन्सर की ऊष्मा स्थानान्तरण की दर में कमी उत्पन्न हो जाती है, जिससे कण्डेन्सर गर्म होने लगता है। चोक्ड कण्डेन्सर में ऊष्मा स्थानान्तरण की कमी होने के कारण रेफ्रिजरेन्ट की कूलिंग उचित प्रकार से नहीं हो पाती है, जिससे रेफ्रिजरेशन एवं एयर कण्डीशनिंग प्रणाली पर लोड बढ़ जाता है और इसकी दक्षता कम हो जाती है।

  चोक्ड कण्डेन्सर के द्वारा रेफ्रिजरेशन प्रणाली पर निम्नलिखित प्रभाव पड़ते हैं

  (i) उच्च दाब लाइन में अतिरिक्त दाब की वृद्धि हो जाती है।
  (ii) कम्प्रैसर पर लोड बढ़ जाता है।
  (iii) एवैपोरेटर के तापमान में वृद्धि हो जाती है।
  (iv) रेफ्रिजरेन्ट का वाष्पन अधिक होता है।
  (v) कण्डेन्सर के दाब में वृद्धि हो जाती है।

- **कण्डेन्सर की डिस्केलिंग** (Descaling of condenser) कण्डेन्सर की घुमावदार आकृति के कारण इसमें प्रवाहित होने वाला रेफ्रिजरेन्ट घुमावदार बिन्दु पर धीरे-धीरे एकत्र होने लगता है। कुछ समय के पश्चात् इस स्थान पर रेफ्रिजरेन्ट की एक मोटी परत जम जाती है। इस क्रिया को स्केलिंग (scaling) कहते हैं तथा रेफ्रिजरेन्ट की इस परत को हटाने की क्रिया को डिस्केलिंग (descaling) कहते हैं।

  कण्डेन्सर की डिस्केलिंग करने के कारण इसकी दक्षता बढ़ जाती है। कण्डेन्सर की डिस्केलिंग निम्न प्रकार से की जा सकती है

  (i) कण्डेन्सर शैल, क्वॉयल तथा पाइपों को एसिड अथवा अन्य कैमिकल द्वारा साफ किया जा सकता है।
  (ii) रेफ्रिजरेन्ट की डिस्केलिंग के लिए सफाई युक्तियाँ; जैसे—विद्युत से चलने वाला रोटेटिंग मोटर तथा ब्रुश आदि का प्रयोग किया जा सकता है।
  (iii) हॉरिजोण्टल शैल एवं ट्यूब कण्डेन्सर की सफाई के लिए स्पंज रबर बॉल (sponge rubber ball) का प्रयोग किया जाता है। इस बॉल को पम्प की सहायता से ट्यूब में से गुजारा जाता है, जिससे ट्यूब में जमी परत टूटकर निकल जाती है।
  (iv) कण्डेन्सर क्वॉयल की सफाई के लिए एब्रेसिव मैटेरियल का उपयोग भी किया जा सकता है। इस एब्रेसिव मैटेरियल द्वारा क्वॉयल की स्क्रेपिंग की जाती है। इस विधि में यह अवश्य ध्यान रखना चाहिए कि ट्यूब की धातु न घिसे।
  (v) कण्डेन्सर की डिस्केलिंग के द्वारा रेफ्रिजरेन्ट बिना रुके प्रवाहित होता है, जिससे कण्डेन्सर की दक्षता बढ़ जाती है। रेफ्रिजरेशन एवं कण्डेन्सर पर कम लोड पड़ता है तथा ऊष्मा का स्थानान्तरण अधिक होने लगता है।

एयर कूल्ड कण्डेन्सर के लाभ एवं हानियाँ

लाभ

(i) इनकी संरचना सरल होती है।
(ii) इनका मूल्य कम होता है।
(iii) इनका रख-रखाव सस्ता व आसान होता है।
(iv) इन पर कोरोजन (corrosion) का प्रभाव नगण्य होता है।
(v) इसमें किसी प्रकार के पाइप कार्य की आवश्यकता नहीं होती है।
(vi) जल के स्थान पर वायु प्रयुक्त करना आसान होता है, क्योंकि वायु की निकासी आसान होती है।
(vii) इसकी फ्लेक्सिबिलिटी (flexibility) उच्च होती है।

हानियाँ

(i) इनका प्रयोग कम दक्षता की मशीनों एवं संयन्त्रों के लिए ही किया जाता है।
(ii) इनकी ऊष्मा एवं स्थानान्तरण क्षमता कम होती है।
(iii) वातावरण का तापमान बढ़ने पर इनकी क्षमता में कमी हो जाती है।

एयर फाउलिंग तथा बाइपास एयर का कण्डेन्सर पर प्रभाव
Effect of Air Fouling and Bypass Air on Condenser

कण्डेन्सर में फाउलिंग एक बहुत ही अवांछनीय घटना है। अधिकांश कण्डेन्सर में बहने वाला द्रव गन्दगी, तेल ग्रीस और रासायनिक या कार्बनिक पदार्थों से पूरी तरह मुक्त नहीं होता है। जिनके प्रवाह से एक अवांछित कोटिंग कण्डेन्सर की सतह पर जमा हो सकती है, जिससे ऊष्मा हस्तान्तरण गुणांक (heat transfer coefficient) कम हो जाता है साथ ही कण्डेन्सर की तापीय क्षमता भी कम हो जाती है और प्रैशर ड्रॉप जैसी समस्या उत्पन्न होती हैं।

एयर-कण्डीशनिंग सिस्टम के कण्डेन्सर ट्यूबों पर धूल, गन्दगी और स्केल फॉर्मेशन के संचय के कारण कण्डेन्सर ट्यूब चोक दूषण हो जाती है। स्केल डिपोजिशन तरल पदार्थों के बीच ऊष्मा के प्रवाह के लिए एक अतिरिक्त प्रतिरोध प्रदान करता है और जब प्रतिरोध दोगुना हो जाता है, तो वास्तविक स्थितियों में कण्डेन्सर की क्षमता 50% तक गिर जाती है।

एयर कण्डीशनर कण्डेन्सर का वायु-साइड क्षमता नियन्त्रण वायु प्रवाह की दर को कम करके या तो पंखे के चक्रण, थ्रॉटलिंग वायु प्रवाह दर या पंखे की गति नियन्त्रण द्वारा पूरा किया जा सकता है। फ्रीजिंग साइड नियन्त्रण में तरल रेफ्रिजरेशन द्वारा क्वॉयल को भरकर ऊष्मा हस्तान्तरण सतह को कम किया जा सकता है। कण्डेन्सर का दाब में गिरावट के साथ, कण्डेंसर के एक उपमार्ग, वाल्व को खोलने के लिए बनाया है, जो कण्डेन्सर से प्राप्तकर्ता तक तरल मार्ग में गर्म गैसों को परिवर्तित करता है। यह कण्डेंसर से तरल प्रवाह को रोकता है, जिसके परिणामस्वरूप क्षमता कम हो जाती है। कण्डेन्सर के लिए थ्रॉटलिंग वाल्व, बाइपास वाल्व के साथ मिलकर संचालित होता है, जिससे बाइपास वाल्व खुलता है और रेफ्रिजरेन्ट कण्डेन्सर में प्रवाहित होता है।

2. वाटर कूल्ड कण्डेन्सर
Water Cooled Condenser

वे कण्डेन्सर जिनमें कूलिंग माध्यम के रूप में पानी (जल) का प्रयोग किया जाता है, वाटर कूल्ड कण्डेन्सर कहलाते हैं। ये निम्न प्रकार के होते हैं—

(i) शैल एवं ट्यूब कण्डेन्सर (ii) शैल एवं क्वॉयल कण्डेन्सर
(iii) डबल पाइप कण्डेन्सर

(i) शैल एवं ट्यूब कण्डेन्सर Shell and Tube Condenser

इस टाइप कण्डेन्सर की आकृति बेलनाकार होती है तथा इसमें अनेक समानान्तर ट्यूब लगी होती हैं, जिनके द्वारा रेफ्रिजरेन्ट वाष्प को ठण्डा किया जाता है। ये ट्यूब स्टील अथवा ताँबे की बनी होती हैं तथा इनमें पानी भरा होता है। शैल एवं ट्यूब कण्डेन्सर निम्न दो प्रकार के होते हैं—

(a) हॉरिजोण्टल शैल एवं ट्यूब कण्डेन्सर
(b) वर्टिकल शैल एवं ट्यूब कण्डेन्सर

(a) हॉरिजोण्टल शैल एवं ट्यूब कण्डेन्सर
Horizontal Shell and Tube Condenser

इसमें एक बेलनाकार शैल, हॉरिजोण्टल स्थिति में व्यवस्थित रहता है, जिसमें 20 से 25 मिमी मोटी अनेक चालन ट्यूब लगी होती हैं। बेलनाकार शैल में पानी भरा होता है तथा रेफ्रिजरेन्ट वाष्प को ट्यूबों में से गुजारा जाता है। रेफ्रिजरेन्ट वाष्प की ऊष्मा, ट्यूब से होते हुए पानी द्वारा अवशोषित कर ली जाती है तथा रेफ्रिजरेन्ट ठण्डा होकर तरल रूप में प्राप्त हो जाता है। इसे बन्द शैल एवं ट्यूब कण्डेन्सर भी कहते हैं।

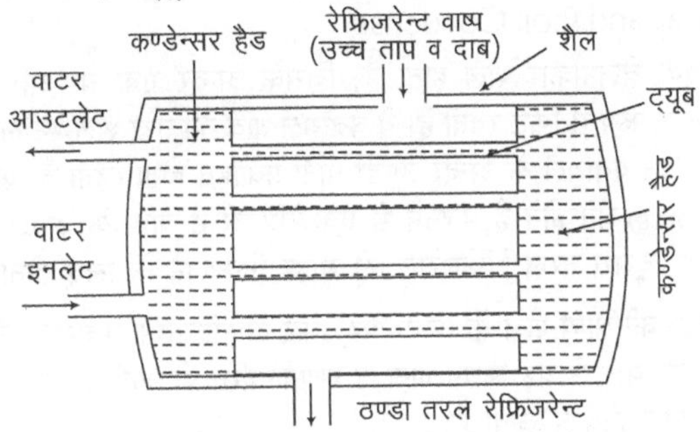

चित्र हॉरिजोण्टल शैल एवं ट्यूब कण्डेन्सर

ठण्डा पानी कण्डेन्सर में नीचे से प्रवाहित किया जाता है, जो ट्यूब के आस-पास से होकर कई बार गुजरता है तथा रेफ्रिजरेन्ट वाष्प की ऊष्मा अवशोषित कर लेता है, जिससे पानी के तापमान में वृद्धि होती है। गर्म पानी को आउटलेट द्वारा बाहर निकाल दिया जाता है। इस प्रकार के कण्डेन्सर को अलग स्थान; जैसे—बिल्डिंग की छत पर रखकर प्रयोग किया जाता है। इस कण्डेन्सर की कार्यकुशलता को बनाए रखने के लिए इसे समय-समय पर सफाई की आवश्यकता होती है।

(b) वर्टिकल शैल एवं ट्यूब कण्डेन्सर
Vertical Shell and Tube Condenser

इस प्रकार के कण्डेन्सर में शैल वर्टिकल (ऊर्ध्वाधर) स्थिति में होता है। इसके अन्दर ट्यूबें भी वर्टिकल स्थिति में ही फिट होती हैं। इन ट्यूबों में पानी प्रवाहित किया जाता है तथा शैल में रेफ्रिजरेन्ट वाष्प प्रवाहित की जाती है। शैल में उच्च दाब व उच्च ताप की वाष्प को इनलेट (inlet) किया जाता है, जिससे यह रेफ्रिजरेन्ट वाष्प अपनी ऊष्मा पानी को स्थानान्तरित कर देती है और द्रव में परिवर्तित होकर दूसरी ओर आउटलेट (outlet) से निकल जाती है।

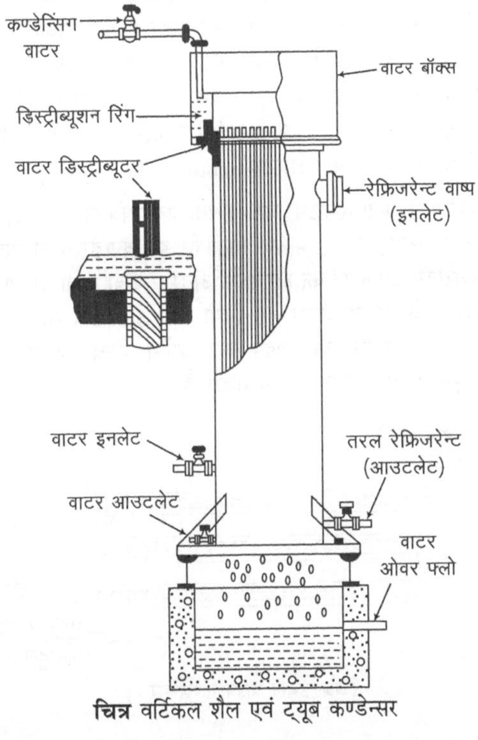

चित्र वर्टिकल शैल एवं ट्यूब कण्डेन्सर

(ii) शैल एवं क्वॉयल कण्डेन्सर
Shell and Coil Condenser

इसमें एक बेलनाकार शैल होता है, जिसके अन्दर एक या अधिक ट्यूब क्वॉयल के रूप में फिट रहती हैं। ये क्वॉयल ताँबे की तथा शैल स्टील की बनी होती हैं। इन क्वॉयल के अन्दर ठण्डा पानी प्रवाहित होता रहता है। शैल में दो पोर्ट (ports) बने होते हैं, जिनमें से एक रेफ्रिजरेन्ट वाष्प के अन्दर आने के लिए तथा दूसरा तरल रेफ्रिजरेन्ट को बाहर निकालने के लिए होता है।

उच्च ताप की वाष्प शैल के अन्दर पहुँचकर अपनी ऊष्मा क्वॉयल को दे देती है तथा क्वॉयल से यह ऊष्मा पानी में स्थानान्तरित हो जाती है, यह पानी गर्म होकर बाहर निकल जाता है।

इस क्वॉयल की गन्दगी को साफ करने में काफी कठिनाई होती है, इस कारण इसका प्रयोग बहुत कम किया जाता है।

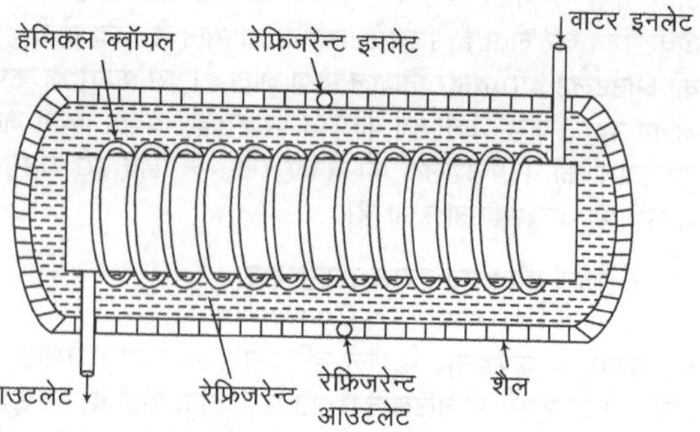

चित्र शैल एवं क्वॉयल कण्डेन्सर

(iii) डबल पाइप कण्डेन्सर Double Pipe Condenser

इस प्रकार के कण्डेन्सर में एक अधिक व्यास वाले पाइप के अन्दर कम व्यास वाला पाइप फिट किया जाता है। अन्दर वाले पाइप में पानी प्रवाहित होता है तथा अधिक व्यास वाले पाइप में रेफ्रिजरेन्ट प्रवाहित होता है। इनमें पानी तथा रेफ्रिजरेन्ट के प्रवाह की दिशा एक ही रखने पर इसे पैरेलल फ्लो सिस्टम (parallel flow system) तथा पानी एवं रेफ्रिजरेन्ट को विपरीत दिशा में प्रवाहित कराने पर 'काउण्टर फ्लो सिस्टम' (counter flow system) कहते हैं। सामान्यत: 'काउण्टर फ्लो सिस्टम' का अधिक प्रयोग किया जाता है, क्योंकि इसमें ताप स्थानान्तरण की दर अधिक होती है। इस कण्डेन्सर में पाइपों का आकार, रेफ्रिजरेटिंग उपकरण की क्षमता के अनुसार रखा जाता है। सामान्यत: 70 मिमी आकार के पाइप अन्दर 40 मिमी तथा 50 मिमी वाले पाइप के अन्दर 30 मिमी आकार के पाइप का प्रयोग किया जाता है। इसे 'ट्यूब-इन-ट्यूब टाइप कण्डेन्सर' भी कहते हैं।

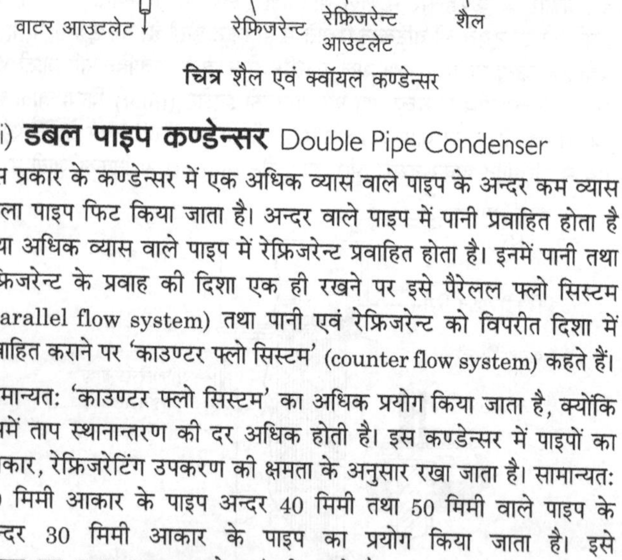

चित्र डबल पाइप कण्डेन्सर

वाटर कूल्ड कण्डेन्सर के लाभ व हानियाँ

लाभ

(i) ये बनावट के आधार पर बहुत ही सरल होते हैं।
(ii) इन्हें चलाना आसान होता है।
(iii) वाटर कूल्ड कण्डेन्सर की हाई फ्लेक्सिबिलिटी (high flexibility) होती है।
(iv) वाटर कूल्ड कण्डेन्सर को प्लाण्ट के बाहर या छत के नीचे कहीं भी लगाया जा सकता है।

हानियाँ

(i) इसकी ऊष्मा स्थानान्तरण की दर कम होती है।
(ii) कण्डेन्सर की सतह पर वायु एकसमान नहीं पड़ती है।
(iii) इसकी क्षमता कम होने के कारण इनका प्रयोग सीमित है।
(iv) तापमान के अधिक बढ़ने से कण्डेन्सर की क्षमता कम हो जाती है।

तालिका एयर कूल्ड तथा वाटर कूल्ड कण्डेन्सर में अन्तर

क्र.सं.	एयर कूल्ड कण्डेन्सर	वाटर कूल्ड कण्डेन्सर
1.	यह कण्डेन्सर सस्ता व संरचना में सरल होता है।	यह अपेक्षाकृत महँगा व संरचना में जटिल होता है।
2.	इस प्रकार के कण्डेन्सरों की ऊष्मा स्थानान्तरण पर कम होती है।	इनकी ऊष्मा स्थानान्तरण पर अधिक होती है।
3.	वायु के प्रयोग के कारण इनके पाइपों में जंग नहीं लगता है।	जल के प्रयोग के कारण इनके पाइपों में जंग लग जाता है।
4.	इनकी क्षमता कम होने के कारण इनका प्रयोग छोटे प्लाण्टों में किया जाता है।	इनकी क्षमता अधिक होने के कारण इनका प्रयोग बड़े प्लाण्टों में किया जाता है।
5.	वायु के प्रवाह के लिए इनमें पंखा लगाया जाता है।	जल के प्रवाह के लिए इनमें पम्प अथवा ग्रेविटी (gravity) का प्रयोग किया जाता है।
6.	इनकी मरम्मत सस्ती व सरल होती है।	इनकी मरम्मत महँगी व कठिन होती है।

3. एवैपोरेटिव कण्डेन्सर Evaporative Condenser

एवैपोरेटिव कण्डेन्सर का बड़े-बड़े रेफ्रिजरेशन संयन्त्रों में प्रयोग किया जाता है। एवैपोरेटिव कण्डेन्सर में कूलिंग माध्यम वायु एवं पानी दोनों होते हैं। ये कण्डेन्सर 'कूलिंग बाई वैपोराइजेशन' (cooling by vaporisation) के सिद्धान्त पर कार्य करते हैं। इस कण्डेन्सर में 'कूलिंग यूनिट' तथा 'कण्डेन्सिंग क्वॉयल' एक ही हाउसिंग में लगे होते हैं।

एवैपोरेटिव कण्डेन्सर में पानी का एक टैंक होता है। इस टैंक के ऊपर कण्डेन्सिंग क्वॉयल लगी होती है तथा क्वॉयल के ऊपर वाटर 'स्प्रे हैडर' (spray header) लगा दिया जाता है। स्प्रे हैडर का कनैक्शन वाटर पम्प (water pump) की डिस्चार्ज लाइन में होता है। वाटर पम्प की सक्शन लाइन वाटर टैंक से जुड़ी होती है।

स्प्रे हैडर के ऊपर एलीमिनेटिंग प्लेट्स (eliminating plates) लगी होती हैं, जो धातु की बनी होती हैं। इन सभी उपकरणों को एक स्टील हाउसिंग (housing) में फिट कर दिया जाता है और फिर सबसे ऊपर की ओर एक ब्लोअर फैन फिट कर दिया जाता है। रेफ्रिजरेन्ट की ऊष्मा अवशोषित करके, पानी का कुछ भाग एवैपोरेट हो जाता है, जिसके कारण टैंक में पानी का स्तर कम हो जाता है। पानी का स्तर ठीक बनाए रखने के लिए टैंक में फ्लोट वाल्व लगा रहता है।

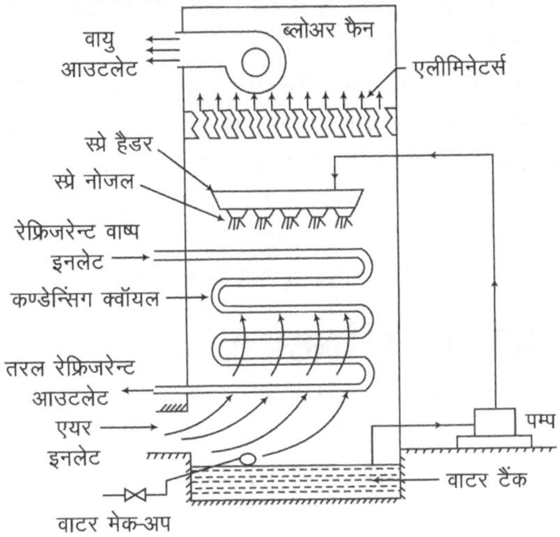

चित्र एवैपोरेटिव कण्डेन्सर

वाटर पम्प पानी के टैंक से पानी को खींचकर स्प्रे हैडर में भेजता है। स्प्रे हैडर से स्प्रे नोजलों के द्वारा पानी, कण्डेन्सर के ऊपर स्प्रे किया जाता है। यह पानी रेफ्रिजरेन्ट की ऊष्मा सोख लेता है, जिससे रेफ्रिजरेन्ट द्रव अवस्था में आ जाता है। इस गर्म पानी को ठण्डा करने के लिए ब्लोअर फैन चल रहा होता है, जोकि नीचे की ओर से वायु को एक उपयुक्त गति से ऊपर लाता है। गर्म पानी अपनी ऊष्मा इस वायु को देता है। गर्म पानी ठण्डा होकर पुन: टैंक में एकत्रित हो जाता है। वायु ऊपर जाते समय पानी के कुछ वेपर (vapour) को अपने साथ ले जाती है, जिन्हें टैंक में वापस लाने के लिए एलीमिनेटर्स (eliminators) लगे होते हैं। इस प्रकार, जल के साथ-साथ वायु भी कण्डेन्सर को ठण्डा करने में सहायक होती है।

रेफ्रिजरेशन एवं एयर कण्डीशनिंग प्रणाली में रेफ्रिजरेन्ट वाष्प कण्डेन्सर में से गुजरकर ठण्डी हो जाती है और तरल रेफ्रिजरेन्ट में परिवर्तित हो जाती है। कण्डेन्सर में तरल रेफ्रिजरेन्ट प्राप्त होने के पश्चात् इसे तरल रिसीवर में संग्रहीत कर लिया जाता है, जिसे एक्सपेंशन वाल्व (expansion valve) की सहायता से एवैपोरेटर को भेज दिया जाता है। कण्डेन्सर के साथ तरल रिसीवर की उपयोगिता को देखते हुए यहाँ तरल रिसीवर का भी मुख्य शीर्षक के रूप में विवरण दिया गया है।

18.3 तरल रिसीवर Liquid Receiver

तरल रिसीवर सामान्यत: एक टैंकनुमा आकृति होती है, जिसका प्रयोग रेफ्रिजरेशन एवं एयर कण्डीशनिंग प्रणाली में कण्डेन्सर से प्राप्त तरल रेफ्रिजरेन्ट को संग्रहीत करने के लिए किया जाता है। तरल रेफ्रिजरेन्ट का संग्रह निम्न कारणों से किया जाता है

1. रेफ्रिजरेशन एवं एयर कण्डीशनिंग प्रणाली में किसी परिवर्तन को करने के लिए तरल रेफ्रिजरेन्ट को संग्रहीत करने की आवश्यकता होती है।
2. कण्डेन्सर से गिरते हुए तरल रेफ्रिजरेन्ट को प्रयोग करने के लिए।
3. तरल रेफ्रिजरेन्ट को पुन: प्रयोग करने हेतु फीडबैंक विधि में उपयोग के लिए।
4. तरल रेफ्रिजरेन्ट को उपयोग न होने की दशा में एक निश्चित स्थान पर एकत्र करने के लिए।

कुछ रेफ्रिजरेशन साइकलों (refrigeration cycles) के लिए तरल रिसीवर का प्रयोग नहीं किया जाता है, क्योंकि इनमें तरल रेफ्रिजरेन्ट को कण्डेन्सर से सीधे ही प्रयोग में लाया जाता है।

निम्न आरेख में तरल रेफ्रिजरेन्ट के संग्रह तथा तरल रिसीवर को दर्शाया गया है

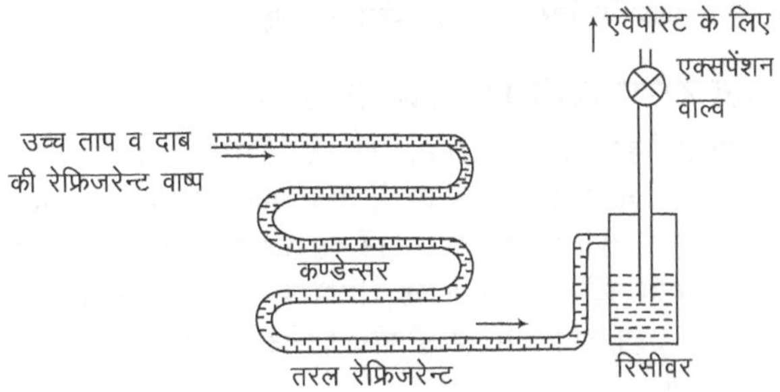

चित्र तरल रेफ्रिजरेन्ट का संग्रह

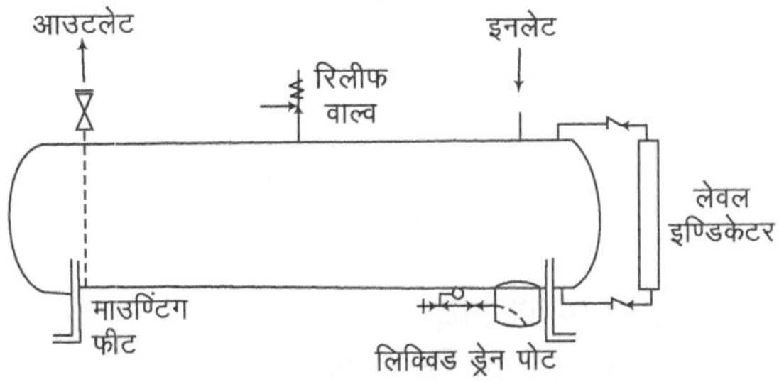

चित्र तरल रिसीवर

तरल रिसीवर सामान्य रूप से स्टील का बना होता है तथा इसके दोनों सिरों पर चक्तियाँ (disc) वैल्ड होती हैं। तरल रिसीवर सामान्य रूप से क्षैतिज स्थिति में बनाए जाते हैं, परन्तु छोटे रिसीवरों को ऊर्ध्वाधर स्थिति में भी बना सकते हैं। इन रिसीवरों में सुरक्षा की दृष्टि से 85% से अधिक तरल नहीं भरना चाहिए।

तरल रिसीवर में, तरल रेफ्रिजरेन्ट के प्रवेश तथा निकास के लिए क्रमश: इनलेट व आउटलेट पोर्ट होते हैं। इसमें तरल रेफ्रिजरेन्ट के दाब को नियन्त्रित करने के लिए एक रिलीफ वाल्व (relief valve) लगा होता है। रेफ्रिजरेशन एवं एयर कण्डीशनिंग प्रणाली में तरल रेफ्रिजरेन्ट को पहुँचाने के लिए रिसीवर में एक माउण्टिंग फीट (mounting feet) लगा होता है। इसमें लगे लिक्विड ड्रेन पोट (liquid drain pot) का प्रयोग, तरल रेफ्रिजरेन्ट को रेफ्रिजरेशन प्रणाली से बाहर निकालने के लिए किया जाता है। रिसीवर में तरल के स्तर की जाँच के लिए एक लेवल इण्डिकेटर (level indicator) लगा होता है।

तरल रिसीवर की कार्यविधि Working Method of Liquid Receiver

रेफ्रिजरेशन एवं एयर कण्डीशनिंग प्रणाली में कण्डेन्सर से प्राप्त रेफ्रिजरेन्ट तरल रूप में होता है, जिसे सर्वप्रथम ड्रायर (drier) से गुजारा जाता है, जिससे शुद्ध एवं नमी मुक्त तरल रेफ्रिजरेन्ट प्राप्त होता है।

इसके पश्चात् इस तरल रेफ्रिजरेन्ट को रिसीवर में भेजा जाता है। इस तरल रिसीवर में पहले से ही कुछ मात्रा में तरल रेफ्रिजरेन्ट भरा होता है, जिसके कारण रिसीवर में प्रवेश करने वाले रेफ्रिजरेन्ट तथा इससे बाहर निकलने वाले रेफ्रिजरेन्ट की मात्रा बराबर रहती है और रेफ्रिजरेशन प्रणाली में रेफ्रिजरेन्ट का प्रवाह निरन्तर बना रहता है।

तरल रिसीवर के प्रकार
Types of Liquid Receiver

तरल रिसीवर निम्न दो प्रकार के होते हैं

1. सर्ज टाइप रिसीवर
2. फ्लो-थ्रो टाइप रिसीवर

1. सर्ज टाइप रिसीवर Surge Type Receiver

सर्ज टाइप रिसीवर वह तरल रिसीवर होता है, जिसके द्वारा रेफ्रिजरेन्ट का केवल वही भाग कण्डेन्सर से रिसीवर में भेजा जाता है, जिसकी एवैपोरेटर में आवश्यकता नहीं होती है। कम लोड होने पर सर्ज टाइप रिसीवर, रेफ्रिजरेन्ट को एवैपोरेटर में नहीं भेजता तथा यह रेफ्रिजरेन्ट रिसीवर में संग्रहीत हो जाता है। सर्ज टाइप रिसीवर में एक ही पोर्ट, इनलेट व आउटलेट दोनों के लिए प्रयुक्त होता है।

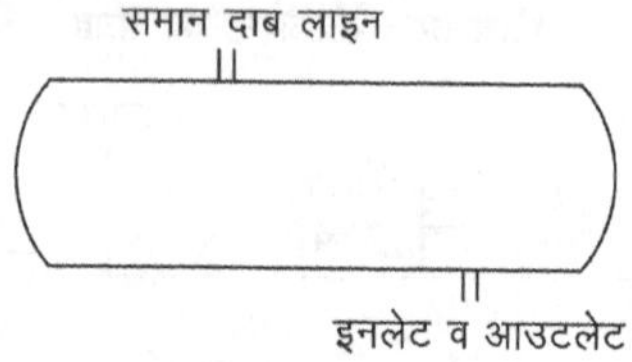

चित्र सर्ज टाइप रिसीवर

2. फ्लो-थ्रो टाइप रिसीवर
Flow-Through Type Receiver

फ्लो-थ्रो टाइप रिसीवर में इनलेट व आउटलेट पोर्ट अलग-अलग होते हैं। इस प्रकार के तरल रिसीवर में रेफ्रिजरेन्ट का प्रवाह, एवैपोरेटर की आवश्यकता पर निर्भर नहीं करता है। इसमें सम्पूर्ण रेफ्रिजरेन्ट एवैपोरेटर में जाने से पूर्व रिसीवर में भेजा जाता है।

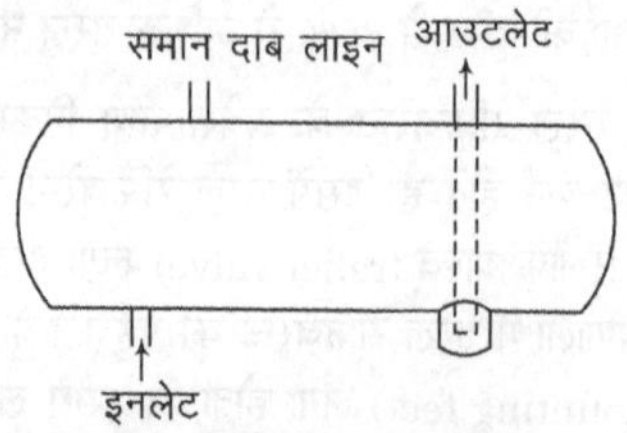

चित्र फ्लो-थ्रो टाइप रिसीवर

तरल रिसीवर के लाभ एवं हानियाँ
Advantages and Disadvantages of Liquid Receiver

लाभ

(i) रेफ्रिजरेशन एवं एयर कण्डीशनिंग प्रणाली को प्रचालित करने के लिए आवश्यक रेफ्रिजरेन्ट को रिसीवर द्वारा ही एवैपोरेटर में भेजा जाता है।

(ii) कण्डेन्सर द्वारा प्राप्त अतिरिक्त रेफ्रिजरेन्ट का संग्रह, तरल रिसीवर में ही किया जाता है।

(iii) रेफ्रिजरेशन एवं एयर कण्डीशनिंग प्रणाली की मरम्मत करने से पूर्व, रेफ्रिजरेन्ट का संग्रह करने के लिए, तरल रिसीवर प्रयुक्त किया जाता है।

हानियाँ

(i) तरल रिसीवर के प्रयोग के कारण रेफ्रिजरेशन सिस्टम अधिक महँगा हो जाता है।

(ii) इसके प्रयोग से रेफ्रिजरेशन सिस्टम की संरचना जटिल हो जाती है।

आधुनिक रेफ्रिजरेशन एवं एयर कण्डीशनिंग प्रणाली का मुख्य लाभ यह है कि यह प्रणाली स्वचालित है। स्वचालित रेफ्रिजरेशन एवं एयर कण्डीशनिंग प्रणाली, तापमान कम होने पर स्वत: ही बन्द हो जाती है। इसके लिए रेफ्रिजरेशन एवं एयर कण्डीशनिंग प्रणाली में 'पम्प डाउन सिस्टम' का प्रयोग किया जाता है। पम्प डाउन प्रणाली को मुख्य शीर्षक के रूप में नीचे दिया गया है।

18.4 पम्प डाउन सिस्टम Pump Down System

स्वचालित रेफ्रिजरेशन एवं एयर कण्डीशनिंग प्रणाली में प्रयुक्त वह सिस्टम, जिसके द्वारा किसी निश्चित तापमान पर यह प्रणाली स्वत: ही बन्द हो जाती है, 'पम्प डाउन सिस्टम' (pump down system) कहलाता है। पम्प डाउन सिस्टम, स्वचालित रेफ्रिजरेशन एवं एयर कण्डीशनिंग प्रणाली को पूर्व निर्धारित तापमान अथवा इससे कम तापमान होने पर बन्द कर देता है तथा पूर्व निर्धारित तापमान से अधिक तापमान होने पर पुन: चालू कर देता है। पम्प डाउन सिस्टम को निम्न चित्र में दर्शाया गया है

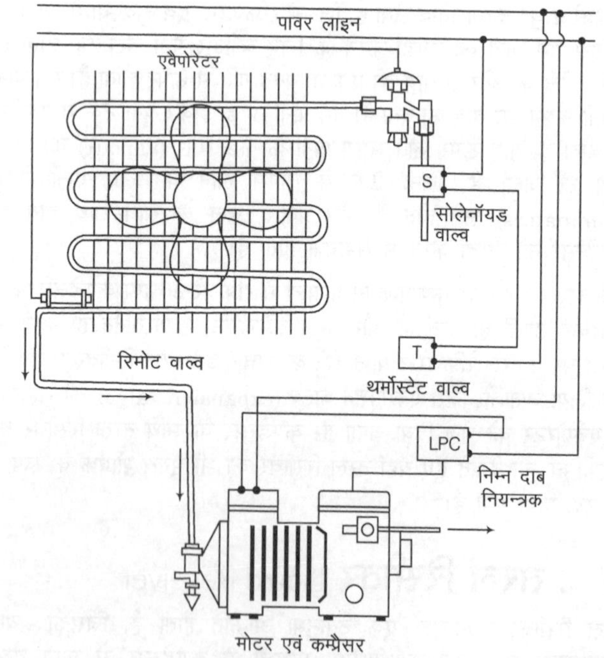

चित्र पम्प डाउन सिस्टम

पम्प डाउन सिस्टम में थर्मोस्टेट वाल्व, सोलेनॉयड वाल्व तथा निम्न दाब नियन्त्रक आदि अवयव उपरोक्त चित्रानुसार लगे रहते हैं।

सोलेनॉयड वाल्व, रेफ्रिजरेशन प्रणाली के लिक्विड-लाइन (liquid-line) में लगा होता है। सोलेनॉयड वाल्व में रेफ्रिजरेन्ट के प्रवाह की दिशा, एवैपोरेटर में प्रवाह की दिशा के समान होनी चाहिए। सोलेनॉयड वाल्व साधारणत: क्लोज्ड इलेक्ट्रिक शटऑफ वाल्व (closed electric shutoff valve) होता है, जिसे थर्मोस्टेट के द्वारा नियन्त्रित किया जाता है। जैसे ही रेफ्रिजरेशन प्रणाली का तापमान पूर्व निर्धारित तापमान से अधिक होता है, तब थर्मोस्टेट चालू हो जाता है तथा लिक्विड-लाइन सोलेनॉयड वाल्व को चालू कर देता है। इसके फलस्वरूप रेफ्रिजरेशन प्रणाली में रेफ्रिजरेन्ट प्रवाहित होने लगता है तथा कूलिंग (cooling) प्रारम्भ हो जाती है। इसी प्रकार. जब रेफ्रिजरेशन प्रणाली का तापमान पूर्व निर्धारित तापमान पर पहुँचता है, तो थर्मोस्टेट, सोलेनॉयड वाल्व को बन्द कर देता है। पम्प डाउन सिस्टम, रेफ्रिजरेशन एवं एयर कण्डीशनिंग प्रणाली की दक्षता एवं इसके जीवनकाल को बढ़ा देता है।

महत्त्वपूर्ण बिन्दु

- कण्डेन्सर एक ऊष्मा स्थानान्तरण युक्ति है, जिसके द्वारा कम्प्रेसर और एवैपोरेटर की सहायता से रेफ्रिजरेन्ट को दी गई ऊष्मा की वायु, जल अथवा दोनों में स्थानान्तरित कर दिया जाता है।
- वे कण्डेन्सर जिनमें रेफ्रिजरेन्ट वाल्व को ठण्डा करने के लिए वायु का प्रयोग किया जाता है। एयर कूल्ड कण्डेन्सर कहलाते हैं।
- एअर कूल्ड कण्डेन्सर निम्न दो प्रकार के होते हैं
  (i) प्राकृतिक कन्वेक्शन कण्डेन्सर
  (ii) फोर्स्ड कन्वेक्शन कण्डेन्सर
- फोर्स्ड कन्वेक्शन एयर कूल्ड कण्डेन्सर में प्राकृतिक वायु को प्रावाहित करने के लिए एक यान्त्रिक युक्ति का प्रयोग किया जाता है, जिसे पंखा या ब्लोअर कहते हैं।
- एयर कूल्ड कण्डेन्सर में वायु प्रदूषण के कारण धूल की परत तथा रेफ्रिजरेन्ट के प्रवाह के कारण रेफ्रिजरेन्ट की परत जम जाती है
- वायु में विद्यमान धूल एवं प्रदूषण के कारण कण्डेन्सर के फिन्स एवं क्वॉयल पर धूल व मिट्टी की परत जमा हो जाती है इस धूल से जमे हुए कण्डेन्सर को चोक्ड कण्डेन्सर कहते हैं।
- वे कण्डेन्सर जिनमें कूलिंग माध्यम के रूप में पानी का प्रयोग किया जाता है। वाटर कूल्ड कण्डेन्सर कहलाते हैं।
- एवैपोरेटिव कण्डेन्सर का बड़े-बड़े रेफ्रिजरेशन संयन्त्रों में प्रयोग किया जाता है।
- एवैपोरेटिव कण्डेन्सर कूलिंग बाई वैपोराइजेशन के ये सिद्धान्त पर कार्य करते हैं।
- कुछ रेफ्रिजरेशन साइकिलों के लिए तरल रिसीवर का प्रयोग नहीं किया जाता है, क्योंकि इनमें तरल रेफ्रिजरेन्ट को कण्डेन्सर से सीधे ही प्रयोग में लाया जाता है।
- स्वचालित रेफ्रिजरेशन एवं एयर कण्डीशनिंग प्रणाली में प्रयुक्त सिस्टम, जिसके द्वारा किसी निश्चित तापमान पर यह प्रणाली स्वत: ही बन्द हो जाती है, पम्प डाउन सिस्टम (pump down system) कहलाता है।

महत्त्वपूर्ण प्रश्नोत्तरी

1. रेफ्रिजरेशन प्रणाली में कण्डेन्सर से आप क्या समझते हैं?

उत्तर कण्डेन्सर एक ऊष्मा स्थानान्तरक युक्ति है, जिसके द्वारा कम्प्रैसर से रेफ्रिजरेन्ट वाष्प की ऊष्मा को वायु अथवा जल में स्थानान्तरित कर दिया जाता है।

2. यान्त्रिक युक्ति द्वारा उत्पन्न वायु का प्रयोग किन कण्डेन्सरों में किया जाता है?

उत्तर यान्त्रिक युक्ति द्वारा उत्पन्न वायु का प्रयोग फोर्स्ड कन्वेक्शन कण्डेन्सरों में किया जाता है।

3. शैल एवं ट्यूब कण्डेन्सर में पानी कहाँ भरा होता है?

उत्तर शैल एवं ट्यूब कण्डेन्सर में पानी ट्यूब में भरा जाता है।

4. किस कण्डेन्सर में रेफ्रिजरेन्ट को ठण्डा करने के लिए जल एवं वायु दोनों का प्रयोग किया जाता है?

उत्तर एवैपोरेटर कण्डेन्सर में रेफ्रिजरेन्ट को ठण्डा करने के लिए जल एवं वायु दोनों का प्रयोग किया जाता है।

5. एयर कूल्ड एवं वाटर कूल्ड कण्डेन्सर में कोई दो अन्तर लिखिए।

उत्तर एयर कूल्ड एवं वाटर कूल्ड कण्डेन्सर में दो अन्तर निम्नलिखित हैं-

(i) एयर कूल्ड कण्डेन्सरों की ऊष्मा स्थानान्तरण दर वाटर कूल्ड कण्डेन्सरों की अपेक्षा कम होती है।

(ii) एयर कूल्ड कण्डेन्सरों की संरचना वाटर कूल्ड कण्डेन्सरों की अपेक्षा सरल होती है।

6. कण्डेन्सर की डिस्केलिंग क्रिया क्या है?

उत्तर कण्डेन्सरों के घुमावदार बिन्दु पर जमी रेफ्रिजरेन्ट की परत को हटाने की क्रिया को कण्डेन्सरों की डिस्केलिंग कहते हैं।

7. किस टाइप के रिसीवर में इनलेट व आउटलेट पोर्ट अलग-अलग होते हैं?

उत्तर फ्लो-थ्रो टाइप के रिसीवर में इनलेट व आउटलेट पोर्ट अलग-अलग होते हैं।

अभ्यास प्रश्न

परीक्षा प्रारूपी प्रश्न

बहुविकल्पीय

1. कण्डेन्सर एक ………….. युक्ति है।

(a) ऊष्मा विस्तारक (b) ऊष्मा स्थानान्तरक
(c) शुष्क (d) सुरक्षा

2. कण्डेन्सर में रेफ्रिजरेन्ट की ऊष्मा को किस माध्यम से स्थानान्तरित किया जाता है?

(a) वायु (b) जल
(c) 'a' और 'b' दोनों (d) इनमें से कोई नहीं

3. कण्डेन्सर में हीट को स्थानान्तरित करने के लिए किस विधि का प्रयोग होता है?

(a) विकिरण (b) चालन (c) संवहन (d) रूपान्तरण

4. रेफ्रिजरेन्ट अपनी ऊष्मा को स्थानान्तरित करने के पश्चात् किस अवस्था में परिवर्तित हो जाता है?

(a) ठोस (b) द्रव
(c) गैस (d) 'b' और 'c' दोनों

5. घरेलू रेफ्रिजरेटरों में फिन टाइप कण्डेन्सर को रेफ्रिजरेटर के किस ओर स्थापित किया जाता है?

(a) ऊपर की ओर (b) नीचे की ओर
(c) दाईं या बाईं ओर (d) पीछे की ओर

6. एयर कूल्ड कण्डेन्सर में प्रयुक्त फिन्स को रेफ्रिजरेटर की सतह से कितनी दूरी पर लगाना चाहिए?

(a) 10 से 15 सेमी (b) 15 से 20 सेमी
(c) 5 से 10 सेमी (d) 5 से 15 सेमी

7. निम्न रेफ्रिजरेटर में कौन-सा कण्डेन्सर कार्यरत् है?

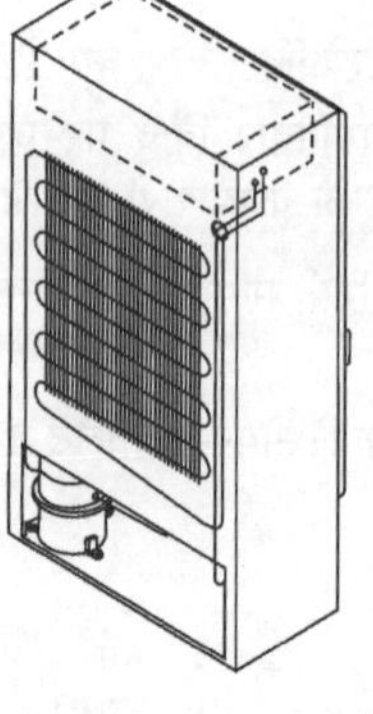

(a) फिन्स टाइप कण्डेन्सर (b) प्लेट टाइप कण्डेन्सर
(c) डबल पाइप कण्डेन्सर (d) एयर कूल्ड कण्डेन्सर

8. कण्डेन्सर में फिन्स कॉम्ब (fins comb) का उपयोग क्या है?

(a) फिन्स पर धूल डालने के लिए
(b) फिन्स को साफ करने के लिए
(c) फिन्स को पॉलिश करने के लिए
(d) फिन्स को सीधा करने के लिए

9. निम्न रेफ्रिजरेटर में किस प्रकार का कण्डेन्सर प्रयोग किया जाता है?

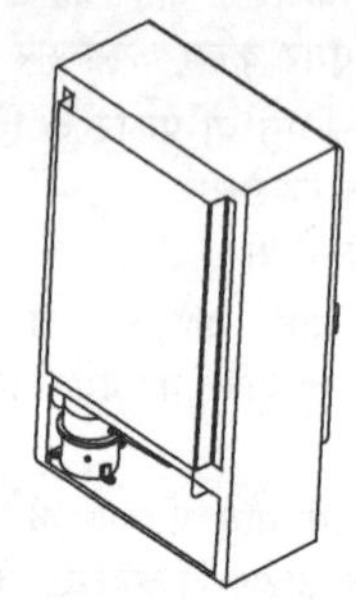

(a) फिन टाइप कण्डेन्सर (b) प्लेट टाइप कण्डेन्सर
(c) बॉडी कण्डेन्सर (d) इनमें से कोई नहीं

10. निम्न में से किस प्रकार के कण्डेन्सर में बाह्य कण्डेन्सर के स्थान पर आन्तरिक रूप से इसकी सतहों को ही कण्डेन्सर के रूप में प्रयुक्त किया जाता है?

(a) फिन टाइप कण्डेन्सर (b) प्लेट टाइप कण्डेन्सर
(c) बॉडी कण्डेन्सर (d) एवैपोरेटिव कण्डेन्सर

11. PUF एक है ……………

(a) तापमान मापने का साधन
(b) तापमान बनाए रखने का साधन
(c) इन्सुलेट सामग्री
(d) सुरक्षा उपकरण

12. चित्र में 'X' द्वारा दर्शाए गए रेफ्रिजरेटर के भाग का क्या नाम है?

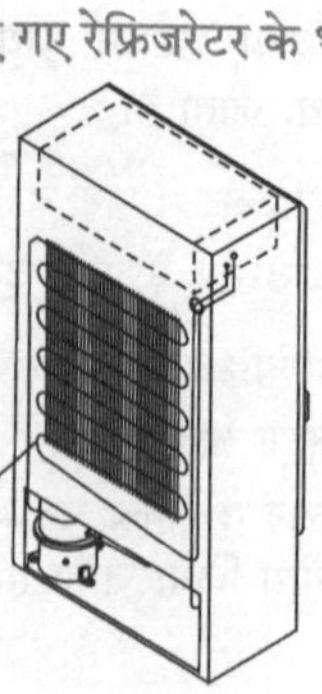

(a) द्रव लाइन (b) गर्म गैस लाइन
(c) कैपिलरी ट्यूब (d) कण्डेन्सर फिन्स

13. PUF का पूर्णरूप है
(a) पॉली यूरेनियम फोम (b) पीपुल यूनियन फोरम
(c) पॉली यूरेथीन फोरम (d) पॉली यूरेथीन फोम

14. PUF का प्रयोग किस कण्डेन्सर में किया जाता है?
(a) फिन टाइप कण्डेन्सर (b) प्लेट टाइप कण्डेन्सर
(c) बॉडी कण्डेन्सर (d) एवैपोरेटिव कण्डेन्सर

15. निम्न में से किस कण्डेन्सर में चोक होने की अधिक सम्भावना होती है?
(a) फिन टाइप कण्डेन्सर (b) प्लेट टाइप कण्डेन्सर
(c) बॉडी कण्डेन्सर (d) शैल एवं ट्यूब कण्डेन्सर

16. घर में लगने वाले रेफ्रिजरेटर में कितने प्रकार के एयर कूल्ड कण्डेन्सर लगते हैं?
(a) 3 (b) 4 (c) 2 (d) 1

17. एयर कूल्ड कण्डेन्सर के क्वॉयल को साफ करने के लिए कौन–सी गैस प्रयोग की जाती है?
(a) ऑक्सीजन (b) गर्म वायु
(c) शुष्क नाइट्रोजन (d) शुद्ध सूखी वायु

18. किस प्रकार के एयर कूल्ड कण्डेन्सर में पंखे या ब्लोअर द्वारा वायु उत्पन्न की जाती है?
(a) प्राकृतिक कनवेक्शन कण्डेन्सर (b) फोर्स्ड कन्वेक्शन कण्डेन्सर
(c) शैल एवं ट्यूब कण्डेन्सर (d) शैल एवं क्वॉयल कण्डेन्सर

19. चेसिस माउण्टिड कण्डेन्सर का उपयोग कितनी क्षमता वाली मशीनों के लिए किया जाता है?
(a) 3 टन (b) 5 टन (c) 10 टन (d) 8 टन

20. सेल्फ कण्टेन्ड कण्डेन्सर होते हैं
(a) चेसिस माउण्डिड कण्डेन्सर (b) रिमोट टाइप कण्डेन्सर
(c) 'a' और 'b' दोनों (d) इनमें से कोई नहीं

21. रिमोट टाइप कण्डेन्सर के ब्लोअर को घुमाने के लिए कितनी शक्ति के मोटर की आवश्यकता होती है?
(a) 1-2 HP (b) 0.1-0.2 HP
(c) 1-5 HP (d) 0.5-1 HP

22. 'धूल एवं गन्दगी युक्त' कण्डेन्सर को कहते हैं
(a) स्केलिंग (b) एवैपोरेटर
(c) चोक्ड कण्डेन्सर (d) फिन टाइप कण्डेन्सर

23. चोक्ड कण्डेन्सर का इसकी कार्यप्रणाली पर क्या प्रभाव पड़ता है?
(a) दक्षता कम हो जाती है
(b) दक्षता बढ़ जाती है
(c) रेफ्रिजरेन्ट का प्रवाह बढ़ जाता है
(d) रेफ्रिजरेन्ट का प्रवाह घट जाती है

24. रेफ्रिजरेशन प्रणाली में कण्डेन्सर के अन्दर रेफ्रिजरेन्ट की परत का जमना क्या कहलाता है?
(a) चोक (b) स्केलिंग
(c) डिस्केलिंग (d) इनमें से कोई नहीं

25. रेफ्रिजरेशन प्रणाली में कण्डेन्सर की डिस्केलिंग की जाती है
(a) स्पंज रबर बॉल द्वारा (b) एसिड या केमिकल द्वारा
(c) ब्रुश द्वारा (d) ये सभी

26. निम्न कथनों पर विचार कीजिए
कथन I शैल एवं ट्यूब कण्डेन्सर में अनेक समान्तर ट्यूब लगी होती हैं, जिनमें रेफ्रिजरेन्ट को ठण्डा किया जाता है।
कथन II शैल एवं ट्यूब कण्डेन्सर में प्रयुक्त ट्यूब स्टील अथवा ताँबे की बनाई जाती हैं।
उपरोक्त कथनों में से कौन–सा/से कथन सही है/हैं?
(a) कथन I सही है
(b) कथन II सही है
(c) कथन I और II दोनों सही हैं
(d) कथन I और II दोनों गलत हैं

27. निम्न कथनों पर विचार कीजिए
कथन I हॉरिजोण्टल शैल एवं ट्यूब कण्डेन्सर में प्रयुक्त चालक ट्यूबों की मोटाई 10 से 15 मिमी होती है।
कथन II हॉरिजोण्टल शैल एवं ट्यूब कण्डेन्सर को बन्द शैल एवं ट्यूब कण्डेन्सर भी कहते हैं।
उपरोक्त कथनों में से कौन–सा/से कथन सही है/हैं?
(a) कथन I सही है
(b) कथन II सही है
(c) कथन I और II दोनों सही हैं
(d) कथन I और II दोनों गलत हैं

28. निम्न चित्र में कौन–सा कण्डेन्सर दर्शाया गया है?

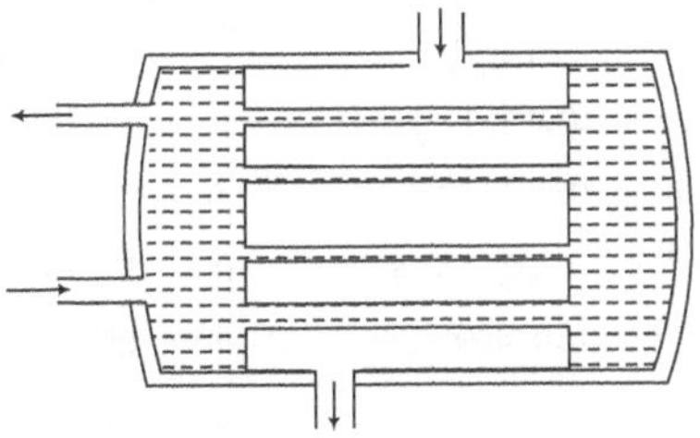

(a) हॉरिजोण्टल शैल एवं ट्यूब कण्डेन्सर
(b) वर्टिकल शैल एवं ट्यूब कण्डेन्सर
(c) शैल एवं क्वॉयल कण्डेन्सर
(d) डबल पाइप कण्डेन्सर

29. निम्न में से किस कण्डेन्सर में जल व वायु दोनों का प्रयोग कूलिंग माध्यम के रूप में किया जाता है?
(a) फिन टाइप कण्डेन्सर (b) रिमोट टाइप कण्डेन्सर
(c) शैल एवं क्वॉयल कण्डेन्सर (d) एवैपोरेटिव कण्डेन्सर

30. एवैपोरेटिव कण्डेन्सर से क्या लाभ है?
(a) फोर्स्ड हवा द्वारा ठण्डा करना
(b) प्राकृतिक हवा द्वारा ठण्डा करना
(c) हवा और पानी द्वारा ठण्डा करना
(d) कम्प्रैस्ड हवा द्वारा ठण्डा करना।

31. चित्र में प्रदर्शित भागों को देखकर सूची I का सूची II से मिलान कीजिए

सूची I	सूची II
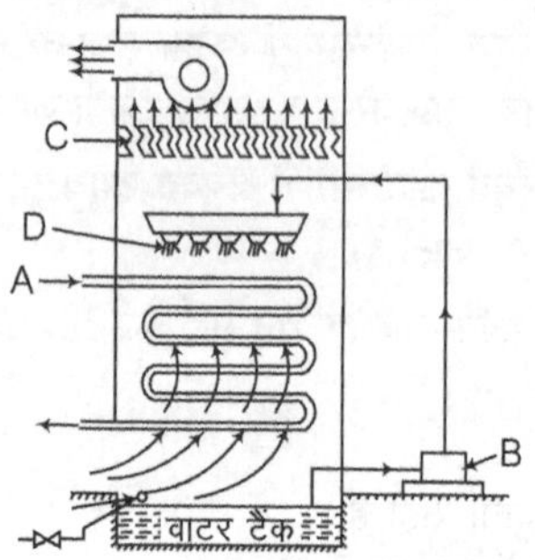	(i) कण्डेन्सिंग क्वॉयल (ii) पम्प (iii) एलीमिनेटर्स (iv) स्प्रे नोजल

कूट

(a) A-(i); B-(ii); C-(iii); D-(iv)
(b) A-(i); B-(ii); C-(iv); D-(iii)
(c) A-(ii); B-(i); C-(iv); D-(iii)
(d) A-(ii); B-(i); C-(iii); D-(iv)

32. मल्टी स्टोरेज बिल्डिंग पर एवैपोरेटिव कण्डेन्सर कहाँ लगाना चाहिए?

(a) फर्स्ट फ्लोर पर
(b) मिडिल फ्लोर पर
(c) ग्राउण्ड फ्लोर पर
(d) सबसे ऊपर के फ्लोर पर

33. वाटर कूल्ड कण्डेन्सर के इनलेट और आउटलेट तापमान के बीच का अन्तर, कितने डिग्री सेण्टीग्रेड में कम होता है, यदि डिस्केलिंग की जरूरत है?

(a) 5°C (b) 10°C (c) 15°C (d) 20°C

34. सूची I का सूची II से मिलान कीजिए।

	सूची I (कण्डेन्सर)		सूची II (कूलिंग माध्यम)
A.	फिन टाइप कण्डेन्सर	(i)	जल
B.	शैल एवं ट्यूब कण्डेन्सर	(ii)	वायु तथा जल
C.	एवैपोरेटिव कण्डेन्सर	(iii)	वायु

कूट

(a) A-(i); B-(ii); C-(iii)
(b) A-(i); B-(iii); C-(ii)
(c) A-(iii); B-(i); C-(ii)
(d) A-(iii); B-(ii); C-(i)

35. निम्न में से तरल रिसीवर का एक उपयोग है

(a) रेफ्रिजरेन्ट को उच्च दाब वाष्प में परिवर्तित करना
(b) रेफ्रिजरेन्ट की नमी हटाना
(c) रेफ्रिजरेन्ट को संग्रहीत करना
(d) डीस्केलिंग करना

36. किस प्रकार के तरल रिसीवर में इनलेट व आउटलेट वाल्व एक ही पोर्ट पर कार्य करते हैं?

(a) सर्ज टाइप रिसीवर
(b) फ्लो-थ्रो रिसीवर
(c) पम्प रिसीवर
(d) हॉरिजोण्टल रिसीवर

37. सूची I का सूची II से मिलान कीजिए।

	सूची I		सूची II
A.	एयर कूल्ड कण्डेन्सर	(i)	इसमें ब्लोअर का प्रयोग होता है।
B.	वाटर कूल्ड कण्डेन्सर	(ii)	इसमें ब्लोअर का प्रयोग नहीं होती है।
C.	सर्ज टाइप रिसीवर	(iii)	इसमें इनलेट व आउलेट पोर्ट एक ही होते हैं।
D.	फ्लो-थ्रो टाइप रिसीवर	(iv)	इसमें इनलेट व आउटलेट पोर्ट अलग-अलग होते हैं।

कूट

(a) A-(i); B-(ii); C-(iii); D-(iv)
(b) A-(i); B-(iv); C-(iii); D-(ii)
(c) A-(ii); B-(i); C-(iii); D-(iv)
(d) A-(ii); B-(i); C-(iv); D-(iii)

38. तरल रिसीवर निम्न में से किन दो भागों के मध्य लगाया जाता है?

(a) एक्सपैन्शन वाल्व व एवैपोरेटर
(b) कम्प्रैसर व एवैपोरेटर
(c) कम्प्रैसर व कण्डेन्सर
(d) कण्डेन्सर व एक्सपैन्शन वाल्व

39. पम्प डाउन सिस्टम का एक भाग नहीं है

(a) सोलेनॉयड वाल्व
(b) एक्सपैन्शन वाल्व
(c) थर्मोस्टेट वाल्व
(d) निम्न दाब नियन्त्रक

40. निम्न कथनों पर विचार कीजिए

कथन I पम्प डाउन सिस्टम का उपयोग स्वचालित रेफ्रिजरेशन एवं एयर कण्डीशनिंग प्रणाली में किया जाता है।

कथन II पम्प डाउन सिस्टम निश्चित तापमान पर स्वतः बन्द हो जाता है।

उपरोक्त कथनों में से कौन-सा/से कथन सही है/हैं?

(a) कथन I सही है
(b) कथन II सही है
(c) कथन I और II दोनों सही हैं
(d) कथन I और II दोनों गलत हैं

उत्तरमाला

1. (b)	**2.** (c)	**3.** (c)	**4.** (b)	**5.** (d)	**6.** (a)	**7.** (a)	**8.** (b)	**9.** (b)	**10.** (c)
11. (c)	**12.** (d)	**13.** (d)	**14.** (c)	**15.** (a)	**16.** (c)	**17.** (c)	**18.** (b)	**19.** (a)	**20.** (a)
21. (b)	**22.** (c)	**23.** (a)	**24.** (b)	**25.** (d)	**26.** (c)	**27.** (b)	**28.** (a)	**29.** (d)	**30.** (c)
31. (a)	**32.** (d)	**33.** (d)	**34.** (c)	**35.** (c)	**36.** (a)	**37.** (a)	**38.** (d)	**39.** (b)	**40.** (c)

अध्याय 19

एक्सपैन्शन वाल्व्स और ड्रायर्स

Expansion Valves and Driers

परिचय Introduction

रेफ्रिजरेशन एवं एयर कण्डीशनिंग प्रणाली कूलिंग उत्पन्न करने की एक बन्द चक्र (closed cycle) प्रणाली है, जिसमें प्रयुक्त सभी अवयवों का चक्रीय क्रम में बार-बार प्रयोग होता है। इस प्रणाली में प्रयुक्त प्रत्येक अवयव द्वारा भिन्न-भिन्न दाब पर रेफ्रिजरेन्ट का प्रयोग किया जाता है; जैसे—कम्प्रैसर द्वारा उच्च ताप व उच्च दाब की रेफ्रिजरेन्ट वाष्प प्राप्त होती है, परन्तु एवैपोरेटर के लिए रेफ्रिजरेन्ट का दाब कम होना चाहिए। रेफ्रिजरेन्ट के दाब को कम करने के लिए रेफ्रिजरेशन एवं एयर कण्डीशनिंग प्रणाली में विभिन्न प्रकार के एक्सपैन्शन वाल्व प्रयोग किए जाते हैं। रेफ्रिजरेशन प्रणाली के चक्र में रेफ्रिजरेन्ट को बार-बार द्रव से वाष्प एवं वाष्प से पुनः द्रव में परिवर्तित किया जाता है, जिसके कारण रेफ्रिजरेन्ट में नमी उत्पन्न हो जाती हैं। इस नमी के कारण रेफ्रिजरेशन प्रणाली की दक्षता कम हो जाती है। रेफ्रिजरेन्ट में स्थित इस नमी को दूर करने के लिए ड्रायर (drier) का प्रयोग किया जाता है। इस अध्याय में हम विभिन्न प्रकार के एक्सपैन्शन वाल्व तथा ड्रायर का विस्तृत अध्ययन करेंगे।

अध्याय विषय सूची

- एक्सपैन्शन वाल्व
- ड्रायर
- फिल्टर ड्रायर या डी-हाइड्रेटर
- **महत्त्वपूर्ण बिन्दु**
- **महत्त्वपूर्ण प्रश्नोत्तरी**
- **अभ्यास प्रश्न**

19.1 एक्सपैन्शन वाल्व Expansion Valve

रेफ्रिजरेशन प्रणाली में रिसीवर (receiver) तथा एवैपोरेटर (evaporator) के मध्य लगी वह युक्ति जिसके द्वारा कण्डेन्सर से प्राप्त रेफ्रिजरेन्ट का दाब कम करके एवैपोरेटर को भेजा जाता है, एक्सपैन्शन वाल्व कहलाता है। एक्सपैन्शन वाल्व को मीटरिंग युक्ति (metering device), थ्रोटलिंग युक्ति (throttling device) तथा रेफ्रिजरेन्ट प्रवाह नियन्त्रक युक्ति (refrigerant flow controller device) आदि नामों से भी जाना जाता है। जब उच्च दाब का रेफ्रिजरेन्ट, एक्सपैन्शन वाल्व में प्रवेश करता है, तब इसका एक्सपैन्शन होता है, जिसके कारण रेफ्रिजरेन्ट का दाब कम हो जाता है। एक्सपैन्शन वाल्व युक्त रेफ्रिजरेशन प्रणाली को निम्न चित्र में दर्शाया गया है

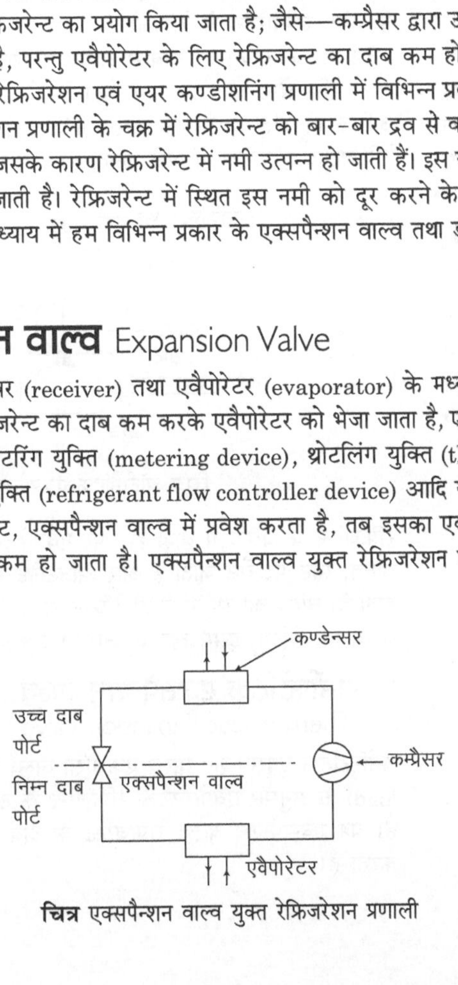

चित्र एक्सपैन्शन वाल्व युक्त रेफ्रिजरेशन प्रणाली

एक्सपैन्शन वाल्व में दो पोर्ट होते हैं—उच्च दाब पोर्ट एवं निम्न दाब पोर्ट। उच्च दाब के रेफ्रिजरेन्ट को वाल्व के उच्च दाब पोर्ट में इनलेट किया जाता है, जबकि निम्न दाब पोर्ट से कम दाब के रेफ्रिजरेन्ट को प्राप्त किया जाता है।

एक्सपैन्शन वाल्व के कार्य
Functions of Expansion Valve

रेफ्रिजरेशन एवं एयर कण्डीशनिंग प्रणाली में, एक्सपैन्शन वाल्व के मुख्य कार्य निम्नलिखित हैं

1. एक्सपैन्शन वाल्व तरल रेफ्रिजरेन्ट का दाब कम करते हैं।
2. एक्सपैन्शन वाल्व, उचित मात्रा में तरल रेफ्रिजरेन्ट को एवैपोरेटर में भेजता है।
3. यह रेफ्रिजरेशन प्रणाली में गैस के दाब में अन्तर पैदा करता है।
4. इससे रेफ्रिजरेशन प्रणाली हाई साइड प्रैशर और लो साइड प्रैशर में विभाजित हो जाती है।
5. एक्सपैन्शन वाल्व द्वारा एवैपोरेटर का तापमान नियत बना रहता है।

एक्सपैन्शन वाल्व के प्रकार
Types of Expansion Valve

1. हैण्ड एक्सपैन्शन वाल्व Hand Expansion Valve

इस वाल्व की संरचना बहुत सरल होती है। इसके द्वारा रेफ्रिजरेन्ट का प्रवाह इसके हैण्डिल को हाथ से घुमाकर नियन्त्रित किया जाता है। इसे तरल रेफ्रिजरेन्ट के प्रवाह की दिशा में एवैपोरेटर से ठीक पहले फिट किया जाता है, जिससे एवैपोरटर में तरल रेफ्रिजरेन्ट के प्रवाह को नियन्त्रित किया जा सके।

एवैपोरेटर में आवश्यक तापमान बनाए रखने के लिए और उपयुक्त दाब पर तरल रेफ्रिजरेन्ट की आवश्यक मात्रा की सप्लाई करने के लिए इसे विभिन्न स्थितियों में समायोजित किया जा सकता है। इस वाल्व का प्रयोग नियत लोड के लिए किया जाता है। इस वाल्व को बड़ी प्रणालियों में ऑटोमैटिक नियन्त्रित वाल्वों के चारों ओर बाईपास वाल्व के समान भी प्रयोग किया जाता है, जिससे ऑटोमैटिक वाल्व के फेल होने की स्थिति में और मरम्मत के दौरान रेफ्रिजरेशन प्रणाली काम करती रहे।

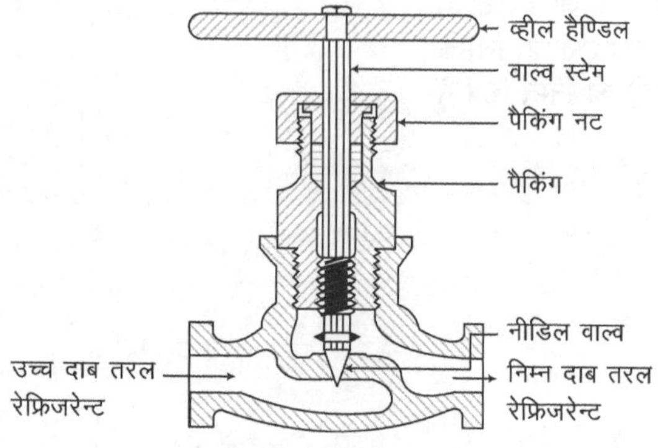

चित्र हैण्ड एक्सपैन्शन वाल्व

2. ऑटोमैटिक एक्सपैन्शन वाल्व
Automatic Expansion Valve

ऑटोमैटिक एक्सपैन्शन वाल्व वह वाल्व है, जिसकी कार्य प्रणाली लो प्रैशर साइड (low pressure side) पर निर्भर करती है। इस वाल्व को तरल रेफ्रिजरेन्ट के प्रवाह को नियन्त्रण करने के लिए, एवैपोरेटर से पहले तरल लाइन (liquid line) में लगाया जाता है। यह वाल्व तरल रेफ्रिजरेन्ट के प्रवाह को नियन्त्रित करके आउटलेट पर निम्न दाब को बनाए रखता है। ऑटोमैटिक एक्सपैन्शन वाल्व की बॉडी पीतल की बनी होती है। इसके एक ओर आउटलेट तथा दूसरी ओर इनलेट होता है।

इनलेट में रेफ्रिजरेन्ट रिसीवर से आता है और आउटलेट से रेफ्रिजरेन्ट एवैपोरेटर में जाता है। इसमें एक डायफ्राम या बेलोज (bellows) लगा होता है, जो फॉस्फोरस ब्रॉन्ज का बना होता है।

इस डायफ्राम पर एक वाल्व नीडिल लगी होती है, जो सीट पर रखी होती है। इसमें ऊपर की ओर एडजस्टिंग स्क्रू लगा होता है, जो एवैपोरेटर में द्रव रेफ्रिजरेन्ट के प्रवाह को कम या अधिक करता है। डायफ्राम पर ऊपर से स्प्रिग का दाब लगता है और नीचे की ओर से एवैपोरेटर का दाब कार्य करता है।

नीडिल पर स्प्रिग तथा एवैपोरेटर दोनों ही दबाव डालते हैं, जिसका दाब अधिक होता है, वही नीडिल की गति को निर्धारित करता है। जब तरल रेफ्रिजरेन्ट एवैपोरेटर में भरा होता है, तब नीडिल सीट की ओर गति करती है और एवैपोरेटर में रेफ्रिजरेन्ट का प्रवाह बन्द हो जाता है, क्योंकि एवैपोरेटर का दाब स्प्रिग दाब से अधिक हो जाता है, परन्तु जब एवैपोरेटर में तरल रेफ्रिजरेन्ट का दाब कम होता है, तो इस स्थिति में स्प्रिग का दाब अधिक हो जाता है, जिसके कारण नीडिल सीट से नीचे आ जाती है और रेफ्रिजरेन्ट एवैपोरेटर में जाने लगता है।

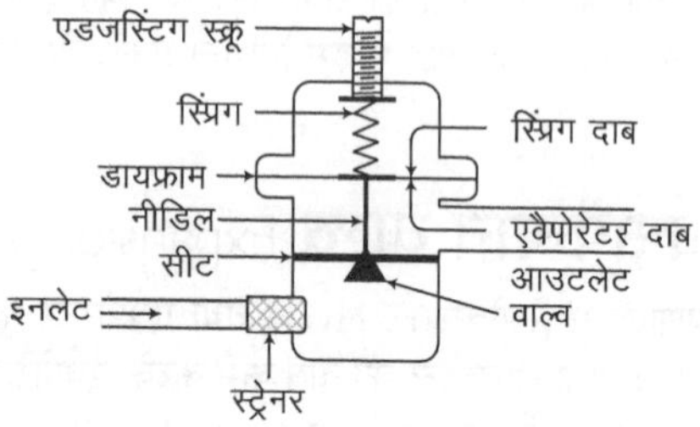

चित्र ऑटोमैटिक एक्सपैन्शन वाल्व

रेफ्रिजरेन्ट के प्रवाह में वृद्धि होने पर एवैपोरेटर दाब बढ़ जाता है, जिससे वाल्व, सीट पर बैठ जाता है और आउटलेट से रेफ्रिजरेन्ट बाहर नहीं जा पाता है। वाल्व की सेटिंग से ही रेफ्रिजरेन्ट की मात्रा नियन्त्रित होती है और वाल्व की सेटिंग, इसमें लगे एडजस्टिंग स्क्रू द्वारा सेट की जाती है।

3. थर्मोस्टेटिक एक्सपैन्शन वाल्व
Thermostatic Expansion Valve

थर्मोस्टेटिक एक्सपैन्शन वाल्व एक ऐसा वाल्व है, जो ऊष्मीय लोड (heat load) के अनुसार एवैपोरेटर के रेफ्रिजरेन्ट के उचित प्रवाह को बनाए रखता है। यह एक्सपैन्शन वाल्व रेफ्रिजरेन्ट के दाब एवं ताप के अनुसार कार्य करता है।

तापक्रम में परिवर्तन होने पर यह वाल्व स्वयं ही बन्द हो जाता है, जबकि उपयुक्त तापमान होने पर यह पुन: कार्य करने लगता है। यह वाल्व पीतल का बनाया जाता है तथा इसमें दो पोर्ट होते हैं—एक पोर्ट उच्च दाब वाले रेफ्रिजरेन्ट द्रव के लिए इनलेट और और दूसरा पोर्ट निम्न दाब वाले रेफ्रिजरेन्ट द्रव के लिए आउटलेट होता है।

थर्मोस्टेट एक्सपैन्शन वाल्व की आन्तरिक संरचना को चित्र द्वारा स्पष्ट किया गया है। इसमें नीडिल वाल्व, वाल्व सीट, डायफ्राम तथा रिमोट वाल्व आदि मुख्य भाग होते हैं। रिमोट बल्ब अथवा फिलर वाल्व एक कैपिलरी ट्यूब की सहायता से डायफ्राम से जुड़ा होता है। इसमें एक स्प्रिंग लगी होती है, जिसके दाब को नियन्त्रित करने के लिए इसमें एक एडजस्टिंग स्क्रू लगा होता है। इस वाल्व के इनलेट में स्ट्रेनर लगा होता है, जो रेफ्रिजरेन्ट के साथ आए धूल-रेशों आदि को अन्दर नहीं जाने देता है। इस वाल्व में तीन प्रकार के दाब कार्य करते हैं— बल्ब दाब, स्प्रिंग दाब और एवैपोरेटर दाब। इसमें बल्ब दाब डायफ्राम के ऊपर लगता है, जबकि स्प्रिंग और एवैपोरेटर दाब डायफ्राम के नीचे से ऊपर की ओर लगता है।

स्प्रिंग का प्रैशर एडजस्टिंग स्क्रू से कम या अधिक किया जा सकता है। इसमें रिमोट वाल्व का दाब, स्प्रिंग दाब और एवैपोरेटर दाब के बराबर होता है।

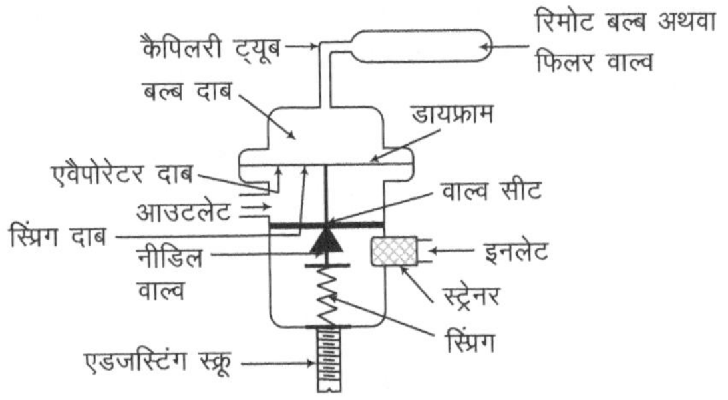

चित्र थर्मोस्टेटिक एक्सपैन्शन वाल्व

इस वाल्व की कार्य प्रणाली सक्शन लाइन के तापमान के अन्तर पर निर्भर करती है। एवैपोरेटर में तापमान के बढ़ने से सक्शन लाइन और एक्सपैन्शन वाल्व के थर्मल वाल्व का तापमान भी बढ़ जाता है। अधिक तापमान बल्ब, कैपिलरी और डायफ्राम में अधिक दाब उत्पन्न करता है, जिससे डायफ्राम फैलने लगता है। डायफ्राम का आकार बढ़ने के कारण तथा स्प्रिंग के दाब के कारण नीडिल वाल्व, वाल्व सीट से नीचे आ जाता है और वाल्व खुल जाता है।

वाल्व के खुलने से उच्च दाब तरल रेफ्रिजरेन्ट एवैपोरेटर में प्रवेश कर जाता है तथा एवैपोरेटर में रेफ्रिजरेन्ट लोड कम हो जाता है, जिससे रेफ्रिजरेन्ट वाष्पित हो जाता है। इसके विपरीत जब रेफ्रिजरेन्ट का ताप कम हो जाता है तब सक्शन लाइन और थर्मल वाल्व का तापमान कम हो जाता है, जिससे वाल्व का दाब कम हो जाता है और नीडिल सीट पर बैठ जाती है तथा वाल्व बन्द हो जाता है। इस प्रकार एवैपोरेटर से रेफ्रिजरेन्ट का जाना बन्द हो जाता है।

थर्मोस्टेटिक वाल्व दो प्रकार के होते हैं—

(i) बेलोज टाइप एक्सपैन्शन वाल्व

(ii) डायफ्राम टाइप एक्सपैन्शन वाल्व

(i) **बेलोज टाइप एक्सपैन्शन वाल्व** Bellows Type Expansion Valve

बेलोज टाइप थर्मोस्टेटिक एक्सपैन्शन वाल्व में हाउसिंग के अन्दर ऊपर की ओर बेलोज लगा होता है। इसके साथ रॉड, नीडिल, सीट व वाल्व लगे होते हैं।

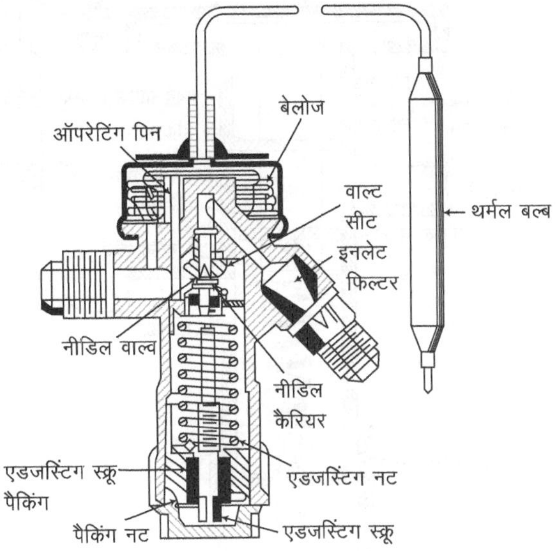

चित्र बेलोज टाइप थर्मोस्टेट एक्सपैन्शन वाल्व

वाल्व के दूसरी ओर स्प्रिंग लगी होती है। स्प्रिंग को एडजस्ट करने के लिए एडजस्टिंग स्क्रू लगा होता है। एवैपोरेटर के तापमान में वृद्धि होने पर सक्शन लाइन और थर्मल वाल्व का तापमान भी बढ़ जाता है। इसके साथ ही एवैपोरेटर का दाब अधिक हो जाता है। एवैपोरेटर का दाब अधिक होने पर बेलोज फैल जाती है और वाल्व सीट से ऊपर उठ जाता है। इस प्रकार एवैपोरेटर में रेफ्रिजरेन्ट भरने लगता है। जब एवैपोरेटर का तापमान कम हो जाता है, तो एवैपोरेटर का दाब भी घट जाता है, जिसके कारण नीडिल वाल्व बैठ जाता है। इस प्रकार एवैपोरेटर में रेफ्रिजरेन्ट का प्रवाह बन्द हो जाता है।

(ii) **डायफ्राम टाइप एक्सपैन्शन वाल्व**
Diaphragm Type Expansion Valve

डायफ्राम टाइप एक्सपैन्शन वाल्व में वाल्व बॉडी के नीचे डायफ्राम लगा होता है। इसके नीचे इक्वेलाइजिंग चैम्बर होता है, जिसमें इक्वेलाइजिंग कनेक्शन होते हैं। इनलेट, रिसीवर और आउटलेट, एवैपोरेटर से जुड़े होते हैं।

इसमें नीचे की ओर एक स्प्रिंग लगी होती है तथा स्प्रिंग सीट से जुड़ी होती है। नीडिल वाल्व सीट पर भली-भाँति फिट होता है, परन्तु स्प्रिंग दाब अधिक हो जाने पर वाल्व सीट से हट जाता है। स्प्रिंग के दाब को कम व अधिक करने के लिए नीचे एडजस्टिंग स्क्रू लगा होता है। डायफ्राम के ऊपर थर्मल बल्ब का दाब और नीचे स्प्रिंग व एवैपोरेटर का दाब कार्य करता है।

सक्शन लाइन और थर्मल बल्ब की ऊष्मा के कारण तापमान बढ़ता है, तो इनका दाब, स्प्रिंग और एवैपोरेटर के दाब से अधिक हो जाता है, जिससे वाल्व, सीट से जुड़ जाता है और द्रव रेफ्रिजरेन्ट एवैपोरेटर में जाना बन्द हो जाता है। थर्मल बल्ब तापमान के कम हो जाने पर दाब भी कम हो जाता है,

जो नीडिल वाल्व को अपने दाब से हटा देता है तथा रेफ्रिजरेन्ट एवैपोरेटर में जाने लगता है। इस प्रकार यह क्रिया लगातार चलती रहती है।

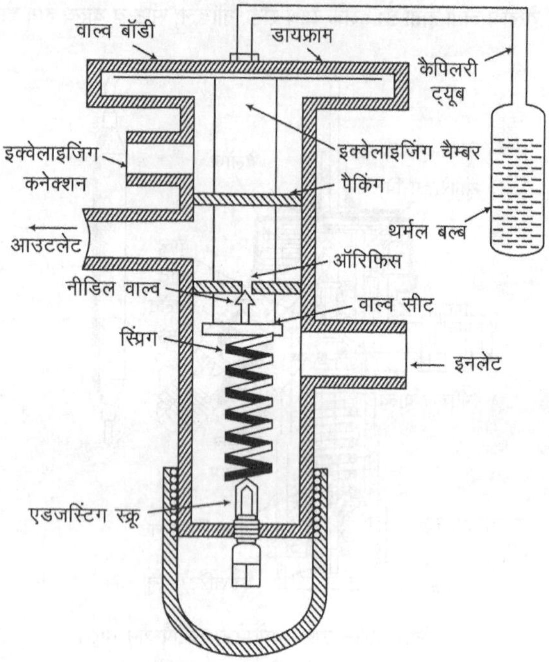

चित्र डायफ्राम टाइप एक्सपैन्शन वाल्व

तालिका थर्मोस्टेटिक और ऑटोमैटिक एक्सपैन्शन वाल्वों में अन्तर

क्र.सं.	थर्मोस्टेटिक एक्सपैन्शन वाल्व	ऑटोमैटिक एक्सपैन्शन वाल्व
1.	इसका कार्य एवैपोरेटर या सक्शन लाइन के तापमान के कम या अधिक होने पर निर्भर करता है।	इसका कार्य रेफ्रिजरेशन प्रणाली के लो प्रैशर साइड पर निर्भर करता है।
2.	इस प्रकार का वाल्व, विशेष रेफ्रिजरेशन प्रणाली में प्रयोग किया जाता है।	इस वाल्व को घरेलू रेफ्रिजरेशन प्रणाली में प्रयोग किया जाता है।
3.	इस वाल्व में दाब को नियन्त्रित करने के लिए इक्वेलाइजर का प्रयोग किया जाता है।	इसमें इक्वेलाइजर का प्रयोग नहीं किया जाता है।
4.	इस वाल्व का खुलना रेफ्रिजरेशन लोड के अनुसार नियन्त्रित होता है।	इस वाल्व का खुलना लो साइड प्रैशर के अनुसार नियन्त्रित होता है।
5.	इसमें एडजस्टिंग स्क्रू नीचे की ओर लगा होता है।	इसमें एडजस्टिंग स्क्रू ऊपर की ओर लगा होता है।
6.	इसकी बनावट कठिन है।	इनकी बनावट सरल होती है।
7.	यह वाल्व बड़ी रेफ्रिजरेशन मशीनों और अधिक क्षमता के वातानुकूलन में प्रयोग होता है।	यह वाल्व घरेलू रेफ्रिजरेशन मशीनों में प्रयोग किया जाता है।
8.	इसका मूल्य अधिक होता है।	इसका मूल्य कम होता है।
9.	इनकी दक्षता उच्च होती है।	इनकी दक्षता निम्न होती है।

4. कैपिलरी ट्यूब Capillary Tube

आजकल घरेलू रेफ्रिजरेटरों में कैपिलरी ट्यूब रेफ्रिजरेन्ट नियन्त्रक के रूप में अधिक प्रयोग की जाती है, क्योंकि इसका प्रयोग बहुत सरल है। इसमें कोई वाल्व या घूमने वाला भाग नहीं होता है और इसे एडजस्ट भी नहीं किया जाता है। यह कम व्यास की कॉपर की बनी ट्यूब होती है, जो हाई प्रैशर साइड (high pressure side) की ओर लगे कण्डेन्सर और निम्न प्रैशर साइड की ओर लगे एवैपोरेटर के मध्य तरल लाइन के स्थान पर लगी होती है। कण्डेन्सर और एवैपोरेटर के मध्य दाबान्तर रेफ्रिजरेन्ट के बहाव और उसकी बाधा के अनुसार रहता है।

कैपिलरी ट्यूब में रेफ्रिजरेन्ट के दाब में कमी ट्यूब के द्वारा प्रवाहित होने वाले द्रव के घर्षण और गति की वृद्धि के कारण होती है। दाब में यह कमी एक स्थिर नियन्त्रण होती है और लोड के बदलने पर दाबान्तर, आयतन और घनत्व के परिवर्तित होने पर बदलता है, जिससे रेफ्रिजरेन्ट के प्रवाह की गति प्रभावित होती है। कैपिलरी ट्यूब में रेफ्रिजरेन्ट को आगे की ओर प्रवाहित करने के लिए धनात्मक बल उत्पन्न होता है। कैपिलरी ट्यूब के दोनों ओर के सिरों को कण्डेन्सर के आउटलेट और एवैपोरेटर के इनलेट पर लगाकर इसके सिरों को सोल्डर कर दिया जाता है, जिससे इसके अन्दर नमी प्रवेश न कर सके। लम्बाई अधिक होने पर इसे क्वॉयल के रूप में लगाया जाता है।

कैपिलरी ट्यूब का व्यास और लम्बाई, कार्य करने वाली प्रणाली के आकार पर निर्भर होती है।

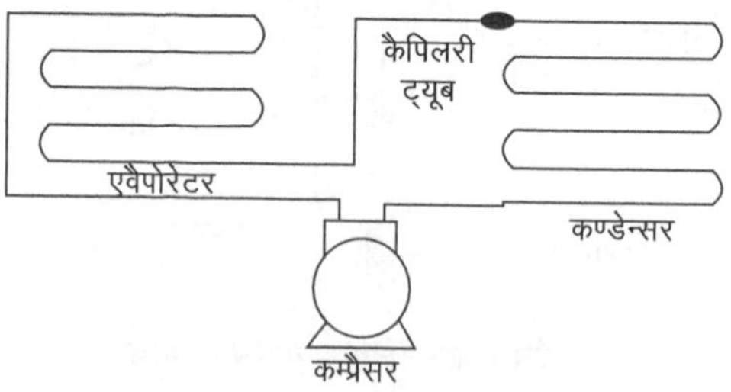

चित्र कैपिलरी ट्यूब युक्त रेफ्रिजरेशन प्रणाली

कैपिलरी ट्यूब का आकार Size of Capillary Tube

कैपिलरी ट्यूब का आकार उसके आन्तरिक व्यास और लम्बाई पर निर्भर करता है। कैपिलरी ट्यूब के आन्तरिक व्यास को मापने के लिए पहले प्लग गेज, एक पिन या ड्रिल को डाला जाता है, जो सुराख में सही प्रकार फिट हो जाए। इसके बाद उस पिन या ड्रिल का बाहरी आकार माइक्रोमीटर (आउटसाइड) या वर्नियर कैलीपर से चैक कर लिया जाता है और यही आकार कैपिलरी ट्यूब का होता है।

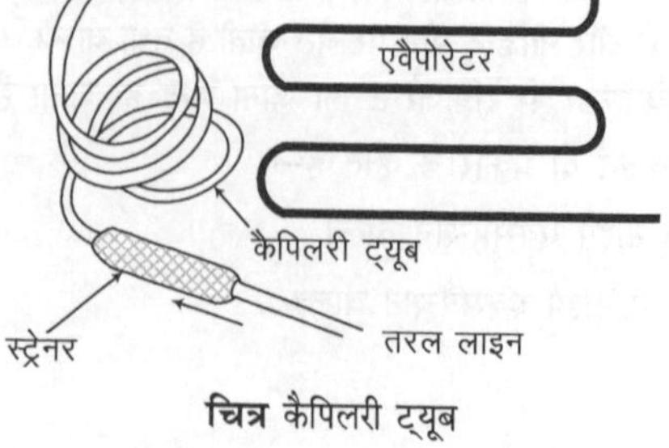

चित्र कैपिलरी ट्यूब

रेफ्रिजरेशन मशीन में प्रयोग होने वाली कैपिलरी ट्यूब की लम्बाई, आन्तरिक व्यास, कम्प्रैसर मोटर की अश्व शक्ति और एवैपोरेटर के तापक्रम (निम्न, मध्यम, उच्च) पर निर्भर करती है। रेफ्रिजरेटर और डीप फ्रीजर निम्न तापमान मशीनें होती हैं। वाटर कूलर और बोतल कूलर मध्यम तापमान मशीनें होती हैं, जबकि एयर कण्डीशनर उच्च तापमान मशीनें होती हैं।

कैपिलरी ट्यूब के लाभ एवं हानियाँ
Advantages and Disadvantages of Capillary Tube

लाभ

(i) इसमें कोई भी घिसने वाला या जाम होने वाला भाग नहीं होता है।

(ii) इसकी कीमत कम होती है।

(iii) जब मशीन बन्द होती है, तो यह स्थिति मशीन की हाई साइड और लो साइड में प्रैशर बराबर कर देती है, जिससे स्टार्टिंग में मोटर पर लोड कम पड़ता है। इस कारण इसके साथ कम शक्ति रखने वाली मोटर प्रयोग की जा सकती है।

(iv) इसे आसानी से बनाया जाता है, क्योंकि इसकी बनावट बहुत सरल होती है।

हानियाँ

(i) कैपिलरी ट्यूब में बहुत ही बारीक सुराख होता है, जिसके कारण इसमें चोकिंग अर्थात् बन्द होने की समस्या भी होती रहती है।

(ii) इसके द्वारा एवैपोरेटर में गैस दाब एक बार स्थिर कर दिए जाने के उपरान्त बदला नहीं जा सकता।

(iii) यह एवैपोरेटर में ऊष्मा तथा तापमान की मात्रा कम या अधिक होने पर भी रेफ्रिजरेन्ट की सफाई करती रहती है।

(iv) इसका प्रयोग परिवर्ती लोड के साथ नहीं किया जाता है।

5. फ्लोट वाल्व Float Valve

यह वाल्व फ्लूडिड एवैपोरेटर के साथ एक्सपैन्शन वाल्व के रूप में प्रयोग किया जाता है। इस वाल्व द्वारा रेफ्रिजरेशन प्रणाली में रेफ्रिजरेन्ट के प्रवाह को नियन्त्रित किया जाता है। फ्लोट वाल्व ताँबे या स्टील का बना होता है तथा यह रेफ्रिजरेशन प्रणाली में एवैपोरेटर के ऊपर अथवा नीचे लगा होता है। रेफ्रिजरेशन प्रणाली में फ्लोट तभी कार्य करता है, जब रेफ्रिजरेन्ट की मात्रा एवैपोरेटर में कम या अधिक होने लगती है। फ्लोट वाल्व में प्रवाहित होने वाले रेफ्रिजरेन्ट की मात्रा एवैपोरेटर से वाष्पित होने वाले रेफ्रिजरेन्ट की मात्रा के समानुपाती होती है अर्थात् एवैपोरेटर से निकला रेफ्रिजरेन्ट, फ्लोट वाल्व से प्रवाहित रेफ्रिजरेन्ट के अनुपात में होता है। फ्लोट वाल्व में एक फ्लोट चैम्बर होता है, जिसमें भरे द्रव में फ्लोट बॉल तैरती रहती है। इसके द्वारा ही एवैपोरेटर में रेफ्रिजरेन्ट का स्तर बना रहता है।

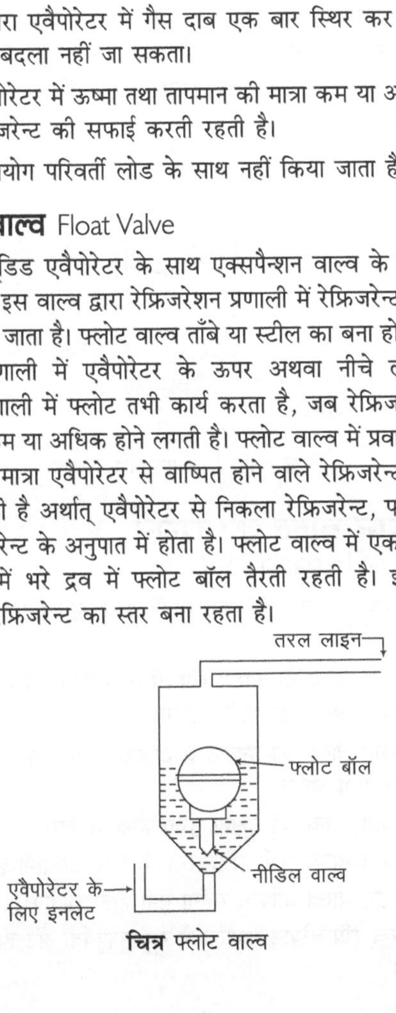

चित्र फ्लोट वाल्व

जब तरल रेफ्रिजरेन्ट का स्तर फ्लोट चैम्बर में बढ़ता है, तो फ्लोट बॉल ऊपर उठ जाती है तथा नीडिल वाल्व, वाल्व सीट से दूर हट जाता है, जिससे फ्लोट चैम्बर का आउटलेट खुल जाता है। इस प्रकार तरल रेफ्रिजरेन्ट, तरल लाइन के द्वारा एवैपोरेटर की ओर जाने लगता है। इसी प्रकार जैसे ही तरल रेफ्रिजरेन्ट का स्तर फ्लोट चैम्बर में सामान्य से कम हो जाता है, तो फ्लोट बॉल नीचे की ओर चली जाती है। इससे नीडिल वाल्व, वाल्व सीट की ओर गति करने लगता है और वाल्व सीट पर बैठ जाता है जिससे एवैपोरेटर की ओर तरल रेफ्रिजरेन्ट का आगे जाना बन्द हो जाता है।

जैसे ही ऊष्मा भार (heat load) परिवर्तित होता है, तो एवैपोरेटर की दर परिवर्तित हो जाती है। इसके साथ ही कण्डेन्सिंग की दर भी परिवर्तित होती है। तरल रेफ्रिजरेन्ट की वापसी की दर वाल्व के फ्लोट पर कार्य करने के अनुसार परिवर्तित हो जाती है। यह क्रिया लगातार चलती रहती है और स्वत: एवैपोरेटर की ओर तरल रेफ्रिजरेन्ट प्रवाहित होता रहता है।

फ्लोट वाल्व निम्न दो प्रकार के होते हैं—

(i) लो साइड फ्लोट वाल्व Low Side Float Valve

यह वाल्व सामान्य रूप से रेफ्रिजरेन्ट के प्रवाह को नियन्त्रित करता है। यह सामान्यत: एवैपोरेटर के शीर्ष पर अथवा रेफ्रिजरेशन प्रणाली की लो साइड (low side) में लगाया जाता है। यह फ्लोट वाल्व बहुत हल्की धातु का बनाया जाता है, जो फ्लोट बॉल अर्थात् तैरने वाली गेंद के समान होता है। फ्लोट बॉल से एक फ्लोट आर्म, लीवर के साथ लगी होती है। इस कारण फ्लोट वाल्व हाउसिंग में तरल रेफ्रिजरेन्ट स्तर (level) के ऊपर-नीचे होने से यह वाल्व भी ऊपर नीचे ही चलता है।

फ्लोट आर्म पर एक नीडिल वाल्व लगा होता है। यह नीडिल वाल्व फ्लोट बॉल के ऊपर-नीचे होने के साथ वाल्व सीट से दूर हट जाता है अथवा सीट पर ही आ जाता है।

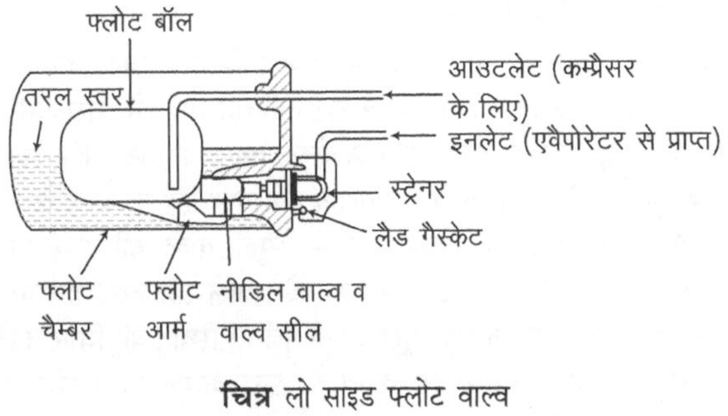

चित्र लो साइड फ्लोट वाल्व

(ii) हाई साइड फ्लोट वाल्व High Side Float Valve

यह वाल्व रेफ्रिजरेशन प्रणाली में रेफ्रिजरेन्ट को नियन्त्रित करने वाला उपकरण है, जो एवैपोरेटर को तरल रेफ्रिजरेन्ट उस समय तक सप्लाई करता है, जब तक कि तरल रेफ्रिजरेन्ट फ्लोट चैम्बर में आवश्यक स्तर तक न पहुँच जाए। यह वाल्व एवैपोरेटर में एवैपोरेशन की दर के अनुसार रेफ्रिजरेन्ट के प्रवाह को नियमित करता है। यह वाल्व रेफ्रिजरेशन प्रणाली की हाई साइड की ओर लगा होता है और तरल स्तर को अप्रत्यक्ष रूप से नियमित करता है।

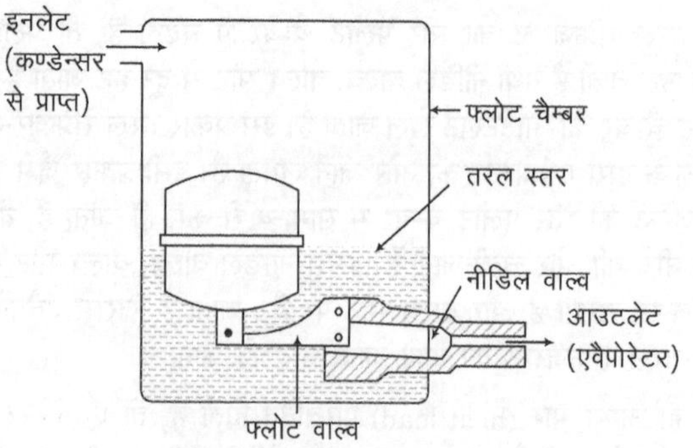

चित्र हाई साइड फ्लोट वाल्व

हाई साइड फ्लोट वाल्व की बनावट, लो साइड फ्लोट वाल्व के समान होती है। इसमें इनलेट और आउटलेट के साथ फ्लोट चैम्बर लगा होता है, जिसमें तरल रेफ्रिजरेन्ट भरा होता है। इसका आउटलेट, फ्लोट वाल्व की कार्यप्रणाली से नियन्त्रित होता है। फ्लोट वाल्व तरल के ऊपर तैरता रहता है तथा नीडिल वाल्व के साथ संयोजित रहता है, जो एक फ्लोट आर्म पर चलता है। रेफ्रिजरेशन प्रणाली में यह वाल्व कण्डेन्सर के बाद ऊर्ध्वाधर स्थिति में लगाया जाता है। इसका इनलेट पोर्ट कण्डेन्सर के आउटपुट पोर्ट से संयोजित रहता है तथा आउटपुट पोर्ट तरल लाइन के इनलेट से जुड़ा होता है।

6. ऑरिफिस नियन्त्रण वाल्व Orifice Control Valve

ऑरिफिस से प्रवाहित होने वाले द्रव की मात्रा को नियन्त्रित करने वाला वाल्व ऑरिफिस नियन्त्रक वाल्व कहलाता है। यह वाल्व मुख्यत: दो प्रकार का होता है

(i) फिक्स्ड ऑरिफिस नियन्त्रक वाल्व
(ii) मॉड्यूलेटिंग ऑरिफिस नियन्त्रक वाल्व

(i) फिक्स्ड ऑरिफिस नियन्त्रक वाल्व
Fixed Orifice Control Valve

इस प्रकार के वाल्व के इनलेट पोर्ट पर एक निश्चित आकार का ऑरिफिस बना होता है, जो अपने आकार के कारण निश्चित मात्रा में, तरल रेफ्रिजरेन्ट को वाल्व में पहुँचाता है। यह तरल रेफ्रिजरेन्ट, वाल्व के कट-ऑफ प्वॉइण्ट से प्रवेश करता है। ऑरिफिस वाल्व से प्रवाहित होने वाले द्रव की मात्रा के नियन्त्रण हेतु इसमें एक स्पूल (spool) लगा होता है। स्पूल, वाल्व की दूसरी सतह पर लगे होने के कारण इनलेट पोर्ट से प्रवाहित होने वाले रेफ्रिजरेन्ट द्रव पर समान दाब डालता है। दाब के कारण स्पूल अपनी पूर्ववत् स्थिति की विपरीत दिशा में घूम जाता है। रेफ्रिजरेन्ट के इस वाल्व के द्वारा केवल तरल रेफ्रिजरेन्ट के प्रवाह को ही नियन्त्रित किया जा सकता है, रेफ्रिजरेन्ट की मात्रा को नहीं।

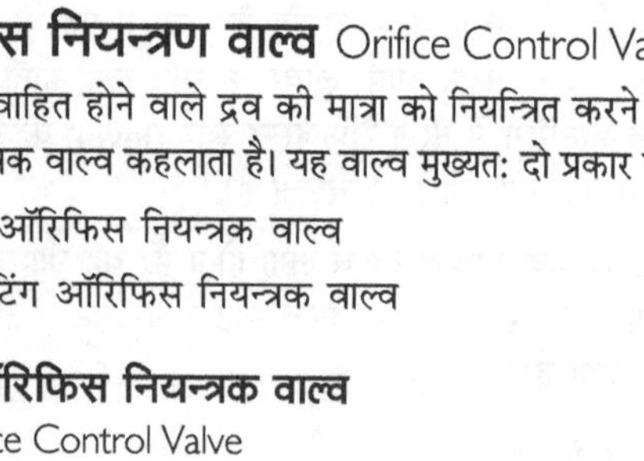

चित्र फिक्स्ड ऑरिफिस नियन्त्रक वाल्व

(ii) मॉड्यूलेटिंग ऑरिफिस नियन्त्रक वाल्व
Modulating Orifice Control Valve

मॉड्यूलेटिंग ऑरिफिस नियन्त्रक वाल्व, दाब के अनुसार ऑरिफिस का नियन्त्रण करता है। इसकी कार्यप्रणाली फिक्स्ड ऑरिफिस नियन्त्रक वाल्व के समान होती है। इसमें लगे स्पूल, दाब के कारण अपनी दिशा में परिवर्तन के स्थान पर अपना स्थान ही परिवर्तित करते हैं, जिसके फलस्वरूप ऑरिफिस से निकलने वाले द्रव रेफ्रिजरेन्ट की मात्रा का नियन्त्रण होता है।

7. इलेक्ट्रॉनिक एक्सपैन्शन वाल्व
Electronic Expansion Valve

इस प्रकार के वाल्व की संरचना बहुत ही जटिल होती है। इसका मुख्य कार्य डायरेक्ट एक्सपैन्शन एवैपोरेटर (direct expansion eveporator) में प्रवेश करने वाले रेफ्रिजरेन्ट के प्रवाह को नियन्त्रित करना है। यह कार्य इलेक्ट्रॉनिक कण्ट्रोलर द्वारा संकेत भेजने के पश्चात् ही सम्भव है।

इसमें वाल्व पोर्ट को खोलने एवं बन्द करने के लिए एक छोटी मोटर का प्रयोग किया जाता है, जिसे स्टैप या स्टैपर मोटर (stepper motor) के नाम से जाना जाता है। इलेक्ट्रॉनिक एक्सपैन्शन वाल्व में तापमान को सेन्स करने तथा वाल्व के नियन्त्रण हेतु, ताप सेन्सर तथा माइक्रोकन्ट्रोलर लगे होते हैं।

यह वाल्व एवैपोरेटर तथा कण्डेन्सर के तापमान को सेन्स करके उसे निर्धारित मान में परिवर्तित करता है और माइक्रोकन्ट्रोलर प्रोग्राम के अनुरूप मोटर का नियन्त्रण करता है। निम्न चित्र में इलेक्ट्रॉनिक एक्सपैन्शन वाल्व को दर्शाया गया है।

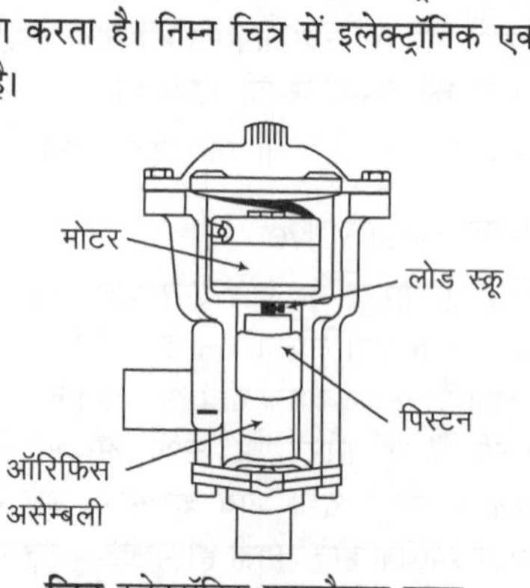

चित्र इलेक्ट्रॉनिक एक्सपैन्शन वाल्व

एक्सपैन्शन वाल्व का चयन
Selection of Expansion Valve

एक्सपैन्शन वाल्व का चयन निम्नलिखित बिन्दुओं को ध्यान में रखकर किया जाता है

1. एक्सपैन्शन वाल्व के कारण रेफ्रिजरेन्ट के प्रवाह में किसी भी प्रकार की बाधा उत्पन्न नहीं होनी चाहिए।
2. एक्सपैन्शन वाल्व का इनलेट व आउटलेट पोर्ट का आकार वांछित माप का होना चाहिए।
3. एक्सपैन्शन वाल्व की दक्षता उच्च होनी चाहिए।
4. एक्सपैन्शन वाल्व सभी रेफ्रिजरेन्ट के लिए उपयोगी होना चाहिए।
5. एक्सपैन्शन वाल्व अधिक महँगा नहीं होना चाहिए।
6. यह वाल्व रेफ्रिजरेशन प्रणाली में सरलतापूर्वक सैट होने वाला होना चाहिए।

एक्सपैन्शन वाल्व के लाभ व हानियाँ
Advantages and Disadvantages of Expansion Valve

लाभ

एक्सपैन्शन वाल्व के निम्नलिखित लाभ हैं–

(i) एक्सपैन्शन वाल्व का प्रचालन सरल होता है।

(ii) यह एवैपोरेटर में रेफ्रिजरेन्ट की मात्रा का उचित स्तर बनाए रखता है।

(iii) यह वाल्व द्रव रेफ्रिजरेन्ट के उच्च दाब को निम्न दाब में परिवर्तित करता है।

(iv) एक्सपैन्शन वाल्व रेफ्रिजरेन्ट का कम उपयोग करता है।

(v) एक्सपैन्शन वाल्व रेफ्रिजरेन्ट की दक्षता को उच्च बनाए रखते हैं।

हानियाँ

एक्सपैन्शन वाल्व की निम्नलिखित हानियाँ हैं–

(i) एक्सपैन्शन वाल्व में जंग लगने की समस्या के कारण इसके जोड़ों से लीकेज होने लगता है।

(ii) एक्सपैन्शन वाल्व में लगे सेन्सर दोषपूर्ण हो जाने के कारण सम्पूर्ण कार्यप्रणाली बाधित हो जाती है।

(iii) रेफ्रिजरेशन प्रणाली में उच्च दाब उत्पन्न होने के कारण एक्सपैन्शन वाल्व टूट सकते हैं।

19.2 ड्रायर Drier

ड्रायर को फिल्टर ड्रायर तथा डि-हाइड्रेटर (dehydrator) भी कहा जाता है। रेफ्रिजरेशन प्रणाली में ड्रायर का प्रयोग रेफ्रिजरेन्ट में से नमी को दूर करने के लिए किया जाता है। नमी के कारण रेफ्रिजरेशन प्रणाली सही प्रकार से कार्य नहीं कर पाती है। रेफ्रिजरेशन प्रणाली में नमी के निम्नलिखित कारण हो सकते हैं–

1. उपकरण लगाने एवं कार्य में असावधानी के कारण।
2. लो प्रैशर साइड (low pressure side) लीक होने के कारण।
3. जल शीतलित कण्डन्सेर में रिसाव होने के कारण।
4. जोड़ों के ढीले होने के कारण।
5. स्नेहक ऑयल में उपस्थित नमी के कारण।
6. रेफ्रिजरेन्ट के प्रारम्भिक प्रवाह के साथ।

ड्रायर को रिसीवर की तरल लाइन तथा एक्सपैन्शन वाल्व के मध्य लगाया जाता है, जैसा कि निम्न चित्र में प्रदर्शित है।

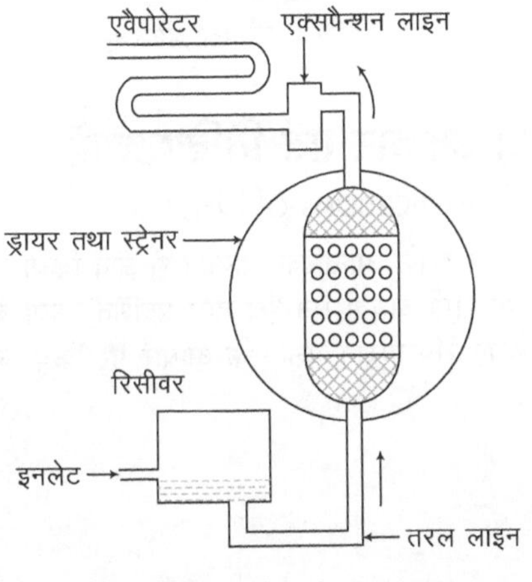

चित्र ड्रायर युक्त रेफ्रिजरेशन प्रणाली

ड्रायर, तरल लाइन (liquid line) में प्रवाहित रेफ्रिजरेन्ट में से नमी को दूर करके इसे एक्सपैन्शन वाल्व में भेजता है। ड्रायर बेलनाकार आकृति में बना होता है, जिसे स्टील अथवा पीतल से निर्मित किया जाता है। इसमें रेफ्रिजरेन्ट के प्रवेश तथा निकास के लिए क्रमश: इनलेट एवं आउटलेट पोर्ट बने होते हैं। इसके इनलेट को रिसीवर के आउटलेट से तथा इसके आउटलेट को एक्सपैन्शन वाल्व के इनलेट से संयोजित किया जाता है। ड्रायर के आउटलेट पर एक स्ट्रेनर अथवा फिल्टर लगा होता है, जो रेफ्रिजरेन्ट में प्रवाहित रेशों अथवा अन्य अशुद्धियों को आगे जाने से रोक लेता है।

रेफ्रिजरेशन प्रणाली में इसे फिट करने के लिए इसके दोनों सिरों पर कनैक्टर अथवा फ्लेयर लगे होते हैं। फ्लेयर के स्थान पर इसे कभी-कभी सोल्डर भी कर दिया जाता है।

ड्रायर के शैल में नमी को अवशोषित करने वाले रासायनिक पदार्थ भरे होते हैं, जो निम्न प्रकार हैं–

1. सिलिका जैल	2. कैल्शियम ऑक्साइड
3. कैल्शियम क्लोराइड	4. कैल्शियम सल्फेट
5. बीड सिलिका जैल	6. एक्टिवेटिड एल्युमिना

उपरोक्त में से सिलिका जैल सबसे उत्तम हाइड्रेटिंग एजेण्ट है।

सिलिका जैल में निम्न गुण होते हैं

(i) इसका रंग नीला होता है।

(ii) यह क्रिस्टल के रूप में होती है।

(iii) यह नमी के सम्पर्क में आने पर उसे अवशोषित करने लगती है।

(iv) यह गीले हाथों पर शीघ्रता से चिपक जाती है।

कैल्शियम क्लोराइड भी एक अच्छा ड्रायर पदार्थ है, परन्तु इसे सदैव के लिए ड्रायर में नहीं छोड़ना चाहिए, क्योंकि यह डिकम्पोज होकर रेफ्रिजरेन्ट के साथ घूमने लगता है। अत: इसे 24 घण्टे से अधिक समय के लिए प्रयोग नहीं करना चाहिए।

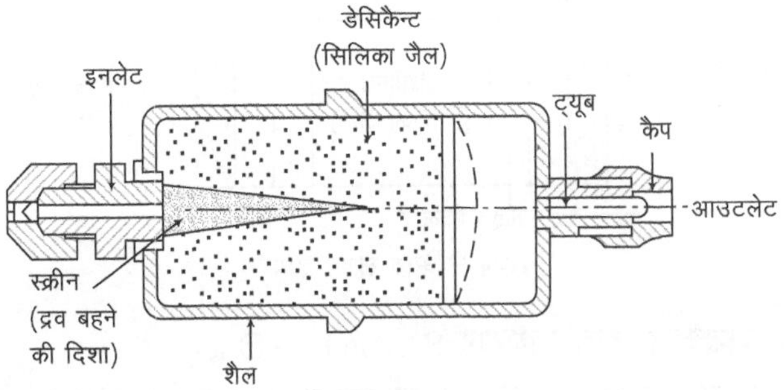

चित्र ड्रायर

ड्रायर के प्रकार Types of Drier

रेफ्रिजरेशन प्रणाली में रेफ्रिजरेन्ट को सुखाने के लिए मुख्यत: निम्न प्रकार के ड्रायर प्रयोग किए जाते हैं

1. स्पून कॉपर ड्रायर
2. लिक्विड लाइन ड्रायर
3. सक्शन लाइन ड्रायर
4. बाई-फ्लो ड्रायर

1. स्पून कॉपर ड्रायर Spoon Copper Drier

यह ड्रायर बेलनाकार आकृति में कॉपर धातु का बना होता है। इसकी क्षमता अधिक होती है तथा यह जंग प्रतिरोधी होता है। इसका प्रयोग मुख्यत: कम क्षमता वाले तथा निम्न कम्पन्न करने वाली रेफ्रिजरेशन प्रणाली के लिए किया जाता है। इन्हें रेफ्रिजरेशन प्रणाली के कॉपर ट्यूब ग्रेड तथा आण्विक स्लीव के आधार पर निर्मित किया जाता है। क्लोरो-फ्लोरो कार्बन, हाइड्रो क्लोरो-फ्लोरो कार्बन तथा हाइड्रोफ्लोरो कार्बन आदि रेफ्रिजरेन्टों के लिए स्पून कॉपर ड्रायर का प्रयोग किया जाता है। इन्हें क्षैतिज अथवा ऊर्ध्वाधर दोनों स्थितियों में लगाया जा सकता है। इनका उपयोग रेफ्रिजरेशन प्रणाली, हीट पम्प तथा एयर कण्डीशनिंग प्रणाली में किया जाता है।

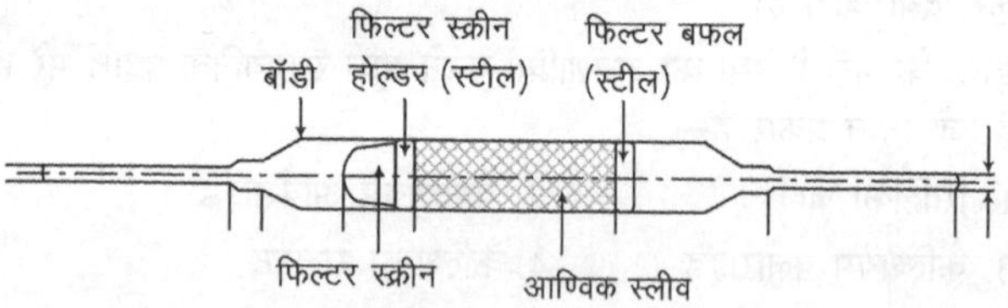

चित्र स्पून कॉपर ड्रायर

2. लिक्विड लाइन ड्रायर Liquid Line Drier

यह ड्रायर प्राय: स्टील से निर्मित होता है। इसका उपयोग सामान्य रूप से सभी आकार एवं प्रकार की प्रणालियों में किया जा सकता है। इस प्रकार के ड्रायर की नमी सोखने एवं फिल्टरेशन की क्षमता उच्च होती है। रेफ्रिजरेशन प्रणाली में इस प्रकार के ड्रायर का उपयोग प्रैशर ड्राप (pressure drop) को कम करने तथा फिल्टरेशन (filtration) को उपयुक्त मात्रा में रेफ्रिजरेन्ट को उपलब्ध कराना है। R-12, R-22, R-134a, R-470c तथा R-140a आदि रेफ्रिजरेन्टों के लिए लिक्विड लाइन ड्रायर का प्रयोग किया जाता है।

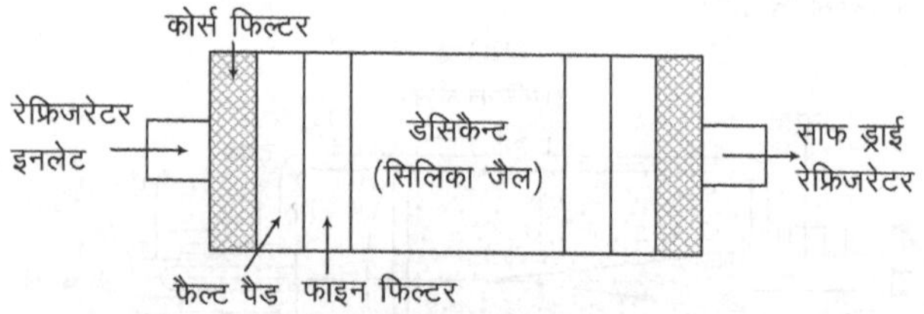

चित्र लिक्विड लाइन ड्रायर

3. सक्शन लाइन ड्रायर Suction Line Drier

इस प्रकार के ड्रायर को स्टील से बनाया जाता है। इसे रेफ्रिजरेन्ट की सफाई के लिए सक्शन लाइन में लगाया जाता है। इस ड्रायर के शैल का ऊपरी व्यास बड़ा होता है, जिसके कारण इसकी दक्षता अधिक होती है। इसके इनलेट व आउटलेट सिरों पर एक्सेस वाल्व (access valve) लगे होते हैं, जिसके कारण दाब को शुद्धता के साथ मापा जा सकता है। उच्च गुणवत्ता के फिल्टरेशन के लिए लिक्विड लाइन तथा सक्शन लाइन ड्रायर को एक साथ प्रयोग किया जाता है। दोनों ड्रायरों के द्वारा शीघ्रता से एवं प्रभावी रूप से रेफ्रिजरेन्ट में स्थित जल, स्लज (sludge), एसिड (acid) तथा ठोस कणों को अलग किया जा सकता है।

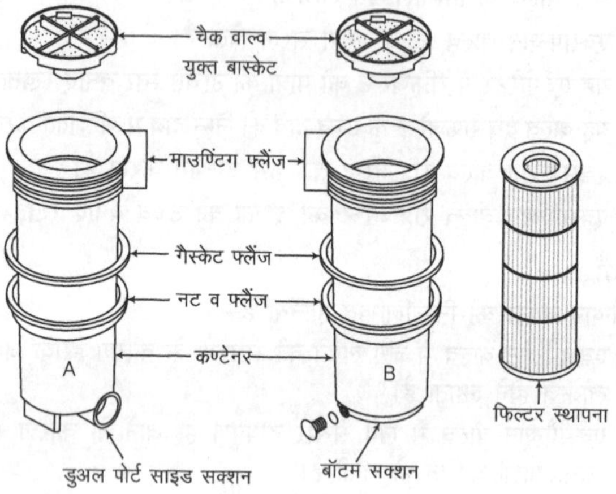

चित्र सक्शन लाइन ड्रायर

4. बाई-फ्लो ड्रायर Bi-flow Drier

बाई-फ्लो ड्रायर को हीट पम्प (heat pump) तथा रिवर्स साइकिल (reverse cycle) अनुप्रयोगों के लिए लिक्विड लाइन में प्रयोग किया जाता है। इस प्रकार के ड्रायर में शैल के अन्दर एक चैक वाल्व लगा होता है, जिसके कारण इसमें बाह्य वाल्व लगाने की आवश्यकता नहीं होती है।

यह ड्रायर दोनों दिशाओं (इनलेट से आउटलेट एवं आउटलेट से इनलेट) में रेफ्रिजरेन्ट के प्रवाहित होने पर अशुद्धियों व नमी को पुन: रेफ्रिजरेन्ट में मिलने नहीं देता है।

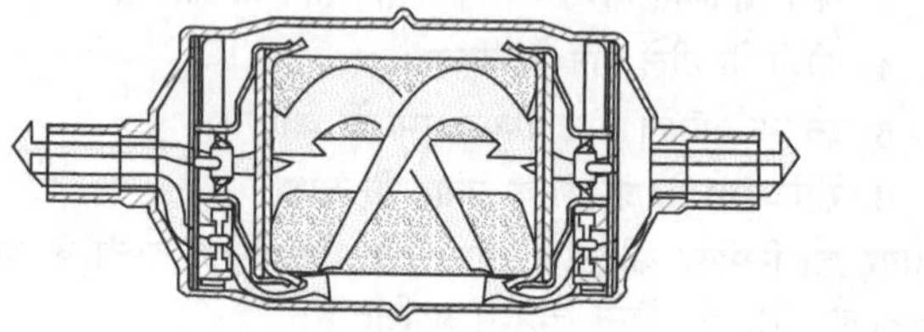

चित्र बाई-फ्लो ड्रायर

ड्रायर का आकार एवं विशिष्टताएँ
Size and Specifications of Drier

ड्रायर का आकार इसके आन्तरिक आयतन से ज्ञात किया जाता है। इसके आकार को घन सेमी अथवा घन इंच द्वारा प्रदर्शित किया जाता है। इसके आकार का चयन रेफ्रिजरेशन मशीन के आधार पर किया जाता है।

ड्रायर के आकार को कण्डेन्सिंग यूनिट की क्षमता के आधार पर निम्न तालिका में दर्शाया गया है—

क्र.सं.	कण्डेन्सिंग यूनिट की क्षमता (घन इंच में)	ड्रायर का आकार (घन इंच में)
1.	$\frac{1}{12}$ से $\frac{1}{8}$	2
2.	$\frac{1}{8}$ से $\frac{1}{4}$	3
3.	$\frac{1}{4}$ से $\frac{1}{2}$	6
4.	$\frac{1}{2}$ से $\frac{3}{4}$	9
5.	$\frac{3}{4}$ से 1	12
6.	1 से $1\frac{1}{2}$	18
7.	$1\frac{1}{2}$ से 5	30
8.	5 से $7\frac{1}{2}$	50

ड्रायर के ऊपर इसकी कुछ विशिष्टताएँ अंकित रहती हैं जो निम्न प्रकार हैं

(i) ड्रायर का आकार घन सेमी अथवा घन इंचों में।

(ii) ड्रायर के इनलेट व आउटलेट पर फ्लेयर फिटिंग का आकार।

(iii) ड्रायर में प्रयुक्त नमी सोखने वाले रासायनिक पदार्थ का नाम।

(iv) निर्माता का नाम।

ड्रायर के अनुप्रयोग Applications of Drier

ड्रायर के मुख्य अनुप्रयोग निम्नलिखित हैं

1. **रेफ्रिजरेशन प्रणाली में** (In refrigeration system) रेफ्रिजरेशन प्रणाली में ड्रायर को रिसीवर एवं एवैपोरेटर के बीच में लगाया जाता है। इसके द्वारा रेफ्रिजरेशन प्रणाली में प्रवाहित रेफ्रिजरेन्ट में से नमी को अवशोषित किया जाता है।

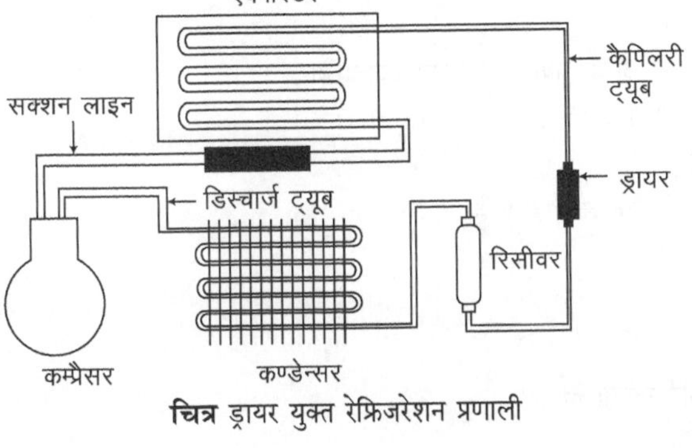

चित्र ड्रायर युक्त रेफ्रिजरेशन प्रणाली

2. **एयर कण्डीशनिंग प्रणाली में** (In air conditioning system) रेफ्रिजरेशन प्रणाली की भाँति ही एयर कण्डीशनिंग प्रणाली में भी ड्रायर का उपयोग रेफ्रिजरेन्ट में से नमी को अवशोषित करने के लिए किया जाता है।

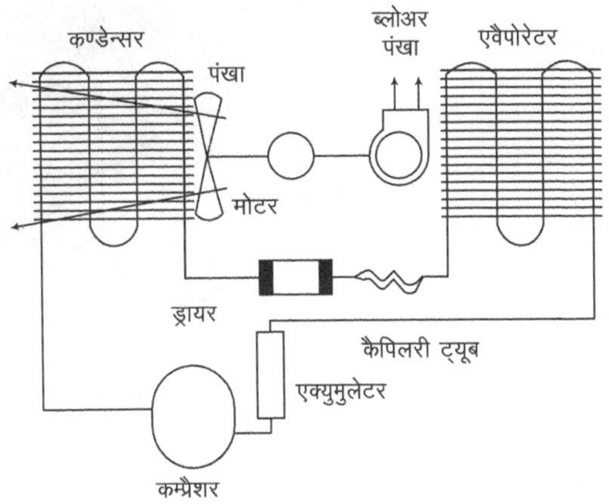

चित्र ड्रायर युक्त एयर कण्डीशनिंग प्रणाली

3. **हीट पम्प में** (In heat pump) हीट पम्प में ड्रायर का उपयोग वायु में से नमी को अवशोषित करने के लिए किया जाता है। इसमें वायु को ड्रायर के इनपुट पोर्ट में से गुजारा जाता है तथा आउटपुट पोर्ट से शुष्क वायु प्राप्त होती है।

19.3 फिल्टर ड्रायर या डी-हाइड्रेटर
Filter Drier or D-hydrator

एक नया मोटर कम्प्रेसर स्थापित करने से पूर्व फिल्टर ड्रायर या डी-हाइड्रेटर को प्रतिस्थापित किया जाना चाहिए। डि-हाइड्रेटर या फिल्टर ड्रायर एक दोहरे उद्देश्य की पूर्ति करते हैं, पहले वे सिस्टम में उपस्थित किसी भी कण को बाहर निकालने का कार्य करते हैं। सामान्यत: ये कण ऑक्सीकरण हो सकते हैं, जो ब्रेज्ड ट्यूबिंग के अन्दर बनते हैं।

जिन से सिस्टम के संचालन के दौरान समस्या उत्पन्न होती है। एक डी-हाइड्रेटर (फिल्टर ड्रायर) का दूसरा कार्य रेफ्रिजरेंट को सुखाना है, जिसका अर्थ यह नहीं है कि यह तरल को हटा देता है अपितु यह पानी के कणों को अवशोषित और धारण करता है।

केशिका नली में द्रव जिस मार्ग से होकर गुजरता है, वह मुख्यत: बहुत छोटा होता है और आसानी से अवरूद्ध हो सकता है। एक तरल प्रवाह को रोकना, फिल्टर ड्रायर में छोटे कणों या गन्दगी को फँसाने के लिए डिजाइन किया गया एक बहुत अच्छा फिल्टर होता है,

जो केशिका में रुकावट का कारण बनता है। फिल्टर तत्त्व के बाद एक जलशुष्कक (सुखाने वाला एजेंट) लगा होता है जिसमें पानी को अवशोषित करने की उच्च क्षमता होती है।

निम्न चित्र में फिल्टर ड्रायर के आन्तरिक द्रश्य को दर्शाया गया है।

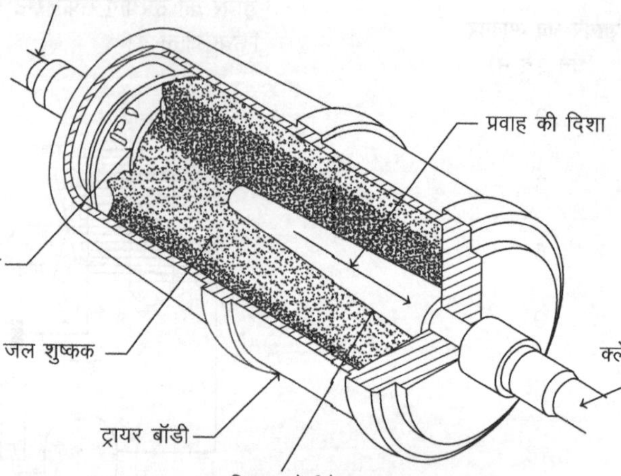

चित्र फिल्टर ड्रायर या ड्री-हाइड्रेटर

जलशुष्कक Desicants

जल शुष्कक सुखाने वाले एजेंट होते हैं जिनका उपयोग डि–हाइड्रेट या फिल्टर ड्रायर में किया जाता है। फ्रीऑन समूह गैसों में सिलिका जैल का उपयोग सुखाने वाले एजेंट (जलशुष्कक) के रूप में किया जाता था, परन्तु वर्तमान में सक्रिय एल्यूमिना (activated alumina) एक जलशुष्क के रूप में प्रयोग किया जाता हैं जो विभिन्न रेफ्रिजरेन्ट के अनुसार रेफ्रिजरेशन क्षेत्र में उपयोग किए जाते हैं। ये नमी के अत्यधिक अवशोषक होते हैं।

महत्त्वपूर्ण बिन्दु

- एक्सपैन्शन वाल्व को मीटरिंग युक्ति, थ्रोटलिंग युक्ति आदि नामों से भी जाना जाता है।
- एक्सपैन्शन वाल्व में दो पोर्ट होते हैं।
- एक्सपैन्शन वाल्व तरल रेफ्रिजरेन्ट का दाब कम करते हैं।
- एक्सपैन्शन वाल्व, उचित मात्रा में तरल रेफ्रिजरेन्ट को एवैपोरेटर में भेजता है।
- यह रेफ्रिजरेशन प्रणाली में गैस के दाब में अन्तर पैदा करता है।
- इससे रेफ्रिजरेशन प्रणाली हाई साइड प्रैशर और लो साइड प्रैशर में विभाजित हो जाती है।
- एक्सपैन्शन वाल्व द्वारा एवैपोरेटर का तापमान नियत बना रहता है।
- हैण्ड एक्सपैन्शन वाल्व की संरचना बहुत सरल होती है।
- ऑटोमैटिक एक्सपैन्शन वाल्व की कार्यप्रणाली लो प्रैशर साइड पर निर्भर करती है।
- थर्मोस्टैटिक एक्सपैन्शन वाल्व ऊष्मीय लोड के अनुसार एवैपोरेटर के रेफ्रिजरेन्ट की उचित प्रवाह को बनाए रखता है।
- थर्मोस्टैटिक एक्सपैन्शन वाल्व में नीडिल वाल्व, वाल्व सीट डायफ्राम तथा रिमोट वाल्व आदि मुख्य भाग होते हैं।
- थर्मोस्टैटिक वाल्व की कार्यप्रणाली सक्शन लाइन के तापमान पर निर्भर करती है
- बेलोज टाइप थर्मोस्टैटिक एक्सपैन्शन वाल्व में हाउसिंग के अन्दर ऊपर की ओर बेलोज लगा होता है।
- एवैपोरेटर का दाब अधिक होने पर बेलोज फैल जाती है।
- डायफ्राम टाइप एक्सपैन्शन वाल्व में बॉडी के नीचे डायफ्राम लगा होता है।
- डायफ्राम टाइप एक्सपेंशन वाल्व के नीचे एक इक्वलाइजर लगा होता है।
- डायफ्राम के ऊपर थर्मल बल्ब का दाब और नीचे स्प्रिंग व एवैपोरेटर का दाब कार्य करता है।
- स्प्रिंग के दाब को कम व अधिक करने के लिए नीचे एक एडजस्टिंग लगा होता है।
- घरेलू रेफ्रिजरेटरों में कैपिलरी ट्यूब रेफ्रिजरेन्ट नियन्त्रक के रूप में प्रयोग की जाती है।

महत्त्वपूर्ण प्रश्नोत्तरी

1. रेफ्रिजरेशन एवं एयर कण्डीशनिंग प्रणाली में एक्सपैन्शन वाल्व क्यों प्रयोग किया जाता है?

उत्तर जैसा कि हम जानते हैं कि कण्डेन्सर से उच्च दाब का रेफ्रिजरेन्ट प्राप्त होता है, परन्तु एवैपोरेटर निम्न दाब पर कार्य करता है। इसलिए कण्डेन्सर से प्राप्त उच्च दाब के रेफ्रिजरेन्ट को निम्न दाब में परिवर्तित करने के लिए एक्सपैन्शन वाल्व का प्रयोग किया जाता है।

2. एक्सपैन्शन वाल्व द्वारा रेफ्रिजरेशन प्रणाली में किए जाने वाले किन्हीं दो कार्यों को लिखिए।

उत्तर रेफ्रिजरेशन प्रणाली में एक्सपैन्शन वाल्व के दो कार्य निम्नलिखित हैं–

(i) एक्सपैन्शन वाल्व रेफ्रिजरेन्ट के प्रवाह को नियन्त्रित करता है।

(ii) एक्सपैन्शन वाल्व रेफ्रिजरेन्ट के दाब को कम करता है।

3. थर्मोस्टेटिक एक्सपैन्शन वाल्व में कितने प्रकार के दाब कार्य करते हैं? नाम लिखिए।

उत्तर थर्मोस्टेटिक एक्सपैन्शन वाल्व में निम्न तीन प्रकार के दाब कार्य करते हैं–

(i) स्प्रिंग दाब (ii) फिलर बल्ब दाब (iii) एवैपोरेटर दाब

4. कैपिलरी ट्यूब का आकार कम होने से रेफ्रिजरेन्ट के प्रवाह में कौन-सी हानि होती है?

उत्तर कैपिलरी ट्यूब का आकार कम होने के कारण इसमें रेफ्रिजरेन्ट की चेकिंग अर्थात् रेफ्रिजरेन्ट का प्रवाह बन्द या कम हो जाता है।

5. फ्लोट वाल्व से प्रवाहित रेफ्रिजरेन्ट की मात्रा तथा एवैपोरेटर से वाष्पित रेफ्रिजरेन्ट की मात्रा में क्या सम्बन्ध है?

उत्तर फ्लोट वाल्व से प्रवाहित रेफ्रिजरेन्ट की मात्रा, एवैपोरेटर से वाष्पित होने वाले रेफ्रिजरेन्ट की मात्रा के समानुपाती होती है।

6. फिक्स्ड ऑरिफिस नियन्त्रक वाल्व तथा मॉड्यूलेटिंग ऑरिफिस नियन्त्रक वाल्व के मध्य क्या अन्तर है?

उत्तर फिक्स्ड ऑरिफिस नियन्त्रक वाल्व में लगे स्पूल, रेफ्रिजरेन्ट के दबाव के कारण 90° की दिशा अर्थात् विपरीत दिशा में घूम जाते हैं, जबकि मॉड्यूलेटिंग ऑरिफिस नियन्त्रक वाल्व में लगे स्पूल अपनी दिशा के स्थान पर अपना स्थान रेफ्रिजरेन्ट दबाव के कारण परिवर्तित करते हैं।

7. नमी का रेफ्रिजरेशन प्रणाली पर क्या प्रभाव पड़ता है?

उत्तर रेफ्रिजरेशन प्रणाली में उपस्थित नमी के कारण एक्सपैन्शन वाल्व तथा कैपिलरी ट्यूब बन्द अथवा चोक्ड हो जाती है। इसके अतिरिक्त नमी के कारण रेफ्रिजरेशन प्रणाली के विभिन्न अवयवों में जंग लगने की सम्भावना बनी रहती है।

8. स्पून कॉपर ड्रायर का प्रयोग किन रेफ्रिजरेन्टों के लिए किया जाता है?

उत्तर स्पून कॉपर ड्रायर का प्रयोग क्लोरोफ्लोरो कार्बन, हाइड्रो, क्लोरोफ्लोरो कार्बन तथा हाइड्रोफ्लोरो कार्बन आदि रेफ्रिजरेन्टों के लिए किया जाता है।

अभ्यास प्रश्न

परीक्षा प्रारूपी प्रश्न

बहुविकल्पीय

1. रेफ्रिजरेन्ट के प्रवाह को ·········· द्वारा नियन्त्रित किया जाता है।

(a) कम्प्रैसर

(b) कण्डेन्सर

(c) एक्सपैन्शन वाल्व

(d) थर्मोस्टेट

2. एक्सपैन्शन वाल्व का उपयोग किया जाता है

(a) रेफ्रिजरेन्ट की मात्रा को नियन्त्रित करने के लिए

(b) रेफ्रिजरेन्ट के दाब को कम करने के लिए

(c) रेफ्रिजरेन्ट के ताप को नियन्त्रित करने के लिए

(d) उपरोक्त सभी

3. रेफ्रिजरेशन एवं एयर कण्डीशनिंग प्रणाली में एक्सपैन्शन वाल्व संयोजित होता है

(a) कम्प्रैसर एवं कण्डेन्सर के मध्य

(b) रिसीवर एवं एवैपोरेटर के मध्य

(c) एवैपोरेटर एवं कम्प्रैसर के मध्य

(d) उपरोक्त में से कोई नहीं

4. एक्सपैन्शन वाल्व का अन्य नाम है

(a) मीटरिंग डिवाइस

(b) थ्रोटलिंग डिवाइस

(c) रेफ्रिजरेन्ट प्रवाह नियन्त्रक युक्ति

(d) उपरोक्त सभी

5. निम्न चित्र में 'X' द्वारा प्रदर्शित भाग का क्या नाम है?

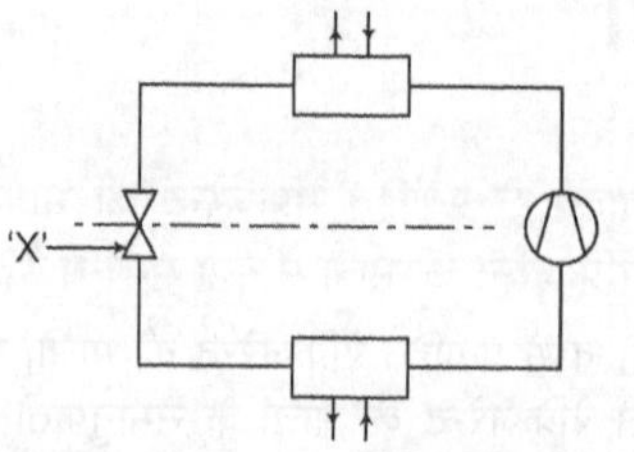

(a) कैपिलरी ट्यूब (b) एक्सपैन्शन वाल्व
(c) ड्रायर (d) रिसीवर

6. एवैपोरेटर में प्रयुक्त रेफ्रिजरेन्ट होता है
(a) उच्च दाब पर (b) निम्न दाब पर
(c) सामान्य दाब पर (d) इनमें से कोई नहीं

7. रेफ्रिजरेन्ट नियन्त्रक युक्ति है
(a) कैपिलरी ट्यूब (b) हैण्ड एक्सपैन्शन वाल्व
(c) थर्मोस्टेटिक एक्सपैन्शन वाल्व (d) ये सभी

8. मैनुअली रेफ्रिजरेन्ट के प्रवाह को नियन्त्रित करने वाली युक्ति है
(a) हैण्ड एक्सपैन्शन वाल्व
(b) ऑटोमैटिक एक्सपैन्शन वाल्व
(c) थर्मोस्टेटिक एक्सपैन्शन वाल्व
(d) कैपिलरी ट्यूब

9. हैण्ड वाल्व का प्रयोग किया जाता है
(a) नियत लोड पर (b) परिवर्तित लोड पर
(c) कम लोड पर (d) अधिक लोड पर

10. निम्न चित्र में किस प्रकार का एक्सपैन्शन वाल्व दर्शाया गया है?

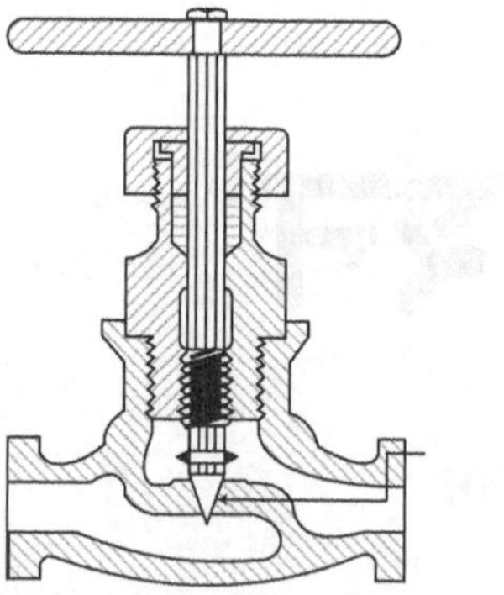

(a) फ्लोट वाल्व
(b) ऑरिफिस नियन्त्रक वाल्व
(c) हैण्ड एक्सपैन्शन वाल्व
(d) ऑटोमैटिक एक्सपैन्शन वाल्व

11. ऑटोमैटिक एक्सपैन्शन वाल्व इसके द्वारा प्रचालित है
(a) लो साइड तापमान
(b) हाई साइड प्रैशर
(c) लो साइड प्रैशर
(d) ड्रायर तापमान

12. निम्न कथनों पर विचार कीजिए
कथन I ऑटोमैटिक एक्सपैन्शन वाल्व की कार्यप्रणाली लो प्रैशर साइड पर निर्भर करती है।
कथन II ऑटोमैटिक एक्सपैन्शन वाल्व की कार्यप्रणाली हाई प्रैशर साइड पर निर्भर करती है।
उपरोक्त कथनों में से कौन-सा/से कथन सही है/हैं?
(a) कथन I सही है
(b) कथन II सही है
(c) कथन I और II दोनों सही हैं
(d) कथन I और II दोनों गलत हैं

13. ऑटोमैटिक एक्सपैन्शन वाल्व में कौन-सा दाब कार्य करता है?
(a) स्प्रिंग दाब (b) एवैपोरेटर दाब
(c) फिलर बल्ब दाब (d) 'a' और 'b' दोनों

14. निम्न चित्र में 'X' द्वारा प्रदर्शित भाग का नाम बताइए।

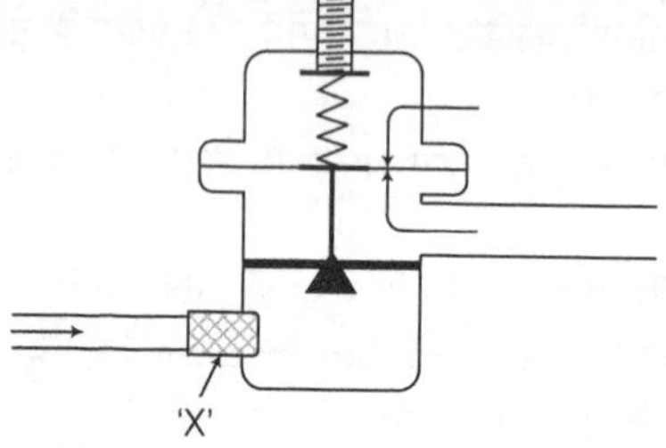

(a) एडजस्टिंग स्क्रू (b) स्ट्रेनर
(c) डायफ्राम (d) स्प्रिंग

15. TXV (Thermostatic Expansion Valve) से सुपर हीट को कैसे समायोजित करते हैं?
(a) ऑटोमैटिक (b) इलेक्ट्रिकली
(c) ड्रायफ्राम द्वारा (d) मैनुअल द्वारा

16. ऑटोमैटिक एक्सपैन्शन वाल्व का प्रयोग निम्न में से किस एवैपोरेटर के साथ किया जाता है?
(a) ड्राई एक्सपैन्शन एवैपोरेटर
(b) फ्लेट टाइप एवैपोरेटर
(c) फ्लडिड टाइप एवैपोरेटर
(d) फिन्ड टाइप एवैपोरेटर

17. थर्मोस्टेटिक एक्सपैन्शन वाल्व का मुख्य कार्य है
(a) निम्न दाब को नियन्त्रित करना
(b) कम्प्रैसर की दक्षता बढ़ाना
(c) एवैपोरेटर में आवश्यक ताप को स्थिर करना
(d) स्थिर हैड दाब बनाना

18. TXV किस भाग में प्रैशर (बल) वाल्व को खोलने का प्रयास करता है?
(a) सक्शन लाइन (b) द्रव लाइन
(c) सुपरहीट स्प्रिंग (d) सेन्सिंग बल्ब

19. चित्र के विभिन्न भागों को पहचानिए

सूची I (थर्मोस्टेटिक एक्सपैन्शन वाल्व)	सूची II (भाग)
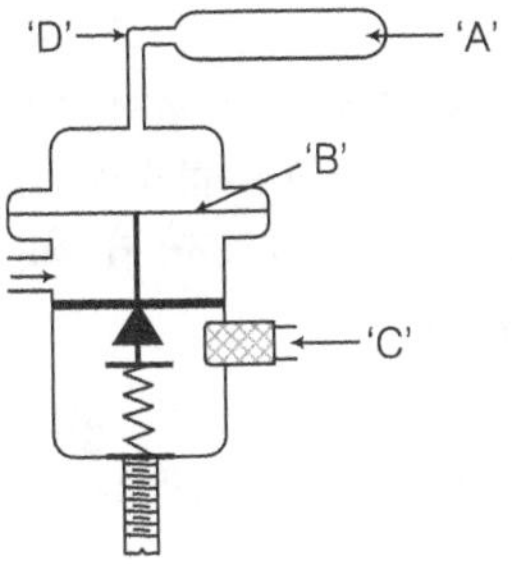	(i) फिलर बल्व (ii) डायफ्राम (iii) स्ट्रेनर (iv) कैपिलरी ट्यूब

कूट
(a) A-(i); B-(ii); C-(iii); D-(iv)
(b) A-(i); B-(iii); C-(ii); D-(iv)
(c) A-(ii); B-(iv); C-(i); D-(iii)
(d) A-(iv); B-(i); C-(ii); D-(iii)

20. मीटरिंग डिवाइस के प्रदर्शन के मूल्यांकन की आवश्यकता TXV परीक्षण करने के लिए है। TXV के परीक्षण के दौरान थर्मल बल्व को रखा जाता है
(a) पानी में (b) खुली हवा में
(c) टूटी बर्फ में (d) रेफ्रिजरेन्ट में

21. चित्र में दर्शाए गए एक्सपैन्शन वाल्व का नाम बताइए

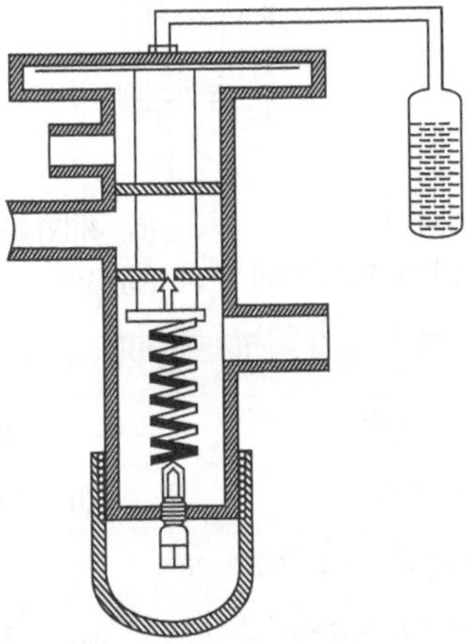

(a) बेलोज टाइप थर्मोस्टेट वाल्व
(b) डायफ्रॉम टाइप थर्मोस्टेट वाल्व
(c) इलेक्ट्रॉनिक टाइप एक्सपैन्शन वाल्व
(d) उपरोक्त में से कोई नहीं

22. वाल्व के नष्ट होने का कौन-सा कारण है ?
(a) कम दबाव गैस (b) ल्यूब्रीकेटिंग तेल की शुद्धता
(c) वैट प्रैशर (d) धीमा क्रियान्वयन

23. कौन-से रेफ्रिजरेन्ट नियन्त्रक उपकरण में घूमने वाला भाग नहीं होता है?
(a) थर्मोस्टेटिक एक्सपैन्शन वाल्व (b) कैपिलरी ट्यूब
(c) ऑटोमैटिक एक्सपैन्शन वाल्व (d) लो साइड फ्लोट वाल्व

24. 'X' से चिह्नित भाग का क्या नाम है ?

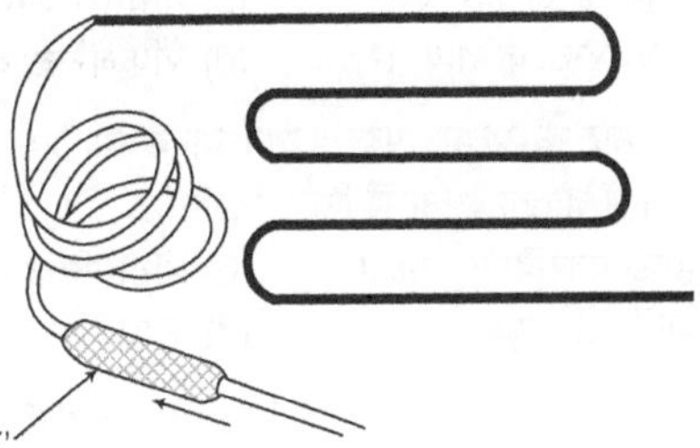

(a) स्ट्रेनर (b) द्रव लाइन
(c) सक्शन लाइन (d) डिस्चार्ज लाइन

25. कैपिलरी ट्यूब के इनलेट पर स्ट्रेनर क्यों लगाया जाता है?
(a) नमी रोकने के लिए (b) ऑयल हटाने के लिए
(c) वायु हटाने के लिए (d) धूल के कण हटाने के लिए

26. जब कैपिलरी ट्यूब सिस्टम ओवरचार्ज हो, तो क्या होगा?
(a) ठण्डक का प्रभाव अधिक होगा
(b) हैड दाब अधिक होगा
(c) डिस्चार्ज दाब कम हो जाएगा
(d) उपरोक्त में से कोई नहीं

27. 'ऑफ साइकिल' के दौरान कौन-सी डिवाइस दाब को बराबर करती है?
(a) हीट एक्सचेंजर (b) कम्प्रैसर
(c) एवैपोरेटर (d) कैपिलरी

28. सिस्टम में कैपिलरी ट्यूब के चोक्ड होने का क्या कारण है?
(a) ऑयल
(b) गर्म गैस
(c) सिस्टम में नमी होना
(d) गैस का अधिक चार्ज होना

29. घरेलू रेफ्रिजरेशन प्रणाली में एक्सपैन्शन वाल्व के स्थान पर कैपिलरी ट्यूब का उपयोग करने का मुख्य कारण है
(a) इसका उत्पादक सस्ता एवं सरल होता है
(b) इसके चोक्ड होने की सम्भावना कम रहती है
(c) यह रेफ्रिजरेन्ट के प्रवाह को सूक्ष्मता के साथ नियन्त्रित करता है
(d) उपरोक्त में से कोई नहीं

30. कैपिलरी ट्यूब एक सरल मीटरिंग डिवाइस है, जिसमें एक निश्चित लम्बाई के छोटे व्यास की ट्यूब होती है। कैपिलरी ट्यूब की विफलता का कारण चुनें।
(a) रेफ्रिजरेटर का ओवरचार्ज होना
(b) रेफ्रिजरेटर का अण्डर चार्ज होना
(c) उच्च एम्बिएन्ट तापमान
(d) धूल और मिश्रण ब्लॉक

31. कैपिलरी ट्यूब के छिद्र के आकार को मापने के लिए प्रयोग किया जाता है

(a) प्लग गेज (b) पिन
(c) ड्रिल (d) ये सभी

32. घरेलू रेफ्रिजरेटर में कैपिलरी ट्यूब का उचित प्रचालन निर्भर करता है

(a) ट्यूब के आकार पर (b) वायुमण्डलीय दाब पर
(c) रेफ्रिजरेन्ट के ताप पर (d) रेफ्रिजरेन्ट की नमी पर

33. किस प्रकार के प्रत्यक्ष एक्सपैन्शन वाल्व का प्रयोग कम क्षमता की यूनिट जैसे बोतल कूलर में किया जाता है?

(a) हैण्ड एक्सपैन्शन वाल्व (b) ऑटोमैटिक एक्सपैन्शन वाल्व
(c) कैपिलरी ट्यूब (d) TXV

34. निम्न चित्र में किस प्रकार के फ्लोट वाल्व को दर्शाया गया है?

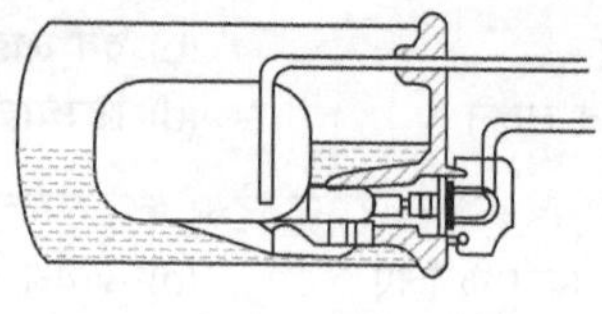

(a) लो साइड फ्लोट वाल्व (b) हाई साइड फ्लोट वाल्व
(c) मीडियम साइड फ्लोट वाल्व (d) इनमें से कोई नहीं

35. फ्लोट वाल्व किस धातु से बनाया जाता है?

(a) स्टील (b) ताँबा
(c) पीतल (d) 'a' और 'b' दोनों

36. फ्लूडिड टाइप एवैपोरेटर के साथ कौन-सा एक्सपैन्शन वाल्व प्रयोग किया जाता है?

(a) ऑरिफिस एक्सपैन्शन वाल्व
(b) फ्लोट वाल्व
(c) इलेक्ट्रॉनिक एक्सपैन्शन वाल्व
(d) उपरोक्त में से कोई नहीं

37. सूची I का सूची II से मिलान कीजिए।

सूची I (वाल्व)		सूची II (उपयोग)
A. हैण्ड एक्सपैन्शन वाल्व	(i)	नियत लोड की रेफ्रिजरेशन प्रणाली में
B. ऑटोमैटिक एक्सपैन्शन वाल्व	(ii)	कम क्षमता वाली रेफ्रिजरेशन प्रणाली में
C. थर्मोस्टेटिक एक्सपैन्शन वाल्व	(iii)	अधिक क्षमता वाली रेफ्रिजरेशन प्रणाली में
D. फ्लोट वाल्व	(iv)	फ्लडिड एवैपोरेटर में

कूट

(a) A-(i); B-(iii); C-(iv); D-(ii)
(b) A-(i); B-(ii); C-(iv); D-(iii)
(c) A-(i); B-(ii); C-(iii); D-(iv)
(d) A-(i); B-(iii); C-(ii); D-(iv)

38. फिक्स्ड ऑरिफिस नियन्त्रक वाल्व का उपयोग है

(a) रेफ्रिजरेन्ट के प्रवाह को नियन्त्रित करना
(b) रेफ्रिजरेन्ट की मात्रा को नियन्त्रित करना
(c) रेफ्रिजरेन्ट के ताप को नियन्त्रित करना
(d) उपरोक्त सभी

39. इलेक्ट्रॉनिक वाल्व की संरचना ……… के समान होती है।

(a) फ्लोट वाल्व (b) ऑरिफिस नियन्त्रण वाल्व
(c) थर्मोस्टेटिक वाल्व (d) इनमें से कोई नहीं

40. निम्न कथनों पर विचार कीजिए

कथन I इलेक्ट्रॉनिक एक्सपैन्शन वाल्व का मुख्य कार्य डायरेक्ट एक्सपैन्शन एवैपोरेटर में प्रवेश कर रहे रेफ्रिजरेन्ट के प्रवाह को नियन्त्रित करना है।

कथन II रेफ्रिजरेन्ट के नियन्त्रण का यह कार्य इलेक्ट्रॉनिक कण्ट्रोलर द्वारा किया जाता है।

उपरोक्त में से कौन-सा/से कथन सत्य है/हैं?

(a) कथन I सही है (b) कथन II सही है
(c) कथन I और II दोनों सही हैं
(d) कथन I और II दोनों गलत हैं

41. निम्न चित्र में किस प्रकार का एक्सपैन्शन वाल्व दर्शाया गया है?

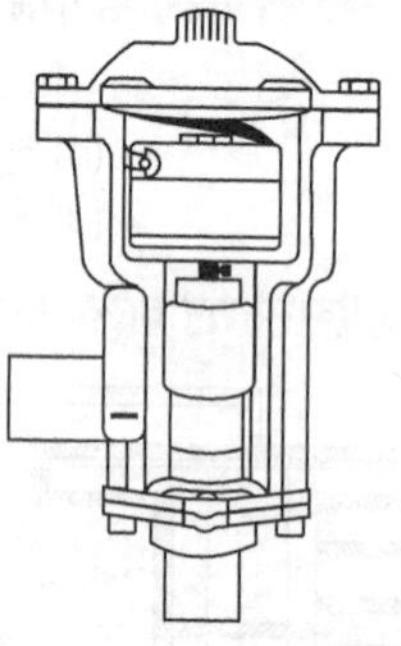

(a) फ्लोट वाल्व (b) ऑरिफिस नियन्त्रक वाल्व
(c) इलेक्ट्रॉनिक एक्सपैन्शन वाल्व (d) इनमें से कोई नहीं

42. सूची I का सूची II से मिलान कीजिए।

सूची I	सूची II
A. फ्लोट वाल्व	(i) स्पूल
B. इलेक्ट्रॉनिक एक्सपैन्शन वाल्व	(ii) माइक्रोकण्ट्रोलर
C. ऑरिफिस नियन्त्रक वाल्व	(iii) फ्लोट बॉल
D. कैपिलरी ट्यूब	(iv) स्ट्रेनर

कूट

(a) A-(i); B-(ii); C-(iii); D-(iv)
(b) A-(i); B-(iii); C-(ii); D-(iv)
(c) A-(iii); B-(i); C-(ii); D-(iv)
(d) A-(iii); B-(ii); C-(i); D-(iv)

43. निम्न चित्र में 'X' क्या दर्शा रहा है ?

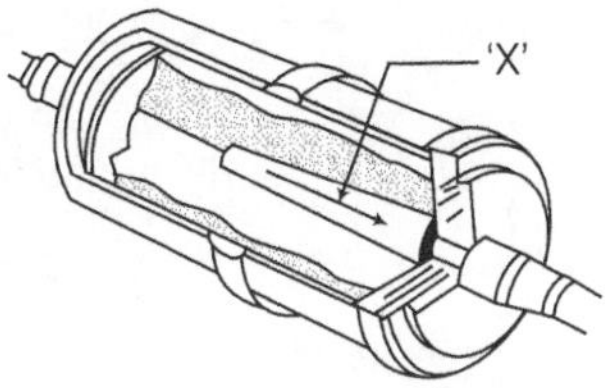

(a) फिल्टर (b) कॉर्स मैश
(c) डेसिकैन्ट सिलिका जैल (d) तरल प्रवाह की दिशा

44. रेफ्रिजरेशन प्रणाली में नमी का क्या प्रभाव पड़ता है?
(a) हैड दाब बढ़ जाता है
(b) एक्सपैन्शन वाल्व पर बर्फ जम जाती है
(c) एवैपोरेटर गर्म हो जाता है
(d) कूलिंग क्षमता बढ़ जाती है

45. रेफ्रिजरेशन प्रणाली में नमी का कारण है
(a) लो प्रैशर साइड लीक होना
(b) जोड़ों का ढीला होना
(c) स्नेहक ऑयल में नमी उपस्थित होना
(d) उपरोक्त सभी

46. फिल्टर ड्रायर में नमी को सोखने के लिए ········ भरा जाता है।
(a) सिलिकॉन (b) कोयला
(c) सिलिका जैल (d) चॉक पाउडर

47. फिल्टर ड्रायर का दूसरा नाम क्या है?
(a) क्लीनर (b) मफलर (c) कैपिलरी (d) डी-हाइड्रेटर

48. 'X' द्वारा दर्शाए गए ड्रायर के भाग का नाम क्या है?

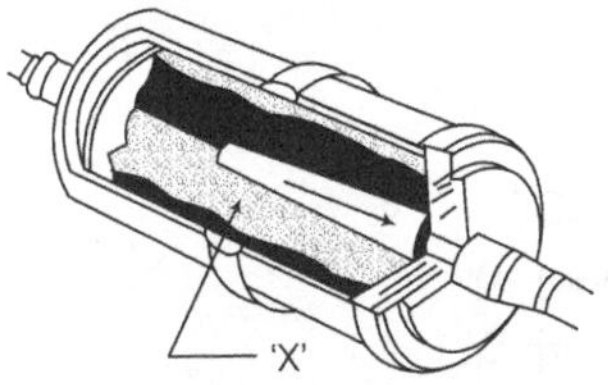

(a) फिल्टर (b) डेसिकैन्ट (c) ड्रायर बॉडी (d) कॉर्स मैश

49. सिलिका जैल का गुण है
(a) यह नीले रंग का होता है
(b) यह क्रिस्टल के रूप में होता है
(c) यह नमी को शीघ्रता से अवशोषित कर लेता है
(d) उपरोक्त सभी

50. सूची I का सूची II से मिलान कीजिए।

	सूची I		सूची II
A.	स्पून ड्रायर	(i)	क्लोरोफ्लोरो कार्बन एवं हाइड्रो क्लोरोफ्लोरो कार्बन
B.	लिक्विड लाइन ड्रायर	(ii)	R-12 एवं R-22 रेफ्रिजरेन्ट
C.	सक्शन लाइन ड्रायर	(iii)	एक्सेस वाल्व
D.	बाई-फ्लो ड्रायर	(iv)	आन्तरिक चैक वाल्व

कूट
(a) A-(i); B-(ii); C-(iii); D-(iv) (b) A-(i); B-(iv); C-(iii); D-(ii)
(c) A-(ii); B-(iii); C-(i); D-(iv) (d) A-(ii); B-(iv); C-(i); D-(iii)

51. ड्रायर में कौन-सा रासायनिक पदार्थ भरा होता है?
(a) सिलिका जैल (b) कैल्शियम ऑक्साइड
(c) कैल्शियम क्लोराइड (d) ये सभी

52. स्पूनर किस धातु का बनाया जाता है?
(a) कॉपर (b) स्टील
(c) ताँबा (d) पीतल

53. किस प्रकार के ड्रायर में बाह्य वाल्व की आवश्यकता नहीं होती है?
(a) स्पून ड्रायर (b) लिक्विड लाइन ड्रायर
(c) सक्शन लाइन ड्रायर (d) बाई-फ्लो ड्रायर

54. ड्रायर को निम्न में से कहाँ उपयोग किया जाता है?
(a) रेफ्रिजरेशन प्रणाली में
(b) एयर कण्डीशनिंग प्रणाली में
(c) हीट पम्प में
(d) उपरोक्त सभी

55. निम्न कथनों पर विचार कीजिए

कथन I सक्शन लाइन ड्रायर के शैल का बाह्य व्यास बड़ा होता है, जिसके कारण इसकी दक्षता अधिक होती है।

कथन II सक्शन लाइन ड्रायर के दोनों सिरों पर एक्सेस वाल्व लगे होते हैं।

उपरोक्त में से कौन-सा/से कथन सही है/हैं?
(a) कथन I सही है
(b) कथन II सही है
(c) कथन I और II दोनों सही हैं
(d) कथन I और II दोनों गलत हैं

उत्तरमाला

1. (c)	2. (d)	3. (b)	4. (d)	5. (b)	6. (b)	7. (d)	8. (a)	9. (a)	10. (c)
11. (c)	12. (a)	13. (d)	14. (b)	15. (d)	16. (a)	17. (c)	18. (d)	19. (a)	20. (d)
21. (b)	22. (c)	23. (b)	24. (a)	25. (d)	26. (b)	27. (d)	28. (c)	29. (a)	30. (b)
31. (d)	32. (a)	33. (c)	34. (a)	35. (d)	36. (b)	37. (c)	38. (a)	39. (c)	40. (c)
41. (c)	42. (d)	43. (d)	44. (b)	45. (d)	46. (c)	47. (b)	48. (b)	49. (d)	50. (a)
51. (d)	52. (a)	53. (d)	54. (d)	55. (c)					

अध्याय 20

एवैपोरेटर

Evaporator

परिचय Introduction

रेफ्रिजरेशन प्रणाली में प्रयुक्त वह युक्ति, जिसके द्वारा तरल रेफ्रिजरेन्ट (liquid refrigerant) का वाष्पीकरण (vaporization) होकर कूलिंग (cooling) उत्पन्न होती है, 'एवैपोरेटर' (evaporator) कहलाती है। इसे कूलिंग क्वॉयल, फ्रीजर क्वॉयल, फ्रीजिंग यूनिट तथा यूनिट कूलर आदि अन्य नामों से भी जाना जाता है। एवैपोरेटर को रेफ्रिजरेशन प्रणाली में रिसीवर के बाद लगे एक्सपैन्शन वाल्व के पश्चात् लगाया जाता है। यह एक्सपैन्शन वाल्व के द्वारा तरल रेफ्रिजरेन्ट को लेकर, रेफ्रिजरेन्ट वाष्प में परिवर्तित कर देता है। एवैपोरेटर गर्म अवयवों से ऊष्मा को सोखकर रेफ्रिजरेन्ट को स्थानान्तरित कर देता है, जिससे यह रेफ्रिजरेन्ट का वाष्पीकरण करके वहाँ कूलिंग उत्पन्न कर देता है। एवैपोरेटर के पश्चात् एक एक्युमुलेटर (accumulator) लगा होता है, जो रेफ्रिजरेन्ट वाष्प में उपस्थित तरल को कम्प्रैसर में जाने से रोक लेता है। एवैपोरेटर द्वारा इसके आस-पास के स्थान को ठण्डा किया जाता है। इसके लिए एवैपोरेटर का तापमान बहुत कम हो जाता है, परन्तु कभी-कभी एवैपोरेटर का तापमान अधिक कम हो जाता है, जिससे इसके आस-पास बर्फ जमने लगती है। इस बर्फ को हटाने के लिए एवैपोरेटर की डिफ्रॉस्टिंग की जाती है। रेफ्रिजरेशन प्रणाली में सक्शन लाइन तथा तरल लाइन के मध्य ऊष्मा को स्थानान्तरित करने के लिए ही एक्सचेंजर का प्रयोग किया जाता है। इस अध्याय में हम एवैपोरेटर के साथ वाटर कूलर, एक्युमुलेटर डिफ्रॉस्टिंग तथा ऊष्मा परिवर्तक के विषय में भी विस्तारपूर्वक अध्ययन करेंगे।

अध्याय विषय सूची

20.1 एवैपोरेटर का कार्य सिद्धान्त Working Principle of Evaporator

रेफ्रिजरेशन प्रणाली में कूलिंग 'एवैपोरेटर' द्वारा ही की जाती है। यह गर्म स्थान तथा अन्य अवयवों से ऊष्मा को सोखकर रेफ्रिजरेन्ट को वाष्पित (evaporate) कर देता है, जिसके फलस्वरूप उस स्थान तथा अवयवों में ऊष्मा की मात्रा कम हो जाती है और वहाँ कूलिंग उत्पन्न हो जाती है। निम्न चित्र में एवैपोरेटर युक्त रेफ्रिजरेशन प्रणाली को दर्शाया गया है

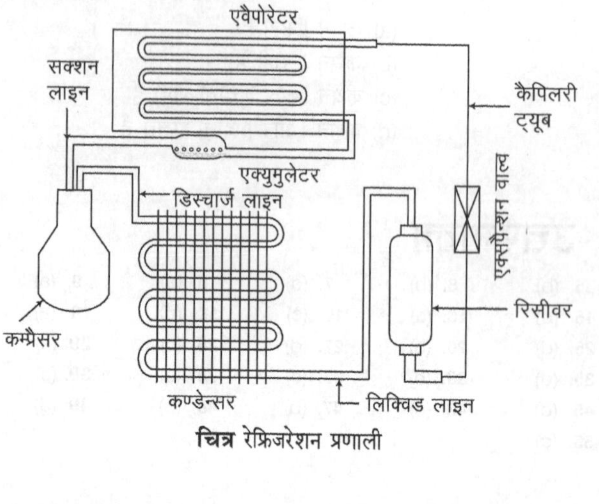

चित्र रेफ्रिजरेशन प्रणाली

जब कण्डेन्सर में उपस्थित तरल रेफ्रिजरेन्ट, एक्सपैन्शन वाल्व से होकर एवैपोरेटर में पहुँचता है, तब एवैपोरेटर अपने आस-पास स्थित ऊष्मा को सोखकर रेफ्रिजरेन्ट को प्रदान कर देता है, जिससे रेफ्रिजरेन्ट का तापमान बढ़ने लगता है। तापमान बढ़ने के कारण रेफ्रिजरेन्ट का वाष्पीकरण हो जाता है तथा एवैपोरेटर के आस-पास ऊष्मा की कमी हो जाने के कारण वहाँ कूलिंग उत्पन्न हो जाती है।

एवैपोरेटर से रेफ्रिजरेन्ट, वाष्प के रूप में निकलकर सक्शन लाइन के द्वारा कम्प्रैसर में प्रवेश करता है तथा कम्प्रैसर के द्वारा कम्प्रैस होकर कण्डेन्सर में पुन: तरल रूप में आ जाता है। इस तरल रेफ्रिजरेन्ट को रिसीवर में एकत्र कर लिया जाता है। यही क्रिया बार-बार दोहराई जाती है, जिसके फलस्वरूप एवैपोरेटर के आस-पास कूलिंग बढ़ती जाती है।

20.2 एवैपोरेटर का वर्गीकरण Classification of Evaporator

एवैपोरेटर का वर्गीकरण निम्न प्रकार है—

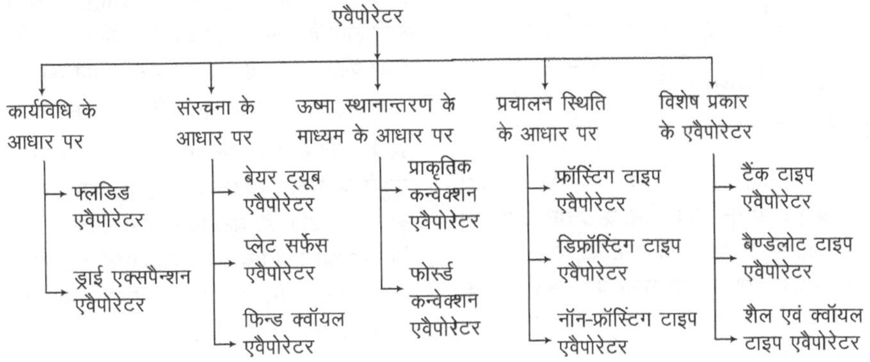

1. कार्यविधि के आधार पर On the Basis of Working Method

एवैपोरेटर को कार्यविधि के आधार पर निम्न भागों में विभाजित किया गया है-

(i) फ्लडिड एवैपोरेटर (ii) ड्राई एक्सपैन्शन एवैपोरेटर

(i) फ्लडिड एवैपोरेटर Flooded Evaporator

फ्लडिड एवैपोरेटर को निम्न चित्र में दर्शाया गया है—

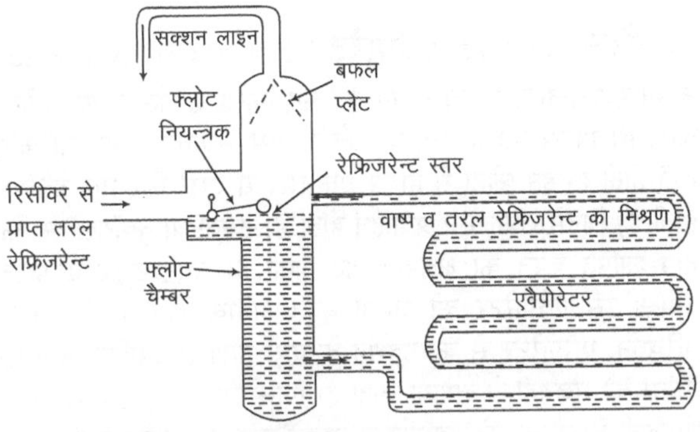

चित्र फ्लडिड एवैपोरेटर

इस प्रकार के एवैपोरेटर में एवैपोरेटर की सभी क्वॉयल में तरल रेफ्रिजरेन्ट भरा होता है तथा एवैपोरेटर के साथ एक फ्लोट चैम्बर संलग्न होता है, जिसमें तरल रेफ्रिजरेन्ट भरा होता है। इस फ्लोट चैम्बर के द्वारा एवैपोरेटर में रेफ्रिजरेन्ट की आपूर्ति की जाती है। एवैपोरेटर में रेफ्रिजरेन्ट के स्तर को बनाए रखने के लिए एक फ्लोट वाल्व लगा होता है, जो एवैपोरेटर में रेफ्रिजरेन्ट स्तर के कम होने पर खुल जाता है तथा फ्लोट चैम्बर से रेफ्रिजरेन्ट की आपूर्ति एवैपोरेटर में करता है।

एवैपोरेटर अपने आस-पास से ऊष्मा ग्रहण करके रेफ्रिजरेन्ट को वाष्प में परिवर्तित कर देता है, जिससे वाष्प हल्की होकर ऊपर की ओर गति करने लगती है। रेफ्रिजरेन्ट की इस गति के कारण इसमें प्राकृतिक संवहन धाराएँ (natural convection streams) बनने लगती हैं तथा रेफ्रिजरेन्ट का एवैपोरेटर क्वॉयल में सर्कुलेशन होने लगता है।

एवैपोरेटर द्वारा उत्पन्न रेफ्रिजरेन्ट वाष्प फ्लोट चैम्बर के ऊपरी भाग से होते हुए सक्शन लाइन द्वारा कम्प्रैसर में खींच ली जाती है। इस रेफ्रिजरेन्ट में वाष्प के साथ कुछ मात्रा में तरल रेफ्रिजरेन्ट के कण भी सम्मिलित होते हैं। इन्हें रोकने के लिए फ्लोट चैम्बर में ऊपर की ओर बफल प्लेट लगी होती है। रेफ्रिजरेन्ट वाष्प के निकल जाने के कारण एवैपोरेटर में तरल रेफ्रिजरेन्ट का स्तर कम हो जाता है, जिसके कारण फ्लोट वाल्व खुल जाता है तथा तरल रेफ्रिजरेन्ट का स्तर एवैपोरेटर में बना रहता है। फ्लडिड एवैपोरेटर की ऊष्मा परिवर्तन की दर अधिक होती है। इनमें रेफ्रिजरेन्ट की अधिक मात्रा का उपयोग किया जाता है, जिसके कारण ये आकार में बड़े तथा भारी होते हैं। इनका उपयोग अधिक क्षमता के रेफ्रिजरेशन; जैसे—रसायन उद्योग तथा कोल्ड स्टोरेज आदि में किया जाता है।

(ii) ड्राई एक्सपैन्शन एवैपोरेटर Dry Expansion Evaporator

यह एवैपोरेटर रेफ्रिजरेशन प्रणाली में कूलिंग उत्पन्न करने के लिए मुख्य रूप से प्रयोग किया जाता है। यह 150 टन क्षमता से कम की रेफ्रिजरेशन प्रणाली में प्रयोग किया जाता है। इसमें तरल रेफ्रिजरेन्ट को नियन्त्रित करने के लिए एक्सपैन्शन वाल्व लगाया जाता है। एवैपोरेटर एक ट्यूब की क्वॉयल के रूप में होता है, जिसका एक सिरा एक्सपैन्शन वाल्व से और दूसरा सिरा सक्शन लाइन से जुड़ा होता है।

इस एवैपोरेटर में रेफ्रिजरेन्ट का प्रवाह ऐसी दर (rate) पर होता है, जिस पर सम्पूर्ण रेफ्रिजरेन्ट द्रव, एवैपोरेटर के क्वॉयल के अन्तिम सिरे पर पहुँचने के समय वाष्पित हों। इसमें लगा फीचर बल्ब, जो एक्सपैन्शन वाल्व से जुड़ा होता है, प्रवाह नियन्त्रण छिद्र के द्वारा प्रवाह की दर को नियन्त्रित करता है। लोड (load) के बढ़ने या घटने के आधार पर द्रव की मात्रा एवैपोरेटर में जाती है।

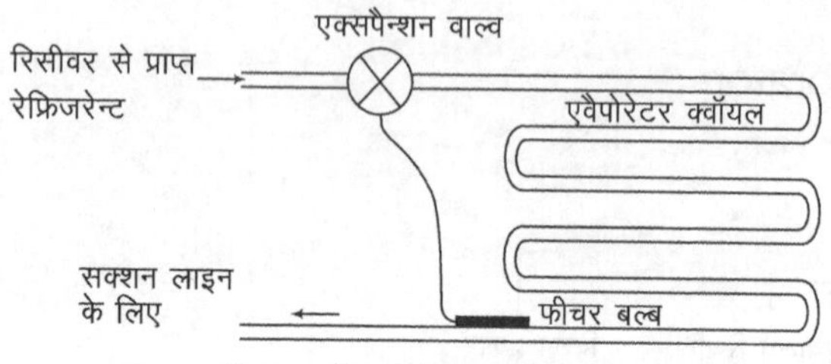

चित्र ड्राई एक्सपैन्शन एवैपोरेटर

वाष्प की मात्रा लोड के बढ़ने पर अधिक और लोड के कम होने पर कम होती है, परन्तु नियन्त्रण के द्वारा कम व अधिक रेफ्रिजरेन्ट के प्रवाहित होने के कारण, लोड कम व अधिक हो जाता है, जिससे रेफ्रिजरेन्ट की मात्रा भी कम व अधिक हो जाती है। लोड के अधिक होने पर एवैपोरेटर की दक्षता अधिक हो जाती है। ड्राई एक्सपैन्शन एवैपोरेटर का उपयोग कम क्षमता वाले रेफ्रिजरेशन सिस्टम में किया जाता है।

2. **संरचना के आधार पर**
On the Basis of Construction

संरचना के आधार पर एवैपोरेटर को निम्न भागों में विभाजित किया जाता है

(i) बेयर ट्यूब एवैपोरेटर
(ii) प्लेट सर्फेस एवैपोरेटर
(iii) फिन्ड क्वॉयल एवैपोरेटर

(i) **बेयर ट्यूब एवैपोरेटर** Bare Tube Evaporator

यह एवैपोरेटर ट्यूब को अधिक लम्बाई में मोड़कर बनाया जाता है, जिससे ट्यूब में रेफ्रिजरेन्ट के घूमने के लिए अधिक क्षेत्र प्राप्त हो सके। यह ऐसे उपकरणों में सरलता से प्रयोग किया जाता है, जहाँ का तापमान 2°C बना रहता है।

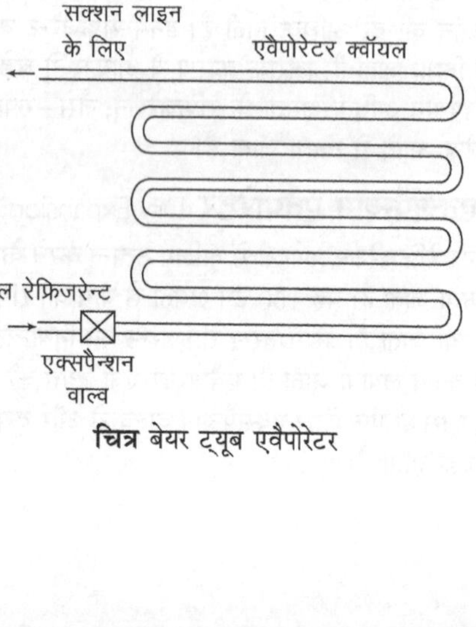

चित्र बेयर ट्यूब एवैपोरेटर

यह एवैपोरेटर स्टील या कॉपर का बनाया जाता है। स्टील धातु के ट्यूब का एवैपोरेटर अमोनिया रेफ्रिजरेन्ट के लिए और कॉपर धातु की ट्यूब का एवैपोरेटर फ्रिऑन रेफ्रिजरेन्ट के लिए प्रयोग किया जाता है। सामान्यत: छोटे एवैपोरेटर कॉपर ट्यूब के ही बनाए जाते हैं। बेयर ट्यूब एवैपोरेटर का उपयोग घरेलू रेफ्रिजरेटरों में भी बड़े पैमाने पर किया जाता है, क्योंकि इन्हें सॉफ करना आसान होता है।

(ii) **प्लेट सर्फेस एवैपोरेटर** Plate Surface Evaporator

इस प्रकार के एवैपोरेटर दो धातु की प्लेटों को समान्तर रखकर बनाए जाते हैं। प्लेटों के अन्दर क्षैतिज (horizontal) अवस्था में कम व्यास की ट्यूब लगी होती है, जिसमें रेफ्रिजरेन्ट प्रवाहित होता है। ताप परिवर्तन को बढ़ाने के लिए प्लेट और ट्यूब के मध्य के स्थान को वैक्यूम (vacuum) कर दिया जाता है, जिससे प्लेट ट्यूब के साथ कसकर चिपक जाती है।

इसके अतिरिक्त इन प्लेट्स को चारों ओर से वैल्ड कर दिया जाता है। इन ट्यूबों के बाहर प्लेटों के मध्य यूटेक्टिक घोल (eutectic solution) या ब्राइन भरा होता है। यूटेक्टिक घोल नमक व पानी के मिश्रण से बनाया जाता है। ऐसा करने से एवैपोरेटर की क्षमता बढ़ जाती है। इस प्रकार के एवैपोरेटर का उपयोग अधिकतर फ्रीजर, घरेलू रेफ्रिजरेटर, आइसक्रीम कैबिनेट आदि में बहुतायत से किया जाता है।

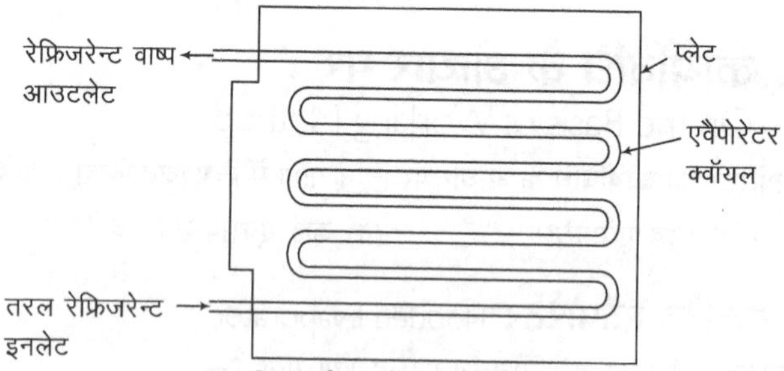

चित्र प्लेट सर्फेस एवैपोरेटर

(iii) **फिन्ड क्वॉयल एवैपोरेटर** Finned Coil Evaporator

ऊष्मा स्थानान्तरण क्षमता बढ़ाने के लिए फिन्ड एवैपोरेटर का प्रयोग किया जाता है। फिन्स पतली धातु की प्लेटों; जैसे—एल्युमीनियम या कॉपर की बनी होती हैं। इन प्लेटों से होकर एक सिरे से दूसरे सिरे तक क्वॉयल बनी होती हैं, जिनमें रेफ्रिजरेन्ट प्रवाहित होता है। ट्यूबों या क्वॉयल पर फिन्स से ताप शोषित करने का क्षेत्रफल बँट जाता है। बेयर ट्यूब एवैपोरेटर की अपेक्षा इस एवैपोरेटर की क्षमता बहुत अधिक होती है। फिन्स से ताप परिवर्तन, एवैपोरेटर से कण्डक्शन के द्वारा होता है, इसलिए क्वॉयल और फिन्स को मजबूती से लगाया जाता है। फिन्स के ढीला रहने पर क्षमता कम हो जाती है। फिन्स को क्वॉयल से जोड़ते समय यह ध्यान रखा जाता है कि फिन्स और क्वॉयल के मध्य अच्छा थर्मल कॉन्टैक्ट बना रहे। फिन्स के प्रति सेन्टीमीटर में 1 से 5 क्वॉयल के सिरे लगने चाहिए। एयर कण्डीशनिंग में जिस स्थान का तापमान पानी के जमाव बिन्दु से अधिक होता है, वहाँ क्वॉयल की साइडें 5 से 6 प्रति सेमी के अनुसार प्रयोग की जाती हैं। फिन्स का साइज और मध्य का स्थान, एवैपोरेटर की टाइप के अनुसार होता है। फिन्स के साइज के अनुसार ही क्वॉयल की ट्यूब का साइज होता है। कम तापमान की स्थिति में चौड़ी फिन्स प्रयोग की जाती है।

इन एवैपोरेटर के प्रयोग से ऊष्मा स्थानान्तरण तीव्रता से होता है तथा साथ ही रेफ्रिजरेशन साइकिल के बन्द हो जाने पर स्वत: ही डिफ्रॉस्टिंग हो जाती है। इस कारण इनका उपयोग एयर कण्डीशनिंग (विण्डो ए.सी. तथा स्प्लिट ए. सी.) में अधिकता से किया जाता है।

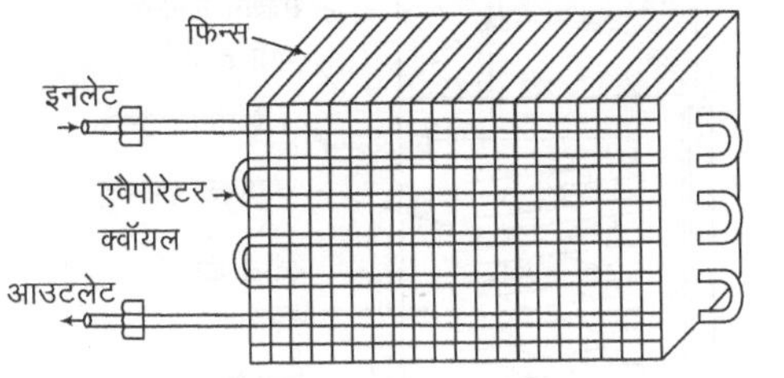

चित्र फिन्ड क्वॉयल एवैपोरेटर

3. ऊष्मा स्थानान्तरण के माध्यम के आधार पर
On the Basis of Medium of Heat Transfer

ऊष्मा स्थानान्तरण के माध्यम के आधार पर एवैपोरेटर को निम्न भागों में विभाजित किया गया है—

(i) प्राकृतिक कन्वेक्शन एवैपोरेटर
(ii) फोर्स्ड कन्वेक्शन एवैपोरेटर

(i) प्राकृतिक कन्वेक्शन एवैपोरेटर
Natural Convection Evaporator

इस प्रकार के एवैपोरेटर का प्रयोग उन स्थानों पर किया जाता है, जहाँ मन्द गति की वायु ही कूलिंग उत्पन्न करने के लिए पर्याप्त होती है। इस एवैपोरेटर में वायु प्राकृतिक रूप से प्रवाहित होती है तथा यह ताप के अन्तर के कारण उत्पन्न होती है। वायु की गति एवैपोरेटर तथा ठण्डा करने वाले स्थान के तापमान के अन्तर पर निर्भर करती है, यदि यह तापान्तर 8°C से कम होता है, तब वायु की गति भी कम होगी, जबकि तापान्तर के 8°C से अधिक होने पर वायु की गति भी अधिक होगी। एवैपोरेटर में प्रवाहित वायु के लिए मार्ग उपलब्ध कराने के लिए 'बफल प्लेट्स (baffle plates) का प्रयोग किया जाता है। इसका प्रयोग घरेलू तथा व्यावसायिक रेफ्रिजरेटरों में किया जाता है।

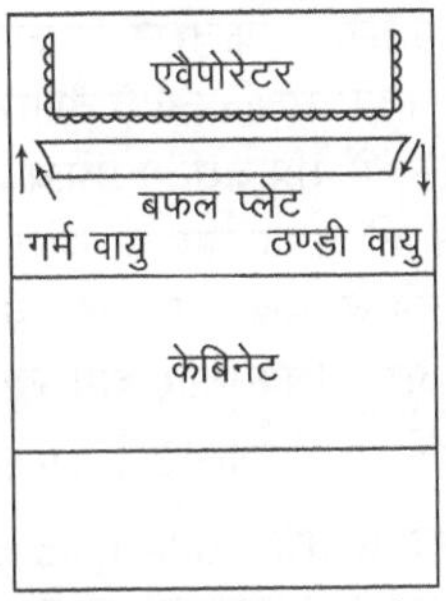

चित्र प्राकृतिक कन्वेक्शन एवैपोरेटर

(ii) फोर्स्ड कन्वेक्शन एवैपोरेटर
Forced Convection Evaporator

इस प्रकार के एवैपोरेटर में वायु को यान्त्रिक युक्तियों; जैसे—विद्युतीय पंखे अथवा ब्लोअर द्वारा एवैपोरेटर क्वॉयल तथा फिन्स पर प्रवाहित किया जाता है। फिन्स का प्रयोग एवैपोरेटर की ऊष्मा स्थानान्तरण क्षमता को बढ़ाने हेतु किया जाता है।

फोर्स्ड कन्वेक्शन एवैपोरेटर की दक्षता, प्राकृतिक कन्वेक्शन एवैपोरेटर से अधिक होती है। इन एवैपोरेटरों से निकलने वाली वायु की गति के आधार पर इन्हें निम्न भागों में विभाजित किया जाता है

- **निम्न वेग यूनिट** (Low velocity unity) इस प्रकार की यूनिट से निकलने वाली वायु की गति 60-90 मी/मिनट होती है। इसका उपयोग कम शोर वाले स्थानों पर किया जाता है।
- **मध्यम वेग यूनिट** (Medium velocity unit) इस प्रकार की यूनिट से निकलने वाली वायु की गति 150 से 240 मी/मिनट होती है। इसका उपयोग रेफ्रिजरेटर एवं फ्रीजर में होता है।
- **उच्च वेग यूनिट** (High velocity unit) इस प्रकार की यूनिट से निकलने वाली वायु की गति 240 मी/मिनट से अधिक होती है। इसका उपयोग ब्लास्ट फ्रीजर में होता है।

4. प्रचालन स्थिति के आधार पर
On the Basis of Operating Position

प्रचालन स्थिति के आधार पर एवैपोरेटर निम्नलिखित प्रकार के होते हैं

(i) फ्रॉस्टिंग टाइप एवैपोरेटर
(ii) डिफ्रॉस्टिंग टाइप एवैपोरेटर
(iii) नॉन-फ्रॉस्टिंग टाइप एवैपोरेटर

(i) फ्रॉस्टिंग टाइप एवैपोरेटर Frosting Type Evaporator

यह एवैपोरेटर कोल्ड स्टोरेज और कम तापमान वाले उन कार्यों में प्रयोग किया जाता है, जिनमें तापमान पानी के जमाव बिन्दु 0°C से कम होता है। इस प्रकार के एवैपोरेटर के द्वारा वायु में उपस्थित नमी केवल कम्प्रैस्ड ही नहीं होती है, बल्कि एवैपोरेटर क्वॉयल के तल पर जम भी जाती है। इस प्रकार उन कार्यों में इस एवैपोरेटर का प्रयोग होता है, जिनमें बर्फ का बनना आवश्यक होता है।

एवैपोरेटर में जहाँ क्वॉयल्स के मध्य कम स्थान होता है, वहाँ बर्फ जमने के कारण क्वॉयल के मध्य से वायु नहीं गुजर पाती है, जिससे एवैपोरेटर का तापमान और कम हो जाता है और अधिक मोटी बर्फ जमने लगती है। एवैपोरेटर पर जमी यह बर्फ इन्सुलेशन का कार्य करती है और ताप परिवर्तन रुक जाता है। ऐसा होने से क्वॉयल पर अधिक मोटी बर्फ की परत एकत्रित हो जाएगी, इससे एवैपोरेटर की क्षमता कम हो जाती है और उसका कार्य शिथिल हो जाता है। फिन्स पर बहुत अधिक दाब से बर्फ हटा देने से एवैपोरेटर की क्षमता पूर्व अवस्था में आ जाती है।

(ii) डिफ्रॉस्टिंग टाइप एवैपोरेटर Defrosting Type Evaporator

इस प्रकार के एवैपोरेटर में कम्प्रैसर के कार्य करने पर बर्फ जमने लगती है, परन्तु कम्प्रैसर के बन्द हो जाने पर बर्फ पिघल जाती है।

बर्फ को पिघलाने की अन्य विधियाँ निम्न हैं

(a) बर्फ के ऊपर गर्म पानी को प्रवाहित करना।
(b) एवैपोरेटर में लगे विद्युत हीटर का प्रयोग करना।
(c) कम्प्रैसर से गर्म डिस्चार्ज गैस को एवैपोरेटर में घुमाना।

कम एवैपोरेटर तापमान होने से डिफ्रॉस्ट क्रिया तेजी से होती है। डीप फ्रीज क्वॉयल के लिए डिफ्रॉस्टिंग तीन या चार घण्टे में होती है तथा डिफ्रॉस्टिंग के समय पंखे बन्द रखे जाते हैं।

(iii) **नॉन-फ्रॉस्टिंग टाइप एवैपोरेटर**
Non-Frosting Type Evaporator

इस प्रकार के एवैपोरेटर सदैव 0°C से ऊपर के तापक्रम पर कार्य करते हैं। जब कम्प्रैसर चलता है, तो कूलिंग से हल्की फ्रॉस्टिंग आती है, परन्तु कम्प्रैसर बन्द होने पर यह समाप्त हो जाती है। यह एवैपोरेटर सब्जियों, फल और खाद्य पदार्थों को सुरक्षित रखने के लिए प्रयोग किया जाता है।

5. विशेष प्रकार के एवैपोरेटर
Special Type of Evaporator

कुछ विशेष प्रकार के एवैपोरेटर निम्न प्रकार हैं
(i) टैंक टाइप एवैपोरेटर
(ii) बैण्डेलोट टाइप एवैपोरेटर
(iii) शैल एवं क्वॉयल टाइप एवैपोरेटर

(i) **टैंक टाइप एवैपोरेटर** Tank Type Evaporator

इस प्रकार के एवैपोरेटर का प्रयोग बर्फ बनाने तथा दूध को ठण्डा रखने के लिए किया जाता है। इसे मिल्क कूलर (milk cooler) भी कहते हैं। यह एवैपोरेटर टैंक के आकार का होता है।

(ii) **बैण्डेलोट टाइप एवैपोरेटर** Bandelot Type Evaporator

यह एवैपोरेटर ऊर्ध्वाधर कैबिनेट (vertical cabinet) में लगा होता है तथा एवैपोरेटर क्वॉयल क्षैतिज दिशा में फिट होती हैं। इन क्वॉयल में एक ओर से तरल रेफ्रिजरेन्ट वाष्प प्रवाहित किया जाता है तथा दूसरी ओर से रेफ्रिजरेन्ट वाष्प प्राप्त होती है। इस एवैपोरेटर का प्रयोग दूध को ठण्डा रखने व दूध से क्रीम को अलग करने के लिए किया जाता है। इस एवैपोरेटर के ऊपरी सिरे पर एक छिद्रयुक्त पात्र लगा होता है, जिसमें से गर्म दूध को प्रवाहित किया जाता है। पात्र में बने छिद्रों में से दूध निकलकर एवैपोरेटर क्वॉयल्स पर गिरता है। यह दूध ठण्डा होकर नीचे गिरता रहता है, जिसे नीचे रखे पात्र में एकत्र कर लिया जाता है।

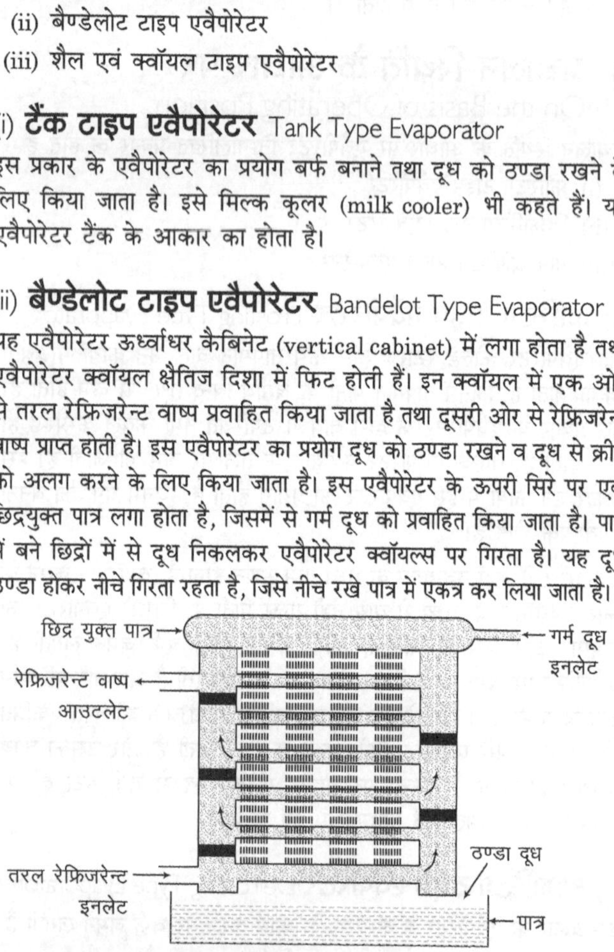

चित्र बैण्डेलोट टाइप एवैपोरेटर

(iii) **शैल एवं क्वॉयल टाइप एवैपोरेटर**
Shell and Coil Type Evaporator

इस प्रकार के एवैपोरेटर को एक स्टील से बनी शैल (shell) में रखा जाता है। इसमें ऊपर की ओर पानी के प्रवेश के लिए इनलेट वाल्व तथा नीचे की ओर निकास के लिए आउटलेट वाल्व लगा होता है। इस शैल के अन्दर स्पाइरल आकृति की एवैपोरेटर क्वॉयल होती हैं, जिनमें रेफ्रिजरेन्ट भरा होता है। इसमें प्रयुक्त की गई ट्यूब्स जाल (net) के आकार की बनी होती हैं, जिसके बाहर की ओर टैंक होता है। इस टैंक में द्रव भरा होता है। इस एवैपोरेटर का प्रयोग द्रव को ठण्डा करने के लिए किया जाता है। इसे एयर कण्डीशनिंग में भी प्रयोग किया जा सकता है।

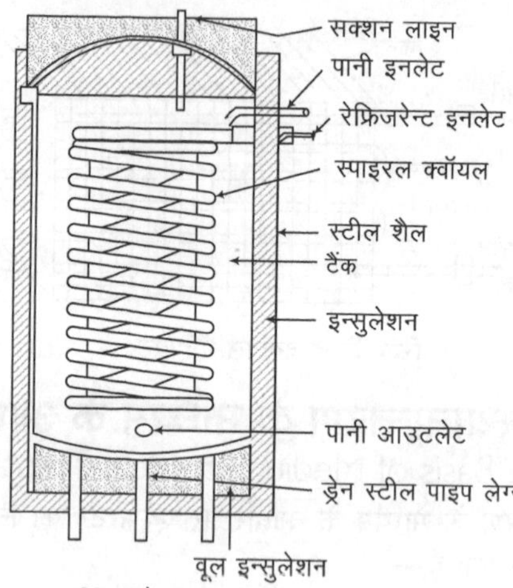

चित्र शैल एवं क्वॉयल टाइप एवैपोरेटर

20.3 एवैपोरेटर में सुपरहीटिंग
Superheating in Evaporator

एवैपोरेटर के द्वारा रेफ्रिजरेन्ट का वाष्पीकरण किया जाता है, जिसमें रेफ्रिजरेन्ट का तापमान बढ़कर उसके उबाल बिन्दु (boiling point) तक पहुँच जाता है। कभी-कभी यह तापमान रेफ्रिजरेन्ट के उबाल बिन्दु से अधिक भी हो जाता है, जिससे एवैपोरेटर अत्यधिक गर्म हो जाता है, इसे एवैपोरेटर में सुपरहीटिंग कहते हैं अथवा स्थिर दाब पर, उबाल बिन्दु या क्वथनांक (boiling point) की ऊष्मा से अधिक ऊष्मा का रेफ्रिजरेन्ट वाष्प में उपस्थित होना 'सुपरहीटिंग' कहलाता है।

रेफ्रिजरेन्ट के वाष्पीकरण के समय एवैपोरेटर अपने आस-पास के वातावरण से ऊष्मा को शोषित करता है। इस प्रकार लगातार ऊष्मा ग्रहण करते रहने से एवैपोरेटर में स्थित रेफ्रिजरेन्ट का तापमान उसके उबाल बिन्दु से अधिक हो जाता है, तब इस स्थिति को 'एवैपोरेटर में सुपरहीटिंग' कहते हैं। इसके कारण रेफ्रिजरेन्ट में रेफ्रिजरेटिंग प्रभाव अधिक हो जाता है और एवैपोरेटर की कार्य करने की क्षमता कम हो जाती है। सुपरहीट का प्रभाव, एक्सपैन्शन वाल्व के खुलने के साइज पर निर्भर करता है। यह एक्सपैन्शन वाल्व के अधिक खुलने पर अधिक और कम खुलने पर कम होता है।

एवैपोरेटर के सुपरहीट होने से निम्नलिखित कारक प्रभावित होते हैं—

- **कम्प्रेशन के कार्य पर प्रभाव** (Effect on compression work) सुपरहीट की स्थिति में कम्प्रेशन का कार्य सामान्य चक्र की अपेक्षा अधिक होने लगता है। इस प्रकार कम्प्रैसर को अधिक कार्य करना पड़ता है।
- **कण्डेन्सर क्षमता पर प्रभाव** (Effect on condenser capacity) समान कण्डेन्सर दाब और संतृप्त तापमान पर कम्प्रैसर से निकलने वाली और कण्डेन्सर में प्रवेश करने वाली रेफ्रिजरेन्ट वाष्प का तापमान सामान्य चक्र की अपेक्षा बहुत अधिक होता है, जिससे कण्डेन्सर की ताप स्थानान्तरण की क्रिया अधिक हो जाती है अर्थात् कण्डेन्सर का कार्य अधिक हो जाता है।

20.4 एवैपोरेटर की डिफ्रॉस्टिंग
Defrosting of Evaporator

जब एवैपोरेटर द्वारा वायु का तापमान उसके ओसांक ताप (dew temperature) से कम हो जाता है तब वायु में उपस्थित नमी, वायु से अलग होकर एवैपोरेटर पर जमने लगती है। यह नमी एवैपोरेटर पर ओस के रूप में एकत्र होने लगती है। इसके पश्चात् जब तापमान और भी कम हो जाता है, तब यह ओस एवैपोरेटर पर बर्फ के रूप में जमने लगती है। इस क्रिया को एवैपोरेटर की फ्रॉस्टिंग कहते हैं।

यदि एवैपोरेटर पर जमी इस बर्फ की परत को न हटाया जाए तो यह ऊष्मा के लिए अचालक का कार्य करेगी, जिसके कारण वायु तथा एवैपोरेटर के मध्य ऊष्मा की स्थानान्तरण दर कम हो जाएगी। इस क्रिया से रेफ्रिजरेशन प्रणाली की दक्षता एवं क्षमता में कमी उत्पन्न हो जाती है। अत: इस परत को समय-समय पर हटाते रहना चाहिए। विभिन्न विधियों द्वारा एवैपोरेटर पर जमी परत को हटाने की क्रिया को 'डिफ्रॉस्टिंग' कहते हैं।

डिफ्रॉस्टिंग की प्रमुख विधियाँ निम्नलिखित हैं—

1. मैनुअल डिफ्रॉस्टिंग
2. दाब डिफ्रॉस्टिंग
3. तापमान डिफ्रॉस्टिंग
4. टाइम शट डाउन डिफ्रॉस्टिंग
5. गर्म गैस डिफ्रॉस्टिंग
6. इलेक्ट्रिक डिफ्रॉस्टिंग
7. वाटर डिफ्रॉस्टिंग
8. थर्मो-बैंक डिफ्रॉस्टिंग

1. **मैनुअल डिफ्रॉस्टिंग** (Manual defrosting) यह डिफ्रॉस्टिंग की सबसे आसान विधि है। इस विधि में कम्प्रैसर को तब तक बन्द रखा जाता है, जब तक कि एवैपोरेटर पर जमी बर्फ पिघल नहीं जाती। जब बर्फ हट जाती है या पिघल जाती है, तो कम्प्रैसर को पुन: स्टार्ट कर लिया जाता है।

2. **दाब डिफ्रॉस्टिंग** (Pressure defrosting) इस विधि में डिफ्रॉस्टिंग के समय एवैपोरेटर का तापमान 32°F से 60°F के बीच में रहता है। एवैपोरेटर का तापमान, रेफ्रिजरेन्ट के सक्शन दाब से नियन्त्रित किया जाता है। यह दाब एवैपोरेटर के अनुसार होता है। क्वॉयल के डिफ्रॉस्ट होने से कम्प्रैसर लो प्रैशर पर चलता है, जिससे क्वॉयल से ऊष्मा कम मात्रा में स्थानान्तरित होती है और दाब क्रिया करके कम्प्रैसर को रोक देता है। नियन्त्रण स्विच, क्वॉयल को 0°C तक गर्म रखता है और डिफ्रॉस्टिंग के बाद कम्प्रैसर दोबारा चलना शुरू कर देता है।

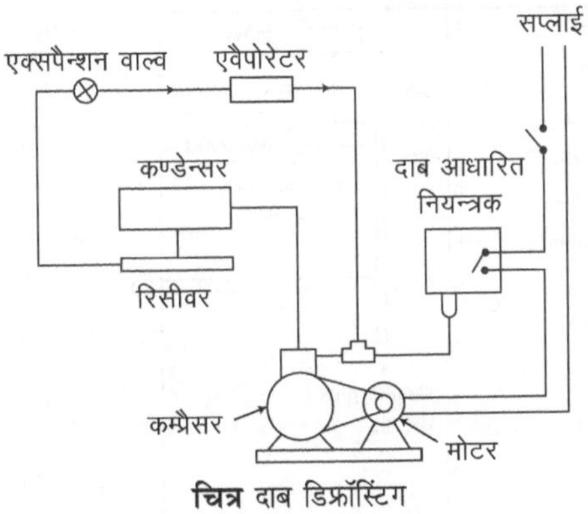

चित्र दाब डिफ्रॉस्टिंग

3. **तापमान डिफ्रॉस्टिंग** (Temperature defrosting) यह विधि, दाब डिफ्रॉस्टिंग के समान ही होती है। इसमें अन्तर केवल इतना है कि इसमें दाब के स्थान पर तापमान को नियन्त्रित किया जाता है। इसमें रिमोट बल्ब टाइप थर्मोस्टेट, एवैपोरेटर के साथ संलग्न (attach) होता है, जो कम्प्रैसर के कट-इन (cut in) और कट-आउट बिन्दुओं (cut-out points) को नियन्त्रित करता है। यह थर्मोस्टेट कम्प्रैसर को 32° F पर बन्द और 22° F पर चालू कर देता है, जिससे डिफ्रॉस्टिंग होती है।

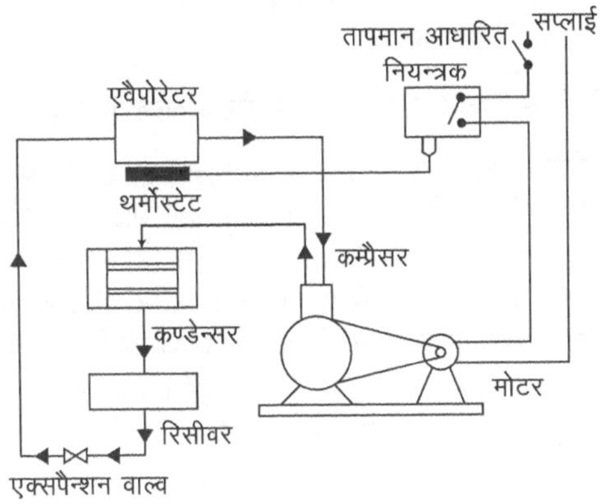

चित्र तापमान डिफ्रॉस्टिंग

4. **टाइम शट डाउन डिफ्रॉस्टिंग** (Time shut down defrosting) इसे रिवर्स चक्र डिफ्रॉस्टिंग विधि भी कहते हैं। इसमें एवैपोरेटर के डिफ्रॉस्टिंग रेफ्रिजरेन्ट के प्रवाह (flow) को बदलकर रिवर्स (reverse) कर दिया जाता है, जिससे एवैपोरेटर क्वॉयल, कण्डेन्सर और कण्डेन्सर, एवैपोरेटर क्वॉयल बन जाता है। इससे कण्डेन्सर और एवैपोरेटर की कार्यप्रणाली बदल जाती है।

डिफ्रॉस्टिंग के समय गर्म गैस कम्प्रैसर से एवैपोरेटर में जाती है और यहाँ यह एवैपोरेटर क्वॉयल को फ्रॉस्ट करती है। इस क्रिया में फोर-वे वाल्व (four-way valve) और दो चैक वाल्व प्रयोग किए जाते हैं। इसके अतिरिक्त इस विधि में एक्सपैन्शन वाल्व, समय नियन्त्रण वाल्व और दाब नियन्त्रण वाल्व प्रयोग किए जाते हैं।

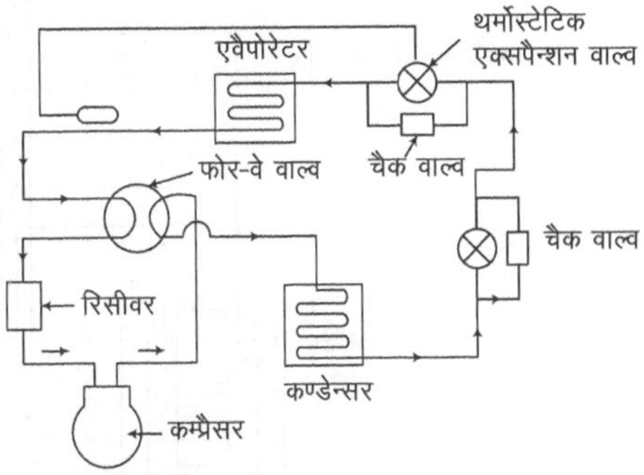

चित्र प्रारम्भिक स्थिति में फोर-वे वाल्व की स्थिति

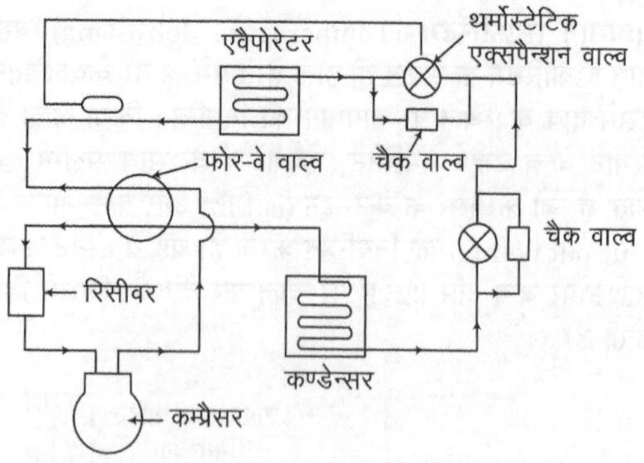

चित्र डिफ्रॉस्टिंग की स्थिति में फोर-वे वाल्व की स्थिति

5. **गर्म गैस डिफ्रॉस्टिंग** (Hot gas defrosting) इस विधि में गर्म गैस लाइन, कम्प्रैसर की डिस्चार्ज (discharge) साइड के साथ संयोजित होती है। कम्प्रैसर से डिस्चार्ज हुई गर्म गैस (रेफ्रिजरेन्ट वाष्प) ऊष्मा का कार्य करती है। इससे एवैपोरेटर डिफ्रॉस्ट होता है। कम्प्रैसर से निकली गर्म गैस को बाईपास परिपथ द्वारा एवैपोरेटर में भेज दिया जाता है।

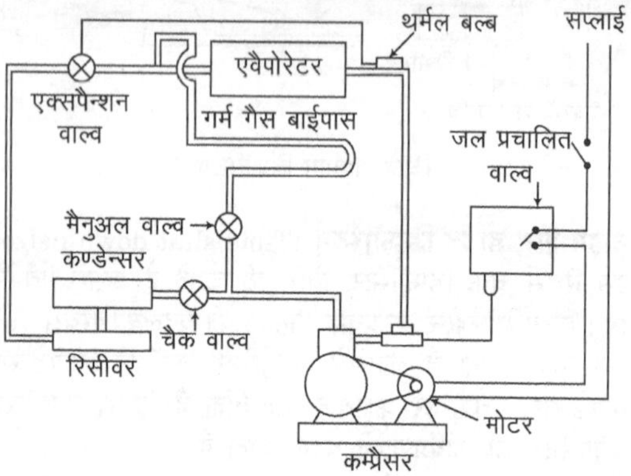

चित्र गर्म गैस डिफ्रॉस्टिंग

6. **इलेक्ट्रिक डिफ्रॉस्टिंग** (Electric defrosting) यह एक स्वचालित डिफ्रॉस्टिंग विधि है। इस विधि का प्रयोग फिन्ड क्वॉयल एवैपोरेटर (finned coil evaporator) में किया जाता है। इससे इलेक्ट्रिक हीटिंग एलीमेण्ट (electric heating element) प्रत्यक्ष रूप से संलग्न किए होते हैं अथवा एवैपोरेटर के अन्दर ही बने होते हैं।

इसमें क्वॉयल की सतह को प्रत्यक्ष रूप से ऊष्मा, विद्युत हीटरों द्वारा मिलती है, जिससे डिफ्रॉस्टिंग की क्रिया होती है। जब एवैपोरेटर पूरी तरह डिफ्रॉस्ट हो जाता है, तो रेफ्रिजरेशन प्रणाली पुनः सामान्य रूप से कार्य करने लग जाती है।

7. **वाटर डिफ्रॉस्टिंग** (Water defrosting) वाटर डिफ्रॉस्टिंग विधि एक सस्ती एवं सरल विधि है, क्योंकि इस विधि में पानी द्वारा डिफ्रॉस्टिंग की जाती है। इस विधि में लगभग 20°C पर पानी की उचित मात्रा को उपयुक्त गति के साथ एवैपोरेटर पर स्प्रे किया जाता है, जिससे एवैपोरेटर पर जमी हुई बर्फ, पानी के वेग तथा तापमान के कारण पिघल जाती है। इस विधि का प्रयोग व्यावसायिक तथा बड़े संयन्त्रों में किया जाता है। इस विधि की प्रमुख हानि यह है कि इसमें पानी की अधिक मात्रा का प्रयोग किया जाता है, जिससे रेफ्रिजरेशन प्रणाली के भागों में जंग लगने की सम्भावना बनी रहती है।

8. **थर्मो-बैंक डिफ्रॉस्टिंग** (Thermo-bank defrosting) इस विधि में रेफ्रिजरेशन प्रणाली के सामान्य प्रचालन के द्वारा उत्पन्न ऊष्मा को डिफ्रॉस्टिंग के लिए प्रयोग किया जाता है। इसके लिए उत्पन्न ऊष्मा को थर्मो-बैंक में भण्डारित (store) किया जाता है। जब एवैपोरेटर की कूलिंग क्वॉयल पर पर्याप्त बर्फ जम जाती है, तब एक टाइमर, परिपथ में लगे सोलेनॉयड वाल्व को ओपन (open) कर देता है और फैन व मोटर को ऑफ (off) कर देता है। इसके पश्चात् थर्मो-बैंक से गर्म गैस सोलेनॉयड से होकर एवैपोरेटर तक पहुँचती है, जिससे एवैपोरेटर पर जमी बर्फ पिघल जाती है।

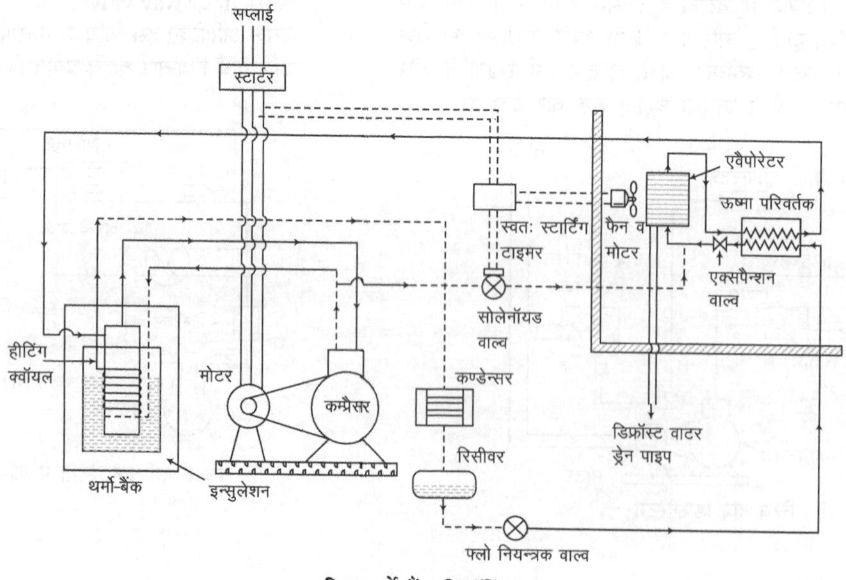

चित्र थर्मो-बैंक डिफ्रॉस्टिंग

20.5 एक्युमुलेटर Accumulator

एक्युमुलेटर एक प्रकार का टैंक-शैल (tank-shell) अथवा रिजर्वायर (reservoir) होता है, जो सक्शन लाइन में एवैपोरेटर तथा कम्प्रैसर के बीच लगा होता है। यह एवैपोरेटर से प्राप्त रेफ्रिजरेन्ट वाष्प में उपस्थित द्रव रेफ्रिजरेन्ट को अलग करके केवल रेफ्रिजरेन्ट वाष्प को कम्प्रैसर तक पहुँचने देता है। द्रव अथवा तरल रेफ्रिजरेन्ट के कम्प्रैसर में पहुँच जाने से कम्प्रैसर की दक्षता घट जाती है। निम्न चित्रों में एक्युमुलेटर परिपथ तथा एक्युमुलेटर की संरचना को दर्शाया गया है

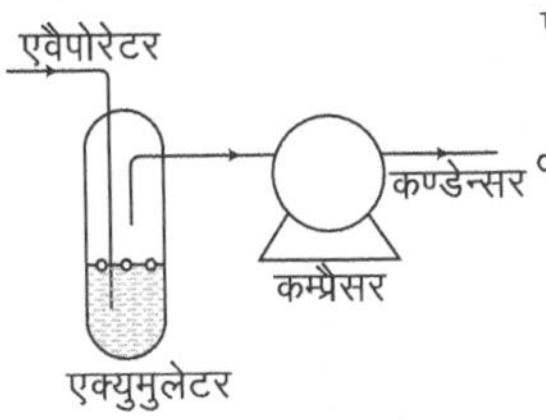

चित्र एक्युमुलेटर कार्यिकी आरेख

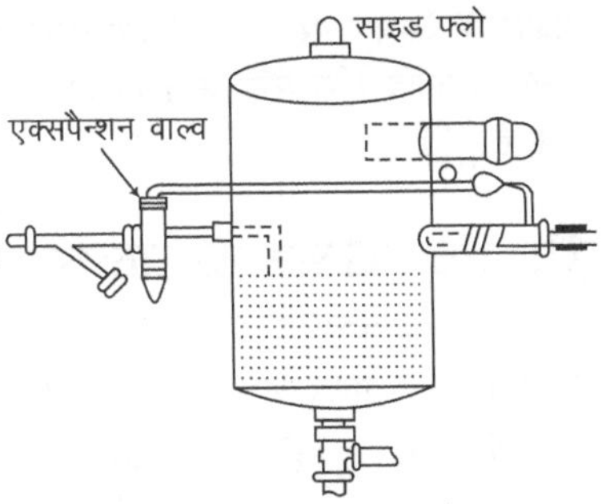

चित्र एक्युमुलेटर

एक्युमुलेटर का कार्य तरल रेफ्रिजरेन्ट को अपने अन्दर रोककर रखना है तथा इसे कम्प्रैसर द्वारा कम्प्रैस होने से बचाना है।

एक्युमुलेटर के प्रकार Types of Accumulator

एक्युमुलेटर निम्न प्रकार के होते हैं

1. पिस्टन टाइप एक्युमुलेटर
2. स्प्रिंग टाइप एक्युमुलेटर
3. ब्लेडर टाइप एक्युमुलेटर
4. वेट लोडेड टाइप एक्युमुलेटर

1. पिस्टन टाइप एक्युमुलेटर Piston Type Accumulator

पिस्टन टाइप एक्युमुलेटर को निम्न चित्र में दर्शाया गया है

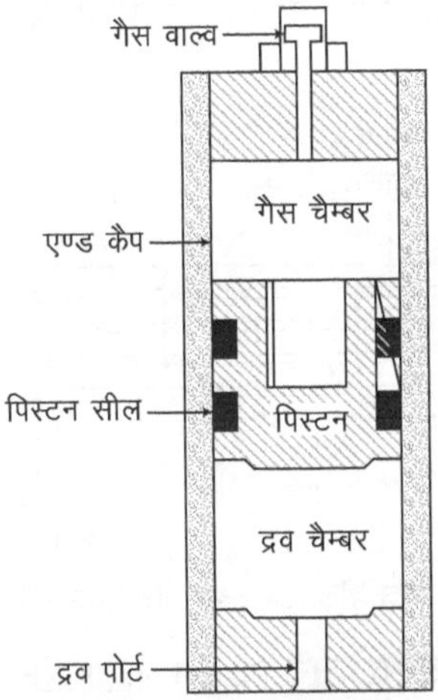

चित्र पिस्टन टाइप एक्युमुलेटर

पिस्टन टाइप एक्युमुलेटर मुख्य रूप से स्टील का बना होता है। द्रव तथा वाष्प रेफ्रिजरेन्ट को पृथक् रखने के लिए इसमें क्रमशः द्रव चैम्बर तथा गैस चैम्बर बने होते हैं। इस एक्युमुलेटर में आवश्यक दाब उत्पन्न करने हेतु एक पिस्टन लगा होता है। एवैपोरेटर से प्राप्त रेफ्रिजरेन्ट को एक्युमुलेटर गैस तथा द्रव में अलग-अलग एकत्र कर लेता है। रेफ्रिजरेन्ट वाष्प को गैस चैम्बर तथा तरल रेफ्रिजरेन्ट को द्रव चैम्बर में संग्रहित कर लिया जाता है। ये दोनों चैम्बर पिस्टन द्वारा पृथक् होते हैं। रेफ्रिजरेन्ट वाष्प में आवश्यक दाब उत्पन्न करने के लिए गैस वाल्व का प्रयोग किया जाता है। इस दाब के कारण रेफ्रिजरेन्ट वाष्प एक्युमुलेटर के गैस चैम्बर से निकलकर कम्प्रैसर में चली जाती है। एक्युमुलेटर के द्रव चैम्बर में बचे तरल रेफ्रिजरेन्ट को विद्युतीय युक्तियों द्वारा वाष्प में परिवर्तित करके कम्प्रैसर में भेज दिया जाता है।

2. स्प्रिंग टाइप एक्युमुलेटर Spring Type Accumulator

स्प्रिंग टाइप एक्युमुलेटर को निम्न चित्र में दर्शाया गया है

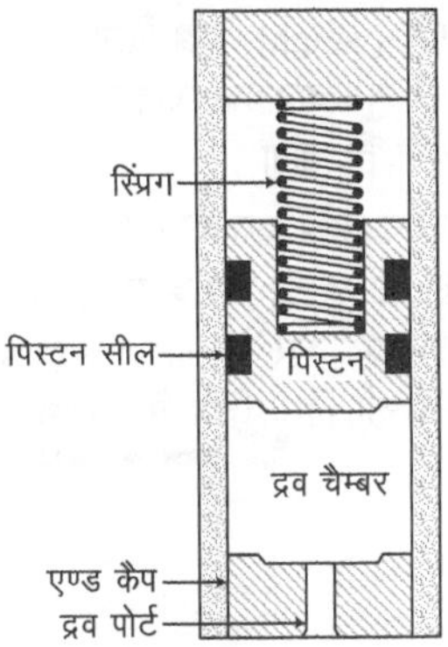

चित्र स्प्रिंग टाइप एक्युमुलेटर

इस प्रकार के एक्युमुलेटर में दाब उत्पन्न करने के लिए गैस वाल्व के स्थान पर स्प्रिंग का प्रयोग किया जाता है। यह स्प्रिंग पिस्टन के साथ संयोजित रहती है। पिस्टन की गति के कारण स्प्रिंग में यान्त्रिक ऊर्जा एकत्र हो जाती है, जिसका उपयोग रेफ्रिजरेन्ट वाष्प में दाब उत्पन्न करने के लिए किया जाता है। रेफ्रिजरेन्ट वाष्प में उत्पन्न दाब के कारण रेफ्रिजरेन्ट वाष्प कम्प्रैसर तक पहुँच जाती है तथा तरल रेफ्रिजरेन्ट द्रव चैम्बर में एकत्र हो जाती है, जिससे विद्युतीय युक्तियों द्वारा वाष्प में परिवर्तित करके कम्प्रैसर में भेज दिया जाता है।

3. ब्लेडर टाइप एक्युमुलेटर Bladder Type Accumulator

ब्लेडर टाइप एक्युमुलेटर की संरचना लगभग पिस्टन टाइप एक्युमुलेटर के समान ही होती है। इसे निम्न चित्र में दर्शाया गया है।

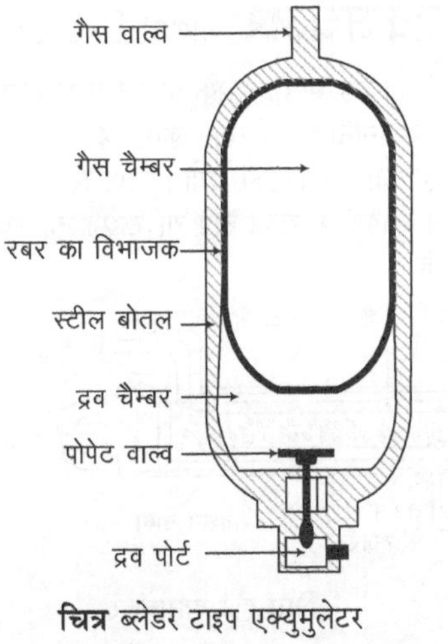

चित्र ब्लेडर टाइप एक्युमुलेटर

इसकी बॉडी मुख्यतः स्टील की बनी होती है। एवैपोरेटर से प्राप्त रेफ्रिजरेन्ट को द्रव चैम्बर में संग्रहित किया जाता है, जो एक रबर के विभाजक द्वारा गैस चैम्बर से पृथक् रहता है। गैस चैम्बर में रेफ्रिजरेन्ट वाष्प एकत्र होने के पश्चात् इसमें लगे गैस वाल्व की सहायता से गैस चैम्बर में दाब उत्पन्न किया जाता है। इस दाब के कारण रेफ्रिजरेन्ट वाष्प कम्प्रैसर में पहुँच जाती है। सम्पूर्ण तरल रेफ्रिजरेन्ट द्रव चैम्बर में रुक जाता है, जिसे विद्युतीय युक्तियों द्वारा वाष्प में परिवर्तित करके कम्प्रैसर में भेज दिया जाता है।

4. वेट लोडेड टाइप एक्युमुलेटर
Weight Loaded Type Accumulator

इस प्रकार के एक्युमुलेटर में एक स्टील के सिलेण्डर के अन्दर पिस्टन लगा होता है, जिसके ऊपर भार (weight) रख दिया जाता है। पिस्टन पर रखे गए इस भार पर लगने वाले गुरुत्वाकर्षण बल के कारण सिलेण्डर में स्थित रेफ्रिजरेन्ट पर दाब उत्पन्न हो जाता है।

इसके फलस्वरूप रेफ्रिजरेन्ट वाष्प दाब के साथ कम्प्रैसर में पहुँच जाती है तथा सिलेण्डर में केवल तरल रेफ्रिजरेन्ट शेष बचता है। इस प्रकार के एक्युमुलेटर का उपयोग, इसके आकार एवं भार के कारण बहुत कम किया जाता है। वेट लोडेड टाइप एक्युमुलेटर को निम्न चित्र में दर्शाया गया है

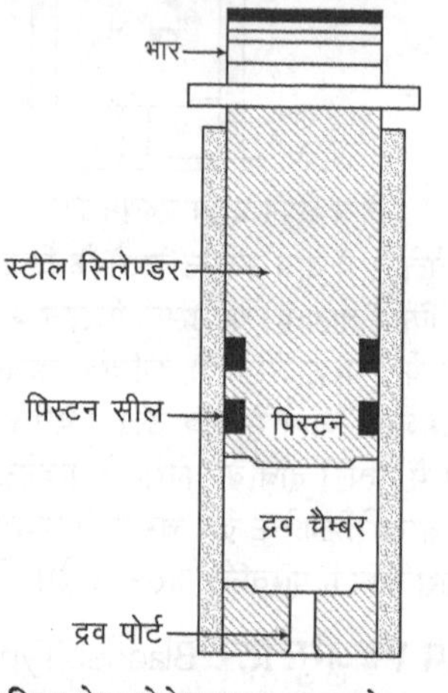

चित्र वेट लोडेड टाइप एक्युमुलेटर

20.6 हीट एक्सचेंजर Heat Exchanger

रेफ्रिजरेशन प्रणाली का वह भाग, जिसके द्वारा ताप या ऊष्मा को एक स्थान से दूसरे स्थान पर स्थानान्तरित किया जाता है, हीट एक्सचेंजर (heat exchanger) कहलाता है। इसका प्रयोग रेफ्रिजरेशन प्रणाली में लिक्विड लाइन तथा सक्शन लाइन के मध्य ताप या ऊष्मा को स्थानान्तरित करने के लिए किया जाता है।

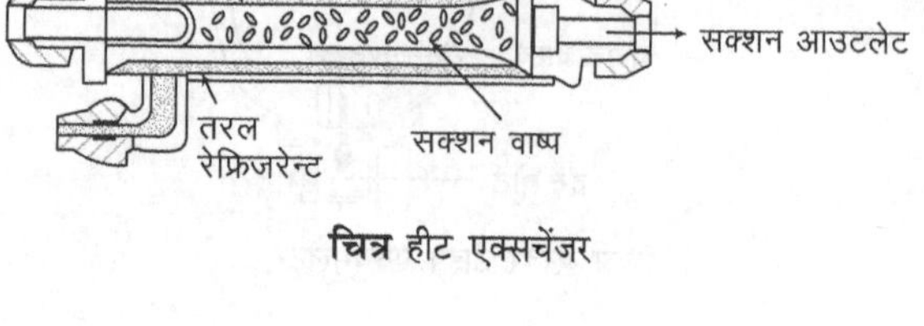

चित्र हीट एक्सचेंजर

सामान्य रेफ्रिजरेशन प्रणाली में सक्शन लाइन तथा लिक्विड लाइन को एक-दूसरे से संयोजित करके तथा ताप इन्सुलेटिंग पदार्थ द्वारा इन्सुलेट करके हीट एक्सचेंजर को बनाया जाता है। यह एक शैल (shell) होता है, जो एक अन्य शैल के अन्दर फिट होता है तथा बाहर से इन्सुलेट होता है।

बाह्य शैल में से तरल रेफ्रिजरेन्ट प्रवाहित होता है, जबकि आन्तरिक शैल में से रेफ्रिजरेशन वाष्प प्रवाहित होती है। हीट एक्सचेंजर के रेफ्रिजरेन्ट को प्रकार, रेफ्रिजरेशन प्रणाली की क्षमता तथा तरल एवं सक्शन लाइन के आकार के आधार पर प्रयुक्त किया जाता है। सामान्यतः फ्रीऑन-12 तथा अमोनिया आदि रेफ्रिजरेन्ट के लिए ही हीट एक्सचेंजर का प्रयोग किया जाता है।

हीट एक्सचेंजर के प्रकार
Types of Heat Exchanger

हीट एक्सचेंजर मुख्य रूप से निम्न दो प्रकार के होते हैं—

1. शैल एवं ट्यूब हीट एक्सचेंजर
2. प्लेट हीट एक्सचेंजर

1. शैल एवं ट्यूब हीट एक्सचेंजर
Shell and Tube Heat Exchanger

शैल एवं ट्यूब हीट एक्सचेंजर अनेक गोलीय ट्यूबों को एक बेलनाकार शैल के अन्दर माउण्ट करके बनाया जाता है। इसमें लगी ट्यूबों की अक्ष, शैल की अक्ष के समान्तर होती है। इन ट्यूबों में गर्म द्रव प्रवाहित किया जाता है तथा ट्यूबों के चारों ओर शैल में ठण्डा द्रव प्रवाहित किया जाता है। ऊष्मा गर्म द्रव से ठण्डे द्रव में स्थानान्तरित हो जाती है।

इस प्रकार के हीट एक्सचेंजर के मुख्य भाग ट्यूब, शैल, फ्रण्ट एण्ड हैड (front-end-head), बैक एण्ड हैड (back-end-head), बफल प्लेट (baffle plate) तथा ट्यूब शीट (tube sheet) आदि होते हैं। ट्यूब के व्यास तथा मोटाई के आधार पर इस हीट एक्सचेंजर का निर्माण किया जाता है।

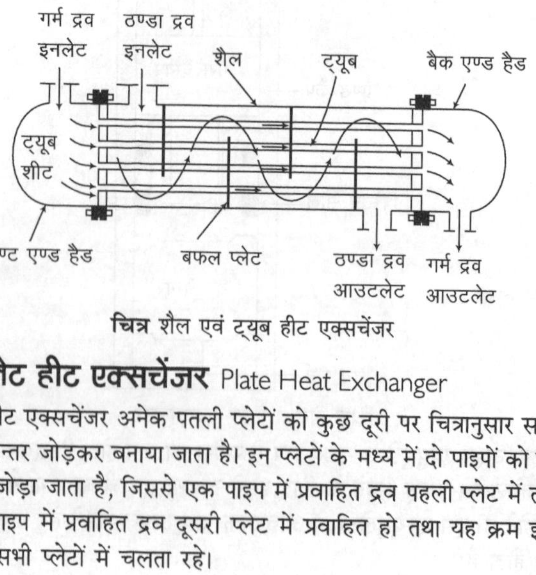

चित्र शैल एवं ट्यूब हीट एक्सचेंजर

2. प्लेट हीट एक्सचेंजर Plate Heat Exchanger

प्लेट हीट एक्सचेंजर अनेक पतली प्लेटों को कुछ दूरी पर चित्रानुसार सतह के समान्तर जोड़कर बनाया जाता है। इन प्लेटों के मध्य में दो पाइपों को इस प्रकार जोड़ा जाता है, जिससे एक पाइप में प्रवाहित द्रव पहली प्लेट में तथा दूसरे पाइप में प्रवाहित द्रव दूसरी प्लेट में प्रवाहित हो तथा यह क्रम इसी प्रकार सभी प्लेटों में चलता रहे।

प्लेट हीट एक्सचेंजर में प्रत्येक प्लेट में भिन्न-भिन्न ताप का द्रव प्रवाहित होने के कारण गर्म द्रव से ऊष्मा स्थानान्तरित होकर ठण्डे द्रव में पहुँच जाती है।

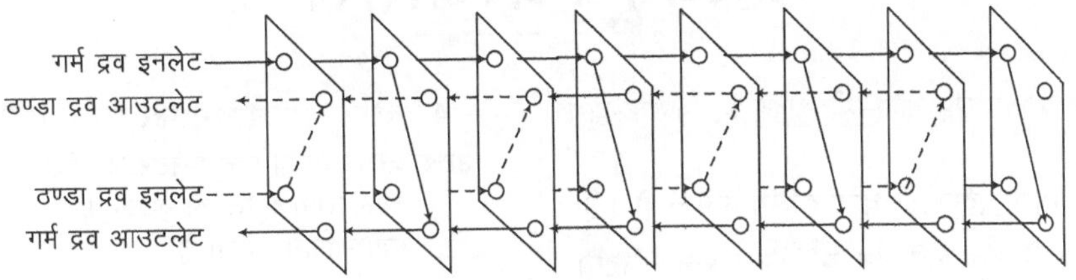

चित्र प्लेट हीट एक्सचेंजर

हीट एक्सचेंजर के लाभ Advantages of Heat Exchanger

हीट एक्सचेंजर के लाभ निम्नलिखित हैं

1. रेफ्रिजरेन्ट वाष्प, जो कण्डेन्सर में तरल नहीं बनती, वह सक्शन लाइन के स्पर्श से तरल बन जाती है।
2. यह उपकरण मशीन की क्षमता को 20% बढ़ाता है।
3. इससे वैट (wet) कम्प्रैसन नहीं होता, जिससे कम्प्रैसर पर अतिरिक्त लोड नहीं पड़ता।

महत्त्वपूर्ण बिन्दु

- रेफ्रिजरेशन प्रणाली में प्रयुक्त वह युक्ति, जिसके द्वारा तरल रेफ्रिजरेन्ट का वाष्पीकरण होकर कूलिंग उत्पन्न होती है, एवैपोरेटर कहलाती है।
- फ्लाडिड एवैपोरेटर का उपयोग अधिक क्षमता के रेफ्रिजरेशन जैसे–रसायन उद्योग तथा कोल्ड स्टोरेज आदि में किया गया है।
- ड्राइ एक्सपैन्शन एवैपोरेटर का उपयोग कम क्षमता वाले रेफ्रिजरेशन सिस्टम में किया जाता है।
- बेयर ट्यूब एवैपोरेटर स्टील या कॉपर का बनाया जाता है।
- कॉपर धातु की ट्यूब का एवैपोरेटर फ्रिऑन रेफ्रिजरेन्ट के लिए प्रयोग किया जाता है।
- प्लेट सर्फेस एवैपोरेटर फ्रीजर घरेलू रेफ्रिजरेटर, आइसक्रीम कैबिनेट आदि में प्रयोग किया जाता है।
- ऊष्मा स्थानान्तरण क्षमता बढ़ाने के लिए फिन्ड एवैपोरेटर का प्रयोग किया जाता है।
- प्राकृतिक कन्वेक्शन एवैपोरेटर का प्रयोग उन स्थानों पर किया जाता है, जहाँ मन्द गति की वायु ही कूलिंग उत्पन्न करने के लिए पर्याप्त होती है।
- फोर्स्ड कन्वेक्शन एवैपोरेटर में वायु को यान्त्रिक युक्तिओं जैसे- विद्युतीय पंखे अथवा ब्लोअर द्वारा एवैपोरेटर क्वॉयल तथा फिन्स पर प्रवाहित किया जाता है।
- टैंक टाइप एवैपोरेटर का प्रयोग बर्फ बनाने तथा दूध को ठण्डा रखने में किया जाता है।
- स्थिर दाब पर क्वथनांक की ऊष्मा से अधिक ऊष्मा का रेफ्रिजरेन्ट वाष्प में उपस्थित होना सुपरहीटिंग कहलाता है।
- विभिन्न विधियों द्वारा एवैपोरेटर पर जमी बर्फ की परत को हटाने की प्रक्रिया को डिफ्रास्टिंग कहते हैं।
- इलेक्ट्रिक डिफ्रॉस्टिंग एक स्वचालित डिफ्रॉस्टिंग विधि है इस विधि का प्रयोग फिन्ड क्वॉयल एवैपोरेटर में किया जाता है।
- वाटर डिफ्रॉस्टिंग विधि एक सस्ती एवं सरल विधि है, क्योंकि इस विधि में पानी द्वारा डिफ्रॉस्टिंग की जाती है।
- थर्मो-बैंक डिफ्रॉस्टिंग विधि में रेफ्रिजरेशन प्रणाली के सामान्य प्रचालन के द्वारा उत्पन्न ऊष्मा को डिफ्रॉस्टिंग के लिए प्रयोग किया जाता है।
- रेफ्रिजरेशन प्रणाली में एवैपोरेटर द्वारा वाष्प या ऊष्मा को एक स्थान से दूसरे पर स्थानान्तरित किया जाता है।

महत्त्वपूर्ण प्रश्नोत्तरी

1. रेफ्रिजरेशन प्रणाली में प्रयुक्त वह कौन-सी युक्ति है, जिसके द्वारा कूलिंग उत्पन्न होती है?

उत्तर रेफ्रिजरेशन प्रणाली में प्रयुक्त एवैपोरेटर द्वारा कूलिंग उत्पन्न होती है।

2. प्लेट सर्फेस एवैपोरेटर में ताप परिवर्तन को किस प्रकार बढ़ाया जाता है?

उत्तर प्लेट सर्फेस एवैपोरेटर में ताप परिवर्तन को बढ़ाने के लिए प्लेट तथा ट्यूब के मध्य के स्थान में निर्वात उत्पन्न कर दिया जाता है।

3. रेफ्रिजरेशन प्रणाली में से एक्युमुलेटर को हटाने पर क्या प्रभाव पड़ेगा?

उत्तर यदि रेफ्रिजरेशन प्रणाली में से एक्युमुलेटर को हटा दिया जाए, तो एवैपोरेटर से प्राप्त रेफ्रिजरेन्ट वाष्प के साथ तरल रेफ्रिजरेन्ट के कुछ कण भी कम्प्रैसर में प्रवेश कर जाते हैं,
जिससे कम्प्रैसर के साथ-साथ रेफ्रिजरेशन प्रणाली की दक्षता घट जाती है।

4. ब्लेडर टाइप एक्युमुलेटर में रबर के विभाजन का क्या उपयोग है?

उत्तर ब्लेडर टाइप एक्युमुलेटर में प्रवेश करने वाले रेफ्रिजरेन्ट वाष्प तथा तरल रेफ्रिजरेन्ट को पृथक् करने के लिए इसमें रबर का विभाजक प्रयोग किया जाता है।

5. डिफ्रॉस्टिंग से आप क्या समझते हैं?

उत्तर एवैपोरेटर पर जमी बर्फ की परत को हटाने की क्रिया को डिफ्रॉस्टिंग कहते हैं।

6. गर्म गैस डिफ्रॉस्टिंग विधि की कोई एक हानि लिखिए।

उत्तर गर्म गैस डिफ्रॉस्टिंग विधि की प्रमुख हानि यह है कि डिफ्रॉस्टिंग के समय जो तरल बनता है, वह वाष्पित नहीं हो पाता है।

7. रेफ्रिजरेशन प्रणाली में हीट एक्सचेंजर का प्रयोग कहाँ किया जाता है?

उत्तर रेफ्रिजरेशन प्रणाली में हीट एक्सचेंजर का प्रयोग लिक्विड लाइन तथा सक्शन लाइन के मध्य ताप को स्थानान्तरित करने के लिए किया जाता है।

अभ्यास प्रश्न

परीक्षा प्रारूपी प्रश्न

बहुविकल्पीय

1. रेफ्रिजरेशन प्रणाली में एवैपोरेटर का उपयोग है
(a) रेफ्रिजरेन्ट का कम्प्रैसर (b) रेफ्रिजरेन्ट का सक्शन
(c) रेफ्रिजरेन्ट का वाष्पीकरण (d) रेफ्रिजरेन्ट का कण्डेक्शन

2. एवैपोरेटर का अन्य नाम है
(a) कूलिंग क्वॉयल (b) फ्रीजर क्वॉयल
(c) फ्रीजिंग यूनिट (d) ये सभी

3. रेफ्रिजरेशन प्रणाली में एवैपोरेटर लगाया जाता है
(a) एक्सपैन्शन वाल्व से पहले (b) एक्सपैन्शन वाल्व के बाद
(c) कण्डेन्सर से पहले (d) कम्प्रैसर के बाद

4. रेफ्रिजरेशन सिस्टम में कूलिंग करने वाला अवयव है
(a) कम्प्रैसर (b) कण्डेन्सर
(c) एवैपोरेटर (d) एक्युमुलेटर

5. एवैपोरेटर में से किस अवस्था में रेफ्रिजरेन्ट बाहर आता है?
(a) उच्च दाब और सामान्य तापमान द्रव
(b) उच्च दाब और उच्च तापमान वाष्प
(c) निम्न दाब और निम्न तापमान वाष्प
(d) निम्न दाब और निम्न तापमान द्रव

6. चित्र में दर्शायी गई रेफ्रिजरेशन प्रणाली में 'X' द्वारा प्रदर्शित भाग का क्या नाम है?

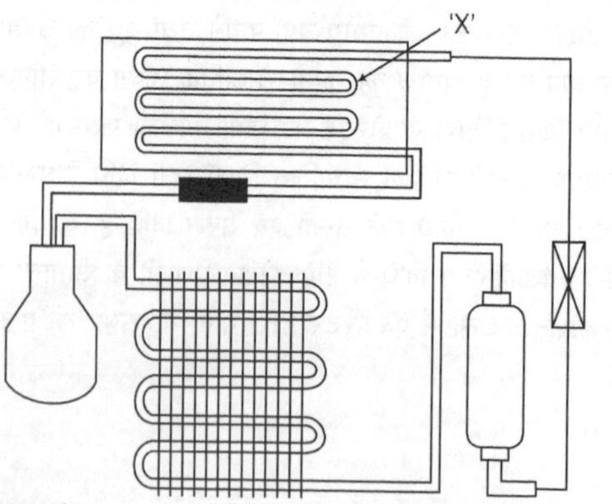

(a) कम्प्रैसर (b) एवैपोरेटर
(c) रिसीवर (d) कण्डेन्सर

7. फ्लडिड एवैपोरेटर में रेफ्रिजरेन्ट के स्तर को नियन्त्रित करने के लिए प्रयोग किया जाता है
(a) फ्लोट वाल्व (b) एक्सपैन्शन वाल्व
(c) सक्शन लाइन (d) फ्लोट चैम्बर

8. फ्लडिड एवैपोरेटर का प्रयोग निम्न में से कहाँ किया जाता है?
(a) रसायन उद्योगों में (b) कोल्ड स्टोरेज में
(c) घरेलू रेफ्रिजरेटरों में (d) 'a' और 'b' दोनों

9. निम्न चित्र में से किस प्रकार का एवैपोरेटर दर्शाया गया है?

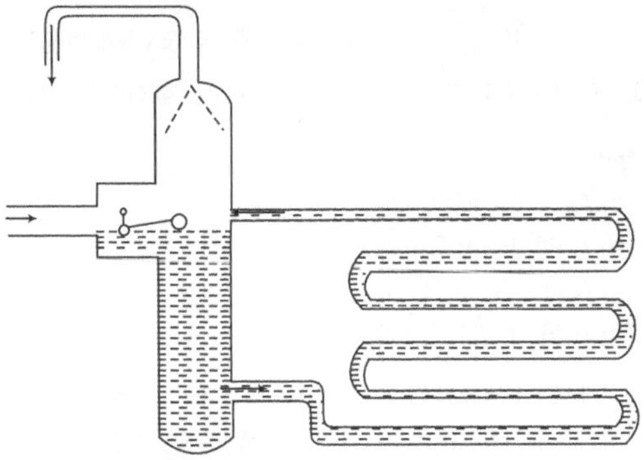

(a) फ्लडिड एवैपोरेटर
(b) ड्राई एक्सपैन्शन एवैपोरेटर
(c) बेयर ट्यूब एवैपोरेटर
(d) प्लेट सर्फेस एवैपोरेटर

10. ड्राई एक्सपैन्शन एवैपोरेटर में रेफ्रिजरेन्ट के प्रवाह का नियन्त्रण किसके द्वारा होता है?
(a) एक्सपैन्शन वाल्व (b) फीचर बल्ब
(c) सक्शन लाइन (d) इनमें से कोई नहीं

11. निम्न कथनों पर विचार कीजिए
कथन I ड्राई एक्सपैन्शन में जब एवैपोरेटर पर लोड कम होता है, तो द्रव की अधिक मात्रा प्रवाहित होती है।
कथन II परन्तु जब एवैपोरेटर पर लोड अधिक होता है, तो द्रव की कम मात्रा प्रवाहित होती है।
उपरोक्त कथनों में से कौन-सा/से कथन सही है/हैं?
(a) कथन I सही है (b) कथन II सही है
(c) कथन I और II दोनों सही हैं (d) कथन I और II दोनों गलत हैं

12. प्लेट टाइप एवैपोरेटर का उपयोग कहाँ होता है?
(a) पंखा क्वॉयल इकाई (b) घरेलू रेफ्रिजरेटर
(c) विण्डो एयर कण्डीशनर (d) पैकेज एयर कण्डीशनर

13. निम्न चित्र में किस एवैपोरेटर को दर्शाया गया है?

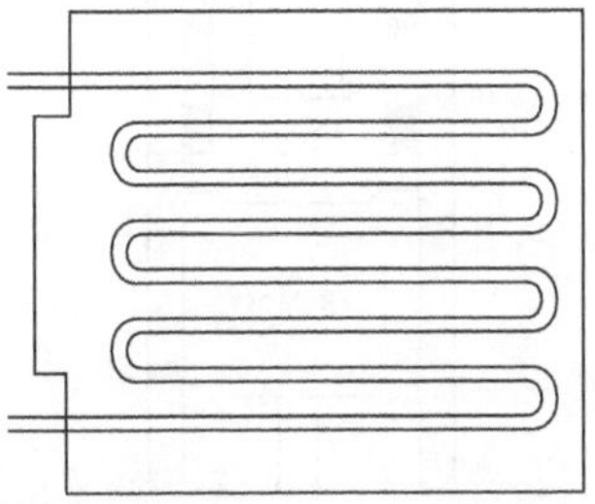

(a) बेयर ट्यूब एवैपोरेटर (b) प्लेट सर्फेस एवैपोरेटर
(c) फिन्ड क्वॉयल एवैपोरेटर (d) फ्लडिड एवैपोरेटर

14. प्लेट टाइप एवैपोरेटर का कहाँ उपयोग किया जाता है?
(a) स्प्लिट ए.सी. (b) विण्डो ए.सी.
(c) लॉकर प्लाण्ट (d) सेण्ट्रल प्लाण्ट

15. फिन्ड क्वॉयल एवैपोरेटर की फिन्स किस धातु की बनाई जाती है?
(a) एल्युमीनियम (b) कॉपर
(c) स्टील (d) 'a' और 'b' दोनों

16. सूची I का सूची II से मिलान कीजिए।

	सूची I		सूची II
A.	फ्लडिड एवैपोरेटर	(i)	फ्लोट नियन्त्रक
B.	ड्राई एक्सपैन्शन एवैपोरेटर	(ii)	फीचर बल्ब
C.	प्लेट सर्फेस एवैपोरेटर	(iii)	नमक व पानी का मिश्रण
D.	फिन्ड क्वॉयल एवैपोरेटर	(iv)	क्षमता बढ़ाने के लिए प्रयुक्त

कूट
(a) A-(i); B-(ii); C-(iii); D-(iv) (b) A-(i); B-(ii); C-(iv); D-(iii)
(c) A-(ii); B-(iv); C-(i); D-(iii) (d) A-(ii); B-(i); C-(iv); D-(iii)

17. निम्न कथनों पर विचार कीजिए
कथन I फ्रॉस्टिंग टाइप कम्प्रैसर का प्रयोग कोल्ड स्टोरेज तथा कम तापमान वाले कार्यों में किया जाता है।
कथन II नॉन-फ्रॉस्टिंग कम्प्रैसर का उपयोग सदैव 0°C से अधिक तापमान पर किया जाता है।
उपरोक्त कथनों में से कौन-सा/से कथन सही है/हैं?
(a) कथन I सही है (b) कथन II सही है
(c) कथन I और II दोनों सही हैं (d) कथन I और II दोनों गलत हैं

18. दूध को ठण्डा रखने तथा इससे क्रीम निकालने के लिए किस एवैपोरेटर का प्रयोग किया जाता है?
(a) टैंक टाइप एवैपोरेटर
(b) बैण्डेलोट टाइप एवैपोरेटर
(c) शैल एवं क्वॉयल टाइप एवैपोरेटर
(d) उपरोक्त में से कोई नहीं

19. निम्न चित्र में कौन-से एवैपोरेटर को दर्शाया गया है?

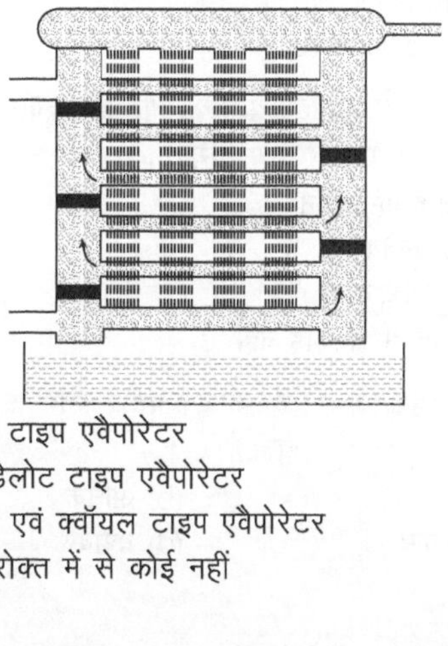

(a) टैंक टाइप एवैपोरेटर
(b) बैण्डेलोट टाइप एवैपोरेटर
(c) शैल एवं क्वॉयल टाइप एवैपोरेटर
(d) उपरोक्त में से कोई नहीं

20. सूची I का सूची II से मिलान कीजिए।

सूची I	सूची II
A. विशेष प्रकार का एवैपोरेटर	(i) ड्राई एक्सपैन्शन एवैपोरेटर
B. प्रचालन स्थिति के आधार पर एवैपोरेटर	(ii) शैल एवं क्वॉयल टाइप एवैपोरेटर
C. संरचना के आधार पर एवैपोरेटर	(iii) डिफ्रॉस्टिंग टाइप एवैपोरेटर
D. कार्यविधि के आधार पर एवैपोरेटर	(iv) बेयर ट्यूब एवैपोरेटर

कूट
(a) A-(i); B-(ii); C-(iii); D-(iv)
(b) A-(ii); B-(iii); C-(iv); D-(i)
(c) A-(i); B-(iii); C-(ii); D-(iv)
(d) A-(ii); B-(i); C-(iii); D-(iv)

21. हाउस होल्ड रेफ्रिजरेटर में किस प्रकार का एवैपोरेटर प्रयोग होता है?
(a) प्लेट एवैपोरेटर
(b) ट्यूब एवैपोरेटर
(c) शैल और क्वॉयल एवैपोरेटर
(d) शैल और ट्यूब एवैपोरेटर

22. किस एवैपोरेटर को विस्तारित सतह एवैपोरेटर के रूप में जाना जाता है?
(a) एवैपोरेटर ट्यूब (b) फिन्ड एवैपोरेटर
(c) बेयर ट्यूब एवैपोरेटर (d) कूल्ड स्टेक एवैपोरेटर

23. एवैपोरेटर में रेफ्रिजरेन्ट का भौतिक परिवर्तन होता है।
(a) तरल से ठोस में
(b) वाष्प को ठोस में
(c) तरल से वाष्प में
(d) वाष्प से तरल में

24. एवैपोरेटर की सतह पर बर्फ के संचय की प्रक्रिया कहलाती है
(a) फ्रॉस्टिंग
(b) डिफ्रॉस्टिंग
(c) एवाकुँटिंग
(d) मेल्टिंग ऑफ़ फ्रॉस्ट

25. प्राकृतिक रूप से प्रवाहित वायु की गति द्वारा कूलिंग उत्पन्न करने के लिए ·········· एवैपोरेटर का प्रयोग किया जाता है।
(a) प्राकृतिक कन्वेक्शन
(b) फोर्स्ड कन्वेक्शन
(c) 'a' और 'b' दोनों
(d) उपरोक्त में से कोई नहीं

26. फोर्स्ड कन्वेक्शन एवैपोरेटर की दक्षता, प्राकृतिक कन्वेक्शन एवैपोरेटर की दक्षता से ·········· होती है।
(a) कम (b) अधिक
(c) 20% कम (d) बराबर

27. सूची I का सूची II से मिलान कीजिए

सूची I (फोर्स कन्वेक्शन एवैपोरेटर)	सूची II (उपयोग)
A. निम्न वेग यूनिट	(i) कम शोर वाले स्थानों के लिए
B. मध्यम वेग यूनिट	(ii) रेफ्रिजरेटर एवं फ्रीजर के लिए
C. उच्च वेग यूनिट	(iii) ब्लास्ट फ्रीजर के लिए

कूट
(a) A-(i); B-(iii); C-(ii)
(b) A-(ii); B-(i); C-(iii)
(c) A-(iii); B-(i); C-(ii)
(d) A-(i); B-(ii); C-(iii)

28. निम्न वेग यूनिट से निकलने वाली वायु की गति होती है
(a) 30-60 मी/मिनट (b) 60-90 मी/मिनट
(c) 90-120 मी/मिनट (d) 120-240 मी/मिनट

29. एक्युमुलेटर का क्या स्थान है?
(a) एवैपोरेटर का इनलेट (b) एवैपोरेटर का आउटलेट
(c) कण्डेन्सर का इनलेट (d) कण्डेन्सर का आउटलेट

30. डायरेक्ट कूल रेफ्रिजरेटर में एक्युमुलेटर एवैपोरेटर के अन्तिम क्वॉयल में फिट है। एक्युमुलेटर का कार्य है
(a) द्रव रेफ्रिजरेन्ट को एवैपोरेटर में फीड करना
(b) द्रव रेफ्रिजरेन्ट के कणों को अपने में फँसाना
(c) द्रव रेफ्रिजरेन्ट को एकत्र करना
(d) द्रव रेफ्रिजरेन्ट के बहाव को नियन्त्रित करना

31. एक सक्शन लाइन एक्युमुलेटर तरल को कम्प्रैसर में जाने में निम्न के किस कारण से रोकता है?
(a) आइडियल कण्डीशन (b) लो लोड कण्डीशन
(c) नॉर्मल लोड कण्डीशन (d) वेरी हाई लोड कण्डीशन

32. निम्न चित्र में किस प्रकार का एक्युमुलेटर दर्शाया गया है?

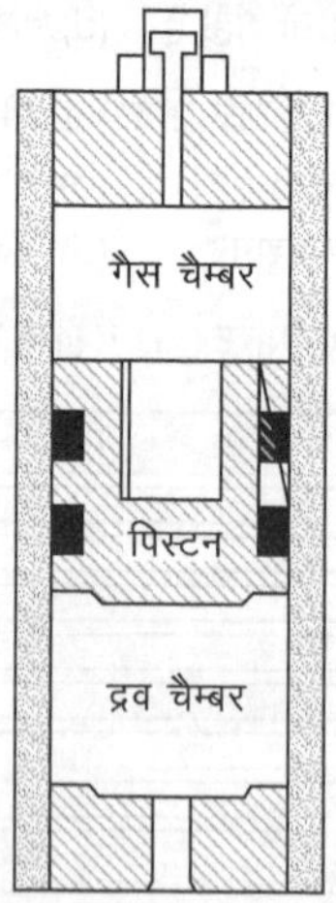

(a) पिस्टन टाइप एक्युमुलेटर (b) स्प्रिंग टाइप एक्युमुलेटर
(c) ब्लेडर टाइप एक्युमुलेटर (d) वेट लोडेड एक्युमुलेटर

33. निम्न चित्र में प्रदर्शित स्प्रिंग टाइप एक्युमुलेटर में 'X' द्वारा किस भाग को दर्शाया गया है?

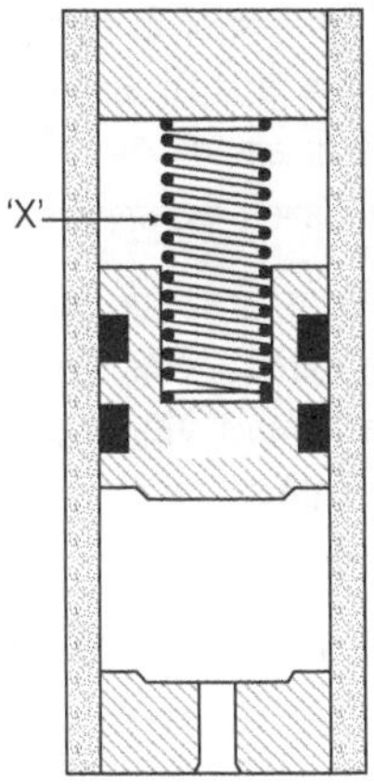

(a) पिस्टन (b) पिस्टन सील (c) स्प्रिंग (d) द्रव चैम्बर

34. स्प्रिंग टाइप एक्युमुलेटर में स्थित रेफ्रिजरेन्ट वाष्प में दाब उत्पन्न किया जाता है

(a) पिस्टन द्वारा (b) स्प्रिंग द्वारा
(c) गैस वाल्व द्वारा (d) एण्ड कैप द्वारा

35. सूची I का सूची II से मिलान कीजिए

सूची I (एक्युमुलेटर)		**सूची II** (मुख्य भाग)	
A.	स्प्रिंग टाइप एक्युमुलेटर	(i)	पिस्टन
B.	पिस्टन टाइप एक्युमुलेटर	(ii)	स्प्रिंग
C.	ब्लेडर टाइप एक्युमुलेटर	(iii)	रबर का विभाजक
D.	वेट लोडेड एक्युमुलेटर	(iv)	भार

कूट
(a) A-(i); B-(ii); C-(iii); D-(iv)
(b) A-(i); B-(iv); C-(iii); D-(ii)
(c) A-(ii); B-(iv); C-(iii); D-(i)
(d) A-(ii); B-(i); C-(iii); D-(iv)

36. एवैपोरेटर क्वॉयल पर बर्फ जमने की क्रिया कहलाती है

(a) फ्रॉस्टिंग (b) डिफ्रॉस्टिंग
(c) चोक (d) इनमें से कोई नहीं

37. एवैपोरेटर क्वॉयल पर जमी बर्फ को हटाने के लिए विभिन्न विधियाँ प्रयोग की जाती हैं। इन विधियों को कहते हैं

(a) फ्रॉस्टिंग (b) डिफ्रॉस्टिंग
(c) चोकिंग (d) सुपरहीटिंग

38. पारम्परिक फ्रिज में कौन-से प्रकार की डिफ्रॉस्ट विधि का प्रयोग किया गया है?

(a) इलेक्ट्रिक (b) मैनुअल
(c) रिवर्स साइकिल (d) हॉट गैस बाईपास

39. निम्न कथनों पर विचार कीजिए

कथन I मैनुअल डिफ्रॉस्टिंग विधि में कम्प्रैसर को तब तक बन्द रखा जाता है, जब तक कि एवैपोरेटर पर जमी बर्फ पिघल नहीं जाती।

कथन II मैनुअल डिफ्रॉस्टिंग विधि में एवैपोरेटर को तब तक बन्द रखा जाता है, जब तक कि एवैपोरेटर पर जमी बर्फ पिघल नहीं जाती।

उपरोक्त कथनों में से कौन-सा/से कथन सही है/हैं?

(a) कथन I सही है
(b) कथन II सही है
(c) कथन I और II दोनों सही हैं
(d) कथन I और II दोनों गलत हैं

40. एवैपोरेटर में फ्रॉस्टिंग किस तापमान पर उत्पन्न होती है?

(a) 10° C से 15° C पर
(b) 4° C पर
(c) 0° C पर
(d) 0° C से कम पर

41. निम्न में से किस डिफ्रॉस्टिंग विधि में फोर-वे वाल्व प्रयोग किया जाता है?

(a) मैनुअल डिफ्रॉस्टिंग
(b) दाब डिफ्रॉस्टिंग
(c) तापमान डिफ्रॉस्टिंग
(d) टाइम शट डाउन डिफ्रॉस्टिंग

42. इलेक्ट्रिक डिफ्रॉस्टिंग विधि में ऊष्मा कैसे प्राप्त होती है?

(a) कम्प्रैसर द्वारा
(b) रेफ्रिजरेन्ट के प्रवाह को रिवर्स करके
(c) विद्युत हीटरों द्वारा
(d) उपरोक्त में से कोई नहीं

43. वाटर डिफ्रॉस्टिंग विधि में प्रयुक्त पानी का तापमान .... होना चाहिए।

(a) 0° C (b) 100° C
(c) 20° C (d) 50° C

44. स्वचालित डिफ्रॉस्ट सिस्टम में हीटिंग एलीमेन्ट अपने आप कैसे प्रारम्भ होता है?

(a) HP कट आउट द्वारा (b) LP कट-आउट द्वारा
(c) थर्मोस्टेट द्वारा (d) टाइमर द्वारा

45. थर्मो-बैंक डिफ्रॉस्टिंग विधि में उत्पन्न ऊष्मा को कहाँ भण्डारित किया जाता है?

(a) थर्मो-बैंक में (b) कण्डेन्सर में
(c) थर्मोस्टेट वाल्व में (d) कम्प्रैसर में

46. हीट एक्सचेंजर, कम्प्रैसर को ड्राई सक्शन रिटर्न किस रूप में देता है?

(a) द्रव स्तर (b) सुपर हीट स्तर
(c) कम दबाव स्तर (d) कम तापमान स्तर

(c) कम दबाव स्तर (d) कम तापमान स्तर

47. निम्न चित्र में शैल एवं ट्यूब हीट एक्सचेंजर को दर्शाया गया है। इसमें 'X' द्वारा किस भाग को प्रदर्शित किया गया है?

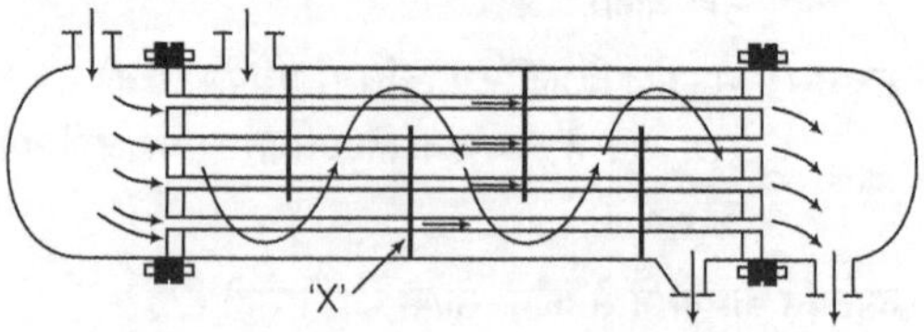

(a) ट्यूब (b) ट्यूब शीट
(c) बफल प्लेट (d) इनमें से कोई नहीं

48. रेफ्रिजरेटर के साथ प्रयोग किए जाने वाली प्लेट क्वॉयल एवैपोरेटर में तल पर कोई फ्रॉस्टिंग क्यों नहीं होती है?

(a) रेफ्रिजरेंट की कमी के कारण
(b) क्वॉयल में ऑयल की उपस्थिति के कारण
(c) रेफ्रिजरेन्ट की अधिकता के कारण
(d) क्वॉयल में तरल के कारण

49. एयर कण्डीशनर के एवैपोरेटर में प्रति इंच अधिक फिन्स होते हैं

(a) वायु सम्पर्क बढ़ाने हेतु
(b) पानी ड्रिपिंग बढ़ाने हेतु
(c) हवा का संचार कम करने हेतु
(d) अधिक बर्फ के उत्पादन हेतु

50. विण्डो ए.सी. के एवैपोरेटर में फ्रॉस्ट क्यों जम जाता है ?

(a) रेफ्रिजरेंट के ओवर चार्ज के कारण
(b) रेफ्रिजरेंट के कम चार्ज के कारण
(c) चौक कैपिलरी के कारण
(d) अवरुद्ध एयर फिल्टर के कारण

51. एवैपोरेटर के इनलेट पर प्रैशर ड्रॉप का क्या प्रभाव होता है ?

(a) फ्लशिंग ऑफ़ लिक्विड रेफ्रिजरेंट
(b) फ्रीजिंग ऑफ़ लिक्विड रेफ्रिजरेंट
(c) फ्रीजिंग ऑफ़ लिक्विड
(d) तेल का उबलना

52. सेकण्ड्री हीट एक्सचेंजर सर्फेस में 'X' द्वारा इंगित भाग का नाम है।

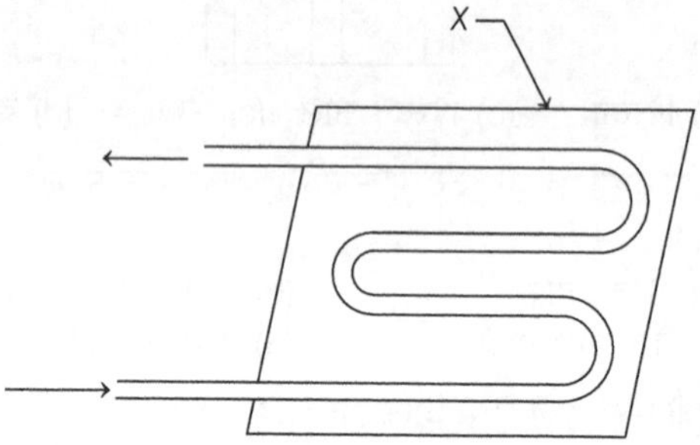

(a) पंखा (b) प्लेट (c) क्वॉयल (d) ट्यूब

उत्तरमाला

1. (c)	**2.** (d)	**3.** (b)	**4.** (c)	**5.** (c)	**6.** (b)	**7.** (a)	**8.** (d)	**9.** (a)	**10.** (b)
11. (d)	**12.** (b)	**13.** (b)	**14.** (c)	**15.** (d)	**16.** (a)	**17.** (c)	**18.** (b)	**19.** (b)	**20.** (b)
21. (a)	**22.** (b)	**23.** (c)	**24.** (a)	**25.** (a)	**26.** (b)	**27.** (d)	**28.** (b)	**29.** (b)	**30.** (b)
31. (b)	**32.** (a)	**33.** (c)	**34.** (b)	**35.** (d)	**36.** (a)	**37.** (b)	**38.** (b)	**39.** (a)	**40.** (d)
41. (d)	**42.** (c)	**43.** (c)	**44.** (d)	**45.** (a)	**46.** (b)	**47.** (c)	**48.** (b)	**49.** (a)	**50.** (d)
51. (a)	**52.** (b)								

अध्याय 21

रेफ्रिजरेन्ट्स

Refrigerants

परिचय Introduction

रेफ्रिजरेशन एवं एयर कण्डीशनिंग प्रणाली में प्रयुक्त वह रासायनिक तरल पदार्थ, जो ऊष्मा स्थानान्तरण माध्यम का कार्य करता है, 'रेफ्रिजरेन्ट' (refrigerant) कहलाता है। यह एवैपोरेटर से ऊष्मा को अवशोषित करके कण्डेन्सर की सहायता से बाह्य वातावरण में छोड़ देता है। यह एक ऐसा पदार्थ है, जो एवैपोरेटर से ऊष्मा ग्रहण करके शीघ्र ही तरल से गैसीय अवस्था में परिवर्तित हो जाता है तथा कण्डेन्सर में ऊष्मा त्यागकर गैस से तरल अवस्था में आ जाता है।

रेफ्रिजरेन्ट के रूप में सर्वप्रथम बर्फ व नमक का मिश्रण प्रयोग किया जाता था। इसके पश्चात् **पर्किन्स** (Perkins) नामक वैज्ञानिक ने 1834 ई. में ईथर को रेफ्रिजरेन्ट के रूप में प्रयोग किया। इसके बाद 1875 ई. में इथाइल क्लोराइड तथा अमोनिया, 1878 ई. में मिथाइल क्लोराइड एवं 1881 ई. में कार्बन डाइ-ऑक्साइड आदि का उपयोग किया जाने लगा। वर्तमान में रेफ्रिजरेशन एवं एयर कण्डीशनिंग प्रणाली में क्लोरो-फ्लोरो कार्बन, डाइड्रो क्लोरो-फ्लोरो कार्बन तथा अमोनिया आदि रेफ्रिजरेन्ट प्रयोग किए जा रहे हैं।

रेफ्रिजरेन्ट को उसके भौतिक, रासायनिक एवं ऊष्मागतिकीय गुणों के आधार पर विभिन्न रेफ्रिजरेशनों एवं एयर कण्डीशनिंग प्रणालियों में प्रयुक्त किया जाता है।

अध्याय विषय सूची

21.1 रेफ्रिजरेन्ट्स के गुणधर्म Properties of Refrigerants

रेफ्रिजरेन्ट्स की तुलना –15°C के एवैपोरेटिंग तापमान तथा +30°C कण्डेन्सिंग तापमान के आधार पर की जाती है। किसी भी रेफ्रिजरेन्ट्स अथवा एयर कण्डीशनर के लिए रेफ्रिजरेन्ट का चयन उसके गुणधर्मों के आधार पर ही किया जाता है। एक आदर्श रेफ्रिजरेन्ट में निम्नलिखित गुण विद्यमान होने चाहिए

1. भौतिक गुण 2. रासायनिक गुण 3. ऊष्मागतिकीय गुण

1. भौतिक गुण Physical Properties

(i) **उपलब्धता** (Availability) एक अच्छा रेफ्रिजरेन्ट वह होता है, जो बाजार में आसानी से उपलब्ध हो और जिसे सुगमतापूर्वक रेफ्रिजरेशन प्रणाली में प्रयोग किया जा सके।

(ii) **शुद्धता** (Purity) रेफ्रिजरेन्ट, यदि शुद्ध होगा तो वह अपने गुणों के अनुरूप कार्य कर पाएगा। यदि रेफ्रिजरेन्ट अशुद्ध होगा, तो इसके तत्त्वों के मध्य रासायनिक क्रिया होगी, जोकि निश्चित ही रेफ्रिजरेशन प्रक्रिया को प्रभावित करेगी।

(iii) **मितव्ययी** (Cheap) एक अच्छे रेफ्रिजरेन्ट का आसानी से उपलब्ध होने के साथ ही मितव्ययी होना भी आवश्यक है। यदि रेफ्रिजरेन्ट सस्ता होगा, तो इसे आसानी से खरीदा जा सकता है।

(iv) **स्नेहक के साथ निष्क्रिय** (Passive with lubricant) रेफ्रिजरेन्ट ऐसा होना चाहिए कि वह स्नेहक के साथ रासायनिक क्रिया न कर सके, परन्तु ऑयल में घुलनशील हो।

(v) **निम्न श्यानता** (Low viscosity) रेफ्रिजरेन्ट की श्यानता कम होनी चाहिए। यदि रेफ्रिजरेन्ट की श्यानता (गाढ़ापन) अधिक होगी, तो इसका प्रवाह सुगमतापूर्वक नहीं होगा। यदि रेफ्रिजरेन्ट की श्यानता कम होगी तो यह सुगमतापूर्वक प्रवाहित होगा।

(vi) **रिसाव प्रकृति** (Leakage tendency) रेफ्रिजरेन्ट के प्रवाह में सबसे बड़ी बाधा रिसाव की होती है। यदि रेफ्रिजरेन्ट का रिसाव होगा, तो इससे सम्पूर्ण रेफ्रिजरेशन प्रणाली प्रभावित होगी। अत: रेफ्रिजरेन्ट ऐसा होना चाहिए कि वह शीघ्रता से लीक न होने पाए।

(vii) **उच्च ऊष्मीय चालकता** (High thermal conductivity) रेफ्रिजरेन्ट की ऊष्मीय चालकता उच्च होनी चाहिए, जिससे यह आसानी से, ऊष्मा प्राप्त करके तरल से गैस में परिवर्तित हो जाए तथा ऊष्मा को शीघ्र त्यागकर पुन: तरल अवस्था में आ जाए।

2. रासायनिक गुण Chemical Properties

रेफ्रिजरेन्ट, मुख्यत: एक द्रव होता है। इस पर वायुमण्डलीय ताप एवं दाब का प्रभाव पड़ता है। परिणामस्वरूप इसमें रासायनिक क्रियाएँ उत्पन्न होने लगती हैं। एक अच्छे रेफ्रिजरेन्ट में निम्न रासायनिक गुण होने चाहिए

(i) **अज्वलनशील** (Non-flammable) कुछ रेफ्रिजरेन्ट; जैसे—ईथेन, प्रोपेन इत्यादि अत्यधिक ज्वलनशील होते हैं। अमोनिया भी एक ज्वलनशील रेफ्रिजरेन्ट है और यदि यह वायु के साथ क्रिया करे, तो विस्फोटक का कार्य करती है, जिससे अत्यन्त भारी हानि हो सकती है। अत: रेफ्रिजरेन्ट अज्वलनशील होने चाहिए।

(ii) **ज्वलनशीलता** (Flammability) ज्वलनशीलता के आधार पर रेफ्रिजरेन्ट को निम्न ग्रेडों में वर्गीकृत किया जाता है

ग्रेड -1- ग्रेड -1 उन रेफ्रिजरेन्टों को दर्शाता है, जो 14.7 पाउण्ड प्रति स्क्वायर इंच (psia) तथा 21°C पर वायु में परीक्षण करने पर फ्लेम को प्रसारित नहीं करते हैं।

ग्रेड -2- 14.7 Pisa तथा 21°C सेन्टीग्रेड पर 0.1 किग्रा / मीटर^3 घनत्व वाले कम ज्वलनशीलता (Lower flammability limit) के रेफ्रिजरेन्ट को ग्रेड -2 में रखा जाता है। इनके दहन से 817 4BTU/kg (19000 KJ/kg) कम ऊष्मा प्राप्त होती है।

ग्रेड -3- इस ग्रेड के रेफ्रिजरेन्ट कम ज्वलनशीलता वाले रेफ्रिजरेन्ट या उससे कम घनत्व (0.1kg/m^3) वाले रेफ्रिजरेन्ट के समान 14.7 Psia तथा 21°C पर 8174 BTU/Kg (19000 KJ/kg) के बराबर या अधिक ऊष्मा उत्पन्न करते हैं।

(iii) **रासायनिक समर्थता** (Chemically capable) रेफ्रिजरेन्ट में शीघ्रता से द्रव एवं गैसीय अवस्था में परिवर्तित होने का गुण होना चाहिए। अत: रेफ्रिजरेन्ट रासायनिक रूप में पूर्णत: समर्थ होने चाहिए।

(iv) **नॉन-कोरोसिटीविटी** (Non-corrositivity) रेफ्रिजरेन्ट ऐसा होना चाहिए, जो रेफ्रिजरेशन प्रणाली के अन्य भागों में प्रयुक्त धातु को खराब न करें अर्थात् जंग न लगने दे।

(v) **अविषाक्त** (Non-toxic) रेफ्रिजरेन्ट का सबसे मूल गुण है कि वह विषैला नहीं होना चाहिए। यदि रेफ्रिजरेन्ट विषैला होगा, तो यह कूलिंग क्षेत्र की वायु के साथ मिश्रित होकर गम्भीर समस्या का कारण बन सकता है।

(vi) **अविस्फोटक** (Non-explosive) रेफ्रिजरेन्ट अविस्फोटक होना चाहिए। यदि रेफ्रिजरेन्ट विस्फोटक होगा, तो यह रेफ्रिजरेशन क्षेत्र को अत्यधिक नुकसान पहुँचा सकता है।

3. ऊष्मागतिकीय गुण
Thermodynamic Properties

रेफ्रिजरेन्ट के ऊष्मागतिकीय गुणधर्म, रेफ्रिजरेन्ट के ऊष्मा सम्बन्धित गुणों का निर्धारण करते हैं। एक अच्छे रेफ्रिजरेन्ट में निम्न ऊष्मागतिकीय गुण होने चाहिए

(i) **निम्न क्वथनांक** (Low boiling point) रेफ्रिजरेन्ट का क्वथनांक निम्न होना चाहिए। यदि रेफ्रिजरेन्ट का क्वथनांक निम्न होगा, तो यह शीघ्रता से गैसीय अवस्था में परिवर्तित हो जाएगा, जिससे कूलिंग क्रिया उत्तम बन जाती है।

(ii) **हिमांक बिन्दु** (Freezing point) रेफ्रिजरेन्ट का हिमांक बिन्दु भी निम्न होना चाहिए, ताकि यह शीघ्रता से रेफ्रिजरेन्ट क्रिया कर सके। मुख्यत: रेफ्रिजरेन्ट का हिमांक बिन्दु 35°C के लगभग रहता है।

(iii) **प्रचालन दाब** (Operating pressure) एवैपोरेटर एवं कण्डेन्सर दोनों में रेफ्रिजरेन्ट का प्रचालन दाब वायुमण्डलीय दाब के समान अथवा थोड़ा-सा अधिक होना चाहिए। यदि रेफ्रिजरेन्ट का प्रचालन दाब अधिक होगा, तो इसमें रिसाव की समस्या उत्पन्न हो जाती है।

(iv) **गुप्त ऊष्मा** (Latent heat) एवैपोरेटर के ताप पर रेफ्रिजरेन्ट की गुप्त ऊष्मा उच्च होनी चाहिए। यदि रेफ्रिजरेन्ट की गुप्त ऊष्मा उच्च होती है, तो इसके फलस्वरूप रेफ्रिजरेशन प्रक्रिया भी उच्च होती है।

(v) **क्रान्तिक ताप एवं दाब** (Critical temperature and pressure) रेफ्रिजरेन्ट का क्रान्तिक ताप एवं दाब, कण्डेन्सर की कार्यिकी दाब से उच्च होना चाहिए। यदि रेफ्रिजरेन्ट का क्रान्तिक ताप एवं दाब, कण्डेन्सर के कार्यिकी दाब से निम्न होगा, तो इसके लिए अतिरिक्त कार्य एवं शक्ति की आवश्यकता होगी।

21.2 रेफ्रिजरेन्ट्स का वर्गीकरण
Classification of Refrigerants

रेफ्रिजरेन्ट को निम्न दो वर्गों में वर्गीकृत किया गया है

1. प्राथमिक रेफ्रिजरेन्ट
2. द्वितीयक रेफ्रिजरेन्ट

1. प्राथमिक रेफ्रिजरेन्ट Primary Refrigerant

ऐसे रेफ्रिजरेन्ट, जो सीधे ही पदार्थों की ऊष्मा को शोषित करके उन्हें ठण्डा करते हैं, प्राथमिक रेफ्रिजरेन्ट कहलाते हैं। 'कूलिंग की प्रत्यक्ष प्रणाली' में प्राथमिक रेफ्रिजरेन्ट का प्रयोग किया जाता है; जैसे—अमोनिया, फ्रिऑन, सल्फर डाइ-ऑक्साइड, कार्बन डाइ-ऑक्साइड इत्यादि।

प्राथमिक रेफ्रिजरेन्ट प्राय: निम्नलिखित प्रकार के होते हैं

(i) हैलोकार्बन रेफ्रिजरेन्ट
(ii) हाइड्रोकार्बन रेफ्रिजरेन्ट
(iii) एजियोट्रॉप्स रेफ्रिजरेन्ट
(iv) अकार्बनिक रेफ्रिजरेन्ट
(v) असन्तृप्त कार्बनिक यौगिक रेफ्रिजरेन्ट
(vi) हाइड्रोफ्लोरो कार्बन रेफ्रिजरेन्ट
(vii) हाइड्रोफ्लोरो-ओलेफिन

(i) हैलोकार्बन रेफ्रिजरेन्ट
Halocarbon Refrigerant

इन रेफ्रिजरेन्ट्स में फ्लोरीन, क्लोरीन अथवा ब्रोमीन में से एक या अधिक हैलोजन उपस्थित होते हैं। ये रेफ्रिजरेन्ट सामान्यत: कार्बन, क्लोरीन तथा फ्लोरीन आदि से मिलकर बने होते हैं, इसलिए इन्हें क्लोरोफ्लोरो कार्बन (CFC) रेफ्रिजरेन्ट अथवा फ्रिऑन समूह रेफ्रिजरेन्ट भी कहा जाता है। इसी प्रकार हाइड्रोजन युक्त कार्बन, क्लोरीन तथा फ्लोरीन समूह से बने रेफ्रिजरेन्ट को हाइड्रो क्लोरोफ्लोरो कार्बन (HCFC) रेफ्रिजरेन्ट कहा जाता है।

CFC रेफ्रिजरेन्ट सर्वप्रथम वर्ष 1930 में प्रयोग में लाए गए थे। ये रेफ्रिजरेन्ट अज्वलनशील एवं अविषाक्त (non-toxic) होते हैं। CFC रेफ्रिजरेन्ट को वर्ष 1995 में प्रतिबन्धित कर दिया गया था, क्योंकि इनमें क्लोरीन का उपयोग होता था। क्लोरीन वातावरण में मिलकर ओजोन परत को हानि पहुँचाती है, जिससे हानिकारक पराबैंगनी किरणें पृथ्वी पर पहुँचकर हानिकारक बीमारियाँ उत्पन्न करती हैं।

हैलोकार्बन समूह के विभिन्न रेफ्रिजरेन्ट्स तथा उनके रासायनिक सूत्र एवं संकेतों को निम्न तालिका में दर्शाया गया है

क्र.सं.	रेफ्रिजरेन्ट	रासायनिक सूत्र	संकेत	क्वथनांक °C	जमाव बिन्दु °C
1.	ट्राई-क्लोरो फ्लोरो मीथेन	CCl_3F	R-11	23.7	– 111
2.	डाइ-क्लोरो डाइ-फ्लोरो मीथेन	CCl_2F_2	R-12	–29.8	– 136
3.	ब्रोमो ट्राई फ्लोरो मीथेन	$CBrF_3$	R-13	– 81.5	– 180
4.	टेट्रा फ्लोरो मीथेन	CF_4	R-14	– 127.8	– 194
5.	डाइ-क्लोरो फ्लोरो मीथेन	$CHCl_2F$	R-21	8.9	– 135
6.	क्लोरो डाइ-फ्लोरो मीथेन	$CHClF_2$	R-22	– 40.7	– 160
7.	ट्राई-क्लोरो टेट्रा-फ्लोरो ईथेन	$C_2F_3Cl_3$	R-113	48	– 36.6
8.	डाइ-क्लोरो टेट्रा-फ्लोरो ईथेन	$C_2F_4Cl_2$	R-114	3.5	– 94
9.	क्लोरो-पेन्टा फ्लोरो ईथेन	C_2ClF_5	R-115	– 39.1	– 106

(ii) हाइड्रोकार्बन रेफ्रिजरेन्ट Hydrocarbon Refrigerant

हाइड्रोकार्बन रेफ्रिजरेन्ट पर्यावरण के अनुकूल होते हैं। इन रेफ्रिजरेन्ट्स में उपयुक्त ऊष्मागतिकीय गुण होते हैं। इनके विस्फोटक गुणों तथा अत्यन्त ज्वलनशीलता के कारण वर्तमान में इनका उपयोग बहुत कम किया जाता है। निम्न तालिका में हाइड्रोकार्बन समूह के विभिन्न रेफ्रिजरेन्ट्स को दर्शाया गया है

क्र.सं.	रेफ्रिजरेन्ट	रासायनिक सूत्र	संकेत	क्वथनांक	जमाव बिन्दु
1.	ईथेन	C_2H_6	R-170	– 88.6	– 183.2
2.	प्रोपेन	C_2H_8	R-290	– 42.2	– 187.1
3.	ब्यूटेन	C_4H_{10}	R-600	– 0.5	– 135
4.	आइसोब्यूटेन	$CH(CH_3)$	R-601	– 11.7	– 159.6

(iii) एजियोट्रॉप्स Azeotropes

इस प्रकार के रेफ्रिजरेन्ट्स, अन्य कई रेफ्रिजरेन्ट्स को निश्चित अनुपात में मिलाकर बनाए जाते हैं। इन्हें ताप, दाब व अन्य युक्तियों द्वारा पृथक् नहीं किया जा सकता है। इनके गुणधर्म भी अपने घटकों के गुणधर्मों से भिन्न होते हैं तथा ये एक ही तत्त्व की भाँति व्यवहार करते हैं। इनकी ऊष्मागतिकीय विशेषताएँ अपरिवर्तित रहती हैं

कुछ एजियोट्रॉप्स रेफ्रिजरेन्ट्स निम्न प्रकार हैं

(a) **R – 500** यह रेफ्रिजरेन्ट 73.8%, R – 12 तथा 26.2%, R – 152 का मिश्रण है।

(b) **R – 501** यह रेफ्रिजरेन्ट 75%, R – 22 तथा 25%, R – 12 का मिश्रण है।

(c) **R – 502** यह रेफ्रिजरेन्ट 48.8%, R – 22 तथा 51.2%, R – 15 का मिश्रण है।

(d) **R – 503** यह रेफ्रिजरेन्ट 40.1%, R – 23 तथा 59.9%, R – 13 का मिश्रण है।

(e) **R – 504** यह रेफ्रिजरेन्ट 48.2%, R – 32 तथा 51.8%, R – 115 का मिश्रण है।

(iv) अकार्बनिक रेफ्रिजरेन्ट Inorganic Refrigerants

अकार्बनिक रेफ्रिजरेन्ट्स को हैलोकार्बन रेफ्रिजरेन्ट के आविष्कार से पूर्व उपयोग किया जाता था। इन रेफ्रिजरेन्ट्स के उपयुक्त भौतिक एवं ऊष्मागतिकीय गुणों के कारण वर्तमान में भी इनका उपयोग किया जा रहा है।

अकार्बनिक समूह के रेफ्रिजरेन्ट्स को निम्न तालिका में दर्शाया गया है

क्र.सं.	रेफ्रिजरेन्ट	रासायनिक सूत्र	पद-नाम	क्वथनांक	जमाव बिन्दु
1.	पानी	H_2O	R-718	100	0.0
2.	अमोनिया	NH_3	R-717	– 33.35	– 77.7
3.	कार्बन डाइ-ऑक्साइड	CO_2	R-744	– 78.52	– 56.60
4.	सल्फर मोनो-ऑक्साइड	SO	R-764	10.01	– 73.20
5.	सल्फर हेक्साफ्लोराइड	SF_6	—	– 63.80	– 50.80

(v) असन्तृप्त कार्बनिक यौगिक रेफ्रिजरेन्ट
Unsaturated Organic Compound Refrigerant

इन रेफ्रिजरेन्ट्स में एथिलीन ($C_2H_4Cl_2$) या प्रोपेलीन (C_3H_6) में से कोई एक अवश्य होता है। इनका प्रयोग भी आजकल बहुत कम किया जाता है। इस समूह में आने वाले रेफ्रिजरेन्ट को निम्न तालिका में दर्शाया गया है

क्र.सं.	रेफ्रिजरेन्ट	रासायनिक सूत्र	संकेत
1.	ट्राई क्लोरो एथिलीन	$C_2H_2Cl_3$	R-1120
2.	डाइ-क्लोरो एथिलीन	$C_2H_4Cl_2$	R-1130
3.	एथिलीन	$C_2H_4Cl_2$	R-1150
4.	प्रोपेलीन	C_3H_6	R-1270

(vi) हाइड्रोफ्लोरो कार्बन रेफ्रिजरेन्ट
Hydrofluoro Carbon Refrigerant

वर्ष 1995 में CFC रेफ्रिजरेन्ट के प्रतिबन्धित हो जाने के पश्चात् हाइड्रोफ्लोरो कार्बन (HFC) रेफ्रिजरेन्ट का प्रयोग अधिक किया जाने लगा, क्योंकि HFC रेफ्रिजरेन्ट में क्लोरीन नहीं होती है, जिससे यह CFC की भाँति ओजोन परत को हानि नहीं पहुँचाता है। HFC रेफ्रिजरेन्ट में उपस्थित हाइड्रोजन एवं कार्बन ग्रीनहाउस प्रभाव (green house effect) के रूप में प्रकृति को हानि पहुँचाते हैं।

HFC रेफ्रिजरेन्ट समूह के विभिन्न रेफ्रिजरेन्ट्स को निम्न तालिका में दर्शाया गया है

क्र.सं.	रासायनिक नाम	रासायनिक सूत्र	संकेत
1.	ट्राई-फ्लोरो मीथेन	CHF_3	R-23
2.	डाइ-फ्लोरो मीथेन	CH_2F_2	R-32
3.	फ्लोरो मीथेन	CH_3F	R-41
4.	पेन्टा-फ्लोरो इथेन	C_2HF_5	R-125
5.	टेट्रा-फ्लोरो इथेन	$C_2H_2F_4$	R-134
6.	ट्राई-फ्लोरो इथेन	$C_2H_3F_3$	R-143
7.	डाई-फ्लोरो इथेन	$C_2H_4F_2$	R-152
8.	फ्लोरो इथेन	C_2H_5F	R-161

(vii) हाइड्रोफ्लोरो-ओलेफिन Hydrofluoro-olefins

HFO (हाइड्रोफ्लोरो-ओलेफिन) फ्लोरीन आधारित गैसों की चौथी पीढ़ी है। HFC रेफ्रिजरेंट हाइड्रोजन, फ्लोरीन और कार्बन परमाणुओं से बने होते हैं, जो परमाणुओं के बीच एकल बन्धन से जुड़े होते हैं। HFO रेफ्रिजरेंट हाइड्रोजन, फ्लोरीन और कार्बन परमाणुओं से बने होते हैं, लेकिन कार्बन परमाणुओं के बीच कम-से-कम एक बॉन्ड होता है।

पहला HFO, जिसे ड्यूपॉन्ड और हनीवेल द्वारा संयुक्त रूप से विकसित किया गया है, HFO 1234 yf है, जिसे ओपटिओन yf Opteon YF और सॉल्सटेक वाईएफ (SOLSTICE yf) ब्राण्ड नाम से बेचा जाता है। यह ऑटोमोटिव क्षेत्र में मोबाइल एयर कण्डीशनिंग (मैक) सिस्टम में उपयोग के लिए R134a के लिए एक कम GWP (ग्लोबल वार्मिंग पोटेंशियल) प्रतिस्थापन है।

HFO रेफ्रिजरेंट को शून्य ओडीपी (ओजोन डिप्लेशन पोटेंशियल) और कम जीडब्ल्यूपी के रूप में वर्गीकृत किया गया है और इसलिए CFC, HCFC और HFC के लिए अधिक पर्यावरण के अनुकूल विकल्प प्रदान करते हैं।

HCF मिश्रण HCF Blends

ये रेफ्रिजरेंट R502, R22, R13B1 और R503 के विकल्प हैं। इन सबसे अधिक, R404A, R507A, R407C और R410A का उपयोग किया जा रहा है।

इन HFC मिश्रणों के एक समूह में हाइड्रोकार्बन एडिटिव्स भी होते हैं। उत्तरार्द्ध स्नेहक के साथ एक बेहतर घुलनशीलता प्रदर्शित करते हैं और कुछ शर्तों के अन्तर्गत वे पारम्परिक तेलों के उपयोग को अनुमति देते हैं।

यह मौजूदा HCFC संयन्त्रों को बिना तरल की आवश्यकता के क्लोरीन मुक्त रेफ्रिजरेंट (ओडीपी =0) में बदलने की अनुमति देता है।

R-404a

R-404a रेफ्रिजरेंट 1990 के दशक के मध्य से पूरे यूरोप में वाणिज्यिक रेफ्रिजरेटरों के लिए व्यापक रूप से उपयोग किया जाता रहा है। प्रारम्भ में यह CFC-502 R 12, और R 22, के लिए एक बहुत प्रभावी प्रतिस्थापन रहा है, जिन्हें उनकी ग्लोबल वार्मिंग क्षमता GWP के लिए प्रतिबन्धित कर दिया गया था। R-404a अपने पूर्ववर्तियों के समान भाग्य का सामना कर रहा है, क्योंकि इसमें उच्च, GWP भी पाया गया है। इस लोकप्रिय रेफ्रिजरेंट को वर्तमान में सभी वाणिज्यिक रेफ्रिजरेटरों में उपयोग से बाहर किया जा रहा है।

फेज आउट से सबसे ज्यादा प्रभावित क्षेत्रों में हॉस्पिटैलिटी, सुपरमार्केट, रिटेल, फूड प्रोसेसिंग, एजुकेशन और हेल्थकेयर सेक्टर सम्मिलित हैं।

एक ही समय में अन्य रेफ्रिजरेन्ट को चरणबद्ध तरीके से समाप्त किया जा रहा है, R-507A और R-422A (M079), जो R22 या R502 के विकल्प भी थे। हालाँकि वाणिज्यिक रेफ्रिजरेटरों में इसके व्यापक प्रसार के कारण, R-404a चरण सबसे महत्त्वपूर्ण है।

R-404A एक सूडा-एजोट्रोपिक मिश्रित रेफ्रिजरेन्ट है जो तीन अवयवों R-125, R-134a और R-143a से बना है और इसे R-502 और R-22 के लिए एक विकल्प रेफ्रिजरेट के रूप में विकसित किया गया था, जिसका उपयोग वाणिज्यिक रेफ्रिजरेटर में किया जाता है।

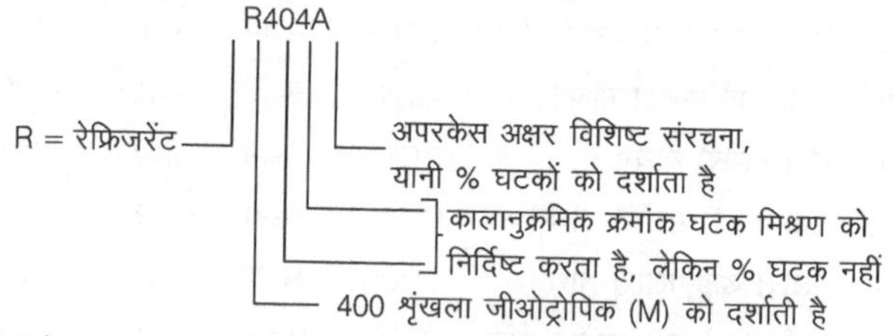

कम और मध्यम तापमान रेंज के लिए उपकरण। इसमें रेफ्रिजरेटेड वाहनों, बर्फ बनाने वालों और अन्य उपकरणों के लिए रेफ्रिजरेन्ट के रूप में उत्कृष्ट गुण हैं।

R404A एक HFC मिश्रण है, जिसका उपयोग निम्न और मध्यम तापमान वाले रेफ्रिजरेशन अनुप्रयोगों में R-502 और R-22 के प्रतिस्थापन के रूप में किया जाता है। हालाँकि यह एक लोकप्रिय रेफ्रिजरेंट है, जिसका GWP 2500 से ऊपर है।

तालिका R-404A के गुण

क्र. सं.	गुण	SI यूनिट	मान	ब्रिटिश यूनिट	मान
1.	आणविक भार	kg/kmol	97.60	lbm/lbmol	97.60
2.	क्रान्तिक तापमान	°C	72.05	°F	161.68
3.	क्रान्तिक दाब	bar	37.29	psia	540.83
4.	घनत्व	kg/m^3	486.54	lb/ft,	30.37
5.	वायुमण्डलीय बबल बिन्दु	°C	– 46.2	°F	-51.2
6.	वायुमण्डलीय ओस बिन्दु	°C	-45.5	°F	-49.8
7.	वायुमण्डलीय दाब पर वाष्पन की गुप्त ऊष्मा	kJ/kg	199.61	BTU_{IT}/lb	85.82
8.	वायुमण्डलीय दाब पर संतृप्त वाष्प घनत्व	kg/m	5.48	lb/ft^3	0.34
9.	25 डिग्री सेण्टीग्रेड ताप पर तरल वाष्प दाब	bar	12.5	psia	182.0

क्र. सं.	गुण	SI यूनिट	मान	ब्रिटिश यूनिट	मान
10.	25 डिग्री सेण्टीग्रेड ताप पर संतृप्त तरल के लिए आयतनिक ऊष्मीय प्रसार गुणांक	$°C^{-1}$	0.00495	$°F^{-1}$	0.00275
11.	25 डिग्री सेण्टीग्रेड ताप पर संतृप्त वाष्प के लिए ध्वनि की गति	m/s	133.8	ft/s	438.94
12.	रुद्धोष्म गुणांक		1.37		1.37
13.	25 डिग्री सेण्टीग्रेड ताप पर वाष्पन की गुप्त ऊष्मा	kJ/kg	138.99	BTU_{IT}/lb	59.75
14.	25 डिग्री सेण्टीग्रेड ताप संतृप्त तरल घनत्व	kg/m^3	65.27	lb/ft^3	4.07
15.	25 डिग्री सेण्टीग्रेट ताप संतृप्त वाष्प घनत्व	kg/m^3	30.47	lb/ft^3	1.90

R-407C

R-407C एक गैर-एजोट्रोपिक मिश्रित रेफ्रिजरेन्ट है जो तीन अवयवों R-32, R-125 और R-134a से बना है और इसे R-22 के लिए एक विकल्प रेफ्रिजरेन्ट के रूप में विकसित किया गया था, जिसका उपयोग एयर कण्डीशनिंग उपकरण और चिलर जैसे अनुप्रयोगों में किया जाता है।

इसमें एयर कण्डीशनर, चिलर, वेडिंग मशीन और अन्य उपकरणों के लिए रेफ्रिजरेन्ट के रूप में उत्कृष्ट गुण हैं।

रेफ्रिजरेन्ट R407C में एक अच्छा ऊर्जा दक्षता अनुपात के साथ-साथ कम सम्पीडन दबाव और GWP है। ओजोन के अनुकूल रेफ्रिजरेन्ट के रूप में इसे अतीत में R-22 के प्रतिस्थापन के रूप में प्रयोग किया गया है।

R-22 की जगह, R-410A जापान और यूरोप में आवासीय और वाणिज्यिक एयर कण्डीशनर में उपयोग के लिए पसंदीदा रेफ्रिजरेन्ट है।

तालिका HCF ब्लैण्ड रेफ्रिजरेन्ट्स के गुण

		R-407C	R-404A
	R-32	23 ± 2	—
Components *	R - 125	25 ± 2	44 ± 2
[wt%]	R-134a	52 ± 2	4 ± 2
	R-143a	-	52 ± 2
Boiling Point [°C]		-43.8	-46.6
Temperature Glide ** [°C]		7.1	0.8
Mixture Form		Non - azeotropic	Pseudo-azeotropic
Handling		Caution needed	Relative ease
Uses		Air conditioning	Refrigeration
		Refrigeration	Freezing

तालिका PR-407A के गुण

क्र. सं.	गुण	SI यूनिट	मान	ब्रिटिश यूनिट	मान
1.	आणविक भार	kg/kmol	90.11	lbm/lbmol	90.11
2.	क्रान्तिक तापमान	°C	82.26	°F	180.06
3.	क्रान्तिक दाब	bara	45.15	psia	654.87
4.	घनत्व	kg/m^3	498.86	lb/ft_3	31.14
5.	वायुमण्डलीय बबल बिन्दु	°C	-45.007	°F	-49.0
6.	वायुमण्डलीय ओस बिन्दु	°C	-38.593	°F	-37.5
7.	वायुमण्डलीय दाब पर वाष्पन की गुप्त ऊष्मा	kj/kg	238.36	BTU_{IT}/lb	102.48
8.	वायुमण्डलीय दाब पर संतृप्त वाष्प घनत्व	kg/m^3	4.8824	lb/ft^3	0.30
9.	25 डिग्री सेण्टीग्रेड ताप पर तरल वाष्प दाब	bara	12.531	psia	181.7
10.	25 डिग्री सेण्टीग्रेड ताप पर संतृप्त तरल के लिए आयतनिक ऊष्मीय प्रसार गुणांक	$°C^{-1}$	0.0042611	$°F^{-1}$	0.00237
11.	25 डिग्री सेण्टीग्रेड ताप पर संतृप्त वाष्प के लिए ध्वनि की गति	m/s	149.33	ft/s	489.93
12.	रुद्धोष्म गुणांक			1.34	1.34
13.	25 डिग्री सेण्टीग्रेड ताप पर वाष्पन की गुप्त ऊष्मा	kJ/kg	172.17	BTU_{IT}/lb	74.02
14.	25 डिग्री सेण्टीग्रेड ताप संतृप्त तरल घनत्व	kg/m	49.749	lb/ft3	3.11
15.	25 डिग्री सेण्टीग्रेड ताप संतृप्त वाष्प घनत्व	kg/m	22.441	lb/ft_3	1.40

R-410A

R-410A डाई फ्लोरो मीथेन (CH_2F_2, l-32 कहा जाता है) और पेंटाफ्लोरोएथेन (C_2HF_5 जिसे R-125 कहा जाता है) का एक निकट एजोट्रोपिक मिश्रण है, जिसका उपयोग एयर कण्डीशनिंग अनुप्रयोगों में एक रेफ्रिजरेन्ट के रूप में किया जाता है। कई हेलोकेन रेफ्रिजरेन्टस के विपरीत यह ओजोन रिक्तीकरण में योगदान नहीं देता है और इसलिए इसका व्यापक रूप से उपयोग किया जाता है। कैरियर कॉर्पोरेशन वर्ष 1996 में R-410 A आधारित आवासीय एयर कण्डीशनिंग यूनिट शुरू करने वाली पहली कम्पनी थी।

तालिका R-410A के गुण

क्र.सं.	गुण	SI यूनिट	मान	ब्रिटिश यूनिट	मान
1.	आणविक भार	kg/kmol	72.59	lbm/lbmol	72.59
2.	क्रान्तिक तापमान	°C	71.35	°F	160.43
3.	क्रान्तिक दाब	bara	49.02	psia	710.96
4.	घनत्व	kg/m	459.53	lb/ft3	28.69
5.	वायुमण्डलीय बबल बिन्दु	°C	-51.443	°F	-60.6
6.	वायुमण्डलीय ओस बिन्दु	°C	-51.364	°F	-60.5
7.	वायुमण्डलीय दाब पर वाष्पन की गुप्त ऊष्मा	kj/kg	279.12	BTU_{IT}/lb	120.00
8.	वायुमण्डलीय दाब पर संतृप्त वाष्प घनत्व	kg/m^3	4.1742	lb/ft^3	0.26
9.	25 डिग्री सेण्टीग्रेड ताप पर तरल वाष्प दाब	bara	16.574	psia	240.4
10.	25 डिग्री सेण्टीग्रेड ताप पर संतृप्त तरल के लिए आयतनिक ऊष्मीय प्रसार गुणांक	°C	0.0051708	$°F^{-1}$	0.00287
11.	25 डिग्री सेण्टीग्रेड ताप पर संतृप्त वाष्प के लिए ध्वनि की गति	m/s	161.86	ft/s	531.04
12.	रुद्धोष्म गुणांक		1.58		1.58
13.	25 डिग्री सेण्टीग्रेड ताप पर वाष्पन की गुप्त ऊष्मा	kJ/kg	190.6	BTU_{IT}/lb	81.94
14.	25 डिग्री सेण्टीग्रेड ताप संतृप्त तरल घनत्व	kg/m	65.972	lb/ft^3	4.12
15.	25 डिग्री सेण्टीग्रेड ताप संतृप्त वाष्प घनत्व	kg/m	30.576	lb/ft^3	1.91

HFC/HFO **मिश्रण** HFC/HFO Blend

ये रेफ्रिजरेन्ट HFC रेफिजरेन्ट के सक्सेसर जेनरेशन के रूप में उपयोग किए जाते हैं। यह HFC के साथ नए 'लो GWP' रेफ्रिजरेन्ट (जैसे R1234yf) के मिश्रण से सम्बन्धित है। इन रेफ्रिजरेन्ट का मूल लक्ष्य स्थापित हैलोजन युक्त पदार्थों की तुलना में ग्लोबल वार्मिंग क्षमता (GWP) को कम करना है, इन रेफ्रिजरेन्ट में कम (GWP) होता है। HFO और HFO/HFC, HFC के विकल्प के रूप में प्रयोग होते हैं।

हाइड्रोकार्बन मिश्रण Hydrocarbon Blends

बहुत कम GWP होने के अतिरिक्त हाइड्रोकार्बन रेफ्रिजरेन्ट अपनी ऊर्जा दक्षता के लिए जाने जाते हैं। चूँकि ये गैसें सभी पर्यावरणीय कानूनों की आवश्यकताओं को पूरा करती हैं अब तक ऐसा लगता है कि रेफ्रिजरेन्ट के प्रदर्शन को बेहतर बनाने के लिए बहुत कम प्रयास किए गए हैं। यह उन आँकड़ों के अतिरिक्त है, जो अनुमान लगाते हैं कि वैश्विक स्तर पर 1.5 बिलियन से अधिक हाइड्रोकार्बन फ्रिज दुनिया की बिजली खपत का लगभग 2.6% है। हाइड्रोकार्बन मिश्रणों के रूप में प्रयुक्त किये जाने वाले रेफ्रिजरेन्ट R290 (प्रोपेन), R600a (आइसोब्यूटेन), R600 (ब्यूटेन), R1270 (प्रोपलीन), R152a, R32, R1234yf, R1234ze (E), R1233zd और R744 (CO2) थे। केवल अधिकतम तीन घटकों वाले मिश्रणों पर विचार किया गया। किसी भी सम्भावित मिश्रण का अधिकतम GWP 150 पर सेट किया गया तथा एवैपोरेटर में अनुमत अधिकतम प्रभावी ग्लाइड 10K पर फिक्स किया गया।

एजोट्रोपिक मिश्रण Azeotropic Blends

एजोट्रोपिक रेफ्रिजरेन्ट दो या दो से अधिक घटकों का मिश्रण होता है जो एक ही तापमान पर उबालते हैं। इस प्रकार के रेफ्रिजरेन्ट के घटक वाष्पित हो जाएँगे और एक साथ संघनित हो जाएँगे। एजोट्रोपिंक रेफ्रिजरेन्ट का एक उदाहरण R502 है।

जिओट्रोपिक मिश्रण Zeotropic Blends

एक जिओट्रोपिक मिश्रण भी दो-या-दो से अधिक घटकों का मिश्रण होता है। इस रेफ्रिजरेन्ट के घटकों में अलग-अलग क्वथनांक होते हैं। ये घटक अलग-अलग तापमान पर वाष्पित और संघनित होंगे। जिओट्रोपिक मिश्रण का एक उदाहरण कोई भी 400 श्रृंखला रेफ्रिजरेन्ट है, जैसे कि R407c और R410a, यह ध्यान में रखते हुए कि R410a को निकटवर्ती एजोट्रोपिक मिश्रण माना जाता है।

2. द्वितीयक रेफ्रिजरेन्ट Secondary Refrigerant

वे रेफ्रिजरेन्ट, जिन्हें प्रयोग करने से पूर्व प्राथमिक रेफ्रिजरेन्ट की सहायता से ठण्डा किया जाता है, 'द्वितीयक रेफ्रिजरेन्ट' (secondary refrigerants) कहलाते हैं। इन रेफ्रिजरेन्ट्स का प्रयोग अप्रत्यक्ष रेफ्रिजरेशन प्रणाली में किया जाता है। अप्रत्यक्ष रेफ्रिजरेशन प्रणाली में ऊष्मा का स्थानान्तरण एक ही माध्यम से न होकर, अलग-अलग माध्यमों द्वारा होता है।

रेफ्रिजरेशन प्रणाली में द्वितीयक रेफ्रिजरेशन को निम्न कारणों से प्रयोग किया जाता है

(i) रेफ्रिजरेशन प्रणाली में जब विभिन्न स्थानों पर भिन्न-भिन्न तापमान की आवश्यकता होती है, तो प्राथमिक रेफ्रिजरेन्ट के प्रवाह को प्रभावित किए बिना द्वितीयक रेफ्रिजरेन्ट की मात्रा को नियन्त्रित करके आवश्यक तापमान को प्राप्त कर सकते हैं।

(ii) प्राथमिक रेफ्रिजरेन्ट के प्रवाह के लिए आवश्यक पाइप लाइन की तुलना में द्वितीयक रेफ्रिजरेन्ट के प्रवाह के लिए कम पाइप लाइन की आवश्यकता होती है, क्योंकि द्वितीयक रेफ्रिजरेन्ट का विशिष्ट आयतन कम होता है।

(iii) द्वितीयक रेफ्रिजरेन्ट के लिए आवश्यक पाइप लाइन की लम्बाई कम होती है, जिसके कारण इसमें लीकेज कम होता है तथा इसमें प्रेशर ड्रॉप भी कम होता है।

द्वितीयक रेफ्रिजरेन्ट निम्न प्रकार के होते हैं

(a) जल (b) ब्राइन

(c) एण्टिफ्रीज (d) मिथाइलीन क्लोराइड एवं R-11

इनका विवरण निम्नवत् है

(a) **जल** (Water) यदि रेफ्रिजरेटिड स्थान का तापमान जल के हिमांक बिन्दु (freezing point) अर्थात् 0°C से अधिक बनाए रखने की आवश्यकता होती है, तो जल का प्रयोग द्वितीयक रेफ्रिजरेन्ट के रूप में किया जाता है।

इस स्थिति में जल एक उत्तम रेफ्रिजरेन्ट है, क्योंकि जल सभी स्थानों पर आसानी से उपलब्ध हो जाता है तथा इसके भौतिक एवं ऊष्मागतिकीय गुण अच्छे होते हैं। विभिन्न प्रकार के ईथर कण्डीशनिंग प्लांटों में चिल्ड वाटर (chilled water) का प्रयोग द्वितीयक रेफ्रिजरेन्ट के रूप में किया जाता है। यदि रेफ्रिजरेटिड स्थान का तापमान 0°C से नीचे बनाए रखना हो, तब इस स्थिति में जल का प्रयोग रेफ्रिजरेन्ट के रूप में नहीं किया जाता है, क्योंकि 0°C से कम तापमान पर जल, बर्फ में बदल जाता है।

(b) **ब्राइन** (Brine) यदि रेफ्रिजरेटिड स्थान का तापमान 0°C से कम बनाए रखने की आवश्यकता होती है, तो ब्राइन का प्रयोग द्वितीयक रेफ्रिजरेन्ट के रूप में किया जाता है।

किसी लवण; जैसे—सोडियम क्लोराइड (NaCl) अथवा कैल्शियम क्लोराइड ($CaCl_2$) को जल के साथ उचित अनुपात में मिलाने पर बना मिश्रण 'ब्राइन' कहलाता है। जल में लवण को मिलाने से उसका हिमांक बिन्दु कम हो जाता है।

जैसे-जैसे जल में लवण की मात्रा को बढ़ाते जाते हैं, उसी अनुपात में इसका हिमांक बिन्दु या जमाव बिन्दु और कम होता जाता है।

निम्न आरेख में ब्राइन के तापमान एवं इसमें लवण की सान्द्रता (concentration) के मध्य ग्राफ को प्रदर्शित किया गया है।

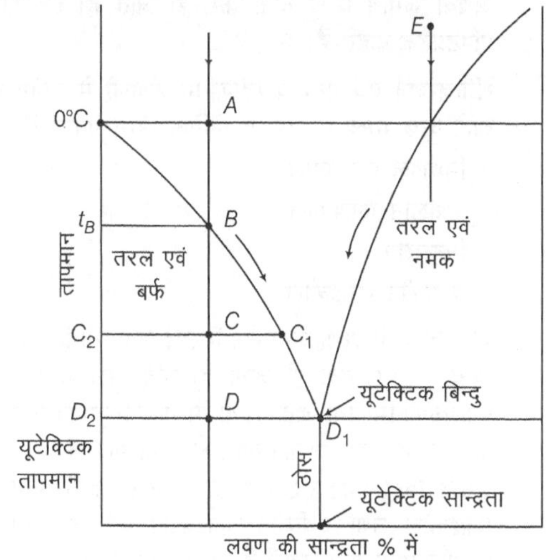

चित्र ब्राइन के तापमान एवं इसमें लवण की सान्द्रता के मध्य ग्राफ

ब्राइन का हिमांक जिस बिन्दु पर सबसे कम होता है, वह यूटेक्टिक बिन्दु कहलाता है तथा इस बिन्दु पर ब्राइन में लवण की सान्द्रता 'यूटेक्टिक सान्द्रता' एवं तापमान 'यूटेक्टिक तापमान' कहलाता है।

यदि ब्राइन की यूटेक्टिक संरचना कम अर्थात् उपरोक्त चित्र के अनुसार बिन्दु A पर हो, तब इसका हिमांक बिन्दु t_B से नीचे होगा। अब यदि इस स्थिति में ब्राइन को ठण्डा किया जाए, तब बिन्दु B से नीचे इसमें बर्फ के क्रिस्टल बनना प्रारम्भ हो जाते हैं। अब यदि ब्राइन में लवण की सान्द्रता को बढ़ाते हैं, तब बिन्दु C के अनुसार मिश्रण की C_2 तापमान पर बर्फ बनने लगेगी तथा इसकी सान्द्रता बिन्दु C_1 पर प्राप्त होगी। बिन्दु D पर ब्राइन मिश्रण का हिमांक बिन्दु D_2 तथा लवण सान्द्रता D_1 है। इसे और अधिक ठण्डा करने पर यह बिना क्रिस्टल में परिवर्तित हुए पूर्ण रूप से बर्फ में बदल जाता है।

इसी प्रकार, यदि ब्राइन की यूटेक्टिक संरचना अधिक; जैसे—बिन्दु E पर हो, तो इसे ठण्डा करने पर पहले यह बिन्दु D_1 तक लवण एवं मिश्रण में विभक्त होगा, इसके पश्चात् यह सम्पूर्ण मिश्रण बर्फ में बदल जाएगा।

कैल्शियम क्लोराइड ब्राइन की यूटेक्टिक सान्द्रता 0.324 तथा यूटेक्टिक तापमान – 51°C होता है और सोडियम क्लोराइड ब्राइन की यूटेक्टिक सान्द्रता 0.233 तथा यूटेक्टिक तापमान – 21.1°C होता है। सोडियम क्लोराइड ब्राइन का उपयोग –20°C तक के तापमान को बनाए रखने के लिए किया जाता है तथा इसके नीचे के तापमान को बनाए रखने के लिए कैल्शियम क्लोराइड ब्राइन का उपयोग किया जाता है। सोडियम ब्राइन का उपयोग मांस एवं मछली के भण्डारण में किया जाता है तथा कैल्शियम क्लोराइड ब्राइन का उपयोग औद्योगिक आइस प्लांट, कोल्ड स्टोरेज आदि में किया जाता है।

(c) **एण्टिफ्रीज** (Antifreez) ब्राइन के अतिरिक्त भी कुछ ऐसे यौगिक होते हैं, जिन्हें जल में मिलाने पर इसका हिमांक बिन्दु अथवा जमाव बिन्दु दोनों कम हो जाते हैं। इन यौगिकों को एण्टिफ्रीज कहते हैं।

रेफ्रिजरेशन एवं एयर कण्डीशनिंग प्रणाली में प्रयोग किए जाने वाले कुछ मुख्य एण्टिफ्रीज यौगिक निम्न प्रकार हैं

- मिथाइल एल्कोहॉल
- एथीलीन ग्लाइकोल
- ग्लिसरीन
- प्रोपीलीन ग्लाइकोल

यदि जल में 70% ग्लिसरीन मिलाई जाए, तो मिश्रण का जमाव बिन्दु –40°C तक हो जाता है। यदि जल में 15% एथीलीन ग्लाइकोल मिलाया जाता है, तो मिश्रण का जमाव बिन्दु –9.3° C हो जाता है तथा एथीलीन ग्लाइकोल की मात्रा को 65% करने पर जमाव बिन्दु –41.5°C तक हो जाता है। इसी प्रकार प्रोपेलीन ग्लाइकोल तथा एथीलीन ग्लाइकोल की जैसे-जैसे जल में प्रतिशत मात्रा बढ़ाई जाती है, उसी अनुपात में मिश्रण का जमाव बिन्दु भी कम हो जाता है।

एण्टिफ्रीज में उपस्थित निम्नलिखित गुणों के कारण इनका उपयोग द्वितीयक रेफ्रिजरेन्ट के रूप में किया जाता है

(i) इनके रासायनिक गुणधर्म अच्छे होते हैं।

(ii) एण्टिफ्रीज उपयोग के समय वाष्पित नहीं होते हैं।

(iii) इनके प्रयोग से रेफ्रिजरेशन प्रणाली के अन्य अवयवों में जंग नहीं लगता है।

(iv) प्रोपेलीन ग्लाइकोल एण्टिफ्रीज को जल में मिलाने के पश्चात्, यह मिश्रण घनत्व (density) में वृद्धि नहीं करता है।

(v) एण्टिफ्रीज कम्प्रैसर के लिए स्नेहक (lubricant) का कार्य भी करते हैं। एण्टिफ्रीज, रेफ्रिजरेन्ट का उपयोग मदिरा उद्योग (beverage industry) तथा डेयरी प्लांट (dairy plant) में किया जाता है।

(d) **मिथाइलीन क्लोराइड एवं R-11**(Methylene Chloride and R-11) मिथाइलीन क्लोराइड एवं R-11 रेफ्रिजरेन्ट सामान्य अवस्थाओं (ताप व दाब) में तरल अवस्था में रहते हैं तथा सामान्य दाब पर इनका क्वथनांक या उबाल बिन्दु क्रमश: 39.8°C व 23.7°C होता है और हिमांक बिन्दु या जमाव बिन्दु क्रमश: – 96.7°C व – 111.1°C होता है।

जमाव बिन्दु निम्न होने के कारण इन्हें सुपरकूलिंग यूनिटों (supercooling units) में द्वितीयक रेफ्रिजरेन्ट के लिए आसानी से प्रयोग किया जाता है। मिथाइलीन क्लोराइड एवं R-11 रेफ्रिजरेन्ट की विशिष्ट ऊष्मा एण्टिफ्रीज व ब्राइन की तुलना में बहुत कम होती है, जिसके कारण रेफ्रिजरेशन प्रणाली में इनकी अधिक मात्रा की आवश्यकता होती है।

21.3 रेफ्रिजरेशन एवं एयर कण्डीशनिंग में प्रयुक्त रेफ्रिजरेन्ट्स
Refrigerants used in Refrigeration and Air Conditioning

रेफ्रिजरेशन एवं एयर कण्डीशनिंग प्रणाली में सामान्य रूप से प्रयुक्त होने वाले रेफ्रिजरेन्ट्स निम्न प्रकार हैं

1. अमोनिया Ammonia (NH_3)

यह रेफ्रिजरेन्ट नाइट्रोजन और हाइड्रोजन का रासायनिक यौगिक है। अमोनिया नशीली, थोड़ी विस्फोटक और कुछ स्थिति में ज्वलनशील भी होती है। यदि एक आयतन अमोनिया और दो आयतन वायु को मिलाया जाए, तो यह ज्वलनशील बन जाती है। इसका धातुओं पर अधिक बुरा प्रभाव नहीं पड़ता है फिर भी नमी की उपस्थिति में ताँबा, पीतल और ताँबे से बनी वस्तुओं पर जंग का प्रभाव डालती है। इस कारण जिस प्रणाली में अमोनिया प्रयोग की जाती है, उसमें लोहा या स्टील की धातु से बने उपकरण ही प्रयोग किए जाते हैं तथा सभी पाइप कॉपर के स्थान पर स्टील के प्रयोग किए जाते हैं।

यह रेफ्रिजरेन्ट ऑयल में घुल जाता है उपकरण जो कण्डेन्सर और एवैपोरेटर क्वॉयल में जाने से पहले पृथक् हो जाता है। इसकी गुप्त ऊष्मा (313.53 kcal/kg) अधिक होने के कारण रेफ्रिजरेशन प्रभाव बहुत अधिक होता है। यह आइस प्लांट (ice plant) बेकिंग प्लाण्ट, बड़े कोल्ड स्टोरेज आदि में प्रयोग होती है। अमोनिया के रिसाव परीक्षण के लिए गन्धक की छड़ (sulphur stick) प्रयोग की जाती है। जैसे ही गन्धक अमोनिया के सम्पर्क में आती है, तो सफेद धुआँ उत्पन्न होने लगता है।

अमोनिया की विशिष्टताएँ निम्न प्रकार हैं

अणुभार = 17	क्वथनांक = – 33°C
हिमांक = – 77.8°C	क्रान्तिक तापमान = 133°C
वाष्प स्थिति में विशिष्ट ऊष्मा = 0 .523 kcal/kg	विशिष्ट आयतन = 0.509 m^3/kg
एवैपोरेटर दाब 15°C पर = 2.41 kg/cm^2	कण्डेन्सिंग दाब = 11.91 kg/cm^2

2. सल्फर डाइ-ऑक्साइड Sulphur Dioxide (SO_2)

यह अधिक नशीला और तेज गन्ध वाला रेफ्रिजरेन्ट होता है। यह अज्वलनशील होने के साथ-साथ विस्फोटक भी नहीं होता है तथा कम प्रैशर पर कार्य करता है। यह रेफ्रिजरेन्ट धातुओं पर प्रभाव नहीं डालता है, परन्तु नमी के साथ मिलकर धातु पर विपरीत प्रभाव डालता है। यह तेल में घुलनशील नहीं है। यह रेफ्रिजरेन्ट पानी के साथ एसिड बनाता है, जिसका कुछ प्रभाव खाद्य पदार्थों पर भी आ जाता है, परन्तु कोई रासायनिक क्रिया नहीं होती है। इससे खाद्य पदार्थ सड़ने या गलने नहीं पाते। इसके रिसाव की जाँच के लिए अमोनिया को इसके समीप ले जाने पर सफेद धुआँ निकलता है। रिसाव वाले भाग पर अमोनिया में डूबे हुए कपड़े को लपेट दिया जाए, तो रिसाव नहीं होता है। अमोनिया न होने पर लीकेज को साबुन के झाग से भी ठीक किया जा सकता है।

सल्फर डाइ-ऑक्साइड की विशिष्टताएँ निम्न हैं

अणुभार = 64	हिमांक = – 75°C
एवैपोरेटर दाब – 15°C पर 0.823 kg/cm^2	क्वथनांक = – 10°C
क्रिटिकल तापमान = 3°C	कण्डेन्सिंग दाब = 4.71 kg/cm^2

3. कार्बन डाइ-ऑक्साइड Carbon Dioxide (CO_2)

यह रेफ्रिजरेन्ट आजकल यान्त्रिकीय रेफ्रिजरेशन (mechanical refrigeration) में प्रयोग किया जाता है। यह रंगहीन और गन्धरहित होता है तथा यह विस्फोटक नहीं है और न ही ज्वलनशील है। यह नशीला भी नहीं है। यह तेल से हल्का होता है, इस कारण तेल में घुलनशील नहीं है। इसके रिसाव को साबुन के झाग से ज्ञात किया जाता है। यह अधिक रेफ्रिजरेशन प्रभाव और कम स्थान वाले एयर कण्डीशनिंग संयन्त्र में प्रयोग किया जाता है।

4. फ्रिऑन-11 Freon-11 (CCl_3F)

यह अज्वलनशील, अविषैला और जंग न लगने वाला रेफ्रिजरेन्ट होता है। इसका क्वथनांक 23.8°C है। यह बड़े-बड़े एयर कण्डीशनिंग संयन्त्र में प्रयोग किया जाता है। इसके लिए सेन्ट्रीफ्यूगल कम्प्रैसर का प्रयोग किया जाता है, क्योंकि इस रेफ्रिजरेन्ट का ऑपरेटिंग प्रैशर कम होता है। इसका अणुभार 137.38 और कम्प्रैसन अनुपात 6.24 तथा वाष्प का आपेक्षित घनत्व –15° C पर 0.8 m^3/ kg है। इसका प्रयोग 50% क्षमता वाली मशीनों में किया जाता है।

5. फ्रिऑन-12 Freon-12 (CCl_2F_2)

आजकल इसका प्रयोग औद्योगिक, व्यापारिक और घरेलू तौर पर अधिक किया जाता है। इसके अतिरिक्त आइसक्रीम कैबिनेट, फूड प्रोडक्ट, फूड लॉकर संयन्त्र, वाटर कूलर आदि में भी इसका प्रयोग किया जाता है। यह विषैला नहीं होता है और न शरीर के किसी भाग पर हानिकारक प्रभाव डालता है। यह गन्धहीन होता है तथा सामान्य दाब पर ही वाष्प से द्रव में परिवर्तित हो जाता है। इसका वायुमण्डलीय दाब पर क्वथनांक –30° C होता है, जो छोटे, मध्यम और बड़े कार्यों के लिए उपयुक्त है। यह रेफ्रिजरेन्ट मैग्नीशियम पर प्रभाव डालता है। इसी कारण इसमें किसी यूनिट का भाग मैग्नीशियम का नहीं बनाया जाता है।

आग लगने पर यह रेफ्रिजरेन्ट अपने अवयवों कार्बन, क्लोरीन और फ्लोरीन में विभक्त हो जाता है। इसे तीनों प्रकार के कम्प्रैसर, रेसिप्रोकेटिंग, रोटरी और सेन्ट्रीफ्यूगल में से किसी में भी प्रयोग किया जा सकता है। सामान्यत: यह रेफ्रिजरेन्ट धातुओं पर जंग नहीं लगने देता है, जो धातु के उपकरण आदि रेफ्रिजरेटिंग इकाई में प्रयोग होते हैं। यह पानी में कम घुलनशील होता है। पानी की उपस्थिति में पीतल, स्टील व ताँबे को रंगहीन बना देता है। यह अज्वलनशील होता है।

इसकी विशिष्टताएँ निम्न तालिका में दर्शाई गई हैं

फ्रिऑन 12 का अणुभार = 120.9	एवैपोरेटर दाब 1.862 kg/cm^2
कण्डेन्सिंग दाब 30°C पर = 7.50 kg/cm^2	विशिष्ट आयतन = 0093m^3/kg
गुप्त ऊष्मा = 38.5 kcal/kg –15°C पर	विशिष्ट ऊष्मा = 0.243
क्रान्तिक तापमान =111.7°C	विसर्जन तापमान = 38°C

6. फ्रिऑन-13 Freon-13 ($CClF_3$)

इसका पूरा नाम मोनो-क्लोरो ट्राई फ्लोरो मीथेन है। यह रेफ्रिजरेन्ट कम तापमान वाले रेफ्रिजरेशन एवं एयर कण्डीशनिंग उपकरणों में प्रयोग होता है। यह रेफ्रिजरेन्ट रेसिप्रोकेटिंग कम्प्रैसरों के लिए उपयुक्त रहता है। इसका क्वथनांक –45° C, हिमांक – 145° C तथा क्रान्तिक तापमान 29° C होता है।

7. फ्रिऑन-14 Freon-14 (CF_4)

इसका पूरा नाम टेट्रा-फ्लोरो मीथेन है। यह औद्योगिक रेफ्रिजरेशन संयन्त्रों में प्रयोग होता है। इसमें भी रेसिप्रोकेटिंग कम्प्रैसर प्रयोग किया जाता है। इसका क्वथनांक 92° C, हिमांक –155° C तथा क्रान्तिक तापमान 10° C होता है।

8. फ्रिऑन-21 Freon-21 ($CHCl_2F$)

इसका पूरा नाम डाइ-क्लोरो-फ्लोरो मीथेन है। यह कम हॉर्सपावर वाले घरेलू रेफ्रिजरेशन संयन्त्र में प्रयोग किया जाता है। यह सिंगल स्टेज या मल्टीस्टेज के कम्प्रैसर के साथ औद्योगिक एयर कण्डीशनरों में प्रयोग होता है। इसकी रेफ्रिजरेशन क्षमता 100 टन होती है। इसकी विशिष्टताएँ निम्न तालिका में दर्शाई गई हैं

इसका क्वथनांक = – 45°C	हिमांक = 135°C
क्रान्तिक तापमान = 123°C	क्रान्तिक दाब = 75°C पौण्ड/वर्ग इंच

9. फ्रिऑन-22 Freon-22 ($CHClF_2$)

इस रेफ्रिजरेन्ट का पूरा नाम मोनो-क्लोरो डाइ-फ्लोरो मीथेन है। यह आवश्यक रेफ्रिजरेशन प्रभाव उत्पन्न करने के लिए पॉजिटिव प्रैशर (positive pressure) पर कार्य करता है। यह नमी को शीघ्रता से शोषित कर लेता है। इसकी रेफ्रिजरेशन क्षमता F-12 से 60% अधिक होती है। इसके लिए कम व्यास के पाइप प्रयोग किए जाते हैं। यह घरेलू और व्यापारिक रेफ्रिजरेशन एवं एयर कण्डीशनिंग संयन्त्रों में प्रयोग किया जाता है। **फ्रिऑन**-22 विशिष्टताएँ निम्न तालिका में दर्शाई गई हैं

अणुभार = 48.48	क्वथनांक = – 40.8°C
हिमांक = – 160°C	क्रान्तिक तापमान = 96°C
क्रान्तिक दाब = 50.34 kg/cm^3	विशिष्ट ऊष्मा = 0.03
विशिष्ट आयतन = 15 cubic metre/kg	एवैपोरेटिव दाब = 3.03 kgf/cm^2

10. फ्रिऑन-113 Freon-113 ($C_2Cl_3F_3$)

इसका पूरा नाम ट्राइ-क्लोरो, ट्राइ-फ्लोरो ईथेन है। यह चार या इससे अधिक स्टेज के सेन्ट्रीफ्यूगल कम्प्रैसरों में प्रयोग किया जाता है। फ्रिऑन-113 विशिष्टताएँ निम्न तालिका में दर्शाई गई हैं

क्वथनांक = – 47.6°C	हिमांक = – 35°C
क्रान्तिक तापमान = 214°C	क्रान्तिक दाब = 34.8 kgf/cm^2
वायुमण्डलीय दाब पर विशिष्ट गुरुत्व = 1.559	द्रव विशिष्ट ऊष्मा –15°C पर 0.21
एवैपोरेटर दाब = 0.0704 kgf/cm^2	कण्डेन्सिंग दाब = 0.5527 kgf/cm^2

11. फ्रिऑन-114 Freon-114 ($C_2Cl_2F_4$)

इसका पूरा नाम डाइ-क्लोरो टेट्रा-फ्लोरो ईथेन है। यह घरेलू रेफ्रिजरेशन प्रणालियों और पानी के कूलरों में प्रयोग होता है। इसके लिए सील्ड रोटरी टाइप कम्प्रैसर का प्रयोग होता है। यह व्यापारिक एयर कण्डीशनरों में भी प्रयुक्त होता है। इसका क्वथनांक 3.3°C तथा हैड प्रैशर (30°C पर) 21 पौण्ड/वर्ग इंच होता है।

12. मिथाइल क्लोराइड Methyl Chloride (CH_3Cl)

यह घरेलू और व्यापारिक रेफ्रिजरेशन प्रणालियों में सीमित मात्रा में प्रयोग होता है। हल्का मिथाइल क्लोराइड नशीला नहीं होता है, परन्तु गाढ़ा (concentrate) मिथाइल क्लोराइड नशीला बन जाता है। यह वायु से मिलकर ज्वलनशील बन जाता है।

यह धातु एल्युमीनियम, जिंक, मैग्नीशियम और इनके यौगिक धातुओं के सम्पर्क में आने पर हानिकारक प्रभाव छोड़ देता है। इस कारण इन धातुओं को इस रेफ्रिजरेन्ट वाले रेफ्रिजरेशन प्रणाली में प्रयोग नहीं किया जाता है। नमी की उपस्थिति में यह अम्लीय बन जाता है और अधातुओं पर हानिकारक प्रभाव डालता है। इसमें प्राकृतिक रबर, सिन्थेटिक और नियोप्रीन (neoprene) आदि विलय हो जाती है, जिसके कारण इन्हें वाशर आदि के रूप में प्रयोग नहीं किया जाता है। कम्प्रैसर के कॉपर प्लेटिंग भाग पर नमी की उपस्थिति में चिपचिपा-सा कीचड़ जम जाता है, जो धातु को हानि पहुँचाता है।

मिथाइल क्लोराइड की हल्की गन्ध होती है, जो मनुष्यों, खाद्य पदार्थ और ऊनी, रेशमी वस्त्रों पर हानिकारक प्रभाव नहीं डालती है। यह रेफ्रिजरेन्ट स्वयं उत्तेजक नहीं है, परन्तु अन्य किसी पदार्थ के मिलाने पर शीघ्र क्रिया होने लगती है। ऐसे मिलाने वाले पदार्थ वार्निंग एजेण्ट कहलाते हैं। इसमें वार्निंग एजेण्ट के रूप में 1% एकरोलीन पदार्थ मिलाया जाता है, जिससे शीघ्रता से अभिक्रिया होती है। इसके रिसाव को हैलाइड टॉर्च से ज्ञात किया जाता है। इस टॉर्च में एल्कोहॉल का प्रयोग होता है।

रिसाव वाले स्थान पर प्रारम्भ में हरे रंग की लौ दिखाई देती है तथा फिर गहरी पीली लौ हो जाती है।

इसकी विशिष्टताएँ निम्न तालिका में दर्शाई गई हैं

क्वथनांक = –22.8°C	हिमांक = –97.8°C
क्रान्तिक ताप = 152°C	क्रान्तिक दाब = 68.1 kgf/cm^2
विशिष्ट गुरुत्व = 1.002	द्रव विशिष्ट ऊष्मा = 0.38
एवैपोरेटर दाब = 1.487 kgf/cm^2	कण्डेन्सिंग दाब = 6.658 kgf/cm^2

13. रेफ्रिजरेन्ट R-134a Refrigerant R-134a

कुछ समय पहले वैज्ञानिकों ने यह पाया कि सभी क्लोरोफ्लोरो कार्बन्स, (CFCs) जिनमें फ्रिऑन भी शामिल है, ने वायुमण्डल से ऊपर ओजोन परत (ozone layer) को प्रभावित किया है, जिससे इस परत में छिद्र हो गए हैं। इन छिद्रों से सूर्य की पराबैंगनी किरणें पृथ्वी पर आ रही हैं। ये किरणें मानवीय जीवन के लिए बहुत ही घातक होती हैं।

एक अमेरिकी रेफ्रिजरेशन कम्पनी टैकुमैश (Tecumesh) के वैज्ञानिकों ने फ्रिऑन के स्थान पर एक नया रेफ्रिजरेन्ट R-134a का आविष्कार किया। इस रेफ्रिजरेन्ट का नाम हाइड्रोफ्लोरो कार्बन (HFC) रखा गया। इसका ओजोन परत पर कोई घातक प्रभाव नहीं पड़ता है।

इस रेफ्रिजरेन्ट का रासायनिक सूत्र CH_2FCF_3 होता है। वायुमण्डलीय दाब पर इसका क्वथनांक –26.07°C होता है। यह रेफ्रिजरेन्ट अज्वलनशील (non-flammable) होता है। इसे फ्रिऑन-12 रेफ्रिजरेन्ट के स्थान पर प्रयुक्त किया जा सकता है। फ्रिऑन-12 रेफ्रिजरेन्ट के स्थान पर R-134a को चार्ज करने से पहले फ्रिऑन कम्प्रैसर के मिनरल ऑयल को पूरी तरह बदल लेना चाहिए।

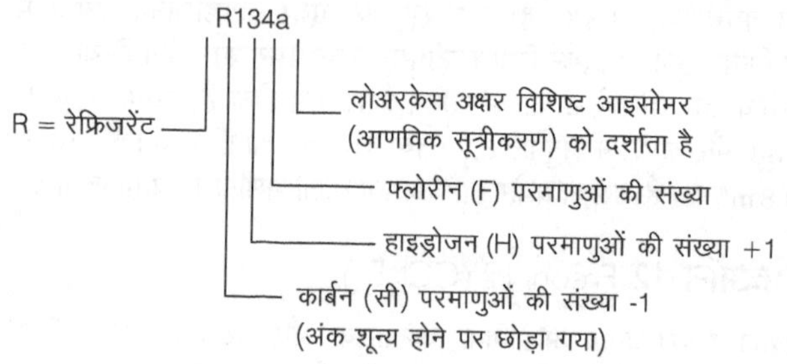

इसके स्थान पर R-134a पॉलीऑल एस्टर ऑयल (polyol easter oil) प्रयोग करना चाहिए।

यह तेल वायुमण्डलीय वातावरण से अधिक मात्रा में नमी को ग्रहण करता है, इसलिए इसके कम्प्रैसर को 15 मिनट से अधिक खुला नहीं रखना चाहिए। रेफ्रिजरेन्ट R-134a की विशिष्टताएँ निम्न तालिका में दर्शाई गई हैं

अणुभार = 44	हिमांक = – 56°.6°C
गुप्त ऊष्मा – 15°C पर 65.2 kcal/kg	एवैपोरेटर दाब -15°C = 23.7 kgf/cm^2
क्वथनांक = –775°C	विशिष्ट ऊष्मा 30°C पर 1.95 kcal/kg
विशिष्ट आयतन = 0.17 m^3/kg	कण्डेन्सिंग दाब 30°C पर = 11.5 kgf/cm^2

कुछ मुख्य रेफ्रिजरेन्ट्स के गुणधर्मों को निम्न तालिका में दर्शाया गया है

क्र.सं.	रेफ्रिजरेन्ट्स	रासायनिक सूत्र	गन्ध	ज्वलनशील	विषैला	सामान्य क्वथनांक °C	क्रान्तिक दाब प्रति वर्ग इंच एब्सॉल्यूट	गुप्त ऊष्मा 5°F पर (बीटीयू) में	दाब प्रति वर्ग इंच एब्सॉल्यूट 5°F	नॉर्मल क्वथनांक बिन्दु (NBP°C)
1.	अमोनिया	NH_3	तीव्र गन्ध	कम ज्वलनशील	अधिक	132.4	1651	565	34.27	–33.35
2.	सल्फर डाइ-ऑक्साइड	SO_2	तीव्र गन्ध	अज्वलनशील	अधिक	157.2	1141	172	11.8	–10.01
3.	कार्बन डाइ-ऑक्साइड	CO_2	गन्धहीन	अज्वलनशील	कम	31.0	1066	116	334.4	–78.52
4.	फ्रिऑन-11	CCl_3F	गन्धहीन	अज्वलनशील	कम	197.7	635	84	29.3	23.7
5.	फ्रिऑन-12	CCl_2F_2	मीठी गन्ध	अज्वलनशील	कम	112.04	582	69.5	26.6	–29.8
6.	फ्रिऑन-21	$CHCl_2F$	मीठी गन्ध	अज्वलनशील	कम	173.5	750	105.5	5.5	8.9
7.	फ्रिऑन-22	$CHClF_2$	मीठी गन्ध	अज्वलनशील	कम	96.0	716	93.5	43	–40.8
8.	फ्रिऑन-113	$C_2Cl_3F_3$	मीठी गन्ध	अज्वलनशील	कम	214.1	495	70.62	0.98	47.68
9.	फ्रिऑन-114	$C_2Cl_2F_4$	मीठी गन्ध	अज्वलनशील	कम	145.8	474	70	6.8	3.5
10.	फ्रिऑन-502	CHClF	नहीं	अज्वलनशील	नहीं	82.2	676	—	—	–45.6
11.	एच.एफ.सी. 134 A	$C_2H_2F_6$	नहीं	अज्वलनशील	नहीं	—	—	165.0	21.0	–26.1
12.	एच.सी. 600 A	$(CH_3)_3CH$	नहीं	ज्वलनशील	नहीं	133.7	—	405.0	—	–12.0

रेफ्रिजरेन्ट का टेम्परेचर ग्लाइड
Temperature Glide of Refrigerant

एक रेफ्रिजरेन्ट मिश्रण का कुल टेम्परेचर ग्लाइड संतृप्त वाष्प तापमान (saturation vapour temperature) और एक स्थिर दबाव पर संतृप्त तरल तापमान (saturated liquid temperature) के बीच तापमान अन्तर के रूप में परिभाषित किया गया है या एक स्थिर दबाव पर एक प्रणाली के भीतर एक रेफ्रिजरेन्ट फेज परिवर्तन के प्रारम्भिक और अन्तिम तापमान के बीच तापमान अन्तर है।

कण्डेन्सर और एवैपोरेटर दोनों में फेज बदलने पर कई रेफ्रिजरेन्ट मिश्रणों में टेम्परेचर ग्लाइड होता है। एवैपोरेटर में रेफ्रिजरेन्ट एक तरल से वाष्प में फेज बदलता है। कण्डेन्सर में, रेफ्रिजरेन्ट वाष्प से तरल में फेज बदलता है। रेफ्रिजरेन्ट मिश्रण टेम्परेचर ग्लाइड प्रदर्शित करते हैं, क्योंकि इनके संयोजन में एक से अधिक अणु उपस्थित होते हैं। चूँकि ये रेफ्रिजरेन्ट फेज परिवर्तन (एवैपोरेशन और कण्डेन्सर) को मिलाते हैं, इसलिए मिश्रण में अधिक या कम वाष्पशील घटक के अधिमान्य एवैपोरेशन या कण्डेन्सेशन द्वारा उनकी संरचना में परिवर्तन होता है। इस प्रक्रिया को मिश्रण अंशीकरण के रूप में जाना जाता है।

जब तरल रेफ्रिजरेन्ट एवैपोरेटर में उबलता है, तो तरल और वाष्प फेजों की संरचना भिन्न होती है। तरल फेज उच्च-क्वथनांक घटक में समृद्ध हो जाता है, क्योंकि निम्न-क्वथनांक घटक वाष्प फेज परिवर्तन में उबल जाते हैं। कण्डेन्सर में रेफ्रिजरेन्ट वाष्प कण्डेन्स होती है, वेयर फेज कम क्वथनांक घटकों में समृद्ध हो जाता है, क्योंकि रेफ्रिजरेन्ट के उच्च क्वथनांक घटक एक तरल के लिए कण्डेन्स हो जाते हैं, तो कण्डेन्सेशन होने पर तरल और वाष्प फेजों की संरचना भिन्न होती है।

रेफ्रिजरेन्ट्स के लाभ Advantages of Refrigerants

रेफ्रिजरेशन एवं एयर कण्डीशनिंग प्रणाली में अच्छे रेफ्रिजरेन्ट को उपयोग करने के निम्नलिखित लाभ हैं

(i) यह बड़े-बड़े रेफ्रिजरेशन संयन्त्रों में विद्यमान गैस के लीक होने की सम्भावना को दूर करता है।

(ii) इसकी हैण्डलिंग और कण्ट्रोलिंग सरल होती है तथा इसके प्रवाह के लिए कम आकार के पाइपों का प्रयोग होता है।

(iii) यह आवश्यक रेफ्रिजरेशन प्रभाव उत्पन्न करने की तुलना में गैस की अधिक मात्रा में उपयोग को भी बचाता है।

(iv) जितना तापमान एवैपोरेट द्वारा उत्पन्न किया जाता है, यह उस तापमान को पूर्णत: अवशोषित कर लेता है।

जैसा कि हम जानते हैं कि विभिन्न प्रकार के रेफ्रिजरेन्ट; जैसे—क्लोरोफ्लोरो कार्बन के प्रयोग से पृथ्वी की सुरक्षा कवच कही जाने वाली ओजोन परत में छिद्र हुए हैं, जिसके कारण सूर्य की पराबैंगनी किरणें पृथ्वी तक पहुँचकर खतरनाक बीमारियाँ उत्पन्न कर रही हैं। ओजोन परत के संरक्षण के लिए विभिन्न संस्थाएँ एवं नियम बनाए गए हैं, जिनका अध्ययन हम यहाँ पाठ्यक्रम के अनुसार करेंगे।

21.4 मॉण्ट्रियल प्रोटोकॉल Montreal Protocol

ओजोन परत (ozone layer) में क्षरण (erosion) एक विश्वव्यापी समस्या है, इस समस्या की दिशा में वैश्विक समुदाय ने भी सोचना प्रारम्भ किया और इस दिशा में विचार किया गया। मॉण्ट्रियल प्रोटोकॉल एक अन्तर्राष्ट्रीय अनुबन्ध (international agreement) है, जिसमें ओजोन परत का क्षरण

करने वाले तत्त्वों (ozone depleting potential, ODP) को एक विशिष्ट कार्यक्रम के अनुसार समाप्त करने का प्रस्ताव है। यह प्रोटोकॉल 16 सितम्बर, 1987 को बनाया गया तथा 1 जनवरी, 1989 को पूर्ण रूप से अस्तित्व में आया और अब तक 173 से भी अधिक देशों ने इस पर हस्ताक्षर किए हैं।

मॉण्ट्रियल प्रोटोकॉल का मुख्य उद्देश्य ओजोन परत को हानि पहुँचाने के लिए उत्तरदायी पदार्थों के उत्पादन एवं खपत में कमी लाना है। इस समझौते के अन्तर्गत वर्ष 1996 में विकासशील देशों में CFCs का उत्पादन तथा उपभोग बन्द कर दिया गया, जबकि 1 जनवरी, 1994 तक हैलॉन्स इससे पूर्व ही समाप्त किए जा चुके थे। CFCs (R-11, R-12), HBFCs, CTC तथा मिथाइल क्लोरोफार्म का प्रयोग भी 1 जनवरी, 1996 को निषिद्ध कर दिया गया।

भारत तथा अन्य विकासशील देशों में CFC-12 तथा CFC-11 रेफ्रिजरेन्ट का प्रयोग 1 जनवरी, 2010 से निषिद्ध कर दिया गया है। एयर कण्डीशनरों में सामान्य रूप से प्रयोग किया जाने वाला रेफ्रिजरेन्ट HCFC-22 भी 1 जनवरी, 2040 तक निषिद्ध कर दिया जाएगा।

21.5 ओजोन संरक्षण अधिनियम
Ozone Protection Rule

विभिन्न अन्तर्राष्ट्रीय संस्थाओं ने मिलकर ओजोन परत के संरक्षण के लिए कुछ नियम बनाए हैं, जिन्हें ओजोन संरक्षण अधिनियम कहते हैं। ये नियम निम्न प्रकार हैं

1. ओजोन नियम, 1996
2. ओजोन नियम, 2000

1. ओजोन नियम 1996 Ozone Rule 1996

मॉण्ट्रियल प्रोटोकॉल के अनुसार ओजोन नियम 1996 के मुख्य बिन्दु निम्नलिखित हैं

(i) ओजोन परत को हानि पहुँचाने वाले पदार्थों के आयात-निर्यात एवं उत्पादन पर पूर्णत: प्रतिबन्ध है।

(ii) ओजोन नियम वर्ष 1996 के अनुसार प्रत्येक देश का पर्यावरण मन्त्रालय, ओजोन परत को हानि पहुँचाने वाले पदार्थों का कोड निर्धारित करे तथा इनके विषय में लोगों को जागरूक करे।

(iii) इस नियम के अनुसार, कुछ विशेष कार्यों तथा शर्तों के साथ CFC को कम मात्रा में उपयोग किया जा सकता है (सेक्शन-8 एवं 9)।

(iv) इस नियम के अनुसार, ओजोन नियम वर्ष 1996 का पालन न करना अपराध माना जाएगा।

2. ओजोन नियम 2000 Ozone Rule 2000

ओजोन नियम 17 जुलाई, 2000 को बनाया गया था।

इस नियम के प्रमुख बिन्दु निम्नलिखित हैं

(i) इस नियम के अनुसार, किसी भी प्रकार के कम्प्रैसर के आयात-निर्यात व उत्पादन के लिए लाइसेंस लेना आवश्यक है।

(ii) ओजोन परत क्षरण के लिए उत्तरदायी पदार्थों के आयात-निर्यात एवं उत्पादन के लिए लाइसेंस लेना अनिवार्य है।

(iii) इस नियम के अनुसार, जो व्यक्ति ओजोन परत क्षरण के लिए उत्तरदायी पदार्थों का उत्पादन एवं खरीदने-बेचने का कार्य करता है। उसे अपने आयात-निर्यात एवं उत्पादन की एण्ट्री, सेक्शन-10 के भाग-1 के मानकों के अनुसार फाइल में करनी होगी।

(iv) सेक्शन-9 में व्यवसाय का रजिस्ट्रेशन कराना, रजिस्ट्रेशन निरस्त कराना तथा किसी कार्य के लिए अपील करने के सम्बन्ध में नियम, जानकारी एवं प्रक्रिया सम्मिलित है।

(v) इस नियम के अनुसार, वह व्यक्ति, जिसके पास वैध लाइसेंस नहीं है अथवा उसके व्यवसाय का रजिस्ट्रेशन नहीं है, न तो ओजोन परत क्षरण करने वाले पदार्थों को खरीद सकता है और न ही बेच सकता है।

(vi) ओजोन नियम 1996 के सेक्शन-6 में जिस देश का नाम उल्लिखित नहीं है, उस देश का कोई भी व्यक्ति ओजोन परत क्षरण के लिए उत्तरदायी पदार्थों को न तो आयात कर सकता है और न ही निर्यात कर सकता है।

(vii) ओजोन परत क्षरण करने वाले पदार्थों का आयात एवं निर्यात सेक्शन-6 में विनिर्दिष्ट देशों से ही करे।

21.6 CFC का वातावरण पर प्रभाव
Environmental Impact of CFC

CFC तथा अन्य रेफ्रिजरेन्ट वातावरण पर विभिन्न प्रभाव डालते हैं जिनका वर्णन निम्नवत् है

ओजोन अपक्षय विभव
Ozone Depleting Potential, ODP

ओजोन रिक्तीकरण के लिए यौगिकों की क्षमता स्पष्ट रूप से उनकी क्लोरीन/ब्रोमीन सामग्री और वातावरण में उनकी स्थिरता की अवधि के अनुसार भिन्न होती है। इस क्षमता को ओजोन रिक्तीकरण क्षमता (ODP) के रूप में जाना जाता है। ODP एक यौगिक में क्लोरीन के प्रतिशत भार और वातावरण में पहले जीवनकाल (स्थिरता) पर आधारित एक कारक है।

1980 के मध्य में यह स्पष्ट हो गया था कि CFC तथा HCFC रेफ्रिजरेन्ट जिसकी संरचना में क्लोरीन मुख्य तत्व के रूप में उपस्थित होती है। पृथ्वी के वातावरण के समताप मण्डल (stratosphere) में उपस्थित ओजोन परत (10 से 25 किलोमीटर) को अपक्षय करने के लिए मुख्य योगदान देती है।

CFC में यह खोज की गई थी कि फ्लोरीन परमाणु, जो सूर्य की पराबैंगनी किरणों के कारण समताप मण्डल में जो मुक्त होती है जिसके कारण ओजोन (O_3) को ऑक्सीजन (O_2) में परिवर्तित करते हुए रक्षण ओजोन परत का अपक्षय होता है। एक क्लोरीन परमाणु 100,000 ओजोन अणु (Molecules) को क्षतिग्रस्त करता है तथा किसी भी रेफ्रिजरेन्ट के ओजोन अपक्षय विभव (ODP) को CFC-11 के ODP के सन्दर्भ में व्यक्त किया जाता है। CFC-12 में 1.00 का ODP होता है जबकि HCFC-22 में 0.05 का ODP होता है।

ओजोन की परत पतली या अपक्षय (depletion) होती हुई, सूर्य से हानिकारक U V किरणों को पृथ्वी की सतह पर टकराने देती है तथा इसके कारण फसल की पैदावार तथा समुद्री जीवन को प्रभावित करने के अतिरिक्त नेत्र रोग, त्वचा कैंसर तथा रोग मुक्त निकाय हीन जैसे रोग हो सकते हैं। यह मानव जाति के लिए बड़ी धमकी है एवं भारत को सम्मिलित करते हुए 170 से अधिक देशों ने CFC को दूर करने के लिए सन्धि पर हस्ताक्षर किए है।

CFC भी 'ODS' (ozone depletion substance) समूह के अन्दर आते हैं, CFS हैलोन, आग बुझाने वाले यंत्रों में प्रयुक्त फोम, विलायक, CTC तथा मेथिल क्लोरोफॉर्म को भी सम्मिलित किया जाता हैं।

तालिका ओजोन अपक्षय पदार्थ

क्र. सं	ओजोन अपक्षय पदार्थों के नाम	ओजोन अपक्षय पदार्थों का रासायनिक संगठन	समूह	ओजोन अपक्षय विभव
1.	CFC - 11	Trichlorofluoromethane ($CFCl_3$)	I	1.0
2.	CFC - 12	Dichlorodifluromethane (CF_2Cl_2)	I	1.0
3.	CFC - 113	Trichlorotrifluoroethane ($C_2F_3Cl_3$)	I	0.8
4.	CFC - 114	Dichlorotetrafluoroethane ($C_2F_4Cl_2$)	I	1.0
5.	CFC - 115	Chloropentafluoroethane (C_2F_2Cl)	I	0.6
6.	Halon - 1211	Bromochlorodifluoromethane (CF_2BrCl)	II	3.0
7.	Halon - 1301	Bromotrifluoromethane (CF_3Br)	II	10.0
8.	Halon - 2402	Dibromotetrafluoroethane ($C_2F_4Br_2$)	II	6.0
9.	CFC - 13	Chlorotrifluoromethane (CF_3Cl)	III	1.0
10.	CFC - 111	Pentachlorofluoroethane (C_2FCl_5)	III	1.0
11.	CFC - 112	Tetrachlordifluoroethane ($C_2F_2Cl_4$)	III	1.0
12.	CFC - 211	Heptachlorofluoropropane (C_3FCl_7)	III	1.0
13.	CFC - 212	Hexachlorodifluoropropane ($C_3F_2Cl_6$)	III	1.0
14.	CFC - 213	Pentachlorotrifluropropane ($C_3F_3Cl_5$)	III	1.0
15.	CFC - 214	Tetrachlorotetrafluoropropane ($C_3F_4C_4$)	III	1.0
16.	CFC - 215	Trichloropentafluoropropane ($C_3F_5Cl_3$)	III	1.0
17.	CFC - 216	Dichlorophexafluoropropane ($C_3F_6Cl_2$)	III	1.0
18.	CFC - 217	Chloroheptafluoropropane (C_3F_7Cl)	III	1.0
19.	Carbon tetrachloride	Tetrachloromethane (CCl_4)	IV	1.1
20.	Methyl chloroform	1, 1, 1-Trichloroethane ($C_2H_3Cl_3$)	V	0.1
21.	HCFC - 21	Dichlorofluoromethane ($CHFCl_2$)	VI	0.04
22.	HCFC - 22	Dichlorodifluromethane (CHF_2Cl_2)	VI	0.055
23.	HCFC - 31	Chlorofluoromethane (CH_2FCl)	VI	0.02
24.	HCFC - 121	Tetrachlorodifluoroethane ($C_2HF_2Cl_4$)	VI	0.04
25.	HCFC - 122	Trichlorodifluoroethane ($C_2HF_2Cl_2$)	VI	0.08
26.	HCFC - 123	2,2-dichloro-l, l, l-trifluoroethane ($C_2HF_3Cl_2$)	VI	0.06
27.	HCFC - 123a	1.2-dichloro-l, 1,2-trifluoroethane ($CHCl_2CF_3$)	VI	0.02
28.	HCFC - 124	2-chloro-l, 1,1 ,2-trifluoroethane (C_2HF_4Cl)	VI	0.04
29.	HCFC - 124a	2-chloro-l, 1,2-triluoroethane ($CHFClCF_3$)	VI	0.022
30.	HCFC - 131	Trichlorofluoroethane ($C_2H_2FCl_3$)	VI	0.05
31.	HCFC - 132	Dichlorodifluoroethane ($C_2H_2F_2Cl_2$)	VI	0.05
32.	HCFC - 133	Chlorotrifluoroethane ($C_2H_3F_2Cl$)	VI	0.06
33.	HCFC - 141	Dichlorofluoroethane ($C_2H_3FCl_2$)	VI	0.07
34.	HCFC - 141b	1, 1-dichloro-1 fluoroethane (CH_3CFCl_2)	VI	0.11
35	HCFC - 142	Chlorodifluoroethane ($C_2H_3F_2Cl$)	VI	0.07
36.	HCFC - 142b	1-chloro-1,1 - difluoroethane (CH_3CF_2Cl)	VI	0.065
37.	HCFC - 151	Chlorofluoroethane (C_2H_4FCl)	VI	0.005
38.	HCFC - 221	Hexachlorodifluoropropane (C_3HFCl_6)	VI	0.07
39.	HCFC - 222	Pentachlorodifluoropropane ($C_3HF_3Cl_5$)	VI	0.09
40.	HCFC - 223	Tetrachlorotrifluoropropane ($C_3HF_3Cl_4$)	VI	0.08
41.	HCFC - 224	Trichlorotetrafluoropropane ($C_3HF_4Cl_3$)	VI	0.09
42.	HCFC - 225	Dichloropentafluoropropane ($C_3HF_5Cl_2$)	VI	0.07

क्र. सं	ओजोन अपक्षय पदार्थों के नाम	ओजोन अपक्षय पदार्थों का रासायनिक संगठन	समूह	ओजोन अपक्षय विभव
43.	HCFC - 225 ca	1,3-dichloro-1,2,2,3, 3 - pentafluoropropane (CF_3 CF_2CHCl_2)	VI	0.025
44.	HCFC - 225 cb	1,3 - dichloro - 1, 2, 2, 3, 3 - pentafluoropropane (CF_2ClCF_2CHClF)	VI	0.033
45.	HCFC - 226	Chlorohexafluoropropane (C_3HF_6Cl)	VI	0.10
46.	HCFC - 231	Pentachlorofluoropropane ($C_3H_2FCl_5$)	VI	0.09
47.	HCFC - 232	Tetrachlorodifluoropropane ($C_3H_2F_2Cl_4$)	VI	0.10
48.	HCFC - 233	Trichlorotrifluoropropane ($C_3H_2F_3Cl_3$)	VI	0.23
49.	HCFC - 234	Dichlorotetrafluoropropane ($C_3H_2F_4Cl_2$)	VI	0.28
50.	HCFC - 235	Chloropentafluoropropane ($C_3H_2F_5Cl$)	VI	0.52
51.	HCFC - 241	Tetrachlorofluoropropane ($C_3H_3FCl_4$)	VI	0.09
52.	HCFC - 242	Trichlorod ifluoropropane ($C_3H_3F_2Cl_3$)	VI	0.13
53.	HCFC - 243	Dichlorotrifluoropropane ($C_3H_3F_3Cl_2$)	VI	0.12
54.	HCFC - 244	Chlorotetratluoropropane ($C_3H_3F_4Cl$)	VI	0.14
55.	HCFC - 251	Trichlorofluoropropane ($C_3H_4FCl_3$)	VI	0.01
56.	HCFC - 252	Dichloroditluoropropane ($C_3H_4F_2Cl_2$)	VI	0.04
57.	HCFC - 253	Chlorotritluropropane ($C_3H_4F_3Cl$)	VI	0.03
58.	HCFC - 261	Dichlorotluoropropane ($C_3H_5FCl_2$)	VI	0.02
59.	HCFC - 262	Chlorodifluoropropane ($C_3H_5F_2Cl$)	VI	0.02
60.	HCFC - 271	Chlorofluoropropane (C_3H_6FCl)	VI	0.03
61.	BFC - 21 B2	Dibromofluorornethane ($CHFBr_2$)	VI	1.00
62.	HBFC - 22B1	Bromodifluoromethane (CHF_3Br)	VII	0.74
63.		Bromofluoromethane (CH_2FBr)	VII	0.73
64.		Tetrabromotluoroethane (C_2HFBr_4)	VII	0.8
65.		Tribromotluoroethane ($C_2HF_2Br_3$)	VII	1.8
66.	HBFC - 123B2 HBFC - 123aB2	Dibromotrifluorocthanc ($C_2HF_3Br_2$)	VII	1.6
67.	HBFC - 124aB1	Brornotetrafluorocthane (C_3HF_4Br)	VII	1.2
68.		Tribromotluoroethane ($C_3H_2FBr_3$)	VII	1.1
69.		Dibromodifluoroethane ($C_3H_2F_2Br_2$)	VII	1.5
70.		Brornotetrafluorocthane (C_3HF_4Br)	VII	1.6
71.		Dibrornofluorocthanc ($C_2H_3FBr_2$)	VII	1.7
72.	HBFC - 124B1	Bromodifluoroethane ($C_2H_3F_2Br$)	VII	1.1
73.	HBFC - 124B1	Bromotluoroethane (C_2H_4FBr)	VII	0.1
74.		Haxabromotluoropropane (C_3HFB_6)	VII	1.5
75.		Pentabromoditluoropropane ($C_3HF_2Br_5$)	VII	1.9
76.		Tetrabromotluoropropane ($C_3HF_3Br_4$)	VII	1.8
77.		Tribromotetrafluoropropane ($C_3HF_4Br_3$)	VII	2.2
78.		Dibrornopcntafluoropropane ($C_3HF_5Br_2$)	VII	2.0
79.		Bromohaxafluoropropane (C_3HF_6Br)	VII	3.3
80.		Pentabromofluoropropane ($C_2H_2FBr_5$)	VII	1.9
81.		Tetrabromcdifluoropropane ($C_3H_2F_2Br_4$)	VII	2.1
82.		Tribromotrifluoropropanc ($C_3H_2F_3Br_3$)	VII	5.6
83.		Dibrornotetrafluoropropane ($C_3H_2F_4Br_2$)	VII	7.5
84.		Bromopentatluoropropanc ($C_3H_2F_5Br$)	VII	1.4

क्र. सं	ओजोन अपक्षय पदार्थों के नाम	ओजोन अपक्षय पदार्थों का रासायनिक संगठन	समूह	ओजोन अपक्षय विभव
85.		Tetrabromofluoropropanc ($C_3H_3FBr_4$)	VII	1.9
86.		Tribromodifluoropropanc ($C_3H_3F_2Br_3$)	VII	3.1
87.		Dibromotrif1uoropropanc ($C_3H_3F_3Br_2$)	VII	2.5
88.		Bromotetratluoropropane ($C_3H_3F_4Br$)	VII	4.4
89.		Tribrornofluoropropane ($C_3H_4FBr_3$)	VII	0.3
90.		Dibromodif1uoropropane ($C_3H_4F_2Br_2$)	VII	1.0
91.		Bromotrifluoropropane ($C_3H_4F_3Br$)	VII	0.8
92.		Dibromofluoropropane ($C_3H_5FBr_2$)	VII	0.4
93.		Bromoditluoropropane ($C_3H_5F_2Br$)	VII	0.8
94.		Brornofluoropropane (C_3H_6FBr)	VII	0.7
95.	Methy bromide	(CH_3Br)	VII	0.6

ओजोन अपक्षय की क्रियाविधि Mechanism of Ozone depletion

ओजोन ऑक्सीजन का एक प्रकार है, ओजोन अणु में ऑक्सीजन के तीन परमाणु (O_3) होते हैं, जबकि ऑक्सीजन अणु केवल दो परमाणुओं (O_2) से बना होता है। ओजोन परत पृथ्वी के समताप मंडल में स्थित है, जो भूमध्य रेखा पर पृथ्वी की सतह से लगभग 11 किलोमीटर ऊपर और ध्रुवी पर 5 से 6 किलोमीटर होती है। ओजोन परत सूर्य की पराबैंगनी किरणों (ultra violet rays) को पर्याप्त रूप से अवशोषित करती है, इस प्रकार यूवी विकिरण की उच्च सांद्रता के हानिकारक प्रभावों से पृथ्वी पर जीवन के लिए एक सुरक्षात्मक कवच के रूप में कार्य करती है। यदि समताप मंडल में ओजोन परत की कमी होती है, तो पृथ्वी पर यूवी विकिरण की सान्द्रता बढ़ जाएगी। इसका परिणाम स्वास्थ्य संबंधी खतरे हो सकते हैं; जैसे-कि त्वचा कैंसर, गंभीर संक्रमण रोग, पर्यावरणीय समस्याएँ जैसे ग्लोबल वार्मिंग, ध्रुवीय बर्फ का पिघलना, समुद्र के स्तर का बढ़ना, सूखा आदि, जो पृथ्वी पर जीवन के लिए गंभीर चिंता का विषय है।

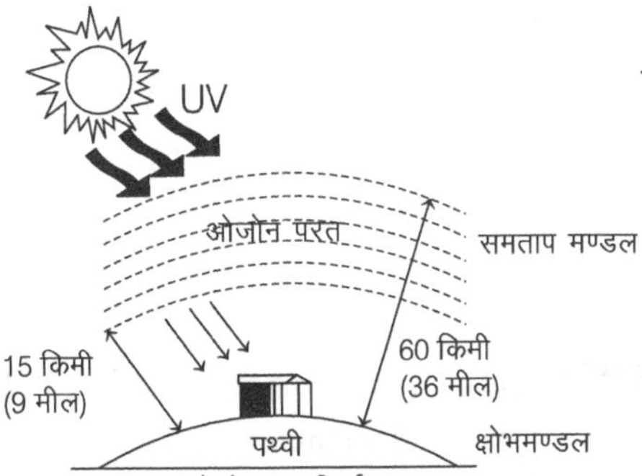

ओजोन का निर्माण

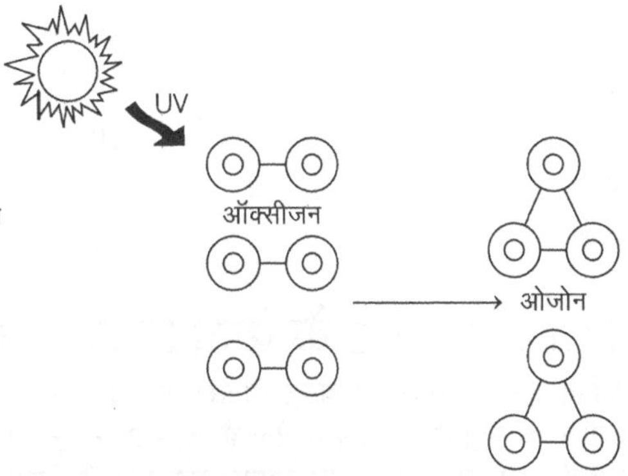

हैलोन (आग बुझाने के लिए प्रयुक्त) ब्रोमीन, फ्लोरीन और कार्बन, युक्त यौगिक होते हैं। CFCs के समान, हैलोन समताप मंडल में टूटकर ब्रोमीन मुक्त करते हैं। क्लोरीन की तुलना में ब्रोमीन ओजोन परत पर और भी अधिक विनाशकारी है।

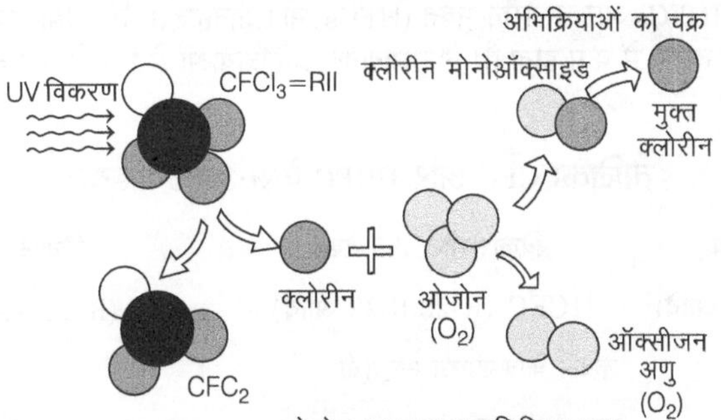

ओजोन अपक्षय का अभिक्रिया चक्र

क्लोरीन, फ्लोरीन और कार्बन से बने CFC रेफ्रिजरेन्ट का जीवनचक्र अधिक होता है, जो उनके संचय का पक्षधर है। CFC अन्य पदार्थों के साथ आसानी से प्रतिक्रिया नहीं करते हैं। वास्तव में वे केवल सूर्य के प्रकाश से ही टूटते हैं। जिससे क्लोरीन (Cl) निकलती है। एक क्लोरीन निकलने के बाद, यह ओजोन (O_3) के साथ प्रतिक्रिया करके क्लोरीन मोनोऑक्साइड (ClO) और ऑक्सीजन (O_2) बनाती है ($Cl + O_3 = ClO + O_2$)।

जब क्लोरीन मोनोऑक्साइड (ClO) का अणु ऑक्सीजन के एक अन्य अणु (O) से मिलता है तो, ऑक्सीजन अणु अन्य ऑक्सीजन अणु से क्रिया करके O_2 बनाता है। परिणामस्वरूप क्लोरीन पुन: प्राप्त होती है, जो क्लोरीन के उत्प्रेरक चक्र का निर्माण करते हुए ओजोन (O_3) के एक अन्य अणु को 'नष्ट' करती है।

$$ClO + O = Cl + O_2$$

CFC का औद्योगिक उत्पादन 1920 के दशक में शुरू हुआ, जिससे ओजोन परत में औसतन 3% की कमी आई। ग्लोबल वार्मिंग के लिए CFC तथा कम डिग्री के HCFC या HFC रेफ्रिजरेन्ट योगदान देते हैं। CFC में अतिरिक्त CO_2 मीथेन सल्फेन हैक्सा फ्लोराइड (SF 6), नाइट्रोजन ऑक्साइड तथा HFC जैसी गैसों को ग्लोबल वार्मिंग गैसों का नाम दिया गया है, जो भूमी की सतह से परिवर्तित कुछ सौर विकिरणों को अवशोषित करती है तथा इसके कारण पृथ्वी की सतह का तापमान बढ़ता है। इस घटना को ग्लोबल वार्मिंग (global warming) कहते हैं। ग्लोबल वार्मिंग के कारण बाढ़, असमान मौसम की स्थिति/परिवर्तन आदि होता है। किसी पदार्थ के ग्लोबल वार्मिंग विभव को कार्बन डाइऑक्साइड (CO_2) के सन्दर्भ में परिभाषित किया जाता है। R-12 का GWP 8500, R-11 का 7300, R22 का 1700 तथा R-134 A का 1300 है।

रेफ्रिजरेन्ट	(ODP)	(GWP)
R-11 Trichlorofluoromethane	1.0	400
R-12 Dichlorodifluoromethane	1.0	2400
R-13 B1 Bromotrifluoromethane	10	
R-22 Chlorodifluoromethane	0.05	1700
R-32 Difluoromethane	0	650
R-113 Trichlorotrifluioroethane	0.8	4800
R-114 Dichlorotetrafluoroethane	1.0	3.9
R-123 Dichlorotrifluoroethane	0.2	0.02
R-124 Chlorotetrafluoroethane	0.02	6.20
R-125 Pentafluoroethane	0	3400
R-134a Tetrafluoroethane	0	1300
R-143a Trifluoroethane	0	4300
R-152a Difluoroethane	0	120
R-245a Pentafluoropropane	0	

21.7 भारत में CFC/HCFC के फेज आउट चरण Phase Out Schedules of CFC/ HCFC in India

सूर्य से पृथ्वी द्वारा अवशोषित ऊष्मा का कुछ भाग वापस अंतरिक्ष में परावर्तित हो जाता है, जिससे पृथ्वी का तापमान एक निश्चित स्तर से ऊपर नहीं जा पाता है। जब गैसों की एक परत पृथ्वी के वायुमंडल को ढक लेती है, तो इनमें से कुछ गैसें परावर्तित ऊष्मा के भाग को रोक लेती हैं और इसके परावर्तन को वापस अंतरिक्ष में जाने से रोकती हैं। इससे पृथ्वी का औसत तापमान बढ़ जाता है, जिससे 'ग्लोबल वार्मिंग' हो जाती है। इसे ग्रीनहाउस प्रभाव के रूप में जाना जाता है और जो गैसें ऊष्मा को रोक लेती हैं, उन्हें ग्रीनहाउस गैसों के रूप में जाना जाता है। वातावरण में ग्रीनहाउस गैसों की उच्च सांद्रता से पृथ्वी गर्म होने लगती है। परिणामस्वरूप हानिकारक पारिस्थितिक परिवर्तन उत्पन्न होते हैं। वायुमंडल में मुख्य ग्रीनहाउस गैसें कार्बन डाइऑक्साइड (CO_2) मीथेन और माइट्रस ऑक्साइड हैं। सभी हैलोजेनेटेड रेफ्रिजरेंट्स में (CFCs,HCFCs और क्लोरीन मुक्त (HFCs भी) ग्रीनहाउस गैसें पायी गयी हैं। HCFCs जैसे R-22 और HFCs (जैसे R-134a) का वायुमंडलीय जीवन CFCs की तुलना में कम होता है। वे रासायनिक प्रतिक्रियाओं से निचले वातावरण में ही नष्ट हो जाते हैं और इसलिए उनके पास ODP और GWP मान कम होते हैं।

तालिका CFC और HCFC फेस-आउट शेड्यूल

फेज -आउट शेड्यूल	भारत और अन्य	विकासशील A5 देश	विकसित	देश
	CFC (R-11,R-12 आदि)	HCFC (R-22,R-23 आदि)	CFC (R-11, R-12 आदि)	HCFC (R-22,R-23 आदि)
नया उपकरण निर्माण	1 जनवरी, 2003	केवल फेज-डाउन अनुसूची		केवल फेज-डाउन अनुसूची
सेवा उद्देश्य	1 जनवरी , 2010	1 जनवरी, 2040		1 जनवरी, XXXX

नोट 1 जनवरी, 2010 का शेड्यूल 2008 के लिए प्रीपोन कर दिया गया और सीएफसी को अपने मूल शेड्यूल से पहले पूरी तरह से समाप्त कर दिया गया। HFCs (R-32,125 134a, 143a और उनके मिश्रण R404A, 407C और 410A) का उत्पादन। उपयोग मॉन्ट्रियल प्रोटोकॉल द्वारा विनियमित नहीं है, लेकिन अलग-अलग देशों द्वारा विनियमित किया जा सकता है।

मॉण्ट्रियल प्रोटोकॉल की वार्षिक मीटिंग में ओजोन परत क्षरण करने वाले पदार्थों (Ozone Depleting Substances, ODS) के फेज आउट के लिए नए-नए अनुबन्ध किए जाते हैं। भारत भी वर्ष 1992 में मॉण्ट्रियल प्रोटोकॉल पर हस्ताक्षर करके इसका सदस्य बन चुका है इसलिए भारत भी ओजोन परत क्षरण करने वाले पदार्थों; जैसे—CFC तथा HCFC के फेज आउट के लिए प्रतिबद्ध है। मॉण्ट्रियल प्रोटोकॉल की 19वीं मीटिंग में निम्नलिखित निर्णय हुए

1. बेस लेवल-2015 में CFC/HCFC की औसत उत्पादन एवं खपत करना।
2. फ्रीज उत्पादन के लिए 1 जनवरी, 2016 बेस लेवल तय करना।
3. विकसित देशों को वर्ष 2030 तथा विकासशील देशों को वर्ष 2040 तक CFC/HCFC के 100% फेज आउट लक्ष्य प्राप्त करना।

CFC/HCFC के फेज आउट के लिए भारत का लक्ष्य निम्न आरेख में प्रदर्शित है

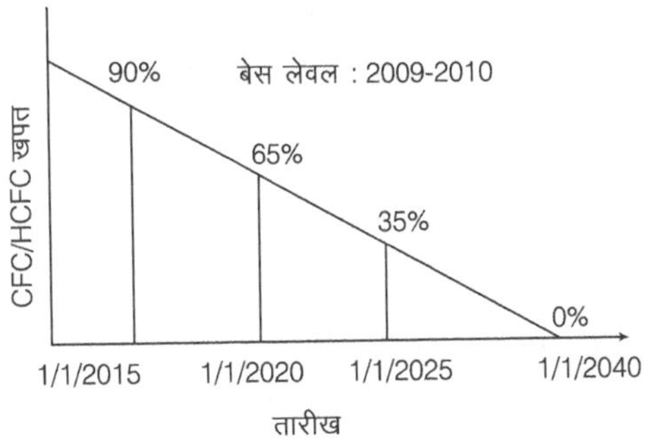

चित्र CFC/HCFC के फेज आउट के लिए भारत का लक्ष्य

22 मई, 2017 को भारत ने द्वितीय स्टेज का CFC/HCFC फेज आउट प्लान (plan) सैट किया है। इसके अन्तर्गत रेफ्रिजरेन्ट्स (CFC/HCFC) तथा अन्य ओजोन परत को हानि पहुँचाने वाले कारकों के स्थान पर अन्य रेफ्रिजरेन्ट, जो ओजोन परत को हानि न पहुँचाते हों, की खोज करने का प्रावधान है। CFC/HCFC के पूर्णरूप से फेज आउट के लिए वर्ष 2017 से वर्ष 2030 तक का समयान्तराल निर्धारित किया गया है। वर्तमान में CFC/HCFC विभिन्न व्यवसाओं; जैसे—रेफ्रिजरेशन, एयर कण्डीशनिंग तथा फोम उत्पादन में प्रयोग किया जा रहा है।

भारत पहले ही प्रोटोकॉल के अनुसार, सफलतापूर्वक कन्वेंशनल रेफ्रिजरेन्ट (CFCs व हैलोन) आदि का लक्ष्य के अनुसार फेज आउट कर चुका है। वर्तमान में HCFC को भारत धीरे-धीरे सफलतापूर्वक कम कर रहा है।

HCFC का पूर्णत: फेज आउट करने के पश्चात् भारत अगले स्टेज पर कार्य करेगा, जिसमें HFC का फेज आउट होगा। पिछले वर्ष किगाली (Kigali) में 195 देशों ने इस पर हस्ताक्षर किए हैं तथा HFC को भी धीरे-धीरे प्रतिबन्धित करने का अनुबन्ध किया।

HFC के द्वारा ओजोन परत को हानि नहीं पहुँचती, परन्तु यह वातावरण को दूषित करने का एक कारक है। भारत ने भी वर्ष 2024-2026 को बेस लेवल मानकर वर्ष 2047 तक HFC की खपत को 85% तक करने का अनुबन्ध किया है।

21.8 रेफ्रिजरेन्ट का रिसाव ज्ञात करने की विधियाँ Methods of Testing of Refrigerants Leakage

नोट *रिसाव ज्ञात करने की विधियों के अध्ययन के लिए पूर्व में दिये गये अध्याय-13 का अवलोकन करें।*

21.9 रेफ्रिजरेन्ट की निकासी एवं चार्जिंग Evacuation and Charging of Refrigerants

नोट *रेफ्रिजरेन्ट की निकासी एवं चार्जिंग के अध्ययन हेतु पूर्व में दिये गये अध्याय-13 का अवलोकन करें।*

21.10 CFC का विकल्प Substitute of CFC

प्रारम्भिक रेफ्रिजरेटरों एवं एयर कण्डीशनरों में रेफ्रिजरेन्ट के रूप में क्लोरोफ्लोरो कार्बन (CFC) का उपयोग किया जाता है। CFC में क्लोरीन होता है, जो वायुमण्डल में मिलकर ओजोन के साथ क्रिया कर लेता है तथा ऑक्सीजन का निर्माण करता है जिसके फलस्वरूप ओजोन परत में छिद्र हो जाता है।

ओजोन परत के क्षरण को रोकने के लिए विश्व के अधिकांश देशों ने मॉण्ट्रियल प्रोटोकॉल का सदस्य बनकर, CFC के उत्पादन व आयात-निर्यात, पर कुछ विशेष कार्यों को छोड़कर प्रतिबन्ध लगा दिया है।

CFC के विकल्प के रूप में अन्य रेफ्रिजरेन्ट्स हाइड्रोफ्लोरो कार्बन तथा हाइड्रोकार्बन का प्रयोग किया जाता है, इनका विवरण निम्न प्रकार है

1. हाइड्रोफ्लोरो कार्बन Hydrofluoro Carbon

HFC ज्वलनशील नहीं होते तथा इनमें ओजोन क्षरण करने की क्षमता शून्य है, किन्तु CFC की तुलना में इनका प्रयोग कठिन है, क्योंकि ये CFC, HCFC तथा HC रेफ्रिजरेन्ट के साथ प्रयोग किए जाने वाले खनिज तेलों के साथ अघुलनशील है, इसलिए HFC के साथ नए तेल, 'सिन्थेटिक पॉलिऑल एस्टर का प्रयोग किया जाता है। यह अधिक महँगा होता है तथा खनिज तेल की तुलना में नमी को सरलता से सोख लेता है।

2. हाइड्रोकार्बन Hydrocarbon

हाइड्रोकार्बन वातावरण के अनुकूल होते हैं। ये CFC जितना ही अच्छा कार्य करते हैं तथा इनके प्रयोग से विद्युत की खपत कम होती है। ये रेफ्रिजरेशन प्रणाली के अन्य अवयवों से क्रिया नहीं करते तथा प्रयोग किए जा रहे खनिज तेलों के साथ अच्छा कार्य करते हैं।

यद्यपि हाइड्रोकार्बन ज्वलनशील हैं, परन्तु इनका प्रयोग घरेलू और लघु व्यावसायिक उपकरणों के लिए किया जा सकता है।

टिप्पणी CFC रेफ्रिजरेन्ट्स के विकल्प के रूप में HCFC रेफ्रिजरेन्ट्स का उपयोग नहीं किया जाता है, क्योंकि HCFC में भी क्लोरीन होती है, जो ओजोन परत के लिए हानिकारक होती है।

निम्न तालिका में विभिन्न CFC रेफ्रिजरेन्ट के विकल्प दर्शाए गए हैं

क्र.सं.	रेफ्रिजरेन्ट	समूह	रासायनिक सूत्र	क्वथनांक (°C में)	ज्वलनशीलता
1.	R-32	HFC	CH_2F_2	–52.02	कम ज्वलनशील
2.	R-125	HFC	C_2HF_5	–48.55	अज्वलनशील
3.	R-134	HFC	$C_2H_2F_4$	–19.8	अज्वलनशील
4.	R-134a	HFC	CH_2FCF_3	–26.07	अज्वलनशील
5.	R-143a	HFC	CH_3CF_3	–47.35	कम ज्वलनशील
6.	R-152	HFC	$C_2H_4F_2$	30.7	ज्वलनशील
7.	R-152a	HFC	CHF_2CH_3	–24.02	कम ज्वलनशील
8.	R-245 fa	HC	$C_3H_3F_5$	14.9	ज्वलनशील
9.	R- 290 (प्रोपेन)	HC	C_3H_8	–42.1	ज्वलनशील
10.	R-404a	HFC	—	–46.22 / –45.47	—
11.	R-407c	HFC	CH_2F_2 / CHF_2CF_3	–43.63 / –36.63	—
12.	R-410a	HFC	—	–51.44 / –51.36	—
13.	R-507a	HFC	—	–46.74	—
14.	R-600a (आइसोब्यूटेन)	HC	$(CH_3)CH$	–11.67	ज्वलनशील
15.	R-717 (अमोनिया)	—	NH_3	–33.3	ज्वलनशील

21.11 रेफ्रिजरेन्ट्स की तुलना
Comparison of Refrigerants

रेफ्रिजरेन्ट्स के गुणों को ध्यान में रखते हुए, इनकी तुलना निम्न बिन्दुओं के आधार पर की जा सकती है

1. क्वथनांक एवं हिमांक के अनुसार
According to Boiling Point and Freezing Point

क्वथनांक बिन्दु तथा हिमांक बिन्दु के आधार पर रेफ्रिजरेन्ट्स की तुलना को निम्न तालिका द्वारा स्पष्ट किया गया है

क्र.सं.	रेफ्रिजरेन्ट	हिमांक (°C में)	क्वथनांक (°C में)
1.	R-11	– 111	23.77
2.	R-12	– 157.5	– 29.80
3.	R-21	– 135	8.92
4.	R-22	– 160	– 40.80
5.	R-30	– 96.6	39.80
6.	R-40	– 97.5	– 23.7
7.	R-717	– 77.8	– 33.3
8.	R-744	– 56.7	– 73.6

2. एवैपोरेटर एवं कण्डेन्सर दाब के अनुसार
According to the Evaporator and Condenser Pressure

एवैपोरेटर एवं कण्डेन्सर दाब के आधार पर रेफ्रिजरेन्ट्स की तुलना को निम्न तालिका के माध्यम से स्पष्ट किया गया है

क्र.सं.	रेफ्रिजरेन्ट	–15°C पर एवैपोरेटर दाब (बार में)	30°C पर कण्डेन्सर दाब (बार में)	कम्प्रैसन अनुपात
1.	R-11	0.202	1.261	6.24
2.	R-12	1.826	7.451	4.08
3.	R-21	0.362	2.154	5.95
4.	R-22	2.967	12.034	4.05
5.	R-30	0.081	0.731	9.06
6.	R-40	1.459	6.531	4.47
7.	R-113	0.068	0.542	8.02
8.	R-717	2.363	11.670	4.94
9.	R-744	22.90	71.930	3.14
10.	R-764	0.815	4.583	5.63

3. क्रान्तिक ताप व क्रान्तिक दाब के अनुसार
According to Critical Temperature and Critical Pressure

रेफ्रिजरेन्ट का वह उच्चतम तापमान, जिससे ऊपर रेफ्रिजरेन्ट को किसी भी दाब पर कण्डेन्स (condense) न किया जा सके, क्रान्तिक ताप कहलाता है। इसी प्रकार वह निम्नतम दाब जिस पर वाष्प रेफ्रिजरेन्ट को तरल में परिवर्तित किया जा सकता है, क्रान्तिक दाब कहलाता है।

विभिन्न रेफ्रिजरेन्ट के क्रान्तिक ताप व क्रान्तिक दाब को निम्न तालिका में दर्शाया गया है

क्र.सं.	रेफ्रिजरेन्ट	क्रान्तिक ताप (°C में)	क्रान्तिक दाब (किग्रा/ सेमी² में)
1.	R-11	198	43.8
2.	R-12	112	41.2
3.	R-21	178.5	51.65
4.	R-22	96	49.38
5.	R-30	216	44.14
6.	R-40	143	66.83
7.	R-113	214	34.14
8.	R-717	133	113.86
9.	R-744	31	73.8
10.	R-764	157	78.7

4. गुप्त ऊष्मा तथा विशिष्ट आयतन के अनुसार According to the Latent Heat and Specific Volume

गुप्त ऊष्मा तथा विशिष्ट आयतन के आधार पर विभिन्न रेफ्रिजरेन्ट्स की तुलना निम्न तालिका के माध्यम से स्पष्ट की गई है

क्र.सं.	रेफ्रिजरेन्ट	–15°C पर गुप्त ऊष्मा (किलो जूल/किग्रा में)	–15°C पर विशिष्ट आयतन (मी^{3} /किग्रा में)
1.	R-11	195.7	0.77
2.	R-12	159.0	0.091
3.	R-22	218.1	0.078
4.	R-30	377.7	3.12
5.	R-40	421.0	0.28
6.	R-113	164.5	1.7
7.	R-717	1316.5	0.51
8.	R-744	274.0	0.017
9.	R-764	394.7	0.401

5. निष्पादन गुणांक, शक्ति तथा परावैद्युत सामर्थ्य के अनुसार According to the Coefficient of Performance Power and Dielectric Strength

निष्पादन गुणांक, शक्ति तथा परावैद्युत सामर्थ्य के आधार पर विभिन्न रेफ्रिजरेन्ट्स की तुलना निम्न तालिका में स्पष्ट की गई है

क्र.सं.	रेफ्रिजरेन्ट	निष्पादन गुणांक	शक्ति (किलोवाट/टन)	परावैद्युत सामर्थ्य
1.	R-11	5.09	0.694	3
2.	R-12	4.70	0.746	2.4
3.	R-22	4.66	0.753	1.31
4.	R-30	4.90	0.716	1.11
5.	R-40	4.90	0.716	1.06
6.	R-113	4.92	0.716	2.6
7.	R-717	4.76	0.738	0.82
8.	R-744	2.56	1.372	0.88
9.	R-764	4.87	0.724	1.9

21.12 रेफ्रिजरेन्ट्स की नामपद्धति Nomenclature of Refrigerants

रेफ्रिजरेन्ट्स को अंग्रेजी के अक्षर 'R' के साथ कुछ अंक लिखकर व्यक्त किया जाता है; जैसे—R – 11, R – 12, R – 21, R – 22 आदि। रेफ्रिजरेन्ट्स की यह नामपद्धति अमेरिकन सोसायटी ऑफ हीटिंग तथा रेफ्रिजरेटिंग एण्ड एयर कण्डीशनिंग इंजीनियर्स (ASHRAE) द्वारा विकसित की गई है।

ASHRAE के अनुसार, रेफ्रिजरेन्ट्स की नामपद्धति को निम्न विधि द्वारा ज्ञात किया जाता है

$$\boxed{C_a H_b F_c Cl_d}$$

जहाँ, $b + c + d = 2a + 2$

a = कार्बन के परमाणुओं की संख्या
b = हाइड्रोजन के परमाणुओं की संख्या
c = फ्लोरीन के परमाणुओं की संख्या
d = क्लोरीन के परमाणुओं की संख्या

उपरोक्त सूत्र से a, b, c एवं d के मान ज्ञात करने के पश्चात् रेफ्रिजरेन्ट के संख्यात्मक प्रतीक को निम्न सूत्र द्वारा ज्ञात करते हैं

$$\boxed{R\,(a-1)\,(b+1)\,c}$$

नोट *R के पश्चात् दो अंक वाले रेफ्रिजरेन्ट मीथेन तथा तीन अंक वाले रेफ्रिजरेन्ट एथीन समूह के रेफ्रिजरेन्ट होते हैं। इस नामपद्धति को निम्न उदाहरणों की सहायता से भली-भाँति समझा जा सकता है।*

उदाहरण 1. ट्राई-क्लोरो मोनो-फ्लोरो मीथेन (CCl_3F) के लिए संख्यात्मक प्रतीक ज्ञात कीजिए।

हल ट्राई-क्लोरो मोनो-फ्लोरो मीथेन (CCl_3F) की $C_aH_bF_cCl_d$ से तुलना करने पर

$$a = 1, b = 0, c = 1, d = 3$$

रेफ्रिजरेन्ट का संख्यात्मक प्रतीक = $R(a-1)(b+1)c$

या $R(1-1)(0+1)1$ या $R11$ या $R-11$

उदाहरण 2. डाई-क्लोरो टेट्रा फ्लोरो ईथेन में 2 क्लोरीन परमाणु 4 फ्लोरीन परमाणु तथा हाइड्रोजन के शून्य परमाणु हैं, इस रेफ्रिजरेन्ट के लिए रासायनिक सूत्र एवं संख्यात्मक प्रतीक ज्ञात कीजिए।

हल ज्ञात है,

क्लोरीन परमाणुओं की संख्या (d) = 2
फ्लोरीन परमाणुओं की संख्या (c) = 4
हाइड्रोजन परमाणुओं की संख्या (b) = 0

$$b + c + d = 2a + 2 \text{ से}$$
$$0 + 4 + 2 = 2a + 2$$

या $2a = 4$ या $a = 2$

कार्बन परमाणुओं की संख्या $a = 2$

अतः इस रेफ्रिजरेन्ट का रासायनिक सूत्र $C_aH_bF_cCl_d$ से $C_2H_0F_4Cl_2$ या $C_2F_4Cl_2$ या $C_2Cl_2F_4$

तथा संख्यात्मक प्रतीक $R\,(a-1)\,(b+1)\,c$ से, $R-(2-1)\,(0+1)\,4$

या R - 114

उदाहरण 3. डाई-क्लोरो डाई-फ्लोरो मीथेन नामक रेफ्रिजरेन्ट में परमाणुओं की संख्या निम्न प्रकार है

(i) हाइड्रोजन परमाणुओं की संख्या (b) = 0
(ii) फ्लोरीन परमाणुओं की संख्या (c) = 2
(iii) क्लोरीन परमाणुओं की संख्या (d) = 2

इस रेफ्रिजरेन्ट का रासायनिक सूत्र एवं संख्यात्मक प्रतीक ज्ञात कीजिए।

हल ज्ञात है,

$b = 0, c = 2$ तथा $d = 2$

सूत्र $b + c + d = 2a + 2$ से

$0 + 2 + 2 + 2a + 2$

या $a = 1$

अतः रेफ्रिजरेन्ट का रासायनिक सूत्र,

$C_aH_bF_cCl_d$ द्वारा

$C_1H_0F_2Cl_2$ या CCl_2F_2

तथा रेफ्रिजरेन्ट का संख्यात्मक प्रतीक,

R-$(a - 1)(b + 1)c$ द्वारा,

R-$(1 - 1)(0 + 1)2$ या $R - 12$

उदाहरण 4. मीथेन (CH_4) के लिए संख्यात्मक प्रतीक ज्ञात कीजिए।

हल मीथेन (CH_4) के लिए,

$a = 1, b = 4, c = 0$ तथा $d = 0$

अतः मीथेन का संख्यात्मक प्रतीक

R-$(a - 1)(b + 1)c$ द्वारा

R-$(1 - 1)(4 + 1)0$ या R-50

उदाहरण 5. रेफ्रिजरेन्ट R-22 के लिए रासायनिक सूत्र ज्ञात कीजिए।

हल $\because$ R-22 में दो अंक हैं, इसलिए यह मीथेन समूह का रेफ्रिजरेन्ट है।

ज्ञात है, R-22

या R-(0) (2) (2)

या R-$(1 - 1)(1 + 1)2$

अतः यहाँ $a = 1, b = 1$ तथा $c = 2$ होगा

अब सूत्र $b + c + d = 2a + 2$ द्वारा

$1 + 2 + d = 2 \times 1 + 2$

या $d = 4 - 3 = 1$

अतः R-22 का रासायनिक सूत्र,

$C_aH_bF_cCl_d$ द्वारा $C_1H_1F_2Cl_1$ या $CHClF_2$

उदाहरण 6. रेफ्रिजरेन्ट R-134 के लिए रासायनिक सूत्र ज्ञात कीजिए।

हल $\because$ R-134 में तीन अंक हैं। इसलिए यह ईथेन समूह का रेफ्रिजरेन्ट है।

ज्ञात है, R-134 या R-$(2 - 1)(2 + 1)4$

अतः यहाँ $a = 2, b = 2$ तथा $c = 4$

सूत्र $b + c + d = 2a + 2$ द्वारा

$2 + 4 + d = 2 \times 2 + 2$

$d = 6 - 6 = 0$

अतः R-134 का रासायनिक सूत्र निम्न होगा

$C_aH_bF_cCl_d$ द्वारा

$C_2H_2F_4Cl_0$ या $C_2H_2F_4$

21.13 रेफ्रिजरेन्ट्स की हैण्डलिंग
Handling of Refrigerants

एक आदर्श रेफ्रिजरेन्ट अविषाक्त होना चाहिए। सभी गैसें शुद्ध हवा के सापेक्ष कम या अधिक विषाक्त होती है। जहाँ भी गैसों या अत्यधिक वाष्पशील तरल पदार्थों का उपयोग किया जाता है, वहाँ पर्याप्त वायु के संचरण की व्यवस्था हो, क्योंकि हवा में भी अविषाक्त गैसें घुटन प्रभाव पैदा कर सकती हैं। अतः रेफ्रिजरेन्टों की हैण्डलिंग बहुत ही सावधानीपूर्वक करनी चाहिए।

जब रेफ्रिजरेन्ट पर कार्य कर रहे हो तो निम्न बिन्दुओं पर ध्यान दीजिए

(i) जब अमोनिया और सल्फर डाइऑक्साइड युक्त मशीनों की मरम्मत , करते समय स्वीकृत गैस मास्क और चश्मे का उपयोग करना चाहिए, क्योंकि वाष्पीकृत रेफ्रिजरेन्ट विशेषकर अमोनिया और सल्फर डाई ऑक्साइड फेफड़ों और श्वासी अगों में जलन और रक्त संकुचन के साथ घातक खाँसी और घुटन उत्पन्न करते हैं।

(ii) तरल रेफ्रिजरेन्ट कन्टेनर से सम्बन्धित किसी भी चीज में उपस्थित गर्मी को निकाल सकता है। अतः यदि यह जम या ठण्डा हो गया है, तो रेफ्रिजरेन्ट के साथ सम्पर्क की स्थिति में, प्रभावित क्षेत्र का ध्यान रखा जाना चाहिए।

(iii) फ्रिऑन (R-12) और कार्बन डाइऑक्साइड के प्रभाव क्षेत्र में साँस ली जा सकती है।

रेफ्रिजरेन्ट सिलेण्डरों को संग्रहीत करना और सम्भालना
Storage and Handling Refrigerant Cylinder

रेफ्रिजरेन्ट सिलेण्डरों को क्षेत्रीय स्थिति में, किसी हवादार क्षेत्र में संग्रहीत करना चाहिए

देखभाल के साथ-साथ रेफ्रिजरेन्ट के सिलेण्डर को सम्भालना और निम्नलिखित सावधानियों का पालन करना अत्यन्त महत्त्वपूर्ण है

(i) सिलेण्डर को कभी भी अत्यधिक न भरें। जब भी रेफ्रिजरेन्ट को सिलेण्डर से या उसके अन्दर डिस्चार्ज (discharge) किया जाता है, तो सिलेण्डर का वजन और उसमें शेष रेफ्रिजरेन्ट का वजन रिकॉर्ड करें।

(ii) विभिन्न गैसों को एक सिलेण्डर में न मिलाएँ तथा इसका उपयोग अन्य रोलर्स, सपोर्ट के लिए न करें।

(iii) ध्यान रखें सिलेण्डर न गिरे तथा एक दूसरे से न टकराये।

(iv) सिलेण्डर को पकड़ने के लिए सुरक्षित प्लेटफॉर्म प्रदान किया जाता है, तो क्रेन का उपयोग किया जाता है।

(v) सिलेण्डर को सम्भालते समय उत्तेजक चुम्बक (excited magnet) का प्रयोग न करें।

(vi) वाल्व या सिलेण्डर के सुरक्षा उपकरणों के साथ कभी छेड़छाड़ न करें।

(vii) सिलेण्डर के वाल्वों को धीरे से खोलें। गैस निर्माता द्वारा प्रदान या अनुमोदित किए गए उपकरणों को छोड़कर कभी भी रिंच या अन्य औजारों का उपयोग न करें।

(viii) वाल्व की सुरक्षा के लिए प्रदान किए गए कैप को सिलेण्डर पर हमेशा रखना चाहिए, परन्तु जब सिलेण्डर का उपयोग न हो तो कैप को सिलेण्डर पर नहीं रखना चाहिए।

(ix) सुनिश्चित करें कि रेगुलेटरों पर थ्रेड या अन्य युक्तियाँ; जैसे-सिलेण्डर -वाल्व आउटलेट आदि उनके जैसी ही हैं।

(x) एक गैस के उपयोग के लिए प्रदान किए गये रेगुलेटर और गेज को अन्य गैस वाले सिलेण्डरों पर उपयोग नहीं करना चाहिए।

(xi) सिलेण्डर या वाल्व की मरम्मत या बदलने का प्रयास कभी न करें।

(xii) अत्यधिक ज्वलनशील पदार्थों (जैसे-तेल, गैसोलीन या अपशिष्ट) के पास सिलेण्डर को कभी न रखे।

(xiii) सिलेण्डरों को निरन्तर नमी, नमक के पानी या नमक के छीटों के सम्पर्क में नहीं रखना चाहिए।

(xiv) भ्रम से बचने के लिए भरे हुए और खाली सिलेण्डरों को अलग-अलग संग्रहीत करें।

(xv) सिलेण्डर को कटाई या अन्य घर्षण पैदा करने वाली वस्तुओं से सुरक्षित रखें।

महत्त्वपूर्ण बिन्दु

- रेफ्रिजरेन्ट एवैपोरेटर से ऊष्मा को अवशोषित करके कण्डेन्सर की सहायता से बाह्य वातावरण में छोड़ देता है।
- रेफ्रिजरेन्ट के रूप में सर्वप्रथम बर्फ व नमक का मिश्रण प्रयोग किया गया था।
- रेफ्रिजरेन्ट की ज्वलनशीलता को तीन ग्रेडों में विभक्त किया गया है।
- ऐसे रेफ्रिजरेन्ट, जो सीधे ही पदार्थों से ऊष्मा अवशोषित करके उन्हें ठण्डा करते हैं, प्राथमिक रेफ्रिजरेन्ट कहलाते हैं।
- हैलोकार्बन रेफ्रिजरेन्ट में फ्लोरीन, क्लोरीन अथवा ब्रोमीन में से एक या अधिक हैलोजन उपस्थित होते हैं।
- हैलोकार्बन रेफ्रिजरेन्ट को हाइड्रो क्लोरो-फ्लोरो कार्बन कहते हैं।
- विभिन्न रेफ्रिजरेन्टों को विविध अनुपात में मिलाकर एजियोट्रॉप्स बनाए जाते हैं।
- वे रेफ्रिजरेन्ट, जिन्हें प्रयोग करने से पूर्व प्राथमिक रेफ्रिजरेन्ट की सहायता से ठण्डा किया जाता है।
- यदि रेफ्रिजरेटिड स्थान का तापमान 0°C से कम बनाए रखने की आवश्यकता होती है, तो ब्राइन का प्रयोग द्वितीयक रेफ्रिजरेन्ट के रूप में किया जाता है।
- अमोनिया रेफ्रिजरेन्ट नाइट्रोजन और हाइड्रोजन का रासायनिक यौगिक है।
- सल्फर डाइ-ऑक्साइड नशीला और तेज गन्ध वाला रेफ्रिजरेन्ट है।
- फ्रिऑन-11 अज्वलनशील, अविषैले और जंग न लगने वाला रेफ्रिजरेन्ट है।
- फ्रिऑन-21 को डाइ-क्लोरो-फ्लोरो मीथेन कहते हैं।
- फ्रिऑन-22 का पूरा नाम मोनो क्लोरो डाइ-फ्लोरो मीथेन है।

महत्त्वपूर्ण प्रश्नोत्तरी

1. रेफ्रिजरेन्ट क्या है?

उत्तर रेफ्रिजरेशन एवं एयर कण्डीशनिंग प्रणाली में प्रयुक्त वह रासायनिक पदार्थ, जो ऊष्मा स्थानान्तरण का कार्य करता है, रेफ्रिजरेन्ट कहलाता है।

2. एवैपोरेटर एवं कण्डेन्सर में रेफ्रिजरेन्ट का दाब वायुमण्डलीय दाब से अधिक होने पर क्या प्रभाव पड़ेगा?

उत्तर एवैपोरेटर एवं कण्डेन्सर में रेफ्रिजरेन्ट का दाब वायुमण्डलीय दाब से अधिक होने पर इसमें रिसाव की समस्या उत्पन्न हो जाती है। अत: रेफ्रिजरेन्ट का दाब, एवैपोरेटर एवं कण्डेन्सर में वायुमण्डलीय दाब के समान होना चाहिए।

3. 0°C से नीचे तापमान को बनाए रखने के लिए रेफ्रिजरेशन प्रणाली में जल का उपयोग रेफ्रिजरेन्ट के रूप में क्यों नहीं किया जाता है?

उत्तर 0°C से नीचे तापमान को बनाए रखने के लिए रेफ्रिजरेशन प्रणाली में जल का उपयोग रेफ्रिजरेन्ट के रूप में नहीं किया जाता है, क्योंकि 0°C से नीचे जल बर्फ में परिवर्तित हो जाता है, जिस कारण रेफ्रिजरेन्ट एक स्थान से दूसरे स्थान तक प्रवाहित नहीं हो पाता है।

4. ब्राइन किसे कहते हैं?

उत्तर किसी लवण; जैसे–सोडियम क्लोराइड अथवा कैल्शियम क्लोराइड को जल में उचित अनुपात में मिलाने पर बना मिश्रण 'ब्राइन' कहलाता है। जल में लवण मिलाने पर मिश्रण का हिमांक कम हो जाता है।

5. अमोनिया के रिसाव की जाँच किस प्रकार की जाती है?

उत्तर अमोनिया के रिसाव की जाँच के लिए गन्धक की छड़ का प्रयोग किया जाता है। गन्धक, अमोनिया के सम्पर्क में आने पर सफेद धुआँ उत्पन्न करती है।

6. मॉण्ट्रियल प्रोटोकॉल क्या है?

उत्तर मॉण्ट्रियल प्रोटोकॉल एक अन्तर्राष्ट्रीय अनुबन्ध है, जिसमें ओजोन परत का क्षरण करने वाले तत्त्वों को एक विशिष्ट कार्यक्रम के अनुसार समाप्त करने का प्रस्ताव है।

7. CFC रेफ्रिजरेन्ट के विकल्प के रूप में HCFC रेफ्रिजरेन्ट का प्रयोग क्यों नहीं किया जाता है?

उत्तर CFC रेफ्रिजरेन्ट के विकल्प के रूप में HCFC रेफ्रिजरेन्ट का प्रयोग नहीं किया जाता है, क्योंकि HCFC में क्लोरीन होती है, जो ओजोन से क्रिया करके ऑक्सीजन उत्पन्न करती है, जिससे ओजोन परत का क्षरण होता है।

अभ्यास प्रश्न

परीक्षा प्रारूपी प्रश्न

बहुविकल्पीय

1. रेफ्रिजरेन्ट का हिमांक बिन्दु ………… होना चाहिए।
(a) निम्न (b) उच्च
(c) 0°C (d) इनमें से कोई नहीं

2. रेफ्रिजरेन्ट की श्यानता होनी चाहिए
(a) अधिक (b) कम
(c) कोई भी (d) 'a' और 'b' दोनों

3. एक आदर्श रेफ्रिजरेन्ट का कौन–सा आवश्यक गुण है?
(a) विषाक्त (b) विस्फोटक
(c) निम्न क्वथनांक (d) उच्च हिमांक

4. रेफ्रिजरेन्ट का कौन–सा भौतिक गुण है?
(a) टॉक्सीसिटी (b) मिजोसिबिलिटी
(c) फ्लैमेबिलिटी (d) थर्मल कण्डक्टिविटी

5. हैलोकार्बन में उपस्थित होता है
(a) क्लोरीन (b) कार्बन
(c) फ्लोरीन (d) ये सभी

6. हैलोकार्बन का अन्य नाम है
(a) क्लोरो-फ्लोरोकार्बन (b) फ्रिऑन समूह
(c) 'a' और 'b' दोनों (d) इनमें से कोई नहीं

7. ओजोन परत को हानि पहुँचाने वाला कारक है
(a) कार्बन (b) क्लोरीन
(c) फ्लोरीन (d) ये सभी

8. हाइड्रोकार्बन समूह के अन्तर्गत आने वाला रेफ्रिजरेन्ट है
(a) ईथेन (b) प्रोपेन
(c) ब्यूटेन (d) ये सभी

9. दो या दो से अधिक रेफ्रिजरेन्ट को निश्चित अनुपात में मिलाने से प्राप्त रेफ्रिजरेन्ट कहलाते हैं
(a) जियोट्रॉप्स (b) एजियोट्रॉप्स
(c) हैलोकार्बन (d) CFC

10. एजियोट्रॉप्स समूह का रेफ्रिजरेन्ट है
(a) R - 500 (b) R - 21
(c) R - 11 (d) R - 22

11. अकार्बनिक रेफ्रिजरेन्ट है
(a) पानी (b) अमोनिया
(c) कार्बन डाइऑक्साइड (d) ये सभी

12. असन्तृप्त कार्बनिक यौगिक रेफ्रिजरेन्ट कौन-सा है?
(a) ट्राई-क्लोरो एथिलीन (b) डाई-क्लोरो एथिलीन
(c) एथिलीन (d) ये सभी

13. सूची I का सूची II से मिलान कीजिए

	सूची I		सूची II
A.	ड्राइ-क्लोरो डाई-फ्लोरो मीथेन	(i)	हैलोकार्बन
B.	प्रोपेन	(ii)	हाइड्रोकार्बन
C.	कार्बन डाइऑक्साइड	(iii)	अकार्बनिक रेफ्रिजरेन्ट
D.	ट्राई-फ्लोरो मीथेन	(iv)	हाइड्रो फ्लोरो कार्बन

कूट
(a) A-(i); B-(ii); C-(iii); D-(iv)
(b) A-(i); B-(iii); C-(iv); D-(ii)
(c) A-(iv); B-(i); C-(ii); D-(iii)
(d) A-(iv); B-(iii); C-(ii); D-(i)

14. निम्न कथनों पर विचार कीजिए।
कथन I 1995 में CFC रेफ्रिजरेन्ट प्रतिबन्धित हो गए थे।
कथन II CFC के प्रतिबन्धित होने के पश्चात् HFC का प्रयोग अधिक किया जाने लगा।
उपरोक्त कथनों में से कौन-सा/से कथन सही है/हैं?
(a) कथन I सही है
(b) कथन II सही है
(c) कथन I और II दोनों सही हैं
(d) कथन I और II दोनों गलत हैं

15. निम्न में से द्वितीयक रेफ्रिजरेन्ट है
(a) ट्राई-फ्लोरो मीथेन (b) प्रोपेन
(c) अमोनिया (d) ब्राइन

16. सेकण्डरी रेफ्रिजरेन्ट कौन-सा है?
(a) HC (b) H_2O
(c) HFC (d) HCFC

17. 0°C से ऊपर तापमान बनाए रखने के लिए किस रेफ्रिजरेन्ट का प्रयोग किया जाता है?
(a) अमोनिया (b) पानी
(c) ब्राइन (d) ये सभी

18. सोडियम क्लोराइड अथवा कैल्शियम क्लोराइड को जल में मिलाने पर इसका जमाव बिन्दु ············ हो जाता है।
(a) कम (b) अधिक
(c) कोई प्रभाव नहीं पड़ता (d) पहले बढ़ता है, फिर घटता है

19. ब्राइन का हिमांक जिस तापमान पर सबसे कम होता है, वह तापमान कहलाता है
(a) क्रान्तिक तापमान (b) विशिष्ट तापमान
(c) यूटेक्टिक तापमान (d) इनमें से कोई नहीं

20. कैल्शियम क्लोराइड ब्राइन की यूटेक्टिक सान्द्रता होती है
(a) 0.324 (b) 0.233
(c) 3.24 (d) 2.33

21. निम्न कथनों पर विचार कीजिए
कथन I एण्टिफ्रीज उपयोग के समय वाष्पित नहीं होते हैं।
कथन II एण्टिफ्रीज कम्प्रैसर के लिए स्नेहक का कार्य भी करते हैं।
उपरोक्त कथनों में से कौन-सा/से कथन सही है/हैं?
(a) कथन I सही है।
(b) कथन II सही है।
(c) कथन I और II दोनों सही हैं।
(d) कथन I और II दोनों गलत हैं।

22. सूची I का सूची II से मिलान कीजिए

	सूची I		सूची II
A.	ब्राइन	(i)	सोडियम क्लोराइड
B.	एण्टिफ्रीज	(ii)	प्रोपेलीन ग्लाइकोल
C.	अमोनिया	(iii)	कम विस्फोटक
D.	सल्फर डाइऑक्साइड	(iv)	अविस्फोटक

कूट
(a) A-(i); B-(ii); C-(iii); D-(iv)
(b) A-(i); B-(iv); C-(ii); D-(iii)
(c) A-(ii); B-(i); C-(iii); D-(iv)
(d) A-(ii); B-(i); C-(iv); D-(iii)

23. अमोनिया का रासायनिक सूत्र है
(a) NH_3 (b) NaCl (c) NH_4 (d) NaOH

24. अमोनिया निम्न में से किस धातु पर जंग का प्रभाव डालती है?
(a) ताँबा (b) पीतल
(c) स्टील (d) 'a' और 'b' दोनों

25. 1 बार कितने वायुमण्डलीय दाब के बराबर होता है?
(a) 1 बार $= 10\frac{kN}{cm^2}$ (b) 1 बार $= 10\frac{kN}{mm^2}$
(c) 1 बार $= 10\frac{N}{cm^2}$ (d) 1 बार $= 10\frac{N}{mm^2}$

26. सल्फर डाइऑक्साइड को ············ के समीप ले जाने पर सफेद धुआँ निकलता है।
(a) क्लोरीन (b) कार्बन
(c) फ्लोरीन (d) अमोनिया

27. फ्रिऑन-21 का रासायनिक नाम क्या है?
(a) मोनो-क्लोरो ट्राई-फ्लोरो मीथेन
(b) डाइ-क्लोरो डाई फ्लोरो मीथेन
(c) डाइ-क्लोरो मोनो-फ्लोरो मीथेन
(d) उपरोक्त में से कोई नहीं

28. निम्न कथनों पर विचार कीजिए
कथन I ओजोन परत क्षरण के लिए उत्तरदायी पदार्थों के आयात-निर्यात एवं उत्पादन के लिए लाइसेंस लेना अनिवार्य है।
कथन II ओजोन नियम 2000 के अनुसार ओजोन परत क्षरण करने वाले पदार्थों का आयात-निर्यात सेक्शन-6 में विनिर्दिष्ट देशों से ही करें।
उपरोक्त कथनों में से कौन-सा/से कथन सही है/हैं?
(a) कथन I सही है (b) कथन II सही है
(c) कथन I और II दोनों सही हैं (d) कथन I और II दोनों गलत हैं

29. रेफ्रिजरेन्ट CFC-11 की ओजोन सम्भावित रिक्तिकरण है?
(a) 1.05 (b) 1.00
(c) 0.08 (d) 0.05

30. विकसित देशों के लिए HCFC का फेज आउट लक्ष्य कब तक का है?
(a) वर्ष 2030 (b) वर्ष 2040
(c) वर्ष 2045 (d) वर्ष 2025

31. CFC के विकल्प के रूप में प्रयुक्त नहीं होता है
(a) HFC (b) HC
(c) HCFC (d) इनमें से कोई नहीं

32. कौन-सा कारक सार्थक सफाई एजेन्ट है, जो ODP को बढ़ने नहीं देता है?
(a) पेट्रोल (b) केरोसीन
(c) ट्राई-क्लोरो एथीलीन (d) कार्बन टेट्रा-क्लोराइड

33. सल्फर डाइऑक्साइड के सिलेण्डर का रंग होता है
(a) सफेद (b) काला
(c) नीला (d) हरा

34. सूची I का सूची II से मिलान कीजिए

	सूची I (रेफ्रिजरेन्ट)		सूची II (सिलेण्डर का रंग)
A.	अमोनिया	(i)	हल्का नीला
B.	मिथाइल क्लोराइड	(ii)	नारंगी
C.	फ्रिऑन-12	(iii)	सफेद
D.	फ्रिऑन-22	(iv)	हरा
E.	फ्रिऑन-113	(v)	बैंगनी

कूट
(a) A-(i); B-(ii); C-(iii); D-(iv); E-(v)
(b) A-(i); B-(iv); C-(v); D-(ii); E-(iii)
(c) A-(iii); B-(iv); C-(v); D-(ii); E-(i)
(d) A-(iii); B-(ii); C-(iv); D-(i); E-(v)

35. रेफ्रिजरेन्ट R-22 किस समूह के अन्तर्गत आता है?
(a) ईथेन (b) मीथेन
(c) जियोट्रॉपिक (d) एजियोट्रॉपिक

36. एक आदर्श रेफ्रिजरेंट के लिए कौन-सी गुण वांछनीय है?
(a) उच्च क्वथनांक (b) उच्च हिमांक
(c) उच्च स्पेसिफ्यू वोल्यूम (d) उच्च गुप्त ऊष्मा मान

37. R290 रेफ्रिजरेंट की श्रेणी क्या है?
(a) हेलोकार्बन (b) एजोट्रोप
(c) हाइड्रोकार्बन (d) कार्बनिक यौगिक

38. प्राथमिक रेफ्रिजरेन्ट द्वारा किस प्रकार की ऊष्मा अवशोषित की जाती है
(a) सम्पूर्ण ऊष्मा (b) गुप्त ऊष्मा
(c) विशिष्ट ताप (d) संवेदी गर्मी

39. रिटरनेबल सर्विस सिलेण्डर में रेफ्रिजरेंट की अधिकतम क्षमता कितनी भरी जानी है?
(a) 95% तक (b) 90% तक
(c) 85% तक (d) 80% तक

40. रेफ्रिजरेन्ट की पहचान के लिए कौन-सी अन्तर्राष्ट्रीय एजेंसी नम्बरिंग प्रणाली का मानकीकरण करती है
(a) ASHRAE (b) ISHRAE (c) DW142 (d) ISO

41. R134 a रेफ्रिजरेन्ट का ओजोन की अवक्षय क्षमता क्या है?
(a) 0 (b) 1 (c) 2 (d) 3

42. R502 रेफ्रिजरेन्ट की श्रेणी क्या है?
(a) एजोट्रोप (b) हैलोकार्बन
(c) हाइड्रोकार्बन (d) कार्बनिक यौगिक

43. ग्रीन हाउस गैस कौन-सी है?
(a) वायुमण्डलीय वायु की ऑक्सीजन
(b) हवा में क्लोरो-फ्लोरो कार्बन
(c) वायुमण्डलीय हीलियम
(d) वायुमण्डलीय नियॉन

44. GWP के लिए मूल सन्दर्भ के रूप में कौन-सी गैस को लिया जाता है?
(a) SO_2 (b) CO_2 (c) NH_3 (d) AIR

45. R407c रेफ्रिजरेन्ट की श्रेणी क्या है?
(a) एजोट्रोप (b) जिओट्रोप
(c) अकार्बनिक (d) कार्बनिक

46. R22 रेफ्रिजरेन्ट का सिलेण्डर रंग कोड क्या है
(a) सफेद (b) हरा (c) आर्किड (d) नारंगी

47. वायुमण्डल में ओजोन परत कहाँ मौजूद है?
(a) मध्यमण्डल (b) समतापमण्डल
(c) आयनमण्डल (d) क्षोभ मण्डल

48. निम्न में से कौन अकार्बनिक रेफ्रिजरेन्ट का उदाहरण है?
(a) R170 (b) R500
(c) R630 (d) R717

49. गुप्त उष्मा तथा संवेदी उष्मा के अवशोषण रेफ्रिजरेन्ट को कैसे वर्गीकृत किया जाता है?
(a) प्राथमिक और द्वितीयक (b) कार्बनिक और अकार्बनिक
(c) जियोट्रोपिक और एजोट्रोपिक (d) हैलोकार्बन और हाइड्रोकार्बन

50. कौन–सा रेफ्रिजरेन्ट ओजोन परत के लिए निष्क्रिय है?
(a) R12 (b) R13 (c) R22 (d) R134a

51. R 134a का नम्बर 4 क्या दर्शाता है?
(a) हाइड्रोजन परमाणुओं की संख्या
(b) क्लोरीन परमाणुओं की संख्या
(c) कार्बन परमाणुओं की संख्या
(d) फ्लोरीन परमाणुओं की संख्या

52. कौन–सा पदार्थ गर्मी को अवशोषित करता है और सीधे ठोस से वाष्प तक अपनी स्थिति बदलता है?
(a) बर्फ (b) सूखी बर्फ
(c) प्राथमिक रेफ्रिजरेंट (d) द्वितीयक रेफ्रिजरेंट

53. रेफ्रिजरेंट रिकवरी के लिए प्रभावी तरीका कौन–सा है?
(a) कण्डेंसिंग यूनिट (b) चार्ज माइग्रेशन
(c) पुश पुल रिकवरी (d) सिस्टम के कम्प्रैसर का उपयोग

54. रिकवरी विधि का प्रकार क्या है?

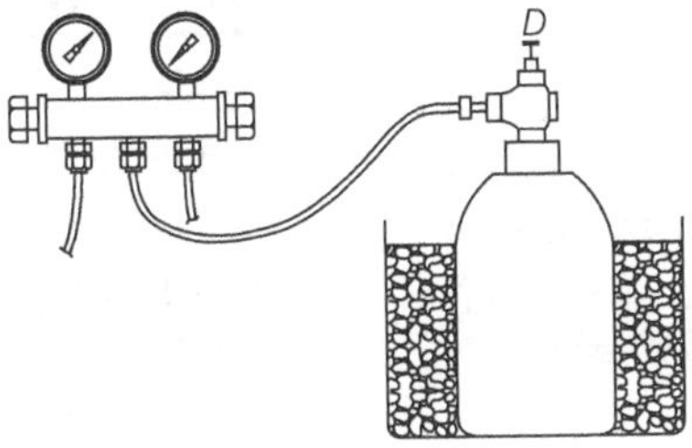

(a) सक्रिय विधि
(b) निष्क्रिय विधि
(c) चार्ज माइग्रेशन विधि
(d) सिस्टम की कम्प्रैसर विधि का उपयोग

55. अकार्बनिक रेफ्रिजरेंट के संख्यात्मक पद कैसे निर्धारित किए जाते हैं?
(a) यौगिक के आणविक द्रव्यमान को 700 से विभाजित करें
(b) यौगिक के आणविक द्रव्यमान से 700 गुणा
(c) यौगिक के 700 आणविक द्रव्यमान के जोड़ना
(d) यौगिक के आणविक द्रव्यमान से 700 घटाना

56. R-134A में कितने हाइड्रोजन परमाणु मौजूद हैं?
(a) एक (b) दो (c) चार (d) तीन

57. वाष्प सम्पीडन चक्र में किस रेफ्रिजरेन्ट का उपयोग किया जाता है?
(a) द्वितीयक प्रशीतक (b) प्राथमिक प्रशीतक
(c) नमकीन घोल (d) पानी

58. रेफ्रिजरेन्ट सिलेण्डर के भण्डारण के लिए कौन–सी स्थिति सुरक्षित है?
(a) उल्टा (b) क्षैतिज (c) झुका (d) अपराइट

59. रेफ्रिजरेन्ट सिलेण्डर के सार्वभौमिक रंग कोडिंग का क्या फायदा है?
(a) पहचान करने में आसानी
(b) अच्छी उपस्थिति
(c) सिलेण्डर पर जंग का रोकथाम
(d) सिलेण्डर को अतिरिक्त ताकत प्रदान करना

60. उस प्रक्रिया का नाम क्या है जो उपयोग किए गए रेफ्रिजरेन्ट को नए उत्पाद में बदलता है?
(a) रिकवरी (b) रि-साइकिल (c) रिक्लेम (d) उत्पादन

61. HCFC 22 रेफ्रिजरेन्ट पुनर्नवीनीकरण किया जाता है?
(a) उत्पादन की लागत घटाकर
(b) एक ही स्नेहक का उपयोग करके
(c) पर्यावरण के ODP और GWP का कम करके
(d) RAC प्रणालियों की दक्षता में वृद्धि करके

62. विभिन्न रेफ्रिजरेन्ट के लिए यूनिवर्सल नम्बरिंग सिस्टम क्यों अपनाया जाता है?
(a) रेफ्रिजरेन्ट के नामों की पहचान करना
(b) स्नेहक संयोजन को मिलाते हुए
(c) सुखाने की मशीन संयोजन फिक्सिंग
(d) सिस्टम को पहचानें

63. HCFC रेफ्रिजरेन्ट को वायुमण्डल में छोड़ने का क्या प्रभाव है?
(a) ODP और GWP को बढ़ाता है
(b) GWP और ODP को घटाता है
(c) TEWI घटाता है
(d) TEWI के लिए निष्क्रिय

64. HFC रेफ्रिजरेन्ट को वायुमण्डल में छोड़ने का क्या प्रभाव है?
(a) ग्लोबल वार्मिंग क्षमता को बढ़ाए
(b) ओजोन घटने की क्षमता में वृद्धि
(c) ग्रीन हाउस प्रभाव में कमी
(d) जल प्रदूषण में सुधार

उत्तरमाला

1. (a)	2. (b)	3. (c)	4. (d)	5. (d)	6. (c)	7. (b)	8. (d)	9. (b)	10. (a)
11. (d)	12. (d)	13. (a)	14. (c)	15. (d)	16. (b)	17. (b)	18. (a)	19. (c)	20. (a)
21. (c)	22. (a)	23. (a)	24. (d)	25. (c)	26. (d)	27. (c)	28. (c)	29. (b)	30. (a)
31. (c)	32. (c)	33. (b)	34. (a)	35. (b)	36. (d)	37. (c)	38. (b)	39. (d)	40. (a)
41. (a)	42. (a)	43. (b)	44. (b)	45. (b)	46. (b)	47. (b)	48. (d)	49. (a)	50. (d)
51. (d)	52. (b)	53. (c)	54. (c)	55. (c)	56. (b)	57. (b)	58. (d)	59. (a)	60. (c)
61. (c)	62. (a)	63. (a)	64. (a)						

अध्याय 22

रेट्रोफिटिंग एवं थर्मल इन्सुलेशन

Retrofitting and Thermal Insulation

परिचय Introduction

रेफ्रिजरेशन एवं एयर कण्डीशनिंग (RAC) प्रणाली में रेफ्रिजरेन्ट की कमी तथा रेफ्रिजरेन्ट के वातावरण पर हानिकारक प्रभाव के कारण पुरानी रेफ्रिजरेशन प्रणाली में बदलाव की आवश्यकता हुई। पुरानी रेफ्रिजरेशन प्रणाली में बदलाव करने के पश्चात् इसे उपयोग योग्य बनाने की प्रक्रिया को 'रेट्रोफिटिंग' कहते हैं। ऊष्मा सदैव उच्च तापमान से निम्न तापमान की ओर प्रवाहित होती है। RAC प्रणाली में रेफ्रिजरेटिड स्थान (refrigerated space) की ओर ऊष्मा के प्रवाह को रोकना अति आवश्यक है। RAC प्रणाली में प्रयोग किए जाने वाले ऐसे पदार्थ जो रेफ्रिजरेटिड स्थान पर बाह्य ऊष्मा के प्रवाह में बाधा उत्पन्न करते हैं, थर्मल इन्सुलेशन (thermal insulation) कहलाते हैं। इस अध्याय में हम RAC प्रणाली की रेट्रोफिटिंग तथा थर्मल इन्सुलेटिंग पदार्थों का अध्ययन करेंगे।

अध्याय विषय सूची

22.1 रेट्रोफिटिंग Retrofitting

दोषपूर्ण रेफ्रिजरेशन सिस्टम में आवश्यकतानुसार यान्त्रिक फिटिंग को बदलकर, सुरक्षा नियमों का पालन करते हुए CFC रेफ्रिजरेटर को चार्जड HFC 134a रेफ्रिजरेटर सिस्टम से बदलने की प्रक्रिया रेट्रोफिटिंग कहलाती है। इसके अन्तर्गत पुराने तथा वातावरण के लिए हानिकारक पदार्थों को आधुनिकता के अनुसार परिवर्तित किया जाता है। इससे सिस्टम की दक्षता तथा कार्यकाल में वृद्धि हो जाती है। पुराने RAC प्रणाली में CFC तथा HCFC समूह के रेफ्रिजरेन्ट प्रयोग किए जाते थे, जोकि ओजोन परत के क्षरण के लिए उत्तरदायी हैं। मॉण्ट्रियल प्रोटोकॉल के अन्तर्गत CFC तथा HCFC को प्रतिबन्धित किए जाने के पश्चात् अन्य नए रेफ्रिजरेन्ट्स का उपयोग किया जाने लगा तथा इसके लिए RAC प्रणाली की रेट्रोफिटिंग की जाती है।

रेट्रोफिटिंग को निम्न तीन श्रेणियों में विभाजित किया जा सकता है

(i) **ड्रॉप-इन रेट्रोफिटिंग** (Drop-in retrofitting) रेट्रोफिटिंग की इस श्रेणी के अन्तर्गत रेफ्रिजरेशन प्रणाली में बिना किसी बदलाव के सूखी नाइट्रोजन से रेफ्रिजरेशन प्रणाली को फ्लश अथवा साफ किया जाता है। इसके अतिरिक्त इसमें उपयुक्त मात्रा में रेफ्रिजरेन्ट को चार्ज किया जाता है। कुछ मिनरल लुब्रीकेटिंग ऑयल के स्थान पर पॉलीऑल एस्टर अथवा पॉली एल्केलाइन ग्लाइकोल प्रयोग किए जाते हैं।

(ii) **सरल/किफायती रेट्रोफिटिंग** (Easy/economical retrofitting) रेट्रोफिटिंग की इस श्रेणी में रेफ्रिजरेशन प्रणाली के केवल कुछ असंगत (incompatible) भाग; जैसे—ऑयल रिंग, फिल्टर ड्रायर तथा गैस्केट ही बदले जाते हैं।

(iii) **इंजिनियर्ड रेट्रोफिटिंग** (Engineered retrofitting) रेट्रोफिटिंग की इस श्रेणी में रेफ्रिजरेशन प्रणाली के मुख्य भाग; जैसे—कम्प्रैसर, एक्सपेंशन वाल्व, एवैपोरेटर, कण्डेन्सर आदि बदले जाते हैं।

रेट्रोफिटिंग की आवश्यकता
Need of Retrofitting

रेट्रोफिटिंग से आशय किसी निर्धारित प्रक्रिया में उसके दोषों का निरीक्षण कर, उनका दोषोपचार करने से है तथा रेफ्रिजरेशन में रेट्रोफिटिंग से तात्पर्य इस प्रक्रिया के दोषपूर्ण अवयवों को बदलने तथा किन्हीं कारणों से घातक रेफ्रिजरेन्ट्स को अनुप्रयोगों के अनुरूप बदलकर, रेफ्रिजरेशन सिस्टम को स्वच्छ एवं सुरक्षित कर देने से है। अधिक लम्बी अवधि तक रेफ्रिजरेशन प्रणाली का उपयोग करने के उपरान्त इस प्रणाली के कुछ दोष व उनके कारण सामने आए हैं, जिस कारण इस प्रणाली की रेट्रोफिटिंग की आवश्यकता महसूस की गई। इस रेट्रोफिटिंग को अपनाने का मूल कारण, रेफ्रिजरेशन प्रणाली पर आधारित उपयोगों को दीर्घायु प्रदान करना भी है।

रेफ्रिजरेशन प्रणाली में रेट्रोफिटिंग को अपनाकर, इस प्रणाली पर आधारित अनुप्रयोगों को दीर्घावधि के लिए सुरक्षित तथा कार्यक्षम बनाए रखा जा सकता है, वहीं इसके द्वारा पर्यावरण संरक्षण भी सम्भव हो सकता है।

रेट्रोफिटिंग के समय अवयवों में परिवर्तन
Change in Components During Retrofitting

रेट्रोफिटिंग के अन्तर्गत किसी भी पुरानी प्रणाली में नई तकनीक अथवा विशेषता को स्थापित किया जाता है। इससे प्रणाली की दक्षता में वृद्धि होती है तथा धन की बचत होती है।

रेफ्रिजरेशन प्रणाली में प्रयुक्त रेफ्रिजरेन्ट को परिवर्तित करने से पूर्व प्रणाली में कुछ मुख्य कार्य करने की आवश्यकता होती है, जो निम्नलिखित हैं

(i) **सक्शन पोर्ट बदलना** (Changing of suction port) रेफ्रिजरेशन एवं एयर कण्डीशनिंग प्रणाली में रेफ्रिजरेन्ट को बदलने से पूर्व, प्रणाली के सक्शन पोर्ट को बदल देना चाहिए, क्योंकि नए रेफ्रिजरेन्ट के गुण पुराने रेफ्रिजरेन्ट की तुलना में भिन्न होते हैं। रेफ्रिजरेशन प्रणाली में रेफ्रिजरेन्ट के प्रवाह को नियन्त्रित करने के लिए नए रेफ्रिजरेन्ट के गुणों के आधार पर ही सक्शन पोर्ट का चयन करना चाहिए।

(ii) **कैप ट्यूब प्रणाली को बदलना** (Changing of cap tube system) रेफ्रिजरेशन प्रणाली में रेफ्रिजरेन्ट को बदलने पर कैप ट्यूब प्रणाली को भी बदल देना चाहिए। इससे रेफ्रिजरेशन प्रणाली में रेफ्रिजरेन्ट के लीकेज होने की सम्भावना नहीं रहती है तथा प्रणाली में नमी भी उत्पन्न नहीं होती है। इस प्रकार रेफ्रिजरेशन प्रणाली की दक्षता अच्छी बनी रहती है।

(iii) **ऑयल बदलना** (Changing of oil) रेफ्रिजरेशन प्रणाली में रेफ्रिजरेन्ट को बदलने के साथ इसके स्नेहक ऑयल को भी बदल देना चाहिए। नए रेफ्रिजरेन्ट व ऑयल के भौतिक गुणों में भिन्नता होने पर ये एक-दूसरे में विलय नहीं होते हैं, जिससे रेफ्रिजरेशन प्रणाली भी उचित प्रकार से कार्य नहीं करती है। नया स्नेहक ऑयल रेफ्रिजरेन्ट में घुलनशील होना चाहिए। CFC के लिए मिनरल ऑयल, HCFC के लिए बेंजीन ऑयल तथा HFC के लिए पॉलियॉल एस्टर ऑयल का प्रयोग किया जाता है।

CFC फिल्ड रेफ्रिजरेन्ट के साथ HC रेफ्रिजरेन्ट की रेट्रोफिटिंग
Retrofitting of HC Refrigerant with Filled CFC Refrigerant

रेट्रोफिटिंग एक प्रक्रम है जहाँ पर HC ब्लैण्ड परिवर्तन के लिए उपयुक्त कुछ यान्त्रिक फिटिंग तथा विद्युत फिटिंग को परिवर्तित करते हुए दोषयुक्त सिस्टम से CFC रेफ्रिजरेन्ट को HC रेफ्रिजरेन्ट भरे सिस्टम में परिवर्तित किया जा सकता है। इस प्रक्रम में केवल रेफ्रिजरेन्ट का आकलन करने के लिए सावधानीपूर्वक अध्ययन किया जाता है कि वह HC ब्लैण्ड (blend) रूपान्तरण के लिए सुरक्षित है या नहीं। यदि सिस्टम का रेफ्रिजरेन्ट कार्यकारी स्थिति में हो, तो HC ब्लैण्ड रेफ्रिजरेटर रूपान्तरण के लिए प्रयास न करें।

चार्जिंग लाइन तक पिअर्स (pierce) वाल्व को जोड़ते हैं तथा पुन:प्राप्ति मशीन (recovery machine) में उपस्थित R-12 रेफ्रिजरेन्ट को पम्प करके बाहर निकालते हैं।

विद्युतीय युक्तियों के लिए भी जाँच करते हैं। HC ब्लैण्ड रेफ्रिजरेन्ट को रेफ्रिजरेटर में सभी विद्युतीय युक्तियाँ से इन्सुलेटिड (insulated) होना चाहिए। यदि उपयुक्त रोधित विद्युतीय युक्तियाँ उपलब्ध न हों, तो रिले, OLP प्रवर्तक को सील किए हुए बक्से में रखें तथा कम्प्रैसर को पृथक् करते हैं।

थर्मोस्टेट को ट्यूब या विद्युतरोधन PVC टेप से भी साइकिल कवर करते हैं। डोर स्विच को इन्सुलेट करके साइकिल ट्यूब से बल्ब धारक को कवर करते हैं। सभी रिसाव करने वाले जोड़ों की अच्छी तरह से ब्रेजिंग कर दोषपूर्ण अवयवों को बदलकर 150 psi के अधिकतम दाब के साथ शुष्क नाइट्रोजन से सिस्टम को दाबित करते हैं तथा साबुन के घोल के उपयोग से रिसाव की जाँच करते हैं। सिस्टम में वैक्युम उत्पन्न करने के लिए टू-स्टेज वैक्युम कम्प्रैसर का उपयोग करते हैं।

100 माइक्रॉन तक वैक्युम प्राप्त करने के लिए वैक्युम पम्प को प्रचालित करते हैं। सिस्टम चार्ज करने के पूर्व सिस्टम को संवातित स्थान पर ले जाते हैं तथा वहाँ पर जलने का कोई स्रोत नहीं होना चाहिए। कार्यस्थल से 2 मीटर चारों ओर कोई ज्वलनशील पदार्थ न हो, कुंजियाँ न हो तथा कार्य स्थल के निकट कोई शुष्क पाउडर उपस्थित नहीं होना चाहिए।

अब द्रव के रूप में HC ब्लैण्ड सिलेण्डर से रेफ्रिजरेन्ट को सिस्टम में चार्ज करते हैं। इस परिवर्तन को प्राप्त करने के लिए आवेशन सिलेण्डरों को उल्टा करते हैं।

CFC फिल्ड घरेलू रेफ्रिजरेटर की HFC's से रेट्रोफिट
Retrofit CFC Filled Domestic Refrigerator with HFC's

रेट्रोफिट (Retrofit) एक प्रक्रम है, जहाँ पर यान्त्रिक फिटिंग को परिवर्तित करते हुए तथा पूर्व उपाय के साथ दोषयुक्त CFC सिस्टम रेफ्रिजरेटर को HFC 134a आवेशित निकाय में परिवर्तित किया जा सकता है।

अधिकांश पुर्जों को बदलने में सम्मिलित उच्च मूल्य के कारण HFC में CFC उपकरणों की सलाह नहीं दी जाती है। सर्वप्रथम HFC के साथ रेट्रोफिट किए जाने वाले रेफ्रिजरेटर का आकलन करते हैं। यदि वर्तमान में CFC भरा सिस्टम अच्छी स्थिति में हो, तो CFC से HFC रेफ्रिजरेन्ट में रेट्रोफिट की आवश्यकता नहीं होती है।

तथा यदि रेफ्रिजरेन्ट में समस्या हो जहाँ पर सील की हुई इकाई को खोलना हो (गैस की कमी गैस रिसाव, छनित ड्राइवरों की स्थिति में) तो इस स्थिति में रेट्रोफिट एक उपयुक्त उपाय है।

रेट्रोफिटिंग में सर्वप्रथम निर्वात पम्प तथा पुन: प्राप्ति मशीन (recovery machine) को पृथक् करते हैं। पृथक् उपकरण जैसे निर्वात पम्प तथा पुन: प्राप्ति मशीन को HFC इकाई के लिए सेट करते हैं। चार्जिंग के लिए उपयोग होने वाले हौज तथा औजारों को HFC इकाई के लिए पृथक् करते हैं।

HFC में उपयोग होने वाले तेल भी हाइग्रोस्कोपिक (उच्च नमी अवशोषित करने वाला) होता है अत: औजारों तथा उपकरण का प्रयोग करते समय कोर निगरानी तथा संकेन्द्रता रखी जानी चाहिए। अब चार्ज लाइन पर पिअर्स वाल्व (pierce valve) को जोड़कर पुन: प्राप्ति मशीन को चार्जिंग लाइन से जोड़ते है तथा निकाय में CFC-12 को पम्प से बाहर करते हैं। ट्यूब कटर का प्रयोग करते हुए कॉपर ट्यूबों को काटकर कम्प्रैसर को अलग करते हैं। कण्डेन्सर केशिका नली फिल्टर स्ट्रेनर को भी बाहर निकालते हैं।

सिस्टम में नमी को प्रवेश होने से रोकने के लिए अवयवों तथा सिस्टम की कॉपर ट्यूबों के सभी सिरों को तुरन्त बन्द करते हैं तथा नए कम्प्रैसर जिसमें पॉलिएस्टर तेल स्नेहक होता है, को संलग्न करते हैं।

अब पर्याप्त दाब के साथ नाइट्रोजन का उपयोग करते हुए एवैपोरेटर के दोनों सिरों को बन्द करके क्लीनिंग करते हैं। 20% अतिरिक्त बड़े नए कण्डेन्सर को फिक्स करके सिस्टम से जोड़ने के पूर्व शुष्क नाइट्रोजन से सिस्टम को क्लीन करते हैं।

नए विकसित केशिका कटर के प्रयोग से वर्तमान साइज से 20% बड़ी नई केशिका नली काटते हैं। केशिका ट्यूब को शुष्क नाइट्रोजन के साथ धोएँ तथा ब्रेजिन द्वारा तुरन्त निकाय से जोड़ते हैं। नए फिल्टर ड्राइवर का उपयोग करते हैं। जिसमें नमी अवशोषण अधिक होती है तथा CFC-12 में उपयोग करने पर सिलिका जैल ड्रायर की स्थिति में आणविक फिल्टर ड्राइवरों को प्रयोग किया जाता है।

नए फिल्टर को सिस्टम के साथ जोड़ें तथा सभी को ब्रेज करके पर्याप्त दाब देते हुए शुष्क नाइट्रोजन के उपयोग से सिस्टम को प्रैसराइज्ड करते हैं तथा साबुन के घोल का उपयोग करते हुए सिस्टम में लीकेज की जाँच करते हैं। टू-स्टेज रोटरी वैक्युम पम्प का उपयोग करके 5 माइक्रोन का वैक्युम उत्पन्न करते हैं।

HFC 134a गैस सिलेण्डर को हौज पाइपों द्वारा मैनीफोल्ड पर्ज वाल्व द्वारा जोड़ते हैं। HFC 134a गैस सिलेण्डर वाल्व को खोलकर गैस की चार्जिंग करते हैं। चार्जिंग किए गए HFC 134a को इलेक्ट्रॉनिक भार मशीन द्वारा चार्ज गैस की मात्रा का मापन करते हैं।

CFC-12 रेफ्रिजरेन्ट के उपयोग से HFC 134a की लगभग 95% की चार्जिंग की जाती है, HFC-134a का 180gm × 95% = 170 gm आवेशित HFC 134a अंशांकन वाले सिलेण्डर का चयन करते हैं।

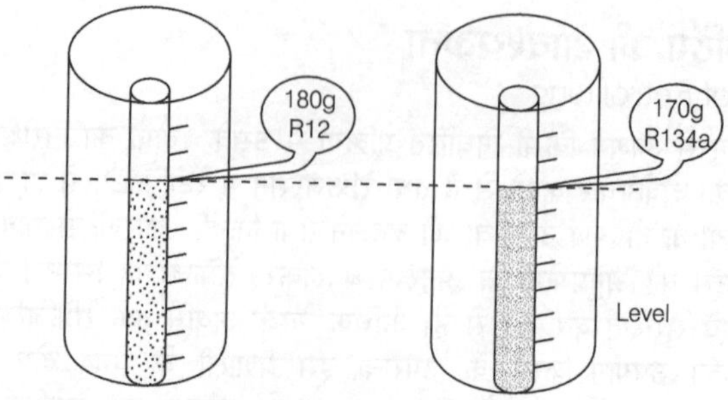

चित्र चार्जिंग सिलेण्डर अंशांकन

22.2 थर्मल इन्सुलेशन Thermal Insulation

ऊष्मा सदैव अधिक तापमान वाले स्थान से कम तापमान वाले स्थान की ओर प्रवाहित होती है। रेफ्रिजरेशन प्रणाली में एवैपोरेटर सबसे ठण्डा होता है। इसलिए ऊष्मा एवैपोरेटर की ओर प्रवाहित होती है। रेफ्रिजरेशन प्रणाली में रेफ्रिजरेटिड स्थान को ठण्डा बनाए रखने के लिए आवश्यक है कि ऊष्मा इस स्थान तक न पहुँच पाए। ऊष्मा को रेफ्रिजरेटिड स्थान तक पहुँचने से रोकने के लिए प्रयुक्त किए गए पदार्थ 'थर्मल इन्सुलेशन' कहलाते हैं।

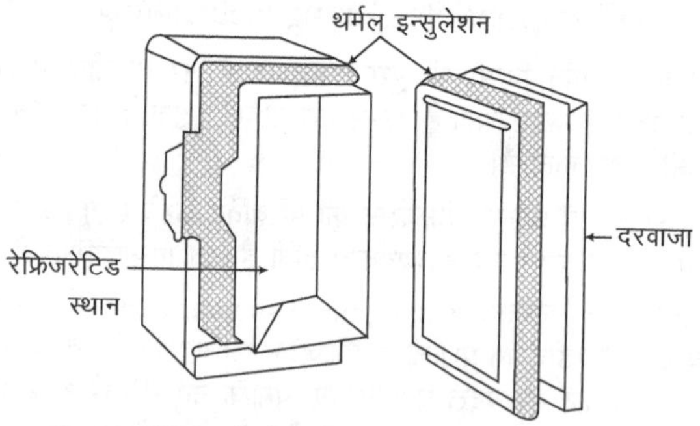

चित्र थर्मल इन्सुलेशन युक्त रेफ्रिजरेटर

थर्मल इन्सुलेशन की आवश्यकता
Need of Thermal Insulation

जैसा कि हम जानते है कि थर्मल इन्सुलेशन से तात्पर्य किसी स्थान विशेष में ऊष्मा के आवागमन को रोकने से है। RAC प्रणाली के अन्तर्गत किसी स्थान विशेष के तापमान को वायुमण्डलीय तापमान से कम किया जाता है। यदि इस रेफ्रिजरेशन में तापमान कम करने या रेफ्रिजरेशन में बाधा उत्पन्न होती है, तो इसका अर्थ है कि उस स्थान पर वायुमण्डलीय ऊष्मा का आदान-प्रदान हो रहा है। यह ऊष्मा का आदान-प्रदान, रेफ्रिजरेशन प्रक्रिया को प्रभावित करता है। अत: उत्तम रेफ्रिजरेशन एवं एयर कण्डीशनिंग हेतु हमें थर्मल इन्सुलेशन की आवश्यकता होती है। थर्मल इन्सुलेशन स्थापित करने के लिए रेफ्रिजरेटिड स्थान को चारों ओर से थर्मल इन्सुलेटिड पदार्थ से सील किया जाता है, जिससे वायुमण्डल एवं रेफ्रिजरेशन के स्थान के मध्य एक परत बन जाती है और यह परत ऊष्मीय आदान-प्रदान अथवा आवागमन का रोधन करती है।

थर्मल इन्सुलेशन के कार्य
Functions of Thermal Insulation

थर्मल इन्सुलेशन के निम्नलिखित कार्य होते हैं

1. यह ताप मार्ग में ताप प्रवाह की दर को कम करता है।
2. यह रेफ्रिजरेटिड स्थान में तापमान को नियन्त्रित करता है।
3. यह ठण्डी सतह पर जलवाष्प के कण्डेन्सेशन (condensation) को रोकता है।
4. यह ऊष्मा हानि को कम करके, ऊर्जा का संरक्षण करता है।
5. थर्मल इन्सुलेशन, रेफ्रिजरेटर की सतहों को मजबूती प्रदान करता है।
6. यह जल वाष्प के प्रवाह को कम करता है।

थर्मल इन्सुलेशन की विशेषताएँ एवं गुणधर्म
Features and Properties of Thermal Insulation

विशेषताएँ

1. नमी का प्रभाव न हो।
2. ऊष्मा को रोकने की क्षमता रखता हो।
3. ताप संचार का गुणक कम हो।
4. सरलता से प्रयोग किया जाने वाला हो।
5. आग को फैलने से रोकने वाला हो।
6. कम्पन को समाप्त करके शोर को कम करने वाला हो।

गुणधर्म

(i) **तापीय गुणधर्म** (Thermal properties) थर्मल इन्सुलेशन पदार्थ की तापीय योग्यता, उसकी तापीय चालकता द्वारा ऊष्मा के प्रवाह को रोकने से होती है। तापीय चालकता पदार्थ का एक स्वाभाविक गुण है, जोकि घनत्व के कम व अधिक होने के साथ परिवर्तित होता है। कुछ दबाने वाले (compressible) पदार्थ; जैसे-ग्लास वूल (glass wool) ढीले लगाए जाते हैं। ये दबाकर लगाए जाने वाले (closely packed) पदार्थों से अधिक अच्छे थर्मल इन्सुलेटर (thermal insulator) का कार्य करते हैं।

(ii) **यान्त्रिक गुणधर्म** (Mechanical properties) थर्मल इन्सुलेटर पदार्थों के यान्त्रिक गुणों में कम्प्रैसन शक्ति, तनाव, कर्तन, आघात और वक्रता गुण सम्मिलित हैं। एक थर्मल इन्सुलेटर में ये सभी यान्त्रिक गुण होने चाहिए।

(iii) **भौतिक गुणधर्म** (Physical properties) रोधन पदार्थ गन्धहीन होते हैं और रेफ्रिजरेटिड स्थान एवं अन्य वस्तुओं से गन्ध भी नहीं लेते हैं। इनका भार कम होता है, जिससे इनका घनत्व भी कम रहता है। यह नमी को रोकता है और नमी वाले स्थान से नमी को शोषित नहीं करता है। इन पदार्थों की वाष्प, धूल या रेशे स्वास्थ्य के लिए हानिकारक नहीं होते हैं।

इन्सुलेटिंग पदार्थों के प्रकार
Types of Insulating Materials

इन्सुलेटिंग पदार्थ अनेक प्रकार के होते हैं, जो रेफ्रिजरेशन प्रणाली सम्बन्धी इन्सुलेशन कार्यों में प्रयोग किए जाते हैं। इनमें से कुछ पदार्थ अपनी कम चालकता (low conductivity) के कारण प्राकृतिक साधनों से प्राप्त होते हैं, जबकि कुछ पदार्थों को बनाया जाता है। रोधक पदार्थों को निम्नलिखित समूहों में रखा गया है

1. प्राकृतिक इन्सुलेटिंग पदार्थ
2. कृत्रिम इन्सुलेटिंग पदार्थ
3. सेलुलर इन्सुलेटिंग पदार्थ
4. कार्बनिक इन्सुलेटिंग पदार्थ

1. प्राकृतिक इन्सुलेटिंग पदार्थ
Natural Insulating Material

वे पदार्थ जो प्राकृतिक रूप से प्राप्त किए जाते हैं, प्राकृतिक इन्सुलेटिंग पदार्थ होते हैं; जैसे—एस्बेस्टॉस, ग्लास, सिलिका, पत्थर या कचरा, सूत, ऊन, जानवरों के बाल, लकड़ी की छाल, लकड़ी का बुरादा, कॉर्क आदि। कभी-कभी प्राकृतिक पदार्थों में वाइण्डर मिलाकर प्लास्टर के कवरिंग के रूप में प्रयोग किया जाता है।

प्राकृतिक इन्सुलेटिंग पदार्थ निम्न प्रकार के होते हैं

(i) **कॉर्क** (Cork) यह पेड़ों की छाल को कम्प्रैस करके कठोर ब्लॉक के रूप में निर्मित किया जाता है। यह मजबूत होता है, परन्तु इसे आरी से सरलता से काटा जा सकता है। यह पानी को रोकता है, परन्तु इसमें जलवाष्प संचरण उच्च दर (rate) पर होता है।

(ii) **लकड़ी की छीलन/लकड़ी का बुरादा** (Chips of wood/scobs of wood) यह कम्पार्टमेन्ट को सहारा देने के लिए प्रयोग किया जाता है। यह सरलता से जम जाता है। इसकी चालकता उच्च होती है और यह नमी को शोषित करती है।

2. कृत्रिम इन्सुलेटिंग पदार्थ
Artificial Insulating Material

प्राकृतिक पदार्थों की सहायता से बनाए गए पदार्थ कृत्रिम इन्सुलेटिंग पदार्थ कहलाते हैं। ये निम्न प्रकार के होते हैं

(i) **जमाए हुए बाल** (Felted hair) इसे बनाने के लिए जानवरों के बालों को साफ करके धोया जाता है, फिर इन्हें शीट के रूप में कम्प्रैस करके, ब्लॉक में काट लिया जाता है। ये उत्तम इन्सुलेटिंग क्षमता का कार्य करते हैं।

(ii) **कॉर्क बोर्ड** (Cork board) कॉर्क बोर्ड की मोटाई 5 मिमी से 15 मिमी तक होती है। यह वृक्षों की छाल को सुखाकर बनाया जाता है। इस छाल को किसी भी आकार में बनाने के लिए इसे दबाया (press) जाता है और सामान्य तापमान पर पकाया जाता है। इस प्रकार छाल में उपस्थित गोंद (gum) पकाने पर पिघलती है और वह सभी रेशों को आपस में चिपका देती है।

(iii) **कोपाक** (Kopak) यह एक प्रकार का कार्बा (carba) वृक्ष होता है, जिसकी जड़ में रेशमी रेशे होते हैं। इन रेशों से स्लैब (slab) बनाए जाते हैं, जो घरेलू रेफ्रिजरेटर को इन्सुलेट करने के लिए प्रयोग किया जाता है। यह भार में हल्का होता है।

(iv) **सेलोटेक्स** (Celotex) यह गन्ने के छिलके को पकाकर बनाया जाता है। इसे कुछ रासायनिक पदार्थों में डुबोकर घोल दिया जाता है। यह भार में हल्का होता है तथा इसमें कोई गन्ध नहीं होती है। इसे जलरोधी बनाया जाता है।

(v) **थर्मोकोल** (Thermocol) इसे एक्सपैण्डेड पॉलीस्ट्रीन (expended polystrean) भी कहते हैं। यह फोम प्लास्टिक होता है, जिसके एक लीटर में 3 से 6 लाख भिन्न-भिन्न सेल होते हैं। इसमें उत्तम इन्सुलेशन वाला गुण विद्यमान होता है। इसके सेल दृढ़ता से जुड़े रहते हैं। यह नमी को रोकने वाला उत्तम कुचालक है। यह भार में अत्यन्त हल्का होता है।

तालिका इन्सुलेशन पदार्थों की चालकता

पदार्थ का नाम	चालकता (Cal/hr-m²-c°)	घनत्व (kg/m³)	तापमान (°C)
कॉर्क बोर्ड	0.403	0.000166	71.5
चारकोल	0.53	0.000245	32
लकड़ी की छीलन	0.595	0.0000174	30
लकड़ी का बुरादा	0.615	0.00024	32
कोपाक	0.36	0.0000169	29
इन्सुलेशन बोर्ड	0.473	0.0003	21
एस्बेस्टॉस पेपर	0.75	0.000625	3
एस्बेस्टॉस वुड	4.2	0.00246	3
सूत	0.59	0.00011	0
ग्लास वूल	0.395	0.000355	30
हेयर फेल्ट	0.385	0.00026	32
रबर	0.313	0.000197	24.5
बर्फ	23.2	0.00115	0
एस्बेस्टॉस पेक्ड	2.42	0.00088	0

(vi) **इंसुलेटिंग पेपर्स** (Insulating paper) हालाँकि पेपर स्वयं एक इंसुलेटर है, लेकिन सामान्यत: इसका उपयोग अन्य इंसुलेटिंग सामग्रियों को नमी से बचाने के लिए किया जाता है। सबसे अच्छे इंसुलेटिंग पेपर वे होते हैं, जिन्हें एस्फॉल्ट के साथ लेपित किया जाता है, ताकि उन्हें अधिक स्थायित्व और नमी अवशोषण के लिए उच्च प्रतिरोध दिया जा सके।

(vii) 85% **मैग्नीशिया** (85% Magnesia) मैग्नेशिया के हल्के कार्बोनेट से बना होता है, जिसमें सामर्थ्य देने के लिए लगभग एस्बेस्टस फाइबर मिलाया जाता है। मोल्ड और बेक होने के बाद इस सामग्री का उपयोग 300 डिग्री सेल्सियस तक के तापमान पर किया जा सकता है। यह सामान्यत: हीटिंग सिस्टम में प्रयोग किया जाता है।

(viii) **ऊन प्रकार के इंसुलेटर** (Wool type insulators) ऊन को विभिन्न नाम; जैसे-रॉक वूल, मिनरल वूल ग्लास वूल और स्लैग वूल, इंसुलेटिंग मैटेरियल्स के नाम से जाना जाता है। इनका उपयोग खुले रूप में भराव के लिए किया जाता है या दीवार के बोर्ड बनाने के लिए बाइंडर के साथ मिलाया जाता है।

(ix) **सिलिका एरोगल** (Silica Aerogal) जब एक सिलिका एक्वाजेल को सामान्य दाब पर गर्म करके सुखाया जाता है, तो यह मूल मात्रा के लगभग पाँचवें हिस्से तक सिकुड़ जाता है और उत्पाद प्रसिद्ध सिलिकाजेल के समान होता है। यदि एक्वा जेल में पानी को अल्कोहल से बदल दिया जाता है और परिणामी उत्पाद को अल्कोहल के क्रान्तिक तापमान पर क्रान्तिक दाब से अधिक दाब पर गर्म किया जाता है, तो संकोचन समाप्त हो जाता है तथा शेष उत्पाद उच्च घनत्व लगभग 90 kg/m^3 के साथ रह जाता है। सामग्री में सबमाइक्रोस्कोपिक आकार के बेहद महीन छिद्र, जो लगभग 94% तक होते हैं। इसका K मान किसी भी ज्ञात सामग्री के सबसे कम रिपोर्ट किए गए K मान से कम है। इंसुलेटिंग वैल्यू को पाउडर सिलिका के अतिरिक्त कम किया जा सकता है जो सिलिका एरोजेल के माध्यम से इन्फ्रारेड रेडिएशन के संचरण को रोकता है। वर्तमान में यह सामग्री केवल चूर्ण के रूप में उपलब्ध है।

(x) **पफ** (Puff) एवैपोरेटर टैंक के बाहरी बाडी पर वाटर कूलर में उपयोग की जाने वाली इन्सुलेट सामग्री पफ है। इस तरह के इन्सुलेशन के लिए आईएसओ साइनाइड आर-11 नामक दो रसायनों का उपयोग किया जाता है। दोनों तरल रूप में बोतलों (कम क्षमता के लिए) और डिब्बे (उच्च क्षमता के लिए) में उपलब्ध हैं। दोनों तरल पदार्थों (रसायन) को हमेशा ठंडा रखना चाहिए जब दोनों को एक कंटेनर में डाला जाता है और कुछ मिनटों में हिलाया जाता है, तो यह झागदार बन जाता है। शुरुआत में पतला और बाद में गाढ़ा हो जाता है। अन्त में सख्त हो जाता है। सख्त होने के पश्चात्यूनिट के साथ चिपक जाता है। पफ (सामग्री) इन्सुलेशन हमारे निर्माताओं द्वारा अपने उत्पादों के लिए व्यापक रूप से उपयोग किया जाता है, क्योंकि यह तापमान को लंबी अवधि तक बनाए रखता है। इन्सुलेशन का मुख्य नुकसान यह है कि जैसे ही रसायन मिश्रित होते हैं और हिलाया जाना चाहिए और इसे कम से कम अवधि के भीतर इवॉपोरेटर कोइल(या) इवैपोरेटर टैंक के बाहर डाला जाना चाहिए। यदि समय अधिक हो जाता है, तो घोल कंटेनर में ही जमना शुरू हो जाता है और बेकार हो जाता है। इवैपोरेटर टैंक को लकड़ी/स्टील के बोर्ड से अच्छी तरह से कवर किया जाना चाहिए। इन्सुलेशन के लिए आवश्यक अंतराल के साथ सभी कोनों को अच्छी तरह से कस दिया जाता है, जिससे घोल डालने के लिए छोटे अंतराल हो जाते हैं।

3. सेलुलर इन्सुलेटिंग पदार्थ Cellular Insulations Material

ये अकार्बनिक रेशेदार पदार्थ होते हैं; जैसे—ग्लास वूल, स्लेग वूल, सेरामिक, एस्बेस्टॉस आदि। इनके रेशे एक-दूसरे से चिपके रहते हैं। इनमें ग्लास वूल भिन्न-भिन्न घनत्वों वाली शीट या स्लैब के रूप में मिलती है। अधिकतम घनत्व वाली वस्तु, मजबूत और कम चालकता वाली होती है, परन्तु इनमें वाष्प प्रवाहित हो सकती है। ये फोइल (foil) के रूप में मिलती है।

4. कार्बनिक इन्सुलेटिंग पदार्थ Organic Insulating Material

ये रबर, फोम, चावल की भूसी, पॉलिस्ट्रीन, पॉलीयूरेथेन, फिनोथर्म आदि होती हैं।

(i) **पॉलीयूरेथेन** (Polyurethane) यह दृढ़ बोर्ड, लचकदार बोर्ड और द्रव रूप में मिलता है। द्रव को सतह पर स्प्रे किया जाता है और इससे फोम भी बनाया जाता है।

(ii) **फिनोथर्म** (Phenothrem) यह भिन्न-भिन्न डिजाइन के स्लैब के रूप में मिलता है। इसके द्वारा निर्मित पाइप भी मिलते हैं। इसे सरलता से आरी से काटा जा सकता है।

(iii) **पॉलीयूरेथेन फोम** (Polyurethane foam) (PUF) यह वर्तमान में सर्वाधिक प्रयोग किया जाने वाला इन्सुलेटिंग पदार्थ है, जिसका उपयोग रेफ्रिजरेटरों की बॉडी में ऊष्मा के आदान-प्रदान को रोकने के लिए किया जाता है। यह ऊष्मा का एक अच्छा कुचालक है, जो बाहर की ऊष्मा को अन्दर नहीं जाने देता तथा अन्दर की ठण्डक को बाहर नहीं आने देता है।

इन्सुलेशन की मोटाई, चयन किए इन्सुलेटिंग पदार्थ की ऊष्मीय चालकता, स्टोरेज (storage) तापमान और चारों ओर के तापमान के अन्तर पर निर्भर होती है। विभिन्न इन्सुलेटिंग पदार्थों की मोटाई भिन्न-भिन्न तापमानों के लिए तालिका में दिखाई गई है।

इन्सुलेटिंग पदार्थ	स्टोरेज तापमान पर मोटाई (मिमी में)				घनत्व
	–20°C	–10°C	0°C	5°C	(kg/m³)
पॉलीयूरेथेन	100	80	65	50	35
थर्मोकोल	150	130	100	75	20
फाइबर ग्लास	150	130	100	65	35
कॉर्क	200	150	140	100	170
फोम कंक्रीट	—	—	—	150	320

थर्मल इन्सुलेशन के प्रकार
Types of Thermal Insulation

थर्मल इन्सुलेशन निम्न प्रकार के होते हैं

1. फाइब्रस इन्सुलेशन Fibrous Insulation

इस प्रकार के इन्सुलेशन में कम व्यास का फाइबर प्रयुक्त किया जाता है, जो सिलिका, रॉक वूल, एलुमिना सिलिका आदि से बना होता है। यह इन्सुलेशन, रेफ्रिजरेटिड सतह के समानान्तर अथवा लम्बवत् लगाई जाती है। इसमें कार्बनिक अथवा अकार्बनिक दोनों प्रकार के फाइबर प्रयोग किए जा सकते हैं।

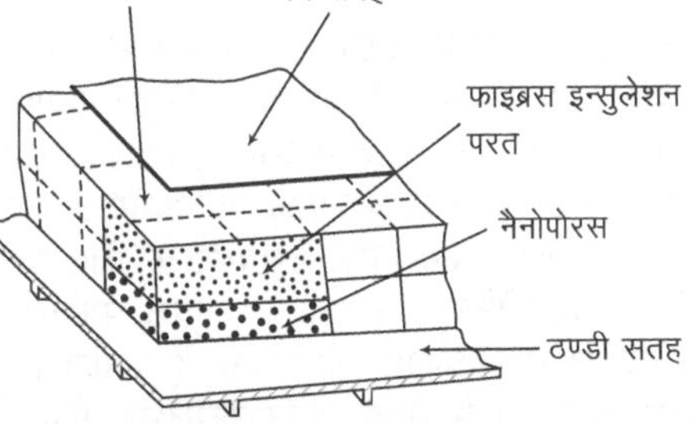

चित्र फाइब्रस इन्सुलेशन

2. सेलुलर इन्सुलेशन Cellular Insulation

सेलुलर इन्सुलेशन अनेक छोटी-छोटी सैलों से मिलकर बनाई जाती है। इन सैलों के मध्य खाली स्थान होता है, जिसमें वायु उपस्थित रहती है।

इस वायु के कारण सेलुलर इन्सुलेशन में से ऊष्मा का प्रवाह नहीं हो पाता है। ये सैलें प्रायः ग्लास, रबर तथा प्लास्टिक की बनाई जाती हैं।

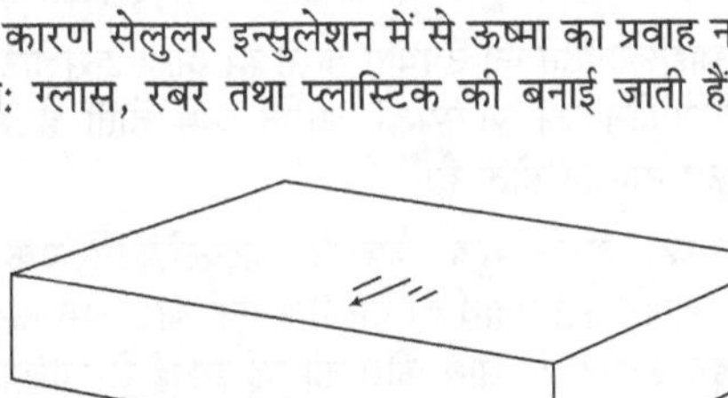

चित्र सेलुलर इन्सुलेशन

3. ग्रेनुलर इन्सुलेशन Granular Insulation

इस प्रकार की इन्सुलेशन को ओपन सैल इन्सुलेशन (open cell insulation) भी कहा जाता है। यह विभिन्न प्रकार की छोटी-छोटी नोड्यूल्स (nodules) से मिलकर बनी होती है।

इन नोड्यूल्स के मध्य में खाली स्थान होता है, जिसमें वायु का प्रवाह बना रहता है। इसे कैल्शियम सिलिकेट, सेलुलोज, परेलाइट अथवा पॉलीस्टाइरॉन से बनाया जाता है।

पोलिओल, पॉलीयूरेथेन फोम का प्रमुख घटक है। पोलिओल का चयन कुछ महत्त्वपूर्ण भौतिक गुणों; जैसे- प्रवाह, लैंबड़ा मान तथा आयामी स्थिरता को प्रभावित करता है।

तालिका सुक्रोज पोलिओल गुण

पोलिओल	समतुल्य भार	25°C विस्कोसिटी (cps)	कार्यक्षमता	सह-सर्जक
सुक्रोज 1	127.5	5500	4.3	DEG
सुक्रोज 2	114.5	5500	4.3	ग्लिसरीन
सुक्रोज 3	155.8	3600	4.3	ग्लिसरीन

डक्ट इन्सुलेशन बिछाने की विधि
Method of Laying Duct Insulation

जब डक्ट पर नमी के संघनन की कोई संभावना नहीं होती है, तो ग्लास वूल का उपयोग किया जा सकता है। चूँकि यह किफायती और आग प्रतिरोधी है। यदि डक्ट पर नमी संघनन होती है, तो ग्लास वूल के मामले में अधिक सावधानी बरतनी चाहिए। डक्ट इन्सुलेशन में पहले बिटुमेन की एक समान परत डक्ट की सतह पर लगाई जाती है और ग्लास वूल को बिटुमेन से चिपका दिया जाता है।

इन्सुलेशन को फिर एक पॉलीथीन शीट से ढक दिया जाता है, जो वाष्प अवरोध के रूप में कार्य करता है। सुदृढ़ीकरण के रूप में चिकन तार की जाली फैलाने के बाद सतह को प्लास्टर किया जा सकता है। विस्तारित पॉलीस्टाइनिन को आसानी से रखा जा सकता है, क्योंकि यह कठोर होता है। कोलतार के कोट के अतिरिक्त किसी अलग वाष्प अवरोध की आवश्यकता नहीं होती है। इन्सुलेशन को सीमेंट और प्लास्टर या धातु के आवरण के साथ पूर्ण किया जा सकता है।

फॉल्स सिलिंग का उद्देश्य Purpose of False Ceilling

वातानुकूलित हवा नलिकाओं के माध्यम से आपूर्ति वायु डिफ्यूजर में आती है और वातानुकूलित स्थान में प्रवेश करती है। अधिकाश डिफ्यूजर फॉल्स सिलिंग से जुड़े होते हैं और विभिन्न वायु प्रसार आवश्यकताओं के लिए विभिन्न प्रकार के विसारक उपलब्ध होते हैं, रिटर्न एयर ग्रिल्स को फाल्स सीलिंग पर फिक्स किया जाएगा। फाल्स सिलिंग वातानुकूलित हवा और वापसी हवा के मिश्रण को रोकती है।

रिटर्न एयर सामान्यतः प्लेनम में प्रवाहित होती है या फाल्स सीलिंग में रखी ग्रिल के माध्यम से रिटर्न एयर बॉक्स में प्रवेश करती है। चूँकि पहले स्थान पर पर्याप्त मात्रा में ऊर्जा हवा में जाती है। इसलिए हवा को एयर कंडीशनिंग में वापस लाया जाता है। प्लांट रूम में वापसी हवा को फाल्स सीलिंग और मेन सीलिंग के बीच के गैप से रूट करना आम बात है। एक स्थान जिसे प्लेनम कहा जाता है, फाल्स सीलिंग को रिटर्न एयर डक्ट के रूप में भी जाना जाता है।

22.3 ब्लोइंग एजेण्ट Blowing Agent

ब्लोइंग एजेण्ट एक पदार्थ है, जो विभिन्न प्रकार की सामग्री में फोमिंग प्रक्रिया के माध्यम से एक सेलुलर संरचना का निर्माण करने में सक्षम है। इन ब्लोइंग एजेण्टों का अध्ययन करने से पहले हम इनके सामान्य गुण का अध्ययन करेंगे। ब्लोइंग एजेण्ट का अध्ययन चार चरणों में किया गया जिसका वर्णन निम्न प्रकार है

प्रथम चरण

शुरुआत में, CFC ऑटो बेवर के दिनों में पालीयूरेथेन फोम बनाने के लिए मूलत: ब्लोइंग एजेण्ट के रूप में पानी का प्रयोग किया जाता है।

पानी और आइसोसाइनेट की प्रतिक्रिया CO_2 उत्पन्न करती है, जो ब्लोइंग एजेण्ट के रूप में कार्य करती है। CO_2 को उत्पन्न करने के लिए पानी का प्रयोग करना चाहिए। इन्सुलेशन में पॉलीयूरेथेन फोम्स खासकर रेफ्रिजरेशन में एक महत्त्वपूर्ण कारक बन गया। यह अविषाक्त, गैर-संरक्षारक और अज्वलनशील होता था।

ये अधिकांश पॉलीओल्स के साथ उत्कृष्ट घुलनशीलता, आइसोसाइनेट्स की चिपचिपाहट के समान प्रतिक्रिया प्रोफाइल इत्यादि प्रदर्शित करते हैं। पॉलीयूरेथेन फोम किसी भी अन्य इन्सुलेशन से मोटाई में प्रति इंच से लगभग दोगुने दक्ष होते हैं। ऊर्जा बचत के कारण CFC-11 को तीन दशकों में सर्वोच्च ब्लोइंग एजेण्ट बना दिया। उद्योग ब्लोइंग एजेण्टों की अगले फेस HCFC के उपयोग की सिफारिश की गई, क्योंकि CFC में उपस्थित क्लोरीन टूटकर कई ओजोन अणुओं को नष्ट करते हैं।

दूसरा चरण

CFC-11 के हानिकारक प्रभावों के कारण, क्लोरोकैमिकल उद्योग ने दो

नए ब्लोइंग एजेण्ट HCFC-141b और HCFC-123 पेश किए। R-123 या HCFC-123 की विषाक्त के कारण इसे उपयोग में नहीं लाया गया तथा R-141 b का HCFC-141b को उपयोग में लाया गया R-11 की तुलना में मजबूत विलेयता देता है, जिन्हें पानी के साथ 141b ब्लोइंग की आवश्यकता होती है। यह दोनों कारकों के परिणामस्वरूप बाद में इन्सुलेशन उद्योग में R-141b के आसपास सूत्र को अनुकूलित किया गया। HCFC को गैर-अनुच्छेद-5 में कई देशों में सफलतापूर्वक चरणबद्ध किया गया।

तीसरा चरण

ओजोन रिक्तीकरण पर बढ़ती चिन्ताओं के कारण HFC को अगले परिवर्तन के लिए कैटालाइज्ड (catalyzed) किया गया तथा HFC-134 a, 245 fa और 365 mfc इत्यादि को उत्प्रेरित किया गया।

HFC-134 a (1,1,1,2 टेट्रा फ्लोरोइथेन) और 245 fa (1, 1, 1, 3, 3 पेट्राक्लोरोप्रोपेन) कमरे के तापमान पर गैसें हैं।

दूसरे ओर HFC-365 mfc (1, 1, 1, 33 पेट्रोफ्लोरोब्यूटेन) कमरे के तापमान पर एक तरल है। एक पेटेंट स्थिति ने संयुक्त राज्य अमेरिका को केवल 245fa और यूरोपीय संघ को केवल 365 mfc का उपयोग करने के लिए प्रतिबन्धित किया गया। हालाँकि, उत्पादन के मुद्दों के कारण 365 mfc पर दबाव के कारण यूरोप को एक अपवाद माना गया, जिसने 245 fa के उनके उपयोग की अनुमति दी। वर्ष 2014 तक अमेरिका को अन्तत: 365 mfc के उपयोग की अनुमति दी गई थी।

चौथा चरण

चौथी पीढ़ी में अधिकांश उपकरण उद्योगों ने सभी ब्लोइंग एजेण्ट में हुए परिवर्तनों को सफलतापूर्वक अपना लिया, लेकिन इनकी दक्षता एवं लागत से किसी भी प्रकार का समझौता नहीं किया और ना ही अधिकतम उत्पादन के लिए आवश्यक शोध कार्यों को बन्द किया। पॉलीयूरेथेन के उत्पादन में एक नई ब्लोइंग तकनीक एक बेहतर उपाय हो सकती है।

फॉर्मूलेटर का नामकरण क्वथनांकों, घुलनशीलता, ज्वलनशीलता और स्थिरता में अन्तर के आधार पर किया जाना चाहिए। इनके अतिरिक्त निर्मित उत्पादों को ऊर्जा दक्षता की माँग के अनुरूप होना चाहिए। सौभाग्य से, पोलीयूरेथेनस उद्योगों ने पॉलीओल्स, पृष्ठ सक्रिय कारक (surfactants) उत्प्रेरक और अन्य योजक में व्यापक सुधार किया है, जो अन्तिम लक्ष्य प्राप्त करने के लिए फॉर्मूलेटर टूलबॉक्स का हिस्सा थे।

विभिन्न प्रकार के ब्लोइंग एजेण्ट Different Type of Blowing Agent

ब्लोइंग एजेण्ट के रूप में विभिन्न प्रकार के यौगिकों तथा रासायनिक तरलों का उपयोग किया जाता है, जिनका वर्णन निम्न प्रकार है

साइक्लोपेंटेन Cyclopentane

साइक्लोपेंटेन पॉलीयूरेथेन फोम के लिए एक फोम ब्लोइंग एजेण्ट है, जिसका उपयोग रेफ्रिजरेटर और फ्रीजर को इन्सुलेट करने के लिए किया जाता है।

रेफ्रिजरेटर को इन्सुलेट करने के लिए उपयोग किए जाने वाले कुछ अन्य रसायनों के विपरीत, साइक्लोपेंटेन में हाइड्रो-फ्लोरोकार्बन (HFC) नहीं होते हैं। साइक्लोपेंटेन का उपयोग करने से समतुल्य CO_2 उत्सर्जन में उल्लेखनीय कमी आती है।

वर्तमान में यू. एस. में उपयोग किए जाने वाले सबसे आम फोम ब्लोइंग एजेण्ट R134a और R245fa हैं। इन फोम ब्लोइंग एजेण्ट की ग्लोबल वार्मिंग क्षमता (GWP) 1300 (134 a) और 950 (245 a) होती है। इसके विपरीत, फोम ब्लोइंग एजेण्ट साइक्लोपेंटेन में लगभग 10 का GWP होता है। GWP संख्या जितनी कम होगी, पर्यावरण के लिए उतना ही बेहतर होगा, इसलिए साइक्लोपेंटेन स्पष्ट रूप से अधिक पर्यावरण के अनुकूल विकल्प है। वर्तमान में अधिकांश रेफ्रिजरेटरों में उपयोग किए जाने वाले R134a फोम की तुलना में साइक्लोपेंटेन इन्सुलेशन फोम की दक्षता को लगभग 4% बढ़ा देता है।

1990 के दशक की शुरुआत से साइक्लोपेंटेन यूरोप में एक ब्लोइंग एजेण्ट के रूप में बहुत लोकप्रिय रहा लेकिन मौजूदा उत्पादन सुविधाओं को फिर से स्थापित करने की लागत और HFC के उपयोग को प्रतिबन्धित करने वाले अमेरिकी नियमों की कमी ने यूएस में कार्यान्वियन में देरी की है।

अमेरिका में जो साइक्लोपेंटेन का उपयोग करते हैं। अन्य इन्सुलेटिंग फोम की तुलना में, साइक्लोपेंटेन की प्रतिस्पर्द्धी कीमत कम होती है और इसका उत्पादन अपेक्षाकृत आसान होता है।

कई गैसों की तरह, अपने शुद्ध रूप में साइक्लोपेंटेन एक अत्यधिक एवैपोरेटिव और ज्वलनशील पदार्थ है। हालाँकि एक बार फोम करने के बाद, यूनिट अन्य ब्लोइंग एजेण्टों के साथ फोम की गई इकाई से अधिक खतरनाक नहीं होती है। हमारी किसी भी निर्माण प्रक्रिया की तरह, हमने विभिन्न प्रकार के निरर्थक इंजीनियरिंग और परिचालन सुरक्षा उपायों को एकीकृत किया है।

रेफ्रिजरेन्ट R141F Refrigerant 141b

रेफ्रिजरेन्ट R141b, रेफ्रिजरेशन प्रणालियों में और R-141b या HCFC-141B का उपयोग एयर कण्डीशनिंग में किया जाता है। 1,1 डाइक्लोरो-1 फ्लोरोएथेन एक हैलोकेन है जिसका सूत्र $C_2H_3Cl_2F$ है। यह डाइ-क्लोरो-फ्लोरोएथेन के तीन आइसोमर्स में से एक है।

गुण		मान
आणविक सूत्र	–	$C_2H_3Cl_2F$
मोलर मास	–	116.95 ग्राम मोल
दृश्यिक	–	बेरंग तरल, ईंधन गंध
20 डिग्री सेल्सियस पर घनत्व	–	1.25 ग्राम/सेमी^{3}
गलनांक	–	103.5 डिग्री सेल्सियस
क्वथनांक	–	32°C
पानी में घुलनशीलता	–	4 ग्राम/ली (20 डिग्री सेल्सियस)

मिथाइल फॉर्मेट Methyl Formate

मिथाइल फॉर्मेट को औद्योगिक उपयोगों में फोम के लिए ब्लोइंग एजेण्ट के रूप में और कृषि फ्यूमिगेंट के रूप में प्रयोग किया जाता है कभी-कभी यह अन्य फॉर्मिक एसिड डेरिवेटिव को निर्माण में भी सम्मिलित किया जाता है। इसे पहले सल्फर डाइऑक्साइड के विकल्प के रूप में रेफ्रिजरेन्ट के रूप उपयोग किया जाता था, हालाँकि यह एक विषाक्तता का खतरा भी उत्पन्न करता है।

अधिक जटिल बायोडीजल मिश्रण के दहन तन्त्र का अध्ययन करने के लिए मिथाइल फॉर्मेट का उपयोग मॉडल एस्टर के रूप में किया गया है। इस दिशा में, प्रिंसटन विश्वविद्यालय में ई.ए. कार्टर और सहकर्मियों ने हाल ही में मिथाइल फॉर्मेट के हाइड्रोजन एब्स्ट्रैक्शन कैनेटीक्स के लिए गणना की। उन्होंने पाया कि अनुमानित दर स्थिरांक उन लोगों से काफी भिन्न थे जिनकी गणना पिछले दहन कैनेटीक्स मॉडल में की गई थी।

मिथाइल फॉर्मेट, एक स्पष्ट वाष्पशील तरल, सबसे सरल कार्बोक्सिलेट एस्टर है। इसे फार्मिक एसिड और मेथनॉल के एसिड-उत्प्रेरित एस्टरीफिकेशन द्वारा प्रयोगशाला में बनाया जा सकता है। औद्योगिक रूप से यह मेथनॉल और कार्बन मोनो ऑक्साइड की आधार-उत्प्रेरित प्रतिक्रिया द्वारा निर्मित होता है।

HFO-1233zd (e) रेफ्रिजरेन्ट

यह अगली पीढ़ी का रेफ्रिजरेन्ट है, जिसे उद्योग अब अनदेखा नहीं कर सकता। हालाँकि ऐसे कई रेफ्रिजरेन्ट हैं, लेकिन R1233 zd एक विकल्प है। R1233zd प्रेशर सेंट्रीफ्यूगल चिलर के लिए एक आदर्श गैर-ज्वलनशील रेफ्रिजरेन्ट है, जो बड़ी इमारतों के लिए कूलिंग सिस्टम में प्रयोग किया जाता है। जबकि यह R-123 के समान दक्षता प्रदान करता है, इसकी क्षमता बेहतर है।

यह कम GWP रेफ्रिजरेन्ट हाल ही में R245fa के प्रतिस्थापन के रूप में प्रयोग किया गया था।

गुण		मान
मोलर मास	–	130.5 kg/kmol
क्रान्तिक दाब	–	3570.9 kPa
GWP	—	6
क्वथनांक	–	18.7°C

HFO-1336mzz (z) रेफ्रिजरेन्ट

HFO-1336mzz (z) एक गैर-ओजोन रिक्तीकरण, गैर-ज्वलनशील, कम ग्लोबल वार्मिंग क्षमता (GWP) वाला तरल पदार्थ है।

इसे ट्रांस, 1, 1, 1, 4, 4, 4 हैक्साफ्लोरो-2 ब्यूटेन भी कहते हैं। इसका उपयोग उच्च तापमान पम्प (HTHP) और कार्बनिक रैंकिन साइकिल ORC में किया जा सकता है।

गुण	मान
रासायनिक सूत्र	ट्रांस $CF_3 - CH = CH - CF_3$
आणविक भार (gm/मोल)	164.05
क्वथनांक °C	7.5
विशिष्ट गुरुत्व/घनत्व (जी/एमएल)	1.356
क्रान्तिक तापमान (°C)	137.7
क्रान्तिक दबाव (MPa)	3.15

महत्त्वपूर्ण बिन्दु

- पुरानी रेफ्रिजरेशन प्रणाली में बदलाव करने के पश्चात् उसे उपयोग योग्य बनाने की प्रक्रिया को रेट्रोफिटिंग कहते हैं।
- RAC प्रणाली में प्रयोग किए जाने वाले ऐसे पदार्थ जो रेफ्रिजरेटेड स्थान पर बाह्य ऊष्मा के प्रवाह में बाधा उत्पन्न करते हैं, ''थर्मल इन्सुलेटिंग पदार्थ'' कहलाते हैं।
- आवश्यक यान्त्रिक फिटिंग को बदलकर तथा सुरक्षा नियमों का पालन करके दोषपूर्ण CFC रेफ्रिजरेटर को चार्ज्ड HFC 134a रेफ्रिजरेटर सिस्टम से बदलने की प्रक्रिया रेट्रोफिटिंग कहलाती है।
- रेट्रोफिटिंग से सिस्टम की दक्षता तथा कार्यकाल में वृद्धि होती है।
- रेट्रोफिटिंग से आशय किसी निर्धारित प्रक्रिया में उनके दोषों का निरीक्षण कर, उनके दोषोपचार करने से है।
- रेट्रोफिटिंग को अपनाने का मूल कारण, रेफ्रिजरेशन प्रणाली पर आधारित उपयोग को दीर्घायु प्रदान करना भी है।
- रेट्रोफिटिंग के अन्तर्गत किसी भी पुरानी प्रणाली में नई तकनीक अथवा विशेषता को स्थापित किया जाता है।
- रेफ्रिजरेशन प्रणाली में रेफ्रिजरेन्ट को बदलने पर कैप ट्यूब प्रणाली को भी बदल देना चाहिए।
- ऊष्मा सदैव अधिक तापमान वाले स्थान से कम तापमान वाले स्थान की ओर प्रवाहित होती है।
- ऊष्मा को रेफ्रिजरेटिड स्थान तक पहुँचने से रोकने के लिए प्रयुक्त किए गए पदार्थ 'थर्मल इन्सुलेटिंग पदार्थ' कहलाते हैं।
- थर्मल इन्सुलेशन से तात्पर्य किसी स्थान विशेष में ऊष्मा के आवागमन को रोकने से है।
- RAC प्रणाली के अन्तर्गत किसी स्थान विशेष के वायुमण्डलीय तापमान को कम किया जाता है।
- इन्सुलेटिंग पदार्थ रेफ्रिजरेटिड स्थान के तापमान को नियन्त्रित करता है।
- इन्सुलेटिंग पदार्थ रेफ्रिजरेटिड सतह पर जलवाष्प की कण्डेन्स होने से रोकता है।
- इन्सुलेटिंग पदार्थ ऊष्मा हानि को कम करके, ऊर्जा संरक्षण करता है।
- ब्लोइंग एजेण्ट एक पदार्थ जो विभिन्न प्रकार की सामग्री में फॉमिंग के माध्यम से एक सेलुलर संरचना का निर्माण करने में सक्षम है।
- साइक्लोपेंटेन पॉलीयूरेथेन फोम के लिए एक फोम ब्लोइंग एजेण्ट है।

महत्त्वपूर्ण प्रश्नोत्तरी

1. रेट्रोफिटिंग से क्या आशय है?

उत्तर पुराने रेफ्रिजरेशन एवं एयर कण्डीशनिंग सिस्टम में बदलाव करके उपयोग योग्य बनाने की प्रक्रिया को रेट्रोफिटिंग कहते हैं।

2. रेफ्रिजरेशन सिस्टम से CFC रेफ्रिजरेन्ट निकालते समय इसे वातावरण में छोड़ने पर क्या प्रभाव पड़ेगा?

उत्तर रेफ्रिजरेशन सिस्टम से CFC रेफ्रिजरेन्ट निकालते समय इसे वातावरण में छोड़ने पर, इसमें उपस्थित क्लोरीन ओजोन परत को हानि पहुँचाती है, जिससे ओजोन परत में छिद्र हो जाते हैं।

3. रेफ्रिजरेशन प्रणाली में HC ब्लैण्ड चार्ज करने से पूर्व क्या सावधानियाँ अपनानी चाहिए?

उत्तर रेफ्रिजरेशन प्रणाली में HC ब्लैण्ड चार्ज करने से पूर्व निम्न सावधानियाँ अपनानी चाहिए–

(i) रेफ्रिजरेन्ट चार्जिंग करने वाला स्थान पूर्णतः हवादार होना चाहिए।

(ii) इसके दो मीटर के दायरे में कोई ज्वलनशील पदार्थ नहीं होना चाहिए।

(iii) HC चार्जिंग के समय शुष्क पाउडर वाला एक अग्निशामक यन्त्र पास होना चाहिए।

4. किस प्रकार के इन्सुलेशन को ओपन सैल इन्सुलेशन कहते हैं?

उत्तर ग्रेनुलर इन्सुलेशन को ओपन सैल इन्सुलेशन कहते हैं। यह विभिन्न प्रकार की छोटी-छोटी नोड्यूल्स से मिलकर बनी होती है।

5. रेफ्रिजरेशन एवं एयर कण्डीशनिंग प्रणाली में थर्मल इन्सुलेटर प्रयोग करने का क्या उद्देश्य है?

उत्तर रेफ्रिजरेशन एवं एयर कण्डीशनिंग प्रणाली में रेफ्रिजरेटिड स्थान की ठण्डक को बाहर जाने से रोकने तथा बाहर की ऊष्मा को रेफ्रिजरेटिड स्थान तक पहुँचने से रोकने के लिए थर्मल इन्सुलेटर का प्रयोग किया जाता है।

6. किन्हीं दो प्राकृतिक इन्सुलेटिंग पदार्थों के नाम लिखिए।

उत्तर दो प्राकृतिक इन्सुलेटिंग पदार्थ निम्नलिखित हैं

(i) कॉर्क (ii) थर्मोकोल

7. फाइब्रस इन्सुलेशन में प्रयुक्त फाइबर किन पदार्थों से मिलकर बना होता है?

उत्तर फाइब्रस इन्सुलेशन में प्रयुक्त फाइबर सिलिका, रॉक वूल तथा एलुमिना सिलिका आदि पदार्थों से मिलकर बना होता है।

अभ्यास प्रश्न

परीक्षा प्रारूपी प्रश्न

बहुविकल्पीय

1. रेफ्रिजरेशन प्रक्रिया में प्रयुक्त रेफ्रिजरेन्ट्स का घातक पक्ष क्या है?
(a) मानव के लिए हानि (b) पर्यावरण के लिए हानि
(c) 'a' और 'b' दोनों (d) इनमें से कोई नहीं

2. कौन–सी प्रक्रिया R-12 रेफ्रिजरेटर R-134 प्रणाली में बदलती है?
(a) रिफिलिंग (b) पुनर्चक्रण
(c) रिक्लेमिंग (d) रेट्रोफिटिंग

3. उस क्रिया का क्या नाम है, जो सिस्टम CFC को HC में परिवर्तित करता है?
(a) रिकवर (b) रिसाइकल
(c) रिक्लेम (d) रेट्रोफिट

4. किसी निर्धारित प्रक्रिया में रेफ्रिजरेटर के दोषों का पुनः निरीक्षण कर उनका दोषोपचार कर देने का इनमें से क्या द्योतक है?
(a) रेट्रोफिटिंग (b) असंयोजन
(c) संयोजन (d) इनमें से कोई नहीं

5. रेट्रोफिटिंग प्रक्रिया में कौन–सी गैस फ्लश आउट के लिए प्रयोग की जाती है?
(a) सूखी ऑक्सीजन (b) शुद्ध नाइट्रोजन
(c) कार्बन डाइ-ऑक्साइड (d) क्लोरो-फ्लोरो कार्बन

6. R-12 रेफ्रिजरेटर के लिए HC रेफ्रिजरेन्ट के साथ कब रेट्रोफिटिंग की आवश्यकता होती है?
(a) बल्ब फ्यूज
(b) रिले दोष
(c) OLP समस्या
(d) आंशिक रूप से चोक

7. ओजोन परत पृथ्वी पर कौन–सी किरणें रोकती हैं?
(a) X-Rays
(b) अल्ट्रावॉयलेट विकिरण (रेडिएशन)
(c) 'a' और 'b' दोनों
(d) उपरोक्त में से कोई नहीं

8. चार्जिंग से पहले वैक्यूम क्यों खींचते हैं?
(a) नॉन कण्डेन्सेबल गैस को निकालने के लिए
(b) तेल निकालने के लिए
(c) रेफ्रिजरेन्ट निकालने के लिए
(d) नाइट्रोजन निकालने के लिए

9. निम्न में से कौन HC की विशेषता नहीं है
(a) ये CFCs की भाँति कार्य करते हैं
(b) अधिकतर स्थितियों में विद्युत खपत/व्यय कम होता है
(c) ज्वलनशील होते हैं
(d) इनसे ओजोन परत विकृत होती है

10. HC रेफ्रिजरेन्ट के साथ कौन-सा कम्प्रैसर ऑयल प्रयोग किया जाता है?
(a) मिनरल ऑयल (b) POP ऑयल
(c) 'a' और 'b' दोनों (d) इनमें से कोई नहीं

11. निम्न कथनों पर विचार कीजिए
कथन I रेफ्रिजरेन्ट की रेट्रोफिटिंग के साथ स्नेहक ऑयल को भी बदल देना चाहिए।
कथन II HC चार्जिंग के समय शुष्क पाउडर वाला अग्निशामक यन्त्र पास रखना चाहिए।
उपरोक्त कथनों में से कौन-सा/से कथन सही है/हैं?
(a) कथन I सही है।
(b) कथन II सही है।
(c) कथन I और II दोनों सही हैं।
(d) कथन I और II दोनों गलत हैं।

12. CFC का पूर्णरूप है
(a) कम्प्यूटर फॉर्मेटिंग कैस्केड (b) कार्बन फ्लोरीन क्लोरीन
(c) क्लोरो-फ्लोरीन कार्बन (d) क्लोरो-फ्लोरो कार्बन

13. HCs से CFCs रेट्रोफिटिंग में प्रयुक्त होने वाला मैकेनिकल (यान्त्रिक) भाग है
(a) कण्डेन्सर (b) कम्प्रैसर
(c) एवैपोरेटर (d) ये सभी

14. CFCs; जैसे–R 12 तथा R 502 ....
(a) ओजोन को क्षीण करते हैं
(b) ओजोन को मजबूत करते हैं
(c) ओजोन पर कोई प्रभाव नहीं डालते
(d) उपरोक्त में से कोई नहीं

15. थर्मल इन्सुलेशन का कौन-सा गुण इसके उपयोग को सुलभ बनाता है?
(a) गन्ध रहित (b) अच्छी कठोरता
(c) वजन में हल्का होना (d) आग रोकने की क्षमता

16. इन्सुलेटिंग पदार्थों की ऊष्मा चालकता होनी चाहिए
(a) कम-से-कम (b) अधिक-से-अधिक
(c) सामान्य (d) इनमें से कोई नहीं

17. इन्सुलेटिंग पदार्थ ऊष्मा के .... होते हैं।
(a) सुचालक (b) कुचालक
(c) 'a' और 'b' दोनों (d) इनमें से कोई नहीं

18. ताप सदैव इनमें से किस ओर प्रवाहित होता है?
(a) उच्च तापमान से निम्न की ओर
(b) निम्न तापमान से उच्च की ओर
(c) नियमित तापमान पर
(d) उपरोक्त में से कोई नहीं

19. इनमें से क्या थर्मल इन्सुलेशन की विशेषता है?
(a) ताप के प्रवाह को पूर्णरूप से नहीं रोक सकता है
(b) मार्ग में ताप प्रवाह की दर को कम कर देता है
(c) 'a' और 'b' दोनों
(d) ताप के प्रवाह को पूर्णतः रोक सकता है

20. थर्मल इन्सुलेशन का प्रयोग कर इन्सुलेटिंग स्थान की ....।
(a) दीवार को रोधित किया जाता है
(b) छत व फर्श को इन्सुलेट किया जाता है
(c) 'a' और 'b' दोनों
(d) उपरोक्त में से कोई नहीं

21. ताप में परिवर्तन किस विधि के द्वारा होता है?
(a) संचालन (b) संवहन
(c) विकिरण (d) ये सभी

22. इनमें से कौन-सा तापीय गुण नहीं है?
(a) विशिष्ट ऊष्मा क्षमता (b) वक्रता
(c) थर्मल डिफ्यूजिबिलिटी (d) स्थायित्व

23. थर्मल इन्सुलेशन की विशेषता के सन्दर्भ में सही कथन है
(a) नमी का प्रभाव न हो
(b) उसमें ऊष्मा को रोकने की क्षमता हो
(c) ताप संचार का गुणक कम हो
(d) उपरोक्त सभी

24. चित्र में 'X' द्वारा प्रदर्शित भाग का क्या नाम है?

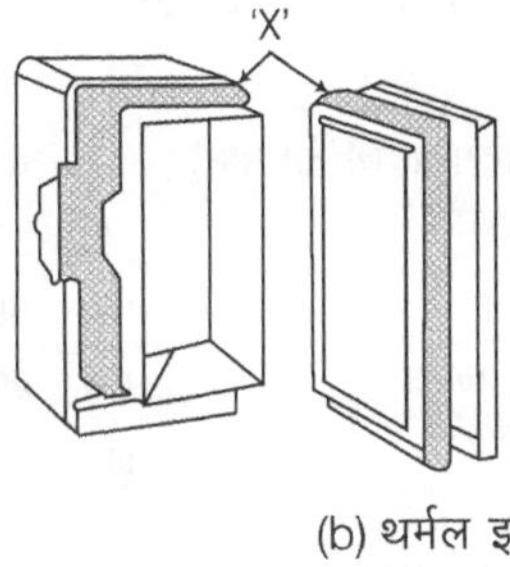

(a) एवैपोरेटर (b) थर्मल इन्सुलेशन
(c) कण्डेन्सर (d) रेफ्रिजरेन्ट

25. थर्मल इन्सुलेशन का भौतिक गुणधर्म है
(a) निम्न गन्ध (b) शक्ति (c) तनाव (d) आघात

26. निम्न में से प्राकृतिक इन्सुलेटिंग पदार्थ है
(a) सिलिका (b) कॉर्क बोर्ड
(c) थर्मोकोल (d) इनमें से कोई नहीं

27. कॉर्क बोर्ड की चालकता होती है

(a) 0.403 (b) 23.2 (c) 4.2 (d) 2.42

28. प्राकृतिक इन्सुलेटिंग पदार्थ नहीं है

(a) ग्लास (b) सिलिका (c) सूत (d) कोपाक

29. अकार्बनिक इन्सुलेटिंग पदार्थ है

(a) सिलिका (b) ग्लास
(c) पॉलीयूरेथेन (d) इनमें से कोई नहीं

30. निम्नलिखित में से कौन-सा एक प्रकार का कार्बो वृक्ष है?

(a) कोपाक (b) कॉर्क बोर्ड
(c) सेलोटेक्स (d) थर्मोकोल

31. फिनोथर्म के सन्दर्भ में सही है

(a) यह भिन्न-भिन्न डिजाइन के स्लैब के रूप में मिलता है
(b) इसके पाइप भी मिलते हैं
(c) इसे सरलता से आरी से काटा जा सकता है
(d) उपरोक्त सभी

32. कार्बनिक इन्सुलेटिंग पदार्थ है

(a) रबर (b) चावल की भूसी
(c) 'a' और 'b' दोनों (d) स्लैग वूल

33. एक्सपैण्डेड पॉलिस्ट्रीन कहते हैं

(a) कॉर्क बोर्ड को (b) कोपाक को
(c) सेलोटेक्स को (d) थर्मोकोल को

34. स्लैग वूल है

(a) कार्बनिक रेशेदार वस्तु (b) अकार्बनिक इन्सुलेशन वस्तु
(c) सेलुलर वस्तु (d) प्राकृतिक इन्सुलेशन वस्तु

35. वे पदार्थ, जो ऊष्मा के प्रवाह को रोकते हैं, इन्सुलेटिंग पदार्थ कहलाते हैं? आजकल रेफ्रिजरेटर में कौन-सा इन्सुलेटिंग पदार्थ प्रयोग किया जाता है?

(a) PUF (b) फाइबर ग्लास
(c) कॉर्क शीट (d) ग्लास वूल

36. सूची I का सूची II से मिलान कीजिए।

	सूची I (इन्सुलेटिंग पदार्थ का नाम)		सूची II घनत्व (kg/m^3)
A.	पॉलीयूरेथेन	(i)	170
B.	थर्मोकोल	(ii)	35
C.	फाइबर ग्लास	(iii)	20
D.	कॉर्क बोर्ड	(iv)	35

कूट

(a) A-(i); B-(ii); C-(iii); D-(iv) (b) A-(iv); B-(iii); C-(ii); D-(i)
(c) A-(i); B-(iii); C-(iv); D-(ii) (d) A-(iv); B-(ii); C-(iii); D-(i)

37. PUF एक है ......।

(a) तापमान मापने का साधन
(b) तापमान बनाए रखने का साधन
(c) इन्सुलेटिंग सामग्री
(d) सुरक्षा उपकरण

38. सूची I का सूची II से मिलान कीजिए

	सूची I (इन्सुलेटिंग पदार्थ का नाम)		सूची II (तापमान)
A.	चारकोल	(i)	30°C
B.	कोपाक	(ii)	3°C
C.	एस्बेस्टॉस वूल	(iii)	29°C
D.	ग्लास वूल	(iv)	32°C

कूट

(a) A-(i); B-(ii); C-(iii); D-(iv)
(b) A-(ii); B-(iii); C-(iv); D-(i)
(c) A-(iii); B-(iv); C-(i); D-(ii)
(d) A-(iv); B-(iii); C-(ii); D-(i)

39. सूची I का सूची II से मिलान कीजिए

	सूची I		सूची II
A.	प्राकृतिक इन्सुलेटिंग पदार्थ	(i)	कॉर्क
B.	कृत्रिम इन्सुलेटिंग पदार्थ	(ii)	कोपाक
C.	सेलुलर पदार्थ	(iii)	एस्बेस्टॉस
D.	कार्बनिक इन्सुलेटिंग पदार्थ	(iv)	PUF

कूट

(a) A-(i); B-(ii); C-(iii); D-(iv)
(b) A-(i); B-(iii); C-(iv); D-(ii)
(c) A-(i); B-(iii); C-(ii); D-(iv)
(d) A-(iv); B-(ii); C-(iii); D-(i)

40. निम्न में से कौन-सा एक सेलुलर इन्सुलेशन पदार्थ है?

(a) कॉर्क
(b) कॉटर
(c) स्टैग वूल
(d) रबर फोम

उत्तरमाला

1. (c)	2. (d)	3. (d)	4. (a)	5. (b)	6. (c)	7. (b)	8. (a)	9. (d)	10. (a)
11. (c)	12. (d)	13. (d)	14. (a)	15. (c)	16. (a)	17. (b)	18. (a)	19. (c)	20. (c)
21. (b)	22. (b)	23. (d)	24. (b)	25. (a)	26. (a)	27. (a)	28. (d)	29. (c)	30. (a)
31. (d)	32. (c)	33. (d)	34. (c)	35. (a)	36. (b)	37. (c)	38. (d)	39. (a)	40. (c)

अध्याय 23

विण्डो एयर कण्डीशनर

Window Air Conditioner

परिचय Introduction

आज के तकनीकी युग में मनुष्यों ने अपनी सुख-सुविधाओं के लिए ऐसे उपकरणों का आविष्कार कर लिया है, जिनके उपयोग से गर्मी के दिनों में गर्मी नहीं लगती है, बल्कि इन उपकरणों के द्वारा कमरों में ठण्डक उत्पन्न हो जाती है। ऐसे उपकरणों को 'एयर कण्डीशनर' कहते हैं। वर्ष 1902 में **डॉक्टर विलिस एच. केरियर** (Dr. Willis H. Carrier) ने सबसे पहले एयर कण्डीशनर का आविष्कार किया था। धीरे-धीरे इस एयर कण्डीशनर में सुधार होता गया और आधुनिक एयर कण्डीशनर का निर्माण हुआ। एयर कण्डीशनिंग वह प्रणाली है, जिसके द्वारा किसी बन्द कमरे अथवा स्थान की वायु को नियन्त्रित करके वायु के तापमान, नमी एवं प्रवाह को परिवर्तित करके, उस कमरे अथवा स्थान को ठण्डा किया जाता है। वह एयर कण्डीशनर, जिसे कमरे की खिड़की पर लगाते हैं, विण्डो एयर कण्डीशनर (window air conditioner) या रूम एयर कण्डीशनर (room air conditioner) कहलाता है। इसका आकार बॉक्सनुमा होता है जैसा कि निम्न दिए गए चित्र में दर्शाया गया है

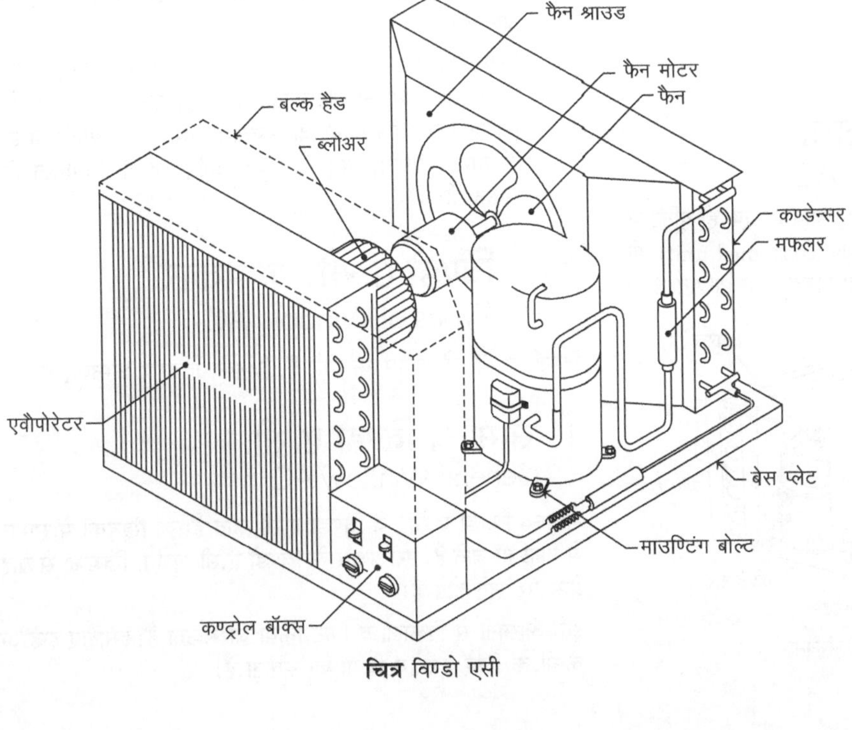

चित्र विण्डो एसी

अध्याय विषय सूची

वातानुकूलित क्षेत्र में वायु संचलन
Air Movement in an air conditioned area

मानव आराम (human comfort) और साथ ही आर्द्रता वायु संचरण (air circulation) एक महत्त्वपूर्ण पक्ष है। यदि कंडेंसर/ एवैपोरेटर के किसी भी ओर से एयर कंडीशनर में हवा का प्रवाह नहीं होता है, तो रेफ्रिजरेशन चक्र प्रभावी नहीं होगा और वायु संचलन स्थिर रहेगा, जो यूनिट को व्यवहार्य बनाता है। यूनिट का निर्माण करने वाले संबंधित लोगों द्वारा यूनिट और कमरे की क्षमता के अनुसार निरंतर प्रवाह निर्धारित किया जाता है। यूनिट की क्षमता का निर्धारण निर्माता अपने डिजाइन के अनुसार कूलिंग क्षेत्र में उपस्थित मानव शरीर/ व्यक्तियों के अनुरूप करता है।

हवा के वेग और सापेक्ष आर्द्रता के मिश्रण में हवा का द्रुतशीतन प्रभाव कहते हैं। सामान्यत: आराम चक्र (comfort cycle) को प्रभावित करने वाली वायु गति एक महत्त्वपूर्ण स्थिति है। यदि वायु बहुत तेज गति से चलती है, तो व्यक्ति असहज महसूस करता है और यदि वायु की गति बहुत कम है, तो वायु अवस्था बन जाती है और ऑक्सीजन (संदूषण) की कमी हो जाती है।

जैसा कि आप सभी जानते हैं कि कमरे के अंदर की हवा वातानुकूलित क्षेत्र के भीतर प्रवाहित होती है। एवैपोरेटर इनलेट क्षेत्र के माध्यम से उसी हवा को खींचा जाता है और वातानुकूलित कमरे में वापस प्रवाहित किया जाता है। चूंकि एवैपोरेटर इनलेट में फिल्टर प्रदान किया जाता है।

सामान्यत: ठंडी हवा 15 फीट लंबाई तक पूरे क्षेत्र में ऊपर की ओर एक संवितरित तरीके से प्रवाहित होती है, क्योंकि हवा कम घनत्व के कारण सामान्य रूप से कम हो जाती है और फिल्टर किए गए क्षेत्र में एवैपोरेटर में वापस खींच ली जाती है। डिजाइन के अनुसार, कमरे को कवर करने वाले क्षेत्र की सामान्य क्षमता लगभग 15′×15′ होती है। अच्छे शीतलन प्रभाव के लिए कमरे को फाल्स सीलिंग काफी स्पष्ट है। यूनिट निर्माताओं की क्षमता के अनुसार वायु वेग नीचे सारणी में प्रदर्शित किया गया है

वायु प्रवाह	1 टन	1.5 टन	2 टन
दर (सीएफएम)	400	480	620

23.1 विण्डो ए.सी. की संरचना
Construction of Window AC

विण्डो ए.सी. में एयर कण्डीशनिंग के सभी आवश्यक अवयव एक ही यूनिट में लगे होते हैं, इसलिए इसे सेल्फ कण्टेन्ड यूनिट (self contained unit) भी कहते हैं। विण्डो ए.सी. की आन्तरिक संरचना को निम्न चित्र में दर्शाया गया है

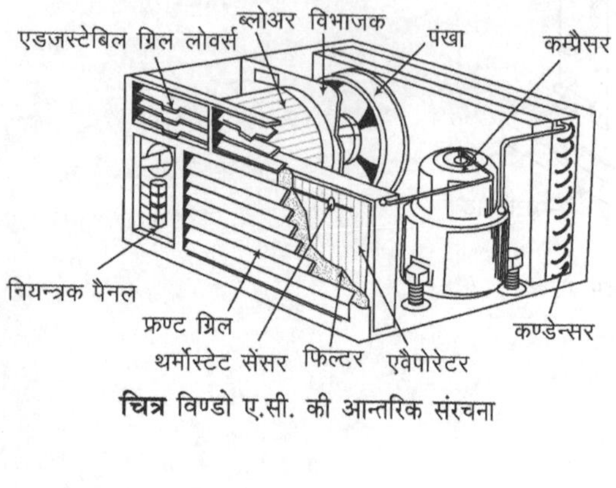

चित्र विण्डो ए.सी. की आन्तरिक संरचना

विण्डो ए.सी. के मुख्य अवयव का विवरण निम्नलिखित है

1. **कम्प्रैसर** (Compressor) पुराने विण्डो ए.सी. में रेसिप्रोकेटिंग कम्प्रैसर, प्रयोग होता था, जिससे कमरे में अधिक शोर उत्पन्न होता था। आधुनिक विण्डो ए.सी. में रोटरी कम्प्रैसरों का प्रयोग किया जा रहा है, जिसमें शोर की समस्या बहुत कम हो गई है तथा यह विद्युत की खपत भी कम करता है। कम्प्रैसर रेफ्रिजरेन्ट को उच्च दाब व उच्च ताप पर कम्प्रैस करके कण्डेन्सर को भेजता है।
2. **कण्डेन्सर** (Condenser) विण्डो ए.सी. में फिन टाइप कण्डेन्सर का प्रयोग किया जाता है। यह रेफ्रिजरेन्ट वाष्प को ठण्डा करके तरल रूप में परिवर्तित करता है तथा रेफ्रिजरेन्ट की ऊष्मा को वातावरण में स्थानान्तरित कर देता है।
3. **एवैपोरेटर** (Evaporator) विण्डो ए.सी. में फिण्ड एवैपोरेटर (finned evaporator) का प्रयोग किया जाता है। यह ए.सी. द्वारा कूलिंग उत्पन्न करने का मुख्य अवयव है।

   एवैपोरेटर द्वारा कण्डेन्सर से प्राप्त ठण्डे रेफ्रिजरेन्ट को आस-पास के स्थान से अवशोषित ऊष्मा को प्रदान किया जाता है, जिसके कारण रेफ्रिजरेन्ट वाष्पित हो जाता है तथा एवैपोरेटर के आस-पास कूलिंग उत्पन्न हो जाती है।
4. **फिल्टर** (Filter) ए.सी. जिस अनुपात में ठण्डी वायु को बाहर निकालता है, उसी अनुपात में बाह्य वातावरण से गर्म वायु को ग्रहण करता है। बाह्य वातावरण की वायु में धूल एवं मिट्टी के कण भी उपस्थित होते हैं। इन कणों को रोकने के लिए फिल्टर का प्रयोग किया जाता है।
5. **ब्लोअर तथा पंखा** (Blower and fan) एवैपोरेटर तथा कण्डेन्सर के बीच वायु के प्रवाह को बनाए रखने के लिए ब्लोअर का प्रयोग किया जाता है तथा गर्म वायु को वातावरण में भेजने के लिए पंखे का प्रयोग किया जाता है। इन्हें विभाजक द्वारा एवं एक-दूसरे से पृथक् किया जाता है।
6. **नियन्त्रक पैनल** (Control panel) यह एक नियन्त्रक बोर्ड होता है, जिसमें विभिन्न बटन लगे होते हैं। इनके द्वारा विण्डो ए.सी. को ऑन व ऑफ किया जा सकता है तथा इसके अतिरिक्त इन बटनों के द्वारा तापमान, वायु के प्रवाह आदि को भी नियन्त्रित किया जा सकता है।

23.2 विण्डो ए.सी. के प्रकार
Types of Window AC

विण्डो ए.सी. दो प्रकार के होते हैं, जिनका विवरण निम्नवत् है

1. सामान्य विण्डो ए.सी.
General Window AC

सामान्य विण्डो ए.सी., वे विण्डो ए.सी. होते हैं, जो खिड़की में सामान्य रूप से फिट हो जाते हैं। इस प्रकार के विण्डो ए.सी. पूर्णत: खिड़की से बाहर एक फ्रेम पर लगे होते हैं।

इन्हें आसानी से निकाला व फिट किया जा सकता है, इसलिए इन्हें अस्थायी कार्यों के लिए उपयोग किया जा सकता है।

वायु की दिशा को नियन्त्रित करने के लिए इसके आगे एडजस्टेबिल ग्रिल लोवर्स लगी होती हैं।

चित्र सामान्य विण्डो ए.सी.

2. थ्रू-द-वॉल विण्डो ए.सी.

Through-The-Wall Window AC

थ्रू-द-वॉल विण्डो ए.सी., वे विण्डो ए.सी. होते हैं, जिन्हें खिड़की के स्थान पर दीवार में चेसिस स्लीव (chassis sleeve) की सहायता से फिट किया जाता है। इनका कुछ भाग कमरे के अन्दर निकला होता है। सामान्य विण्डो ए.सी. की अपेक्षा इनकी कूलिंग क्षमता अधिक होती है।

चित्र थ्रू-द-वॉल विण्डो ए.सी.

विण्डो ए. सी. के मुख्य भाग

Main Coponents of window A/C

रूम एयर कंडीशनर को एक निर्माण कंपनी द्वारा दीवार के माध्यम से एक खिड़की में माउंट करने के लिए एक यूनिट के रूप में डिजाइन और असेंबल किया जाता है। यह बिना किसी डक्ट के बंद जगह में वातानुकूलित हवा पहुँचाता है। विंडो ए/सी के मुख्य घटक इस प्रकार हैं।

1. **कम्प्रैसर** (Compressor) कम्प्रैसर रेफ्रिजरेशन प्रणाली का ह्रदय कहलाता है। यह सिस्टम के चारों ओर रेफ्रिजरेंट को परिचालित करता है। यह कम दाब और कम तापमान वाले रेफ्रिजरेन्ट वाष्प को खींचता है और उसे संपीडित करता है। इसके पश्चात् उच्च दाब और उच्च तापमान वाष्प को डिस्चार्ज लाइन द्वारा कंडेनसर में प्रेषित कर दिया जाता है।

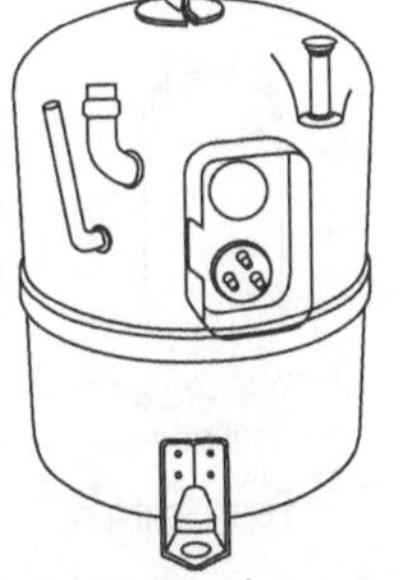

चित्र कम्प्रैसर

2. **कण्डेनसर** (Condenser) कण्डेनसर एक ऊष्मा हस्तांतरण उपकरण है, जो एवैपोरेटर में उपयोग के लिए तैयार होने के लिए कंप्रैसर द्वारा छोड़े गए गैस या वाष्प को तरल में बदल देता है।

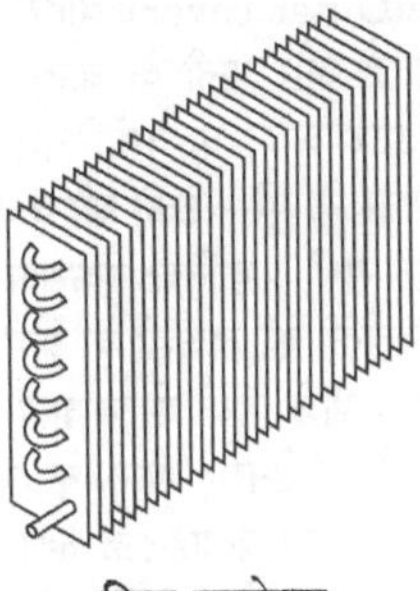

चित्र कण्डेन्सर

3. **फिल्टर ड्रायर** (Filter drier) यह कैपिलरी से पहले लिक्विड लाइन में लगाया जाता है। यह धूल और गन्दगी को छानता है तथा सिस्टम से नमी को अवशोषित करता है। इसमें नमी को अवशोषित करने के लिए सिलिका जैल से भरा होता है।

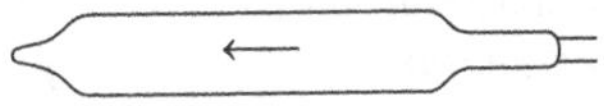

चित्र फिल्टर ड्रायर

4. **कैपिलरी ट्यूब** (Capillary tube) यह घरेलू रेफ्रिजरेटर और एयर कंडीशनर में एक मीटरिंग डिवाइस है। यह कैपिलरी ट्यूब में छोटे व्यास की तांबे की ट्यूब होती है। जिसकी लंबाई कण्डेनसर यूनिट के आकार और प्रयुक्त रेफ्रिजरेटर के प्रकार पर निर्भर करती है।

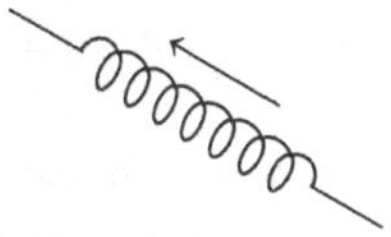

चित्र कैपिलरी ट्यूब

5. **एवैपोरेटर** (Evaporator) कोई भी ऊष्मा अंतरण सतह क्षेत्र जिसमें ठंडा होने वाले माध्यम से ऊष्मा को हटाने के उद्देश्य से एक रेफ्रिजरेंट एवैपोरेटर होता है।

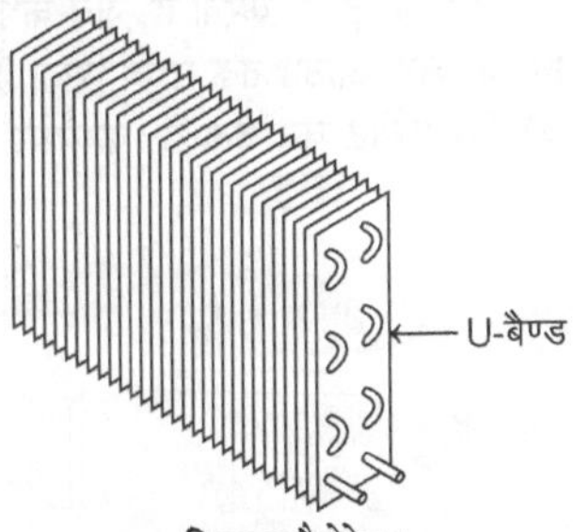

चित्र एवैपोरेटर

सहायक यांत्रिक भाग

Auxiliary Mechanical Parts

विण्डो ए सी में विभिन्न प्रकार के सहायक यांत्रिक उपकरणों का प्रयोग किया जाता है, जिनका विवरण निम्न प्रकार है

1. **फ्रंट ग्रिल** (Front grill) फ्रंट ग्रिल बेहतर क्वालिटी के प्लास्टिक से बनी होती है। आंतरिक निर्माण को दो खंडो में विभाजित किया गया है। इनलेट को कमरे के एवैपोरेटर वाले फिल्टर के माध्यम से देखा जाता है और बाहरी एवैपोरेटर कमरे में स्थापित होता है।
2. **बाहरी आवरण** (Outer cover) बाहरी आवरण हल्के स्टील की शीट से बना होता है और पानी के वाटर प्रूफ प्वॉइण्ट के साथ जुड़ा होता है कुछ आउटर कवर एल्युमीनियम के बनाये जाते हैं। अण्डर कवर एयर कंडीशनर के पूरे घटकों को कवर करता है और इसे बारिश के पानी, धूल और सभी प्राकृतिक नुकसान से बचाता है। यह सुरक्षित शिकंजे के साथ खिड़की की लकड़ी के फ्रेम पर कसकर बँधा होता है। यह ए/सी यूनिट को पीछे गिरने से बचाता है। बाहरी आवरण में दोनों तरफ लूवर होते हैं। कंडेनसर फैन के चलने से वायुमंडलीय हवा कंडेनसर की गर्म सतह पर प्रवाहित है तथा यह हवा कंडेनसर से ऊष्मा अवशोषित करती है और कंडेनसर फैन के द्वारा वायुमंडल में प्रेषित की जाती है, जिससे गैस को द्रवीभूत (liquified) किया जा सकता है।

विंडो एयर कंडीशनर के विद्युत घटक
Electrical Components of Window Air-conditioner

1. **चयनकर्ता स्विच** (Selector switch) चयनकर्ता स्विच ऑन और ऑफ द्वारा नियंत्रित एयर कंडीशनिग, कम पंखा, उच्च पंखा, कम ठंडा और उच्च ठंडा आवश्यकता के रूप में चुना जा सकता है।

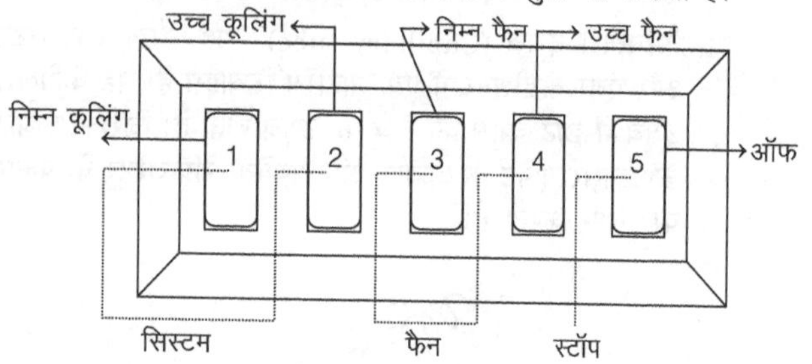

चित्र स्विच सिलेक्टर

2. **थर्मोस्टेट** (Thermoset) यह कम्प्रैसर को चालू और बंद करके कमरे के तापमान को नियंत्रित करता है। जब कमरा गर्म हो जाता है और पूर्व निर्धारित सेटिंग तक पहुँच जाता है, तो थर्मोस्टेट कम्प्रैसर चालू कर देता है। इस सेटिंग को कट-इन तापमान कहा जाता है। जैसे ही कंप्रैसर चलता है, A/C यूनिट कमरे को ठंडा करती है, जब कमरे का तापमान वांछित तापमान से कम या कट-आउट तक पहुँच जाता है, तो थर्मोस्टेट सर्किट से कम्प्रैसर को डिस्कनैक्ट कर देता है, कम्प्रैसर रुक जाता है।

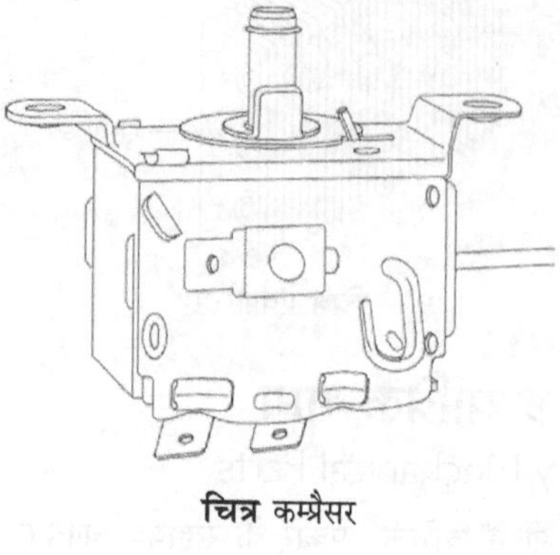

चित्र कम्प्रैसर

3. **रिले** (Relay) रिले क्वॉइल मोटर कम्प्रैसर की वाइंडिंग के साथ श्रेणी क्रम में स्थापित होता है। सिस्टम ऑन करने पर उच्च धारा रिले संपर्कों को बंद करने का कारण बनती है। कम्प्रैसर स्टार्टिंग कैपेसिटर से कम्प्रैसर स्टार्ट वाइंडिंग सर्किट से कनैक्ट करने से स्पीड बढ़ जाती है, जिससे रिले कॉन्टैक्ट ओपन हो जाता है।

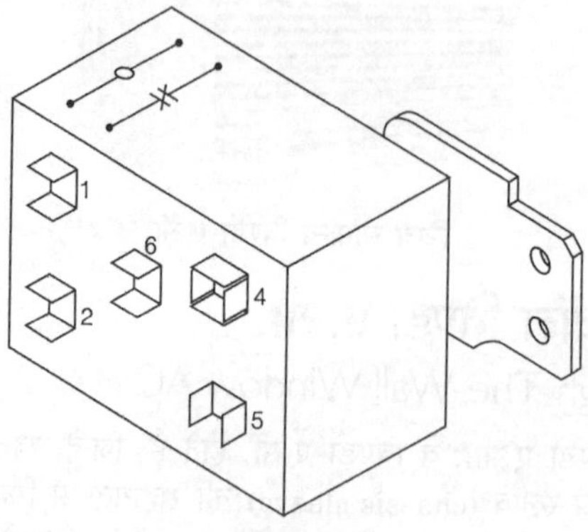

चित्र रिले

4. **ओवर लोड प्रोटेक्टर** (Overload Protector OLP) OLP में रनिंग करंट के साथ श्रेणी क्रम में एक वायर्ड रेसिस्टर लगा होता है। यदि करंट बहुत अधिक (आधिभार) खींचता है, तो रेसिस्टर गर्म हो जाता है और सर्किट को ब्रेक करने के लिए बायमेटल संपर्क का कारण बनता है।

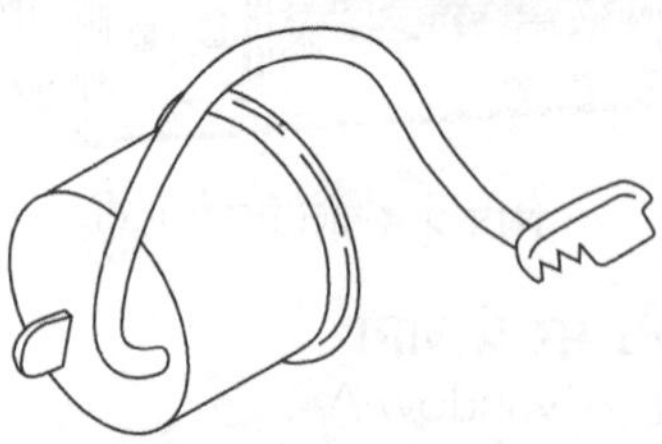

चित्र ओवर लोड प्रोटेक्टर

5. **कैपेसिटर** (Capacitor) कैपेसिटर की दो रेटिंग होती हैं। माइक्रोफारड (ufd) और वोल्टेज रेटिंग। स्टार्टिंग कैपेसिटर इलेक्ट्रोलाइटिक प्रकार के होते हैं और इनका उपयोग मोटर स्टार्ट वाइंडिंग सर्किट में किया जाता है, जो स्टार्टिंग टार्क में वृद्धि को प्रभावित करता है।

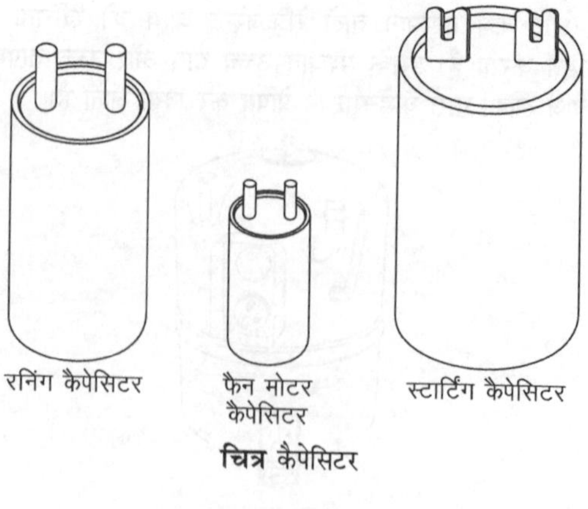

चित्र कैपेसिटर

तुलनीय आकार के स्टार्टिंग कैपेसिटर की तुलना में रनिंग कैपेसिटर की माइक्रोफारड (ufd) रेटिंग बहुत कम होती है। रनिंग कैपसिटर कम्प्रैसर ऑपरेशन के दौरान हर समय मोटर स्टार्ट वाइंडिंग सर्किट में रहता है। विंडो मॉडल एयर कंडीशनर में उपयोग की जाने वाली पंखे की मोटर को एक शाफ्ट के साथ डिजाइन किया गया है।

6. **पोटेंशियल रिले** (Potential relay) पोटेंशियल या वोल्टेज प्रकार की रिले का उपयोग कैपेसिटर स्टार्ट, कैपेसिटर रन हरमेटिक कम्प्रैसर को स्टार्टिंग कैपेसिटर से डिस्कनैक्ट करने के लिए किया जाता है। इसका उपयोग ज्यादातर एयर कंडीशनर में किया जाता है। जब यह सक्रिय नहीं होता है, तो इस रिले पर संपर्क बिंदु सामान्य रूप से बंद होते हैं। रिले वाइडिंग को स्टार्ट वाइडिंग के समानांतर बनाया जाता है और नॉन एनर्जाइज्ड लाइन रिले नंबर 1 और 2 से जोड़ा जाता है। रनिंग कैपेसिटर सीधे स्टार्टिंग वाइंडिंग के सीरीज सर्किट में जुड़ा होता है। जैसे ही मोटर सक्रिय होता है , इस वाइंडिंग के शृंखला सर्किट में कैपेसिटर के कारण स्टार्टिंग वाइंडिंग और रिले क्वॉइल में वोल्टेज लाइन वोल्टेज से ऊपर बढ़ जाता है। यह बढ़ा हुआ वोल्टेज रिले क्वॉइल के चारों ओर एक मजबूत चुंबकीय क्षेत्र उत्पन्न करता है, जो प्लंजर को आकर्षित करता है एवं संपर्क बिंदु खोलता है साथ ही स्टार्टिंग कैपेसिटर को डिस्कनैक्ट करता है। जैसे ही स्टार्टिंग कैपेसिटर को डिस्कनैक्ट किया जाता है, स्टार्टिंग वाइडिंग और रिले क्वायल में कुछ वोल्टेज कम हो जाती है, लेकिन प्लंजर को पकड़ने और कम्प्रैसर मोटर के चलने के दौरान संपर्क बिंदुओं को खुला रखने के लिए पर्याप्त रहता है।

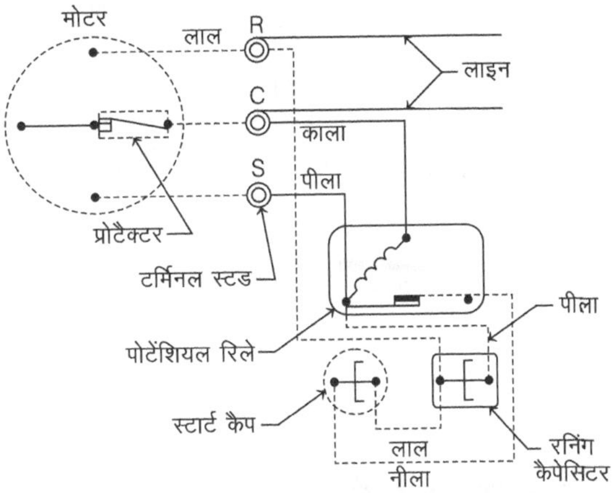

(a) पोटेंशियल प्रकार के मैग्नेटिक टाइप रिले के लिए वायरिंग आरेख

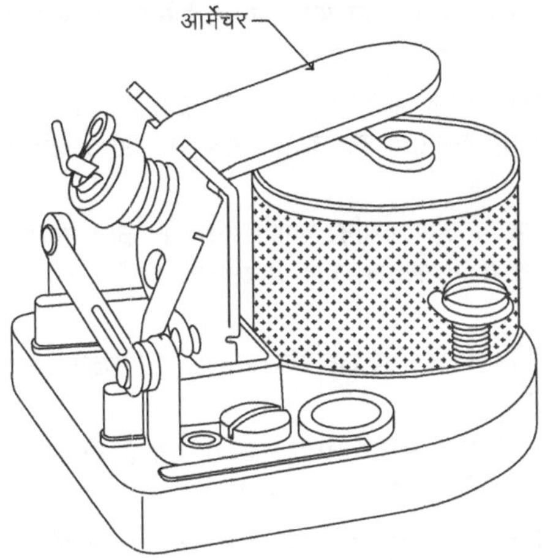

(b) पोटेंशियल टाइप रिले

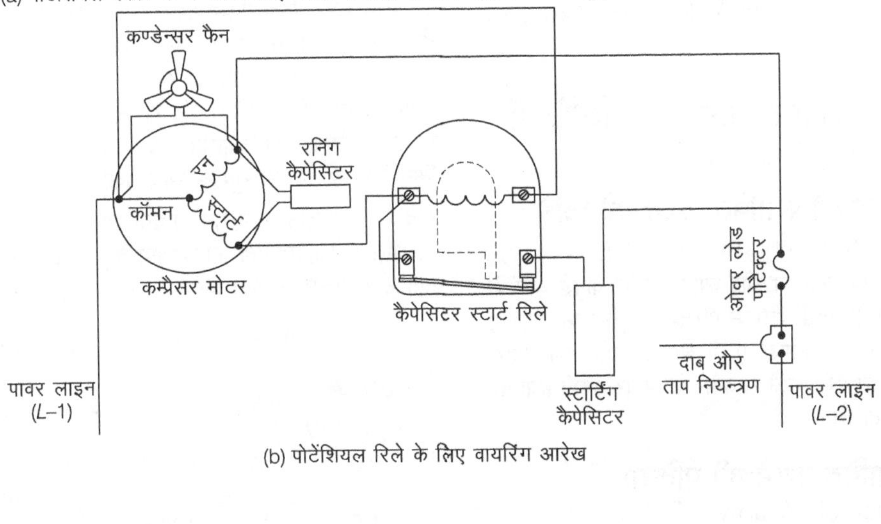

(b) पोटेंशियल रिले के लिए वायरिंग आरेख

23.3 विण्डो ए.सी. की स्थापना
Installation of Window AC

विण्डो ए.सी. की स्थापना निम्न बिन्दुओं के आधार पर की जानी चाहिए

1. सर्वप्रथम विण्डो ए.सी. को पैकिंग बॉक्स से निकालकर ध्यान से देखें कि किसी प्रकार की बाहरी टूट-फूट तो नहीं है।
2. इसके पश्चात् ए.सी. यूनिट को सप्लाई देकर चलाकर देखें कि वह बिना आवाज किए सही चल रहा है अथवा नहीं।
3. सप्लाई लीड को निकालकर यूनिट को कैबिनेट से अलग कर लें।
4. कैबिनेट में विंग बोर्ड एंगल वोल्ट्स के लिए छेद करें।
5. कैबिनेट को खिड़की में रखें तथा विंग बोर्ड के पीछे एक लम्बी लकड़ी का टुकड़ा फँसा दें, ताकि कार्य करते समय कैबिनेट के छेद ठीक अवस्था में रहें।
6. अब कैबिनेट को खिड़की के बीच रखकर, खिड़की की ग्रिल में पेंच लगाने के लिए छेद करें तथा केबिनेट के साथ पेंचों को अच्छी तरह कस दें।
7. कैबिनेट में यूनिट को लगाएँ। यूनिट लगाते समय मेन लीड को ए.सी. सॉकेट की दिशा में निकाल लें। यदि आवश्यक हो, तो इसका प्लग खोल लें।
8. यूनिट को कैबिनेट के बेस पर लगे रेल्स (rails) पर रखकर उचित स्थान पर लगाएँ।
9. यदि ए.सी. और खिड़की के बीच रिक्त स्थान रह गया है, तो इसे स्पंज रबर गैस्केट से या फिर प्लाईवुड से भर दें।
10. अब यूनिट को स्टार्ट करें और कुछ देर तक चलने दें। चलते समय किसी असामान्य आवाज या कम्पन को चैक करें।
11. ठण्डी हवा को समान रूप से बहने के लिए ग्रिल लोवर्स (gril louvers) को एडजस्ट करें।

विण्डो ए. सी. को स्थापित करने की विधियाँ
Methods of Installation Window AC

1. विण्डो ए.सी. यूनिट को स्थापित करने की विधि
Method of Installation of Window A.C. Unit

स्थान का चुनाव करते समय एक बात की ओर ध्यान रखें कि कपड़े धोने के स्थान, शावर या स्विमिंग पूल के आस-पास के परिवेश में यूनिट का उपयोग नहीं करना चाहिए। ऐसी दीवार पर विण्डो ए.सी लगाना चाहिए जो बाहरी वातावरण के सम्पर्क में होती है। ऐसा करने से कमरे के अन्दर ठण्डी हवा का समान वितरण सुनिश्चित होता है।

2. विण्डो AC को स्थापित करने की प्रक्रिया
Process of Installation of Window A.C

ए.सी स्थापित करने के लिए ऐसा स्थान चुनें, जहाँ आस-पास कोई बाधा न हो। स्थापना के स्थान को AC से थोड़ा बड़ा तैयार करें।

विण्डो AC से अवरोधों की दूरी ऊपर की ओर 30 सेमी, नीचे की ओर 150 सेमी, बाएँ 500 सेमी तथा दाएँ 50 सेमी सामने 150 सेमी होनी चाहिए।

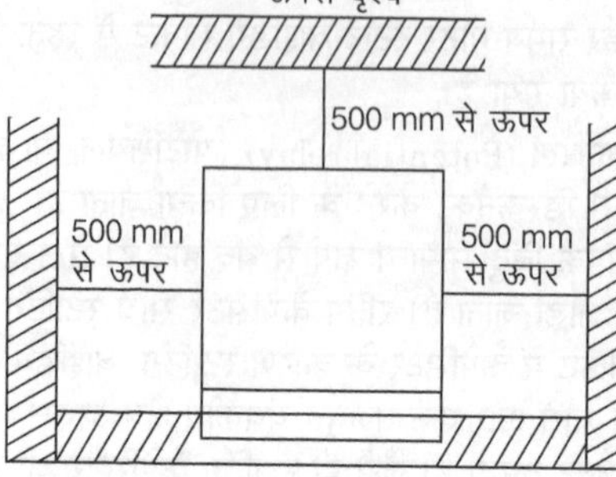

(i)

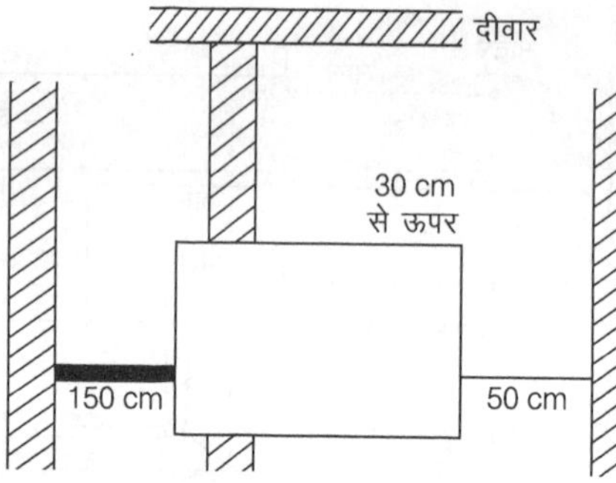

(ii)

चित्र विण्डो ए.सी. की स्थापना

3. इंस्टॉलेशन प्रक्रिया Installation Process

सर्वप्रथम फ्रण्ट पैनल से स्टिकर निकाले। उसके बाद A.C यूनिट को इंस्टॉलेशन होने वाले स्थान पर लगाए। इंस्टॉलेशन की जगह पर्याप्त मजबूत होनी चाहिए ताकि कम्पन न हो। ए.सी. को सहारा देने के लिए इंस्टॉलेशन होने का स्थान पर्याप्त मजबूत होना चाहिए। यदि यह नहीं हो तो लोहे के सपोर्ट को आउटडोर पर प्रयोग किया जाना चाहिए। यदि ए.सी. पर किसी प्रकार का आवंटन नहीं किया गया है, तो इसे सूर्य के सीधे प्रकाश में आने से बचाना चाहिए।

यदि AC संचालन के दौरान अधिक शोर होता है, तुरन्त विक्रेता से सम्पर्क करें एवं सुरक्षा सहायता का उपयोग करें ऐसा करने से AC को लम्बे समय तक ठीक प्रकार उपयोग किया जा सकता है।

तालिका- विण्डो A/C की कूलिंग क्षमता

A/C की क्षमता (टन में)	कम्प्रैसर	किलो कैलोरी	फैन मोटर क्षमता	कमरे का तापमान
0.5	0.75	6000 BTU/Hr	$\frac{1}{32}$ HP	72°F
1.0	1.5	12000 BTU/Hr	$\frac{1}{16}$ HP	72°F
1.5	2.0	18000 BTU/Hr	$\frac{1}{5}$ HP	72°F
2.0	2.5	24000 BTU/Hr	$\frac{1}{5}$ HP	72°F

तालिका विण्डो की विमाएँ

विण्डो A/C का नाम	ऊँचाई	लम्बाई	चौड़ाई	ग्रील तापमान	कमरे का तापमान
ऊषा	47cm	70cm	55cm	58°F	72°F
फीडर	45cm	68cm	52cm	56°F	70°F
केल्वीनेटर	48cm	72cm	55cm	58°F	72°F
GE AC	48cm	72cm	55cm	58°F	72°F
वोल्टाज AC	47cm	70cm	52cm	56°F	70°F

4. विण्डो AC की इलेक्ट्रिक वायरिंग
Electric Wiring of Window AC

इसकी वायरिंग करते समय किसी विशेष सर्किट का उपयोग किया जाना चाहिए, लेकिन हटाने योग्य सर्किट का उपयोग नहीं किया जाना चाहिए। ए.सी. को नेशनल वायरिंग रेगुलेशन के अनुसार इंस्टॉल किया जाना चाहिए। सर्किट में स्विच (थर्मल-चुम्बकीय ब्रेकर) इंस्टॉल किया जाना चाहिए। स्थानीय वायरिंग के नियमों के अनुसार सभी विद्युतीय कार्य किए जाने चाहिए।

संघनित जल निकासी Condensed Water Drainage

जब आसपास के वातावरण में आर्द्रता उपस्थित होती है, तब ए.सी. आर्द्रता को संघनित करके जल में परिवर्तित कर देता है और इस जल को बेस पैन की सहायता से प्रवाहित कर देता है। इसी कारण से निकासी के लिए यूनिट के पीछे स्थित निकास पाइप के लीड को हटा देते हैं। इसके अग्र सिरे से आउटलेट ड्रेन पाइप या ट्यूब को कनैक्ट करते हैं।

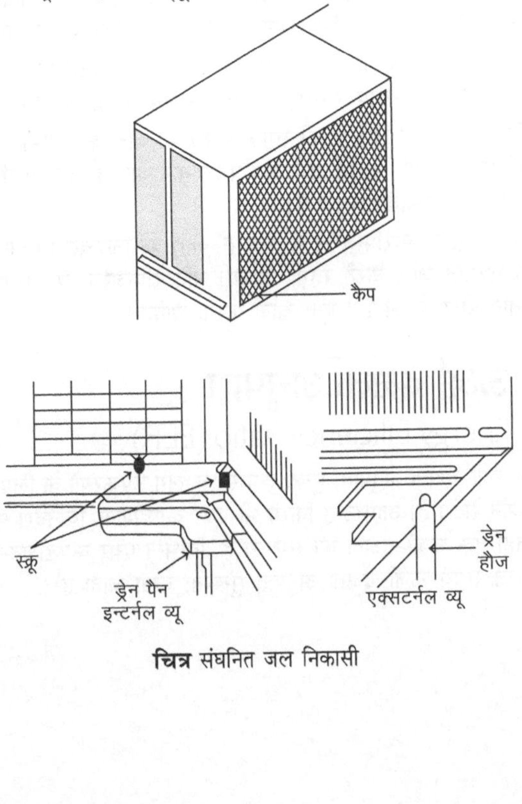

चित्र संघनित जल निकासी

विण्डो/ एसी के इलेक्ट्रिक सर्किट
Electric Circuits of Window A/C

विण्डो/ एसी के इलेक्ट्रिक सर्किट निर्माण निम्न प्रकार से किया जाता है

(i) **सी एस आर विधि द्वारा विंडो ए/सी की इलेक्ट्रिक वायरिंग**
Electric wiring of window A/C by CSR method

रिले एक विद्युत संचालित स्विच है, जिसका उपयोग सर्किट से रनिंग कैपेसिटर को डिस्कनैक्ट करने के लिए किया जाता है, जब मोटर अपनी रेटेड गति पर पहुँचती है, तो रनिंग कैपेसिटर को डिस्कनैक्ट करने के लिए कैपेसिटर स्टार्ट रन (CSR) हर्मेटिक कम्प्रैसर मोटर्स के साथ संभावित प्रकार के रिले का उपयोग किया जाता है।

संरचना (Construction) इसमें एक पोटेंशियल क्वायल और संपर्क बिंदुओं का एक सेट होता है, जो बंद रहता है। जब मोटर स्टॉप की स्थिति में होती है, तो रिले क्वायल स्टार्टिंग वाइंडिंग के साथ समानांतर क्रम में जुड़ा रहता है और यह कॉन्टैक्ट प्वाइंट्स के माध्यम से स्टार्टिंग वाइंडिंग के साथ श्रेणी क्रम में जुड़ा रहता है। रनिंग कैपेसिटर सीधे स्टार्टिंग वाइंडिंग के सीरीज सर्किट में जुड़ा होता है।

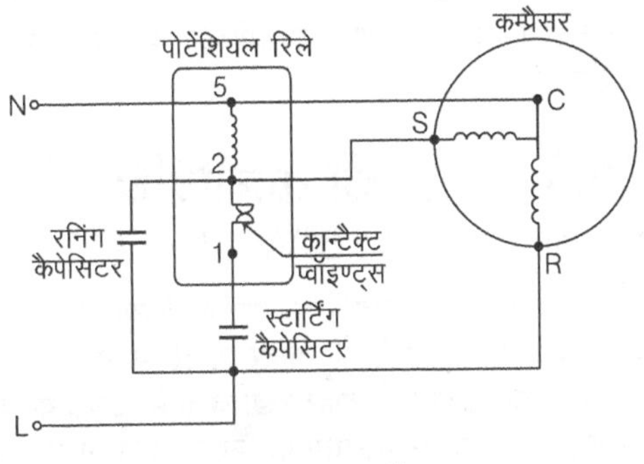

चित्र CSR सर्किट

कार्यविधि (Working) जब मोटर को आपूर्ति प्रदान की जाती है, तो, स्टार्टिंग वाइण्डिंग तथा रिले क्वायल में वोल्टेज, वाइण्डिंग के साथ श्रेणी क्रम में लगे कैपेसिटर के कारण लाइन वोल्टेज से ज्यादा हो जाती है।

यह बढ़ी हुई वोल्टेज रिले क्वॉइल के चारों ओर एक मजबूत चुंबकीय क्षेत्र उत्पन्न करती है, जो प्लंजर को आकर्षित करती है एवं संपर्क बिंदु को खोलता है साथ ही स्टार्टिंग कैपेसिटर को डिस्कनैक्ट करती है। जैसे ही स्टार्टिंग कैपेसिटर को डिस्कनैक्ट किया जाता है, स्टार्टिंग वाइंडिंग और रिले क्वॉइल में कुछ सीमा तक वोल्टेज कम हो जाती है, लेकिन प्लंजर को पकड़ने और मोटर के चलने के समय सम्पर्क बिंदुओं को खुला रखने के लिए पर्याप्त रहता है।

(ii) **कमरे के ए/सी में पीएससी सर्किट** PSC Circuits in Room A/Cs

PSC मोटर में स्टार्टिंग टॉर्क CSR मोटर की तुलना में स्टार्टिंग टॉर्क से कम होता है। PSC मोटर्स में स्टार्ट वाइंडिंग सर्किट में रहती है। इसमें कोई रिले नहीं है और कोई स्टार्टिंग कैपेसिटर नहीं होता है।

इस सर्किट में स्टार्ट और रन वाइंडिंग्स के बीच एक रन कैपेसिटर होता है।

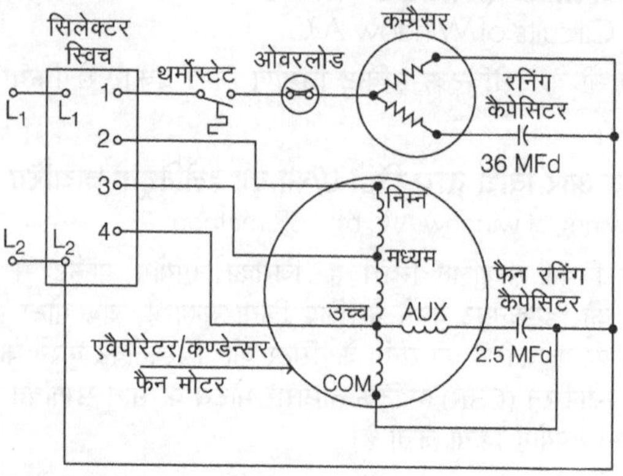

चित्र विण्डो ए सी का PSC का वायरिंग आरेख

(iii) **विंडो ए/सी में पी एस सी सर्किट** PSC Circuit in Window A/C

विंडो एयर कंडीशनर में कंडेनसर और एवैपोरेटर वाले पंखे दोनों को चलाने के लिए डबल शाफ्ट वाले फैन मोटर द्वारा सक्रिय होते हैं। पी एस सी सर्किट किसी भी तीन गति (उच्च, मध्यम और निम्न) के साथ कंप्रैसर को सक्रिय कर सकता है। उच्च, मध्यम या निम्न सेटिंग के बिना कंप्रैसर समान गति से चलता है। लाइन वोल्टेज थर्मोस्टेट के विरोध में कंप्रैसर चालू या बंद होता है।

23.4 विण्डो ए.सी. की कार्यविधि
Working Method of Window AC

विण्डो ए.सी. को कमरे की खिड़की पर स्थापित किया जाता है। इसके एवैपोरेटर वाले भाग को खिड़की से अन्दर कमरे में तथा कम्प्रैसर व कण्डेन्सर वाले भाग को खिड़की से बाहर रखा जाता है। ऊष्मा को कमरे में आने से रोकने के लिए एवैपोरेटर हाउसिंग पर फैल्ट इन्सुलेशन चढ़ा होता है, जिससे एवैपोरेटर, सील्ड यूनिट व कण्डेन्सर से अलग हो जाता है। जैसे ही विण्डो ए.सी. को पावर सप्लाई दी जाती है, तो इसमें लगे ब्लोअर तथा पंखा घूमने लगते हैं तथा अन्य सभी अवयव भी क्रियाशील हो जाते हैं।

ब्लोअर द्वारा कमरे की वायु को कमरे से बाहर निकाल दिया जाता है तथा बाह्य वातावरण से वायु विण्डो ए.सी. के कण्डेन्सर में पहुँचती है, जिससे कण्डेन्सर में प्रवाहित रेफ्रिजरेन्ट वाष्प अपनी ऊष्मा, वायु को स्थानान्तरित करके तरल में परिवर्तित हो जाती है। इस बाह्य वायु का कुछ भाग एवैपोरेटर के पास से गुजरता है। एवैपोरेटर में प्रवाहित ठण्डा रेफ्रिजरेन्ट बाह्य वायु से ऊष्मा को अवशोषित कर लेता है तथा वाष्पित हो जाता है।

बाह्य वायु अपनी ऊष्मा को खोकर ठण्डी हो जाती है। यह ठण्डी वायु ही एवैपोरेटर से होकर कमरे में प्रवाहित होती है तथा कमरे में चारों ओर घूमकर कमरे को ठण्डा करती रहती है। विण्डो ए.सी. को 230 वोल्ट की सप्लाई पर कार्य करने के लिए डिजाइन किया जाता है तथा इनकी क्षमता 0.5 से 3 टन तक होती है।

23.5 विण्डो ए.सी. की सुरक्षा एवं अनुरक्षण
Care and Maintenance of Window AC

विण्डो ए.सी. की कार्यिकी को सही रखने एवं इसके इंस्टॉलेशन के समय कुछ विशेष सावधानियाँ अपनानी चाहिए। ये ए.सी. के दीर्घकालिक उपयोग में महत्त्वपूर्ण भूमिका निभाती है। विण्डो ए.सी. का अनुरक्षण एवं सुरक्षा निम्न प्रकार की जाती है

1. ए.सी. को खिड़की पर मजबूती से स्थापित करना चाहिए, ताकि यह नीचे न गिरने पाए।
2. ए.सी. को इस प्रकार स्थापित करना चाहिए कि इसमें निम्नतम कम्पन उत्पन्न हो।
3. ए.सी. को वैद्युतिक परिपथ के निकटतम स्थापित करें, ताकि लम्बे तारों के प्रयोग से बचा जा सके।
4. ए.सी. को धूप में स्थापित न करें, अन्यथा इसकी कार्यिकी प्रभावित हो सकती है।
5. बिजली के झटकों से बचाने के लिए तथा ए.सी. को नियमित इनपुट प्रदान करने हेतु वोल्टेज स्टेबिलाइजर का प्रयोग करें।
6. विण्डो ए.सी. में लगा फिल्टर धूल व गन्दगी के कारण चोक (choke) हो जाता है। अतः फिल्टर को निश्चित समयान्तराल के पश्चात् साफ करते रहना चाहिए।
7. विण्डो ए.सी. के एवैपोरेटर क्वॉयल तथा कण्डेन्सर क्वॉयल को वर्ष में एक बार अवश्य साफ करना चाहिए। इन पर धूल गन्दगी आदि के जमा होने के कारण ए.सी. की क्षमता कम हो जाती है।
8. विण्डो ए.सी. की प्रत्येक गर्मी के मौसम से पहले एवं बाद में जाँच अवश्य करनी चाहिए। इसके अतिरिक्त विण्डो ए.सी. को सर्दियों के मौसम में ढक देना चाहिए। इससे ए.सी. की दक्षता बनी रहती है।
9. नमी के कारण ए.सी. की दक्षता कम हो जाती है, इसलिए ए.सी. में लगे ड्रायर की समय-समय पर जाँच अवश्य करनी चाहिए।
10. विण्डो ए.सी. में लीकेज की समय-समय पर जाँच करते रहें। लीकेज के कारण ए.सी. में नमी एवं वायु प्रवेश कर जाती है और ए.सी. की दक्षता को प्रभावित करती है।
11. विण्डो ए.सी. में रेफ्रिजरेन्ट के स्तर (level) की निश्चित समयान्तराल के पश्चात् जाँच करते रहना चाहिए। यदि रेफ्रिजरेन्ट का स्तर कम प्रतीत होता है, तो इसे पुनः चार्ज करना चाहिए।

23.6 ऊर्जा दक्षता अनुपात
Energy Efficiency Ratio (EER)

EER या ऊर्जा-दक्षता अनुपात, मुख्य रूप से, कूलिंग उपकरणों के लिए एक ऊर्जा प्रदर्शन रेटिंग है। आप उन्हें किसी भी एयर कण्डीशनर विनिर्देश पत्र में पाएँगे। जहाँ तक ऊर्जा-दक्षता का सम्बन्ध है, विभिन्न एयर कण्डीशनरों की तुलना करते समय ऊर्जा-दक्षता अनुपात मुख्यतः देखा जाता है।

एक कमरे के एयर कण्डीशनर की दक्षता को ऊर्जा दक्षता अनुपात (EER) द्वारा मापा जाता है। EER, कूलिंग क्षमता (ब्रिटिश थर्मल इकाइयों [BTU] प्रति घण्टे) तथा विद्युत इनपुट (वाट में) का अनुपात है। EER रेटिंग जितनी अधिक होगी, एयर कण्डीशनर उतना ही अधिक कुशल होगा। एक नया रूम एयर कण्डीशनर खरीदते समय, एनर्जी स्टार लेबल ऊर्जा की खपत को दर्शाता है।

कमरे के एयर कण्डीशनर के लिए आवश्यक कूलिंग क्षमता कमरे के ठण्डा होने के आकार पर निर्भर करती है। कमरे में एयर कण्डीशनर की कूलिंग क्षमता सामान्यत: 5,500 BTU प्रति घण्टे से लेकर 14,000 BTU प्रति घण्टे तक होती है। एयर कण्डीशनिंग आकार के लिए एक सामान्य रेटिंग शब्द टन है, जो प्रति घण्टे 12,000 BTU है। पोर्टेबल ए.सी. इकाइयों की औसत EER रेटिंग लगभग 8.5 है। इसका अर्थ है कि EER 8.5 से नीचे वाले को खरीदना उचित नहीं है और 8.5 से ऊपर वाले को खरीदना काफी दक्षतावार अधिक उपयोगी सिद्ध होता है। सबसे अधिक ऊर्जा-कुशल पोर्टेबल ए .सी. यूनिट की EER रेटिंग 11.2 है।

23.7 विंडो एयर कंडीशनर के दोषोपचार Troubleshooting of Window Air Conditioners

(i) कंप्रैसर शुरू नहीं होता है Compressor Does Not Start

सर्विसिंग फ्लो सीक्वेंस के अनुसार दोष /दोषों के परिणामस्वरूप विंडो मॉडल एयर-कंडीशनर में कम्प्रैसर शुरू नहीं होते हैं। नीचे दिए गए प्रॉब्लम ट्री में कम्प्रैसर के शुरू न होने के सम्भावित कारणों को दर्शाया गया है।

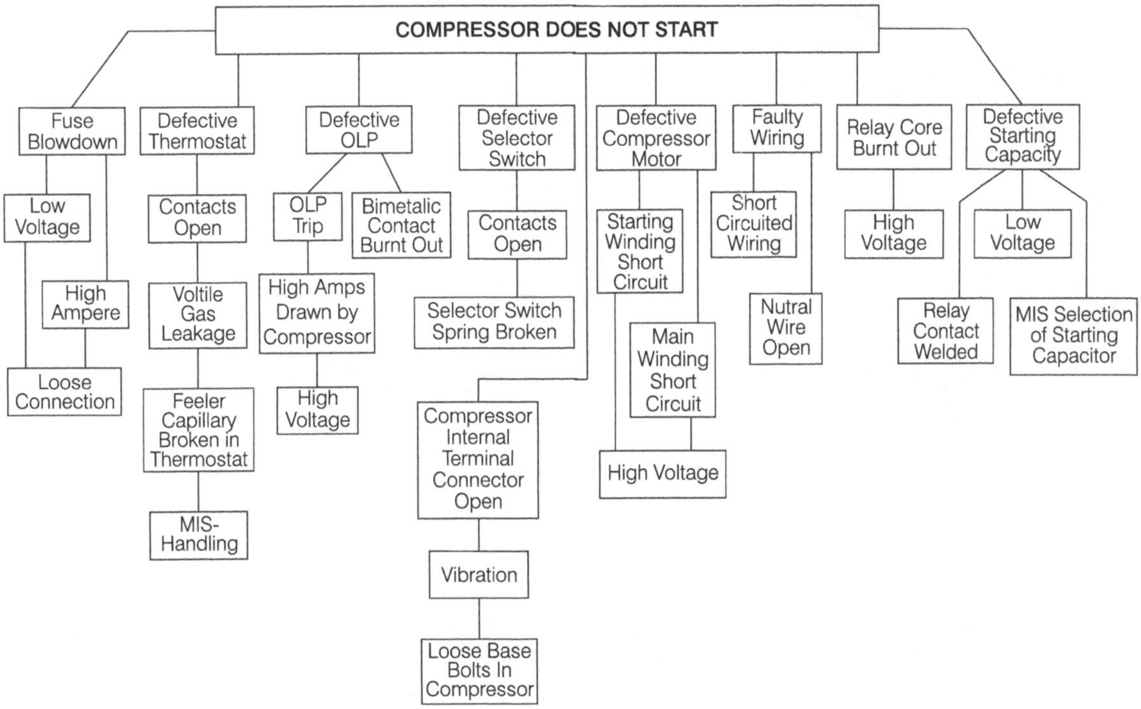

(ii) **कम्प्रैसर का लगातार ट्रिप करना** Compressor Trips Frequently

विंडो मॉडल एयर कंडीशनर में घटकों के अनुचित कार्यिकी के परिणामस्वरूप एयर कंडीशनर में कंप्रैसर बार-बार ट्रिप करता है। कंप्रैसर बार-बार ट्रिप करता है शिकायत के संभावित कारण नीचे दिए गए प्रॉब्लम ट्री में दर्शाए गए हैं।

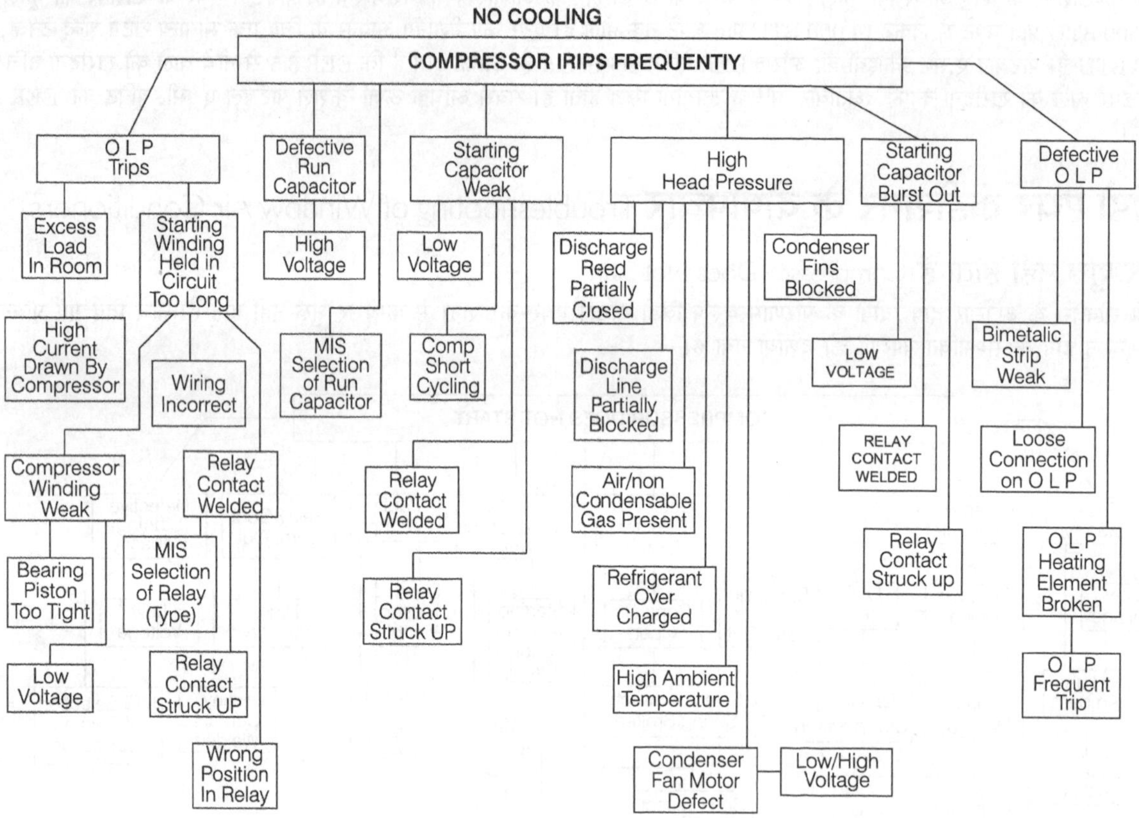

महत्त्वपूर्ण बिन्दु

- वर्ष 1902 में डॉ. विलिस एच. केरियर ने सबसे पहले एयर कण्डीशनर (AC) का आविष्कार किया था।
- वह एयर कण्डीशनर, जिसे कमरे की खिड़की पर लगाते हैं, विण्डो एयर कण्डीशनर या रूम एयर कण्डीशनर कहलाते हैं।
- विण्डो ए.सी. को सैल्फ कण्टेन्ड यूनिट भी कहते हैं।
- पुराने विण्डो ए.सी में रेसिप्रोकेटिंग कम्प्रैसर का प्रयोग होता था।
- कम्प्रैसर रेफ्रिजरेन्ट को उच्च दाब व उच्च ताप पर कम्प्रैस करके कण्डेन्सर में भेजता है।
- विण्डो ए.सी. में फिण्ड टाइप कण्डेन्सर का प्रयोग किया जाता है।
- विण्डो ए.सी. में फिण्ड एवैपोरेटर का प्रयोग किया जाता हे।
- ए.सी जिस अनुपात में ठण्डी वायु को बाहर निकालता है, उसी अनुपात में बाह्य वातावरण से गर्म वायु को ग्रहण करता है।
- एवैपोरेटर तथा कण्डेन्सर के बीच वायु के प्रवाह को बनाए रखने के लिए ब्लोअर का प्रयोग किया जाता है।
- नियन्त्रक पैनल एक नियन्त्रक बोर्ड होता है, जिसमें विभिन्न बटन लगे होते हैं।
- विण्डो ए.सी. को कमरे की खिड़की पर स्थापित किया जाता है।
- ऊष्मा को कमरे में आने से रोकने के लिए एवैपोरेटर हाउसिंग पर फैल्ट इन्सुलेशन चढ़ा होता है।
- ब्लोअर द्वारा कमरे की वायु को कमरे से बाहर निकाल दिया जाता है।
- विण्डो ए.सी. को 230 वोल्ट की सप्लाई पर कार्य करने के लिए डिजाइन किया जाता है।
- सामान्य विण्डो ए.सी., वे विण्डो ए.सी. होते हैं, जो खिड़की में सामान्य रूप से फिट हो जाते है।
- थ्रू-द-वॉल विण्डो ए.सी को दीवार में चेसिस स्टील की सहायता से फिट किया जाता है।
- EER या ऊर्जा-दक्षता अनुपात, मुख्य रूप से, कूलिंग उपकरणों के लिए एक ऊर्जा प्रदर्शन रेटिंग है।
- EER, कूलिंग क्षमता (BTU में) तथा विद्युत इनपुट (वाट में) का अनुपात है।
- एयर कण्डीशनर के लिए सामान्य रेटिंग शब्द 'टन' है।

महत्त्वपूर्ण प्रश्नोत्तरी

1. एयर कण्डीशनिंग प्रणाली से क्या आशय है?

उत्तर एयर कण्डीशनिंग प्रणाली, वह प्रणाली है, जिसके द्वारा किसी बन्द कमरे अथवा स्थान की वायु को नियन्त्रित करके वायु के तापमान, नमी एवं प्रवाह को परिवर्तित करके, उस कमरे अथवा स्थान को ठण्डा किया जाता है।

2. विण्डो ए.सी. में रेसिप्रोकेटिंग कम्प्रैसर के स्थान पर रोटरी कम्प्रैसर प्रयोग करने का क्या कारण है?

उत्तर विण्डो ए.सी. में रेसिप्रोकेटिंग कम्प्रैसर के स्थान पर रोटरी कम्प्रैसर को निम्न कारणों से प्रयोग किया जाता है–

(i) रोटरी कम्प्रैसर कम शोर उत्पन्न करता है।

(ii) रोटरी कम्प्रैसर विद्युत की कम खपत करता है।

3. थ्रू-द-वॉल विण्डो ए.सी. के किन्हीं दो अनुप्रयोगों को लिखिए।

उत्तर थ्रू-द-वॉल विण्डो ए.सी. के दो अनुप्रयोग निम्नलिखित हैं–

(i) इन्हें बन्द कमरे में अधिक ठण्डक उत्पन्न करने के लिए प्रयोग किया जाता है।

(ii) इन्हें कमरे की खिड़की खुली रखने की स्थिति में प्रयोग किया जाता है।

4. विण्डो ए.सी. द्वारा कम कूलिंग करने का क्या कारण है?

उत्तर विण्डो ए.सी. द्वारा कम कूलिंग करने का कारण फिल्टर का गन्दा अथवा चोक्ड होना है।

5. नमी के कारण विण्डो ए.सी. की कार्यप्रणाली पर क्या प्रभाव पड़ता है?

उत्तर नमी के कारण विण्डो ए.सी. की दक्षता कम हो जाती है। नमी को दूर करने के लिए ड्रायर का उपयोग किया जाता है।

अभ्यास प्रश्न

परीक्षा प्रारूपी प्रश्न

बहुविकल्पीय

1. विण्डो एयर कण्डीशनर में किस प्रकार के कम्प्रैसर का उपयोग किया जाता है?

(a) बैल्ट ड्राइव (b) खुले प्रकार का
(c) सील प्रकार का (d) स्वाश (swash) प्लेट

2. विण्डो एयर कण्डीशनर में किस प्रकार के कण्डेन्सर का उपयोग किया जाता है?

(a) फिन्स और ट्यूब (b) प्लेट और ट्यूब
(c) प्लेट और क्वॉयल (d) बेयर ट्यूब (bare tube)

3. 1 TR की कूलिंग क्षमता (kcal/hr में) कितनी है?

(a) 3000 (b) 4000 (c) 5000 (d) 6000

4. विण्डो एयर कण्डीशनर में 'X' के रूप में चिन्हित भाग क्या है?

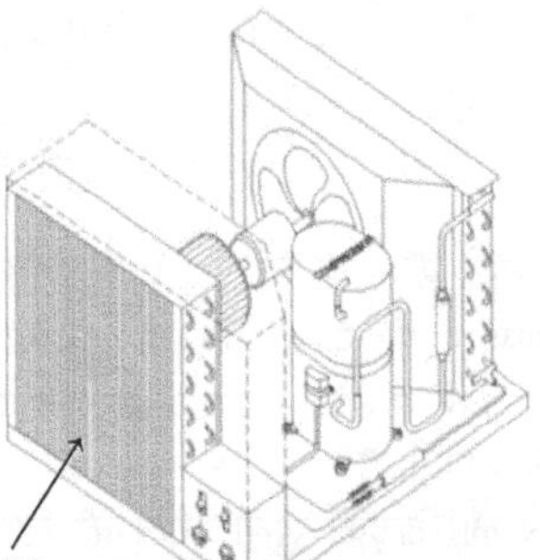

(a) मफलर (b) कण्डेन्सर
(c) एवैपोरेटर (d) डिस्चार्ज लाइन

5. निम्न चित्र में 'X' के रूप में चिन्हित भाग का क्या नाम है?

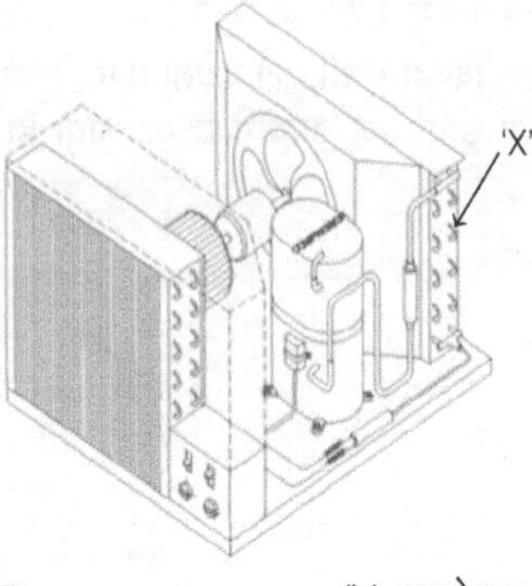

(a) मफलर (b) कण्डेन्सर
(c) एवैपोरेटर (d) डिस्चार्ज लाइन

6. विण्डो एयर कण्डीशनर में किस प्रकार के एक्सपैंशन वाल्व (expansion valve) का उपयोग किया जाता है?

(a) केशिका नली
(b) लो-साइड फ्लोट वाल्व
(c) ऑटोमैटिक एक्सपैंशन वाल्व
(d) थर्मोस्टैटिक एक्सपैंशन वाल्व

7. विण्डो एयर कण्डीशनर में किस प्रकार का वाष्पीकरण होता है?

(a) बेयर ट्यूब (b) प्लेट और ट्यूब
(c) फिन्स और प्लेट (d) फिन्स और ट्यूब

8. विण्डो एयर कण्डीशनर में कण्डेन्सर के फिन्स बनाने के लिए किस सामग्री का उपयोग किया जाता है?

(a) पीतल (b) ताँबा
(c) कच्चा लोहा (d) एल्युमीनियम

9. 0.5 TR की शीतलन क्षमता (BTU/घंटा में) क्या है?

(a) 6000 (b) 12000
(c) 18000 (d) 24000

10. कमरे के तापमान को बनाए रखने के लिए किस नियंत्रण उपकरण का उपयोग किया जाता है?

(a) OLP (b) रिले
(c) थर्मोस्टेट (d) सलेक्टर स्विच

11. कैपेसिटर स्टार्ट, कैपेसिटर रन (CSR) कम्प्रैसर मोटर में किस रिले का उपयोग किया जाता है?

(a) वोल्टेज रिले (b) करण्ट रिले
(c) थर्मल रिले (d) एम्पिरेज (amperage) रिले

12. विण्डो एयर कण्डीशनर में कम्प्रैसर मोटर के लिए किस सुरक्षा उपकरण का उपयोग किया जाता है?

(a) रिले
(b) स्टार्टिंग कैपेसिटर
(c) चल संधारित्र
(d) ओवर लोड प्रोटेक्टर

13. विण्डो ए.सी. का कौन-सा भाग कमरे की हवा से धूल के कणों को हटाता है?

(a) स्ट्रेनर (b) एयर फिल्टर
(c) फिल्टर ड्रायर (d) डीहाइड्रेटर

14. 1 टन विण्डो एयर कण्डीशनर में पंखे की मोटर की किस क्षमता का उपयोग किया जाता है?

(a) 1/5 HP (b) 1/10 HP
(c) 1/16 HP (d) 1/20 HP

15. ऑपरेशन के दौरान CSR मोटर की स्टार्टिंग वाइण्डिंग के साथ शृंखला में कौन-सा संधारित्र जुड़ा हुआ है?
(a) फैन कैपेसिटर
(b) रन कैपेसिटर
(c) स्टार्ट कैपेसिटर
(d) कोई कैपेसिटर नहीं जुड़ा है

16. 1.5 TR विण्डो एयर कण्डीशनर के लिए रनिंग कैपेसिटर का मान क्या है?
(a) 36 MFD (b) 40 MFD
(c) 80 MFD (d) 100 MFD

17. 1TR विण्डो एयर कण्डीशनर के लिए उपयोग किए जाने वाले स्टार्टिंग कैपेसिटर का मान क्या है?
(a) 40 MFD (b) 60 MFD
(c) 80 MFD (d) 100 MFD

18. विण्डो एयर कण्डीशनर में प्रयुक्त रिले का उद्देश्य क्या है?
(a) स्टार्टिंग कैपेसिटर को डिस्कनैक्ट करें
(b) रनिंग कैपेसिटर को डिस्कनैक्ट करें
(c) फैन कैपेसिटर को डिस्कनैक्ट करें
(d) वाइण्डिंग को डिस्कनैक्ट करें

19. विण्डो एयर कण्डीशनर में कण्डेन्सर ट्यूबों के पंखों (fins) से किसकी वृद्धि होती है?
(a) हीट ट्रांसफर रेट (b) बिजली की खपत
(c) डिस्चार्ज दाब (d) रेफ्रिजरेन्ट प्रवाह दर

20. एयर कण्डीशनरों में पहले पंखे की मोटर और फिर कम्प्रैसर मोटर के संचालन का उद्देश्य क्या है?
(a) क्वॉयल को पहले पंखे से ठण्डा करें
(b) पंखे द्वारा कम्प्रैसर को ठण्डा करें
(c) मोटरों का शोर कम से कम करें
(d) दोनों मोटर्स द्वारा उच्च स्टार्टिंग करण्ट बंद करें

21. विण्डो एयर कण्डीशनर में किस प्रकार की फैन मोटर का उपयोग किया जाता है?
(a) थ्री-फेज सिंगल शाफ्ट मोटर
(b) सिंगल फेज सिंगल शाफ्ट मोटर
(c) थ्री-फेज डबल एण्ड (end) शाफ्ट मोटर
(d) सिंगल फेज डबल एण्ड (end) शाफ्ट मोटर

22. कम्प्रैसर मोटर की कौन-सी वाइण्डिंग सीधे वोल्टेज रिले क्वॉयल से जुड़ी होती है?
(a) मुख्य वाइण्डिंग (b) स्टार्टिंग वाइण्डिंग
(c) रनिंग वाइण्डिंग (d) सहायक वाइण्डिंग

23. नॉर्मली क्लोज्ड (NC) कॉन्टेक्ट आंतरिक रूप से वोल्टेज रिले में कहाँ जुड़े होते हैं?
(a) 1 और 5 के एक्रॉस (b) 2 और 5 के एक्रॉस
(c) 1 और 2 के एक्रॉस (d) 2 और 4 के एक्रॉस

24. फिल्टर ड्रायर घटक पर तीर के निशान से कौन-सा संकेत मिलता है?
(a) हवा की दिशा
(b) केशिका ट्यूब की स्थिति
(c) रेफ्रिजरेन्ट की प्रवाह दिशा
(d) अवशोषक और फिल्टर की व्यवस्था

25. 1 टन विण्डो एयर कण्डीशनर द्वारा कमरे का कितना क्षेत्रफल ठण्डा किया जाता है?
(a) 5000 sq. ft (b) 2000 sq. ft
(c) 1000 sq. ft (d) 3000 sq. ft

26. 1 टन विण्डो एयर कण्डीशनर में प्रयुक्त कम्प्रैसर मोटर की क्षमता क्या है?
(a) 0.50 HP (b) 0.75 HP
(c) 0.95 HP (d) 1.00 HP

27. विण्डो ए.सी. में कमरे की हवा को बाहर निकालने के लिए किस उपकरण का उपयोग किया जाता है?
(a) डैम्पर
(b) एयर फिल्टर
(c) फिल्टर ड्रायर
(d) एयर वॉशर

28. फिल्टर ड्रायर को विण्डो AC रेफ्रिजरेन्ट सर्किट में कहाँ स्थापित किया जाता है?
(a) डिस्चार्ज लाइन (b) सक्शन लाइन
(c) सर्विस लाइन (d) लिक्विड लाइन

29. CSR कम्प्रैसर मोटर में किस वाइण्डिंग का उच्च प्रेरण मान है?
(a) कॉमन वाइण्डिंग
(b) रनिंग वाइण्डिंग
(c) स्टार्टिंग वाइण्डिंग
(d) सहायक वाइण्डिंग

30. रिले क्वॉयल आंतरिक रूप से वोल्टेज रिले में कहाँ जुड़ी होती है?
(a) 1 और 2 के एक्रॉस (b) 5 और 1 के एक्रॉस
(c) 5 और 2 के एक्रॉस (d) 2 और 4 के एक्रॉस

31. 1.5TR क्षमता के विण्डो एयर कण्डीशनर के लिए उपयोग किए जाने वाले स्टार्टिंग कैपेसिटर का मान क्या है?
(a) 40 से 60 MFD (b) 80 से 100 MFD
(c) 130 से 150 MFD (d) 150 से 160 MFD

32. 1 टन विण्डो एयर कण्डीशनर के लिए कौन-सी स्टेबलाइजर क्षमता का उपयोग किया जाता है?
(a) 2 KVA (b) 3 KVA (c) 4 KVA (d) 5 KVA

33. क्या कारण है कि कम्प्रैसर शुरू नहीं होता है?
(a) दोषपूर्ण फ्रेश एयर डैम्पर
(b) दोषपूर्ण ऑसिलेशन मोटर
(c) दोषपूर्ण फैन मोटर
(d) दोषपूर्ण OLP

34. हवा से लीक अमोनिया की सान्द्रता को उदासीन कैसे करें?
(a) हवा से अमोनिया रिकवर करें
(b) बहुत अधिक पानी का छिड़काव करें
(c) संयंत्र को बंद कर दें
(d) हाइड्रोक्लोरिक एसिड का छिड़काव करें

35. विण्डो AC में एवैपोरेटर क्वॉयल पर अधिक बर्फ जमने का क्या कारण है?
(a) वाष्पीकरण करने वाला फिन धूल से अवरुद्ध नहीं है
(b) तेज गति से घूमता हुआ ब्लोअर
(c) एयर फिल्टर पूरी तरह से अवरुद्ध
(d) एवैपोरेटर में अधिक वायु परिसंचरण

36. एक विण्डो एयर कण्डीशनर में बहुत उच्च कण्डेन्सर तापमान का कारण क्या है?
(a) वाटर स्प्लैश कण्डेन्सर
(b) अधिक हवा कण्डेन्सर में बहती है
(c) फैन मोटर अच्छी स्थिति में कार्य कर रही है
(d) कण्डेन्सर पंखों (fins) में जमा धूल

37. विण्डो एयर कण्डीशनर में कम्प्रैसर मोटर के जलने का क्या कारण है?
(a) दोषपूर्ण फैन संधारित्र (b) दोषपूर्ण फैन मोटर
(c) दोषपूर्ण ब्लोअर (d) दोषपूर्ण OLP

38. एक विण्डो एयर कण्डीशनर में दोषपूर्ण OLP के लिए क्या उपाय है?
(a) OLP की मरम्मत करें
(b) OLP को बदलें
(c) भागों (parts) को हटा दें
(d) हीटर तत्व की मरम्मत करें

39. क्या कारण है कि कम्प्रैसर शुरू नहीं होता है लेकिन विण्डो ए.सी. में पंखें की मोटर सामान्य रूप से काम करती है?
(a) दोष निवारक (b) दोषपूर्ण फैन मोटर
(c) दोषपूर्ण फैन संधारित्र (d) दोषपूर्ण कम्प्रैसर मोटर

40. विण्डो ए.सी. सिस्टम से नमी हटाने का क्या उपाय है?
(a) सिस्टम में ओवर गैस चार्ज
(b) सिस्टम को गहराई से खाली करें
(c) वाष्पीकरण करने वाला पंख साफ करें
(d) कण्डेन्सर के पंखों (fins) को साफ करें

41. कम आपूर्ति वाले एयर थ्रो का कारण क्या है हालाँकि एयर फिल्टर विण्डो AC में साफ है?
(a) वाष्पीकरण में कोई फ्रॉस्ट नहीं
(b) एवैपोरेटर में जमा हुआ फ्रॉस्ट
(c) कण्डेन्सर में जमा धूल
(d) एवैपोरेटर में कोई धूल जमा नहीं हुई

42. थर्मिस्टर NTC द्वारा उच्च तापमान को महसूस करने का क्या प्रभाव है?
(a) प्रतिरोध बढ़ता है
(b) प्रतिरोध कम हो जाता है
(c) प्रतिरोध शून्य हो जाता है
(d) प्रतिरोध अनन्त हो जाता है

43. निम्न चित्र में 'X' के रूप में किस भाग को चिन्हित किया गया है?

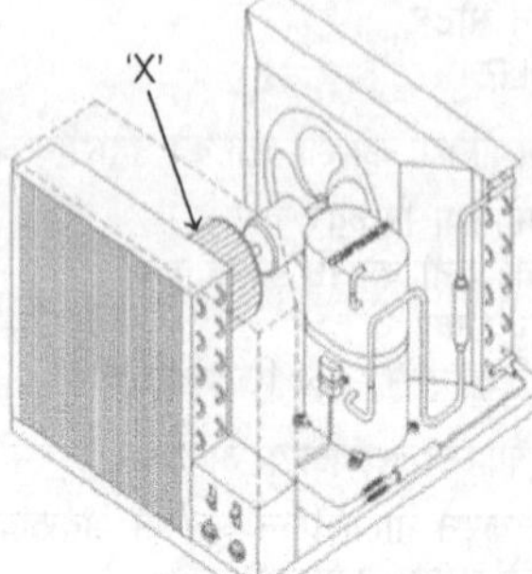

(a) पंखा (b) ब्लोअर
(c) पंखे की मोटर (d) ब्लोअर मोटर

44. निम्न चित्र में 'X' के रूप में किस भाग को चिन्हित किया गया है?

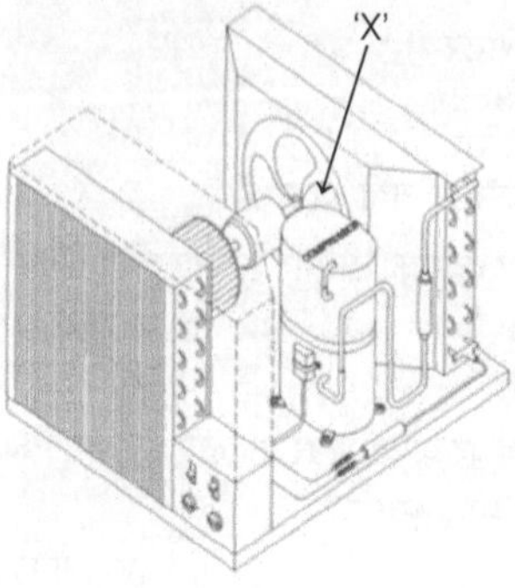

(a) पंखा (b) ब्लोअर
(c) कण्डेन्सर (d) ब्लोअर मोटर

45. प्राकृतिक एयर कूल्ड कण्डेन्सर कहाँ प्रयुक्त होता है?
(a) स्प्लिट ए.सी. (b) विण्डो ए.सी.
(c) मिनी फ्रिज (d) डीप फ्रीजर

46. निम्न में से विण्डो ए.सी. का कार्य है
(a) हवा के प्रवाह में तेजी लाना
(b) हवा में नमी की मात्रा बढ़ाना
(c) हवा को स्वच्छ करना
(d) हवा में नमी को कम करना

47. निम्न में से किसके आधार पर विण्डो ए.सी. का चुनाव किया जाता है?
(a) कमरे के आकार के आधार पर
(b) घर की आयु के आधार पर
(c) कमरे के पदार्थ के आधार पर
(d) कमरे के रंग के आधार पर

48. एक छोटे कमरे अथवा स्थान को ठण्डा करने का सरल एवं सस्ता उपाय है
(a) पैकेज ए.सी. (b) कूलिंग टावर
(c) स्प्लिट ए.सी. (d) विण्डो ए.सी.

49. निम्न में से सेल्फ कण्डेन्स यूनिट है
(a) स्प्लिट ए.सी. (b) विण्डो ए.सी.
(c) सेन्ट्रल ए.सी. (d) कार ए.सी.

50. कमरे का ए.सी. एक बन्द स्थान में बिना किसी ········ के ठण्डी हवा देता है।
(a) पंखा (b) डक्ट
(c) ब्लोअर (d) फिन्स

51. विण्डो ए.सी. का दूसरा नाम है
(a) सेल्फ कण्टेन्ड यूनिट (b) रूम एयर कण्डीशनर
(c) 'a' और 'b' दोनों (d) स्प्लिट एयर कण्डीशनर

52. विण्डो ए.सी. में प्रयुक्त कण्डेन्सर है
(a) वायरमेशन टाइप (b) प्लेट टाइप
(c) फिन टाइप (d) इनमें से कोई नहीं

53. विण्डो ए.सी. में कौन-सी मीटरिंग युक्ति प्रयोग की जाती है?
(a) कैपिलरी ट्यूब (b) AXV
(c) TXV (d) थर्मोस्टेट

54. विण्डो ए.सी. कण्डेन्सर में हवा को फोर्स देने के लिए क्या प्रयोग करता है?
(a) एयर डक्ट (b) ब्रीदर
(c) ब्लोअर (d) पंखा

55. विण्डो ए.सी. के कम्प्रैसर में उपयोग होने वाला सुरक्षा उपकरण है
(a) पंखा (b) OLP
(c) रिले (d) मोटर

56. 'X' द्वारा निर्दिष्ट भाग का क्या नाम है?

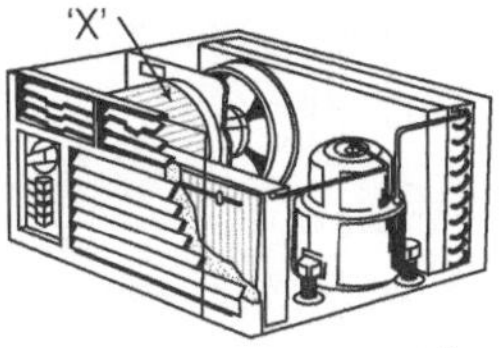

(a) पंखा (b) मोटर
(c) ब्लोअर (d) बेस बोल्ट

57. विण्डो ए.सी. में कौन-सा उपकरण कूलिंग को नियन्त्रित करता है?
(a) सलेक्टर स्विच (b) थर्मोस्टेट
(c) रिले (d) OLP

58. विण्डो ए.सी. में कम वोल्टेज का क्या उपाय है?
(a) वोल्टेज स्टेबिलाइजर का प्रयोग
(b) अमीटर का प्रयोग
(c) वोल्टमीटर का प्रयोग
(d) मल्टीमीटर का प्रयोग

59. निम्न कथनों पर विचार कीजिए
कथन I सामान्य विण्डो ए.सी. को खिड़की पर लगाया जाता है।
कथन II थ्रू-द-वॉल विण्डो ए.सी. को दीवार में लगाया जाता है।
उपरोक्त कथनों में से कौन-सा/से कथन सही है/हैं?
(a) कथन I सही है (b) कथन II सही है
(c) कथन I और II दोनों सही हैं (d) कथन I और II दोनों गलत हैं

60. विण्डो ए.सी. की कूलिंग क्षमता 1 टन किसके बराबर है?
(a) 600 BTO/Hr (b) 5000 BTO/Hr
(c) 10000 BTO/Hr (d) 12000 BTO/Hr

61. विण्डो एयर कण्डीशनर का मुख्य दोष है
(a) इसे स्थापित करना कठिन है (b) यह शोर करता है
(c) इसका अनुरक्षण कठिन है (d) यह अधिक महँगा है

62. विण्डो ए.सी. में कूलिंग में कमी का कारण है
(a) गैस की कमी
(b) कण्डेन्सर की फिन्स का मुड़ा होना
(c) इन्सुलेशन की कमी
(d) ड्रायर का बन्द होना

63. विण्डो एयर कण्डीशनर में रिसाव की जाँच के लिए .... का प्रैशर दिया जाता है।
(a) नाइट्रोजन (b) अमोनिया (c) हवा (d) फ्रिऑन

64. ए.सी. की कार्यकुशलता से कार्य करना किस बात पर निर्भर करता है?
(a) यूनिट के पास हीट सोर्स (b) अच्छा इंस्टॉलेशन
(c) कम वोल्टेज (d) गैस की कमी

65. विण्डो ए.सी. के किस भाग द्वारा वायु को साफ किया जाता है?
(a) फिल्टर (b) कम्प्रैसर (c) एवैपोरेटर (d) थर्मोस्टेट

उत्तरमाला

1. (c)	**2.** (a)	**3.** (a)	**4.** (c)	**5.** (b)	**6.** (a)	**7.** (d)	**8.** (d)	**9.** (a)	**10.** (c)
11. (a)	**12.** (d)	**13.** (b)	**14.** (c)	**15.** (b)	**16.** (a)	**17.** (c)	**18.** (a)	**19.** (a)	**20.** (d)
21. (d)	**22.** (b)	**23.** (c)	**24.** (c)	**25.** (c)	**26.** (b)	**27.** (a)	**28.** (d)	**29.** (b)	**30.** (c)
31. (b)	**32.** (b)	**33.** (d)	**34.** (b)	**35.** (c)	**36.** (d)	**37.** (d)	**38.** (b)	**39.** (d)	**40.** (b)
41. (b)	**42.** (b)	**43.** (b)	**44.** (a)	**45.** (b)	**46.** (d)	**47.** (a)	**48.** (d)	**49.** (b)	**50.** (b)
51. (c)	**52.** (c)	**53.** (a)	**54.** (c)	**55.** (b)	**56.** (c)	**57.** (b)	**58.** (a)	**59.** (c)	**60.** (d)
61. (b)	**62.** (a)	**63.** (a)	**64.** (b)	**65.** (a)					

अध्याय 24

स्प्लिट एयर कण्डीशनर

Split Air Conditioner

परिचय Introduction

वर्तमान समय में कूलिंग (cooling) प्रभाव उत्पन्न करने के लिए विभिन्न प्रकार के एयर कण्डीशनरों (air conditioners) का प्रयोग किया जाता है, जिनमें से स्प्लिट ए.सी. का मुख्य रूप से प्रयोग किया जाता है। सामान्य रूप से स्प्लिट ए.सी. उन स्थानों पर प्रयोग किए जाते हैं, जहाँ विण्डो ए.सी. को स्थापित नहीं किया जा सकता है, परन्तु स्प्लिट ए.सी. की कूलिंग क्षमता अधिक होने के कारण वर्तमान में विण्डो ए.सी. के स्थान पर स्प्लिट ए.सी. को वरीयता दी जाती है।

स्प्लिट ए.सी. के मुख्यत: दो भाग होते हैं—इनडोर यूनिट (indoor unit) एवं आउटडोर यूनिट (outdoor unit)। निम्न चित्र में इनडोर तथा आउटडोर यूनिट को दर्शाया गया है

- **आउटडोर यूनिट** (Outdoor unit) स्प्लिट ए.सी. का यह भाग ठण्डा किए जाने वाले कमरे के बाहर स्थापित किया जाता है। इसमें ए.सी. के मुख्य अवयव; जैसे—कम्प्रैसर, कण्डेन्सर, एक्सपैन्शन वाल्व तथा कैपिलरी ट्यूब आदि लगे होते हैं। इसमें एक पंखा भी लगा होता है, जो कण्डेन्सर के ऊपर वायु प्रवाहित करता है, जिससे कण्डेन्सर में उपस्थित रेफ्रिजरेन्ट अपनी ऊष्मा वातावरण में स्थानान्तरित करके वाष्प से द्रव में परिवर्तित हो जाता है।
- **इनडोर यूनिट** (Indoor unit) स्प्लिट ए.सी. का यह भाग कमरे के अन्दर स्थापित किया जाता है। इसमें एवैपोरेटर, ब्लोअर तथा फिल्टर लगे होते हैं। ब्लोअर, कमरे से गर्म तथा नमी वाली वायु को खींचकर एवैपोरेटर क्वॉयल पर छोड़ता है। जब वायु एवैपोरेटर क्वॉयल के ऊपर से गुजरती है, तो यह ठण्डी हो जाती है। इस ठण्डी हवा को कमरे में छोड़ दिया जाता है, जिससे कमरा ठण्डा हो जाता है।

निम्न कारणों से स्प्लिट एयर कण्डीशनर बहुत अधिक प्रचलित हो गए हैं

(i) एक से अधिक कमरों में एयर कण्डीशनिंग के लिए स्प्लिट एयर कण्डीशनर का प्रयोग किया जाता है जहाँ विण्डो एयर कण्डीशनर का प्रयोग किया जाना मुश्किल होता है।

(ii) ये प्रचालन में बहुत शान्त होते हैं।

(iii) कमरों की आन्तरिक सजावट को मिलान करने के लिए रूम साइड यूनिट का चयन किया जाता है।

(iv) स्प्लिट एयर कण्डीशनरों की दक्षता अन्य एयर कण्डीशनरों की तुलना में उच्च होती है।

(v) प्रभावी कूलिंग के साथ-साथ स्प्लिट एयर कण्डीशनर उच्च ऊर्जा बचत प्रदान करते है।

अध्याय विषय सूची

नीचे दिये गये चित्र में स्प्लिट एयर कण्डीशनर की कार्य प्रणाली को चित्रात्मक रूप में दर्शाया गया है।

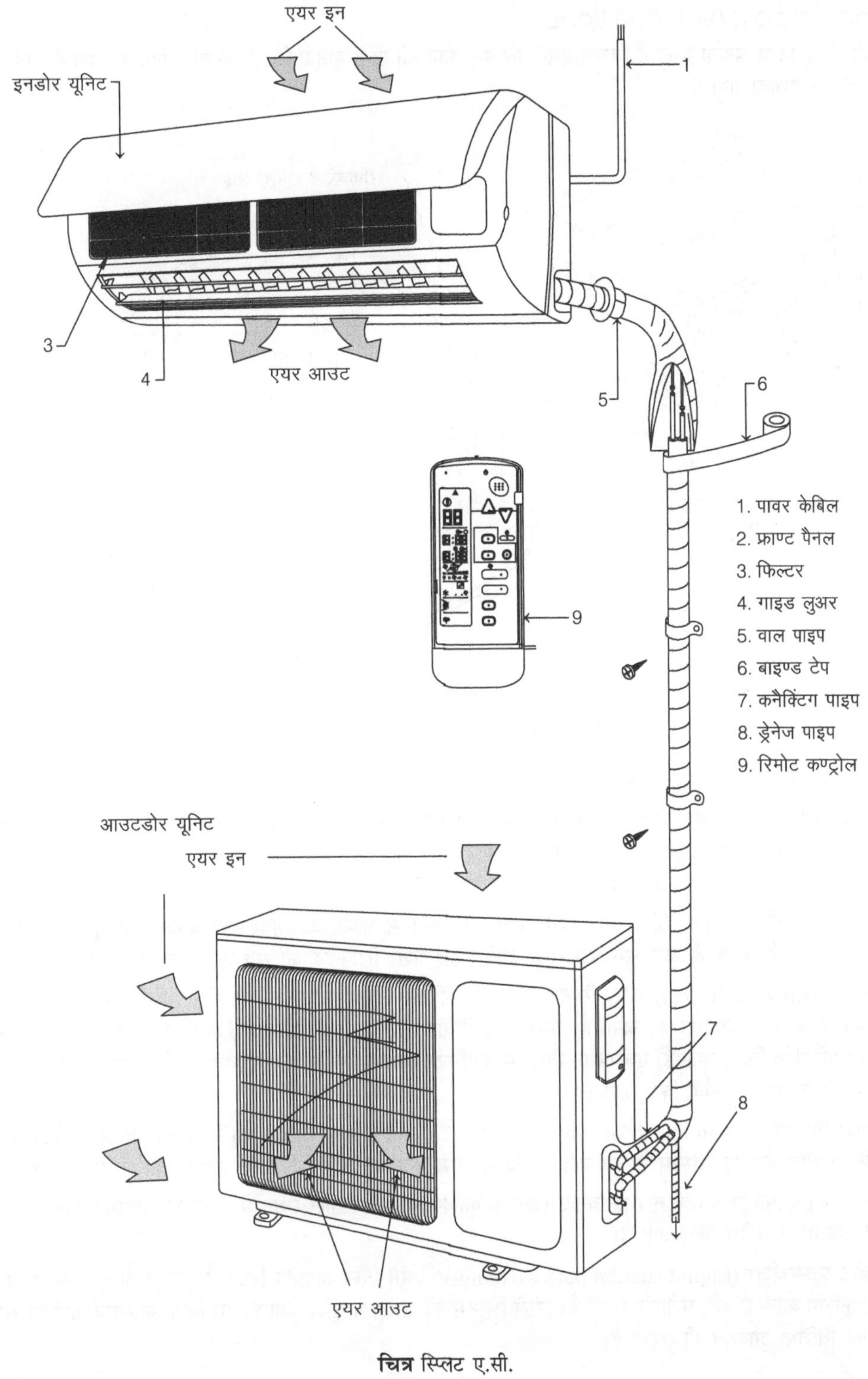

चित्र स्प्लिट ए.सी.

24.1 स्प्लिट एयर कण्डीशनर की संरचना
Construction of Split Air Conditioner

स्प्लिट एयर कण्डीशनर को दो यूनिट में बनाया जाता है जिससे इसके विभिन्न भाग को दोनों यूनिटों में सुविधापूर्वक लगाया जाता है। नीचे चित्र में स्प्लिट एयर कण्डीशनर के विभिन्न भागों को दर्शाया गया है

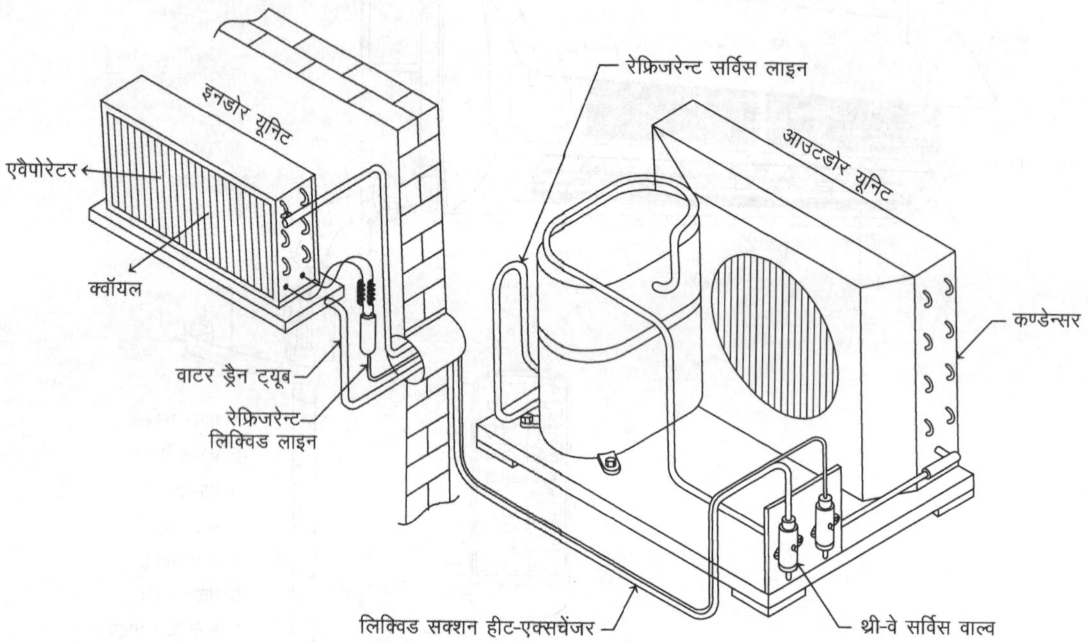

चित्र स्प्लिट एयर कण्डीशनर की संरचना

स्प्लिट एयर कण्डीशनर के विभिन्न भागों का वर्णन निम्ववत् है

1. **कम्प्रैसर** (Compressor) यह स्प्लिट एयर कण्डीशनर का मुख्य भाग है। इसके द्वारा निम्न ताप दाब रेफ्रिजरेन्ट वाष्प को उच्च ताप दाब रेफ्रिजरेन्ट वाष्प में परिवर्तित किया जाता है। इसे स्प्लिट ए. सी. के आउटडोर यूनिट में लगाया जाता है। यह सिस्टम के ताप व दाब को बढ़ाने का कार्य करता है। इसका उपयोग ए.सी. की क्षमता के अनुसार किया जाता है।
2. **कण्डेन्सर** (Condenser) कण्डेन्सर सुपर हीटिड हाई प्रैशर वाष्प रेफ्रिजेरन्ट से ऊष्मा को अवशोषित करके उसे सुपर हीटिड हाई प्रैशर लिक्विड रेफ्रिजरेन्ट में परिवर्तित करता है। साथ ही कण्डेन्सर इस सुपर हीटिड हाई प्रैशर लिक्विड को सब कूल्ड भी करता है।
3. **एक्सपैंशन डिवाइस** (Expansion devices) घरेलू स्प्लिट यूनिट में कैपिलरी ट्यूब का प्रयोग एक्सपैंशन डिवाइस के रूप में किया जाता है। यह कण्डेन्सर तथा एवैपोरेटर के मध्य स्थापित की जाती है। एक्सपैंशन डिवाइस द्वारा सुपर हीटिड हाई प्रैशर लिक्विड रेफ्रिजरेन्ट को एवैपोरेटर प्रैशर (लो-प्रैशर) के अनुसार परिवर्तित किया जाता है। एक्सपैंशन डिवाइस कैपेसिटर स्टार्ट एण्ड रन (CSR) तथा पर्मानेन्ट स्प्लिट कैपेसिटर (PSC) परिपथ पर कार्य करने वाले कम्प्रैसर के साथ उपयोग किए जाते हैं।
4. **लिक्विड लाइन ड्रायर फिल्टर** (Liquid line drier filter) सिस्टम में उपस्थित नमी या आर्द्रता को अवशोषित करने के लिए लिक्विड लाइन ड्रायर फिल्टर का प्रयोग किया जाता है। यह सिस्टम में उपस्थित अशुद्धियाँ; जैसे—कॉपर बर, डर्ट, डस्ट इत्यादि को भी फिल्टर करता है।
5. **एवैपोरेटर** (Evaporator) एवैपोरेटर वांछित तापमान बनाए रखने के कूलिंग किए जाने वाले स्थान से ऊष्मा को अवशोषित करता है। हरमैटिक सिस्टमों में विभिन्न प्रकार के एवैपोरेटर प्रयोग किए जाते हैं।
6. **लिक्विड सक्शन हीट एक्सचेंजर** (Liquid suction heat exchanger) इसमें निम्न तापमान रिटर्न गैस उच्च तापमान के तरल से ऊष्मा को प्राप्त करती है जिससे सब कूलिंग बढ़ती है और फ्लैशिंग घटती है। इससे सिस्टम की क्षमता में वृद्धि होती है। इस क्रिया के समय कम्प्रैसर सक्शन की सुपर हीट बढ़ती है तथा गैस का विशिष्ट आयतन भी बढ़ता है।

7. **सक्शन लाइन एक्युमुलेटर** (Suction line accumulator) सक्शन लाइन एक्युमुलेटर रेफ्रिजरेन्ट को लो (low) लोड कण्डीशन में कम्प्रैसर से आने से रोकता है।

8. **पंखा, पंखा मोटर, ब्लोअर** (Fan, fan motor, blower) पंखा, पंखा मोटर व ब्लोअर का कार्य डिजाइन के अनुसार कण्डेन्सर और एवैपोरेटर पर आवश्यक एयर फ्लो कराना है। इन कम्पोनेन्ट का सही चयन होना आवश्यक है, क्योंकि गलत चयन से कण्डेन्सर तथा एवैपोरेटर क्वॉयल की क्षमता प्रभावित होती है।

9. **रेफ्रिजरेन्ट ट्यूबिंग** (Refrigerant Tubing) स्प्लिट एयर कण्डीशनर में एवैपोरेटर यूनिट और कण्डेन्सिंग यूनिट ट्यूबिंग द्वारा आपस में जुड़े होते हैं। प्रैशर ड्रॉप को न्यूनतम करने के लिए कण्डेन्सिंग यूनिट को जहाँ तक हो सके एवैपोरेटर यूनिट के समीप में लगाया जाता है। इसे एवैपोरेटर से उच्च स्तर पर स्थापित नहीं करते हैं।

   दोनों यूनिट्स के बीच में दूरी क्षैतिज रूप में 40 फुट (12 मीटर) तक होती है और लम्ब रूप में दूरी 20 फुट (6 मीटर) तक होनी चाहिए। सभी एयर कण्डीशनर मॉडल में 40 फुट तक लम्बाई की ट्यूबिंग ऑयल चार्जिंग के लिए पर्याप्त होती है। जब 40 फुट से अधिक लम्बाई की ट्यूबिंग में सिस्टम को स्थापित किया जाता हो, तो कम्प्रैसर चार्जिंग के लिए 90 ml अतिरिक्त ऑयल प्रति 10 फुट लम्बी ट्यूबिंग के लिए आवश्यक होता है। रूम माउण्टेड/डक्टेबिल स्प्लिट ए.सी के लिए अनुशंसित ट्यूब साइज को निम्न तालिका में प्रदर्शित किया गया है

तालिका अनुशंसित ट्यूब साइज

क्षमता	सक्शन लाइन		लिक्विड लाइन
	अप-फ्लो	डाउन-फ्लो	
1.0 TR	1/2″ OD	5/8″ OD	
1.5 TR	1/2″ OD	5/8″ OD	3/8″ OD
1.7 TR	1/2″ OD	3/4″ OD	3/8″ OD
2.0 TR	5/8″ OD	3/4″ OD	3/8″ OD
3.0 TR	3/4″ OD	7/8″ OD	3/8″ OD
3.75 TR	3/4″ OD	$1\frac{1}{8}$″ OD	1/2″ OD
5.0 TR	7/8″ OD	$1\frac{1}{8}$ OD	1/2″ OD

9. **रिमोट कण्ट्रोल** (Remote control) स्प्लिट ए.सी. के विभिन्न फंक्शन (functions) को चलाने के लिए रिमोट कण्ट्रोल का प्रयोग किया जाता है। रिमोट कण्ट्रोल का उपयोग स्प्लिट ए. सी. यूनिट को संचालित करने के लिए किया जाता है।

   इन्फ्रारेड (IR) रिमोट कंट्रोल डिवाइस को इन्फ्रारेड लाइट के पल्स भेजकर कार्य करते हैं, जबकि रेडियो फ्रिक्वेन्सी (RF) के रिमोट कंट्रोल रेडियो तरंगों का उपयोग करते हैं। व्यावहारिक रूप से, दोनों के बीच मुख्य अन्तर इनमें प्रयुक्त संचार तरंगें हैं।

IR रिमोट कंट्रोल को प्राप्त करने वाले डिवाइस को स्पष्ट रेखा की आवश्यकता होती है और उनकी अधिकतम सीमा 30 फीट (9.14 मीटर) होती है।

RF रिमोट कंट्रोल लगभग 100 फीट (30.48 मीटर) की सीमा तक कार्य कर सकते हैं। अधिकांश होम एंटरटेनमेंट घटक जैसे स्टीरियो, टेलीविजन और होम एंटरटेनमेंट सेंटर IR रिमोट कंट्रोल का उपयोग करते हैं। रिमोट में एक आंतरिक सर्किट बोर्ड, प्रोसेसर और एक या दो प्रकाश उत्सर्जक डायोड (LED) होते हैं। जब रिमोट कंट्रोल पर एक बटन दबाते हैं, तो यह एलईडी इंफ्रारेड पल्स के माध्यम से संबंधित कोड को प्राप्तकर्ता डिवाइस तक पहुँचाती है। यह विचार कुछ सीमा तक एसओएस (SOS) सिग्नल को फ्लैश करने जैसा है, लेकिन अक्षरों के स्थान पर फ्लसिंग एलईडी लाइट 1s और 0s की श्रृंखला प्रसारित कर रहा है। '1' को एक लंबी फ्लैश द्वारा दर्शाया जा सकता है, जबकि 0 को एक छोटी फ्लैश द्वारा दर्शाया जाता है।

एक रिसीवर, घटक में निर्मित प्रकाश की पल्स को प्राप्त करता है और एक प्रोसेसर फंक्शन को संक्रिय करने के लिए आवश्यक, डिजिटल बिट्स में चमक को डिकोड करता है। वांछित फंक्शन के साथ रिमोट कंट्रोल को अन्य डेटा को भी पिगबैक करना चाहिए। सबसे पहले वे उस डिवाइस के लिए कोड ट्रांसमिट करते हैं, जिसे वे नियंत्रित कर रहे हैं। यह IR रिसीवर को घटक में यह जानने देता है कि IR सिग्नल जो उठा रहा है वह इसके लिए अभिप्रेत है। यह अनिवार्य रूप से घटक को सुनना शुरू करने के लिए कहता है। फंक्शन डेटा अनुसरण करता है, IR डिवाइस को निष्क्रिय मोड में वापस जाने के लिए स्टॉप कमांड द्वारा कैप किया जाता है।

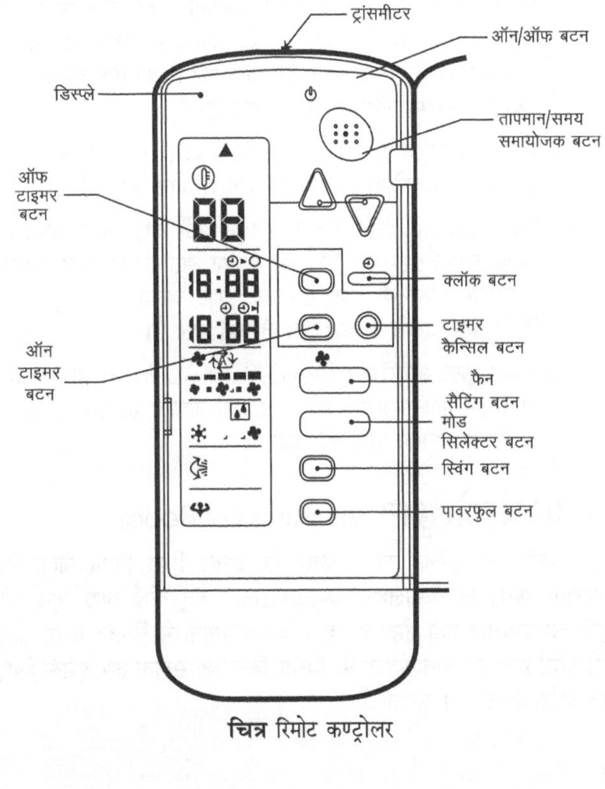

चित्र रिमोट कण्ट्रोलर

सर्किट और गणित इलेक्ट्रॉनिक उपकरणों के लिए अधिकांश नियंत्रण रिमोट डिवाइस तक पहुँचने वाले प्रकाश की किरण का उत्सर्जन करने के लिए निकट अवरक्त डायोड का उपयोग करते हैं। इन उपकरणों में एक 940nm तरंग दैर्ध्य विशिष्ट एलईडी का उपयोग किया जाता है। यह इन्फ्रारेड प्रकाश मानव आंखों के लिए अदृश्य है, लेकिन प्राप्त डिवाइस पर सेंसर द्वारा प्राप्त किया जाता है। वीडियो कैमरे डायोड को ऐसे देखते हैं जैसे कि यह दृश्यमान बैंगनी प्रकाश उत्पन्न करता है। सिंगल चैनल (सिंगल-फंक्शन वन बटन) रिमोट कंट्रोल के साथ एक कैरियर सिग्नल की उपस्थिति का उपयोग फंक्शन को ट्रिगर करने के लिए किया जा सकता है।

मल्टी-चैनल (सामान्य मल्टी-फंक्शन) रिमोट कंट्रोल के लिए अधिक परिष्कृत प्रक्रियाओं की आवश्यकता होती है। इससे विभिन्न आवृत्ति के सिग्नल के साथ वाहक को संशोधित करना सम्मिलित होता है। प्राप्त सिग्नल के डिमॉड्यूलेशन के बाद, संबंधित सिग्नल को अलग करने के लिए उपयुक्त फ्रीक्वेंसी फिल्टर लगाए जाते हैं। आजकल डिजिटल प्रक्रियाओं का अधिक उपयोग किया जाता है।

रिमोट कण्ट्रोल के विभिन्न भागों के कार्य निम्नलिखित हैं

(i) **ट्रांसमीटर** (Transmeter) यह इनडोर यूनिट (Indoor Unit) को संकेत/सिग्नल भेजता है।

(ii) **डिस्प्ले** (Display) इसमें करण्ट सैटिंग को प्रदर्शित किया जाता है। प्रत्येक विभाग को उसकी डिस्प्ले ON के साथ दर्शाए गए होते हैं।

(iii) **ऑफ टाइमर ऑपरेशन** (OFF timer operation) टाइमर का प्रयोग एयर कण्डीशनर को ऑटोमैटिक रूप से बन्द करने के लिए किया जाता है। जब एयर कण्डीशनर प्रचालित हो, तो ऑफ टाइमर को दबाने से 0.00 प्रदर्शित होता है। अप और डाउन बटन दबाने से समय को सैट किया जाता है। ऑफ टाइमर को एक बार दोबारा दबाने से टाइमर लैम्प ऑन हो जाता है।

(iv) **मोड चयन स्विच** (Mode selection switch) मोड बटन को प्रत्येक बार दबाने से मोड सैटिंग क्रम में आगे बढ़ती है।

(v) **स्विंग** (Swing) इसके द्वारा वायु प्रवाह की दिशा को समायोजित किया जाता है। हर बार बटन को दबाया जाता है। फ्लेप को किसी कोण पर रोकने के लिए संकेतक लाइट जलती है व बुझती है स्विंग बटन दबाने से कोई डिस्प्ले नहीं होता है।

(vi) **पावर फुल ऑपरेशन** (Power full operation) पावर फुल ऑपरेशन कूलिंग प्रभाव को शीघ्रता से बढ़ाता है। इस क्रिया से अधिकतम क्षमता प्राप्त की जाती है।

रूम का वैन्टीलेशन Ventilation of Room

स्प्लिट ए.सी. का कूलिंग यूनिट कमरे के अन्दर फिट किया जाता है। साधारणत: कमरे के वैन्टीलेशन (ventilation) हेतु कोई बाह्य वायु की आपूर्ति का प्रावधान नहीं होता है। कुछ विशेष प्रयोगों में स्प्लिट ए.सी. हेतु बाहरी ताज़ी हवा की आवश्यकता पर विचार किया जा सकता तथा इसके लिए उचित व्यवस्था की जा सकती है।

विभिन्न क्षमता के स्प्लिट ए.सी. हेतु मोटर, सर्किट और उपसाधन निम्नानुसार होते हैं

क्षमता	कम्प्रैसर मोटर सर्किट	रन कैपेसिटर	स्टार्ट कैपेसिटर
1 TR	PSC/CSR	25 mfd	60/80 mfd
1.5 TR	PSC/CSR	36 mfd	80/100 mfd
2.0 TR	PSC/CSR	45 mfd	150/200 mfd

कण्डेन्स जल की निकासी
Drainage of Condense Water

जब एवैपोरेटर के चारों ओर की हवा ठण्डी होती है, तो वायु में उपस्थित नमी जल के रूप में कण्डेन्स हो जाती है। यह कण्डेन्स जल एवैपोरेटर के नीचे रखे पैन (Pan) में एकत्र हो जाता है। इसे रेफ्रिजरेटिड स्थान से हटा दिया जाता है। अत: जब इनडोर यूनिट को माउण्ट किया जाता है, तो कण्डेन्स जल को बाहर निकालने के लिए कम ढाल की ड्रैन ट्यूब लगाई जाती है यह कण्डेन्स जल को कमरे से बाहर निकालती है।

24.2 स्प्लिट ए.सी. के प्रकार
Types of Split AC

स्प्लिट एयर कण्डीशनर विभिन्न प्रकार के होते हैं जिनका विवरण निम्न प्रकार है

1. वाल माउण्टेड स्प्लिट ए.सी.
Wall Mounted Split AC

वह स्प्लिट ए.सी. जिसकी इनडोर यूनिट कमरे की दीवार पर स्थापित की जाती है, 'वाल माउण्टेड स्प्लिट ए.सी.' कहलाता है। वाल माउण्टेड स्प्लिट ए.सी. को निम्न चित्र में दर्शाया गया है–

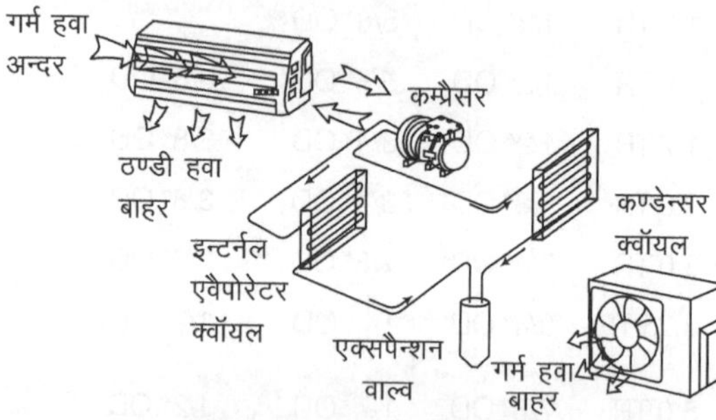

चित्र वाल माउण्टेड स्प्लिट ए.सी.

वाल माउण्टेड स्प्लिट ए.सी. के इनडोर एवं आउटडोर यूनिट, विद्युतीय केबिल्स एवं ट्यूब्स द्वारा एक-दूसरे से जुड़े होते हैं। एवैपोरेटर इनडोर यूनिट में लगा होता है, जिसके द्वारा गर्म वायु ठण्डी होकर बाहर निकलती है

तथा कमरे को ठण्डा रखती है। कम्प्रैसर एवं कण्डेन्सर आउटडोर यूनिट में लगे होते हैं। इनडोर तथा आउटडोर यूनिटों में वायु का प्रवाह बनाए रखने के लिए इनमें क्रमश: ब्लोअर एवं पंखा लगा होता है। तापमान को सेन्स करने के लिए इनडोर यूनिट में एक थर्मोस्टेट वाल्व लगा होता है।

वाल माउण्टेड स्प्लिट ए.सी. की कार्यविधि
Working Method of Wall Mounted Split AC

वाल माउण्टेड स्प्लिट ए.सी. की कार्यविधि सामान्य एयर कण्डीशनर की भाँति ही होती है। जब कमरे का तापमान अधिक होता है, तो इसमें लगा थर्मोस्टेट वाल्व, कम्प्रैसर को चालू कर देता है। कम्प्रैसर द्वारा रेफ्रिजरेन्ट उच्च दाब एवं उच्च ताप युक्त वाष्प के रूप में कम्प्रैस हो जाता है। यह कम्प्रैस्ड वाष्प कण्डेन्सर में प्रवेश करने के समय द्रव अवस्था में परिवर्तित हो जाती है।

इसके पश्चात् यह ठण्डा द्रव रेफ्रिजरेन्ट ट्यूब्स के माध्यम से इनडोर यूनिट के एवैपोरेटर में पहुँचता है तथा वहाँ एवैपोरेटर के आस-पास की वायु से ऊष्मा को अवशोषित कर लेता है, जिसके फलस्वरूप एवैपोरेटर से ठण्डी वायु प्राप्त होती है तथा एवैपोरेटर में प्रवाहित रेफ्रिजरेन्ट, ऊष्मा प्राप्त करके पुनः एवैपोरेट (evaporate) हो जाता है।

यह वाष्प पुनः कम्प्रैसर में पहुँचकर उच्च दाब एवं उच्च ताप युक्त वाष्प के रूप में कम्प्रैस हो जाती है। यह प्रक्रिया निरन्तर चलती रहती है तथा इनडोर यूनिट से ठण्डी वायु कमरे में प्रवाहित होती है, जबकि आउटडोर यूनिट द्वारा कमरे की ऊष्मा को वातावरण में छोड़ दिया जाता है। जब कमरे का तापमान, निर्धारित तापमान से कम हो जाता है, तब थर्मोस्टेट वाल्व इस तापमान को सेन्स करके कम्प्रैसर को बन्द कर देता है। वाल माउण्टेड स्प्लिट ए.सी. के वायरिंग परिपथ को निम्न चित्र में दर्शाया गया है

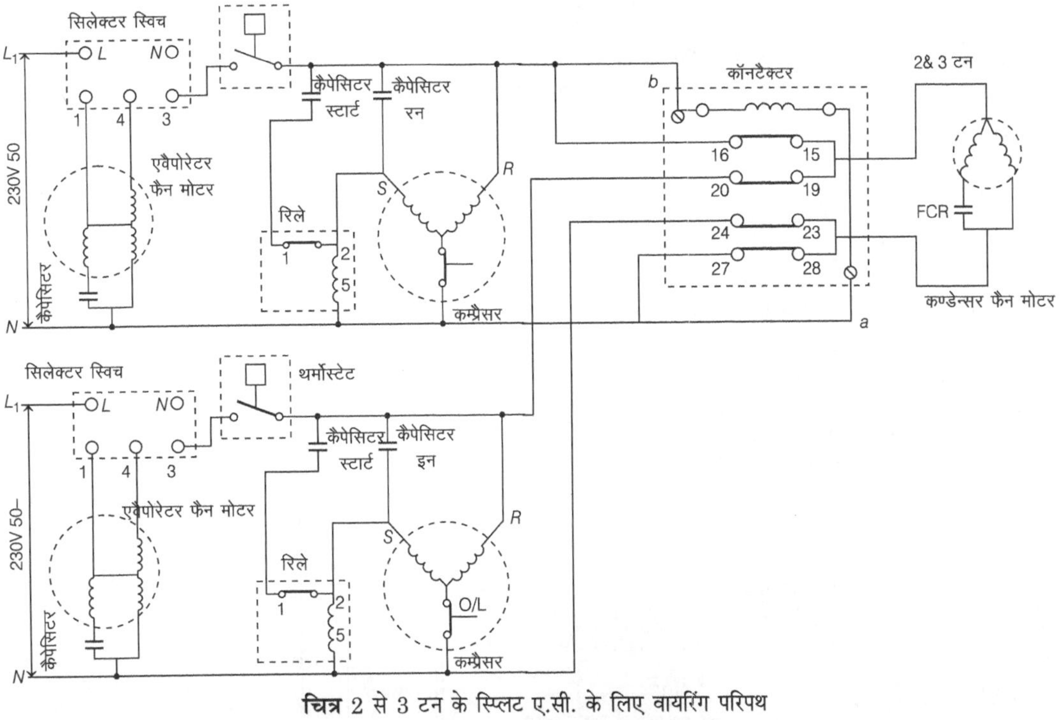

चित्र 2 से 3 टन के स्प्लिट ए.सी. के लिए वायरिंग परिपथ

उपरोक्त वायरिंग परिपथ में विभिन्न सुरक्षा युक्तियाँ; जैसे— फ्यूज, थर्मोस्टेट वाल्व/सेंसर, वोल्टेज रेगुलेटर तथा ओवरलोड प्रोटेक्टर का प्रयोग किया गया है। फ्यूज, उच्च वोल्टेज से परिपथ को शॉर्ट सर्किट होने से बचाता है। इनडोर यूनिट में लगे थर्मोस्टेट सेंसर से सम्पूर्ण प्रणाली को नियन्त्रित किया जाता है। तापमान कम होने पर थर्मोस्टेट कम्प्रैसर को बन्द कर देता है तथा अधिक तापमान की स्थिति में कम्प्रैसर को चालू कर देता है।

थर्मोस्टेट सेंसर, परिपथ में लगे माइक्रोकण्ट्रोलर से जुड़ा होता है, जो निम्न वोल्टेज पर प्रचालित होता है। इसके लिए परिपथ में एक वोल्टेज रेगुलेटर का प्रयोग किया जाता है। इनडोर यूनिट एवं आउटडोर यूनिट के मध्य आपसी सामंजस्य बैठाने के लिए परिपथ की आउटडोर यूनिट में रिले का प्रयोग किया जाता है। कम्प्रैसर पर अधिक लोड पड़ने की स्थिति में ओवरलोड प्रोटेक्टर द्वारा प्रणाली के अन्य अवयवों की सुरक्षा की जाती है।

2. फ्लोर माउण्टेड या सीलिंग माउण्टेड स्प्लिट ए.सी.

Floor Mounted or Ceiling Mounted Split AC

वे स्प्लिट ए.सी., जिनकी इनडोर यूनिट फ्लोर पर या छत पर लगी होती है, फ्लोर या सीलिंग स्प्लिट ए.सी. कहलाते हैं। इन्हें कैसेट एयर कण्डीशनर (cassette air conditioner) भी कहा जाता है, क्योंकि इनमें प्रयुक्त इनडोर यूनिट कैसेट के आकार का होता है। जैसा कि नाम से विदित है, सीलिंग कैसेट ए/सी यूनिट सीलिंग में लगे होते हैं। यह निलंबित या फ्लोटिंग छत में सबसे प्रभावी है जहाँ इकाइयों को समायेजित करने के लिए उपयुक्त स्थान उपलब्ध होता है। चूँकि ठंडी हवा फर्श की ओर गिरती है। इसलिए इसमें समायोज्य थर्मोस्टेट्स और परिवर्तनीय गति वाले पंखे प्रयोग होते हैं। इसमें प्रदूषकों और अन्य हानिकारक कणों की हवा को फिल्टर करने के लिए शुद्धिकरण फिल्टर का भी उपयोग किया जा सकता है। सीलिंग कैसेट ए/सी यूनिट को व्यवस्थित रूप से स्थापित करने की आवश्यकता है। लाइनों को भवन के बाहर कंडेनसर से छत में कैसेट तक चलाने की आवश्यकता है।

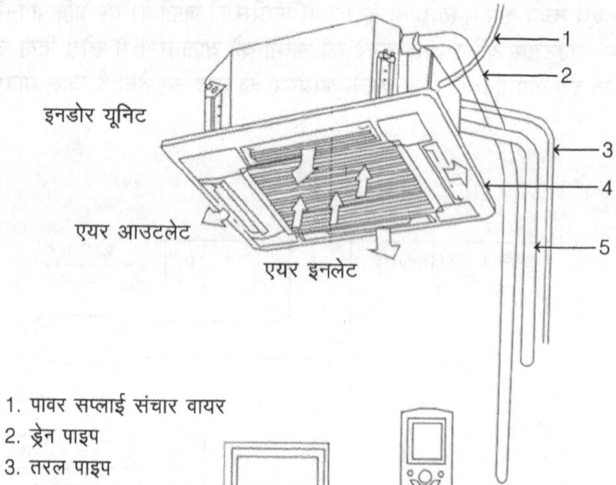

चित्र फ्लोर माउण्टेड या सीलिंग माउण्टेड स्प्लिट एसी

इनडोर और आउटडोर इकाइयों के स्थान का चयन Selection of Location of Indoor and Outdoor Units

(i) सर्वप्रथम यह सुनिश्चित करें कि स्थापना न्यूनतम आयामों का अनुपालन करती है और न्यूनतम और अधिकतम कनैक्टिंग पाइपिंग लंबाई और ऊंचाई में अधिकतम परिवर्तन को पूरा करती है।

(ii) एयर इनलेट और आउटलेट बाधाओं से मुक्त होना चाहिए, जिससे पूरे कमरे में उचित वायु प्रवाह सुनिश्चित हो सके।

(iii) कंडेनसेट को आसानी से और सुरक्षित रूप से निकाला जाना चाहिए।

(iv) सभी कनैक्शन आसानी से बाहरी इकाई के लिए किये जाने चाहिए।

(v) इंडोर यूनिट बच्चों की पहुंच से दूर होनी चाहिए।

(vi) इकाई के पूर्ण भार और कंपन का चार (4) गुना सामना करने के लिए पर्याप्त मजबूत संरचना प्रदान करनी चाहिए।

(vii) सफाई के लिए फिल्टर तक आसानी से पहुँचा जा सके।

(viii) नियमित रख-रखाव के लिए अनुमति देने के लिए पर्याप्त खाली जगह छोड़ दें।

सिलिंग एसी के लिए प्रयुक्त पाइप का आकार (Pipe size used for celling AC) सिलिंग एसी में प्रयुक्त पाइप का आकार भिन्न होता है इसमें प्रयुक्त AC के आकार को निम्न सारणी में दर्शाया गया है

यूनिट का आकार (BTHU)	तरल लाइन	सक्शन /गैस लाइन	नैट /ग्रॉस भार
12,000	1/4(6)	3/8(9.5)	44/51 Ibs
18,000	1/4(6)	1/(12)	48/55 Ibs
24,000	3/8(9.5)	5/8(16)	64/84 Ibs

फ्लोर माउण्टेड एवं सीलिंग माउण्टेड स्प्लिट ए.सी. की संरचना वाल माउण्टेड स्प्लिट ए.सी. के समान ही होती है, केवल इनके इनडोर यूनिट का आकार छोटा होता है। इनकी इनडोर यूनिट में एवैपोरेटर, ब्लोअर, थर्मोस्टेट वाल्व तथा नियन्त्रक पैनल आदि अवयव लगे होते हैं। कम्प्रैसर, कण्डेन्सर तथा पंखा आदि अवयव आउटडोर यूनिट में उपस्थित रहते हैं। इनडोर यूनिट में प्रवेश करने वाली कमरे की वायु में से धूल व मिट्‌टी के कणों को रोकने के लिए इसमें एक फिल्टर भी लगा होता है।

फ्लोर या सीलिंग माउण्टेड स्प्लिट ए.सी. की कार्यविधि

Working Method of Floor Mounted Split AC

फ्लोर माउण्टेड अथवा सीलिंग माउण्टेड स्प्लिट ए.सी. की इनडोर यूनिट में लगा थर्मोस्टेट एक्सपैन्शन वाल्व कमरे के तापमान को सेन्स करता है। जब कमरे का तापमान निर्धारित तापमान से अधिक होता है, तो थर्मोस्टेट वाल्व कम्प्रैसर को चालू कर देता है। यह एवैपोरेटर से प्राप्त रेफ्रिजरेन्ट वाष्प को कम्प्रैस करके कण्डेन्सर को भेज देता है। कण्डेन्सर रेफ्रिजरेन्ट की ऊष्मा को पंखे द्वारा वातावरण में भेज देता है और रेफ्रिजरेन्ट को ठण्डे तरल में परिवर्तित कर देता है। यह ठण्डा रेफ्रिजरेन्ट एवैपोरेटर में भेज दिया जाता है। एवैपोरेटर में लगा ब्लोअर, कमरे से गर्म वायु को खींचकर एवैपोरेटर क्वॉयल के ऊपर छोड़ता है, जिससे एवैपोरेटर, वायु की ऊष्मा को सोखकर उसे ठण्डी कर देता है।

यह ठण्डी वायु ब्लोअर द्वारा कमरे में प्रवाहित कर दी जाती है, जिससे कमरे का तापमान कम हो जाता है। यह प्रक्रिया तब तक चलती रहती है, जब तक कि कमरे का तापमान निर्धारित तापमान तक न पहुँच जाए। जैसे ही कमरे का तापमान निर्धारित तापमान से कम होता है, तो थर्मोस्टेट वाल्व इस तापमान को सेन्स करके कम्प्रैसर को बन्द कर देता है। इस प्रकार के स्प्लिट ए.सी. का प्रयोग ऐसे स्थानों पर किया जाता है जहाँ विण्डो ए.सी. या अन्य स्प्लिट ए.सी. नहीं लगाए जा सकते हैं। इन्हें जगह बचाने के लिए प्रयुक्त किया जाता है। फ्लोर माउण्टेड एवं सीलिंग माउण्टेड स्प्लिट ए.सी. के परिपथ की वायरिंग वाल माउण्टेड स्प्लिट ए.सी. के समान ही होती है।

दिये गये चित्र में 1.5 टन के स्प्लिट ए. सी. का वायरिंग डायग्राम दर्शाया गया है

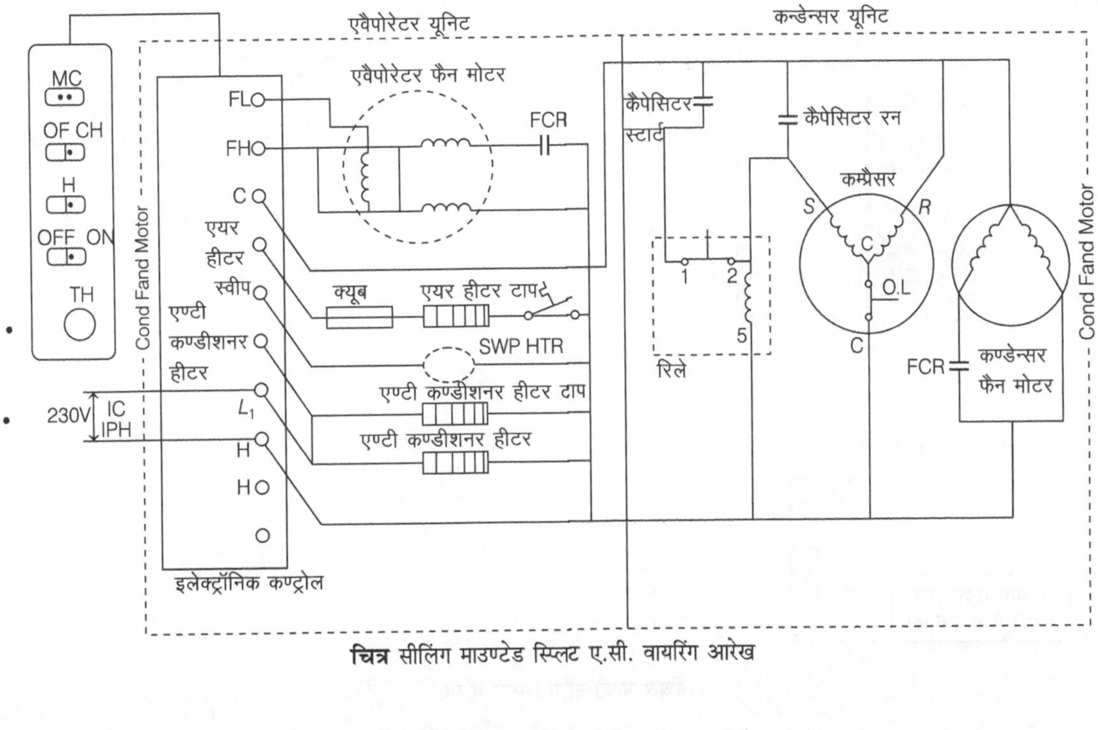

चित्र सीलिंग माउण्टेड स्प्लिट ए.सी. वायरिंग आरेख

3. मल्टी स्प्लिट ए.सी. Multi Split AC

वह स्प्लिट ए.सी., जिसमें एक आउटडोर यूनिट तथा एक से अधिक इनडोर यूनिट होते हैं—मल्टी स्प्लिट ए.सी. कहलाता है। इसके आउटडोर यूनिट की क्षमता अन्य प्रकार के स्प्लिट ए.सी. में प्रयुक्त आउटडोर यूनिट से अधिक होती है। इसमें प्रयुक्त इनडोर यूनिट वाल माउण्टेड, फ्लोर माउण्टेड अथवा सीलिंग माउण्टेड आदि आवश्यकतानुसार किसी भी प्रकार का हो सकता है।

मल्टी-टाइप एयर कण्डीशनिंग Multi Type Air Conditioner

एक मल्टी-टाइप एयर कंडीशनिंग सिस्टम स्प्लिट टाइप एयर कंडीशनिंग सिस्टम के समान सिद्धांतों पर कार्य करता है। इसमें एक आउटडोर कण्डेन्सर यूनिट से कई एवैपोरेटर यूनिट जुड़ी रहती है। इन सरल प्रणालियों को मुख्य रूप से छोटे से मध्यम वाणिज्यिक अनुप्रयोगों के लिए डिजाइन किया गया था जहाँ डक्टवर्क की स्थापना या तो बहुत महँगी थी या सौंदयपूर्ण रूप से अस्वीकार्य थी। स्मॉल-बोर रेफ्रिजरेंट पाइपिंग, जो इनडोर और आउटडोर यूनिटों को जोड़ती है, को बहुत कम जगह की आवश्यकता होती है और धातु डक्टिंग की तुलना में इसे स्थापित करना आसान होता है। प्रत्येक इनडोर इकाई, के पास रेफ्रिजरेंट पाइप कार्य का अपना सेट होता है, जो इसे बाहरी इकाई से जोड़ता है।

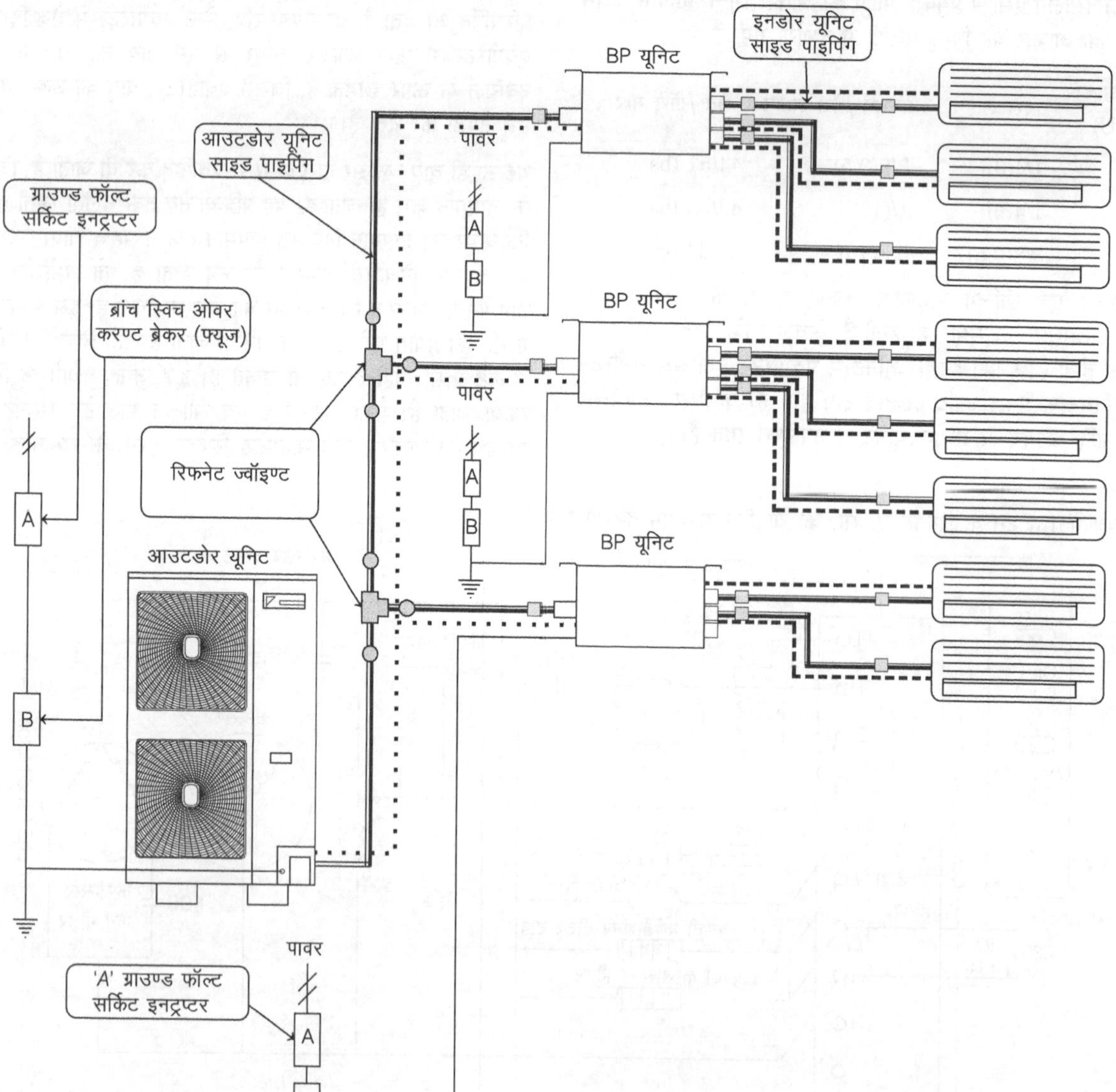

चित्र मल्टी टाइप स्प्लिट ए.सी.

यदि आपने कभी भी रेगुलर फोर्स्ड एयर हीटिंग और कूलिंग सिस्टम का उपयोग किया है, तो आप जानते हैं कि ऐसे उपकरण कितनी बार-शुरू और बंद होते हैं। जब थर्मोस्टेट सेन्सर को ज्ञात होता है कि अधिक गर्म वायु की आवश्यकता हैं, तो कंप्रैसर बन्द हो जाता है। जब थर्मोस्टेट सेन्सर को ज्ञात होता है कि अधिक ठण्डी वायु की आवश्यकता है, तो कंप्रेसर चालू हो जाता है। कंप्रेसर के बंद और चालू होने पर हर बार महत्त्वपूर्ण मात्रा में ऊर्जा की खपत होती है। इन्वर्टर तकनीक, जिसे परिवर्तनीय गति प्रौद्योगिकी (Variable speed technology) के रूप में भी जाना जाता है, कम्प्रैसर को चर गति पर ऑपरेटर को अनुमति देकर इस समस्या को समाप्त करती है। निरंतर, आरामदायक तापमान बनाए रखने के लिए उपकरण धीमा हो जाता है और आवश्यकतानुसार गति करता है।

ऊष्मा पम्पों को उनके ऊर्जा-कुशल संचालन के लिए महत्त्वपूर्ण माना जाता है। वे पारंपरिक ऊष्मा एयर कण्डीशनर की तुलना में बहुत कम ऊर्जा का उपयोग करते हैं क्योंकि वे गर्म क्षेत्रों से ठंडे क्षेत्रों में जाने के लिए ऊष्मा की प्राकृतिक प्रवृत्ति के साथ कार्य करते हैं। प्रक्रिया को साथ ले जाने के लिए थोड़ी मात्रा में बिजली की आवश्यकता होती है। मित्सुबिशी इलेक्ट्रिक एयर कंडीशनर में उपयोग किया जाने वाले ऊष्मा पम्प प्रतिवर्ती मॉडल पर आधारित होते हैं जिसका अर्थ है कि वे थोड़ी मात्रा मे अतिरिक्त ऊर्जा का उपयोग करके प्रक्रिया का रिवर्स कर देते हैं, जो उन्हें एक कमरे को गर्म करने और ठंडा करने की अनुमति देता है।

निम्न चित्र में मल्टी स्प्लिट ए.सी. को दर्शाया गया है

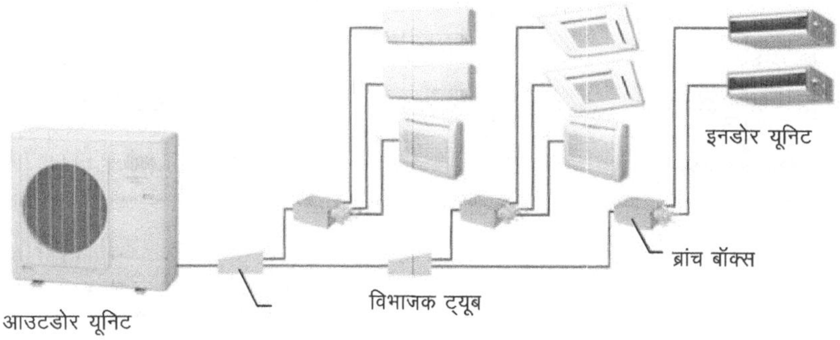

चित्र मल्टी स्प्लिट ए.सी.

मल्टी स्प्लिट ए.सी. में एक आउटडोर यूनिट होती है जिसमें कम्प्रैसर, कण्डेन्सर तथा पंखा इत्यादि अवयव तथा एक से अधिक इनडोर यूनिट लगे होते हैं जिनमें प्रत्येक में एवैपोरेटर तथा ब्लोअर आदि लगे होते हैं। आउटडोर यूनिट तथा इनडोर यूनिट को जोड़ने के लिए रबर की विभाजन ट्यूब तथा ब्रांच बॉक्स का प्रयोग किया जाता है।

मल्टी स्प्लिट ए.सी. की कार्यविधि

Working of Multi Split AC

मल्टी स्प्लिट ए.सी. की आउटडोर व इनडोर यूनिट स्वतन्त्र रूप से कार्य करती है। इनकी इनडोर यूनिट को आवश्यकता पड़ने पर कभी भी चालू एवं बन्द किया जा सकता है। इसकी आउटडोर यूनिट, किसी भी इनडोर यूनिट के आधार पर कार्य नहीं करती है। मल्टी स्प्लिट ए.सी. की कार्यविधि अन्य ए.सी. के समान ही होती है। प्रत्येक इनडोर यूनिट स्वतन्त्र रूप से कूलिंग करती है तथा ऊष्मा को आउटडोर यूनिट द्वारा वातावरण में भेज देती है।

इन्वर्टर तकनीक एक समान तापमान बनाए रखने की दिशा में एक महत्त्वपूर्ण तकनीक है। विशिष्ट सेंसर इस तकनीक पर और भी सुधार करते हैं। वे तापमान में छोटे बदलावों को सेन्स करते हैं और स्वचालित रूप से तदनुसार समायोजन करते हैं। मल्टी स्प्लिट सिस्टम में, ये सेंसर प्रत्येक कमरे में स्थित होते है, जो यह सुनिश्चित करते हैं कि हर क्षेत्र में सही तापमान बना रहे।

एयर कंडीशनिंग के किसी भी रूप की तरह मल्टी स्प्लिट यूनिट एयर कंडीशनिंग एक कमरे की हवा से ऊष्मा को निकालकर और इसे बाहर डिस्चार्ज करने का कार्य करती है। एक मल्टी स्प्लिट एयर कंडीशनिंग यूनिट में एवैपोरेटर क्वॉइल जो घर के अंदर स्थापित किया जाता है। जबकि कंडेनसर और कम्प्रैसर को बाहर स्थापित किया जाता है। इसमें एक रसायन जिसे रेफ्रिजरेट रूप में जाना जाता है, को आसानी से तरल से गैस में परिवर्तित हो जाता है। इस रेफ्रिजरेन्ट को एवैपोरेटर क्वॉइल के माध्यम से पंप किया जाता है, जहाँ यह एक कमरे में उपस्थित ऊष्मीय ऊर्जा के साथ-साथ हवा में उपस्थित नमी को भी अवशोषित करता है। इस ठंडी डीह्यूमिडीफाइड हवा को वापस कमरे में परिचालित किया जाता है और गर्मी को रेफ्रिजरेटर द्वारा आउटडोर यूनिट में ले जाया जाता है, जहाँ इसे डिस्चार्ज किया जाता है।

मल्टी स्प्लिट ए.सी. का वायरिंग परिपथ Wiring Circuit of Multi Split AC

मल्टी स्प्लिट ए.सी. के वायरिंग परिपथ में एक आउटडोर यूनिट तथा दो इनडोर यूनिट दर्शाए गए है। प्रत्येक यूनिट को संयोजित करने के लिए टर्मिनल बने होते हैं। टर्मिनलों की संख्या-आउटडोर यूनिट की क्षमता के अनुसार होती है। इसकी वायरिंग लगभग वाल माउण्टेड एवं फ्लोर या सीलिंग माउण्टेड स्प्लिट ए.सी. के समान होती है।

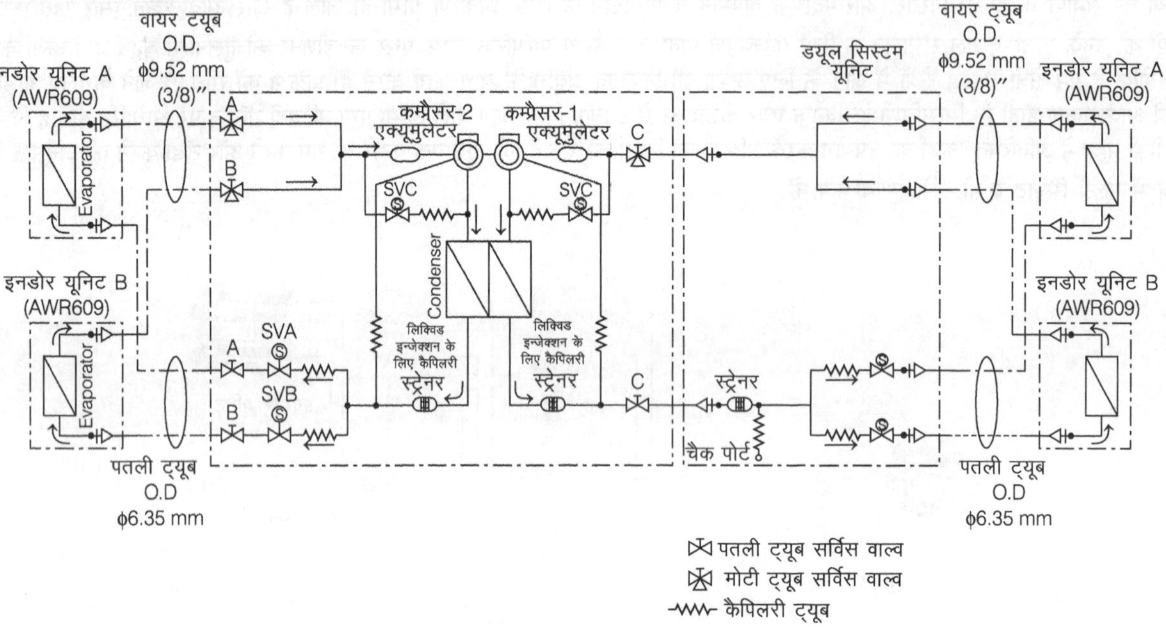

चित्र मल्टी स्प्लिट ए.सी. का वायरिंग परिपथ

4. डक्ट ए.सी. Duct AC

जिस एयर कण्डीशनिंग यूनिट का प्रयोग डक्टिंग के लिए किया जाता है, उसे डक्ट ए.सी. कहते हैं। डक्ट ए.सी. मुख्यत: दो प्रकार के होते हैं—

(i) डक्ट स्प्लिट ए.सी. (ii) मल्टी डक्ट स्प्लिट ए.सी.

(i) डक्ट स्प्लिट ए.सी. Duct Split AC

कूलिंग किए जाने वाले स्थान पर एयर कण्डीशनिंग से प्राप्त ठण्डी वायु पहुँचाने के लिए प्रयुक्त घटक डक्ट कहलाते हैं। इस प्रकार डक्ट तथा स्प्लिट ए.सी. के समायोजन को डक्ट स्प्लिट ए.सी. कहते हैं। डक्ट स्प्लिट ए.सी. में डक्ट के उपयोग का मुख्य कारण सिस्टम में प्रवाहित वायु की मात्रा है जिस कारण यह स्प्लिट ए.सी. का व्यापक रूप है। डक्ट स्प्लिट ए.सी. में एवैपोरेटर यूनिट, एयर हैण्डलिंग यूनिट में सैट की जाती है तथा कण्डेन्सर यूनिट को अलग से सैट किया जाता है। एयर हैण्डलिंग यूनिट में वायु के प्रवाह हेतु ब्लोअर तथा प्रवाहित वायु को कूलिंग प्रदान करने के लिए एवैपोरेटर क्वॉयल का प्रयोग किया जाता है। वायु में मिली अशुद्धियों को पृथक् करने के लिए एवैपोरेटर क्वॉयल से आगे फिल्टर को सैट किया जाता, जो वायु को स्वच्छ तथा शुद्ध बनाता है। डक्ट स्प्लिट ए.सी. सिस्टम में प्रयुक्त विभिन्न घटक; जैसे—एवैपोरेटर यूनिट, कण्डेन्सर यूनिट तथा पंखो की क्षमता अन्य एयर कण्डीशनिंग सिस्टम में प्रयुक्त घटकों से अपेक्षाकृत अधिक होती है।

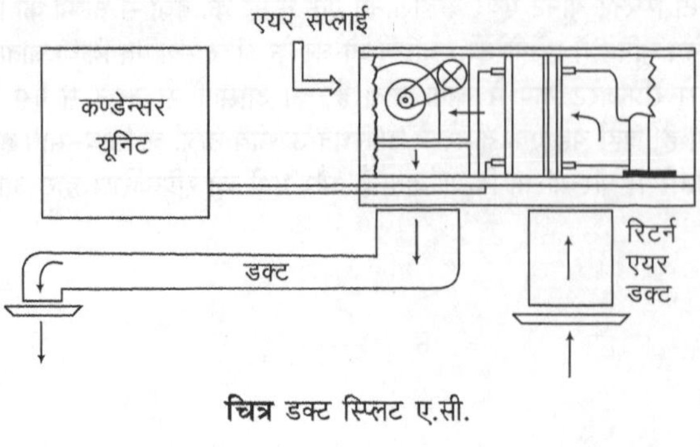

चित्र डक्ट स्प्लिट ए.सी.

डक्ट स्प्लिट ए.सी. की क्रियाविधि
Working Method of Duct Split AC

डक्ट ए.सी. स्प्लिट सिस्टम को विद्युत सप्लाई प्रदान करते ही कण्डेन्सर यूनिट कार्य करना आरम्भ कर देती है। तत्पश्चात् एवैपोरेटर क्वॉयल ऊष्मा को अवशोषित करके आसपास के वातावरण में कूलिंग कर देती है। कूलिंग क्षेत्र में ब्लोअर द्वारा वायु प्रवेश कराई जाती है, यह वायु एवैपोरेटर यूनिट से ठण्डी होकर एवैपोरेटर यूनिट के आगे लगे फिल्टर में भेजी जाती है, जहाँ फिल्टर वायु को स्वच्छ तथा शुद्ध करता है। अन्त में यह ठण्डी वायु डक्ट के माध्यम से कूलिंग किए जाने वाले स्थान अथवा कमरे में भेजी जाती है।

कूलिंग स्थान तथा कमरे को ठण्डा करने के बाद ठण्डी वायु गर्म हो जाती है। जिसे रिटर्न डक्ट के माध्यम से पुन: एयर हैण्डलिंग यूनिट में भेजा जाता है। रिटर्न एयर, एयर हैण्डलिंग रूम में पहुँचकर सप्लाई एयर से ऊष्मा अवशोषित करके ठण्डी हो जाती है तथा रिटर्न एयर और सप्लाई एयर का ठण्डा मिश्रण पुन: कमरे में प्रवाहित किया जाता है। अत: यह प्रक्रम सतत रूप से चलता रहता है।

(ii) मल्टी डक्ट स्प्लिट ए.सी. Multi Duct Split AC

यदि विभिन्न स्थानों की कूलिंग करने के लिए एक कण्डेन्सर यूनिट के साथ एक से अधिक डक्ट का प्रयोग किया जाता है, तो इस ए.सी. प्रणाली को मल्टी डक्ट स्प्लिट ए.सी. प्रणाली कहते हैं। मल्टी डक्ट स्प्लिट ए.सी. प्रणाली में लगा कण्डेन्सर सिस्टम उच्च दक्षता तथा उच्च क्षमता वाला होता है। मल्टी डक्ट स्प्लिट ए.सी. में मुख्य डक्ट के साथ एक से अधिक आउटलेट पोर्ट वाली डक्ट जुड़ी रहती है। डक्ट की लम्बाई अधिक होने के कारण ये सभी सप्लाई प्लेनम से अधिक दूरी पर होते हैं, जिससे डक्ट में प्रवाहित वायु का वेग कम हो जाता है। इस समस्या के निवारण हेतु डक्टों को टेपर अवस्था में बनाया जाता है। प्रत्येक डक्ट के आउटलेट पोर्ट पर एयर फिल्टर लगा दिया जाता है।

सिस्टम में प्रयुक्त रिटर्न एयर डक्ट को सप्लाई एयर डक्ट से जोड़ा जाता है।

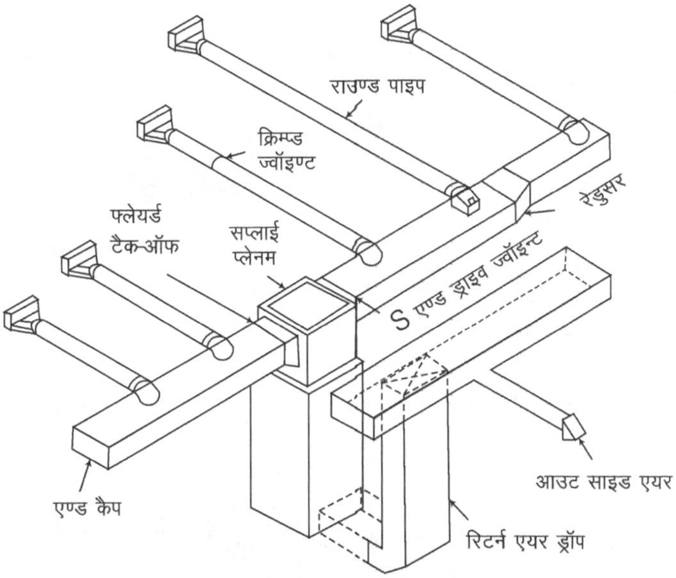

चित्र मल्टी डक्ट स्प्लिट ए.सी.

मल्टी डक्ट स्प्लिट ए.सी. की क्रियाविधि
Working Method of Multi Duct Split AC

मल्टी डक्ट स्प्लिट ए.सी. को विद्युत सप्लाई से संयोजित करने पर इसमें प्रयुक्त अवयव; जैसे—कम्प्रैसर, कण्डेन्सर तथा पंखा इत्यादि आरम्भ हो जाते हैं। सर्वप्रथम कण्डेन्सर कार्य करना आरम्भ कर देता है, जिससे डक्टिंग में लगा ब्लोअर, एवैपोरेटर क्वॉयल से उत्पन्न कूलिंग पर वायु प्रवाहित करता है।

परिणामस्वरूप वायु ठण्डी हो जाती है, तत्पश्चात् ठण्डी वायु को फिल्टर से गुजारकर मुख्य डक्ट के माध्यम से ब्रांच डक्ट के द्वारा कूलिंग किए जाने वाले स्थान तथा कमरे में भेजा जाता है। कूलिंग स्थान तथा कमरे को कूलिंग प्रदान करने के पश्चात् ठण्डी वायु गर्म हो जाती है। यह गर्म वायु रिटर्न डक्ट के द्वारा मुख्य डक्ट में पहुँचती है तथा सप्लाई एयर के साथ ठण्डी होकर पुन: कूलिंग स्थान तथा कमरे में भेजी जाती है। यह प्रक्रिया सतत रूप से चलती रहती है।

24.3 स्प्लिट ए.सी. की स्थापना Installation of Split AC

स्प्लिट एयर कण्डीशनर की स्थापना दो प्रकार में की जाती है

1. इण्डोर यूनिट इंस्टालेशन
2. आउटडोर यूनिट इंस्टालेशन

इण्डोर व आउटडोर इंस्टालेशन के विवरण निम्न प्रकार हैं

इण्डोर यूनिट की स्थापना Installation of Indoor Unit

1. माउण्टिंग प्लेट को स्थापित करना

माउण्टिंग प्लेट को उस दीवार पर स्थापित किया जाना चाहिए जो इनडोर यूनिट के वजन को वहन कर सके।

(i) माउण्टिंग प्लेट को एक दीवार पर अस्थायी रूप से सुरक्षित करें, सुनिश्चित करें कि प्लेट पूरी तरह से समतल है और दीवार पर बोरिंग बिन्दुओं को चिन्हित करें।

(ii) माउण्टिंग प्लेट को स्क्रू के साथ दीवार पर फिक्स करें।

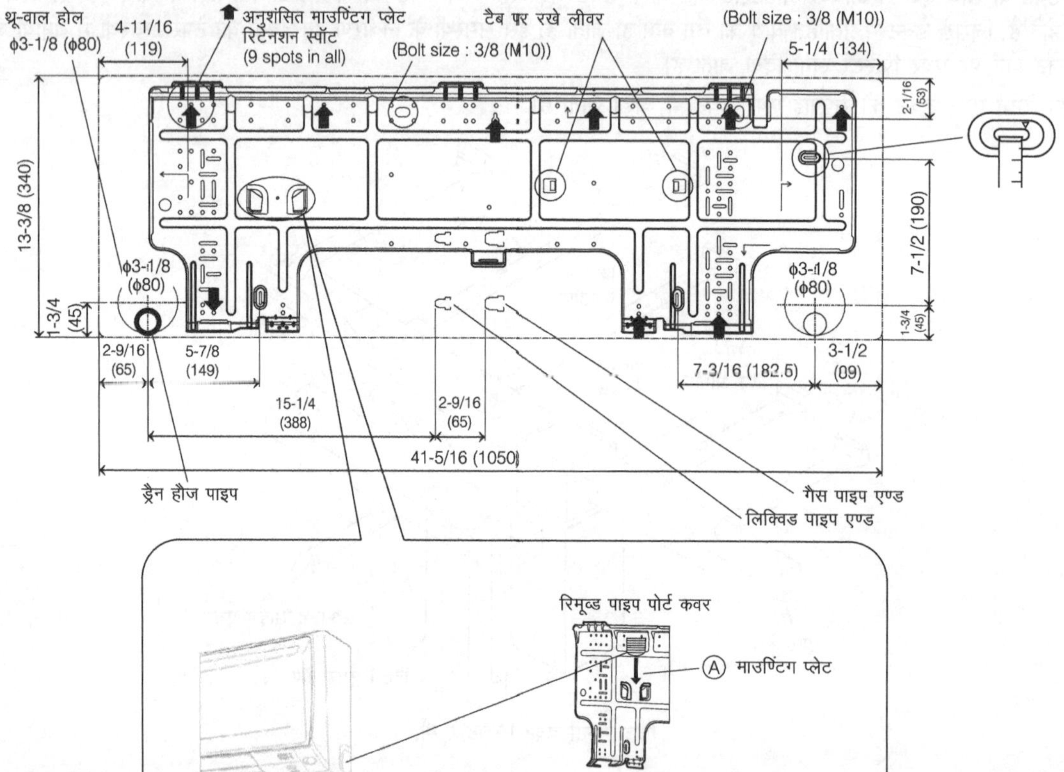

चित्र प्लेट की माउण्टिंग

2. दीवार के अन्दर बोरिंग करना और दीवार में एम्बेडेड पाइप को स्थापित करना

धातु के फ्रेम या धातु बोर्ड वाली दीवारों के लिए स्थानान्तरित ऊष्मा, बिजली के झटके या आग को रोकने के लिए फीड-थ्रू होल में वाल एम्बेडेड पाइप और वाल कवर का उपयोग करना सुनिश्चित करें।

(i) पानी के रिसाव को रोकने के लिए पाइपों के चारों ओर के गैप को कॉल्किंग सामग्री से बन्द करना सुनिश्चित करें।

(ii) दीवार में 3-1/8 इंच (80 मिमी) का एक फीड-थ्रू छेद बोर करें जिससे इसका ढलान बाहर की ओर हो।

(iii) वाल के छिद्र में एक वाल पाइप डालें।

(iv) वाल पाइप में वाल कवर डालें।

(v) रेफ्रिजरेन्ट पाइपिंग, वायरिंग और ड्रैन पाइपिंग को पूरा करने के बाद, पाइप होल गैप को पुट्टी से ढक दें।

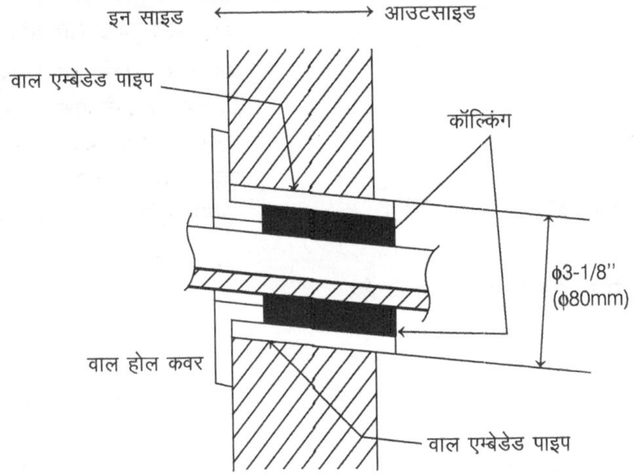

चित्र एम्बेडेड पाइप की स्थापना

3. पाइपिंग, होसेस और वायरिंग बिछाना

राइट-साइड, राइट-बैक या राइट-बॉटम पाइपिंग फिटिंग करना

(i) एक चिपकने वाले विनायल टेप के साथ रेफ्रिजरेन्ट पाइप के नीचे की ओर ड्रैन हौज पाइप को संलग्न करें।

(ii) रेफ्रिजरेन्ट पाइप और ड्रैन हौज पाइप पर इन्सुलेशन टेप को लपेटें।

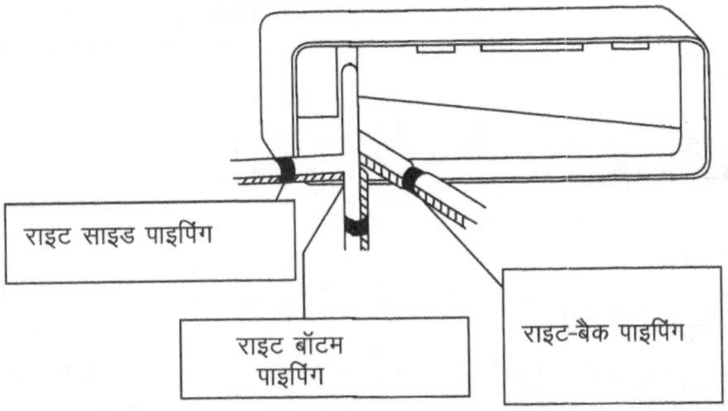

चित्र पाइपिंग करना

(iii) दीवार के छिद्र के माध्यम से ड्रैन हौज पाइप और रेफ्रिजरेन्ट पाइप पास करें, फिर गाइड शीर्ष पर Δ चिह्न का उपयोग करके माउण्टिंग प्लेट हुक पर इनडोर यूनिट सैट करें।

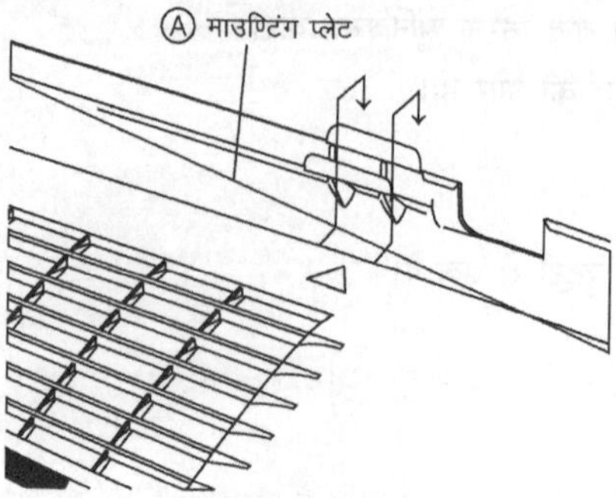

चित्र हुक फिक्सिंग

- लेफ्ट-साइड, लेफ्ट-बैक, या लेफ्ट-बॉटम पाइपिंग फिटिंग करना

(i) ड्रैन प्लग और ड्रैन हौज को बदलें।

(ii) चिकपने वाली विनायल टेप के साथ रेफ्रिजरेन्ट पाइप के नीचे से ड्रैन हौज पाइप को संलग्न करें।

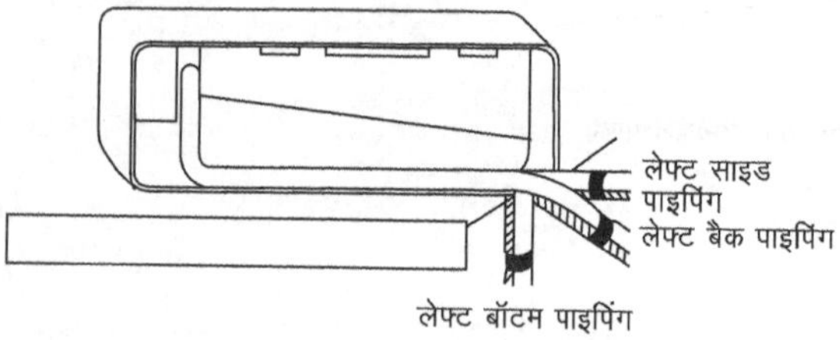

चित्र पाइपिंग को हौज पाइप से संलग्न करना

(iii) ड्रैन हौज पाइप को ड्रैन प्लग के स्थान पर ड्रैन पोर्ट से कनैक्ट करना सुनिश्चित करें।

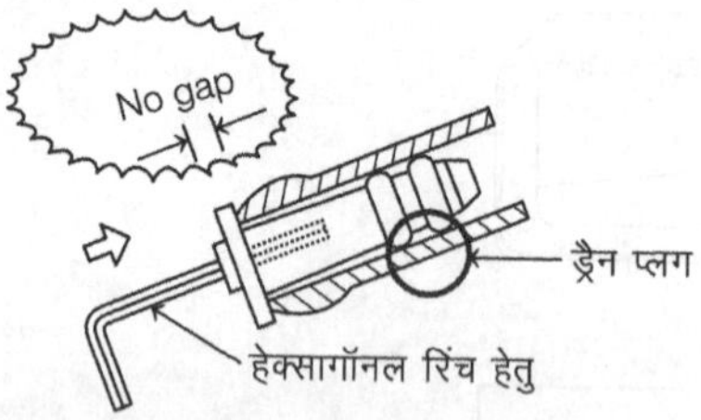

चित्र ड्रैन प्लग कनैक्ट करना

(iv) माउण्टिंग प्लेट पर पाइप पाथ के साथ रेफ्रिजरेन्ट पाइप को आकार दें।

(v) दीवार के छेद के माध्यम से ड्रैन पाइप और रेफ्रिजरेन्ट पाइप पास करें, फिर इनडोर यूनिट को गाइड के रूप में इनडोर यूनिट के शीर्ष पर (Δ) चिह्न का उपयोग करके माउण्टिंग प्लेट हुक पर सैट करें।

(vi) इण्टर-यूनिट तार फिक्स करें।

(vii) इण्टर-यूनिट वायर से पाइप कनैक्ट करें।

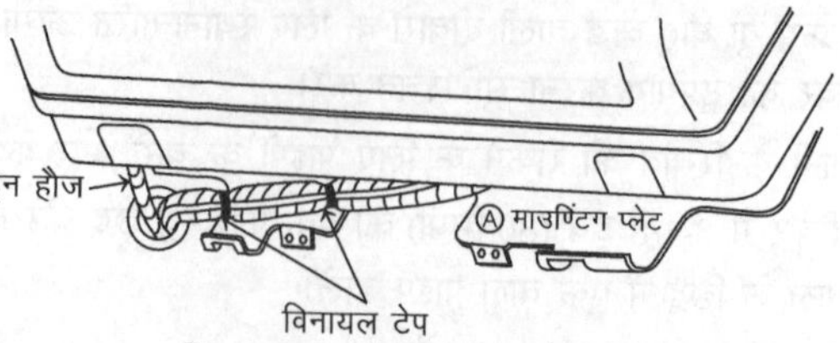

चित्र इण्टर यूनिट पाइप कनैक्शन

(viii) रेफ्रिजरेन्ट पाइप और ड्रैन हौज को इन्सुलेशन टेप के साथ लपेटें और ड्रैन हौज को इण्डोर यूनिट के पीछे से सैट करें।

(ix) सावधानी बरतते हुए इण्टर-यूनिट वायर इनडोर यूनिट के निचले किनारे को दोनों हाथों से तब तक दबाएँ जब तक कि यह माउण्टिंग प्लेट हुक द्वारा मजबूती से पकड़ा न जाए। इनडोर यूनिट फिक्सिंग स्क्रू 3/16 × 1/2 इंच (M4 × 12 mm) के साथ माउण्टिंग प्लेट में इनडोर यूनिट को सुरक्षित करें।

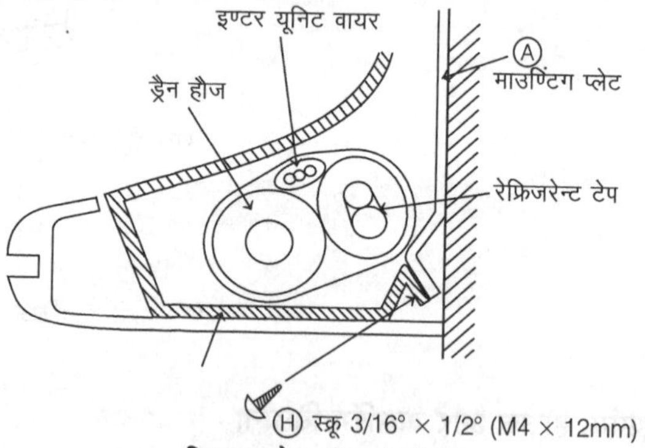

चित्र इनडोर यूनिट फिक्सिंग

4. दीवार एम्बेडेड पाइपिंग फिटिंग करना

(i) ड्रैन हौज को इतनी गहराई तक डालें कि वह ड्रैन पाइप से बाहर न निकले।

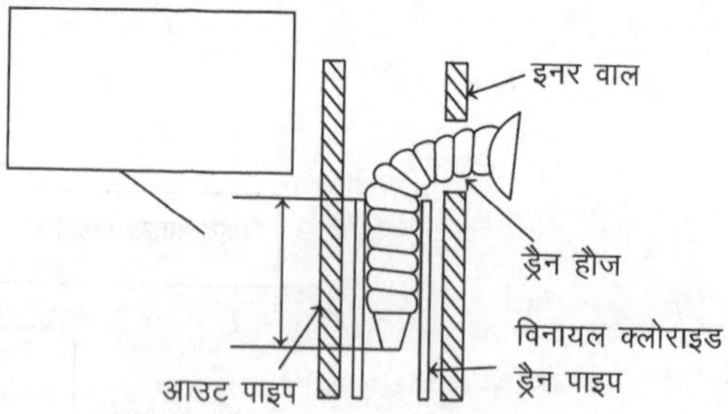

चित्र ड्रैन हौज तथा ड्रैन पाइप फिक्सिंग

5. वायरिंग

एक मल्टी इण्डोर यूनिट के साथ मल्टी आउटडोर यूनिट को इंस्टॉलेशन मैनुअल के अनुसार इंस्टॉल करें।

(i) ग्राउण्ड वायर सहित तारों को नाली में डालें और उन्हें नाली की माउण्टिंग प्लेट पर लॉक नट से सुरक्षित करें।

(ii) ग्राउण्ड वायर सहित तारों को ट्यूब में डालें।

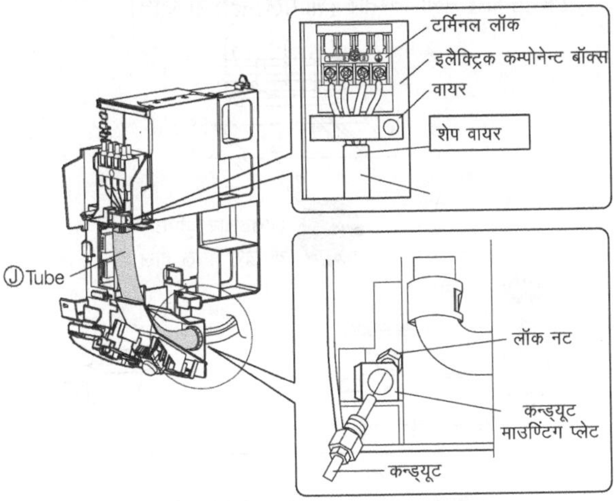

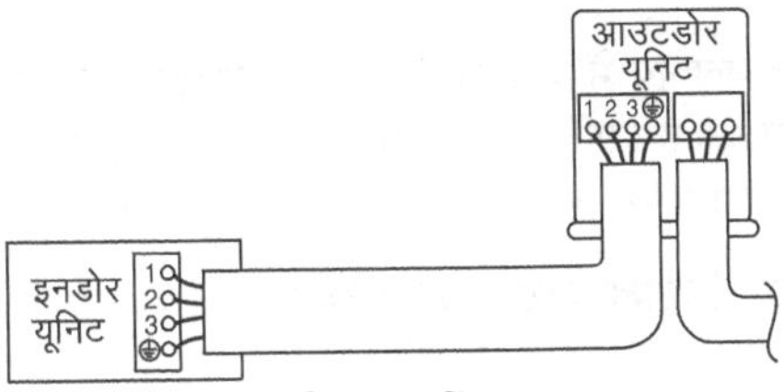

चित्र वायरिंग

(iii) वायर एंड्स 9/16 इंच (15 मिमी) तक स्ट्रिप करें।

(iv) इनडोर और आउटडोर यूनिट के टर्मिनल ब्लॉकों पर टर्मिनल नम्बरों के साथ तार के रंगों का मिलान करें और सम्बन्धित टर्मिनलों पर तारों को मजबूती से कस दें।

(v) जमीन के तारों को सम्बन्धित टर्मिनलों से कनैक्ट करें।

(vi) तारों को खींचिए और जाँचिए कि तार टर्मिनल ब्लॉक से सुरक्षित रूप से जुड़े हुए हैं।

(vii) एडेप्टर सिस्टम से कनैक्ट होने वाले रिमोट कण्ट्रोलर केबल संलग्न करें।

(viii) तारों को आकार दें ताकि सर्विस का ढक्कन सुरक्षित रूप से फिट हो जाए, फिर सर्विस ढक्कन को बन्द करें।

6. ड्रैन पाइपिंग

(i) ड्रैन हौज पाइप को कनैक्ट करें, जैसा कि चित्र में दर्शाया गया है।

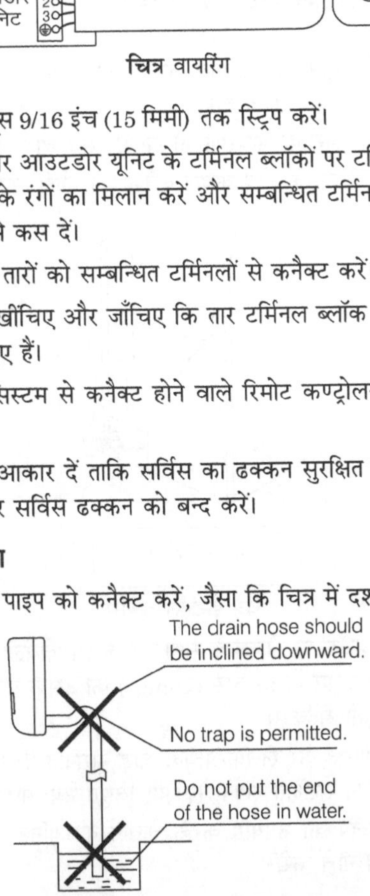

चित्र ड्रैन हौज पाइप कनैक्शन

(ii) एयर फिल्टर को हटा दें और पानी, के प्रवाह को सुचारु रूप से जाँचने के लिए ड्रैन पैन में थोड़ा पानी डालें।

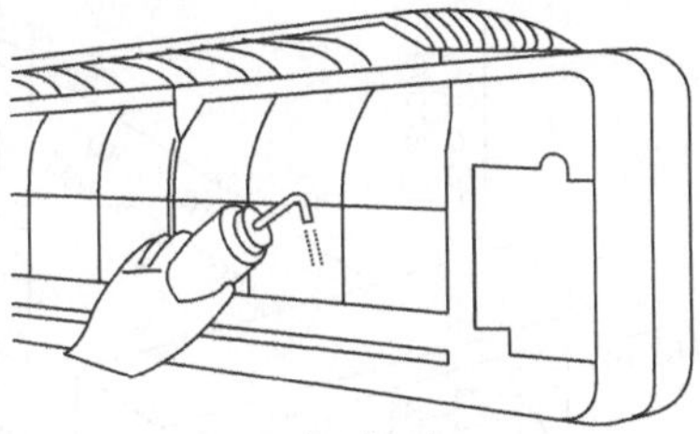

चित्र ड्रैन पैन चैकिंग

(iii) जब ड्रैन पाइप को विस्तार की आवश्यकता होती है, तो व्यावसायिक रूप से उपलब्ध एक विस्तार नली प्राप्त करें। विस्तार नली के इनडोर खण्ड को थर्मल रूप से इन्सुलेट करना सुनिश्चित करें।

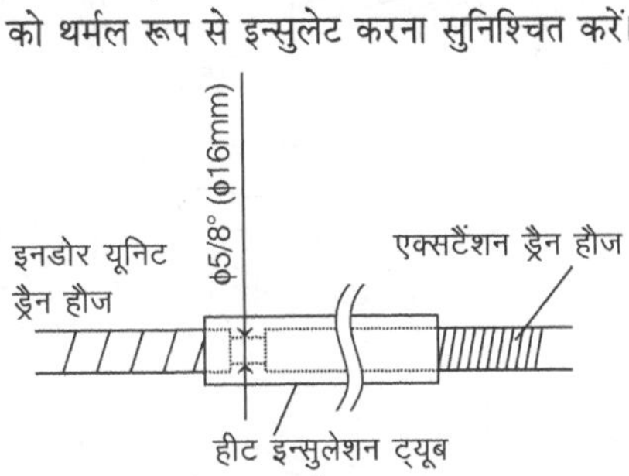

चित्र इन्सुलेशन करना

(iv) पाइप एक कठोर पॉलीविनायल क्लोराइड पाइप (व्यास 1/2 इंच (13 मिमी)) को सीधे आन्तरिक इकाई से जुड़ी ड्रैन पाइप से जोड़ते समय एम्बेडेड पाइपिंग कार्य के साथ, किसी भी व्यावसायिक रूप से उपलब्ध ड्रैन सॉकेट (व्यास 1/2 इंच (13 मिमी)) का उपयोग करें।

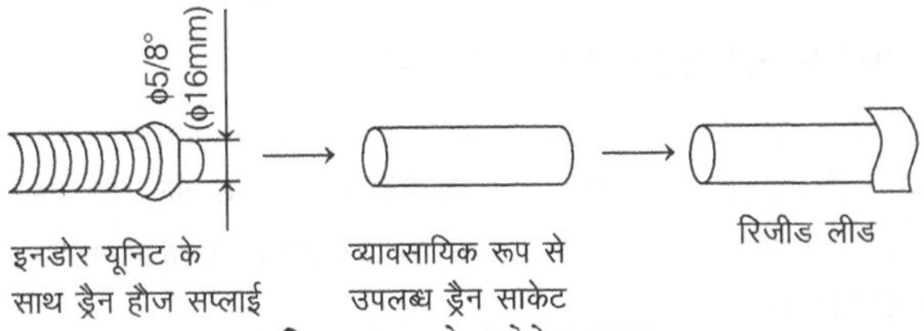

चित्र पाइप को एम्बेडेड करना

आउटडोर यूनिट की स्थापना
Installation of Outdoor Unit

आउटडोर यूनिट स्थापना को निम्न पदों (steps) में पूर्ण करते हैं

स्टेप-1 स्थापना स्थल का चयन

आउटडोर यूनिट को स्थापित करने से पहले नीचे मानकों के आधार पर स्थापना स्थल का चयन करें।

1. स्थापना स्थल चित्र में दिखाए गए सभी स्थानिक आवश्यकताओं को पूरा करता है।
2. यह स्थल अच्छा वायु परिसंचरण और हवादार हो।
3. प्रत्यक्ष सूर्य के प्रकाश व लम्बे समय तक की बारिश से सुरक्षित रखें।
4. यदि यूनिट भारी हवा के सम्पर्क में हो तो, यूनिट ऐसे स्थान पर स्थापित करें जहाँ एयर आउटलेट पंखा, हवा की दिशा से 90° कोण पर हो।

जरूरत पड़ने पर बेहद भारी हवाओं से बचने के लिए यूनिट के सामने एक प्रतिबन्धक बनाए।

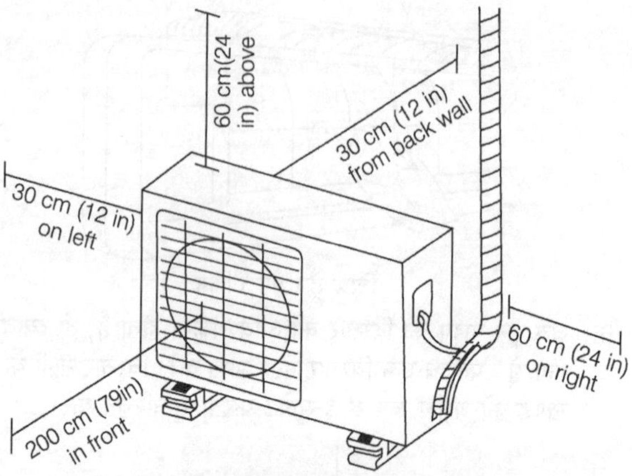

(a) आउटडोर स्पेस की जाँच

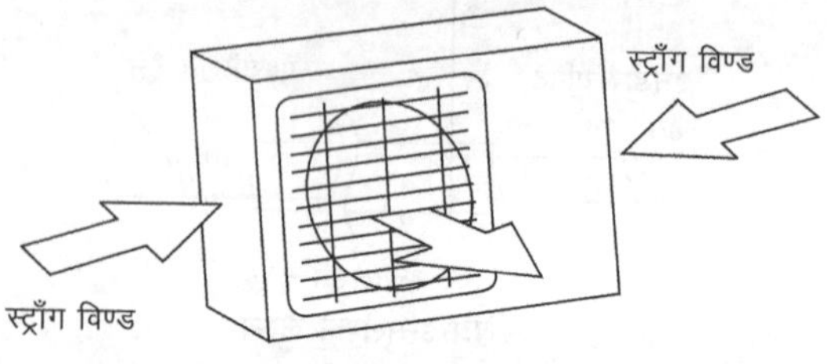

(b) वेन्टीलेशन की जाँच

चित्र आउटडोर यूनिट की स्थापना

यूनिट को बारिश या बर्फ से बचाने के लिए यूनिट के ऊपर एक आश्रय बनाए। कि यूनिट के चारों ओर हवा के प्रवाह को बाधित न करें।

स्टेप-2 निकास का जोड़ स्थापित करना

हीट पम्प यूनिटों को एक निकास के जोड़ की आवश्यकता होती है। इसलिए आउटडोर यूनिट में निकास जोड़ स्थापित करें। उसके बाद उसे फिट करें। आउटडोर यूनिट के प्रकार के आधार पर के अलग-अलग प्रकार के निकास जोड़ होते हैं।

1. यदि निकास का जोड़ एक रबड़ सील के साथ आता है तो निम्नलिखित चरण अपनाने चाहिए
   - निकास के जोड़ के अन्त में रबड़ की सील फिट कीजिए जो आउटडोर यूनिट से जोड़े।
   - यूनिट के बेस पैन में छेद में निकास को जोड़ें।
   - निकास के जोड़ को 90° पर, तब तक घुमाएँ जब तक कि यह यूनिट के सामने की ओर स्थित जगह पर न आ जाए।
   - हीटिंग मोड के दौरान यूनिट से पुनर्निर्देशित पानी के लिए निकास जोड़ को एक निकास नली विस्तार से जोड़ें।
2. यदि निकास का जोड़ रबड़ सील के साथ नहीं आता है, तो निम्न चरण अपनाने चाहिए
   - यूनिट के बेस पैन में छेद में निकास को जोड़ डालें।
   - हीटिंग मोड के दौरान यूनिट से पुनर्निर्देशित पानी के निकास जोड़ को एक निकास नली विस्तार (शामिल नहीं) से जोड़ें।

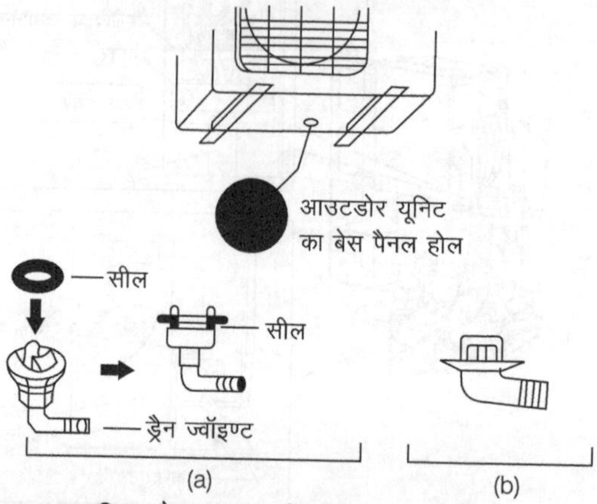

चित्र ड्रैन ज्वॉइण्ट को सील के साथ जोड़ना

   - ठण्डी जलवायु में यदि पानी धीरे-धीरे बहता है, तो यह निकास में जम सकता है इसलिए यह सुनिश्चित करें कि निकास नली में पानी के तेज निकासी के लिए यथा सम्भव ऊर्ध्वाधर है।

संकेतक और बिजली केबल को जोड़ना

Connect Signal and Power Cable

1. आउटडोर यूनिट के टर्मिनल ब्लॉक को यूनिट के किनारों पर एक विद्युत तारों में संरक्षित करें।
2. बिजली के तारों के आवरणों को खोलें। इसके बाद इसे हटा दीजिए।
3. टर्मिनल ब्लॉक के नीचे केबल क्लैम्प को खोलें और इसे किनारे पर रखें।

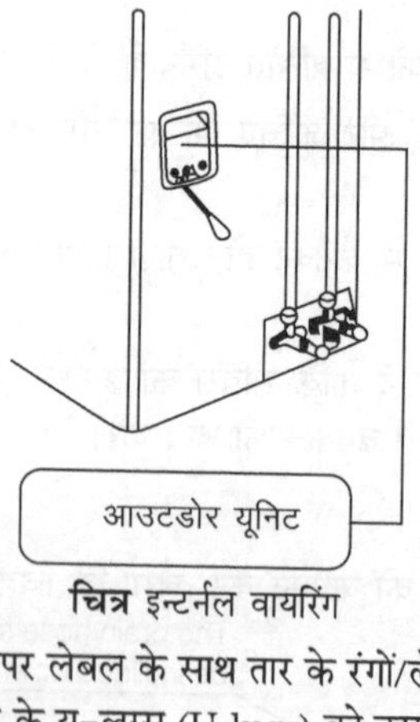

चित्र इन्टर्नल वायरिंग

4. टर्मिनल ब्लॉक पर लेबल के साथ तार के रंगों/लेबलों का मिलान करें और प्रत्येक तार के यू-लग्स (U-lugs) को उसके सम्बन्धित टर्मिनल पर मजबूती से कसें।
5. यह सुनिश्चित कर लें कि प्रत्येक जोड़ सुरक्षित है। वर्षा के पानी से टर्मिनल को सुरक्षित रखने के लिए विद्युत टेप आवरण बना दें।
6. केबल क्लैंप का उपयोग करके केबल को यूनिट में बाँधे। केवल क्लैंप को नीचे कसें।

7. पीवीसी विद्युत टेप (PVC electric tape) के साथ अप्रयुक्त को व्यवस्थित कर इन्सुलेट करें जिससे कि वे किसी भी बिजली के धातु के हिस्सों को न छुएँ।
8. यूनिट के किनारे पर तार का आवरण बदलें और इसे कसें।

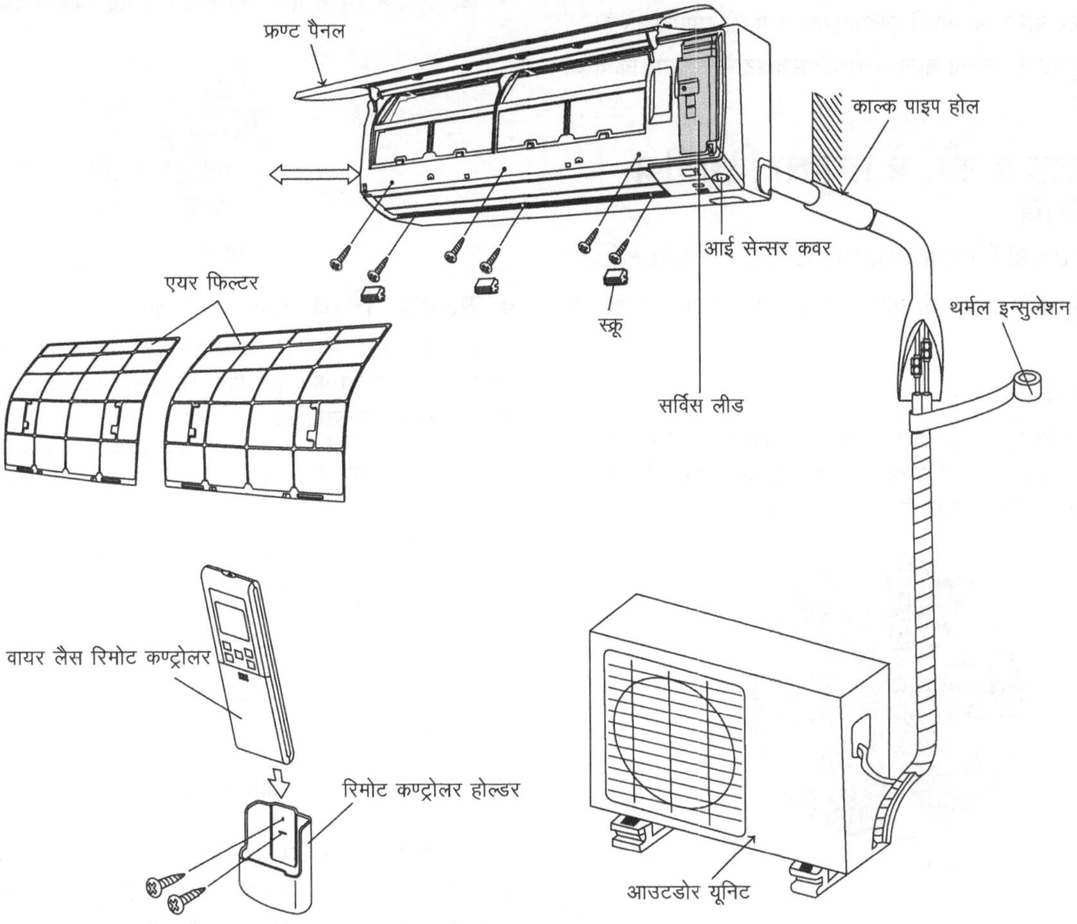

चित्र स्प्लिट ए.सी. कनैक्शन

सावधानियाँ Precautions

दीवार के ढाँचे वाली यूनिट स्थापित करने से पहले सुनिश्चित करें कि दीवार ठोस ईंट, कंक्रीट या मजबूत सामग्री से बनी है। यूनिट के भार से कम-से-कम चार गुना भार को सहारा देने में सक्षम होने चाहिए

1. यूनिट माउण्टिंग के आयाम चार्ट में आयामों के आधार पर ब्रैकेट छेद की स्थिति को चिह्नित करें।
2. विस्तार बोल्ट के लिए छेदों को ड्रिल करें।
3. छेदों से धूल और मलबे को साफ करें।
4. प्रत्येक विस्तार बोल्ट के अन्त में एक वाशर और नट लगाएँ।
5. ब्रैकेट में छेद के माध्यम से ब्रैकेट को सही स्थिति में लगाएँ और दीवार में हथौड़े की सहायता से विस्तार बोल्ट लगाएँ।
6. जाँचें कि माउण्टिंग ब्रैकेट लेवल में है।
7. यूनिट को सावधानीपूर्वक उठाएँ और इसके माउण्टिंग फीट को ब्रैकेट पर रखें।
8. ब्रैकेट के साथ मजबूती से यूनिट को कसें।

स्प्लिट एयर कण्डीशनर के लाभ
Advantages of Split Air Conditioner

(i) इसे लगाने लिए खिड़की या दीवार में जगह बनाने की जरूरत नहीं है।
(ii) आउट डोर यूनिट को अपनी सुविधानुसार कहीं भी लगा सकते हैं।
(iii) इनडोर यूनिट के रंग का चयन कमरे की सजावट के अनुसार किया जा सकता है।

24.4 स्प्लिट ए.सी. में प्रयुक्त विद्युतीय अवयव
Electrical Components Used in Split AC

स्प्लिट ए.सी. में प्रयोग किए जाने वाले मुख्य विद्युतीय अवयव का विवरण निम्नवत् है

1. कण्डेन्सर फैन Condenser Fan

कण्डेन्सर फैन स्प्लिट ए.सी. की आउटपुट यूनिट में कण्डेन्सर के पास लगा होता है। यह कण्डेन्सर द्वारा छोड़ी गई ऊष्मा को वायु द्वारा बाहर निकालने का कार्य करता है। कण्डेन्सर फैन को निम्न चित्र में दर्शाया गया है।

चित्र कण्डेन्सर फैन

2. ब्लोअर Blower

ब्लोअर, स्प्लिट ए.सी. की इनडोर यूनिट में एवैपोरेटर के पास लगा होता है। यह एवैपोरेटर द्वारा ठण्डी की गई वायु को बाहर निकालने एवं बाहर की गर्म वायु को एवैपोरेटर तक पहुँचाने का कार्य करता है। ब्लोअर को नीचे दिए गए चित्र में दर्शाया गया है।

चित्र ब्लोअर

3. फैन मोटर Fan Motor

कण्डेन्सर फैन तथा ब्लोअर को चलाने वाली मोटर को फैन मोटर कहते हैं। स्प्लिट ए.सी. में प्रयुक्त मोटर को नीचे दिए गए चित्र में दर्शाया गया है

चित्र फैन मोटर

4. सलेक्टर स्विच Selector Switch

सलेक्टर स्विच, रूम एयर कण्डीशनर को ऑन/ऑफ करता है तथा आवश्यकतानुसार लो फैन, हाई फैन, लो कूलिंग तथा हाई कूलिंग यूनिट के मोड को नियन्त्रित करता है।

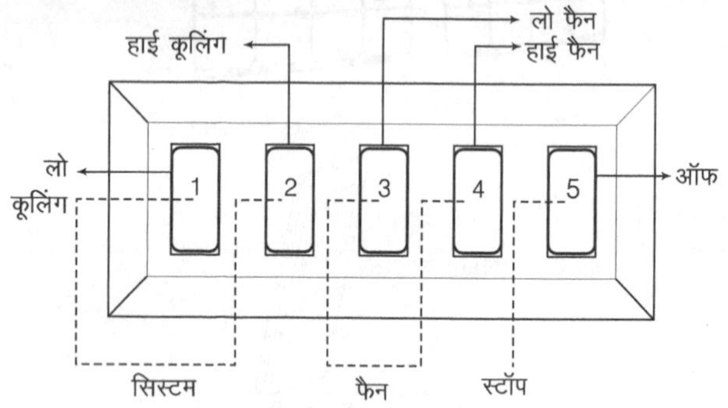

चित्र सलेक्टर स्विच

5. थर्मोस्टेटिक स्विच Thermostatic Switch

यह कमरे के तापमान को नियन्त्रित करने के लिए कम्प्रैसर को ऑन/ऑफ करता है। जब कमरे का तापक्रम निर्धारित किए गए तापक्रम से नीचे जाता है, तो यह कम्प्रैसर को बन्द कर देता है। यह स्विच का कट-आउट प्वॉइण्ट (cut-out point) कहलाता है। इसके विपरीत जब तापक्रम बढ़ना प्रारम्भ होता है, तो यह कम्प्रैसर को स्टार्ट करता है और यह स्विच का कट-इन प्वॉइण्ट (cut-in point) कहलाता है।

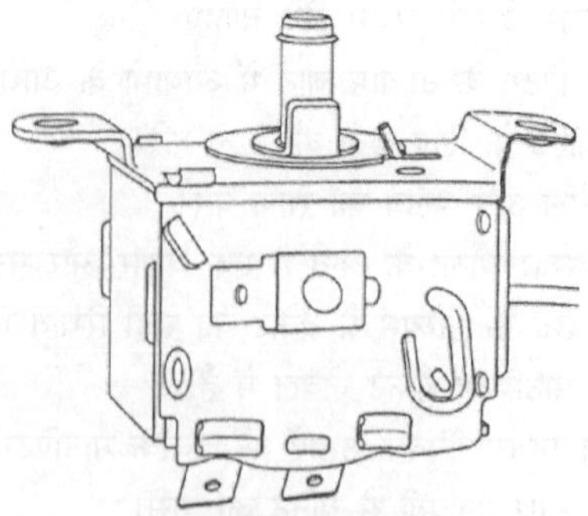

चित्र थर्मोस्टेटिक स्विच

6. कम दबाव कटआउट स्विच
Low Pressure Cut Out Switch

जब एवैपोरेटर प्रैशर सक्शन प्रैशर से नीचे गिर जाता है. तो लो प्रेशर स्विच अपना कॉन्टैक्ट खोल देता है और कम्प्रैसर मोटर को बंद कर देता है।

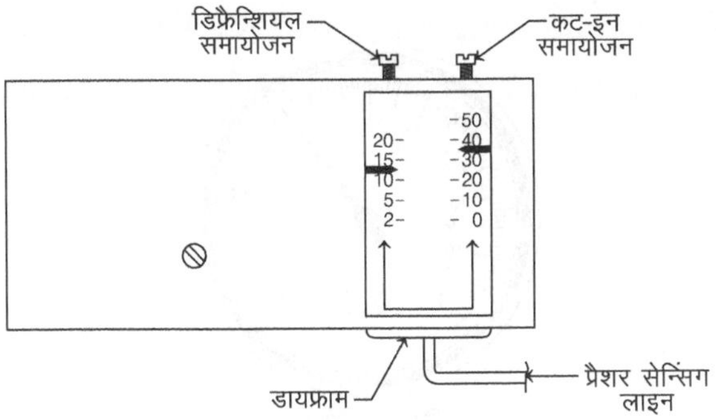

चित्र लो प्रैशर कट आउट

7. उच्च दबाव कटआउट स्विच
High Pressure Cutout switch

जब कंप्रैसर का डिस्चार्ज दाब एक निश्चित बिंदु से अधिक हो जाता है, तो उच्च दबाव स्विच अपना संपर्क खोलता है और कंप्रैसर मोटर को बन्द कर देता है यह एक मैनअल रीसेट है।

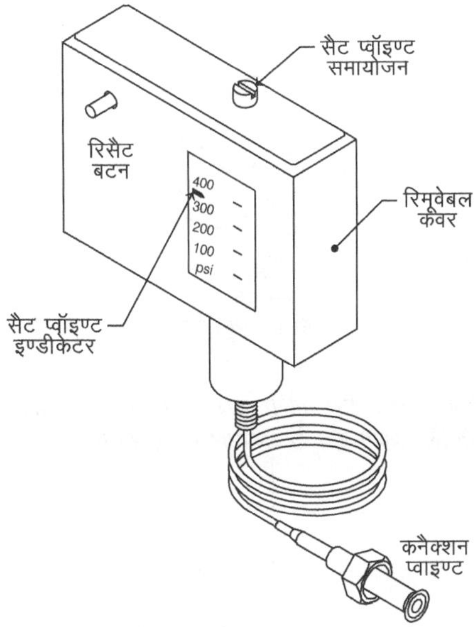

चित्र हाई प्रैशर कट आउट

8. विद्युत अधिभार रक्षक Over Load Protractor

सभी एयर कण्डीशनिंग यूनिटों को कंट्रोल पैनल के अलग सर्किट से जोड़ा जाता है। यह घरेलू इकाइयों और वाणिज्यिक इकाइयों दोनों पर लागू होता है।

व्यक्तिगत सर्किट में फ्यूज या सर्किट ब्रेकर में सामान्य परिचालन स्थितियों के तहत निरंतर प्रवाह प्रदान करने की पर्याप्त क्षमता होती है।

लेकिन लगातार 25 फीसदी से ज्यादा ओवरलोड होने की स्थिति में उन्हें सर्किट खोल देना चाहिए।

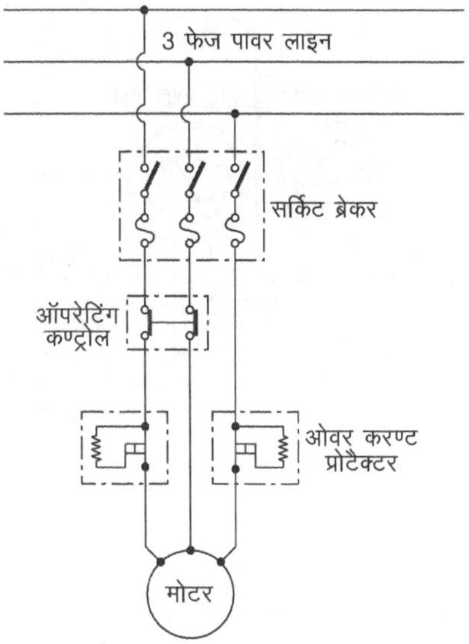

चित्र 3-फेंज ओवर करण्ट प्रोटेक्शन

24.5 ए.सी. प्रणाली में प्रयुक्त परीक्षण अवयव
Testing Components Used in AC System

एयर कण्डीशनिंग प्रणाली में प्रयुक्त जाँच अवयव का विवरण निम्नवत् हैं

1. प्रैशर गेज Pressure gauge

प्रैशर गेज का प्रयोग एयर कण्डीशनिंग प्रणाली में प्रवाहित होने वाले रेफ्रिजरेन्ट का दाब मापने के लिए किया जाता है। नीचे दिए चित्र में प्रैशर गेज को दर्शाया गया है।

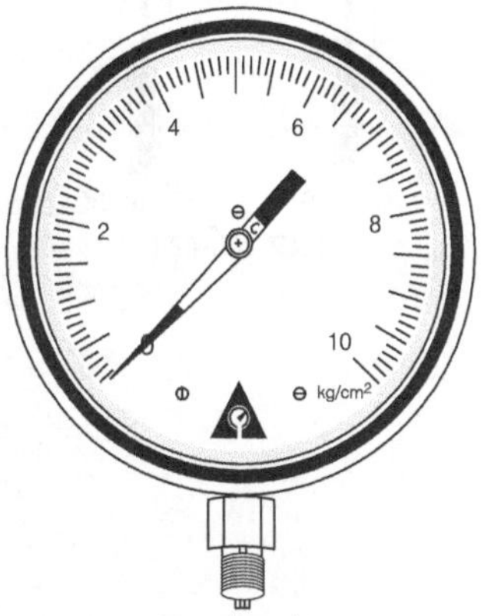

चित्र प्रैशर गेज

2. कम्पाउण्ड गेज Compound Gauge

कम्पाउण्ड गेज का प्रयोग दाब तथा वैक्यूम दो राशियों को मापने के लिए किया जाता है। कम्पाउण्ड गेज को नीचे दिए चित्र में दर्शाया गया है

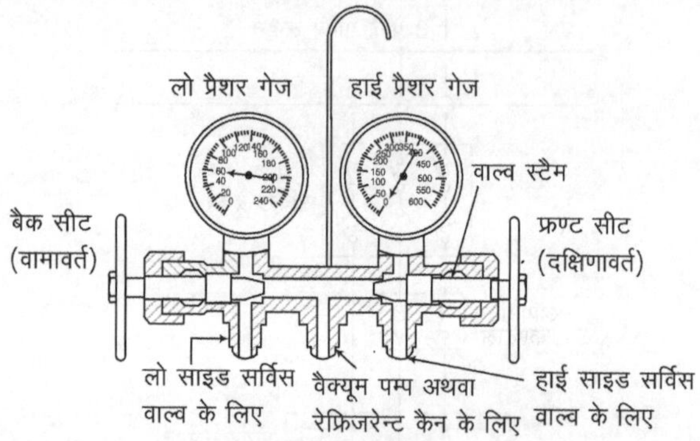

चित्र कम्पाउण्ड गेज

3. थर्मामीटर Thermometer

थर्मामीटर का उपयोग, एयर कण्डीशनिंग प्रणाली में तापमान मापने में किया जाता है। यह सेन्टीग्रेड तथा फॉरेनहाइट दोनों प्रकार के तापमान को दर्शाता है। नीचे दिए चित्र में थर्मामीटर को दर्शाया गया है

निम्न चित्र में थर्मामीटर को दर्शाया गया है

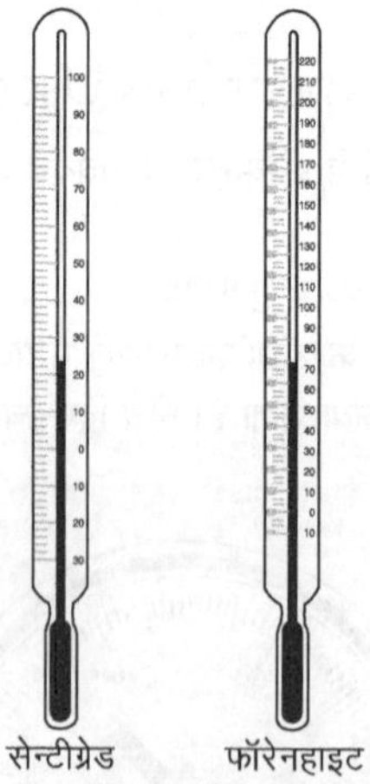

चित्र थर्मामीटर

4. टैकोमीटर Tachometer

टैकोमीटर का प्रयोग एयर कण्डीशनिंग प्रणाली में मोटर की गति मापने के लिए किया जाता है। मोटर की गति का मात्रक चक्कर प्रति मिनट (rpm) होता है। टैकोमीटर को निम्न चित्र में दर्शाया गया है

चित्र टैकोमीटर

5. वैक्यूम गेज Vacuum Gauge

एयर कण्डीशनिंग प्रणाली में रेफ्रिजरेन्ट को चार्ज करने से पूर्व कम्प्रैसर में पूर्णतः निर्वात् उत्पन्न करना पड़ता है। वैक्यूम गेज का प्रयोग निर्वात् में दाब मापने के लिए किया जाता है। वैक्यूम गेज को नीचे दिए चित्र में प्रदर्शित किया गया है

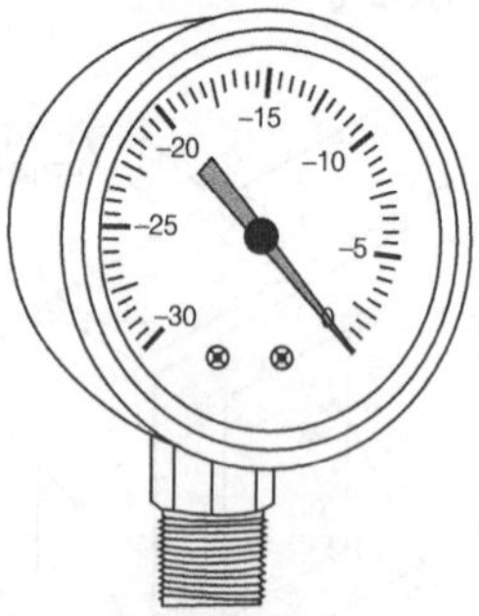

चित्र वैक्यूम गेज

नोट *लीकेज परीक्षण, गैस चार्जिंग तथा निष्कासन (evacuation) के अध्ययन के लिए प्रथम सत्र के अध्याय-11 का अवलोकन करें।*

तालिका विण्डो ए.सी. एवं स्प्लिट ए.सी. में अन्तर

क्र.सं.	विण्डो ए.सी.	स्प्लिट ए.सी.
1.	यह सिंगल यूनिट प्रणाली है।	यह दो यूनिटों में विभाजित होता है।
2.	यह शोर अधिक करता है।	यह शोर बहुत कम करता है।
3.	इसमें कोई डक्ट नहीं होती।	इसमें डक्टेबल यूनिट होती है।
4.	इस प्रणाली में प्रैशर चैक नहीं किया जा सकता।	इस प्रणाली में सरलता से प्रैशर को चैक किया जा सकता है।
5.	इसमें डबल शाफ्ट वाली केवल एक ही फैन मोटर का प्रयोग किया जाता है।	इसमें इनडोर व आउटडोर यूनिटों के लिए अलग-अलग फैन मोटर का प्रयोग किया जाता है।
6.	इसे खिड़की या दीवार तोड़कर लगाते हैं।	यह फर्श, दीवार और छत पर फिट हो जाता है।
7.	इसमें मरम्मत के समय गैस व्यर्थ होती है।	इसमें बिना गैस बर्बाद किए मरम्मत हो जाती है।
8.	इसमें कोई सर्विस वाल्व नहीं होता है।	इसमें सर्विस वाल्व का प्रयोग होता है।
9.	गैस की कम मात्रा चार्ज होती है।	अधिक गैस चार्ज करनी पड़ती है।
10.	इस प्रणाली को पम्प डाउन नहीं किया जा सकता।	आवश्यकता होने पर इस प्रणाली का पम्प डाउन भी किया जा सकता है।

24.6 स्प्लिट ए.सी. से सम्बन्धित दोषोपचार

Troubleshooting Related to Split AC

स्प्लिट ए.सी. सम्बन्धित दोषोपचार तथा उनका निवारण निम्न तालिका के माध्यम से स्पष्ट किया गया है

क्र.सं.	दोष	सम्भावित कारण	निवारण
1.	ए.सी. चालू नहीं हो रहा है।	मेन सप्लाई दोषपूर्ण है।	मेन सप्लाई की जाँच करें तथा आवश्यकता हो, तो इसे बदलें।
		फ्यूज जले हुए हैं।	फ्यूज बदलें।
		रिले जली हुई है।	रिले बदलकर चलाएँ।
		थर्मोस्टेट खराब है।	थर्मोस्टेट बदलें।
		वायरिंग खराब है।	वायरिंग की जाँच करके ठीक करें।
		स्टार्टिंग कैपेसिटर खराब है।	कैपेसिटर चैक करें तथा बदलें।
2.	कूलिंग कम हो रही है।	फिल्टर चोक्ड है।	फिल्टर साफ करें तथा आवश्यकता हो तो बदल दें।
		अधिक तापमान सैट किया हुआ है।	उचित तापमान सेट करें
		सक्शन लाइन में लीकेज है।	रिसाव की जाँच करें तथा इसकी मरम्मत करें।
		रेफ्रिजरेन्ट का स्तर कम है।	रेफ्रिजरेन्ट के स्तर की जाँच करें तथा आवश्यकता होने पर रेफ्रिजरेन्ट चार्ज करें।
		ब्लोअर की स्पीड कम है।	ब्लोअर की स्पीड की जाँच करें तथा आवश्यकता हो, तो बदल दें।
3.	यूनिट बार-बार ट्रिप हो जाती है।	सप्लाई वोल्टेज कम है।	सप्लाई वोल्टेज की जाँच करें तथा स्टेबिलाइजर का प्रयोग करें।
		कण्डेन्सर क्वॉयल गन्दी है।	कण्डेन्सर क्वॉयल को साफ करें।
		बाह्य वातावरण का तापमान कम है।	बाह्य वातावरण का तापमान 18° C से कम होने पर यूनिट बार-बार ट्रिप होती है, अतः इसे बन्द कर दें।
4.	इनडोर यूनिट शोर करती है।	वाटर ड्रैन लाइन बन्द है।	ड्रेन लाइन की जाँच करें तथा साफ करें।
		ड्रैन पाइप टूटा है।	ड्रेन पाइप की जाँच करें तथा बदलें।
		इनडोर यूनिट की स्थापना ठीक नहीं है।	स्थापना सही करें।
		ब्लोअर ढीला है।	ब्लोअर चैक करें तथा टाइट करें।
5.	आउटडोर यूनिट शोर करती है।	कम्प्रैसर कम्पन करता है।	बेस बोल्ट तथा रबर को टाइट करें।
		कण्डेन्सर फैन मोटर में वाइब्रेशन है।	फैन मोटर क्लैम्प को टाइट करें।
		आउटर कवर में कम्पन है।	आउटर कवर के स्क्रू टाइट करें।
		फैन ब्लेड ढीले हैं।	जाँच करके टाइट करें।
		फैन ब्लेड टूटे हैं।	ब्लेड बदल दें।
6.	यूनिट से पानी बाहर निकल रहा है।	यूनिट की स्थापना सही नहीं है	स्थापना की जाँच करके सही स्थापना करें।

महत्त्वपूर्ण बिन्दु

- स्प्लिट ए.सी के मुख्यः दो भाग होते हैं- इनडोर यूनिट एवं आउटडोर यूनिट।
- कम्प्रैसर आउटडोर यूनिट का मुख्य भाग है।
- कण्डेन्सर सुपर हीटिड हाई प्रैशर वेपर रेफ्रिजरेन्ट से ऊष्मा को अवशोषित करता है।
- घरेलू स्प्लिट ए. सी. यूनिट में कैपिलरी ट्यूब का प्रयोग एक्सपैंशन डिवाइस के रूप में किया जाता है।
- फिल्टर सिस्टम में उपस्थित नमी या आर्द्रता को अवशोषित करता है।
- एवैपोरेटर वांछित तापमान बनाये रखने के लिए कूलिंग किये-जाने वाले स्थान से ऊष्मा को अवशोषित करता है।
- लिक्विड सक्शन हीट एक्सचेंजर निम्न तापमान रिटर्न गैस उच्च तापमान के तरल से ऊष्मा अवशोषित करता है।
- सक्शन लाइन एक्युमुलेटर रेफ्रिजरेन्ट तरल को लो लोड कण्डीशन में कम्प्रैसर में आने से रोकता है।
- प्रैशर ड्रॉप को कम करने के लिए कण्डेन्सर तथा एवैपोरेटर पास-पास लगाये जाते हैं।
- ट्रांसमीटर इनडोर यूनिट को संकेत /सिग्नल भेजता है।
- रिमोट कण्ट्रोल का उपयोग स्प्लिट ए.सी. यूनिट को संचालित करने के लिए किया जाता है।
- स्प्लिट ए.सी. की इनडोर यूनिट कमरे की दीवार पर माण्उट की जाती है।
- वाल माउण्टेड स्प्लिट ए.सी. की क्रियाविधि सामान्य ए.सी. के समान होती है।
- कम्प्रैसर द्वारा रेफ्रिजरेन्ट को उच्च दाब तथा दाब युक्त वाष्प में कम्प्रैस किया जाता है।
- थर्मोस्टेट सेंसर, परिपथ में लगे माइक्रोकण्ट्रोलर से जुड़ा होता है।

महत्त्वपूर्ण प्रश्नोत्तरी

1. स्प्लिट ए.सी. को इनडोर तथा आउटडोर यूनिट में विभाजित किया जाता है। इन यूनिटों में कौन-से मुख्य अवयव लगे होते हैं?

उत्तर स्प्लिट ए.सी. के इनडोर यूनिट में एवैपोरेटर, ब्लोअर, फिल्टर, थर्मोस्टेट वाल्व तथा नियन्त्रण पैनल आदि लगे होते हैं, जबकि आउटडोर यूनिट में कम्प्रैसर, कण्डेन्सर तथा पंखा आदि अवयव लगे होते हैं।

2. इनडोर यूनिट में लगे थर्मोस्टेट वाल्व का क्या उपयोग है?

उत्तर इनडोर यूनिट में लगा थर्मोस्टेट वाल्व, बाह्य तापमान को सेन्स करके कम्प्रैसर को नियन्त्रित करता है। यदि तापमान निर्धारित सीमा से अधिक है, तो यह कम्प्रैसर को चालू कर देता है तथा बाह्य तापमान कम होने की स्थिति में कम्प्रैसर को बन्द कर देता है।

3. वाल माउण्टेड स्प्लिट ए.सी. में कौन-कौन सी सुरक्षा युक्तियाँ प्रयुक्त की जाती हैं?

उत्तर वाल माउण्टेड स्प्लिट ए.सी. में फ्यूज, थर्मोस्टेट वाल्व, वोल्टेज रेगुलेटर तथा ओवरलोड प्रोटेक्टर आदि सुरक्षा युक्तियाँ प्रयोग की जाती हैं।

4. मल्टी स्प्लिट ए.सी. में थर्मोस्टेट वाल्व क्यों नहीं लगाया जाता है?

उत्तर मल्टी स्प्लिट ए.सी. में थर्मोस्टेट वाल्व नहीं लगाया जाता है, क्योंकि इसमें बहुत सी इनडोर यूनिट तथा केवल एक ही आउटडोर यूनिट प्रयोग की जाती है। थर्मोस्टेट वाल्व प्रत्येक इनडोर यूनिट के लिए निर्धारित तापमान से अधिक वातावरण ताप पर कम्प्रैसर को चालू करता है तथा कम वातावरण ताप पर कम्प्रैसर को बन्द कर देता है। इस प्रकार कम्प्रैसर बन्द होने पर सभी इनडोर यूनिट बन्द तथा कम्प्रैसर चालू होने पर सभी इनडोर यूनिट चालू हो जाएँगी।

5. डक्ट स्प्लिट ए.सी. में प्रयुक्त डक्ट में फैब्रिक ज्वॉइण्ट के उपयोग का क्या उद्देश्य है?

उत्तर डक्ट स्प्लिट ए.सी. में प्रयुक्त डक्ट, गर्म वायु प्रवाहित होने पर फैलती है तथा ठण्डी वायु प्रवाहित होने पर सिकुड़ती है। इस समस्या से बचने के लिए डक्ट में फैब्रिक ज्वॉइण्ट का उपयोग किया जाता है।

6. एयर कण्डीशनिंग प्रणाली में प्रयुक्त विभिन्न जाँच अवयवों के नाम लिखिए।

उत्तर एयर कण्डीशनिंग प्रणाली में प्रयुक्त विभिन्न जाँच अवयव निम्नलिखित हैं

(i) प्रैशर गेज

(ii) कम्पाउण्ड गेज

(iii) तापमापी

(iv) टैकोमीटर

(v) वैक्यूम गेज

7. स्प्लिट एयर कण्डीशनर में इनडोर तथा आउटडोर यूनिट के बीच कम-से-कम दूरी क्यों रखी जाती है?

उत्तर स्प्लिट एयर कण्डीशनर में इनडोर तथा आउटडोर यूनिट के बीच कम-से-कम दूरी रखी जाती है, क्योंकि इनके बीच जितनी अधिक दूरी होती है, सक्शन लाइन तथा तरल लाइन में उतना ही प्रैशर ड्रॉप होता है।

अभ्यास प्रश्न

परीक्षा प्रारूपी प्रश्न

बहुविकल्पीय

1. स्प्लिट ए.सी. की इनडोर का कौन-सा घटक है?
(a) कम्प्रैसर (b) कण्डेन्सर
(c) एवैपोरेटर (d) ड्रायर

2. निरंतर ओवरलोड की स्थिति में कौन-सा नियंत्रण कम्प्रैसर मोटर सर्किट को खोलता है?
(a) थर्मोस्टेट (b) फ्यूजिबल प्लग
(c) बाइमैटल पट्टी (d) स्प्रिंग लोड रिलीफ वाल्व

3. डक्टेबल स्प्लिट एयर कण्डीशनर में इनडोर यूनिट के ब्लोअर को चलाने के लिए किस मोटर का उपयोग किया जाता है?
(a) शेडेड पोल मोटर
(b) स्थायी स्प्लिट संधारित्र मोटर
(c) थ्री-फेज प्रेरण मोटर
(d) कैपेसिटर स्टार्ट कैपेसिटर रन मोटर

4. डक्टेबल स्प्लिट एयर कण्डीशनर की संघनक इकाई में किस पंखे का उपयोग किया जाता है?
(a) फॉरवर्ड क्योर्ड (cured) फैन
(b) सेन्ट्रीफ्यूगल फैन
(c) प्रोपेलर फैन
(d) रेडियल फैन

5. स्प्लिट AC की बाहरी इकाई से कौन-सा घटक सम्बन्धित है?
(a) ब्लोअर (b) एयर फिल्टर
(c) कम्प्रैसर (d) एवैपोरेटर क्वॉयल

6. स्प्लिट AC में डक्ट बनाने के लिए किस सामग्री का उपयोग किया जाता है?
(a) थर्मोकोल (b) GI शीट
(c) लकड़ी (d) फाइबर

7. स्प्लिट AC में कमरे के वायु तापमान को नियंत्रित करने के लिए किस प्रकार के स्विच का उपयोग किया जाता है?
(a) ओवर लोड प्रोटेक्टर (b) थर्मोस्टेट स्विच
(c) मैनुअल स्विच (d) थर्मल रिले

8. स्प्लिट AC की आउटडोर यूनिट के साथ किस प्रकार के फैन ब्लेड का उपयोग किया जाता है?
(a) वेन (b) गाइड वेन
(c) प्रोपेलर (d) सेन्ट्रीफ्यूगल

9. स्प्लिट AC में कितने फैन मोटर्स का उपयोग किया जाता है?
(a) दो (b) पाँच (c) चार (d) तीन

10. इनडोर यूनिट के साथ किस प्रकार के फैन ब्लेड का उपयोग किया जाता है?
(a) गाइड वेन (b) ब्लोअर (c) एक्सियल (d) वेन

11. पम्प डाउन ऑपरेशन के दौरान स्प्लिट ए.सी. में रेफ्रिजरेन्ट को कहाँ स्टोर किया जाता है?
(a) एक्युमुलेटर (b) कम्प्रैसर
(c) एवैपोरेटर (d) कण्डेन्सर

12. डक्टेबल स्प्लिट AC स्थापना में इनडोर और आउटडोर इकाइयों के बीच कौन-सी क्षैतिज दूरी को प्राथमिकता दी जाती है?
(a) 15 मीटर (b) 12 मीटर
(c) 20 मीटर (d) 25 मीटर

13. एक जगह से दूसरी जगह शिफ्टिंग के लिए स्प्लिट AC में कौन-सी प्रक्रिया पहले की जाती है?
(a) फ्लशिंग (b) इवैक्युएशन
(c) पम्प डाउन (d) वैक्युमाइजेशन

14. निम्न चित्र में कौन-सा ऑपरेशन चल रहा है?

(a) सामने की ग्रिल खोलें
(b) ब्लोअर के पंखें का परीक्षण करें
(c) कण्डेन्सर को साफ करें
(d) इकाई के लॉवर्स (louvers) खोलें

15. स्प्लिट AC में आउटडोर यूनिट के साथ किस पंखे की मोटर गति का उपयोग किया जाता है?
(a) सिंगल स्पीड (b) डबल स्पीड
(c) ट्रिपल स्पीड (d) फाइव स्पीड

16. CSIR मोटर में संधारित्र शुरू करने का कार्य क्या है?
(a) स्टार्टिंग टॉर्क देता है
(b) रनिंग टॉर्क देता है
(c) पावर फैक्टर को ठीक करता है
(d) ऊर्जा दक्षता में सुधार करता है

17. एयर फिल्टर की एडवांस सफाई का क्या लाभ है?
(a) एयर हैण्डलिंग का आयतन कम करें
(b) फैन मोटर की गति बढ़ाएँ
(c) शीतलन क्षमता घटाएँ
(d) ठंडा करने की क्षमता बढ़ाएँ

18. 150/200 MFD स्टार्टिंग संधारित्र का उपयोग करने वाले स्प्लिट AC की टन भार क्षमता क्या होगी?
(a) 1 TR (b) 1.5 TR
(c) 2.0 TR (d) 2.5 TR

19. स्प्लिट AC में कौन-सा वाल्व गैस को बर्बाद किए बिना यांत्रिक दोषों में भाग लेने में मदद करता है?
(a) गेट वाल्व (b) फ्लोट वाल्व
(c) सर्विस वाल्व (d) एक्सपैंशन वाल्व

20. डक्ट स्प्लिट AC यूनिट में एवैपोरेटर का माउण्टिंग स्थान कौन-सा है?
(a) फ्लोर माउण्टिंग (b) वाल माउण्टिंग
(c) सीलिंग माउण्टिंग (d) रूफ माउण्टिंग

21. स्प्लिट AC में रिमोट कण्ट्रोल का कार्य क्या है?
(a) आर्द्रता सैटिंग
(b) दबाव सैटिंग
(c) ड्रेन वाटर नियंत्रित करना
(d) AC संचालित करने के लिए सिग्नल प्रेषित करता है

22. स्प्लिट AC की बाहरी इकाई में फैन मोटर के नॉइज (Noise) का कारण क्या है?
(a) घिसे हुए बियरिंग
(b) मोटर जल गई है
(c) शाफ्ट स्ट्रक (struck) होना
(d) ब्लेड बेण्ट (bent) होना

23. डक्टेबल स्प्लिट AC में इनडोर और आउटडोर इकाइयों की स्थापना के दौरान रेफ्रिजरेन्ट प्रवाह का दबाव कैसे कम होता है?
(a) अधिक जोड़ों के साथ पाइप लाइनें
(b) अधिक क्षैतिज दूरी के साथ
(c) न्यूनतम बेण्ड्स के साथ सिस्टम पाइप
(d) जहाँ तक संभव हो इकाइयों को कुछ दूरी पर ही स्थापित करें

24. स्प्लिट AC में खराब कण्डेन्सेशन का क्या कारण है?
(a) उच्च परिवेश (ambient) का तापमान
(b) कम परिवेश का तापमान
(c) कण्डेन्सर ट्यूब में लीकेज
(d) ब्लोअर मोटर की खराबी

25. स्प्लिट AC में दोषपूर्ण थर्मोस्टेट सेंसर पर क्या प्रभाव पड़ता है?
(a) AC यूनिट बिजली की कम खपत करती है
(b) सुपर हीट बढ़ाता है
(c) AC यूनिट लगातार चलती है
(d) रिले खराब हो जाती है

26. क्या कारण है कि एयर कण्डीशनर लगातार चलने पर भी शीतलन प्रभाव नहीं देता है?
(a) खराब संघनन (b) रेफ्रिजरेन्ट अधिक है
(c) रेफ्रिजरेन्ट लीक हो गया है (d) ओवरचार्ज्ड ऑयल

27. स्प्लिट ए.सी. का मुख्य भाग है
(a) कण्डेन्सिंग यूनिट (b) इनडोर यूनिट
(c) आउटडोर यूनिट (d) 'b' और 'c' दोनों

28. निम्न में से कौन-सा भाग आउटडोर यूनिट में नहीं होता है?
(a) कम्प्रैसर (b) एवैपोरेटर
(c) कण्डेन्सर (d) एक्सपैन्शन वाल्व

29. स्प्लिट ए.सी. का मुख्य गुण है
(a) यह खिड़की पर भी लगाया जा सकता है
(b) यह कम विद्युत व्यय करता है
(c) यह शोर नहीं करता है
(d) यह बहुत सस्ता है

30. ब्लोअर लगा होता है
(a) आउटडोर यूनिट में (b) इनडोर यूनिट में
(c) 'a' और 'b' दोनों (d) इनमें से कोई नहीं

31. स्प्लिट ए.सी. के इनडोर यूनिट में 'X' द्वारा निर्दिष्ट भाग का क्या नाम है?

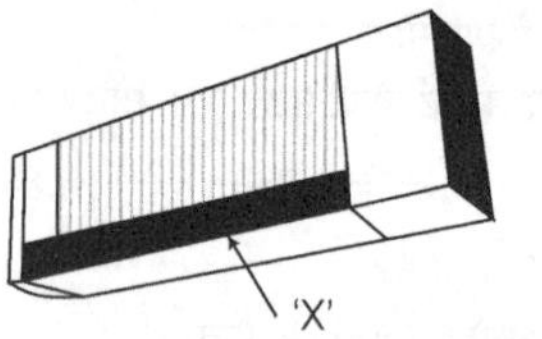

(a) डेम्पर (b) लुवर्स
(c) एयर इनलेट (d) डिस्ट्रीब्यूटर

32. इनडोर यूनिट में वायु का प्रवाह बनाए रखने के लिए कौन-सी युक्ति प्रयोग की जाती है?
(a) ब्लोअर (b) पंखा
(c) एवैपोरेटर (d) फिल्टर

33. इनडोर यूनिट में तापमान को सेन्स करने वाली डिवाइस है
(a) ब्लोअर (b) एवैपोरेटर क्वॉयल
(c) थर्मोस्टेट वाल्व (d) इनमें से कोई नहीं

34. निम्न कथनों पर विचार कीजिए
कथन I स्प्लिट ए.सी. में इनडोर व आउटडोर यूनिटें अलग-अलग लगी होती हैं।
कथन II स्प्लिट ए.सी. में दो फैन मोटर प्रयोग की जाती हैं।
उपरोक्त कथनों में से कौन-सा/से कथन सही है/हैं?
(a) कथन I सही है
(b) कथन II सही है
(c) कथन I और II दोनों सही हैं
(d) कथन I और II दोनों गलत हैं

35. थर्मोस्टेट वाल्व द्वारा नियन्त्रित युक्ति है
(a) कम्प्रैसर (b) कण्डेन्सर
(c) एवैपोरेटर (d) ब्लोअर

36. सूची I का सूची II से मिलान कीजिए

	सूची I	सूची II
A.	एवैपोरेटर	(i) इनडोर यूनिट
B.	कम्प्रैसर	(ii) आउटडोर यूनिट
C.	कण्डेन्सर	
D	ब्लोअर	

कूट
(a) A-(i); B-(ii); C-(ii); D-(i) (b) A-(i); B-(i); C-(ii); D-(i)
(c) A-(ii); B-(i); C-(i); D-(ii) (d) A-(ii); B-(ii); C-(i); D-(i)

37. स्प्लिट ए.सी. में वायु सिस्टम में उपस्थिति रहती है। यह कहाँ एकत्र होगी?
(a) कैपिलरी ट्यूब (b) कण्डेन्सर टॉप
(c) सक्शन लाइन (d) एवैपोरेटर

38. स्प्लिट ए.सी. में प्रयोग होने वाले रिमोट कण्ट्रोलर के ट्रांसमीटर का क्या कार्य है?
(a) इनडोर यूनिट रिसीवर को सिग्नल भेजना
(b) इनडोर और आउटडोर यूनिट को सिग्नल भेजना
(c) आउटडोर यूनिट को सिग्नल भेजना
(d) कम्प्रैसर को सिग्नल भेजना

39. आउटडोर यूनिट का कार्य है
(a) कमरे की ऊष्मा को वातावरण में छोड़ना
(b) रेफ्रिजरेन्ट को कम्प्रैस करना
(c) रेफ्रिजरेन्ट वाष्प को तरल रेफ्रिजरेन्ट में परिवर्तित करना
(d) उपरोक्त सभी

40. दीवार पर फिट किए जाने वाला स्प्लिट ए.सी. होता है
(a) वाल माउण्टेड स्प्लिट ए.सी.
(b) सीलिंग माउण्टेड स्प्लिट ए.सी.
(c) फ्लोर माउण्टेड स्प्लिट ए.सी.
(d) डक्ट स्प्लिट ए.सी.

41. वाल माउण्टेड स्प्लिट ए.सी. में इनडोर यूनिट तथा आउटडोर यूनिट के मध्य सामंजस्य स्थापित करने के लिए ……… का प्रयोग किया जाता है।
(a) कैपिलरी ट्यूब (b) एक्सपैन्शन वाल्व
(c) रिले (d) ओवरलोड प्रोटेक्टर

42. कैसेट एयर कण्डीशनर होता है
(a) फ्लोर माउण्टेड स्प्लिट ए.सी.
(b) सीलिंग माउण्टेड स्प्लिट ए.सी.
(c) 'a' और 'b' दोनों
(d) उपरोक्त में से कोई नहीं

43. फ्लोर एवं सीलिंग माउण्टेड ए.सी. के इनडोर यूनिट में, कमरे की हवा में उपस्थित धूल एवं मिट्टी के कणों को रोकने के लिए उपयोग किया जाता है
(a) नियन्त्रक पैनल (b) ब्लोअर
(c) एवैपोरेटर (d) फिल्टर

44. मल्टी स्प्लिट ए.सी. में प्रयुक्त सभी इनडोर यूनिट को आउटडोर यूनिट से जोड़ा जाता है
(a) विद्युतीय तारों द्वारा (b) विभाजन रबर ट्यूब द्वारा
(c) पाइपों द्वारा (d) कम्प्रैसर द्वारा

45. निम्न में से वह कौन-सा स्प्लिट ए.सी. है, जिसका एवैपोरेटर ठण्डा करने वाले स्थान से दूर लगाया जाता है?
(a) वाल माउण्टेड स्प्लिट ए.सी.
(b) फ्लोर माउण्टेड स्प्लिट ए.सी.
(c) सीलिंग माउण्टेड स्प्लिट ए.सी.
(d) डक्ट स्प्लिट ए.सी.

46. डक्ट स्प्लिट ए.सी. में प्रयुक्त डक्ट किस आकार का होता है?
(a) वृत्ताकार (b) आयताकार (c) वर्गाकार (d) ये सभी

47. डक्ट के निर्माण में प्रयुक्त किया जाने वाला पदार्थ है
(a) एल्युमीनियम (b) गैल्वेनाइज्ड स्टील
(c) ब्लैक स्टील (d) ये सभी

48. किस प्रकार के स्प्लिट ए.सी. की इनडोर यूनिट दिखाई नहीं देती है?
(a) सीलिंग माउण्टेड स्प्लिट ए.सी.
(b) फ्लोर माउण्टेड स्प्लिट ए.सी.
(c) वाल माउण्टेड स्प्लिट ए.सी.
(d) डक्ट स्प्लिट ए.सी.

49. निम्न में से स्प्लिट ए.सी. में प्रयोग किया जाने वाला विद्युतीय अवयव कौन-सा है?
(a) रिले (b) ओवरलोड प्रोटेक्टर
(c) थर्मोस्टेटिक स्विच (d) ये सभी

50. निम्न चित्र में स्प्लिट ए.सी. के किस भाग को दर्शाया गया है?

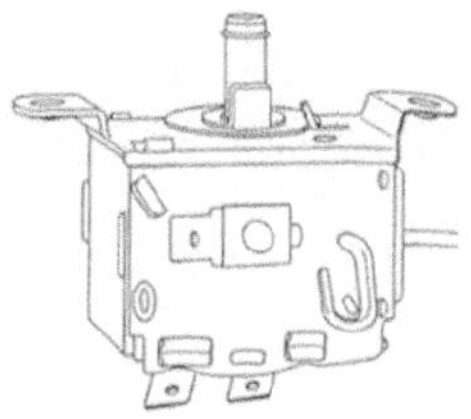

(a) सलेक्टर स्विच (b) रिले
(c) थर्मोस्टेटिक स्विच (d) ओवरलोड प्रोटेक्टर

51. एयर कण्डीशनिंग में प्रैशर गेज का प्रयोग किस राशि को मापने के लिए किया जाता है?
(a) रेफ्रिजरेन्ट दाब (b) वायु दाब
(c) वैक्यूम दाब (d) मोटर स्पीड

52. प्रैशर एवं वैक्यूम को मापने वाला उपकरण है
(a) प्रैशर गेज (b) वैक्यूम गेज
(c) सर्फेस गेज (d) कम्पाउण्ड गेज

53. टैकोमीटर द्वारा मापा जाता है
(a) तापमान (b) दाब
(c) मोटर की गति (d) वैक्यूम

54. एयर कण्डीशनिंग प्रणाली में रेफ्रिजरेन्ट चार्जिंग से पहले का प्रक्रम है
(a) स्नेहक ऑयल डालना
(b) वैक्यूम उत्पन्न करना
(c) लीकेज जाँचना
(d) प्रणाली को चालू करके देखना

55. स्प्लिट ए.सी. के इनडोर यूनिट की सतह से ऊँचाई होनी चाहिए
(a) 10 से 50 सेमी (b) 100 से 120 सेमी
(c) 75 से 100 सेमी (d) 75 से 120 सेमी

56. स्प्लिट ए.सी. में इनडोर यूनिट को आउटडोर यूनिट से कम-से-कम दूरी पर रखा जाता है, जिस कारण .... कम किया जा सके।
(a) नमी (b) प्रैशर ड्रॉप
(c) लाइन टेम्परेचर (d) ऑयल फ्लो

57. निम्न में से स्प्लिट ए.सी. की विशेषता है
(a) यह कम शोर उत्पन्न करता है
(b) इसमें डक्ट का प्रयोग नहीं होता है
(c) यह सिंगल यूनिट प्रणाली है
(d) उपरोक्त सभी

58. स्प्लिट ए.सी. की आन्तरिक यूनिट से पानी गिरने का क्या कारण है?
(a) गैस लीकेज (b) कम्पन
(c) वाटर ड्रैन पाइप का बन्द होना (d) ये सभी

59. एयर कण्डीशनिंग प्रणाली की कार्यकुशलता प्रभावित हो सकती है
(a) खराब सिस्टम प्रोसेसिंग से
(b) फ्लशिंग व ड्रॉइंग से
(c) लगातार ट्रिपिंग से
(d) पर्याप्त निर्जलीकरण से

60. धूल व गन्दगी से भरे फिल्टर द्वारा स्प्लिट ए.सी. में कौन-सा दोष उत्पन्न होता है?
(a) कूलिंग क्षमता बढ़ना
(b) कूलिंग क्षमता घटना
(c) ठण्डी वायु के साथ धूल आना
(d) फैन मोटर की गति कम होना

उत्तरमाला

1. (c)	**2.** (c)	**3.** (b)	**4.** (c)	**5.** (c)	**6.** (b)	**7.** (b)	**8.** (c)	**9.** (a)	**10.** (b)
11. (d)	**12.** (b)	**13.** (c)	**14.** (a)	**15.** (a)	**16.** (a)	**17.** (d)	**18.** (c)	**19.** (c)	**20.** (c)
21. (d)	**22.** (a)	**23.** (c)	**24.** (a)	**25.** (c)	**26.** (c)	**27.** (d)	**28.** (b)	**29.** (c)	**30.** (b)
31. (b)	**32.** (d)	**33.** (c)	**34.** (c)	**35.** (a)	**36.** (a)	**37.** (d)	**38.** (a)	**39.** (d)	**40.** (a)
41. (c)	**42.** (c)	**43.** (d)	**44.** (b)	**45.** (d)	**46.** (d)	**47.** (d)	**48.** (d)	**49.** (d)	**50.** (c)
51. (a)	**52.** (d)	**53.** (c)	**54.** (b)	**55.** (d)	**56.** (b)	**57.** (a)	**58.** (c)	**59.** (a)	**60.** (d)

अध्याय 25

इन्वर्टर स्प्लिट ए. सी.

Inverter Split AC

अध्याय विषय सूची

परिचय Introduction

इन्वर्टर स्प्लिट एयर कण्डीशनर में मोटर की गति और कम्प्रैसर को नियन्त्रित करने के लिए एक परिवर्तनीय-आवृत्ति ड्राइव का उपयोग करते हैं। यह बाहरी तापमान जैसे विभिन्न कारकों के आधार पर कम-से कम 30% से कम पावर की खपत करता है। इन्वर्टर एक ऐसा उपकरण है, जो उपकरणों को परिवर्तनीय आवृत्ति की पावर सप्लाई करता है।

कूलिंग प्रक्रिया के समय, एयर कण्डीशनर कमरे के अन्दर की वायु को अवशोषित करके कूलिंग करता है। फिर यह वाष्पन के माध्यम से ठण्डी हवा को पारित करता है और इसे वापस कमरे में भेजता है। यह प्रक्रिया उन A C से विपरीत है, जो बाह्य वायु का अवशोषण करते हैं और वायु को कमरे में प्रवाहित करने से पूर्व इसे जल द्वारा ठण्डा करते हैं।

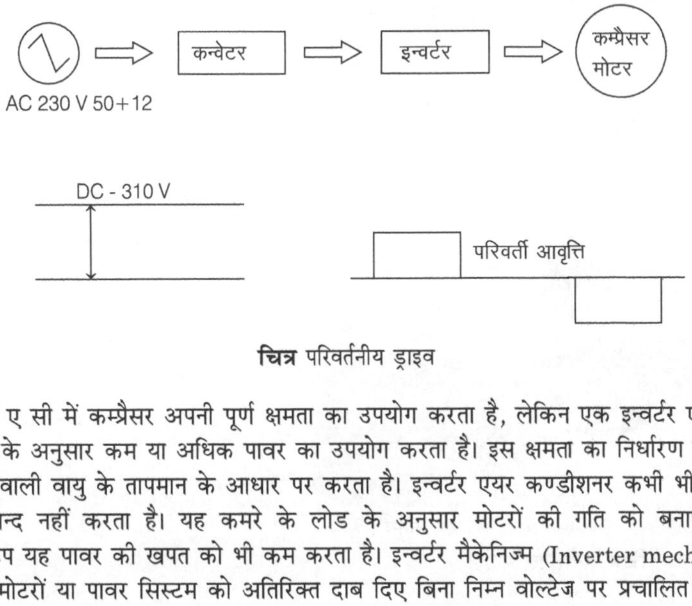

चित्र परिवर्तनीय ड्राइव

एक सामान्य ए सी में कम्प्रैसर अपनी पूर्ण क्षमता का उपयोग करता है, लेकिन एक इन्वर्टर ए सी में, यह आवश्यकता के अनुसार कम या अधिक पावर का उपयोग करता है। इस क्षमता का निर्धारण इन्वर्टर ए.सी अन्दर आने वाली वायु के तापमान के आधार पर करता है। इन्वर्टर एयर कण्डीशनर कभी भी कम्प्रैसर या मोटर को बन्द नहीं करता है। यह कमरे के लोड के अनुसार मोटरों की गति को बनाए रखता है। परिणामस्वरूप यह पावर की खपत को भी कम करता है। इन्वर्टर मैकेनिज्म (Inverter mechanism) की सहायता से मोटरों या पावर सिस्टम को अतिरिक्त दाब दिए बिना निम्न वोल्टेज पर प्रचालित किया जा सकता है। ये आंशिक क्षमता पर चलकर ऊर्जा की बचत करते हैं।

25.1 इन्वर्टर तकनीक Inverter Technology

इन्वर्टर तकनीक द्वारा आवृत्ति को आसानी से परिवर्तित किया जा सकता है। इस तकनीक का उपयोग कई घरेलू उपकरणों में विद्युत वोल्टेज, करण्ट और आवृत्ति को नियन्त्रित करने में किया जाता है। इन्वर्टर स्प्लिट एयर कण्डीशनर अपने कम्प्रैसर की विद्युत आपूर्ति की आवृत्ति को समायोजित करके उसकी कूलिंग/हीटिंग क्षमता को बदलते हैं। एक इन्वर्टर टाइप एयर कण्डीशनर कम रेफ्रिजरेन्ट (गैस) प्रवाह दर को नियन्त्रित करने के लिए कम्प्रैसर की गति समायोजित की जाती है, जिससे बिजली की खपत कम होती है। एक इन्वर्टर तकनीक द्वारा सटीक तापमान नियन्त्रण होता है और जैसे ही निर्धारित तापमान प्राप्त होता है, यूनिट किसी भी तापमान में फ्लक्चुएशन को खत्म करने के लिए अपनी क्षमता को समायोजित करती है।

इसके विपरीत, नॉन-इन्वर्टर एयर कण्डीशनर्स में एक निश्चित कूलिंग/हीटिंग क्षमता होती है और वे केवल अपने कम्प्रैसर को चालू या बन्द करके इनडोर तापमान को नियन्त्रित करते हैं। नॉन-इन्वर्टर एयर कण्डीशनर बार-बार रुकते और चालू होते हैं। जब ऑपरेशन बन्द हो जाता है, तो बिजली की खपत और करण्ट कम हो जाता है, किन्तु पुन: प्रारम्भ होने पर करण्ट तेजी से बढ़ जाता है और इस तरह इसकी औसत बिजली की खपत और तापमान में बदलाव होता है। परिणामस्वरूप इन्वर्टर एयर कण्डीशनर नॉन-इन्वर्टर एयर कण्डीशनर की तुलना में अधिक ऊर्जा की बचत करते हैं।

नई उन्नत तकनीक के माध्यम से इन्वर्टर एयर कंडीशनर पारंपरिक इकाइयों की तुलना में संचालित करने के लिए अधिक किफायती और शान्त प्रचालन प्रदान करते हैं। वे तापमान में अधिक से अधिक फ्लक्चुएशन को आसानी से स्थिर कर सकते हैं। इन्वर्टर एसी ऑपरेशन में शान्त और अधिक स्थिर है और पारंपरिक एयर कंडीशनर की तुलना मे वांछित तापमान तक अधिक तेजी से पहुँचते हैं। पारम्परिक स्प्लिट एसी सिस्टम वे होते हैं, जहाँ कम्प्रैसर और आउटडोर हीट एक्सचेंजर इनडोर एयर हैंडलिंग यूनिट से कुछ दूरी पर बाहर स्थित होते हैं। वे रेफ्रिजरेंट लाइनों द्वारा एक साथ जोड़े जाते हैं। इसमें एक पेशेवर इंस्टॉलर द्वारा सिस्टम की स्थापना की जाती है।

इसमें इनडोर इकाइयाँ फर्श पर लगाई जा सकती हैं। दीवार पर चढ़कर छत पर लगाई जा सकती हैं या कैसेट इकाइयों के रूप में प्रयोग की जा सकती हैं जबकि बाहरी इकाइयाँ आमतौर पर, छत पर बालकनी पर या जमीन के स्तर पर बाह्य रूप से स्थित होती हैं। नीचे प्रदर्शित चित्रों में इन्वर्टर मॉडल तथा पारम्परिक एसी द्वारा तापमान तथा उनके सापेक्ष उपभोग की गई ऊर्जा को तुलनात्मक रूप से प्रदर्शित किया गया है।

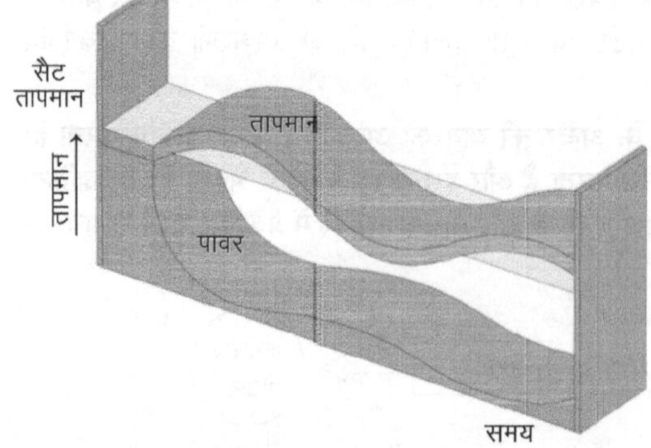

चित्र इन्टवर्टर मॉडल

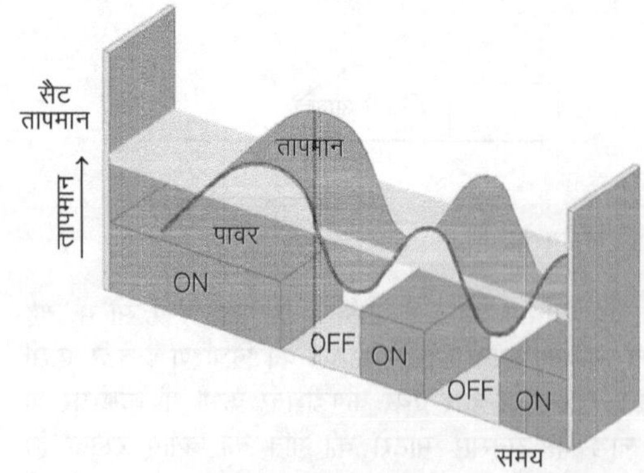

चित्र कन्वेंशनल मॉडल

क्वीन्सलैंड सरकार (ऑस्ट्रेलिया)कूलिंग होने पर एयर कंडीशनर के कुशल उपयोग के लिए अनुशंसित तापमान के रूप में 24 डिग्री सेल्सियस को बढ़ावा देती है। माना जाता है कि यह एक ऐसा तापमान है, जो मानव जीवन को सहज रखता है और इकाई को अनुचित शक्ति का उपयोग नहीं करता है।

एयर कंडीशनिंग कम्प्रैसर मोटर द्वारा संचालित होते हैं और मोटर रोटेशन की गति बिजली आपूर्ति आवृत्ति पर निर्भर करती है। इन्वर्टर, मोटर रोटेशन की गति को नियंत्रित करने के लिए बिजली आपूर्ति आवृत्ति को नियंत्रित करता है। इन्वर्टर ऊर्जा की बचत के लिए लोड के अनुसार कम्प्रैसर ऑपरेशन को समायोजित करके तापमान को स्थिर करते हैं। यहाँ तक कि इनडोर और आउटडोर इकाइयों के फैन मोटरों में इन्वर्टर अपनाने से ऊर्जा की बचत में अधिक सटीक नियंत्रण प्राप्त होता है। नीचे दिये गये चित्र में नॉन-इन्वर्टर तथा इन्वर्टर लैस एसी द्वारा तापमान में परिवर्तन को दर्शाया गया है।

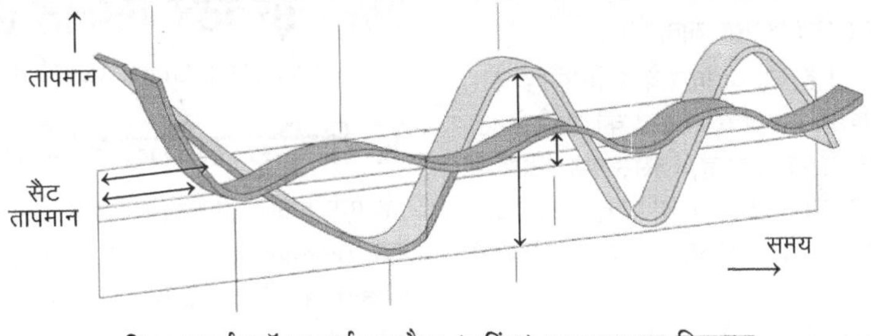

चित्र इन्वर्टर/नॉन-इन्वर्टर कम्प्रैसर (कूलिंग) द्वारा तापमान नियन्त्रण

वातानुकूलित स्थान के तापमान को नियंत्रित करने के लिए एक एयर कंडीशनिंग सिस्टम में परिवर्तनीय रेफ्रिजरेन्ट प्रवाह (variable refrigerant flow) को चलाने के लिए कम्प्रैसर मोटर की गति को नियंत्रित करने के लिए एक एयर कंडीशनर में एक इन्वर्टर का उपयोग किया जाता है। इसके विपरीत, पारंपरिक एयर कंडीशनर एक कम्प्रैसर का उपयोग करके तापमान को नियंत्रित करता है, जो समय-समय पर या तो अधिकतम क्षमता पर काम करता है या पूरी तरह से बंद हो जाता है। इन्वर्टर लैस एयर कंडीशनर में एक परिवर्तनीय आवृत्ति ड्राइव (variable frequency drive) होती है, जिसमें मोटर की गति को नियंत्रित करने के लिए एक समायोज्य विद्युत इन्वर्टर सम्मिलित होता है और इस प्रकार कंप्रेसर और कूलिंग आउटपुट होता है।

वैरिएबल-फ्रीक्वेंसी ड्राइव इनकमिंग अल्टरनेटिंग करंट (AC) को डायरेक्ट करंट (DC) में बदलने के लिए एक रेक्टिफायर का उपयोग करती है और फिर वांछित फ्रीक्वेंसी के AC का उत्पादन करने के लिए इलेक्ट्रिकल इन्वर्टर में पल्स विड्थ मॉड्यूलेशन (pulse width modulation) का उपयोग करती है। परिवर्तनीय आवृत्ति एसी एक ब्रशलेस मोटर या एक इंडक्शन मोटर चलाता है। चूंकि इंडक्शन मोटर की गति एसी की आवृत्ति के समानुपाती होती है, कंप्रैसर अब अलग-अलग गति से चल सकता है। एक माइक्रो नियंत्रक वर्तमान परिवेश वायु तापमान का नमूना ले सकता है और कंप्रैसर की गति को उचित रूप से समायोजित कर सकता है। अतिरिक्त इलेक्ट्रॉनिक्स और सिस्टम हाईवेयर उपकरण स्थापना में लागत जोड़ता है, लेकिन परिचालन लागत में पर्याप्त बचत कर सकता है।

इन्वर्टर ए.सी की यूनिट वैरिएबल स्पीड (variable speed) पर कार्य करती है, जो कमरे के आकार के अनुसार अपने भार (tonnage) को समायोजित करने में सक्षम होती है। कम्प्रैसर सर्वप्रथम इनपुट पावर की आवृत्ति को बदलकर एसी को डीसी पावर में परिवर्तित करता है।

एक इन्वर्टर ए.सी. कम्प्रैसर मोटर की गति को नियन्त्रित करता है, ताकि तापमान को लगातार नियन्त्रित किया जा सके। यह एक सामान्य ए सी की तुलना में अधिक प्रभावी है और कम पावर का उपयोग करता है। इन्वर्टर ए सी एक सामान्य या नॉन-इन्वर्टर ए सी की तुलना में 50% तक ऊर्जा और पावर बचाने के लिए एक वैरिएबल स्पीड वाले कम्प्रैसर का उपयोग करता है। वांछित तापमान प्राप्त होने पर इन्वर्टर ए सी आंशिक लोड पर कार्यरत हो जाता है।

इन्हें इस प्रकार से डिजाइन किया जाता है कि यह एक सामान्य एयर कण्डीशनर पर 30-50% पावर बचा सके।

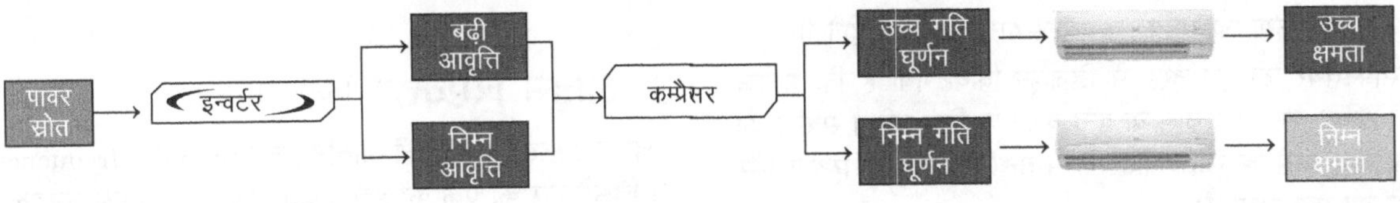

(i) इन्वर्टर ए सी

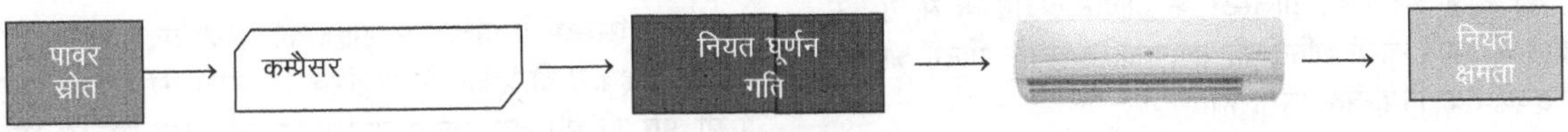

(ii) साधारण ए सी

चित्र इन्वर्टर स्प्लिट ए सी की तुलना

25.2 इन्वर्टर स्प्लिट एयर कण्डीशनर का कार्य सिद्धान्त Working Principle of Inverter Split Air Conditioner

इण्डक्शन मोटर में स्टेटर वाइण्डिग को इस तरह से समायोजित किया जाता है कि वाइण्डिंग द्वारा एक घूर्णी चुम्बकीय क्षेत्र बनाया जाता है।

रोटर के अधिकांश भाग में वाइण्डिग होती है, जो आयरन के लेमिनेटिड कोर के अन्दर स्थापित होते हैं। जैसे ही वाइण्डिग को पावर सप्लाई की जाती है, तो रोटर के चारों ओर चुम्बकीय क्षेत्र वितरित हो जाता है, जिससे यह स्टेटर में चुम्बकीय क्षेत्र के साथ प्रतिक्रिया करता है। स्टेटर का घूर्णी चुम्बकीय क्षेत्र रोटर के चारों ओर स्थापित हो जाता है और रोटर अपने अक्ष पर घूर्णन करने लगता है।

डी सी मोटर की तुलना में इसमें कोई ब्रश और कम्यूटेटर नहीं है, जो मोटर के अन्दर स्पार्कल्स, ब्रश लाइफ, ब्रश अवशेष और बिजली के शोर जैसी समस्याओं को दूर करते हैं। मोटर की वाइण्डिग इलेक्ट्रिक कण्ट्रोल कम्पोनेन्ट्स से जुड़ी होती है, जो छोटे स्केल के कण्ट्रोलरों द्वारा मोटर की गति का निर्धारण करती है। प्रारम्भ में डी सी कन्वर्टर एक स्केफोल्ड की तरह कार्य करता है, जो स्वयं से सम्बन्धित चार डायोड का उपयोग करके ए सी का डी सी पावर सप्लाई में बदलता है।

ट्रांजिस्टर के आदान-प्रदान के कारण पावर सप्लाई के कारण उत्पन्न शोर को कम करने के लिए कन्वर्टर से पहले इण्डक्टर्स और कैपेसिटर जुड़े हुए हैं।

इसके अतिरिक्त एक एक्टिव पावर कन्वर्टर का डिज़ाइन पावर फैक्टर करेक्शन LC इण्डक्टर और कैपेसिटर चैनल पर आधारित अन्य सॉल्यूशन की तुलना में उपकरण के पावर फैक्टर को 98 से अधिक तक सही करने में सक्षम बनाता है।

इसके अतिरिक्त यह हार्मोनिक उत्सर्जन को कम कर देता है, जोकि इलेक्ट्रोमैग्नेटिक कम्पैटिबिलिटी स्पेशलाइज्ड बोर्ड ऑफ ट्रस्टीज द्वारा अध्यारोपित किए गए बेंचमार्क के लिए पर्याप्त है। इस तकनीक के साथ मुख्य समस्या इसके उपयोग के लिए आवश्यक उच्च लागत है।

इसके बाद IGBT ट्रांजिस्टर जो डीसी ब्लोअर मोटर को 3 स्टेज वोल्टेज सप्लाई करते हैं। प्रारिम्भक डिजाइन में डिजाइनरों ने छह असतत IGBT ट्रांजिस्टर का प्रयोग किया जो माइक्रो कम्प्यूटर द्वारा नियन्त्रित होते हैं।

वर्तमान में सॉफ्टवेयर को इस तरह से डिज़ाइन किया गया है कि प्रत्येक ट्रांजिस्टर को उचित समय पर चालू या बन्द करने के लिए उचित संकेतों का उपयोग किया जाए, जैसे कि स्टेटर मोटर के सम्बन्ध में रोटर्स की स्थिति और वोल्टेज स्तरों का पता चला है।

कम्प्रैसर के ब्रुशलेस डीसी मोटर को 3 स्टेज साइनसॉइडल वोल्टेज प्राप्त होती है, जो मीटर को चालू करता है। ट्रांजिस्टर के आदान-प्रदान के माध्यम से मोटर को प्रदान की जाने वाली शक्ति को स्थानान्तरित करके मोटर की गति को निम्न से उच्च तक नियन्त्रित करता है।

जब तुरन्त कूलिंग या वार्मिंग की आवश्यकता होती है, तो मोटर सबसे अधिक गति से प्रचालित होती है और जब कमरे का तापमान सन्तुलित हो जाता है, तब मोटर कम गति से घूर्णन करने लगती है।

अधिक आधुनिक पावर मॉडयूल के रूप में कॉन्फ़िगरेशन आईपीएम या इंटेलिजेंट पावर मॉड्यूल का उपयोग किया जाता है, जहाँ कैप्सूल पैकेजिंग में 6 IGBT ट्रांजिस्टर सर्किट विभिन्न पैरामीटर कार्यरत होते हैं। यह एक एकीकृत सर्किट के रूप में बना होता है। इसके अतिरिक्त यह आकार में विशेष रूप से बड़ा होता है।

25.3 इन्वर्टर स्प्लिट ए सी के अवयव Components of Inverter Split A.C

1. प्रिन्टेड सर्किट बोर्ड Printed Circuit Board

यह एक प्रकार का विद्युत सर्किट होता है। कन्डक्टिव विशेषताओं में कॉपर ट्रेस (copper traces), पैड (pads), हीट सिंक (heat sink) या कन्डक्टिव प्लेन (conductive planes) सम्मिलित होते हैं।

यान्त्रिक संरचना कन्डक्टिव मैटेरियल (conductive material) की परतों के बीच परतदार इन्सुलेटिंग मैटेरियल के साथ बनाई जाती है। समग्र संरचना को प्लेटेड (plated) किया जाता है और नॉन-कन्डक्टिव सोल्डर मास्क द्वारा कवर किया जाता है।

प्रिन्टेड सर्किट बोर्ड को नॉन-कन्डक्टिव इन्सुलेशन मैटेरियल परतों के साथ कन्डक्टिव कापर की परतों द्वारा एक के बाद एक परत रखकर बनाया जाता है। निर्माण के दौरान सर्किट कम्पोनेन्ट्स को जोड़ने के लिए कॉपर की परत चढ़ाई जाती है। तत्पश्चात् इस ताँबे की परत पर इन्सुलेशन मैटेरियल परत भी चढ़ाई जाती है। यह कार्य तब तक किया जाता है, जब तक कि सर्किट बोर्ड पूरा न हो जाए। जब सभी परतों को एक साथ उकेरा (engraved) और परतदार (laminated) किया जाता है, तब प्रिन्टेड सर्किट बोर्ड की बाहरी परतों में कम्पोनेन्ट्स जोड़े जाते हैं। सभी पुर्जों को रीफ्लो (reflow) या वेव सोल्डरिंग जैसी तकनीकों का उपयोग करके बोर्ड पर जोड़ा जाता है।

2. वातानुकूलित फिल्टर Air Conditioning Filter

ये फिल्टर आमतौर पर एयर कण्डीशनिंग सिस्टम से वापस आने वाली वायु को फिल्टर करते हैं। जिस वायु में उपस्थित दूषित तत्त्व यहाँ फँस जाते हैं फिर स्वच्छ वायु को ठण्डी वायु के साथ कमरे में परिसंचरण के लिए छोड़ दिया जाता है।

3. लाइन रिएक्टर Line Reactor

लाइन रिएक्टर एक परिवर्ती आवृत्ति ड्राइव (variable frequency drive) है। जिसमें तार की एक कुण्डली (coil) होती है। जब इस कुण्डली में विद्युत धारा प्रवाहित होती है, तो एक चुम्बकीय क्षेत्र बनता है। यह चुम्बकीय क्षेत्र विद्युत धारा को नियन्त्रित करता है। इस प्रकार यह कम्पन को कम करता है तथा पावर सिस्टम के प्रवाह से ड्राइव को सुरक्षा प्रदान करता है। परिवर्तित आवृत्ति ड्राइव में दो प्रकार के प्राथमिक रिएक्टरों का उपयोग किया जाता है ए सी और डी सी। जब एक ए सी रिएक्टर को पावर सिस्टम और ड्राइव के बीच रखा जाता है, तो इसे ए सी लाइन रिएक्टर के रूप में सन्दर्भित किया जाता है।

जब एक डीसी रिएक्टर को एक परिवर्तित आवृत्ति ड्राइव के डीसी लिंक में डाला जाता है, तो रिएक्टर डी सी लिंक रिएक्टर के रूप में जाना जाता है।

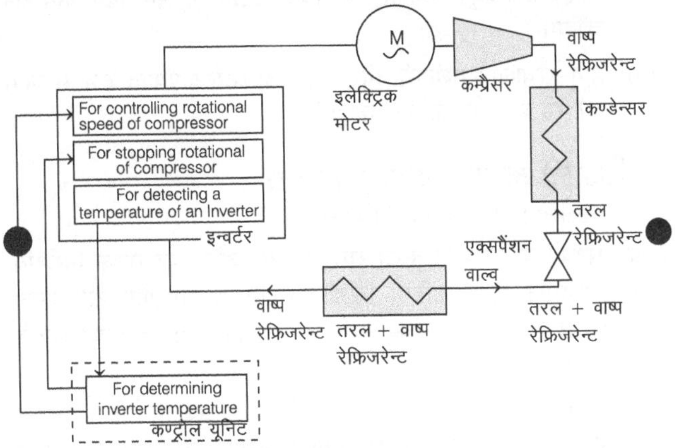

चित्र लाइन रिएक्टर

दोनों ए सी और डीसी रिएक्टर हार्मोनिक विद्युत धाराओं को सीमित करते हैं। हालाँकि, ए सी रिएक्टरों को पूरे VFD को पावर सिस्टम की वृद्धि और संक्रमण से बचाना चाहिए, क्योंकि उन्हें पावर सिस्टम और ड्राइव पर अन्दर आने वाले पावर टर्मिनलों के बीच रखा जाता है। रिएक्टर अधिक वॉल्टेज ट्रिपिंग को रोक सकते हैं, VFD की दीर्घकालीनता और जीवनकाल को बढ़ा सकते हैं, पावर फैक्टर में सुधार कर सकते हैं और हानिकारक ट्रिपिंग को कम कर सकते हैं।

4. ए सी इण्डक्शन मोटर AC Induction Motor

AC इण्डक्शन मोटर के स्टेटर में इस प्रकार वाइण्डिंग की जाती है कि जब इन पर 3 फेज AC वोल्टेज को अध्यारोपित किया जाता है। तब एक घुमावदार चुम्बकीय क्षेत्र उत्पन्न हो जाता है। इस प्रकार इसके रोटर में चुम्बकीय क्षेत्र उत्पन्न होता है, जो स्टेटर में चुम्बकीय क्षेत्र के साथ प्रक्रिया करता है। स्टेटर का घुमावदार चुम्बकीय क्षेत्र, घुमावदार क्षेत्र के साथ बने रहने के लिए रोटर को चारों ओर से खींचता है। चुम्बकीय क्षेत्र के गिरने या स्लिप होने के कारण कुछ गड़बड़ी हो सकती है। यह डिज़ाइन कम्प्रैसर में 3-फेज मोटर चलाने के पारम्परिक तरीकों में से एक है।

5. डी सी ब्रशलेस मोटर DC Brushless Motor

DC इन्वर्टर एयर कण्डीशनर या हीटपम्प में प्रयुक्त डी सी ब्रशलेस मोटर में स्टेटर पर वाइण्डिंगों के साथ स्थायी मैग्नेट का उपयोग करके मोटर के रोटर का निर्माण किया जाता है। विशिष्ट डीसी मोटर की तुलना में कोई ब्रश और कम्यूटेटर नहीं होते हैं, इसलिए स्पार्क्स, ब्रश के जीवन-काल, ब्रश अवशेष और विद्युत शोर जैसी समस्याओं को समाप्त करते हैं। मोटर की वाइण्डिंग, पावर इलेक्ट्रॉनिक्स नियन्त्रण से जुड़ी होती हैं, जो माइक्रोकण्ट्रोलर के उपयोग से मोटर की गति को निर्धारित करते हैं।

दक्षता और दीर्घकालीनता सुनिश्चित करने के लिए विभिन्न सुरक्षा और निगरानी सर्किट, इलेक्ट्रॉनिक नियन्त्रणों में बनाए गए हैं।

इस प्रकार की मोटर का उपयोग, इसकी बेहतर दीर्घकालीनता और ऊर्जा दक्षता के कारण किया जाता है। इसलिए, डीसी ब्रुशलेस मोटर कम्प्रैसर का मुख्य लाभ इसका निर्बाध संचालन, सुगठित आकार, लम्बा जीवनकाल, ऊर्जा की बचत और बेहतर क्षमता नियन्त्रण है, जो उपकरण का उपयोग कर रहे लोगों के लिए अधिक आरामदायक वातावरण उपलब्ध करता है।

इसका उपयोग अब एयर कण्डीशनर उपकरण तक ही सीमित नहीं है, बल्कि फ्रिज, वॉशिंग मशीन, पम्प और पंखों में भी इसका उपयोग किया जाता है। कई नलीविहीन (Ductless) स्प्लिट DC इन्वर्टर डिज़ाइन में प्रयोग किया जाने वाला अन्दरूनी पंखा, AC पंखे के बजाय DC पंखा होता है। इसी तरह प्रयोग किया गया बाहरी पंखा भी पारम्परिक AC पंखे के बजाय DC पंखा होता है।

डी सी इन्वर्टर नियन्त्रण परिपथ
DC Inverter Control Circuit

डी सी इन्वर्टर सिस्टम का सबसे जटिल एवं महत्त्वपूर्ण भाग इलेक्ट्रॉनिक्स कण्ट्रोल है, जिस कारण यह एयर कण्डीशनर के सबसे महँगे कम्पोनेन्ट्स में से एक है पहले सेक्शन में एक डी सी कन्वर्टर होता है, जो प्राप्त ए सी सप्लाई को डी सी में बदलने के लिए ब्रिज की तरह जुड़े चार डायोडों का उपयोग करता है। ट्रांजिस्टर के स्विचिंग के कारण पावर सप्लाई से उत्पन्न होने वाले विद्युत शोर (noise) को कम करने के लिए कन्वर्टर से पहले इण्डक्टर और कैपेसिटर जुड़े हुए होते हैं।

नीचे दिए गए चित्र में एक सिंगल फेज पावर सप्लाई का उपयोग किया गया है। यदि 3-फेज पावर सप्लाई का उपयोग किया जाता है, तो ए.सी. पावर को डीसी पावर में बदलने के लिए 6 डायोड की आवश्यकता होगी।

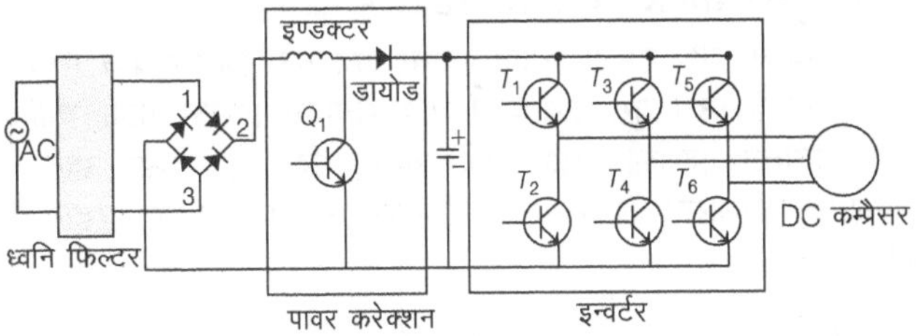

चित्र डी सी इन्वर्टर नियन्त्रण परिपथ

25.4 इन्वर्टर ए सी की मरम्मत करना
Servicing of Inverter A C

1. क्षेत्र की जाँच करना
Check to the Area

ज्वलनशील रेफ्रिजरेन्ट वाले सिस्टम पर कार्य प्रारम्भ करने से पूर्व सुरक्षा जाँच आवश्यक होती है, जिससे कि प्रज्वलन का जोखिम कम से कम हो।

(i) **कार्य की प्रक्रिया** Work Procedure

कार्य को इस तरह नियन्त्रित करें, जिसमें काम के दौरान ज्वलनशील गैस या वाष्प के जोखिम को कम किया जा सके।

(ii) **सामान्य कार्य क्षेत्र** General Work Area

सभी कर्मचारियों को निर्देश दिए जाते हैं कि संकरे स्थानों पर कार्य से बचें। कार्य क्षेत्र में कार्य करने से पहले यह जाँच लें कि ज्वलनशील सामग्री के नियन्त्रण से कार्य क्षेत्र के भीतर की स्थितियों को सुरक्षित किया गया है।

2. रेफ्रिजरेन्ट की समक्षता की जाँच
Checking for Presence of Refrigerant

कार्यस्थल पर कार्य करने से पूर्व और कार्य के दौरान एक उपयुक्त रेफ्रिजरेन्ट डिटेक्टर के साथ यह सुनिश्चित करने के लिए जाँच की जाए कि तकनीशियन सम्भावित ज्वलनशील वातावरण से अवगत है या नहीं। सुनिश्चित करें कि उपयोग किया जा रहा रिसाव डिटेक्टर उपकरण ज्वलनशील रेफ्रिजरेन्ट के उपयोग के लिए उपयुक्त है; जैसे—स्पार्किंग, पर्याप्त रूप से सील या आन्तरिक रूप से सुरक्षित आदि।

3. गैस के रिसाव की जाँच Gas Leak Check

(i) **साबुन के पानी की विधि** (Method of soap water) पाइपिंग की कनैक्टिंग जगहों पर रिसाव की जाँच के लिए एक नरम ब्रश अन्दर और बाहर की यूनिट के जोड़ पर साबुन का पानी या तरल तटस्थ डिटर्जेंट लगाएँ। यदि बुलबुले निकलते हैं, तो यह इंगित करता है कि पाइप में रिसाव है।

(ii) **लीक डिटेक्टर** (Leak detector) रेफ्रिजरेन्ट के रिसाव के लिए जोड़ A, B, C और D के पास जाँचने के लिए लीक डिटेक्टर का उपयोग करें।

4. वायु-संचालित क्षेत्र Ventilated Area

ऊष्ण कार्य के लिए हमेशा पर्याप्त हवाघर क्षेत्र चुनें। जिस अवधि में कार्य किया गया है, उस पूरी अवधि में वायु संचालन निरन्तर होना चाहिए। वायु संचालन प्रणाली ऐसी होनी चाहिए कि वो किसी स्रोत से निष्कासित रेफ्रिजरेन्ट को आसानी से विसरित कर सके या वायुमण्डल में छोड़ दे।

5. रेफ्रिजरेशन उपकरण की जाँच
Check to the Refrigeration Equipment

जहाँ विद्युत घटकों को बदला जा रहा है, वे उद्देश्य और सही विनिर्देश के लिए उचित होने चाहिए।

हर समय निर्माता के रख-रखाव और सर्विस दिशा-निर्देशों का पालन किया जाना चाहिए। यदि सन्देह हो, तो सहायता के लिए निर्माता के तकनीकी विभाग से परामर्श करें।

(i) ऐसे चिह्न और संकेत जो पढ़ने योग्य नहीं हैं, उन्हें सही किया जाना चाहिए। रेफ्रिजरेशन पाइप या घटकों को ऐसी स्थिति में स्थापित किया जाता है, जहाँ उनके किसी भी पदार्थ के सम्पर्क में आने की सम्भावना नहीं होती हो। जिससे रेफ्रिजरेन्ट वाले घटक क्षय न हो सकें। घटक ऐसे पदार्थों से बने हुए होने चाहिए, जो पहले से ही जंग प्रतिरोधक हों या उनका जंग और क्षय होने से पहले ही बचाव किया जा सके।

(ii) यदि अप्रत्यक्ष रेफ्रिजरेशन सर्किट का उपयोग किया जा रहा है, तो रेफ्रिजरेन्ट की उपस्थिति में द्वितीयक सर्किट की जाँच की जानी चाहिए तथा प्रयुक्त उपकरण पर चिन्ह दिखते हुए और पढ़ने योग्य होने चाहिए।

(iii) वायु-संचालित मशीनरी और उसके आउटलेट पर्याप्त रूप से काम कर रहे हों और बाधित नहीं हों।

6. बिजली के उपकरणों की जाँच
Checking of Electrical Devices

विद्युत घटकों की मरम्मत करते समय सुरक्षा जाँच और घटक निरीक्षक प्रक्रिया शामिल होनी चाहिए। किसी विकृति से समझौता नहीं करना चाहिए। उस विकृति को ठीक करने के बाद ही विद्युतधारा की सप्लाई करनी चाहिए।

यदि विकृति के फाल्ट को तुरन्त ठीक नहीं किया जा सकता, लेकिन संचालन जारी रखना आवश्यक है, तो एक पर्याप्त अस्थायी समाधान का उपयोग किया जाना चाहिए। उपकरण के मालिक को इस बारे में बताना चाहिए, ताकि सभी पक्षों को सूचित किया जा सके।

7. सील किए हुए घटकों की मरम्मत
Repairs to Sealed Components

विद्युतीय घटकों पर कार्य करते समय, आवरण को इस तरह से नहीं बदला जा सकता है कि सुरक्षा का स्तर प्रभावित हो। इसमें केबलों को नुकसान, जोड़ों की अत्यधिक संख्या, मूल विनिर्देश के अनुसार टर्मिनलों का न बना होना, सील को नुकसान, ग्लैण्ड पैकिंग (gland packing) की गलत फिटिंग आदि शामिल हो सकते हैं।

8. आन्तरिक रूप से सुरक्षित घटकों की मरम्मत
Repair to Intrinsically Safe Components

यह सुनिश्चित किए बिना कि उपयोग में आने वाले उपकरण के लिए अनुमत वोल्टेज और करण्ट अधिक न हो जाए, सर्किट में कोई स्थायी इण्डक्टिव करण्ट या कैपेसिटेंस लोड न लगाए।

25.5 निष्कासन Evacuation

जब रेफ्रिजरेन्ट के सर्किट को मरम्मत करने या किसी अन्य उद्देश्य के लिए खोला जाता है, तो सदैव पारम्परिक क्रियाविधियों का ही उपयोग करना चाहिए। हालाँकि, ज्वलनशीलता के कारणों का पता लगाने के बाद यह अत्यन्त आवश्यक है कि बेहतर अभ्यास किया जाए। इसके लिए निम्नलिखित प्रक्रियाओं का पालन किया जाना चाहिए

(i) रेफ्रिजरेन्ट हटाना

(ii) अक्रिय गैस के साथ सर्किट को साफ करना

(iii) बाहर निकालना

(iv) अक्रिय गैस के साथ फिर से शुद्ध करना चाहिए।

(v) कटिंग या ब्रेजिंग द्वारा सर्किट को ओपन करना।

रेफ्रिजरेन्ट चार्जिंग को सही रिकवरी सिलेण्डरों में रिकवर किया जाए, तो यूनिट को सुरक्षित करने के लिए सिस्टम की फ्लशिंग की जाती है। इस प्रक्रिया को कई बार दोहराना पड़ सकता है। इस कार्य के लिए सम्पीडित हवा या ऑक्सीजन का उपयोग नहीं किया जाता है। सिस्टम में वैक्यूम को हटाकर कार्यकारी दाब प्राप्त किया जाता है और जब तक कार्यकारी दाब प्राप्त नहीं होता है, तब तक फिलिंग जारी रखी जाती है। फिर यह वातावरण में प्रवेश करती है और अन्त में वैक्यूम को नीचे खींचती है। यह प्रक्रिया तब तक दोहराई जाती है।

जब तक कि सिस्टम के भीतर कोई रेफ्रिजरेन्ट नहीं रह जाता है। जब अन्तिम चार्ज का उपयोग किया जाता है, तो सिस्टम को कार्य करने में सक्षम बनाने के लिए वायुमण्डलीय दाब को कम किया जाता है। यह कार्य अत्यन्त महत्त्वपूर्ण है, क्योंकि पाइप पर ब्रेजिंग की गई होती है।

25.6 चार्जिंग प्रोसेस Charging Process

पारम्परिक चार्जिंग प्रक्रियाओं के अतिरिक्त निम्नलिखित आवश्यकताओं का पालन किया जाना चाहिए

(i) सुनिश्चित करें कि चार्जिंग उपकरण का उपयोग करते समय विभिन्न रेफ्रिजरेन्टों का दूषितकरण न हो।

(ii) हौज तथा लाइनें छोटी होनी चाहिए। ताकि उनमें रेफ्रिजरेन्ट की मात्रा कम-से-कम रहे।

(iii) सिलेण्डर को सीधा रखा जाना चाहिए।

(iv) सुनिश्चित करें कि रेफ्रिजरेन्ट को चार्ज करने से पहले रेफ्रिजरेशन सिस्टम की अर्थिंग की गई है।

(v) चार्जिंग पूर्ण होने पर सिस्टम को लेबल करें (यदि पहले से नहीं है)।

(vi) प्रशीतन सिस्टम को पूर्णरूप से भरने (Overfill) से रोकने के लिए अत्यधिक सावधानी बरतनी चाहिए।

(vii) सिस्टम को रिचार्ज करने से पहले सिस्टम का दाब परीक्षण किया जाना चाहिए। सिस्टम के पूरा चार्ज होने पर पहले रिसाव का परीक्षण किया जाना चाहिए। साइट छोड़ने से पहले एक अनुवर्ती रिसाव परीक्षण किया जाना चाहिए।

25.7 रिकवरी प्रक्रम Recovery Procedure

रिकवरी के लिए निम्न बिन्दुओं का ध्यान रखते हैं

(i) सर्विसिंग के लिए, सिस्टम से रेफ्रिजरेन्ट निकालते समय, अच्छा अभ्यास करने की सलाह दी जाती है, जिससे कि सभी रेफ्रिजरेन्ट सुरक्षित रूप से निकाले जा सकें।

(ii) रेफ्रिजरेन्ट को सिलेण्डर में स्थानान्तरित करते समय, सुनिश्चित करें कि केवल उचित रेफ्रिजरेन्ट रिकवरी सिलेण्डर ही लगाए जाएँ। यह सुनिश्चित करें कि सिस्टम को चार्ज करने के लिए सिलेण्डर की संख्या उपयुक्त है। उपयोग किए जाने वाले सभी सिलेण्डरों को रिकवरी रेफ्रिजरेन्ट के लिए डिजाइन किया जाता है और उस रेफ्रिजरेन्ट के लिए लेबल किया जाता है।

(iii) सिलेण्डर प्रैशर रिलीफ वाल्व और उससे सम्बन्धित शट-ऑफ वाल्व के साथ उचित कार्यकारी क्रम में पूर्ण होना चाहिए।

(iv) खाली रिकवर सिलेण्डरों को निष्कासित कर दिया जाता है और यदि सम्भव हो, तो रिकवरी से पहले ठण्डा किया जाता है।

(v) हौज पूर्णत: रिसाव मुक्त तथा अच्छी अवस्था में होना चाहिए।

(vi) रिकवरी मशीन का उपयोग करने से पहले जाँच लें कि यह उचित प्रकार से कार्य कर रही है।

(vii) रेफ्रिजरेन्ट रिलीज की स्थिति में प्रज्वलन को रोकने के लिए सभी प्रकार के बिजली सम्बन्धित घटकों को सील कर दिया जाना चाहिए।

(viii) यदि किसी भी प्रकार की आशंका हो तो निर्माता से परामर्श लेना चाहिए।

(ix) रिकवरी रेफ्रिजरेन्ट को सही रिकवर सिलेण्डर में रेफ्रिजरेन्ट सप्लायर को लौटा दिया जाना चाहिए और सम्बन्धित क्षतियुक्त सिलेण्डर जो कि हस्तान्तरित किए जाने हैं, उन्हें नोट कर लेना चाहिए।

(x) रिकवरी यूनिट्स और विशेष रूप से सिलेण्डर रेफ्रिजरेन्ट को नहीं मिलाना चाहिए। यदि कम्प्रैसरों या कम्प्रैसर के तेलों को हटाया जाता है, तो सुनिश्चित करें कि उन्हें एक स्वीकार्य स्तर तक खाली कर दिया गया है, ताकि यह सुनिश्चित हो सके कि ज्वलनशील रेफ्रिजरेन्ट स्नेहक के भीतर नहीं है।

(xi) आपूर्तिकर्ताओं को कम्प्रैसर वापस करने से पहले निकासी की प्रक्रिया करनी चाहिए। इस प्रक्रिया में तेजी लाने के लिए कम्प्रैसर की बॉडी को केवल विद्युत ताप नियोजित किया जाता है। जब तेल को एक सिस्टम से निकाला जाता है, तो इसे सुरक्षित रूप से बाहर किया जाना चाहिए।

25.8 इन्वर्टर स्प्लिट ए सी के लाभ/हानि Advantage and Disadvantage of Inverter Split A C

इन्वर्टर स्प्लिट ए सी के लाभ

- यह ऊर्जा की बचत करता है तथा इसका प्रचालन आसान होता है।
- कमरे में निश्चित तापमान के कारण इन्वर्टर ए.सी. वाले कमरे में सोना अधिक आरामदायक होता है। एक बार जब आप तापमान निर्धारित कर देते हैं, तो यह स्थिर बना रहता है।
- इसके प्रचालन के दौरान कोई आवाज उत्पन्न नहीं होती है।
- इन्वर्टर ए सी की इकाइयों की परिचालन लागत अन्य ए.सी. की इकाइयों की तुलना में कम होती है।
- इसमें निस्पन्दन प्रक्रिया होती है, जिससे कमरे में उपस्थित धूल, गन्दगी इत्यादि समाप्त हो जाती है।
- पावर कट होने के बाद इन्हें रीसेट (reset) करने की आवश्यकता नहीं होती है।

इन्वर्टर स्प्लिट ए सी की हानियाँ

- इन्वर्टर ए.सी. (विण्डो, स्प्लिट), नॉन-इन्वर्टर ए.सी. की तुलना में अधिक महँगे होते हैं, क्योंकि वे नवीनतम् तकनीक पर आधारित होते हैं।
- इन्वर्टर ए सी का रख-रखाव बहुत महँगा होता है और इसमें उपयोग होने वाला कम्प्रैसर बहुत महँगा होता है।

25.9 ब्यूरो ऑफ एनर्जी इफिशिएन्सी
Bureau of Energy Efficiency (BEE)

ब्यूरो ऑफ एनर्जी इफिशिएन्सी (BEE) ने एयर कण्डीशनरों के लिए इण्डियन सीजनल एनर्जी इफिशिएन्सी अनुपात (ISEER) नामक एक नई स्टार-रेटिंग को निर्धारण करने की पद्धति शुरू की है। इस पद्धति द्वारा भारत में तापमान को बढ़ाने वाले कारकों के बारे में अध्ययन किया जाता है और उसी के अनुसार एयर कण्डीशनरों की रेटिंग को निर्धारित किया जाता है, ताकि उपभोक्ता उच्च दक्षता वाले एयर कण्डीशनरों को खरीद सके। दुनिया भर में, एयर कण्डीशनरों की ऊर्जा दक्षता को सीजनल एनर्जी इफिशिएन्सी अनुपात (SEER) द्वारा परिभाषित किया जाता है। SEER के पीछे मूल सिद्धान्त यह है कि तापमान साल भर एक समान नहीं रहता है। चूँकि तापमान में मौसमी भिन्नता पाई जाती है, इसलिए आवश्यक कूलिंग की मात्रा में भी भिन्नता होती है। तब बाहर का तापमान 30 डिग्री अथवा 40 डिग्री हो तो एक कमरे को 25 डिग्री तक (या किसी भी अन्य मानक तापमान) ठण्डा करने के लिए एक वातानुकूलक द्वारा आवश्यक ऊर्जा (या बिजली) की मात्रा अलग होती है। इसके अतिरिक्त कूलिंग की मात्रा उपयोग (प्रति दिन घण्टों में), एवं मौसम के अनुसार अलग-अलग होती है। इसलिए ISEER ऊष्मा के कुल वार्षिक योग के अनुपात को दर्शाता है, जो सक्रिय मोड में उपकरण द्वारा अन्दर की वायु से बाहर निकालने की मात्रा तथा उसी अवधि के दौरान उपकरण द्वारा खपत की गई कुल ऊर्जा का अनुपात है। यह दो ए सी की तुलना करने के लिए आदर्श संख्या है, क्योंकि ए सी का उपयोग अलग-अलग हो सकता है, जो सीधे बिजली की खपत को प्रभावित कर सकता है। इन्वर्टर वातानुकूलक की ISEER रेटिंग निम्न तालिका में दर्शा गई है

स्टार-रेटिंग निर्धारण	न्यूनतम ISEER	अधिकतम ISEER
1 स्टार*	3.10	3.29
2 स्टार**	3.30	3.49
3 स्टार***	3.50	3.59
4 स्टार****	4.0	4.59
5 स्टार*****	4.50	

इन्वर्टर स्प्लिट ए.सी. और नॉन-इन्वर्टर ए सी में तुलना
Comparison between Inverter Split A.C and Non-inverter A C

निम्न तालिका में इन्वर्टर स्प्लिट ए.सी. और नॉन-इन्वर्टर ए.सी. कें तुलनात्मक विवरण को दिया गया है।

		इन्वर्टर स्प्लिट ए.सी	नॉन इन्वर्टर ए.सी
1.	ऊर्जा	इन्वर्टर स्प्लिट ए सी का कम्प्रैसर कभी बन्द नहीं होता है।	नॉन-इन्वर्टर ए सी चालू-बन्द होता रहता है, जिसके कारण यह हर बार बहुत सारी ऊर्जा खींचता है।
2.	वेग कूलिंग	इन्वर्टर स्प्लिट ए सी के कण्डीशनिंग सिस्टम में कम्प्रैसर की गति कम समय में यथार्थ कूलिंग प्रदान करके बदलती है।	इसमें कमरे के तापमान को बनाए रखने के लिए निश्चित मात्रा में तापमान और पावर देकर वातानुकूलन की एक निश्चित गति रखी जाती है।
3.	ध्वनि	यह बहुत कम आवाज करता है।	नॉन-इन्वर्टर ए सी की आवाज सुनी जा सकती है।
4.	वोल्टेज	एक इन्वर्टर स्प्लिट ए.सी के कम्प्रैसर में कोई वोल्टेज * (star) नहीं होता है।	एक नॉन-इन्वर्टर ए सी में यह कई बार होता है।
5.	तापमान	इन्वर्टर स्प्लिट ए सी एक नॉन-इन्वर्टर ए सी की तुलना में बहुत तेजी से वांछित तापमान प्राप्त करता है।	एक नॉन-इन्वर्टर ए सी में तापमान निर्धारित किए गए तापमान से नीचे चला जाता है।
6.	स्थायित्व	इन्वर्टर स्प्लिट ए सी के कम्प्रैसर का स्थायित्व अधिक होता है	एक नॉन-इन्वर्टर ए सी का स्थायित्व इन्वर्टर ए सी की तुलना में कम होता है।

महत्त्वपूर्ण बिन्दु

- इन्वर्टर एयर कण्डीशनर में मोटर की गति और कम्प्रैसर को नियन्त्रित करने के लिए एक परिवर्तनीय आवृत्ति ड्राइव का प्रयोग किया जाता है।
- कूलिंग प्रक्रिया के दौरान ए सी कमरे के अन्दर की वायु को अवशोषित करके कूलिंग करता है।
- इन्वर्टर स्प्लिट ए सी यूनिट कमरे के आकार के अनुसार अपने भार को समायोजित करने में सक्षम होते हैं।
- इन्वर्टर स्प्लिट ए सी सामान्य ए सी की तुलना में अधिक प्रभावी है।
- वांछित तापमान प्राप्त होने पर इन्वर्टर ए सी आंशिक लोड पर कार्यरत हो जाता है।
- इन्वर्टर ए सी अपने कम्प्रैसर की पावर सप्लाई आवृत्ति को समायोजित करके उनकी कूलिंग/हीटिंग क्षमता को बदलते हैं।
- इन्वर्टर तकनीक द्वारा सटीक तापमान नियन्त्रण होता है।
- इण्डक्शन मोटर में स्टेटर वाइण्डिंग इस प्रकार से समायोजित होती है कि वाइण्डिंग द्वारा एक घूर्णी चुम्बकीय क्षेत्र बनाया जा सके।
- रोटर के अधिकांश भाग में वाइण्डिंग होती है, जो आयरन के लेमिनेटिड कोर के अन्दर स्थापित होते हैं।
- स्टेटर का घूर्णी चुम्बकीय क्षेत्र रोटर के चारों ओर स्थापित हो जाता है और रोटर अपने अक्ष पर घूर्णन करने लगता है।
- इन्वर्टर स्प्लिट ए सी हार्मोनिक उत्सर्जन को भी निम्न स्तर तक कम कर देता है।
- इन्वर्टर स्प्लिट ए सी में IGBI ट्रांजिस्टर डीसी ब्लोअर मोटर को 3 स्टेज वोल्टेज सप्लाई करते हैं।
- प्रिन्टेड सर्किट बोर्ड को कण्डक्टिव मैटेरियल की परतों के बीच परतदार इन्सुलेटिंग मैटेरियल के साथ बनाया जाता है।
- प्रिन्टेड सर्किट बोर्ड की समग्र संरचना को प्लेटेड किया जाता है और नॉन-कण्डक्टिव सोल्डर मास्क द्वारा कवर किया जाता है।
- लाइन रिएक्टर एक परिवर्ती ड्राइव है, जिसमें तार की कुण्डली होती है।

महत्त्वपूर्ण प्रश्नोत्तरी

1. इन्वर्टर स्प्लिट एयर कण्डीशनर में मोटर की गति को किसके द्वारा नियन्त्रित किया जाता है?

उत्तर इन्वर्टर स्प्लिट एयर कण्डीशनर में मोटर की गति को परिवर्तनीय आवृत्ति ड्राइव का उपयोग करके नियन्त्रित किया जाता है।

2. इन्वर्टर स्प्लिट ए सी कम्प्रैसर की कूलिंग/हीटिंग क्षमता को कैसे समायोजित करते हैं?

उत्तर इन्वर्टर स्प्लिट ए सी अपने कम्प्रैसर की बिजली आपूर्ति आवृत्ति को समायोजित करके उसकी कूलिंग/हीटिंग क्षमता को बदलते हैं।

3. रोटर में वाइण्डिंग किसके अन्दर स्थापित होती है?

उत्तर रोटर के अधिकांश भाग में वाइण्डिंग होती है जो आयरन के लेमिनेटिड कोर के अन्दर स्थापित होते हैं।

4. आधुनिक पावर मॉड्यूल के रूप में किसका उपयोग किया जाता है?

उत्तर आधुनिक पावर मॉड्यूल के रूप में कॉन्फिगरेशन आई पी एम या इंटेलिजेन्ट पावर मॉड्यूल का उपयोग किया जाता है।

5. लाइन रिएक्टर में विद्युत धारा को किस प्रकार कण्ट्रोल किया जाता है?

उत्तर जब कुण्डली में विद्युत धारा प्रवाहित होती है तो चुम्बकीय क्षेत्र उत्पन्न होता है। इस चुम्बकीय क्षेत्र द्वारा विद्युत धारा को नियन्त्रित किया जाता है।

अभ्यास प्रश्न

परीक्षा प्रारूपी प्रश्न

बहुविकल्पीय

1. एक इन्वर्टर A C की क्षमता निर्भर करती है
(a) बाहरी तापमान पर (b) A C के उपयोग पर
(c) A C हैण्डलिंग पर (d) ये सभी

2. PFC की full form क्या है?
(a) पावर फैक्टर करेक्शन (b) पावर फैक्टर कोरिगन
(c) पावर फुल करेक्शन (d) इनमें से कोई नहीं

3. प्रिण्टेड सर्किट बोर्ड सामान्यतः बनाया जाता है
(a) आयरन (b) कॉपर (c) एल्युमीनियम (d) ब्रास

4. एक इन्वर्टर स्प्लिट ए सी के कार्य करते समय, यदि कमरे का तापमान कम हो जाता है, तब
(a) मोटर रोटेशन कम हो जाता है
(b) मोटर रोटेशन बढ़ जाता है
(c) मोटर रोटेशन पहले बढ़ता है फिर घटता है
(d) उपरोक्त में से कोई नहीं

5. इण्डियन सीजनल एनर्जी इफिशिएन्सी अनुपात (ISEER) का निर्धारण करता है।
(a) ब्यूरो ऑफ एनर्जी इफिशिएन्सी
(b) इण्डियन स्टैण्डर्ड इंस्टीट्यूट
(c) इण्डियन स्टेटिस्टिकल इंस्टीट्यूट
(d) उपरोक्त में से कोई नहीं

6. SEER क्या है?
(a) Seasonal Energy Efficient Ratio
(b) Safety Energy Efficient Ratio
(c) Seasonal Energy Emission Ratio
(d) Safety Energy Emission Ratio

7. बुश रहित DC मोटर का मुख्य लाभ है।
(a) शान्त संचालन (b) सघन
(c) अधिक जीवनकाल (d) ये सभी

8. एक लाइन रिएक्टर (Line reactor) के लिए आमतौर पर एक चोक के रूप में जाना जाता है, वास्तव में है।
(a) वैरिएबल फ्रीक्वेन्सी ड्राइव
(b) एयर कण्डीशनर फिल्टर
(c) लाइन रिएक्टर
(d) उपरोक्त में से कोई नहीं

9. ज्वलनशील रेफ्रिजरेन्ट का पता लगाने के लिए उपयोग किया जाता है।
(a) इलेक्ट्रॉनिक लीक डिटेक्टर
(b) इन्डोर यूनिट चैक प्वॉइण्ट
(c) प्रज्वलन स्रोत
(d) उपरोक्त में से कोई नहीं

10. एक इन्वर्टर ए.सी. के कम्प्रैसर या जीवनकाल नान-इन्वर्टर ए.सी. से .... होता है।
(a) अधिक
(b) कम
(c) न अधिक और न कम
(d) अत्यधिक कम

11. निम्नलिखित कथनों पर विचार कीजिए। निम्न में से कौन-सा कथन असत्य है?
(a) पावर कटौती के बाद इन्वर्टर ए सी को रीसेट की आवश्यकता नहीं होती है।
(b) एक लाइन रिएक्टर को चोक के नाम से भी जाना जाता है।
(c) इन्वर्टर ए.सी. की इकाइयाँ परिवर्तनशील गति पर काम नहीं करती है।
(d) उपरोक्त में से कोई नहीं

12. जब एयर कण्डीशनर से हवा बाहर निकलती है, तो यूनिट अच्छी तरह से कमरे को ठण्डा या गर्म नहीं करती है इसका कारण है।
(a) पावर कट गया है
(b) यूनिट अनप्लग हो गई है
(c) फ्यूज उड़ गया है
(d) उपरोक्त सभी

13. इन्वर्टर स्प्लिट AC का क्या लाभ है?
(a) कम्प्रैसर की आवश्यकता नहीं होती
(b) उच्च ऊर्जा दक्षता
(c) कम ऊर्जा दक्षता
(d) करण्ट खींचा अधिक है

14. VFD क्या है?
(a) Variable Frequency Device
(b) Very Faithful Derive
(c) Variable Frequency Diode
(d) उपरोक्त में से कोई नहीं

15. घरों में AC फिल्टर का उपयोग किया जाता है
(a) तरल प्रदूषकों को हटाने में
(b) ठोस प्रदूषकों को हटाने में
(c) हवा गर्म करने में
(d) उपरोक्त में से कोई नहीं

16. सर्विस करते समय आवश्यकता होती है
(a) रेफ्रिजरेन्ट पॉपिंग की
(b) भूगर्भीय जलवायु की
(c) एयर कण्डीशनिंग फिल्टर की
(d) ब्रश रहित DC मोटर की

17. IPM क्या होता है?
(a) इण्टेलिजेंट पावर मॉड्यूल
(b) इन्टरनेशनल पावर मॉड्यूल
(c) इन्टीग्रेडिड पावर मॉड्यूल
(d) उपरोक्त में से कोई नहीं

18. Inverter AC का लाभ है
(a) विद्युत ऊर्जा की लागत कम होती है
(b) रेफ्रिजरेंट गैस प्रवाह दर निर्वाहित रहती है
(c) इन्वर्टर एयर कण्डीशनिंग में ध्वनि और कम्पन काफी कम हो जाते हैं
(d) उपरोक्त सभी

19. Inverter A C की हानि है
(a) इसके रख-रखाव में खर्च अधिक-से-अधिक आता है
(b) Inverter A C में ध्वनि कम हो जाती है
(c) कम्प्रैसर की दाब परास बहुत अधिक होती है
(d) उपरोक्त सभी

20. Inverter AC के अवयव हैं
(a) इण्डक्शन मोटर (b) DC ब्रुशलेस मोटर
(c) प्रिण्टेड सर्किट बोर्ड (d) ये सभी

21. इन्वर्टर स्प्लिट ए सी में किस प्रकार की कम्प्रैसर मोटर का उपयोग किया जाता है?
(a) नियत गति कम्प्रैसर मोटर (b) सेन्ट्रीफ्यूगल कम्प्रैसर मोटर
(c) ओपन टाइप कम्प्रैसर मोटर (d) वैरिएबल स्पीड मोटर

22. इन्वर्टर स्प्लिट AC में किस प्रकार की कम्प्रैसर मोटर का उपयोग किया जाता है?
(a) नियत गति कम्प्रैसर मोटर
(b) सेन्ट्रीफ्यूगल कम्प्रैसर मोटर
(c) ओपन टाइप कम्प्रैसर मोटर
(d) वैरिएबल स्पीड मोटर

23. इन्वर्टर स्प्लिट AC का क्या लाभ है?
(a) कम्प्रैसर को खत्म कर देता है
(b) उच्च ऊर्जा दक्षता
(c) कम ऊर्जा दक्षता
(d) करण्ट अधिक खींचता है

24. परिवर्तनीय आवृत्ति एसी एक ..... या ..... द्वारा संचालित होता है।
(a) ब्रशलैस मोटर, इंडक्शन मोटर
(b) इंडक्शन मोटर, स्टैपर मोटर
(c) ब्रशलैस मोटर, स्टैपर मोटर
(d) स्टैपर मोटर, डीसी मोटर

25. आरामदायक कूलिंग के लिए अनुशंसित तापमान होता है।
(a) 15°C (b) 20°C (c) 24°C (d) 30°C

उत्तरमाला

1. (d)	**2.** (a)	**3.** (b)	**4.** (a)	**5.** (a)	**6.** (a)	**7.** (d)	**8.** (a)	**9.** (a)	**10.** (a)
11. (c)	**12.** (d)	**13.** (b)	**14.** (b)	**15.** (b)	**16.** (a)	**17.** (a)	**18.** (d)	**19.** (a)	**20.** (d)
21. (d)	**22.** (d)	**23.** (b)	**24.** (a)	**25.** (c)					

द्वितीय वर्ष

अध्याय 01

कॉमर्शियल कम्प्रैसर
Commercial Compressor

परिचय Introduction

रेफ्रिजरेशन एवं एयर कण्डीशनिंग प्रणाली (refrigeration and air conditioning) में किसी वस्तु एवं किसी निश्चित स्थान को ठण्डा करने के लिए रेफ्रिजरेन्ट (refrigerant) को विद्युत एवं यान्त्रिक युक्तियों द्वारा एक स्थान से दूसरे स्थान तक प्रवाहित किया जाता है। रेफ्रिजरेन्ट का यह प्रवाह दो भिन्न-भिन्न दाबों (एक सक्शन लाइन के लिए तथा दूसरा कण्डेन्सर के लिए) पर किया जाता है। रेफ्रिजरेशन एवं एयर कण्डीशनिंग प्रणाली में दाबों का यह अन्तर कम्प्रैसर (compressor) द्वारा उत्पन्न किया जाता है।

कम्प्रैसर द्वारा सक्शन लाइन से निम्न दाब पर वाष्प प्राप्त की जाती है तथा उच्च दाब पर कण्डेन्सर को भेज दी जाती है। कम्प्रैसर रेफ्रिजरेन्ट के प्रवाह को एक स्थान से दूसरे स्थान तक बनाए रखने का कार्य करता है। कम्प्रैसरों (compressors) का उपयोग आवश्यकता के अनुसार किया जाता है। अत: प्रशिक्षुओं के लिए इसके प्रकारों से भी अवगत होना आवश्यक है, जिन्हें निम्न आधारों पर विभाजित किया जाता है—

1. स्पीड के आधार पर
2. कम्प्रैसन विधि के आधार पर
3. प्राइम मूवर की स्थिति के आधार पर
4. इन्वर्टर कम्प्रैसर

उपरोक्त को मुख्य शीर्षक के रूप में इस अध्याय में वर्णित किया गया है।

अध्याय विषय सूची

1.1 स्पीड के आधार पर On the Basis of speed

स्पीड के आधार पर कम्प्रैसर दो प्रकार के होते हैं।

1. कॉन्सटैन्ट स्पीड कम्प्रैसर Constant Speed Compressor

एक कॉन्सटैन्ट स्पीड कम्प्रैसर जब भी प्रचलित होता है तो नियत गति से कार्य करता है। डिजाइन के अनुसार इसे सदैव अधिकतम सम्पीडित हवा की सप्लाई को पूरा करने के लिए वांछित शक्ति की मात्रा की आवश्यकता होती है, भले ही आवश्यक सप्लाई अधिकतम सप्लाई से कम हो। कॉन्सटैन्ट स्पीड एयर कम्प्रैसर की शुरुआती लागत कम होती है, इसलिए वे उन कम्पनियों के लिए एक अच्छा विकल्प हो सकते हैं, जिनके पास कैपिटल फण्ड सीमित होता है। एक निश्चित गति कम्प्रैसर के लिए पुर्जे और रख-रखाव भी सामान्यत: कम खर्चीले होते हैं। वैरिएबल स्पीड ड्राइव (variable speed drive) के लिए ऊर्जा बचत आपकी बिजली कम्पनी से प्रोत्साहन के साथ, समय के साथ कॉन्सटैन्ट स्पीड और वैरिएबल स्पीड ड्राइव एयर कम्प्रैसर के बीच लागत अन्तर को काफी कम करती है।

2. वैरिएबल स्पीड ड्राइव
Variable Speed Drive (VSD)

इस ड्राइव का उपयोग एयर कण्डीशनर में रेफ्रिजरेंट के प्रवाह के गति कम्प्रैसर को बदलकर अलग करने के लिए किया जाता है। VSD में यह महत्त्वपूर्ण है कि आवृत्ति (*f*) और वोल्टेज (*V*) को आनुपातिक रूप से बदला जाना चाहिए।

यह उपकरण एक 'संचालित उपकरण' की गति को नियन्त्रित करता है, यहाँ मुख्य रूप से एक इलेक्ट्रॉनिक नियन्त्रक द्वारा नियन्त्रण किया जाता है जो सिंगल फेज तथा थ्री फेज आपूर्ति के प्रेरण मोटर्स की गति को नियन्त्रित करता है। एक VFD में एक आवृत्ति कनवर्टर होता है, जो सामान्यत: स्क्विरल केज प्रकार की मोटर का उपयोग करने वाले प्रेरण मोटर्स को आपूर्ति की आवृत्ति और वोल्टेज को बदल सकता है।

एक वैरिएबल स्पीड ड्राइव (VSD) सिस्टम पर वास्तविक समय की माँग के अनुसार एयर कम्प्रैसर पर ड्राइव मोटर को सप्लाई की गई आवृत्ति को नियन्त्रित करता है। जब माँग कम होती है, तो मोटर कम गति से चलेगी, जिसके संचालन के लिए कम ऊर्जा की आवश्यकता होगी।

1.2 संरचना के आधार पर
On the Basis of Construction

कम्प्रैसन विधि के आधार पर कम्प्रैसरों को निम्न भागों में बाँटा गया है

1. रेसिप्रोकेटिंग कम्प्रैसर
Reciprocating Compressor

इस प्रकार के कम्प्रैसर को पिस्टन टाइप या सिलेण्डर टाइप कम्प्रैसर भी कहते हैं। इसमें रेफ्रिजरेन्ट को पिस्टन की रेसिप्रोकेटिंग गति (reciprocating motion) द्वारा कम्प्रैस किया जाता है। इस प्रकार के कम्प्रैसर द्वारा रेफ्रिजरेन्ट की वाष्प को, पिस्टन की रेसिप्रोकेटिंग गति (सीधी रेखा में आगे व पीछे की ओर गति) की सहायता से कम्प्रैस किया जाता है।

रेसिप्रोकेटिंग कम्प्रैसर $\frac{1}{2}$ से 150 HP की क्षमता में बनाए जाते हैं।

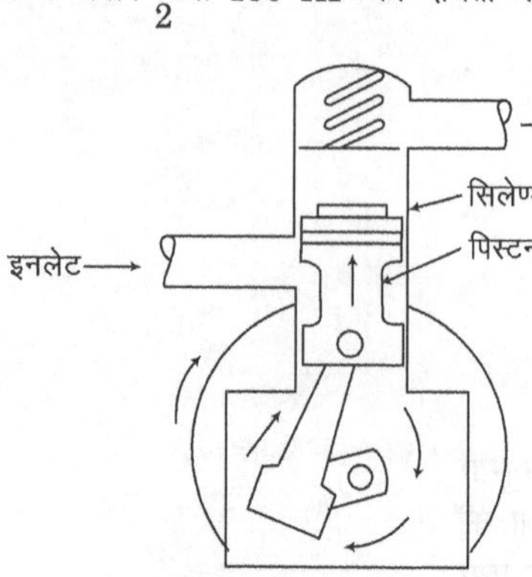

चित्र रेसिप्रोकेटिंग कम्प्रैसर

रेसिप्रोकेटिंग कम्प्रैसर अधिक सहजता (simplicity) के साथ कार्य करता है तथा इसकी दक्षता भी उच्च होती है। इस कम्प्रैसर का प्रयोग अमोनिया, फ्रिऑन-12, फ्रिऑन-22 तथा मिथाइल क्लोराइड आदि उच्च विभेदी दाब (high differential pressure) वाले रेफ्रिजरेन्ट के लिए किया जाता है।

रेसिप्रोकेटिंग कम्प्रैसर के भाग
Part of Reciprocating Compressor

रेसिप्रोकेटिंग कम्प्रैसर में निम्न भाग होते हैं

पिस्टन Piston

पिस्टन सामान्यत: कास्ट आयरन या एल्युमीनियम के बनाए जाते हैं। कम क्षमता वाले कम्प्रैसर में सॉलिड पिस्टन एवं व्यावसायिक कम्प्रैसर में ट्रंक पिस्टन लगे होते हैं। इनकी ऊपरी सतह चिकनी एवं पॉलिश की हुई होती है। यह पिस्टन, पिन द्वारा कनैक्टिंग रॉड से जुड़ी होती है। कम व्यास वाले पिस्टन में ऑयल ग्रूव बना रहता है तथा अधिक व्यास वाले पिस्टनों में रिंग डालने के लिए ग्रूव्स बने रहते हैं। कम्प्रैसर की अच्छी कार्यक्षमता के लिए सिलेण्डर तथा पिस्टन में कम क्लीयरैन्स होता है। यह क्लीयरैन्स 0.003 इंच के आस-पास रखा जाता है।

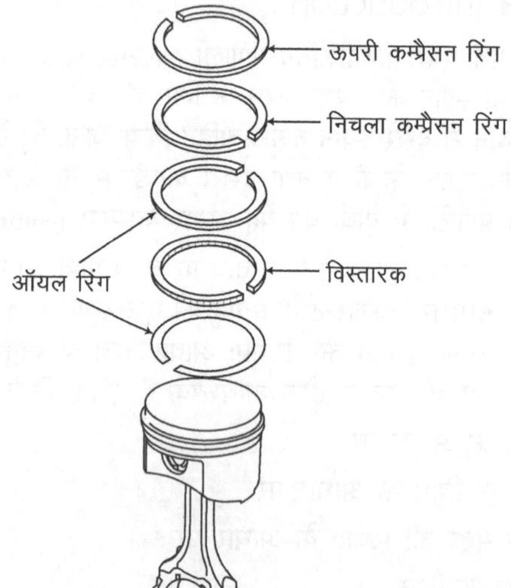

चित्र पिस्टन

सिलेण्डर Cylinder

अधिकतर सिलेण्डर कास्ट आयरन के बनाए जाते हैं तथा कास्ट आयरन का घनत्व बढ़ाने के लिए इसमें निकिल की कुछ मात्रा मिला दी जाती है। सिलेण्डर को ढालने के पश्चात् उसे मशीन किया जाता है। सिलेण्डर में बाहर की ओर कूलिंग फिन्स बनाई जाती है, जिनसे सिलेण्डर ठण्डा रहता है। कई बार सिलेण्डर में एक सिलेण्डर लाइनर भी डाल दिया जाता है।

खराब होने पर यह लाइनर बदल दिया जाता है।

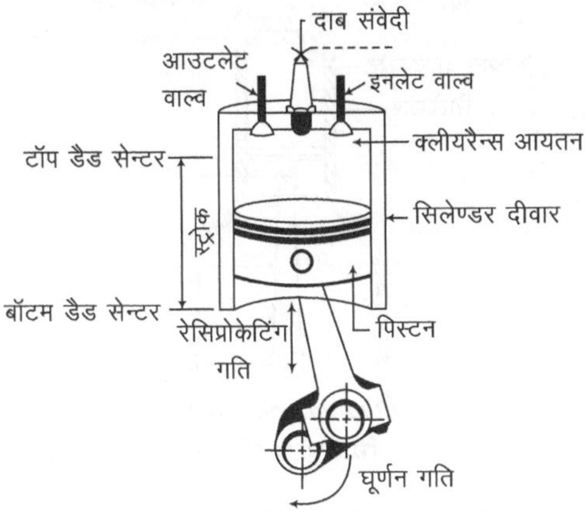

चित्र सिलेण्डर असेम्बली

क्रैंक शाफ्ट Crank Shaft

कम्प्रैसर की क्रैंक शाफ्ट को बाहरी शक्ति द्वारा चलाया जाता है तथा क्रैंक शाफ्ट की घूर्णीय गति को, कनैक्टिंग रॉड के द्वारा रेसिप्रोकेटिंग गति में परिवर्तित किया जाता है। शाफ्ट दो प्रकार की होती हैं—थ्रो क्रैंक शाफ्ट तथा एसेन्ट्रिक क्रैंक शाफ्ट।

बड़े-बड़े कम्प्रैसर में अधिकतर थ्रो क्रैंक शाफ्ट का प्रयोग किया जाता है। ये फोर्ज्ड स्टील अथवा कास्ट आयरन की बनाई जाती हैं। क्रैंक शाफ्ट में मेन बियरिंग जर्नल (main bearing journal) कनैक्टिंग रॉड तथा शाफ्ट कॉलर आदि मुख्य भाग होते हैं।

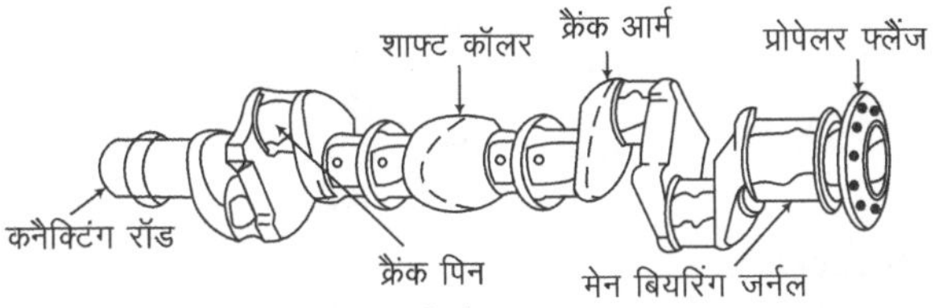

चित्र थ्रो क्रैंक शाफ्ट

कनैक्टिंग रॉड एवं गजन पिन Connecting Rod and Gudgeon Pin

पिस्टन को क्रैंक शाफ्ट के साथ जोड़ने के लिए कनैक्टिंग रॉड का प्रयोग किया जाता है। साधारणत: कनैक्टिंग रॉड एल्युमीनियम, ब्रोन्ज या कास्ट आयरन की बनी होती है। कनैक्टिंग रॉड के दो भाग होते हैं। एक स्माल एण्ड बियरिंग (small end bearing), जो पिस्टन को गजन पिन द्वारा जोड़ता है तथा दूसरा बिग एण्ड बियरिंग, (big end bearing), जो क्रैंक शाफ्ट पर फिट रहता है।

कुछ कनैक्टिंग रॉड में बिग एण्ड बियरिंग दो भागों में बना होता है। कनैक्टिंग रॉड के स्माल एण्ड बियरिंग में पिस्टन पिन या गजन पिन डालकर, पिस्टन को जोड़ दिया जाता है। पिस्टन पिन हार्ड कास्ट स्टील की बनी होती है।

यह पिस्टन पिन तीन प्रकार की होती है—फुल फ्लोटिंग, सेमी-फ्लोटिंग तथा सैट स्क्रू पिस्टन पिन।

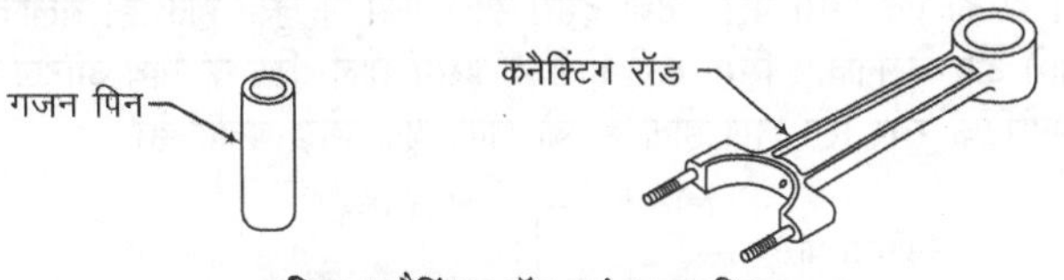

चित्र कनैक्टिंग रॉड एवं गजन पिन

वाल्व प्लेट असेम्बली Valve Plate Assembly

वाल्व प्लेट, सक्शन रीड, डिस्चार्ज रीड तथा उनके रिटेनर्स को मिलाकर वाल्व प्लेट असेम्बली बनती है, उसे फ्लैपर वाल्व प्लेट (flaper valve plate) भी कहते हैं। वाल्व रीड्स स्प्रिंग स्टील तथा वाल्व प्लेट हार्ड स्टील की बनाई जाती है।

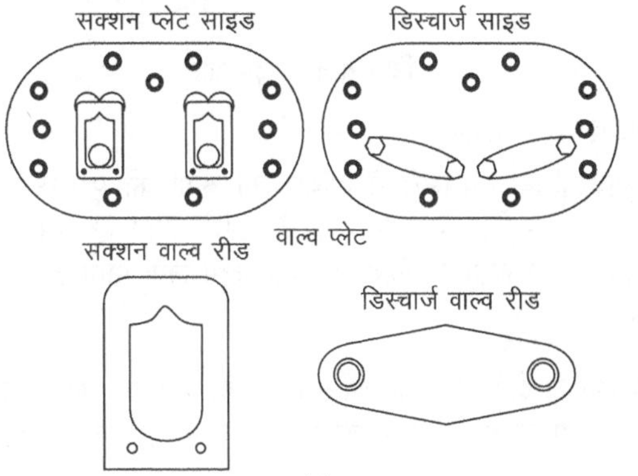

(a)

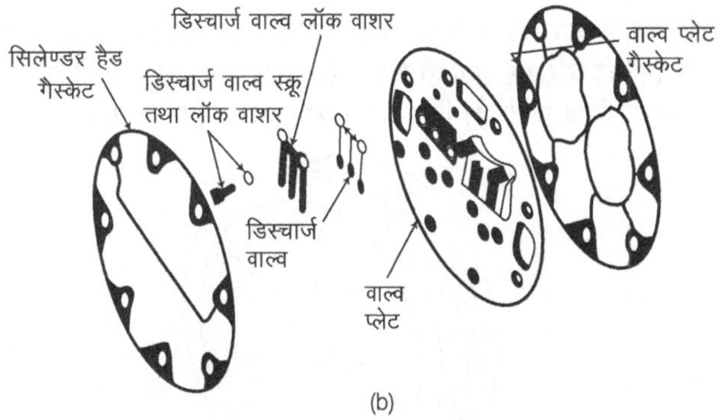

(b)

चित्र वाल्व प्लेट असेम्बली

शाफ्ट सील Shaft Seal

यह कम्प्रैसर का एक मुख्य भाग है, क्योंकि इसके द्वारा लीकेज को रोका जाता है तथा कम्प्रैसर की क्षमता को कम होने से बचाया जाता है। शाफ्ट सील को क्रैंक शाफ्ट पर लगाया जाता है।

इसका प्रयोग उस स्थान पर किया जाता है, जहाँ शाफ्ट कम्प्रैसर से बाहर निकली होती है। इसके लगाने से उच्च दाब की रेफ्रिजरेन्ट वाष्प का लीकेज नहीं होता है।

शाफ्ट सील तीन प्रकार की होती है—बैलोज टाइप, रोटरी टाइप तथा डायफ्राम टाइप। बैलोज टाइप सील (bellow type seal) काँसे से निर्मित होती है। इसका एक सिरा फ्लैंज तथा दूसरा सील फेस से जुड़ा होता है। बैलोज के चारों ओर बेलनाकार स्प्रिंग लगी होती है। इसमें सील रिंग के साथ ऑयल प्रूफ सिन्थेटिक रबर रिंग लगा होता है, जो लीक प्रूफ जोड़ बनाता है।

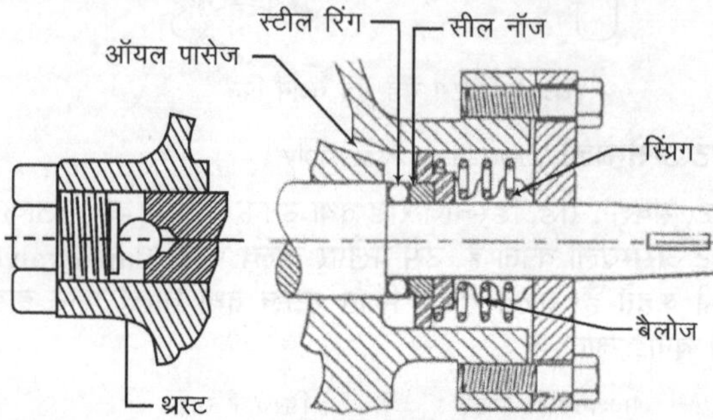

चित्र बैलोज टाइप सील

ऑयल प्लग Oil plug

बड़े व्यावसायिक कम्प्रैसरों में ऑयल की कमी को पूरा करने के लिए समय-समय पर तेल बदलना पड़ता है, इसके लिए एक ऑयल पार्ट (oil part) बना होता है, जिस पर एक प्लग लगा होता है।

बियरिंग Bearing

क्रैंक शाफ्ट के दोनों ओर बियरिंग लगे होते हैं। ये ब्रोन्ज धातु के बने होते हैं। ये बियरिंग दो प्रकार के, बुश बियरिंग एवं बॉल बियरिंग होते हैं।

फ्लाईव्हील Fly Wheel

फ्लाई व्हील कास्ट आयरन का बना होता है और शाफ्ट के क्रैंक केस से बाहर निकले सिरे पर लगा होता है। इसे प्राइम मूवर की पुली से 'V' वैल्ट द्वारा जोड़ दिया जाता है, जिससे कम्प्रैसर को चलाया जाता है।

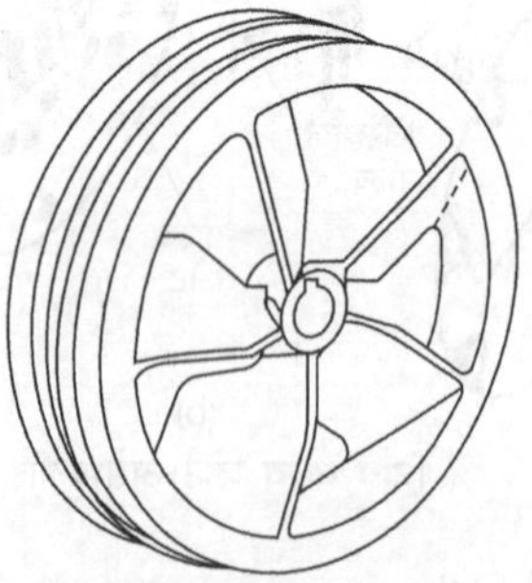
चित्र फ्लाईव्हील

रेसिप्रोकेटिंग कम्प्रैसर से सम्बन्धित पद
Terms Related to Reciprocating Compressor

रेसिप्रोकेटिंग कम्प्रैसर से सम्बन्धित मुख्य पद निम्नलिखित हैं—

बी.डी.सी. स्थिति B.D.C. Condition

सिलेण्डर में पिस्टन जब गति करता हुआ नीचे की ओर निम्नवत् बिन्दु पर पहुँच जाए, तब पिस्टन की इस स्थिति को 'बॉटम डेड सेन्टर (बी.डी.सी.) स्थिति' कहते हैं।

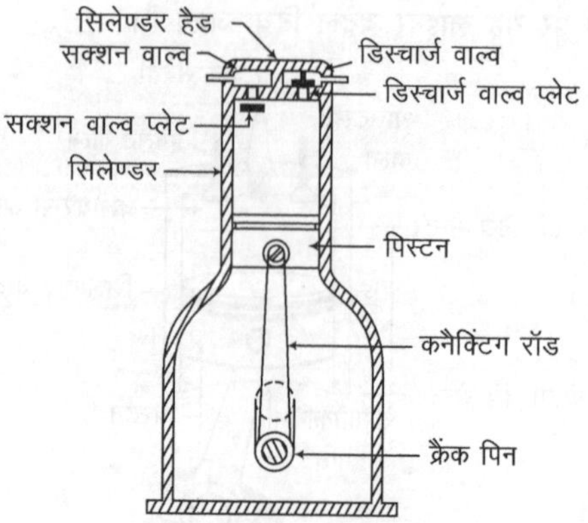

चित्र बी.डी.सी. स्थिति

टी.डी.सी. स्थिति T.D.C. Condition

जब पिस्टन सिलेण्डर में ऊपर की ओर गति करते हुए अपने उच्चतम बिन्दु पर पहुँच जाए, तब पिस्टन की इस स्थिति को 'टॉप डेड सेन्टर (टी.डी.सी.) स्थिति' कहते हैं।

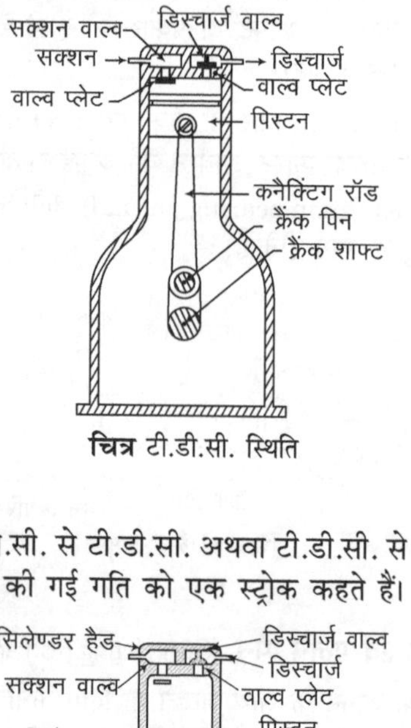

चित्र टी.डी.सी. स्थिति

स्ट्रोक Stroke

सिलेण्डर में बी.डी.सी. से टी.डी.सी. अथवा टी.डी.सी. से बी.डी.सी. के मध्य पिस्टन द्वारा की गई गति को एक स्ट्रोक कहते हैं।

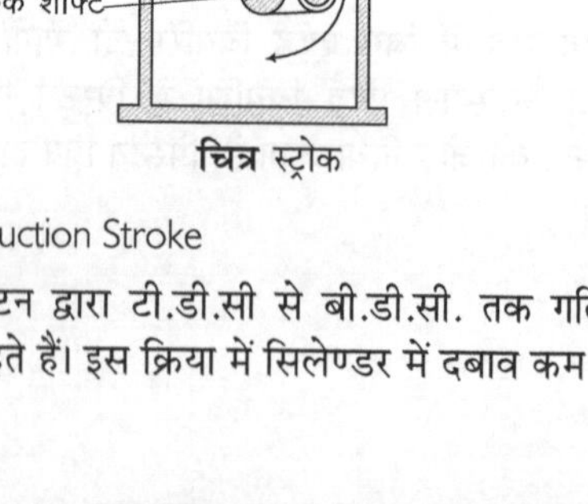

चित्र स्ट्रोक

सक्शन स्ट्रोक Suction Stroke

सिलेण्डर में पिस्टन द्वारा टी.डी.सी से बी.डी.सी. तक गति करने को सक्शन स्ट्रोक कहते हैं। इस क्रिया में सिलेण्डर में दबाव कम हो जाता है,

जिससे डिस्चार्ज वाल्व बन्द हो जाता है तथा सक्शन वाल्व खुल जाते हैं, जिसके फलस्वरूप सिलेण्डर में गैस एकत्र हो जाती है।

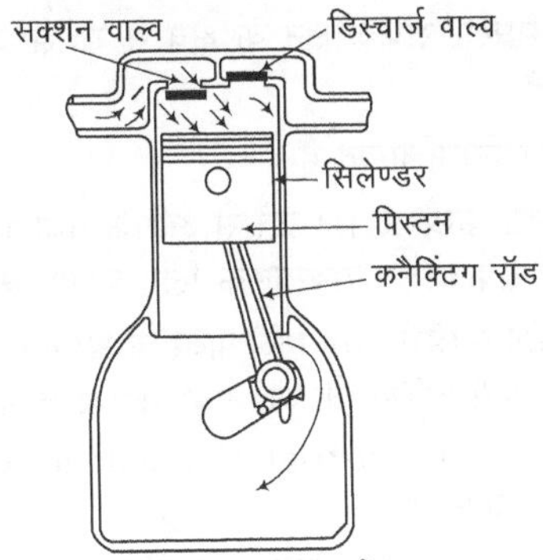

चित्र सक्शन स्ट्रोक

कम्प्रैसन स्ट्रोक Compression Stroke

जब सिलेण्डर में पिस्टन बी.डी.सी. से टी.डी.सी. तक गति करता है तथा गैस को कम्प्रैस करके डिस्चार्ज वाल्व से डिस्चार्ज करता है, तब इस स्ट्रोक को कम्प्रैसन स्ट्रोक कहते हैं। इस क्रिया में सिलेण्डर में दबाव बढ़ जाता है, जिससे सक्शन वाल्व बन्द हो जाता है तथा डिस्चार्ज वाल्व खुल जाता है और कम्प्रैस गैसें बाहर निकल जाती हैं।

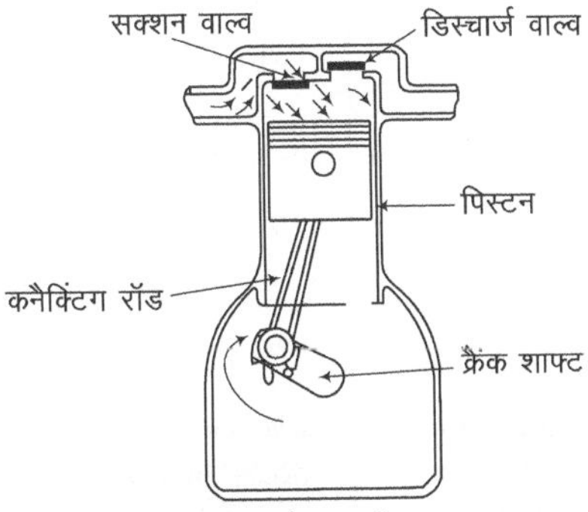

चित्र कम्प्रैसन स्ट्रोक

क्लीयरैन्स आयतन Clearance Volume

जब पिस्टन सिलेण्डर में अपनी टॉप डैड सेन्टर की स्थिति में होता है, तब पिस्टन तथा डिस्चार्ज वाल्व के मध्य रिक्त स्थान को क्लीयरैन्स आयतन कहते हैं।

क्लीयरैन्स पॉकेट Clearance Pocket

पिस्टन की टॉप डैड सेन्टर की स्थिति में पिस्टन के शीर्ष तथा वाल्व प्लेट के बीच के स्थान को क्लीयरैन्स पॉकेट कहते हैं।

कम्प्रैसर स्पीड Compressor Speed

प्रति इकाई समय में फ्लाई व्हील की गति को कम्प्रैसर स्पीड कहते हैं। इसे चक्कर प्रति मिनट (rpm) में प्रदर्शित करते हैं।

आयतनिक दक्षता Volumetric Efficiency

किसी कम्प्रैसर की कम्प्रैसन क्षमता अथवा सक्शन आयतन तथा पिस्टन विस्थापन आयतन का अनुपात उस कम्प्रैसर की आयतनिक दक्षता कहलाता है।

अर्थात् $$\eta_v = \frac{V_s}{V_p}$$

जहाँ, η_v = कम्प्रैसर की आयतनिक दक्षता

V_s = सक्शन आयतन अथवा कम्प्रैसन क्षमता

V_p = पिस्टन विस्थापन आयतन

किसी अच्छे कम्प्रैसर की आयतनिक दक्षता 70 से 80 % होती है। आयतनिक दक्षता क्लीयरैन्स आयतन के व्युत्क्रमानुपाती होती है। क्लीयरैन्स आयतन के बढ़ने पर कम्प्रैसर की आयतनिक दक्षता कम हो जाती है तथा कम्प्रैसर की क्षमता भी कम हो जाती है। इसके विपरीत यदि क्लीयरैन्स आयतन घटता है, तो कम्प्रैसर की आयतनिक दक्षता बढ़ जाती है तथा इसकी क्षमता भी अधिक हो जाती है। निम्नलिखित कारकों के कारण कम्प्रैसर की आयतनिक दक्षता कम हो जाती है

- सिलेण्डर का अधिक गर्म होना।
- पश्च दाब (back pressure) का बहुत कम होना।
- अग्र दाब (forward pressure) का अधिक होना।
- क्लीयरैन्स पॉकेट का अधिक होना।
- कम्प्रैसर की गति बहुत अधिक होना।
- सिलेण्डर एवं पिस्टन के मध्य अधिक क्लीयरैन्स आयतन होना।
- वाल्व की लीकेज होना।

वैट कम्प्रैसन Wet Compression

वैट कम्प्रैसन वह कम्प्रैसन होता है, जिसमें कम्प्रैसर की दक्षता बढ़ाने के लिए कम्प्रैसर में निश्चित मात्रा में पानी को स्प्रे (spray) किया जाता है। वैट कम्प्रैसन के अन्तर्गत, कम्प्रैसर में पानी का स्प्रे करने से कम्प्रैसर द्वारा रेफ्रिजरेन्ट को कम्प्रैस करने के लिए आवश्यक ऊर्जा में कमी आ जाती है, जिसके कारण कम्प्रैसर की दक्षता बढ़ जाती है।

कम्प्रैसर में स्प्रे किया गया पानी जब कम्प्रैस वाष्प के सम्पर्क में आता है, तो यह भी वाष्प में परिवर्तित हो जाता है। इस प्रकार वाष्प के तापमान में कमी उत्पन्न हो जाती है। तापमान में कमी के कारण कम्प्रैसर के द्वारा वाष्प को कम्प्रैस करने के लिए आवश्यक ऊर्जा में भी कमी हो जाती है जिससे कम्प्रैसर की दक्षता बढ़ जाती है।

वैट कम्प्रैसर के कारण कम्प्रैसर में कुछ दोष उत्पन्न हो जाते हैं जो निम्नलिखित हैं—

(i) पानी का स्प्रे करने के कारण पानी की बूँदें स्नेहक में मिल जाती हैं, जिससे स्नेहक की कार्यविधि प्रभावित हो जाती है। इसके कारण कम्प्रैसर में घर्षण प्रारम्भ हो सकता है, जिससे कम्प्रैसर के अवयवों में क्षति होने की सम्भावना बढ़ जाती है।

(ii) कम्प्रैसर के विभिन्न भागों; जैसे-वाल्व, सिलेण्डर आदि में पानी एकत्र होने के कारण इनमें जंग लगने की सम्भावना बनी रहती है।

रेसिप्रोकेटिंग कम्प्रैसर की कार्यविधि
Working of Reciprocating Compressor

रेसिप्रोकेटिंग कम्प्रैसर में दो वाल्व लगे होते हैं—सक्शन वाल्व तथा डिस्चार्ज वाल्व। ये दोनों वाल्व केवल एक ही दिशा में खुल सकते हैं। सक्शन वाल्व के द्वारा वाष्प सिलेण्डर में प्रवेश करती है तथा डिस्चार्ज वाल्व द्वारा यह वाष्प सिलेण्डर से बाहर निकाल दी जाती है।

जब पिस्टन गति करता हुआ बी.डी.सी. (बॉटम डैड सेन्टर) की ओर आता है, तब क्लीयरैन्स आयतन में वाष्प का दबाव कम होने लगता है, जिससे वाष्प का एक्सपैन्शन (expansion) होने लगता है। इसके फलस्वरूप सक्शन वाल्व खुल जाता है तथा सक्शन वाल्व से होकर वाष्प सिलेण्डर में प्रवेश करने लगती है। सिलेण्डर में वाष्प तब तक प्रवेश करती है जब तक कि पिस्टन बी.डी.सी. तक न पहुँच जाए।

जब पिस्टन बी.डी.सी. से टी.डी.सी. की ओर गति प्रारम्भ करता है, तब क्लीयरैन्स आयतन के वाष्प का दबाव बढ़ने लगता है, जिससे वाष्प कम्प्रैस होने लगती है। इसके फलस्वरूप सक्शन वाल्व बन्द हो जाता है तथा डिस्चार्ज वाल्व खुल जाता है तथा कम्प्रैस्ड वाष्प, डिस्चार्ज वाल्व से होकर बाहर निकलने लगती है। कम्प्रैस्ड वाष्प तब तक बाहर निकलती है, जब तक कि पिस्टन गति करता हुआ टी.डी.सी. तक नहीं पहुँचता। यही क्रिया निरन्तर तीव्र गति से चलती रहती है तथा सक्शन एवं डिस्चार्ज वाल्व खुलते और बन्द होते रहते हैं, जिससे वाष्प सिलेण्डर में प्रवेश करती है तथा कम्प्रैस होकर बाहर निकल जाती है।

रेसिप्रोकेटिंग कम्प्रैसर के अनुप्रयोग
Applications of Reciprocating Compressor

रेसिप्रोकेटिंग कम्प्रैसर, रेफ्रिजरेशन के क्षेत्र में सबसे ज्यादा प्रयोग होने वाला कम्प्रैसर है,

जिसके अनुप्रयोग निम्नलिखित हैं—

1. रेसिप्रोकेटिंग कम्प्रैसर 1/4 टन से अधिक तथा 1000 टन से कम क्षमता के रेफ्रिजरेशन संयन्त्रों के लिए प्रयोग किए जाते हैं।
2. रेसिप्रोकेटिंग कम्प्रैसर 1/8 हॉर्स पावर के घरेलू इकाई से 100 हॉर्स पावर या इससे अधिक के बड़े एयर कण्डीशनिंग और औद्योगिक स्थापना परास (Industrial Installation Range) तक ही साइजों में मिलते हैं।
3. रेसिप्रोकेटिंग कम्प्रैसर, कम डिस्प्लेसमेन्ट और उच्च दाब कण्डेन्सिग के लिए उपयुक्त रेफ्रिजरेन्ट के साथ प्रयोग किए जाते हैं। ये रेफ्रिजरेन्ट कम विशिष्ट आयतन के होते हैं।
4. रेसिप्रोकेटिंग कम्प्रैसर में सामान्य रेफ्रिजरेन्ट; जैसे—फ्रीऑन 12, R-1349, फ्रीऑन 22, सल्फर डाइ-ऑक्साइड और अमोनिया, जो सरलता से उपलब्ध हो जाते हैं। कम्प्रैसर में रेफ्रिजरेन्ट वाष्प का दाब पिस्टन और वाल्व के कार्य से बढ़ जाता है।

रेसिप्रोकेटिंग कम्प्रैसर का वर्गीकरण Classification of Reciprocating Compressor

रेसिप्रोकेटिंग कम्प्रैसर का वर्गीकरण निम्न प्रकार है।

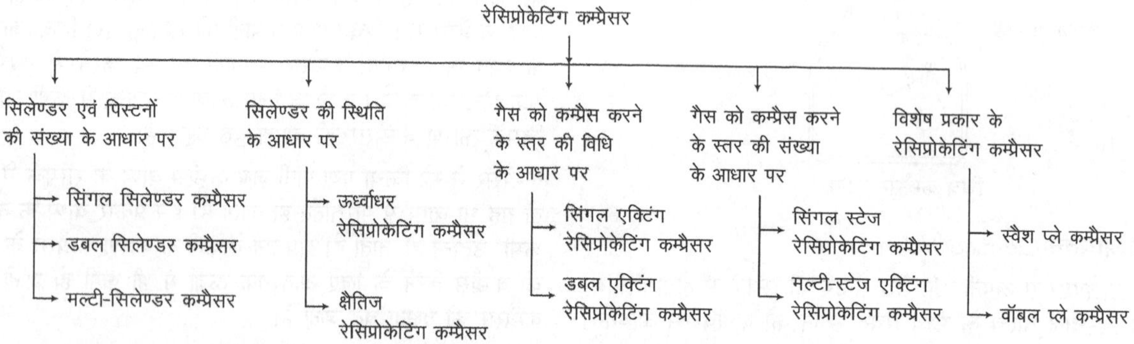

नोट *पाठ्यक्रम की उपयोगिता को ध्यान में रखते हुए यहाँ केवल विशेष प्रकार के रेसिप्रोकेटिंग कम्प्रैसरों का विस्तृत वर्णन किया गया है।*

2. रोटरी कम्प्रैसर Rotary Compressor

इस प्रकार के कम्प्रैसर में रेफ्रिजरेन्ट को घूर्णीय (rotary) गति द्वारा कम्प्रैस किया जाता है। इस कम्प्रैसर को अधिक गति पर चलाया जाता है, जिससे इसमें प्रयुक्त रेफ्रिजरेन्ट भी तीव्र गति से घूमता है। इस कारण इनके पार्ट्स में उत्पादन टॉलरेन्स बहुत कम रखा जाता है। इस प्रकार के कम्प्रैसरों का प्रयोग प्राय: घरेलू मशीनों में किया जाता है।

रोटरी कम्प्रैसर का प्रयोग सामान्यत: कम क्षमता वाली मशीनों जैसे घरेलू उपकरणों में होता है। रोटरी कम्प्रैसर में एक बन्द सिलेण्डर में रोलर की घूर्णीय गति के द्वारा गैस को कम्प्रैस (compress) किया जाता है। ये निम्न प्रकार के होते हैं

(i) स्टेशनरी ब्लेड टाइप कम्प्रैसर

(ii) रोटरी ब्लेड टाइप कम्प्रैसर

(i) स्टेशनरी ब्लेड टाइप कम्प्रैसर
Stationary Blade Type Compressor

इस कम्प्रैसर को 'सिलेण्डर टाइप कम्प्रैसर' या 'एसेन्ट्रिक टाइप कम्प्रैसर' भी कहते हैं। इसमें सिलेण्डर के अन्दर एक रोलर होता है, जो घूर्णीय गति करता है। सिलेण्डर में इनलेट और आउटलेट को एक डिवाइडिंग ब्लेड के द्वारा अलग-अलग रखा जाता है। यह डिवाइडिंग ब्लेड (dividing blade) अपने आकार पर स्थिर रहकर आगे व पीछे (रेसिप्रोकेटिंग) गति करता है। इस डिवाइडिंग ब्लेड के द्वारा ही सिलेण्डर में एक ओर सक्शन होता है तथा दूसरी ओर गैस कम्प्रैस होकर डिस्चार्ज होती है।

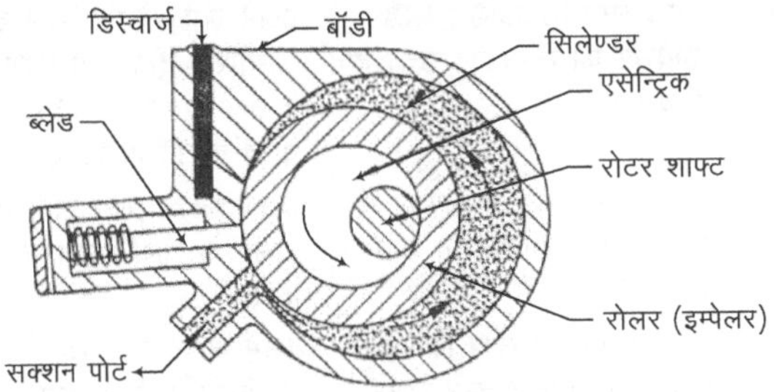

चित्र स्टेशनरी ब्लेड टाइप कम्प्रैसर

स्टेशनरी ब्लेड टाइप कम्प्रैसर की कार्यविधि
Working Method of Stationary Blade Type Compressor

प्रारम्भ में इस कम्प्रैसर के दोनों वाल्व (सक्शन एवं डिस्चार्ज) बन्द होते हैं। जैसा कि चित्र (a) में प्रदर्शित है जैसे ही रोलर घूमता है, ब्लेड पर्याप्त मात्रा में वाष्प को एकत्र कर लेता है। यह वाष्प छोटे स्थान में कम्प्रैस हो जाती है, जिससे उच्च दाब के कारण डिस्चार्ज वाल्व खुल जाता है।

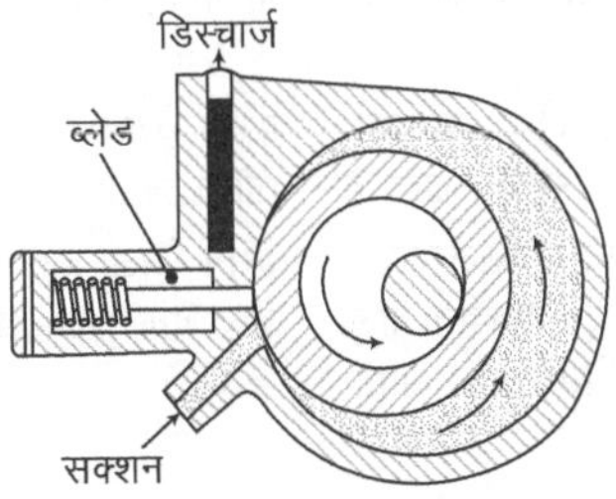

चित्र (a) कम्प्रैसर प्रारम्भ

नीचे दिए गए चित्र (b) के अनुसार, वाष्प की कुछ मात्रा का कम्प्रैसन होता है तथा साथ ही एवैपोरेटर से रेफ्रिजरेन्ट वाष्प की मात्रा सक्शन स्ट्रोक के साथ सिलेण्डर में प्रवेश करती है।

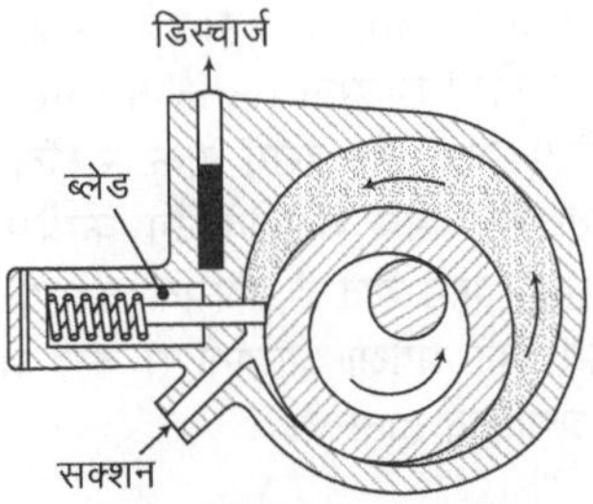

चित्र (b) कम्प्रैसर के सक्शन स्ट्रोक में वाष्प इनटेक

सिलेण्डर में और अधिक वाष्प प्रवेश करने के कारण सिलेण्डर में वाष्प की मात्रा अधिक हो जाती है। इसके फलस्वरूप इस स्थिति में सर्वाधिक कम्प्रैस वाष्प डिस्चार्ज वाल्व से बाहर निकलती है, जैसा कि चित्र (c) में प्रदर्शित है।

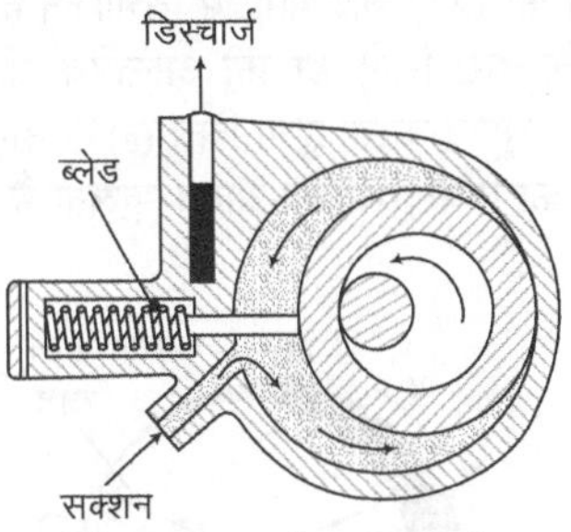

चित्र (c) कम्प्रैसन डिस्चार्ज

इसके पश्चात् जब रोलर (इम्पेलर) घूमकर चित्र (d) के अनुसार, स्थिति में पहुँचता है, तब सिलेण्डर में उपलब्ध अधिकतम वाष्प डिस्चार्ज वाल्व द्वारा बाहर निकल जाती है तथा एवैपोरेटर से नई वाष्प सक्शन वाल्व से सिलेण्डर में प्रवेश करने लगती है। यही प्रक्रिया चलती रहती है तथा निम्न दाब की रेफ्रिजरेन्ट वाष्प कम्प्रैस होती रहती है।

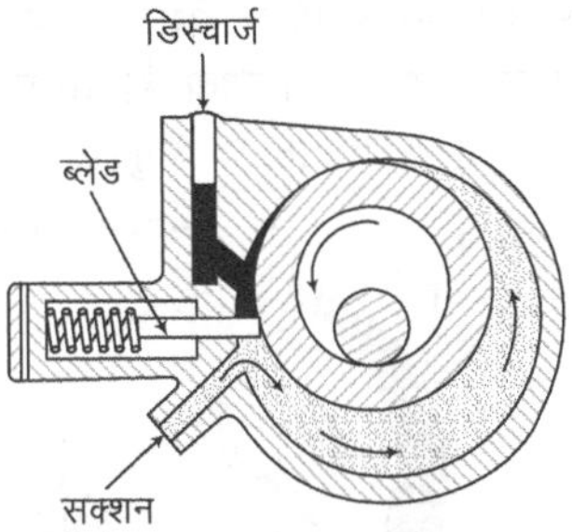

चित्र (d) कम्प्रैसर वाष्प डिस्चार्ज एवं नई वाष्प इनटेक

(ii) रोटरी ब्लेड टाइप कम्प्रैसर
Rotary Blade Type Compressor

रोटरी ब्लेड टाइप कम्प्रैसर में दो-या-दो से अधिक ब्लेडों का प्रयोग किया जाता है। इसमें रोलर और शाफ्ट का केन्द्र एक ही होता है, जोकि अलग केन्द्र के सिलेण्डर में घूमता है।

सिलेण्डर और रोलर के मध्य का स्थान, रोलर में लगे हुए ब्लेडों द्वारा चार भागों में विभक्त हो जाता है।

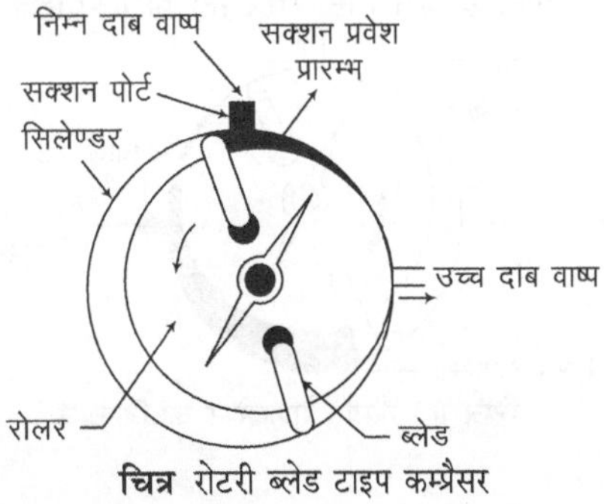

चित्र रोटरी ब्लेड टाइप कम्प्रैसर

रोटरी ब्लेड टाइप कम्प्रैसर की कार्यविधि
Working Method of Rotary Blade Type Compressor

जब रोलर (इम्पेलर) शाफ्ट के साथ संकेन्द्रिक होकर अलग केन्द्र के सिलेण्डर में घूर्णन करता है, तो रोलर पर लगे ब्लेडों से रोलर और सिलेण्डर के मध्य का स्थान चार भागों में विभाजित हो जाता है। ये ब्लेड्स अपकेन्द्रिय बल के द्वारा सिलेण्डर की आन्तरिक दीवार से सटकर गति करते हैं। जब रोलर घूर्णन करता हुआ चित्र (a) के अनुसार स्थिति में आता है, तब सिलेण्डर का केवल सक्शन वाल्व खुलता है तथा डिस्चार्ज वाल्व बन्द रहता है।

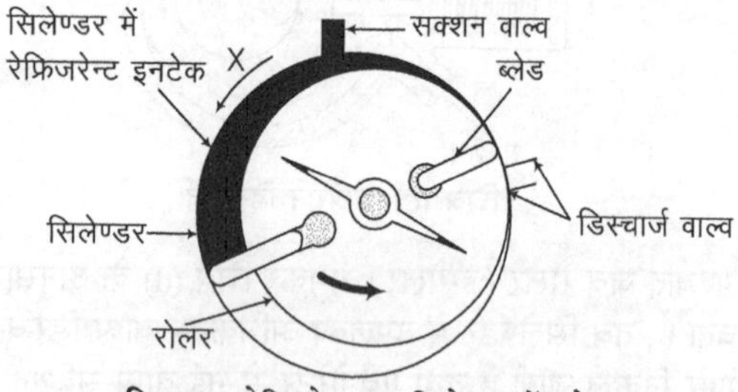

चित्र (a) रेफ्रिजरेन्ट का सिलेण्डर में प्रवेश

उपरोक्त चित्र (a) में रेफ्रिजरेन्ट की स्थिति को 'X' द्वारा प्रदर्शित किया गया है। रेफ्रिजरेन्ट सक्शन वाल्व से होकर सिलेण्डर में प्रवेश करता है तथा रोलर ब्लेड्स के मध्य में एकत्र हो जाता है। इसके पश्चात् रोलर घूर्णन करता हुआ आगे बढ़ता हुआ चित्र (b) के अनुसार स्थिति में पहुँच जाता है।

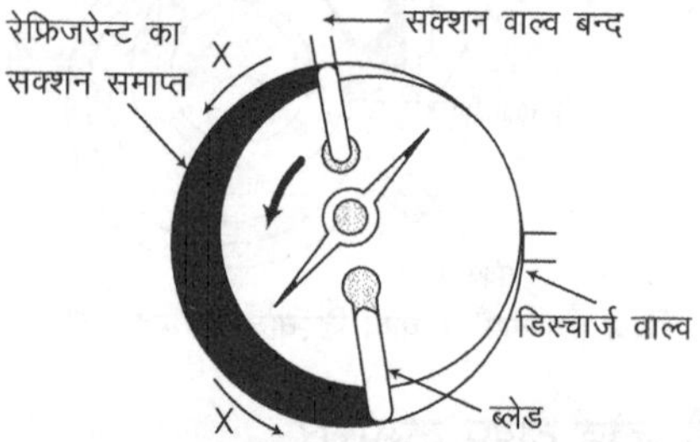

चित्र (b) रेफ्रिजरेन्ट का कम्प्रैसन प्रारम्भ

इस स्थिति में दोनों वाल्व बन्द हो जाते हैं। सिलेण्डर में क्लीयरैन्स आयतन के कमी होने के कारण रेफ्रिजरेन्ट कम्प्रैस होने लगता है।

जैसे-जैसे रोलर गति करता है रोलर ब्लेड्स के कारण रेफ्रिजरेन्ट कम्प्रैस होता जाता है। जैसे ही रोलर डिस्चार्ज वाल्व को पार करता है, रेफ्रिजरेन्ट के दाब के कारण डिस्चार्ज वाल्व खुल जाता है तथा कम्प्रैस रेफ्रिजरेन्ट बाहर निकलने लगता है जैसे निम्न चित्र (c) द्वारा प्रदर्शित है

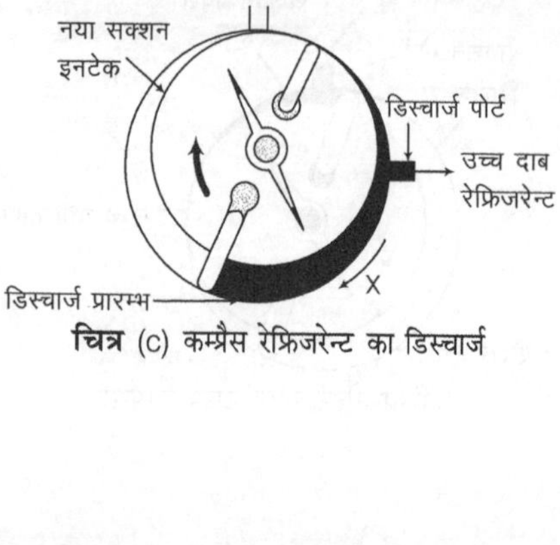

चित्र (c) कम्प्रैस रेफ्रिजरेन्ट का डिस्चार्ज

यही प्रक्रिया चलती रहती है और डिस्चार्ज वाल्व से उच्च दाब पर कम्प्रैस रेफ्रिजरेन्ट प्राप्त होता रहता है।

तालिका स्टेशनरी ब्लेड टाइप कम्प्रैसर तथा रोटरी ब्लेड टाइप कम्प्रैसर में अन्तर

क्र.सं.	स्टेशनरी ब्लेड टाइप कम्प्रैसर	रोटरी ब्लेड टाइप कम्प्रैसर
1.	इस प्रकार के रोटरी कम्प्रैसर में संकेन्द्रिक सिलेण्डर के अन्दर अलग केन्द्र का रोलर गति करता है, जिससे वाष्प का कम्प्रैसन होता है।	इस प्रकार के रोटरी कम्प्रैसर में अलग केन्द्र के सिलेण्डर में संकेन्द्रिक रोलर गति करता है जिससे कम्प्रैसन होता है।
2.	इसमें लगा डिवाइडिंग ब्लेड कम्प्रैसर को निम्न एवं उच्च दाब में बाँटता है।	इसमें लगे ब्लेड्स सिलेण्डर की आन्तरिक दीवार से स्पर्श करते हैं तथा सक्शन व डिस्चार्ज वाल्व को विभाजित करते हैं।
3.	डिवाइडिंग ब्लेड, सिलेण्डर में बने ग्रूव में रेसिप्रोकेटिंग गति करता है।	इसके ब्लेड्स सिलेण्डर में रोलर के साथ घूर्णन गति करते हैं।
4.	इसमें शाफ्ट के साथ सिलेण्डर संकेन्द्रित होता है तथा रोलर का अलग केन्द्र होता है।	इसमें शाफ्ट के साथ रोलर संकेन्द्रित होता है तथा सिलेण्डर का अलग केन्द्र होता है।

तालिका रेसिप्रोकेटिंग कम्प्रैसर तथा रोटरी कम्प्रैसर में अन्तर

क्र.सं.	रेसिप्रोकेटिंग कम्प्रैसर	रोटरी कम्प्रैसर
1.	इसमें वाष्प रेसिप्रोकेटिंग गति से कम्प्रैस होती है।	इसमें वाष्प रोटरी गति से कम्प्रैस होती है।
2.	ये कम्प्रैसर, एक या इससे अधिक सिलेण्डर के बनाए जाते हैं।	ये कम्प्रैसर केवल एक ही सिलेण्डर के बनाए जाते हैं।
3.	इसमें रेफ्रिजरेन्ट, सक्शन वाल्व द्वारा खींचा जाता है।	इसमें चैक वाल्व द्वारा रेफ्रिजरेन्ट खींचा जाता है।
4.	इसमें पिस्टन, सिलेण्डर, डिस्चार्ज एवं सक्शन वाल्व और कनैक्टिंग रॉड आदि भाग होते हैं।	इसमें सिलेण्डर, सीलिंग ब्लेड, स्प्रिंग और चैक वाल्व आदि भाग होते हैं।
5.	ये घरेलू और व्यापारिक कार्यों में प्रयुक्त होते हैं।	ये केवल घरेलू कार्यों में ही प्रयोग होते हैं।

3. स्क्रॉल कम्प्रैसर Scroll Compressor

स्क्रॉल कम्प्रैसर का प्रयोग द्रव रेफ्रिजरेन्टों; जैसे—तरल तथा गैस आदि को कम्प्रैस करने के लिए किया जाता है। इसमें रेफ्रिजरेन्ट को पम्प करने के लिए दो अन्त: संयोजी स्पाइरल (inter-fitting spiral) आकृति के स्क्रॉल प्रयुक्त किए जाते हैं। इसमें एक स्क्रॉल स्थिर तथा दूसरा कक्षीय गति करता है। इसमें रेसिप्रोकेटिंग कम्प्रैसर की अपेक्षा कम चलायमान (moving) भाग होते हैं, जिसके कारण यह कम्प्रैसर, अन्य परम्परागत कम्प्रैसरों की अपेक्षा आसानी से कम आवाज उत्पन्न किए, विश्वसनीयता से प्रचालित होता है।

स्क्रॉल कम्प्रैसर का प्रयोग खाने व फलों के रेफ्रिजरेशन, ट्रक ट्रांसपोर्टेशन, मैरीन के कन्टेनर्स तथा घरों एवं छोटे व बड़े आकार के व्यावसायिक एयर कण्डीशनिंग अनुप्रयोगों में किया जाता है।

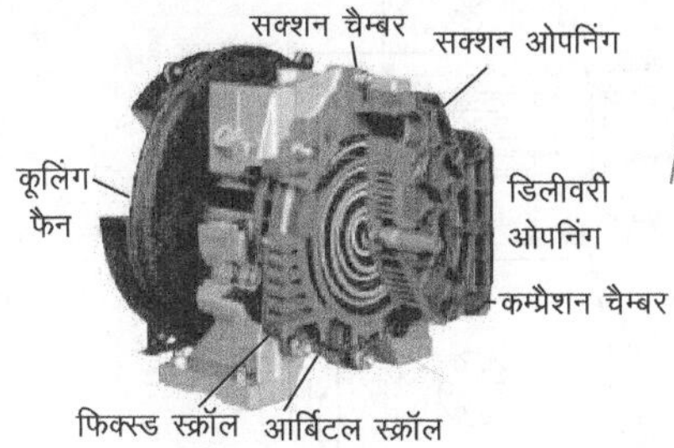

चित्र स्क्रॉल कम्प्रैसर

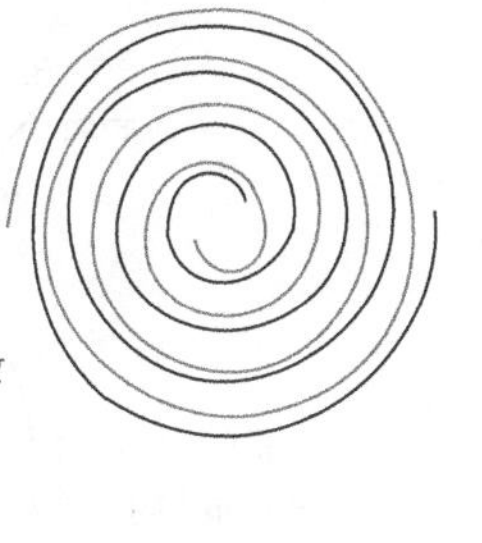
चित्र स्पाइरल स्क्रॉल

4. अपकेन्द्री कम्प्रैसर Centrifugal Compressor

अपकेन्द्री कम्प्रैसरों का प्रयोग बड़े-बड़े रेफ्रिजरेटिंग प्लाण्टों में किया जाता है। जब किसी गैस को एक गोलीय पथ में तेजी से घुमाया जाता है, तो वह केन्द्र से दूर अर्थात् बाहर निकलने का प्रयास करती है। इसमें गैस को घुमाने के लिए इम्पेलर (impeller) का प्रयोग किया जाता है। इस कम्प्रैसर में सामान्यत: एक या दो इम्पेलर होते हैं, परन्तु आवश्यकतानुसार इनकी संख्या को बढ़ाया जा सकता है।

अपकेन्द्री कम्प्रैसर में मिथाइल फॉर्मूलेट और फ्रिऑन-11 आदि रेफ्रिजरेन्ट प्रयुक्त किए जाते हैं। इन रेफ्रिजरेन्टों में उच्च दाब तथा निम्न दाब के मध्य एक निम्न दाब-अन्तर पर कार्य करने की क्षमता होती है।

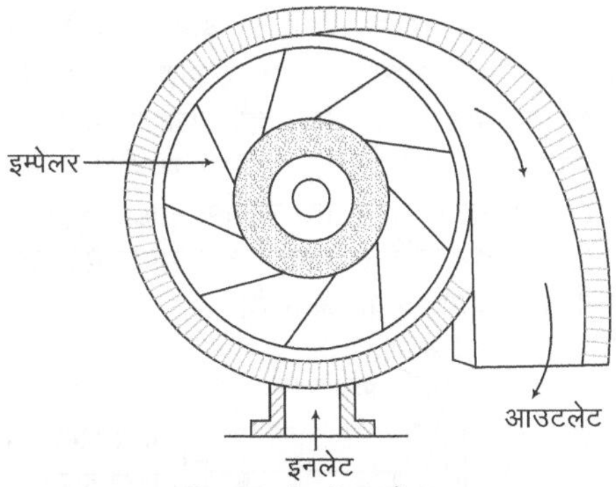

चित्र अपकेन्द्री कम्प्रैसर

इस कम्प्रैसर के द्वारा सिस्टम में दाब-अन्तर उत्पन्न करने के लिए, 'अपकेन्द्री बल' (centrifugal force) के सिद्धान्त का प्रयोग किया जाता है। इस प्रकार के कम्प्रैसर में पिस्टन, सिलेण्डर, सक्शन वाल्व एवं डिस्चार्ज वाल्व का प्रयोग नहीं किया जाता, अपितु इसकी मेन बॉडी में एक इम्पेलर को मोटर द्वारा घुमाया जाता है।

5. स्क्रू कम्प्रैसर Screw Compressor

यह एक रोटरी टाइप कम्प्रैसर होता है। इसकी क्षमता 15 HP से 800 HP तक होती है। क्षमता एवं सरल संरचना के कारण इनका प्रयोग अधिक किया जाता है।

स्क्रू कम्प्रैसर को नीचे दिए गए चित्र में दर्शाया गया है।

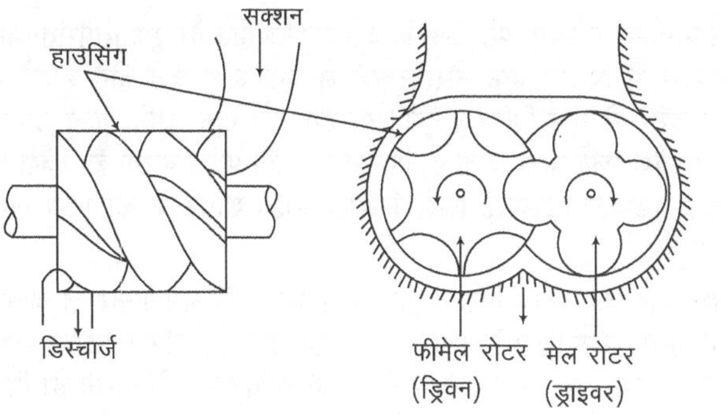

चित्र स्क्रू कम्प्रैसर

इसमें हेलिकल ग्रूव्ड (Helical grooved) वाले दो रोटर होते हैं, जिन्हें अत्यधिक सूक्ष्मता के साथ बन्द टॉलरैन्स, क्लीयरैन्स की हाउसिंग के अन्दर बनाया जाता है। वह रोटर जिसमें चार उत्तल लोब्स होते हैं, जो मेल रोटर अथवा ड्राइवर रोटर कहलाता है तथा जिस रोटर में छ: अवतल लोब्स होते हैं, फीमेल रोटर अथवा ड्रिवन रोटर कहलाता है। ये दोनों रोटर आपस में मैश (mesh) होते हैं तथा हाउसिंग में फिट रहते हैं। जब मेल रोटर एक दिशा में घूमता है, तो फीमेल रोटर उसकी विपरीत दिशा में घूमता है।

6. वॉबल प्लेट कम्प्रैसर Wobble Plate Compressor

सिंगल रो एक्सियस कम्प्रैसर में पाँच, छह या सात पिस्टन एक वॉबल प्लेट से जुड़े होते हैं। पिस्टन की कनैक्टिंग रॉड्स में प्रत्येक सिरे पर एक बॉल लगी होती है और ये बॉल प्रत्येक पिस्टन और वॉबल प्लेट पर सॉकेट में फिट हो जाती है।

वॉबल प्लेट को एण्टी-रोटेशन गियर द्वारा अपने स्थान पर रखा जाता है और एक कैम वॉबल प्लेट के पीछे घूमता है। घूमने वाले कैम और स्थिर वॉबल प्लेट के संयोजन से पिस्टन को कम्प्रैसर ड्राइव शाफ्ट के समानान्तर एक तल में ले जाने का कारण बनता है।

पुनर्प्राप्ति (recovery) तल और पुनर्चक्रण (recycling) के समय रेफ्रिजरेन्ट का पुन: उपयोग किया जाता है।

वॉबल प्लेट कम्प्रैसर उच्च श्रेणी के ऑटोमोबाइल के लिए एयर कण्डीशनिंग में अच्छी तरह से उपयोग किया जाता है।

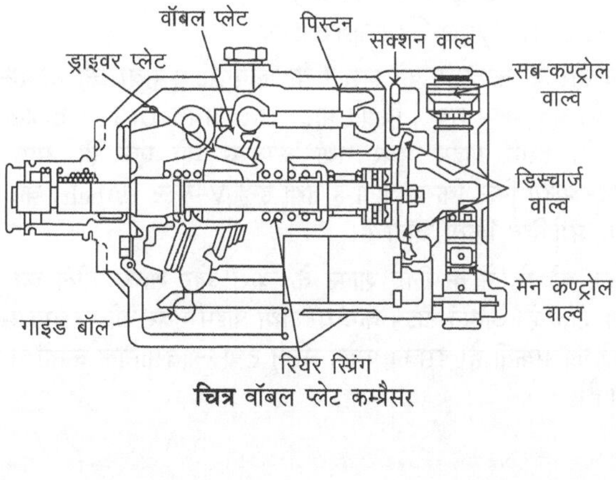

चित्र वॉबल प्लेट कम्प्रैसर

7. स्वैश प्लेट कम्प्रैसर Swash Plate Compressor

इस कम्प्रैसर में सामान्यत: छह या दस पिस्टन होते हैं। एक विपरीत अक्षीय कम्प्रैसर में पिस्टन एक ठोस टुकड़े से एक साथ जुड़े होते हैं जो उन्हें एक-दूसरे से एक निश्चित दूरी पर रखता है। एक घूमने वाला उपकरण जिसे स्वैश प्लेट कहा जाता है, पिस्टन को गति प्रदान करता है। स्वैश प्लेट एक अण्डाकार डिस्क है जिसे कम्प्रैसर ड्राइव शाफ्ट के कोण पर लगाया जाता है।

स्वैश प्लेट का घुमाव पिस्टन को ड्राइव शाफ्ट के समानान्तर ले जाता है। एक अन्य घटक जिसे स्लिपर डिस्क कहा जाता है, स्वैश प्लेट पर स्लाइड करता है और एक बॉल स्लिपर डिस्क में सॉकेट में गति करती है। पिस्टन और स्लिपर डिस्क को जोड़ने के प्रभाव में बॉल भी पिस्टन में एक सॉकेट में गति करती है।

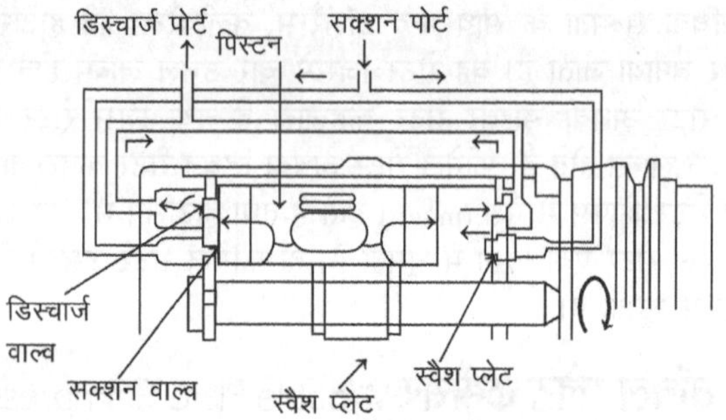

चित्र स्वाश प्लेट कम्प्रैसर

1.3 प्राइम मूवर की स्थिति के आधार पर

On the Basis of Prime Mover condition

प्राइम मूवर की स्थिति अर्थात् मोटर के साथ कपलिंग के आधार पर कम्प्रैसर निम्न प्रकार के होते हैं–

1. ओपन टाइप कम्प्रैसर
2. हमेटिक सील्ड कम्प्रैसर
3. सेमी हरमेटिक सील्ड कम्प्रैसर

1. ओपन टाइप कम्प्रैसर

Open Type Compressor

इस प्रकार के कम्प्रैसर को चलाने के लिए प्राइम मूवर की आवश्यकता होती है। यह प्राइम मूवर, विद्युत मोटर (AC अथवा DC) या डीजल इंजन होता है। इसमें प्राइम मूवर तथा कम्प्रैसर को एक ही आधार पर अलग-अलग फिट किया जाता है तथा इन्हें V-बेल्ट (V-belt) का प्रयोग करके संयोजित किया जाता है।

लीकेज को रोकने के लिए शाफ्ट के चारों ओर शाफ्ट सील का प्रयोग किया जाता है। ओपन टाइप कम्प्रैसर तथा प्राइम मूवर की मरम्मत सरलता से की जा सकती है। इसका प्रयोग घरेलू तथा व्यावसायिक कार्यों में किया जाता है।

ओपन टाइप कम्प्रैसर को नीचे दिए गए चित्र में दर्शाया गया है।

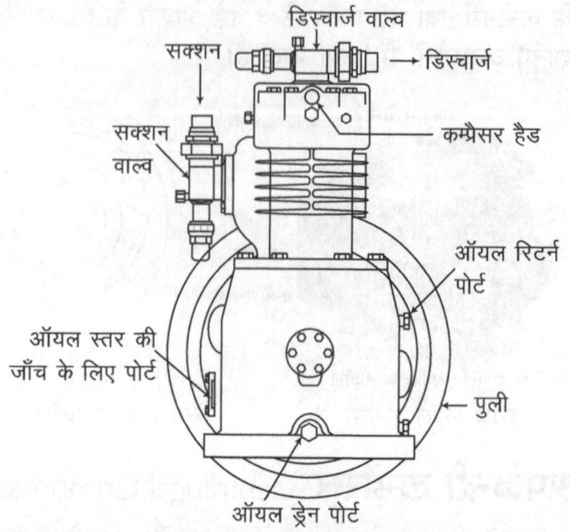

चित्र ओपन टाइप कम्प्रैसर

2. हरमेटिक सील्ड कम्प्रैसर

Hermatic Sealed Compressor

यह कम्प्रैसर, प्राइम मूवर (विद्युत मोटर) के साथ, शाफ्ट पर वैल्ड किए हुए डोम (dome) में बन्द होता है। इस कम्प्रैसर में से क्रैंक शाफ्ट बाहर निकली होती है, जिसे प्राइम मूवर के साथ जोड़ दिया जाता है। कम्प्रैसर में जिस स्थान से क्रैंक शाफ्ट निकली होती है, वहाँ शाफ्ट सीट लगा दी जाती है, जिससे रेफ्रिजरेन्ट बाहर न निकले।

मोटर की वाइण्डिंग में उत्पन्न ऊष्मा को कम करने के लिए, गैस को कम्प्रैसर द्वारा कम्प्रैस करने से पहले मोटर वाइण्डिंग के चारों ओर भेज दिया जाता है। इस कम्प्रैसर में उत्पन्न होने वाली ध्वनि को कम करने के लिए इसमें मफलर लगे होते हैं। इस कम्प्रैसर में डोम से बाहर की ओर सक्शन लाइन, डिस्चार्ज लाइन तथा चार्जिंग लाइन जुड़ी होती हैं। डोम के ऊपर मोटर के तीन टर्मिनल होते हैं तथा मोटर को चलाने के लिए स्टार्टिंग रिले का प्रयोग किया जाता है।

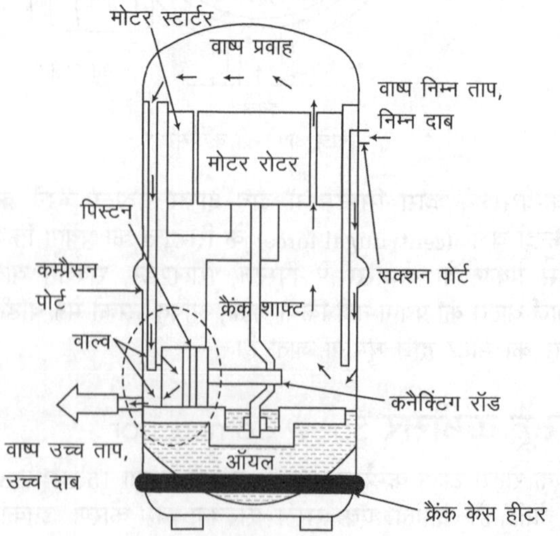

चित्र हरमेटिक सील्ड कम्प्रैसर

हरमेटिक सील्ड कम्प्रैसर में रेफ्रिजरेन्ट का लीकेज नहीं होता है तथा इसमें शोर भी कम उत्पन्न होता है। इस कम्प्रैसर का उपयोग कम ताप एवं दाब की गैस को खींचकर, उच्च ताप एवं दाब पर कम्प्रैस करके डिस्चार्ज करने के लिए किया जाता है।

3. सेमी-हरमेटिक सील्ड कम्प्रैसर
Semi-Hermatic Sealed Compressor

इस प्रकार के कम्प्रैसर में प्राइम मूवर (विद्युत मोटर) तथा कम्प्रैसर के लिए एक ही शाफ्ट प्रयोग की जाती है, परन्तु आवश्यकता पड़ने पर इन्हें अलग भी किया जा सकता है, क्योंकि कम्प्रैसर और मोटर को वैल्ड करने के स्थान पर अस्थायी रूप से जोड़ा जाता है।

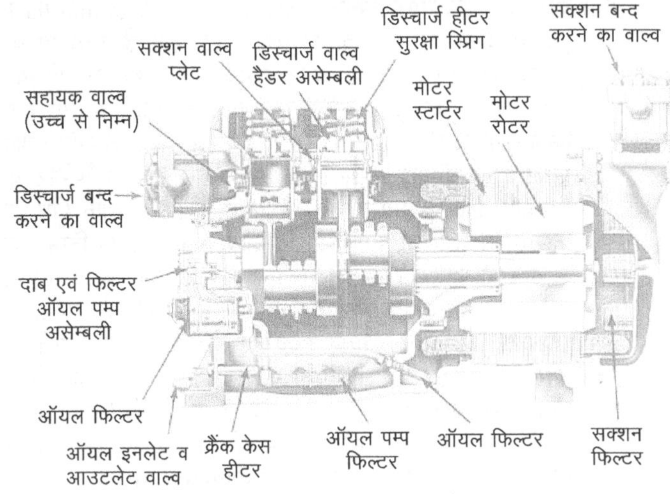

चित्र सेमी-हरमेटिक सील्ड कम्प्रैसर

1.4 इन्वर्टर कम्प्रैसर
Inverter Compressor

हीटिंग वैन्टिलेशन एवं एयर कण्डीशनिंग (HVAC) में इन्वर्टर तकनीक सबसे अधिक ऊर्जा कुशल तकनीक है और वर्तमान में दुनिया भर में जलवायु नियन्त्रण की आवश्यकताओं को पूरा करने के लिए एयर कण्डीशनिंग सिस्टम को डिजाइन और निर्मित करने के तरीके में क्रान्ति ला रही है। वैरिएबल स्पीड टेक्नोलॉजी के अपनाने वाले पहले व्यक्ति को प्रतिस्पर्द्धात्मक लाभ प्राप्त होता है।

एक इन्वर्टर कम्प्रैसर को एक वैरिएबल स्पीड ड्राइव के साथ संचालित करने के लिए डिजाइन किया गया है जो कूलिंग की आवश्यकता को पूरा करने के लिए कम्प्रैसर मोटर की गति को स्थिर रूप से समायोजित करता है। यह स्क्रू, सेंट्रीफ्यूगल और एक्सियल कम्प्रैसर सहित स्क्रॉल रोटरी या रेसिप्रोकेटिंग, सेमी-हर्मेटिक ओपन कम्प्रैसर हो सकता है। इस प्रकार का कम्प्रैसर, कम्प्रैसर मोटर की गति (राउण्ड प्रति सेकण्ड rpm में) को नियन्त्रित करने के लिए एक विशेष ड्राइव का उपयोग करता है। इन्वर्टर कम्प्रैसर अलग-अलग गति से कार्य कर सकते हैं: इन्वर्टर कम्प्रैसर को विशेषरूप से विभिन्न मोटर गति पर चलाने के लिए डिजाइन किया गया है, जिससे एक मॉड्यूलेटेड रेफ्रिजरेन्ट मास ऑयल फ्लो और कूलिंग आउटपुट उत्पन्न होता है।

1.5 कम्प्रैसरों का स्नेहन
Lubrication of Compressors

किसी कम्प्रैसर में घूमने वाले भागों के बीच घर्षण एवं घर्षण के कारण उत्पन्न ऊष्मा को कम करने के लिए स्नेहक का प्रयोग किया जाता है। कम्प्रैसर स्नेहन के लिए मुख्यत: निम्न विधियाँ अपनाई जाती हैं

1. स्प्लैश स्नेहन 2. फोर्स फीड स्नेहन 3. हस्त स्नेहन

1. स्प्लैश स्नेहन Splash Lubrication

सामान्यत: कम क्षमता और धीमी गति वाले कम्प्रैसर में स्नेहन के लिए इस विधि का प्रयोग किया जाता है। इन कम्प्रैसरों में क्रैंक केस के बॉटम में क्रैंक शाफ्ट के मेन बियरिंग तक स्नेहन ऑयल एक सम्प में भर दिया जाता है। क्रैंक शाफ्ट के प्रत्येक चक्कर में कनैक्टिंग रॉड बियरिंग ऑयल में डूब जाती है, जिससे यह तेल की कुछ मात्रा उछाल देती है।

वह तेल स्नेहन के लिए बने ऑयल चैनल तथा होल्स के द्वारा प्रत्येक बियरिंग में पहुँच जाता है। कुछ कम्प्रैसरों में कनैक्टिंग रॉड के साथ स्प्लैशिंग फिंगर्स (splashing fingers) लगी होती हैं, जिससे ऑयल को अच्छी प्रकार से स्प्लैश किया जा सके। यही प्रक्रिया पिस्टन की गति के साथ निरन्तर चलती रहती है।

निम्न चित्र में स्प्लैश फीड स्नेहन को दर्शाया गया है।

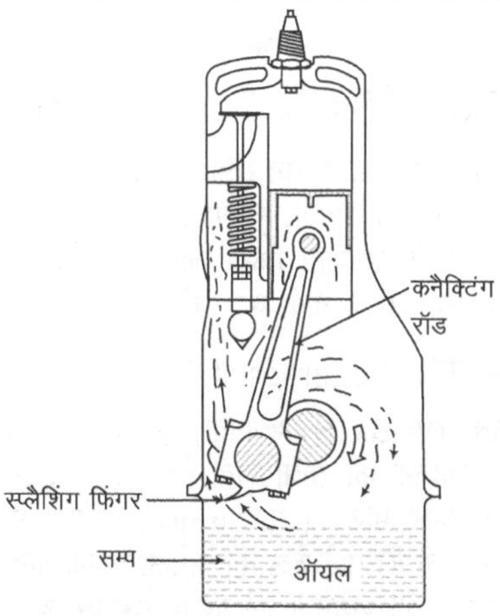

चित्र स्प्लैश फीड स्नेहन

2. फोर्स फीड स्नेहन Force Feed Lubrication

स्नेहन की इस विधि का प्रयोग अधिक क्षमता और अधिक गति वाले कम्प्रैसरों में किया जाता है। इसमें कम्प्रैसर के साथ एक ऑयल पम्प का प्रयोग किया जाता है, जो ऑयल को कम्प्रैसर के घूमने वाले भागों तक पहुँचाता है। सभी भागों को स्नेहित (lubricate) करने के पश्चात् वह तेल ग्रेविटी के द्वारा तथा पम्प के सक्शन द्वारा वापस पम्प में आ जाता है। इस ऑयल पम्प के इनलेट में ऑयल फिल्टर लगा होता है।

समय-समय पर फिल्टर को साफ कर दिया जाता है।

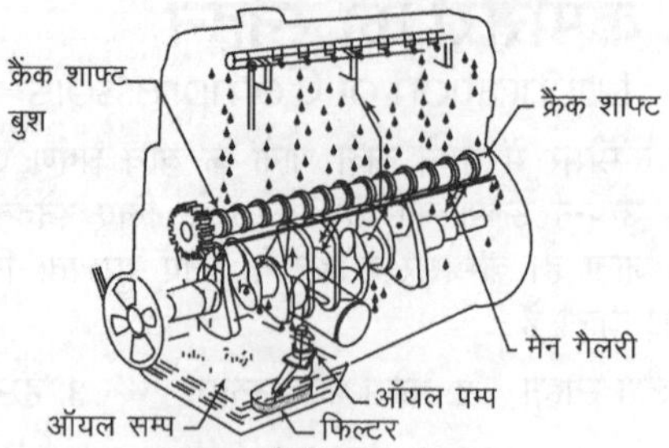

चित्र फोर्स फीड स्नेहन

3. हस्त स्नेहन Manual Lubrication

हस्त स्नेहन विधि में हस्त स्नेहक गन (manual lubricant gun) प्रयोग की जाती है। इस हस्त स्नेहक गन में ऑयल अथवा अन्य स्नेहक भरा होता है। इसके द्वारा केवल स्थिर तथा खुले भागों पर ही स्नेहन किया जा सकता है। इसका प्रयोग करते समय मशीन को बन्द कर देना चाहिए।

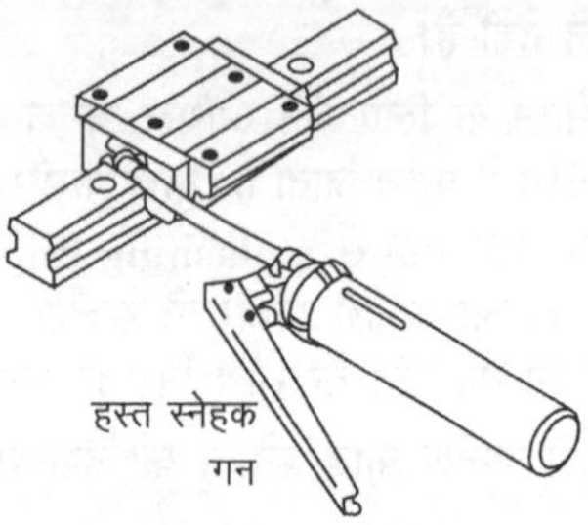

चित्र हस्त स्नेहन

ऑयल या स्नेहक Oil or Lubricants

ऑयल अथवा स्नेहक का प्रयोग रेफ्रिजरेशन एवं एयर कण्डीशनिंग प्रणाली में गतिशील भागों को घर्षण, घर्षण द्वारा उत्पन्न ऊष्मा तथा भागों की घिसावट को रोकने के लिए किया जाता है। स्नेहक के रूप में मुख्यत: नैफ्थीन समूह के खनिज तेलों का प्रयोग किया जाता है।

ऑयल के गुण Properties of Oil

(i) **श्यानता** (Viscocity) श्यानता, ऑयल या द्रव के बहने में होने वाली रुकावट की मात्रा होती है। पतले तेल में यह रुकावट कम होती है और मोटे या गाढ़े (thick) ऑयल में रुकावट की मात्रा अधिक होती है। गाढ़े तेल की अपेक्षा पतला तेल सरलता से प्रवाहित होने लगता है। श्यानता की इकाई एस.एस.यू. (SSU) है।

इसका पूरा नाम सेबोल्ट सेकण्ड यूनिवर्सल (Saybolt Seconds Universal) है। ऑयल की श्यानता तापमान के अनुसार परिवर्तित होती रहती है। श्यानता, तापमान के कम होने पर बढ़ती है और तापमान के अधिक होने पर कम होती है। गाढ़ा तेल सभी स्थानों पर नहीं जा पाता है और उचित स्नेहन बियरिंग में प्रवाहित हो जाता है। दूसरी ओर पतला तेल घूमने वाले भागों के मध्य सुरक्षित तह के रूप में नहीं होता है अर्थात् यह तेजी से प्रवाहित हो जाता है। ऑयल, पिस्टन रिंग (पिस्टन में रिंग व सिलेण्डर और रिंग व रिंग ग्रूव्स के मध्य) के चारों ओर सीलिंग का कार्य करता है। यह कम्प्रैसर के हैड से सिलेण्डर की ओर रेफ्रिजरेन्ट के लीकेज को रोकता है। यदि ऑयल पतला है, तो सीलिंग प्रभावित नहीं होगी, इसलिए ऑयल की श्यानता निश्चित सीमा में होती है।

ऑयल सम्पूर्ण प्रणाली में रेफ्रिजरेन्ट के साथ चलता है। इस पर तापमान का भी प्रभाव नहीं होता है, क्योंकि एवैपोरेटर में कम तापमान पर सिलेण्डर हैड और क्रैंक केस में अधिक तापमान होता है। इस कारण यह कम और अधिक तापमान पर सरलता से कार्य करता है।

(ii) **निम्न अम्लीयता** (Low acidity) लगभग सभी स्नेहन ऑयल में कुछ मात्रा में कार्बनिक अम्ल की अम्लीयता होती है। अम्लीयता की डिग्री, ऑयल के एक ग्राम में अम्लीयता को निष्क्रिय करने के लिए आवश्यक पोटैशियम हाइड्रॉक्साइड के भार से ज्ञात की जाती है। रेफ्रिजरेन्ट ऑयल में अम्लीयता, ऑयल के प्रति ग्राम में पोटैशियम हाइड्रॉक्साइड की 0.01 मिली ग्राम से अधिक नहीं होनी चाहिए। ऑयल में नमी की क्रिया से अम्लीयता बढ़ जाती है।

(iii) **पोर, क्लाउड एण्ड फ्लोक प्वॉइण्ट** (Pore, cloud and floak point) ऑयल का पोर प्वॉइण्ट वह तापमान होता है, जिस पर यह प्रवाहित होता है। ऑयल का चयन करने में पोर प्वॉइण्ट का भी ध्यान रखा जाता है। यह विशेष रूप से निम्न तापमान प्रणाली के लिए चयन किया जाता है। यदि ऑयल का पोर प्वॉइण्ट अधिक हो तो ऑयल ठीक प्रकार से कार्य नहीं करेगा जिस कारण वह ठण्डे एवैपोरेटर को चिपकाने लगता है। रेफ्रिजरेशन ऑयल में पैराफिन अर्थात् मोम की निश्चित मात्रा मिली होती है। यदि ऑयल का तापमान निम्न स्तर से कम हो जाए, तो ऑयल में मोम नीचे की ओर बैठ जाता है। ऑयल का फ्लोक प्वॉइण्ट वह तापमान होता है, जिस पर 90% रेफ्रिजरेन्ट और 10% ऑयल मिले हुए स्नेहक में से मोम नीचे की ओर बैठ जाए। यदि फ्लोक प्वॉइण्ट अधिक हो, तो ऑयल में से मोम एक्सपैन्शन वाल्व पृथक् कर देता है, जो रेफ्रिजरेन्ट के प्रवाह में विरोध करता है। इसलिए कम फ्लोक प्वॉइण्ट का ऑयल रेफ्रिजरेशन प्रणाली में प्रयोग करना आवश्यक है।

तेल में मोम के मिले होने से तेल का तापमान कम होता है। वह तापमान जिस पर ऑयल में बादल जैसा धुआँ (fumes) उठने लगता है, उस प्वॉइण्ट को क्लाउड प्वॉइण्ट कहा जाता है। तेल मोमरहित प्रयोग करना चाहिए जिससे कम्प्रैसर बिना बाधा के कार्य करता रहे।

(iv) **डाइ-इलेक्ट्रिक स्ट्रेंथ** (Di-electric strength) डाइ-इलेक्ट्रिक स्ट्रेंथ, ऑयल में इलेक्ट्रिक धारा के प्रवाहित करने पर उसके प्रतिरोध (resistance) को प्रदर्शित करता है। यह लगभग 2.5 मिमी की दूरी पर विद्युत के दोनों सिरों को रखने पर बनने वाली आर्क के वोल्टेज से ज्ञात किया जाता है। नमी व अन्य अशुद्धियाँ ऑयल की डाइ-इलेक्ट्रिक स्ट्रेंथ कम कर देती हैं। नमी के होने पर तेल में अम्लीयता उत्पन्न हो जाती है, जो धातु को नष्ट करती है। इस कारण तेल नमी रहित व बिना अशुद्धियों के होना चाहिए।

(v) **रासायनिक स्थायित्व** (Chemical stability) अधिक समय तक स्नेहन कार्य के लिए, अधिक रासायनिक स्थायित्व वाला ऑयल प्रयोग किया जाता है। यह हाइड्रोकार्बन के विपरीत अनुपात में होता है, ऑयल में हाइड्रोकार्बन की मात्रा जितनी कम होगी, उतना ही अधिक ऑयल का रासायनिक स्थायित्व होगा।

नोट *पाठ्यक्रम को देखते हुए यहाँ केवल इस अध्याय का संक्षिप्त विवरण ही दिया गया है। इस अध्याय के विस्तृत अध्ययन हेतु प्रशिक्षु प्रथम वर्ष के अध्याय - 15 का अवलोकन करें। तथा पाठ्यक्रम में दी गई विद्युत मोटरों के अध्ययन हेतु प्रशिक्षु प्रथम वर्ष के अध्याय 16 एवं 17 का अवलोकन करें।*

महत्त्वपूर्ण बिन्दु

- रेसिप्रोकेटिंग कम्प्रैसर में पिस्टन की रेसिप्रोकेटिंग गति द्वारा कम्प्रैस किया जाता है।
- पिस्टन सामान्यतः कास्ट आयरन या एल्युमीनियम के बनाए जाते हैं।
- कम्प्रैसर की क्रैंक शाफ्ट को बाहरी शक्ति द्वारा चलाया जाता है तथा क्रैंक शाफ्ट की घूर्णीय गति को कनैक्टिंग रॉड रेसिप्रोकेटिंग गति में परिवर्तित किया जाता है।
- पिस्टन को क्रैंक शाफ्ट के साथ जोड़ने के लिए कनैक्टिंग रॉड का प्रयोग किया जाता है।
- बड़े व्यावसायिक कम्प्रैसरों में ऑयल की कमी को पूरा करने के लिए समय-समय पर तेल बदलना पड़ता है।
- सिलेण्डर में पिस्टन जब गति करता हुआ नीचे की ओर निम्नतम बिन्दु पर पहुँच जाए, तब पिस्टन की इस स्थिति को बॉटम डेट सेन्टर स्थिति कहते हैं।
- किसी कम्प्रैसर की कम्प्रैसन क्षमता अथवा सक्शन तथा पिस्टन विस्थापन आयतन का अनुपात उस कम्प्रैसर की आयतनिक दक्षता कहलाता है
- कम्प्रैसर में उपयोग के अनुसार रेफ्रिजरेन्ट की मात्रा को नियन्त्रित करना कम्प्रैसर का क्षमता नियन्त्रण कहलाता है।
- वैट कम्प्रैसर वह कम्प्रैसन होता है, जिसमें कम्प्रैसर की दक्षता बढ़ाने के लिए कम्प्रैसर में निश्चित मात्रा में पानी को स्प्रे किया जाता है।
- रोटरी कम्प्रैसर का प्रयोग सामान्यतः कम क्षमता वाली मशीनों जैसे घरेलू उपकरणों में होता है।
- स्क्रॉल कम्प्रैसर का प्रयोग द्रव रेफ्रिजरेन्टों जैसे तरल तथा गैस आदि को कम्प्रैस करने के लिए किया जाता है।
- अपकेन्द्री कम्प्रैसरों का प्रयोग बड़े-बड़े रेफ्रिजरेटिंग प्लाण्टों में किया जाता है।
- अपकेन्द्री कम्प्रैसर के द्वारा सिस्टम में दाब अन्तर उत्पन्न करने के लिए अपकेन्द्री बल के सिद्धान्त का प्रयोग किया जाता है।
- हरमेटिक सील्ड कम्प्रैसर में रेफ्रिजरेन्ट का लीकेज नहीं होता है तथा इसमें शोर भी कम उत्पन्न होता है।
- किसी कम्प्रैसर में घूमने वाले भागों के बीच घर्षण एवं घर्षण के कारण उत्पन्न ऊष्मा को कम करने के लिए स्नेहन का प्रयोग किया जाता है।
- डाइ-इलेक्ट्रिक स्ट्रेंथ ऑयल में इलेक्ट्रिक धारा के प्रवाहित करने पर उसके प्रतिरोध को प्रदर्शित करता है।
- अधिक समय तक स्नेहन कार्य के लिए, अधिक रासायनिक स्थायित्व वाला ऑयल प्रयोग किया जाता है।

महत्त्वपूर्ण प्रश्नोत्तरी

1. कम्प्रैसन को परिभाषित कीजिए।

उत्तर वह प्रक्रिया जिसमें निम्न दाब की वाष्प को उच्च दाब की वाष्प में परिवर्तित किया जाता है 'कम्प्रैसन' कहलाती है।

2. पिस्टन में कम्प्रैसन रिंग का प्रयोग क्यों किया जाता है?

उत्तर पिस्टन तथा सिलेण्डर के मध्य गैप को सील करने के लिए पिस्टन में कम्प्रैसन रिंग का प्रयोग किया जाता है।

3. टॉप डैड सेन्टर तथा बॉटम डैड सेन्टर के मध्य पिस्टन द्वारा तय की गई दूरी को क्या कहते हैं?

उत्तर टॉप डैड सेन्टर तथा बॉटम डैड सेन्टर के मध्य पिस्टन द्वारा तय की गई दूरी को स्ट्रोक कहते हैं।

4. कम्प्रैसर की गति को किस इकाई में मापते हैं?

उत्तर कम्प्रैसर की गति को चक्कर प्रति मिनट (rpm) में मापते हैं।

5. स्टेशनरी ब्लेड टाइप कम्प्रैसर में प्रयुक्त ब्लेड किस प्रकार की गति करता है?

उत्तर स्टेशनरी ब्लेड टाइप कम्प्रैसर में प्रयुक्त ब्लेड रेसिप्रोकेटिंग गति करता है।

6. स्क्रू कम्प्रैसर में प्रयुक्त मेल तथा फीमेल रोटरों में क्या मुख्य अन्तर है?

उत्तर स्क्रू कम्प्रैसर में प्रयुक्त मेल रोटर में चार उत्तल लोब्स होते हैं, जबकि फीमेल रोटर में छः अवतल लोब्स होते हैं।

7. अपकेन्द्री कम्प्रैसर किस सिद्धान्त पर कार्य करता है?

उत्तर अपकेन्द्री कम्प्रैसर अपकेन्द्री बल के सिद्धान्त पर कार्य करता है।

8. ऑयल के क्लाउड प्वॉइण्ट से आप क्या समझते हैं?

उत्तर ऑयल का क्लाउड प्वॉइण्ट वह तापमान होता है, जिस पर ऑयल में से बादल जैसा धुआँ उठने लगता है।

अभ्यास प्रश्न

परीक्षा प्रारूपी प्रश्न

बहुविकल्पीय

1. एक रेसीप्रोकेटिंग कम्प्रैसर में कनैक्टिंग रॉड को जोड़ने वाले स्मॉल एण्ड के साथ पिस्टन के किस भाग को जोड़ते हैं?

(a) पिस्टन पिन (b) पिस्टन बोल्ट
(c) पिस्टन के रिंग (d) पिस्टन स्लीव

2. चित्र में किस प्रकार की इण्डक्शन मोटर को दर्शाया गया है?

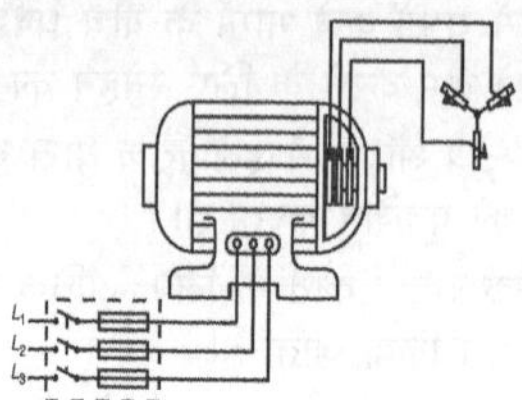

(a) डीसी मोटर (b) स्लिप रिंग इण्डक्शन
(c) स्क्विरल केज प्रेरण मोटर (d) सिंगल फेज इण्डक्शन

3. नीचे चित्र में प्रदर्शित इलेक्ट्रोमैकेनिकल कण्ट्रोल का क्या नाम है?

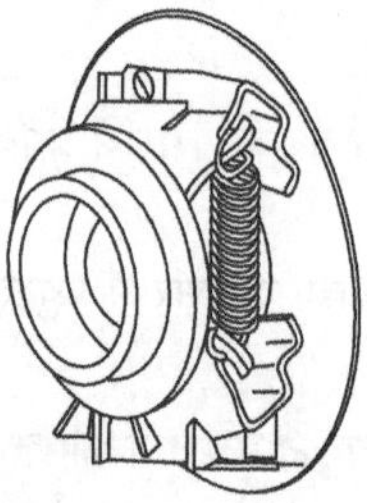

(a) पीटीसी रिले
(b) करण्ट रिले
(c) सेन्ट्रीफ्यूगल स्विच
(d) वोल्टेज प्रकार रिले

4. सिंगल फेज मोटर में किस तार को पतली तार से बनाया जाता है?

(a) मेन (b) सीरीज
(c) स्टार्टिंग (d) रनिंग

5. 'X' के रूप में चिन्हित भाग का नाम क्या है?

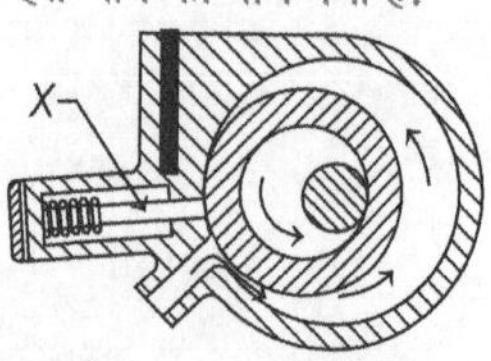

(a) रोटर (b) ब्लेड (c) पिस्टन (d) हाउसिंग

6. 'X' के रूप में चिन्हित भाग का नाम क्या है?

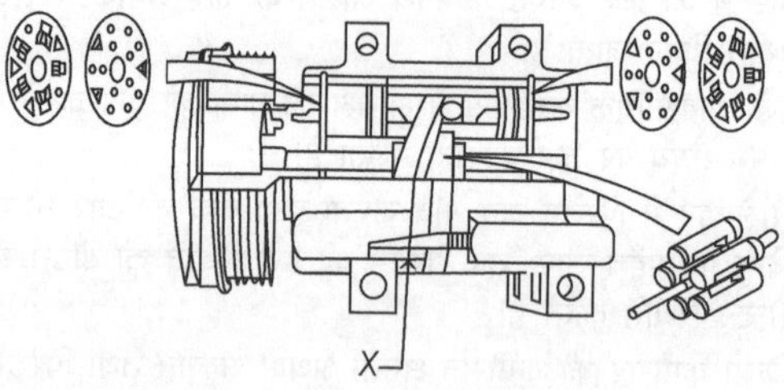

(a) पिस्टन (b) डिस्क वाल्व
(c) स्वैश प्लेट (d) चुम्बकीय क्लच

7. 3 फेज इण्डक्शन मोटर की स्लिप (प्रतिशत में) ज्ञात करने के लिए किस सूत्र का उपयोग किया जाता है?

(a) $\frac{Ns - Ns}{Nr} \times 100$ (b) $\frac{Ns - Nr}{Ns} \times 100$
(c) $\frac{Nr - Ns}{Ns} \times 100$ (d) $\frac{Ns - Nr}{Nr} \times 100$

8. 'X' द्वारा इंगित भाग का नाम बताइए।

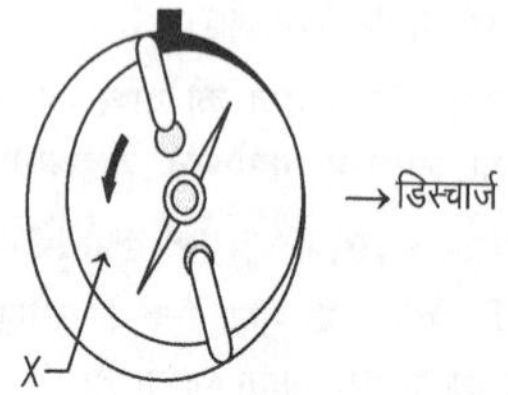

(a) सिलेण्डर (b) पिस्टन
(c) रोटर (d) वेन

9. रोटरी कम्प्रैसर के हर्मेटिक डोम में रेफ्रिजरेन्ट की भौतिक स्थिति क्या है?

(a) उच्चदाब तरल (b) निम्न दाब तरल
(c) उच्च दाब वाष्प (d) निम्न दाब वाष्प

10. निम्न में से कौन पॉजिटिव डिस्प्लेसमेंट कम्प्रैसर है?

(a) सेन्ट्रीफ्यूगल कम्प्रैसर (b) स्क्रॉल कम्प्रैसर
(c) वाटर पम्प (d) ऑयल पम्प

11. कम्प्रैसर मोटर के टर्मिनलों की पहचान करने के लिए किस उपकरण का उपयोग किया जाता है?

(a) अमीटर (b) वोल्टमीटर
(c) ओम-मीटर (d) एनीमोमीटर

12. निम्न चित्र में प्रदर्शित सिंगल फेज मोटर का क्या नाम है?

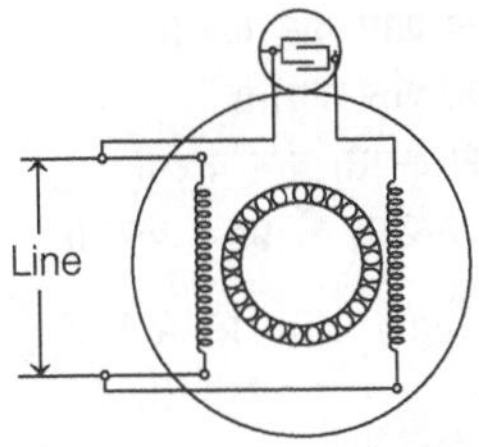

(a) शेडेड पोल मोटर (b) कैपेसिटर स्टार्ट एण्ड रन मोटर
(c) कैपेसिटर रन इण्डक्शन मोटर (d) प्रतिरोध शुरू इण्डक्शन मोटर

13. किस मोटर में कम से कम स्टार्टिंग टॉर्क होता है?
(a) CSIR (b) CSR (c) RSIR (d) PSC

14. सिंगल फेज इण्डक्शन मोटर में मोटी तार द्वारा किस वाइण्डिंग को बनाया जाता है?
(a) स्टार्टिंग (b) रनिंग (c) सहायक (d) अतिरिक्त

15. घरेलू रेफ्रिजरेटर के लिए किस प्रकार के कम्प्रैसर का उपयोग किया जाता है?
(a) सेमी सील कम्प्रैसर (b) सेन्ट्रीफ्यूगल कम्प्रैसर
(c) हर्मेटिक कम्प्रैसर (d) ओपन टाइप कम्प्रैसर

16. इण्डक्शन मोटर का घूमने वाला भाग क्या है?
(a) स्टेटर (b) रोटर (c) रिले (d) वाइण्डिंग

17. 'X' के रूप में चिन्हित भाग का नाम क्या है?

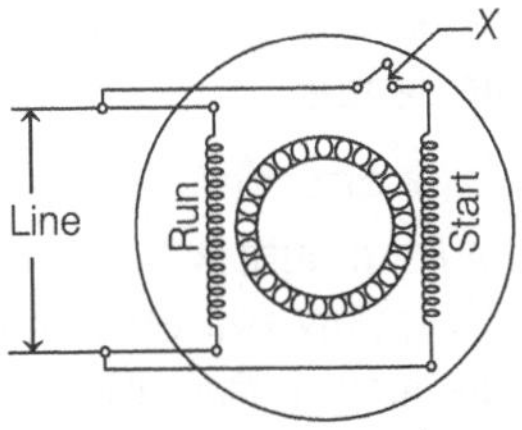

(a) रोटर (b) स्टेटर
(c) मेन वाइण्डिंग (d) सेन्ट्रीफ्यूगल स्विच

18. 3 फेज (3ϕ) इण्डक्शन मोटर में किस प्रकार के रोटर का उपयोग किया जाता है?
(a) स्क्विरल केज रोटर (b) शेडेड पोल रोटर
(c) लेमिनेटेड रोटर (d) सॉलिड रोटर

19. कम्प्रैसर मोटर को रोकने के लिए थर्मोस्टेट में सैट तापमान होता है।
(a) कट इन (b) रेंज (c) कट आउट (d) अन्तर

20. रोटरी कम्प्रैसर में 'X' के रूप में चिन्हित भाग का नाम क्या है?

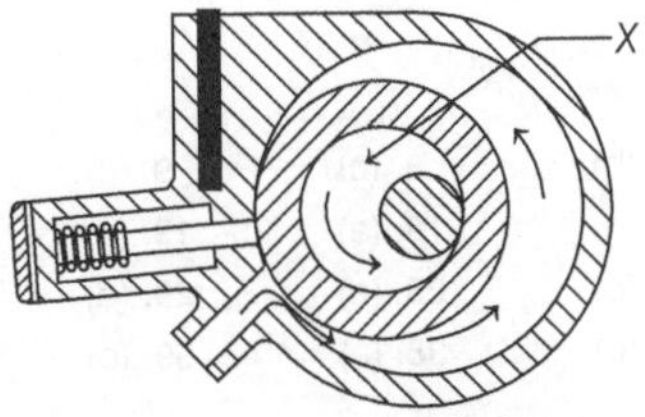

(a) ब्लेड (b) सिलेण्डर
(c) एसेन्ट्रीक केम (d) डिस्चार्ज पोर्ट

21. R 134a कम्प्रैसर की स्वैश प्लेट में किस स्नेहक तेल का उपयोग किया जाता है?
(a) सर्वो 20 (b) पी ओ ई
(c) SAE-40 (d) खनिज तेल

22. रेसिप्रोकेटिंग कम्प्रैसर में सम्पीडन स्ट्रोक के दौरान कौन-सा वाल्व बन्द होता है?
(a) सर्विस वाल्व (b) लिक्विड लाइन वाल्व
(c) डिस्चार्ज वाल्व (d) सक्शन वाल्व

23. कम्प्रैसर प्रैशर का परीक्षण करने के लिए किस गैस का उपयोग किया जाता है?
(a) वायु (b) ऑक्सीजन (c) नाइट्रोजन (d) रेफ्रिजरेन्ट

24. ए.सी. में एक भली-भाँति घूमने वाले कम्प्रैसर की मोटर को ठण्डा करने के लिए किस शीतलन माध्यम का उपयोग किया जाता है?
(a) डिस्चार्ज वेपर (b) लिक्विड रेफ्रिजरेन्ट
(c) सक्शन वेपर (d) पानी

25. 3 फेज स्लिप रिंग इण्डक्शन मोटर शुरू करने की विधि क्या है?
(a) रिले शुरू करने के साथ
(b) संधारित्र का उपयोग करना
(c) रनिंग कैपेसिटर के साथ
(d) रोटर वाइण्डिंग के लिए प्रतिरोध जोड़ना

26. 3-फेज स्क्विरल केज प्रेरण मोटर में रोटर को जोड़ने के लिए किसका उपयोग किया जाता है?
(a) स्क्रू (b) वेल्डेड
(c) एण्ड रिंग (d) नट और बोल्ट

27. सिगल फेज प्रेरण मोटर में एक शुरुआती संधारित्र का उपयोग क्या है?
(a) पावर फैक्टर में सुधार (b) टॉर्क शुरू करने में वृद्धि
(c) टॉर्क शुरू करने में कमी (d) डिस्कनैक्ट स्टार्टिंग वाइण्डिंग

28. रेफ्रिजरेटर में एक हरमेटिकली (hermetically) सील कम्प्रैसर का क्या लाभ है?
(a) साइलेंट ऑपरेशन (b) आसान सर्विसेबल
(c) शोर अधिक है (d) लागत अधिक है

29. स्क्रॉल का कौन सा मूवमेन्ट स्क्रॉल कम्प्रैसर में कम दबाव वाष्प को सम्पीडित करता है?
(a) रेसिप्रोकेटिंग (b) सेन्ट्रीफ्यूगल
(c) रोटेटिंग (d) ऑर्बिटल

30. स्टार्ट और इण्डक्शन रन मोटर में रिले द्वारा किस कैपेसिटर को डिस्कनैक्ट किया जाता है?
(a) स्टार्टिंग कैपेसिटर (b) रनिंग कैपेसिटर
(c) बोसटिंग कैपेसिटर (d) पावर फैक्टर करेक्शन कैपेसिटर

31. इण्डक्शन मोटर की समकालिक गति का पता लगाने का सूत्र क्या है?
(a) $N_s = \frac{150\,P}{f}$ (b) $N_s = \frac{120\,f}{P}$
(c) $N_s = \frac{150\,f}{P}$ (d) $N_s = \frac{120\,P}{f}$

32. 3 फेज 3ϕ इण्डक्शन मोटर में रोटेशन की दिशा बदली जाती हैं
(a) चेंज न्यूट्रल द्वारा
(b) चेंज ऑल फेज द्वारा
(c) किसी भी दो फेज को चेंज करके
(d) केवल चेंज वाइण्डिंग को बदलकर

33. सिंक्रोनस गति और वास्तविक रोटर गति के बीच अन्तर कैसे निर्दिष्ट किया जाता है?
(a) लीड (b) लेग (c) स्लिप (d) ट्रिप

34. नीचे दिए गए चित्र में कम्प्रैसर वाल्व प्लेट के साथ कौन-सा ऑपरेशन चल रहा है?

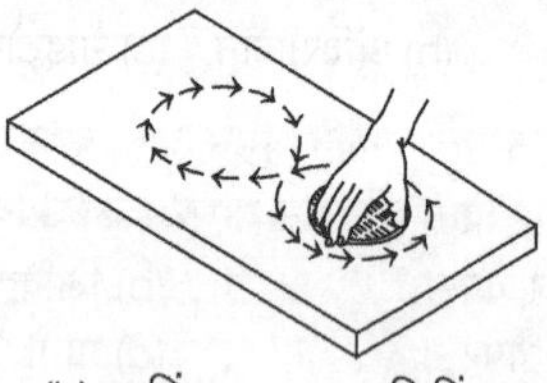

(a) फाइलिंग (b) कटिंग (c) ड्रिलिंग (d) लेपिंग

35. पीएससी (PSC) संचालित इण्डक्शन मोटर में कैपेसिटर का उपयोग क्या है?
(a) शुरुआती टॉर्क को घटाना
(b) प्रारम्भिक टॉर्क को निरस्त करना
(c) पावर फैक्टर में सुधारना
(d) पावर फैक्टर घटाना

36. नीचे दिए चित्र में हरमेटिक कम्प्रैसर पर कौन-सा परीक्षण किया जा रहा है?

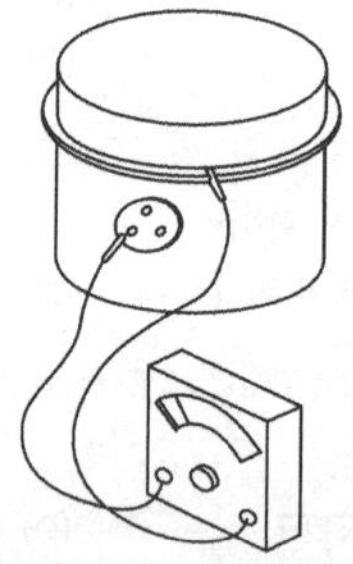

(a) ओपन परिपथ (b) स्टार्टिंग कम्प्रैसर
(c) टर्मिनल की पहचान (d) ग्राउण्डेड कम्प्रैसर मोटर

37. स्क्रॉल कम्प्रैसर में रेफ्रिजरेन्ट वाष्प कहाँ पर सम्पीडित होती है?
(a) फिक्स्ड और रेसिप्रोकेटिंग स्क्रॉल के मध्य
(b) फिक्स्ड और ऑर्बिटल स्क्रॉल के मध्य
(c) क्रैंक और कनैक्टिंग रॉड के मध्य
(d) एसेन्ट्रीक और सिलेंडर के मध्य

38. एक स्क्रॉल कम्प्रैसर में निम्न में से क्या सक्शन बैफेल का उपयोग है?
(a) कम्प्रैसर का शोर कम करना
(b) कम्प्रैसर का शोर बढ़ाना
(c) कम्प्रैसर की क्षमता कम करना
(d) तरल को कम्प्रैसर में प्रवेश कराना

39. सेन्ट्रीफ्यूगल स्विच द्वारा डिस्कनैक्ट किया गया RSIR मोटर कौन-सा है?
(a) रनिंग वाइण्डिंग (b) कॉमन वाइण्डिंग
(c) स्टार्टिंग वाइण्डिंग (d) रनिंग कैपेसिटर

40. निम्न सम्पीडन का क्या कारण है?
(a) कम क्लीयरैन्स वॉल्यूम
(b) पिस्टन सर्फेस पर स्क्रेचिंग होना
(c) लेप वाल्व प्लेट तथा रीड सील
(d) उच्च लुब्रीकेशन

41. कार एसी में स्वैश प्लेट कम्प्रैसर की विफलता का कारण क्या है?
(a) तेल का स्तर कम होना
(b) तेल का स्तर मध्यम होना
(c) थर्मोस्टेट का कार्य नहीं करना
(d) रेफ्रिजरेन्ट चार्ज सामान्य होना

42. स्क्रॉल कम्प्रैसर में डोम का शीर्ष गर्म क्यों होता है?
(a) डिस्चार्ज प्लेनम सबसे ऊपर होने से
(b) सक्शन सुपर हीट कम होने से
(c) सक्शन गैस को ठण्डा न किया जाना
(d) अण्डर चार्ज सिस्टम

43. हरमेटिक सिस्टम के अन्दर मौजूद नम हवा का क्या प्रभाव होता है?
(a) कम्प्रैसर की क्षमता बढ़ती है
(b) कम्प्रैसर में कम वियर तथा टीयर होता है।
(c) कम्प्रैसर और मोटर के लिए हानिकारक होता है।
(d) कम्प्रैसर के जीवन में वृद्धि करती है।

44. सिंगल फेज मोटर शुरू करते समय सर्किट ब्रेकर के लगातार ट्रिपिंग का क्या कारण है?
(a) वाइण्डिंग ओपन (b) शॉर्ट वाइण्डिंग
(c) मोटर बेल्ट रिमूव्ड (d) नो लोड ऑन मोटर

45. विण्डो एयर कण्डीशनर में किस प्रकार के कम्प्रैसर का उपयोग किया जाता है?
(a) बेल्ट ड्राइव (b) खुले प्रकार का
(c) सील प्रकार (d) स्वैश प्लेट

उत्तरमाला

1. (a)	2. (b)	3. (c)	4. (c)	5. (b)	6. (c)	7. (b)	8. (c)	9. (c)	10. (b)
11. (c)	12. (c)	13. (c)	14. (b)	15. (c)	16. (b)	17. (d)	18. (a)	19. (c)	20. (c)
21. (b)	22. (d)	23. (c)	24. (c)	25. (d)	26. (c)	27. (b)	28. (a)	29. (d)	30. (a)
31. (b)	32. (c)	33. (c)	34. (d)	35. (c)	36. (d)	37. (b)	38. (a)	39. (c)	40. (b)
41. (a)	42. (a)	43. (c)	44. (b)	45. (c)					

अध्याय 02

कण्डेन्सर तथा रिसीवर

Condenser and Receiver

परिचय Introduction

रेफ्रिजरेशन एवं एयर कण्डीशनिंग प्रणाली में कण्डेन्सर एक महत्त्वपूर्ण भूमिका निभाता है, क्योंकि इसके द्वारा कम्प्रैसर से प्राप्त होने वाली उच्च ताप की वाष्प को ठण्डा करके द्रव में परिवर्तित किया जाता है। कण्डेन्सर, रेफ्रिजरेन्ट वाष्प से ऊष्मा प्राप्त करके उसे वायु अथवा जल में स्थानान्तरित कर देता है।

कण्डेन्सर विभिन्न प्रकार के होते हैं, जिनका उपयोग रेफ्रिजरेशन प्रणाली की क्षमता, रेफ्रिजरेन्ट के प्रकार तथा कूलिंग सिस्टम के आधार पर किया जाता है। रेफ्रिजरेशन प्रणाली में रेफ्रिजरेन्ट को कण्डेन्सर द्वारा ठण्डा करने के पश्चात् तरल रिसीवर में संग्रहीत किया जाता है।

अध्याय विषय सूची

2.1 कण्डेन्सर की कार्यविधि Working Method of Condenser

कण्डेन्सर एक ऊष्मा स्थानान्तरक (heat exchanger) युक्ति है, जिसके द्वारा कम्प्रैसर और एवैपोरेटर की सहायता से रेफ्रिजरेन्ट को दी गई ऊष्मा को वायु, जल अथवा दोनों में स्थानान्तरित कर दिया जाता है। इस प्रक्रिया में रेफ्रिजरेन्ट वाष्प की ऊष्मा अथवा गर्मी को वायु या जल में भेजकर रेफ्रिजरेन्ट वाष्प को द्रव या तरल में परिवर्तित किया जाता है।

निम्न आरेख में कण्डेन्सर की कार्यविधि को दर्शाया गया है। इसमें क्वॉयल्स के रूप में निर्मित कण्डेन्सर में एक ओर से कम्प्रैसर द्वारा प्राप्त उच्च ताप एवं दाब की रेफ्रिजरेन्ट वाष्प को इनलेट (inlet) किया जाता है। कण्डेन्सर को कूलैन्ट (वायु अथवा जल) से भरे पात्र में रखा जाता है। यह कूलैन्ट, रेफ्रिजरेन्ट वाष्प की ऊष्मा को अवशोषित कर लेता है, जिससे रेफ्रिजरेन्ट वाष्प ठण्डी होकर तरल में परिवर्तित हो जाती है।

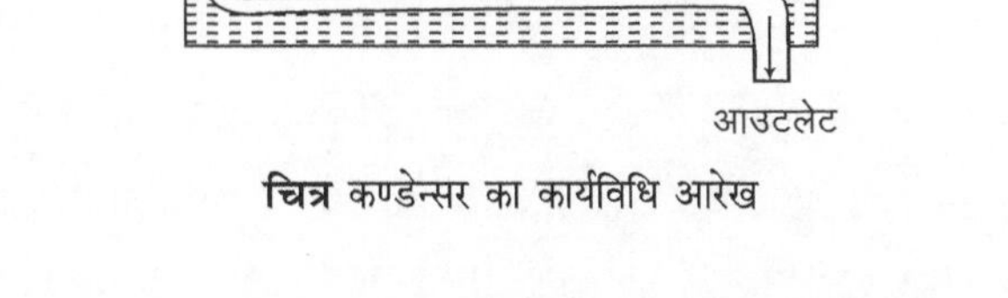

चित्र कण्डेन्सर का कार्यविधि आरेख

2.2 कण्डेन्सरों का वर्गीकरण Classification of Condensers

कण्डेन्सरों का वर्गीकरण निम्न प्रकार है

- कण्डेन्सर
  - 1. एयर कूल्ड कण्डेन्सर
    - (i) प्राकृतिक कन्वेक्शन कण्डेन्सर
      - (a) फिन टाइप कण्डेन्सर
      - (b) प्लेट टाइप कण्डेन्सर
      - (c) बॉडी कण्डेन्सर
    - (ii) फोर्स्ड कन्वेक्शन कण्डेन्सर
      - (a) चेसिस माउण्टिड कण्डेन्सर
      - (b) रिमोट टाइप कण्डेन्सर
  - 2. वाटर कूल्ड कण्डेन्सर
    - (i) शैल एवं ट्यूब कण्डेन्सर
      - (a) हॉरिजोण्टल शैल एवं ट्यूब कण्डेन्सर
      - (b) वर्टिकल शैल एवं ट्यूब कण्डेन्सर
    - (ii) शैल एवं क्वॉयल कण्डेन्सर
    - (iii) डबल पाइप कण्डेन्सर
  - 3. एवैपोरेटिव कण्डेन्सर

1. एयर कूल्ड कण्डेन्सर Air Cooled Condenser

वे कण्डेन्सर जिनमें रेफ्रिजरेन्ट वाष्प को ठण्डा करने के लिए वायु का प्रयोग किया जाता है, एयर कूल्ड कण्डेन्सर कहलाते हैं। इस प्रकार के कण्डेन्सर में रेफ्रिजरेन्ट वाष्प को नलिकाओं में प्रवाहित किया जाता है तथा इन नलिकाओं के ऊपर वायु प्रवाहित की जाती है। यह वायु रेफ्रिजरेन्ट वाष्प से ऊष्मा को सोखकर उसे ठण्डा कर देती है।

एयर कूल्ड कण्डेन्सर निम्न दो प्रकार के होते हैं

(i) प्राकृतिक कन्वेक्शन कण्डेन्सर
(ii) फोर्स्ड कन्वेक्शन कण्डेन्सर

(i) प्राकृतिक कन्वेक्शन कण्डेन्सर Natural Convection Condenser

इस प्रकार के कण्डेन्सर में प्राकृतिक वायु अथवा वातावरण की सहायता से कम्प्रैस करके रेफ्रिजरेन्ट वाष्प के तापमान को कम किया जाता है। इन कण्डेन्सरों की कूलिंग करने की क्षमता कम होती है, क्योंकि इनमें अधिक कण्डेन्सिंग क्षेत्र की आवश्यकता होती है तथा इसमें प्राकृतिक विधि द्वारा धीरे-धीरे रेफ्रिजरेन्ट की कूलिंग होती है। प्राकृतिक कण्डेन्सर द्वारा रेफ्रिजरेन्ट की कूलिंग, कण्डेन्सर के वायु में क्षेत्रफल पर निर्भर करती है।

प्राकृतिक कन्वेक्शन कण्डेन्सर निम्न प्रकार के होते हैं—

(a) फिन टाइप कण्डेन्सर
(b) प्लेट टाइप कण्डेन्सर
(c) बॉडी टाइप कण्डेन्सर

(a) फिन टाइप कण्डेन्सर Fin Type Condenser

इस प्रकार के कण्डेन्सर में एक ऊर्ध्वाधर (vertical) फ्रेम के ऊपर फिन्स (fins) लगी होती है। ये फिन्स, फ्रेम पर उचित अन्तराल में वैल्ड की हुई 2 मिमी व्यास की छड़ों के रूप में होती हैं। इन फिन्स पर नलिकाओं के रूप में कण्डेन्सर को वैल्ड किया जाता है। सम्पूर्ण फ्रेम को रेफ्रिजरेन्ट के पीछे स्क्रू के द्वारा फिट कर दिया जाता है। इन फिन्स में से प्राकृतिक वायु गुजरती है तथा कण्डेन्सर की नलिकाओं को ठण्डा कर देती है, जिसके कारण इन नलिकाओं में प्रवाहित रेफ्रिजरेन्ट वाष्प भी अपनी ऊष्मा वायु में स्थानान्तरित करके ठण्डी हो जाती है।

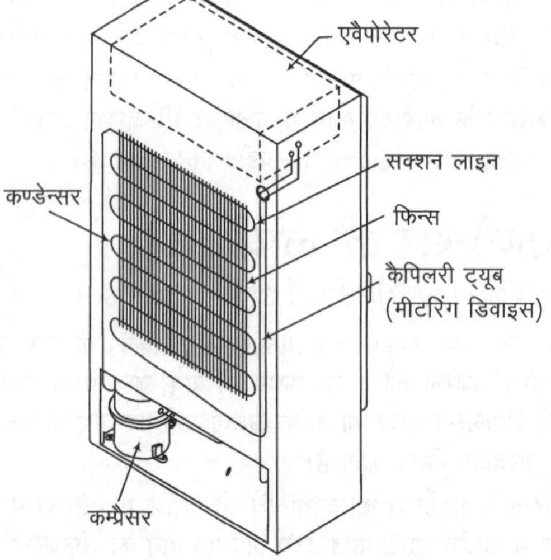

चित्र फिन टाइप कण्डेन्सर के साथ रेफ्रिजरेटर

(b) प्लेट टाइप कण्डेन्सर Plate Type Condenser

इस प्रकार के कण्डेन्सर में फिन के स्थान पर कण्डेन्सर क्वॉयल प्रयोग की जाती है, जो धातु की प्लेट पर सोल्डर की होती है। इस प्लेट को रेफ्रिजरेटर के पीछे स्क्रू द्वारा कस दिया जाता है।

इसमें प्राकृतिक वायु के द्वारा कूलिंग होती है। धात्विक चालकों की सहायता से रेफ्रिजरेन्ट वाष्प की ऊष्मा को प्लेट पर स्थानान्तरित किया जाता है। वायु की गति के कारण इस कण्डेन्सर की रेफ्रिजरेटर की सतह से प्लेट की न्यूनतम दूरी 15 सेमी होनी चाहिए।

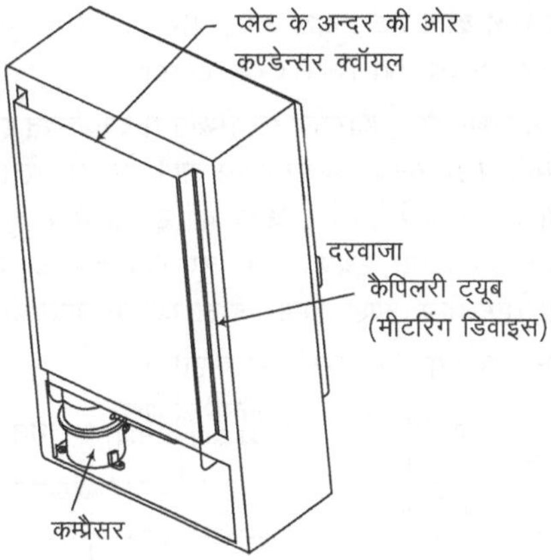

चित्र प्लेट टाइप कण्डेन्सर के साथ रेफ्रिजरेटर

(c) **बॉडी टाइप कण्डेन्सर** Body Type Condenser

आधुनिक रेफ्रिजरेटरों में बाह्य कण्डेन्सर के स्थान पर आन्तरिक रूप से इसकी सतहों को ही कण्डेन्सर के रूप में प्रयुक्त किया जाता है। इन रेफ्रिजरेटरों में रेफ्रिजरेटिड कैबिनेट में इन्सुलेशन के लिए ग्लासवूल (glasswool) के स्थान पर पॉली-यूरेथीन फोम (Poly-urethene Foam, PUF) का प्रयोग किया जाता है। रेफ्रिजरेटर के प्रचालन के समय यह अधिक गर्म हो जाता है, क्योंकि इस समय इसकी बॉडी कण्डेन्सर से ऊष्मा को अवशोषित करती है।

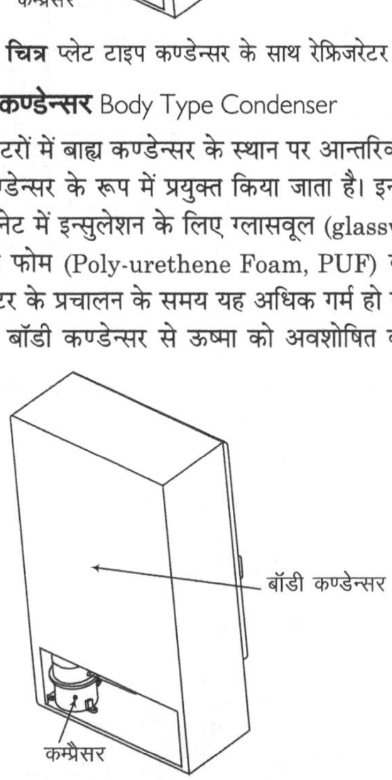

चित्र बॉडी कण्डेन्सर के साथ आधुनिक रेफ्रिजरेटर

(ii) फोर्स्ड कन्वेक्शन कण्डेन्सर Forced Convection Condenser

इस प्रकार के एयर कूल्ड कण्डेन्सर में प्राकृतिक वायु को प्रवाहित करने के लिए एक यान्त्रिक युक्ति का प्रयोग किया जाता है, जिसे पंखा या ब्लोअर (fan or blower) कहते हैं। इस युक्ति के द्वारा वायु में बल (force) पैदा किया जाता है और इस बलयुक्त वायु को कण्डेन्सर के ऊपर से गुजारा जाता है। फोर्स्ड कन्वेक्शन कण्डेन्सर निम्न दो प्रकार के होते हैं–

(a) **चेसिस माउण्टिड कण्डेन्सर** Chassis Mounted Condenser

ये कण्डेन्सर एक ही चेसिस पर कम्प्रैसर, मोटर रिसीवर के साथ लगे होते हैं। इस प्रकार के कण्डेन्सर का प्रयोग सामान्यत: तीन टन से कम क्षमता वाली मशीनों में किया जाता है। इस प्रकार के कण्डेन्सर को सेल्फ कण्टेन्ड कण्डेन्सर (self contained condenser) यूनिट भी कहते हैं। ये कण्डेन्सर फिन्स ट्यूब टाइप के होते हैं।

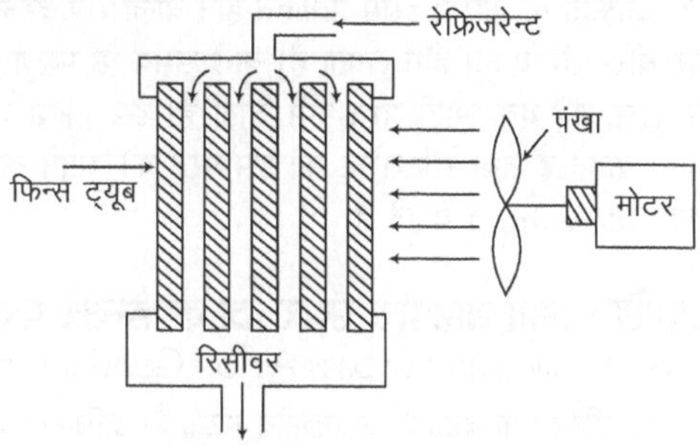

चित्र चेसिस माउण्टिड कण्डेन्सर

(b) **रिमोट टाइप कण्डेन्सर** Remote Type Condenser

रिमोट टाइप कण्डेन्सर का प्रयोग तीन टन से अधिक क्षमता वाली मशीनों के लिए किया जाता है। ये कण्डेन्सर, मोटर व कम्प्रैसर से अधिक दूरी पर लगाए जाते हैं। इन्हें प्राय: मकानों की छतों पर लगाया जाता है। कण्डेन्सर के आगे एक ब्लोअर लगाया जाता है, जो वायु को कण्डेन्सर क्वॉयल के ऊपर से गुजारता है।

इस वायु का वेग 2 मी/से से 5 मी/से तक रहता है। ब्लोअर को घुमाने के लिए प्राय: 0.1 से 0.2 HP की मोटर की आवश्यकता होती है। कण्डेन्सर का सतही क्षेत्र बढ़ाने के लिए इस पर फिन्स लगा दी जाती हैं। ये फिन्स 5-7 फिन्स प्रति सेमी की दूरी पर लगी होती हैं।

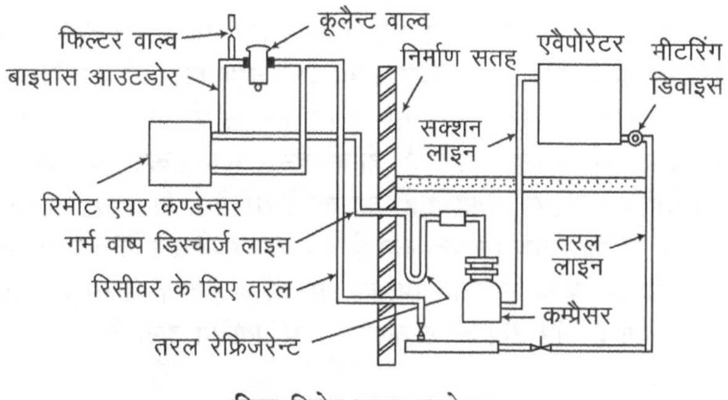

चित्र रिमोट टाइप कण्डेन्सर

एयर कूल्ड कण्डेन्सर में दोष Fault in Air Cooled Condenser

एयर कूल्ड कण्डेन्सर में वायु प्रदूषण के कारण धूल की परत तथा रेफ्रिजरेन्ट के प्रवाह के कारण रेफ्रिजरेन्ट की परत जम जाती है। यही इसमें होने वाले दोष हैं। धूल जमे हुए कण्डेन्सर को चोक्ड कण्डेन्सर (chocked condenser) तथा कण्डेन्सर क्वॉयल में रेफ्रिजरेन्ट की परत जमने की क्रिया को स्केलिंग (scaling) कहते हैं और रेफ्रिजरेन्ट परत को हटाने की क्रिया, डिस्केलिंग (discaling) कहलाती है।

- **चोक्ड कण्डेन्सर** (Chocked condenser) कण्डेन्सर से निरन्तर वायु प्रवाहित होती रहती है। इस वायु में विद्यमान धूल एवं प्रदूषण के कारण कण्डेन्सर के फिन्स एवं क्वॉयल पर धूल व मिट्टी की परत जमा हो जाती है। इस धूल से जमे हुए कण्डेन्सर को चोक्ड कण्डेन्सर कहते हैं। कण्डेन्सर पर धूल जमा होने के कारण कण्डेन्सर की ऊष्मा स्थानान्तरण की दर में कमी उत्पन्न हो जाती है।

- **कण्डेन्सर की डिस्केलिंग** (Descaling of condenser) कण्डेन्सर की घुमावदार आकृति के कारण इसमें प्रवाहित होने वाला रेफ्रिजरेन्ट घुमावदार बिन्दु पर धीरे-धीरे एकत्र होने लगता है। कुछ समय के पश्चात् इस स्थान पर रेफ्रिजरेन्ट की एक मोटी परत जम जाती है। इस क्रिया को स्केलिंग (scaling) कहते हैं तथा रेफ्रिजरेन्ट की इस परत को हटाने की क्रिया को डिस्केलिंग (descaling) कहते हैं।

एयर फाउलिंग तथा बाइपास एयर का कण्डेन्सर पर प्रभाव
Effect of Air Fouling and Bypass Air on Condenser

कण्डेन्सर में फाउलिंग एक बहुत ही अवांछनीय घटना है। अधिकांश कण्डेन्सर में बहने वाला द्रव गन्दगी, तेल ग्रीस और रासायनिक या कार्बनिक पदार्थों से पूरी तरह मुक्त नहीं होता है। जिनके प्रवाह से एक अवांछित कोटिंग कण्डेन्सर की सतह पर जमा हो सकती है, जिससे ऊष्मा हस्तान्तरण गुणांक (heat transfer coefficient) कम हो जाता है साथ ही कण्डेन्सर की तापीय क्षमता भी कम हो जाती है और प्रैशर ड्रॉप जैसी समस्या उत्पन्न होती है।

एयर-कण्डीशनिंग सिस्टम के कण्डेन्सर ट्यूबों पर धूल, गन्दगी और स्केल फॉर्मेशन के संचय के कारण कण्डेन्सर ट्यूब चोक दूषण हो जाती है। स्केल डिपोजिशन तरल पदार्थों के बीच ऊष्मा के प्रवाह के लिए एक अतिरिक्त प्रतिरोध प्रदान करता है और जब प्रतिरोध दोगुना हो जाता है, तो वास्तविक स्थितियों में कण्डेन्सर की क्षमता 50% तक गिर जाती है।

एयर कण्डीशनर कण्डेन्सर का वायु-साइड क्षमता नियन्त्रण वायु प्रवाह की दर को कम करके या तो पंखे के चक्रण, थॉटलिंग वायु प्रवाह दर या पंखे की गति नियन्त्रण द्वारा पूरा किया जा सकता है। फ्रीजिंग साइड नियन्त्रण में तरल रेफ्रिजरेशन द्वारा क्वॉइल को भरकर ऊष्मा हस्तान्तरण सतह को कम किया जा सकता है। कण्डेन्सर की दाब में गिरावट के साथ, कण्डेन्सर के एक उपमार्ग, वाल्व को खोलने के लिए बनाया है, जो कण्डेन्सर से प्राप्तकर्ता तक तरल मार्ग में गर्म गैसों को परिवर्तित करता है। यह कण्डेन्सर से तरल प्रवाह को रोकता है, जिसके परिणामस्वरूप क्षमता कम हो जाती है। कण्डेन्सर के लिए थ्रॉटलिंग वाल्व, बाइपास वाल्व के साथ मिलकर संचालित होता है, जिससे बाइपास वाल्व खुलता है और रेफ्रिजरेन्ट कण्डेन्सर में प्रवाहित होता है।

2. वाटर कूल्ड कण्डेन्सर
Water Cooled Condenser

वे कण्डेन्सर जिनमें कूलिंग माध्यम के रूप में पानी (जल) का प्रयोग किया जाता है, वाटर कूल्ड कण्डेन्सर कहलाते हैं। ये निम्न प्रकार के होते हैं—

(i) शैल एवं ट्यूब कण्डेन्सर (ii) शैल एवं क्वॉयल कण्डेन्सर
(iii) डबल पाइप कण्डेन्सर

(i) शैल एवं ट्यूब कण्डेन्सर Shell and Tube Condenser

इस टाइप कण्डेन्सर की आकृति बेलनाकार होती है तथा इसमें अनेक समानान्तर ट्यूब लगी होती हैं, जिनके द्वारा रेफ्रिजरेन्ट वाष्प को ठण्डा किया जाता है। ये ट्यूब स्टील अथवा ताँबे की बनी होती हैं तथा इनमें पानी भरा होता है। शैल एवं ट्यूब कण्डेन्सर निम्न दो प्रकार के होते हैं—

(a) हॉरिजोण्टल शैल एवं ट्यूब कण्डेन्सर
(b) वर्टिकल शैल एवं ट्यूब कण्डेन्सर

(a) हॉरिजोण्टल शैल एवं ट्यूब कण्डेन्सर
Horizontal Shell and Tube Condenser

इसमें एक बेलनाकार शैल, हॉरिजोण्टल स्थिति में व्यवस्थित रहता है, जिसमें 20 से 25 मिमी मोटी अनेक चालन ट्यूब लगी होती हैं। बेलनाकार शैल में पानी भरा होता है तथा रेफ्रिजरेन्ट वाष्प को ट्यूबों में से गुजारा जाता है। रेफ्रिजरेन्ट वाष्प की ऊष्मा, ट्यूब से होते हुए पानी द्वारा अवशोषित कर ली जाती है तथा रेफ्रिजरेन्ट ठण्डा होकर तरल रूप में प्राप्त हो जाता है। इसे बन्द शैल एवं ट्यूब कण्डेन्सर भी कहते हैं।

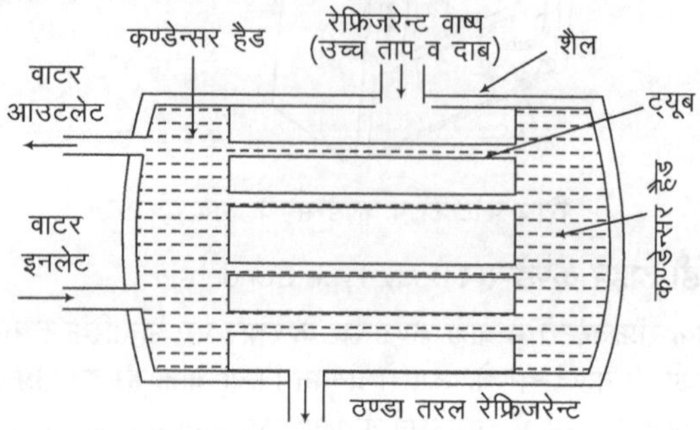

चित्र हॉरिजोण्टल शैल एवं ट्यूब कण्डेन्सर

(b) वर्टिकल शैल एवं ट्यूब कण्डेन्सर
Vertical Shell and Tube Condenser

इस प्रकार के कण्डेन्सर में शैल वर्टिकल (ऊर्ध्वाधर) स्थिति में होता है। इसके अन्दर ट्यूबें भी वर्टिकल स्थिति में ही फिट होती हैं। इन ट्यूबों में पानी प्रवाहित किया जाता है तथा शैल में रेफ्रिजरेन्ट वाष्प प्रवाहित की जाती है। शैल में उच्च दाब व उच्च ताप की वाष्प को इनलेट (inlet) किया जाता है, जिससे यह रेफ्रिजरेन्ट वाष्प अपनी ऊष्मा पानी को स्थानान्तरित कर देती है और द्रव में परिवर्तित होकर दूसरी ओर आउटलेट (outlet) से निकल जाती है।

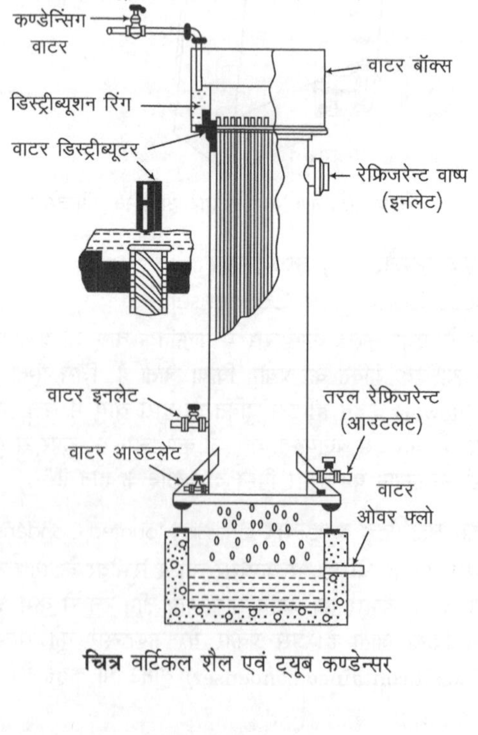

चित्र वर्टिकल शैल एवं ट्यूब कण्डेन्सर

(ii) शैल एवं क्वॉयल कण्डेन्सर Shell and Coil Condenser

इसमें एक बेलनाकार शैल होता है, जिसके अन्दर एक या अधिक ट्यूब क्वॉयल के रूप में फिट रहती हैं। ये क्वॉयल ताँबे की तथा शैल स्टील की बनी होती हैं। इन क्वॉयल के अन्दर ठण्डा पानी प्रवाहित होता रहता है। शैल में दो पोर्ट (ports) बने होते हैं, जिनमें से एक रेफ्रिजरेन्ट वाष्प के अन्दर आने के लिए तथा दूसरा तरल रेफ्रिजरेन्ट को बाहर निकालने के लिए होता है।

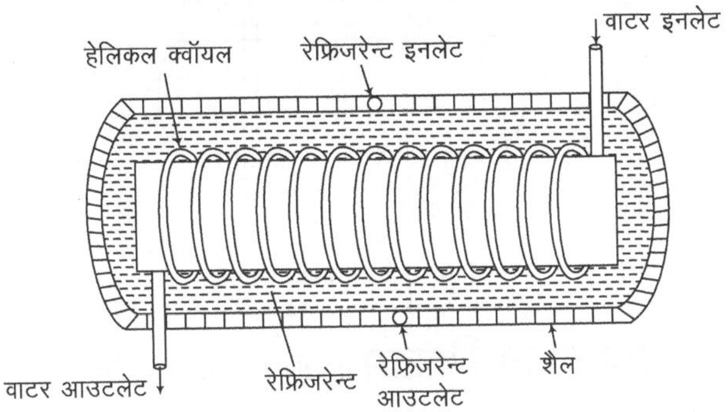

चित्र शैल एवं क्वॉयल कण्डेन्सर

(iii) डबल पाइप कण्डेन्सर Double Pipe Condenser

इस प्रकार के कण्डेन्सर में एक अधिक व्यास वाले पाइप के अन्दर कम व्यास वाला पाइप फिट किया जाता है। अन्दर वाले पाइप में पानी प्रवाहित होता है तथा अधिक व्यास वाले पाइप में रेफ्रिजरेन्ट प्रवाहित होता है। इनमें पानी तथा रेफ्रिजरेन्ट के प्रवाह की दिशा एक ही रखने पर इसे पैरेलल फ्लो सिस्टम (parallel flow system) तथा पानी एवं रेफ्रिजरेन्ट को विपरीत दिशा में प्रवाहित कराने पर 'काउण्टर फ्लो सिस्टम' (counter flow system) कहते हैं।

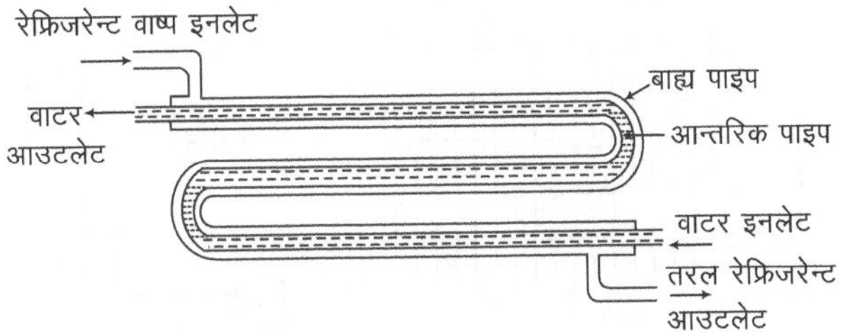

चित्र डबल पाइप कण्डेन्सर

3. एवैपोरेटिव कण्डेन्सर Evaporative Condenser

एवैपोरेटिव कण्डेन्सर का बड़े-बड़े रेफ्रिजरेशन संयन्त्रों में प्रयोग किया जाता है। एवैपोरेटिव कण्डेन्सर में कूलिंग माध्यम वायु एवं पानी दोनों होते हैं। ये कण्डेन्सर 'कूलिंग बाई वैपोराइजेशन' (cooling by vaporisation) के सिद्धान्त पर कार्य करते हैं। इस कण्डेन्सर में 'कूलिंग यूनिट' तथा 'कण्डेन्सिंग क्वॉयल' एक ही हाउसिंग में लगे होते हैं। एवैपोरेटिव कण्डेन्सर में पानी का एक टैंक होता है।

इस टैंक के ऊपर कण्डेन्सिंग क्वॉयल लगी होती है तथा क्वॉयल के ऊपर वाटर 'स्प्रे हैडर' (spray header) लगा दिया जाता है। स्प्रे हैडर का कनैक्शन वाटर पम्प (water pump) की डिस्चार्ज लाइन में होता है। वाटर पम्प की सक्शन लाइन वाटर टैंक से जुड़ी होती है।

स्प्रे हैडर के ऊपर एलीमिनेटिंग प्लेट्स (eliminating plates) लगी होती हैं, जो धातु की बनी होती हैं। इन सभी उपकरणों को एक स्टील हाउसिंग (housing) में फिट कर दिया जाता है और फिर सबसे ऊपर की ओर एक ब्लोअर फैन फिट कर दिया जाता है। रेफ्रिजरेन्ट की ऊष्मा अवशोषित करके, पानी का कुछ भाग एवैपोरेट हो जाता है, जिसके कारण टैंक में पानी का स्तर कम हो जाता है। पानी का स्तर ठीक बनाए रखने के लिए टैंक में फ्लोट वाल्व लगा रहता है।

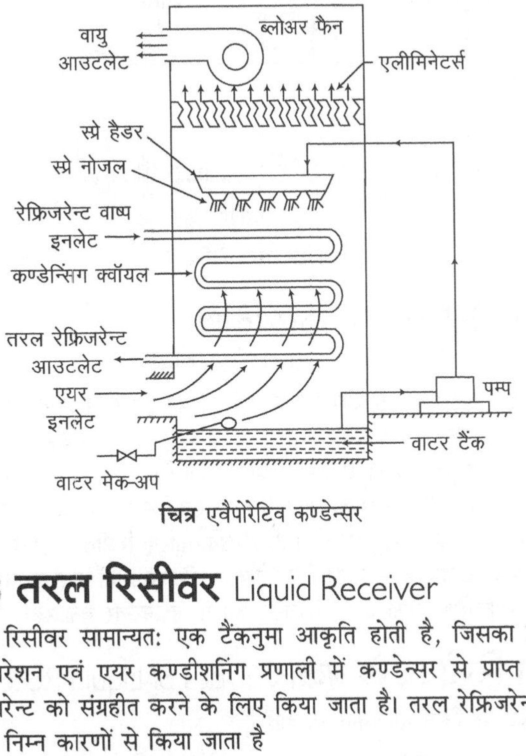

चित्र एवैपोरेटिव कण्डेन्सर

2.3 तरल रिसीवर Liquid Receiver

तरल रिसीवर सामान्यत: एक टैंकनुमा आकृति होती है, जिसका प्रयोग रेफ्रिजरेशन एवं एयर कण्डीशनिंग प्रणाली में कण्डेन्सर से प्राप्त तरल रेफ्रिजरेन्ट को संग्रहीत करने के लिए किया जाता है। तरल रेफ्रिजरेन्ट का संग्रह निम्न कारणों से किया जाता है

1. रेफ्रिजरेशन एवं एयर कण्डीशनिंग प्रणाली में किसी परिवर्तन को करने के लिए तरल रेफ्रिजरेन्ट को संग्रहीत करने की आवश्यकता होती है।
2. कण्डेन्सर से गिरते हुए तरल रेफ्रिजरेन्ट को प्रयोग करने के लिए।
3. तरल रेफ्रिजरेन्ट को पुन: प्रयोग करने हेतु फीडबैंक विधि में उपयोग के लिए।
4. तरल रेफ्रिजरेन्ट को उपयोग न होने की दशा में एक निश्चित स्थान पर एकत्र करने के लिए।

कुछ रेफ्रिजरेशन साइकलों (refrigeration cycles) के लिए तरल रिसीवर का प्रयोग नहीं किया जाता है, क्योंकि इनमें तरल रेफ्रिजरेन्ट को कण्डेन्सर से सीधे ही प्रयोग में लाया जाता है।

निम्न आरेख में तरल रेफ्रिजरेन्ट के संग्रह तथा तरल रिसीवर को दर्शाया गया है

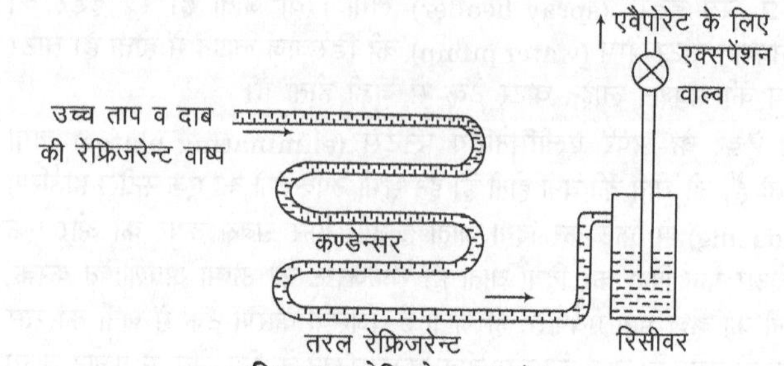

चित्र तरल रेफ्रिजरेन्ट का संग्रह

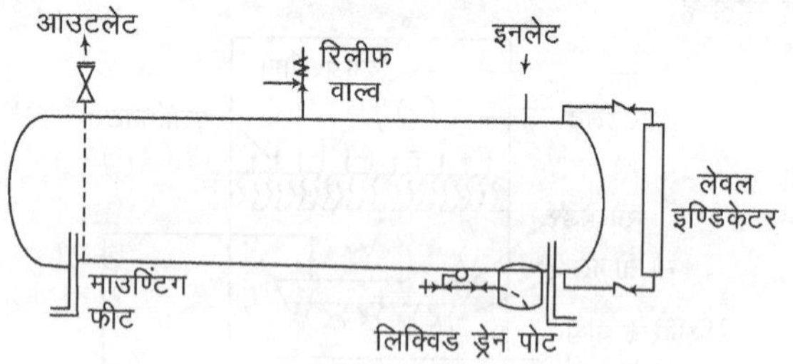

चित्र तरल रिसीवर

तरल रिसीवर की कार्यविधि
Working Method of Liquid Receiver

रेफ्रिजरेशन एवं एयर कण्डीशनिंग प्रणाली में कण्डेन्सर से प्राप्त रेफ्रिजरेन्ट तरल रूप में होता है, जिसे सर्वप्रथम ड्रायर (drier) से गुजारा जाता है, जिससे शुद्ध एवं नमी मुक्त तरल रेफ्रिजरेन्ट प्राप्त होता है। इसके पश्चात् इस तरल रेफ्रिजरेन्ट को रिसीवर में भेजा जाता है। इस तरल रिसीवर में पहले से ही कुछ मात्रा में तरल रेफ्रिजरेन्ट भरा होता है, जिसके कारण रिसीवर में प्रवेश करने वाले रेफ्रिजरेन्ट तथा इससे बाहर निकलने वाले रेफ्रिजरेन्ट की मात्रा बराबर रहती है और रेफ्रिजरेशन प्रणाली में रेफ्रिजरेन्ट का प्रवाह निरन्तर बना रहता है।

तरल रिसीवर के प्रकार Types of Liquid Receiver

तरल रिसीवर निम्न दो प्रकार के होते हैं

1. सर्ज टाइप रिसीवर
2. फ्लो-थ्रो टाइप रिसीवर

1. सर्ज टाइप रिसीवर Surge Type Receiver

सर्ज टाइप रिसीवर वह तरल रिसीवर होता है, जिसके द्वारा रेफ्रिजरेन्ट का केवल वही भाग कण्डेन्सर से रिसीवर में भेजा जाता है, जिसकी एवैपोरेटर में आवश्यकता नहीं होती है। कम लोड होने पर सर्ज टाइप रिसीवर, रेफ्रिजरेन्ट को एवैपोरेटर में नहीं भेजता तथा यह रेफ्रिजरेन्ट रिसीवर में संग्रहीत हो जाता है। सर्ज टाइप रिसीवर में एक ही पोर्ट, इनलेट व आउटलेट दोनों के लिए प्रयुक्त होता है।

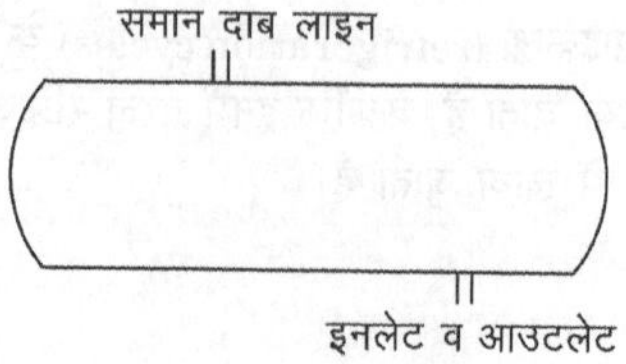

चित्र सर्ज टाइप रिसीवर

2. फ्लो-थ्रो टाइप रिसीवर
Flow-Through Type Receiver

फ्लो-थ्रो टाइप रिसीवर में इनलेट व आउटलेट पोर्ट अलग-अलग होते हैं। इस प्रकार के तरल रिसीवर में रेफ्रिजरेन्ट का प्रवाह, एवैपोरेटर की आवश्यकता पर निर्भर नहीं करता है। इसमें सम्पूर्ण रेफ्रिजरेन्ट एवैपोरेटर में जाने से पूर्व रिसीवर में भेजा जाता है।

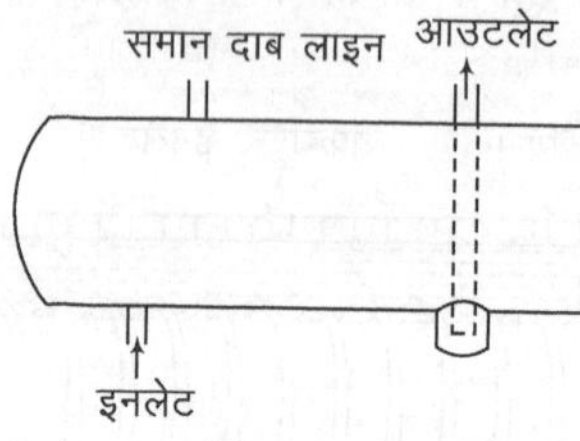

चित्र फ्लो-थ्रो टाइप रिसीवर

2.4 पम्प डाउन सिस्टम Pump Down System

स्वचालित रेफ्रिजरेशन एवं एयर कण्डीशनिंग प्रणाली में प्रयुक्त वह सिस्टम, जिसके द्वारा किसी निश्चित तापमान पर यह प्रणाली स्वत: ही बन्द हो जाती है, 'पम्प डाउन सिस्टम' (pump down system) कहलाता है। पम्प डाउन सिस्टम, स्वचालित रेफ्रिजरेशन एवं एयर कण्डीशनिंग प्रणाली को पूर्व निर्धारित तापमान अथवा इससे कम तापमान होने पर बन्द कर देता है तथा पूर्व निर्धारित तापमान से अधिक तापमान होने पर पुन: चालू कर देता है। पम्प डाउन सिस्टम को निम्न चित्र में दर्शाया गया है

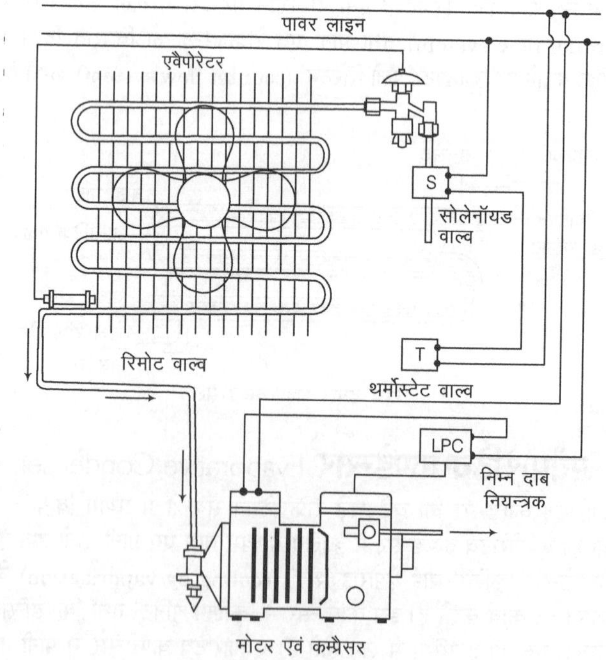

चित्र पम्प डाउन सिस्टम

नोट- पाठ्यक्रम को देखते हुए यहाँ केवल इस अध्याय का संक्षिप्त विवरण दिया गया है। इस अध्याय के विस्तृत अध्ययन हेतु प्रशिक्षु प्रथम वर्ष के अध्याय-20 का अवलोकन करें।

महत्त्वपूर्ण बिन्दु

- कण्डेन्सर एक ऊष्मा स्थानान्तरण युक्ति है, जिसके द्वारा कम्प्रेसर और एवैपोरेटर की सहायता से रेफ्रिजरेन्ट को दी गई ऊष्मा को वायु, जल अथवा दोनों में स्थानान्तरित कर दिया जाता है।
- वे कण्डेन्सर जिनमें रेफ्रिजरेन्ट वाल्व को ठण्डा करने के लिए वायु का प्रयोग किया जाता है। एयर कूल्ड कण्डेन्सर कहलाते हैं।
- एअर कूल्ड कण्डेन्सर निम्न दो प्रकार के होते हैं
  (i) प्राकृतिक कन्वेक्शन कण्डेन्सर
  (ii) फोर्स्ड कन्वेक्शन कण्डेन्सर
- फोर्स्ड कन्वेक्शन एयर कूल्ड कण्डेन्सर में प्राकृतिक वायु को प्रवाहित करने के लिए एक यान्त्रिक युक्ति का प्रयोग किया जाता है, जिसे पंखा या ब्लोअर कहते हैं।
- एयर कूल्ड कण्डेन्सर में वायु प्रदूषण के कारण धूल की परत तथा रेफ्रिजरेन्ट के प्रवाह के कारण रेफ्रिजरेन्ट की परत जम जाती है
- वायु में विद्यमान धूल एवं प्रदूषण के कारण कण्डेन्सर के फिन्स एवं क्वॉयल पर धूल व मिट्टी की परत जमा हो जाती है इस धूल से जमे हुए कण्डेन्सर को चोक्ड कण्डेन्सर कहते हैं।
- वे कण्डेन्सर जिनमें कूलिंग माध्यम के रूप में पानी का प्रयोग किया जाता है। वाटर कूल्ड कण्डेन्सर कहलाते हैं।
- एवैपोरेटिव कण्डेन्सर का बड़े-बड़े रेफ्रिजरेशन संयन्त्रों में प्रयोग किया जाता है।
- एवैपोरेटिव कण्डेन्सर कूलिंग बाई वैपोराइजेशन के सिद्धान्त पर कार्य करते हैं।
- कुछ रेफ्रिजरेशन साइकिलों के लिए तरल रिसीवर का प्रयोग नहीं किया जाता है, क्योंकि इनमें तरल रेफ्रिजरेन्ट को कण्डेन्सर से सीधे ही प्रयोग में लाया जाता है।
- स्वचालित रेफ्रिजरेशन एवं एयर कण्डीशनिंग प्रणाली में प्रयुक्त सिस्टम, जिसके द्वारा किसी निश्चित तापमान पर यह प्रणाली स्वतः ही बन्द हो जाती है, पम्प डाउन सिस्टम (pump down system) कहलाता है।

महत्त्वपूर्ण प्रश्नोत्तरी

1. रेफ्रिजरेशन प्रणाली में कण्डेन्सर से आप क्या समझते हैं?

उत्तर कण्डेन्सर एक ऊष्मा स्थानान्तरक युक्ति है, जिसके द्वारा कम्प्रैसर से रेफ्रिजरेन्ट वाष्प की ऊष्मा को वायु अथवा जल में स्थानान्तरित कर दिया जाता है।

2. यान्त्रिक युक्ति द्वारा उत्पन्न वायु का प्रयोग किन कण्डेन्सरों में किया जाता है?

उत्तर यान्त्रिक युक्ति द्वारा उत्पन्न वायु का प्रयोग फोर्स्ड कन्वेक्शन कण्डेन्सरों में किया जाता है।

3. शैल एवं ट्यूब कण्डेन्सर में पानी कहाँ भरा होता है?

उत्तर शैल एवं ट्यूब कण्डेन्सर में पानी ट्यूब में भरा जाता है।

4. किस कण्डेन्सर में रेफ्रिजरेन्ट को ठण्डा करने के लिए जल एवं वायु दोनों का प्रयोग किया जाता है?

उत्तर एवैपोरेटर कण्डेन्सर में रेफ्रिजरेन्ट को ठण्डा करने के लिए जल एवं वायु दोनों का प्रयोग किया जाता है।

5. एयर कूल्ड एवं वाटर कूल्ड कण्डेन्सर में कोई दो अन्तर लिखिए।

उत्तर एयर कूल्ड एवं वाटर कूल्ड कण्डेन्सर में दो अन्तर निम्नलिखित हैं-

(i) एयर कूल्ड कण्डेन्सरों की ऊष्मा स्थानान्तरण दर वाटर कूल्ड कण्डेन्सरों की अपेक्षा कम होती है।

(ii) एयर कूल्ड कण्डेन्सरों की संरचना वाटर कूल्ड कण्डेन्सरों की अपेक्षा सरल होती है।

6. कण्डेन्सर की डिस्केलिंग क्रिया क्या है?

उत्तर कण्डेन्सरों के घुमावदार बिन्दु पर जमी रेफ्रिजरेन्ट की परत को हटाने की क्रिया को कण्डेन्सरों की डिस्केलिंग कहते हैं।

7. किस टाइप के रिसीवर में इनलेट व आउटलेट पोर्ट अलग-अलग होते हैं?

उत्तर फ्लो-थ्रो टाइप के रिसीवर में इनलेट व आउटलेट पोर्ट अलग-अलग होते हैं।

अभ्यास प्रश्न

परीक्षा प्रारूपी प्रश्न

बहुविकल्पीय

1. डायरेक्ट कूल्ड रेफ्रिजरेटर में किस प्रकार के कण्डेन्सर का उपयोग किया जाता है?
(a) फिन और ट्यूब (b) शैल और ट्यूब
(c) वायर मेश (d) ट्यूब में ट्यूब

2. किस प्रकार के कण्डेन्सर को सीधे पानी के स्प्रे और हवा पर रखा जाता है?
(a) शैल और ट्यूब कण्डेन्सर (b) वाटर कूल्ड कण्डेन्सर
(c) एवैपोरेटिव कण्डेन्सर (d) एयर कूल्ड कण्डेन्सर

3. विण्डो एयर कण्डीशनर में किस प्रकार के कण्डेन्सर का उपयोग किया जाता है?
(a) प्राकृतिक कन्वेक्शन (b) फोर्स कन्वेक्शन
(c) वाटर कूल्ड (d) एवैपोरेटिव

4. ऑटोमैटिक एक्सपैंशन वाल्व (AEV) के काम के कार्य हेतु कॉन्स्टेन्ट रेफरेन्स कौन-सा है?
(a) ऑयल का तापमान (b) सक्शन प्रैशर
(c) वॉल्यूम एक्सपैन्शन (d) डिस्चार्ज प्रैशर

5. नीचे चित्र में प्रदर्शित टूल का नाम बताइए।

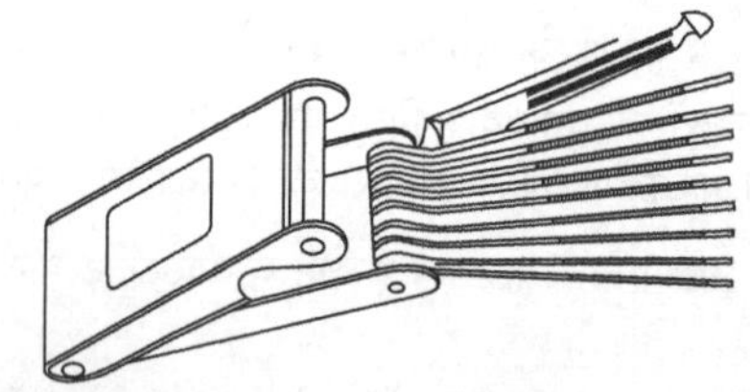

(a) फिन कॉम्ब (b) फीलर गेज
(c) स्क्रू ड्राइवर सेट (d) केशिका ट्यूब साइजिंग किट

6. कण्डेन्सर क्वॉयल की पेन्टिंग के लिए किस रंग का उपयोग किया जाता है?
(a) हरा (b) काला (c) नीला (d) लाल

7. वेपर कम्प्रैसन साइकिल में कण्डेन्सर के आउटलेट पर रेफ्रिजरेन्ट की भौतिक अवस्था होती है
(a) उच्च दबाव वाष्प (b) उच्च दबाव तरल
(c) कम दबाव तरल (d) कम दबाव वाष्प

8. फिन लगा कण्डेन्सर पर रासायनिक छिड़काव का उद्देश्य है
(a) कण्डेन्सर ट्यूबों को फ्लश आउट करना
(b) पंखों पर लगा जंग हटाना
(c) पंखों से धूल हटाना
(d) फिन्स के बैण्ड को ठीक करना

9. फॉस्ट फ्री रेफ्रिजरेटर में डीफ्रॉस्ट हीटर के साथ शृंखला में कौन-सा घटक जुड़ा हुआ है?
(a) डोर स्विच (b) कैबिनेट बल्ब
(c) बाइमैटालिक थर्मो (d) हिटिंग एलिमेन्ट

10. स्थापना के दौरान दीवार से रेफ्रिजरेटर के दोनों ओर कितना न्यूनतम अन्तर छोड़ा जाता है?
(a) 5 सेमी (b) 10 सेमी (c) 15 सेमी (d) 25 सेमी

11. एक रेफ्रिजरेशन सिस्टम में निर्जलीकरण (dehydrator) कहाँ स्थापित किया जाता है?
(a) डिस्चार्ज लाइन (b) कैपिलरी लाइन
(c) सक्शन लाइन (d) लिक्विड लाइन

12. प्लेट और ट्यूब कण्डेन्सर में रेफ्रिजरेन्ट वाष्प को संघनित करने के लिए किस शीतलन माध्यम का उपयोग किया जाता है?
(a) नैचुरल एयर (b) फोर्स्ड एयर
(c) वाटर (d) ब्राइन सॉल्यूशन

13. एयर कूल्ड कण्डेन्सर के क्वॉयल को बाहर निकालने के लिए किस गैस का उपयोग किया जाता है?
(a) ड्राई नाइट्रोजन (b) शुद्ध शुष्क हवा
(c) ऑक्सीजन (d) गर्म हवा

14. अवरुद्ध केशिका ट्यूब फ्लशिंग के लिए कौन-सी गैस का उपयोग किया जाता है?
(a) नम हवा (b) हाइड्रोजन
(c) ड्राई नाइट्रोजन (d) एक्वा अमोनिया

15. नीचे चित्र में किस प्रकार के घरेलू रेफ्रिजरेशन सिस्टम के उपकरण का क्या उपयोग है?

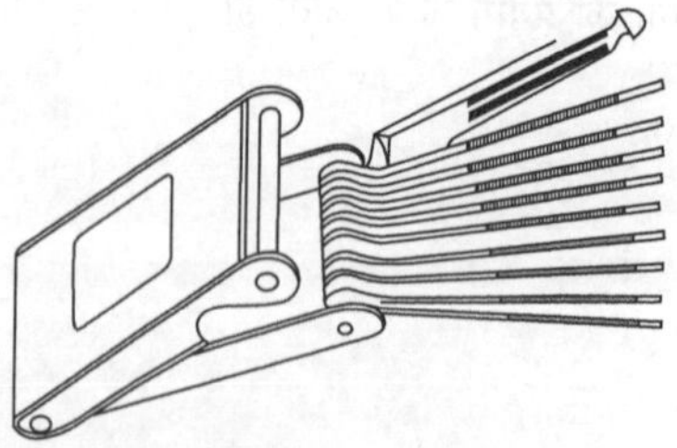

(a) सिलेण्डर की गहराई की जाँच करना
(b) केशिका ट्यूब की OD आकार का सत्यापन करना
(c) कॉपर ट्यूब की मोटाई को कम करना
(d) केशिका ट्यूब के आईडी आकार को मापना

16. विण्डो एयर कण्डीशनर में किस प्रकार के कण्डेन्सर का उपयोग किया जाता है?
(a) फिन्स और ट्यूब
(b) प्लेट और ट्यूब
(c) प्लेट और क्वॉयल
(d) बेयर ट्यूब

17. विण्डो एयर कण्डीशनर में कण्डेन्सर ट्यूबों के पंखों से किसकी वृद्धि होती है?
(a) हीट ट्रांसफर रेट
(b) बिजली की खपत
(c) डिस्चार्ज दाब
(d) रेफ्रिजरेन्ट प्रवाह दर

18. एक विण्डो एयर कण्डीशनर में बहुत उच्च कण्डेन्सर तापमान का कारण क्या है?
(a) कण्डेन्सर पर पानी की बौछार
(b) कण्डेन्सर में अधिक हवा का प्रवाह
(c) फैन मोटर का अच्छी हालत में कार्य करना
(d) कण्डेन्सर पंखों पर धूल का जमा होना

19. कण्डेन्सर में ऊष्मा स्थानान्तरण क्षमता होनी चाहिए
(a) कूलिंग क्षमता के समान (b) कूलिंग क्षमता से ज्यादा
(c) कूलिंग क्षमता से कम (d) इनमें से कोई नहीं

20. कण्डेन्सर में स्केल के निर्माण के लिए उत्तरदायी है
(a) दाब (b) ऊष्मा स्थानान्तरण
(c) कण्डेन्सर क्षमता (d) प्लाण्ट की क्षमता

उत्तरमाला

1. (c)	**2.** (c)	**3.** (b)	**4.** (b)	**5.** (d)	**6.** (b)	**7.** (b)	**8.** (b)	**9.** (c)	**10.** (c)
11. (d)	**12.** (a)	**13.** (a)	**14.** (c)	**15.** (d)	**16.** (a)	**17.** (a)	**18.** (d)	**19.** (b)	**20.** (a)

अध्याय 03

कूलिंग टावर
Cooling Tower

परिचय Introduction

एयर कण्डीशनर के सहायक साधन वाटर कूल्ड कण्डेन्सर में रेफ्रिजरेन्ट को ठण्डा करने के लिए जल का प्रयोग किया जाता है। इस कण्डेन्सर में जल, रेफ्रिजरेन्ट की ऊष्मा को अवशोषित करता है, जिससे यह गर्म हो जाता है। अत: वाटर कूल्ड कण्डेन्सर की कार्यविधि को नियमित रूप से बनाए रखने के लिए इसमें निरन्तर ठण्डा जल प्रवाहित करने की आवश्यकता रहती है, जिसके लिए वाटर कूल्ड कण्डेन्सर के साथ जल पुनर्संचरण प्रणाली (water recirculated system) सम्बन्धित रहती है।

इस जल पुनर्संचरण प्रणाली के अन्तर्गत जल को ठण्डा बनाए रखने के लिए जो व्यवस्था की जाती है, वह व्यवस्था कूलिंग टावर (cooling tower) कहलाती है।

कूलिंग टावर एवैपोरेटिड गर्म जल की गुप्त ऊष्मा को अवशोषित करके जल को कूलिंग प्रदान करता है, यही कूलिंग टावर का सिद्धान्त है। प्रस्तुत अध्याय में कूलिंग टावर सम्बन्धी ज्ञान को ही वर्णित किया गया है, जिससे कि प्रशिक्षु इसकी कार्यविधि एवं उपयोगिता से अवगत हो सकें।

अध्याय विषय सूची

3.1 कूलिंग टावर की आवश्यकता
Need of a Cooling Tower

कूलिंग टावर, जल को ठण्डा बनाए रखने के लिए एक प्रकार की व्यवस्था है। इसकी मुख्य आवश्यकता कण्डेन्सर की कार्यविधि के पश्चात् उत्पन्न गर्म जल को ठण्डा करने में होती है। रेफ्रिजरेशन प्रणाली में सामान्य रूप से वाटर कूल्ड कण्डेन्सर का प्रयोग किया जाता है। कण्डेन्सर में रेफ्रिजरेन्ट को ठण्डा बनाए रखने के लिए जल का प्रयोग किया जाता है, जिससे जल रेफ्रिजरेन्ट की ऊष्मा को अवशोषित करके गर्म हो जाता है। यदि कण्डेन्सर में गर्म जल प्रवाहित होता है, तो इससे सम्पूर्ण रेफ्रिजरेशन प्रक्रिया प्रभावित होती है।

अत: इस जल को निरन्तर ठण्डा रखने के लिए कण्डेन्सर से जल पुनर्संचरण प्रणाली या कूलिंग टावर से कण्डेन्सर सम्बद्ध किया जाता है, जिसमें कूलिंग टावर जल को ठण्डा बनाए रखने का कार्य करती रहती है।

3.2 कूलिंग टावर के प्रकार Types of Cooling Tower

कूलिंग टावर का वर्गीकरण निम्नलिखित दो प्रकार से किया गया है

1. डिजाइन के आधार पर
2. वायु परिचालन के आधार पर

1. डिजाइन के आधार पर Based on Design

यह दो प्रकार के होते हैं, जिनका विस्तृत वर्णन निम्न प्रकार है

(i) खुला कूलिंग टावर (ii) बन्द कूलिंग टावर

(i) खुला कूलिंग टावर Open Cooling Tower

खुला कूलिंग टावर, एवैपोरेटिव कूलिंग के सिद्धान्त पर कार्य करता है। खुले कूलिंग टावर में चारों तरफ से वायु प्रवाहित होती है। रेफ्रिजरेशन प्रणाली में प्रयुक्त होने वाला कूलिंग टावर, खुले प्रकार का होता है। इसके ऊपरी भाग में जल को प्रवेश कराने के लिए स्थान होता है, जहाँ से जल को स्प्रे के रूप में ड्रिप कराया जाता है।

स्प्रे-डिस्ट्रीब्यूशन से जल ड्रिप करता हुआ कूलिंग टावर के नीचे सम्प में एकत्र हो जाता है। एयर इन व एयर आउट पोर्ट बने होने के कारण, खुले कूलिंग टावर में जल शीघ्रता से ठण्डा होता है। खुले कूलिंग टावर की दक्षता, वायु में उपस्थित आर्द्रता (humidity) तथा तापमान पर निर्भर करती है।

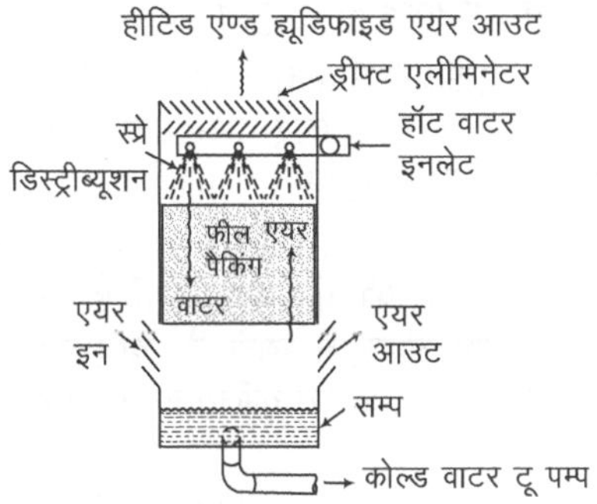

चित्र खुला कूलिंग टावर

खुले कूलिंग टावर के लाभ तथा हानियाँ

लाभ

- इसका रख-रखाव आसान होता है।
- इसके प्रयोग से किसी भी प्रकार की अवांछनीय ध्वनि उत्पन्न नहीं होती है।
- इसके प्रयोग से ऊर्जा की बचत होती है।

हानियाँ

- वायु का प्रवाह नियमित रूप से होने के कारण इन कूलिंग टावर को किसी बन्द स्थान पर नहीं लगाया जा सकता।
- ये अधिक स्थान घेरते हैं।

(ii) बन्द कूलिंग टावर Closed Cooling Tower

बन्द कूलिंग टावर में ट्यूब बण्डल का प्रयोग किया जाता है, जिसमें से गर्म जल प्रवाहित होता है। जल को ठण्डा करने के लिए ट्यूबों के ऊपर से स्वच्छ जल स्प्रे के रूप में प्रवाहित किया जाता है। स्प्रे के रूप में गिरते हुए जल का पृष्ठीय क्षेत्रफल बढ़ जाता है जिसके परिणामस्वरूप गर्म जल ऊष्मा छोड़कर ठण्डा हो जाता है और टावर के निचले भाग, सम्प में एकत्र हो जाता है। इस टावर के एक भाग से गर्म जल को प्रवेश कराया जाता है। कूलिंग के पश्चात्, दूसरे भाग से ठण्डा जल प्राप्त किया जाता है। बन्द कूलिंग टावर की सभी साइडें बन्द होती हैं जिस कारण इसे बन्द कूलिंग टावर कहते हैं। चारों ओर से बन्द होने के कारण वायु प्रवेश नहीं कर पाती है। अतः वायु के प्रवेश हेतु बन्द कूलिंग टावर में पंखे का प्रयोग किया जाता है।

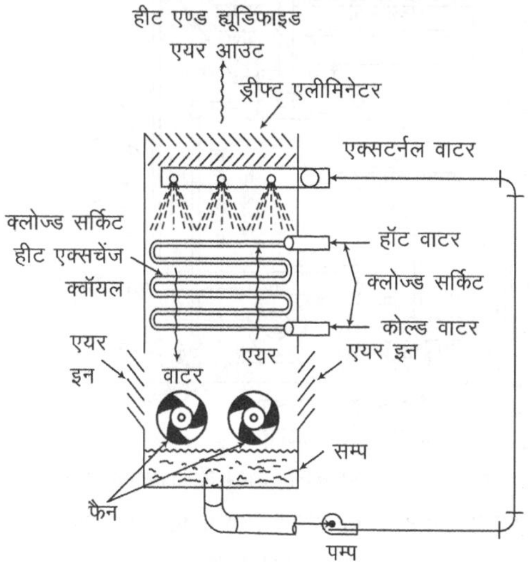

चित्र बन्द कूलिंग टावर

बन्द कूलिंग टावर के लाभ तथा हानियाँ

लाभ

- इसके अन्तर्गत जल उपचार की लागत कम आती है।
- इनकी कूलिंग क्षमता नियन्त्रित की जा सकती है।
- बन्द कूलिंग टावर, खुले कूलिंग टावर की अपेक्षा कम स्थान घेरता है।

हानियाँ

- इसकी प्रचालन लागत अधिक होती है।
- इसका रख-रखाव अधिक व्यय वाला होता है।

2. वायु परिचालन के आधार पर Based on Air flow

इस प्रकार के कूलिंग टावर को दो वर्गों में विभक्त किया गया है

(i) नैचुरल ड्राफ्ट कूलिंग टावर (ii) मैकेनिकल ड्राफ्ट कूलिंग टावर

(i) नैचुरल ड्राफ्ट कूलिंग टावर Natural Draft Cooling Tower

इस टावर में कण्डेन्सर से आए गर्म जल को स्प्रे नॉजिल से गिराया जाता है और उसे प्राकृतिक वायु द्वारा ठण्डा किया जाता है, इसलिए इसे नैचुरल ड्राफ्ट कूलिंग टावर कहते हैं। यह कूलिंग टावर पर्याप्त स्थान की उपलब्धता होने पर खुली हवा में जहाँ वायु के बहाव में रुकावट न हो वहाँ पर स्थापित किया जाता है। यह कूलिंग टावर अपेक्षाकृत कम रेफ्रिजरेशन कार्य हेतु प्रयुक्त किया जाता है। टावर के एक भाग से वायु का प्रवेश तथा दूसरे भाग से वायु की निकासी की जाती है।

निकासी के समय वायु गर्म जल की ऊष्मा ग्रहण करके जल को कूलिंग प्रदान करती है।

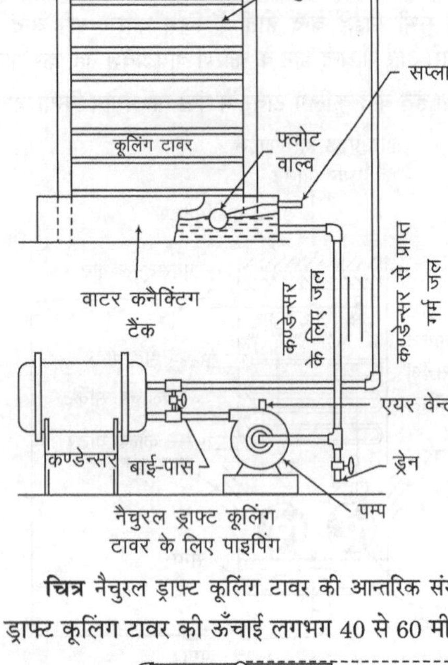

चित्र नैचुरल ड्राफ्ट कूलिंग टावर की आन्तरिक संरचना

नैचुरल ड्राफ्ट कूलिंग टावर की ऊँचाई लगभग 40 से 60 मीटर तक होती है।

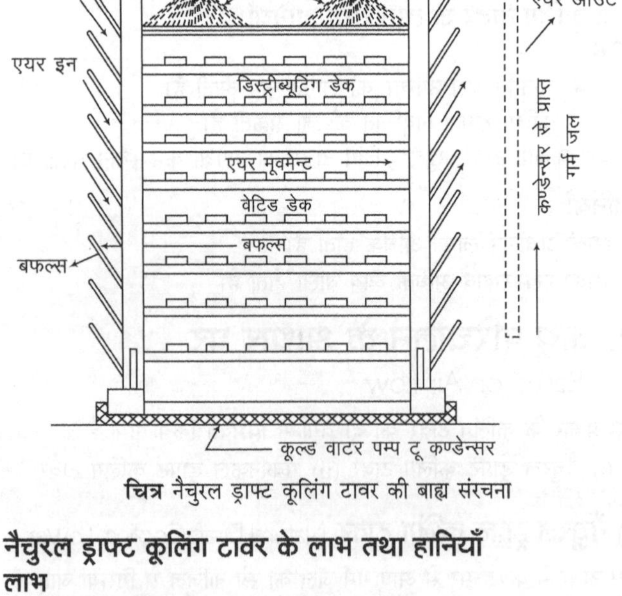

चित्र नैचुरल ड्राफ्ट कूलिंग टावर की बाह्य संरचना

नैचुरल ड्राफ्ट कूलिंग टावर के लाभ तथा हानियाँ

लाभ

- इसमें प्राकृतिक वायु का प्रयोग किया जाता है।
- इसके प्रबन्ध में कम व्यय आता है।
- इसका अनुरक्षण कार्य बहुत कम होता है।
- इसे स्थापित करने हेतु अत्यधिक सह-अवयवों की आवश्यकता नहीं रहती है।
- इसकी प्रचालन लागत निम्न होती है।

हानियाँ

- इसे स्थापित करने के लिए अपेक्षाकृत अधिक स्थान की आवश्यकता होती है।
- इसके द्वारा निम्न कूलिंग प्राप्त होती हैं।
- इसके लिए पर्याप्त खुले स्थान की आवश्यकता होती है।
- इसे अपेक्षाकृत ऊँचे स्थान पर स्थापित किया जाता है, जहाँ वायु प्रवाह में कोई बाधा न आए।

(ii) मैकेनिकल ड्राफ्ट कूलिंग टावर
Mechanical Draft Cooling Tower

इसे फैन टाइप कूलिंग टावर भी कहते हैं। जैसा कि नाम से ही प्रदर्शित है इस प्रकार के कूलिंग टावर में वायु का प्रवाह नैचुरल न होकर किसी मैकेनिकल युक्ति; जैसे-प्रोपेलर फैन, सेण्ट्रीफ्यूगल फैन आदि की सहायता से होता है। ये दो प्रकार का होता है

(a) इण्ड्यूस्ड ड्राफ्ट कूलिंग टावर
(b) फोर्स्ड ड्राफ्ट कूलिंग टावर

(a) इण्ड्यूस्ड ड्राफ्ट कूलिंग टावर
Induced Draft Cooling Tower

वह कूलिंग टावर जिसमें फैन कूलिंग टावर के अन्दर की वायु को सोखकर बाहर फेंकता है, उसे इण्ड्यूस्ड ड्राफ्ट कूलिंग टावर कहते हैं।

इसमें फैन या ब्लोअर, एलीमिनेटर्स (eliminators) के ऊपर लगा होता है। कूलिंग टावर में वायु के प्रवेश के लिए वाटर टैंक के ऊपर हाउसिंग को काटकर एक जाली लगा दी जाती है।

जब फैन या ब्लोअर चलता है, तो इस स्थिति में जो वायु कूलिंग टावर के अन्दर उपस्थित होती है, ऊपर की ओर बहने लगती है और जल की ऊष्मा शोषित करके अपने साथ बाहर ले जाती है। वायु की गति बढ़ाने से एवैपोरेशन की दर बढ़ जाती है, जिससे कूलिंग टावर की क्षमता में भी वृद्धि होती है।

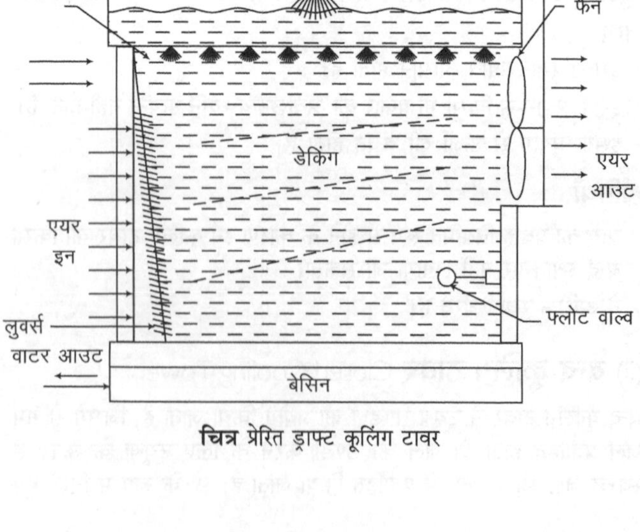

चित्र प्रेरित ड्राफ्ट कूलिंग टावर

इण्ड्यूस्ड ड्राफ्ट कूलिंग टावर के लाभ तथा हानियाँ

लाभ

- इण्ड्यूस्ड ड्राफ्ट कूलिंग टावर को स्थापित करने हेतु अपेक्षाकृत कम स्थान की आवश्यकता होती है।
- इसके द्वारा उच्च कूलिंग प्राप्त होती है।
- इसमें वायु प्रवाह कराने हेतु फैन या ब्लोअर की व्यवस्था होती है।
- इसमें टावर की कूलिंग क्षमता को नियन्त्रित किया जा सकता है।
- यह टावर वातावरण की परिस्थिति पर निर्भर नहीं करता है।

हानियाँ

- इसमें कूलिंग कार्य हेतु अधिक ऊर्जा एवं शक्ति व्यय होती है।
- इसमें अनुरक्षण लागत अधिक होती है।
- इसकी प्रचालन लागत भी अधिक होती है।
- इसमें रेफ्रिजरेशन वायु की गति एवं दिशा पर निर्भर करता है।

(b) फोर्स्ड ड्राफ्ट कूलिंग टावर

Forced Draft Cooling Tower

वह कूलिंग टावर, जिसमें फैन या ब्लोअर बाहर की वायु को अवशोषित करके कूलिंग टावर के अन्दर बल द्वारा फेंकता है, उसे फोर्स्ड ड्राफ्ट कूलिंग टावर कहते हैं।

इस कूलिंग टावर में पानी के टैंक के ऊपर जगह बनाकर फैन या ब्लोअर लगा दिया जाता है और टावर का सबसे ऊपरी भाग खुला रखा जाता है। फैन या ब्लोअर बाहर की वायु को सोखकर टावर के अन्दर फेंकता है। यह वायु गति से पानी के स्प्रे से पास होती हुई ऊपर की ओर से बाहर निकल जाती है। वायु, गर्म जल की वाष्प को अपने साथ बहाकर बाहर ले जाती है परिणामस्वरूप एवैपोरेशन की दर बढ़ जाती है। एवैपोरेशन के कारण वाटर टैंक में पानी का स्तर कम होता रहता है।

जल स्तर को नियत रखने के लिए टैंक में एक मेक-अप वाटर कनैक्शन (make up water connection) संयोजित किया जाता है। इस प्रकार पानी का स्तर बना रहता है। इस कूलिंग टावर का प्रयोग उच्च कूलिंग जल को कम समय में प्राप्त करने के लिए किया जाता है।

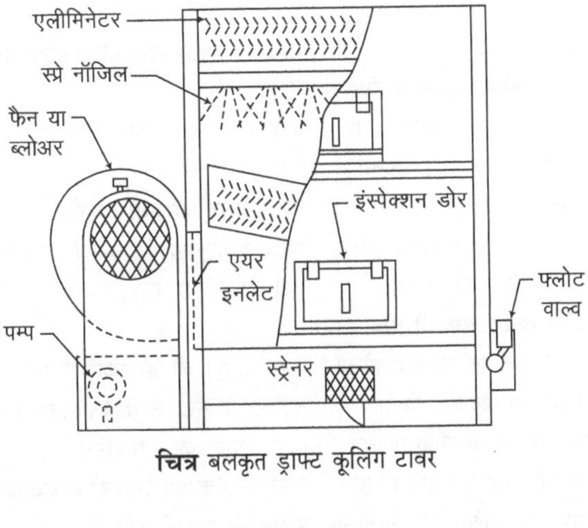

चित्र बलकृत ड्राफ्ट कूलिंग टावर

फोर्स्ड ड्राफ्ट कूलिंग टावर के लाभ एवं हानियाँ

लाभ

- इसके द्वारा अपेक्षाकृत उच्च कूलिंग प्राप्त होती है।
- इसमें कूलिंग की क्षमता को नियन्त्रित किया जा सकता है।
- इसमें वायु प्रवाह तीव्र गति से नीचे से ऊपर की ओर होता है।
- इसमें जल का स्तर स्थिर बना रहता है।
- इसे स्थापित करने हेतु बहुत कम जगह की आवश्यकता होती है।

हानियाँ

- इसमें अपेक्षाकृत अधिक क्षमता वाले फैन या ब्लोअर की आवश्यकता होती है।
- इसकी अनुरक्षण लागत अपेक्षाकृत अधिक होती है।
- इसकी प्रचालन लागत भी अपेक्षाकृत अधिक होती है।
- इसमें जल का एवैपोरेशन अधिक होता है।

तालिका नैचुरल एवं मैकेनिकल ड्राफ्ट कूलिंग टावर में अन्तर

क्र.सं.	नैचुरल ड्राफ्ट कूलिंग टावर	मैकेनिकल ड्राफ्ट कूलिंग टावर
1.	यह अधिक स्थान घेरता है।	यह कम स्थान घेरता है।
2.	इसकी परिचालन लागत अपेक्षाकृत कम होती है।	इसकी परिचालन लागत अधिक होती है।
3.	इसका उपयोग अधिक क्षमता वाले संयन्त्रों में किया जाता है।	इसका उपयोग प्रायः कम क्षमता वाले संयन्त्रों में किया जाता है।
4.	ये कूलिंग टावर पूर्ण रूप से खुली होती हैं।	ये कूलिंग टावर पूर्ण रूप से बन्द होती हैं।
5.	इस टावर की जल ठण्डा करने की दर कम होती है।	इन टावर की ठण्डा करने की दर अधिक होती है।
6.	इस टावर की विमाएँ अपेक्षाकृत बड़ी होती हैं।	इस टावर की विमाएँ अपेक्षाकृत छोटी होती हैं।
7.	इस टावर की स्थापना प्राकृतिक वायु की उपलब्धता में ही की जा सकती है।	इस टावर की स्थापना किसी भी परिस्थिति में की जा सकती है।

3.3 कूलिंग टावर की विशिष्टियाँ

Specifications of Cooling Tower

कूलिंग टावर का चयन उसकी विशिष्टियों के आधार पर ही किया जाता है। वातावरण एवं जगह की परिस्थिति के अनुसार तथा अनुरक्षण एवं प्रचालन लागत को ध्यान में रखकर ही कूलिंग वाटर का चयन किया जाता है। एक दृष्टि में कूलिंग टावर की प्रमुख विशिष्टियाँ निम्नलिखित हैं

विशिष्टियाँ	नैचुरल ड्राफ्ट कूलिंग टावर	इण्ड्यूस्ड ड्राफ्ट कूलिंग टावर	फोर्स्ड ड्राफ्ट कूलिंग टावर
विमा (मीटर में)	40 से ऊपर	20-22	20-22
क्षमता (टन)	900-1000	1340-2020	1500
मोटर (HP)	नहीं	60-120	15
भार (Kg)	80,000	70,800	5500
दक्षता	60-65%	70-72%	70-75%

3.4 कूलिंग टावर परास Cooling Tower Range

कूलिंग टावर में जाने वाले जल के तापक्रम तथा कूलिंग टावर से निकलने वाले जल के तापक्रम में अन्तर को कूलिंग टावर की 'रेंज' अर्थात् 'कूलिंग परास' (cooling range) कहते हैं।

कूलिंग टावर परास (R) = कूलिंग टावर में इनलेट जल तापक्रम (t_i)
– कूलिंग टावर में आउटलेट जल तापक्रम (t_0)

$\Rightarrow \quad R = t_i - t_o$

t_i = कूलिंग टावर में इनलेट जल का तापक्रम (°F)

t_0 = कूलिंग टावर में आउटलेट जल का तापक्रम (°F)

3.5 कूलिंग टावर की एप्रोच Approach of Cooling Tower

कूलिंग टावर से बाहर निकल रहे जल का तापक्रम और टावर से पास की वायु के पास लगे परिवेश के वेट बल्ब टेम्परेचर (WBT) के मध्य अन्तर को 'कूलिंग एप्रोच' कहते हैं।

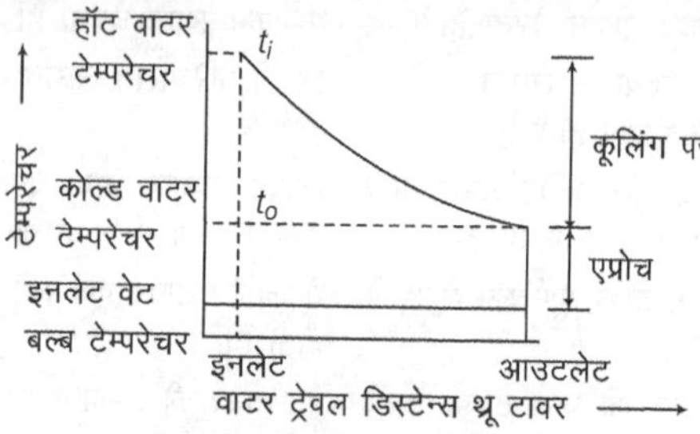

चित्र कूलिंग टावर की परास व एप्रोच

कूलिंग टावर की परास एवं एप्रोच

t_i = कूलिंग टावर में इनलेट जल का तापक्रम (°F)

t_0 = कूलिंग टावर में आउटलेट जल का तापक्रम (°F)

जल में कुछ अशुद्धियाँ भी होती हैं, इसलिए यदि जल को एक ही जगह पर अधिक देर तक रखा जाए, तो वहाँ पपड़ी (scaling) जम जाती है। इसको दूर करने के लिए हमें अशुद्ध जल निकालकर स्वच्छ जल की कुछ मात्रा मिलानी पड़ती है तथा वह पानी जो हमें व्यर्थ (waste) करना पड़ता है, उसे 'ब्लीड ऑफ लॉसेज' (blead off losses) कहते हैं एवं इस प्रक्रिया को ब्लीड ऑफ (blead off) कहते हैं। यदि हम ब्लीड ऑफ नहीं करते हैं, तो कण्डेन्सर में स्केलिंग (scaling) हो जाने के कारण कण्डेंसेशन (condensation) कम हो जाएगा।

3.6 कूलिंग टावर की दक्षता Efficiency of Cooling Tower

कूलिंग टावर की दक्षता उसके परास तथा एप्रोच पर निर्भर करती है, क्योंकि कूलिंग टावर एवैपोरेटिव कूलिंग के सिद्धान्त पर कार्यरत् होते हैं अर्थात् कूलिंग टावर की दक्षता, परास एवं परास व एप्रोच के योग के अनुपात को कहते हैं। इसे 'η' से प्रदर्शित करते हैं।

$$\eta = \frac{\text{परास}}{\text{परास + एप्रोच}} \times 100 \quad \text{या} \quad \eta = \frac{R}{R+A} \times 100$$

$$\eta = \frac{t_i - t_o}{t_i - t_o + t_o - t_{Wb}} \times 100 \,; \quad \eta = \frac{t_i - t_o}{t_i - t_{Wb}} \times 100$$

t_i = कूलिंग टावर में इनलेट जल का तापमान (°F)

t_o = कूलिंग टावर में आउटलेट जल का तापमान (°F)

t_{Wb} = परिवेश गीले बल्ब का तापमान (°F)

R = कूलिंग टावर का परास

A = कूलिंग टावर का एप्रोच

टिप्पणी *कूलिंग टावर की दक्षता लगभग 60–75% होती है।*

3.7 कूलिंग टावर की क्षमता Capacity of Cooling Tower

कण्डेन्सर से प्राप्त गर्म जल को कूलिंग टावर के द्वारा ठण्डा किया जाने में लगा समय, कूलिंग टावर की क्षमता कहलाती है। कूलिंग टावर की क्षमता निम्न कारकों पर निर्भर करती है

(i) गर्म जल की मात्रा (ii) जल निकलने का समय

(iii) प्रवाहित वायु का वेग

(iv) वायु एवं जल के मध्य वाष्प दाब में अन्तर

कूलिंग टावर में प्रयुक्त वायु का वेग अधिक होने पर कूलिंग टावर की क्षमता भी उतनी ही अधिक होगी क्योंकि कूलिंग टावर में जल जितनी अधिक मात्रा में वायु से सम्पर्क करता है उतनी अधिक तीव्र गति से वह ठण्डा होता है। इसी प्रकार वायु का वेट बल्ब तापमान कम होने पर कूलिंग टावर की क्षमता अधिक होगी अर्थात् कूलिंग टावर की क्षमता प्रवाहित वायु के समानुपाती तथा वेट बल्ब तापमान के व्युत्क्रमानुपाती होती है।

नोट *कूलिंग टावर की क्षमता उसके द्वारा ठण्डा किए जाने वाले जल के वाष्प के समानुपाती होती है।*

तालिका कूलिंग टावर से सम्बन्धित दोषोपचार

क्र.सं.	दोष	उपचार
I. मोटर सम्बन्धी दोष		
1.	मोटर का न चलना।	विद्युतीय संयोजनों की जाँच करें।
2.	मोटर का अर्थ लेना।	मोटर की री-वाइण्डिंग करें।
3.	मोटर का अधिक शोर करना।	मोटर का स्नेहन करें।
4.	मोटर का धीरे-धीरे चलना।	मोटर की सर्विस करें।
5.	मोटर का हिलना।	मोटर के फाउण्डेशन बोल्ट टाइट करें।
II. फैन या ब्लोअर सम्बन्धी दोष		
1.	पंखे की बैल्ट का ढीला होना।	पंखे में नई बैल्ट का प्रयोग करें।
2.	पंखे का अधिक शोर करना।	पंखे का स्नेहन करें।
3.	इम्पैलर का टूटना।	नए इम्पैलर का प्रयोग करें।
4.	पंखे का विपरीत दिशा में घूमना।	मोटर के विद्युतीय संयोजनों की जाँच करें।
5.	पंखे का धीरे-धीरे चलना।	पंखे की सर्विस करें।
III. कूलिंग टावर सम्बन्धी दोष		
1.	पाइप लाइन का अवरुद्ध होना।	पाइप लाइन की डी-स्केलिंग करें।
2.	नॉजिल का अवरुद्ध होना।	नॉजिल के मुख से कार्बन साफ करें।
3.	पाइप लाइन का लीक करना।	पाइप लाइन की सोल्डरिंग करें।
4.	जल की मात्रा का कम होना।	टावर से 'मेक अप टैंक' को सम्बद्ध करें।
5.	टावर के बेसिन में अत्यधिक गन्दगी एकत्रित होना।	बेसिन की सफाई करें।

महत्त्वपूर्ण बिन्दु

- एयर कण्डीशनर के सहायक साधन वाटर कूल्ड कण्डेन्सर में रेफ्रिजरेन्ट को ठण्डा करने के लिए जल का प्रयोग किया जाता है।
- वाटर कूल्ड कण्डेन्सर के साथ जल पुनर्संचरण प्रणाली सम्बन्धित रहती है।
- जल को ठण्डा बनाए रखने की व्यवस्था कूलिंग टावर कहलाती है।
- खुला कूलिंग टावर, एवैपोरेटिव कूलिंग के सिद्धान्त पर कार्य करता है।
- खुले कूलिंग टावर में चारों तरफ से वायु प्रवाहित होती है।
- रेफ्रिजरेशन प्रणाली में प्रयुक्त होने वाला कूलिंग टावर, खुले प्रकार का होता है।
- खुले कूलिंग टावर में जल स्प्रे डिस्ट्रीब्यूशन द्वारा ड्रिप करता हुआ कूलिंग टावर के नीचे सम्प में एकत्र हो जाता है।
- एयर इन व एयर आउटलेट पोर्ट बने होने के कारण, खुले कूलिंग टावर में जल शीघ्रता से ठण्डा होता है।
- बन्द कूलिंग टावर में ट्यूब बण्डल का प्रयोग किया जाता है।
- जल को ठण्डा करने के लिए ट्यूबों के ऊपर से स्वच्छ जल स्प्रे के रूप में प्रवाहित होता है।
- नैचुरल ड्राफ्ट कूलिंग टावर में कण्डेन्सर से आए गर्म जल को स्प्रे नॉजिल से गिराया जाता है।
- नैचुरल ड्राफ्ट कूलिंग टावर पर्याप्त स्थान की उपलब्धता होने पर खुली हवा में जहाँ वायु के बहाव में रुकावट न हो वहाँ स्थापित किया जाता है।
- मैकेनिकल ड्राफ्ट कूलिंग टावर को फैन टाइप कूलिंग टावर भी कहते हैं।
- वह कूलिंग टावर जिसमें फैन कूलिंग के अन्दर की वायु को सोखकर बाहर फेंकता है। उसे इण्ड्यूस्ड ड्राफ्ट कूलिंग टावर कहते हैं।
- कूलिंग टावर की दक्षता उसके परास तथा एप्रोच पर निर्भर करती है।

महत्त्वपूर्ण प्रश्नोत्तरी

1. कूलिंग टावर में एवैपोरेशन क्रिया में क्या होता है?

उत्तर स्प्रे के रूप में गिरते हुए जल की वाष्प को वायु अपने साथ बहाकर कूलिंग टावर से बाहर ले जाती है, जिससे एवैपोरेशन होता है। एवैपोरेशन के कारण वाटर टैंक में जल का स्तर कम हो जाता है।

2. खुले कूलिंग टावर में सम्प से आप क्या समझते हैं?

उत्तर खुले कूलिंग टावर का वह निचला भाग जहाँ ठण्डा जल एकत्र होता है, सम्प कहलाता है।

3. इण्ड्यूस्ड ड्राफ्ट कूलिंग टावर में प्रयुक्त पंखे किस प्रकार के होते हैं?

उत्तर मुख्य रूप से इण्ड्यूस्ड ड्राफ्ट कूलिंग टावर में प्रोपेलर पंखों का उपयोग होता है।

4. कूलिंग टावर को मेक अप वाटर कनैक्शन दिया जाता है, क्यों?

उत्तर फोर्स्ड ड्राफ्ट कूलिंग टावर में एवैपोरेशन के कारण जल स्तर में उत्पन्न कमी को समाप्त करने के लिए मेक अप वाटर कनैक्शन किया जाता है।

5. कूलिंग टावर की परास से आप क्या समझते हैं?

उत्तर कूलिंग टावर में जाने वाले पानी का तापक्रम तथा कूलिंग टावर से निकलने वाले पानी के तापक्रम के अन्तर को, कूलिंग टावर की परास कहते हैं।

6. टावर आउटलेट पर ठण्डे पानी का तापमान और गीला बल्ब तापमान के साथ प्रवेश की गई हवा के बीच के अन्तर को किस नाम से परिभाषित किया जाता है?

उत्तर टावर आउटलेट पर ठण्डे पानी का तापमान और वैट बल्ब टेम्परेचर के साथ प्रवेश की गई हवा के मध्य का अन्तर एप्रोच कहलाता है।

7. ड्राइ बल्ब टेम्परेचर और वैट बल्ब टेम्परेचर के मध्य सापेक्ष आर्द्रता की प्रतिशतता क्या होती है?

उत्तर ड्राइ बल्ब टेम्परेचर और वैट बल्ब टेम्परेचर के मध्य सापेक्ष आर्द्रता 2% होती है।

8. कूलिंग टावर में स्प्रे हैडर की क्या भूमिका होती है?

उत्तर कूलिंग टावर में प्रवेश किए जाने वाले जल को स्प्रे हैडर कहते हैं। हैडर से जल स्प्रे के रूप में गिरता है।

9. कूलिंग टावर में 'ब्लीड ऑफ लॉसेज' क्या है?

उत्तर अशुद्ध जल को अधिक समय तक रखने पर उसमें पपड़ी बन जाती है। इसे दूर करने के लिए अशुद्ध जल में शुद्ध जल की कुछ मात्रा मिलानी पड़ती है तथा वह पानी जो व्यर्थ करना पड़ता है, उसे 'ब्लीड ऑफ लॉसेज' कहते हैं।

10. कूलिंग टावर की क्षमता किन बातों पर निर्भर करती है?

उत्तर कूलिंग टावर की क्षमता निम्न बातों पर निर्भर करती है; जैसे

(i) गर्म जल की मात्रा

(ii) जल निकलने का समय

(iii) प्रवाहित वायु का वेग

अभ्यास प्रश्न

परीक्षा प्रारूपी प्रश्न

बहुविकल्पीय

1. कूलिंग टावर में गर्म जल का प्रवेश कहाँ से होता है?
(a) ऊपर से (b) नीचे से
(c) दाएँ से (d) बाएँ से

2. कूलिंग टावर की प्रक्रिया एवैपोरेशन क्या करती है?
(a) जल को ठण्डा (b) जल को गर्म
(c) 'a' और 'b' दोनों (d) इनमें से कोई नहीं

3. जल पुनर्संचरण प्रणाली के अन्तर्गत जल को ठण्डा बनाए रखने की व्यवस्था क्या है?
(a) कोल्ड स्टोरेज (b) कूलिंग टावर
(c) डीप फ्रीज (d) इनमें से कोई नहीं

4. खुले कूलिंग टावर का कौन-सा घटक नहीं है?
(a) पंखा (b) ब्लोअर
(c) 'a' और 'b' दोनों (d) सम्प

5. कूलिंग टावर के स्प्रे हैडर से नीचे गिरने वाला जल इनमें से किसके द्वारा ठण्डा होता है?
(a) ठण्डी वायु (b) प्राकृतिक वायु
(c) फैन या ब्लोअर (d) ये सभी

6. सूची I का सूची II के साथ मिलान कीजिए।

सूची I (दोष)		**सूची II** (उपचार)
A. मोटर का हिलना	(i)	मोटर कसें या फैन बैल्ट बदलें
B. फैन बैल्ट का ढीला होना	(ii)	फैन का स्नेहन करें
C. फैन का अधिक शोर करना	(iii)	उसकी डी-स्केलिंग करें
D. पाइप लाइन का अवरुद्ध होना	(iv)	फाउण्डेशन बोल्ट टाइट करें

कूट
(a) A-(iv); B-(i); C-(iii); D-(ii) (b) A-(iv); B-(ii); C-(i); D-(iii)
(c) A-(iv); B-(i); C-(ii); D-(iii) (d) A-(iv); B-(iii); C-(ii); D-(i)

7. नीचे दिए गए चित्र में 'X' किस भाग को प्रदर्शित करता है?

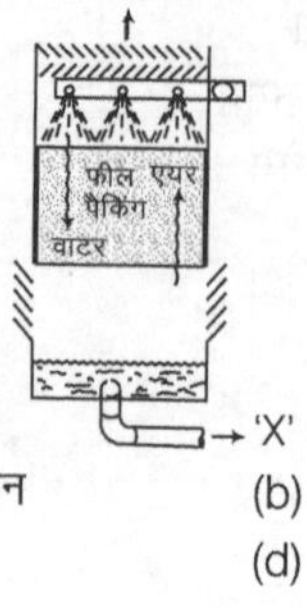

(a) स्प्रे डिस्ट्रीब्यूशन (b) एयर इन
(c) हॉट वाटर (d) पम्प

8. चित्र में प्रदर्शित 'X' किस भाग को इंगित करता है?

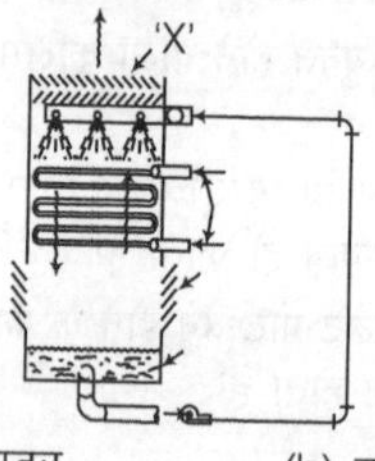

(a) एक्सटर्नल वाटर (b) क्लोज्ड सर्किट
(c) पम्प (d) एलीमिनेटर

9. किस कूलिंग टावर में पंखा या ब्लोअर एलीमिनेटरों के ऊपर लगे होते हैं?
(a) इण्ड्यूस्ड ड्राफ्ट कूलिंग टावर
(b) फोर्स्ड ड्राफ्ट कूलिंग टावर
(c) नैचुरल ड्राफ्ट टावर
(d) उपरोक्त में से कोई नहीं

10. सम्पूर्ण रेफ्रिजरेशन प्रक्रिया किस कारण से प्रभावित होती है?
(a) कण्डेन्सर में गर्म जल प्रवाहित होने से
(b) ठण्डा जल प्रवाहित होने से
(c) 'a' और 'b' दोनों
(d) उपरोक्त में से कोई नहीं

11. फोर्स्ड ड्राफ्ट कूलिंग टावर में किस कारण से वाटर टैंक में पानी का स्तर (level) कम होता रहता है ?
(a) एवैपोरेशन (b) कण्डेंसेशन
(c) कम्प्रैसन (d) इनमें से कोई नहीं

12. इण्ड्यूस्ड ड्राफ्ट कूलिंग सिस्टम की हानि इनमें से क्या है?
(a) अधिक ऊर्जा की खपत (b) अधिक शक्ति की खपत
(c) 'a' और 'b' दोनों (d) इनमें से कोई नहीं

13. मैकेनिकल ड्राफ्ट टावर के किनारे होंगे ………।
(a) खुले हुए (b) बन्द हुए
(c) आंशिक रूप से खुले हुए
(d) आंशिक रूप से बन्द हुए

14. निम्न कथनों पर विचार कीजिए
कथन I नैचुरल ड्राफ्ट कूलिंग टावर में कण्डेन्सर में आए गर्म जल को स्प्रे नॉजिल से गिराया जाता है।
कथन II कूलिंग टावर की क्षमता उसके द्वारा ठण्डा किए गए जल के वाष्प के समानुपाती होती है।
उपरोक्त में से कौन-सा/से कथन सत्य है/हैं?
(a) कथन I (b) कथन II
(c) 'a' और 'b' दोनों (d) इनमें से कोई नहीं

15. निम्न में से कौन-सा मैकेनिकल ड्राफ्ट कूलिंग टावर मोटर सम्बन्धी दोष नहीं है?

(a) मोटर का न चलना

(b) मोटर का अर्थ लेना

(c) इम्पैलर का टूटना

(d) उपरोक्त में से कोई नहीं

16. एवैपोरेशन की गुप्त ऊष्मा की आवश्यकता कब पड़ती है?

(a) अवस्था परिवर्तन हेतु

(b) सामान्य परिवर्तन हेतु

(c) अपरिवर्तन हेतु

(d) उपरोक्त में से कोई नहीं

17. कूलिंग टावर में जाने वाले पानी के तापक्रम एवं कूलिंग टावर से निकलने वाले पानी के तापक्रम के मध्य के अन्तर को क्या कहते हैं?

(a) कूलिंग एप्रोच

(b) कूलिंग टावर परास

(c) एवैपोरेशन

(d) उपरोक्त में से कोई नहीं

18. कूलिंग टावर की दक्षता किस पर निर्भर करती है?

(a) वायु के ड्राइ बल्ब तापक्रम पर

(b) वायु के वैट बल्ब तापक्रम पर

(c) ऊष्मित जल के तापक्रम पर

(d) उपरोक्त में से कोई नहीं

19. कूलिंग टावर की दक्षता ज्ञात करने हेतु सूत्र नीचे दिया गया है

$$\eta = \frac{(t_1 - t_0)}{(t_1 - t_{wb})} \times 100$$

उपरोक्त सूत्र में, t_{wb} से सम्बन्धित कथन निम्न में से कौन-सा है?

(a) कूलिंग टावर में जल का इनलेट तापक्रम

(b) कूलिंग टावर में जल का आउटलेट तापक्रम

(c) प्रवाहित वायु का गीला बल्ब तापक्रम

(d) उपरोक्त में से कोई नहीं

20. निम्न में से कौन-सा फैन या ब्लोअर सम्बन्धी दोष नहीं है?

(a) फैन का अधिक शोर करना

(b) मोटर का धीरे-धीरे चलना

(c) फैन का विपरीत दिशा में घूमना

(d) उपरोक्त में से कोई नहीं

उत्तरमाला

1. (a)	**2.** (a)	**3.** (b)	**4.** (d)	**5.** (d)	**6.** (c)	**7.** (d)	**8.** (d)	**9.** (a)	**10.** (a)
11. (a)	**12.** (c)	**13.** (c)	**14.** (c)	**15.** (d)	**16.** (a)	**17.** (b)	**18.** (b)	**19.** (c)	**20.** (b)

अध्याय 04

जल उपचार, पम्प एवं ब्लोअर

Water Treatment , Pump & Blower

परिचय Introduction

जल प्रकृति में पाया जाने वाला एक ऐसा प्राकृतिक संसाधन (resource) है, जो प्रकृति से सम्बन्धित प्रक्रियाओं को प्रभावित करता है। शुद्ध जल का तात्पर्य उस जल से है, जिसमें हाइड्रोजन के दो परमाणु तथा ऑक्सीजन का एक परमाणु (H_2O) होता है, किन्तु वायु में उपस्थित प्रदूषक; जैसे—धूल के कण (dust), विभिन्न गैसें, कंकड़-पत्थर इत्यादि भी जल में मिल जाते हैं और जल को दूषित कर देते हैं। शुद्ध जल सरलता से तथा कम लागत पर उपलब्ध हो जाता है। जल का उपयोग अनेक कार्यों (घरेलू, औद्योगिक चिकित्सीय) में किया जाता है। इनके अतिरिक्त जल एक अच्छे कूलेन्ट के रूप में भी सर्वाधिक प्रयोग किया जाता है। मनुष्य की विभिन्न क्रियाओं से जल प्रदूषित होता है, जिस कारण जल उपचार की आवश्यकता होती है। इस अध्याय में जल उपचार के अतिरिक्त जल पम्प को भी सम्मिलित किया गया है। पम्प का प्रयोग तरल पदार्थ अथवा जल को ऊँचाई पर भेजने तथा उन्हें अधिक वेग से प्रवाहित करने में किया जाता है। अतः जल पम्प, जल को बलपूर्वक एक स्थान से दूसरे उचित स्थान तक ले जाने वाला यान्त्रिक उपकरण है। इस कारण आजकल जल पम्प का उपयोग उद्योगों में विस्तृत रूप से किया जाने लगा है। इनके अतिरिक्त रेफ्रिजरेशन प्रणाली में पंखा या ब्लोअर एक मुख्य घटक है जिसके द्वारा वायु के प्रवाह की दिशा में परिवर्तन किया जाता है।

अध्याय विषय सूची

4.1 जल उपचार की आवश्यकता Need of Water Treatment

जल भिन्न-भिन्न प्रक्रियाओं से परस्पर जुड़ा होता है जिनके कारण उसमें विभिन्न प्रकार की अशुद्धियाँ आ जाती हैं। इन अशुद्धियों का ज्ञान जल को प्रयोग में लाने के पश्चात् ही होता है। पृथ्वी पर शुद्ध जल की प्रतिशतता कम होने के कारण अशुद्ध जल का उपचार करने के पश्चात् उसे कार्य के लिए उपयोगी बनाया जाता है। विभिन्न प्रकार के अनुप्रयोगों में उपयोग किए जाने वाले जल में अशुद्धियाँ उपस्थित होने पर अशुद्ध जल, प्रणाली को खराब कर सकता है। प्रणाली में संक्षारण तथा विभिन्न प्रकार की अशुद्ध परतें जमकर प्रणाली में दोष उत्पन्न करती हैं। उद्योगों में जल की उपयोगिता उसकी गुणवत्ता के आधार पर निर्भर करती है। जल उपचार के द्वारा प्रणाली में उत्पन्न समस्याओं का निवारण तथा उन्हें सीमित किया जा सकता है। रेफ्रिजरेटर एवं एयर कण्डीशनर में प्रयुक्त कन्डेन्सर और एवैपोरेटर में पानी का अधिक प्रयोग होता है। पानी में मिली हुई भिन्न-भिन्न प्रकार की अशुद्धियाँ ट्यूब और वाटर टैंक को खराब करती हैं एवं व्यवस्थित कार्यविधि में व्यवधान उत्पन्न करती हैं इसलिए जल को शुद्ध करने के लिए जल उपचार आवश्यक है।

शुद्ध जल की प्राप्ति हेतु आरेख
Diagram to Get Pure Water

जल दो स्रोतों से प्राप्त होता है, सतही जल (surface water), जो भूमि के ऊपर प्राप्त होता है और भूमिगत जल (grounded water), जो भूमि के अन्दर प्राप्त होता है। शुद्ध जल प्राप्त करने के लिए निम्न आरेख दिखाया गया है

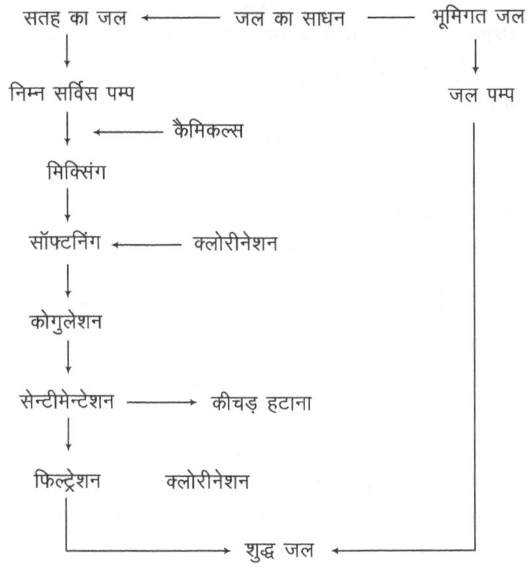

चित्र शुद्ध जल प्राप्त करने हेतु चार्ट

उपरोक्त आरेख से स्पष्ट है कि सतह के जल को शुद्ध करने हेतु विभिन्न प्रक्रियाएँ अपनाई जाती हैं, जबकि भूमिगत जल से शुद्ध जल प्राप्त करना सरल है। इस कारण से अधिकतर रेफ्रिजरेशन में शुद्ध और मृदु जल जो भूमिगत जल होता है, का प्रयोग किया जाता है।

4.2 जल की सामान्य अशुद्धियाँ
General Impurities of Water

जल में मुख्यत: निम्नलिखित प्रकार की अशुद्धियाँ होती हैं

1. भौतिक अशुद्धियाँ 2. रासायनिक अशुद्धियाँ 3. जैविक अशुद्धियाँ

1. भौतिक अशुद्धियाँ Physical Impurities

भौतिक अशुद्धियों में निम्नलिखित अशुद्धियाँ होती हैं

(i) रंग (ii) स्वाद व गन्ध
(iii) तापमान (iv) अपशिष्ट पदार्थ
(v) रेडियोधर्मिता (vi) फोम

2. रासायनिक अशुद्धियाँ Chemical Impurities

रासायनिक अशुद्धियों के अन्तर्गत निम्नलिखित अशुद्धियाँ होती हैं

(i) अम्ल (ii) क्षार
(iii) नशीले पदार्थ; जैसे—क्लोरीन, अमोनिया, सल्फाइड आदि
(iv) खनिज पदार्थ; जैसे—आयरन ऑक्साइड, मैंगनीज
(v) अपशिष्ट ऑर्गेनिक पदार्थ; जैसे—चीनी मिट्टी, बालू, कीचड़ आदि

3. जैविक अशुद्धियाँ Biological Impurities

जैविक अशुद्धियों के अन्तर्गत निम्नलिखित अशुद्धियाँ होती हैं

(i) फफूँदी (ii) रोगाणु (iii) परजीवी (iv) वायरस

4.3 जल की अशुद्धियों के मूल कारण
Basic Causes of the Impurities of Water

प्राकृतिक जल निर्मल (मृदु) होता है, परन्तु ऐसे अनेक कारक हैं, जिनके जल में विलय होने से जल अशुद्ध हो जाता है। ये अशुद्धियाँ निम्नलिखित हैं

1. **कैल्शियम एवं मैग्नीशियम** ये अशुद्धियाँ जल में कठोरता व संक्षारता उत्पन्न कर देती हैं।
2. **सोडियम** यह भी एक ऐसा कारक है जो जल की अशुद्धि का कारण बनता है।
3. **लैड व ऑर्सेनिक** ये जल को विषैला बनाते हैं।
4. **मिट्टी व सिल्ट** ये जल को गन्दा करते हैं।
5. **मृत जीव-जन्तु** ये जल में हानिकारक कीटाणु उत्पन्न करके बीमारियाँ फैलाते हैं।

इनके अतिरिक्त, जल में विलय होने वाली अशुद्धियाँ, जो प्रणाली में प्रयुक्त संयन्त्रों को हानि पहुँचाती हैं, निम्नलिखित हैं

1. पपड़ी एवं स्लज 2. संक्षारण

1. पपड़ी एवं स्लज Scale and Sludge

जल एक अच्छा विलयक होने के कारण इसमें अनेक लवण विलेय रहते हैं। जब रेफ्रीजरेशन प्रणाली में प्रयुक्त जल का वाष्पीकरण होता है, तो उसमें उपस्थित लवणों की सान्द्रता में वृद्धि होती है। यदि जल की सान्द्रता अति सन्तृप्त अवस्था में परिवर्तित हो जाए, तो यह सान्द्रता, रेफ्रीजरेशन प्रणाली की भीतरी सतह पर जमने लगती है। यदि यह अवक्षेप नर्म अवस्था में हो तो इसे स्लज (sludge) और यदि कठोर अवस्था में हो तो इसे पपड़ी (scale) कहते हैं।

(i) स्लज का बनना Formation of Sludge

स्लज, जल में उपस्थित मैग्नीशियम कार्बोनेट ($MgCO_3$), मैग्नीशियम क्लोराइड ($MgCl_2$), कैल्शियम क्लोराइड ($CaCl_2$) तथा मैग्नीशियम सल्फेट ($MgSO_4$) के कारण बनता है। यह स्लज, प्रणाली की भीतरी सतह पर नर्म अवक्षेप के रूप में एकत्र हो जाता है। यह नर्म अवक्षेप गर्म जल की अपेक्षा ठण्डे जल में कम विलेय होने से प्रणाली के ठण्डे स्थानों पर एकत्र हो जाता है, जिसे ब्रुश द्वारा साफ किया जा सकता है।

स्लज को बनने से रोकना (Prevention of sludge) स्लज बनने से रोकने के लिए प्रणाली में मृदु जल उपयोग में लाना चाहिए या प्रणाली में प्रयुक्त कठोर जल की सान्द्रता अधिक हो जाने पर उसे कठोर जल से प्रतिस्थापित कर देना चाहिए। इस प्रकार जल में स्लज को बनने से रोका जा सकता है।

स्लज बनने से हानि (Disadvantages of sludge formation) स्लज के बनने से प्रणाली में होने वाली प्रमुख हानियाँ निम्न हैं—

(a) स्लज के कारण प्रणाली की दक्षता में कमी आ जाती है।
(b) स्लज से प्रणाली में ईंधन का अपव्यय (waste) होता है।
(c) स्लज के कारण कार्यप्रणाली में बाधा उत्पन्न होती है।

(ii) पपड़ी का बनना Formation of Scale

प्रणाली की भीतरी सतह पर उपस्थित कठोर अवक्षेप, पपड़ी (scale) कहलाती है। पपड़ी में कैल्शियम कार्बोनेट, कैल्शियम सल्फेट, मैग्नीशियम हाइड्रॉक्साइड, कैल्शियम सिलिकेट तथा मैग्नीशियम सिलिकेट की कठोर परतें होती हैं।

प्रणाली में पपड़ी जमने के निम्न कारण होते हैं

(a) **कैल्शियम बाइ-कार्बोनेट का अपघटन** कैल्शियम बाइ-कार्बोनेट अपघटित होकर कैल्शियम कार्बोनेट की परत का निर्माण करते हैं, जो पपड़ी का ही एक रूप है।

$$Ca(HCO_3)_2 \longrightarrow CaCO_3 \downarrow + H_2O + CO_2 \uparrow$$

(b) **मैग्नीशियम लवणों का अपघटन** जल में उपस्थित मैग्नीशियम क्लोराइड जल से क्रिया करके मैग्नीशियम हाइड्रॉक्साइड का निर्माण करता है, जो एक कठोर अवक्षेप है।

$$MgCl_2 + 2H_2O \longrightarrow (MgOH)_2 \downarrow + 2HCl$$

(c) **सिलिका (SiO_2) की उपस्थिति** जल में उपस्थित कैल्शियम और मैग्नीशियम आयन सिलिका से क्रिया करके कैल्शियम सिलिकेट ($CaSiO_2$) और मैग्नीशियम सल्फेट ($MgSO_4$) की कठोर परतें बनाते हैं।

(d) **कैल्शियम सल्फेट ($CaSO_4$) का जमना** जल में विलेय कैल्शियम सल्फेट ($CaSO_4$) की विलेयता प्रणाली के तापक्रम के साथ घटती है, जिस कारण यह तापक्रम के बढ़ने पर पपड़ी के रूप में उच्च दाब पर प्रणाली में जमने लगता है।

पपड़ी को बनने से रोकना (Prevention of scale formation) पपड़ी के कठोर होने के कारण इसका निस्तारण अपेक्षाकृत अधिक कठिन और अधिक व्यय वाला होता है। इसके निस्तारण हेतु निम्न प्रक्रिया प्रयोग में लाई जाती है

(a) **बाह्य उपचार** (External treatment) बाह्य उपचार के अन्तर्गत जल के मृदुकरण की विधियाँ; जैसे—जियोलाइट, सोडा लाइम विधियों का प्रयोग किया जाता है। ये उपचार जल को प्रणाली में प्रयुक्त होने से पूर्व जल पर किए जाते हैं।

(b) **आन्तरिक उपचार** (Internal treatment) कुछ कार्बनिक पदार्थ को जल में मिलाकर और उच्च दाब डालकर पपड़ी के निर्माण को रोका जा सकता है; जैसे—सोडियम फॉस्फेट, कैल्शियम व मैग्नीशियम लवणों को इनके फॉस्फेट लवणों में परिवर्तित कर देता है।

$$3CaCl_2 + 2Na_3PO_4 \longrightarrow Ca_3(PO_4)_2 + 6NaCl$$

$$3CaSO_4 + 2Na_3PO_4 \longrightarrow Ca_3(PO_4)_2 + 3Na_2SO_4$$

पपड़ी बनने से हानि (Disadvantage of scale formation) पपड़ी निर्माण से प्रणाली में निम्नलिखित हानियाँ होती हैं

(a) पपड़ी के कारण प्रणाली की दीवारें कमजोर व भंगुर हो जाती हैं।

(b) प्रणाली की दक्षता में कमी तथा खर्च में वृद्धि होती है।

(c) तापमान में अधिक वृद्धि होने पर प्रणाली में विस्फोट होने की आशंका उत्पन्न हो जाती है।

2. संक्षारण Corrosion

जब कोई धातु वायु में उपस्थित ऑक्सीजन से क्रिया करती है, तो धातु का ऑक्सीकरण होता है, जिसके फलस्वरूप धातु की सतह अशुद्ध होने लगती है और धातु का क्षय होता है। इससे धातु की सतह पर एक अवांछनीय पदार्थ एकत्र हो जाता है, उस पदार्थ को संक्षारण कहते हैं।

$$2Fe + 3H_2O \longrightarrow \underset{\text{संक्षारण}}{Fe_2O_3} + 3H_2$$

धातु के संक्षारण के लिए मुख्य कारक निम्नलिखित हैं

(i) पदार्थ की सतह की संरचना तथा संयोजन
(ii) तापमान तथा दाब में अस्थिरता
(iii) वायु में उपस्थित ऑक्सीजन की मात्रा
(iv) पदार्थ की क्रियाशीलता
(v) पदार्थ का विद्युत रासायनिक श्रेणी में स्थान
(vi) पदार्थ की ऑक्सीकरण क्षमता

संक्षारण का नियन्त्रण Controlling of Corrosion

धातु को संक्षारण से बचाने हेतु अनेक उपाय किए जाते हैं, जो निम्नलिखित हैं

1. धातु की ऊपरी सतह को संक्षारण से बचाने हेतु उस पर अधातु पदार्थ की एक पतली परत चढ़ा दी जाती है।
2. इनेमल पाउडर को 800° C से 1000° C तक गर्म करके धातु की सतह पर छिड़का जाता है।
3. धातु की सतह पर ग्रीस तथा ऑयल का प्रयोग किया जाना चाहिए, जो अम्ल मुक्त हो।
4. धातु की सतह पर संक्षारण अवरोधक का प्रयोग किया जाना चाहिए।

4.4 अशुद्धियों या प्रदूषकों का नियन्त्रण Control of Impurities or Contaminants

जल प्राकृतिक रूप में मृदु (soft) होता है जिसका pH मान 7 होता है, क्योंकि जल का रासायनिक सूत्र H_2O है। इसमें एक धनात्मक हाइड्रोजन आयन (H^+) तथा एक ऋणात्मक हाइड्रॉक्साइड (OH^-) उपस्थित है। अत: अम्ल व क्षार दोनों की उपस्थिति के कारण जल विद्युत उदासीन होता है, परन्तु यह विभिन्न कारणों से अशुद्ध या फिर दूषित हो जाता है। अत: उसके शोधन के लिए अशुद्धियों या दूषकों को नियन्त्रित करने की आवश्यकता होती है, ताकि उसका रूपान्तरण कर उसे पुन: मृदु किया जा सके। ये अशुद्धियाँ या प्रदूषक लौह-अयस्क, बालू या फिर कंकड़-पत्थरों के रूप में भी हो सकती हैं। ऐसे प्रदूषक (contamination) को छानकर नियन्त्रित किया जा सकता है। लौह-अयस्क स्वाभाविक रूप से जल से भारी होने के कारण तली में स्वत: बैठ जाते हैं और शेष लौह अंशों को छानकर जल से पृथक् किया जा सकना सम्भव है।

जल की कठोरता Hardness of Water

भूमि से प्राप्त जल में कैल्शियम तथा मैग्नीशियम के लवण मिलने से जल में कठोरता उत्पन्न हो जाती है, जिस कारण शुद्ध जल खारा हो जाता है। यह दो प्रकार की होती है

(i) स्थायी कठोरता (ii) अस्थायी कठोरता

(i) **स्थायी कठोरता** (Permanent hardness) जल में घुलनशील कैल्शियम व मैग्नीशियम के क्लोराइड व सल्फेट लवणों के कारण स्थायी कठोरता उत्पन्न होती है। इसे जल को उबालकर दूर नहीं किया जा सकता। इसके निवारण के लिए रासायनिक उपचार किए जाते हैं।

(ii) **अस्थायी कठोरता** (Temporary hardness) जल में घुलनशील मैग्नीशियम तथा कैल्शियम के बाइकार्बोनेट लवणों के कारण अस्थायी कठोरता उत्पन्न होती है। यह कठोरता जल को उबालकर दूर की जा सकती है, क्योंकि जल को उबालने पर बाइकार्बोनेट लवण, अविलेय कार्बोनेट में परिवर्तित हो जाते हैं।

जल की कठोरता दूर करने की विधियाँ

Methods of Removing Water Hardness

जल की कठोरता दूर करने की मुख्य विधियाँ निम्न प्रकार हैं

1. स्थायी कठोरता दूर करने की विधियाँ

Methods of Removing Permanent Hardness

स्थायी कठोरता दूर करने की निम्न विधियाँ हैं

(a) **सोडियम कार्बोनेट द्वारा** (By sodium carbonate) स्थायी कठोरता वाले जल में सोडियम कार्बोनेट मिलाने पर, सोडियम कार्बोनेट जल में उपस्थित लवणों को अवक्षेपित कर देता है। उदाहरण

$$CaSO_4 + Na_2CO_3 \longrightarrow CaCO_3 + Na_2SO_4$$

$$MgCl_2 + Na_2CO_3 \longrightarrow MgCO_3 + 2NaCl$$

कास्टिक सोडा, कैल्शियम क्लोराइड व मैग्नीशियम सल्फेट के साथ मिलाने पर इनके हाइड्रॉक्साइड अवक्षेपित कर देता है

$$CaCl_2 + 2NaOH \longrightarrow Ca(OH)_2 + 2NaCl$$

$$MgSO_4 + 2NaOH \longrightarrow Mg(OH)_2 + Na_2SO_4$$

(b) **परम्यूटिट विधि** (Permutite method) **या जियोलाइट विधि** (zeolite method) स्थायी कठोरता वाले जल में उपस्थित सोडियम (Na) व एल्युमीनियम के सिलिकेट्स को परम्यूटिट/जियोलाइट कहते हैं। जल में उपस्थित कैल्शियम तथा मैग्नीशियम के आयन जियोलाइट से क्रिया करके कैल्शियम व मैग्नीशियम जियोलाइट बनाते हैं।

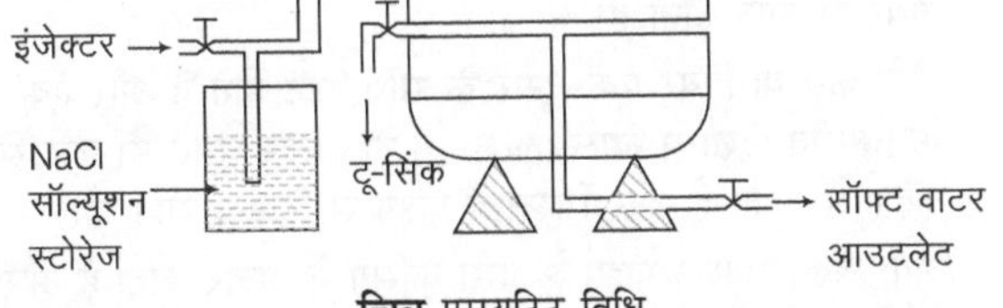

चित्र परम्यूटिट विधि

बेलनाकार टैंक में रखे जियोलाइट पर टैंक के ऊपर से कठोर जल धीरे-धीरे प्रवाहित करते हैं। जियोलाइट जल को शुद्ध करके निचले पोर्ट से बाहर धकेल देता है। इस विधि से स्थायी तथा अस्थायी कठोरता दूर की जाती है।

$$CaSO_4 + \underset{\text{सोडियम जियोलाइट}}{Na_2Z} \longrightarrow \underset{\text{कैल्शियम जियोलाइट}}{CaZ} + Na_2SO_4$$

$$MgCl_2 + \underset{\text{सोडियम जियोलाइट}}{Na_2Z} \longrightarrow \underset{\text{मैग्नीशियम जियोलाइट}}{MgZ} + 2NaCl$$

निरन्तर उपयोग के कारण परम्यूटिट अक्रिय हो जाता है। परम्यूटिट को सक्रिय करने के लिए इसमें पुन: 10% सोडियम क्लोराइड (NaCl) मिलाते हैं।

$$CaZ + 2NaCl \longrightarrow Na_2Z + CaCl_2$$

$$MgZ + 2NaCl \longrightarrow Na_2Z + MgCl_2$$

2. अस्थायी कठोरता दूर करने की विधियाँ

Methods of Removing Temporary Hardness

अस्थायी कठोरता दूर करने की निम्न विधियाँ हैं

(i) **उबालकर** (Boiling) अस्थायी कठोरता वाले जल को उबालने पर जल में उपस्थित बाइकार्बोनेट, कार्बोनेट के रूप में अवक्षेपित हो जाते हैं तथा कार्बन डाइ-ऑक्साइड गैस बाहर निकलती है। जल में से कार्बोनेटों को छानकर पृथक् कर लेते हैं।

$$Mg(HCO_3)_2 \xrightarrow{\Delta \text{(Heat)}} MgCO_3 + H_2O + CO_2$$

$$Ca(HCO_3)_2 \xrightarrow{\Delta \text{(Heat)}} CaCO_3 + H_2O + CO_2$$

(ii) **चूना मिलाकर** (Adding lime) जल की अस्थायी कठोरता चूना मिलाकर भी दूर की जा सकती है। यह शीघ्रता से सम्पन्न होने वाली सस्ती विधि है।

इसके अन्तर्गत चूना बाइकार्बोनेट लवणों को अविलेय कार्बोनेट लवणों में परिवर्तित कर देता है।

$$Mg(HCO_3)_2 + Ca(OH)_2 \longrightarrow CaCO_3 + MgCO_3 + 2H_2O$$

$$MgCO_3 + Ca(OH)_2 \longrightarrow Mg(OH)_2 + CaCO_3$$

जल को छानने के पश्चात् अविलेय कार्बोनेट पृथक् हो जाते हैं।

जल शुद्धीकरण की डी-आयनाइजिंग विधि

De-ionizing Method of Water Purification

डी-ऑयनाइजिंग प्रक्रिया से आशय जल में मिश्रित अशुद्धियों को हटाने से है। इस प्रक्रिया को सफल बनाने हेतु फिल्टर (filter) का प्रयोग किया जाता है।

इसमें जल को कई फिल्टरों एवं आयन-एक्सचेंजरों में से गुजारा जाता है, जिसके फलस्वरूप जल में उपस्थित अशुद्ध घटक पृथक् किए जाते हैं और हाइड्रोजन आयनों को आयन-एक्सचेंजरों के माध्यम से जल में मिश्रित किया जाता है।

इस प्रक्रिया के माध्यम से जल में उपस्थित घटकों या लवणों की मात्रा को सन्तुलित किया जाता है।

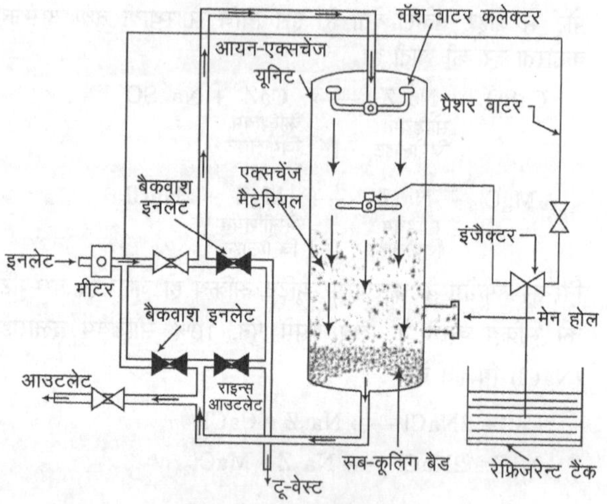

चित्र डी-आयनाइजिंग प्रक्रिया

4.5 जल सम्बन्धित दोषोपचार Water Related Troubleshooting

जल उपचार प्रक्रिया में अनेक दोष भी द्रष्टव्य होते हैं, जिनका निवारण करना आवश्यक हो जाता है। अत: प्रशिक्षुओं के लिए इन दोषोपचारों से अवगत होना भी आवश्यक है। जल के कुछ मुख्य दोष एवं उनके उपचार निम्नवत् हैं

क्र.सं.	दोष	उपचार
1.	जल का पूर्णतः न साफ होना	फिल्टर एलीमेन्ट्स को साफ करें।
2.	जल की आपूर्ति बाधित होना	सम्बन्धित पाइपों की डी-स्केलिंग करें।
3.	जल से गन्ध आना	फिल्टरों को बदल दें।
4.	जल में आवश्यक तत्त्वों की कमी	प्रोग्रामिंग को सेट करें।
5.	जल का pH मान बढ़ना	प्रोग्रामिंग को सेट करें।

4.6 पम्प Pump

जल को एक स्थान से दूसरे स्थान तक बलपूर्वक पहुँचाने के लिए प्रयुक्त यान्त्रिक उपकरण को 'पम्प' कहते हैं। इसके द्वारा जल का प्रवाह, वेग तथा दाब को नियन्त्रित किया जाता है। वांछित शक्ति, संचालन के सिद्धान्त और प्रकृति के अनुसार, पम्पों का वर्गीकरण किया गया है जोकि निम्न है

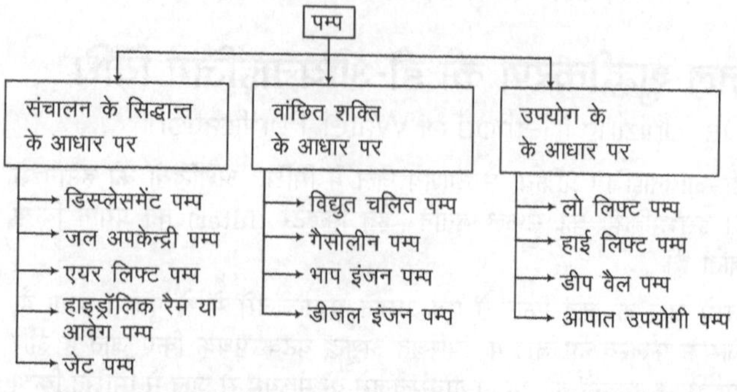

नोट पाठ्यक्रम की दृष्टि से इस अध्याय में केवल संचालन के सिद्धान्त के आधार पर वर्गीकृत पम्पों को ही विस्तृत रूप से समझाया गया है।

संचालन के सिद्धान्त पर आधारित पम्प
Pump Based on Principle of Operation

संचालन के सिद्धान्त अनुसार, पम्प निम्न प्रकार के होते हैं,

1. डिस्प्लेसमेंट पम्प Displacement Pump

इस प्रकार के पम्प चल तथा अचल भागो से मिलकर बने होते हैं। चल भागों (movable parts); जैसे—पिस्टन, शाफ्ट और कनैक्टिंग रॉड आदि के द्वारा शक्ति तथा सक्शन (suction) उत्पन्न होता है।

पम्प का अचल भाग सिलेण्डर स्थिर रहता है। सक्शन के कारण ही जल, पम्प के भीतर खिंचता है और बल के कारण पाइप लाइन में प्रवेश करता है। जल की विपरीत दिशा में प्रवाह को रोकने हेतु वाल्वों (valves) का प्रयोग किया जाता है।

इस प्रकार के पम्प मुख्य रूप से दो प्रकार के होते हैं

(i) प्रत्यागामी पम्प (ii) घूर्णी पम्प

(i) **प्रत्यागामी पम्प** (Reciprocating pump) इस प्रकार के पम्प में एक सिलेण्डर होता है, जिसके भीतर एक पश्चाग्र गति करने वाला पिस्टन लगा होता है।

यह पिस्टन कनैक्टिंग रॉड के द्वारा एक पहिए (wheel) से जुड़ा होता है, जिसे फ्लाईव्हील (flywheel) कहते हैं। पम्प के सिलेण्डर में वाल्व के रूप में डिलीवरी पाइप तथा सक्शन पाइप लगे होते हैं।

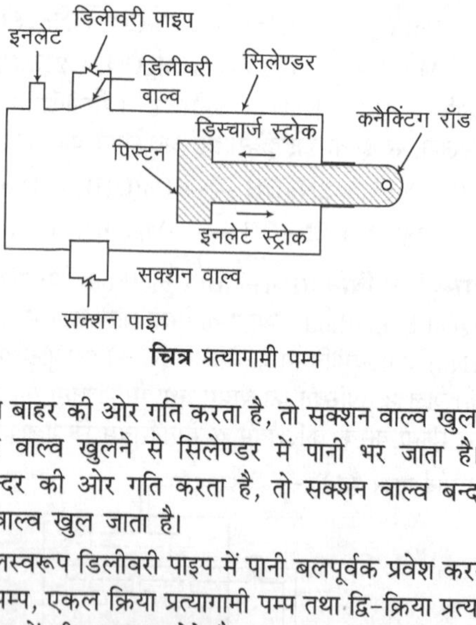

चित्र प्रत्यागामी पम्प

जब पिस्टन बाहर की ओर गति करता है, तो सक्शन वाल्व खुल जाता है। सक्शन वाल्व खुलने से सिलेण्डर में पानी भर जाता है। जब पिस्टन अन्दर की ओर गति करता है, तो सक्शन वाल्व बन्द तथा डिलीवरी वाल्व खुल जाता है।

जिसके फलस्वरूप डिलीवरी पाइप में पानी बलपूर्वक प्रवेश करता है। प्रत्यागामी पम्प, एकल क्रिया प्रत्यागामी पम्प तथा द्वि-क्रिया प्रत्यागामी पम्प के रूप में भी उपलब्ध होते हैं।

(ii) **घूर्णी पम्प** (Rotary pump) इसमें प्रत्यागामी गति के स्थान पर घूर्णीय गति उत्पन्न होती है। यह घुमाव इसमें प्रयुक्त कैम (cam) या गियर से प्राप्त होता है।

दोनों कैम या गियर एक-दूसरे के साथ फिट होते हैं और एक-दूसरे के विपरीत दिशा में खोल (casing) के अन्दर घूमते हैं। जल सक्शन पाइप से आता है और डिस्चार्ज पाइप से निकल जाता है।

अत: जल, सक्शन पाइप के द्वारा केसिंग में अन्दर जाता है और कैम या गियर से होता हुआ बल (force) के साथ डिस्चार्ज पाइप में चला जाता है।

इस प्रकार के पम्प में सक्शन की तीव्रता गियर या कैम के परस्पर सम्पर्क पर निर्भर करती है।

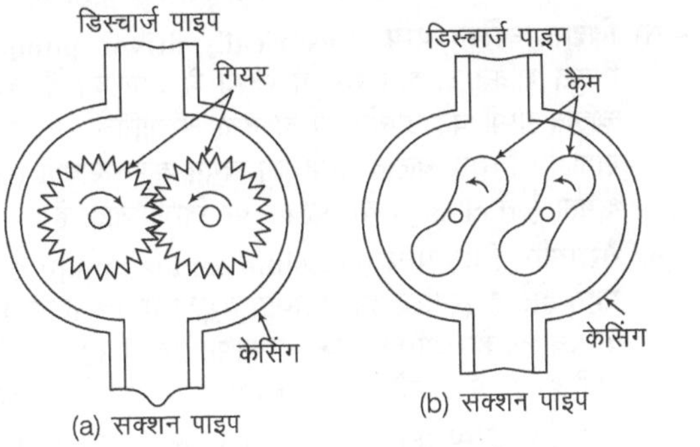

चित्र घूर्णीय पम्प में घूर्णीय गतियाँ

इसकी गति अधिक होने के कारण अधिक क्षमता के पम्प छोटे आकार में बनाए जा सकते हैं। इसमें कोई वाल्व नहीं होता है, परन्तु कीमत अधिक होती है। बालू, कीचड़ आदि का जल होने पर पम्प कार्य नहीं करता है। यह पृथक्-पृथक् बिल्डिंग में जल सप्लाई करने के लिए प्रयोग किया जाता है।

2. जल अपकेन्द्री पम्प Water Centrifugal Pump

किसी वस्तु अथवा पदार्थ को जब 'गोलीय पथ' (round way) पर तीव्र वेग से घुमाया जाए, तो वह अपने केन्द्र (centre) से दूर भागने का प्रयास करती है, क्योंकि उसमें अपकेन्द्री बल (centrifugal force) पैदा होता है। इसी आधार पर अपकेन्द्री पम्प का निर्माण किया गया है अर्थात् अपकेन्द्री पम्प वह पम्प है, जिसमें अपकेन्द्री बल द्वारा किसी तरल पदार्थ को एक स्थान से दूसरे स्थान पर पहुँचाया जाता है। इसकी एक मेन बॉडी होती है, जिसे हाउसिंग (housing) कहते हैं, जिस पर जल के लिए एक प्रवेश द्वार (intake port) तथा एक बाह्य द्वार (outlet) होता है।

मेन बॉडी के बियरिंग (bearing) में फिटेड शाफ्ट पर एक या एक से अधिक इम्पैलर्स (impellers) लगे होते हैं। इसकी शाफ्ट को घुमाने के लिए विद्युत मोटर का प्रयोग होता है।

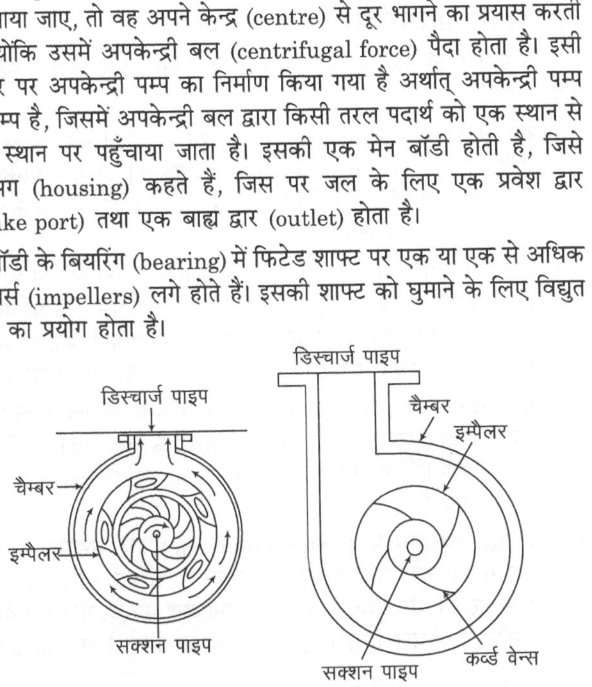

चित्र जल अपकेन्द्री पम्प

ये पम्प निम्न दो प्रकार के होते हैं—(i) टरबाइन पम्प (ii) वॉल्यूट पम्प

टिप्पणी *प्रारम्भ में अपकेन्द्री पम्प के प्रचालित करने हेतु प्राइमिंग की आवश्यकता होती है। प्राइमिंग से अभिप्राय अपकेन्द्री पम्प में से हवा निकालकर पानी भर देने की प्रक्रिया से है। जल स्रोत की सतह से नीचे माउण्ट किए गए अपकेन्द्री पम्प को प्राइमिंग की आवश्यकता नहीं होती है।*

विद्युत मोटर द्वारा इस पम्प की शाफ्ट को घुमाया जाता है, तो शाफ्ट के साथ लगे एक या एक से अधिक इम्पैलर्स भी घूमते हैं। इम्पैलर्स के घूमने से इनटेक पोर्ट की ओर वैक्यूम और आउटलेट की ओर प्रैशर उत्पन्न होता है। इसका इनटेक पोर्ट द्रव में डूबा रहता है।

वैक्यूम उत्पन्न होने के कारण द्रव को पम्प द्वारा अन्दर की ओर सक्शन किया जाता है, जहाँ इम्पैलर्स द्वारा उत्पन्न सेन्ट्रीफ्यूगल फोर्स के कारण यह द्रव आउटलेट (outlet) से प्रैशर के साथ निकलता है।

सेन्ट्रीफ्यूगल पम्प की शाफ्ट को मोटर की शाफ्ट से सीधा जोड़कर अधिक स्पीड पर चलाया जाता है। इस पम्प के साथ किसी वाल्व का प्रयोग नहीं किया जाता है।

3. एयर लिफ्ट पम्प Air Lift Pump

इस पम्प में पानी को उठाने के लिए कम्प्रैस्ड वायु का प्रयोग किया जाता है। इसमें अधिक व्यास के पाइप में कम्प्रैस्ड वायु को सप्लाई करने वाला पाइप व एयर डिफ्यूजर, एडक्टर पाइप (eductor pipe) में लगा होता है। कम्प्रैसर से कम्प्रैस्ड वायु, एयर पाइप में सप्लाई होती है, जो एडक्टर पाइप के नीचे की ओर लगा होता है, जिसके सिर पर एयर डिफ्यूजर लगा होता है।

एडक्टर पाइप में एयर डिफ्यूजर के द्वारा वायु गुजरती है, जिससे जल और वायु के मिक्स्चर से बुलबुले बनने लगते हैं। बुलबुले के रूप में जल आउटलेट से निकलने लगता है।

एडक्टर पाइप में प्रैशर, केसिंग पाइप के प्रैशर से कम होता है। प्रैशर का अन्तर एडक्टर पाइप में जल के चढ़ने से होता है। इसी कारण से आउटलेट से जल बाहर निकलने लगता है।

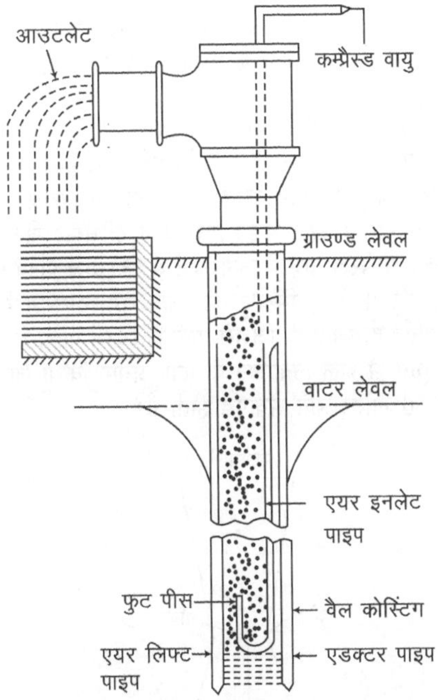

चित्र एयर लिफ्ट पम्प

सरल कार्यप्रणाली होने के कारण इसके द्वारा एक कम्प्रैसर की सहायता से कई कुओं से पानी निकाला जा सकता है। इस पम्प का उपयोग मुख्यतः अधिक गहराई से पानी निकालने के लिए किया जाता है।

4. हाइड्रॉलिक रैम या आवेग पम्प Hydraulic Ram or Impulse Pump

हाइड्रॉलिक रैम से जल इनलेट पाइप में प्रवेश करता है। इस स्थिति में डिलीवरी वाल्व बन्द रहता है और वेस्ट वाल्व (waste valve) खुला रहता है। वेस्ट वाल्व को इम्पेटस वाल्व (impetus valve) भी कहते हैं। यह वाल्व ग्रेविटी अथवा किसी अन्य प्रबन्ध; जैसे—स्प्रिंग आदि से स्वत: ही खुला रहता है। जल, रैम (ram) से प्रवेश करता है और वेस्ट वाल्व से प्रवाहित होता है। जब जल अधिक-से-अधिक वेग प्राप्त करता है, तो वेस्ट वाल्व स्वत: बन्द हो जाता है। जल के वेग से डिलीवरी वाल्व खुल जाता है और जल एयर चैम्बर में जाकर डिलीवरी पाइप से ऊपर उठने लगता है। कुछ समय पश्चात् रैम में प्रैशर कम हो जाता है, जिससे डिलीवरी वाल्व बन्द हो जाता है और वेस्ट वाल्व खुल जाता है। यह क्रिया बार-बार एक मिनट में 50 से 200 बार होती रहती है।

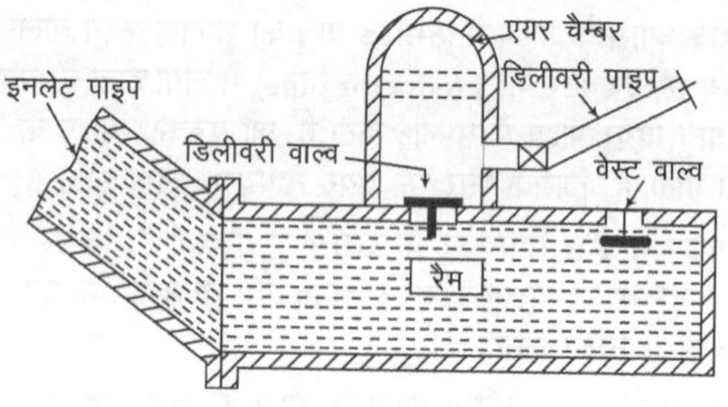

चित्र हाइड्रॉलिक रैम पम्प

यह विधि बहुत सरल और बहुत समय तक कार्य करने वाली होती है, परन्तु इसमें शोर अधिक होता है। छोटे-छोटे कार्यों के लिए वाटर सप्लाई इसी विधि से की जाती है। यह विधि लगभग 30 मीटर ऊँचाई तक जल की आपूर्ति के लिए प्रयोग की जाती है। इस प्रकार के पम्पों की दक्षता 50% तक होती है।

5. जेट पम्प Jet Pump

इस प्रकार के पम्प में नॉजल वेंचुरी ट्यूब के गले (throat) पर लगा होता है और यह कम्प्रैस्ड वायु या भाप अथवा जल को अधिक वेग पर डिस्चार्ज करता है। जेट में लगे सक्शन पाइप द्वारा जल खींचकर जेट में भरता है। नॉजल से निकली कम्प्रैस्ड वायु से जल, जेट से डिस्चार्ज पाइप में चला जाता है। इसमें वायु और पानी के मिश्रण का उच्च वेग, दाब शीर्ष (pressure head) में परिवर्तित हो जाता है, जिससे पानी डिस्चार्ज पाइप में चढ़ जाता है। यह पम्प गहरे कुएँ से जल निकालने के लिए प्रयोग किया जाता है। इसकी क्षमता लगभग 50 लीटर प्रति सेकण्ड होती है।

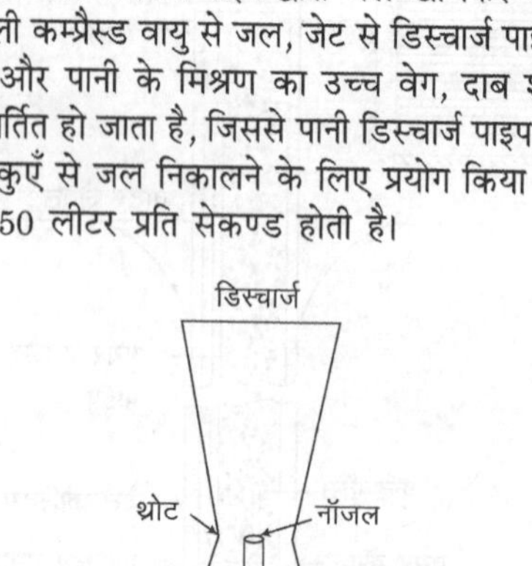

चित्र जेट पम्प

वांछित शक्ति के आधार पर Based on Desired Power

वांछित शक्ति के आधार पम्प निम्न चार प्रकार के होते हैं

(i) **विद्युत चलित पम्प** (Electrically driven pump) वर्तमान में विद्युत शक्ति लगभग सम्पूर्ण विश्व में उपलब्ध है, इसलिए विद्युत चलित पम्पों का उपयोग घरेलू तथा औद्योगिक स्तर पर किया जाने लगा है। विद्युत चलित पम्पों का चयन बल-आघूर्ण (torque) तथा क्षमता (efficiency) के आधार पर किया जाता है।

(ii) **गैसोलीन इंजन पम्प** (Gasoline engine pump) ये पम्प अधिक महँगे होते हैं इसलिए इनका प्रयोग बहुत कम किया जाता है। इन पम्पों के प्रचालन हेतु अधिक शक्ति (लगभग 25 से 30%) की आवश्यकता होती है। इन पम्पों को पेट्रोल इंजन पम्पों के नाम से भी जाना जाता है।

(iii) **भाप इंजन पम्प** (Steam engine pump) भाप इंजन पम्प बरनौली के सिद्धान्त का पालन करते हैं, जिसके अनुसार प्रवाहित द्रव का दाब कम होगा, यदि द्रव के वेग को निरन्तरता से बढ़ाया जाता है। आजकल भाप इंजन के स्थान पर विद्युत शक्ति चलित पम्पों का उपयोग किया जाता है।

(iv) **डीजल इंजन पम्प** (Diesel engine pump) डीजल इंजन पम्प, ढलवाँ लोहे (cast iron) के बनाए जाते हैं। इन पम्पों को स्टार्ट करने में कठिनाई होती है, जिस कारण डीजल इंजनों को स्टार्ट करने हेतु विद्युत स्टोरेज बैटरियों और कम्प्रैस्ड हवा की आवश्यकता होती है। ये पम्प मन्द गति से कार्य करते हैं। इन पम्पों में प्रयुक्त होने वाला सिलिकॉन कार्बाइड पम्प को संक्षारण तथा ऊष्मा से बचाता है।

उपयोग के आधार पर Based on Uses

पम्प की उपयोग और प्रकृति के आधार पर इन्हें निम्न चार भागों में विभक्त किया गया हैं

(i) **लो लिफ्ट पम्प** (Low lift pump) ये पम्प अपने नाम के अनुसार कार्य करते हैं। लो लिफ्ट पम्प सीमित दबाव का उपयोग करके जल को सीमित ऊँचाई तक पहुँचाते हैं। इनका उपयोग घरों में लगे फव्वारों, पम्पों आदि में किया जाता है।

(ii) **हाई लिफ्ट पम्प** (High lift pump) जैसा कि इसके नाम से स्पष्ट है कि जल को अधिक ऊँचाई; जैसे—बिल्डिंग, अपार्टमेन्ट तक पहुँचाने के लिए हाई लिफ्ट पम्पों का उपयोग किया जाता है। ये पम्प पानी को अधिक दाब के साथ अधिक ऊँचाई पर पर्याप्त मात्रा तथा तीव्र वेग से पहुँचाते हैं।

(iii) **डीप-वैल पम्प** (Deep well pump) ये पम्प अधिक शक्तिशाली होते हैं जिस कारण, इनका प्रयोग गहरे कुओं से जल निकालने में होता है। इन्हें सबमर्सिबल पम्प भी कहते हैं। इनका उपयोग मुख्यत: कृषि में किया जाता है।

(iv) **आपात उपयोगी पम्प** (Stand by pump) इन्हें सहायक पम्प के नाम से भी जाना जाता है। ये पम्प विद्युत या डीजल चलित प्रकार के हो सकते हैं। यदि मुख्य पम्प कार्य करना बन्द कर दे, तो इन पम्पों का उपयोग किया जाता है। इस कारण इसे 'आपात उपयोगी पम्प' कहते हैं।

पम्प की अश्व शक्ति ज्ञात करना

To Find the Horse Power of a Pump

पम्प की अश्व शक्ति निम्न सूत्र द्वारा ज्ञात की जा सकती है

पम्प की अश्व शक्ति (HP)

$$= \frac{\text{द्रव की मात्रा (गैलन / मिनट)} \times \text{ऊँचाई (फुट में)} \times 8.33}{33000}$$

जल पम्प के दोषोपचार
Troubleshooting of Water Pump

क्र.सं.	कारण	निवारण
I. पम्प कार्य नही कर रहा है।		
1.	वायरिंग ठीक नहीं है।	वायरिंग चैक करके ठीक करें।
2.	बियरिंग धूल व नमी के कारण जाम है।	बियरिंग की ग्रीसिंग करें।
3.	सक्शन लाइन में गैस या हवा है।	सक्शन वाल्व की प्राइमिंग करें।
4.	पम्प के चक्कर (RPM) प्रति मिनट कम हैं।	आर.पी.एम. चैक करें।
5.	स्टफिंग बॉक्स ठीक असेम्बल नहीं है।	स्टफिंग बॉक्स खोलकर पुनः असेम्बल करें।
II. पम्प अधिक शोर करता है।		
1.	फाउण्डेशन बोल्ट्स ढीले हैं।	बोल्ट्स टाइट करें।
2.	इम्पैलर्स बॉडी से रगड़ रहे हैं।	इम्पैलर्स सही स्थिति में एडजस्ट करें।
3.	एलाइनमेन्ट ठीक नहीं है।	एलाइनमेन्ट पुनः करें।
4.	बियरिंग घिसे अथवा ढीले हैं।	बियरिंग बदल दें।
5.	पम्प घूमने की दिशा विपरीत है।	पम्प के चक्कर चैक करके ठीक करें।
III. पम्प का डिस्चार्ज प्रैशर कम है।		
1.	इम्पैलर खराब है।	इम्पैलर चैक करें या बदल दें।
2.	गैस्केट कटने के कारण लीकेज है।	गैस्केट बदल दें।
3.	इनलेट पाइप गन्दा एवं चोक है।	इनलेट पाइप को साफ करें।
4.	सक्शन लिक्विड पर्याप्त नहीं है।	सक्शन लिक्विड स्तर (level) चैक करें।
5.	पम्प को सर्विसिंग की आवश्यकता है।	पम्प की सर्विसिंग करें।

4.7 पंखा अथवा ब्लोअर Fan or Blower

पंखा अधिकतर एयर कण्डीशनिंग, रेफ्रिजरेशन, कण्डेन्सर और एवैपोरेटर क्वॉयल पर वायु के रोटेशन के लिए प्रयोग किया जाता है। पंखे वायु को अधिक गति प्रदान कर वायु को विभिन्न बिन्दुओं तक पहुँचाने में सहायता करते हैं। इन पंखों द्वारा वायु के प्रवाह की दर लगभग 200 घन फीट (5.7 घन मीटर) से 20,00,000 घन फीट (57,000 घन मीटर) तक हो सकती है, इसे ब्लोअर भी कहते हैं। पंखे सामान्यतः दो प्रकार के होते हैं

1. अपकेन्द्री पंखा
2. अक्षीय प्रवाह पंखा

1. अपकेन्द्री पंखा Centrifugal Fan

इस पंखे के कवर के अन्दर पंखे का रोटर अर्थात् व्हील लगा होता है और इसे बैल्ट के द्वारा चलाया जाता है अर्थात् यह मोटर के साथ सीधे ही संयोजित रहता है। इस पंखे में अपकेन्द्री बल उत्पन्न होता है, जिस पर यह पंखा (fan) कार्य करता है। इसमें एक या दो इनलेट होते हैं।

सामान्यतः एक इनलेट वाले अपकेन्द्री पंखे को एग्जॉस्टर (exhauster) कहते हैं और दो इनलेट वाले अपकेन्द्री पंखों को ब्लोअर (blower) कहते हैं। अपकेन्द्रीय पंखों में वायु का अक्षीय दिशा में प्रवेश तथा त्रिज्यीय दिशा में निकास होता है। इसके ब्लेड थोड़े इन्क्लाइन्ड (inclined) होते हैं।

इसके ब्लेड निम्न प्रकार के होते हैं—

(i) फॉरवर्ड कर्व्ड ब्लेड (ii) रेडियल ब्लेड
(iii) बैकवर्ड कर्व्ड ब्लेड

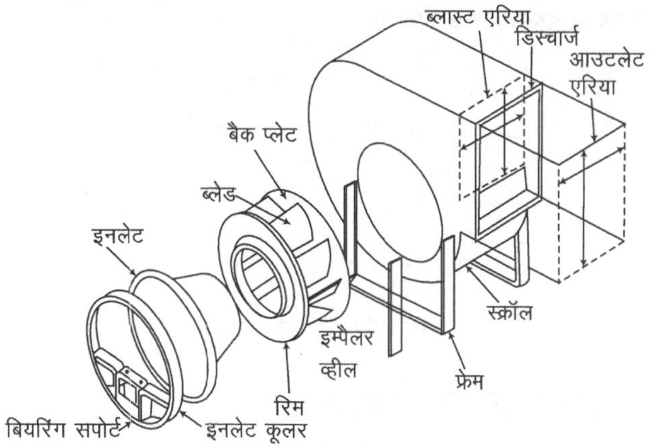

चित्र अपकेन्द्री पंखा

(i) फॉरवर्ड कर्व्ड ब्लेड Forward Curved Blade

इस ब्लेड के टिप, कर्व्ड फॉरवर्ड अर्थात् पंखे के व्हील की घुमाव दिशा में होते हैं। इस प्रकार का फॉरवर्ड कर्व्ड ब्लेड पंखा अधिक वायु निकालता है और अन्य पंखे से स्टैटिक प्रैशर कम उत्पन्न होता है।

V = ब्लेड छोड़ती वायु का निरपेक्ष वेग (समान है)
V_r = ब्लेड के सापेक्ष ब्लेड को छोड़ने वाली वायु का वेग
V_b = ब्लेड टिप का वेग।

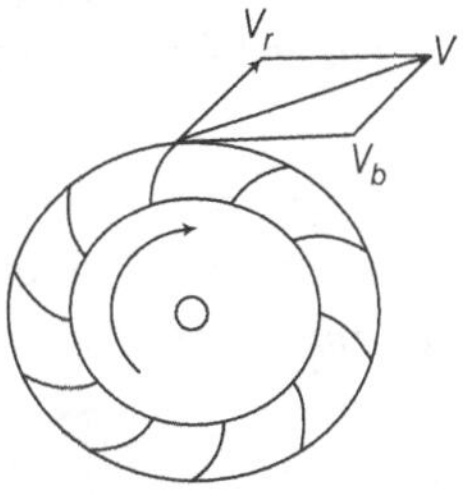

चित्र फॉरवर्ड ब्लेड

(ii) रेडियल ब्लेड Radial Blade

इस ब्लेड में किसी भी प्रकार की गोलाई नहीं होती है, अपितु ये ब्लेड सीधे होते हैं और रेडियली फिक्स होते हैं। विद्युत मोटर के अन्दर की कूलिंग के लिए रेडियल ब्लेड पंखे का प्रयोग किया जाता है। छोटे साइज की मोटर में ब्लेड रोटर पर लगे होते हैं। बड़े साइज की मोटरों में मोटर शाफ्ट पर अलग से पंखा लगाया जाता है।

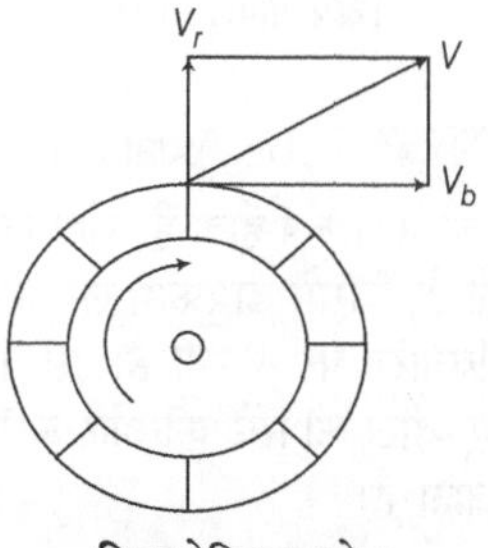

चित्र रेडियल ब्लेड

(iii) बैकवर्ड कर्व्ड ब्लेड Backward Curved Blade

इन ब्लेड की टिप (अग्र भाग) पीछे की ओर होती है अर्थात् पंखे व्हील के घुमाव की दिशा में विपरीत कर्व वाले होते हैं। इन ब्लेडों वाले पंखों की गति तथा दक्षता बहुत अधिक होती है।

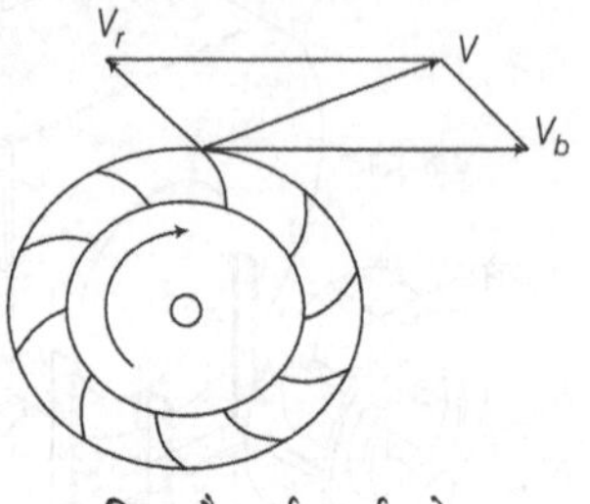

चित्र बैकवर्ड कर्व्ड ब्लेड

2. अक्षीय प्रवाह पंखा Axial Flow Fan

इम्पैलर में वायु, अक्षीय दिशा में प्रवेश करती है और इम्पैलर वायु को शाफ्ट के समान्तर गति प्रदान करता है अर्थात् वायु अक्षीय दिशा में गति करती है। इस कारण इसे अक्षीय प्रवाह पंखा कहते हैं। इन पंखों में ब्लेड की संख्या अपेक्षाकृत कम होती है। ये निम्नलिखित तीन प्रकार के होते हैं

(i) प्रोपेलर पंखा (ii) ट्यूब अक्षीय पंखा (iii) वेन अक्षीय पंखा

(i) प्रोपेलर पंखा Propeller Fan

प्रोपेलर पंखा निम्न दाब एवं उच्च क्षमता का होता है। इसका स्टैटिक प्रैशर सीमित रहता है। इसमें मोटर की शाफ्ट पर प्रोपेलर या डिस्क टाइप व्हील लगा होता है, जोकि माउण्टिंग रिंग या प्लेट का कार्य करता है। इसकी चारों रिंग या प्लेट इस प्रकार से लगी होती हैं कि डिस्चार्ज वायु वापस न आ सके।

इस प्रकार प्रोपेलर पंखा एयर कूल्ड कण्डेन्सर के लिए प्रयोग किया जाता है। जब कण्डेन्सर की फिन्स धूल से बन्द हो जाती है, तो यह पंखा अधिक धारा व्यय करता है। इसके अतिरिक्त वायु भी कम निकलती है।

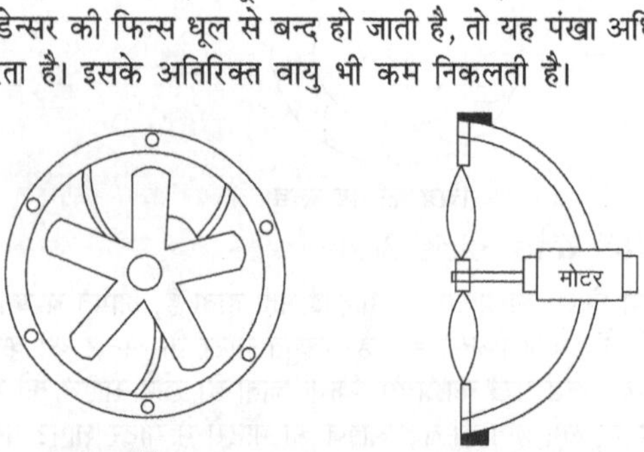

चित्र प्रोपेलर पंखा

(ii) ट्यूब अक्षीय पंखा Tube Axial Fan

यह पंखा प्रोपेलर पंखों का बड़ा रूप होता है, जो बेलनाकार हाउसिंग में लगा होता है। इसमें डक्ट होते हैं, जिसमें डायफ्राम लगे होते हैं। इसमें लगी डिस्क (या डायफ्राम) व्हील बियरिंग पर ठहरती है। इस पंखे में वायु, समान गति पर उत्पन्न करने के लिए व्हील को सिरे की ओर अधिक चौड़ा और नीचे की ओर कम चौड़ा रखा जाता है।

इस प्रकार जब वायु बेलनाकार हाउसिंग से बाहर निकलती है तो चक्कर लगाती हुई निकलती है। इस पंखे में अधिक शोर उत्पन्न होता है। इस कारण यह सीमित साधनों में ही प्रयोग किया जाता है, जिससे उन पर तेज शोर का कोई प्रभाव न पड़े।

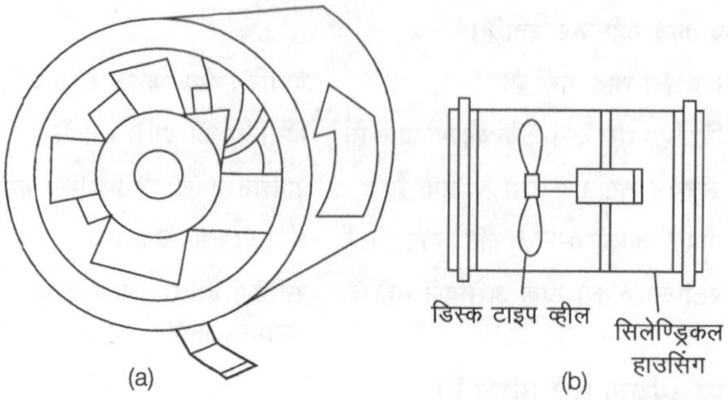

चित्र ट्यूब अक्षीय पंखा

(iii) वेन अक्षीय पंखा Vane Axial Fan

इस प्रकार के पंखे में बेलनाकार हाउसिंग में व्हील के साथ एयर गाइड वेन से जुड़े होते हैं। इसमें एक्सियल व्हील से वायु स्पाइरल (spiral) में प्रवाहित होती हुई बाहर आती है। इन पंखों में शोर, ट्यूब अक्षीय पंखों से कम होता है।

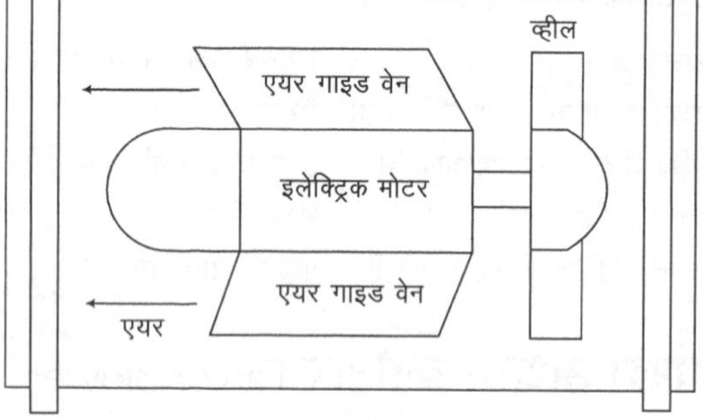

चित्र वेन अक्षीय पंखा

पंखे से सम्बन्धित सूत्र Fan Related Formulae

पंखा सम्बन्धी सूत्रों का विवरण निम्नवत् है

1. गति से सम्बन्धित सूत्र Speed Related Formulae

(i) पंखे के द्वारा निकली हुई वायु की मात्रा के अनुसार पंखे की गति होती है। यदि निकलने वाली वायु की मात्रा Q तथा गति N है तो,

$$Q \propto N$$

(ii) पंखे के द्वारा उत्पन्न स्टैटिक प्रैशर स्पीड के वर्ग के अनुसार होता है। यदि स्टैटिक प्रैशर SP और स्पीड N है, तो

$$SP \propto N^2$$

(iii) पंखे की हॉर्स पावर, स्पीड के घन (cubic) के अनुसार होती है। यदि हॉर्स पावर HP और स्पीड N है, तो

$$HP \propto N^3$$

इनको निम्न प्रकार से प्रकट किया जाता है

यदि पंखे की दो भिन्न-भिन्न गतियाँ N_1 व N_2 हैं, तो वायु की मात्रा Q_1 व Q_2, स्टैटिक प्रैशर SP_1 व SP_2 और हॉर्स पावर HP_1 व HP_2 है, तब

$$\frac{Q_2}{Q_1} = \frac{N_2}{N_1} \Rightarrow \frac{Q_1}{Q_2} = \frac{N_1}{N_2}$$

$$\frac{SP_2}{SP_1} = \frac{N_2^2}{N_1^2} \Rightarrow \frac{SP_1}{SP_2} = \frac{N_1^2}{N_2^2}$$

$$\frac{HP_2}{HP_1} = \frac{N_2^3}{N_1^3} \Rightarrow \frac{HP_1}{HP_2} = \frac{N_1^3}{N_2^3}$$

2. **व्यास से सम्बन्धित सूत्र** Diameter Related Formulae

एक समान पंखे, जिनके व्यास (diameter) भिन्न-भिन्न हों, उनके लिए वायु की मात्रा, स्टैटिक प्रैशर और हॉर्स पावर निम्नलिखित प्रकार से होंगे

यदि पंखों के व्यास d_1 व d_2 हैं, तब

(i) वायु की मात्रा (quantity) व्यास के घन (cubic) के बराबर होती है अर्थात्
$$Q = d$$
$$\frac{Q_2}{Q_1} = \left(\frac{d_2}{d_1}\right)^3$$

(ii) स्टैटिक प्रैशर, व्यास के वर्ग के बराबर होता है अर्थात्
$$SP = d^2$$
$$\frac{SP_2}{SP_1} = \left(\frac{d_2}{d_1}\right)^2$$

(iii) हॉर्स पावर, व्यास की घात 5 के बराबर होती है अर्थात् $HP = d^5$
$$\frac{HP_2}{HP_1} = \left(\frac{d_2}{d_1}\right)^5$$

महत्त्वपूर्ण बिन्दु

- जल प्रकृति में पाया जाने वाला एक ऐसा प्राकृतिक संसाधन है, जो प्रकृति से सम्बन्धित प्रक्रियाओं को प्रभावित करता है।
- पृथ्वी पर शुद्ध जल की प्रतिशतता कम होने के कारण अशुद्ध जल को उपचार के पश्चात् उसे कार्य हेतु उपयोगी बनाया जाता है।
- जल दो स्रोतों से प्राप्त किया जाता है- सतही जल, जो भूमि के ऊपर प्राप्त होता है तथा भूमिगत जल जो भूमि के अन्दर प्राप्त होता है।
- जल में भौतिक, रासायनिक तथा जैविक अशुद्धियाँ पाई जाती हैं।
- रंग, स्वाद, गन्ध, तापमान, रेडियोधर्मिता इत्यादि भौतिक अशुद्धियाँ हैं।
- अक्षर, क्षार, क्लोरीन, अमोनिया, आयरन ऑक्साइड आदि रासायनिक अशुद्धियाँ हैं।
- जैविक अशुद्धियों के अन्तर्गत फफूँदी, रोगाणु, परजीवी, वायरस इत्यादि अशुद्धियाँ आती हैं।
- स्लज, जल में उपस्थित मैग्नीशियम कार्बोनेट ($MgCO_3$) मैग्नीशियम क्लोराइड ($MgCl_2$), कैल्शियम क्लोराइड ($CaCl_2$) तथा मैग्नीशियम सल्फेट ($MgSO_4$) के कारण बनता है।
- भूमि से प्राप्त जल में कैल्शियम तथा मैग्नीशियम के लवण मिलने से जल में कठोरता उत्पन्न हो जाती है, जिससे जल खारा हो जाता है।
- जल में प्रायः दो प्रकार की कठोरता उत्पन्न होती है। स्थायी कठोरता तथा अस्थायी कठोरता।
- जल को एक स्थान से दूसरे स्थान तक बलपूर्वक पहुँचाने के लिए प्रयुक्त यान्त्रिक उपकरण को पम्प कहते हैं। इसके द्वारा जल के प्रवाह, वेग व दाब को नियन्त्रित किया जाता है।
- एयर कण्डीशनिंग रेफ्रिजरेशन, कण्डेन्सर और एवैपोरेटर क्वॉयल पर वायु के रोटेशन हेतु ब्लोअर अथवा पंखे का उपयोग किया जाता है।
- एक इनलेट वाले उपकेन्द्री पंखे को एग्जॉस्टर तथा दो इनलेट वाले उपकेन्द्री पंखे को ब्लोअर कहा जाता है।
- अक्षीय प्रवाह पंखे के इम्पैलर में वायु अक्षीय दिशा में प्रवेश करती है और इम्पैलर वायु को शाफ्ट के समान्तर गति प्रदान करता है।

महत्त्वपूर्ण प्रश्नोत्तरी

1. जल का pH मान 7 होता है। क्यों?

उत्तर जल का pH मान 7 होता है, क्योंकि जल का रासायनिक सूत्र H_2O है, जिस कारण इस पर धनात्मक हाइड्रोजन आयन (H^+) अम्ल तथा एक ऋणात्मक हाइड्रॉक्साइड (OH^-) क्षार उपस्थित है। अतः अम्ल व क्षार एक-दूसरे के प्रभाव को निरस्त कर देते हैं।

2. धातु की सतह को ऊष्मीय प्रभाव से बचाने के लिए क्या किया जाता है?

उत्तर ऊष्मीय प्रभाव से बचाने के लिए धातु के ऊपर इनेमल पाउडर डालकर धातु की सतह को 800 से 1000°C तक गर्म किया जाता है।

3. प्रणाली में ऊष्मा वृद्धि और दक्षता में कमी का क्या कारण है?

उत्तर वाष्पन क्रिया के कारण उत्पन्न पपड़ी ऊष्मा की कुचालक होने से प्रणाली की सम्पूर्ण ऊष्मा जल तक नहीं पहुँचने देती और इसके फलस्वरूप प्रणाली की ऊष्मा में वृद्धि तथा दक्षता में कमी आती है।

4. अपकेन्द्री पम्प में प्राइमिंग की आवश्यकता क्यों होती है?

उत्तर इम्पैलर को अधिक ऊर्जा से जल को ऊँचाई तक प्रवाहित करने के लिए प्राइमिंग की आवश्यकता होती है।

5. चूना मिलाकर जल की कौन–सी कठोरता दूर की जाती है और कैसे?

उत्तर चूने से जल की अस्थाई कठोरता दूर की जाती है। इसके अन्तर्गत चूना बाइकार्बोनेट लवणों को अविलेय कार्बोनेट लवणों में परिवर्तित कर देता है।

6. अक्रिय परम्यूटिट को सक्रिय कैसे किया जाता है?

उत्तर अक्रिय परम्यूटिट को सक्रिय बनाने हेतु अक्रिय परम्यूटिट की 10% सोडियम क्लोराइड से क्रिया कराते हैं।

7. सोडियम कार्बोनेट द्वारा जल की कौन–सी कठोरता दूर की जाती है और कैसे?

उत्तर सोडियम कार्बोनेट द्वारा जल की स्थायी कठोरता दूर की जाती है। इसके अन्तर्गत सोडियम कार्बोनेट जल उपस्थित लवणों को अवक्षेपित कर देता है।

8. संक्षारण का क्या कारण है?

उत्तर जब कोई धातु वायु में उपस्थित ऑक्सीजन से क्रिया करती है, तो ऑक्सीकरण के फलस्वरूप धातु की सतह पर एक अवांछनीय पदार्थ एकत्र हो जाता है, जिसे संक्षारण कहते हैं।

9. जल में उपस्थित अशुद्धियों के नाम लिखिए।

उत्तर जल में निम्न तीन प्रकार की अशुद्धियाँ पाई जाती हैं

(i) भौतिक अशुद्धियाँ (ii) रासायनिक अशुद्धियाँ (iii) जैविक अशुद्धियाँ

10. पम्प के शोर करने के कोई दो कारण बताइए।

उत्तर पम्प निम्नलिखित दो कारणों से शोर करता है

(i) पम्प के घूमने की दिशा विपरीत है।

(ii) बियरिंग घिसे हुए अथवा ढीले हैं।

अभ्यास प्रश्न

परीक्षा प्रारूपी प्रश्न

बहुविकल्पीय

1. जल के कारण उत्पन्न होने वाली अशुद्धि, स्लज किस रूप में प्रतीत होती है?
(a) नर्म अवक्षेप (b) कठोर अवक्षेप
(c) संक्षारण (d) ये सभी

2. धातु व जल के परस्पर सम्पर्क के कारण उत्पन्न होने वाली अशुद्धि होती है
(a) स्लज (b) संक्षारण (c) पपड़ी (d) ये सभी

3. पीने के पानी का तापक्रम रखा जाता है
(a) 42° F से 45° F (b) 38° F से 40° F
(c) 32° F से 35° F (d) इनमें से कोई नहीं

4. अम्ल का pH मान होता है
(a) 7 से कम (b) 7 से अधिक
(c) 7 (d) इनमें से कोई नहीं

5. कूलिंग टावर में जल ठण्डा होता है
(a) कण्डेन्सेशन (b) फ्यूजन (c) एवैपोरेशन (d) सबलिमेशन

6. कूलिंग टावर में किस प्रक्रिया द्वारा जल ठण्डा किया जाता है?
(a) कण्डेन्सेशन (b) एवैपोरेशन (c) विकिरण (d) संवहन

7. उबाल कर जल की निम्न में कौन-सी कठोरता दूर की जाती है?
(a) स्थायी (b) स्लज (c) पपड़ी (d) अस्थायी

8. जल की स्थायी कठोरता का कारण है
(a) मैग्नीशियम व कैल्शियम के क्लोराइड व सल्फेट
(b) मैग्नीशियम व कैल्शियम के बाइकार्बोनेट
(c) मैग्नीशियम व कैल्शियम के ऑक्साइड
(d) उपरोक्त सभी

9. निम्न कथनों पर विचार कीजिए
कथन I डी-आयनाइजिंग प्रक्रिया को सफल बनाने हेतु फिल्टरों का प्रयोग किया जाता है।
कथन II जल, कूलेन्ट के रूप में भी प्रयोग होता है।
उपरोक्त में से कौन-सा/से कथन सत्य है/हैं?
(a) कथन I (b) कथन II
(c) 'a' और 'b' दोनों (d) ये सभी

10. निम्नलिखित में से कौन-सा डिस्प्लेसमेंट पम्प का प्रकार नहीं है?
(a) प्रत्यागामी पम्प (b) घूर्णी पम्प
(c) अपकेन्द्रीय पम्प (d) इनमें से कोई नहीं

11. प्रत्यागामी पम्प की डिस्चार्ज क्षमता अपकेन्द्रीय पम्प की तुलना में कैसी होती है?
(a) कम (b) अधिक
(c) समान (d) कहा नहीं जा सकता

12. इनमें से कौन-सा अपकेन्द्रीय पम्प अन्य पम्पों की तुलना में अधिक विशिष्ट गति रखता है?
(a) अक्षीय प्रवाह (b) रेडियल प्रवाह
(c) मिश्रित प्रवाह (d) सभी समान हैं

13. घूर्णी पम्प ……… जैसे तरल के लिए उपयुक्त है।
(a) तेल (b) किरकिरा तरल
(c) 'a' और 'b' दोनों (d) इनमें से कोई नहीं

14. घूर्णी पम्पों में कैम या गियर द्वारा घूर्णीय गति उत्पन्न होती है। निम्न में से कौन-सा घूर्णी पम्प का उदाहरण है?
(a) गियर पम्प (b) वेन पम्प
(c) घूर्णी पिस्टन पम्प (d) ये सभी

15. निम्न में से किस प्रकार के पम्प को वेग पम्प के नाम से भी जाना जाता है?
(a) प्रत्यागामी पम्प (b) घूर्णी पम्प
(c) अपकेन्द्री पम्प (d) जेट पम्प

16. नीचे दिए गए चित्र में 'X' किसको इंगित करता है?

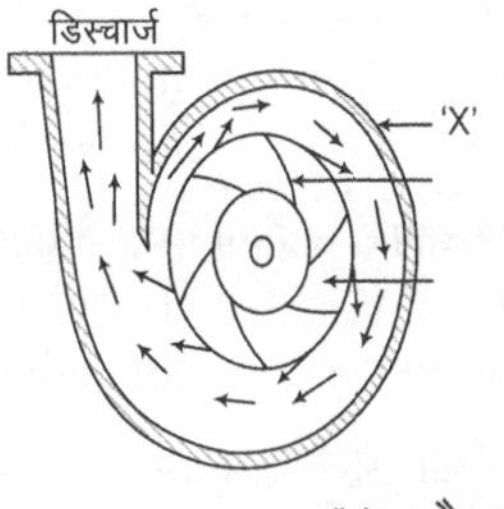

(a) पम्प केसिंग (b) इम्पैलर वेन
(c) इम्पैलर (d) वॉल्यूट केसिंग

17. हाइड्रॉलिक रैम को ……… भी कहा जाता है।
(a) एयर लिफ्टर (b) आवेग
(c) जैट (d) अपकेन्द्रीय

18. निम्न में से किस प्रकार के पम्प को सबमर्सिबल पम्प के नाम से भी जाना जाता है?
(a) लो लिफ्ट पम्प (b) हाई लिफ्ट पम्प
(c) बूस्टर पम्प (d) डीप वेल पम्प

19. विद्युत चलित पम्पों के लिए चालन हेतु उपयुक्त विद्युत धारा कौन-सी है?

(a) डी.सी. (b) ए.सी.
(c) 'a' और 'b' दोनों (d) इनमें से कोई नहीं

20. नीचे दिए गए चित्र में 'X' द्वारा प्रदर्शित भाग को किस नाम से जाना जाता है?

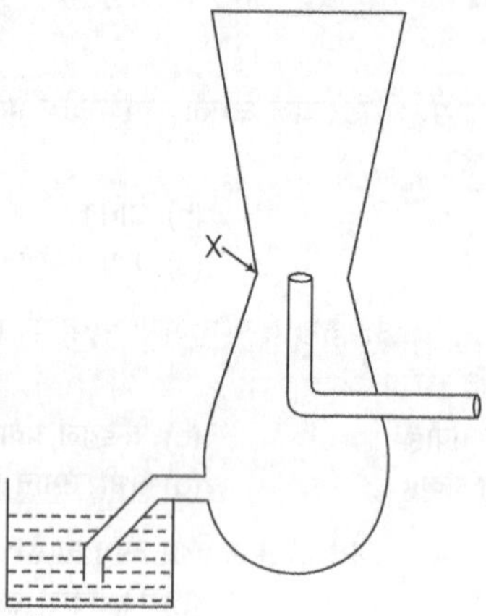

(a) डिस्चार्ज (b) कम्प्रैस्ड वायु
(c) नॉजल (d) थ्रोट

21. पंखे द्वारा निकाली गई वायु की मात्रा पंखे की गति पर किस प्रकार निर्भर करती है?

(a) अनुक्रमानुपाती (b) व्युत्क्रमानुपाती
(c) 'a' और 'b' दोनों (d) इनमें से कोई नहीं

22. वाटर कूलर में टैंक के पानी के प्रवाह को ······ द्वारा नियन्त्रित किया जाता है।

(a) फ्लोरिड वाल्व (b) HSOV
(c) सर्विस वाल्व (d) वाटर रेगुलेटिंग वाल्व

23. सबमर्सिबल पम्प की वाइण्डिंग किस प्रकार की होती है?

(a) ज्वलनशील (b) वायुरोधी
(c) ऊष्मारोधी (d) जलरोधी

24. निम्न में से किसे आपात उपयोगी पम्प भी कहते हैं?

(a) बूस्टर पम्प (b) आवेग पम्प
(c) विद्युत चलित पम्प (d) अपकेन्द्री पम्प

25. रेफ्रिजरेटर में अधिक वोल्टेज होने पर होने वाली हानि कौन-सी है?

(a) वाइण्डिंग सड़ सकती है (b) रिले जल सकती है
(c) संधारित्र जल सकता है (d) इनमें से कोई नहीं

26. पम्प का उपयोग कहाँ किया जाता है?

(a) जल स्रोत से दूर
(b) जल स्रोत के पास
(c) पाइप लाइन के पास
(d) पाइप लाइन के मध्य में

27. जल का बहाव दाब निम्न में से किसके द्वारा बढ़ाया जा सकता है?

(a) एवैपोरेटर (b) पम्प
(c) कण्डेन्सर (d) ये सभी

28. बूस्टर पम्प का प्रयोग किसलिए किया जाता है?

(a) जल के वेग में वृद्धि के लिए
(b) जल के प्रैशर में वृद्धि के लिए
(c) आवेग में वृद्धि के लिए
(d) उपरोक्त में से कोई नहीं

29. पानी के पम्प की बियरिंग, जोकि अत्यधिक गर्म हो गई है, का क्या उपचार है?

(a) इसे धीरे चलाएँ (b) पानी डालें
(c) ग्रीस लगाएँ (d) थर्मोस्टेट जोड़ें

30. इनमें से किस अवस्था में पम्प अधिक शोर करता है?

(a) फाउण्डेशन बोल्ट ढीले होने पर
(b) इम्पैलरों के रगड़ खाने पर
(c) एलाइनमेन्ट ठीक न होने पर
(d) उपरोक्त सभी

31. कूलिंग चैम्बर में शैल ······ होते हैं।

(a) U-प्रकार के (b) गोलाकार
(c) आयताकार (d) वर्गाकार

32. कण्डेन्सर पंखे के मोटर की चाल होती है

(a) सिंगल (b) डबल
(c) मल्टी (d) ये सभी

33. सक्शन पाइप में वायु को निकालकर जल भरने की प्रक्रिया कहलाती है

(a) पम्पिंग (b) फिलिंग
(c) प्राइमिंग (d) लेवलिंग

34. विभिन्न प्रकार के पम्पों में से वॉल्यूट पम्प ······ का प्रकार है।

(a) प्रत्यागामी पम्प (b) वायु उत्थापक पम्प
(c) जैट पम्प (d) अपकेन्द्रीय पम्प

35. किस प्रकार का पम्प बरनॉली सिद्धान्त पर कार्य करता है?

(a) गैसोलीन पम्प (b) डीजल इंजन पम्प
(c) बूस्टर पम्प (d) विद्युत चालित पम्प

उत्तरमाला

1. (a)	**2.** (b)	**3.** (a)	**4.** (a)	**5.** (c)	**6.** (d)	**7.** (d)	**8.** (a)	**9.** (c)	**10.** (c)
11. (a)	**12.** (a)	**13.** (a)	**14.** (d)	**15.** (c)	**16.** (a)	**17.** (b)	**18.** (d)	**19.** (c)	**20.** (d)
21. (a)	**22.** (a)	**23.** (d)	**24.** (c)	**25.** (a)	**26.** (b)	**27.** (b)	**28.** (b)	**29.** (c)	**30.** (d)
31. (a)	**32.** (a)	**33.** (c)	**34.** (d)	**35.** (d)					

अध्याय 05

एक्सपैन्शन वाल्व्स

Expansion Valves

परिचय Introduction

रेफ्रिजरेशन एवं एयर कण्डीशनिंग प्रणाली कूलिंग उत्पन्न करने की एक बन्द चक्र (closed cycle) प्रणाली है, जिसमें प्रयुक्त सभी अवयवों का चक्रीय क्रम में बार-बार प्रयोग होता है। इस प्रणाली में प्रयुक्त प्रत्येक अवयव द्वारा भिन्न-भिन्न दाब पर रेफ्रिजरेन्ट का प्रयोग किया जाता है; जैसे—कम्प्रैसर द्वारा उच्च ताप व उच्च दाब की रेफ्रिजरेन्ट वाष्प प्राप्त होती है, परन्तु एवैपोरेटर के लिए रेफ्रिजरेन्ट का दाब कम होना चाहिए। रेफ्रिजरेन्ट के दाब को कम करने के लिए रेफ्रिजरेशन एवं एयर कण्डीशनिंग प्रणाली में विभिन्न प्रकार के एक्सपैन्शन वाल्व प्रयोग किए जाते हैं। रेफ्रिजरेशन प्रणाली के चक्र में रेफ्रिजरेन्ट को बार-बार द्रव से वाष्प एवं वाष्प से पुन: द्रव में परिवर्तित किया जाता है, जिसके कारण रेफ्रिजरेन्ट में नमी उत्पन्न हो जाती हैं। इस नमी के कारण रेफ्रिजरेशन प्रणाली की दक्षता कम हो जाती है। रेफ्रिजरेन्ट में स्थित इस नमी को दूर करने के लिए ड्रायर (drier) का प्रयोग किया जाता है।

अध्याय विषय सूची

5.1 एक्सपैन्शन वाल्व Expansion Valve

रेफ्रिजरेशन प्रणाली में रिसीवर (receiver) तथा एवैपोरेटर (evaporator) के मध्य लगी वह युक्ति जिसके द्वारा कण्डेन्सर से प्राप्त रेफ्रिजरेन्ट का दाब कम करके एवैपोरेटर को भेजा जाता है, एक्सपैन्शन वाल्व कहलाता है।

एक्सपैन्शन वाल्व को मीटरिंग युक्ति (metering device), थ्रॉटलिंग युक्ति (throttling device) तथा रेफ्रिजरेन्ट प्रवाह नियन्त्रक युक्ति (refrigerant flow controller device) आदि नामों से भी जाना जाता है।

जब उच्च दाब का रेफ्रिजरेन्ट, एक्सपैन्शन वाल्व में प्रवेश करता है, तब इसका एक्सपैन्शन होता है, जिसके कारण रेफ्रिजरेन्ट का दाब कम हो जाता है। एक्सपैन्शन वाल्व युक्त रेफ्रिजरेशन प्रणाली को निम्न चित्र में दर्शाया गया है

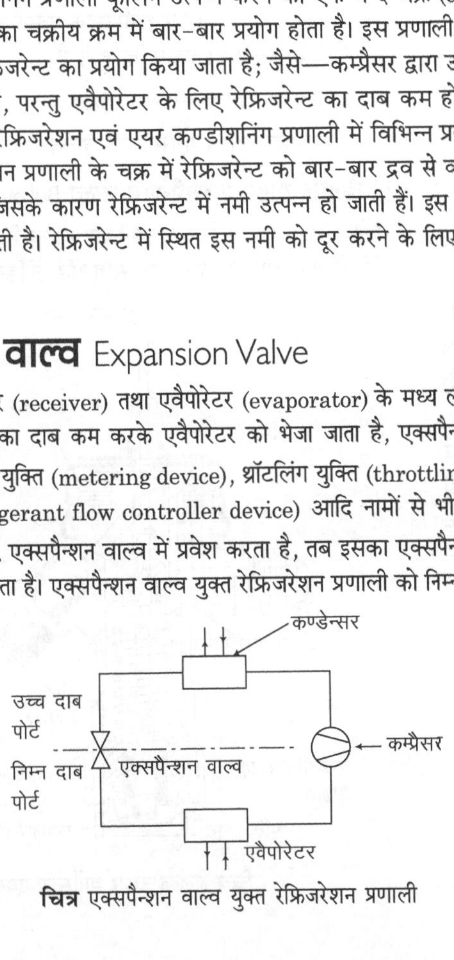

चित्र एक्सपैन्शन वाल्व युक्त रेफ्रिजरेशन प्रणाली

एक्सपैन्शन वाल्व में दो पोर्ट होते हैं—उच्च दाब पोर्ट एवं निम्न दाब पोर्ट। उच्च दाब के रेफ्रिजरेन्ट को वाल्व के उच्च दाब पोर्ट में इनलेट किया जाता है, जबकि निम्न दाब पोर्ट से कम दाब के रेफ्रिजरेन्ट को प्राप्त किया जाता है।

एक्सपैन्शन वाल्व के प्रकार
Types of Expansion Valve

1. हैण्ड एक्सपैन्शन वाल्व Hand Expansion Valve

इस वाल्व की संरचना बहुत सरल होती है। इसके द्वारा रेफ्रिजरेन्ट का प्रवाह इसके हैण्डिल को हाथ से घुमाकर नियन्त्रित किया जाता है। इसे तरल रेफ्रिजरेन्ट के प्रवाह की दिशा में एवैपोरेटर से ठीक पहले फिट किया जाता है, जिससे एवैपोरटर में तरल रेफ्रिजरेन्ट के प्रवाह को नियन्त्रित किया जा सके।

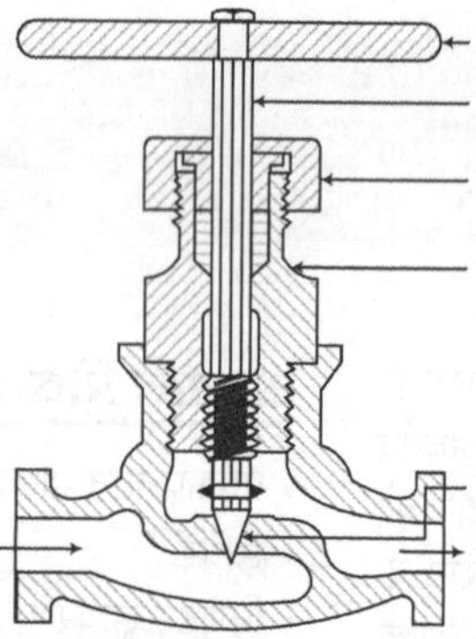

चित्र हैण्ड एक्सपैन्शन वाल्व

2. ऑटोमैटिक एक्सपैन्शन वाल्व
Automatic Expansion Valve

ऑटोमैटिक एक्सपैन्शन वाल्व वह वाल्व है, जिसकी कार्य प्रणाली लो प्रैशर साइड (low pressure side) पर निर्भर करती है। इस वाल्व को तरल रेफ्रिजरेन्ट के प्रवाह को नियन्त्रण करने के लिए, एवैपोरेटर से पहले तरल लाइन (liquid line) में लगाया जाता है।

यह वाल्व तरल रेफ्रिजरेन्ट के प्रवाह को नियन्त्रित करके आउटलेट पर निम्न दाब को बनाए रखता है। ऑटोमैटिक एक्सपैन्शन वाल्व की बॉडी पीतल की बनी होती है। इसके एक ओर आउटलेट तथा दूसरी ओर इनलेट होता है।

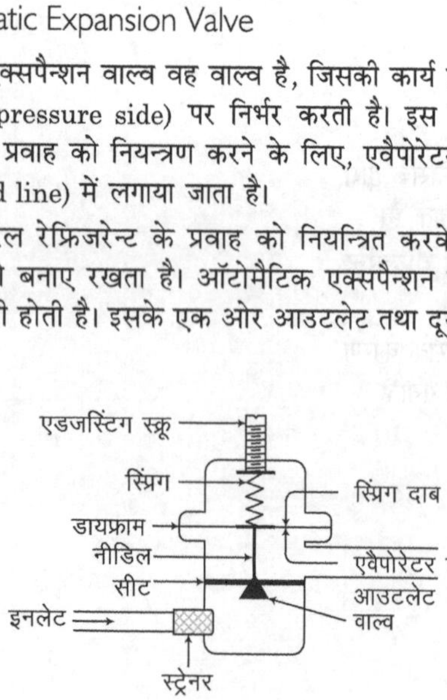

चित्र ऑटोमैटिक एक्सपैन्शन वाल्व

3. थर्मोस्टेटिक एक्सपैन्शन वाल्व
Thermostatic Expansion Valve

थर्मोस्टेटिक एक्सपैन्शन वाल्व एक ऐसा वाल्व है, जो ऊष्मीय लोड (heat load) के अनुसार एवैपोरेटर के रेफ्रिजरेन्ट के उचित प्रवाह को बनाए रखता है। यह एक्सपैन्शन वाल्व रेफ्रिजरेन्ट के दाब एवं ताप के अनुसार कार्य करता है। तापक्रम में परिवर्तन होने पर यह वाल्व स्वयं ही बन्द हो जाता है, जबकि उपयुक्त तापमान होने पर यह पुनः कार्य करने लगता है। यह वाल्व पीतल का बनाया जाता है तथा इसमें दो पोर्ट होते हैं—एक पोर्ट उच्च दाब वाले रेफ्रिजरेन्ट द्रव के लिए इनलेट और और दूसरा पोर्ट निम्न दाब वाले रेफ्रिजरेन्ट द्रव के लिए आउटलेट होता है।

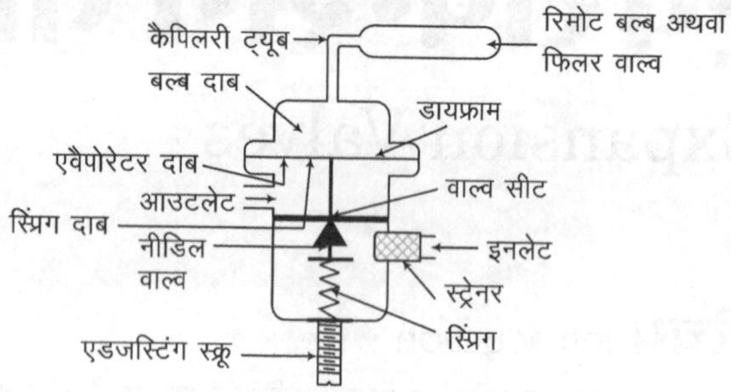

चित्र थर्मोस्टेटिक एक्सपैन्शन वाल्व

थर्मोस्टेटिक वाल्व दो प्रकार के होते हैं-

(i) बेलोज टाइप एक्सपैन्सन वाल्व
(ii) डायफ्राम टाइप एक्सपैन्शन वाल्व

(i) **बेलोज टाइप एक्सपैन्शन वाल्व** Bellows Type Expansion Valve

बेलोज टाइप थर्मोस्टेटिक एक्सपैन्शन वाल्व में हाउसिंग के अन्दर ऊपर की ओर बेलोज लगा होता है। इसके साथ रॉड, नीडिल, सीट व वाल्व लगे होते हैं।

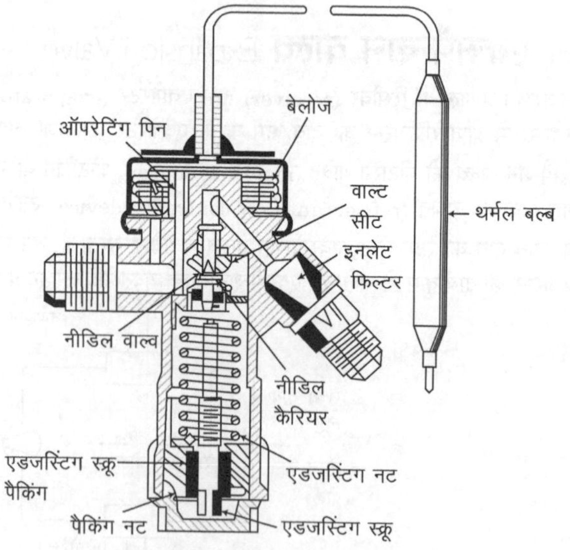

चित्र बेलोज टाइप थर्मोस्टेट एक्सपैन्शन वाल्व

वाल्व के दूसरी ओर स्प्रिंग लगी होती है। स्प्रिंग को एडजस्ट करने के लिए एडजस्टिंग स्क्रू लगा होता है। एवैपोरेटर के तापमान में वृद्धि होने पर सक्शन लाइन और थर्मल वाल्व का तापमान भी बढ़ जाता है। इसके साथ ही एवैपोरेटर का दाब अधिक हो जाता है। एवैपोरेटर का दाब अधिक होने पर बेलोज फैल जाती है और वाल्व सीट से ऊपर उठ जाता है। इस प्रकार एवैपोरेटर में रेफ्रिजरेन्ट भरने लगता है। जब एवैपोरेटर का तापमान कम हो जाता है, तो एवैपोरेटर का दाब भी घट जाता है, जिसके कारण नीडिल वाल्व बैठ जाता है। इस प्रकार एवैपोरेटर में रेफ्रिजरेन्ट का प्रवाह बन्द हो जाता है।

(ii) डायफ्राम टाइप एक्सपैन्शन वाल्व
Diaphragm Type Expansion Valve

डायफ्राम टाइप एक्सपैन्शन वाल्व में वाल्व बॉडी के नीचे डायफ्राम लगा होता है। इसके नीचे इक्वेलाइजिंग चैम्बर होता है, जिसमें इक्वेलाइजिंग कनेक्शन होते हैं। इनलेट, रिसीवर और आउटलेट, एवैपोरेटर से जुड़े होते हैं।

इसमें नीचे की ओर एक स्प्रिंग लगी होती है तथा स्प्रिंग सीट से जुड़ी होती है। नीडिल वाल्व सीट पर भली-भाँति फिट होता है, परन्तु स्प्रिंग दाब अधिक हो जाने पर वाल्व सीट से हट जाता है। स्प्रिंग के दाब को कम व अधिक करने के लिए नीचे एडजस्टिंग स्क्रू लगा होता है। डायफ्राम के ऊपर थर्मल बल्ब का दाब और नीचे स्प्रिंग व एवैपोरेटर का दाब कार्य करता है।

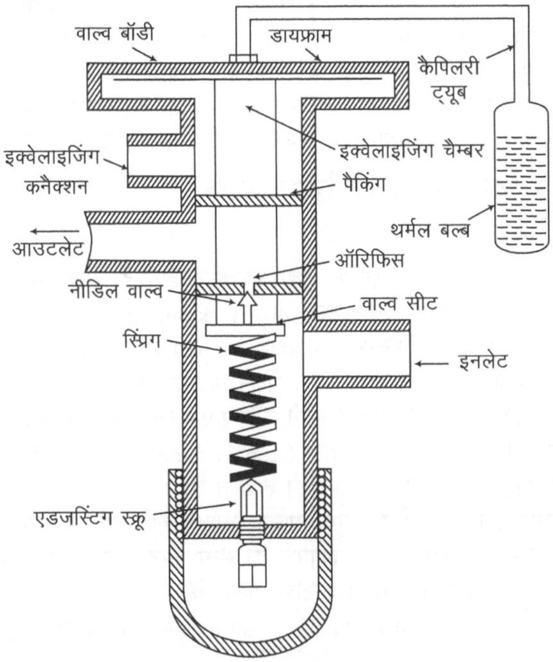

चित्र डायफ्राम टाइप एक्सपैन्शन वाल्व

4. कैपिलरी ट्यूब Capillary Tube

आजकल घरेलू रेफ्रिजरेटरों में कैपिलरी ट्यूब रेफ्रिजरेन्ट नियन्त्रक के रूप में अधिक प्रयोग की जाती है, क्योंकि इसका प्रयोग बहुत सरल है। इसमें कोई वाल्व या घूमने वाला भाग नहीं होता है और इसे एडजस्ट भी नहीं किया जाता है। यह कम व्यास की कॉपर की बनी ट्यूब होती है, जो हाई प्रैशर साइड (high pressure side) की ओर लगे कण्डेन्सर और निम्न प्रैशर साइड की ओर लगे एवैपोरेटर के मध्य तरल लाइन के स्थान पर लगी होती है। कण्डेन्सर और एवैपोरेटर के मध्य दाबान्तर रेफ्रिजरेन्ट के बहाव और उसकी बाधा के अनुसार रहता है।

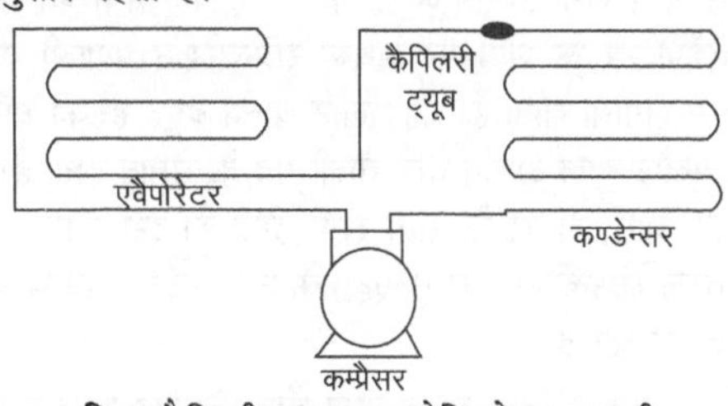

चित्र कैपिलरी ट्यूब युक्त रेफ्रिजरेशन प्रणाली

कैपिलरी ट्यूब का आकार Size of Capillary Tube

कैपिलरी ट्यूब का आकार उसके आन्तरिक व्यास और लम्बाई पर निर्भर करता है। कैपिलरी ट्यूब के आन्तरिक व्यास को मापने के लिए पहले प्लग गेज, एक पिन या ड्रिल को डाला जाता है, जो सुराख में सही प्रकार फिट हो जाए। इसके बाद उस पिन या ड्रिल का बाहरी आकार माइक्रोमीटर (आउटसाइड) या वर्नियर कैलीपर से चैक कर लिया जाता है और यही आकार कैपिलरी ट्यूब का होता है।

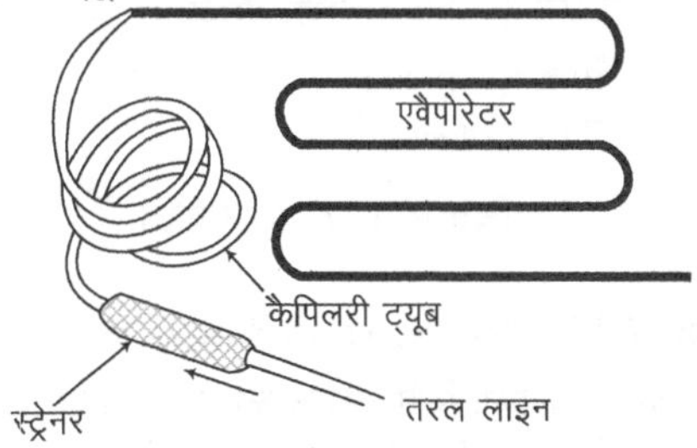

चित्र कैपिलरी ट्यूब

रेफ्रिजरेशन मशीन में प्रयोग होने वाली कैपिलरी ट्यूब की लम्बाई, आन्तरिक व्यास, कम्प्रैसर मोटर की अश्व शक्ति और एवैपोरेटर के तापक्रम (निम्न, मध्यम, उच्च) पर निर्भर करती है। रेफ्रिजरेटर और डीप फ्रीजर निम्न तापमान मशीनें होती हैं। वाटर कूलर और बोतल कूलर मध्यम तापमान मशीनें होती हैं, जबकि एयर कण्डीशनर उच्च तापमान मशीनें होती हैं।

5. फ्लोट वाल्व Float Valve

यह वाल्व फ्लूडिड एवैपोरेटर के साथ एक्सपैन्शन वाल्व के रूप में प्रयोग किया जाता है। इस वाल्व द्वारा रेफ्रिजरेशन प्रणाली में रेफ्रिजरेन्ट के प्रवाह को नियन्त्रित किया जाता है। फ्लोट वाल्व ताँबे या स्टील का बना होता है तथा यह रेफ्रिजरेशन प्रणाली में एवैपोरेटर के ऊपर अथवा नीचे लगा होता है। रेफ्रिजरेशन प्रणाली में फ्लोट तभी कार्य करता है, जब रेफ्रिजरेन्ट की मात्रा एवैपोरेटर में कम या अधिक होने लगती है।

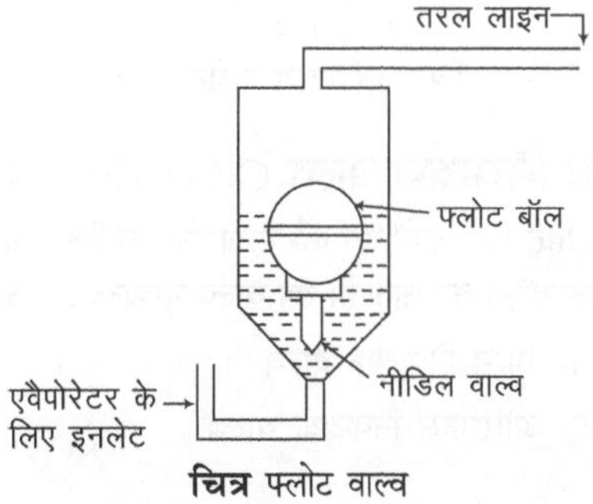

चित्र फ्लोट वाल्व

(i) **लो साइड फ्लोट वाल्व** Low Side Float Valve

यह वाल्व सामान्य रूप से रेफ्रिजरेन्ट के प्रवाह को नियन्त्रित करता है। यह सामान्यत: एवैपोरेटर के शीर्ष पर अथवा रेफ्रिजरेशन प्रणाली की लो साइड (low side) में लगाया जाता है। यह फ्लोट वाल्व बहुत हल्की धातु का बनाया जाता है, जो फ्लोट बॉल अर्थात् तैरने वाली गेंद के समान होता है। फ्लोट बॉल से एक फ्लोट आर्म, लीवर के साथ लगी होती है। इस कारण फ्लोट वाल्व हाउसिंग में तरल रेफ्रिजरेन्ट स्तर (level) के ऊपर-नीचे होने से यह वाल्व भी ऊपर नीचे ही चलता है।

फ्लोट आर्म पर एक नीडिल वाल्व लगा होता है। यह नीडिल वाल्व फ्लोट बॉल के ऊपर-नीचे होने के साथ वाल्व सीट से दूर हट जाता है अथवा सीट पर ही आ जाता है।

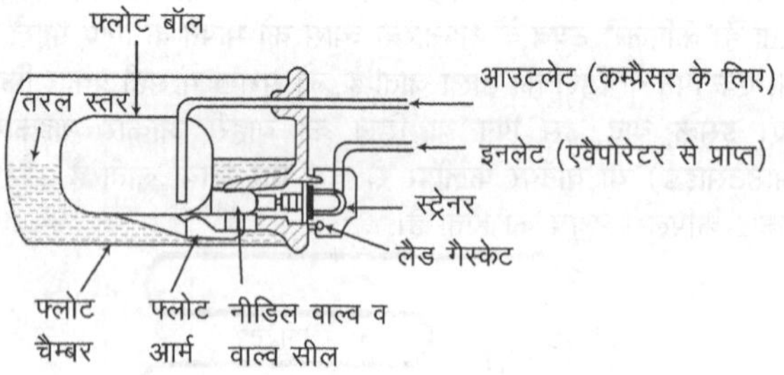

चित्र लो साइड फ्लोट वाल्व

(ii) **हाई साइड फ्लोट वाल्व** High Side Float Valve

यह वाल्व रेफ्रिजरेशन प्रणाली में रेफ्रिजरेन्ट को नियन्त्रित करने वाला उपकरण है, जो एवैपोरेटर को तरल रेफ्रिजरेन्ट उस समय तक सप्लाई करता है, जब तक कि तरल रेफ्रिजरेन्ट फ्लोट चैम्बर में आवश्यक स्तर तक न पहुँच जाए। यह वाल्व एवैपोरेटर में एवैपोरेशन की दर के अनुसार रेफ्रिजरेन्ट के प्रवाह को नियमित करता है। यह वाल्व रेफ्रिजरेशन प्रणाली की हाई साइड की ओर लगा होता है और तरल स्तर को अप्रत्यक्ष रूप से नियमित करता है।

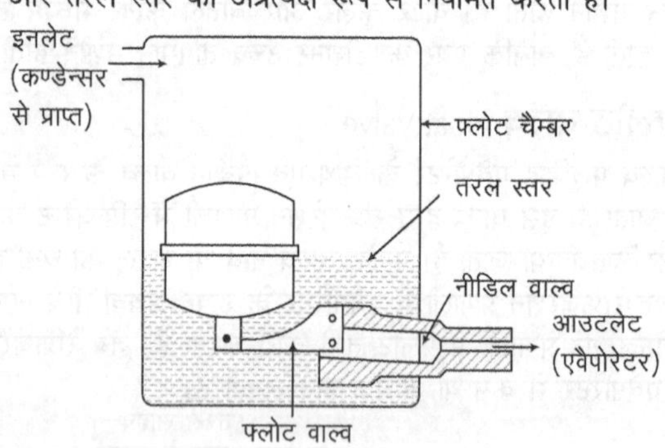

चित्र हाई साइड फ्लोट वाल्व

6. ऑरिफिस नियन्त्रण वाल्व Orifice Control Valve

ऑरिफिस से प्रवाहित होने वाले द्रव की मात्रा को नियन्त्रित करने वाला वाल्व ऑरिफिस नियन्त्रक वाल्व कहलाता है। यह वाल्व मुख्यत: दो प्रकार का होता है

(i) फिक्स्ड ऑरिफिस नियन्त्रक वाल्व

(ii) मॉड्यूलेटिंग ऑरिफिस नियन्त्रक वाल्व

(i) **फिक्स्ड ऑरिफिस नियन्त्रक वाल्व** Fixed Orifice Control Valve

इस प्रकार के वाल्व के इनलेट पोर्ट पर एक निश्चित आकार का ऑरिफिस बना होता है, जो अपने आकार के कारण निश्चित मात्रा में, तरल रेफ्रिजरेन्ट को वाल्व में पहुँचाता है। यह तरल रेफ्रिजरेन्ट, वाल्व के कट-ऑफ प्वॉइण्ट से प्रवेश करता है। ऑरिफिस वाल्व से प्रवाहित होने वाले द्रव की मात्रा के नियन्त्रण हेतु इसमें एक स्पूल (spool) लगा होता है।

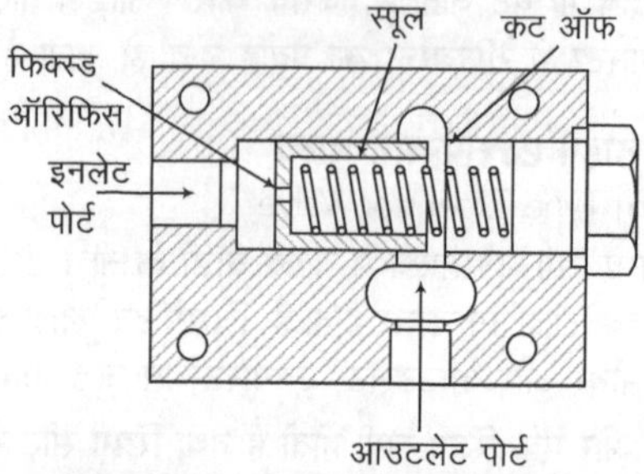

चित्र फिक्स्ड ऑरिफिस नियन्त्रक वाल्व

(ii) **मॉड्यूलेटिंग ऑरिफिस नियन्त्रक वाल्व**
Modulating Orifice Control Valve

मॉड्यूलेटिंग ऑरिफिस नियन्त्रक वाल्व, दाब के अनुसार ऑरिफिस का नियन्त्रण करता है। इसकी कार्यप्रणाली फिक्स्ड ऑरिफिस नियन्त्रक वाल्व के समान होती है। इसमें लगे स्पूल, दाब के कारण अपनी दिशा में परिवर्तन के स्थान पर अपना स्थान ही परिवर्तित करते हैं, जिसके फलस्वरूप ऑरिफिस से निकलने वाले द्रव रेफ्रिजरेन्ट की मात्रा का नियन्त्रण होता है।

7. इलेक्ट्रॉनिक एक्सपैन्शन वाल्व
Electronic Expansion Valve

इस प्रकार के वाल्व की संरचना बहुत ही जटिल होती है। इसका मुख्य कार्य डायरेक्ट एक्सपैन्शन एवैपोरेटर (direct expansion evaporator) में प्रवेश करने वाले रेफ्रिजरेन्ट के प्रवाह को नियन्त्रित करना है। यह कार्य इलेक्ट्रॉनिक कण्ट्रोलर द्वारा संकेत भेजने के पश्चात् ही सम्भव है। इसमें वाल्व पोर्ट को खोलने एवं बन्द करने के लिए एक छोटी मोटर का प्रयोग किया जाता है, जिसे स्टैप या स्टैपर मोटर (stepper motor) के नाम से जाना जाता है। इलेक्ट्रॉनिक एक्सपैन्शन वाल्व में तापमान को सेन्स करने तथा वाल्व के नियन्त्रण हेतु, ताप सेन्सर तथा माइक्रोकन्ट्रोलर लगे होते हैं। यह वाल्व एवैपोरेटर तथा कण्डेन्सर के तापमान को सेन्स करके उसे निर्धारित मान में परिवर्तित करता है और माइक्रोकन्ट्रोलर प्रोग्राम के अनुरूप मोटर का नियन्त्रण करता है। निम्न चित्र में इलेक्ट्रॉनिक एक्सपैन्शन वाल्व को दर्शाया गया है।

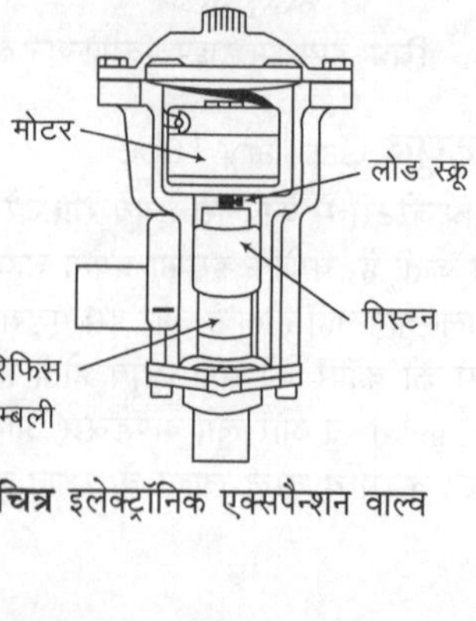

चित्र इलेक्ट्रॉनिक एक्सपैन्शन वाल्व

5.2 ड्रायर Drier

ड्रायर को फिल्टर ड्रायर तथा डिहाइड्रेटर (dehydrator) भी कहा जाता है। रेफ्रिजरेशन प्रणाली में ड्रायर का प्रयोग रेफ्रिजरेन्ट में से नमी को दूर करने के लिए किया जाता है। नमी के कारण रेफ्रिजरेशन प्रणाली सही प्रकार से कार्य नहीं कर पाती है। रेफ्रिजरेशन प्रणाली में नमी के निम्नलिखित कारण हो सकते हैं—

1. उपकरण लगाने एवं कार्य में असावधानी के कारण।
2. लो प्रैशर साइड (low pressure side) लीक होने के कारण।
3. जल शीतलित कण्डन्सेर में रिसाव होने के कारण।
4. जोड़ों के ढीले होने के कारण।
5. स्नेहक ऑयल में उपस्थित नमी के कारण।
6. रेफ्रिजरेन्ट के प्रारम्भिक प्रवाह के साथ।

ड्रायर को रिसीवर की तरल लाइन तथा एक्सपैन्शन वाल्व के मध्य लगाया जाता है, जैसा कि निम्न चित्र में प्रदर्शित है।

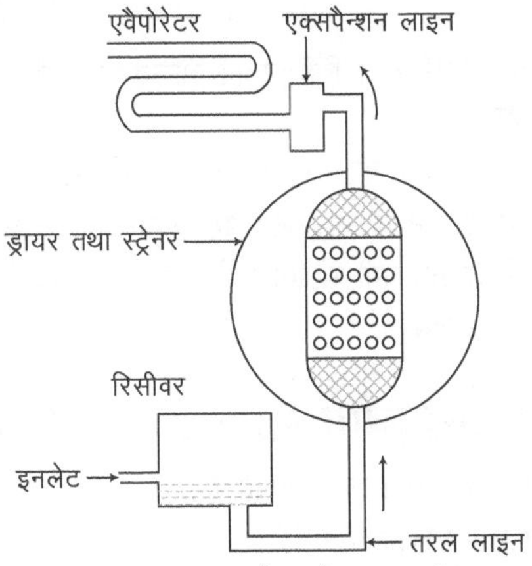

चित्र ड्रायर युक्त रेफ्रिजरेशन प्रणाली

ड्रायर के प्रकार Types of Drier

रेफ्रिजरेशन प्रणाली में रेफ्रिजरेन्ट को सुखाने के लिए मुख्यत: निम्न प्रकार के ड्रायर प्रयोग किए जाते हैं

1. स्पून कॉपर ड्रायर
2. लिक्विड लाइन ड्रायर
3. सक्शन लाइन ड्रायर
4. बाई-फ्लो ड्रायर

1. स्पून कॉपर ड्रायर Spoon Copper Drier

यह ड्रायर बेलनाकार आकृति में कॉपर धातु का बना होता है। इसकी क्षमता अधिक होती है तथा यह जंग प्रतिरोधी होता है। इसका प्रयोग मुख्यत: कम क्षमता वाले तथा निम्न कम्पन्न करने वाली रेफ्रिजरेशन प्रणाली के लिए किया जाता है।

इन्हें रेफ्रिजरेशन प्रणाली के कॉपर ट्यूब ग्रेड तथा आण्विक स्लीव के आधार पर निर्मित किया जाता है। क्लोरो-फ्लोरो कार्बन, हाइड्रो क्लोरो-फ्लोरो कार्बन तथा हाइड्रोफ्लोरो कार्बन आदि रेफ्रिजरेन्टों के लिए स्पून कॉपर ड्रायर का प्रयोग किया जाता है। इन्हें क्षैतिज अथवा ऊर्ध्वाधर दोनों स्थितियों में लगाया जा सकता है। इनका उपयोग रेफ्रिजरेशन प्रणाली, हीट पम्प तथा एयर कण्डीशनिंग प्रणाली में किया जाता है।

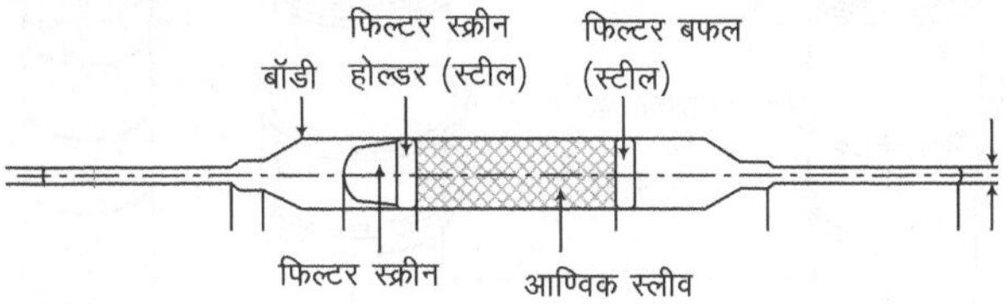

चित्र स्पून कॉपर ड्रायर

2. लिक्विड लाइन ड्रायर Liquid Line Drier

यह ड्रायर प्राय: स्टील से निर्मित होता है। इसका उपयोग सामान्य रूप से सभी आकार एवं प्रकार की प्रणालियों में किया जा सकता है। इस प्रकार के ड्रायर की नमी सोखने एवं फिल्टरेशन की क्षमता उच्च होती है। रेफ्रिजरेशन प्रणाली में इस प्रकार के ड्रायर का उपयोग प्रैशर ड्राप (pressure drop) को कम करने तथा फिल्टरेशन (filtration) को उपयुक्त मात्रा में रेफ्रिजरेन्ट को उपलब्ध कराना है। R-12, R-22, R-134a, R-470c तथा R-140a आदि रेफ्रिजरेन्टों के लिए लिक्विड लाइन ड्रायर का प्रयोग किया जाता है।

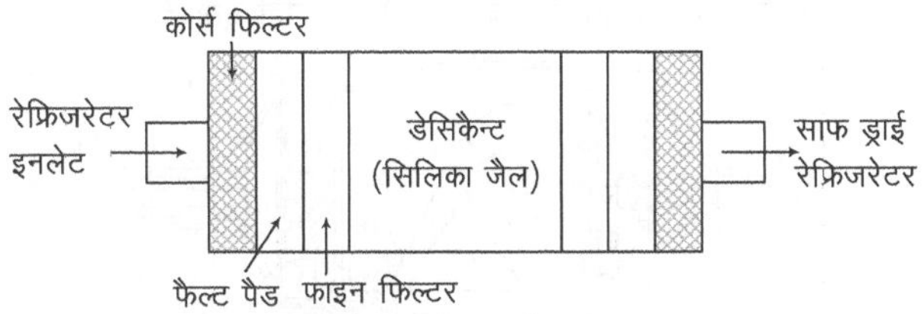

चित्र लिक्विड लाइन ड्रायर

3. सक्शन लाइन ड्रायर Suction Line Drier

इस प्रकार के ड्रायर को स्टील से बनाया जाता है। इसे रेफ्रिजरेन्ट की सफाई के लिए सक्शन लाइन में लगाया जाता है। इस ड्रायर के शैल का ऊपरी व्यास बड़ा होता है, जिसके कारण इसकी दक्षता अधिक होती है। इसके इनलेट व आउटलेट सिरों पर एक्सेस वाल्व (access valve) लगे होते हैं, जिसके कारण दाब को शुद्धता के साथ मापा जा सकता है। उच्च गुणवत्ता के फिल्टरेशन के लिए लिक्विड लाइन तथा सक्शन लाइन ड्रायर को एक साथ प्रयोग किया जाता है।

दोनों ड्रायरों के द्वारा शीघ्रता से एवं प्रभावी रूप से रेफ्रिजरेन्ट में स्थित जल, स्लज (sludge), एसिड (acid) तथा ठोस कणों को अलग किया जा सकता है।

निम्न चित्र में सक्शन लाइन ड्रायर को दर्शाया गया है।

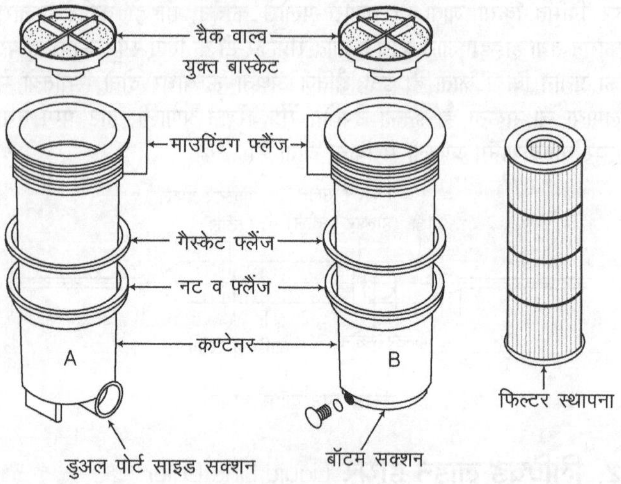

चित्र सक्शन लाइन ड्रायर

4. बाई-फ्लो ड्रायर Bi-flow Drier

बाई-फ्लो ड्रायर को हीट पम्प (heat pump) तथा रिवर्स साइकिल (reverse cycle) अनुप्रयोगों के लिए लिक्विड लाइन में प्रयोग किया जाता है। इस प्रकार के ड्रायर में शैल के अन्दर एक चैक वाल्व लगा होता है, जिसके कारण इसमें बाह्य वाल्व लगाने की आवश्यकता नहीं होती है। यह ड्रायर दोनों दिशाओं (इनलेट से आउटलेट एवं आउटलेट से इनलेट) में रेफ्रिजरेन्ट के प्रवाहित होने पर अशुद्धियों व नमी को पुन: रेफ्रिजरेन्ट में मिलने नहीं देता है।

चित्र बाई-फ्लो ड्रायर

ड्रायर का आकार एवं विशिष्टताएँ Size and Specifications of Drier

ड्रायर का आकार इसके आन्तरिक आयतन से ज्ञात किया जाता है। इसके आकार को घन सेमी अथवा घन इंच द्वारा प्रदर्शित किया जाता है। इसके आकार का चयन रेफ्रिजरेशन मशीन के आधार पर किया जाता है।

ड्रायर के आकार को कण्डेन्सिंग यूनिट की क्षमता के आधार पर निम्न तालिका में दर्शाया गया है—

क्र.सं.	कण्डेन्सिंग यूनिट की क्षमता (घन इंच में)	ड्रायर का आकार (घन इंच में)
1.	$\frac{1}{12}$ से $\frac{1}{8}$	2
2.	$\frac{1}{8}$ से $\frac{1}{4}$	3
3.	$\frac{1}{4}$ से $\frac{1}{2}$	6
4.	$\frac{1}{2}$ से $\frac{3}{4}$	9
5.	$\frac{3}{4}$ से 1	12
6.	1 से $1\frac{1}{2}$	18
7.	$1\frac{1}{2}$ से 5	30
8.	5 से $7\frac{1}{2}$	50

ड्रायर के ऊपर इसकी कुछ विशिष्टताएँ अंकित रहती हैं जो निम्न प्रकार हैं

(i) ड्रायर का आकार घन सेमी अथवा घन इंचों में।

(ii) ड्रायर के इनलेट व आउटलेट पर फ्लेयर फिटिंग का आकार।

(iii) ड्रायर में प्रयुक्त नमी सोखने वाले रासायनिक पदार्थ का नाम।

(iv) निर्माता का नाम।

ड्रायर के अनुप्रयोग Applications of Drier

ड्रायर के मुख्य अनुप्रयोग निम्नलिखित हैं—

1. रेफ्रिजरेशन प्रणाली में
2. एयर कण्डीशनिंग प्रणाली में
3. हीट पम्प में

1. **रेफ्रिजरेशन प्रणाली में** (In refrigeration system) रेफ्रिजरेशन प्रणाली में ड्रायर को रिसीवर एवं एवैपोरेटर के बीच में लगाया जाता है। इसके द्वारा रेफ्रिजरेशन प्रणाली में प्रवाहित रेफ्रिजरेन्ट में से नमी को अवशोषित किया जाता है।

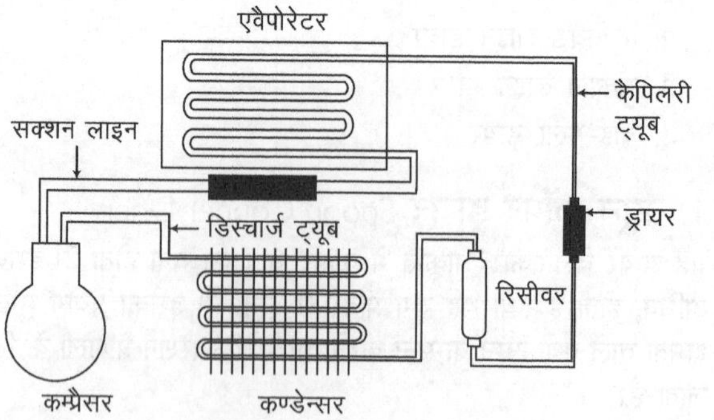

चित्र ड्रायर युक्त रेफ्रिजरेशन प्रणाली

2. **एयर कण्डीशनिंग प्रणाली में** (In air conditioning system) रेफ्रिजरेशन प्रणाली की भाँति ही एयर कण्डीशनिंग प्रणाली में भी ड्रायर का उपयोग रेफ्रिजरेन्ट में से नमी को अवशोषित करने के लिए किया जाता है।

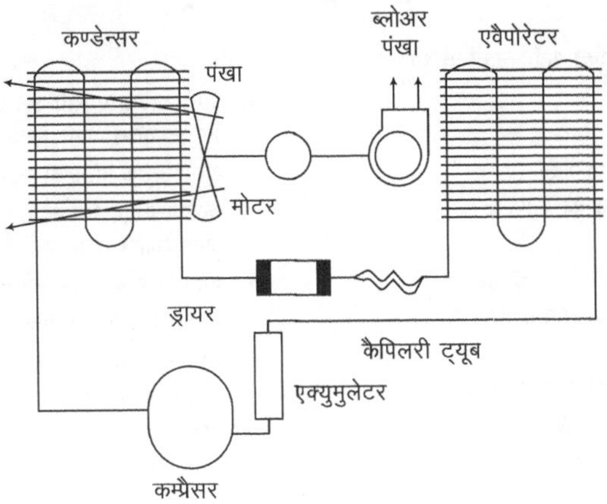

चित्र ड्रायर युक्त एयर कण्डीशनिंग प्रणाली

3. **हीट पम्प में** (In heat pump) हीट पम्प में ड्रायर का उपयोग वायु में से नमी को अवशोषित करने के लिए किया जाता है। इसमें वायु को ड्रायर के इनपुट पोर्ट में से गुजारा जाता है तथा आउटपुट पोर्ट से शुष्क वायु प्राप्त होती है।

5.3 फिल्टर ड्रायर या डी-हाइड्रेटर De-hydrator of Filter Drier

एक नया मोटर कम्प्रैसर स्थापित करने से पूर्व फिल्टर ड्रायर या डी-हाइड्रेटर को प्रतिस्थापित किया जाना चाहिए। डि-हाइड्रेटर या फिल्टर ड्रायर एक दोहरे उद्देश्य की पूर्ति करते हैं, पहले वे सिस्टम में उपस्थित किसी भी कण को बाहर निकालने का कार्य करते हैं। सामान्यत: ये कण ऑक्सीकरण हो सकते हैं, जो ब्रेज्ड ट्यूबिंग के अन्दर बनते हैं। जिन से सिस्टम के संचालन के दौरान समस्या उत्पन्न होती है। एक डी-हाइड्रेटर (फिल्टर ड्रायर) का दूसरा कार्य रेफ्रिजरेंट को सुखाना है, जिसका अर्थ यह नहीं है कि यह तरल को हटा देता है अपितु यह पानी के कणों को अवशोषित और धारण करता है। केशिका नली में द्रव जिस मार्ग से होकर गुजरता है, वह मुख्यत: बहुत छोटा होता है और आसानी से अवरूद्ध हो सकता है। एक तरल प्रवाह को रोकना, फिल्टर ड्रायर में छोटे कणों या गन्दगी को फँसाने के लिए डिजाइन किया गया एक बहुत अच्छा फिल्टर होता है, जो केशिका में रुकावट का कारण बनता है। फिल्टर तत्त्व के बाद एक जलशुष्कक (सुखाने वाला एजेंट) लगा होता है जिसमें पानी को अवशोषित करने की उच्च क्षमता होती है।

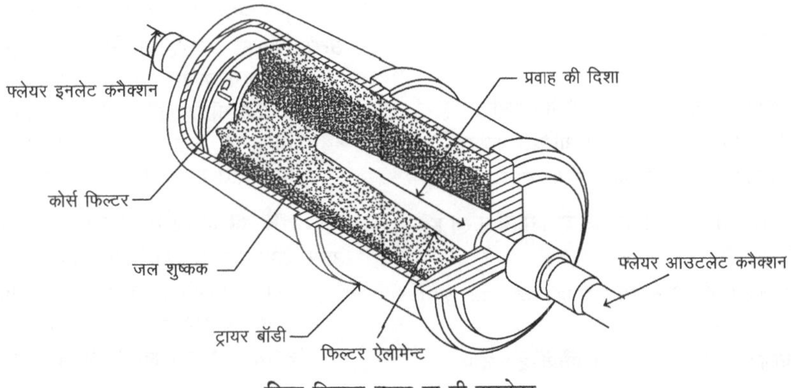

चित्र फिल्टर ड्रायर या डी-हाइड्रेटर

जलशुष्कक Desicants

जलशुष्कक सुखाने वाले एजेंट होते हैं जिनका उपयोग डि-हाइड्रेटर या फिल्टर ड्रायर में किया जाता है। फ्रीऑन समूह गैसों में सिलिका जैल का उपयोग सुखाने वाले एजेंट (जलशुष्कक) के रूप में किया जाता था, परन्तु वर्तमान में सक्रिय एल्यूमिना (activated alumina) है। एक जलशुष्कक के रूप में प्रयोग किया जाता हैं, जो विभिन्न रेफ्रिजरेट के अनुसार रेफ्रिजरेशन क्षेत्र में उपयोग किए जाते हैं। ये नमी के अत्यधिक अवशोषक होते हैं।

नोट *पाठयक्रम को देखते हुए यहाँ केवल इस अध्याय का संक्षिप्त विवरण ही दिया गया है। इस अध्याय के विस्तृत अध्याय हेतु प्रशिक्षु प्रथम वर्ष के अध्याय-21 का अवलोकन करें।*

महत्त्वपूर्ण बिन्दु

- एक्सपैन्शन वाल्व को मीटरिंग युक्ति, थ्रोटलिंग युक्ति आदि नामों से भी जाना जाता है।
- एक्सपैन्शन वाल्व में दो पोर्ट होते हैं।
- एक्सपैन्शन वाल्व तरल रेफ्रिजरेन्ट का दाब कम करते हैं।
- एक्सपैन्शन वाल्व, उचित मात्रा में तरल रेफ्रिजरेन्ट को एवैपोरेटर में भेजता है।
- यह रेफ्रिजरेशन प्रणाली में गैस के दाब में अन्तर पैदा करता है।
- इससे रेफ्रिजरेशन प्रणाली हाई साइड प्रैशर और लो साइड प्रैशर में विभाजित हो जाती है।
- एक्सपैन्शन वाल्व द्वारा एवैपोरेटर का तापमान नियत बना रहता है।
- हैण्ड एक्सपैन्शन वाल्व की संरचना बहुत सरल होती है।
- ऑटोमैटिक एक्सपैन्शन वाल्व की कार्यप्रणाली लो प्रैशर साइड पर निर्भर करती है।
- थर्मोस्टैटिक एक्सपैन्शन वाल्व ऊष्मीय लोड के अनुसार एवैपोरेटर के रेफ्रिजरेन्ट की उचित प्रवाह को बनाए रखता है।
- थर्मोस्टैटिक एक्सपैन्शन वाल्व में नीडिल वाल्व, वाल्व सीट डायफ्राम तथा रिमोट वाल्व आदि मुख्य भाग होते हैं।
- थर्मोस्टैटिक वाल्व की कार्यप्रणाली सक्शन लाइन के तापमान पर निर्भर करती है
- बेलोज टाइप थर्मोस्टैटिक एक्सपैन्शन वाल्व में हाउसिंग के अन्दर ऊपर की ओर बेलोज लगा होता है।
- एवैपोरेटर का दाब अधिक होने पर बेलोज फैल जाती है।
- डायफ्राम टाइप एक्सपैन्शन वाल्व में बॉडी के नीचे डायफ्राम लगा होता है।
- डायफ्राम टाइप एक्सपेंशन वाल्व के नीचे एक इक्वेलाइजर लगा होता है।
- डायफ्राम के ऊपर थर्मल बल्ब का दाब और नीचे स्प्रिंग व एवैपोरेटर का दाब कार्य करता है।
- स्प्रिंग के दाब को कम व अधिक करने के लिए नीचे एक एडजस्टिंग स्क्रू लगा होता है।
- घरेलू रेफ्रिजरेटरों में कैपिलरी ट्यूब रेफ्रिजरेन्ट नियन्त्रक के रूप में प्रयोग की जाती है।

महत्त्वपूर्ण प्रश्नोत्तरी

1. रेफ्रिजरेशन एवं एयर कण्डीशनिंग प्रणाली में एक्सपैन्शन वाल्व क्यों प्रयोग किया जाता है?

उत्तर जैसा कि हम जानते हैं कि कण्डेन्सर से उच्च दाब का रेफ्रिजरेन्ट प्राप्त होता है, परन्तु एवैपोरेटर निम्न दाब पर कार्य करता है। इसलिए कण्डेन्सर से प्राप्त उच्च दाब के रेफ्रिजरेन्ट को निम्न दाब में परिवर्तित करने के लिए एक्सपैन्शन वाल्व का प्रयोग किया जाता है।

2. एक्सपैन्शन वाल्व द्वारा रेफ्रिजरेशन प्रणाली में किए जाने वाले किन्हीं दो कार्यों को लिखिए।

उत्तर रेफ्रिजरेशन प्रणाली में एक्सपैन्शन वाल्व के दो कार्य निम्नलिखित हैं–

(i) एक्सपैन्शन वाल्व रेफ्रिजरेन्ट के प्रवाह को नियन्त्रित करता है।
(ii) एक्सपैन्शन वाल्व रेफ्रिजरेन्ट के दाब को कम करता है।

3. थर्मोस्टेटिक एक्सपैन्शन वाल्व में कितने प्रकार के दाब कार्य करते हैं? नाम लिखिए।

उत्तर थर्मोस्टेटिक एक्सपैन्शन वाल्व में निम्न तीन प्रकार के दाब कार्य करते हैं–

(i) स्प्रिंग दाब (ii) फिलर बल्ब दाब (iii) एवैपोरेटर दाब

4. कैपिलरी ट्यूब का आकार कम होने से रेफ्रिजरेन्ट के प्रवाह में कौन–सी हानि होती है?

उत्तर कैपिलरी ट्यूब का आकार कम होने के कारण इसमें रेफ्रिजरेन्ट की चेकिंग अर्थात् रेफ्रिजरेन्ट का प्रवाह बन्द या कम हो जाता है।

5. फ्लोट वाल्व से प्रवाहित रेफ्रिजरेन्ट की मात्रा तथा एवैपोरेटर से वाष्पित रेफ्रिजरेन्ट की मात्रा में क्या सम्बन्ध है?

उत्तर फ्लोट वाल्व से प्रवाहित रेफ्रिजरेन्ट की मात्रा, एवैपोरेटर से वाष्पित होने वाले रेफ्रिजरेन्ट की मात्रा के समानुपाती होती है।

6. फिक्स्ड ऑरिफिस नियन्त्रक वाल्व तथा मॉड्यूलेटिंग ऑरिफिस नियन्त्रक वाल्व के मध्य क्या अन्तर है?

उत्तर फिक्स्ड ऑरिफिस नियन्त्रक वाल्व में लगे स्पूल, रेफ्रिजरेन्ट के दबाव के कारण 90° की दिशा अर्थात् विपरीत दिशा में घूम जाते हैं, जबकि मॉड्यूलेटिंग ऑरिफिस नियन्त्रक वाल्व में लगे स्पूल अपनी दिशा के स्थान पर अपना स्थान रेफ्रिजरेन्ट दबाव के कारण परिवर्तित करते हैं।

7. नमी का रेफ्रिजरेशन प्रणाली पर क्या प्रभाव पड़ता है?

उत्तर रेफ्रिजरेशन प्रणाली में उपस्थित नमी के कारण एक्सपैन्शन वाल्व तथा कैपिलरी ट्यूब बन्द अथवा चोक्ड हो जाती है।

इसके अतिरिक्त नमी के कारण रेफ्रिजरेशन प्रणाली के विभिन्न अवयवों में जंग लगने की सम्भावना बनी रहती है।

8. स्पून कॉपर ड्रायर का प्रयोग किन रेफ्रिजरेन्टों के लिए किया जाता है?

उत्तर स्पून कॉपर ड्रायर का प्रयोग क्लोरोफ्लोरो कार्बन, हाइड्रो, क्लोरोफ्लोरो कार्बन तथा हाइड्रोफ्लोरो कार्बन आदि रेफ्रिजरेन्टों के लिए किया जाता है।

अभ्यास प्रश्न

परीक्षा प्रारूपी प्रश्न

बहुविकल्पीय

1. आधुनिक रेफ्रिजरेटर में किस प्रकार की इन्सुलेशन सामग्री का उपयोग किया जाता है?
(a) सॉ डस्ट (b) ग्लासवूल
(c) थर्मोकोल (d) पॉलीयूरीथेन फ़ोम

2. फ्रॉस्ट फ्री रेफ्रिजरेटर में किस प्रकार की एक्सपैंशन डिवाइस का उपयोग किया जाता है?
(a) फ्लोट वाल्व (b) केशिका ट्यूब
(c) ऑटोमैटिक विस्तार वाल्व (d) थर्मोस्टेटिक विस्तार वाल्व

3. HFC रेफ्रिजरेन्ट के लिए किस प्रकार का ड्रायर फ़िल्टर उपयुक्त है?
(a) मॉलिक्यूलर सिव टाइप (b) सक्रिय एल्यूमिना
(c) सक्रिय कार्बन (d) सिलिका जेल

4. एक एक्सपैंशन डिवाइस के रूप में केशिका ट्यूब का उपयोग करने का क्या लाभ है?
(a) तापमान सन्तुलन आसान करना
(b) दबाव सन्तुलन आसान करना
(c) वॉल्यूम सन्तुलन आसान करना
(d) जटिल डिजाइन को आसान बनाना

5. थर्मोस्टैटिक एक्सपैंशन वाल्व TEV की निरन्तर परिचालन स्थिति कौन-सी है?
(a) सुपर हीट सक्शन लाइन प्वॉइण्ट
(b) इसके इनलेट पर वाष्पीकरणीय दबाव
(c) वाष्पीकरण आउटलेट पर एन्थॉल्पी
(b) उपरोक्त में से कोई नहीं

6. विण्डो एयर कण्डीशनर में किस प्रकार के एक्सपैंशन वाल्व का उपयोग किया जाता है?
(a) केशिका नली (b) लो साइड फ्लोट वाल्व
(c) ऑटोमैटिक विस्तार वाल्व (d) थर्मोस्टेटिक विस्तार वाल्व

7. फ्रॉस्ट फ्री रेफ्रिजरेटर में किस प्रकार की डीफ्रॉस्टिंग विधि का उपयोग किया जाता है?
(a) गर्म पानी डीफ्रॉस्टिंग (b) मैनुअल डीफ्रॉस्टिंग
(c) हॉट गैस डीफ्रॉस्टिंग (d) इलेक्ट्रिक डीफ्रॉस्टिंग

8. विण्डो AC में सप्लाई एयर थ्रो कम क्यों होता है?
(a) फैन मोटर के सामान्य rpm के कारण
(b) साफ हवा के कारण
(c) रेफ्रिजरेन्ट लीक लेने के कारण
(d) फ्रॉस्ट द्वारा वायु परिसंचरण के अवरुद्ध होने के कारण

9. रेफ्रिजरेटर में दोषपूर्ण हीटिंग तत्त्व के लिए क्या उपाय है?
(a) हीटर रिपेयरिंग
(b) हीटर रि एड्जस्टमेन्ट
(c) हीटर और बायमैटल थर्मो बदलना
(d) हीट और ओवरलोड रक्षक का पुनः उपयोग करना

10. केशिका ट्यूब में रुकावट के कारण क्या हैं?
(a) गैर संघनित गैसें
(b) तेल में नमी और मोम
(c) ठोस कण
(d) रेफ्रिजरेन्ट का ओवर चार्ज होना

11. रेफ्रिजरेशन साइकिल में केशिका ट्यूब में दबाव ड्रॉप कैसे प्राप्त किया जाता है?
(a) रेफ्रिजरेन्ट और ट्यूब के बीच का घर्षण उत्पन्न करके
(b) रेफ्रिजरेन्ट और तेल के बीच का घर्षण उत्पन्न करके
(c) पिस्टन और सिलेण्डर के बीच का घर्षण उत्पन्न करके
(d) बेल्ट और पुली के बीच का घर्षण उत्पन्न करके

12. एक फ्रॉस्ट फ्री रेफ्रिजरेटर में कौन-सा घटक बायमैटल थर्मो के साथ शृंखला में जुड़ा हुआ है?
(a) ब्लोअर (b) डोर स्विच
(c) कैबिनेट बल्ब (d) डीफ्रॉस्ट हीटर

13. केशिका ट्यूब विस्तार उपकरण किस एप्लिकेशन का उपयोग करता है?
(a) घरेलू आरएसी यूनिट (b) औद्योगिक बर्फ के पौधे
(c) वाणिज्यिक एसी संयन्त्र (d) अस्पताल IAQ सिस्टम

14. निरन्तर लोड ऑपरेशन के लिए कौन-सा विस्तार वाल्व उपयुक्त है?
(a) किंग वाल्व (b) रिलीफ वाल्व
(c) लो साइड फ्लोट वाल्व (d) ऑटोमैटिक एक्सपैंशन वाल्व

15. एक फ्रॉस्ट फ्री रेफ्रिजरेटर में टूटी हुई बाइमैटल थर्मो के लिए क्या उपाय है?
(a) बायमैटल थर्मो की रिपेयरिंग
(b) बायमैटल थर्मो का पुनः उपयोग करना
(c) बायमैटल थर्मो को बदलना
(d) बायमैटल थर्मो रि एड्जस्टमेंट करना

16. फ्रॉस्ट फ्री रेफ्रिजरेटर में ठण्डा न होने का क्या कारण है?
(a) दोषपूर्ण फेन मोटर
(b) ओपन डोर स्विच
(c) उच्च वाट कैबिनेट बल्ब
(d) दोषपूर्ण टाइमर

17. केशिका नली को एक्सपैंशन डिवाइस के रूप में क्यों पसन्द किया जाता है?
(a) कोई सिस्टम दबाव न होने के कारण
(b) सस्ती और कोई मूविंग भाग नहीं होने के कारण
(c) महँगे और अधिक मूविंग भाग होने के कारण
(d) समय-समय पर सर्विसिंग की आवश्यकता होने के कारण

18. द्वितीयक ताप अन्तरण सतह के रूप में प्रयुक्त 'X' के रूप में चिन्हित भाग का नाम क्या है?

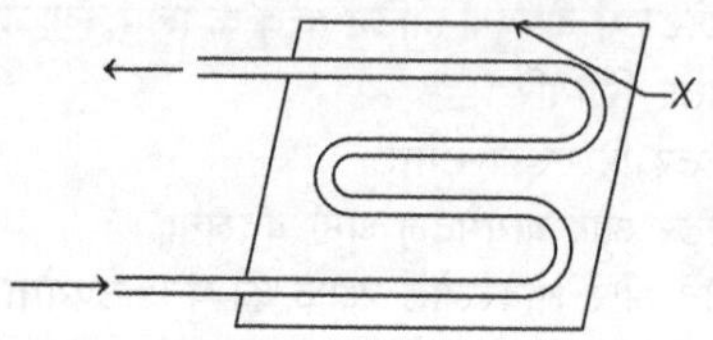

(a) फैन (b) प्लेट (c) क्वॉयल (d) ट्यूब

19. निम्न में से क्या डिहाइड्रेटर का उपयोग है?
(a) तेल को अवशोषित करना
(b) गर्मी को अवशोषित करना
(c) रेफ्रिजरेन्ट को अवशोषित करना
(d) नमी को अवशोषित करना

20. हाइड्रोकार्बन आवेशित आरएसी इकाई के डिहाइड्रेटर में प्रयुक्त होने वाले डिसेकेंट को क्या कहते हैं?
(a) सिलिका जैल
(b) अमोनिया
(c) सल्फर डाइऑक्साइड
(d) कैल्शियम क्लोराइड

उत्तरमाला

1. (d)	**2.** (b)	**3.** (a)	**4.** (b)	**5.** (a)	**6.** (a)	**7.** (d)	**8.** (d)	**9.** (c)	**10.** (b)
11. (a)	**12.** (d)	**13.** (a)	**14.** (d)	**15.** (c)	**16.** (d)	**17.** (b)	**18.** (b)	**19.** (d)	**20.** (a)

अध्याय 06

एवैपोरेटर एवं हीट एक्सचेंजर

Evaporator and Heat Exchanger

6.1 एवैपोरेटर का कार्य सिद्धान्त Working Principle of Evaporator

रेफ्रिजरेशन प्रणाली में प्रयुक्त वह युक्ति, जिसके द्वारा तरल रेफ्रिजरेन्ट (liquid refrigerant) का वाष्पीकरण (vaporization) होकर कूलिंग (cooling) उत्पन्न होती है, 'एवैपोरेटर' (evaporator) कहलाती है। इसे कूलिंग क्वॉयल, फ्रीजर क्वॉयल, फ्रीजिंग यूनिट तथा यूनिट कूलर आदि अन्य नामों से भी जाना जाता है। एवैपोरेटर को रेफ्रिजरेशन प्रणाली में रिसीवर के बाद लगे एक्सपैन्शन वाल्व के पश्चात् लगाया जाता है। यह एक्सपैन्शन वाल्व के द्वारा तरल रेफ्रिजरेन्ट को लेकर, रेफ्रिजरेन्ट वाष्प में परिवर्तित कर देता है। एवैपोरेटर गर्म अवयवों से ऊष्मा को सोखकर रेफ्रिजरेन्ट को स्थानान्तरित कर देता है, जिससे यह रेफ्रिजरेन्ट का वाष्पीकरण करके वहाँ कूलिंग उत्पन्न कर देता है। एवैपोरेटर के पश्चात् एक एक्युमुलेटर (accumulator) लगा होता है, जो रेफ्रिजरेन्ट वाष्प में उपस्थित तरल को कम्प्रैसर में जाने से रोक लेता है। एवैपोरेटर द्वारा इसके आस-पास के स्थान को ठण्डा किया जाता है। इसके लिए एवैपोरेटर का तापमान बहुत कम हो जाता है, परन्तु कभी-कभी एवैपोरेटर का तापमान अधिक कम हो जाता है, जिससे इसके आस-पास बर्फ जमने लगती है। इस बर्फ को हटाने के लिए एवैपोरेटर की डिफ्रॉस्टिंग की जाती है। रेफ्रिजरेशन प्रणाली में सक्शन लाइन तथा तरल लाइन के मध्य ऊष्मा को स्थानान्तरित करने के लिए ही एक्सचेंजर का प्रयोग किया जाता है।

निम्न चित्र में एवैपोरेटर युक्त रेफ्रिजरेशन प्रणाली को दर्शाया गया है

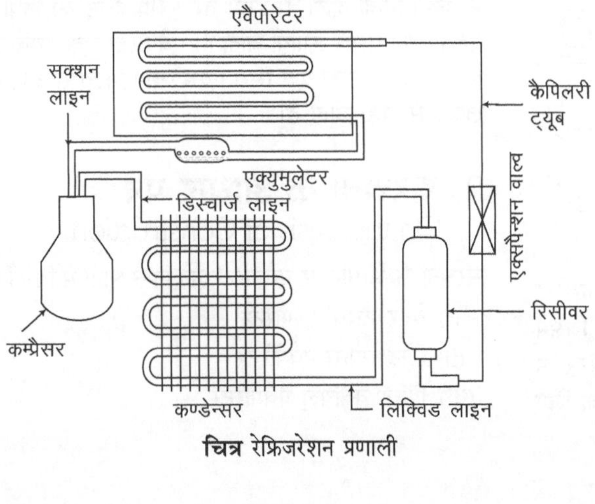

चित्र रेफ्रिजरेशन प्रणाली

अध्याय विषय सूची

जब कण्डेन्सर में उपस्थित तरल रेफ्रिजरेन्ट, एक्सपैन्शन वाल्व से होकर एवैपोरेटर में पहुँचता है, तब एवैपोरेटर अपने आस-पास स्थित ऊष्मा को सोखकर रेफ्रिजरेन्ट को प्रदान कर देता है, जिससे रेफ्रिजरेन्ट का तापमान बढ़ने लगता है। तापमान बढ़ने के कारण रेफ्रिजरेन्ट का वाष्पीकरण हो जाता है तथा एवैपोरेटर के आस-पास ऊष्मा की कमी हो जाने के कारण वहाँ कूलिंग उत्पन्न हो जाती है।

एवैपोरेटर से रेफ्रिजरेन्ट, वाष्प के रूप में निकलकर सक्शन लाइन के द्वारा कम्प्रैसर में प्रवेश करता है तथा कम्प्रैसर के द्वारा कम्प्रैस होकर कण्डेन्सर में पुन: तरल रूप में आ जाता है।

इस तरल रेफ्रिजरेन्ट को रिसीवर में एकत्र कर लिया जाता है। यही क्रिया बार-बार दोहराई जाती है, जिसके फलस्वरूप एवैपोरेटर के आस-पास कूलिंग बढ़ती जाती है।

6.2 एवैपोरेटर का वर्गीकरण Classification of Evaporator

एवैपोरेटर का वर्गीकरण निम्न प्रकार है—

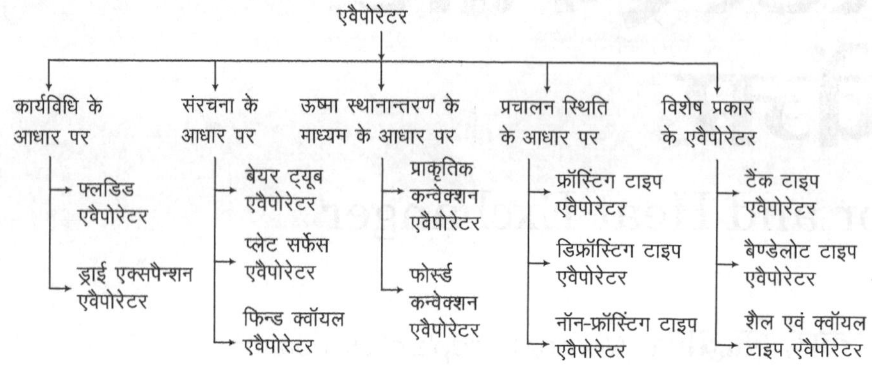

1. कार्यविधि के आधार पर
On the Basis of Working Method

एवैपोरेटर को कार्यविधि के आधार पर निम्न भागों में विभाजित किया गया है-

(i) फ्लडिड एवैपोरेटर (ii) ड्राई एक्सपैन्शन एवैपोरेटर

(i) फ्लडिड एवैपोरेटर Flooded Evaporator

फ्लडिड एवैपोरेटर को निम्न चित्र में दर्शाया गया है—

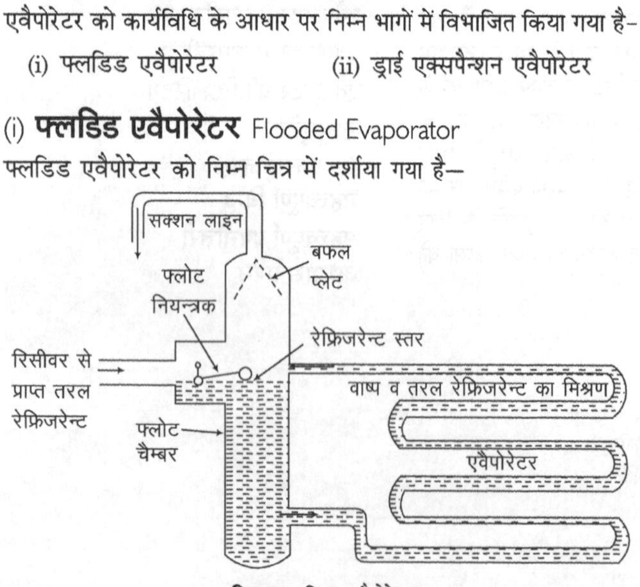

चित्र फ्लडिड एवैपोरेटर

इस प्रकार के एवैपोरेटर में एवैपोरेटर की सभी क्वॉयल में तरल रेफ्रिजरेन्ट भरा होता है तथा एवैपोरेटर के साथ एक फ्लोट चैम्बर संलग्न होता है, जिसमें तरल रेफ्रिजरेन्ट भरा होता है। इस फ्लोट चैम्बर के द्वारा एवैपोरेटर में रेफ्रिजरेन्ट की आपूर्ति की जाती है। एवैपोरेटर में रेफ्रिजरेन्ट के स्तर के लिए रखने के लिए एक फ्लोर वाल्व लगा होता है।

जो एवैपोरेटर में रेफ्रिजरेन्ट स्तर के कम होने पर खुल जाता है तथा फ्लोट चैम्बर से रेफ्रिजरेन्ट की आपूर्ति एवैपोरेटर में करता है। एवैपोरेटर अपने आस-पास से ऊष्मा ग्रहण करके रेफ्रिजरेन्ट को वाष्प में परिवर्तित कर देता है, जिससे वाष्प हल्की होकर ऊपर की ओर गति करने लगती है। रेफ्रिजरेन्ट की इस गति के कारण इसमें प्राकृतिक संवहन धाराएँ (natural convection streams) बनने लगती हैं तथा रेफ्रिजरेन्ट का एवैपोरेटर क्वॉयल में सर्कुलेशन होने लगता है।

(ii) ड्राई एक्सपैन्शन एवैपोरेटर Dry Expansion Evaporator

यह एवैपोरेटर रेफ्रिजरेशन प्रणाली में कूलिंग उत्पन्न करने के लिए मुख्य रूप से प्रयोग किया जाता है। यह 150 टन क्षमता से कम की रेफ्रिजरेशन प्रणाली में प्रयोग किया जाता है। इसमें तरल रेफ्रिजरेन्ट को नियन्त्रित करने के लिए एक्सपैन्शन वाल्व लगाया जाता है। एवैपोरेटर एक ट्यूब की क्वॉयल के रूप में होता है, जिसका एक सिरा एक्सपैन्शन वाल्व से और दूसरा सिरा सक्शन लाइन से जुड़ा होता है।

2. संरचना के आधार पर
On the Basis of Construction

संरचना के आधार पर एवैपोरेटर को निम्न भागों में विभाजित किया जाता है

(i) बेयर ट्यूब एवैपोरेटर
(ii) प्लेट सर्फेस एवैपोरेटर
(iii) फिन्ड क्वॉयल एवैपोरेटर

(i) बेयर ट्यूब एवैपोरेटर Bare Tube Evaporator

यह एवैपोरेटर ट्यूब को अधिक लम्बाई में मोड़कर बनाया जाता है, जिससे ट्यूब में रेफ्रिजरेन्ट के घूमने के लिए अधिक क्षेत्र प्राप्त हो सके। यह ऐसे उपकरणों में सरलता से प्रयोग किया जाता है, जहाँ का तापमान 2°C बना रहता है।

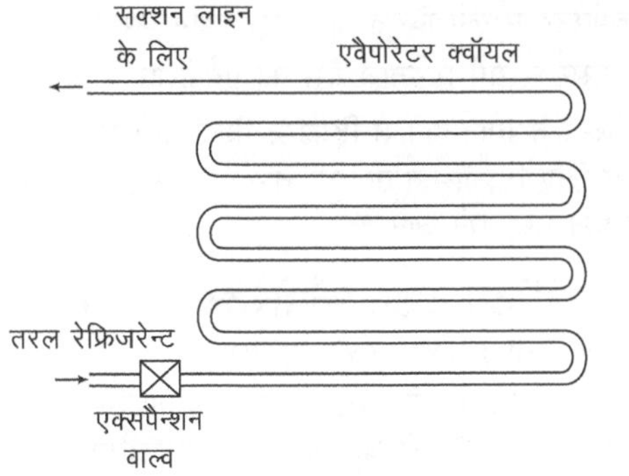

चित्र बेयर ट्यूब एवैपोरेटर

यह एवैपोरेटर स्टील या कॉपर का बनाया जाता है। स्टील धातु के ट्यूब का एवैपोरेटर अमोनिया रेफ्रिजरेन्ट के लिए और कॉपर धातु की ट्यूब का एवैपोरेटर फ्रिऑन रेफ्रिजरेन्ट के लिए प्रयोग किया जाता है। सामान्यत: छोटे एवैपोरेटर कॉपर ट्यूब के ही बनाए जाते हैं। बेयर ट्यूब एवैपोरेटर का उपयोग घेलू रेफ्रिजरेटरों में भी बड़े पैमाने पर किया जाता है, क्योंकि इन्हें साफ करना आसान होता है।

(ii) प्लेट सर्फेस एवैपोरेटर Plate Surface Evaporator

इस प्रकार के एवैपोरेटर दो धातु की प्लेटों को समान्तर रखकर बनाए जाते हैं। प्लेटों के अन्दर क्षैतिज (horizontal) अवस्था में कम व्यास की ट्यूब लगी होती है, जिसमें रेफ्रिजरेन्ट प्रवाहित होता है। ताप परिवर्तन को बढ़ाने के लिए प्लेट और ट्यूब के मध्य के स्थान को वैक्यूम (vaccum) कर दिया जाता है, जिससे प्लेट ट्यूब के साथ कसकर चिपक जाती है।

इसके अतिरिक्त इन प्लेट्स को चारों ओर से वैल्ड कर दिया जाता है। इन ट्यूबों के बाहर प्लेटों के मध्य यूटेक्टिक घोल (eutectic solution) या ब्राइन भरा होता है। यूटेक्टिक घोल नमक व पानी के मिश्रण से बनाया जाता है। ऐसा करने से एवैपोरेटर की क्षमता बढ़ जाती है।

इस प्रकार के एवैपोरेटर का उपयोग अधिकतर फ्रीजर, घरेलू रेफ्रिजरेटर, आइसक्रीम कैबिनेट आदि में बहुतायत से किया जाता है।

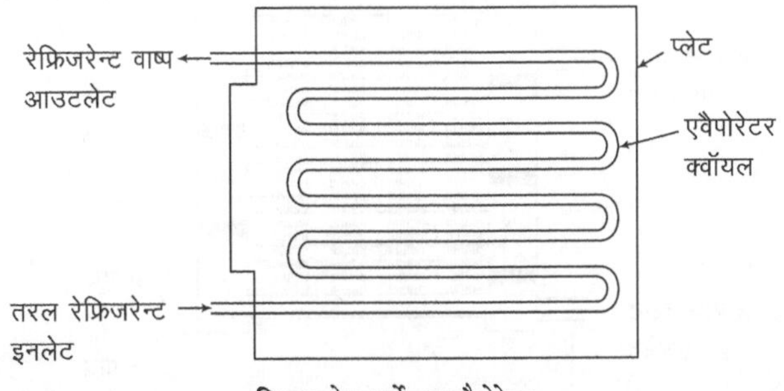

चित्र प्लेट सर्फेस एवैपोरेटर

(iii) फिन्ड क्वॉयल एवैपोरेटर Finned Coil Evaporator

ऊष्मा स्थानान्तरण क्षमता बढ़ाने के लिए फिन्ड एवैपोरेटर का प्रयोग किया जाता है। फिन्स पतली धातु की प्लेटों; जैसे—एल्युमीनियम या कॉपर की बनी होती हैं। इन प्लेटों से होकर एक सिरे से दूसरे सिरे तक क्वॉयल बनी होती हैं, जिनमें रेफ्रिजरेन्ट प्रवाहित होता है। ट्यूबों या क्वॉयल पर फिन्स से ताप शोषित करने का क्षेत्रफल बँट जाता है। बेयर ट्यूब एवैपोरेटर की अपेक्षा इस एवैपोरेटर की क्षमता बहुत अधिक होती है। फिन्स से ताप परिवर्तन, एवैपोरेटर से कण्डक्शन के द्वारा होता है, इसलिए क्वॉयल और फिन्स को मजबूती से लगाया जाता है। फिन्स के ढीला रहने पर क्षमता कम हो जाती है। फिन्स को क्वॉयल से जोड़ते समय यह ध्यान रखा जाता है कि फिन्स और क्वॉयल के मध्य अच्छा थर्मल कॉन्टैक्ट बना रहे। फिन्स के प्रति सेन्टीमीटर में 1 से 5 क्वॉयल के सिरे लगने चाहिए। एयर कण्डीशनिंग में जिस स्थान का तापमान पानी के जमाव बिन्दु से अधिक होता है, वहाँ क्वॉयल की साइडें 5 से 6 प्रति सेमी के अनुसार प्रयोग की जाती हैं। फिन्स का साइज और मध्य का स्थान, एवैपोरेटर की टाइप के अनुसार होता है। फिन्स के साइज के अनुसार ही क्वॉयल की ट्यूब का साइज होता है। कम तापमान की स्थिति में चौड़ी फिन्स प्रयोग की जाती है।

इन एवैपोरेटर के प्रयोग से ऊष्मा स्थानान्तरण तीव्रता से होता है तथा साथ ही रेफ्रिजरेशन साइकिल के बन्द हो जाने पर स्वत: ही डिफ्रॉस्टिंग हो जाती है। इस कारण इनका उपयोग एयर कण्डीशनिंग (विण्डो ए.सी. तथा स्प्लिट ए.सी.) में अधिकता से किया जाता है।

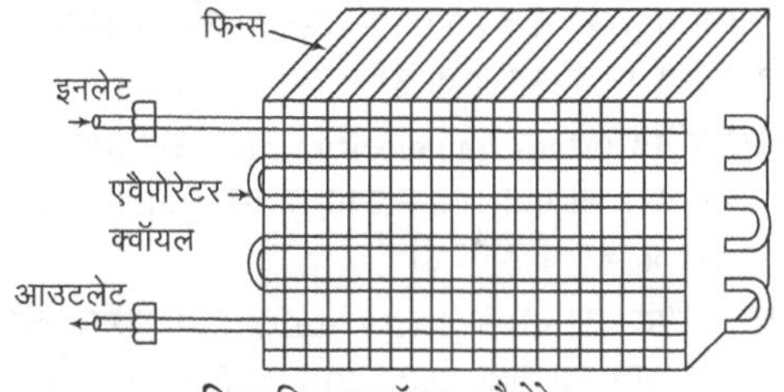

चित्र फिन्ड क्वॉयल एवैपोरेटर

3. ऊष्मा स्थानान्तरण के माध्यम के आधार पर On the Basis of Medium of Heat Transfer

ऊष्मा स्थानान्तरण के माध्यम के आधार पर एवैपोरेटर को निम्न भागों में विभाजित किया गया है—

(i) प्राकृतिक कन्वेक्शन एवैपोरेटर

(ii) फोर्स्ड कन्वेक्शन एवैपोरेटर

(i) प्राकृतिक कन्वेक्शन एवैपोरेटर Natural Convection Evaporator

इस प्रकार के एवैपोरेटर का प्रयोग उन स्थानों पर किया जाता है, जहाँ मन्द गति की वायु ही कूलिंग उत्पन्न करने के लिए पर्याप्त होती है। इस एवैपोरेटर में वायु प्राकृतिक रूप से प्रवाहित होती है तथा यह ताप के अन्तर के कारण उत्पन्न होती है। वायु की गति एवैपोरेटर तथा ठण्डा करने वाले स्थान के तापमान के अन्तर पर निर्भर करती है, यदि यह तापान्तर 8°C से कम होता है, तब वायु की गति भी कम होगी, जबकि तापान्तर के 8°C से अधिक होने पर वायु की गति भी अधिक होगी। एवैपोरेटर में प्रवाहित वायु के लिए मार्ग उपलब्ध कराने के लिए 'बफल प्लेट्स (baffle plates) का प्रयोग किया जाता है।

इसका प्रयोग घरेलू तथा व्यावसायिक रेफ्रिजरेटरों में किया जाता है।

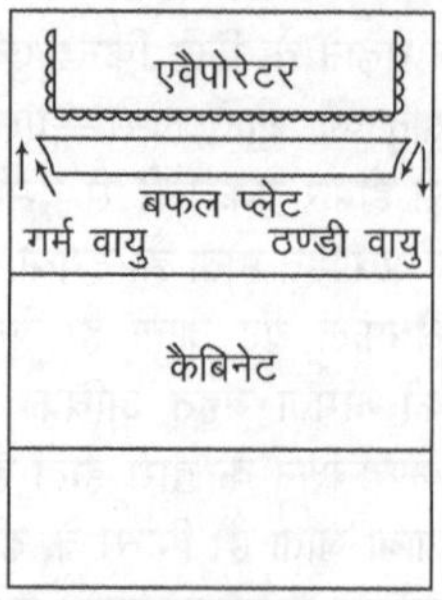

चित्र प्राकृतिक कन्वेक्शन एवैपोरेटर

(ii) फोर्स्ड कन्वेक्शन एवैपोरेटर
Forced Convection Evaporator

इस प्रकार के एवैपोरेटर में वायु को यान्त्रिक युक्तियों; जैसे—विद्युतीय पंखे अथवा ब्लोअर द्वारा एवैपोरेटर क्वॉयल तथा फिन्स पर प्रवाहित किया जाता है। फिन्स का प्रयोग एवैपोरेटर की ऊष्मा स्थानान्तरण क्षमता को बढ़ाने हेतु किया जाता है।

फोर्स्ड कन्वेक्शन एवैपोरेटर की दक्षता, प्राकृतिक कन्वेक्शन एवैपोरेटर से अधिक होती है। इन एवैपोरेटरों से निकलने वाली वायु की गति के आधार पर इन्हें निम्न भागों में विभाजित किया जाता है

- **निम्न वेग यूनिट** (Low velocity unity) इस प्रकार की यूनिट से निकलने वाली वायु की गति 60-90 मी/मिनट होती है। इसका उपयोग कम शोर वाले स्थानों पर किया जाता है।
- **मध्यम वेग यूनिट** (Medium velocity unit) इस प्रकार की यूनिट से निकलने वाली वायु की गति 150 से 240 मी/मिनट होती है। इसका उपयोग रेफ्रिजरेटर एवं फ्रीजर में होता है।
- **उच्च वेग यूनिट** (High velocity unit) इस प्रकार की यूनिट से निकलने वाली वायु की गति 240 मी/मिनट से अधिक होती है। इसका उपयोग ब्लास्ट फ्रीजर में होता है।

4. प्रचालन स्थिति के आधार पर
On the Basis of Operating Position

(i) फ्रॉस्टिंग टाइप एवैपोरेटर Frosting Type Evaporator

यह एवैपोरेटर कोल्ड स्टोरेज और कम तापमान वाले उन कार्यों में प्रयोग किया जाता है, जिनमें तापमान पानी के जमाव बिन्दु 0°C से कम होता है। इस प्रकार के एवैपोरेटर के द्वारा वायु में उपस्थित नमी केवल कम्प्रैस्ड ही नहीं होती है, बल्कि एवैपोरेटर क्वॉयल के तल पर जम भी जाती है। इस प्रकार उन कार्यों में इस एवैपोरेटर का प्रयोग होता है, जिनमें बर्फ का बनना आवश्यक होता है। एवैपोरेटर में जहाँ क्वॉयल्स के मध्य कम स्थान होता है, वहाँ बर्फ जमने के कारण क्वॉयल के मध्य से वायु नहीं गुजर पाती है, जिससे एवैपोरेटर का तापमान और कम हो जाता है और अधिक मोटी बर्फ जमने लगती है। एवैपोरेटर पर जमी यह बर्फ इन्सुलेशन का कार्य करती है और ताप परिवर्तन रुक जाता है। ऐसा होने से क्वॉयल पर अधिक मोटी बर्फ की परत एकत्रित हो जाएगी, इससे एवैपोरेटर की क्षमता कम हो जाती है और उसका कार्य शिथिल हो जाता है। फिन्स पर बहुत अधिक दाब से बर्फ हटा देने से एवैपोरेटर की क्षमता पूर्व अवस्था में आ जाती है।

(ii) डिफ्रॉस्टिंग टाइप एवैपोरेटर Defrosting Type Evaporator

इस प्रकार के एवैपोरेटर में कम्प्रैसर के कार्य करने पर बर्फ जमने लगती है, परन्तु कम्प्रैसर के बन्द हो जाने पर बर्फ पिघल जाती है।
बर्फ को पिघलाने की अन्य विधियाँ निम्न हैं

(a) बर्फ के ऊपर गर्म पानी को प्रवाहित करना।
(b) एवैपोरेटर में लगे विद्युत हीटर का प्रयोग करना।
(c) कम्प्रैसर से गर्म डिस्चार्ज गैस को एवैपोरेटर में घुमाना।

कम एवैपोरेटर तापमान होने से डिफ्रॉस्ट क्रिया तेजी से होती है। डीप फ्रीज क्वॉयल के लिए डिफ्रॉस्टिंग तीन या चार घण्टे में होती है तथा डिफ्रॉस्टिंग के समय पंखे बन्द रखे जाते हैं।

(iii) नॉन-फ्रॉस्टिंग टाइप एवैपोरेटर
Non-Frosting Type Evaporator

इस प्रकार के एवैपोरेटर सदैव 0°C से ऊपर के तापक्रम पर कार्य करते हैं। जब कम्प्रैसर चलता है, तो कूलिंग से हल्की फ्रॉस्टिंग आती है, परन्तु कम्प्रैसर बन्द होने पर यह समाप्त हो जाती है। यह एवैपोरेटर सब्जियों, फल और खाद्य पदार्थों को सुरक्षित रखने के लिए प्रयोग किया जाता है।

5. विशेष प्रकार के एवैपोरेटर
Special Type of Evaporator

(i) टैंक टाइप एवैपोरेटर Tank Type Evaporator

इस प्रकार के एवैपोरेटर का प्रयोग बर्फ बनाने तथा दूध को ठण्डा रखने के लिए किया जाता है। इसे मिल्क कूलर (milk cooler) भी कहते हैं। यह एवैपोरेटर टैंक के आकार का होता है।

(ii) बैण्डेलोट टाइप एवैपोरेटर Bandelot Type Evaporator

यह एवैपोरेटर ऊर्ध्वाधर कैबिनेट (vertical cabinet) में लगा होता है तथा एवैपोरेटर क्वॉयल क्षैतिज दिशा में फिट होती हैं। इन क्वॉयल में एक ओर से तरल रेफ्रिजरेन्ट वाष्प प्रवाहित किया जाता है तथा दूसरी ओर से रेफ्रिजरेन्ट वाष्प प्राप्त होती है। इस एवैपोरेटर का प्रयोग दूध को ठण्डा रखने व दूध से क्रीम को अलग करने के लिए किया जाता है।
इस एवैपोरेटर के ऊपरी सिरे पर एक छिद्रयुक्त पात्र लगा होता है, जिसमें से गर्म दूध को प्रवाहित किया जाता है। पात्र में बने छिद्रों में से दूध निकलकर एवैपोरेटर क्वॉयल्स पर गिरता है। यह दूध ठण्डा होकर नीचे गिरता रहता है, जिसे नीचे रखे पात्र में एकत्र कर लिया जाता है।

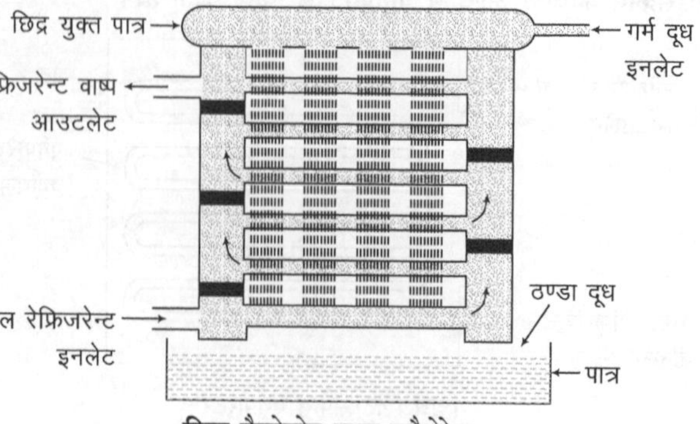

चित्र बैण्डेलोट टाइप एवैपोरेटर

(iii) शैल एवं क्वॉयल टाइप एवैपोरेटर
Shell and Coil Type Evaporator

इस प्रकार के एवैपोरेटर को एक स्टील से बनी शैल (shell) में रखा जाता है। इसमें ऊपर की ओर पानी के प्रवेश के लिए इनलेट वाल्व तथा नीचे की ओर निकास के लिए आउटलेट वाल्व लगा होता है। इस शैल के अन्दर स्पाइरल आकृति की एवैपोरेटर क्वॉयल होती हैं, जिनमें रेफ्रिजरेन्ट भरा होता है।

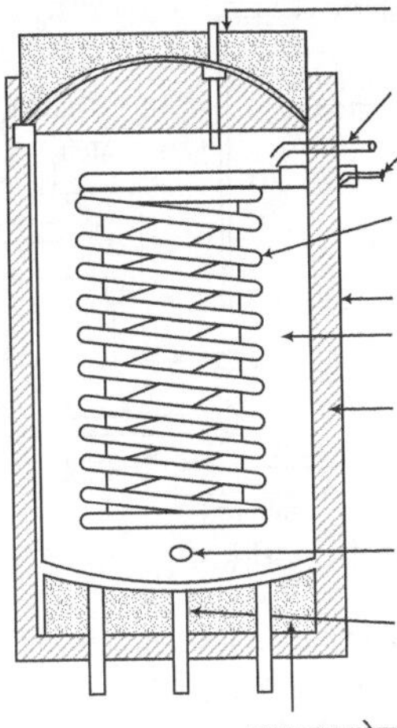

चित्र शैल एवं क्वॉयल टाइप एवैपोरेटर

इसमें प्रयुक्त की गई ट्यूब्स जाल (net) के आकार की बनी होती हैं, जिसके बाहर की ओर टैंक होता है। इस टैंक में द्रव भरा होता है। इस एवैपोरेटर का प्रयोग द्रव को ठण्डा करने के लिए किया जाता है। इसे एयर कण्डीशनिंग में भी प्रयोग किया जा सकता है।

6.3 एवैपोरेटर में सुपरहीटिंग
Superheating in Evaporator

एवैपोरेटर के द्वारा रेफ्रिजरेन्ट का वाष्पीकरण किया जाता है, जिसमें रेफ्रिजरेन्ट का तापमान बढ़कर उसके उबाल बिन्दु (boiling point) तक पहुँच जाता है। कभी-कभी यह तापमान रेफ्रिजरेन्ट के उबाल बिन्दु से अधिक भी हो जाता है, जिससे एवैपोरेटर अत्यधिक गर्म हो जाता है, इसे एवैपोरेटर में सुपरहीटिंग कहते हैं अथवा स्थिर दाब पर, उबाल बिन्दु या क्वथनांक (boiling point) की ऊष्मा से अधिक ऊष्मा का रेफ्रिजरेन्ट वाष्प में उपस्थित होना 'सुपरहीटिंग' कहलाता है। रेफ्रिजरेन्ट के वाष्पीकरण के समय एवैपोरेटर अपने आस-पास के वातावरण से ऊष्मा को शोषित करता है। इस प्रकार लगातार ऊष्मा ग्रहण करते रहने से एवैपोरेटर में स्थित रेफ्रिजरेन्ट का तापमान उसके उबाल बिन्दु से अधिक हो जाता है,

तब इस स्थिति को 'एवैपोरेटर में सुपरहीटिंग' कहते हैं। इसके कारण रेफ्रिजरेन्ट में रेफ्रिजरेटिंग प्रभाव अधिक हो जाता है और एवैपोरेटर की कार्य करने की क्षमता कम हो जाती है। सुपरहीट का प्रभाव, एक्सपैन्शन वाल्व के खुलने के साइज पर निर्भर करता है। यह एक्सपैन्शन वाल्व के अधिक खुलने पर अधिक और कम खुलने पर कम होता है।

एवैपोरेटर के सुपरहीट होने से निम्नलिखित कारक प्रभावित होते हैं—

- **कम्प्रैशन के कार्य पर प्रभाव** (effect on compression work) सुपरहीट की स्थिति में कम्प्रेशन का कार्य सामान्य चक्र की अपेक्षा अधिक होने लगता है। इस प्रकार कम्प्रैसर को अधिक कार्य करना पड़ता है।
- **कण्डेन्सर क्षमता पर प्रभाव** (effect on condenser capacity) समान कण्डेन्सर दाब और संतृप्त तापमान पर कम्प्रैसर से निकलने वाली और कण्डेन्सर में प्रवेश करने वाली रेफ्रिजरेन्ट वाष्प का तापमान सामान्य चक्र की अपेक्षा बहुत अधिक होता है, जिससे कण्डेन्सर की ताप स्थानान्तरण की क्रिया अधिक हो जाती है अर्थात् कण्डेन्सर का कार्य अधिक हो जाता है।

6.4 एवैपोरेटर की डिफ्रॉस्टिंग
Defrosting of Evaporator

जब एवैपोरेटर द्वारा वायु का तापमान उसके ओसांक ताप (dew temperature) से कम हो जाता है तब वायु में उपस्थित नमी, वायु से अलग होकर एवैपोरेटर पर जमने लगती है। यह नमी एवैपोरेटर पर ओस के रूप में एकत्र होने लगती है। इसके पश्चात् जब तापमान और भी से कम हो जाता है, तब यह ओस एवैपोरेटर पर बर्फ के रूप में जमने लगती है। इस क्रिया को एवैपोरेटर की फ्रॉस्टिंग कहते हैं।

डिफ्रॉस्टिंग की प्रमुख विधियाँ निम्नलिखित हैं

1. **मैनुअल डिफ्रॉस्टिंग** (Manual defrosting) यह डिफ्रॉस्टिंग की सबसे आसान विधि है। इस विधि में कम्प्रैसर को तब तक बन्द रखा जाता है, जब तक कि एवैपोरेटर पर जमी बर्फ पिघल नहीं जाती। जब बर्फ हट जाती है या पिघल जाती है, तो कम्प्रैसर को पुन: स्टार्ट कर लिया जाता है।
2. **दाब डिफ्रॉस्टिंग** (Pressure defrosting) इस विधि में डिफ्रॉस्टिंग के समय एवैपोरेटर का तापमान 32°F से 60°F के बीच में रहता है। एवैपोरेटर का तापमान, रेफ्रिजरेन्ट के सक्शन दाब से नियन्त्रित किया जाता है। यह दाब एवैपोरेटर के अनुसार होता है।
   क्वॉयल के डिफ्रॉस्ट होने से कम्प्रैसर लो प्रैशर पर चलता है, जिससे क्वॉयल से ऊष्मा कम मात्रा में स्थानान्तरित होती है और दाब क्रिया करके कम्प्रैसर को रोक देता है।

   नियन्त्रण स्विच, क्वॉयल को 0°C तक गर्म रखता है और डिफ्रॉस्टिंग के बाद कम्प्रैसर दोबारा चलना शुरू कर देता है।

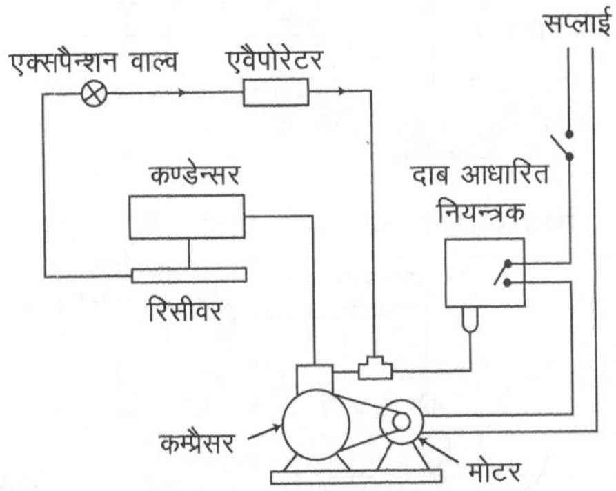

चित्र दाब डिफ्रॉस्टिंग

3. **तापमान डिफ्रॉस्टिंग** (Temperature defrosting) यह विधि, दाब डिफ्रॉस्टिंग के समान ही होती है। इसमें अन्तर केवल इतना है कि इसमें दाब के स्थान पर तापमान को नियन्त्रित किया जाता है। इसमें रिमोट बल्ब टाइप थर्मोस्टेट, एवैपोरेटर के साथ संलग्न (attach) होता है,

जो कम्प्रैसर के कट-इन (cut in) और कट-आउट बिन्दुओं (cut-out points) को नियन्त्रित करता है। यह थर्मोस्टेट कम्प्रैसर को 32° F पर बन्द और 22° F पर चालू कर देता है, जिससे डिफ्रॉस्टिंग होती है।

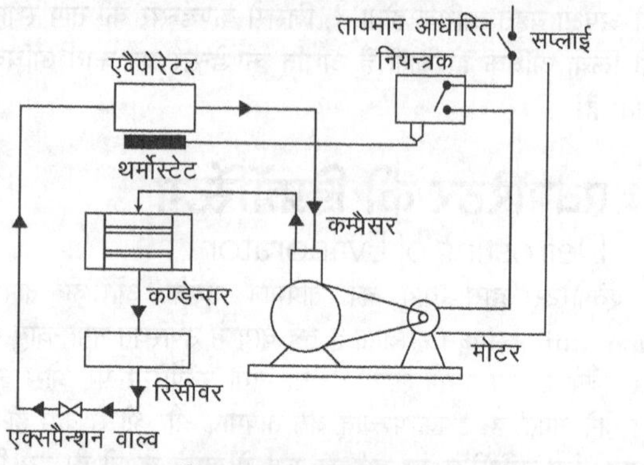

चित्र तापमान डिफ्रॉस्टिंग

4. **टाइम शट डाउन डिफ्रॉस्टिंग** (Time shut down defrosting) इसे **रिवर्स चक्र डिफ्रॉस्टिंग विधि** (reverse cycle defrosting method) भी कहते हैं। इसमें एवैपोरेटर के डिफ्रॉस्टिंग रेफ्रिजरेन्ट के प्रवाह (flow) को बदलकर रिवर्स (reverse) कर दिया जाता है, जिससे एवैपोरेटर क्वॉयल, कण्डेन्सर और कण्डेन्सर, एवैपोरेटर क्वॉयल बन जाता है। इससे कण्डेन्सर और एवैपोरेटर की कार्यप्रणाली बदल जाती है। डिफ्रॉस्टिंग के समय गर्म गैस कम्प्रैसर से एवैपोरेटर में जाती है और यहाँ यह एवैपोरेटर क्वॉयल को फ्रॉस्ट करती है। इस क्रिया में फोर-वे वाल्व (four-way valve) और दो चैक वाल्व प्रयोग किए जाते हैं। इसके अतिरिक्त इस विधि में एक्सपैन्शन वाल्व, समय नियन्त्रण वाल्व और दाब नियन्त्रण वाल्व प्रयोग किए जाते हैं।

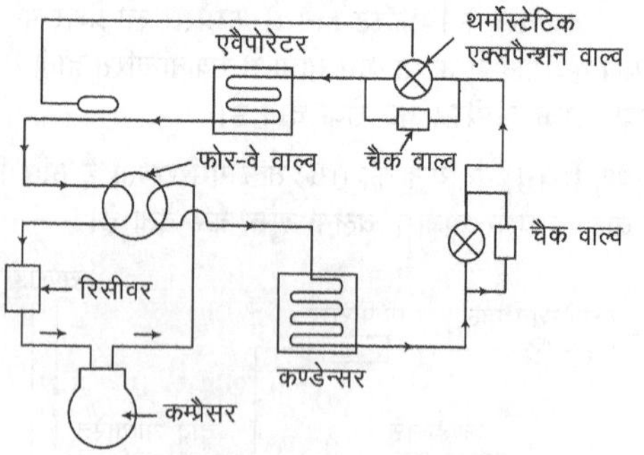

चित्र प्रारम्भिक स्थिति में फोर-वे वाल्व की स्थिति

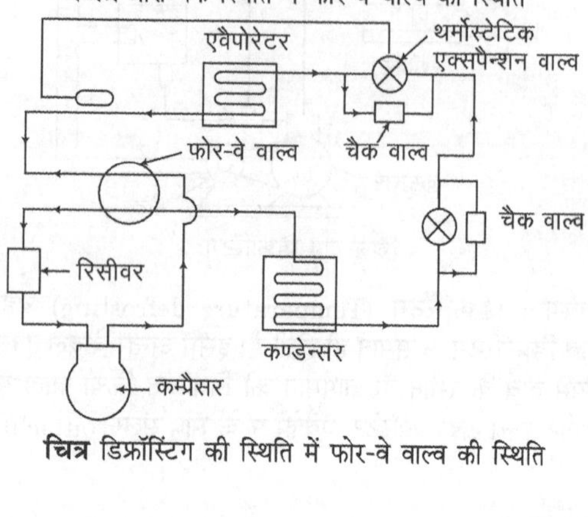

चित्र डिफ्रॉस्टिंग की स्थिति में फोर-वे वाल्व की स्थिति

5. **गर्म गैस डिफ्रॉस्टिंग** (Hot gas defrosting) इस विधि में गर्म गैस लाइन, कम्प्रैसर की डिस्चार्ज (discharge) साइड के साथ संयोजित होती है। कम्प्रैसर से डिस्चार्ज हुई गर्म गैस (रेफ्रिजरेन्ट वाष्प) ऊष्मा का कार्य करती है। इससे एवैपोरेटर डिफ्रॉस्ट होता है। कम्प्रैसर से निकली गर्म गैस को बाईपास परिपथ द्वारा एवैपोरेटर में भेज दिया जाता है।

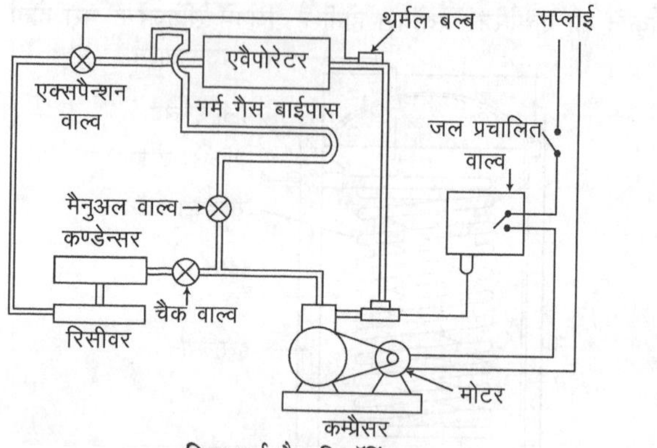

चित्र गर्म गैस डिफ्रॉस्टिंग

6. **इलेक्ट्रिक डिफ्रॉस्टिंग** (Electric defrosting) यह एक स्वचालित डिफ्रॉस्टिंग विधि है। इस विधि का प्रयोग फिन्ड क्वॉयल एवैपोरेटर (finned coil evaporator) में किया जाता है। इससे इलेक्ट्रिक हीटिंग एलीमेण्ट (electric heating element) प्रत्यक्ष रूप से संलग्न किए होते हैं अथवा एवैपोरेटर के अन्दर ही बने होते हैं।

   इसमें क्वॉयल की सतह को प्रत्यक्ष रूप से ऊष्मा, विद्युत हीटरों द्वारा मिलती है, जिससे डिफ्रॉस्टिंग की क्रिया होती है। जब एवैपोरेटर पूरी तरह डिफ्रॉस्ट हो जाता है, तो रेफ्रिजरेशन प्रणाली पुनः सामान्य रूप से कार्य करने लग जाती है।

7. **वाटर डिफ्रॉस्टिंग** (Water defrosting) वाटर डिफ्रॉस्टिंग विधि एक सस्ती एवं सरल विधि है, क्योंकि इस विधि में पानी द्वारा डिफ्रॉस्टिंग की जाती है। इस विधि में लगभग 20°C पर पानी की उचित मात्रा को उपयुक्त गति के साथ एवैपोरेटर पर स्प्रे किया जाता है, जिससे एवैपोरेटर पर जमी हुई बर्फ, पानी के वेग तथा तापमान के कारण पिघल जाती है।

   इस विधि का प्रयोग व्यावसायिक तथा बड़े संयन्त्रों में किया जाता है। इस विधि की प्रमुख हानि यह है कि इसमें पानी की अधिक मात्रा का प्रयोग किया जाता है, जिससे रेफ्रिजरेशन प्रणाली के भागों में जंग लगने की सम्भावना बनी रहती है।

8. **थर्मो-बैंक डिफ्रॉस्टिंग** (Thermo-bank defrosting) इस विधि में रेफ्रिजरेशन प्रणाली के सामान्य प्रचालन के द्वारा उत्पन्न ऊष्मा को डिफ्रॉस्टिंग के लिए प्रयोग किया जाता है। इसके लिए उत्पन्न ऊष्मा को थर्मो-बैंक में भण्डारित (store) किया जाता है।

   जब एवैपोरेटर की कूलिंग क्वॉयल पर पर्याप्त बर्फ जम जाती है, तब एक टाइमर, परिपथ में लगे सोलेनॉयड वाल्व को ओपन (open) कर देता है और फैन व मोटर को ऑफ (off) कर देता है।

इसके पश्चात् थर्मो-बैंक से गर्म गैस सोलेनॉयड से होकर एवैपोरेटर तक पहुँचती है, जिससे एवैपोरेटर पर जमी बर्फ पिघल जाती है।

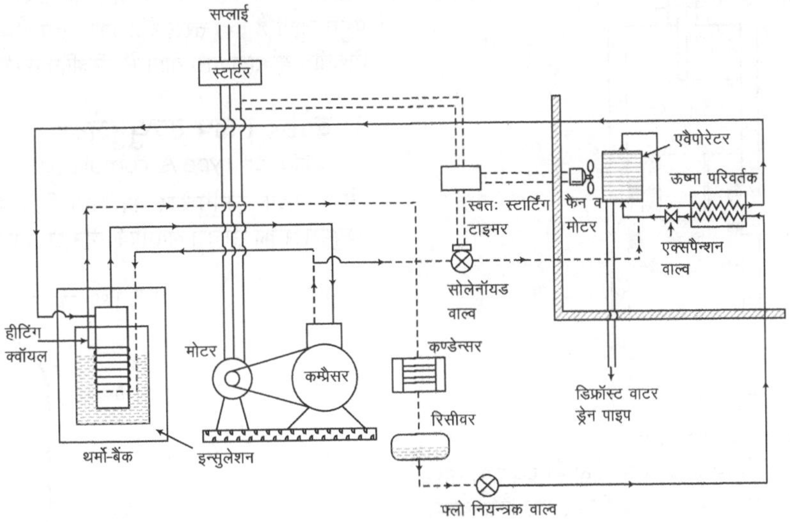

चित्र थर्मो-बैंक डिफ्रॉस्टिंग

6.5 एक्युमुलेटर Accumulator

एक्युमुलेटर एक प्रकार का टैंक-शैल (tank-shell) अथवा रिजर्वायर (reservoir) होता है, जो सक्शन लाइन में एवैपोरेटर तथा कम्प्रैसर के बीच लगा होता है। यह एवैपोरेटर से प्राप्त रेफ्रिजरेन्ट वाष्प में उपस्थित द्रव रेफ्रिजरेन्ट को अलग करके केवल रेफ्रिजरेन्ट वाष्प को कम्प्रैसर तक पहुँचने देता है। द्रव अथवा तरल रेफ्रिजरेन्ट के कम्प्रैसर में पहुँच जाने से कम्प्रैसर की दक्षता घट जाती है। निम्न चित्रों में एक्युमुलेटर परिपथ तथा एक्युमुलेटर की संरचना को दर्शाया गया है

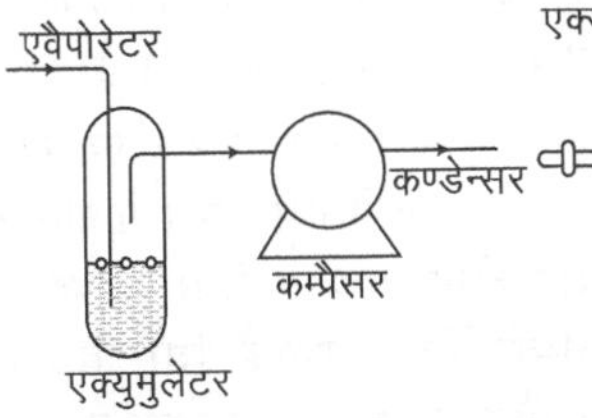

चित्र एक्युमुलेटर कार्यिकी आरेख

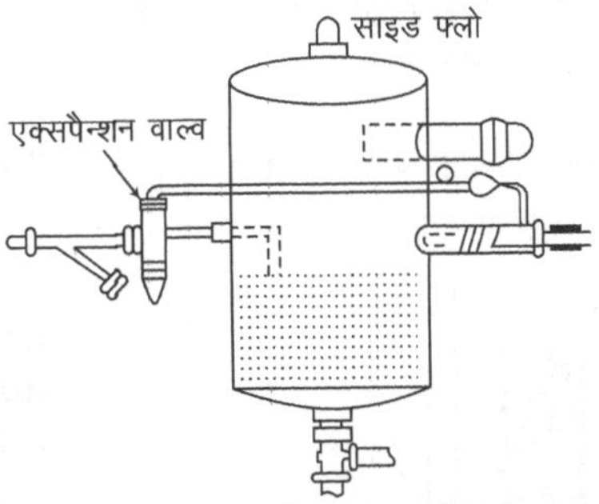

चित्र एक्युमुलेटर

एक्युमुलेटर का कार्य तरल रेफ्रिजरेन्ट को अपने अन्दर रोककर रखना है तथा इसे कम्प्रैसर द्वारा कम्प्रैस होने से बचाना है।

एक्युमुलेटर के प्रकार Types of Accumulator

एक्युमुलेटर निम्न प्रकार के होते हैं

1. पिस्टन टाइप एक्युमुलेटर
2. स्प्रिंग टाइप एक्युमुलेटर
3. ब्लेडर टाइप एक्युमुलेटर
4. वेट लोडेड टाइप एक्युमुलेटर

1. पिस्टन टाइप एक्युमुलेटर Piston Type Accumulator

पिस्टन टाइप एक्युमुलेटर को निम्न चित्र में दर्शाया गया है

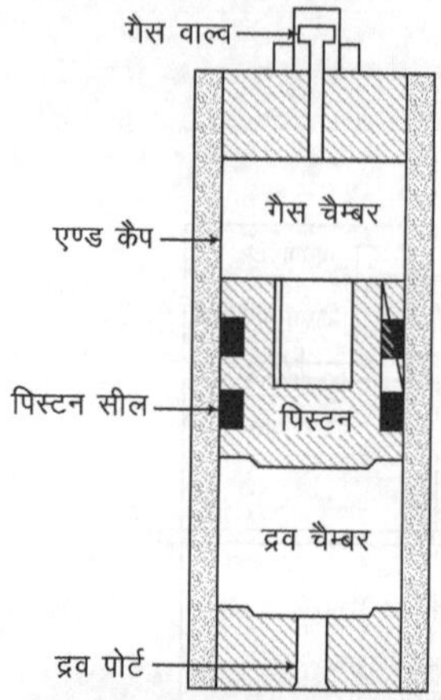

चित्र पिस्टन टाइप एक्युमुलेटर

पिस्टन टाइप एक्युमुलेटर मुख्य रूप से स्टील का बना होता है। द्रव तथा वाष्प रेफ्रिजरेन्ट को पृथक् रखने के लिए इसमें क्रमशः द्रव चैम्बर तथा गैस चैम्बर बने होते हैं। इस एक्युमुलेटर में आवश्यक दाब उत्पन्न करने हेतु एक पिस्टन लगा होता है। एवैपोरेटर से प्राप्त रेफ्रिजरेन्ट को एक्युमुलेटर गैस तथा द्रव में अलग-अलग एकत्र कर लेता है। रेफ्रिजरेन्ट वाष्प को गैस चैम्बर तथा तरल रेफ्रिजरेन्ट को द्रव चैम्बर में संग्रहित कर लिया जाता है। ये दोनों चैम्बर पिस्टन द्वारा पृथक् होते हैं। रेफ्रिजरेन्ट वाष्प में आवश्यक दाब उत्पन्न करने के लिए गैस वाल्व का प्रयोग किया जाता है। इस दाब के कारण रेफ्रिजरेन्ट वाष्प एक्युमुलेटर के गैस चैम्बर से निकलकर कम्प्रैसर में चली जाती है। एक्युमुलेटर के द्रव चैम्बर में बचे तरल रेफ्रिजरेन्ट को विद्युतीय युक्तियों द्वारा वाष्प में परिवर्तित करके कम्प्रैसर में भेज दिया जाता है।

2. स्प्रिंग टाइप एक्युमुलेटर Spring Type Accumulator

स्प्रिंग टाइप एक्युमुलेटर को निम्न चित्र में दर्शाया गया है

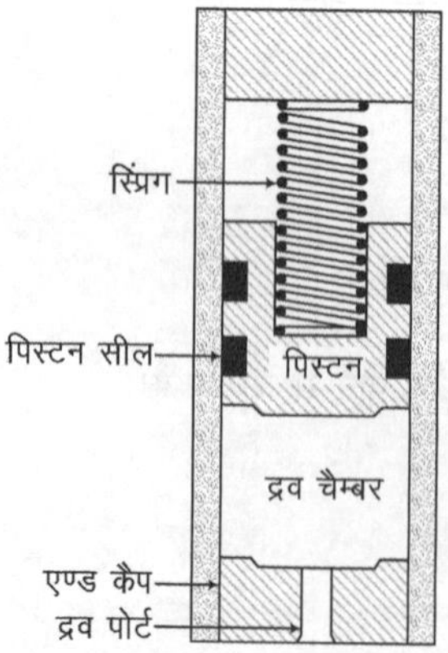

चित्र स्प्रिंग टाइप एक्युमुलेटर

इस प्रकार के एक्युमुलेटर में दाब उत्पन्न करने के लिए गैस वाल्व के स्थान पर स्प्रिंग का प्रयोग किया जाता है। यह स्प्रिंग पिस्टन के साथ संयोजित रहती है। पिस्टन की गति के कारण स्प्रिंग में यान्त्रिक ऊर्जा एकत्र हो जाती है, जिसका उपयोग रेफ्रिजरेन्ट वाष्प में दाब उत्पन्न करने के लिए किया जाता है। रेफ्रिजरेन्ट वाष्प में उत्पन्न दाब के कारण रेफ्रिजरेन्ट वाष्प कम्प्रैसर तक पहुँच जाती है तथा तरल रेफ्रिजरेन्ट द्रव चैम्बर में एकत्र हो जाती है, जिससे विद्युतीय युक्तियों द्वारा वाष्प में परिवर्तित करके कम्प्रैसर में भेज दिया जाता है।

3. ब्लेडर टाइप एक्युमुलेटर Bladder Type Accumulator

ब्लेडर टाइप एक्युमुलेटर को निम्न चित्र में दर्शाया गया है ब्लेडर टाइप एक्युमुलेटर की संरचना लगभग पिस्टन टाइप एक्युमुलेटर के समान ही होती है।

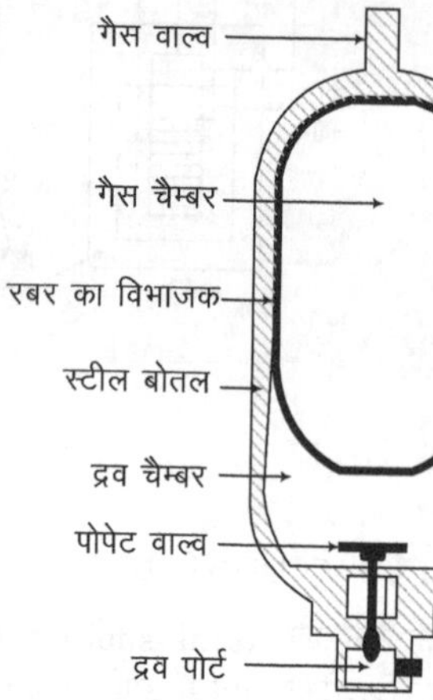

चित्र ब्लेडर टाइप एक्युमुलेटर

इसकी बॉडी मुख्यतः स्टील की बनी होती है। एवैपोरेटर से प्राप्त रेफ्रिजरेन्ट को द्रव चैम्बर में संग्रहित किया जाता है, जो एक रबर के विभाजक द्वारा गैस चैम्बर से पृथक् रहता है।

गैस चैम्बर में रेफ्रिजरेन्ट वाष्प एकत्र होने के पश्चात् इसमें लगे गैस वाल्व की सहायता से गैस चैम्बर में दाब उत्पन्न किया जाता है। इस दाब के कारण रेफ्रिजरेन्ट वाष्प कम्प्रैसर में पहुँच जाती है। सम्पूर्ण तरल रेफ्रिजरेन्ट द्रव चैम्बर में रुक जाता है, जिसे विद्युतीय युक्तियों द्वारा वाष्प में परिवर्तित करके कम्प्रैसर में भेज दिया जाता है।

4. वेट लोडेड टाइप एक्युमुलेटर Weight Loaded Type Accumulator

इस प्रकार के एक्युमुलेटर में एक स्टील के सिलेण्डर के अन्दर पिस्टन लगा होता है, जिसके ऊपर भार (weight) रख दिया जाता है। पिस्टन पर रखे गए इस भार पर लगने वाले गुरुत्वाकर्षण बल के कारण सिलेण्डर में स्थित रेफ्रिजरेन्ट पर दाब उत्पन्न हो जाता है।

इसके फलस्वरूप रेफ्रिजरेन्ट वाष्प दाब के साथ कम्प्रैसर में पहुँच जाती है तथा सिलेण्डर में केवल तरल रेफ्रिजरेन्ट शेष बचता है। इस प्रकार के एक्युमुलेटर का उपयोग, इसके आकार एवं भार के कारण बहुत कम किया जाता है।

वेट लोडेड टाइप एक्युमुलेटर को निम्न चित्र में दर्शाया गया है

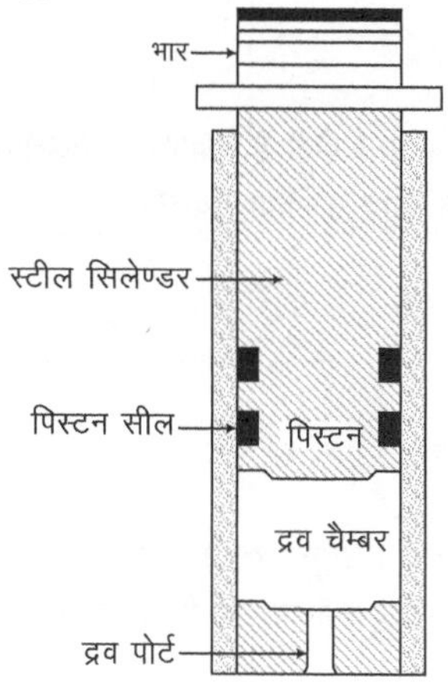

चित्र वेट लोडेड टाइप एक्युमुलेटर

6.6 हीट एक्सचेंजर Heat Exchanger

रेफ्रिजरेशन प्रणाली का वह भाग, जिसके द्वारा ताप या ऊष्मा को एक स्थान से दूसरे स्थान पर स्थानान्तरित किया जाता है, हीट एक्सचेंजर (heat exchanger) कहलाता है। इसका प्रयोग रेफ्रिजरेशन प्रणाली में लिक्विड लाइन तथा सक्शन लाइन के मध्य ताप या ऊष्मा को स्थानान्तरित करने के लिए किया जाता है।

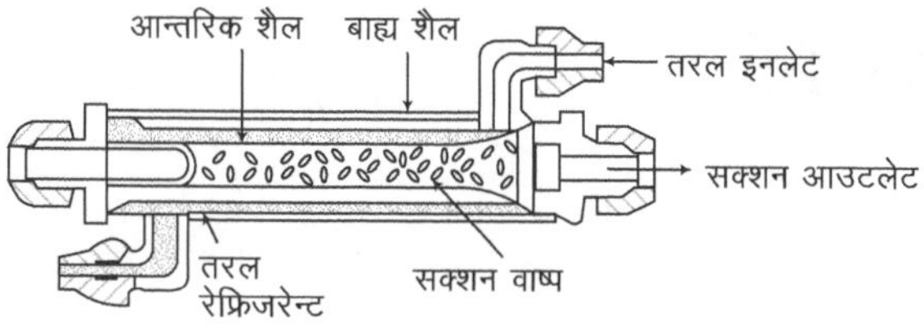

चित्र हीट एक्सचेंजर

हीट एक्सचेंजर के प्रकार
Types of Heat Exchanger

हीट एक्सचेंजर मुख्य रूप से निम्न दो प्रकार के होते हैं—

1. शैल एवं ट्यूब हीट एक्सचेंजर
2. प्लेट हीट एक्सचेंजर

1. शैल एवं ट्यूब हीट एक्सचेंजर
Shell and Tube Heat Exchanger

शैल एवं ट्यूब हीट एक्सचेंजर अनेक गोलीय ट्यूबों को एक बेलनाकार शैल के अन्दर माउण्ट करके बनाया जाता है। इसमें लगी ट्यूबों की अक्ष, शैल की अक्ष के समान्तर होती है। इन ट्यूबों में गर्म द्रव प्रवाहित किया जाता है तथा ट्यूबों के चारों ओर शैल में ठण्डा द्रव प्रवाहित किया जाता है। ऊष्मा गर्म द्रव से ठण्डे द्रव में स्थानान्तरित हो जाती है।

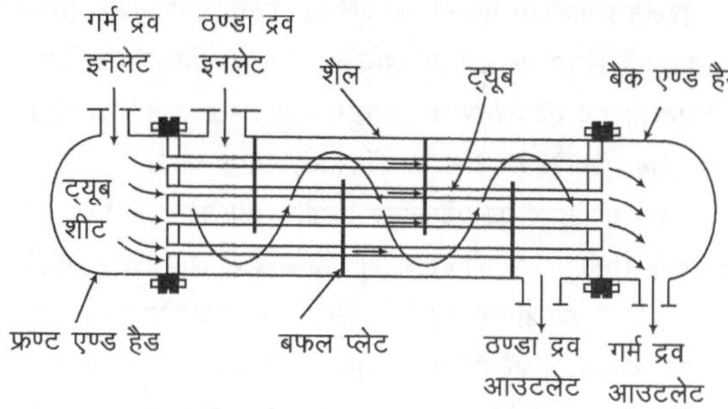

चित्र शैल एवं ट्यूब हीट एक्सचेंजर

2. प्लेट हीट एक्सचेंजर Plate Heat Exchanger

प्लेट हीट एक्सचेंजर अनेक पतली प्लेटों को कुछ दूरी पर चित्रानुसार सतह के समान्तर जोड़कर बनाया जाता है। इन प्लेटों के मध्य में दो पाइपों को इस प्रकार जोड़ा जाता है, जिससे एक पाइप में प्रवाहित द्रव पहली प्लेट में तथा दूसरे पाइप में प्रवाहित द्रव दूसरी प्लेट में प्रवाहित हो तथा यह क्रम इसी प्रकार सभी प्लेटों में चलता रहे।

प्लेट हीट एक्सचेंजर में प्रत्येक प्लेट में भिन्न-भिन्न ताप का द्रव प्रवाहित होने के कारण गर्म द्रव से ऊष्मा स्थानान्तरित होकर ठण्डे द्रव में पहुँच जाती है।

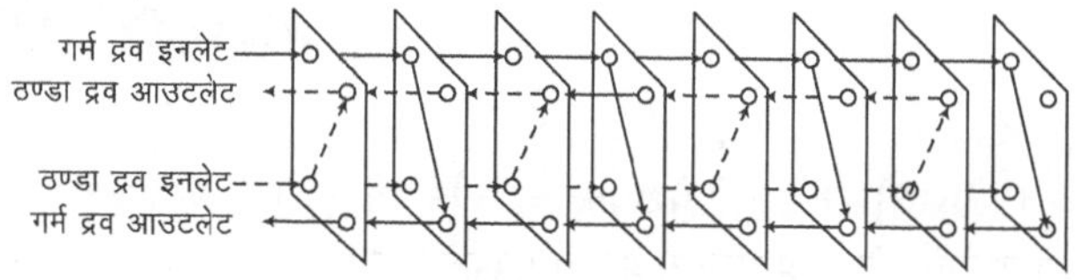

चित्र प्लेट हीट एक्सचेंजर

हीट एक्सचेंजर के लाभ
Advantages of Heat Exchanger

हीट एक्सचेंजर के लाभ निम्नलिखित हैं

1. रेफ्रिजरेन्ट वाष्प, जो कण्डेन्सर में तरल नहीं बनती, वह सक्शन लाइन के स्पर्श से तरल बन जाती है।
2. यह उपकरण मशीन की क्षमता को 20% बढ़ाता है।
3. इससे वैट (wet) कम्प्रैसन नहीं होता, जिससे कम्प्रैसर पर अतिरिक्त लोड नहीं पड़ता।

नोट *पाठ्यक्रम को देखते हुए यहाँ केवल इस अध्याय का संक्षिप्त विवरण ही दिया गया है। इस अध्याय के विस्तृत अध्याय हेतु प्रशिक्षु प्रथम वर्ष के अध्याय-22 का आवलोकन करें।*

महत्त्वपूर्ण बिन्दु

- रेफ्रिजरेशन प्रणाली में प्रयुक्त वह युक्ति, जिसके द्वारा तरल रेफ्रिजरेन्ट का वाष्पीकरण होकर कूलिंग उत्पन्न होती है, एवैपोरेटर कहलाती है।
- फ्लडिड एवैपोरेटर का उपयोग अधिक क्षमता के रेफ्रिजरेशन जैसे–रसायन उद्योग तथा कोल्ड स्टोरेज आदि में किया गया है।
- ड्राइ एक्सपैन्शन एवैपोरेटर का उपयोग कम क्षमता वाले रेफ्रिजरेशन सिस्टम में किया जाता है।
- बेयर ट्यूब एवैपोरेटर स्टील या कॉपर का बनाया जाता है।
- कॉपर धातु की ट्यूब का एवैपोरेटर फ्रिऑन रेफ्रिजरेन्ट के लिए प्रयोग किया जाता है।
- प्लेट सर्फेस एवैपोरेटर फ्रीजर घरेलू रेफ्रिजरेटर, आइसक्रीम कैबिनेट आदि में प्रयोग किया जाता है।
- ऊष्मा स्थानान्तरण क्षमता बढ़ाने के लिए फिन्ड एवैपोरेटर का प्रयोग किया जाता है।
- प्राकृतिक कन्वेक्शन एवैपोरेटर का प्रयोग उन स्थानों पर किया जाता है, जहाँ मन्द गति की वायु ही कूलिंग उत्पन्न करने के लिए पर्याप्त होती है।
- फोर्स्ड कन्वेक्शन एवैपोरेटर में वायु को यान्त्रिक युक्तिओं जैसे- विद्युतीय पंखे अथवा ब्लोअर द्वारा एवैपोरेटर क्वॉयल तथा फिन्स पर प्रवाहित किया जाता है।
- टैंक टाइप एवैपोरेटर का प्रयोग बर्फ बनाने तथा दूध को ठण्डा रखने में किया जाता है।
- स्थिर दाब पर क्वथनांक की ऊष्मा से अधिक ऊष्मा का रेफ्रिजरेन्ट वाष्प में उपस्थित होना सुपर हीटिंग कहलाता है।
- विभिन्न विधियों द्वारा एवैपोरेटर पर जमी बर्फ की परत को हटाने की प्रक्रिया को डिफ्रास्टिंग कहते हैं।
- इलेक्ट्रिक डिफ्रास्टिंग एक स्वचालित डिफ्रास्टिंग विधि है इस विधि का प्रयोग फिन्ड क्वॉयल एवैपोरेटर में किया जाता है।
- वाटर डिफ्रॉस्टिंग विधि एक सस्ती एवं सरल विधि है, क्योंकि इस विधि में पानी द्वारा डिफ्रॉस्टिंग की जाती है।
- थर्मो-बैंक डिफ्रॉस्टिंग विधि में रेफ्रिजरेशन प्रणाली के सामान्य प्रचालन के द्वारा उत्पन्न ऊष्मा को डिफ्रॉस्टिंग के लिए प्रयोग किया जाता है।
- रेफ्रिजरेशन प्रणाली में एवैपोरेटर द्वारा वाष्प या ऊष्मा को एक स्थान से दूसरे स्थान पर स्थानान्तरित किया जाता है।

महत्त्वपूर्ण प्रश्नोत्तरी

1. रेफ्रिजरेशन प्रणाली में प्रयुक्त वह कौन–सी युक्ति है, जिसके द्वारा कूलिंग उत्पन्न होती है?

उत्तर रेफ्रिजरेशन प्रणाली में प्रयुक्त एवैपोरेटर द्वारा कूलिंग उत्पन्न होती है।

2. प्लेट सर्फेस एवैपोरेटर में ताप परिवर्तन को किस प्रकार बढ़ाया जाता है?

उत्तर प्लेट सर्फेस एवैपोरेटर में ताप परिवर्तन को बढ़ाने के लिए प्लेट तथा ट्यूब के मध्य के स्थान में निर्वात् उत्पन्न कर दिया जाता है।

3. रेफ्रिजरेशन प्रणाली में से एक्युमुलेटर को हटाने पर क्या प्रभाव पड़ेगा?

उत्तर यदि रेफ्रिजरेशन प्रणाली में से एक्युमुलेटर को हटा दिया जाए, तो एवैपोरेटर से प्राप्त रेफ्रिजरेन्ट वाष्प के साथ तरल रेफ्रिजरेन्ट के कुछ कण भी कम्प्रैसर में प्रवेश कर जाते हैं, जिससे कम्प्रैसर के साथ-साथ रेफ्रिजरेशन प्रणाली की दक्षता घट जाती है।

4. ब्लेडर टाइप एक्युमुलेटर में रबर के विभाजन का क्या उपयोग है?

उत्तर ब्लेडर टाइप एक्युमुलेटर में प्रवेश करने वाले रेफ्रिजरेन्ट वाष्प तथा तरल रेफ्रिजरेन्ट को पृथक् करने के लिए इसमें रबर का विभाजक प्रयोग किया जाता है।

5. डिफ्रॉस्टिंग से आप क्या समझते हैं?

उत्तर एवैपोरेटर पर जमी बर्फ की परत को हटाने की क्रिया को डिफ्रॉस्टिंग कहते हैं।

6. गर्म गैस डिफ्रॉस्टिंग विधि की कोई एक हानि लिखिए।

उत्तर गर्म गैस डिफ्रॉस्टिंग विधि की प्रमुख हानि यह है कि डिफ्रॉस्टिंग के समय जो तरल बनता है, वह वाष्पित नहीं हो पाता है।

7. रेफ्रिजरेशन प्रणाली में हीट एक्सचेंजर का प्रयोग कहाँ किया जाता है?

उत्तर रेफ्रिजरेशन प्रणाली में हीट एक्सचेंजर का प्रयोग लिक्विड लाइन तथा सक्शन लाइन के मध्य ताप को स्थानान्तरित करने के लिए किया जाता है।

अभ्यास प्रश्न

परीक्षा प्रारूपी प्रश्न

बहुविकल्पीय

1. हाउस होल्ड रेफ्रिजरेटर में किस प्रकार का एवैपोरेटर प्रयोग होता है?
(a) प्लेट एवैपोरेटर करने वाला
(b) ट्यूब एवैपोरेटर में ट्यूब
(c) शैल और क्वॉयल एवैपोरेटर करने वाला
(d) शैल और ट्यूब एवैपोरेटर करने वाला

2. किसी एवैपोरेटर को विस्तारित सतह एवैपोरेटर (extended surface evaporator) के रूप में जाना जाता है?
(a) एवैपोरेटर ट्यूब
(b) फिन्ड एवैपोरेटर
(c) बेयर ट्यूब एवैपोरेटर
(d) कूल्ड स्टेक एवैपोरेटर

3. एवैपोरेटर में 'X' के रूप में चिन्हित भाग का क्या नाम है?

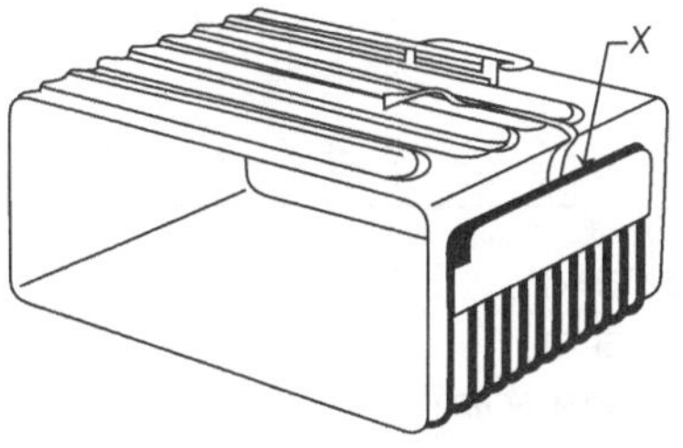

(a) एक्युमुलेटर
(b) सेंसर क्लैम्प
(c) केशिका नली
(d) एवैपोरेटर आउटलेट

4. विण्डो एसी में एवैपोरेटर में प्रवेश करने वाले रेफ्रिजरेन्ट की मात्रा मीटर किस उपकरण से होती है?
(a) एक्युमुलेटर
(b) केशिका नली
(c) हीट एक्सचेंजर
(d) फिन्ड ट्यूब कण्डेन्सर

5. रेफ्रिजरेटर के साथ प्रयोग की जाने वाली प्लेट क्वॉयल एवैपोरेटर में केवल तल पर कोई ठण्ड क्यों नहीं है?
(a) रेफ्रिजरेन्ट की कमी के कारण
(b) क्वॉयल में आयल की उपस्थिति के कारण
(c) रेफ्रिजरेन्ट की अधिकता के कारण
(d) क्वॉयल में

6. फ्रॉस्ट फ्री रेफ्रिजरेटर में एवैपोरेटर के फिन्स और ट्यूबों के बीच बर्फ के संचय का कारण क्या है?
(a) रेफ्रिजरेन्ट की कमी
(b) रेफ्रिजरेंन्ट का ओवर चार्ज होना
(c) दोषपूर्ण फैन मोटर
(d) दोषपूर्ण टाइमर

7. विण्डो एयर कण्डीशनर में किस प्रकार का एवैपोरेटर होता है?
(a) बेयर ट्यूब टाइप (b) प्लेट और ट्यूब टाइप
(c) फिन्स और प्लेट टाइप (d) फिन्स और ट्यूब टाइप

8. एवैपोरेटर में रेफ्रिजरेन्ट का भौतिक परिवर्तन होता है
(a) तरल से ठोस में (b) वाष्प को ठोस में
(c) तरल से वाष्प में (d) वाष्प से तरल में

9. एवैपोरेटर की सतह पर बर्फ के संचय की प्रक्रिया कहलाती है–
(a) फ्रॉस्टिंग (b) डीफ्रॉस्टिंग
(c) एक्वेटिंग (d) मेल्टिंग ऑफ़ फ्रॉस्ट

10. क्यों एयर कण्डीशनर के एवैपोरेटर में प्रति इंच अधिक फिन्स होते हैं?
(a) वायु सम्पर्क बढ़ाने के लिए
(b) पानी टपकने को बढ़ाने के लिए
(c) हवा का संचार कम करने के लिए
(d) अधिक बर्फ का उत्पादन करने के लिए

11. विण्डो एसी एवैपोरेटर फ्रॉस्ट में क्यों जम जाती हैं?
(a) रेफ्रिजरेन्ट के ओवर चार्ज होने के कारण
(b) रेफ्रिजरेन्ट के कम चार्ज होने के कारण
(c) केशिका ट्यूब की चोकिंग के कारण
(d) एयर फिल्टर अवरुद्ध होने के कारण

12. एवैपोरेटर के इनलेट पर दबाव ड्रॉप का प्रभाव क्या है?
(a) लिक्विड रेफ्रिजरेन्ट की फ्लशिंग
(b) लिक्विड रेफ्रिजरेन्ट की फ्रीजिंग
(c) लिक्विड की फ्रीजिंग
(d) तेल का उबलना

13. विण्डो एसी में एवैपोरेटर क्वॉयल पर अत्यधिक ठण्ड होने का क्या कारण है?
(a) एवैपोरेटर फिन का धूल से अवरुद्ध न होना
(b) तेज गति से घूमता हुआ ब्लोअर
(c) एयर फिल्टर का पूरी तरह से अवरुद्ध
(d) एवैपोरेटर में अधिक वायु परिसंचरण

14. फिल्टर ड्रायर घटक पर तीर के निशान से कौन-सा संकेत मिलता है?
(a) हवा की दिशा
(b) केशिका ट्यूब की स्थिति
(c) रेफ्रिजरेन्ट की प्रवाह दिशा
(d) डिस्कैन्ट और फिल्टर की व्यवस्था

15. ड्राई एक्सपैंशन एवैपोरेटर के आउटलेट पर रेफ्रिजरेन्ट की स्थिति क्या होती है?
(a) केवल तरल (b) केवल वाष्प
(c) अधिक तरल (d) कम वाष्प

16. एवैपोरेशन के दौरान किस तरह की गर्मी अवशोषित होती है?
(a) संवेदी ऊष्मा (b) विशिष्ट ताप
(c) गुप्त ऊष्मा (d) सुपर हीट

17. 'X' के रूप में चिन्हित भाग का नाम क्या है?

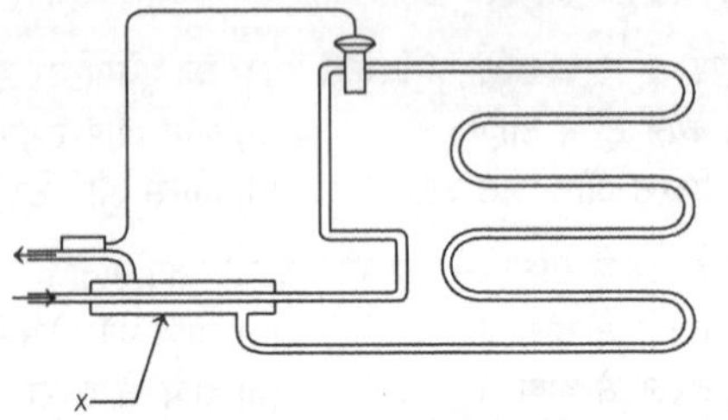

(a) सक्शन लाइन (b) हीट एक्सचेंजर
(c) तरल रेखा (d) थर्मोस्टेटिक वाल्व

18. शुद्ध पानी का पीएच (P_H) वैल्यू है
(a) 6 (b) 7
(c) 8 (d) 9

19. एक रेफ्रिजरेशन प्रणाली में हीट एक्सचेंजर के रूप में कार्य करने के लिए कौन-सी लाइन जुड़ी रहती हैं?
(a) लिक्विड लाइन और सक्शन लाइन
(b) तरल लाइन और डिस्चार्ज लाइन
(c) डिस्चार्ज लाइन और सक्शन लाइन
(d) विस्तार लाइन और डिस्चार्ज लाइन

20. एवैपोरेटर पर फ्रॉस्ट की कौन-सी मोटाई रेफ्रिजरेटर में मैनुअल डीफ्रॉस्टिंग ऑपरेशन का फैसला करती है?
(a) $\frac{1}{4}''$ (b) $\frac{1}{2}''$ (c) $\frac{3}{4}''$ (d) 1″

21. स्प्लिट एयर कण्डीशनर में किस प्रकार के एवैपोरेटर का उपयोग किया जाता है?
(a) वेयर ट्यूब (b) फिन और ट्यूब
(c) शेल और ट्यूब (d) प्लेट और ट्यूब

22. "फ्रॉस्टिंग प्रकार के एवैपोरेटर की परिचालन स्थिति क्या है?"
(a) 32°F से ऊपर (b) 32°F से नीचे
(c) 273°K से ऊपर (d) नीचे 0°K

23. डायरेक्ट एक्सपेंशन एवैपोरेटर को फ्लोडेड प्रकार वाले के लिए क्यों पसन्द किया जाता है?
(a) ऑयल रीसर्कुलेट्स
(b) महँगी स्थापना
(c) अधिक रेफ्रिजरेन्ट की आवश्यकता
(d) ज्यादा जगह घेरना

24. "ब्राइन चिलिंग एवैपोरेटर टाइप सिस्टम में लिक्विड लेवल विजन ग्लास को साफ करने के लिए कौन-सा घोल प्रयोग किया जाता है?
(a) तनु हाइड्रोक्लोरिक एसिड
(b) तनु सल्फ्यूरिक एसिड
(c) तनु नाइट्रिक एसिड
(d) तनु साइट्रिक एसिड

25. ब्राइन सॉल्यूशन के (P_H) की जाँच करने के लिए किसका उपयोग किया जाता है?
(a) फनेल (b) पायरोमिटर
(c) कोनिकल जार (d) लिट्मस पेपर

26. नमकीन घोल बनाने के लिए किस नमक का उपयोग किया जाता है?
(a) पोटैशियम क्लोराइड (b) सोडियम क्लोराइड
(c) जिंक क्लोराइड (d) लोहे का क्लोराइड

27. लो साइड फ्लोट कण्ट्रोल में प्रयुक्त फ्लोट बॉल पर कौन-सा परीक्षण किया जा रहा है?

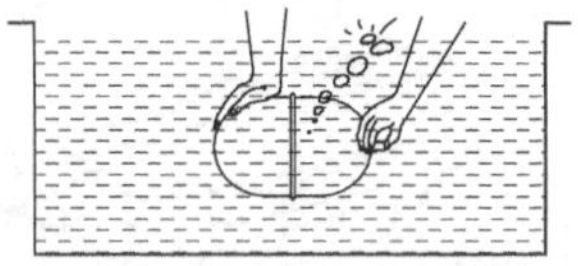

(a) वॉटर लेवल
(b) ब्राइन लेवल
(c) फ्लोट बॉल लीकेज
(d) फ्लोट तन्त्र काम कर रहा है

28. नमकीन घोल के साथ कौन-सा परीक्षण किया जा रहा है?

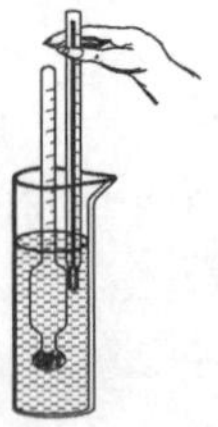

(a) विशिष्ट गुरुत्व (b) विशिष्ट आयतन
(c) विशिष्ट ऊष्मा (d) गुप्त ऊष्मा

29. RAC सिस्टम में हीट एक्सचेंजर का सीमित अनुप्रयोग क्यों है?
(a) सक्शन तापमान में कमी
(b) तरल तापमान बढ़ाता है
(c) कम्प्रैसर बिजली की खपत कम करता है
(d) कम्प्रैसर बिजली की खपत बढ़ाता है

30. किसी प्रकार के वाल्व का उपयोग रिवर्स साइकिल डिफ्रॉस्टिंग विधि में किया जाता है?

(a) वन वे वाल्व
(b) टू वे वाल्व
(c) थ्री वे वाल्व
(d) फोर वे वाल्व

31. 8 से 9 की सीमा तक पानी के P_H को बनाए रखने के लिए पानी में कौन-सा रसायन मिलाया जाता है?

(a) सोडियम हाइड्रॉक्साइड
(b) सोडियम कार्बोनेट
(c) सोडियम नाइट्रेट
(d) सोडियम क्लोराइड

32. एवैपोरेटर की सतह में जमी हुई बर्फ को हटाने की प्रक्रिया कहलाती है-

(a) स्केलिंग
(b) फ्रॉस्टिंग
(c) डिफ्रॉस्टिंग
(d) डिस्केलिंग

33. फ्लोडेड एवैपोरेटर में तरल रेफ्रिजरेटर के स्तर को नियन्त्रित करने के लिए प्रयोग किया जाता है

(a) फ्लोट वाल्व का
(b) पर्जिंग वाल्व का
(c) रोटेटिंग वाल्व का
(d) पिर्यसिंग वाल्व का

34. ड्राई टाइप चिलर का क्या लाभ है?

(a) गीला सम्पीडन से बचाता है
(b) गीला सम्पीडन को सुधारता है।
(c) ट्यूब पर बर्फ का फॉरमेशन करता है
(d) तेल रीसर्कुलेट नहीं करता है

35. कम्प्रैसर इनलेट के लिए सक्शन लाइन पर फ्रॉस्टिंग के कारण क्या है?

(a) लुब्रिकेटिंग तेल की अधिकता
(b) लुब्रिकेटिंग तेल की कमी
(c) रेफ्रिजरेन्ट चार्ज की अधिकता
(d) रेफ्रिजरेन्ट चार्ज की कमी

36. सक्शन दबाव में कमी का कारण क्या है?

(a) चोक एयर फिल्टर
(b) एयर फिल्टर अवरुद्ध नहीं
(c) एवैपोरेटर में कोई फ्रॉस्ट नहीं
(d) एवैपोरेटर में अधिक वायु प्रवाह

37. फेन क्वॉयल इकाई में खराब कूलिंग प्रभाव का कारण क्या है?

(a) फिल्टर चोकड
(b) अधिक एयरफ्लो
(c) फेन स्पीड हाई
(d) फेन नोट चोकड

उत्तरमाला

1. (a)	**2.** (b)	**3.** (a)	**4.** (b)	**5.** (b)	**6.** (c)	**7.** (d)	**8.** (c)	**9.** (a)	**10.** (a)
11. (d)	**12.** (a)	**13.** (c)	**14.** (c)	**15.** (b)	**16.** (c)	**17.** (b)	**18.** (b)	**19.** (b)	**20.** (a)
21. (b)	**22.** (b)	**23.** (a)	**24.** (a)	**25.** (d)	**26.** (b)	**27.** (c)	**28.** (a)	**29.** (d)	**30.** (d)
31. (a)	**32.** (c)	**33.** (a)	**34.** (a)	**35.** (c)	**36.** (a)	**37.** (a)			

अध्याय 07

वाटर कूलर, बोतल कूलर एवं डीप फ्रीजर

Water Cooler, Bottle Cooler and Deep Freezer

परिचय Introduction

कूलर वह रेफ्रिजरेशन उपकरण है, जिसके द्वारा खाद्य पदार्थों एवं पानी को ताप-नियमन के द्वारा उपभोग योग्य बनाए रखा जाता है। इसमें पेय पदार्थों एवं खाद्य-सामग्री को लम्बे समय तक संग्रहीत (store) किया जा सकता है। पीने के पानी को लगभग 42° F से 45° F तक ठण्डा करके पीने योग्य बनाया जाता है तथा खाद्य पदार्थों को तापक्रम नियमन कर उन्हें सुरक्षित रखा

जाता है। रेफ्रिजरेशन प्रणाली के विशेष उद्देश्य; जैसे—पदार्थों के प्रयोग की समय अवधि बढ़ाने की पूर्ति हेतु कूलर एवं डीप फ्रीजर बनाए गए हैं। डीप फ्रीजर एक उच्च गुणवत्ता वाली व्यावसायिक कूलिंग युक्ति है जिसका उपयोग खाद्य पदार्थों, दवा निर्माण कार्यों तथा रेस्टोरेन्ट में किया जाता है। डीप फ्रीजर में खाद्य पदार्थों का तापमान लगभग –34°C तक हो जाता है।

अध्याय विषय सूची

- वाटर कूलर
- बोतल कूलर
- बबल या बोतल वाटर टाइप डिस्पेन्सर
- विजिबल कूलर
- डीप फ्रीजर
- **महत्त्वपूर्ण बिन्दु**
- **महत्त्वपूर्ण प्रश्नोत्तरी**
- **अभ्यास प्रश्न**

7.1 वाटर कूलर Water Cooler

जल को ठण्डा करने हेतु उपयोग में लाए जाने वाले यन्त्र को वाटर कूलर कहते हैं। ये कम पावर का प्रयोग कर दक्षतापूर्ण कार्य करते हैं। वाटर कूलर की क्षमता उसके उपयोग करने वाले लोगों की संख्या पर निर्भर करती है। आजकल विभिन्न स्थानों; जैसे—रेस्टोरेन्ट, हॉस्पिटल, थिएटर, ऑफिस, कॉम्प्लेक्स इत्यादि पर ठण्डे पानी की व्यवस्था हेतु वाटर कूलर का उपयोग किया जाता है।

वाटर कूलर की संरचना Construction of Water Cooler

वाटर-कूलर में जल को संग्रहीत करने हेतु एक टैंक बना होता है। टैंक के आस-पास एवैपोरेटर की क्वॉयल लगी होती है। ठण्डे जल के निकास हेतु टैंक के नीचे टैप लगाते हैं। वाटर कूलर में प्रयुक्त किए जाने वाले रेफ्रिजरेशन प्रणाली के अवयव; जैसे—कण्डेन्सर, कम्प्रैसर तथा फैन ब्लेड आदि कूलर के नीचे दिए गए खाली स्थान पर लगे होते हैं।

यह सम्पूर्ण भाग एक बक्सेनुमा संरचना में बन्द रहता है। वाटर कूलर की संरचना को नीचे चित्र में दर्शाया गया है

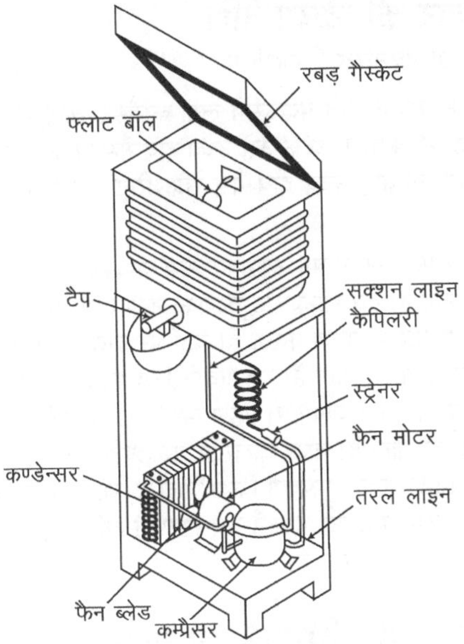

चित्र वाटर कूलर

वाटर कूलर की संरचना में विभिन्न घटक प्रयुक्त होते हैं जिनका वर्णन निम्नवत् है

1. **विद्युतीय घटक** Electrical Components

वाटर कूलर में प्रयुक्त विद्युतीय घटकों का वर्णन निम्न प्रकार है

(i) **कण्डेन्सर पंखा** (Condenser fan) सामान्यतः वाटर कूलर में एयर कूल्ड कण्डेन्सर का प्रयोग किया जाता है। पंखा की मोटर, कण्डेन्सर के सामने फिट रहती है। यह पंखा मोटर सिंगल स्पीड होती है तथा थर्मोस्टेट द्वारा कम्प्रैसर की सीरीज में लगी होती है।

कम्प्रैसर के बन्द होने पर पंखा मोटर भी बन्द हो जाता है। वाटर कूलर और कम्प्रैसर की क्षमता के अनुसार पंखा मोटर 1/3 अश्व शक्ति से 1/32 अश्व शक्ति तक की क्षमता की हो सकती है।

चित्र कण्डेन्सर पंखा

(ii) **ओवरलोड प्रोटेक्टर** (Overload protector) यह एक विद्युतीय उपकरण है, जो कम्प्रैसर के साथ सीरीज में लगा होता है। वाटर कूलर में टू-वे ओवरलोड प्रोटेक्टर का प्रयोग किया जाता है। यह कम्प्रैसर की सेफ्टी के उद्देश्य से लगाया जाता है।

जब कम्प्रैसर का तापमान उच्च हो जाता है, तो ओवरलोड प्रोटेक्टर सप्लाई को कम्प्रैसर मोटर से कट ऑफ (cut off) कर देता है, जिस कारण इसे थर्मल ओवरलोड प्रोटेक्टर भी कहते हैं।

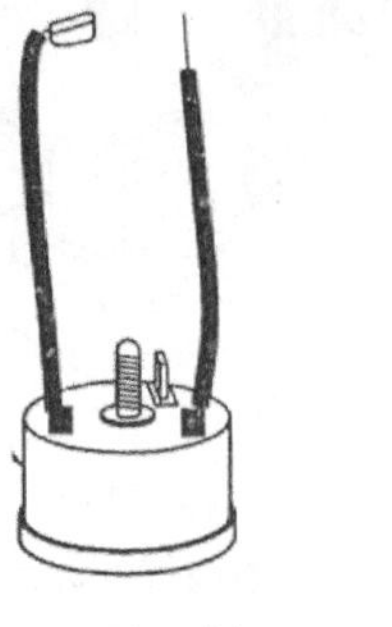

चित्र ओवरलोड प्रोटेक्टर

(iii) **थर्मोस्टेट** (Thermostat) यह वाटर कूलर के पानी के तापक्रम को ऑटोमैटिकली नियन्त्रित (control) करता है। जब एवैपोरेटर का तापक्रम सैट किए गए तापक्रम पर पहुँच जाता है, तो यह ऑटोमैटिकली कम्प्रैसर को शट ऑफ (shut off) कर देता है।

इसी प्रकार जब एवैपोरेटर के तापमान में वृद्धि होती है, तो यह कम्प्रैसर को पुनः चालू कर देता है। इसकी कट ऑफ रेंज 7°C से 22°C तक होती है।

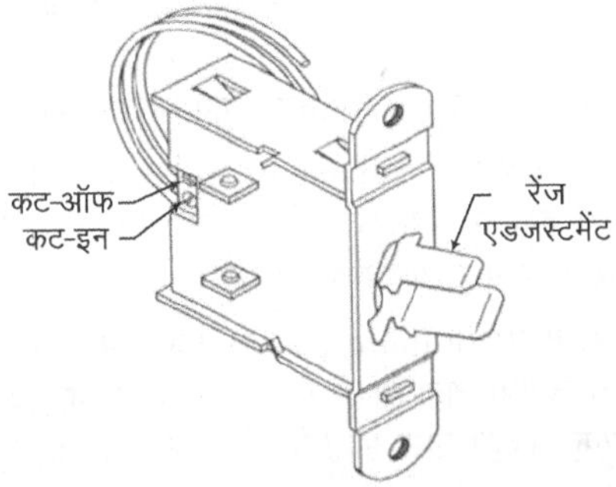

चित्र थर्मोस्टेट

(iv) **रिले** (Relay) रिले, कम्प्रैसर की स्टार्टिंग वाइण्डिंग को स्टार्ट हो जाने के बाद कट ऑफ कर देती है और कम्प्रैसर रनिंग वाइण्डिंग पर चलता रहता है।

मुख्यतः दो प्रकार की रिले प्रयोग की जाती हैं; एक करण्ट क्वॉयल रिले या पिन टाइप रिले, यह कम क्षमता के कम्प्रैसर के साथ प्रयुक्त की जाती है तथा दूसरी, पोटैन्शियल रिले, जिन्हें अधिक क्षमता की यूनिटों के साथ जहाँ CSR (Capacitor Start Capacitor Run) टाइप सर्किट होता है, प्रयोग किया जाता है।

इस रिले के साथ स्टार्टिंग कैपेसिटर तथा रनिंग कैपेसिटर लगे होते हैं।

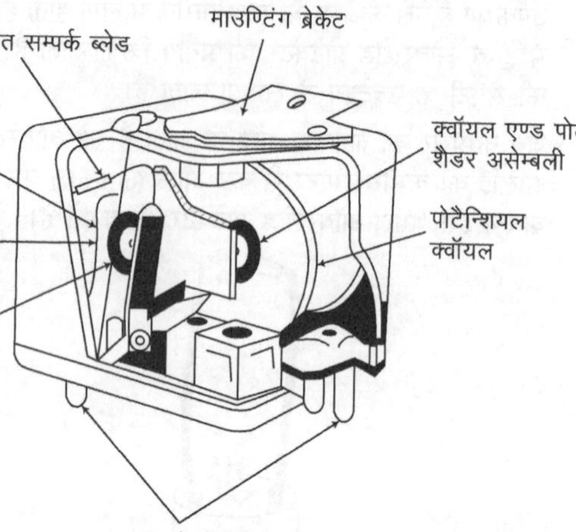

चित्र पोटैन्शियल रिले

2. यान्त्रिकीय घटक Mechanical Components

वाटर कूलर में प्रयुक्त यान्त्रिकीय घटकों का विवरण निम्न प्रकार है

(i) **कम्प्रैसर** (Compressor) कम्प्रैसर का मुख्य कार्य, प्रणाली में दाब अन्तर पैदा करना होता है। यह लो प्रैशर, लो टेम्प्रेचर वेपर्स को हाई प्रैशर, हाई टेम्प्रेचर वेपर्स में बदलकर डिस्चार्ज लाइन द्वारा कम्प्रैसर को भेज देता है।

(ii) **कण्डेन्सर** (Condenser) वाटर कूलर में वाटर कूल्ड कण्डेन्सर लगा होता है। इसमें हाई प्रैशर टेम्प्रेचर वेपर्स से ऊष्मा को बाहर निकालकर कण्डेन्सर द्वारा कण्डेन्स (condense) किया जाता है। कण्डेन्सर के पीछे एक पंखा लगा होता है, जिससे वायु सर्कुलेट (circulate) होती है।

(iii) **कैपिलरी ट्यूब** (Capillary tube) यह लिक्विड रेफ्रिजरेन्ट के बहाव में रुकावट पैदा करती है, जिससे एवैपोरेटर में कम प्रैशर पर रेफ्रिजरेन्ट वाष्प में परिवर्तित हो सके।

(iv) **फिल्टर/ड्रायर** (Filter/drier) यह कण्डेन्सर और कैपिलरी ट्यूब के बीच लगाया जाता है। इससे नमी सोखने वाला पदार्थ भरा होता है तथा एक फिल्टर लगा होता है, जो रेफ्रिजरेन्ट को शुद्ध करता है।

(v) **एवैपोरेटिंग क्वॉयल** (Evaporating coil) प्रैशर टाइप वाटर कूलर में एवैपोरेटर क्वॉयल पानी की ट्यूब के चारों ओर लगी रहती है तथा यह क्वॉयल स्टोरेज टाइप वाटर कूलर में वाटर कूलर कक्ष के चारों ओर लिपटी रहती है। इसमें रेफ्रिजरेन्ट पानी की ऊष्मा को शोषित करके वाष्प में बदल जाता है और कूलिंग चैम्बर (cooling chamber) का पानी ठण्डा हो जाता है।

3. टेस्टिंग घटक Testing Components

वाटर कूलर में प्रयुक्त टेस्टिंग घटकों का विवरण निम्न प्रकार है

(i) **दाबमापी** (Pressure guage) रेफ्रिजरेशन प्रणाली में रेफ्रिजरेन्ट का दाब मापने के लिए प्रयुक्त किया जाने वाला यन्त्र दाबमापी कहलाता है।

(ii) **निर्वातमापी** (Vacuum guage) वायु की अनुपस्थिति में दाब के मापन हेतु रेफ्रिजरेशन प्रणाली में प्रयुक्त घटक को निर्वातमापी कहते हैं।

(iii) **कम्पाउण्ड गेज** (Compound guage) कम्पाउण्ड गेज की सहायता से रेफ्रिजरेशन प्रणाली में उत्पन्न दाब की प्रकृति अर्थात् धनात्मकता एवं ऋणात्मकता को मापा जाता है।

वाटर कूलर की क्रियाविधि
Working of Water Cooler

वाटर कूलर को सप्लाई देने पर उसमें लगा कम्प्रैसर चालू हो जाता है और गैस रेफ्रिजरेन्ट को कम्प्रैस करके उसे उच्च दाब गैस रेफ्रिजरेन्ट में परिवर्तित करता है। इसके पश्चात् उच्च दाब गैस रेफ्रिजरेन्ट कण्डेन्सर में भेज दिया जाता है।

कण्डेन्सर में रेफ्रिजरेन्ट ऊष्मा त्यागकर गैस अवस्था से द्रव अवस्था में परिवर्तित हो जाता है। द्रव रेफ्रिजरेन्ट केशिका नली तथा ड्रायर में से प्रवाहित होता हुआ एवैपोरेटर में प्रवेश करता है। यहाँ पर द्रवित रेफ्रिजरेन्ट एवैपोरेट अवस्था में परिवर्तित हो जाता है। यह एवैपोरेटिड रेफ्रिजरेन्ट वाटर कूलर में लगे स्टोरेज टैंक में एकत्र जल द्वारा ग्रहण कर लिया जाता है और जल ऊष्मा त्यागकर ठण्डा हो जाता है। वाटर कूलर में भरे ठण्डे जल का तापमान स्थिर रखने हेतु थर्मोस्टेट वाल्व का प्रयोग किया जाता है, जो जल का तापमान कम होने पर वाटर कूलर बन्द कर देता है एवं तापमान अधिक हो जाने पर वाटर कूलर को पुन: प्रारम्भ करता है।

वाटर कूलर में रेफ्रिजरेशन चक्र
Refrigeration Cycle in Water Cooler

वाटर कूलर में रेफ्रिजरेशन चक्र, एवैपोरेशन तथा कण्डेन्सेशन की क्रिया से पूर्ण होता है। वाटर कूलर में रेफ्रिजरेन्ट एवैपोरेटर से ऊष्मा प्राप्त करके एवैपोरेट अवस्था में तथा कण्डेन्सर में रेफ्रिजरेन्ट ऊष्मा त्यागकर पुन: द्रव अवस्था में परिवर्तित हो जाता है। वाटर कूलर के इसी प्रचालन को वेपर कम्प्रैसन रेफ्रिजरेशन चक्र कहते हैं। ऊष्मा गतिकीय सिद्धान्त के अनुसार तरल पदार्थ द्रव से वाष्प अवस्था में परिवर्तन के समय ऊष्मा अवशोषित करते हैं और वाष्प से द्रव अवस्था में परिवर्तन के समय ऊष्मा त्यागते हैं।

वाटर कूलर के प्रकार
Types of Water Cooler

आजकल बाजार में विभिन्न श्रेणियों के निर्माताओं द्वारा अलग-अलग मॉडल और क्षमता में वाटर कूलर उपलब्ध हैं। सभी में तापक्रम को नियन्त्रित करने के लिए थर्मोस्टेट लगा होता है। वाटर कूलर मुख्यत: दो प्रकार के होते हैं

1. प्रैशर टाइप वाटर कूलर
2. स्टोरेज टाइप वाटर कूलर

1. प्रैशर टाइप वाटर कूलर Pressure Type Water Cooler

इसे इन्स्टैन्टेनियस वाटर कूलर भी कहते हैं। इस प्रकार के वाटर कूलर में ताजा पानी सीधे ही ड्रेन वाटर के पाइप के स्पर्श से ठण्डा होकर अर्थात् प्री-कूलर से गुजरकर कूलिंग चैम्बर (cooling chamber) में पहुँच जाता है।

यह पानी कूलिंग चैम्बर में एवैपोरेटिंग क्वॉयल द्वारा ठण्डा होकर कूलिंग कक्ष के निचले भाग से पाइप द्वारा निकलकर बबलर (bubbler) या नल (faucet) में पहुँचता है। यहाँ पर यह पानी पीने हेतु प्रयोग किया जाता है और वेस्ट वाटर बबलर के नीचे लगे हुए फिल्टर से होकर बाहर के गन्दे पानी के निकास वाले पाइप में चला जाता है।

कूलिंग चैम्बर के चारों ओर रोधन पदार्थ, ग्लासवूल (glasswool) भरा होता है। पानी को ठण्डा करने के लिए रेफ्रिजरेशन यूनिट लगी होती है, जिसकी कण्डेन्सिंग यूनिट, वाटर कूलर के निचले भाग में तथा कूलिंग क्वॉयल ऊपर की ओर फिट होती है।

प्रैशर टाइप के वाटर कूलर अधिकतर कम क्षमता (अधिकतम 150 लीटर) के डिजाइन किए जाते हैं। इसके साथ हरमैटिक (सील्ड) का कम्प्रैसन प्रयोग होता है। नीचे चित्र में इन्स्टैन्टेनियस वाटर कूलर दर्शाया गया है

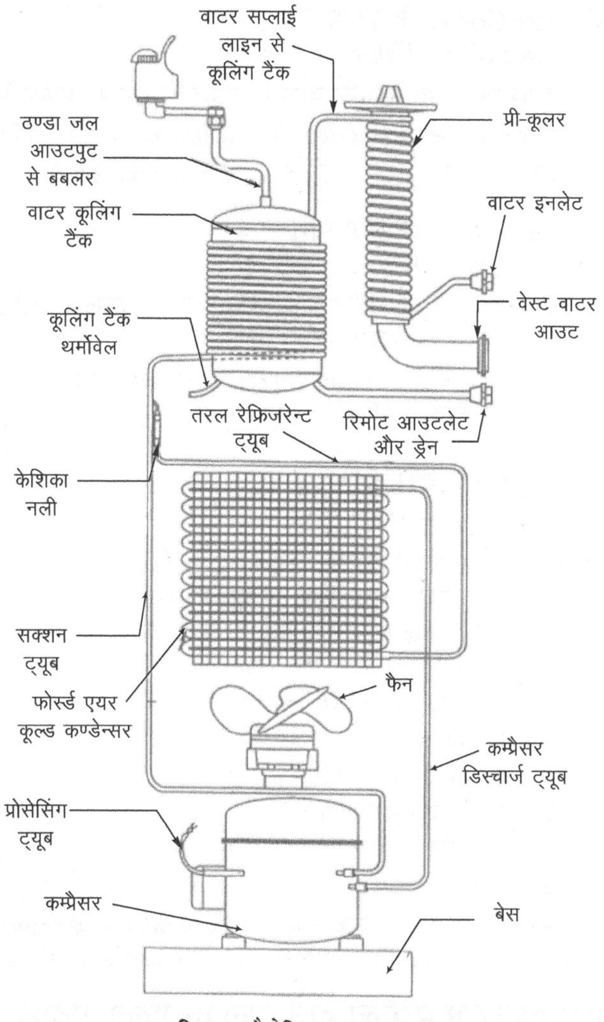

चित्र इन्स्टैन्टेनियस वाटर कूलर

तालिका इन्स्टैन्टेनियस वाटर कूलर की सामान्य जानकारी

ठण्डा करने की क्षमता	**पावर व्यय** (kW/H)	**व्यक्तियों की संख्या** (प्रति घण्टा)
40 लीटर	0.46	200
60 लीटर	0.67	300
150 लीटर	1.45	800

2. स्टोरेज टाइप वाटर कूलर
Storage Type Water Cooler

यह एक बड़ा इन्सुलेटिड स्टेनलैस स्टील का स्टोरेज टैंक है, जो पानी को स्टोर करने हेतु प्रयोग किया जाता है। यह टैंक दोहरी दीवार वाला होता है और इन दोनों दीवारों के बीच ऊष्मा रिसाव को रोकने के लिए रोधन पदार्थ, ग्लासवूल (glasswool) भरा होता है। स्टोरेज टैंक के ऊपरी भाग में वाटर इनलेट कनेक्शन होता है। इस पर फ्लोट वाल्व पानी के स्तर को नियन्त्रित करने के लिए लगा होता है, जबकि टैंक में नीचे की ओर आउटलेट कनेक्शन होता है, जिसमें बाहर की ओर टैप (tap), पीने के पानी हेतु लगी होती है।

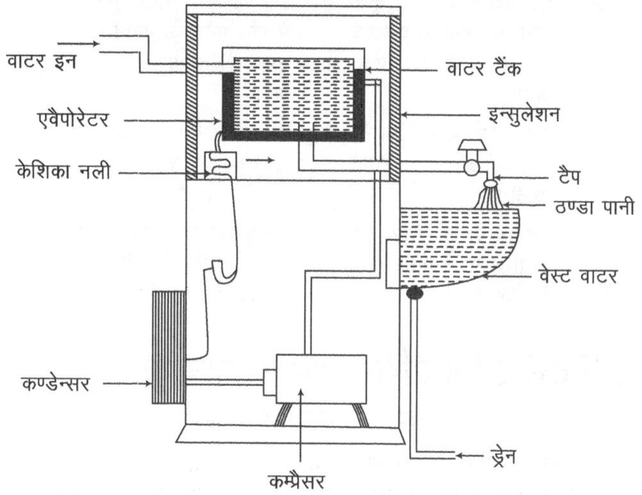

चित्र स्टोरेज टाइप वाटर कूलर का आन्तरिक दृश्य

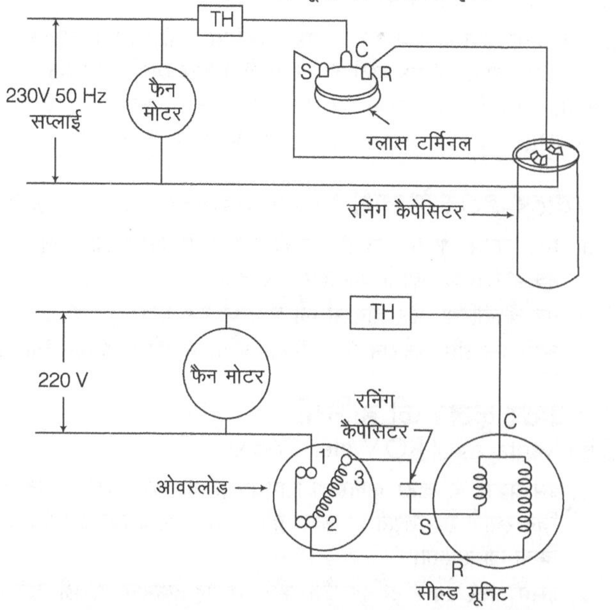

चित्र स्टोरेज टाइप वाटर कूलर का बिना रिले वायरिंग आरेख

वाटर कूलर में कूलिंग हेतु क्वॉयल को स्टोरेज टैंक के चारों ओर लपेटकर सोल्डर किया जाता है। इसकी कण्डेन्सिंग (condensing) यूनिट स्टोरेज टैंक के नीचे अथवा कूलर की बॉडी से अलग स्थापित की जाती है।

इसमें पानी का तापक्रम 45° F से 55° F तक थर्मोस्टेट द्वारा नियन्त्रित किया जाता है।

तालिका स्टोरेज टाइप तथा प्रैशर टाइप वाटर कूलर में अन्तर

क्र.सं.	स्टोरेज टाइप वाटर कूलर	प्रैशर टाइप वाटर कूलर
1.	इन वाटर कूलरों में जल ऊपर से प्रवेश करता है तथा नीचे से निकासी करता है।	स्टोरेज टाइप कूलरों के विपरीत जल नीचे से प्रवेश करता है तथा ऊपर से निकासी करता है।
2.	इस प्रकार के वाटर कूलर में जल का तापमान प्रवेश के कुछ समय के बाद ठण्डा हो जाता है।	इस प्रकार के वाटर कूलर में जल प्रवेश के पश्चात् तुरन्त ही ठण्डा हो जाता है।
3.	इन कूलरों में स्टोरेज टैंक के चारों ओर क्वॉयल लिपटी रहती है।	इस कूलर के अन्तर्गत पानी की ट्यूब पर क्वॉयल लिपटी होती है।
4.	इन कूलरों का प्रयोग कम मात्रा में ठण्डे पानी की पूर्ति हेतु किया जाता है।	इन कूलरों का उपयोग ठण्डे पानी की माँग में अधिकता हेतु किया जाता है।

3. रिवर्स ऑसमोसिस (RO) वाटर कूलर
Reverse Osmosis Water Cooler

यह पानी को शुद्ध करने का सबसे अच्छा तरीका है। इस तकनीक से पानी के अन्दर की सभी अशुद्धियाँ, मैटल (धातु) पार्टिकल, बालू के कण, टीडीएस (Total dissolved solids) साफ हो जाती है।

RO का प्रयोग उन क्षेत्रों में करना चाहिए जहाँ पर पानी खारा हो या पानी में टीडीएस की मात्रा अधिक होती है। तटीय क्षेत्रों और बोरवेल के लिए RO सर्वोत्तम उपाय है। जिन स्थानों पर पानी मीठा होता है वहाँ पर UV वाटर कूलर (Ultra Violet water cooler) का प्रयोग करना चाहिए।

RO वाटर कूलर के लाभ Advantages of RO Water Cooler

1. RO वाटर कूलर तकनीक पानी की सभी अशुद्धियाँ धातु और नुकसानदायक पदार्थों को साफ कर देता है।
2. यह बैक्टीरिया और वायरस को भी नष्ट कर देता है।
3. आर्सेनिक और क्लोरीन जैसे हानिकारक पदार्थों को साफ कर देता है।

RO वाटर कूलर की हानियाँ
Disadvantages of RO Water Cooler

1. इस प्रकार के वाटर कूलर के लिए विद्युत की आवश्यकता होती है। जिन स्थानों पर विद्युत उपलब्ध नहीं है, वहाँ पर इसका उपयोग नहीं किया जा सकता।
2. इसमें वाटर टैप में अधिक प्रैशर होने पर यह तकनीक अच्छी तरह से काम करती है और पानी को साफ करती है।
3. इस तकनीक की सबसे बड़ी हानि यह है कि इसमें 30 से 40% पानी नष्ट हो जाता है। पानी को साफ करने के दौरान रिजेक्टेड वाटर (rejected water) दूषित पानी एक पतली पाइप से बाहर निकलता रहता है।

4. UV वाटर कूलर UV Water Cooler

इसका फुल फॉर्म अल्ट्रा वॉयलेट वाटर कूलर (ultra violet water cooler) है। इस तकनीक से पानी के अन्दर मौजूद वायरस और बैक्टीरिया नष्ट हो जाते हैं। यह तकनीक पानी में घुले हुए आर्सेनिक और क्लोरीन को साफ नहीं कर सकती। इस तकनीक का प्रयोग ऐसे क्षेत्रों में करना चाहिए जहाँ पर पानी मीठा होता है जैसे पहाड़ी क्षेत्र। वहाँ के पानी में सिर्फ बैक्टीरिया खत्म करने की जरूरत होती है। वहाँ पर प्रदूषण भी कम होता है।

UV Water Cooler के लाभ
Advantages of UV Water Cooler

1. यह तकनीक नॉर्मल प्रैशर टैप वाटर में आसानी से काम कर सकती है।
2. यह पानी के अन्दर सभी वायरस और बैक्टीरिया को नष्ट कर देता है।
3. पानी में घुली हुई अन्य अशुद्धियों को भी समाप्त कर देता है।

UV water Cooler के नुकसान
Disadvantages of UV Water Cooler

1. इस तकनीक को प्रयोग करने के लिए बिजली की आवश्यकता होती है बिना बिजली के यह काम नहीं करेगा।
2. इस तकनीक में पानी के अन्दर मौजूद वायरस और बैक्टीरिया को बाहर नहीं करता है बल्कि नष्ट कर देता है।

वाटर कूलर की क्षमता
Capacity of Water Cooler

वाटर कूलर की क्षमता को कूलिंग लोड भी कहते हैं। वाटर कूलर द्वारा निश्चित समय अन्तराल में ठण्डा किए गए जल की मात्रा वाटर कूलर की क्षमता कहलाती है। इसे Q से प्रदर्शित करते हैं। वाटर कूलर की क्षमता को निम्न सूत्र द्वारा दर्शाया जाता है

$$Q = M_w C_p (T_i - T_o) = M_w C_p \Delta T$$

जहाँ, M_w = जल की खपत होने की दर
C_p = जल की विशिष्ट ऊष्मा
T_i = इनलेट जल का तापमान
T_o = आउटलेट जल का तापमान
ΔT = तापान्तर

टिप्पणी *वाटर कूलर द्वारा निश्चित समय में जितना अधिक-से-अधिक ठण्डा जल प्रदान किया जाता है, उस वाटर कूलर की क्षमता उतनी अधिक होती है।*

वाटर कूलर में प्रयुक्त होने वाले कुचालक पदार्थ
Insulating Materials Used in Water Cooler

वाटर कूलर में विभिन्न प्रकार के कुचालक पदार्थ प्रयोग में लाए जाते हैं, जिनका वर्णन निम्न प्रकार है

1. **ग्लासवूल** (Glasswool) यह अकार्बनिक पदार्थ है, जो फाइबर के रूप में उपलब्ध है। यह उच्च ताप (लगभग –17°C से 540°C तक) सहन कर सकते हैं। वाटर कूलर में स्टोरेज टैंक के समीप ऊष्मा स्थानान्तरण को रोकने के लिए इसका प्रयोग किया जाता है।
2. **पॉलीयूरेथेन** (Polyurethane) यह कुचालक पदार्थ फोम के रूप में प्राप्त होता है, जिनके शैल में कुचालक गैस भरी होती है।

3. **एल्युमीनियम सिलिकेट** (Aluminium silicate) यह अधिक तापमान सहन करने वाला कुचालक पदार्थ है, जिसकी प्रचालन परास 1350 से 1400°C तक होती है।

वाटर कूलर में उपयोग किए जाने वाले रेफ्रिजरेन्ट्स

नोट *रेफ्रिजरेन्टस के विस्तृत अध्ययन हेतु प्रशिक्षु प्रथम वर्ष के अध्याय-23 का अवलोकन करें।*

वाटर कूलर के अनुप्रयोग
Applications of Water Cooler

उपयोग किये जाने वाले स्थान, तापमान एवं जल की मात्रा के आधार पर वाटर कूलर को निम्नलिखित तालिका द्वारा सूचीबद्ध किया गया है जो निम्न प्रकार हैं–

तालिका वाटर कूलर का उपयोगिता आधारित प्रयोग

क्र.सं.	उपयोग किये जाने वाले स्थान	तापक्रम (° F)	पानी का सामान्य उपयोग
1.	रेस्टोरेन्ट्स	40-45	1/10 गैलन प्रति व्यक्ति प्रति घण्टा
2.	होटल	50	1/2 गैलन प्रति व्यक्ति प्रति घण्टा
3.	ऑफिस कर्मचारी	50	1/8 गैलन प्रति व्यक्ति प्रति घण्टा
4.	थिएटर	50	1 गैलन प्रति घण्टा प्रति 75 सीट
5.	डिपार्टमेन्टल स्टोर	50	1 गैलन प्रति घण्टा प्रति 100 ग्राहक
6.	कैफेटेरिया	45-50	1/12 गैलन प्रति व्यक्ति प्रति घण्टा
7.	स्कूल/कॉलेज	50-55	1/8 गैलन प्रति छात्र प्रति घण्टा
8.	हॉस्पिटल	45-50	1/12 गैलन प्रति व्यक्ति प्रति घण्टा
9.	कारखाना	50-55	1/4 गैलन प्रति व्यक्ति प्रति घण्टा

नोट 1 गैलन = 3.78 लीटर

7.2 बोतल कूलर Bottle Cooler

बोतल कूलर का प्रयोग बोतलों में बन्द पेय पदार्थों को ठण्डा करने के लिए प्रयोग किया जाता है। अन्य कैबिनेटों की तरह यह भी दोहरी दीवार का इन्सुलेटेड स्टील कैबिनेट होता है, जिसका ऊपरी डोर एयर टाइट रहता है, जहाँ से बोतलें रखी या निकाली जा सकती हैं। इस कैबिनेट का तापक्रम 40 से 45° F तक रखा जाता है।

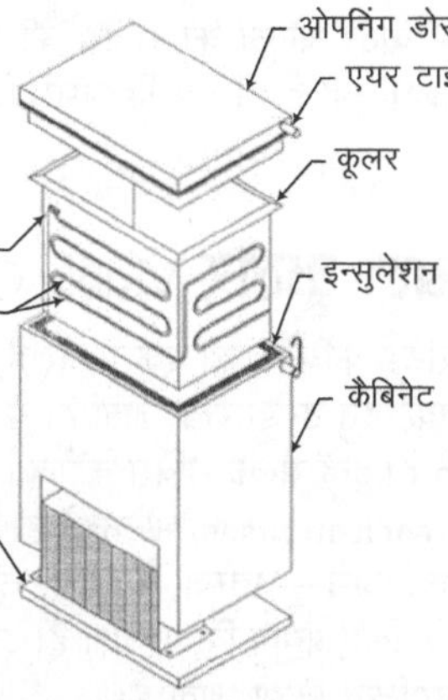

चित्र बोतल कूलर का विवरण

बोतल कूलर मुख्यत: दो प्रकार का होता है

1. घरेलू बोतल कूलर
2. व्यावसायिक बोतल कूलर

1. घरेलू बोतल कूलर Domestic Bottle Cooler

इन्हें डायरेक्ट एक्सपैन्शन बोतल कूलर भी कहते हैं। ऐसे कूलर घरों में उपयोग के उद्देश्य से निर्मित किए गए हैं, परन्तु इनका उपयोग छोटी दुकानों, छोटे ऑफिसों और छोटे व्यापारिक प्रतिष्ठानों में भी किया जाता है। डायरेक्ट एक्सपैन्शन बोतल कूलर, वह कूलर है जिसमें कूलिंग क्वॉयल या एवैपोरेटर क्वॉयल स्टोरेज टैंक के चारों ओर लिपटी रहती है अथवा टैंक के अन्दर की ओर सोल्डर की हुई होती है, परन्तु इसके टैंक की सफाई एवं सर्विस कठिन होती है।

संरचना Construction

घरेलू बोतल कूलर के कैबिनेट की दीवार दोहरी परत युक्त होती है। इसकी बाह्य परत एल्युमीनियम तथा आन्तरिक परत स्टेनलैस स्टील की बनी होती है। ये कम क्षमता वाले होते हैं, जिनके ऊपरी भाग में बोतल रखने हेतु रिक्त स्थान होता है, जो एवैपोरेटर सेक्शन कहलाता है।

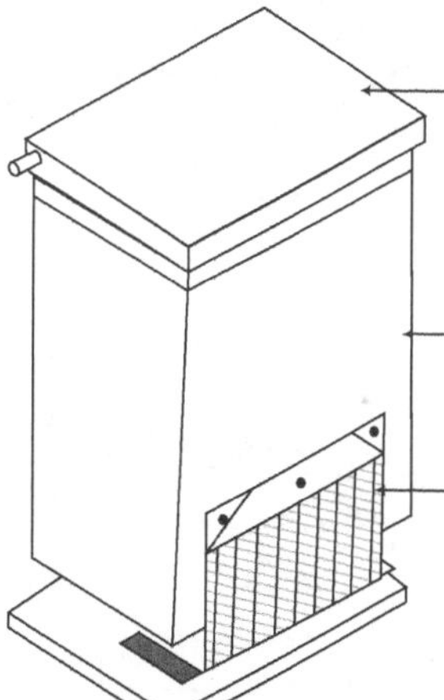

चित्र घरेलू बोतल कूलर

कूलर के निचले भाग में रेफ्रिजरेशन हेतु कण्डेन्सर, कम्प्रैसर, केशिका नली तथा कण्डेन्सर फैन लगा होता है। घरेलू बोतल कूलर निम्न दो प्रकार के होते हैं

(i) क्षैतिज बोतल कूलर (ii) ऊर्ध्वाधर बोतल कूलर

क्षैतिज बोतल कूलर, ऊर्ध्वाधर बोतल कूलर की अपेक्षा अधिक उपयोग में लाए जाते हैं।

क्रियाविधि Working Method

सप्लाई से संयोजित करने के पश्चात् घरेलू बोतल कूलर भी अन्य कूलरों की भाँति कार्य करता है। इसके ऊपरी भाग में लगा एवैपोरेट सेक्शन, कण्डेन्सर से छोड़ी हुई ऊष्मा ग्रहण करके कूलिंग प्रदान करता है तथा शेष बची हुई ऊष्मा को कण्डेन्सर पंखा यूनिट पिछले भाग में लगी जाली से बाहर निकाल देता है।

2. व्यावसायिक बोतल कूलर

Commercial Bottle Cooler

इस बोतल कूलर में इनडायरेक्ट सिस्टम ऑफ कूलिंग का प्रयोग होता है अर्थात् प्राइमरी रेफ्रिजरेन्ट से सेकेण्डरी रेफ्रिजरेन्ट को ठण्डा किया जाता है। सेकेण्डरी रेफ्रिजरेन्ट के ठण्डा होने के पश्चात् यह अन्य पदार्थों को ठण्डा करता है।

इनडायरेक्ट एक्सपैन्शन बोतल कूलर कॉमर्शियल प्लाण्ट; जैसे-दूध, डेयरी प्रोडक्ट्स, फ्रूट जूस, कोल्ड ड्रिंक्स को सुरक्षित रखने के लिए बनाए जाते हैं। इनके द्वारा उपरोक्त प्रोडक्ट्स को 3 से 6 महीने तक स्टोर किया जा सकता है। इनमें कूलिंग क्वॉयल (एवैपोरेटर) सीधे स्टोरेज टैंक के सम्पर्क में नहीं होती, अपितु रेफ्रिजरेशन चक्र द्वारा पानी को आवश्यक तापक्रम तक ठण्डा कर लिया जाता है और इस पानी को बोतल कूलर के स्टोरेज एरिया से गुजारा जाता है, जिससे कूलिंग प्रभाव उत्पन्न होता है।

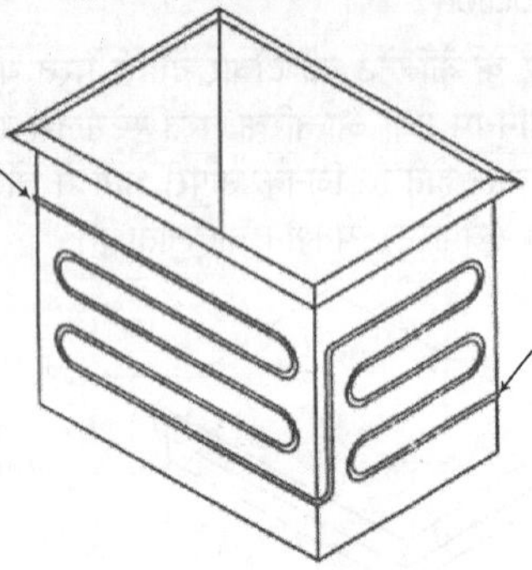

(a)

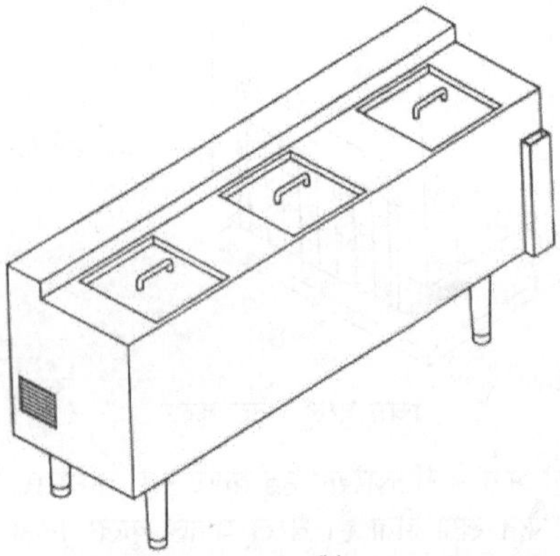

(b)

चित्र व्यावसायिक बोतल कूलर

क्रियाविधि Working Method

इनडायरेक्ट एक्सपैन्शन टाइप एवैपोरेटर का प्रयोग व्यावसायिक बोतल कूलर में किया जाता है। एवैपोरेटर में स्टोरेज स्पेस की दीवारों में लगे टैंक का ठण्डा जल, स्पेस के चारों ओर लगी नलिकाओं में प्रवाहित करते हैं। नलिकाओं में ठण्डा जल प्रवाहित होने के फलस्वरूप स्टोरेज के चारों ओर कूलिंग उत्पन्न हो जाती है। व्यावसायिक बोतल कूलर के स्टोरेज स्पेस में रेफ्रिजरेन्ट, घरेलू बोतल कूलर के एवैपोरेटर के समान कूलिंग क्वॉयल से प्रवाहित नहीं किया जाता है, अपितु इसके यूनिट में लगे टैंक के चारों ओर कूलिंग क्वॉयल लगी होती है, जो टैंक में भरे जल को ठण्डा करती है।

बोतल कूलर का रख-रखाव

Maintenance of Bottle Cooler

बोतल कूलर के रख-रखाव में निम्न बिन्दुओं को दृष्टिगत रखना अनिवार्य है

1. वायरिंग में तारों के टुकड़ों को जोड़कर कभी भी प्रयोग न करें।
2. कूलर को सीधे सूर्य की किरणों से बचाएँ।
3. कूलर को स्टेयर केस से नीचे न रखें।
4. कूलर से बाहर निकालते समय कैबिनेट में स्क्रैच न पड़ें।
5. कूलर के दरवाजे के कब्जे व कुंडी (latches) का स्नेहन अवश्य करें।

7.3 बबल या बोतल वाटर टाइप डिस्पेन्सर

Bubble/Water Type Dispenser

बबल या बोतल वाटर टाइप डिस्पेन्सर को वाटर या वाटर कूलर भी कहा जाता है। इनमें ऊपरी शीर्ष पर पानी से भरी बोतल को उल्टा करके रख दिया जाता है। डिस्पेन्सर के वाटर स्पिगोट बटन को दबाने पर यह गुरुत्वाकर्षण एवं वैक्यूम प्रैशर से गिलास को पानी से भर देता है। इन डिस्पेन्सरों का मुख्य लाभ यह है कि ये पानी को ठण्डा करने के साथ-साथ पानी को गर्म करने की सुविधा भी प्रदान करते हैं।

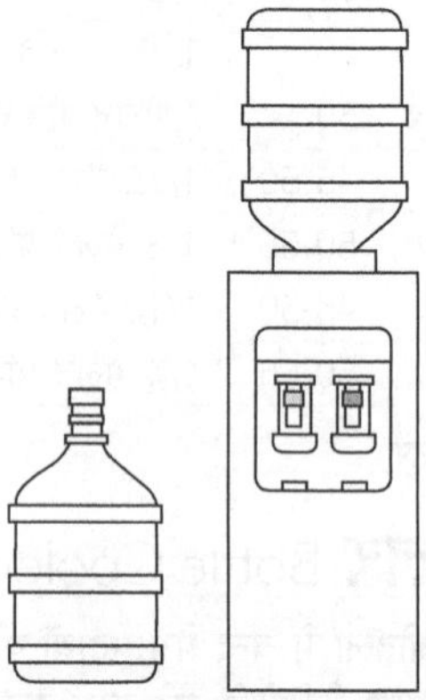

चित्र बबल या बोतल वाटर टाइप डिस्पेन्सर

बोतल बन्द डिस्पेन्सर को प्वॉइण्ट ऑफ यूज डिस्पेन्सर की अपेक्षा अधिक रख-रखाव की आवश्यकता होती है। इसका कारण यह है कि बोतल बन्द वाटर डिस्पेन्सर में वाटर बोतल की सर्विस की आवश्यकता होती है। यदि वाटर बोतल उपलब्ध नहीं है तो इस डिस्पेंसर से पानी की सप्लाई नहीं हो सकती है।

7.4 विजिबल कूलर Visible Cooler

यह कूलर रेफ्रिजरेटिड केबिनेट का एक प्रकार है, जिनमें व्यापारिक वस्तुओं को प्रदर्शन एवं बिक्री हेतु ठण्डा रखा जाता है। ये बहुत आकर्षक मॉडल्स में डिजाइन किए जाते हैं। इन्हें सेल्फ सर्विस केसेज (self service cases) और रीच-इन केसेज (reach-in cases) भी कहते हैं। विजिबल कूलर सामान्यत: खाद्य एवं पेय पदार्थों; जैसे—बेवरेज, बेकरीज, चॉकलेट्स और दूध इत्यादि, को ठण्डा रखने के लिए प्रयोग किया जाता है। इन कूलरों का तापक्रम 0 से 10°C के बीच नियन्त्रित किया जाता है।

इन कूलरों में फोर्स्ड कन्वेक्शन या नैचुरल कन्वेक्शन एवैपोरेटर लगाया जाता है। इन कूलरों की क्षमता 90 लीटर से 300 लीटर तक होती है। सबसे कम क्षमता (90 लीटर) के कूलर के साथ नैचुरल कन्वेक्शन प्लेट टाइप एवैपोरेटर लगा रहता है, जिनका उपयोग चॉकलेट्स और डेयरी प्रोडक्ट्स के लिए किया जाता है।

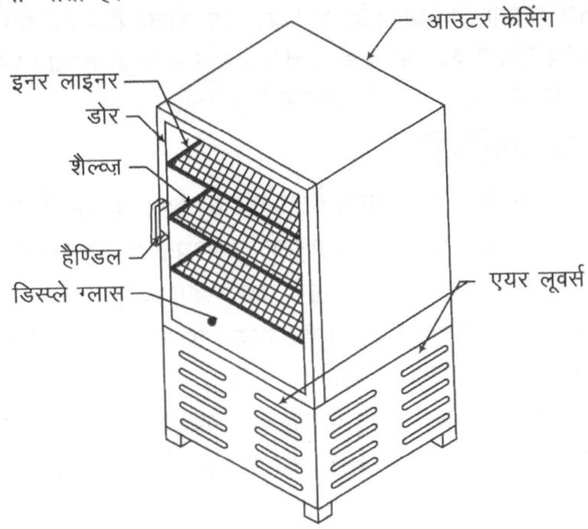

चित्र विजिबल कूलर

संरचना Construction

इसकी आउटर केसिंग (outer casing) की बैक एण्ड साइड्स गैल्वेनाइज्ड स्टील की बनी होती हैं। इनर लाइनर सामान्यत: स्टील शीट या प्लास्टिक का होता है। इसका फ्रण्ट डोर, शीशे का होता है, जो हाई वैक्यूमाइज्ड और ऊष्मीय कुचालक टाइप का होता है, जिसमें आवश्यकतानुसार शैल्व्ज़ (shelves) का प्रयोग किया जा सकता है। इसकी कैबिनेट उच्च घनत्व, CFC मुक्त एवं कड़ा पॉलीयूरेथेन फोम (PUF) द्वारा इन्सुलेटिड होती है। इन कूलरों में कूलिंग प्रभाव प्राप्त करने के लिए सामान्यत: (वेपर एवैपोरेटिड कम्प्रैसन रेफ्रिजरेशन) का प्रयोग किया जाता है। इसका कम्प्रैसर प्रत्यागामी हरमेटिकली सील्ड टाइप का होता है। इसका एवैपोरेटिंग तापमान 5°C से –5°C तक रहता है। उच्च क्षमता (90 लीटर से अधिक) की कैबिनेट्स के साथ फोर्स्ड कन्वेक्शन फिण्ड एवैपोरेटर लगे रहते हैं। यह सिंगल फेस 230V, 50 c/s ए.सी. द्वारा चलाए जाते हैं।

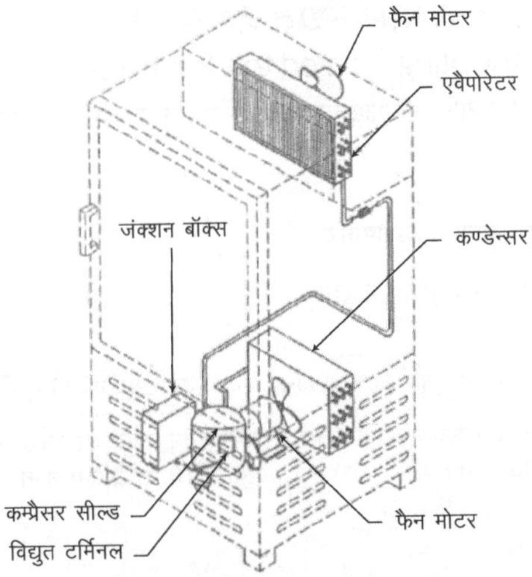

चित्र प्रत्यक्ष शीतलक की आन्तरिक व्यवस्था

इनमें विद्युतिक सहायक सामग्री सामान्यत: रेफ्रिजरेटर, वाटर कूलर के समान ही होती है। एवैपोरेटिंग क्वॉयल, पंखा मोटर के साथ ठण्डी हवा को सर्कुलेट करने के लिए कैबिनेट की टॉप साइड पर फिट रहते हैं।

7.5 डीप फ्रीजर Deep Freezer

लम्बे समय तक खाद्य पदार्थों के संग्रहण हेतु रेफ्रिजरेशन यूनिट में डीप फ्रीजर का उपयोग किया जाता है। इसका उपयोग मुख्यत: होटल, दुकान एवं रेस्टोरेन्ट में खाद्य पदार्थों को सुरक्षित रखने में किया जाता है।

खाद्य पदार्थों को सुरक्षित रखने के अतिरिक्त इसका उपयोग फार्मा कम्पनी, लेबोरेटरी तथा मेडिकल सेन्टर में भी किया जाता है। डीप फ्रीजर की दक्षता अधिक होने के कारण इसे व्यावसायिक स्तर पर अधिक प्रयोग में लाया जाने लगा है।

डीप फ्रीजर की संरचना
Construction of Deep Freezer

डीप फ्रीजर की दीवारें दोहरी परत से निर्मित होती हैं। इन परतों के मध्य ऊष्मा के स्थानान्तरण को रोकने हेतु कुचालक पदार्थ भर दिया जाता है। दीवार की आन्तरिक व बाह्य परत क्रमश: स्टेनलैस स्टील तथा एल्युमीनियम से बनी होती है।

यह एक प्रकार का रेफ्रिजरेटेड कैबिनेट है। इसकी संरचना में एवैपोरेटर, कम्प्रैसर, कण्डेन्सर, केशिका नली तथा एक्सपैन्शन वाल्व आदि प्रयोग में लाए जाते हैं।

इसमें कैबिनेट, एवैपोरेटर से सम्बन्धित रहती है। यह एवैपोरेटर क्वॉयल इनर लाइनर के चारों ओर लगी रहती है, जिसमें रेफ्रिजरेन्ट प्रवाहित होता है। डीप फ्रीजर के तापमान को नियन्त्रित करने के लिए एक कण्ट्रोल सिस्टम दिया जाता है, जिसके द्वारा डीप फ्रीजर के तापमान को आवश्यकता अनुसार प्रचालित करते हैं।

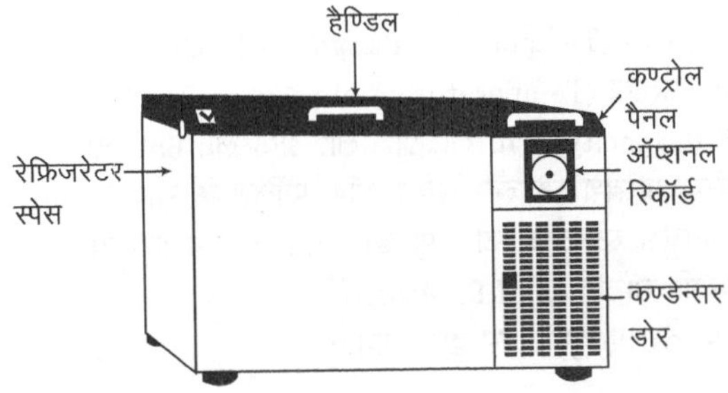

चित्र डीप फ्रीजर

डीप फ्रीजर की कार्यविधि
Working Method of Deep Freezer

डीप फ्रीजर की कार्यविधि भी रेफ्रिजरेटर की भाँति ही होती है। इसमें रेफ्रिजरेन्ट के रूप में फ्रिऑन-12 का प्रयोग किया जाता है। यह डीप फ्रीजर में लगभग -34°C तक का तापमान उपलब्ध कराता है। डीप फ्रीजर का कैबिनेट एवैपोरेटर से सम्बन्धित रहता है। एवैपोरेटर, ऊष्मा परिवर्तक (heat exchanger) के माध्यम से डीप फ्रीजर के कैबिनेट में उपस्थित वस्तुओं से ऊष्मा अवशोषित करता है

अर्थात् एवैपोरेटर में उपस्थित रेफ्रिजरेन्ट ऊष्मा ग्रहण करके गैसीय अवस्था में परिवर्तित हो जाता है।

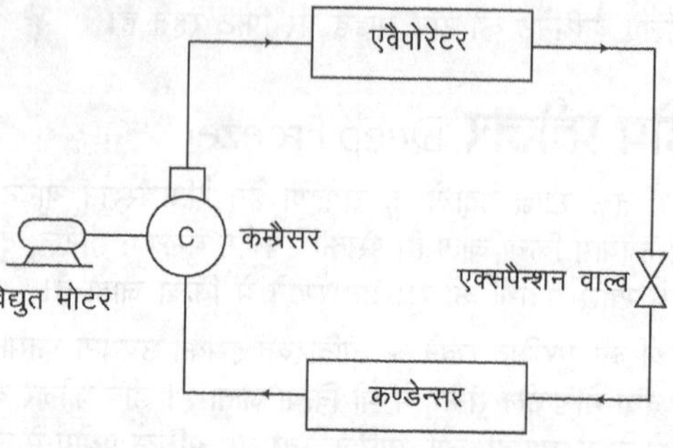

चित्र डीप फ्रीजर के अवयव एवं उसकी कार्यविधि

यह गैसीय रेफ्रिजरेन्ट, एक्सपैन्शन वाल्व के मार्ग से कण्डेन्सर में प्रवेश कर जाता है। कण्डेन्सर में रेफ्रिजरेन्ट अपनी ऊष्मा को कण्डेन्सर में उपस्थित कूलेन्ट को त्याग देता है और पुनः द्रव अवस्था में परिवर्तित हो जाता है।

कण्डेन्सर से निकलकर रेफ्रिजरेन्ट रिसीवर में एकत्रित होता रहता है। कम्प्रैसर रिसीवर से उपयुक्त मात्रा में रेफ्रिजरेन्ट को कम्प्रैस करके एवैपोरेटर में भेजता रहता है। एवैपोरेटर में रेफ्रिजरेन्ट पुनः गैसीय अवस्था में परिवर्तित हो जाता है। इस प्रकार यह प्रक्रिया चलती रहती है।

डीप फ्रीजर की विशिष्टियाँ
Specifications of Deep Freezer

डीप फ्रीजर की कई विशिष्टियाँ एवं विशेषताएँ होती हैं। प्रत्येक उपयोगकर्ता अपने उपयोग के लिए उपयुक्त विशिष्टियाँ एवं विशेषताओं के अनुसार डीप फ्रीजर का चयन करता है। डीप फ्रीजर के सन्दर्भ में विविध विशिष्टियों एवं विशेषताओं का विस्तृत विवरण निम्नलिखित है

तकनीकी विशिष्टियाँ

- तापमान परास (Temperature Range) : – 40°C।
- तापमान सत्यता (Temperature Accuracy) : ± 3 °C।
- क्षमता (Capacity) 170 ली, 265 ली, 425 ली, 650 ली।
- आन्तरिक परिवेश स्टेनलैस स्टील दर्पण पॉलिश के साथ निर्मित।
- बाह्य परिवेश स्टेनलैस स्टील पाउडर लेपन के साथ निर्मित।
- जी.एम.पी. मॉडल (G.M.P. Model)।
- बाह्य परिवेश एल्युमीनियम द्वारा निर्मित।

सामान्य विशिष्टियाँ

- दोहरी दीवार बनावट।
- 4" मोटी ऊष्मीय संघनन परत द्वारा निर्मित।
- माइक्रोप्रोसेसर द्वारा तापमान नियन्त्रण।
- ओवरलोड की स्थिति को निर्देशित करने हेतु ऑडियो प्रणाली अलार्म के साथ।
- R-404A या R-12 रेफ्रिजरेन्ट का प्रयोग।

डीप फ्रीजर की सुरक्षा एवं अनुरक्षण
Safety and Maintenance of Deep Freezer

डीप फ्रीजर एक संवेदनशील उपकरण है। इसके रख-रखाव में सावधानियाँ बरतने की आवश्यकता होती है। जरा-सी चूक ही इसकी कार्यविधि को प्रभावित कर सकती है। अतः प्रशिक्षुओं को डीप फ्रीजर से सम्बन्धित समस्त सुरक्षा व सावधानियों का स्मरण होना चाहिए और साथ ही वे डीप फ्रीजर के रख-रखाव व अनुरक्षण के भी अभ्यस्त होने चाहिए।

सुरक्षा/सावधानियाँ

1. डीप फ्रीजर के लिए उपयुक्त वेन्टीलेटर की व्यवस्था करनी चाहिए।
2. डीप फ्रीजर को सीधे सूर्य की किरणों के सम्पर्क में नहीं रखना चाहिए।
3. डीप फ्रीजर को सीढ़ियों के नीचे नहीं रखना चाहिए।
4. डीप फ्रीजर को पैकिंग से बाहर निकालते समय या स्थापित करते समय क्षति नहीं पहुँचनी चाहिए।
5. डीप फ्रीजर की विण्डो के कब्जों का स्नेहन करते रहना चाहिए।
6. डीप फ्रीजर की तली में जल एकत्रित नहीं होने देना चाहिए।

अनुरक्षण

डीप फ्रीजर को दक्ष बनाए रखने के लिए इसका अनुरक्षण अनिवार्य है। अनुरक्षण के फलस्वरूप डीप फ्रीजर को दीर्घायु बनाया जा सकता है। डीप फ्रीजर के सामान्य अनुरक्षण निम्नलिखित हैं

1. नियमित रूप से डीप फ्रीजर में रेफ्रिजरेन्ट के तल की जाँच करें।
2. डीप फ्रीजर के विद्युतीय संयोजनों (connections) की नियमित रूप से जाँच करें।
3. डीप फ्रीजर की रोजाना धूल-मिट्टी आदि की सफाई करें।
4. कण्डेन्सर के फैन एवं कम्प्रैसर की बैल्ट की दशा की जाँच निश्चित समयान्तराल में करते रहें।
5. डीप फ्रीजर के कैबिनेट की नियमित रूप से सफाई करते रहें।
6. डीप फ्रीजर को पूर्णतः उत्पादों से भरकर रखें। इससे कूलेन्ट की दक्षता उच्च होती है।

डीप फ्रीजर से सम्बन्धित दोषोपचार
Troubleshooting Related to Deep Freezer

डीप फ्रीजर से सम्बन्धित दोषोपचार नीचे तालिका के माध्यम से दर्शाए गए हैं—

क्र.सं.	कारण	उपचार
I. एवैपोरेटर सम्बन्धी दोषोपचार		
1.	एवैपोरेटर का पूर्णतः कूलिंग न कर पाना।	एवैपोरेटर को अच्छी तरह सील करें।
2.	एवैपोरेटर की ट्यूब का चोक होना।	एवैपोरेटर ट्यूब की डी-स्केलिंग करें।
3.	एवैपोरेटर ट्यूब से रेफ्रिजरेन्ट का लीक होना।	एवैपोरेटर ट्यूब की लीक की सोल्डरिंग या ब्रेजिंग करें।

4.	एवैपोरेटर ट्यूब में रेफ्रिजरेन्ट को ऊष्मा पारेषित न होना।	ऊष्मा परिवर्तक (heat exchanger) की जाँच करें।

II. एक्सपैन्शन वाल्व का उचित निष्पादन

1.	एक्सपैन्शन वाल्व से ऑयल लीक करना।	एक्सपैन्शन वाल्व की ऑयल सील को बदलें।
2.	एक्सपैन्शन वाल्व से रेफ्रिजरेन्ट रिसना।	एक्सपैन्शन वाल्व की मरम्मत करें या वाल्व को बदल दें।
3.	एक्सपैन्शन वाल्व से आवाज आना।	वाल्व की ऑयलिंग करें।
4.	एक्सपैन्शन वाल्व का चोक होना।	वाल्व की मरम्मत करें।
5.	एक्सपैन्शन वाल्व का नमी के कारण कार्य न करना	ड्रायर से नमी को सुखाकर दूर करें।

III. कण्डेन्सर की कार्यविधि में बाधाएँ

1.	कण्डेन्सर से रेफ्रिजरेन्ट का लीक होना	कण्डेन्सर की लीक के स्थान पर सोल्डरिंग करें।
2.	कण्डेन्सर से कूलेन्ट का लीक होना।	कण्डेन्सर की लीक के स्थान पर सोल्डरिंग करें।
3.	कण्डेन्सर की ट्यूब का चोक होना।	कण्डेन्सर की रिवर्स फ्लशिंग करें।
4.	कण्डेन्सर का कण्डेन्सिंग न करना।	कण्डेन्सर की डी-स्केलिंग करें।
5.	कण्डेन्सर का अत्यधिक कम्पन करना।	कण्डेन्सर की मरम्मत करें।
6.	पंखे की बैल्ट का ढीला होना।	पंखे की बैल्ट को टाइट करें।

IV. सामान्य दोष

1.	डीप फ्रीजर से कूलिंग का पारेषण होना।	डीप फ्रीजर की दीवार को वायुरोधी बनाएँ।
2.	डीप फ्रीजर का लीक करना।	डीप फ्रीजर की मरम्मत करें।
3.	डीप फ्रीजर का न चलना।	विद्युतीय संयोजनों की जाँच करें।

महत्त्वपूर्ण बिन्दु

- जल को ठण्डा करने हेतु उपयोग में लाए जाने वाले यन्त्र अथवा उपकरण को वाटर कूलर कहते हैं।
- वाटर कूलर की क्षमता उसके उपयोग करने वाले लोगों की संख्या पर निर्भर करती है।
- वाटर कूलर में जल को संग्रहीत करने हेतु एक टैंक बना होता है जिसके आस-पास एवैपोरेटर की क्वॉयल लगी होती है।
- कण्डेन्सर कैन, ओवरलोड प्रोटेक्टर, थर्मोस्टेट रिले इत्यादि वाटर कूलर के विद्युतीय घटक हैं।
- वाटर कूलर के यान्त्रिकीय घटकों के अन्तर्गत कम्प्रैसर कण्डेन्सर कैपिलरी ट्यूब फिल्टर/ड्रायर, इत्यादि आते हैं।
- दाबमापी, निर्वातमापी तथा कम्पाउण्ड गेज वाटर कूलर के टैस्टिंग घटक हैं।
- वाटर कूलर में रेफ्रीजरेशन चक्र, एवैपोरेशन एवं कण्डेन्सेशन की क्रिया से पूर्व होता है।
- वाटर कूलर मुख्यतः दो प्रकार के होते हैं प्रैशर टाइप वाटर कूलर तथा स्टोरेज टाइप वाटर कूलर।
- प्रैशर टाइप वाटर कूलर को इन्स्टैन्टेनियस वाटर कूलर भी कहा जाता है।
- वाटर कूलर की क्षमता को कूलिंग लोड भी कहते हैं।
- वाटर कूलर द्वारा निश्चित समयान्तराल में ठण्डा किए गए जल की मात्रा, वाटर कूलर की क्षमता कहलाती है। इसे Q से प्रदर्शित करते हैं।
- वाटर कूलर की क्षमता $Q = M_w C_p (T_i - T_o) = M_w C_p \Delta T$
- बोतल कूलर का उपयोग, बोतलों में बन्द पेय पदार्थों को ठण्डा करने के लिए किया जाता है।
- बोतल कूलर के कैबिनेट का तापमान 40 से 45°F तक रखा जाता है।
- बोतल कूलर दो प्रकार के होते हैं, घरेलू बोतल कूलर तथा व्यावसायिक बोतल कूलर।
- विजिबल कूलर, रेफ्रिजरेटिड कैबिनेट का प्रकार है जिसमें व्यावसायिक वस्तुओं को प्रदर्शन एवं बिक्री के लिए ठण्डा किया जाता है।
- विजिबल कूलर, सामान्यतः खाद्य एवं पेय पदार्थों ;जैसे-बेवरेज, बेकरीज, चॉकलेट्स और दूध इत्यादि को ठण्डा करने के लिए प्रयोग किया जाता है।
- विजिबल कूलरों का तापमान 0 से 10°C के बीच नियन्त्रित किया जाता है।
- लम्बे समय तक खाद्य पदार्थों के संग्रहण हेतु रेफ्रिजरेशन यूनिट में डीप फ्रीजर का उपयोग किया जाता है।
- डीप फ्रीजर की दीवारें दोहरी परत से निर्मित होती है। इन परतों के मध्य ऊष्मा के स्थानान्तरण को रोकने के लिए कुचालक पदार्थ भरा जाता है।
- डीप फ्रीजर में रेफ्रिजरेन्ट के रूप में फ्रिऑन-12 का उपयोग किया जाता है।

महत्त्वपूर्ण प्रश्नोत्तरी

1. वाटर कूलरों में रोधन क्यों आवश्यक है?

उत्तर वाटर कूलर की दीवारों की पर्तों के मध्य ऊष्मा के स्थानान्तरण तथा जल के तापमान को स्थिर बनाए रखने हेतु रोधन आवश्यक है।

2. प्रैशर टाइप वाटर कूलर को इन्स्टैन्टेनियस वाटर कूलर कहा जाता है। क्यों?

उत्तर प्रैशर टाइप वाटर कूलर में पानी को स्टोर किए बिना सीधे ही तुरन्त ठण्डा किया जाता है। इसी गुण के कारण इसे इन्स्टैन्टेनियस टाइप वाटर कूलर भी कहते हैं।

3. व्यावसायिक बोतल कूलर में सेकेण्डरी रेफ्रिजरेन्ट किस प्रकार प्रयोग में लाया जाता है?

उत्तर इन कूलरों में इनडायरेक्ट कूलिंग सिस्टम का प्रयोग किया जाता है अर्थात् प्राइमरी रेफ्रिजरेन्ट से सेकेण्डरी रेफ्रिजरेन्ट को ठण्डा किया जाता है। सेकेण्डरी रेफ्रिजरेन्ट के ठण्डा होने के पश्चात् यह अन्य पदार्थों को ठण्डा करता है।

4. विजिबल वाटर कूलर तथा 1 टन क्षमता वाले वाटर कूलर में प्रयोग होने वाला रेफ्रिजरेन्ट कौन–सा है?

उत्तर (R)HFC–134 a तथा *R*–12 रेफ्रिजरेन्ट क्रमशः विजिबल वाटर कूलर तथा 1 टन क्षमता वाले वाटर कूलर के लिए प्रयोग में लाया जाता है।

5. वाटर कूलर की प्रणाली में नमी प्रवेश करने के कारण उत्पन्न बाधा तथा उसका निराकरण लिखिए।

उत्तर वाटर कूलर प्रणाली में नमी प्रवेश के कारण एक्सपैन्शन वाल्व तथा रेफ्रिजरेशन चक्कर सही प्रकार से कार्य नहीं करेंगे। इसके निराकरण हेतु ड्रायर से नमी को प्रणाली में से हटाना चाहिए।

6. वाटर कूलर की क्षमता से क्या तात्पर्य है?

उत्तर निश्चित समय अन्तराल में वाटर कूलर के द्वारा ठण्डा किए गए जल की मात्रा वाटर कूलर की क्षमता कहलाती है।

$$Q = M_w C_p (T_i - T_o)$$

7. डीप फ्रीजर को ओवरलोड नहीं करना चाहिए। क्यों?

उत्तर ओवरलोडिंग के कारण डीप फ्रीजर में लगा कम्प्रैसर विफल हो सकता है अर्थात् फ्रीजर में रखे खाद्य पदार्थ डिफ्रॉस्ट हो सकते हैं।

8. डीप फ्रीजर में प्रयुक्त कम्प्रैसर की प्रकृति किस प्रकार की होती है?

उत्तर डीप फ्रीजर में प्रयुक्त कम्प्रैसर रोटरी प्रकार का होता है।

9. विजिबल कूलर की प्रचालन वोल्टता तथा धारा का मान लिखिए।

उत्तर विजिबल कूलर मुख्यतः सिंगल फेस 230 V, 50 C/s ए.सी. धारा पर चलाए जाते हैं।

10. प्रैशर टाइप वाटर कूलर में किस प्रकार का रेफ्रिजरेशन चक्र प्रयोग में लाया जाता है?

उत्तर प्रैशर टाइप वाटर कूलर में वैपर कम्प्रैसन चक्र प्रयोग में लाया जाता है।

अभ्यास प्रश्न

परीक्षा प्रारूपी प्रश्न

बहुविकल्पीय

1. पेयजल का अनुमन्य तापक्रम है

(a) 42° F से 45° F (b) 38° F से 40° F
(c) 32° F से 35° F (d) इनमें से कोई नहीं

2. रेफ्रिजरेशन सिस्टम के अन्तर्गत रोधन (insulation) इनमें से किसके द्वारा किया जाता है?

(a) थर्मोकोल से (b) ग्लासवूल से
(c) पॉलियूरेथेन फोम से (d) जूट से

3. वाटर कूलरों की क्षमता होती है

(a) लीटरों में (b) टन में
(c) किलो कैलोरी में (d) बी.टी.यू. में

4. वाटर कूलर के स्टोरेज टैंक और कम्प्रैसर को बेस पर लगाने से पहले एरिया को पेन्ट करते हैं

(a) ऑयल पेन्ट
(b) इनेमल पेन्ट
(c) एक्रलिक पेन्ट
(d) एण्टी कोरोसिव पेन्ट

5. क्या कारण हो सकता है कि पानी ज्यादा ठण्डा नहीं हो रहा है, जबकि वाटर कूलर यूनिट सामान्य रूप से चल रहा है?

(a) टॉप लिड कसा हुआ है
(b) इन्सुलेशन कमजोर नहीं है
(c) पानी की खपत ज्यादा है
(d) कम लोग पानी की खपत कर रहे हैं

6. बोतल कूलर के इन्सुलेशन के दौरान आपको किसे महत्त्व देना चाहिए?

(a) विण्डो को बन्द करना (b) लाइट का स्विच ऑफ करना
(c) फ्री एयर सर्कुलेशन
(d) आगे के रबड़ पैड का प्रयोग करना

7. किसी कूलर जो कि फोर्स कनैक्शन के साथ प्रदान की गई है, तो एवैपोरेटर होगा

(a) लार्ज (b) स्मॉल (c) ह्यूज (d) बिग

8. विजिबल कूलर की CSR वायरिंग निम्न में से क्या नहीं होती है?

(a) स्टार्टिंग कैपेसिटर (b) रनिंग कैपेसिटर
(c) रिले (d) बैलोज

9. कूलिंग क्वॉयल को स्टोरेज टैंक के चारों ओर लपेटकर .... किया जाता है।

(a) वैल्डिंग (b) सोल्डरिंग
(c) ब्रेजिंग (d) इनमें से कोई नहीं

10. डीप फ्रीजर में प्रयुक्त रेफ्रिजरेन्ट है

(a) अमोनिया (b) सल्फर-डाई ऑक्साइड
(c) फ्रिऑन-12 (d) फ्रिऑन-22

11. विजिबल कूलर की क्षमता होती है

(a) 20-200 ली (b) 40-200 ली
(c) 90 से 300 ली (d) 400 ली

12. निम्न में से कौन-सा रेफ्रिजरेटर का यान्त्रिकीय अवयव नहीं है?

(a) कम्प्रैसर (b) कण्डेन्सर
(c) कैपिलरी ट्यूब (d) थर्मोस्टेट

13. निम्न में से कौन-सा रेफ्रिजरेटर का विद्युतिक अवयव नहीं है?

(a) थर्मोस्टेट (b) रिले
(c) कम्प्रैसर (d) कण्डेन्सर पंखा

14. निम्न में से कौन-सा इन्सुलेशन लचीला, मोड़ने में आसान और मुड़ सकता है?

(a) थर्मोकोल (b) थर्मोरेक्स
(c) कार्क (d) PUF

15. CFC 12 के बराबर भार द्वारा चार्ज करने के लिए HC का प्रतिशत कितना होना चाहिए?

(a) 70% (b) 60%
(c) 50% (d) 40%

16. HFC 134a रेफ्रिजरेन्ट यदि लीक हो जाता है, तो यह किस गुण के कारण हवा को विस्थापित कर देता है?

(a) हवा से कम भारी होता है (b) हवा से भारी होता है
(c) गन्ध रहित गैस होती है (d) हटाने में आसान है

17. डीप फ्रीजर की कूलिंग परास है

(a) – 23°C (b) – 34°C
(c) – 8°C (d) – 5°C

18. निम्न में से डीप फ्रीजर की आकृतिक संरचना (structural construction) के सन्दर्भ में सही है

(a) इसकी कैबिनेट धातु की दोहरी चादरों से निर्मित होती है
(b) इन चादरों के बीच रोधन (insulation) होता है
(c) इसका एवैपोरेटर इनर सैल के बाहर फिट होता है
(d) उपरोक्त सभी

19. डीप फ्रीजर में इनमें से कौन-से अवयव की सहायता से संरक्षित वस्तुओं से ऊष्मा अवशोषित करता है?

(a) ऊष्मा/ताप विनियामक (b) कम्प्रैसर
(c) कण्डेन्सर (d) इनमें से कोई नहीं

20. डीप फ्रीजर में रेफ्रिजरेन्ट के रूप में प्रयोग किया जाता है

(a) फ्रिऑन 14 (b) फ्रिऑन 13

(c) फ्रिऑन 11 (d) फ्रिऑन 12

21. डीप फ्रीजर की विशिष्टियों में से निम्न में से कौन-सी विशिष्टि नहीं है?

(a) तापमान परास -40°C

(b) तापमान सत्यता ± 15°*C*

(c) क्षमता 170 ली, 265 ली, 425 ली, 650 ली

(d) उपरोक्त सभी

22. डीप फ्रीजर सिस्टम से ग्राउण्ड (अर्थ) के लिए कौन-से रंग के तार प्रयोग करने चाहिए?

(a) लाल (b) नीला

(c) सफेद (d) हरा

23. डीप फ्रीजर के अन्दर के कैबिनेट को साफ करने के लिए आप किस सॉल्यूशन का प्रयोग कर सकते हैं?

(a) POE

(b) साबुन

(c) विनेगर

(d) डाइल्यूटेड HCL

24. बोतल कूलर के थर्मोस्टेट में सेन्सिंग एलीमेन्ट का क्या नाम है?

(a) समायोजित स्क्रू (b) थर्मल बल्ब

(c) कॉन्टैक्ट्स (d) बैलोज

25. निम्न में से किस प्रकार के डीप फ्रीजरों में आर-पार देखने के शीशे के दरवाजे अवश्य होने चाहिए?

(a) विजिबल केस में

(b) रेफ्रिजरेटरों में

(c) अपराइट फ्रीजरों में

(d) चेस्ट टाइप फ्रीजरों में

26. किसी डीप फ्रीजर की बाहरी बॉडी पर किस प्रकार का रंग किया जाना चाहिए

(a) जंगरोधी लाल-ऑक्साइड (b) पाउडर कोटेड रंग

(c) इनेमल रंग (d) तैलीय रंग

27. डीप फ्रीजर के दरवाजे को एयर टाइट करने के लिए किस सामग्री का उपयोग किया जाता है?

(a) नरम रबड़ की लिप का (b) पेपर का गैस्केट का

(c) लैड का (d) टिन का

28. डीप फ्रीजरों की एवैपोरेटर क्वॉयलों पर से फ्रोस्ट हुई बर्फ को हटाने के लिए निम्न में से किसका प्रयोग किया जाता है?

(a) नरम पानी (b) कठोर पानी

(c) गर्म पानी (d) बर्फ के पानी

29. हॉरिजोन्टल प्रकार के बोतल का क्या लाभ होता है?

(a) वाष्प करने वाला पंखा हवा करता है

(b) हीट की हानि कम-से-कम होती है

(c) इसका वाणिज्यिक उपयोग होता है

(d) इसका दरवाजा विजिबल होता है

30. डायरेक्ट एक्सपैन्शन प्रकार के बोतल कूलर का प्रयोग निम्न में से कहाँ पर किया जाता है?

(a) छोटी वाणिज्यिक स्थापना में

(b) स्टोरेज बेवरेज कूलिंग में

(c) मिल्क वैंल्डिग दुकान पर

(d) वाणिज्यिक संयन्त्र में

31. निम्न में से पम्प डाउन प्रक्रिया किस प्रयोजन से की जाती है?

(a) रख-रखाव को निम्न अवस्था में रखना

(b) कम्प्रैसर के पम्पिंग की जाँच करना

(c) कूलिंग का प्रभाव अधिक करना

(d) गैस चार्जिंग का होना

उत्तरमाला

1. (a)	**2.** (b)	**3.** (a)	**4.** (d)	**5.** (c)	**6.** (c)	**7.** (b)	**8.** (d)	**9.** (b)	**10.** (c)
11. (c)	**12.** (d)	**13.** (c)	**14.** (b)	**15.** (d)	**16.** (b)	**17.** (b)	**18.** (d)	**19.** (a)	**20.** (d)
21. (b)	**22.** (a)	**23.** (d)	**24.** (b)	**25.** (a)	**26.** (b)	**27.** (a)	**28.** (c)	**29.** (b)	**30.** (a)
31. (a)									

अध्याय 08

आइस मशीन एवं आइसक्रीम प्लांट

Ice Machine and Icecream Plant

परिचय Introduction

रेफ्रिजरेशन प्रणाली का उपयोग घरेलू कार्यों के साथ-साथ व्यापारिक कार्यों में भी व्यापक रूप से किया जाता है। रेफ्रिजरेशन प्रणाली तब और अधिक आवश्यक हो जाती है, जब व्यावसायिक उद्देश्यों की पूर्ति हेतु अधिक मात्रा में खाद्य पदार्थों को दूषित होने से बचाने की आवश्यकता होती है। वर्तमान में रेफ्रिजरेशन प्रणाली द्वारा आइसक्रीम, आइस कैण्डी तथा आइस क्यूब आदि उत्पादों (products) का निर्माण अधिक-से-अधिक मात्रा में किया जाता है। इनके निर्माण हेतु निम्न स्तर पर मशीनें तथा उच्च स्तर पर प्लांट प्रयुक्त किए जाते हैं।

अध्याय विषय सूची

8.1 आइस क्यूब मशीन Ice Cube Machine

जिन मशीनों द्वारा घरेलू अथवा व्यावसायिक स्तर पर जल को बर्फ (ice) के आकार की क्यूब (cube) में परिवर्तित किया जाता है, उन मशीनों को आइस क्यूब मशीनें कहते हैं। आइस क्यूब मशीनों के ऊपरी भाग में एवैपोरेटर तथा नीचे वाले भाग में आइस बिन (ice bin) लगा होता है। इन मशीनों से प्राप्त क्यूब का आकार 15 से 35 मिमी तक होता है तथा इन मशीनों का पृष्ठीय क्षेत्रफल लगभग 1383 वर्ग मीटर होता है। आइस क्यूब मशीनों के द्वारा पेयजल के तापमान को उसके हिमांक बिन्दु (freezing point) तक ले जाया जाता है जिससे जल, द्रव अवस्था त्यागकर कठोर अवस्था में परिवर्तित हो जाता है। आइस क्यूब की गुणवत्ता प्रयुक्त किए जा रहे जल पर निर्भर करती है। आइस क्यूब मशीन को सामान्यत: मॉड्यूलर उपकरण के रूप में देखा जाता है। रेफ्रिजरेन्ट, एवैपोरेटर के पाइपों के अन्दर घूमता है जिसके फलस्वरूप रेफ्रिजरेन्ट जल के साथ ऊष्मा का आदान-प्रदान करता है और जल क्यूब के रूप में जम जाता है। रेफ्रिजरेटर के फ्रीजर में आइस क्यूब की प्राप्ति हेतु क्यूब ट्रे का प्रयोग किया जाता है।

आइस क्यूब मशीन की संरचना Structure of Ice Cube Machine

आइस क्यूब मशीन के ऊपरी भाग में एवैपोरेटर लगा होता है तथा एवैपोरेटर क्वॉयल से स्लॉट जुड़े रहते हैं। एवैपोरेटर क्वॉयल से जुड़े स्लॉट में स्प्रे के रूप में प्रवाहित करने के लिए जल, वाटर टैंक से लिया जाता है।

जल को स्प्रे के रूप में छिड़काव के लिए स्लॉट के नीचे स्प्रे नॉजल तथा ट्यूब होती है

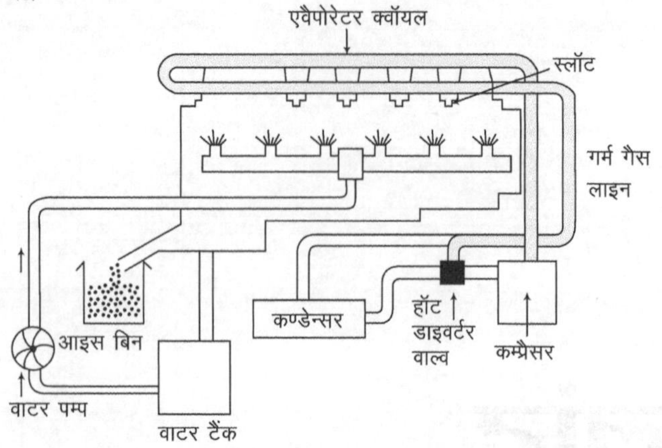

चित्र आइस क्यूब मशीन की संरचना

स्प्रे नॉजल तथा ट्यूब में जल प्रवाहित करने का कार्य वाटर पम्प करता है। प्रणाली में प्रयुक्त एवैपोरेटर तथा कण्डेन्सर, कम्प्रैसर से श्रेणी में संयोजित रहते हैं।

स्लॉट से निष्कासित आइस क्यूब को एकत्र करने के लिए मशीन के निचले भाग में आइस बिन लगा होता है। कुछ मशीनों में एक सिलेण्डर पिस्टन भी लगा होता है जो ट्रे को धक्का देता है, जिससे स्लॉट से क्यूब ढीली होकर बिन में गिर जाती है।

आइस क्यूब मशीन की कार्यविधि
Working Method of Ice Cube Machine

इसका प्रयोग बार (bar) एवं अन्य दूसरे स्थानों पर किया जाता है, जहाँ पर छोटे आइस क्यूब की लगातार आवश्यकता होती है। इसमें एक आइस क्यूब बिन होता है, जिसमें मशीन द्वारा तैयार बर्फ को क्यूब के रूप में भरा जाता है। यह क्रिया मशीन द्वारा ही सम्पन्न की जाती है।

सर्वप्रथम वाटर पम्प और कम्प्रैसर मोटर को चलाया जाता है, फिर इन्वर्टिड आइस क्यूब मोल्ड पर पानी स्प्रे किया जाता है और पानी के फ्रीज होने से आइस क्यूब तैयार होते हैं। इसके बाद वाटर पम्प को नियन्त्रित किया जाता है और कम्प्रैसर को बन्द कर दिया जाता है तथा इलेक्ट्रिक डिफ्रॉस्टर को चलाया जाता है, जिससे सभी तैयार आइस क्यूब, मोल्ड में से बिन (bin) में गिरते हैं। यह क्रिया लगातार चलती रहती है। जब बिन पूरी तरह से भर जाता है, तो बिन के ऊपर लगे हुए लाइट सेन्सर (light sensor) के सक्रिय होते ही मशीन रुक जाती है और कार्य करना बन्द कर देती है।

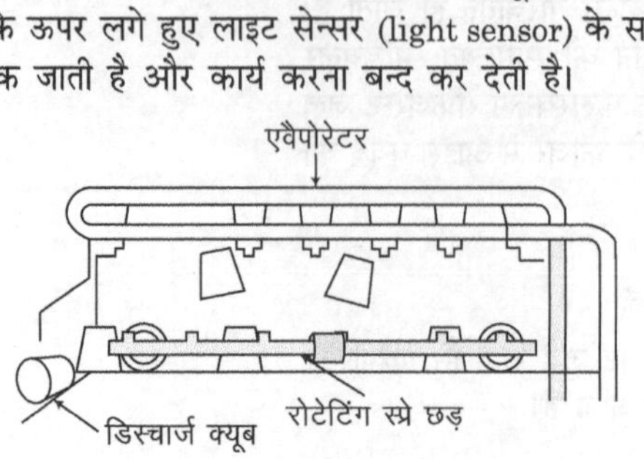

चित्र आइस क्यूब मशीन की कार्यविधि

इसमें हीटिंग और कूलिंग, कण्डेन्सनिंग तथा एवैपोरेशन की निरन्तर प्रक्रिया होती है। प्रारम्भिक प्रक्रिया में गैसीय रेफ्रिजरेन्ट को छोटी क्वॉयल शृंखला में प्रवेश कराया जाता है, जिससे इसका तापमान बढ़ जाता है और इस रेफ्रिजरेन्ट का कण्डेन्सेशन हो जाता है।

कण्डेन्सेशन के उपरान्त यह रेफ्रीजरेन्ट अपनी कूलिंग, जल को देकर उसे आइस क्यूब में परिवर्तित करता है।

आइस क्यूब मशीन का विद्युत परिपथ
Electric Circuit of Ice Cube Machine

आइस क्यूब मशीन में प्रयुक्त कम्प्रैसर पम्प, मोटर तथा वाटर पम्प चित्र में दर्शाए गए हैं। आधुनिक आइस क्यूब मशीनों में आइस क्यूब की डिलीवरी हेतु डिलीवरी गियर मोटर तथा डिलीवरी टाइमर का प्रयोग किया जाता है। आइस क्यूब की मात्रा तथा वांछित आकार आइस क्यूब मशीन के परिपथ पर निर्भर करता है।

कभी-कभी आइस क्यूब की प्राप्ति हेतु माइक्रोकण्ट्रोलर प्रणाली का भी उपयोग किया जाता है।

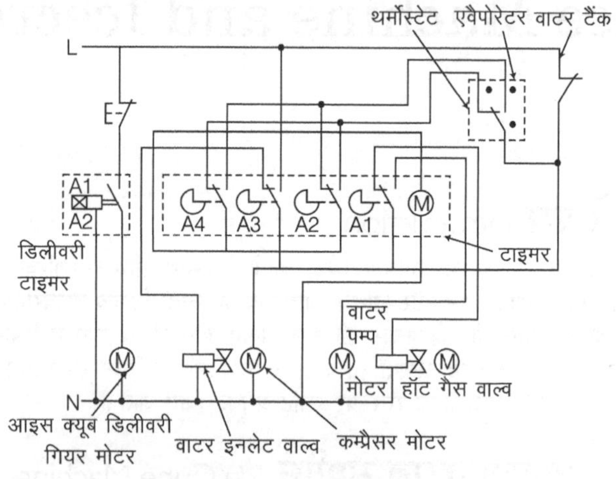

चित्र आइस क्यूब मशीन का विद्युत परिपथ

आइस क्यूब मशीन की स्थापना
Installation of Ice Cube Machine

आइस क्यूब मशीनों की स्थापना हेतु निम्न बातों को दृष्टिगत रखना अत्यन्त आवश्यक है

1. आइस क्यूब मशीनों की स्थापना साफ-सुथरी जगहों पर की जानी चाहिए।
2. आइस क्यूब मशीनों के प्रचालन हेतु मशीन के आस-पास का तापमान 10°C से 43°C तक होना चाहिए।
3. निर्माता द्वारा प्रदान किए गए निर्देशानुसार मशीन से वाटर सप्लाई संयोजित करें।
4. आइस क्यूब मशीन के ट्रे से पाइप जोड़ें।
5. आइस क्यूब मशीन का संयोजन पावर सप्लाई से करें।

8.2 आइस कैण्डी प्लांट Ice Candy Plant

आइस कैण्डी प्लांट का उपयोग आइस कैण्डी बनाने में किया जाता है। यह दोहरी दीवार वाली इन्सुलेटेड कैबिनेट होती है, जिसमें एयर टाइट डोर बने होते हैं। इसमें दो-या-दो से अधिक कम्पार्टमेन्ट होते हैं, जिसके एक टैंक में आइस कैण्डी बनाई जाती है, जबकि अन्य भागों में आइस कैण्डी स्टोर की जाती है। इस संयन्त्र का आकार (size) आवश्यकता पर निर्भर करता है।

चित्र आइस कैण्डी प्लांट

आइस कैण्डी प्लांट में अधिक मात्रा में विभिन्न प्रकार की आइस कैण्डी के निर्माण हेतु रेफ्रिजरेशन चक्र का उपयोग किया जाता है। आइस कैण्डी के लिए प्रयुक्त फलों के जूस तथा अन्य लाभदायक तत्त्वों के द्रवीय मिश्रण को रेफ्रिजरेशन प्रणाली द्वारा आइस का रूप प्रदान किया जाता है।

आइस कैण्डी प्लांट की संरचना
Construction of Ice Candy Plant

आइस कैण्डी यूनिट दो भागों में बँटी होती है, जिसके एक भाग में आइस कैण्डी बनाई जाती है, जबकि दूसरे भाग में आइस कैण्डी स्टोर की जाती है। इस कैबिनेट के एक ओर कण्डेन्सर यूनिट फिट रहती है तथा कूलिंग क्वॉयल को फ्रीजिंग टैंक के चारों ओर लपेटकर टैंक के साथ सोल्डर कर दिया जाता है। इसमें एक ओपन टाइप कम्प्रैसर, एयर कूल्ड कण्डेन्सर, डायरेक्ट एक्सपैन्शन एवैपोरेटर के साथ एक्सपैन्शन वाल्व लगा होता है।

स्टोरेज कैबिनेट वाली यूरेथिन फोम 120 से 150 मिमी की मोटाई से इन्सुलेट होती है। इसका कूलिंग कम्पार्टमेन्ट अन्दर से स्टेनलैस स्टील से बनाया जाता है, जबकि बाहरी बॉडी जी.आई. शीट (गैल्वेनाइज्ड आयरन शीट) की बनी होती है।

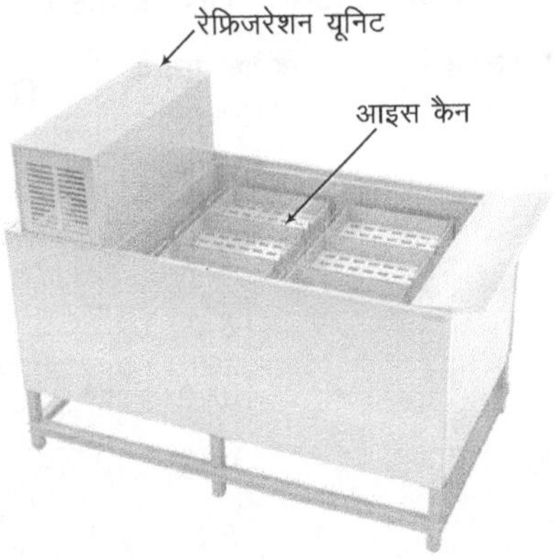

चित्र आइस कैण्डी प्लांट की बाह्य संरचना

आइस कैन का आकार वांछित आकार की आइस कैण्डी पर निर्भर करता है। आइस कैन का तापमान $-20°$ से $-25°$ तक होता है। आइस कैन के चारों ओर एवैपोरेटर क्वॉयल लगी होती है। आइस कैन को ठण्डा करने के लिए ब्राइन सॉल्यूशन भरा होता है, जिसे हिलाने के लिए मोटर लगी होती है। आइस कैण्डी प्लांट की रेफ्रिजरेशन यूनिट में कण्डेन्सर, कम्प्रैसर, ड्रायर एवं रिसीवर में नीचे दिये गये चित्र के अनुसार लगे होते हैं।

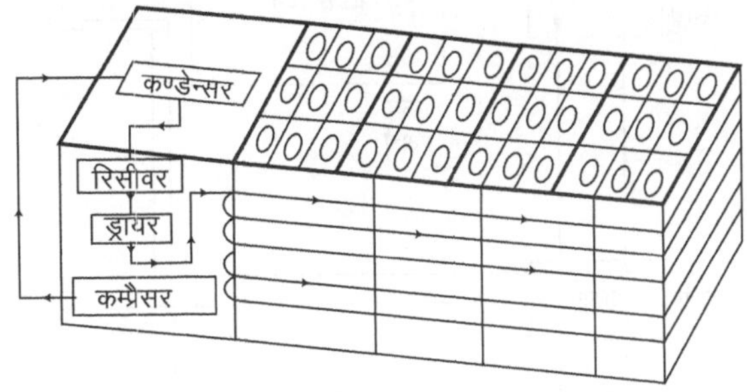

चित्र आइस कैण्डी प्लांट की आन्तरिक संरचना

आइस कैण्डी प्लांट की कार्यविधि
Working Method of Ice Candy Plant

इसमें एवैपोरेटिंग क्वॉयल ब्राइन के घोल (पानी + कैल्शियम क्लोराइड) में डूबी रहती है, जिससे सेकेण्डरी रेफ्रिजरेन्ट का तापमान $-20°C$ तक रखा जाता है। इसमें रेफ्रिजरेन्ट अधिकतर R-12 या R-134 A (वर्तमान में मुख्य रूप से प्रचलित) प्रयुक्त होता है।

यह रेफ्रिजरेन्ट ब्राइन सॉल्यूशन से 'गुप्त ऊष्मा' (latent heat) शोषित करता है, तब यह ठण्डा ब्राइन टैंक में आइस कैण्डी लिक्विड से सेन्सिबल हीट (sensible heat) शोषित कर लेता है, जिससे आइस कैण्डी, लिक्विड से सॉलिड अवस्था में बदल जाती है।

आइस कैण्डी मशीन के ऊपरी भाग में कैण्डी के आकार के स्लॉट में कैण्डी के लिए प्रयुक्त सॉल्यूशन भरा जाता है। तत्पश्चात् मशीन का ढक्कन बन्द कर दिया जाता है। प्रणाली को सप्लाई से जोड़ने के उपरान्त कण्डेन्सर, रिसीवर एवं ड्रायर से द्रव रेफ्रिजरेन्ट एवैपोरेटर में प्रवेश करता है।

एवैपोरेटर क्वॉयल में भरा रेफ्रिजरेन्ट, ब्राइन सॉल्यूशन से ऊष्मा ग्रहण करके एवैपोरेट हो जाता है तथा ब्राइन सॉल्यूशन ठण्डा हो जाता है, जो आइस कैण्डी को जमाता है। आइस कैन में कैण्डी पूर्ण रूप से जम जाने पर प्रणाली को बन्द करने के पश्चात् कैन से कैण्डी प्राप्त कर ली जाती है।

आइस कैण्डी प्लांट द्वारा रेफ्रीजरेशन सिस्टम का उपयोग करके विभिन्न प्रकार एवं फ्लेवर की आइस कैण्डी बनाई जाती है। इसमें प्रयुक्त वैपोराइजेशन क्वॉयल, आइस कैन के ब्राइन को ठण्डा कर देती है जो आइस कैण्डी के निर्माण में सहायक होता है।

आइस कैण्डी प्लांट की वायरिंग
Wiring of Ice Candy Plant

आइस कैण्डी मशीन को चित्रानुसार मुख्य स्विच (main switch) से संयोजित करके सप्लाई वोल्टेज प्रदान की जाती है। फ्यूज निर्धारित मान से अधिक मान की सप्लाई वोल्टेज पर निष्क्रिय हो जाती है,

जिसके फलस्वरूप मशीन तथा परिपथ विच्छेदित हो जाते हैं।

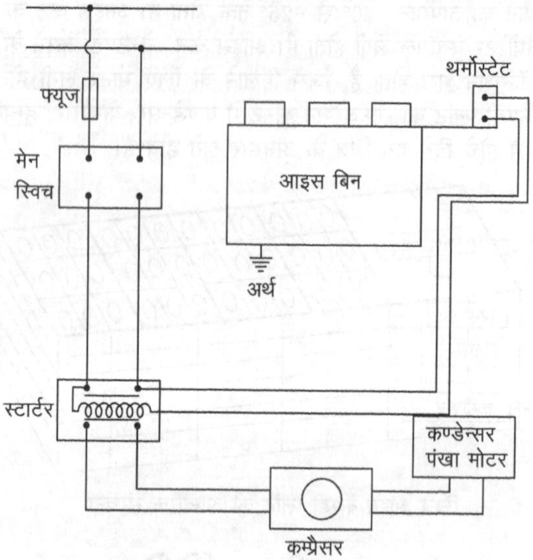

चित्र आइस कैण्डी प्लांट की वायरिंग

कम्प्रैसर तथा कण्डेन्सर पंखे की मोटर के नियन्त्रण हेतु मुख्य स्विच को स्टार्टर से संयोजित किया जाता है। स्टार्टर के मुख्य वायर से थर्मोस्टेट भी जुड़ा रहता है, जो मशीन का प्रचालन दक्षतापूर्ण रूप से करता है।

आइस कैण्डी प्लांट में उपयोग किए जाने वाले कम्प्रैसर एवं उनकी क्षमता

Campressor and its Efficiency Used in Ice Candy Plant

सामान्यत: दो प्रकार की आइस कैण्डी मशीनें उपयोग में लाई जाती हैं। प्रथम प्रकार की मशीन में डायरेक्ट कूलिंग टाइप एवैपोरेटर (direct cooling type evaporator) के साथ सील्ड टाइप का कम्प्रैसर प्रयोग में लाया जाता है। सील्ड टाइप कम्प्रैसर के साथ ओवरलोड प्रोटेक्टर, स्टार्टिंग कैपेसिटर, रिले तथा थर्मोस्टेट का प्रयोग इसके दक्ष प्रचालन हेतु किया जाता है। इन कम्प्रैसरों की क्षमता इनके द्वारा ठण्डा किए जाने वाले सॉल्यूशन के आयतन के समानुपाती होती है।

सील्ड टाइप कम्प्रैसरों की क्षमता लगभग 1/6 अश्व शक्ति से 1 अश्व शक्ति तक होती है। दूसरे प्रकार की आइस कैण्डी मशीनों में इनडायरेक्ट कूलिंग टाइप एवैपोरेटर (indirect cooling type evaporator) के साथ ओपन टाइप का कम्प्रैसर प्रयोग में लाया जाता है। इन कम्प्रैसरों की क्षमता लगभग 1/2 अश्व शक्ति से 3 अश्व शक्ति तक होती है।

नोट *उपरोक्त दोनों प्रकार के कम्प्रैसरों के अध्ययन हेतु प्रशिक्षु प्रथम वर्ष के अध्याय-17 का अवलोकन करें।*

आइस कैण्डी प्लांट का रख-रखाव

Maintenance of Ice Candy Plant

आइस कैण्डी प्लांट के रख-रखाव के लिए निम्नलिखित बिन्दुओं का अनुसरण करना चाहिए

1. निश्चित समयान्तराल में आइस कैन को साफ किया जाना चाहिए।
2. प्लांट की फिटिंग तथा पाइप लाइन में किसी भी प्रकार की लीकेज की समय-समय पर जाँच की जानी चाहिए।
3. आइस कैण्डी प्लांट के बाह्य आवरण को मुलायम या उदासीन क्लीनर (neutral cleaner) से साफ करना चाहिए।
4. संधारित्र के पंखे को साफ करते समय यह ध्यान रखना आवश्यक है कि पंखे के ब्लेड मुड़ें नहीं।
5. विद्युत कनेक्शन ढीले नहीं होने चाहिए। ढीले होने की स्थिति में उन्हें कस देना चाहिए।

आइस कैण्डी प्लांट में प्रयुक्त ब्राइन सॉल्यूशन

Brine Solution used in Ice Candy Plant

सोडियम क्लोराइड व पानी के घोल को ब्राइन कहा जाता है। सोडियम क्लोराइड ठण्डे पानी में नहीं घुलता इसलिए इसे ताजे पानी में घोलना चाहिए। पानी में सोडियम क्लोराइड ($NaCl$) का प्रतिशत जितना अधिक होगा, उसी के अनुसार उसका हिमांक बिन्दु (freezing point) कम हो जाएगा। इस घोल का विशिष्ट गुरुत्व 1.009 से 1.234 रहता है। यह ब्राइन सॉल्यूशन आइस कैण्डी मशीन में आइस कैन के रिक्त स्थान में भरा होता है।

प्राथमिक रेफ्रिजरेन्ट के उपयोग को कम करने हेतु रेफ्रिजरेशन प्रणाली में ब्राइन सॉल्यूशन का प्रयोग किया जाता है। ब्राइन सॉल्यूशन का हिमांक बिन्दु 0°C से कम होता है।

ब्राइन सॉल्यूशन मुख्यत: दो प्रकार के होते हैं—

1. सोडियम क्लोराइड ब्राइन
2. कैल्शियम क्लोराइड ब्राइन

1. सोडियम क्लोराइड ब्राइन

Sodium Chloride Brine

जल तथा सोडियम क्लोराइड के विलयन को सोडियम क्लोराइड ब्राइन कहते हैं। ब्राइन में सोडियम क्लोराइड की मात्रा बढ़ने पर ब्राइन के विशिष्ट गुरुत्व मान में भी वृद्धि होती है। इस ब्राइन के द्वारा निम्नतम तापमान (– 21°C) तक प्राप्त किया जा सकता है। आइस क्यूब मशीन तथा आइस कैण्डी मशीनों में प्रयुक्त सोडियम क्लोराइड ब्राइन की सान्द्रता परिवर्तन से वांछित तापमान का विलयन प्राप्त किया जा सकता है।

तालिका सोडियम क्लोराइड ब्राइन

NaCl की विलयन में % सान्द्रता	विशिष्ट गुरुत्व (15% पर)	विशिष्ट ऊष्मा
0	0	1.0
5	–2.9	1.035
10	–6.6	1.072
15	–10.9	1.111
20	–16.5	1.15
25	–8.8	1.191
25.2	0	1.2

2. कैल्शियम क्लोराइड ब्राइन
Calcium Chloride Brine

जल तथा कैल्शियम क्लोराइड के विलयन को कैल्शियम क्लोराइड ब्राइन कहते हैं। उत्पादों की फ्रीजिंग तथा औद्योगिक कूलिंग के लिए इस ब्राइन का उपयोग किया जाता है। ब्राइन में कैल्शियम क्लोराइड की सान्द्रता 30% होने पर इसका निम्नतम तापमान (–55°C) तक प्राप्त किया जा सकता है। सोडियम क्लोराइड ब्राइन के समान ही इसकी सान्द्रता में परिवर्तन करके विभिन्न तापमान परास का विलयन प्राप्त किया जा सकता है। इस प्रकार के ब्राइन में निर्जलीकरण का दोष पाया जाता है।

यह ब्राइन मुख्यत: आइसक्रीम मशीन में प्रयोग की जाती है।

तालिका कैल्शियम क्लोराइड ब्राइन

$CaCl_2$ की विलयन में % सान्द्रता	विशिष्ट गुरुत्व (15°C पर)	विशिष्ट ऊष्मा
0	1.0	4.1868
5	1.044	3.869
10	1.087	3.58
15	1.133	3.32
20	1.182	3.086
25	1.233	2.88
29.87	1.29	2.74

उपरोक्त दोनों प्रकार के ब्राइन सॉल्यूशन की निम्नलिखित विशेषताएँ होनी चाहिए

(i) यह विषैला नहीं होना चाहिए।
(ii) धातुओं पर प्रभाव अर्थात् जंग (corrosive) लगने वाला नहीं होना चाहिए।
(iii) इसकी विशिष्ट ऊष्मा अधिक-से-अधिक होनी चाहिए।
(iv) इसका जमाव तापमान कम-से-कम होना चाहिए।
(v) यह कम-से-कम तापमान पर द्रव में परिवर्तित होना चाहिए।
(vi) ब्राइन के लीक करने पर भी यह हानिकारक प्रभाव नहीं डालना चाहिए।
(vii) यह विस्फोटक व ज्वलनशील नहीं होना चाहिए।

8.3 आइसक्रीम प्लांट Icecream Plant

पुराने समय में आइसक्रीम का उत्पादन डेयरी उत्पाद; जैसे—दूध, क्रीम आदि खाद्य पदार्थों से किया जाता था, किन्तु जनसंख्या खपत के आधार पर आइसक्रीम की माँग में वृद्धि हुई जिसकी पूर्ति हेतु आइसक्रीम प्लांटों का निर्माण किया गया है।

आइसक्रीम प्लांट की संरचना
Construction of Icecream Plant

व्यापक स्तर पर आइसक्रीम का उत्पादन आइसक्रीम प्लांट में किया जाता है। आइसक्रीम के उत्पादन में विभिन्न प्रकार के चक्र तथा अवयव प्रयोग में लाए जाते हैं।

आइसक्रीम प्लांट के मुख्य अवयवों का वर्णन निम्न प्रकार है

1. **होमोजेनाइजर** (Homogenizer) होमोजेनाइजर एक ऐसा अवयव है, जो आइसक्रीम बनाने में प्रयुक्त मिश्रण को अच्छी तरह से मिलाता है और मिश्रण में उपस्थित मोटे कणों को बारीक कणों में परिवर्तित करता है। मिश्रण को मिलाने हेतु होमोजेनाइजर के घूर्णी भाग का प्रयोग किया जाता है। चित्र में होमोजेनाइजर की आन्तरिक संरचना को प्रदर्शित किया गया है।

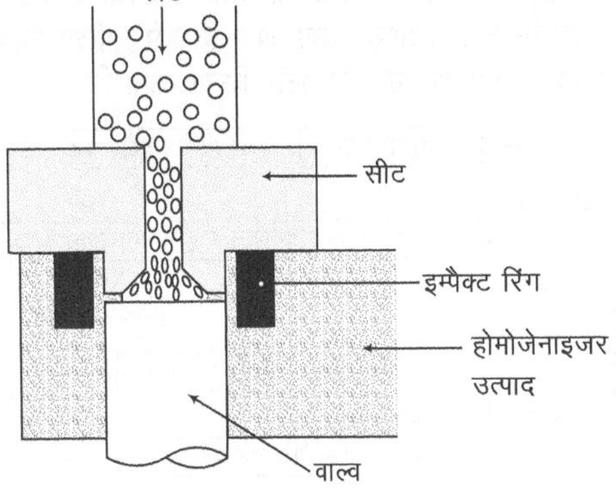

चित्र होमोजेनाइजर की आन्तरिक संरचना

2. **पाश्चुराइजर** (Pasteurizer) पाश्चुराइजर के द्वारा होमोजेनाइजर से प्राप्त मिश्रण के जीवाणुओं को नष्ट किया जाता है जिस कारण इसे जैविक नियन्त्रण घटक भी कहते हैं। इसके अतिरिक्त, इसका उपयोग मिश्रण को निश्चित तापमान तक गर्म करने में भी किया जाता है।
3. **हीट एक्सचेंजर** (Heat exchanger) आइसक्रीम प्लांट का वह अवयव जिसका उपयोग ऊष्मा के स्थानान्तरण हेतु किया जाता है, हीट एक्सचेंजर कहलाता है। आइसक्रीम प्लांटों में मुख्यत: हीट एक्सचेंजर प्रयोग में लाया जाता है।
4. **एज्ड टैंक** (Edged tank) हीट एक्सचेंजर से प्राप्त मिश्रण को कुछ समय तक स्टोर करके रखने के लिए एज्ड टैंक का प्रयोग किया जाता है। इस टैंक में मिश्रण के तापमान को कम किया जाता है।
5. **फ्रीजिंग** (Freezing) एवैपोरेटर क्वॉयल में रेफ्रिजरेन्ट प्रवाहित होता है। एवैपोरेटर क्वॉयल टैंक के चारों ओर फैली रहती है। एवैपोरेटर क्वॉयल का प्रयोग फ्रीजिंग टैंक में भरे मिश्रण को ठण्डा करके कठोर बनाने में किया जाता है, यह क्रिया फ्रीजिंग कहलाती है। एवैपोरेटर क्वॉयल, प्रणाली के अन्य अवयवों; जैसे—कम्प्रैसर एवं कण्डेन्सर आदि से संयोजित रहती है।
6. **पैकिंग यूनिट** (Packing unit) पैकिंग यूनिट द्वारा फ्रीजिंग क्रिया से प्राप्त ठण्डे कठोर मिश्रण को उचित मात्रा में पैक किया जाता है।

आइसक्रीम प्लांट की क्रियाविधि
Working Method of Icecream Plant

आइसक्रीम बनाने के लिए प्रयुक्त मिश्रण के अवयवों को उचित अनुपात में मिलाकर होमोजेनाइजेशन हेतु होमोजेनाइजर में भेजा जाता है, जहाँ मिश्रण में उपस्थित बड़े कणों को छोटे कणों में परिवर्तित किया जाता है। इस क्रिया के पश्चात् मिश्रण में से अशुद्धियाँ तथा जीवाणुओं को नष्ट करने के लिए मिश्रण को निश्चित तापमान पर गर्म करके पाश्चुराइजेशन किया जाता है।

पाश्चुरीकृत मिश्रण को ठण्डा करने हेतु हीट एक्सचेंजर में भेजा जाता है, यहाँ पर मिश्रण ऊष्मा त्यागकर ठण्डा हो जाता है। मिश्रण को कुछ समय के लिए एज्ड टैंक में रखा जाता है फिर इसे फ्रीजिंग हेतु फ्रीजिंग टैंक में भेज दिया जाता है। फ्रीजिंग टैंक में मिश्रण तेजी से ठण्डा होता है। फ्रीजिंग क्रिया के दौरान फ्रीजिंग टैंक में वायु भी प्रवेश कर जाती है। वायु को फिल्टर से गुजारकर उसमें उपस्थित अशुद्धियों को दूर कर सिलेण्डर में प्रवेश कराया जाता है।

मिश्रण तथा वायु को साथ में मिलाया जाता है तथा आउटपुट पोर्ट से प्लास्टिक फॉर्म के रूप में प्राप्त किया जाता है। इसे वांछित आकार में पैक करके –25°C से कम तापमान पर स्टोर किया जाता है।

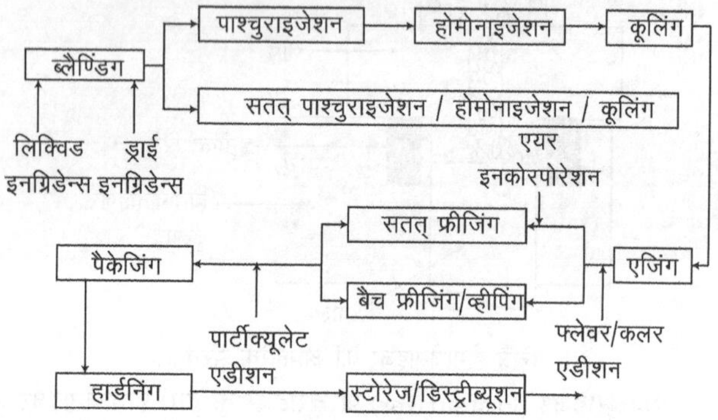

चित्र आइसक्रीम प्लांट की संरचना

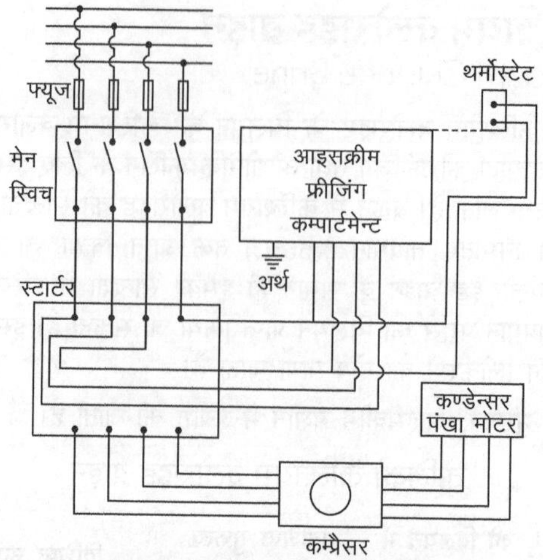

चित्र आइसक्रीम प्लांट की वायरिंग

आइसक्रीम प्लांट की वायरिंग
Wiring of Icecream Plant

आइसक्रीम प्लांटों में अधिक शक्ति हेतु 3-फेज सप्लाई का प्रयोग किया जाता है। आइसक्रीम प्लांट सर्किट में मेन स्विच से पहले फ्यूज का उपयोग किया जाता है। यह निर्धारित मान से अधिक मान की सप्लाई पर परिपथ तथा प्लांट को अलग कर देता है। स्टार्टर के माध्यम से कम्प्रैसर तथा कण्डेन्सर भी मुख्य सप्लाई से संयोजित किए जाते हैं।

आइसक्रीम प्लांट में तापमान नियन्त्रण
Temperature Control in Icecream Plant

आरम्भ में मिश्रण 0°C से अधिक तापमान पर मिलाया जाता है, फिर मिश्रण को पाश्चुरीकृत तापमान (लगभग 72°C) तक 15 सेकण्ड के लिए रखा जाता है। मिश्रण के तापमान को कम करने हेतु इसे हीट एक्सचेंजर में भेजा है। जहाँ पर इसका तापमान 2°C से 3°C तक रह जाता है। तत्पश्चात् एजिंग में मिश्रण का तापमान नियत रहता है। एजिंग मिश्रण की फ्रीजिंग रेफ्रिजरेशन प्रणाली से की जाती है। फ्रीजिंग में इसका तापमान लगभग –25°C कम रखा जाता है।

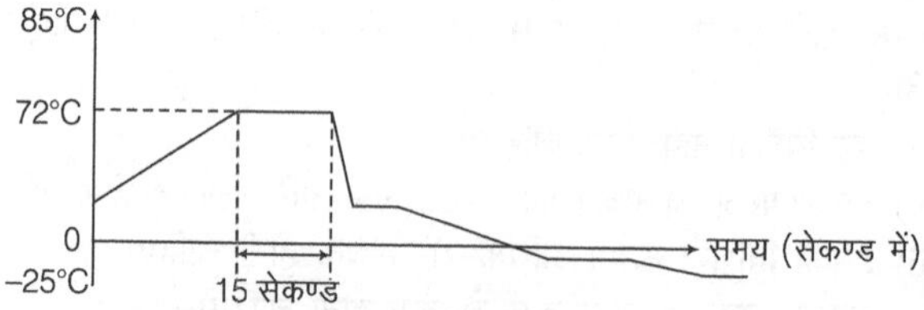

चित्र आइसक्रीम प्लांट में तापमान नियन्त्रण

महत्त्वपूर्ण बिन्दु

- जिन मशीनों द्वारा घरेलू अथवा व्यावसायिक स्तर पर जल को बर्फ के आकार की क्यूब (cube) में परिवर्तित किया जाता है, उन मशीनों को आइस क्यूब मशीनें कहते हैं।
- आइस क्यूब मशीनों के ऊपरी भाग में एवैपोरेटर तथा नीचे वाले भाग में आइस बिन लगा होता है।
- आइस क्यूब की मात्रा तथा वांछित आकार, आइस क्यूब मशीन के परिपथ पर निर्भर करता है।
- आइस कैण्डी प्लाण्ट का उपयोग आइस कैण्डी बनाने में किया जाता है।
- आइस कैण्डी प्लाण्ट एक दोहरी दीवार वाला इन्सुलेटिड कैबिनेट होता है जिसमें एयर टाइट डोर बने होते हैं।
- आइस कैण्डी प्लांट में अधिक मात्रा में विभिन्न प्रकार के आइस कैण्डी के निर्माण हेतु रेफ्रिजरेशन चक्र का उपयोग किया जाता है।
- आइस कैण्डी प्लाण्ट में आइस कैण्डी बनाने के लिए दो प्रकार की मशीनें प्रयोग में लाई जाती है।
- आइस कैण्डी प्लाण्ट में सोडियम क्लोराइड व पानी के घोल को ब्राइन सॉल्यूशन के रूप में प्रयुक्त किया जाता है। इस घोल का विशिष्ट गुरुत्व 1.009 से 1.234 होता है।
- व्यापक स्तर पर आइसक्रीम का उत्पादन करने के लिए आइसक्रीम प्लाण्ट का उपयोग किया जाता है।
- होमोजेनाइजर, पाश्चुराइजर, हीट एक्सचेंजर, एण्ड टैंक फ्रीजिंग, पैकिंग यूनिट, आइस प्लाण्ट के मुख्य भाग होते हैं।
- आइसक्रीम प्लाण्टों में अधिक पावर के लिए 3-फेज सप्लाई का उपयोग किया जाता है।
- आइसक्रीम प्लाण्ट के फ्रीजिंग सेक्शन का तापमान लगभग – 25°C तक रहता है।

महत्त्वपूर्ण प्रश्नोत्तरी

1. आइस क्यूब मशीन में स्प्रे नॉजल का प्रयोग क्यों किया जाता है?

उत्तर आइस क्यूब मशीन में एवैपोरेटर क्वॉयल के साथ जुड़े स्लॉटों में पानी को स्प्रे के रूप में पहुँचाने के लिए स्प्रे नॉजल लगाए जाते हैं।

2. आइस क्यूब मशीनों में स्प्रे नॉजल तथा ट्यूब में जल किस घटक द्वारा पहुँचाया जाता है?

उत्तर आइस क्यूब मशीनों में, स्प्रे नॉजल तथा ट्यूब में जल पहुँचाने के लिए वाटर पम्प का प्रयोग किया जाता है।

3. आइस क्यूब मशीनों में इन्सुलेटिंग मैटेरियल प्रयोग करने के क्या उद्देश्य है?

उत्तर इन्सुलेटिंग मैटेरियल ऊष्मा के कुचालक होते हैं, जिस कारण यह मशीनों तथा बाह्य वातावरण में किसी भी प्रकार से ऊष्मा का स्थानान्तरण नहीं होने देते हैं, इसलिए आइस क्यूब मशीनों में भी इन्सुलेटिंग मैटेरियल प्रयोग किया जाता है।

4. आइस कैण्डी प्लांट में फ्यूज कहाँ लगाया जाता है?

उत्तर आइस कैण्डी प्लांट में निर्धारित मान की वोल्टेज प्राप्त करने हेतु फ्यूज मेन स्विच से पहले लगाए जाते हैं।

5. आइस कैण्डी प्लांट में थर्मोस्टेट क्यों लगाया जाता है?

उत्तर आइस कैण्डी प्लांट में स्टार्टर के मुख्य वायर से थर्मोस्टेट जुड़ा रहता है। इसका प्रयोग मशीन के दक्ष प्रचालन हेतु किया जाता है।

6. आइस कैण्डी में प्रयुक्त कम्प्रैसर किस प्रकृति के होते हैं?

उत्तर आइस कैण्डी में प्रयुक्त कम्प्रैसर की प्रकृति एवैपोरेटर निर्धारित करता है अर्थात् डायरेक्ट कूलिंग टाइप एवैपोरेटर के साथ सील्ड टाइप कम्प्रैसर तथा इनडायरेक्ट कूलिंग टाइप एवैपोरेटर के साथ ओपन टाइप कम्प्रैसर प्रयोग में लाया जाता है।

7. ब्राइन का उपयोग द्वितीयक रेफ्रिजरेन्ट के रूप में किया जाता है, क्यों?

उत्तर ब्राइन का तापमान परास निम्नतम् होने के कारण ब्राइन का प्रयोग रेफ्रिजरेशन प्रणाली में द्वितीयक रेफ्रिजरेन्ट के रूप में किया जाता है।

8. आइसक्रीम प्लांट में होमोजेनाइजर प्रक्रिया करने का क्या कारण है?

उत्तर आइसक्रीम बनाने के लिए प्रयुक्त मिश्रण में उपस्थित मोटे कणों को सूक्ष्म कणों में परिवर्तित करने के लिए होमोजेनाइजर की प्रक्रिया की जाती है।

9. आइसक्रीम प्लांट में एज्ड टैंक का प्रयोग किया जाता है, क्यों?

उत्तर हीट एक्सचेंजर से प्राप्त मिश्रण को कुछ समय तक एकत्र करके रखने तथा मिश्रण को परिपक्व बनाने हेतु एज्ड टैंक का प्रयोग किया जाता है।

10. आइसक्रीम बनाने के लिए प्रयुक्त मिश्रण का पाश्चुरीकरण क्यों आवश्यक है?

उत्तर मिश्रण को परिपक्व बनाने हेतु उसे पाश्चुराइजर में भेजा जाता है, जहाँ पर मिश्रण को 72° C तक 15 सेकण्ड के लिए गर्म किया जाता है, जिससे मिश्रण में उपस्थित जीवाणु नष्ट हो जाते हैं अर्थात् मिश्रण को जीवाणु मुक्त बनाने हेतु पाश्चुरीकरण किया जाता है।

अभ्यास प्रश्न

परीक्षा प्रारूपी प्रश्न

बहुविकल्पीय

1. आइस क्यूब निम्न में से कहाँ पर नियमित रूप से उपयोग होते हैं?
(a) बार में (b) रेस्टोरेन्ट में
(c) दूरस्थ घरों में (d) आवासीय फ्लैटों में

2. आइस कैण्डी प्लांट लगाया जाता है
(a) आइसक्रीम बनाने हेतु (b) बर्फ बनाने हेतु
(c) सामान सुरक्षित रखने हेतु (d) इनमें से कोई नहीं

3. आइस कैण्डी प्लांट का कूलिंग कम्पार्टमेन्ट बना होता है
(a) गैल्वेनाइज्ड आयरन का (b) स्टेनलैस स्टील का
(c) एल्युमीनियम का
(d) उपरोक्त में से कोई नहीं

4. आइस कैण्डी प्लांट में ब्राइन के घनत्व को जाँचने के लिए कौन-सा उपकरण प्रयोग करते हैं?
(a) रोटामीटर (b) विलोमीटर
(c) हाइड्रोमीटर (d) हाइग्रोमीटर

5. आइस कैण्डी प्लांट में साइट ग्लास को कहाँ स्थापित किया जाता है?
(a) सक्शन लाइन में (b) तरल लाइन में
(c) डिलीवरी लाइन में (d) डिस्चार्ज लाइन में

6. थर्मल इन्सुलेटिंग ऊष्मा को कहते हैं
(a) सुचालक (b) कुचालक
(c) अर्द्धचालक (d) इनमें से कोई नहीं

7. डक्ट को इन्सुलेट करते समय नमी की सम्भावना होने पर प्रयोग करते हैं
(a) ग्लासवूल (b) थर्मोकोल
(c) एस्बेस्टॉस (d) पॉलीयूरेथेन

8. 'FCU' का पूरा नाम है
(a) फूड क्वॉयल यूनिट (b) फैन क्वॉयल यूनिट
(c) फ्लूड कूलिंग यूनिट (d) इनमें से कोई नहीं

9. आइस क्यूब मशीन में अधिक कूलिंग होने का क्या कारण हो सकता है?
(a) परिवेश का तापमान बहुत कम होता है
(b) वातावरण का तापमान बहुत अधिक होता है
(c) थर्मोस्टेट काम नहीं करता
(d) OLP ट्रिप नहीं करती

10. उच्च क्षमता वाले इनडायरेक्ट कूलिंग आइस कैण्डी प्लांट का प्रयोग निम्न में से कहाँ किया जाता है?
(a) ओपन प्रकार के कम्प्रैसरों में
(b) सील किए हुए प्रकार के कम्प्रैसरों में
(c) हरमैटिक प्रकार के कम्प्रैसरों में
(d) अर्द्ध-सील किए हुए कम्प्रैसरों में

11. चिलिंग टैंक में ब्राइन के वितरण हेतु ········ लगा होता है।
(a) वाटर जैकेट
(b) एजीटेटर
(c) a और b दोनों
(d) होमोजेनाइजर

12. निम्न दिए गए चित्र में 'X' द्वारा किस भाग को दर्शाया जाता है?

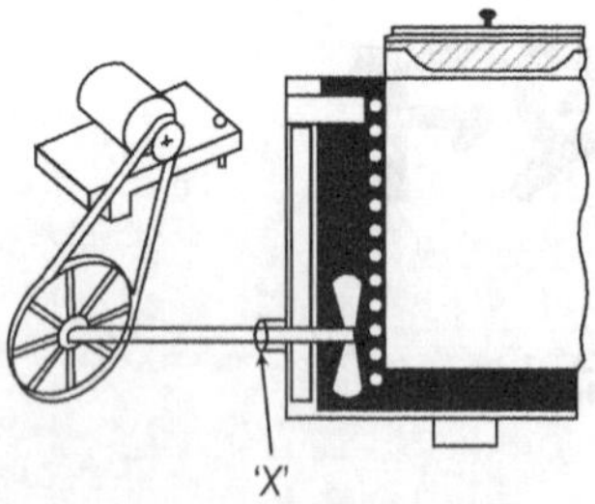

(a) एजीटेटर शाफ्ट सील (b) एजीटेटर मोटर
(c) एजीटेटर ब्लेड (d) एजीटेटर पुली

13. पानी तथा ········· के संयोजन को ब्राइन संयोजन कहते हैं।
(a) पोटैशियम क्लोराइड (b) हाइड्रोजन क्लोराइड
(c) सोडियम क्लोराइड (d) इनमें से कोई नहीं

14. जब रेफ्रिजरेशन का प्रैशर बढ़ता या घटता है, तो आइसक्रीम प्लांट का सेफ-गार्ड कौन नियन्त्रित करता है?
(a) HP प्रैशर कट आउट
(b) डुअल प्रैशर कट आउट
(c) लिक्विड लाइन सोलेनॉयड वाल्व
(d) थर्मोस्टेटिक एक्सपैन्शन वाल्व

15. आइसक्रीम संयन्त्र की कूलिंग कैबिनेट को रबड़ के पैड पर क्यों रखा जाता है?
(a) गलत कार्य से बचाने हेतु (b) वाईब्रेशन से बचाने हेतु
(c) झटकों से बचाने हेतु (d) नमी से बचाने हेतु

16. आइसक्रीम प्लांट में रेट्रोफिटिंग करते समय 134a सर्विस सिलेण्डर को ज्यादा-से-ज्यादा नहीं भरना चाहिए
(a) 20% (b) 40% (c) 60% (d) 80%

17. आइसक्रीम की मशीन में आइसक्रीम के प्रवाह और इसे बन्द करने की अनुमति किस भाग द्वारा प्रदान की जाती है?
(a) आइसक्रीम मिक्सर ब्लेड (b) मास्टर टैंक
(c) एक्सपैन्शन वाल्व (d) आइसक्रीम आउटलेट वाल्व

18. जब भी आप आइसक्रीम प्लांट में 134(a) रेफ्रिजरेन्ट को चार्ज करते हैं, तो बदलना होता है
(a) वायरिंग (b) एक्सपैन्शन वाल्व
(c) सक्शन सर्विस वाल्व (d) इनमें फिल्टर ड्रायर

19. आइस कैन साइज होता है
(a) आयताकार (b) वर्गाकार
(c) गोल (d) अण्डाकार

20. आइस कैन में पानी को बाहर निकाला जाता है
(a) निर्वात मशीन द्वारा (b) ब्लोअर मशीन द्वारा
(c) अपकेन्द्री पम्प द्वारा (d) इनमें से कोई नहीं

21. आइस कैण्डी प्लांट का कौन-सा भाग ब्राइन को बराबर कूलिंग देने में सहायता करता है?
(a) एवैपोरेटर (b) ब्राइन टैंक
(c) एजीटेटर (d) मीटर

उत्तरमाला

1. (a)	**2.** (a)	**3.** (b)	**4.** (c)	**5.** (b)	**6.** (b)	**7.** (a)	**8.** (b)	**9.** (c)	**10.** (a)
11. (a)	**12.** (c)	**13.** (c)	**14.** (a)	**15.** (b)	**16.** (c)	**17.** (d)	**18.** (c)	**19.** (a)	**20.** (b)
21. (a)									

अध्याय 09

कॉमर्शियल रेफ्रिजरेटर (वॉक-इन-कूलर एवं रीच-इन-कैबिनेट)

Commercial Refrigerator (Walk-in-cooler and Reach-in-Cabinet)

परिचय Introduction

रेफ्रिजरेशन प्रणाली में सर्वप्रथम उत्पाद (product) के रूप में रेफ्रिजरेटर मशीन विकसित हुई थी। घरेलू रेफ्रिजरेटर का उपयोग विभिन्न खाद्य पदार्थों को निम्न तापमान पर सुरक्षित रखने हेतु किया जाता है, परन्तु इसकी स्टोरेज सीमा निम्न होने के कारण इसका उपयोग व्यापारिक कार्यों में नहीं किया जाता है।

व्यापारिक उद्देश्य की पूर्ति हेतु अधिक खाद्य पदार्थों को लम्बी समयावधि तक सुरक्षित रखने के लिए कॉमर्शियल रेफ्रिजरेटर (वॉक-इन-कूलर तथा रीच-इन-कैबिनेट) को उपयोग में लाया जाने लगा है। प्रयोग तथा स्थान की उपलब्धता को दृष्टिगत रखते हुए इन कॉमर्शियल रेफ्रिजरेटर कैबिनेटों का निर्माण किया जाता है। ये बाजार में पूर्व निर्मित भी मिलते हैं। इस प्रकार की प्रणाली की कूलिंग क्षमता अपरिवर्तनीय होती है। इन्हें सामान्यत: सप्लाई से संयोजित करके प्रचालित किया जाता है।

अध्याय विषय सूची

9.1 वॉक-इन-कूलर Walk-In-Cooler

खाद्य पदार्थों को अधिक मात्रा में स्टोर करके रखने हेतु वॉक-इन-कूलर का प्रयोग किया जाता है। इनका उपयोग अधिकतर रिटेल स्टोर, मार्केट, होटल तथा रेस्टोरेन्ट में किया जाता है। वॉक-इन-कूलर की दीवारें धातु की बनी होती हैं। वॉक-इन-कूलर में स्टोर की जाने वाली वस्तुओं के तापमान तथा आपेक्षित आर्द्रता (relative humidity) को भी नियन्त्रित किया जाता है। वॉक-इन-कूलर का तापमान लगभग 1.4°C से 4.4°C तक रहता है और आपेक्षित आर्द्रता लगभग 80% होती है।

इनकी कूलिंग क्षमता (cooling capacity) को परिवर्तित नहीं किया जा सकता। वॉक-इन-कूलर विभिन्न खाद्य पदार्थों को लम्बे समयान्तराल के लिए कूलिंग प्रदान करने हेतु बिल्डिंग अथवा खाली स्थान पर स्थापित किए जाते हैं। इस प्रकार से स्थापित कूलर छोटे कोल्ड स्टोरेज का कार्य करते हैं। वॉक-इन-कूलर विभिन्न प्रकार के साइज (लगभग $2\times2\times3$ मी^{3}) तथा क्षमता (लगभग 1.5 टन) वाले होते हैं। वॉक-इन-कूलर की शेल्फ बड़ी होती है जिस कारण इसमें अधिक मात्रा में खाद्य पदार्थ स्टोर किए जाते हैं।

इनमें दरवाजे तथा खिड़कियों का प्रबन्ध होता है।

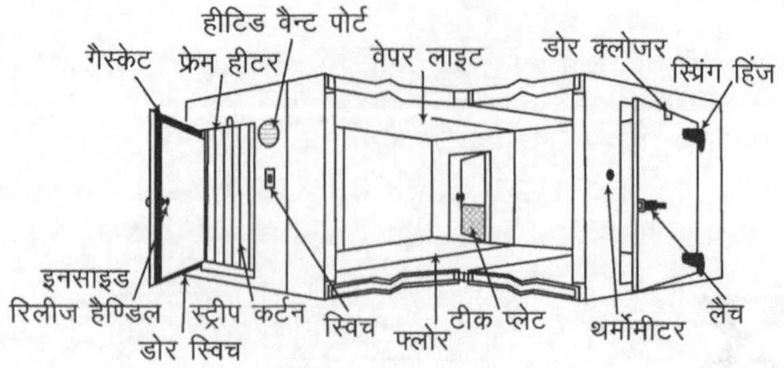

चित्र वॉक-इन-कूलर

वॉक-इन-कूलर की संरचना
Construction of Walk-In-Cooler

वॉल पैनल के संयोजन से बनने वाली संरचना वॉक-इन-कूलर कहलाती है। वॉल पैनल, ऊष्मा की कुचालक होती है। इसकी मोटाई लगभग 4 इंच तक होती है। वॉल पैनल मुख्यत: गैल्वेनाइज्ड स्टील, स्टेनलैस स्टील, एल्युमीनियम, पोर्सलीन तथा विनायल जैसी धातु से मिलकर बनी होती है जिसे बिल्ट लॉक की सहायता से जोड़कर वॉक-इन-कूलर का रूप दिया जाता है। वॉक-इन-कूलर की संरचना में ओपन टाइप, हरमैटिक टाइप तथा सेमी हरमैटिक टाइप कम्प्रैसर प्रयोग में लाए जाते हैं। इनमें प्रयुक्त ओपन टाइप कम्प्रैसर रेसीप्रोकेटिंग या घूर्णीय प्रकार का होता है।

सर्वप्रथम फर्श पर पैनल सैट करके वॉल तथा सीलिंग का निर्माण कार्य पूर्ण करते हैं, जिसमें वस्तुओं को रखने हेतु बड़े-बड़े शेल्फ लगे होते हैं। इन शैल्फों का उपयोग दरवाजों को खोलकर किया जाता है, कूलर में कूलिंग करने हेतु एवैपोरेटर लगाया जाता है। कूलर के अन्दर का तापमान नियत रखने के लिए थर्मोस्टेट स्विच उपयोग किया जाता है। वॉक-इन-कूलर में कण्डेन्सर, कम्प्रैसर तथा कण्डेन्सर फैन, कूलर यूनिट से बाहर तथा एवैपोरेटर, कूलर यूनिट के अन्दर लगा होता है।

वॉक-इन-कूलर तथा बाह्य वातावरण के मध्य तापमान के स्थानान्तरण को रोकने के लिए वॉल पैनल के मध्य इन्सुलेशन मैटेरियल; जैसे—पॉलीस्टायरीन, पॉलीयूरेथिन लगाया जाता है।

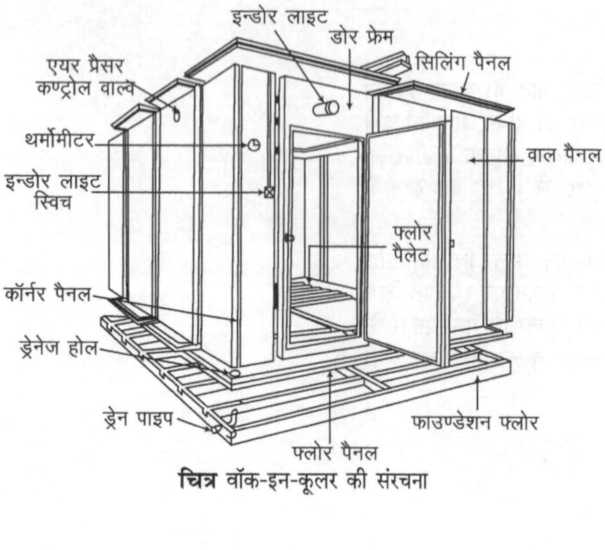

चित्र वॉक-इन-कूलर की संरचना

वॉक-इन-कूलर की कार्यविधि
Working Method of Walk-In-Cooler

वॉक-इन-कूलर में लगे कम्प्रैसर को जब सप्लाई से जोड़ा जाता है, तो कम्प्रैसर, रेफ्रिजरेन्ट को उच्च दाब पर कम्प्रैस करके कण्डेन्सर में भेज देता है, जहाँ पर रेफ्रिजरेन्ट, द्रव अवस्था में परिवर्तित हो जाता है।

इसके पश्चात् द्रव रेफ्रिजरेन्ट वॉक-इन-कूलर में लगे एवैपोरेटर में प्रवेश करता है, जहाँ एवैपोरेटर, कूलर कैबिनेट से ऊष्मा ग्रहण करके उसे एवैपोरेट कर देता है। यह एवैपोरेट रेफ्रिजरेन्ट, वॉक-इन-कूलर में कूलिंग करने के पश्चात् पुन: कम्प्रैसर में प्रवेश करता है, जहाँ रेफ्रिजरेन्ट ऊष्मा त्याग कर द्रव अवस्था में बदल जाता है।

रेफ्रिजरेन्ट के द्वारा त्यागी गई ऊष्मा आस-पास के वातावरण के तापमान में वृद्धि कर देती है, जिसके फलस्वरूप आस-पास की वायु गर्म हो जाती है, जिसे कण्डेन्सर फैन के द्वारा प्रणाली से बाहर निकाल दिया जाता है। यह प्रक्रम सतत रूप से चलता रहता है, जिसके परिणामस्वरूप वॉक-इन-कूलर कैबिनेट में कूलिंग होती रहती है।

वॉक-इन-कूलर के कार्य
Functions of Walk-In-Cooler

वॉक-इन-कूलर के निम्नलिखित कार्य हैं

1. खाद्य पदार्थों को सन्दूषण से बचाना।
2. खाद्य पदार्थों के उपयोग की समयावधि में वृद्धि करना।

वॉक-इन-कूलर के प्रकार Types of Walk-In-Cooler

उपयोग के आधार पर वॉक-इन-कूलर को दो भागों में विभक्त किया गया है

1. आउटडोर वॉक-इन-कूलर
2. इनडोर वॉक-इन-कूलर

1. आउटडोर वॉक-इन-कूलर Outdoor Walk-In-Cooler

बिल्डिंग के बाहर स्थापित कूलर, आउटडोर वॉक-इन-कूलर कहलाते हैं। बिल्डिंग के अन्दर स्पेस प्रदान करना इनका मुख्य लाभ है। बिल्डिंग से बाहर स्थापित होने के कारण आउटडोर वॉक-इन-कूलर में कण्डेन्सर से निष्कासित गर्म वायु के निकास हेतु अन्य कोई अवयव का संयोजन नहीं किया जाता है। कम पावर खपत पर अधिक प्रभावशाली कूलिंग के लिए आउटडोर वॉक-इन-कूलर का प्रयोग किया जाता है।

आउटडोर वॉक-इन-कूलर का दरवाजा बार-बार नहीं खोलना चाहिए, क्योंकि इससे कूलिंग क्षमता पर विपरीत प्रभाव पड़ता है। इस प्रकार के वॉक-इन-कूलर का निर्माण साइट पर या पूर्वनिर्मित होता है।

बाहरी वातावरण के आधार पर आउटडोर वॉक-इन-कूलर में अन्य घटकों को जोड़ना आवश्यक हो जाता है क्योंकि बर्फीले क्षेत्र में आउटडोर वॉक-इन-कूलर की छत मजबूत होनी चाहिए, जिससे छत पर बर्फ का कोई प्रभाव न पड़े।

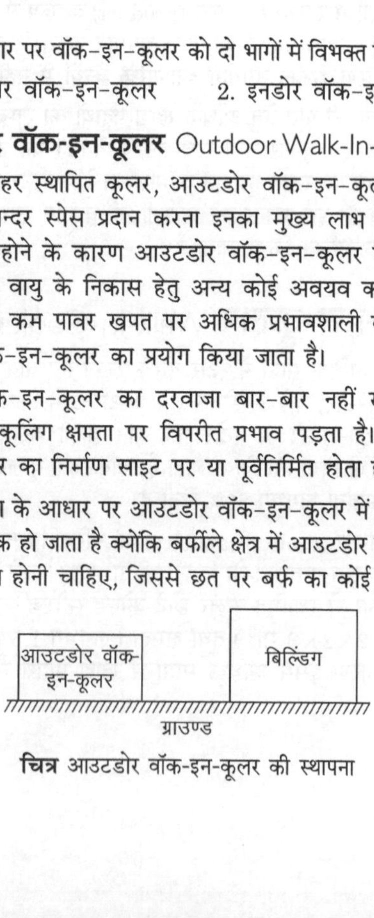

चित्र आउटडोर वॉक-इन-कूलर की स्थापना

आउटडोर वॉक-इन-कूलर के लाभ तथा हानियाँ

लाभ

(i) कण्डेन्सर फैन के लिए अतिरिक्त संयोजन नहीं होता है।
(ii) यह कूलर बिल्डिंग में रिक्त स्थान प्रदान करते हैं।
(iii) डिलीवरी तथा स्थापना आदि कार्य सरलता से सम्पन्न हो जाते हैं।

हानियाँ

(i) वातावरण के प्रभाव को निष्क्रिय करने हेतु अन्य घटकों का संयोजन करना पड़ता है।
(ii) इन-कूलरों में विद्युत संयोजन जटिल होता है।

2. इनडोर वॉक-इन-कूलर Indoor Walk-In-Cooler

बिल्डिंग के अन्दर उपयोग किए जाने वाले स्थान पर स्थापित कूलरों को इनडोर वॉक-इन-कूलर कहते हैं। उपयोग की जाने वाली सामग्री को आसानी से उपलब्ध कराना ही इनडोर वॉक-इन-कूलर का मुख्य गुण है।

इनडोर वॉक-इन-कूलर में स्थापित इकाइयाँ भवन तथा बिल्डिंग में गर्म वायु का उत्सर्जन करती हैं, जिसके परिणामस्वरूप बिल्डिंग के तापमान में वृद्धि होती है। इनडोर वॉक-इन-कूलर, आउटडोर वॉक-इन-कूलर की अपेक्षाकृत सस्ते होते हैं, परन्तु इनके प्रयोग से बिल्डिंग में स्थान घिरता है।

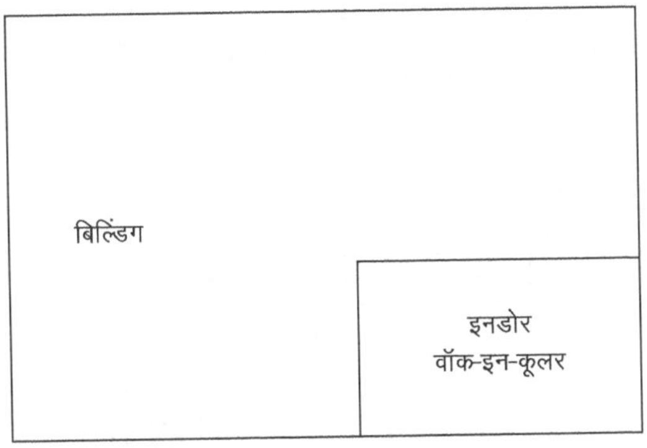

चित्र इनडोर वॉक-इन-कूलर की स्थापना

इनडोर वॉक-इन-कूलर के लाभ तथा हानियाँ

लाभ

(i) उपयोग की जाने वाली सामग्री को आसानी से उपलब्ध कराना।
(ii) इस प्रकार के कूलरों को आसानी से साफ किया जा सकता है।
(iii) इन्हें सरलतापूर्वक स्थापित किया जा सकता है।

हानियाँ

(i) ये कूलर बिल्डिंग का आन्तरिक स्थान घेरते हैं।
(ii) इनडोर वॉक-इन-कूलर बिल्डिंग के आन्तरिक तापमान में वृद्धि करते हैं।

वॉक-इन-कूलर की देखभाल
Care of Walk-In-Cooler

वॉक-इन-कूलर की देखभाल हेतु निम्नलिखित बिन्दुओं को दृष्टिगत रखना अनिवार्य है

1. वॉक-इन-कूलर के ऊपर किसी भी प्रकार की भारी वस्तु नहीं रखी होनी चाहिए।
2. उपयोग न होने की स्थिति में वॉक-इन-कूलर का दरवाजा बन्द रखना चाहिए।
3. वॉक-इन-कूलर के दरवाजे के कब्जे स्नेहित होने चाहिए।
4. वॉक-इन-कूलर में प्रयुक्त लाइनों में लीकेज नहीं होने चाहिए।
5. वॉक-इन-कूलर की सफाई हेतु उचित डिटर्जेन्ट का प्रयोग करना चाहिए।
6. कण्डेन्सर का फैन मुलायम कपड़े से साफ करना चाहिए, जिससे कि पंखुड़ी मुड़े नहीं।
7. कूलर में प्रयुक्त क्वॉयल से वायु का प्रवाह प्रभावित नहीं होना चाहिए।

वॉक-इन-कूलर का रख-रखाव
Maintenance of Walk-In-Cooler

वॉक-इन-कूलर के रख-रखाव हेतु निम्नलिखित बातों को ध्यान में रखना आवश्यक है

1. वॉक-इन-कूलर के अन्दर का वातावरण सदैव स्वच्छ रखना चाहिए।
2. वॉक-इन-कूलर के पंखे को ध्यानपूर्वक साफ करना चाहिए, जिससे उसकी पंखुड़ी टूटे नहीं।
3. वॉक-इन-कूलर को नर्म सूती कपड़े से निश्चित समयावधि में साफ करते रहना चाहिए।
4. वॉक-इन-कूलर के दरवाजों में लगे कब्जों को 3 महीने में एक बार स्नेहन अवश्य करना चाहिए।
5. इनमें प्रयुक्त कण्डेन्सर पंखे की गति की जाँच समय-समय पर होनी चाहिए।

वॉक-इन-कूलर का परिपथ Circuit Diagram of Walk-In-Cooler

निम्न चित्र में वॉक-इन-कूलर का परिपथ दर्शाया गया है। वॉक-इन-कूलर के प्रचालन हेतु 10 अश्व शक्ति (HP) मोटर की आवश्यकता होती है।

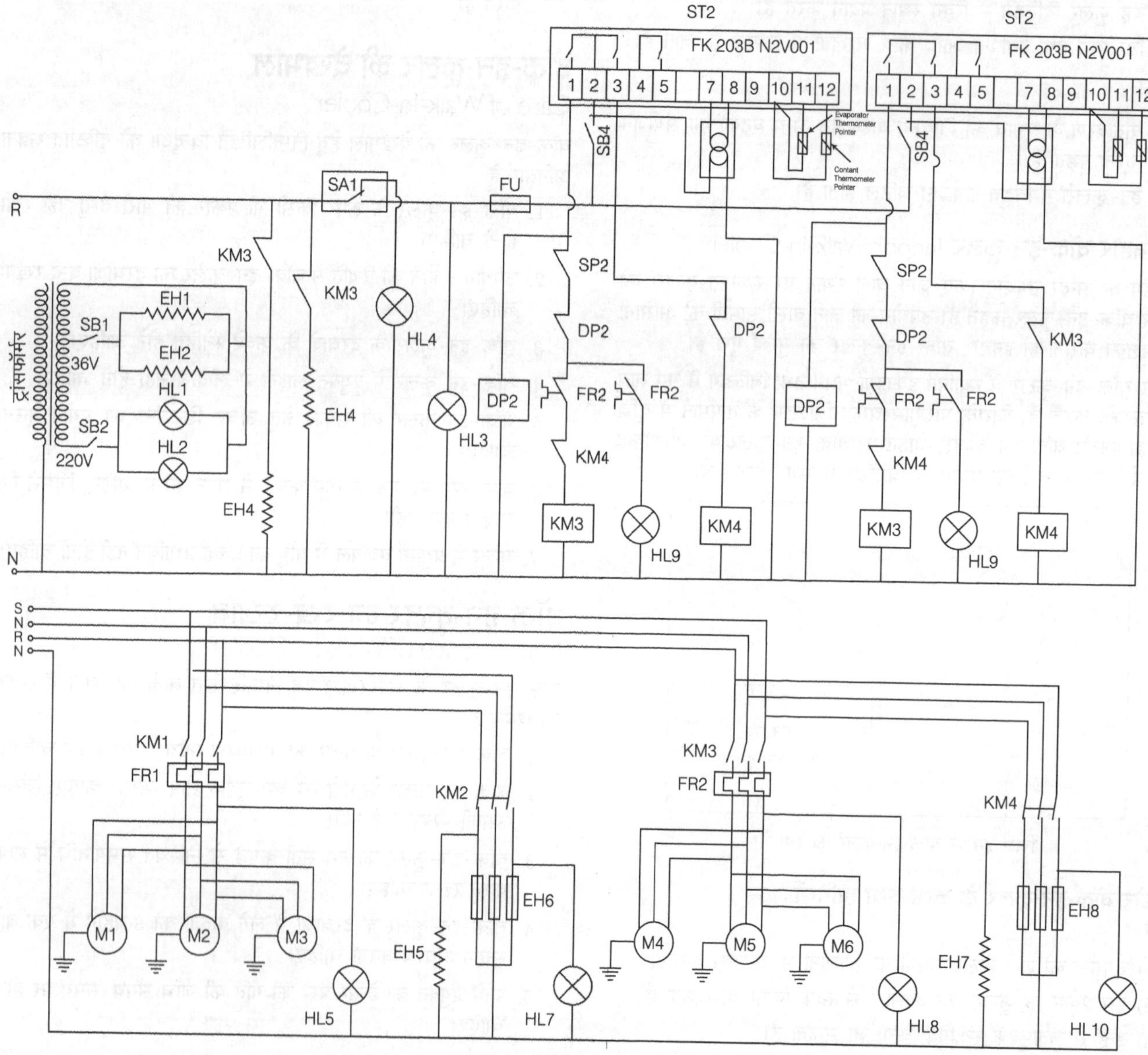

चित्र वॉक-इन-कूलर का परिपथ

S. No.	Symbol	Equipment
1.	M1	1# कण्डेन्सर फैन
2.	M2	1# कम्प्रैसर
3.	M3	1# फैन
4.	M4	2# कण्डेन्सर फैन
5.	M5	2# कम्प्रैसर
6.	M6	2# फैन
7.	EH1	डोर हीटर
8.	EH2	वेन्ट हीटर
9.	EH3	1# कम्प्रैसर क्रैंक-केस हीटर
10.	EH4	2# कम्प्रैसर क्रैंक-केस हीटर
11.	EH5	1# एवैपोरेटर ड्रेन पैन हीटर
12.	EH6	1# एवैपोरेटर डिफ्रॉस्ट हीटर
13.	EH7	2# एवैपोरेटर ड्रेन पैन हीटर
14.	EH8	2# एवैपोरेटर डिफ्रॉस्ट हीटर
15.	SA1	फेज लॉस मोनिटर
16.	FU	हीटर
17.	SB1	डोर/वेन्ट हीटर स्विच
18.	SB2	डोर लाइट
19.	SB3	1# सर्विस स्विच
20.	SB4	2# सर्विस स्विच
21.	KM1-KM3	कम्प्रैसर कॉन्टैक्टर
22.	KM2-KM4	डिफ्रॉस्ट/ड्रेन पैन हीटर कॉन्टैक्टर
23.	ST1-ST2	थर्मोस्टेट
24.	SP1-SP2	प्रैशर रिले
25.	DP1-DP2	कम्प्रैसर प्रोटेक्टर
26.	FR1-FR2	कम्प्रैसर थर्मल रिले
27.	HL1-HL2	डोर लाइट
28.	HL3	प्रोपर पावर सप्लाई लाइट
29.	HL4	फेलिअर पावर सप्लाई लाइट
30.	HL5-HL8	कम्प्रैसर मेलफंक्शन लाइट
31.	HL6-HL9	कम्प्रैसर मेलफंक्शन लाइट
32.	HL7-HL10	ड्रिफॉस्ट/ड्रेनिंग लाइट

वॉक-इन-कूलर की क्षमता Capacity of Walk-In-Cooler

वॉक-इन-कूलर की क्षमता से तात्पर्य कूलर द्वारा खाद्य पदार्थों को निम्न तापमान पर स्टोर करके रखने से है। इसे कूलर की स्टोरेज क्षमता भी कहते हैं। वॉक-इन-कूलर की क्षमता की मापन इकाई क्यूबिक मीटर (Cu.m) या क्यूबिक फीट (Cu.ft) होती है। वॉक-इन-कूलर की सामान्य प्रचालित क्षमता 16 से 40 क्यूबिक मीटर (Cu.m) तक हो सकती है। वॉक-इन-कूलर की क्षमता कूलर की दक्षता पर निर्भर करती है अर्थात् यदि कूलर दक्षतापूर्ण कार्य करता है, तो कूलर की कूलिंग क्षमता भी होगी और यदि कूलर की कूलिंग क्षमता अधिक होगी, तो कूलर की दक्षता भी अधिक होगी। अत: हम कह सकते हैं कि कूलर की क्षमता अधिक होने का तात्पर्य उसके अधिक कूलिंग प्रभाव से नहीं होता है। वॉक-इन-कूलर की क्षमता इसके स्टोरेज स्पेस के आकार पर भी निर्भर करती है।

9.2 रीच-इन-कैबिनेट Reach-in-Cabinet

रीच-इन-कैबिनेट कम मात्रा में किन्तु घरेलू रेफ्रिजरेटर से अधिक मात्रा में खाद्य पदार्थों के संग्रहण हेतु प्रयोग में लाया जाता है। रीच-इन-कैबिनेट, वॉक-इन-कूलर का संक्षिप्त रूप माना जाता है। रीच-इन-कैबिनेट सभी व्यापारिक कार्यों में प्रयोग किया जाने वाला उपकरण है। यह व्यापारिक स्थानों जहाँ घरेलू रेफ्रिजरेटर से अधिक क्षमता की आवश्यकता होती है; जैसे—किराना स्टोर, गोश्त मार्किट, बेकरीज, मेडिकल स्टोर, रेस्टोरेन्ट, होटल, फूल बेचने वाले आदि संस्थानों में प्रयोग किया जाता है। व्यापारी का सामान, वितरण प्रबन्ध और भण्डार (स्टोर) के कार्यों को देखते हुए इनका डिजाइन किया जाता है और उसी के अनुसार इसका निर्माण किया जाता है।

रीच-इन-कैबिनेट की संरचना Construction of Reach-in-Cabinet

रीच-इन-कैबिनेट में दरवाजे कब्जेदार (hinged) लगे होते हैं। यह दूध से बने उत्पाद और शर्बत आदि के लिए प्रयोग किए जाने वाले उपकरण हैं, जो रेस्टोरेन्ट, सामूहिक भोजनशाला (mess hall) और हॉस्पिटल में प्रयोग होते हैं। इनमें ठोस दरवाजे होते हैं, क्योंकि इनमें खाना बनाने वाले उपकरण सीधे ही गर्म अवस्था में पहुँचाए जाते हैं। व्यापारिक रीच-इन-कैबिनेट के आकार की रेंज 0.452 घन मीटर से 2.83 घन मीटर या अधिक होती है। कुछ मॉडल सेल्फ कन्टेन्ड होते हैं और कुछ मॉडल रिमोट कण्डेन्सिंग यूनिट के साथ लगे होते हैं। कैबिनेट के बाहर की बनावट एल्युमीनियम या स्टेनलैस स्टील की होती है तथा इसके अन्दर की बनावट इनेमिल्ड स्टील, एल्युमीनियम या पोर्सलीन की बनी होती है। इसमें इन्सुलेशन पदार्थ के रूप में लगभग 7.5 सेमी का फाइबर ग्लास या इसके समान कोई अन्य पदार्थ लगा होता है।

रीच-इन-कैबिनेट की कार्यविधि Working of Reach-in-Cabinet

रीच-इन-कैबिनेट निम्न तापमान स्टोरेज के लिए और बेकरीज आदि के कार्य के लिए बनाए जाते हैं। निम्न तापमान कैबिनेट में रेफ्रिजरेटेड प्लेट क्वॉयल या फोर्स्ड एयर फिण्ड ट्यूब एवैपोरेटर, ऑटोमैटिक डिफ्रॉस्ट सिस्टम के साथ प्रयोग होते हैं। इस कैबिनेट का न्यूनतम व अधिकतम तापमान 1.7°C और 7.2°C होता है। कैबिनेट में विभिन्न प्रकार के खाद्य पदार्थों के संग्रहण हेतु शेल्फ बनाई जाती है। शेल्फ में ऊष्मा के स्थानान्तरण के लिए शेल्फ को ग्रिल के रूप में लगाया जाता है। शेल्फ में ऊष्मा का स्थानान्तरण सिस्टम के पीछे लगे एवैपोरेटर क्वॉयल के द्वारा किया जाता है।

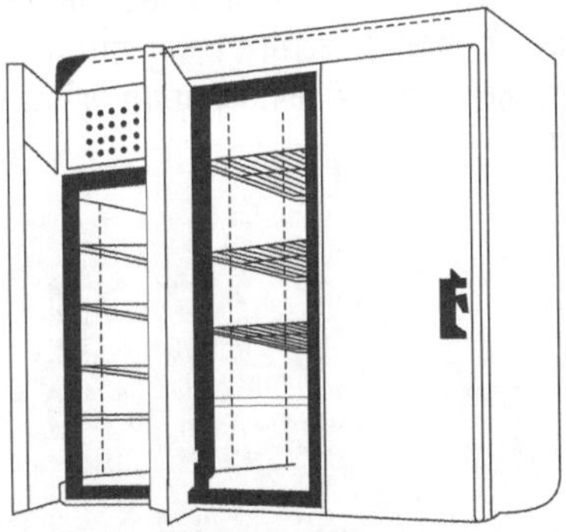

चित्र रीच-इन-कैबिनेट

महत्त्वपूर्ण बिन्दु

- व्यापारिक उद्देश्य की पूर्ति हेतु अधिक खाद्य पदार्थों को लम्बी समयावधि तक सुरक्षित रखने के लिए कॉमर्शियल रेफ्रिजरेटरों को उपयोग में लाया जाता है।
- प्रयोग तथा स्थान की उपलब्धता को दृष्टिगत रखने हेतु वॉक-इन-कूलर का प्रयोग किया जाता है।
- खाद्य पदार्थों को अधिक मात्रा में स्टोर करने के लिए वॉक-इन-कूलर का प्रयोग किया जाता है।
- वॉक-इन-कूलर का उपयोग मुख्यतः रिटेल स्टोर, मार्केट, होटल तथा रेस्टोरेन्ट में किया जाता है।
- वॉक-इन-कूलर की दीवारें धातु से बनी होती हैं।
- वॉक-इन-कूलर में स्टोर की जाने वाली वस्तुओं के तापमान तथा अपेक्षित आर्द्रता को भी नियन्त्रित किया जाता है।
- वॉल पैनल के संयोजन से बनने वाली संरचना वॉक-इन-कूलर कहलाती है।
- वॉल पैनल ऊष्मा की कुचालक होती है।
- रेफ्रिजरेन्ट द्वारा त्यागी गई ऊष्मा आस-पास के वातावरण के तापमान में वृद्धि कर देती है।
- बिल्डिंग के बाहर स्थापित कूलर, आउटडोर वॉक-इन-कूलर कहलाते हैं।
- कम पावर खपत पर अधिक प्रभावशाली कूलिंग के लिए आउटडोर वॉक-इन-कूलर का प्रयोग किया जाता है।
- बिल्डिंग के अन्दर उपयोग किए जाने वाले स्थान पर स्थापित कूलरों को इनडोर वाक-इन-कूलर कहते हैं।
- रीच-इन-कैबिनेट कम मात्रा में किन्तु घरेलू रेफ्रिजरेटरों से अधिक मात्रा में खाद्य पदार्थों के संग्रहण हेतु प्रयोग में लाया जाता है।
- रीच-इन-कैबिनेट में दरवाजे कब्जेदार होते हैं।
- रीच-इन कैबिनेट में विभिन्न प्रकार के खाद्य पदार्थों के संग्रहण हेतु शेल्फ बनाई जाती है।

महत्त्वपूर्ण प्रश्नोत्तरी

1. वॉक-इन-कूलर का प्रयोग क्यों किया जाता है?

उत्तर खाद्य पदार्थों की अधिक मात्रा को सन्दूषण से बचाने के लिए निम्न तापमान पर वॉक-इन-कूलरों में रखा जाता है। यह कूलर खाद्य पदार्थों के तापमान तथा आपेक्षित आर्द्रता को भी नियन्त्रित करते हैं।

2. वॉक-इन-कूलरों का दरवाजा बार-बार नहीं खोलना चाहिए, क्यों?

उत्तर वॉक-इन-कूलरों का दरवाजा बार-बार नहीं खोलना चाहिए, क्योंकि कूलिंग क्षमता पर विपरीत प्रभाव पड़ता है अर्थात् दरवाजा खोलने पर कूलिंग क्षमता घटती है।

3. वॉक-इन-कूलरों में थर्मोस्टेट स्विच का प्रयोग क्यों किया जाता है?

उत्तर वॉक-इन-कूलर में थर्मोस्टेट स्विच का उपयोग कूलर के दक्ष प्रचालन तथा यूनिट के अन्दर के तापमान को नियत बनाए रखने के लिए थर्मोस्टेट स्विच का प्रयोग किया जाता है।

4. वॉक-इन-कूलरों में कण्डेन्सर फैन क्यों प्रयोग किया जाता है?

उत्तर रेफ्रिजरेन्ट द्वारा त्यागी गई ऊष्मा, बिल्डिंग के वातावरण के द्वारा ग्रहण कर ली जाती है फलस्वरूप वायु गर्म हो जाती है, जिसके निष्कासन हेतु कण्डेन्सर फेन का प्रयोग यूनिट के बाहर किया जाता है।

5. आउटडोर वॉक-इन-कूलर में अन्य अवयव क्यों संयोजित किए जाते हैं?

उत्तर इन-कूलरों की स्थापना बिल्डिंग अथवा इमारत से बाहर होने के कारण बाह्य वातावरण से बचाव हेतु आउटडोर कूलरों में अन्य अवयवों का समायोजन आवश्यक है।

6. बिल्डिंग के आन्तरिक तापमान में वृद्धि का क्या कारण है?

उत्तर इनडोर वॉक-इन-कूलर बिल्डिंग के अन्दर स्थापित होने के कारण कूलरों से निर्गत ऊष्मा बिल्डिंग के आन्तरिक तापमान में वृद्धि का मुख्य कारण है।

7. वॉक-इन-कूलर की क्षमता से क्या तात्पर्य है?

उत्तर वॉक-इन-कूलर द्वारा खाद्य पदार्थों को निम्न तापमान पर स्टोर करके रखने की क्षमता वॉक-इन-कूलर की क्षमता अथवा स्टोरेज क्षमता भी कहते हैं।

8. रीच-इन-कैबिनेट में ऊष्मा का स्थानान्तरण किस प्रकार किया जाता है?

उत्तर रीच-इन-कैबिनेट में ऊष्मा के स्थानान्तरण हेतु शेल्फ, ग्रिल के रूप में लगी होती है, शेल्फ में ऊष्मा का स्थानान्तरण यूनिट के पीछे लगे एवैपोरेटर क्वॉयल द्वारा किया जाता है।

अभ्यास प्रश्न

परीक्षा प्रारूपी प्रश्न

बहुविकल्पीय

1. वॉक-इन-कूलर का प्रयोग किया जाता है
(a) मार्केट (b) रेस्टोरेन्ट (c) होटल (d) ये सभी

2. वॉक-इन-कूलरों में कूलिंग न होने का कारण क्या हो सकता है?
(a) कूलिंग हवा के चक्र का कम होना
(b) थर्मोस्टेट का दोषपूर्ण होना
(c) कम्प्रैसर का शोर करना
(d) गैस का कम होना

3. जब वॉक-इन-कूलरों को स्टार्ट किया जाता है तो इनके ट्रिप करने का कारण कौन-सा होता है?
(a) वायरिंग का लूज होना
(b) डिस्चार्ज तापमान का उच्च होना
(c) कण्डेन्सर के पंखों का अवरुद्ध होना
(d) सक्शन प्रैशर का निम्न होना

4. वॉक-इन-कूलर की क्षमता मापने की इकाई कौन-सी है?
(a) cu/m^2 (b) $cu\ m^2$ (c) cu m (d) $cu^2\ m$

5. वॉक-इन-कूलर में कौन-सी प्रक्रिया को डबल स्टेज वैक्यूम पम्प की जरूरत है?
(a) कण्डेन्सेशन (b) लीक टेस्टिंग (c) एवैकूएशन (d) डी-हाइड्रेशन

6. वॉल पैनल बनाने में प्रयुक्त पदार्थ कौन-से हैं?
(a) एल्युमीनियम (b) गैल्वेनाइज्ड स्टील
(c) विनायल (d) ये सभी

7. वाल पैनल में प्रयुक्त पदार्थ किस प्रकृति का होता है?
(a) अर्द्धचालक (b) कुचालक
(c) 'a' और 'b' दोनों (d) ये सभी

8. वॉक-इन-कूलर में कण्डेन्सर का स्थान कहाँ होता है?
(a) यूनिट से बाहर (b) यूनिट के अन्दर
(c) 'a' और 'b' दोनों (d) इनमें से कोई नहीं

9. ओवरलोडिंग से सुरक्षा हेतु वॉक-इन-कूलर में प्रयुक्त घटक कौन-सा है?
(a) ECB (b) MCB
(c) फ्यूज (d) ओवरलोड रिले

10. वॉक-इन-कूलर में प्रयुक्त वाल पैनल को किस युक्ति द्वारा जोड़ा जाता है?
(a) गैस्केट द्वारा (b) बिल्ट लॉक द्वारा
(c) सीलिंग पैनल द्वारा (d) ये सभी

11. वॉक-इन-कूलर में प्रयुक्त कम्प्रैसर किस प्रकृति का होता है?
(a) हरमैटिक (b) सेमी-हरमैटिक
(c) 'a' और 'b' दोनों (d) इनमें से कोई नहीं

12. सूची I का सूची II से मिलान कीजिए।

	सूची I		सूची II
A.	कुचालक पदार्थ	(i)	विनायल/एल्युमीनियम
B.	वॉल पैनल पदार्थ	(ii)	ग्रोसरी कैबिनेट
C.	तापमान परास	(iii)	पॉली स्टायरीन
D.	रीच-इन-कैबिनेट	(iv)	$-2°$ C से 13°C

कूट
(a) A-(iii); B-(i); C-(iv); D-(ii) (b) A-(ii); B-(iv); C-(i); D-(iii)
(c) A-(i); B-(ii); C-(iii); D-(iv) (d) इनमें से कोई नहीं

13. ऊर्जा व्यय को कम करने हेतु वॉक-इन-कूलर्स में प्रयुक्त विकल्प का चयन कीजिए
(a) उच्च दक्षता कम्प्रैसर (b) उत्कृष्ट इन्सुलेशन
(c) लाइट स्विच (d) ये सभी

14. रीच-इन रेफ्रिजरेशन कैबिनेट में इनमें से किसमें स्नेहन की जरूरत होती है?
(a) स्लाइडर (b) कब्जे (c) हैण्डिल (d) ये सभी

15. रीच-इन-कैबिनेट का आन्तरिक आवरण किस पदार्थ से निर्मित किया जाता है?
(a) लकड़ी (b) प्लास्टिक (c) लोहा (d) ये सभी

16. ग्रोसरी कैबिनेट को अन्य किस नाम से जाना जाता है?
(a) एयर टाइट कैबिनेट (b) वाटर कैबिनेट
(c) रीच-इन कैबिनेट (d) उच्च कूलिंग कैबिनेट

17. रीच-इन-कैबिनेट की संग्रहण क्षमता वॉक-इन-कूलरों की अपेक्षाकृत होती है
(a) ज्यादा (b) कम (c) समान (d) अधिक

18. रीच-इन रेफ्रिजरेशन कैबिनेट में इनमें से क्या विशेषता है?
(a) परिवर्तनशीलता (b) क्षमतावान होना
(c) समस्त कार्यों के लिए उपयोगी (d) ये सभी

19. रीच-इन-कैबिनेट तापमान किससे अधिक नहीं होना चाहिए?
(a) 10°C (b) 5°C (c) -5°C (d) -25°C

20. रीच-इन-कैबिनेट, वॉक-इन-कूलर का ········ रूप है।
(a) विस्तृत (b) सुधरा (c) संक्षिप्त (d) खराब

उत्तरमाला

1. (d)	**2.** (b)	**3.** (d)	**4.** (c)	**5.** (c)	**6.** (d)	**7.** (b)	**8.** (c)	**9.** (d)	**10.** (b)
11. (c)	**12.** (a)	**13.** (b)	**14.** (d)	**15.** (b)	**16.** (c)	**17.** (b)	**18.** (d)	**19.** (c)	**20.** (c)

अध्याय 10

कोल्ड स्टोरेज

Cold Storage

परिचय Introduction

फल-सब्जियों सहित अनेक खाद्य पदार्थों को लम्बे समय तक सुरक्षित रखने के लिए इनके संरक्षण एवं स्टोरेज की आवश्यकता होती है। इनके स्टोरेज हेतु प्रयुक्त वह बिल्डिंग, जिसमें तापमान तथा आर्द्रता को नियन्त्रित करके फल-सब्जियों इत्यादि का संरक्षण किया जाता है, कोल्ड स्टोरेज कहलाती है। कोल्ड स्टोरेज का आन्तरिक तापमान, उसके अन्दर रखे जाने वाले खाद्य पदार्थों की प्रकृति पर निर्भर करता है। कोल्ड स्टोरेज में कूलिंग हेतु उच्च दक्षता प्रणाली का प्रयोग किया जाता है।

कृषि उत्पादन से प्राप्त खाद्य पदार्थों से धूल-मिट्टी अलग करके कोल्ड स्टोरेज के चिलिंग रूम में उचित तापमान पर उत्पादों का स्टोरेज किया जाता है। कोल्ड स्टोरेज का उपयोग खाद्य पदार्थों को उनके ऑफ सीजन में उपलब्ध कराने के लिए भी किया जाता है।

कोल्ड स्टोरेज को आजकल विभिन्न युक्तियों में प्रयोग किया जाता है; जैसे—ट्रांसपोर्ट में मोबाइल रेफ्रिजरेशन, फ्रीजिंग टनल, ब्लास्ट फ्रोजर आदि। इस अध्याय में हम कोल्ड स्टोरेज तथा इसके विभिन्न अनुप्रयोगों के विषय में विस्तृत अध्ययन करेंगे।

अध्याय विषय सूची

10.1 कोल्ड स्टोरेज की संरचना Construction of Cold Storage

बड़े आकार के कोल्ड स्टोरेज में फ्रीजिंग प्वॉइण्ट से कम तापक्रम के लिए ब्राइन कूलिंग सिस्टम का प्रयोग किया जाता है। प्राइमरी रेफ्रिजरेन्ट द्वारा सेकेण्डरी रेफ्रिजरेन्ट (ब्राइन) को ठण्डा करके, अलग-अलग भागों के लिए अलग-अलग प्रवाहित किया जाता है और कूलिंग की जाती है।

ब्राइन, कक्ष की ऊष्मा शोषित करके पुन: ब्राइन टैंक में लौटता है और ठण्डा होता है। अलग-अलग कम्पार्टमेन्ट के लिए फैन क्वॉयल यूनिट (Fan Coil Unit, FCU) भी अलग-अलग ही लगाए जाते हैं। कम्पार्टमेन्ट तथा फैन क्वॉयल यूनिट, कोल्ड स्टोरेज की दीवारों के अन्दर होते हैं।

कोल्ड स्टोरेज की दीवारों का निर्माण, दोहरी परत के रूप में होता है। स्टोरेज की बाह्य तथा आन्तरिक दीवारें क्रमश: ईंट तथा ऊष्मा कुचालक शीट से बनाई जाती हैं। कोल्ड स्टोरेज की मुख्य बिल्डिंग का विभाजन करके एक मुख्य कोल्ड रूम (cold room) बनाया जाता है। खाद्य पदार्थों को कोल्ड स्टोरेज के इसी कोल्ड रूम में रखा जाता है। कोल्ड स्टोरेज में कम्प्रैसर, कण्डेन्सर, रिसीवर तथा ऑयल सेपरेटर आदि मशीन शेड में लगे होते हैं।

कोल्ड स्टोरेज के कोल्ड रूम के चारों ओर एवैपोरेटर क्वॉयल लगी होती है, जो कोल्ड स्टोरेज तथा कोल्ड रूम को ठण्डा रखती है।

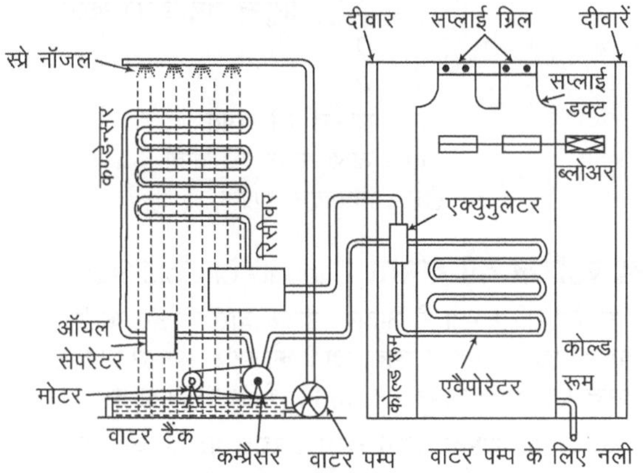

चित्र कोल्ड स्टोरेज की संरचना

10.2 कोल्ड स्टोरेज की क्रियाविधि
Working Method of Cold Storage

कोल्ड स्टोरेज की मशीन को पावर सप्लाई से संयोजित करने के पश्चात् मशीन में लगे अवयव; जैसे—कण्डेन्सर, कम्प्रैसर, रिसीवर तथा ऑयल सेपरेटर क्रियाशील हो जाते हैं।

सर्वप्रथम कम्प्रैसर, रेफ्रिजरेन्ट को कण्डेन्सर में पहुँचाता है। एक वाटर पम्प की सहायता से ठण्डा जल, बूँदों के रूप में कण्डेन्सर क्वॉयल पर प्रवाहित किया जाता है, जिसके फलस्वरूप कण्डेन्सर क्वॉयल में प्रवाहित रेफ्रिजरेन्ट ठण्डा होकर द्रव में परिवर्तित हो जाता है और प्रवाहित जल गर्म हो जाता है। गर्म जल को टैंक में एकत्र करके धीरे-धीरे ठण्डा किया जाता है। इसके पश्चात् ठण्डा द्रव रेफ्रिजरेन्ट, एवैपोरेटर क्वॉयल में प्रवेश करता है, जहाँ यह ऊष्मा ग्रहण कर वाष्प अवस्था में परिवर्तित हो जाता है। कोल्ड स्टोरेज की दीवारें ऊष्मा कुचालक पदार्थ से बनी होने के कारण, ऊष्मा स्थानान्तरण का विरोध करती हैं। अत: एवैपोरेटर क्वॉयल जितनी अधिक ठण्डी होगी, कोल्ड स्टोरेज का तापमान भी उतना ही कम होगा। कोल्ड स्टोरेज में लगा वाटर पम्प बिल्डिंग में उपस्थित जल को सोखकर बाहर निकालता है, जिससे बिल्डिंग में नमी उत्पन्न नहीं होती है। कूलिंग चैम्बर का तापमान और आर्द्रता, स्टोर (stored) करने वाली वस्तुओं पर निर्भर रहते हैं; जैसे-सब्जियों को स्टोर करने के लिए लगभग $0°$ से $5°C$ का तापमान और 80 से 90% आपेक्षिक आर्द्रता की आवश्यकता होती है।

10.3 कोल्ड स्टोरेज का वर्गीकरण
Classification of Cold Storage

कोल्ड स्टोरेज का वर्गीकरण निम्नलिखित आधारों पर किया जाता है

1. संरचना के आधार पर
2. उपयोग के आधार पर

1. संरचना के आधार पर On the Basis of Construction

कोल्ड स्टोरेज की संरचना को दृष्टिगत रखते हुए इन्हें दो भागों में विभाजित किया गया है

(i) पूर्वनिर्मित कोल्ड स्टोरेज (ii) यूनिट कूलर युक्त कोल्ड स्टोरेज

(i) **पूर्वनिर्मित कोल्ड स्टोरेज** (Prefabricated cold storage) सीमित कूलिंग क्षमता के लिए इस प्रकार के कोल्ड स्टोरेज का निर्माण किया जाता है। वाल, रूफ, लोडिंग रैम्प, कैनोपी तथा रेफ्रिजरेशन सिस्टम का प्रयोग करके, कोल्ड स्टोरेज बनाए जाते हैं। उक्त भागों की असेम्बली से निर्मित संरचना को ही पूर्वनिर्मित कोल्ड स्टोरेज कहते हैं। इन कोल्ड स्टोरेज की स्थापना हेतु अधिक समय की आवश्यकता नहीं होती है।

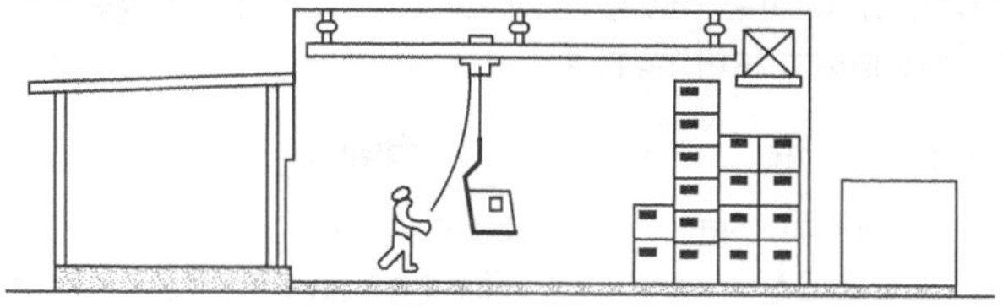

चित्र पूर्वनिर्मित कोल्ड स्टोरेज

(ii) **यूनिट कूलर युक्त कोल्ड स्टोरेज** (Cold storage with unit cooler) अधिक कूलिंग क्षमता तथा भण्डारण क्षमता को दृष्टिगत रखते हुए यूनिट कूलर युक्त कोल्ड स्टोरेज का निर्माण किया जाता है। इस प्रकार के कोल्ड स्टोरेज का सर्वाधिक प्रयोग किया जाता है।

रेफ्रिजरेशन सिस्टम से उत्पन्न कूलिंग को बिल्डिंग में पहुँचाने के लिए यूनिट कूलरों को सैट किया जाता है, जिस कारण इसे यूनिट कूलर युक्त कोल्ड स्टोरेज कहते हैं।

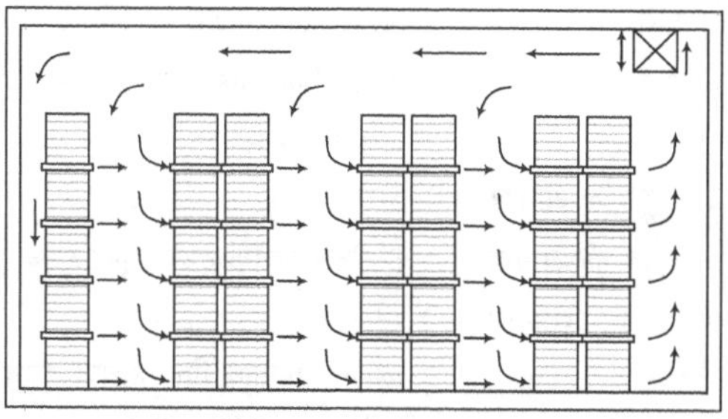

चित्र यूनिट कूलर युक्त कोल्ड स्टोरेज

2. उपयोग के आधार पर
On the of Basis of Use

उपयोग को ध्यान में रखते हुए, कोल्ड स्टोरेज को तीन प्रकार से वर्गीकृत किया गया है

(i) **फ्रोजन कोल्ड स्टोरेज** (Frozen cold storage) संवेदनशील खाद्य पदार्थों को अति निम्न तापमान पर लम्बे समय के लिए स्टोर करने के लिए फ्रोजन कोल्ड स्टोरेज का प्रयोग किया जाता है।

(ii) **अधिक अवधि वाले कोल्ड स्टोरेज** (Long term cold storage) विभिन्न खाद्य पदार्थों को अधिक समय तक स्टोर करके, उनके ऑफ सीजन में उन्हें उपलब्ध कराने के लिए, अधिक अवधि वाले कोल्ड स्टोरेज प्रयोग होते हैं।

(iii) **अस्थायी कोल्ड स्टोरेज** (Temporary cold storage) वे कोल्ड स्टोरेज जिनमें खाद्य पदार्थों को कम समय के लिए स्टोर किया जाता है, उन्हें अस्थायी कोल्ड स्टोरेज कहते हैं।

10.4 कोल्ड स्टोरेज से सम्बन्धित पद Terms Related to Cold Storage

कोल्ड स्टोरेज से सम्बन्धित कुछ मुख्य पद निम्नलिखित हैं

कोल्ड स्टोरेज की विशिष्टताएँ Specifications of Cold Storage

किसी कोल्ड स्टोरेज प्लांट की विशिष्टियाँ वे हैं, जो उस प्लांट की विशेषताओं को एक दृष्टि में समझा सकने में सक्षम होती हैं। एक प्लांट का विशिष्ट विवरण निम्न प्रकार है

क्र. सं.	पद	विशिष्टता
1.	मशीन की क्षमता	5 टन
2.	ठण्डा होने का स्थान	हॉल (hall) 25 × 12 मीटर
3.	तापक्रम	–20°C से 15°C
4.	रेफ्रिजरेन्ट	अमोनिया
5.	हस्त दाब	14-18 किलोग्राम प्रति वर्ग सेमी
6.	बैक प्रैशर	9-13.5 किलोग्राम प्रति वर्ग सेमी
7.	कम्प्रैसर	2-35 किलोग्राम प्रति वर्ग सेमी
	(a) आकार	12.5 × 12.5 सेमी
	(b) सिलेण्डर	02
	(c) कूलिंग प्रकृति	जल शीतलित
	(d) गति	30 RPM (चक्कर प्रति मिनट)
	(e) तैलीय दाब	2-3.5 किलोग्राम प्रति वर्ग सेमी
8.	कण्डेन्सर	जल शीतलित
	(a) ट्यूब का आकार	5 सेमी
	(b) ट्यूब की लम्बाई	6 मीटर प्रत्येक ट्यूब, कुल ट्यूबें (36)
9.	पाइपों की निर्माणक धातु	स्टील
10.	एवैपोरेटर	ब्लोअर के साथ फिन अथवा ट्यूब पाइप
11.	विद्युत मोटर	3-फेज इण्डक्शन मोटर
	(a) शक्ति	20 हॉर्स पावर
	(b) वोल्टता	440 वोल्ट
	(c) धारा	26 ऐम्पियर
	(d) गति	1440 RPM
	(e) पुली का व्यास	20 सेमी
12.	रेफ्रिजरेन्ट नियन्त्रक साधन	लो साइड फ्लोट वाल्व
	(a) इनलेट का आकार	1.25 सेमी
	(b) आउटलेट का आकार	1.25 सेमी

कोल्ड स्टोरेज की दक्षता Efficiency of Cold Storage

कोल्ड स्टोरेज में कूलिंग किए जाने वाले खाद्य पदार्थ की मात्रा तथा कूलिंग क्रिया में प्रयुक्त सप्लाई की खपत के अनुपात को कोल्ड स्टोरेज की दक्षता कहते हैं। कोल्ड स्टोरेज की दक्षता मापन हेतु प्रयुक्त पद, निष्पादन गुणांक (coefficient of performance) कहलाता है।

कोल्ड स्टोरेज की दक्षता (COP)

$$= \frac{\text{कूलिंग हेतु प्रयुक्त खाद्य पदार्थ की मात्रा}}{\text{प्रयुक्त सप्लाई की खपत}}$$

$$COP = \frac{Q}{P}$$

जहाँ, P = सप्लाई की खपत

Q = खाद्य पदार्थ की मात्रा

COP = निष्पादन गुणांक

कोल्ड स्टोरेज की क्षमता Capacity of Cold Storage

कोल्ड स्टोरेज की क्षमता से तात्पर्य, उसके द्वारा कूलिंग के लिए निश्चित स्थान पर अधिक-से-अधिक खाद्य पदार्थों को स्टोर करने से है। कोल्ड स्टोरेज की स्टोरेज क्षमता का मापन टन (tonn) में किया जाता है।

कोल्ड स्टोरेज की क्षमता, इसमें विभिन्न खाद्य पदार्थों को स्टोर करने हेतु उपलब्ध आयतन पर निर्भर करती है, अर्थात् कोल्ड स्टोरेज का आयतन जितना अधिक होगा, उसकी क्षमता भी उतनी ही अधिक होगी और यदि खाद्य पदार्थों को स्टोर करने हेतु उपलब्ध आयतन कम होगा, तो उसकी क्षमता भी कम होगी।

कोल्ड स्टोरेज में कूलिंग के लिए लगभग 50 से 60% कोल्ड स्टोरेज का भाग प्रयुक्त होता है जिस कारण कोल्ड स्टोरेज की कूलिंग क्षमता की गणना करना सम्भव नहीं है। **उदाहरण** के लिए कोल्ड स्टोरेज की विमाएँ 18 × 15 × 10 मी हैं, तो विमाओं के आधार पर कोल्ड स्टोरेज की क्षमता लगभग 1000 टन होगी।

कोल्ड स्टोरेज की क्षमता उसकी लागत तथा मशीनों पर भी निर्भर करती है। अधिक क्षमता होने पर कोल्ड स्टोरेज के दक्ष प्रचालन हेतु अधिक दक्षता वाली मशीनों की आवश्यकता होती है। मशीनों के स्थापन हेतु अधिक स्थान तथा लागत की आवश्यकता होती है। अत: लागत तथा मशीनों पर भी कोल्ड स्टोरज की क्षमता निर्भर करती है।

10.5 कोल्ड स्टोरेज का विद्युत परिपथ एवं नियन्त्रण Electric Circuit and Control of Cold Storage

कोल्ड स्टोरेज प्लांट, एक ऐसा प्लांट (plant) है, जिसकी सहायता से खाद्य सामग्री को दीर्घावधि तक सुरक्षित रखने के लिए विशेष किस्म की वायरिंग की व्यवस्था की जाती है। कोल्ड स्टोरेज का विकास स्टोरेज क्षमता पर आधारित आवश्यकताओं की पूर्ति के लिए किया गया है।

कोल्ड स्टोरेज प्लांट का यह आकार, इसके ताप व भार के अनुसार वैद्युतिक भार का दोगुना होता है। इसकी प्रचालन वोल्टेज 1-फेज, 230 वोल्ट्स, 50 हट्र्ज ए.सी. सप्लाई अथवा 3-फेज, 440 वोल्ट्स, 50 हट्र्ज ए.सी. सप्लाई होती है।

विभिन्न क्षमताओं के कोल्ड स्टोरेज के लिए भिन्न-भिन्न विद्युत परिपथ हो सकते हैं। प्रत्येक कूलिंग चैम्बर में वांछित तापमान प्राप्त करने के लिए थर्मोस्टेट का उपयोग किया जाता है। कूलिंग चैम्बर में लैम्प तथा कण्ट्रोल पैनल पर विभिन्न गतिविधियों को प्रकट करने हेतु इण्डीकेशन लैम्प का प्रयोग किया जाता है।

इनपुट टर्मिनल पर फ्यूज का प्रयोग किया जाता है, जो अधिक मान की पावर सप्लाई पर, परिपथ को सप्लाई से विच्छेदित कर देता है।

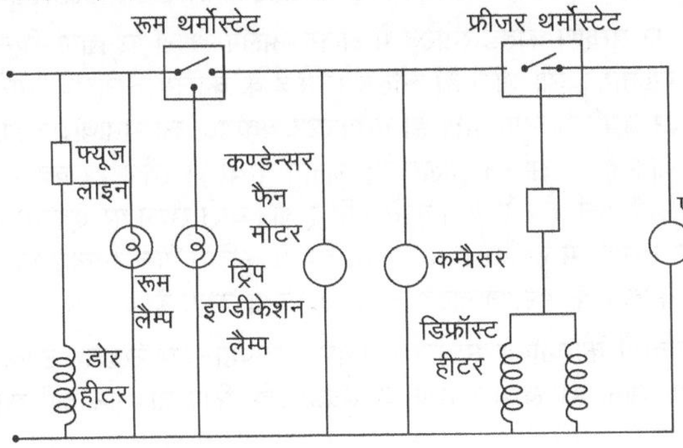

चित्र कोल्ड स्टोरेज के विद्युत परिपथ का ले-आउट

कोल्ड स्टोरेज में विद्युत परिपथ के नियन्त्रण हेतु निम्नलिखित नियन्त्रक अवयव प्रयुक्त किए जाते हैं

(i) **डिफ्रॉस्ट स्विच** (Defrost switch) डिफ्रॉस्ट स्विच का उपयोग कोल्ड स्टोरेज में उच्च कूलिंग के कारण जमी बर्फ को हटाने के लिए किया जाता है, यह क्रिया डिफ्रॉस्टिंग कहलाती है। डिफ्रॉस्ट सिस्टम में डिफ्रॉस्ट हीटर में लगी क्वॉयलों में विद्युत धारा प्रवाहित करने से ऊष्मा उत्पन्न होती है, जिसके परिणामस्वरूप जमी बर्फ हट जाती है और कोल्ड स्टोरेज की दक्षता का स्तर नियत रहता है।

(ii) **फ्लो स्विच** (Flow switch) कण्डेन्सर वाटर लाइन में जल स्तर का निर्धारित स्तर से कम होने की स्थिति में फ्लो स्विच, कम्प्रैसर को ऑफ कर देता है और वाटर लाइन में जल स्तर पुन: उचित होने पर फ्लो स्विच द्वारा कम्प्रैसर पुन: ऑन हो जाता है, इस प्रकार फ्लो स्विच, कण्डेन्सर वाटर लाइन में जल स्तर को निश्चित रखता है।

(iii) **थर्मोस्टेट** (Thermostat) कोल्ड स्टोरेज में वांछित तापमान परास प्राप्त करने के लिए थर्मोस्टेट का प्रयोग किया जाता है। थर्मोस्टेट, कोल्ड स्टोरेज में निश्चित तापमान परास प्राप्त करने के उपरान्त कूलिंग प्रक्रिया को बन्द कर देता है।

(iv) **कण्ट्रोल पैनल** (Control panel) विभिन्न प्रक्रियाओं के नियन्त्रण हेतु कोल्ड स्टोरेज में कण्ट्रोल पैनल उपयोग में लाया जाता है। कण्ट्रोल पैनल में स्विच की सहायता से कण्ट्रोलिंग क्रिया की जाती है तथा पैनल में लगे LED लैम्प की सहायता से प्रक्रियाओं की स्थिति (status) ज्ञात की जाती है। कोल्ड स्टोरेज का प्रयोग खाद्य पदार्थों को दूषित होने से बचाने के लिए किया जाता है। सामान्य तापमान पर खाद्य पदार्थों में सूक्ष्म जीवाणु (स्पॉयलिंग एजेन्ट) उत्पन्न हो जाते हैं जिससे खाद्य पदार्थ दूषित हो जाता है। अत: खाद्य पदार्थों को सुरक्षित रखने के लिए इन्हें स्पॉयलिंग एजेन्ट से बचाना अति आवश्यक है।

10.6 खाद्य पदार्थों में स्पॉयलिंग एजेन्ट्स Spoiling Agents in Food

खाद्य पदार्थों का संरक्षण, इनकी पोषक मात्रा को स्थिर या व्यवस्थित रखने के लिए किया जाता है। यदि खाद्य सामग्रियों का संरक्षण न किया जाए, तो ये कुछ प्राकृतिक कारणों; जैसे—अनुकूल तापक्रम, आर्द्रता (humidity) आदि के कारण दूषित या विकृत होने लगते हैं।

खाद्य पदार्थों के नष्ट या दूषित होने का मुख्य कारण एंजाइम होते हैं। एंजाइम एक रासायनिक अभिक्रमक है, जो अति शीघ्र ही प्रकृति में उपस्थित विषाणुओं, यीस्ट एवं फंगस के सम्पर्क में आकर, तत्काल ही क्रियाशील हो जाते हैं। एंजाइम ही रासायनिक क्रियाओं को बढ़ावा देते हैं, जिससे खाद्य पदार्थ शीघ्रता से दूषित होने लगते हैं।

हमारे वायुमण्डल में अनेक जीवित ऑर्गेनिज्म विद्यमान हैं। ये सभी अनुकूल तापक्रम एवं आर्द्रता मिलने पर तत्काल प्रतिक्रिया करते हैं और तीव्र गति से रासायनिक क्रिया कर स्वयं में वृद्धि करते हैं।

यही कारण है कि खाद्य पदार्थ शीघ्रता से प्रदूषित हो जाते हैं। ये ऑर्गेनिज्म विषाणु (virus), यीस्ट (yeast) एवं फंगस (molds) हैं जो खाद्य पदार्थों से तत्काल ही रासायनिक क्रिया कर इन्हें दूषित कर देते हैं।

विषाणु, खाद्य पदार्थों की वसा एवं प्रोटीन को नष्ट करते हैं, जबकि यीस्ट की उपस्थिति से खाद्य पदार्थों में रासायनिक अम्लों की उत्पत्ति होने लगती है, यही कारण है कि खाद्य पदार्थ उपयोग योग्य नहीं रह पाता है। फंगस खाद्य पदार्थों में दुर्गंध पैदा करते हैं तथा खाद्य पदार्थों पर विविध रंगों की पपड़ी के रूप में एकत्रित होने लगते हैं। खाद्य पदार्थों में विभिन्न प्रकार के स्पॉयलिंग एजेन्ट उत्पन्न हो जाते हैं,

जो निम्न प्रकार हैं

1. यीस्ट Yeast

यीस्ट, वायु तथा मिट्टी में पाया जाने वाला माइक्रोस्कोपिक कवक है, जो फल तथा सब्जियों की सतह पर उपस्थित होते हैं और एक निश्चित समयान्तराल के पश्चात् सक्रिय हो जाने पर फल तथा सब्जियों को दूषित करना आरम्भ कर देते हैं। यीस्ट मुख्यत: 25°C से 30°C के तापमान में सक्रिय हो जाते हैं।

यीस्ट को समाप्त करने हेतु ऊष्मा (लगभग 60°C) का प्रयोग किया जाता है। कुछ विशेष प्रकार के यीस्ट, अम्लीय तथा क्षारीय प्रकृति में भी रहते हैं, इनके अतिरिक्त कुछ यीस्ट ऑक्सीजन उपलब्ध न होने पर भी उत्पन्न हो जाते हैं।

2. मॉल्ड Mold

मॉल्ड, नग्न (naked) आँखों से देखी जाने वाली बहुकोशिकीय संरचना है, जो वायु में उपस्थित बीजाणुओं के कारण उत्पन्न होते हैं। ये समय के साथ-साथ स्वत: ही वृद्धि करने लगते हैं। मॉल्ड मुख्यत: 20°C से 40°C तापमान परास पर उत्पन्न होते हैं।

यीस्ट के समान ही मॉल्ड को ऊष्मा (लगभग 70°C) देकर नष्ट किया जा सकता है। मॉल्ड के कारण खाद्य पदार्थ का बाहरी वातावरण दूषित होता है।

3. जीवाणु Bacteria

खाद्य पदार्थों में सर्वाधिक मात्रा में उत्पन्न होने वाले प्रमुख एजेन्ट जीवाणु होते हैं। जीवाणुओं की वृद्धि दर अधिक होने के कारण यह स्वयं को 20 मिनट के समयान्तराल में दो भागों में विभक्त कर सकते हैं, जिसके परिणामस्वरूप अल्प समय में ही लाखों जीवाणु खाद्य पदार्थों में उत्पन्न हो जाते हैं।

ठण्डे स्थानों पर जीवाणु 25°C पर उत्पन्न हो जाते हैं तथा इन्हें नष्ट करने के लिए उपयुक्त स्थान का तापमान निम्न रखना चाहिए।

कोल्ड स्टोरेज द्वारा खाद्य पदार्थों का स्पॉयलिंग एजेन्ट से बचाव
Prevention of Food Items from Spoilage

खाद्य पदार्थों के बचाव हेतु विभिन्न रसायन उपयोग में लाए जाते हैं जिनके कारण यीस्ट, जीवाणु आदि सक्रिय नहीं हो पाते हैं। उनमें से कुछ खाद्य पदार्थों को सुरक्षित स्टोर करने की विधि का विवरण निम्न प्रकार है

फूलगोभी (Cauliflower) हरे रंग की ताजी फूलगोभी के पीछे के डण्ठल को काटकर साफ कर दिया जाता है। फिर साफ करके फूलगोभी को 3-4 मिनट गर्म उबलते पानी में रखा जाता है। इसके बाद इसे ठण्डे पानी में डाला जाता है। अब फूलगोभी को ग्लास के बर्तन या बॉक्स में पैक करके कोल्ड स्टोरेज में रख दिया जाता है।

बन्दगोभी (Cabbage) इसकी सभी हरी पत्तियाँ तथा पीछे के डण्ठल हटा दिए जाते हैं। इसे हल्के ब्राइन में डालकर 2-3 मिनट के लिए उबलते पानी में रखते हैं। इसके पश्चात् ठण्डे पानी में डालकर 2% ब्राइन के साथ पैक कर देते हैं।

मटर (Peas) ताजे मटर के दाने लेकर उन्हें साफ किया जाता है। उन्हें धोकर 1 मिनट उबलते पानी में रखा जाता है और फिर तुरन्त ठण्डे पानी में डाल दिया जाता है। इसे ग्लास के जार में 2% ब्राइन के साथ पैक कर दिया जाता है।

अंजीर (Fig) अंजीर को सावधानी से छाँटा जाता है। खराब अंजीर बाहर निकाल दी जाती है। इन्हें साफ कर धोया जाता है, फिर ये सूखे ही पैक करके रख दिए जाते हैं अथवा 35% ब्राइन युक्त शर्बत के घोल में रखे जाते हैं।

सेम (Beans) सेम को हरी एवं कच्ची ही स्टोर किया जाता है। इन्हें लगभग 2-3 मिनट तक ठण्डे पानी में रखने के पश्चात् उपयुक्त रसायन में सुरक्षित रखा जाता है। इन्हें लगभग 4°C के तापमान पर रखा जाता है।

आलू (Potato) एक समान आकार के आलुओं को धोकर, इन पर उपयुक्त रसायन डाला जाता है। इसके पश्चात् इन्हें लगभग 10 महीने तक 4°C के तापमान पर स्टोर किया जाता है।

जामुन (Blackbarries) जामुन को धोकर शक्कर के घोल में संग्रहीत किया जाता है। घोल में शक्कर और पानी का अनुपात 1:3 रखा जाता है।

आड़ू (Peaches) सर्वप्रथम आड़ू को छाँटकर गर्म पानी से साफ किया जाता है। इसके पश्चात् इन्हें हल्का सुखाकर 50% शर्बत के घोल में स्टोर कर लिया जाता है।

काली रसभरी (Black raspberries) साफ रसभरी को 45 से 50% ब्राइन युक्त शर्बत के घोल में रखकर स्टोर किया जाता है।

स्ट्रॉबैरी (Strawberries) साफ रंग एवं पकी हुई स्ट्रॉबैरी को सबसे पहले पानी में साफ किया जाता है तथा इसके बाद इसे 60% ब्राइन युक्त शर्बत के घोल में पैक करके स्टोर कर लिया जाता है।

चेरी (Cherries) पकी हुई चेरी को पानी में धोकर 40% ब्राइन युक्त शर्बत के घोल में पैक करके स्टोर किया जाता है।

अंगूर (Grapes) अच्छे-अच्छे अंगूरों को छाँट लिया जाता है, फिर इन्हें ठीक प्रकार से धोया जाता है। इन्हें ग्लास के जार में रखकर 40% ब्राइन से बने शर्बत में डुबोकर कोल्ड स्टोरेज में रखा जाता है।

कोल्ड स्टोरेज के विभिन्न स्थानों का तापमान नियन्त्रण
Temperature Control of Different Places in Cold Storage

खाद्य पदार्थों का संरक्षण कोल्ड स्टोरेज में अलग-अलग स्थानों पर भिन्न-भिन्न तापमान पर रखकर किया जाता है। कोल्ड स्टोरेज के कूलिंग चैम्बर के चारों ओर एवैपोरेटर क्वॉयल लगी होती है। एवैपोरेटर क्वॉयल का समायोजन इस प्रकार किया जाता है कि अधिक कूलिंग हेतु कूलिंग चैम्बर से एवैपोरेटर क्वॉयल अधिक सम्पर्क में आती है और कम कूलिंग किए जाने वाले स्थान पर एवैपोरेटर क्वॉयल कम सम्पर्क में होती है। कोल्ड स्टोरेज में कूलिंग ग्रिल/सप्लाई ग्रिल का उपयोग कूलिंग के हस्तानान्तरण के लिए किया जाता है।

अत: खाद्य पदार्थों को कोल्ड स्टोरेज में विभिन्न तापमान पर रखकर उनका संग्रहण किया जाता है। खाद्य पदार्थों के संग्रहण के लिए तापमान तालिका निम्न प्रकार है

तालिका कोल्ड स्टोरेज में रखे सामान का तापमान

खाद्य पदार्थ	पैकिंग प्रकार	तापमान °C
सेब	पीपा टिन का	–1.1–0
सेम	बास्केट	2.2–4.4
मक्खन	बॉक्स या क्रेट	3.3
गोभी	बॉक्स या क्रेट (टोकरा)	0.5
गाजर	टोकरा	1.1–4.4
खजूर	बॉक्स	2.2–4.4
अण्डा	टोकरा	1–1.1
मछली	बॉक्स	1.7–4.4
फल	बास्केट	1.7–4.4
अंगूर	बड़ी बास्केट	1.6–4.4
नींबू	बॉक्स	1.7–4.4
दूध	कण्डेन्सर	2.2–4.4
प्याज	बोरा	2.2
नारंगी/सन्तरा	बॉक्स	1.7–4.4
आड़ू	बास्केट	1.7–4.4
मटर	बास्केट	1.7–4.4
अनन्नास	बॉक्स	4.4–7
आलू	बोरा	1.1–3.3
स्ट्रॉबैरी	बास्केट	1.7–4.4

तालिका विभिन्न खाद्य पदार्थों में नमी की मात्रा

खाद्य पदार्थ	नमी	खाद्य पदार्थ	नमी
सेब	84%	बन्द गोभी	90%
चेरी	83%	गाजर	84%
स्ट्रॉबैरी	90%	मटर	75%
नींबू	88%	आलू	74%
सन्तरा	88%	टमाटर	95%
नाशपाती	83%	मूली	92%
आड़ू	87%	कटहल	72%
बैंगन	90%		

10.7 कोल्ड स्टोरेज में वाइब्रेशन एलीमिनेटर एवं शॉक एब्जॉर्बर का उपयोग

Use of Vibration Eliminator and Shock Absorber in Cold Storage

कोल्ड स्टोरेज में प्रयुक्त लचीली ट्यूब के अवयव वाइब्रेशन एलीमिनेटर कहलाते हैं। इनके उपयोग द्वारा कम्प्रैसर में उत्पन्न वाइब्रेशन के स्थानान्तरण को कम किया जा सकता है। वाइब्रेशन एलीमिनेटर ट्यूब का प्रयोग मुख्य रूप से रेफ्रिजरेशन तथा एयर कण्डीशनरों युक्त मशीनों अथवा बिल्डिंगों में किया जाता है। वाइब्रेशन एलीमिनेटर ट्यूब के उपयोग से बिल्डिंग में वाइब्रेशन के कारण उत्पन्न दरार की सम्भावना को समाप्त किया जाता है। वाइब्रेशन एलीमिनेटर मुख्य रूप से स्टील के बने होते हैं, जिनका तापमान परास –40°C से 150°C के मध्य होता है।

मशीनों तथा बिल्डिंगों में रेफ्रिजरेशन सिस्टम के उत्पन्न शॉक (झटकों) को रोकने के लिए शॉक एब्जॉर्बर में प्रयुक्त स्प्रिंग द्वारा शॉक को अवशोषित किया जाता है। इनका सर्वाधिक उपयोग मोबाइल रेफ्रिजरेशन युक्त ट्रांसपोर्ट व्हीकल में किया जाता है। शॉक एब्जॉर्बर मुख्यत: क्षैतिज स्थिति में सैट किए जाते हैं।

10.8 कोल्ड स्टोरेज में दाब मापना, वायु निकालना एवं रेफ्रिजरेन्ट भरना

Measuring Pressure, Venting and Filling Refrigerant in Cold Storage

नोट *इस शीर्षक के विस्तृत अध्ययन हेतु प्रथम वर्ष के अध्याय 15 का अवलोकन करें।*

10.9 कोल्ड स्टोरेज के अनुप्रयोग

Applications of Cold Storage

कोल्ड स्टोरेज के मुख्य अनुप्रयोग निम्नलिखित हैं

1. इसका प्रयोग विभिन्न डेरी उत्पादों को सुरक्षित रखने में किया जाता है।
2. विभिन्न सब्जी तथा फलों को ऑफ सीजन में भी उपलब्ध कराता है।
3. खाद्य पदार्थों को अधिक अवधि तक संरक्षित करता है।
4. मीट उत्पादों को खराब होने से बचाता है।

उपरोक्त के अतिरिक्त, कोल्ड स्टोरेज का उपयोग आजकल विभिन्न क्षेत्रों में भी किया जा रहा है, जो निम्नलिखित हैं

1. ट्रांसपोर्ट वाहनों में मोबाइल रेफ्रिजरेशन
2. कोल्ड स्टोरेज द्वारा डीप फ्रीजिंग
3. फ्रीजिंग टनल
4. ब्लास्ट फ्रीजर

1. ट्रांसपोर्ट वाहनों में मोबाइल रेफ्रिजरेशन

Mobile Refrigeration in Transport Vehicles

रेफ्रिजरेशन का यह नवीनतम साधन है, इसे ट्रांसपोर्ट रेफ्रिजरेशन (transport refrigeration) भी कहते हैं। काफी समय से एक ऐसे साधन की आवश्यकता महसूस की जा रही थी, जो कूलिंग की आवश्यकता वाली वस्तु को लम्बी दूरी तक सुरक्षित रूप में अपने लक्ष्य तक पहुँचा सके। कूलिंग की आवश्यकता वाली वस्तुओं का एक स्थान से दूसरे स्थान तक पहुँचाना ही मोबाइल रेफ्रिजरेशन (mobile refrigeration) कहलाता है। ऐसे साधन की सर्वाधिक आवश्यकता आइसक्रीम के लिए होती है तथा यह रेफ्रिजरेशन के डिस्प्ले साधनों का भिन्न रूप है। यह खाद्य संरक्षण केन्द्र एवं विक्रय केन्दों के मध्य की चेन के रूप में कार्य करता है। इसके माध्यम से वस्तुओं को विक्रेता तथा अन्तिम उपयोगकर्ता (end user) तक पहुँचाया जाता है। इस साधन में, ट्रकों, ट्रेलरों आदि में मोबाइल रेफ्रिजरेशन प्रणाली संयोजित रहती है तथा यह प्रणाली उनको विशिष्ट कार्य करने के योग्य बना देती है। अन्तिम उपभोक्ता तक वस्तु पहुँचाने के लिए यह व्यवस्था रिक्शा ठेले या फिर ठेले पर रेफ्रिजरेशन यूनिट (unit) को फिट करके की जाती है।

ऑटो वाहन में यह वाहन आधारित, जबकि रिक्शा ठेलों या फिर ठेलों में यह विद्युत आधारित होती है। मोबाइल रेफ्रिजरेशन का उद्देश्य मूलत: उपयोगकर्ता या उपभोक्ता को वस्तुएँ मूल रूप में उपलब्ध कराना होता है।

चित्र ट्रांसपोर्ट में मोबाइल रेफ्रिजरेशन

ट्रांसपोर्ट वाहनों में वस्तुओं को रखने के लिए, विद्युतरोधी पदार्थों से बनी एक विशेष कैबिनेट होती है। यह कैबिनेट ऊष्मा के संचरण का विरोध करती है। ट्रांसपोर्ट वाहनों में रेफ्रिजरेशन सिस्टम में प्रयुक्त अवयव कम्प्रैसर इंजन द्वारा प्रचालित होता है। इन वाहनों में कैबिनेट के साथ एवैपोरेटर लगा होता है। इसके अतिरिक्त कैबिनेट के नीचे ऊष्मा त्यागने के लिए कण्डेन्सर लगा होता है। ट्रांसपोर्ट वाहनों में मोबाइल रेफ्रिजरेशन के द्वारा खाद्य पदार्थों को संरक्षित करके एक स्थान से दूसरे स्थान तक ले जाना सुरक्षित उपाय है।

2. कोल्ड स्टोरेज द्वारा डीप फ्रीजिंग

Deep Freezing By Cold Storage

कोल्ड स्टोरेज में उच्च कूलिंग के लिए विशेष रूप से बनाए गए कम्पार्टमेन्ट, कोल्ड स्टोरेज में डीप फ्रीजिंग के लिए प्रयुक्त किए जाते हैं। सामान्य डीप फ्रीजर में अपेक्षाकृत अधिक खाद्य पदार्थों को, अति निम्न तापमान पर स्टोर करने हेतु, कोल्ड स्टोरेज में कम्पार्टमेन्ट बने होते हैं अर्थात् कोल्ड स्टोर में डीप फ्रीजिंग कक्ष, डीप फ्रीजर का ही विस्तृत रूप है।

इसकी दीवारें दो परतों से मिलकर बनी होती हैं। दीवार की बाह्य तथा आन्तरिक परतें क्रमश: एल्युमीनियम तथा स्टेनलैस स्टील से बनाई जाती हैं, दोनों के मध्य कुचालक पदार्थ भरा जाता है, जिसके कारण परतों में ऊष्मा स्थानान्तरण नहीं होता है। सिस्टम में कम्पार्टमेन्ट के चारों ओर एवैपोरेटर क्वॉयल सैट होती है।

एवैपोरेटर क्वॉयल की लम्बाई कोल्ड स्टोरेज के डीप फ्रीजर में वांछित कूलिंग के अनुरूप होती है अर्थात् कम्पार्टमेन्ट के चारों ओर एवैपोरेटर क्वॉयल की उपस्थिति जितनी अधिक होगी, कूलिंग का प्रभाव भी उतना ही अधिक होगा। डीप फ्रीजर कम्पार्टमेन्ट में लगी क्वॉयल में रेफ्रिजरेन्ट प्रवाहित होता है, यहाँ से ऊष्मा अवशोषित करने के पश्चात् रेफ्रिजरेन्ट, कम्पार्टमेन्ट में कूलिंग का उचित स्तर बनाए रखता है।

थर्मोस्टेट के द्वारा तापमान का नियन्त्रण किया जाता है। कण्ट्रोल पैनल को वांछित तापमान परास पर स्थिर कर दिया जाता है। थर्मोस्टेट, कण्ट्रोल पैनल से जुड़े होने के कारण, वांछित तापमान प्राप्त होने पर रेफ्रिजरेशन के प्रचालन को बन्द कर देता है, इसके विपरीत तापमान अधिक होने पर पुनः रेफ्रिजरेशन प्रणाली को ऑन कर देता है।

चित्र डीप फ्रीजिंग रूम

कोल्ड स्टोरेज में डीप फ्रीजिंग के लाभ Advantages of Deep Freezing in Cold Storage

कोल्ड स्टोरेज में डीप फ्रीजिंग के निम्नलिखित लाभ होते हैं

1. शीघ्र खराब होने वाले खाद्य पदार्थों का संग्रहण किया जाता है।
2. यह प्रणाली दक्षता से कूलिंग कार्य करती है।
3. कोल्ड स्टोरेज में डीप फ्रीजिंग स्वचालित प्रणाली है।

3. फ्रीजिंग टनल Freezing Tunnel

फ्रीजिंग टनल को टनल फ्रीजर भी कहते हैं। इसके अन्तर्गत खाद्य पदार्थों को टनल में रखकर ठण्डी वायु प्रवाहित की जाती है। खाद्य पदार्थों को ट्रॉली अथवा रेक के द्वारा टनल में पहुँचाया जाता है। फ्रीजिंग टनल मुख्यतः मीट एवं मछलियों को ठण्डा रखने के लिए प्रयोग में लाई जाती है। मीट के अतिरिक्त टुकड़ों में कटी सब्जियों को भी फ्रीजिंग टनल में रखा जाता है।

चित्रानुसार कन्वेयर बैल्ट पर सैट फूड ट्रॉली में सब्जियों को पैक करके लगभग 40-30 मिमी पैकेटों को परत के रूप में भर दिया जाता है। इन सब्जियों के पैकेट की निश्चित समय पर कूलिंग की जाती है।

हस्तचालित प्रणाली होने के कारण इसमें अधिक कार्य कर्मचारियों द्वारा किया जाता है, जिस कारण प्रणाली में अधिक कुशल एवं दक्ष कारीगरों की आवश्यकता होती है। यदि कार्य दक्षतापूर्ण न किया जाए, तो खाद्य पदार्थों की मात्रा में हानि हो सकती है।

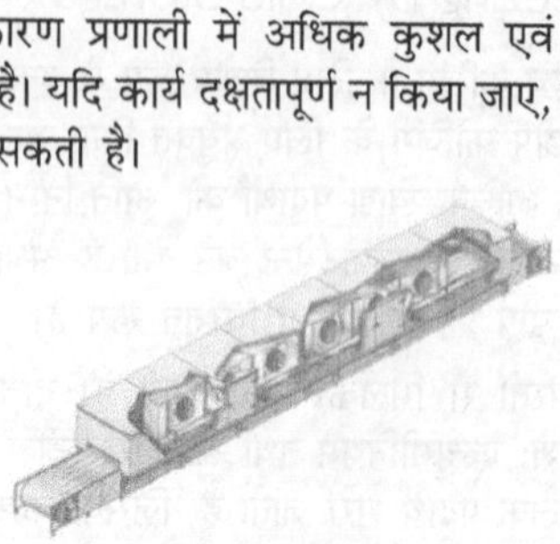

चित्र फ्रीजिंग टनल

फ्रीजिंग टनल के लाभ व हानियाँ

लाभ

फ्रीजिंग टनल के मुख्य लाभ निम्नलिखित हैं

1. इसका डिजाइन वांछित क्षमता के अनुरूप किया जा सकता है।
2. इसके द्वारा कम समय में अधिक कूलिंग प्राप्त की जा सकती है।
3. इसमें लगी ट्रे पर एक समान कूलिंग की जा सकती है।

हानियाँ

फ्रीजिंग टनल की मुख्य हानियाँ निम्नलिखित हैं

1. इसके अन्तर्गत खाद्य पदार्थों को उचित प्रकार से न रखने पर वे खराब हो सकते हैं।
2. इसके प्रचालन हेतु कुशल कारीगरों की आवश्यकता होती है।

4. ब्लास्ट फ्रीजर Blast Freezer

वह मशीन जिसके द्वारा रेफ्रिजरेशन सिस्टम का प्रयोग करके खाद्य पदार्थों को लम्बे समय तक संरक्षित किया जा सकता है, ब्लास्ट फ्रीजर कहलाती है। ब्राइन सोल्यूशन का उपयोग करके खाद्य पदार्थों को अधिक समय के लिए संरक्षित नहीं किया जा सकता। इसके लिए रेफ्रिजरेशन प्रणाली पर आधारित ब्लास्ट फ्रीजर का प्रयोग किया जाता है। ब्लास्ट फ्रीजर की कूलिंग क्षमता, इनके आकार पर निर्भर करती है। ब्लास्ट फ्रीजर की कैबिनेट में ठण्डी वायु प्रवाहित करने के लिए, हीट एक्सचेंजर का प्रयोग किया जाता है। ब्लास्ट फ्रीजर के अन्तर्गत स्टैक (stack) रूप में रखे खाद्य पदार्थ पर वायु की समान मात्रा उपयुक्त वेग से प्रवाहित की जाती है।

चित्र ब्लास्ट फ्रीजर

ब्लास्ट फ्रीजर की कैबिनेट के निचले भाग में कण्डेन्सर, कम्प्रैसर तथा रिसीवर आदि सैट होते हैं। कैबिनेट के पिछले भाग में एवैपोरेटर क्वॉयल स्थापित होती है, जिसमें द्रव रेफ्रिजरेन्ट प्रवाहित होता है।

रेफ्रिजरेशन सिस्टम ऑन होने पर एवैपोरेटर क्वॉयल में प्रवाहित द्रव रेफ्रिजरेन्ट ऊष्मा को ग्रहण करके कैबिनेट को कूलिंग प्रदान करता है। कैबिनेट में ठण्डी वायु प्रवाहित करने के लिए एवैपोरेटर क्वॉयल के पास पंखे स्थापित होते हैं, जो समान मात्रा तथा वेग से कैबिनेट में वायु प्रवाहित करते हैं। कैबिनेट में वायु के प्रवाह को आसान करने हेतु ट्रे/ट्रॉली के मध्य स्थान छोड़ा जाता है।

ब्लास्ट फ्रीजर के लाभ तथा हानियाँ

लाभ

ब्लास्ट फ्रीजर के मुख्य लाभ निम्नलिखित हैं

1. ब्लास्ट फ्रीजर की दक्षता उच्च होती है।
2. यह खाद्य पदार्थों को सन्दूषण से बचाता है।
3. ब्लास्ट फ्रीजर खाने के स्वाद को बदलने नहीं देता है।

हानियाँ

ब्लास्ट फ्रीजर की हानियाँ निम्नलिखित हैं

1. ब्लास्ट फ्रीजर अधिक ऊर्जा की खपत करता है।
2. यह एक महँगी मशीन है।

10.10 कोल्ड स्टोरेज में उत्पन्न दोष एवं निवारण Faults and Remedies in Cold Storage

कोल्ड स्टोरेज में उत्पन्न होने वाले दोष एवं उनका निवारण निम्न प्रकार है

क्र. सं.	दोष	सम्भावित कारण	निवारण
1.	कम्प्रैसर स्टार्ट नहीं होता है।	कम्प्रैसर जाम है।	कम्प्रैसर की जाँच करें, खराब होने पर बदल दें।
		कम्प्रैसर की बैल्ट टाइट है।	जाँच करके बैल्ट को ढीला करें।
		पावर सप्लाई कम है।	पावर सप्लाई ठीक करें।
		कॉन्टैक्ट प्वाइण्ट्स खराब हैं।	जाँच करके साफ करें या बदल दें।
2.	कम्प्रैसर मोटर नहीं चलती है।	फ्यूज जले हुए हैं।	जाँच करें तथा आवश्यकता हो तो बदल दें।
		वायरिंग खराब है।	वायरिंग की जाँच करके ठीक करें, आवश्यकता हो तो बदल दें।
		मोटर नियन्त्रक खराब है।	थर्मोस्टेट, लो प्रैशर तथा हाई प्रैशर कट ऑफ की जाँच करें, आवश्यकता हो तो इन्हें बदल दें।
		मोटर जाम है।	ठीक करें तथा उचित स्नेहन करें।
3.	कूलिंग प्रभाव कम है।	लिक्विड लाइन चोक है।	लिक्विड लाइन साफ करें।
		एक्सपैन्शन वाल्व खराब है।	जाँच करें तथा खराब होने पर बदल दें।
		वायु प्रवाह ठीक नहीं हैं।	वायु प्रवाह का उचित प्रबन्ध करें।
		रेफ्रिजरेन्ट कम है।	जाँच करें तथा रेफ्रिजरेन्ट चार्ज करें।
		एवैपोरेटर क्वॉयल पर बर्फ जमी है।	एवैपोरेटर क्वॉयल साफ करें।
4.	प्रणाली में अधिक शोर उत्पन्न हो रहा है।	शाफ्ट सील में आवाज है।	जाँच करके बदल दें।
		फ्लाईव्हील ढीला है।	जाँच करके टाइट करें।
		स्नेहक कम है।	स्नेहक ऑयल चार्ज करें।
		बियरिंग ढीले हो गए हैं।	बियरिंग बदलें तथा स्नेहक करें।
		फाउण्डेशन बोल्ट ढीले हैं।	जाँच करके टाइट करें।
5.	ऊर्जा खपत अधिक हो रही है।	उपकरण ठीक कार्य नहीं कर रहे हैं।	दक्ष कारीगर से मरम्मत कराएँ।
		कूलिंग रूम एयर टाइट नहीं है।	जाँच करके समस्या का निवारण करें तथा दरवाजों पर फ्लैप लगाएँ।
		प्रणाली में नमी उपस्थित है।	जाँच करके नमी को दूर करें।
6.	एवैपोरेटर क्वॉयल पर बर्फ जम रही है।	थर्मोस्टेट खराब है।	जाँच करें तथा थर्मोस्टेट बदल दें।
		आवश्यकता से कम तापमान सैट किया है।	जाँच करें तथा तापमान बढ़ाएँ।
		कूलिंग रूम में नमी अधिक है।	सापेक्ष आर्द्रता (नमी) कम करें।
		डिफ्रॉस्ट प्रणाली में दोष है।	जाँच करके दोष का निवारण करें।
7.	उत्पाद जम रहे हैं।	उत्पाद कूलिंग चैम्बर की दीवार से सैट है।	उत्पाद को दीवार से दूर करें।
		उत्पाद, एवैपोरेटर क्वॉयल के पास अधिक ऊँचाई पर है।	उत्पाद की ऊँचाई कम करें।
		कूलिंग अधिक हो रही है।	तापमान बढ़ाएँ।
8.	उत्पाद के ऊपर पानी एकत्र हो रहा है।	कोल्ड स्टोरेज से निकलने वाली हवा ठण्डे उत्पाद से टकरा रही है।	उत्पाद को धीरे-धीरे गर्म होने दें।
		एवैपोरेटर से डिफ्रास्ट पानी उत्पाद पर गिर रहा है।	फ्लोर से कण्डेन्स हुआ पानी हटाएँ।
		उत्पाद को अभी-अभी स्टोरेज में रखा है, जिससे उत्पाद की गर्म हवा, ठण्डी हवा से टकरा रही है।	नए उत्पाद को अलग कमरे में रखें।
9.	खाद्य पदार्थ सड़ रहा है।	खाद्य पदार्थ अधिक गर्म है।	स्टोरेज की अवधि तक निश्चित किया गया तापमान ही रखें।
		खाद्य पदार्थ स्टोरेज से पहले ही खराब है।	खराब गुणवत्ता वाला खाद्य पदार्थ स्टोरेज से ठीक नहीं हो सकता।
10.	स्टोरेज रूम से दुर्गन्ध आ रही है।	खाद्य पदार्थ सड़ गया है, जिससे कार्बन-डाइ ऑक्साइड एवं एथिलीन जैसी गैसें निकल रही हैं।	खराब खाद्य पदार्थ को निकाल दें तथा कूलिंग रूम में निकास पंखा लगाकर दुर्गन्ध को बाहर निकलने दें।

महत्त्वपूर्ण बिन्दु

- खाद्य पदार्थों, सब्जियों फलों इत्यादि के स्टोरेज हेतु प्रयुक्त वह बिल्डिंग, जिसमें तापमान तथा आर्द्रता को नियन्त्रित करके इनका संरक्षण किया जाता है, कोल्ड स्टोरेज कहलाती है।
- कोल्ड स्टोरेज का आन्तरिक तापमान, उसके अन्दर रखे जाने वाले खाद्य पदार्थों की प्रकृति पर निर्भर करता है।
- बड़े आकार के कोल्ड स्टोरेज में फ्रीजिंग प्वॉइण्ट से कम तापमान के लिए ब्राइन कूलिंग सिस्टम का उपयोग किया जाता है।
- कोल्ड स्टोरेज में कम्प्रैसर, कण्डेन्सर, रिसीवर तथा ऑयल सेपरेटर आदि मशीन शेड में लगे होते हैं।
- कोल्ड स्टोरेज के कूलिंग चैम्बर का तापमान एवं आर्द्रता, स्टोर करने वाली वस्तुओं पर निर्भर करता है; जैसे-सब्जियों को स्टोर करने के लिए लगभग 0° से 5°C तक का तापमान एवं 80 से 90% आपेक्षिक आर्द्रता की आवश्यकता होती है।
- कोल्ड स्टोरेज की संरचना को दो भागों-पूर्वनिर्मित कोल्ड स्टोरेज तथा यूनिट कूलर युक्त कोल्ड स्टोरेज में विभाजित किया जाता है।
- उपयोग के आधार पर कोल्ड स्टोरेज तीन प्रकार के होते हैं
  (i) फ्रोजन कोल्ड स्टोरेज
  (ii) अधिक अवधि वाले कोल्ड स्टोरेज
  (iii) अस्थायी कोल्ड स्टोरेज
- कोल्ड स्टोरेज की क्षमता से आशय, उसके द्वारा कूलिंग के लिए निश्चित स्थान पर अधिक-से-अधिक मात्रा खाद्य पदार्थों को स्टोर करने से है।
- कोल्ड स्टोरेज में कूलिंग किए जाने वाले खाद्य पदार्थों की मात्रा तथा कूलिंग क्रिया में प्रयुक्त सप्लाई की खपत के अनुपात को कोल्ड स्टोरेज की दक्षता कहते हैं।
- कोल्ड स्टोरेज में विद्युत परिपथ के नियन्त्रण हेतु निम्नलिखित नियन्त्रक अवयव प्रयुक्त किए जाते हैं
  (i) डिफ्रॉस्ट स्विच (ii) फ्लो स्विच
  (iii) थर्मोस्टेट (iv) कण्ट्रोल पैनल
- खाद्य पदार्थों के बचाव हेतु विभिन्न प्रकार के रसायन प्रयोग किए जाते हैं जिनके कारण खाद्य पदार्थों में यीस्ट जीवाणु इत्यादि सक्रिय नहीं हो पाते हैं।
- कोल्ड स्टोरेज में लचीली ट्यूब के अवयव वाइब्रेशन एलीमिनेटर कहलाते हैं। इनके उपयोग द्वारा कम्प्रैसर में उत्पन्न वाइब्रेशन के स्थानान्तरण को कम किया जा सकता है।
- फ्रीजिंग टनल के अन्तर्गत खाद्य पदार्थों को टनल में रखकर ठण्डी वायु प्रवाहित की जाती है।
- वह मशीन जिसके द्वारा रेफ्रिजरेशन सिस्टम का प्रयोग करके खाद्य पदार्थों को लम्बे समय तक संरक्षित किया जा सकता है, ब्लास्ट फ्रीजर कहलाती है।

महत्त्वपूर्ण प्रश्नोत्तरी

1. कोल्ड स्टोरेज द्वारा खाद्य पदार्थों का संग्रहण किस प्रकार किया जाता है?

उत्तर खाद्य पदार्थों को खराब होने से बचाने के लिए उनका संग्रहण कोल्ड स्टोरेज में किया जाता है। कोल्ड स्टोरेज में तापमान तथा आर्द्रता का नियन्त्रण करके खाद्य पदार्थों को लम्बे समय तक उपयोग हेतु संरक्षित किया जाता है।

2. कोल्ड स्टोरेज में डिफ्रॉस्टिंग क्यों आवश्यक है?

उत्तर कोल्ड स्टोरेज में उच्च कूलिंग के कारण एवैपोरेटर क्वॉयल पर बर्फ जमने लगती है, जिससे कोल्ड स्टोरेज की दक्षता तथा प्रणाली दोनों ही प्रभावित होती हैं। अतः कोल्ड स्टोरेज की दक्षता को बनाए रखने के लिए डिफ्रॉस्टिंग आवश्यक है।

3. कोल्ड स्टोरेज की कण्डेन्सर वाटर लाइन में जल–स्तर कैसे नियन्त्रित किया जाता है?

उत्तर कोल्ड स्टोरेज की कण्डेन्सर वाटर लाइन में जल-स्तर के निर्धारण हेतु फ्लो स्विच का प्रयोग किया जाता है। फ्लो स्विच, कम्प्रैसर के प्रचालन को नियन्त्रित करके जल स्तर का निर्धारण करता है।

4. कोल्ड स्टोरेज के कण्ट्रोल पैनल द्वारा कण्ट्रोलिंग किस प्रकार की जाती है?

उत्तर कोल्ड स्टोरेज के कण्ट्रोल पैनल में लगे स्विच की सहायता से कण्ट्रोलिंग क्रिया की जाती है तथा पैनल में लगे LED लैम्प की सहायता से प्रक्रियाओं की स्थिति ज्ञात की जाती है।

5. कूलिंग चैम्बर में अधिक तथा कम कूलिंग के लिए एवैपोरेटर क्वॉयल का समायोजन किस प्रकार किया जाता है?

उत्तर अधिक कूलिंग के लिए एवैपोरेटर क्वॉयल का सम्पर्क कूलिंग चैम्बर से अधिक तथा कम कूलिंग के लिए एवैपोरेटर क्वॉयल तथा कूलिंग चैम्बर का सम्पर्क न्यूनतम होता है।

6. कोल्ड स्टोरेज की क्षमता से क्या तात्पर्य है?

उत्तर कोल्ड स्टोरेज में कूलिंग किए जाने वाले खाद्य पदार्थ की मात्रा तथा कूलिंग क्रिया में प्रयुक्त सप्लाई की खपत के अनुपात को कोल्ड स्टोरेज की दक्षता कहते हैं।

7. कोल्ड स्टोरेज में वाइब्रेशन एलीमिनेटर क्यों प्रयोग किए जाते हैं?

उत्तर कोल्ड स्टोरेज में वाइब्रेशन एलीमिनेटर, लचीली ट्यूब में प्रयोग किए जाते हैं, क्योंकि यह कम्प्रैसर से उत्पन्न वाइब्रेशन के स्थानान्तरण को कम करते हैं।

अभ्यास प्रश्न

परीक्षा प्रारूपी प्रश्न

बहुविकल्पीय

1. कोल्ड स्टोरेज के कूलिंग चैम्बर को निम्न में से किसके द्वारा ठण्डा किया जाता है?
(a) एवैपोरेटर क्वॉयल (b) कण्डेन्सर क्वॉयल
(c) कम्प्रैसर (d) इनमें से कोई नहीं

2. कोल्ड स्टोरेज में तेल के सेपरेटर का प्रयोग किसलिए किया जाता है?
(a) तेल को फिल्टर करना (b) तेल के प्रवाह को बढ़ाना
(c) गैस से तेल को ट्रेप करना (d) कण्डेन्सेशन को बढ़ाना

3. कोल्ड स्टोरेज में ताप के लीकेज को रोकने के लिए किसका प्रयोग किया जाता है?
(a) इन्सुलेशन (b) सीमेण्ट (c) प्लास्टर (d) कोलतार

4. कोल्ड स्टोरेज में एक्युमुलेटर का कार्य है
(a) रेफ्रिजरेन्ट प्रवाह को नियन्त्रित करना
(b) रेफ्रिजरेन्ट वाष्प से द्रव कणों को अलग करना
(c) रेफ्रिजरेन्ट स्तर को नियन्त्रित करना
(d) उपरोक्त सभी

5. निम्न में से कोल्ड स्टोरेज को डिफ्रॉस्ट करने की साधारण विधि कौन-सी है?
(a) यूनिट को गर्म करना (b) यूनिट को फ्रीज करना
(c) यूनिट को प्रचालित करना (d) यूनिट को बन्द करना

6. कोल्ड स्टोरेज सिस्टम में चार्जिंग के पश्चात्, रेफ्रिजरेन्ट का प्रवाह ········ के द्वारा होता है।
(a) सक्शन सर्विस वाल्व
(b) डिस्चार्ज सर्विस वाल्व
(c) लिक्विड लाइन साइट ग्लास
(d) कम्प्रैसर सम्प द्वारा साइट ग्लास

7. निम्न में से कौन-सी डिफ्रॉस्ट विधि, कोल्ड स्टोरेज प्लाण्ट में अधिक लाभदायक है?
(a) गर्म गैस के परिचालन की विधि
(b) बिजली के हीटर की विधि
(c) पानी के स्प्रे की विधि
(d) गर्म हवा की विधि

8. खाद्य पदार्थों को ऑफ सीजन में उपलब्ध कराने के लिए इन्हें संरक्षित किया जाता है। इस कार्य के लिए निम्न में से किसका प्रयोग किया जाता है?
(a) रेफ्रिजरेन्ट (b) एक्युमुलेटर
(c) कोल्ड स्टोरेज (d) ये सभी

9. निम्न चित्र में किस प्रकार के कोल्ड स्टोरेज को दर्शाया गया है?

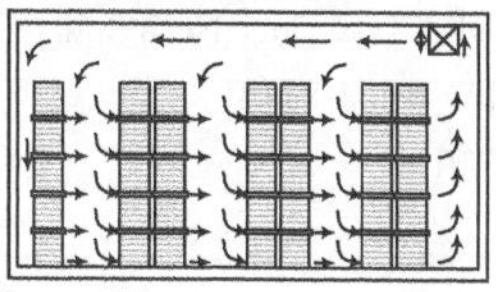

(a) पूर्वनिर्मित कोल्ड स्टोरेज (b) यूनिट कूलर युक्त कोल्ड स्टोरेज
(c) फ्रोजन कोल्ड स्टोरेज (d) इनमें से कोई नहीं

10. निम्न में से किस कोल्ड स्टोरेज को अति निम्न तापमान पर उत्पादों को स्टोर करने के लिए प्रयुक्त किया जाता है?
(a) फ्रोजन कोल्ड स्टोरेज (b) अस्थायी कोल्ड स्टोरेज
(c) पूर्वनिर्मित कोल्ड स्टोरेज
(d) अधिक अवधि वाले कोल्ड स्टोरेज

11. कोल्ड स्टोरेज में रेफ्रिजरेन्ट के रूप में ········ का प्रयोग किया जाता है।
(a) थर्मोस्टेट (b) अमोनिया
(c) सोडियम (d) नाइट्रोजन

12. कोल्ड स्टोरेज की क्षमता निर्भर करती है
(a) स्टोर के आयतन पर (b) प्रयुक्त मशीनों पर
(c) प्रणाली की लागत पर (d) ये सभी

13. कोल्ड स्टोरेज की क्षमता निम्न में से किस इकाई में मापी जाती है?
(a) वाट (b) किलोग्राम (c) टन (d) ये सभी

14. निम्न में से कौन-सा फ्लो स्विच का कार्य है?
(a) रेफ्रिजरेन्ट के प्रवाह को नियन्त्रित करता है
(b) जल स्तर को नियन्त्रित करता है
(c) 'a' और 'b' दोनों
(d) उपरोक्त में रो कोई नहीं

15. कोल्ड स्टोरेज के विद्युतीय परिपथ का नियन्त्रण निम्न में से किस युक्ति द्वारा किया जाता है?
(a) डिफ्रॉस्ट स्विच (b) फ्लो स्विच
(c) थर्मोस्टेट (d) ये सभी

16. एवैपोरेटर पर जमी बर्फ को हटाने के लिए निम्न में से किसका उपयोग किया जाता है?
(a) फ्लो स्विच (b) थर्मोस्टेट
(c) डिफ्रॉस्ट स्विच (d) पैनल कण्ट्रोल

17. खाद्य पदार्थों की वसा व प्रोटीन को किसके द्वारा नष्ट करते हैं?
(a) विषाणु (b) शैवाल (c) एंजाइम (d) ये सभी

18. निम्न में से किस तापमान पर मोल्ड खाद्य संरक्षण में नष्ट हो जाते हैं?
(a) 45°C (b) 50°C (c) 70°C (d) 30°C

19. अंगूर को स्टोर किया जाता है
(a) 2% ब्राइन में (b) 40% ब्राइन में
(c) 50% ब्राइन में (d) 60% ब्राइन में

20. किसी कोल्ड स्टोरेज में फ्रीज अवस्था में कौन-से उत्पाद को नहीं रखा जाता है?
(a) सब्जियों को (b) चिकन को (c) मीट को (d) मछली को

21. वाइब्रेशन एलीमिनेटर का निम्न में से क्या कार्य है?
(a) बिल्डिंग में उत्पन्न दरार को नियन्त्रित करना
(b) प्रणाली में जल स्तर का नियन्त्रण करना
(c) उच्च तापमान बनाए रखना
(d) उपरोक्त सभी

22. ब्राइन ट्यूब किसकी बनी होती है?
(a) कॉपर (b) एल्युमीनियम (c) ताँबा (d) पीतल

23. वाइब्रेशन एलीमिनेटर किस धातु के बनाए जाते हैं?
(a) स्टील (b) एल्युमीनियम (c) ताँबा (d) रबर

24. जब कोल्ड स्टोरेज प्लाण्ट काम न करने की स्थिति में हो, तो चार्जिंग की कौन-सी विधि तेजी से कार्य करेगी?
(a) वॉल्यूम विधि (b) तरल विधि
(c) वाष्प विधि (d) गैस विधि

25. कोल्ड स्टोरेज प्लाण्ट में गैस की कमी के दोष को ठीक करने की शीघ्र विधि कौन-सी है?
(a) एवैक्युरेटिंग (b) लीक टेस्टिंग
(c) प्रैसराइजिंग (d) टॉप-अप रेफ्रिजरेन्ट

26. कोल्ड स्टोरेज के लिए वाटर डी फ्रॉस्टिंग में नम्बर 6 इंगित भाग का क्या नाम है?

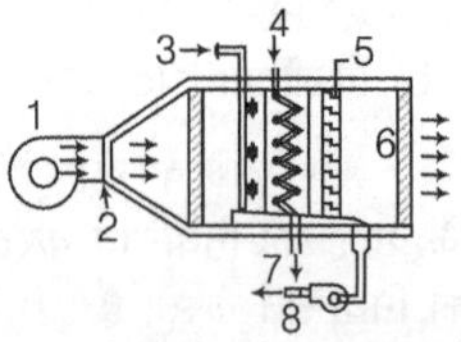

(a) ग्रिल (b) डेम्पर (c) लूवर्स (d) एलीमिनेटर

27. निम्न में से कौन-से साधन की सर्वाधिक आवश्यकता आइसक्रीम के लिए होती है?
(a) मोबाइल रेफ्रिजरेशन (b) फ्रीजिंग
(c) कोल्ड रूम (d) इनमें से कोई नहीं

28. कोल्ड स्टोरेज के डीप फ्रीजर की आन्तरिक दीवार बनी होती है।
(a) एल्युमीनियम की (b) स्टेनलैस स्टील की
(c) सीमेण्ट की (d) प्लास्टिक की

29. निम्न चित्र में किस प्रकार का कोल्ड स्टोरेज दर्शाया गया है?

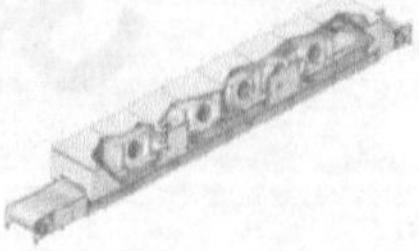

(a) डीप फ्रीजर (b) फ्रीजिंग टनल
(c) ब्लास्ट फ्रीजर (d) मोबाइल रेफ्रिजरेशन

30. एयर लॉक स्थान को कोल्ड स्टोरेज प्लाण्ट में किस प्रकार से ठण्डा किया जा सकता है?
(a) पृथक् रेफ्रिजरेशन इकाई के द्वारा
(b) कोल्ड स्टोरेज इकाई के द्वारा
(c) वापसी हवा के द्वारा
(d) कोल्ड रूम में होने वाली लीक हवा के द्वारा

31. कोल्ड स्टोरेज के प्लाण्ट में यदि कण्डेन्सर के पानी का वाल्व बन्द हो, तो कम्प्रैसर आरम्भ होते समय निम्न में से क्या होगा?
(a) कम्प्रैसर लगातार चलता रहेगा (b) हैड कम्प्रैसर बढ़ जाएगा
(c) कम्प्रैसर आरम्भ नहीं होगा (d) हैड का दबाव गिर जाएगा

32. कोल्ड स्टोरेज में कम हवा के वेग हेतु, निम्न में से कौन-सा उपाय हो सकता है?
(a) एयर के फिल्टर को साफ करें (b) सर्विस वाल्व को खोल दें
(c) कम्प्रैसर की सर्विस करें (d) फैन के टेबल को वाइप करें

33. कोल्ड स्टोरेज प्रणाली में कूलिंग न होने का क्या सम्भावित कारण है?
(a) एवैपोरेटर का पंखा तेज चल रहा होगा
(b) रेफ्रिजरेन्ट लीक हो रहा होगा
(c) लूब-तेल का स्तर अधिक होगा
(d) सिस्टम में गैस नहीं होगी

34. निम्न में किस युक्ति का प्रयोग ऊर्जा खपत को कम करने में किया जाता है?
(a) इकोनोमाइजर (b) शोषक
(c) थर्मल एक्सपैन्शन वाल्व (d) ये सभी

35. कहाँ दोष होगा, यदि कोल्ड स्टोरेज के नॉर्मल ऑपरेशन में हैड प्रैशर बढ़ता है?
(a) सक्शन वाल्व में (b) डिस्चार्ज वाल्व में
(c) वाटर रेगुलेटिंग वाल्व में (d) कण्डेन्सर फ्लोट वाल्व में

36. यदि कोल्ड स्टोरेज अधिक ऊर्जा की खपत कर रहा है, तो इस दोष का क्या कारण हो सकता है?
(a) प्रणाली में नमी उपस्थित है
(b) कूलिंग चैम्बर एयर टाइट नहीं है
(c) कण्डेन्सर में गन्दगी जमा है
(d) उपरोक्त सभी

उत्तरमाला

1. (a)	**2.** (c)	**3.** (a)	**4.** (b)	**5.** (d)	**6.** (b)	**7.** (c)	**8.** (c)	**9.** (b)	**10.** (a)
11. (b)	**12.** (d)	**13.** (c)	**14.** (b)	**15.** (d)	**16.** (c)	**17.** (d)	**18.** (c)	**19.** (b)	**20.** (a)
21. (a)	**22.** (a)	**23.** (a)	**24.** (b)	**25.** (b)	**26.** (a)	**27.** (a)	**28.** (b)	**29.** (b)	**30.** (a)
31. (c)	**32.** (a)	**33.** (d)	**34.** (a)	**35.** (a)	**36.** (d)				

अध्याय 11

साइक्रोमेट्री

Psychrometry

परिचय Introduction

वायुमण्डल में गैसों तथा धूल कणों के अतिरिक्त जलवाष्प भी उपस्थित रहती है, जो नमी के रूप में होती है। वायु में जब नमी की मात्रा स्वाभाविक रूप से मिली होती है, तो वायु नमीदार बन जाती है। इस नमीदार वायु का एयर कण्डीशनिंग में अत्यधिक महत्त्व है।

नमीदार वायु का आयतन व भार स्थिर नहीं होते हैं, जिस कारण मानव सुविधा हेतु एयर कण्डीशनिंग में नम वायु के आयतन तथा भार में वांछित परिवर्तन किया जा सकता है।

आर्द्र वायु के गुणों में परिवर्तन ही 'साइक्रोमेट्री' (psychrometry) कहलाता है अर्थात् "विज्ञान की वह शाखा, जिसके अन्तर्गत वायु तथा नमी के मिश्रण (आर्द्र वायु) के विषय में अध्ययन किया जाता है, साइक्रोमेट्री कहलाती है।" इसमें विभिन्न प्रकार की गणनाएँ की जाती हैं; जैसे—वायु का वास्तविक तापमान, वायु में उपस्थित नमी की मात्रा और ओसबिन्दु, तापमान इत्यादि। इन सभी को चार्टों के माध्यम से प्रदर्शित किया जाता है।

अध्याय विषय सूची

11.1 साइक्रोमेट्रिक शब्दावली Psychrometric Terms

साइक्रोमेट्री के अन्तर्गत विविध पदों की गणनाएँ कर आपेक्षित परिणाम प्राप्त किए जाते हैं। प्रस्तुत अध्याय के इस भाग में इन्हीं साइक्रोमेट्रिक पदों का संक्षिप्त वर्णन किया गया है, जो निश्चित ही प्रशिक्षुओं को साइक्रोमेट्री को उपयुक्त रूप से समझने में सहायक सिद्ध होंगे।

इन पदों का विवरण निम्नवत् है

1. शुष्क वायु Dry Air

नाइट्रोजन एवं ऑक्सीजन का मिश्रण शुष्क वायु होती है। इसमें अन्य गैसों की मात्रा को नगण्य मान लिया जाता है। वायुमण्डल में लगभग 78% नाइट्रोजन, 21% ऑक्सीजन और शेष 1% में अन्य गैसें; जैसे–हाइड्रोजन, निऑन आदि होती है। शुष्क वायु का परमाणु भार लगभग 28.97 होता है। शुष्क वायु में जलवाष्प नहीं होती है।

शुष्क वायु की संरचना इन्टरनेशनल ज्वॉइण्ट कमेटी के साइक्रोमेट्री डेटा के अनुसार निम्नलिखित है

क्र.सं.	अवयवों के नाम	आयतन (%)
1.	ऑक्सीजन (O_2)	20.99
2.	नाइट्रोजन (N_2)	78.03
3.	ऑर्गन (Ar)	0.94
4.	कार्बन डाइ-ऑक्साइड (CO_2)	0.03
5.	हाइड्रोजन (H_2)	0.01

नोट *वायुमण्डल में सदैव प्रायोगिक आधार पर जलवाष्प की कुछ मात्रा उपस्थित होती है, जिस कारण शुष्क वायु, वायुमण्डल में नहीं मिलती है। अतः इस अध्याय में आर्द्र वायु का विस्तृत वर्णन किया गया है।*
वायु का अणुभार = 28.97
गैस नियतांक (R_{air}) = 0.287 kJ/kg K

2. आर्द्र या नमी युक्त वायु Moist Air

जब शुष्क वायु में जलवाष्प मिली होती है, तो उस वायु में आर्द्रता आ जाती है, जिसे आर्द्र वायु (moist air) कहते हैं। वायु में नमी होने से वायु ठण्डी और आर्द्रता न होने पर वायु गर्म होती है। सामान्यतौर पर व्यक्तियों के लिए वायु में आर्द्रता की मात्रा 50 से 60% तक होनी चाहिए। जब आर्द्रता इससे अधिक होती है, तो वायु अधिक ठण्डी हो जाती है। इस वायु का तापमान तथा निरपेक्ष दाब वायु में उपस्थित जलवाष्प की मात्रा को नियन्त्रित करता है। वायु में उपस्थित जलवाष्प का मान शून्य से सन्तृप्त सीमा तक हो सकता है।

3. विशिष्ट आर्द्रता Specific Humidity

किसी दिए गये आर्द्र वायु के आयतन में उपस्थित जलवाष्प (water vapour) के द्रव्यमान तथा शुष्क वायु के द्रव्यमान के अनुपात को विशिष्ट आर्द्रता (specific humidity) कहते हैं। इसे आर्द्रता अनुपात (humidity ratio) के नाम से भी जाना जाता है। इसे 'w' से प्रदर्शित किया जाता है तथा इसकी इकाई, जलवायु ग्राम में (g)/ शुष्क वायु किग्रा (kg) में होती है। यह मान्यता है कि वायु के दोनों अवयव जलवाष्प तथा शुष्क वायु, आदर्श गैस तथा डाल्टन के आंशिक दाब के नियम का पालन करती है।

(i) माना किसी कण्टेनर में आर्द्र वायु भरी है। इस आर्द्र वायु की विशिष्ट आर्द्रता निम्न प्रकार होगी

$$w = \frac{m_v}{m_{da}} \quad \text{...(i)}$$

जहाँ, m_v = आर्द्र वायु में उपस्थित जलवाष्प का द्रव्यमान

m_{da} = आर्द्र वायु में उपस्थित शुष्क वायु का द्रव्यमान

हम जानते हैं घनत्व $(\rho) = \frac{\text{द्रव्यमान } (m)}{\text{आयतन } (V)}$

जलवाष्प के लिए,

$$\rho_V = \frac{m_V}{V_V} \text{ या } m_V = \rho_V V_V \quad \text{...(ii)}$$

शुष्क वायु के लिए

$$\rho_{da} = \frac{m_{da}}{V_{da}} \text{ या } m_{da} = \rho_{da} V_{da} \quad \text{...(iii)}$$

समीकरण (i), (ii) तथा (iii) से

$$w = \frac{\rho_V V_V}{S_{da} V_{da}}$$

नोट *कण्टेनर में उपस्थित आर्द्र वायु का तापमान (T_{ma}), शुष्क वायु का तापमान (T_{da}) तथा जलवाष्प का तापमान (T_V), शुष्क बल्ब तापमान के समान होता है*

(ii) इसी प्रकार कण्टेनर में उपस्थित आर्द्र वायु का आयतन (V_{ma}), शुष्क वायु का आयतन (V_{da}) तथा जलवाष्प का तापमान (V_v), कण्टेनर के आयतन (V) के समान होता है।

$$T_{ma} = T_{da} = T_v = T_{DB}$$

$$V_{ma} = V_{da} = V_v = V$$

$$w = \frac{\rho_v V}{\rho_{da} V}$$

$$w = \frac{\rho_v}{\rho_{da}} \quad \text{...(iv)}$$

∴ आदर्श गैस समीकरण से

$$PV = mRT$$

$$P = \frac{m}{V} RT$$

$$P = \rho RT, \ \rho = \frac{P}{RT}$$

जल वाष्प के लिए,

$$\rho_v = \frac{P_v}{R_v T_v} \quad \text{...(v)}$$

शुष्क वायु के लिए,

$$\rho_{da} = \frac{P_{da}}{R_{da} T_{da}} \quad \text{...(vi)}$$

समीकरण (iv), (v) तथा (vi) से

$$w = \frac{P_v}{R_v T_v} \times \frac{R_{da} T_{da}}{P_{da}} \quad [\because T_{da} = T_v]$$

$$w = \frac{R_{da}}{R_v} \times \frac{P_v}{P_{da}}$$

हम जानते हैं कि $w = \dfrac{\dfrac{R}{M_{da}}}{\dfrac{R}{M_v}} \times \dfrac{P_v}{P_{da}}$ [∴ $R = 8.314$ kJ/kg K]

$$= \frac{M_v}{M_{da}} \times \frac{P_v}{P_{da}}$$

$$w = \frac{M_v P_v}{M_{da} P_{da}} \quad \text{...(vii)}$$

जहाँ, M_v = जलवाष्प का आणविक द्रव्यमान (18)

M_{da} = शुष्क वायु का आणविक द्रव्यमान (28.97)

$$w = \frac{18}{21.97} \times \frac{P_v}{P_{da}}$$

$$w = 0.622 \frac{P_v}{P_{da}} \quad \text{...(viii)}$$

या $$w = 0.622 \frac{P_v}{(P_{atm})_L - P_v} \quad \text{...(ix)}$$

4. सन्तृप्त वायु Saturated Air

वायु में उपस्थित जलवाष्प, वायु की आर्द्रता कहलाती है। यदि वायु में उपस्थित जलवाष्प की मात्रा इतनी अधिक हो कि इसमें और जलवाष्प मिश्रित न हो सके, तो ऐसी वायु को सन्तृप्त वायु कहते हैं। यदि इस सन्तृप्त वायु को ठण्डा किया जाए, तो सन्तृप्त वायु में उपस्थित जल कण्डेन्स होने लगता है, जिस कारण कोहरा आदि उत्पन्न होने लगता है।

5. सन्तृप्ति अंश या सन्तृप्तता की सीमा

Degree of Saturation

सन्तृप्तता की सीमा या सन्तृप्ति अंश, किसी विशिष्ट तापमान पर वास्तविक वायु की विशिष्ट आर्द्रता (w) तथा सन्तृप्त वायु की विशिष्ट आर्द्रता (w_s) का अनुपात होता है अर्थात् किसी विशिष्ट तापमान पर वायु के इकाई द्रव्यमान में उपस्थित जलवाष्प तथा सन्तृप्त वायु के इकाई द्रव्यमान में उपस्थित जलवाष्प की मात्रा का अनुपात सन्तृप्तता की सीमा कहलाता है। इसे ग्रीक भाषा के शब्द म्यू (μ) से दर्शाया जाता है।

सन्तृप्ति की सीमा का गणितीय रूप

सन्तृप्ति की सीमा $(\mu) = \dfrac{w}{w_s}$ (विशिष्ट तापमान पर)

$$w = 0.622\left(\frac{P_v}{P-P_v}\right) \quad \text{तथा} \quad w_s = 0.622\left(\frac{P_{vs}}{P-P_{vs}}\right)$$

$$\text{इसलिए} \quad \mu = \frac{0.622\left(\dfrac{P_v}{P-P_v}\right)}{0.622\left(\dfrac{P_{vs}}{P-P_{vs}}\right)} \quad \text{या} \quad \mu = \frac{P_v}{P_{vs}} \times \left(\frac{P-P_{vs}}{P-P_v}\right)$$

उपरोक्त सम्बन्ध से स्पष्ट है कि सन्तृप्त वायु के आंशिक दाब (P_{vs}) को वाष्प सारणी से लिया जा सकता है, जिसका सन्तृप्त दाब, शुष्क बल्ब तापमान के समान होगा।

6. आपेक्षित आर्द्रता Relative Humidity

वायु के निश्चित आयतन में निश्चित तापमान पर उपस्थित असंतृप्त वायु में जलवाष्प की मात्रा और उसी निश्चित तापमान और आयतन में वायु को सन्तृप्त (saturate) करने के लिए आवश्यक जलवाष्प की मात्रा के अनुपात को आपेक्षित आर्द्रता कहते हैं। इसे ϕ से प्रदर्शित किया जाता है।

आपेक्षित आर्द्रता, $\phi = \dfrac{m_v}{m_{vs}}$

जहाँ, m_v = वायु में उपस्थित जलवाष्प का द्रव्यमान

m_{vs} = संतृप्त वायु में उपस्थित जलवाष्प का द्रव्यमान

उदाहरण 1. किसी निश्चित स्थान पर वायुमण्डलीय दाब 101.3KPa है तथा वायु में उपस्थित जलवाष्प का आंशिक दाब 2.025 KPa है तो वायु की विशिष्ट आर्द्रता ज्ञात कीजिए।

हल दिया है $(P_{atm})_L = 101.3$ KPa

$P_v = 2.025$

हम जानते हैं $\quad w = 0.622\,\dfrac{P_v}{(P_{atm})_L - P_v} = \dfrac{0.622 \times 2.025}{101.3 - 2.025}$

$w = 0.012637$ kg जलवाष्प/kg शुष्क वायु

या $w = 12.687$ gm जलवाष्प/kg शुष्क वायु

आदर्श गैस समीकरण के अनुसार

$$PV = mRT$$

$$m = \frac{PV}{RT}$$

असंतृप्त वायु के लिए

$$m_v = \frac{P_v V_v}{R_v T_v} = \frac{P_v V_v}{\left(\dfrac{\bar{R}}{M_v}\right) T_v}$$

$$\because \quad R_v = \frac{\bar{R}}{M_v}$$

$$m_v = \frac{M_v P_v V_v}{\bar{R}\, T_v} \quad \text{...(i)}$$

संतृप्त वायु के लिए

$$m_{vs} = \frac{P_{vs} V_{vs}}{R_{vs} T_{vs}} = \frac{P_{vs} V_{vs}}{\dfrac{\bar{R}}{M_v} T_{vs}}$$

$$m_{vs} = \frac{M_{vs} P_{vs} V_{vs}}{\bar{R}\, T_{vs}} \quad \text{...(ii)}$$

समी (i) तथा (ii) से

$$\phi = \frac{m_v}{m_{vs}} = \frac{M_v P_v V_v}{\bar{R}\, T_v} \times \frac{\bar{R}\, T_{vs}}{M_{vs} P_{vs} V_{vs}}$$

परिभाषा के अनुसार

$$T_v = T_{vs} = T$$

$$V_v = V_{vs} = V$$

$$\phi = \frac{M_v P_v}{M_{vs} P_{vs}}; \quad \phi = \frac{P_v}{P_{vs}}$$

नोट *संतृप्त वायु की आपेक्षित आर्द्रता 100% होती है।*

उदाहरण 2. एक निश्चित स्थान पर असंतृप्त वायु का आंशिक दाब 2.012KPa है तथा समान परिस्थितियों में संतृप्त वायु का दाब 4.025 KPa है, तो सापेक्ष आर्द्रता को ज्ञात कीजिए।

हल दिया है, $P_v = 2.012$ KPa

$P_{vs} = 9.025$ KPa

हम जानते हैं

सापेक्ष आर्द्रता, $\phi = \dfrac{P_v}{P_{vs}} = \dfrac{2.012}{4.025}$

$\phi = 0.4987$

या $\phi = 49.987\%$

7. शुष्क बल्ब तापमान Dry Bulb Temperature

साधारण थर्मामीटर द्वारा मापे गए आर्द्र वायु के तापमान को शुष्क बल्ब तापमान (dry bulb temperature) कहते हैं। इसे 'T_{DB}' द्वारा दर्शाया जाता है तथा इसे संक्षिप्त में DBT लिखा जाता है।

8. गीला बल्ब तापमान Wet Bulb Temperature

वायु की नमी को नापने के लिए गीला बल्ब थर्मामीटर का प्रयोग किया जाता है। यह थर्मामीटर साधारण थर्मामीटर जैसा ही होता है, लेकिन इस थर्मामीटर के बल्ब पर शुद्ध जल से भीगा हुआ एक साफ कपड़ा लपेटा जाता है। इसके लिए थर्मामीटर बल्ब के नीचे एक जल से भरा बर्तन रख देते हैं।

जब वायु में नमी सन्तृप्त नहीं होती है, तो भीगे हुए कपड़े से जल की वाष्प बन जाती है। इसका यह अर्थ है कि ताप वायु से गीले बल्ब की ओर जाने लगता है और इस प्रकार मापा गया तापमान गीला बल्ब तापमान कहलाता है।

शुष्क बल्ब थर्मामीटर और गीला बल्ब थर्मामीटर की रीडिंग में काफी अन्तर होता है। इसमें शुष्क बल्ब थर्मामीटर की रीडिंग अधिक होती है, जबकि गीले थर्मामीटर की रीडिंग कम होती है। दोनों की रीडिंग में अन्तर वायु में नमी को दर्शाता है।

9. ओसांक तापमान Dew Point Temperature

वह तापमान जिस पर वायु में उपस्थित नमी कण्डेन्स होना आरम्भ कर देती है, वह तापमान वायु ओसांक तापमान कहलाता है अर्थात् ओसांक तापमान वह सन्तृप्त तापमान है, जो वायु में उपस्थित नमी के समतुल्य हो तथा जिस तापमान पर वायु कण्डेन्स होना आरम्भ कर देती है। इसे 'T_{DP}' से प्रदर्शित किया जाता है।

10. ओसांक अवनमन Dew Point Depression

वायु के शुष्क बल्ब तापमान तथा ओसांक तापमान का अन्तर वायु का ओसांक अवनमन कहलाता है। इसका गणितीय रूप '$T_{PB} - T_{DP}$' होता है।

11. कुल ऊष्मा या एन्थैल्पी Total Heat or Enthalpy

जलवाष्प तथा शुष्क वायु के मिश्रण को आर्द्र वायु कहते हैं, जिस कारण आर्द्र वायु की कुल ऊष्मा या एन्थैल्पी, शुष्क वायु तथा जलवाष्प की कुल ऊष्मा या एन्थैल्पी के योग के समान होती है।

11.2 आर्द्र वायु की एन्थैल्पी
Enthalpy of Moist Air

शुष्क वायु की एन्थैल्पी तथा वायु में मिश्रित जलवाष्प की एन्थैल्पी का योग आर्द्र वायु की कुल एन्थैल्पी के समान होता है।

$$h = h_{\text{air}} + wh_{\text{vapour}}$$

या $$h = C_p t_{dp} + wh_{\text{vapour}}$$

जहाँ, h = शुष्क वायु का मिश्रण/kg की एन्थैल्पी

h_{air} = 1kg शुष्क वायु की एन्थैल्पी

h_{vapour} = 1kg वाष्प की एन्थैल्पी (वाष्प सारणी से)

w = विशिष्ट आर्द्रता (kJ/kg शुष्क वायु)

C_p = शुष्क वायु की विशिष्ट ऊष्मा (1.005 kJ/kg K)

$$h_{\text{vapour}} = h_g + C_{ps}(t_{dp} - t_{dp})$$

जहाँ, h_g = ओसांक ताप पर सन्तृप्त वाष्प की एन्थैल्पी

C_{ps} = 1.88 kJ/kg K

इसलिए, $$h = C_p t_{db} + wh_g + C_{ps}\,(t_{dp} - t_{dp})]$$

या $$h = (C_p + C_{ps}w)\,t_{db} + w(h_g - t_{\;dp})$$

या $$h = C_{pm} t_{dp} + w\,(h_g - C_{ps}\,t_{bp})$$

यहाँ, $C_{pm} = (C_p + C_{ps}\,w)$ आर्द्र वायु की विशिष्ट ऊष्मा है।

तथा C_{pm} का मान 1.022 kJ/kg शुष्क वायु/K होता है।

यह (1 + w) kg नमी/kg शुष्क वायु की ऊष्मीय क्षमता है।

$h_{\text{vapour}} = h_g$ (शुष्क बल्ब तापमान पर)

इसलिए $$h = C_{pm} t_{db} + wh_g$$

तथा एक सटीक सम्बन्ध इस प्रकार दिया जा सकता है

$h_{\text{vapour}} = 250 + 1.88\ t_{db}$ kJ/kg जलवाष्प

जहाँ, t_{db} = शुष्क बल्ब तापमान (0° C में) तथा जल का तापमान 0°C है।

$\therefore \quad h = 1.005\ \ t_{dp} + w\ (2500 + 1.88\ t_{dp})$ kJ/kg शुष्क वायु

11.3 साइक्रोमेट्री चार्ट Psychrometry Chart

साइक्रोमेट्रिक चार्ट सामान्यतः वायुमण्डल की विविध परिस्थितियों में वायु एवं जलवाष्प के मिश्रण के विभिन्न गुणों की एक ग्राफीय प्रस्तुति (graphic representation) है। यदि हमें वायु एवं जलवाष्प के मिश्रण के दो गुण ज्ञात हैं, तो हम बाकी गुणों को साइक्रोमेट्रिक चार्ट द्वारा सुगमतापूर्वक बिना गणना किए ही ज्ञात कर सकते हैं।

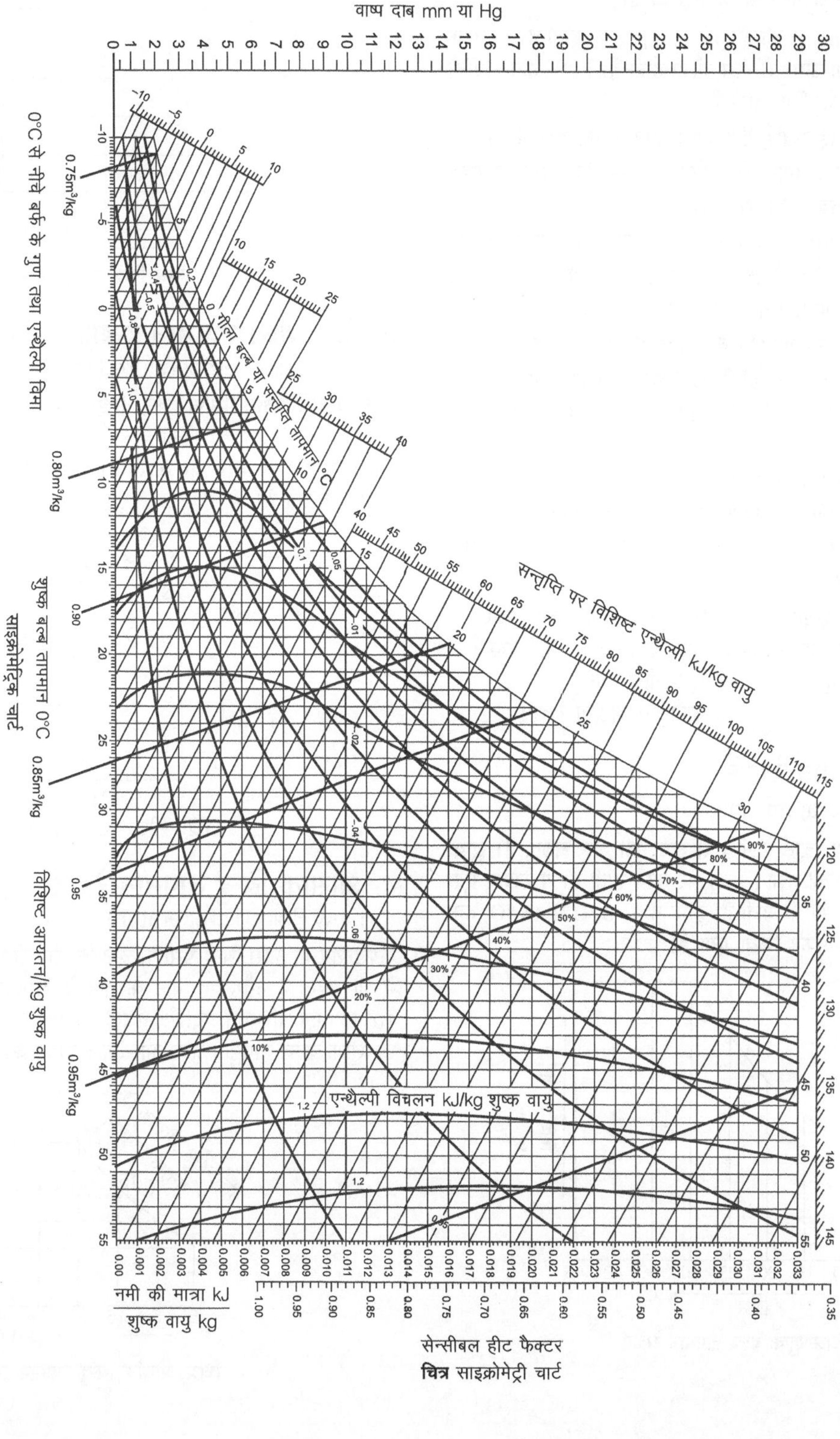

चित्र साइक्रोमेट्री चार्ट

प्रशिक्षु ध्यान रखें कि साइक्रोमेट्रिक चार्ट द्वारा वायु के गुणों को दर्शाया जाता है। यह चार्ट वायु की स्थितियों को प्रकट करता है। इसके लिए विभिन्न रेखाएँ प्रयोग की जाती हैं। यह चार्ट वायु के मुख्य गुणों; जैसे—वायु का सामान्य तापमान, नमी, ओस बिन्दु तापक्रम आदि को दर्शाता है। साइक्रोमेट्रिक चार्ट आर्द्र वायु के थर्मोडायनमिक गुणों का ग्राफ होता है।

साइक्रोमेट्रिक चार्ट जूते (shoes) की आकृति (shape) का होता है। यह ग्राफ नीचे से अधिक चौड़ा तथा ऊपर से कम चौड़ा होता है। इसके ऊपर खींची गई रेखाएँ विभिन्न कार्यों के लिए होती हैं।

(a) लम्ब रूप में खींची गई रेखाएँ ड्राई बल्ब तापमान को दर्शाती हैं।

(b) टेढ़ी लाइनें गीला बल्ब तापमान को दर्शाती हैं। इसमें गीला बल्ब तापामन 20° F से 85° F तक मापा जाता है।
शुष्क बल्ब तापमान 20° F से 115° F तक इसमे दर्शाया जाता है।

(c) क्षैतिज (horizontal) रूप से खींची गई रेखाएँ, जो आपस में समान्तर होती हैं, ओस बिन्दु तापमान को दर्शाती हैं।
इसकी रीडिंग गीला बल्ब तापमान के स्केल से ली जाती है।

(d) ऊपर की ओर तिरछी (curve) खींची गई रेखाएँ आपेक्षिक आर्द्रता को % (प्रतिशत) में प्रकट करती हैं; जैसे—20%, 40%, 60%, 80% और 100% ।

(e) इसमें भी लाइनें क्षैतिज तथा समान्तर होती हैं, जैसे कि ओस बिन्दु तापक्रम में होती हैं, लेकिन इनकी स्केल ओस बिन्दु तापक्रम की स्केल के विपरीत दिशा में होती है। साइक्रोमीटरी चार्ट में प्रयुक्त महत्त्वपूर्ण रेखाएँ निम्नलिखित हैं—

1. शुष्क बल्ब तापमान रेखाएँ
2. विशिष्ट आर्द्रता वाली रेखाएँ
3. गीला बल्ब बिन्दु तापमान रेखाएँ
4. ओसांक बिन्दु तापमान रेखाएँ
5. विशिष्ट आयतन रेखाएँ
6. एन्थैल्पी रेखाएँ
7. वाष्प दाब रेखाएँ
8. आपेक्षित आर्द्रता रेखाएँ

1. शुष्क बल्ब तापमान रेखाएँ
Dry Bulb Temperature Lines

शुष्क बल्ब तापमान रेखाएँ, चार्ट में नीचे से ऊपर की ओर बढ़ता है। शुष्क बल्ब तापमान रेखाएँ चार्ट की तली (sole) पर लम्ब होती हैं। ये रेखाएँ एक निश्चित दूरी पर ऊर्ध्वाधर खींची जाती है। ग्राफ में – 6 °C से 45 °C तक का तापमान रेखाओं द्वारा प्रकट किया गया है।

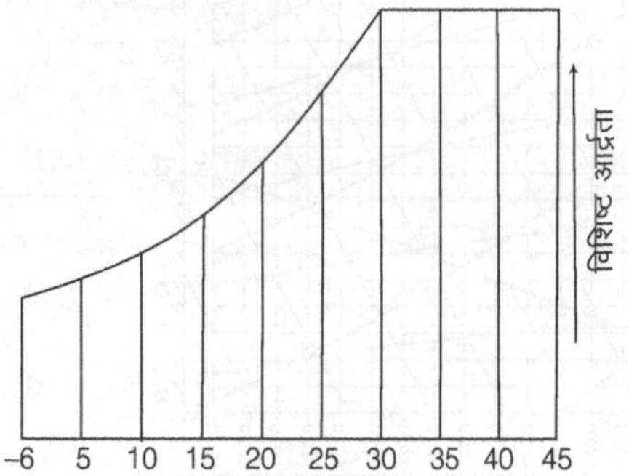

चित्र शुष्क बल्ब तापमान रेखाएँ

2. विशिष्ट आर्द्रता वाली रेखाएँ Specific Humidity Lines

ये रेखाएँ भुजा के समान्तर होती हैं अर्थात् विशिष्ट आर्द्रता या नमी की मात्रा दर्शाने वाली रेखाएँ क्षैतिज मे होती हैं।
ये रेखाएँ एक निश्चित दूरी पर खींची जाती हैं।

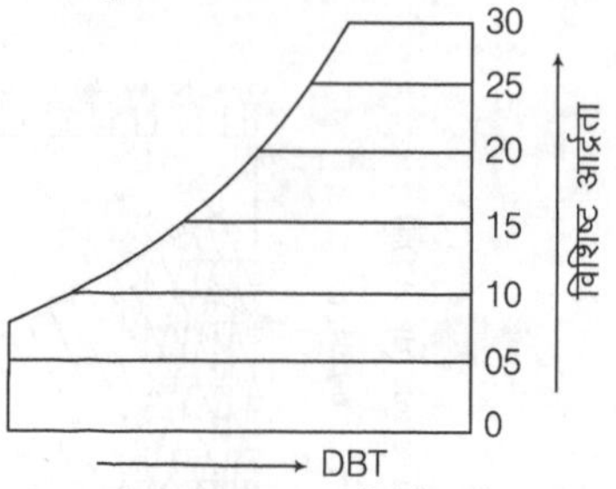

चित्र विशिष्ट आर्द्रता रेखाएँ

3. गीला बल्ब तापमान रेखाएँ
Wet bulb Temperature Lines

गीला बल्ब तापक्रम पैमाना, चार्ट के इनस्टेप (instep) की ओर टो (toe) से शीर्ष की ओर बढ़ता है। गीली बल्ब रेखाएँ विकर्ण के रूप में नीचे की ओर क्षैतिज से 30° के कोण पर बढ़ती हैं। प्रत्येक लाइन 10°C तापमान परिवर्तन प्रदर्शित करती है।

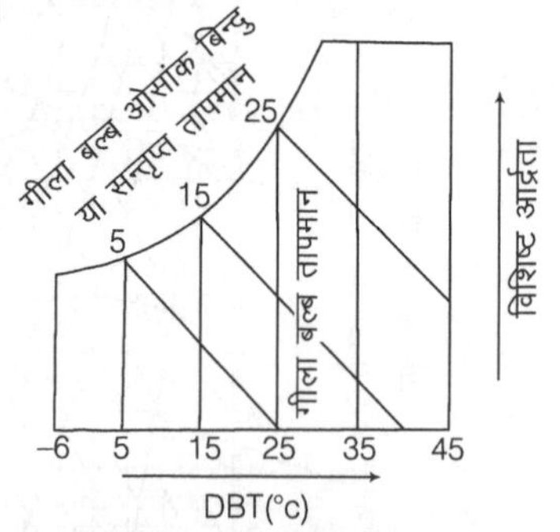

चित्र गीला बल्ब तापमान रेखाएँ

4. ओसांक बिन्दु तापमान रेखाएँ
Dew Point Temperature Lines

कण्डेन्शन या ओस बिन्दु पैमाना, चार्ट के शीर्ष से नीचे की ओर क्षैतिज दिशा में भी बढ़ता है और यह चार्ट के तल के समान्तर होता है। प्रत्येक लाइन 10° तापमान परिवर्तन प्रदर्शित करती है। सन्तृप्तता वक्र के किसी भी बिन्दु पर शुष्क बल्ब तापमान तथा ओसांक तापमान का मान बराबर होता है।

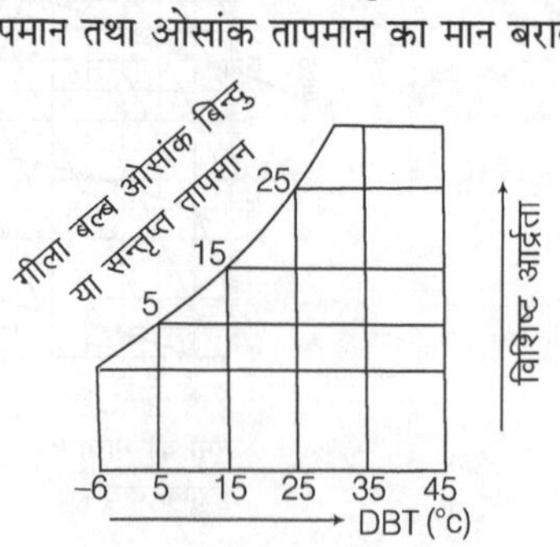

चित्र ओसांक बिन्दु तापमान रेखाएँ

5. विशिष्ट आयतन रेखाएँ Specific Volume Lines

विशिष्ट आयतन रेखाएँ चार्ट में इनस्टेप से विकर्ण की दशा में (diagonally) क्षैतिज से 70° के कोण पर ऊपर की ओर बढ़ती हैं। ये सीधी रेखाएँ होती हैं और इनके बीच में परस्पर एकसमान दूरी होती है। ये लाइनें सन्तृप्त वक्र (saturation curve) तक बनी होती हैं। विशिष्ट आयतन का मान प्रत्येक लाइन के तल में चार्ट पर अंकित रहता है।

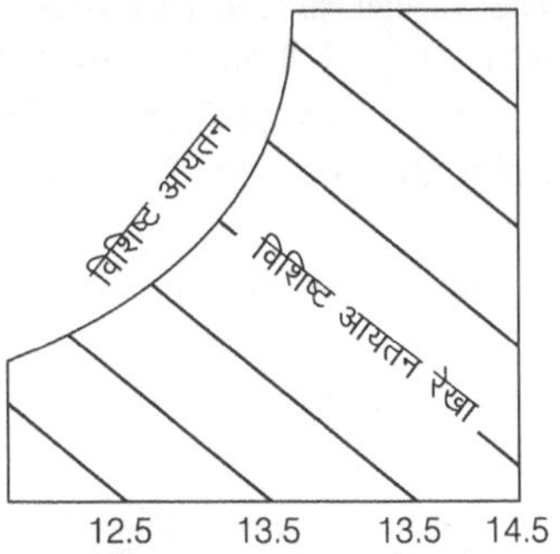

चित्र विशिष्ट आयतन रेखाएँ

6. एन्थैल्पी रेखाएँ Enthalpy Lines

एन्थैल्पी (कुल ऊष्मा) रेखाएँ चार्ट में नत (सीधी) एवं बराबर दूरी पर अंकित रहती हैं। ये रेखाएँ गीले बल्ब तापमान रेखाएँ के समान्तर होती हैं। ये रेखाएँ भी सन्तृप्त वक्र तक बनी होती हैं। इनमें से कुछ रेखाएँ गीले बल्ब तापमान रेखाओं से भी होकर गुजरती हैं।

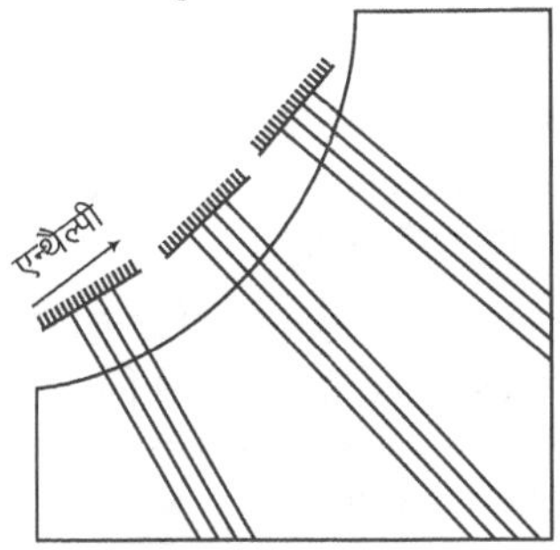

चित्र एन्थैल्पी रेखाएँ

7. वाष्प दाब रेखाएँ Vapour Pressure Lines

वे क्षैतिज रेखाएँ जो समान दूरी पर होती हुई चार्ट पर नहीं खींची जाती हैं, किन्तु चार्ट के बाईं ओर एक पैमाना बना होता है, जिस पैमाने पर ये क्षैतिज रेखाएँ प्रकट की जाती हैं, वाष्प दाब रेखाएँ कहलाती हैं। वाष्प दाब को पारे की ऊँचाई (mm) में दर्शाया जाता है।

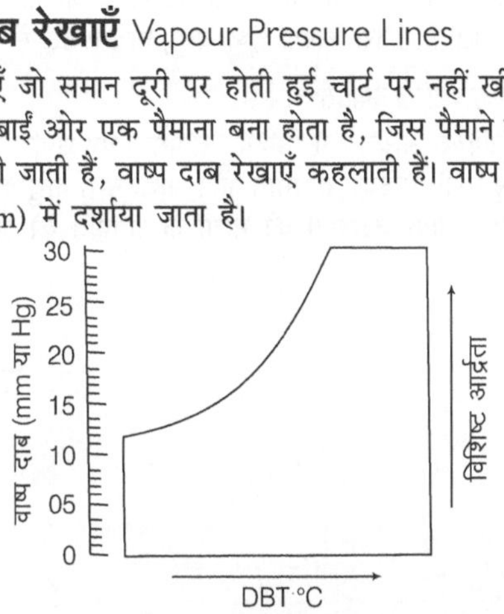

चित्र वाष्प दाब रेखाएँ

8. आपेक्षित आर्द्रता रेखाएँ Relative Humidity Lines

आपेक्षिक आर्द्रता रेखाएँ, चार्ट में इनस्टेप वक्र द्वारा प्रदर्शित की जाती हैं। चार्ट की इनस्टेप रेखा 100% आपेक्षित आर्द्रता प्रदर्शित करती है। यह इनस्टेप से चार्ट के हील (heel) की ओर बढ़ती है।

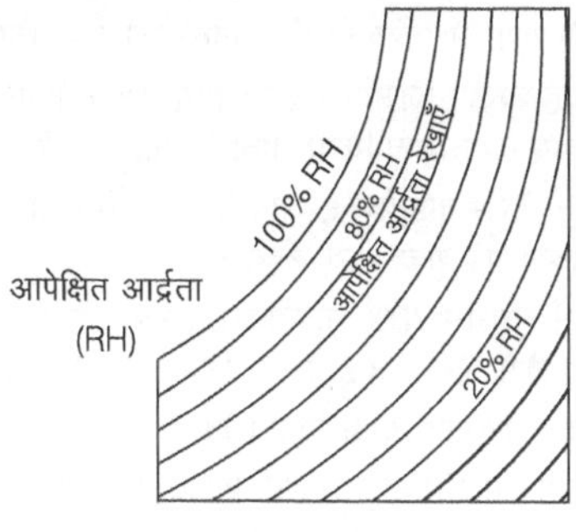

चित्र आपेक्षिक आर्द्रता रेखाएँ

मानव सुविधा की आवश्यकताएँ

Requirements for Human Comfort

वांछित मानव सुविधा प्राप्त करने हेतु एयर कण्डीशनिंग सिस्टम में निम्नलिखित कारक उत्तरदायी होते हैं

1. **वायु में नमी** (Moisture in air) मुख्यत: गर्मी के मौसम में वायु में नमी की मात्रा कम होती है तथा इसके विपरीत सर्दियों में वायु में नमी की मात्रा अधिक होती है। वायु में उपस्थित नमी, मनुष्य के आराम को मुख्य रूप से प्रभावित करती है। अत: विभिन्न उपकरण या युक्तियों का प्रयोग करके आर्द्रता एवं नमी की मात्रा को परिवर्तित कर सकते हैं।
2. **वायु की शुद्धता** (Purity of air) वांछित मानव सुविधा की प्राप्ति हेतु वायु की शुद्धता उच्च होनी चाहिए अर्थात् वायु प्रदूषण रहित होनी चाहिए।
3. **वायु का तापमान** (Temperature of air) मनुष्य के आसपास की वायु का वातावरण नियत रखा जाए, तो मनुष्य के शरीर का तापमान सामान्यत: नियत रहता है। इसके विपरीत, वायु के तापमान में बार-बार परिवर्तन होने के कारण मनुष्य के शरीर का तापमान भी प्रभावित होता है, जिस कारण मनुष्य का स्वास्थ्य खराब हो जाता है। अत: वायु का तापमान मानव सुविधा को प्रमुख रूप से प्रभावित करता है।
4. **वायु का प्रवाह** (Flow of air) वायु में उपस्थित आर्द्रता, तापमान तथा शुद्धता की मात्रा उचित होने के अतिरिक्त वायु का प्रवाह अनियन्त्रित हो, तो मानव आराम प्रभावित होता है। अत: वायु का प्रवाह तथा उचित मात्रा द्वारा भी वांछित मानव सुविधा प्राप्त की जा सकती है।
5. **वायु स्तरीकरण** (Air stratification) गर्म वायु का घनत्व कम होने के कारण गर्म वायु ऊपर उठने लगती है जिस कारण एक ही स्थान पर तापमान में परिवर्तन होता है। इसे ही वायु स्तरीकरण कहते हैं। मानव सुविधा हेतु वायु स्तरीकरण निम्न (low) होना चाहिए।

महत्त्वपूर्ण बिन्दु

- वायुमण्डल में गैसों तथा धूल कणों के अतिरिक्त जलवाष्प भी अवस्थित रहती है।
- आर्द्र वायु के गुणों में परिवर्तन ही साइक्रोमेट्री कहलाता है।
- विज्ञान की वह शाखा, जिसके अन्तर्गत वायु तथा नमी के मिश्रण आर्द्र (वायु) के विषय में अध्ययन किया जाता है, साइक्रोमेट्री कहलाती है।
- विभिन्न गैसें; जैसे- नाइट्रोजन, ऑक्सीजन, ऑर्गन तथा हाइड्रोजन आदि के मिश्रण को शुष्क वायु कहते हैं।
- वायुमण्डल में लगभग 78% नाइट्रोजन, 21% ऑक्सीजन और शेष 1% में अन्य गैसें जैसें; हाइड्रोजन, नियॉन आदि होती हैं।
- शुष्क वायु का अणुभार 28.97 होता है।
- शुष्क वायु का गैस नियतांक 0.287 kJ/kg.K होता है।
- जब शुष्क वायु में जलवाष्प मिली होती है, तो उस वायु में आर्द्रता आ जाती है।
- सामान्य तौर पर व्यक्तियों के लिए वायु में आर्द्रता की मात्रा 50 से 60% तक होनी चाहिए।
- वायु में उपस्थित जलवाष्प का मान शून्य से संतृप्त सीमा तक हो सकता है।
- किसी दिए गए आर्द्र वायु के आयतन में उपस्थित जलवाष्प के द्रव्यमान तथा शुष्क वायु के द्रव्यमान के अनुपात को विशिष्ट आर्द्रता कहते हैं।
- यदि वायु में उपस्थित जलवाष्प की मात्रा इतनी अधिक हो कि इसमें और जलवाष्प मिश्रित न हो सके, तो ऐसी वायु को संतृप्त वायु कहते हैं।
- संतृप्तता की सीमा या सन्तृप्ति अंश, किसी विशिष्ट तापमान पर वास्तविक वायु की विशिष्ट आर्द्रता तथा सन्तृप्त वायु की विशिष्ट आर्द्रता का अनुपात होता है।
- साधारण थर्मामीटर द्वारा मापे गए आर्द्र वायु के तापमान को शुष्क बल्ब तापमान कहते हैं।
- वायु के शुष्क बल्ब तापमान तथा ओसांक तापमान का अन्तर वायु का ओसांक अवनमन कहलाता है।
- साइक्रोमेट्रिक चार्ट सामान्यतः वायुमण्डल की विविध परिस्थितियों में वायु एवं जलवाष्प के मिश्रण के विभिन्न गुणों की एक ग्राफीय प्रस्तुति है।

महत्त्वपूर्ण प्रश्नोत्तरी

1. वायु नम किस प्रकार होती है?

उत्तर जब शुष्क वायु में जलवाष्प मिली होती है, तो उस वायु में नमी आ जाती है, जिसे नम वायु (moist air) कहते हैं। वायु में उपस्थित जलवाष्प का मान शून्य से सन्तृप्त सीमा तक हो सकता है।

2. क्या होगा यदि वायु में जलवाष्प की मात्रा अत्यधिक हो जाए?

उत्तर वायु में उपस्थित जलवाष्प, नमी कहलाती है। यदि वायु में उपस्थित जलवाष्प की मात्रा अत्यधिक हो जाए, तो इस प्रकार की वायु सन्तृप्त वायु कहलाती है।

3. सन्तृप्तता की सीमा, वास्तविक वायु की विशिष्ट आर्द्रता तथा सन्तृप्त वायु की विशिष्ट आर्द्रता में क्या सम्बन्ध है?

उत्तर किसी विशिष्ट तापमान पर वास्तविक वायु की विशिष्ट आर्द्रता तथा सन्तृप्त वायु की विशिष्ट आर्द्रता का अनुपात सन्तृप्तता की सीमा कहलाता है।

4. किस तापमान पर वायु में उपस्थित नमी कण्डेन्स होना आरम्भ हो जाती है?

उत्तर ओसांक तापमान वह तापमान है, जिस पर वायु में उपस्थित नमी कण्डेन्स होना आरम्भ हो जाती है।

5. विशिष्ट आयतन रेखाएँ चार्ट में कैसे प्रदर्शित की जाती हैं?

उत्तर विशिष्ट आयतन रेखाएँ चार्ट में इनस्टेप से विकर्ण की दिशा में क्षैतिज से 70° के कोण पर ऊपर की ओर बढ़ती हैं। ये रेखाएँ सीधी तथा परस्पर एकसमान दूरी पर स्थित होती हैं।

6. क्या वायुमण्डल में शुष्क वायु उपस्थित होती है?

उत्तर वायुमण्डल में सदैव प्रायोगिक आधार पर सदैव जलवाष्प की कुछ मात्रा उपस्थित होती है, जिस कारण शुष्क वायु, वायुमण्डल में नहीं मिलती है।

7. आपेक्षित आर्द्रता से क्या तात्पर्य है?

उत्तर वायु के निश्चित आयतन में निश्चित तापमान पर उपस्थित जलवाष्प की मात्रा और उसी निश्चित तापमान और आयतन में वायु को सन्तृप्त करने के लिए आवश्यक जलवाष्प की मात्रा के अनुपात को आपेक्षित आर्द्रता कहते हैं।

अभ्यास प्रश्न

परीक्षा प्रारूपी प्रश्न

बहुविकल्पीय

1. निम्न में से कौन-सी गैस पृथ्वी के चारों ओर के वातावरण की गैसों में नहीं होती?
(a) ऑर्गन
(b) नाइट्रोजन
(c) ऑक्सीजन
(d) कार्बन डाइ-ऑक्साइड

2. इनमें से कौन-सी गैस की श्वसन प्रणाली में मुख्य भूमिका है?
(a) ऑक्सीजन (b) कार्बन डाइ-ऑक्साइड
(c) 'a' और 'b' दोनों (d) नाइट्रोजन

3. वायुमण्डल में वायु के मुख्य भाग किस रूप में होते हैं?
(a) शुष्क वायु (b) जलवाष्प
(c) 'a' और 'b' दोनों (d) ऊष्मा

4. वायु में प्राय: कैसी अशुद्धियाँ मिली होती हैं?
(a) धूल (b) धुआँ
(c) बैक्टीरिया (d) ये सभी

5. साइक्रोमेट्रिक चार्ट में वायु घनत्व रेखाओं को प्रदर्शित करते हैं
(a) विशिष्ट गुरुत्व द्वारा
(b) विशिष्ट ऊष्मा अनुपात द्वारा
(c) संवेदी ऊष्मा अनुपात द्वारा
(d) विशिष्ट मात्रा प्रति इकाई द्रव्यमान द्वारा

6. चित्र में दिखाए गए पैमाने में 'X' द्वारा इंगित रेखाएँ हैं

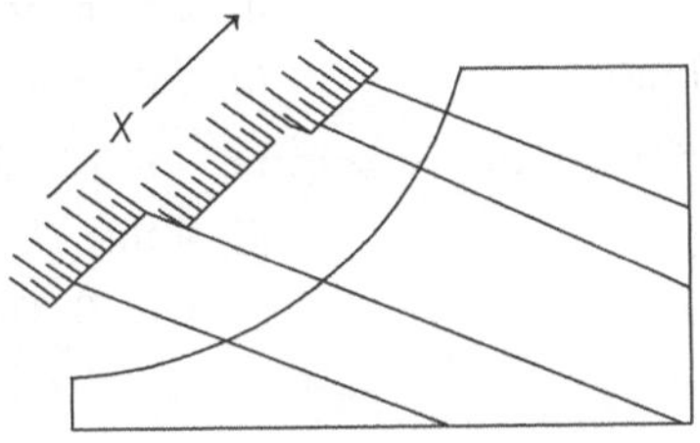

(a) एन्ट्रॉपी (b) एन्थैल्पी
(c) गुप्त ऊष्मा (d) संवेदी ऊष्मा

7. किस साइक्रोमीटर में बैटरी से चलने वाले छोटे पंखे का उपयोग करते हैं?
(a) स्लिंग साइक्रोमीटर में
(b) एसपाईरेटिंग साइक्रोमीटर में
(c) लेबोरेटरी साइक्रोमीटर में
(d) एग्जास्ट साइक्रोमीटर में

8. साइक्रोमेट्री के अन्तर्गत वायु के किस अवयव का अध्ययन किया जाता है?
(a) जल (b) नमी
(c) ठोस (d) बर्फ

9. दिखाए गए चार्ट में वायु की प्रारम्भिक t_1 और अंतिम t_2 स्थितियों के बीच कौन से साइक्रोमेट्रिक प्रक्रियाओं को प्रस्तुत किया जाता है?

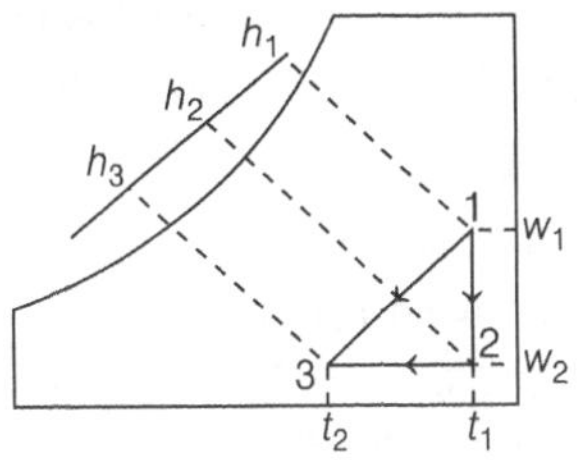

(a) कूलिंग तथा ह्यूमिडिफिकेशन
(b) हीटिंग तथा ह्यूमिडिफिकेशन
(c) सेन्सिबल कूलिंग तथा हीटिंग
(d) कूलिंग तथा डी ह्यूमिडिफिकेशन

10. साइक्रोमेट्री को समझकर क्या ज्ञान होता है?
(a) वायवीय गुणों की स्थिरता का (b) वायवीय परिवर्तन का
(c) 'a' और 'b' दोनों (d) इनमें से कोई नहीं

11. साइक्रोमेट्री चार्ट की ड्राई बल्ब तापमान लाइनें होती हैं
(a) ऊर्ध्वाधर (b) क्षैतिज
(c) तिरछी (d) वक्राकार

12. स्लिंग साइक्रोमीटर का प्रयोग क्या मापने के लिए किया जाता है?
(a) आयतन (b) आर्द्रता
(c) प्रैशर (d) गैस वेग

13. एयर कण्डीशनिंग की तकनीक के विकास में इनमें से किसने सहायता की?
(a) वायु की प्रकृति का अध्ययन
(b) वायुमण्डल की प्रवृत्ति का अध्ययन
(c) ऊष्मा की प्रकृति व प्रवृत्ति का अध्ययन
(d) उपरोक्त सभी

14. एयर कण्डीशनिंग में क्या किया जाता है?
(a) वायु के गुणों को स्थिर (b) वायु के गुणों को परिवर्तित
(c) वायु को अनुकूलित (d) ये सभी

15. रेफ्रिजरेशन व एयर कण्डीशनिंग तकनीक के सृजन के मूल में इनमें से क्या था?
(a) वायु से अनुकूलन (b) सुखदायी जीवन
(c) आरामदायक जीवन (d) ये सभी

16. आर्द्रता को मापा जाता है
(a) साइक्रोमीटर द्वारा (b) हाइग्रोमीटर द्वारा
(c) 'a' और 'b' दोनों (d) इनमें से कोई नहीं

17. वायु में पानी या नमी होने को कहते हैं
(a) शुष्क बल्ब तापक्रम (DBT)
(b) गीला बल्ब तापक्रम (WBT)
(c) आर्द्रता
(d) उपरोक्त में से कोई नहीं

18. वायु की आपेक्षिक आर्द्रता मापने के लिए जिस यन्त्र का प्रयोग करते हैं, उसे कहते हैं
(a) थर्मामीटर (b) टैकोमीटर
(c) स्लिंग साइक्रोमीटर (d) ये सभी

19. साधारण थर्मामीटर द्वारा मापी गई शुष्क वायु के तापमान को कहते हैं
(a) गीला बल्ब तापक्रम (WBT)
(b) शुष्क बल्ब तापक्रम (DBT)
(c) ओस बिन्दु तापक्रम (DPT)
(d) उपरोक्त में से कोई नहीं

20. किस तापमान पर वायु में उपस्थित नमी कण्डेन्स होना आरम्भ कर देती है?
(a) ओसांक तापमान (b) बल्ब तापमान
(c) अवनमन तापमान (d) ये सभी

21. आर्द्र वायु की एन्थैल्पी की SI यूनिट क्या होगी?
(a) kJ/kg (b) J/kg
(c) J/g (d) J-kg

22. वाष्प दाब रेखाएँ साइक्रोमीटर चार्ट पर किस प्रकार खींची जाती है?
(a) तिरछी सीधी (b) सीधी तिर्यक
(c) क्षैतिज (d) इनमें से कोई नहीं

23. जलवाष्प, वायुमण्डल में किस अवस्था में उपस्थित होती है?
(a) गैसीय (b) वाष्प
(c) अतितप्त (d) इनमें से कोई नहीं

24. सूची I का सूची II से मिलान कीजिए।

	सूची I (लघु रूप)		सूची II (पूर्ण रूप)
A.	DBT	(i)	ओस बिन्दु तापमान
B.	WBT	(ii)	आपेक्षित आर्द्रता
C.	RH	(iii)	गीला बल्ब तापमान
D.	DPT	(iv)	ड्राई बल्ब तापमान

(a) A-(iii); B-(iv); C-(ii); D-(i)
(b) A-(iiii); B-(iv); C-(i); D-(ii)
(c) A-(iv); B-(iii); C-(i); D-(ii)
(d) A-(iv); B-(iii); C-(ii); D-(i)

25. सूची I का सूची II से मिलान कीजिए।

	सूची I (लाइन रूप)		सूची II (वायु के गुणधर्म)
A.	सीधी लम्बवत्	(i)	RH
B.	सीधी समान्तर	(ii)	WBT
C.	तिरछी	(iii)	Dew Point
D.	कर्व	(iv)	DBT

(a) A-(iv); B-(iii); C-(ii); D-(i) (b) A-(iii); B-(iv); C-(ii); D-(i)
(c) A-(ii); B-(iii); C-(iv); D-(i) (d) A-(iii); B-(i); C-(iv); D-(ii)

26. गर्मी के मौसम में वायु में नमी की मात्रा होती है
(a) कम (b) सामान्य
(c) नियत (d) अधिक

27. निम्न में से कौन-सा शब्द-युग्म सही है?
(a) साइक्रोमेट्री प्रचलित (b) साइक्रोमेट्री अप्रचलित
(c) 'a' और 'b' दोनों (d) ये सभी

28. व्यक्ति के आसपास स्थित वायु किस प्रकार की होनी चाहिए?
(a) दोगुनी (b) तीन गुनी (c) परिवर्तित (d) नियत

29. ड्यू प्वॉइण्ट हवा का तापमान है, जब वह होती है
(a) सूखी (b) पूर्णतया संतृप्त
(c) नमी वाली (d) इनमें से कोई नहीं

30. मानव सुविधा हेतु वायु का स्तरीकरण ………… होना चाहिए।
(a) उच्च (b) मध्यम
(c) निम्न (d) इनमें से कोई नहीं

उत्तरमाला

1. (a)	2. (c)	3. (c)	4. (d)	5. (d)	6. (b)	7. (b)	8. (b)	9. (d)	10. (c)
11. (b)	12. (b)	13. (d)	14. (d)	15. (d)	16. (c)	17. (c)	18. (c)	19. (b)	20. (a)
21. (b)	22. (c)	23. (c)	24. (d)	25. (a)	26. (a)	27. (c)	28. (d)	29. (b)	30. (c)

अध्याय 12

सेन्ट्रल एयर कण्डीशनर

Central Air Conditioner

परिचय Introduction

अधिक क्षेत्रफल वाले स्थान; जैसे—अस्पताल, बड़ी इमारतें, भवन, सिनेमा हॉल, ऑफिस आदि में कूलिंग प्रभाव उत्पन्न करने के लिए अधिक क्षमता वाले एयर कण्डीशनरों की आवश्यकता होती है, इसलिए इन स्थानों पर सेन्ट्रल एयर कण्डीशनर का उपयोग किया जाता है। सेन्ट्रल एयर कण्डीशनर के अन्तर्गत कण्डीशनिंग यूनिट, कूलिंग किए जाने वाले स्थान से अलग स्थापित की जाती है।

सेन्ट्रल एयर कण्डीशनिंग में प्रयुक्त विभिन्न अवयवों; जैसे—कण्डेन्सर, कूलिंग क्वॉयल, एयर हैण्डलिंग यूनिट इत्यादि की कूलिंग क्षमता, कूलिंग स्थान के क्षेत्रफल के अनुसार सुनिश्चित करनी पड़ती है। सेन्ट्रल एयर कण्डीशनरों में कण्डीशनिंग यूनिट कूलिंग स्थान से दूर स्थापित की जाती है तथा सेन्ट्रल एयर कण्डीशनिंग द्वारा विस्तृत क्षेत्रफल वाले भवनों के विभिन्न भागों में कूलिंग की जाती है।

अध्याय विषय सूची

12.1 सेन्ट्रल ए.सी. का मूल सिद्धान्त Fundamental Principle of Central AC

सेन्ट्रल ए.सी. सिस्टम में कण्डेन्सिंग यूनिट को कूलिंग यूनिट तथा एयर सर्कुलेशन प्रणाली से अलग स्थापित किया जाता है। एयर सर्कुलेशन यूनिट को कूलिंग किए जाने वाले भवन से अलग लगाया जाता है। इसमें ठण्डी वायु और लौटने वाली गर्म वायु के लिए डक्ट्स का प्रयोग किया जाता है।

इस प्रणाली में अलग-अलग एयर हैण्डलिंग यूनिट (Air Handling Unit) बनाई जाती हैं, जिससे अलग-अलग कम्पार्टमेन्ट का तापक्रम अलग-अलग बनाए रखा जाता है। यह प्रणाली बहुमंजिली इमारतों (multi storey buildings) में स्थापित की जाती है। इस सिस्टम में सर्दियों में गर्मी के लिए ब्लोअर के साथ स्ट्रिप हीटर्स (strip heaters) लगे होते हैं। ब्लोअर इन स्ट्रिप हीटर्स में से हवा को गुजारकर गर्म करता है तत्पश्चात् इस गर्म हवा को कमरों में प्रवाहित किया जाता है।

12.2 सेन्ट्रल ए.सी. की संरचना Construction of Central AC

सेन्ट्रल एयर कण्डीशनर यूनिट में कण्डेन्सर क्वॉयल तथा कम्प्रैसर स्थापित किए जाते हैं। इनके द्वारा उत्पन्न ऊष्मा तथा कम्प्रैसर को ठण्डा रखने के लिए फैन का प्रयोग किया जाता है। वायु को शुद्ध कर कूलिंग प्रदान करने के लिए एवैपोरेटर क्वॉयल से पहले फिल्टर का उपयोग किया जाता है। ठण्डी वायु को कूलिंग स्थानों पर प्रवाहित करने के लिए डक्ट प्रयोग किए जाते हैं। डक्ट्स में वायु का प्रवाह नियत रखने के लिए फैन तथा ब्लोअर सैट किए जाते हैं। डक्ट को विभिन्न भागों में विभाजित करके ठण्डी वायु को कूलिंग स्थान के विभिन्न स्थानों पर पहुँचाया जाता है। सेन्ट्रल एयर कण्डीशनरों में थर्मोस्टेट का प्रयोग किया जाता है जो एयर कण्डीशनरों के तापमान को स्वचालित रूप से नियन्त्रित करता है।

इसी प्रकार डक्ट में वायु के प्रवाह के नियन्त्रण के लिए फैन या ब्लोअर का प्रयोग किया जाता है, जिसका स्वचालन ऑटोमैटिक डिले फैन द्वारा किया जाता है।

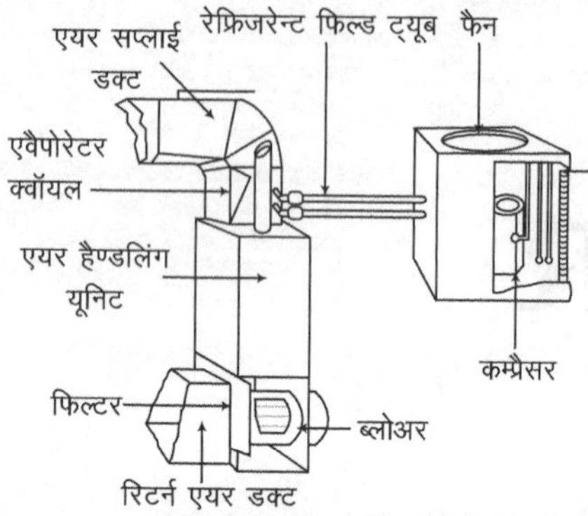

चित्र सेन्ट्रल ए.सी. की संरचना

चित्रानुसार रिटर्न डक्ट का प्रयोग कूलिंग किए गए स्थान से गर्म वायु को बाहर निकालने के लिए किया जाता है।

12.3 सेन्ट्रल एयर कण्डीशनर की कार्यविधि
Working Method of Central Air Conditioner

सर्वप्रथम सेन्ट्रल एयर कण्डीशनर को जब पावर सप्लाई से जोड़ा जाता है, तो यूनिट में लगा कम्प्रैसर खुल जाता है और एवैपोरेटर से रेफ्रिजरेन्ट कम्प्रैसर में प्रवेश करता है। कम्प्रैसर, प्रवेशित रेफ्रिजरेन्ट के दाब में वृद्धि करके रेफ्रिजरेन्ट को कण्डेन्सर में भेजता है, जहाँ रेफ्रिजरेन्ट ऊष्मा त्यागकर द्रव अवस्था में आ जाता है। यह द्रव रेफ्रिजरेन्ट, एयर कण्डीशनिंग चक्र के विभिन्न अवयवों से होकर एवैपोरेटर में पहुँचता है।

एवैपोरेटर द्रव रेफ्रिजरेन्ट को ऊष्मा प्रदान करके वाष्प अवस्था में परिवर्तित कर देता है, तत्पश्चात् ब्लोअर द्वारा वायु एवैपोरेटर पर प्रवाहित की जाती है, जिस कारण एवैपोरेटर वायु से ऊष्मा ग्रहण करके वायु को ठण्डी बना देता है। ठण्डी वायु को डक्ट के माध्यम से कूलिंग स्थान पर प्रवाहित किया जाता है। कूलिंग स्थान को कूलिंग प्रदान करने से वायु गर्म हो जाती है। इस गर्म वायु को कूलिंग स्थान से निष्कासित करने के लिए रिटर्न डक्ट का प्रयोग किया जाता है। इस प्रकार यह कूलिंग प्रक्रम सतत् रूप से चलता रहता है।

12.4 सेन्ट्रल ए.सी. के प्रकार
Types of Central AC

सेन्ट्रल ए.सी. सिस्टम सामान्यतः दो प्रकार का होता है–

1. डायरेक्ट सिस्टम
2. इनडायरेक्ट सिस्टम

इन्हें हम निम्न प्रकार समझ सकते हैं

1. डायरेक्ट सिस्टम Direct System

डायरेक्ट सिस्टम में सीधे ही वायु को कूलिंग क्वॉयल के ऊपर से सर्कुलेट करके ठण्डा किया जाता है, जिससे वायु की ऊष्मा शोषित करके रेफ्रिजरेन्ट एवैपोरेट (evaporate) हो जाता है और वायु ठण्डी हो जाती है। इस वायु को सीधे संघनित रूप में प्रवाहित किया जाता है। यह वायु उस स्थान की ऊष्मा को शोषित करती है और बाहर निकल जाती है। इस प्रकार यह प्रक्रिया चलती रहती है। इसे डायरेक्ट एक्सपैन्शन (direct expansion) सिस्टम भी कहते हैं। डायरेक्ट सिस्टम में कण्डेन्सर यूनिट, एयर हैण्डलिंग यूनिट (AHU) के पास फिट होती है। इस प्रणाली में एवैपोरेटिंग क्वॉयल ठण्डे होने वाले स्थान के साथ ही लगी होती है। इसमें अधिकतर फिण्ड क्वॉयल एवैपोरेटर (finned coil evaporator) प्रयोग किए जाते हैं तथा ऊष्मा स्थानान्तरण हेतु प्राइमरी रेफ्रिजरेन्ट का प्रयोग किया जाता है।

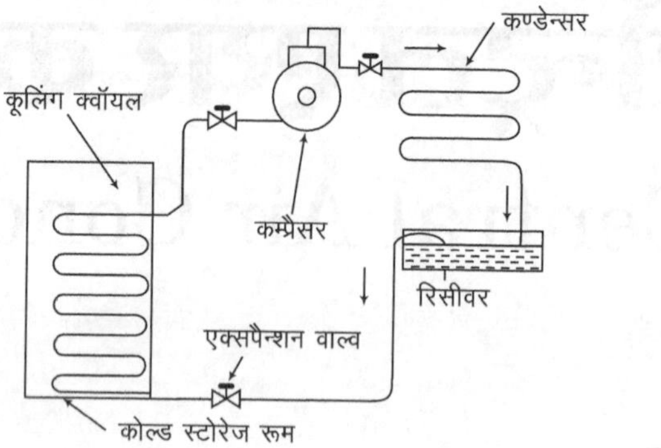

चित्र कूलिंग करने का डायरेक्ट सिस्टम

2. इनडायरेक्ट सिस्टम Indirect System

इनडायरेक्ट सिस्टम में कण्डेन्सिंग यूनिट द्वारा एक चिलिंग यूनिट से सेकेण्डरी रेफ्रिजरेन्ट; जैसे—पानी या ब्राइन को ठण्डा किया जाता है तथा यह सेकेण्डरी रेफ्रिजरेन्ट, बिल्डिंग के विभिन्न कम्पार्टमेन्ट्स में लगे हुए पाइप के क्वॉयल्स में प्रवाहित किया जाता है। इन ठण्डे सेकेण्डरी रेफ्रिजरेन्ट के पाइप के क्वॉयल्स के पीछे लगे हुए पंखों (fans) द्वारा कम्पार्टमेन्ट्स तक ठण्डी हवा को पहुँचाया जाता है।

इनडायरेक्ट सिस्टम के चिलर में शैल एण्ड ट्यूब टाइप या डबल ट्यूब टाइप एवैपोरेटर प्रयोग किए जाते हैं। इसके अतिरिक्त, प्राइमरी रेफ्रिजरेन्ट एवैपोरेटर को ब्राइन या पानी में डुबोकर सेकेण्डरी रेफ्रिजरेन्ट को ठण्डा किया जाता है और इस ठण्डे ब्राइन अथवा पानी को कोल्ड रूम (cold room) को ठण्डा करने हेतु प्रयोग किया जाता है।

अप्रत्यक्ष प्रणाली में बिल्डिंग के विभिन्न कम्पार्टमेन्ट्स के लिए अलग-अलग इकाइयाँ विभिन्न तापक्रमों के लिए लगाई जाती हैं।

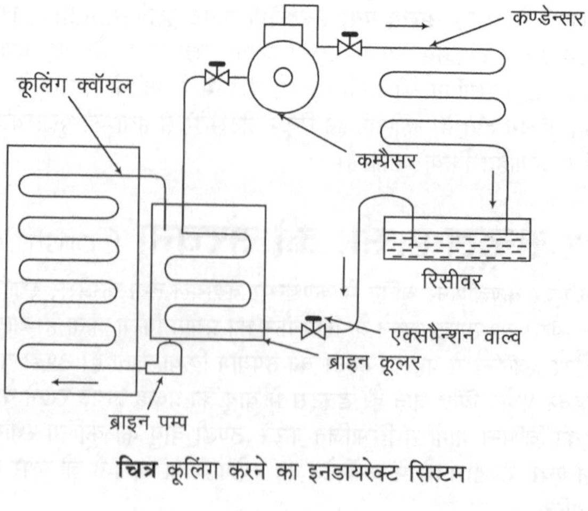

चित्र कूलिंग करने का इनडायरेक्ट सिस्टम

12.5 सेन्ट्रल ए.सी. में दोष
Faults in Central AC

सेन्ट्रल ए.सी. यूनिट में विभिन्न प्रकार के दोष उत्पन्न होते हैं, जो निम्नलिखित हैं–

1. **सेन्सर समस्या** (Sensor problem) सेन्ट्रल एयर कण्डीशनिंग यूनिट में विभिन्न प्रकार के सेन्सर उपकरण; जैसे–थर्मोस्टेट, रिले आदि प्रयोग किए जाते हैं, जिनके द्वारा सेन्ट्रल ए.सी. स्वचालित रूप से प्रचालित होता है।

   सेन्सर के खराब हो जाने पर सेन्ट्रल ए.सी. को स्वचालित रूप से नियन्त्रित नहीं किया जाता है, जिस कारण इसकी दक्षता प्रभावित होती है। अत: सेन्ट्रल ए.सी. के सेन्सर के खराब होने की स्थिति में उसे बदलना ही उचित होता है।
2. **रेफ्रिजरेन्ट का लीक होना** (Leakage of refrigerant) सेन्ट्रल एयर कण्डीशनर में रेफ्रिजरेन्ट का लीक होना एक मुख्य समस्या है, जिस कारण ए.सी. उचित दक्षता पर कार्य नहीं कर पाते हैं। मानव स्वास्थ्य के लिए रेफ्रिजरेन्ट हानिकारक होने के कारण इसकी लीकेज को तुरन्त टेक्नीशियन द्वारा सही कराना उचित उपाय है।
3. **शोर** (Noise) सेन्ट्रल एयर कण्डीशनिंग सामान्यत: बिना किसी अवांछनीय शोर के कार्य करते हैं, परन्तु कभी-कभी इनमें प्रचालन के समय शोर उत्पन्न होता है। यह अवांछनीय शोर ए.सी. के किसी सूक्ष्म भाग के टूट जाने के कारण उत्पन्न होता है। इस प्रकार के शोर के निस्तारण हेतु टूटे हुए भाग को बदल देना चाहिए।
4. **इलेक्ट्रिक कण्ट्रोल फेलियर** (Electric control failure) सेन्ट्रल ए.सी. की कार्यविधि को नियन्त्रित करने के लिए इलेक्ट्रिक कण्ट्रोलरों का उपयोग किया जाता है, परन्तु इन कण्ट्रोलरों के फेल हो जाने के कारण सेन्ट्रल ए.सी. नियमित अन्तराल में बन्द तथा चालू होने लगता है और इस कारण इसकी दक्षता भी प्रभावित होती है।

12.6 सेन्ट्रल ए.सी. की देखभाल एवं रख-रखाव Care and Maintenance of Central AC

सेन्ट्रल एयर कण्डीशनिंग की सुरक्षा से आशय उसको पूर्ण रूप से बिना व्यवधान कार्यक्षम बनाए रखने की स्थिति से है। सुरक्षा प्रयास यदि हैं, तो एयर कण्डीशनिंग की प्रक्रिया सुचारु एवं नियमित बनी रहेगी। सेन्ट्रल एयर कण्डीशनिंग, विविध अवयवों का संयोजन है। यदि इन अवयवों का अनुरक्षण न किया जाए, तो ये निर्बाध रूप से कार्य करने में सक्षम नहीं बने रहते हैं। अत: प्रत्येक अवयव का उसकी कार्यकुशलता को व्यवस्थित रखने के लिए अनुरक्षण करना अनिवार्य है।

सेन्ट्रल एयर कण्डीशनिंग मूलत: सेन्ट्रलाइज्ड एयर कण्डीशनिंग की व्यवस्था है। इसमें वृहद् इमारतों की एयर कण्डीशनिंग को एक ही स्थान से संचालित किए जाने की व्यवस्था रहती है। इससे यह साफ है कि इतने व्यापक स्तर पर वायु के अनुकूलन के लिए की गई व्यवस्था की सुरक्षा एवं उसका अनुरक्षण एक अनिवार्यता होगी अन्यथा उसमें समय-समय पर दोषों की उत्पत्ति होती रहेगी, जो किसी के लिए भी हितकारी नहीं होगी।

12.7 सेन्ट्रल ए.सी. में प्रयुक्त पंखे
Fans Used in Central AC

नोट *इस बिन्दु के विस्तृत अध्ययन हेतु प्रशिक्षु द्वितीय वर्ष, के अध्याय-4 का अवलोकन करें।*

पंखों के कार्य Functions of Fan

1. ब्लोअर द्वारा वातावरणीय वायु को एवैपोरेटर पर प्रवाहित करना।
2. ठण्डी वायु को एक स्थान से दूसरे स्थान पर प्रवाहित करना।
3. एयर कण्डीशनिंग में दक्ष कूलिंग प्रदान करना।
4. कूलिंग स्थान पर प्रवाहित वायु का प्रवाह नियत बनाए रखना।

12.8 सेन्ट्रल ए.सी. में स्थिर दाब एवं वेग दाब का मापन
Measurement of Static Pressure and Velocity Pressure in Central AC

सेन्ट्रल एयर कण्डीशनिंग सिस्टम में वायु के प्रवाह के कारण सभी दिशाओं में समान रूप से लगने वाला स्वतन्त्र दाब, स्थिर दाब कहलाता है तथा डक्ट में वायु के वेग के कारण उत्पन्न दाब, वेग दाब कहलाता है। स्थिर दाब का मापन वाटर कॉलम इंच में और वेग दाब का मापन वाटर कॉलम इंच या वाटर गेज में मापा जाता है। स्थिर दाब मापने के लिए पाइप या डक्ट में एक विशेष प्रकार की द्रव भरी ट्यूब का प्रयोग किया जाता है। ट्यूब में दाब को सेन्स करने हेतु दाबमापी यन्त्र का प्रयोग किया जाता है।

समान रूप से ट्यूब में वेग दाब के लिए कुल दाब का मापन ट्यूब के आकार की संरचना से किया जाता है, जो दाबमापी के साथ सैट होती है। दाबमापी द्वारा कुल दाब ज्ञात किया जाता है, तत्पश्चात् प्राप्त कुल दाब तथा स्थिर दाब का अन्तर ही वेग दाब होता है।

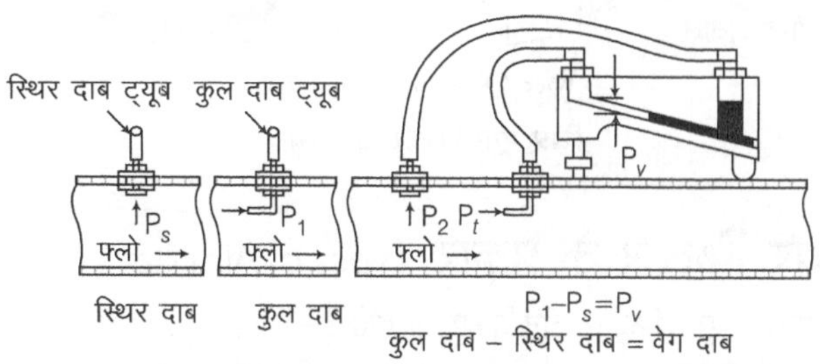

12.9 सेन्ट्रल ए.सी. में प्रयुक्त एयर फिल्टर
Air Filter Used in Central AC

एयर कण्डीशनिंग में प्रयुक्त वायु में से विभिन्न प्रकार के अशुद्ध कण; जैसे–धूल, मिट्टी, फफूँदी आदि को हटाकर वायु शुद्ध करने के लिए प्रयुक्त घटक, एयर फिल्टर कहलाते हैं। एयर फिल्टर का आधार प्राय: फोम, प्लेटेड पेपर एवं ग्लास से बनाया जाता है।

एयर फिल्टर द्वारा शुद्ध, स्वच्छ तथा उच्च क्वालिटी की वायु प्राप्त होती है। एयर फिल्टर को आवश्यकतानुसार हटाया एवं लगाया जा सकता है।

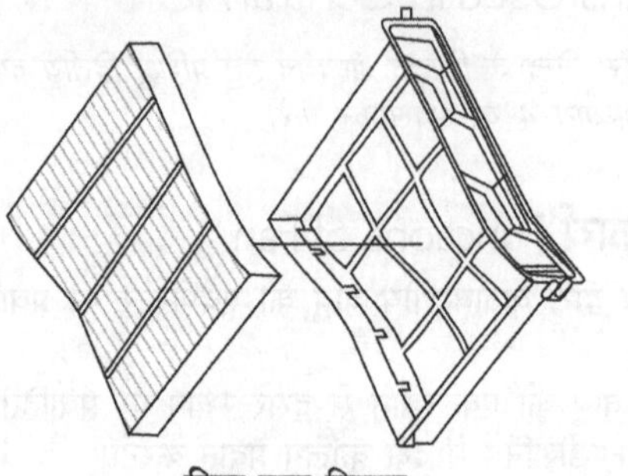

चित्र एयर फिल्टर

एयर फिल्टर की संरचना
Construction of Air Filter

विभिन्न प्रकार की क्षैतिज तथा ऊर्ध्वाधर शीटों को वैकल्पिक रूप से संयोजित करके एयर फिल्टर का निर्माण किया जाता है। इन सभी शीटों को धात्विक फ्रेम पर गैस्केट की सहायता से जोड़ा जाता है। इन शीटों के मध्य एल्युमीनियम से बने सेपरेटर सैट किए जाते हैं। सेपरेटर वायु में उपस्थित अवांछनीय कणों को हटाकर शुद्ध वायु प्रदान करता है। इन सभी शीटों की तह इस प्रकार से सैट की जाती है कि सम्पूर्ण वायु इन शीटों के मध्य से प्रवाहित होनी चाहिए।

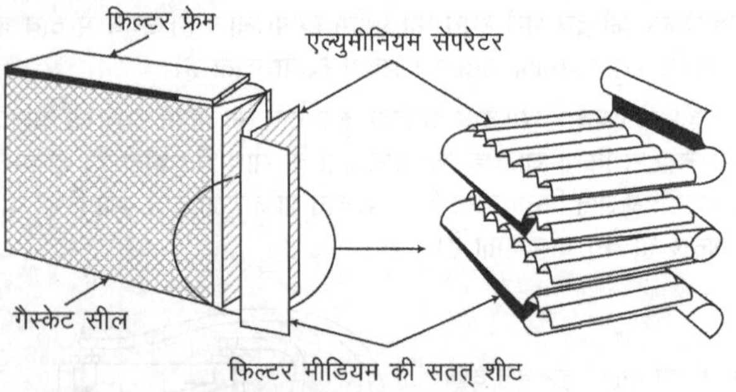

चित्र एयर फिल्टर की संरचना

एयर फिल्टर के प्रकार Types of Air Filter

सामान्यत: एयर फिल्टर तीन प्रकार के होते हैं–

1. प्री फिल्टर
2. फाइन फिल्टर
3. एब्सॉल्यूट फिल्टर

1. प्री फिल्टर Pre Filter

आजकल सामान्य तौर पर सभी एयर कण्डीशनिंग सिस्टम में फिल्टरों का प्रयोग किया जा रहा है। वायु को साफ करने के लिए सिन्थेटिक सामग्री (जैसे—फोम) का प्रयोग होता है, जिन्हें माइल्ड स्टील या एल्युमीनियम के फ्रेम में फिट किया जाता है। ये फिल्टर 10 से 20 माइक्रोन साइज के कणों को 90% तक साफ कर देते हैं। वायु को फिल्टर (filter) करते समय 6 मिमी प्रैशर ड्रॉप होता है और वायु के फिल्टर होने के बाद यह 15 मिमी तक पहुँच जाता है।

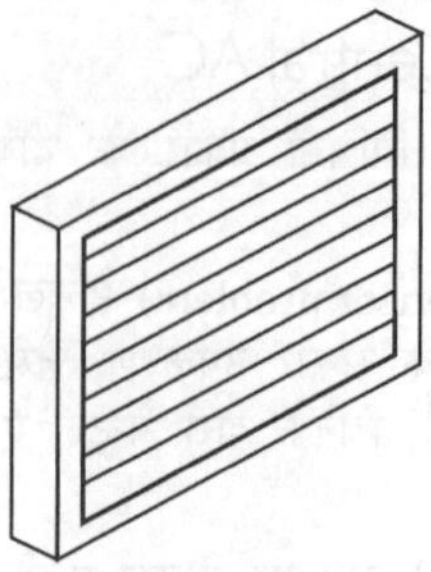

चित्र प्री फिल्टर

2. फाइन फिल्टर Fine Filter

ये फिल्टर वहाँ प्रयुक्त किए जाते हैं, जहाँ पर वायु में 5 माइक्रोन या इससे कम आकार के कण उपस्थित होते हैं। इन फिल्टर्स में फाइबर ग्लास और एस्बेस्टॉस की परतें होती हैं। दोनों परतें नमी सोखने और धूल तथा धुएँ के कणों को छानने में लाभदायक होती हैं। ये गन्दे होने पर पुन: साफ करने योग्य होते हैं। इनकी कार्यक्षमता 99% तक होती है।

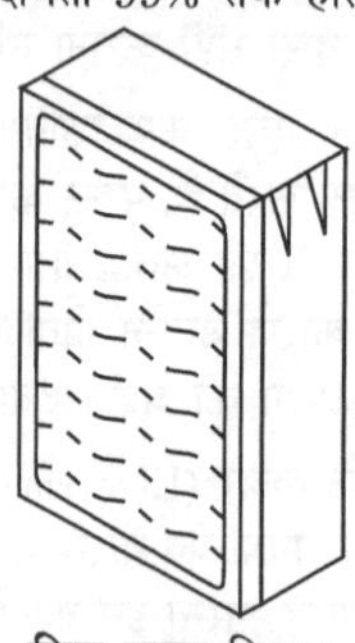

चित्र फाइन फिल्टर

3. एब्सॉल्यूट फिल्टर Absolute Filter

इन फिल्टरों को हाई एफीशिएन्सी पार्टिकुलेट एयर (HEPA) फिल्टर भी कहते हैं। एब्सॉल्यूट फिल्टर 0.3 माइक्रोन जैसे छोटे कणों को भी एब्जॉर्ब करने की क्षमता रखते हैं। ये फिल्टर एयर कण्डीशनिंग वायु के इनलेट पर फिक्स किए जाते हैं। कुछ स्थान पर इनके साथ वायु वेग नापने के लिए मैनोमीटर भी लगा होता है, जिससे वायु बहाव में प्रतिरोध का ज्ञान हो जाता है। इस प्रकार जब भी आवश्यक होता है, इन्हें बदल दिया जाता है। एब्सॉल्यूट फिल्टर पुन: प्रयोग नहीं किया जा सकता है। अत: इन्हें बदल दिया जाता है।

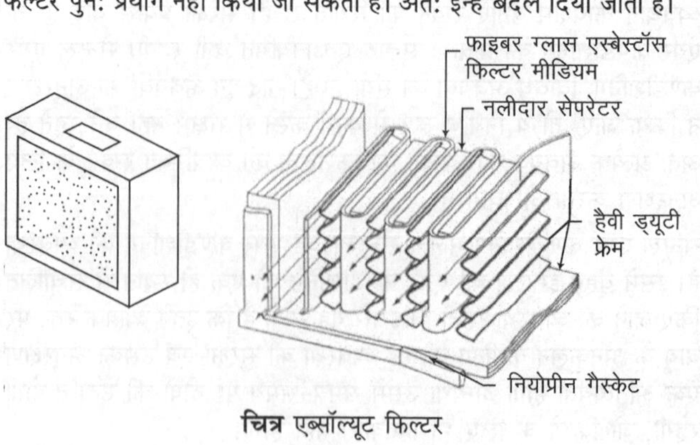

चित्र एब्सॉल्यूट फिल्टर

एयर फिल्टर के कार्य Functions of Air Filter

1. एयर कण्डीशनरों में प्रवेशित वायु में से धूल कणों जैसी अशुद्धियाँ को हटाना।
2. कूलिंग स्थान पर शुद्ध वायु प्रवाहित करना।
3. एयर कण्डीशनर की कार्यप्रणाली को संरक्षित रखना।
4. एयर कण्डीशनर की दक्षता बनाए रखना।
5. एयर कण्डीशनर के जीवनकाल में वृद्धि करना।

एयर फिल्टर का रख-रखाव
Maintenance of Air Filter

एयर फिल्टर का रख-रखाव निम्नलिखित बिन्दुओं को दृष्टिगत रखकर किया जाता है–

1. नियमित समयान्तराल में एयर फिल्टर की सफाई करनी चाहिए।
2. अधिक समय/पुराना होने पर एयर फिल्टर को बदल देना चाहिए।
3. एयर फिल्टर के मार्ग में किसी भी प्रकार से अवरोध उत्पन्न नहीं होना चाहिए।
4. एयर फिल्टर में लगे गैस्केट में लीकेज नहीं होनी चाहिए।
5. एयर फिल्टर की सफाई दिए गए दिशा-निर्देशानुसार करनी चाहिए।

चोक्ड एयर फिल्टर का प्रभाव
Effect of Chocked Air Filter

एयर फिल्टर के निरन्तर उपयोग के कारण एयर फिल्टर चोक्ड हो जाते हैं। एयर फिल्टर का चोक्ड होना एक स्वभाविक क्रिया है। यही कारण है कि एयर कण्डीशनर निर्माता एयर कण्डीशनर की निर्धारित समय पर सर्विसिंग करने की संस्तुति करते हैं।

चोक्ड एयर फिल्टर के कारण आउटलेट पोर्ट से अशुद्ध वायु प्राप्त होती है, जो मानव स्वास्थ्य के लिए हानिकारक होती है। यद्यपि चोक्ड एयर फिल्टर को भी साफ किया जा सकता है, किन्तु ऐसी स्थिति में एयर फिल्टर को बदल देना ही सर्वश्रेष्ठ उपाय है।

चित्र चोक्ड एयर फिल्टर

महत्त्वपूर्ण बिन्दु

- सेन्ट्रल ए.सी. सिस्टम में कण्डेन्सिंग यूनिट को कूलिंग यूनिट तथा एयर सर्कुलेशन से अलग स्थापित किया जाता है।
- एयर सर्कुलेशन यूनिट को कूलिंग किए जाने वाले भवन से अलग लगाया जाता है।
- सेन्ट्रल एयर कण्डीशनर यूनिट में कण्डेन्सर क्वॉयल तथा कम्प्रैसर स्थापित किए जाते हैं।
- वायु को शुद्ध कर कूलिंग प्रदान करने के लिए एवैपोरेटर क्वॉयल से पहले फिल्टर का उपयोग किया जाता है।
- ठण्डी वायु को कूलिंग स्थानों पर प्रवाहित करने के लिए डक्ट प्रयोग किए जाते हैं।
- डायरेक्ट सिस्टम में सीधे ही वायु को कूलिंग क्वॉयल के ऊपर सर्कुलेट करके ठण्डा किया जाता है।
- डायरेक्ट सिस्टम में कण्डेन्सर यूनिट, एयर हैण्डलिंग यूनिट के समीप फिट होती है।
- इनडायरेक्ट सिस्टम के चिलर में शैल एण्ड ट्यूब टाइप एवैपोरेटर प्रयोग किया जाता है।
- सामान्य तौर पर अधिकांश एयर कण्डीशनरों में प्री-फिल्टर का प्रयोग किया जाता है।
- एब्सॉल्यूट फिल्टर को हाई एफीशिएन्सी पार्टिकुलेट एयर (HEPA) फिल्टर भी कहते हैं।

महत्त्वपूर्ण प्रश्नोत्तरी

1. सेन्ट्रल एयर कण्डीशनिंग में प्रयुक्त रेफ्रिजरेन्ट के दाब में वृद्धि किस प्रकार की जाती है?

उत्तर जब सेन्ट्रल एयर कण्डीशनिंग में कम्प्रैसर को पावर सप्लाई से जोड़ा जाता है, तो कम्प्रैसर में रेफ्रिजरेन्ट प्रवेश करता है। प्रवेशित रेफ्रिजरेन्ट को कम्प्रैस करके दाब में वृद्धि की जाती है।

2. डायरेक्ट सिस्टम में वायु किस प्रकार ठण्डी की जाती है?

उत्तर डायरेक्ट सिस्टम में सीधे ही वायु को कूलिंग क्वॉयल के ऊपर से सर्कुलेट करके ठण्डा किया जाता है, जिससे वायु की ऊष्मा शोषित करके रेफ्रिजरेन्ट एवैपोरेट हो जाता है और वायु ठण्डी हो जाती है।

3. क्या कारण है कि सेन्ट्रल एयर कण्डीशनिंग सिस्टम स्वचालित रूप से नियन्त्रित नहीं किया जा सकता?

उत्तर सेन्ट्रल एयर कण्डीशनिंग में विभिन्न प्रकार के सेन्सर उपकरण लगे होते हैं, जिनके खराब होने पर सेन्ट्रल एयर कण्डीशनिंग सिस्टम को स्वचालित रूप से नियन्त्रित नहीं किया जा सकता है।

4. सेन्ट्रल ए. सी. में अवांछनीय शोर किस कारण उत्पन्न होता है?

उत्तर सेन्ट्रल ए. सी. यूनिट, विभिन्न प्रकार के सूक्ष्म भागों से मिलकर बनी होती है। इन भागों में किसी भी भाग के टूट जाने पर अवांछनीय शोर उत्पन्न होता है।

5. सेन्ट्रल एयर कण्डीशनिंग में वायु का शुद्धिकरण कैसे किया जाता है?

उत्तर एयर कण्डीशनिंग में प्रयुक्त वायु में से विभिन्न प्रकार के अशुद्ध कण; जैसे–धूल, फफूँदी आदि उपस्थित होते हैं। इन अशुद्धियों को दूर करने हेतु एयर फिल्टर का प्रयोग किया जाता है।

6. एयर फिल्टर की सर्विसिंग की संस्तुति क्यों की जाती है?

उत्तर किसी भी एयर कण्डीशनर के निरन्तर उपयोग से एयर कण्डीशनिंग सिस्टम में मुख्य भूमिका निभाने वाले एयर फिल्टर्स, धूल के कण जमा होने से चोक्ड हो जाते हैं, जिस कारण चोक्ड एयर फिल्टर की सर्विसिंग करने की संस्तुति की जाती है।

अभ्यास प्रश्न

परीक्षा प्रारूपी प्रश्न

बहुविकल्पीय

1. सेन्ट्रल ए.सी. सिस्टम में कण्डेन्सिंग यूनिट और एयर सर्कुलेशन सिस्टम स्थापित किया जाता है
(a) साथ में (b) अलग-अलग
(c) मध्य में (d) इनमें से कोई नहीं

2. सेन्ट्रल एयर कण्डीशनिंग में वायु का अनुकूलन न हो पाना निम्न में से किसका कारण है?
(a) रेफ्रिजरेन्ट की कमी
(b) प्रणाली में वायु का होना
(c) इन्सुलेशन लाइन का अव्यवस्थित होना
(d) उपरोक्त सभी

3. एयर कण्डीशनर में एयर को अधिक मात्रा में कौन नियन्त्रित करता है?
(a) पंखा (b) ब्लोअर (c) एवैपोरेटर (d) एयर फिल्टर

4. DX सिस्टम का अर्थ होता है
(a) डायरेक्ट सिस्टम (b) इनडायरेक्ट सिस्टम
(c) डिवाइस सिस्टम (d) डबल सिस्टम

5. किस ए.सी. सिस्टम में वायु को सीधे ही ठण्डा किया जाता है?
(a) इनडायरेक्ट सिस्टम में (b) डायरेक्ट सिस्टम में
(c) 'a' और 'b' दोनों (d) इनमें से कोई नहीं

6. इनडायरेक्ट सिस्टम में प्रयुक्त रेफ्रिजरेन्ट होता है
(a) प्राथमिक (b) द्वितीयक (c) तृतीयक (d) ये सभी

7. निम्न में किस घटक का मुख्य कार्य रेफ्रिजरेन्ट को चलाना है?
(a) कम्प्रैसर (b) एवैपोरेटर
(c) विस्तार वाल्व (d) कण्डेन्सिंग क्वॉयल

8. AHU की बाहरी कैबिनेट बनी होती है
(a) GI शीट की (b) स्टील की
(c) एल्युमीनियम की (d) इनमें से कोई नहीं

9. चिलर होता है
(a) प्लेट टाइप एवैपोरेटर
(b) शैल एण्ड ट्यूब टाइप एवैपोरेटर
(c) फिण्ड टाइप एवैपोरेटर
(d) उपरोक्त में से कोई नहीं

10. ब्लोअर को कण्ट्रोल करता है
(a) टू वे स्विच (b) सिंगल वे स्विच
(c) सलैक्टर स्विच (d) सेन्ट्रीफ्यूगल स्विच

11. सोलेनॉयड वाल्व के साथ लगा रहता है
(a) थर्मोस्टेटिक स्विच (b) ऑयल प्रैशर स्विच
(c) ओवरलोड स्विच (d) इनमें से कोई नहीं

12. FCU में कूलिंग के लिए सर्कुलेट किया जाता है
(a) प्राइमरी रेफ्रिजरेन्ट को (b) सेकेण्डरी रेफ्रिजरेन्ट को
(c) दोनों रेफ्रिजरेन्ट्स को (d) इनमें से कोई नहीं

13. सेन्ट्रल एयर कण्डीशनिंग संयन्त्र में तापमान, आर्द्रता, वायवीय गति एवं शोधन को निम्न या उच्च कर देने में सक्षम है
(a) तापमान नियन्त्रण (b) नमी नियन्त्रण
(c) वायु चलना एवं घूमना (d) ये सभी

14. वायु की ऊष्मा शोषित करके रेफ्रिजरेन्ट ………… हो जाता है।
(a) एवैपोरेट (b) कण्डेन्स
(c) एक्सपैण्ड (d) इनमें से कोई नहीं

15. चित्र में 'X' द्वारा इंगित भाग का नाम बताइए।

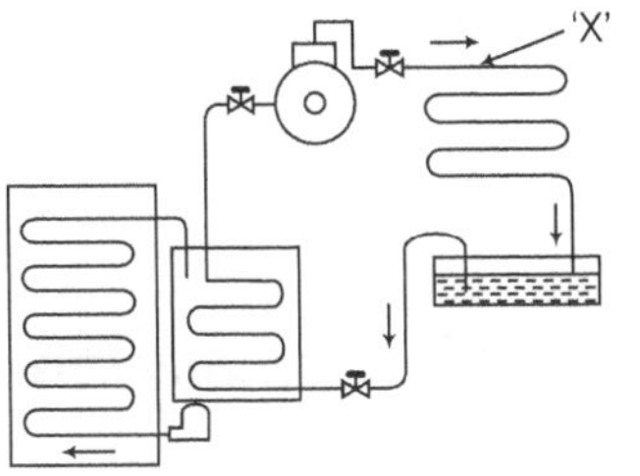

(a) कूलिंग क्वॉयल (b) ब्राइन चिलर
(c) कण्डेन्सर (d) ब्राइन पम्प

16. नमी अवशोषित करने के लिए फिल्टर ड्रायर में भरा होता है
(a) कोयला (b) बालू
(c) सिलिका जैल (d) इनमें से कोई नहीं

17. कमरे को अनुकूलित कर पाना किस अवस्था में सम्भव है?
(a) जब कमरा वायु मुक्त हो (b) जब कमरा वायु मुक्त न हो
(c) जब कमरा आर्द्र हो (d) ये सभी

18. निम्न में से किस तापमान पर मनुष्य के आराम की स्थिति निर्भर करती है?
(a) शुष्क बल्ब तापमान (b) आर्द्र बल्ब तापमान
(c) 'a' और 'b' दोनों (d) ये सभी

19. सेन्ट्रल ए.सी. में उत्पन्न दोष है
(a) सेन्सर समस्या (b) रेफ्रिजरेन्ट लीक
(c) शोर (d) ये सभी

20. निम्न में से कौन-सा कथन सत्य है?
(a) वेग दाब = कुल दाब + स्थिर दाब
(b) वेग दाब = स्थैतिक दाब + गतिज दाब
(c) वेग दाब = कुल दाब – स्थिर दाब
(d) वेग दाब = कुल दाब – गतिज दाब

21. स्थिर दाब का मात्रक है
(a) वाटर कॉलम की इंच (b) वाटर गेज
(c) 'a' और 'b' दोनों (d) इनमें से कोई नहीं

22. प्री फिल्टर में वायु को साफ करने के लिए किस सामग्री का प्रयोग किया जाता है?
(a) सिन्थैटिक फोम (b) रबड़
(c) एल्युमीनियम (d) माइल्ड स्टील

23. सेन्ट्रल ए.सी. में तापमान को कण्ट्रोल करने के लिए ……. का प्रयोग किया जाता है।
(a) ऊष्मा हीटर (b) शैल एण्ड ट्यूब
(c) स्ट्रिप हीटर (d) थर्मोस्टेट

24. चित्र में कौन-सा फिल्टर दर्शाया गया है?

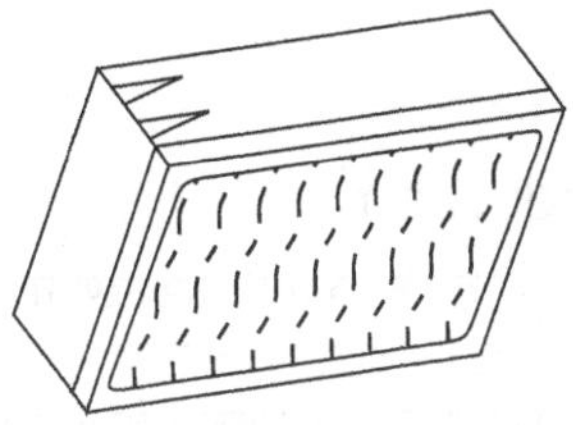

(a) प्री फिल्टर (b) फाइन फिल्टर
(c) एब्सॉल्यूट फिल्टर (d) इनमें से कोई नहीं

25. किस फिल्टर को HEPA फिल्टर भी कहते हैं?
(a) एब्सॉल्यूट फिल्टर (b) फाइन फिल्टर
(c) प्री फिल्टर (d) ये सभी

26. किस एयर फिल्टर में वायु का वेग मापने के लिए मैनोमीटर लगा होता है?
(a) प्री फिल्टर (b) एब्सॉल्यूट फिल्टर
(c) फाइन फिल्टर (d) ड्राई फिल्टर

27. चोक्ड एयर फिल्टर का क्या प्रभाव पड़ता है?
(a) शुद्ध वायु प्राप्त न होना (b) अधिक ऊष्मा की खपत होना
(c) 'a' और 'b' दोनों (d) इनमें से कोई नहीं

28. एयर फिल्टर के चोक्ड होने का क्या कारण है?
(a) डिस्चार्ज प्रैशर बढ़ना
(b) वेग दाब का बढ़ना
(c) स्थिर दाब का बढ़ना
(d) अत्यधिक धूल जम जाना

29. अपर्याप्त कूलिंग का निम्न में से क्या कारण है?
(a) छोटा एयर कण्डीशनर (b) चोक्ड एयर फिल्टर
(c) 'a' और 'b' दोनों (d) इनमें से कोई नहीं

उत्तरमाला

1. (b)	**2.** (d)	**3.** (b)	**4.** (a)	**5.** (b)	**6.** (b)	**7.** (a)	**8.** (a)	**9.** (c)	**10.** (c)
11. (a)	**12.** (b)	**13.** (d)	**14.** (a)	**15.** (c)	**16.** (c)	**17.** (a)	**18.** (c)	**19.** (d)	**20.** (c)
21. (c)	**22.** (a)	**23.** (d)	**24.** (b)	**25.** (a)	**26.** (b)	**27.** (c)	**28.** (d)	**29.** (c)	

अध्याय 13

डक्ट
Duct

परिचय Introduction

एयर कण्डीशनिंग प्लांट में अनेक प्रकार के उपकरण तथा प्रणालियाँ प्रयोग की जाती हैं, एयर डिस्ट्रीब्यूशन प्रणाली भी इनमें से ही एक है। एयर कण्डीशनिंग प्लांट द्वारा ठण्डी वायु को एयर कण्डीशनिंग रूम में पहुँचाने या रूम की गर्म वायु को एयर कण्डीशनिंग प्लांट में पहुँचाने के लिए प्रयुक्त घटक डक्ट (duct) कहलाते हैं। स्प्लिट ए.सी. तथा विण्डो ए.सी. द्वारा छोटे भवनों को कूलिंग प्रदान की जा सकती है, किन्तु बड़े भवन, इमारत तथा ऑफिस में कूलिंग के लिए एयर कण्डीशनिंग प्लांट, भवन तथा ऑफिसों से बाहर स्थापित किए जाते हैं।

इस प्रकार के एयर कण्डीशनिंग प्लांट से प्राप्त ठण्डी वायु को भवन या ऑफिस के विभिन्न भागों में डक्ट के माध्यम से पहुँचाया जाता है। डक्ट का प्रयोग इसके अतिरिक्त गर्म वायु को भवन से हटाने के लिए भी किया जाता है। डक्ट डिजाइनिंग के अन्दर विभिन्न क्रिया; जैसे—प्लानिंग, साइजिंग, डिटेलिंग तथा ऑप्टीमाइजिंग आदि की जाती है। डक्ट प्रणाली को 'डक्ट वर्क' के नाम से भी जाना जाता है। यह (डक्ट) एक प्रकार की पाइप लाइन है, जिसका प्रयोग हीटिंग, वेंटिलेशन और एयर कण्डीशनिंग (HVAC) के अन्तर्गत ठण्डी वायु को भवन में पहुँचाने तथा गर्म वायु को भवन से हटाने या बाहर निकालने में किया जाता है।

अध्याय विषय सूची

डक्ट के फंक्शन Function of Duct

1. एयर कण्डीशनिंग वायु को एक स्थान से दूसरे स्थान तक प्रवाहित होने के लिए उचित मार्ग प्रदान करना।
2. एयर कण्डीशनिंग प्लांट में डक्ट के द्वारा एक स्थान की कूलिंग विभिन्न स्थानों पर स्थानान्तरित की जाती है।
3. डक्ट प्रणाली, सप्लाई वायु के अतिरिक्त, रिटर्न एयर एवं एग्जॉस्ट एयर के प्रवाह के लिए भी उपयोग की जाती है।
4. रेफ्रिजरेशन तथा एयर कण्डीशनिंग में डक्ट, हीटिंग, वेन्टीलेशन जैसे विभिन्न कार्यों में प्रयुक्त होती है।

13.1 डक्ट के प्रकार Types of Duct

डक्ट मुख्यत: तीन प्रकार के होते हैं

1. रिजिड टाइप डक्ट Rigid Type Duct

ये एस्बेस्टॉस धातु के बनाए जाते हैं। इसमें एस्बेस्टॉस की अनेक शीटों को आपस में मिलाकर बनाए गए डक्ट, लेमिनेटेड एस्बेस्टॉस डक्ट (laminated asbestos duct) कहलाते हैं। यह जलरोधी होते हैं तथा ध्वनि (sound) व इन्सुलेटिंग के गुण वाले होते हैं। इस प्रकार के डक्ट को एक दिशा से दूसरी दिशा में मोड़ना कठिन कार्य है। रिजिड डक्ट महँगे किन्तु अधिक समय तक उपयोगी होते हैं। रिजिड डक्ट की स्थापना, स्थान के अनुसार होती है।

भारी होने के कारण रिजिड डक्ट उचित तरीके से माउण्ट की जानी चाहिए।

चित्र रिजिड टाइप डक्ट

2. फ्लेक्सिबल राउण्ड डक्ट
Flexible Round Duct

फ्लेक्सिबल राउण्ड डक्ट की बनावट में स्टील वायर की स्प्रिंग के ऊपर फाइबर ग्लास की कोटिंग कर दी जाती है, जिससे डक्ट लचकदार बन जाती है। इस प्रकार की डक्ट मुड़ भी सकती है जिस कारण ये डक्ट वायु के प्रवाह में कम अवरोध उत्पन्न करती है। इसमें इन्सुलेटिंग गुण भी होता है।

निम्नलिखित विशेषताओं के कारण फ्लेक्सिबल राउण्ड डक्ट अत्यधिक प्रयोग में लाई जाती है—

(i) फ्लेक्सिबल डक्ट की स्थापना में कम लागत आती है।
(ii) फ्लेक्सिबल डक्ट की स्थापना में कोई विशेष प्रकार का टूल प्रयुक्त नहीं किया जाता है।
(iii) फ्लेक्सिबल डक्ट को विभिन्न प्रकार से मोड़कर वांछित स्थान पर स्थापित किया जा सकता है।
(iv) फ्लेक्सिबल डक्ट विभिन्न व्यासों में उपलब्ध होती है।
(v) इनकी स्थापना में कम समय व्यय होता है।

फ्लेक्सिबल डक्ट वायु के प्रवाह में गति अवरोध उत्पन्न करता है। जिस कारण वायु के प्रवाह की दर प्रभावित होती है, फ्लेक्सिबल डक्ट का यह मुख्य दोष है।

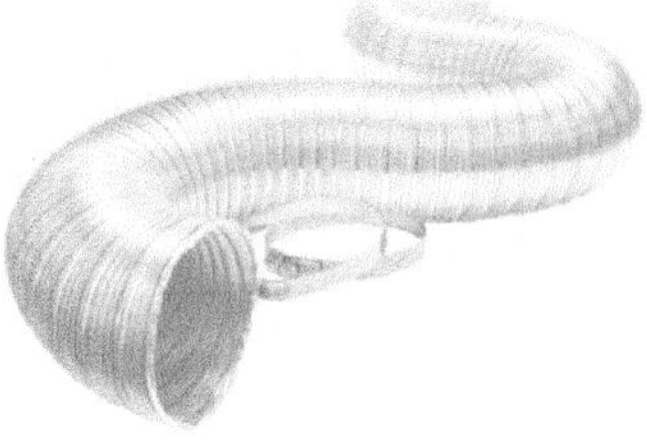

चित्र फ्लेक्सिबल डक्ट

3. प्री-फैब्रीकेटेड डक्ट Pre Fabricated Duct

प्री-फैब्रीकेटेड डक्ट पूर्व में ही विभिन्न आकारों में निर्मित की जाती है, जिससे कि स्थान की आवश्यकतानुसार विभिन्न भागों को असेम्बल करके वांछित आकृति की डक्ट प्राप्त की जा सके। एयर कण्डीशनिंग सिस्टम में प्रयुक्त पंखों के द्वारा उत्पन्न शोर को कम करने हेतु इस डक्ट में कैनवास या एस्बेस्टॉस टेप का प्रयोग किया जाता है। इस प्रकार की डक्ट की विशेषताएँ निम्नलिखित हैं

(i) फैब्रीकेटेड डक्ट के निर्माण में कम समय लगता है।
(ii) फैब्रीकेटेड डक्ट की स्थापना सरलता से की जा सकती है।
(iii) इस प्रकार की डक्ट में वायु के प्रवाह में गति अवरोध उत्पन्न नहीं होता है।
(iv) फैब्रीकेटेड डक्ट में लीकेज की सम्भावना नगण्य के समान होती है।

चित्र में विभिन्न भागों को असेम्बल करके फैब्रीकेटिड डक्ट का रूप दिया गया है

(i) प्रथम भाग डक्ट पाइप

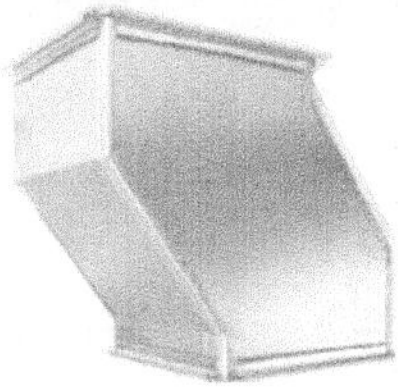

(ii) द्वितीय भाग डक्ट पाइप

(iii) तृतीय भाग डक्ट ज्वॉइण्ट

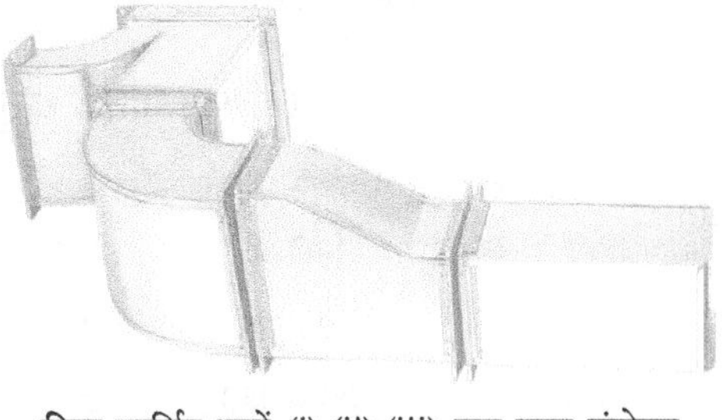

चित्र प्रदर्शित भागों (i) (ii) (iii) द्वारा डक्ट संयोजन

13.2 डक्ट मैटेरियल Duct Materials

एयर कण्डीशनिंग में डक्ट सामान्यत: गैल्वेनाइज्ड स्टील तथा एल्युमीनियम की बनाई जाती है परन्तु अलग-अलग मैटेरियल की डक्ट्स में साइज के अनुसार अलग-अलग मोटाई की शीट्स का प्रयोग किया जाता है। विभिन्न प्रकार के मैटेरियल का विवरण निम्नलिखित है—

1. गैल्वेनाइज्ड स्टील
2. एल्युमीनियम
3. पॉलीयूरेथेन
4. ग्लास फाइबर
5. लचीली डक्टिंग

1. **गैल्वेनाइज्ड स्टील** (Galvanised steel) गैल्वेनाइज्ड स्टील डक्ट कार्य में प्रयुक्त होने वाला मुख्य पदार्थ है। डक्ट बनाने के लिए प्रयुक्त मैटेरियल के ऊपर जिंक की परत चढ़ा दी जाती है, जो मैटेरियल को जंग तथा पेन्टिंग की लागत से बचाता है।

2. **एल्युमीनियम** (Aluminium) एल्युमीनियम से निर्मित डक्ट अपेक्षाकृत हल्के तथा इनकी स्थापना सरल होती है। एल्युमीनियम से निर्मित डक्ट दुकानों तथा साइट पर आसानी से बनाए जा सकते हैं। इन डक्ट्स में सभी आन्तरिक जोड़ सीलेन्ट द्वारा बन्द किए जाते हैं। एल्युमीनियम से गोल सर्पिल डक्ट भी बनाई जाती है। एल्युमीनियम से निर्मित डक्ट के उपयोग की समय अवधि गैल्वेनाइज्ड स्टील से निर्मित डक्ट से अपेक्षाकृत कम होती है।
3. **पॉलीयूरेथेन** (Polyurethane) पॉलीयूरेथेन से निर्मित डक्ट्स में इन्सुलेटिंग पदार्थ की आवश्यकता नहीं होती है, क्योंकि पॉलीयूरेथेन से बनी डक्ट इन्सुलेटिड डक्ट के समान ही कार्य करती है। सुरक्षा को दृष्टिगत रखते हुए पॉलीयूरेथेन से निर्मित डक्ट को उच्च श्रेणी में रखा जाता है।
4. **फाइबर ग्लास** (Fiber glass) फाइबर ग्लास से बनी डक्ट्स का उपयोग उन एयर कण्डीशनिंग सिस्टम में किया जाता है, जिसमें प्रयुक्त पंखे अधिक शोर उत्पन्न करते हैं। फाइबर ग्लास एक अच्छे ध्वनि अवशोषक के अतिरिक्त इन्सुलेशन का गुण भी रखते हैं। फाइबर ग्लास से पूर्वनिर्मित डक्ट बोर्ड का प्रयोग डक्ट डाई के रूप में किया जाता है
5. **लचीली डक्टिंग** (Flexible ducting) लचीली डक्टिंग को फ्लेक्स भी कहा जाता है। लचीली डक्टिंग बनाने हेतु प्लास्टिक पर धात्विक तार की परत चढ़ा दी जाती है। इस प्रकार की डक्ट बहुत ही लचीली होने के कारण किसी भी स्थान पर आसानी से सैट की जा सकती है।

डक्ट साइज के अनुसार विभिन्न धातुओं की शीट की मोटाई निम्नलिखित तालिका द्वारा ज्ञात की जा सकती है

तालिका मानक धातु शीट की मोटाई (आयताकार डक्ट के लिए)

डक्ट साइज		शीट की मोटाई					
लम्बाई में		जी. आई. शीट			एल्युमीनियम शीट		
इंचों में	मिमी में	SWG	इंचों में	मिमी में	SWG	इंचों में	मिमी में
12 तक	300 तक	26	0.018	0.5	24	0.022	0.6
12 से 30	300 से 750	24	0.022	0.6	22	0.028	0.7
30 से 54	750 से 1350	22	0.028	0.7	20	0.036	0.9
54 से 84	1350 से 2100	20	0.036	0.9	18	0.048	1.2
84 से Thej	2100 से ऊपर	18	0.048	1.2	16	0.064	1.6

तालिका मानक धातु शीट की मोटाई (गोलाकार डक्ट के लिए)

डक्ट व्यास		जी.आई.शीट			एल्युमीनियम शीट		
इंचों में	मिमी में	SWG	इंचों में	मिमी में	SWG	इंचों में	मिमी में
12 तक	300 तक	26	0.018	0.5	24	0.022	0.6
13 से 18	300 से 450	24	0.022	0.6	22	0.028	0.7
19 से 28	450 से 700	22	0.028	0.7	22	0.028	0.7
29 से 36 तक	700 से 900	20	0.036	0.9	20	0.036	0.9
37 से 52	900 से 1300	18	0.048	1.2	18	0.048	11.2

13.3 डक्ट डिजाइनिंग Duct Designing

डक्ट डिजाइनिंग के लिए तीन विधियों का प्रयोग किया जाता है, जो निम्नलिखित हैं

1. समान घर्षण विधि 2. वेग ह्रास विधि 3. स्टेटिक रिगेन विधि

1. समान घर्षण विधि Equal Friction Method

इस विधि में डक्ट की प्रति इकाई लम्बाई की घर्षण हानि समस्त प्रणाली में समान होती है। मुख्य डक्ट का क्रॉस सेक्शनल एरिया और डक्ट की प्रति इकाई लम्बाई में घर्षण हानि स्थान के अनुसार होती है। वायु में घर्षण हानि गोल डक्ट में होती है। यदि आयताकार डक्ट का प्रयोग किया गया है और उनकी घर्षण हानि ज्ञात करनी है, तो पहले आयताकार डक्ट को गोल डक्ट में परिवर्तित करो, तब घर्षण हानि ज्ञात होती है। अत: समान घर्षण विधि की सहायता से दक्ष सिस्टम बनाने के लिए आयताकार डक्ट सर्वाधिक प्रयोग में लाई जाती है।

2. वेग ह्रास विधि Velocity Reduction Method

मुख्य डक्ट का साइज निश्चित सीमा में वेग का चयन करने पर निर्भर होता है, जैसा कि समान घर्षण हानि विधि में होता है। आगे की डक्ट्स में वायु का वेग कम होने की स्थिति निश्चित होती है। चयनित किए गए वेग (velocity) और वायु मात्रा के अनुसार डक्ट साइज निश्चित किया जाता है। यदि आयताकार डक्ट का प्रयोग किया गया है, तो पहले उसके समकक्ष उसे गोल व्यास में ज्ञात किया जाता है।

इसमें प्रैशर लॉस भी देखा जाता है। जब डक्ट का बहुत दूरी तक प्रयोग किया जाता है, तो एल्बो और फिटिंग के कारण प्रैशर लॉस भी होता है, जिससे वायु में रुकावट आती है।

वायु प्रथम स्थान की ओर पहले अधिक वेग से जाती है, फिर धीरे-धीरे उसका वेग कम होता जाता है। यह विधि साधारण प्रणाली के डक्ट्स की डिजाइन में प्रयुक्त होती है। प्रैशर के सन्तुलन के लिए इसमें स्प्लिटर डैम्पर्स (splitter dampers) का प्रयोग किया जाता है।

3. स्टेटिक रिगेन विधि Static Regain Method

डक्ट में जब वायु का वेग कम हो, तो वेग प्रैशर का अन्तर स्टेटिक प्रैशर में परिवर्तित होकर प्राप्त होता है अर्थात् स्टेटिक रिगेन प्राप्त होता है। वेग में कमी होने अथवा अन्तर होने के कारण प्राप्त स्टेटिक प्रैशर में बढ़ोतरी डक्ट के सेक्शन में कार्यरत् घर्षण हानि से पूर्ण होती है। कठिन तथा लम्बी विधि होने के कारण सामान्यत: इसका उपयोग कम किया जाता है।

13.4 डक्ट इन्सुलेशन Duct Insulation

एयर कण्डीशनिंग प्रणाली में प्रयुक्त डक्ट की सुरक्षा व वायु के दक्षतापूर्ण प्रवाह हेतु डक्ट के चारों ओर कुचालक पदार्थ की परत चढ़ा दी जाती है। डक्ट के चारों ओर लगाई गई इन्सुलेटिंग परत अग्नि प्रतिरोधी होती है। कुचालक पदार्थ की परत को स्क्रू या रिवेट की सहायता से अस्थाई या स्थाई रूप से डक्ट के साथ जोड़ा जाता है। कुचालक पदार्थ के रूप में प्राय: ग्लास वूल का उपयोग किफायती साबित होता है किन्तु कुचालक पदार्थ के रूप में प्रकाशीय रेशों का भी प्रयोग किया जाता है।

चित्र ग्लास वूल

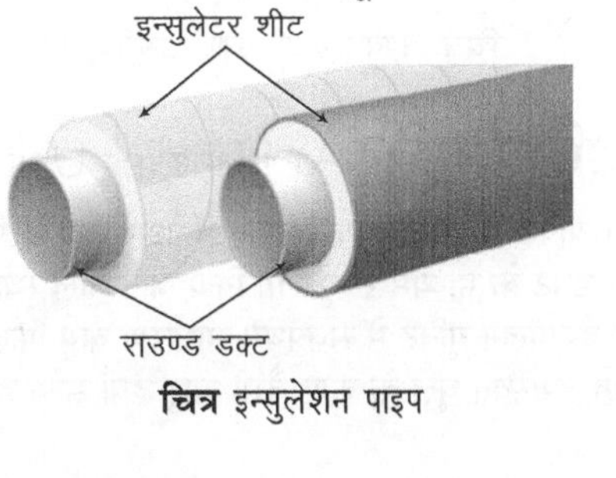

चित्र इन्सुलेशन पाइप

डक्ट K फैक्टर Duct K Factor

इकाई क्षेत्र के लिए एक दिशा में समान यूनिट तापमान ग्रेडियन्ट द्वारा प्रेरित, सजातीय सामग्री के यूनिट क्षेत्र के माध्यम से स्थिर ऊष्मा प्रवाह के समय की दर को K फैक्टर कहते हैं।

इन्सुलेशन का K फैक्टर ऊष्मा का संचालन करने के लिए मैटेरियल की ऊष्मीय चालकता तथा क्षमता को प्रदर्शित करता है।

सामान्यत: इन्सुलेशन सामग्री के लिए K फैक्टर का मान 1 से कम होता है। जितना कम K फैक्टर होगा। उतना ही अच्छा इन्सुलेशन होगा। अर्थात् K फैक्टर उस ऊष्मा की वह मात्रा है जो एक घण्टे में 1 वर्ग फुट क्षेत्रफल वाली सामग्री से गुजरती है।

सामान्यत: टेस्टिंग उपकरण, जोकि एक इन्सुलेशन सामग्री के K फैक्टर को निर्धारित करती है। K फैक्टर दो प्लेटों की सतह के तापमान का औसत तापमान के बराबर होता है, यहाँ एक तालिका के द्वारा इन्सुलेशन सामग्री के K फैक्टर का विवरण दिया गया है।

पॉलीओलीफिन इन्सुलेशन (Polyolefin Insulation)		इलास्टोमैरिक इन्सुलेशन (Elastomeric Insulation)	
औसत तापमान	K-फैक्टर	औसत तापमान	K-फैक्टर
90°F	0.26	90°F	0.27
75°F	0.25	75°F	0.265
-40°F	0.22	-40°F	0.2
-125°F	0.18	-125°F	0.19
-165°F	0.16	-165°F	0.18
-256°F	0.13	-256°F	0.14
-297°F	0.12	-297°F	0.13

नोट *जैसे-जैसे औसत तापमान बढ़ता है, वैसे-वैसे K फैक्टर भी बढ़ता है।*

डक्ट में एकॉउस्टिक इन्सुलेशन Acoustic Insulation in Duct

एयर डक्ट्स Air Ducts

भवनों में स्वच्छ, गर्म या ठण्डी हवा प्रवाहित करने के लिए डक्ट्स प्रयुक्त की जाती है। इस कारण से कमरे का वातावरण अच्छा बना रहता है। यद्यपि डक्ट वर्क (duct work) का अवांछित आकार वायु संरचना को प्रभावित करता है। इससे प्रयुक्त फैन या अन्य यान्त्रिक प्रणालियों द्वारा भवनों के आस-पास शोर उत्पन्न करते हैं तथा आस-पास के कमरों में भी शोर उत्पन्न होता है। यह विचलित करने वाला शोर न केवल ध्यान भंग करता है अपितु यह नवजात शिशुओं के स्वास्थ्य के लिए हानिकारिक भी हो सकता है। एयर डक्ट्स (air ducts) सिस्टम में साउण्ड इन्सुलेशन स्थापित करना भवनों में और स्कूलों तथा कार्यालयों में प्रदर्शन को बढ़ाने के लिए एकॉउस्टिक्स (acoustics) में सुधार लाने का एक अत्यन्त प्रभावी उपाय है।

एकॉउस्टिक्स इन्सुलेशन की योजना बनाते समय, इस तथ्य को ध्यान में रखना चाहिए कि एयर डक्ट्स (air ducts) से शोर बढ़ता है और विभिन्न माध्यमों से स्थानान्तरित होता है। केवल ध्वनि का अवशोषण और एनकैप्सुलेशन, वाइब्रेशन डेम्पिंग का संयोजन यह सुनिश्चित करता है कि शोर के स्थानान्तरण को न्यूनतम रखा जाए।

13.5 डक्ट द्वारा एयर डिस्ट्रीब्यूशन Air Distribution by Duct

कूलिंग किए जाने वाले स्थान का ताप, आर्द्रता तथा वायु की गति को नियत रखना, एयर डिस्ट्रीब्यूशन का प्रमुख उद्देश्य है।

इस प्रणाली में वायु कमरे में इनलेट के द्वारा आती है और उचित वेग द्वारा अन्य दीवारों से टकराकर आउटलेट से बाहर निकल जाती है। अन्दर आते समय वायु का वेग अधिक होता है, परन्तु समस्त स्थान में फैलकर इसका वेग कम हो जाता है। बाहर निकलते समय वायु का वेग कम होता है।

वायु की सप्लाई एवं रिटर्न वायु की स्थिति के अनुसार निम्नलिखित विधियाँ हैं—

1. वाल टाइप डिस्ट्रीब्यूशन
2. पैन टाइप डिस्ट्रीब्यूशन
3. सीलिंग पैनल टाइप डिस्ट्रीब्यूशन
4. अपवार्ड टाइप डिस्ट्रीब्यूशन

1. **वाल टाइप डिस्ट्रीब्यूशन** (Wall type distribution) इस प्रणाली में वायु का इनलेट एवं आउटलेट एक ही दीवार से होता है। वायु, वेग से इनलेट कर कमरे में घूमती है तथा उसी दीवार पर आउटलेट द्वारा बाहर निकल जाती है। यह विधि बहुत सामान्य एवं सस्ती है। वाल टाइप डिस्ट्रीब्यूशन में कमरे में प्रवेश करने वाली वायु का वेग, कमरे से बाहर निकलने वाली वायु के वेग से अधिक होता है, इसलिए इसे वाल टाइप डिस्ट्रीब्यूशन कहते हैं।

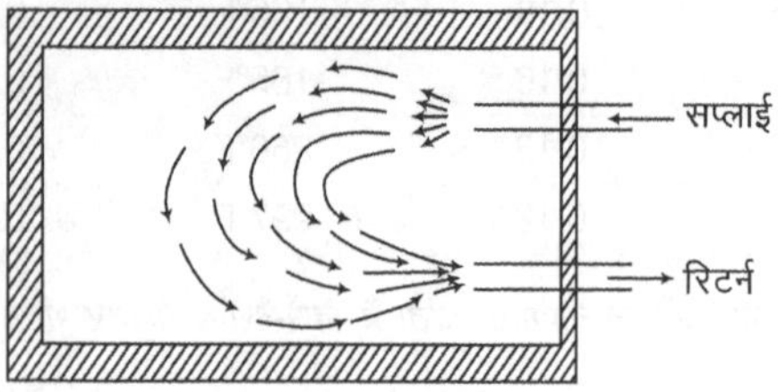

चित्र वॉल एयर डिस्ट्रीब्यूशन प्रणाली

2. **पैन टाइप डिस्ट्रीब्यूशन** (Pan type distribution) इस विधि में वायु ऊपर से प्रवेश करती है और वायु कमरे में घूमकर ऊपर से ही बाहर निकल जाती है। वायु आउटलेट छत के मध्य में होता है तथा आउटलेट के दोनों ओर वायु इनलेट होते हैं। दोनों इनलेट्स से वायु समान वेग से प्रवेश कर सेपरेटर के माध्यम से कमरे में प्रसारित हो जाती है। तत्पश्चात् वायु दीवारों से टकराकर आउटलेट से बाहर निकल जाती है।

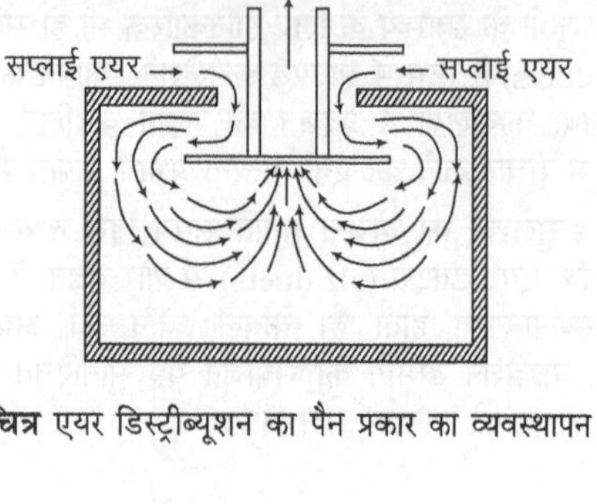

चित्र एयर डिस्ट्रीब्यूशन का पैन प्रकार का व्यवस्थापन

3. **सीलिंग पैनल टाइप डिस्ट्रीब्यूशन** (Ceiling panel type distribution) इस विधि में वायु ऊपर छत से नीचे की ओर घूमती है। वायु आउटलेट साइड की दीवारों पर लगे रहते हैं, जिनसे वायु बाहर निकल जाती है। इस प्रणाली में छत परफोरेटेड शीट (perforated sheet) या एस्बेस्टॉस शीट (asbestos sheet) से बनी होती है।

वायु समान गति से कमरे में फैलती है। यह विधि महँगी होती है। सीलिंग पैनल टाइप डिस्ट्रीब्यूशन बड़े ऑफिसों तथा भवनों में डक्टिंग की जाती है। कमरे में वायु सतत रूप से प्रवाहित करने के लिए छत पर ग्रिल का प्रयोग किया जाता है।

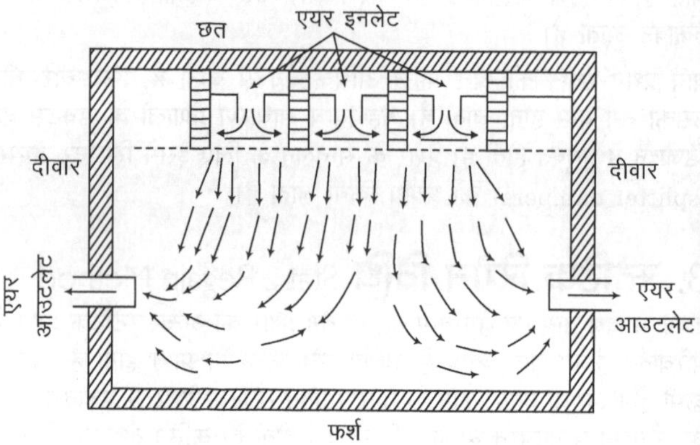

चित्र सीलिंग पैनल टाइप एयर डिस्ट्रीब्यूशन

4. **अपवर्ड टाइप डिस्ट्रीब्यूशन** (Upward type distribution) इसमें वायु फर्श में बने इनलेट से प्रवेश करती है और वायु आउटलेट ऊपर छत पर बने होते हैं।

छत पर बने आउटलेट में एग्जॉस्ट वेन्ट से वायु बाहर निष्कासित हो जाती है। इस प्रकार के एयर डिस्ट्रीब्यूशन का प्रयोग कारखानों में किया जाता है। यह उस स्थान पर प्रयोग होती है, जहाँ पर मनुष्य सामान ढोने का कार्य करते हैं।

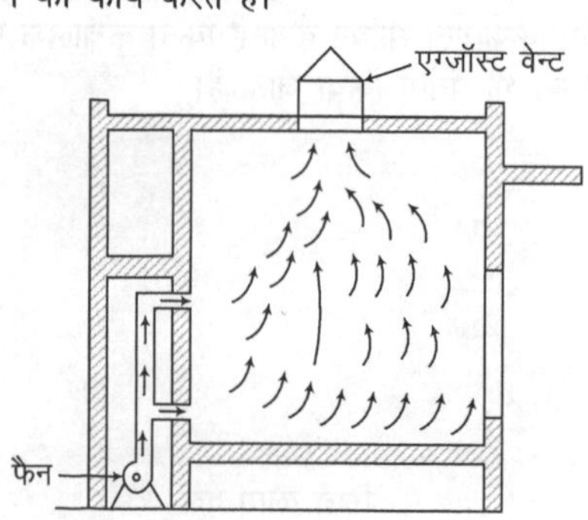

चित्र अपवर्ड टाइप एयर डिस्ट्रीब्यूशन

एयर हैण्डलिंग यूनिट Air Handling Unit

एयर हैण्डलिंग यूनिट में सेन्ट्रीफ्यूगल टाइप ब्लोअर अथवा फैन लगा होता है, जो वायु को डक्ट के माध्यम से कूलिंग किए जाने वाले स्थान पर प्रवाहित करता है। एयर हैण्डलिंग यूनिट में सर्वप्रथम साधारण वायु फिल्टर से गुजरती है, जिससे उसमें उपस्थित धूल के कण जैसी अशुद्धियाँ साफ हो जाती हैं।

उसके बाद इस वायु को कूलिंग क्वॉयल या चिल्ड वाटर क्वॉयल के ऊपर से गुजारा जाता है, जहाँ यह वायु अपना ताप क्वॉयल को देकर ठण्डी हो जाती है, तब यह ठण्डी और डिह्यूमिडिफाइड (dehumidified) एयर कण्डीशनिंग क्षेत्र में घूमती है, जिससे कूलिंग प्रभाव उत्पन्न होता है। यह कैबिनेट गैल्वेनाइज्ड आयरन (GI) की बनी होती है। कैबिनेट में एक डैम्पर लगा होता है, जिसे खोलने पर शुद्ध वायु प्रवेश कर सकती है।

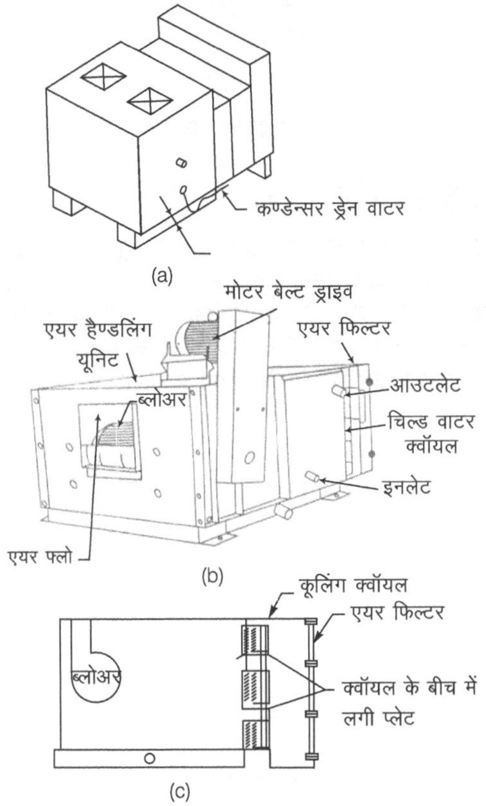

चित्र एयर हैण्डलिंग यूनिट

13.6 डक्ट ए.सी. Duct AC

जिस एयर कण्डीशनिंग यूनिट का प्रयोग डक्टिंग के लिए किया जाता है, उसे डक्ट ए.सी. कहते हैं। डक्ट ए.सी. मुख्यत: दो प्रकार के होते हैं—

1. डक्ट स्प्लिट ए.सी.
2. मल्टी डक्ट स्प्लिट ए.सी.

1. डक्ट स्प्लिट ए.सी. Duct Split AC

कूलिंग किए जाने वाले स्थान पर एयर कण्डीशनिंग से प्राप्त ठण्डी वायु पहुँचाने के लिए प्रयुक्त घटक डक्ट कहलाते हैं। इस प्रकार डक्ट तथा स्प्लिट ए.सी. के समायोजन को डक्ट स्प्लिट ए.सी. कहते हैं। डक्ट स्प्लिट ए.सी. में डक्ट के उपयोग का मुख्य कारण सिस्टम में प्रवाहित वायु की मात्रा है जिस कारण यह स्प्लिट ए.सी. का व्यापक रूप है।

डक्ट स्प्लिट ए.सी. में एवैपोरेटर यूनिट, एयर हैण्डलिंग यूनिट में सैट की जाती है तथा कण्डेन्सर यूनिट को अलग से सैट किया जाता है। एयर हैण्डलिंग यूनिट में वायु के प्रवाह हेतु ब्लोअर तथा प्रवाहित वायु को कूलिंग प्रदान करने के लिए एवैपोरेटर क्वॉयल का प्रयोग किया जाता है। वायु में मिली अशुद्धियों को पृथक् करने के लिए एवैपोरेटर क्वॉयल से आगे फिल्टर को सैट किया जाता, जो वायु को स्वच्छ तथा शुद्ध बनाता है। डक्ट स्प्लिट ए.सी. सिस्टम में प्रयुक्त विभिन्न घटक;

जैसे—एवैपोरेटर यूनिट, कण्डेन्सर यूनिट तथा पंखों की क्षमता अन्य एयर कण्डीशनिंग सिस्टम में प्रयुक्त घटकों से अपेक्षाकृत अधिक होती है।

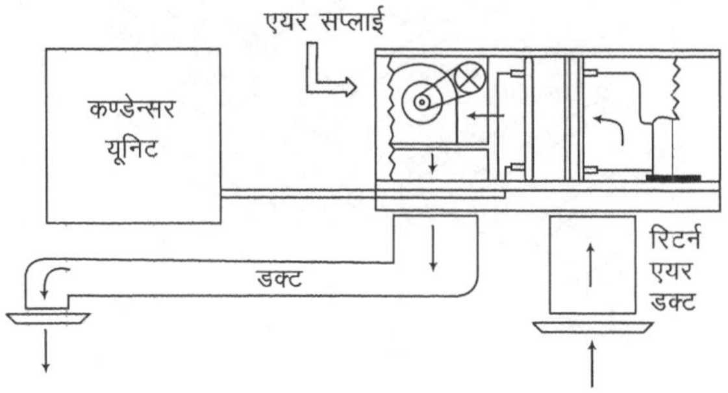

चित्र डक्ट स्प्लिट ए.सी.

डक्ट स्प्लिट ए.सी. की क्रियाविधि
Working Method of Duct Split AC

डक्ट ए.सी. स्प्लिट सिस्टम को विद्युत सप्लाई प्रदान करते ही कण्डेन्सर यूनिट कार्य करना आरम्भ कर देती है। तत्पश्चात् एवैपोरेटर क्वॉयल ऊष्मा को अवशोषित करके आसपास के वातावरण में कूलिंग कर देती है।

कूलिंग क्षेत्र में ब्लोअर द्वारा वायु प्रवेश कराई जाती है, यह वायु एवैपोरेटर यूनिट से ठण्डी होकर एवैपोरेटर यूनिट के आगे लगे फिल्टर में भेजी जाती है, जहाँ फिल्टर वायु को स्वच्छ तथा शुद्ध करता है। अन्त में यह ठण्डी वायु डक्ट के माध्यम से कूलिंग किए जाने वाले स्थान अथवा कमरे में भेजी जाती है।

कूलिंग स्थान तथा कमरे को ठण्डा करने के बाद ठण्डी वायु गर्म हो जाती है। जिसे रिटर्न डक्ट के माध्यम से पुन: एयर हैण्डलिंग यूनिट में भेजा जाता है। रिटर्न एयर, एयर हैण्डलिंग रूम में पहुँचकर सप्लाई एयर से ऊष्मा अवशोषित करके ठण्डी हो जाती है तथा रिटर्न एयर और सप्लाई एयर का ठण्डा मिश्रण पुन: कमरे में प्रवाहित किया जाता है। अत: यह प्रक्रम सतत् रूप से चलता रहता है।

2. मल्टी डक्ट स्प्लिट ए.सी.
Multi Duct Split AC

यदि विभिन्न स्थानों की कूलिंग करने के लिए एक कण्डेन्सर यूनिट के साथ एक से अधिक डक्ट का प्रयोग किया जाता है, तो इस ए.सी. प्रणाली को मल्टी डक्ट स्प्लिट ए.सी. प्रणाली कहते हैं। मल्टी डक्ट स्प्लिट ए.सी. प्रणाली में लगा कण्डेन्सर सिस्टम उच्च दक्षता तथा उच्च क्षमता वाला होता है।

मल्टी डक्ट स्प्लिट ए.सी. में मुख्य डक्ट के साथ एक से अधिक आउटलेट पोर्ट वाली डक्ट जुड़ी रहती है। डक्ट की लम्बाई अधिक होने के करण ये सभी सप्लाई प्लेनम से अधिक दूरी पर होते हैं, जिससे डक्ट में प्रवाहित वायु का वेग कम हो जाता है। इस समस्या के निवारण हेतु डक्टों को टेपर अवस्था में बनाया जाता है।

प्रत्येक डक्ट के आउटलेट पोर्ट पर एयर फिल्टर लगा दिया जाता है। सिस्टम में प्रयुक्त रिटर्न एयर डक्ट को सप्लाई एयर डक्ट से जोड़ा जाता है।

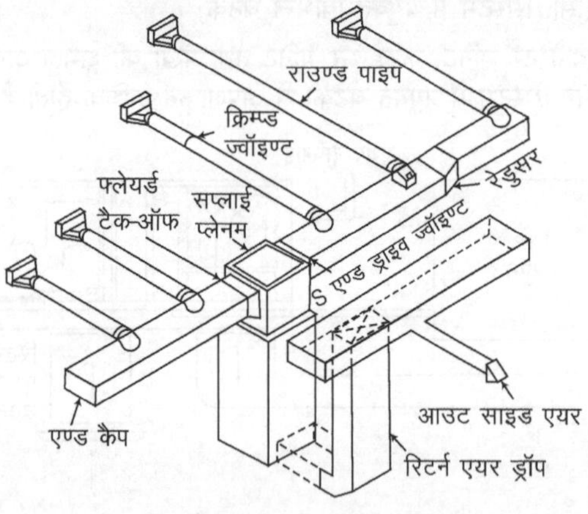

चित्र मल्टी डक्ट स्प्लिट ए.सी.

मल्टी डक्ट स्प्लिट ए.सी. की क्रियाविधि
Working Method of Multi Duct Split AC

मल्टी डक्ट स्प्लिट ए.सी. को विद्युत सप्लाई से संयोजित करने पर इसमें प्रयुक्त अवयव; जैसे—कम्प्रैसर, कण्डेन्सर तथा पंखा इत्यादि आरम्भ हो जाते हैं। सर्वप्रथम कण्डेन्सर कार्य करना आरम्भ कर देता है, जिससे डक्टिंग में लगा ब्लोअर, एवैपोरेटर क्वॉयल से उत्पन्न कूलिंग पर वायु प्रवाहित करता है।

परिणामस्वरूप वायु ठण्डी हो जाती है, तत्पश्चात् ठण्डी वायु को फिल्टर से गुजारकर मुख्य डक्ट के माध्यम से ब्रांच डक्ट के द्वारा कूलिंग किए जाने वाले स्थान तथा कमरे में भेजा जाता है। कूलिंग स्थान तथा कमरे को कूलिंग प्रदान करने के पश्चात् ठण्डी वायु गर्म हो जाती है। यह गर्म वायु रिटर्न डक्ट के द्वारा मुख्य डक्ट में पहुँचती है तथा सप्लाई एयर के साथ ठण्डी होकर पुन: कूलिंग स्थान तथा कमरे में भेजी जाती है। यह प्रक्रिया सतत रूप से चलती रहती है।

13.7 डक्टिंग में प्रयुक्त अवयव
Components Used in Ducting

डक्ट स्प्लिट ए.सी. प्रणाली में विभिन्न प्रकार के अवयव प्रयुक्त किए जाते हैं, जो निम्नलिखित हैं—

1. इनलेट पोर्ट 2. आउटलेट पोर्ट 3. डक्ट जोड़
4. स्टैक एल्बो 5. रूफ एग्जॉस्ट फैन

1. इनलेट पोर्ट Inlet Port

डक्ट स्प्लिट ए.सी. सिस्टम में कूलिंग किए जाने वाले स्थान पर इनलेट पोर्ट का प्रयोग किया जाता है, जिससे कि डक्ट के द्वारा अवांछनीय पदार्थ कूलिंग स्थान पर प्रवेश न कर सके। इनलेट पोर्ट अपनी विशेष आकृति के कारण डक्ट में प्रवाहित होने वाली वायु के प्रवाह तथा मात्रा को नियन्त्रित करता है। इनलेट पोर्ट मुख्यत: ग्रिल तथा शटर के रूप में होते हैं।

चित्र इनलेट पोर्ट

2. आउटलेट पोर्ट Outlet Port

एयर कण्डीशनिंग सिस्टम के द्वारा प्रवाहित ठण्डी वायु कमरे में अधिक मात्रा में एकत्र हो जाने पर कूलिंग स्थान तथा कमरे में वायु का दाब अचानक बढ़ जाता है। वायु का दाब, वायु की मात्रा पर निर्भर करता है। कमरे का दाब कम करने के लिए कमरे में उपस्थित वायु की मात्रा कम करना आवश्यक है। इसके लिए डक्ट के प्रारम्भिक टर्मिनल पर आउटलेट पोर्ट ग्रिल के रूप में लगा दी जाती है।

चित्र आउटलेट पोर्ट

3. डक्ट जोड़ Duct Joint

एयर कण्डीशनिंग प्रणाली से प्रवाहित वायु को दो भागों में विभाजित करने के लिए डक्ट जोड़ का प्रयोग किया जाता है। डक्ट जोड़ विभिन्न आकृति वाले होते हैं, जिसके द्वारा एयर डिस्ट्रीब्यूशन की क्रिया की जाती है। इसका प्रयोग बहुत ही सावधानीपूर्वक करना चाहिए, क्योंकि डक्ट जोड़ में लीकेज की उपस्थिति में यूनिट की दक्षता तथा क्षमता दोनों प्रभावित होती है।

चित्र डक्ट जोड़

4. स्टैक एल्बो Stack Elbow

किन्हीं दो डक्ट लाइनों को परस्पर समकोण (90°) पर जोड़ने के लिए प्रयुक्त भाग 'स्टैक एल्बो' कहलाता है। दोनों डक्ट लाइनों को स्टैक एल्बो के द्वारा दृढ़तापूर्वक जोड़ना चाहिए।

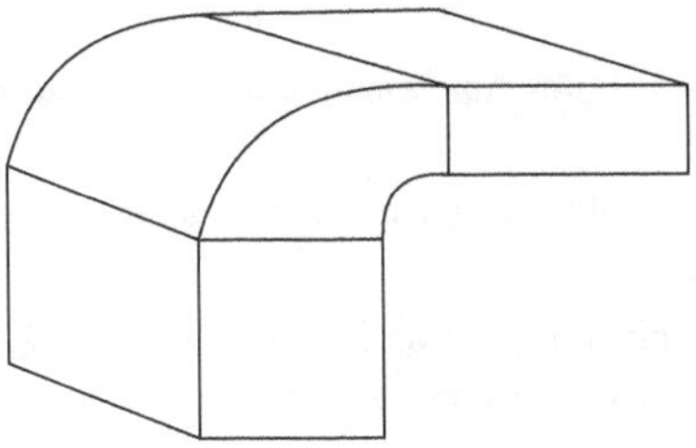

चित्र स्टैक एल्बो

5. रूफ एग्जॉस्ट फैन Roof Exhaust Fan

रूफ एग्जॉस्ट फैन मुख्यत: कारखानों, वर्कशॉप तथा मिलों में प्रयोग किए जाते हैं।

वे एयर कण्डीशनिंग प्रणाली जिसमें रिटर्न वायु को पुन: प्रयोग में नहीं लाया जाता है उनमें रूफ एग्जॉस्ट का प्रयोग करके वायु को कमरे से बाहर निकाल दिया जाता है।

चित्र रूफ एग्जॉस्ट फैन

***नोट** एयर कण्डीशनिंग सिस्टम में प्रयोग किए जाने वाले टूल्स के अध्ययन हेतु प्रथम वर्ष के अध्याय-2, का अवलोकन करें।*

डक्ट में फॉल्ट डिटेक्शन Fault Detection in Duct

एयर कण्डीशनिंग सिस्टम एक स्वचलित प्रणाली है, जिसका निरीक्षण तथा प्रचालन विभिन्न युक्ति; जैसे—सेन्सर तथा थर्मोस्टेट के द्वारा किया जाता है, किन्तु प्रणाली में फॉल्ट्स उत्पन्न होने पर ये युक्तियाँ कार्य करना बन्द कर देती हैं। प्रणाली में विभिन्न प्रकार के फॉल्ट्स विजुअल इन्सपैक्शन द्वारा संज्ञान में लाए जाते हैं, किन्तु कुछ फॉल्ट को संज्ञान में लाना इस विधि द्वारा सम्भव नहीं है। जिस कारण प्रणाली में हानि हो जाती है। हानि से बचाव हेतु प्रणाली में सेन्सर का प्रयोग किया जाता है। सेन्सर निर्धारित मानक डाटाओं की तुलना प्राप्त डाटा से करता है। निर्धारित मानकों के डाटाओं में कमी होने पर सेन्सर कम्प्यूटर द्वारा दोष प्रकट करता है।

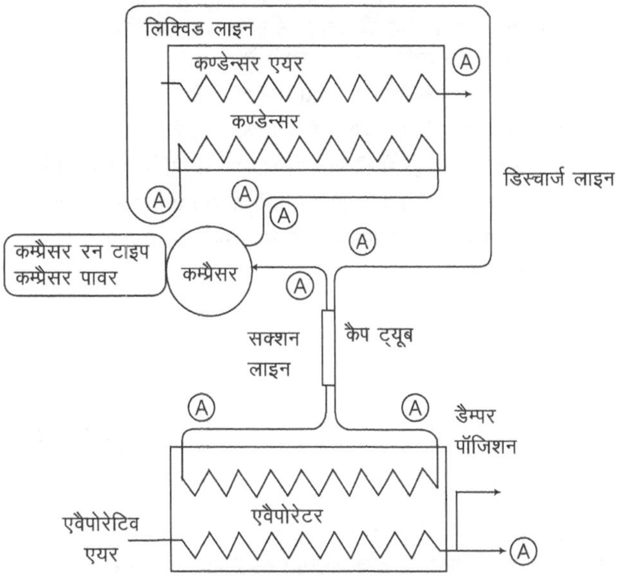

चित्र फॉल्ट डिटेक्शन

वांछित आउटपुट प्राप्त करने के लिए प्रयुक्त सेन्सर प्रणाली के ताप, दाब तथा गति आदि को सेन्स करता है तथा निर्धारित मानकों के डाटा के साथ सिमुलेट करके प्रणाली को प्रचालित करता है।

***नोट** पाठ्यक्रम की आवश्यकतानुसार एयर फिल्टर के अध्ययन हेतु प्रशिक्षु इसी वर्ष के अध्याय-12, ब्लोअर तथा फैन के अध्ययन हेतु प्रशिक्षु इसी वर्ष के अध्याय 4 का अवलोकन करें।*

महत्त्वपूर्ण बिन्दु

- एयर एण्डीशनिंग प्लाण्ट में अनेक प्रकार के उपकरण तथा प्रणालियाँ प्रयोग की जाती हैं, एयर डिस्ट्रीब्यूशन प्रणाली भी इनमें से एक है।
- डक्ट एक प्रकार की पाइप लाइन है, जिसका प्रयोग हीटिंग वेन्टिलेशन और एयर कण्डीशनिंग के अन्तर्गत ठण्डी वायु को भवन में पहुँचाने तथा गर्म वायु को भवन से हटाने में किया जाता है।
- रिजिड टाइप डक्ट एस्बेस्टॉस धातु की बनाई जाती है।
- रिजिड डक्ट महँगे किन्तु अधिक समय तक उपयोगी होते हैं।
- रिजिड डक्ट की स्थापना, स्थान के अनुसार की जाती है।
- फ्लेक्सिबल राउण्ड डक्ट की बनावट में स्टील वायर की स्प्रिंग के ऊपर फाइबर ग्लास की कोटिंग कर दी जाती है।
- फ्लेक्सिबल डक्ट की स्थापन लागत कम आती है।
- फ्लेक्सिबल डक्ट विभिन्न व्यासों में उपलब्ध होती है।
- प्री-फ्रेब्रीकेटेड डक्ट पूर्व में ही विभिन्न आकारों में निर्मित की जाती है।
- प्री-फ्रेब्रीकेटेड डक्ट में वायु के प्रवाह में गति अवरोध उत्पन्न नहीं होता है।
- एयर कण्डीशनिंग में डक्ट सामान्यतः गैल्वेनाइज्ड स्टील तथा एल्युमीनियम की बनाई जाती है।
- गेल्वेनाइज्ड स्टील डक्ट कार्य में प्रयुक्त होने वाला मुख्य पदार्थ है।
- एल्युमीनियम से निर्मित डक्ट अपेक्षाकृत हल्के तथा इनकी स्थापना सरल होती है।
- एल्युमीनियम से निर्मित डक्ट दुकानों तथा साइट पर आसानी से बनाए जा सकते हैं।
- पॉलीयूरेथेन से निर्मित डक्ट्स में इन्सुलेटर की आवश्यकता नहीं होती है।
- एयर कण्डीशनिंग में प्रयुक्त पंखों के शोर को कम करने के लिए फाइबर ग्लास डक्ट का उपयोग किया जाता है।
- लचीली डक्टिंग को फ्लेक्स भी कहते हैं।
- लचीली डक्टिंग बनने हेतु प्लास्टिक पर धात्विक तार की परत चढ़ा दी जाती है।
- समान घर्षण विधि में डक्ट की प्रति लम्बाई की घर्षण हानि समस्त प्रणाली के समान होती है।
- मुख्य का क्रॉस सेक्शनल एरिया और डक्ट की प्रति इकाई लम्बाई में घर्षण हानि स्थान के अनुसार होती है।

महत्त्वपूर्ण प्रश्नोत्तरी

1. डक्ट क्या है?

उत्तर एयर कण्डीशनिंग प्लांट के अन्तर्गत ठण्डी वायु को एक स्थान से दूसरे स्थान तक प्रवाहित करने के लिए प्रयुक्त माध्यम डक्ट कहलाते हैं।

2. डक्ट मुख्यतः गैल्वेनाइज्ड स्टील की बनाई जाती है। क्यों?

उत्तर गैल्वेनाइज्ड स्टील के ऊपर जिंक की परत चढ़ी होने के कारण गैल्वेनाइज्ड स्टील से निर्मित डक्ट में जंग बचाया जाता है तथा पेन्टिंग की लागत में कमी आती है।

3. पॉलीयूरेथेन से निर्मित डक्ट इन्सुलेटर का कार्य किस प्रकार करती है?

उत्तर पॉलीयूरेथेन स्वयं में एक इन्सुलेटर होने के कारण इससे निर्मित डक्ट में इन्सुलेशन पदार्थ की आवश्यकता नहीं होती है।

4. डक्ट में वायु का दो मार्गों में विभाजन किस प्रकार किया जाता है?

उत्तर एयर कण्डीशनिंग सिस्टम में डक्ट में प्रवाहित वायु को डक्ट जोड़ लगाकर दो या अधिक मार्गों में विभाजित किया जा सकता है।

5. दो डक्ट लाइनों को आपस में समकोण पर कैसे जोड़ा जाता है?

उत्तर किन्हीं दो डक्ट लाइनों को परस्पर समकोण पर जोड़ने के लिए प्रयुक्त घटक 'स्टैक एल्बो' होता है।

6. डक्टिंग में आउटलेट पोर्ट का प्रयोग किया जाता है। क्यों?

उत्तर एयर कण्डीशनिंग सिस्टम के द्वारा प्रवाहित वायु की मात्रा कमरे में अधिक होने के कारण वायु दाब अधिक हो जाता है। यह वायु दाब कम करने के लिए आउटलेट पोर्ट का प्रयोग किया जाता है।

7. कमरे में अवांछनीय पदार्थों के प्रवेश को किस प्रकार रोका जाता है?

उत्तर डक्ट के द्वारा अवांछनीय पदार्थों को रोकने के लिए डक्ट में ग्रिल या शटर के रूप में इनलेट पोर्ट का उपयोग किया जाता है।

अभ्यास प्रश्न

परीक्षा प्रारूपी प्रश्न

बहुविकल्पीय

1. इनमें से क्या एयर कण्डीशनिंग प्लांट की अनिवार्यता है?
(a) उपकरण (b) प्रणाली
(c) 'a' और 'b' दोनों (d) इनमें से कोई नहीं

2. इनमें से कौन एयर डिस्ट्रीब्यूशन के उद्देश्यों में निहित है?
(a) तापमान व आर्द्रता (b) स्वच्छता
(c) वायु घुमाव का उचित स्तर (d) ये सभी

3. इनमें से किसमें एयर डिस्ट्रीब्यूशन विधि का उपयोग किया जाता है?
(a) पैकेज ए.सी. (b) केन्द्रीय ए.सी.
(c) 'a' और 'b' दोनों (d) इनमें से कोई नहीं

4. ए.सी. की एक केसिंग में इनमें से किसकी व्यवस्था होती है?
(a) पंखे व क्वॉयल (b) वायु शोधक
(c) बाइपास डैम्पर्स (d) ये सभी

5. निम्नलिखित में से कौन-सा वातावरण को असहज कर देने वाला कारक है?
(a) तापमान (b) नमी
(c) वायु-प्रवाह (d) ये सभी

6. निम्नलिखित में से कौन-सा वायु के आने-जाने का मार्ग है?
(a) आउटलेट (b) निविष्ट
(c) डक्ट (d) ग्रिल

7. डक्ट का प्रकार है
(a) रिजिड टाइप डक्ट (b) फ्लेक्सिबल राउण्ड डक्ट
(c) प्री फेब्रिकेटेड डक्ट (d) ये सभी

8. इस प्रणाली में वायु का निविष्ट तथा निर्गत एक ही दीवार पर होता है
(a) पैन टाइप (b) वाल वाल
(c) डाउनवार्ड (d) इनमें से कोई नहीं

9. एयर कण्डीशनर में डक्ट का कार्य ········· होता है।
(a) वायु को ठण्डा करना (b) वायु का विभाजन करना
(c) वायु को स्वच्छ करना (d) वायु को गर्म करना

10. सर्वाधिक ध्वनि किस डक्ट में उत्पन्न होती है?
(a) रिजिड डक्ट (b) फ्लेक्सिबल डक्ट
(c) प्री फेब्रिकेटेड डक्ट (d) ये सभी

11. वायु के प्रवाह में उच्च गतिरोध निम्न में से किसमें उत्पन्न होता है?
(a) रिजिड डक्ट (b) फ्लेक्सिबल डक्ट
(c) प्री फेब्रिकेटेड डक्ट (d) ये सभी

12. डक्ट मुख्यतः किस पदार्थ से बनाई जाती है?
(a) लौह शीट (b) इस्पात शीट
(c) गैल्वेनाइज्ड शीट (d) ये सभी

13. किस पदार्थ से बनी डक्ट उच्च ध्वनि अवशोषक होती है?
(a) एस्बेस्टॉस शीट (b) इस्पात शीट
(c) लौह शीट (d) फाइबर ग्लास शीट

14. डक्ट में इन्सुलेशन के लिए प्रयुक्त पदार्थ कौन-सा है?
(a) फाइबर ग्लास (b) ग्लास वूल
(c) 'a' और 'b' दोनों (d) इनमें से कोई नहीं

15. पॉलीयूरेथेन से बनी डक्ट निम्न में से किस श्रेणी की है?
(a) उच्च श्रेणी (b) मध्यम श्रेणी
(c) निम्न श्रेणी (d) अति निम्न श्रेणी

16. निम्न में से डक्ट का आकार होता है
(a) आयताकार (b) वर्गाकार (c) वृत्ताकार (d) ये सभी

17. मुख्य डक्ट में प्राथमिक एयर का उदाहरण है
(a) रिटर्न एयर (b) सप्लाई एयर
(c) मिक्स्ड एयर (d) ये सभी

18. निम्नलिखित में से एयर फिल्टर कार्य करता है
(a) नमी हटाने का
(b) वायु को शुद्ध व स्वच्छ करने का
(c) प्रणाली से वायु हटाने का
(d) ऑयल लुब्रीकेशन करने का

19. निम्नलिखित में से एयर वाशर का मुख्य कार्य है
(a) नमी हटाना
(b) लीकेज हटाना
(c) धूल, धुआँ और बैक्टिरिया हटाना
(d) वायु को ठण्डा करना

20. अशुद्ध वायु को शुद्ध एवं स्वच्छ करने के लिए किसका प्रयोग किया जाता है?
(a) ग्रिल प्रयोग की जाती है
(b) एयर वाशर का प्रयोग किया जाता है
(c) डक्ट का प्रयोग किया जाता है
(d) डैम्पर का प्रयोग किया जाता है

21. निम्न में से किसे फ्लेक्स के नाम से भी जाना जाता है
(a) पॉलीयूरेथेन डक्ट (b) एल्युमीनियम डक्ट
(c) गैल्वेनाइज्ड डक्ट (d) लचीली डक्ट

22. चित्र में प्रदर्शित डक्ट भाग का नाम बताइए।

(a) वेन्ड पाइप (b) डक्ट ज्वॉइण्ट
(c) डक्ट पाइप (d) इनमें से कोई नहीं

23. डक्ट की हवा का कुल दबाव मापने के लिए कौन सा यन्त्र प्रयोग किया जाता है
(a) हाइग्रोमीटर (b) वलोस्टी मीटर
(c) एनमोमीटर (d) पिटट टयूब मैनोमीटर

24. डक्ट में कुल दबाव का होता है
(a) वैलोस्टी - स्टेटिक प्रैशर
(b) स्टेटिक + वलोस्टी प्रैशर
(c) वलोस्टी +संक्शन प्रैशर
(d) स्क्यूशन प्रैशर + डिस्चार्ज प्रैशर

25. एनीमोमीटर प्रयोग किया जाता है
(a) नमी देखने के लिए
(b) दाब नापने के लिए
(c) वायु घुमाव गति नापने के लिए
(d) लीकेज देखने के लिए

26. छत से वायु सप्लाई करने के लिए प्रयोग किया जाता है
(a) डक्ट
(b) ग्रिल
(c) सेन्ट्रीफ्यूगल पंखे
(d) सीलिंग डिफ्यूजर

27. कारखानों, वर्कशॉप तथा मिलों में से रिटर्न वायु को बाहर निकालने के लिए प्रयुक्त फैन कौन-सा है?
(a) रूफ एग्जॉस्ट फैन (b) सिलिंग फैन
(c) ब्लोअर (d) ये सभी

28. दो डक्ट लाइनों को समकोण पर जोड़ने के लिए किसका प्रयोग किया जाता है?
(a) स्टैक एल्बो
(b) डक्ट क्लिप
(c) डक्ट जोड़
(d) उपरोक्त में से कोई नहीं

29. अधिक लम्बी डक्ट में क्या परिवर्तित होता है?
(a) लम्बाई (b) ऊँचाई
(c) चौड़ाई (d) ये सभी

30. एयर कण्डीशनिंग में फॉल्ट ………… के माध्यम से ज्ञात होता है।
(a) AHU (b) थर्मोस्टेट
(c) सेन्सर (d) ये सभी

उत्तरमाला

1. (c)	**2.** (d)	**3.** (c)	**4.** (d)	**5.** (d)	**6.** (c)	**7.** (d)	**8.** (b)	**9.** (b)	**10.** (c)
11. (b)	**12.** (c)	**13.** (d)	**14.** (c)	**15.** (a)	**16.** (d)	**17.** (b)	**18.** (b)	**19.** (c)	**20.** (b)
21. (d)	**22.** (c)	**23.** (d)	**24.** (b)	**25.** (c)	**26.** (d)	**27.** (a)	**28.** (a)	**29.** (c)	**30.** (c)

(अध्याय 14

पैकेज ए.सी. एवं स्प्लिट पैकेज ए.सी.

Package AC and Split Package AC

अध्याय विषय सूची

परिचय Introduction

पैकेज एयर कण्डीशनर, रूम एयर कण्डीशनर का व्यापक स्वरूप होता है। पैकेज ए.सी. की स्थापना कूलिंग किये जाने वाले स्थान के फर्श पर की जाती है। पैकेज एयर कण्डीशनर 3 से 15 टन क्षमता में उपलब्ध होते हैं। रूम एयर कण्डीशनर या पी.टी.ए.सी. (पैकेज टर्मिनल एयर कण्डीशनर) यूनिटों के विपरीत पैकेज एयर कण्डीशनर में उच्च कूलिंग तथा ताप क्षमता होती है। पैकेज ए.सी. के अतिरिक्त कूलिंग के लिए स्प्लिट पैकेज ए.सी. भी प्रयोग में लाया जाता है। स्प्लिट पैकेज ए.सी. की स्थापना दो वर्गों में की जाती है जिस कारण ये डक्ट के साथ तथा बिना डक्ट के भी प्रयोग में लाये जाते हैं। पैकेज तथा स्प्लिट पैकेज ए.सी. की कण्डेन्सिंग यूनिट वाटर कूल्ड या एयर कूल्ड टाइप होती है, जिसे कन्सोल टाइप यूनिट भी कहते हैं।

14.1 पैकेज ए.सी. की संरचना Construction of Package AC

पैकेज ए.सी. में सभी भाग एक ही कैबिनेट में फिट रहते हैं। सामान्यत: पैकेज ए.सी. यूनिट तीन भागों में बँटी होती है। सबसे नीचे वाले भाग में कण्डेन्सिंग यूनिट लगी होती है, जिसमें वाटर कूल्ड कण्डेन्सर का प्रयोग होता है। बीच वाले भाग में थर्मोस्टेटिक एक्सपैन्शन वाल्व, एयर फिल्टर, एवैपोरेटिंग क्वॉयल फिट की जाती है तथा सबसे ऊपर वाले भाग में कण्डेन्सिंग एयर को चारों ओर एक जैसा फैलाने के लिए डिस्चार्ज ग्रिल, ब्लोअर मोटर एवं अन्य नियन्त्रक लगे होते हैं।

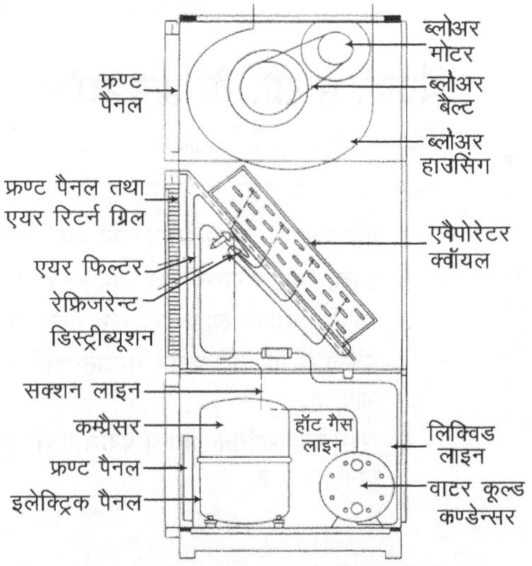

चित्र वाटर कूल्ड प्रकार की पैकेज ए.सी.

ए.सी. की सर्विसिंग हेतु सामने के पैनल को आसानी से हटाने का प्रबन्ध होता है। इसमें हरमेटिक या सेमी-हरमेटिक कम्प्रैसर, 3-फेज ए.सी. सप्लाई (440V) के साथ प्रयोग होते हैं तथा डायरेक्ट एक्सपैन्शन टाइप एवैपोरेटर प्रयोग में लाए जाते हैं। कण्डेन्सर, एयर कूल्ड या वाटर कूल्ड प्रकार के होते हैं।

अधिकांशत: वाटर कूल्ड कण्डेन्सर का प्रयोग किया जाता है, परन्तु जहाँ पानी की कमी अथवा पानी के प्रयोग पर प्रतिबन्ध हो, तो वहाँ पर एयर कूल्ड कण्डेन्सर प्रयोग किये जाते हैं। एयर कूल्ड कण्डेन्सिंग यूनिट भवन से बाहर खुले स्थान पर लगाए जाते हैं, जिसे आउटडोर यूनिट कहते हैं तथा वाटर कूल्ड कण्डेन्सर निर्माता द्वारा ए.सी. में ही फिट किए हुए होते हैं, जिसे इनडोर यूनिट कहते हैं। इनडोर और आउटडोर यूनिट के मध्य पाइप फिटिंग, प्रैशर टेस्टिंग, गैस चार्जिंग करनी पड़ती है। कम्प्रैसर के साथ डबल प्रैशर कटआउट स्विच भी लगा रहता है। इसमें वायु प्रवाह (या घुमाव) की दर 10 से 15.5 मी^{3} प्रति मिनट होती है।

14.2 पैकेज ए.सी. की क्रियाविधि
Working Method of Package AC

जब ए.सी. का स्विच ऑन करते हैं, तो उसकी कण्डेन्सिंग यूनिट एवैपोरेटर को ठण्डा करती है। इसके साथ ही ब्लोअर, फिल्टर और एवैपोरेटर से ठण्डी वायु अवशोषित होती है तथा उसे डिस्चार्ज ग्रिल के द्वारा कमरे में भेजा जाता है। कमरे के अन्दर की ऊष्मा पाकर रेफ्रिजरेन्ट वेपोराइज हो जाता है, जो कम्प्रैसर के द्वारा कम्प्रैस होकर कण्डेन्सर में जाता है तथा द्रव अवस्था में परिवर्तित हो जाता है।

इसके बाद एक्सपैन्शन वाल्व और कैपिलरी ट्यूब के द्वारा रेफ्रिजरेन्ट, एवैपोरेटर में पहुँचता है, जहाँ एवैपोरेटर की गर्मी पाकर रेफ्रिजरेन्ट पुन: एवैपोरेट हो जाता है, यह प्रक्रिया चलती रहती है। इसमें हीटिंग के लिए हीटिंग क्वॉयल का भी प्रबन्ध होता है।

14.3 पैकेज ए.सी. के प्रकार
Types of Package AC

पैकेज ए.सी. में प्रयुक्त कण्डेन्सरों के आधार पर इसे निम्न दो वर्गों में विभक्त किया गया है–

1. एयर कूल्ड पैकेज ए.सी. Air Cooled Package AC

पैकेज ए.सी. के अन्तर्गत रेफ्रिजरेन्ट को ठण्डा करने के लिए प्रयुक्त कण्डेन्सर यदि एयर कूल्ड प्रकार का हो तो यह ए.सी., एयर कूल्ड पैकेज ए.सी. कहलाता है। एयर कूल्ड पैकेज ए.सी. में एवैपोरेटर तथा कण्डेन्सर अलग-अलग स्थापित किए जाते हैं।

कण्डेन्सर में प्रवाहित होने वाला एवैपोरेटिड रेफ्रिजरेन्ट, एवैपोरेटर क्वॉयल से प्रवाहित ठण्डी वायु से ऊष्मा ग्रहण करके एवैपोरेटिड अवस्था से द्रव अवस्था में आ जाता है। समान क्रिया द्वारा जब वाष्प ऊष्मा ग्रहण करती है, तो गर्म वायु में परिवर्तित हो जाती है, जिसे कण्डेन्सर पंखे द्वारा यूनिट से निष्कासित कर दिया जाता है। एयर कूल्ड पैकेज ए.सी. की संरचना सरल होने के कारण यह ए.सी. मुख्य रूप से प्रयोग किए जाते हैं।

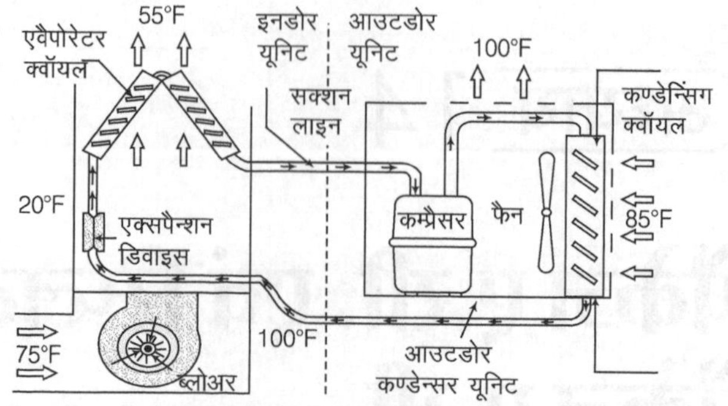

चित्र एयर कूल्ड पैकेज ए.सी.

2. वाटर कूल्ड पैकेज ए.सी.
Water Cooled Package AC

वह पैकेज ए.सी. जिसमें कण्डेन्सर में प्रवाहित रेफ्रिजरेन्ट को जल के द्वारा ठण्डा किया जाता है वाटर कूल्ड पैकेज ए.सी. कहलाता है। इस प्रकार की ए.सी. यूनिट में वाटर कूल्ड कण्डेन्सर का प्रयोग किया जाता है। इन ए.सी. यूनिट में लगे कण्डेन्सर क्वॉयल में प्रवाहित एवैपोरेटिड रेफ्रिजरेन्ट, ठण्डे जल से ऊष्मा ग्रहण करके द्रव अवस्था में परिवर्तित हो जाता है जिस कारण रेफ्रिजरेन्ट ठण्डा तथा जल गर्म हो जाता है, यह गर्म जल सूक्ष्म बूँदों के रूप में पुन: ठण्डा करके कण्डेन्सर पर प्रवाहित किया जाता है। यह प्रक्रम सतत रूप से चलता रहता है।

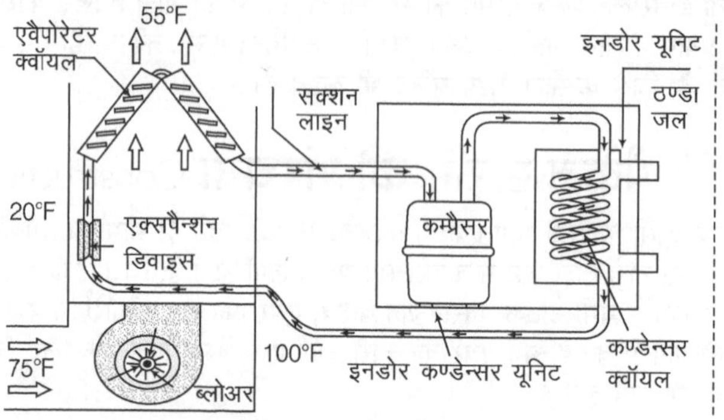

चित्र वाटर कूल्ड पैकेज ए.सी.

पैकेज ए.सी. के अनुप्रयोग
Application of Package AC

पैकेज ए.सी. के अनुप्रयोग निम्नवत् है।

1. पैकेज ए.सी. अन्य ए.सी. की अपेक्षा कम स्थान घेरते हैं।
2. इनकी स्थापना सरल तथा कम स्थान पर आसानी से की जा सकती है।
3. इनकी प्रचालन लागत भी कम होती है।
4. पैकेज ए.सी. का प्रयोग मुख्यत: घरों तथा छोटे कार्यालय में किया जाता है।
5. सूक्ष्म व्यावसायिक क्षेत्र में पैकेज ए.सी. का उपयोग सर्वाधिक उपयुक्त माना जाता है।

14.4 पैकेज ए.सी. का डक्ट सिस्टम Duct System of Package AC

एयर कण्डीशनर प्रणाली की सहायता से पैकेज ए.सी. के चैनलों द्वारा वायु को प्रेषित एवं वापस करने वाले मार्ग डक्ट्स (ducts) कहलाते हैं। पैकेज ए.सी. की डक्ट प्रणाली में मेटल शीट दो प्रकार की होती है जिसकी सामान्य संरचना गैल्वेनाइज्ड चादर की बनी होती है।

इन शीटों को विशिष्ट आकार देकर विशेष सीमों, स्लिपों एवं लॉकों की सहायता से संयोजित कर दिया जाता है। पूर्व-निर्मित (pre-fabricated) डक्ट, प्लास्टिक, फाइबर ग्लास व धातु कॉम्बीनेशन से निर्मित व मानक आकारों में उपलब्ध होती हैं जिन्हें उपलब्ध स्थान के अनुरूप आकार दिया जा सकता है।

डक्ट प्रणालियों में मुख्य डक्ट और प्रत्येक शाखा का आकार वायु की मात्रा के अनुसार होता है। डक्ट्स रिजिड फ्लेक्सिबल व पूर्व-निर्मित प्रकार की होती हैं जिनका चित्रिय निरूपण निम्नवत् है—

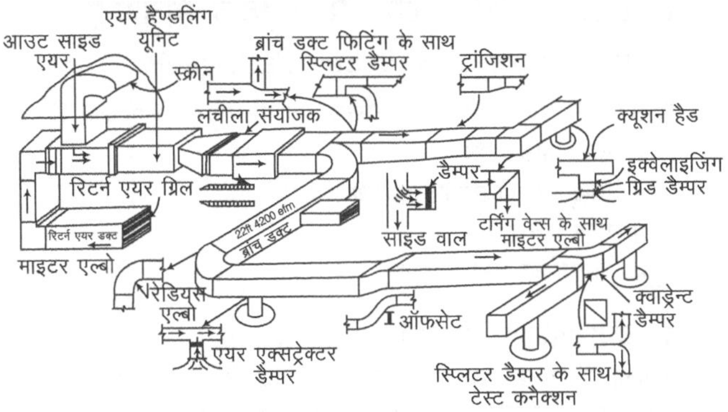

चित्र डक्ट प्रणाली का अभिन्यास

पैकेज ए.सी. की स्थापना Installation of Package AC

पैकेज ए.सी. की स्थापना करने के लिए निम्नलिखित चरणों का अनुपालन करना चाहिए—

1. सर्वप्रथम ए.सी. लगाने हेतु उचित स्थान का चयन करना चाहिए।
2. चुने हुए स्थान पर ए.सी. को सावधानीपूर्वक रखना चाहिए।
3. निर्माता द्वारा दिए गए निर्देशों का पालन करना चाहिए।
4. सिस्टम को कुछ समय चलाकर परीक्षण करना चाहिए।
5. यूनिट का लेवल एडजस्ट करके चैक करना चाहिए।
6. यूनिट यदि वाटर कूल्ड है, तो इसके वाटर पाइपों के कनैक्शन इनलेट तथा ड्रेनेज इत्यादि का प्रबन्ध करना चाहिए।
7. यदि यूनिट एयर कूल्ड है, तो इससे कण्डेन्सर की गर्म हवा को बाहर निकालने हेतु डक्ट-लाइन का प्रबन्ध करना चाहिए।
8. सभी दरवाजों और खिड़कियों को वायुरोधी करना चाहिए, जिससे हीट लीकेज की सम्भावना कम-से-कम हो।

पैकेज ए.सी. की क्षमता Capacity of Package AC

पैकेज ए.सी. की क्षमता की गणना मुख्य रूप से कूलिंग किए जाने वाले स्थान के क्षेत्रफल के अनुसार की जाती है।

इसकी गणना के लिए मुख्य बिन्दु निम्नलिखित हैं—

1. सबसे पहले कूलिंग किए जाने वाले स्थान का आयतन मापा जाता है। कूलिंग स्थान के आयतन की इकाई क्यूबिक फीट (cu.ft) होती है।
2. आयतन प्राप्त करने के पश्चात् ए.सी. की क्षमता का घटक ज्ञात किया जाता है जिसके लिए आयतन की 6 से गुणा करते हैं।
   $C_1 = \text{आयतन} \times 6$
3. पैकेज ए.सी. की कूलिंग, कूलिंग क्षेत्र में बैठे लोगों की संख्या के अनुसार होती है, क्योंकि सामान्यत: एक व्यक्ति 500 BTU/ घण्टा ऊष्मा उत्सर्जित करता है।
   $C_2 = 500 \times N$
   N = व्यक्तियों की संख्या
4. अत: पैकेज ए.सी. की कुल क्षमता, $C = C_1 + C_2$ BTU/hr

इस प्रकार, किसी निश्चित क्षेत्रफल वाले कमरे में प्रयुक्त पैकेज ए.सी. की क्षमता ज्ञात की जाती है।

पैकेज ए.सी. की सुरक्षा एवं रख-रखाव Care and Maintenance of Package AC

निम्नलिखित बिन्दुओं के आधार पर पैकेज ए.सी. की सुरक्षा तथा रख-रखाव किया जाता है—

1. पैकेज ए.सी. यूनिट को सूती कपड़े की सहायता से साफ किया जाना चाहिए।
2. सीजन आरम्भ होने पर पैकेज ए.सी. के उपयोग से पूर्व इसमें लगे फिल्टर को साफ करना चाहिए।
3. उपयोग न होने पर पैकेज ए.सी. यूनिट को साफ करके ढक देना चाहिए।
4. एवैपोरेटर क्वॉयल तथा कण्डेन्सर क्वॉयल की निश्चित समय पर जाँच तथा दोष होने पर उसका निवारण किया जाना चाहिए।
5. पैकेज ए.सी. यूनिट में वायु का लीकेज नहीं होना चाहिए।
6. पैकेज ए.सी. में प्रयुक्त रेफ्रिजरेन्ट का स्तर सदैव बनाए रखना चाहिए।
7. ब्लोअर की गति सदैव निर्धारित मान के समतुल्य होनी चाहिए।

पैकेज ए.सी. में उत्पन्न दोष एवं उनका निवारण Faults & Their Troubleshooting in Package AC

निम्न तालिका के माध्यम से पैकेज ए.सी. के दोषोपचारों को समझा जा सकता है

क्र.सं.	कारण	उपचार
I. ब्लोअर चलने के अतिरिक्त कूलिंग शीतलन कम होना		
1.	डक्ट का चोक होना।	डक्ट की सफाई करें।
2.	फिल्टर का कार्य न करना।	फिल्टर को साफ करें अथवा बदल दें।
3.	ब्लोअर में अत्यधिक घर्षण होना।	ब्लोअर का स्नेहन करें अथवा मरम्मत करें।

II. कम्प्रैसर का अपर्याप्त कम्प्रैसन करना		
1.	कम्प्रैसर का शोर करना।	कम्प्रैसर का स्नेहन करें।
2.	कम्प्रैसर का धीरे चलना।	कम्प्रैसर की मरम्मत करें।
3.	कम्प्रैसर का आउटलेट चोक होना।	कम्प्रैसर के आउटलेट की सफाई करें।
III. रेफ्रिजरेन्ट लाइन में रेफ्रिजरेन्ट न होना		
1.	रेफ्रिजरेन्ट की मात्रा कम होना।	रेफ्रिजरेन्ट की आपूर्ति करें।
2.	लाइनों का चोक होना।	लाइनों की फ्लशिंग करें।
3.	लाइन से रेफ्रिजरेन्ट लीक होना।	लीक की जाँच करें और उसका निवारण करें।

14.5 स्प्लिट पैकेज ए.सी. Split Package AC

वह डक्टलेस ए.सी. जिसमें एवैपोरेटर यूनिट तथा कण्डेन्सर यूनिट की स्थापना अलग-अलग स्थान पर की जाती है, स्प्लिट पैकेज ए.सी. कहलाता है। स्प्लिट पैकेज ए.सी. के अन्तर्गत सम्पूर्ण पैकेज यूनिट दो वर्गों में विभक्त होती है, जिसके एक भाग में एवैपोरेटर तथा ब्लोअर लगा होता है, जिस कारण यह भाग एयर हैण्डलिंग यूनिट (AHU) कहलाता है तथा दूसरे भाग में कण्डेन्सर यूनिट लगी होती है, जिस कारण से यह भाग कण्डेन्सर पम्प कहलाता है। स्प्लिट पैकेज ए.सी. सिस्टम का उपयोग उन स्थानों पर किया जाता है, जहाँ पर्याप्त मात्रा में स्थान उपलब्ध नहीं होते हैं।

स्प्लिट पैकेज ए.सी. में प्रयुक्त कण्डेन्सर के आधार पर इन्हें निम्न दो वर्गों में वर्गीकृत किया गया है—

1. वाटर कूल्ड कण्डेन्सर स्प्लिट पैकेज ए.सी.
2. एयर कूल्ड कण्डेन्सर स्प्लिट पैकेज ए.सी.

स्प्लिट पैकेज ए.सी. की संरचना
Construction of Split Package AC

स्प्लिट पैकेज ए.सी. यूनिट का विभाजन दो वर्गों में होता है, जिन्हें आउटडोर तथा इनडोर यूनिट कहते हैं। आउटडोर यूनिट का निचला भाग कण्डेन्सर यूनिट तथा इनडोर यूनिट का ऊपरी भाग एयर हैण्डलिंग यूनिट कहलाता है। स्प्लिट पैकेज ए.सी. में प्रयुक्त ब्लोअर द्वारा कूलिंग किए जाने वाले स्थान पर ठण्डी वायु प्रवाहित की जा सकती है, किन्तु ऐसा सम्भव न होने की स्थिति में डक्ट का उपयोग ठण्डी वायु प्रवाह के लिए किया जाता है।

स्प्लिट पैकेज ए.सी. में प्रयुक्त एयर हैण्डलिंग यूनिट कमरे के फर्श तथा छत दोनों पर स्थापित की जा सकती है। इसके अन्तर्गत ताप नियन्त्रण को सरल बनाने हेतु थर्मोस्टेट का उपयोग किया जाता है। इसके अतिरिक्त, सिस्टम में दाब का मान उच्च हो जाने पर कम्प्रैसर यूनिट में कट-आउट स्विच का उपयोग किया जाता है जो उच्च दाब होने पर कम्प्रैसर यूनिट को बन्द कर देता है।

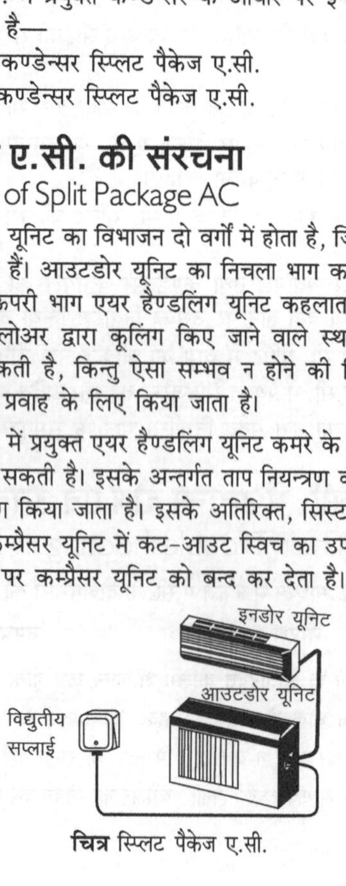

चित्र स्प्लिट पैकेज ए.सी.

स्प्लिट पैकेज ए.सी. की क्रियाविधि
Working Method of Split Package AC

स्प्लिट पैकेज ए.सी. में विद्युत धारा प्रवाहित करने के पश्चात् कम्प्रैसर यूनिट रेफ्रिजरेन्ट को कण्डेन्सर क्वॉयल में प्रवाहित करती है। स्प्लिट पैकेज ए.सी. में प्रयुक्त कण्डेन्सर क्वॉयल तथा एवैपोरेटर क्वॉयल में रेफ्रिजरेशन प्रक्रम ऊष्मा के स्थानान्तरण द्वारा पूर्ण किया जाता है।

इस प्रणाली में लगी एयर हैण्डलिंग यूनिट में प्रयुक्त एवैपोरेटर से कूलिंग प्रभाव उत्पन्न किया जाता है। जिसका उपयोग ब्लोअर, वायु को ठण्डा करने में तथा ठण्डी वायु को उपयुक्त स्थान पर भेजने में करता है।

कूलिंग किए जाने वाले स्थान पर उचित तापमान परास प्राप्त करने हेतु थर्मोस्टेट का प्रयोग किया जाता है, जो उचित तापमान परास प्राप्त होने पर ए.सी. यूनिट को बन्द कर देता है। स्प्लिट पैकेज ए.सी. की क्रियाविधि पूर्ण रूप से पैकेज ए.सी. के समान ही होती है।

स्प्लिट पैकेज ए.सी. में प्रयुक्त अवयव
Components Used in Split Package AC

स्प्लिट पैकेज ए.सी. में निम्नलिखित अवयव प्रयुक्त किए जाते हैं—

1. कट-आउट स्विच
2. विद्युतीय ओवरलोड परिपथ
3. फ्लो स्विच
4. रेफ्रिजरेन्ट फ्लो कण्ट्रोल

1. कट-आउट स्विच Cut-out Switch

प्रणाली में प्रयुक्त सक्शन लाइन तथा एवैपोरेटर में दाब का मान निर्धारित मान से ज्यादा या कम हो जाने पर कट-आउट स्विच कम्प्रैसर मोटर को बन्द कर देता है।

अतः कट-आउट स्विच, प्रणाली का दाब निर्धारण तथा प्रणाली को सुरक्षित रखने हेतु प्रयोग में लाए जाते हैं।

चित्र कट-आउट स्विच

2. विद्युतीय ओवरलोड परिपथ
Electrical Overload Circuit

विद्युतीय ओवरलोड परिपथ, प्रणाली में उच्च वोल्टता तथा उच्च धारा प्रवाहित होने पर सिस्टम तथा सप्लाई के मध्य सम्पर्क को विच्छेदित रखता है जिस कारण मोटर बन्द रहती है।

अधिक वोल्टता की सप्लाई से रक्षा हेतु परिपथ में श्रेणी-क्रम में फ्यूज का प्रयोग किया जाता है तथा अधिक मान की धारा से परिपथ की रक्षा हेतु श्रेणी-क्रम में ही बाइमैटेलिक स्ट्रिप का प्रयोग किया जाता है।

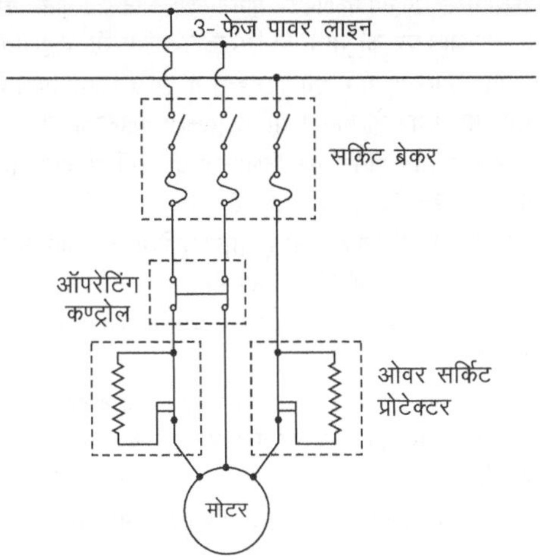

चित्र विद्युतीय ओवरलोड परिपथ

3. फ्लो स्विच Flow Switch

फ्लो स्विच का उपयोग ठण्डा किए जाने वाले जल की मात्रा के नियन्त्रण हेतु किया जाता है। जब कण्डेन्सर में प्रयुक्त जल की मात्रा का स्तर निर्धारित स्तर से कम हो जाता है, तो फ्लो स्विच कण्डेन्सर में प्रयुक्त मोटर को बन्द कर देता है तथा पूर्व निर्धारित जल स्तर प्राप्त होने के पश्चात् फ्लो स्विच, कण्डेन्सर में प्रयुक्त मोटर को पुन: आरम्भ कर देता है।

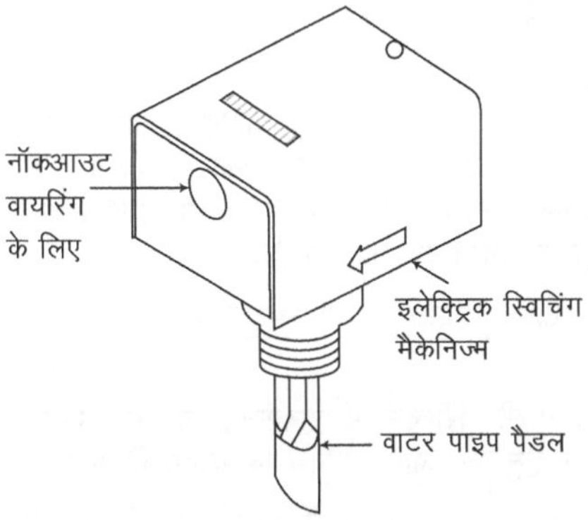

चित्र फ्लो स्विच

4. रेफ्रिजरेन्ट फ्लो कण्ट्रोल Refrigerant Flow Control

रेफ्रिजरेन्ट फ्लो कन्ट्रोल द्वारा एवैपोरेटर में प्रयुक्त रेफ्रिजरेन्ट की मात्रा का नियन्त्रण किया जाता है। एवैपोरेटर के इनलेट तथा आउटलेट मार्गों पर इक्वेलाइजर लगाकर रेफ्रिजरेन्ट की मात्रा का नियन्त्रण किया जाता है।

निम्न चित्र में रेफ्रिजरेन्ट फ्लो कण्ट्रोल को दर्शाया गया है।

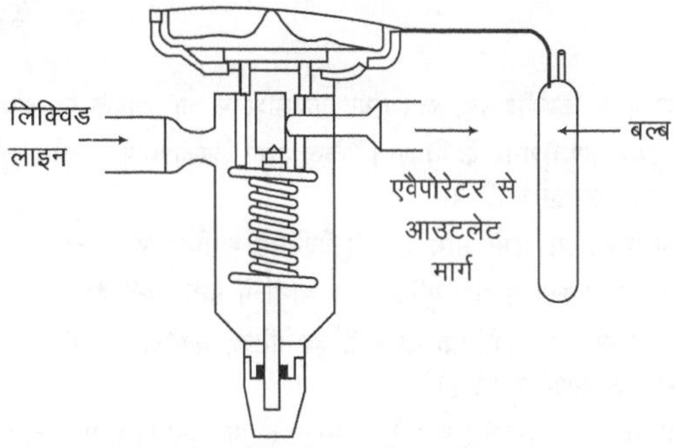

चित्र रेफ्रिजरेन्ट फ्लो कण्ट्रोल

स्प्लिट पैकेज ए.सी. के दोष एवं निवारण
Faults and Troubleshooting of Split Package AC

स्प्लिट पैकेज ए.सी. मूलत: दो इकाइयों को सम्मिलित करके उनको एकीकृत रूप में उपयोग कर कूलिंग करने की एक व्यवस्था है, जिसमें सामान्यतया निम्न दोष उत्पन्न होते हैं–

क्र.सं.	कारण	उपचार
इनडोर यूनिट शोर करती है		
1.	वाटर ड्रेन लाइन बन्द है।	लाइन चैक करें और साफ करें।
2.	ड्रैन पाइप टूटा है।	चैक करें और बदल दें।
3.	इनडोर यूनिट की स्थापना ठीक नहीं है।	स्थापना उचित ढंग से करें।
4.	ब्लोअर लूज है।	ब्लोअर के बोल्ट कसें।
आउटडोर यूनिट शोर करती है		
1.	कम्प्रैसर में कम्पन है।	बेस बोल्ट और रबर टाइट करें।
2.	कण्डेन्सिंग फैन मोटर में वाइब्रेशन है।	फैन मोटर क्लैम्प को टाइट करें।
3.	आउटर कवर में कम्पन है।	आउटर कवर के स्क्रू टाइट करें।
4.	फैन ब्लेड ढीले हैं।	चैक करके कस दें।
5.	फैन ब्लेड टूटे हैं।	बदल दें।
रिमोट काम नहीं कर रहा है		
1.	रिमोट प्रतिक्रिया नहीं कर रहा है।	रिमोट के सेलों की जाँच करें।
2.	रिमोट के बटन दबाने पर क्रिया नहीं हो रही है।	बटनों की कार्यिकी सुनिश्चित करने को तकनीशियन की सहायता करें।
3.	रिमोट का डिस्प्ले कुछ भी नहीं दर्शा रहा है।	रिमोट की सेलों की जाँच कर बदलें।

महत्त्वपूर्ण बिन्दु

- पैकेज एयर कण्डीशनर, रूम एयर कण्डीशनर का व्यापक स्वरूप है।
- रूम एयर कण्डीशनर के विपरीत पैकेज एयर कण्डीशनर में उच्च कूलिंग तथा ताप क्षमता होती है।
- पैकेज ए.सी. में सभी भाग एक ही कैबिनेट में फिट रहते हैं।
- सामान्यतः पैकेज ए.सी. यूनिट तीन भागों में बँटी होती है।
- पैकेज ए.सी. में हरमेटिक या सेमी हरमेटिक, कम्प्रैसर, 3-फेज ए.सी. सप्लाई के साथ प्रयोग होते हैं।
- ए.सी. की सविर्सिंग हेतु सामने के पैनल को आसानी से हटाने का प्रबन्ध होता है।
- जब पैकेज ए.सी. का स्विच ऑन किया जाता है, तो इसकी कण्डेन्सिंग यूनिट एवैपोरेटर को ठण्डा करती है।
- एवैपोरेटर के साथ ही ब्लोअर, फिल्टर और एवैपोरेटर से ठण्डी वायु अवशोषित होती है।
- एयर कूल्ड पैकेज ए.सी. में एवैपोरेटर तथा कण्डेन्सर अलग-अलग स्थापित किए जाते हैं।
- एयर कूल्ड पैकेज ए.सी. की संरचना सरल होने के कारण यह ए.सी. मुख्य रूप से प्रयोग किए जाते हैं।
- एयर कण्डीशनर प्रणाली की सहायता से पैकेज ए.सी. के चैनलों द्वारा वायु को प्रेषित एवं वापस करने वाले मार्ग डक्ट्स कहलाते हैं।
- वह डक्टलेस ए.सी. जिनमें एवैपोरेटर यूनिट तथा कण्डेन्सर यूनिट की स्थापना अलग-अलग स्थान पर की जाती है। स्प्लिट पैकेज ए.सी. कहलाता है।
- स्प्लिट ए.सी. के एक भाग में एवैपोरेटर तथा ब्लोअर लगा होता है, जिस कारण यह भाग एयर हैण्डलिंग यूनिट (AHU) कहलाता है।
- स्प्लिट पैकेज ए.सी. यूनिट का विभाजन दो वर्गों में होता है, जिन्हें आउटडोर तथा इनडोर यूनिट कहते हैं।
- स्प्लिट पैकेज ए.सी. में प्रयुक्त ब्लोअर द्वारा कूलिंग किए जाने वाले स्थान पर ठण्डी वायु प्रवाहित की जा सकती है।
- एवैपोरेटर क्वॉयल में रेफ्रिजरेशन प्रक्रम ऊष्मा के स्थानान्तरण द्वारा पूर्ण किया जाता है।
- प्रणाली में प्रयुक्त सेक्शन लाइन तथा एवैपोरेटर में दाब का मान निर्धारित मान से कम या ज्यादा हो जाने पर कट आउट स्विच कम्प्रैसर मोटर को बन्द कर देता है।
- अधिक वोल्टता की सप्लाई से रक्षा हेतु परिपथ में श्रेणी क्रम में फ्यूज का प्रयोग किया जाता है।
- फ्लो स्विच का उपयोग ठण्डा किए जाने वाले जल की मात्रा के नियन्त्रण हेतु किया जाता है।
- रेफ्रिजरेन्ट फ्लो कण्ट्रोल द्वारा एवैपोरेटर में प्रयुक्त रेफ्रिजरेन्ट की मात्रा का नियन्त्रण किया जाता है।

महत्त्वपूर्ण प्रश्नोत्तरी

1. क्या होगा यदि पैकेज एयर कण्डीशनर का कण्डेन्सर धूल मिट्टी द्वारा भर गया हो और चलाया जाए?

उत्तर यदि पैकेज एयर कण्डीशनर का कण्डेन्सर, धूल, मिट्टी से भर गया हो और उसे चलाया जाए तो प्लांट या यूनिट की कार्यकुशलता कम हो जाएगी।

2. पैकेज ए.सी. के तीन अवयव होते हैं। नीचे वाले कम्पार्टमेन्ट में कण्डेन्सिंग यूनिट व अन्य शेष दो कम्पार्टमेन्ट में क्या होता है?

उत्तर पैकेज ए.सी. के मध्य वाले कम्पार्टमेन्ट में ब्लोअर मोटर, फिल्टर और एवैपोरेटर स्थापित होते हैं तथा ऊपर वाले कम्पार्टमेन्ट में वायु के वितरण हेतु डिस्चार्ज ग्रिल लगी होती है?

3. क्या करना चाहिए यदि पैकेज ए.सी. का फिल्टर कार्य न करे?

उत्तर पैकेज ए.सी. के फिल्टर पर अधिक अशुद्धियाँ जमा हो जाने के कारण फिल्टर कार्य करना बन्द कर देता है। इस स्थिति में फिल्टर को साफ करें अथवा बदल दें।

4. पैकेज ए.सी. की क्षमता कूलिंग स्थान पर बैठे व्यक्तियों की संख्या पर निर्भर करती है, क्यों?

उत्तर कूलिंग स्थान पर बैठा प्रत्येक व्यक्ति सामान्यतः 500 BTU/घण्टा ऊष्मा उत्सर्जित करता है, जिस कारण पैकेज ए.सी. को कूलिंग स्थान की ऊष्मा के साथ-साथ, व्यक्तियों द्वारा उत्सर्जित ऊष्मा को भी कूलिंग प्रदान करनी होती है।

5. स्प्लिट ए.सी. सिस्टम में उत्पन्न दाब का निर्धारण किस प्रकार किया जाता है?

उत्तर स्प्लिट ए.सी. सिस्टम में सक्शन दाब तथा एवैपोरेटर दाब के निर्धारण हेतु कट आउट स्विच का प्रयोग किया जाता है।

6. विद्युतीय ओवरलोड परिपथ में बाइमैटेलिक स्ट्रिप प्रयोग की जाती है, क्यों?

उत्तर परिपथ का सप्लाई से संयोजन के पश्चात् निर्धारित मान से अधिक मान की धारा प्रवाहित होने के कारण परिपथ को बचाने हेतु विद्युतीय ओवर लोड परिपथ में बाइमैटेलिक स्ट्रिप प्रयोग की जाती है।

7. स्प्लिट पैकेज ए.सी. में फ्लो स्विच का उपयोग किया जाता है, क्यों?

उत्तर स्प्लिट ए.सी. सिस्टम में प्रयुक्त वाटर कूल्ड कण्डेन्सर में ठण्डे पानी की मात्रा का स्तर निर्धारित करने के लिए फ्लो स्विच का उपयोग किया जाता है।

अभ्यास प्रश्न

परीक्षा प्रारूपी प्रश्न

बहुविकल्पीय

1. निम्नलिखित में से कौन-से ए.सी. में बनावट के सभी भाग एक कैबिनेट में फिट रहते हैं?
(a) पैकेज टाइप ए.सी. (b) सामान्य ए.सी.
(c) 'a' और 'b' दोनों (d) ये सभी

2. पैकेज टाइप ए.सी. सामान्यतः कितनी क्षमता के बनाए जाते हैं?
(a) 2-10 टन (b) 10-40 टन (c) 3- 15 टन (d) 6 टन

3. सामान्यतः पैकेज ए.सी. यूनिट को कितने भागों में बाँटा गया है?
(a) 2 (b) 3 (c) 4 (d) 6

4. जहाँ पर पानी की कमी अथवा पानी के प्रयोग पर प्रतिबन्ध हो, तो वहाँ पर किस प्रकार के कण्डेन्सर का प्रयोग किया जाता है?
(a) सामान्य कण्डेन्सर (b) एयर कण्डेन्सर
(c) वाटर कूल्ड कण्डेन्सर (d) इनमें से कोई नहीं

5. जब ए.सी. का स्विच ऑन करते हैं, तो उसकी कण्डेन्सिंग यूनिट एवैपोरेटर को ………… करती है।
(a) गर्म (b) ठण्डा
(c) 'a' और 'b' दोनों (d) इनमें से कोई नहीं

6. क्या पैकेज ए.सी. की स्थापना के समय कम्पनी द्वारा दिए गए दिशा-निर्देशों का पालन करना चाहिए?
(a) हाँ (b) नहीं
(c) 'a' और 'b' दोनों (d) इनमें से कोई नहीं

7. पैकेज ए.सी. में वायु के प्रवाह हेतु कौन-सा अवयव प्रयुक्त किया जाता है?
(a) एवैपोरेटर क्वॉयल (b) एयर फिल्टर
(c) कण्डेन्सर (d) ब्लोअर

8. पैकेज ए.सी. की क्षमता मापी जाती है
(a) BTU (b) BTU /Min (c) BTU/Hr (d) ये सभी

9. पैकेज एयर कण्डीशनर का प्रबन्ध होता है
(a) हीटिंग का (b) कूलिंग का
(c)'a' और 'b' दोनों (d) इनमें से कोई नहीं

10. निम्न में से कौन-सा तापक्रम कम होने पर कम्प्रैसर को बन्द तथा अधिक होने पर चालू करता है?
(a) थर्मोस्टेट (b) एवैपोरेटर (c) रिले (d) ये सभी

11. निम्न में से कौन-सी रिले कम्प्रैसर मोटर को ऑन/ऑफ करने का कार्य करती है?
(a) ओवरलोड रिले (b) हीट रिले
(c) 'a' और 'b' दोनों (d) इनमें से कोई नहीं

12. पैकेज ए.सी. में एयर फ्लो मापी जाती है
(a) km/h (b) CFM
(c) m/s (d) ये सभी

13. पैकेज ए.सी. में प्रयुक्त क्वॉयल निम्न में से किस पदार्थ की बनी होती है?
(a) पीतल (b) लोहा
(c) प्लास्टिक (d) ताँबा

14. पैकेज ए.सी. में प्रयुक्त कण्डेन्सर किस प्रकृति का होता है?
(a) वाटर कूल्ड (b) एयर कूल्ड
(c) 'a' और 'b' दोनों (d) इनमें से कोई नहीं

15. निम्न में से कौन सी युक्ति (device) प्रणाली के लो साइड दाब के कम व अधिक होने पर कम्प्रैसर को बन्द कर देती है?
(a) कट-आउट स्विच (b) उच्च दाब
(c) 'a' और 'b' दोनों (d) इनमें से कोई नहीं

16. निम्नलिखित में डक्ट का प्रकार है
(a) रिजिड फ्लेक्सिबल व प्री-फेब्रीकेटेड
(b) केवल प्री-फेब्रीकेटेड
(c) रिजिड फ्लेक्सिबल
(d) उपरोक्त में से कोई नहीं

17. पैकेज ए.सी. के चैनलों द्वारा वायु को प्रेषित एवं वापस करने वाले मार्ग ………… कहलाते हैं।
(a) डक्ट्स (b) रिले
(c) मोटर (d) थर्मोस्टेट

18. निम्न में से किसका उपयोग कर पैकेज ए.सी. में रिसाव की जाँच की जा सकती है?
(a) नाइट्रोजन एवं रेफ्रिजरेन्ट्स (b) अमोनिया
(c) CO_2 (d) ये सभी

19. एवैकुएशन क्या है?
(a) नमी सोखने की क्रिया (b) नमी बढ़ाने की क्रिया
(c) 'a' और 'b' दोनों (d) ये सभी

20. स्प्लिट ए.सी. …… एक श्रेष्ठ चयन है।
(a) वायु ए.सी. हेतु (b) एवैपोरेटर हेतु
(c) प्रशीतित हेतु (d) ये सभी

21. किस ए.सी. का प्रयोग घरों एवं लघु स्तर की इमारतों में व्यापक रूप से होता है?
(a) स्प्लिट ए.सी. (b) एवैपोरेटर हेतु
(c) फ्रीजिंग क्वॉयल (d) ये सभी

22. स्प्लिट ए.सी. में कूलिंग क्वॉयल की स्थापना कहाँ की जाती है?
(a) कमरे के बाहर (b) कमरे के अन्दर
(c) कमरे के ऊपर (d) इनमें से कोई नहीं

23. निम्न में से कौन AHU के भाग हैं?
(a) एवैपोरेटर (b) एयर फिल्टर
(c) एयर स्लोअर (d) ये सभी

24. रेफ्रिजरेन्ट कण्ट्रोल वाल्व निम्न में से कहाँ प्रयुक्त किया जाता है?
(a) एवैपोरेटर में (b) कम्प्रैसर में
(c) कण्डेन्सर में (d) ये सभी

25. स्प्लिट एयर कण्डीशनर में विद्युत से कार्य करने वाला भाग है
(a) मोटर कम्प्रैसर (b) रिले
(c) थर्मोस्टेट (d) ये सभी

26. स्प्लिट पैकेज ए.सी. में सप्लाई एयर एवं रिटर्न हेतु प्रयुक्त अवयव है
(a) कण्डेन्सर (b) सप्लाई ग्रिल
(c) कम्प्रैसर (d) AHU

27. किस कूलिंग प्रणाली को दो-या-दो से अधिक कमरों में एक साथ कूलिंग करने के लिए प्रयोग किया जाता है?
(a) डक्टेबिल स्प्लिट यूनिट (b) मल्टी स्प्लिट यूनिट
(c) 'a' और 'b' दोनों (d) इनमें से कोई नहीं

28. स्प्लिट ए.सी. में कण्डेन्सिंग यूनिट और एवैपोरेटिंग यूनिट किस ट्यूब्स द्वारा जुड़े होते हैं?
(a) रेफ्रिजरेन्ट्स (b) कण्डेन्सिंग ट्यूब्स
(c) 'a' और 'b' दोनों (d) इनमें से कोई नहीं

29. स्प्लिट ए.सी. में सर्विस वाल्व कण्डेन्सिंग यूनिट की ········ के साथ फिट रहते हैं।
(a) कण्डेन्सर (b) हाउसिंग
(c) 'a' और 'b' दोनों (d) इनमें से कोई नहीं

30. ओवरलोड की स्थिति उत्पन्न होने पर कम्प्रैसर को कौन-सा अवयव नियन्त्रित करता है?
(a) थर्मोस्टेट (b) कट ऑफ स्विच
(c) एवैपोरेटर (d) रिले

31. पैकेज ए.सी. के कुलिंग टावर फैन मोटर को कितनी समय अवधि में लुब्रिकेशन (तेल डालना) किया जाता है?
(a) प्रतिदिन (b) साप्ताहिक
(c) सप्ताह में दो बार (d) तिमाही

32. पैकेज एसी की क्षमता (Performance) देखने के लिए हवा का तापमान कहाँ पर चैक करते हैं?
(a) सप्लाई ग्रील पर (b) ब्लोवर के इनलैट पर
(c) वातावरण में (d) कण्डेन्सर के आउटलेट पर

33. यदि पैकेज ए.सी. में पावर आइसोलेटर बन्द है, तो ए.सी. को ऑन करने के लिए .... को स्विच के साथ इण्टरलोक किया जाता है
(a) थर्मोस्टेट (b) ब्लोवर मोटर
(c) क्रैंककेस हीटर (d) कम्प्रैसर स्टार्टिंग को

34. एक पैकेज ए.सी. स्थापित (install) करने के बाद 'टेस्ट रन' के लिए किस वाल्व को सबसे पहले खोला जाता है?
(a) बॉल वाल्व (b) ग्लोब वाल्व
(c) सर्विस वाल्व (d) सोलेनॉयड वाल्व

35. पैकेज ए.सी. में टैस्ट रन के दौरान क्लैम्प मीटर द्वारा क्या मापा जाता है?
(a) आदर्श प्रैशर (b) रनिंग करण्ट
(c) एक मिनट में चक्कर (RPM) (d) वैक्यूम को धारण करने की क्षमता

36. पैकेज ए.सी. में गर्मी और करण्ट की अधिकता के कारण कौन-सा सेफ्टी कण्ट्रोल सक्रिय होता है?
(a) सिलेक्टर स्विच (b) ओवर लोड रिले
(c) वाटर फ्लो स्विच (d) हाई प्रैशर कट-आउट

37. पैकेज ए.सी. की इलेक्ट्रीकल वायरिंग में कॉन्टैक्ट स्विच का कार्बोनाइज्ड होने का क्या कारण है?
(a) नमी
(b) खराब गुणवत्ता
(c) ढीले (लूज) कनैक्शन
(d) बहुत ज्यादा कनैक्शन का टाइट होना

38. पैकेज ए.सी. में पम्प डाउन ऑपरेशन से पहले कण्ट्रोल किन टर्मिनलों को शार्ट होने से बचाता है?
(a) सिलेक्टर स्विच (b) हाई प्रैशर कट आउट स्विच
(c) लो प्रैशर कट आउट स्विच (d) थर्मोस्टेट स्विच

39. लो प्रैशर स्विच के कार्य को चैक करने के लिए किस वाल्व को बन्द रखा जाता है?
(a) रीड वाल्व (b) सक्सन वाल्व
(c) लिक्विड लाइन वाल्व (d) डिस्चार्ज सर्विस वाल्व

40. पैकेज ए.सी. में वाटर प्रैशर कट-आउट स्विच का क्या लाभ है?
(a) कण्डेनसेशन बढ़ाने के लिए
(b) एवैपोरेशन बेहतर करने के लिए
(c) कम्प्रैशर को बचाने के लिए
(d) रेफ्रिजरेण्ट बहाव बढ़ाने के लिए

41. पैकेज ए.सी. में फॉल्ट को ठीक करने के बाद कौन-सा सेफ्टी कण्ट्रोल मैन्युअल तरीके से रीसेट किया जाता है?
(a) लो प्रैशर
(b) हाई प्रैशर कण्ट्रोल
(c) ओवर लोड प्रोटेक्टर
(d) ऑयल प्रोटेक्टर

42. स्प्लिट ए.सी. में पम्प डाउन ऑपरेशन के समय लिक्विड लाइन वाल्व की पोजिशन क्या होती है?
(a) बन्द रहता है (b) खुला रहता है
(c) बैक सीटेड (d) बैक सीट क्रेक

43. पैकेज ए.सी. में पम्प डाउन ऑपरेशन के समय लिए थर्मोस्टेट में चुने गए नोब (knob) की पोजिशन क्या होगी?
(a) केवल पंखा (b) लो कूलिंग
(c) हाई कूलिंग (d) मीडियम कूलिंग

44. 24 घण्टों ए.सी. का काम/मापदण्डों को लिखने के लिए किस दस्तावेज का प्रयोग किया जाता है?
(a) लॉग शीट (b) ट्रिप शीट
(c) नोट शीट (d) प्लेन शीट

45. पैकेज ए.सी. की स्थापना (install) के बाद सिलेक्टर स्विच में ऑपरेशन (कार्य) किया जाता है?
(a) कम्प्रैसर एक (b) कम्प्रैसर दो
(c) ब्लोवर-लो-स्पीड (d) ब्लोवर-हाई-स्पीड

46. वाटर कूल्ड कण्डेन्सर में पानी की ट्यूबों में पपड़ी (scale) का क्या उपाय है?
(a) सतह को साफ करना
(b) कण्डेन्सर फिन्स को साफ करना
(c) कण्डेन्सर ट्यूब्स की पपड़ी
(d) साबुन के पानी से कण्डेन्सर साफ करना

47. पैकेज ए.सी. से सही मात्रा में ठण्डी हवा न मिलने पर उसका क्या उपाय है?
(a) गैस लिकेज चैक करना
(b) कम्प्रैसर को रिपेयर करना
(c) कण्डेन्सर को साफ करना
(d) ब्लोवर की बेल्ट को बदलना

48. पैकेज ए.सी. में कम्प्रैसर का हाईप्रैसर कट-आउट से बन्द होने का क्या कारण है?
(a) पुरानी तारें
(b) कम्प्रैसर का अर्थ होना
(c) कूलिंग टावर का पंखा खराब होना
(d) एवैपोरेटर से हल्की गैस लीक होना

49. पैकेज ए.सी. के वाटर कूल्ड कण्डेक्टर में पपड़ी (scale) से बचाव का क्या उपाय है?
(a) फ्लोमीटर की स्थापना
(b) वाटर फ्लो कम करना
(c) पानी की गुणवत्ता में सुधार
(d) पानी का प्रैशर बढ़ाना

50. मल्टीड्राइव बेल्ट वाले ब्लोवर यूनिट एक बेल्ट ढीली (loose) होने पर क्या उपाय करना चाहिए?
(a) ड्राइव पुली को सीधी करना
(b) ड्राविन पुली को एलाइन करना चाहिए
(c) उस एक ढीली बेल्ट को हटा देना चाहिए
(d) सारा बेल्ट सैट बदलना चाहिए

51. एयर हैण्डलिंग यूनिट (AHU) के शोर करने वाले ब्लोवर और साथ में एक्सल ज्यादा मचलना (play) होने का क्या उपाय है?
(a) ग्रीस लगाना चाहिए (b) बेल्ट बदलनी चाहिए
(c) ब्लोवर यूनिट बदलना चाहिए (d) एयर फिल्टर बदलना चाहिए

52. पैकेज ए.सी. में हाई प्रैशर कण्ट्रोल स्विच टैस्ट करते समय वाटर फ्लो स्विच को बाईपास क्यों किया जाता है
(a) यूनिट ना बन्द हो
(b) ऑयल का प्रैशर ज्यादा बढ़ाने के लिए
(c) यूनिट को तुरन्त बन्द करने के लिए
(d) कम्प्रैसर का हैड प्रैशर कम करने के लिए

53. कम्प्रैसर डोम के गर्म होने के कारण ओवर लोड प्रोटेक्टर में हीटर एलिमेण्ट का कौन-सा पैरामीटर बढ़ जाता है?
(a) वोल्टेज (b) रजिस्टैंस
(c) कैपिस्टैंस (d) मैग्नेटिक फिल्ड

54. कम्प्रैसर मोटर पर क्या प्रभाव पड़ेगा अगर पैकेज ए.सी. में पानी के प्रैशर स्विच बन्द हो जाएगा तो
(a) कम्प्रैसर मोटर बन्द नहीं होगी
(b) कम्प्रैसर मोटर काम करना बन्द कर देगी
(c) कम्प्रैसर मोटर स्टार्ट नहीं होगी
(d) मोटर जल जाएगी

55. पैकेज ए.सी. में अगर थर्मोस्टेट डिफरैन्शियल को बहुत कम पर एडजस्ट करने का क्या प्रभाव होगा?
(a) यूनिट स्टार्ट नहीं होगा
(b) कूलिंग प्रभाव नॉर्मल रहेगा
(c) यूनिट लगातार चलता रहेगा
(d) यूनिट लगातार चलता और बन्द होता रहेगा

उत्तरमाला

1. (a)	**2.** (c)	**3.** (b)	**4.** (b)	**5.** (b)	**6.** (a)	**7.** (d)	**8.** (c)	**9.** (c)	**10.** (a)
11. (a)	**12.** (b)	**13.** (d)	**14.** (c)	**15.** (a)	**16.** (a)	**17.** (a)	**18.** (a)	**19.** (a)	**20.** (a)
21. (a)	**22.** (b)	**23.** (d)	**24.** (a)	**25.** (d)	**26.** (d)	**27.** (b)	**28.** (a)	**29.** (b)	**30.** (d)
31. (d)	**32.** (a)	**33.** (c)	**34.** (b)	**35.** (b)	**36.** (b)	**37.** (c)	**38.** (c)	**39.** (c)	**40.** (c)
41. (b)	**42.** (a)	**43.** (b)	**44.** (a)	**45.** (c)	**46.** (c)	**47.** (d)	**48.** (c)	**49.** (c)	**50.** (d)
51. (c)	**52.** (a)	**53.** (b)	**54.** (b)	**55.** (d)					

अध्याय 15

सेन्ट्रलाइज्ड/इण्डस्ट्रियल एयर कण्डीशनिंग

Centralised/Industrial Air Conditioning

परिचय Introduction

छोटे एयर कण्डीशनर; जैसे—विण्डो एयर कण्डीशनर का प्रयोग अधिक ऊर्जा व्यय (waste) के कारण बड़ी बिल्डिंगों तथा औद्योगिक क्षेत्रों में नहीं किया जाता है। इन एयर कण्डीशनरों की स्थापना तथा परिपथ दोनों ही जटिल होते हैं। इन समस्याओं के निराकरण हेतु बिल्डिंग तथा औद्योगिक क्षेत्रों में उपयुक्त स्थान पर जो एयर कण्डीशनिंग यूनिट स्थापित की जाती है, उसे सेन्ट्रलाइज्ड एयर कण्डीशनिंग अथवा इण्डस्ट्रियल एयर कण्डीशनिंग यूनिट कहते हैं। यह प्रणाली कूलिंग की एक प्रभावी तथा दक्ष प्रणाली है। ऊर्जा की कम खपत होने के कारण इस यूनिट का उपयोग सर्वाधिक किया जाता है।

औद्योगिक क्षेत्रों में सेण्ट्रलाइज्ड/इण्डस्ट्रियल एयर कण्डीशनरों से कूलिंग, डक्ट के माध्यम से की जाती है। इस यूनिट का डिजाइन इस प्रकार से किया जाता है कि यूनिट से स्थिर आयतन की वायु सप्लाई होती रहे। सेन्ट्रलाइज्ड एयर कण्डीशनरों में मल्टी जोन ताप नियन्त्रण क्षमता होती है। एयर कण्डीशनिंग में वायु में उपस्थित नमी, कूलिंग क्रिया को प्रभावित करती है इसलिए इस नमी की मात्रा के नियन्त्रण हेतु विभिन्न युक्तियाँ प्रयोग में लाई जाती हैं। एयर कण्डीशनिंग प्लांट में अत्यन्त संवेदनशील तथा महँगे अवयव प्रयोग किये जाते हैं जिनके बचाव के लिए एयर कण्डीशनिंग प्लांट में विभिन्न कण्ट्रोलर तथा सुरक्षा युक्तियाँ प्रयोग की जाती हैं। निम्न चित्र में जोन-1 तथा जोन-2 में स्थापित सेन्ट्रलाइज्ड एयर कण्डीशनिंग प्रणाली दशाई गई है।

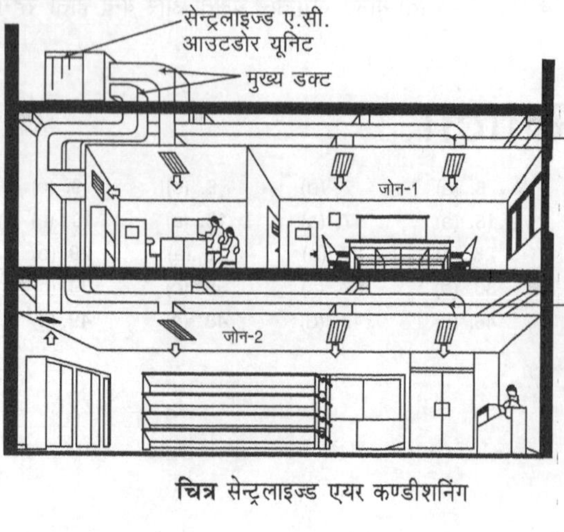

चित्र सेन्ट्रलाइज्ड एयर कण्डीशनिंग

अध्याय विषय सूची

15.1 सेन्ट्रलाइज्ड एयर कण्डीशनर
Centralised Air Conditioner

सेन्ट्रलाइज्ड/औद्योगिक एयर कण्डीशनरों का उपयोग निश्चित उद्देश्यों की पूर्ति हेतु किया जाता है। अत: आवश्यकतानुसार उपयोगिता तथा भिन्नता के कारण इनको दो भागों में विभक्त किया जा सकता है—

1. डायरेक्ट एक्सपैन्शन सिस्टम 2. इनडायरेक्ट या चिलर सिस्टम

1. डायरेक्ट एक्सपैन्शन सिस्टम
Direct Expansion (DX) System

इन एयर कण्डीशनरों में वायु का प्रवाह सीधे एवैपोरेटर पर होता है, जिस कारण इसे डायरेक्ट एक्सपैन्शन सिस्टम कहते हैं। डायरेक्ट एक्सपैन्शन सिस्टम में मल्टीपल प्लांट स्थापित करना अधिक सरल है। इसके अन्तर्गत विभिन्न समस्याओं; जैसे—रेफ्रिजरेन्ट लीक होने के कारण केवल एक ही डायरेक्ट एक्सपैन्शन यूनिट की क्षमता प्रभावित होती है। इस एयर कण्डीशनर सिस्टम में कूलिंग क्वॉयल तथा कण्डेन्सर यूनिट की ऊँचाई का अन्तर न्यूनतम होता है। इस प्रकार के एयर कण्डीशनर में एक बड़ा कम्प्रैसर और कण्डेन्सर एक अलग यूनिट के रूप में प्रयुक्त किए जाते हैं, जबकि एक्सपैन्शन वाल्व एवैपोरेटर और एयर हैण्डलिंग यूनिट को एक अलग यूनिट के रूप में व्यवस्थित किया जाता है।

एवैपोरेटर, एयर हैण्डलिंग यूनिट में व्यवस्थित रहता है, जिसके साथ एक बड़ा ब्लोअर भी सम्बद्ध रहता है। यह ब्लोअर, डक्ट के माध्यम से उद्योग की आन्तरिक गर्म वायु को एयर कण्डीशनर की कूलिंग क्वॉयलों या एवैपोरेटर पर नियमित रूप से प्रेषित करता रहता है। जिससे आन्तरिक वायु के तापमान में निरन्तर कमी आती रहती है और उद्योग का आन्तरिक तापमान निम्न बना रहता है जिसके फलस्वरूप कूलिंग होती रहती है। यह एयर कण्डीशनर लघु उद्योगों हेतु प्रयुक्त किया जाता है।

डायरेक्ट एक्सपैन्शन सिस्टम की संरचना
Construction of Direct Expansion (DX) System

इस प्रकार के एयर कण्डीशनरों में ए.सी. प्लांट ठण्डा किए जाने वाले स्थान से कुछ दूरी पर स्थापित किया जाता है। ए.सी. प्लांट में कण्डेन्सर, कम्प्रैसर एवं एवैपोरेटर आदि एयर कण्डीशनिंग के लिए संयोजित होते हैं। डायरेक्ट एक्सपैन्शन सिस्टम को संक्षिप्त में DX सिस्टम भी कहते हैं। चित्रानुसार DX सिस्टम प्लांट का विभाजन दो मुख्य भागों-एयर हैण्डलिंग यूनिट रूम तथा प्लांट रूम में किया जाता है। प्लांट रूम में कम्प्रैसर का प्रचालन मोटर की सहायता से किया जाता है तथा कूलिंग टावर का प्रयोग कण्डेन्सर क्वॉयल को ठण्डा करने के लिए किया जाता है।

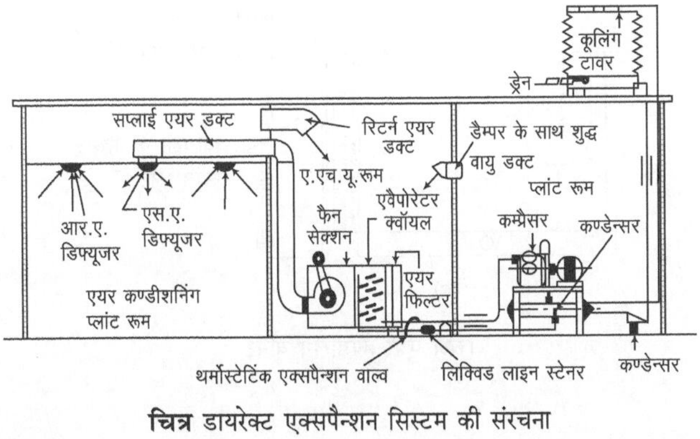

चित्र डायरेक्ट एक्सपैन्शन सिस्टम की संरचना

कूलिंग टावर प्लांट रूम के ऊपर स्थापित किया जाता है। वायु में उपस्थित अवांछनीय कणों को हटाने हेतु एयर हैण्डलिंग रूम में एयर फिल्टर का प्रयोग किया जाता है। एयर हैण्डलिंग रूम में एवैपोरेटर क्वॉयल का प्रयोग, वायु को ठण्डा करने में होता है तथा ब्लोअर की सहायता से यह ठण्डी वायु उचित स्थान पर प्रवाहित की जाती है।

एयर हैण्डलिंग यूनिट (AHU) में बाहरी वायु के प्रवेश तथा उसे ठण्डा करने के लिए क्रमश: फ्रेश एयर डक्ट डैम्पर तथा सप्लाई एयर डक्ट का प्रयोग किया जाता है।

डायरेक्ट एक्सपैन्शन सिस्टम की क्रियाविधि
Working Method of Direct Expansion System

सर्वप्रथम DX सिस्टम को सप्लाई से संयोजित करते हैं जिससे इसमें लगा कम्प्रैसर, कण्डेन्सर को रेफ्रिजरेन्ट प्रवाहित करता है, जिसके तुरन्त बाद कण्डेन्सर रेफ्रिजरेन्ट को एवैपोरेटर में पहुँचाता है। एवैपोरेटर क्वॉयल AHU रूम में सैट होने के कारण स्वयं पर प्रवाहित होने वाली वायु की ऊष्मा को अवशोषित कर लेती है। इस वायु को एवैपोरेटर पर प्रवाहित करने से पूर्व फिल्टर में से गुजारा जाता है, जहाँ पर वायु में उपस्थित अशुद्धियों को अलग किया जाता है।

इस शुद्ध वायु को ब्लोअर एवं सप्लाई डक्ट के माध्यम से कूलिंग किए जाने वाले स्थान पर भेजा जाता है, परन्तु कूलिंग के पश्चात् यह वायु गर्म हो जाती है। गर्म वायु को एयर डिफ्यूजर की सहायता से रिटर्न डक्ट में से गुजारकर पुन: AHU रूम में लाया जाता है।

AHU रूम में गर्म वायु के साथ फ्रेश वायु मिलाकर एवैपोरेटर पर भेजी जाती है। इस प्रकार यह प्रक्रम सतत रूप से चलता रहता है। कूलिंग टावर के द्वारा DX सिस्टम में प्रयुक्त कण्डेन्सर में प्रवाहित गर्म रेफ्रिजरेन्ट को ठण्डा किया जाता है। वांछित तापमान परास प्राप्त करने हेतु थर्मोस्टेट का प्रयोग किया जाता है।

2. इनडायरेक्ट या चिलर सिस्टम
Indirect or Chiller System

इस प्रकार के एयर कण्डीशनर सिस्टम में एयर कण्डीशनिंग प्लांट को ठण्डा किए जाने वाले स्थान से दूर स्थापित करते हैं जिस कारण इसे इनडायरेक्ट सिस्टम कहते हैं। इसके अन्तर्गत कण्डेन्सर क्वॉयल में द्वितीयक रेफ्रिजरेन्ट (ब्राइन) प्रवाहित करके कूलिंग की जाती है, इसलिए इसे चिलर सिस्टम भी कहते हैं।

इस प्रकार के एयर कण्डीशनर का प्रयोग बड़े उद्योगों में एयर कण्डीशनिंग हेतु किया जाता है। इस एयर कण्डीशनर के सभी अवयव उद्योग के एक कक्ष के अन्दर ही निहित होते हैं। इस प्रकार के एयर कण्डीशनर में शैल एवं ट्यूब टाइप एवैपोरेटर का प्रयोग किया जाता है। एवैपोरेटर, एयर हैण्डलिंग यूनिट में व्यवस्थित रहता है जिसमें एक बड़ा ब्लोअर भी फिट रहता है।

यह ब्लोअर डक्ट के माध्यम से उद्योग के प्रत्येक विभाग की आन्तरिक वायु को सोखकर एवैपोरेटर पर प्रेषित करता है। यह गर्म वायु एवैपोरेटर शैल में उपस्थित चिल्ड ब्राइन को अपनी ऊष्मा देती है।

इस प्रकार ब्लोअर नियमित रूप से उद्योग के सभी विभागों की आन्तरिक वायु को एवैपोरेटर शैल पर प्रेषित करता रहता है, जिससे आन्तरिक वायु के तापमान में निरन्तर कमी आती रहती है और उद्योग का आन्तरिक तापक्रम निम्न बना रहता है।

इनडायरेक्ट या चिलर सिस्टम की संरचना
Construction of Indirect or Chiller System

सम्पूर्ण एयर कण्डीशनिंग सिस्टम के लिए चिलर सिस्टम में एक प्लांट रूम तथा प्लांट में उपस्थित प्रत्येक रूम के लिए भिन्न-भिन्न एयर हैण्डलिंग रूम (AHU room) की स्थापना की जाती है। चिलर सिस्टम प्लांट रूम में चिल्ड वाटर पम्प, वाटर पम्प युक्त कण्डेन्सर तथा कम्प्रैसर आदि संयोजित होते हैं।

एयर हैण्डलिग रूम में चिल्ड वाटर पम्प के द्वारा ठण्डा जल प्रवाहित किया जाता है तथा रेफ्रिजरेन्ट को कम्प्रैस करने हेतु कम्प्रैसर संयोजित होता है। कम्प्रैसर रेफ्रिजरेन्ट का उपयोग कण्डेन्सर या जल को ठण्डा करने के लिए प्रयुक्त क्वॉयल में किया जाता है, इस प्रकार ए.सी. चक्र पूर्ण किया जाता है। इस ए.सी. चक्र का प्रयोग AHU रूम में प्रवाहित जल का तापमान न्यूनतम रखने में किया जाता है।

सेन्ट्रलाइज्ड एयर कण्डीशनिग के विभिन्न स्थानों पर चिलर सिस्टम उपयोग में नहीं लाया जाता, क्योंकि होटल तथा गेस्ट रूम सदैव भरे हुए नहीं रहते हैं। अत: चिलर सिस्टम में प्लांट के साइज का निर्धारण इंजीनियर को लोड फैक्टर को दृष्टिगत रखकर करना पड़ता है।

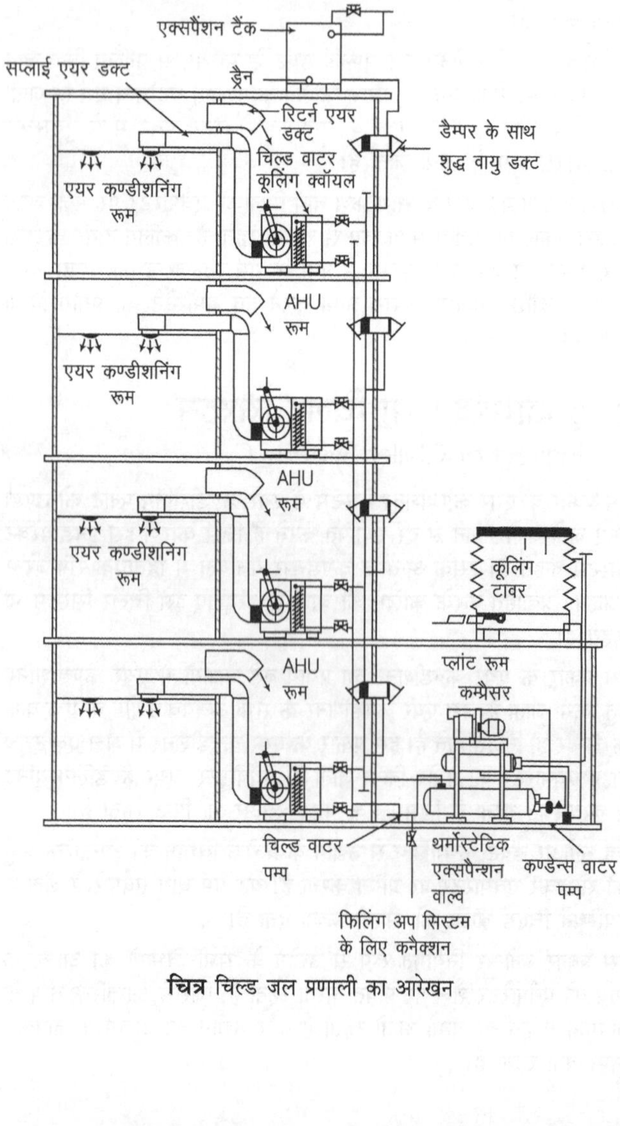

चित्र चिल्ड जल प्रणाली का आरेखन

चिलर सिस्टम के सेन्ट्रलाइज्ड एयर कण्डीशनिंग यूनिट में एयर कूलिंग हेतु AHU रूम में निम्न घटकों का समायोजन होता है–

(i) एयर हैण्डलिंग यूनिट (ii) एयर वाशर यूनिट
(iii) फैन क्वॉयल यूनिट (iv) एक्सपैन्शन टैंक

(i) **एयर हैण्डलिंग यूनिट** (Air handling unit) एयर हैण्डलिंग यूनिट में सेन्ट्रीफ्यूगल टाइप ब्लोअर अथवा फैन लगा होता है। यह चिल्ड वाटर क्वॉयल कैबिनेट में वायु को प्रवाहित करने के लिए संयोजित किया जाता है। सर्वप्रथम साधारण वायु फिल्टर से गुजरती है, जिससे उसमें उपस्थित धूल के कण जैसी अशुद्धियाँ साफ हो जाती हैं। उसके बाद इस वायु को कूलिंग क्वॉयल या चिल्ड वाटर क्वॉयल के ऊपर से गुजारा जाता है, जहाँ यह वायु अपना ताप क्वॉयल को देकर ठण्डी हो जाती है, तब यह ठण्डी और डिह्यूमिडिफाइड (dehumidified) वायु, एयर कण्डीशनिंग क्षेत्र में घूमती है, जिससे कूलिंग प्रभाव उत्पन्न होता है। यह कैबिनेट गैल्वेनाइज्ड आयरन (GI) की बनी होती है। कैबिनेट में एक डैम्पर लगा होता है, जिसे खोलने पर शुद्ध वायु प्रवेश कर सकती है।

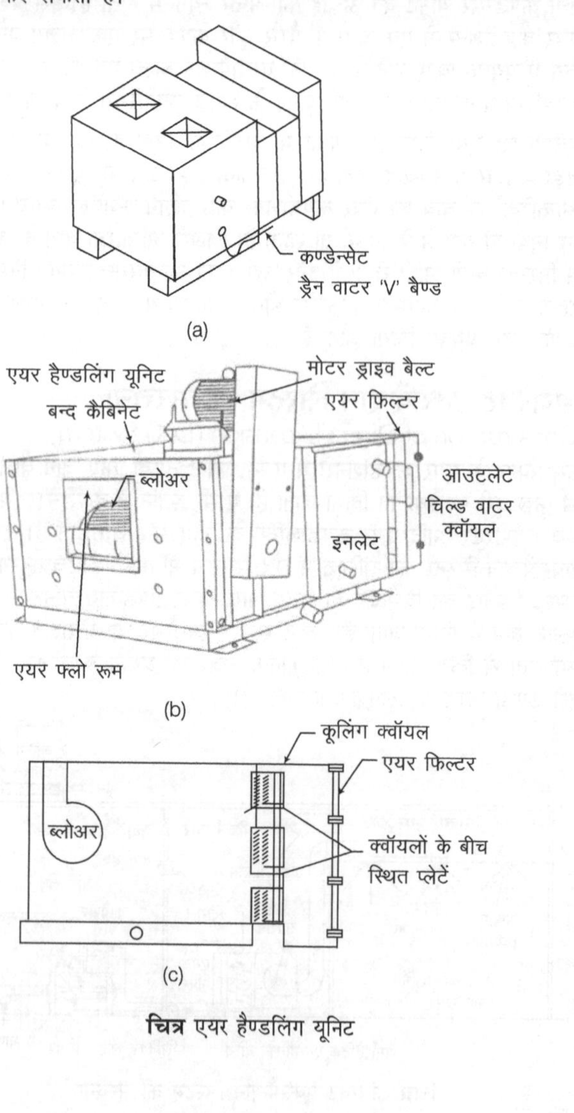

चित्र एयर हैण्डलिंग यूनिट

(ii) **एयर वाशर यूनिट** (Air washer unit) सेन्ट्रलाइज्ड एयर कण्डीशनिंग में ठण्डी, शुद्ध तथा आर्द्र वायु की प्राप्ति हेतु एयर वाशर यूनिट का प्रयोग किया जाता है। एयर वाशर यूनिट में बाधिक पट्टियों का समायोजन समान्तर क्रम में किया जाता है। ये पट्टियाँ वायु में उपस्थित अशुद्धियाँ; जैसे—धूल कणों को साफ करके शुद्ध वायु प्रदान करती है। इन पट्टियों के मध्य जल के छिड़काव हेतु स्प्रे नॉजिल लगे होते हैं। नॉजिल द्वारा एयर को कूलिंग प्रदान करने हेतु जल का छिड़काव किया जाता है तथा इसके द्वारा वायु की आर्द्रता (वायु में उपस्थित नमी) का भी नियन्त्रण किया जाता है। एयर वाशर यूनिट में मुख्यत: इलेक्ट्रॉनिक फिल्टर का उपयोग किया जाता है, जिस कारण ऊर्जा की हानि नहीं होती है।

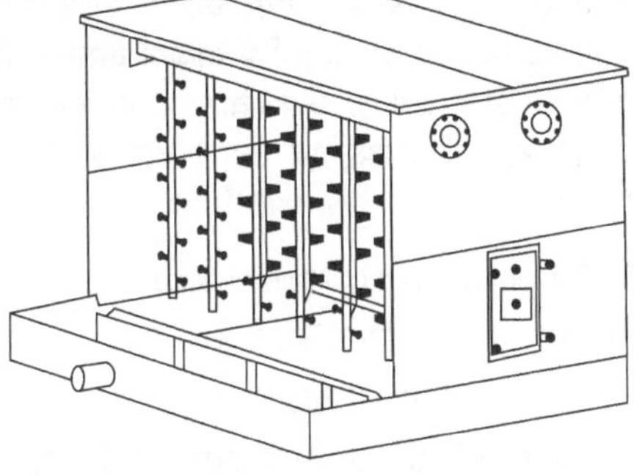

चित्र एयर वाशर यूनिट

(iii) **फैन क्वॉयल यूनिट** (Fan coil unit) फैन क्वॉयल यूनिट, FCU एक सैल्फ कन्टेन्ड यूनिट होती है, जिसका निर्माण एयर ब्लोअर फैन की सहायता से किया जाता है। FCU, AHU की अपेक्षाकृत छोटी तथा साधारण युक्ति है। FCU का उपयोग डक्ट के साथ तथा बिना डक्ट के भी किया जा सकता है। FCU में फैन की स्पीड का नियन्त्रण, मल्टी स्पीड मोटर की सहायता से किया जाता है। कूलिंग क्वॉयल में प्रवाहित जल की मात्रा का नियन्त्रण, यूनिट में लगे चिल्ड वाटर पम्प की गति का नियन्त्रण करके किया जाता है।

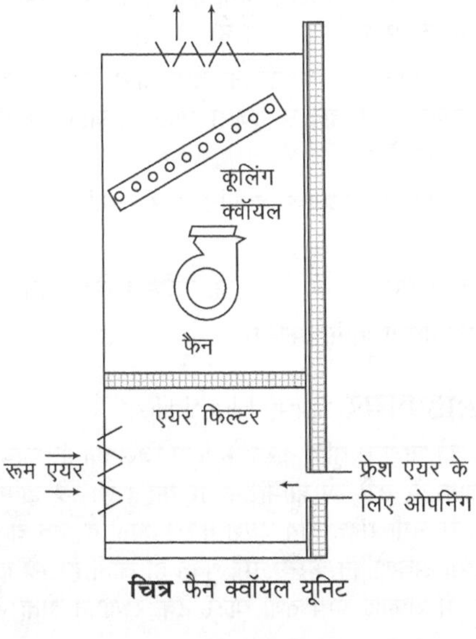

चित्र फैन क्वॉयल यूनिट

(iv) **एक्सपैन्शन टैंक** (Expansion tank) एक्सपैन्शन टैंक, चिलर सिस्टम को अतिरिक्त दाब के कारण उत्पन्न होने वाले दोष से बचाता है। अत: एक्सपैन्शन टैंक, चिलर सिस्टम का एक प्रमुख अवयव है। एक्सपैन्शन टैंक, वाटर टैंक से श्रेणी-क्रम में जुड़ा होता है। एक्सपैन्शन टैंक में आंशिक रूप से वायु भरी होती है तथा टैंक में एक रबड़ का बना डायफ्राम लगा होता है। वाटर टैंक में अतिरिक्त दाब उत्पन्न होने पर डायफ्राम एक्सपैन्शन टैंक में उपस्थित वायु पर दबाव डालता है, जिसके परिणामस्वरूप वाटर टैंक में से कुछ जल एक्सपैन्शन टैंक में प्रवेश करता है। प्रवेशित जल के कारण सिस्टम में उत्पन्न दाब कम हो जाता है।

प्राय: एक्सपैन्शन टैंक का आकार बड़ा होता था और ये क्षैतिज में सैट किए जाते थे, जिस कारण इनमें उत्पन्न दाब के अन्तर को कम नहीं किया जा सकता था, परिणामस्वरूप सिस्टम प्रभावित होते थे। इस समस्या के समाधान हेतु ऊर्ध्वाधर रूप में व्यवस्थित एक्सपैन्शन टैंक प्रयोग में लाए जाने लगे, जो अपेक्षाकृत छोटे तथा आंशिक दाब को भी सेन्स करके सिस्टम को क्षति से बचाते हैं।

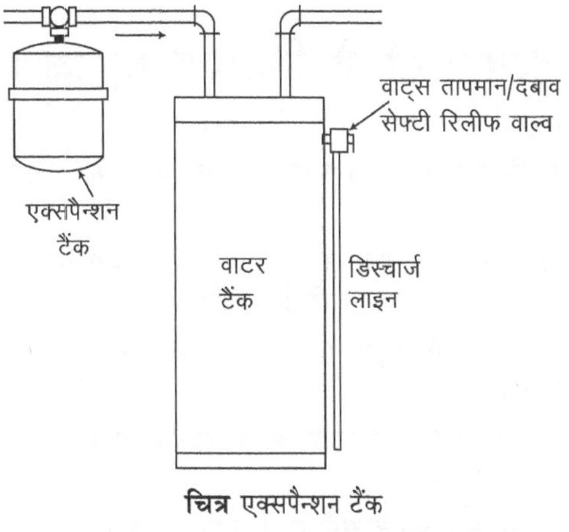

चित्र एक्सपैन्शन टैंक

इनडायरेक्ट या चिलर सिस्टम की क्रियाविधि

Working Method of Indirect or Chiller System

पावर सप्लाई प्रदान करने के पश्चात् चिलर सिस्टम के सेन्ट्रलाइज्ड एयर कण्डीशनिंग में प्रयुक्त कम्प्रैसर ऑन हो जाता है। चिल्ड वाटर टैंक में भरे जल को ठण्डा किया जाता है। यह ठण्डा जल AHU रूम में प्रयुक्त कूलिंग क्वॉयलों में प्रवाहित किया जाता है, जिससे कूलिंग क्वॉयल ठण्डी हो जाती है। अन्त में इन क्वॉयलों में ब्लोअर द्वारा वायु प्रवाहित की जाती है, जिसके फलस्वरूप कूलिंग क्वॉयलों से ठण्डी वायु प्राप्त होती है।

इनडायरेक्ट या चिलर सिस्टम के लाभ

सेन्ट्रलाइज्ड एयर कण्डीशनिंग के लिए चिलर सिस्टम के लाभ निम्नलिखित हैं—

1. चिलर सिस्टम के उपयोग से किसी भी प्रकार का अवांछनीय शोर उत्पन्न नहीं होता है।
2. चिलर सिस्टम में किसी भी प्रकार का वांछित तापमान परास प्राप्त किया जा सकता है।
3. किसी एक रूम से दूसरे रूम का कूलिंग प्रभाव प्रभावित नहीं होता है।

15.2 सेन्ट्रलाइज्ड ए.सी. का अनुरक्षण
Maintenance of Centralised AC

सेन्ट्रलाइज्ड/इण्डस्ट्रियल एयर कण्डीशनिंग एक यान्त्रिकीय युक्ति है जिसमें विभिन्न प्रकार के अवयव कार्यरत रहते हैं। निरन्तर कार्य करते रहने से घर्षण आदि के कारण इन अवयवों में विविध प्रकार के दोष निर्मित होते रहते हैं। यदि समय रहते इन दोषों का निवारण न किया जाए, तो ये गम्भीर समस्या का रूप धारण कर लेते हैं।

अत: एक निश्चित समयावधि के उपरान्त एयर कण्डीशनर की सर्विसिंग की जानी अनिवार्य है, जिससे एयर कण्डीशनर दक्ष एवं दीर्घायु बनता है। सामयिक रूप से एयर कण्डीशनर के विद्युत संयोजन की जाँच करने पर उनमें उत्पन्न दोषों को तत्काल ही नष्ट कर दिया जाता है। एयर कण्डीशनर की सुरक्षा एवं अनुरक्षण के अन्तर्गत कण्डीशनर की सामयिक जाँच की जाती है और निर्मित दोषों का तत्काल ही निवारण कर दिया जाता है।

सेन्ट्रलाइज्ड ए.सी. के अनुरक्षण का निर्धारण निम्नलिखित बिन्दुओं को दृष्टिगत रखकर किया जा सकता है—

सेन्ट्रलाइज्ड ए.सी. के निवारक अनुरक्षण
Preventive Maintenance of Centralised AC

1. ए.सी. सिस्टम में प्रयुक्त सभी गतिकीय भागों का उचित रूप से स्नेहन करें।
2. ए.सी. सिस्टम में प्रयुक्त सभी मोटर चक्कर प्रति मिनट (RPM) निर्धारित मान के समतुल्य ही होने चाहिए।
3. ए.सी. सिस्टम में प्रयुक्त एयर फिल्टर को समय-समय पर साफ करना चाहिए।
4. ए.सी. यूनिट में लगी सभी क्वॉयलों की सफाई तथा जाँच समय-समय पर होनी चाहिए।
5. ए.सी. सिस्टम में प्रयुक्त सभी पाइप लाइन तथा अवयवों में लीकेज की जाँच होनी चाहिए।
6. ए.सी. सिस्टम में प्रयुक्त प्रत्येक भाग उचित स्थान पर होने चाहिए।
7. ए.सी. सिस्टम में प्रयुक्त रेफ्रिजरेन्ट की मात्रा उपयुक्त रूप में होनी चाहिए।

सेन्ट्रलाइज्ड ए.सी. में अनुरक्षण का निर्धारण
Scheduling of Maintenance in Centralised AC

सेन्ट्रलाइज्ड ए.सी. के निवारक अनुरक्षण के मुख्य बिन्दु निम्नलिखित हैं—

1. **दैनिक अनुरक्षण** (Daily maintenance) दैनिक रूप से सेन्ट्रलाइज्ड ए.सी. में उत्पन्न अवांछनीय शोर वाइब्रेशन की जाँच तथा उनका निवारण करते हैं। प्लांट में प्रयुक्त ऑयल प्रैशर लाइन, सक्शन डिस्चार्ज लाइन तथा रेफ्रिजरेन्ट का तापमान जाँचते हैं।
2. **साप्ताहिक अनुरक्षण** (Weekly maintenance) ए.सी. प्लांट में प्रयुक्त एयर फिल्टर की जाँच एक सप्ताह में नियमित रूप से करनी चाहिए तथा आवश्यकता होने पर फिल्टर में उत्पन्न समस्याओं का निवारण करना चाहिए।
3. **मासिक अनुरक्षण** (Monthly maintenance) मासिक अनुरक्षण के अन्तर्गत पुली एवं बोल्टों का अलाइनमेन्ट, पंखों तथा मोटर में स्नेहन, वाटर फिल्टर को साफ करना, सभी ढीले भागों को कसना व कूलिंग टावर की जाँच आदि नियमित रूप से करनी चाहिए।
4. **तिमाही अनुरक्षण** (Quarterly maintenance) ए.सी. प्लांट में प्रयुक्त ह्यूमिडिफायर, डिह्यूमिडिफायर, हीट एक्सचेंजर एवं सेन्सर की जाँच तथा प्लांट की डिस्केलिंग तीन माह के समयान्तराल में अवश्य करनी चाहिए, क्योंकि इन सभी दोषों से प्लांट की दक्षता प्रभावित होती है।
5. **वार्षिक अनुरक्षण** (Yearly maintenance) ए.सी. प्लांट में लगे सभी महत्त्वपूर्ण अवयव; जैसे—कम्प्रैसर, कण्डेन्सर, एवैपोरेटर क्वॉयल, एक्सपैन्शन वाल्व तथा एयर ब्लोअर आदि की जाँच तथा उत्पन्न दोष का निवारण प्रत्येक वर्ष में अवश्य करना चाहिए। ए.सी. प्लांट में प्रयुक्त अन्य अवयव; जैसे—वाटर स्ट्रेनर ड्रैन, कूलिंग टावर तथा स्प्रे नॉजिल आदि साफ एवं उत्पन्न दोष का निवारण करना चाहिए।

अनुरक्षण के लाभ Advantages of Maintenance

ए.सी. प्लांट अनुरक्षण के लाभ निम्नलिखित हैं—

1. प्लांट की अतिरिक्त लागत में वृद्धि नहीं होती है।
2. प्लांट में प्रयुक्त भागों की कार्यक्षमता निरन्तर बनी रहती है।
3. प्लांट में लगी मशीनों की दक्षता तथा जीवनकाल भी बढ़ता है।
4. प्लांट में किसी प्रकार की गन्दगी एकत्र नहीं होती है।

15.3 एयर कण्डीशनिंग में प्रयुक्त ह्यूमिडिफायर
Humidifier Used in Air Conditioning

एयर कण्डीशनिंग के अन्तर्गत वायु में जलवाष्प या नमी (moisture) की मात्रा बढ़ाने की प्रक्रिया को ह्यूमिडिफिकेशन (humidification) तथा प्रयुक्त उपकरण को ह्यूमिडिफायर (humidifier) कहते हैं। एयर कण्डीशनिंग प्रक्रिया में ह्यूमिडिफिकेशन के लिए ह्यूमिडिफायर नामक उपकरण का प्रयोग एयर कण्डीशनर के साथ किया जाता है।

इस प्रक्रिया के अन्तर्गत एयर कण्डीशनर द्वारा प्राप्त एयर कण्डीशनिंग वायु को सामान्य तापक्रम वाले जल से गुजारा जाता है। जहाँ यह वायु नमी को अवशोषित कर लेती है।

एयर कण्डीशनिंग प्रक्रिया में प्रयुक्त ह्यूमिडिफायर निम्नलिखित तीन प्रकार के होते हैं—

1. स्प्रे ह्यूमिडिफायर
2. स्टीम ह्यूमिडिफायर
3. वाटर एटोमिसिंग ह्यूमिडिफायर

1. स्प्रे ह्यूमिडिफायर Spray Humidifier

वायु में आर्द्रता की मात्रा में वृद्धि करने के लिए जिस ह्यूमिडिफायर में स्प्रे का प्रयोग किया जाता है, उसे स्प्रे ह्यूमिडिफायर कहते हैं। स्प्रे ह्यूमिडिफायर में जब शुष्क वायु या नमी रहित वायु प्रवेश कराई जाती है, तब वायु, स्प्रे किए गए जल से ऊष्मा अवशोषित करके नमी युक्त हो जाती है। स्प्रे ह्यूमिडिफायर के निचले भाग में सप्लाई पम्प तथा वाटर टैंक स्थापित होता है।

स्प्रे के रूप में गिरने वाला अतिरिक्त जल ह्यूमिडिफायर के नीचे लगे टैंक में एकत्र कर लिया जाता है तथा एकत्रित जल को पुनः स्प्रे के रूप में नॉजिल द्वारा प्रवाहित किया जाता है।

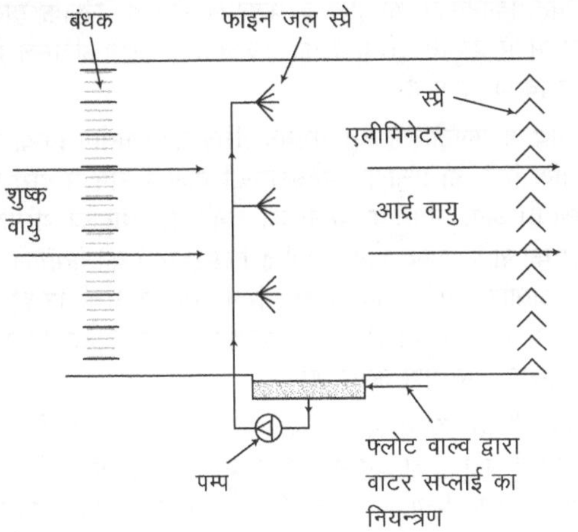

चित्र स्प्रे ह्यूमिडिफायर

2. स्टीम ह्यूमिडिफायर Steam Humidifier

जिस ह्यूमिडिफायर में जल की नमी में वृद्धि के लिए स्टीम का प्रयोग किया जाता है, उसे स्टीम ह्यूमिडिफायर कहते हैं। स्टीम ह्यूमिडिफायर में एक धात्विक टैंक में जल भरा होता है।

यह जल, स्टीम ह्यूमिडिफायर के इनलेट पोर्ट पर एवैपोरेट करके भर दिया जाता है। इस एवैपोरेटिड जल को ड्राई चैम्बर में प्रवाहित किया जाता है, जिसमें द्रवित जल को स्टीम सेपरेटर द्वारा अलग कर दिया जाता है।

स्टीम डिस्चार्ज ट्यूब के आउटलेट से केवल ड्राई स्टीम ही प्राप्त होती है।

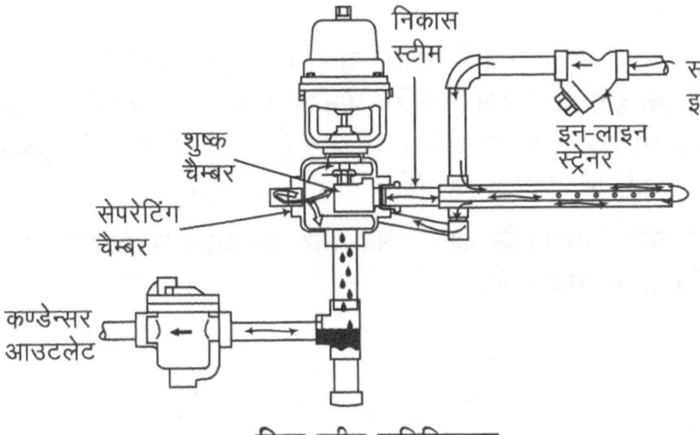

चित्र स्टीम ह्यूमिडिफायर

3. वाटर एटोमिसिंग ह्यूमिडिफायर Water Atomising Humidifier

इसमें घूर्णी गति करने वाला एक इम्पैलर फैन लगा होता है, जिसके इनलेट पोर्ट पर शुष्क वायु को क्षैतिज दिशा में प्रवाहित करते हैं। जल, वायु के ऊपर बूँदों के रूप में गिराया जाता है, जो यूनिट के नीचे एकत्रित हो जाता है। यह एकत्रित जल पुनः पम्प की सहायता से यूनिट में प्रवाहित किया जाता है।

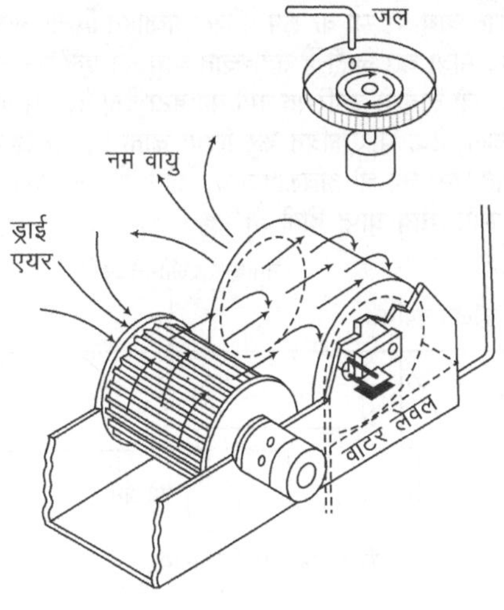

चित्र वाटर एटोमिसिंग ह्यूमिडिफायर

15.4 एयर कण्डीशनिंग में प्रयुक्त डिह्यूमिडिफायर Dehumidifier used in Air Conditioning

एयर कण्डीशनिंग के अन्तर्गत वायु में से जलवाष्प या नमी (moisture) को अवशोषित करने की प्रक्रिया डिह्यूमिडिफिकेशन (dehumidification) कहलाती है। इस उद्देश्य हेतु एयर कण्डीशनर के साथ प्रयुक्त उपकरण डिह्यूमिडिफायर कहलाता है। डिह्यूमिडिफिकेशन प्रक्रिया के अन्तर्गत एयर कण्डीशनर द्वारा प्राप्त एयर कण्डीशनिंग वायु को डिह्यूमिडिफायर की कूलिंग क्वॉयल से गुजारा जाता है, जिससे एयर कण्डीशनिंग वायु में उपस्थित नमी क्वॉयल के अन्दर ही जम जाती है। रेफ्रिजरेशन सिस्टम में प्रयुक्त डिह्यूमिडिफायर निम्नलिखित तीन प्रकार के होते हैं—

1. अब्जॉर्प्शन डिह्यूमिडिफायर
2. स्प्रे डिह्यूमिडिफायर
3. रेफ्रिजरेशन डिह्यूमिडिफायर

1. अब्जॉर्प्शन डिह्यूमिडिफायर Absorption Dehumidifier

अब्जॉर्प्शन डिह्यूमिडिफायर इनलेट से प्रवेशित वायु में से नमी को अवशोषित करके आउटपुट से ड्राई एयर प्रदान करता है। इसके अन्दर एक अब्जॉर्बर रोटर लगा होता है, जो स्वयं पर प्रवाहित वायु में से जल के सूक्ष्म कणों को अवशोषित करके शुष्क वायु प्रदान करता है। अब्जॉर्बर रोटर एक मोटर के द्वारा घूर्णी गति करता है।

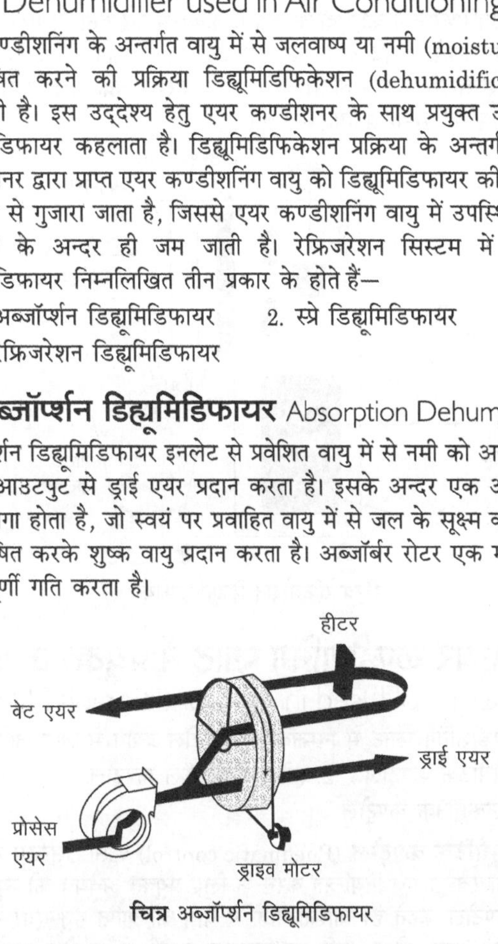

चित्र अब्जॉर्प्शन डिह्यूमिडिफायर

2. स्प्रे डिह्यूमिडिफायर Spray Dehumidifier

सर्वप्रथम प्रवेशित वायु पर स्प्रे के रूप में जल प्रवाहित किया जाता है, जिससे वायु में नमी की मात्रा बढ़ जाती है तत्पश्चात् वायु को एलीमिनेटर फिल्टर से गुजारा जाता है, जो वायु में उपस्थित नमी को हटा देता है। इस प्रकार नमी के रूप में प्राप्त जल, टैंक में एकत्रित कर लिया जाता है। स्प्रे डिह्यूमिडिफायर वायु में उपस्थित गन्ध को भी अवशोषित कर लेता है, जिस कारण आउटपुट पर ड्राई तथा साफ वायु प्राप्त होती है।

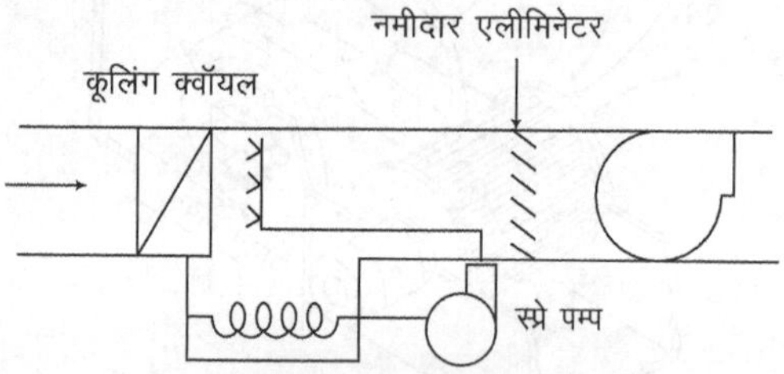

चित्र स्प्रे डिह्यूमिडिफायर

3. रेफ्रिजरेशन डिह्यूमिडिफायर Refrigeration Dehumidifier

इस प्रकार के डिह्यूमिडिफायर की कार्यप्रणाली रेफ्रिजरेशन सिस्टम पर आधारित होने के कारण इसे रेफ्रिजरेशन डिह्यूमिडिफायर कहते हैं। इसके अन्तर्गत एवैपोरेटर क्वॉयल पर नम वायु प्रवाहित की जाती है। एवैपोरेटर, वायु में उपस्थित नमी को बूँदों के रूप में कण्डेन्स कर देता है। गुरुत्वाकर्षण के कारण कण्डेन्स बूँदें यूनिट के नीचे एकत्रित हो जाती हैं। एवैपोरेटर से वायु कण्डेन्सर में भेजी जाती है। जहाँ पर रेफ्रिजरेशन चक्र द्वारा ऊष्मा उत्पन्न करके वायु को शुष्क बनाया जाता है।

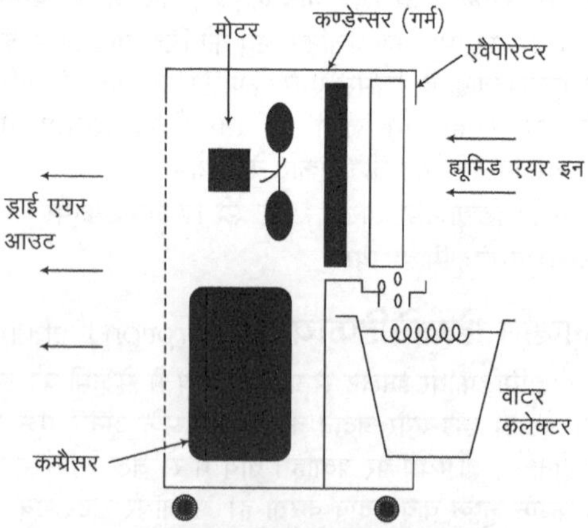

चित्र रेफ्रिजरेशन डिह्यूमिडिफायर

15.5 एयर कण्डीशनिंग प्लांट में प्रयुक्त कण्ट्रोल Control Used in Air Conditioning Plant

एयर कण्डीशनिंग प्लांट में निम्नलिखित कन्ट्रोल प्रयोग में लाए जाते हैं—

1. न्यूमैटिक कण्ट्रोल 2. इलेक्ट्रोमैकेनिकल कण्ट्रोल
3. इलेक्ट्रॉनिक कण्ट्रोल

1. **न्यूमैटिक कण्ट्रोल** (Pneumatic control) ए.सी. सिस्टम में वायु को स्वच्छ एवं नियन्त्रित करने के लिए प्रयुक्त अवयव को न्यूमैटिक कण्ट्रोल कहते हैं। वांछित मात्रा में वायु की प्राप्ति हेतु एयर सप्लाई फैन, पम्प, मोटर आदि का नियन्त्रण न्यूमैटिक कण्ट्रोल द्वारा किया जाता है। इनका प्रचालन तथा स्थापना सरल होने के अतिरिक्त यह दक्ष तथा विश्वसनीय कण्ट्रोल होते हैं।
2. **इलेक्ट्रोमैकेनिकल कण्ट्रोल** (Electromechanical control) इलेक्ट्रोमैकेनिकल कण्ट्रोल वे कण्ट्रोल होते हैं, जिनके द्वारा ए.सी. सिस्टम में प्रयुक्त अवयवों का प्रचालन इलेक्ट्रोमैकेनिकल मैकेनिज्म द्वारा किया जाता है।

   परिपथ में कण्ट्रोलिंग हेतु मुख्यत: रिले का उपयोग किया जाता है, क्योंकि रिले का प्रचालन इलेक्ट्रोमैकेनिकल मैकेनिज्म द्वारा ही किया जाता है। अत: नियन्त्रक बटनों को दबाने पर समतुल्य परिपथ में लगे रिले को शक्ति प्राप्त होने लगती है जिससे रिले की क्वॉयल में विद्युत धारा प्रवाहित होने लगती है और रिले क्वॉयल ऊर्जावान हो जाती है, इसलिए रिले ओपन स्थिति से क्लोज स्थिति में आ जाती है और सम्बन्धित कार्य पूर्ण करती है।
3. **इलेक्ट्रॉनिक कण्ट्रोल** (Electronic control) ए.सी. प्लांट में प्रयुक्त वे घटक, जो इलेक्ट्रॉनिक अवयवों की सहायता से परिपथ का नियन्त्रण तथा प्रचालन करते हैं, इलेक्ट्रॉनिक कण्ट्रोल कहलाते हैं। इलेक्ट्रॉनिक कण्ट्रोल मुख्यत: स्विच तथा माइक्रोकण्ट्रोलर के रूप में प्रयुक्त होते हैं।

15.6 एयर कण्डीशनिंग प्लांट में प्रयुक्त सुरक्षा युक्तियाँ Safety Devices used in Air Conditioning Plant

एयर कण्डीशनिंग प्रणाली के कार्य करने की स्थिति में प्रणाली में भिन्न-भिन्न अवयवों की सुरक्षा के लिए कुछ युक्तियाँ प्रयोग की जाती हैं। ये सुरक्षा युक्तियाँ निम्न हैं—

1. फ्यूज 2. थर्मल ओवरलोड रिले 3. परिपथ वियोजन

1. फ्यूज Fuse

फ्यूज, परिपथ के श्रेणी-क्रम में लगाया जाने वाला सुरक्षात्मक घटक है, जो निम्न गलनांक होने के कारण निर्धारित मान से अधिक मान की विद्युत धारा पर परिपथ को सप्लाई से विच्छेदित कर देता है। ए.सी. सिस्टम में मुख्यत: प्लग तथा कार्टरिज टाइप फ्यूज प्रयोग में लाए जाते हैं।

परिपथ में फ्यूज पिघलने के पश्चात् नए फ्यूज का प्रयोग करके परिपथ को कार्यरत् किया जा सकता है।

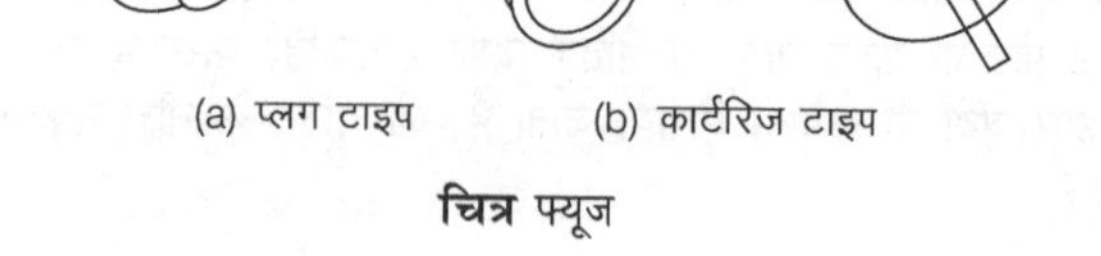

(a) प्लग टाइप (b) कार्टरिज टाइप

चित्र फ्यूज

2. थर्मल ओवरलोड रिले ThermalyeDe Overload Relay

ए.सी. प्लांट में मोटरों को दोष से बचाने के लिए थर्मल ओवरलोड रिले मुख्य रूप से प्रयोग में लाई जाती है। परिपथ में अधिक धारा प्रवाहित होने के कारण उत्पन्न ऊष्मा से प्रतिरोधी पदार्थ पिघल जाने से रिले, ट्रिप (trip) करती है परिणामस्वरूप परिपथ ओपन हो जाता है, जिसके कारण वह कार्य करना बन्द कर देती है।

थर्मल ओवरलोड रिले में उच्च प्रतिरोधक तार लगा होता है, जिसे हीटर भी कहते हैं। यदि परिपथ में उच्च मान की विद्युत धारा प्रवाहित होती है, तो प्रतिरोधक तार पिघलकर परिपथ को सुरक्षा प्रदान करता है।

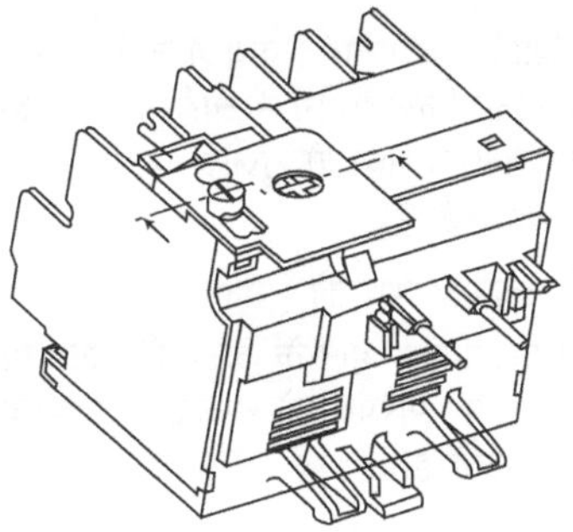

चित्र थर्मल ओवरलोड रिले

3. परिपथ वियोजक Circuit Breaker

एयर कण्डीशनिंग सिस्टम में अधिक मान की धारा प्रवाहित होने पर एवं परिपथ में उत्पन्न दोष प्रकट होने पर परिपथ को विच्छेदित करने में प्रयुक्त युक्ति को परिपथ वियोजक कहते हैं।

परिपथ वियोजक के द्वारा ए.सी. प्लांट में सैट विभिन्न महत्त्वपूर्ण तथा मूल्यवान अवयवों को सुरक्षित किया जा सकता है। परिपथ में निर्धारित मान की धारा प्रवाहित होने के कारण क्वॉयल ऊर्जावान होकर कॉन्टैक्ट आर्म को बन्द रखती है।

जिससे धारा का प्रवाह परिपथ में मुक्त रूप से होता रहता है, परन्तु इसके विपरीत यदि परिपथ में किसी प्रकार का दोष उत्पन्न हो जाता है, तो क्वॉयल ऊर्जावान नहीं होती है, जिसके कारण कॉन्टैक्ट आर्म खुली रहती है और परिपथ में धारा प्रवाहित नहीं होती है।

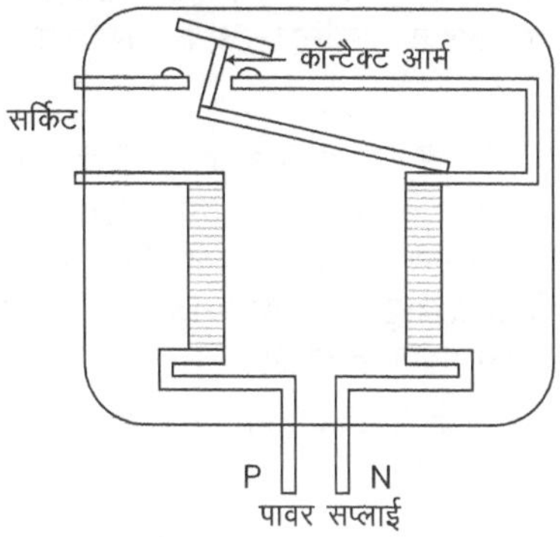

चित्र परिपथ वियोजक

नोट *सेन्ट्रलाइज्ड ए. सी. सिस्टम तापमान एवं दाब को नियन्त्रित करने के लिए थर्मोस्टेट एक्सपैंशन वाल्व, बाइमैटेलिक थर्मोस्टेट आदि का प्रयोग किया जाता है। थर्मोस्टेट तथा बाइमैटेलिक के अध्ययन हेतु प्रशिक्षु प्रथम वर्ष के अध्याय-15 तथा एक्सपैंशन वाल्व के अध्ययन हेतु इसी वर्ष के अध्याय 4 का अवलोकन करें।*

महत्त्वपूर्ण बिन्दु

- औद्योगिक क्षेत्रों में सेन्ट्रलाइज्ड/इण्डस्ट्रियल एयर कण्डीशनरों से कूलिंग की जाती है।
- सेन्ट्रलाइज्ड ए.सी. यूनिट को इस प्रकार डिजाइन किया जाता है कि यूनिट से स्थिर आयतन की वायु सप्लाई होती रहे।
- सेन्ट्रलाइज्ड एयर कण्डीशनरों में मल्टी जोन ताप नियन्त्रण क्षमता होती है।
- एयर कण्डीशनिंग में वायु में उपस्थित नमी, कूलिंग क्षमता को प्रभावित करती है।
- डायरेक्ट एक्सपैंशन सिस्टम में वायु का प्रवाह सीधे एवैपोरेटर पर होता है।
- डायरेक्ट एक्सपैंशन सिस्टम में मल्टीपल प्लाण्ट स्थापित करना सरल होता है।
- डायरेक्ट एक्सपैंशन एयर कण्डीशनिंग सिस्टम में कूलिंग क्वॉयल तथा कण्डेन्सर यूनिट की ऊँचाई का अन्तर न्यूनतम होता है।
- डायरेक्ट एक्सपैंशन सिस्टम को संक्षिप्त में DX सिस्टम भी कहते हैं।
- प्लाण्ट रूम में कम्प्रैसर का प्रचालन मोटर की सहायता से किया जाता है।
- इनडायरेक्ट एयर कण्डीशनिंग सिस्टम में एवैपोरेटर, एयर हैण्डलिंग यूनिट में व्यवस्थित रहता है।
- DX सिस्टम में कूलिंग टावर का प्रयोग कण्डेन्सर क्वॉयल को ठण्डा करने के लिए किया जाता है।
- इनडायरेक्ट एयर कण्डीशनर सिस्टम कूलिंग किए जाने वाले स्थान से दूर स्थापित किए जाते हैं।
- इनडायरेक्ट एयर कण्डीशनिंग सिस्टम का प्रयोग बड़े उद्योगों में एयर कण्डीशनिंग हेतु किया जाता है।
- इनडायरेक्ट एयर कण्डीशनिंग सिस्टम को चिलर सिस्टम भी कहते हैं।
- एयर हैण्डलिंग यूनिट में सेन्ट्रीफ्यूगल टाइप ब्लोअर अथवा फैन लगा होता है।
- एयर वाशर यूनिट में बाधित पट्टियों का समायोजन समान्तर क्रम में किया जाता है।
- फैन क्वॉयल यूनिट एक सैल्फ कन्टेण्ड यूनिट है।
- फैन क्वॉयल यूनिट, एयर हैण्डलिंग यूनिट की अपेक्षा छोटी एवं साधारण युक्ति है।
- एक्सपैंशन टैंक, चिलर सिस्टम का मुख्य अवयव है।
- एक्सपैंशन टैंक में एक रबड़ का बना डायफ्राम लगा होता है।

महत्त्वपूर्ण प्रश्नोत्तरी

1. औद्योगिक स्तर पर छोटे ए.सी. के अतिरिक्त सेन्ट्रलाइज्ड/ इण्डस्ट्रियल एयर कण्डीशनिंग की आवश्यकता होती है। क्यों?

उत्तर छोटे एयर कण्डीशनर; जैसे–विण्डो एयर कण्डीशनर अधिक ऊर्जा व्यय करते हैं तथा इनकी स्थापना और परिपथ दोनों जटिल होते हैं। इन समस्याओं के निराकरण हेतु बिल्डिंगों तथा औद्योगिक क्षेत्रों में सेन्ट्रलाइज्ड/इण्डस्ट्रियल एयर कण्डीशनर प्रयोग में लाए जाते हैं।

2. शुद्ध तथा आर्द्र वायु प्राप्त करने के लिए क्या किया जाता है?

उत्तर सेन्ट्रलाइज्ड एयर कण्डीशनिंग में ठण्डी, शुद्ध तथा आर्द्र वायु की प्राप्ति हेतु एयर वाशर यूनिट का प्रयोग किया जाता है, जो बाधित पट्टियों के द्वारा वायु में उपस्थित धूल कणों को साफ करके शुद्ध तथा आर्द्र वायु प्रदान करती है।

3. फैन क्वॉयल यूनिट में लगे फैन तथा जल की मात्रा का नियन्त्रण किस प्रकार किया जाता है?

उत्तर फैन क्वॉयल यूनिट में लगे फैन की स्पीड का नियन्त्रण, मल्टी स्पीड मोटर की सहायता से तथा कूलिंग क्वॉयल में प्रवाहित जल की मात्रा का नियन्त्रण, चिल्ड वाटर पम्प की गति के नियन्त्रण द्वारा किया जाता है।

4. एक्सपैन्शन टैंक चिलर सिस्टम का प्रमुख अवयव है। क्यों?

उत्तर एक्सपैन्शन टैंक चिलर सिस्टम का प्रमुख अवयव है, क्योंकि चिलर सिस्टम को एक्सपैन्शन टैंक अतिरिक्त दाब के कारण उत्पन्न होने वाले दोषों से बचाता है।

5. एयर कण्डीशनिंग में प्रयुक्त वायु में नमी की मात्रा में वृद्धि किस प्रकार की जाती है?

उत्तर एयर कण्डीशनिंग के अन्तर्गत वायु में नमी की मात्रा बढ़ाने के लिए ह्यमिडिफिकेशन प्रक्रिया प्रयोग में लाई जाती है। इस प्रक्रिया में वायु को सामान्य जल के मध्य से गुजारा जाता है, जहाँ वायु नमी को अवशोषित कर लेती है।

6. फ्यूज किस प्रकार परिपथ को सुरक्षित रखता है?

उत्तर फ्यूज निम्न गलनांक का होने के कारण निर्धारित मान से अधिक मान की विद्युत धारा पर परिपथ को सप्लाई से विच्छेदित करके परिपथ को सुरक्षित रखता है।

7. ए.सी. प्लांट में मोटरों को दोष से बचाने के लिए क्या किया जाता है?

उत्तर ए.सी. प्लांट में मोटरों को दोष से बचाने के लिए थर्मल ओवरलोड रिले मुख्य रूप से प्रयोग में लाई जाती है, जो परिपथ में प्रयुक्त मोटरों को उच्च मान वाली विद्युत धारा से सुरक्षा प्रदान करती है।

अभ्यास प्रश्न

परीक्षा प्रारूपी प्रश्न

बहुविकल्पीय

1. सेन्ट्रलाइज्ड ए.सी. को किस अन्य नाम से भी जाना जाता है?
(a) स्प्लिट ए.सी.
(b) इण्डस्ट्रियल ए.सी.
(c) पैकेज ए.सी.
(d) उपरोक्त सभी

2. निम्न में से कौन–सी बचत को सेन्ट्रलाइज्ड एयर कण्डीशनर की स्थापना के समय सर्वाधिक प्राथमिकता दी जाती है?
(a) पानी (b) विद्युत
(c) तेल (d) इनमें से कोई नहीं

3. सेन्ट्रलाइज्ड/इण्डस्ट्रियल एयर कण्डीशनर कितनी इकाइयों से मिलकर बना है?
(a) 2 (b) 4
(c) 6 (d) 8

4. निम्न में से किसका उपयोग वृहद् क्षेत्रफल की वायु को अनुकूलित करने के लिए किया जाता है?
(a) सामान्य एयर कण्डीशनर
(b) विशिष्ट एयर कण्डीशनर
(c) सेन्ट्रलाइज्ड/इण्डस्ट्रियल एयर कण्डीशनर
(d) उपरोक्त में से कोई नहीं

5. एवैपोरेटर से ठण्डी वायु किसके माध्यम से सम्बन्धित डक्ट में प्रसारित कर दी जाती है?
(a) एयर कण्डीशनर (b) रेफ्रिजरेन्ट
(c) ब्लोअर (d) इनमें से कोई नहीं

6. निम्न में से कौन–सा माध्यम सेन्ट्रलाइज्ड/इण्डस्ट्रियल ए.सी. में एयर कण्डीशनिंग का है?
(a) रेफ्रिजरेन्ट (b) ऊष्मा
(c) गैस (d) इनमें से कोई नहीं

7. सेन्ट्रलाइज्ड/इण्डस्ट्रियल ए.सी. की दो इकाइयाँ कौन-कौन सी हैं?
(a) विशिष्ट और सामान्य
(b) आन्तरिक व बाह्य
(c) 'a' और 'b' दोनों
(d) उपरोक्त में से कोई नहीं

8. औद्योगिक क्षेत्र के अन्दर कौन-सी इकाई को स्थापित किया जाता है?
(a) आन्तरिक (b) बाह्य
(c) 'a' और 'b' दोनों (d) इनमें से कोई नहीं

9. निम्न में से कौन-सा एवैपोरेटर आन्तरिक परिवेश की वायु की ऊष्मा को अवशोषित करता है और द्रव अवस्था से गैसीय अवस्था में परिवर्तित हो जाता है?
(a) पानी (b) रेफ्रिजरेन्ट
(c) द्रव (d) ये सभी

10. निम्न में से कौन-सा एयर कण्डीशनर के लिए उद्योगों हेतु प्रयुक्त किया जाता है?
(a) डायरेक्ट एक्सपैन्शन प्रकार का
(b) चिल्ड वाटर प्रकार का
(c) 'a' और 'b' दोनों
(d) उपरोक्त में से कोई नहीं

11. निम्न में से कौन-से एयर कण्डीशनर में शैल एवं ट्यूब टाइप एवैपोरेटर का प्रयोग किया जाता है?
(a) चिल्ड प्रकार के (b) विशिष्ट प्रकार के
(c) 'a' और 'b' दोनों (d) इनमें से कोई नहीं

12. कण्डेन्सर से प्राप्त गर्म पानी का कनैक्शन .... के ऊपर लगे स्प्रे हैडर से होता है।
(a) कूलिंग टावर (b) एवैपोरेटर
(c) कण्डेन्सर (d) फ्रिज

13. निम्न में से कौन-सी लाइन चिल्ड वाटर एयर कण्डीशनर में एवैपोरेटर से सम्बद्ध रहती है?
(a) चिल्ड पाइप लाइन (b) ब्राइन पाइप लाइन
(c) विद्युत पाइप लाइन (d) इनमें से कोई नहीं

14. एयर कण्डीशनर में कौन-सी सहायक विधि का उपयोग कर नमी को दूर कर लिया जाता है?
(a) एवैपोरेशन (b) डिह्यूमिडिफिकेशन
(c) ह्यूमिडिफिकेशन (d) इनमें से कोई नहीं

15. एयर कण्डीशनिंग के अन्तर्गत जलवाष्प या नमी बढ़ाने की मात्रा को क्या कहते हैं?
(a) ब्राइन (b) प्रशीतन
(c) ह्यूमिडिफिकेशन (d) डिह्यूमिडिफिकेशन

16. निम्न में से किस उपकरण का प्रयोग एयर कण्डीशनिंग प्रक्रिया में ह्यूमिडिफिकेशन के लिए किया जाता है?
(a) ह्यूमिडिफायर (b) कूलिंग टावर
(c) एवैपोरेटर (d) ये सभी

17. इनडायरेक्ट सेन्ट्रलाइज्ड ए.सी. को किस अन्य नाम से भी जाना जाता है?
(a) चिलर सिस्टम (b) ह्यूमिडिफायर सिस्टम
(c) DX सिस्टम (d) ये सभी

18. ए.सी. की क्षमता किसमें मापी जाती है?
(a) सेन्टीग्रेड में (b) कैलोरी में
(c) फॉरेनहाइट (d) टन में

19. वायु में से आर्द्रता को विलग करने हेतु निम्न में से किस डिह्यूमिडिफायर में सेपरेटर का उपयोग किया जाता है?
(a) रेफ्रिजरेशन डिह्यूमिडिफायर
(b) अब्जॉर्प्शन डिह्यूमिडिफायर
(c) स्प्रे डिह्यूमिडिफायर
(d) उपरोक्त सभी

20. एयर कण्डीशनिंग में एयर डिफ्यूजर का कार्य है
(a) वांछित पैटर्न में वायु का प्रवाह करना
(b) वायु साफ करना
(c) एयर कण्डीशनर का शोर कम करना
(d) उपरोक्त सभी

21. ए.सी. सिस्टम में रक्षा युक्ति के रूप में निम्न में से किसे प्रयुक्त किया जाता है?
(a) फ्यूज (b) थर्मल ओवरलोड रिले
(c) परिपथ वियोजक (d) ये सभी

22. ए.सी. प्लांट में उत्पन्न कूलिंग निम्न में से किस इकाई द्वारा मापते हैं?
(a) कैलोरी (b) टन
(c) BTU (d) ये सभी

23. निम्न में से कौन-सा कथन सही है?
(a) थर्मोस्टेट कण्डेन्सर के समीप स्थापित किया जाता है
(b) थर्मोस्टेट द्वारा दाब को मापा जाता है
(c) थर्मोस्टेट एक स्वचालित युक्ति है
(d) उपरोक्त सभी

24. फ्यूज से सम्बन्धित निम्न में से कौन-सा कथन सत्य है?
(a) इसका गलनांक उच्च होता है
(b) यह परिपथ के समान्तर क्रम में सैट किया जाता है
(c) यह ताप को नियन्त्रित करता है
(d) इसका गलनांक निम्न होता है

25. ए.सी. सिस्टम में उत्पन्न तापमान का नियन्त्रण निम्न में से किस अवयव द्वारा सम्भव है?
(a) रिले (b) प्रैसर गेज
(c) थर्मामीटर (d) थर्मोस्टेट

26. सेन्ट्रलाइज्ड/इण्डस्ट्रियल यूनिट के समस्त विभाग किससे सम्बद्ध रहते हैं?
(a) डक्ट्स से (b) वाल्व से
(c) पाइप से (d) इनमें से कोई नहीं

27. निम्नलिखित में से किसमें जल स्वत: नियन्त्रित होता है?
(a) वाटर कूल्ड कण्डेन्सर
(b) एवैपोरेटर
(c) डक्ट्स
(d) उपरोक्त में से कोई नहीं

28. एयर वाशर यूनिट का अवयव निम्न में से कौन-सा है?
(a) एलिमिनेटर (b) बाधिका पट्टी
(c) स्प्रे नॉजल (d) ये सभी

29. फैन क्वॉयल यूनिट का संक्षिप्त नाम क्या है?
(a) FCU (b) AWU
(c) AHU (d) ये सभी

30. सूची I को सूची II से सुमेलित कीजिए

सूची I	सूची II
A. ह्यूमिडिफायर	(i) वायु को शुद्ध करने में
B. डिह्यूमिडिफायर	(ii) वायु में नमी बढ़ाने के लिए
C. एयर फिल्टर	(iii) वायु को प्रवाहित करने के लिए
D. एयर ब्लोअर	(iv) वायु से नमी हटाने के लिए

कूट
(a) A-(ii); B-(iii); C-(iv); D-(i)
(b) A-(iii); B-(ii); C-(iv); D-(i)
(c) A-(ii); B-(iv); C-(iii); D-(i)
(d) A-(ii); B-(iv); C-(i); D-(iii)

उत्तरमाला

1. (b)	**2.** (b)	**3.** (a)	**4.** (c)	**5.** (c)	**6.** (a)	**7.** (b)	**8.** (a)	**9.** (b)	**10.** (a)
11. (a)	**12.** (a)	**13.** (a)	**14.** (b)	**15.** (c)	**16.** (a)	**17.** (a)	**18.** (d)	**19.** (c)	**20.** (a)
21. (d)	**22.** (c)	**23.** (c)	**24.** (d)	**25.** (d)	**26.** (a)	**27.** (a)	**28.** (d)	**29.** (a)	**30.** (d)

अध्याय 16

व्यावसायिक ए.सी. प्लांट एवं चिलर

Commercial AC Plant and Chillers

परिचय Introduction

वर्तमान समय में मानव सुविधा के अतिरिक्त एयर कण्डीशनिंग प्रणाली का उपयोग व्यावसायिक कार्यों में भी किया जाने लगा है। व्यावसायिक कार्यों के लिए प्रयुक्त ए.सी., व्यावसायिक ए.सी. कहलाते हैं। इनकी दक्षता तथा क्षमता उच्च स्तरीय होती है। व्यावसायिक ए.सी. प्लांट के लिए विशेष रूप से तकनीक, प्रणाली व उपकरण तैयार किए जाते हैं। इन्हीं में से एक चिलर भी है, जो एयर कण्डीशनिंग प्रणाली में रेफ्रिजरेन्ट को वेपर कम्प्रैसन तथा वेपर एब्जॉर्पशन रेफ्रिजरेशन चक्र के माध्यम से ठण्डा करता है। एयर कण्डीशनिंग प्रणाली का उन्नत रूप HVAC (हीटिंग, वेन्टीलेशन तथा एयर कण्डीशनिंग) प्रणाली है, जो व्यावसायिक ए.सी. के रूप में कूलिंग हेतु प्रयोग किया जाता है।

अध्याय विषय सूची

16.1 व्यावसायिक ए.सी. प्लांट की संरचना

Construction of Commercial AC Plant

व्यावसायिक एयर कण्डीशनर, व्यावसायिक यूनिट में आन्तरिक परिवेश के तापमान को वातावरण के तापमान की अपेक्षा कम करके व उसको नियमित करके एयर कण्डीशनिंग करता है और ऐसा इसलिए सम्भव है, क्योंकि व्यावसायिक इकाई के समस्त विभाग डक्ट्स (ducts) द्वारा सम्बद्ध रहते हैं। व्यावसायिक एयर कण्डीशनर डक्ट्स के माध्यम से एयर कण्डीशनिंग कर वातावरण को ठण्डा करने का कार्य करता है।

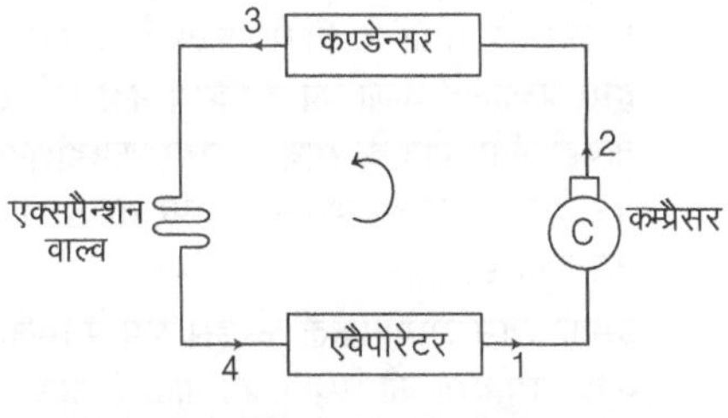

चित्र व्यावसायिक ए.सी. में अवयव व्यवस्था

व्यावसायिक ए.सी. में भी कम्प्रैसर, एवैपोरेटर, एक्सपैन्शन वाल्व तथा कण्डेन्सर मुख्य घटकों के रूप में प्रयोग होते हैं। ये सभी घटक उच्च क्षमता तथा दक्षता वाले होते हैं। व्यावसायिक ए.सी. प्लांटों की यूनिट कूलिंग स्थान से अलग स्थापित की जाती है। निम्न स्तर के व्यावसायिक ए.सी. की संरचना लगभग सेन्ट्रलाइज्ड ए.सी. के समरूप ही होती है।

नोट *कम्प्रैसर, कण्डेन्सर, एक्सपैंशन वाल्व तथा एवैपोरेटर के अध्ययन हेतु प्रशिक्षु प्रथम वर्ष में दिये गये अध्याय 17, 20, 21 तथा 22 का अवलोकन करें।*

व्यावसायिक ए.सी. से सम्बन्धित कुछ अवयवों एवं प्रणालियों का वर्णन निम्नवत् है—

1. मॉड्यूलेटिंग वाल्व Modulating Valve

व्यावसायिक ए.सी. में मॉड्यूलेटिंग वाल्व का मुख्य कार्य तापमान नियन्त्रण करना है। एयर कण्डीशनिंग प्लांट में मॉड्यूलेटिंग वाल्व तापमान के अतिरिक्त तरल स्तर, दाब आदि को विनियमित (regulate) करने के लिए भी उपयोग में लाया जाता है।

मॉड्यूलेटिंग वाल्व से प्राप्त रेफ्रिजरेन्ट की मात्रा यदि अधिक होती है, तो यह वाल्व कूलिंग भी अधिक प्रदान करता है और इसके विपरीत यदि प्राप्त रेफ्रिजरेन्ट की मात्रा कम होती है, तो वाल्व कूलिंग कम प्रदान करता है। उद्योगों में नियन्त्रण प्रक्रिया में अधिकांश रूप से प्रयोग किया जाने वाला वाल्व, मॉडयूलेटिंग वाल्व है। मॉड्यूलेटिंग वाल्व के मध्य में स्थित पिस्टन कोर की सहायता से रेफ्रिजरेन्ट की मात्रा नियन्त्रित की जाती है।

पिस्टन कोर की स्थिति के समायोजन हेतु वाल्व के ऊपरी भाग में स्प्रिंग सैट की जाती है। जब मॉड्यूलेटिंग वाल्व के ऊपरी सिरे से तरल अथवा गैस प्रेषित की जाती है, तो वाल्व में लगी पिस्टन कोर गति करना आरम्भ कर देती है। गति करने के फलस्वरूप कोर तरल रेफ्रिजरेन्ट का नियन्त्रण करती है।

उच्च दक्षता प्राप्त करने के लिए वर्तमान में इलेक्ट्रॉनिक तथा माइक्रोकण्ट्रोलर मॉड्यूलेटिंग वाल्व प्रयोग में लाए जाते हैं।

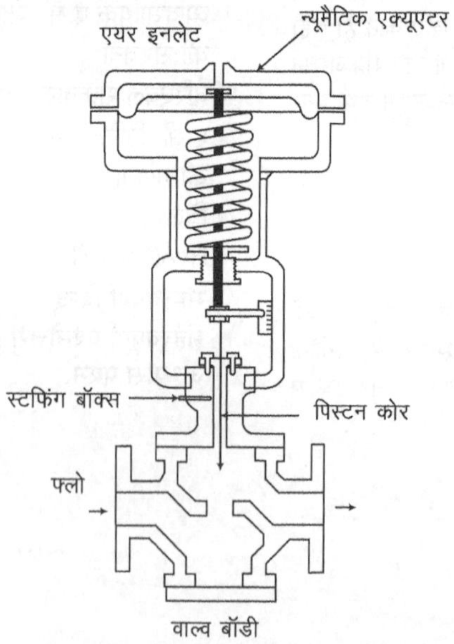

चित्र ताप नियन्त्रण के लिए मॉड्यूलेटिंग वाल्व

2. चिल्ड पाइप लाइन Chilled Pipe Line

वे पाइप लाइनें जिनके द्वारा एयर कण्डीशनिंग प्रणाली में चिल्ड ब्राइन या तरल प्रवाहित किया जाता है, चिल्ड पाइप लाइन कहलाती हैं। चिल्ड पाइप लाइन, एयर कण्डीशनर में एवैपोरेटर से सम्बद्ध रहती है। चिल्ड पाइप लाइन की आन्तरिक सतह घर्षण रहित तथा व्यास अधिक होता है।

चिल्ड पाइप लाइन में घुमाव, चिल्ड ब्राइन या तरल के प्रवाह में अवरोध उत्पन्न करता है जिस कारण चिल्ड पाइप लाइन कम घुमाव वाली होनी चाहिए। चिल्ड पाइप लाइन की स्थापना का विशेष ध्यान रखना चाहिए, क्योंकि एयर कण्डीशनिंग की दक्षता इनकी स्थापना पर निर्भर करती है।

चित्र चिल्ड पाइप लाइन

चिल्ड पाइन लाइन विभिन्न प्रकार के पदार्थों से निर्मित की जाती है। इन्हें बनाने में प्रयुक्त पदार्थों के आधार पर ही इन्हें निम्न प्रकार वर्गीकृत किया जाता है—

(i) गैल्वेनाइज्ड आयरन पाइप (ii) PVC पाइप
(iii) नरम इस्पात पाइप

(i) **गैल्वेनाइज्ड आयरन पाइप** (Galvanized iron pipe) गैल्वेनाइज्ड आयरन से बने पाइप का उपयोग मध्यम स्तर पर किया जाता है, क्योंकि ये रेफ्रिजरेन्ट की कम मात्रा को निम्न दाब पर प्रवाहित करने के लिए उपयोग में लाए जाते हैं।

(ii) **PVC पाइप** (PVC pipe) पॉली विनायल क्लोराइड (PVC) से बने पाइप को PVC पाइप कहा जाता है। इनका उपयोग निम्न दाब एवं कम उपयोग की स्थिति में किया जाता है।

(iii) **नरम इस्पात पाइप** (Mild steel pipe) नरम इस्पात से निर्मित पाइप का उपयोग एयर कण्डीशनिंग में बहुतायत किया जाता है, क्योंकि इनके द्वारा उच्च दाब के रेफ्रिजरेन्ट की उच्च मात्रा को प्रवाहित किया जा सकता है।

16.2 वैरिएबल रेफ्रिजरेन्ट फ्लो Variable Refrigerant Flow

यह जापान के द्वारा हीटिंग, वेन्टीलेशन एवं एयर कण्डीशनिंग तकनीक पर आधारित विकसित प्रणाली है। डक्टरहित मिनी स्प्लिटों की भाँति इस तकनीक में भी रेफ्रिजरेन्ट का उपयोग किया जाता है। विशेषत: वैरिएबल रेफ्रिजरेन्ट फ्लो प्रणाली पर आधारित एयर कण्डीशनरों में एयर कण्डीशनर इन्वर्टर भी संयोजित किया जाता है। इसकी विशेषता यह है कि यह इन्वर्टर द्वारा प्रचालित ऊर्जा का अपव्यय नहीं होने देता है तथा नियत क्षेत्र के एयर कण्डीशनिंग होने के साथ ही एयर कण्डीशनर की विद्युत आपूर्ति को बाधित कर देता है एवं आवश्यक होने पर तुरन्त ही एयर कण्डीशनर को आरम्भ भी कर देता है।

इसका लाभ उपयोगकर्ता को इस रूप में मिलता है कि न तो कूलिंग को लेकर कोई असुविधा की स्थिति बन पाती है और न ही ऊर्जा का किसी भी रूप में दुरुपयोग हो पाता है अर्थात् वैरिएबल रेफ्रिजरेन्ट फ्लो प्रणाली, मध्यम एवं उच्च क्षमता वाले व्यावसायिक एयर कण्डशिनग प्रणाली में प्रवाहित रेफ्रिजरेन्टों की मात्रा को नियन्त्रित करने वाली प्रणाली है, इसे संक्षेप में VRF प्रणाली भी कहते हैं।

VRF प्रणाली में रेफ्रिजरेन्ट के प्रवाह का मॉड्यूलेशन, भवन या बिल्डिंग के तापमान के लिए प्रयुक्त लोड के आधार पर किया जाता है। VRF प्रणाली में कम्प्रैसर की गति का नियन्त्रण करके प्रवाहित रेफ्रिजरेन्ट की मात्रा का नियन्त्रण किया जाता है

तथा VRF प्रणाली में कम्प्रैसर की गति का निर्धारण इनडोर यूनिट में लगे सेन्सर से प्राप्त सिग्नल के आधार पर होता है।

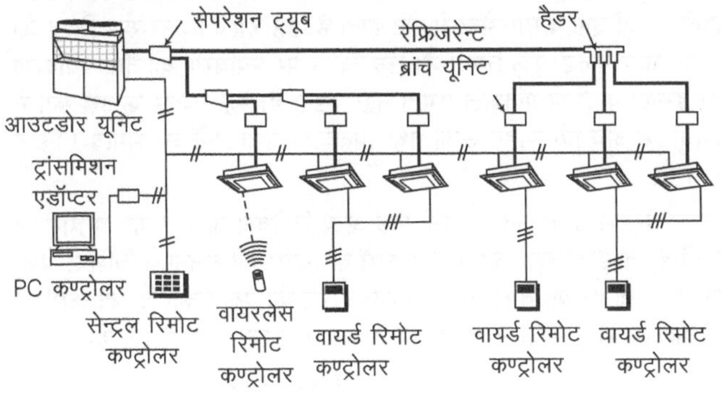

चित्र VRF प्रणाली

वैरिएबल रेफ्रिजरेन्ट फ्लो के लाभ
Advantages of Variable Refrigerant Flow

1. VRF द्वारा HVAC प्रणाली में एक ही समय में एक इमारत के भीतर विभिन्न क्षेत्रों या कमरों को गर्म और ठण्डा किया जा सकता है। यदि उपयुक्त VRF प्रणाली का चयन किया जाता है, तो भवन में रहने वालों के पास अपनी व्यक्तिगत प्राथमिकताओं के अनुसार तापमान सेटिंग्स को अनुकूलित करने की क्षमता होती है।
2. VRF उपकरण का उपयोग हीटिंग और कूलिंग उत्पादों की एक विस्तृत शृंखला के संयोजन के साथ किया जा सकता है। इसका अर्थ यह है कि एक वाणिज्यिक उच्च वृद्धि वाली इमारत के लिए एक छोटे से एकल परिवार के निवास की जलवायु नियन्त्रण आवश्यकताओं को पूरा करने के लिए एक VRF प्रणाली को बढ़ाया जा सकता है।
3. VRF उपकरण अन्य HVAC उपकरणों की तुलना में सरल और कॉम्पैक्ट है। VRF को सीमित स्थान वाले क्षेत्रों में HVAC उपकरण स्थापित करने के लिए एक उत्कृष्ट समाधान बनाता है।
4. कुछ पुरानी HVAC प्रौद्योगिकियों के विपरीत, VRF सिस्टम बेहद शान्त है। VRF सिस्टम स्थापित करने से भवन के अन्दर और बाहर परिवेशी शोर को कम करने का अतिरिक्त लाभ होता है।

16.3 ए.सी. बिल्डिंग में हीट लोड की गणना
Heat Load Calculation in AC Building

बिल्डिंग या भवन में स्थापना के लिए प्रयुक्त एयर कण्डीशनर की क्षमता उस विशेष स्थान के क्षेत्रफल के अनुसार सेट की जाती है, जिसे एयर कण्डीशनर उपयुक्त मात्रा में कूलिंग प्रदान कर सके। इस प्रकार स्थापित ए.सी. की क्षमता का मापन ही ए.सी. बिल्डिंग में हीट लोड की गणना कहलाता है।

ए.सी. बिल्डिंग में हीट लोड की गणना हेतु निम्नलिखित सर्वेक्षण किया जाना आवश्यक है—

(i) भवन या बिल्डिंग का आकार
(ii) भवन या बिल्डिंग निर्माण में प्रयुक्त पदार्थ
(iii) बिल्डिंग में विण्डो तथा डोर की संख्या
(iv) बिल्डिंग का आयतन तथा पृष्ठीय क्षेत्रफल
(v) बिल्डिंग में लोगों की उपस्थिति
(vi) बिल्डिंग में कूलिंग हेतु आवश्यक तापमान
(vii) बिल्डिंग में प्रयुक्त उपकरणों की संख्या एवं प्रकृति।

अत: ए.सी. बिल्डिंग में हीट लोड पृष्ठीय क्षेत्रफल, सम्पूर्ण हीट ट्रांसमिशन गुणांक तथा तापान्तर के गुणनफल के समान होता है।

कुल हीट लोड = पृष्ठीय क्षेत्रफल × तापान्तर × सम्पूर्ण हीट ट्रांसमिशन गुणांक

$$Q = A \times T \times U$$

जहाँ, A = पृष्ठीय क्षेत्रफल
T = तापान्तर
U = सम्पूर्ण हीट ट्रांसमिशन गुणांक
Q = कुल हीट लोड

कुल हीट लोड निम्न घटकों पर निर्भर करता है—

(i) अपेक्षित आर्द्रता (Relative humidity)
(ii) वैट बल्ब तापमान (Wet bulb temperature)
(iii) शुष्क बल्ब तापमान (Dry bulb temperature)
(iv) ओसांक (Dew point)
(v) नमी या आर्द्रता (Moisture)

विभिन्न प्रकार के हीट लोड्स जैसे सेन्सीबल तथा लेटेन्ट हीट लोड्स का योग, कुल हीट लोड कहलाता है। ये दोनों हीट लोड्स निम्नवत् हैं—

(i) सेन्सीबल हीट लोड (ii) लेटेन्ट हीट लोड

(i) **सेन्सीबल हीट लोड** (Sensible heat load) यदि किसी वस्तु के तापमान में वृद्धि की जाती है, तो वस्तु की भौतिक अवस्था में परिवर्तन होता है अर्थात् वस्तु ठोस अवस्था से द्रव अवस्था में या द्रव अवस्था से गैस अवस्था में आ जाती है। अत: वह ऊष्मा जो वस्तु के ताप वृद्धि का कारण होती है, उस ऊष्मा को सेन्सीबल हीट कहते हैं। सेन्सीबल हीट लोड, एयर कण्डीशनिंग प्रणाली में सेन्सीबल हीट के कारण उत्पन्न हीट लोड होता है। सामान्यत: इसका आभास थर्मामीटर द्वारा किया जा सकता है।
"सेन्सीबल हीट लोड का मान सेन्सीबल हीट, तापान्तर तथा सम्पूर्ण हीट ट्रांसमिशन गुणांक के गुणनफलन के बराबर होता है।"
सेन्सीबल हीट लोड = सेन्सीबल हीट × तापान्तर × सम्पूर्ण हीट ट्रांसमिशन गुणांक
ए.सी. बिल्डिंग में तापवृद्धि या सेन्सीबल हीट के मुख्य स्रोत निम्नलिखित हैं—
- लाइट फिटिंग
- बिल्डिंग में उपस्थिति लोगों की संख्या
- काँच से बने उपकरण एवं खिड़कियाँ
- बिल्डिंग में लगे दरवाजों के खुलने से प्रवेशित हवा

(ii) **लेटेन्ट हीट लोड** (Latent heat load) किसी 1 किग्रा पदार्थ के लिए आवश्यक वह ऊष्मा जो उस पदार्थ की भौतिक अवस्था में परिवर्तन के लिए पर्याप्त होती है, लेटेन्ट हीट कहलाती है अर्थात् 1 किग्रा द्रव पदार्थ को वाष्प अवस्था में परिवर्तित करने के लिए आवश्यक ऊष्मा की मात्रा वाष्पीकरण की लेटेन्ट हीट कहलाती है।

इसी प्रकार 1 किग्रा ठोस पदार्थ को द्रव अवस्था में परिवर्तित करने के लिए आवश्यक ऊष्मा की मात्रा ठोस की लेटेन्ट हीट कहलाती है। एयर कण्डीशनिंग में लेटेन्ट हीट लोड, लेटेन्ट हीट के कारण उत्पन्न हीट लोड होता है। "लेटेन्ट हीट लोड का मान लेटेन्ट हीट, द्रव्यमान तथा सम्पूर्ण हीट ट्रांसमिशन गुणांक के गुणनफल के समान होता है।"

लेटेन्ट हीट लोड

= लेटेन्ट हीट × सम्पूर्ण हीट ट्रांसमिशन गुणांक × द्रव्यमान

ए.सी. बिल्डिंग में लेटेन्ट हीट के मुख्य स्रोत निम्नलिखित हैं—

- बिल्डिंग में उपस्थित नम सतह
- बिल्डिंग में उपस्थित उपकरण
- बिल्डिंग में उपस्थित लोगों के कारण उत्पन्न लेटेन्ट हीट
- बिल्डिंग में प्रवेशित वायु के कारण लेटेन्ट हीट

16.4 चिलर Chiller

चिलर, एयर कण्डीशनिंग प्रणाली का वह मुख्य घटक होता है जिसके द्वारा एयर कण्डीशनिंग प्रणाली में प्रयुक्त तरल रेफ्रिजरेन्ट को ठण्डा किया जाता है। चिलर, कण्डेन्सर से प्राप्त तरल रेफ्रिजरेन्ट को ठण्डा करके चिल्ड पाइप लाइन द्वारा एवैपोरेटर को प्रेषित करता है। चिलर उस स्थान को ठण्डा रखता है, जहाँ पर एवैपोरेटर स्थापित होता है। अत: चिलर का उपयोग ए.सी. प्रणाली के विशेष स्थानों को ठण्डा रखने में भी किया जाता है। सामान्यत: चिलर तीन प्रकार के होते हैं—

1. पैकेज्ड चिलर 2. स्क्रू चिलर 3. रेसीप्रोकेटिंग चिलर

1. पैकेज्ड चिलर Packaged Chiller

वे चिलर जिनमें उनके समस्त अवयव; जैसे—पम्प, टैंक व माइक्रोप्रोसेसर नियन्त्रणों को एकत्र करके एक ही यूनिट में स्थापित किया होता है, पैकेज चिलर कहलाते हैं। इस श्रृंखला के चिलर विविध क्षमताओं में उपलब्ध होते हैं और इनकी प्रचालन (operating) लागत न्यूनतम होती है। इनकी एक अन्य विशेषता इनका वातावरण से निष्प्रभावी होना भी है। पैकेज्ड चिलर की गुणवत्ता बनाए रखने के लिए निर्धारित मानकों (standards) का अनुसरण किया जाता है। ये वाटर एवं एयर कण्डीशनिंग दोनों प्रकार के उपलब्ध होते हैं।

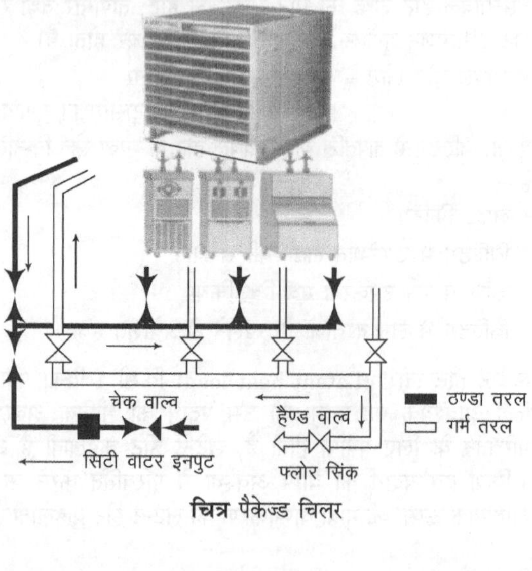

चित्र पैकेज्ड चिलर

2. स्क्रू चिलर Screw Chiller

स्क्रू चिलर, फैक्ट्री में असेम्बल की जाने वाली स्क्रू के आकार की संरचना होती है, जो एक कम्पार्टमेन्ट में सेट होती है। 23 XRV चिलर रूप विश्व का प्रथम वाटर कूल्ड, स्क्रू चिलर है। स्क्रू चिलर पर पर्यावरण का तथा पर्यावरण पर इसका कोई भी प्रतिकूल प्रभाव नहीं पड़ता है। स्क्रू चिलर के इस रूप में आधुनिक अवयवों सहित ऊर्जा तथा मितव्ययी प्रणालियों का समावेश किया गया है।

चिलर के इस उच्चीकृत रूप की एक अन्य विशेषता ऊर्जा लागत में ह्रास या कमी है, जो इस चिलर को अन्य प्रकारों के चिलर की तुलना में विशिष्ट श्रेणी प्रदान करता है। यह वेपर कम्प्रैसन रेफ्रिजरेटर का एक प्रकार है, जो कम्प्रैसर के माध्यम से रेफ्रिजरेन्ट वाष्प को ऊर्जावान करके कार्य करता है।

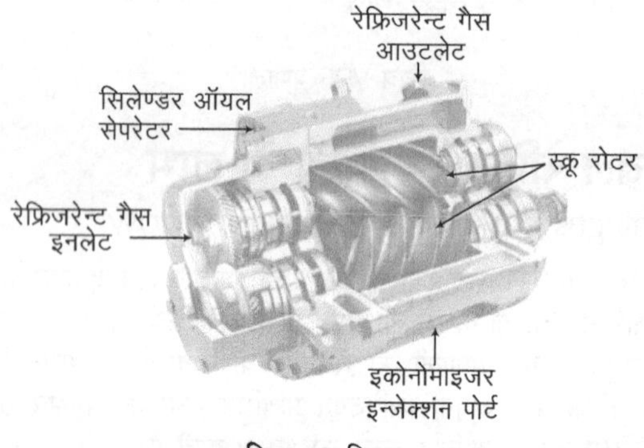

चित्र स्क्रू चिलर

3. रेसीप्रोकेटिंग चिलर Reciprocating Chiller

एक छोटी चिलर यूनिट के रूप में रेसीप्रोकेटिंग चिलर का उपयोग किया जाता है। इसके अन्तर्गत तरल तथा रेफ्रिजरेन्ट को विभिन्न तापमान पर रखा जा सकता है। इनमें एक या दो कम्प्रैसर मोटर संयोजित होती है, जो जल एवं वायु दोनों के द्वारा कूलिंग रूपों में उपलब्ध होते हैं।

ये कम्प्रैसर हरमेटिक, सेमी हरमेटिक तथा ओपन टाइप के होते हैं। रेसीप्रोकेटिंग चिलर 2000 टन तक की क्षमता में उपलब्ध होते हैं। ये चिलर भी वाटर कूल्ड या एयर कूल्ड दो प्रकार के होते हैं। इनका निर्माण सर्वोत्तम स्थितियों में उच्च्व कोटि के अवयवों से किया जाता है।

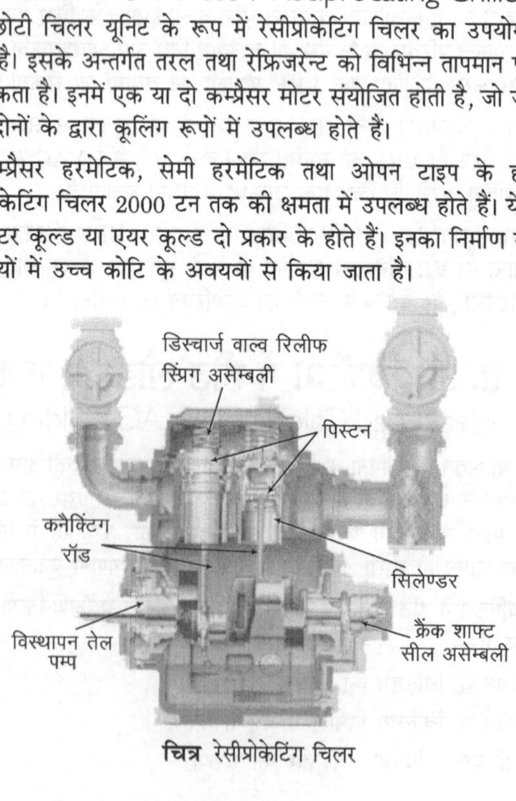

चित्र रेसीप्रोकेटिंग चिलर

16.5 HVAC प्रणाली HVAC System

HVAC से आशय हीटिंग (Heating), वेन्टीलेशन (Ventilation) तथा एयर कण्डीशनिंग (Air conditioning) से हैं।

- कूलिंग किए जाने वाले स्थान के वातावरण में तापीय ऊर्जा प्रदान करके स्थान का तापमान बढ़ाना हीटिंग (H) कहलाता है।
- कूलिंग किए जाने वाले स्थान की वायु तथा बाह्य वातावरण की वायु का अनुपात स्थिर रखना वेन्टीलेशन (V) कहलाता है।
- कूलिंग किए जाने वाले स्थान के वातावरण में कूलिंग प्रदान करना एयर कण्डीशनिंग (AC) कहलाता है।

यह एक इमारत में आन्तरिक तापमान का वायु से नियमन करने के उद्देश्य से निर्मित प्रणाली है। जब किसी नई इमारत का निर्माण किया जाता है, तो हीटिंग एवं एयर कण्डीशनिंग के सिद्धान्तों से सम्बन्धित ज्ञान आवश्यक होना चाहिए साथ ही विशेषीकृत डिजाइनों का भी, जो निर्णय को समझदारी भरा सिद्ध करें।

HVAC डिजाइन में प्रणाली प्रचालन के मूल आधार (तत्त्व) निहित होते हैं जो स्थापित की जाने वाली एयर कण्डीशनिंग प्रणाली की स्थापना के उपयुक्त उपकरण के चयन में सहायक होते हैं।

अत: इसके अगले पद के रूप में इसके अवयवों से अवगत होना भी जरूरी है, जो HVAC प्रणाली के निर्माणक हैं, जैसे कि HVAC प्रणाली के एयर कण्डीशनिंग भाग के लिए इमारत में वायु को ठण्डा करने के लिए रेफ्रिजरेन्ट की जरूरत होती है।

HVAC प्रणाली, एयर कण्डीशनिंग प्रणाली के समान ही होती है, जिसमें एवैपोरेटर क्वॉयल के पास हीटिंग क्वॉयल सैट होती हैं। कूलिंग क्वॉयल का प्रचालन कूलिंग हेतु तथा हीटिंग क्वॉयल का प्रचालन हीटिंग हेतु किया जाता है। कभी भी इन दोनों क्वॉयलों को एक साथ प्रचालित नहीं किया जाता है।

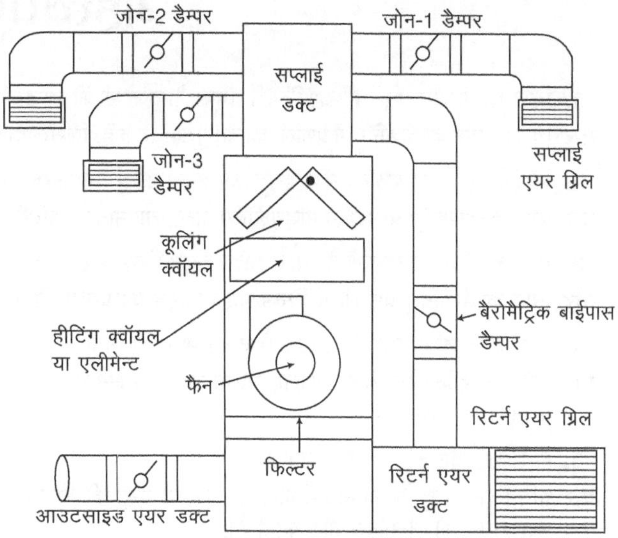

चित्र HVAC प्रणाली

HVAC प्रणाली के अनुप्रयोग Applications of HVAC System

HVAC प्रणाली के मुख्य अनुप्रयोग निम्नलिखित हैं—

(i) व्यावसायिक इमारतों में HVAC प्रणाली का प्रयोग किया जाता है।
(ii) विभिन्न प्रकार की फार्मास्युटिकल कम्पनियों में
(iii) टेलीकॉम इण्डस्ट्री में
(iv) सिनेमाहॉल में
(v) रेस्टोरेन्ट में

महत्त्वपूर्ण बिन्दु

- व्यावसायिक कार्यों के लिए प्रयुक्त ए.सी, व्यावसायिक ए.सी कहलाते हैं।
- व्यावसायिक ए.सी. की दक्षता तथा क्षमता उच्च स्तरीय होती है।
- व्यावसायिक ए.सी. प्लाण्ट के लिए विशेष रूप से तकनीक, प्रणाली व उपकरण तैयार किए जाते हैं।
- एयर कण्डीशनिंग प्रणाली का उन्नत रूप HVAC प्रणाली है।
- व्यावसायिक इकाई के समस्त विभाग डक्ट्स (ducts) द्वारा सम्बद्ध रहते हैं।
- व्यावसायिक ए.सी. में भी कम्प्रैसर, एवैपोरेटर, एक्सपैंशन वाल्व तथा कण्डेन्सर मुख्य घटकों के रूप में प्रयोग होते हैं।
- निम्न स्तर के व्यावसायिक ए.सी. की संरचना लगभग सेन्ट्रलाइज्ड ए.सी. के समरूप ही होती है।
- व्यावसायिक ए.सी. में मॉड्यूलेटिंग वाल्व का मुख्य कार्य तापमान नियन्त्रण है।
- माड्यूलेटिंग वाल्व के मध्य में स्थित पिस्टन कोर की सहायता से रेफ्रिजरेन्ट की मात्रा नियन्त्रित की जाती है।
- पिस्टन कोर की स्थिति के समायोजन हेतु वाल्व के ऊपरी भाग में स्प्रिंग सेट की जाती है।
- वे पाइप लाइन जिनके द्वारा एयर कण्डीशनिंग प्रणाली में चिल्ड ब्राइन या तरल प्रवाहित किया जाता है, चिल्ड पाइप लाइन कहलाती है।
- चिल्ड पाइप लाइन एयर कण्डीशनर में एवैपोरेटर से सम्बद्ध रहती है।
- चिल्ड पाइप लाइन की आन्तरिक सतह घर्षण रहित तथा व्यास अधिक होता है।
- चिल्ड पाइप लाइन में घुमाव, चिल्ड ब्राइन या तरल के प्रवाह में अवरोध उत्पन्न करता है।
- VRF प्रणाली हीटिंग, वेन्टीलेशन एवं एयर कण्डीशनिंग तकनीक पर आधारित विकसित प्रणाली है।
- VRF प्रणाली में रेफ्रिजरेन्ट के प्रवाह का मॉड्यूलेशन, भवन या बिल्डिंग के तापमान के लिए प्रयुक्त लोड के आधार पर किया जाता है।
- सेन्सीबल हीट लोड का मान सेन्सीबल हीट, तापान्तर तथा सम्पूर्ण हीट ट्रांसमिशन गुणांक के गुणनफल के बराबर होती है।
- लेटेन्ट हीट लोड का मान लेटेन्ट हीट, द्रव्यमान तथा सम्पूर्ण हीट ट्रांसमिशन गुणांक के गुणनफल के समान होता है।
- चिलर एयर कण्डीशनिंग प्रणाली का मुख्य घटक होता है।
- चिलर, कण्डेन्सर से प्राप्त तरल रेफ्रिजरेन्ट को ठण्डा करके चिल्ड पाइप लाइन द्वारा एवैपोरेटर को प्रेषित करता है।

महत्त्वपूर्ण प्रश्नोत्तरी

1. किस घटक द्वारा एयर कण्डीशनिंग में प्रयुक्त रेफ्रिजरेन्ट को ठण्डा किया जाता है?

उत्तर चिलर, एयर कण्डीशनिंग में प्रणाली का वह मुख्य घटक है, जिसके द्वारा एयर कण्डीशनिंग प्रणाली में प्रयुक्त तरल या रेफ्रिजरेन्ट को ठण्डा किया जाता है।

2. एयर कण्डीशनिंग प्रणाली में मॉड्यूलेटिंग वाल्व का प्रयोग किया जाता है। क्यों?

उत्तर एयर कण्डीशनिंग प्रणाली में मॉड्यूलेटिंग वाल्व, तापमान के अतिरिक्त तरल स्तर, दाब आदि को विनियमित करने के लिए उपयोग में लाया जाता है।

3. एयर कण्डीशनिंग प्रणाली में चिल्ड पाइप लाइन किस कारणवश प्रयोग की जाती है?

उत्तर एयर कण्डीशनिंग प्रणाली में चिल्ड पाइप लाइन का प्रयोग चिल्ड ब्राइन या तरल को एवैपोरेटर में पहचानने के लिए किया जाता है।

4. एयर कण्डीशनिंग प्रणाली में रेफ्रिजरेन्ट की मात्रा को नियन्त्रित करने वाला प्रणाली कौन-सा है?

उत्तर वैरिएबल रेफ्रिजरेन्ट फ्लो प्रणाली, मध्यम एवं उच्च क्षमता वाले व्यावसायिक एयर कण्डीशनिंग प्रणाली में प्रवाहित रेफ्रिजरेन्टों की मात्रा को नियन्त्रित करने वाली प्रणाली है।

5. सेन्सीबल हीट को परिभाषित कीजिए।

उत्तर यदि किसी वस्तु के तापमान में वृद्धि की जाए तो वस्तु की भौतिक अवस्था में परिवर्तन होता है। अतः वह ऊष्मा जो वस्तु के तापवृद्धि का कारण होती है, उस ऊष्मा को सेन्सीबल हीट कहते हैं।

6. लेटेन्ट हीट से क्या तात्पर्य है?

उत्तर किसी 1 किग्रा पदार्थ के लिए आवश्यक वह ऊष्मा, जो उस पदार्थ की भौतिक अवस्था में परिवर्तन के लिए पर्याप्त होती है, लेटेन्ट हीट कहलाती है।

7. HVAC प्रणाली से क्या आशय है?

उत्तर HVAC प्रणाली से आशय हीटिंग (Heating), वेन्टीलेशन (Ventilation), एयर कण्डीशनिंग (Air conditioning) से है। HVAC प्रणाली का मुख्य उद्देश्य वायु फिल्टरेशन व कूलिंग के साथ-साथ ताप नियन्त्रण करना होता है।

अभ्यास प्रश्न

परीक्षा प्रारूपी प्रश्न

बहुविकल्पीय

1. व्यावसायिक एयर कण्डीशनिंग संयन्त्रों का मुख्य उद्देश्य है
(a) व्यावसायिक हित साधना
(b) आरामदायक वातावरण प्रदत्त करना
(c) खाद्य पदार्थों का संरक्षण
(d) उपरोक्त सभी

2. निम्न में से कौन-सा एक सतत प्रयास का परिणाम और रेफ्रिजरेशन एवं एयर कण्डीशनिंग का नवीनीकृत उच्चीकृत रूप है?
(a) चिलर प्रणाली (b) वायरिंग प्रणाली
(c) वाल प्रणाली (d) इनमें से कोई नहीं

3. चिलर प्रणाली की मुख्य विशेषता क्या है?
(a) अधिक कीमत
(b) मितव्ययिता
(c) 'a' और 'b' दोनों
(d) उपरोक्त में से कोई नहीं

4. चिलर प्रणाली को ऊर्जित किया जा सकता है
(a) विद्युत मोटर, भाप गैस टरबाइन से
(b) कोयले से
(c) विद्युत से
(d) उपरोक्त सभी

5. चिलर मशीन का कूलिंग प्रभाव, किसके आधार पर उत्पन्न होता है?
(a) एवैपोरेशन के (b) कण्डेन्सर के
(c) वेपर कम्प्रैसर के (d) ये सभी

6. निम्न में से कौन-सा चिलर विश्व का प्रथम समेकित वाटर कूल्ड चिलर है?
(a) पैकेज्ड चिलर (b) $23 \times RV$ स्क्रू चिलर
(c) 'a' और 'b' दोनों (d) इनमें से कोई नहीं

7. पैकेज्ड चिलर को प्रचालन करने में ········· लागत आती है।
(a) अधिकतम (b) न्यूनतम
(c) 'a' और 'b' दोनों (d) इनमें से कोई नहीं

8. स्प्लिट प्रकार, पैकेज्ड प्रकार की तुलना में ……… होता है।
(a) बड़ा (b) समान
(c) छोटा (d) कभी छोटा कभी बड़ा

9. निम्न में से कौन–सा एक चिलर मध्यम श्रेणी की इमारतों के लिए उपयोगी है?
(a) सेन्ट्रीफ्यूगल चिलर (b) पैकेज्ड चिलर
(c) रेसीप्रोकेटिंग चिलर (d) ये सभी

10. निम्न में से डायरेक्ट प्रणाली के कौन–से प्रकार को कम वेन्टीलेशन की आवश्यकता होती है?
(a) पैकेज्ड (b) चिलर
(c) स्प्लिट (d) इनमें से कोई नहीं

11. डायरेक्ट एक्सपैन्शन प्रणाली का कौन–सा प्रकार मानकीकृत प्रचालन कार्यक्षमता प्रदत्त करता है?
(a) स्प्लिट (b) पैकेज्ड
(c) 'a' और 'b' दोनों (d) इनमें से कोई नहीं

12. निम्न में से किस चिलर पर पर्यावरण का तथा इसका पर्यावरण पर प्रभाव नहीं पड़ता है?
(a) स्क्रू चिलर (b) सेन्ट्रीफ्यूगल चिलर
(c) पैकेज्ड चिलर (d) ये सभी

13. निम्न में से किस चिलर में एक या दो कम्प्रैसर व मोटर संयोजन लगा होता है?
(a) स्क्रू चिलर (b) रेसीप्रोकेटिंग
(c) सेन्ट्रीफ्यूगल (d) इनमें से कोई नहीं

14. कोर निम्न में से किसका भाग है?
(a) पैकेज्ड चिलर (b) स्क्रू चिलर
(c) रेसीप्रोकेटिंग चिलर (d) मॉड्यूलेटिंग वाल्व

15. चिल्ड पाइप लाइन किस पदार्थ से बनी होती है?
(a) PVC (b) नरम इस्पात
(c) गैल्वेनाइज्ड आयरन (d) ये सभी

16. निम्न में से कौन–सा कथन सत्य है?
(a) चिल्ड पाइप लाइन में घुमाव तरल के प्रवाह में अवरोध उत्पन्न करता है
(b) चिल्ड पाइप लाइन में घर्षण अधिक होना चाहिए
(c) चिल्ड पाइप लाइन का व्यास कम होना चाहिए
(d) उपरोक्त सभी

17. उच्च दाब व उच्च मात्रा के लिए प्रयुक्त चिल्ड पाइप लाइन ……… की बनी होती है।
(a) गैल्वेनाइज्ड आयरन की
(b) PVC की
(c) नरम इस्पात की
(d) उपरोक्त में से कोई नहीं

18. ……… एयर कण्डीशनर में एवैपोरेटर से सम्बद्ध रहती है।
(a) चिल्ड पाइप लाइन (b) कण्डेन्सिंग क्वॉयल
(c) डक्ट (d) इनमें से कोई नहीं

19. निम्न में से कौन–सी जापान के द्वारा हीटिंग, वेन्टीलेशन एवं एयर कण्डीशनिंग तकनीक आधारित विकसित प्रणाली है?
(a) VRF प्रणाली (b) चिलर प्रणाली
(c) 'a' और 'b' दोनों (d) इनमें से कोई नहीं

20. VRF का पूरा नाम है
(a) वैलोसिटी रेफ्रिजरेन्ट फ्लो
(b) वैरिएबल रेफ्रिजरेशन फ्रिक्शन
(c) वैलोसिटी रेफ्रिजरेशन फ्रिक्शन
(d) वैरिएबल रेफ्रिजरेन्ट फ्लो

21. कूलिंग टावर में जल ठण्डा होता है
(a) कण्डेनशेसन (b) फ्यूजन
(c) एवैपोरेशन (d) सबलिमेशन

22. हीट लोड का सूत्र है
(a) $Q \times T \times U$ (b) $A \times T \times U$
(c) $A \times T \times M$ (d) $Q \times T \times M$

23. सेन्सीबल हीट का मापन निम्न में से किस उपकरण द्वारा किया जाता है?
(a) प्रैशर गेट (b) कम्पाउण्ड गेज
(c) थर्मामीटर (d) गैस मैनीफोल्ड

24. हीट लोड की गणना निम्न में से किस कारक से प्रभावित होती है?
(a) सापेक्ष आर्द्रता (b) शुष्क बल्ब तापमान
(c) वैट बल्ब तापमान (d) ये सभी

25. ए.सी. प्रणाली में प्रयुक्त रेफ्रिजरेन्ट का गुण होना चाहिए
(a) उच्च सेन्सीबल हीट (b) निम्न लेटेन्ट हीट
(c) उच्च लेटेन्ट हीट (d) निम्न सेन्सीबल हीट

26. सूची I का सूची II से मिलान कीजिए।

सूची I		सूची II
A. मॉडयूलेटिंग वाल्व	(i)	जल या रेफ्रिजरेन्ट को ठण्डा करने के लिए
B. चिलर	(ii)	ठण्डे द्रव को प्रवाहित करने के लिए
C. चिल्ड पाइप लाइन	(iii)	हीटिंग एवं कूलिंग के लिए
D. HVAC प्रणाली	(iv)	रेफ्रिजरेन्ट को नियन्त्रित करने के लिए

कूट
(a) A-(iv); B-(i); C-(ii); D-(iii) (b) A-(iii); B-(i); C-(ii); D-(iv)
(c) A-(ii); B-(i); C-(iv); D-(iii) (d) A-(iv); B-(iii); C-(iv); D-(i)

27. HVAC प्रणाली में निम्न में से कौन–सी क्वॉयल लगी होती है?
(a) हीटिंग क्वॉयल (b) कूलिंग क्वॉयल
(c) 'a' और 'b' दोनों (d) इनमें से कोई नहीं

28. HVAC का पूर्ण रूप है
(a) Heating Ventilation Air Conditioning
(b) High Ventilation Air Conditioning
(c) Highest Ventilation Air Conditioning
(d) Heating Varries Air Conditioning

29. निम्न में से किस कारणवश HVAC की महत्ता बढ़ती जा रही है?
(a) ग्लोबल वार्मिंग (b) प्रदूषण
(c) 'a' और 'b' दोनों (d) अम्लीय वर्षा

30. VRF प्रणाली द्वारा निम्न में से क्या कार्य किया जाता है?
(a) कूलिंग बढ़ाना (b) हीटिंग बढ़ाना
(c) रेफ्रिजरेन्ट निकालना (d) रेफ्रिजरेन्ट का नियन्त्रण

31. एयर हैण्डलिंग यूनिट (AHU) में कूलिंग क्वॉयल की तुलना में एयर वाशर का क्या लाभ है
(a) हीट ट्रांसफर तीव्रता से होता है
(b) डिह्यूमिडिफिकेशन तीव्र से हो जाता है
(c) एलीमिनेटर की जरूरत नहीं है
(d) छोटे सिस्टम में प्रयोग किया जा सकता है

32. चिल्लर ए.सी. प्लाण्ट में वैरिएबल स्पीड पम्पिंग लोड कण्ट्रोल का लाभ क्या है?
(a) हीटिंग कण्ट्रोल करना आसान है
(b) रख-रखाव का ज्यादा खर्चा
(c) नियन्त्रण वाल्व की आवश्यकता नहीं होती
(d) कूलिंग क्वॉयल को आवश्यकता नहीं होती

33. कम्प्रैसर स्थापित करते समय रबर पैड लगाने का क्या उद्देश्य है?
(a) खाली जगह को भरना (b) लीकेज से बचाव करना
(c) पार्ट्स को दिखाने के लिए (d) कम्पन कम करने के लिए

34. इनडायरेक्ट एक्सपैंशन चिल्लर ए.सी. सिस्टम को प्रयोग के क्या लाभ है?
(a) कूलिंग तुरन्त होती है
(b) कूलिंग टावर की जरूरत नहीं है
(c) प्राइमरी रेफ्रिजरेन्ट कम मात्रा में लगता है
(d) सेकेण्डरी रेफ्रिजरेन्ट कम मात्रा में लगता है

35. चिल्लर ए.सी. प्लांट की वाटर लाइन वाल्व में ग्लैण्ड पैकिंग का क्या उद्देश्य है?
(a) लीकेज से बचाव
(b) पानी के फ्लो को कण्ट्रोल करना
(c) वाल्व की आवाज को कम करना
(d) वाल्व को स्मूथली हैण्डल करने के लिए

36. चिल्लर ए.सी. प्लांट में वाल्वों का क्या उद्देश्य है
(a) धूल मिट्टी को हटाना (b) एयर फ्लों को नियन्त्रित करना
(c) प्रैशर को बढ़ाना
(d) पानी के बहाव को नियन्त्रित करना

37. वाटर पम्प लाइन में पानी की वाल्व चैटर (Valve chatter) की आवाज आने का क्या कारण है?
(a) पानी का प्रैशर कम होना (b) एक्शन लाइन ब्लॉक होना
(c) पानी के पम्प का ज्यादा प्रैशर (d) पानी की गति कम होना

38. सिस्टम में गैस चार्जिंग के बाद लिक्विड लाइन के साईट ग्लास में बुलबुले (bubbles) दिखने का क्या कारण है?
(a) गैस का ज्यादा होना
(b) गैस का कम होना
(c) साइट ग्लास में तेल के बुलबुले का होना
(d) सिस्टम में नाइट्रोजन का होना

39. अगर रेफ्रिजरेशन सिस्टम को चिल्लड वाटर पम्प से पहले चला देंगे तो उसका क्या प्रभाव होगा
(a) कोई कूलिंग नहीं होगी
(b) चिल्लर में पानी गर्म हो जाएगा
(c) चिल्लर में पानी जम जाएगा
(d) हीट ज्यादा ट्रांसफर होगी

40. यदि चिल्लर ए.सी. प्लाण्ट में एक्सपैंशन वाल्व इनलेट स्ट्रेनर बन्द हो जाए तो निम्न में से कौन-सा कण्ट्रोल ट्रिप होगा
(a) थर्मोस्टेट कण्ट्रोल लो प्रैशर कट आउट
(b) ऑयल प्रैशर कट आउट
(c) ऑयल प्रैशर कट आउट
(d) हाई प्रैशर कट आउट

41. सेन्ट्रल ए.सी. प्लाण्ट को स्थापित (install) करते समय मशीनों के गलत तरीके के सरेखण (aligment) का क्या प्रभाव पड़ेगा?
(a) शान्त कार्यविधि
(b) टूट-फूट और घिसाव ज्यादा होगा
(c) कम आवाज और कम कम्पन्न होगी
(d) बिजली की खपत कम होगी

42. यदि साइट ग्लास में ऑयल लेवल पूरा दिख रहा है लेकिन लुब्रीकेशन नहीं हो रहा है तो क्या उपाय करेंगे
(a) तेल पम्प बदलेंगे
(b) क्रैंककेस में तेल और डालेंगे
(c) ऑयल प्रैशर गेज बदलेंगे
(d) ऑयल प्रैशर कट आउट बदलेंगे

43. आइस प्लाण्ट में कूलिंग क्वॉयल पर बर्फ जमने से कैसे बचा जाए?
(a) ब्रायन में और पानी मिलाए
(b) ब्रायन में ग्लाइकोल और मिलाए
(c) घोल को कम करके
(d) घोल में नमक की मात्रा बढ़ाकर

44. एक कम्प्रैशर में तेल में धब्बों का क्या कारण है?
(a) तेल में नमी
(b) ड्रायर फिल्टर गन्दा होना
(c) तेल का प्रैशर कम होना
(d) तेल में लिक्विड गैस का होना

45. ऑयल सेपरेटर से तेल वापिस कम्प्रैसर में जाने से रोका न जाए तो क्या प्रभाव पड़ेगा/होगा
(a) सेक्शन प्रैशर बढ़ जाएगा
(b) डिस्चार्ज प्रैशर कम हो जाएगा
(c) कम्प्रैसर का ऑयल लेवल नीचे आ जाएगा
(d) कम्प्रैसर का ऑयल लेवल कम्प्रैसर का ऑयल लेवल बढ़ जाएगा

46. चिल्लर ए.सी. प्लाण्ट के कम्प्रैसर से नॉकिंग (knocking) की आवाज आने का क्या कारण है?
(a) तेल का लेवल ज्यादा होना
(b) तरल गैस का अन्दर आना
(c) गैस की कमी होना
(d) सिस्टम में हवा अन्दर आना

47. चिलर ए.सी. प्लाण्ट में फिल्टर ड्रायर के ठण्डे होने का क्या कारण है?
(a) ज्यादा गैस चार्ज
(b) कम गैस चार्ज करना
(c) ज्यादा कण्डेन्सिंग प्रैशर होना
(d) फिल्टर ड्रायर का आंशिक रूप से बन्द होना

48. चिलर ए.सी. में डिस्चार्ज लाइन का तापमान कम होने का क्या कारण है?
(a) गैस ज्यादा होना
(b) एवैपोरेटर में लोड ज्यादा होना
(c) रेफ्रिजरेन्ट की कमी
(d) कण्डेन्सर के पानी का पम्प काम नहीं कर रहा

49. वाटर कूल्ड कण्डेन्सर में कण्डेन्सिंग प्रैशर का ज्यादा होने का क्या कारण है
(a) लुब्रीकेशन की कमी
(b) कण्डेन्सर फैन का खराब होना
(c) एवैपोरेटर में लोड की कमी
(d) कूलिंग वाटर पम्प का खराब होना

50. एयर कूल्ड कण्डेन्सर में हाई कण्डेन्सिंग प्रैशर होने का क्या कारण है?
(a) फिन्स पे धूल जमी होना
(b) पानी का पम्प खराब होना
(c) फैन मोटर की गति अधिक होना
(d) एम्बियण्ट तापमान कम होना

उत्तरमाला

1. (d)	**2.** (a)	**3.** (b)	**4.** (a)	**5.** (c)	**6.** (b)	**7.** (b)	**8.** (a)	**9.** (b)	**10.** (a)
11. (b)	**12.** (a)	**13.** (b)	**14.** (d)	**15.** (d)	**16.** (a)	**17.** (c)	**18.** (a)	**19.** (a)	**20.** (d)
21. (c)	**22.** (b)	**23.** (c)	**24.** (d)	**25.** (c)	**26.** (a)	**27.** (c)	**28.** (a)	**29.** (a)	**30.** (d)
31. (a)	**32.** (c)	**33.** (d)	**34.** (c)	**35.** (a)	**36.** (d)	**37.** (c)	**38.** (b)	**39.** (c)	**40.** (b)
41. (b)	**42.** (a)	**43.** (d)	**44.** (a)	**45.** (c)	**46.** (b)	**47.** (d)	**48.** (c)	**49.** (d)	**50.** (a)

अध्याय 17

कार एयर कण्डीशनर

Car Air Conditioner

परिचय Introduction

एयर कण्डीशनरों का उपयोग प्रारम्भ में कमरों अथवा विशेष स्थान को ठण्डा करने के लिए किया जाता था, परन्तु मनुष्य की आवश्यकताओं एवं एयर कण्डीशनरों के विकास के फलस्वरूप आजकल इनका उपयोग वाहनों; जैसे—कारों आदि में भी किया जाता है। कारों में छत के गर्म होने, इंजन गर्म होने और सूर्य के तेज ताप के कारण गर्मी अधिक रहती है और मनुष्यों को गर्मी के कारण परेशानी होती है। इस समस्या के समाधान हेतु कार में एयर कण्डीशनर लगाया जाता है।

कारों में प्रयुक्त एयर कण्डीशनिंग प्रणाली सामान्य एयर कण्डीशनिंग प्रणाली के समान ही होती है, परन्तु इसमें कम्प्रैसर के लिए अलग से मोटर की आवश्यकता नहीं होती है, इसके लिए इंजन का ही प्रयोग किया जाता है। कार एयर कण्डीशनर आकार में छोटा होता है, परन्तु इसकी क्षमता अधिक होती है।

अध्याय विषय सूची

17.1 कार एयर कण्डीशनर एवं इसके अवयव

Car Air Conditioner and Their Components

कार एक ऐसा साधन है, जो इंजन के उपयोग के कारण स्वत: ही पर्याप्त मात्रा में ऊष्मा का उत्पादन करता है। इसके अतिरिक्त सूर्य के प्रकाश में कार की धात्विक बॉडी भी अत्यधिक ऊष्मा शोषित करती है। इस ऊष्मा के कारण कार में यात्रा के लिए अत्यन्त असहज वातावरण उत्पन्न हो जाता है।

अत: इस असहज वातावरण को आरामदायक और सहज बनाने के लिए कार के आन्तरिक तापमान को कम करने की आवश्यकता होती है। इसके लिए कार में ए.सी. (एयर कण्डीशनर) का प्रयोग किया जाता है। कार में लगी ए.सी. प्रणाली अत्यधिक तेजी के साथ कार के आन्तरिक परिवेश को ठण्डा एवं सहज बना देती है। कार ए.सी. के द्वारा कूलिंग तापमान को यात्री अपनी सुविधानुसार परिवर्तित कर सकते हैं।

कार एयर कण्डीशनर के विभिन्न अवयव
Different Components of Car Air Conditioner

कार एयर कण्डीशनर प्रणाली के विभिन्न अवयवों को निम्न चित्र में दिखाया गया है तथा इनका विस्तृत वर्णन भी किया गया है

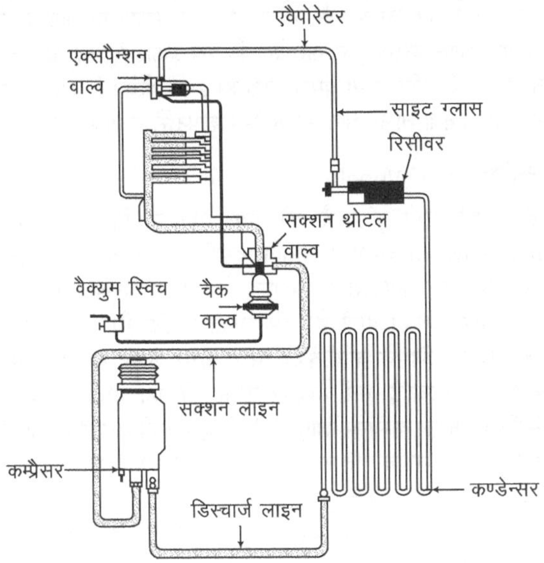

चित्र कार एयर कण्डीशनिंग के भाग

एवैपोरेटर Evaporator

कार एयर कण्डीशनिंग प्रणाली में एवैपोरेटर को ठण्डा किए जाने वाले स्थान अर्थात् आन्तरिक कैबिनेट के पास लगाया जाता है। यह कॉपर अथवा एल्युमीनियम का बना होता है। एवैपोरेटर के पास ब्लोअर लगा होता है, जो ठण्डी वायु को कार के अन्दर प्रवाहित करता है।

कम्प्रैसर Compressor

कम्प्रैसर एवैपोरेटर से प्राप्त रेफ्रिजरेन्ट वाष्प को कम्प्रैस करके उच्च ताप एवं उच्च दाब के रेफ्रिजरेन्ट में परिवर्तित करता है। कम्प्रैसर को इंजन के साथ बैल्ट द्वारा जोड़ा जाता है। इसकी स्पीड इंजन की स्पीड के साथ कम या अधिक होती रहती है तथा कार के खड़ी रहने पर ए.सी. भी नहीं चलता है। इस समस्या के निवारण हेतु अब कम्प्रैसर को अलग मोटर से चलाया जाता है, जिससे कार की स्पीड कम या अधिक होने पर तथा कार के खड़ी रहने पर भी एयर कण्डीशनर चलता रहता है। इस कार्य के लिए 6 सिलेण्डर रोटरी और ड्यूल एक्शन पिस्टन टाइप कम्प्रैसर प्रयोग किया जाता है।

सक्शन और डिस्चार्ज वाल्व कम्प्रैसर के अन्त में सिलेण्डर असेम्बली तथा हैड के बीच प्लेट में लगे होते हैं। इनके सिरे एक-दूसरे के साथ मजबूती से जुड़े होते हैं। इसके प्रत्येक सिलेण्डर हैड में सक्शन और डिस्चार्ज कैविटी होती है। हैड में सक्शन कैविटी के बीच में ऑयल पम्प कैविटी होती है। दोनों कैविटी सील होती हैं। कम्प्रैसर के पिछले भाग पर ऑयल पम्प लगा होता है, जो कम्प्रैसर की सतह से तेल लेकर इसके आन्तरिक भागों में भेज देता है।

कण्डेन्सर Condenser

कार एयर कण्डीशनर में कण्डेन्सर रेडिएटर के सामने लगा होता है। इससे प्रवाहित होने वाली वायु हाई प्रैशर वाली रेफ्रिजरेन्ट वाष्प को ठण्डा करती है, जिससे रेफ्रिजरेन्ट कण्डेन्स होकर द्रव बन जाता है। कण्डेन्सर के पीछे एक पंखा लगा होता है, जो गर्म वायु को बाहर निकाल देता है।

रिसीवर और डिहाइड्रेटर Receiver and Dehydrator

रिसीवर कण्डेन्सर के आगे लगा होता है। यह तरल रेफ्रिजरेन्ट को एकत्र करता है तथा आवश्यकतानुसार एवैपोरेटर तक पहुँचाता है। इसमें एक डिहाइड्रेटर या ड्रायर लगा होता है, जो ड्रायर प्रणाली में आई नमी को शोषित करता है।

थर्मोस्टेटिक एक्सपैन्शन वाल्व
Thermostatic Expansion Valve

इसका प्रयोग रेफ्रिजरेन्ट के प्रवाह को नियन्त्रित करने के लिए किया जाता है। इसे एवैपोरेटर के इनलेट पर लगाया जाता है। इसके साथ लगी कैपिलरी ट्यूब में कार्बन डाइ-ऑक्साइड भरी होती है।

कैपिलरी ट्यूब लो प्रैशर रेफ्रिजरेन्ट पाइप से लगी होती है। जब आउटलेट व इनलेट के बीच तापमान का अन्तर $-15°C$ से कम रह जाता है, तो एक्सपैन्शन वाल्व स्वत: ही एवैपोरेटर में आने वाली रेफ्रिजरेन्ट की मात्रा को कम कर देता है और अन्तर अधिक होने से रेफ्रिजरेन्ट की मात्रा भी बढ़ जाती है।

नियन्त्रक युक्तियाँ Controlling Elements

कार ए.सी. में कार के डैशबोर्ड पर निम्नलिखित नियन्त्रक स्विच लगे होते हैं

(i) **ब्लोअर स्विच** (Blower switch) इस आयताकार इनर नॉब के द्वारा ब्लोअर फैन ऑन-ऑफ होता है तथा ब्लोअर फैन की स्पीड को कम या ज्यादा भी किया जाता है।

(ii) **थर्मोस्टेट कण्ट्रोल रिंग** (Thermostat control ring) यह थर्मोस्टेट कण्ट्रोल का बाहरी रिंग होता है जो तापमान को नियन्त्रित करता है। यदि इसकी नॉब को क्लॉकवाइज घुमाएँ, तो कम-से-कम तापमान की सेटिंग होती है और अधिक तापमान की सेटिंग के लिए इसे एण्टीक्लॉकवाइज घुमाया जाता है, जबकि एण्टीक्लॉकवाइज घुमाने के बाद और घुमाने पर स्विच ऑफ हो जाता है। इसे मध्य मार्ग व्यवस्थापन में रखा जाता है। उपयुक्त तापमान के लिए ब्लोअर स्विच और थर्मोस्टेट रिंग ऑन होने चाहिए।

(iii) **ऑटो रिले स्विच** (Auto relay switch) इसके द्वारा इंजन को ओवरलोड होने से बचाया जाता है। यह हमेशा ऑटो अवस्था में रखी जाती है। जब ट्रैफिक अधिक हो, तो इसे मैनुअल (manual) अवस्था में रखा जाता है।

(iv) **ग्रिल सेटिंग** (Grill setting) इनमें दाईं ओर की वेन्स व बाईं ओर की वेन्स को सेट किया जाता है, ताकि ठण्डी हवा को सही सर्कुलेट किया जा सके।

यह अपवर्ड और डाउनवर्ड स्थिति में भी सेट की जाती है।

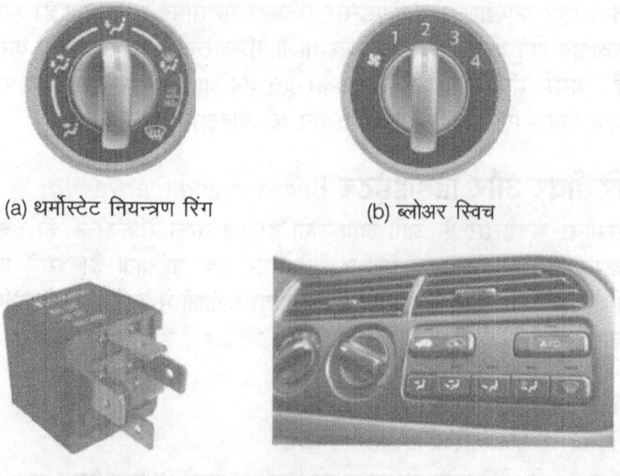

(a) थर्मोस्टेट नियन्त्रण रिंग (b) ब्लोअर स्विच (c) ऑटो रिले (d) ग्रिल्स

चित्र कार ए.सी. के विभिन्न नियन्त्रण स्विच

मैग्नेटिक क्लच Magnetic Clutch

जब कार में ए.सी. को लगाया जाता है, तो कम्प्रैसर को चलाने के लिए इंजन के साथ पुली असेम्बली में मैग्नेटिक क्लच (magnetic clutch) का प्रयोग किया जाता है। यह मैग्नेटिक क्लच विद्युत द्वारा प्रचालित होती है। क्लच को विद्युत सप्लाई प्रदान करके कम्प्रैसर को चलाया जाता है।

मैग्नेटिक क्लच में एक आर्मेचर लगा होता है, जो ड्राइव प्लेट असेम्बली (drive plate assembly) का एक भाग है। आर्मेचर ड्राइव प्लेट असेम्बली के साथ ही गति करता है तथा ड्राइव स्प्रिंगों के मध्य हब पर लगा होता है। हब को कम्प्रैसर की शाफ्ट से संयोजित किया जाता है। इस हब के साथ हब एवं शू असेम्बली, क्लच बियरिंग, बियरिंग स्नैप रिंग, हब स्नैप रिंग तथा पुली असेम्बली लगे होते हैं। पुली असेम्बली में पुली रिम, पावर एलीमेन्ट रिम और पुली हब आदि भाग होते हैं। पावर एलीमेन्ट रिम में एक इलेक्ट्रोमैग्नेटिक (electromagnetic) परिपथ होता है। जैसे ही ए.सी. को चालू किया जाता है, इलेक्ट्रोमैग्नेटिक परिपथ एक चुम्बकीय बल उत्पन्न करता है, जो आर्मेचर को पुली के सम्पर्क में लाने के लिए आगे की ओर आकर्षित करता है और कम्प्रैसर स्टार्ट हो जाता है।

इस क्रिया के द्वारा आर्मेचर प्लेट और पुली, चुम्बकीय बल द्वारा एक इकाई के रूप में एक साथ प्रचालित होते हैं।

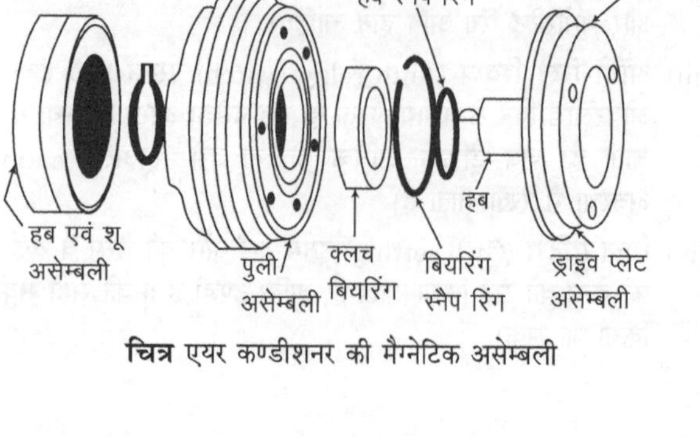

चित्र एयर कण्डीशनर की मैग्नेटिक असेम्बली

उपरोक्त चित्र में फ्री-व्हील असेम्बली को दर्शाया गया है। इसमें एक बाहरी घूमने वाला भाग होता है, जिसे चलित भाग (driven part) कहते हैं। चलित भाग को एक आन्तरिक चलित भाग (driven part) द्वारा चलाया जाता। दोनों भाग केवल एक ही दिशा में गति करने के लिए स्वतन्त्र होते हैं। जब चलित भाग घूर्णन करते हुए चालक भाग से तेज घूमने लगता है, तब इस स्थिति में चलित भाग का सम्पर्क, चालक भाग से समाप्त हो जाता है, जिससे चालक भाग घूर्णन करना बन्द कर देता है। इस प्रकार चालक भाग के कार्य नहीं करने पर भी चलित भाग घूमता रहता है। इस संयोजन में चालक भाग को मैग्नेटिक क्लच तथा चलित भाग को कम्प्रैसर शाफ्ट से संयोजित किया जाता है।

फ्री-व्हील Free Wheel

फ्री-व्हील, एक ऐसी युक्ति है, जो केवल एक ही दिशा में सापेक्ष गति (relative motion) करती है, जबकि दूसरी दिशा में इसका चालन मुक्त होता है। यह एयर कण्डीशनिंग प्रणाली में कम्प्रैसर शाफ्ट एवं मैग्नेटिक क्लच के मध्य प्रयुक्त होती है। हम जानते हैं कि मैग्नेटिक क्लच एक वैद्युतिक युक्ति है जिसके कार्य करने पर कम्प्रैसर शाफ्ट घूमती है तथा जब यह कार्य नहीं करती है, तब कम्प्रैसर शाफ्ट भी नहीं घूमती है। फ्री-व्हील इस स्थिति में केवल कम्प्रैसर शाफ्ट को ही घूमने की अनुमति देता है। इस स्थिति में मैग्नेटिक क्लच गति नहीं करता है, वह विरामावस्था में रहता है।

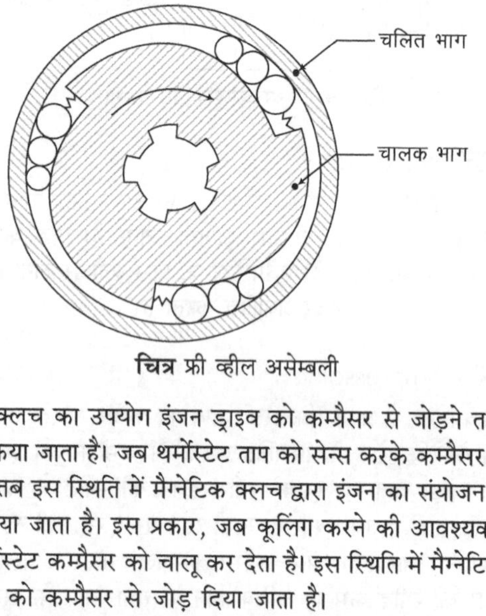

चित्र फ्री व्हील असेम्बली

मैग्नेटिक क्लच का उपयोग इंजन ड्राइव को कम्प्रैसर से जोड़ने तथा हटाने के लिए किया जाता है। जब थर्मोस्टेट ताप को सेन्स करके कम्प्रैसर को बन्द करता है, तब इस स्थिति में मैग्नेटिक क्लच द्वारा इंजन का संयोजन कम्प्रैसर से हटा दिया जाता है। इस प्रकार, जब कूलिंग करने की आवश्यकता होती है, तो थर्मोस्टेट कम्प्रैसर को चालू कर देता है। इस स्थिति में मैग्नेटिक क्लच द्वारा इंजन को कम्प्रैसर से जोड़ दिया जाता है।

17.2 कार ए.सी. की कार्यविधि Working Method of Car AC

ए.सी. ग्रीष्म ऋतु में कार को ठण्डा करने का कार्य करते हैं तथा शीत ऋतु में रेडिएटर को गर्म पानी द्वारा गर्म कर देते हैं। अतः ए.सी. कार को दोनों मुख्य ऋतुओं में यात्रा के लिए अनुकूल एवं सहज बनाता है। कार ए.सी. में रेसिप्रोकेटिंग कम्प्रैसर का प्रयोग किया जाता है, जिसे प्रचालित करने के लिए बैल्ट द्वारा इंजन के साथ संयोजित किया जाता है।

ए.सी. का कण्डेन्सर कार में रेडिएटर के सामने फिट किया जाता है, जिससे यह रेडिएटर फैन द्वारा ठण्डा होता रहता है और ऊष्मा को वातावरण में स्थानान्तरित करता रहता है। कार ए.सी. में फ्रिऑन-12, R-12 या साधारण फ्रिऑन का प्रयोग रेफ्रिजरेन्ट के रूप में किया जाता है।

कार ए.सी. की कार्यविधि को इसके रेफ्रिजरेशन चक्र द्वारा स्पष्ट किया जा सकता है।

रेफ्रिजरेशन चक्र Refrigeration Cycle

कार ए.सी. के रेफ्रिजरेशन चक्र को निम्न चित्र में दर्शाया गया है

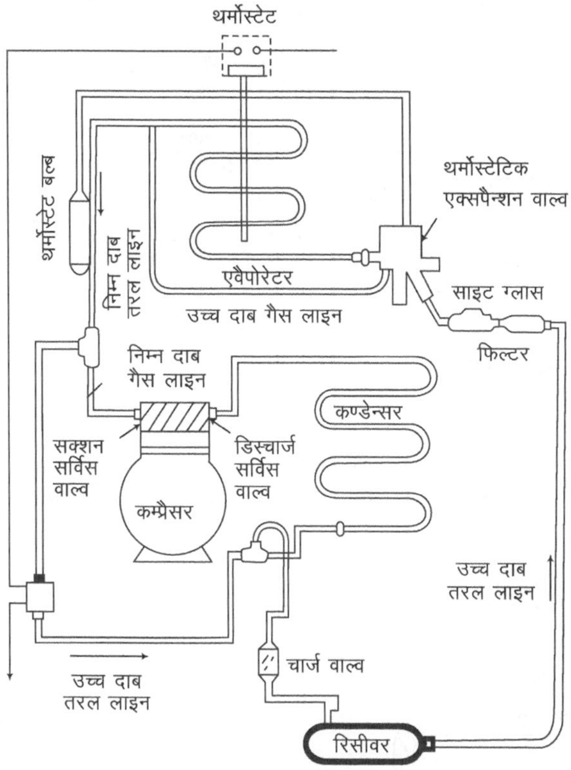

चित्र कार ए.सी. का रेफ्रिजरेशन चक्र

कार ए.सी. के रेफ्रिजरेशन चक्र में तरल रेफ्रिजरेन्ट, रिसीवर में एकत्र रहता है। रिसीवर से यह रेफ्रिजरेन्ट फिल्टर एवं ड्रायर में भेजा जाता है जहाँ इसमें उपस्थित नमी तथा अशुद्धियों को पृथक् किया जाता है। रेफ्रिजरेशन चक्र में प्रयुक्त थर्मोस्टेटिक एक्सपैन्शन वाल्व द्वारा शुद्ध एवं शुष्क तरल रेफ्रिजरेन्ट एवैपोरेटर में भेजा जाता है। एवैपोरेटर के अन्दर तरल रेफ्रिजरेन्ट कार के आन्तरिक परिवेश से ऊष्मा को ग्रहण कर लेता है, जिससे रेफ्रिजरेन्ट ऊष्मा प्राप्त करके वाष्प में परिवर्तित हो जाता है तथा कार का आन्तरिक परिवेश ऊष्मा त्यागकर ठण्डा हो जाता है।

एवैपोरेटर के पीछे लगा ब्लोअर ठण्डी वायु को कार में सर्कुलेट करके ठण्डक बनाए रखता है। एवैपोरेटर से प्राप्त उच्च ताप की रेफ्रिजरेन्ट वाष्प को कम्प्रैसर में भेजा जाता है। कम्प्रैसर द्वारा रेफ्रिजरेन्ट वाष्प को उच्च दाब पर कम्प्रैस किया जाता है।

यहाँ से उच्च ताप व उच्च दाब की रेफ्रिजरेन्ट वाष्प कण्डेन्सर में चली जाती है। कण्डेन्सर में रेफ्रिजरेन्ट ठण्डा होकर तरल रूप में परिवर्तित हो जाता है तथा यहाँ से यह रिसीवर में एकत्र हो जाता है। यही प्रक्रिया निरन्तर चलती रहती है तथा कार में ठण्डक बनी रहती है।

एवैपोरेटर द्वारा कार के आन्तरिक परिवेश में उपस्थित नमी को अवशोषित करने के कारण, एवैपोरेटर की तली (bottom) में पानी एकत्र होता रहता है, जिसे ड्रेन पाइप द्वारा बाहर निकाल दिया जाता है। कार ए.सी. के रेफ्रिजरेशन चक्र में रेफ्रिजरेन्ट स्तर की जाँच के लिए फिल्टर के आउटलेट पर एक साइट ग्लास (sight glass) लगा होता है।

यदि साइट ग्लास में बुलबुले आते हों, तब रेफ्रिजरेशन चक्र में रेफ्रिजरेन्ट की कमी का पता चलता है। रेफ्रिजरेशन को प्रणाली में चार्ज करने के लिए रिसीवर के इनलेट पर एक चार्ज वाल्व लगा होता है।

रेफ्रिजरेशन चक्र में एवैपोरेटर के पास, कार के आन्तरिक परिवेश में एक थर्मोस्टेट लगा होता है। इसका प्रयोग तापमान नियन्त्रक युक्ति के रूप में किया जाता है। जब कार के अन्दर का तापमान बढ़ जाता है, तो थर्मोस्टेटिक कॉन्टैक्ट (thermostatic contact) बन्द हो जाते हैं, जिससे विद्युत धारा, कम्प्रैसर की बॉडी पर लगी क्वॉयल में से गुजरती है।

कम्प्रैसर की शाफ्ट पर एक मैग्नेटिक क्लच प्लेट फिट होती है। जब विद्युत धारा क्वॉयल से होकर मैग्नेटिक क्लच से गुजरती है, तो यह क्लच, कम्प्रैसर को इंजन शाफ्ट से जोड़कर चालू कर देती है। जब कार का तापमान कम हो जाता है, तो थर्मोस्टेटिक कॉन्टेक्ट खुल जाते हैं, जिससे मैग्नेटिक क्लच में धारा का प्रवाह रुक जाता है तथा कम्प्रैसर इंजन शाफ्ट से अलग हो जाता है जिससे कम्प्रैसर बन्द हो जाता है।

17.3 कार ए.सी. के जाँच उपकरण Testing Equipment of Car AC

कार ए.सी. की जाँच हेतु विभिन्न प्रकार के उपकरणों का प्रयोग किया जाता है जिनका वर्णन निम्नवत् है

1. रिकवरी तथा री-साइकलिंग मशीनें Recovery and Re-cycling Machines

इन मशीनों के द्वारा ए.सी. सिस्टम में रेफ्रिजरेन्ट की मात्रा की जाँच तथा फिलिंग की जाती है।

रेफ्रिजरेन्ट की रिकवरी सामान्यत: वाष्प अवस्था में की जाती है। नीचे चित्र में एक रिकवरी तथा री-साइकलिंग मशीन का आरेख प्रदर्शित किया गया है

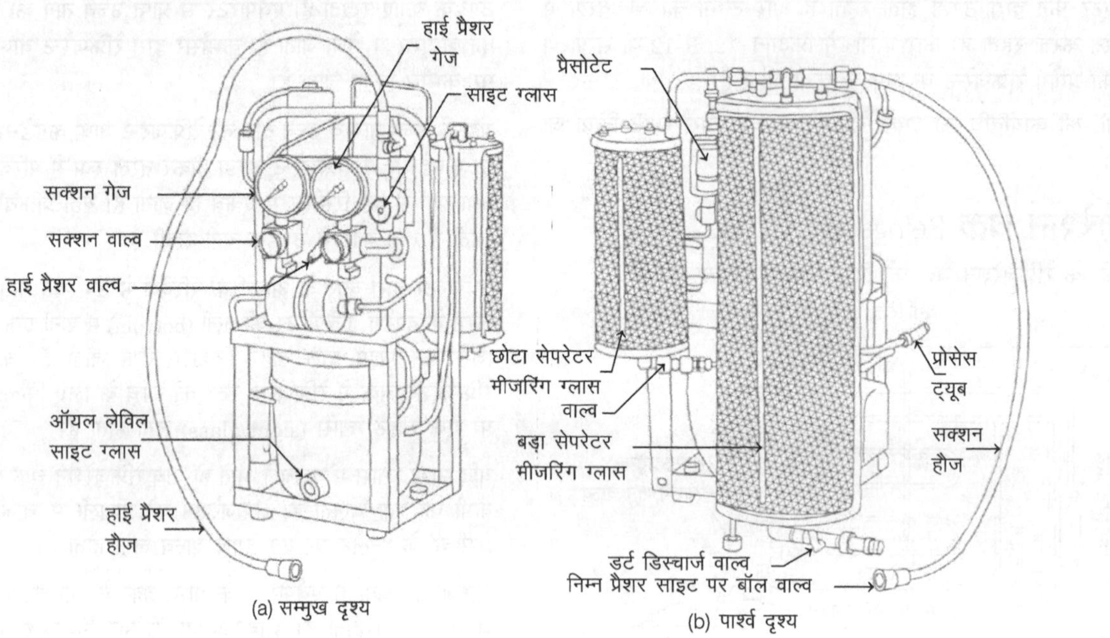

चित्र रिकवरी या री-साइकलिंग मशीन यूनिट

2. विशेष रिकवरी सिलेण्डर Special Recovery Cylinder

विशेष रिकवरी सिलेण्डर में फ्लोट स्विच लगा होता है, जो द्रव या रेफ्रिजरेन्ट के आयतन को 80% से अधिक होने पर यूनिट को बन्द कर देता है। सिस्टम तथा रिकवरी सिलेण्डर के मध्य दाबान्तर के कारण रेफ्रिजरेन्ट का आवागमन होता है।

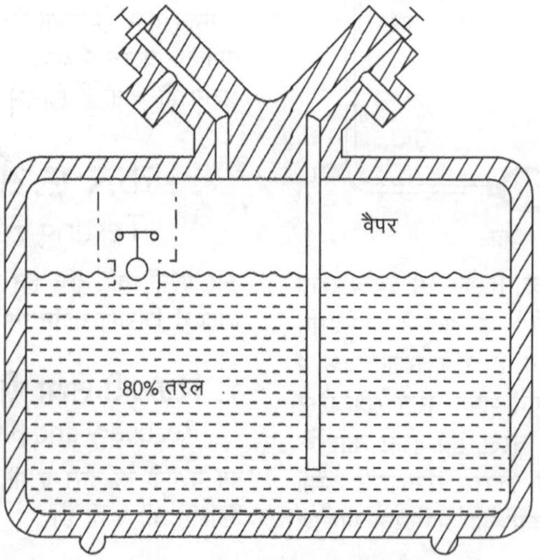

चित्र विशेष रिकवरी सिलेण्डर

3. **निर्वात पम्प** Vacuum Pump

निर्वात पम्प विद्युत-यान्त्रिकीय उपकरण है जो सिस्टम में निर्वात उत्पन्न करने के लिए प्रयोग किए जाते हैं। इसमें दो मुख्य भाग होते हैं- पम्प तथा मोटर। पम्प, बेल्ट तथा पुली द्वारा कपलिंग की सहायता से मोटर द्वारा प्रचालित होता है।

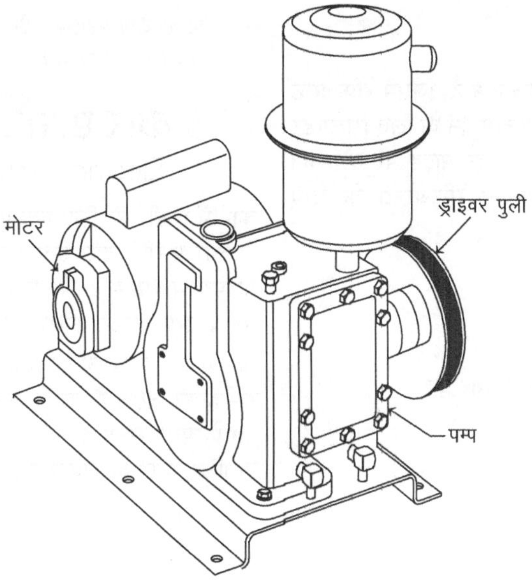

चित्र बेल्ट ड्राइव निर्वात पम्प

4. **माइक्रोन गेज** Micron Gauge

माइक्रोन गेज का उपयोग ऐसे आधुनिक उपकरणों की स्थिति ज्ञात करने में किया जाता है। जिन्हें उचित रूप से निष्कासन तथा गैस चार्जिंग के लिए तैयार कर लिया गया है। इसके पैमाने का परास 50 माइक्रोन से 20,000 माइक्रोन से अधिक होता है।

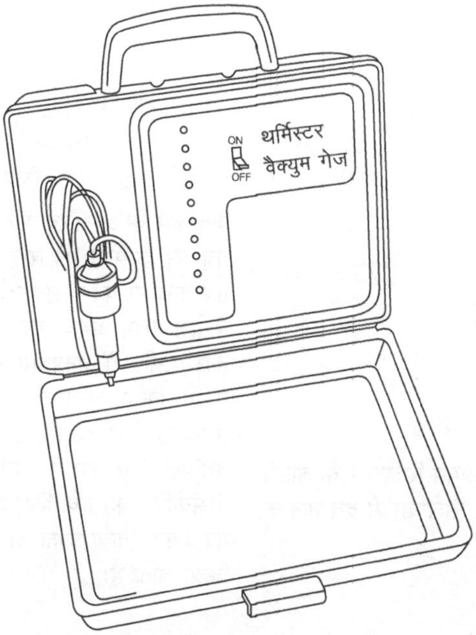

चित्र माइक्रोन गेज

इस माइक्रोन गेज का उपयोग, निष्कासन प्रक्रम पूर्ण होने के पश्चात् निर्वात में हुई हानि को दर्शाने के लिए किया जाता है। माइक्रोन गेज विद्युतीय रूप से प्रचालित होता है तथा वह ऊष्मीय युग्मन के सिद्धान्त पर कार्य करता है।

5. चार्जिंग सिलेण्डर Charging cylinder

चार्जिंग सिलेण्डर एक अंशांकित रेफ्रिजरेन्ट स्टोरेज टैंक है, जिसमें रेफ्रिजरेन्ट को स्टोर किया जाता है। रेफ्रिजरेन्ट को ऊष्मा तथा दाब देने के लिए सिलेण्डर में एक विद्युत ऊष्मक उपलब्ध रहता है। सिलेण्डर के साइड पर अंशांकन रेफ्रिजरेन्ट की मात्रा को संकेत करता है। विभिन्न रेफ्रिजरेन्टों के लिए अलग-अलग पैमाने होते हैं।

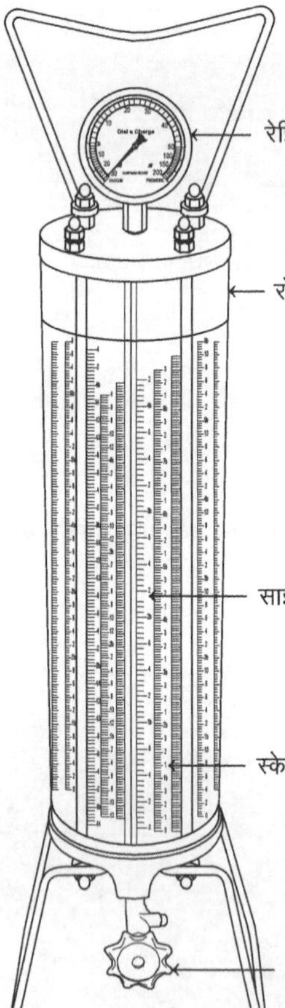

चित्र चार्जिंग सिलेण्डर

चार्जिंग सिलेण्डर से रेफ्रिजरेन्ट को आवेशित करते समय सिलेण्डर के बाहरी बैरल को घुमाया जाता है जिससे कि उचित पैमाना, सिलेण्डर में द्रव तल के साथ संरेखित हो जाए।

17.4 लीकेज परीक्षण, गैस चार्जिंग एवं निष्कासन Leakage Testing, Gas Charging and Evacuation

नोट *लीकेज परीक्षण, गैस चार्जिंग एवं निष्कासन के विस्तृत अध्ययन हेतु प्रथम वर्ष में दिये गये अध्याय-13 का अवलोकन करें।*

17.5 कार ए.सी. का विद्युत परिपथ Electric Circuit of Car AC

कार में ए.सी. के लिए एक पृथक् विद्युतीय परिपथ होता है, जिसकी सहायता से कार ए.सी. द्वारा उत्पन्न कूलिंग को नियन्त्रित किया जाता है। इस विद्युत परिपथ में थर्मोस्टेट-मैग्नेटिक क्लच, ब्लोअर मोटर, फ्यूज, बैटरी इग्नीशन स्विच तथा मास्टर कण्ट्रोल आदि अवयव चित्रानुसार व्यवस्थित होते हैं। कार ए.सी. में फ्यूज का प्रयोग ए.सी. के विद्युतीय परिपथ को उच्च धारा पर गर्म होकर जलने से बचाने के लिए किया जाता है। कार ए.सी. में प्राय: 20 से 30 ऐम्पियर रेटिंग के फ्यूज का प्रयोग किया जाता है। कार के तापमान को नियन्त्रित करने के लिए ए.सी. के विद्युतीय परिपथ में एक थर्मोस्टेट लगा होता है।

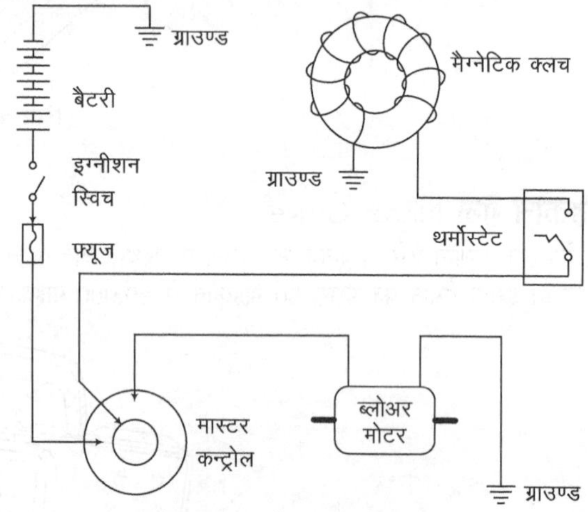

चित्र कार ए.सी. का विद्युत परिपथ

जब कार के आन्तरिक परिवेश का तापमान निर्धारित तापमान से कम होता है, तब यह कम्प्रैसर को बन्द कर देता है तथा जब तापमान अधिक हो जाता है तब कम्प्रैसर को चालू करके कार में कूलिंग प्रारम्भ करता है। कार ए.सी. में बेलोज टाइप अथवा बाइमैटेलिक टाइप थर्मोस्टेट का प्रयोग किया जाता है। कार ए.सी. में अनुप्रयोगों के आधार पर विभिन्न प्रकार के ब्लोअर मोटर का प्रयोग किया जाता है। ब्लोअर मोटर एक प्रकार का एक अथवा दो स्क्विरल-केज (squirrel-cage) मोटर होता है, जो वायु को एवैपोरेटर क्वॉयल में से कार में प्रवाहित करता है। कम्प्रैसर को इंजन से संयोजित तथा विसंयोजित करने के लिए कार ए.सी. के विद्युतीय परिपथ में मैग्नेटिक क्लच का प्रयोग किया जाता है। इस मैग्नेटिक क्लच को थर्मोस्टेट द्वारा प्रचालित किया जाता है।

कार ए.सी. में ब्लोअर मोटर की गति को नियन्त्रित करने के लिए एक मास्टर कण्ट्रोल का प्रयोग किया जाता है। इसके लिए मास्टर कण्ट्रोल में एक वैरिएबल रेजिस्टर अथवा रिहोस्टेट (variable resistor or rheostat) का प्रयोग किया जाता है। मास्टर कण्ट्रोल में मोटर की गति को नियन्त्रित करने के लिए तीन आन्तरिक रेजिस्टरों का प्रयोग किया जाता है। परिपथ में जितना अधिक रेजिस्टेन्स होगा, मोटर की गति उतनी ही कम होगी तथा जितना कम रेजिस्टेन्स होगा, मोटर की गति उतनी ही अधिक होगी।

मास्टर कण्ट्रोल को पावर सप्लाई प्रदान करने के लिए इसे फ्यूज तथा इग्नीशन स्विच की सहायता से कार की बैटरी द्वारा जोड़ा जाता है।

17.6 कार ए.सी. पर इंजन की गति का प्रभाव
Effect of Speed of Engine on Car AC

जैसा कि हम जानते हैं कि कार ए.सी. में कम्प्रैसर को प्रचालित करने के लिए अलग से मोटर नहीं लगाया जाता, अपितु इसे कार इंजन की शाफ्ट से बैल्ट द्वारा जोड़कर चलाया जाता है, इसलिए कार ए.सी. की कार्यप्रणाली, इंजन की गति पर निर्भर करती है।

कार ए.सी. पर इंजन के प्रभाव को निम्न दो बिन्दुओं के आधार पर स्पष्ट किया जा सकता है

1. जब इंजन की गति कम होती है

(i) इंजन की गति कम होने के कारण ए.सी. के कम्प्रैसर की गति भी कम होगी, जिससे ए.सी. की दक्षता कम हो जाएगी।

(ii) इंजन की गति कम होने से कम्प्रैसर को अधिक लोड उठाना पड़ेगा, जिससे ईंधन की अधिक खपत होगी।

(iii) इससे इंजन पर अधिक लोड पड़ेगा तथा यह गर्म हो जाएगा।

(iv) इंजन की कम गति के कारण ए.सी. का जीवनकाल कम हो जाएगा।

2. जब इंजन की गति अधिक होती है

(i) ए.सी. का कम्प्रैसर उच्च गति से घूमेगा, जिससे इस पर कम लोड पड़ेगा।

(ii) ईंधन की खपत कम होगी।

(iii) कार ए.सी. की दक्षता उच्च होगी।

(iv) कार में सुपरकूलिंग अर्थात् अतिशीतलन की समस्या उत्पन्न हो जाएगी।

(v) ए.सी. का जीवनकाल कम हो जाएगा।

अत: कार ए.सी. की उपयुक्त दक्षता, उचित कूलिंग, कम ईंधन खपत तथा लम्बे जीवनकाल के लिए कार को उचित गति पर चलाने की आवश्यकता होती है।

कार के बन्द होने की दशा में ए.सी. कार्य नहीं करता है, इस समस्या के निवारण के लिए आजकल ए.सी. के कम्प्रैसर को प्रचालित करने के लिए अतिरिक्त मोटर लगाया जाता है। अतिरिक्त मोटर लगाने से कार ए.सी. पर इंजन की गति का भी कोई प्रभाव नहीं पड़ता ।

17.7 कार ए.सी. की स्थापना विधि
Installation Method of Car AC

1. सर्वप्रथम कार ए.सी. के विभिन्न अवयवों को कार में सेट करने के लिए उपयुक्त स्थान का चुनाव करते हैं।
2. कार इंजन के साथ, बेल्ट द्वारा कम्प्रैसर को चित्रानुसार फिट करते हैं।
3. अब कण्डेन्सर को कार के रेडिएटर से लगभग 15 मिमी की दूरी पर आगे की ओर इस प्रकार लगाते हैं कि कण्डेन्सर द्वारा निकली ऊष्मा कार से बाहर निकल जाए।
4. चित्रानुसार कण्डेन्सर के एक ओर रिसीवर को फिट करते हैं।
5. एवैपोरेटर को कार के अन्दर की ओर अर्थात् ठण्डा करने वाले स्थान की ओर लगाते हैं।
6. एवैपोरेटर के साथ ए.सी. के नियन्त्रक अवयव तथा थर्मोस्टेट आदि भी कार के अन्दर ही लगाते हैं, जिससे कार के आन्तरिक तापमान को अच्छी तरह से माप सकें।
7. ड्रायर, एक्सपैन्शन वाल्व, डिस्चार्ज लाइन पाइप, मैग्नेटिक क्लच तथा अन्य पाइप एवं ट्यूब को उपयुक्त स्थानों पर लगाकर कार ए.सी. के रेफ्रिजरेशन चक्र को पूर्ण करते हैं।
8. सभी अवयव सेट हो जाने के पश्चात् ए.सी. में लीकेज की जाँच करते हैं। यदि लीकेज है, तो इसकी मरम्मत करते हैं।
9. अब ए.सी. प्रणाली में निर्वात् उत्पन्न करके वायु एवं नमी को बाहर निकालते हैं।
10. इसके पश्चात् कम्प्रैसर में फ्रिऑन-12, R-12 अथवा सामान्य फ्रिऑन रेफ्रिजरेन्ट भरते हैं।
11. रेफ्रिजरेन्ट भरते समय यदि ए.सी. यूनिट कहीं से लीक हो जाती है, तो इसकी मरम्मत करके लीक प्रूफ बनाते हैं।
12. अब कार को स्टार्ट करके ए.सी. को चालू करते हैं तथा इसकी जाँच करते हैं। यदि ए.सी. सही प्रकार से कार्य नहीं कर रहा है, तो इसकी जाँच करके दोष (fault) को ठीक करते हैं।

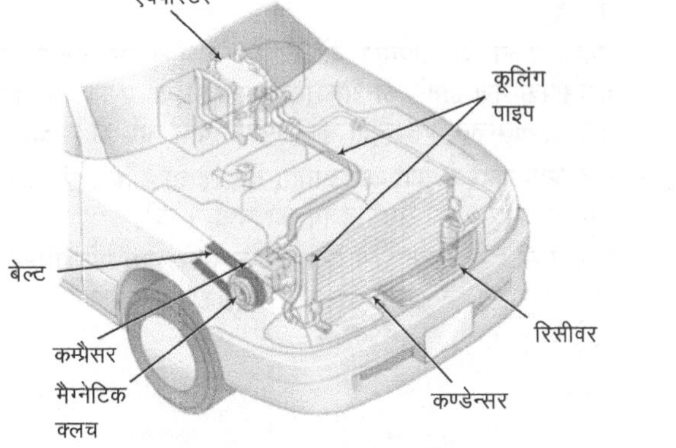

चित्र कार ए.सी. की स्थापना विधि

तालिका कार ए.सी. एवं रूम ए.सी. के मध्य अन्तर

क्र.सं.	कार ए.सी.	रूम ए.सी.
1.	कार का तापमान बढ़ने पर ए.सी. द्वारा थोड़े ही समय (5-10 मिनट) में अच्छा और सन्तोषजनक वातावरण बन जाता है।	यह लगातार काफी समय तक चलता है। इसमें तीव्र शीतलन की आवश्यकता नहीं है।
2.	इसमें कार की बॉडी सूर्य की धूप से बाहर से काफी गर्म रहती है।	इसमें सूर्य की किरणों का सीधा प्रभाव नहीं पड़ता।
3.	कम्प्रैसर की गति गाड़ी के इंजन की स्पीड के अनुसार घटाई-बढ़ाई जा सकती है।	कम्प्रैसर की गति स्थायी रहती है।
4.	कार ए.सी. को काफी झटके लगते रहते हैं और काफी धूल भरे वातावरण में इसे कम करना भी अति आवश्यक है।	इसे प्रबन्ध करने की आवश्यकता ही नहीं होती है।
5.	आकार व लोड दोनों सीमित रहते हैं।	इसमें आकार और लोड, स्थान के अनुसार होते हैं।
6.	इसके कम्प्रैसर की क्षमता अधिक रहती है।	इसमें कम क्षमता का कम्प्रैसर प्रयोग किया जाता है।
7.	इसके निरीक्षण में अधिक समय लगता है	इसके निरीक्षण में कम समय लगता है।

17.8 कार ए.सी. की सुरक्षा एवं अनुरक्षण
Care and Maintenance of Car AC

कार ए.सी. के लम्बे समय तक सुचारु रूप से कार्य करने के लिए इसकी सुरक्षा एवं अनुरक्षण करना आवश्यक है, जोकि निम्नलिखित हैं

1. यदि आप कार को बहुत ऊँची चढ़ाई पर ले जा रहे हैं, तो ए.सी. बन्द कर दें।
2. हमेशा इंजन के तापमान को तापमापक गेज पर देखते रहें। जब तापमापक गेज खतरे का अंक दिखा रहा हो, तो ए.सी. को तुरन्त बन्द कर दें, जब तक कि इंजन का तापमान कम नहीं हो जाता।
3. यदि आप शहर में कार का उपयोग कर रहे हों और ए.सी. ऑन है, तो सिग्नल क्रॉसिंग के समय इंजन को बन्द न करें।
4. कार ए.सी. को सप्ताह में एक बार कम-से-कम पाँच मिनट अवश्य चलाएँ। इससे चलायमान भाग (parts) क्रियाशील (active) बने रहते हैं।
5. यदि कार धूप में पार्क कर रखी है, तो कुछ देर के लिए उसकी खिड़कियाँ खोल कर अन्दर की गर्म हवा को बाहर निकलने दें।
6. यदि इंजन अधिक गर्म होता है, तो ए.सी. तभी चलाएँ, जब यह दोष ठीक हो जाए।
7. यदि ए.सी. के चलाने पर लम्बी ड्राइव में आँखों में जलन इत्यादि होने लगे, तो कुछ मिनट के लिए खिड़कियाँ खोल कर फिर बन्द कर दें।
8. ज्यादा भीड़-भाड़ में निचले गियर का प्रयोग करें, ताकि पर्याप्त कूलिंग मिल सके।
9. यदि आप महसूस कर रहे हैं कि ए.सी. सही कूलिंग नहीं कर रहा है, तो पहले उसका निरीक्षण करें। यदि कण्डेन्सर फिन्स पर धूल जमी हो तो उसे साफ करें, यदि फिर भी सही कूलिंग न कर रहा हो, तो नजदीक के तकनीशियन को इसकी रिपोर्ट देकर ठीक करवाएँ।
10. कम्प्रैसर बेल्ट और रेडिएटर बेल्ट की टाइटनैस चैक करते रहना चाहिए, अधिक टाइट बेल्ट से अधिक शोर उत्पन्न होता है।
11. यदि बेल्ट ड्राइव में स्लिप की समस्या हो, तो ए.सी. का प्रयोग नहीं करना चाहिए। उसे बन्द रखें व बेल्ट की लम्बाई सही आकार में रखें।
12. यदि थर्मोस्टेट रिंग चलाने के बाद भी ए.सी. ठण्डी हवा नहीं देता है, तो ए.सी. को बन्द कर दें।
13. कार के ए.सी. सिस्टम में नमी आदि समस्या से बचने के लिए इसे सप्ताह में एक बार 5 से 10 मिनट तक डिफ्रॉस्ट मोड पर चलाना चाहिए।
14. सर्दियों के मौसम में कार में से नमी को हटाने के लिए ए.सी. को कुछ समय के लिए चलाना चाहिए।
15. कार ए.सी. में रेफ्रिजरेन्ट के स्तर को समय-समय पर जाँचते रहना चाहिए। रेफ्रिजरेन्ट का स्तर कम होने पर इसे पुन: चार्ज करना चाहिए।
16. प्रत्येक वर्ष के अन्तराल में कम्प्रैसर, कण्डेन्सर एवं एवैपोरेटर की फ्लशिंग (flushing) अवश्य करनी चाहिए। इसके लिए फ्लशिंग कैमिकल द्वारा ए.सी. सिस्टम में जमी कीचड़ एवं मलबे को साफ किया जाता है।
17. कार में ए.सी. का प्रयोग करते समय सभी खिड़कियाँ बन्द होनी चाहिए। इससे कार शीघ्र ही ठण्डी हो जाती है तथा ए.सी. सिस्टम पर भी कम लोड पड़ता है।
18. प्रत्येक दो वर्ष में एक बार कार ए.सी. की सम्पूर्ण जाँच अवश्य करानी चाहिए।
19. कार ए.सी. को नियमित रूप से प्रयोग करना चाहिए अन्यथा कण्डीशनिंग पाइप एवं ब्लोअर के पास नमी के कारण बैक्टीरिया, मोल्ड इत्यादि पैदा हो जाते हैं, जिससे कार में दुर्गन्ध उत्पन्न हो जाती है।
20. ए.सी. के लम्बे जीवनकाल के लिए इसे 14 दिनों में कम-से-कम एक बार अवश्य चलाएँ।

17.9 कार ए.सी. के दोषोपचार Troubleshooting of Car AC

क्र.सं.	दोष	सम्भावित कारण	निवारण
1.	ए.सी. सन्तोषजनक कूलिंग उत्पन्न नहीं करता है	रेफ्रिजरेन्ट कम है। रिसाव (leakage) है। कण्डेन्सर कार्य नहीं कर रहा है। कम्प्रैसर क्लच स्लिप कर रहा है। वोल्टेज कम है, जिससे मोटर की चाल कम रहती है। ब्लोअर मोटर की चाल कम है।	रेफ्रिजरेन्ट को भरें। रिसाव टेस्ट करें और ठीक करें। कण्डेन्सर साफ करें और वायु का आना-जाना रखें। कम्प्रैसर क्लच को चैक करें और टाइट करें। स्टेबिलाइजर से वोल्टेज बढ़ाएँ। कम चाल का कारण दूर करें।
2.	एवैपोरेटर का प्रैसर कम है	एक्सपैन्शन वाल्व टूटा है या कार्य नहीं कर रहा है। प्रणाली की ट्यूबों में रुकावट है। सक्शन थ्रॉटल वाल्व खराब है।	एक्सपैन्शन वाल्व बदलें। ट्यूबों को साफ करें। वाल्व को चैक करें, आवश्यक हो तो बदल दें।
3.	शोर बहुत होता है	ब्लोअर की फिटिंग ठीक नहीं है। कम्प्रैसर घर्षण के कारण बियरिंग खराब हो गई है। मैग्नेटिक क्लच के साथ मोटर का घर्षण अधिक है।	फिटिंग पुनः करें। बियरिंग बदल दें। मीटर के साथ लगे क्लच या स्टार्टर की दूरी एडजस्ट करें।
4.	रुक-रुक कर कूलिंग होती है	ब्लोअर मोटर या स्विच खराब है। कम्प्रैसर क्लच स्लिप करता है। थर्मोस्टेट खराब है। गर्म गैस बाईपास वाल्व अथवा सक्शन थ्रॉटल वाल्व चिपक गया है।	स्विच चैक करें या बदल दें। क्लच को टाइट करें। थर्मोस्टेट ठीक करें अथवा नया लगाएँ। वाल्व को खोलकर ठीक करें।
5.	कार में कूलिंग नहीं हो रही है	विद्युत कनैक्शन टूटा है। क्लच क्वॉयल या सोलेनॉयड, जल गए या टूट गए हैं। ब्लोअर मोटर जली है या कनैक्शन टूटा है। एक्सपैन्शन वाल्व खुला ही चिपक गया है। प्रणाली में रिसाव है।	सभी संयोजन चैक करें। इन्हें चैक करें एवं ठीक करें अन्यथा बदल दें। चैक करें यदि जली है, तो मोटर को रिवाइण्ड कराएँ। चैक करके व्यवस्थित करें। रिसाव चैक कर मरम्मत करें।

महत्त्वपूर्ण बिन्दु

- एयर कण्डीशनरों का उपयोग आरम्भ में कमरों अथवा विशेष स्थानों को ठण्डा करने के लिए किया जाता है।
- कार ए.सी. प्रणाली में एवैपोरेटर को ठण्डा किए जाने वाले स्थान (आन्तरिक कैबिनेट) के पास लगाया जाता है।
- एवैपोरेटर के पास ब्लोअर लगा होता है।
- कम्प्रैसर एवैपोरेटर से प्राप्त रेफ्रिजरेन्ट वाष्प को कम्प्रैस करके उच्च ताप व उच्च दाब के रेफ्रिजरेन्ट में परिवर्तित करता है।
- कम्प्रैसर को इंजन के साथ बैल्ट द्वारा जोड़ा जाता है।
- सक्शन और डिस्चार्ज वाल्व कम्प्रैसर के अन्त में सिलेण्डर के बीच प्लेट में लगे होते हैं।
- कार ए.सी. में कण्डेन्सर रेडिएटर के सामने लगा होता है।
- कार ए.सी में रिसीवर कण्डेन्सर के आगे लगा होता है।
- थर्मोस्टैटिक एक्सपैंशन वाल्व का प्रयोग रेफ्रिजरेन्ट के प्रवाह को नियन्त्रित करने के लिए किया जाता है।
- कम्प्रैसर को चलाने के लिए इंजन के साथ पुली असेम्बली में मैग्नेटिक क्लच का प्रयोग किया जाता है।
- मैग्नेटिक क्लच में एक आर्मेचर लगा होता है, जो ड्राइव प्लेट असेम्बली का एक भाग है।
- कार ए.सी में रेसीप्रोकेटिंग कम्प्रैसर लगे होते हैं।
- कार ए.सी के रेफ्रिजरेशन चक्र में तरल रेफ्रिजरेन्ट, रिसीवर में एकत्र रहता है।
- रेफ्रिजरेन्ट की रिकवरी सामान्यतः साम्य अवस्था में की जाती है।
- विशेष रिकवरी सिलेण्डर में फ्लोट स्विच लगा होता है।
- निर्वात पम्प विद्युत-यान्त्रिकीय उपकरण है, जो सिस्टम में निर्वात उत्पन्न करने के लिए प्रयोग किए जाते हैं।

महत्त्वपूर्ण प्रश्नोत्तरी

1. कार के आन्तरिक परिवेश में ऊष्मा उत्पन्न होने के कोई दो कारण बताइए।

उत्तर कार के आन्तरिक परिवेश में ऊष्मा उत्पन्न होने के दो कारण निम्नलिखित हैं

(i) कार के इंजन द्वारा उत्पन्न ऊष्मा का अन्दर प्रवेश करना।

(ii) बाह्य वातावरण की गर्मी कार की धात्विक बॉडी द्वारा अन्दर प्रवेश करना।

2. कार ए.सी. में मैग्नेटिक क्लच का क्या कार्य है?

उत्तर कार ए.सी. में थर्मोस्टेट की माँग पर इंजन को कम्प्रैसर से जोड़ने व हटाने के लिए मैग्नेटिक क्लच का उपयोग किया जाता है।

3. कार में फ्री-व्हील प्रक्रिया कब प्रारम्भ होती है?

उत्तर जब कार में ड्रिवन (driven) शाफ्ट की घूर्णन गति ड्राइविंग (driving) शाफ्ट से अधिक हो जाती है, तो ड्रिवन शाफ्ट का सम्पर्क ड्राइविंग शाफ्ट से हट जाता है, इस स्थिति में फ्री-व्हील प्रक्रिया प्रारम्भ होती है।

4. कार ए.सी. की दक्षता पर इंजन की गति का क्या प्रभाव पड़ता है?

उत्तर इंजन की गति कम होने पर कार ए.सी. की दक्षता कम हो जाती है, जबकि इंजन की गति अधिक होने पर कार ए.सी. की दक्षता बढ़ जाती है।

5. कार ए.सी. में लीकेज की अधिक सम्भावना होने का क्या कारण है?

उत्तर कार की गति के कारण, इसके ए.सी. सहित सभी भागों में कम्पन होता रहता है, जिसके कारण कार ए.सी. में लीकेज की अधिक सम्भावना बनी रहती है।

6. कार ए.सी., रूम ए.सी. से किस प्रकार भिन्न है? कोई दो अन्तर लिखिए।

उत्तर कार ए.सी. एवं रूम ए.सी. में निम्नलिखित अन्तर हैं

(i) कार ए.सी. की क्षमता अधिक होती है, जबकि रूम ए.सी. की दक्षता अपेक्षाकृत कम होती है।

(ii) कार ए.सी. रूम ए.सी. की तुलना में कुछ ही समय में अच्छी कूलिंग उत्पन्न कर देता है।

7. कार ए.सी. की समय-समय पर फ्लशिंग क्यों आवश्यक है?

उत्तर लम्बे समय तक कार्य करते रहने से ए.सी. सिस्टम में कचरा अथवा मलबा जम जाता है, जिससे ए.सी. की दक्षता कम हो जाती है। ए.सी. सिस्टम में से कचरा अथवा मलबा हटाने के लिए फ्लशिंग की जाती है। इसके लिए उपयुक्त फ्लशिंग कैमिकल का प्रयोग किया जाता है।

अभ्यास प्रश्न

परीक्षा प्रारूपी प्रश्न

बहुविकल्पीय

1. कार ए.सी. से इनमें से किस प्रकार कूलिंग की जाती है?

(a) रेफ्रिजरेन्ट अन्दर की गर्मी को अवशोषित कर देता है

(b) कूलिंग क्वॉयल उसे द्रव से वाष्प में परिवर्तित कर देती है

(c) वायु एवैपोरेटर के क्वॉयल से गुजरती है

(d) उपरोक्त सभी

2. कार ए.सी. में प्रयुक्त यान्त्रिक भाग है

(a) कण्डेन्सर (b) एक्युमुलेटर (c) रिसीवर (d) ये सभी

3. निम्न कथनों पर विचार कीजिए

कथन I एवैपोरेटर द्वारा कार में से नमी की मात्रा को कम किया जाता है।

कथन II एवैपोरेटर द्वारा कार में कूलिंग उत्पन्न की जाती है।

उपरोक्त कथनों में से कौन-सा/से कथन सही है/हैं?

(a) कथन I सही है

(b) कथन II सही है

(c) कथन I और II दोनों सही हैं

(d) कथन I और II दोनों गलत हैं

4. निम्न चित्र में '*X*' द्वारा दर्शाए गए भाग का क्या नाम है?

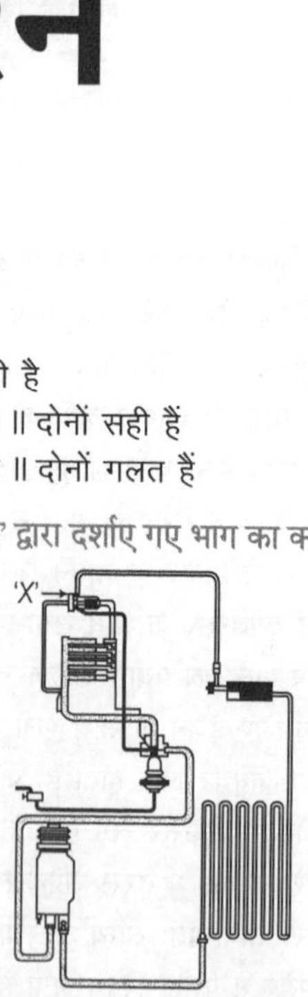

(a) एक्सपैन्शन वाल्व (b) एवैपोरेटर

(c) कम्प्रैसर (d) रिसीवर

5. कार ए.सी. में प्रयुक्त एवैपोरेटर बना होता है
(a) कॉपर (b) एल्युमीनियम
(c) ताँबा (d) 'a' और 'b' दोनों

6. निम्नलिखित में से कौन ऊष्मा स्थानान्तरण का कार्य करता है?
(a) रिसीवर (b) कण्डेन्सर
(c) थर्मोस्टेटिक एक्सपैन्शन वाल्व (d) एक्युमुलेटर

7. निम्न में से किसका कार्य वायु को ठण्डा एवं नमी रहित रखना है?
(a) कण्डेन्सर (b) कम्प्रैसर
(c) एक्युमुलेटर (d) एवैपोरेटर

8. कार ए.सी. में प्रयुक्त सक्शन थ्रॉटल वाल्व के सन्दर्भ में सही कथन है
(a) यह एवैपोरेटर के दाब को नियन्त्रित करता है
(b) यह एवैपोरेटर आउटलेट तापमान को नियन्त्रित करता है
(c) यह एवैपोरेटर के आउटलेट पर फिट किया जाता है
(d) उपरोक्त सभी

9. कार ए.सी. का कण्डेन्सर स्थापित होता है
(a) सामने की ओर (b) पीछे की ओर
(c) ऊपर की ओर (d) कहीं भी

10. कार इंजन को ओवरलोड होने से बचाने के लिए कौन-सी युक्ति प्रयोग की जाती है?
(a) ब्लोअर स्विच (b) थर्मोस्टेट
(c) ऑटो रिले स्विच (d) ओवरलोड प्रोटेक्टर

11. कार ए.सी. में किस प्रकार का कम्प्रैसर प्रयोग किया जाता है?
(a) रोटरी कम्प्रैसर (b) रेसिप्रोकेटिंग कम्प्रैसर
(c) स्क्रॉल कम्प्रैसर (d) इनमें से कोई नहीं

12. कार ए.सी. को इनमें से किसके द्वारा प्रचालित किया जाता है?
(a) ब्लोअर मोटर (b) बेल्ट
(c) 'a' और 'b' दोनों (d) इनमें से कोई नहीं

13. रेफ्रिजरेशन प्रणाली की नमी और अशुद्धियों को ······ अवशोषित करता है।
(a) रिसीवर (b) ड्रायर (c) कण्डेन्सर (d) कम्प्रैसर

14. ब्लोअर को ··········· स्पीड का स्विच नियन्त्रित करता है।
(a) दो (b) तीन
(c) 'a' और 'b' दोनों (d) इनमें से कोई नहीं

15. जब इनलेट और आउटलेट के मध्य तापमान ··········· से कम अन्तर हो, तो एक्सपैन्शन वाल्व स्वतः ही एवैपोरेटर में आने वाली रेफ्रिजरेन्ट की मात्रा कम कर देता है।
(a) – 6°C (b) –18°C (c) –15°C (d) –28°C

16. कार ए.सी. में, रेफ्रिजरेन्ट के प्रवाह को नियमित रखने के लिए इनलेट पर क्या लगा होता है?
(a) थर्मोस्टेटिक एक्सपैन्शन वाल्व
(b) पायलट ऑपरेटेड एब्सॉल्यूट वाल्व
(c) फ्लोट वाल्व
(d) सोलेनॉयड वाल्व

17. कार के ए.सी. में अन्दर के तापमान को नियन्त्रित करने के लिए किस वाल्व का प्रयोग करते हैं?
(a) सोलेनॉयड वाल्व
(b) फ्लोट वाल्व
(c) थर्मोस्टेटिक एक्सपैन्शन वाल्व
(d) पायलट ऑपरेटेड एब्सॉल्यूट वाल्व

18. मैग्नेटिक क्लच में लगी आर्मेचर प्लेट
(a) ड्राइव प्लेट असेम्बली का भाग है
(b) ड्रिवन प्लेट असेम्बली का भाग है
(c) 'a' और 'b' दोनों
(d) उपरोक्त में से कोई नहीं

19. कैपिलरी ट्यूब में कौन-सी गैस भरी होती है?
(a) कार्बन डाइ-ऑक्साइड (b) नाइट्रोजन
(c) हीलियम (d) ऑर्गन

20. मैग्नेटिक क्लच का उपयोग किसके नियन्त्रण के लिए किया जाता है?
(a) दाब के (b) विद्युत धारा के
(c) तापमान के (d) ईंधन के

21. निम्न में से फ्री-व्हील से सम्बन्धित कौन-सा विकल्प सही है?
(a) यह दिशीय सापेक्ष गति करता है
(b) विपरीत दिशा में चालन मुक्त होता है
(c) 'a' और 'b' दोनों
(d) उपरोक्त में से कोई नहीं

22. फ्री-व्हील का प्रयोग होता है
(a) एवैपोरेटर के आउटलेट पर
(b) कम्प्रैसर एवं मैग्नेटिक क्लच के मध्य
(c) थर्मोस्टेटिक एक्सपैन्शन वाल्व पर
(d) ग्रिल सेटिंग के साथ

23. निम्न चित्र में 'X' द्वारा दर्शाए गए भाग का क्या नाम है?

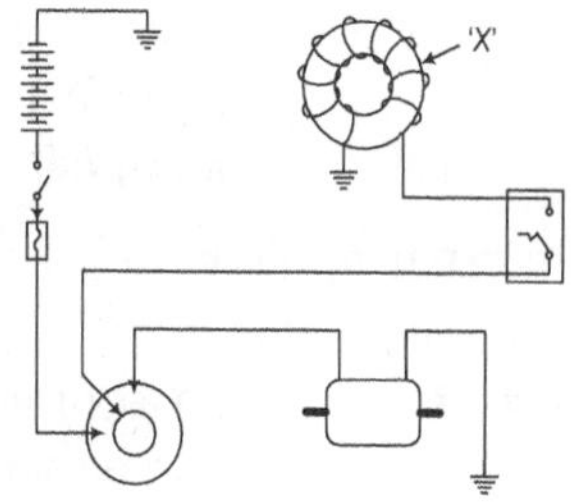

(a) फ्यूज
(b) मास्टर कण्ट्रोल
(c) ब्लोअर मोटर
(d) मैग्नेटिक कण्ट्रोल

24. कार ए.सी. में कौन-सा रेफ्रिजरेन्ट प्रयोग किया जाता है?
(a) फ्रिऑन-12 (b) R-12
(c) साधारण फ्रिऑन (d) ये सभी

25. निम्न कथनों पर विचार कीजिए

कथन I एवैपोरेटर क्वॉयल में से ठण्डी वायु को कार में प्रवाहित करने के लिए रेडिएटर का प्रयोग किया जाता है।

कथन II रेडिएटर द्वारा कण्डेन्सर द्वारा उत्पन्न ऊष्मा को कार से बाहर निकाला जाता है।

उपरोक्त में से कौन-सा/से कथन सही है/हैं?

(a) कथन I सही है
(b) कथन II सही है
(c) कथन I और II दोनों सही हैं
(d) कथन I और II दोनों गलत हैं

26. इनमें से कौन-सी युक्ति ए.सी. के विद्युत परिपथ का अवयव नहीं है?

(a) रिहोस्टेट (b) मोटर
(c) थर्मोस्टेट (d) इनमें से कोई नहीं

27. हैलाइड टॉर्च से रिसाव की जाँच में इनमें से किसका ध्यान रखना चाहिए?

(a) सभी जोड़ ऑयलरहित हों
(b) फिटिंग्स तेल रहित हो
(c) 'a' और 'b' दोनों
(d) उपरोक्त में से कोई नहीं

28. इंजन की गति कम होने पर कार ए.सी. पर क्या प्रभाव पड़ेगा?

(a) ए.सी. की दक्षता कम हो जाएगी
(b) ईंधन की खपत अधिक होगी
(c) ए.सी. का जीवनकाल कम हो जाएगा
(d) उपरोक्त सभी

29. इंजन की गति अधिक होने पर कार ए.सी. की दक्षता .... हो जाती है।

(a) कम (b) अधिक
(c) एक समान (d) अपरिवर्तित

30. कार में ए.सी. के कण्डेन्सर को रेडिएटर से कितनी दूरी पर लगाना चाहिए?

(a) 10 सेमी (b) 10 मिमी
(c) 15 मिमी (d) 15 सेमी

31. कार के ए.सी. सिस्टम में नमी की समस्या से बचने के लिए कार ए.सी. को किस मोड पर चलाना चाहिए?

(a) डिफ्रॉस्ट मोड पर (b) कूलिंग मोड पर
(c) फैन मोड पर (d) स्वचालित मोड पर

32. कार ए.सी. के उपयुक्त अनुरक्षण के लिए आवश्यक है

(a) ए.सी. को 14 दिनों में कम-से-कम एक बार अवश्य चलाएँ
(b) ए.सी. सिस्टम की निश्चित समयान्तराल पर फ्लशिंग अवश्य करनी चाहिए
(c) नमी से बचने के लिए ए.सी. को ड्रिफ्रॉस्ट मोड पर चलाएँ
(d) उपरोक्त सभी

33. सूची I का सूची II से मिलान कीजिए

सूची I	सूची II
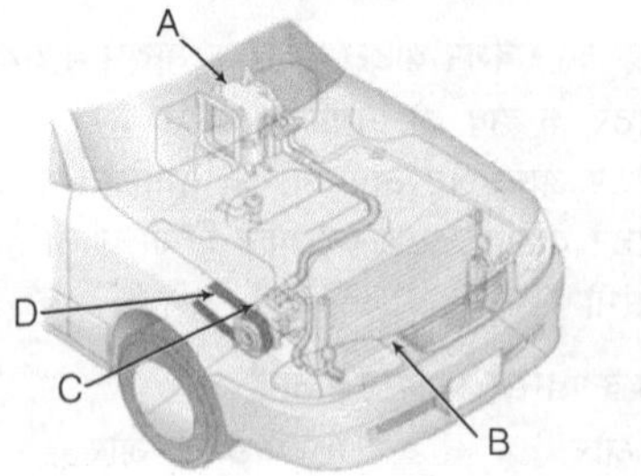	(i) एवैपोरेटर (ii) कण्डेन्सर (iii) कम्प्रैसर (iv) बेल्ट

कूट

(a) A-(i); B-(ii); C-(iii) D-(iv) (b) A-(i); B-(ii); C-(iv) D-(iii)
(c) A-(i); B-(iv); C-(iii) D-(ii) (d) A-(iv); B-(iii); C-(ii) D-(i)

34. सूची I का सूची II से मिलान कीजिए।

	सूची I		सूची II
A.	फ्लशिंग	(i)	ए.सी. यूनिट की सफाई
B.	डिफ्रॉस्ट मोड	(ii)	नमी से रक्षा
C.	फ्री व्हीलिंग	(iii)	ओवर रनिंग क्लच
D.	बेल्ट	(iv)	कम्प्रैसर प्रचालन युक्ति

कूट

(a) A-(i); B-(iii); C-(iv); D-(ii) (b) A-(ii); B-(iv); C-(i); D-(iii)
(c) A-(i); B-(ii); C-(iii); D-(iv) (d) A-(ii); B-(iii); C-(i); D-(iv)

35. यदि कार ए.सी. यूनिट द्वारा अधिक शोर उत्पन्न हो रहा है, तब इस दोष का क्या सम्भावित कारण हो सकता है?

(a) ब्लोअर की फिटिंग ठीक नहीं है
(b) कम्प्रैसर घर्षण के कारण बियरिंग घिस गए हैं
(c) मैग्नेटिक क्लच के साथ मोटर का घर्षण अधिक है
(d) उपरोक्त सभी

उत्तरमाला

1. (d)	**2.** (d)	**3.** (c)	**4.** (a)	**5.** (d)	**6.** (b)	**7.** (d)	**8.** (d)	**9.** (a)	**10.** (c)
11. (b)	**12.** (b)	**13.** (b)	**14.** (c)	**15.** (c)	**16.** (a)	**17.** (a)	**18.** (a)	**19.** (a)	**20.** (c)
21. (c)	**22.** (b)	**23.** (d)	**24.** (d)	**25.** (b)	**26.** (b)	**27.** (c)	**28.** (d)	**29.** (b)	**30.** (c)
31. (a)	**32.** (d)	**33.** (a)	**34.** (c)	**35.** (d)					

अध्याय 18

मोबाइल ए.सी.

Mobile AC

परिचय Introduction

ऑटोमोबाइल ए.सी. में प्रयुक्त किए जाने वाले विभिन्न घटकों को इंजन के पास ही लगाया जाता है। ऑटोमोबाइल में कण्डेन्सर को कार के रेडिएटर के पास लगाया जाता है। इससे यह ऊष्मा को आसानी से छोड़ सकता है। ऑटोमोबाइल ए.सी. में एवैपोरेटर को ड्राइवर के कैबिन के समीप लगाया जाता है। जहाँ वे आसपास का तापमान ग्रहण करके रेफ्रिजरेन्ट को गर्म बना देता है तथा उस कैबिन को ठण्डा बना देता है।

इससे कम्प्रैसर को इंजन की शाफ्ट से जोड़कर चलाया जाता है। इंजन एवं कम्प्रैसर की शाफ्ट को जिस बेल्ट से जोड़ा जाता है, वह ए.सी. बेल्ट कहलाती है। इसमें एक्युमुलेटर भी लगाया जाता है। जिसमें सिस्टम में अतिरिक्त रेफ्रिजरेन्ट को भण्डारित किया जाता है। ऑटोमोबाइल ए.सी. में एवैपोरेटर के पास एयर ब्लोअर लगाया जाता है। जो ठण्डी वायु को ऑटोमोबाइल के कैबिन में स्थानान्तरित करने के लिए प्रयुक्त किया जाता है।

अध्याय विषय सूची

18.1 ट्रांसपोर्ट वाहनों में मोबाइल रेफ्रिजरेशन Mobile Refrigeration in Transport Vehicles

रेफ्रिजरेशन का यह नवीनतम साधन है, इसे ट्रांसपोर्ट रेफ्रिजरेशन (transport refrigeration) भी कहते हैं। काफी समय से एक ऐसे साधन की जरूरत महसूस की जा रही थी, जो कूलिंग की आवश्यकता वाली वस्तु को लम्बी दूरी तक सुरक्षित रूप में अपने लक्ष्य तक पहुँचा सके।

कूलिंग की आवश्यकता वाली वस्तुओं का एक स्थान से दूसरे स्थान तक पहुँचाना ही मोबाइल रेफ्रिजरेशन (mobile refrigeration) कहलाता है। ऐसे साधन की सर्वाधिक आवश्यकता आइसक्रीम के लिए होती है तथा यह रेफ्रिजरेशन के डिस्प्ले साधनों का भिन्न रूप है। यह खाद्य संरक्षण केन्द्रों एवं विक्रय केन्द्रों के मध्य की चेन के रूप में कार्य करता है। इसके माध्यम से वस्तुओं को विक्रेता तथा अन्तिम उपयोगकर्ता (end user) तक पहुँचाया जाता है। इस साधन में, ट्रकों, ट्रेलरों आदि में मोबाइल रेफ्रिजरेशन प्रणाली संयोजित रहती है तथा यह प्रणाली उनको विशिष्ट कार्य करने के योग्य कर देती है। अन्तिम उपभोक्ता तक वस्तु पहुँचाने के लिए यह व्यवस्था रिक्शा ठेले या फिर ठेले पर रेफ्रिजरेशन यूनिट (unit) को फिट करके की जाती है। ऑटो वाहन में यह वाहन आधारित, जबकि रिक्शा ठेलों या फिर ठेलों में यह विद्युत आधारित होती है।

मोबाइल रेफ्रिजरेशन का उद्देश्य मूलत: उपयोगकर्ता या उपभोक्ता को वस्तुएँ मूल रूप में उपलब्ध कराना होता है, ताकि वह प्राकृतिक स्वाद व आनन्द से अवगत हो सके।

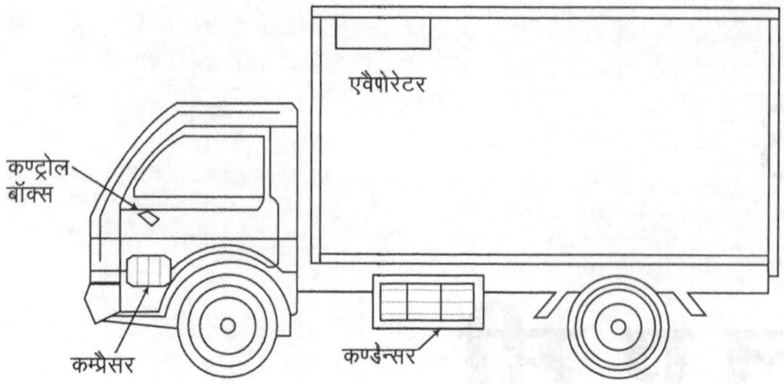

चित्र ट्रांसपोर्ट में मोबाइल रेफ्रिजरेशन

ऑटोमोबाइल रेफ्रिजरेशन की संरचना Construction of Automobile Refrigeration

ऑटोमोबाइल में एयर कण्डीशनिंग रूम एयर कण्डीशनिंग के समान होती है। इसमें रेफ्रिजरेन्ट कैबिनेट के अन्दर की गर्मी को अवशोषित कर लेता है और कूलिंग क्वॉयल द्वारा द्रव रेफ्रिजरेन्ट को वेपर में परिवर्तित कर देता है। इसमें वायु एवैपोरेटर क्वॉयल पर से गुजरती है और ठण्डी हो जाती है। इसमें तापमान का नियन्त्रण थर्मोस्टेटीकली कण्ट्रोल्ड क्लच द्वारा किया जाता है। यह क्लच के चलने से ही ऑफ-ऑन होता है। कार एयर कण्डीशनिंग के प्रमुख भाग निम्नलिखित हैं

1. **कम्प्रैसर** (Compressor) कम्प्रैसर एक पम्पिंग डिवाइस है जो रेफ्रिजरेन्ट को कूलिंग सर्किट में सर्कुलेट करता है। कम्प्रैसर को इंजन क्रैंक पुली द्वारा चलाया जाता है। कम्प्रैसर को बेल्ट द्वारा चलाते हैं। इसकी स्पीड इंजन की स्पीड की तरह कम या ज्यादा होती रहती है। कार के खड़ी रहने पर एयर कण्डीशनर भी नहीं चलता है। इसलिए इस समस्या के लिए अब कम्प्रैसर को सीधे अलग मोटर से चलाया जाता है और कार की स्पीड कम या अधिक होने पर कार के खड़ी रहने पर भी एयर कण्डीशनर चलता रहता है। इस कार्य के लिए 6 सिलेण्डर रोटरी और डबल एक्शन पिस्टन टाइप कम्प्रैसर प्रयोग किया जाता है। रीड टाइप सक्शन और डिस्चार्ज वाल्व कम्प्रैसर के अन्त में सिलेण्डर असेम्बली तथा हैड के बीच प्लेट में लगे होते हैं। इनके सिरे एक-दूसरे के साथ टाइट जुड़े होते हैं। इसके प्रत्येक सिलेण्डर हैड में सक्शन और डिस्चार्ज कैविटी होती है। रीड हैड में सक्शन कैविटी के बीच में ऑयल पम्प कैविटी होती है। दोनों कैविटी सील होती हैं। कम्प्रैसर के पिछले भाग पर ऑयल पम्प लगा होता है जो कम्प्रैसर के तल से तेल ले लेता है और भीतरी भागों में भेज देता है।
2. **कण्डेन्सर** ऑटोमोबाइल एयर कण्डीशनिंग में कण्डेन्सर रेडिएटर के सामने लगा होता है। कण्डेन्सर से प्रवाहित होने वाली गर्म वायु हाई प्रैशर वाली रेफ्रिजरेन्ट वाष्प को ठण्डा करती है, जिससे रेफ्रिजरेन्ट कण्डेन्स होकर द्रव बन जाता है।

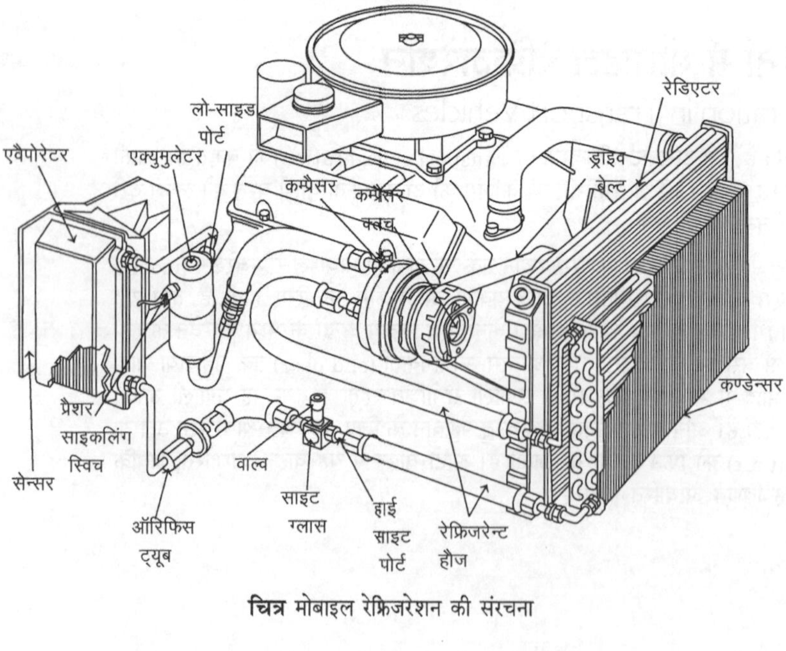

चित्र मोबाइल रेफ्रिजरेशन की संरचना

3. **रिसीवर व डिहाइड्रेटर** रिसीवर कण्डेन्सर के आगे लगा होता है। यहाँ पर डिहाइड्रेटर या ड्रायर लगा होता है। ड्रायर सिस्टम में आई नमी को शोषित करता है। इसमें साइट ग्लास (sight glass) भी लगा होता है, जिसमें बुलबुले अगर आ जाएँ तो समझ लेना चाहिए कि रेफ्रिजरेन्ट चार्ज की कमी है व तापमान 21°C से अधिक है। रिसीवर, रेफ्रिजरेन्ट को कण्डेन्सर से प्राप्त करता है और यहाँ से यह एवैपोरेटर में आ जाता है।
4. **थर्मोस्टेटिक एक्सपैन्शन वाल्व** इसका प्रयोग रेफ्रिजरेन्ट के फ्लो को नियन्त्रित करने के लिए कहते हैं। इसे एवैपोरेटर के इनलैट पर लगाया जाता है। इसके साथ कैपिलरी ट्यूब में कार्बन डाइऑक्साइड भरा होता है। यह एक्सपैन्शन वाल्व के तापमान को रैगुलेट करती है। कैपिलरी ट्यूब लो-प्रैशर रेफ्रिजरेन्ट पाइप से लगी होती है। जब आउटलैट व इनलैट के बीच तापमान का अन्तर – 15°C से कम रह जाता है, तो एक्सपैन्शन वाल्व स्वत: ही एवैपोरेटर में आने वाली रेफ्रिजरेन्ट की मात्रा कम कर देता है। अन्तर अधिक होने से रेफ्रिजरेन्ट की मात्रा भी बढ़ जाती है।

ऑटोमोबाइल ए.सी. की कार्यविधि

Working of Automobile AC

ऑटोमोबाइल ए.सी. में इंजन चालू होने पर ए.सी. बैल्ट की सहायता से कम्प्रैसर को चलाया जाता है। कम्प्रैसर के चालू होने से यह रेफ्रिजरेन्ट को उच्च दाब युक्त वाष्प रेफ्रिजरेन्ट में परिवर्तित कर देता है। कम्प्रैसर के पश्चात् यह उच्च दाब तथा ताप युक्त रेफ्रिजरेन्ट कण्डेन्सर को प्रदान किया जाता है। कण्डेन्सर ऑटोमोबाइल ए.सी. में रेडिएटर के पास लगा होता है। रेडिएटर के पास एक पंखा भी लगा होता है। इससे कण्डेन्सर पर वायु प्रवाहित की जाती है जिससे कण्डेन्सर में उपस्थित वाष्प रेफ्रिजरेन्ट इस पर प्रवाहित की जाने वाली वायु को ऊष्मा त्याग देता है एवं रेफ्रिजरेन्ट द्रव अवस्था में परिवर्तित हो जाता है। यहाँ से द्रव रेफ्रिजरेन्ट, ड्रायर के माध्यम से एवैपोरेटर को प्रदान किया जाता है। एवैपोरेटर ऑटोमोबाइल ए.सी. के कैबिन से ऊष्मा ग्रहण कर रेफ्रिजरेन्ट को पुन: वाष्प रेफ्रिजरेन्ट में परिवर्तित कर देता है। इस प्रकार कैबिन द्वारा एवैपोरेटर को ऊष्मा त्यागने के कारण कैबिन ठण्डी हो जाती है। ऊष्मा के स्थानान्तरण का यह क्रम लगातार चलता रहता है एवं ऑटोमोबाइल में कूलिंग चक्र सतत रूप से चलता रहता है।

ऑटोमोबाइल ए.सी. में प्रयुक्त मैग्नेटिक क्लच

Magnetic Clutch used in Automobile AC

यह एक विद्युत से चलने वाला क्लच है। जब यह कार्य नहीं करता, तो कम्प्रैसर शाफ्ट घूमती नहीं है जबकि पुली को इंजन से चलाया जाता है। इस क्लच में प्लेट गति करती है। हब को कम्प्रैसर शाफ्ट के साथ जोड़ा होता है। इसमें पुली रिम, पुली हब और पावर एलीमेन्ट रिम होते हैं। पावर एलीमेन्ट रिम में इलैक्ट्रोमैग्नेट सर्किट होता है। जब एयर कण्डीशनर चलता है, तो इसमें इलैक्ट्रोमैग्नेट बल उत्पन्न होता है। यह आर्मेचर प्लेट को आकर्षित करता है और उसे घुमाता है। थर्मोस्टेट के खुल जाने पर करण्ट ऑफ हो जाता है। जब कूलिंग क्वॉयल का तापमान 0°C से कम हो जाता है, तो थर्मोस्टेट मैग्नेटिक क्लच में इलैक्ट्रोमैग्नेट की करण्ट को ऑफ कर देता है। इससे कम्प्रैसर क्लच से स्वतन्त्र हो जाता है और कम्प्रैसर बन्द हो जाता है।

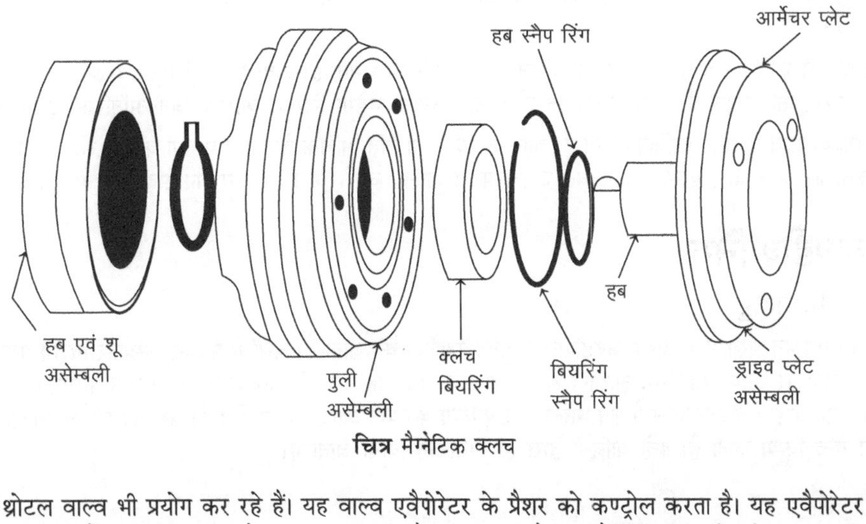

चित्र मैग्नेटिक क्लच

आजकल कारों में सक्शन थ्रोटल वाल्व भी प्रयोग कर रहे हैं। यह वाल्व एवैपोरेटर के प्रैशर को कण्ट्रोल करता है। यह एवैपोरेटर आउटलैट तापमान को भी कण्ट्रोल करता है। इस वाल्व को एवैपोरेटर के आउटलैट पर फिट करते हैं तथा आउटलैट कम्प्रैसर सक्शन पोर्ट के साथ लगा होता है।

फ्री व्हीलिंग Free Wheeling

इसे रनिंग क्लच भी कहते हैं इसकी संरचना ड्राइवर मैम्बर तथा ड्रिवन मैम्बर के संयोजन द्वारा की जाती है। जब ड्राइवर, मैम्बर घूमता है, तो लॉकिंग संयोजन के कारण ड्रिवन मैम्बर भी उसी दिशा में घूमना प्रारम्भ कर देता है। इसके विपरीत जब ड्राइवर मैम्बर स्वतन्त्र रूप से घूर्णन करता है, तो इसका ड्रिवन मैम्बर से विसंयोजन हो जाता है। जिसका अर्थ यह है कि ड्रिवन मैम्बर का घूर्णन नहीं हो रहा है।

ऑटोमोबाइल ए.सी में कम्प्रैसर तथा इंजन के मध्य उचित समन्वय स्थापित करने के लिए फ्री व्हीलिंग का उपयोग किया जाता है। सापेक्ष गति के कारण ड्राइवर तथा ड्रिवन मैम्बर में अत्यधिक घर्षण उत्पन्न होता है जिस कारण अवयवों की घिसावट दर अधिक होती है। इनकी ईंधन खपत क्षमता (fuel consumption efficiency) निम्न होती है।

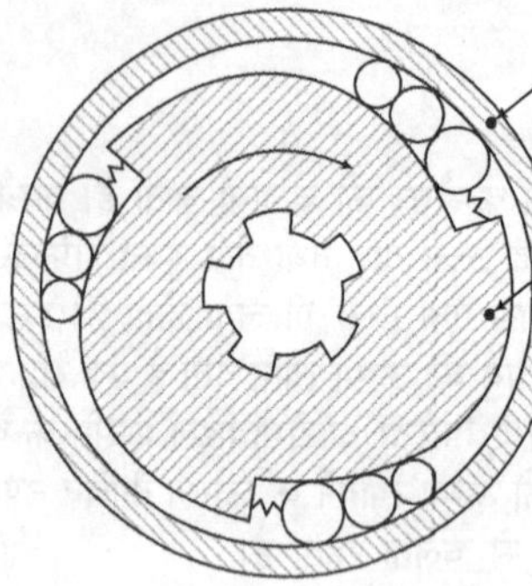

चित्र फ्री व्हील असेम्बली

ऑटोमोबाइल ए.सी. पर इंजन की गति का प्रभाव
Effects of Speed of Engine on Automobile AC

ऑटोमोबाइल में इंजन की शाफ्ट को बैल्ट द्वारा कम्प्रैसर से जोड़कर, ए.सी. को प्रचालित किया जाता है। इस प्रकार कार या अन्य ऑटोमोबाइल में ए.सी. को प्रचालित करने के लिए आवश्यक ऊर्जा इंजन द्वारा प्रदान की जाती है। इंजन ऊर्जा उत्पन्न करने के लिए ईंधन टैंक (fuel tank) से ईंधन प्रयोग करता है।

जब कार कम गति से प्रचालित होती है, तो उसके इंजन की गति भी कम होती है जबकि कार ए.सी. द्वारा वांछित शीतलन प्रदान करने के लिए, एयर कण्डीशनिंग सिस्टम में प्रयुक्त सम्पीडक को उसके लिए निर्धारित गति पर प्रचालित होना आवश्यक है अन्यथा सम्पीडक की गति कम होने से ए.सी. की दक्षता प्रभावित होती है। अत: सम्पीडक को उसकी वांछित गति पर घुमाने के लिए इंजन को अधिक लोड उठाना पड़ेगा।

इससे इंजन अधिक ईंधन की खपत करेगा एवं इंजन गर्म हो जाएगा जिससे ऊष्मा उत्पन्न होगी। इससे इंजन की दक्षता पर विपरीत प्रभाव पड़ता है एवं उसका जीवनकाल भी कम हो जाता है।

इसके विपरीत जब कार तेज गति से प्रचालित होती है, तो उसका इंजन भी तेज गति से घूमता है। अत: ए.सी. सिस्टम में प्रयुक्त सम्पीडक भी तेजी से घूमता है। इस स्थिति में इंजन के कार ए.सी. को चलाने के लिए अतिरिक्त लोड नहीं उठाना पड़ेगा जिसके कारण इंजन अतिरिक्त ईंधन की खपत नहीं करेगा।

इस स्थिति में कार उचित दक्षता के साथ ए.सी. प्रचालित करती है। कार के इंजन की गति अधिक तेज होने पर भी कार ए.सी. की दक्षता प्रभावित होती है। इससे कार में अतिशीतलन हो सकता है। अत: कार ए.सी. को उचित दक्षता पर प्रचालित करने के लिए कार का सही गति पर चलना आवश्यक होता है।

18.2 बस एयर कण्डीशनिंग
Bus Air Conditioning

वर्तमान समय में यात्रियों की सुविधा हेतु बसों में भी एयर कण्डीशनिंग यूनिट स्थापित की जाती है। बसों में प्रयुक्त कम्प्रैसर विशेष प्रकार के होते हैं। कम्प्रैसर को ऐसे स्थान पर लगाया जाता है, जहाँ पर उनकी सर्विसिंग आसानी से की जा सके तथा यह बस की गति के कारण उत्पन्न कम्पन (vibration) को भी सहन कर सकता है। इसमें भी कार A.C. की तरह थर्मोस्टेट एक्सपैन्शन वाल्व और कूलिंग क्वॉयल आदि प्रयुक्त होते हैं। बस की प्रत्येक साइड पर डक्ट लगे होते हैं और खुले डक्ट्स को ग्रिल्स द्वारा बन्द किया जाता है। इन्हें यात्रियों द्वारा ही नियन्त्रित किया जाता है।

आइसक्रीम, फेस क्रीम, मछली, मांस, अण्डा, दूध व मक्खन आदि को जब अधिक दूर तक पहुँचाना होता है और जिसके 8 से 12 घण्टे तक समय लग जाता है तो इसके लिए एयर एण्डीशनिंग ट्रक प्रयोग किए जाते हैं।

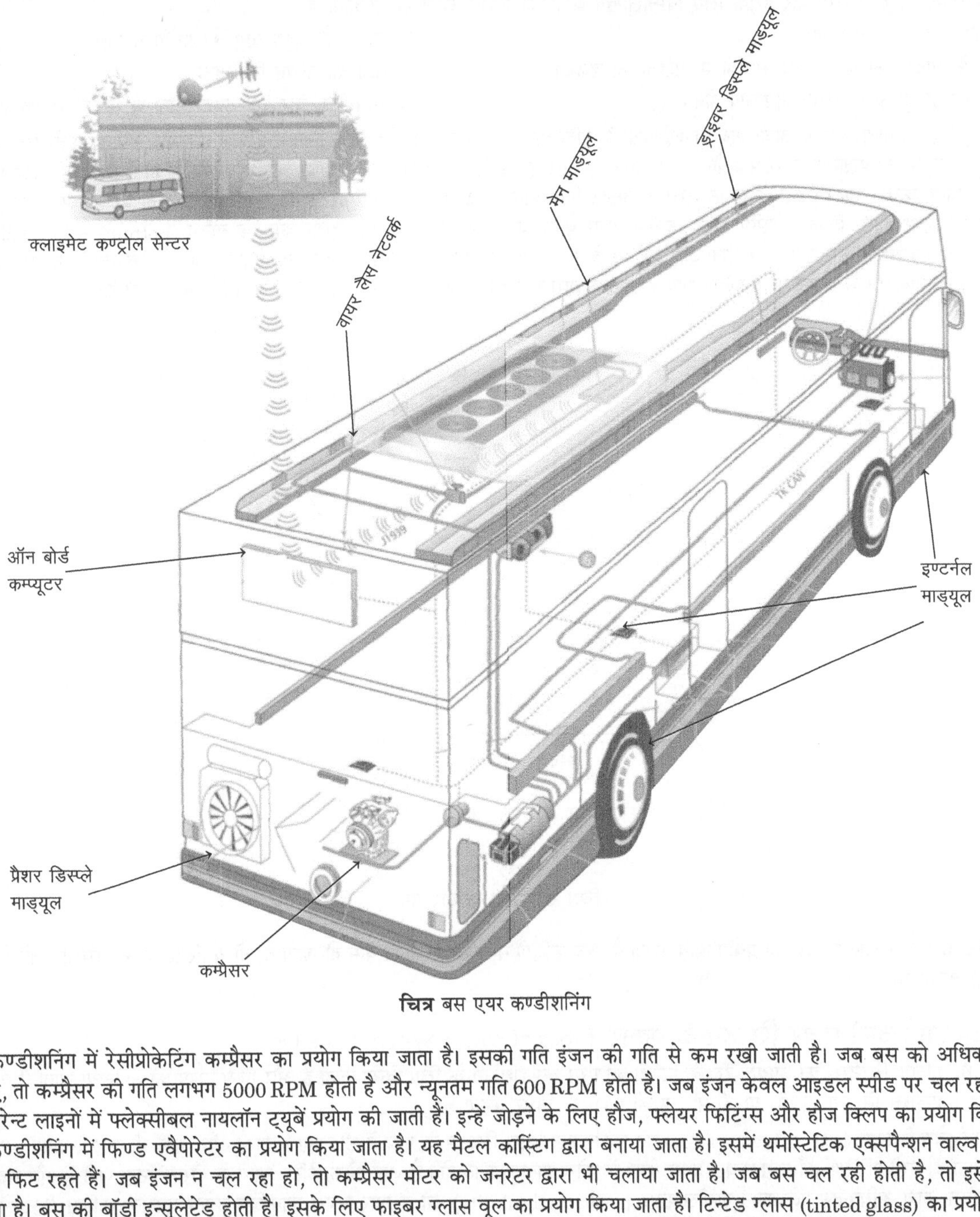

चित्र बस एयर कण्डीशनिंग

बस एयर कण्डीशनिंग में रेसीप्रोकेटिंग कम्प्रैसर का प्रयोग किया जाता है। इसकी गति इंजन की गति से कम रखी जाती है। जब बस को अधिकतम गति पर चलाया जाए, तो कम्प्रैसर की गति लगभग 5000 RPM होती है और न्यूनतम गति 600 RPM होती है। जब इंजन केवल आइडल स्पीड पर चल रहा होता है, तो इसमें रेफ्रिजरेन्ट लाइनों में फ्लेक्सीबल नायलॉन ट्यूबें प्रयोग की जाती हैं। इन्हें जोड़ने के लिए हौज, फ्लेयर फिटिंग्स और हौज क्लिप का प्रयोग किया जाता है। बस एयर कण्डीशनिंग में फिण्ड एवैपोरेटर का प्रयोग किया जाता है। यह मैटल कास्टिंग द्वारा बनाया जाता है। इसमें थर्मोस्टेटिक एक्सपैन्शन वाल्व और ब्लोअर यूनिट आदि फिट रहते हैं। जब इंजन न चल रहा हो, तो कम्प्रैसर मोटर को जनरेटर द्वारा भी चलाया जाता है। जब बस चल रही होती है, तो इसे इंजन से ही चलाया जाता है। बस की बॉडी इन्सुलेटेड होती है। इसके लिए फाइबर ग्लास वूल का प्रयोग किया जाता है। टिन्टेड ग्लास (tinted glass) का प्रयोग काँच में से कम ताप ट्रांसमिट करने के लिए किया जाता है। एयर कण्डीशन्ड बस का रंग हल्का (light) होना चाहिए जिससे ऊष्मा अवशोषण को कम किया जा सके।

18.3 रेलवे एयर कण्डीशनिंग Railway Air Conditioning

रेलवे एयर कण्डीशनिंग का प्रयोग भी यात्रियों की सुविधा के लिए किया जाता है। आजकल लगभग सभी गाड़ियों में A.C. कोच लगे होते हैं जबकि कुछ गाड़ियाँ पूर्ण रूप से एयर कण्डीशन्ड होती हैं। जो विधि घरेलू एयर कण्डीशनिंग में प्रयोग की जाती है वही विधि रेलवे एयर कण्डीशनिंग में प्रयोग की जाती है।

रेलवे एयर कण्डीशनिंग में कण्डीशनिंग स्थान सीमित होता है। इसलिए इसमें प्रयोग होने वाले एयर कण्डीशनिंग कम्पोनेन्ट भी विशेष प्रकार के होते हैं, जिनका भार कम होता है तथा यह स्थान भी कम घेरते हैं। एयर कण्डीशनर को चलाने के लिए जनरेटर का प्रयोग किया जाता है तथा इसे विद्युत द्वारा भी चलाया जाता है।

रेलवे एयर कण्डीशनिंग सही काम करे इसके लिए निम्नलिखित बातों का विशेष ध्यान रखना होता है

1. वायु का सही डिस्चार्ज होना।
2. साफ और शुद्ध वायु का प्रयोग करना।
3. गर्मियों में आर्द्रता का घटना और सर्दियों में आर्द्रता का बढ़ना।
4. वायु का उचित विभाजन।
5. वायु का सही घूमना व उचित नियन्त्रण होना।
6. गर्मियों में वायु का ठण्डा होना व सर्दियों में गर्म होना।

अन्दर की वायु में 20% वातावरण की ताजी वायु मिलाई जाती है ताकि वायु में ताजगी बनी रहे। इसके लिए एक फ्रेश एयरडोर लगा होता है। एक कोच के लिए 8 टन क्षमता का एयर कण्डीशनिंग सिस्टम प्रयोग किया जाता है और इसके लिए 10 H.P. की पावर की आवश्यकता होती है। इसमें फोर्स्ड एयर कूल्ड कण्डेन्सर का प्रयोग किया जाता है। इनडोर यूनिट कोच के अन्दर फिट होता है। इसमें फिन्ड एवैपोरेटर का प्रयोग किया जाता है। ब्लोअर मोटर, थर्मोस्टेटिक एक्सपैन्शन वाल्व, एयर हीटर, फिल्टर, रेसीप्रोकेटिंग कम्प्रेसर एयर कूल्ड कण्डेन्सर, रिसीवर और ड्रायर कोच के बॉटम (Bottom) में फिट होते हैं। ये व्हील के पास ही होते हैं। कम्प्रैसर मोटर, कण्डेन्सर पंखा और ब्लोअर के लिए 100 से 135 वोल्ट की आवश्यकता होती है। जब ट्रेन चलती है, तो इसे पावर जेनरेटर के द्वारा मिलती है। जबकि ट्रेन के स्टेशन पर रुकने पर पावर, बैटरी के द्वारा दी जाती है। यह बैटरी के सीरीज से दी जाती है। इन बैटरियों को रिचार्ज किया जाता है।

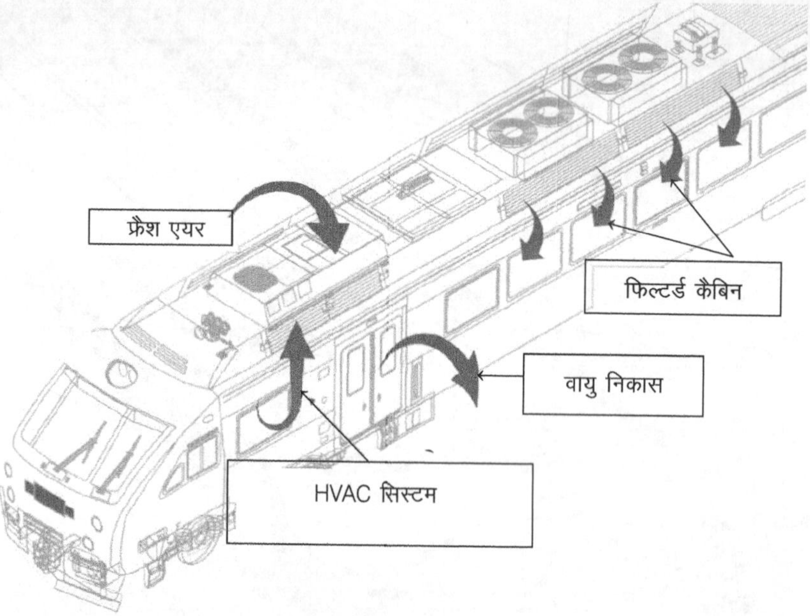

चित्र रेलवे एयर कण्डीशनिंग

इसमें रेफ्रिजरेन्ट के रूप में फ्रीऑन-12 का प्रयोग किया जाता है। जब सर्दियों में तापमान काफी कम हो जाता है, तो थर्मोस्टेट कूलिंग सिस्टम को रोककर एयर हीटर को चालू करता है।

उपयोग किए जाने वाले पावर सिस्टम के प्रकार Types of Power System to be Used

विभिन्न प्रकार के कूलिंग-सिस्टम्स का उपयोग रेल के डिब्बों की एयर कण्डीशनिंग के लिए किया जाता है और जिस टाइप को अपनाया जाता है वह ज्यादातर ऊर्जा के प्रकार (उपलब्ध बिजली, ए.सी. या डी.सी. या डीजल) पर निर्भर करता है।

1. **एक्सल ड्रिवेन सिस्टम** (Axle driven system) यह मैकेनिकल ड्राइव सिस्टम के रूप में भी जाना जाता है और अभी भी कुछ रेलमार्गों पर उपयोग में लाया जाता है। ऐसी परिस्थितियाँ जहाँ केवल प्रथम श्रेणी के कोच वातानुकूलित होते हैं जहाँ लोकोमोटिव यात्रा के दौरान हटाए जाते हैं और बदले जाते हैं, स्व-चालित कोच अधिकतम परिचालन लचीलापन (operating flexibility) देते हैं और सबसे लोकप्रिय उपाय एक्सल चालित अल्टरनेटरों (axle driven alternators) को नियोजित करना है, जिनका आउटपुट सुधारा (rectified) जाता है और बैटरी बैक्ड सिस्टम के लिए दिया जाता है वहाँ इनका उपयोग किया जाता है। कम्प्रैसर डी. सी चालित मोटर के साथ ओपन टाइप का होता है, जो कण्डेन्सर फैन के रूप में शाफ्ट विस्तार (shaft extension) पर लगाया जाता है। यदि ले-आउट इस समाधान को छोड़ देता है, तो कण्डेन्सर के फैन भी डी.सी. मोटर चालित हो सकतें हैं या बैल्ट का उपयोग किया जा सकता है। एवैपोरेटर फैन भी डी.सी. से चलते हैं। एक्सल ड्राइव में अल्टरनेटर में एक सेंट्रीफ्यूगल क्लच (centrifugal clutch) को सामान्य रूप में फिट किया जाता है ताकि ट्रेन के खड़े रहने के समय पर यह डिसएंगेज (disengage) हो जाए।

2. **इंजन चालित कम्प्रैसर सिस्टम** (Engine driven compressor system) यह एक्सल से किसी भी तरह की शक्ति (Power) नहीं लेता है। यह सिस्टम स्व-नियंत्रित है और एयर कण्डीशनिंग किसी भी समय तथा किसी भी स्थान पर काम कर सकती है। आमतौर पर कम्प्रैसर डीजल इंजन द्वारा संचालित होता है और एयर-कूल्ड कण्डेन्सर आमतौर पर इकाई का हिस्सा होता है।

   कण्डेन्सर फैन और कम्प्रैसर (condenser fan and compressor) दोनों मुख्य इंजन शाफ्ट बैल्ट संचालित (belt driven) होते हैं। 7 टन सिस्टम के लिए एक 12 किलोवाट इंजन का उपयोग किया जाता है। इस सिस्टम में प्रत्येक कार में दोबारा ईंधन भरने और इंजन में आवश्यक रख-रखाव तथा सर्विस (service) की समस्या है।

3. **इलेक्ट्रो-मैकेनिकल सिस्टम** (Electro-mechanical system) जब डी.सी. या ए.सी. पावर का उपयोग किया जाता हो तो यह रेल के यात्री डिब्बों में एयर कण्डीशनिंग के लिए सबसे आम और स्वीकृत सिस्टम है। एक्सल चालित जेनरेटर द्वारा या कुछ मामलों में इंजन चालित जेनरेटर से प्रत्येक डिब्बे के लिये डी.सी. पावर प्राप्त की जाती है। जेनरेटर डिब्बे में रोशनी, नियंत्रण और अन्य सहायक कार्यों के लिए बिजली की आपूर्ति करता है।

   उपकरण अभियन्ता के सामने विकल्प होता है कि उन्हें डी.सी. लाइन वोल्टेज मोटर्स के माध्यम से सीधे कम्प्रैसर और कण्डेन्सर फैन को चलाना है अथवा बिजली रूपान्तरण (power conversion) साधन प्रदान करता है।

18.4 मशीनों का अनुरक्षण Maintenance of Machines

मशीनों को सुचारु रूप से चलाने के लिए समय-समय पर मशीनों के अनुरक्षण की आवश्यकता होती है, क्योंकि मशीनों द्वारा कार्य करते समय किसी भी प्रकार का व्यवधान उत्पन्न होने से उत्पादन दर प्रभावित होती है। अत: उत्पादों की परिशुद्धता व उत्पादन दर निरन्तर बनाए रखने के लिए समय-समय पर मशीनों का अनुरक्षण किया जाता है।

अनुरक्षण का कार्य एक निश्चित समयावधि पर किया जाता है। अनुरक्षण के अन्तर्गत मशीनों की साफ-सफाई, घिसे पुर्जों की मरम्मत या उनके स्थान पर नए पुर्जे लगाना, तेल तथा स्नेहक का स्तर इत्यादि कार्य किए जाते हैं। मशीनों में होने वाली खराबियों के आधार पर अनुरक्षण को निम्न दो भागों में विभाजित किया गया है जिनका विवरण निम्नवत् है

1. नियमित अनुरक्षण Routine Maintenance

कार्यशाला में मशीनों पर कार्य करते समय कारीगर द्वारा एक सूची तैयार की जाती है, जिसके अनुसार प्रत्येक कारीगर को मशीन चालू (start) करने से पूर्व कुछ निश्चित कार्य; जैसे—मशीन व कार्यस्थल की साफ-सफाई करना, उचित स्थानों पर ग्रीस तथा तेल लगाना, मशीन के ढीले भागों को कसना आदि किए जाते हैं। ऐसा करने से यदि मशीन में कोई छोटी खराबी होती है, तो वह बड़ी खराबी का रूप लेने से पूर्व ही दूर हो जाती है। मशीनों में इस प्रकार के अनुरक्षण कार्य नियमित अनुरक्षण के अन्तर्गत आते हैं।

2. निवारक अनुरक्षण Preventive Maintenance

इस अनुरक्षण प्रणाली में मशीनों में आने वाली कुछ निश्चित खराबियों के लिए एक विभाग बनाया जाता है, जिसे मिल राइट विभाग के नाम से जाना जाता है। इस विभाग का कार्य प्रत्येक मशीन की एक निश्चित समय पर जाँच करना होता है। यदि मशीन में कोई खराबी होती है, तो यह विभाग ही इस खराबी को दूर करता है। इस विभाग द्वारा अनुरक्षण कार्य को यथा समय पूर्ण करने के लिए मशीनों के आधार पर एक चार्ट (chart) बनाया जाता है। इस चार्ट की सहायता से ही यह ज्ञात होता है कि किस मशीन में किस समय पर कौन-से ग्रेड का तेल या ग्रीस देना है।

निवारक अनुरक्षण का सिद्धान्त Principle of Preventive Maintenance

निवारक अनुरक्षण का सिद्धान्त मशीन अवयवों पर होने वाली तीन क्रियाओं पर निर्भर करता है। ये तीन क्रियाएँ मरम्मत, पुन:नवीकरण तथा बदलाव हैं। अत: मशीनों में होने वाले अचानक ब्रेकडाउन से बचने हेतु यह आवश्यक है कि उपकरण एवं मशीनों में होने वाली मरम्मत, अवयवों का पुन:नवीकरण एवं बदलाव मशीन ब्रेकडाउन से पूर्व ही कर लिया जाए।

निवारक अनुरक्षण के उद्देश्य Objectives of Preventive Maintenance

निवारक अनुरक्षण के मुख्य उद्देश्य निम्न प्रकार हैं

1. चैक लिस्ट के आधार पर मशीनों तथा यन्त्रों की जाँच करना।
2. निर्माता की निर्देश-पुस्तिका के अनुसार ही मशीन तथा यन्त्रों में स्नेहन क्रिया करना।
3. मशीनों एवं यन्त्रों की समय-समय पर जाँच करना, जिससे मशीनों एवं यन्त्रों में खराबी का अनुमान लगाकर मरम्मत का कार्य किया जा सके।
4. मशीनों एवं यन्त्रों की ओवरहॉलिंग तथा सर्विसिंग, निवारक अनुरक्षण अनुसूची के अनुसार करवाना।
5. मशीनों एवं यन्त्रों की निरीक्षण रिपोर्ट तथा व्यवस्थित पुनरावलोकन का विश्लेषण करना।
6. निरीक्षण के समय मशीनों एवं यन्त्रों में पाई गई खराबियों की मरम्मत करवाना तथा बदलने योग्य पार्टों को बदलवाना।

मशीन अनुरक्षण के लाभ Advantages of Machine Maintenance

मशीन अनुरक्षण एक ऐसी विधि है, जिसकी सहायता से मशीन को दीर्घायु तक रखा जा सकता है। मशीन अनुरक्षण के मुख्य लाभ निम्न प्रकार हैं

1. मशीन की सेवा अवधि में वृद्धि होती है।
2. मशीन के कार्य-व्यवधान की स्थिति में कमी होती है।
3. मशीन की टूट-फूट में कमी होती है।
4. मशीन से बिना किसी रुकावट के कार्य लिया जा सकता है।
5. मशीन की निर्धारित उत्पादन क्षमता तथा मूल परिशुद्धता बनी रहती है।

6. मशीन की मरम्मत पर कम व्यय होता है।
7. उत्पाद को श्रेष्ठ गुणों और उच्च परिशुद्धता की प्राप्ति होती है।
8. मशीन अनुरक्षण से बड़े स्तर पर मरम्मत की आवश्यकता नहीं होती है।
9. मशीन की बार-बार मरम्मत की आवश्यकता नहीं पड़ती है।
10. मशीनों का समय-समय पर अनुरक्षण करने से मशीन के चलित अवयवों के बीच घर्षण कम हो जाता है, जिसके फलस्वरूप वे लम्बी आयु वाले हो जाते हैं।
11. मशीन द्वारा उत्पादन लगातार होता रहता है तथा मशीन के ब्रेकडाउन का खतरा भी कम हो जाता है।
12. मशीनों व कारीगरों की सुरक्षा बनी रहती है।
13. आपातकालीन उपकरणों की बहुत आवश्यकता पड़ती है।
14. उत्पादन की मात्रा एवं गुणवत्ता में सुधार आता है।

मशीन अनुरक्षण हेतु विभिन्न प्रपत्र प्रयोग किये जाते हैं, जिनके महत्त्वपूर्ण प्रारूपों को नीचे दर्शाया गया है

प्रारूप I

PLANT/UNIT AND EQUIPMENT RECORD

History Sheet of Plant/Unit

Description of Equipment/Plant	:	
Manufacture's Address	:	
Supplier's Address	:	
Order No. and Date	:	
Date on which received	:	
Date on which installed and placed	:	
Date on commissioning	:	
Cooling Capacity	:	
Cost	:	
Motor Particulars	:	Watts H.P./r.p.m. Phase : Volts
Bearings/spares Record	:	
Belt Specification	:	
Lubrication Details	:	
Major Repairs and Overhauls carried out with dates	:	

प्रारूप II

S.No.	Date	Nature of Fault	Details of Rectification done	Signature of in-charge

महत्त्वपूर्ण बिन्दु

- ऑटोमोबाइल ए.सी. में प्रयुक्त किए जाने वाले विभिन्न घटकों को इंजन के पास ही लगाया जाता है।
- ऑटोमोबाइल ए.सी. में एवैपोरेटर को ड्राइवर के कैबिन के समीप लगाया जाता है।
- मोबाइल रेफ्रिजरेशन का उपयोग ट्रांसपोर्ट रेफ्रिजरेशन में भी किया जाता है।
- कूलिंग की आवश्यकता वाली वस्तुओं का एक स्थान से दूसरे स्थान तक पहुँचाना ही मोबाइल रेफ्रिजरेशन कहलाता है
- मोबाइल रेफ्रिजरेशन का उद्देश्य मूलतः उपयोगकर्ता या उपभोक्ता को वस्तुएँ मूल रूप से उपलब्ध कराना होता है।
- ऑटोमोबाइल की एयर कण्डीशनिंग रूम एयर कण्डीशनिंग के समान होती है।
- कम्प्रैसर एक पम्पिंग डिवाइस है।
- कम्प्रैसर के रीड हैड में सेक्शन कैविटी के बीच में ऑयल पम्प कैविटी होती है।
- ऑटोमोबाइल एयर कण्डीशनिंग में रिसीवर कण्डेन्सर के आगे लगा होता है।
- थर्मोस्टेटिक एक्सपैंशन वाल्व का प्रयोग रेफ्रिजरेन्ट के फ्लो को नियन्त्रित करने के लिए करते हैं।
- थर्मोस्टेटिक एक्सपैंशन वाल्व तापमान को रेगुलेट करता है।
- कैपिलरी ट्यूब लो-प्रैशर रेफ्रिजेन्ट पाइप में लगी होती है।
- कम्प्रैसर रेफ्रिजरेन्ट को उच्च दाब युक्त वाष्प रेफ्रिजरेन्ट में परिवर्तित कर देता है।
- मैग्नेटिक क्लच विद्युत द्वारा प्रचालित किया जाता है।
- पावर एलीमेन्ट रिम में इलेक्ट्रोमैग्नेट सर्किट होता है।
- फ्री व्हीलिंग को रनिंग क्लच भी कहते हैं।
- ऑटोमोबाइल ए.सी. में कम्प्रैसर तथा इंजन के मध्य उचित समन्वय स्थापित करने के लिए फ्री व्हीलिंग का उपयोग किया जाता है।
- ऑटोमोबाइल में इंजन की शाफ्ट को बैल्ट द्वारा कम्प्रैसर से जोड़कर ए.सी. को प्रचालित किया जाता है।
- बस एयर कण्डीशनिंग में रेसीप्रोकेटिंग प्रकार के कम्प्रैसर का प्रयोग किया जाता है।

महत्त्वपूर्ण प्रश्नोत्तरी

1. ऑटोमोबाइल के तापमान को कौन नियन्त्रित करता है?

उत्तर ऑटोमोबाइल के तापमान को थर्मोस्टेट नियन्त्रित करता है।

2. कार में प्रदूषित वायु प्राप्त होने का क्या कारण होता है?

उत्तर कार में प्रदूषित वायु एयर फिल्टर के खराब हो जाने के कारण प्राप्त होती है।

3. फ्री व्हीलिंग मैकेनिज्म कैसे प्रचालित होता है?

उत्तर ड्रिवन शाफ्ट की गति ड्राइवर शाफ्ट से अधिक होने पर फ्री व्हीलिंग मैकेनिज्म प्राप्त होता है।

4. ऑटोमोबाइल के कैबिन में वायु प्रवाहित करने के लिए प्रयुक्त घटक कौन-सा है?

उत्तर ऑटोमोबाइल के कैबिन में वायु एयर ब्लोअर द्वारा प्रवाहित की जाती है।

5. मोबाइल रेफ्रिजरेशन का मूल उद्देश्य क्या है?

उत्तर उपयोगकर्ता या उपभोक्ता को वस्तुएँ मूल रूप में उपलब्ध कराना; मोबाइल रेफ्रिजरेशन का मूल उद्देश्य है।

अभ्यास प्रश्न

परीक्षा प्रारूपी प्रश्न

बहुविकल्पीय

1. बस AC में प्रयुक्त डक्ट का न्यूनतम क्रास सेक्शनल एरिया होता है
(a) 400 सेमी^{2} (b) 500 सेमी^{2} (c) 600 सेमी^{2} (d) 700 सेमी^{2}

2. एक बस AC में प्रत्येक एवैपोरेटर के लिए कितनी पानी की लाइनें प्रदान (Provide) की जाती है
(a) एक (b) दो (c) तीन (d) चार

3. दिखाए गए वैक्यूम पम्प के चित्र में X द्वारा इंगित भाग का नाम क्या है?

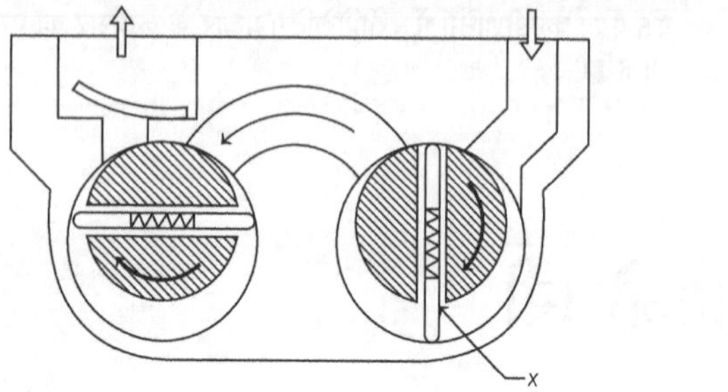

(a) रोटर (b) हाउसिंग
(c) स्लाइडिंग वेन (d) डिस्चार्ज वाल्व

4. 1 टौर (Torr) कितने 760 मिमी Hg के बराबर क्या है?
(a) 7.6 टौर (b) 76 टौर (c) 760 टौर (d) 7600 टौर

5. मनुष्य के शरीर का तापमान डिग्री सेल्सियस में कितना होता है?
(a) 17°C (b) 27°C (c) 37°C (d) 47°C

6. रिसाइकिलिंग मशीन के चित्र में दिखाए गए X भाग का नाम बताइए ?

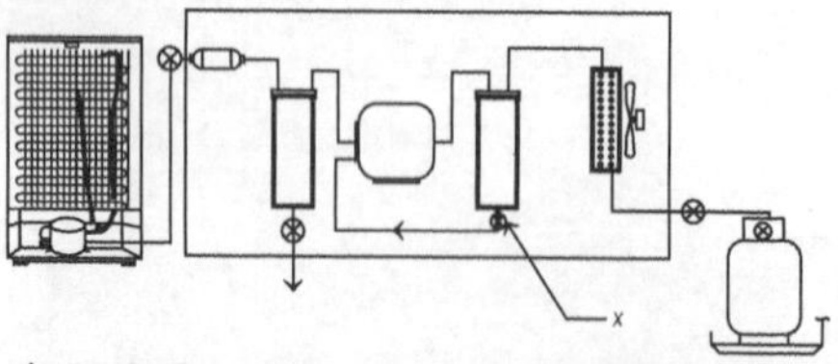

(a) प्रैशर रिलीफ वाल्व (b) सरेण्डर वाल्व
(c) ऑयल रिटर्न वाल्व (d) छेदने का वाल्व

7. कार ए.सी. में HFC 134a गैस के साथ किस प्रकार का फिल्टर ड्रायर प्रयोग किया जाता है?
(a) XH-1 (b) XH-3 (c) XH-5 (d) XH-7

8. मनुष्य के लिए आरामदायक सापेक्ष आर्द्रता (relative humidity) की सीमा (range) क्या है?
(a) 30 ± 5% (b) 40 ± 5%
(c) 50 ± 5% (d) 60 ± 5%

9. वायुमण्डलीय दबाव पर HFC-134a गैस का क्वथनांक (boiling point) कितना होता है?
(a) – 26.1°C (b) – 25.6°C
(c) – 24.5°C (d) – 23.6°C

10. चित्र में दिखाए गए कम्पोनेन्ट का नाम क्या है?

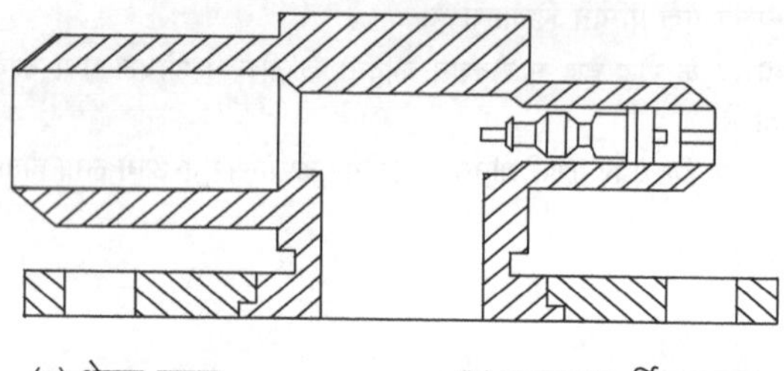

(a) श्रेडर वाल्व (b) सक्शन सर्विस वाल्व
(c) रिसीवर शट-ऑफ वाल्व (d) डिस्चार्ज सर्विस वाल्व

11. 35°C पर एक परिवेश (ambient) में कार ए.सी. सिस्टम में सप्लाई ग्रील में हवा का तापमान क्या होगा?
(a) 10.2°C (b) 11.3°C (c) 12.4°C (d) 13.5°C

12. 32°C से 35°C की परिवेश सीमा (ambient range) पर HFC-13a कार ए.सी. में लो साइड प्रैशर रेंज क्या है?
(a) 1 किलोग्राम/सेमी^{2} से 3 किलोग्राम/सेमी^{2}
(b) 2 किलोग्राम/सेमी^{2} से 4 किलोग्राम/सेमी^{2}
(c) 3 किलोग्राम/सेमी^{2} से 5 किलोग्राम/सेमी^{2}
(d) 4 किलोग्राम/सेमी^{2} से 6 किलोग्राम/सेमी^{2}

13. एक रेफ्रिजरेटर के प्रैशर एन्थैल्पी चार्ट के चित्र में दिखाए गए X मार्क से वक्र (curve) का नाम क्या है?

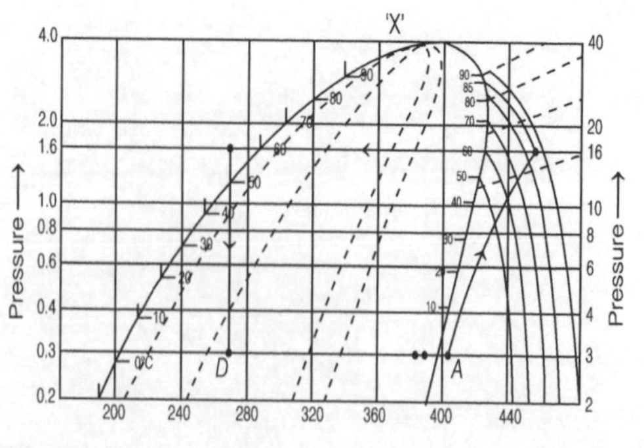

(a) सैचुरेटिड लिक्विड (b) सैचुरेटिड वैपर
(c) क्रीटिकल तापमान (d) लिक्विड वैपर का

14. कम दबाव कट आउट कण्ट्रोल स्विच का अन्तर क्या है? यदि लो प्रैशर कण्ट्रोल 2.2 किलोग्राम/सेमी^{2} पर कट आउट है और लो प्रैशर कण्ट्रोल 2.4 किलोग्राम/सेमी^{2} पर कट इन है?
(a) 0.8 सेमी^{2} (b) 0.4 सेमी^{2}
(c) 0.2 सेमी^{2} (d) 0.1 सेमी^{2}

15. थर्मोस्टेटिक एक्सपैंशन वाल्व का सेन्सर बल्ब कहाँ पर क्लैम्प किया जाता है?
(a) लिक्विड लाइन पर
(b) सक्शन लाइन पर
(c) डिस्चार्ज लाइन पर
(d) कम्प्रैसर के अन्दर

16. ऑटोमोबाइल एयर-कण्डीशनर में प्रयोग किए जाने वाले ड्रायर के चित्र में दिखाए गए X भाग का क्या नाम है?

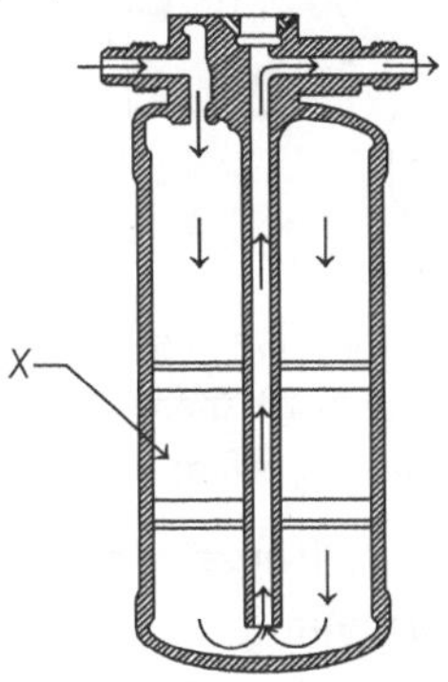

(a) शोषक
(b) फिल्टर पैड
(c) पिक-अप ट्यूब
(d) लिक्विड रेफ्रिजरेटर

17. कार ए.सी. में ब्लोअर हाउसिंग के डिजाइन से किस प्रकार की शॉर्ट साइकिल से बचा जाता है?
(a) ऑयल (b) हवा
(c) नमी (d) लुब्रीकैन्ट

18. कार AC सिस्टम में R-134a गैस के साथ कौन-सा ऑयल प्रयोग करते हैं?
(a) खनिज तेल
(b) कम गाढ़ापन का तेल
(c) ज्यादा गाढ़ापन वाला तेल
(d) पोली एल्केलीन ग्लाइकोल

19. कार ए.सी. में हाई प्रैशर कण्ट्रोल (HPC) स्विच किस ऑपरेटिंग स्थिति में खुलता है?
(a) अगर एवैपोरेटिड प्रैशर सुरक्षा सीमा से ज्यादा हो जाए
(b) अगर बाहर लगातार बारिश हो रही हो तो
(c) अगर कण्डेन्सर प्रैशर सुरक्षा सीमा से ज्यादा हो जाए
(d) अगर हवा की गति लगातार हो तो

20. कार एयर कण्डीशनर में कम्प्रैसर ड्राइव पुली और फंक्शन प्लेट के बीच दिखाए गए चित्र में क्या परीक्षण किया जा रहा है?

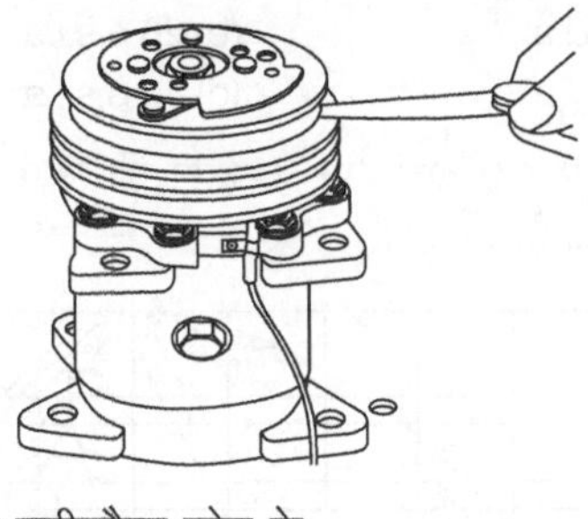

(a) क्लच क्लीयरैन्स ब्लेड के
(b) क्लच क्लीयरैन्स की चैकिंग एक चाकू के साथ
(c) क्लच क्लीयरैन्स चैक करना फिलर गेज के साथ
(d) क्लच क्लीयरैन्स चैक करना एक पेंचकस के साथ

21. चित्र में दिखाई गई पुली से कौन-सा कार्य हो रहा है?

(a) पुलिंग (b) पुशिंग (c) संरेखन (d) कसाव

22. चित्र में दिखाए गए थर्मोस्टेटिक स्विच पर मल्टीमीटर द्वारा क्या टैस्ट किया जा रहा है?

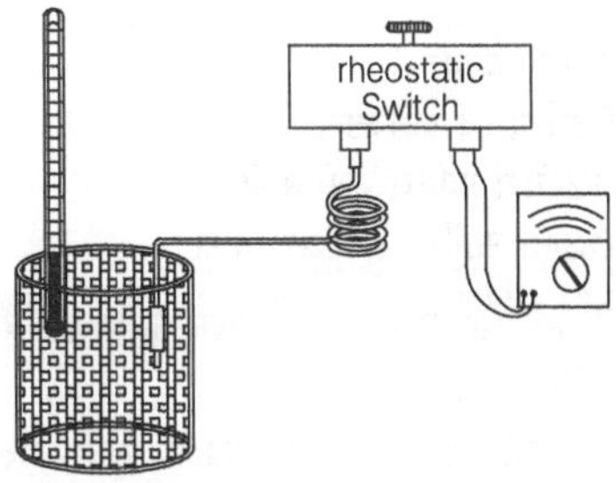

(a) अर्थिंग/शॉर्ट थर्मोस्टेट
(b) बैलोज की गैस लीकेज
(c) थर्मोस्टेट में नोब (Knob) का कार्य
(d) थर्मोस्टेट कट-इन और कट-आउट कार्य का

23. HFC-134a गैस के लिए ऑटोमोबाइल ए.सी. में किस आकार (size) के सर्विस पोर्ट का प्रयोग किया जाता है?
(a) 1/4′′-13 ACME (b) 1/2′′-16 ACME
(c) 3/8′′-15 ACME (d) 5/16′′-14 ACME

24. यदि गेज पर 15.3 P.S.I.G. पढ़ा या देखा जाता है, तो गैस सिलेण्डर का पूर्ण दबाव क्या है?

(a) 10 p.s.i.a (b) 20 p.s.i.a
(c) 30 p.s.i.a (d) 40 p.s.i.a

25. *p-h* चार्ट में CD द्वारा वैपर कम्प्रैसन की किस प्रणाली को CD दिखाया गया है?

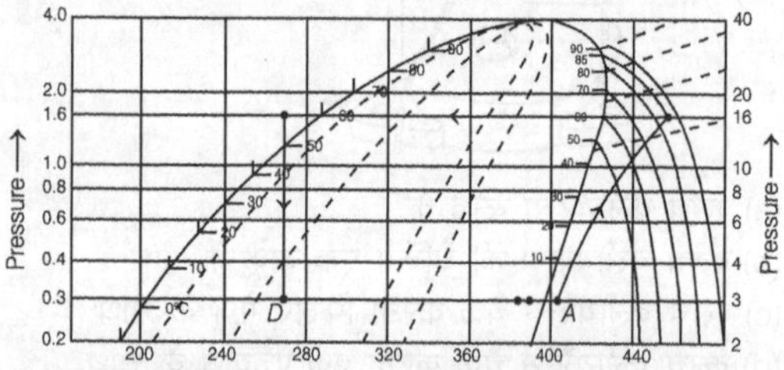

(a) एक्सपैंशन (b) एवैपोरेशन
(c) कम्प्रैशन (d) कण्डेन्सेशन

26. चित्र में दिखाए गए कार ए.सी. सिस्टम में गैस चार्जिंग करने के लिए दिए गए यन्त्र का नाम क्या है?

(a) श्रेडर वाल्व कनैक्टर्स
(b) नॉन-रिटर्न वाल्व कनैक्टर्स
(c) CFC-12 गैस सर्विस असेम्बली
(d) HFC-134a सर्विस पोर्ट असेम्बली

27. कार AC में कम्प्रैसर के मैग्नेटिक क्लच के साथ सीरीज (series) में कौन-कौन-से कण्ट्रोल जुड़े हुए होते हैं?

(a) थर्मोस्टेट, लो प्रैशर कण्ट्रोल, हाई प्रैशर कण्ट्रोल
(b) लो प्रैशर कण्ट्रोल (LPG) ब्लोवर फैन मोटर
(c) हाई प्रैशर कण्ट्रोल (HPC), कण्डेन्सर फैन मोटर
(d) थर्मोस्टेट, कन्डेन्सर फैन मोटर

28. कार ए.सी. सिस्टम में सर्विस पोर्ट फिटिंग का आकार CFC-12 कार AC सिस्टम से HFA-134a का आकार भिन्न क्यों होता है?

(a) गैस चार्जिंग की मात्रा बढ़ाने के लिए
(b) गैस चार्जिंग की मात्रा घटाने के लिए
(c) गैस के क्रॉस प्रदूषण से बचाव के लिए
(d) कार ए.सी. की परफोरमेन्स बढ़ाने के लिए

29. कार AC का वह कौन-सा कण्ट्रोल है, जो ब्लोअर फैन मोटर की स्पीड से हवा की कूलिंग और गर्मी को कम ज्यादा करता है

(a) सिलेक्टर स्विच और रजिस्टर्स
(b) थर्मोस्टेट और रिटर्न एयर सेन्सर
(c) एम्बियेन्ट और कैबिनेट तापमान
(d) रेफ्रिजरेन्ट फ्लो को बढ़ाना और घटाना

30. ऑटोमोबाइल एयर कण्डीशनर में प्रयुक्त कम्प्रैसर पर 12V डीसी बैटरी द्वारा क्या परीक्षण किया जाता है?

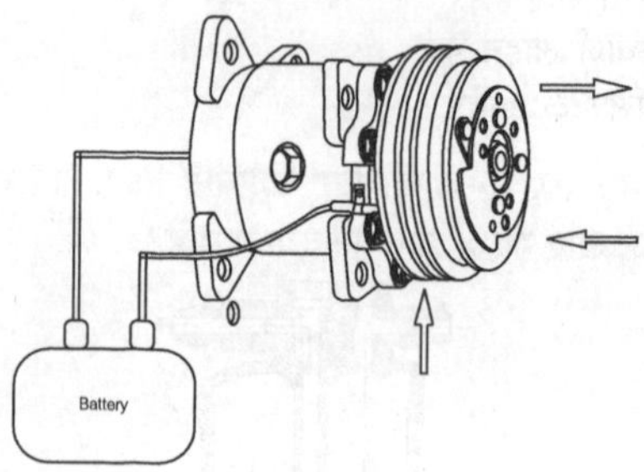

(a) कम्प्रैसर की वर्किंग
(b) मैग्नेटिक क्लच की वर्किंग चैक
(c) माउण्टिंग क्लीयरैन्स की चैकिंग
(d) कम्प्रैसर माउण्टिंग की चैकिंग

31. R-143a रेफ्रिजरेन्ट की रिसाइक्लिंग के क्या फायदे हैं?

(a) एयर प्रदूषण कम होता है
(b) ग्लोबल वार्मिंग को कम करता है
(c) पानी के प्रदूषण को बढ़ाता है
(d) ओजोन क्षरण को बढ़ाता है

32. कार AC में रेफ्रिजरेन्ट और ऑयल के मिश्रण को प्राथमिकता क्यों दी जाती है?

(a) क्लच असेम्बली की लुब्रिकेशन के लिए
(b) हीट एक्सचेंजर को लुब्रिकेन्ट करने के लिए
(c) ऑयल घूमकर कम्प्रैसर में वापस आ सके
(d) थर्मोस्टेटिक एक्सपैंशन वाल्व के घूमने वाले भागों को लुब्रिकेन्ट करने के लिए

33. कार AC सिस्टम में लो साइड और हाई साइड में 2.5 किग्रा/सेमी प्रैशर होने का क्या कारण है?

(a) थर्मोस्टेट खराब है
(b) एवैपोरेटर में ऑयल ज्यादा है
(c) लो प्रैशर कण्ट्रोल में अन्तर बहुत कम है
(d) कम्प्रैसर वाल्व खराब है

34. ऑटोमोबाइल एयर कण्डीशनर में श्रृंखला (series) में जुड़े तीन प्रैशर एक्चुएटिड इलेक्ट्रीकल कण्ट्रोल स्विच कौन-से हैं?

(a) लो प्रैशर कण्ट्रोल, हाई प्रैशर कण्ट्रोल और ब्लोअर स्विच
(b) थर्मोस्टेट, इलेक्ट्रो मैग्नेटिक क्लच, ऑन-ऑफ कण्ट्रोल
(c) थर्मोस्टेट, थर्मोस्टेटिक एक्सपैंशन वाल्व, ब्लोअर स्विच
(d) थर्मोस्टेट, लो प्रैशर कण्ट्रोल और हाई प्रैशर कण्ट्रोल

35. कार AC में कीचड़ (sludge) का क्या प्रभाव होगा?
(a) थर्मोस्टेटिक एक्सपेंशन वाल्व का ओरिफिस जाम (choke) हो जाएगा
(b) ऑटोमैटिक एक्सपैंशन वाल्व के ओरिफिस को ब्लॉक कर देगा
(c) TEEV के ओरिफिस को बन्द कर देगा
(d) कैपिलरी ट्यूब के ओरिफिस को बन्द कर देगा

36. AC बस के अन्दर पानी टपकने का क्या कारण है?
(a) ड्रैन का डब्बा (pan) लीक प्रूफ है
(b) एवैपोरेटर क्वॉयल लीकेज है
(c) ड्रैन पैन (डब्बा) के बीच की इन्सुलेशन कमजोर है
(d) बस के पहिए पर लगे शॉक एब्जॉर्बर्स खराब हो गए

37. ऑटोमोबाइल एयर कण्डीशनर में मैग्नेटिक क्लच का कार्य है?
(a) इंजन शाफ्ट के RPM चैक करना
(b) कम्प्रैसर शाफ्ट के RPM चैक करना
(c) एवैपोरेटर ब्लोअर को चलाना और बन्द करना
(d) इलेक्ट्रो मैग्नेटिकली कम्प्रैसर को चलाना और बन्द करना

38. कार AC में आन्तरिक (intermittent) कूलिंग चक्र (Cycle) का क्या कारण है?
(a) सिस्टम में नमी का होना
(b) पूरा सिस्टम खाली हो गया
(c) रिसीवर में लुब्रिकेन्ट ज्यादा होना
(d) सिस्टम नॉन-कण्डेंसेबल गैस है

39. कार AC की क्षमता टैस्ट करने के दौरान दोनों गेजों में असामान्य हाई प्रैशर क्यों दिखा रहा है?

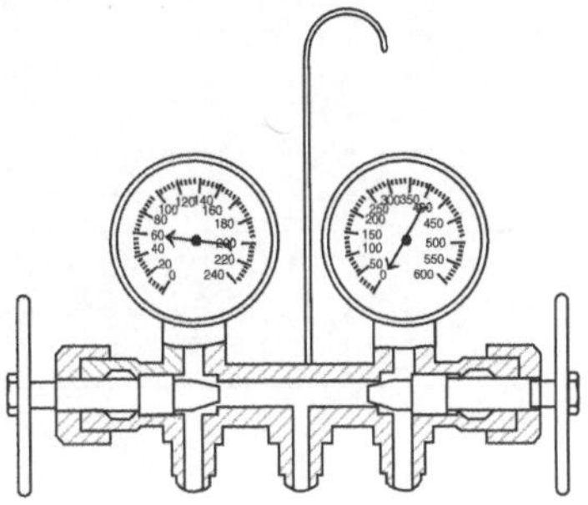

(a) पम्पिंग कमजोर है
(b) सिस्टम में ऑक्सीजन है
(c) सिस्टम में नाइट्रोजन है
(d) गैस ज्यादा चार्ज है

40. कार AC सिस्टम की लिक्विड लाइन में लगे साइट ग्लास में बुलबुले दिखने का क्या कारण है?
(a) गैस चार्ज नहीं है
(b) गैस की कमी है
(c) गैस ज्यादा चार्ज है
(d) गैस सही चार्ज है

उत्तरमाला

1. (c)	**2.** (b)	**3.** (c)	**4.** (c)	**5.** (c)	**6.** (c)	**7.** (d)	**8.** (c)	**9.** (a)	**10.** (a)
11. (c)	**12.** (c)	**13.** (a)	**14.** (c)	**15.** (b)	**16.** (a)	**17.** (b)	**18.** (d)	**19.** (c)	**20.** (c)
21. (a)	**22.** (d)	**23.** (b)	**24.** (c)	**25.** (a)	**26.** (d)	**27.** (a)	**28.** (c)	**29.** (a)	**30.** (b)
31. (b)	**32.** (c)	**33.** (d)	**34.** (d)	**35.** (a)	**36.** (c)	**37.** (d)	**38.** (a)	**39.** (d)	**40.** (b)

महत्त्वपूर्ण बिन्दुओं हेतु